D0827583

France

le guide MICHELIN

2014

HOTELS & RESTAURANTS

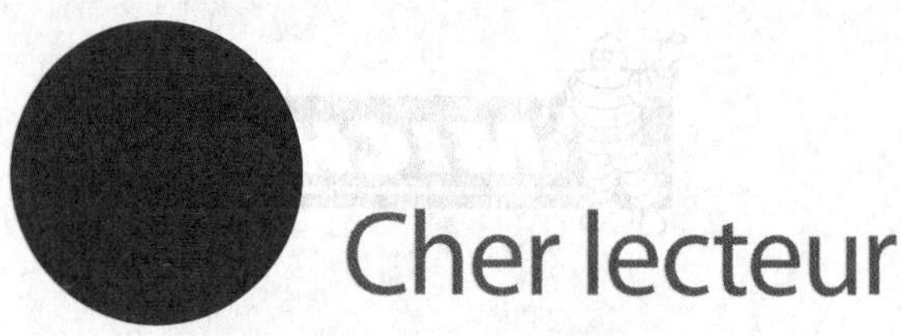

Cher lecteur

Plus de clarté, plus de couleurs, plus d'images : vous l'aurez d'emblée remarqué en feuilletant ce guide MICHELIN, nous avons voulu cette édition 2014 plus gourmande et plus plaisante à lire… afin de vous permettre d'aller plus vite encore au meilleur ! Car tel est bien notre engagement depuis plus d'un siècle : vous aider à faire le bon choix.

Toute l'année sur la route, les « inspecteurs Michelin » s'attachent avec une passion intacte à dénicher pour vous des adresses de qualité – restaurants, hôtels mais aussi maisons d'hôtes, dans toutes les catégories de standing et de prix.

Faut-il encore vanter l'expertise de ces fins palais, dont les papilles s'aiguisent toujours plus au contact de ces savoir-faire réinventés, de ces innombrables métissages culinaires qui font l'extraordinaire vitalité de notre gastronomie contemporaine ?

Si l'on mange bien dans toutes les tables que nous recommandons, nos étoiles ✿ – une, deux ou trois – distinguent les cuisines les plus remarquables, quel que soit leur style : de la plus belle tradition à la créativité la plus ébouriffante… L'excellence des produits, le savoir-faire du chef, l'originalité des recettes, la qualité de la prestation à travers le repas et au cours des saisons : voilà qui définira toujours, au-delà des genres et des types de cuisine, les plus belles assiettes… et les plaisirs les plus gourmets !

Et puisque l'on peut aussi se régaler sans penser forcément à sa bourse, il y a – fidèle compagnon des tables à partager entre amis ou en famille – le fameux Bib Gourmand ☺, inégalable estampille de la bonne table au meilleur prix.

Car notre engagement, nous l'avons dit, est bien d'être attentifs aux exigences et aux envies de tous nos lecteurs, tant en terme de qualité que de budget. Autant dire que nous attachons beaucoup d'intérêt à recueillir vos opinions sur les adresses de notre sélection, afin de l'enrichir en permanence. Pour toujours mieux accompagner votre route… toutes vos routes !

→ Dear reader

As you flick through this year's MICHELIN guide, you will notice more colours, more pictures and greater clarity: we wanted the 2014 edition to be more enjoyable to read and to make your search for establishments easier and faster! This is because our commitment for over a century has been to help you make the right choice.

•

All year, the Michelin inspectors have been focusing their efforts on finding top quality establishments – restaurants, hotels and guesthouses – across all categories of comfort and price.

Our palates get sharper and sharper as they come across ever-evolving cuisines and culinary crossovers that bring an extraordinary vitality to contemporary cooking.

•

You'll eat well in all of the places we recommend but our stars ✿ – one, two and three – mark out the most remarkable kitchens. Whatever the cooking or restaurant style – from the traditional to the innovative, the modest to the extravagant – we look for the same things: the quality of the produce; the expertise of the chef; the originality of the dishes; and consistency throughout the meal and across the seasons.

Since treating yourself doesn't have to be costly, you can rely on a faithful ally when it comes to sharing meals with family and friends: the Bib Gourmand ☺, our award for good food at moderate prices.

SIME/Moscheni Francesca/Simeone/Photononstop

We listen to our readers' needs and we truly value your opinions and recommendations so we can keep improving our selection and help you on your journeys... all of your journeys!

Sommaire

INTRODUCTION

LE PALMARÈS 2014 14

LA FRANCE EN 46 CARTES 21

Contents

INTRODUCTION

AWARD WINNERS 2014 14

FRANCE IN 46 MAPS 21

U Capu Biancu

La Laiterie

L. West/Photononstop

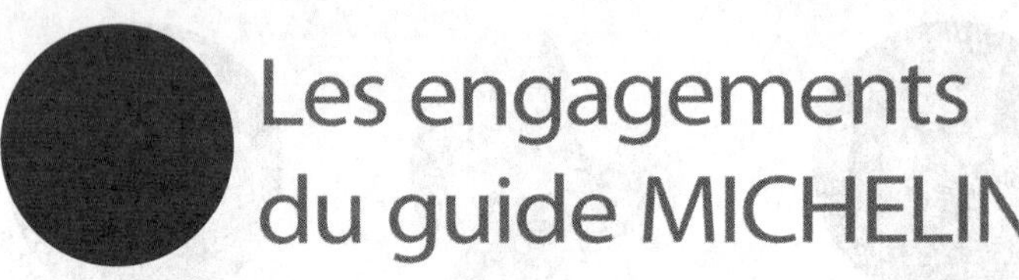

Les engagements du guide MICHELIN

L'expérience au service de la qualité... et du plaisir de la table !

Qu'ils soient au Japon, aux États-Unis, en Chine ou en Europe, les inspecteurs du guide MICHELIN respectent exactement les mêmes critères pour évaluer la qualité d'une table ou d'un établissement hôtelier, et ils appliquent les mêmes règles lors de ses visites. Car si le guide peut se prévaloir aujourd'hui d'une notoriété mondiale, c'est notamment grâce à la constance de son engagement vis-à-vis de ses lecteurs. Un engagement dont nous voulons réaffirmer ici les principes.

LA VISITE ANONYME

Première règle d'or, les inspecteurs testent de façon anonyme et régulière les tables et les chambres, afin d'apprécier pleinement le niveau des prestations offertes à tout client. Ils paient donc leurs additions ; après quoi ils pourront révéler leur identité pour obtenir des renseignements supplémentaires.

L'INDÉPENDANCE

Pour garder un point de vue parfaitement objectif, la sélection des établissements s'effectue en toute indépendance, et l'inscription des établissements dans le guide est totalement gratuite. Les décisions sont discutées collégialement autour de l'inspecteur en chef, et les plus hautes distinctions font l'objet d'un débat au niveau européen.

LE CHOIX DU MEILLEUR

Loin de l'annuaire d'adresses, le guide se concentre sur les meilleurs hôtels et restaurants, dans toutes les catégories de standing et de prix. Une sélection basée sur une méthode rigoureuse et identique pour tous les pays couverts par le guide MICHELIN. A chaque culture sa cuisine, mais la qualité se doit en effet de rester un principe universel...

UNE MISE A JOUR ANNUELLE

Toutes les informations pratiques, tous les classements et distinctions sont revus et mis à jour chaque année afin d'offrir l'information la plus fiable. Le courrier des lecteurs fournit par ailleurs de précieux témoignages, qui sont pris en compte lors de l'élaboration des itinéraires de visites.

...ET UN SEUL OBJECTIF

Tout mettre en œuvre pour vous aider dans chacun de vos déplacements, afin qu'ils soient toujours sous le signe du plaisir et de la sécurité. « L'aide à la mobilité » : c'est la mission que s'est donnée Michelin.

➜ Commitments

The MICHELIN guide's commitments: Experienced in quality

Whether it is in Japan, the USA, China or Europe our inspectors use the same criteria to judge the quality of the hotels and restaurants and use the same methods of visiting. The guide can only boast this worldwide reputation thanks to its commitment to the readers and we would like to stress these here.

➜ *ANONYMOUS INSPECTION* • ***Our inspectors make regular and anonymous visits to hotels and restaurants to gauge the quality of products and services offered to an ordinary customer. They settle their own bill and may then introduce themselves and ask for more information about the establishment. Our readers' comments are also a valuable source of information, which we can then follow up with another visit of our own.***

➜ *INDEPENDENCE* • ***To remain totally objective for our readers, the selection is made with complete independence. Entry into the guide is free. All decisions are discussed with the Editor and our highest awards are considered at a European level.***

➜ *THE BEST CHOICE* • ***The guide offers a selection of the best hotels and restaurants in every category of comfort and price. This is only possible because all the inspectors rigorously apply the same methods.***

➜ *ANNUAL UPDATES* • ***All the practical information, the classifications and awards are revised and updated every single year to give the most reliable information possible.***

➜ *CONSISTENCY* • ***The criteria for the classifications are the same in every country covered by the MICHELIN guide.***

... *THE SOLE INTENTION OF MICHELIN* ***is to make your travels both safe and enjoyable.***

Le guide : mode d'emploi
→ *How to use the guide...*

ANNECY
74000 (Haute-Savoie) – 50 254 hab. – Agglo
Paris 536 km – Aix-les-Bains 34 km – Genève
Carte Michelin 301-E7 – Guide Vert Michelin

© La Brasserie St-Maurice

... et retrouvez tous les symboles page suivante !
...and all the symbols next page!

CATÉGORIES DE STANDING

- Pour les hôtels & maisons d'hôtes : 🏠🏠🏠🏠 à 🏠 - ⌂
- Pour les restaurants : XXXX à X

Les symboles en rouge : les adresses les plus plaisantes !

→ *CATEGORIES OF STANDING*

- *For accommodation : 🏠🏠🏠🏠 to 🏠 - ⌂*
- *For restaurants : XXXX to X*

Symbols in red: the most pleasant establishment!

DISTINCTIONS → *AWARDS*

ÉTOILES *STARS*

✿✿✿ Cuisine remarquable, vaut le voyage !
Exceptional cuisine, worth a special journey!

✿✿ Cuisine excellente, mérite un détour.
Excellent cooking, worth a detour.

✿ Très bonne cuisine.
A very good restaurant.

(Entre parenthèses : le nom du chef-propriétaire)
(in brackets: name of the chef-owner)

BIB GOURMAND ☺
Le meilleur rapport qualité-prix.
A good food at moderate price.

ABBEVILLE
80100 (Somme) – 2
Paris 186 km – Amie
Carte Michelin 301-E7 –

🏠🏠🏠 **Les Jardins du**
24 r. des Tanneurs –
www.jardinsdu cha
25 ch – 90/115 €
Rest *Le Lac d'Arge*
Rest *Terrasses du C*
Comme à la montag
de luxueux chalets. S
Décor tout bois et co

🏠🏠 **Le Relais**
rte de Boulogne, D 54
– Fermé 31 oct.-18 nov
42 ch – 40/60 € 6
Sur la route de la mer, u
Petit salon cosy avec ch

XXX **Le Lac d'Argent** Hô
10 chaussée des Bois –
– Fermé 14 nov. au 30 d
Menu 27/45 € – Carte 4
Élégante verrière ouvrant
une cuisine fort goûteuse

XX ✿ **L'Escale picarde** (Gil
3 bd Vauban – 04 93 61
Menu 45/95 € – Carte 78/
Un restaurant à l'ambian
comme à table, à la carte
→ Homard poché au cit
truffe. Galette soufflée aux

XX ☺ **La Corne d'Or** N
3 bd Vauban – 04 93 61 3
Menu 20/35 € – Carte 32/4
Un restaurant idéal pour déc
un décor stambouliote évoqu

à St-Riquier

LOCALISER LA VILLE

Repérez la localité sur la carte régionale, au début du guide (n° de la carte et coordonnées).

→ LOCATING THE TOWN

Locate the town on the regional map at the begining of the guide (map number and coordinates).

LOCALISER L'ADRESSE

Repérez votre adresse sur le plan de la ville (cordonnées et indice).

→ LOCATING THE ADDRESS

Located on the town plan (coordinates and letter giving the location).

ÉQUIPEMENTS & SERVICES

→ EQUIPMENTS & SERVICES

LES PRIX

→ PRICES

PORTRAIT DE L'ÉTABLISSEMENT

Atmosphère, style, caractère, spécialités : tout savoir sur l'adresse pour faire le bon choix !

→ PORTRAIT OF THE ESTABLISHMENT

Atmosphere, style, character and specialities... all you need about the address to do the good choice!

NOUVEAU ! *→ NEW!*

Nouvelle adresse dans le guide

New establishment in the guide

).– Voir carte n° **32**-A4
n 138 km
d

/oir carte n° **36** A1
oulogne-sur-Mer 79 km – Rouen 106 km
Michelin Picardie

6 46
ermé mi-déc.-mi-avril Plan : AX**b**
– 5 suites
staurants ci-après
nu 60 € – Carte 75/90 € *(fermé lundi)*
rre et bois "vieilli" composent cet étonnant ensemble
bres, équipées high-tech et toutes dotées d'une loggia.
œur d'Or. Cuisine simple du terroir aux Terrasses.

75 46 57 22 – www.lerelais.com
dim. soir Plan : CZ**a**
– Menu 26 € (déj. en semaine) – Carte 32/75 €
é dans un ancien relais de poste restauré avec goût.
liothèque pour les soirs de brouillard.

lu Château
1 – www.lecoeurdor-abbeville.com
ation conseillée) Plan : DS**e**
haleureux décor tout de bois : un cadre raffiné pour
eurs maritimes, régionales et normandes.

escalepicarde.fr– Fermé dim. soir
de quartier, qui a ses habitués. Au comptoir Plan : AU**d**
rdoise, on redécouvre les plats de toujours.
ris de veau aux épices. Ficelle picarde à la

: CV**s**
terre à
t.

cornedor.fr
cuisine turque et ses savoureux "mezze". Plan : AZ**f**

143

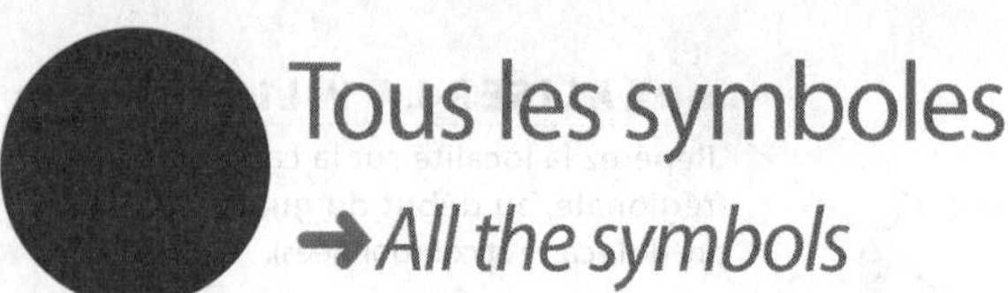

Tous les symboles
→ *All the symbols*

LES CATÉGORIES D'ÉTABLISSEMENT

CATEGORIES OF ESTABLISHMENTS

Les adresses sont classées suivant 5 catégories de standing :
Addresses are classified according 5 levels of standing :

🏨🏨🏨🏨🏨 … 🏨 Hôtels, classés selon leur confort, de 5 à 1 pavillon(s)
Hotels, classified by their comfort, from 5 to 1 house

🏠 Maison d'hôtes *Guesthouse*

XXXXX … X Restaurants, classés selon leur standing, de 5 à 1 couvert(s)
Restaurants, classified by their standing, from 5 to 1 couvert

sans rest Hôtel sans restaurant *This hotel has no restaurant*

avec ch Restaurant avec chambres *This restaurant also offers rooms*

Dans chaque catégorie, les établissements sont classés par ordre de préférence.

Within each category, establishments are listed in order of preference.

LES DISTINCTIONS → *AWARDS*

Les meilleures tables, quel que soit leur genre, reçoivent une distinction pour la qualité de leur cuisine.

✿✿✿ Cuisine remarquable, la table vaut le voyage
Exceptional cuisine, worth a special journey

✿✿ Cuisine excellente, la table mérite un détour
Excellent cooking, worth a detour

✿ Une très bonne table
A very good restaurant

☺ Bib Gourmand
Bonnes tables à prix modérés ≤ 31€ (35 € à Paris)
Good food at moderate prices ≤ 31€ (35 € in Paris)

Choix des produits, maîtrise des cuissons et des saveurs, personnalité de la cuisine, constance de la prestation et bon rapport qualité-prix sont les critères retenus.

EN ROUGE : LES PLUS ! → *IN RED: MOST PLEASANT!*

🏨🏨🏨 … 🏨, 🏠 Les hébergements les plus agréables
The most pleasant accommodation

XXXXX … X Les restaurants les plus agréables
The most pleasant restaurants

🐎🐎 Hébergement tranquille / très tranquille
Quiet accommodation / Very quiet accommodation

≤ ≤ Vue intéressante / exceptionnelle
Interesting view / Exceptional view

🍇 Carte des vins particulièrement attractive
A particularly interesting wine list

Ⓝ **Nouvel établissement dans le guide**
New establishment in the guide

LES ÉQUIPEMENTS & SERVICES → *EQUIPMENTS & SERVICES*

30 ch	Nombre de chambres *Number of rooms*
	Jardin • Parc • Terrasse *Garden · Park · Terrace*
	Piscine de plein air / couverte • Spa *Open-air / indoor swimming pool · Wellness centre*
	Salle de remise en forme • Court de tennis *Tennis · Exercise room*
	Air conditionné *Air conditioning*
	Connexion Wifi • ADSL dans les chambres *Wireless / broadband connection in bedrooms*
	Ascenseur • Aménagements pour personnes à mobilité réduite *Lift · Wheelchair access*
	Salons pour repas privés • Salles de conférences *Private dining rooms · Equipped conference halls*
	Restaurant proposant un service voiturier *Valet parking*
	Parking • Parking clos réservé à la clientèle • Garage *Car park · Enclosed car park · Garage*
	Accès interdit aux chiens *No dogs allowed*
	Carte de crédit non acceptée *Credit cards not accepted*
Ⓜ	Station de métro la plus proche *Nearest metro station*

TABLES D'HÔTES
Les tables d'hôtes sont exclusivement réservées aux résidents, elles ne sont souvent ouvertes que le soir, et pas forcément tous les jours. Qu'on se le dise : pensez à réserver si vous voulez en profiter !

LES PRIX → *PRICES*

	Menu à moins de 20 € *Menu for less than 20 €*
Formule 15 €	Formule (entrée-plat ou plat-dessert) au déjeuner en semaine *2 course set lunch on weekdays*
Menu 16/38 €	Menu le moins cher / le plus cher *Least / most expensive menu*
Menu 19 € (déj. en semaine)	Menu servi uniquement au déjeuner en semaine *Menu served at lunch only on weekdays*
🍷	Boisson comprise (vin) *Drinks included*
ch-☕🚹 50/80 € ch-☕🚹🚹 60/110 €	Prix des chambres mini/maxi pour 1et 2 personne(s), petit-déjeuner inclus *Lowest / highest prices for single and double rooms, breakfast included*
☕ 9 €	Prix du petit-déjeuner *Breakfast price*
1/2 P	Hôtel proposant la demi-pension *Establishment offering half board*

Légende des plans de ville

Hôtels •
Restaurants •

CURIOSITÉS

Bâtiment intéressant

Édifice religieux intéressant : catholique • protestant

VOIRIE

Autoroute, double chaussée de type autoroutier

Échangeurs numérotés : complet, partiels

Grande voie de circulation

Sens unique • Rue réglementée ou impraticable

Rue piétonne • Tramway

R. Pasteur — Rue commerçante • Parking • Parking Relais

Porte • Passage sous voûte • Tunnel

Gare et voie ferrée • Auto-Train

Funiculaire • Téléphérique, télécabine

Pont mobile • Bac pour autos

EQUIPEMENTS

Information touristique

Mosquée • Synagogue

Tour • Ruines • Moulin à vent • Château d'eau

Jardin, parc, bois • Cimetière • Calvaire

Stade • Golf • Hippodrome • Patinoire

Piscine de plein air, couverte

Vue • Panorama • Table d'orientation

Monument • Fontaine • Usine

Centre commercial • Cinéma Multiplex

Port de plaisance • Phare • Tour de télécommunications

Aéroport • Station de métro • Gare routière

Transport par bateau : passagers et voitures • passagers seulement

Sortie de ville

Bureau principal de poste restante et Téléphone

Hôpital • Marché couvert • Caserne

Bâtiment public repéré par une lettre :

A C • Chambre d'agriculture • Chambre de commerce

G H J • Gendarmerie • Hôtel de ville • Palais de justice

M P T • Musée • Préfecture, sous-préfecture • Théâtre

U POL. • Université, grande école • Police (commissariat central)

Passage bas (inf. à 4 m 50) • Charge limitée (inf. à 19 t)

➜ Town plan key

- Hotels
- Restaurants

SIGHTS

Place of interest
Interesting place of worship: Catholic • Protestant

ROAD

Motorway, dual carriageway
Numbered junctions : complete, limited
Major thoroughfare
One-way street • Unsuitable for traffic or street subject to restrictions
Pedestrian street • Tramway
R. Pasteur Shopping street • Car park • Park and Ride
Gateway • Street passing under arch • Tunnel
Station and railway • Motorail
Funicular • Cable-car
Lever bridge • Car ferry

EQUIPMENTS

Tourist Information Centre
Mosque • Synagogue
Tower • Ruins • Windmill • Water tower
Garden, park, wood • Cemetery • Cross
Stadium • Golf course • Racecourse • Skating rink
Outdoor or indoor swimming pool
View • Panorama • Viewing table
Monument • Fountain • Factory
Shopping centre • Multiplex Cinema
Pleasure boat harbour • Lighthouse • Communications tower
S.N.C.F. Airport • Underground statio • Coach station
Ferry services: passengers and cars • passengers only
③ Reference number common to town plans
Main post office with poste restante and telephone
Hospital • Covered market • Barracks
Public buildings located by letter :
A C Chamber of Agriculture • Chamber of Commerce
G H J Gendarmerie • Town Hall • Law Courts
M P T • Museum • Prefecture or sub-prefecture • Theatre
U POL. • University, College • Police (in large towns police headquarters)
18T ⑱ Low headroom (15 ft. max.) • Load limit (under 19 t)

Le palmarès 2014

Les 3 étoiles ✿✿✿ de l'année !

→ AWARD WINNERS: The 3 stars of the year!

Baerenthal / Untermuhlthal (57)	L'Arnsbourg
Chagny (71)	Maison Lameloise
Eugénie-les-Bains (40)	Les Prés d'Eugénie-Michel Guérard
Fontjoncouse (11)	Auberge du Vieux Puits
Illhaeusern (68)	Auberge de l'Ill
Joigny (89)	La Côte St-Jacques
Laguiole (12)	Bras
Lyon (69)	Paul Bocuse
Marseille (13)	Le Petit Nice
Megève (74)	Flocons de Sel
Monte-Carlo (MC)	Le Louis XV-Alain Ducasse
Paris 1er	Le Meurice Alain Ducasse
Paris 4e	L'Ambroisie
Paris 7e	Arpège
Paris 8e	Épicure au Bristol
Paris 8e	Ledoyen
Paris 8e	Pierre Gagnaire
Paris 16e	Astrance
Paris 16e	Le Pré Catelan
Paris 17e	Guy Savoy
Reims (51)	L'Assiette Champenoise **N**
Roanne (42)	Troisgros
Saint-Bonnet-le-Froid (43)	Régis et Jacques Marcon
Saint-Tropez (83)	Résidence de la Pinède
Saulieu (21)	Le Relais Bernard Loiseau
Valence (26)	Pic
Vonnas (01)	Georges Blanc

Découvrez toutes les étoiles 2014 en fin de guide, page 1976.

UN NOUVEAU "3 ÉTOILES" EN 2014 :

L'Assiette Champenoise (Reims)

*Né en 1974, **Arnaud Lallement** a pour ainsi dire grandi à L'Assiette Champenoise, créée à l'origine par ses parents. Un terrain de jeu tout trouvé pour le jeune garçon, qui se passionne d'emblée pour la gastronomie. C'est après une formation chez les plus grands qu'il reprend la suite de son père. Une étoile en 2001, une deuxième en 2005… et cette troisième en 2014 : sans coup férir, sa cuisine se hisse infailliblement parmi les meilleures du monde. Des ingrédients d'une qualité exceptionnelle, une technique d'une précision imparable, des recettes pleines de caractère et d'évidence : son Assiette Champenoise réserve aujourd'hui des moments prodigieusement savoureux, bien dignes de la plus haute des distinctions !*

Maître/MICHELIN

... Et aussi toutes nos adresses sur la toile :
restaurant.michelin.fr et www.viamichelin.com

Les Tables étoilées 2014

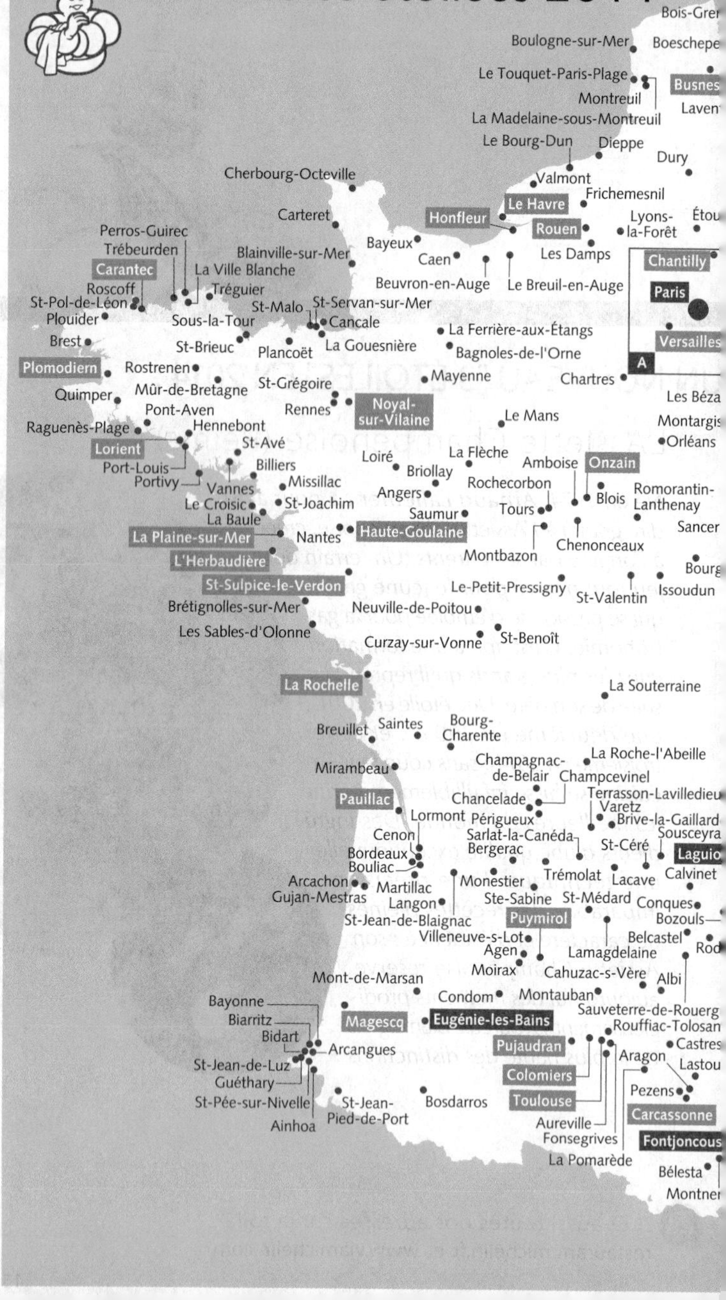

Bois-Gre
Boulogne-sur-Mer
Boeschepe
Le Touquet-Paris-Plage
Busnes
Montreuil
Laven
La Madelaine-sous-Montreuil
Le Bourg-Dun
Dieppe
Dury
Cherbourg-Octeville
Valmont
Frichemesnil
Le Havre
Carteret
Honfleur
Lyons-la-Forêt
Étou
Rouen
Perros-Guirec
Bayeux
Trébeurden
Blainville-sur-Mer
Caen
Les Damps
Chantilly
Carantec
La Ville Blanche
Beuvron-en-Auge
Le Breuil-en-Auge
Roscoff
Tréguier
Paris
St-Pol-de-Léon
St-Malo
St-Servan-sur-Mer
Plouider
Sous-la-Tour
Cancale
La Ferrière-aux-Étangs
Brest
St-Brieuc
Plancoët
La Gouesnière
Versailles
Bagnoles-de-l'Orne
Plomodiern
Rostrenen
A
Mayenne
Chartres
Quimper
Mûr-de-Bretagne
St-Grégoire
Les Béza
Pont-Aven
Rennes
Noyal-sur-Vilaine
Le Mans
Montargis
Raguenès-Plage
Hennebont
Orléans
Lorient
St-Avé
La Flèche
Amboise
Onzain
Loiré
Port-Louis
Billiers
Briollay
Portivy
Missillac
Rochecorbon
Romorantin-Lanthenay
Vannes
Angers
Blois
Le Croisic
St-Joachim
Saumur
Tours
La Baule
Sancer
La Plaine-sur-Mer
Nantes
Haute-Goulaine
Chenonceaux
Montbazon
L'Herbaudière
Bourg
St-Sulpice-le-Verdon
Le-Petit-Pressigny
Issoudun
St-Valentin
Brétignolles-sur-Mer
Neuville-de-Poitou
Les Sables-d'Olonne
St-Benoît
Curzay-sur-Vonne
La Rochelle
La Souterraine
Bourg-Charente
Breuillet
Saintes
La Roche-l'Abeille
Champagnac-de-Belair
Mirambeau
Champcevinel
Terrasson-Lavilledieu
Pauillac
Chancelade
Varetz
Lormont
Périgueux
Brive-la-Gaillard
Cenon
Sarlat-la-Canéda
Sousceyra
Bordeaux
Bergerac
St-Céré
Laguio
Bouliac
Trémolat
Calvinet
Arcachon
Martillac
Monestier
Lacave
Gujan-Mestras
Langon
Ste-Sabine
St-Médard
Conques
St-Jean-de-Blaignac
Puymirol
Bozouls
Villeneuve-s-Lot
Belcastel
Agen
Lamagdelaine
Rod
Moirax
Cahuzac-s-Vère
Albi
Mont-de-Marsan
Condom
Montauban
Bayonne
Sauveterre-de-Rouerg
Biarritz
Magescq
Eugénie-les-Bains
Rouffiac-Tolosan
Bidart
Pujaudran
Castres
Arcangues
Aragon
St-Jean-de-Luz
Lastou
Colomiers
Guéthary
Pezens
St-Pée-sur-Nivelle
St-Jean-Pied-de-Port
Bosdarros
Toulouse
Carcassonne
Ainhoa
Aureville
Fonsegrives
Fontjoncous
La Pomarède
Bélesta
Montner

La couleur correspond à l'établissement le plus étoilé de la localité.

Paris	✻✻✻	La localité possède au moins un restaurant 3 étoiles
Rouen	✻✻	La localité possède au moins un restaurant 2 étoiles
Rennes	✻	La localité possède au moins un restaurant 1 étoile

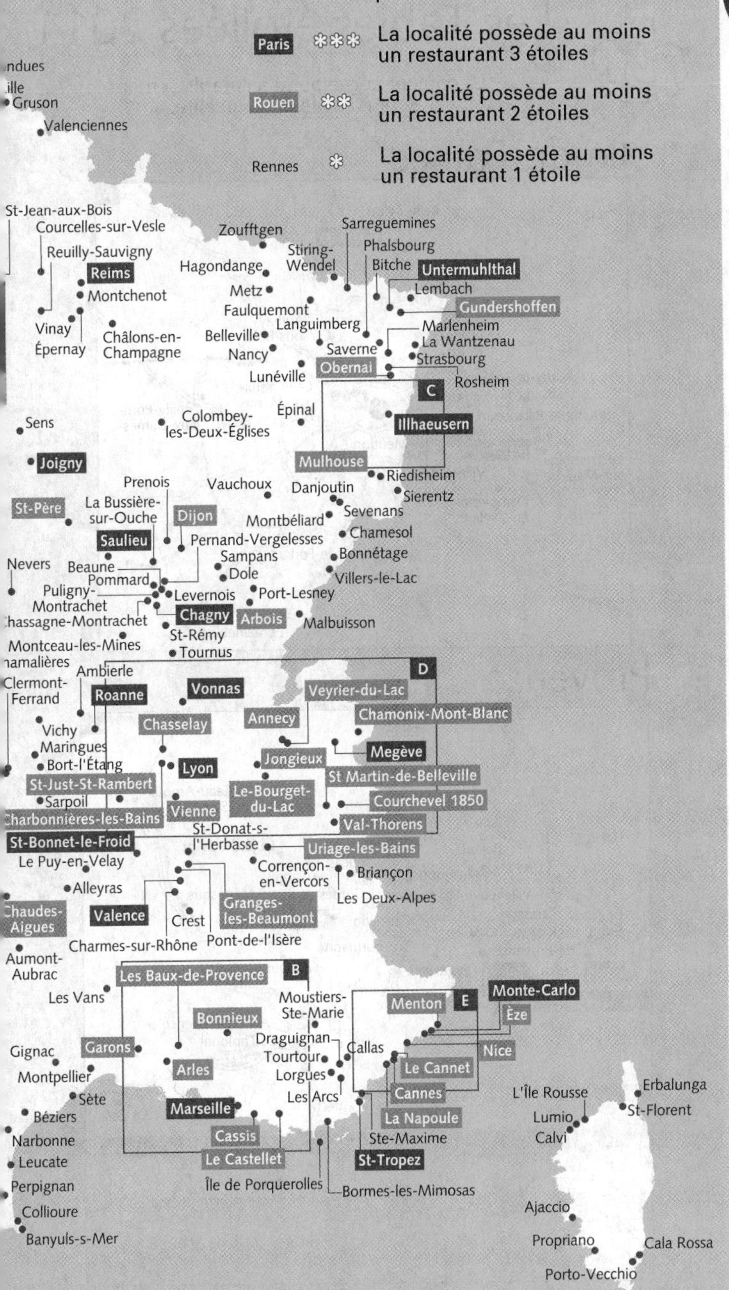

Les Tables étoilées 2014

La couleur correspond à l'établissement le plus étoilé de la localité.

Île-de-France

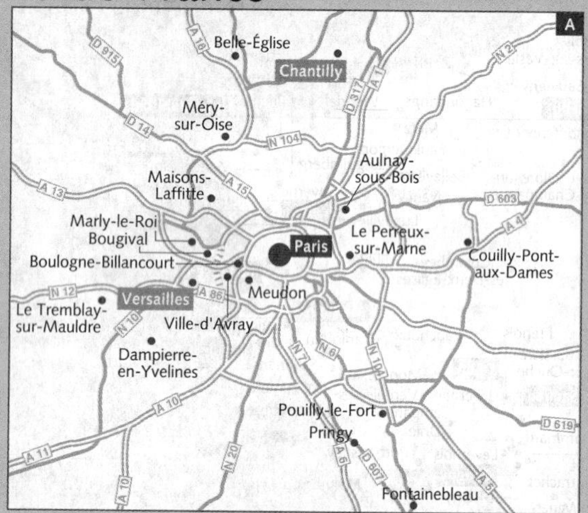

Provence

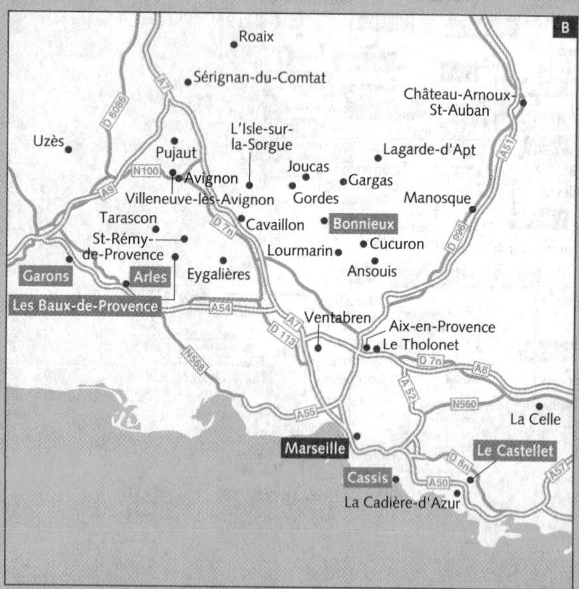

Alsace

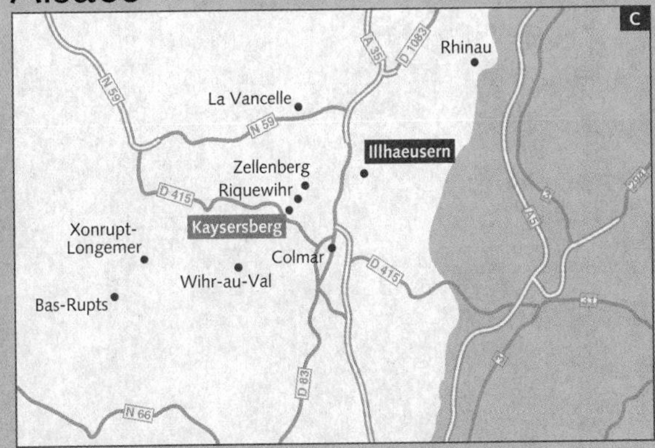

Rhône-Alpes

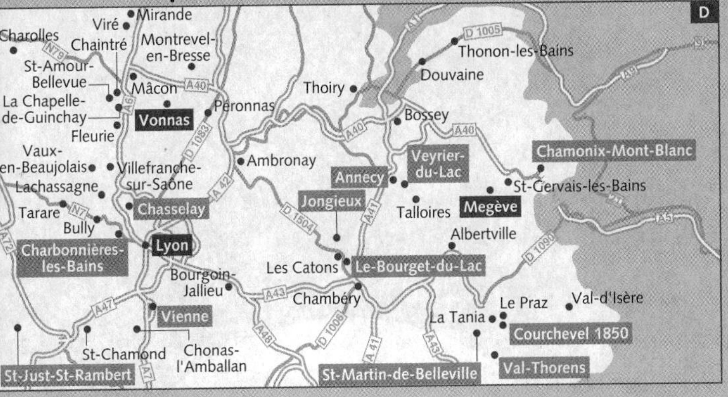

Côte-d'Azur

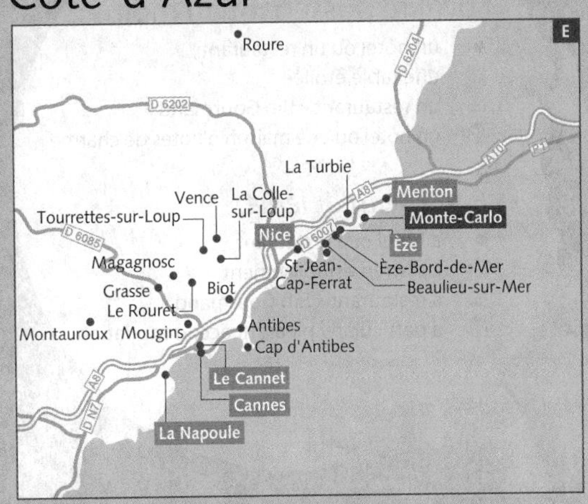

Localité possédant au moins...

- ● un hôtel ou un restaurant
- ✿ une table étoilée
- ☺ un restaurant « Bib Gourmand »
- 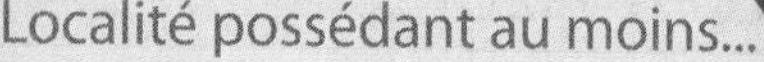 un hôtel ou une maison d'hôtes de charme

→ *Place with at least...*

- ● a hotel or a restaurant
- ✿ a starred establishment
- ☺ a restaurant « Bib Gourmand »
- ⌂ a particularly pleasant accommodation

La France en 46 cartes

Toutes les localités citées dans le guide, par région

→ *Regional maps*

Regional maps of listed towns

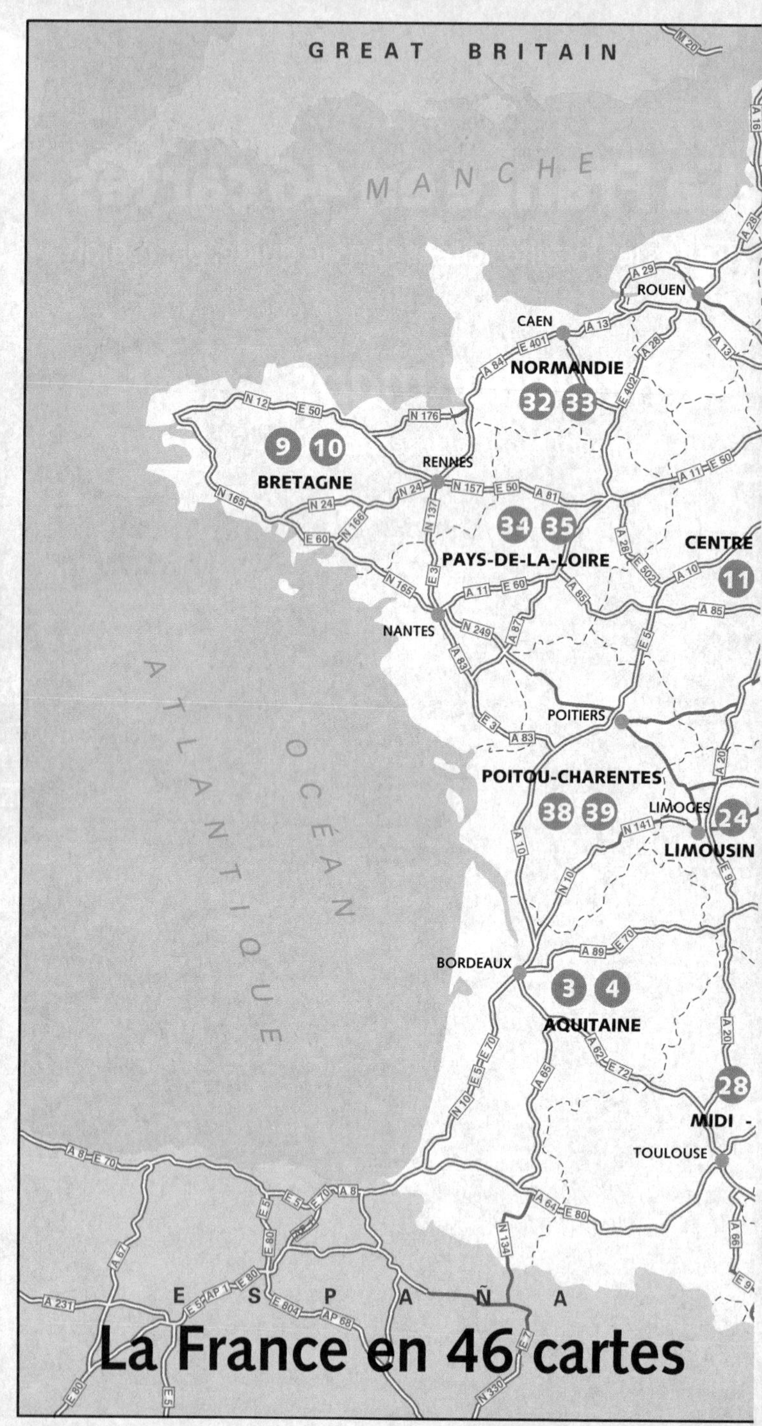
GREAT BRITAIN
MANCHE
ROUEN
CAEN
NORMANDIE
32 33
9 10
RENNES
BRETAGNE
34 35
PAYS-DE-LA-LOIRE
CENTRE
11
NANTES
POITIERS
POITOU-CHARENTES
38 39
LIMOGES
24
LIMOUSIN
OCÉAN ATLANTIQUE
BORDEAUX
3 4
AQUITAINE
28
MIDI -
TOULOUSE
ESPAÑA
A 29
A 13
E 401
A 84
A 28
E 402
N 12
E 50
N 176
N 165
N 24
N 157
A 81
A 11
N 137
N 166
E 60
A 28
E 502
A 10
E 3
A 85
N 249
A 87
A 83
E 5
E 3
A 20
N 141
A 10
N 10
A 89
E 70
A 62
E 72
A 65
A 64
E 80
N 134
A 66
E 9
A 8
E 70
A 67
AP 1
A 231
E 804
AP 68
N 330
E 7
M 20
A 16
La France en 46 cartes

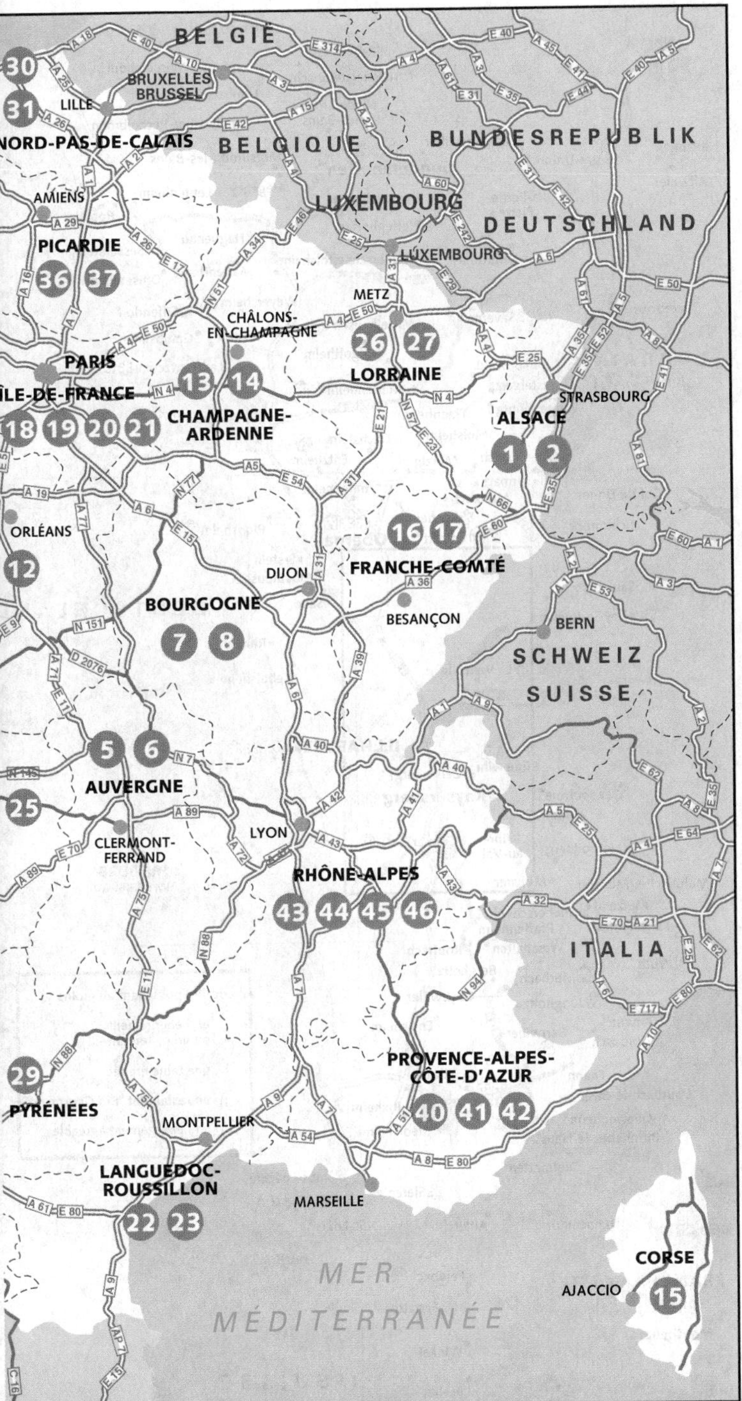
BELGIË
BRUXELLES
BRUSSEL
LILLE
NORD-PAS-DE-CALAIS
BELGIQUE
BUNDESREPUBLIK
LUXEMBOURG
DEUTSCHLAND
AMIENS
PICARDIE
LUXEMBOURG
METZ
CHÂLONS-EN-CHAMPAGNE
PARIS
LORRAINE
ÎLE-DE-FRANCE
STRASBOURG
CHAMPAGNE-ARDENNE
ALSACE
ORLÉANS
FRANCHE-COMTÉ
DIJON
BOURGOGNE
BESANÇON
BERN
SCHWEIZ
SUISSE
AUVERGNE
LYON
CLERMONT-FERRAND
RHÔNE-ALPES
ITALIA
PROVENCE-ALPES-CÔTE-D'AZUR
PYRÉNÉES
MONTPELLIER
LANGUEDOC-ROUSSILLON
MARSEILLE
CORSE
AJACCIO
MER
MÉDITERRANÉE
30
31
36
37
26
27
13
14
18
19
20
21
1
2
16
17
12
7
8
5
6
25
43
44
45
46
29
40
41
42
22
23
15

1
A
B
Obersteinbach
Niedersteinbach
Wissembourg
Lembach
Niederbronn-les-Bains
Merkwiller-Pechelbronn
Hinsingen
Sarre-Union
Reipertswiller
Gundershoffen
Morsbronn-les-Bains
Altwiller
Hegeney
Leutenheim
La-Petite-Pierre
Uberach
Roppenheim
Pfaffenhoffen
Haguenau
Sessenheim
Graufthal
Niederschaeffolsheim
Marienthal
Drusenheim
Weyersheim
Offendorf
Sarrebourg
Saverne
Mittelhausen
Kilstett
Gambsheim
LORRAINE
(plans 26 27)
Birkenwald
Willgottheim
La Wantzenau
Obersteigen
Marlenheim
Wangenbourg
Traenheim
Strasbourg
Molsheim
Dachstein
Oberhaslach
Mutzig
Entzheim
Urmatt
Col du Donon
Mollkirch
Innenheim
Schirmeck
Rosheim
Plobsheim
Ottrott
Obernai
Erstein
Fouday
Osthouse
Saulxures
Sand
Colroy-la-Roche
DEUTSCHLAND
Rhinau
St-Dié-des-Vosges
La Vancelle
Diebolsheim
ILLHAEUSERN
Riquewihr
Zellenberg
Lapoutroie
Kaysersberg
Orbey
Wihr-au-Val
Colmar
Hohrodberg
FREIBURG IM BREISGAU
Muhlbach-s-Munster
Munster
Metzeral
Gueberschwihr
Sondernach
Pfaffenheim
Westhalten
Rouffach
Kruth
Murbach
Bergholtz
Guebwiller
Jungholtz
St-Amarin
Ensisheim
Moosch
Berrwiller
Cernay
Thann
Illzach
Bourbach-le-Bas
Mulhouse
Rixheim
Guewenheim
Riedisheim
Burnhaupt-le-Haut
Diefmatten
Kembs-Loéchlé
Sierentz
Rosenau
BELFORT
Dannemarie
Altkirch
St-Louis
BASEL
FRANCHE-COMTÉ
(plans 16 17)
Feldbach
Ferrette
Montbéliard
Winkel
SUISSE
Lucelle
Localité possédant au moins :
un hébergement ou un restaurant
une table étoilée
un restaurant "Bib Gourmand"
un hébergement agréable

Alsace 2

C
1
2
Natzwiller
Barr
Le Hohwald
Mittelbergheim
Andlau
Eichhoffen
Itterswiller
Sermersheim
Villé
Blienschwiller
Dambach-la-Ville
Ebersmunster
Dieffenthal
Dieffenbach-au-Val
Scherwiller
La Vancelle
Rathsamhausen
Lièpvre
N 59
Sélestat
St-Hippolyte
Thannenkirch
E 25
Le Schnellenbuhl
Bergheim
ILLHAEUSERN
Ribeauvillé
Fréland
Zellenberg
Riquewihr
Beblenheim
Mittelwihr
Kaysersberg
Ammerschwihr
Labaroche
Katzenthal
Les Trois-Épis
Ingersheim
Colmar
Turckheim
Zimmerbach
D 415
Wihr-au-Val
Eguisheim
Husseren-les-Châteaux
Neuf-Brisach

3 Aquitaine
Localité possédant au moins :
un hébergement ou un restaurant
une table étoilée
un restaurant "Bib Gourmand"
un hébergement agréable
1
2
3
A
B
POITOU
GIRONDE
Soulac-sur-Mer
Jonzac
Pauillac
St-Ciers-de-Canesse
Listrac-Médoc
Avensan
Margaux
Le Pian-Médoc
St-Aubin-de-Médoc
La Rivière
Lormont
Bordeaux
Cenon
Arès
Bouliac
Créon
Arcachon
Martillac
Cap-Ferret
Pyla-sur-Mer
Gujan-Mestras
Le Barp
Cadillac
St-Macaire
Langon
Sauternes
Biscarrosse
Parentis-en-Born
Bernos-Beaulac
Mimizan
Sabres
Mézos
Roquefort
Lesperon
St-Justin
St-Michel-Escalus
Mont-de-Marsan
Léon
Messanges
Magescq
Préchacq-les-Bains
Seignosse
Soustons
Montfort-en-Chalosse
St-Vincent-de-Tyrosse
Dax
Duhort-Bachen
Hossegor
Saubusse
Hagetmau
Capbreton
Peyrehorade
Brassempouy
Biarritz
Anglet
Orthevielle
Pouillon
Amou
EUGÉNIE-LES-BAINS
Arcangues
Bayonne
Sault-de-Navailles
Bidart
Guiche
Orthez
Morlanne
Guéthary
St-Jean-de-Luz
Hasparren
La Bastide-Clairence
Salies-de-Béarn
Hendaye
Ahetze
Cambo-les-Bains
Lacq
Sare
Itxassou
DONOSTIA-S. SEBASTIÁN
St-Pée-s-Nivelle
Bidarray
St-Palais
Moumour
Pau
Ainhoa
Ossès
L'Hôpital-Saint-Blaise
Lasseube
Espelette
Bosdarros
St-Étienne-de-Baïgorry
St-Jean-Pied-de-Port
Barcus
Oloron-Ste-Marie
Lestelle-Bétharram
Bielle
Larrau
Gourette
ESPAÑA
PAMPLONA
GOLFE DE GASCOGNE
D 106
A 660
A 63
D 1010
D 834
D 933
D 824
D 810
D 817
A 64
D 918
D 933
N 134
D 1215
D 137
A 10
D 1113
D 932
D 30
D 834
AP 1
AP 8
A 8
A 15
A 10
A 1
N 135
N 121A
GI 632
N I
E 5
E 70
Gave
d'Aspe
Eyre

C
D
4
ANGOULÊME
CHARENTES (plans 38 39)
LIMOUSIN (plans 24 25)
St-Saud-Lacoussière
Nontron
Champagnac-de-Belair
Thiviers
Brantôme
Bourdeilles
Petit-Bersac
Sorges
Ribérac
Villetoureix
Champcevinel
Hautefort
TULLE
Chancelade
Escoire
Annesse-et-Beaulieu
Périgueux
Le Lardin-St-Lazare
Montpon-Ménestérol
St-Front-de-Pradoux
Coursac
Auriac-du-Périgord
Terrasson-Lavilledieu
Ménestérol
Manzac-s-Vern
Rouffignac
Montignac
Plazac
St-Geniès
St-Émilion
Campsegret
St-Laurent-des-Combes
Ste-Foy-la-Grande
St-Marcel-du-Périgord
Bergerac
Trémolat
Sarlat-la-Canéda
St-Julien-de-Lampon
Pujols
St-Aubin-de-Lanquais
Gensac
St-Nexans
Domme
St-Quentin-de-Caplong
Monestier
Belvès
Cénac-et-St-Julien
Beaumont-du-Périgord
St-Martial-de-Nabirat
Issigeac
Duras
Eymet
Daglan
Coirac
Ste-Sabine
St-Germain-de-Belvès
St-Jean-de-Blaignac
Monpazier
Biron
La Réole
Cancon
St-Eutrope-de-Born
Marmande
CAHORS
Villeneuve-sur-Lot
Tonneins
Clairac
Ste-Livrade-sur-Lot
Casteljaloux
St-Léon
Pont-du-Casse
Agen
Puymirol
Moirax
Francescas
Astaffort
Créon-d'Armagnac
MONTAUBAN
MIDI-PYRÉNÉES
(plans 26 27)
AUCH
TOULOUSE
TARBES
1
2
3
Tamniès
St-Crépin-et-Carlucet
Marquay
Proissans
Le Bugue
Les Eyzies-de-Tayac
Ste-Nathalène
Sarlat-la-Canéda
Trémolat
Mauzac-et-St-Meyme-de-Rozens
Carsac-Aillac
Vitrac
Paleyrac
Siorac-en-Périgord
La Roque-Gageac

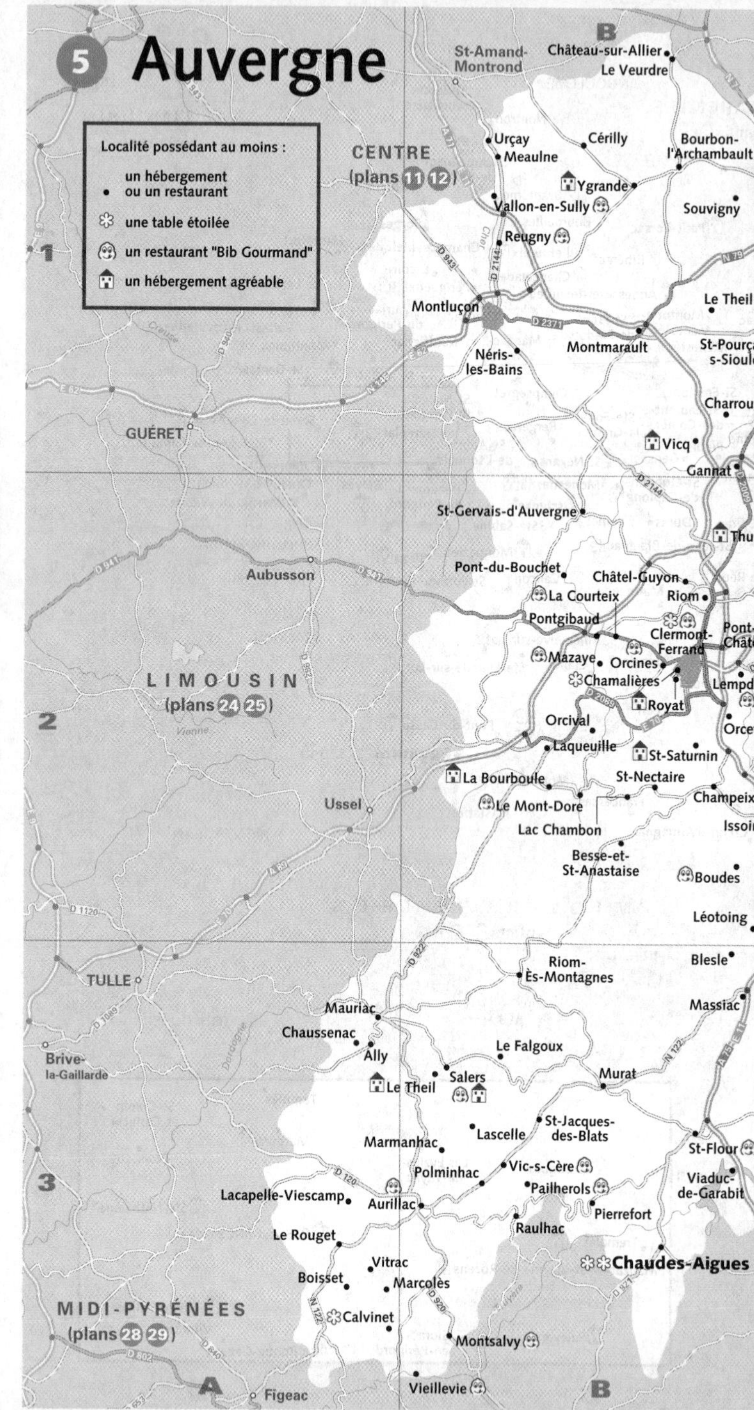
5
Auvergne
Localité possédant au moins :
un hébergement ou un restaurant
une table étoilée
un restaurant "Bib Gourmand"
un hébergement agréable
CENTRE (plans 11 12)
LIMOUSIN (plans 24 25)
MIDI-PYRÉNÉES (plans 28 29)
St-Amand-Montrond
Château-sur-Allier
Le Veurdre
Urçay
Meaulne
Cérilly
Bourbon-l'Archambault
Ygrande
Vallon-en-Sully
Souvigny
Reugny
Montluçon
Le Theil
Néris-les-Bains
Montmarault
St-Pourçain-s-Sioule
GUÉRET
Charroux
Vicq
Gannat
St-Gervais-d'Auvergne
Aubusson
Pont-du-Bouchet
Châtel-Guyon
La Courteix
Riom
Pontgibaud
Clermont-Ferrand
Mazaye
Orcines
Chamalières
Royat
Lempdes
Orcival
Laqueuille
St-Saturnin
Orcet
La Bourboule
St-Nectaire
Champeix
Ussel
Le Mont-Dore
Lac Chambon
Issoire
Besse-et-St-Anastaise
Boudes
Léotoing
Blesle
TULLE
Riom-Ès-Montagnes
Massiac
Mauriac
Chaussenac
Ally
Le Falgoux
Brive-la-Gaillarde
Le Theil
Salers
Murat
Lascelle
St-Jacques-des-Blats
Marmanhac
St-Flour
Polminhac
Vic-s-Cère
Viaduc-de-Garabit
Lacapelle-Viescamp
Aurillac
Pailherols
Pierrefort
Raulhac
Le Rouget
Chaudes-Aigues
Vitrac
Boisset
Marcolès
Calvinet
Montsalvy
Vieillevie
Figeac
A
B
1
2
3

C
D
6
La Chapelle-aux-Chasses
Chevagnes
Moulins
Dompierre-s-Besbre
Neuilly-le-Réal
Thionne
Jaligny-sur-Besbre
BOURGOGNE
(plans 7 8)
Charolles
1
MÂCON
Lapalisse
Vichy
St-Priest-Bramefant
Roanne
Villefranche-s-Saône
Maringues
Lezoux
Thiers
Celles-sur-Durolle
Vollore-Ville
Bort-l'Étang
Augerolles
LYON
RHÔNE-ALPES
(plans 43 44 45 46)
2
Ceilloux
Montbrison
Ambert
Sauxillanges
Vienne
Sarpoil
ST-ÉTIENNE
Aurec-s-Loire
Vergongheon
St-Didier-en-Velay
La Chaise-Dieu
Beauzac
St-Pal-de-Mons
Lavaudieu
Chomelix
Dunières
Salzuit
St-Vincent
ST-BONNET-LE-FROID
Yssingeaux
Langeac
Le Chambon-s-Lignon
Tournon-s-Rhône
Le Puy-en-Velay
St-Julien-Chapteuil
Moudeyres
St-Front
Saugues
VALENCE
3
Alleyras
St-Haon
PRIVAS
LANGUEDOC-ROUSSILLON
(plans 22 23)
C
D

7 Bourgogne

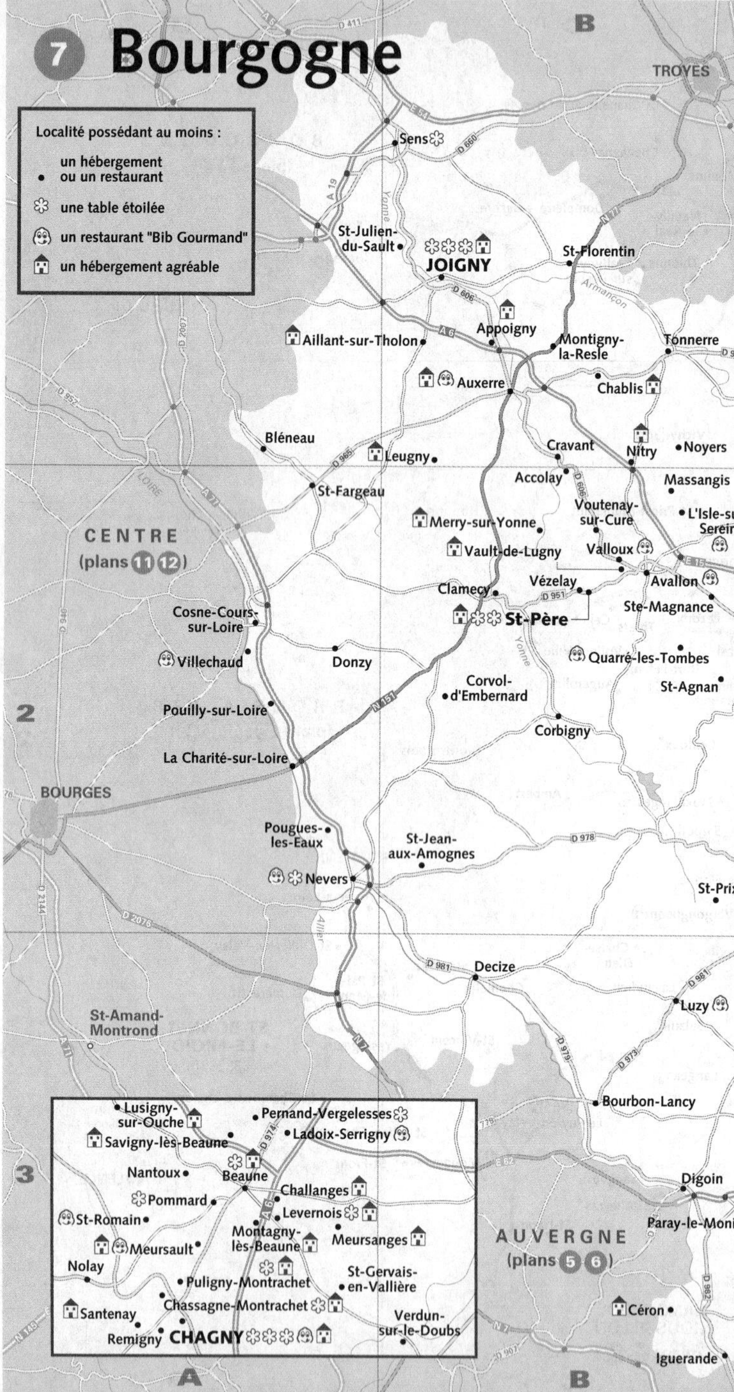
Localité possédant au moins :
un hébergement ou un restaurant
une table étoilée
un restaurant "Bib Gourmand"
un hébergement agréable
TROYES
Sens
St-Julien-du-Sault
JOIGNY
St-Florentin
Appoigny
Aillant-sur-Tholon
Montigny-la-Resle
Tonnerre
Auxerre
Chablis
Bléneau
Leugny
Cravant
Nitry
Noyers
Accolay
Massangis
St-Fargeau
Voutenay-sur-Cure
L'Isle-sur Serein
CENTRE
(plans 11 12)
Merry-sur-Yonne
Vault-de-Lugny
Valloux
Clamecy
Vézelay
Avallon
Ste-Magnance
St-Père
Cosne-Cours-sur-Loire
Villechaud
Donzy
Quarré-les-Tombes
Corvol-d'Embernard
St-Agnan
Pouilly-sur-Loire
Corbigny
La Charité-sur-Loire
BOURGES
Pougues-les-Eaux
St-Jean-aux-Amognes
Nevers
St-Prix
Decize
Luzy
St-Amand-Montrond
Bourbon-Lancy
Lusigny-sur-Ouche
Pernand-Vergelesses
Ladoix-Serrigny
Savigny-lès-Beaune
Nantoux
Beaune
Challanges
Pommard
Levernois
St-Romain
Montagny-lès-Beaune
Meursanges
Meursault
Nolay
Puligny-Montrachet
St-Gervais-en-Vallière
Santenay
Chassagne-Montrachet
Remigny
CHAGNY
Verdun-sur-le-Doubs
Digoin
Paray-le-Monial
AUVERGNE
(plans 5 6)
Céron
Iguerande
A
B
2
3

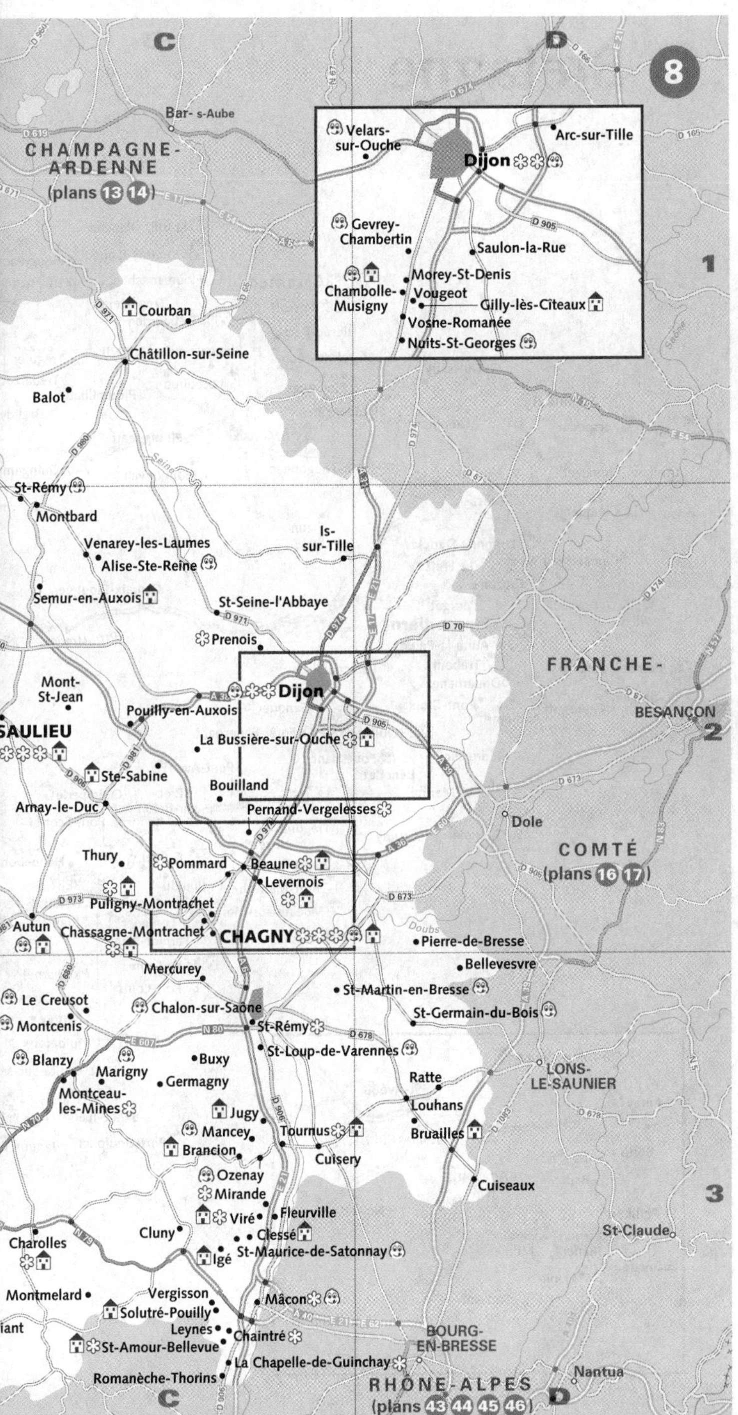
8
C
D
1
2
3
CHAMPAGNE-ARDENNE (plans 13 14)
Bar-s-Aube
Velars-sur-Ouche
Dijon
Arc-sur-Tille
Gevrey-Chambertin
Saulon-la-Rue
Morey-St-Denis
Chambolle-Musigny
Vougeot
Gilly-lès-Cîteaux
Vosne-Romanée
Nuits-St-Georges
Courban
Châtillon-sur-Seine
Balot
St-Rémy
Montbard
Venarey-les-Laumes
Alise-Ste-Reine
Is-sur-Tille
Semur-en-Auxois
St-Seine-l'Abbaye
Prenois
Dijon
FRANCHE-COMTÉ (plans 16 17)
Mont-St-Jean
Pouilly-en-Auxois
BESANÇON
SAULIEU
La Bussière-sur-Ouche
Ste-Sabine
Bouilland
Arnay-le-Duc
Pernand-Vergelesses
Dole
Thury
Pommard
Beaune
Levernois
Puligny-Montrachet
Autun
Chassagne-Montrachet
CHAGNY
Pierre-de-Bresse
Bellevesvre
Mercurey
St-Martin-en-Bresse
Le Creusot
Chalon-sur-Saône
St-Germain-du-Bois
Montcenis
St-Rémy
St-Loup-de-Varennes
Blanzy
Buxy
LONS-LE-SAUNIER
Marigny
Germagny
Ratte
Montceau-les-Mines
Louhans
Jugy
Mancey
Tournus
Bruailles
Brancion
Cuisery
Ozenay
Cuiseaux
Mirande
Viré
Fleurville
Cluny
Clessé
St-Claude
Charolles
Igé
St-Maurice-de-Satonnay
Montmelard
Vergisson
Mâcon
Solutré-Pouilly
Leynes
Chaintré
BOURG-EN-BRESSE
St-Amour-Bellevue
La Chapelle-de-Guinchay
Nantua
Romanèche-Thorins
RHÔNE-ALPES (plans 43 44 45 46)
C
D

9 Bretagne

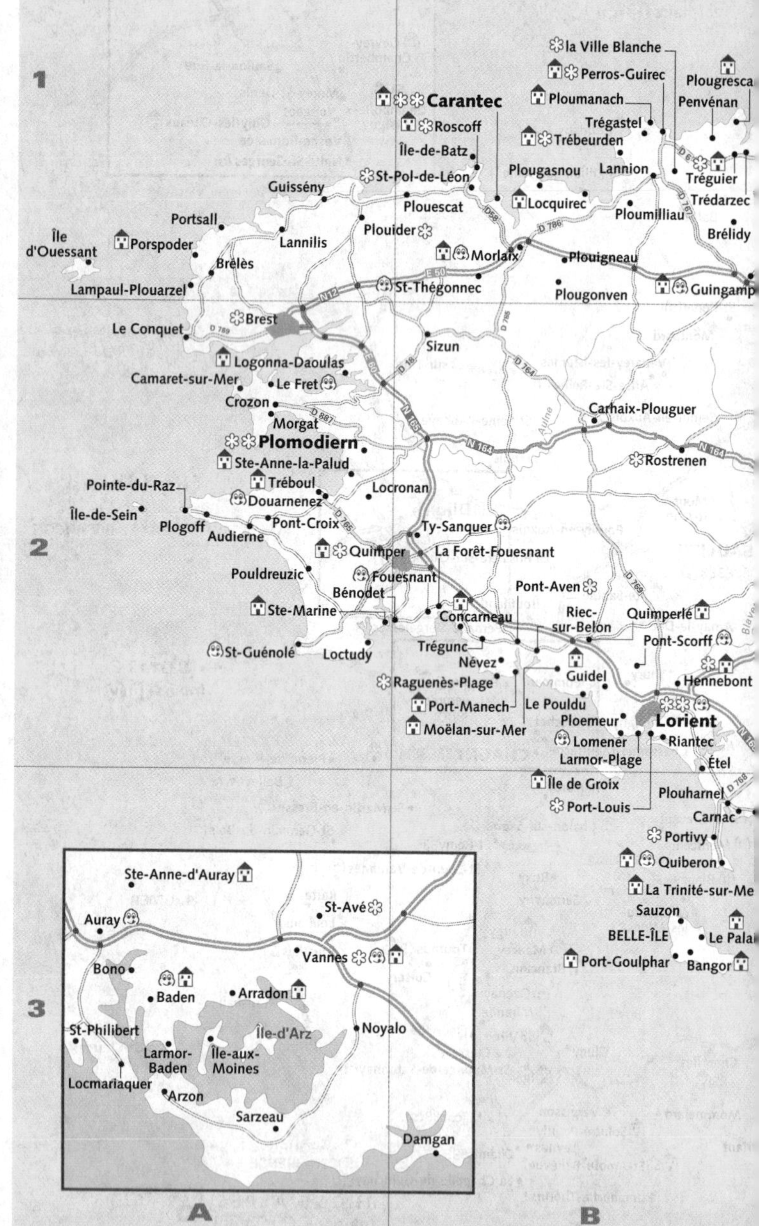
B
1
2
3
A
B
la Ville Blanche
Perros-Guirec
Plougrescа
Carantec
Ploumanach
Penvénan
Roscoff
Trégastel
Trébeurden
Île-de-Batz
Plougasnou
Lannion
Tréguier
St-Pol-de-Léon
Guissény
Locquirec
Trédarzec
Plouescat
Ploumilliau
Portsall
Plouider
Brélidy
Île d'Ouessant
Porspoder
Lannilis
Morlaix
Plouigneau
Brélès
Lampaul-Plouarzel
St-Thégonnec
Plougonven
Guingamp
Brest
Le Conquet
Sizun
Logonna-Daoulas
Camaret-sur-Mer
Le Fret
Crozon
Carhaix-Plouguer
Morgat
Plomodiern
Ste-Anne-la-Palud
Rostrenen
Pointe-du-Raz
Tréboul
Locronan
Douarnenez
Île-de-Sein
Plogoff
Pont-Croix
Audierne
Ty-Sanquer
Quimper
La Forêt-Fouesnant
Pouldreuzic
Fouesnant
Pont-Aven
Bénodet
Ste-Marine
Riec-sur-Belon
Quimperlé
Concarneau
Pont-Scorff
St-Guénolé
Loctudy
Trégunc
Névez
Guidel
Hennebont
Raguenès-Plage
Port-Manech
Le Pouldu
Ploemeur
Lorient
Moëlan-sur-Mer
Lomener
Riantec
Larmor-Plage
Étel
Île de Groix
Plouharnel
Port-Louis
Carnac
Portivy
Quiberon
La Trinité-sur-Me
Sauzon
BELLE-ÎLE
Le Pala
Port-Goulphar
Bangor
Ste-Anne-d'Auray
St-Avé
Auray
Vannes
Bono
Baden
Arradon
Noyalo
St-Philibert
Île-d'Arz
Larmor-Baden
Île-aux-Moines
Locmariaquer
Arzon
Sarzeau
Damgan
E 50
N 12
N 165
N 164
E 60
D 789
D 887
D 765
D 18
D 58
D 786
D 785
D 764
D 769
D 767
D 768
D 6
Aulne

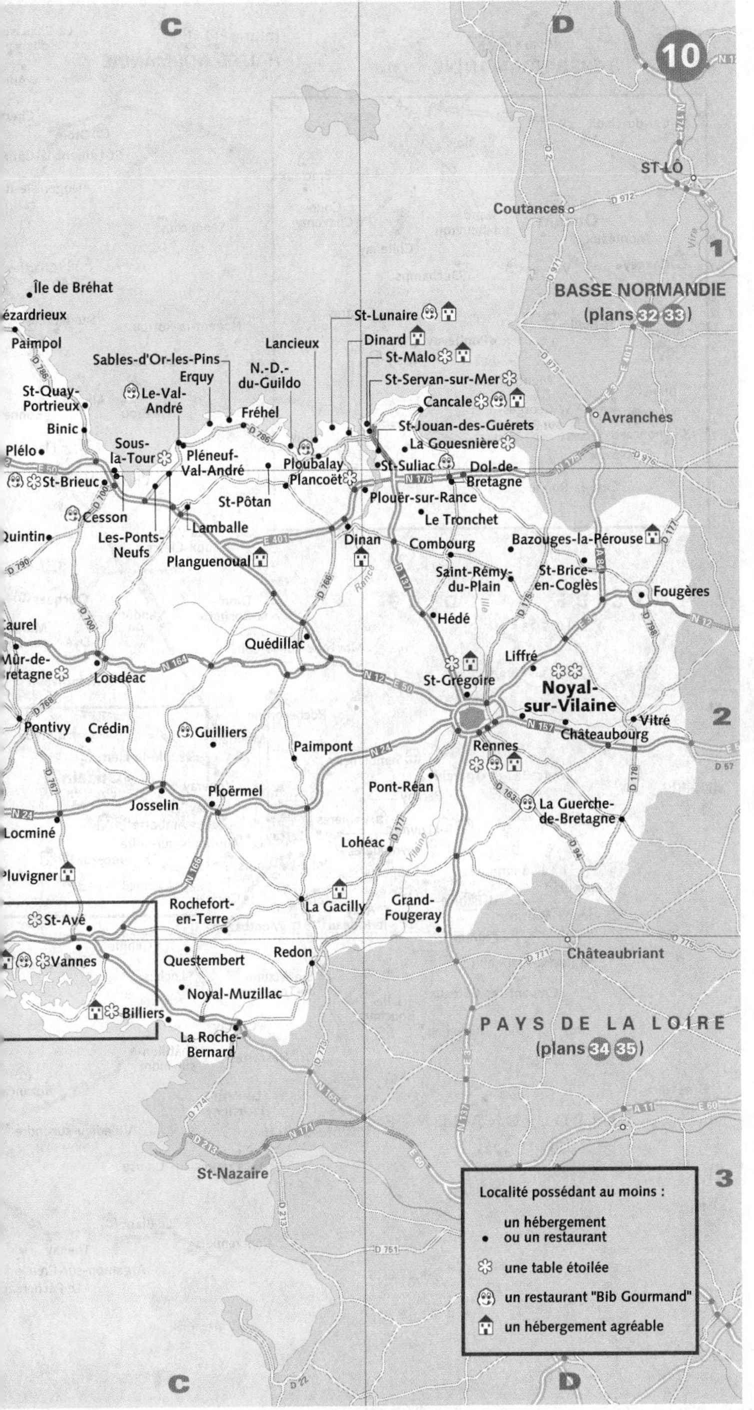

C
D
10
ST-LÔ
Coutances
1
BASSE NORMANDIE
(plans 32 33)
Avranches
Île de Bréhat
ézardrieux
Paimpol
St-Lunaire
Dinard
St-Malo
St-Servan-sur-Mer
Cancale
Lancieux
Sables-d'Or-les-Pins
Erquy
N.-D.-
du-Guildo
St-Quay-
Portrieux
Le-Val-
André
Fréhel
Binic
St-Jouan-des-Guérets
La Gouesnière
Plélo
Sous-
la-Tour
Pléneuf-
Val-André
Ploubalay
St-Suliac
Dol-de-
Bretagne
St-Brieuc
Plancoët
Plouër-sur-Rance
St-Pôtan
Cesson
Lamballe
Le Tronchet
Quintin
Les-Ponts-
Neufs
Dinan
Combourg
Bazouges-la-Pérouse
Planguenoual
Saint-Rémy-
du-Plain
St-Brice-
en-Coglès
Fougères
Hédé
Caurel
Quédillac
Liffré
Mûr-de-
Bretagne
Loudéac
St-Grégoire
Noyal-
sur-Vilaine
Vitré
Pontivy
Crédin
Guilliers
Châteaubourg
2
Paimpont
Rennes
Pont-Réan
Josselin
Ploërmel
La Guerche-
de-Bretagne
Locminé
Lohéac
Pluvigner
Rochefort-
en-Terre
La Gacilly
Grand-
Fougeray
St-Avé
Châteaubriant
Vannes
Questembert
Redon
Noyal-Muzillac
Billiers
La Roche-
Bernard
PAYS DE LA LOIRE
(plans 34 35)
St-Nazaire
3
Localité possédant au moins :
un hébergement
ou un restaurant
une table étoilée
un restaurant "Bib Gourmand"
un hébergement agréable

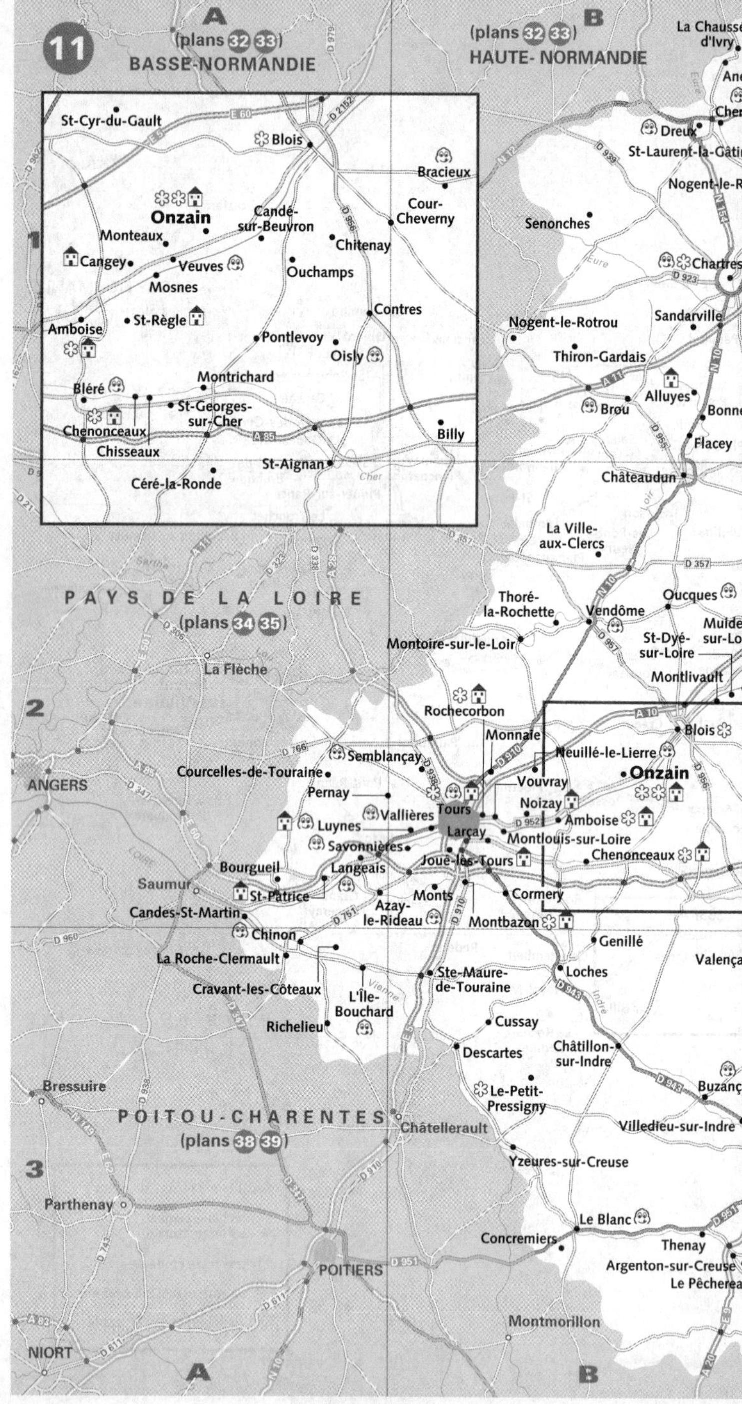
11
A
(plans 32 33)
BASSE-NORMANDIE
B
(plans 32 33)
HAUTE-NORMANDIE
St-Cyr-du-Gault
Blois
Bracieux
Onzain
Candé-sur-Beuvron
Cour-Cheverny
Monteaux
Chitenay
Cangey
Veuves
Ouchamps
Mosnes
Contres
St-Règle
Amboise
Pontlevoy
Oisly
Montrichard
Bléré
St-Georges-sur-Cher
Chenonceaux
Billy
Chisseaux
St-Aignan
Céré-la-Ronde
La Chaussée-d'Ivry
Anet
Dreux
St-Laurent-la-Gâtine
Nogent-le-Roi
Senonches
Chartres
Sandarville
Nogent-le-Rotrou
Thiron-Gardais
Alluyes
Brou
Bonneval
Flacey
Châteaudun
La Ville-aux-Clercs
PAYS DE LA LOIRE
(plans 34 35)
Thoré-la-Rochette
Oucques
Vendôme
Muides-sur-Loire
St-Dyé-sur-Loire
Montoire-sur-le-Loir
Montlivault
La Flèche
Rochecorbon
Monnaie
Neuillé-le-Lierre
Semblançay
Courcelles-de-Touraine
ANGERS
Pernay
Vouvray
Noizay
Tours
Vallières
Luynes
Larçay
Amboise
Montlouis-sur-Loire
Savonnières
Chenonceaux
Bourgueil
Langeais
Joué-lès-Tours
Saumur
St-Patrice
Monts
Cormery
Candes-St-Martin
Azay-le-Rideau
Montbazon
Chinon
Genillé
La Roche-Clermault
Ste-Maure-de-Touraine
Loches
Valençay
Cravant-les-Côteaux
L'Île-Bouchard
Richelieu
Cussay
Descartes
Châtillon-sur-Indre
Bressuire
Le-Petit-Pressigny
Buzançais
POITOU-CHARENTES
(plans 38 39)
Châtellerault
Villedieu-sur-Indre
Yzeures-sur-Creuse
Parthenay
Le Blanc
Concremiers
Thenay
POITIERS
Argenton-sur-Creuse
Le Pêchereau
Montmorillon
NIORT
A
B
1
2
3

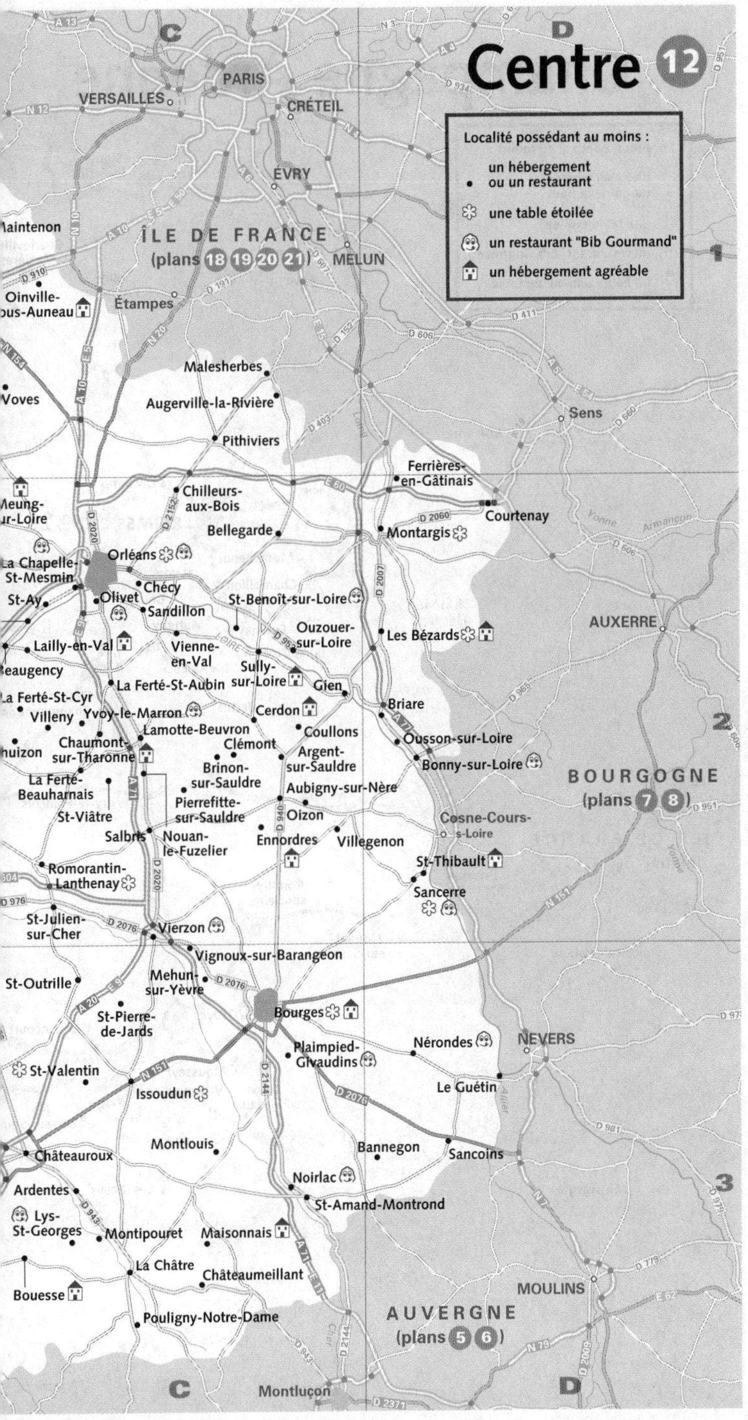
Centre 12
Localité possédant au moins :
un hébergement ou un restaurant
une table étoilée
un restaurant "Bib Gourmand"
un hébergement agréable
C
D
1
2
3
PARIS
VERSAILLES
CRÉTEIL
ÉVRY
MELUN
ÎLE DE FRANCE
(plans 18 19 20 21)
Maintenon
Oinville-sous-Auneau
Étampes
Malesherbes
Voves
Augerville-la-Rivière
Pithiviers
Sens
Ferrières-en-Gâtinais
Courtenay
Chilleurs-aux-Bois
Meung-sur-Loire
Bellegarde
Montargis
Orléans
La Chapelle-St-Mesmin
Chécy
St-Ay
Olivet
St-Benoît-sur-Loire
Sandillon
AUXERRE
Ouzouer-sur-Loire
Les Bézards
Lailly-en-Val
Vienne-en-Val
Beaugency
Sully-sur-Loire
Gien
La Ferté-St-Aubin
La Ferté-St-Cyr
Briare
Yvoy-le-Marron
Cerdon
Villeny
Lamotte-Beuvron
Coullons
Chaumont-sur-Tharonne
Clémont
Ousson-sur-Loire
Argent-sur-Sauldre
Bonny-sur-Loire
Brinon-sur-Sauldre
La Ferté-Beauharnais
BOURGOGNE
(plans 7 8)
Aubigny-sur-Nère
Pierrefitte-sur-Sauldre
St-Viâtre
Oizon
Cosne-Cours-s-Loire
Salbris
Nouan-le-Fuzelier
Ennordres
Villegenon
St-Thibault
Romorantin-Lanthenay
Sancerre
St-Julien-sur-Cher
Vierzon
Vignoux-sur-Barangeon
St-Outrille
Mehun-sur-Yèvre
Bourges
St-Pierre-de-Jards
Nérondes
NEVERS
Plaimpied-Givaudins
St-Valentin
Le Guétin
Issoudun
Montlouis
Bannegon
Sancoins
Châteauroux
Noirlac
Ardentes
St-Amand-Montrond
Lys-St-Georges
Montipouret
Maisonnais
La Châtre
Châteaumeillant
MOULINS
Bouesse
Pouligny-Notre-Dame
AUVERGNE
(plans 5 6)
Montluçon

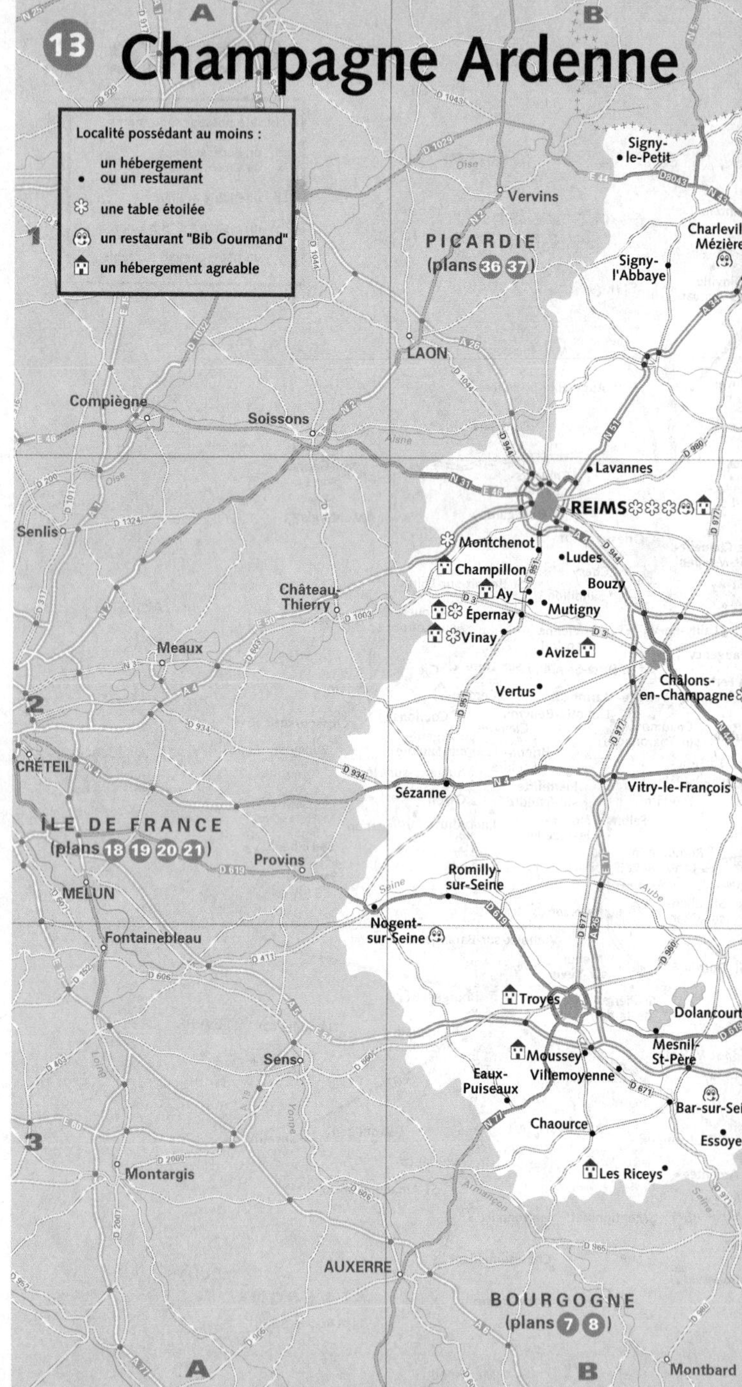
13
Champagne Ardenne
Localité possédant au moins :
un hébergement ou un restaurant
une table étoilée
un restaurant "Bib Gourmand"
un hébergement agréable
PICARDIE
(plans 36 37)
ÎLE DE FRANCE
(plans 18 19 20 21)
BOURGOGNE
(plans 7 8)
Signy-le-Petit
Vervins
Charleville-Mézières
Signy-l'Abbaye
LAON
Compiègne
Soissons
Lavannes
REIMS
Senlis
Montchenot
Ludes
Champillon
Bouzy
Château-Thierry
Ay
Épernay
Mutigny
Vinay
Meaux
Avize
Vertus
Châlons-en-Champagne
CRÉTEIL
Sézanne
Vitry-le-François
Provins
Romilly-sur-Seine
MELUN
Nogent-sur-Seine
Fontainebleau
Troyes
Dolancourt
Mesnil-St-Père
Moussey
Sens
Villemoyenne
Eaux-Puiseaux
Bar-sur-Seine
Chaource
Essoyes
Montargis
Les Riceys
AUXERRE
Montbard
A
B
1
2
3

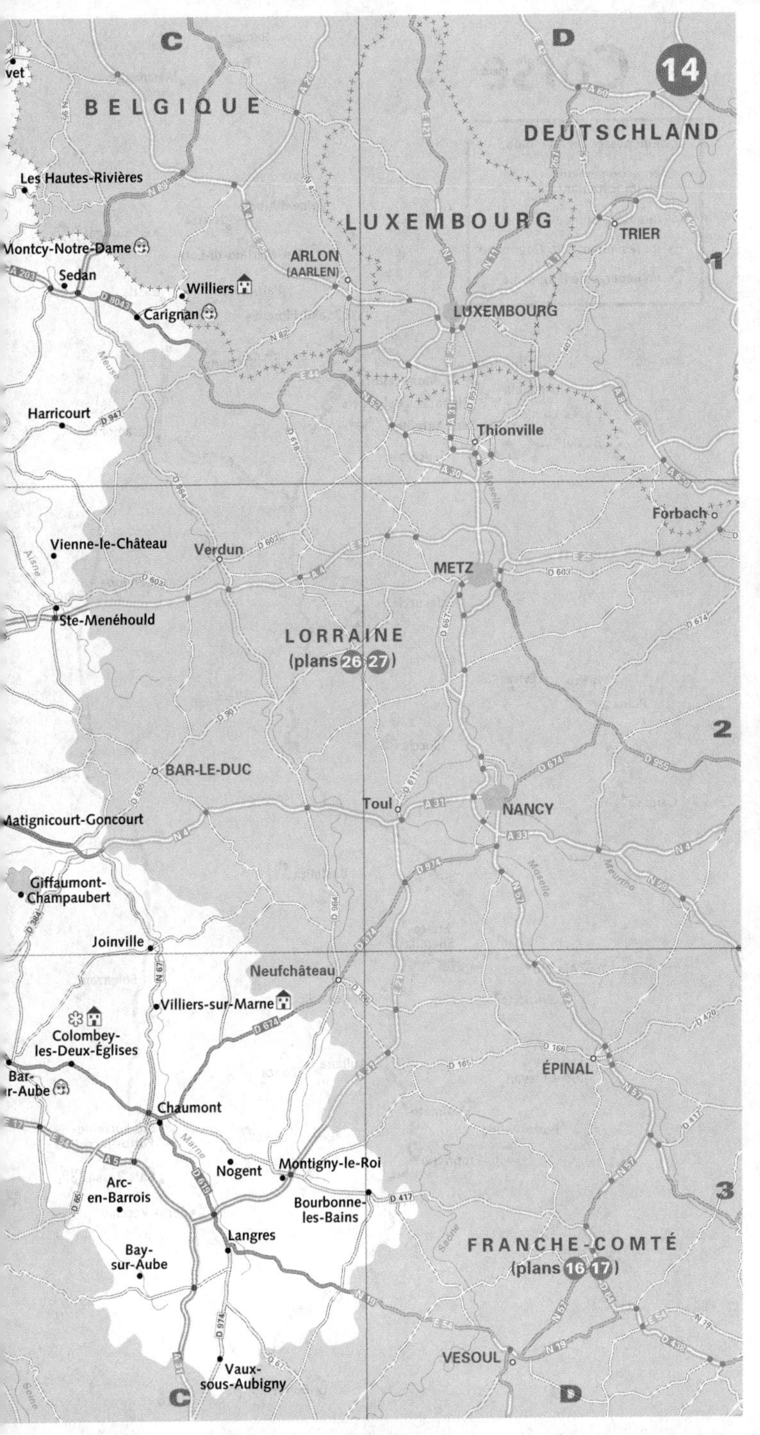

14
C
D
BELGIQUE
DEUTSCHLAND
LUXEMBOURG
Les Hautes-Rivières
Montcy-Notre-Dame
Sedan
Williers
Carignan
ARLON
(AARLEN)
LUXEMBOURG
TRIER
Harricourt
Thionville
Forbach
Vienne-le-Château
Verdun
METZ
Ste-Menéhould
LORRAINE
(plans 26 27)
BAR-LE-DUC
Toul
NANCY
Matignicourt-Goncourt
Giffaumont-
Champaubert
Joinville
Neufchâteau
Villiers-sur-Marne
Colombey-
les-Deux-Églises
Bar-
sur-Aube
ÉPINAL
Chaumont
Nogent
Montigny-le-Roi
Arc-
en-Barrois
Bourbonne-
les-Bains
Langres
Bay-
sur-Aube
FRANCHE-COMTÉ
(plans 16 17)
VESOUL
Vaux-
sous-Aubigny
1
2
3

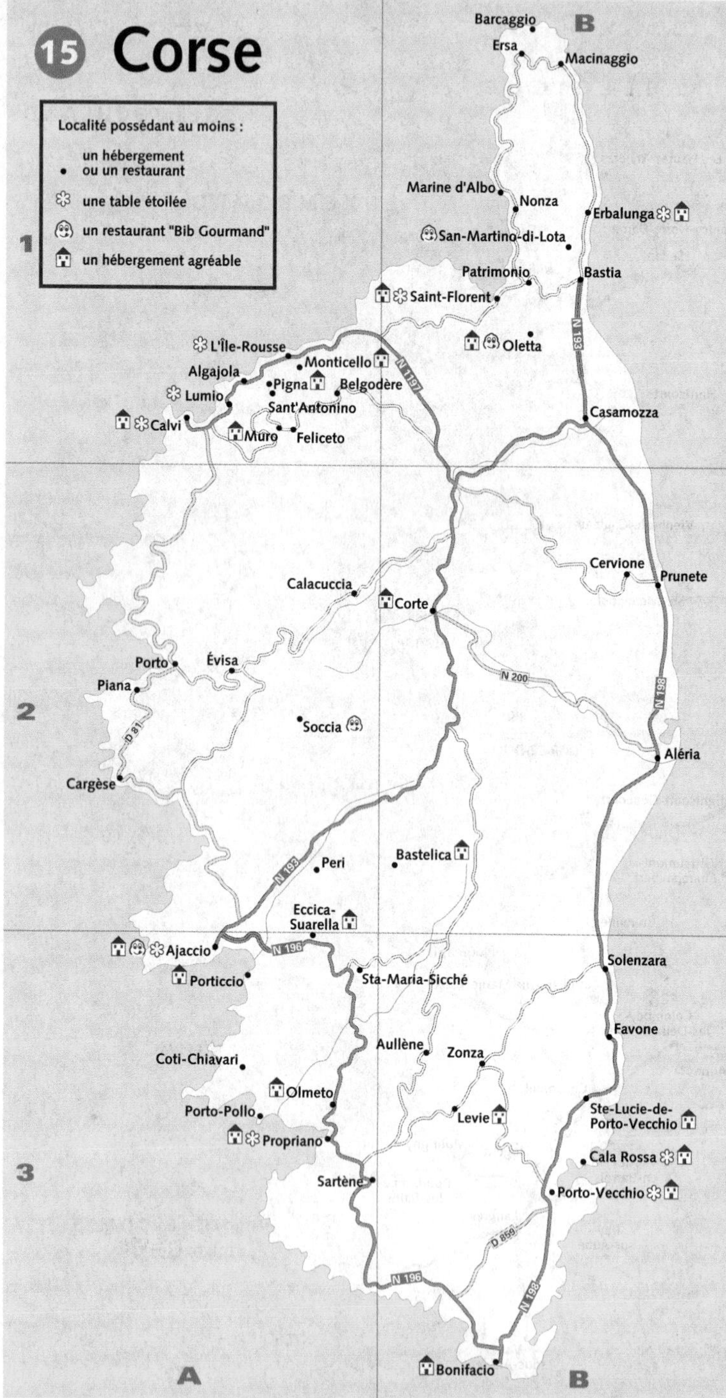
15 Corse
Localité possédant au moins :
un hébergement ou un restaurant
une table étoilée
un restaurant "Bib Gourmand"
un hébergement agréable
Barcaggio
Ersa
Macinaggio
Marine d'Albo
Nonza
Erbalunga
San-Martino-di-Lota
Patrimonio
Bastia
Saint-Florent
Oletta
L'Île-Rousse
Monticello
Algajola
Pigna
Belgodère
Lumio
Sant'Antonino
Calvi
Muro
Feliceto
Casamozza
N 193
N 1197
Cervione
Prunete
Calacuccia
Corte
Porto
Évisa
Piana
N 200
N 198
Soccia
D 81
Aléria
Cargèse
Bastelica
Peri
N 193
Eccica-Suarella
Ajaccio
N 196
Porticcio
Sta-Maria-Sicché
Solenzara
Favone
Aullène
Zonza
Coti-Chiavari
Olmeto
Porto-Pollo
Levie
Ste-Lucie-de-Porto-Vecchio
Propriano
Cala Rossa
Sartène
Porto-Vecchio
D 859
N 196
N 198
Bonifacio
A
B
1
2
3

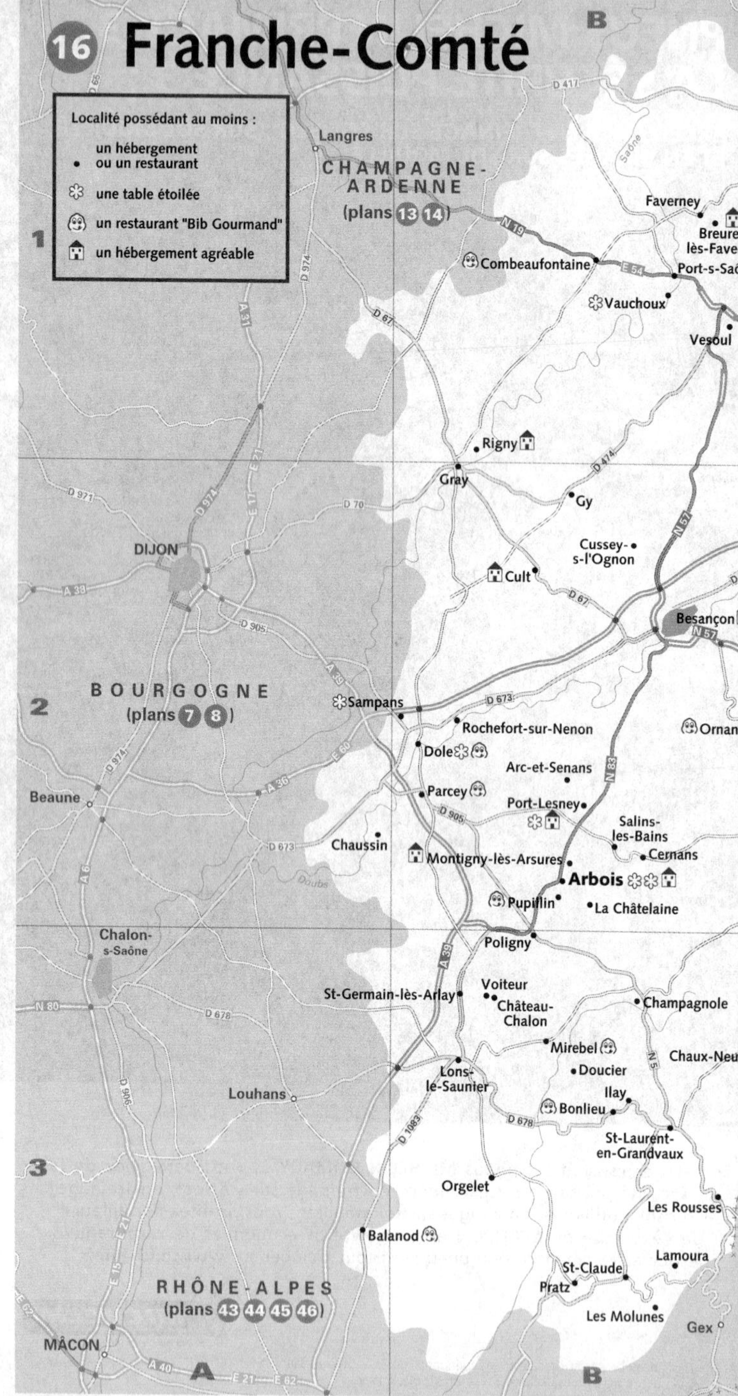
16 Franche-Comté
Localité possédant au moins :
un hébergement ou un restaurant
une table étoilée
un restaurant "Bib Gourmand"
un hébergement agréable
Langres
CHAMPAGNE-ARDENNE (plans 13 14)
BOURGOGNE (plans 7 8)
RHÔNE-ALPES (plans 43 44 45 46)
Faverney
Breurey-lès-Favern
Combeaufontaine
Port-s-Saôn
Vauchoux
Vesoul
Rigny
Gray
Gy
Cussey-s-l'Ognon
Cult
Besançon
DIJON
Sampans
Rochefort-sur-Nenon
Ornans
Dole
Arc-et-Senans
Parcey
Port-Lesney
Salins-les-Bains
Cernans
Beaune
Chaussin
Montigny-lès-Arsures
Arbois
Pupillin
La Châtelaine
Chalon-s-Saône
Poligny
Voiteur
Château-Chalon
St-Germain-lès-Arlay
Champagnole
Mirebel
Chaux-Neuve
Doucier
Lons-le-Saunier
Louhans
Ilay
Bonlieu
St-Laurent-en-Grandvaux
Orgelet
Les Rousses
Balanod
Lamoura
St-Claude
Pratz
Les Molunes
Gex
MÂCON
Saône
Doubs
N 19
E 54
D 67
D 474
N 57
D 70
D 971
D 974
A 31
E 17
E 21
A 38
D 905
A 39
D 673
E 60
A 36
N 83
A 6
N 80
D 678
D 906
N 5
D 1083
E 15
A 40
E 62
D 417
D 65
D 683
1
2
3
A
B

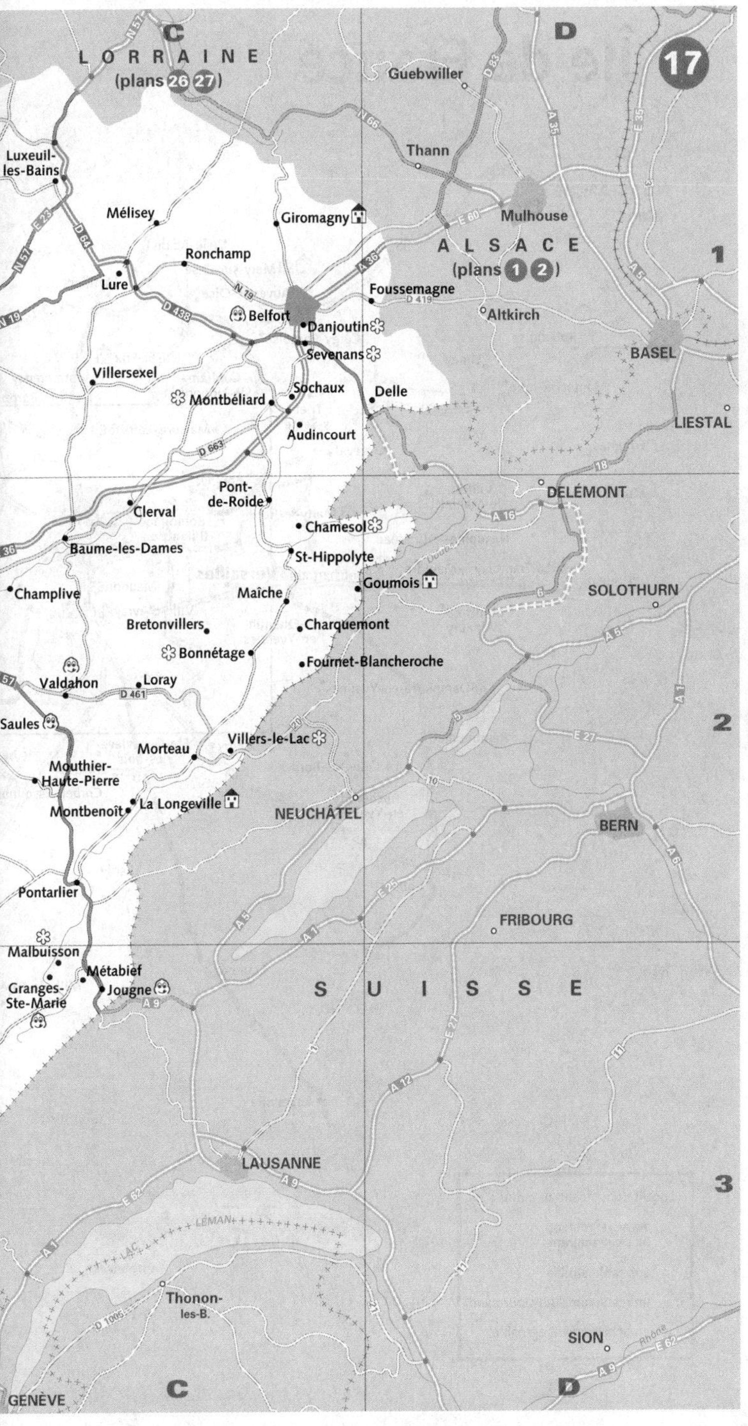
17
C
D
LORRAINE
(plans 26 27)
ALSACE
(plans 1 2)
Guebwiller
Thann
Mulhouse
Luxeuil-les-Bains
Mélisey
Giromagny
Ronchamp
Lure
Belfort
Foussemagne
Altkirch
Danjoutin
Sevenans
BASEL
Villersexel
Montbéliard
Sochaux
Delle
Audincourt
LIESTAL
Pont-de-Roide
DELÉMONT
Clerval
Chamesol
Baume-les-Dames
St-Hippolyte
Goumois
SOLOTHURN
Champlive
Maîche
Bretonvillers
Charquemont
Bonnétage
Fournet-Blancheroche
Valdahon
Loray
Saules
Villers-le-Lac
Morteau
Mouthier-Haute-Pierre
La Longeville
Montbenoît
NEUCHÂTEL
BERN
Pontarlier
FRIBOURG
Malbuisson
Métabief
Jougne
Granges-Ste-Marie
SUISSE
LAUSANNE
LÉMAN
LAC
Thonon-les-B.
SION
GENÈVE
Rhône
1
2
3
N 57
N 66
D 83
A 35
E 35
E 23
D 64
E 60
A 36
N 19
N 79
D 438
D 419
A 5
D 663
A 16
18
6
36
57
D 461
20
E 27
A 1
10
5
E 25
A 6
A 9
E 21
A 12
11
E 62
17
21
D 1005

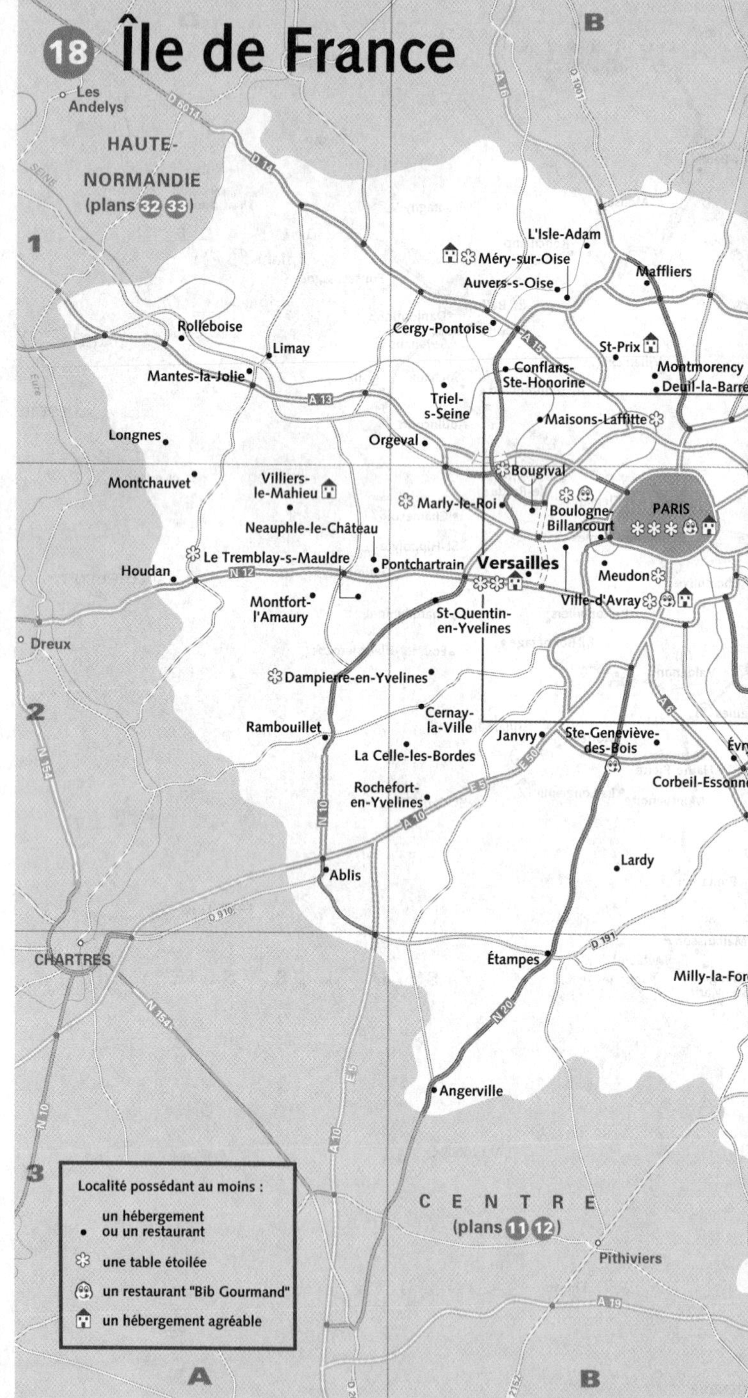

18 Île de France
Les Andelys
HAUTE-NORMANDIE
(plans 32 33)
L'Isle-Adam
Méry-sur-Oise
Maffliers
Auvers-s-Oise
Rolleboise
Cergy-Pontoise
St-Prix
Limay
Conflans-Ste-Honorine
Montmorency
Mantes-la-Jolie
Deuil-la-Barre
Triel-s-Seine
Maisons-Laffitte
Longnes
Orgeval
Bougival
Montchauvet
Villiers-le-Mahieu
Marly-le-Roi
Boulogne-Billancourt
PARIS
Neauphle-le-Château
Le Tremblay-s-Mauldre
Pontchartrain
Versailles
Houdan
Meudon
Montfort-l'Amaury
Ville-d'Avray
St-Quentin-en-Yvelines
Dreux
Dampierre-en-Yvelines
Cernay-la-Ville
Rambouillet
Janvry
Ste-Geneviève-des-Bois
Évry
La Celle-les-Bordes
Corbeil-Essonne
Rochefort-en-Yvelines
Ablis
Lardy
CHARTRES
Étampes
Milly-la-Forê
Angerville
CENTRE
(plans 11 12)
Pithiviers
Localité possédant au moins :
un hébergement ou un restaurant
une table étoilée
un restaurant "Bib Gourmand"
un hébergement agréable

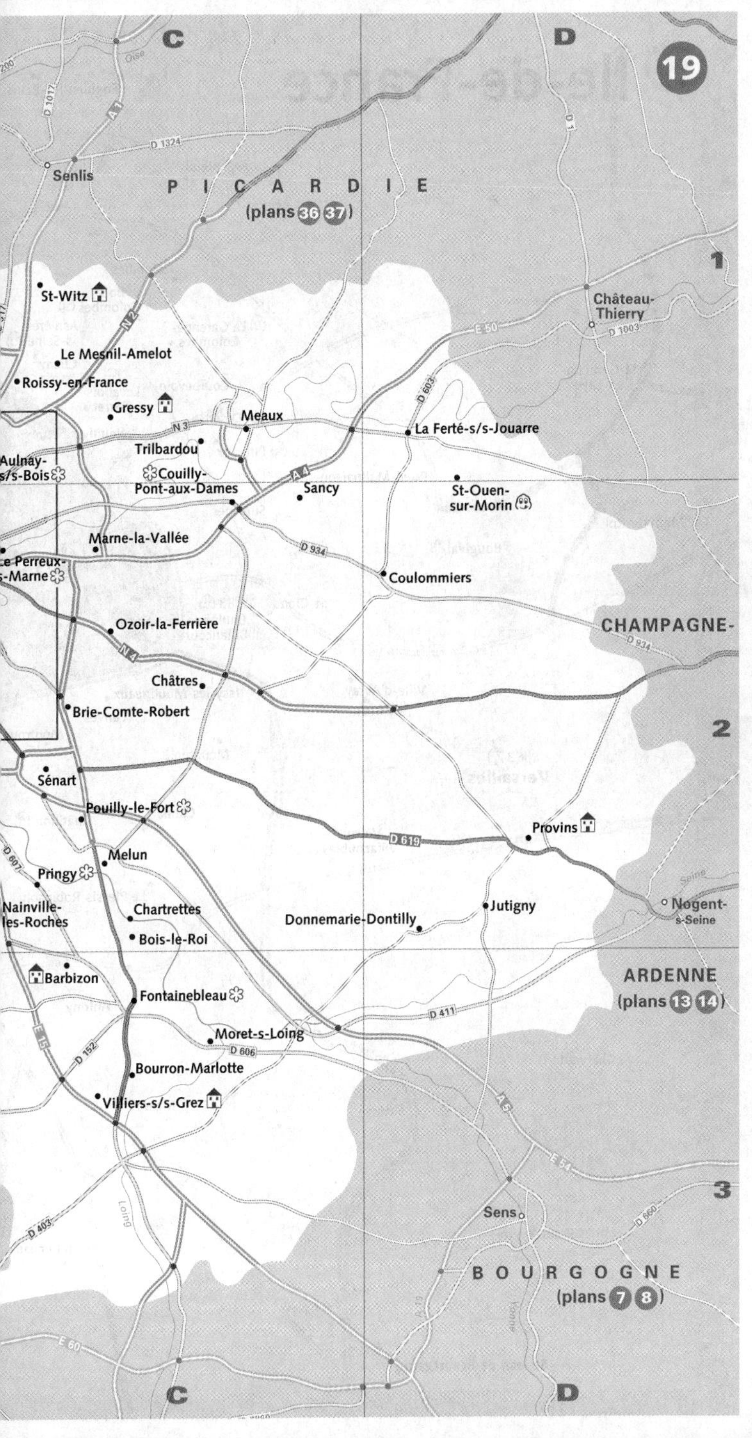

19
C
D
PICARDIE
(plans 36 37)
Senlis
St-Witz
Le Mesnil-Amelot
Roissy-en-France
Gressy
Meaux
Trilbardou
Aulnay-s/s-Bois
Couilly-Pont-aux-Dames
Sancy
La Ferté-s/s-Jouarre
St-Ouen-sur-Morin
Château-Thierry
Marne-la-Vallée
Le Perreux-s-Marne
Coulommiers
Ozoir-la-Ferrière
CHAMPAGNE-
ARDENNE
(plans 13 14)
Châtres
Brie-Comte-Robert
Sénart
Pouilly-le-Fort
Provins
Melun
Pringy
Nainville-les-Roches
Chartrettes
Bois-le-Roi
Jutigny
Donnemarie-Dontilly
Nogent-s-Seine
Barbizon
Fontainebleau
Moret-s-Loing
Bourron-Marlotte
Villiers-s/s-Grez
Sens
BOURGOGNE
(plans 7 8)
1
2
3
D 1324
D 1017
A 1
N 2
N 3
A 4
N 4
D 934
D 603
E 50
D 1003
D 1
D 619
D 607
D 411
D 606
D 152
E 15
A 5
E 54
D 660
D 403
A 19
E 60
Oise
Seine
Loing
Yonne

20 Île-de-France

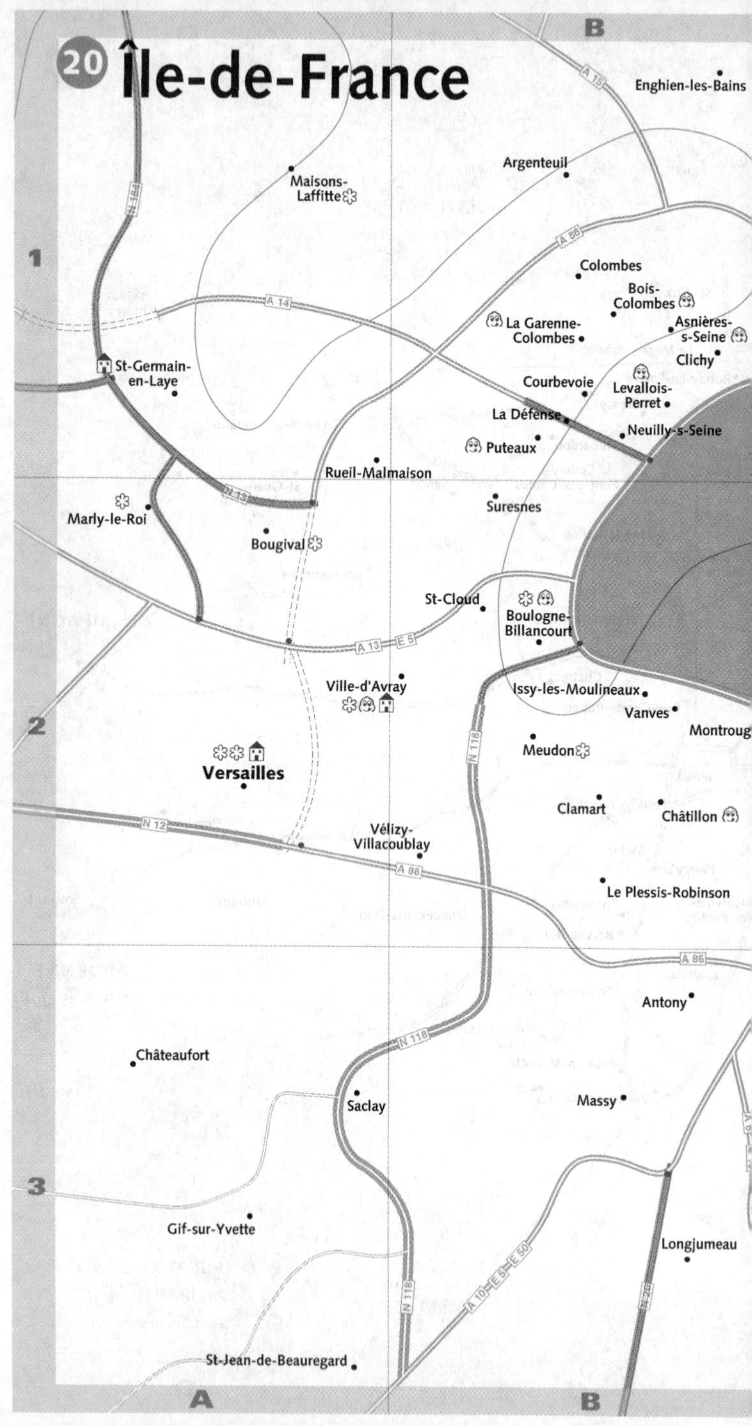

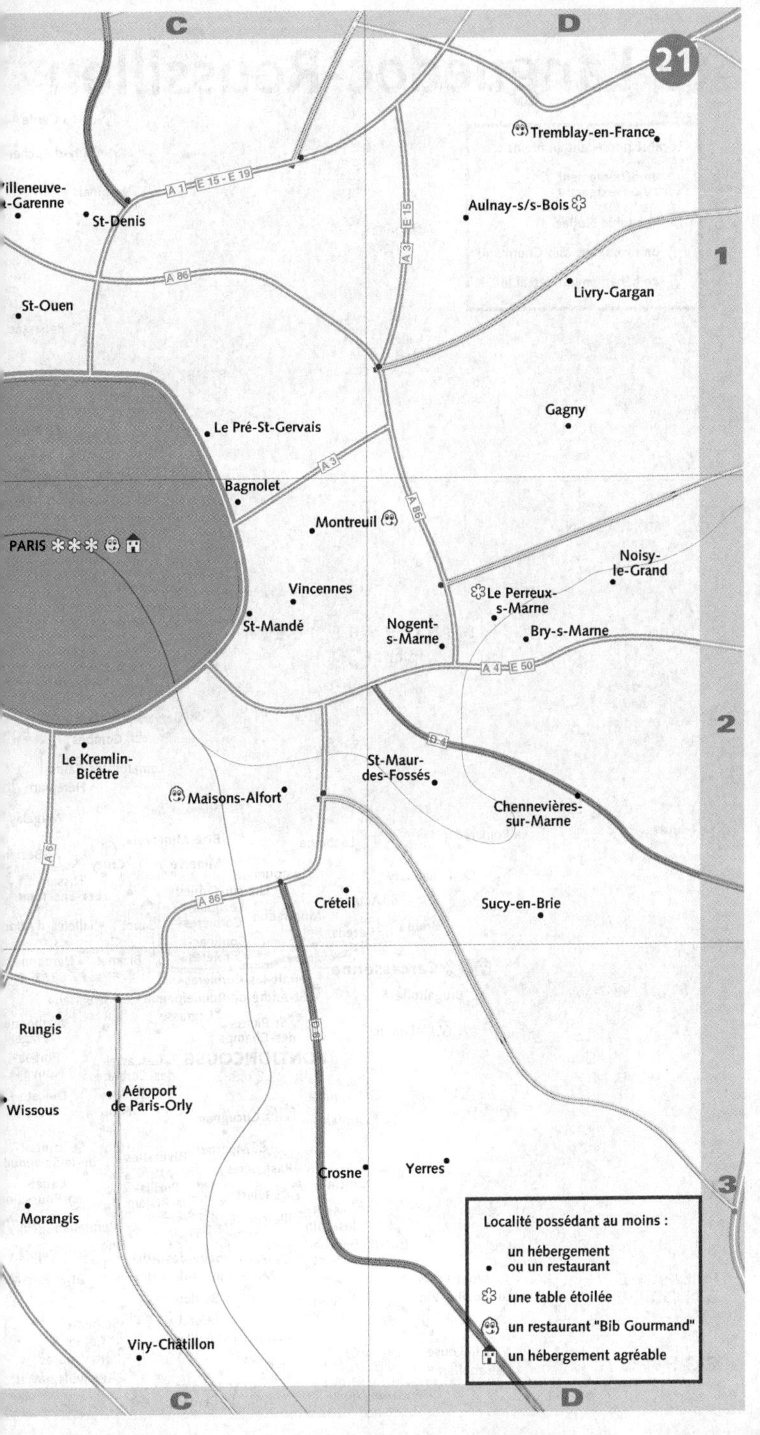

C
D
21
1
2
3
Tremblay-en-France
A 1 E 15 - E 19
Villeneuve-la-Garenne
St-Denis
Aulnay-s/s-Bois
A 3 E 15
A 86
Livry-Gargan
St-Ouen
Gagny
Le Pré-St-Gervais
A 3
Bagnolet
Montreuil
A 86
PARIS
Noisy-le-Grand
Vincennes
Le Perreux-s-Marne
St-Mandé
Nogent-s-Marne
Bry-s-Marne
A 4 E 50
D 4
Le Kremlin-Bicêtre
St-Maur-des-Fossés
Maisons-Alfort
Chennevières-sur-Marne
A 6
A 86
Créteil
Sucy-en-Brie
Rungis
Aéroport de Paris-Orly
Wissous
Crosne
Yerres
Morangis
Viry-Châtillon
Localité possédant au moins :
un hébergement ou un restaurant
une table étoilée
un restaurant "Bib Gourmand"
un hébergement agréable

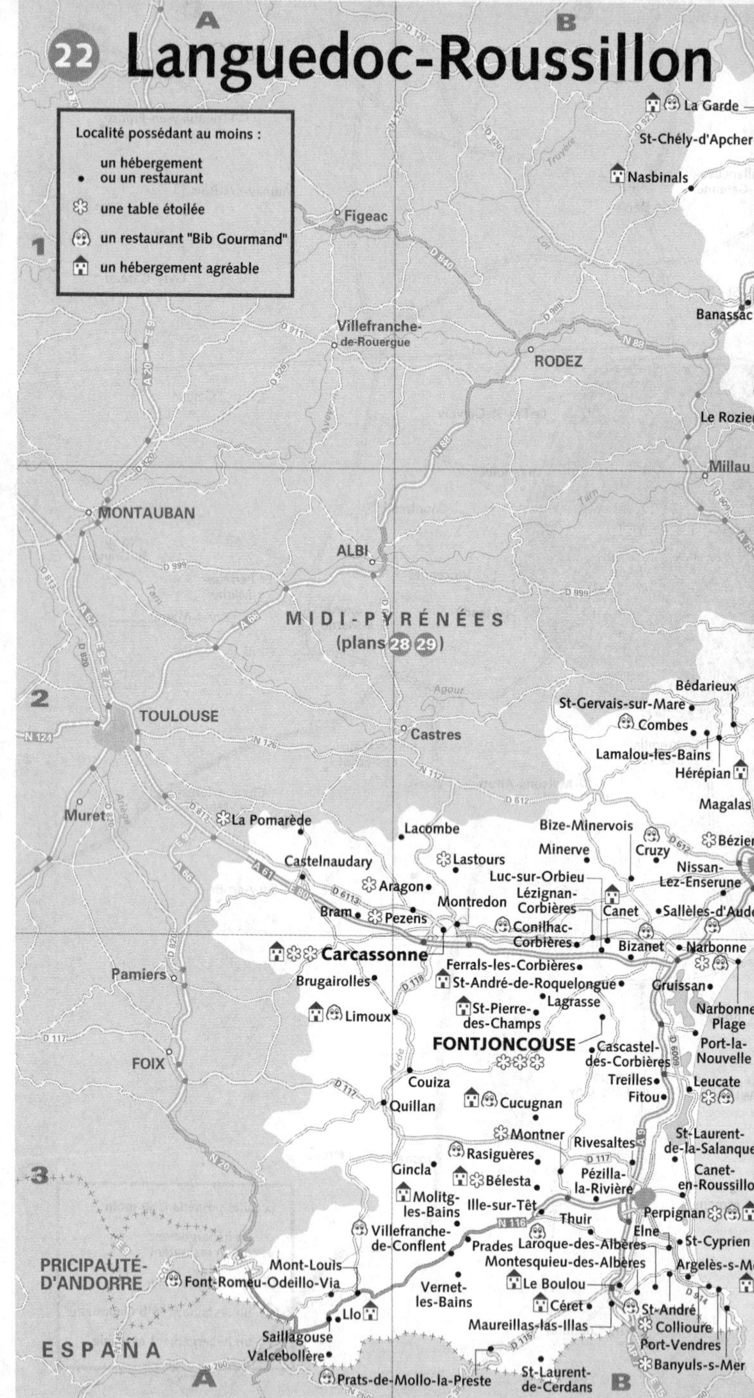
22 Languedoc-Roussillon
A
B
Localité possédant au moins :
un hébergement ou un restaurant
une table étoilée
un restaurant "Bib Gourmand"
un hébergement agréable
1
2
3
La Garde
St-Chély-d'Apcher
Nasbinals
Figeac
Banassac
Villefranche-de-Rouergue
RODEZ
Le Rozier
Millau
MONTAUBAN
ALBI
MIDI-PYRÉNÉES
(plans 28 29)
Bédarieux
St-Gervais-sur-Mare
Combes
Lamalou-les-Bains
Hérépian
TOULOUSE
Castres
Magalas
Muret
La Pomarède
Lacombe
Bize-Minervois
Béziers
Minerve
Cruzy
Castelnaudary
Lastours
Nissan-Lez-Enserune
Luc-sur-Orbieu
Aragon
Lézignan-Corbières
Montredon
Canet
Sallèles-d'Aude
Bram
Pezens
Conilhac-Corbières
Bizanet
Narbonne
Carcassonne
Ferrals-les-Corbières
Pamiers
Brugairolles
St-André-de-Roquelongue
Gruissan
Lagrasse
St-Pierre-des-Champs
Limoux
Narbonne Plage
FONTJONCOUSE
Cascastel-des-Corbières
Port-la-Nouvelle
FOIX
Treilles
Leucate
Couiza
Fitou
Quillan
Cucugnan
Montner
St-Laurent-de-la-Salanque
Rasiguères
Rivesaltes
Canet-en-Roussillon
Gincla
Pézilla-la-Rivière
Bélesta
Molitg-les-Bains
Ille-sur-Têt
Perpignan
Thuir
Villefranche-de-Conflent
Elne
Prades
Laroque-des-Albères
St-Cyprien
PRICIPAUTÉ-D'ANDORRE
Mont-Louis
Montesquieu-des-Albères
Argelès-s-Mer
Font-Romeu-Odeillo-Via
Vernet-les-Bains
Le Boulou
Llo
Céret
St-André
Maureillas-las-Illas
Collioure
Saillagouse
Port-Vendres
ESPAÑA
Valcebollère
Banyuls-s-Mer
Prats-de-Mollo-la-Preste
St-Laurent-de-Cerdans

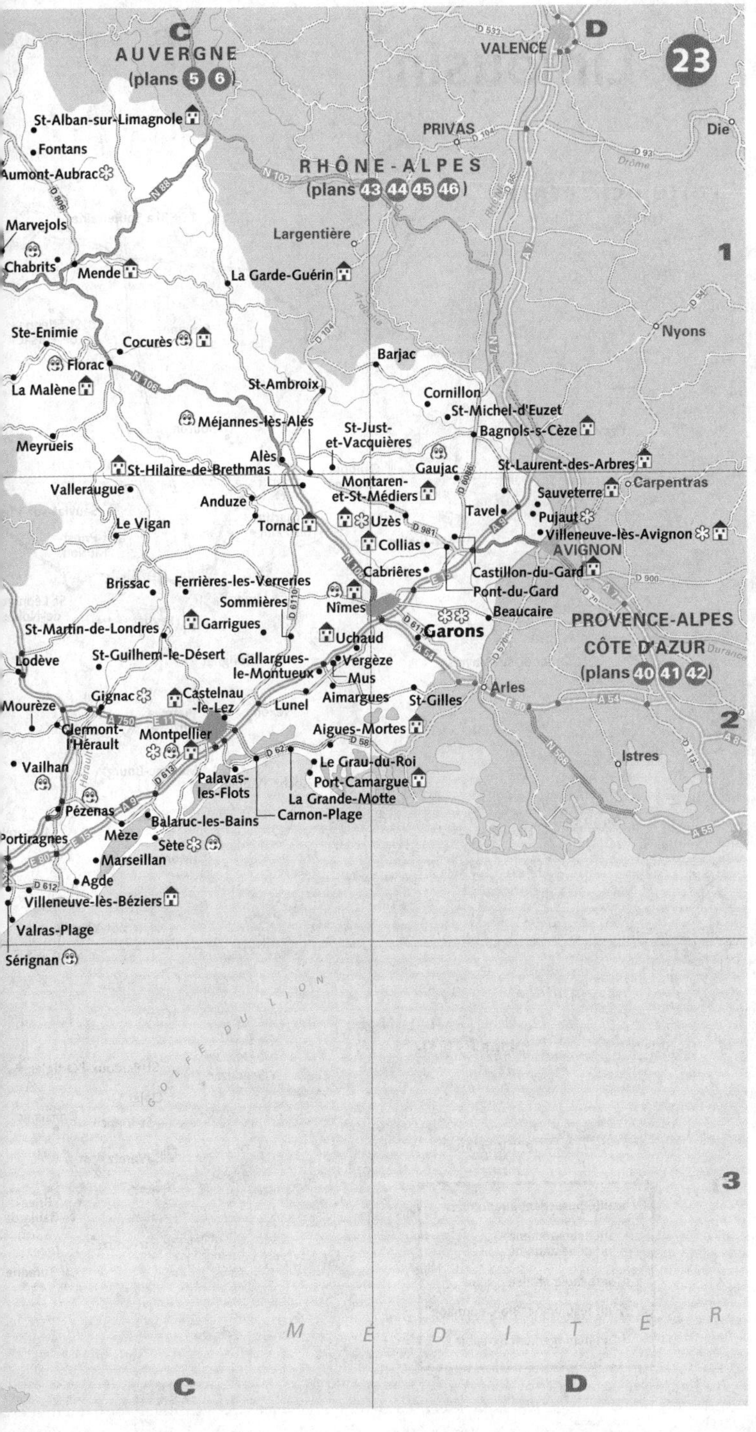

C
D
23
AUVERGNE
(plans 5 6)
VALENCE
PRIVAS
Die
RHÔNE-ALPES
(plans 43 44 45 46)
St-Alban-sur-Limagnole
Fontans
Aumont-Aubrac
Marvejols
Chabrits
Mende
Largentière
La Garde-Guérin
1
Nyons
Ste-Enimie
Cocurès
Florac
La Malène
Barjac
St-Ambroix
Cornillon
St-Michel-d'Euzet
Méjannes-lès-Alès
St-Just-et-Vacquières
Bagnols-s-Cèze
Meyrueis
Alès
St-Hilaire-de-Brethmas
Gaujac
St-Laurent-des-Arbres
Carpentras
Valleraugue
Montaren-et-St-Médiers
Sauveterre
Anduze
Tavel
Pujaut
Le Vigan
Tornac
Uzès
Villeneuve-lès-Avignon
Collias
AVIGNON
Cabrières
Castillon-du-Gard
Brissac
Ferrières-les-Verreries
Pont-du-Gard
Sommières
Nîmes
Beaucaire
PROVENCE-ALPES
Garrigues
Garons
St-Martin-de-Londres
Uchaud
CÔTE D'AZUR
(plans 40 41 42)
Lodève
St-Guilhem-le-Désert
Gallargues-le-Montueux
Vergèze
Mus
Arles
Gignac
Castelnau-le-Lez
Aimargues
Lunel
St-Gilles
Mourèze
Clermont-l'Hérault
Montpellier
Aigues-Mortes
2
Istres
Vailhan
Le Grau-du-Roi
Palavas-les-Flots
Port-Camargue
La Grande-Motte
Pézenas
Carnon-Plage
Balaruc-les-Bains
Portiragnes
Mèze
Sète
Marseillan
Agde
Villeneuve-lès-Béziers
Valras-Plage
Sérignan
GOLFE DU LION
3
M E D I T E R
C
D

24 Limousin

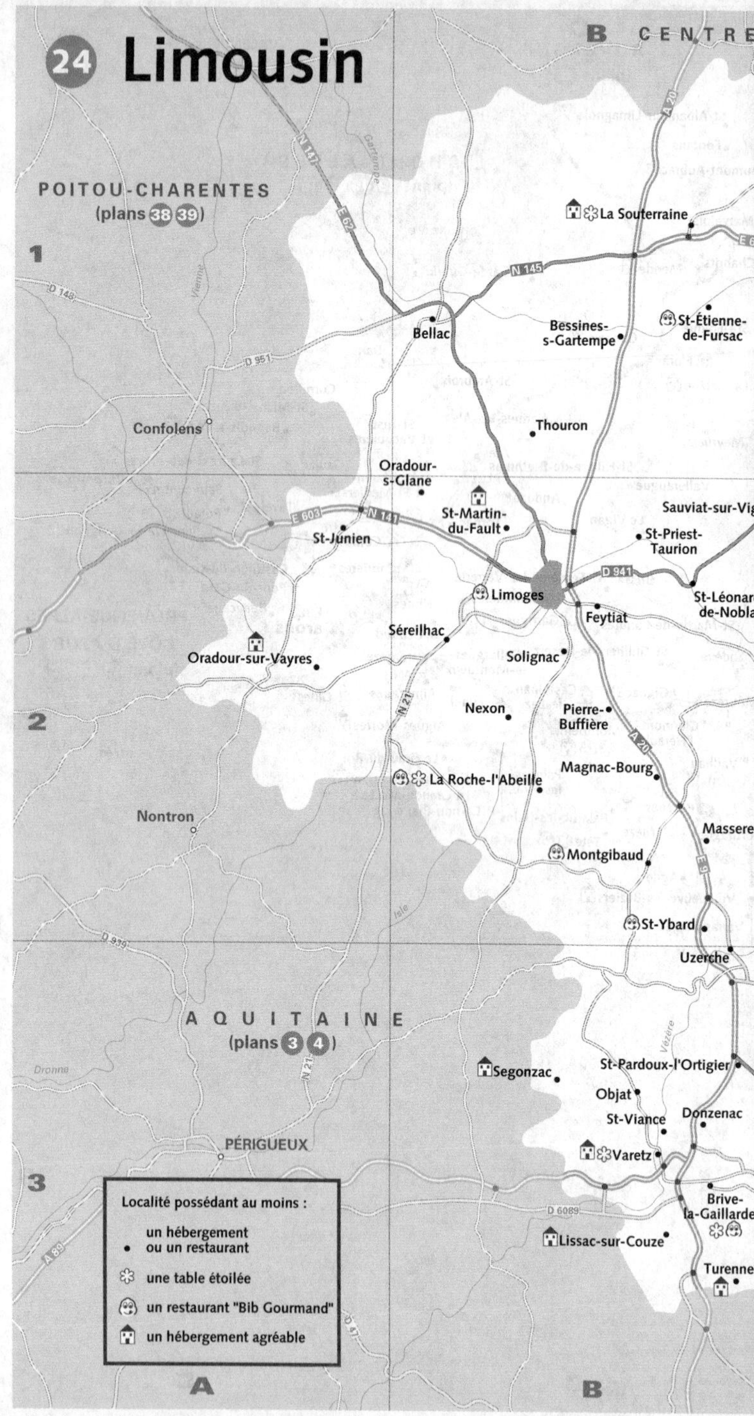

B CENTRE
POITOU-CHARENTES
(plans 38 39)
1
2
3
A
B
AQUITAINE
(plans 3 4)
La Souterraine
St-Étienne-de-Fursac
Bessines-s-Gartempe
Bellac
Confolens
Thouron
Oradour-s-Glane
St-Martin-du-Fault
Sauviat-sur-Vig
St-Priest-Taurion
St-Junien
Limoges
St-Léonard-de-Noblat
Feytiat
Séreilhac
Oradour-sur-Vayres
Solignac
Nexon
Pierre-Buffière
Magnac-Bourg
La Roche-l'Abeille
Nontron
Masseret
Montgibaud
St-Ybard
Uzerche
Segonzac
St-Pardoux-l'Ortigier
Objat
St-Viance
Donzenac
PÉRIGUEUX
Varetz
Brive-la-Gaillarde
Lissac-sur-Couze
Turenne
N 147
E 62
N 145
D 148
D 951
E 603
N 141
D 941
A 20
N 21
D 939
D 6089
A 89
D 47
Localité possédant au moins :
un hébergement ou un restaurant
une table étoilée
un restaurant "Bib Gourmand"
un hébergement agréable

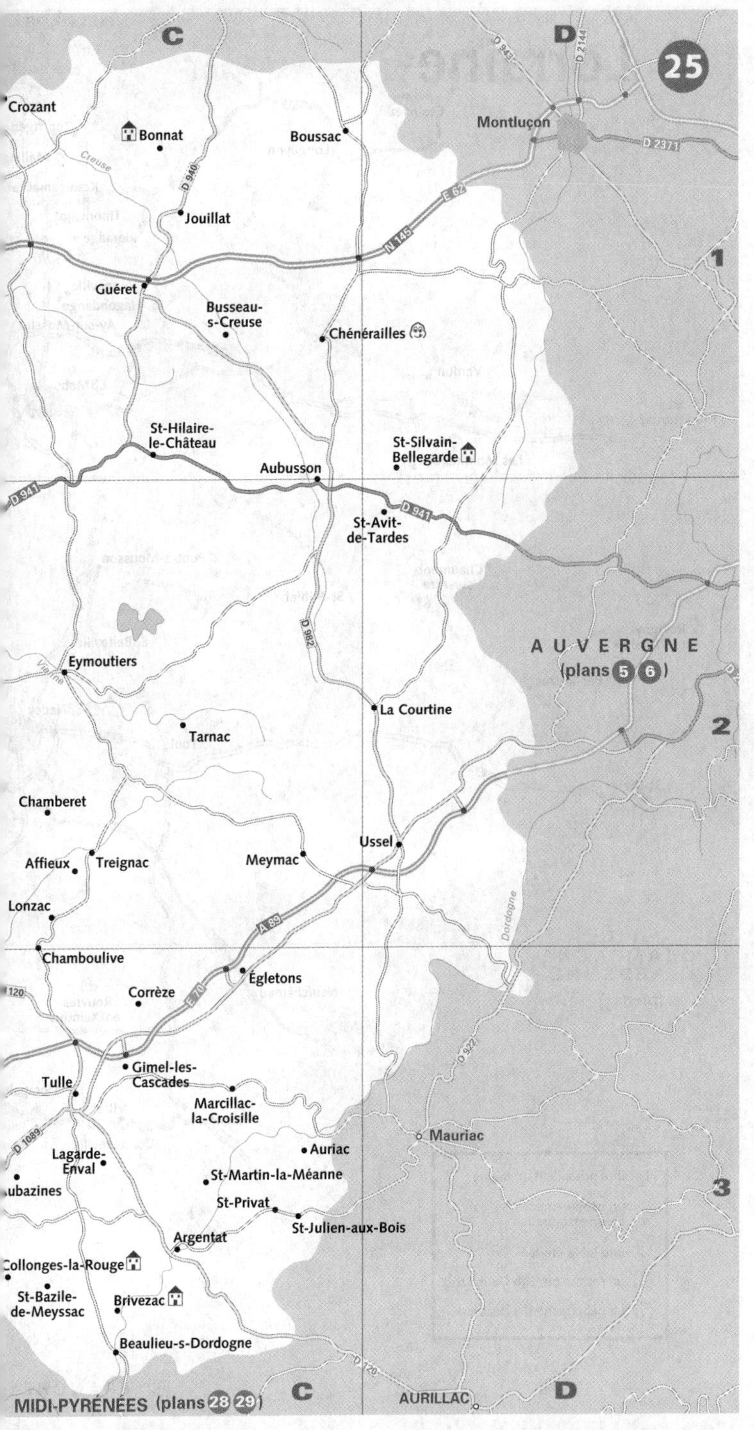

C
D
25
Crozant
Bonnat
Boussac
Montluçon
D 943
D 2144
D 2371
Creuse
D 940
Jouillat
E 62
N 145
1
Guéret
Busseau-s-Creuse
Chénérailles
St-Hilaire-le-Château
St-Silvain-Bellegarde
Aubusson
D 941
St-Avit-de-Tardes
D 982
AUVERGNE
(plans 5 6)
Eymoutiers
Vienne
La Courtine
2
Tarnac
Chamberet
Ussel
Affieux
Treignac
Meymac
Lonzac
A 89
Dordogne
Chamboulive
Égletons
120
Corrèze
E 70
D 922
Gimel-les-Cascades
Tulle
Marcillac-la-Croisille
D 1089
Mauriac
Lagarde-Enval
Auriac
St-Martin-la-Méanne
3
ubazines
St-Privat
St-Julien-aux-Bois
Argentat
Collonges-la-Rouge
St-Bazile-de-Meyssac
Brivezac
Beaulieu-s-Dordogne
D 120
MIDI-PYRÉNÉES (plans 28 29)
AURILLAC

26 Lorraine

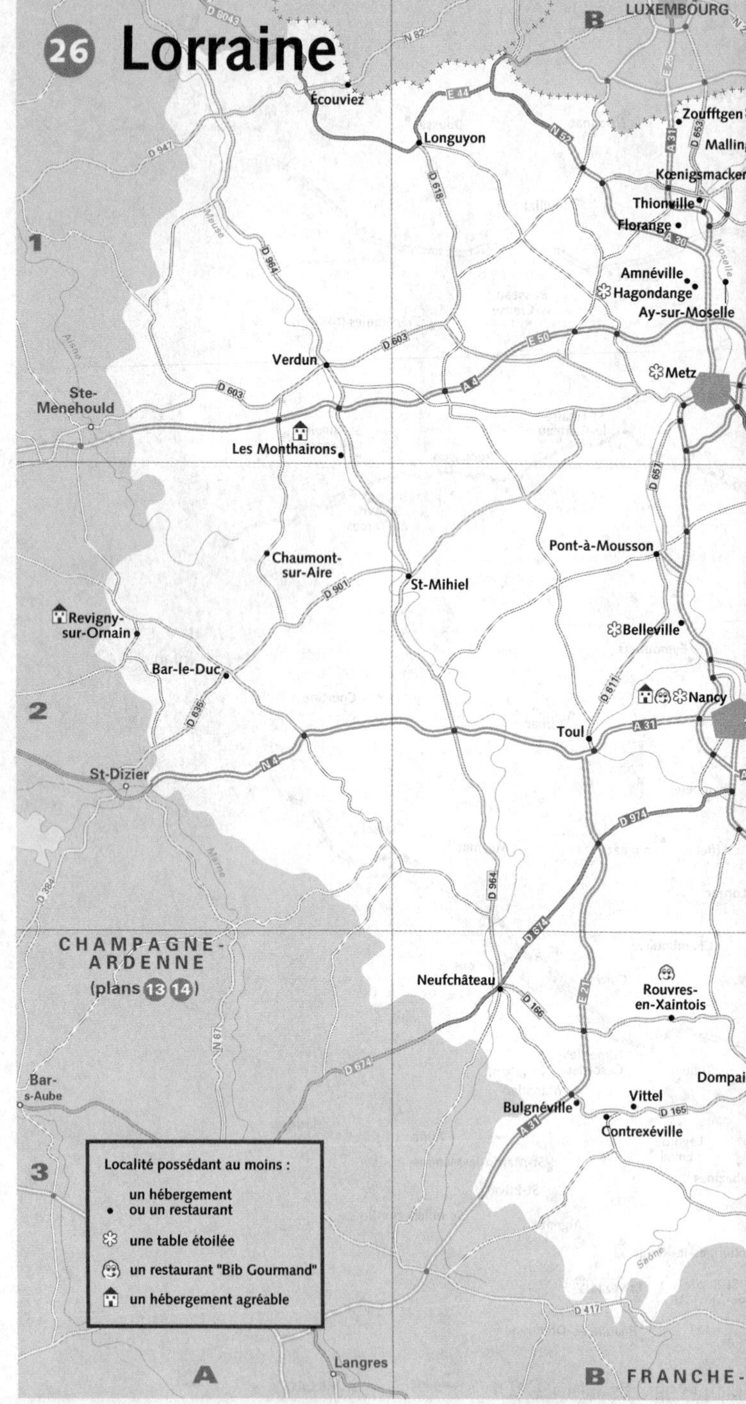

LUXEMBOURG
B
Écouviez
Longuyon
Zoufftgen
Malling
Kœnigsmacker
Thionville
Florange
Amnéville
Hagondange
Ay-sur-Moselle
Metz
Verdun
Ste-Menehould
Les Monthairons
Pont-à-Mousson
Chaumont-sur-Aire
St-Mihiel
Revigny-sur-Ornain
Belleville
Bar-le-Duc
Nancy
Toul
St-Dizier
CHAMPAGNE-ARDENNE
(plans 13 14)
Neufchâteau
Rouvres-en-Xaintois
Bar-s-Aube
Dompai
Vittel
Bulgnéville
Contrexéville
Localité possédant au moins :
un hébergement ou un restaurant
une table étoilée
un restaurant "Bib Gourmand"
un hébergement agréable
Langres
A
B
FRANCHE-
1
2
3
D 603
D 964
D 618
D 901
D 635
N 4
D 974
D 674
D 166
D 165
D 417
D 611
D 657
A 4
A 31
A 30
E 50
E 44
E 21
E 25
N 52
N 82
N 67
D 384
D 947
D 6043
Meuse
Marne
Moselle
Aisne
Saône

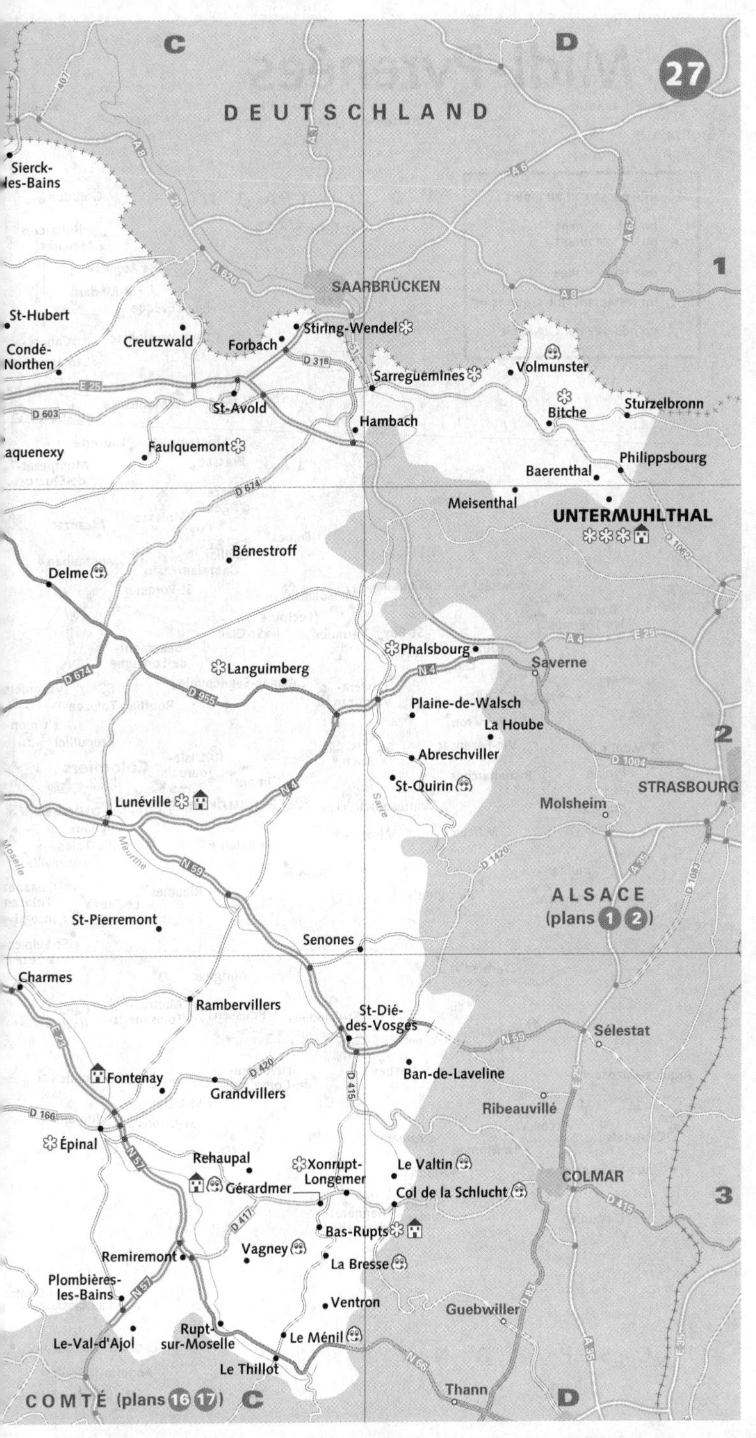
C
D
DEUTSCHLAND
1
2
3
Sierck-les-Bains
SAARBRÜCKEN
St-Hubert
Creutzwald
Forbach
Stiring-Wendel
Condé-Northen
Sarreguemines
Volmunster
St-Avold
Bitche
Sturzelbronn
Hambach
Faulquemont
Philippsbourg
Baerenthal
Meisenthal
UNTERMUHLTHAL
Bénestroff
Delme
Phalsbourg
Saverne
Languimberg
Plaine-de-Walsch
La Hoube
Abreschviller
St-Quirin
STRASBOURG
Lunéville
Molsheim
ALSACE
(plans 1 2)
St-Pierremont
Senones
Charmes
Rambervillers
St-Dié-des-Vosges
Sélestat
Fontenay
Ban-de-Laveline
Grandvillers
Ribeauvillé
Épinal
Rehaupal
Xonrupt-Longemer
Le Valtin
Gérardmer
Col de la Schlucht
COLMAR
Bas-Rupts
Vagney
Remiremont
La Bresse
Plombières-les-Bains
Ventron
Guebwiller
Rupt-sur-Moselle
Le Val-d'Ajol
Le Ménil
Le Thillot
Thann
COMTÉ (plans 16 17)
A 8
E 29
A 620
A 1
A 6
A 62
E 25
D 603
D 318
D 674
D 955
N 4
D 1062
A 4
D 1004
D 1420
A 35
D 1083
N 59
E 23
D 420
D 415
D 166
N 57
D 417
N 66
D 83
E 35
Sarre
Meurthe
Moselle

28 Midi-Pyrénées

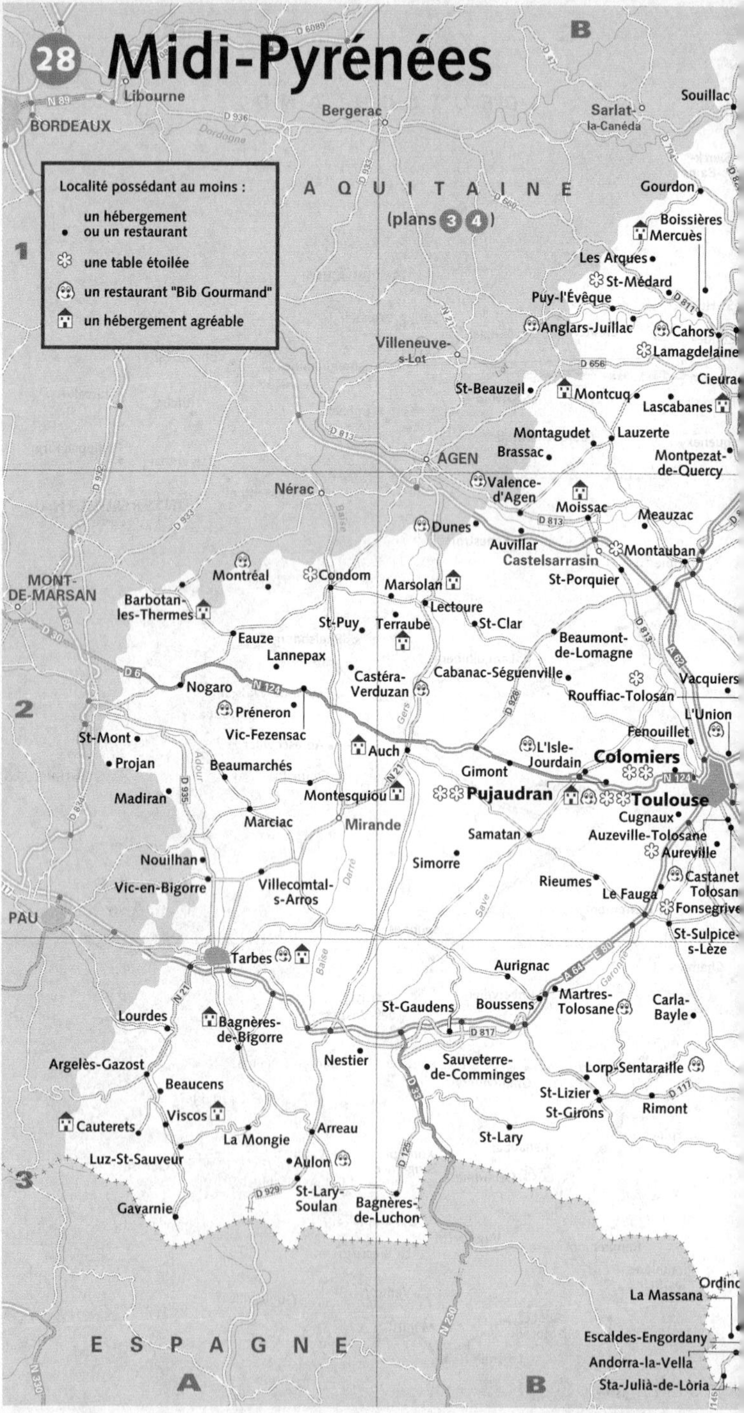

Localité possédant au moins :

- • un hébergement ou un restaurant
- ✿ une table étoilée
- ☺ un restaurant "Bib Gourmand"
- ⌂ un hébergement agréable

A B 1 2 3

AQUITAINE (plans 3 4)

ESPAGNE

Libourne, BORDEAUX, Bergerac, Sarlat-la-Canéda, Souillac, Gourdon, Boissières, Mercuès, Les Arques, St-Médard, Puy-l'Évêque, Anglars-Juillac, Cahors, Lamagdelaine, Villeneuve-s-Lot, St-Beauzeil, Montcuq, Cieurac, Lascabanes, Montagudet, Lauzerte, Brassac, Montpezat-de-Quercy, AGEN, Valence-d'Agen, Nérac, Moissac, Meauzac, Dunes, Auvillar, Castelsarrasin, Montauban, MONT-DE-MARSAN, Montréal, Condom, Marsolan, St-Porquier, Barbotan-les-Thermes, Lectoure, St-Puy, Terraube, St-Clar, Eauze, Beaumont-de-Lomagne, Lannepax, Castéra-Verduzan, Cabanac-Séguenville, Vacquiers, Nogaro, Rouffiac-Tolosan, Préneron, Vic-Fezensac, L'Union, St-Mont, Fenouillet, Auch, L'Isle-Jourdain, Colomiers, Projan, Beaumarchés, Gimont, Madiran, Montesquiou, Pujaudran, Toulouse, Cugnaux, Marciac, Mirande, Samatan, Auzeville-Tolosane, Aureville, Nouilhan, Simorre, Castanet-Tolosan, Vic-en-Bigorre, Villecomtal-s-Arros, Rieumes, Le Fauga, Fonsegrives, PAU, St-Sulpice-s-Lèze, Tarbes, Aurignac, Martres-Tolosane, Carla-Bayle, Lourdes, Bagnères-de-Bigorre, St-Gaudens, Boussens, Nestier, Sauveterre-de-Comminges, Lorp-Sentaraille, Argelès-Gazost, Beaucens, St-Lizier, Rimont, St-Girons, Viscos, Cauterets, La Mongie, Arreau, St-Lary, Luz-St-Sauveur, Aulon, St-Lary-Soulan, Bagnères-de-Luchon, Gavarnie, Ordino, La Massana, Escaldes-Engordany, Andorra-la-Vella, Sta-Julià-de-Lòria

N 89, D 936, D 6089, D 933, D 660, D 704, D 820, D 811, N 21, D 656, D 813, D 932, D 30, A 65, D 6, N 124, D 928, A 62, D 935, D 834, D 817, A 64 - E 80, D 33, D 125, D 929, D 117, N 230, N 320, N 145

Dordogne, Lot, Baïse, Gers, Adour, Arros, Save, Garonne

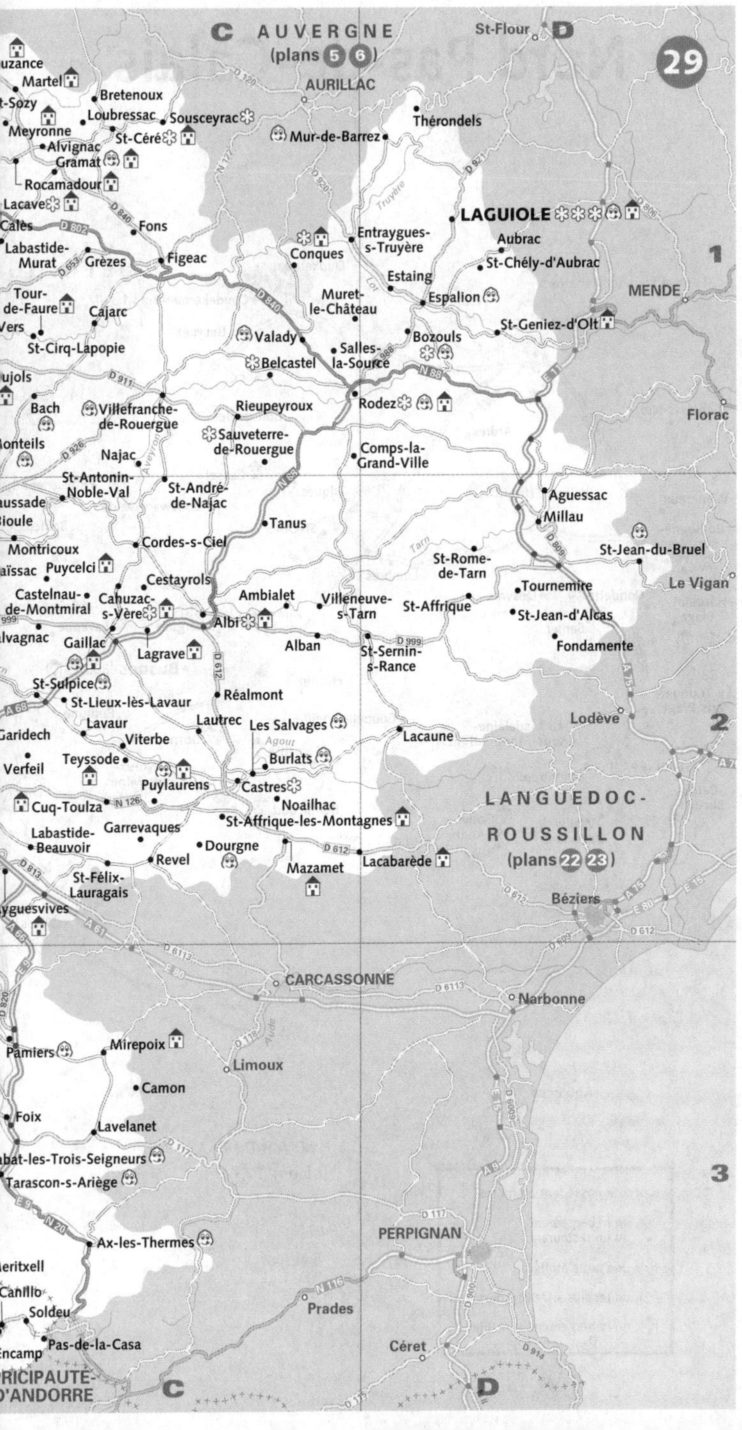

C
AUVERGNE
(plans 5 6)
St-Flour
D
29
AURILLAC
Martel
Bretenoux
Loubressac
Sousceyrac
Meyronne
St-Céré
Alvignac
Gramat
Rocamadour
Lacave
Mur-de-Barrez
Thérondels
LAGUIOLE
Aubrac
St-Chély-d'Aubrac
Fons
Figeac
Labastide-Murat
Grèzes
Conques
Entraygues-s-Truyère
Estaing
Espalion
MENDE
1
Tour-de-Faure
Cajarc
St-Cirq-Lapopie
Muret-le-Château
Valady
Bozouls
St-Geniez-d'Olt
Belcastel
Salles-la-Source
Rodez
Bach
Villefranche-de-Rouergue
Rieupeyroux
Sauveterre-de-Rouergue
Comps-la-Grand-Ville
Florac
Najac
St-Antonin-Noble-Val
St-André-de-Najac
Aguessac
Millau
Tanus
Montricoux
Cordes-s-Ciel
Puycelci
Cestayrols
St-Rome-de-Tarn
St-Jean-du-Bruel
Le Vigan
Castelnau-de-Montmiral
Cahuzac-s-Vère
Ambialet
Villeneuve-s-Tarn
St-Affrique
Tournemire
St-Jean-d'Alcas
Albi
Gaillac
Lagrave
Alban
St-Sernin-s-Rance
Fondamente
St-Sulpice
St-Lieux-lès-Lavaur
Réalmont
Lavaur
Lautrec
Les Salvages
Lacaune
Lodève
2
Garidech
Viterbe
Teyssode
Burlats
Verfeil
Puylaurens
Castres
Cuq-Toulza
Noailhac
LANGUEDOC-ROUSSILLON
(plans 22 23)
St-Affrique-les-Montagnes
Labastide-Beauvoir
Garrevaques
Dourgne
Revel
Mazamet
Lacabarède
St-Félix-Lauragais
Béziers
CARCASSONNE
Narbonne
Pamiers
Mirepoix
Limoux
Camon
Foix
Lavelanet
Tarascon-s-Ariège
3
Ax-les-Thermes
PERPIGNAN
Canillo
Soldeu
Prades
Pas-de-la-Casa
Céret
C
D
D 120
D 921
D 920
D 840
D 802
D 653
D 911
D 926
D 988
N 88
N 88
D 809
D 999
D 612
A 68
N 126
D 813
A 61
A 66
D 6113
E 80
D 118
D 117
E 15
A 9
N 20
N 116
D 900
D 914
A 75

30 Nord Pas-de-Calais

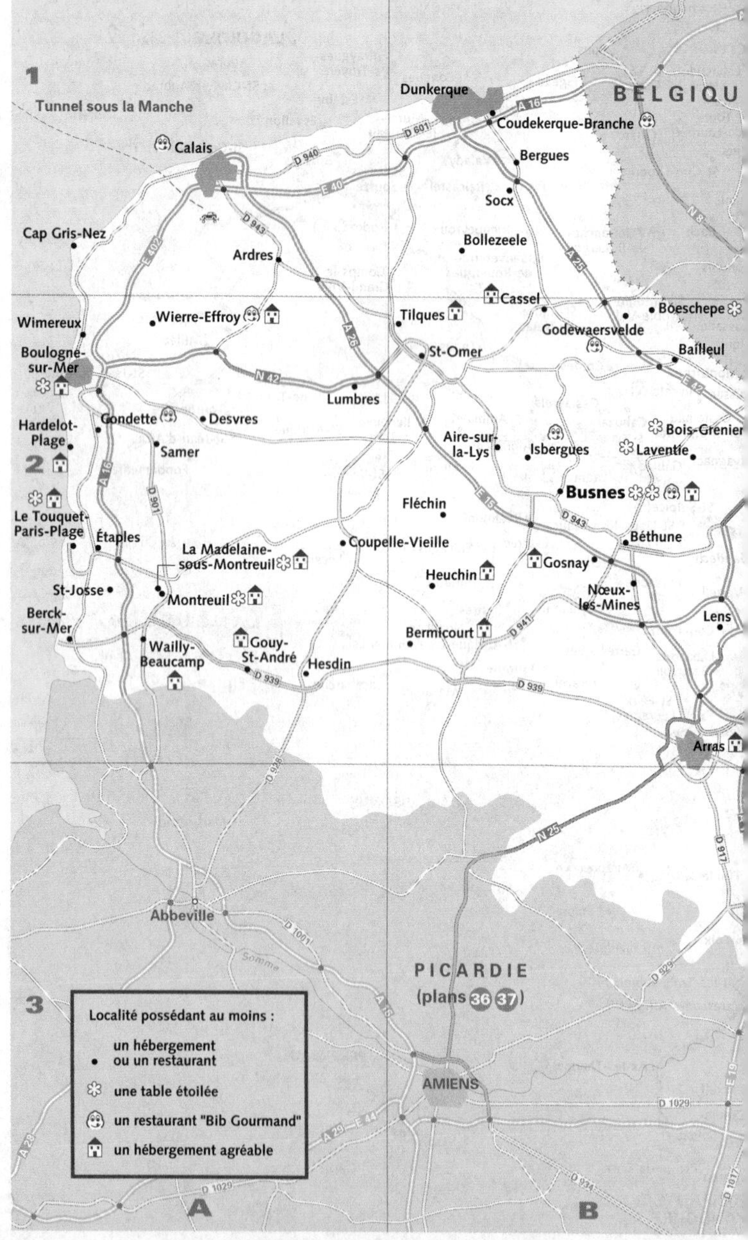

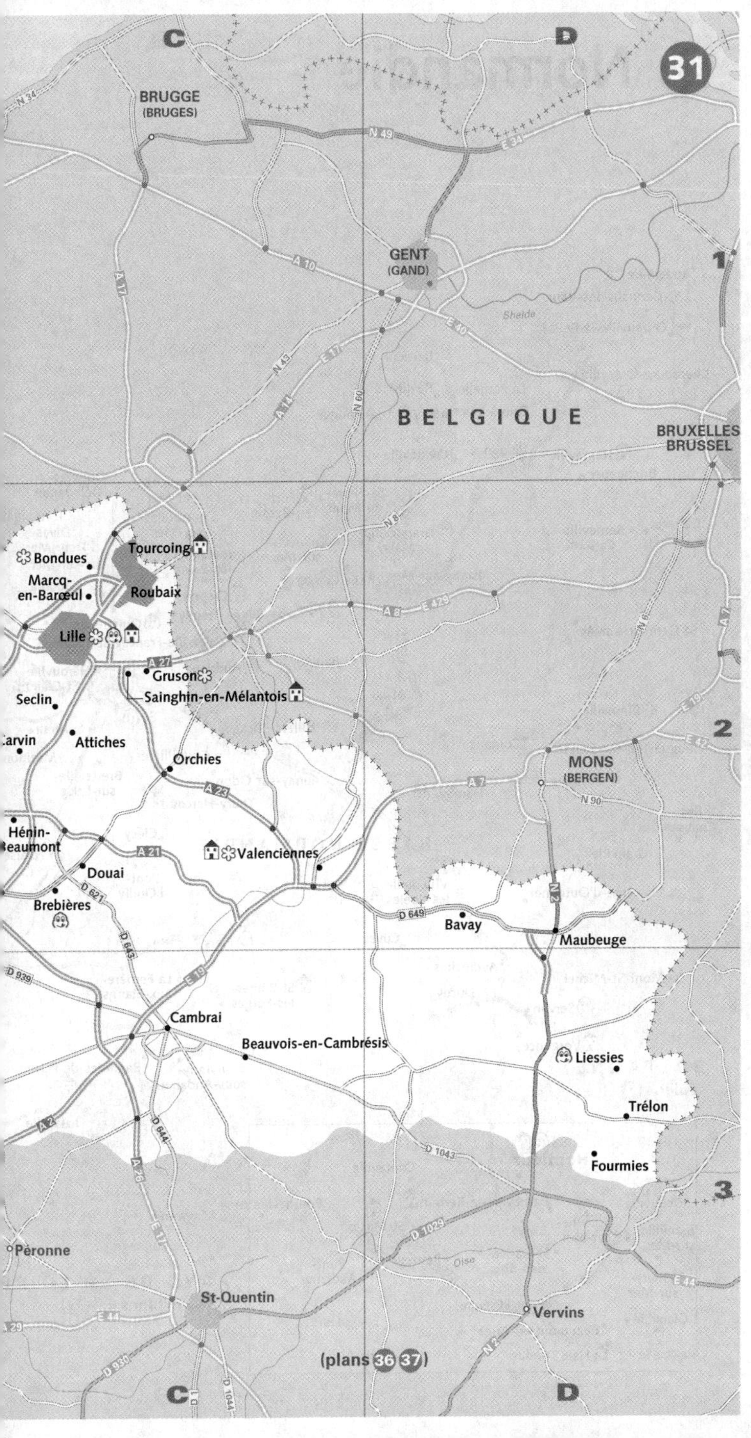

C
D
31
BRUGGE
(BRUGES)
N 34
N 49
E 34
A 17
A 10
GENT
(GAND)
Sheide
E 40
1
N 43
E 17
A 14
N 60
BELGIQUE
BRUXELLES
BRUSSEL
N 8
Tourcoing
Bondues
Marcq-
en-Barœul
Roubaix
A 8
E 429
N 6
A 7
Lille
A 27
Gruson
Sainghin-en-Mélantois
Seclin
Carvin
Attiches
E 19
2
E 42
Orchies
A 23
A 7
MONS
(BERGEN)
N 90
Hénin-
Beaumont
A 21
Valenciennes
Douai
D 621
Brebières
N 2
D 649
Bavay
Maubeuge
D 643
D 939
E 19
Cambrai
Beauvois-en-Cambrésis
Liessies
Trélon
A 2
D 644
A 26
D 1043
Fourmies
3
E 17
D 1029
Oise
Péronne
E 44
St-Quentin
E 44
A 29
Vervins
N 2
D 930
(plans 36 37)
C
D 1
D 1044
D

32 Normandie

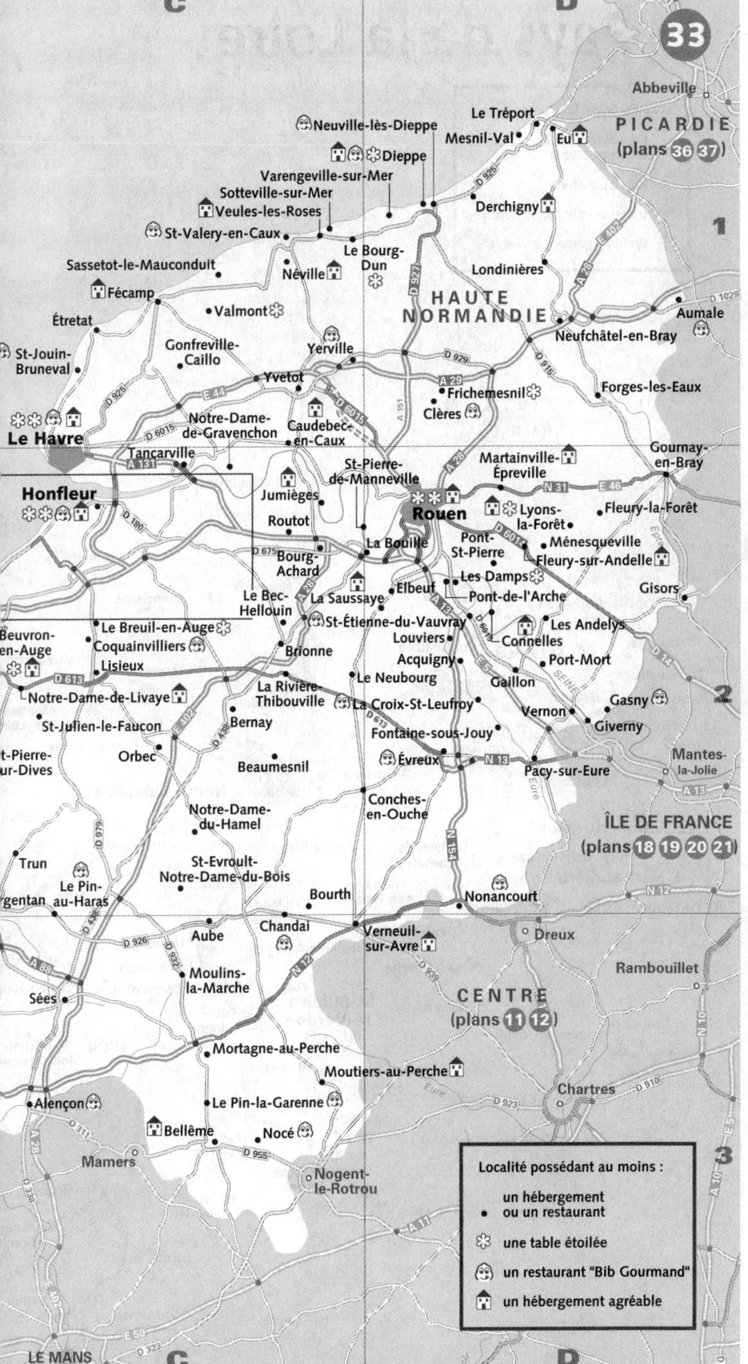
C
D
Abbeville
PICARDIE
(plans 36 37)
Le Tréport
Mesnil-Val
Eu
Neuville-lès-Dieppe
Dieppe
Varengeville-sur-Mer
Sotteville-sur-Mer
Veules-les-Roses
Derchigny
St-Valery-en-Caux
Le Bourg-Dun
Néville
Sassetot-le-Mauconduit
Londinières
Fécamp
HAUTE NORMANDIE
Valmont
Aumale
Étretat
Neufchâtel-en-Bray
Yerville
Gonfreville-Caillo
St-Jouin-Bruneval
Yvetot
Frichemesnil
Forges-les-Eaux
Clères
Le Havre
Notre-Dame-de-Gravenchon
Caudebec-en-Caux
Tancarville
Martainville-Épreville
Gournay-en-Bray
St-Pierre-de-Manneville
Honfleur
Jumièges
Rouen
Lyons-la-Forêt
Fleury-la-Forêt
Routot
Ménesqueville
La Bouille
Pont-St-Pierre
Bourg-Achard
Fleury-sur-Andelle
Les Damps
Elbeuf
Gisors
Le Bec-Hellouin
La Saussaye
Pont-de-l'Arche
St-Étienne-du-Vauvray
Les Andelys
Le Breuil-en-Auge
Beuvron-en-Auge
Coquainvilliers
Louviers
Connelles
Brionne
Acquigny
Port-Mort
Lisieux
Le Neubourg
Gaillon
Notre-Dame-de-Livaye
La Rivière-Thibouville
La Croix-St-Leufroy
Gasny
Vernon
St-Julien-le-Faucon
Bernay
Giverny
Fontaine-sous-Jouy
St-Pierre-sur-Dives
Orbec
Évreux
Mantes-la-Jolie
Beaumesnil
Pacy-sur-Eure
Conches-en-Ouche
ÎLE DE FRANCE
(plans 18 19 20 21)
Notre-Dame-du-Hamel
Trun
St-Evroult-Notre-Dame-du-Bois
Le Pin-au-Haras
Argentan
Bourth
Nonancourt
Chandai
Aube
Verneuil-sur-Avre
Dreux
Moulins-la-Marche
Rambouillet
Sées
CENTRE
(plans 11 12)
Mortagne-au-Perche
Moutiers-au-Perche
Chartres
Alençon
Le Pin-la-Garenne
Bellême
Nocé
Mamers
Nogent-le-Rotrou
LE MANS
C
D
1
2
3
Localité possédant au moins :
un hébergement ou un restaurant
une table étoilée
un restaurant "Bib Gourmand"
un hébergement agréable

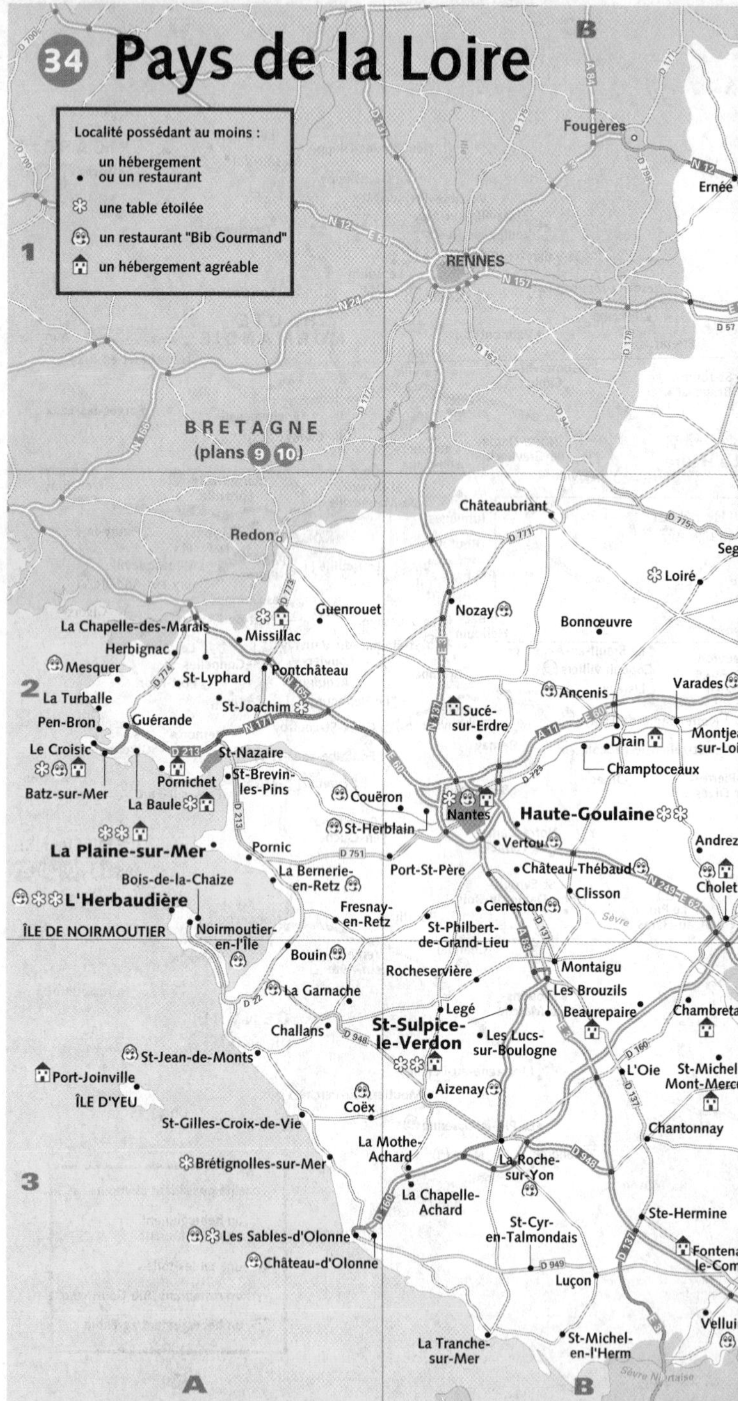
34
Pays de la Loire
Localité possédant au moins :
un hébergement ou un restaurant
une table étoilée
un restaurant "Bib Gourmand"
un hébergement agréable
B
1
2
3
A
B
Fougères
Ernée
RENNES
BRETAGNE
(plans 9 10)
Châteaubriant
Redon
Segr
Loiré
Guenrouet
Nozay
Bonnœuvre
La Chapelle-des-Marais
Missillac
Herbignac
Mesquer
St-Lyphard
Pontchâteau
La Turballe
St-Joachim
Pen-Bron
Guérande
Le Croisic
St-Nazaire
Batz-sur-Mer
Pornichet
La Baule
St-Brevin-les-Pins
Sucé-sur-Erdre
Ancenis
Varades
Drain
Montjea sur-Loi
Champtoceaux
Couëron
St-Herblain
Nantes
Haute-Goulaine
Vertou
Andrezé
La Plaine-sur-Mer
Pornic
La Bernerie-en-Retz
Port-St-Père
Château-Thébaud
Cholet
Bois-de-la-Chaize
Clisson
L'Herbaudière
Fresnay-en-Retz
Geneston
ÎLE DE NOIRMOUTIER
Noirmoutier-en-l'Île
St-Philbert-de-Grand-Lieu
Bouin
Montaigu
Rocheservière
La Garnache
Les Brouzils
Beaurepaire
Chambretau
Legé
Challans
St-Sulpice-le-Verdon
Les Lucs-sur-Boulogne
St-Jean-de-Monts
L'Oie
St-Michel-Mont-Mercu
Port-Joinville
ÎLE D'YEU
Aizenay
Coëx
St-Gilles-Croix-de-Vie
Chantonnay
La Mothe-Achard
La Roche-sur-Yon
Brétignolles-sur-Mer
La Chapelle-Achard
Ste-Hermine
St-Cyr-en-Talmondais
Les Sables-d'Olonne
Fontena le-Com
Château-d'Olonne
Luçon
Velluire
La Tranche-sur-Mer
St-Michel-en-l'Herm
Sèvre
Sèvre Niortaise
D 700
A 84
D 177
D 175
N 12
D 798
E 3
E 50
N 157
N 24
E 5
D 57
D 163
D 178
D 177
D 94
N 165
D 775
D 771
D 773
D 774
N 171
D 213
E 60
A 11
N 137
D 723
D 751
N 249
E 62
A 83
D 137
D 22
D 948
D 160
D 949

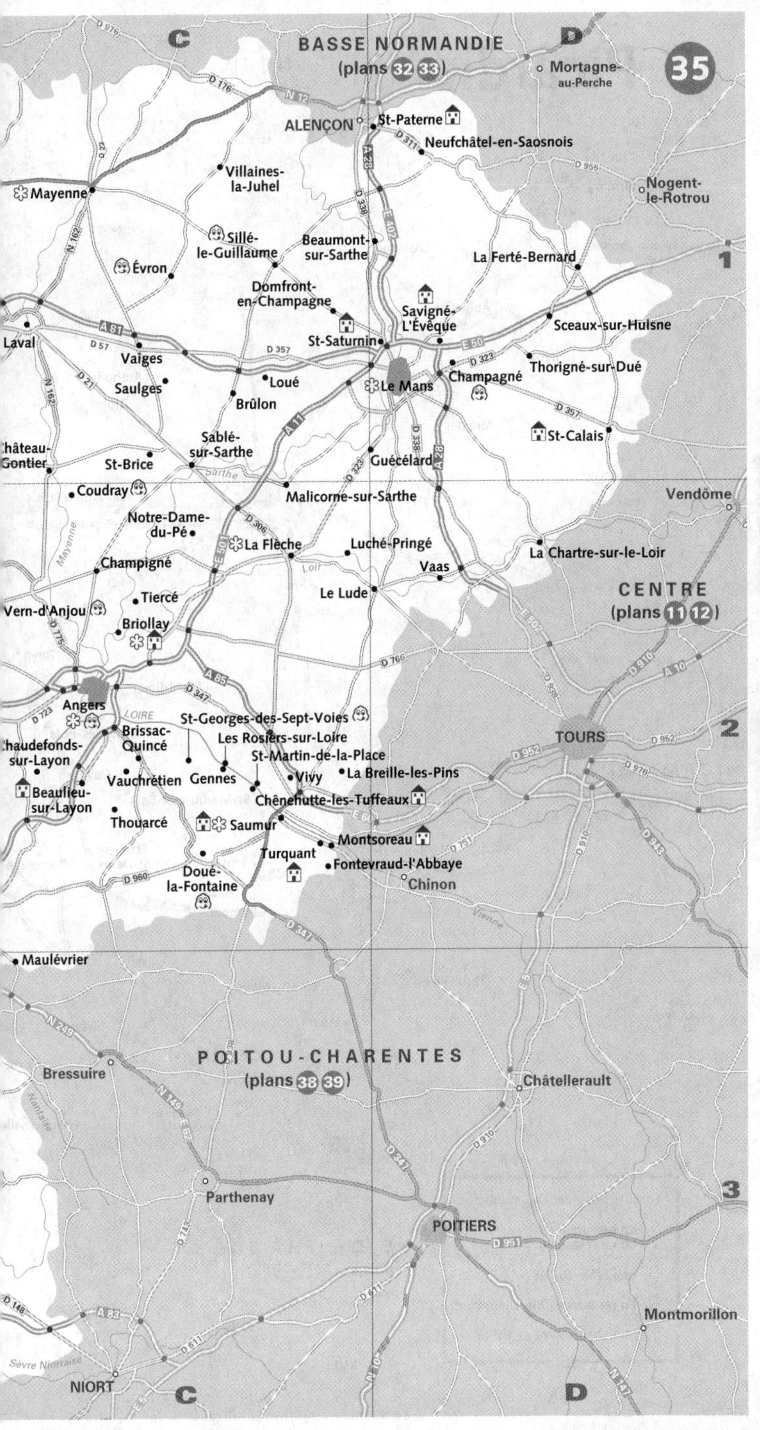
35
C
D
BASSE NORMANDIE
(plans 32 33)
Mortagne-au-Perche
ALENÇON
St-Paterne
Neufchâtel-en-Saosnois
Nogent-le-Rotrou
Villaines-la-Juhel
Mayenne
Sillé-le-Guillaume
Beaumont-sur-Sarthe
La Ferté-Bernard
1
Évron
Domfront-en-Champagne
Savigné-L'Évêque
Sceaux-sur-Huisne
Laval
Vaiges
St-Saturnin
Thorigné-sur-Dué
Saulges
Loué
Le Mans
Champagné
Brûlon
St-Calais
Château-Gontier
St-Brice
Sablé-sur-Sarthe
Guécélard
Coudray
Malicorne-sur-Sarthe
Vendôme
Notre-Dame-du-Pé
La Flèche
Luché-Pringé
La Chartre-sur-le-Loir
Champigné
Vaas
Tiercé
Le Lude
CENTRE
(plans 11 12)
Vern-d'Anjou
Briollay
Angers
St-Georges-des-Sept-Voies
TOURS
2
Chaudefonds-sur-Layon
Brissac-Quincé
Les Rosiers-sur-Loire
St-Martin-de-la-Place
Vauchrétien
Gennes
Vivy
La Breille-les-Pins
Beaulieu-sur-Layon
Chênehutte-les-Tuffeaux
Thouarcé
Saumur
Montsoreau
Turquant
Fontevraud-l'Abbaye
Chinon
Doué-la-Fontaine
Maulévrier
POITOU-CHARENTES
(plans 38 39)
Bressuire
Châtellerault
Parthenay
3
POITIERS
Montmorillon
NIORT
C
D

36 Picardie

NORD
PAS-DE-CALAIS
(plans 30 31)
HAUTE
NORMANDIE
(plans 32 33)
ILE DE FRANCE
(plans 18 19 20 21)
Fort-Mahon-Plage
Quend
Argoules
Vron
Rue
St-Firmin
Favières
Le Crotoy
St-Valery-sur-Somme
Gapennes
Abbeville
Béhen
Airaines
Amiens
Authuille
Albert
ARRAS
Lamotte-Warfusée
Dury
Roye
Montdidier
Conchy-les-Pots
Cuvilly
St-Martin-aux-Bois
Gerberoy
Crillon
Beauvais
Étouy
Estrées-St-Denis
Compiègn
Clermont
Thibivillers
Mello
Creil
Les Andelys
Méru
Chamant
Senlis
Chantilly
Baron
Belle-Église
La Chapelle-en-Serval
Plailly
Ermenonville
PONTOISE
PARIS
VERSAILLES
CRÉTEIL
Somme
Oise
Epte
SEINE
Eure
D 941
D 939
D 928
N 25
D 1001
A 16
D 929
E 402
A 28
E 44
A 29
D 1029
D 934
D 901
D 1001
D 915
E 15
N 31
E 46
D 916
D 6014
D 200
D 1017
A 1
D 1324
D 14
D 317
N 2
A 15
N 3
N 12
N 4
A
B
1
2
3
Localité possédant au moins :
• un hébergement ou un restaurant
une table étoilée
un restaurant "Bib Gourmand"
un hébergement agréable

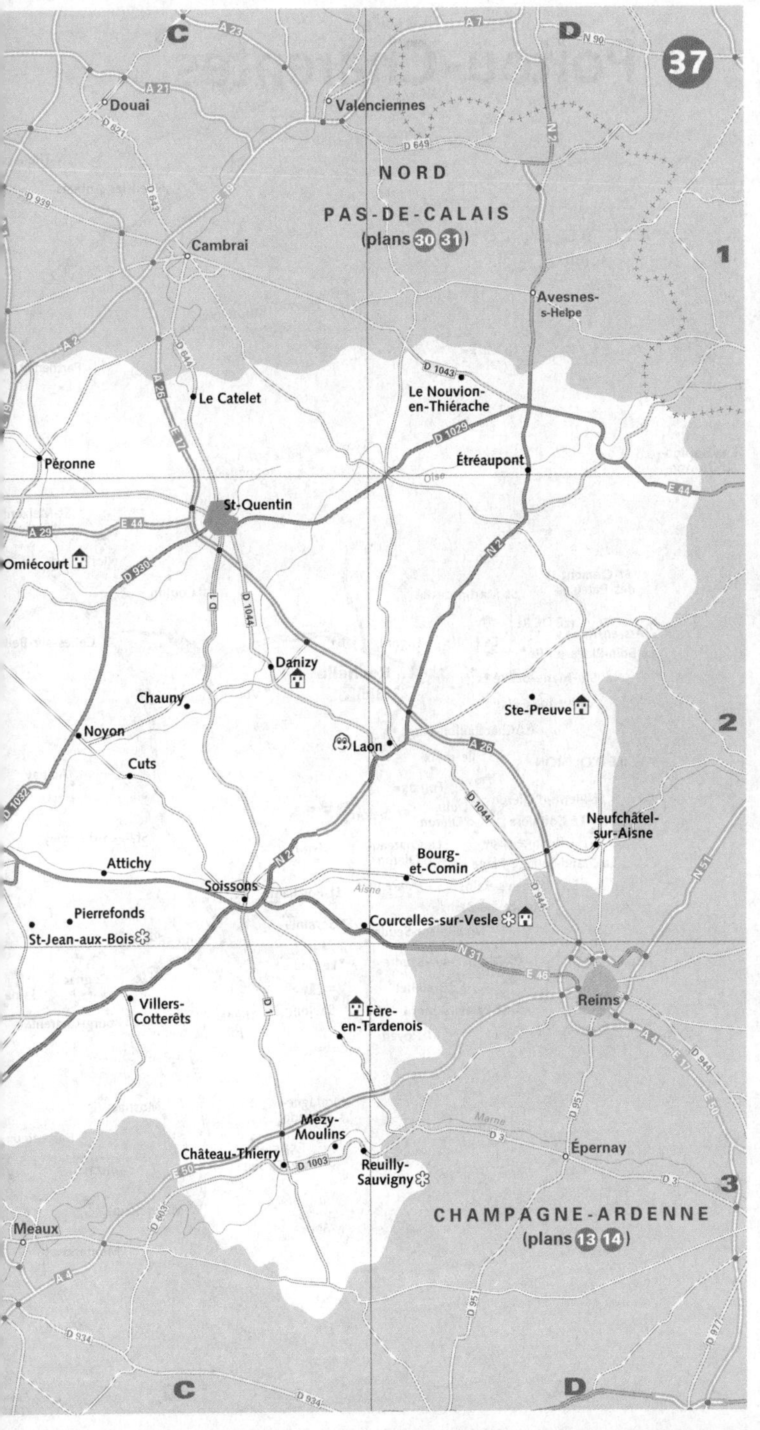
C
D
NORD
PAS-DE-CALAIS
(plans 30 31)
1
2
3
Douai
Valenciennes
Cambrai
Avesnes-
s-Helpe
Le Catelet
Le Nouvion-
en-Thiérache
Péronne
Étréaupont
St-Quentin
Omiécourt
Danizy
Chauny
Ste-Preuve
Noyon
Laon
Cuts
Neufchâtel-
sur-Aisne
Bourg-
et-Comin
Attichy
Soissons
Aisne
Pierrefonds
St-Jean-aux-Bois
Courcelles-sur-Vesle
Reims
Villers-
Cotterêts
Fère-
en-Tardenois
Mézy-
Moulins
Château-Thierry
Reuilly-
Sauvigny
Épernay
Marne
CHAMPAGNE-ARDENNE
(plans 13 14)
Meaux
A 23
A 7
N 90
A 21
D 621
D 649
N 2
D 939
D 643
E 19
A 2
D 644
A 26
E 17
D 1043
D 1029
Oise
E 44
A 29
D 930
D 1
D 1044
A 26
D 1032
D 1044
N 2
N 51
D 944
N 31
E 46
A 4
E 17
D 944
E 50
D 951
D 3
D 1
D 1003
E 50
D 603
A 4
D 934
D 951
D 977
D 934

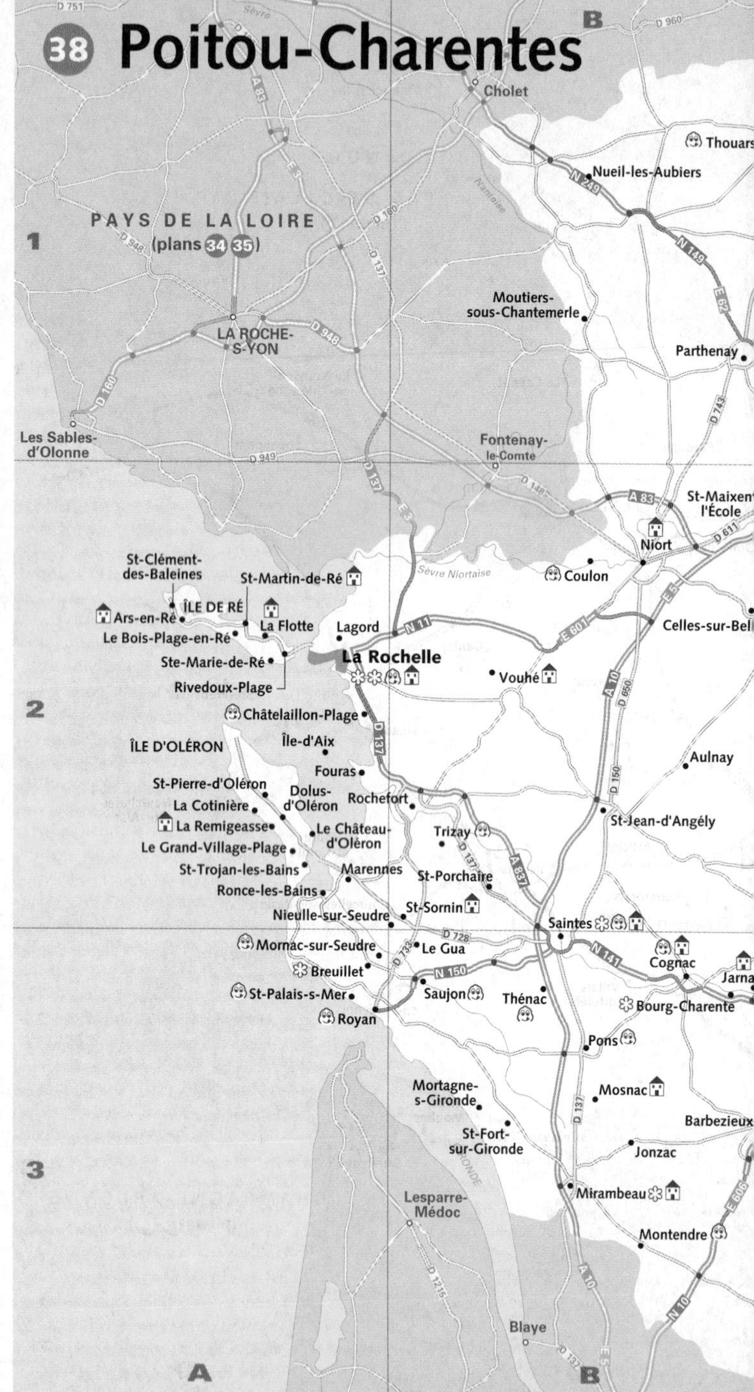

38 Poitou-Charentes
PAYS DE LA LOIRE
(plans 34 35)
1
2
3
A
B
Cholet
Thouars
Nueil-les-Aubiers
LA ROCHE-S-YON
Moutiers-sous-Chantemerle
Parthenay
Les Sables-d'Olonne
Fontenay-le-Comte
St-Maixent-l'École
Niort
Coulon
St-Clément-des-Baleines
St-Martin-de-Ré
ÎLE DE RÉ
Ars-en-Ré
La Flotte
Lagord
Le Bois-Plage-en-Ré
Ste-Marie-de-Ré
Rivedoux-Plage
La Rochelle
Vouhé
Celles-sur-Bel
Châtelaillon-Plage
ÎLE D'OLÉRON
Île-d'Aix
Fouras
Aulnay
St-Pierre-d'Oléron
Dolus-d'Oléron
Rochefort
La Cotinière
La Remigeasse
Le Château-d'Oléron
Trizay
St-Jean-d'Angély
Le Grand-Village-Plage
St-Trojan-les-Bains
Marennes
St-Porchaire
Ronce-les-Bains
St-Sornin
Nieulle-sur-Seudre
Saintes
Mornac-sur-Seudre
Le Gua
Cognac
Jarna
Breuillet
Saujon
Thénac
St-Palais-s-Mer
Bourg-Charente
Royan
Pons
Mortagne-s-Gironde
Mosnac
St-Fort-sur-Gironde
Barbezieux
Jonzac
Mirambeau
Lesparre-Médoc
Montendre
Blaye
Sèvre Niortaise
D 751
D 960
A 83
E 3
N 249
N 149
E 62
D 160
D 948
D 137
D 743
D 949
D 148
D 611
N 11
E 601
E 5
A 10
D 650
D 150
A 837
D 728
D 733
N 150
N 141
E 606
D 1215
N 10

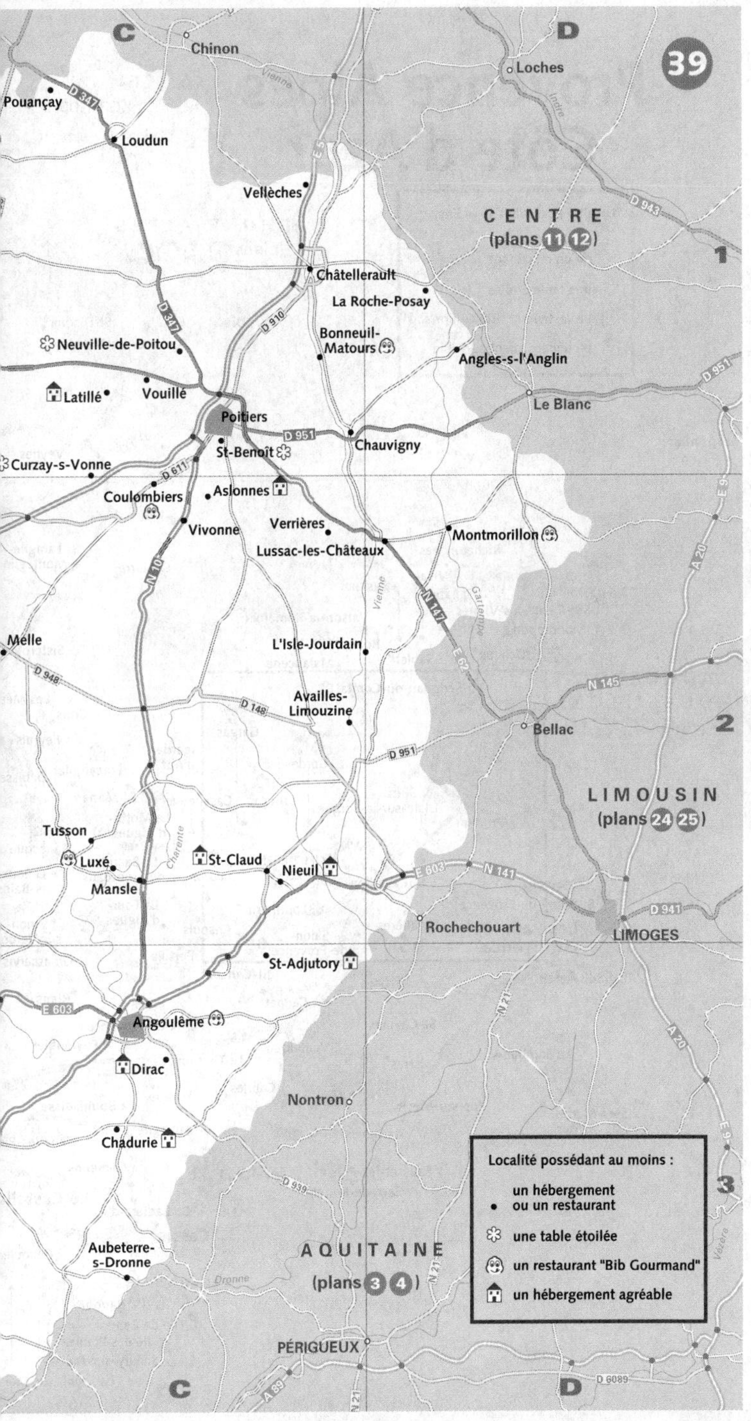
C
D
Chinon
Loches
Pouançay
D 347
Loudun
Vellèches
CENTRE
(plans 11 12)
D 943
1
Châtellerault
La Roche-Posay
D 910
Bonneuil-
Matours
Neuville-de-Poitou
Angles-s-l'Anglin
D 951
Latillé
Vouillé
Le Blanc
Poitiers
D 951
Chauvigny
St-Benoît
Curzay-s-Vonne
D 611
Aslonnes
Coulombiers
Vivonne
Verrières
Lussac-les-Châteaux
Montmorillon
N 10
N 147
E 62
Vienne
Gartempe
Melle
D 948
L'Isle-Jourdain
N 145
D 148
Availles-
Limouzine
Bellac
2
D 951
LIMOUSIN
(plans 24 25)
A 20
E 9
Tusson
Charente
St-Claud
Luxé
Nieuil
E 603
N 141
Mansle
Rochechouart
D 941
LIMOGES
St-Adjutory
E 603
Angoulême
N 21
Dirac
Nontron
Chadurie
D 939
3
Localité possédant au moins :
un hébergement ou un restaurant
une table étoilée
un restaurant "Bib Gourmand"
un hébergement agréable
Aubeterre-
s-Dronne
Dronne
AQUITAINE
(plans 3 4)
Vézère
PÉRIGUEUX
A 89
N 21
D 6089
C
D

40 Provence Alpes Côte d'Azur

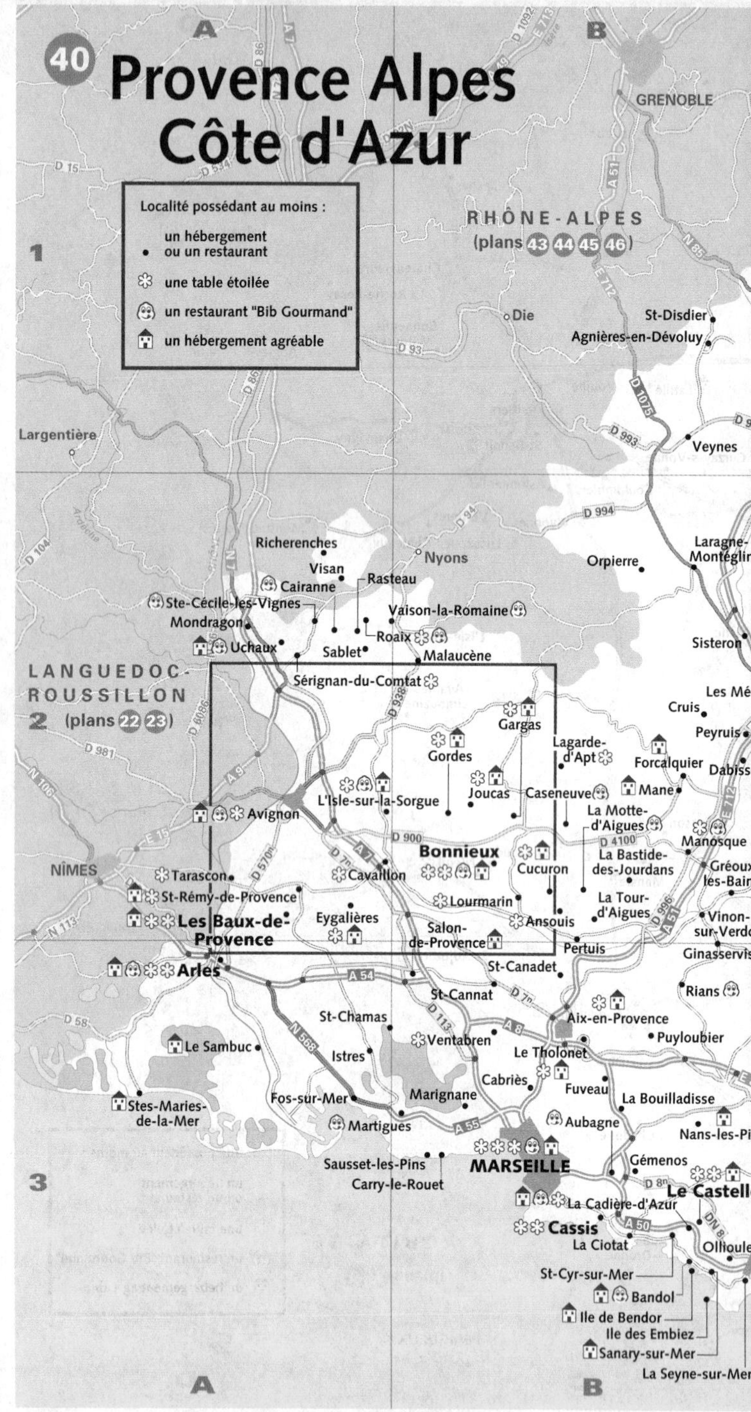

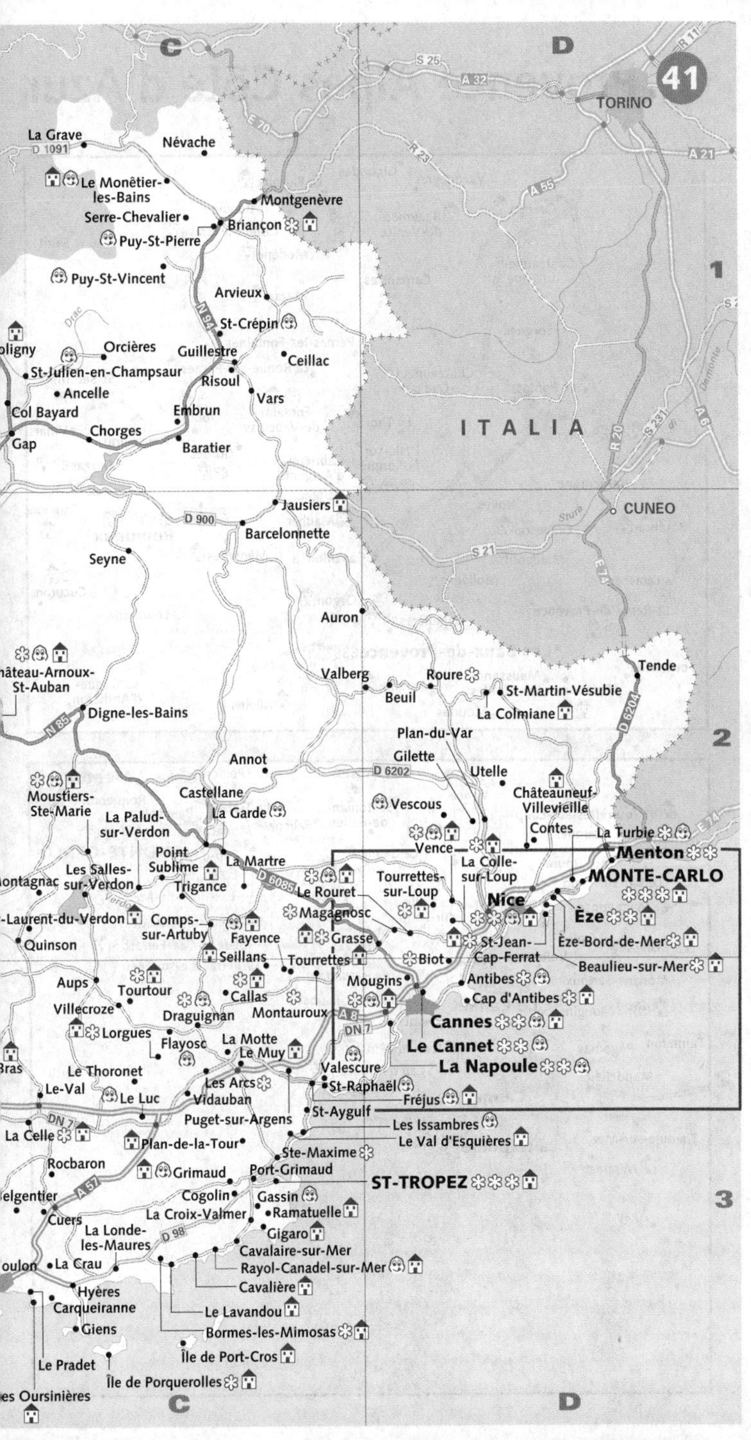

C
D
41
TORINO
1
2
3
ITALIA
CUNEO
La Grave
Névache
Le Monêtier-les-Bains
Montgenèvre
Serre-Chevalier
Briançon
Puy-St-Pierre
Puy-St-Vincent
Arvieux
St-Crépin
Orcières
Guillestre
Ceillac
St-Julien-en-Champsaur
Risoul
Ancelle
Vars
Col Bayard
Embrun
Chorges
Gap
Baratier
Jausiers
Barcelonnette
Seyne
Auron
Château-Arnoux-St-Auban
Valberg
Roure
Beuil
St-Martin-Vésubie
La Colmiane
Tende
Digne-les-Bains
Plan-du-Var
Gilette
Utelle
Annot
Châteauneuf-Villevieille
Moustiers-Ste-Marie
Castellane
La Garde
Vescous
Contes
La Palud-sur-Verdon
Vence
La Turbie
Point Sublime
La Martre
La Colle-sur-Loup
Menton
MONTE-CARLO
Les Salles-sur-Verdon
Trigance
Le Rouret
Tourrettes-sur-Loup
Nice
Èze
Magagnosc
Comps-sur-Artuby
Fayence
Grasse
St-Jean-Cap-Ferrat
Èze-Bord-de-Mer
Quinson
Seillans
Tourrettes
Biot
Beaulieu-sur-Mer
Aups
Tourtour
Mougins
Antibes
Callas
Cap d'Antibes
Villecroze
Draguignan
Montauroux
Cannes
Lorgues
Flayosc
La Motte
Le Cannet
Le Muy
Valescure
La Napoule
Bras
Le Thoronet
Les Arcs
Le-Val
Le Luc
Vidauban
St-Raphaël
Fréjus
St-Aygulf
La Celle
Puget-sur-Argens
Les Issambres
Plan-de-la-Tour
Le Val d'Esquières
Ste-Maxime
Rocbaron
Grimaud
Port-Grimaud
ST-TROPEZ
Cogolin
Gassin
Cuers
La Croix-Valmer
Ramatuelle
La Londe-les-Maures
Gigaro
Cavalaire-sur-Mer
La Crau
Rayol-Canadel-sur-Mer
Hyères
Cavalière
Carqueiranne
Le Lavandou
Giens
Bormes-les-Mimosas
Île de Port-Cros
Le Pradet
Île de Porquerolles
D 1091
N 94
D 900
N 85
D 6202
D 6085
D 6204
A 8
DN 7
A 57
D 98
E 70
E 74
S 25
A 32
R 23
A 55
A 21
R 20
S 231
S 21
A 6

42 Provence Alpes Côte d'Azur

E

Vacqueyras
Gigondas
Le Barroux
Orange
Beaumes-de-Venise
Bédoin
Crillon-le-Brave
Sault
Modène
Châteauneuf-du-Pape
Carpentras
Mazan
Sorgues
Pernes-les-Fontaines
La Roque-sur-Pernes
Le Pontet
Châteauneuf-de-Gadagne
St-Saturnin-lès-Apt
Fontaine-de-Vaucluse
Joucas
Avignon
Le Thor
Villars
Roussillon
1 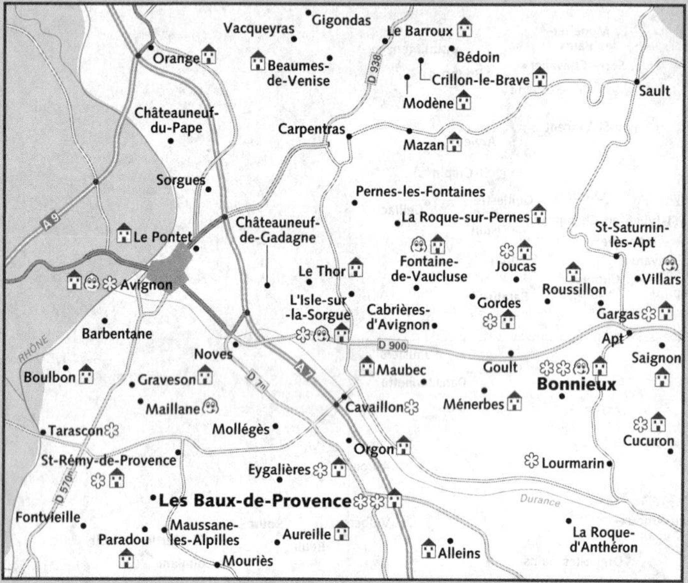
L'Isle-sur-la-Sorgue
Cabrières-d'Avignon
Gordes
Gargas
1
Barbentane
Apt
Rhône
D 900
Noves
Saignon
A 7
Maubec
Goult
Boulbon
Graveson
D 7n
Bonnieux
Maillane
Cavaillon
Ménerbes
Tarascon
Mollégès
Cucuron
Orgon
St-Rémy-de-Provence
Lourmarin
Eygalières
Les Baux-de-Provence
Durance
D 570n
Fontvieille
Maussane-les-Alpilles
Aureille
La Roque-d'Anthéron
Paradou
Alleins
Mouriès
A 9
D 938

Carros
Peillon
Gorbio
Menton
Vence
Roquebrune
St-Roman-de-Bellet
La Turbie
Beausoleil
Tourrettes-sur-Loup
Falicon
St-Paul
Monaco
Courmes
MONTE-CARLO
La Gaude
Cap-d'Ail
Le Rouret
Èze
Le Bar-sur-Loup
Nice
Èze-Bord-de-Mer
Magagnosc
Roquefort-les-Pins
La Colle-sur-Loup
Beaulieu-sur-Mer
St-Laurent-du-Var
St-Jean-Cap-Ferrat
Grasse
Opio
Valbonne
Villefranche-sur-Mer
Biot
Cagnes-sur-Mer
E 80
Mouans-Sartoux
Villeneuve-Loubet
Le Cannet
Mougins
Antibes
Tanneron
Pégomas
Juan-les-Pins
2
Mandelieu
Golfe-Juan
Cap d'Antibes
2
Cannes
DN 7
Île Ste-Marguerite
Théoule-sur-Mer
La Napoule
Miramar
Agay

E

Rhône-Alpes

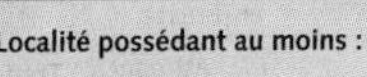

Localité possédant au moins :

- • un hébergement ou un restaurant
- ✿ une table étoilée
- ☺ un restaurant "Bib Gourmand"
- ⌂ un hébergement agréable

E

Juillié
Juliénas
Chénas
Fleurie
Lancié
VONNAS
Buellas
Villié-Morgon
Corcelles-en-Beaujolais
Pizay
Belleville
Châtillon-s-Chalaronne
Quincié-en-Beaujolais
Montmerle-s-Saône
Bouligneux
Vaux-en-Beaujolais
Villars-les-Dombes
Ambérieux-en-Dombes
Villefranche-s-Saône
Jassans-Riottier
Rancé
Monthieux
Pommiers
St-Bernard
St-Didier-de-Formans
Anse
Bagnols
Lachassagne
Alix
Légny
Les Échets
Chasselay
Montluel
Bully
COLLONGES-AU-MONT-D'OR
Jons
Charbonnières-les-Bains
Villeurbanne
Lyon
Brindas
St-Laurent-de-Mure
D 906
D 306
A 6
A 46
D 1083
D 1084
D 306
A 43
1

E

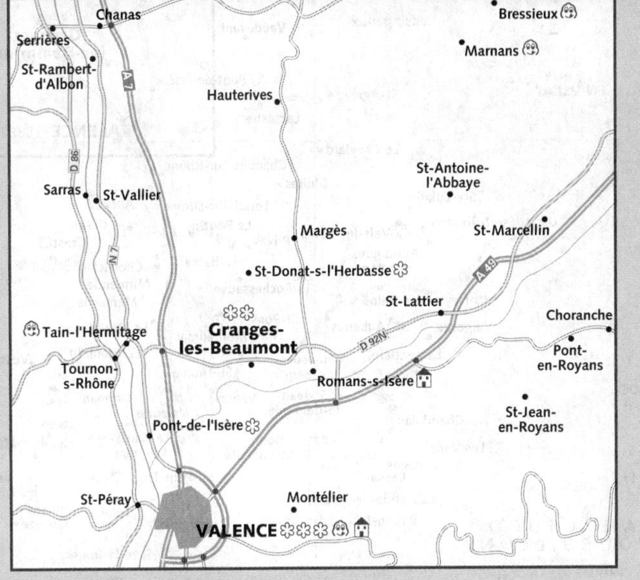

E

44 Rhône-Alpes

45
C
D
FRANCHE-COMTÉ
(plans 16 17)
Thonon-les-Bains
Douvaine
Chézery-Forens
Thoiry
GENÈVE
Montanges
Bossey
Bellegarde-s-Valserine
SION
SUISSE
1
Les Praz-de-Chamonix
Argentière
Le Lavancher
Chamonix-Mont-Blanc
Évosges
Annecy
St-Gervais-les-Bains
Veyrier-du-Lac
MEGÈVE
Talloires
Les Saisies
Hauteluce
AOSTA/AOSTE
Contrevoz
Belley
Jongieux
Faverges
Ugine
Beaufort
Arèches
Groslée
Morestel
Les Catons
Albertville
Bourg-St-Maurice
La Rosière-1850
Ste-Foy-Tarentaise
St-Genix-s-Guiers
Le-Bourget-du-Lac
Aoste
Chambéry
Plagne-Bellecôte
Peisey-Nancroix
Romagnieu
La Plagne
Val-d'Isère
Tignes
La Bâtie-Divisin
Champagny-en-Vanoise
Le Praz
La Tania
St-Geoire-en-Valdaine
Les Échelles
Pralognan-la-Vanoise
Bonneval-s-Arc
St-Laurent-du-Pont
St-Martin-de-Belleville
Courchevel 1850
Voiron
Val-Thorens
Aussois
2
Le Sappey-en-Chartreuse
Corenc
Grenoble
Autrans
Uriage-les-Bains
Valloire
Lans-en-Vercors
St-Julien-en-Vercors
Alpe-d'Huez
Villard-de-Lans
Le Freney-d'Oisans
ITALIA
Corrençon-en-Vercors
Venosc
Les Deux-Alpes
La Chapelle-en-Vercors
Treffort
Briançon
Gresse-en-Vercors
Monestier-de-Clermont
Corps
Les Nonières
PROVENCE-ALPES-CÔTE D'AZUR
(plans 40 41 42)
GAP
3
Localité possédant au moins :
un hébergement ou un restaurant
une table étoilée
un restaurant "Bib Gourmand"
un hébergement agréable
Reilhanette
C
D

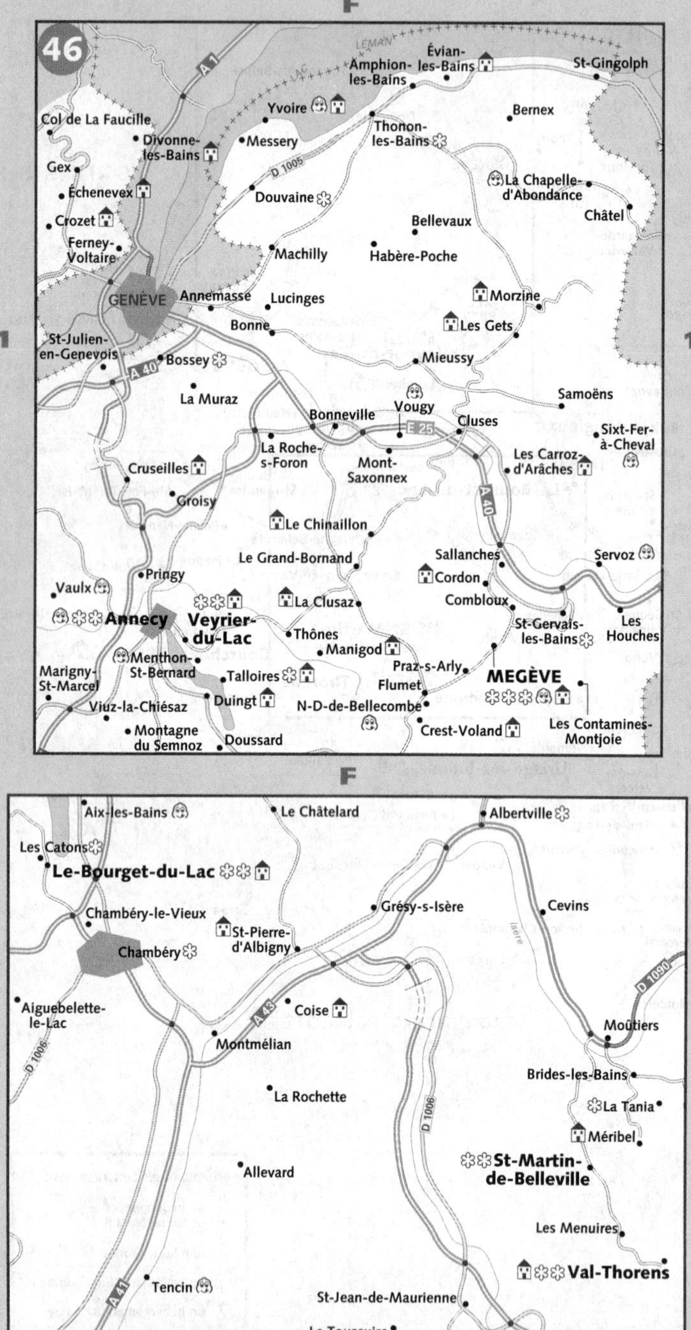
F
46
LÉMAN
LAC
Évian-les-Bains
Amphion-les-Bains
St-Gingolph
Yvoire
Bernex
Col de La Faucille
Divonne-les-Bains
Messery
Thonon-les-Bains
A 1
D 1005
Gex
La Chapelle-d'Abondance
Échenevex
Douvaine
Crozet
Bellevaux
Châtel
Ferney-Voltaire
Machilly
Habère-Poche
Morzine
GENÈVE
Annemasse
Lucinges
Les Gets
1
1
Bonne
St-Julien-en-Genevois
Mieussy
Bossey
A 40
Samoëns
La Muraz
Vougy
Bonneville
Cluses
E 25
Sixt-Fer-à-Cheval
La Roche-s-Foron
Les Carroz-d'Arâches
Cruseilles
Mont-Saxonnex
A 40
Groisy
Le Chinaillon
Le Grand-Bornand
Sallanches
Servoz
Pringy
Cordon
Vaulx
Combloux
La Clusaz
Annecy
Veyrier-du-Lac
Les Houches
St-Gervais-les-Bains
Thônes
Menthon-St-Bernard
Manigod
Marigny-St-Marcel
Praz-s-Arly
MEGÈVE
Talloires
Flumet
Duingt
Viuz-la-Chiésaz
N-D-de-Bellecombe
Montagne du Semnoz
Crest-Voland
Les Contamines-Montjoie
Doussard
F
Aix-les-Bains
Le Châtelard
Albertville
Les Catons
Le-Bourget-du-Lac
Chambéry-le-Vieux
Grésy-s-Isère
Cevins
St-Pierre-d'Albigny
Isère
Chambéry
D 1090
Aiguebelette-le-Lac
Coise
A 43
Moûtiers
2
2
D 1006
Montmélian
Brides-les-Bains
La Rochette
D 1006
La Tania
Méribel
St-Martin-de-Belleville
Allevard
Les Menuires
Val-Thorens
A 41
Tencin
St-Jean-de-Maurienne
La Toussuire
F

Distances entre les principales villes

→ Distances between major towns

	Amiens	Angers	Bayonne	Besançon	Bordeaux	Brest	Caen	Calais	Cherbourg	Clermont-Ferrand	Dijon	Grenoble	Le Havre	Lille	Limoges	Lyon	Le Mans	Marseille	Metz	Montpellier	Mulhouse	Nancy	Nantes	Nice	Orléans	Paris	Perpignan	Reims	Rennes	Rouen	Saint-Etienne	Strasbourg	Toulon	Toulouse
Angers	418																																	
Bayonne	908	529																																
Besançon	557	650	890																															
Bordeaux	722	343	185	712																														
Brest	618	378	813	962	627																													
Caen	246	252	794	644	608	376																												
Calais	159	512	1054	656	868	712	339																											
Cherbourg	367	371	846	765	660	409	124	461																										
Clermont-Ferrand	562	448	555	369	368	823	594	712	717																									
Dijon	474	551	827	97	641	862	542	573	665	298																								
Grenoble	708	685	821	315	679	1061	800	870	923	297	303																							
Le Havre	181	301	843	606	657	461	88	275	211	572	506	763																						
Lille	122	513	987	584	801	755	382	114	505	641	502	798	319																					
Limoges	531	266	406	499	220	606	484	680	606	223	437	534	540	609																				
Lyon	600	578	741	229	555	953	692	762	815	172	195	105	656	692	409																			
Le Mans	331	96	637	578	450	397	160	425	282	442	479	678	214	425	332	572																		
Marseille	912	907	697	541	648	1267	1004	1074	1127	477	507	309	967	1004	600	316	898																	
Metz	367	619	1093	268	907	917	570	466	693	559	267	563	541	364	670	456	532	769																
Montpellier	890	775	531	526	482	1102	926	1060	1044	337	493	294	899	990	428	301	766	169	754															
Mulhouse	553	731	1013	137	827	1028	708	652	831	484	222	426	671	582	621	381	643	694	234	679														
Nancy	382	591	1036	209	850	888	546	481	669	505	213	509	509	411	642	403	503	715	56	700	191													
Nantes	504	89	515	737	329	298	292	598	325	535	638	771	378	599	310	664	186	971	706	807	819	677												
Nice	1068	1063	852	697	804	1423	1160	1230	1283	633	663	329	1123	1160	756	472	1054	188	924	325	681	874	1127											
Orléans	271	245	647	403	461	545	306	421	428	299	304	561	281	350	269	454	139	760	450	624	530	386	334	914										
Paris	135	297	771	415	585	594	234	297	357	425	316	573	197	226	395	466	209	778	333	764	473	312	386	933	135									
Perpignan	986	755	496	676	448	1067	972	1135	1103	434	643	444	996	1065	494	451	817	320	904	155	832	853	771	475	724	848								
Reims	172	431	905	380	719	728	382	271	505	534	298	594	346	200	529	488	343	800	192	786	393	206	520	955	269	145	935							
Rennes	431	129	630	718	444	242	188	524	221	589	619	826	274	567	418	719	155	1050	673	914	786	643	109	1205	299	350	886	484						
Rouen	118	299	840	541	654	501	127	211	250	508	442	699	91	254	478	593	211	905	470	833	610	449	388	1060	218	133	932	282	313					
Saint-Etienne	622	579	718	288	532	955	726	821	848	149	254	154	678	751	386	63	570	335	515	321	444	465	668	490	431	488	470	548	721	614				
Strasbourg	523	775	1126	250	940	1072	726	622	849	597	335	531	697	520	734	495	687	807	163	792	116	156	864	788	534	489	942	349	829	636	553			
Toulon	975	970	759	603	711	1330	1067	1137	1190	540	570	329	1030	1067	663	378	961	65	831	232	760	781	1034	149	822	840	382	864	1112	966	397	870		
Toulouse	817	552	298	720	245	864	769	966	900	376	657	531	826	895	291	539	614	407	918	243	847	868	568	562	554	679	208	813	682	762	419	957	470	
Tours	377	127	534	521	348	497	258	523	380	340	422	576	312	456	230	469	102	800	563	665	648	504	216	955	117	240	718	374	253	310	468	657	863	515

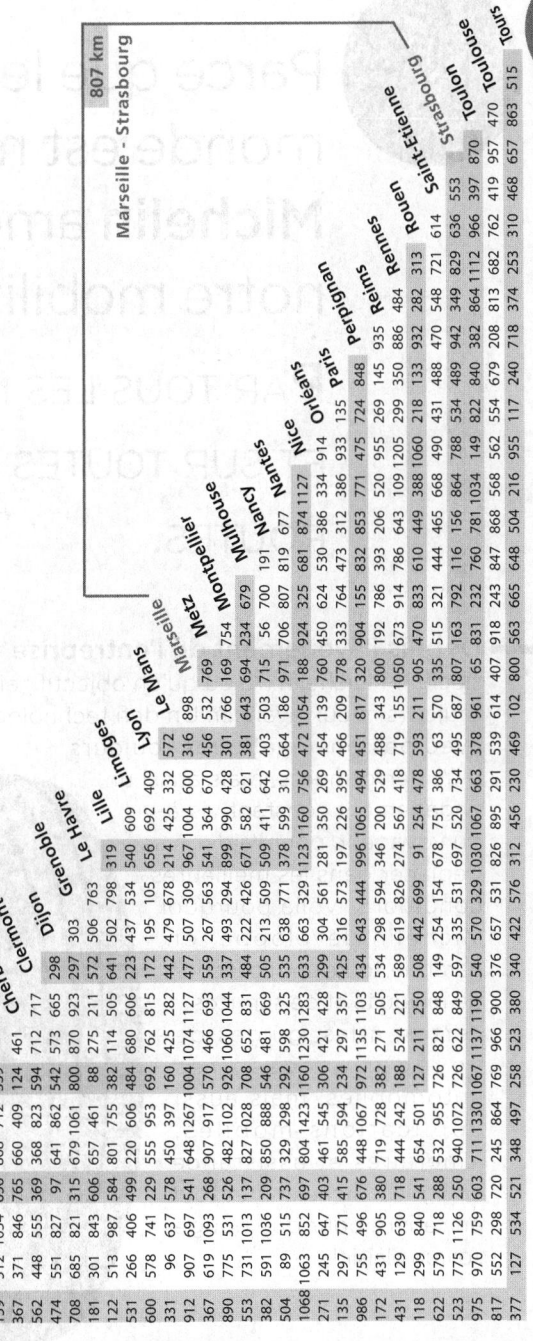

807 km
Marseille - Strasbourg

Parce que le monde est mobile, **Michelin** améliore notre mobilité.

PAR TOUS LES MOYENS ET SUR TOUTES LES ROUTES.

Depuis l'avènement de l'entreprise – il y a plus d'un siècle ! –, Michelin n'a eu qu'un objectif : aider l'homme à toujours mieux avancer. Un défi technologique, d'abord, avec des pneumatiques toujours plus performants, mais aussi un engagement constant vis-à-vis du voyageur, pour l'aider à se déplacer dans les meilleures conditions. Voilà pourquoi Michelin développe, en parallèle, toute une collection de produits et de services : cartes, atlas, guides de voyage, accessoires automobiles, mais aussi applications mobiles, itinéraires et assistance en ligne : Michelin met tout en œuvre pour que bouger soit un plaisir !

Michelin Apps

Parce que le confort et la sécurité sont des notions essentielles, pour vous comme pour nous, MICHELIN a créé un bouquet de 6 applications mobiles gratuites. Un équipement complet pour que la route soit un plaisir !

MICHELIN

MICHELIN MyCar • Pour obtenir le meilleur de vos pneus, des services et des infos pour préparer sereinement vos trajets.

MICHELIN

MICHELIN Navigation • Une nouvelle approche de la navigation : le trafic en temps réel avec une nouvelle fonctionnalité de guidage connecté.

MICHELIN

ViaMichelin • Calcul d'itinéraires et données cartographiques : un incontournable pour se déplacer sans perdre de temps.

MICHELIN

Michelin Restaurants • Parce que la route doit être un plaisir, retrouvez un très large choix de restaurants, en France et en Allemagne, dont la sélection complète du Guide MICHELIN.

MICHELIN

Michelin Hôtels • Pour réservez votre chambre d'hôtel au meilleur tarif, partout dans le monde !

MICHELIN

Michelin Voyage • 85 pays et 30 000 sites touristiques sélectionnés par le Guide Vert Michelin. Et un outil pour réaliser votre propre carnet de route.

Un pneu
→ c'est quoi ?

Rond, noir, à la fois souple et solide, le pneumatique est à la roue ce que le pied est à la course. Mais de quoi est-il fait ? Avant tout de gomme, mais aussi de divers matériaux textiles et / ou métalliques… et d'air ! Ce sont les savants assemblages de tous ces composants qui assurent aux pneumatiques leurs qualités : adhérence à la route, amortissement des chocs, en deux mots : confort et sécurité du voyageur.

1 ***BANDE DE ROULEMENT***
Une épaisse couche de gomme assure le contact avec le sol. Elle doit évacuer l'eau et durer très longtemps.

2 ***ARMATURE DE SOMMET***
Cette double ou triple ceinture armée est à la fois souple verticalement et très rigide transversalement. Elle procure la puissance de guidage.

3 ***FLANCS***
Ils recouvrent et protègent la carcasse textile dont le rôle est de relier la bande de roulement du pneu à la jante.

4 ***TALONS D'ACCROCHAGE À LA JANTE***
Grâce aux tringles internes, ils serrent solidement le pneu à la jante pour les rendre solidaires.

5 ***GOMME INTÉRIEURE D'ÉTANCHÉITÉ***
Elle procure au pneu l'étanchéité qui maintient le gonflage à la bonne pression.

 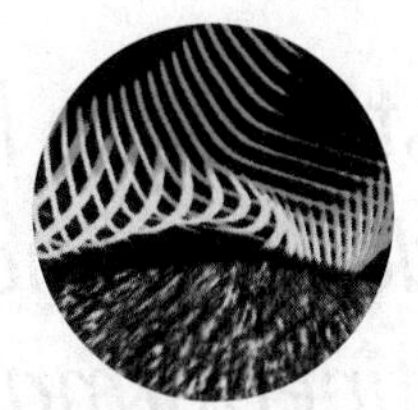 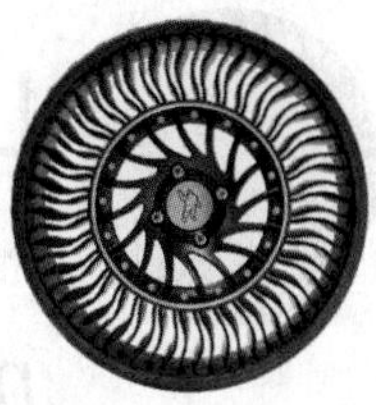

Michelin
→ *l'innovation en mouvement*

Créé et breveté par Michelin en 1946, le pneu radial ceinturé a révolutionné le monde du pneumatique. Mais Michelin ne s'est pas arrêté là : au fil des ans, d'autres solutions nouvelles et originales ont vu le jour, tel le pneu diagonal, confirmant Michelin dans sa position de leader en matière de recherche et d'innovations, pour répondre sans cesse aux exigences des nouvelles technologies des véhicules.

→ *la juste pression !*

L'une des priorités de Michelin, c'est une mobilité plus sûre. En bref, innover pour avancer mieux. C'est tout l'enjeu des chercheurs, qui travaillent à mettre au point des pneumatiques capables de "freiner plus court" et d'offrir la meilleure adhérence possible à la route. Aussi, pour accompagner les automobilistes, Michelin organise, partout dans le monde, des campagnes de sensibilisation à la sécurité routière : les opérations "Faites le plein d'air" rappellent à tous que la juste pression des pneumatiques est un facteur essentiel de sécurité.

La stratégie Michelin : → *des pneumatiques multiperformances*

Qui dit Michelin dit sécurité, économie de carburant et capacité à parcourir des milliers de kilomètres. Un pneumatique MICHELIN, c'est tout cela à la fois.

Comment ? Grâce à des ingénieurs au service de l'innovation et de la technologie de pointe. Leur challenge : doter tout pneumatique – quel que soit le véhicule (automobile, camion, tracteur, engin de chantier, avion, moto, vélo et métro !) – de la meilleure combinaison possible de qualités, pour une **performance globale optimale**.
Ralentir l'usure, réduire la dépense énergétique (et donc l'émission de CO_2), améliorer la sécurité par une tenue de route et un freinage renforcés : autant de qualités dans un seul pneu, c'est cela Michelin Total Performance.

Chaque jour, **Michelin** innove en faveur de la mobilité durable

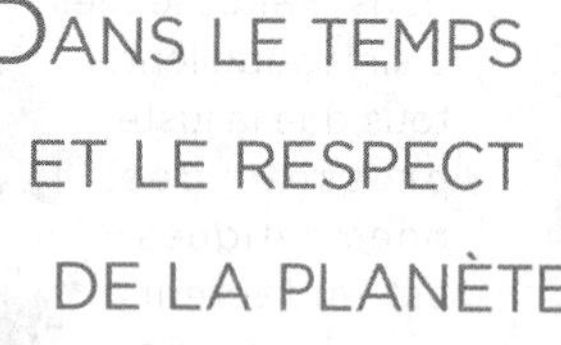

DANS LE TEMPS
ET LE RESPECT
DE LA PLANÈTE

La mobilité durable

→ *c'est une mobilité propre... et pour tous*

La mobilité durable c'est permettre aux hommes de se déplacer d'une façon plus propre, plus sûre, plus économique et plus accessible à tous, quel que soit le lieu où ils vivent.

Tous les jours, les 113 000 collaborateurs que Michelin comptent dans le monde innovent :

• en créant des pneus et des services qui répondent aux nouveaux besoins de la société,

• en sensibilisant les jeunes à la sécurité routière,

• en inventant de nouvelles solutions de transport qui consomment moins d'énergie et émettent moins de CO_2.

→ *Michelin Challenge Bibendum*

La mobilité durable, c'est permettre la pérennité du transport des biens et des personnes, afin d'assurer un développement économique, social et sociétal responsable. Face à la raréfaction des matières premières et au réchauffement climatique, Michelin s'engage pour le respect de l'environnement et de la santé publique. De manière régulière, Michelin organise ainsi le Michelin Challenge Bibendum, le seul événement mondial axé sur la **mobilité routière durable.**

MICHELIN CHALLENGE BIBENDUM

MICHELIN

Les adresses par localités

de A à Z

→ *Hotels & restaurants by town*

from A to Z

ABBEVILLE

✉ 80100 (Somme) – 24 155 hab. – Voir carte n°**36**-A1
▶ Paris 186 km – Amiens 51 km – Boulogne-sur-Mer 79 km – Rouen 106 km
Carte Michelin 301-E7

Mercure Hôtel de France

19 pl. du Pilori – ✆ 03 22 24 00 42 – www.mercure.com
72 ch – 🚹100/125 € 🚹🚹110/145 € – ☕ 15 €
Rest – Formule 20 € – Menu 25 € – Carte 31/48 €
Belle cure de jouvence pour cet immeuble en brique rouge : chambres contemporaines, junior suite avec baignoire balnéo, et bar feutré. Au restaurant, cuisine traditionnelle.

Relais Vauban sans rest

4 bd Vauban – ✆ 03 22 25 38 00 – www.relais-vauban.com – Fermé 20 déc.-12 janv.
22 ch – 🚹62/66 € 🚹🚹64/69 € – ☕ 9 €
Sur un boulevard passant, en centre-ville, ce petit hôtel dispose de chambres fonctionnelles et bien insonorisées, à la tenue impeccable. Accueil charmant.

à St-Riquier 9 km à l'Est par D 925 – ✉ 80135 – 1 261 hab.

Jean de Bruges sans rest

18 pl. de l'Église – ✆ 03 22 28 30 30 – www.hotel-jean-de-bruges.com
11 ch – 🚹80/120 € 🚹🚹80/120 € – ☕ 8 €
Sur le parvis de l'abbatiale, élégante demeure du 17e s. en pierres blanches. Chambres de caractère décorées de meubles anciens ; salle des petits-déjeuners sous verrière.

L'ABERGEMENT-CLÉMENCIAT – 01 Ain ➜ voir Châtillon-sur-Chalaronne

ABLIS

✉ 78660 (Yvelines) – 3 287 hab. – Voir carte n°**18**-A2
▶ Paris 62 km – Chartres 31 km – Mantes-la-Jolie 64 km – Orléans 79 km
Carte Michelin 311-G4

à l'Ouest 6 km par D 168

Château d'Esclimont

2 r. du Château-d'Esclimont ✉ 28700 St-Symphorien-le-Château – ✆ 02 37 31 15 15 – www.esclimont.fr
52 ch – 🚹200 € 🚹🚹160/200 € – 5 suites – ☕ 26 € – ½ P
Rest – Formule 29 € – Menu 36/83 € – Carte 40/82 €
Goûtez à la vie de château en cette demeure des 15 e et 16e s., ancienne résidence des La Rochefoucauld. Magnifique parc avec étang, rivière et jardin à la française. Cuisine actuelle servie dans la salle de style 18e s. ou dans celle réputée pour ses cuirs de Cordoue.

ABRESCHVILLER

✉ 57560 (Moselle) – 1 510 hab. – Voir carte n°**27**-D2
▶ Paris 433 km – Baccarat 46 km – Lunéville 62 km – Phalsbourg 23 km
Carte Michelin 307-N7

Auberge de la Forêt

276 r. des Verriers, 0,5 km à Lettenbach – ✆ 03 87 03 71 78 – www.aubergedelaforet57.com – Fermé 8-19 oct., 1er-20 janv., mardi soir et lundi
Menu 14/47 € – Carte 34/57 €
Une élégante auberge, au cœur de la vallée d'Abreschviller. Subtile alliance de classicisme et de modernité, le décor, chic et cossu, avec une belle terrasse face au jardin verdoyant, se prête à un agréable moment de gastronomie. Et dire que l'affaire n'était qu'un bistrot de campagne quand la famille le créa en 1963 !

ACCOLAY

✉ 89460 (Yonne) – 438 hab. – Voir carte n°**7**-B2
▶ Paris 188 km – Avallon 31 km – Auxerre 23 km – Tonnerre 40 km
Carte Michelin 319-F6 – Guide Vert Michelin Bourgogne

XX Hostellerie de la Fontaine

16 r. de Reigny – ✆ 03 86 81 54 02 – www.hostelleriedelafontaine.fr – Ouvert 12 fév.-15 déc. et fermé dim. soir hors saison, lundi et mardi
Formule 15 € – Menu 25/46 € – Carte 34/50 €
Maison bourguignonne au cœur d'un paisible village de la vallée de la Cure. On y sert une cuisine traditionnelle dans les anciens chais ou, si le temps le permet, dans l'agréable jardin fleuri.

ACQUIGNY

✉ 27400 (Eure) – 1 574 hab. – Voir carte n°**33**-D2
Paris 105 km – Évreux 22 km – Mantes-la-Jolie 54 km – Rouen 38 km
Carte Michelin 304-H6 – Guide Vert Michelin Normandie Vallée de la Seine

XX L'Hostellerie d'Acquigny

1 r. d'Évreux – ✆ 02 32 50 20 05 – www.hostellerie-acquigny.fr – Fermé 15-30 juil., 2 semaines en janv., dim. soir, lundi et mardi
Formule 25 € – Menu 34/80 € 🍷 – Carte 39/96 €
Le bel exemple d'une auberge de village qui a su prendre le train de la modernité, sans oublier les fondamentaux : tons et aménagements contemporains d'un côté, recettes dans l'air du temps de l'autre, réunis par le savoir-faire d'un chef amoureux des beaux produits et de la nouveauté. Les assiettes pétillent...

AFFIEUX

✉ 19260 (Corrèze) – 371 hab. – Voir carte n°**25**-C2
Paris 472 km – Brive-la-Gaillarde 64 km – Limoges 83 km – Tulle 39 km
Carte Michelin 329-L2

X Le Cantou

au bourg – ✆ 05 55 98 13 67 – Fermé 2-10 janv., dim. soir et merc.
Formule 12 € – Menu 25/60 €
L'hiver, on apprécie la petite salle rustique et son cantou ; l'été, on lui préfère la véranda. Mais en toute saison, on se régale de plats généreux et hauts en saveurs qui transcendent le terroir, tel ce magret de qualité servi avec une alléchante sauce au miel et un confit de canard aux pommes limousines...

AGAY

✉ 83530 (Var) – Voir carte n°**42**-E2
Paris 880 km – Cannes 34 km – Draguignan 43 km – Fréjus 12 km
Carte Michelin 340-Q5 – Guide Vert Michelin Côte d'Azur

Les Flots Bleus

83 rte St-Barthélémy, Anthéor Plage – ✆ 04 94 44 80 21 – www.hotel-cote-azur.com – Ouvert 1er avril-15 oct.
18 ch – 73/81 € 82/90 € – ½ P **Rest** – Menu 27/59 € – Carte 31/63 €
Au pied d'un imposant viaduc ferroviaire, face à la mer, un hôtel aux chambres simples et originales : "Soleillou", "Laurier rose", "Papillon"... Au restaurant, véranda lumineuse, terrasse sous les platanes et cuisine non dénuée de créativité.

X Villa Matuzia

15 bd Ste-Guitte – ✆ 04 94 82 79 95 – http://matuzia.com – Fermé 16-24 mars, 2 semaines en nov., dim. soir, jeudi soir de nov. à mai et lundi
Formule 22 € – Menu 31/65 € – Carte 43/83 € *(réservation conseillée)*
Un décor de bonbonnière, un petit jardin noyé sous la verdure, une terrasse éclairée le soir à la bougie... et des assiettes tout en fraîcheur qui font plaisir aux yeux autant qu'aux papilles. L'occasion d'une jolie escapade sur la côte, au pied du massif de l'Esterel.

AGDE

✉ 34300 (Hérault) – 24 567 hab. – Voir carte n°**23**-C2
Paris 754 km – Béziers 24 km – Lodève 60 km – Millau 118 km
Carte Michelin 339-F9

LE CAP D'AGDE

Acadiens (Allée des) .... **CX** 3
Alfonse (Av. du Chevalier d') . **AX** 4
Alizés (Av. des) .... **AXY**
Antilles (Rd-Pt des) .... **AY** 6
Beaupré (Quai du) .... **CX** 7
Belle Isle (Av. de) .... **ABX**
Bon Accueil (Rd-Pt du) ...... **BX** 9
Bouteillou (Rd-Pt du) .... **CX** 10
Cantinières (Av. des) .... **CX**
Capelet (Quai du) .... **AX** 12
Challiès (Av. du Passeur) ... **ABY**
Chandelles (R. des) .... **BX** 15
Contrebandiers (Av. des) ... **BCX**
Corsaires (R. des) .... **AY**
Courette (R. de la) .... **CX** 17
Dominico (Quai Di) .... **BX** 18
Estacade (R. de l') .... **BY** 19
Falaise (R. de la) .... **CY** 21
Flânerie (Allée de la) .... **CX** 23
Fouquet (Rd-Pt Nicolas) ..... **BX** 24
Gabelle (R. de la) .... **BX** 26
Galères (Av. des) .... **CX**
Gallo-Romains (R. des) ..... **AX**
Garnison (R. de la) .... **CXY**
Gentilshommes (Cours des) **CXY**
Gouverneur (R. du) .... **CX**
Grenadiers (R. des) .... **CX** 31
Hallebardes (Av. des) .... **CX** 32
Hune (R. de la) .... **BX** 34
Iles-d'Amérique (Av. des) .... **AY** 36
Ile (Av. de l') .... **BCY**
Jetée (Av. de la) .... **CY**
Joutes (Quai des) .... **BX** 39
Labech (R. du) .... **BX**
Louisiane (Allée de la) .... **CX** 40
Méditerranée (Av. de la) ..... **CX**
Miquel (Quai Jean) .... **BCX**
Outre-Mer (Av. d') .... **AY**
Pacifique (R. du) .... **AY**
Phocéens (Quai des) .... **CY** 42
Radoub (Rd-Pt du) .... **CY** 43
St-Martin-des-Vignes (R.) .... **AX**
St-Martin (Quai) .... **BX** 48
Sarret-de-Coussergue (R.) . **ABX**
Sergents (Av. des) .... **BCX**
Soldats (Av. des) .... **CX**
Surintendant (Av. du) .... **BX**
Tambour (R. du) .... **BX** 51
Tirème (Quai de la) .... **CXY** 56
Tours-de-St-Martin (Rd-Pt des) .... **AX** 53
Trinquette (Quai de la) ...... **CX** 54
Vaisseaux (R. des) .... **CX**
Vent-des-Dames (R. du) ..... **BX**
Vieux Cap (Quai du) .... **BY**
Volvire-de-Brassac (R.) ...... **AX**
2-Frères (R. des) .... **CY**
4-Cantons (Allée des) .... **CX** 60

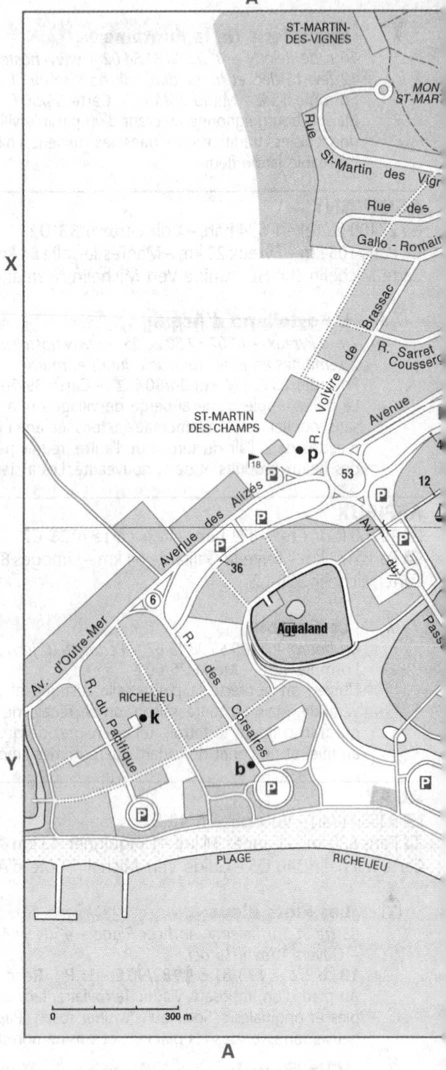

ꭗꭗ Le Bistrot d'Hervé

47 r. Brescou – ✆ 04 67 62 30 69 – www.bistroherve.com – Fermé merc. soir, sam. midi et dim.
Formule 16 € – Menu 29 € – Carte 41/58 € *(réservation conseillée)*
Voilà un sympathique bistrot ! Dans un décor contemporain, on déguste une appétissante cuisine d'aujourd'hui : terrine de foie gras et chutney de figues, pièce de thon snackée avec sa galette de socca, etc. Aux beaux jours, profitez de la terrasse à l'ombre des parasols et de la glycine.

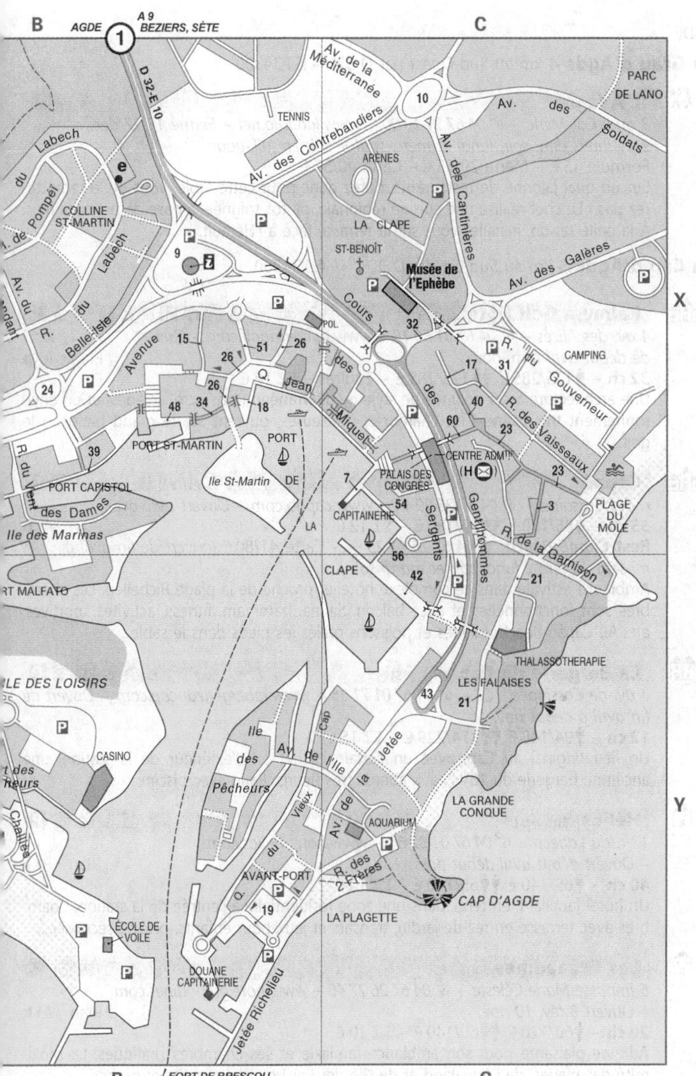

La Table de Stéphane

2 r. des Moulins-à-Huile, (ZI Les Sept Fonts) – ✆ 04 67 26 45 22
– www.latabledestephane.com – Fermé 2-16 janv., sam. midi, dim. soir et lundi
Formule 15 € – Menu 23 € (déj. en semaine), 29/65 € – Carte 42/72 €
Dans la zone industrielle des Sept Fonts, une table dans l'air du temps, proposant notamment poissons et produits de la mer locaux. Bon choix de vins du Languedoc-Roussillon.

au Grau d'Agde 4 km au Sud-Ouest par D 32^E – ✉ 34300

XX **L'Adagio**

3 quai Cdt-Méric – ☎ 04 67 21 13 00 – www.ladagio.net – Fermé 18-27 déc., 2-31 janv., dim. soir, lundi et merc. sauf le soir en juil.-août
Formule 15 € – Menu 29/55 € – Carte 40/57 €
Sur un quai jalonné de restaurants, optez donc pour cette table, vous ne le regretterez pas ! Le chef réalise une cuisine régionale, plutôt soignée, à base de produits frais. À la belle saison, installez-vous sur la terrasse face à l'Hérault.

au Cap d'Agde 5 km au Sud-Est par D 32^{E10} – ✉ 34300

Palmyra Golf Hôtel sans rest

4 av. des Alizés – ☎ 04 67 01 50 15 – www.palmyragolf.com – Ouvert de début avril à mi-nov. Plan : AX**p**
32 ch – 125/285 € 125/285 € – 2 suites – 16 €
Une architecture assez soignée de style méditerranéen (tons ocre, arcades) et un environnement très calme : les chambres, spacieuses, ouvrent sur le grand patio ou le golf...

Capaô

ch, ch, rest,

r. des Corsaires – ☎ 04 67 26 99 44 – www.capao.com – Ouvert avril-oct.
55 ch – 85/180 € 85/180 € – 12 € Plan : AY**b**
Rest *Capaô Beach* ☎ 04 67 26 41 25 – – Carte 41/80 € *(ouvert de fin avril à mi-sept. et fermé lundi soir et mardi soir)*
Ambiance estivale dans ce complexe hôtelier proche de la plage Richelieu. Les chambres sont fonctionnelles et avec balcon. Sauna, hammam, fitness, activités sportives, etc. Au Capaô Beach, salades et poissons grillés les pieds dans le sable...

La Bergerie du Cap sans rest

4 av. de Cassiopée - CX – ☎ 04 67 01 71 35 – www.labergerieducap.com – Ouvert de fin avril à début nov.
12 ch – 94/148 € 114/229 € – 15 €
Un lieu original au Cap, avec un certain cachet : à l'extérieur de la station, une ancienne bergerie du 18e s., aux abords très fleuris. Patio avec piscine.

Hélios sans rest

12 r. du Labech – ☎ 04 67 01 37 68 – www.hotel-helios.com – Ouvert début avril-début nov. Plan : BX**e**
40 ch – 65/140 € 65/140 € – 10 €
Un hôtel familial bien tenu, dans une zone résidentielle à l'entrée de la station. Chambres avec terrasse en rez-de-jardin, transats et jeux pour enfants, piscine sécurisée...

Les Grenadines sans rest

6 impasse Marie-Céleste – ☎ 04 67 26 27 40 – www.hotelgrenadines.com – Ouvert 8 fév.-10 nov. Plan : AY**k**
20 ch – 60/120 € 60/140 € – 10 €
Adresse plaisante pour son ambiance familiale et ses chambres pratiques. La proximité des plages, de l'Aqualand et de l'île des Loisirs séduira petits et grands.

AGEN

✉ 47000 (Lot-et-Garonne) – 33 981 hab. – **Voir carte n°4-C2**
Paris 662 km – Auch 74 km – Bordeaux 141 km – Pau 159 km
Carte Michelin 336-F4 – Guide Vert Michelin Aquitaine

Château des Jacobins sans rest

pl. des Jacobins – ☎ 05 53 47 03 31 – www.chateau-des-jacobins.com Plan : AY**f**
13 ch – 80/90 € 130/160 € – 10 €
Il règne dans cet hôtel particulier (construit en 1830 pour le comte de Cassaigneau) un bel esprit "demeure bourgeoise" : meubles anciens, tissus raffinés et chambres joliment décorées, d'une tenue irréprochable.

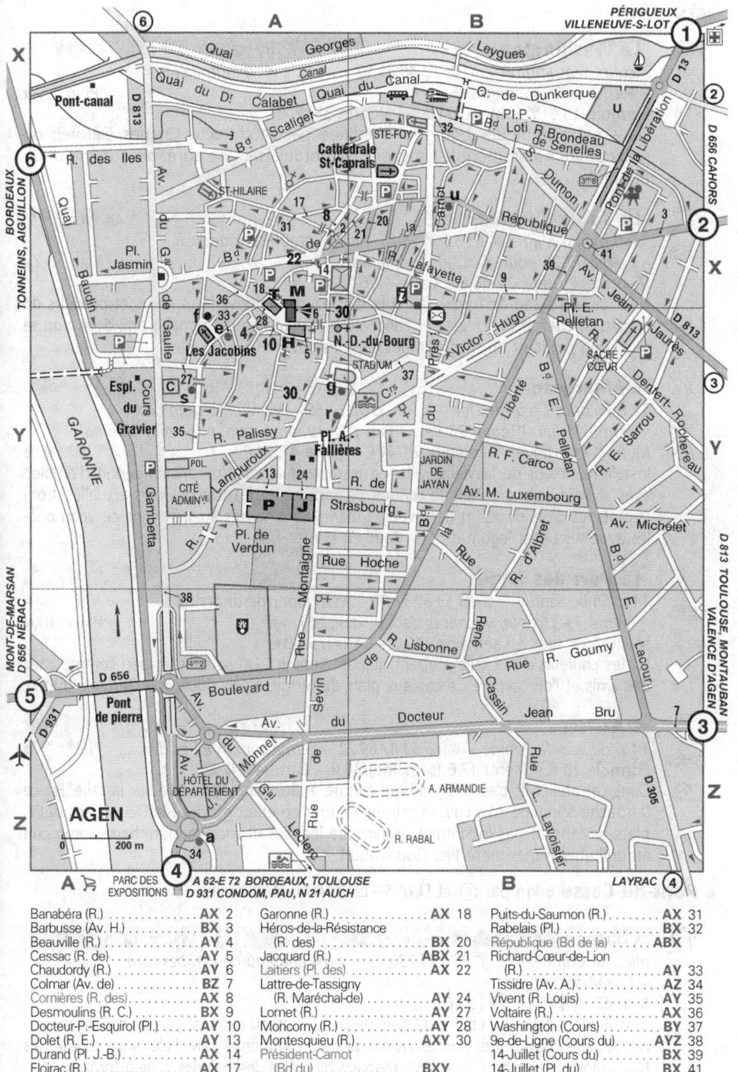

Banabéra (R.) .... **AX** 2	Garonne (R.) .... **AX** 18	Puits-du-Saumon (R.) .... **AX** 31
Barbusse (Av. H.) .... **BX** 3	Héros-de-la-Résistance (R. des) .... **BX** 20	Rabelais (Pl.) .... **BX** 32
Beauville (R.) .... **AY** 4	Jacquard (R.) .... **ABX** 21	République (Bd de la) .... **ABX**
Cessac (R. de) .... **AY** 5	Laitiers (Pl. des) .... **AX** 22	Richard-Cœur-de-Lion (R.) .... **AY** 33
Chaudordy (R.) .... **AY** 6	Lattre-de-Tassigny (R. Maréchal-de) .... **AY** 24	Tissidre (Av. A.) .... **AZ** 34
Colmar (Av. de) .... **BZ** 7	Lomet (R.) .... **AY** 27	Vivent (R. Louis) .... **AY** 35
Cornières (R. des) .... **AX** 8	Moncorny (R.) .... **AY** 28	Voltaire (R.) .... **AX** 36
Desmoulins (R. C.) .... **BX** 9	Montesquieu (R.) .... **AXY** 30	Washington (Cours) .... **BY** 37
Docteur-P.-Esquirol (Pl.) .... **AY** 10	Président-Carnot (Bd du) .... **BXY**	9e-de-Ligne (Cours du) .... **AYZ** 38
Dolet (R. E.) .... **AY** 13		14-Juillet (Cours du) .... **BX** 39
Durand (Pl. J.-B.) .... **AX** 14		14-Juillet (Pl. du) .... **BX** 41
Floirac (R.) .... **AX** 17		

XXX **Mariottat** (Éric Mariottat)

25 r. L.-Vivent – ✆ 05 53 77 99 77 – www.restaurant-mariottat.com
– Fermé 21 avril-1er mai, 27 oct.-3 nov., 2-15 janv., merc. midi de nov. à avril, sam. midi, dim. soir et lundi Plan : AY**s**

Menu 28 € (déj. en semaine), 50/89 € – Carte 75/85 €

Dans cette maison de maître du 19e s., tout est raffiné et soigné : l'accueil et le service, la cuisine de saison – fine et subtile –, la carte des vins étoffée et la jolie terrasse... Les gourmets agenais sont séduits ; les autres aussi !

➜ Œuf de poule cuit à 65 °C, purée de ratte aux truffes. Pied de cochon noir d'ici farci au homard, jus tranché à l'huile de noisette. Dessert "rouge".

XX **Le Washington**
7 cours Washington – ✆ 05 53 48 25 50 – www.le-washington.com – Fermé août, sam. et dim. Plan : AY**r**
Formule 15 € – Menu 21/38 € – Carte 35/85 €
Dans cette demeure bourgeoise édifiée par l'architecte Charles Garnier, on redécouvre notamment la lamproie à la bordelaise. Une agréable adresse traditionnelle.

XX **La Table d'Armandie**
1350 av. du Midi – ✆ 05 53 96 15 15 – www.latabledarmandie.fr – Fermé 17-26 août, dim., lundi et fériés Plan : AZ**a**
Menu 16 € (déj.), 21/38 € – Carte 47/67 €
Non loin du stade de rugby, la Table d'Armandie valorise les saveurs et produits du terroir. Le chef se décarcasse et concocte un beau menu régional à prix doux ; on se régale en profitant du spectacle des cuisines ouvertes sur la salle.

XX **Le Margoton**
52 r. Richard-Cœur-de-Lion – ✆ 05 53 48 11 55 – www.lemargoton.com – Fermé 15 juil.-1er août, 23 déc.-3 janv., 12-19 mars, sam. midi, dim. et lundi
Menu 17 € (déj. en semaine), 25/41 € – Carte 41/54 € Plan : AY**e**
Installé au cœur de la vieille ville, ce restaurant au charme ancien séduit d'emblée avec sa jolie salle qui mêle le charme de l'ancien et des touches plus actuelles. Côté cuisine, les plats rivalisent de saveurs : marinière d'huîtres au safran, ris de veau poêlés avec ses petits légumes... Prix doux en prime.

X **La Part des Anges**
14 r. Émile-Sentini – ✆ 05 53 68 31 00 – www.lapartdesanges.eu – Fermé 25-31 août, vacances de fév., dim. et lundi Plan : BX**u**
Menu 15 € (déj. en semaine)/25 € – Carte 25/40 €
Ici, les couleurs de la salle mettent déjà en appétit ! On se sent un peu comme chez des amis et l'on savoure de copieux plats du terroir, à prix doux. Jolie terrasse intime.

X **L'Atelier**
14 r. du Jeu-de-Paume – ✆ 05 53 87 89 22 – Fermé sam. midi et dim. Plan : AY**g**
Formule 15 € – Menu 17 € (semaine)/30 € – Carte 40/47 €
Dans cet atelier-là, c'est Marjorie qui cuisine et Stéphane qui veille sur la salle. Est-ce la touche féminine ? La cuisine est légère, tout en étant généreuse. De fait, ses petits plats ne laissent pas indifférent : salade de lentilles et rocamadour chaud, lomo cuit au grill et pommes grenaille... Gourmand !

à Pont-du-Casse 6 km par ② et D 656 – ✉ 47480 – 4 351 hab.

Château de Cambes sans rest
allée de Cambillou – ✆ 05 53 95 38 73 – www.chateau-de-cambes.com – Fermé déc. et janv.
5 ch – †150 € ††150 €
À seulement 6 km du centre d'Agen, un beau château restauré par un couple de jeunes retraités passionnés par les vieilles pierres. L'immense parc, l'élégance subtile des très grandes chambres, le calme, l'espace bien-être, les balades à vélo (prêt au château)... On se sent si bien !

à Moirax 9 km par ④, N 21 et D 268 – ✉ 47310 – 1 147 hab.

XX **Auberge Le Prieuré** (Benjamin Toursel)
Le Bourg – ✆ 05 53 47 59 55 – www.aubergedupprieuredemoirax.fr – Fermé vacances de la Toussaint, dim. soir, lundi et mardi
Menu 25 € (déj. en semaine), 55/70 € *(réservation conseillée)*
Une cuisine spontanée, pleine d'audace, presque en mouvement ! On la déguste dans une belle maison de village plusieurs fois centenaire, qui a conservé le charme de l'ancien.
→ Langoustines, yaourt et champignons marinés au curcuma. Veau de lait poché au café, câpres et anchois. Ganache à la rose, concombre, fraises des bois et verveine.

au Sud-Ouest 12 km par ④, rte d'Auch (N 21) puis D 268 – ✉ 47310 Laplume

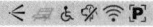

Château de Lassalle
Brimont – ✆ 05 53 95 10 58 – www.chateaudelassalle.com – Fermé vacances de Noël et 1 semaine vacances de fév.
17 ch – 99/219 € 99/219 € – 11 € – ½ P
Rest – Formule 20 € – Menu 35 € – Carte 28/42 € *(réservation conseillée)*
Une belle demeure du 18e s. nichée dans un parc de 8 ha, très prisée lors des mariages. Chambres douillettes et classiques (mobilier de style, pierre, tons clairs), restaurant traditionnel... Quiétude, charme et caractère !

à Boé 4 km par ④, N 21 – ✉ 47550 – 5 421 hab.

Imagine
au Lac de Passeigne, par rte du Lac – ✆ 05 53 68 58 16 – www.untraiteurengascogne.com/imagine – Fermé dim. soir et lundi
Formule 15 € – Menu 27/43 € – Carte 35/50 €
Imaginez une jolie maison épurée au bord du lac et au milieu de la verdure, où les gens se sentent bien... Non, ce n'est pas un rêve, et ici la carte fait la part belle au poisson et aux produits de saison, avec une touche méditerranéenne. Frais et bon.

AGNEAUX – 50 Manche ➜ voir St-Lô

AGNIÈRES-EN-DEVOLUY

✉ 05250 (Hautes-Alpes) – 270 hab. – **Voir carte n°40-B1**
Paris 690 km – Gap 42 km – Marseille 204 km – Vizille 73 km
Carte Michelin 334-D4

Le Refuge de l'Eterlou sans rest
La Joue du Loup, 4 km à l'Est – ✆ 04 92 23 33 80 – www.hotel-eterlou.com – Ouvert 28 juin-31 août et 21 déc.-21 avril
29 ch – 73/77 € 105/110 €
Sur les hauteurs de cette station reliée à Superdévoluy, ce chalet moderne a tout de la bonne étape pour un séjour à la montagne, en toute simplicité et à prix doux. Avis aux skieurs : les pistes sont à deux pas !

AGUESSAC

✉ 12520 (Aveyron) – 860 hab. – **Voir carte n°29-D2**
Paris 628 km – Florac 76 km – Mende 87 km – Millau 9 km
Carte Michelin 338-K6

Auberge le Rascalat
2 km rte de Verrières par D 809 – ✆ 06 87 35 64 17 – www.auberge-lerascalat.fr – Ouvert 1er mars-31 déc.
14 ch – 65/75 € 65/75 € – 12 € – ½ P
Rest – Menu 25/75 € – Carte 36/62 € *(fermé lundi midi et mardi midi)*
Entre Causses et rivière, cet ancien moulin à huile de noix se niche dans la verdure, au grand calme. Les chambres se révèlent champêtres, plutôt sobres et très bien tenues. Piscine à débordement et cuisine régionale : c'est vraiment bucolique !

AHETZE

✉ 64210 (Pyrénées-Atlantiques) – 1 809 hab. – **Voir carte n°3-A3**
Paris 767 km – Bordeaux 207 km – Pau 127 km – Donostia-San Sebastián 52 km
Carte Michelin 342-C2

La Ferme Ostalapia avec ch 
chemin d'Ostalapia, 3 km au Sud par D 855 – ✆ 05 59 54 73 79 – www.ostalapia.fr – Fermé 2 semaines en janv., merc. sauf juil.-août et le midi du lundi au vend. en juil.-août
8 ch – 65/155 € 65/155 € – 10 € – ½ P Formule 15 € – Carte 30/69 €
Ancienne ferme du pays dont la réputation locale n'est plus à faire. On y sert une bonne cuisine du terroir dans un décor typiquement basque. Terrasse au pied des vignes, face aux montagnes. Chambres coquettes et rustiques, bien tenues.

AIGUEBELETTE-LE-LAC

✉ 73610 (Savoie) – 240 hab. – **Voir carte n°46-F2**
▶ Paris 552 km – Belley 34 km – Chambéry 22 km – Grenoble 76 km
Carte Michelin 333-H4 – Guide Vert Michelin Alpes du Nord

à St-Alban-de-Montbel (rive Ouest) 7 km par D 921 – ✉ 73610 – 620 hab.

Les Lodges du Lac

La Curiaz, D 921 – ✆ 04 79 36 00 10 – www.leslodgesdulac.com – Fermé 6-24 oct. et 18-29 déc.
13 ch – †55/75 € ††55/75 € – ☕ 9 € – ½ P
Rest – Menu 14 € (déj. en semaine), 23/30 € – Carte 28/40 € *(fermé lundi, mardi midi et dim. soir de mi-sept. à mi-juin)*
Hôtel situé en retrait du lac. Chambres joliment décorées dans le bâtiment principal ; celles de l'annexe, plus simples, donnent de plain-pied sur le jardin. Cuisine traditionnelle et spécialités savoyardes... à apprécier sous la véranda l'été venu.

à la Combe (rive Est) 4 km par D 921ᵈ – ✉ 73610

Chez Michelon avec ch

La Combe – ✆ 04 79 36 05 02 – www.chez-michelon.fr – Fermé déc., janv. mardi sauf le midi d'avril à sept. et merc.
5 ch – †62 € ††74 € – ☕ 6 € – ½ P
Formule 16 € – Menu 20 € (semaine), 25/49 € – Carte 37/59 €
Dans cette accueillante maison, la vue sur le lac est imprenable ! On y savoure des plats traditionnels et les poissons des lacs d'Annecy ou du Bourget accompagnés d'une sublime carte de vins régionaux. L'été, installez-vous sur la terrasse, à l'ombre d'un marronnier.

AIGUEBELLE – 83 Var → voir Le Lavandou

AIGUES-MORTES

✉ 30220 (Gard) – 8 341 hab. – **Voir carte n°23-C2**
▶ Paris 745 km – Arles 49 km – Montpellier 38 km – Nîmes 42 km
Carte Michelin 339-K7 – Guide Vert Michelin Languedoc

Villa Mazarin

35 bd Gambetta – ✆ 04 66 73 90 48 – www.villamazarin.com
23 ch – †140/220 € ††140/260 € – ☕ 14 €
Rest *La Table* – voir les restaurants ci-après
Au cœur d'Aigues, une demeure du 15ᵉ s. tout en pierre blonde. Escalier à balustres, mobilier ancien, piscine intérieure, jardinet... on apprécie l'élégance et la discrétion des lieux.

Canal sans rest

440 rte de Nîmes – ✆ 04 66 80 50 04 – www.hotel-canal.fr – Fermé 11 nov.-18 déc. et 8 janv.-8 fév.
25 ch – †79/155 € ††79/155 € – ☕ 13 €
À l'entrée de la ville, face au canal (hors les murs, donc), un hôtel moderne assez agréable : décor sobre, piscine, solarium, copieux petit-déjeuner...

St-Louis

10 r. Am.-Courbet – ✆ 04 66 53 72 68 – www.lesaintlouis.fr – Ouvert avril-oct.
22 ch – †75/98 € ††87/113 € – ☕ 10 € – ½ P
Rest – Menu 15 € (déj. en semaine)/30 € – Carte 34/47 € *(fermé mardi soir et merc.)*
Intra-muros, à deux pas de la tour de Constance, cette bâtisse du 18ᵉs. allie simplicité et charme de l'ancien : un joli escalier dessert les chambres, apprêtées aux couleurs de la Provence. Au restaurant, décor vert amande, agréable patio et saveurs du Sud...

Les Arcades sans rest

23 bd Gambetta – ✆ 04 66 53 81 13 – www.les-arcades.fr
9 ch – †104/108 € ††110/114 € – ☕ 10 €
Une maison à arcades du 16ᵉ s. dans le centre de la cité. Vieilles pierres, poutres, tons clairs et détails déco contemporains créent un joli ensemble, alliant cachet et ambiance reposante... Original : chaque chambre est dédiée à un oiseau marin (mouette, aigrette, souffleur), à l'unisson de la Camargue toute proche.

XX **La Table** – Hôtel Villa Mazarin

35 bd Gambetta – ✆ 04 66 73 90 48 – www.villamazarin.com – Fermé 3-19 fév., 13-29 oct., jeudi midi en juil.-août, mardi sauf le soir en saison et lundi

Formule 29 € – Menu 44/75 € – Carte 36/86 €

Bel esprit baroque dans ce restaurant, pour une cuisine fine et goûteuse. Filets de saint-pierre marinés à l'huile d'olive et au citron, pigeonneau des Corbières délicatement rôti... La carte met déjà en appétit !

X **Le Particulier** N

5 r. Sadi-Carnot – ✆ 04 66 73 37 29 – www.leparticulier30.fr – Fermé dim. soir et merc.

Formule 19 € – Menu 25 € (déj. en semaine), 34/45 € *(réservation conseillée)*

Dans une ruelle du centre-ville, un petit restaurant au cadre contemporain, tenu par un jeune couple : elle en salle, lui en cuisine. Les recettes sont volontiers "fusion", inspirées par les voyages du chef, et le produit frais a la part belle. Aux beaux jours, on profite de la terrasse. Accueil tout sourire.

AILLANT-SUR-THOLON

✉ 89110 (Yonne) – 1 403 hab. – **Voir carte n°7-B1**

Paris 144 km – Auxerre 20 km – Briare 70 km – Clamecy 61 km

Carte Michelin 319-D4

au Sud-Ouest 7 km par D 955, D 57 et rte secondaire

Domaine du Roncemay

✉ 89110 Chassy – ✆ 03 86 73 50 50 – www.roncemay.com – Ouvert de mars à nov.

16 ch – †100/320 € ††100/320 € – 2 suites – ☕ 18 € – ½ P

Rest ***Domaine du Roncemay*** – voir les restaurants ci-après

Idéal pour les golfeurs, au cœur d'un 18-trous, cet élégant château et ses dépendances assez pittoresques. Les chambres sont d'un grand confort, certaines avec des salles de bains en pierre de Bourgogne. Le hammam est superbe.

XXX **Domaine du Roncemay**

✉ 89110 Chassy – ✆ 03 86 73 50 50 – www.roncemay.com – Ouvert de mars à nov.

Formule 20 € – Menu 37/54 € – Carte 54/61 € *(fermé le midi)*

Une cuisine de tradition et des vins de Bourgogne (auxerrois, chablis), face au tapis vert du golf du Roncemay. Formule bistrot pour les sportifs, entre deux putts.

AIMARGUES

✉ 30470 (Gard) – 4 313 hab. – **Voir carte n°23-C2**

Paris 740 km – Aigues-Mortes 16 km – Alès 62 km – Montpellier 40 km

Carte Michelin 339-K6

XX **Un Mazet sous les Platanes**

3 bd St-Louis – ✆ 04 66 51 73 03 – Fermé 21 déc.-14 janv., dim. et lundi

Formule 17 € – Menu 28/36 € – Carte 40/62 €

Une petite maison basse sur un cours planté de... platanes. Son décor comme sa cuisine sont chaleureux, entre recettes camarguaises et produits de la mer. Belle terrasse.

AINHOA

✉ 64250 (Pyrénées-Atlantiques) – 683 hab. – **Voir carte n°3-A3**

Paris 791 km – Bayonne 28 km – Biarritz 29 km – Cambo-les-Bains 11 km

Carte Michelin 342-C5 – Guide Vert Michelin Pays Basque et Navarre

Ithurria

ch,

pl. du Fronton – ✆ 05 59 29 92 11 – www.ithurria.com – Ouvert 11 avril-2 nov.

28 ch – †95/135 € ††135/165 € – ☕ 13 € – ½ P

Rest ***Ithurria*** ✲ – voir les restaurants ci-après

Rest ***Ithurria Côté Bistrot*** – Carte 25/35 € *(fermé le soir)*

Un village typique, son incontournable fronton de pelote et... juste en face, cette ancienne ferme rouge et blanche (17e s.). On voudrait se coiffer d'un béret basque dans ce décor ! Belle parenthèse traditionnelle, donc, entre les murs de ce confortable hôtel-restaurant... À noter : un sympathique bistrot.

Argi Eder

rte de la Chapelle – ✆ 05 59 93 72 00 – www.argi-eder.com – Ouvert 13 avril-2 nov.
19 ch – †98/135 € ††98/135 € – 7 suites – ☕ 13 € – ½ P
Rest – Menu 31/70 € – Carte 32/59 € *(fermé merc. sauf le soir en juil.-août, lundi midi et vend. midi)*
À flanc de colline, une grande bâtisse régionale et sa piscine dans un parc arboré et fleuri. Vastes chambres avec balcon et joli salon-bar (collection d'armagnacs). Au restaurant, on apprécie les recettes traditionnelles. Pour l'anecdote, Argi Eder signifie "belle lumière".

La Maison Oppoca ch,

r. Principale – ✆ 05 59 29 90 72 – www.oppoca.com – Fermé 6 janv.-13 mars
10 ch – †77/137 € ††87/157 € – ☕ 11 € – ½ P
Rest – Menu 22 € (déj.), 28/65 € – Carte 43/56 € *(fermé vend. midi d'oct. à mars, dim. soir sauf juil.-août et jeudi)*
Rest *Le Pilotari* – Carte 25/30 € *(ouvert avril-sept. et fermé le soir, vend. midi d'oct. à mars, dim. sauf juil.-août et jeudi)*
Cette belle maison basque du 17ᵉs. abrite des chambres confortables et spacieuses (parquets anciens, tons lin et crème). Au restaurant gastronomique, deux ambiances – rustique ou contemporaine – et des mets alliant saveurs basques et exotiques. Côté bistrot, charcuteries et spécialités régionales.

Ithurria (Xavier Isabal) – Hôtel Ithurria

pl. du Fronton – ✆ 05 59 29 92 11 – www.ithurria.com – Ouvert 11 avril-2 nov. et fermé jeudi midi et merc. sauf du 13 juil. au 31 août
Menu 40/82 € – Carte 56/83 € *(réservation conseillée)*
Tomettes, poutres, cuivres et assiettes anciennes, vieux fourneaux... La couleur, mais aussi le goût du Pays basque : ici, on déguste une cuisine classique qui fait la part belle aux produits du terroir et du marché, travaillés avec grand soin.
➜ Légumes primeurs, copeaux de foie gras et jambon bellota. Agneau de lait des Pyrénées, carré rôti, gigot en pelote et épaule confite. Dacquoise pistachée et sorbet fraise mara des bois.

AIRAINES

✉ 80270 (Somme) – 2 304 hab. – **Voir carte n°36-A1**
▶ Paris 172 km – Abbeville 22 km – Amiens 30 km – Beauvais 69 km
Carte Michelin 301-E8

à Allery 5 km à l'Ouest par D 936 – ✉ 80270 – 802 hab.

Relais Forestier du Pont d'Hure

rte du Tréport – ✆ 03 22 29 42 10 – www.pontdhure.com – Fermé mardi et le soir sauf sam.
Formule 16 € – Menu 19 € (semaine), 24/39 € – Carte 23/51 €
Atmosphère pavillon de chasse (trophées, mobilier rustique) pleine de charme après une balade en forêt... Au programme, rôtisserie et grillades au feu de bois.

AIRAN

✉ 14370 (Calvados) – 686 hab. – **Voir carte n°32-B2**
▶ Paris 243 km – Alençon 124 km – Caen 22 km – Rouen 137 km
Carte Michelin 303-L5

Domaine de la Hurel sans rest

30 hameau de Coupigny – ✆ 02 31 44 68 85 – www.domainedelahurel.com
5 ch ☕ – †80 € ††95 €
Touristes, randonneurs ou... cavaliers, cette adresse convient à tous ; les derniers pouvant y loger leurs chevaux. Une adresse très nature donc, avec de belles chambres cosy, un espace détente, un parc avec un étang pour pêcher, bref : de quoi prendre un grand bol d'air !

AIRE-SUR-L'ADOUR

✉ 40800 (Landes) – 6 279 hab. – **Voir carte n°3-B3**
▶ Paris 722 km – Auch 84 km – Condom 68 km – Dax 77 km
Carte Michelin 335-J12 – Guide Vert Michelin Aquitaine

à Ségos 9 km par N 134 et D 260 – ✉ 32400 – 248 hab.

Domaine de Bassibé  ch,

– *✆ 05 62 09 46 71 – www.bassibe.fr – Ouvert de Pâques à mi-nov. et fermé mardi et merc. sauf juil.-août*

8 ch – 140/215 € 140/215 € – 6 suites – 17 € – ½ P

Rest – Menu 49/56 € *(fermé mardi, merc. et le midi en semaine sauf juil.-août)*

Bassibé : "Là où l'on est bien" en patois. Dans cette ancienne ferme en pleine campagne, on cultive le romantisme et l'art de bien vivre. Les chambres, coquettes et champêtres, invitent à une douce paresse...

Minvielle et les Oliviers rest, ch,

– *✆ 05 62 09 40 90*

18 ch – 45/51 € 52/59 € – 8 € – ½ P

Rest – Formule 14 € – Menu 21/35 € – Carte 25/53 € *(fermé sam. midi et dim. soir)*

Dans ce petit village du Gers, une bâtisse moderne d'esprit régional. Décor provençal dans les chambres de l'annexe (plus récentes) et grand balcon. Cuisine traditionnelle au restaurant.

AIRE-SUR-LA-LYS

✉ 62120 (Pas-de-Calais) – 9 861 hab. – **Voir carte n°30-B2**

Paris 236 km – Arras 56 km – Boulogne-sur-Mer 68 km – Calais 60 km

Carte Michelin 301-H4

Hostellerie des 3 Mousquetaires

Château de la Redoute, rte de Béthune (D 943) – ✆ 03 21 39 01 11 – www.hostelleriedes3mousquetaires.com – Fermé 2-13 janv.

25 ch – 95/115 € 115/155 € – 2 suites – 15 €

Rest ***Les Saveurs du Parc*** – voir les restaurants ci-après

Construite sur les ruines d'une fortification de Vauban, cette demeure du 19e s. avec son joli parc a désormais tout d'un havre de paix ! La décoration des chambres (lits à baldaquin, objets chinés) respire la douceur d'antan.

XX **Les Saveurs du Parc** – Hostellerie des 3 Mousquetaires

Château de la Redoute, rte de Béthune (D 943) – ✆ 03 21 39 01 11 – www.hostelleriedes3mousquetaires.com – Fermé 2-13 janv.,dim. soir , lundi midi et soirs fériés

Formule 19 € – Menu 22 € (semaine), 30/75 € – Carte 41/76 €

La patte du chef ? Une cuisine teintée d'exotisme – sucré-salé –, bien ficelée et assez fine. Dans la salle, à la décoration tendance, deux vues s'offrent aux clients : les fourneaux ou la nature. Inutile de préciser où regarderont les plus gourmands !

à Isbergues 6 km au Sud-Est par D 187 – ✉ 62330 – 9 289 hab.

XX **Le Buffet** avec ch rest,

22 r. de la Gare – ✆ 03 21 25 82 40 – www.le-buffet.com – Fermé 1er-21 août, dim. soir et lundi

5 ch – 62 € 70 € – 11 €

Formule 16 € – Menu 19 € (semaine), 30/89 € – Carte 49/68 €

L'ancien buffet de la gare a aujourd'hui fière allure ! Dans un cadre élégant (mobilier de style, poutres, etc.), on déguste une savoureuse cuisine régionale, qui suit le rythme des saisons : Thierry Wident travaille avec les meilleurs producteurs locaux. Si besoin, quelques chambres permettent de prolonger l'étape.

AIX (ÎLE-D') – 17 Charente-Maritime ➜ voir Île-d'Aix

AIX-EN-PROVENCE

✉ 13100 (Bouches-du-Rhône) – 141 438 hab. – **Voir carte n°40-B3**
Paris 752 km – Avignon 82 km – Marseille 30 km – Nice 177 km
Carte Michelin 340-H4 – Guide Vert Michelin Provence

© C. Moirenc/hemis.fr

Hôtels & maisons d'hôtes

Villa Gallici

18 bis av. de la Violette – ✆ 04 42 23 29 23 – www.villagallici.com – Fermé 22-27 déc. et 2-30 janv. Plan : BV**k**
16 ch – 230/690 € 230/690 € – 6 suites – 30 €
Rest *Villa Gallici* – voir les restaurants ci-après
Cyprès, fontaine, piscine, cigales... Un morceau de Provence idyllique en cette discrète villa juchée sur les hauteurs d'Aix. Les chambres, raffinées, distillent un charme très 19e s. Ravissant !

Grand Hôtel Roi René

rest,
24 bd du Roi-René – ✆ 04 42 37 61 00 – www.grand-hotel-roi-rene-aix-en-provence.com Plan : BZ**b**
131 ch – 165/450 € 175/460 € – 3 suites – 25 €
Rest *La Table du Roi* – Carte 34/59 €
Ce Grand Hôtel inspiré de l'architecture régionale des 17e et 18e s. est né en 1929 mais il n'a pas pris une ride ! Les chambres y sont cossues et très contemporaines – préférez celles donnant sur le patio et la piscine – et le restaurant arbore des accents lounge...

Le Pigonnet

ch, ch,
5 av. du Pigonnet ✉ 13090 – ✆ 04 42 59 02 90 – www.hotelpigonnet.com
42 ch – 165/790 € 165/790 € – 2 suites – 28 € Plan : AV**a**
Rest *La Table du Pigonnet* – voir les restaurants ci-après
Rest *Le Bistrot du Pigonnet* – Menu 31 € *(fermé dim. de nov. à mars)*
En périphérie d'Aix, dans un beau parc verdoyant, une imposante bastide dont les chambres cultivent le romantisme et l'élégance (préférez les chambres de la demeure principale à celles de "La Résidence", de construction plus récente). Sachez qu'en ces lieux Cézanne lui-même s'imprégna des parfums et couleurs de la Provence !

Hôtel de Gantès sans rest

1 r. Fabrot – ✆ 04 42 90 31 60 – www.hoteldegantes.com Plan : BY**q**
11 ch – 199/320 € 199/320 € – 11 €
Emplacement rêvé sur le célèbre cours Mirabeau pour cet hôtel particulier de 1671. Surprise en haut de l'escalier d'honneur : les chambres se révèlent très contemporaines et sont autant de variations sur des thèmes originaux (cinéma, théâtre, Picasso, etc.), avec terrasse au dernier étage... Un fort bel ensemble.

AIX-EN-PROVENCE

Berger (Av. G.) .... BV 7
Brossolette (Av.) .... AV 13
Club Hippique (Av.) ...... AV 18
Dalmas (Av. J.) .... AV 23
Ferrini (Av. F.) .... AV 30
Fourane (Av. de la) ...... AV 32
Galice (Rte de) .... AV 33
Isaac (Av. J.) .... BV 41
Malacrida (Av. H.) .... BV 48
Minimes (Crs des) ...... AV 52
Moulin (Av. J.) .... BV 56
Pigonnet (Av. du) .... AV 62
Poilus (Bd des) .... BV 67
Prados (Av. E.) .... AV 68
Solari (Av. Ph.) .... AV 76

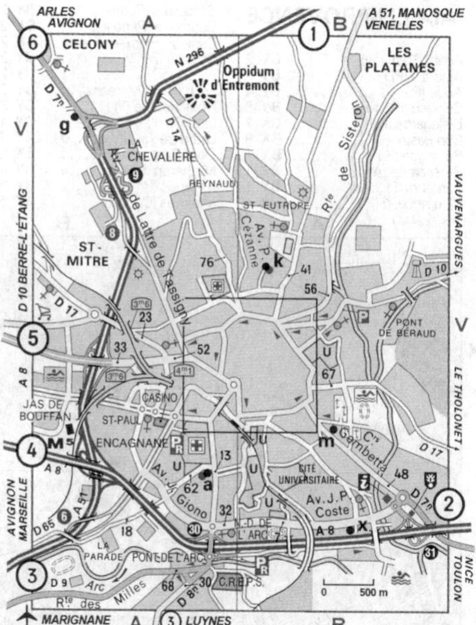

Aquabella

2 r. des Étuves – ✆ 04 42 99 15 00 – www.aquabella.fr Plan : AX**a**

110 ch – 🚹170/205 € 🚹🚹190/225 € – ☕ 16 €

Rest *Aquabella* – Formule 22 € 🍷 – Menu 27/49 € 🍷 – Carte 43/57 €

Aux portes de la vieille ville, cet imposant hôtel moderne jouxte les Thermes Sextius (nombreux soins). Préférez les chambres aux derniers étages, avec balcon et vue sur la cité. Restaurant à la structure "verre et acier", prolongé d'une belle terrasse ; cuisine traditionnelle.

Cézanne sans rest

40 av. Victor-Hugo – ✆ 04 42 91 11 11 – www.hotelaix.com/cezanne Plan : BZ**h**

53 ch – 🚹150/235 € 🚹🚹170/260 € – 2 suites – ☕ 20 €

De belles chambres design pour cet hôtel situé entre la gare et le centre-ville. Business center, open bar, garage payant sur réservation, et petit-déjeuner maison servi jusqu'à midi. Accueil et service aux petits soins.

St-Christophe

2 av. Victor-Hugo – ✆ 04 42 26 01 24 – www.hotel-saintchristophe.com

67 ch – 🚹95/125 € 🚹🚹105/135 € – ☕ 10 € Plan : BY**a**

Rest *Brasserie Léopold* – Formule 24 € – Menu 29 € – Carte 28/58 €

Au cœur de la ville, des chambres très variées : grandes, petites, d'esprit provençal, très années 1930 ou au contraire résolument contemporaines. Joli cadre Art déco à la brasserie du rez-de-chaussée, dont les tables gagnent le trottoir en été.

Escale Océania sans rest

12 av. de la Cible – ✆ 04 42 37 58 58 – www.oceaniahotels.com Plan : BV**x**

90 ch – 🚹145/190 € 🚹🚹145/190 € – ☕ 11 €

À deux pas de l'autoroute et du centre-ville, des chambres fonctionnelles et bien insonorisées – même côté route. Envie de vous détendre après une réunion de travail dans l'une des salles de séminaire ? Faites donc quelques brasses dans la piscine ! Idéal pour la clientèle d'affaires.

AIX-EN-PROVENCE

Rue	Plan	N°
Agard (Passage)	CY	2
Albertas (Pl.)	BY	3
Aude (R.)	BY	4
Bagniers (R. des)	BY	5
Bellegarde (Pl.)	CX	7
Bon Pasteur (R.)	BX	9
Boulégon (R.)	BX	12
Brossolette (Av.)	AZ	13
Cardeurs (Pl. des)	BY	16
Clemenceau (R.)	BY	18
Cordeliers (R. des)	BY	20
Couronne (R. de la)	BY	21
Curie (R. Pierre-et-Marie)	BX	22
Espariat (R.)	BY	26
Fabrot (R.)	BY	28
Foch (R. du Maréchal)	BY	30
Hôtel de Ville (Pl.)	BY	37
Italie (R. d')	CY	42
Lattre-de-Tassigny (Av. de)	AY	46
De-la-Roque (R. J.)	BX	25
Matheron (R.)	BY	49
Méjanes (R.)	BY	51
Minimes (Crs des)	AY	52
Mirabeau (Cours)	BCY	
Montigny (R. de)	BY	55
Napoléon-Bonaparte (Av.)	AY	57
Nazareth (R.)	BY	58
Opéra (R. de l')	CY	62
Pasteur (Av.)	BX	64
Paul-Bert (R.)	BX	66
Prêcheurs (Pl. des)	CY	70
Richelme (Pl.)	BY	72
Saporta (R. G.-de)	BX	75
Thiers (R.)	CY	80
Verdun (Pl. de)	CY	85
4-Septembre (R.)	BZ	87

Mozart sans rest
49 cours Gambetta – ✆ 04 42 21 62 86 – www.hotelmozart.fr – Fermé 10 janv.-3 fév.
48 ch – 🚹65/76 € 🚹🚹79/92 € – ☕ 10 € Plan : BV**m**

Ici, point de notes de musique ou de partitions, mais des chambres d'inspiration provençale, sobres et bien tenues. Aux beaux jours, prenez donc votre petit-déjeuner sur la terrasse. Une adresse parfaite pour un séjour à prix sages.

Le Globe sans rest
74 cours Sextius – ✆ 04 42 26 03 58 – www.hotelduglobe.com – Fermé de mi-déc. à mi-janv. Plan : AY**e**
46 ch – 🚹65/86 € 🚹🚹86/90 € – ☕ 8,50 €

Accueil sympathique dans ce petit hôtel proposant des chambres fonctionnelles et bien insonorisées. Terrasse-solarium sur le toit d'où se déploie une belle vue.

L'Épicerie sans rest
12 r. du Cancel – ✆ 06 08 85 38 68 – www.unechambreenville.eu Plan : BX**a**
5 ch ☕ – 🚹100/130 € 🚹🚹100/130 €

Maison du 18e s. au cœur de la vieille ville. Chambres joliment décorées (boutis, mobilier chiné, baignoire à l'ancienne, etc.) et petit-déjeuner servi dans un décor d'épicerie d'antan !

Restaurants

XXX **La Table du Pigonnet** – Hôtel Le Pigonnet

5 av. du Pigonnet ✉ 13090 – ✆ 04 42 59 61 07 – www.hotelpigonnet.com – Fermé lundi et mardi de nov. à mars Plan : AV**a**

Formule 42 € – Menu 52 € (déj.)/85 € – Carte 80/128 €

Un endroit superbe ! La salle, élégante et immaculée, ouvre grand sur le charmant jardin, ses allées ombragées et ses massifs bien taillés... L'incarnation d'un bel art de vivre, dont témoigne aussi la cuisine du jeune chef, tout en finesse et originalité – avec une savoureuse prédilection pour le poisson !

XX **Villa Gallici** – Hôtel Villa Gallici

18 bis av. de la Violette – ✆ 04 42 23 29 23 – www.villagallici.com – Fermé 22-27 déc., 2-30 janv., lundi midi et merc. midi sauf en juil. Plan : BV**k**

Formule 55 € – Menu 70 € (déj.), 95/120 € – Carte environ 100 € *(réservation conseillée)*

Luxe et tradition, sans ostentation. Un décor raffiné et élégant au service d'une cuisine classique gorgée de soleil réalisée par un chef amoureux des bons produits. Les platanes, la jolie terrasse... On dirait le Sud !

XX ✿ **Pierre Reboul**

11 Petite-Rue-St-Jean – ✆ 04 42 20 58 26 – www.restaurant-pierre-reboul.com – Fermé 17 août-1er sept., 21 déc.-14 janv., mardi midi, dim. et lundi Plan : CY**a**

Menu 52/146 €

Dans la vieille ville, un lieu original et stylé : voûtes blanches, voilages intimes, mobilier design... Effets de miroir avec la cuisine, avant tout créative, mêlant notes ludiques et effets graphiques (menu unique). Beaux accords mets-vins. ➜ Cuisine du marché.

XX **Le Formal Les Caves Henri IV**

32 r. Espariat – ✆ 04 42 27 08 31 – www.restaurant-leformal.com – Fermé 1 semaine en mai, 1 semaine en août, 1 semaine en sept., sam. midi, dim. et lundi

Menu 25 € (déj.), 39/76 € – Carte environ 54 € *(réservation conseillée)* Plan : BY**w**

Une adresse installée dans de belles caves voûtées du 15e s. Le chef propose une cuisine d'inspiration provençale avec un grand souci de la qualité.

XX **Côté Cour**

19 cours Mirabeau – ✆ 04 42 93 12 51 – www.restaurantcotecour.fr – Fermé le dim.

Menu 29 € (déj. en semaine)/42 € – Carte 50/75 € Plan : BY**c**

Originale, cette verrière dans la cour d'un hôtel particulier ! C'est le domaine de Ronan Kernen, qui s'est fait connaître à travers l'émission Top Chef en 2011. Sa cuisine se révèle personnelle et bien tournée, à l'instar de ces noix de Saint-Jacques, purée de carottes, gingembre, mandarine et beurre d'algues.

X **Yamato**

21 av. des Belges – ✆ 04 42 38 00 20 – www.restaurant-yamato.com – Fermé mardi midi et lundi Plan : AZ**e**

Menu 49/98 € – Carte 48/95 €

Table japonaise proposant une cuisine fine et soignée, très fraîche (bons desserts "fusion"). Belle cave au sous-sol. La propriétaire assure l'accueil en costume traditionnel. Intéressante carte des vins comptant plus de 200 références.

X **Ze Bistro**

31 bis r. Manuel – ✆ 04 42 39 81 88 – www.zebistro.com – Fermé août, vacances de Noël, vacances de fév., sam. et dim. Plan : CY**n**

Menu 22 € 🍷 (déj. en semaine), 29/51 € – Carte 41/74 € *(réservation conseillée)*

Un sympathique bistrot contemporain, au décor sobre et moderne. La cuisine joue la carte de la qualité : le jeune chef s'approvisionne au marché et auprès des producteurs locaux, et sait mettre les ingrédients en valeur…

X **Le Poivre d'Ane**

40 pl. des Cardeurs – ✆ 04 42 21 32 66 – www.restaurantlepoivredane.com – Fermé 18-27 déc., 8 janv.-début fév., le midi et merc. Plan : BY**u**

Menu 30/45 € – Carte 43/52 € *(réservation conseillée)*

Sur une place touristique du centre-ville, un petit restaurant tenu par une équipe jeune et dynamique. Décor seventies et cuisine tendance, à prix raisonnable.

X **Le Petit PiR** Ⓝ

11 bis Petite-Rue-St-Jean – ✆ 04 42 52 30 42 – www.restaurant-pierre-reboul.com – Fermé 17-31 août, 22 déc.-14 janv., dim. et lundi Plan : CY**a**

Formule 18 € – Menu 26/39 €

Quel souvenir d'école plus marquant que le nombre Pi ? Pour créer ce bistrot (en complément à sa table gastronomique), Pierre Reboul a replongé en enfance : la déco, colorée et emplie de clins d'œil, cultive une joyeuse nostalgie, et la carte ressuscite – entre autres – ses souvenirs de petit garçon, tel ce pain perdu au cassis !

X **L'Épicurien**

13 pl. des Cardeurs – ✆ 06 89 33 49 83 – Fermé 1 semaine en avril, 1 semaine en août, 1 semaine en fév., dim. et lundi Plan : BY**u**

Formule 24 € – Menu 28 € (déj.), 38/46 € *(réservation conseillée)*

Rillettes de maquereau et leur crème de betterave ; aile de raie et son risotto au safran ; etc. Au cœur de la vieille ville, cet Épicurien – né en 2012 – joue la carte des bonnes saveurs du marché ! Petite salle rustique et grande terrasse ombragée.

X **Ze Bis**

7 r. de la Couronne – ✆ 04 42 90 03 47 – www.zebis.fr – Fermé dim. et lundi Plan : BY**d**

Formule 15 € 🍷 – Carte 30/40 €

Nostalgie quand tu nous tiens ! Ici, on joue à fond la carte "recettes de grands-mères" avec des petits plats mijotés et servis en cocotte, ou des cuissons à la broche : pieds et paquets marseillais, farcis niçois, poulet fermier noir des Dombes... Et l'on se régale dans un décor de bistrot rétro.

au Tholonet 5km à l'Est par D 17 – ✉ 13100 – 2 240 hab.

Les Lodges Sainte-Victoire Ⓝ

2250 rte Cézanne – ✆ 04 42 24 80 40 – www.leslodgessaintevictoire.com

23 ch – †225/390 € ††225/390 € – 16 suites – ☕ 25 €

Rest ***Le Saint-Estève*** ✿ – voir les restaurants ci-après

Sur la route de la montagne Ste-Victoire chère à Cézanne, ce domaine inauguré en 2013 cultive une quiétude toute provençale... Dans la belle bastide du 18e s. comme dans les superbes lodges indépendants (avec piscine privée) règne la même alliance de modernité et d'esprit bourgeois : une montagne de confort !

XXX ✿ **Le Saint-Estève** Ⓝ – Hôtel Les Lodges Sainte-Victoire

2250 rte Cézanne – ✆ 04 42 27 10 14 – www.leslodgessaintevictoire.com – Fermé lundi

Formule 45 € – Menu 55 € (déj. en semaine), 75/135 € – Carte 95/145 €

C'est donc dans ce domaine luxueux et flambant neuf que l'on retrouve Mathias Dandine, chef provençal dont le talent est déjà bien connu. Sa philosophie peut se résumer ainsi : les meilleurs produits de saison, une certaine simplicité et des parfums marqués. Tout l'éclat des saveurs de la région !

→ Langoustines aux parfums du Siam, pois gourmands, cébettes, gingembre et coriandre. Mignon et ris de veau de lait cuits au sautoir, légumes étuvés à la truffe noire. Pain d'épice rôti, pommes caramélisées et glace vanille.

au Canet 8 km par ② par D 7n – ✉ 13100

XX **L'Auberge Provençale**

imp. de Provence, au lieu-dit Le Canet-de-Meyreuil – ✆ 04 42 58 68 54 – www.auberge-provencale.fr – Fermé 15-30 juil., 24-30 déc., mardi sauf le midi d'oct. à mai et merc.

Menu 27/50 € – Carte 55/60 €

Dans cette jolie auberge provençale, proche de la N 7, on apprécie une cuisine traditionnelle soignée, ancrée dans la région et accompagnée d'un beau choix de vins issus de la France entière.

à Beaurecueil 10 km par ②, N 7 et D 58 – ✉ 13100 – 613 hab.

XX **La Table de Beaurecueil**

66 rte de Meyreuil, allée des Muriers – ✆ 04 42 66 94 98 – www.latabledebeaurecueil.com – Fermé dim. soir, lundi et merc.

Formule 25 € – Menu 35 € (semaine)/55 € – Carte environ 58 €

Dans une ancienne bergerie au décor résolument contemporain, on apprécie une cuisine dans l'air du temps teintée de notes régionales.

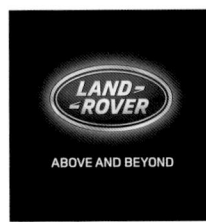

au Sud-Ouest 5 km par ③, D9 ou A 51, sortie Les Milles – ✉ 13546 Aix-en-Provence

Château de la Pioline ch, ch,

260 r. Guillaume-du-Vair – ✆ 04 42 52 27 27 – www.chateaudelapioline.com

31 ch – †168/300 € ††168/300 € – 20 €

Rest ***Le Médicis*** – Formule 32 € – Menu 39 € (déj. en semaine)/50 € – Carte 54/68 €

On accède par une allée de platanes à cette belle et vaste demeure classée du 18es. Jardin à la française, escalier d'honneur, terrasse sous les tilleuls, belle piscine... et des chambres qui cultivent cette forme de simplicité qui va si bien à l'esprit provençal.

Arbois rest,

97 r. du Dr.-Albert-Aynaud, 10 km à l'Ouest, dir. Europôle de l'Arbois – ✆ 04 42 58 59 60 – www.hotelarbois.com

55 ch – †95/145 € ††95/145 € – 1 suite – 12 € – ½ P

Rest – Formule 17 € – Menu 20 € (semaine), 25/45 € – Carte 29/42 €

(fermé sam. et dim. hors saison) (réservation conseillée)

Pour un voyage d'affaires ou une étape (la gare TGV est toute proche), cet hôtel récent propose des chambres confortables. Bonnes prestations, dont un espace fitness. Cuisine régionale servie dans un restaurant au décor lumineux et vitaminé, ou en terrasse.

à Celony 3 km par D 7n – ✉ 13090

Le Mas d'Entremont ch,

315 rte d'Avignon – ✆ 04 42 17 42 42 – www.masdentremont.com – Ouvert 15 mars-31 oct. Plan : AV**g**

14 ch – †173/290 € ††173/290 € – 6 suites – 20 € – ½ P

Rest – Formule 39 € – Menu 46/51 € – Carte 60/71 € *(fermé dim. soir et lundi midi)*

Sur les hauteurs d'Aix, une bastide nichée dans un parc avec bassin, colonnes et jets d'eau. Les chambres y sont confortables et bien tenues ; plus spacieuses et modernes dans les maisonnettes du parc. Carte classique au restaurant.

AIX-LES-BAINS

✉ 73100 (Savoie) – 27 750 hab. – Voir carte n°**46**-F2

Paris 539 km – Annecy 34 km – Bourg-en-Bresse 115 km – Chambéry 18 km

Carte Michelin 333-I3 – Guide Vert Michelin Alpes du Nord

Golden Tulip ch,

av. Ch.-de-Gaulle – ✆ 04 79 34 19 19 – www.goldentulipaixlesbains.com

92 ch – †105/155 € ††105/205 € – 10 suites – 15 € – ½ P Plan : CZ**x**

Rest – Formule 19 € – Menu 24 € – Carte 28/37 €

À deux pas du casino où se produisirent jadis Sarah Bernhardt et Luis Mariano, cet hôtel totalement rénové propose des chambres fonctionnelles et très confortables. De quoi faire des rêves de paillettes... À moins que vous ne préfériez vous détendre dans le jardin japonais, ou au spa !

Mercure Aix Les Bains Domaine de Marlioz ch, rest,

111 av. de Marlioz, à Marlioz : 1,5 km – ✆ 04 79 61 79 79 – www.mercure.com Plan : AX**a**

60 ch – †126/206 € ††142/222 € – 19 € – ½ P

Rest – Formule 18 € – Menu 28 € – Carte 28/40 €

Dans le parc des thermes de Marlioz, cet établissement dispose de chambres spacieuses et d'un centre de balnéothérapie dernier cri, décoré à la manière d'un bateau. Au restaurant, cuisine traditionnelle et terrasse avec vue sur les arbres centenaires.

Agora rest,

1 av. de Marlioz – ✆ 04 79 34 20 20 – www.hotel-agora.com Plan : CZ**u**

62 ch – †78/127 € ††91/139 € – 15 € – ½ P

Rest – Formule 17 € – Menu 19 € (déj. en semaine)/34 € – Carte environ 38 €

Ne vous attendez pas à voir des philosophes haranguer la foule, comme le faisaient ceux de l'Antiquité, sur l'agora d'Athènes... Aux grands discours, préférez donc les chambres rénovées – plus fonctionnelles et contemporaines – de cet établissement. Restauration traditionnelle.

AIX-LES-BAINS

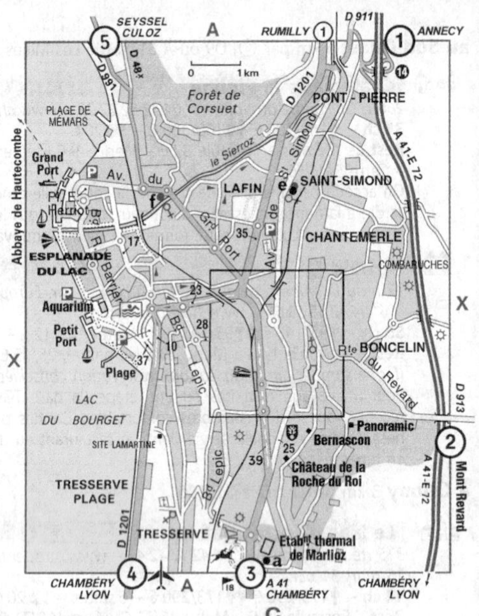

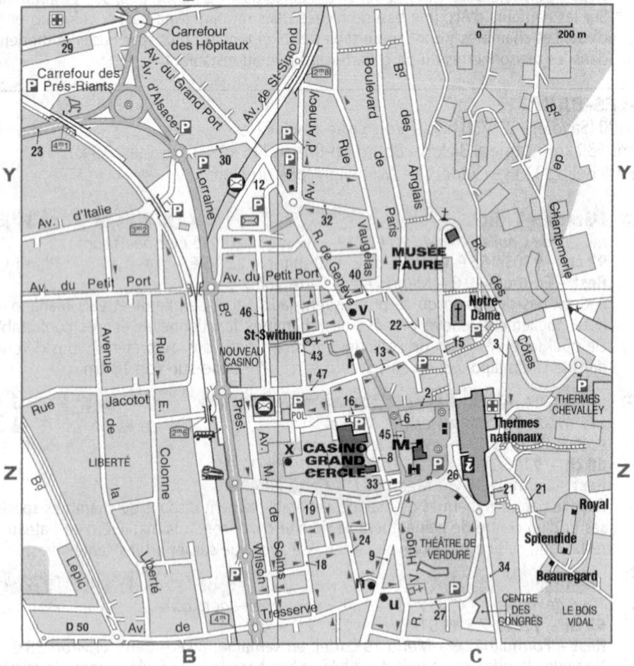

Grand Hôtel du Parc

28 r. de Chambéry – ✆ 04 79 61 29 11 – www.grand-hotel-du-parc.com
– Fermé 20 déc.-6 janv. Plan : CZ**n**

43 ch – †69/100 € ††82/114 € – ☕ 12 € – ½ P

Rest *La Bonne Fourchette* – Formule 20 € – Menu 25 € (déj. en semaine), 32/75 € *(fermé merc. midi hors saison, dim. soir et lundi)*

Style contemporain, baroque ou victorien... Dans cet immeuble de 1817, on aime le mélange des genres ! Les chambres y sont spacieuses et fonctionnelles. Restaurant gastronomique au cadre feutré.

Auberge St-Simond

130 av. St-Simond – ✆ 04 79 88 35 02 – www.saintsimond.com
– Fermé 15 déc.-31 janv., lundi midi d'oct. à avril et dim. soir Plan : AX**e**

25 ch – †67/95 € ††67/95 € – ☕ 11 € – ½ P

Rest *Auberge St-Simond* – voir les restaurants ci-après

Une auberge récente non loin de la voie ferrée, appréciée pour son ambiance conviviale, ses chambres confortables et bien tenues – entièrement rénovées dans le bâtiment principal –, et son jardin avec une jolie piscine.

Revotel sans rest

198 r. de Genève – ✆ 04 79 35 03 37 – www.revotel.fr – Fermé 26 nov.-15 fév.

17 ch – †42/51 € ††42/51 € – ☕ 8 € Plan : CZ**v**

Un rêve pour les amoureux du vintage ! Cet hôtel entièrement meublé dans le style des années 1970 dispose de chambres petites mais bien tenues. Un vrai bon plan pour se loger à moindre coût dans le centre d'Aix-les-Bains.

Le 59 Restaurant

59 r. du Casino – ✆ 04 79 88 29 75 – www.boris-campanella.fr – Fermé vacances de Pâques et de la Toussaint, dim. et lundi Plan : CZ**r**

Menu 25 € (déj. en semaine), 39/78 € – Carte 71/95 €

Dans cette ancienne épicerie, on travaille en famille ! Derrière les fourneaux, le chef – ancien du Martinez à Cannes – travaille avec sa femme, tandis que son frère s'occupe de la salle. Les gourmands y apprécient une cuisine du marché avec des produits triés sur le volet. Une des meilleures tables de la ville.

Auberge St-Simond – Auberge St-Simond

130 av. St-Simond – ✆ 04 79 88 35 02 – www.saintsimond.com – Fermé 15 déc.-31 janv., lundi midi d'oct. à avril et dim. soir Plan : AX**e**

Formule 19 € 🍷 – Menu 23 € (déj. en semaine), 31/40 € – Carte 38/48 €

Une déco plutôt soignée, une jolie vue sur le jardin planté d'oliviers, de platanes et de lavande... Dans cette auberge récente, la tradition comme la fraîcheur sont à l'honneur ; le tout accompagné d'une bonne sélection de vins légers. Rien que des plaisirs simples...

AIZENAY

✉ 85190 (Vendée) – 8 107 hab. – **Voir carte n°34-B3**

Paris 435 km – Challans 26 km – Nantes 60 km – La Roche-sur-Yon 18 km

Carte Michelin 316-G7

La Sittelle

33 r. du Mar.-Leclerc – ✆ 02 51 34 79 90 – Fermé 1 semaine en mai, 11 août-2 sept., 1 semaine en janv., lundi, mardi et le soir sauf sam.

Menu 27/38 € *(réservation conseillée)*

La sittelle ? C'est l'oiseau qui vit dans la forêt avoisinante. Pour tenter de l'entendre, faites une halte dans cette agréable demeure bourgeoise. La cuisine, classique, savoureuse et juste, témoigne du bien joli parcours du chef... et ravit les gourmands, tout simplement !

AJACCIO – 2A Corse-du-Sud → voir Corse

ALBAN

✉ 81250 (Tarn) – 992 hab. – **Voir carte n°29-C2**

Paris 723 km – Albi 29 km – Castres 54 km – Toulouse 106 km

Carte Michelin 338-G7

Au Bon Accueil avec ch

49 av. de Millau – ✆ 05 63 55 81 03 – www.hotel-bardy.fr – Fermé janv., dim. soir, lundi et vend.
11 ch – 🚹49/75 € 🚹🚹49/75 € – ☕ 8 € – ½ P
Menu 18 € (semaine), 24/38 € – Carte 21/43 €
Pratique pour une étape entre Albi et Millau ! Cette petite auberge rustique propose en effet une généreuse cuisine traditionnelle – avec du gibier en saison – et l'on savoure un repos bien mérité dans ses chambres certes petites mais bien pratiques (plus calmes sur l'arrière).

ALBERT

✉ 80300 (Somme) – 9 774 hab. – Voir carte n°**36**-B1
▶ Paris 156 km – Amiens 30 km – Arras 50 km – St-Quentin 53 km
Carte Michelin 301-I8

à Authuille 5 km au Nord par D 50 – ✉ 80300 – 170 hab.

Auberge de la Vallée d'Ancre

6 r. Moulin – ✆ 03 22 75 15 18 – Fermé 2 semaines en sept., vacances de fév., dim. soir, merc. soir et lundi
Menu 23/38 € – Carte 33/56 €
Perdue en pleine campagne, cette sympathique auberge de pays n'en est pas moins prisée ! L'accueil y est charmant, et dans sa cuisine ouverte – où le saluent les clients – le chef prépare une généreuse cuisine traditionnelle. Beau plateau de fromages.

ALBERTVILLE

✉ 73200 (Savoie) – 18 876 hab. – Voir carte n°**46**-F2
▶ Paris 581 km – Annecy 46 km – Chambéry 51 km – Chamonix-Mont-Blanc 64 km
Carte Michelin 333-L3 – Guide Vert Michelin Alpes du Nord

Million

8 pl. de la Liberté – ✆ 04 79 32 25 15 – www.hotelmillion.com
26 ch ☕ – 🚹107/130 € 🚹🚹169/195 €
Rest *Million* ✿ – voir les restaurants ci-après
Cette belle bâtisse de 1770 illustre une certaine tradition de l'hôtellerie française, cossue et bourgeoise. Deux types de chambres : certaines au cachet d'antan (cheminée, mobilier en bois, parquet...) ; d'autres un peu plus modernes.

Million (José de Anacleto) – Hôtel Million

8 pl. de la Liberté – ✆ 04 79 32 25 15 – www.hotelmillion.com – Fermé 28 avril-5 mai, 12-19 mai, 20 oct.-3 nov., sam. midi, dim. soir et lundi
Menu 35 € (semaine), 63/92 € – Carte 81/97 €
Noble et feutrée, voilà une délicate table de tradition. Sauces savoureuses, jus parfaitement réduits, produits nobles, etc. Le chef rappelle que le bel ouvrage est la condition de la finesse… et du plaisir. Cadre classique à l'unisson.
→ Poêlée de langoustines, pied d'agneau mijoté à ma façon, coques et jus corsé. Suprême de pigeonneau rôti et foie gras chaud des Landes. Millefeuille d'amande à la gelée de fraise, crème vanille, sorbet citron.

Le Bistrot Gourmand

8 pl. Charles-Albert – ✆ 04 79 32 79 06 – Fermé août, vacances de Noël, dim. soir, mardi et merc.
Menu 17 € (déj. en semaine), 25/45 € – Carte 44/67 €
Terrine de chevreuil, magret de canard, tarte Tatin... Ce bistrot simple et convivial connaît ses classiques. Les prix relativement doux et l'accueil sympathique de la propriétaire ajoutent à l'intérêt de l'adresse.

à Monthion 7 km au Sud par rte de Chambéry (sortie 26) et D 64 – ✉ 73200 – 459 hab.

Les 16 Clochers

91 chemin des 16-Clochers – ✆ 04 79 31 30 39 – http://les16clochers.fr – Fermé 1 semaine en sept., vacances de Noël, dim. soir, lundi et mardi
Formule 26 € – Menu 36/59 € – Carte 50/72 €
Qui dit mieux ? Ce restaurant gastronomique jouit d'une vue sur les seize clochers de la vallée ! C'est en terrasse que l'on profite le mieux du panorama, mais on apprécie aussi la salle, rustique et chaleureuse. Cuisine de bonne facture, accueil charmant.

ALBI

81000 (Tarn) – 48 916 hab. – Voir carte n°**29**-C2

Paris 694 km – Béziers 150 km – Clermont-Ferrand 286 km – Toulouse 76 km

Carte Michelin 338-E7

La Réserve

81 rte de Cordes, 3 km par ⑥ – 05 63 60 80 80 – www.lareservealbi.com – Ouvert de mai à oct.

19 ch – 198/428 € 248/498 € – 2 suites – 21 € – ½ P

Rest ***La Réserve*** – voir les restaurants ci-après

Dans un grand parc verdoyant au bord du Tarn, une villa pleine de charme ! Meubles chinés et contemporains, tissus et papiers peints élégants : les chambres sont raffinées et donnent sur la jolie piscine ou la rivière. Et quand l'heure des gourmandises est venue, on n'est pas dépourvu...

Hostellerie St-Antoine sans rest

17 r. St-Antoine – 05 63 54 04 04 – www.hotel-saint-antoine-albi.com – Fermé 20 déc.-5 janv. Plan : Z**d**

40 ch – 107/198 € 127/267 € – 2 suites – 19 €

Cet hôtel fondé en 1734 – ce qui en fait l'un des plus vieux de France – cultive très joliment l'atmosphère cossue des maisons d'antan... Mobilier ancien, jolies tissus et très agréable jardin : un cocon très confortable !

Chiffre

rest,

50 r. Séré-de-Rivières – 05 63 48 58 48 – www.hotelchiffre.com – Fermé 15 déc.-15 avril Plan : Z**b**

36 ch – 78/169 € 78/169 € – 1 suite – 12 €

Rest – Menu 23/38 € *(fermé le midi, dim. et lundi)*

En ville mais à l'écart de l'agitation, un ancien relais de poste ordonné autour d'une cour fleurie. Les chambres, assez sobres, sont avant tout fonctionnelles. Pour les clients de l'hôtel, une offre de restauration traditionnelle bien pratique.

Mercure

rest,

41 bis r. Porta – 05 63 47 66 66 – www.lavermicellerie-hotelmercure.fr

56 ch – 105/126 € 125/145 € – 15 € Plan : Y**n**

Rest – Formule 15 € – Menu 30 € /50 € – Carte 31/43 € *(fermé 20 déc.-4 janv., vend. soir, dim. midi et sam. de nov. à fév.)*

Cette élégante bâtisse – un moulin à farine du 18e s., tout en briques roses – jouit d'une superbe situation au bord du Tarn. Les chambres, contemporaines et fonctionnelles, sont séduisantes, et le restaurant propose une carte bistrotière originale, qui s'apprécie d'autant mieux en terrasse, avec une vue imprenable sur la rivière et la célèbre cathédrale !

Grand Hôtel d'Orléans

pl. Stalingrad – 05 63 54 16 56 – www.hotel-orleans-albi.com Plan : X**e**

54 ch – 65/75 € 75/85 € – 2 suites – 10 € – ½ P

Rest – Menu 19/48 € – Carte 28/54 € *(fermé le midi du 1er au 15 mars et du 15 juil. au 18 août, lundi midi d'avril à oct., sam. sauf le soir d'avril à oct. et dim.)*

Depuis 1902, de père en fils, on prend soin des voyageurs venus chercher la tranquillité au pays de Toulouse-Lautrec ! Les chambres sont fonctionnelles, dans un esprit contemporain, et, pour les hôtes studieux, on compte aussi de nombreuses salles de réunion.

Cantepau sans rest

9 r. Cantepau – 05 63 60 75 80 – www.hotelcantepau.fr – Fermé 23-31 déc.

33 ch – 60/84 € 60/84 € – 10 € Plan : V**a**

Un petit hôtel familial et accueillant, dans une rue tranquille. Côté déco, beaucoup de rotin, des tons crème et tabac, d'inspiration coloniale... Au petit-déjeuner, on profite des confitures maison. C'est simple, impeccablement tenu et plaisant.

Le Pigné N sans rest

8 r. du Chanoine-Birot – 06 11 04 55 07 – www.chambresdhotesalbi.fr

3 ch – 115/185 € 115/185 € Plan : Z**t**

Atelier, Cheminée ou Tour ? Votre cœur risque de balancer ! À deux pas de la cathédrale, les chambres de cette belle demeure en brique distillent un charme indéniable. L'accueil est charmant et, l'été, on prend son petit-déjeuner sur la terrasse donnant sur le jardin. Idéal pour une escapade dans la capitale du Tarn.

ALBI

Rue	Carré	N°
Alsace-Lorraine (Bd)	V	
Andrieu (Bd Ed.)	X	2
Archevêché (Pl. de l')	Y	3
Berchère (R. de la)	Z	
Bodin (Bd P.)	X	5
Cantepau (R. de)	V	
Carnot (Bd)	X	
Castelviel (R. du)	Y	7
Choiseul (Quai)	Y	8
Croix-Blanche (R. de la)	Z	9
Croix-Verte (R.)	V, YZ	12
Dembourg (Av.)	V	13
Dr-Camboulives (R. du)	Z	14
Empeyralots (R. d')	Z	15
Foch (Av. Mar.)	X	
Gambetta (Av.)	X	
Gaulle (Av. Gén.-de)	X	
Genève (R. de)	Z	17
Gorsse (Pl. H. de)	Y	18
Grand (R. E.)	Y	
Hôtel-de-Ville (R. de l')	Z	19
Jean-Jaurès (Pl.)	Z	
Joffre (Av. Mar.)	X	22
Lacombe (Bd)	X	23
Lamothe (R. de)	V, Y	
Lapérouse (Pl.)	Z	
Lattre-de-Tassigny (Av. Mar.-de)	V	24
Loirat (Av. du)	V	
Lude (Bd du)	X	
Malroux (R. A.)	Y	25
Maquis (Pl. du)	X	26
Mariès (R.)	Y	
Montebello (Bd)	X	27
Moulin (Lices J.)	Z	
Nobles (R. des)	Z	28
Oulmet (R. de l')	Z	29
Palais (Pl. du)	Z	30
Palais (R. du)	Z	31
Partisans (Espl. des)	Y	
Pénitents (R. des)	Z	33
Peyrolière (R.)	YZ	34
Pompidou (Lices G.)	YZ	
Porta (R.)	Y	
Porte-Neuve (R. de la)	Z	35
Puech-Bérenguier (R.)	Z	37
République (R. de la)	V, Y	
Rinaldi (R.)	Y	
Rivière (R. de la)	Y	40
Roquelaure (R.)	Z	41
Ste-Cécile (Pl.)	Y	46
Ste-Cécile (R.)	Z	47
Ste-Claire (R.)	Y	48
St-Afric (R.)	Y	42
St-Amarand (Pl.)	V	69
St-Antoine (R.)	Z	43
St-Clair (R.)	Z	44
St-Julien (R.)	Y	45
Saunal (R. de)	Z	49
Savary (R. H.)	Z	51
Sel (R. du)	Z	52
Séré-de-Rivière (R.)	Z	53
Sibille (Bd Gén.)	Z	
Soult (Bd)	VX	
Strasbourg (Bd de)	V, Y	54
Teyssier (Av. Col.)	X	
Thomas (Av. A.)	V	57
Timbal (R.)	Z	58
Toulouse-Lautrec (R. H.-de)	Z	60
Valmy (Bd)	VX	
Verdier (Av. F.)	X	62
Verdun (Pl. de)	X	63
Verdusse (R. de)	Z	64
Vigan (Pl. du)	Z	65
Visitation (R. de la)	Y	67
8-Mai-1945 (Pl. du)	X	

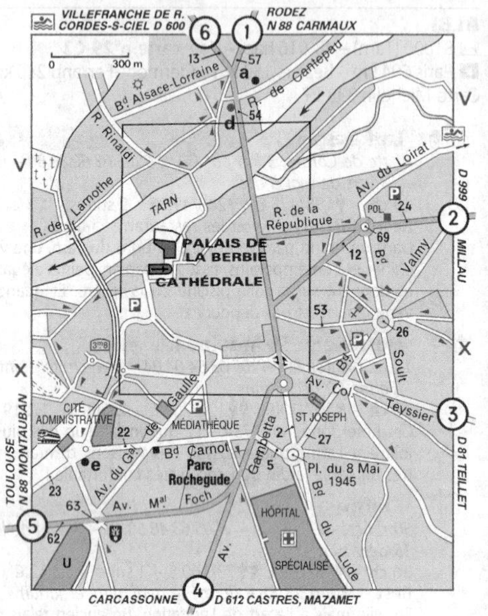

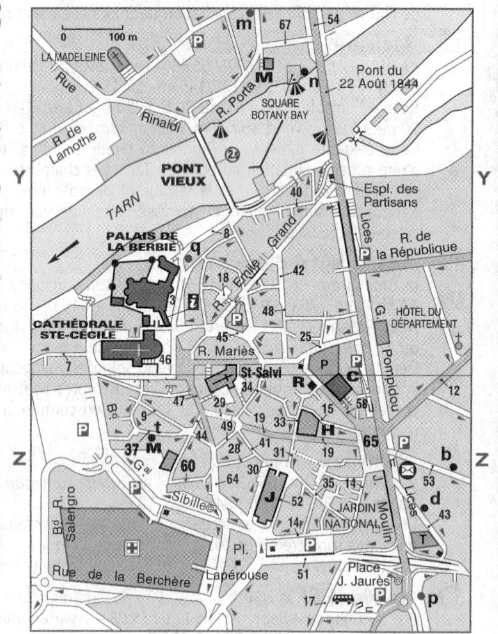

La Réserve – Hôtel La Réserve

81 rte de Cordes, 3 km par ⑥ – ✆ 05 63 60 80 80 – www.lareservealbi.com – Ouvert de mai à oct. et fermé le midi du lundi au vend. et merc.

Menu 52/105 € – Carte 84/104 €

De grandes baies vitrées donnant sur le parc verdoyant baigné par le Tarn, une belle terrasse et une cheminée qui nous réchauffe en hiver : cette Réserve est élégante, et l'on y savoure une cuisine attrayante, dans l'air du temps.

David Enjalran - L'Esprit du Vin

11 quai Choiseul – ✆ 05 63 54 60 44 – www.lespritduvin-albi.fr – Fermé dim. et lundi

Formule 25 € – Menu 29 € (déj.), 60/105 € *(réservation conseillée)* Plan : Y**q**

Une table chaleureuse au sein d'une maison du vieil Albi. David Enjalran signe une cuisine pleine de personnalité, recherchée et maîtrisée, au fil de menus "surprise" inspirés par ses produits de prédilection et rehaussés d'un beau choix de vins "coup de cœur". Avis aux amateurs, le chef propose aussi des cours de cuisine.

→ Saint-Jacques de plongée lutée, risotto de pomme de terre à la truffe noire. Filet mignon de veau rôti et gambas de Madagascar, poêlée de girolles et de févettes. Pavlova, déclinaison de fraises des bois.

Le Jardin des Quatre Saisons

5 r. de la Pompe – ✆ 05 63 60 77 76 – www.le-jardin-des-quatre-saisons.com – Fermé dim. soir et lundi Plan : V**d**

Formule 15 € – Menu 28/39 €

En toutes saisons, un restaurant toujours aussi agréable... La cuisine, généreuse et authentique, ressemble au patron, un enfant du pays. Sous les voûtes du salon privé, on organise des dégustations de vin – l'autre passion dudit patron !

L'Épicurien

42 pl. Jean-Jaurès – ✆ 05 63 53 10 70 – www.restaurantlepicurien.com – Fermé 23-30 déc., dim. et lundi Plan : Z**p**

Formule 18 € – Menu 20 € (déj. en semaine), 28/68 € – Carte 36/60 €

C'est l'adresse branchée d'Albi, et à raison ! Ce n'est pas un hasard si la déco, au design épuré, témoigne d'un bel esprit nordique : le chef est d'origine suédoise, et il concocte de jolies assiettes dans l'air du temps, gourmandes, copieuses et bien ficelées. De quoi satisfaire plus d'un épicurien...

La Table du Sommelier

20 r. Porta – ✆ 05 63 46 20 10 – www.latabledusommelier.com – Fermé dim. et lundi

Menu 16 € (déj. en semaine), 25/32 € 🍷 – Carte 34/49 € Plan : Y**m**

L'enseigne et les caisses de bois empilées dans l'entrée annoncent d'emblée la couleur : voici l'antre de Bacchus ! Ici, on savoure des petits plats bistrotiers accompagnés de bons crus régionaux (joli choix de vins au verre). Et l'été, vive les terrasses : celle couverte et fleurie ou celle à ciel ouvert...

à Castelnau-de-Lévis 7 km par ⑥, D 600 et D 1 – ✉ 81150 – 1 522 hab.

La Taverne Besson avec ch

r. Aubijoux – ✆ 05 63 60 90 16 – www.tavernebesson.com – Fermé vacances de fév.

8 ch – †74/94 € ††74/94 € – ☕ 12 € – ½ P

Formule 18 € – Menu 54/72 € – Carte 40/75 € *(fermé dim. soir d'oct. à avril et lundi)*

Voici une Taverne originale avec son décor lumineux, d'une élégance toute contemporaine, et sa terrasse ouverte sur la campagne... On y déguste une cuisine séduisante, associant bons produits locaux et notes originales. On peut également réserver l'une des chambres, aménagées avec soin.

ALENÇON

✉ 61000 (Orne) – 26 704 hab. – **Voir carte n°33-C3**

Paris 190 km – Chartres 119 km – Évreux 119 km – Laval 90 km

Carte Michelin 310-J4 – Guide Vert Michelin Normandie Cotentin

Mercure sans rest

187 av. du Gén-Leclerc, 2 km par ④ – ✆ 02 33 28 64 64 – www.mercure.com – Fermé 20 déc.-5 janv.

53 ch – †81/125 € ††85/125 € – ☕ 13 €

En périphérie de la ville (direction Le Mans), un Mercure fort utile pour une étape confortable. Les chambres du 2e étage, mansardées, sont plus particulièrement adaptées aux familles.

ALENÇON

Argentan (R. d') . . . . AY 2
Basingstoke (Av. de) . . . . AY 3
Bercail (R. du) . . . . BZ 4
Capucins (R. des) . . . . CZ 6
Clemenceau (Cours) . . . . . BCZ
Duchamp (Bd) . . . . AY 8
Écusson (R. de l') . . . . AY 9
Fresnay (R. de) . . . . BZ 13
Grandes-Poteries (R. des) . . BZ 14
Grande-Rue . . . . BZ 15
Halle-au-Blé (Pl. de la) . . . . . BZ 17
Lattre-de-Tassigny (R. du Mar.-de) . . . BCZ 19
Leclerc (Av. du Gén.) . . . . AY 20
La Magdeleine (Pl.) . . . . CZ 18
Mans (R. du) . . . . AY 24
Marguerite-de-Lorraine (Pl.) . BZ 25
Porte-de-la-Barre (R.) . . . . . . BZ 30
Poterne (R. de la) . . . . CZ 33
Quakenbruck (Av. de) . . . . . . AY 34
Rhin-et-Danube (Av.) . . . . AY 35
Sieurs (R. aux) . . . . BZ
Tisons (R. des) . . . . AY 39
1er Chasseurs (Bd) . . . . AY 40
14e Hussards (R. du) . . . . . . AY 42

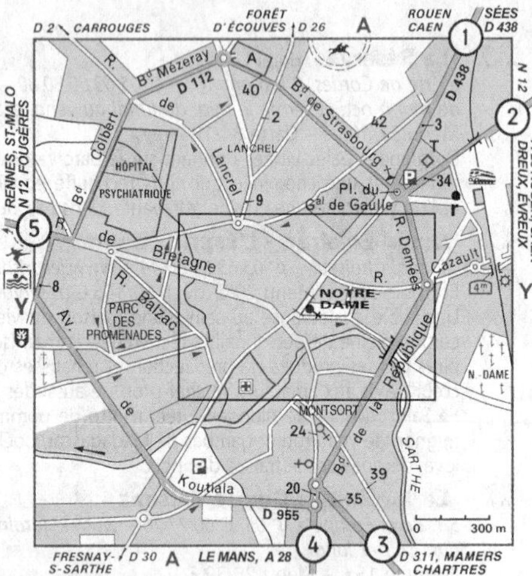

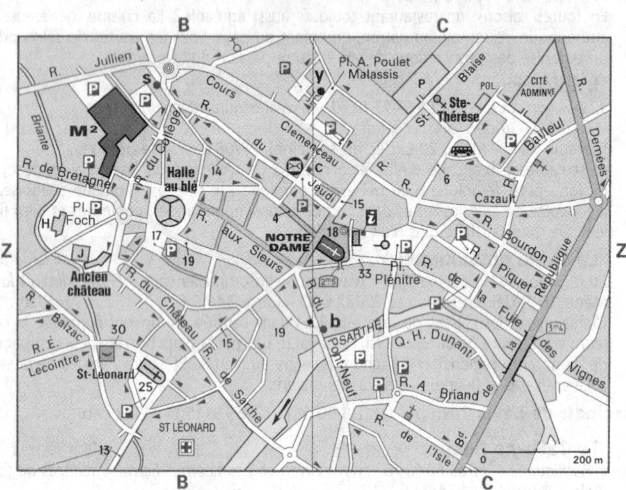

Hôtel des Ducs sans rest

50 av. Wilson – ✆ 02 33 29 03 93 – www.hoteldesducs-alencon.fr Plan : AY**r**

28 ch – 🛉65/75 € 🛉🛉75/85 € – ☕ 8,50 €

Un bon petit hôtel, face à la gare, dans un immeuble datant de l'après-guerre. Les chambres sont fonctionnelles et bien tenues, assez spacieuses dans la catégorie supérieure.

Ibis sans rest

13 pl. Poulet-Malassis – ✆ 02 33 80 67 67 – www.ibishotel.com Plan : CZ**y**

52 ch – 🛉66/78 € 🛉🛉66/78 € – ☕ 10 €

En plein centre, tout près des commerces, cafés et restaurants, un Ibis moderne parfait pour la clientèle d'affaires ou de passage. L'ensemble est très bien tenu. À noter : au bar, on vous propose plus de 80 whiskys !

Au Petit Vatel

72 pl. du Cdt-Desmeulles – ✆ 02 33 26 23 78 – www.aupetitvatel.fr – Fermé 16 juil.-7 août, 18 fév.-5 mars, dim. soir, mardi soir et merc. Plan : BZ**s**

Formule 19 € – Menu 22/45 € – Carte 41/68 €

Filet de turbot en écailles de pomme de terre et sauce aux noix, filet de bœuf crème au foie gras, poire pochée au vin rouge, sans oublier le plateau de fromages... Le classicisme est de mise dans cette maison de ville en pierre du pays, dans le droit fil de la belle tradition !

Rive Droite

31 r. du Pont-Neuf – ✆ 02 33 27 79 73 – www.rivedroiterestaurant.com – Fermé 2-10 janv., dim. et lundi Plan : CZ**b**

Formule 23 € – Menu 31 € – Carte 32/53 €

Raviole de homard, ris de veau braisé et légumes glacés au jus, aspic de fruits frais... Qu'elles sont jolies, les recettes proposées par cette table alençonnaise, où chaque saison apporte son lot d'images gourmandes ! Et que dire du décor, au charme intemporel, chic et feutré (parquets, moulures, etc.). Un bel endroit.

au Nord 3 km par ① D 438 et rte secondaire

Château de Sarceaux

rest,

r. des Fourneaux ✉ 61250 Valframbert – ✆ 02 33 28 85 11 – www.chateau-de-sarceaux.com – Fermé 18 janv.-5 mars

5 ch – 130/175 € 130/175 € **Table d'hôte** – Menu 52 €

Dans un parc de 12 ha, un ancien pavillon de chasse (18e s.) mais surtout une véritable demeure de famille, au décor classique à souhait : tissus imprimés, boiseries pastel, parquets, tableaux et mobilier des aïeux... La noble et sobre élégance du pays d'Alençon.

à St-Paterne (72 Sarthe) 4 km par ③ – ✉ 72610 – 1 611 hab.

Château de Saint-Paterne

4 r. de la Gaieté – ✆ 02 33 27 54 71 – www.chateau-saintpaterne.com – Fermé 17 déc.-15 mars

11 ch – 140/260 € 140/260 € – 14 € **Rest** – Menu 48 € *(résidents seult)*

Des toits élancés, de hautes cheminées : ce château est né entre Moyen Âge et Renaissance ! Jusqu'à nos jours il devait témoigner d'un certain art de vivre, car son décor plein de style a été porté à la pointe du goût contemporain... Le dîner est servi aux chandelles. Superbement romantique !

ALÉRIA – 2B Haute-Corse ➜ voir Corse

ALÈS

✉ 30100 (Gard) – 41 205 hab. – **Voir carte n°23-C1**

Paris 706 km – Albi 226 km – Avignon 72 km – Montpellier 70 km

Carte Michelin 339-J4

Ibis sans rest

18 r. Edgar-Quinet – ✆ 04 66 52 27 07 – www.ibishotel.com Plan : B**e**

75 ch – 63/76 € 63/76 € – 10 €

Bâtiment des années 1970 au cœur d'Alès. Les chambres sont fonctionnelles. Local à vélos et garage souterrain bien pratiques.

Le Riche avec ch

ch,

42 pl. Sémard – ✆ 04 66 86 00 33 – www.leriche.fr – Fermé août Plan : B**n**

19 ch – 62/72 € 82/92 € – 10 € – ½ P Menu 25/58 € – Carte 25/50 €

Dans ce bel immeuble du début du 20es., l'Art nouveau flamboie de tous ses stucs, dorures et miroirs. On déguste ici aussi bien des involtinis au pélardon que du lapin aux cèpes. Des chambres contemporaines permettent de ne pas refermer trop vite cette jolie parenthèse culinaire.

ALÈS

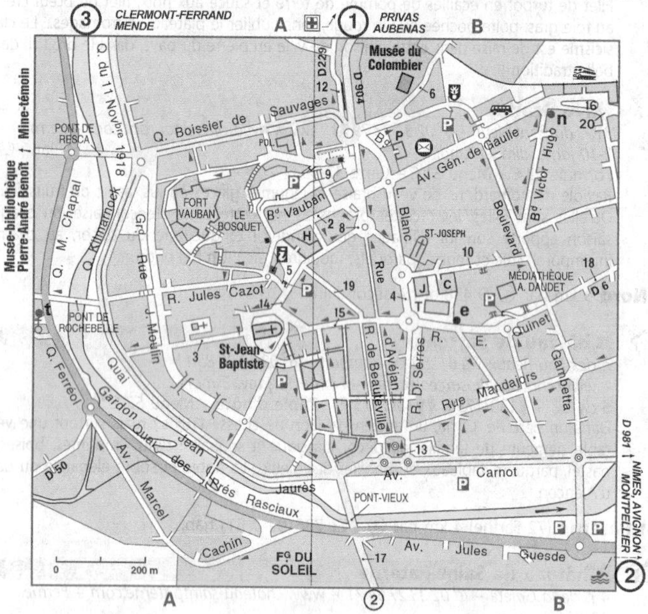

L'Atelier des Saveurs

16 fg de Rochebelle – ✆ 04 66 86 27 77 – www.latelierdessaveurs.net et www.atelierdessaveurs-ales.fr – Fermé 25 août-15 sept., sam. midi, dim. soir et lundi
Formule 18 € – Menu 30/65 € – Carte 52/63 € Plan : A**t**
Dans cet atelier, point de marteau ou de tournevis, les outils sont des ustensiles de cuisine ! Derrière l'établi – pardon, les fourneaux –, le chef concocte des recettes à la fois créatives et ancrées dans le terroir. Sa carte change tous les mois. Aux beaux jours, installez-vous dans le joli patio.

à St-Martin-de-Valgalgues 2 km par ① – ✉ 30520 – 4 153 hab.

Le Mas de la Filoselle sans rest

344 r. du 19-mars-1962 – ✆ 06 61 23 19 75 – www.filoselle.free.fr – Fermé en fév.
4 ch – 77 € 90 €
On se sent très vite chez soi dans cette ancienne magnanerie perchée sur les hauteurs du village. Ravissantes chambres thématiques (Lavande, Olivier, etc.) et beau jardin en terrasses.

à St-Privat-des-Vieux 4 km par ②, rte de Montélimar, D 216 et rte secondaire – ✉ 30340 – 4 585 hab.

Le Vertige des Senteurs

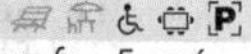

35 chemin de l'Usclade – ✆ 04 66 91 08 84 – www.vertige-des-senteurs.fr – Fermé 1er-10 janv., sam. midi en juil.-août, dim. soir et lundi
Formule 19 € – Menu 38/75 €
Un joli mas au cœur des Cévennes, où se marient murs de pierre et décoration contemporaine... On y savoure des plats inventifs et soignés, et à l'heure de l'apéritif, on s'installe dans l'agréable patio où flotte comme un air de vacances !

à Méjannes-lès-Alès 7,5 km par ② et D 981 – ✉ 30340 – 1 114 hab.

XX **Auberge des Voutins**

409 r. des Écoles, rte d'Uzès – ✆ 04 66 61 38 03 – Fermé mardi midi, dim. soir et lundi sauf fériés

Menu 29/49 € – Carte 46/62 €

Sur la route entre Alès et Uzès, faites étape dans cette belle maison de pays. On y savoure une appétissante cuisine traditionnelle, et le décor se révèle rustique à souhait avec son plafond... en voutins. À la belle saison, installez-vous sur la terrasse à l'ombre du joli tilleul.

à St-Hilaire-de-Brethmas 3 km par ② et D 936 – ✉ 30560 – 4 182 hab.

Comptoir St-Hilaire

Mas de la Rouquette, 2 km à l'Est – ✆ 06 04 59 94 66 – www.comptoir-saint-hilaire.com

5 ch – 250/425 € 250/425 € **Table d'hôte** – Menu 50 €

La décoratrice Catherine Painvin a entièrement repensé ce mas du 17ᵉs. : chambres et suites follement originales, luxe omniprésent mais discret, à l'unisson du superbe parc avec les Cévennes à perte de vue... À la table d'hôte, on apprécie la cuisine régionale dont quelques spécialités mettant la truffe à l'honneur.

XXX **Auberge de St-Hilaire**

5 r. André-Schenk – ✆ 04 66 30 11 42 – www.auberge-saint-hilaire.com – Fermé dim. soir et lundi

Menu 33 € /73 € – Carte 48/78 €

Une bonne table des environs d'Alès. Derrière les fourneaux, le chef concocte une savoureuse cuisine où les classiques de la région ont la part belle. Le Sud est donc dans l'assiette, mais aussi sur la terrasse où trône un bel olivier, à moins que vous ne préfériez la salle, lumineuse à souhait.

ALFORTVILLE – 94 Val-de-Marne ➜ voir Paris, Environs

ALGAJOLA – 2B Haute-Corse ➜ voir Corse

ALISE-STE-REINE – 21 Côte-d'Or ➜ voir Venarey-les-Laumes

ALIX

✉ 69380 (Rhône) – 692 hab. – **Voir carte n°43-E1**

Paris 442 km – L'Arbresle 12 km – Lyon 28 km – Villefranche-sur-Saône 12 km

Carte Michelin 327-G4

XX **Le Vieux Moulin**

chemin du Vieux-Moulin – ✆ 04 78 43 91 66 – www.lemoulindalix.com – Fermé 1ᵉʳ -janv.-8 avril, lundi et mardi

Menu 26/54 € – Carte 27/52 €

Ce moulin rhodanien en pierre a conservé tout son charme rustique ; c'est un endroit paisible et plaisant, idéal pour savourer les mets traditionnels du chef et ses suggestions du jour. L'été, cap sur la jolie terrasse ombragée.

ALLAS-LES-MINES – 24 Dordogne ➜ voir St-Cyprien

ALLEINS

✉ 13980 (Bouches-du-Rhône) – 2 414 hab. – **Voir carte n°42-E1**

Paris 725 km – Aix-en-Provence 34 km – Avignon 47 km – Marseille 63 km

Carte Michelin 340-F3 – Guide Vert Michelin Provence

Domaine de Méjeans sans rest 

quartier des Méjeans, 3 km par rte de Sénas D 71B – ✆ 04 90 57 31 74 – www.domainedemejeans.com

5 ch – 150/210 € 180/220 €

Une allée de peupliers mène à ce domaine paisible et raffiné : parc luxuriant, étang, piscine, cuisine d'été et... chambres aux noms et aux coloris délicats de bonbons du Sud.

ALLERY – 80 Somme ➜ voir Airaines

ALLEVARD

✉ 38580 (Isère) – 3 783 hab. – Voir carte n°**46**-F2
Paris 593 km – Albertville 50 km – Chambéry 33 km – Grenoble 40 km
Carte Michelin 333-J5 – Guide Vert Michelin Alpes du Nord

à Pinsot 7 km au Sud par D 525 A – ✉ 38580 – 200 hab.

Pic de la Belle Étoile

– ✆ 04 76 45 89 45 – www.pbetoile.com – Fermé 25 avril-13 mai, 18 juil.-12 août, 24 oct.-5 nov., vend. soir, sam. et dim. sauf du 11-15 juil., 15-27 août, 19 déc.-4 janv. et 14 fév.-13 mars
40 ch – 75/107 € 95/140 € – 12 € – ½ P
Rest – Menu 19 € (semaine), 23/47 €
À l'entrée du village, le jardin de cette imposante maison régionale dégringole jusqu'à un torrent. On profite du paysage dans des chambres simples et bien tenues, mais aussi de la piscine, du hammam, du sauna... Un bon point de chute pour sillonner la région ou profiter des eaux thermales.

au Sud 17 km par D 525A et rtre secondaire

Auberge Nemoz

au hameau "La Martinette" ✉ 38580 Allevard – ✆ 04 76 45 03 10 – www.auberge-nemoz.com – Fermé 2 semaines en avril et nov.
5 ch – 89/100 € 99/110 €
Table d'hôte – Menu 20 € (semaine)/33 € – Carte 38/49 € *(fermé mardi, merc. sauf vacances scolaires et lundi)*
Dans la vallée du Haut-Bréda, ce chalet en bois a su se parer de meubles anciens et d'objets de famille. Au programme, la convivialité d'une cuisine rustique (raclette), des promenades à cheval, et en hiver, tous en raquettes !

ALLEX

✉ 26400 (Drôme) – 2 495 hab. – Voir carte n°**44**-B3
Paris 588 km – Lyon 126 km – Romans-sur-Isère 46 km – Valence 24 km
Carte Michelin 332-C5 – Guide Vert Michelin Ardèche Drôme

La Petite Aiguebonne sans rest

chemin d'Aiguebonne, 2 km à l'Est par D 93 – ✆ 04 75 62 60 68 – www.petite-aiguebonne.com
6 ch – 100/125 € 125/145 €
Zanzibar, Pondichéry, Louisiane... Dans cette ferme du 13^e^s., la déco des chambres parcourt le monde ; tandis que dans le jardin une roulotte attend les plus téméraires. Et si, au réveil, vous avez envie de partir à l'aventure, pensez aux sentiers de la réserve naturelle de Ramières.

ALLEYRAS

✉ 43580 (Haute-Loire) – 173 hab. – Voir carte n°**6**-C3
Paris 549 km – Brioude 71 km – Langogne 43 km – Le Puy-en-Velay 32 km
Carte Michelin 331-E4

Le Haut-Allier

2 km au Pont d'Alleyras, au Nord par D 40 – ✆ 04 71 57 57 63 – www.hotel-lehautallier.com – Ouvert 22 mars-16 nov. et fermé mardi sauf juil.-août et lundi
12 ch – 95/135 € 95/135 € – 16 € – ½ P
Rest *Le Haut-Allier* ✿ – voir les restaurants ci-après
Aux confins des gorges de l'Allier, comme au bout du monde... Dans cet environnement, cet hôtel fait preuve d'un confort bourgeois sans ostentation, d'une tenue parfaite et d'un calme salutaire. Et il serait dommage de se priver du restaurant !

 **Le Haut-Allier** (Philippe Brun)

2 km au Pont d'Alleyras, au Nord par D 40 – ✆ 04 71 57 57 63 – www.hotel-lehautallier.com – Ouvert 22 mars-16 nov. et fermé mardi sauf le soir en juil.-août et lundi

Menu 48 € (déj. en semaine), 58/98 € – Carte 70/91 €

Dans ces rudes contrées, le cadre, raffiné et élégant, ne manque pas d'étonner ! La cuisine est plutôt inventive, volontiers recherchée, et met en valeur de très beaux produits du terroir avec une pointe d'exotisme. ➜ Symbiose d'écrevisses et mousserons des prés, herbes sauvages de la Margeride. Ris de veau légèrement caramélisé et morilles. Fruits rouges et noirs des monts du Velay, fine coque lactée.

LES ALLUES – 73 Savoie ➜ voir Méribel

ALLUYES

✉ 28800 (Eure-et-Loir) – 737 hab. – **Voir carte n°11-B1**

Paris 118 km – Blois 82 km – Chartres 29 km – Orléans 75 km

Carte Michelin 311-E6 – Guide Vert Michelin Châteaux de la Loire

 **Moulin de la Ronce** sans rest 

2 r. du Gué, 2,5 km au Nord-Ouest – ✆ 06 31 17 48 80 – www.moulin-de-la-ronce.com

3 ch – 140 € 150 €

La propriétaire a eu le coup de foudre pour ce moulin à eau du 16e s. et on la comprend. Sa restauration a encore décuplé le charme des lieux, dans un esprit contemporain d'un goût très sûr. Le petit-déjeuner, les promenades en barque, le parc... un enchantement !

ALLY

✉ 15700 (Cantal) – 658 hab. – **Voir carte n°5-A3**

Paris 532 km – Aurillac 46 km – Clermont-Ferrand 119 km – Tulle 71 km

Carte Michelin 330-B3

 **Château de La Vigne** sans rest 

1 km au Nord-Est par D 680 – ✆ 04 71 69 00 20 – www.chateaudelavigne.com – Ouvert de Pâques à la Toussaint

3 ch – 130/140 € 130/140 € – 10 €

Un beau jardin à la française face au panorama des monts du Cantal, des murs robustes remontant au 15e s., des fresques médiévales, de délicieux décors 18e s. ou Directoire : ce château invite à un véritable voyage au pays du temps jadis...

ALOXE-CORTON – 21 Côte-d'Or ➜ voir Beaune

ALPE D'HUEZ

✉ 38750 (Isère) – 1 479 hab. – **Voir carte n°45-C2**

Paris 625 km – Le Bourg-d'Oisans 12 km – Briançon 71 km – Grenoble 63 km

Carte Michelin 333-J7 – Guide Vert Michelin Alpes du Nord

 **Au Chamois d'Or** 

169 r. Fontbelle, (rd-pt des pistes) – ✆ 04 76 80 31 32 – www.chamoisdor-alpedhuez.com – Ouvert 15 déc.-20 avril

40 ch – ½ P seult 250/333 € – 5 suites

Rest *Au Chamois d'Or* – voir les restaurants ci-après

Un grand chalet en bois aux balcons ciselés : sous la neige, une véritable image d'Épinal... Des feux crépitent, le décor évoque une demeure particulière, les enfants peuvent s'amuser dans "leur" salon (jeux, TV, etc.) et leurs parents profiter du spa : un vrai havre au cœur des Alpes...

 **Alpenrose** (N)

rte de Fond-Morelle - Les Bergers – ✆ 04 27 04 28 04 – www.alpen-rose-hotel.com – Ouvert 16 déc.-12 avril et 28 juin- 26 août

23 suites – 276/533 € – 4 ch – 17 € **Rest** – Carte 30/59 € *(fermé le midi)*

Au cœur du quartier des Bergers, près de l'altiport, un imposant chalet flambant neuf, à la fois moderne et confortable. On pose ses valises dans des chambres spacieuses et lumineuses, avant d'aller profiter de la piscine chauffée ou de la salle de massage... Pour voir les Alpes en rose !

Le Printemps de Juliette
68 av. des Jeux – ✆ 04 76 11 44 38 – www.leprintempsdejuliette.com – Fermé sam. et dim. en oct. et nov.
9 ch – 110/480 € 110/480 € – 1 suite – ½ P
Rest – Menu 25/35 € – Carte 34/59 € *(fermé le soir en oct. et nov.)*
C'est tous les jours le printemps, dans ce beau chalet niché au cœur de la station : tons clairs et jouets à l'ancienne y cultivent l'innocence de l'enfance... Une véritable bonbonnière. Côté restaurant, c'est montagne et tradition !

Le Dôme
pl. du Cognet – ✆ 04 76 80 32 11 – www.dome-alpedhuez.com – Ouvert de déc. à avril et juil.-août
24 ch – 87/97 € 165/184 € – 15 € – ½ P
Rest – Formule 20 € – Menu 32 € – Carte 29/59 € *(ouvert de déc. à avril et fermé le midi en semaine sauf vacances scolaires)*
Depuis 1923, cet ancien refuge de montagne est transmis de père en fils. Crépis et lambris : les chambres – la plupart avec balcon – cultivent l'esprit montagnard avec simplicité. Au restaurant, fondue et raclette à l'ancienne sont au rendez-vous.

Au Chamois d'Or – Hôtel Au Chamois d'Or
169 r. Fontbelle, (rd-pt des pistes) – ✆ 04 76 80 31 32 – www.chamoisdor-alpedhuez.com – Ouvert 15 déc.-20 avril
Formule 38 € – Menu 60 € – Carte 62/86 €
Cette jolie table n'est pas le moindre atout de l'hôtel Chamois d'Or : dans le décor chaleureux et feutré d'une salle tout en bois, on apprécie des saveurs au naturel, composées avec un soin indéniable. L'atmosphère de l'endroit se fait même romantique le soir venu...

Au P'tit Creux
chemin des Bergers – ✆ 04 76 80 62 80 – www.ptitcreux.fr – Fermé mai, nov., lundi soir et mardi soir hors saison et lundi midi et mardi midi en saison
Menu 43 € – Carte 35/58 € *(réservation conseillée)*
Loin de combler seulement les p'tits creux, ce chalet du vieux village fait œuvre de gastronomie : risotto aux cèpes, montgolfière d'escargots, selle d'agneau farcie aux aromates, ou encore tagliatelles de navets au miel et pavot... De jolies saveurs dans un décor régional.

L'Altiport
à l'altiport Henri-Giraud – ✆ 04 76 80 41 15 – www.restaurant-altiport-alpedhuez.com – Ouvert de fin juin à fin août et de début déc. à début mai
Carte 36/56 €
Sous l'œil bienveillant de l'aviateur Henri Giraud, dont le nom orne la tour de contrôle toute proche, Philippe et Véronique régalent leur clientèle avec une cuisine gourmande et pleine de saveurs. De la tourtine de foie gras au filet de turbotin, une seule règle : la passion !

à Huez 3,5 km au Sud-Ouest par D 211 – ✉ 38750 – 1 368 hab.

L'Ancolie
av. de l'Église – ✆ 04 76 11 13 13 – www.ancolie-hotel.com – Ouvert 1er juin-23 août, 2-30 sept. et début déc.-début avril
16 ch – 71/136 € 89/154 € – ½ P
Rest – Menu 29/40 € – Carte 29/46 € *(fermé le dim. en été, le midi et merc. soir en hiver)*
Une bonne option que cet hôtel simple et bien tenu, aux tarifs compétitifs : dans le cadre préservé du village d'Huez, on profite du calme et du caractère d'un chalet mêlant la pierre et le bois, et dont les chambres se montrent plutôt coquettes.

ALPUECH – 12 Aveyron ➜ voir Laguiole

ALTENSTADT – 67 Bas-Rhin ➜ voir Wissembourg

ALTKIRCH
✉ 68130 (Haut-Rhin) – 5 765 hab. – **Voir carte n°1-A3**
Paris 457 km – Basel 33 km – Belfort 35 km – Montbéliard 52 km
Carte Michelin 315-H11

Auberge Sundgovienne

1 rte de Belfort, 4 km à l'Ouest par D 419 – ✆ 03 89 40 97 18 – www.auberge-sundgovienne.fr – Fermé 20-29 juil. et 21 déc.-24 janv.
27 ch – 58/76 € 76/95 € – 2 suites – 11 € – ½ P
Rest *Auberge Sundgovienne* – voir les restaurants ci-après
Cette grande construction d'apparence quelque peu banale est une vraie trouvaille : le parc paysagé est idéal pour se mettre au vert ; les chambres, urbaines et contemporaines, sont plaisantes et raffinées ; quant au restaurant, il se prête à la gourmandise.

Auberge Sundgovienne

1 rte de Belfort, 4 km à l'Ouest par D 419 – ✆ 03 89 40 97 18 – www.auberge-sundgovienne.fr – Fermé 20-29 juil., 21 déc.-24 janv., mardi midi, dim. soir et lundi
Formule 15 € – Menu 24 € (semaine), 30/56 € – Carte 30/59 €
Ce restaurant d'hôtel est très sympathique : tout y est avenant, contemporain et cosy, et l'on y apprécie une bonne cuisine d'aujourd'hui, concoctée par un chef soucieux de bien faire.

à Wahlbach 10 km à l'Est par D 419 et D 19B – ✉ 68130 – 505 hab.

Auberge de la Gloriette avec ch

rest, ch,

9 r. Principale – ✆ 03 89 07 81 49 – www.lagloriette68.com – Fermé 2 semaines en sept., lundi et mardi
8 ch – 55/80 € 65/95 € – 9 € – ½ P
Formule 15 € – Menu 28 € (semaine)/50 € – Carte 30/65 €
Dans cette maison ancienne règne une sympathique atmosphère familiale. On y sert une cuisine traditionnelle simple et l'on propose aussi des chambres d'esprit rustique, parfois un peu vieillottes mais bien tenues.

ALTWILLER

✉ 67260 (Bas-Rhin) – 419 hab. – **Voir carte n°1-A1**
Paris 412 km – Le Haras 10 km – Metz 86 km – Nancy 73 km
Carte Michelin 315-F3

L'Écluse 16

Bonne Fontaine, 3,5 km au Sud-Est – ✆ 03 88 00 90 42 – www.ecluse16.com – Fermé 1 semaine fin août, 1 semaine vacances de la Toussaint, 26 déc.-3 janv., vacances de fév., mardi et merc.
Menu 20 € (semaine), 31/46 €
Filet de bœuf avec ses pommes de terre rissolées et sa sauce façon béarnaise, crumble de mirabelles, etc. On se régale de belles saveurs dans cet ancien relais de chevaux de halage, bordant le canal des houillères de la Sarre à quelques pas... d'une écluse.

ALVIGNAC

✉ 46500 (Lot) – 733 hab. – **Voir carte n°29-C1**
Paris 529 km – Brive-la-Gaillarde 52 km – Cahors 65 km – Figeac 43 km
Carte Michelin 337-G3

Hôtel du Château

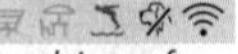

rte de Rocamadour Padirac – ✆ 05 65 33 60 14 – www.hotelduchateaualvignac.fr – Ouvert 12 avril-29 sept.
28 ch – 47/59 € 47/59 € – 8 € – ½ P
Rest – Menu 15 € (déj. en semaine), 22/26 € – Carte 17/40 €
(ouvert 12 avril-30 sept.)
Adossée à l'église, une bâtisse séculaire dont la façade en pierre est tapissée de vigne vierge. Les chambres y sont fonctionnelles et bien tenues. Cuisine du terroir au restaurant. Agréable jardin.

AMBÉRIEUX-EN-DOMBES

✉ 01330 (Ain) – 1 616 hab. – **Voir carte n°43-E1**
Paris 437 km – Bourg-en-Bresse 40 km – Lyon 35 km – Mâcon 43 km
Carte Michelin 328-C5

 **Auberge des Bichonnières** 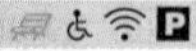

545 rte du 3-Septembre-1944 – ✆ 04 74 00 82 07 – www.aubergedesbichonnieres.com – Fermé 20 déc.-25 janv., dim. et lundi

9 ch – 🚹60/75 € 🚹🚹65/90 € – ☕ 9 € – ½ P

Rest ***Auberge des Bichonnières*** – voir les restaurants ci-après

Au calme de la campagne, une ancienne ferme typique de la Dombes (1850), mêlant bois et toits de tuiles autour d'une jolie cour fleurie... Les chambres sont à l'unisson avec leurs fresques représentant des scènes champêtres, mais quelques-unes sont plus contemporaines.

X **Auberge des Bichonnières** 

545 rte du 3-Septembre-1944 – ✆ 04 74 00 82 07 – www.aubergedesbichonnieres.com – Fermé 20 déc.-25 janv., dim. soir, mardi midi et lundi

Menu 28/39 € – Carte 42/60 € *(réservation conseillée)*

Une petite auberge traditionnelle, agréable et rustique. En été, on s'attable volontiers dans la cour fleurie, impatients de déguster les spécialités du chef : croustillant de tête de veau, lapin au basilic, cassolette de grenouilles à la manière des Dombes, volaille au vin jaune... De bons petits plats !

AMBERT

✉ 63600 (Puy-de-Dôme) – 6 920 hab. – **Voir carte n°6-C2**

▶ Paris 438 km – Brioude 63 km – Clermont-Ferrand 77 km – Thiers 53 km

Carte Michelin 326-J9 – Guide Vert Michelin Auvergne

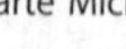 **Les Copains** avec ch — AC rest,  ch,

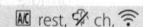

42 bd Henri-IV – ✆ 04 73 82 01 02 – www.hotelrestaurantlescopains.com – Fermé 8-16 mars, 3-11 mai, 6 sept.-6 oct., dim. soir, sam. et fériés le soir

11 ch – 🚹52/54 € 🚹🚹64/66 € – ☕ 8 € – ½ P

Menu 14 € (déj. en semaine), 29/58 € – Carte 38/45 €

En face de la pittoresque mairie en rotonde célébrée par Jules Romains dans *Les Copains*. Le décor, gris et rouge, est d'inspiration japonaise. Au menu : spécialités régionales, dont l'incontournable fourme d'Ambert. Les assiettes sont généreuses.

AMBIALET

✉ 81430 (Tarn) – 447 hab. – **Voir carte n°29-C2**

▶ Paris 718 km – Albi 23 km – Castres 55 km – Lacaune 52 km

Carte Michelin 338-G7

 **Hôtel du Pont** 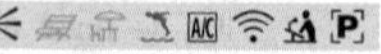

La Moulinquié – ✆ 05 63 55 32 07 – www.hotel-du-pont.com – Ouvert de mi-fév. à mi-nov.

20 ch – 🚹60/73 € 🚹🚹60/73 € – ☕ 9 € – ½ P

Rest – Formule 15 € – Menu 21/48 € 🍷 – Carte 38/56 €

Au bord du Tarn, un hôtel-restaurant tenu par la même famille depuis sept générations ! Jolie vue sur Ambialet, son église et son prieuré ; chambres donnant sur la campagne ou sur la rivière, et bungalows familiaux (plus simples mais plus spacieux) : une bonne étape.

AMBIERLE

✉ 42820 (Loire) – 1 805 hab. – **Voir carte n°44-A1**

▶ Paris 379 km – Lapalisse 33 km – Roanne 18 km – Thiers 81 km

Carte Michelin 327-C3 – Guide Vert Michelin Lyon et sa région

 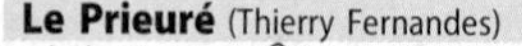**Le Prieuré** (Thierry Fernandes) 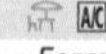

r. de la Mairie – ✆ 04 77 65 63 24 – www.restaurant-le-prieure-ambierle.com – Fermé dim. soir, mardi et merc.

Menu 34 € (semaine), 42/75 € – Carte 77/105 €

Une étape gourmande, où le chef s'exprime pleinement dans une cuisine tout en subtilité : saveurs et produits choisis composent des assiettes étonnantes. Intérieur zen et élégant. ➜ Homard breton, arc-en-ciel de légumes acidulés. Ris de veau piqué sur un bâton de réglisse, rôti et caramélisé dans son jus au vin de la Côte Roannaise. Crème légère au citron, zestes de pamplemousse rose.

AMBOISE

✉ 37400 (Indre-et-Loire) – 12 846 hab. – **Voir carte n°11-A1**
▶ Paris 223 km – Blois 36 km – Loches 37 km – Tours 27 km
Carte Michelin 317-O4 – Guide Vert Michelin Châteaux de la Loire

Le Choiseul

36 quai Charles-Guinot – ✆ 02 47 30 45 45 – www.le-choiseul.com Plan : B**v**
28 ch – 🚹116/325 € 🚹🚹116/325 € – 3 suites – ☕ 23 €
Rest ***Le 36*** – voir les restaurants ci-après
Une belle propriété face à la Loire, avec un petit parc fleuri et une piscine. Les chambres sont tout à fait dans l'esprit des lieux : classiques et bourgeoises, avec cheminées en marbre, toile de Jouy, trumeaux, etc.

Le Manoir Les Minimes sans rest

34 quai Charles-Guinot – ✆ 02 47 30 40 40 – www.manoirlesminimes.com – Fermé 26 janv.-12 fév. Plan : B**x**
13 ch – 🚹139/225 € 🚹🚹139/225 € – 2 suites – ☕ 16 €
Cette demeure du 18e s. située en bord de Loire vous accueille avec élégance. De superbes meubles de style habillent ses beaux salons bourgeois et ses chambres raffinées.

Le Manoir St-Thomas sans rest

1 Mail St-Thomas – ✆ 02 47 23 21 82 – www.manoir-saint-thomas.com – Fermé janv. Plan : B**d**
8 ch – 🚹157/207 € 🚹🚹157/207 € – 2 suites – ☕ 17 €
Ce manoir Renaissance met tout en œuvre pour le confort de ses clients. Jardin avec piscine, agréables salons et chambres de caractère (antiquités, poutres apparentes ou plafonds peints, etc.).

Novotel

17 r. des Sablonnières, 2 km au Sud par ③ rte de Chenonceaux – ✆ 02 47 57 42 07 – www.novotel.com
121 ch – 🚹95/160 € 🚹🚹95/160 € – ☕ 16 € – ½ P
Rest – Formule 18 € – Carte 21/44 €
Ce bâtiment domine Amboise et la vallée de la Loire. Chambres spacieuses et de style actuel, à l'image du dernier concept de la chaîne ; certaines ont vue sur le château. Salle trendy et carte "Novotel Café", conformes au nouveau look de l'enseigne.

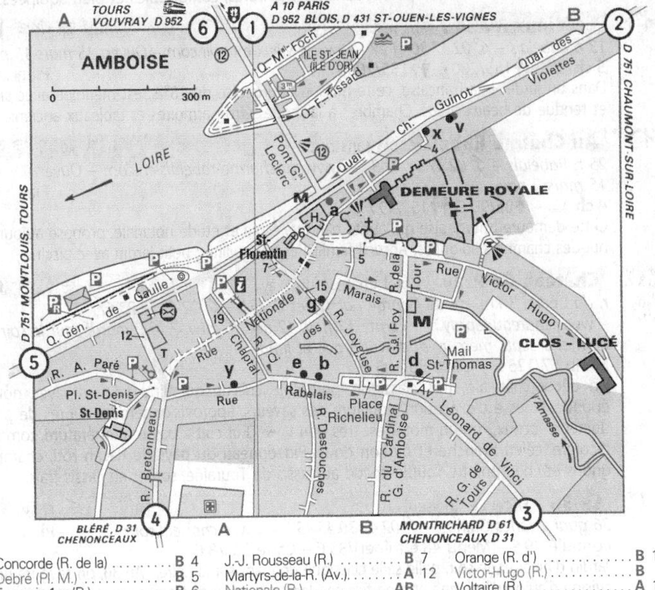

Concordo (R. de la) . . . . B 4
Debré (Pl. M.) . . . . B 5
François-1er (R.) . . . . B 6
J.-J. Rousseau (R.) . . . . B 7
Martyrs-de-la-R. (Av.) . . . . A 12
Nationale (R.) . . . . AB
Orange (R. d') . . . . B 15
Victor-Hugo (R.) . . . . B
Voltaire (R.) . . . . A 19

Le Pavillon des Lys sans rest

9 r. d'Orange – ✆ 02 47 30 01 01 – www.pavillondeslys.com Plan : B**g**

8 ch – †95/190 € ††95/190 € – 1 suite – ☕ 14 €

À deux pas du château d'Amboise et du Clos-Lucé, cette belle demeure du 18e s. abrite des chambres joliment décorées. Il fait bon se détendre sur l'agréable terrasse ou dans l'un des salons raffinés. Une bonne adresse.

Château de Pray

r. du Cèdre, 3 km, rte de Chargé par ② et D 751 – ✆ 02 47 57 23 67 – www.chateaudepray.fr – Fermé 17 nov.-4 déc. et 6-30 janv.

19 ch – †139/305 € ††139/305 € – ☕ 17 € – ½ P

Rest ***Château de Pray*** ✿ – voir les restaurants ci-après

D'imposantes tours rondes, un grand parc arboré, quelques lits à baldaquin... Sur des fondations médiévales, ce petit château date essentiellement du 17e s. : à la croisée des époques, caractère et agrément !

Le Clos d'Amboise sans rest

27 r. Rabelais – ✆ 02 47 30 10 20 – www.leclosamboise.com Plan : B**b**

19 ch – †110/295 € ††110/295 € – 1 suite – ☕ 13 €

Un beau parc avec piscine chauffée et de coquettes chambres font l'attrait de cette maison de maître proche du château. Il fait bon se détendre devant la cheminée du salon. Agréable sauna.

Domaine de l'Arbrelle

rest,

Berthellerie, par D31 – ✆ 02 47 57 57 17 – www.arbrelle.com – Fermé 1er déc.-1er fév.

21 ch – †75/159 € ††75/159 € – ☕ 13 €

Rest – Menu 29/45 € – Carte 51/58 € *(fermé le midi)*

Au cœur d'un parc et en lisière de forêt, une ferme restaurée, au grand calme. Les chambres, confortables à souhait, ont un petit côté chalet à la campagne.

Le Vinci Loire Valley sans rest

12 av. Émile-Gounin, 1 km au Sud par ④ – ✆ 02 47 57 10 90 – www.vinciloirevalley.com

26 ch – †102/119 € ††102/119 € – ☕ 13 €

Dans les faubourgs de la ville, cet hôtel est idéalement situé sur la route des châteaux de la Loire. Décor contemporain dans les chambres, confortables et bien équipées.

Le Vieux Manoir sans rest

13 r. Rabelais – ✆ 02 47 30 41 27 – www.le-vieux-manoir.com – Ouvert 15 mars-15 nov.

5 ch ☕ – †155/200 € ††155/200 € Plan : A**y**

Dans un jardin à la française, cette maison bourgeoise du 18e s. est meublée avec style et tendue de beaux tissus. Chambres à la mode rétro : armoires et tableaux anciens.

Au Charme Rabelaisien sans rest

25 r. Rabelais – ✆ 02 47 57 53 84 – www.au-charme-rabelaisien.com – Ouvert 15 mars-2 nov. Plan : B**e**

4 ch ☕ – †85/90 € ††157/177 €

Cette demeure bourgeoise qui abrita banque, école et étude notariale, propose aujourd'hui des chambres soignées. Accueil familial et tranquillité ; petit jardin avec piscine.

XXX ✿ **Château de Pray** – Hôtel Château de Pray

r. du Cèdre, 3 km, rte de Chargé par ② et D 751 – ✆ 02 47 57 23 67 – www.chateaudepray.fr – Fermé 17 nov.-12 déc., 6 janv.-7 fév., mardi sauf le soir de mai à sept., merc. midi d'avril à oct. et lundi

Menu 57/125 € – Carte 80/105 €

Un décor châtelain, très classique, pour une cuisine qui flirte joliment avec notre époque. Finesse d'exécution, équilibre des saveurs, approvisionnement auprès de producteurs locaux... en un mot, c'est très bon ! ➜ Œuf cuit à basse température, tomate bicolore, céleri branche et oignon doux. Pigeonneau du pays de Racan rôti, champignons et chou pointu. Soufflé chaud au cassis de Touraine, sorbet au cassis frais.

XXX **Le 36** – Hôtel Le Choiseul

36 quai Charles-Guinot – ✆ 02 47 30 45 45 – www.le-choiseul.com Plan : B**v**

Formule 29 € – Menu 48 € (dîner)/85 € – Carte 56/78 €

Jardin d'hiver et, le soir, belle salle classique donnant sur la Loire... Au 36, on savoure une cuisine d'aujourd'hui, fine et bien ficelée, dans une atmosphère cossue et romantique.

Le Lion d'Or

17 quai Charles-Guinot – ✆ 02 47 57 00 23 – www.liondor-amboise.com – Fermé 17 mars-6 avril, 17 nov.-8 déc., dim. soir et lundi Plan : B**a**

Formule 16 € – Menu 20 € (semaine), 34/45 €

À deux pas du Clos-Lucé, vous mangez sous l'œil de Léonard de Vinci ! Son portrait est, en effet, accroché au mur de ce restaurant résolument contemporain. Le chef y concocte des recettes dans l'air du temps où les beaux produits sont légion. Dans l'assiette, c'est parfumé et coloré. Ambiance conviviale.

à Limeray 7 km par ① et D 952 – ✉ 37530 – 1 173 hab.

Auberge de Launay avec ch rest,

9 r. de la Rivière – ✆ 02 47 30 16 82 – www.aubergedelaunay.com – Fermé de mi-déc. à mi-janv.

15 ch – †65/78 € ††65/78 € – ☕ 10 € – ½ P

Menu 22 € (déj. en semaine), 29/39 € *(fermé lundi midi, sam. midi et dim.)*

Cette ancienne ferme du 18ᵉs. abrite une jolie salle campagnarde et une véranda lumineuse. Cuisine actuelle, spécialités et vins de Loire et agréable terrasse aux beaux jours. Chambres sobres, tenues avec un soin méticuleux.

à St-Ouen-les-Vignes 6,5 km par ① et D 431 – ✉ 37530 – 1 031 hab.

L'Aubinière avec ch rest,

29 r. Jules-Gautier – ✆ 02 47 30 15 29 – www.aubiniere.com – Fermé 6 janv.-10 fév.

12 ch – †125 € ††125/315 € – 1 suite – ☕ 16 € – ½ P

Formule 20 € – Menu 28 € 🍷 (déj. en semaine), 38/80 € – Carte 50/86 €

Une belle salle contemporaine et lumineuse, une terrasse donnant sur un jardin, une cuisine de saison qui ne triche pas sur la qualité des produits et une cave riche en vins régionaux, chambres coquettes et cosy en sus : cette auberge a vraiment tout pour plaire !

à St-Règle 3 km au Sud-Est par D 31 – ✉ 37530 – 482 hab.

Château des Arpentis sans rest

– ✆ 02 47 23 00 00 – www.chateaudesarpentis.com – Fermé janv. et fév.

12 ch ☕ – †130/195 € ††130/390 €

Un château entouré de douves, dans un parc de 30 ha, au grand calme. Les chambres sont raffinées et tendues de superbes tissus. On accède à la piscine par l'un des souterrains !

AMBRONAY

✉ 01500 (Ain) – 2 362 hab. – **Voir carte n°44-B1**

Paris 463 km – Belley 53 km – Bourg-en-Bresse 28 km – Lyon 59 km

Carte Michelin 328-F4 – Guide Vert Michelin Franche-Comté Jura

Auberge de l'Abbaye (Ivan Lavaux)

47 pl. des Anciens-Combattants – ✆ 04 74 46 42 54 – www.aubergedelabbaye-ambronay.com – Fermé 19 juil.-13 août, 21 déc.-5 janv., dim. soir, merc. soir et lundi

Formule 32 € 🍷 – Menu 49 € *(réservation conseillée)*

Une auberge contemporaine intime et lumineuse, dont le décor mêle murs gris pâle, chaises rouge vif, œuvres d'art, etc. Le chef annonce de vive voix le menu du jour, à choix unique, très souvent élaboré autour d'un plat principal à base de poisson sauvage. Beaucoup de soin, point de superflu : savoureux ! → Cuisine du marché.

L'AMÉLIE-SUR-MER – 33 Gironde → voir Soulac-sur-Mer

AMIENS

✉ 80000 (Somme) – 133 448 hab. – Agglo. 163 158 hab. – **Voir carte n°36-B2**

Paris 142 km – Lille 123 km – Reims 173 km – Rouen 122 km

Carte Michelin 301-G8

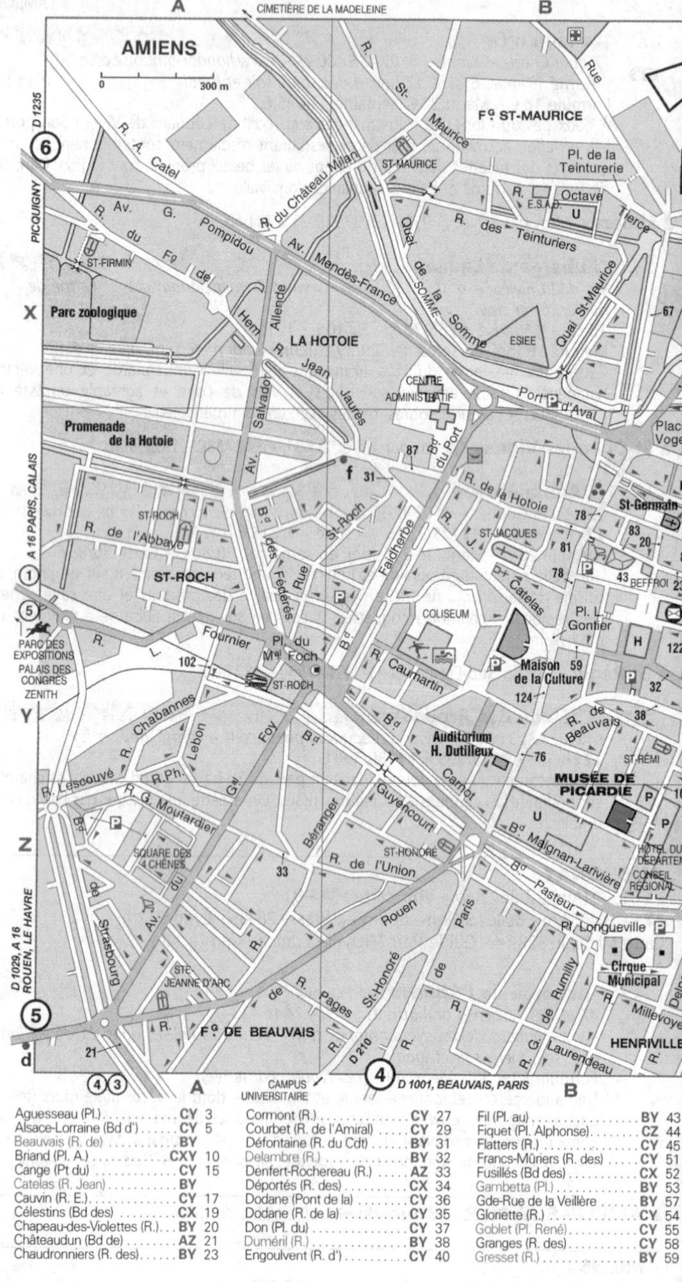
AMIENS
0
300 m
A
B
X
Y
Z
CIMETIÈRE DE LA MADELEINE
Fg ST-MAURICE
ST-MAURICE
Pl. de la Teinturerie
R. Octave Tierce
E.S.A.D.
R. des Teinturiers
Quai de la Somme
SOMME
Quai St-Maurice
ESIEE
R. St-Maurice
R. du Château Milan
Av. Mendès-France
Av. G. Pompidou
R. A. Catel
R. du Fg de Hem
ST-FIRMIN
Parc zoologique
LA HOTOIE
R. Jean Jaurès
Allende
Av. Salvador
CENTRE ADMINISTRATIF
Port d'Aval
Bd du Port
Place Vogel
Promenade de la Hotoie
87
31
f
R. de la Hotoie
St-Germain
Bd St-Roch
Bd des Fédérés
Rue Faidherbe
ST-ROCH
R. de l'Abbaye
ST-JACQUES
R. J. Catelas
78
81
83
20
43
BEFFROI
23
COLISEUM
Pl. L. Gontier
Maison de la Culture
59
124
122
32
38
R. L. Fournier
Pl. du Mal Foch
102
ST-ROCH
R. Caumartin
R. de Beauvais
PARC DES EXPOSITIONS
PALAIS DES CONGRÈS
ZENITH
R. Chabannes
R. Lebon
Bd Foy
Auditorium H. Dutilleux
76
Bd Carnot
ST-RÉMI
MUSÉE DE PICARDIE
R. Lescouvé
R. Ph. Lebon
R. G. Moutardier
Gal
Béranger
Bd Guyencourt
Bd Maignan-Larivière
HÔTEL DU DÉPARTEMENT
CONSEIL RÉGIONAL
SQUARE DES 4 CHÊNES
33
ST-HONORÉ
R. de l'Union
Bd Pasteur
Pl. Longueville
Cirque Municipal
Bd de Strasbourg
Av. du Gal Leclerc
Rouen
R. de Paris
R. de Rumilly
R. Millevoye
STE-JEANNE D'ARC
R. de Pages
R. St-Honoré
Fg DE BEAUVAIS
HENRIVILLE
R. G. Laurendeau
21
d
D 210
CAMPUS UNIVERSITAIRE
D 1001, BEAUVAIS, PARIS
D 1029, A 16 ROUEN, LE HAVRE
A 16 PARIS, CALAIS
PICQUIGNY D 1235
6
1
5
4
3
67
10

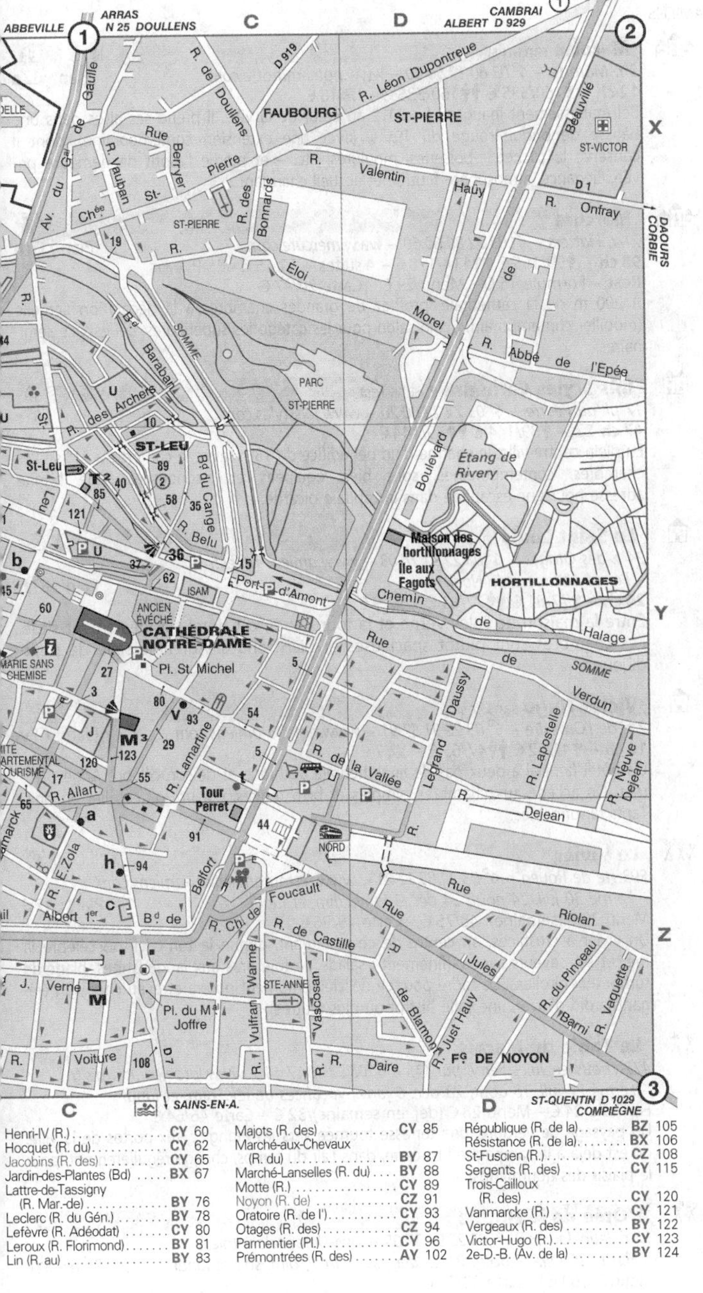

ARRAS
ABBEVILLE
N 25 DOULLENS
C
D
CAMBRAI
ALBERT D 929
X
Y
Z
FAUBOURG
ST-PIERRE
R. Léon Dupontreue
R. de Doullens
D 919
Beauvillé
ST-VICTOR
Av. du Gal de Gaulle
R. Vauban
Rue Berryer
St-Pierre
Chée
ST-PIERRE
R. des Bonnards
R. Valentin
Hauy
D 1
R. Onfray
DAOURS CORBIE
Éloi
R. Morel de
R. Abbé de l'Epée
SOMME
Bd Baraban
PARC ST-PIERRE
R. des Archers
St-Leu
ST-LEU
Bd du Cange
R. Belu
Boulevard
Étang de Rivery
Maison des hortillonnages
Île aux Fagots
HORTILLONNAGES
Port-d'Amont
Chemin de Halage
ISAM
ANCIEN ÉVÊCHÉ
CATHÉDRALE NOTRE-DAME
MARIE SANS CHEMISE
Pl. St. Michel
Rue de Verdun
SOMME
Daussy
R. Lapostelle
R. Neuve Dejean
R. Lamartine
R. de la Vallée
Legrand
R. Dejean
Tour Perret
R. Allart
NORD
R. E. Zola
Belfort
Rue Riolan
Foucault
R. Ch. de
R. de Castille
Albert 1er
Bd de
Rue Jules Barni
R. du Pinceau
R. Vaquette
J. Verne
Pl. du Mal Joffre
Vulfran Warmé
STE-ANNE
Vascosan
R. de Blamont
R. Just Hauy
Fg DE NOYON
R. Voiture
R. Daire
D 7
SAINS-EN-A.
ST-QUENTIN D 1029
COMPIÈGNE

Marotte sans rest

3 r. Marotte – ✆ 03 60 12 50 00 – www.hotel-marotte.com Plan : CZ**a**

12 ch – †160/535 € ††160/535 € – ☕ 18 €

Bel établissement inauguré fin 2012 au cœur de la ville. Il prend ses aises dans une bâtisse de brique rouge du 19e s. (avec une extension contemporaine), dont il conserve le cachet – boiseries, moulures, etc. – et même l'esprit de demeure privée. Élégance, atmosphère feutrée et accueil charmant...

Mercure

21 r. Flatters – ✆ 03 22 80 60 60 – www.mercure.com Plan : CY**b**

98 ch – †99/155 € ††114/170 € – 4 suites – ☕ 15 € – ½ P

Rest – Formule 15 € – Menu 29 € – Carte 26/47 €

À 200 m de la cathédrale, profitez de grandes chambres à la décoration actuelle (mobilier contemporain) ; coin salon pour les catégories supérieures. Bel espace séminaires.

Ibis Styles Cathédrale sans rest

17 pl. au Feurre – ✆ 03 22 22 00 20 – www.ibisstyles.com Plan : BY**r**

47 ch ☕ – †89/144 € ††89/144 €

En plein centre-ville, le charme d'un bel édifice du 18e s. avec le confort du 21e s ! Les chambres, contemporaines, sont bien équipées et insonorisées. Une bonne adresse pour une escapade dans la capitale picarde.

Le Saint-Louis sans rest

24 r. des Otages – ✆ 03 22 91 76 03 – www.amiens-hotel.fr
– Fermé vacances de Noël Plan : CZ**h**

24 ch – †77/81 € ††77/81 € – ☕ 9 €

Entre la maison de Jules Verne et la tour Perret, cet hôtel est idéalement situé. Les chambres sont plutôt spacieuses et bien tenues. Agréable salle de petit-déjeuner.

Victor Hugo sans rest

2 r. de l'Oratoire – ✆ 03 22 91 57 91 – www.hotel-a-amiens.com Plan : CY**v**

10 ch – †47/52 € ††47/65 € – ☕ 7 €

Un hôtel familial à deux pas de la cathédrale gothique et de son célèbre Ange pleureur. On accède aux chambres, simples et bien tenues, par un joli escalier en bois. Tarifs raisonnables.

Le Vivier

593 rte de Rouen – ✆ 03 22 89 12 21 – www.restaurantlevivier-amiens.com
– Fermé 30 juil.-24 août, 24 déc.-3 janv., dim. et lundi Plan : AZ**d**

Menu 30 € (semaine), 48/75 € – Carte 49/96 €

Un vivier à crustacés, au centre de ce restaurant, donne le ton ! Ici, on célèbre la mer et ses saveurs avec raffinement : salade de foie gras aux langoustines, blanc de turbot aux girolles... Le cadre pour ce délicieux moment pourra être, au choix, un élégant jardin d'hiver, une salle bistrot ou plus feutrée.

La Table du Marais

472 chaussée Jules-Ferry, par ③ – ✆ 03 22 46 17 44 – www.latabledumarais.fr
– Fermé 27 juil.-18 août, 23 déc.-6 janv., vacances de fév., dim. et lundi

Formule 24 € – Menu 28 € (déj. en semaine)/32 € – Carte 46/64 €

Un paysage de verdure, une terrasse tournée vers les étangs... Aux portes de la ville, on est déjà à la campagne ! La carte, dans l'air du temps, change régulièrement, pour le plaisir des gourmands.

L'Orée de la Hotoie

17 r. Jean-Jaurès – ✆ 03 22 91 37 05 – www.loreedelahotoie.fr
– Fermé 26 juil.-19 août, 21-27 déc., sam. midi, dim. soir et lundi Plan : BY**f**

Menu 21/64 € – Carte 33/54 €

Il fait bon se restaurer dans cette maison aux abords du joli parc de la Hotoie. On y savoure une cuisine de saison, généreuse et soignée, concoctée par un chef passionné, qui sait révéler l'âme des bons produits.

XX **Au Relais des Orfèvres**

14 r. des Orfèvres – ✆ 03 22 92 36 01 – www.restaurant-relais-orfevres.fr – Fermé 3 semaines en août, 2 semaines en fév., sam. midi, dim. et lundi Plan : CY**m**

Formule 23 € 🍷 – Menu 30/54 € – Carte 60/70 €

Après avoir visité la superbe cathédrale, prenez place dans cette jolie salle contemporaine. Le chef, qui aime jouer avec les épices, signe une cuisine créative, bien ficelée et très soignée. Ambiance jeune et animée.

X **Le Bouchon**

10 r. A.-Fatton – ✆ 03 22 92 14 32 – www.lebouchon.fr – Fermé dim. soir

Menu 18 € (déj. en semaine), 28/42 € 🍷 – Carte 32/70 € Plan : CY**t**

Proche de la gare, ce restaurant a l'avantage d'être toujours ouvert (sauf le dimanche soir) ! Un sympathique bistrot – à la déco moderne – avec une carte au diapason : cuisine traditionnelle, suggestions du marché et quelques plats canailles. De quoi satisfaire bien des gourmands.

rte de Roye 7 km par ③, N 29 et D 934

Novotel

7 r. des Indres-Noires ✉ 80440 Boves – ✆ 03 22 50 42 42 – www.novotel.com

94 ch – †95/155 € ††95/155 € – ☕ 15 € **Rest** – Menu 13 € – Carte 21/43 €

Dans une zone commerciale et proche de l'A 29 menant au Havre, cet hôtel des années 1970 a été rénové dans un esprit contemporain. Les chambres sont très confortables et fonctionnelles. Agréable terrasse au bord de la piscine.

à Dury 6 km par ④ – ✉ 80480 – 1 267 hab.

XXX **L'Aubergade** (Eric Boutté)

78 rte Nationale – ✆ 03 22 89 51 41 – www.aubergade-dury.com – Fermé 20 avril-5 mai, 10-25 août, 21 déc.-5 janv., dim. et lundi

Menu 42/78 € – Carte 71/98 €

Une collection de guides MICHELIN, une salle mêlant blancheur immaculée et tons chauds... Voilà pour le cadre de cette adresse considérée, à juste titre, comme la bonne table de la région. Le chef privilégie les produits de saison ; sa cuisine est actuelle, fine et savoureuse.

→ Mosaïque de foie gras et thon en feuille de nori. Véritable chou farci, "hommage à Jean Delaveyne". Boule craquante de chocolat et crème Carambar.

AMILLY – 45 Loiret → voir Montargis

AMMERSCHWIHR

✉ 68770 (Haut-Rhin) – 1 864 hab. – **Voir carte n°2-C2**

▶ Paris 441 km – Colmar 9 km – Gérardmer 49 km – St-Dié 44 km

Carte Michelin 315-H8

XXX **Aux Armes de France** avec ch rest,

1 Grand'Rue – ✆ 03 89 47 10 12 – www.armesfrance.fr

10 ch – †74/89 € ††74/94 € – ☕ 12 € – ½ P

Menu 19 € (déj. en semaine), 29/53 € – Carte 42/90 € *(fermé merc. et jeudi)*

Dans ce beau village de la route des vins, une grande maison blanche qui cultive un certain esprit de tradition, entre décor bourgeois et cuisine classique (pressé de grenouilles au riesling, gratin de homard, choucroute garnie...). À l'étage, les chambres de style rustique permettent de faire étape.

AMNÉVILLE

✉ 57360 (Moselle) – 10 100 hab. – **Voir carte n°26-B1**

▶ Paris 319 km – Briey 17 km – Metz 21 km – Thionville 16 km

Carte Michelin 307-H3

au Parc Thermal et de Loisirs 2,5 km au Sud, bois de Coulange – ✉ 57360

Amnéville Plaza sans rest
Parc de Coulange – ✆ 03 87 71 82 86 – www.amneville-plaza.com
72 ch – 99/350 € 99/370 € – 6 suites – ☕ 16 €
Nous voilà en plein cœur du parc thermal et de loisirs du bois de Coulange. Cet hôtel créé en 2010 est directement relié à une salle de spectacle. Le parti pris est contemporain, voire avant-gardiste : chambres et suites design, casino, espace détente, salles de séminaire, restaurant...

Diane sans rest
r. de la Source – ✆ 03 87 70 16 33 – www.accueil-amneville.com
48 ch – 82 € 91 € – 3 suites – ☕ 12 €
Au cœur du parc de loisirs, près des thermes, cet hôtel a pour avantage d'être parfaitement intégré à la forêt. Le style contemporain, très "green", est traversé de quelques touches design. L'endroit parfait pour prendre son petit-déjeuner en regardant la verdure...

Marso
bois de Coulange – ✆ 03 87 15 15 40 – www.hotel-marso.com
50 ch – 87 € 87 € – ☕ 14 € – ½ P
Rest – Menu 22/39 € – Carte 28/48 € *(fermé sam. midi et lundi)*
Le point fort de cet hôtel récent ? Sa situation, à proximité des attractions du parc (piste de ski artificielle, zoo, cinéma, etc.). Avec des chambres fonctionnelles (avec terrasse), un salon de coiffure, un restaurant et un bar, nul besoin de ressortir...

St Eloy Ⓝ
r. des Thermes – ✆ 03 87 70 32 62 – www.accueil-amneville.com
47 ch – 68/73 € 76/81 € – ☕ 11 € – ½ P
Rest ***Le Coq' Art*** – Formule 18 € – Menu 32/42 € – Carte 28/48 € *(fermé sam. midi de nov. à avril, dim. soir et lundi midi)*
Un hôtel entouré de verdure, et rénové dans un esprit contemporain. Il abrite de petites chambres bien aménagées (douches à l'italienne, écrans plats), avec un mobilier design. Au restaurant, les charcuteries sont faites maison !

La Forêt
1 r. de la Source – ✆ 03 87 70 34 34 – www.restaurant-laforet.com
– Fermé 28 juil.-11 août, 22 déc.-5 janv., dim. soir, fériés le soir et lundi
Menu 21 € (semaine)/42 € – Carte 36/65 €
"Penser, c'est chercher des clairières dans une forêt." On pourra méditer cette trouvaille de Jules Renard en s'attablant dans cette maison conviviale, face au bois de Coulange. Les recettes y sont empreintes de classicisme (foie gras maison, salade de homard, bourride, etc.) et s'accompagnent de jolis crus.

AMOU

✉ 40330 (Landes) – 1 559 hab. – **Voir carte n°3-B3**
Paris 760 km – Aire-sur-l'Adour 51 km – Dax 31 km – Mont-de-Marsan 47 km
Carte Michelin 335-G13 – Guide Vert Michelin Aquitaine

Le Commerce

2 pl. de la Poste, (près de l'église) – ✆ 05 58 89 02 28
– www.hotel-lecommerceamou.com – Fermé 6-28 nov., 17 fév.-3 mars, dim. soir et lundi sauf juil.-août
15 ch – 69 € 69 € – ☕ 7 € – ½ P
Rest – Formule 13 € – Menu 17 € (semaine), 27/36 € – Carte 26/50 €
Le charme des anciennes auberges de village, la touche contemporaine et familiale en plus... Chambres cosy, d'une excellente tenue ; agréable bar aux tons taupe. Spécialités maison (pâté, terrine et confit) servies dans une salle joliment campagnarde.

Au Feu de Bois

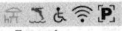

20 av. des Pyrénées – ✆ 05 58 89 06 76 – www.hotel-aufeudebois.fr – Fermé 24-30 déc.
11 ch – 🚹60/85 € 🚹🚹60/85 € – ☕ 7 € – ½ P
Rest – Formule 12 € 🍷 – Menu 23/38 € – Carte 21/44 € *(fermé merc. soir sauf juil.-août)*
Cet ancien relais routier, transformé en un sympathique hôtel familial, dispose de chambres fonctionnelles et confortables. Au restaurant, on apprécie les spécialités régionales. De quoi ne pas avoir envie de reprendre la route...

AMPHION-LES-BAINS

✉ 74500 (Haute-Savoie) – **Voir carte n°46-F1**
▶ Paris 573 km – Annecy 81 km – Évian-les-Bains 4 km – Genève 40 km
Carte Michelin 328-M2 – Guide Vert Michelin Alpes du Nord

La Plage

431 r. de la Plage – ✆ 04 50 70 00 06 – www.hotelplage74.com – Fermé 30 nov.-30 mars
39 ch – 🚹75/110 € 🚹🚹78/160 € – ☕ 12 € – ½ P
Rest – Formule 15 € – Menu 24/58 € – Carte 43/56 € *(fermé dim. soir)*
Une hostellerie tenue par la même famille depuis quatre générations, au grand calme. Les chambres y sont confortables et bien tenues. Autres avantages de cet établissement : le jardin au bord du lac, le charmant restaurant traditionnel sur pilotis, face à la Suisse... Et le must : la plage, tout près !

XX **Le Tilleul** avec ch

252 av. de la Rive, RN 5 – ✆ 04 50 70 00 39 – www.letilleul.com – Fermé vacances de la Toussaint et de fin déc. à mi-janv.
19 ch – 🚹65/75 € 🚹🚹75/95 € – ☕ 9 € – ½ P
Formule 14 € – Menu 19 € (semaine), 32/42 € – Carte 38/67 € *(fermé dim. soir et lundi sauf juil.-août)*
N'hésitez pas à entrer dans cette auberge de bord de route qui ne paie pas de mine, mais dans laquelle on mange bien. Ici, le cadre est rustique et les plats classiques 100 % faits maison ; spécialités de perche et féra du Léman. Pour l'étape, des chambres fonctionnelles et bien insonorisées.

AMPUIS

✉ 69420 (Rhône) – 2 641 hab. – **Voir carte n°44-B2**
▶ Paris 492 km – Condrieu 5 km – Givors 17 km – Lyon 37 km
Carte Michelin 327-H7 – Guide Vert Michelin Lyon et sa région

Le Domaine des Vignes sans rest

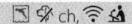

41 rte Taquière - D 386 – ✆ 04 74 59 21 24 – www.hoteldomainedesvignes.com
12 ch – 🚹77/92 € 🚹🚹92/137 € – ☕ 5 €
Une bonne adresse que ce petit hôtel récent, au cœur du célèbre vignoble de Côte-Rôtie. Les chambres sont d'un agréable style contemporain. Ne manquez pas les dégustations de vins du domaine.

ANCELLE

✉ 05260 (Hautes-Alpes) – 858 hab. – **Voir carte n°41-C1**
▶ Paris 671 km – Digne-les-Bains 104 km – Gap 19 km – Marseille 199 km
Carte Michelin 334-F5 – Guide Vert Michelin Alpes du Sud

Les Autanes

le village – ✆ 04 92 50 82 82 – www.hotel-les-autanes.com – Fermé 11 nov.-21 déc.
32 ch – 🚹86/108 € 🚹🚹86/108 € – ☕ 12 € – ½ P
Rest – Menu 29/33 € – Carte 34/49 €
Une vraie affaire de famille ! Cet hôtel-restaurant a été créé par l'aïeul des actuels propriétaires, qui a également œuvré à la création de la station de ski. Tout près des pistes, le refuge est chaleureux, mêlant décor montagnard, espace bien-être et restaurant traditionnel. Un cadre bien agréable.

ANCENIS

✉ 44150 (Loire-Atlantique) – 7 551 hab. – **Voir carte n°34-B2**
Paris 347 km – Angers 55 km – Châteaubriant 48 km – Cholet 49 km
Carte Michelin 316-I3 – Guide Vert Michelin Pays de la Loire

Hôtel de La Loire

rest, ch,

2 km à l'Est, par D 723 rte d'Angers – ☎ 02 40 96 00 03 – www.hotel-loire.net – Fermé 23 déc.-1er janv.

42 ch – †70/80 € ††70/90 € – ☕ 10 € – ½ P

Rest – Formule 13 € – Menu 16 € (déj. en semaine), 23/35 € – Carte environ 41 € *(fermé sam. midi et dim.)*

Aux portes de la ville, cet hôtel abrite des chambres fonctionnelles et bien tenues (quelques familiales), la plupart avec balcon ou terrasse privative côté jardin. Cadre moderne au restaurant, cuisine traditionnelle.

La Toile à Beurre

82 r. St-Pierre – ☎ 02 40 98 89 64 – www.latoileabeurre.com – Fermé dim. soir, mardi soir, merc. soir et lundi

Formule 17 € – Menu 29/55 € – Carte 35/44 €

Pierres, poutres et tomettes font le cachet rustique de cette maison de 1753, bordée d'une jolie terrasse. Cuisine traditionnelle franche et goûteuse (poissons de la Loire).

LES ANDELYS

✉ 27700 (Eure) – 8 205 hab. – **Voir carte n°33-D2**
Paris 93 km – Évreux 38 km – Gisors 30 km – Mantes-la-Jolie 54 km
Carte Michelin 304-I6 – Guide Vert Michelin Normandie Vallée de la Seine

La Chaîne d'Or avec ch

25 r. Grande – ☎ 02 32 54 00 31 – www.hotel-lachainedor.com – Fermé 20-28 déc., 2-10 janv., 16 fév.-9 mars, dim. soir et mardi du 15 oct. au 15 avril et merc.

12 ch – †99/150 € ††99/150 € – ☕ 12 € – ½ P

Formule 25 € – Menu 30 € (déj. en semaine), 50/70 € – Carte 56/87 €

Une hostellerie couverte de vigne vierge au bord de la Seine... Entre charme de l'ancien et belle vue sur le fleuve, le cadre ne manque pas de noblesse pour un repas gastronomique qui épouse joliment l'air du temps. Et les chambres, décorées avec goût, se prêtent à une nuit reposante...

ANDLAU

✉ 67140 (Bas-Rhin) – 1 842 hab. – **Voir carte n°2-C1**
Paris 501 km – Erstein 25 km – Le Hohwald 8 km – Molsheim 25 km
Carte Michelin 315-I6

Zinckhotel sans rest

13 r. de la Marne – ☎ 03 88 08 27 30 – www.zinckhotel.com – Fermé 23 déc.-3 janv.

18 ch – †65/110 € ††80/110 € – ☕ 9 €

Sur la route des Vins, dans le village d'Andlau, un ancien moulin et son extension ultracontemporaine. Chambres zen, pop, jazzy, Empire... Insolite et décalé !

Kastelberg

ch,

10 r. Gén.-Koenig – ☎ 03 88 08 97 83 – www.kastelberg.com

29 ch – †62/68 € ††70/82 € – ☕ 11 €

Rest – Menu 20/55 € – Carte environ 45 €

Adossé aux vignes, un grand bâtiment néo-alsacien, aux chambres sobres et fonctionnelles, mansardées ou avec balcon. Au restaurant, décor classique et cuisine familiale du terroir.

ANDORRE (PRINCIPAUTE D') → voir fin de guide

ANDREZÉ

✉ 49600 (Maine-et-Loire) – 1 830 hab. – **Voir carte n°34-B2**
Paris 371 km – Angers 80 km – Nantes 62 km – La Roche-sur-Yon 84 km
Carte Michelin 317-D5

Le Château de la Morinière 

– ✆ 02 41 75 40 30 – *www.chateau-de-la-moriniere.com*
5 ch – 79/99 € 85/105 € – ½ P **Table d'hôte** – Menu 39 €
Construit sur les ruines d'un château médiéval, cet édifice romantique d'architecture Napoléon III domine la vallée. Les chambres sont poétiquement décorées sur le thème des fées, des éléments... Dîner aux chandelles autour de la table d'hôte. Cours de cuisine.

ANDRÉZIEUX-BOUTHÉON

42160 (Loire) – 9 676 hab. – **Voir carte n°44-A2**
Paris 460 km – Lyon 76 km – Montbrison 20 km – Roanne 71 km
Carte Michelin 327-E6

Les Iris avec ch 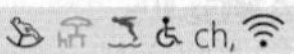

32 av J.-Martouret – ✆ 04 77 36 09 09 – www.les-iris.com – Fermé 2 semaines en août, 1 semaine en janv., mardi midi, dim. soir et lundi
10 ch – 75/85 € 75/85 € – 12 € – ½ P
Menu 20 € (déj. en semaine), 27/35 € – Carte 30/50 €
Cette jolie maison apparaît très coquette avec son jardin fleuri. Un jeune chef de la région, riche d'un beau parcours, en a repris les rênes en 2013. Sa cuisine, bien dans l'air du temps, savoureuse et soignée, est pleine de promesses...

ANDUZE

30140 (Gard) – 3 287 hab. – **Voir carte n°23-C2**
Paris 718 km – Alès 15 km – Florac 68 km – Montpellier 60 km
Carte Michelin 339-I4

au Nord-Ouest par rte de St-Jean-du-Gard – 30140 Anduze

La Porte des Cévennes 

à 3 km – ✆ 04 66 61 99 44 – www.porte-cevennes.com – Ouvert 1er avril-14 oct.
34 ch – 85/97 € 85/97 € – 11 € – ½ P
Rest – Menu 28/34 € – Carte 35/48 € *(fermé le midi)*
Non loin de la bambouseraie où fut tourné Le Salaire de la peur, paisible maison disposant de grandes chambres fonctionnelles, pour la moitié tournées vers la vallée du Gardon. Table traditionnelle au décor champêtre, et terrasse panoramique en prime.

Le Moulin de Corbes avec ch 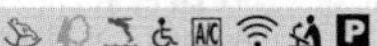

à 4 km – ✆ 04 66 61 61 83 – www.moulin-corbes.com – Fermé déc., janv., dim. soir et lundi hors saison
5 ch – 72 € 80 € – 12 € – ½ P
Menu 40 € – Carte environ 53 € *(réservation conseillée)*
Le Gardon coule à ses pieds... Cette maison d'aspect traditionnel abrite trois grandes salles ensoleillées (murs jaunes, larges fenêtres sur la verdure). Cuisine de produits : poissons de Bretagne, viandes de l'Aubrac, etc. Quelques chambres, fonctionnelles et calmes.

à Tornac 6 km au Sud-Est par D 982 – 30140 – 893 hab.

Le Ranquet

4161 rte de St-Hippolyte-du-Fort, 2 km – ✆ 04 66 77 51 63 – www.ranquet.com – Fermé 2-15 janv.
10 ch – 145/195 € 145/195 € – 17 € – ½ P
Rest *Le Ranquet* – voir les restaurants ci-après
Le maquis et des bosquets de chênes, un grand jardin (avec une belle piscine où paresser), des murets de pierres sèches… Ce mas cévenol embaume le bel air de la région. Et chaque chambre dispose d'une terrasse privative !

Le Ranquet 

4161 rte de St-Hippolyte-du-Fort, 2 km – ✆ 04 66 77 51 63 – www.ranquet.com – Fermé 2-15 janv., lundi, mardi et merc. sauf le soir de mai à sept.
Menu 39/82 € – Carte 68/84 €
Produits du pays, légumes du potager, herbes du jardin aromatique... À la croisée des Cévennes et de la Méditerranée, cette table gastronomique cultive le goût des bons produits et de la fraîcheur. Cadre chaleureux.

ANET

✉ 28260 (Eure-et-Loir) – 2 641 hab. – **Voir carte n°11-B1**
▶ Paris 76 km – Chartres 51 km – Dreux 16 km – Évreux 37 km
Carte Michelin 311-E2 – Guide Vert Michelin Normandie Vallée de la Seine

XX **Le Manoir d'Anet**
3 pl. du Château – ✆ 02 37 41 91 05 – www.lemanoirdanet.com – Fermé mardi et merc.
Menu 26 € (semaine), 37/51 € – Carte 55/69 €
Une brasserie idéalement située face au château de Diane de Poitiers ! Dans la salle, rustique et coquette, on se régale des classiques du genre comme la blanquette. Une offre snacking est également proposée.

ANGERS

✉ 49000 (Maine-et-Loire) – 147 571 hab. – Agglo. 218 616 hab. – **Voir carte n°35-C2**
▶ Paris 294 km – Laval 79 km – Le Mans 97 km – Nantes 88 km
Carte Michelin 317-F4 – Guide Vert Michelin Pays de la Loire

Hôtel d'Anjou
1 bd Mar.-Foch – ✆ 02 41 21 12 11 – www.hoteldanjou.fr Plan : CZ**h**
53 ch – †120/175 € ††135/190 € – ☕ 14 €
Rest *La Salamandre* – voir les restaurants ci-après
Au cœur d'Angers, cet hôtel né en 1845 conserve son cadre historique, mêlant les inspirations Renaissance, classique et Art déco. Les chambres sont cossues et bien insonorisées. Patine et confort...

Hôtel de France sans rest
8 pl. de la Gare – ✆ 02 41 88 49 42 – www.hoteldefrance-angers.com Plan : AZ**t**
55 ch – †105/189 € ††105/189 € – ☕ 20 €
Face à la gare, derrière une belle façade classique, hôtel tenu en famille depuis 1893. Chambres cossues, contemporaines au dernier étage. Produits locaux et bio au petit-déjeuner.

Mercure Centre Foch sans rest
18 bd Foch – ✆ 02 41 87 37 20 – www.mercure.com Plan : CZ**w**
80 ch – †75/209 € ††75/209 € – ☕ 16 €
Situation privilégiée sur un boulevard animé du centre-ville. Chambres spacieuses, bien insonorisées, habillées de bois wengé et de prune. Intéressants tarifs week-end.

Hôtel du Mail sans rest
8 r. des Ursules – ✆ 02 41 25 05 25 – www.hoteldumail.fr Plan : CY**b**
26 ch – †49/89 € ††69/89 € – ☕ 10 €
Hôtel de caractère établi dans une discrète demeure du 17e s. (ancien couvent). Chambres classiques, de taille très variable. Avantage d'un parking en centre-ville.

Le Progrès sans rest
26 r. Denis-Papin – ✆ 02 41 88 10 14 – www.hotelleprogres.com – Fermé 8-24 août et 24 déc.-4 janv. Plan : AZ**f**
41 ch – †52/78 € ††68/88 € – ☕ 10 €
À deux pas de la gare, adresse accueillante aux chambres claires et simples (murs blancs, tissus colorés, mobilier fonctionnel). Petit-déjeuner servi devant une courette fleurie.

Le Continental sans rest
14 r. Louis-de-Romain – ✆ 02 41 86 94 94 – www.hotellecontinental.com
25 ch – †51/73 € ††64/84 € – ☕ 10 € Plan : BYZ**n**
Situation très centrale, chambres aux couleurs ensoleillées, bonne insonorisation, salle des petits-déjeuners lumineuse et prix sages.

Hôtel de l'Europe sans rest
3 r. Châteaugontier – ✆ 02 41 88 67 45 – www.hoteldeleurope-angers.com – Fermé 2 semaines en juil. et vacances de Noël Plan : CZ**a**
29 ch – †50/110 € ††53/130 € – ☕ 9 €
Accueil sympathique en cet hôtel situé dans un quartier commerçant. Petites chambres égayées de tons chaleureux. Agréable salle pour le petit-déjeuner.

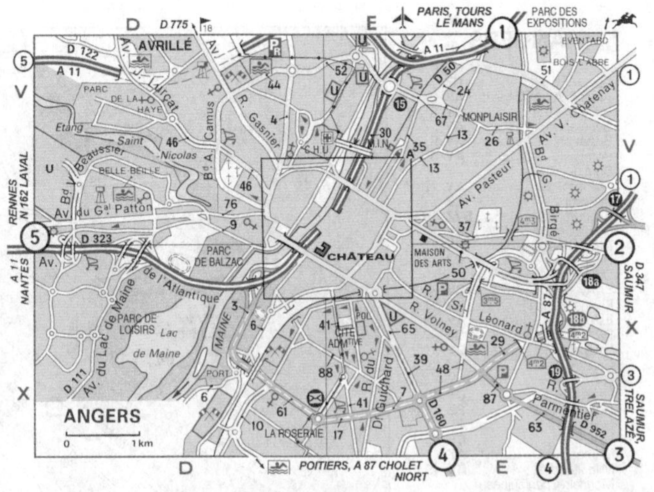

Barangé (Bd Ch.) . . . . **DX** 3
Barra (R.) . . . . **DV** 4
Baumette (Pr. de la) . . . . **DX** 6
Bedier (Bd J.) . . . . **EX** 7
Bon-Pasteur (Bd) . . . . **DV** 9
Bouchemaine (Rte de) . . . . . **DX** 10
Chalouère (R. de la) . . . . **EV** 13
Chaumin (Bd E.) . . . . **EX** 17
Doyenné (Bd du) . . . . **EV** 24
Dunant (Bd H.) . . . . **EV** 26
Estienne d'Orves (Bd) . . . . . **EX** 29
Félix-Faure (Q.) . . . . **EV** 30
Joxe (Av. J.) . . . . **EV** 35
Larevellière (R.) . . . . **EV** 37
Lattre-de-Tassigny (Bd de) . . . . **EX** 39
Letanduère (R. de) . . . . **EX** 41
Lizé (R. du Gén.) . . . . **DV** 44
Meignanne (R. de la) . . . . . . **DV** 46
Millot (Bd J.) . . . . **EX** 48
Monplaisir (Bd de) . . . . **EV** 51
Montaigne (Av.) . . . . **EX** 50
Moulin (Bd J.) . . . . **DEV** 52
Portet (Bd J.) . . . . **DX** 61
Pyramide (Rte de la) . . . . . . **EX** 63
Rabelais (R.) . . . . **EX** 65
Ramon (Bd G.) . . . . **EV** 67
St-Jacques (R.) . . . . **DV** 76
Saumuroise (R.) . . . . **EX** 87
Strasbourg (Bd de) . . . . **DEX** 88

Grand Hôtel de la Gare sans rest

5 pl. de la Gare – 02 41 88 40 69 – www.hotel-angers.fr – Fermé 25 juil.-17 août, et 19 déc.-5 janv. Plan : BZ**a**

52 ch – 54/88 € 58/88 € – 9 €

Un artiste-peintre a égayé de fresques les couloirs et la salle des petits-déjeuners. Coquettes chambres contemporaines tournées vers le jet d'eau qui trône devant la gare.

Le Favre d'Anne (Pascal Favre d'Anne)

18 quai des Carmes – 02 41 36 12 12 – www.lefavredanne.fr – Fermé 26 juil.-18 août, 23 déc.-6 janv., dim., merc. midi et lundi Plan : AY**t**

Menu 30 € (déj. en semaine), 45/95 €

Plats inventifs et originaux pour papilles aimant se laisser surprendre : dans cet hôtel particulier du 19e s., le chef bouscule les habitudes – mais toujours dans le respect des saveurs ! Décor contemporain épuré, face à la Maine et au château.

→ Foie gras de Nueil-sur-Layon et galipettes à la truffe. Pigeon aux girolles. Framboises du pays, pistache et mousse au vinaigre de framboise.

La Salamandre – Hôtel D'Anjou

1 bd Mar.-Foch – 02 41 88 99 55 – www.restaurant-lasalamandre.fr – Fermé dim. sauf le midi de sept. à juin Plan : CZ**h**

Formule 24 € – Menu 29 € (semaine), 49/69 € – Carte 45/78 €

La Salamandre, c'est une carte traditionnelle et un décor François Ier : fresques, plafond à la française, sans oublier... des représentations de salamandre, l'emblème du roi.

Une Île (Gérard Bossé)

9 r. Max-Richard – 02 41 19 14 48 – www.une-ile.fr – Fermé 1 semaine en mai, 24 août-8 sept., dim. et lundi Plan : AZ**g**

Formule 35 € – Menu 49/95 € – Carte 70/85 € *(réservation conseillée)*

Une île en forme de loft contemporain, sobre et épurée, comme la cuisine : le chef cultive le goût du produit, dans la simplicité et la précision. Madame, sommelière, suggère les accords mets et vins. → Foie gras de canard grillé et jus acidulé. Anguilles de la Loire sautées. Millefeuille à la vanille Bourbon.

ANGERS

Alsace (R. d') . . . . CZ
Aragon (Av. Yolande d') . AY 2
Baudrière (R.) . . . . BY 5
Beaurepaire (R.) . . . . AY
Bichat (R.) . . . . AY 8
Bon-Pasteur (Bd du) . . . . AY 9
Bout-du-Monde (Prom. du) . . . . AY 12
Bressigny (R.) . . . . CZ
Chaperonnière (R.) . . . . BYZ 15
Commerce (R. du) . . . . . CY 19
David-d'Angers (R.) . . . . CY 21
Denis-Papin (R.) . . . . BZ 22
Droits-de-l'Homme (Av. des) . . . . CY 25
Espine (R. de l') . . . . BY 27
Estoile (Sq. J. de l') . . . . . AY 28
Foch (Bd du Mar.) . . . . BCZ
Freppel (Pl.) . . . . BY 31
Gare (R. de la) . . . . BZ 32
Laiterie (Pl.) . . . . AY
Lenepveu (R.) . . . . CY 40
Lices (R. des) . . . . BZ
Lionnaise (R.) . . . . AY
Lise (R. P.) . . . . CY 43
Marceau (R.) . . . . AZ 45
Mirault (Bd) . . . . BY 49
Mondain-Chanlouineau (Sq.) . . . . BY 51
Oisellerie (R.) . . . . BY 53
Parcheminerie (R.) . . . . . BY 54
Pasteur (Av.) . . . . CY 55
Pilori (Pl. du) . . . . CY 56
Plantagenêt (R.) . . . . BY 57
Pocquet-de-Livonnières (R.) . . . . CY 58
Poëliers (R. des) . . . . CY 59
Pompidou (Allées) . . . . . CY 60
Prés.-Kennedy (Place du) AZ 62
Ralliement (Pl. du) . . . . . BY 66
Résistance-et-de-la-Déport. (Bd) . . . . CY 68
Robert (Bd) . . . . BY 69
La Rochefoucauld Liancourt (Pl.) . . . . ABY 38
Roë (R. de la) . . . . BY 70
Ronceray (Bd du) . . . . . . AY 71
Ste-Croix (Pl.) . . . . BZ 86
St-Aignan (R.) . . . . AY 72
St-Aubin (R.) . . . . BZ 73
St-Étienne (R.) . . . . CY 75
St-Julien (R.) . . . . BCZ
St-Laud (R.) . . . . BY 77
St-Lazare (R.) . . . . AY 79
St-Martin (R.) . . . . BZ 80
St-Maurice (Mtée) . . . . . BY 82
St-Maurille (R.) . . . . CY 83
St-Michel (Bd) . . . . CY 84
St-Samson (R.) . . . . CY 85
Talot (R.) . . . . BZ 89
Tonneliers (R. des) . . . . . AY 90
Ursules (R. des) . . . . CY 91
Voltaire (R.) . . . . BZ 93
8-Mai-1945 (Av. du) . . . . CZ 94

Le Relais

9 r. de la Gare – ✆ 02 41 88 42 51 – www.lerelaisangers.fr
– Fermé 4-12 mai, 27 juil.-18 août, 2 semaines fin déc.- début janv., dim. et lundi
Formule 18 € – Menu 32/60 € Plan : BZ**k**

Banquettes, sol en mosaïque, belles fresques sur le thème du vin et du "bien vivre" ajoutent à la chaleur de ce lieu élégant. Cuisine traditionnelle accompagnée d'une sélection de vins de Loire.

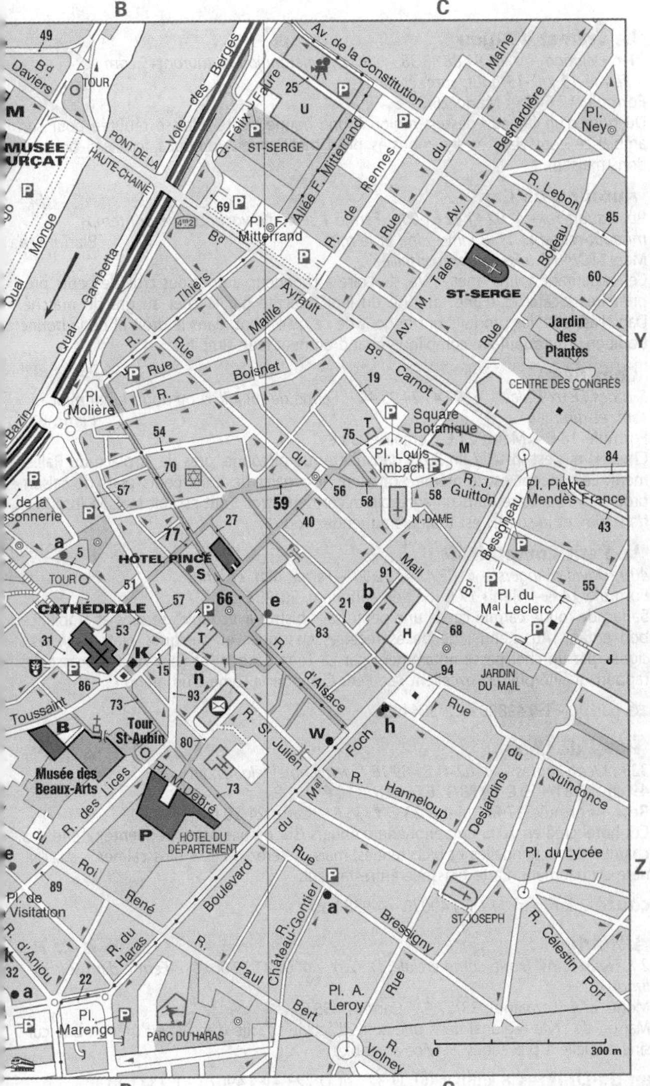

Provence Caffé

9 pl. du Ralliement, (1er étage) – ✆ 02 41 87 44 15 – www.provence-caffe.com – Fermé dim. et lundi Plan : BCY**e**

Formule 18 € – Menu 22 € (semaine), 28/34 € – Carte environ 32 €

Mobilier design, éclairage tamisé et fond musical : ambiance lounge pour ce Caffé qui manifeste un fort tropisme vers le Sud (épices, poisson, notes méditerranéennes, etc.).

Le Crèmet d'Anjou

21 r. Delaâge – ✆ 02 41 88 38 38 – www.cremetdanjou-restaurant49.com – Fermé 15 juil.-15 août, sam. et dim. Plan : BZ**e**

Formule 17 € – Menu 26/29 €

Du nom d'un fameux dessert régional, une bonne petite adresse réputée pour son ambiance conviviale et ses robustes plats traditionnels (produits fermiers, préparations maison).

Autour d'un Cep

9 r. Baudrière – ✆ 02 41 42 61 00 – Fermé 1 semaine vacances de printemps, mi-août-mi-sept., 1er-8 janv., dim. et le midi Plan : BY**a**

Menu 30/45 € *(réservation conseillée)*

Ce "restaurant à vins" met le Val de Loire à l'honneur, autour des crus de petits propriétaires locaux et d'une "ardoise du jour" réécrite par le chef au gré du marché. Dans l'assiette, les produits ont le goût de ce qu'ils sont, dans le droit fil de la bonne tradition. Pourquoi faire compliqué quand on peut faire simple ?

Chez Rémi

5 r. des Deux-Haies – ✆ 02 41 24 95 44 – Fermé de mi-juil. à mi-août, lundi midi, sam. et dim. Plan : BY**s**

Formule 18 € – Menu 21 € (semaine)/30 €

Chez Rémi s'est installé fin 2013 dans cette rue piétonne, près de la place du Ralliement. Le concept est le même : on vient se régaler de bons petits plats de saison, proposés à l'ardoise dans un agréable décor de bistrot. Tout est fait maison (produits frais, bio), et le succès est toujours au rendez-vous !

Le Petit Comptoir Ⓝ

40 r. David-d'Angers – ✆ 02 41 43 32 00 – Fermé dim. et lundi Plan : CZ**d**

Formule 14 € – Menu 17 € (déj. en semaine), 20/28 €

Sa façade rouge carmin cache une petite salle bistrot avec tables serrées et ambiance bon enfant. Au menu : de belles recettes classiques et quelques plats canailles... signés par un chef passé notamment par La Tour d'Argent et chez Alain Ducasse. Le rapport qualité-prix est excellent : ce Petit Comptoir a l'âme d'un grand !

à Trélazé par ③ – ✉ 49800 – 12 384 hab.

Hôtel de Loire

328 r. Jean-Jaurès – ✆ 02 41 81 89 18 – www.hoteldeloire.com

49 ch – †81/119 € ††88/126 € – ☕ 8,50 € – ½ P

Rest – Formule 17 € – Menu 29 €/35 € – Carte 24/50 €

Cet hôtel créé en 2005 en périphérie d'Angers (sur un axe assez fréquenté) abrite des chambres fonctionnelles et bien tenues, mais préférez celles – plus calmes – sur l'arrière du bâtiment. Carte brasserie au restaurant.

à Beaucouzé 7 km par ⑤ – ✉ 49070 – 4 938 hab.

L'Hoirie

2 r. Henri-Faris, (zone commerciale, D 723) – ✆ 02 41 72 06 09 – Fermé dim. soir et lundi

Menu 27 € (semaine), 38/57 € – Carte 47/55 €

Maison de style régional dans une zone d'activités facile d'accès. Au menu : une cuisine actuelle à prix sages. Service agréable.

à St-Jean-de-Linières 8 km par ⑤, D 323 et D 723 – ✉ 49070 – 1 734 hab.

Auberge de la Roche

rte Nationale – ✆ 02 41 39 72 21 – www.auberge.de.la.roche.com – fermé 15 août-5 sept., dim. soir et lundi

Formule 16 € – Menu 22 € (semaine), 29/42 € – Carte 40/58 €

Bavarois de poivron et sa crème d'ail, caviar d'aubergine... une cuisine dans l'air du temps dans une maison ancienne. Côté véranda, ardoise plus simple le midi.

ANGERVILLE

✉ 91670 (Essonne) – 3 753 hab. – Voir carte n°**18**-B3

Paris 70 km – Ablis 29 km – Chartres 46 km – Étampes 21 km

Carte Michelin 312-A6

Hôtel de France rest,

2 pl. du Marché – 01 69 95 11 30 – www.hotelfrance3.com – Fermé lundi midi et dim.

21 ch – 80/110 € 110/150 € – 14 €

Rest – Formule 15 € – Menu 32 € – Carte 36/62 €

Tomettes vernies du 16e s., petits coins-salons, objets chinés, chambres coquettes et confortables ornées de mobilier de style... Voilà une bien charmante auberge, où l'on apprécie de bonnes recettes traditionnelles.

ANGLARDS-DE-ST-FLOUR – 15 Cantal ➜ voir Viaduc de Garabit

ANGLARS-JUILLAC – 46 Lot ➜ voir Puy-l'Évêque

ANGLES-SUR-L'ANGLIN

86260 (Vienne) – 385 hab. – **Voir carte n°39-D1**

Paris 336 km – Châteauroux 78 km – Châtellerault 34 km – Montmorillon 34 km

Carte Michelin 322-L4 – Guide Vert Michelin Poitou-Charentes

Le Relais du Lyon d'Or ch,

4 r. d'Enfer – 05 49 48 32 53 – www.lyondor.com

10 ch – 79/139 € 89/149 € – 14 €

Rest – Menu 32/44 € *(ouvert 26 mars-6 nov. et fermé le midi)*

Une maison du 14e s. avec un délicieux jardin et des chambres pleines de cachet (mobilier chiné, tissus choisis, etc.). Le soir, autour de l'âtre et de petits plats traditionnels, règne une sympathique atmosphère "auberge"...

ANGLET

64600 (Pyrénées-Atlantiques) – 38 032 hab. – **Voir carte n°3-A3**

Paris 769 km – Bayonne 5 km – Biarritz 4 km – Cambo-les-Bains 18 km

Carte Michelin 342-C4 – Guide Vert Michelin Pays Basque et Navarre

Plan : voir Biarritz-Anglet-Bayonne

Hôtel De Chiberta et du Golf ch, ch,

104 bd des Plages – 05 59 58 48 48 – www.hotel-chiberta-biarritz.com – Fermé 15-26 déc. Plan : ABX

90 ch – 125/250 € 140/280 € – 15 € – ½ P

Rest – Menu 28 € – Carte 31/44 €

Situé le long du prestigieux golf de Chiberta, ce bâtiment des années 1920 abrite des chambres – rénovées en 2012 – confortables et bien tenues. Cuisine basque servie dans la véranda ou sur la jolie terrasse ombragée, face au lac.

Atlanthal rest,

153 bd des Plages – 08 25 12 64 64 – www.biarritz-thalasso.com Plan : ABX

99 ch – 110/263 € 150/456 € – 16 € – ½ P

Rest – Formule 31 € – Carte 44/69 €

Un temple du bien-être : centre de thalasso, véritable club de sport dans un cadre contemporain. Vue sur l'Atlantique depuis certaines chambres. Cuisine traditionnelle dans une salle d'esprit bistrot. Plats basques et bar à tapas pour les petites faims.

XX **La Fleur de Sel**

5 av. de la Fôret – 05 59 63 88 66 – www.lafleurdeselanglet.fr – Fermé 1 semaine en juin, 2 semaines en nov., 2 semaines en fév., merc. midi en été, dim. soir, mardi midi et lundi Plan : BX**a**

Menu 21 € (déj. en semaine), 35/45 € – Carte 35/45 €

Cette maison conviviale abrite une salle spacieuse et lumineuse, ouverte sur une terrasse. Décor un brin champêtre et cuisine traditionnelle au diapason du marché.

ANGOULÊME

16000 (Charente) – 41 613 hab. – Agglo. 109 009 hab. – **Voir carte n°39-C3**

Paris 447 km – Bordeaux 119 km – Limoges 105 km – Niort 116 km

Carte Michelin 324-K6 – Guide Vert Michelin Poitou-Charentes

ANGOULÊME

Aguesseau (Rampe d') . . . . . Y 2
Arsenal (R. de l') . . . . Z 4
Basseau (R. de) . . . . X 6
Beaulieu (Rempart de) . . . . . Y 8
Belat (R. de) . . . . Z 10
Bouillaud (Pl.) . . . . Z 12
Briand (Bd A.) . . . . Y 14
Chabasse (Bd R.) . . . . X 17
Churchill (Bd W.) . . . . Z 20
Corderie (R. de la) . . . . Y 24
Desaix (Rempart) . . . . Z 26
Dr-E.-Roux (Bd du) . . . . Z 28
Fontaine-du-Lizier (R.) . . . . . Y 30
Frères-Lumière (R. des) . . . . Y 32
Gambetta (Av.) . . . . Y 34
Gaulle (Av. du Gén.-de) . . . . Y 36
Guérin (R. J.) . . . . Y 37
Guillon (Pl. G.) . . . . Y 38
Iéna (R. d') . . . . Z 40
Lattre-de-Tassigny
(Av. du Mar. de) . . . . . . X, Y 42
Liedot (Bd) . . . . X 44
Louvel (Pl. F.) . . . . Y 46
Marengo (Pl.) . . . . YZ 47
Midi (Rempart du) . . . . Y 48
Monlogis (R.) . . . . X 50
Papin (R. D.) . . . . Y 52
Paris (R. de) . . . . Y
Pasteur (Bd) . . . . Y 53
Périgueux (R. de) . . . . X 55
Postes (R. des) . . . . Y 57
Renoleau (R. A.) . . . . Z 58
République (Bd de la) . . . X, Y 59
La Rochefoucauld (R. de la) . Y 41
Saintes (R. de) X
St-André (R.) . . . . Y 60
St-Antoine (R.) . . . . X 61
St-Martial (Pl. et R.) . . . . Z 65
St-Roch (R.) . . . . X, Y 67
Soleil (R. du) . . . . Y 70
Tharaud (Bd J. et J.) . . . . Z 72
Turenne (R. de) . . . . Y 73
3-Fours (R. des) . . . . Y 75
8-Mai-1945 (Bd du) . . . . X 80

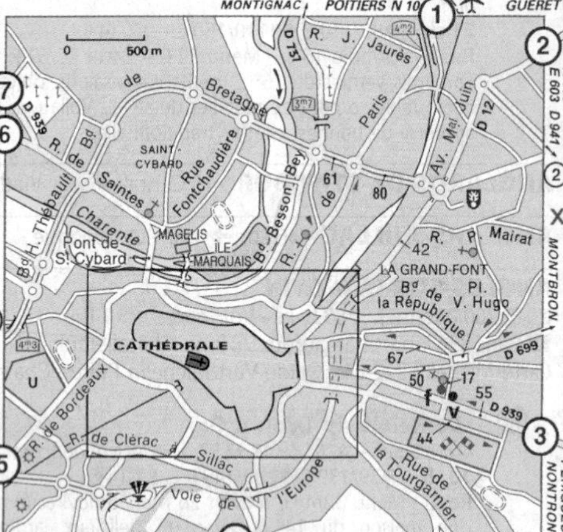

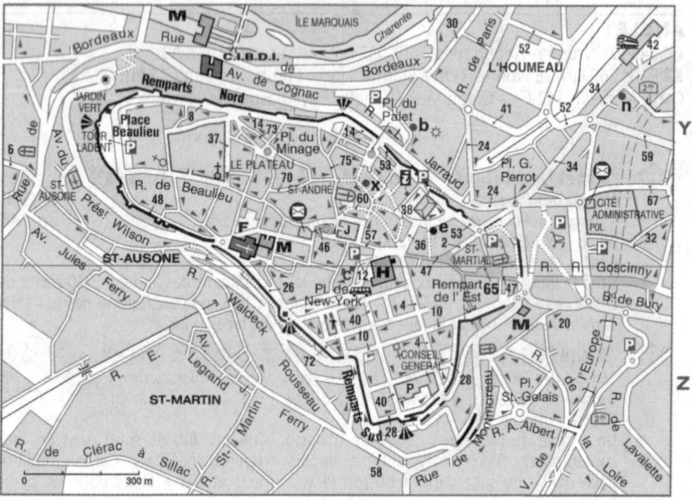

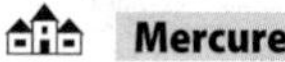

Mercure Hôtel de France

1 pl. des Halles-Centrales – ✆ 05 45 95 47 95 — Plan : Y**e**

86 ch – †95/150 € ††105/160 € – 3 suites – ☕ 15 €

Rest – Formule 20 € – Menu 26 € – Carte 25/35 € *(fermé sam. midi et fériés)*

Dans la ville haute, tout près des remparts, ce Mercure est installé dans une bâtisse du 19e s., qui ouvre à l'arrière sur un agréable jardin. Dans les chambres, le style est résolument contemporain, tout en design et en élégance. Une belle réussite.

L'Épi d'Or sans rest

66 bd René-Chabasse – ✆ 05 45 95 67 64 – www.hotel-epidor.fr Plan : X**v**

33 ch – 🚹79/89 € 🚹🚹79/89 € – ☕ 11 €

Un bâtiment des années 1970 sur un boulevard d'accès au centre-ville – un soin particulier a été apporté à l'isolation phonique. Un bon point de chute avec ses chambres modernes.

Champ Fleuri sans rest

chemin de l'Hirondelle, (au Golf), 2 km au Sud du plan par rte de Libourne – ✆ 06 85 34 47 68 – www.champ-fleuri.com

5 ch ☕ – 🚹80/90 € 🚹🚹90/100 €

À deux pas du golf, cette jolie maison ancienne se trouve en pleine nature, mais ménage une vue superbe sur Angoulême... La ville à la campagne ! Les chambres sont raffinées, dans une veine champêtre ; pour la détente, jardin et piscine.

La Ruelle

6 r. Trois-Notre-Dame – ✆ 05 45 95 15 19 – www.restaurant-laruelle.com – Fermé 29 juil.-14 août, 2 semaines en janv., sam. midi, dim. et lundi

Formule 20 € – Menu 42/52 € – Carte 57/97 € Plan : Y**x**

Une ancienne ruelle et ses maisons mitoyennes – avec leurs façades tout en pierre – réunies en un même espace... Sans doute le plus beau restaurant de la ville ! Le jeune chef, passé par plusieurs maisons de qualité, réalise une cuisine gastronomique avec de bons produits. Joli repas en perspective...

Le Terminus

3 pl. de la Gare – ✆ 05 45 95 27 13 – www.le-terminus.com – Fermé 2-9 janv. et dim.

Formule 15 € – Menu 20 € (déj.), 25/32 € – Carte 50/75 € Plan : Y**n**

Terminus, tout le monde descend ! Devant la gare, une halte s'impose dans cette brasserie contemporaine qui affectionne le terroir, et plus encore les produits de la mer, venus tout droit de l'Atlantique (tartare de bar à la coriandre fraîche, lieu grillé aux légumes de saison...). Une brasserie qui sort de l'ordinaire.

Agape

16 pl. du Palet – ✆ 05 45 95 18 13 – www.l-agape.com – Fermé 2 semaines en août, 27 oct.-3 nov., 1 semaine en janv. et en fév., sam. midi, dim. et lundi

Formule 20 € – Menu 31/67 € – Carte 40/86 € *(réservation conseillée)* Plan : Y**b**

Un bistrot chic dans une petite rue entre les remparts et la Charente. Formé dans de belles maisons, le chef propose un joli programme gourmand en se reposant sur des produits du marché. La carte est relativement courte mais bien ficelée, pour une expérience fraîche, délicate et parfumée... Douces agapes !

à Soyaux 4 km par ③ – ✉ 16800 – 9 561 hab.

La Cigogne

5 imp. Cabane-Bambou, à la mairie, prendre r. A.-Briand et 1,5 km – ✆ 05 45 95 89 23 – www.la-cigogne-angouleme.com – Fermé 1er-15 mars, vacances de la Toussaint, merc. soir, dim. soir et lundi

Formule 24 € 🍷 – Menu 30/52 € – Carte 49/82 €

Cette Cigogne pleine de charme a installé son nid sur les hauteurs, face à la vallée, à la sortie d'Angoulême. Cadre contemporain élégant, terrasse verdoyante, et une cuisine fraîche concoctée avec de bons produits locaux : agneau du Poitou et légumes à la plancha, lasagnes de langoustine...

à Roullet 14 km par ⑤ et N 10, dir. Bordeaux – ✉ 16440 – 3 939 hab.

La Vieille Étable rest,

1,5 km rte de Mouthiers – ✆ 05 45 66 31 75 – www.hotel-vieille-etable.com – Fermé dim. soir d'oct. à mi-mai

31 ch – 🚹95/160 € 🚹🚹95/160 € – ☕ 14 € – ½ P

Rest – Formule 18 € – Menu 23 € (semaine), 41/62 € – Carte 60/80 €

Une "Vieille Étable" charentaise du 18e s., confortablement installée dans un grand parc arboré. Les chambres, à la fois rustiques et fonctionnelles, sont aménagées dans les dépendances, un peu à la manière d'un motel. Mais surtout, quel calme !

ANNECY

✉ 74000 (Haute-Savoie) – 50 379 hab. – Agglo. 153 288 hab. – **Voir carte n°46-F1**
Paris 536 km – Aix-les-Bains 34 km – Genève 42 km – Lyon 138 km
Carte Michelin 328-J5 – Guide Vert Michelin Alpes du Nord

© Auberge de Letraz

Hôtels

L'Impérial Palace
allée de l'Impérial – ✆ 04 50 09 30 00 – www.hotel-imperial-palace.com
91 ch – 325/485 € 325/485 € – 8 suites – 26 € Plan : CV**s**
Rest *La Voile* – voir les restaurants ci-après
1913 : l'année de naissance de ce grand hôtel qui trône majestueusement dans un vaste parc, au bord du lac. L'Art déco et la sobriété contemporaine se mêlent harmonieusement ; les chambres, spacieuses, donnent pour la plupart sur les flots et tout est pensé pour votre agrément : casino, institut de beauté...

Les Trésoms
3 bd de la Corniche – ✆ 04 50 51 43 84 – www.lestresoms.com Plan : CV**f**
53 ch – 129/229 € 189/349 € – 25 €
Rest *La Rotonde* – voir les restaurants ci-après
Rest *La Coupole* – Menu 33 € – Carte 41/63 € *(fermé le midi sauf en juil.-août, mardi, merc. et jeudi) (résidents seult)*
Au-dessus du lac, dans un environnement boisé, cette demeure des années 1930 conserve un certain charme Art déco, mais son aménagement est résolument actuel... et très confortable. Spa, piscines intérieure et extérieure : ici, on se détend !

Le Pré Carré sans rest
27 r. Sommeiller – ✆ 04 50 52 14 14 – www.hotel-annecy.net – Fermé 23-29 déc.
27 ch – 170/190 € 200/220 € – 2 suites – 16 € Plan : EX**b**
Près de la vieille ville et du lac, cet ancien cinéma est désormais un bel hôtel sobre et feutré. Les chambres, très confortables, disposent presque toutes d'un balcon. Design, élégance et farniente sont au rendez-vous dans ce lieu dont on ferait volontiers son Pré Carré.

Splendid sans rest
4 quai E.-Chappuis – ✆ 04 50 45 20 00 – www.splendidhotel.fr Plan : EY**d**
47 ch – 99/170 € 99/170 € – 14 €
Idéalement situé entre le centre historique et le lac, cet hôtel d'esprit Art déco se révèle très attachant. Les chambres sont spacieuses et parfaitement insonorisées ; au premier étage, l'agréable bar vous accueille le temps d'un verre. Chic et chaleureux !

Novotel Atria

1 pl. Marie-Curie – ✆ 04 50 33 54 54 – www.novotel.com Plan : DX**h**
95 ch – 99/199 € 99/199 € – 15 € **Rest** – Menu 14/18 € – Carte 18/40 €
Attenant au palais des congrès, un Novotel chaleureux, avec de belles chambres spacieuses et confortables ; il ravira autant la clientèle d'affaires que les voyageurs en route pour la Suisse...

ANNECY

Chambéry (Av. de) . . . . **DY** 23
Chappuis (Q. Eustache) . . . . **EY** 26
Filaterie (R.) . . . . **EY** 43
Grenette (R.) . . . . **EY** 51
Hôtel-de-Ville (Pl. de l') . . . . . **EY** 53
Jean-Jacques-Rousseau (R.) **DY** 55
Lac (R. du) . . . . **EY** 57
Libération (Pl. de la) . . . . **EY** 61
Pâquier (R. du) . . . . **EY** 71
Perrière (R.) . . . . **EY** 75
Pont-Morens (R. du) . . . . **EY** 76
Poste (R. de la) . . . . **DY** 78
République (R.) . . . . **DY** 83
Royale (R.) . . . . **DY** 85
Ste-Claire (Fg et R.) . . . . **DY** 91
St-François-de-Sales (Pl.) . . . **EY** 87
St-François-de-Sales (R.) . . . **DY** 89
Tour-la-Reine (Ch.) . . . . **EY** 95

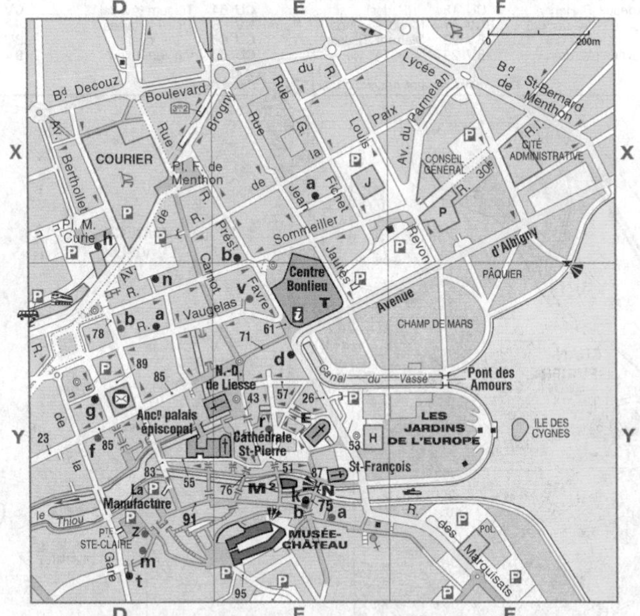

Allobroges Park sans rest

11 r. Sommeiller – ✆ 04 50 45 03 11 – www.allobroges.com Plan : DY**n**

49 ch – †79/139 € ††79/139 € – ☕ 10 €

Du nom d'une ancienne tribu gauloise de la région, cet établissement en centre-ville bénéficie d'une bonne situation. Les chambres misent sur une déco chaleureuse et chic : bois wengé, coloris rouge, chocolat et beige... Idéal pour un déplacement professionnel ou pour une escapade touristique.

Carlton sans rest

5 r. des Glières – ✆ 04 50 10 09 09 – www.bestwestern-carlton.com Plan : DY**g**

55 ch – †125/172 € ††125/172 € – ☕ 17 €

Tout près de la gare, un hôtel début 20e s. tenu par la même famille depuis plus de 50 ans ! Les chambres sont très bien tenues ; certaines ont été rénovées dans un style sobre et contemporain fort plaisant.

Mercure sans rest

26 r. Vaugelas – ✆ 04 50 45 59 80 – www.mercure.com Plan : DY**a**

39 ch – †95/169 € ††95/169 € – ☕ 14 €

Au cœur de la ville – vous êtes à deux pas des canaux et de la cathédrale –, un Mercure confortable et bien tenu, dans la veine fonctionnelle et contemporaine propre à la chaîne.

Bonlieu sans rest

5 r. Bonlieu – ✆ 04 50 45 17 16 – www.annecybonlieuhotel.fr – Fermé 1er-11 nov.

35 ch – †102/112 € ††110/122 € – ☕ 11 € Plan : EX**a**

Dans une rue calme du centre-ville, un petit hôtel d'affaires sympathique, tenu en famille. Les chambres, plaisantes et de bon confort, affichent un style résolument contemporain. Une bonne adresse à prix doux.

ANNECY

Aléry (Av. d') . . . . **BV** 4
Aléry (Gde-R. d') . . . . **BV** 7
Balmettes (Fg des) . . . . **CV** 10
Beauregard (Av. de) . . . . **BV** 13
Bel-Air (R. du) . . . . **CU** 15
Bordeaux (R. Henry) . . . . . . **CU** 18
Boschetti (Av. Lucien) . . . . **BCV** 21
Chambéry (Av. de) . . . . **BV** 23
Chevêne (Av. de) . . . . **BV** 29
Corniche (Bd de la) . . . . **CV** 32
Crête (R. de la) . . . . **BU** 38
Crêt-de-Maure (Av. du) . . . . . **CV** 35
Fins Nord (Ch. des) . . . . . . **BCU** 45
Hirondelles (Av. des) . . . . . . **BV** 52
Leclerc (R. du Mar.) . . . . **BU** 59
Loverchy (Av. de) . . . . **BV** 63
Martyrs-de-la-Déportation (R. des) . . . . **CU** 64
Mendès-France (Av. Pierre) . **BV** 65
Mermoz (R. Jean) . . . . **CU** 66
Novel (Av. de) . . . . **CU** 69
Perréard (Av. Germain) . . . . **BU** 73
Pont-Neuf (Av. du) . . . . **BV** 77
Prélevet (Av. de) . . . . **BV** 79
Prés-Riants (R. des) . . . . **CU** 81
Saint-Exupéry (R. A.-de) . . . . **CU** 86
Stade (Av. du) . . . . **BCU** 92
Theuriet (R. André) . . . . **CV** 93
Thônes (Av. de) . . . . **CU** 94
Trésum (Av. de) . . . . **CV** 97
Trois-Fontaines (Av. des) . . . . **BV** 98
Val-Vert (R. du) . . . . **BV** 99

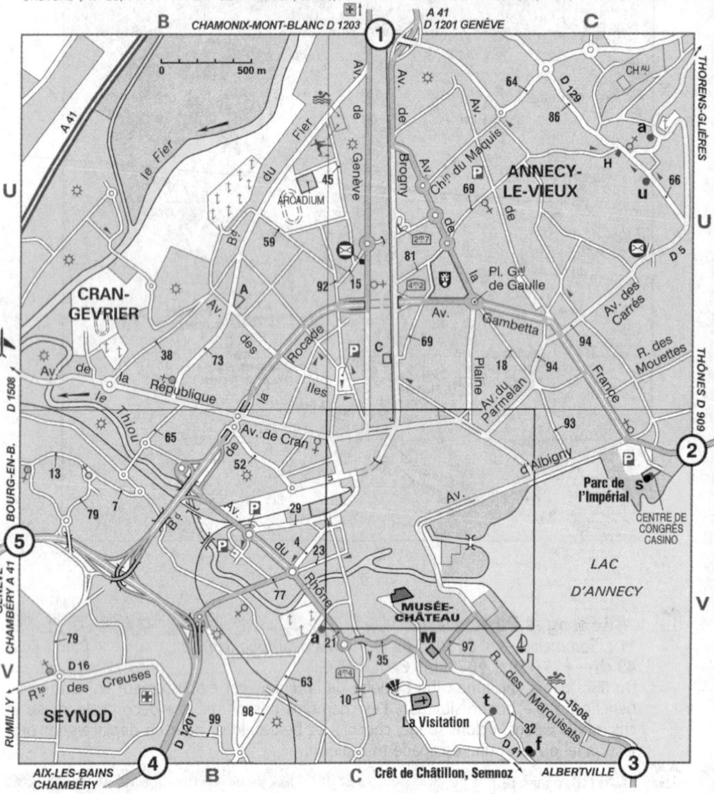

CHAMONIX-MONT-BLANC D 1203 — A 41 D 1201 GENÈVE — THORENS-GLIÈRES — THÔNES D 909 — ALBERTVILLE — Crêt de Châtillon, Semnoz — AIX-LES-BAINS CHAMBÉRY — RUMILLY — GENÈVE CHAMBÉRY A 41 — BOURG-EN-B. D 1508

ANNECY-LE-VIEUX — CRAN-GEVRIER — SEYNOD — Parc de l'Impérial — CENTRE DE CONGRÈS CASINO — LAC D'ANNECY — MUSÉE-CHÂTEAU — La Visitation — ARCADIUM

Palais de L'Isle sans rest

13 r. Perrière – ✆ 04 50 45 86 87 – www.palaisannecy.com Plan : EY**k**

34 ch – †79/112 € ††106/145 € – ☕ 14 €

Au cœur du quartier historique, un lieu atypique. Il y a d'abord ce dédale de couloirs – héritage de l'architecture ancienne du bâtiment –, puis des chambres design (mobilier Starck, Knoll...), dont certaines donnent sur le canal. Buffet au petit-déjeuner.

Kyriad Centre sans rest

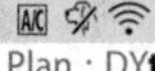

1 fg Balmettes – ✆ 04 50 45 04 12 – www.annecy-hotel-kyriad.com Plan : DY**t**

25 ch – †65/110 € ††65/110 € – ☕ 9 €

Idéalement située dans le vieil Annecy, cette bâtisse du 16e s. abrite des chambres chaleureuses et bien tenues. Bref, voilà un endroit où l'on se sent bien. Buffet au petit-déjeuner.

Restaurants

XXX ✿✿ **Le Clos des Sens** (Laurent Petit) avec ch

13 r. J.-Mermoz – ✆ 04 50 23 07 90 – www.closdessens.com – Fermé 27 avril-5 mai, 31 août-15 sept., 22-25 déc., 1er-15 janv., dim. sauf vacances scolaires et sauf le soir en juil.-août, mardi midi et lundi Plan : CU**u**

10 ch – 150/220 € 220/340 € – 22 €

Menu 48 € (semaine), 98/140 € – Carte 85/110 €

Épuré et raffiné, le cadre sert à merveille la cuisine subtile et inventive de Laurent Petit, qui fait la part belle aux aromates. Quant à la terrasse dominant Annecy, elle est si jolie... Une table superbe, une magnifique sélection de vins et des chambres aux allures de cocon luxueux et design : une expérience !
→ Quintessence d'écrevisses des lacs alpins. Féra en croustillant d'écailles. Monochrome presque parfait et myrtilles sauvages.

XXX ✿ **La Ciboulette** (Georges Paccard)

10 r. Vaugelas, (cour du Pré Carré) – ✆ 04 50 45 74 57 – www.laciboulette-annecy.com – Fermé 23 fév.-4 mars, 1er-20 juil., vacances de la Toussaint, dim. et lundi hors saison Plan : EY**v**

Menu 39 € (semaine), 59/72 € – Carte 85/95 €

Boiseries contemporaines en chêne, verrière, cour fleurie... C'est le frère du propriétaire, architecte, qui a créé ce lieu feutré, élégant et presque intemporel. Dans l'assiette, on découvre une fine cuisine de saison, dont le beau classicisme n'a vraiment rien de figé. Un très bon moment ! → Homard bleu grillé et marinade aux parfums du Pays basque. Agneau de lait au pimpiolet de montagne et pimientos au caillé de chèvre. Soufflé chaud au chocolat et Chartreuse.

XXX ✿ **Le Belvédère** (Vincent Lugrin) avec ch

7 chemin Belvédère, 2 km, rte Semnoz au Sud-Est par r. Marquisat – ✆ 04 50 45 04 90 – www.belvedere-annecy.com – Fermé janv., dim. soir, mardi et merc. Plan : CV**t**

4 ch – 135/200 € 135/200 € – 13 € – ½ P

Menu 35 € (déj. en semaine), 58/100 €

Une maison perchée sur les hauteurs, une terrasse avec une vue superbe sur le lac, un cadre contemporain... et surtout une séduisante cuisine de chef, bien dans son époque et, pour tout dire, franchement créative. Pour prolonger l'étape, d'agréables chambres tendance. → Omble chevalier fumé, noisettes écrasées et jus acidulé aux baies de cranberry. Féra du Léman à la plancha, pomme et céleri. Le classique cigare au chocolat noir et mousse café.

XXX **La Rotonde** – Hôtel les Trésoms

3 bd de la Corniche – ✆ 04 50 51 43 84 – www.lestresoms.com – Fermé le midi du 15 juil. au 30 août, sam. midi, dim. soir et lundi Plan : CV**f**

Formule 29 € – Menu 49/109 € – Carte 95/174 €

La grande verrière de cette Rotonde est un véritable belvédère surplombant le lac. Dans un décor chic – lustres en verre de Murano, salons avec piano –, on déguste une cuisine créative et fine : blanc manger d'œuf de caille avec des pointes d'asperges, ou encore tournedos de lotte au lard.

XXX **La Voile** – Hôtel L'Impérial Palace

allée de l'Impérial – ✆ 04 50 09 30 00 – www.hotel-imperial-palace.com

Formule 25 € – Menu 31 € (déj. en semaine), 35/54 € – Carte 46/69 € Plan : CV**s**

Dans ce restaurant élégant et lumineux, situé dans une charmante petite rotonde, on commande un croustillant de chèvre, des côtes d'agneau ou un écrasé de pomme de terre à l'huile d'olive... Une belle cuisine classique à déguster en profitant de la jolie vue sur le lac. Beau brunch le dimanche midi.

XX **Le Bilboquet**

14 fg Ste-Claire – ✆ 04 50 45 21 68 – www.restaurant-lebilboquet.fr – Fermé dim. sauf le soir en juil.-août et lundi Plan : DY**m**

Menu 22 € (déj.), 29/59 € – Carte 42/59 €

Dans les rues piétonnes de l'ancienne ville, laissez-vous porter jusqu'à cet accueillant Bilboquet. La cuisine du chef y est partagée entre la tradition (tendance gastronomique) et les bonnes recettes du marché, au gré des saisons : on se délecte par exemple d'un poisson du lac, ou d'un foie gras maison...

Auberge de Savoie

1 pl. St-François-de-Sales – ☎ 04 50 45 03 05 – www.auberge-de-savoie.fr – Fermé 19 oct.-5 nov., 4-14 janv., mardi sauf juil.-août et merc. Plan : EY**n**

Formule 22 € – Menu 28/68 € – Carte 62/90 €

Adossé à l'église St-François, ce petit restaurant est coquet et chaleureux. Derrière les fourneaux, le chef concocte une cuisine dans l'air du temps avec de beaux produits, que l'on peut déguster sur la jolie terrasse. Enfin, l'accueil est charmant !

Contresens

10 r. de la Poste – ☎ 04 50 51 22 10 – www.closdessens.com – Fermé 29 déc.-13 janv., dim. et lundi Plan : DY**b**

Formule 24 € – Menu 30 € – Carte environ 30 €

À Contresens ? Comme la déco design de ce bistrot dont le plafond ressemble à un sol dallé tel un échiquier, avec des lampes de chevet suspendues en guise de lustres ! Même esprit côté cuisine : le chef mixe terroir et inventivité de manière toujours ludique, avec de bons produits et... un vrai sens du goût.

L'Esquisse

21 r. Royale – ☎ 04 50 44 80 59 – www.esquisse-annecy.fr – Fermé 2 semaines en août, 23-26 déc., merc. et dim. Plan : DY**f**

Formule 21 € – Menu 29/60 € *(réservation conseillée)*

Le décor ? Sobre et feutré, avec d'exquises esquisses... celles du père de Magali, la femme du chef. Sa cuisine ? Mûrie dans de grandes maisons, délicieusement épurée, délicate et privilégiant le goût simple et vrai des produits du marché. N'esquivez pas l'Esquisse !

Arômatik' Ⓝ

1 passage des Clercs – ☎ 04 50 51 87 68 – www.restaurant-aromatik.com

Menu 21 € (déj.), 30/49 € – Carte 42/55 € *(réservation conseillée)* Plan : DY**z**

Dans une rue piétonne, ce restaurant ne paye peut-être pas de mine mais mérite à coup sûr attention. Dans sa cuisine ouverte sur la salle, le jeune chef – passé par de belles maisons – réalise des recettes avec les produits du marché. Dans l'assiette, c'est soigné et goûteux... On ne s'appelle pas l'Arômatik' par hasard !

Café Brunet

18 pl. Gabriel-Fauré – ☎ 04 50 27 65 65 – www.closdessens.com – Fermé 21 déc.-7 janv., dim. sauf en juil.-août et lundi Plan : CU**a**

Formule 25 € – Menu 30 € – Carte environ 35 €

Un vrai havre de paix que ce café de 1875 qui a su conserver son âme de bistrot authentique et convivial. On laisse le temps filer en savourant une sympathique cuisine canaille et de bons petits plats mijotés servis en cocotte, avec des grillades de viande ou poisson en été... Plaisirs intemporels !

Le Denti Ⓝ

25 bis av. de Loverchy – ☎ 04 50 64 21 17 – Fermé dim. soir, mardi et merc.

Formule 16 € – Menu 19 € (semaine), 29/39 € – Carte 33/44 € Plan : BV**a**

(réservation conseillée)

Ce restaurant, devenu la coqueluche des Annéciens, est tenu par un jeune couple d'amateurs de denti (poisson méditerranéen), deux fins cuisiniers tout-terrain ; ils proposent une savoureuse cuisine du marché, valorisant le poisson, suivant le rythme des saisons, loin de l'agitation touristique de la ville... Courez-y !

Bœuf Patate Ⓝ

9 r. Perrière – ☎ 04 50 32 60 59 – Fermé 22 déc.-13 janv., dim. sauf juil.-août et lundi

Carte 27/42 € Plan : EY**b**

Bœuf Patate, c'est bien plus qu'un restaurant, c'est l'hommage d'un grand chef – Laurent Petit, du Clos des Sens – à son père, artisan boucher. Au menu, donc, rien que de belles viandes, impeccablement préparées et accompagnées de "patate" sous toutes ses formes. Le tout se déguste avec un Opinel... Un concept réussi !

Le 20 sur Vins Ⓝ

1 passage Golliardi – ☎ 04 50 23 50 15 – www.20-sur-vins.com – Fermé dim. et lundi

Formule 27 € – Menu 29 € (dîner) – Carte environ 30 € Plan : EY**a**

Dans le centre historique d'Annecy, ce restaurant propose un concept original de bar à vins. Ici, le client se sert lui-même un verre parmi la quarantaine de références allant des nectars de pays aux grands crus bordelais... Le tout accompagné de tapas réalisées avec des produits frais. Ambiance conviviale.

Canopy

10 allée des Tilleuls, (centre commercial Annecy-le-Vieux) – ✆ 04 50 09 88 08 – www.canopy-zeresto.com – Fermé 3 semaines en août, lundi soir, mardi soir, merc. soir et dim. Plan : CU**a**

Formule 14 € – Menu 20 € (déj.), 26/37 € – Carte 29/51 €

Un mur végétal, une atmosphère naturelle et reposante, mais surtout de beaux produits, bio pour la plupart, des herbes et des fleurs au service d'une cuisine fusion colorée et pleine de goût : la jolie "canopée" d'un chef sincèrement concerné par l'écologie. Aux beaux jours, on profite de la terrasse.

à Veyrier-du-Lac 5,5 km par ② – ✉ 74290 – 2 218 hab.

Le Clos du Lac sans rest

50 r. de la Corniche, 2 km par rte de Mont-Veyrier – ✆ 06 20 60 04 58 – www.annecyleclosdulac.com – Fermé 2 nov.-19 déc. et 6 janv.-28 fév.

4 ch – 156/176 € 156/176 € – 13 €

Une vue à couper le souffle sur le lac et... cette belle villa d'architecte, au luxe épuré. Asia, Vintage, Riva ou Pop Art : les chambres ont toutes leur personnalité et toutes sont élégantes et feutrées. Un lieu tendance, idéal pour se ressourcer.

Yoann Conte avec ch

13 Vieille-Route-des-Pensières – ✆ 04 50 09 97 49 – www.yoann-conte.com

8 ch – 195/325 € 195/575 € – 30 €

Menu 70 € (déj. en semaine), 159/189 € – Carte 111/149 € *(fermé lundi et mardi sauf le soir en juil.-août et dim. soir de sept. à juin)*

Yoann Conte écrit une nouvelle page de cette institution du lac d'Annecy. À la suite de Marc Veyrat, qui en fit la renommée, le chef érige cette superbe villa bleue en véritable fief de la grande cuisine, en symbiose avec les produits du lac, les herbes et fleurs des alpages... Un travail inspiré et de grande qualité ! Beau confort côté hôtel.

➜ Féra fumée, feuille à feuille de pomme de terre. Truite de Savoie, déclinaison de carottes. Kyrielle de chocolat à l'aspérule odorante.

à Sévrier 6 km au Sud par ③ – ✉ 74320 – 3 882 hab.

Auberge de Létraz

921 rte d'Albertville – ✆ 04 50 52 40 36 – www.auberge-de-letraz.com

23 ch – 86/199 € 102/215 €

Rest *B. Collon* – voir les restaurants ci-après

Rest *921 Bistrot* – Formule 16 € – Menu 19 € (semaine)/30 € – Carte environ 37 € *(fermé le soir)*

Un jardin face au lac et cette belle auberge aux jolis airs de chalet. Dans les chambres, claires, confortables et dont certaines donnent sur les flots, tout invite au repos ! À l'heure du déjeuner et du dîner, place à la gourmandise...

B. Collon – Auberge de Létraz

921 rte d'Albertville – ✆ 04 50 52 40 36 – www.auberge-de-letraz.com – Fermé de mi-nov. à mi-déc., dim. soir et lundi d'oct. à mai

Menu 42/74 € – Carte 66/88 €

Cannelloni de calamar à l'encre de seiche, maquereau en sashimis, enrubanné de filet de bœuf au foie gras... une belle cuisine traditionnelle, qu'on savoure en contemplant le lac, joyau d'Annecy !

à Pringy 8 km au Nord par ① et rte secondaire – ✉ 74370 – 3 984 hab.

Le Clos du Château

70 rte de Cuvat, à Promery – ✆ 04 50 66 82 23 – www.le-clos-du-chateau.com – Fermé 4-27 août, 22 déc.-7 janv., dim. soir, merc. soir et lundi

Formule 20 € – Menu 25 € (déj. en semaine), 35/59 € – Carte 46/60 €

Un lieu contemporain et confortable, des serveurs aux petits soins et, last but not least, une cuisine bien dans son époque, délicate et goûteuse, mitonnée par un jeune chef talentueux. À noter, un menu du marché à prix très doux et... une agréable terrasse à l'ombre des platanes.

rte du Semnoz 3,5 km au Sud-Est par D 41 CV et rte forestière

X **Les Terrasses du Lac** N

7 rte du Semnoz ✉ 74000 Annecy – ✆ 04 50 45 34 86 – www.belvedere-annecy.com – Fermé 1 semaine en nov.-déc., janv., mardi midi, dim. soir et lundi

Formule 25 € – Menu 31/39 €

Pour information, depuis la terrasse de ce restaurant, vous aurez l'une des plus belles vues sur le lac d'Annecy ! Et en prime, vous pourrez vous régaler d'une sympathique cuisine dans l'air du temps faisant la part belle aux produits locaux. Rapport qualité-prix intéressant.

ANNEMASSE

✉ 74100 (Haute-Savoie) – 32 196 hab. – Agglo. 106 673 hab. – Voir carte n°**46**-F1

Paris 538 km – Annecy 46 km – Bonneville 22 km – Genève 8 km

Carte Michelin 328-K3 – Guide Vert Michelin Alpes du Nord

Mercure Porte de Genève rest, ch,

9 r. des Jardins, par rte Gaillard ✉ 74240 – ✆ 04 50 92 05 25 – www.mercure.com

78 ch – †79/209 € ††79/209 € – ☕ 19 € **Rest** – Formule 16 € – Carte 24/43 €

Pour une étape non loin de l'autoroute, ce Mercure, situé en bord de rivière, propose des chambres assez spacieuses, confortables et bien insonorisées. Le plus : la piscine extérieure.

La Place sans rest

– ✆ 04 50 92 06 44 – www.laplacehotel.com

43 ch – †59/67 € ††59/80 € – ☕ 8 €

Un beau salon design, des chambres d'esprit contemporain, sobres et toutes climatisées, et un accueil des plus sympathiques, voici une étape centrale, agréable sur la route de la Suisse.

X **L'Amaryllis** N

5 r. Courriard – ✆ 04 50 87 17 27 – www.restaurant-lamaryllis.com – Fermé 27 avril-6 mai, 2 semaines en août, 2 semaines en janv., lundi soir, sam. midi et dim.

Formule 17 € – Menu 19 € (déj.), 42/50 € – Carte 58/65 € dîner

Un restaurant en plein centre-ville, c'est déjà un atout ; et si en prime, on y mange bien, que dire ? Derrière les fourneaux, le chef réalise une cuisine bien dans son temps et respectueuse des saisons. Le tout à apprécier dans un cadre contemporain... Évidemment !

à Juvigny 5 km à l'Est par D 1206 et rte secondaire – ✉ 74100 – 637 hab.

X **Auberge des Groulines**

235 rte des Groulines, Les Curtines – ✆ 04 50 37 03 96 – www.auberge-des-groulines.fr – Fermé 7-14 juillet, 3-17 sept. et 2-14 janv., mardi midi, dim. soir et lundi

Menu 26 € (semaine), 35/47 € – Carte 38/54 €

Une jolie maison au charme campagnard, avec un petit jardin sur le devant. Le chef valorise le terroir et la tradition ; il en résulte une cuisine goûteuse et généreuse, toujours en adéquation avec la saison. Et la carte change souvent, la meilleure façon d'échapper à la routine !

à Gaillard 3 km au Sud-Ouest – ✉ 74240 – 11 181 hab.

XX **La Pagerie**

12 r. de la Libération – ✆ 04 50 38 34 00 – www.restaurant-lapagerie.com – Fermé 1er août-25 sept., dim. et lundi

Menu 28 € (déj.)/95 €

Le chef de ce restaurant feutré et charmant est un passionné ! Originaire de Perpignan, il a fait ses classes dans de belles adresses de Genève, et il s'inspire des produits de la région (poissons du Léman, légumes, bœuf Simmental, escargots de Magland) pour réaliser une cuisine créative, fine et soignée.

ANNESSE-ET-BEAULIEU – 24 Dordogne → voir Périgueux

ANNONAY

07100 (Ardèche) – 16 660 hab. – **Voir carte n°44-B2**
Paris 529 km – St-Étienne 44 km – Valence 56 km – Yssingeaux 57 km
Carte Michelin 331-K2 – Guide Vert Michelin Ardèche Drôme

XX **Marc et Christine**
29 av. Marc-Seguin – 04 75 33 46 97 – www.marcetchristine.fr – Fermé 10-17 mars, 5-12 mai, 18 août-1er sept., merc. soir, dim. soir et lundi
Formule 19 € – Menu 22/38 € – Carte 38/49 €
Charme provincial... Délicieusement vieille France, le décor comblera les nostalgiques, comme la cuisine, qui cultive la tradition au fil des saisons : saucisson chaud pistaché, bœuf à la ficelle, etc. Des classiques accompagnés d'une belle carte des vins.

au Golf de Gourdan 6,5 km au Nord par D 519 et D 820 – 07430 Annonay

Domaine du Golf de Saint Clair ch, ch,
rte du Golf – 04 75 67 01 00 – www.domainestclair.fr
54 ch – 100/147 € 160/170 € – 5 suites – 15 € – ½ P
Rest – Carte 36/46 € *(fermé dim. soir hors saison)*
Sur le site du golf 18 trous, très tranquille, ce complexe moderne dispose de chambres spacieuses et confortables, la plupart avec balcon. Espace bien-être. Restauration traditionnelle.

à St-Marcel-lès-Annonay 8,5 km au Nord-Ouest par D 206 et D 820 – 07100 – 1 366 hab.

Auberge du Lac ch,
Le Ternay – 04 75 67 12 03 – www.aubergedulac.fr – Fermé vacances de la Toussaint et janv.
12 ch – 85/185 € 85/185 € – 14 €
Rest – Formule 33 € – Menu 39/51 € *(fermé dim. soir, mardi midi et lundi)*
Au-dessus des eaux du lac du Ternay, une villa ocre nichée parmi les pins, à flanc de rocher. On s'y repose dans des chambres coquettes, aux accents champêtres. Solarium sur le toit, piscine à débordement. Restaurant d'esprit provençal, avec terrasse panoramique.

ANNOT

04240 (Alpes-de-Haute-Provence) – 1 058 hab. – **Voir carte n°41-C2**
Paris 812 km – Castellane 31 km – Digne-les-Bains 69 km – Manosque 112 km
Carte Michelin 334-I9 – Guide Vert Michelin Alpes du Sud

L'Avenue
av. de la Gare – 04 92 83 22 07 – www.hotel-avenue.com – Ouvert d'avril à fin oct.
9 ch – 65/85 € 72/98 € – 9 €
Rest – Menu 26 € – Carte environ 40 € *(fermé le midi)*
Posez vos valises dans ce sympathique établissement familial à la tenue irréprochable. Les chambres sont agréables – et pratiques pour randonner aux Grès d'Annot ! Le soir, le chef propose une goûteuse cuisine avec l'accent du Midi.

ANSE

69480 (Rhône) – 5 927 hab. – **Voir carte n°43-E1**
Paris 436 km – Bourg-en-Bresse 57 km – Lyon 27 km – Mâcon 51 km
Carte Michelin 327-H4

St-Romain

rte des Graves – 04 74 60 24 46 – www.hotel-saint-romain.fr – Fermé 1 semaine en août
23 ch – 65/135 € 70/135 € – 9 € – ½ P
Rest – Menu 16 € (déj. en semaine), 20/65 € – Carte 30/58 € *(fermé dim. soir)*
Une grande ferme beaujolaise en pierre avec des chambres rénovées en 2011 dans un style contemporain... Beaucoup de beige, des douches à l'italienne au rez-de-chaussée et des baignoires à l'étage : un hôtel-restaurant sympathique.

Au Colombier

126 allée Colombier, (Pont St-Bernard) – ✆ 04 74 67 04 68 – www.aucolombier.com – Fermé janv., dim. soir et lundi d'oct. à mai

Formule 20 € – Menu 30/49 € – Carte 40/57 €

En bord de Saône, une belle bâtisse du 18e s., entre guinguette branchée et maison de pays. La cuisine est résolument dans l'air du temps : carpaccio de daurade royale à la citronnelle, râble de lapin farci à la sarriette... sans oublier les classiques, telles ces belles cuisses de grenouille poêlées. Du goût et du caractère !

ANSOUIS

✉ 84240 (Vaucluse) – 1 125 hab. – **Voir carte n°40-B2**

Paris 751 km – Aix-en-Provence 35 km – Avignon 79 km – Marseille 63 km

Carte Michelin 332-F11 – Guide Vert Michelin Provence

La Closerie (Olivier Alemany)

bd des Platanes – ✆ 04 90 09 90 54 – www.lacloserieansouis.com – Fermé 2 janv.-2 fév., dim. soir, merc. et jeudi

Menu 26 € (déj. en semaine), 40/65 € – Carte 52/70 € *(réservation conseillée)*

Cette Closerie est un hymne à la Provence ! Au piano, le chef compose des recettes riches en saveurs avec des produits d'une grande fraîcheur. Une douce mélodie que les gourmands ne manquent pas d'apprécier dans la salle provençale ou, l'été, sur la jolie terrasse face au Luberon.

➜ Fleur de courgette farcie au caviar d'aubergine et aux coquillages. Volaille de Challans au persil plat, royale de foie gras et jus au miel. Pain perdu caramélisé à la vanille, sabayon glacé à la fleur d'oranger.

ANTHY-SUR-LÉMAN – 74 Haute-Savoie ➜ voir Thonon-les-Bains

ANTIBES

✉ 06600 (Alpes-Maritimes) - 74 120 hab. - **Voir carte n°42-E2**

Paris 909 km - Aix-en-Provence 160 km - Cannes 11 km - Nice 21 km

Carte Michelin 341-D6 - Guide Vert Michelin Côte d'Azur

© CABH

Hôtels

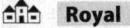

Royal

16 bd Maréchal-Leclerc – *04 83 61 91 91* – *www.royal-antibes.com* Plan : DY**b**

39 ch – 130/400 € 130/400 € – 24 suites – 15 €

Rest ***Café Royal*** **Rest** ***Royal Beach*** – voir les restaurants ci-après

Ouvert en 2011, cet établissement épouse les dernières normes des grands hôtels internationaux : esprit contemporain, spa, restaurants, plage aménagée... Une certaine idée des séjours en bord de mer, le tout au calme.

Josse sans rest

8 bd James-Wyllie – 04 92 93 38 38 – www.hoteljosse.com

– Fermé 24 nov.-16 déc. Plan : BU**s**

25 ch – 95/190 € 95/190 € – 2 suites – 16 €

Près de la plage du Ponteil – un emplacement privilégié –, dans une construction des années 1970 toute blanche, des chambres très contemporaines et confortables, celles du premier étage ont même un balcon... et vue sur la Grande Bleue !

Mas Djoliba sans rest

29 av. de Provence – 04 93 34 02 48 – www.hotel-djoliba.com

– Ouvert 10 mars-3 nov. Plan : CY**d**

12 ch – 107/125 € 141/218 € – 1 suite – 14 €

Relaxez-vous entre palmiers et bougainvillées, à la piscine ou dans les jolies chambres de cette villa 1920 ; celle du dernier étage dispose d'une agréable terrasse offrant une vue exquise sur le cap. Atmosphère familiale.

La Place N sans rest

1 av. du 24-Août – 04 97 21 03 11 – www.la-place-hotel.com Plan : CY**p**

14 ch – 110/180 € 110/180 € – 13 €

Sur cette place animée du centre d'Antibes, une agréable petite adresse, au décor moderne et lumineux. Les chambres, confortables et bien tenues, voient leurs couleurs varier selon l'étage (parme, vert anis, gris...).

Le Petit Castel sans rest

22 chemin des Sables – 04 93 61 59 37 – www.lepetitcastel.fr

– Fermé vacances de Noël Plan : BU**b**

16 ch – 92/178 € 98/188 €

Dans ce petit pavillon blanc, sur la route d'Antibes, le propriétaire vous accueille avec le sourire ! Les chambres sont petites, mais bien tenues.

Restaurants

XXX **Le Figuier de St-Esprit** (Christian Morisset)

14 r. St-Esprit – ✆ 04 93 34 50 12 – www.christianmorisset.fr – Fermé 24 juin-2 juil., 2 semaines en nov., vacances de fév., merc. sauf le soir de mai à oct., lundi midi de mai à oct. et mardi Plan : DX**a**

Formule 35 € – Menu 73/100 € – Carte 90/118 €

Dans le vieil Antibes, cette maison de pays embaume la Provence : avec de beaux produits locaux, le chef réalise des plats d'aujourd'hui. Saveurs fines, joli patio... Une bonne adresse.

➜ Cannelloni de supions à l'encre de seiche, jus de coquillages au basilic. Selle d'agneau des Alpilles cuite en terre d'argile, jus à la fleur de thym. Moelleux chaud au chocolat guanaja.

ANTIBES

Rue	Carré	N°
Châtaignier (Av. du)	AU	13
Contrebandiers (Ch. des)	BV	16
Ferrié (Av. Gén.)	AU	26
Gardiole-Bacon (Bd)	BUV	31
Garoupe (Bd de la)	BV	33
Garoupe (Ch. de la)	BV	34
Grec (Av. Jules)	ABU	38
Malespine (Av.)	BV	50
Phare (Rte du)	BV	62
Raymond (Ch.)	BV	64
Reibaud (Av.)	AU	65
Salis (Av. de la)	BV	77
Sella (Av. André)	BV	78
Tamisier (Ch. du)	BV	79
Tour-Gandolphe (Av. de la)	BV	82
Vautrin (Bd. du Gén.)	BU	84
11-Novembre (Av. du)	BU	91

Flèche noire Sens unique en saison

XXX **Les Vieux Murs**

25 promenade Amiral-de-Grasse – ✆ 04 93 34 06 73 – www.lesvieuxmurs.com – Fermé lundi Plan : DY**f**

Menu 34 € (déj.), 44/90 € – Carte 58/95 €

Original, ce restaurant dans lequel on entre par une galerie qui fait aussi office d'épicerie... Dans l'assiette ? Une sympathique cuisine méridionale mettant en valeur les produits de la mer. Et que dire de la belle terrasse face à la Méditerranée : le rêve !

ANTIBES

Albert 1er (Bd) .... **CDY**
Alger (R. d') .... **CX** 3
Arazy (R.) .... **DXY** 4
Barnaud (Pl. Amiral) .... **DY** 6
Barquier (Av.) .... **DY** 8
Bas-Castelet (R. du) .... **DY** 9
Bateau (R. du) .... **DX** 10
Clemenceau (R. G.) .... **DX** 14
Dames-Blanches (Av. des) .. **CY** 19
Directeur Chaudon (R.) .... **CY** 20
Docteur Rostan (R. du) .... **DX** 24
Gambetta (Av.) .... **CX** 30
Gaulle (Pl. du Gén.-de) .... **CXY**
Grand-Cavalier (Av. du) .... **CX** 37
Guynemer (Pl.) .... **CX** 40
Haut-Castelet (R. du) .... **DY** 42
Horloge (R. de l') .... **DX** 43
Martyrs-de-la-Résistance (Pl. des) .... **CDX** 51
Masséna (Cours) .... **DX** 52
Meissonnier (Av.) .... **CDY** 54
Nationale (Pl.) .... **DX** 55
Orme (R. de l') .... **DX** 57
République (R. de la) .... **CDX** 67
Revely (R. du) .... **DX** 68
Revennes (R. des) .... **DY** 69
St-Roch (Av.) .... **CX** 72
Saleurs (Rampe des) .... **DX** 75
Tourraque (R. de la) .... **DY** 83
Vautrin (Bd. du Gén.) .... **CX** 84
8-Mai 1945 (Square du) .... **DX** 90
24-Août (Av. du) .... **CY** 92

Nacional - Beef & Wine

61 pl. Nationale – ✆ 04 93 61 77 30 – www.restaurant-nacional-antibes.com – Fermé dim. soir et lundi Plan : DX**u**

Formule 19 € – Menu 25 € (déj. en semaine) – Carte 40/100 €

Les amateurs de saveurs carnées trouveront dans ce restaurant contemporain leur paradis (mais on y propose aussi quelques plats de poisson et des salades). En tartare, en carpaccio ou grillées, les viandes sont de grande qualité – elles sont même idéalement saisies sur un gril à haute température importé des États-Unis !

Oscar's

8 r. du Dr-Rostan – ✆ 04 93 34 90 14 – www.oscars-antibes.com – Fermé 1er-15 juin, 20 déc.-5 janv., dim. et lundi Plan : DX**s**

Formule 18 € – Menu 29/56 € – Carte 46/75 € *(réservation conseillée)*

Avec ses sculptures à la mode antique, le cadre un peu kitsch ravira les amateurs du genre ! L'accueil est charmant et, côté papilles, les spécialités italiennes et provençales vous font de bien gourmands appels du pied ; les pâtes sont faites maison. Si le temps le permet, on peut aller dîner sur la petite terrasse.

Le Don Juan Chez Florent

17 r. Thuret – ✆ 04 93 34 58 63 – www.restaurantdonjuan.com – Fermé 2 semaines fin déc. et merc. de sept. à mai Plan : DX**b**

Menu 27/39 € – Carte 50/65 €

Spécialité de ce Don Juan : les produits de la mer, plus particulièrement le poisson de Méditerranée en provenance de la criée de Sète. On le savoure dans une atmosphère contemporaine et... marine !

Café Royal – Hôtel Royal

16 bd Maréchal-Leclerc – ✆ 04 83 61 91 91 – www.royal-antibes.com Plan : DY**b**

Carte 37/62 €

Au sein de l'hôtel Royal, ce restaurant contemporain – esprit design et lounge – propose une cuisine italienne et méditerranéenne. Belle vue sur la mer depuis la grande terrasse.

L'Armoise

2 r. de la Tourraque – ✆ 04 92 94 96 13 – Fermé 1er-7 juil., vacances de Noël, le midi sauf sam. et dim. de sept. à juin et lundi Plan : DY**e**

Menu 48/80 € *(réservation conseillée)*

Une savoureuse cuisine du marché... à côté du beau marché provençal où le chef fait ses achats chaque jour. Légumes d'une prime fraîcheur, pêche locale, etc. : un joli panier ciselé avec soin, pour des plaisirs simples mais réels. Et, cerise sur le gâteau, l'accueil est vraiment chaleureux !

Royal Beach – Hôtel Royal

16 bd Maréchal-Leclerc, Pointe de l'Ilet – ✆ 04 93 67 14 06 – www.royal-antibes.com – Ouvert de juin à sept. Plan : DY**r**

Carte 42/69 €

Le cadre est enchanteur : nichée entre deux plages privées, la terrasse en bois surplombe les flots... À la carte, des recettes italiennes et méditerranéennes, une cuisine goûteuse que l'on savoure en profitant de la magnifique vue sur la mer et le cap d'Antibes. Un moment délicieux !

rte de Nice par ① et D 6007 – ✉ 06600 Antibes

Baie des Anges - Thalazur

770 chemin Moyennes-Breguières, (près du centre hospitalier de la Fontonne) – ✆ 04 92 91 82 00 – www.hotel-baiedesanges-antibes.com – Fermé 1 semaine début déc.

152 ch – †118/310 € ††118/310 € – 12 suites – ☕ 19 € – ½ P

Rest – Menu 36/63 € – Carte 60/85 €

Sur les hauteurs de la ville, dominant la baie, ces deux bâtiments contemporains ont fière allure. À l'entrée, un vaste lobby moderne et lumineux ; à l'étage, de belles chambres colorées et bien agencées, dont une partie possède une terrasse avec vue sur la mer... Angélique !

Bleu Marine sans rest
614 chemin des Quatre-Chemins, (près du centre hospitalier de la Frontonne) – ✆ 04 93 74 84 84 – www.bleumarineantibes.com
18 ch – 60/68 € 70/88 € – 7 €
Un hôtel à proximité de l'hôpital. Les chambres sont simples, pratiques et bien tenues ; préférez celles des étages supérieurs.

Cap d'Antibes

06160 (Alpes-Maritimes) – **Voir carte n°42-E2**
Paris 922 km – Antibes 6 km – Marseille 174 km – Nice 35 km

Hôtel du Cap-Eden-Roc ch, ch, ch,
bd JF-Kennedy – ✆ 04 93 61 39 01 – www.hotel-du-cap-eden-roc.com – Ouvert 18 avril-19 oct. Plan : BV**x**
109 ch – 830/2020 € 830/2020 € – 9 suites
Rest *Eden Roc* – voir les restaurants ci-après
Rest *Grill* – Carte 81/116 € *(fermé le soir hors saison)*
Passage obligé de la jet-set et des stars de cinéma, ce majestueux palace du 19e s. est niché dans un parc de 9 ha verdoyant et paisible, face à la mer. S'il ne fallait retenir qu'elle : la piscine à débordement, idyllique. Classicisme, luxe et raffinement... Un lieu mythique et magique.

Impérial Garoupe
770 chemin de la Garoupe – ✆ 04 92 93 31 61 – www.imperial-garoupe.com – Ouvert 24 avril-12 oct. Plan : BV**r**
30 ch – 325/780 € 325/780 € – 5 suites – 35 €
Rest *Le Pavillon* Rest *Le Pavillon Beach* – voir les restaurants ci-après
Au bout du cap, la Garoupe, son phare, sa chapelle de pêcheurs et cette belle demeure méditerranéenne au cœur d'une végétation luxuriante (superbes cactus et plantes grasses). Contemporaines ou classiques, les chambres sont agréables et bien tenues ; toutes possèdent un balcon, une terrasse ou un jardinet privé.

Cap d'Antibes Beach Hôtel
10 bd du Maréchal-Juin – ✆ 04 92 93 13 30 – www.ca-beachhotel.com – Ouvert 1er avril-31 oct. Plan : BV**e**
27 ch – 390/2300 € 390/2300 € – 29 €
Rest *Les Pêcheurs* ✿ **Rest *Le Cap*** – voir les restaurants ci-après
Chic balnéaire contemporain, design épuré, jardin noyé sous les essences méditerranéennes, plage privée de sable fin et, depuis les chambres des étages supérieurs, une vue imprenable sur le cap et les îles de Lérins : une certaine idée du luxe...

La Baie Dorée
579 bd la Garoupe – ✆ 04 93 67 30 67 – www.baiedoree.com Plan : BV**v**
14 ch – 270/780 € 270/780 € – 4 suites – 25 €
Rest – Carte 50/80 € *(ouvert d'avril à sept.)*
Une villa provençale, baignée de soleil et bercée par les clapotis de la Méditerranée. Les chambres, accueillantes et soignées, ont toutes une terrasse ou un balcon donnant sur la baie. Quant à la piscine extérieure, face à la mer, elle est très belle !

Beau Site sans rest
141 bd JF-Kennedy – ✆ 04 93 61 53 43 – www.hotelbeausite.net – Ouvert 17 avril-26 oct. Plan : BV**t**
30 ch – 90/150 € 95/175 € – 2 suites – 13 €
Terrasse ombragée d'essences méditerranéennes, agréable piscine et chambres d'esprit classique ou provençal : un joli pavillon blanc aux volets bleus, pour un séjour très Sud !

La Garoupe et Gardiole sans rest
60 chemin de la Garoupe – ✆ 04 92 93 33 33 – www.hotel-lagaroupe-gardiole.com – Ouvert début avril à mi-oct. Plan : BV**k**
37 ch – 85/185 € 105/205 € – 13 €
Piscine, jardin et belle terrasse sous une pergola où l'on sert le petit-déjeuner : le charme typique des jolies maisons balnéaires des années 1920... Chambres fraîches à la Garoupe et rustiques à la Gardiole.

Levant sans rest
50 chemin de la Plage, (plage de la Garoupe) – 04 92 93 72 99 – www.hotel-levant-antibes.com – Ouvert mars à oct. Plan : BV**h**
24 ch – 100/195 € 100/195 € – 10 €
Près de la mer, à une ruelle de la plage de la Garoupe : l'emplacement est exceptionnel. Les chambres sont agréables, quoiqu'un brin désuètes au niveau du décor, et la majorité d'entre elles ont un balcon – voire une terrasse ! – avec vue sur la Méditerranée.

Eden Roc – Hôtel du Cap-Eden-Roc
bd JF-Kennedy – 04 93 61 39 01 – www.hotel-du-cap-eden-roc.com – Ouvert 18 avril-20 oct. Plan : BV**z**
Menu 145/180 € – Carte 112/198 €
Superbe villa isolée sur un roc, en bordure de mer. Atmosphère huppée, cuisine méridionale subtile et terrasse exquise donnant sur la baie de Cannes... Tellement French Riviera !

Les Pêcheurs – Cap d'Antibes Beach Hôtel
10 bd du Maréchal-Juin – 04 92 93 13 30 – www.lespecheurs-lecap.com – Ouvert 1er avril-31 oct. et fermé le midi Plan : BV**u**
Menu 85/110 € – Carte 96/130 €
Superbement ancrés au bord des flots, ces Pêcheurs mettent évidemment à l'honneur le poisson de la Méditerranée... et plus largement toutes les belles saveurs du Sud, délicatement ciselées ; on se régale dans l'élégante salle à manger, ou sur la magnifique terrasse panoramique. Un petit paradis très Côte d'Azur !
→ Carpaccio de crevettes marinées aux saveurs du Sud. Bar sauvage rôti au parfum de noisette. Pompon de framboises fourré d'un crémeux léger au citron de pays.

Le Pavillon – Hôtel Impérial Garoupe
770 chemin de la Garoupe – 04 92 93 31 64 – www.imperial-garoupe.com – Ouvert 24 avril-12 oct. et fermé le midi de juin à sept. et merc. sauf juil.-août
Menu 65/125 € – Carte 90/120 € Plan : BV**r**
La terrasse sous les arbres est un hymne au romantisme, surtout éclairée à la bougie la nuit venue… Moment d'exception porté par une cuisine originale et inspirée, très respectueuse des produits de saison.

Bacon soir,
664 bd Bacon – 04 93 61 50 02 – www.restaurantdebacon.com – Ouvert 1er mars-31 oct. et fermé mardi midi et lundi Plan : BU**m**
Menu 55 € (déj. en semaine)/85 € – Carte 100/280 €
Une grande salle habillée de blanc, des œuvres d'art contemporain et une vue superbe sur la baie des Anges... La Méditerranée est reine ici, et plus encore dans l'assiette : l'un des plus beaux choix de poissons sur la Côte d'Azur, cuisinés avec art, dans leur prime fraîcheur. Une institution.
→ Délices de loup aux truffes du haut Var. Bouillabaisse. Baba au rhum.

Le Pavillon Beach – Hôtel Impérial Garoupe
770 chemin Garoupe – 04 92 90 23 97 – www.imperial-garoupe.com – Ouvert 1er juin-30 sept. et fermé le soir Plan : BV**r**
Formule 30 € – Carte 56/79 €
Une carte méditerranéenne fraîche et raffinée, pour un restaurant de plage séduisant et huppé... et l'on est très vite happé par la vue sublime sur la Grande Bleue.

Le Cap – Cap d'Antibes Beach Hôtel
10 bd du Maréchal-Juin – 04 92 93 13 30 – www.ca-beachhotel.com – Ouvert 1er avril-31 oct. et fermé le midi sauf du 1er juin au 14 sept. Plan : BV**a**
Carte 41/88 €
Sur la plage privée du Cap d'Antibes Beach Hôtel, une agréable option pour un repas face à la baie de Cannes et aux îles de Lérins. Au déjeuner : salades, sandwichs chic, burgers gourmands et... poisson grillé ; le soir, une carte internationale plus enlevée, autour du wok notamment, et toujours de beaux produits de la mer.

ANTONY – 92 Hauts-de-Seine → voir Paris, Environs

ANTRAIGUES-SUR-VOLANE

✉ 07530 (Ardèche) – 544 hab. – Voir carte n°**44**-A3
Paris 637 km – Aubenas 15 km – Lamastre 58 km – Langogne 67 km
Carte Michelin 331-I5 – Guide Vert Michelin Ardèche Drôme

La Remise

au pont de l'Huile – ☎ 04 75 38 70 74 – Fermé 16-30 juin, 1er-14 sept., 15 déc.-5 janv., vend. sauf juil.-août et le soir sauf sam.
Menu 25/38 €
Ici, le patron propose de vive voix ses recettes du terroir concoctées en fonction du marché. Bonne franquette et nappes à carreaux dans une vieille grange ardéchoise.

ANZIN-ST-AUBIN – 62 Pas-de-Calais ➜ voir Arras

AOSTE

✉ 38490 (Isère) – 2 682 hab. – Voir carte n°**45**-C2
Paris 512 km – Belley 25 km – Chambéry 37 km – Grenoble 55 km
Carte Michelin 333-G4 – Guide Vert Michelin Alpes du Nord

à la Gare de l'Est 2 km au Nord-Est sur D 1516 – ✉ 38490 Aoste

Au Coq en Velours avec ch

1800 rte de St-Genix – ☎ 04 76 31 60 04 – www.au-coq-en-velours.com – Fermé janv., jeudi soir, dim. soir et lundi
7 ch – †75/85 € ††75/85 € – ☕ 11 € – ½ P
Formule 23 € – Menu 31/59 € – Carte 36/55 €
Entre Bresse et Dauphiné, cette bonne auberge de village est tenue par la même famille depuis 1900. Ne passez pas à côté de la spécialité de la maison, le "coq en velours", un délicieux coq au vin servi dans une sauce crémeuse, au grain de... velours. Quelques chambres pour la nuit, bien au calme face au jardin.

APPOIGNY – 89 Yonne ➜ voir Auxerre

APT

✉ 84400 (Vaucluse) – 11 755 hab. – Voir carte n°**42**-E1
Paris 728 km – Aix-en-Provence 56 km – Avignon 54 km – Digne-les-Bains 91 km
Carte Michelin 332-F10 – Guide Vert Michelin Provence

Sainte Anne sans rest

62 pl. Faubourg-du-Ballet – ☎ 04 90 74 18 04 – www.apt-hotel.fr – Fermé mars
7 ch – †89/119 € ††89/139 € – ☕ 10 €
Cette maison du 19e s. abrite des chambres confortables et bien tenues. À noter, le délicieux petit-déjeuner avec pain, confitures et gâteaux maison. Une adresse parfaite pour partir à la découverte de la ville et visiter la Maison du parc régional du Lubéron toute proche.

Le Couvent sans rest

36 r. Louis-Rousset – ☎ 04 90 04 55 36 – www.loucouvent.com
5 ch ☕ – †98/130 € ††98/130 €
Cet ancien couvent (17e s.) typiquement provençal a perdu en austérité ce qu'il a gagné en sobre élégance. Chambres de charme, petit-déjeuner sous les voûtes du réfectoire.

à Saignon 4 km au Sud-Est par D 48 – ✉ 84400 – 1 024 hab.

Chambre de Séjour avec Vue sans rest

r. de la Burgade – ☎ 04 90 04 85 01 – www.chambreavecvue.com – Ouvert de mars à nov.
5 ch ☕ – †90/100 € ††110/120 €
Dans un charmant village, une maison d'hôtes atypique, à la fois lieu d'échange culturel et résidence d'artistes : la décoration évolue au gré des œuvres exposées ! De confortables chambres design, chic et sobrement meublées.

Le Petit Café

pl. de l'Horloge – ✆ 04 90 76 64 92 – www.lapetitecave-saignon.com – Ouvert de mi-avril au 20 déc. et fermé merc. et jeudi de fin oct. au 20 déc., lundi et mardi
Formule 24 € – Menu 29 € *(réservation conseillée)*
Au cœur de Saignon, un Petit Café de village version 21e s. ! Aux fourneaux œuvre un chef britannique, qui signe un très court menu inspiré par le marché : soupe de petits pois aux écrevisses, chowder de haddock fumé, crumble de fruits rouges... Le tout accompagné de crus de la région.

ARAGON – 11 Aude ➜ voir Carcassonne

ARBOIS

39600 (Jura) – 3 520 hab. – Voir carte n°**16**-B2
Paris 407 km – Besançon 46 km – Dole 34 km – Lons-le-Saunier 40 km
Carte Michelin 321-E5 – Guide Vert Michelin Franche-Comté Jura

Hôtel des Cépages rest, rest,

rte de Villette-les-Arbois – ✆ 03 84 66 25 25 – www.hotel-des-cepages.com
33 ch – 69 € 80 € – 13 € – ½ P
Rest – Menu 20 € – Carte 29/40 € *(fermé vend., sam., dim. et le midi)*
Cet hôtel moderne abrite des chambres avant tout fonctionnelles ; côté route, elles bénéficient d'une bonne insonorisation. Belle surprise au réveil : le petit-déjeuner est copieux, et met à l'honneur des produits régionaux de qualité.

Closerie les Capucines sans rest

7 r. de la Bourgogne – ✆ 03 84 66 17 38 – www.closerielescapucines.com – Fermé 21 déc.-31 janv.
5 ch – 120/135 € 120/135 €
Ce couvent du 17e s. se niche dans une ruelle calme du centre-ville. Charme authentique, épure contemporaine dans les chambres, patio, jardin exquis... Un moment béni, une coupure salutaire !

Jean-Paul Jeunet avec ch rest,

9 r. de l'Hôtel-de-Ville – ✆ 03 84 66 05 67 – www.jeanpauljeunet.com – Fermé déc., janv., mardi et merc. sauf le soir de juil. à mi-sept.
12 ch – 105/180 € 142/180 € – 18 € – ½ P
Menu 70 € (déj.), 90/147 € – Carte 90/120 €
À l'origine, l'établissement n'était qu'un simple bistrot de village fondé par le père de Jean-Paul Jeunet... Celui-ci en a fait une véritable institution jurassienne, tout à la fois étape chaleureuse et ode gourmande au terroir brillamment mêlée d'inventivité. Avec une superbe carte des vins, pour ne rien gâcher !
➜ Pomme de terre charlotte et truffe. Poularde de Bresse au vin jaune et morilles. Variation sur la morille et le cerfeuil tubéreux.

Le Prieuré

– ✆ 03 84 66 05 67 – www.jeanpauljeunet.com – Fermé déc., janv., mardi et merc. de mi-sept. à juin
7 ch – 90/155 € 95/155 € – 18 €
À 200 m de la maison mère, cette demeure du 17e s. distille son charme suranné dans des chambres confortables et délicieusement rustiques. Quant au jardin, il est ravissant. Une adresse parfaite pour se reposer au grand calme.

Les Caudalies avec ch

20 av. Pasteur – ✆ 03 84 73 06 54 – www.lescaudalies.fr – Fermé 24 fév.-11 mars, vacances de la Toussaint, mardi sauf juil.-août et lundi
9 ch – 57/85 € 75/115 € – 12 € – ½ P
Formule 17 € – Menu 27 € (déj. en semaine), 40/75 € – Carte 41/57 €
Au cœur des vignobles, une maison bourgeoise revue et joliment corrigée à la mode contemporaine... À sa tête œuvre un savant sommelier (finaliste Meilleur Ouvrier de France en 2011), qui a constitué une carte des vins de 400 références, superbe contrepoint à une cuisine tout en finesse. Pour une étape romantique, les chambres sont charmantes.

XX **Le Caveau d'Arbois**

3 rte de Besançon – ✆ 03 84 66 10 70 – www.caveau-arbois.com – Fermé 2-10 juil., 19 nov.-11déc., 27 fév.-6 mars, merc. soir et jeudi
Formule 15 € – Menu 25/39 € – Carte 27/49 €
Dans cette maison de pays, à la sortie de la ville sur la route de Besançon, le chef – un ancien ingénieur textile – sait tisser de beaux liens entre sa cuisine du terroir jurassien et les crus régionaux... Sympathique et chaleureux !

XX **La Balance Mets et Vins**

47 r. de Courcelles – ✆ 03 84 37 45 00 – www.labalance.fr – Fermé 4-14 avril, 28 juil.-4 août, 19 déc.-30 janv., dim. de sept. à juin et lundi
Formule 17 € – Menu 27/60 € – Carte 40/60 €
Des mets en accord avec les vins du Jura, de jolis plats végétariens à base de produits bio, le tout relevé de quelques épices du monde et d'un cadre chaleureux... Ne passez pas à côté du coq au vin jaune accompagné de belles morilles, la spécialité de la maison. Ça balance pas mal, à Arbois !

à Planches-Près-Arbois 4 km au Sud-Est – ✉ 39600 – 101 hab.

Castel Damandre

18 r. de la Cascade – ✆ 03 84 66 08 17 – www.casteldamandre.com – Fermé 8-26 déc. et janv.
20 ch – 70/160 € 75/160 € – 14 € – ½ P
Rest *Castel Damandre* – voir les restaurants ci-après
L'attrait des vieilles pierres au cœur d'un cirque où coulent de jolies cascades : autant dire que ce Castel cultive son charme bucolique. Les chambres y sont rustiques, avec des meubles d'époque et des lits à baldaquin.

XX **Castel Damandre**

18 r. de la Cascade – ✆ 03 84 66 08 17 – www.casteldamandre.com – Fermé 8-26 déc., janv. et le midi
Menu 45/59 €
Des produits de qualité travaillés avec précision : dans ce restaurant – d'esprit champêtre et romantique –, on savoure une fine cuisine d'aujourd'hui, valorisant le terroir avec goût et où tout est fait maison. L'été, on s'installe sur la terrasse face à une cascade pour un repas des plus charmants !

à Pupillin 3 km au Sud par D 469 et D 248 – ✉ 39600 – 247 hab.

X **Le Grapiot**

r. Bagier – ✆ 03 84 37 49 44 – www.legrapiot.com – Fermé 1 semaine vacances de printemps, 3-14 juil., 24 déc.-10 janv., mardi hors saison et merc.
Menu 19 € (déj. en semaine), 28/60 € – Carte 30/45 €
Grapiot, vous avez dit grapiot ? Oui, une "grimpette" ou un "petit chemin montant" en patois local. Le jeune chef, passionné de saveurs, travaille de beaux produits, dont la délicieuse et trop rare grenouille fraîche du pays. La carte change tous les mois, et chaque passage donne envie d'y revenir !

ARBONNE – 64 Pyrénées-Atlantiques → voir Biarritz

ARCACHON

✉ 33120 (Gironde) – 10 975 hab. – Voir carte n°3-B2
Paris 650 km – Agen 196 km – Bayonne 181 km – Bordeaux 67 km
Carte Michelin 335-D7 – Guide Vert Michelin Aquitaine

Ville d'Hiver

20 av. Victor-Hugo – ✆ 05 56 66 10 36 – www.hotelvilledhiver.com Plan : BZ**f**
18 ch – 140/240 € 140/240 € – 12 €
Rest *Ville d'Hiver* – voir les restaurants ci-après
Dans un quartier plein de cachet, un hôtel bourré de charme au cœur d'un beau jardin. À l'image de la station, il cultive un style balnéaire à la fois chic et décontracté... Les chambres sont si douillettes, l'espace détente bien reposant, et le restaurant prend des airs de néobistrot. Vivement conseillé !

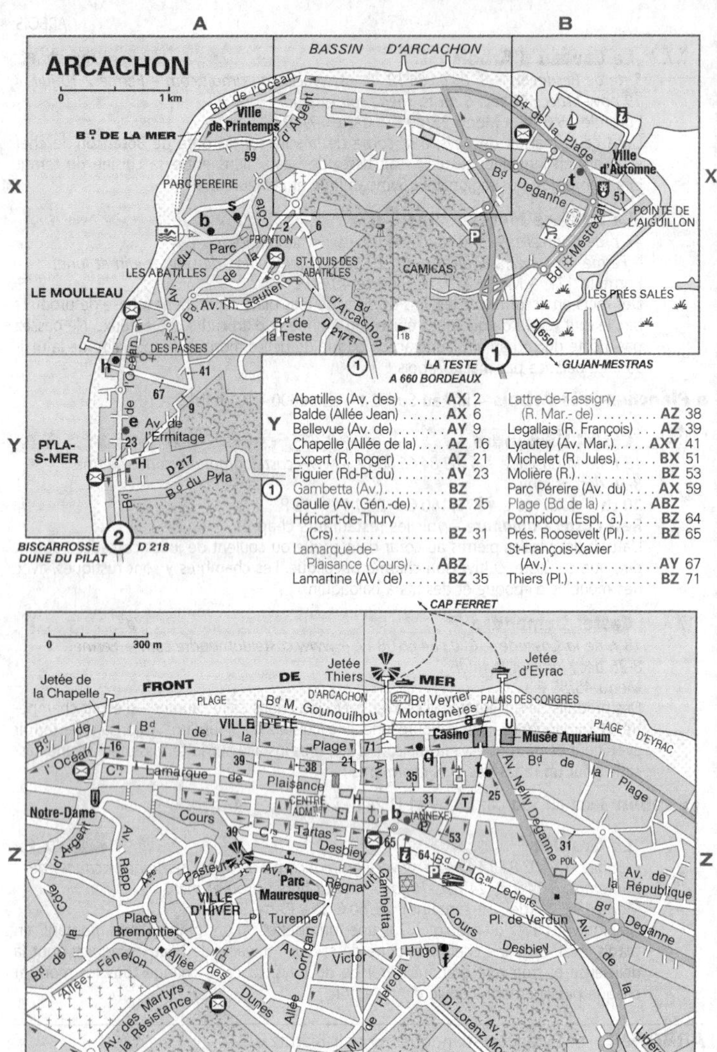

Point France sans rest

1 r. Grenier – ✆ *05 56 83 46 74* – *www.hotel-point-france.com* – *Ouvert 14 mars-10 nov.*

Plan : BZ**q**

34 ch – 🚹95/222 € 🚹🚹110/222 € – ☕ 15 €

Juste derrière le front de mer et à proximité du palais des congrès, un agréable hôtel avec des chambres fraîches, spacieuses et bien insonorisées, toutes avec balcon. Petit plus bien sympathique : le petit-déjeuner généreux.

Hôtel de La Plage sans rest

10 av. Nelly-Deganne – 05 56 83 06 23 – www.hotelarcachon.com Plan : BZ**t**

53 ch – 87/139 € 92/144 € – 13 €

À 50 m du casino et à 150 m de la mer, cet établissement a été totalement rénové en 2011 et affiche un chaleureux style bord de mer (lambris clairs, rotin)... Plaisant, bien insonorisé : idéal pour un séjour d'affaires ou d'agrément.

Le Patio (Thierry Renou)

10 bd de la Plage – 05 56 83 02 72 – www.lepatio-thierryrenou.com – Fermé 2-20 mars, 25 oct.-15 nov., dim. soir, mardi midi et lundi Plan : BX**t**

Menu 35 € (semaine), 60/95 € – Carte 80/100 €

Asperge des Landes, agneau de Pauillac, huîtres du bassin, etc. Cette table honore les beaux produits aquitains, avec finesse et esthétisme. L'œuvre d'un chef passionné et généreux ! Décor contemporain raffiné... assorti d'un agréable patio. → Thon plongé à l'huile d'olive arbequina, tomate, concombre glacé et basilic. Pigeon en deux services. Mousse au chocolat croustillante, cœur framboise et piment d'Espelette.

Ville d'Hiver – Hôtel Ville d'Hiver

20 av. Victor-Hugo – 05 56 66 10 36 – www.hotelvilledhiver.com Plan : BZ**f**

Carte 35/60 €

Dans l'un des meilleurs hôtels de la ville, un restaurant agréable et sympathique : le petit menu et les suggestions sont présentés à l'ardoise, et l'on profite d'une cuisine au goût du jour de bonne qualité... À déguster à l'intérieur – contemporain et épuré – ou sur la belle terrasse.

Café de la Plage " Chez Pierre " N

1 bd Veyrier-Montagnères – 05 56 22 52 94 – www.cafedelaplage.com

Formule 24 € – Menu 32 € – Carte 40/68 € Plan : BZ**a**

Sur le front de mer, près du palais des congrès, cette brasserie de luxe est une véritable institution locale. Un chef expérimenté, une brigade formée dans des restaurants étoilés : chacun est au service d'une cuisine inventive, où le poisson du bassin rencontre les saveurs du Sud-Ouest... Incontournable.

Chez Yvette

59 bd Gén.-Leclerc – 05 56 83 05 11 Plan : BZ**b**

Menu 27 € – Carte 36/69 €

Une institution locale, gérée par une famille d'ostréiculteurs depuis une quarantaine d'années et réputée pour ses produits de la mer. Le cadre est nautique, et l'ambiance animée.

aux Abatilles 2 km au Sud-Ouest – 33120

Les Bains d'Arguin

9 av. du Parc – 05 57 72 06 72 – www.hotel-bainsdarguin-arcachon.com

94 ch – 138/208 € 168/228 € – 16 € – ½ P Plan : AX**b**

Rest *Côté d'Arguin* – Formule 19 € – Menu 33 € – Carte 34/67 €

Entre mer et pinède, un hôtel imposant associé à un centre de thalassothérapie. Les chambres sont fraîches et confortables, et l'on profite aussi d'une belle piscine, d'un solarium et d'un restaurant où produits de la mer et menus diététiques sont à l'honneur.

Parc sans rest

5 av. du Parc – 05 56 83 10 58 – www.hotelduparc-arcachon.com – Ouvert 1er mai-30 sept. Plan : AX**s**

30 ch – 74/101 € 84/115 €

Construit dans les années 1970 par le père de l'actuel patron, cet hôtel a fait peau neuve en 2011... Entouré de pins, au calme, il est vraiment agréable ; les chambres (avec balcon) sont spacieuses, et il y a même une piscine et un jacuzzi.

au Moulleau 5 km au Sud-Ouest – 33120

Yatt sans rest

253 bd Côte-d'Argent – 05 57 72 03 72 – www.yatt-hotel.com – Ouvert 1er mars-1er nov. Plan : AY**h**

29 ch – 59/125 € 59/125 € – 9 €

À 50 m de la plage et en plein cœur du Moulleau, un petit hôtel avec des chambres simples et très bien tenues, au décor nautique. Familial et convivial.

ARCANGUES – 64 Pyrénées-Atlantiques ➜ voir Biarritz

ARC-EN-BARROIS
✉ 52210 (Haute-Marne) – 769 hab. – **Voir carte n°14-C3**
Paris 263 km – Bar-sur-Aube 55 km – Châtillon-sur-Seine 44 km – Chaumont 24 km
Carte Michelin 313-K6 – Guide Vert Michelin Champagne Ardenne

Hôtel du Parc
ch,

1 pl. Moreau – ✆ 03 25 02 53 07 – www.relais-sud-champagne.com – Fermé de fin fév. à début avril, mardi soir et merc. de début sept. à fin fév., dim. soir et lundi d'avril à mi-juin et mardi midi

16 ch – †66/72 € ††66/72 € – ☐ 8,50 €

Rest – Formule 16 € – Menu 21/46 € – Carte 31/63 €

Cet ancien relais de poste, au cœur du village, daterait du 17es. Il dispose de petites chambres simples, aux couleurs chaleureuses. Au restaurant, on apprécie une cuisine traditionnelle dans une salle cossue (parquet, mobilier de style)... À moins que vous ne préfériez la brasserie et son décor contemporain.

ARC-ET-SENANS
✉ 25610 (Doubs) – 1 481 hab. – **Voir carte n°16-B2**
Paris 396 km – Besançon 37 km – Pontarlier 62 km – Salins-les-Bains 16 km
Carte Michelin 321-E4 – Guide Vert Michelin Franche-Comté Jura

Le Relais d'Arc et Senans

9 pl. de l'Église – ✆ 03 81 57 40 60 – www.le-relais-darc-et-senans.com – Fermé 5-13 oct., 22 déc.-22 janv., dim. soir et lundi

Formule 15 € – Menu 26/39 € – Carte 38/52 €

Une maison franc-comtoise à 800 m de la Saline royale (classée au patrimoine de l'Unesco). Salle rustique et cuisine actuelle privilégiant les produits locaux.

ARCHAMPS – 74 Haute-Savoie ➜ voir St-Julien-en-Genevois

ARCINS – 33 Gironde ➜ voir Margaux

LES ARCS
✉ 83460 (Var) – 6 515 hab. – **Voir carte n°41-C3**
Paris 848 km – Cannes 59 km – Draguignan 11 km – Fréjus 25 km
Carte Michelin 340-N5

Le Relais des Moines (Sébastien Sanjou)

5 km à l'Est par rte de Ste-Roseline – ✆ 04 94 47 40 93 – www.lerelaisdesmoines.com – Fermé 3-9 mars, 10 nov.-4 déc., 2-9 janv., mardi de sept. à juin et lundi

Formule 28 € 🍷 – Menu 38 € 🍷 (déj. en semaine), 50/100 € – Carte 67/104 €

Une cuisine très généreuse en saveurs : telle est la marque de Sébastien Sanjou. Au cœur de chaque assiette trône un beau produit, travaillé avec soin dans le respect du goût ! Le charme du décor – une bergerie tout en pierre (16e s.) et une terrasse digne d'un nid de verdure – ajoute aux plaisirs du moment.

➜ Composition du jour en cuit et cru et condiments terre, mer, sous-bois et iode. Cochon fermier en déclinaison de goûts et de textures. Sphère choco-or.

Logis du Guetteur avec ch
ch,

pl. du Château, (au village médiéval) – ✆ 04 94 99 51 10 – www.logisduguetteur.com

13 ch – †90/185 € ††90/185 € – ☐ 17 € – ½ P Menu 32/110 € – Carte 55/102 €

Une robuste demeure médiévale (11es.), perchée à l'aplomb du village... En terrasse, où l'on guette le panorama à loisir, ou sous les voûtes séculaires du bâtiment, on savoure une cuisine généreuse, marquée par le terroir. Agréable esprit provençal dans les chambres.

ARC-SUR-TILLE
✉ 21560 (Côte-d'Or) – 2 479 hab. – **Voir carte n°8-D1**
Paris 323 km – Avallon 119 km – Besançon 97 km – Dijon 13 km
Carte Michelin 320-L5

Les Marronniers d'Arc

16 r. de Dijon – ✆ 03 80 37 09 62 – www.hotel-restaurant-lesmarronniers.com
19 ch – 🚹65/85 € 🚹🚹65/85 € – ☕ 10 € – ½ P
Rest – Menu 22 € (déj. en semaine), 36/65 € – Carte 34/64 €
Une auberge tenue en famille, avec des chambres bien équipées et un restaurant donnant la priorité aux poissons et fruits de mer. L'été, on dresse une terrasse à l'ombre des marronniers centenaires.

ARDENTES

✉ 36120 (Indre) – 3 774 hab. – **Voir carte n°12-C3**
Paris 275 km – Argenton-sur-Creuse 43 km – Bourges 66 km – Châteauroux 14 km
Carte Michelin 323-H6 – Guide Vert Michelin Limousin Berry

La Gare

2 av. de la Gare – ✆ 02 54 36 20 24 – www.restaurantdelagare.net – Fermé août, 24 fév.-10 mars, mardi soir, merc. soir, dim. soir et lundi
Menu 13 € 🍷 (déj. en semaine), 26/38 € – Carte 25/38 €
Géré avec énergie par un jeune couple motivé, ce restaurant rustique, proche de l'ancienne gare, inspire tout de suite une certaine sympathie... La cuisine servie est traditionnelle, mais il flotte dans l'air un joli parfum de nouveauté !

ARDRES

✉ 62610 (Pas-de-Calais) – 4 223 hab. – **Voir carte n°30-A1**
Paris 273 km – Arras 93 km – Boulogne-sur-Mer 38 km – Calais 18 km
Carte Michelin 301-E2 – Guide Vert Michelin Nord Pas-de-Calais

Le François 1er

pl. des Armes – ✆ 03 21 85 94 00 – www.lefrancois1er.com – Fermé 12-15 avril, 1er-14 sept., 24 déc.-6 janv., le soir et lundi
Menu 27 € (semaine), 32/49 € – Carte 52/66 € *(réservation conseillée)*
En 1520, la ville accueillit une entrevue entre Henri VIII et François 1er… d'où le nom du restaurant. Dans un cadre historique, la cuisine joue la carte de la tradition : croustillant de crustacés, carré d'agneau en croûte d'herbes, etc.

ARÊCHES

✉ 73270 (Savoie) – **Voir carte n°45-D1**
Paris 606 km – Albertville 26 km – Chambéry 77 km – Megève 42 km
Carte Michelin 333-M3 – Guide Vert Michelin Alpes du Nord

Auberge du Poncellamont

– ✆ 04 79 38 10 23 – http://jean.peretto.free.fr/ – Ouvert 20 mai-20 sept. et 20 déc.-20 avril et fermé dim. soir et merc. hors saison
14 ch – 🚹52/63 € 🚹🚹64/76 € – ☕ 10 € – ½ P
Rest – Menu 18 € (déj.), 28/46 € – Carte 40/60 € *(fermé le midi en hiver)*
Dans le bas du village, au bord du torrent du Poncellamont, un imposant chalet savoyard, abritant des chambres toutes simples, certaines mansardées ou avec balcon, tout à fait dans le ton de cette petite station de montagne.

ARÈS

✉ 33740 (Gironde) – 5 576 hab. – **Voir carte n°3-B1**
Paris 627 km – Arcachon 47 km – Bordeaux 48 km
Carte Michelin 335-E6 – Guide Vert Michelin Pays Basque et Navarre

St-Éloi avec ch

11 bd Aérium – ✆ 05 56 60 20 46 – www.le-saint-eloi.com – Fermé 5 janv.-10 fév., dim. soir, sam. midi hors saison et lundi sauf le soir en saison
8 ch – 🚹50/95 € 🚹🚹50/95 € – ☕ 9 € – ½ P Menu 18/60 € – Carte 36/67 €
Ici, le vin a son importance... Avec une carte comptant près de 180 références, on trouve facilement son bonheur pour accompagner les bons petits plats traditionnels et régionaux du chef... Et dans cette jolie maison blanche entourée de pins, on peut aussi faire étape dans une chambre plaisante et très bien tenue.

ARGELÈS-GAZOST

✉ 65400 (Hautes-Pyrénées) – 3 208 hab. – **Voir carte n°28-A3**
Paris 863 km – Lourdes 13 km – Pau 58 km – Tarbes 32 km
Carte Michelin 342-L6

Le Miramont

44 av. des Pyrénées – ✆ 05 62 97 01 26 – www.bestwestern-lemiramont.com – Fermé de mi-nov. à mi-déc.
19 ch – †70/145 € ††70/145 € – ☕ 13 € – ½ P
Rest ***Restaurant Des Petits Pois Sont Rouges*** – voir les restaurants ci-après
Cet hôtel-restaurant des années 1930 dénote par rapport au style architectural régional. Avec son joli jardin et ses chambres de bon confort, c'est un bon point de départ pour une cure thermale ou la visite de la vallée des Gaves.

Les Cimes

rest, rest,

1 pl. d'Ourout – ✆ 05 62 97 00 10 – www.hotel-lescimes.com
23 ch – †50/60 € ††70/80 € – ☕ 10 € – ½ P
Rest – Formule 12 € – Menu 18/32 € – Carte 25/46 €
Grand édifice disposant de chambres confortables, à l'ancienne ou dans l'air du temps. Petit-déjeuner dans l'agréable patio fleuri ; piscine couverte. Carte traditionnelle au restaurant ouvert sur la verdure.

Soleil Levant

rest, rest,

17 av. des Pyrénées – ✆ 05 62 97 08 68 – www.hotel-soleil-levant-argeles.fr – Fermé 23 nov.-23 déc. et 5 janv.-2 fév.
32 ch – †53/62 € ††57/65 € – ☕ 9 € – ½ P
Rest – Formule 12 € – Menu 14 € (semaine), 23/45 € – Carte 26/66 €
Adresse familiale depuis trois générations, située dans la ville basse. Chambres fonctionnelles et pratiques ; certaines ont vue sur les montagnes Hautacam ou mont de Gez. Cuisine traditionnelle au restaurant.

Restaurant Des Petits Pois Sont Rouges – Hôtel Le Miramont

44 av. des Pyrénées – ✆ 05 62 97 01 26 – www.des-petits-pois-sont-rouges.com – Fermé de mi-nov. à mi-déc. et merc. sauf le soir en juil.-août
Formule 16 € – Menu 22 € (semaine) – Carte 32/43 € *(réservation conseillée)*
Pas besoin d'être résident de l'hôtel Miramont pour apprécier la cuisine de son chef. Ce dernier rend hommage au terroir pyrénéen, bien sûr, mais n'hésite pas à faire quelques innovations bienvenues.

à St-Savin 3 km au Sud par D 101 – ✉ 65400 – 382 hab.

Le Viscos avec ch

rest,

1 r. Lamarque – ✆ 05 62 97 02 28 – www.hotel-leviscos.com – Fermé lundi sauf le soir en juil. août et dim. soir
10 ch – †86/127 € ††86/127 € – ☕ 14 € – ½ P
Formule 18 € – Menu 29/93 € – Carte 50/100 €
Auberge familiale cultivant la tradition du bon accueil et de la table depuis 1840. Cuisine actuelle axée terroir ; belle salle ouverte sur la terrasse avec vue sur les cimes. Chambres douillettes.

ARGELÈS-SUR-MER

✉ 66700 (Pyrénées-Orientales) – 9 978 hab. – **Voir carte n°22-B3**
Paris 872 km – Céret 28 km – Perpignan 22 km – Port-Vendres 9 km
Carte Michelin 344-J7

Le Cottage sans rest

21 r. Arthur-Rimbaud – ✆ 04 68 81 07 33 – www.hotel-lecottage.com – Ouvert mi-avril à mi-oct. Plan : DY**a**
28 ch – †75/245 € ††75/245 € – 5 suites – ☕ 14 €
Dans une zone résidentielle, un hôtel avec des chambres coquettes, lumineuses et calmes, très souvent avec un balcon ou une terrasse donnant sur le joli jardin. Côté détente : un espace bien-être avec piscine, jacuzzi et hammam.

ARGELÈS-SUR-MER

Zone piétonne en saison

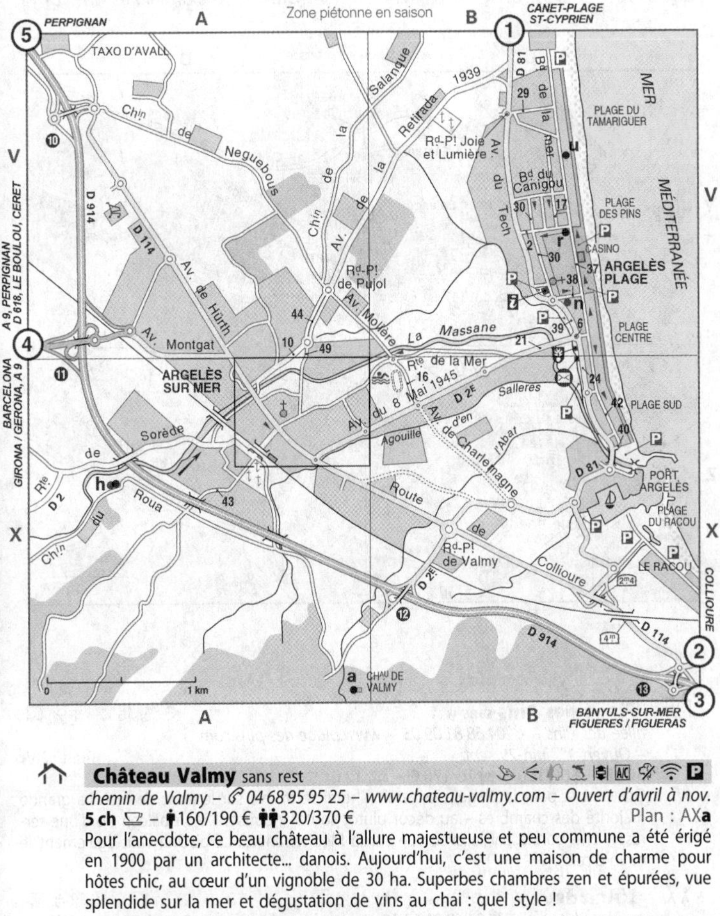

Château Valmy sans rest

chemin de Valmy – ✆ 04 68 95 95 25 – www.chateau-valmy.com – Ouvert d'avril à nov.
5 ch – 160/190 € 320/370 € Plan : AX**a**

Pour l'anecdote, ce beau château à l'allure majestueuse et peu commune a été érigé en 1900 par un architecte... danois. Aujourd'hui, c'est une maison de charme pour hôtes chic, au cœur d'un vignoble de 30 ha. Superbes chambres zen et épurées, vue splendide sur la mer et dégustation de vins au chai : quel style !

Le Coup de Fourchette du Cayrou

18 r. du 14-Juillet – ✆ 04 68 81 34 08 – Fermé dim. Plan : CY**b**
Menu 22 € (déj. en semaine), 31/42 €

À l'angle de deux rues, dans une zone résidentielle, une jolie façade en pierre et briques rouges. À l'intérieur, on découvre une salle aux tons clairs, décorée de manière simple et épurée, donnant sur une petite terrasse ; l'endroit idéal pour déguster une bonne cuisine qui évolue au fil des saisons !

à Argelès-Plage 2,5 km à l'Est – ✉ 66700 Argelès-sur-Mer – 9 869 hab.

Grand Hôtel du Lido

50 bd de la Mer – ✆ 04 68 81 10 32 – www.hotel-le-lido.com – Ouvert 18 avril-5 oct.
66 ch – 84/240 € 84/240 € – 12 € – ½ P Plan : BV**u**
Rest – Formule 19 € – Menu 26 € (déj.), 29/49 € – Carte 39/69 €

Au bord de l'eau, le Lido est idéal pour des vacances en famille : chambres avec balcon, la plupart tournées vers la mer, restaurant traditionnel, plage privée...

ARGELÈS-SUR-MER

Albert (R. Marcelin) . . . . **CY** 3
Bel Air (R. de) . . . . **CY** 7
Blanqui (R.) . . . . **CY** 9
Castellans (Pl. des) . . . . **CY** 13
Castellans (R.) . . . . **CY** 14
Desclot (R.) . . . . **CY** 18
Gambetta (R.) . . . . **CDZ** 20
Gendarmerie (R. de la) . . . . . . **CDZ** 22
Jean-Jaurès (R.) . . . . **CY** 26
Libération (Av. de la) . . . . . . **CDYZ**
Majorque (R. de) . . . . **CY** 27
Morata (R. Juan) . . . . **CY** 32
Nationale (Rte) . . . . **CYZ**
Notre-Dame-de-Vie (Rte) . . . . . **CZ** 33
Paix (R. de la) . . . . **CY** 35
Remparts (R. des) . . . . **CY** 41
République (Pl. de la) . . . . **CY** 42
République (R. de la) . . . . **CY**
Travail (R. du) . . . . **CY** 45
Wilson (R.) . . . . **CZ** 47
11-Novembre (Av. du) . . . . **CY** 48

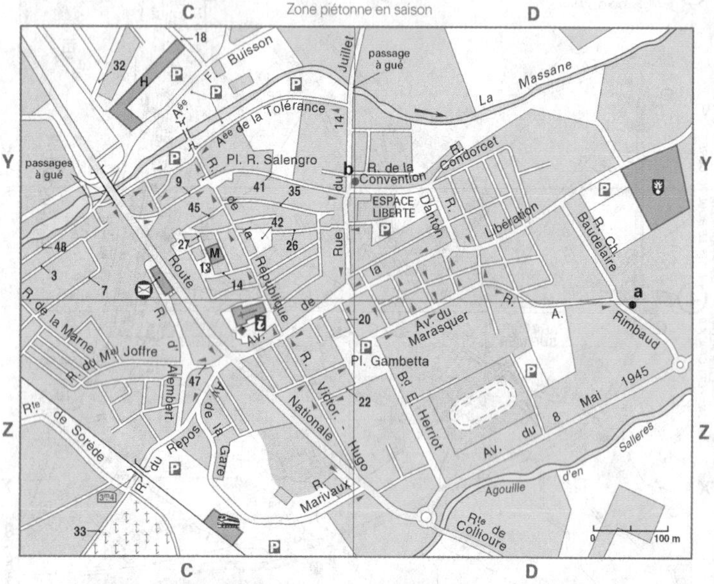

Plage des Pins sans rest

allée des Pins – ✆ 04 68 81 09 05 – www.plage-des-pins.com – Ouvert 1er juin-29 sept. Plan : BV**r**

50 ch – †60/150 € ††76/170 € – ☕ 12 €

On vient là pour la plage, c'est vrai : l'hôtel se trouve sur le front de mer. La grande majorité des chambres – au décor plutôt sobre – jouissent d'un balcon ou d'une terrasse, une bonne partie avec vue sur la Méditerranée... La piscine vaut également le coup d'œil.

L'Amadeus

av. des Platanes – ✆ 04 68 81 12 38 – www.lamadeus.com – Fermé 2 janv.-13 fév., lundi et mardi sauf du 15 juin au 15 sept. Plan : BV**n**

Formule 16 € – Menu 19/40 € – Carte 35/60 €

Sur la rue longeant les plages, un restaurant à la déco actuelle avec une agréable terrasse en zone piétonne. L'assiette mêle sagement tradition et nouveauté, pour un repas bien sympathique. Les saveurs sont là et... le plaisir aussi !

rte de Collioure 4 km au Sud-Est - DZ – ✉ 66700 Argelès-sur-Mer

Les Mouettes sans rest

La Corniche – ✆ 04 68 81 82 83 – www.hotel-lesmouettes.com – Ouvert avril-nov.

31 ch – †69/349 € ††69/349 € – ☕ 14 €

Face à la mer, au-dessus de la route de Collioure, un hôtel chaleureux, de facture classique, situé dans un beau jardin. Les chambres et studios ont tous une terrasse ou une loggia et, pour la détente, on profite du jacuzzi, du hammam et de la piscine.

Grand Hôtel du Golfe

rte de Collioure – ✆ 04 68 81 14 73 – www. hoteldugolfe-argeles.com – Ouvert 11 avril-2 nov.

36 ch – 85/155 € 85/209 € – 11 € – ½ P

Rest – Formule 18 € – Menu 24/59 €

Un bel hôtel sur la route de Collioure, face à la plage. Les chambres, récemment rénovées, disposent de petits balcons offrant une vue imprenable sur la mer. De quoi faire des rêves de grandes traversées ou de voyages au long cours !

à l'Ouest 1,5 km par rte de Sorède et rte secondaire

Auberge du Roua

46 chemin du Roua ✉ 66700 Argelès-sur-Mer – ✆ 04 68 95 85 85 – www.aubergeduroua.com – Fermé 11 nov.-27 déc. et 5-21 janv. Plan : AX**h**

17 ch – 72/189 € 72/189 € – 4 suites – 12 € – ½ P

Rest *Auberge du Roua* – voir les restaurants ci-après

La campagne, les vignes, une délicieuse piscine dans un jardin fleuri et... le calme ! Un joli programme pour un joli mas du 17e s., qui joue le contraste de l'authenticité et de l'épure contemporaine. En deux mots : du Sud et du style !

Auberge du Roua

46 chemin du Roua ✉ 66700 Argelès-sur-Mer – ✆ 04 68 95 85 85 – www.aubergeduroua.com – Fermé 5 nov.-6 fév. et le midi sauf dim. et fériés

Formule 19 € – Menu 26/57 € – Carte 45/65 € Plan : AX**h**

Dans un cadre vraiment intime (pierres, poutres, voûtes...), on déguste une cuisine au goût du jour, personnalisée de petites touches asiatiques, réalisée avec de bons produits... Des saveurs franches et fraîches !

ARGENTAN

✉ 61200 (Orne) – 14 369 hab. – **Voir carte n°33-C2**

Paris 191 km – Alençon 46 km – Caen 59 km – Dreux 115 km

Carte Michelin 310-I2 – Guide Vert Michelin Normandie Cotentin

La Renaissance

20 av. de la 2e-Division-Blindée – ✆ 02 33 36 14 20 – www.hotel-larenaissance.com – Fermé 9-17 mars et 21 juil.-17 août **n**

14 ch – 76/89 € 81/95 € – 12 € – ½ P

Rest *La Renaissance* – voir les restaurants ci-après

Non loin du centre de la cité, cette imposante demeure d'après-guerre cache un hôtel confortable et feutré. Toutes les chambres ont été récemment rénovées dans un style contemporain et non moins cosy. Une étape plaisante au cœur de l'Orne !

La Renaissance 

20 av. de la 2e-Division-Blindée – ✆ 02 33 36 14 20 – www.hotel-larenaissance.com – Fermé 9-17 mars, 21 juil.-17 août, sam. midi, dim. soir et lundi **n**

Formule 20 € – Menu 29/80 € – Carte environ 65 €

La bonne table d'Argentan. On passe un agréable moment dans cette maison élégante et feutrée, où l'on veille au plaisir du client. Derrière les fourneaux, le chef, Arnaud Viel, signe une cuisine créative, à la fois sophistiquée et esthétique.

au Nord-Est 11 km par D 926 et D 729

Pavillon de Gouffern

l'Orée du bois – ✆ 02 33 36 64 26 – www.pavillondegouffern.com

20 ch – 110/140 € 130/250 € – 15 € – ½ P

Rest *Pavillon de Gouffern* Rest *Le Bistrot - Salon du Pavillon* – voir les restaurants ci-après

Dans son vaste parc, ce pavillon de chasse tout en colombages (19e s.) exprime la noble richesse du pays d'Argentan, où abondent les prairies grasses et les bois touffus... Salons, chambres, restaurants : les lieux respirent l'aisance, dans une agréable veine contemporaine.

XXX **Pavillon de Gouffern** – Hôtel Pavillon de Gouffern
l'Orée du bois – ✆ 02 33 36 64 26 – www.pavillondegouffern.com – Fermé dim. soir, lundi, mardi, merc. et jeudi
Menu 56/85 € – Carte 65/110 €
Au cœur de cette belle propriété, une table élégante, lumineuse avec sa verrière zénithale et ses baies ouvrant sur le parc et la forêt. Un écrin parfait pour une cuisine qui suit étroitement les saisons et met en valeur les produits de la région. Le tout rehaussé d'une pointe d'invention… pour parfaire le plaisir.

XX **Le Bistrot - Salon du Pavillon** – Hôtel Pavillon de Gouffern
l'Orée du bois – ✆ 02 33 36 64 26 – www.pavillondegouffern.com
Formule 23 € – Menu 29 € – Carte 38/42 €
Le bistrot chic du Pavillon de Gouffern, au cadre cosy et chaleureux. Sans artifices ni fioritures, la cuisine met en valeur des produits de saison de belle qualité, travaillés dans le respect des saveurs. La courte carte se décline d'ailleurs par ingrédients : le foie gras ; le quasi de veau ; la raie ; etc.

à Fontenai-sur-Orne 4,5 km au Sud-Ouest – ✉ 61200 – 246 hab.

Le Faisan Doré
– ✆ 02 33 67 18 11 – www.latabledecatherine.com
16 ch – 64/100 € 69/113 € – 10 €
Rest ***La Table de Catherine*** – voir les restaurants ci-après
Sur l'axe Argentan-Flers, on reconnaît cette auberge traditionnelle à sa façade à colombages. Les chambres sont peu à peu rénovées dans un style plus cosy et feutré ; préférez donc les plus récentes. Et dans le salon, vous pourrez même jouer du piano ! En résumé, l'adresse est tout indiquée pour une étape dans le pays d'Auge ornais.

XX **La Table de Catherine** – Hôtel Le Faisan Doré
– ✆ 02 33 67 18 11 – www.latabledecatherine.com – Fermé lundi midi, sam. midi et dim. soir
Formule 16 € – Menu 24 € (semaine), 27/50 € – Carte 34/56 €
Surprise derrière la façade traditionnelle : des couleurs vives et de grandes fleurs sur les murs... Un décor d'une certaine fraîcheur, à l'unisson de la cuisine de la chef, Catherine, ambassadrice des produits de la région. Sa spécialité : la tarte fine à l'andouille de Vire et au camembert !

ARGENTAT

✉ 19400 (Corrèze) – 3 042 hab. – **Voir carte n°25-C3**
Paris 503 km – Aurillac 54 km – Brive-la-Gaillarde 45 km – Mauriac 49 km
Carte Michelin 329-M5 – Guide Vert Michelin Limousin Berry

Le Sablier du Temps rest,
13 av. J.-Vachal – ✆ 05 55 28 94 90 – www.sablier-du-temps.com – Fermé 2 janv.-2 fév.
24 ch – 54/95 € 56/98 € – 10 € – ½ P
Rest – Formule 13 € – Menu 16 € (déj. en semaine), 25/50 € – Carte 35/67 €
Ici, le temps s'écoule lentement... Cet hôtel proche du centre-ville est à la fois convivial et familial, avec son jardin, sa piscine et ses chambres modernes et colorées. Côté restaurant, le patron œuvre lui-même en cuisine. Une bonne adresse.

Fouillade rest,
11 pl. Gambetta – ✆ 05 55 28 10 17 – www.fouillade.com – Fermé 20 déc.-6 janv.
15 ch – 56/60 € 60/75 € – 8 € – ½ P
Rest – Formule 12 € – Menu 15 € (semaine), 27/40 € – Carte 24/56 € *(fermé dim. soir et lundi sauf juil.-août)*
Immanquable, cet hôtel-restaurant centenaire se dresse sur une agréable petite place du centre ; on ne peut rater sa riante terrasse ! Avant tout fonctionnelles, les chambres sont fraîches et bien tenues.

XX **Saint-Jacques**
39 av. Foch – ✆ 05 55 28 89 87 – www.lesaintjacques-argentat.fr – Fermé 3-24 mars, 6-27 oct., dim. soir d'oct. à juin et lundi
Menu 19 € (semaine), 34/65 € – Carte 56/76 €
Une équipe jeune et motivée, un chef passionné par son métier, une cuisine à l'avenant, pleine de trouvailles, et réalisée avec de bons produits frais... Ce restaurant ne manque pas d'atouts pour nous séduire !

Auberge des Gabariers

15 quai Lestourgie – ✆ 05 55 28 05 87 – www.aubergedesgabariers.com – Ouvert 1er avril-1er nov. et fermé mardi soir et merc. sauf juil.-août
Formule 16 € – Menu 25/36 € – Carte 35/50 €
Pour essayer une cuisine typique, entre Corrèze et Périgord, et célébrer confits, foie gras et cèpes, arrêtez-vous dans cette jolie maison du 16e s. au bord de la Dordogne. Les plats sont généreux, goûteux, et servis en toute simplicité. L'été, on apprécie tout cela en terrasse, à l'ombre du tilleul.

ARGENTEUIL – 95 Val-d'Oise → voir Paris, Environs

ARGENTIÈRE

✉ 74400 (Haute-Savoie) – **Voir carte n°45-D1**
Paris 619 km – Annecy 106 km – Chamonix-Mont-Blanc 10 km – Vallorcine 10 km
Carte Michelin 328-O5 – Guide Vert Michelin Alpes du Nord

Grands Montets sans rest

340 chemin des Arberons – ✆ 04 50 54 06 66 – www.hotel-grands-montets.com – Ouvert 21 juin-1er sept. et 19 déc.-27 avril
48 ch – 134/238 € 146/330 € – 3 suites
Non loin du téléphérique et au calme, ce beau chalet distille le charme patiné des demeures savoyardes d'antan. Chambres au joli décor montagnard, mais aussi piscine couverte, fitness, hammam et jacuzzi... pour une atmosphère très cocooning.

Montana

ch, ch,

24 clos du Montana – ✆ 04 50 54 14 99 – www.hotel-montana.fr – Ouvert 20 déc.-7 mai et 28 juin-29 sept.
16 ch – 145/220 € 145/220 € – 4 suites – ½ P
Rest – Menu 33 € *(fermé le midi) (résidents seult)*
Un chalet vert à l'entrée de la station, à l'atmosphère familiale. Certaines chambres ont été joliment rénovées dans un style montagnard, à la fois chic et contemporain. Piscine chauffée, jacuzzi, sauna et hammam offrent un parfait moment de détente.

La Remise

1124 rte d'Argentière – ✆ 04 50 34 06 96 – www.laremise.eu – Fermé 9-28 mai, 23 nov.-16 déc., dim. soir et lundi
Formule 18 € – Menu 23 € (déj. en semaine), 31/78 € – Carte 45/68 €
Une Remise charmante et chaleureuse : des poutres, une cheminée et de la gourmandise à tous les étages. En cuisine, Francine concocte des petits plats séduisants, tandis que Sébastien, son mari, assure un accueil charmant. Et pendant l'hiver, la truffe a droit à un menu spécial en son honneur !

ARGENTON-SUR-CREUSE

✉ 36200 (Indre) – 5 120 hab. – **Voir carte n°11-B3**
Paris 297 km – Châteauroux 32 km – Limoges 93 km – Montluçon 103 km
Carte Michelin 323-F7 – Guide Vert Michelin Limousin Berry

Manoir de Boisvilliers sans rest

11 r. Moulin-de-Bord – ✆ 02 54 24 13 88 – www.manoir-de-boisvilliers.com – Fermé 20 déc.-10 janv.
16 ch – 52/130 € 80/130 € – 8 €
Une demeure bourgeoise (18e s.) tout près de la Creuse, au calme. Ethniques, rustiques ou classiques, les chambres sont agréables et feutrées... Et il fait bon paresser dans le jardin, autour de la piscine.

Le Cheval Noir

27 r. Auclert-Descottes – ✆ 02 54 24 00 06 – www.le-chevalnoir.fr
20 ch – 46/85 € 58/85 € – 8 € – ½ P
Rest *Le Cheval Noir* – voir les restaurants ci-après
Cet ancien relais de poste – sa jolie façade ne trompe pas – appartient à la même famille depuis plus d'un siècle. Les chambres sont agréables, dans une veine actuelle pleine de fraîcheur. Une étape toujours bien vivante !

XX **Le Cheval Noir**

27 r. Auclert-Descottes – ✆ 02 54 24 00 06 – www.le-chevalnoir.fr – Fermé 1 semaine vacances de Toussaint et dim. soir hors saison
Formule 14 € – Menu 25/32 €
Envie de tradition ? Sous ce nom qui fit autrefois florès sur les routes de France, une grande salle de banquet (décor modernisé) et une carte qui fait la part belle aux produits du marché. Formule déjeuner très attractive.

à Bouësse 11 km à l'Est par D 927 – ✉ 36200 – 370 hab.

Château de Bouesse

1 rte d'Argenton – ✆ 02 54 25 12 20 – www.chateau-bouesse.com – Ouvert 5 avril-1er janv. et fermé lundi et mardi sauf du 16 mai au 30 sept.
11 ch – †95/180 € ††95/180 € – 1 suite – ☕ 13 € – ½ P
Rest – Menu 25 € (déj. en semaine), 38/55 € – Carte 51/63 € *(fermé mardi sauf le soir de juin à sept. et lundi)*
Jeanne d'Arc aurait séjourné dans ce château du Moyen-Âge entouré d'un parc. Qu'importe le mythe, les amateurs de mobilier ancien et de style médieval se feront plaisir, surtout dans la magnifique chambre du donjon. Décor 18e s. au restaurant pour une cuisine du moment.

ARGENT-SUR-SAULDRE

✉ 18410 (Cher) – 2 209 hab. – **Voir carte n°12-C2**
Paris 171 km – Bourges 57 km – Cosne-Cours-sur-Loire 46 km – Gien 22 km
Carte Michelin 323-K1 – Guide Vert Michelin Limousin Berry

XX **Relais du Cor d'Argent** avec ch

39 r. Nationale – ✆ 02 48 73 63 49 – www.lecordargent.com – Fermé 2-11 juil., 15-25 oct., 19 fév.-22 mars, mardi et merc.
7 ch – †45/48 € ††45/57 € – ☕ 7 € – ½ P
Menu 20 € (semaine), 30/60 € – Carte 44/65 €
Un Cor d'Argent fleuri et rustique... On s'installe dans une des salles, décorées dans un esprit relais de chasse, ou sur l'agréable terrasse pour savourer une cuisine traditionnelle variant selon le marché et les saisons. À moins que vous ne préfériez le menu végétarien... Petites chambres fonctionnelles pour l'étape.

ARGOULES

✉ 80120 (Somme) – 335 hab. – **Voir carte n°36-A1**
Paris 217 km – Abbeville 34 km – Amiens 82 km – Calais 93 km
Carte Michelin 301-E5

X **Auberge du Coq-en-Pâte**

37 Grande-Rue, (rte de Valloires) – ✆ 03 22 29 92 09 – Fermé 4-10 sept., 16-24 oct., 3 semaines en janv., dim. soir, lundi et mardi sauf fériés
Menu 20 € – Carte 28/45 € *(réservation conseillée)*
Dans les années 1930, cette auberge typiquement régionale fut offerte par le châtelain d'Argoules à sa cuisinière. Plusieurs décennies plus tard, on perpétue l'amour de la bonne chère avec des plats qui magnifient le terroir picard, entre tradition et modernité. Une adresse sympathique.

ARLES

✉ 13200 (Bouches-du-Rhône) – 52 661 hab. – **Voir carte n°40-A3**
Paris 719 km – Aix-en-Provence 77 km – Avignon 37 km – Marseille 94 km
Carte Michelin 340-C3 – Guide Vert Michelin Provence

L'Hôtel Particulier sans rest

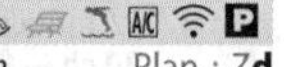

4 r. de la Monnaie – ✆ 04 90 52 51 40 – www.hotel-particulier.com Plan : Z**d**
17 ch – †309/429 € ††329/449 € – 5 suites – ☕ 23 €
Sous le soleil arlésien, on pousse la porte de ce superbe hôtel particulier du quartier de la Roquette, mariant l'ancien et le moderne avec élégance. Les chambres claires et luxueuses, sont tournées vers les jardins ; massages et soins.

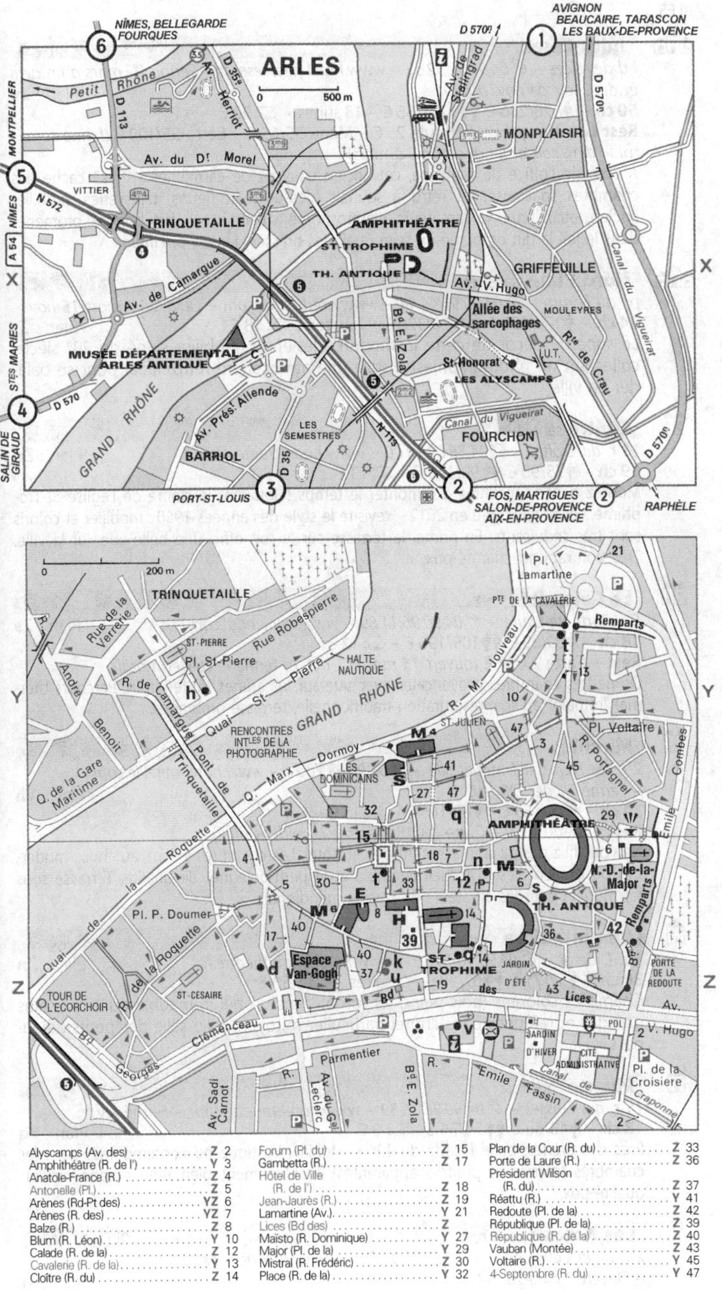

ARLES
0
500 m
NÎMES, BELLEGARDE
FOURQUES
AVIGNON
BEAUCAIRE, TARASCON
LES BAUX-DE-PROVENCE
D 570
D 570N
D 113
D 35E
Petit Rhône
Av. Herriot
Av. de Stalingrad
MONPLAISIR
MONTPELLIER
NÎMES
A 54
Av. du Dr Morel
VITTIER
N 572
TRINQUETAILLE
AMPHITHÉÂTRE
ST-TROPHIME
TH. ANTIQUE
GRIFFEUILLE
Canal du Vigueirat
Av. de Camargue
Av. V. Hugo
Allée des sarcophages
MOULEYRES
Rte de Crau
STES MARIES
MUSÉE DÉPARTEMENTAL
ARLES ANTIQUE
Bd E. Zola
St-Honorat
LES ALYSCAMPS
I.U.T.
D 570
GRAND RHÔNE
Av. Prést Allende
LES SEMESTRES
N 113
Canal du Vigueirat
FOURCHON
SALIN DE GIRAUD
BARRIOL
D 35
PORT-ST-LOUIS
FOS, MARTIGUES
SALON-DE-PROVENCE
AIX-EN-PROVENCE
RAPHÈLE
X
0
200 m
TRINQUETAILLE
Rue de la Verrerie
Rue Robespierre
ST-PIERRE
Pl. St-Pierre
HALTE NAUTIQUE
R. André Benoit
R. de Camargue
Quai St-Pierre
GRAND RHÔNE
R. M. Jouveau
Pl. Lamartine
PTE DE LA CAVALERIE
Remparts
Y
RENCONTRES INTLES DE LA PHOTOGRAPHIE
Q. Marx Dormoy
ST-JULIEN
Pl. Voltaire
R. Porte de Laure
R. Portagnel
Q. de la Gare Maritime
Pont de Trinquetaille
LES DOMINICAINS
AMPHITHÉÂTRE
Combes
Émile
R. de la Roquette
N.-D.-de-la-Major
TH. ANTIQUE
Remparts
Pl. P. Doumer
Quai de la Roquette
Espace Van-Gogh
ST-TROPHIME
JARDIN D'ÉTÉ
PORTE DE LA REDOUTE
Z
TOUR DE L'ECORCHOIR
ST-CESAIRE
Bd des Lices
Av. V. Hugo
Bd Clémenceau
Bd Georges
R. Parmentier
JARDIN D'HIVER
CITÉ ADMINISTRATIVE
POL
Pl. de la Croisière
Av. Sadi Carnot
Av. du Gal Leclerc
Bd E. Zola
R. Émile Fassin
Canal de Craponne

Jules César

bd des Lices – ✆ 04 90 52 52 52 – www.hotel-julescesar.fr – Fermé 1er mars à fin avril et dim. soir de nov. à mars Plan : Z**v**

50 ch – 128/286 € 128/286 € – 13 suites – 20 € – ½ P

Rest *Lou Marquès* – Formule 25 € – Menu 35/65 € – Carte 55/100 € *(fermé sam. midi, dim. soir et lundi de nov. à mars)*

À côté de l'office de tourisme, cet ancien couvent de carmélites (17e s.) cache des chambres spacieuses et rétro à souhait (dessus-de-lit fleuris, tapisseries, mobilier ancien, etc.), pour les amateurs d'atmosphère surannée... Il fait bon se promener dans le joli jardin ombragé ou faire quelques brasses dans la piscine.

Nord Pinus sans rest

pl. du Forum – ✆ 04 90 93 44 44 – www.nord-pinus.com – Ouvert 1er mars-15 nov.

24 ch – 170/320 € 170/320 € – 2 suites – 18 € Plan : Z**t**

Le superbe décor de cette institution arlésienne (mobilier signé du 20e siècle, collection de photographies) distille une atmosphère rétro. Idéal pour se balader en ville.

Cloître sans rest

18 r. du Cloître – ✆ 04 88 09 10 00 – www.hotel-cloitre.com Plan : Z**q**

19 ch – 75/90 € 90/110 € – 13 €

Montez dans la machine à remonter le temps ! Jouxtant le cloître de l'église St-Trophime, cet hôtel – créé en 2012 – revisite le style des années 1950 : mobilier et coloris sont très séduisants. En prime, la terrasse sur le toit offre une belle vue sur la ville. Très bon rapport charme-prix.

Le Calendal

ch, ch,

5 r. Porte-de-Laure – ✆ 04 90 96 11 89 – www.lecalendal.com Plan : Z**s**

38 ch – 69/89 € 109/199 € – 12 €

Rest – Carte 27/37 € *(ouvert 15 mars-1er oct. et fermé le soir et mardi)*

De petites chambres provençales avec vue sur les arènes ou le jardin. Parcours thermal "romain" au spa, restauration traditionnelle, terrasse ombragée...

Mireille

rest,

2 pl. St-Pierre, à Trinquetaille – ✆ 04 90 93 70 74 – www.hotel-mireille.com – Fermé 21 déc.-28 fév. Plan : Y**h**

34 ch – 75/165 € 85/165 € – 15 € – ½ P

Rest – Menu 27 € – Carte 33/48 € *(fermé le midi et dim.)*

Ne vous fiez pas à l'emplacement de cet hôtel. Les chambres y sont, au choix, modernes ou provençales ; l'accueil agréable et le petit-déjeuner de qualité. Terrasse sous les mûriers pour les amateurs de cuisine méridionale.

Amphithéâtre sans rest

5 r. Diderot – ✆ 04 90 96 10 30 – www.hotelamphitheatre.fr Plan : Z**n**

30 ch – 57/71 € 67/99 € – 3 suites – 8,50 €

Chambres colorées (bois peint, fer forgé) dans un bel immeuble du 17e s., plus grandes et raffinées dans l'hôtel particulier mitoyen. Jolie salle des petits-déjeuners.

Muette sans rest

15 r. des Suisses – ✆ 04 90 96 15 39 – www.hotel-muette.com – Fermé fév.

18 ch – 48/66 € 54/76 € – 9 € Plan : Y**q**

Près des arènes, belle façade du 12e s. Mobilier rustique ou contemporain dans les chambres (pierres et poutres apparentes). Établissement bien tenu et bon rapport qualité-prix.

Les Acacias sans rest

2 r. de la Cavalerie – ✆ 04 90 96 37 88 – www.hotel-acacias.com – Ouvert 7 avril-23 oct. Plan : Y**t**

33 ch – 60/80 € 60/80 € – 8 €

Hôtel au pied de la porte de la Cavalerie. Atmosphère camarguaise dans le hall et décor provençal dans les chambres, fonctionnelles et bien tenues.

XX **L'Atelier de Jean-Luc Rabanel** avec ch

7 r. des Carmes – ✆ 04 90 91 07 69 – www.rabanel.com – Fermé lundi et mardi
3 ch – †250/295 € ††250/295 € – ☕ 32 € Plan : Z**k**
Menu 65/185 € 🍷 *(réservation conseillée)*
Plus qu'un repas, une expérience ! Pour ce chef qui s'est fait une spécialité des légumes et du bio, cultiver le goût de la nature est un sacerdoce... qui n'interdit pas la plus grande créativité. Le menu unique (en 7 ou 13 plats) allie à l'envi l'insolite et la métamorphose... ➜ Bar de petite pêche, courgettes, coques et bouillon de mer gingembre-citronnelle. Thon de Méditerranée fumé, rôti à la plancha, légumes et béarnaise légère. "Anarch'riz" : 17 saveurs du riz noir de Camargue.

X **Bistro À Côté**

21 r. des Carmes – ✆ 04 90 47 61 13 – www.bistro-acote.com Plan : Z**u**
Menu 29 € – Carte 45/73 €
À côté de son bel Atelier, Jean-Luc Rabanel a ouvert ce bistrot où règne une atmosphère décontractée : les plats sont souvent présentés dans leur poêle de cuisson ou à partager, et on expose fièrement vins et jambons. D'une recette à l'autre, on pense Espagne, Provence ou Italie ; c'est la Méditerranée que l'on célèbre !

rte du Sambuc 17 km par ④, D 570 et D 36 – ✉ 13200 Arles

X **La Chassagnette** (Armand Arnal)

– ✆ 04 90 97 26 96 – www.chassagnette.fr – Fermé 2 semaines en nov., 24 déc.-1er janv., fév., mardi et merc. sauf juil.-août et lundi de nov. à avril
Menu 58/125 € 🍷 – Carte 58/70 € *(réservation conseillée)*
Un lieu magique que ce mas isolé ! Le chef mise sur une cuisine épurée, dans le respect des saisons et des produits du potager et du verger, pour une explosion de saveurs naturelles. ➜ Pulpe d'herbes amères, concombre glacé et eau de tomate. Cassolette de girolles, pêche blanche et loup rôti au poivre long. Vacherin à la fraise mara des bois au thym citron et sorbet fraise.

ARNAGE – 72 Sarthe ➜ voir Le Mans

ARNAY-LE-DUC

✉ 21230 (Côte-d'Or) – 1 630 hab. – Voir carte n°**8**-C2
▶ Paris 285 km – Autun 28 km – Beaune 36 km – Chagny 38 km
Carte Michelin 320-G7 – Guide Vert Michelin Bourgogne

XX **Chez Camille** avec ch

1 pl. Edouard-Herriot – ✆ 03 80 90 01 38 – www.chez-camille.fr
11 ch – †89 € ††89 € – ☕ 12 € – ½ P
Menu 24 € (semaine), 37/105 € – Carte 52/64 €
Cette maison régionale (1800) perpétue la tradition sans se soucier des modes... et c'est tant mieux ! On (re-)découvre avec plaisir les recettes typiques de la Bourgogne et les grands classiques de la cuisine bourgeoise, réalisés avec générosité et saveurs. Décor champêtre, avec quelques chambres simples pour la nuit.

LES ARQUES

✉ 46250 (Lot) – 207 hab. – Voir carte n°**28**-B1
▶ Paris 569 km – Cahors 28 km – Gourdon 27 km – Villefranche-du-Périgord 19 km
Carte Michelin 337-D4

X **La Récréation**

le bourg – ✆ 05 65 22 88 08 – www.restaurant-traiteur-lot.com – Fermé 16 nov.-15 déc., 7 janv.-13 fév., merc. et jeudi sauf fériés
Menu 25 € (déj.), 36/47 €
L'école est finie ! Dans cette sympathique maison, l'ancienne salle de classe est devenue celle du restaurant, et le préau, une jolie terrasse. Mais ici point de nostalgie : le décor tout comme la cuisine sont bien dans l'air du temps.

ARRADON – 56 Morbihan ➜ voir Vannes

ARRAS

✉ 62000 (Pas-de-Calais) – 41 611 hab. – Agglo. 86 643 hab. – Voir carte n°**30**-B2
▶ Paris 179 km – Amiens 69 km – Calais 110 km – Charleville-Mézières 159 km
Carte Michelin 301-J6

ARRAS

Adam (R. Paul)	AY	2
Agaches (R. des)	BY	3
Albert-Ier-de-Belgique (R.)	BY	4
Ancien-Rivage (Pl. de l')	BY	5
Barbot (R. du Gén.)	BY	6
Baudimont (Rd-Pt)	AY	7
Carabiniers-d'Artois (R. des)	AY	8
Cardinal (R. du)	CZ	9
Delansorne (R. D.)	BZ	10
Doumer (R. P.)	BY	11
Droits de l'Homme (Av. des)	CY	12
Ernestale (R.)	BZ	13
Ferry (R. J.)	AY	15
Foch (R. Maréchal)	CZ	16
Gambetta (R.)	BCZ	
Gouvernance (R. de la)	BY	18
Guy Mollet (Pl.)	CY	19
Kennedy (Av. J.)	AZ	24
Legrelle (R. E.)	BCZ	25
Madeleine (Pl. de la)	BY	28
Marché-au-Filé (R. du)	BY	30
Marseille (Pl. de)	BZ	31
Robespierre (R.)	BZ	34
Ronville (R.)	CZ	35
Ste-Claire (R.)	AZ	37
Ste-Croix (R.)	CY	39
St-Aubert (R.)	BY	
Strasbourg (Bd de)	CZ	42
Taillerie (R. de la)	CY	43
Teinturiers (R. des)	BY	45
Théâtre (Pl. et R.)	BZ	47
Verdun (Cours de)	AZ	49
Victor-Hugo (Pl.)	AZ	51
Wacquez-Glasson (R.)	CZ	52
Wetz-d'Amain (Pl. du)	BY	53
29-Juillet (R. du)	BY	54
33e (Pl. du)	BY	55

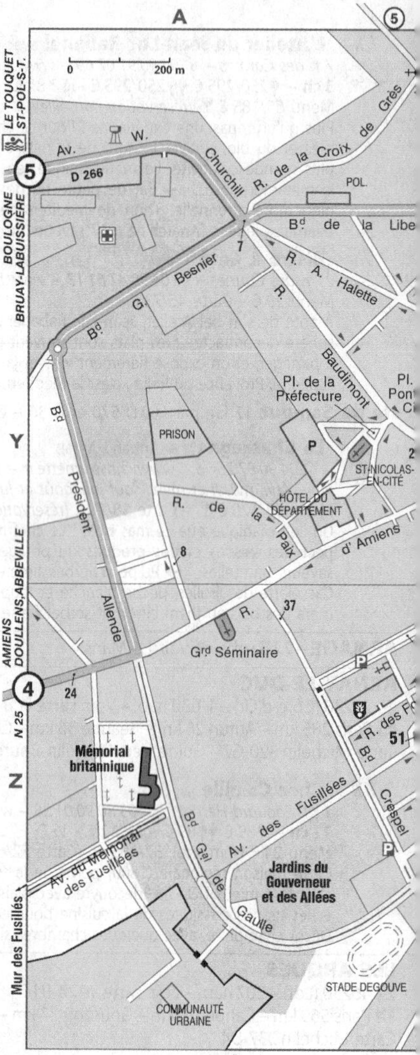

Hôtel de l'Univers ch, rest,

3 pl. de la Croix-Rouge – ✆ 03 21 71 34 01 – www.hotel-univers-arras.com

38 ch – †82/185 € ††82/185 € – ☕ 16 € Plan : BZ**v**

Rest – Formule 19 € – Menu 26/39 € – Carte 45/75 €

À deux pas du beffroi de la ville, cette élégante demeure du 17ᵉ s. abrita jadis un monastère, puis un hôpital... Désormais, on s'y ressource, paisiblement, dans un décor soigné (objets ethniques et contemporains). Spécialités régionales au restaurant.

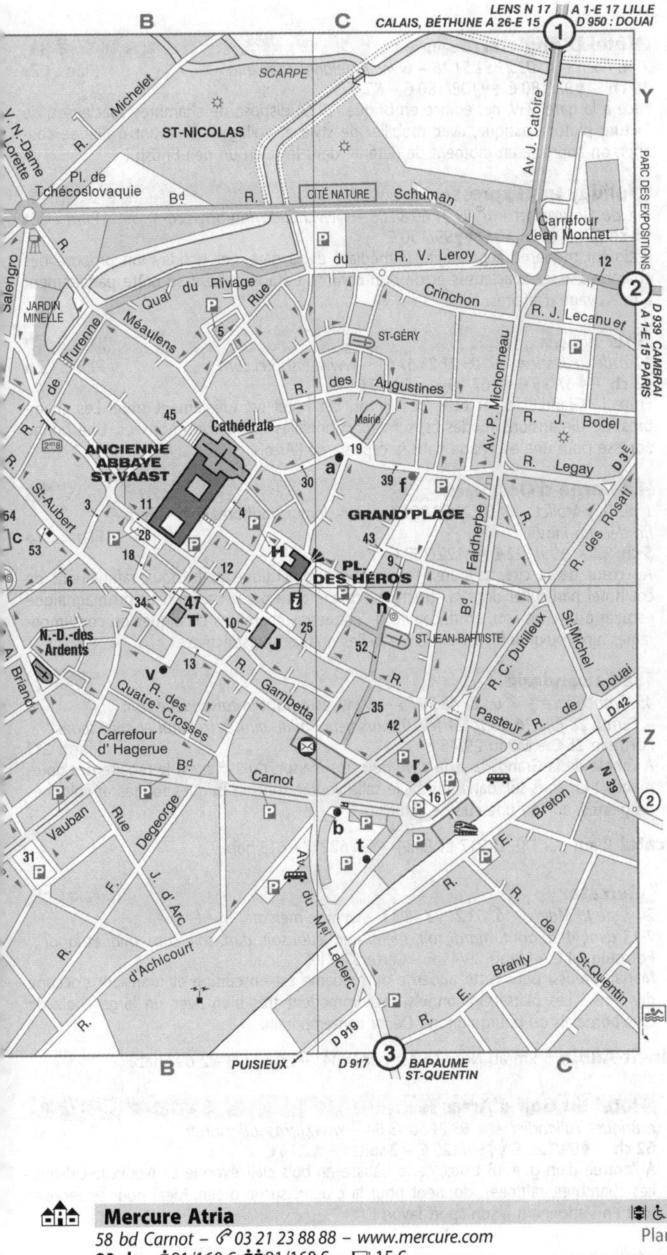

LENS N 17 | A 1-E 17 LILLE
CALAIS, BÉTHUNE A 26-E 15 | D 950 : DOUAI
B C
SCARPE
R. Michelet
ST-NICOLAS
V. N.-Dame de Lorette
Pl. de Tchécoslovaquie
Bd R. Schuman
CITÉ NATURE
Av. J. Catoire
PARC DES EXPOSITIONS
Carrefour Jean Monnet
Y
R. V. Leroy
Crinchon
R. J. Lecanu et
D 939 CAMBRAI A 1-E 15 PARIS
Salengro
JARDIN MINELLE
Quai du Rivage
Rue Méaulens
R. de Turenne
ST-GÉRY
R. des Augustines
Av. P. Michonneau
Mairie
R. J. Bodel
R. Legay
Cathédrale
ANCIENNE ABBAYE ST-VAAST
GRAND'PLACE
PL. DES HÉROS
R. St-Aubert
Bd Faidherbe
R. des Rosati
ST-JEAN-BAPTISTE
N.-D.-des Ardents
R. C. Dutilleux
St-Michel
R. de Douai
R. Gambetta
R. des Quatre-Crosses
A. Briand
Carrefour d' Hagerue
R. Pasteur
Z
Bd Carnot
N 39
Breton
Vauban
Rue Degeorge
F. J. d'Arc
R. d'Achicourt
Av. du Mal Leclerc
R. de St-Quentin
R. E. Branly
D 919
PUISIEUX
D 917
BAPAUME ST-QUENTIN

Mercure Atria

58 bd Carnot – ✆ 03 21 23 88 88 – www.mercure.com Plan : CZ**b**

80 ch – 🚹81/160 € 🚹🚹81/160 € – ☕ 15 €

Rest – Formule 16 € – Carte 26/40 € *(fermé sam. midi, dim. midi et fériés le midi)*

Derrière sa façade de verre et de brique, cet hôtel du centre d'affaires – tout proche de la gare – abrite des chambres fonctionnelles et contemporaines. Le lieu est parfait pour organiser des séminaires. Restauration traditionnelle.

Hôtel D'Angleterre sans rest
7 pl. Foch – ✆ 03 21 51 51 16 – www.hotelangleterre.info Plan : CZ**r**
19 ch – †93/180 € ††108/180 € – ☕ 9 €
Face à la gare TGV, cet édifice en brique (1929) dispose de chambres spacieuses, de facture plutôt classique, avec mobilier de style et voilages... Et avant d'aller se coucher, on apprécie un moment de détente dans le salon un rien British !

Holiday Inn Express sans rest
3 r. du Dr-Brassart – ✆ 03 21 60 88 88 – www.holidayinn-arras.com Plan : CZ**t**
98 ch ☕ – †99/150 € ††99/150 €
Bâtiment moderne à proximité immédiate de la gare, cet Holiday Inn propose des chambres assez spacieuses et de bon confort. L'établissement se prête parfaitement à un voyage d'affaires.

Ibis sans rest
11 r. de la Justice – ✆ 03 21 23 61 61 – www.ibishotel.com Plan : CZ**n**
63 ch – †67/99 € ††67/99 € – ☕ 10 €
Entre la Grand'Place et celle des Héros, cet hôtel est idéalement situé. Les chambres, de dimensions modestes, sont fonctionnelles et bien insonorisées. Une bonne adresse pour une escapade dans la capitale de l'Artois.

La Corne d'Or sans rest
1 pl. Guy-Mollet – ✆ 03 21 58 85 94 – www.lamaisondhotes.com – Fermé fin déc.-fin janv. Plan : CY**a**
5 ch ☕ – †99/122 € ††122/152 €
Au cœur de la cité, savourez l'atmosphère romantique et le doux raffinement de cet hôtel particulier dont la structure actuelle date du 18ᵉ s. En haut du magnifique escalier à tête de lion, on découvre de coquettes chambres classiques ou contemporaines ainsi qu'un loft mansardé. De belles nuits en perspective...

La Faisanderie
45 Grand'Place – ✆ 03 21 48 20 76 – www.restaurant-la-faisanderie.com – Fermé 28 juil.-16 août, 24 fév.-9 mars, jeudi midi, dim. soir, lundi et soirs fériés
Formule 25 € – Menu 29/45 € Plan : CY**f**
À l'angle de la Grand'Place, la cave de cette maison du 17ᵉ s. est le repaire des gourmands ! En sous-sol, dans une belle salle voûtée tout en briques rouges et colonnes de pierres, on sert une cuisine actuelle.

à Mercatel 8 km par ③, D 917 et D 34 – ✉ 62217 – 615 hab.

Mercator
24 r. de la Mairie – ✆ 03 21 73 48 33 – www.le-mercator.fr – Fermé 7-13 avril, 4-20 août, mardi soir, merc. soir, jeudi soir, dim. soir, sam. midi et lundi
Formule 24 € – Menu 29/41 € – Carte 37/71 €
Mariage réussi pour cette auberge où madame est en cuisine et monsieur s'occupe des vins ! Les plats traditionnels s'accommodent très bien avec un large choix de crus bordelais ou bourguignons. Décor contemporain.

à Anzin-St-Aubin 5 km au Nord-Ouest par D 341 – ✉ 62223 – 2 697 hab.

Hôtel du Golf d'Arras sans rest
r. Briquet-Tallandier – ✆ 03 21 50 45 04 – www.arrasgolfresort.fr
62 ch – †99/125 € ††99/125 € – 2 suites – ☕ 14 €
À l'entrée d'un golf 18 trous, cette bâtisse en bois clair évoque La Nouvelle-Orléans. Les chambres, raffinées, donnent pour la plupart sur le green. Idéal pour se reposer tout en s'adonnant à son sport favori !

ARREAU

✉ 65240 (Hautes-Pyrénées) – 797 hab. – **Voir carte n°28-A3**
▶ Paris 818 km – Auch 91 km – Bagnères-de-Luchon 34 km – Lourdes 81 km
Carte Michelin 342-O7

 **Angleterre**

18 rte de Luchon – ✆ 05 62 98 63 30 – www.hotel-angleterre-arreau.com – Ouvert de mi-mai à mi-oct., week-ends et vacances scolaires de Noël, de fév. et fermé lundi en mai-juin et sept.

18 ch – 80/95 € 90/130 € – 11 € – ½ P

Rest – Menu 24/38 € *(fermé le midi)*

Dans un petit village typique de la vallée, relais de poste transformé en hôtel de caractère. Un bel escalier dessert les chambres, cosy et bien tenues. Au restaurant, atmosphère feutrée, mi-contemporaine, mi-campagnarde.

ARROMANCHES-LES-BAINS

✉ 14117 (Calvados) – 587 hab. – **Voir carte n°32-B2**

Paris 266 km – Bayeux 11 km – Caen 34 km – St-Lô 46 km

Carte Michelin 303-I3 – Guide Vert Michelin Normandie Cotentin

 **La Marine**  rest,

1 quai du Canada – ✆ 02 31 22 34 19 – www.hotel-de-la-marine.fr – Fermé 11 nov.-6 fév.

33 ch – 61/96 € 61/96 € – 12 €

Rest – Formule 19 € – Menu 29/59 € – Carte 35/60 €

Dans cet hôtel idéalement situé, la grande majorité des chambres offrent une vue imprenable sur la mer et les vestiges de l'immense port artificiel de 1944. Un ensemble bien tenu, dans un style marin accueillant.

à Manvieux 2,5 km au Sud-Ouest par D 516 et D 514 – ✉ 14117 – 118 hab.

 **La Gentilhommière** sans rest 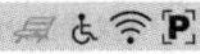

4 route de Port-en-Bessin – ✆ 02 31 51 97 91 – www.lagentilhommiere-arromanches.com

5 ch – 78 € 78 €

Cette demeure en pierre du 18e s. garantit des nuits paisibles dans des chambres parfaitement tenues. Isabelle et Patricia, les deux sœurs qui tiennent cette chambre d'hôtes, sont charmantes ! Brioche, confitures et yaourt maison au petit-déjeuner.

à La Rosière 3 km au Sud-Ouest par rte de Bayeux – ✉ 14117

La Rosière sans rest

14 rte de Bayeux – ✆ 02 31 22 36 17 – www.hotellarosierebayeux.com – Ouvert 23 mars-11 nov.

24 ch – 50/85 € 60/95 € – 10 €

Un hôtel moderne en léger retrait de la route ; la mer n'est pas très loin. Les chambres sont agréables, très bien tenues, majoritairement de plain-pied, et donnent sur le jardin fleuri. Amabilité et discrétion.

ARS-EN-RÉ – 17 Charente-Maritime ➔ voir Île de Ré

ARTRES – 59 Nord ➔ voir Valenciennes

ARVIEUX

✉ 05350 (Hautes-Alpes) – 375 hab. – **Voir carte n°41-C1**

Paris 782 km – Briançon 55 km – Gap 80 km – Marseille 254 km

Carte Michelin 334-I4 – Guide Vert Michelin Alpes du Sud

 **La Ferme de l'Izoard** 

La Chalp, rte du Col – ✆ 04 92 46 89 00 – www.laferme.fr – Fermé avril et de nov. à mi-déc.

23 ch – 65/127 € 65/169 € – 3 suites – 12 € – ½ P

Rest – Formule 15 € – Menu 25/53 € – Carte 27/54 € *(fermé mardi midi et jeudi midi sauf vacances scolaires)*

Cette ferme queyrassine traditionnelle abrite de grandes chambres décorées dans une veine locale ; celles-ci jouissent d'un balcon ou d'une terrasse avec vue sur la vallée. Jacuzzi et hammam. Spécialités du terroir au restaurant.

ARZ (ÎLE-D') – 56 Morbihan ➔ voir Île-d'Arz

ARZAY

✉ 38260 (Isère) – 216 hab. – **Voir carte n°44-B2**
Paris 538 km – Bourg-en-Bresse 132 km – Grenoble 62 km – Lyon 80 km
Carte Michelin 333-E5

Château d'Arzay sans rest
156 r. de Vienne – ✆ 04 74 57 06 02 – www.chateaudarzay.fr – Fermé 24 déc.-2 janv.
3 ch – 130 € 130 €
Avec leurs meubles chinés, linge brodé et ciels de lit, les chambres de cette grande maison de maître du 19e s. allient cachet et romantisme... Au fond du parc, à la lisière de la forêt, se cache une ravissante chapelle (1750). Tout est réuni pour une charmante escapade, à mi-chemin entre Lyon et Grenoble.

ARZON

✉ 56640 (Morbihan) – 2 112 hab. – **Voir carte n°9-A3**
Paris 487 km – Auray 52 km – Lorient 94 km – Quiberon 81 km
Carte Michelin 308-N9 – Guide Vert Michelin Bretagne Sud

au Port du Crouesty 2 km au Sud-Ouest – ✉ 56640

Miramar Crouesty 
– ✆ 02 97 53 49 00 – www.miramarcrouesty.com – Fermé janv.
104 ch – 118/276 € 146/354 € – 12 suites – 21 € – ½ P
Rest *Le Diététique* – Formule 32 € – Menu 44 € – Carte 39/61 €
Rest *Le Ruban Bleu* – Formule 32 € – Menu 44/78 € – Carte 42/80 €
Arrimé à la pointe de la presqu'île de Rhuys, cet hôtel profilé comme un paquebot dispose de vastes chambres tournées vers l'océan. Centre de thalassothérapie et spa. Cuisine de produits au Ruban Bleu et inventive au Diététique.

Le Crouesty sans rest
r. du Croisty – ✆ 02 97 53 87 91 – www.hotellecrouesty.com – Ouvert de mars à mi-nov.
26 ch – 69/225 € 85/225 € – 12 €
Idéalement situé sur la presqu'île de Rhuys, tout près du port de plaisance d'Arzon et des plages. Les chambres – entièrement rénovées en 2011 – sont très bien tenues.

à Port Navalo 3 km à l'Ouest – ✉ 56640

Grand Largue 
à l'embarcadère – ✆ 02 97 53 71 58 – www.grandlargue.fr – Fermé 12 nov.-25 déc., 3 janv.-7 fév., mardi sauf juil.-août et lundi sauf fériés
Formule 29 € – Menu 38 € (semaine), 58/68 € – Carte 50/80 €
À l'étage de cette villa, on savoure aussi bien la vue panoramique sur le golfe du Morbihan qu'une cuisine gastronomique basée sur les beaux produits de la mer (homard, bar de ligne, coquillages). Au rez-de-chaussée, un vent marin souffle sur le bistrot Le P'tit Zeph.
Le P'tit Zeph ✆ 02 97 49 40 34 – Formule 22 € – Menu 28 € – Carte 38/47 €

ASLONNES – 86 Vienne → voir Poitiers

ASNIÈRES-SUR-SEINE – 92 Hauts-de-Seine → voir Paris, Environs

ASPRES-LES-CORPS – 05 Hautes-Alpes → voir Corps

ASTAFFORT

✉ 47220 (Lot-et-Garonne) – 2 077 hab. – **Voir carte n°4-C2**
Paris 674 km – Agen 19 km – Auvillar 29 km – Condom 31 km
Carte Michelin 336-F5

Cochon, Canard et Compagnie
9 fg Corné, (face à la poste) – ✆ 05 53 67 10 27 – Fermé janv., merc. midi, dim. soir, lundi et mardi
Menu 28/49 € – Carte 32/42 €
L'enseigne parle d'elle-même : est-il besoin d'en rajouter ? Au moins faut-il insister : ce bistrot est une vraie ode au terroir. Produits bien choisis, petit espace épicerie fine... en bonne compagnie !

ATTICHES

✉ 59551 (Nord) – 2 309 hab. – **Voir carte n°31-C2**

▶ Paris 218 km – Arras 44 km – Lille 18 km – Mons 84 km

Carte Michelin 302-G4

XX **L'Essentiel** Ⓝ

19 r. de Neuville, à Petit-Attiches – ✆ 03 20 90 06 97 – www.essentiel-restaurant.fr – Fermé 3 semaines en août, dim. soir, mardi soir, sam. midi et lundi

Formule 24 € 🍷 – Menu 39/80 € 🍷 – Carte 61/72 €

Une belle bâtisse en brique rouge au croisement de deux rues, dans le hameau de Petit-Attiches. Photos en noir et blanc, terrasse et joli jardin à l'arrière : l'atmosphère est plaisante. Dans l'assiette, de belles présentations et des plats actuels réalisés avec soin ; bref : une cuisine qui va... à l'essentiel !

ATTICHY

✉ 60350 (Oise) – 1 931 hab. – **Voir carte n°37-C2**

▶ Paris 101 km – Compiègne 18 km – Laon 62 km – Noyon 26 km

Carte Michelin 305-J4

XX **La Croix d'Or**

13 r. Tondu-de-Metz – ✆ 03 44 42 15 37 – www.croixdor.fr – Fermé dim. soir, lundi et mardi

Formule 15 € – Menu 18 € (semaine), 35/46 €

Un restaurant dans un relais de poste du 19es. On y savoure une cuisine aux accents régionaux.

ATTIGNAT

✉ 01340 (Ain) – 2 936 hab. – **Voir carte n°44-B1**

▶ Paris 420 km – Bourg-en-Bresse 13 km – Lons-le-Saunier 76 km – Louhans 46 km

Carte Michelin 328-D3

XX **Laurent Perréal** avec ch

481 Grande Rue, D 975 – ✆ 04 74 30 92 24 – www.llperreal.com – Fermé 4-24 août, 21-30 déc. et dim. soir

12 ch – 🚹70/74 € 🚹🚹74/80 € – ☕ 10 € – ½ P

Menu 25 € (déj. en semaine), 29/65 € – Carte 52/84 €

Grenouilles, volailles de Bresse, carpes, agneau du pays, crème d'Étrez... les incontournables de la région dans votre assiette ! Le chef a un beau parcours et cela se sent. Quelques chambres pour prolonger l'étape.

AUBAGNE

✉ 13400 (Bouches-du-Rhône) – 46 423 hab. – **Voir carte n°40-B3**

▶ Paris 788 km – Aix-en-Provence 39 km – Brignoles 48 km – Marseille 18 km

Carte Michelin 340-I6 – Guide Vert Michelin Provence

Souléia sans rest

4 cours Voltaire – ✆ 04 42 18 64 40 – www.hotel-souleia.com

71 ch ☕ – 🚹90/125 € 🚹🚹100/135 €

Cet hôtel moderne abrite des chambres fonctionnelles et bien tenues, certaines adaptées aux familles. Une option utile pour résider au cœur de la capitale du santon.

XX **Les Arômes**

8 r. Moussard – ✆ 04 42 03 72 93 – www.lesaromes.vpweb.fr – Fermé 20 août-8 sept., mardi soir, merc. soir, sam. midi, dim. et lundi

Formule 25 € – Menu 31/49 € *(réservation conseillée)*

Dans une ruelle de la vieille ville, ce restaurant familial a été joliment décoré par la maîtresse des lieux. Tous les parfums de la Provence se retrouvent à la carte et sur le menu du marché !

AUBAZINE

✉ 19190 (Corrèze) – 874 hab. – **Voir carte n°25-C3**

▶ Paris 480 km – Aurillac 86 km – Brive-la-Gaillarde 14 km – St-Céré 50 km

Carte Michelin 329-L4 – Guide Vert Michelin Périgord Quercy

Hôtel de la Tour 

pl. de l'Église – ✆ 05 55 25 71 17 – www.hoteldelatour19.com – Fermé 2-14 janv., dim. soir et lundi midi sauf juil.-août

17 ch – 55 € 55 € – 8 € – ½ P **Rest** – Formule 19 € – Menu 24/33 €

Face à l'imposante abbaye (12e s.), cette vieille maison de caractère, flanquée d'une tour, abrite des chambres sobres et fonctionnelles. Côté restaurant, place à un décor résolument rustique, avec cuivres et étains, et à une carte qui honore les recettes régionales.

AUBE

61270 (Orne) – 1 412 hab. – **Voir carte n°33-C3**

Paris 144 km – L'Aigle 7 km – Alençon 55 km – Argentan 47 km

Carte Michelin 310-M2 – Guide Vert Michelin Normandie Vallée de la Seine

Auberge St-James

62 rte de Paris – ✆ 02 33 24 01 40 – Fermé dim. soir, mardi soir et merc.

Menu 13 € (déj.), 19/30 € – Carte 30/45 €

Le fait est méconnu : c'est dans ce village ornais que la comtesse de Ségur écrivit la plupart de ses romans. Sophie n'aurait sans doute pas été malheureuse dans cette auberge traditionnelle qui cultive le goût des terroirs de France (tête de veau sauce ravigote, ravioles de langoustine à la provençale, etc.).

AUBENAS

07200 (Ardèche) – 11 323 hab. – **Voir carte n°44-A3**

Paris 627 km – Alès 76 km – Montélimar 41 km – Privas 32 km

Carte Michelin 331-I6 – Guide Vert Michelin Ardèche Drôme

Ibis sans rest

rte de Montélimar – ✆ 04 75 35 44 45 – www.ibishotel.com

63 ch – 75/85 € 75/85 € – 10 €

À la sortie sud de la ville, des chambres conformes aux normes de la chaîne.

La Villa Tartary

64 r. de Tartary – ✆ 04 75 35 23 11 – www.restaurant-ardeche.com – Fermé 1 semaine en juin, 1 semaine en sept., 24 déc.-7 janv., dim. et lundi sauf fériés

Menu 20 € (déj. en semaine), 29/40 €

De belles voûtes en pierres de taille, des cuisines ouvertes, un mobilier design, une terrasse face au château d'Aubenas... et à la carte, des saveurs retrouvées ou plus inventives.

M Restaurant

17 r. Champalbert – ✆ 04 75 36 41 66 – Fermé 1 semaine en août, dim. et lundi

Menu 20 € (déj. en semaine)/31 € – Carte environ 41 € *(réservation conseillée)*

Vous aimez être étonné ? Dans ce cas, cette sympathique adresse, tout de blanc et rouge vêtue, devrait vous plaire... Dans ses cuisines ouvertes sur la salle, le jeune chef signe des recettes originales et pleines de parfums, et un savoureux menu surprise. Bon choix de vins au verre. Et l'on M aussi les petits prix !

Le Coyote

13 bd Jean-Mathon – ✆ 04 75 35 01 28 – www.restaurantlecoyote.com – Fermé 24 déc.-5 janv., dim. et lundi

Formule 17 € – Menu 20 € (déj. en semaine), 27/34 € – Carte 31/45 € *(réservation conseillée)*

Du foie gras et un chutney de figues, un confit de canard aux girolles fraîches, des Saint-Jacques aux truffes... des saveurs classiques et raffinées ; une atmosphère conviviale.

Notes de Saveurs

16 r. Nationale – ✆ 04 75 93 94 46 – Fermé vacances de Pâques, de la Toussaint, 1er-14 janv., lundi soir de nov. à avril, mardi de sept. à juin, merc. sauf le midi en juil.-août et dim. en juil.-août

Formule 13 € – Menu 17 € (déj. en semaine) – Carte 32/39 € *(réservation conseillée)*

Assis dans la salle voûtée en pierre, face aux ruines de l'ancien couvent bénédictin, on savoure une cuisine où les produits de qualité ont la part belle : dans l'assiette, c'est généreux, gourmand, parfumé et original. Une adresse conviviale et agréable, lancée par un jeune couple en 2011.

AUBETERRE-SUR-DRONNE

✉ 16390 (Charente) – 418 hab. – Voir carte n°**39**-C3
Paris 494 km – Angoulême 48 km – Bordeaux 90 km – Périgueux 54 km
Carte Michelin 324-L8 – Guide Vert Michelin Poitou-Charentes

Hostellerie du Périgord avec ch — rest,
(quartier Plaisance) – ✆ 05 45 98 50 46 – www.hostellerie-perigord.com – Fermé 2 semaines en janv., dim. soir et lundi
11 ch – 60 € 70 € – 9 € – ½ P Formule 13 € – Menu 17/50 €
Au pied d'un des plus beaux villages de France – à découvrir –, un hôtel-restaurant familial dont la façade arbore volets colorés et vigne vierge... La tradition est à l'honneur à table (produits locaux) ; les chambres se révèlent confortables, dans une veine contemporaine assez fraîche.

AUBIGNY-SUR-NÈRE

✉ 18700 (Cher) – 5 769 hab. – Voir carte n°**12**-C2
Paris 180 km – Orléans 67 km – Bourges 48 km – Cosne-Cours-sur-Loire 41 km
Carte Michelin 323-K2 – Guide Vert Michelin Limousin Berry

La Chaumière
2 r. Paul-Lasnier – ✆ 02 48 58 04 01 – www.hotel-restaurant-la-chaumiere.com – Fermé 31 juil.-11 août, mi-fév. à mi-mars, dim. soir, lundi et fériés
19 ch – 63/89 € 82/144 € – 10 €
Rest *La Chaumière* – voir les restaurants ci-après
Une belle maison ancienne qui soigne son image champêtre : les chambres, habillées de pierre et de bois, sont confortables et cosy. Cerise sur le gâteau, l'accueil est charmant.

Villa Stuart
12 av. de Paris – ✆ 02 48 58 93 30 – www.villastuart.com
5 ch – 75 € 88 € **Table d'hôte** – Menu 30 €
Agréable séjour dans cette belle demeure bourgeoise. Chambres spacieuses et claires, décorées selon des thèmes variés (voyage, art, histoire...). Chefs en herbe, réjouissez-vous ! Le propriétaire réalise ses propres confitures et propose des cours de cuisine.

La Chaumière – Hôtel La Chaumière
2 r. Paul-Lasnier – ✆ 02 48 58 04 01 – www.hotel-restaurant-la-chaumiere.com – Fermé 31 juil.-11 août, mi-fév. à mi-mars, dim. soir, lundi et fériés
Menu 23 € (semaine), 31/63 € – Carte 44/60 €
Ne vous fiez pas à la sobriété extérieure de cette chaumière. Sitôt le pas-de-porte franchi, murs en briques et colombages composent un décor des plus chaleureux. En cuisine, le chef concocte une cuisine fort agréable, qui met en valeur les saisons et les produits du marché.

Le Bien Aller
3 r. des Dames – ✆ 02 48 58 03 92 – Fermé mardi et merc. sauf juil.-août
Formule 18 € – Menu 25 € (déj. en semaine)/28 €
Le Bien Aller et... le bien manger ! Que vous aimiez l'esprit bistrot ou le baroque (deux atmosphères), composez votre menu à partir des suggestions à l'ardoise. Une fois servi, on savoure ces plats traditionnels où le terroir a la part belle… tout en contemplant les expositions de peintures et de photos.

AUBRAC

✉ 12470 (Aveyron) – Voir carte n°**29**-D1
Paris 581 km – Aurillac 97 km – Mende 66 km – Rodez 56 km
Carte Michelin 338-J3

La Dômerie
1 r. Audrain – ✆ 05 65 44 28 42 – www.hoteldomerie.com – Ouvert 1er avril-16 oct.
23 ch – 70/98 € 70/98 € – 12 € – ½ P
Rest *La Dômerie* – voir les restaurants ci-après
Au cœur d'Aubrac, une belle demeure en basalte et granit. Les chambres, d'esprit classique, rustique ou plus cosy, sont agréables. Et le restaurant réserve son lot de gourmandises... Une bonne étape.

La Dômerie

1 r. Audrain – ✆ 05 65 44 28 42 – www.hoteldomerie.com – Ouvert 1er avril-11 nov. et fermé le midi en semaine sauf juil.-août
Menu 23/36 € – Carte 27/47 €
Ici, la cuisine est simple, familiale et exclusivement réalisée avec des produits du terroir : le bœuf d'Aubrac et l'aligot sont des incontournables de la maison, ainsi que la tête de veau sauce gribiche. Traditionnel et copieux !

AUBUSSON

✉ 23200 (Creuse) – 3 844 hab. – Voir carte n°**25**-C2
Paris 387 km – Clermont-Ferrand 91 km – Guéret 41 km – Limoges 89 km
Carte Michelin 325-K5 – Guide Vert Michelin Limousin Berry

Hôtel de France

ch, rest,

6 r. des Déportés – ✆ 05 55 66 10 22 – www.aubussonlefrance.com – Fermé 23 déc.-7 janv.
21 ch – 71/105 € 71/105 € – 10 € – ½ P
Rest – Formule 15 € – Menu 21/42 € – Carte 27/55 € *(fermé dim. soir de début nov. à fin mai)*
Près de l'église Ste-Croix, cette jolie demeure du 17e s. dispose de chambres confortables et aménagées avec goût : meubles chinés, tissus choisis, etc. Cuisine du terroir au restaurant et agréable petit espace détente (sauna, hammam...).

La Beauze sans rest

14 av. de la République – ✆ 05 55 66 46 00 – www.hotellabeauze.fr – Fermé 26 fév.-7 mars
10 ch – 65/78 € 65/85 € – 8 €
C'est une maison en pierre, typique du pays creusois. Les chambres sont décorées avec goût, dans un style contemporain, et donnent toutes sur le jardin, en bordure de rivière, avec des arbres – séquoia, épicéa – plus que centenaires. Quiétude, sans aucun doute !

AUCH

✉ 32000 (Gers) – 21 576 hab. – Voir carte n°**28**-B2
Paris 713 km – Agen 74 km – Bordeaux 205 km – Tarbes 74 km
Carte Michelin 336-F8

Château les Charmettes sans rest

21 rte de Duran, 2 km à l'Ouest par D 924 et D 148 – ✆ 05 62 62 10 10 – www.chateaulescharmettes.com – Ouvert 1er avril-30 nov.
6 ch – 160/400 € 160/400 € – 20 €
Luxueux manoir ocre et bleu : chaque chambre est décorée selon une thématique différente (blues, fugue, concerto...). Suites avec jacuzzi. Parc, piscine... Une belle adresse.

Le Bartok

1 r. Gambetta – ✆ 05 62 05 87 82 – www.le-bartok.com – Fermé 11-31 août, 1er-6 janv., dim. et lundi
Plan : AY**a**
Formule 11 € – Menu 14 € (déj. en semaine), 25/39 €
Dans ce couvent du 14e s., le décor est chaleureux et l'on découvre un patio fleuri. Le chef travaille de beaux produits frais, typiques d'une cuisine de marché.

La Table d'Oste

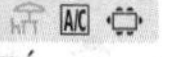

7 r. Lamartine – ✆ 05 62 05 55 62 – www.table-oste-restaurant.com – Fermé 1 semaine en avril, 1 semaine en juin, 1 semaine en oct., 1 semaine fin janv., sam. soir, lundi midi et dim.
Plan : AY**b**
Menu 27/36 € – Carte 30/60 € *(réservation conseillée)*
Près de la cathédrale, ce restaurant familial joue la carte de la cuisine régionale, avec des recettes du terroir gascon et des spécialités de canard (magret, daube, confit, etc.). Authentique.

AUCH

Rue	Carré	N°
Alsace (Av. d')	BY	2
Caillou (Pl. du)	AZ	4
Caumont (R.)	AZ	5
Convention (R. de la)	AZ	7
Daumesnil (R.)	BY	9
David (Pl. J.)	AY	8
Dessoles (R.)	AY	12
Espagne (R.)	AZ	13
Fabre d'Églantine (R.)	AZ	14
Gambetta (R.)	AY	
Lagarrasic (Allées)	ABZ	17
Lamartine (R.)	AY	15
Lartet (R. Ed.)	AZ	16
Lissagaray (Q.)	BYZ	18
Marceau (R.)	BY	19
Marne (Av. de la)	BY	22
Montebello (R.)	BZ	23
Pasteur (R.)	BZ	25
Pont-National (R. du)	AZ	27
Pouy (R. du)	BY	28
Prieuré (Pt du)	AZ	29
Rabelais (R.)	BZ	31
République (Pl. de la)	AZ	33
Rousseau (R. A.)	AZ	35
Salleneuve (R.)	AY	38
Somme (R. de la)	BY	40

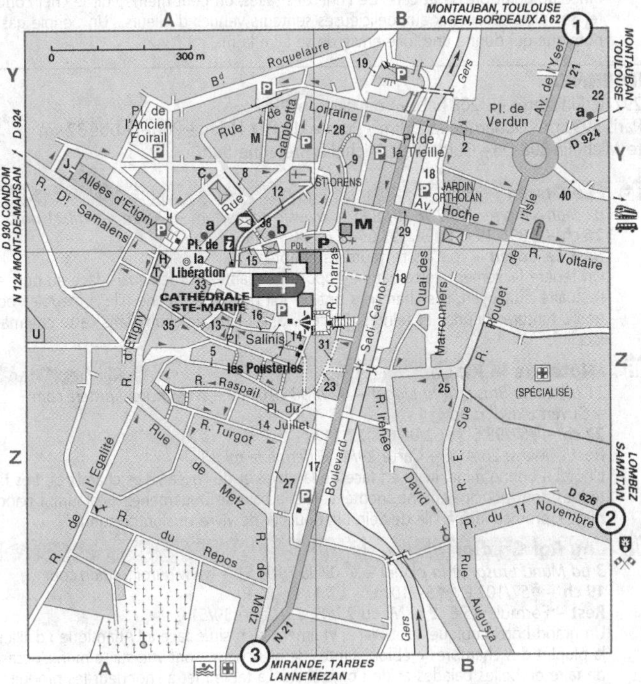

rte d'Agen 7 km par ①

XX **Le Papillon**

N 21 ✉ 32810 Montaux-les-Crénaux – ✆ 05 62 65 51 29 – www.restaurant-lepapillon.com – Fermé 2 semaines en mars, 2 semaines en juil., 1 semaine en sept., dim. soir et lundi

Menu 15 € (déj. en semaine), 29/50 € – Carte 44/52 €

Bonne cuisine du chef qui joue sur un registre régional bien maîtrisé. Tout est fait maison. Aux beaux jours, profitez de la terrasse.

à St-Jean-le-Comtal 10 km au Sud-Ouest par ③, N 21 et D150 – ✉ 32550 – 387 hab.

XX **Le Château de Camille**

– ✆ 05 62 05 34 58 – www.lechateaudecamille.com – Fermé mardi soir, merc. soir et jeudi soir d'oct. à mai, dim. soir et lundi

Formule 15 € – Menu 26 € – Carte 33/40 €

Une belle bâtisse du 17e s., très élégante, dans un parc planté d'essences anciennes. Porc noir gascon, foie et magret de canard pour le terroir, et cuisine du marché.

AUDERVILLE

✉ 50440 (Manche) – 267 hab. – **Voir carte n°32-A1**

Paris 382 km – Caen 149 km – Cherbourg 29 km – Saint-Lô 113 km

Carte Michelin 303-A1 – Guide Vert Michelin Normandie Cotentin

La Malle aux Épices

– ✆ 02 33 52 77 44 – www.lamalleauxepices.com – Fermé de mi-janv. à mi-fév., sam. midi, dim. soir, lundi soir et mardi

Formule 21 € – Menu 24 € – Carte 25/40 € *(réservation conseillée)*

Atmosphère conviviale et invitation au voyage dans ce repaire villageois qui fait aussi office de point presse et café. De l'une des salles, on peut même voir le chef concocter ses plats savoureux aux délicieuses senteurs venues d'ailleurs... Un périple gastronomique qui donne une folle envie de se faire la malle !

AUDIERNE

29770 (Finistère) – 2 208 hab. – Voir carte n°9-A2

Paris 599 km – Douarnenez 21 km – Pointe du Raz 16 km – Pont-l'Abbé 32 km

Carte Michelin 308-D6 – Guide Vert Michelin Bretagne Sud

Le Goyen

pl. Jean-Simon – ✆ 02 98 70 08 88 – www.le-goyen.com – Ouvert 4 avril-11 nov.

26 ch – 89/119 € 96/195 € – 13 € – ½ P

Rest *Le Goyen* – voir les restaurants ci-après

On repère facilement cette bâtisse imposante plantée sur les quais, face au port et à l'estuaire du Goyen. Les chambres ont un joli petit côté "jeune fille" : meubles bourgeois, tentures fleuries et teintes douces... Une étape de choix dans cette charmante localité.

Hôtel de la Plage

rest,

21 bd Manu-Brusq, (à la plage) – ✆ 02 98 70 01 07 – www.hotel-finistere.com – Ouvert d'avril à nov.

22 ch – 62/98 € 62/98 € – 11 € – ½ P

Rest – Menu 26/45 € – Carte 29/40 € *(fermé le midi)*

L'hôtel a bonne mine, juste en face de la plage et de l'océan. Les chambres, très bien tenues, sont principalement orientées vers la baie de Douarnenez. Restaurant panoramique, promenades à l'île de Sein : la douceur de vivre version bretonne.

Au Roi Gradlon

rest,

3 bd Manu Brusq, (à la plage) – ✆ 02 98 70 04 51 – www.auroigradlon.com

19 ch – 57/102 € 57/102 € – 11 € – ½ P

Rest – Formule 15 € – Menu 25/45 € – Carte 30/51 €

Un grand hôtel cubique, tout blanc, vraiment bien situé face à l'Atlantique ; d'ailleurs, la plupart des chambres – éblouissantes de blancheur – ont vue sur la mer. L'occasion de faire de belles balades et de s'oxygéner... La table met à l'honneur les produits de l'océan.

L'Iroise

8 quai Camille-Pelletan – ✆ 02 98 70 15 80 – Fermé 1 semaine en nov., 3 semaines en janv., dim. soir et mardi sauf du 13 juil. au 31 août et lundi

Formule 21 € – Menu 29 € (déj. en semaine)/45 €

À l'abri des embruns de l'Iroise (la mer qui borde l'ouest de la Bretagne), on est accueilli dans une salle confortable, associant murs en pierre et toiles modernes. Père et fils proposent ici une cuisine où fruits de mer et produits locaux tiennent les premiers rôles... et le chariot de fromages ravira les amateurs !

Le Goyen – Hôtel Le Goyen

pl. Jean-Simon – ✆ 02 98 70 08 88 – www.le-goyen.com – Ouvert 4 avril-11 nov.

Formule 19 € – Menu 34/73 €

Le restaurant, tout en conservant son élégance, a été relooké dans un style cosy et actuel, tout à fait en harmonie avec le travail du chef : ce dernier réalise une cuisine au goût du jour, qui met à l'honneur les artisans locaux et les produits de la mer achetés à la criée.

L'Auberge

24 r. Guezno – ✆ 02 98 70 59 58 – Fermé 2-10 juin, janv., 2-10 fév., dim. midi et du lundi au jeudi

Carte 30/45 €

Cette demeure des 17e-18e s., c'est le coup de cœur de Jane, Anglaise amoureuse de la France, longtemps chef à Paris et... devenue bretonne en épousant Alexis. Elle concocte une cuisine traditionnelle très goûteuse, d'esprit bio. So pretty !

AUDINCOURT

✉ 25400 (Doubs) – 14 825 hab. – **Voir carte n°17-C1**
Paris 476 km – Basel 96 km – Belfort 21 km – Besançon 75 km
Carte Michelin 321-L2 – Guide Vert Michelin Franche-Comté Jura

Voir plan de Montbéliard agglomération.

Les Tilleuls sans rest

51 r. du Mal. F.-Foch – ✆ 03 81 30 77 00 – www.hotel-lestilleuls.fr – Fermé 11-24 août et 29 déc.-4 janv. Plan : Y**s**

46 ch – †72/78 € ††79/85 € – ☕ 10 €

Principaux atouts de cet établissement : sa situation dans un quartier calme et ses chambres ouvrant sur la verdure. Au bâtiment principal s'ajoutent en effet deux annexes créées dans le jardin (avec piscine). Chambres simples et fonctionnelles.

à Taillecourt 1,5 km au Nord, rte de Sochaux – ✉ 25400 – 1 028 hab.

Auberge La Gogoline

20 r. Croisée – ✆ 03 81 94 54 82 – www.aubergelagogoline.net – Fermé 22 fév.-10 mars, sam. midi, dim. soir, lundi et mardi Plan : Y**k**

Menu 28 € (semaine), 38/54 € – Carte 52/76 €

Un grand jardin, un toit de chaume, un décor à la fois rustique et bourgeois : cette grande maison est digne d'une chaumière. La cuisine, ancrée dans la tradition et accompagnée de bons vins, va bien au lieu.

AUDRIEU – 14 Calvados ➜ voir Bayeux

AUGEROLLES

✉ 63930 (Puy-de-Dôme) – 878 hab. – **Voir carte n°6-C2**
Paris 411 km – Clermont-Ferrand 61 km – Montluçon 149 km – Roanne 65 km
Carte Michelin 326-I8

Les Chênes

rte de Courpière, 1 km à l'Ouest par D 42 – ✆ 04 73 53 50 34 – www.restaurant-les-chenes.com – Fermé 1er-8 mars, 2-13 juil., 24 déc.-4 janv., mardi soir, sam. soir, dim. soir et lundi soir

Formule 12 € 🍷 – Menu 19 € (semaine), 25/40 €

Les Chênes, c'est l'histoire d'une famille. Celle du chef qui, comme ses parents et grands-parents, défend les produits de sa région (viande label Rouge, miel, myrtilles, etc.). Les années passent, la tradition se perpétue... avec la certitude qu'il ne pouvait en être autrement !

AUGERVILLE-LA-RIVIÈRE

✉ 45330 (Loiret) – 236 hab. – **Voir carte n°12-C1**
Paris 92 km – Corbeil-Essonnes 62 km – Évry 59 km – Orléans 76 km
Carte Michelin 318-L2

Château d'Augerville

pl. du Château – ✆ 02 38 32 12 07 – www.chateau-augerville.com – Fermé 22 déc.-11 janv. et 17 fév.-4 mars

38 ch – †149/229 € ††149/229 € – 2 suites – ☕ 18 € – ½ P

Rest – Formule 37 € – Menu 49/54 € – Carte 50/65 € *(fermé dim. soir et lundi soir de nov. à mars)*

Des chambres signées par l'architecte Patrick Ribes, un domaine de 110 ha et un parcours 18 trous : ce superbe château Renaissance (16e-17e s.) prête à mener grand train – que l'on soit golfeur ou non. Cuisine de saison au restaurant.

AUJOLS

✉ 46090 (Lot) – 307 hab. – **Voir carte n°29-C1**
Paris 599 km – Agen 145 km – Cahors 18 km – Toulouse 114 km
Carte Michelin 337-F5

Lou Repaou

r. de la Croix Blanche – ✆ 05 65 22 03 47 – www.lourepaou.fr – Fermé janv.
5 ch ☕ – 👤100/120 € 👥110/150 € **Table d'hôte** – Menu 28 € 🍷/38 € 🍷
Déconnexion totale dans cette ancienne ferme baptisée Lou Repaou : "le repos" en patois. Les maîtres des lieux se sont inspirés de leurs voyages pour décorer les chambres aux noms évocateurs : Pérou, Mali, Australie... Dépaysement garanti.

AULLÈNE – 2A Corse-du-Sud ➜ voir Corse

AULNAY

✉ 17470 (Charente-Maritime) – 1 464 hab. – Voir carte n°**38**-B2
▶ Paris 424 km – Angoulême 66 km – Niort 41 km – Poitiers 87 km
Carte Michelin 324-H3 – Guide Vert Michelin Poitou-Charentes

Hôtel du Donjon sans rest
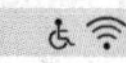

4 r. des Hivers – ✆ 05 46 33 67 67 – www.hoteldudonjon.com – Fermé 1 semaine en oct.
10 ch – 👤59/89 € 👥59/89 € – ☕ 8 €
Charmante maison saintongeaise non loin de l'église St-Pierre. Les chambres, impeccablement tenues, ont le charme de l'ancien : pierres apparentes, poutres, mobilier rustique, etc. Quant au jardin, il se révèle bien agréable aux beaux jours. On peut même y prendre son petit-déjeuner !

AULNAY-SOUS-BOIS – 93 Seine-Saint-Denis ➜ voir Paris, Environs

---

AULON

✉ 65240 (Hautes-Pyrénées) – 81 hab. – Voir carte n°**28**-A3
▶ Paris 830 km – Bagnères-de-Luchon 44 km – Col d'Aspin 24 km – Lannemezan 38 km
Carte Michelin 342-N7

Auberge des Aryelets
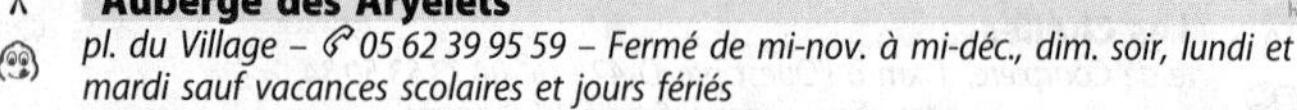

pl. du Village – ✆ 05 62 39 95 59 – Fermé de mi-nov. à mi-déc., dim. soir, lundi et mardi sauf vacances scolaires et jours fériés
Formule 19 € – Menu 24/38 € – Carte 46/52 €
Prêt pour une ascension gourmande ? Dans ce village haut perché des Pyrénées, les bons petits plats se méritent ! Dans une salle au décor on ne peut plus rustique, on déguste une généreuse cuisine de pays où les produits de première qualité ont la part belle. Ambiance conviviale.

AUMALE

✉ 76390 (Seine-Maritime) – 2 388 hab. – Voir carte n°**33**-D1
▶ Paris 136 km – Amiens 48 km – Beauvais 49 km – Dieppe 69 km
Carte Michelin 304-K3 – Guide Vert Michelin Normandie Vallée de la Seine

Villa des Houx

6 av. du Gén.-de-Gaulle – ✆ 02 35 93 93 30 – www.villa-des-houx.com – Fermé en janv. et dim. soir du 15 sept. au 15 juin
30 ch – 👤72/100 € 👥78/110 € – ☕ 9 € – ½ P
Rest *Villa des Houx* – voir les restaurants ci-après
Cette bâtisse en impose avec sa belle façade à colombages ! Une petite rivière coule paisiblement dans le parc... Une impression de calme que l'on retrouve dans les chambres, de facture classique.

Villa des Houx

6 av. du Gén.-de-Gaulle – ✆ 02 35 93 93 30 – www.villa-des-houx.com – Fermé en janv., dim. soir et lundi midi du 15 sept. au 15 juin
Menu 17 € (semaine), 29/42 € – Carte 38/58 €
Quel cachet ! L'architecture tout en colombages (19e s.), l'enceinte de verdure, le calme... Au menu, une cuisine généreuse et savoureuse, amie du terroir – à l'image de cette caille désossée en croûte de sel. Côté décor, on joue la carte du classicisme, que ce soit dans la salle à manger ou en terrasse.

AUMONT-AUBRAC

⊠ 48130 (Lozère) – 1 111 hab. – **Voir carte n°23-C1**
▶ Paris 549 km – Aurillac 115 km – Espalion 57 km – Marvejols 25 km
Carte Michelin 330-H6

Chez Camillou sans rest
10 rte du Languedoc – ✆ 04 66 42 80 22 – www.camillou.com – Ouvert 15 mars-10 nov.
35 ch – †89/124 € ††89/124 € – 2 suites – ☕ 11 €
En léger retrait de la nationale, un hôtel récent avec des chambres agréables, d'esprit contemporain et frais. Les plus qui font la différence : un petit-déjeuner copieux (charcuteries et fromages locaux), et un accueil à la fois gentil et pro !

Grand Hôtel Prouhèze
2 rte du Languedoc – ✆ 04 66 42 80 07 – www.prouheze.com – Fermé 11 nov.-10 déc.
23 ch – †50/90 € ††50/90 € – ☕ 13 € – ½ P
Rest *Le Compostelle* – voir les restaurants ci-après
Sur la place de la gare, un hôtel géré en famille, aux chambres traditionnelles et bien tenues. Au choix à l'heure des repas : restaurant ou bistrot. Une étape bienvenue au cœur de l'Aubrac.

Cyril Attrazic 
10 rte du Languedoc – ✆ 04 66 42 86 14 – www.chezcamillou.com
Menu 30 € (déj. en semaine), 45/80 € – Carte 59/73 € *(ouvert 1er avril-31 déc. et fermé mardi et merc.)*
Un restaurant élégant et bien dans son époque... pour un chef inspiré. Cyril Attrazic signe une belle cuisine créative, franche et expressive, colorée et parfumée, avec de magnifiques produits locaux (telles les viandes de son beau-père). Quant à son annexe, Le Gabale, elle embaume le terroir. L'Aubrac toujours !
→ Nouilles de céleri-rave, champignons et jus à l'huile de truffe. Bœuf en tranche épaisse, bœuf confit et jus court. Sphère croustillante au chocolat, émulsion au thé d'Aubrac.
Le Gabale Formule 15 € – Menu 17/33 € – Carte 31/41 € *(fermé dim. soir et lundi de mi-nov. à fin mars)*

Le Compostelle – Grand Hôtel Prouhèze
2 rte du Languedoc – ✆ 04 66 42 80 07 – www.prouheze.com – Fermé 11 nov.-10 déc., lundi soir, merc. midi et mardi
Formule 16 € – Menu 30/44 €
Aligot, chou farci, tripoux... tout l'Aubrac dans votre assiette ! Les recettes du terroir sont mises à l'honneur dans ce petit bistrot au charme très campagnard.

AUNAY-SUR-ODON

⊠ 14260 (Calvados) – 3 099 hab. – **Voir carte n°32-B2**
▶ Paris 269 km – Caen 36 km – Falaise 42 km – Flers 37 km
Carte Michelin 303-I5 – Guide Vert Michelin Normandie Cotentin

St-Michel avec ch
6 r. de Caen – ✆ 02 31 77 63 16 – Fermé 3 semaines en janv., lundi sauf le soir en juil.-août et dim. soir de sept. à juin
6 ch – †53 € ††53/83 € – ☕ 9 € – ½ P Menu 15/45 € – Carte 38/52 €
Au centre du village, voilà une auberge familiale qui invite à consolider ses connaissances en matière de terroir normand, le tout dans un décor contemporain et coloré. Chambres pratiques pour l'étape.

AUPS

⊠ 83630 (Var) – 2 095 hab. – **Voir carte n°41-C3**
▶ Paris 818 km – Aix-en-Provence 90 km – Digne-les-Bains 78 km – Draguignan 29 km
Carte Michelin 340-M4 – Guide Vert Michelin Côte d'Azur

Restaurant des Gourmets

5 r. Voltaire – ✆ 04 94 70 14 97 – Fermé 23 juin-11 juil., 1er-19 déc., mardi midi, dim. soir et lundi

Menu 19 € (semaine), 30/36 €

Adresse familiale dans ce village célèbre pour son marché aux truffes. Cadre coloré (fresques évoquant la Provence), goûteuse cuisine traditionnelle et variation de fromages.

à Moissac-Bellevue 7 km à l'Ouest par D9 – ✉ 83630 – 284 hab.

Bastide du Calalou

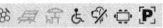

rte de Baudinard – ✆ 04 94 70 17 91 – www.bastide-du-calalou.com

28 ch – 🛉99/180 € 🛉🛉125/325 € – 4 suites – ☕ 17 € – ½ P

Rest *Bastide du Calalou* – voir les restaurants ci-après

Une grande bastide dans un écrin de verdure. Les chambres distillent un joli esprit d'antan, avec leurs mobilier et tableaux chinés par la propriétaire, ancienne décoratrice ; il fait bon se prélasser sous les oliviers, près de la belle piscine.

Bastide du Calalou

rte de Baudinard – ✆ 04 94 70 17 91 – www.bastide-du-calalou.com

Formule 26 € – Menu 30/55 € – Carte 41/68 €

Le décor est provençal mais on retient surtout la vue plongeante sur la campagne, dans cette salle aux allures de balcon. Gâteau de topinambours, filet de bœuf aux légumes oubliés, etc. : la carte explore la tradition.

AURAY

✉ 56400 (Morbihan) – 12 322 hab. – **Voir carte n°9-A3**

Paris 477 km – Lorient 41 km – Pontivy 54 km – Quimper 102 km

Carte Michelin 308-N9 – Guide Vert Michelin Bretagne Sud

Le Branhoc sans rest

5 rte du Bono, 1,5 km au Sud – ✆ 02 97 56 41 55 – www.hotel-lebranhoc.com

29 ch – 🛉50/86 € 🛉🛉50/86 € – ☕ 8,50 €

Tout près de la route, ce petit hôtel des années 1980 dispose de chambres fonctionnelles et bien tenues. Buffet au petit-déjeuner, à apprécier sur la terrasse aux beaux jours.

Closerie de Kerdrain

20 r. Louis Billet – ✆ 02 97 56 61 27 – www.lacloseriedekerdrain.com – Fermé 24 mars-7 avril, 17-30 nov., dim. soir et lundi

Formule 28 € – Menu 38/90 € – Carte 63/109 €

Classique et raffiné : tel est ce beau manoir breton du 17e s. Le chef aime utiliser les herbes et les fleurs du jardin, le tout accompagné de bien beaux flacons.

Terre-Mer

16 r. du Jeu-de-Paume – ✆ 02 97 56 63 60 – www.restaurant-terre-mer.fr – Fermé 1 semaine fin juin, 2 semaines en oct., 2 semaines en janv., sam. midi, dim. soir et lundi

Formule 19 € – Menu 31/51 €

Après un joli parcours international, Anthony Jehanno a repris l'adresse en 2010 avec son épouse Anne-Sophie. Le duo excelle à en faire une table aussi agréable que gourmande. Au menu : une cuisine très aromatique et soignée. Dans cette charmante maison de granit, la terre épouse la mer – et uniquement pour le meilleur !

La Chebaudière 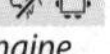

6 r. Abbé Joseph Martin – ✆ 02 97 24 09 84 – Fermé 1 semaine en juin, 1 semaine en oct., 1 semaine en fév., mardi soir, dim. soir et merc.

Menu 20 € (semaine)/39 € – Carte 41/53 €

Néobistrot de quartier, où l'on aime à se retrouver autour d'un bon petit plat de saison, telles ces tagliatelles aux fèves et lardons et leur filet de merluchon à la vapeur...

au golf de St-Laurent 10 km à l'Ouest par D 22 et rte secondaire – ✉ 56400 Auray

Hôtel du Golf de St-Laurent sans rest

– ✆ 02 97 56 88 88 – www.hotel-golf-saint-laurent.com – Ouvert 1er avril-1er oct.

42 ch – 🛉76/156 € 🛉🛉76/156 € – ☕ 10 €

Sauna, jacuzzi, billard et piscine à deux pas du golf : dans cet hôtel, la détente n'est pas en option ! Chambres fonctionnelles, avec balcon ou terrasse.

AUREC-SUR-LOIRE

✉ 43110 (Haute-Loire) – 5 614 hab. – **Voir carte n°6-D2**
▶ Paris 536 km – Firminy 11 km – Le Puy-en-Velay 56 km – St-Étienne 22 km
Carte Michelin 331-H1

Les Cèdres Bleus

23 r. de la Rivière – ✆ 04 77 35 48 48 – www.lescedresbleus.com – Fermé 2 janv.-2 fév. et dim. soir
15 ch – †47 € ††76/78 € – ☕ 9 € – ½ P
Rest – Formule 20 € – Menu 23 € (semaine), 29/76 € – Carte 42/60 € *(fermé dim. soir, lundi midi et mardi midi)*
Entre les gorges de la Loire et le lac de Grangent, un joli jardin où s'épanouissent des cèdres bleus, mais aussi une maison bourgeoise, son restaurant traditionnel et trois chalets en bois. Ces derniers abritent les chambres, bien tenues et très paisibles.

AUREILLE

✉ 13930 (Bouches-du-Rhône) – 1 499 hab. – **Voir carte n°42-E1**
▶ Paris 719 km – Aix-en-Provence 59 km – Avignon 38 km – Marseille 73 km
Carte Michelin 340-E3

Le Balcon des Alpilles sans rest

rte de Mouries, par D24 A – ✆ 04 90 59 94 24 – www.lebalcondesalpilles.fr – Ouvert 1er mai-30 sept.
5 ch ☕ – †120/135 € ††135/150 €
Ici les chambres portent des noms de fleurs. Le mas est décoré avec style ; oliviers, pins et lavandins parfument le jardin : tout est paisible. Superbe petit-déjeuner !

AUREVILLE – 31 Haute-Garonne → voir Toulouse

AURIAC

✉ 19220 (Corrèze) – 228 hab. – **Voir carte n°25-C3**
▶ Paris 545 km – Aurillac 58 km – Limoges 153 km – Tulle 61 km
Carte Michelin 329-N4 – Guide Vert Michelin Limousin Berry

Les Jardins Sothys

rte de Darazac-Le-Bourg – ✆ 05 55 91 96 89 – www.lesjardinssothys.com – Ouvert de mi-mars à mi-nov. et fermé dim. soir sauf-août, mardi soir et lundi
Menu 16 € (déj. en semaine), 24/34 € – Carte 29/35 €
Carrés d'herbes aromatiques, clos japonais, roseraie, etc. Ces jardins (entrée payante), dus à la célèbre marque de cosmétiques, mêlent poésie et culte des vertus de la nature... Leur restaurant est à l'unisson : en s'inspirant du potager, le chef donne une touche d'originalité au terroir corrézien. Une cuisine parfumée et maîtrisée.

AURIAC-DU-PÉRIGORD

✉ 24290 (Dordogne) – 419 hab. – **Voir carte n°4-D1**
▶ Paris 516 km – Bordeaux 174 km – Périgueux 42 km – Tulle 70 km
Carte Michelin 329-H5

Le Moulin de Mitou

La Borie, rte de Montignac – ✆ 05 53 50 37 53 – www.hotel-lemoulindemitou.com
17 ch – †76/140 € ††99/150 € – ☕ 13 € – ½ P
Rest – Menu 18 € (déj. en semaine), 26/38 € – Carte 30/60 €
À deux pas des grottes de Lascaux, cet ancien moulin à eau, datant du 17e s., est un havre de confort... Les chambres, avec leur mobilier classique et leurs beaux tissus, ont ce supplément de caractère qui fait la différence, et la piscine et le parc nous éloignent encore davantage de l'âge de pierre.

AURIGNAC

✉ 31420 (Haute-Garonne) – 1 179 hab. – **Voir carte n°28-B3**
▶ Paris 750 km – Bagnères-de-Luchon 69 km – St-Gaudens 23 km – St-Girons 41 km
Carte Michelin 343-D5 – Guide Vert Michelin Midi-Pyrénées

Saint Laurans (N)
pl. de la Mairie – ✆ 05 61 90 49 55 – www.hotelstlaurans.fr – Fermé 1er janv.-10 fév.
7 ch – †55/85 € ††55/85 € – ☕ 10 € – ½ P
Rest ***Le Restaurant*** – voir les restaurants ci-après
Rest ***La Brasserie*** – Formule 15 € – Menu 19 € – Carte environ 25 € *(fermé le soir)*
Au cœur d'un village offrant une vue panoramique sur les Pyrénées, cet établissement propose des chambres lumineuses dans un esprit campagne chic et minimaliste. De quoi se décider à venir visiter la région !

Le Restaurant (N) – Hôtel Saint Laurans
pl. de la Mairie – ✆ 05 61 90 49 55 – www.hotelstlaurans.fr – Fermé 1er janv.-10 fév. et le midi
Formule 27 € – Menu 33/50 €
Facile de trouver ce restaurant juste en face de la mairie ! Dans une salle au décor chaleureux ou dans le joli patio, on savoure une belle cuisine de saison réalisée avec le plus grand soin : ce suprême de volaille fermière, servi avec des champignons bien savoureux, fait forte impression... Accueil charmant.

AURILLAC

✉ 15000 (Cantal) – 27 924 hab. – **Voir carte n°5-B3**
▶ Paris 557 km – Brive-la-Gaillarde 98 km – Clermont-Ferrand 158 km – Montauban 174 km
Carte Michelin 330-C5 – Guide Vert Michelin Auvergne

Grand Hôtel de Bordeaux sans rest
2 av. de la République – ✆ 04 71 48 01 84 – www.hotel-de-bordeaux.fr – Fermé 21 déc.-1er janv. Plan : BY**r**
36 ch – †69/79 € ††92/102 € – 2 suites – ☕ 11 €
C'est sans doute le meilleur établissement de la ville : dans ce bel immeuble du début du 20e s. aux chambres claires et agréables, tout n'est qu'élégance et raffinement, avec une pointe d'originalité. À noter : la qualité de l'accueil.

Delcher
ch, ch,
20 r. Carmes – ✆ 04 71 48 01 69 – www.hotel-delcher.com – Fermé 26 avril-4 mai, 11-27 juil. et 20 déc.-4 janv. Plan : BZ**q**
23 ch – †47/52 € ††59 € – ☕ 8 € – ½ P
Rest – Formule 16 € – Menu 20/45 € – Carte 24/36 € *(fermé sam., dim. et fériés)*
L'artiste danois Gorm Hansen a séjourné dans cet hôtel-restaurant en 1912 et payé son séjour en fresques décrivant les paysages environnants. Hormis celles-ci, l'hôtel est plutôt simple ; les chambres les plus calmes et les plus récentes sont situées dans une annexe, sur l'arrière du bâtiment.

La Thomasse
ch,
28 r. du Dr-Louis-Mallet – ✆ 04 71 48 26 47 – www.hotel-la-thomasse.com – Fermé 29 avril-3 mai et 20 déc.-4 janv. Plan : AZ**a**
21 ch – †86/96 € ††96/105 € – ☕ 11 € – ½ P
Rest – Menu 25/30 € – Carte 32/40 € *(fermé vend., sam., dim. et le midi)*
Un bâtiment couvert de lierre, dans un quartier résidentiel, loin de l'agitation du centre. Les chambres imposent leur style, à la fois coloré et actuel ; un cachet qui plaira à la clientèle d'affaires, pour laquelle une salle de réunion a été créée.

L'Oh à la Bouche (N)
4 r. du 14-Juillet – ✆ 04 71 48 27 17 – www.lohalabouche.com – Fermé merc. soir, sam. midi et dim. soir Plan : BZ**b**
Formule 21 € – Menu 27/40 € – Carte 37/53 €
On aime le charme discret de cette petite adresse, dans une ruelle proche du centre-ville. Quelques tables s'y additionnent dans un décor feutré, sous les colombages ; dans le secret de sa petite cuisine, le chef concocte des plats inventifs et bien parfumés, au goût du jour, jouant parfois sur les épices...

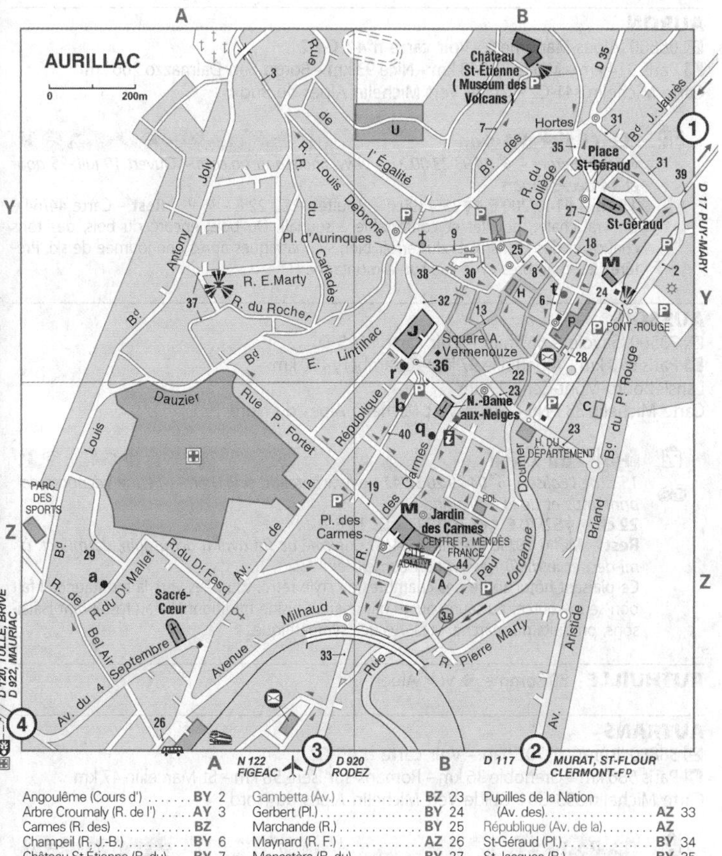

Angoulême (Cours d')	BY	2	Gambetta (Av.)	BZ	23	Pupilles de la Nation (Av. des)	AZ	33
Arbre Croumaly (R. de l')	AY	3	Gerbert (Pl.)	BY	24	République (Av. de la)	AZ	
Carmes (R. des)	BZ		Marchande (R.)	BY	25	St-Géraud (Pl.)	BY	34
Champeil (R. J.-B.)	BY	6	Maynard (R. F.)	AZ	26	St-Jacques (R.)	BY	35
Château St-Étienne (R. du)	BY	7	Monastère (R. du)	BY	27	Square (Pl. du)	BY	36
Consulat (R. du)	BY	8	Monthyon (Cours)	BY	28	Vaissière (R. Robert de la)	AY	37
Coste (R. de la)	BY	9	Mont Mouchet (R. du)	AZ	29	Vermenouze (R. Arsène)	BY	38
Duclaux (R. Émile)	BY	13	Noailles (R. de)	BY	30	Veyre (Av. J.-B.)	BY	39
Fargues (R. des)	BY	18	Pavatou (Bd du)	BY	31	14-Juillet (R. du)	BZ	40
Ferry (R. Jules)	BZ	19	Prés.-Delzons (R. du)	BY	32	139e-R.-I. (R. du)	BZ	44
Frères (R. des)	BY	22						

Quatre Saisons

10 r. Champeil – ✆ 04 71 64 85 38 – http://quatresaisons.onlc.fr – Fermé 19-25 août, 25 oct.-2 nov., 1 semaine en fév., dim. soir, mardi midi et lundi Plan : BY**t**

Formule 19 € – Menu 25/62 € – Carte 45/61 €

Fine et maline : telle est la cuisine de Didier Guibert, qui ne travaille qu'avec des produits ultrafrais. La viande est fournie par ses deux frères, bouchers de leur état, et les légumes proviennent du potager des beaux-parents. Comment mieux célébrer les quatre saisons ? Une maison fort bien tenue !

à Vézac par 10 km par ③, D 920 et D 990 – ✉ 15130 – 1 135 hab.

Château de Salles

rte du Château – ✆ 04 71 62 41 41 – www.longitudehotels.com – Ouvert 3 mai-27 oct.

24 ch – †109/169 € ††109/179 € – 9 suites – ☕ 20 € – ½ P

Rest – Formule 23 € – Menu 28/47 € – Carte 55/65 €

Ce château du 15ᵉ s. et son parc offrent une vue ravissante sur les monts du Cantal. Les chambres sont réparties dans plusieurs bâtiments au calme ; on trouve aussi piscine, tennis, billard, restaurant et salle de réception. Pour les amateurs, le golf de Vézac est tout près.

AUTRON

AURON

✉ 06660 (Alpes-Maritimes) – Voir carte n°**41**-C-D2

▶ Paris 914 km – Marseille 263 km – Nice 93 km – Borgo San Dalmazzo 206 km

Carte Michelin 341-C2 – Guide Vert Michelin Alpes du Sud

Le Chalet d'Auron

voie du Berger – ✆ 04 93 23 00 21 – www.chaletdauron.com – Ouvert 19 juil.-25 août et 14 déc.-31 mars

15 ch – †140/200 € ††255/390 € – 2 suites – ☕ 22 € – ½ P **Rest** – Carte 44/64 €

Un vrai chalet, douillet et confortable à souhait. Du bois, encore du bois, des tons chauds et des petits plats du terroir bien sympathiques après une journée de ski. Préférez les chambres avec vue sur la montagne !

AUSSOIS

✉ 73500 (Savoie) – 667 hab. – Voir carte n°**45**-D2

▶ Paris 670 km – Albertville 97 km – Chambéry 110 km – Lanslebourg-Mont-Cenis 17 km

Carte Michelin 333-N6 – Guide Vert Michelin Alpes du Nord

Hôtel du Soleil

rest,

15 r. de l'Église – ✆ 04 79 20 32 42 – www.hotel-du-soleil.com – Fermé vacances de printemps et de la Toussaint

22 ch – †52/70 € ††67/112 € – ☕ 11 €

Rest – Menu 19/38 € – Carte 34/61 € *(fermé de fin avril à début juin, de mi-oct. à mi-déc. et le midi) (réservation conseillée)*

Ce plaisant hôtel abrite des chambres de style rétro, tournées vers la montagne. Il fait bon se ressourcer au sauna ou au hammam. Cuisine traditionnelle au restaurant (salaisons, produits du marché, etc.). Accueil sympathique.

AUTHUILLE – 80 Somme → voir Albert

AUTRANS

✉ 38880 (Isère) – 1 702 hab. – Voir carte n°**45**-C2

▶ Paris 586 km – Grenoble 36 km – Romans-sur-Isère 58 km – St-Marcellin 47 km

Carte Michelin 333-G6 – Guide Vert Michelin Alpes du Nord

La Poste

1 pl. Julien-Bertrand – ✆ 04 76 95 31 03 – www.hotel-barnier.com – Fermé 17 avril-12 mai et 19 oct.-3 déc.

28 ch – †67/95 € ††73/105 € – ☕ 10 € – ½ P

Rest *La Poste* – voir les restaurants ci-après

Au cœur de ce village du Vercors, un sympathique hôtel-restaurant qui respire la tradition : il est tenu par la même famille depuis quatre générations ! Partout le bois domine, avec chaleur et... non sans fraîcheur.

Les Tilleuls

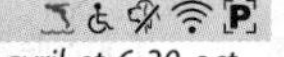

la Côte – ✆ 04 76 95 32 34 – www.hotel-tilleuls.com – Fermé 7-30 avril et 6-30 oct.

18 ch – †59/74 € ††66/90 € – 2 suites – ☕ 11 € – ½ P

Rest *Les Tilleuls* – voir les restaurants ci-après

Dans une zone résidentielle assez tranquille, cette imposante maison de style régional compte de nombreux habitués. Suites familiales, bonne literie, rénovations régulières : une vraie satisfaction pour les clients.

Les Tilleuls

la Côte – ✆ 04 76 95 32 34 – www.hotel-tilleuls.com – Fermé 7-30 avril, 6-30 oct., mardi soir et merc. hors saison sauf vacances scolaires

Menu 26/50 € – Carte 48/61 €

Le patron, son fils et son beau-fils forment un trio efficace : ils concoctent à six mains une sympathique cuisine traditionnelle et régionale – avec une spécialité maison, la caillette. On apprécie ces petits plats dans une grande salle d'esprit montagnard, comme il se doit !

X **La Poste** Hôtel La Poste 

1 pl. Julien-Bertrand – ✆ 04 76 95 31 03 – www.hotel-barnier.com
– Fermé 17 avril-12 mai, 19 oct.-3 déc., dim. soir, mardi midi sauf juil.-août et du 20 déc. au 14 mars et lundi
Menu 26/43 € – Carte 38/70 €
Ravioles du Dauphiné au basilic, filet mignon au miel et épices douces, tête de veau... Le chef, souriant et dynamique, est un véritable passionné qui concocte une bonne cuisine ponctuée de notes régionales. Elle va comme un gant à l'élégant décor montagnard de la salle !

AUTUN

✉ 71400 (Saône-et-Loire) – 14 256 hab. – **Voir carte n°8-C2**
▶ Paris 287 km – Avallon 78 km – Chalon-sur-Saône 51 km – Dijon 85 km
Carte Michelin 320-F8 – Guide Vert Michelin Bourgogne

AUTUN

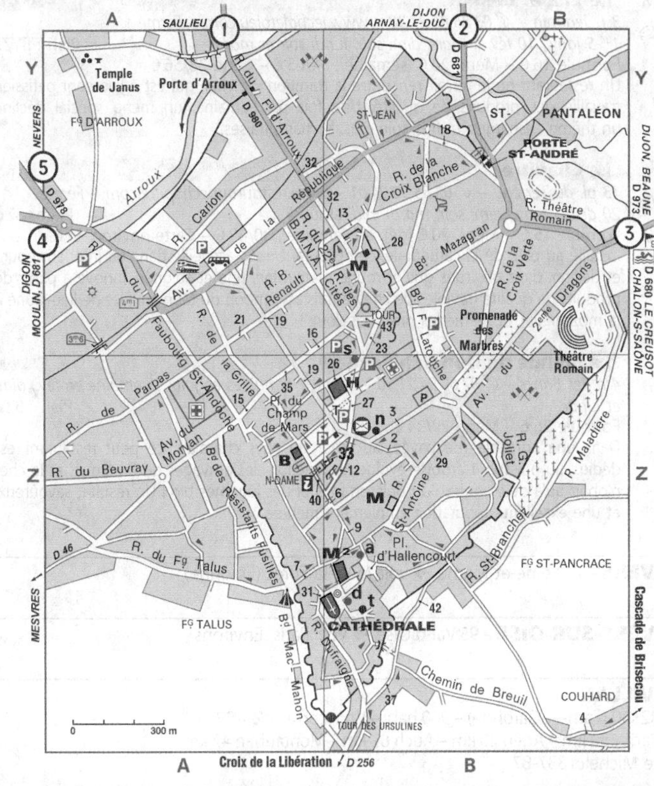

La Tête Noire

3 r. Arquebuse – ✆ 03 85 86 59 99 – www.hoteltetenoire.fr – Fermé 22 déc.-26 janv.
31 ch – 73/98 € 84/125 € – 12 € – ½ P Plan : BZ**n**
Rest – Formule 17 € – Menu 20/50 € – Carte 30/73 €
Dans le centre-ville, un hôtel classique et familial dont les chambres, colorées et lumineuses, s'avèrent pratiques et bien insonorisées. Le petit-déjeuner est vraiment copieux : charcuterie, fromage, fruits et bonnes confitures !

Moulin Renaudiots

chemin du Vieux-Moulin, 5 km au Sud-Est par N 80 et D 978 – ✆ 03 85 86 97 10 – www.moulinrenaudiots.com – Ouvert d'avril à nov.
5 ch – 135/165 € 135/165 € **Table d'hôte** – Menu 52 €
Un magnifique moulin couvert de vigne vierge, avec un jardin à la française. L'intérieur, élégamment minimaliste, ose le cuir blanc et le béton ciré. Le petit-déjeuner est excellent et plusieurs fois par semaine, les propriétaires font table d'hôte, exprimant ainsi leur amour d'une chère raffinée.

Maison Sainte-Barbe sans rest

7 pl. Ste-Barbe – ✆ 03 85 86 24 77 – www.maisonsaintebarbe.com Plan : BZ**t**
4 ch – 75 € 80 €
Cette ancienne maison canoniale (15e-18e s.) attend ses hôtes au pied de la cathédrale, un lieu chargé d'histoire que les propriétaires ne cessent d'embellir (vieux meubles, esprit familial, joli jardin...). Prochaine étape : l'aménagement de la belle chapelle attenante qui date du 12e s.

Le Chalet Bleu

3 r. Jeannin – ✆ 03 85 86 27 30 – www.lechaletbleu.com – Fermé 1er-5 janv., 10 fév.-4 mars, dim. soir, lundi soir et mardi Plan : BYZ**s**
Formule 16 € – Menu 20 € (semaine), 34/65 € – Carte 38/56 €
Un restaurant où le terroir rencontre la tradition ; le chef, qui est également pâtissier, travaille des produits de qualité. Une fois par semaine, un menu spécial décline un thème : asperges, truffes, foie gras, homard, fraises...

Le Chapitre

13 pl. du Terreau – ✆ 03 85 52 04 01 – www.restaurantlechapitre.com – Fermé 20 déc.-5 janv., dim. soir, mardi midi et lundi Plan : BZ**d**
Formule 15 € – Menu 20 € (déj. en semaine), 30/49 € – Carte environ 44 €
Installé au pied de la cathédrale, ce restaurant nous accueille dans un intérieur épuré et design, dans des tons gris et rouge ; la cuisine, fine et soignée, innove à partir de produits de qualité (ravioles de chèvre frais au jambon du Morvan, filet de lieu jaune à la mozzarella). Et même les prix sont doux !

Le Monde de Don Cabillaud N

4 r. des Bancs – ✆ 07 60 94 21 10 – Fermé 2 semaines en juin, 1 semaine en fév., dim. et lundi Plan : BZ**a**
Formule 26 € – Menu 29/34 €
Dans une agréable rue pavée, au cœur du pays charolais, ce petit restaurant est dédié... au poisson. L'ardoise évolue en fonction des arrivages de Bretagne, et le chef n'obéit qu'à deux règles : du poisson frais et des légumes bio ! Un résultat savoureux, et une excellente réputation amplement méritée.

AUVERS – 77 Seine-et-Marne → voir Milly-la-Forêt (Essonne)

AUVERS-SUR-OISE – 95 Val-d'Oise → voir Paris, Environs

AUVILLAR

✉ 82340 (Tarn-et-Garonne) – 960 hab. – **Voir carte n°28-B2**
Paris 652 km – Agen 28 km – Auch 62 km – Montauban 42 km
Carte Michelin 337-B7

L'Horloge avec ch

2 pl. de l'Horloge – ✆ 05 63 39 91 61 – http://horlogeauvillar.monsite-orange.fr – Fermé 20 déc.-8 janv.

10 ch – †60/88 € ††60/88 € – ☕ 12 € – ½ P

Formule 24 € – Menu 32/42 € – Carte 25/65 € *(fermé sam. midi et vend.)*

Jouxtant l'élégante tour de l'Horloge, cette maison est ravissante, avec ses volets vert tendre et sa terrasse sous les platanes... Le chef privilégie les producteurs locaux et concocte une jolie cuisine de saison, saine et savoureuse. Pour l'étape, des chambres agréables.

à Bardigues 4 km au Sud par D 11 – ✉ 82340 – 257 hab.

Auberge de Bardigues

au bourg – ✆ 05 63 39 05 58 – www.aubergedebardigues.com – Fermé 1 semaine vacances de la Toussaint, 22 fév.-10 mars, merc. soir, dim. soir et lundi

Formule 15 € – Menu 19 € (semaine), 30/67 € 🍷 – Carte 23/44 €

Au cœur du village, cette bâtisse contemporaine est une sympathique halte bistronomique. En cuisine, Ciril concocte de bons petits plats, et son frère Fabien, sommelier, vous conseille de jolis crus. Aux beaux jours, on s'installe sur la grande terrasse ouverte sur la campagne.

AUXERRE

✉ 89000 (Yonne) – 36 200 hab. – **Voir carte n°7-B1**

Paris 166 km – Bourges 144 km – Chalon-sur-Saône 176 km – Dijon 152 km

Carte Michelin 319-E5 – Guide Vert Michelin Bourgogne

Le Parc des Maréchaux sans rest

6 av. Foch – ✆ 03 86 51 43 77 – www.hotel-parcmarechaux.com Plan : AZ**u**

25 ch – †89/152 € ††89/152 € – ☕ 13 €

Demeure Napoléon III aux jolies chambres cosy, meublées dans le style Empire ; plus de calme côté parc. Bar feutré habillé de velours rouge.

Normandie sans rest

41 bd Vauban – ✆ 03 86 52 57 80 – www.hotelnormandie.fr – Fermé 20 déc.-7 janv.

47 ch – †82/99 € ††82/135 € – ☕ 10 € Plan : AY**b**

Cette demeure bourgeoise du 19e s. a tout pour plaire : cour paisible, chambres coquettes et colorées, billard, fitness, salon et salle de petit-déjeuner d'esprit Art déco...

Le Maxime sans rest

2 quai de la Marine – ✆ 03 86 52 14 19 – www.lemaxime.com Plan : BY**f**

26 ch – †82/114 € ††114 € – ☕ 13 €

Au 19e s., ce grenier à sel des bords de l'Yonne s'est mué en hôtel. Chambres coquettes et feutrées (tons gris, taupe...), avec vue sur le fleuve ou la cour.

Le Jardin Gourmand

56 bd Vauban – ✆ 03 86 51 53 52 – www.lejardingourmand.com – Fermé 17-25 mars, 16 juin-1er juil., 1er-9 sept., 17 nov.-2 déc., dim. soir sauf de mai à oct., lundi et mardi Plan : AY**d**

Menu 57 € (déj. en semaine), 72/121 € – Carte 86/95 € *(réservation conseillée)*

Cette ancienne maison de vigneron distille charme classique et fantaisie contemporaine... On y savoure une bonne cuisine du marché, qui varie avec les saisons. Raffiné.

La Salamandre

84 r. de Paris – ✆ 03 86 52 87 87 – www.lasalamandre-auxerre.fr – Fermé merc. soir, sam. midi, dim. et fériés Plan : AY**a**

Menu 31/48 € – Carte 56/90 €

Poissons (sauvages), coquillages et crustacés : dans ce restaurant du vieil Auxerre, on respire le bon air de la mer ! Décor contemporain.

Le Bourgogne

15 r. de Preuilly – ✆ 03 86 51 57 50 – www.lebourgogne.fr – Fermé 4-18 août, 22 déc.-5 janv., dim. et lundi Plan : BZ**e**

Menu 31/65 € – Carte 52/80 € *(réservation conseillée)*

Cadre élégant et feutré, belle terrasse et petits plats du marché aussi appétissants sur l'ardoise que dans l'assiette : reconversion réussie pour cet ancien garage !

AUXERRE

Rue		
Boucheries (R. des)	BZ	3
Bourbotte (Av.)	BY	4
Chesnez (R. M. des)	AZ	5
Coche-d'Eau (Pl. du)	BY	8
Cochois (R.)	BY	9
Diderot (R.)	AZ	10
Dr-Labosse (R. du)	BY	11
Draperie (R. de la)	AZ	12
Eckmühl (R. d')	AZ	14
Fécauderie (R.)	AZ	16
Foch (Av.)	AZ	18
Grand-Caire (R. du)	AY	20
Horloge (R. de l')	AZ	22
Hôtel-de-Ville (Pl. de l')	AZ	23
Jean-Jaurès (Av.)	BY	26
Jean-Jaurès (Pl.)	BZ	27
Leclerc (Pl. du Mar.)	AZ	34
Lepère (Pl. Ch.)	AZ	35
Maison-Fort (R.)	BY	36
Marine (R. de la)	BY	37
Mont-Brenn (R. du)	BY	38
Paris (R. de)	AY	
Puits-des-Dames (R. du)	BZ	40
St-Germain (R.)	ABY	44
St-Nicolas (Pl.)	BY	45
Schaeffer (R. René)	AZ	46
Surugue (Pl. Ch.)	AZ	47
Temple (R. du)	AZ	
Tournelle (Av. de la)	BY	48
Yonne (R. de l')	BY	52
24-Août (R. du)	AZ	54

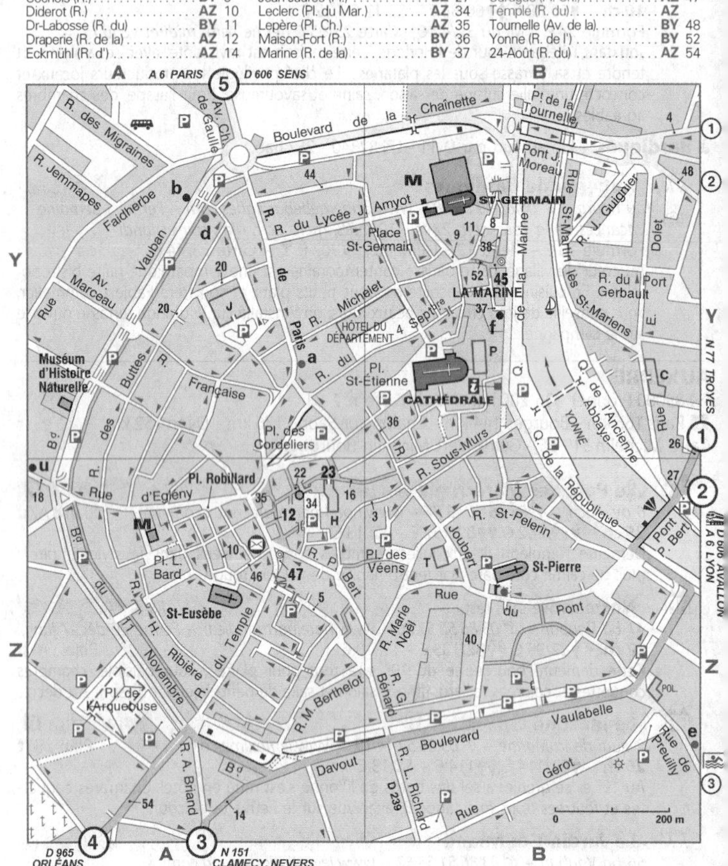

Le Rendez-Vous

37 r. du Pont – ✆ 03 86 51 46 36 – www.restaurant-le-rendez-vous.com
– Fermé 28 avril-5 mai, 14-28 juil., 24 déc.-6 janv., le soir en semaine de mi-oct. à mi-mai, sam., dim. et fériés Plan : BZ**r**

Menu 33/49 € – Carte 29/61 €

Rendez-vous au pied de l'église St-Pierre, où le chef mijote de savoureuses spécialités bourguignonnes (joue de bœuf, œufs en meurette...) dans une atmosphère conviviale.

à Champs-sur-Yonne 10 km par ② et D 606 – ✉ 89290 – 1 573 hab.

Mas des Lilas sans rest

1 r. du Pont, (au Hameau de la Cour Barrée) – ✆ 03 86 53 60 55
– www.lemasdeslilas.com

16 ch – †59/66 € ††66 € – ☕ 9 €

Ces pavillons nichés dans un jardin fleuri abritent de petites chambres climatisées et bien tenues, toutes de plain-pied et avec terrasse ouverte sur la verdure.

à Vincelottes 16 km par ② D 606 et D 38 – ✉ 89290 – 338 hab.

XX **Auberge Les Tilleuls** avec ch

12 quai de l'Yonne – ☎ 03 86 42 22 13 – www.auberge-les-tilleuls.com – Fermé 22 déc.-13 fév., lundi soir d'oct. à Pâques, fériés le soir, mardi et merc.
6 ch – 76/96 € 88/170 € – ½ P
Formule 17 € – Menu 30/58 € – Carte 39/90 €
Pause bucolique au bord de l'Yonne. Ici, le chef mise sur les bons produits et concocte une savoureuse cuisine traditionnelle ou des recettes plus actuelles. Terrasse à fleur d'eau et bon choix de bourgognes. Chambres pour l'étape.

à Villefargeau 5,5 km par ④ – ✉ 89240 – 956 hab.

Le Petit Manoir des Bruyères ch, P

5 allée de Charbuy Les Bruyères, 4 km à l'Ouest par D 22 ou rte secondaire – ☎ 03 86 41 32 82 – www.petit-manoir-bruyeres.com
4 ch – 150/220 € 150/220 € **Table d'hôte** – Menu 46 €
À l'orée du bois, ce manoir au toit vernissé est un véritable havre de paix. Chambres raffinées (18ᵉs.) et suite royale "Montespan". Cueillette des champignons en saison... Table d'hôte richement dressée devant la cheminée Louis XIII ; plats bourguignons.

à Lindry 14 km à l'Ouest par D 89 et D 22 – ✉ 89240 – 1 301 hab.

X **Les Grés** Ⓝ

9 r. du 14-Juillet – ☎ 09 52 31 64 10 – Fermé dim. soir, lundi et mardi
Menu 25 € (déj.), 49/79 € *(réservation conseillée)*
L'esprit des bistrots branchés de l'Est parisien a gagné cette petite localité de l'Yonne ! L'ancien café du village est devenu un véritable repaire bistronomique avec l'arrivée d'un jeune chef autodidacte – hier artiste-peintre –, inspiré et décomplexé. Respect du produit et harmonie des saveurs : ses créations sonnent juste.

à Appoigny 8 km par ⑤ et D 606 – ✉ 89380 – 3 135 hab.

Le Puits d'Athie P

1 r. de l'Abreuvoir – ☎ 03 86 53 10 59 – www.puitsdathie.com – Fermé 1ᵉʳ mars-30 nov.
5 ch – 85/180 € 85/180 € **Table d'hôte** – Menu 45 €
Les chambres de cette demeure bourguignonne possèdent un charme rare (meubles chinés), en particulier "Mykonos", habillée de bleu et blanc, et "Porte d'Orient", décorée d'une porte du Rajasthan. La patronne concocte des plats régionaux ou méditerranéens.

AUZEVILLE-TOLOSANE

✉ 31320 (Haute-Garonne) – 3 552 hab. – **Voir carte n°28-B2**
Paris 691 km – Albi 86 km – Foix 84 km – Toulouse 14 km
Carte Michelin 343-G3

XX **La Table d'Auzeville** Ⓝ

35 chemin de l'Eglise – ☎ 05 61 13 42 30 – www.la-table-dauzeville.fr – Fermé 5-12 mai, 11 août-1ᵉʳ sept., 2-9 janv., mardi soir, dim. soir et lundi
Formule 16 € – Menu 18 € (déj. en semaine)/30 € – Carte 37/65 €
Dans ce village situé dans la banlieue de Toulouse, les gourmands sont à la fête ! On savoure de bonnes recettes traditionnelles, réalisées avec de beaux produits, par un chef dont l'enthousiasme est communicatif. Transmettre son envie de bien faire : c'est peut-être ça, le secret ! Bon rapport qualité-prix.

AVAILLES-LIMOUZINE

✉ 86460 (Vienne) – 1 306 hab. – **Voir carte n°39-C2**
Paris 413 km – Chauvigny 61 km – Poitiers 66 km – Saint-Junien 40 km
Carte Michelin 322-J8

La Chatellenie

1 r. du Commerce – ✆ 05 49 84 31 31 – www.lachatellenie.fr
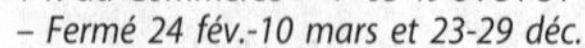
– Fermé 24 fév.-10 mars et 23-29 déc.
9 ch – 🚹54/61 € 🚹🚹54/61 € – ☕ 8 €
Rest – Formule 13 € – Menu 18 € (semaine), 26/51 € *(fermé sam. midi sauf juil.-août, dim. soir et lundi)*
Sortez des sentiers battus : ce petit relais de poste, tenu par un jeune couple dynamique, se prête à une escapade à l'ancienne, sur les chemins détournés qui relient Poitiers et Limoges. Viande et légumes du pays : au restaurant, la tradition aussi a du bon. Parfait pour une étape qui sort de l'ordinaire.

AVALLON

✉ 89200 (Yonne) – 7 248 hab. – **Voir carte n°7-B2**
▶ Paris 222 km – Auxerre 51 km – Beaune 103 km – Chaumont 134 km
Carte Michelin 319-G7 – Guide Vert Michelin Bourgogne

Dak'Hôtel sans rest

119 r. de Lyon – ✆ 03 86 31 63 20 – www.dak-hotel.com
27 ch – 🚹66 € 🚹🚹72 € – ☕ 10 €
Un hôtel fonctionnel tout près de la route, avec piscine et jardin. Les chambres sont bien entretenues et insonorisées. Pratique et sympathique !

Le Gourmillon

8 r. de Lyon – ✆ 03 86 31 62 01 – www.legourmillon.com
– Fermé 2 semaines en janv., jeudi soir hors saison et dim. soir
Formule 15 € – Menu 22/32 € – Carte 26/39 €
Dans cette ancienne quincaillerie, les saveurs ne sont pas... en toc ! Au cœur de la cité, le Gourmillon décline produits du terroir et saveurs traditionnelles avec générosité (joues de porc braisées, couronne de Saint-Jacques au gingembre et baies roses, etc.). Prix doux, accueil et service aux petits soins.

à Pontaubert 5 km à l'Ouest par D 606 et D 957 – ✉ 89200 – 389 hab.

Les Fleurs avec ch

69 rte de Vézelay – ✆ 03 86 34 13 81 – www.hotel-lesfleurs.com
– Fermé 18 déc.-25 janv. et 23 juin-4 juil.
7 ch – 🚹71/75 € 🚹🚹71/75 € – ☕ 10 € – ½ P
Menu 20 € (semaine), 29/47 € – Carte 33/55 € *(fermé jeudi sauf le soir de mi-mai à mi-sept. et merc.)*
Ah, le pouvoir des Fleurs... Voici une maison pleine de mérite, où l'on travaille avec sérieux de bons produits frais. Jambon persillé maison, cabillaud aux échalotes confites : sur des bases traditionnelles, le chef concocte de bons petits plats qui ont la grâce de la simplicité. Le tout servi avec le sourire !

Se régaler sans se ruiner ? Repérez les Bib Gourmand ☺. Ils vous aideront à dénicher les bonnes tables sachant marier cuisine de qualité et prix ajustés !

dans la Vallée du Cousin 6 km à l'Ouest par D 606 et D 957, Pontaubert et D 427 – ✉ 89200 Avallon

Hostellerie du Moulin des Ruats

23 r. des Isles Labaumes – ✆ 03 86 34 97 00 – www.moulindesruats.com
– Ouvert de mi-fév. au 11 nov.
25 ch – 🚹88/160 € 🚹🚹88/160 € – ☕ 14 € – ½ P
Rest – Formule 27 € – Menu 37/44 € – Carte 50/67 € *(fermé lundi et le midi sauf dim.)*
Au calme dans la vallée du Cousin, ce moulin du 18es. invite à la détente : atmosphère feutrée dans le bar-bibliothèque et chambres au charme surrané. On dîne dans une salle ouverte sur le domaine ou en terrasse ; cuisine classique, au diapason des lieux.

à Vault de Lugny 6 km au Nord-Ouest par D 606 et D 128 – ✉ 89200 – 325 hab.

Château de Vault de Lugny
rest,

11 r. du Château – ✆ 03 86 34 07 86 – www.lugny.fr – Ouvert 11 avril-2 nov. et fermé jeudi sauf juil.-août
14 ch – †290/595 € ††290/595 € – 1 suite – ☕ 26 € – ½ P
Rest – Menu 30 € (déj. en semaine), 51/139 € – Carte 77/113 € *(réservation conseillée)*
Dans son immense parc aux arbres centenaires, une fois ses douves en eau et ses tours crénelées franchies, ce château du 16e s. n'est que raffinement : tentures, lits à baldaquin, objets d'art... sans oublier la piscine logée sous des voûtes de pierre séculaires, et le restaurant où les légumes du superbe potager sont à l'honneur ! Idyllique.

à Valloux 6 km au Nord-Ouest par D 606 – ✉ 89200

Auberge des Chenêts
10 rte Nationale 6 – ✆ 03 86 34 23 34 – Fermé 23 juin-7 juil., 10 nov.-4 déc., mardi de sept. à avril, dim. soir et lundi
Formule 18 € – Menu 26/59 € – Carte environ 65 €
On oublie vite la route toute proche, lorsque l'on s'attable près de la cheminée de cette agréable auberge ! Au menu : de bons petits plats d'inspiration bourguignonne, joliment tournés et parfumés. La belle carte des vins fait honneur à la région.

à l'Est 6 km par D 606– ✉ 89200 Avallon

Le Relais Fleuri
La Cerce – ✆ 03 86 34 02 85 – www.relais-fleuri.com
48 ch – †95/105 € ††95/105 € – ☕ 14 € – ½ P
Rest *Le Relais Fleuri* – voir les restaurants ci-après
Il suffit de sortir de l'autoroute A 6 (direction Avallon) pour trouver le repos dans ce Relais aux airs de motel de campagne (chambres de plain-pied, parc de 4 ha, tennis et piscine chauffée). Idéal pour une étape revigorante.

Le Relais Fleuri
La Cerce – ✆ 03 86 34 02 85 – www.relais-fleuri.com
Formule 20 € – Menu 27/61 € – Carte 41/70 €
Un certain esprit champêtre (cheminée, poutres, cuivres) règne ici, au restaurant du Relais Fleuri. On y apprécie une cuisine régionale et de bons bourgognes.

AVENSAN
✉ 33480 (Gironde) – 2 222 hab. – **Voir carte n°3-B1**
Paris 589 km – Bordeaux 30 km – Mérignac 28 km – Pessac 34 km
Carte Michelin 335-G4

Le Clos de Meyre sans rest
16 rte de Castelnau – ✆ 05 56 58 22 84 – www.chateaumeyre.com – Ouvert 1er mars-1er nov.
9 ch ☕ – †90/150 € ††100/240 €
Entre vignobles de Margaux et de Haut-Médoc, ce château du 18e s. a de l'allure. On y produit du vin depuis trois siècles, mais on y cultive aussi le sens de l'accueil. Chambres de caractère (plus fonctionnelles à l'annexe), piscine, roseraie...

AVIGNON

✉ 84000 (Vaucluse) – 89 683 hab. – Agglo. 440 651 hab. – **Voir carte n°42-E1**
Paris 682 km – Aix-en-Provence 82 km – Arles 37 km – Marseille 98 km
Carte Michelin 332-B10 – Guide Vert Michelin Provence

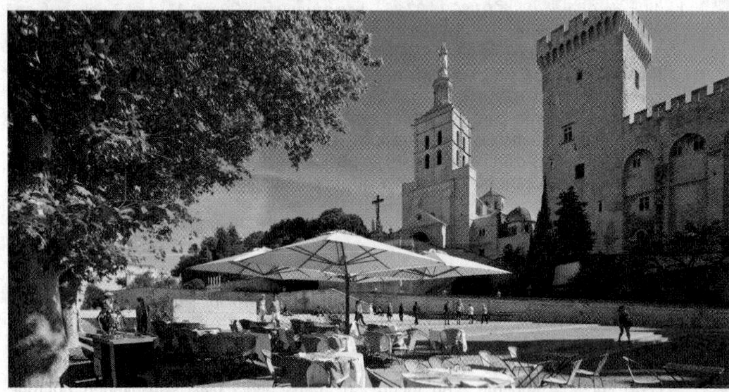
© P. Jacques/hemis.fr

Hôtels & maisons d'hôtes

La Mirande
4 pl. Amirande – ☎ 04 90 14 20 20 – www.la-mirande.fr Plan : EY**g**
26 ch – 350/610 € 350/610 € – 1 suite – ☕ 26 € – ½ P
Rest *La Mirande* – voir les restaurants ci-après
Cet hôtel particulier du 17e s. est absolument superbe : pierres ouvragées, déluge d'objets d'art et de tentures dans l'esprit provençal du 18e s. et un délicieux jardin clos, qui s'épanouit à l'ombre du palais des Papes. Raffinement exquis !

Hôtel d'Europe
12 pl. Crillon – ☎ 04 90 14 76 76 – www.heurope.com Plan : EY**d**
39 ch – 194/564 € 194/564 € – 5 suites – ☕ 21 €
Rest *La Vieille Fontaine* ✿ – voir les restaurants ci-après
Près des remparts, cet hôtel particulier du 16e s. s'ouvrit à la clientèle dès 1799. Bonaparte, Hugo ou encore Dalí y séjournèrent. Les chambres se révèlent classiques et soigneusement tenues. Au dernier étage, les suites toisent le palais des Papes...

Cloître St-Louis
ch, rest,
20 r. Portail-Boquier – ☎ 04 90 27 55 55 – www.cloitre-saint-louis.com Plan : EZ**s**
80 ch – 82/339 € 82/339 € – ☕ 16 €
Rest – Formule 18 € – Menu 36 € – Carte 34/46 €
Un bâtiment du 16es. doublé d'une aile ultracontemporaine. Quel alliage ! S'il conserve beaucoup de son atmosphère recueillie d'antan, cet ancien noviciat jésuite – et son cloître tout en pierre – tutoie la modernité avec réussite. Belle escale à la croisée des époques, au cœur d'Avignon.

Novotel Centre
20 bd St-Roch – ☎ 04 32 74 70 10 – www.accorhotels.com Plan : EZ**t**
130 ch – 130/240 € 130/240 € – 3 suites – ☕ 15 €
Rest – Formule 16 € – Carte 31/90 €
Créé fin 2011, un établissement évidemment très contemporain, séduisant par la qualité de ses prestations (espaces lumineux, spa, etc.) et sa situation, au pied des remparts, non loin du centre-ville.

Mercure Pont d'Avignon sans rest
r. Ferruce, (quartier Balance) – ☎ 04 90 80 93 93 – www.accorhotels.com/fr/hotel-0549-mercure-pont-d-avignon/in Plan : EY**r**
87 ch – 130/200 € 130/200 € – ☕ 15 €
Voilà qui s'appelle être au cœur du sujet : ce Mercure récemment rénové se trouve à mi-chemin entre le palais des Papes et le "pont d'Avignon" (le pont St-Bénézet de son vrai nom). Parfait pour découvrir la ville, donc.

Bristol sans rest

44 cours Jean-Jaurès – ✆ 04 90 16 48 48 – www.bristol-avignon.com Plan : EZ**m**

65 ch – †73/101 € ††98/117 € – 2 suites – ☕ 13 €

Au cœur de l'animation urbaine, un hôtel très engageant avec sa façade aux accents bourgeois. Les chambres allient sobriété et confort. Une bonne option pour qui veut pouvoir parcourir la ville à pied.

Hôtel de l'Horloge sans rest

1 r. F.-David, (pl. de l'Horloge) – ✆ 04 90 16 42 00 – www.hotel-avignon-horloge.com

66 ch – †99/263 € ††99/263 € – ☕ 16 € Plan : EY**z**

Au cœur de la vie touristique et culturelle avignonnaise, un établissement à la fois classique et chaleureux. Une préférence pour les chambres qui ouvrent sur la jolie place de l'Horloge et celles qui jouissent d'une terrasse privative...

Blauvac sans rest

11 r. de la Bancasse – ✆ 04 90 86 34 11 – www.hotel-blauvac.com Plan : EY**m**

16 ch – †70/90 € ††75/95 € – ☕ 8 €

Simple, originale et fort bien tenue : une bonne petite adresse dans une ruelle tranquille du vieil Avignon. Nous sommes ici dans l'ancienne résidence du marquis de Blauvac (17e s.), qui conserve quelques éléments de son charme rustique (pierres apparentes). Plusieurs chambres familiales. Les tarifs restent mesurés.

Le Colbert sans rest

7 r. Agricol-Perdiguier – ✆ 04 90 86 20 20 – www.avignon-hotel-colbert.com – Ouvert 25 mars-31 oct. Plan : EZ**a**

12 ch – †78/104 € ††82/114 € – ☕ 8 €

Murs patinés, affiches du festival, quelques objets chinés, un agréable patio... Dans cet hôtel traditionnel, la simplicité est vertu et l'on se sent un peu comme à la maison ! Prix doux pour la ville.

Hôtel de Garlande sans rest

20 r. Galante – ✆ 04 90 80 08 85 – www.hoteldegarlande.com – Fermé fév.

11 ch – †74/125 € ††74/125 € – ☕ 9 € Plan : EY**h**

Dans une rue piétonne du centre historique, un petit hôtel convivial... à l'accent provençal. La maison est ancienne car elle date du 18e s. Bon rapport qualité-prix.

La Banasterie sans rest

11 r. de la Banasterie – ✆ 06 87 72 96 36 – www.labanasterie.com Plan : EY**d**

5 ch ☕ – †110/190 € ††120/190 €

Derrière le palais des Papes, une jolie demeure en pierre blonde datant du 16e s. Intimes et cosy, les chambres se révèlent romantiques – certaines ont même un balcon... Un vrai nid douillet.

Restaurants

La Mirande – Hôtel La Mirande

4 pl. Amirande – ✆ 04 90 14 20 20 – www.la-mirande.fr – Fermé 7 janv.-13 fév., mardi et merc. Plan : EY**g**

Menu 42 € (déj.), 75/115 €

L'œuvre du soleil, le chatoiement des couleurs, la générosité des saveurs : les assiettes respirent le Sud, ses produits et ses traditions. Le décor est délicieux : superbe salle 18e s. ou ravissant jardin...

Christian Étienne

10 r. Mons – ✆ 04 90 86 16 50 – www.christian-etienne.fr – Fermé vacances de la Toussaint, dim. et lundi sauf en juil. Plan : EY**h**

Menu 35 € (déj.), 70/120 €

Le poids des ans ne semble avoir aucune prise sur cette belle table, qui comme le bon vin paraît se bonifier... Fidèle à son art, Christian Étienne rend un vibrant hommage à sa Provence natale, sans cesser de se renouveler. Le tout dans un cadre rare : celui d'une demeure médiévale chargée d'histoire.

→ Tartare de tomate cœur-de-bœuf et ananas. Menu truffe. Dessert aux fruits de saison.

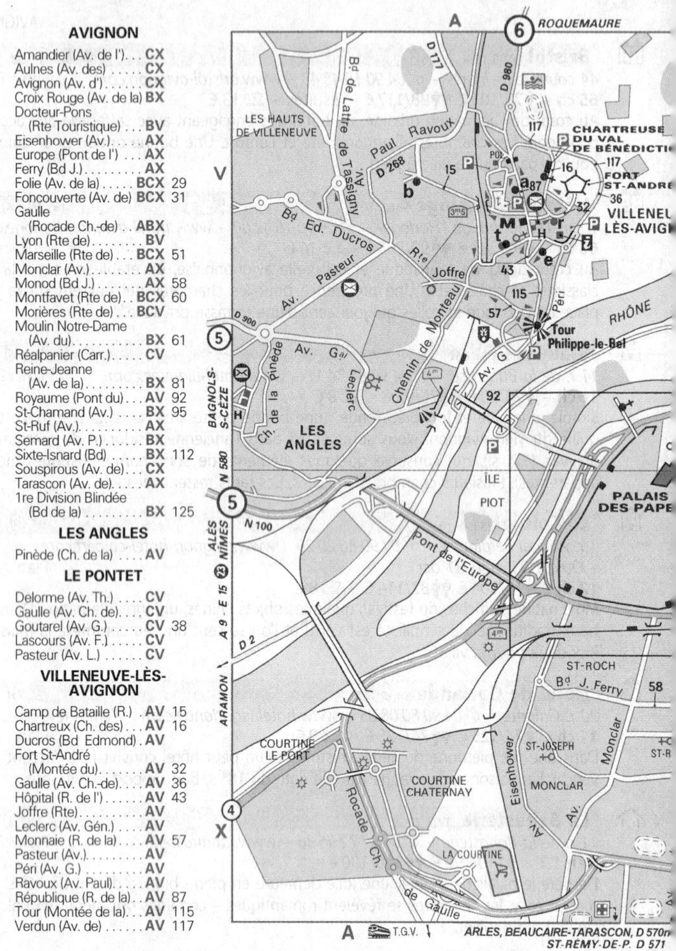

La Vieille Fontaine - Hôtel D'Europe

12 pl. Crillon – ✆ 04 90 14 76 76 – www.heurope.com – Fermé 28 avril-6 mai, 4 août-2 sept., 27 oct.-5 nov., 2-7 janv., 24 fév.-5 mars, dim. et lundi Plan : EY**d**

Menu 37 € (déj.), 48/130 € – Carte 81/134 €

Boiseries, moulures, cheminée... et une calme terrasse sous un platane centenaire, au cœur de l'hôtel. Ce cadre classique est tout approprié pour la dégustation d'une cuisine d'une belle facture, fine et sapide. ➜ Écrevisses "pattes rouges" de Camargue. Dos de loup de Méditerranée. Pêche plate rôtie à la verveine.

Le Diapason (Erwan Houssin)

1764 av. du Moulin-Notre-Dame - BX – ✆ 04 90 81 00 00 – www.lediapason-restaurant.com – Fermé 18-31 août, 3 semaines en janv., mardi de sept. à juin, dim. soir et lundi

Menu 32/85 €

Aux portes de la ville... et déjà à la campagne ! L'escapade prend des accents champêtres, mais sachez que la maison est résolument contemporaine et même minérale. Esprit d'avant-garde également en cuisine, où règne un couple passionné – lui au chaud, elle à la pâtisserie. Deux talents au diapason ! ➜ Foie gras de canard et haddock fumé en compression, crème glacée au raifort. Bar de ligne au lard d'Arnad, lentilles vertes du Puy au pied de cochon et couteaux. Tarte chocolat guanaja et truffe noire.

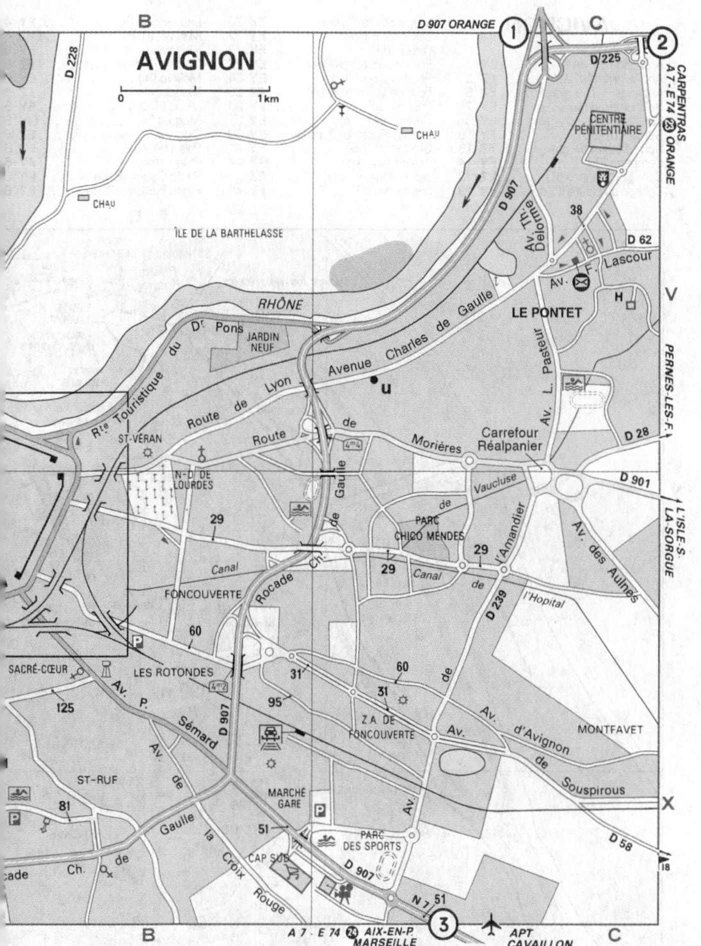

Hiély-Lucullus

5 r. de la République, (1er étage) – ✆ 04 90 86 17 07 – www.hiely-lucullus.com – Fermé mardi et merc. Plan : EY**n**

Formule 25 € – Menu 31/49 €

Une institution depuis 1938 ! La carte préserve jalousement les spécialités d'André et Pierre Hiély qui firent la renommée du lieu (pieds et paquets à la provençale, baba Lucullus, etc.). Le décor, lui, distille le charme de la Belle Époque version Art nouveau. Indémodable et toujours à la recherche de la qualité.

L'Essentiel

2 r. Petite-Fusterie – ✆ 04 90 85 87 12 – www.restaurantlessentiel.com – Fermé vacances de la Toussaint et de fév., dim. et lundi Plan : EY**y**

Menu 31/43 € – Carte 42/60 €

Comme son nom l'indique, cette table va à l'essentiel... des saveurs, et réjouira les amateurs d'une cuisine généreuse et ensoleillée. Le décor, lui, joue la carte de la modernité épurée. Aux beaux jours, on s'installe dans le joli patio.

AVIGNON

Amirande (Pl. de l') .... EY 2
Arroussaire (Av. de l') .... FZ 3
Aubanel (R. Théodore) .... EZ 5
Balance (R. de la) .... EY 7
Bancasse (R.) .... EY 9
Bertrand (R.) .... FY 10
Bon Martinet (R. du) .... FZ 13
Campane (R.) .... FY 14
Collège d'Annecy (R.) .... EZ 18
Collège du Roure (R. du) .... EY 19
Corps Saints (Pl. des) .... EZ 20
David (R. Félicien) .... EY 22
Dorée (R.) .... EY 23
Folco-de-Baroncelli (R.) .... EY 28
Fourbisseurs (R. des) .... EY 34
Four de la Terre (R. du) .... FZ 35
Four (R. du) .... FY 33
Galante (R.) .... EY 37
Grande Fusterie (R. de la) .... EY 39
Grottes (R. des) .... EY 41
Italiens (Av. des) .... GY 44
Jean-Jaurès (Cours) .... EZ
Jérusalem (Pl.) .... FY 45
Ledru-Rollin (R.) .... FY 4
Manivet (R. P.) .... EFZ 4
Marchands (R. des) .... EY 4
Masse (R. de la) .... FZ 5
Molière (R.) .... EY 5
Monclar (Av.) .... EZ 5
Mons (R. de) .... EY 5
Muguet (R.) .... GY 6
Ortolans (R. des) .... EZ 6
Palais (Pl. du) .... EY 6
Palapharnerie (R.) .... FY 6
Petite Calade (R. de la) .... EY 6
Petite Fusterie (R. de la) .... EY 6

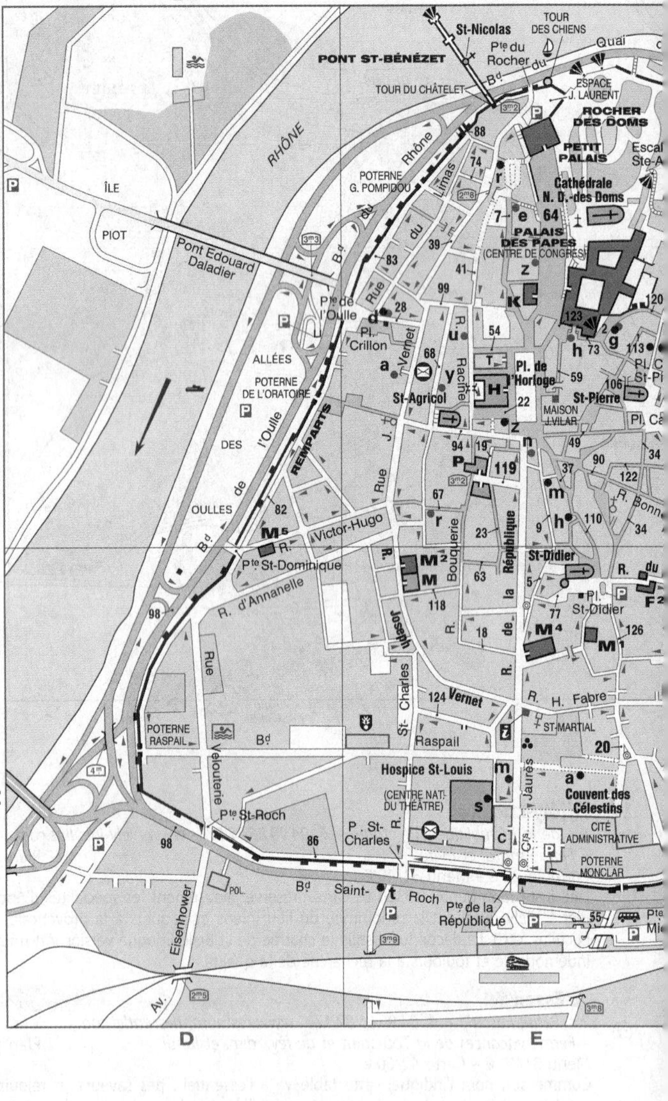

XX **Le Numéro 75**

75 r. Guillaume-Puy – ✆ 04 90 27 16 00 – www.numero75.com – Fermé 25 déc.-1er janv. et dim. Plan : FZ**b**

Menu 30 € (déj.)/35 € – Carte 32/41 €

Une demeure bourgeoise du 19e s. noyée sous la glycine : joli décor pour un repas en terrasse... Cette adresse connaît un franc succès dans la ville : la faute à son cadre chaleureux et à sa cuisine du marché pleine de sincérité !

XX **Le Moutardier du Pape**

15 pl. du Palais-des-Papes – ✆ 04 90 85 34 76 – www.restaurant-moutardier.fr

Formule 17 € – Menu 35/65 € – Carte 29/73 € Plan : EY**z**

Une adresse pour tous, y compris les vaniteux, ceux qui se croient le premier Moutardier du Pape... Mais trêve de plaisanterie : on se régale ici d'une bonne cuisine au goût du jour, et l'on en prend plein les mirettes en s'installant sur la terrasse ombragée, qui fait face au palais des Papes. Magique !

X **Les 5 Sens**

18 r. Joseph-Vernet, (pl. Plaisance) – ✆ 04 90 85 26 51 – www.restaurantles5sens.com – Fermé dim. et lundi Plan : EY**a**

Formule 21 € – Menu 46/59 € – Carte environ 68 €

À l'écart sur une placette discrète, un restaurant gastronomique au cadre original, chaleureux et feutré avec ses notes japonisantes. Meilleur Ouvrier de France Traiteur, le chef travaille en artisan et aime faire des clins d'œil à son Sud-Ouest d'origine, patrie du... cassoulet.

X **La Fourchette**

17 r. Racine – ✆ 04 90 85 20 93 – www.la-fourchette.net – Fermé 2-24 août, 1er-9 fév., sam. et dim. Plan : EY**u**

Menu 34 € – Carte environ 42 € *(réservation conseillée)*

Collection de fourchettes et de guides MICHELIN, vieilles photos, bibelots, etc. : un bistrot au décor chargé, charmant et très chaleureux. Au menu, une cuisine traditionnelle aux savoureux accents du Sud. L'adresse affiche souvent complet !

X **C O 2**

3 bis r. de la Petite-Calade – ✆ 04 90 86 20 74 – www.restaurant-lacuisinedolivier.fr – Fermé 24 août-2 sept., dim. et lundi sauf juil. Plan : EY**r**

Formule 17 € – Menu 20 € (déj.), 31/38 €

Pile dans la tendance, un néobistrot convivial, parfait pour une bouffée de bonheur (et pas de dioxyde de carbone) autour de bons petits plats : terrine de lapin ou salade d'ananas, c'est simplement bon ! Excellent rapport qualité-prix au déjeuner.

X **Le 46**

46 r. de la Balance – ✆ 04 90 85 24 83 – www.le46avignon.com – Fermé vacances de Noël et dim. Plan : EY**e**

Formule 16 € – Carte 25/36 €

Plancher en bois, suspensions en métal, chaises Starck, etc. : mi-resto, mi-bistrot, ce 46 se montre agréable... et sans faire son numéro ! Côté assiette également, la simplicité est de mise, au service de la tradition et du goût.

Petit déjeuner compris ? La tasse ☕ suit directement le nombre de chambres.

dans l'île de la Barthelasse 5 km au Nord par D 228 et rte secondaire – ✉ 84000

La Ferme

110 chemin des Bois – ✆ 04 90 82 57 53 – www.hotel-laferme.com

22 ch – †70/85 € ††80/105 € – ☕ 11 € – ½ P

Rest – Formule 20 € – Menu 26 € – Carte 32/46 € *(fermé le midi sauf de mai à sept. et vend. soir)*

Idéal pour se mettre au vert sans trop s'éloigner du centre-ville. Chambres simples et bien tenues, au mobilier de style provençal. Cuisine traditionnelle servie dans une salle campagnarde (poutres apparentes, cheminée et vieilles pierres). Terrasse ombragée.

au Pontet 6 km vers ② par rte de Lyon – ✉ 84130 – 16 731 hab.

Auberge de Cassagne & Spa
450 allée de Cassagne – ✆ 04 90 31 04 18 – www.aubergedecassagne.com – Fermé 5-31 janv.
35 ch – †188/502 € ††188/502 € – 8 suites – ☕ 26 € – ½ P
Rest *Auberge de Cassagne* – voir les restaurants ci-après
Atmosphère chaleureuse dans cette bastide de 1850, qui préserve son charme champêtre aux abords d'Avignon – abords aujourd'hui urbanisés. Patio verdoyant, décors classiques, esprit provençal, spa de qualité, souci du client... Un havre fort agréable à l'écart de la ville.

Les Agassins
52 av. Ch.-de-Gaulle – ✆ 04 90 32 42 91 – www.agassins.com – Fermé 3-17 nov. et 16 fév.-3 mars Plan : CV**u**
26 ch – †119/249 € ††119/249 € – ☕ 19 € – ½ P
Rest – Formule 19 € – Menu 25 € (déj. en semaine), 32/68 € – Carte 51/62 €
Une grande maison d'inspiration régionale dans un jardin fleuri. Les chambres, contemporaines, bénéficient presque toutes d'une petite terrasse. Restaurant ensoleillé et, aux beaux jours, tables dressées dans la cour arborée ; cuisine provençale.

Auberge de Cassagne – Hôtel Auberge de Cassagne & Spa
450 allée de Cassagne – ✆ 04 90 31 04 18 – www.aubergedecassagne.com – Fermé 5-31 janv.
Formule 39 € – Menu 58/100 € – Carte 86/109 €
Poutres, tomettes, cheminée... Dans la tradition de ces auberges bourgeoises dédiées aux plaisirs de la table, le classicisme est ici de mise, de même les produits nobles et certaines recettes plus rustiques.

à l'aéroport 8 km par ③ – ✉ 84140

Paradou
137 Allée de la Chartreuse – ✆ 04 90 84 18 30 – www.hotel-paradou.fr
60 ch – †79/150 € ††79/150 € – ☕ 13 €
Rest – Menu 19 € (semaine)/41 € – Carte 19/47 € *(fermé dim. sauf le soir d'avril à sept.)*
Certes, cet hôtel-restaurant est né dans les années 1980, tout près de l'aéroport, mais son architecture et ses décors respectent l'esprit de la région (arcades, toits de tuiles, mobilier de fer forgé...). Entretien très soigné.

rte de Carpentras 12 km par ② D 942, sortie Althen-des-Paluds

Le Saule Pleureur - Laurent Azoulay
145 chemin de Beauregard – ✆ 04 90 62 01 35 – www.le-saule-pleureur.com – Fermé lundi et mardi sauf fériés et sauf juil.-août
Menu 35/75 € – Carte 75/100 € *(réservation conseillée)*
Un beau jardin fleuri, une grande villa... On oublie immédiatement la route toute proche pour jouir de l'essentiel : la cuisine généreuse, délicate et sagement créative du chef.
➜ Tomate de Provence dans tous ses états. Cochon fermier du Ventoux, jus de cuisson à la réglisse. Les douceurs de saison en quatre temps.

*Voir aussi ressources hôtelières de **Villeneuve-lès-Avignon***

AVIZE – 51 Marne ➜ voir Épernay

AVRANCHES

✉ 50300 (Manche) – 8 020 hab. – **Voir carte n°32-A3**
Paris 337 km – Caen 105 km – Rennes 85 km – St-Lô 58 km
Carte Michelin 303-D7 – Guide Vert Michelin Normandie Cotentin

La Croix d'Or

83 r. de la Constitution – 02 33 58 04 88 – www.hotel-restaurant-avranches-croixdor.fr – Fermé 1er-23 janv. et dim. soir du 15 oct. au 1er avril

27 ch – 70/90 € 90/125 € – 10 € – ½ P

Rest *La Croix d'Or* – voir les restaurants ci-après

Façade à colombages, cuivres, mobilier ancien... un relais de poste du 17e s., une certaine image de la Normandie. Le décor des chambres (aménagées en partie dans les anciennes écuries) est plus actuel. Choisissez-les côté jardin !

La Ramade sans rest

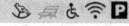

2 r. de la Côte, 1 km au Nord-Ouest, à Marcey-les-Grèves – 02 33 58 27 40 – www.laramade.fr – Fermé 29 déc.-25 janv. et dim. de nov. à mars

11 ch – 70/150 € 92/150 € – 12 €

Une demeure bourgeoise des années 1950, sur la route de Granville. Les chambres portent des noms de fleurs, qui inspirent leur décor assez douillet. Salon de thé l'après-midi, cocktails et vins en soirée.

La Croix d'Or – Hôtel La Croix d'Or

83 r. de la Constitution – 02 33 58 04 88 – www.hotel-restaurant-avranches-croixdor.com – Fermé 1er-23 janv. et dim. soir du 15 oct. au 1er avril

Formule 19 € – Menu 28/55 € – Carte 47/74 €

Vieilles pierres, poutres, cuivres, mobilier normand... on se retrempe avec bonheur dans l'esprit de la région, et l'on trempe avec encore plus de plaisir son pain dans les plats en sauce de la carte, évidemment traditionnelle.

à St-Quentin-sur-le-Homme 5 km au Sud-Est par D 78-BZ – 50220 – 1 251 hab.

Le Gué du Holme

14 r. des Estuaires – 02 33 60 63 76 – www.le-gue-du-holme.com – Fermé vacances de la Toussaint, vacances de fév. et dim. soir de mi-oct. à mi-mars

10 ch – 80/108 € 80/118 € – 11 € – ½ P

Rest *Le Gué du Holme* – voir les restaurants ci-après

Cet établissement, aux portes de la baie du Mont-Saint-Michel, propose des chambres récemment rénovées dans un style cosy et feutré. Toutes sont impeccablement tenues et donnent sur un joli jardin. Une étape au grand calme !

Le Gué du Holme

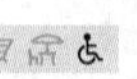

14 r. des Estuaires – 02 33 60 63 76 – www.le-gue-du-holme.com – Fermé vacances de la Toussaint, de fév., sam. midi, dim. soir et lundi

Formule 15 € – Menu 26/52 € – Carte 38/67 € *(fermé dim. soir sauf juil.-août, sam. midi et lundi.)*

Une maison en pierres de pays et sa façade en bois située juste en face de l'église. Dans une salle de style classique ou en terrasse, on apprécie des recettes dans l'air du temps qui suivent le rythme des saisons. Dans l'assiette, c'est bien réalisé et savoureux. Une bonne adresse.

AX-LES-THERMES

09110 (Ariège) – 1 363 hab. – **Voir carte n°29-C3**

Paris 803 km – Andorra-la-Vella 59 km – Carcassonne 106 km – Foix 44 km

Carte Michelin 343-J8

Le Chalet

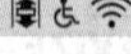

4 av. Turrel – 05 61 64 24 31 – www.le-chalet.fr – Fermé 26 avril-13 mai et 10 nov.-11 déc.

19 ch – 63/82 € 63/82 € – 10 € – ½ P

Rest *Le Chalet* – voir les restaurants ci-après

Un hôtel sympathique à deux pas des télécabines conduisant aux pistes. Sachez que les chambres de l'annexe sont plus récentes et spacieuses. Pour prendre un grand bol d'air, préférez celles avec un balcon.

La Grande Cordée ⓝ
31 av. Dr-François-Gomma – ✆ 05 61 65 77 00 – 2 semaines en avril et nov.
26 ch – 46/60 € 46/60 € – 8 € **Rest** – Menu 17 € *(fermé le midi)*
La vie de cet établissement est réglée comme du papier à musique avec, l'hiver, les skieurs et, l'été, les randonneurs. Des sportifs qui s'y reposent dans des chambres bien tenues et décorées de photos de montagnes... Quoi de plus normal pour une grande cordée ! Produits du terroir au restaurant.

Le Chalet – Hôtel Le Chalet
4 av. Turrel – ✆ 05 61 64 24 31 – www.le-chalet.fr – Fermé 26 avril-13 mai, 10 nov.-11 déc., dim. soir et lundi soir hors vacances scolaires et lundi midi
Formule 26 € – Menu 28/52 € – Carte environ 44 €
Asperges blanches et jambon noir de Bigorre, épaule d'agneau confite, croquant au chocolat amer... Dans ce Chalet contemporain, Frédéric Debèves revisite le terroir avec talent, jouant sur les saveurs et les textures, signant des assiettes fortement dosées en goût ! L'été, direction la terrasse, au-dessus de la rivière.

AY – 51 Marne → voir Épernay

AYGUESVIVES

31450 (Haute-Garonne) – 2 373 hab. – **Voir carte n°29-C2**
Paris 704 km – Colomiers 36 km – Toulouse 25 km – Tournefeuille 38 km
Carte Michelin 343-H4

La Pradasse sans rest
39 chemin de Toulouse, D 16 – ✆ 06 19 21 36 71 – www.lapradasse.com
5 ch – 85/95 € 99/109 €
Dans cette grange superbement restaurée, les chambres rivalisent de charme : brique, bois, fer forgé, baignoire sur pieds ou douche à l'italienne... Et le parc est délicieux, avec son étang.

AY-SUR-MOSELLE

57300 (Moselle) – 1 540 hab. – **Voir carte n°26-B1**
Paris 327 km – Briey 31 km – Metz 17 km – Saarlouis 56 km
Carte Michelin 307-I3

Le Martin Pêcheur
1 rte d'Hagondange – ✆ 03 87 71 42 31 – www.restaurant-martin-pecheur.fr – Fermé 28 avril-5 mai, 18 août-1er sept., 27 oct.-3 nov., 23 fév.-2 mars, merc. soir, sam. midi, dim. soir et lundi
Formule 30 € – Menu 40 € (déj. en semaine), 50/100 € – Carte 54/73 €
Entre le canal Camifémo et la Moselle, une ancienne maison de pêcheurs (1928) où règne un bel esprit d'auberge de campagne, avec un agréable jardin où l'on s'attable en été. Grenouilles, écrevisses, médaillons de chevreuil... la tradition se mêle aux tendances actuelles, et la cave est bien fournie !

AZAY-LE-RIDEAU

37190 (Indre-et-Loire) – 3 435 hab. – **Voir carte n°11-A2**
Paris 265 km – Châtellerault 61 km – Chinon 21 km – Loches 58 km
Carte Michelin 317-L5 – Guide Vert Michelin Châteaux de la Loire

Le Grand Monarque 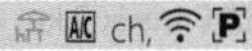
3 pl. de la République – ✆ 02 47 45 40 08 – www.legrandmonarque.com – Fermé 21 déc.-20 fév.
25 ch – 67/145 € 77/155 € – 12 €
Rest – Menu 29 € *(fermé lundi de mai à sept., dim. et le midi)*
À deux pas du château et au cœur de la ville, ce Grand Monarque cultive joliment son charme tourangeau : pierres et poutres apparentes, mobilier ancien, cour ombragée pour prendre le frais ou salon avec cheminée à l'arrivée des premiers frimas, restaurant traditionnel...

Hôtel des Châteaux

2 rte de Villandry – 02 47 45 68 00 – www.hoteldeschateaux.com – Ouvert 10 mars-15 oct.
27 ch – 63/90 € 69/90 € – 11 €
Rest – Menu 25/30 € *(fermé dim. et le midi)*
Une étape idéale sur la route des châteaux de la Loire ! Cet hôtel rénové dans un esprit contemporain dispose de chambres confortables et bien tenues. Au dîner, on savoure les petits plats traditionnels de la maîtresse de maison. Accueil aimable et très bon petit-déjeuner.

Hôtel de Biencourt sans rest

7 r. Balzac – 02 47 45 20 75 – www.hotelbiencourt.com – Ouvert 28 mars-11 nov.
17 ch – 64/80 € 68/85 € – 10 €
Près du château, une maison tourangelle du 18e s., autrefois école primaire. Les chambres sont sobres, avec de beaux planchers. Agréable patio fleuri et bon petit-déjeuner.

L'Aigle d'Or

10 av. A.-Riché – 02 47 45 24 58 – www.laigle-dor.fr – Fermé 3-10 sept., 11-28 nov., 2 janv.-12 fév., lundi soir de déc. à avril, mardi soir sauf juil.-août, dim. soir et merc.
Formule 21 € – Menu 30/59 € – Carte 36/61 € *(réservation conseillée)*
À quelques centaines de mètres du château, voilà une adresse en or ! Dans cette maison de pays, on s'installe au coin de la cheminée ou sur la terrasse ombragée pour déguster une belle cuisine qui revisite la tradition. Au piano, le chef joue une savoureuse mélodie ! Le tout à petits prix.

Côté Cour

19 r. Balzac – 02 47 45 30 36 – www.cotecour-azay.com – Ouvert 16 fév.-14 nov. et fermé dim. soir, lundi soir et jeudi soir d'oct. à mars, mardi soir et merc.
Formule 17 € – Menu 22 € – Carte environ 35 €
Œuf poché et huile de truffe, fricassée de veau et petits légumes, moelleux au chocolat et framboises, etc. Autant de recettes goûteuses et bien ficelées ! Et la maison est plutôt jolie, tout en pierres apparentes et poutres, avec une agréable terrasse juste devant... les grilles du parc du château.

à Saché 6,5 km à l'Est par D 17 – 37190 – 1 277 hab.

Auberge du XIIe Siècle

1 r. du Château – 02 47 26 88 77 – Fermé 2-12 sept., 2-22 janv., dim. soir, mardi midi et lundi
Menu 35/90 € – Carte environ 90 € *(réservation conseillée)*
À deux pas du château qui l'accueillit si souvent, Balzac avait ses habitudes dans cette vénérable auberge à colombages. On marche sur ses pas dans ce cadre historique préservé, où l'on apprécie une cuisine empreinte de classicisme. Beaucoup de cachet !

au Nord-Ouest 4 km par D 57 et rte secondaire - 31190 Azay-le-Rideau

Auberge Pom'Poire avec ch

rest,

21 rte de Vallères – 02 47 45 83 00 – www.aubergepompoire.com – Fermé 1er-24 janv., dim. soir sauf juil.-août, lundi et mardi sauf le soir d'avril à juin et sept.
6 ch – 64/74 € 74/84 € – 10 € – ½ P Menu 30/62 € – Carte 39/55 €
Au milieu des poiriers et des pommiers se cache parfois une bonne adresse… Un joli fruit coloré et acidulé : voilà ce qui pourrait symboliser la cuisine du chef. Du peps, de la justesse, de la subtilité : ses assiettes, composées avec de beaux produits fermiers, débordent de saveurs ! Un hôtel-restaurant à croquer.

BACH

46230 (Lot) – 170 hab. – **Voir carte n°29-C1**
Paris 602 km – Cahors 32 km – Montauban 65 km – Toulouse 117 km
Carte Michelin 337-G5

Auberge Lou Bourdié

– 05 65 31 77 46 – Fermé 20 août-7 sept., 23 déc.-6 janv., merc., sam. et le soir
Menu 15/45 € – Carte 20/50 € *(réservation conseillée)*
Dans la salle - rustique à souhait - de cette auberge familiale, on se régale d'une cuisine authentique et généreuse, réalisée "à la fortune du pot". Civet, poule farcie, confit… On retrouve les saveurs d'antan. Une adresse comme on n'en fait plus !

BADEN

✉ 56870 (Morbihan) – 4 137 hab. – **Voir carte n°9-A3**
Paris 473 km – Auray 9 km – Lorient 52 km – Quiberon 40 km
Carte Michelin 308-N9

Le Gavrinis

1 r. de L'Île-Gavrinis, à Toulbroch, 2 km par rte de Vannes – ✆ 02 97 57 00 82 – www.gavrinis.com – Fermé 15-30 nov. et 2 janv.-5 fév.
18 ch – 55/110 € 55/110 € – 12 € – ½ P
Rest *Le Gavrinis* – voir les restaurants ci-après
Cette maison néobretonne des années 1970, ceinte d'un beau jardin, dispose de chambres fraîches (bois blond, teintes claires), ou plus simples mais bien tenues.

Le Val de Brangon

Lieu-dit Brangon, 2 km à l'Est par D 101 et C 204 – ✆ 02 97 57 06 05 – www.levaldebrangon.com – Fermé 14 janv.-15 fév.
5 ch – 160/200 € 170/210 € **Table d'hôte** – Menu 45 €
Avant d'embarquer pour l'île aux Moines, arrêtez-vous dans cette longère de 1824 admirablement restaurée. Décoration élégante (pierres d'origine, objets chinées, œuvres d'art), grand jardin et piscine chauffée. Cuisine de saison fraîche et légère.

Le Gavrinis – Hôtel Le Gavrinis

1 r. de L'Île-Gavrinis, à Toulbroch, 2 km par rte de Vannes – ✆ 02 97 57 00 82 – www.gavrinis.com – Fermé 15-30 nov., 2 janv.-5 fév., dim. soir de mi-sept. à mi-juin, lundi sauf le soir de mi-juin à mi-sept. et sam. midi
Formule 16 € – Menu 26 € (déj. en semaine), 31/50 € – Carte 40/60 €
L'enseigne rend hommage à l'île de Gavrinis toute proche. Il faut dire qu'ici on cultive l'âme bretonne et la fierté d'un terroir riche et vivant : millefeuille de sardines et pissaladière ; poitrine de porc fermier confite et laquée... À savourer dans un décor soigné où dominent le bois flotté et les teintes douces.

BAERENTHAL

✉ 57230 (Moselle) – 762 hab. – **Voir carte n°27-D1**
Paris 449 km – Bitche 15 km – Haguenau 33 km – Strasbourg 62 km
Carte Michelin 307-Q5

Le Kirchberg sans rest

8 imp. de la Forêt – ✆ 03 87 98 97 70 – www.le-kirchberg.com – Fermé 1er janv.-9 fév.
20 ch – 44/52 € 66/71 € – 8 €
Envie d'un peu de calme et d'air pur ? Cet hôtel des années 1990, sur les hauteurs d'un paisible village du parc naturel des Vosges du Nord, vous procurera les deux. Les chambres y sont fonctionnelles, certaines avec kitchenette. Préférez celles sur l'arrière, elles ont une jolie vue.

à Untermuhlthal 4 km au Sud-Est par D 87 – ✉ 57230

L'Arnsbourg (Jean-Georges Klein)

18 Untermuhlthal – ✆ 03 87 06 50 85 – www.arnsbourg.com – Fermé 26 août-10 sept., 30 déc.-21 janv., mardi et merc. sauf fériés
Menu 70 € (déj. en semaine), 95/175 € – Carte 95/210 € *(réservation conseillée)*
C'était en 1900 un simple relais de bûcherons au cœur de la forêt. De là, sans doute, l'âme de défricheur de Jean-Georges Klein, toujours à l'affût de la nouveauté. Car voilà bien une cuisine de créateur, aux solides racines : celles du massif vosgien et de ses ensorcelants parfums… qui portent l'assiette à la cime du raffinement et de l'avant-garde.
→ Émulsion de pomme de terre et truffe. Saint-pierre infusé au laurier en croûte de sel. Tartelette tiède au chocolat, râpé de fève tonka et crème glacée au grué de cacao.

K

5 Untermuhlthal – ✆ 03 87 27 05 60 – www.arnsbourg.com – Fermé 26 août-10 sept., 30 déc.-21 janv., mardi et merc. sauf fériés
6 ch – 270/340 € 270/340 € – 6 suites – 29 €
Il fallait un hôtel à l'image de la cuisine de Jean-Georges Klein, c'est chose faite. Architecture contemporaine tout en transparence, agencement design, grand confort : une communion hi-tech avec la nature environnante...

BÂGÉ-LE-CHÂTEL

✉ 01380 (Ain) – 796 hab. – **Voir carte n°44-B1**
Paris 396 km – Bourg-en-Bresse 35 km – Mâcon 11 km – Pont-de-Veyle 7 km
Carte Michelin 328-C3

La Table Bâgésienne

19 Grande-Rue – ✆ 03 85 30 54 22 – www.latablebagesienne.com – Fermé 1er-12 mars, 7-21 août, 22-29 déc., mardi et merc.
Menu 21 € (semaine), 29/67 € – Carte 49/75 €
La façade de cet ancien relais de poste est bien engageante ! Une fois passée la porte, on découvre une déco contemporaine (tons gris, lin et cacao) et une généreuse cuisine bressane que le chef n'hésite pas à interpréter à sa façon.

BAGES – 11 Aude ➜ voir Narbonne

BAGNÈRES-DE-BIGORRE

✉ 65200 (Hautes-Pyrénées) – 8 047 hab. – **Voir carte n°28-A3**
Paris 829 km – Lourdes 24 km – Pau 66 km – St-Gaudens 65 km
Carte Michelin 342-M4

Les Petites Vosges sans rest

17 bd Carnot – ✆ 05 62 91 55 30 – www.lespetitesvosges.com – Fermé 12-30 nov.
4 ch – 🚹80 € 🚹🚹85 €
Pimpante maison où meubles chinés et contemporains s'harmonisent avec originalité. Les chambres y sont confortables et bien tenues. La propriétaire saura vous conseiller de belles randonnées dans les environs.

Le Jardin des Brouches

22 bd Carnot – ✆ 05 62 91 07 95 – www.lejardindesbrouches.fr – Fermé dim. soir et merc.
Menu 20 € (déj. en semaine), 30/60 €
Près des thermes, une maison dont le jardin est joliment fleuri et l'intérieur provençal. De beaux produits, deux menus renouvelés régulièrement : une cuisine plaisante !

L' Auberge Gourmande

1 bd d'Hyperon – ✆ 05 62 95 52 01 – Fermé 16 nov.-1er déc., mardi sauf juil.-août et lundi
Menu 19/60 € – Carte 34/65 €
Près des thermes, cette jolie maison de pays abrite une salle élégante (murs jaunes, lustres en cuivre...). Cuisine d'esprit terroir.

à Lesponne 8 km au Sud par D 935 et D 29 – ✉ 65710

Domaine de Ramonjuan

– ✆ 05 62 91 75 75 – www.ramonjuan.com
15 ch – 🚹73/106 € 🚹🚹73/106 € – ☕ 10 € – ½ P
Rest – Menu 23 € *(fermé le dim. d'oct. à avril et fermé le midi) (résidents seult)*
Ferme de montagne muée en hôtel disposant de bons équipements de loisirs. Chambres claires et joliment arrangées, beaucoup de matières et teintes naturelles (lin, rotin...). Cuisine régionale dans la véranda ou sur la terrasse d'été.

BAGNÈRES-DE-LUCHON

✉ 31110 (Haute-Garonne) – 2 593 hab. – **Voir carte n°28-B3**
Paris 814 km – St-Gaudens 48 km – Tarbes 98 km – Toulouse 141 km
Carte Michelin 343-B8

Hôtel d'Étigny

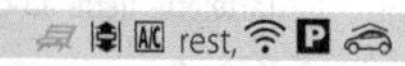

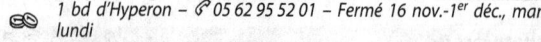

face établ. thermal – ✆ 05 61 79 01 42 – www.hotel-etigny.com – Ouvert 3 mai-18 oct.
63 ch – 🚹60/125 € 🚹🚹65/130 € – 5 suites – ☕ 10 € – ½ P
Rest – Formule 16 € – Menu 21/52 € – Carte 38/62 €
En face des thermes, cet ancien hôtel particulier (19es.) est tenu par la même famille depuis quatre générations. Chambres classiques, peu à peu rénovées dans un style contemporain ; au restaurant, la carte est classique, elle aussi.

Alti sans rest

19 allées d'Etigny – ✆ 05 61 79 56 97 – www.actaluchon.com

47 ch – 🚹75/105 € 🚹🚹90/130 € – ☕ 12 €

En plein centre-ville, cet hôtel répond aux attentes de la clientèle d'affaires et des vacanciers. Chambres agréables et bien équipées ; piscine intérieure idéale après le ski.

La Rencluse

rest, rest,

à St-Mamet – ✆ 05 61 79 02 81 – www.hotel-larencluse.com – Ouvert 4 mai-12 oct. et vacances de fév.

21 ch – 🚹53/75 € 🚹🚹56/75 € – ☕ 10 € – ½ P

Rest – Menu 18/27 € – Carte 28/52 €

Voilà une sympathique auberge familiale sur la route de l'Espagne. Les chambres, de style montagnard, sont bien mignonnes, parfois mansardées (plus simples à l'annexe) ; certaines ont d'ailleurs une jolie vue sur les sommets. L'été, on s'installe sous la pergola pour déguster des plats traditionnels.

Pavillon Sévigné

rest,

2 av. Jacques-Barrau – ✆ 05 61 79 31 50 – www.pavillonsevigne.com

5 ch ☕ – 🚹75/85 € 🚹🚹85/95 € **Table d'hôte** – Menu 30 €

Ce ravissant manoir du 19e s. ne manque pas d'attraits : fresques murales, escalier en bois, meubles anciens... et confort moderne ! Pour ne rien gâcher, l'accueil est délicieux. À la table d'hôte, menu unique. Qu'il fait bon s'installer dans la salle à manger...

L'Heptameron des Gourmets

3 bd Charles-de-Gaulle – ✆ 05 61 79 78 55 – www.heptamerondesgourmets.com – Fermé le midi

Menu 60 € *(réservation conseillée)*

Original : le chef et sa femme vous reçoivent... chez eux, au rez-de-chaussée de leur maison, dans une atmosphère très raffinée. Monsieur concocte un menu unique du marché (en sept services) et vous propose de choisir votre vin à la cave.

à St-Paul-d'Oueil 8 km par D 618 et D 51 – ✉ 31110 – 50 hab.

Maison Jeanne sans rest

– ✆ 05 61 79 81 63 – www.maison-jeanne-luchon.com – Ouvert fév.-oct.

4 ch ☕ – 🚹80 € 🚹🚹86 €

La montagne, un jardin et cette belle maison de pays, idéale pour se ressourcer. L'accueil est chaleureux et les chambres vraiment jolies (poutres apparentes, meubles anciens...).

BAGNOLES-DE-L'ORNE

✉ 61140 (Orne) – 2 405 hab. – **Voir carte n°32-B3**

Paris 236 km – Alençon 48 km – Argentan 39 km – Domfront 19 km

Carte Michelin 310-G3 – Guide Vert Michelin Normandie Cotentin

Le Manoir du Lys

2 km rte Juvigny-sous-Andaine par ③ – ✆ 02 33 37 80 69 – www.manoir-du-lys.fr – Fermé 2 janv.-13 fév., dim. soir et lundi de nov. à avril

23 ch – 🚹110/225 € 🚹🚹125/225 € – 7 suites – ☕ 17 € – ½ P

Rest ***Le Manoir du Lys*** ✿ – voir les restaurants ci-après

Au milieu des bois et dans un superbe parc, cette belle demeure normande est empreinte de quiétude... Les chambres du manoir affichent un raffinement classique ou plus contemporain, toujours chaleureux ; dans le pavillon, des suites spacieuses.

Bois Joli

rest, rest,

12 av. Philippe-du-Rozier – ✆ 02 33 37 92 77 – www.hotelboisjoli.com Plan : A**w**

20 ch – 🚹99/179 € 🚹🚹139/179 € – ☕ 12 € – ½ P

Rest – Formule 21 € – Menu 28/74 € – Carte 33/74 €

Élégante villa anglo-normande (19e s.) dans un parc arboré. Avec ses meubles anciens, ses lambris d'origine et ses chambres si romantiques, elle distille une vraie atmosphère rétro... Près de la cheminée en bois sculpté, on savoure une agréable cuisine traditionnelle.

BAGNOLES-DE-L'ORNE

Bois-Motté (Bd du) . . . . A 2
Casinos (R. des) . . . . A 3
Château (Av. du) . . . . A 4
Dr-Pierre-Noal (Av. du) . . . . A 7
Dr-Poulain (Av. du) . . . . A 8
Gaulle (Pl. Général-de) . . . . . . B 9
Hartog (Bd G.) . . . . A 13
Lemeunier-de-la-Raillère (Bd) . . . . B 14
Rozier (Av. Ph.-du) . . . . A 15
Sergenterie-de-Javains (R.) . . . . A 18

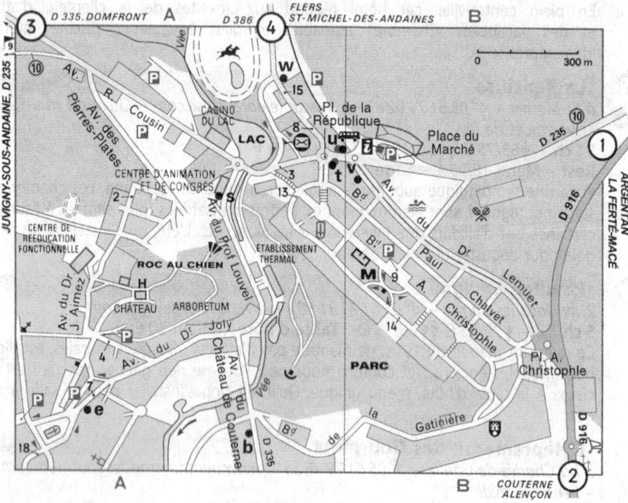

Nouvel Hôtel

rest,

8 av. Dr-Pierre-Noal – ✆ 02 33 30 75 00 – www.lenouvelhotel.fr – Ouvert d'avril à oct.
30 ch – 🚹59/120 € 🚹🚹75/120 € – ☕ 10 € – ½ P — Plan : A**e**
Rest – Formule 14 € – Menu 19 € (semaine), 23/35 € – Carte 33/54 €
Une jolie villa de 1912 avec des chambres pratiques, plaisantes et bien insonorisées, ainsi qu'un restaurant adapté aux curistes (menus traditionnels, diététiques et végétariens). Petits plus charmants : le salon avec son piano et le jardin, si paisible...

Bagnoles Hôtel

6 pl. de la République – ✆ 02 33 37 86 79 – www.bagnoles-hotel.com — Plan : A**t**
20 ch – 🚹78/108 € 🚹🚹78/108 € – ☕ 9 € – ½ P
Rest *Bistrot Gourmand* – voir les restaurants ci-après
Au cœur de la station, un hôtel avec des chambres avant tout fonctionnelles mais agréables et colorées, le plus souvent avec balcon ou terrasse. Celles du 3e étage sont mansardées : bien plaisant.

Ô Gayot

2 av. de la Ferté-Macé – ✆ 02 33 38 44 01 – www.ogayot.com – Fermé dim. soir du 15 nov. au 1er avril — Plan : A**u**
15 ch – 🚹60/95 € 🚹🚹75/95 € – ☕ 10 € – ½ P
Rest *Ô Gayot* – voir les restaurants ci-après
Au centre de la station thermale, hôtel au concept "tout en un" : chambres épurées sur le thème de l'eau ou de la forêt ; bar, salon de thé, boutique de produits régionaux et même un bistrot pour les gourmands.

Le Normandie

rest,

2 av. du Dr-Lemuet – ✆ 02 33 30 71 30 – www.hotel-le-normandie.com – Fermé déc.- janv. — Plan : B**v**
22 ch – 🚹60/130 € 🚹🚹60/130 € – ☕ 10 € – ½ P
Rest – Formule 17 € – Menu 24/45 € – Carte 41/54 €
Cet ancien relais de poste a su s'adapter au 21e s. avec une déco moderne et feutrée. Chambres confortables et bien dans l'air du temps (mobilier en bois patiné, couleurs pastel). Au restaurant, on apprécie les recettes d'aujourd'hui avec des produits de saison.

Le Roc au Chien

10 r. du Prof.-Louvel – 02 33 37 97 33 – www.hotelrocauchien.fr – Ouvert 8 mars-10 nov.
Plan : A**s**

36 ch – 56/102 € 64/102 € – 10 € – ½ P

Rest – Formule 15 € – Menu 19 € (semaine), 28/42 € – Carte 35/53 €

La comtesse de Ségur aurait séjourné dans ce sympathique hôtel-restaurant. La bâtisse principale, du 19e s., abrite une jolie tourelle en brique et des chambres rustiques à souhait. Agréable jardin.

Les Camélias

6 av. du Château de Couterne – 02 33 37 93 11 – www.cameliashotel.com – Ouvert 1er mars-30 nov.
Plan : A**b**

20 ch – 54/72 € 60/76 € – 9 € **Rest** – Menu 16/27 € – Carte 21/44 €

Au cœur d'un quartier pavillonnaire, une élégante maison normande du début du 20e s. On profite de la grande quiétude des lieux, du joli jardin, du restaurant traditionnel et des chambres douillettes, pratiques et fraîches...

Le Manoir du Lys (Franck Quinton) – Hôtel Le Manoir du Lys

2 km rte Juvigny-sous-Andaine par ③ – 02 33 37 80 69 – www.manoir-du-lys.fr – Fermé 2 janv.-13 fév., dim. soir de nov. à avril, mardi midi et merc. midi de mai à oct. et lundi

Menu 45/150 € – Carte 68/78 €

De la pierre, des boiseries claires et une terrasse agréable pour une atmosphère élégante et chaleureuse... Le chef concocte une cuisine fine et goûteuse qui valorise les beaux produits régionaux – en particulier les champignons de la forêt des Andaines !

→ Andouille de Vire en papillote et foin vert, crème au camembert et langoustine. Pigeon en deux cuissons, pommes de terre grenaille à la crème et ail noir. Macaron, crème et champignons des bois, sorbet trompette.

Ô Gayot – Hôtel Ô Gayot

2 av. de la Ferté-Macé – 02 33 38 44 01 – www.ogayot.com – Fermé dim. soir et lundi midi du 15 nov. au 1er avril et jeudi
Plan : A**u**

Formule 17 € – Menu 21 € (semaine)/27 € – Carte 26/46 €

Une jolie maison en pierre et son bistrot, pile dans l'air du temps. Dans l'assiette, de bonnes recettes... bistrotières, qui changent toutes les semaines. Œuf mollet et crème de champignons, tartare de bœuf coupé au couteau et frites, sablé au beurre et sa glace au caramel, etc. Une certaine idée de la gourmandise.

Bistrot Gourmand – Bagnoles Hôtel

6 pl. de la République – 02 33 37 86 79 – www.bagnoles-hotel.com – Fermé 20 janv.- 7 fév.
Plan : A**t**

Formule 19 € – Menu 24 € – Carte 29/43 €

Dans ce Bistrot gourmand, le chef prépare une cuisine qui suit le marché et les saisons... C'est frais et sympathique.

BAGNOLS

69620 (Rhône) – 695 hab. – **Voir carte n°43-E1**

Paris 444 km – Lyon 30 km – Tarare 20 km – Villefranche-sur-Saône 14 km

Carte Michelin 327-G4 – Guide Vert Michelin Lyon et sa région

Château de Bagnols

le bourg – 04 74 71 40 00 – www.chateaudebagnols.com

16 ch – 450/1160 € 450/1160 € – 5 suites – 32 €

Rest ***Château de Bagnols*** – voir les restaurants ci-après

Les mots manqueraient presque pour décrire la magnificence de ce château du 13e s. dominant le vignoble beaujolais. L'accès par le pont-levis au-dessus des douves, les décors historiques (fresques Renaissance et tapisseries, mobilier d'art, cheminées monumentales...), le superbe parc et son verger : tout est unique.

Château de Bagnols

le bourg – 04 74 71 40 00 – www.chateaudebagnols.com

Menu 65/90 € – Carte 70/180 €

Un cadre d'exception que ce superbe château médiéval, qui semble cultiver des fastes immémoriaux... Sous le patronage d'une immense cheminée gothique délicatement sculptée, le repas se fait festin d'une belle finesse, et la tradition s'en trouve renouvelée.

BAGNOLS-SUR-CÈZE

✉ 30200 (Gard) – 18 245 hab. – **Voir carte n°23-D1**
▶ Paris 653 km – Alès 54 km – Avignon 34 km – Nîmes 56 km
Carte Michelin 339-M4

Château du Val de Cèze

69 r. Léon Fontaine, 1 km rte d'Avignon – ✆ 04 66 89 61 26 – www.sud-provence.com
22 ch – 93/128 € 103/138 € – 1 suite – 12 € – ½ P
Rest – Formule 18 € – Menu 26 €
Ce château du 17e s. et son parc sont très prisés par la clientèle d'affaires (séminaires, réunions...). Les chambres, sobres et confortables, disposent toutes d'une terrasse. Bonne option pour organiser un repas que le restaurant, dont le chef propose une cuisine assez soignée.

rte d'Alès 5 km Ouest par D 6 et D 143

Château de Montcaud

Hameau de Combe ✉ 30200 Bagnols-sur-Cèze – ✆ 04 66 89 60 60 – www.chateau-de-montcaud.com – Ouvert 16 avril-19 oct.
25 ch – 165/320 € 210/400 € – 2 suites – 26 € – ½ P
Rest *Les Jardins de Montcaud* – voir les restaurants ci-après
Rest *Bistrot Il Giardino* – Formule 22 € – Menu 29 € – Carte 37/46 € *(fermé sam., dim. et le soir)*
Cette noble demeure du 19e s., au cœur d'un parc arboré, est un havre de paix. Meubles de style et tons chauds rehaussent l'élégance des chambres. À l'heure des repas, on a le choix entre le restaurant gastronomique et le "bistrot" italien, où le brunch dominical s'accompagne de concerts de jazz en été. Agréable !

Les Jardins de Montcaud – Hôtel Château de Montcaud

Hameau de Combe ✉ 30200 Bagnols-sur-Cèze – ✆ 04 66 89 60 60 – www.chateau-de-montcaud.com – Ouvert 16 avril-19 oct. et fermé le midi
Menu 59/79 € – Carte 56/96 €
Comme il fait bon se promener dans ces Jardins de Montcaud ! On y déguste une savoureuse cuisine méridionale teintée d'exotisme, en s'installant dans la jolie salle d'inspiration provençale ou dans le patio des plus agréables. Une bonne adresse.

BAIE DES TRÉPASSÉS – 29 Finistère ➜ voir Pointe du Raz

BAILLARGUES – 34 Hérault ➜ voir Montpellier

BAILLEUL

✉ 59270 (Nord) – 14 480 hab. – **Voir carte n°30-B2**
▶ Paris 244 km – Armentières 13 km – Béthune 31 km – Dunkerque 44 km
Carte Michelin 302-E3

Belle Hôtel sans rest

19 r. de Lille – ✆ 03 28 49 19 00 – www.bellehotel.fr – Fermé 2 semaines en août et 23 déc.-7 janv.
31 ch – 93/99 € 93/99 € – 11 €
Près de la frontière belge, deux jolies maisons typiquement flamandes. Les chambres sont spacieuses et raffinées (meubles de style) dans l'une ; plus fonctionnelles mais tout aussi confortables dans l'autre. Un ensemble méticuleusement tenu.

BAIX

✉ 07210 (Ardèche) – 1 034 hab. – **Voir carte n°44-B3**
▶ Paris 588 km – Crest 30 km – Montélimar 22 km – Privas 18 km
Carte Michelin 331-K5

Les Quatre Vents sans rest

rte de Chomérac, 2 km au Nord-Ouest – ✆ 04 75 85 80 64 – www.hotel-les4vents.fr – Fermé 16 déc.-12 janv.
20 ch – 56/65 € 65 € – 8 €
Une bonne affaire que cet hôtel qui pratique des prix très compétitifs pour la région. Les chambres sont simples mais fort bien tenues, l'accueil est agréable et, l'été, on peut prendre son petit-déjeuner en terrasse.

Les Quatre Vents

rte de Chomérac, 2 km au Nord-Ouest – ✆ 04 75 85 84 49 – http://restaurantles4vents.sharepoint.com – Fermé 2-12 janv., le soir d'oct. à mars sauf du jeudi au sam., dim. soir et lundi

Formule 14 € – Menu 19 € (déj. en semaine), 26/35 € – Carte environ 36 €

Au menu de ce restaurant : cuisine actuelle et charpente apparente, décor revu et coloré, orné de tableaux et d'un trompe-l'oeil.

BALANOD

39160 (Jura) – 323 hab. – Voir carte n°**16**-A3

Paris 447 km – Besançon 123 km – Bourg-en-Bresse 33 km – Lons-le-Saunier 33 km

Philippe Bouvard

Grande Rue – ✆ 03 84 48 73 65 – Fermé 2 semaines en sept., dim. soir, mardi soir, merc. soir et lundi

Menu 13 € (déj. en semaine), 28/38 € – Carte 32/55 €

Une petite auberge chaleureuse et conviviale, portée par le chef Philippe Bouvard, passionné et généreux, qui... n'a pas la grosse tête ! Parmi ses spécialités, le soufflé au comté, mais il cherche à donner au terroir des accents de nouveauté. Une adresse où l'on se sent bien.

BALARUC-LES-BAINS

34540 (Hérault) – 6 868 hab. – Voir carte n°**23**-C2

Paris 781 km – Agde 32 km – Béziers 52 km – Frontignan 8 km

Carte Michelin 339-H8

Le St-Clair

quai du Port – ✆ 04 67 48 48 91 – www.restaurant-saintclair.com

Menu 22 € (déj. en semaine), 33/89 € – Carte 55/100 €

Une maison élégante sur les quais ; la terrasse sous les palmiers ouvre sur le bassin de Thau... On y apprécie une bonne cuisine de la mer.

BALDERSHEIM – 68 Haut-Rhin ➜ voir Mulhouse

BÂLINES – 27 Eure ➜ voir Verneuil-sur-Avre

BALLEROY

14490 (Calvados) – 901 hab. – Voir carte n°**32**-B2

Paris 276 km – Bayeux 16 km – Caen 42 km – St-Lô 23 km

Carte Michelin 303-G4 – Guide Vert Michelin Normandie Cotentin

Manoir de la Drôme

129 r. des Forges – ✆ 02 31 21 60 94 – www.manoir-de-la-drome.com – Fermé 7 janv.-8 fév., mardi midi, dim. soir, lundi et merc.

Menu 26 € (déj. en semaine), 49/70 € – Carte 64/80 €

Cette demeure de caractère (17e s.) fut la propriété d'un maître de forge. D'une élégance incontestable avec son agréable jardin fleuri où passe la Drôme, c'est le cadre parfait pour un repas d'un beau classicisme.

BALOT

21330 (Côte-d'Or) – 89 hab. – Voir carte n°**8**-C1

Paris 235 km – Auxerre 74 km – Chaumont 74 km – Dijon 82 km

Carte Michelin 320-G3

Auberge de la Baume

ch,

r. d'en haut – ✆ 03 80 81 40 15 – www.aubergedelabaume.com – Fermé 24 déc.-4 janv.

10 ch – †60/62 € ††60/62 € – ☕ 8 € – ½ P

Rest – Menu 17 € (semaine), 28/36 € – Carte 24/37 €

Une auberge de village typique, en face de l'église... Accueil prévenant, chambres pratiques et bien tenues et, pour le cachet, une belle collection de soupières anciennes, dans une salle à manger rustique à souhait.

BANASSAC

✉ 48500 (Lozère) – 866 hab. – **Voir carte n°22-B1**
Paris 588 km – Florac 55 km – Mende 47 km – Millau 52 km
Carte Michelin 330-H8

Les 2 Rives sans rest

La Mothe, Sortie n°40 sur A 75 – ✆ 04 66 32 99 97 – www.hotel-les2rives.com – Fermé 1er janv.-10 fév.
29 ch – 45/100 € 45/100 € – 9 €
Aux confins de la Lozère et de l'Aveyron, à deux minutes de la sortie de l'autoroute, on trouve cette imposante bâtisse en pierre du pays. On pose ses valises dans des chambres modernes, bien équipées ; l'accueil se révèle accueillant. Une sympathique étape.

BAN-DE-LAVELINE

✉ 88520 (Vosges) – 1 305 hab. – **Voir carte n°27-D3**
Paris 411 km – Colmar 59 km – Épinal 67 km – St-Dié 14 km
Carte Michelin 314-K3

Auberge Lorraine avec ch

5 r. du 8-mai – ✆ 03 29 51 78 17 – www.auberge-lorraine.biz – Fermé 25 août-9 sept. et 28 janv.-11 fév.
7 ch – 52 € 62 € – 11 € – ½ P
Menu 14 € (déj. en semaine), 23/45 € – Carte 36/54 € *(fermé dim. soir et lundi)*
Cette auberge du pays vosgien, tenue par un jeune couple, propose une cuisine traditionnelle en prise sur les saisons (sauté de joue de bœuf, vacherin glacé). À l'étage, on trouve des chambres assez spacieuses et douillettes.

BANDOL

✉ 83150 (Var) – 8 028 hab. – **Voir carte n°40-B3**
Paris 818 km – Aix-en-Provence 68 km – Marseille 48 km – Toulon 18 km
Carte Michelin 340-J7 – Guide Vert Michelin Côte d'Azur

Île Rousse

25 bd Louis-Lumière – ✆ 04 94 29 33 00 – www.ile-rousse.com
62 ch – 190/530 € 190/530 € – 5 suites – 27 € – ½ P
Rest *Les Oliviers* – voir les restaurants ci-après
Une situation idéale pour cet hôtel chic, zen et les pieds dans l'eau ! Le décor ultra-contemporain, le superbe centre de thalasso... tout séduit. Même le hall d'accueil, ouvert sur la piscine d'eau de mer : on y oublie tout en une seconde.

Golf Hôtel

ch, rest,

10 promenade de la Corniche, sur plage Renécros par bd L.-Lumière – ✆ 04 94 29 45 83 – www.golfhotel.fr – Ouvert d'avril à oct.
24 ch – 69/132 € 69/132 € – 11 € – ½ P
Rest – Menu 24 € – Carte 31/46 € *(ouvert d'avril à fin sept. et fermé le soir sauf du 29 juin au 31 août)*
Une accueillante villa des années 1900 ancrée dans le sable fin, les pieds dans l'eau. Certaines chambres (la plupart contemporaines) disposent d'une loggia ou d'un balcon. Restaurant de plage en saison.

Les Galets

49 montée Voisin – ✆ 04 94 29 43 46 – www.lesgalets-bandol.com – Fermé 10 déc.-26 janv.
21 ch – 85/168 € 96/168 € – 9 € – ½ P
Rest – Menu 27 € (déj. en semaine)/36 € – Carte 37/47 € *(fermé mardi et merc.)*
Cet hôtel bâti à flanc de colline jouit d'une vue imprenable sur la mer. Chambres sobres et lumineuses, disposant presque toutes d'un balcon face à la Grande Bleue. Cuisine traditionnelle servie dans une salle chaleureuse ou sur la terrasse panoramique.

Les Oliviers – Hôtel Île Rousse
25 bd Louis-Lumière – ✆ 04 94 29 33 00 – www.ile-rousse.com – Fermé le midi en juil.-août
Menu 70/85 € – Carte 84/102 €
La terrasse longe la piscine à débordement ; la salle surplombe la baie ; tons blancs et lignes zen nimbent les lieux de douceur... Un bel endroit, assurément, à l'unisson d'une cuisine qui embaume le Sud. Moment Méditerranée !

L'Espérance
21 r. du Dr-Louis-Marçon – ✆ 04 94 05 85 29 – Fermé 1 semaine en juin, 1 semaine en nov., 2 semaines en janv., dim. soir et mardi d'oct. à juin et lundi
Menu 31/69 € – Carte 51/67 € *(réservation conseillée)*
Dans ce restaurant cosy, à l'écart de l'agitation touristique, le jeune chef élabore une cuisine raffinée, où explosent les parfums et les couleurs (herbes, fleurs).

L'Ardoise
25 r. du Dr-Louis-Marçon – ✆ 04 94 32 28 58 – Fermé 1 semaine en oct., 2 semaines en janv., sam. midi en juil.-août, lundi et mardi
Formule 15 € 🍷 – Menu 27/41 € – Carte 32/47 €
Un petit bistrot proche du port. On y savoure une cuisine du marché qui varie au fil des saisons. Des recettes goûteuses à déguster dans une ambiance conviviale. Idéal pour reprendre des forces après une balade en bateau...

Le Clocher
1 r. de la Paroisse – ✆ 04 94 32 47 65 – www.leclocher.fr – Fermé le midi en été sauf vend., sam., dim. et mardi, merc. en hiver
Menu 35 € *(réservation conseillée)*
Un Clocher très bistrotier au cœur du vieux Bandol ! La cuisine varie au gré du marché et met en avant les saveurs méditerranéennes.

au Nord 1,5 km par D 559 rte de Sanary

Le Castel avec ch
925 rte de la Canolle ✉ 83110 Sanary-sur-Mer – ✆ 04 94 29 82 98 – Ouvert de début mars à fin nov.
9 ch ☕ – 👤80 € 👥90 € – ½ P Menu 36 € – Carte 56/74 € *(réservation conseillée)*
Petite auberge familiale – avec sa coquette salle rustique –, où le chef concocte une cuisine traditionnelle, authentique et simple. Chambres sobres, la plupart de plain-pied.

BANGOR – 56 Morbihan ➜ voir Belle-Ile-en-Mer

BANNEGON

✉ 18210 (Cher) – 261 hab. – **Voir carte n°12-C3**
Paris 284 km – Bourges 43 km – Moulins 70 km – St-Amand-Montrond 22 km
Carte Michelin 323-M6

Moulin de Chaméron
2,5 km par rte de Neuilly-en-Dun et rte secondaire – ✆ 02 48 61 83 80 – www.moulindechameron.com – Ouvert 15 mars-2 nov.
13 ch – 👤75/110 € 👥75/110 € – ☕ 13 € – ½ P
Rest *Moulin de Chaméron* – voir les restaurants ci-après
Entendez-vous le doux clapotis de l'eau ? Dans cette construction récente, à côté d'un ancien moulin, on se repose dans des chambres de caractère, au grand calme. Celles en rez-de-jardin disposent d'une petite terrasse avec vue sur la piscine. Idéal pour un séjour au vert !

Moulin de Chaméron
2,5 km par rte de Neuilly-en-Dun et rte secondaire – ✆ 02 48 61 83 80 – www.moulindechameron.com – Ouvert 15 mars-2 nov. et fermé lundi sauf le soir en saison, mardi midi et jeudi midi
Menu 30/69 € – Carte 60/72 €
Dans un cadre bucolique à souhait, ce moulin du 18e s. abrite un agréable restaurant et son musée de la meunerie. Derrière les fourneaux, le chef réalise une cuisine d'aujourd'hui avec de bons produits. Aux beaux jours, au décor cosy des salles, on préfère la terrasse en bordure de rivière. Une bonne adresse.

BANYULS-SUR-MER

✉ 66650 (Pyrénées-Orientales) – 4 670 hab. – **Voir carte n°22-B3**
▶ Paris 887 km – Cerbère 11 km – Perpignan 37 km – Port-Vendres 7 km
Carte Michelin 344-J8

Les Elmes

plage des Elmes – *☎ 04 68 88 03 12* – *www.hoteldeselmes.com*
31 ch – 🚹54/159 € 🚹🚹54/159 € – ☕ 10 € – ½ P
Rest *Littorine* – voir les restaurants ci-après
Un hôtel accueillant, en bord de plage. Les chambres sont très bien tenues et affichent un style frais et moderne. Le petit-déjeuner est servi en terrasse, face au large, et après les bains de mer, on profite du jacuzzi et du sauna... Les vacances !

Le Fanal (N) (Pascal Borrell)

17 av. du Fontaulé – *☎ 04 68 98 65 88* – *www.pascal-borrell.com* – *Fermé 6-16 mars, dim. soir et merc. de nov. à mars*
Formule 19 € – Menu 29/70 € – Carte 57/90 €
Autrefois chef d'une table cotée à Maury, non loin de Perpignan, Pascal Borrell a investi ce Fanal situé juste devant le port de Banyuls. Avec des produits de première fraîcheur (le matin, les poissons sont livrés encore vivants en cuisine...), il signe des recettes tout en épure, finesse et relief. À (re-)découvrir ! ➜ Tartare de thon et crustacés rafraîchi sur une émulsion au citron jaune. Morue fraîche gratinée à l'ail doux et crémeux d'ail noir. Poire rôtie au banyuls et vanille Bourbon, strudel aux épices.

Littorine – Hôtel les Elmes

plage des Elmes – *☎ 04 68 88 03 12* – *www.restaurant-la-littorine.fr*
Formule 19 € 🍷 – Menu 28/48 € – Carte 36/52 €
La propriétaire a du mal à reconnaître le restaurant de plage qu'elle a créé il y a plus de cinquante ans : ses enfants en ont fait un lieu contemporain et élégant, mais l'on s'y régale toujours d'une belle cuisine régionale et du marché, qui valorise le poisson. Les temps changent, et cela a du bon !

LA BARAQUE – 63 Puy-de-Dôme ➜ voir Clermont-Ferrand

BARATIER

✉ 05200 (Hautes-Alpes) – 510 hab. – **Voir carte n°41-C1**
▶ Paris 705 km – Gap 40 km – Grenoble 143 km – Marseille 215 km
Carte Michelin 334-G5

Les Peupliers

chemin de Lesdier – *☎ 04 92 43 03 47* – *www.hotel-les-peupliers.com* – *Fermé 30 mars-17 avril et 28 sept.- 30 oct.*
25 ch – 🚹58/93 € 🚹🚹66/93 € – ☕ 10 € – ½ P
Rest *Les Peupliers* – voir les restaurants ci-après
Dans un village tranquille, ce chalet aux abords verdoyants est très avenant avec ses chambres coquettes et montagnardes (certaines avec balcon et vue sur le lac), son espace détente et son restaurant. Et il y règne un vrai esprit familial !

Les Peupliers

chemin de Lesdier – *☎ 04 92 43 03 47* – *www.hotel-les-peupliers.com* – *Fermé 30 mars-17 avril, 28 sept.-30 oct., mardi midi, merc. midi, jeudi midi sauf juil.-août*
Menu 22/46 € – Carte environ 38 €
Une atmosphère résolument chaleureuse et montagnarde, pour une cuisine d'aujourd'hui qui fait la part belle aux produits du terroir régional... L'hiver, on se réfugie près de la cheminée ; l'été, on profite du panorama sur les sommets en terrasse.

BARBENTANE

✉ 13570 (Bouches-du-Rhône) – 3 791 hab. – **Voir carte n°42-E1**
▶ Paris 692 km – Avignon 10 km – Arles 33 km – Marseille 103 km
Carte Michelin 340-D2 – Guide Vert Michelin Provence

Castel Mouisson sans rest

247 chemin sous les Roches – *☎ 04 90 95 51 17* – *www.hotel-castelmouisson.com* – *Ouvert 15 mars-15 oct.*
17 ch – 🚹52/78 € 🚹🚹52/78 € – ☕ 10 €
Cette maison provençale, au pied de la Montagnette, dispose de chambres proprettes, ouvertes sur le beau et vaste jardin arboré.

BARBERAZ - 73 Savoie ➜ voir Chambéry

BARBEZIEUX-ST-HILAIRE

✉ 16300 (Charente) – 4 768 hab. – **Voir carte n°38-B3**
▶ Paris 480 km – Angoulême 36 km – Bordeaux 84 km – Cognac 36 km
Carte Michelin 324-J7 – Guide Vert Michelin Poitou-Charentes

La Boule d'Or

rest, ch,

9 bd Gambetta – ✆ 05 45 78 64 13 – www.labouledor.net – Fermé 22 déc.-4 janv., vend. soir, sam. midi et dim. soir d'oct. à avril
18 ch – 60 € 60 € – 7 € – ½ P
Rest – Menu 14 € (semaine), 18/26 € – Carte environ 40 €
Une hostellerie d'autrefois (1852) au cœur de la "capitale" de la Petite Champagne cognaçaise. Les chambres sont simples mais assez spacieuses. Pause tradition au restaurant – l'été à l'ombre d'un marronnier centenaire...

à La Magdeleine 8 km au Nord-Ouest par D 1 et D 151 – ✉ 16240 – 127 hab.

Le Logis du Paradis

ch,

– ✆ 05 45 35 39 43 – www.logisduparadis.com – Fermé 6 janv.-28 fév.
5 ch – 95/120 € 110/135 € **Table d'hôte** – Menu 39 €
Idéale pour s'initier à l'art du cognac, une ancienne distillerie datant de 1712, au cœur du vignoble. Un couple d'Anglais a rénové cette belle maison avec passion : atmosphère cosy et feutrée ; dégustation près des vieux alambics.

BARBIZON

✉ 77630 (Seine-et-Marne) – 1 346 hab. – **Voir carte n°19-C3**
▶ Paris 56 km – Étampes 41 km – Fontainebleau 10 km – Melun 13 km
Carte Michelin 312-E5 – Guide Vert Michelin Île-de-France

Hôtellerie du Bas-Bréau

22 r. Grande-Rue – ✆ 01 60 66 40 05 – www.bas-breau.com
17 ch – 200/250 € 250/350 € – 3 suites – 21 €
Rest *Hôtellerie du Bas-Bréau* – voir les restaurants ci-après
Les séjours de R. L. Stevenson et de grands peintres ont fait la réputation du lieu. Les chambres sont d'une élégance classique, avec des meubles anciens et de jolis papiers peints et tissus imprimés, et donnent sur un parc abondamment fleuri.

La Clé d'Or

73 Grande-Rue – ✆ 01 60 66 40 96 – www.la-cledor.com – Fermé 4-30 janv.
17 ch – 59/138 € 79/138 € – 11 €
Rest – Formule 19 € – Menu 26 € (semaine) – Carte 36/56 € *(fermé lundi et mardi)*
C'est au cœur du village que l'on découvre cet ancien relais de poste couvert de glycine en saison. Dans les chambres domine un charme presque rustique que l'on retrouve dans le jardin, ce qui est bien agréable.

Hôtellerie du Bas-Bréau – Hôtellerie du Bas Bréau

22 r. Grande-Rue – ✆ 01 60 66 40 05 – www.bas-breau.com
Formule 29 € – Menu 60 € – Carte 80/110 €
Une terrasse sous les marronniers, une belle cheminée... On vient ici pour honorer la grande tradition, avec le gibier comme spécialité, mais aussi les grenouilles à la française, le homard, le filet de bœuf à la moelle, et bien d'autres classiques !

L'Ermitage Saint Antoine

51 Grande-Rue – ✆ 01 64 81 96 96 – www.lermitagesaintantoine.com – Fermé mardi
Carte 31/38 €
On peut aimer la cuisine et être passionné par… les deux-roues ! À l'image du chef de ce sympathique bistrot qui expose certaines de ses pièces très rétro. Côté assiette, on se régale d'une bonne cuisine de bistrot : terrine de lapin, tortilla de confit de canard... Jolie terrasse dans le patio.

BARBOTAN-LES-THERMES

✉ 32150 (Gers) – Voir carte n°**28**-A2
▶ Paris 703 km – Aire-sur-l'Adour 37 km – Auch 75 km – Condom 37 km
Carte Michelin 336-B6

La Bastide
av. des Thermes – ✆ 05 62 08 31 00 – www.bastide-gasconne.com – Fermé 30 nov.-19 fév.
18 ch – 165/225 € 165/225 € – 6 suites – 22 €
Rest ***La Bastide*** – voir les restaurants ci-après
Omniprésence de l'eau (avec de superbes fontaines dans les jardins à l'andalouse, une galerie menant aux thermes et au centre de balnéo) ; décor raffiné mêlant brique, bois, marbre et pierre ; chambres douillettes : cette bastide a un charme fou !

Les Fleurs de Lees
ch,
24 av. Henri-IV, rte d'Agen – ✆ 05 62 08 36 36 – www.fleursdelees.com – Ouvert avril-nov.
16 ch – 75/125 € 75/125 € – 9 € – ½ P
Rest – Formule 17 € – Menu 39 € (semaine)/50 € – Carte 45/60 €
Pimpante maison au cœur de l'Armagnac. Chambres feutrées, parfois avec terrasse. Quelques grandes chambres à thème ("Afrique", "Asie", "Inde", etc.). Meubles et objets de Dubaï ornent le restaurant ; la cuisine panache parfums du monde et saveurs régionales.

Beauséjour
6 av. des Thermes – ✆ 05 62 08 30 30 – www.hotel-barbotan.com – Ouvert de mars à nov.
24 ch – 40/80 € 40/80 € – 9 € – ½ P
Rest – Menu 20 € (déj. en semaine)/35 €
Grande maison de style régional renfermant des chambres classiques, coquettement rénovées, et un petit salon d'esprit british. Joli jardin arboré. Un menu unique (cuisine traditionnelle) est prévu pour les pensionnaires. Réservation obligatoire pour les autres.

La Bastide – Hôtel La Bastide
av. des Thermes – ✆ 05 62 08 31 00 – www.bastide-gasconne.com – Fermé 30 nov.-19 fév.
Menu 33/75 € – Carte environ 55 €
Un lieu élégant, qui a une âme, et deux concepts culinaires : d'une part une cuisine santé destinée aux curistes (carte renouvelée tous les jours) ; de l'autre des mets "d'appétit" mêlant avec raffinement terroir et air du temps.

BARCELONNETTE

✉ 04400 (Alpes-de-Haute-Provence) – 2 700 hab. – Voir carte n°**41**-C2
▶ Paris 733 km – Briançon 86 km – Cannes 161 km – Digne-les-Bains 88 km
Carte Michelin 334-H6 – Guide Vert Michelin Alpes du Sud

Azteca sans rest
3 r. François-Arnaud – ✆ 04 92 81 46 36 – www.azteca-hotel.fr
27 ch – 61/111 € 61/111 € – 10 €
Jolie villa où meubles et objets artisanaux mexicains composent un décor original évoquant l'épopée des Barcelonnettes au Mexique (19e s.). Une partie des chambres décline ce thème.

à St-Pons 2 km au Nord-Ouest par D 900 et D 9 – ✉ 04400 – 762 hab.

Domaine de Lara sans rest
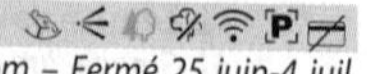
(à Lara), D 609 – ✆ 04 92 81 52 81 – www.domainedelara.com – Fermé 25 juin-4 juil. et 12 nov.-19 déc.
5 ch – 93/99 € 98/104 €
Dans un parc avec une belle vue sur les sommets, bastide provençale et de caractère (poutres, tomettes, vieilles pierres, mobilier de famille, style cosy). Petit-déjeuner soigné.

au Sauze 4 km au Sud-Est par D 900 et D 209 – ✉ 04400

Montana Chalet sans rest

au centre de la station – ✆ 04 92 81 05 97 – www.montana-chalet.com – Ouvert de mi-juin à mi-sept. et de mi-déc. à mi-avril

20 ch – †78/140 € ††98/175 € – ☕ 12 €

Un beau chalet en bois blond juste au pied des pistes, une cheminée où un feu crépite, des chambres chaleureuses avec balcon, des recettes traditionnelles au restaurant : l'équation montagnarde parfaite !

à Jausiers 8 km au Nord-Est par D 900 – ✉ 04850 – 1 115 hab.

Villa Morelia

– ✆ 04 92 84 67 78 – www.villa-morelia.com – Fermé 30 mars-29 avril et 2 nov.-27 déc.

24 ch – †75/140 € ††95/210 € – ☕ 15 € – ½ P

Rest *Villa Morelia* – voir les restaurants ci-après

Construite en 1900, cette fière villa "mexicaine" a conservé son cachet et propose des chambres chic, plus contemporaines à l'annexe. Au spa, pur moment de détente en perspective...

Villa Morelia

– ✆ 04 92 84 67 78 – www.villa-morelia.com – Fermé 30 mars-29 avril, 2 nov.-27 déc., dim., lundi et mardi sauf de juin à sept. et le midi

Menu 54 €

Cette Villa Morelia distille un certain charme bourgeois... Un écrin flatteur pour une cuisine du marché fine, inventive et séduisante. De la fraîcheur, de belles saveurs : un moment gourmet et gourmand.

BARCUS

✉ 64130 (Pyrénées-Atlantiques) – 734 hab. – **Voir carte n°3-B3**

Paris 813 km – Mauléon-Licharre 14 km – Oloron-Ste-Marie 18 km – Pau 52 km

Carte Michelin 342-H5 – Guide Vert Michelin Pays Basque et Navarre

Chilo avec ch

– ✆ 05 59 28 90 79 – www.hotel-chilo.com – Fermé 8-20 janv., dim. soir, lundi sauf le soir de mai à sept. et mardi midi d'oct. à avril

8 ch – †50/92 € ††55/110 € – ☕ 10 € – ½ P Menu 31/43 € – Carte 50/70 €

C'est ici, entre les murs de cette belle maison blanche aux volets bleus, que le destin de la famille Chilo s'écrit depuis 1937. Le chef réalise une cuisine traditionnelle avec les produits du terroir local ; à déguster dans une salle ouverte sur le jardin et la piscine, face aux montagnes. Chambres coquettes.

BARD

✉ 42600 (Loire) – 610 hab. – **Voir carte n°44-A2**

Paris 474 km – Clermont-Ferrand 135 km – Lyon 102 km – St-Étienne 46 km

Carte Michelin 327-D6

Auberge de la Grand'Font

1 r. de la Grand'Font – ✆ 04 77 76 21 40 – www.auberge-lagrandfont-42.com – Fermé 19 août-1er sept., 1er-5 janv., vacances d'hiver, lundi et mardi

Formule 15 € – Menu 19 € (déj. en semaine)/64 € 🍷 – Carte 45/60 €

Jolie surprise que cette auberge rustique nichée à côté d'une belle église du 12e s. que l'on peut admirer depuis la véranda. Aux commandes, un chef passionné et exigeant – il a été récemment finaliste au concours du Meilleur Ouvrier de France – signe une cuisine appétissante, à la fois simple et originale...

BARDIGUES – 82 Tarn-et-Garonne → voir Auvillar

BARFLEUR

✉ 50760 (Manche) – 643 hab. – **Voir carte n°32-A1**

Paris 355 km – Carentan 48 km – Cherbourg 29 km – St-Lô 75 km

Carte Michelin 303-E1 – Guide Vert Michelin Normandie Cotentin

Le Conquérant sans rest

18 r. St-Thomas-Becket – 02 33 54 00 82 – www.hotel-leconquerant.com – Ouvert 29 mars-3 nov.

10 ch – 78/108 € 78/122 € – 13 €

À deux pas du port, cette belle demeure en granit (17e s.) et son joli jardin à la française. Charmant accueil familial ; chambres classiques parfaitement tenues, plus au calme sur l'arrière.

Le Moderne

1 pl. du Gén.-de-Gaulle – 02 33 23 12 44 – www.hotel-restaurant-moderne-barfleur.fr – Fermé mardi soir et merc. sauf juil.-août

Formule 15 € – Menu 23/65 € – Carte 32/52 €

Huîtres chaudes en trois façons ; cabillaud, bar et lotte au beurre blanc... Dans une salle à manger au style actuel, on déguste cette cuisine de la mer simple et goûteuse, concoctée avec de beaux produits locaux. Envie de simplicité ? Dans l'ancien bar au cachet rétro, une formule bistrot est proposée à l'ardoise.

LES BARILS – 27 Eure ➜ voir Verneuil-sur-Avre

BARJAC

30430 (Gard) – 1 560 hab. – **Voir carte n°23-D1**

Paris 666 km – Alès 34 km – Aubenas 45 km – Mende 114 km

Carte Michelin 339-L3

Le Mas du Terme ch, ch, ch,

4 km au Sud-Est par D 901 et rte secondaire – 04 66 24 56 31 – www.masduterme.com – Ouvert d'avril à nov.

26 ch – 78/190 € 78/450 € – 15 € – ½ P

Rest – Formule 29 € – Menu 36/42 € – Carte 45/56 €

Un jardin entouré de vignes et d'oliviers, de jolies piscines... Qu'il fait bon paresser au soleil de cette ancienne magnanerie et prendre le frais dans une chambre provençale, ou contemporaine (annexe récente). Cuisine du terroir sous de belles voûtes du 18es.

BAR-LE-DUC

55000 (Meuse) – 15 898 hab. – **Voir carte n°26-A2**

Paris 255 km – Metz 97 km – Nancy 84 km – Reims 113 km

Carte Michelin 307-B6

Bistro St-Jean

132 bd de La Rochelle – 03 29 45 40 40 – www.bistrosaintjean.fr – Fermé 12-31 juil., 1er-10 fév., jeudi soir, sam. midi, dim. soir et lundi

Formule 27 € – Menu 33 € – Carte 43/51 €

Vous ne pouvez pas rater l'endroit : sa vitrine et sa devanture verte sont reconnaissables entre mille ! Cette ancienne épicerie est devenue un bistrot contemporain plein de saveurs et de couleurs, pile dans la tendance. Son chef signe une cuisine fine et bien ficelée, qui respecte joliment les produits.

BARNEVILLE-CARTERET

50270 (Manche) – 2 283 hab. – **Voir carte n°32-A2**

Paris 356 km – Carentan 43 km – Cherbourg 39 km – Coutances 47 km

Carte Michelin 303-B3 – Guide Vert Michelin Normandie Cotentin

à Carteret – 50270 – 2 324 hab.

La Marine

11 r. de Paris – 02 33 53 83 31 – www.hotelmarine.com – Fermé 23 déc.-15 fév.

26 ch – 50/274 € 50/274 € – 17 € – ½ P

Rest ***La Marine*** – voir les restaurants ci-après

Quasiment les pieds dans l'eau ! Dans cette élégante maison immaculée, tenue par la même famille depuis 1876, les chambres sont très contemporaines, dans un esprit bains de mer chic et épuré. Et côté plage, elles ont toutes une jolie terrasse... Du style, indéniablement.

Hôtel des Ormes
prom. Barbey-d'Aurevilly – ✆ 02 33 52 23 50 – www.hoteldesormes.fr – Fermé janv.
12 ch – †125/185 € ††125/185 € – ☕ 14 € – ½ P
Rest – Formule 25 € – Menu 35/49 € – Carte 47/56 € *(fermé dim. soir, lundi et mardi hors saison, lundi midi et mardi midi en saison)*
Face au port de plaisance, cette jolie demeure du 19e s. a été rénovée avec raffinement. Les chambres, assez petites, sont délicieusement cosy (tons beige et ivoire, meubles patinés), sans parler du salon et du jardin verdoyant... Une belle adresse.

La Marine (Laurent Cesne) – Hôtel La Marine
11 r. de Paris – ✆ 02 33 53 83 31 – www.hotelmarine.com – Ouvert 11 mars-11 nov. et fermé dim. soir, jeudi midi et lundi en mars, oct. et nov., lundi midi et jeudi midi en avril, mai, juin et sept.
Menu 42/90 € – Carte 72/116 €
Contemporain, chic et très bord de mer. Vue panoramique sur les flots et superbe terrasse, au service d'une cuisine bien iodée et très soignée. Le chef, talentueux et créatif, révèle son savoir-faire... Un beau moment de gastronomie !
➜ Ormeaux meunière, beurre aux herbes et champignons de Paris. Filet de saint-pierre, huîtres, cébettes étuvées, jus iodé, beurre maître d'hôtel "nori-oyster leaves". Baba piña colada, confit d'ananas, pannacotta coco et sorbet ananas.

BARNEVILLE-LA-BERTRAN – 14 Calvados ➜ voir Honfleur

BARON

✉ 60300 (Oise) – 784 hab. – **Voir carte n°36-B3**
▶ Paris 65 km – Amiens 110 km – Argenteuil 63 km – Montreuil 55 km
Carte Michelin 305-H5 – Guide Vert Michelin Île-de-France

Le Domaine de Cyclone sans rest
2 r. de la Gonesse – ✆ 06 08 98 05 50 – http://domaine.cyclone.pagesperso-orange.fr – Fermé 1er déc.-10 janv.
5 ch ☕ – †70 € ††90/100 €
Cette belle demeure des 17-18e s. est devancée d'une tour du 12e s. où Jeanne d'Arc aurait dormi ! Le domaine est dédié aux chevaux de course, et le décor des chambres leur rend hommage.

LE BARP

✉ 33114 (Gironde) – 4 557 hab. – **Voir carte n°3-B2**
▶ Paris 604 km – Bordeaux 45 km – Mérignac 41 km – Pessac 32 km
Carte Michelin 335-G7

Le Résinier avec ch
68 av. des Pyrénées, D 10 – ✆ 05 56 88 60 07 – www.leresinier.com – fermé dim. soir sauf juil.-août
11 ch – †70/90 € ††95/110 € – ☕ 10 € – ½ P
Formule 18 € – Menu 22 € (semaine), 39/80 € – Carte 40/58 €
Cette maison de pays, conviviale et sympathique avec sa terrasse sous une vigne, a des airs d'auberge d'autrefois ; on y sert une cuisine de tradition où le canard landais est roi... Confit, magret, foie gras : on ne sait que choisir. Quant aux chambres, d'esprit chaleureux et nature, elles sont bien agréables.

BARR

✉ 67140 (Bas-Rhin) – 6 830 hab. – **Voir carte n°2-C1**
▶ Paris 495 km – Colmar 43 km – Le Hohwald 12 km – Saverne 46 km
Carte Michelin 315-I6

Aux Saisons Gourmandes
23 r. Kirneck – ✆ 03 88 08 12 77 – www.saisons-gourmandes.com – Fermé 7-30 juil., vacances de fév., dim. soir, mardi et merc.
Formule 17 € – Menu 26/42 € – Carte 35/50 €
Cette maison à colombages du centre-ville affiche un décor sobrement contemporain. Cuisine du marché au bon goût de tradition. Terrasse ombragée dans la cour intérieure.

rte du Mont Ste-Odile par D 854

Château d'Andlau 

113 r. Vallée-St-Ulrich, à 2 km ✉ 67140 Barr – ✆ 03 88 08 96 78 – www.hotelchateauandlau.fr – Fermé 11-20 nov. et 4 janv.-2 fév.
22 ch – 🛉56/68 € 🛉🛉65/83 € – ☕ 10 € – ½ P
Rest – Menu 25/49 € – Carte 35/57 € *(fermé lundi et le midi sauf dim. et fériés)*
Nuits sereines en perspective dans ce sympathique hôtel au cadre bucolique et aux chambres fonctionnelles et confortables. Salle à manger bourgeoise, mets classiques et superbe carte des vins du monde, présentée comme un manuel d'œnologie et primée pour son originalité.

LE BARROUX

✉ 84330 (Vaucluse) – 643 hab. – **Voir carte n°42-E1**
▶ Paris 684 km – Avignon 38 km – Carpentras 12 km – Vaison-la-Romaine 16 km
Carte Michelin 332-D9 – Guide Vert Michelin Provence

L'Aube Safran sans rest 

450 chemin du Patifiage par rte de Suzette – ✆ 04 90 62 66 91 – www.aube-safran.com – Ouvert 14 avril-31 oct.
5 ch ☕ – 🛉155/170 € 🛉🛉180/195 €
Marie et François ont tout quitté pour s'installer dans ce joli mas, au pied du mont Ventoux. L'endroit est idyllique, les chambres raffinées et spacieuses. Cuisine à disposition pour les hôtes.

XX

Gajulea 

201 cours Louise-Raymond – ✆ 04 90 62 36 94 – www.gajulea.fr – Fermé 3 semaines en mars et 3 semaines en nov.
Menu 42/69 € *(fermé lundi et le midi sauf dim.) (réservation conseillée)*
Dans cet ancien entrepôt mué en restaurant cossu, on se régale de belles saveurs provençales et l'on peut boire un verre à l'Entre'Potes, le bistrot à vin... Vue sur la garrigue en terrasse !
Et aussi ***Entre' Potes*** ✆ 04 90 65 57 43 – Formule 16 € – Menu 25 € – Carte environ 41 € *(Fermé le soir hors saison sauf week-end, dim. soir et lundi)*

BAR-SUR-AUBE

✉ 10200 (Aube) – 5 259 hab. – **Voir carte n°14-C3**
▶ Paris 230 km – Châtillon-sur-Seine 60 km – Chaumont 41 km – Troyes 53 km
Carte Michelin 313-I4 – Guide Vert Michelin Champagne Ardenne

Le St-Nicolas sans rest 

2 r. du Gén.-de-Gaulle – ✆ 03 25 27 08 65 – www.lesaintnicolas.com
27 ch – 🛉65/80 € 🛉🛉68/92 € – ☕ 9 €
Les chambres de ce joli ensemble de maisons en pierre, agréables et parfaitement tenues, s'articulent autour de la piscine. Un établissement calme, un peu à l'écart du centre-ville.

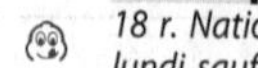

La Toque Baralbine

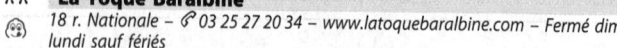

18 r. Nationale – ✆ 03 25 27 20 34 – www.latoquebaralbine.com – Fermé dim. soir et lundi sauf fériés
Menu 28/58 € – Carte 39/66 €
Inventer à partir de bases classiques, c'est le défi que relève le chef de ce restaurant chaleureux. Une cuisine en mouvement, où priment les saveurs franches de beaux produits : suprême de volaille fermière avec une sauce au champagne, carpaccio de tête de veau, tian d'andouillette... On se régale !

LE BAR-SUR-LOUP

✉ 06620 (Alpes-Maritimes) – 2 795 hab. – **Voir carte n°42-E2**
▶ Paris 916 km – Grasse 10 km – Nice 31 km – Vence 15 km
Carte Michelin 341-C5 – Guide Vert Michelin Côte d'Azur

L'École des Filles
380 av. Amiral-de-Grasse – ✆ 04 93 09 40 20 – www.restaurantecoledesfilles.fr – Fermé dim. soir, jeudi midi et lundi
Formule 24 € – Menu 39/55 € – Carte environ 49 €
Des ardoises et des plumiers évoquent la rentrée des classes au siècle dernier : un cadre coloré très sympathique ! Désormais, filles – et garçons – viennent ici déguster une cuisine ensoleillée, qui révise les parfums de la Provence. Aux beaux jours, direction la terrasse verdoyante... dans l'ancienne cour de récréation.

BAR-SUR-SEINE

✉ 10110 (Aube) – 3 233 hab. – **Voir carte n°13-B3**
Paris 197 km – Bar-sur-Aube 37 km – Châtillon-sur-Seine 36 km – St-Florentin 57 km
Carte Michelin 313-G5 – Guide Vert Michelin Champagne Ardenne

près échangeur 9 km autoroute A5, Nord-Est par D 443

Le Val Moret
r. du Mar.-Leclerc ✉ 10110 Magnant – ✆ 03 25 29 85 12 – www.le-val-moret.com
49 ch – †70/101 € ††70/101 € – ☕ 10 €
Rest *Le Val Moret* – voir les restaurants ci-après
Près de l'autoroute (mais sans nuisances sonores), quatre bâtiments de type motel, aux chambres fonctionnelles et plutôt grandes. Espace détente, salle de séminaire, aire de jeux : un hôtel adapté aux familles comme aux hommes d'affaires.

Le Val Moret
r. du Mar.-Leclerc ✉ 10110 Magnant – ✆ 03 25 29 85 12 – www.le-val-moret.com
Formule 16 € – Menu 18 € (semaine), 26/60 € – Carte 27/58 €
Derrière des atours de restaurant traditionnel, apprécié pour une étape – l'échangeur est tout proche –, c'est avant tout une table sérieuse, menée par un jeune chef au bon parcours. Il aime revisiter les recettes du terroir, en cuisinant notamment les produits de la ferme attachée à l'établissement, comme les viandes.

à Bourguignons 4 km au Nord par N 71 – ✉ 10110 – 276 hab.

Domaine de Foolz avec ch
D 671 – ✆ 03 25 29 78 86 – www.domainedefoolz.com – Fermé 2-30 janv., dim. soir et lundi
11 ch – †81/99 € ††81/99 € – ☕ 10 € – ½ P
Formule 15 € – Menu 35/48 € – Carte 32/53 €
Un corps de ferme champenois, dans un domaine verdoyant bordant la Seine. Le champagne est évidemment à l'honneur au restaurant, qui joue la carte de la tradition mais aussi des saveurs exotiques. Côté hébergement, on découvre, alignés dans le parc, des chalets tout en rondins de bois : ambiance canadienne garantie !

BAS-RUPTS – 88 Vosges → voir Gérardmer

BASSAC – 16 Charente → voir Jarnac

BASSE-GOULAINE – 44 Loire-Atlantique → voir Nantes

LES BASSES-HUTTES – 68 Haut-Rhin → voir Orbey

BASTELICA – 2A Corse-du-Sud → voir Corse

LA BASTIDE-CLAIRENCE

✉ 64240 (Pyrénées-Atlantiques) – 997 hab. – **Voir carte n°3-B3**
Paris 771 km – Bayonne 27 km – Bordeaux 185 km – Irun 59 km
Carte Michelin 342-E2 – Guide Vert Michelin Pays Basque et Navarre

Maison Maxana
r. Notre-Dame – ✆ 05 59 70 10 10 – www.maison-maxana.com
5 ch ☕ – †90/110 € ††100/120 € **Table d'hôte** – Menu 35 €
Rêveries, Voyages... Le nom des chambres de cette maison basque donne le ton. Mariage réussi de meubles anciens, contemporains et d'objets ethniques, dans un esprit toujours zen. À la table d'hôte (sur réservation), plats mâtinés d'épices rapportées d'Afrique.

LA BASTIDE-DES-JOURDANS

✉ 84240 (Vaucluse) – 1 308 hab. – **Voir carte n°40-B2**
Paris 762 km – Aix-en-Provence 39 km – Apt 40 km – Digne-les-Bains 77 km
Carte Michelin 332-G11

Auberge du Cheval Blanc avec ch
5 rte de Vitrolles-en-Provence – ✆ 04 90 77 81 08 – www.auberge-chevalblanc-labastide.fr – Fermé fév. et jeudi hors saison
4 ch – †70/80 € ††70/80 € – ☕ 10 € – ½ P
Formule 19 € – Menu 31 € – Carte 42/58 €
Une demeure provençale, et sa salle aux couleurs du Midi, dans laquelle on sert une généreuse cuisine du terroir. Ici, pas de fausse note, tout est "raccord" ! Coquettes chambres pour prolonger le séjour.

LA BÂTIE-DIVISIN

✉ 38490 (Isère) – 897 hab. – **Voir carte n°45-C2**
Paris 539 km – Chambéry 41 km – Grenoble 45 km – Lyon 82 km
Carte Michelin 333-G4

L'Olivier
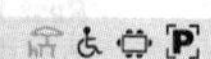
100 rte du Vernay, Les Etrets – ✆ 04 76 31 00 60 – www.restaurant-l-olivier.com – Fermé dim. soir et lundi
Formule 13 € – Menu 18/50 € – Carte 20/54 €
L'enseigne évoque l'un des produits préférés du chef, qui cuisine essentiellement à l'huile d'olive. Il cultive également une passion pour les effets visuels, qu'il exprime dans des assiettes très graphiques. Une bonne auberge d'aujourd'hui, à quelques minutes du lac de Paladru.

LA BÂTIE-NEUVE – 05 Hautes-Alpes ➜ voir Gap

BATZ (ÎLE-DE-) – 29 Finistère ➜ voir Île-de-Batz

BATZ-SUR-MER

✉ 44740 (Loire-Atlantique) – 3 071 hab. – **Voir carte n°34-A2**
Paris 457 km – La Baule 7 km – Nantes 84 km – Redon 64 km
Carte Michelin 316-B4 – Guide Vert Michelin Pays de la Loire

Le Lichen sans rest

4 rte de la Govelle, 2 km au Sud-Est par D 45 – ✆ 02 40 23 91 92 – www.le-lichen.com – fermé 15 nov.-15 déc.
17 ch – †60/260 € ††60/260 € – ☕ 11 €
Sur la côte sauvage, vaste villa néobretonne (1956) jouissant du spectacle unique de l'océan. La moitié des chambres, certaines avec terrasse, donne sur les flots.

LA BAULE

✉ 44500 (Loire-Atlantique) – 16 040 hab. – **Voir carte n°34-A2**
Paris 450 km – Nantes 76 km – Rennes 120 km – St-Nazaire 19 km
Carte Michelin 316-B4 – Guide Vert Michelin Pays de la Loire

Hermitage Barrière
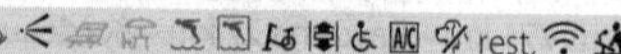
5 espl. Lucien-Barrière – ✆ 02 40 11 46 46 – www.hermitage-barriere.com – Ouvert d'avril à fin sept., week-ends d'oct., vacances de la Toussaint
184 ch – †169/919 € ††169/919 € – 16 suites – ☕ 32 € – ½ P Plan : BZ**h**
Rest *L'Eden Beach* – voir les restaurants ci-après
Rest *La Terrasse* – Menu 54 € – Carte 55/80 € *(Fermé midi sauf haute saison)*
Malgré les modes et l'usure du temps, le charme reste intact dans ce palace des années 1920, dont la façade anglo-normande se dresse face à la plage, au mileu des pins. Vastes chambres classiques, piscine, hammam…

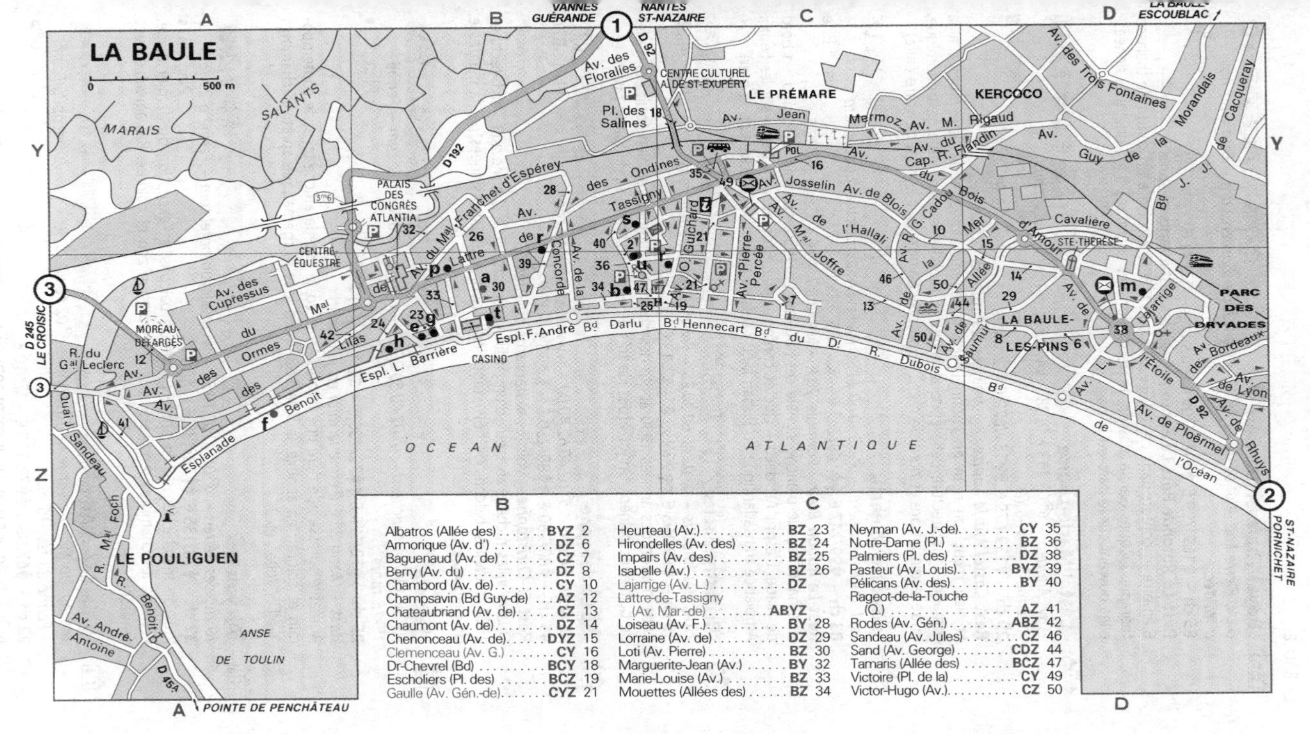
LA BAULE
0
500 m
VANNES GUÉRANDE
NANTES ST-NAZAIRE
LA BAULE-ESCOUBLAC
ST-NAZAIRE PORNICHET
LE CROISIC D 245
POINTE DE PENCHÂTEAU
MARAIS
SALANTS
LE PRÉMARE
KERCOCO
CENTRE CULTUREL A. DE ST-EXUPÉRY
PALAIS DES CONGRÈS ATLANTIA
CENTRE ÉQUESTRE
MOREAU-BÉFARGES
CASINO
STE-THÉRÈSE
PARC DES DRYADES
LA BAULE-LES-PINS
LE POULIGUEN
ANSE DE TOULIN
OCEAN ATLANTIQUE
Av. des Floralies
Pl. des Salines
Av. Jean Mermoz
Av. M. Rigaud
Av. du Cap. R. Flandin
Av. Guy de la Morandais
Av. des Trois Fontaines
Bd J. de Cacqueray
Av. Franchet d'Espérey
Av. des Ondines
Av. du Mal de Lattre de Tassigny
Av. de la Concorde
Av. Pierre-Percée
Av. Josselin
Av. de Blois
Av. G. Cadou
Bois d'Amour
Av. Cavalière
Av. de l'Hallali
Av. Mal Joffre
Av. R. de la Mer
Allée
Av. de Saumur
Av. de Lajarrige
Av. L. l'Étoile
Av. de Bordeaux
Av. de Lyon
Av. de Rhuys
Av. de Ploërmel
Bd de l'Océan
Bd du Dr R. Dubois
Bd Hennecart
Bd Darlu
Espl. F. André
Espl. L. Barrière
Esplanade Benoit
Av. des Cupressus
Av. du Mal
Av. des Ormes
Av. des Lilas
R. du Gal Leclerc
Quai J. Sandeau
R. Mal Foch
R. Benoit
Av. André-Antoine
D 92
D 192
D 45A
Albatros (Allée des) BYZ 2
Armorique (Av. d') DZ 6
Baguenaud (Av. de) CZ 7
Berry (Av. du) DZ 8
Chambord (Av. de) CY 10
Champsavin (Bd Guy-de) AZ 12
Chateaubriand (Av. de) CZ 13
Chaumont (Av. de) DZ 14
Chenonceau (Av. de) DYZ 15
Clemenceau (Av. G.) CY 16
Dr-Chevrel (Bd) BCY 18
Escholiers (Pl. des) BCZ 19
Gaulle (Av. Gén.-de) CYZ 21
Heurteau (Av.) BZ 23
Hirondelles (Av. des) BZ 24
Impairs (Av. des) BZ 25
Isabelle (Av.) BZ 26
Lajarrige (Av. L.) DZ
Lattre-de-Tassigny (Av. Mar.-de) ABYZ
Loiseau (Av. F.) BY 28
Lorraine (Av. de) DZ 29
Loti (Av. Pierre) BZ 30
Marguerite-Jean (Av.) BY 32
Marie-Louise (Av.) BZ 33
Mouettes (Allées des) BZ 34
Neyman (Av. J.-de) CY 35
Notre-Dame (Pl.) BZ 36
Palmiers (Pl. des) DZ 38
Pasteur (Av. Louis) BYZ 39
Pélicans (Av. des) BY 40
Rageot-de-la-Touche (Q.) AZ 41
Rodes (Av. Gén.) ABZ 42
Sandeau (Av. Jules) CZ 46
Sand (Av. George) CDZ 44
Tamaris (Allée des) BCZ 47
Victoire (Pl. de la) CY 49
Victor-Hugo (Av.) CZ 50

Royal-Thalasso Barrière

6 av. Pierre Loti – ✆ 02 40 11 48 48 – www.lucienbarriere.com – Fermé fin nov. à mi-déc. Plan : BZ**t**

85 ch – 169/709 € 169/709 € – 6 suites – 32 €

Rest *La Rotonde* Rest *Le Ponton* – voir les restaurants ci-après

Bien-être et confort dans cet édifice séculaire (1896) associé à un centre de thalassothérapie. Jacques Garcia a assuré la décoration des chambres il y a quelques années ; elles ouvrent sur le parc ou la baie...

Castel Marie-Louise

1 av. Andrieu – ✆ 02 40 11 48 38 – www.castel-marie-louise.com – Fermé 5 janv.-6 fév. Plan : BZ**g**

29 ch – 159/679 € 159/679 € – 2 suites – 27 € – ½ P

Rest *Castel Marie-Louise* ✿ – voir les restaurants ci-après

Le lieu reçut son nom en l'honneur d'une femme aimée, et il reste propice à la romance : architecture Belle Époque, tentures, mobilier ancien, table gastronomique, entre jardin arboré et bord de mer... Apposez-y à votre tour le nom de votre élu(e) !

Mercure Majestic

espl. Lucien-Barrière – ✆ 02 40 60 24 86 – www.hotelmercure-labaule.com

83 ch – 99/247 € 109/247 € – 16 € – ½ P Plan : BZ**e**

Rest *Le Ruban Bleu* – Formule 20 € – Menu 27/40 € – Carte 32/52 €

Une haute façade blanche signale cet hôtel né en 1930, non loin du casino, en bord de plage. L'esprit Art déco – chic et confort – plane toujours en partie sur les lieux ! Ambiance transatlantique au Ruban bleu ; cuisine régionale (produits de la mer).

Brittany sans rest

7 av. des Impairs – ✆ 02 40 60 30 25 – www.brittanylabaule.com Plan : BZ**b**

19 ch – 89/195 € 99/195 € – 13 €

Cette maison des années 1930 abrite des chambres raffinées et bien équipées (salles de bain avec balnéo). Un joli atout : le très agréable solarium sur le toit terrasse.

St-Christophe

pl. Notre-Dame – ✆ 02 40 62 40 00 – www.st-christophe.com Plan : BZ**u**

45 ch – 80/250 € 80/250 € – 13 € – ½ P

Rest *St-Christophe* – voir les restaurants ci-après

Quatre villas nichées au creux d'un jardin verdoyant... Le charme agit : architectures 1900 (tourelles, balcons de bois), mobilier ancien, aquarelles signées par la maîtresse de maison, etc.

Lutetia

ch, rest,

13 av. Olivier-Guichard – ✆ 02 40 60 25 81 – www.lutetia-labaule.com – Fermé 1er-15 mars Plan : CZ**r**

25 ch – 72/125 € 72/200 € – 13 € – ½ P

Rest – Menu 35 € *(Fermé le midi en juil.-août)*

Agréable adresse : derrière une façade Art déco, le Lutetia affiche un style contemporain et coloré ; en annexe, la Villa St-Bernard joue la thématique sportive (chambres "Golf", "Voile", etc.).

Alcyon sans rest

19 av. des Pétrels – ✆ 02 40 60 19 37 – www.alcyon-hotel.com – Fermé 6-29 janv.

32 ch – 78/135 € 78/135 € – 12 € Plan : BY**s**

Près du marché, façade en angle garnie de balcons, à l'exception du dernier étage. Préférez les chambres rénovées et leur décoration zen et colorée. Bar agréable avec terrasse.

Villa Cap d'Ail sans rest

145 av. du Mar.-de-Lattre-de-Tassigny – ✆ 02 40 60 29 30 – www.villacapdail.com – Fermé 28 fév.-16 mars Plan : BZ**p**

22 ch – 67/98 € 72/180 € – 10 €

À 300 m de la plage, cette charmante villa des années 1920, décorée dans un style actuel (bois peint, tons gris), a conservé son charme originel. Les chambres y sont cosy et bien tenues. Accueil familial.

Hostellerie du Bois

65 av. Lajarrige – ✆ 02 40 60 24 78 – www.hostellerie-du-bois.com – Ouvert 15 mars-16 nov. et vacances de Noël Plan : DZ**m**

15 ch – 🚹62/89 € 🚹🚹62/89 € – ☕ 8 € – ½ P

Rest – Menu 22 € *(fermé le midi) (résidents seult)*

Maison à colombages (1923) au charme vieille France préservé, tant dans les chambres que dans le reste de l'hôtel, bien tenu et orné d'objets rapportés de voyages. Jardin. Petit-déjeuner servi dans une salle rustique et feutrée ; repas le soir, pour les résidents.

St-Pierre sans rest

124 av. du Mar.-de-Lattre-de-Tassigny – ✆ 02 40 24 05 41 – www.hotel-saint-pierre.com Plan : BYZ**r**

19 ch – 🚹59/79 € 🚹🚹69/114 € – ☕ 11 €

Une villa typique des années trente, habillée de colombages bleus. Chambres cosy décorées dans le style baulois, agréable véranda, accueil charmant : une bonne adresse.

Castel Marie-Louise – Hôtel Castel Marie-Louise

1 av. Andrieu – ✆ 02 40 11 48 38 – www.castel-marie-louise.com – Fermé 5 janv.-6 fév., le midi sauf juil.-août et sauf dim. et fériés Plan : BZ**g**

Formule 39 € – Menu 59/110 € – Carte 79/167 €

Dans ce manoir début de siècle très feutré, on dîne près des grandes baies ou en terrasse, sous les pins... L'image vivante d'une Belle Époque, pour une jolie cuisine inspirée des produits du moment. ➜ Bar de ligne mariné au citron vert, condiment tomate et sorbet olive. Homard bleu rôti à l'huile de homard et vin jaune, jeunes légumes d'été. Soufflé chaud aux myrtilles et citron glacé.

La Rotonde – Hôtel Royal-Thalasso Barrière

6 av. Pierre-Loti – ✆ 02 40 11 48 48 – www.lucienbarriere.com – Fermé fin nov.-mi déc. Plan : BZ**t**

Formule 29 € – Menu 36/52 € – Carte 47/72 €

Une Rotonde chic qui satisfait tous les palais ! Le chef et sa brigade concoctent une cuisine diététique, ainsi que de bons mets traditionnels : curistes et gourmets sont ravis.

Carpe Diem

29 av. Jean-Boutroux, 5 km au Nord par rte du golf de la Baule – ✆ 02 40 24 13 14 – www.le-carpediem.fr – Fermé 24 fév.-15 mars, mardi soir et merc. hors saison

Formule 17 € – Menu 20 € (déj. en semaine), 38/75 € 🍷

Sur la route du golf, faites étape dans ce restaurant ! Ici, le mobilier contemporain cohabite avec la cheminée et les poutres apparentes. La carte laisse le choix entre des plats traditionnels ou plus créatifs.

St-Christophe – Hôtel St-Christophe

pl. Notre-Dame – ✆ 02 40 62 40 00 – www.st-christophe.com – Fermé dim. soir et lundi du 15 oct. au 31 mars Plan : BZ**u**

Menu 32 € – Carte 28/55 €

De la couleur et beaucoup de fraîcheur dans ce charmant bistrot chic... Le chef concocte une cuisine terre-mer qui varie au gré de son inspiration et des saisons, faisant le bonheur des habitués.

L'Eden Beach – Hôtel Hermitage Barrière

5 espl. Lucien-Barrière – ✆ 02 40 11 46 16 – www.hermitage-barriere.com – Ouvert d'avril à fin sept., week-ends d'oct. et vacances de la Toussaint Plan : BZ**h**

Formule 30 € – Menu 40 € – Carte 46/125 €

Face à la baie et presque les pieds dans l'eau... la carte met logiquement à l'honneur le poisson et les fruits de mer. En saison, le menu homard est fort apprécié !

14 Avenue

14 av. Pavie – ✆ 02 40 60 09 21 – www.14avenue-labaule.com – Fermé 3 semaines en déc., dim. soir, lundi et mardi sauf juil.-août Plan : BZ**a**

Formule 18 € – Menu 24 € (semaine)/38 € – Carte 33/74 €

Voilà une adresse dont les amateurs de poisson vont faire leur cantine ! D'emblée, on vous présente la pêche du jour, d'une fraîcheur sans faille : langoustes de gros calibre, soles meunières, sardines de la Turballe... On se régale de beaux produits cuisinés dans le respect des saveurs.

Season's
av. du Jardin Public, (plage Benoît) – 02 40 60 71 68 – www.seasons-labaule.com – Fermé nov., mardi et merc. sauf juil.-août Plan : AZf
Formule 25 € – Menu 29/60 € – Carte 45/70 €
Un restaurant de plage, posé sur le sable, rien de mieux pour se sentir en vacances ! Sur la carte – créée par le chef Éric Guérin (St-Joachim) – on ose les associations de saveurs. À l'image de ce merlu rôti accompagné d'artichauts à la juive et de moutarde de cédrat confit. Décor cosy et accueil charmant.

Le Ponton – Hôtel Royal-Thalasso Barrière
6 av. Pierre-Loti – 02 40 60 52 05 – www.lucienbarriere.com – Fermé de fin nov. à mi-déc., le soir d'oct. à mars et vacances scolaires Plan : BZt
Formule 20 € – Menu 26 € (semaine), 35/39 € – Carte 40/70 €
Un joli Ponton sur la plage, idéal pour savourer des produits de la mer et une cuisine de brasserie qui joue la carte de la simplicité.

BAUME-LES-DAMES

25110 (Doubs) – 5 315 hab. – Voir carte n°**17**-C2
Paris 440 km – Belfort 62 km – Besançon 30 km – Lure 45 km
Carte Michelin 321-I2 – Guide Vert Michelin Franche-Comté Jura

Hostellerie du Château d'As avec ch
24 r. Château-Gaillard – 03 81 84 00 66 – www.chateau-das.fr – Fermé dim. soir, mardi midi et lundi
7 ch – 80 € 80 € – 12 € – ½ P
Formule 22 € – Menu 33/72 € – Carte 52/67 €
Charmante atmosphère d'antan dans cette grande villa 1930 : décor bourgeois, rotonde, lustre en nacre... Aux commandes, deux frères signent à quatre mains une cuisine gastronomique soignée et savoureuse. Pour prolonger l'étape, des chambres spacieuses et fort bien tenues.

LES BAUX-DE-PROVENCE

13520 (Bouches-du-Rhône) – 436 hab. – Voir carte n°**42**-E1
Paris 712 km – Arles 20 km – Avignon 30 km – Marseille 86 km
Carte Michelin 340-D3 – Guide Vert Michelin Provence

dans le Vallon

L'Oustaù de Baumanière avec ch
– 04 90 54 33 07 – www.oustaudebaumaniere.com – Fermé janv., fév., lundi soir et mardi en nov. et déc., jeudi midi et merc. en mars et d'oct. à déc.
15 ch – 220/588 € 220/588 € – 1 suite – 26 €
Menu 99 € (déj. en semaine), 160/190 € – Carte 125/210 €
Demeure du 16es. aux voûtes séculaires, superbe terrasse avec les Alpilles en toile de fond : un lieu magique pour une cuisine gorgée de soleil. Belle cave. Confortables chambres et suites distinguées réparties entre la maison et le petit mas La Guigou.
→ Œuf de poule, asperges vertes au fumet de truffe noire en chaud et froid. Rouget barbet, tomate, basilic et fleur de thym en vinaigrette. Millefeuille crème à la vanille de Tahiti, florentine pistache-caramel.

Le Manoir
à 1 km rte d'Arles par D 27 – 04 90 54 33 07 – www.oustaudebaumaniere.com
7 ch – 220/588 € 220/588 € – 7 suites – 26 €
Les chambres de cette élégante bastide conjuguent confort, raffinement et charme provençal d'antan. Parc arboré (dont un splendide platane séculaire) et jardin à la française.

rte d'Arles Sud-Ouest par D 27

La Cabro d'Or

à 1 km – ✆ 04 90 54 33 21 – www.lacabrodor.com

20 ch – 200/920 € 200/920 € – 6 suites – 26 € – ½ P

Rest ***La Cabro d'Or*** – voir les restaurants ci-après

Pour les amateurs de quiétude et de raffinement, une belle demeure couverte de lierre, avec des chambres provençales très chic (certaines avec terrasse) et un ravissant jardin fleuri, au pied des Baux.

Mas de l'Oulivié sans rest

Les Arcoules, à 2 km, par D78F – ✆ 04 90 54 35 78 – www.masdeloulivie.com – Ouvert 28 mars-12 nov.

25 ch – 150/530 € 150/530 € – 2 suites – 17 €

Au cœur d'une oliveraie, un mas pour se relaxer : chambres provençales ou plus modernes, piscine dans le jardin, massages... Petite restauration au déjeuner pour les résidents.

Benvengudo

ch, ch,

Vallon de l'Arcoule, à 2 km, par D78F – ✆ 04 90 54 32 54 – www.benvengudo.fr – Ouvert 21 mars-1er nov.

22 ch – 135/230 € 135/230 € – 5 suites – 16 € – ½ P

Rest – Menu 45 € (dîner), 57/70 € – Carte 61/77 € *(ouvert 29 mars-18 oct.)*

Dans son beau jardin paysager, cette bastide cache des chambres aussi jolies que confortables, déclinant le blanc sur tous les tons et avec fraîcheur... À noter : les chambres situées dans l'annexe sont plus anciennes. Cuisine régionale au restaurant.

La Cabro d'Or – Hôtel La Cabro d'Or

à 1 km – ✆ 04 90 54 33 21 – www.lacabrodor.com – Fermé mardi midi, dim. soir et lundi de mi oct. à fin mars

Formule 56 € – Menu 78/125 € – Carte 103/118 €

Un site superbe, avec une terrasse à l'ombre de mûriers-platanes et une jolie vue sur ces éperons rocheux qui ont fait la célébrité de la cité et de ses environs... Quel meilleur cadre pour apprécier une cuisine toute dédiée aux saveurs de la Provence ?

BAVAY

✉ 59570 (Nord) – 3 516 hab. – **Voir carte n°31-D2**

Paris 229 km – Avesnes-sur-Helpe 24 km – Lille 79 km – Maubeuge 15 km

Carte Michelin 302-K6

Le Bagacum

r. d'Audignies – ✆ 03 27 66 87 00 – www.bagacum.com – Fermé dim. soir et lundi sauf fériés

Menu 27 € (déj. en semaine), 35/52 € – Carte 40/60 €

Bagacum : le nom de la cité romaine devenue... Bavay. Pas étonnant que cette jolie grange du 19e s., rustique et joliment champêtre, cultive le goût de la belle tradition.

BAVELLA (COL DE) – 2A Corse-du-Sud ➜ voir Corse

BAYARD (COL) – 05 Hautes-Alpes ➜ voir Col Bayard

BAYEUX

✉ 14400 (Calvados) – 13 222 hab. – **Voir carte n°32-B2**

Paris 265 km – Caen 31 km – Cherbourg 95 km – Flers 69 km

Carte Michelin 303-H4 – Guide Vert Michelin Normandie Cotentin

Villa Lara sans rest

6 pl. de Québec – ✆ 02 31 92 00 55 – www.hotel-villalara.com – Ouvert de mars à nov.

Plan : Z**b**

23 ch – 210/250 € 210/250 € – 5 suites – 20 €

Un hôtel inauguré en 2012 à deux pas de la célèbre Tapisserie de Bayeux. Les chambres y sont raffinées et donnent toutes sur la cathédrale. Luxe discret et sens du détail concourent à faire de cette adresse l'un des meilleurs établissements de la ville. Copieux petit-déjeuner.

BAYEUX

Aure (Bords de l') . . . . Z 2
Bienvenu (R. du) . . . . Z 3
Bois (Pl. au) . . . . Z 4
Bouchers (R. des) . . . . Z
Bourbesneur (R.) . . . . Z 6
Bretagne (R. de la) . . . . Z
Chanoines (R. des) . . . . Z 7
Chartier (R. A.) . . . . Z 8
Churchill (Bd W.) . . . . Y
Clemenceau (Av. G.) . . . . Z
Conseil (Av.) . . . . Y
Courseulles (R. de) . . . . Y 9
Cuisiniers (R. des) . . . . Z 12
Dais (R. Gén.-de) . . . . Z
Dr-Michel (R.) . . . . Y 13
Eindhoven (Bd) . . . . Y
Eisenhower (Rond-Point) . . . . Y 14
Foch (R. Mar.) . . . . Z 15
Franche (R.) . . . . Z
Gaulle (Pl. Ch.-de) . . . . Z
Laitière (R.) . . . . Z 16
Larcher (R.) . . . . Z
Leclerc (Bd Mar.) . . . . Y 17
Leforestier (R. Lambert) . . . . . Z 18
Liberté (Pl. de la) . . . . Z 19
Maîtrise (R. de la) . . . . Z 20
Marché (R. du) . . . . Z 21
Montgomery (Bd Mar.) . . . . . . Y 23
Nesmond (R. de) . . . . Z
Pigache (R. de la) . . . . Y 24
Pont-Trubert (R. du) . . . . Y 25
Poterie (R. de la) . . . . Z 28
Royale (R.) . . . . Z
Sadi-Carnot (Bd) . . . . Y 29
St-Jean (R.) . . . . Y, Z
St-Laurent (R.) . . . . Y, Z
St-Loup (R.) . . . . Y, Z 30
St-Malo (R.) . . . . Z
St-Martin (R.) . . . . Z
St-Patrice (R. et Pl.) . . . . Z 31
St-Quentin (R.) . . . . Y 41
Schumann (R. M.) . . . . Z 42
Tardif (R.) . . . . Z
Teinturiers (R. des) . . . . Z 32
Terres (R. des) . . . . Z 33
Vaucelles (Rond-Point de) . . . . Y 35
Verdun (R. de) . . . . Y 37
Ware (Bd F.) . . . . Y 38
6-Juin (Bd du) . . . . Y

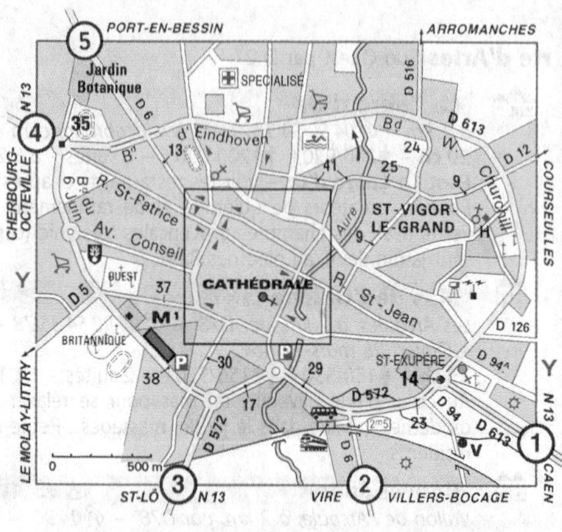

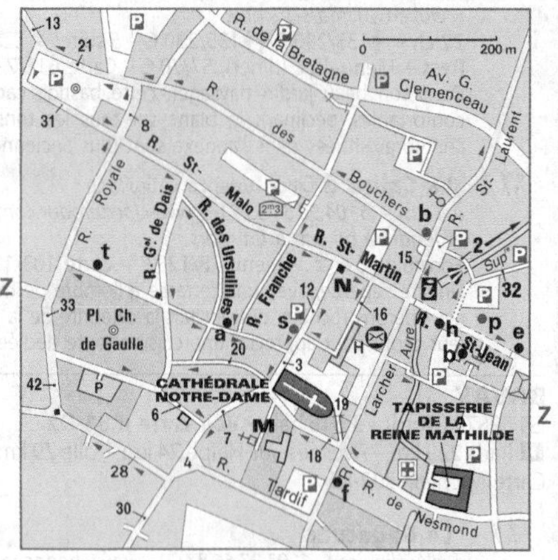

Le Lion d'Or

71 r. St-Jean – ☎ 02 31 92 06 90 – www.liondor-bayeux.fr Plan : Ze
30 ch – 🛉79/235 € 🛉🛉79/235 € – 1 suite – ☕ 13 € – ½ P
Rest – Formule 15 € – Menu 18 € (déj.), 28/52 € – Carte 50/58 €
(fermé 23 déc.-15 janv., lundi sauf le soir de mi-mars à mi-nov., dim. soir en hiver, mardi midi et sam. midi)

Un porche, une cour pavée ; vous voilà prêt à faire un saut dans le passé. Dans le salon trônent dédicaces et portraits des personnalités passées ici... Les clients d'aujourd'hui apprécient le classicisme des chambres, le calme, le restaurant. Un établissement de tradition, au cœur de la première ville libérée de France.

Château de Bellefontaine

49 r. Bellefontaine – ☎ 02 31 22 00 10 – www.hotel-bellefontaine.com Plan : Y**v**
20 ch – 🛉70/115 € 🛉🛉90/160 € – ☕ 14 €
Rest – Carte 29/77 € *(fermé le midi) (résidents seult)*

Aux portes de Bayeux, dans un parc planté d'arbres centenaires, cette belle demeure classique (18e s.) distille charme bucolique, fraîcheur et confort. Les familles pourront opter pour les duplex créés dans les anciennes écuries. Accueil charmant, restauration le soir pour les résidents.

Churchill sans rest

pl. de Québec – ✆ 02 31 21 31 80 – www.hotel-churchill.fr – Ouvert de mi fév. à nov.
32 ch – 96/182 € 106/182 € – 13 € Plan : Z**h**

Au cœur de la cité, cet hôtel a des allures de petit musée du 6 juin 1944 (photographies, documents, etc.). Les lieux ont une âme et les prestations sont agréables : mobilier de style, bar lumineux, épicerie fine... Parfait pour un séjour sur les traces du Débarquement.

Hôtel d'Argouges sans rest

21 r. St-Patrice – ✆ 02 31 92 88 86 – www.hotel-dargouges.com – Ouvert de fév. à nov. Plan : Z**n**
28 ch – 70/120 € 85/160 € – 12 €

Un style très hôtel particulier ; on pénètre dans une cour en plein centre-ville pour découvrir une belle bâtisse blanche (18e s.) et son jardin fleuri. L'ensemble est cossu, élégant et de bon ton. Les salons, d'origine, sont magnifiques !

Manoir Sainte Victoire sans rest

32 r. de la Juridiction – ✆ 02 31 22 74 69 – www.manoirsaintevictoire.com
3 ch – 80/89 € 80/89 € Plan : Z**a**

Dans le cœur historique de Bayeux, cette maison (15e et 17e s.) a le charme fou des vieilles bâtisses : les chambres, feutrées et toutes différentes, se trouvent dans la tour et donnent sur la cathédrale. Du cachet, c'est indéniable !

Le Petit Matin (N) sans rest

9 r. des Terres – ✆ 02 31 10 09 27 – www.lepetitmatin.com Plan : Z**t**
5 ch – 75/100 € 80/130 €

Cet hôtel particulier des 17e et 18e s. fait face aux superbes alignements de tilleuls de la place Charles-de-Gaulle – classés monuments naturels en 1932 ! La demeure allie beaux volumes et décors soignés ; les chambres, avec leur plancher de bois et leurs murs pastel, sont très reposantes... jusqu'au petit matin.

Tardif Noble Guesthouse sans rest

57 r. Larcher – ✆ 02 31 92 67 72 – www.nobleguesthouses.com Plan : Z**f**
5 ch – 65/195 € 85/205 € – 9 €

Amoureux de demeures historiques, cette adresse est pour vous ! Un parc aux arbres centenaires, une architecture remarquable (18e s.), le tout près de la belle cathédrale. Une maison très reposante, avec un cachet certain.

L'Angle Saint-Laurent

2 r. des Bouchers – ✆ 02 31 92 03 01 – www.langlesaintlaurent.com – Fermé vacances de la Toussaint et de fév., sam. midi, dim. soir et lundi Plan : Z**b**
Formule 16 € – Menu 27/48 € – Carte 41/59 €

Un cadre plein de fraîcheur, à l'angle des rues St-Laurent et des Bouchers : pierres apparentes, poutres peintes, éclairage tamisé. Les produits de la région ont la part belle à la carte (cochon de Bayeux, huîtres normandes...), à travers des recettes savoureuses, originales et joliment ficelées. Voilà un Angle au carré !

La Rapière

53 r. St-Jean – ✆ 02 31 21 05 45 – www.larapiere.net – Fermé 30 déc.-10 fév., dim. et lundi Plan : Z**p**
Formule 16 € – Menu 29/39 € – Carte 38/57 € *(réservation conseillée)*

Cette maison du 15e s., nichée dans une ruelle pittoresque, s'est forgée une solide réputation. Poissons ruisselant de fraîcheur, belles spécialités normandes ou incursions dans un registre plus ensoleillé : en garde !

Le Pommier

40 r. des Cuisiniers – ✆ 02 31 21 52 10 – www.restaurantlepommier.com – Fermé 15 déc.-15 janv. et dim. hors saison Plan : Z**s**
Formule 21 € – Menu 25/40 € – Carte 33/55 €

Un Pommier très normand ! Dans un joli décor de poutres et pierres, très frais, on déguste un velouté de crustacés à la crème fraîche d'Isigny, des tripes à la mode de Caen, un foie gras à la pomme, etc. Pour ne pas se lasser du goût de la région.

rte de Port-en-Bessin 3 km par ⑤

Château de Sully

rte de Port-en-Bessin ✉ 14400 Bayeux – ✆ 02 31 22 29 48
– www.chateau-de-sully.com – Fermé 1er déc.-30 janv.
21 ch – †175/249 € ††199/249 € – 2 suites – ☕ 19 € – ½ P
Rest *Château de Sully* ✿ – voir les restaurants ci-après
De lourdes grilles, une grande allée ; une très belle entrée en matière pour ce château du 18e s. plein de charme. Les chambres cultivent un luxe discret et l'on aime à flâner sous les frondaisons du parc. Piscine, jacuzzi... Histoire et détente !

XXX ✿ **Château de Sully**

rte de Port-en-Bessin ✉ 14400 Bayeux – ✆ 02 31 22 29 48
– www.chateau-de-sully.com – Fermé 1er déc.-30 janv. et le midi sauf dim.
Menu 39/99 € – Carte 68/82 € *(réservation conseillée)*
Dans le cadre classique et élégant de ce château du 18e s., on cultive le goût de la nature avec sensibilité : produits locaux – souvent bio –, créativité mesurée, finesse et harmonie... au rythme des saisons et de leurs caprices. → Foie gras de canard poêlé, tartine d'oignons crus et cuits. Pigeonneau rôti au chorizo frais de cochon de Bayeux. Abricot en financier moelleux, lait mousseux d'amande, glace à la reine-des-prés.

à Audrieu 13 km par ① et D 158 – ✉ 14250 – 1 042 hab.

Château d'Audrieu

– ✆ 02 31 80 21 52 – www.chateaudaudrieu.com – Fermé 30 nov.-13 fév.
25 ch – †175/594 € ††175/594 € – 4 suites – ☕ 28 € – ½ P
Rest *Château d'Audrieu* – voir les restaurants ci-après
Superbe ! Un château du 18e s., classé monument historique, au sein d'un parc ravissant. Jardin de fleurs blanches, de roses, d'herbes... Ce raffinement végétal n'a d'égal que les beaux salons et les chambres classiques. L'art de vivre à la française.

XXX **Château d'Audrieu**

– ✆ 02 31 80 21 52 – www.chateaudaudrieu.com – Fermé 30 nov.-13 fév., lundi et le midi sauf week-end et fériés
Menu 42/110 € – Carte 74/95 €
En ce château du siècle des Lumières, le raffinement du cadre – entre parc et cour d'honneur – convie à un voyage gastronomique empreint de la noblesse des produits de la région, en particulier le poisson de la côte. Créativité et vins de choix sont également au rendez-vous.

BAYONNE

✉ 64100 (Pyrénées-Atlantiques) – 44 820 hab. – Agglo. 219 570 hab. – **Voir carte n°3-A3**
▶ Paris 765 km – Bordeaux 183 km – Biarritz 9 km – Pamplona 109 km
Carte Michelin 342-D2 – Guide Vert Michelin Pays Basque et Navarre

La Villa Hôtel sans rest

12 chemin de Jacquette – ✆ 05 59 03 01 20 – www.bayonne-hotel-lavilla.com
10 ch – †75/200 € ††85/215 € – ☕ 13 € Plan : BZ**d**
Au calme dans son jardin d'inspiration italienne, cette maison de maître offre une jolie vue sur la Nive et les Pyrénées. On s'y repose dans de belles chambres à la décoration soignée, pourvues de meubles anciens chinés. Idéal pour une escapade au Pays basque.

XX ✿ **Auberge du Cheval Blanc** (Jean-Claude Tellechea)

68 r. Bourgneuf – ✆ 05 59 59 01 33 – www.cheval-blanc-bayonne.com
– Fermé 1er-15 mars, 30 juin-7 juil., 23-29 juil., 10-19 nov., sam. midi, dim. soir et lundi
Menu 24 € (semaine), 44/84 € – Carte 52/65 € Plan : BZ**b**
Ce relais de poste du 18e s. est tenu par la même famille depuis 1959. La salle arbore les couleurs blanc et rouge du Pays basque... et la cuisine revisite avec saveur le répertoire régional, au profit des meilleurs produits bayonnais (sel, jambon, chocolat, irouléguy, etc.). Une valeur sûre.
→ Pressé de truite confite au sel, foie gras et poires réduites au porto. Parmentier de xamango au jus de veau truffé. Moelleux au chocolat bayonnais, crème au pralin.

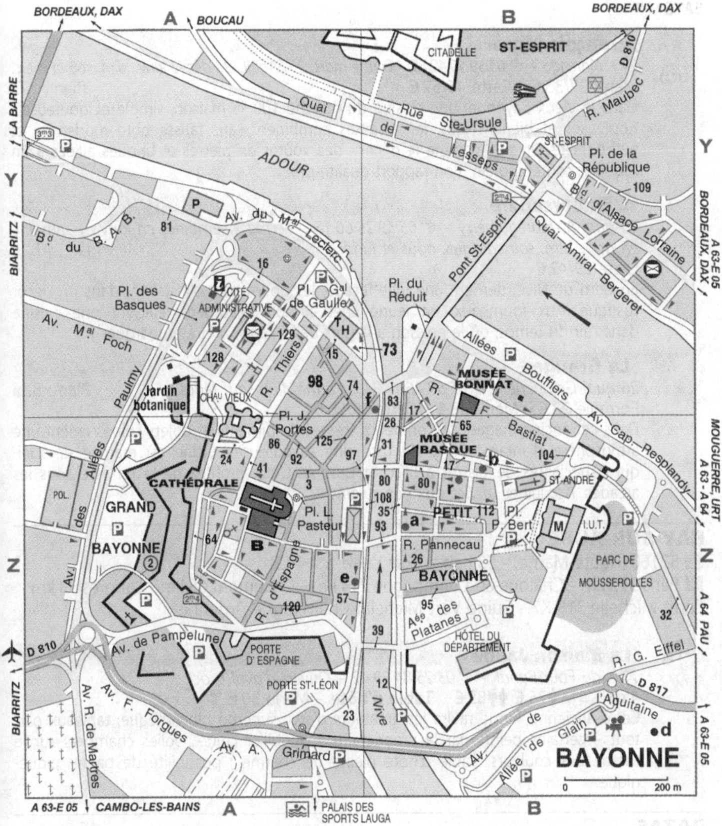

BAYONNE

La Feuillantine

quai Amiral-Dubourdieu – ✆ 05 59 46 14 94 – www.lafeuillantine-bayonne.fr – Fermé 16 fév.-2 mars, une semaine début juil., 22-28 déc., merc. et dim.

Formule 17 € – Menu 25/67 € – Carte 42/62 € Plan : BY**f**

Hommage à Victor Hugo qui habita, enfant, le couvent des Feuillantines, lieu auquel il dédia un de ses poèmes... Derrière la jolie façade classée se cache un décor feutré (boiseries, photos du Pays basque prises par le maître des lieux) où l'on apprécie une cuisine du marché.

Question de standing : n'attendez pas le même service dans un ✗ ou un ⌂ que dans un ✗✗✗✗✗ ou un ⌂⌂⌂⌂⌂.

François Miura

24 r. Marengo – ☏ 05 59 59 49 89 – Fermé mars, 25-31 juil., 24 déc.-2 janv., dim. soir et merc.
Menu 22/33 € – Carte 46/57 € Plan : BZ**r**
Dans le vieux Bayonne, une cuisine du marché 100 % maison, simple et goûteuse ! Copieuses et bien ficelées, les assiettes combinent sans fausse note modernité et authenticité. Un peu comme le décor : des voûtes en pierres et briques alliées à un mobilier contemporain. Bon rapport qualité-prix.

L'Embarcadère

15 quai A.-Jauréguiberry – ☏ 05 59 25 60 13 – Fermé 2 semaines en janv., 1 semaine en oct. , dim. soir sauf juil.-août et lundi Plan : ABZ**e**
Carte 29/42 €
En bord de Nive, derrière une jolie façade, les gourmands s'installent dans un décor rustique. Aux fourneaux, un jeune chef et son beau-père réalisent une cuisine dans l'air du temps, où le poisson a la part belle. Alors, prêt à embarquer ?

La Grange

26 quai Galuperie – ☏ 05 59 46 17 84 – Fermé dim. sauf fériés Plan : BZ**a**
Formule 23 € – Menu 38 € – Carte 38/56 €
Dans cet ancien magasin de primeurs, tresses de piments et objets chinés créent une atmosphère d'antan... On y déguste une savoureuse cuisine du marché et quelques spécialités de bistrot à l'accent basque. L'été, profitez de la terrasse sous les arcades. Accueil et service aux petits soins.

BAY-SUR-AUBE

✉ 52160 (Haute-Marne) – 53 hab. – Voir carte n°**14**-C3
Paris 312 km – Châlons-en-Champagne 214 km – Chaumont 65 km – Langres 33 km
Carte Michelin 313-K7 – Guide Vert Michelin Champagne Ardenne

La Maison Jaune

11 r. du Four-Banal – ☏ 03 25 84 99 42 – Ouvert d'avril à oct.
4 ch – 75 € 85 € **Table d'hôte** – Menu 30 €
Cette ancienne ferme ravira les amateurs d'art : superbe bibliothèque, tableaux partout – certains peints par la propriétaire –, mobilier chiné... Jolies chambres sur le thème des couleurs. Table d'hôte pleine de charme ; possibilité de panier pique-nique.

BAZAS

✉ 33430 (Gironde) – 4 715 hab. – Voir carte n°**3**-B2
Paris 637 km – Agen 84 km – Bergerac 105 km – Bordeaux 62 km
Carte Michelin 335-J8 – Guide Vert Michelin Aquitaine

Les Remparts

49 pl. de la Cathédrale, (Espace Mauvezin) – ☏ 05 56 25 95 24 – www.restaurant-les-remparts.com – Fermé jeudi soir d' oct. à avril, dim. soir et lundi
Formule 28 € – Menu 37/51 €
Les Remparts, un restaurant traditionnel ? Que nenni ! L'équipe en place, très enthousiaste, fait régner un vent de fraîcheur en cuisine. La carte est courte mais les produits très frais et l'on est servi avec le sourire !

à Bernos-Beaulac 6 km au Sud par D932 – ✉ 33430 – 1 152 hab.

Dousud

au Doux Sud – ☏ 05 56 25 43 23 – www.dousud.fr
5 ch – 60/70 € 70/95 € **Table d'hôte** 20 €
Un nom tout trouvé pour cette jolie ferme landaise, au cœur d'un parc de 9 ha où trottent des chevaux. Les chambres, très douillettes, ont toutes une terrasse et, le soir, la propriétaire concocte une cuisine traditionnelle simple et saine. Un lieu charmant, idéal pour se mettre au vert en toute quiétude et à prix... doux !

BAZINCOURT-SUR-EPTE – 27 Eure → voir Gisors

BAZOUGES-LA-PÉROUSE

✉ 35560 (Ille-et-Vilaine) – 1 877 hab. – **Voir carte n°10-D2**
▶ Paris 376 km – Fougères 34 km – Rennes 45 km – Saint-Malo 53 km
Carte Michelin 309-M4 – Guide Vert Michelin Bretagne Nord

Château de la Ballue sans rest
4 km au Nord-Est par D 91 et rte secondaire – ✆ 02 99 97 47 86 – www.la-ballue.com
5 ch – †190/210 € ††200/240 € – ☕ 19 €
De superbes jardins d'esprit baroque et à la française entourent ce château du 17ᵉ s. Grandes chambres raffinées : hauteur sous plafond, boiseries d'époque, mobilier ancien.

BEAUCAIRE

✉ 30300 (Gard) – 15 946 hab. – **Voir carte n°23-D2**
▶ Paris 703 km – Arles 18 km – Avignon 27 km – Nîmes 24 km
Carte Michelin 339-M6

au Sud-Ouest 6 km (rte de St Gilles) puis à gauche, écluse de Nouriguier

Mas de Lafont sans rest
chemin du Mas d'Aillaud ✉ 30300 Beaucaire – ✆ 04 66 59 29 59 – www.masdelafont.com – Ouvert 1ᵉʳ mai-1ᵉʳ oct.
3 ch ☕ – †80/110 € ††80/110 €
Entre vignes et abricotiers, un mas du 17ᵉ s. aux chambres spacieuses, ornées d'un superbe mobilier provençal. Toutes ouvrent sur le jardin. Cuisine à la disposition des hôtes.

BEAUCENS

✉ 65400 (Hautes-Pyrénées) – 422 hab. – **Voir carte n°28-A3**
▶ Paris 866 km – Pau 59 km – Tarbes 38 km – Toulouse 191 km
Carte Michelin 342-L5 – Guide Vert Michelin Midi-Toulousain

Eth Béryè Petit
15 rte de Vielle – ✆ 05 62 97 90 02 – www.beryepetit.com – Fermé 24 déc.-2 janv.
3 ch ☕ – †70 € ††75 €
Table d'hôte – Menu 23 € 🍷 *(ouvert vend. soir et sam. soir de nov. à avril)*
Ce petit verger ("Eth Beryè petit" en basque) est une accueillante maison bigourdane de 1790. Chambres cosy (parquet, tapis, mobilier ancien) ménageant un splendide panorama sur la vallée. Dîner et petit-déjeuner dans un joli salon au coin du feu ou en terrasse.

LE BEAUCET – 84 Vaucluse ➜ voir Carpentras

BEAUCOUZÉ – 49 Maine-et-Loire ➜ voir Angers

BEAUFORT

✉ 73270 (Savoie) – 2 184 hab. – **Voir carte n°45-D1**
▶ Paris 601 km – Albertville 21 km – Chambéry 72 km – Megève 37 km
Carte Michelin 333-M3 – Guide Vert Michelin Alpes du Nord

Le Grand Mont
pl. de l'Église – ✆ 04 79 38 33 36 – www.hotelbeaufort.com – Fermé mi-avril à début mai et de mi-oct. à début nov.
15 ch – †49/59 € ††66/69 € – ☕ 10 € – ½ P
Rest – Formule 12 € – Menu 20/35 € – Carte 18/41 € *(fermé dim. en hiver sauf vacances scolaires)*
Parfait pour une étape en toute simplicité dans la capitale du roi des fromages savoyards. Cette sympathique maison de village, à l'âme rustique, est dans la même famille depuis quatre générations. Le beaufort est évidemment à l'honneur au restaurant.

BEAUGENCY

✉ 45190 (Loiret) – 7 659 hab. – **Voir carte n°12-C2**
▶ Paris 152 km – Blois 35 km – Châteaudun 42 km – Orléans 31 km
Carte Michelin 318-G5 – Guide Vert Michelin Châteaux de la Loire

BEAUGENCY

Abbaye (R. de l') 2
Bretonnerie (R. de la) 3
Change (R. du) 4
Châteaudun (R. de) 5
Cordonnerie (R. de la) 6
Dr-Hyvernaud (Pl.) 8
Dunois (Pl.) 9
Maille-d'Or (R. de la) 10
Martroi (Pl. du) . . . .
Pellieux (Passage) 12
Pont (R. du) . . . .
Puits-de-l'Ange (R. du) 14
Sirène (R. de la) 15
Traîneau (R. du) 17
Trois-Marchands (R. des) 18

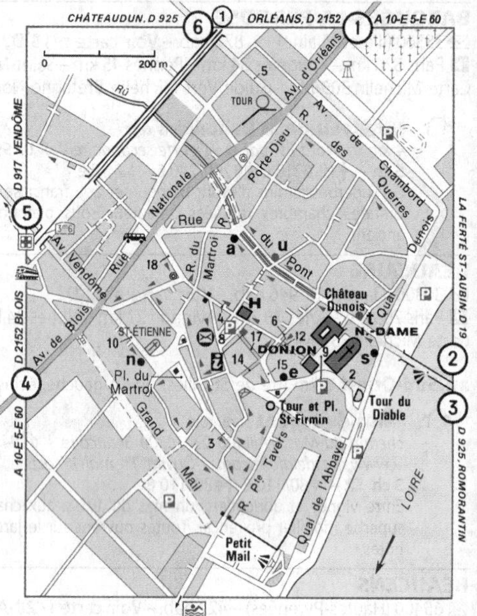

Hostellerie de l'Écu de Bretagne

pl. Martroi – 02 38 44 67 60 – www.ecudebretagne.fr **n**
18 ch – 89/161 € 89/161 € – 14 € – ½ P
Rest – Formule 14 € – Menu 24/38 € – Carte 48/59 €
Au cœur de la cité médiévale, les diligences ne s'arrêtent plus devant cet ancien relais de poste du 17e s., mais les voyageurs y viennent encore quotidiennement ! Poutres et mobilier chiné dans les chambres. Un petit jardin et une piscine chauffée sont à la disposition des clients.

Grand Hôtel de l'Abbaye sans rest

2 quai de l'Abbaye – 02 38 45 10 10 – www.grandhoteldelabbaye.com
19 ch – 89/169 € 99/169 € – 16 € **s**
Une véritable demeure historique que cette ancienne abbaye des 12e-17e s. Vieilles pierres, escalier monumental, tomettes, mobilier de style... avec le dernier confort. De plus, la haute bâtisse borde la Loire et ses grèves.

Hôtel de la Sologne sans rest

6 pl. St-Firmin – 02 38 44 50 27 – www.hoteldelasologne.com – Fermé 14 déc.-5 janv. **e**
15 ch – 63/70 € 70/77 € – 10 €
Pour accéder à l'hôtel, montez l'escalier fleuri ! Vous voici dans deux maisons du 19e s., à deux pas de la tour St-Firmin. Sous l'égide d'un couple de propriétaires soucieux du bien-être de leurs clients, les chambres cultivent un vrai petit esprit bonbonnière : tons pastel, mobilier en bois peint...

Le Relais des Templiers sans rest

68 r. du Pont – 02 38 44 53 78 – www.hotelrelaistempliers.com – Fermé 26 déc.-19 janv. **a**
15 ch – 52 € 60/64 € – 10 €
À deux pas du centre historique, cette bâtisse en pierre, au bord d'un ru fleuri, est parfaite pour partir à la découverte de la cité. Les amateurs de cyclisme peuvent même louer un vélo sur place ! Chambres confortables.

XX **Le P'tit Bateau**

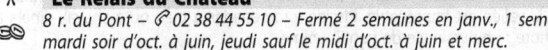

54 r. du Pont – ✆ 02 38 44 56 38 – Fermé lundi et mardi **u**

Formule 32 € – Menu 39/68 € – Carte environ 50 €

Un jeune couple a pris le gouvernail de ce petit bateau où l'on apprécie une cuisine dans l'air du temps. Dans l'assiette, c'est généreux et savoureux. À l'image de ce saumon mi-cuit avec de la crème fraîche et un blinis aux cébettes. Agréable patio.

X **Le Relais du Château**

8 r. du Pont – ✆ 02 38 44 55 10 – Fermé 2 semaines en janv., 1 semaine en mars, mardi soir d'oct. à juin, jeudi sauf le midi d'oct. à juin et merc. **t**

Menu 16 € (semaine), 24/40 € – Carte 30/48 €

Coquet petit restaurant situé dans une rue commerçante à proximité du donjon (11e s.) et décoré dans un style rustique. Cuisine traditionnelle changeant au fil des saisons.

à Tavers 3 km par ④ et rte secondaire – ✉ 45190 – 1 334 hab.

La Tonnellerie sans rest

12 r. des Eaux-Bleues, (près de l'église) – ✆ 02 38 44 68 15 – www.latonnelleriehotel.com – Fermé 16 déc.-11 fév.

18 ch – †90/163 € ††95/180 € – 2 suites – ☕ 14 €

Tout le charme d'autrefois pour cette demeure de 1870 et son agréable jardin avec piscine. Les chambres, comme les salons, sont décorés dans un style "maison de famille".

BEAULIEU

✉ 07460 (Ardèche) – 455 hab. – **Voir carte n°44-A3**

Paris 668 km – Alès 40 km – Aubenas 39 km – Largentière 29 km

Carte Michelin 331-H7

La Santoline ch,

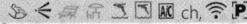

Lieu-dit Bouchet, 1 km au Sud-Est de Beaulieu – ✆ 04 75 39 01 91 – www.lasantoline.com – Hôtel : ouvert de mai à sept.

8 ch – †85 € ††154 € – ☕ 13 €

Rest *Carabasse* – Menu 24/29 € *(fermé mardi et merc. de mi-sept. à fin avril et le midi)*

Une bâtisse du 16es. entourée par la garrigue cévenole, dont les chambres sont décorées de meubles chinés et d'objets glanés au fil de voyages. Charmant ! Et à 900 m de là, le restaurant propose une cuisine du marché concoctée avec des produits locaux.

BEAULIEU-SUR-DORDOGNE

✉ 19120 (Corrèze) – 1 253 hab. – **Voir carte n°25-C3**

Paris 513 km – Aurillac 65 km – Brive-la-Gaillarde 44 km – Figeac 56 km

Carte Michelin 329-M6 – Guide Vert Michelin Limousin Berry

Le Turenne Ⓝ

1 bd St-Rodolphe-de-Turenne – ✆ 05 55 91 94 72 – www.leturenne.com – Fermé 15 déc.-15 fév. et le dim. du 15 nov. au 15 mars

9 ch ☕ – †89/222 € ††96/222 € – ½ P **Rest** – Menu 15/39 € – Carte 26/50 €

Dans cette charmante bourgade médiévale, une superbe bâtisse datant du 12e s., réaménagée en hôtel. Les chambres, modernes et bien équipées, ont été personnalisées avec quelques touches colorées, ethniques ou baroques... et l'ensemble a du cachet !

XX **Les Charmilles** avec ch

20 bd St-Rodolphe-de-Turenne – ✆ 05 55 91 29 29 – www.auberge-charmilles.com – Fermé 3 semaines en nov. et dim. soir

8 ch ☕ – †80/116 € ††80/116 € – ½ P

Formule 14 € – Menu 19 € (semaine), 28/42 € – Carte 30/69 €

La terrasse au bord de la Dordogne, en pleine verdure, et la salle aux baies vitrées sont tout simplement délicieuses ! Foie gras et magrets sauce câline, salade aux gésiers, purée maison... On l'aura compris, la table est régionale.

à Brivezac 4 km rte d'Argentat par D 940, D 12 et rte secondaire – ✉ 19120 – 182 hab.

Château de la Grèze

– ✆ *05 55 91 08 68 – www.chateaudelagreze.com – Ouvert 15 mars-16 nov.*
5 ch – 84/111 € 99/125 €
Table d'hôte – Menu 35 € *(fermé mardi, jeudi, sam. et dim. en juil.-août)*
Quel calme... Entourée d'un parc, cette élégante demeure du 18e s. abrite des chambres spacieuses au décor soigné ; les tissus d'indienne fleurissent sur les murs et la vue sur la vallée est imprenable. Piscine, promenades à pied ou à cheval, dîners à la table d'hôte : une vraie vie de gentilhomme.

BEAULIEU-SUR-LAYON

✉ 49750 (Maine-et-Loire) – 1 449 hab. – **Voir carte n°35-C2**
Paris 316 km – Angers 25 km – Nantes 95 km – Niort 176 km
Carte Michelin 317-F5

Château Soucherie sans rest

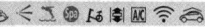

2,5 km au Nord-Ouest par D 54 et D 209 – ✆ 02 41 78 31 18
– www.domaine-de-la-soucherie.fr – Fermé dim. d'oct. à mai et fériés
4 ch – 90/110 € 110/130 €
Sur les coteaux du Layon, un château au cœur d'un domaine viticole de 24 ha. Dans les chambres, raffinées à souhait, mobilier ancien et confort moderne se conjuguent à merveille ! Le plus : une visite de la propriété, avec dégustation, est proposée aux nouveaux arrivants. Une belle adresse.

BEAULIEU-SUR-MER

✉ 06310 (Alpes-Maritimes) – 3 761 hab. – **Voir carte n°42-E2**
Paris 935 km – Menton 20 km – Monaco 10 km – Nice 8 km
Carte Michelin 341-F5 – Guide Vert Michelin Côte d'Azur

La Réserve de Beaulieu & Spa

5 bd du Mar.-Leclerc – ✆ 04 93 01 00 01 – www.reservebeaulieu.com – Fermé 21 oct.-20 déc.
34 ch – 140/1290 € 140/1290 € – 5 suites – 35 € – ½ P Plan : Z**w**
Rest ***Restaurant des Rois*** ✿ – voir les restaurants ci-après
Entre Nice et Monaco, cette architecture digne d'un palais florentin (1880) se détache magnifiquement sur les falaises tombant dans la Méditerranée... Avec ses décors fastueux (mobilier ancien, tapisseries, boiseries, etc.), sa superbe piscine en balcon sur la Grande Bleue, son ponton privé, etc., voilà bien l'une des plus belles adresses de la Riviera !

Carlton sans rest

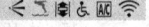

7 av. Edith-Cavell – ✆ 04 93 01 44 70 – www.carlton-beaulieu.com – Fermé 5 janv.-14 fév.
34 ch – 80/215 € 80/215 € – 11 € Plan : Z**s**
Des chambres classiques au charme rétro, un accueil bienveillant, une jolie piscine, du calme : cette villa des années 1930, dans un quartier résidentiel proche de la plage et du casino, a bien des atouts pour que l'on profite de la Riviera !

Frisia sans rest

2 bd Eugène-Gauthier – ✆ 04 93 01 01 04 – www.frisia-beaulieu.com
– Fermé 9 nov.-16 déc. Plan : Y**r**
34 ch – 65/150 € 65/159 € – 1 suite – 10 €
Cet hôtel balnéaire, d'esprit plutôt classique, s'élève sur le port de plaisance. Avec la mer et la montagne pour horizon, la vue est délicieuse depuis le toit, aménagé en solarium, et la piscine nichée sur l'arrière du bâtiment invite à la détente...

Comté de Nice sans rest

25 bd Marinoni – ✆ 04 93 01 19 70 – www.hotel-comtedenice.com – Fermé 29 nov.-26 déc. Plan : Y**a**
32 ch – 68/105 € 78/130 € – 11 €
Dans une rue commerçante du centre-ville, cet hôtel fonctionnel, tenu avec soin, offre un bon rapport confort-prix. Certaines chambres jouissent d'une petite échappée sur la Grande Bleue...

BEAULIEU-SUR-MER

Albert-1er (Av.) . . . . Z
Alsace-Lorraine (Bd) . . . . . . Y
Bracco (R. J.) . . . . Y 3
Cavell (Av. Edith) . . . . Z 4
Charles II Comte de Provence (Av.) . . . . Z 6
Clemenceau (Pl. et R.) . . . . Y 5
Déroulède (Bd) . . . . Y
Doumer (R. Paul) . . . . Z 7
Dunan (Av. F.) . . . . Z
Edouard-VII (Bd) . . . . Y
Eiffel (R.) . . . . Z
Gaulle (Pl. Charles-de) . . . . . Y
Gauthier (Bd Eugène) . . . . . Y 13
Hellènes (Av. des) . . . . Z 14
Joffre (Bd Maréchal) . . . . . . Z
Leclerc (Bd Maréchal) . . . . . Z
Marinoni (Bd) . . . . Y 19
May (Av. F.) . . . . Z 21
Myrtes (Ch. des) . . . . Y
Orangers (Montée des) . . . . Z 22
Rouvier (Promenade de M.) Z
St-Jean (Pont) . . . . Z
Whitechurch (Quai) . . . . Y
Yougoslavie (R. de) . . . . Z 27

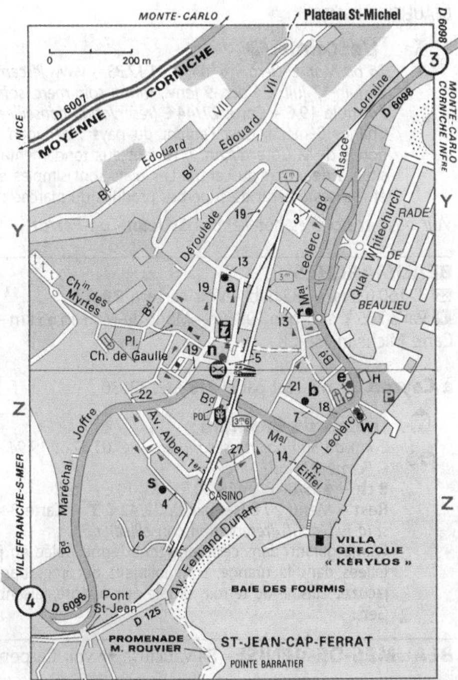

Riviera sans rest

6 r. Paul-Doumer – ✆ 04 93 01 04 92 – www.hotel-riviera.fr – Fermé 5 oct.-5 janv.
14 ch – †65/125 € ††65/125 € – ☕ 10 € Plan : Z**b**
Une jolie villa 1930 et... ses fidèles, qui y séjournent parfois tout l'été ! Pas de secret : les prix sont doux, les chambres – certes petites – pratiques et impeccablement tenues, et l'accueil charmant.

Restaurant des Rois – Hôtel La Réserve de Beaulieu & Spa

5 bd du Mar.-Leclerc – ✆ 04 93 01 00 01 – www.reservebeaulieu.com – Fermé 21 oct.-20 déc. et le midi de mai à mi-oct. Plan : Z**w**
Menu 170/230 € – Carte 170/215 €
Au pied de ce véritable palais de bord de mer, une superbe terrasse face à la Méditerranée et, en guise de salle, une longue galerie au faste classique, ouverte sur les flots... Un superbe écrin pour une fine gastronomie, qui révèle les plus beaux produits des terroirs français.
→ Courgette violon en royale, légumes de saison et leurs fanes. Rouget de roche poêlé, pomme de terre et fenouil fondants, parfum d'aïoli. Chocolat cœur fondant de caramel, opaline chocolat jivara lacté.

La Raison Gourmande

4 av. du Mar.-Foch – ✆ 04 93 01 13 12 – www.laraisongourmande.com – Fermé dim. et lundi Plan : Y**n**
Menu 65 € (dîner) – Carte environ 30 € déjeuner *(réservation conseillée)*
La gourmandise a ses raisons que la raison ne connaît pas ! Rien de conventionnel dans ce restaurant atypique : ni l'ambiance musicale, ni la décoration, d'esprit baroque, ni la gastronomie – un menu unique qui décline des recettes originales et inspirées... Suggestions selon le marché au déjeuner.

L'eSCentiel Ⓝ

26 bd Mar.-Leclerc – ✆ 04 93 01 17 33 – www.lescentielbeaulieu.com – Fermé 26 juin-17 juil., 24 déc.-9 janv., mardi soir, merc. soir, dim. midi et jeudi

Formule 19 € – Carte 27/44 € *(réservation conseillée)* Plan : Z**e**

Charles Séméria, c'est l'enfant du pays : berlugan et fier de l'être. Fini les grands hôtels de la Côte d'Azur, il revient aux fondamentaux dans ce restaurant de poche situé à deux pas du centre. Les plats sont simples et goûteux, pleins de savoir-faire, et réalisés à partir de superbes produits du marché : un régal !

Voir aussi ressources hôtelières à ***St-Jean-Cap-Ferrat***

BEAUMARCHÉS

✉ 32160 (Gers) – 682 hab. – **Voir carte n°28-A2**

Paris 755 km – Agen 108 km – Mont-de-Marsan 65 km – Pau 64 km

Carte Michelin 336-C8

à Cayron 5 km à l'Est par D 946 – ✉ 32230

Relais du Bastidou

2 km au Sud par rte secondaire – ✆ 05 62 69 19 94 – www.le-relais-du-bastidou.com – Fermé 20 nov.-14 fév.

8 ch – †65/80 € ††65/80 € – 10 € – ½ P

Rest – Menu 20 € (semaine), 29/42 € – Carte 34/46 € *(fermé dim. soir et lundi sauf juil.-août) (réservation conseillée)*

Calme garanti dans cette ancienne ferme isolée en pleine nature. Les chambres, installées dans la grange, sont joliment décorées dans un style champêtre. Sauna et jacuzzi. Cuisine du terroir, simple et plaisante, faisant honneur aux beaux produits du Gers.

BEAUMES-DE-VENISE – 84 Vaucluse → voir Carpentras

BEAUMESNIL

✉ 27410 (Eure) – 572 hab. – **Voir carte n°33-C2**

Paris 137 km – Bernay 13 km – Dreux 69 km – Évreux 38 km

Carte Michelin 304-E7 – Guide Vert Michelin Normandie Vallée de la Seine

L'Étape Louis 13 Ⓝ

2 rte de la Barre-en-Ouche – ✆ 02 32 45 17 27 – www.etapelouis13.fr – Fermé le lundi soir et le mardi

Formule 24 € – Menu 32/42 €

Près du château de Beaumesnil, au superbe style Louis XIII, ce presbytère du 17e s. distille une ambiance intemporelle... Sous l'égide de ses jeunes propriétaires, il est idéal pour se mettre au parfum de la tradition normande : huîtres chaudes au camembert, soufflé léger au calvados, etc. Fraîcheur et saveurs sont au rendez-vous.

BEAUMONT-DE-LOMAGNE

✉ 82500 (Tarn-et-Garonne) – 3 852 hab. – **Voir carte n°28-B2**

Paris 662 km – Agen 60 km – Auch 51 km – Toulouse 58 km

Carte Michelin 337-B8

Le Commerce rest, rest, ch,

58 r. Mar.-Foch – ✆ 05 63 02 31 02 – www.hotellecommerce.com

14 ch – †52/57 € ††52/57 € – 8 € – ½ P

Rest – Menu 18 € *(fermé le midi) (résidents seult)*

À l'entrée du village, une auberge rustique tenue en famille. On vous y réserve un accueil charmant, et les chambres sont simples, propres et pratiques. Au restaurant, cuisine traditionnelle et du terroir.

BEAUMONT-DU-PERIGORD

✉ 24440 (Dordogne) – 1 115 hab. – **Voir carte n°4-C1**

Paris 602 km – Agen 93 km – Bordeaux 153 km – Périgueux 82 km

Carte Michelin 329-F7 – Guide Vert Michelin Périgord Quercy

Le Coteau de Belpech

– ✆ *05 53 22 87 58 – www.coteau-belpech.com*
4 ch – 103/131 € 112/150 € **Table d'hôte** – Menu 25 €
De quoi être aux anges... Sur un coteau, une chapelle romane du 11ᵉs. restaurée par un couple amoureux des vieilles pierres. Chambres soignées, dont l'une dans le clocher avec une vue à 360° ! Cuisine traditionnelle de qualité à la table d'hôte.

BEAUMONT-EN-AUGE

✉ 14950 (Calvados) – 450 hab. – **Voir carte n°32-A3**
Paris 199 km – Caen 42 km – Deauville 12 km – Le Havre 49 km
Carte Michelin 303-M4 – Guide Vert Michelin Normandie Vallée de la Seine

Auberge de l'Abbaye

2 r. de la Libération – ✆ 02 31 64 82 31 – www.aubergelabbaye.com
– Fermé 5 janv.-21 mars, lundi soir de nov. à mars, mardi sauf juil.-août et merc.
Formule 25 € – Menu 36/69 € – Carte 51/79 €
Elle est bien mignonne cette maison normande du 18ᵉ s. couverte de vigne vierge, avec son décor rustique à souhait. On y sert une bonne cuisine traditionnelle avec, en vedette, langoustines, homard, foie gras, fromages... Autant dire que les habitués sont nombreux !

Le P'tit Beaumont avec ch

20 r. du Paradis – ✆ 02 31 64 80 22 – www.lepetitbeaumont.fr – Fermé vacances de Noël sauf rest.
5 ch – 75/105 € 75/105 € – 8 €
Menu 14 € (déj. en semaine)/19 € *(fermé le dim.)*
Noblesse de l'attachement ! Les propriétaires de ce café, situé au centre du village, l'ont racheté pour ne pas le voir disparaître... Après travaux, le vieux troquet s'est mué en un bistrot branché, avec nappes à carreaux et mobilier mixant bois et métal, où l'on mange bien. Résultat : ça ne désemplit pas !

BEAUMONT-SUR-SARTHE

✉ 72170 (Sarthe) – 2 097 hab. – **Voir carte n°35-D1**
Paris 223 km – Alençon 24 km – La Ferté-Bernard 70 km – Mamers 25 km
Carte Michelin 310-J5

Auberge de la Croix Margot

122 av. de la Division-Leclerc – ✆ 02 43 34 13 59 – Fermé 19 août-10 sept., 2-17 janv., mardi et merc.
Formule 14 € – Menu 25/40 € – Carte 33/49 €
Il ne faut pas hésiter à s'arrêter dans cette petite auberge située en bordure de route à la sortie de Beaumont ; deux frères jumeaux y sont à la manœuvre, réalisant une cuisine traditionnelle simple et goûteuse, qui privilégie les produits frais : volaille de Mayenne, canette de Challans...

BEAUNE

✉ 21200 (Côte-d'Or) – 22 394 hab. – **Voir carte n°7-A3**
Paris 308 km – Autun 49 km – Chalon-sur-Saône 29 km – Dijon 45 km
Carte Michelin 320-I7 – Guide Vert Michelin Bourgogne

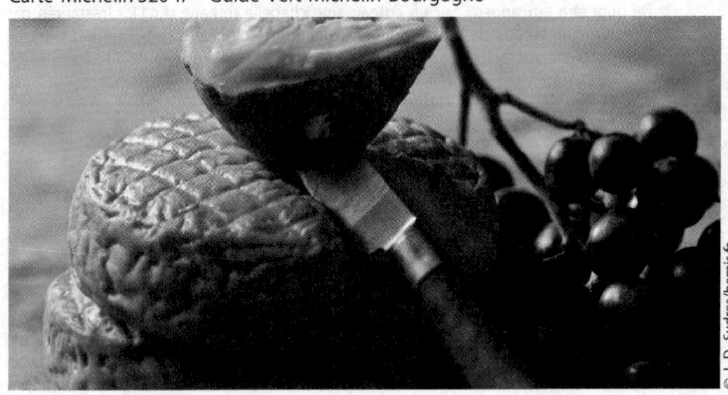

Hôtels & maisons d'hôtes

Le Cep sans rest

27 r. Maufoux – ☎ 03 80 22 35 48 – www.hotel-cep-beaune.com Plan : AZ**z**
47 ch – 139/188 € 188/248 € – 14 suites – 20 €
Le Cep ? Une myriade d'hôtels particuliers et de maisons anciennes (16e et 18e s.) dont les vastes chambres ont des airs de musée – lustres à pampilles, plafonds à la française et moulures... Avec un service conciergerie particulièrement appréciable !

Hostellerie Le Cèdre

12 bd Mar.-Foch – ☎ 03 80 24 01 01 – www.lecedre-beaune.com Plan : AY**t**
40 ch – 180/350 € 180/350 € – 20 € – ½ P
Rest *Le Clos du Cèdre* – voir les restaurants ci-après
Dans le jardin, un cèdre majestueux et... cette belle demeure bourgeoise (début 20e s.) empreinte de classicisme. Boiseries, moulures, mobilier de style et sens du confort : rien ne manque.

L'Hôtel

5 r. Samuel-Legay – ☎ 03 80 25 94 14 – www.lhoteldebeaune.com – Fermé 7 déc.-2 janv. Plan : AZ**p**
10 ch – 180/380 € 180/380 € – 25 €
Rest *Bistro de l'Hôtel* – voir les restaurants ci-après
Dans une rue assez calme du centre-ville, cette demeure bourgeoise du 19e s. appartenait à Louis Jadot, le négociant en vins. Elle cultive un bel art de vivre avec ses chambres spacieuses, meublées dans le style classique et bien insonorisées... et un service qui fait la différence !

Hôtel de la Poste

5 bd Clemenceau – ☎ 03 80 22 08 11 – www.poste.najeti.fr Plan : AZ**f**
32 ch – 129/324 € 129/324 € – 4 suites – 17 €
Rest *Le Bistro* – voir les restaurants ci-après
Rest – Menu 30/58 € – Carte 49/83 €
Un relais de poste du 19e s. intemporel et élégant ! Styles contemporain et Art déco se mêlent harmonieusement, le niveau de confort est très bon : un établissement plaisant à vivre.

Henry II sans rest

12-14 r. du Faubourg-St-Nicolas – ☎ 03 80 22 83 84 – www.henry2.fr Plan : AY**q**
56 ch – 90/220 € 99/220 € – 2 suites – 14 €
Sur la route de Dijon, en sortie de ville, un bâtiment imposant dont les chambres sont spacieuses et décorées dans des styles divers (néobaroque, Louis XV, ou contemporain pour certaines). L'ensemble est parfaitement tenu.

BEAUNE

Alsace (R. d')	AZ	2
Belin (R.)	AZ	4
Bourgelat (R.)	AZ	5
Carnot (Petite-Pl.)	AZ	6
Carnot (Pl.)	AZ	7
Carnot (R.)	AZ	9
Château (R. du)	BY	10
Dames (Rempart des)	AZ	13
Dr-Jorrot (Pl. du)	BY	15
Enfant (R. de l')	AY	16
Enfert (R. d')	AZ	17
Favart (R.)	AY	18
Fleury (Pl.)	AZ	19
Fraysse (R. E.)	AZ	21
Halle (Pl. de la)	AZ	23
Lorraine (R. de)	AY	
Maufoux (R.)	AZ	25
Monge (Pl.)	AY	26
Monge (R.)	AZ	28
Perpreuil (Bd.)	AZ	29
Poterne (R.)	AZ	30
Rolin (R.)	AZ	31
Rousseau-Deslandes (R.)	BY	32
Ste-Marguerite (R.)	AY	35
St-Nicolas (R. du Fg)	AY	34
Tonneliers (R. des)	AY	37
Ziem (Pl.)	AZ	40

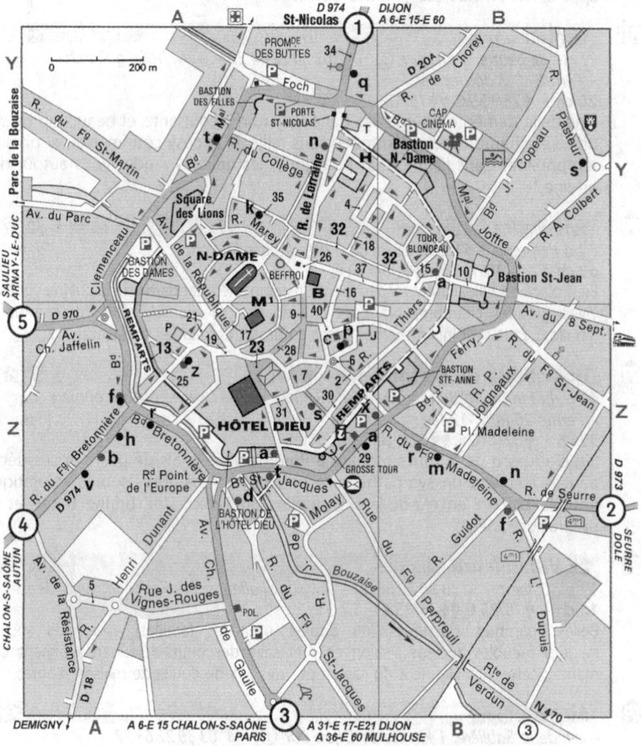

Belle Époque sans rest

15 r. du Faubourg-Bretonnière – ✆ 03 80 24 66 15 – www.hotel-belleepoque-beaune.com – Fermé 21-25 déc. Plan : AZ**h**

25 ch – 🚹106/119 € 🚹🚹106/119 € – 3 suites – ☕ 11 €

Cette maison ancienne a du cachet : verrière 1900, chambres classiques (vieilles poutres et boiseries, tentures, etc.) donnant sur la cour intérieure et bar au charme... rétro, évidemment !

La Cloche Ⓝ sans rest

40 r. Faubourg-Madeleine – ✆ 03 80 24 66 33 – www.hotel-lacloche-beaune.com – Fermé 21-25 déc. Plan : BZ**m**

34 ch – 🚹80/117 € 🚹🚹80/117 € – ☕ 11 €

Dans cet ancien relais de poste du 16e s., situé à deux pas des Hospices de Beaune, les chambres cultivent une délicieuse atmosphère rustique : mobilier en chêne, poutres apparentes... Et la plupart d'entre elles donnent sur la cour, côté jardin.

Hôtel de la Paix sans rest

45 r. du Faubourg-Madeleine – ✆ 03 80 24 78 08 – www.hotelpaix.com

40 ch – †78/175 € ††78/175 € – ☕ 15 € Plan : BZ**n**

Près du centre-ville, un hôtel familial en bordure de route. Les chambres, très bien insonorisées, sont pratiques, sobres et agréables, certaines avec poutres et pierres apparentes. Un établissement très bien tenu.

Grillon sans rest

21 rte de Seurre, 1 km par ② – ✆ 03 80 22 44 25 – www.hotel-grillon.fr – Fermé 1er-7 déc. et fév.

20 ch – †75/135 € ††75/135 € – ☕ 10 €

Une belle demeure bourgeoise dans un jardin japonisant... et beaucoup de sérénité. Les chambres, d'un entretien sans faille, sont cosy côté maison et ultracontemporaines dans l'annexe. Et pour jouer les grillons, rendez-vous autour de la piscine !

Ibis Styles Ⓝ sans rest

7 bd Perpreuil – ✆ 03 80 20 88 88 – http://ibisstyles.com Plan : BZ**a**

69 ch ☕ – †92/120 € ††98/150 €

Bien placé en ville, l'hôtel respecte en tous points les standards de la chaîne : couleurs vives, grandes chambres pratiques convenant à la clientèle d'affaires comme aux familles... Et le tarif inclut même l'accès au bassin de nage et au jacuzzi !

Hostellerie de Bretonnière sans rest

43 r. du Faubourg-Bretonnière – ✆ 03 80 22 15 77 – www.hotelbretonniere.com – Fermé 26 janv.-12 fév. Plan : AZ**v**

32 ch – †62/110 € ††62/110 € – ☕ 10 €

Situé au bord de la route menant à Pommard, ce relais de poste et ses dépendances cultivent un sympathique esprit motel : chambres sobres et pratiques, pour la plupart en rez-de-jardin, duplex familiaux... Une bonne tenue et des prix raisonnables !

La Villa Fleurie sans rest

19 pl. Colbert – ✆ 03 80 22 66 00 – www.lavillafleurie.fr – Fermé janv. Plan : BY**s**

10 ch – †75/85 € ††75/85 € – ☕ 9 €

Belles chambres classiques (ou duplex, pour les familles) avec, très souvent, de jolis meubles anciens ; salon cosy et salle des petits-déjeuners vraiment charmante : cette Villa Fleurie a du cachet et... des airs de douillette maison d'hôtes.

Alésia sans rest

4 av. de la Sablière, 1 km rte de Dijon par ① – ✆ 03 80 22 63 27 – www.perso.wanadoo.fr/hotel.alesia/ – Fermé 25 déc.- 1er janv.

16 ch – †65/95 € ††70/110 € – ☕ 10 €

C'est à une soixantaine de kilomètres d'ici qu'eut lieu le siège d'Alésia et la reddition gauloise... Mais cet hôtel familial et chaleureux, lui, ne capitule pas ! Des chambres très bien tenues, un service attentionné : une bonne solution budget.

Maison Fatien sans rest

17 r. Ste-Marguerite – ✆ 03 80 22 82 84 – www.maisonfatien.com Plan : AY**k**

4 ch ☕ – †235/295 € ††235/295 €

Mobilier chiné, cheminées, lustres de Murano, baignoires sur pieds... le luxe sans tapage, dans une belle bâtisse en pierre. Au petit-déjeuner, on savoure de bons produits du terroir et, pour la détente, visite du domaine viticole familial, location de vélos, etc. L'une des meilleures adresses de Beaune !

Les Jardins de Loïs sans rest

8 bd Bretonnière – ✆ 03 80 22 41 97 – www.jardinsdelois.com – Fermé en fév.

5 ch ☕ – †149 € ††189 € Plan : AZ**r**

Dans cette élégante propriété viticole (18e s.), les chambres sont spacieuses et charmantes, dans un bel esprit maison de famille (mobilier ancien, tapisseries...). Dehors, un grand jardin (presque un demi-hectare !) planté d'arbres fruitiers... Et l'on déguste avec bonheur les vins de la propriété.

XXX **Le Jardin des Remparts** (Christophe Bocquillon)
10 r. Hôtel-Dieu – ✆ 03 80 24 79 41 – www.le-jardin-des-remparts.com – Fermé 21-29 déc., mi-janv. à mi-fév., lundi sauf juil.-août et dim. Plan : AZ**a**
Menu 28 € (déj.), 49/89 € – Carte 80/100 €
Dans cette élégante villa bourgeoise des années 1930, au pied des remparts, le jeune chef, Christophe Bocquillon, signe une cuisine tout en netteté et saveurs, où les meilleurs produits de saison dévoilent des accords originaux. Aux beaux jours, sachez que la terrasse est l'une des plus prisées de Beaune !
➜ Langoustines croustillantes, crémeux de brocoli et bourgeons de cassis. Foie de veau à l'arachide. Tarte mousseuse à la noisette.

XXX **L'Écusson**
2 r. du Lieutenant-Dupuis – ✆ 03 80 24 03 82 – www.ecusson.fr – Fermé 17 fév.-13 mars, merc. et dim. Plan : BZ**f**
Formule 30 € – Menu 40/80 € – Carte 66/86 €
Un Écusson classique, aux couleurs de la gourmandise ! Le chef, passé par des maisons de renom, concocte une cuisine du marché fraîche, goûteuse et inspirée. En prime, la terrasse est agréable et la carte fait honneur aux beaux bourgognes.

XXX **Le Clos du Cèdre** – Hostellerie Le Cèdre
12 bd Mar.-Foch – ✆ 03 80 24 01 01 – www.lecedre-beaune.com – Fermé 6-28 janv. et le midi sauf dim. Plan : AY**t**
Menu 55/85 € – Carte 74/125 €
Une élégante maison de maître, cossue et pleine de cachet, dans un jardin verdoyant où l'on installe quelques tables l'été venu... Un cadre parfait pour un beau moment de gastronomie, dans la tradition française ! La technique du chef se dévoile dans des recettes fines et bien pensées, où les saveurs font mouche.
➜ Œuf cuit à 64 °C et crémeux d'asperge à la truffe. Langoustines en croûte de sésame, carottes en vinaigrette d'orange. Comme une tarte, pomme verte, cassis et sorbet cassis à la graine d'anis vert.

XX **Loiseau des Vignes**
31 r. Maufoux – ✆ 03 80 24 12 06 – www.bernard-loiseau.com – Fermé fév., dim. et lundi Plan : AZ**z**
Formule 20 € – Menu 28 € (déj.), 59/95 € – Carte 52/129 €
La griffe "Loiseau" (sous la houlette de la maison mère de Saulieu), une belle carte des vins – avec un choix rare de 70 vins au verre –, un lieu au cachet sûr (poutres, pierres) et surtout des assiettes pleines de caractère : une multitude d'atouts pour cette bonne table au cœur de la gastronomie bourguignonne !
➜ Œufs en meurette façon Bernard Loiseau. Quenelles de sandre façonnées à la cuillère, sauce crustacés au corail. Rose des sables Bernard Loiseau, glace pur chocolat noir et coulis d'orange confite.

XX **Le Bénaton** (Bruno Monnoir)
25 r. du Faubourg-Bretonnière – ✆ 03 80 22 00 26 – www.lebenaton.com – Fermé 20-31 août, 1er-15 déc., 1 semaine en fév., sam. midi d'avril à nov., jeudi sauf le soir d'avril à nov. et merc. Plan : AZ**b**
Menu 34 € (déj. en semaine), 55/90 € – Carte 70/100 €
Créativité bien maîtrisée, belles associations de saveurs, présentations originales, qualité irréprochable des produits utilisés... Voilà ce qui distingue cet agréable restaurant familial. Le cadre mêle élégamment bois et pierres apparentes, et sur l'arrière, une ravissante terrasse donne sur un jardin japonais.
➜ Tête de veau rôtie, grosses langoustines et son de moutarde. Pigeon de Bresse rôti au jus de mélilot. Mont-blanc revisité.

XX **Caveau des Arches**
10 bd Perpreuil – ✆ 03 80 22 10 37 – www.caveau-des-arches.com – Fermé 29 juil.-27 août, 20 déc.-15 janv., dim. et lundi Plan : ABZ**x**
Menu 25/48 € – Carte 36/60 €
Insolite, ce restaurant logé dans un caveau souterrain en pierre (18e s.) intégrant les soubassements d'un pont du 15e s. Dans une ambiance animée et conviviale, on fait son choix dans une carte traditionnelle, tout en dégustant l'un des nombreux bourgognes sortis de la cave... Une adresse qui a la cote !

XX **Bistro de l'Hôtel** – L'Hôtel

3 r. Samuel-Legay – ✆ 03 80 25 94 10 – www.lhoteldebeaune.com – Fermé 20 déc.-6 janv. et dim. midi Plan : AZ**p**

Formule 28 € – Menu 35 € (déj.)/40 € – Carte 36/87 €

Une élégante salle de style bistrot chic, au service d'une cuisine qui honore la tradition et les très beaux produits. Quant à la carte des vins, elle est élaborée avec soin par le patron – un vrai passionné !

XX **Auberge du Cheval Noir**

17 bd St-Jacques – ✆ 03 80 22 07 37 – www.restaurant-lechevalnoir.fr – Fermé 1er-14 mars, dim. soir de nov. à avril, mardi et merc. Plan : AZ**t**

Menu 22 € (déj. en semaine), 30/71 € 🍷 – Carte 34/61 €

Ne vous fiez pas à la façade un peu quelconque de cette maison : derrière, place à un restaurant épuré, intime et convivial tout à la fois. L'assiette, pile dans l'air du temps, s'y montre généreuse et pleine de fraîcheur. Et au sous-sol, un caveau voûté parfait pour les repas de groupe !

X **La Ciboulette**

69 r. de Lorraine – ✆ 03 80 24 70 72 – Fermé 4-20 août, 3-26 fév., lundi et mardi

Menu 20/36 € – Carte 29/55 € Plan : AY**n**

Près de la porte St-Nicolas, un petit restaurant traditionnel, dont la carte se mâtine de touches bourguignonnes. L'accueil est chaleureux, le décor frais et simple. Sympathique !

X **Bissoh**

1a r. du Faubourg-St-Jacques – ✆ 03 80 24 99 50 – www.bissoh.com – Fermé 1 semaine en juin, 3 semaines en janv., lundi et mardi Plan : AZ**d**

Menu 13 € (déj.), 37/78 € – Carte 18/37 €

Un restaurant tout simple, mais une cuisine nippone recherchée, authentique et vraiment soignée... Le plat vedette ? Le thon rossini préparé au teppanyaki ! Quant à la carte des vins, elle révèle la grande passion du chef et de sa femme – tous deux japonais – pour les jolis nectars et les bons sakés.

X **Le Comptoir des Tontons**

22 r. du Faubourg-Madeleine – ✆ 03 80 24 19 64 – www.lecomptoirdestontons.com – Fermé août, 1er-16 fév., dim. et lundi Plan : BZ**r**

Menu 29/42 €

Dans ce bistrot authentique, la patronne – une autodidacte passionnée – concocte des plats du marché avec de bons produits locaux, souvent bio. Une cuisine saine... et sincère ! Côté cave, de nombreux vins "nature". Le tout se dégustant dans une atmosphère conviviale, très "Tontons flingueurs" (affiches, photos).

X **Via Mokis** avec ch

1 r. Eugène Spüller – ✆ 03 80 26 80 80 – www.viamokis.com – Fermé 22-31 déc.

5 ch – †125/195 € ††135/215 € – ☕ 15 € Plan : BY**a**

Menu 24/49 € – Carte 40/58 € *(fermé le midi, dim. et lundi)*

Dans ce joli bistrot design, le propriétaire concocte une cuisine fraîche et savoureuse, inspirée par ses voyages. Côté hôtel : grandes chambres épurées, salles de bains dernier cri et minispa très insolite, pour un voyage... immobile !

X **Ma Cuisine**

passage Ste-Hélène – ✆ 03 80 22 30 22 – Fermé août, 24 déc.-1er janv., merc., sam. et dim. Plan : AZ**s**

Menu 28 € – Carte 36/68 € *(réservation conseillée)*

Un bistrot convivial, où tout tourne autour du vin... avec un choix hors pair de quelque 800 crus ! Pour ce qui est de la cuisine, on se sent comme à la maison : velouté d'asperges, suprême de volaille à la crème, gâteau aux amandes, etc. De bons plats traditionnels sans prétention, pour une étape pleine de sympathie.

X **Le Bistro** – Hôtel de la Poste

5 bd Clemenceau – ✆ 03 80 22 08 11 – www.poste.najeti.fr – Fermé mardi et le soir

Formule 20 € – Menu 27 € Plan : AZ**f**

Le Bistro de l'hôtel de la Poste ? Un beau décor rétro tout en noir et blanc, face à un jardin verdoyant (terrasse), des petits plats de tradition et des vins du cru. Une bonne option pour un agréable déjeuner.

à Savigny-lès-Beaune 7 km par ①, D 18 et D 2 – ✉ 21420 – 1 367 hab.

Le Hameau de Barboron sans rest
– ✆ *03 80 21 58 35 – www.hameau-barboron.com*
14 ch – 110/200 € 110/200 € – 15 €
Charmant si... on aime la campagne et le calme ! Au milieu d'une réserve de chasse de 450 hectares, de belles fermes fortifiées (16e s.) avec des chambres au cachet champêtre préservé.

La Cuverie
5 r. Chanoine-Donin – ✆ 03 80 21 50 03 – www.restaurantlacuverie.com – Fermé 26 août-1er sept., 22 déc.-12 janv., dim. soir, mardi soir et merc.
Formule 15 € – Menu 19 € (déj.), 36/45 € – Carte 33/54 €
Les propriétaires, jeunes et pleins d'allant, font souffler un vent de fraîcheur sur cette petite auberge rustique, à deux pas du château. En cuisine, monsieur remet au goût du jour de bons petits plats de la tradition bourguignonne, qui mettent en appétit.

à Pernand-Vergelesses 7 km au Nord par D18 – ✉ 21420 – 279 hab.

Le Charlemagne (Laurent Peugeot)
1 rte des Vergelesses – ✆ 03 80 21 51 45 – www.lecharlemagne.fr – Fermé mardi et merc.
Menu 31 € (déj. en semaine), 59/98 € – Carte 85/110 €
Une maison épurée, une terrasse face aux vignes dédiées à la production du corton-charlemagne : c'est dans ce lieu zen et contemporain que s'épanouit le chef, Laurent Peugeot. Il réalise une cuisine franco-japonaise inspirée – parfois novatrice ! – qui porte fièrement les marques de son parcours de cuisinier.
→ Foie gras de canard et thon rouge cru façon sushi et écume de soja. Ris de veau, rhubarbe, sureau et poivre de Tasmanie. Bakudan : ananas déstructuré.

Une bonne table sans se ruiner ? Repérez les Bib Gourmand.

rte de Dijon 4 km par ①

Ermitage de Corton
✉ 21200 Chorey-lès-Beaune – ✆ 03 80 22 05 28 – www.ermitagecorton.com – Fermé 14-28 déc. et fév.
9 ch – 136/220 € 136/330 € – 3 suites – 17 € – ½ P
Rest *Ermitage de Corton* – voir les restaurants ci-après
Une vaste auberge entre nationale et vignoble, avec sa piscine, ses chambres et suites spacieuses, mélange harmonieux de style ancien et de facture contemporaine. Une étape bien agréable – et gourmande – sur la route de Dijon.

Ermitage de Corton
✉ 21200 Chorey-lès-Beaune – ✆ 03 80 22 05 28 – www.ermitagecorton.com – Fermé 14-28 déc., fév. et merc. sauf le soir d'avril à oct.
Formule 24 € – Menu 27/73 € – Carte 52/103 €
Un établissement élégant au service d'une cuisine de saison et de beaux produits préparés avec soin ; on savoure ce moment dans un décor contemporain reposant, ou sur la terrasse donnant sur les vignes... Et l'on a même créé un petit espace bistrot en complément du restaurant !

à Aloxe-Corton 6 km par ① – ✉ 21420 – 158 hab.

Villa Louise sans rest
9 r. Franche – ✆ 03 80 26 46 70 – www.hotel-villa-louise.fr – Fermé 11 janv.-20 fév.
13 ch – 85/176 € 85/176 € – 16 €
Une belle demeure vigneronne du 17e s. avec sa piscine nichée dans le pigeonnier et son beau jardin se perdant dans les parcelles de Corton... L'ambiance est cosy à souhait, et les chambres, toutes différentes, dégagent un vrai charme !

à Ladoix-Serrigny 7 km par ① et D 974 – ✉ 21550 – 1 805 hab.

Les Terrasses de Corton avec ch

38-40 rte de Beaune – ☎ 03 80 26 42 37 – www.terrasses-de-corton.com – Fermé 1er-7 mars, 23 nov.-5 déc., 21-27 déc., 16 janv.-28 fév., dim. soir de nov. à mars, jeudi midi et merc.

10 ch – †60 € ††70/78 € – ☕ 10 € – ½ P Menu 26/48 € – Carte 31/54 €

Au cœur d'un petit village viticole, cette auberge familiale est bien attachante... Côté mets et breuvages, la carte affiche un ancrage régional évident, proposant du gibier en saison et mettant en valeur les appellations produites par les vignerons voisins. À l'étage, des chambres simples et bien tenues.

à Challanges 4 km par ② puis D 111 – ✉ 21200

Château de Challanges sans rest

478 r. des Templiers – ☎ 03 80 26 32 62 – www.chateaudechallanges.com

24 ch – †125/159 € ††125/159 € – 4 suites – ☕ 15 €

Cette gentilhommière de 1870 a un charme fou : classicisme, élégance châtelaine ou style néobaroque dans les chambres ; parc ravissant avec de jolies maisons en bois (idéales pour les familles). Et en été, on organise des vols en montgolfière...

à Levernois 5 km au Sud-Est par rte de Verdun-sur-le-Doubs, D 970 et D 111L - BZ – ✉ 21200 – 284 hab.

Hostellerie de Levernois

r. du Golf – ☎ 03 80 24 73 58 – www.levernois.com – Fermé 2 fév.-11 mars

25 ch – †140/450 € ††140/450 € – 1 suite – ☕ 22 €

Rest *Hostellerie de Levernois* ✿ **Rest *Le Bistrot du Bord de l'Eau*** – voir les restaurants ci-après

Le chant de la rivière qui traverse le parc, une élégante gentilhommière du 19e s. et ses dépendances, un bistrot au bord de l'eau et un très bon "gastro"... Quant aux chambres, elles mêlent avec beaucoup de finesse le contemporain et l'ancien. Tenue parfaite, fonctionnement excellent, avec du style et du caractère !

Golf Hôtel Colvert sans rest

23 r. du Golf – ☎ 03 80 24 78 20 – www.colvert-golf-hotel.com

24 ch – †100/135 € ††115/155 € – ☕ 14 €

Construction des années 1980 ouverte sur le golf, au calme. Les chambres, spacieuses et fonctionnelles, ont toutes un balcon côté green. Les plus : l'accueil sympathique et les séjours "œnologie".

Le Parc sans rest

13 r. du Golf – ☎ 03 80 24 63 00 – www.hotelleparc.fr – Fermé 2 fév.-11 mars

17 ch – †75/100 € ††75/100 € – ☕ 8,50 €

Quiétude champêtre ! Dans cette ferme du 18e s., couverte de lierre, les chambres sont classiques et douillettes, dans un style campagnard chic. Le beau parc, la cour fleurie... c'est plaisant, tout simplement.

Hostellerie de Levernois

r. du Golf – ☎ 03 80 24 73 58 – www.levernois.com – Fermé 2 fév.-11 mars, merc. de nov. à mars et le midi sauf dim. et fériés

Menu 68/103 € – Carte 93/118 €

Une cuisine de saison particulièrement raffinée, réalisée sur de belles bases classiques, dans un cadre à l'avenant : la maison est élégante (19e s.) ; la salle, contemporaine, donne sur le jardin à la française. Boutique et cave de dégustation.

→ Risotto acquerello au vert, cuisses de grenouilles et escargots de Bourgogne. Bœuf charolais en poitrine poivrée, sauce au pinot noir. Soufflé chaud au Grand Marnier, sorbet orange sanguine.

Le Bistrot du Bord de l'Eau – Hostellerie de Levernois

r. du Golf – ☎ 03 80 24 89 58 – www.levernois.com – Fermé 2 fév.-11 mars, le soir de nov. à mars sauf merc., mardi soir et merc. soir d'avril à oct., vend. et sam.

Formule 25 € – Menu 29 € (déj. en semaine), 34/38 €

Une belle âme rustique – des pierres, des poutres, une cheminée – pour une cuisine traditionnelle et des plats du terroir. Œufs façon meurette, poitrine de cochon, blanquette de veau, à déguster au coin du feu ou sur la terrasse, au bord de la rivière... Gourmand et appétissant !

La Garaudière

10 Grand'Rue – ☎ 03 80 22 47 70 – Fermé 1er déc. à mi-janv., sam. midi, mardi midi d'avril à nov., dim. de mi-janv. à fin mars et lundi
Menu 18 € (semaine), 24/37 € – Carte 32/52 €
Dans un petit village de la périphérie beaunoise, une grange reconvertie en auberge rustique et sympathique : grillades au feu de bois dans la cheminée monumentale – sous l'œil bienveillant des clients ! –, plats régionaux... Et l'été, on s'installe tranquillement sous la tonnelle.

à Meursanges 10 km au Sud-Est par D 111 – ✉ 21200 – 485 hab.

Charm'Attitude sans rest

2 r. du Gué – ☎ 03 80 26 53 27 – www.charmattitude.com – Fermé janv.
5 ch – 106/166 € 125/185 €
Pour se mettre au vert à 10 km du centre-ville de Beaune. Dans cette belle demeure viticole (1871), rien ne manque : parc verdoyant, salon avec cheminée et billard... Et de grandes chambres lumineuses avec pierres et poutres apparentes, où il fait bon poser ses valises pendant quelques jours.

à Montagny-lès-Beaune 3 km par ③ et D 113 – ✉ 21200 – 662 hab.

Le Clos sans rest

22 r. Gravières – ☎ 03 80 25 97 98 – www.hotelleclos.com – Fermé 23 nov.-20 janv.
25 ch – 99/160 € 99/160 € – 14 €
Dans cette belle propriété vigneronne (1779), le jardin est splendide, abondamment fleuri, et les chambres ont vraiment du cachet (meubles chinés, pierres et poutres). Dans une annexe, on en a même aménagé une autour d'un antique four à pain...

Adélie sans rest

r. des Gravières – ☎ 03 80 22 37 74 – www.hoteladelie.com – Fermé 5-20 janv.
18 ch – 68/85 € 79/87 € – 10 €
Près de la sortie de l'autoroute, un hôtel familial et son paisible jardin, avec piscine et aire de jeux pour les enfants. Les chambres sont fraîches et décorées avec des touches de couleur. Le choix idéal pour une agréable étape à petit budget !

à Pommard 4,5 km par ④ , N 74 et D 973 – ✉ 21630 – 525 hab.

Le Clos du Colombier sans rest

1 r. du Colombier – ☎ 03 80 22 00 27 – www.closducolombier.com – Fermé 20 déc.-20 janv.
12 ch – 118/215 € 118/215 € – 14 €
Une belle demeure de maître (1835) raffinée – beaux parquets et moulures, trumeaux, mobilier ancien – et pleine de personnalité. L'espace bien-être (jacuzzi, sauna) donne directement sur les vignes qui entourent la maison... Nota bene : pas de télé !

Christophe Quéant-Château de Pommard (Christophe Quéant)

17 r. Marey-Monge – ☎ 03 80 20 62 33 – www.christophe-queant.com – Fermé 22-29 déc. et vacances de fév.
Menu 35/75 € – Carte 60/86 €
Au sein de cette importante propriété viticole – qui abrite aussi une galerie d'art –, cette table soignée et fort savoureuse joue la carte d'un élégant classicisme, nullement figé. Le midi, on s'attable dans l'orangerie face aux vignobles ; le soir, dans les beaux salons du château (18e s.). Une certaine idée de la Bourgogne...
→ Œuf pailleté et friand à la florentine, escargots de Bourgogne. Côte de veau cuite au sautoir et gnocchis de pomme de terre à la sarriette. Baba au rhum, crème fouettée à la vanille Bourbon.

Auprès du Clocher

1 r. de Nackenheim – ☎ 03 80 22 21 79 – www.aupresduclocher.com – Fermé 24 déc.-1 er janv., mardi et merc.
Menu 25 € (déj.), 30/69 € – Carte 47/74 € *(réservation conseillée)*
Au cœur du village, ce restaurant contemporain donne sur... l'église ; c'est charmant, bien sûr, mais on vient et revient surtout pour la fine cuisine actuelle et les quelques recettes bourguignonnes du chef. De plus, la carte des vins met à l'honneur de nombreux vignobles des environs... Simple et agréable !

à Bouze-lès-Beaune 6,5 km par ⑤ et D 970 – ✉ 21200 – 333 hab.

La Bouzerotte

25 rte de Beaune – ✆ 03 80 26 01 37 – www.labouzerotte.com
– Fermé 23 déc.-4 janv., vacances de fév., lundi et mardi
Menu 25/58 € – Carte 40/64 € *(réservation conseillée)*
Une auberge de campagne à l'entrée d'un petit village. Ici, le chef fait lui-même son marché et prépare une cuisine régionale immuable et alléchante, ainsi que d'appétissants plats de saison... Comme ce menu truffe en été et en hiver !

BEAURECUEIL – 13 Bouches-du-Rhône ➜ voir Aix-en-Provence

BEAUREPAIRE

✉ 85500 (Vendée) – 2 185 hab. – **Voir carte n°34-B3**
Paris 371 km – Cholet 33 km – Nantes 59 km – La Roche-sur-Yon 51 km
Carte Michelin 316-J6

Château de la Richerie sans rest

4 km à l'Ouest et au Sud-Ouest par D 23 et D 37 – ✆ 02 51 07 06 06
– www.chateaularicherie.com – Fermé 15-30 déc.
14 ch – †60/70 € ††78/178 € – ☕ 12 €
Après trente ans passés en Afrique, les propriétaires ont élu domicile dans ce joli domaine, où bruisse une rivière... Leur petit château (1875) est fort paisible ; les chambres y sont élégantes et toutes différentes (mobilier de style, lits à baldaquin, souvenirs africains, etc.). Un havre de paix !

BEAUSOLEIL

✉ 06240 (Alpes-Maritimes) – 13 515 hab. – **Voir carte n°42-E2**
Paris 947 km – Monaco 4 km – Menton 11 km – Monte-Carlo 2 km
Carte Michelin 341-F5 – Guide Vert Michelin Côte d'Azur

Voir plan de Monaco (Principauté de).

Capitole sans rest

19 bd Gén.-Leclerc – ✆ 04 93 28 65 65 – www.hotel-capitole.fr Plan : DX**t**
19 ch – †105/126 € ††129/152 € – ☕ 11 €
Monaco se trouve sur... le trottoir d'en face ! Avec ses tarifs raisonnables – pour la Riviera –, cet hôtel constitue une bonne option pour découvrir la principauté. Derrière sa jolie façade rose (1906), on découvre des chambres classiques, chaleureuses et soigneusement tenues.

Olympia sans rest

17 bis bd Gén.-Leclerc – ✆ 04 93 78 12 70 – www.olympiahotel.fr Plan : DX**t**
32 ch – †85/160 € ††85/160 € – 1 suite – ☕ 10 €
Sur le boulevard du Général-Leclerc – qui marque la frontière franco-monégasque –, ce bel immeuble en pierre de taille abrite des chambres fonctionnelles et bien insonorisées. À noter : le parking public situé à deux pas est très pratique.

BEAUVAIS

✉ 60000 (Oise) – 54 711 hab. – Agglo. 58 371 hab. – **Voir carte n°36-B2**
Paris 87 km – Amiens 63 km – Boulogne-sur-Mer 182 km – Compiègne 60 km
Carte Michelin 305-D4

Hostellerie St-Vincent

241 r. de Clermont, 3 km par ③ (Espace St-Germain) – ✆ 03 44 05 49 99
– www.stvincent-beauvais.com
79 ch – †81/105 € ††81/105 € – 1 suite – ☕ 12 € – ½ P
Rest – Formule 13 € – Menu 19/38 € – Carte 25/44 €
À proximité de l'autoroute, voilà un hôtel fonctionnel avec des chambres bien tenues (de style contemporain dans la partie récente). Une adresse pratique pour prendre l'avion à Beauvais, par exemple.

BEAUVAIS

Beauregard (R.) 2
Brière (Bd J.) 3
Carnot (R.) ....
Clemenceau (Pl.) 4
Dr-Gérard (R.) 5
Dr-Lamotte (Bd du) 6
Dreux (R. Ph. de) 7
Gambetta ....
Grenier-à-Sel (R.) 8
Guéhengnies (R. de) 9
Hachette (Pl. J.) 10
Halles (Pl. des) 12
Leclerc (R. Mar.) 13
Lignières (R. J. de) 15
Loisel (Bd A.) 16
Malherbe (R. de) 18
Nully-d'Hécourt (R.) 19
République (Av. de la) 20
St-André (Bd) 22
St-Laurent (R.) 23
St-Pierre (R.) 24
Scellier (Cours) 27
Taillerie (R. de la) 29
Tapisserie (R. de la) 30
Villiers-de-l'Isle-Adam (R.) 35
Vincent-de-Beauvais (R.) 26
Watrin (R. du Gén.) 36
27-Juin (R. du) 38

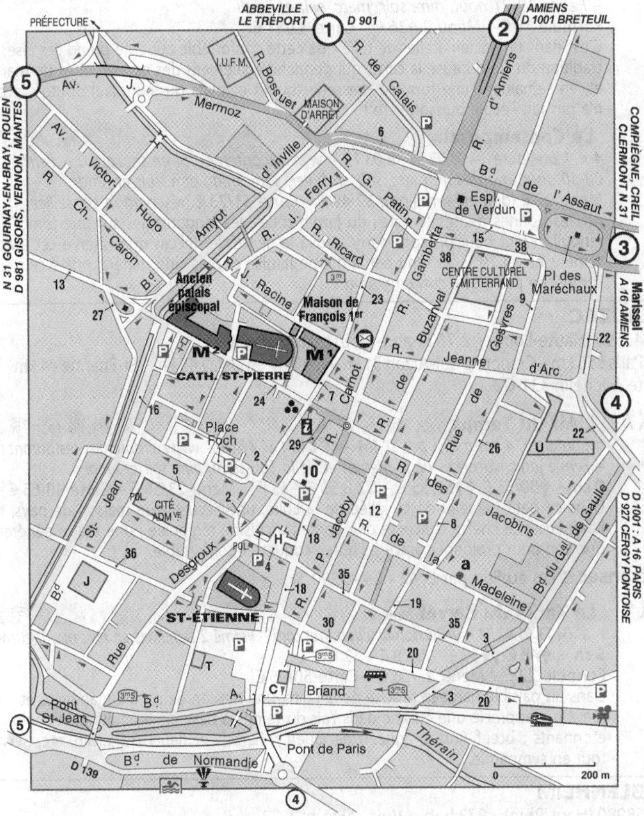

La Baie d'Halong

49 r. de la Madeleine – ✆ 03 44 45 39 83 – Fermé 20 avril-8 mai, 20 juil.-18 août, 22 déc.-6 janv., sam. midi, dim. et lundi **a**

Formule 19 € – Menu 25 € (semaine), 31/39 € *(réservation conseillée)*

Fermez les yeux, vous êtes en Asie. Dans ce restaurant, le chef prépare une excellente cuisine vietnamienne alliant bons produits frais et savants dosages d'épices. Attention, l'adresse fait souvent salle comble le soir, d'autant que l'accueil, d'une gentillesse exquise, invite à prendre des habitudes...

à l'Est 5 km par ④, D 1001 (direction Paris)

Mercure

21 av. de Montaigne – ✆ 03 44 02 80 80 – www.mercure.com

60 ch – 101/119 € 110/129 € – 16 € **Rest** – Menu 27 € – Carte 25/45 €

Dans une zone commerçante, ce bâtiment des années 1970 abrite des chambres spacieuses, contemporaines et bien insonorisées. Restauration traditionnelle.

BEAUVOIS-EN-CAMBRÉSIS

✉ 59157 (Nord) – 2 143 hab. – Voir carte n°**31**-C3
Paris 190 km – Arras 48 km – Cambrai 12 km – St-Quentin 40 km
Carte Michelin 302-I7

XX La Buissonnière

92 r. Victor-Watremez – ✆ 03 27 85 29 97 – www.la.buissonniere.neuf.net – Fermé 1er-21 août, dim. soir, merc. soir et lundi
Formule 18 € – Menu 22/36 € – Carte 32/51 €
C'est dans un ancien atelier de tulle que cette confortable auberge prend ses aises. La tradition du Nord infuse la carte, qui s'enrichit également des opportunités du marché et, en semaine, d'une formule brasserie (buffet et plats du jour). Nul doute : le chef n'a pas fait l'école buissonnière !

X Le Contemporain

4 r. Jean-Jaurès – ✆ 03 27 76 03 17 – www.lecontemporainrestaurant.fr – Fermé 20-30 août, mardi soir, merc. soir en hiver, sam. midi, dim. soir et lundi
Menu 27 € (déj. en semaine), 39/49 € – Carte 51/73 € *(réservation conseillée)*
Ah, les bonnes petites tomates du jardin rôties, les langoustines sur une tombée de fenouil et leur bouillon coco curry... Voilà le genre de délices que réserve cet établissement né au 19e s. et tenu par la même famille depuis cinq générations – ce qui ne l'empêche pas d'être contemporain !

BEAUZAC

✉ 43590 (Haute-Loire) – 2 762 hab. – Voir carte n°**6**-C3
Paris 556 km – Craponne-sur-Arzon 31 km – Le Puy-en-Velay 45 km – St-Étienne 44 km
Carte Michelin 331-G2

XX L'Air du Temps avec ch

rest, rest,

à Confolent, 4 km à l'Est par D 461 – ✆ 04 71 61 49 05 – www.airdutemps-restaurant.fr – Fermé janv., vacances de printemps et de la Toussaint, dim. soir et lundi
8 ch – †50/55 € ††50/55 € – ☕ 8,50 € – ½ P Menu 23/56 € – Carte 40/65 €
Dans ce petit hameau de la vallée de la Loire, une accueillante maison de pays, très lumineuse. La chef y concocte une copieuse cuisine régionale ; une étape généreuse que l'on peut prolonger grâce à l'hôtel, coquet et confortable.

à Bransac 3 km au Sud par D 42 – ✉ 43590

XX La Table du Barret avec ch

– ✆ 04 71 61 47 74 – www.domainedubarret.com – Fermé 2 semaines en fév., mardi et merc.
5 ch – †48 € ††58 € – ☕ 8 € – ½ P
Formule 22 € – Menu 27/86 € – Carte 50/96 €
Dans un paisible hameau proche de la Loire, une maison de pays engageante et colorée. On y apprécie une cuisine dans l'air du temps à base de produits bien choisis ou étonnants : bœuf Angus, agneau de Quercy, herbes et fleurs du jardin, etc. Service tout en sympathie.

BEBLENHEIM

✉ 68980 (Haut-Rhin) – 973 hab. – Voir carte n°**2**-C2
Paris 444 km – Colmar 11 km – Gérardmer 55 km – Ribeauvillé 5 km
Carte Michelin 315-H8

Le Clos des Raisins sans rest

5 r. des Raisins – ✆ 03 89 79 45 11 – www.clos-des-raisins.com – Fermé 6 janv.-10 mars
4 ch ☕ – †120/135 € ††120/155 €
On a du mal à croire que cette ancienne ferme vigneronne date de 1722 tant elle est pimpante... Normal, elle a été entièrement rénovée il y a quelques années. Les chambres sont élégantes et fonctionnelles, avec un petit côté rustique ; autre avantage, on est au calme et tout près du centre du village !

X Auberge Le Bouc Bleu

2 r. du 5-Décembre – ✆ 03 89 47 88 21 – Fermé merc., jeudi et le midi sauf mardi et dim.
Menu 29/45 € *(réservation conseillée)*
Livres et objets anciens donnent un air de brocante à ce petit restaurant campagnard situé non loin de l'église. L'endroit est tenu par un couple sympathique, qui travaille en famille et met en avant les bons produits du marché. Quant à la carte des vins, elle fait carrément le tour de France !

LE BEC-HELLOUIN

✉ 27800 (Eure) – 419 hab. – **Voir carte n°33-C2**

▶ Paris 153 km – Bernay 22 km – Évreux 46 km – Lisieux 46 km

Carte Michelin 304-E6 – Guide Vert Michelin Normandie Vallée de la Seine

Auberge de l'Abbaye

ch,

12 pl. Guillaume-le-Conquérant – ✆ 02 32 44 86 02 – www.hotelbechellouin.com – Fermé 15 déc.-25 janv.

12 ch – †60/135 € ††60/135 € – ☕ 12 € – ½ P

Rest – Formule 15 € – Menu 29/47 € – Carte 41/87 € *(fermé mardi midi et lundi)*

À deux pas de la célèbre abbaye, cette vénérable auberge en colombages accueille les voyageurs depuis 350 ans ! Âme normande et mobilier rustique cohabitent avec des teintes et des équipements contemporains, et l'on peut profiter de l'espace bien-être et du restaurant traditionnel. Parfait pour un séjour dans la région.

BÉDARIEUX

✉ 34600 (Hérault) – 6 453 hab. – **Voir carte n°22-B2**

▶ Paris 723 km – Béziers 34 km – Lodève 29 km – Montpellier 70 km

Carte Michelin 339-D7

La Forge

P

22 av. de l'Abbé-Tarroux – ✆ 04 67 95 13 13 – www.restaurantlaforgebedarieux.fr – Fermé 22-30 déc., 20 janv.-13 fév., dim. soir, merc. soir sauf juil.-août et lundi

Menu 17/36 € – Carte 42/51 €

Les assiettes ont remplacé les chevaux et l'enclume dans cette ancienne écurie devenue une forge, avant d'être transformée en restaurant ! Sous les hautes voûtes en pierre du 17e s., les gourmands dégustent une bonne cuisine du terroir. En été, on y apprécie la fraîcheur. Prix raisonnables.

à Hérépian 6 km au Sud-Est par D 908 – ✉ 34600 – 1 474 hab.

Le Couvent d'Hérépian sans rest

P

2 r. du Couvent – ✆ 04 67 23 36 30 – www.hotesdefrance.com

7 ch – †133/308 € ††133/308 € – 6 suites – ☕ 12 €

Esprit et élégance. Au cœur du village, ce couvent du 17e s. allie charme de l'ancien et confort haut de gamme (tons doux, beaux tissus, équipements high-tech). Idéal pour une romance...

L'Ocre Rouge avec ch

ch,

12 pl. de la Croix – ✆ 04 67 95 06 93 – www.locrerouge.fr – Fermé 15 déc.-15 janv., mardi midi et merc. midi hors saison, mardi soir de la Toussaint à mi-fév., dim. soir et lundi

5 ch ☕ – †61/84 € ††67/92 €

Formule 19 € 🍷 – Menu 26 € (semaine), 33/46 € – Carte environ 52 €

Un relais de poste à la façade... ocre rouge. Sous les voûtes des anciennes écuries ou dans la cour intérieure, on apprécie une cuisine de saison où dominent les produits frais et locaux. Quelques jolies chambres sous les toits.

BÉDOIN

✉ 84410 (Vaucluse) – 3 207 hab. – **Voir carte n°42-E1**

▶ Paris 692 km – Avignon 43 km – Carpentras 16 km – Nyons 36 km

Carte Michelin 332-E9 – Guide Vert Michelin Provence

Hôtel des Pins

ch, AC rest, P

171 chemin des Crans, 1 km à l'Est par rte secondaire – ✆ 04 90 65 92 92 – www.hoteldespins.net – Ouvert de mi-mars à mi-nov.

26 ch – †80/115 € ††80/115 € – ☕ 11 € – ½ P

Rest – Menu 28/40 € – Carte 33/63 € *(fermé le midi en semaine)*

Au milieu d'une pinède, ce grand mas abrite de jolies chambres de style provençal, toutes différentes, et une très grande suite avec terrasse privative. Piscine et pièce d'eau. Au restaurant ou en pleine nature, on déguste une cuisine du marché aux accents du Sud.

rte du Mont-Ventoux 6 km à l'Est

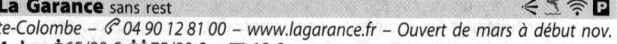

XX **Le Mas des Vignes**
au virage de St-Estève – ✆ 04 90 65 63 91 – Ouvert d'avril à sept. et fermé le midi en juil.-août sauf dim. et fériés, mardi midi et lundi de sept. à juin
Menu 38/50 €
Dans ce joli mas, le chef travaille de bons produits frais et concocte une cuisine régionale fort sympathique... Et en terrasse, la vue sur la Provence est magnifique !

à Ste-Colombe 4 km à l'Est par rte du Mont-Ventoux – ✉ 84410

La Garance sans rest
Ste-Colombe – ✆ 04 90 12 81 00 – www.lagarance.fr – Ouvert de mars à début nov.
14 ch – 🚹65/90 € 🚹🚹75/90 € – ☕ 12 €
Le Ventoux pour toile de fond, dans un hameau entre vignes et vergers... Cette ancienne ferme, simple mais bien tenue, est prisée des randonneurs. Chambres avec terrasse.

BÉHEN

✉ 80870 (Somme) – 456 hab. – **Voir carte n°36-A1**
Paris 195 km – Amiens 77 km – Abbeville 19 km – Berck 59 km
Carte Michelin 301-D7

Château de Béhen
8 r. du Château – ✆ 03 22 31 58 30 – www.chateau-de-behen.com
7 ch ☕ – 🚹113/136 € 🚹🚹123/146 € **Table d'hôte** – Menu 42 € 🍷/52 € 🍷
Vivez la vie de château dans ce bel édifice du 18e s. au cœur d'un parc verdoyant. Belles boiseries, mobilier de style et chambres de caractère (mansardées au 2e étage). À la table d'hôtes, recettes traditionnelles servies dans la salle à manger classique.

BELCASTEL

✉ 12390 (Aveyron) – 226 hab. – **Voir carte n°29-C1**
Paris 623 km – Decazeville 28 km – Rodez 25 km – Villefranche-de-Rouergue 36 km
Carte Michelin 338-G4

XX **Vieux Pont** (Nicole Fagegaltier et Bruno Rouquier) avec ch

– ✆ 05 65 64 52 29 – www.hotelbelcastel.com
– Fermé 2 janv.-18 mars, 1er-5 juil., dim. soir sauf juil.-août, mardi midi et lundi
7 ch – 🚹90/100 € 🚹🚹105/110 € – ☕ 14 €
Menu 30 € (déj. en semaine), 50/80 € – Carte 53/86 € *(réservation conseillée)*
Dans ce ravissant village au bord de l'Aveyron, un vieux pont de pierre du 15e s. relie l'hôtel et son restaurant, au cadre moderne et élégant. Les beaux produits de la région y sont préparés avec un véritable sens de l'harmonie ! Une adresse de qualité où il fait également bon passer la nuit. ➜ Ris d'agneau poêlé, oseille du jardin, beurre noisette et fleur de ciboulette. Poitrine de pigeon à l'huile de sarriette et fruits secs, les cuisses croustillantes. Tarte au citron et sorbet citronnelle.

BÉLESTA

✉ 66720 (Pyrénées-Orientales) – 221 hab. – **Voir carte n°22-B3**
Paris 877 km – Canillo 134 km – Montpellier 181 km – Perpignan 30 km
Carte Michelin 344-G6

Riberach
2A rte de Caladroy – ✆ 04 68 50 30 10 – www.riberach.com – Fermé 2 janv.-12 fév.
18 ch – 🚹130/245 € 🚹🚹130/245 € – 1 suite – ☕ 18 €
Rest *La Coopérative* ✿ – voir les restaurants ci-après
Au pied du château médiéval, l'ancienne coopérative viticole s'est muée en hôtel de charme. Matériaux bruts, terrasses privatives : les chambres sont zen, design... avec vue sur les vignes. La piscine, filtrée naturellement, est ravissante.

XX **La Coopérative** – Hôtel Riberach
2A rte de Caladroy – ✆ 04 68 50 30 10 – www.riberach.com – Fermé 2 janv.-12 fév.
Menu 33/74 € – Carte 64/75 €
Cet ancien chai a conservé sa charpente métallique : l'endroit, très spacieux et confortable, a un charme fou ! Côté assiette, le chef nous régale avec des plats très inventifs, pleins de saveurs, faisant la part belle aux produits de saison... et sans renier le plaisir de la tradition, tel un délicieux pâté en croûte. ➜ Pâté en croûte de lièvre de petite chasse, condiment roubaillou et écume de raifort. Quasi de veau des Pyrénées catalanes, polenta aux cèpes et oignons doux. Chocovore, grand cru altara.

BELFORT

✉ 90000 (Territoire de Belfort) – 50 078 hab. – Agglo. 80 859 hab. – **Voir carte n°17-C1**
▶ Paris 422 km – Basel 78 km – Besançon 93 km – Épinal 95 km
Carte Michelin 315-F11 – Guide Vert Michelin Franche-Comté Jura

Novotel Atria
av. Espérance, (au centre des Congrès) – ✆ 03 84 58 85 00 – www.accorhotels.com
78 ch – †129/174 € ††129/174 € – 1 suite – ☕ 15 € Plan : Y**u**
Rest – Formule 13 € – Menu 17 € – Carte 22/47 €
Intégré au centre des congrès, un hôtel très moderne, à la fois fonctionnel et confortable (particulièrement les chambres "Executive"). Novotel Café.

Boréal sans rest
2 r. Comte-de-la-Suze – ✆ 03 84 22 32 32 – www.hotelboreal.com – Fermé 22 déc.-5 janv. Plan : Z**r**
50 ch – †69/125 € ††69/125 € – 2 suites – ☕ 11 €
Dans une rue résidentielle entre la gare SNCF et le centre-ville, un établissement bienvenu pour la clientèle d'affaires comme pour les touristes. Atmosphère contemporaine, accueil prévenant, entretien soigné : une bonne adresse.

Grand Hôtel du Tonneau d'Or sans rest
1 r. Reiset – ✆ 03 84 58 57 56 – www.tonneaudor.fr Plan : Y**e**
52 ch – †82/129 € ††82/133 € – ☕ 14 €
Sa haute et longue façade (1907) ne manque pas de superbe, son hall transporte à la Belle Époque (escalier monumental, vitraux) : de prime abord, cet établissement a tout du grand hôtel d'antan. Point de nostalgie dans les chambres cependant, très fonctionnelles, spacieuses et parfaitement tenues.

Les Capucins
20 fg de Montbéliard – ✆ 03 84 28 04 60 – www.capucins-hotel.fr Plan : Z**n**
37 ch – †64/85 € ††75/95 € – ☕ 8,50 € – ½ P
Rest *Les Capucins* – voir les restaurants ci-après
Accueil sympathique dans cet hôtel-restaurant du centre-ville, tenu par un jeune couple. Son projet : rénover toutes les chambres dans un style sobre et moderne ; pour l'heure, la plupart restent traditionnelles – mais bien tenues.

Vauban sans rest
4 r. du Magasin – ✆ 03 84 21 59 37 – www.hotel-vauban.com – Fermé vacances de Noël et dim. soir Plan : Y**h**
14 ch – †65 € ††70/80 € – ☕ 8,50 €
Cette charmante affaire familiale tient autant de l'hôtel que de la maison d'hôtes. Les chambres sont de celles qu'on réserve à des amis : chacune différente, toutes douillettes et ornées de tableaux peints par le patron, artiste à ses heures... Avec en prime un paisible jardin ombragé et bordé par la Savoureuse.

XX **Le Pot au Feu**
27 bis Grand'rue – ✆ 03 84 28 57 84 – www.lepotaufeu.fr – Fermé 11-17 août, 1er-5 janv., sam. midi, lundi midi et dim. Plan : Y**s**
Formule 14 € – Menu 20 € (déj.), 30/57 € – Carte 35/65 €
Dans l'une des plus jolies rues de la vieille ville, au pied de la citadelle, un restaurant pittoresque, installé dans une belle cave tout en pierre, assez romantique le soir venu. Au menu, des recettes au goût d'autrefois, tels le pot-au-feu au foie gras et le baeckeofe, spécialités de la patronne.

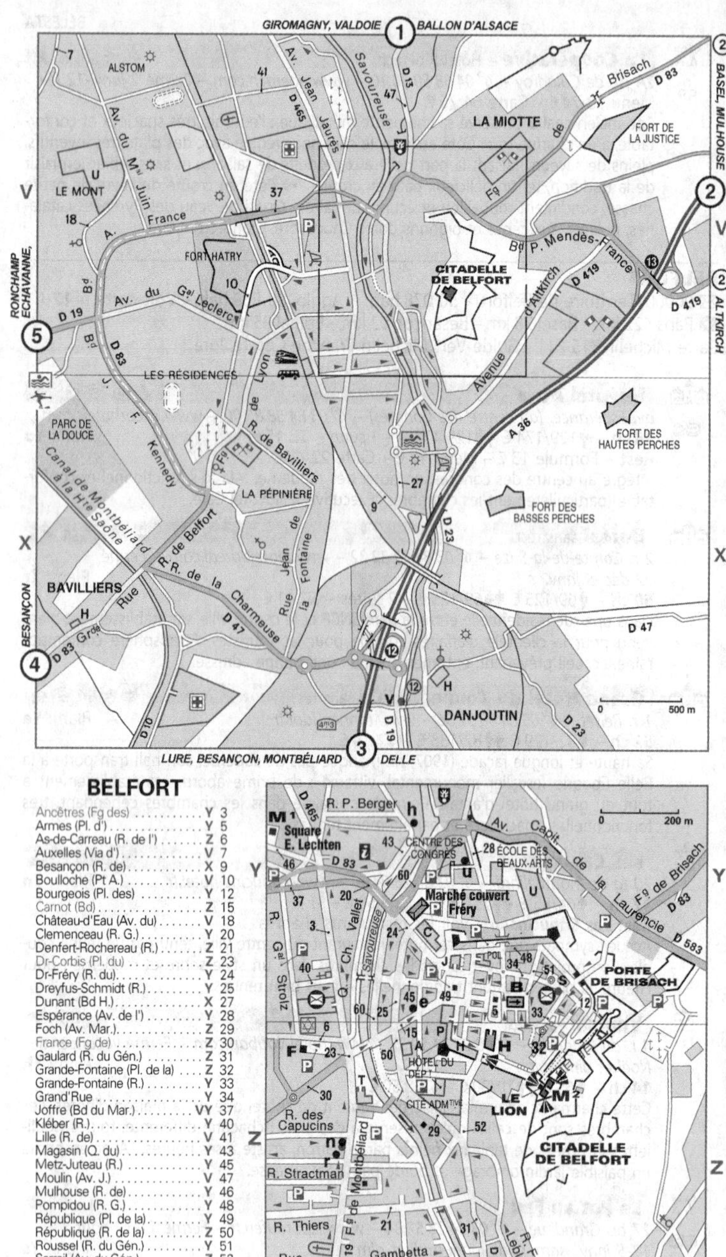

GIROMAGNY, VALDOIE
BALLON D'ALSACE
BASEL, MULHOUSE
ALTKIRCH
RONCHAMP ECHAVANNE,
BESANÇON
LURE, BESANÇON, MONTBÉLIARD
DELLE
ALSTOM
LE MONT
LA MIOTTE
FORT DE LA JUSTICE
FORT HATRY
CITADELLE DE BELFORT
LES RÉSIDENCES
PARC DE LA DOUCE
LA PÉPINIÈRE
FORT DES HAUTES PERCHES
FORT DES BASSES PERCHES
BAVILLIERS
DANJOUTIN
Canal de Montbéliard à la Hte Saône
Av. du Mal Juin
Av. Jean Jaurès
Savoureuse
Fg de Brisach
Bd P. Mendès-France
Avenue d'Altkirch
Av. du Gal Leclerc
Bd J. F. Kennedy
R. de Lyon
R. de Bavilliers
Rue Jean de la Fontaine
R. de Belfort
R. de la Charmeuse
Rue Grde
0
500 m
BELFORT
Ancêtres (Fg des) . . . . Y 3
Armes (Pl. d') . . . . Y 5
As-de-Carreau (R. de l') . . . . Z 6
Auxelles (Via d') . . . . V 7
Besançon (R. de) . . . . X 9
Boulloche (Pt A.) . . . . V 10
Bourgeois (Pl. des) . . . . Y 12
Carnot (Bd) . . . . Z 15
Château-d'Eau (Av. du) . . . . V 18
Clemenceau (R. G.) . . . . Y 20
Denfert-Rochereau (R.) . . . . Z 21
Dr-Corbis (Pl. du) . . . . Z 23
Dr-Fréry (R. du) . . . . Y 24
Dreyfus-Schmidt (R.) . . . . Y 25
Dunant (Bd H.) . . . . X 27
Espérance (Av. de l') . . . . Y 28
Foch (Av. Mar.) . . . . Z 29
France (Fg de) . . . . Z 30
Gaulard (R. du Gén.) . . . . Z 31
Grande-Fontaine (Pl. de la) . . . . Z 32
Grande-Fontaine (R.) . . . . Y 33
Grand'Rue . . . . Y 34
Joffre (Bd du Mar.) . . . . VY 37
Kléber (R.) . . . . Y 40
Lille (R. de) . . . . V 41
Magasin (Q. du) . . . . Y 43
Metz-Juteau (R.) . . . . Y 45
Moulin (Av. J.) . . . . V 47
Mulhouse (R. de) . . . . Y 46
Pompidou (R. G.) . . . . Y 48
République (Pl. de la) . . . . Y 49
République (R. de la) . . . . Z 50
Roussel (R. du Gén.) . . . . Y 51
Sarrail (Av. du Gén.) . . . . Z 52
Vauban (Q.) . . . . Y 60
R. P. Berger
Square E. Lechten
CENTRE DES CONGRÈS
ÉCOLE DES BEAUX-ARTS
Av. Capit. de la Laurencie
Fg de Brisach
Marché couvert Fréry
PORTE DE BRISACH
HÔTEL DU DÉPT
CITÉ ADMTIVE
LE LION
CITADELLE DE BELFORT
R. Gal Strolz
Ch. Vallet
R. des Capucins
R. Stractman
R. Thiers
Rue Gambetta
Fg de Montbéliard
R. F. Lebleu
0
200 m

Les Capucins – Hôtel Les Capucins
20 fg de Montbéliard – ✆ 03 84 28 04 60 – www.capucins-hotel.fr – Fermé 3 semaines en août, vacances de Noël, sam., dim. et fériés Plan : Z**n**
Menu 17 € (déj.), 30/39 € – Carte 35/63 €
Filet de sandre aux baies de cassis, médaillon de lotte à la crème d'oursin, carpaccio d'ananas au gingembre et à la cardamome, etc. Le bréviaire gourmand de ces Capucins, au décor classique et élégant, a conquis nombre d'adeptes dans la région !

à Danjoutin 3 km au Sud – ✉ 90400 – 3 486 hab.

Le Pot d'Étain (Philippe Zeiger)
4 av. de la République – ✆ 03 84 28 31 95 – www.lepotdetain90.fr – Fermé 1 semaine en mai, 2 semaines en juil., 1 semaine en janv., sam. midi, dim. soir et lundi
Menu 35 € 🍷 (déj. en semaine), 54/85 € – Carte 80/101 € Plan : X**v**
(réservation conseillée)
Une vraie maison particulière à la sortie de Belfort, où il fait bon s'attabler pour un moment de belle gastronomie. Le chef maîtrise son art, signant une cuisine très précise, osant des mariages de saveurs inédits (terre/mer par exemple), revisitant les classiques avec brio (au dessert notamment). Très séduisant.
➜ Carpaccio de langoustines, sauce vierge aux févettes et citron main de bouddha. Selle d'agneau rôtie au sautoir, sauce anchoïade et gnocchis de pomme de terre multicolores. Tarte au citron revue et corrigée.

à Sevenans 7 km au Sud par D 19 – ✉ 90400 – 718 hab.

Auberge de la Tour Penchée (François Duthey)
2 r. de Delle – ✆ 03 84 56 06 52 – www.latourpenchee.com – Fermé 1er-6 mars, 10-19 août, 23-28 fév., sam. midi, dim. soir et lundi
Menu 25 € (déj. en semaine), 53/80 € – Carte 67/121 € *(réservation conseillée)*
Une petite maison toute bleue, au décor délicieusement baroque : déluge de tissus de soie, de lustres à pendeloques, d'angelots peints, de miroirs vénitiens, etc. Beaucoup de chaleur pour déguster les créations d'un chef amoureux du produit. Autour de l'essentiel, ses assiettes révèlent des saveurs très justes.
➜ Déclinaison de foie gras. Turbot de pêche. Chocolat en chaud et froid.

BELGENTIER

✉ 83210 (Var) – 2 424 hab. – **Voir carte n°41-C3**
Paris 826 km – Draguignan 71 km – Marseille 62 km – Toulon 23 km
Carte Michelin 340-L6

Le Moulin du Gapeau
pl. Edouard-Granet – ✆ 04 94 48 98 68 – www.moulin-du-gapeau.fr – Fermé 15-30 mars, 15-30 nov., lundi midi en juil.-août, dim. soir, jeudi soir sauf juil.-août et merc.
Menu 31/87 € – Carte 48/81 €
Dans un moulin à huile du 17e s., avec de vieilles meules en décor. Ici, la cuisine est une histoire de famille : père et fils signent une cuisine savoureuse, à l'accent du Sud.

BELGODÈRE – 2B Haute-Corse ➜ voir Corse

BELLAC

✉ 87300 (Haute-Vienne) – 4 317 hab. – **Voir carte n°24-B1**
Paris 379 km – Guéret 74 km – Limoges 45 km – Poitiers 82 km
Carte Michelin 325-D4

Le Central Hôtel Ⓝ ch,
7 av. Denfert-Rochereau – ✆ 05 55 68 00 43 – www.centralhotel-restaurantlimousin.fr – Fermé 22 fév.-10 mars, 1 semaine en juil., dim. soir et lundi
15 ch – †59/95 € ††59/95 € – ☕ 8 € – ½ P
Rest – Formule 14 € – Menu 26 € (déj. en semaine)/37 € – Carte 40/55 €
Pratique, cet établissement situé dans la rue principale de Bellac. Les chambres, simples mais impeccablement tenues, sont peu à peu rénovées ; préférez donc les plus récentes. Cuisine traditionnelle au restaurant.

BELLE-ÉGLISE

✉ 60540 (Oise) – 585 hab. – **Voir carte n°36-B3**
Paris 53 km – Beauvais 32 km – Compiègne 64 km – Pontoise 29 km
Carte Michelin 305-E5

XXX **La Grange de Belle-Église** (Marc Duval)
28 bd René-Aimé-Lagabrielle – ✆ 03 44 08 49 00 – www.lagrangedebelleeglise.fr – Fermé 4-24 août, 17 fév.-2 mars, dim. soir, mardi midi et lundi
Menu 26 € (déj. en semaine), 43 € 🍷/84 € – Carte 100/160 €
Des mets soignés et savoureux, des produits nobles de grande qualité, une belle cave de bordeaux et de champagnes : la bonne chère revêt ici ses plus beaux atours classiques. Et le cadre ne manque pas de charmer : feutrée et élégante, la salle ouvre en partie sur un joli jardin...
→ Langoustines cuites en coques, condiment au curcuma frais. Homard bleu rôti, primeur de petits pois. Framboises en robe de dame guimauve.

BELLEGARDE

✉ 45270 (Loiret) – 1 759 hab. – **Voir carte n°12-C2**
Paris 110 km – Gien 41 km – Montargis 24 km – Nemours 41 km
Carte Michelin 318-L4 – Guide Vert Michelin Châteaux de la Loire

à Montliard 7 km au Nord-Ouest par D 44 – ✉ 45340 – 224 hab.

Château de Montliard sans rest
5 rte de Nesploy – ✆ 02 38 33 71 40 – www.chateau-de-montliard.com – Ouvert de Pâques à la Toussaint
4 ch – 70/105 € 75/110 €
Ce château ceint de douves vous fera voyager dans le temps ! Bel intérieur historique (escalier à vis, murs épais, vitraux). Chambres sobrement meublées, l'une avec cheminée.

BELLEGARDE-SUR-VALSERINE

✉ 01200 (Ain) – 11 790 hab. – **Voir carte n°45-C1**
Paris 497 km – Annecy 43 km – Bourg-en-Bresse 73 km – Genève 43 km
Carte Michelin 328-H4 – Guide Vert Michelin Franche-Comté Jura

à Lancrans 3 km au Nord par D 1084 et D 991 – ✉ 01200 – 1 052 hab.

Le Sorgia
39 Gde-Rue – ✆ 04 50 48 15 81 – Fermé 15 août-9 sept., 24 déc.-18 janv., dim. et lundi
17 ch – 63/67 € 63/67 € – 10 € – ½ P
Rest *Le Sorgia* – voir les restaurants ci-après
Au cœur du village, la même famille reçoit les visiteurs dans son auberge depuis 1890. Les chambres y sont fonctionnelles et bien tenues. Une bonne adresse pour les amoureux de la nature et de la montagne.

XX **Le Sorgia**
39 Gde-Rue – ✆ 04 50 48 15 81 – www.hotel-restaurant-sorgia.fr – Fermé 15 août-9 sept., 24 déc.-18 janv., sam. midi, dim. soir et lundi
Formule 13 € – Menu 18 € (déj. en semaine), 26/55 € – Carte 32/56 €
Ce sympathique restaurant champêtre – entièrement décoré dans un style contemporain – donne sur le jardin et la terrasse fleurie. Au menu, produits frais et recettes du terroir, tel ce délicieux pâté en croûte fait maison ou ce foie de veau poêlé avec ses légumes. Et, en plus, c'est très copieux !

BELLE-ÎLE-EN-MER

(Morbihan) – **Voir carte n°9-B3**
Carte Michelin 308-L10 – Guide Vert Michelin Bretagne Sud

BANGOR

✉ 56360 (Morbihan) – 932 hab.
Paris 513 km – Auray 34 km – Rennes 162 km – Vannes 53 km

La Désirade

Le Petit Cosquet, 2 km à l'Ouest par rte Port Goulphar – ✆ 02 97 31 70 70 – www.hotel-la-desirade.com – Ouvert 12 avril-11 nov.

31 ch – 🚹104/181 € 🚹🚹104/181 € – 1 suite – ☕ 17 € – ½ P

Rest ***La Table de la Désirade*** – voir les restaurants ci-après

Un hôtel de charme réparti dans plusieurs maisons récentes de style néobreton. On savoure le calme dans un charmant salon cosy et des chambres habillées de lambris. Espace bien-être.

La Table de la Désirade – Hôtel La Désiderade

Le Petit Cosquet, 2 km à l'Ouest par rte Port Goulphar – ✆ 02 97 31 70 70 – www.hotel-la-desirade.com – Ouvert 12 avril-11 nov. et fermé le midi

Menu 32/79 € – Carte environ 61 €

Sans doute l'une des meilleures tables de Belle-Île-en-Mer ! Derrière les fourneaux, le chef signe une cuisine dans l'air du temps en privilégiant les petits producteurs de l'île. Ainsi, dans un charmant décor, tout de bois et pierre vêtu, les désirs des gourmets ne tardent pas à devenir réalité...

LE PALAIS

✉ 56360 (Morbihan) – 2 552 hab.

▶ Paris 508 km – Lorient 3 km – Rennes 157 km – Vannes 48 km

Citadelle Vauban Hôtel-Musée

– ✆ 02 97 31 84 17 – www.citadellevauban.com – Ouvert 2 mai-27 sept.

50 ch – 🚹125/325 € 🚹🚹125/325 € – 5 suites – ☕ 17 € – ½ P

Rest ***La Table du Gouverneur*** – voir les restaurants ci-après

Cet hôtel-musée a investi la citadelle Vauban. Les chambres, décorées sur le thème de la Compagnie des Indes, donnent presque toutes sur la mer et invitent à des rêves de voyage.

Le Clos Fleuri sans rest

rte de Sauzon, à Bellevue – ✆ 02 97 31 45 45 – www.hotel-leclosfleuri.com – Fermé 13 nov.-19 déc. et 4 janv.-14 fév.

18 ch – 🚹70/145 € 🚹🚹70/145 € – ☕ 11 €

Sur les hauteurs de la ville, cet hôtel typique de l'architecture locale abrite des petites chambres coquettes, certaines donnant sur le jardin, forcément fleuri !

Château de Bordenéo sans rest 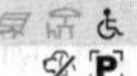

2 km au Nord-Ouest par rte de Sauzon, à Bordenéo – ✆ 02 97 31 80 77 – www.chateau-bordeneo.fr

5 ch ☕ – 🚹130/160 € 🚹🚹150/170 €

Cette gentilhommière du 19e s. rêve parmi les palmiers et les arbres exotiques, au grand calme... Ambiance feutrée dans les chambres, et repos absolu autour de la piscine intérieure et au sein de l'espace détente sous une rotonde de verre.

La Table du Gouverneur – Citadelle Vauban Hôtel-Musée

– ✆ 02 97 31 84 17 – www.citadellevauban.com – Ouvert 2 mai-27 sept.

Formule 28 € – Menu 45/70 € – Carte 56/76 €

C'est vrai que l'on se sent l'âme d'un gouverneur dans ce restaurant de la citadelle Vauban ! Dans un cadre d'une luxueuse austérité, on s'adonne au plaisir d'une cuisine d'aujourd'hui où les influences bretonnes ne sont jamais très loin...

PORT-GOULPHAR

✉ 56360 (Morbihan)

▶ Paris 517 km – Auray 38 km – Rennes 166 km – Vannes 57 km

Castel Clara rest,

– ✆ 02 97 31 84 21 – www.castel-clara.com – Fermé de mi-nov. à mi-déc.

57 ch – 🚹130/450 € 🚹🚹185/450 € – 6 suites – ☕ 25 € – ½ P

Rest ***Le Bleu Manière Verte*** – voir les restaurants ci-après

Rest ***Le Café Clara*** – Menu 42 € *(fermé le soir sauf week-ends et vacances scolaires)*

Emplacement idyllique sur la côte sauvage, centre "thalasso", chambres et suites raffinées, beau panorama : le luxe discret... au bout du monde. Ou comment respirer l'air du large en gardant les pieds sur terre ! Restaurant gastronomique ; buffets de fruits de mer et de crustacés au Café Clara.

Le Grand Large rest,

chemin des Aiguilles de Port-Coton – ✆ 02 97 31 80 92 – www.hotelgrandlarge.com – Ouvert de début fév. à fin nov.

34 ch – 100/500 € 100/500 € – 17 € – ½ P

Rest *Le Grand Phare* – Menu 55/75 € – Carte 52/96 € *(ouvert de mai à sept., jeudi soir, vend. soir et sam. soir) (réservation conseillée)*

Rest *Le Marie Galante* – Formule 20 € – Menu 26 € (déj.)/35 € – Carte 41/70 € *(fermé lundi hors saison)*

Ce manoir, posé sur la Côte Sauvage, contemple l'océan et les aiguilles de Port-Coton. Les chambres, rénovées en 2010, donnent sur les flots ou la lande. Restauration dans l'air du temps au Grand Phare ou traditionnelle au Marie Galante.

XXX **Le Bleu Manière Verte** – Castel Clara

– ✆ 02 97 31 84 21 – www.castel-clara.com – Fermé de mi-nov. à mi-déc. et le midi

Menu 59/140 € – Carte 70/100 €

Cette expression belliloise veut désigner la couleur indéfinissable de la mer... On pourra en effet ici deviser sur ses belles nuances : la salle offre une vue imprenable sur l'anse de Goulphar ! À la barre de ce bateau, le chef concocte des recettes originales, avec les meilleurs produits de l'île. Une jolie traversée.

SAUZON

✉ 56360 (Morbihan) – 897 hab.

Paris 515 km – Lorient 9 km – Rennes 164 km – Vannes 55 km

XX **Roz Avel**

r. du Lieutenant-Riau, (derrière l'église) – ✆ 02 97 31 61 48 – Ouvert 16 mars-10 nov. et 15-31 déc. et fermé merc.

Formule 25 € – Menu 32/52 € – Carte 50/64 € *(réservation conseillée)*

Dans cette maison de pays, le mobilier est bel et bien breton ! Derrière les fourneaux, le chef signe une cuisine joliment tournée qui fait la part belle aux produits de la mer. De quoi en perdre le sens de l'orientation, s'il n'y avait le Roz Avel (rose des vents)...

X **Café de la Cale**

quai Guerveur – ✆ 02 97 31 65 74 – http://cafedelacale.pagecom.fr – Ouvert d'avril à sept. et vacances scolaires

Menu 21 € (déj.)/28 € – Carte 25/51 € *(réservation conseillée)*

Face au port, une ancienne sardinerie transformée en bistrot marin. Ici, on joue des coudes pour apprécier la fraîcheur des poissons et des coquillages, issus pour partie de la pêche locale. À la carte, seule une viande subsiste : l'agneau de Belle-Île-en-Mer. Une adresse sympathique et authentique.

BELLÊME

✉ 61130 (Orne) – 1 562 hab. – **Voir carte n°33-C3**

Paris 168 km – Alençon 42 km – La Ferté-Bernard 23 km – Le Mans 55 km

Carte Michelin 310-M4 – Guide Vert Michelin Normandie Vallée de la Seine

Hôtel de Suhard Ⓝ sans rest

34 r. d'Alençon – ✆ 02 33 83 53 47 – www.hotel-de-suhard.fr – Ouvert de Pâques à fin nov.

5 ch – 80/150 € 80/150 €

Un magnifique hôtel particulier du 16e s. au cœur de Bellême. Les suites portent le nom d'anciens habitants des lieux (Madame de Suhard) ou de personnages historiques du Perche (Nicolas Chartier). On se prélasse dans un décor de meubles de famille et de literies épaisses, d'une rare élégance... Une adresse précieuse !

à Nocé 8 km à l'Est par D 203 – ✉ 61340 – 825 hab.

XX **Auberge des 3 J**

1 pl. du Dr-Gireaux – ✆ 02 33 73 41 03 – www.aubergedes3j.com – Fermé 23 sept.-7 oct., 2-15 janv., mardi sauf le soir en juil.-août, dim. soir et lundi

Menu 27/49 € – Carte environ 38 €

Voilà plus de trente ans que le chef, Stéphan Joly, œuvre aux fourneaux : c'est dire s'il maîtrise son art ! Il signe assurément une belle cuisine, fondée sur la tradition – mais pas seulement – et le terroir local : les saveurs sont au rendez-vous... Et le cadre élégant de l'auberge ajoute au plaisir du repas.

BELLEU - 02 Aisne ➜ voir Soissons

BELLEVAUX

✉ 74470 (Haute-Savoie) - 1 325 hab. - **Voir carte n°46-F1**

Paris 572 km - Annecy 70 km - Bonneville 29 km - Genève 44 km

Carte Michelin 328-M3 - Guide Vert Michelin Alpes du Nord

La Cascade

Chef-lieu - ☎ 04 50 73 70 22 - www.hotel-lacascade.com - Fermé 23 mars-6 avril et 28 sept.-2 nov.

12 ch - 47 € 57 € - 8 € - ½ P

Rest - Formule 15 € - Menu 22/24 € - Carte 20/32 €

Au cœur de la petite station, cette jolie bâtisse de la fin du 19e s. abrite un hôtel-restaurant de tradition, tenu en famille. Les chambres sont simples et rustiques, d'une tenue irréprochable et toutes avec un balcon donnant sur les montagnes alentour. Bon rapport qualité-prix.

Les Moineaux

Le Borgel - ☎ 04 50 73 71 11 - www.hotel-les-moineaux.com - Ouvert 15 juin-10 sept. et 20 déc.-5 avril

14 ch - 55 € 70 € - 7 € - ½ P **Rest** - Menu 20 € (semaine), 23/40 €

En contrebas du village, deux chalets aux chambres pratiques et bien tenues, avec un balcon face aux sommets. Il règne ici une sympathique atmosphère familiale, en particulier au restaurant...

à Hirmentaz 7 km au Sud-Ouest par D 26 et D 32 - ✉ 74470

Le Christania

Hirmentaz - ☎ 04 50 73 70 77 - www.hotel-christania.com - Ouvert 1er juin-13 sept. et 14 déc.-31 mars

35 ch - 56/60 € 63/78 € - 8 € - ½ P

Rest - Formule 15 € - Menu 22/36 € - Carte 26/40 €

Au pied des pistes, un chalet des années 1970, avec des chambres propres et fonctionnelles (la plupart avec balcon ; mansardées au dernier étage). En fin de journée, les skieurs se régaleront de généreux plats savoyards au restaurant !

BELLEVESVRE

✉ 71270 (Saône-et-Loire) - 274 hab. - **Voir carte n°8-D3**

Paris 371 km - Chalon-sur-Saône 51 km - Dole 54 km - Lons-le-Saunier 28 km

Carte Michelin 320-M8

Le Temps de Vivre

16 Grande Rue - ☎ 03 85 72 36 44 - Fermé sam. midi, lundi et le soir de dim. à merc.

Menu 23 € (déj. en semaine)/39 € *(réservation conseillée)*

Dans cette maison bressane règne une délicieuse atmosphère champêtre : poutres, tomettes, mobilier en chêne. On y déguste, au fil d'un menu unique, une cuisine savoureuse et soignée (persillé de lapin et salade aromatique, agneau de 7 heures, etc.) qui met en valeur les herbes et légumes du potager. Prenez le temps de vivre !

BELLEVILLE

✉ 54940 (Meurthe-et-Moselle) - 1 474 hab. - **Voir carte n°26-B2**

Paris 359 km - Metz 42 km - Nancy 19 km - Pont-à-Mousson 14 km

Carte Michelin 307-H6

Le Bistroquet

97 rte Nationale - ☎ 03 83 24 90 12 - www.le-bistroquet.fr - Fermé 3-11 mars, 2 semaines en août, sam. midi, dim. soir, mardi soir et lundi

Formule 25 € - Menu 29 € (déj. en semaine), 52/79 € - Carte 71/93 € *(réservation conseillée)*

Cette belle auberge a conservé son cadre bourgeois d'inspiration 1900 (miroirs, affiches et lustres) et une cuisine classique en hommage aux créations de Marie-France Ponsard qui fit la renommée des lieux.

➜ Foie gras de canard lorrain poêlé. Carré d'agneau lorrain cuit au four, jus corsé. Soufflé chaud à la liqueur de mirabelle de Lorraine.

La Moselle

1 r. Prosper-Cabirol, (face à la gare) – ✆ 03 83 24 91 44 – www.restaurant-lamoselle.fr – Fermé mardi soir, merc. soir et lundi

Menu 18 € (déj. en semaine), 34/60 € – Carte 41/76 €

Un établissement familial au cadre agréable, avec ses panneaux ornés de vitraux rappelant le style de l'école de Nancy. Ici, la cuisine tout en restant sur des bases classiques, se veut actuelle : foie gras et brunoise d'ananas, chaud et froid de St-Pierre, barigoule d'artichauts accompagnée de salicorne. Terrasse sympathique.

BELLEVILLE

69220 (Rhône) – 7 916 hab. – **Voir carte n°43-E1**

Paris 416 km – Bourg-en-Bresse 43 km – Lyon 45 km – Mâcon 31 km

Carte Michelin 327-H3 – Guide Vert Michelin Lyon et sa région

Le Clos Beaujolais

166 rte des Poutoux – ✆ 04 74 66 54 73 – www.closbeaujolais.com

5 ch – 72/88 € 78/92 € **Table d'hôte** – Menu 25 €

Dans un quartier résidentiel, un relais de chasse du 16e s. paisible et charmant, tout en tomettes, plafonds à la française, colonnes de pierre... Les chambres sont simples et agréables ; dans l'une, le lit se cache dans une immense cheminée !

Le Beaujolais

40 r. du Mar.-Foch, (près de la gare) – ✆ 04 74 66 05 31 – www.restaurant-le-beaujolais.com – Fermé 5-11 mai, 3-24 août, 29 déc.-4 janv., dim. soir, lundi soir, mardi soir et merc.

Formule 14 € – Menu 17 € (déj. en semaine), 26/42 € – Carte 33/41 € *(réservation conseillée)*

Ce Beaujolais se devait de faire honneur à cette région riche en saveurs et en bons vins ! Le sympathique couple à la tête de cette maison relève le défi avec une bonne cuisine traditionnelle. Un exemple ? L'andouillette beaujolaise pur porc cuite en cocotte, avec pommes de terre rissolées au thym, un incontournable...

à Pizay 5 km au Nord-Ouest par D 18 et D 69 – 69220 St-Jean-d'Ardières

Château de Pizay

rte des Crus-du-Beaujolais – ✆ 04 74 66 51 41 – www.chateau-pizay.com – Fermé 18 déc.-4 janv.

62 ch – 280 € 280/340 € – 23 €

Rest *Château de Pizay* – voir les restaurants ci-après

Passé la grande allée bordée de platanes apparaît ce beau château (15e-17e s.) au cœur du vignoble. Ciels de lit et plafonds à la française ou charme plus contemporain : les chambres et suites sont toujours élégantes et soignées. Et pour se détendre, on hésite longtemps : spa, tennis, grande piscine...

Château de Pizay

rte des Crus-du-Beaujolais – ✆ 04 74 66 51 41 – www.chateau-pizay.com – Fermé 18 déc.-4 janv. et le midi en semaine sauf fériés

Menu 55/80 € – Carte 66/79 €

Un cadre châtelain qui sait mêler avec élégance charme historique et épure contemporaine. Un lieu majestueux, au service d'une cuisine classique d'une belle finesse.

BELLEY

01300 (Ain) – 8 755 hab. – **Voir carte n°45-C1**

Paris 507 km – Aix-les-Bains 31 km – Bourg-en-Bresse 83 km – Chambéry 36 km

Carte Michelin 328-H6 – Guide Vert Michelin Franche-Comté Jura

au Sud-Est 3 km sur rte de Chambéry

La Fine Fourchette

N 504 – ✆ 04 79 81 59 33 – www.aubergedelafinefourchette.fr – Fermé 23-31 août, 26 déc.-5 janv., dim. soir et lundi

Menu 24/55 € – Carte 42/56 €

C'est ici le pays de Brillat-Savarin, grand épicurien devant l'éternel, auteur de la *Physiologie du goût* (1826), et dont le buste trône dans la salle à manger. Fidèle à la philosophie du maître, le chef propose une bonne cuisine classique, où le poisson domine ; les terrines et les pâtisseries sont faites maison.

à Contrevoz 9 km au Nord-Ouest sur D 32 – ✉ 01300 – 539 hab.

XX **Auberge de Contrevoz**

rte de Preveyzieu – ✆ 04 79 81 82 54 – www.auberge-de-contrevoz.com – Fermé 2-16 janv., 18-24 oct., mardi soir hors saison, merc. soir, dim. soir et lundi
Formule 15 € – Menu 21 € (déj. en semaine), 26/38 €
Terrine de bœuf aux olives et câpres, jarret de veau confit aux carottes en crépinette, polenta au beaufort... La région et les beaux produits sont à l'honneur, la gourmandise se fait reine et, en saison, on se régale même de truffes du Bugey. C'est simple et généreux : ah, terroir, mon beau terroir !

BELVES

✉ 24170 (Dordogne) – 1 450 hab. – **Voir carte n°4-D1**
Paris 552 km – Bergerac 56 km – Bordeaux 197 km – Périgueux 66 km
Carte Michelin 329-H7 – Guide Vert Michelin Périgord Quercy

Clément V sans rest

15 r. J.-Manchotte – ✆ 05 53 28 68 80 – www.clement5.com
10 ch – †95/130 € ††104/195 € – ☕ 13 €
Voilà une adresse que n'aurait certainement pas dédaignée Clément V... Dans ce village médiéval, ancien fief du pape, cette coquette maison propose des chambres de caractère, dont l'une aménagée dans une cave voûtée du 11ᵉs. Petit-déjeuner servi sous la véranda ou dans la petite cour fleurie.

à Sagelat 2 km au Nord par D 53 – ✉ 24170 – 361 hab.

X **Auberge de la Nauze** avec ch

Fongauffier – ✆ 05 53 28 44 81 – www.aubergedelanauze.fr – Fermé 29 juin-7 juil., 23 nov.-7 déc., 25 déc.-1er janv., lundi sauf le soir en juil.-août, mardi soir et sam. midi de sept. à juin
8 ch – †40/60 € ††45/65 € – ☕ 6,50 € – ½ P
Formule 14 € – Menu 17 € (déj. en semaine), 27/55 € – Carte 37/72 €
Les gourmands des environs ne s'y sont pas trompés… Si bien que la réputation de cette auberge dépasse désormais les frontières du département. Dans cette maison en pierre de pays, on s'attable autour de bons petits plats dans l'air du temps. L'auberge propose aussi des petites chambres, bien tenues.

BENERVILLE-SUR-MER – 14 Calvados ➜ voir Deauville

BÉNESTROFF

✉ 57670 (Moselle) – 533 hab. – **Voir carte n°27-C2**
Paris 414 km – Grevenmacher 138 km – Metz 89 km – Saarbrücken 59 km
Carte Michelin 307-L5

XX **La Toque Blanche**

49 Grand-Rue – ✆ 03 87 01 51 85 – www.latoque-blanche.fr – Fermé 26 déc.-5 janv., dim. soir, lundi et mardi
Formule 20 € – Menu 28/60 € 🍷 – Carte 48/66 €
L'ancien café du village a fait place à un lieu contemporain... et l'on peut dire que le chef en a sous sa Toque ! Parmi les spécialités, entre tradition et touches exotiques : rognons de veau en cocotte, langoustines aux saveurs créoles, etc. Des soirées jazz sont aussi organisées… de quoi faire swinguer les papilles.

BÉNODET

✉ 29950 (Finistère) – 3 331 hab. – **Voir carte n°9-A2**
Paris 563 km – Concarneau 19 km – Fouesnant 8 km – Pont-l'Abbé 13 km
Carte Michelin 308-G7 – Guide Vert Michelin Bretagne Sud

Kastel

1 corniche de la Plage – ✆ 02 98 57 05 01 – www.kastel.relaisthalasso.com – Fermé 5-12 janv.

25 ch – †59/99 € ††79/219 € – ☕ 15 € – ½ P

Rest – Formule 28 € – Menu 32 € – Carte 40/55 €

À proximité de la plage et du centre de thalassothérapie, cet hôtel joue l'épure contemporaine et c'est réussi. Après un soin à l'Espace Hydromarin, rien ne vaut la vue sur la mer dont on jouit dans chaque chambre !

Le Grand Hôtel Abbatiale

ch,

4 av. de l'Odet – ✆ 02 98 66 21 66 – www.hotelabbatiale.com – Fermé 23-26 déc.

50 ch – †80/102 € ††88/128 € – ☕ 12 € – ½ P

Rest – Menu 26/45 € – Carte 45/70 € *(fermé le midi)*

L'atout de cet hôtel de belle ampleur : son emplacement face au port, pour un séjour très balnéaire. Les chambres, assez élégantes, sont fonctionnelles et adoptent progressivement un style plus actuel. Au restaurant : tradition et produits de la mer.

Domaine de Kereven sans rest

2 km par rte de Quimper – ✆ 02 98 57 02 46 – www.kereven.fr – Ouvert 12 avril-30 sept.

12 ch – †68/72 € ††72/88 € – ☕ 10 €

Un grand parc ombragé très paisible, où trône cette belle bâtisse régionale. On se sent bien dans ces chambres coquettes et parfaitement tenues, et l'accueil est charmant : c'est avec le sourire que l'on vous prête un vélo pour découvrir les alentours !

Les Bains de Mer

rest,

11 r. de Kerguelen – ✆ 02 98 57 03 41 – www.lesbainsdemer.com – Fermé de mi-déc. à mi-janv.

32 ch – †47/62 € ††54/76 € – ☕ 9 € – ½ P

Rest – Formule 11 € – Menu 18/56 € – Carte 28/48 € *(fermé sam. midi, mardi midi et vend. d'oct. à Pâques)*

Après un bon bain de mer, on a souvent envie d'une chambre propre et fonctionnelle : c'est ce que l'on trouvera ici. Et après une balade dans la cité d'adoption d'Éric Tabarly, direction le restaurant et son décor coloré, histoire d'honorer la tradition bretonne.

Escapades

37 r. du Poulquer – ✆ 02 98 66 27 97 – www.escapades-benodet.com – Fermé 12 nov.-9 déc., dim. soir et lundi de sept. à juin

Formule 13 € – Menu 18 € – Carte 35/50 €

Au bout de la plage du Trez, deux chefs travaillent en duo dans ce sympathique bistrot contemporain, qui réunit de nombreux suffrages dans le secteur. Le menu du jour s'affiche à l'ardoise, au gré de leurs "escapades" : plancha de langoustines aux épices douces, suprême de volaille fermière au cidre, etc.

à Clohars-Fouesnant 3 km au Nord-Est par D 34 et rte secondaire – ✉ 29950 – 2 243 hab.

La Forge d'Antan

31 rte de Nors-Vraz – ✆ 02 98 54 84 00 – www.laforgedantan.com – Fermé mardi sauf le soir en juil.-août, dim. soir de sept. à juin et lundi

Formule 22 € – Menu 36/75 € – Carte 38/79 €

Dans cette plaisante auberge de campagne, on choisit son ambiance : cheminée cosy, vieilles pierres ou vue sur le jardin. Les produits de la mer dominent et ils sont très frais : croustillant de langoustines, velouté froid d'araignées, etc.

à Ste-Marine 5 km à l'Ouest par pont de Cornouaille – ✉ 29120 Combrit

Villa Tri Men

16 r. du Phare – ✆ 02 98 51 94 94 – www.trimen.fr – Fermé 9 nov.-19 déc. et 4 janv.-6 fév.

20 ch – †120/245 € ††120/245 € – ☕ 15 €

Rest ***Les Trois Rochers*** – voir les restaurants ci-après

Le jardin de cette belle villa de 1913 descend en pente douce jusqu'à la mer, et l'on peut, en toute quiétude, y lire ou prendre un verre. L'intérieur, feutré et cossu, donne à l'ensemble un charme indéniable ; les chambres sont spacieuses et élégantes dans leur parti pris minimaliste.

La Ferme Saint-Vennec sans rest
r. de la Clarté – ✆ 02 98 56 74 53 – www.lafermesaintvennec.com – Fermé janv.
4 ch – 🚹85/170 € 🚹🚹85/170 € – ☕ 13 €
Un lieu isolé, au grand calme, une vraie bouffée d'oxygène... Cette belle ferme de 1714, au milieu d'un grand parc, est divisée en plusieurs corps de bâtiment répartis autour d'une jolie cour parsemée de massifs de fleurs ; pour se ressourcer, on a le choix entre des chambres ou de superbes cottages bien entretenus. Charmant !

Les Trois Rochers – Hôtel Villa Tri Men
16 r. du Phare – ✆ 02 98 51 94 94 – www.trimen.fr – Ouvert 11 avril-9 nov. et fermé dim. et le midi
Menu 37/77 € – Carte 49/67 €
Face au port de Bénodet, une adresse délicieuse, où la cuisine est fondée sur des produits locaux de belle qualité, rehaussés d'épices et d'herbes fraîches. Aux beaux jours, on profite de la terrasse, très agréable !

BÉNOUVILLE – 14 Calvados ➜ voir Caen

BERCK-SUR-MER

✉ 62600 (Pas-de-Calais) – 15 367 hab. – **Voir carte n°30-A2**
▶ Paris 232 km – Abbeville 48 km – Arras 93 km – Boulogne-sur-Mer 40 km
Carte Michelin 301-C5

à Berck-Plage – ✉ 62600

La Verrière
pl. 18-Juin – ✆ 03 21 84 27 25 – www.casinoberck.com – Fermé 17-24 nov., 17 fév.-10 mars, mardi soir et merc. soir sauf juil.-août, dim. soir et lundi
Formule 22 € – Menu 28 € – Carte environ 38 €
La gare routière est devenue un casino... et ce dernier abrite un restaurant fort sympathique ! Dans la salle, avec vue sur les cuisines, on regarde le chef et sa brigade concocter de bons petits plats dans l'air du temps. Accueil et service aux petits soins.

à Rang-du-Fliers 3 km à l'Est par D 317 – ✉ 62180 – 4 057 hab.

Bienvenue au Tortillard sans rest
240 r. Jules-Chochoy – ✆ 03 21 84 15 92 – www.letortillard.com – Fermé 1er-15 juin
4 ch ☕ – 🚹69 € 🚹🚹70 €
Inutile de se tortiller sur sa chaise, cette maison d'hôtes est une bonne option pour séjourner près de Berk-Plage : accueil charmant de sa propriétaire, décor chaleureux – il s'agit d'une ancienne grange –, sentier de randonnée et petit parc animalier (en libre accès) à deux pas, confitures maison au petit-déjeuner...

BERGERAC

✉ 24100 (Dordogne) – 27 648 hab. – **Voir carte n°4-C1**
▶ Paris 534 km – Agen 91 km – Angoulême 110 km – Bordeaux 94 km
Carte Michelin 329-D6 – Guide Vert Michelin Périgord Quercy

La Flambée
49 av. Marceau-Feyry, 3 km par ① rte de Périgueux – ✆ 05 53 57 52 33 – www.laflambee.com
20 ch – 🚹55/65 € 🚹🚹68/88 € – ☕ 9 € – ½ P
Rest *La Flambée* – voir les restaurants ci-après
À la sortie de la ville, une ancienne ferme (18e s.) dans un parc arboré. Les chambres sont spacieuses, avec un mobilier de style colonial ; celles de l'ancien chai ont même une terrasse !

Hôtel de France sans rest
18 pl. Gambetta – ✆ 05 53 57 11 61 – www.hoteldefrance-bergerac.com – Fermé vacances de fév. Plan : AY**b**
20 ch – 🚹60/85 € 🚹🚹69/95 € – ☕ 10 €
En plein centre-ville, un hôtel face à la place du marché (mercredi et samedi). Préférez les chambres, plus calmes, côté piscine. Idéalement situé pour partir à la découverte de Bergerac.

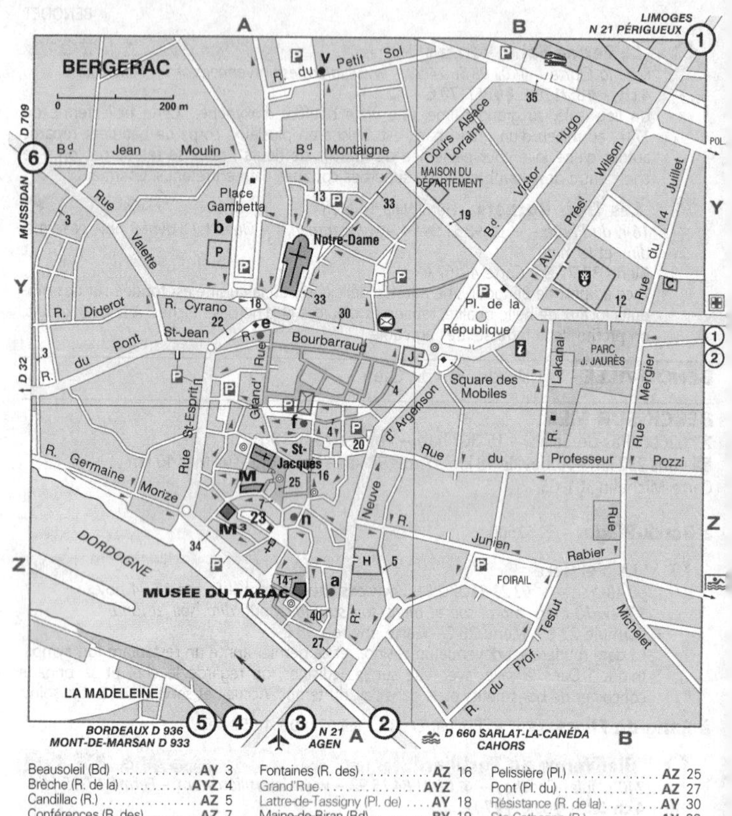

Beausoleil (Bd)	AY	3	Fontaines (R. des)	AZ	16	Pelissière (Pl.)	AZ	25
Brèche (R. de la)	AYZ	4	Grand'Rue	AYZ		Pont (Pl. du)	AZ	27
Candillac (R.)	AZ	5	Lattre-de-Tassigny (Pl. de)	AY	18	Résistance (R. de la)	AY	30
Conférences (R. des)	AZ	7	Maine-de-Biran (Bd)	BY	19	Ste-Catherine (R.)	AY	33
Dr-Simounet (R.)	BY	12	Malbec (Pl.)	AZ	20	St-Clar (R.)	AZ	40
Ferry (Pl. J.)	AY	13	Mounet-Sully (R.)	AY	22	Salvette (Quai)	AZ	34
Feu (Pl. du)	AZ	14	Myrpe (Pl. de la)	AZ	23	108e-R.-I. (Av. du)	BY	35

Europ Hôtel sans rest

20 r. Petit-Sol – 05 53 57 06 54 – www.europ-hotel-bergerac.com Plan : AY**v**

22 ch – 56/70 € 56/70 € – 8,50 €

Le jardin jouxtant la piscine est l'atout majeur de cet hôtel situé dans le quartier de la gare. Chambres fonctionnelles et bien tenues (climatisation et double-vitrage côté rue).

L'Imparfait

8 r. des Fontaines – 05 53 57 47 92 – www.imparfait.com Plan : AZ**n**

Formule 29 € – Menu 39 € – Carte 41/64 €

Dans cette bâtisse médiévale du vieux Bergerac, l'art culinaire se conjugue au présent ! Cuisine goûteuse inspirée du terroir et teintée d'exotisme. Parfait rapport plaisir-prix.

La Flambée – Hôtel La Flambée

49 av. Marceau-Feyry, 3 km par ① rte de Périgueux – 05 53 57 52 33 – www.laflambee.com

Menu 18 € (déj. en semaine), 28/37 € – Carte 32/44 €

Des pierres apparentes, des poutres et... une cheminée ! Dans ce cadre chaleureusement périgourdin, la cuisine a le bel accent du terroir – mais défend aussi le poisson, l'une des spécialités du chef. Amoureux du produit, ce dernier recherche avant tout la qualité : fromages fermiers, légumes bio, viande locale, etc.

Le Repaire de Savinien

15 r. Mounet-Sully – ✆ 05 53 24 35 46 – Fermé 28 avril-13 mai, 11-19 août, 17 nov.-2 déc., 24 janv.-4 fév., dim. et lundi Plan : AY**e**

Carte environ 35 €

Ambiance bistrot à quelques pas de l'église Notre-Dame. Ici, on mange au coude à coude après avoir trouvé son bonheur parmi les suggestions de l'ardoise : brioche au foie gras, saumon mariné... Ce Repaire est celui d'une bonne cuisine cuisine du marché aux accents du terroir !

La Table du Marché

21 pl. Louis-de-la-Bardonnie – ✆ 05 53 22 49 46 – www.table-du-marche.com – Fermé 30 juin-8 juil., 16 fév.-3 mars, lundi hors saison et dim. Plan : AZ**f**

Formule 19 € – Menu 28/35 € – Carte 37/47 €

Impossible de ne pas remarquer cette maison d'angle à la façade rouge, face aux halles ! Dans ce bistrot à l'élégance toute contemporaine – un cadre soigné –, les recettes s'inspirent du marché… évidemment.

Le Vin'Quatre

14 r. St-Clar – ✆ 05 53 22 37 26 – Fermé merc. et le midi en semaine Plan : AZ**a**

Menu 25/32 € – Carte 36/45 €

Croustillant de gambas à la menthe poivrée, guacamole de betterave et poitrine de cochon laquée au tamarin, mijoté de lentilles vertes du Puy... Dans ce sympathique petit restaurant du Bergerac historique, le jeune chef concocte chaque jour de nouvelles recettes au gré de ses (bonnes) idées. Simple et percutant !

à St-Laurent-des-Vignes 7 km au Sud-Ouest par D 936e1, D 933d14 puis D 936 – ✉ 24100 – 816 hab.

La Villa Saint Laurent (N) avec ch

71 rte de Bordeaux , D 936 – ✆ 05 53 24 16 16 – www.lavillastlaurent.com – Fermé 3 semaines en nov., dim. soir et lundi

9 ch – †57/62 € ††69/102 € – ☕ 12 €

Formule 17 € – Menu 21 € (déj. en semaine), 35/45 € – Carte 43/78 €

À la sortie de Bergerac, dans une ancienne demeure viticole, cette table gastronomique vous tend les bras. Dans un cadre élégant et classique, vous dégusterez une savoureuse cuisine au goût du jour : réinterprétation de la tomate mozzarella, pavé de cabillaud aux légumes verts... Avec une annexe bistrot pour le déjeuner.

à St-Nexans 10 km par ③, N 21 et D 19 – ✉ 24520 – 875 hab.

La Chartreuse du Bignac

Le Bignac – ✆ 05 53 22 12 80 – www.abignac.com – Fermé 20 déc.-1er fév.

12 ch – †158/189 € ††158/232 € – 1 suite – ☕ 23 € – ½ P

Rest – Menu 35/60 € – Carte 49/72 € *(fermé mardi et le midi)*

Une belle chartreuse du 18es., posée sur un coteau dominant vignobles, vergers et bois... Quel site ! Il fait bon se prélasser dans le parc de 12 ha ou au bord de la piscine. Beaucoup de raffinement dans les chambres. Cuisine traditionnelle au restaurant.

au Moulin de Malfourat 8 km par ④, dir. Mont-de-Marsan et rte secondaire – ✉ 24240 Monbazillac

La Tour des Vents (Marie Rougier Salvat)

– ✆ 05 53 58 30 10 – www.tourdesvents.com – Fermé 2 janv.-6 fév., mardi midi sauf juil.-août, dim. soir et lundi

Formule 25 € – Menu 44/70 € – Carte 50/91 €

Priorité à la qualité des produits, des cuissons et des assaisonnements : la chef réalise une belle cuisine traditionnelle, relevée d'une pointe d'originalité. En prime, la salle offre une vue imprenable sur les vignobles de Monbazillac.

→ Foie gras de canard poêlé. Ris de veau en cocotte, petits légumes de saison. Soufflé au Grand Marnier, sorbet à l'orange sanguine.

BERGÈRES-LÈS-VERTUS – 51 Marne → voir Vertus

BERGHEIM

✉ 68750 (Haut-Rhin) – 1 895 hab. – **Voir carte n°2-C2**
▶ Paris 449 km – Colmar 18 km – Ribeauvillé 4 km – Sélestat 11 km
Carte Michelin 315-I7

Chez Norbert sans rest

9 Grand-Rue – ✆ 03 89 73 31 15 – www.cheznorbert.com – Fermé 17 fév.-10 mars
12 ch – 60/90 € 80/90 € – 15 €
Une ferme viticole reconvertie en hôtel, avec des chambres toutes différentes, dans un esprit d'autrefois... Elles sont disséminées dans plusieurs bâtisses des 17e et 18e s., auxquelles on accède par une jolie cour intérieure.

Wistub du Sommelier

51 Grand-Rue – ✆ 03 89 73 69 99 – www.wistub-du-sommelier.com – Fermé 3 semaines en janv., merc. et jeudi
Formule 17 € – Menu 29/42 € – Carte 34/55 €
Comptoir du 19e s., boiseries, poêle en faïence et convivialité... Pas de doute, derrière cette jolie façade alsacienne se cache bien une winstub ! On y passe un bon moment autour de vrais plats du terroir assortis des incontournables vins régionaux. Une adresse sympathique à tous points de vue.

La Bacchante

11 Grand-Rue – ✆ 03 89 71 18 91 – www.la-bacchante.fr – Fermé 17 fév.-11 mars, vend. midi et mardi
Formule 17 € – Menu 26/49 € – Carte 40/50 €
Il faut pousser une grande porte ancienne en bois pour découvrir cette Bacchante, un antre rustique aux airs de chai, niché dans une jolie cour fleurie. Une maison de caractère où l'on déguste de sympathiques plats traditionnels qui ont le parfum de l'Alsace.

BERGHOLTZ

✉ 68500 (Haut-Rhin) – 1 081 hab. – **Voir carte n°1-A3**
▶ Paris 488 km – Basel 55 km – Colmar 31 km – Strasbourg 101 km
Carte Michelin 315-H9

La Petite Auberge

4 r. de l'Église – ✆ 03 89 28 52 90 – www.lapetiteauberge.fr – Fermé mardi et merc.
Formule 19 € – Menu 31/74 € – Carte 51/67 €
Foie gras et son chutney de fruits secs ; magret de canard sur lit de petits légumes... Le chef concocte une cuisine gastronomique 100 % maison, avec une envie : "Faire ce qu'on m'a appris depuis que j'ai commencé ce métier." Pari tenu avec réussite !

BERGUES

✉ 59380 (Nord) – 3 886 hab. – **Voir carte n°30-B1**
▶ Paris 279 km – Calais 52 km – Dunkerque 9 km – Hazebrouck 34 km
Carte Michelin 302-C2

Au Tonnelier

4 r. du Mont-de-Piété, (près de l'église) – ✆ 03 28 68 70 05 – www.autonnelier.com – Fermé 22 déc.-5 janv.
40 ch – 63/80 € 74/85 € – 11 € – ½ P
Rest – Formule 13 € – Menu 20 € (déj. en semaine)/25 € – Carte 26/40 € *(fermé vend. soir de nov. à mars et dim. soir)*
Une agréable hostellerie familiale, au pied de l'église du village – rendu célèbre par le film *Bienvenue chez les Ch'tis*. Les chambres sont fonctionnelles et bien tenues ; préférez les plus récentes dans l'annexe. Cuisine du terroir au restaurant.

BERMICOURT

✉ 62130 (Pas-de-Calais) – 155 hab. – **Voir carte n°30-B2**
▶ Paris 234 km – Arras 50 km – Lens 61 km – Lille 100 km
Carte Michelin 301-G5

La Cour de Rémi

1 r. Baillet – 03 21 03 33 33 – www.lacourderemi.com

10 ch – 85/160 € 85/160 € – 13 €

Rest – Menu 30 € – Carte environ 36 € *(fermé sam. midi, dim. soir et lundi)*

Au bout d'une allée bordée de tilleuls et de châtaigniers, un joli château du 19e s. et ses dépendances... Les chambres, réparties dans la grange et les belles écuries en brique rouge, sont spacieuses, tout en sobriété et en élégance. Quant à Rémi, il fut le dernier exploitant de la ferme. Un bien bel hommage !

BERNAY

27300 (Eure) – 10 449 hab. – Voir carte n°**33**-C2

Paris 155 km – Argentan 69 km – Évreux 49 km – Le Havre 72 km

Carte Michelin 304-D7 – Guide Vert Michelin Normandie Vallée de la Seine

XX **Hostellerie du Moulin Fouret**

2 rte du Moulin-Fouret, 3,5 km au Sud par rte de St-Quentin-des-Isles – 02 32 43 19 95 – www.moulin-fouret.com – Fermé dim. soir, mardi midi et lundi sauf fériés

Formule 28 € – Menu 43 € – Carte 65/83 €

Du moulin subsistent les rouages... mais on découvre avant tout une belle et grande maison couverte de vigne vierge, au calme d'un cours d'eau, agréable pour un repas. Ravioles de champignons, pigeonneau rôti en cocotte, baba au rhum en souvenir de Gaston Lenôtre, etc. : la table est classique.

LA BERNERIE-EN-RETZ

44760 (Loire-Atlantique) – 2 564 hab. – Voir carte n°**34**-A2

Paris 434 km – Nantes 46 km – St-Herblain 46 km – St-Nazaire 38 km

Carte Michelin 316-D5

XX **L'Artimon**

17 r. Jean-du-Plessis – 02 51 74 61 60 – Fermé 1er-12 mars, 4-11 mai, dim. soir et merc. de sept. à juin, mardi sauf le soir en juil.-août et lundi

Formule 19 € – Menu 24 € (déj. en semaine), 30/40 € *(réservation conseillée)*

Cet Artimon porte haut les valeurs de la bonne cuisine, attirant de loin les amateurs : il faut dire que le chef travaille en vrai artisan de beaux produits locaux. La petite salle – toute simple et d'esprit marin – ne désemplit pas !

BERNEX

74500 (Haute-Savoie) – 1 241 hab. – Voir carte n°**46**-F1

Paris 590 km – Annecy 97 km – Évian-les-Bains 10 km – Morzine 32 km

Carte Michelin 328-N2 – Guide Vert Michelin Alpes du Nord

à La Beunaz 1,5 km au Nord-Ouest par D 52 – 74500 Bernex

Bois Joli

210 rte du Chenay – 04 50 73 60 11 – www.hotel-bois-joli.fr – Ouvert de mai à mi-oct. et de mi-déc. à fin mars

20 ch – 68/78 € 84/94 € – 1 suite – 10 € – ½ P

Rest – Menu 25 € (semaine), 30/49 € – Carte 31/50 € *(fermé dim. soir et merc.)*

Noyé dans la verdure et tout pimpant, ce beau chalet porte bien son nom... Les chambres, décorées à la mode savoyarde, ont toutes un balcon tourné vers la Dent d'Oche ou le mont Billiat. Espace bien-être, jolie piscine extérieure et restaurant traditionnel.

BERNIÈRES-SUR-MER

14990 (Calvados) – 2 331 hab. – Voir carte n°**32**-B2

Paris 252 km – Caen 20 km – Hérouville-Saint-Clair 21 km – Le Havre 107 km

Carte Michelin 303-J4 – Guide Vert Michelin Normandie Cotentin

XX **L'As de Trèfle** 

420 r. Léopold-Hettier – ✆ 02 31 97 22 60 – www.restaurantasdetrefle.com – Fermé 2 janv.-6 fév., lundi et mardi

Formule 18 € – Menu 25/42 € – Carte 37/70 €

Point de nostalgie dans cette bâtisse datant de 1934 : dans un intérieur sobre et contemporain, on déguste des préparations traditionnelles soignées, généreuses, où les saveurs s'entremêlent avec harmonie. Tartare de la mer, dos de cabillaud ou turbot, la carte évolue en fonction de la pêche et des envies du jour.

BERNOS-BEAULAC – 33 Gironde

➜ voir Bazas

BERRWILLER

✉ 68500 (Haut-Rhin) – 1 163 hab. – **Voir carte n°1-A3**

Paris 467 km – Belfort 45 km – Colmar 31 km – Épinal 99 km

Carte Michelin 315-H9

XX **L'Arbre Vert**

96 r. Principale – ✆ 03 89 76 73 19 – www.restaurant-koenig.com – Fermé 3-14 mars, jeudi soir, dim. soir et lundi

Menu 24/52 € – Carte 36/62 €

Cinquième génération et toujours très Vert ! Cet Arbre pourrait bien être généalogique, tant son histoire se confond avec celle de la famille Koenig... Au menu : toute la fraîcheur du terroir alsacien, avec de beaux vins du cru.

BESANÇON

✉ 25000 (Doubs) – 116 914 hab. – Agglo. 135 808 hab. – **Voir carte n°16-B2**

Paris 405 km – Basel 167 km – Bern 180 km – Dijon 91 km

Carte Michelin 321-G3 – Guide Vert Michelin Franche-Comté Jura

BESANÇON

Allende (Bd S.) . . . . AX 2
Belfort (R. de) . . . . BX
Brulard (R. Gén.). . . . . AX 5
Carnot (Av.). . . . . BX 7
Chaillot (R. de) . . . . BX 12
Clemenceau (Av. Georges) . AX 15
Clerc (R. F.). . . . . BX 16
Fontaine-Argent (Av.). . . . . BX 19
Jouchoux (R. A.). . . . . AX 25
Lagrange (Av. Léo). . . . . AX 27
Montrapon (Av. de) . . . . AX 34
Observatoire (Av. de l') . . . . . . AX 35
Ouest (Bd) . . . . AX 37
Paix (Av. de la). . . . . BX 38
Vaite (Av. de la) . . . . BX 55
Voirin (R.). . . . . BX 57

BESANÇON

Battant (Pont) . . . . **AY** 3
Battant (R.) . . . . **AY**
Bersot (R.) . . . . **BY**
Carnot (Av.) . . . . **BYX** 7
Castan (Sq.) . . . . **BZ** 8
Chapitre (R. du) . . . . **BZ** 14
Convention (R. de la) . . . . . . **BZ** 4
Denfert-Rochereau (Av.) . . . . **BY** 17
Denfert-Rochereau (Pont) . . . . **BY** 18
Fusillés-de-la-Résistance (R. des) . . . . **BZ** 20
Gambetta (R.) . . . . **ABY** 21
Gare-d'eau (Av. de la) . . . . . . **AZ** 22
Gaulle (Bd Ch.de) . . . . **AZ** 23
Girod-de-Chantrans (R.) . . . **AYZ** 24
Grande-Rue . . . . **ABYZ**
Granges (R. des) . . . . **ABY**
Krug (R. Ch.) . . . . **BY** 26
Lycée (R. du) . . . . **AY** 28
Madeleine (R. de la) . . . . **AY** 29
Martelots (Pl. des) . . . . **BZ** 30
Mégevand (R.) . . . . **ABZ** 32
Moncey (R.) . . . . **BY** 33
Orme-de-Chamars (R. de l') . **AZ** 36
Pouillet (R. Cl.) . . . . **AY** 39
République (R. de la) . . . . . **ABY** 40
Révolution (Pl. de la) . . . . **AY** 41
Rivotte (Faubourg) . . . . **BZ** 42
Ronchaux (R.) . . . . **BZ** 43
Rousseau (R. J. J.) . . . . **AY** 45
Saint-Amour (Sq.) . . . . **BY** 48
Sarrail (R. Gén.) . . . . **ABY** 52
Vauban (Q.) . . . . **AY** 56
1ère-Armée-Française (Pl. de la) . . . . **BY** 58

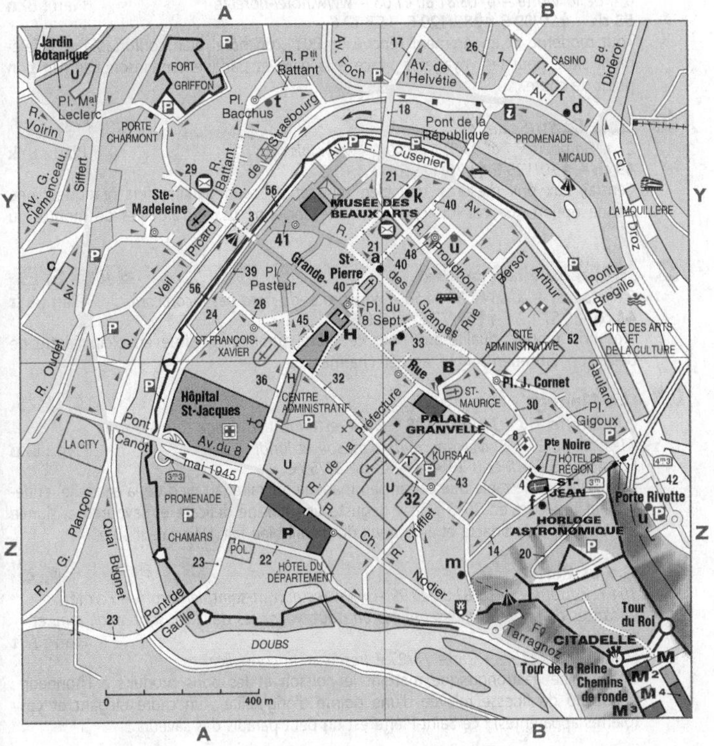

Le Sauvage sans rest
6 r. du Chapître – ✆ 03 81 82 00 21 – www.hotel-lesauvage.com Plan : BZ**m**
23 ch – 89/280 € 89/280 € – 12 €
Dans la vieille ville, le bâtiment est chargé d'histoire : couvent des minimes depuis le Moyen-Âge, saisi à la Révolution, il a été investi par les sœurs clarisses à partir de 1854... Salons intimes, belles boiseries et mobilier chiné, vues sur le Doubs et les remparts : les lieux ne sont qu'élégance et quiétude.

Mercure Parc Micaud
3 av. Edouard-Droz – ✆ 03 81 40 34 34 – www.mercure.com Plan : BY**d**
91 ch – 109/178 € 109/178 € – 17 €
Rest – Formule 13 € – Menu 16 € (déj.), 23/35 € – Carte 20/40 € *(fermé sam. midi, dim. midi et midi fériés)*
Atouts de l'établissement : son grand confort et sa situation – il n'est séparé de la vieille ville que par le Doubs et le beau parc Micaud. Restaurant traditionnel.

Hôtel de Paris sans rest

33 r. des Granges – ✆ 03 81 81 36 56 – www.besanconhoteldeparis.com

50 ch – †65/210 € ††83/210 € – ☕ 12 € Plan : ABY**a**

Un bel établissement, au cœur de la vieille ville bisontine. Murs anciens empreints d'une certaine noblesse, grandes cours intérieures, beaux volumes – le tout mis en valeur dans une veine contemporaine feutrée et élégante...

Florel sans rest

6 r. de la Viotte – ✆ 03 81 80 41 08 – www.hotel-florel.fr Plan : BX**n**

53 ch – †59/99 € ††89/129 € – ☕ 12 €

Tout moderne et entièrement rénové en 2011, un hôtel bien confortable et idéalement situé pour les voyageurs : face à la gare et parfaitement insonorisé. Un bon point de chute.

Ibis Centre sans rest

21 r. Gambetta – ✆ 03 81 81 02 02 – www.ibis.com Plan : BY**k**

49 ch – †70/125 € ††70/125 € – ☕ 10 €

Central, aux prix mesurés, très bien tenu et avec un parking fort pratique : une bonne option que cet Ibis créé dans une ancienne usine d'aiguilles de montre du 19e s.

Hôtel du Nord sans rest

8 r. Moncey – ✆ 03 81 81 34 56 – www.hotel-du-nord-besancon.com Plan : BY**r**

44 ch – †57/67 € ††67/77 € – ☕ 8 €

Très bon rapport qualité-prix pour cet hôtel traditionnel situé en plein centre de Besançon. Entretien soigné, accueil charmant.

Le Manège

2 fg Rivotte – ✆ 03 81 48 01 48 – www.restaurantlemanege.com – Fermé 11-25 août, 2-16 janv., sam. midi, dim. soir et lundi Plan : BZ**u**

Formule 15 € – Menu 29/49 € – Carte 35/53 €

Une vraie bonne table que cet ancien manège militaire (au pied de la citadelle) entièrement redécoré en 2013 ; on y déguste une cuisine délicate et savoureuse, signée par un chef autodidacte et amoureux du travail bien fait. Une valeur sûre.

Le St-Pierre

104 r. Battant – ✆ 03 81 81 20 99 – www.restaurant-saintpierre.com – Fermé vacances de printemps, 3 semaines en août, vacances de Noël, sam. midi, dim. et fériés Plan : AY**t**

Menu 40 € 🍷/75 € – Carte 73/87 € *(réservation conseillée)*

Une cuisine gastronomique mettant le poisson et les bons produits à l'honneur ; beaucoup de finesse relevée d'une pointe d'originalité ; un cadre élégant et cosy (pierres apparentes) : ce Saint-Pierre est un petit paradis des saveurs !

Le Poker d'As

14 sq. St-Amour – ✆ 03 81 81 42 49 – www.restaurant-lepokerdas.fr – Fermé 12 juil.-11 août, vacances de Noël, dim. et lundi Plan : BY**u**

Menu 24/55 € – Carte 35/66 €

Cette table tenue par toute une famille (le fils œuvre en cuisine) cultive une certaine identité franc-comtoise : décor rustique (tables sculptées dans le bois, cloches de vache, etc.) et, au menu, saveurs ancrées dans la tradition – mais pas seulement !

à Chalezeule 5,5 km par ① et D 217 – ✉ 25220 – 1 234 hab.

Les 3 Iles

1 r. des Vergers – ✆ 03 81 61 00 66 – www.hoteldes3iles.com – Fermé 24 déc.-6 janv.

17 ch – †72/90 € ††72/100 € – ☕ 9 € – ½ P

Rest – Menu 20 € *(fermé le midi)*

Calme et verdure alentour : tels sont les atouts de cet hôtel situé au cœur du petit village de Chalezeule, aux portes de Besançon. Optez pour l'une des cinq chambres "Club", plus spacieuses et confortables. Pour se restaurer, le soir, on peut profiter du menu régional proposé par le patron. Pourquoi aller en ville ?

à Montfaucon 9 km par ②, D 464 et D 146 – ✉ 25660 – 1 520 hab.

La Cheminée

rte du Belvédère – ☎ 03 81 81 17 48 – www.restaurantlacheminee.fr – Fermé 25 août-17 sept., 5-28 janv., dim. soir, merc. soir et lundi

Menu 25 € (semaine), 32/56 € – Carte 54/81 €

Pour une bouffée d'air pur en dehors de Besançon, voilà un chalet tout indiqué : sur les hauteurs du village, dominant les reliefs alentour, il offre un joli décor pour apprécier les spécialités régionales. En prime, une piscine ouverte aux clients du restaurant.

à Champvans-les-Moulins 8 km par ④ sur D 70 – ✉ 25170 – 347 hab.

La Source

4 r. des Sources – ☎ 03 81 59 90 57 – www.lasource-besancon.com – Fermé 20 janv.-10 fév., merc. soir sauf de juin à août, dim. soir et lundi

Formule 18 € – Menu 25 € (déj. en semaine), 27/35 € – Carte 33/49 €

Cette grande bâtisse moderne s'appuie sur de bonnes sources : rien d'impersonnel dans la salle, mais une grande charpente de bois, et, au menu, de bonnes saveurs traditionnelles. Qui plus est, la maison est tenue par un couple charmant.

à Geneuille 13 km par ⑤, N 57 et D 1 – ✉ 25870 – 1 339 hab.

Château de la Dame Blanche

– ☎ 03 81 57 64 64 – www.chateau-de-la-dame-blanche.com – Fermé 1er-6 janv.

35 ch – †87/108 € ††163/184 € – 2 suites – ☕ 14 € – ½ P

Rest *Château de la Dame Blanche* – voir les restaurants ci-après

Une superbe propriété dans la campagne bisontine, digne d'une image d'Épinal : cette belle demeure bourgeoise se dresse dans un grand parc boisé. Un lieu de douce villégiature : spa, grand calme et... pour les amoureux de nature, deux chambres perchées dans des cabanes en haut des arbres !

Château de la Dame Blanche

1 chemin de la Goulotte – ☎ 03 81 57 64 64 – www.chateau-de-la-dame-blanche.com – Fermé 1er-6 janv., sam. midi et dim. soir

Formule 28 € – Menu 36/90 € – Carte 58/65 €

Une grande dame que cette demeure dont les décors cultivent un élégant classicisme. Le chef signe une cuisine gastronomique empreinte d'originalité – à l'instar de "coques d'oursins rassasiées de chair de tourteau et granny smith".

BESSAS

✉ 07150 (Ardèche) – 202 hab. – **Voir carte n°44-A3**

Paris 689 km – Lyon 226 km – Nîmes 79 km – Privas 73 km

Carte Michelin 331-H7

Auberge des Granges Ⓝ

au village – ☎ 04 75 38 02 01 – www.aubergedesgranges.com – Fermé janv., fév., merc. et jeudi d'oct. à déc., lundi et mardi de sept. à déc.

Menu 19 € (déj. en semaine), 36/75 € – Carte 36/50 €

Originaire du village, le chef avait à cœur de revenir sur ses terres natales... Grand bien lui en a pris ! Sa cuisine est pleine de saveurs, et rend hommage au terroir : croustillant de cèpes, magret de canard à l'écorce d'orange... Autant de délices qui s'apprécient dans l'ambiance feutrée d'une ancienne grange.

BESSE-ET-ST-ANASTAISE

✉ 63610 (Puy-de-Dôme) – 1 561 hab. – **Voir carte n°5-B2**

Paris 462 km – Clermont-Ferrand 46 km – Condat 28 km – Issoire 30 km

Carte Michelin 326-E9 – Guide Vert Michelin Auvergne

La Gazelle

rest,

rte Compains – ☎ 04 73 79 50 26 – www.lagazelle.fr – Ouvert 11 mai-10 oct. et 27 déc.-22 mars

37 ch – †65/81 € ††65/81 € – ☕ 8,50 € **Rest** – Menu 21 € *(fermé le midi)*

Cet hôtel aux allures de grand chalet moderne offre une belle vue sur Besse "la médiévale". Les chambres, de style montagnard, disposent pour certaines d'un balcon. Au restaurant, on apprécie la cuisine traditionnelle et le superbe panorama.

Hostellerie du Beffroy avec ch — rest,

26 r. Abbé-Blot – ✆ 04 73 79 50 08 – www.lebeffroy.com – Ouvert 13 avril-11 nov. et fermé le midi du lundi au jeudi en juil.-août, lundi et mardi hors saison
12 ch – 65/90 € 70/95 € – 12 € – ½ P
Formule 28 € – Menu 30/70 € – Carte 47/67 € *(réservation conseillée)*
Une maison du 15ᵉs. décorée de meubles patinés par les ans. On y déguste de beaux produits travaillés avec modernité : saumon fumé, agneau, parfait à la gentiane, etc. Chambres, un brin désuètes, mais bien tenues.

BESSINES-SUR-GARTEMPE

87250 (Haute-Vienne) – 2 818 hab. – **Voir carte n°24-B1**
Paris 355 km – Argenton-sur-Creuse 58 km – Bellac 29 km – Guéret 55 km
Carte Michelin 325-F4

Bellevue

2 av. de Limoges – ✆ 05 55 76 01 99 – www.bellevue87.com – Fermé 9 janv.-9 fév.
12 ch – 62 € 62 € – 10 €
Rest – Formule 12 € – Menu 26/58 € – Carte 28/46 € *(fermé vend. soir et sam. midi d'oct. à juin)*
Pratique pour l'étape, cette auberge de village tenue en famille... Les chambres sont simples et fraîches, et l'on peut se restaurer d'une sympathique cuisine régionale.

Château Constant

av. 11-Novembre-1918 – ✆ 05 55 76 78 42 – www.chateau-constant.com
5 ch – 75/85 € 79/85 € – ½ P **Table d'hôte** – Menu 22 €
Une Salvadorienne, des voyages à travers le monde... et ce joli manoir du 19ᵉ s. dont elle a fait un lieu douillet et accueillant, à son image. Les chambres sont spacieuses et mêlent les styles avec caractère, et on a toujours de quoi s'occuper (instruments de musique, ping-pong), musarder (beau parc) et se repaître (table d'hôte). Sympathique !

BÉTHUNE

62400 (Pas-de-Calais) – 25 655 hab. – Agglo. 350 068 hab. – **Voir carte n°30-B2**
Paris 214 km – Arras 34 km – Boulogne-sur-Mer 90 km – Calais 83 km
Carte Michelin 301-I4

B Hotel sans rest

3 pl. Francois-Mitterrand – ✆ 03 21 57 07 67 – www.b-hotel.fr
18 ch – 55/80 € 55/80 € – 8 €
Face à la gare, cet hôtel propose des chambres bien insonorisées, modernes et fonctionnelles, rénovées en 2011-2012. Le rapport qualité-prix est intéressant.

Au Départ

1 pl. François-Mitterrand – ✆ 03 21 57 18 04 – www.restaurant-depart.fr – Fermé 3-9 mars, 4-27 août, sam. midi, dim. soir, lundi et mardi
Formule 20 € – Menu 32/58 € – Carte 57/91 €
À deux pas de la gare, on remarque de loin cette maison de pays avec sa façade noir et blanc. La salle, colorée et audacieuse, interpelle, tout comme la cuisine, généreuse et bien ficelée. Belle carte des vins.

à Labourse 4 km au Sud-Est par D 943 et D 65 – 62113 – 2 306 hab.

Terre et Mer

16 r. A.-Larue – ✆ 03 21 64 03 57 – www.restaurant-terre-et-mer.fr – Fermé 3 semaines en août, 1 semaine en fév., merc. soir, sam. midi, dim. soir et lundi
Formule 16 € – Menu 20 € (semaine), 28/45 € – Carte 47/63 €
Mur parementé de briques, cheminée en marbre, fleurs fraîches et tapisserie rayée composent le cadre de ce restaurant familial. On y déguste une cuisine traditionnelle où les jus courts et les émulsions ont la part belle. La carte varie au fil des saisons.

à Gosnay 5 km au Sud-Ouest par D 941 et D 181 – ✉ 62199 – 1 044 hab.

La Chartreuse du Val St-Esprit
1 r. Fouquières – ☎ 03 21 62 80 00 – www.ledomainedelachartreuse.com
52 ch – 147/400 € 147/400 € – 1 suite – 22 € – ½ P
Rest *Robert II* – voir les restaurants ci-après
Rest *La Distillerie* – Formule 20 € – Menu 39 € – Carte 29/76 € *(fermé 20 juil.-10 août et dim. soir)*
Rest *Le Vasco* – Carte 30/55 € *(fermé sam. midi)*
Bâti sur les ruines d'une ancienne chartreuse dans un parc de 6 ha, ce château (1762) a beaucoup de charme et d'élégance. Les chambres arborent un style cossu : mobilier ancien, papiers peints et tentures dans la grande tradition... Un petit coin de paradis !

La Métairie
1 r. Fouquières – ☎ 03 91 80 11 20 – www.hotel-lametairie.com
40 ch – 115/169 € 115/169 € – 16 €
Dans l'enceinte du domaine, deux bâtiments contemporains aux chambres assez cosy et très confortables.

Robert II – Hôtel La Chartreuse du Val St-Esprit
1 r. Fouquières – ☎ 03 21 62 80 00 – www.ledomainedelachartreuse.com
Menu 68/137 € – Carte 58/130 €
Le Robert II fait dans l'exercice de style avec la découpe au guéridon et le flambage devant le client. La cuisine privilégie les saisons et les produits nobles : ris de veau, homard, bar, turbot… Quant à la carte des vins, elle est exceptionnelle : plus de 800 appellations !

à Busnes 14 km au Nord-Ouest par D 943 et D 187 – ✉ 62350 – 1 261 hab.

Le Château de Beaulieu
1098 rte de Lillers – ☎ 03 21 68 88 88 – www.lechateaudebeaulieu.fr
16 ch – 170/280 € 170/280 € – 4 suites – 20 €
Rest *Meurin* ✿✿ **Rest *Le Jardin d'Alice*** – voir les restaurants ci-après
Promesse d'un week-end de charme dans cette élégante demeure en brique des 17e-19e s., sise dans un grand parc (jardin aromatique, vignes). D'esprit contemporain ou plus classiques, les chambres sont très confortables et d'une quiétude incomparable. Grand espace séminaires.

✿✿ **Meurin** (Marc Meurin) – Hôtel Le Château de Beaulieu
1098 rte de Lillers – ☎ 03 21 68 88 88 – www.lechateaudebeaulieu.fr – Fermé 3-22 août, 1er-15 janv., le midi sauf vend. et dim., dim. soir et lundi
Menu 80 € (semaine), 110/225 € – Carte 125/160 €
Moment de haute gastronomie dans le décor chic et feutré du Château de Beaulieu... Marc Meurin signe une cuisine d'excellente facture, fine et inventive. Bouillons, jus, produits, accords de saveurs, etc. Chaque assiette est un plaisir.
➜ Langoustine au céleri-rave, chorizo et caviar vintage d'Aquitaine. Turbot côtier en vinaigrette de champignons, fondue d'échalotes et fèves à la sarriette. Mystère au citron, noisettes et caramel.

Le Jardin d'Alice – Hôtel Le Château de Beaulieu
1098 rte de Lillers – ☎ 03 21 68 88 88 – www.lejardindalice.fr
Formule 25 € – Menu 31/65 € – Carte 34/58 €
La seconde table du chef Marc Meurin, au sein du Château de Beaulieu, version bistrot coloré et décalé : nul doute que la pétillante héroïne de Lewis Carroll aurait apprécié l'endroit (déco branchée, joli jardin) et plus encore la belle cuisine traditionnelle. C'est très souvent complet, pensez à réserver...

BEUIL

✉ 06470 (Alpes-Maritimes) – 495 hab. – **Voir carte n°41-D2**
Paris 809 km – Barcelonnette 80 km – Digne-les-Bains 117 km – Nice 79 km
Carte Michelin 341-C3 – Guide Vert Michelin Alpes du Sud

L'Escapade

au village – ✆ 04 93 02 31 27 – www.hotelescapade.fr – Fermé 7-18 avril et 1er oct.-26 déc.
11 ch – 67/100 € 67/100 € – 12 € – ½ P
Rest – Menu 25/35 € – Carte 40/50 €
Au cœur du village, un hôtel familial aux airs de bonne auberge de montagne. Sobre, bon marché et accueillante, l'Escapade est tout cela... et on aurait tort de se priver de son charme d'antan.

LA BEUNAZ – 74 Haute-Savoie ➜ voir Bernex

BEUVRON-EN-AUGE

14430 (Calvados) – 239 hab. – **Voir carte n°33-C2**
Paris 219 km – Cabourg 14 km – Caen 32 km – Lisieux 25 km
Carte Michelin 303-L4 – Guide Vert Michelin Normandie Vallée de la Seine

Le Pavé d'Hôtes sans rest

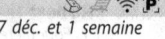

– ✆ 02 31 39 39 10 – www.pavedauge.com – Fermé 24 nov.-27 déc. et 1 semaine en fév.
5 ch – 81/127 € 88/134 €
Pavé d'Hôtes pour Pavé d'Auge, cette charmante ferme normande du 19e s. est tenue par l'épouse du chef de ce délicieux restaurant. Pourquoi ne pas profiter de l'un et de l'autre ? Les chambres, toutes différentes, conjuguent raffinement et modernité. En plus, le petit-déjeuner y est excellent.

Le Pavé d'Auge (Jérôme Bansard)

– ✆ 02 31 79 26 71 – www.pavedauge.com – Fermé 3-12 mars, 24 nov.-26 déc., mardi sauf du 21 juil. au 31 août et lundi
Menu 40/72 €
Chaleureux et typiquement normand (colombages, cheminée en pierre), ce restaurant occupe les anciennes halles du village. C'est ici une vocation que de susciter l'échange autour de bons produits ! Au menu, de beaux classiques préparés avec finesse et une interprétation savoureuse de la gastronomie régionale.
➜ Escalopes de foie gras poêlées en aigre-doux, chutney pomme-boudin. Saint-Jacques en carbonara de légumes, lard grillé et poudre d'agrumes. Pomme confite façon Tatin, feuilleté croustillant et crème à la vanille.

BEUZEVILLE

27210 (Eure) – 4 178 hab. – **Voir carte n°32-A3**
Paris 179 km – Bernay 38 km – Deauville 26 km – Évreux 76 km
Carte Michelin 304-C5 – Guide Vert Michelin Normandie Vallée de la Seine

Le Petit Castel sans rest

32 r. Constant-Fouché – ✆ 02 32 20 48 95 – www.lepetitcastel.com
16 ch – 69/84 € 69/84 € – 9 €
Un hôtel qui fait le buzz à Beuzeville : derrière sa façade bourgeoise traditionnelle, on découvre de jolies chambres, cosy et chaleureuses, ainsi qu'un charmant salon commun et un agréable espace bien-être. Autres atouts : Honfleur n'est qu'à 15 km et le pays d'Auge s'offre à vous !

Auberge du Cochon d'Or

64 r. des Anciens-d'AFN – ✆ 02 32 57 70 46 – www.le-cochon-dor.fr – Fermé 2 semaines en janv., dim. soir, mardi midi et lundi
Formule 15 € – Menu 20/42 € – Carte 35/58 €
Croustillant de pied de cochon, fromages normands, teurgoule (cette spécialité régionale de riz au lait cuit plusieurs heures dans une jarre en grès), etc. Tout le goût du terroir dans cette auberge née au début du siècle dernier ! Les amoureux de la tradition – revisitée avec justesse – sont ici à bon port... voire à bon porc.

à l'Ouest 3 km par N 175 – ✉ 14130 Quetteville

Hostellerie de la Hauquerie-Chevotel sans rest
Lieu-dit La Hocquerie – ✆ 02 31 65 62 40 – www.chevotel.com – Ouvert 1er avril-3 nov.
17 ch – 110/135 € 135/165 € – 2 suites – 14 €
Avis aux amoureux du cheval : cet hôtel s'épanouit au sein d'un haras, avec même quelques chambres au-dessus des écuries ! Un endroit chic, cosy et très verdoyant : de quoi se laisser aller à une douce quiétude et piaffer de plaisir.

LES BÉZARDS

✉ 45290 (Loiret) – **Voir carte n°12-D2**
Paris 136 km – Auxerre 79 km – Gien 17 km – Joigny 58 km
Carte Michelin 318-N5

Auberge des Templiers
Boismorand, à 4 km de l'autoroute A 77, sortie 19 – ✆ 02 38 31 80 01 – www.lestempliers.com – Fermé 3 semaines en fév.
22 ch – 145/295 € 195/295 € – 6 suites – 25 € – ½ P
Rest *Auberge des Templiers* ✿ – voir les restaurants ci-après
Une superbe architecture tout en colombages (17e s.), du mobilier d'époque, plusieurs cottages aux toits de chaume répartis dans le parc, un accueil et des prestations dans la grande tradition française : tels sont les trésors de ces Templiers !

Auberge des Templiers
Boismorand, à 4 km de l'autoroute A 77, sortie 19 – ✆ 02 38 31 80 01 – www.lestempliers.com – Fermé 3 semaines en fév.
Menu 49 € (déj.), 82/132 € – Carte 85/151 €
Certaines beautés ne se démodent jamais... Dans un décor de tapisseries, de poutres et de cristal, on savoure une cuisine bien en prise avec son époque. Un savoureux décalage ! ➜ Ravioles de champignons sauvages, velouté au jus de truffe. Ris de veau de lait en teriyaki, crème de petits pois. Croustillant de rhubarbe aux fraises.

BÈZE

✉ 21310 (Côte-d'Or) – 724 hab. – **Voir carte n°8-D2**
Paris 337 km – Dijon 34 km – Dole 86 km – Chenôve 47 km
Carte Michelin 320-L5 – Guide Vert Michelin Bourgogne

Le Bourguignon
8 r. Porte-de-Bessey – ✆ 03 80 75 34 51 – www.lebourguignon.com – Fermé 18 oct.-16 nov.
25 ch – 55/58 € 71/75 € – 10 € – ½ P
Rest – Formule 13 € – Menu 24/46 € – Carte 28/44 €
Une auberge de village, jolie et typique. Les chambres sont fonctionnelles et bien tenues (les dernières rénovées étant les plus agréables) ; au restaurant, charme rustique, terroir et tradition.

BÉZIERS

✉ 34500 (Hérault) – 70 955 hab. – Agglo. 84 492 hab. – **Voir carte n°22-B2**
Paris 758 km – Marseille 234 km – Montpellier 71 km – Perpignan 93 km
Carte Michelin 339-E8

Mercure sans rest
33 av. Camille-St-Saëns – ✆ 04 67 00 19 96 – www.mercure.com Plan : CY**f**
58 ch – 119/230 € 119/230 € – 15 €
Situation idéale pour ce Mercure à côté du palais des congrès. Les chambres arborent un style "cabine de péniche du canal du Midi" : boiseries, hublots et formes arrondies !

Hôtel des Poètes sans rest
80 allées Paul-Riquet – ✆ 04 67 76 38 66 – www.hoteldespoetes.net Plan : CZ**t**
14 ch – 46/60 € 60/70 € – 8 €
Chambres contemporaines et soignées dans ce petit hôtel confortable du centre. La salle du petit-déjeuner, réchauffée l'hiver par une cheminée, s'ouvre sur le joli parc des Poètes... Idéal pour une promenade romantique !

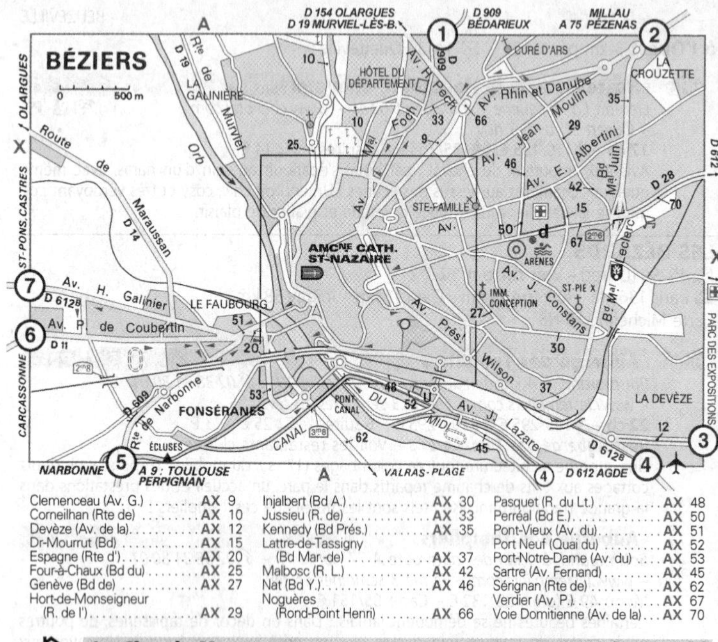

Clemenceau (Av. G.) . . . . **AX** 9
Corneilhan (Rte de) . . . . **AX** 10
Devèze (Av. de la). . . . . **AX** 12
Dr-Mourrut (Bd) . . . . **AX** 15
Espagne (Rte d') . . . . **AX** 20
Four-à-Chaux (Bd du) . . . . **AX** 25
Genève (Bd de) . . . . **AX** 27
Hort-de-Monseigneur
(R. de l') . . . . **AX** 29
Injalbert (Bd A.) . . . . **AX** 30
Jussieu (R. de) . . . . **AX** 33
Kennedy (Bd Prés.) . . . . **AX** 35
Lattre-de-Tassigny
(Bd Mar.-de) . . . . **AX** 37
Malbosc (R. L.) . . . . **AX** 42
Nat (Bd Y.). . . . . **AX** 46
Noguères
(Rond-Point Henri) . . . . **AX** 66
Pasquet (R. du Lt.) . . . . **AX** 48
Perréal (Bd E.). . . . . **AX** 50
Pont-Vieux (Av. du) . . . . **AX** 51
Port Neuf (Quai du) . . . . **AX** 52
Port-Notre-Dame (Av. du) . . . . . **AX** 53
Sartre (Av. Fernand) . . . . **AX** 45
Sérignan (Rte de) . . . . **AX** 62
Verdier (Av. P.). . . . . **AX** 67
Voie Domitienne (Av. de la) . . . **AX** 70

Le Clos de Maussanne

AC ch, rest, P

Domaine de Montpeyraux, rte de Pézenas – ✆ 04 67 39 31 81 – www.leclosdemaussanne.com

5 ch – 92/105 € 125/155 € – ½ P **Table d'hôte** – Menu 29 €

En pleine nature à 5 km du centre de Béziers, dans un jardin clos de murs, cet ancien couvent abrite de grandes chambres au charme inclassable (meubles de style et antiquités). Table d'hôte où l'on goûte l'art de vivre méditerranéen avec plaisir !

XXX L'Ambassade

AC

22 bd de Verdun, (face à la gare) – ✆ 04 67 76 06 24 – www.restaurant-lambassade.com – Fermé dim. et lundi   Plan : CZ**n**

Menu 29 € (semaine), 45/110 € – Carte 55/106 €

Une "ambassade" bien nommée, car le chef est très actif dans la promotion de la gastronomie régionale. Au menu, de bons produits locaux interprétés au goût du jour, et une belle carte de vins languedociens.

XX Octopus (Fabien Lefebvre)

AC

12 r. Boïeldieu – ✆ 04 67 49 90 00 – www.restaurant-octopus.com – Fermé 16 août-8 sept., vacances de Noël, dim. et lundi   Plan : CY**t**

Formule 24 € – Menu 32 € (déj. en semaine), 50/85 € – Carte 58/92 €

Moment de belle gastronomie au cœur de Béziers, autour d'une savoureuse cuisine de saison, épurée et centrée sur le produit (superbes crustacés et poissons, viande rassise par le chef lui-même, agrumes de choix...), accompagnée d'une belle sélection de vins "nature". Chaleureux décor contemporain et agréable terrasse en prime !

➜ Poisson de petite pêche juste mariné. Rouget de roche cuisiné dans ses sucs. Occitanie.

X La Maison de Petit Pierre

AC

22 av. Pierre-Verdier – ✆ 04 67 30 91 85 – www.lamaisondepetitpierre.fr – Fermé 3-16 mars, 27-30 avril, 19 août-4 sept, 26 decembre-4 janv., lundi soir, mardi soir, merc. soir et dim.   Plan : AX**d**

Formule 15 € – Menu 23 € (déj.), 38/65 € – Carte 30/60 €

Comme quoi la médiatisation a du bon ! Dans son restaurant non loin des arènes, Pierre Augé – finaliste de Top Chef 2010 – remporte un succès mérité. Les gens se pressent pour déguster sa cuisine, goûteuse et soignée, où les produits frais ont la priorité. Une bonne et sympathique adresse.

BÉZIERS

Abreuvoir (R. de l') . . . . **BZ** 2
Albert-1er (Av.) . . . . **CY** 3
Bonsi (R. de) . . . . **BZ** 4
Brousse (Av. Pierre) . . . . **BZ** 5
Canterelles (R.) . . . . **BZ** 6
Capus (R. du). . . . . **BZ** 7
Citadelle (R. de la) . . . . **BZ** 9
Drs-Bourguet (R. des). . . . . . **BZ** 13
Estienne-d'Orves (Av. d') . . . **BZ** 22
Flourens (R. Pierre). . . . . **BY** 23
Garibaldi (Pl.) . . . . **CZ** 26
Joffre (Av. Mar.). . . . . **CZ** 32
Massol (R.) . . . . **BZ** 43
Moulins (Rampe des). . . . . . . **BY** 44
Orb (R. de l') . . . . **BZ** 47
Péri (Pl. G.) . . . . **BYZ** 49
Puits-des-Arènes (R. du) . . . **BZ** 54
République (R. de la) . . . . . . **BY** 55
Révolution (Pl. de la) . . . . . . **BZ** 57
Riquet (R. P.). . . . . **BY** 58
St-Jacques (R.) . . . . **BZ** 60
Strasbourg (Bd de) . . . . **CY** 64
Tourventouse (Bd) . . . . **BZ** 65
Victoire (Pl. de la) . . . . **BCY** 68
Viennet (R.) . . . . **BZ** 69
4-Septembre (R. du) . . . . **BY** 72
11-Novembre (Pl. du) . . . . . . **CY** 74

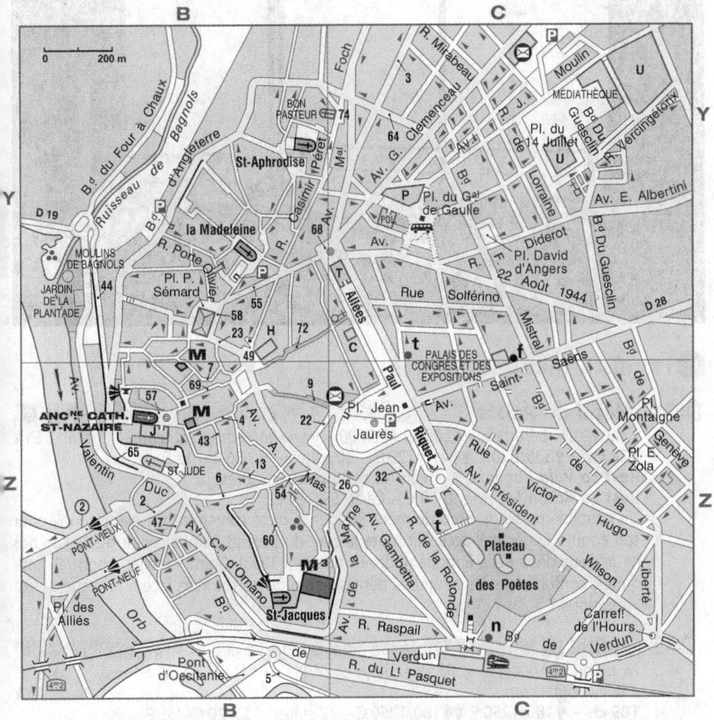

à Villeneuve-lès-Béziers 7 km par ③, D 612 et D 37 – ✉ 34420 – 3 986 hab.

La Chamberte AC ch,

r. de la Source – ☎ 04 67 39 84 83 – www.lachamberte.com

5 ch – 72 € 98 € – ½ P **Table d'hôte** – Menu 25 €

Couvert de verdure, cet ancien chai séduit d'emblée par son beau jardin-patio, véritable havre de paix. Le décor est aussi tendance que chaleureux (influences andalouse, exotique...). Table d'hôte dressée sous une belle charpente (plats du marché).

à Maraussan 6 km à l'Ouest par D 14 – ✉ 34370 – 3 757 hab.

Parfums de Garrigues AC P

37 r. de l'Ancienne-Poste – ☎ 04 67 90 33 76 – www.parfumsdegarrigues.fr – Fermé dim. soir de sept. à juin, merc. midi, lundi et mardi

Menu 20 € (déj. en semaine), 28/65 € – Carte 28/52 €

Une bâtisse joliment restaurée, comptant une confortable salle d'esprit contemporain et une cour intérieure abritant une terrasse ombragée. Cuisine aux parfums de la garrigue, bien sûr !

BIARRITZ

✉ 64200 (Pyrénées-Atlantiques) - 25 306 hab. - **Voir carte n°3-A3**
▶ Paris 772 km - Bayonne 9 km - Bordeaux 190 km - Pau 122 km
Carte Michelin 342-C4 - Guide Vert Michelin Pays Basque et Navarre

© J.-C. Amiel/hemis.fr

Hôtels & maisons d'hôtes

Hôtel du Palais
ch, rest,
1 av. de l'Impératrice – *05 59 41 64 00* – *www.hotel-du-palais.com* Plan : EY**k**
122 ch – 335/620 € 410/720 € – 30 suites – 36 € – ½ P
Rest *La Villa Eugénie* – voir les restaurants ci-après
Rest *La Rotonde* – Menu 68 € – Carte 58/104 €
Un véritable palais de bord de mer... Résidence d'été construite par Napoléon III pour son épouse Eugénie, il accueillit toute la cour du Second Empire, avant d'être l'un des hauts lieux de la Belle Époque (il devint hôtel en 1893). Grand escalier magistral, antiquités, confort dans les moindres détails, somptueuse rotonde face à la plage... Luxe intemporel !

Sofitel Le Miramar Thalassa Sea & Spa
rest,
13 r. Louison-Bobet – *05 59 41 30 01* – *www.sofitel.com* Plan : AX**k**
109 ch – 180/1250 € 180/1250 € – 17 suites – 29 € – ½ P
Rest *Le B* 05 59 41 30 00 –
– Formule 45 € – Menu 59 € – Carte 60/75 €
Cet hôtel, situé face au rocher de la Vierge, abrite un centre de thalasso et un spa. Chambres spacieuses, certaines avec terrasse ouverte sur la mer ; accès direct à la plage. Au B, ambiance moderne ou feutrée. Cuisine gastronomique ou allégée.

Radisson Blu
rest, ch,
1 carrefour Hélianthe – *05 59 01 13 13* – *www.radissonblu.fr/hotel-biarritz*
150 ch – 99/420 € 99/420 € Plan : DZ**t**
Rest – Carte 26/49 €
Décor actuel dans les chambres spacieuses de cet hôtel idéal pour la clientèle d'affaires. Grande terrasse et piscine sur le toit. Lounge-bar et restaurant d'esprit trendy (cuisine du marché).

Beaumanoir sans rest
10 av. de Tamamès – *05 59 24 89 29* – *www.lebeaumanoir.com*
– Ouvert de début avril à mi-nov. Plan : AX**n**
5 ch – 250/550 € 250/550 € – 3 suites – 29 €
Mobilier baroque et design, salle à manger d'esprit orangeraie, bar à champagne et suites ! Un charme luxueux règne dans ces anciennes écuries, à deux pas du centre et des plages.

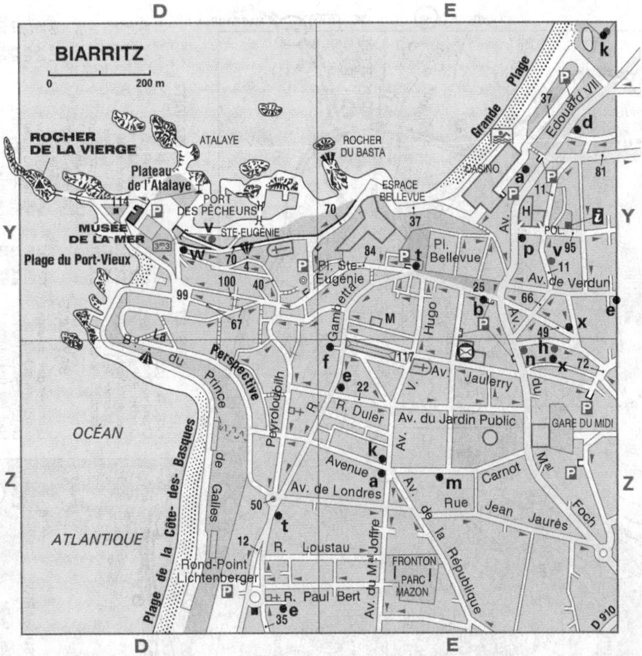

Rue	Plan	N°
Atalaye (Pl.)	DY	4
Barthou (Av. Louis)	EY	11
Beaurivage (Av.)	DZ	12
Champ-Lacombe (R.)	EZ	22
Clemenceau (Pl.)	EY	25
Édouard-VII (Av.)	EY	
Espagne (R. d')	DZ	35
Foch (Av. du Mar.)	EZ	
Gambetta (R.)	DEZ	
Gaulle (Bd du Gén.-de)	EY	37
Goélands (R. des)	DY	40
Helder (R. du)	EY	49
Hélianthe (Rd-Pt)	DZ	50
Larralde (R.)	EY	66
Larre (R. Gaston)	DY	67
Leclerc (Bd Mar.)	DEY	70
Libération (Pl. de la)	EZ	72
Marne (Av. de la)	EY	81
Mazagran (R.)	EY	84
Osuna (Av. d')	EY	95
Port-Vieux (Pl. du)	DY	99
Port-Vieux (R. du)	DY	100
Rocher de la Vierge (Espl. du)	DY	114
Sobradiel (Pl.)	EZ	117
Verdun (Av. de)	EY	
Victor-Hugo (Av.)	EYZ	

Le Café de Paris

5 pl. Bellevue – 05 59 24 19 53 – www.hotel-cafedeparis-biarritz.com

19 ch – 195/780 € 255/790 € – 2 suites – 20 € – ½ P — Plan : EY**t**

Rest – Formule 21 € – Carte 31/69 €

Ambiance jeune et animée dans cette institution de Biarritz au cadre résolument contemporain : mobilier design, murs ornés de peintures d'un artiste basque. Chambres avec vue sur l'Océan et le phare. Restaurant moderne avec belle terrasse ; carte brasserie.

Mercure Plaza Centre sans rest

10 av. Édouard-VII – 05 59 24 74 00 – www.hotels-cotebasque.com — Plan : EY**p**

69 ch – 140/286 € 140/286 € – 18 €

L'esprit Art déco imprègne les lieux de cet hôtel mythique, tourné vers la plage et le casino. Jolies chambres au décor alliant modernité et années 1930. Soirées jazz.

Grand Tonic Hôtel

58 av. Édouard-VII – 05 59 24 58 58 – www.biarritz-hotels.com — Plan : EY**d**

63 ch – 100/450 € 100/450 € – 15 € – ½ P

Rest ***La Maison Biarrotte*** – Formule 20 € – Menu 25/35 € – Carte 22/69 €

Un hôtel élégant et moderne à deux pas de la Grande Plage. Chambres au design soigné, équipées de baignoires hydromassantes pour des réveils toniques ! Agréable salle cosy et cuisine du marché.

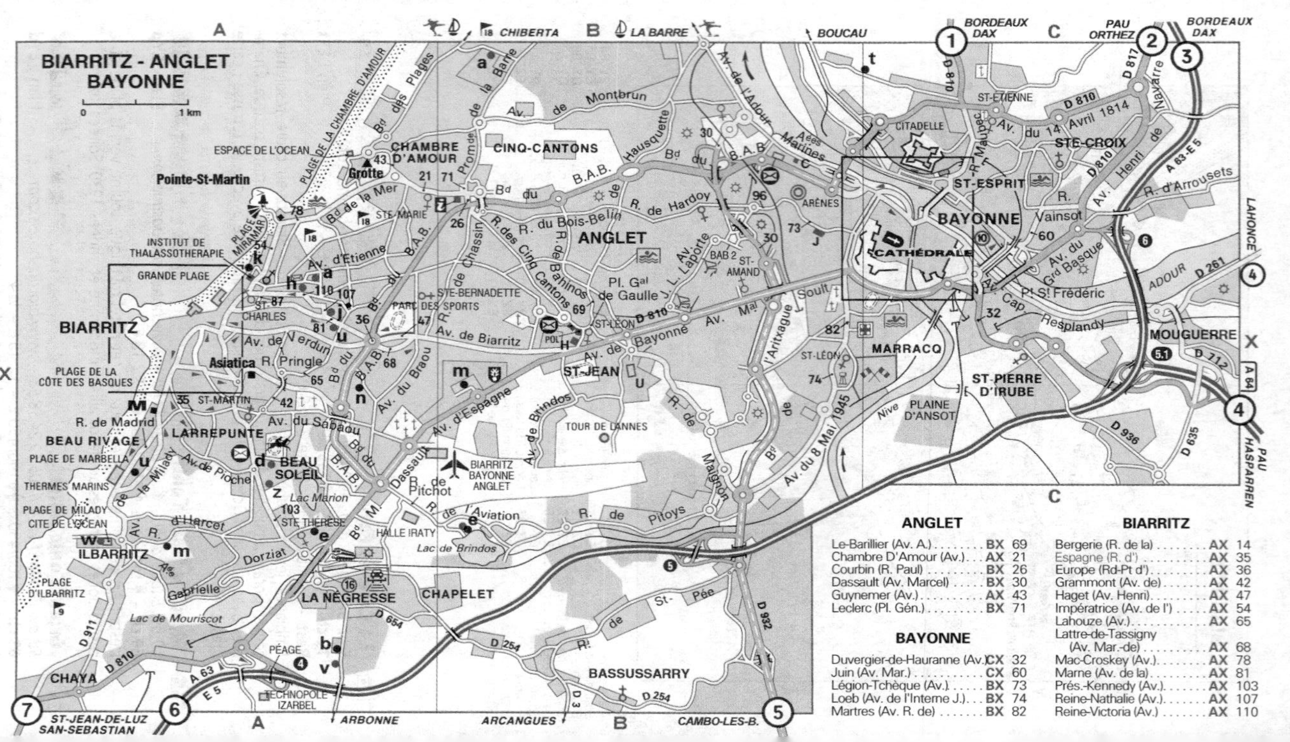
BIARRITZ - ANGLET
BAYONNE
0
1 km
ANGLET
Le-Barillier (Av. A.) . . . . BX 69
Chambre D'Amour (Av.) . . . AX 21
Courbin (R. Paul) . . . . BX 26
Dassault (Av. Marcel) . . . . . BX 30
Guynemer (Av.) . . . . AX 43
Leclerc (Pl. Gén.) . . . . BX 71
BAYONNE
Duvergier-de-Hauranne (Av.) CX 32
Juin (Av. Mar.) . . . . CX 60
Légion-Tchèque (Av.) . . . . . BX 73
Loeb (Av. de l'Interne J.) . . . BX 74
Martres (Av. R. de) . . . . BX 82
BIARRITZ
Bergerie (R. de la) . . . . AX 14
Espagne (R. d') . . . . AX 35
Europe (Rd-Pt d') . . . . AX 36
Grammont (Av. de) . . . . AX 42
Haget (Av. Henri) . . . . AX 47
Impératrice (Av. de l') . . . . . AX 54
Lahouze (Av.) . . . . AX 65
Lattre-de-Tassigny
(Av. Mar.-de) . . . . AX 68
Mac-Croskey (Av.) . . . . AX 78
Marne (Av. de la) . . . . AX 81
Prés.-Kennedy (Av.) . . . . AX 103
Reine-Nathalie (Av.) . . . . AX 107
Reine-Victoria (Av.) . . . . AX 110
BIARRITZ
ANGLET
BAYONNE
CHIBERTA
LA BARRE
BOUCAU
BORDEAUX DAX
PAU ORTHEZ
LAHONCE
PAU HASPARREN
CAMBO-LES-B.
ARCANGUES
ARBONNE
ST-JEAN-DE-LUZ SAN-SEBASTIAN
CHAMBRE D'AMOUR
CINQ-CANTONS
Pointe-St-Martin
ST-ESPRIT
STE-CROIX
CATHÉDRALE
MARRACQ
ST-PIERRE D'IRUBE
MOUGUERRE
ST-JEAN
LARREPUNTE
BEAU SOLEIL
BEAU RIVAGE
ILBARRITZ
LA NÉGRESSE
CHAPELET
BASSUSSARRY
CHAYA
BIARRITZ BAYONNE ANGLET
TOUR DE LANNES
PLAINE D'ANSOT
GRANDE PLAGE
PLAGE DE LA CÔTE DES BASQUES
PLAGE DE MARBELLA
PLAGE DE MILADY
PLAGE D'ILBARRITZ
Lac de Mouriscot
Lac Marion
Lac de Brindos

Silhouette

30 r. Gambetta – ✆ 05 59 24 93 82 – www.hotel-silhouette-biarritz.com
20 ch – 149/259 € 195/395 € – 13 € – ½ P Plan : EZ**f**
Rest – Formule 18 € – Menu 29/69 € – Carte 34/60 € *(ouvert de mai à oct.)*
Une architecture noble et des décors originaux (notes colorées, papiers peints d'inspiration surréaliste, etc.) : cette demeure du 17e s. – ancienne propriété de la famille de Silhouette – a fait sa mue en 2011. Déco tendance et détente, surtout dans les chambres avec vue sur la mer...

Villa Koegui sans rest

7 r. de Gascogne – ✆ 05 59 50 07 77 – www.hotel-villakoegui-biarritz.com
14 ch – 110/270 € 110/270 € – 18 € Plan : EZ**x**
Un hôtel résolument contemporain dans une rue tranquille du centre-ville. Dans les chambres, mobilier design et belles photos de Biarritz en noir et blanc composent un décor assez branché. Aux beaux jours, on prend son petit-déjeuner – avec l'incontournable gâteau basque ! – dans le joli patio...

Édouard VII sans rest

21 av. Carnot – ✆ 05 59 22 39 80 – www.hotel-edouardvii.com Plan : EZ**k**
18 ch – 80/180 € 80/180 € – 12 €
Accueil sympathique en cette jolie villa biarrote de la fin du 18e s. Chambres claires, agréablement personnalisées dans un esprit maison bourgeoise.

Saint-Julien sans rest

20 av. Carnot – ✆ 05 59 24 20 39 – www.saint-julien-biarritz.com
– Fermé 9 fév.-6 mars Plan : EZ**a**
20 ch – 80/180 € 90/180 € – 12 €
Cet hôtel – entièrement rénové en 2011 – connaît une seconde jeunesse ! Les chambres y sont joliment décorées et bien insonorisées. Il fait bon laisser sa voiture au parking de l'établissement pour partir, à pied, à la découverte de la ville. L'été, petit-déjeuner servi en terrasse.

Mercure Le Président sans rest

18 pl. G.-Clemenceau – ✆ 05 59 24 66 40 – www.mercure.com Plan : EY**b**
69 ch – 139/260 € 139/260 € – 18 €
Un hôtel des années 1970, mais une décoration et un confort très actuels : notes vives, surf à l'honneur et dominante de blanc dans les chambres (certaines avec vue sur la baie).

Alcyon sans rest

8 r. Maison-Suisse – ✆ 05 59 22 64 60 – www.hotel-alcyon-biarritz.com
– Fermé 2 janv.-21 mars Plan : EY**x**
15 ch – 90/250 € 115/250 € – 11 €
Cet hôtel marie charme des maisons anciennes et confort moderne : salon contemporain, salle des petits-déjeuners design et chambres aux tons chauds, dans l'air du temps.

Le Biarritz

30 av. de la Milady – ✆ 05 59 23 83 03 – www.biarritz-thalasso.com Plan : AX**u**
49 ch – 100/188 € 140/316 € – 14 € – ½ P
Rest – Menu 26 € (déj. en semaine) – Carte 30/42 €
À deux pas des thermes marins (accessibles à des tarifs préférentiels), cet hôtel propose de confortables chambres contemporaines d'esprit bord de mer. Le Ponton ouvre grand ses baies sur l'Océan. Terrasse aux beaux jours et carte actuelle.

Maïtagaria sans rest

34 av. Carnot – ✆ 05 59 24 26 65 – www.hotel-maitagaria.com
– Fermé 22 nov.-13 déc. Plan : EZ**m**
15 ch – 66/110 € 80/125 € – 10 €
Demeure de style régional et d'esprit maison d'hôte. Le mobilier chiné des chambres (fonctionnelles ou plus confortables) est largement Art déco. Salon ouvert sur le jardin.

Windsor

19 bd du Gén.-de-Gaulle, (Grande Plage) – ✆ 05 59 24 08 52 – www.hotelwindsorbiarritz.com Plan : EY**a**

48 ch – †80/330 € ††80/330 € – ☕ 18 € – ½ P

Rest ***Le Galion*** ✆ 05 59 24 20 32 – – Menu 18 € (déj. en semaine)/30 € – Carte 28/52 € *(fermé dim. soir de mi-nov. à fin fév., lundi sauf le soir du 1er juil. au 15 sept. et mardi midi)*

Océan, ville ou cour : l'exposition des chambres – rénovées en 2012 – de cet établissement voisin de la Grande Plage varie. Situé à 50 m, le restaurant panoramique offre une vue sur l'Atlantique. Plats traditionnels axés sur les produits de la mer.

Maison Garnier sans rest

29 r. Gambetta – ✆ 05 59 01 60 70 – www.hotel-biarritz.com – Fermé 15 nov.-15 déc. et 6-19 janv. Plan : EZ**e**

7 ch – †65/120 € ††78/183 € – ☕ 13 €

Coquette villa biarrote du 19e s., agréablement aménagée. Mobilier ancien et décoration soignée font tout le cachet des chambres, assez grandes.

Oxo sans rest

38 av. de Verdun – ✆ 05 59 24 26 17 – www.hotel-oxo.com – Fermé 22-28 déc.

20 ch – †60/105 € ††70/125 € – ☕ 8 € Plan : EY**e**

Oxo... pour oxygène des montagnes et océan. Établissement situé sur un axe semi-piéton (face à la médiathèque) ; chambres d'esprit contemporain, mêlant gris souris et couleurs vives.

Villa Le Goëland sans rest

12 plateau de l'Atalaye – ✆ 06 87 66 22 19 – www.villagoeland.com – Ouvert de début mars à mi-nov. Plan : DY**w**

4 ch – †130/250 € ††130/280 € – ☕ 10 €

Grande villa érigée sur l'un des sites les plus agréables de Biarritz : le panorama, superbe, va de l'Espagne à la côte landaise. Certaines chambres ont une terrasse.

Nere-Chocoa sans rest

28 r. Larreguy – ✆ 06 08 33 84 35 – www.nerechocoa.com Plan : AX**e**

5 ch – †75/80 € ††100/130 € – ☕ 10 €

Cette maison basque entourée de chênes a hébergé des hôtes illustres, telle l'impératrice Eugénie. Ambiance galerie d'art contemporain (vernissages, expositions), grandes chambres.

La Ferme de Biarritz sans rest

15 r. Harcet – ✆ 05 59 23 40 27 – www.fermedebiarritz.com – Fermé 1er-20 déc.

5 ch – †55/90 € ††55/90 € – ☕ 8,50 € Plan : AX**m**

Près de la plage, ferme basque du 17e s. bien restaurée. Coquettes chambres mansardées, agrémentées de meubles anciens. Petit-déjeuner dans le jardin ou devant la cheminée.

Restaurants

La Villa Eugénie – Hôtel du Palais

1 av. de l'Impératrice – ✆ 05 59 41 64 00 – www.hotel-du-palais.com – Fermé 3 fév.-20 mars, lundi et mardi de sept. à juin et le midi en juil.-août Plan : EY**k**

Menu 135 € – Carte 102/160 €

Pour marcher sur les traces de l'impératrice Eugénie, à laquelle Biarritz doit tant. Au cœur de son ancien palais, dans l'intimité d'élégants salons, on déguste une cuisine raffinée et... nullement figée : notes d'Asie, sucré-salé, épure, etc.

→ Foie gras de canard poché au vin de sangria, chutney de pêche jaune et gingembre. Rougets en filets poêlés, chipirons et riz crémeux. Chocolat en biscuit fondant et pure ganache, oranges confites.

Philippe

30 av. du Lac-Marion – ✆ 05 59 23 13 12 – www.restaurant-biarritz.com – Fermé 2 semaines en mars, 2 semaines en nov., lundi sauf août, mardi d'oct. à juin et le midi

Menu 45/100 € 🍷 – Carte 45/60 € *(réservation conseillée)* Plan : AX**d**

Cuisines ouvertes, plats inventifs à base de produits bio, décor avant-gardiste dans un cadre style hangar : ce restaurant surprend et séduit. Dépôt-vente d'art contemporain.

XX ✿ **Les Rosiers** (Andrée et Stéphane Rosier)

32 av. Beau Soleil – ☏ 05 59 23 13 68 – www.restaurant-lesrosiers.fr – Fermé lundi sauf le soir en août et mardi sauf le soir en juil.-août Plan : AX**z**

Menu 37 € (déj. en semaine)/78 € – Carte 63/80 €

Cadre élégant, tout en sobriété, servant d'écrin à une séduisante cuisine "vérité" réalisée à quatre mains, avec une maîtrise technique évidente. Madame a été la première "Meilleure ouvrière de France" ! ➜ Émietté de chair de crabe acidulé et vichyssoise glacée au curry. Ris de veau cuit dans un beurre mousseux. Chocolat blanc et noir.

XX ✿ **L'Atelier** (Alexandre Bousquet)

18 r. de la Bergerie – ☏ 05 59 22 09 37 – www.latelierbiarritz.com – Fermé 1 semaine en mars et en juin, 2 semaines en oct., 1 semaine en janv., dim. et lundi sauf vacances scolaires et fériés Plan : AX**h**

Formule 25 € – Menu 35 € (déj. en semaine), 60/98 € 🍷 – Carte 64/74 €

Un véritable atelier culinaire, par un jeune chef passionné qui signe des recettes originales et décomplexées – mais pas complexes. Ses compositions se révèlent aussi intéressantes que savoureuses. Bref, cette table fait plaisir !

➜ Langoustines rôties, condiment à la verveine et gelée fluide de pomme verte. Ris de veau en cocotte, déclinaison de carottes et jus de veau au vinaigre de framboise. Figue rôtie au cassis, crémeux de pruneaux d'Agen et sorbet basilic.

XX ✿ **L'Impertinent** (Fabian Feldmann)

5 r. d'Alsace – ☏ 05 59 51 03 67 – www.l-impertinent.fr – Fermé dim. sauf vacances scolaires et lundi Plan : AX**a**

Formule 28 € 🍷 – Menu 67/87 € – Carte 69/75 €

Ici, point de conventions, le chef – d'origine allemande – laisse libre cours à sa créativité. Dans l'assiette, les produits, d'une très belle fraîcheur, sont parfaitement cuisinés et assaisonnés avec originalité. On est surpris, on se régale. Incontestablement, l'impertinence n'est pas contraire au talent !

➜ Assiette de fruits de mer à notre façon. Thon de ligne grillé, tomates rôties au four, yaourt fumé et céleri branche. Le curry vert.

XX **Sissinou**

5 av. Mar.-Foch – ☏ 05 59 22 51 50 – www.sissinou.com – Fermé en fév., dim. et lundi sauf août et le midi en août Plan : EZ**n**

Menu 40 € (déj. en semaine), 60/70 € – Carte 60/81 €

Agréable atmosphère néobistrot (banquettes, teintes chatoyantes, service décontracté) et recettes actuelles, généreuses et gourmandes.

XX **La Table d'Aranda**

87 av. de la Marne – ☏ 05 59 22 16 04 – www.tabledaranda.fr – Fermé 2 semaines en janv., lundi sauf le soir en juil.-août et dim. Plan : AX**j**

Formule 15 € – Menu 20 € (déj.), 30/55 € 🍷 – Carte environ 44 €

Bon bouche à oreille pour cette table vouée à la satisfaction de vos papilles... Ambiance rustique et basque (ancienne rôtisserie) ; cuisine personnelle, autour du sucré-salé.

X **Le Sin**

1 av. de la Plage, (au 1er étage de la Cité de l'Océan) – ☏ 05 59 47 82 89 – www.le-sin.com – Fermé 6-24 janv., dim. soir et lundi sauf juil.-août Plan : AX**w**

Formule 30 € 🍷 – Carte 44/65 €

Au sein de la Cité de l'Océan, immanquable avec son architecture en forme de vague – une création de Steven Holl –, le Sin offre une vue magnifique sur la mer et le château d'Ilbarritz. Derrière les fourneaux, le chef surfe joliment sur l'air du temps et valorise de beaux produits. L'été, profitez de la terrasse.

X **Léonie**

7 av. Larochefoucauld – ☏ 05 59 41 01 26 – www.restaurant-leonie.com – Fermé 9-16 mars, 23 juin-6 juil., 24 nov.-7 déc., sam. midi, dim. soir et merc.

Formule 15 € – Menu 25/45 € – Carte 29/48 € Plan : AX**u**

Banquettes rouges et murs orange... Voilà un décor des plus chaleureux ! Dans l'assiette : plats bistrotiers, simples, goûteux et généreux.

Le Clos Basque

12 r. Louis Barthou – ✆ 05 59 24 24 96 – Fermé fin juin-début juil., fin oct. à mi-nov., fin fév. à mi-mars, dim. soir sauf juil.-août et lundi Plan : EY**v**
Menu 26/31 € – Carte environ 32 € *(réservation conseillée)*
Pierres apparentes et azulejos confèrent un esprit ibérique à la petite salle, où l'on mange au coude-à-coude. Derrière les fourneaux, le chef signe une goûteuse cuisine du marché teintée de notes basques. Pensez à réserver, c'est presque toujours complet – et la terrasse est un must !

Chez Ospi

6 r. Jean-Bart – ✆ 05 59 24 64 98 – www.chezospi.com – Fermé 1 semaine en mars, 1 semaine en juil., 4 nov.-4 déc., mardi et merc. de sept. à juin et le midi en juil.-août
Formule 14 € – Menu 18 € (déj. en semaine), 31/57 € Plan : EYZ**h**
– Carte 40/50 €
Dans une petite rue du centre-ville, ce bistrot de quartier tout simple se révèle très gourmand. En cuisine œuvrent deux frères, qui composent une belle cuisine du marché – produits du terroir basque en tête. Ils ont de qui tenir, ils sont de la famille Ospital, célèbre pour sa charcuterie à Hasparren !

Chez Albert

au Port-des-Pêcheurs – ✆ 05 59 24 43 84 – www.chezalbert.fr – Fermé 26 nov.-11 fév. et merc. sauf juil.-août Plan : DY**v**
Carte 39/60 €
Si tous les chemins mènent à Rome, un seul conduit chez Albert. Dans cette adresse animée et décontractée, sur le vieux port des pêcheurs, les produits de la mer sont à l'honneur ! Mention spéciale pour les poissons sauvages.

au lac de Brindos 4 km au Sud-Est – ✉ 64600 Anglet

Château de Brindos

1 allée du Château – ✆ 05 59 23 89 80 – www.chateaudebrindos.com – Fermé 16 fév.-2 mars Plan : BX**e**
24 ch – †175/275 € ††250/350 € – 5 suites – ☕ 26 € – ½ P
Rest *Château de Brindos* ✿ – voir les restaurants ci-après
Bel établissement dressé au bord d'un lac privé de 10 ha. Les chambres tutoient la verdure ou les flots, mêlant confort contemporain et architecture éclectique : la bâtisse principale fut bâtie dans les années 1920 comme un lieu de fête.

Château de Brindos

1 allée du Château – ✆ 05 59 23 89 80 – www.chateaudebrindos.com – Fermé 16 fév.-2 mars, dim. soir et lundi sauf de Pâques à la Toussaint Plan : BX**e**
Menu 30 € (déj.), 50/95 € – Carte 57/73 €
C'est d'abord un bel endroit – une élégante villégiature créée au début du 20e s. sur les rives d'un lac bucolique –, et c'est aussi une bonne table dont les assiettes se démarquent par leur qualité d'exécution et l'attention portée aux saveurs. Aux beaux jours, profitez de la terrasse au bord de l'eau... → Homard breton, polenta minute, pop-corn et truffe d'été. Pigeon laqué aux épices du Sud, artichaut confit, cromesquis au foie gras. Nectarine pochée, meringue italienne et gelée au muscat.

rte d'Arbonne 4 km au Sud par La Négresse et D 255 – ✉ 64200 Biarritz

Le Château du Clair de Lune sans rest

48 av. Alan-Seeger – ✆ 05 59 41 53 20 – www.hotelclairlune.com – Fermé 12 nov.-4 déc. Plan : AX**b**
17 ch – †70/130 € ††79/190 € – ☕ 11 €
Dans un joli parc où flâner au clair de lune, charmante demeure bourgeoise (1902) abritant des chambres raffinées ; décor plus contemporain dans le pavillon.

Campagne et Gourmandise

52 av. Alan-Seeger – ✆ 05 59 41 10 11 – Fermé dim. soir, lundi midi et merc.
Menu 33 € (déj.), 50/75 € – Carte 40/75 € Plan : AX**v**
Cette ancienne ferme nichée dans un vaste jardin, face aux Pyrénées, propose une cuisine classique actualisée. Salle cosy, belle cheminée et jolie terrasse.

à Arbonne 7 km au Sud par La Négresse et D 255 – ✉ 64210 – 2 034 hab.

Laminak sans rest
rte de St-Pée – ☎ 05 59 41 95 40 – www.hotel-laminak.com
12 ch – †79/85 € ††79/119 € – ☕ 12 €
Jolie ferme du 18e s. dans un jardin verdoyant. Chambres au décor soigné ; petits-déjeuners (confitures maison) servis sous la véranda, ouverte sur la piscine.

à Arcangues 8 km par La Négresse, D 254 et D 3 – ✉ 64200 – 3 111 hab.

Les Volets Bleus sans rest
chemin Etchegaraya, 2 km au Sud sur ancienne rte de St-Pée – ☎ 06 07 69 03 85 – www.lesvoletsbleus.fr – Ouvert d'avril à déc.
5 ch ☕ – †108/165 € ††118/175 €
Quiétude, verdure, authenticité : les atouts de cette villa basque perdue en pleine campagne. Matériaux nobles, chambres spacieuses aux murs patinés, tomettes et boutis.

Le Moulin d'Alotz (Benoit Sarthou)
chemin Alotz-Errota, 3 km au Sud par rte d'Arbonne et rte secondaire – ☎ 05 59 43 04 54 – www.lemoulindalotz.com – Fermé 24 juin-2 juil., 17-26 nov., janv., merc. sauf le soir en juil.-août et mardi
Carte environ 70 € *(réservation conseillée)*
Atmosphère bucolique et romantique en ce moulin basque du 17e s. niché dans la verdure... Le chef signe une cuisine raffinée, remplie de sensibilité et d'émotion, qui régale le corps comme l'esprit ! Une belle adresse, très courue : il est parfois difficile d'y obtenir une table en saison.
→ Homard caramélisé, bisque crémeuse, pinces croustillantes, noix grillées et foie chaud. Pigeonneau rôti, chou et condiment myrtille-amande. Gâteau frangipane à la pistache, confit de tomate parfumé aux épices.

Voir aussi ressources hôtelières à ***Anglet***

BIDARRAY

✉ 64780 (Pyrénées-Atlantiques) – 649 hab. – **Voir carte n°3-A3**
Paris 799 km – Biarritz 37 km – Cambo-les-Bains 17 km – Pau 127 km
Carte Michelin 342-D3 – Guide Vert Michelin Pays Basque et Navarre

Ostapé
rte d'Itxassou, 4 km au Nord par D 349 – ☎ 05 59 37 91 91 – www.ostape.com – Ouvert de mars à nov.
22 suites – ††170/550 € – ☕ 22 € – ½ P
Rest *Ostapé* – voir les restaurants ci-après
Plusieurs villas de style basque se fondent dans un paysage verdoyant – un parc de 45 ha que l'on parcourt avec une golfette prêtée pour le séjour ! Avec ses chambres spacieuses et raffinées, ses belles prestations, voilà bien un domaine à part...

Ostapé
rte d'Itxassou, 4 km au Nord par D 349 – ☎ 05 59 37 91 91 – www.ostape.com – Ouvert de mars à nov. et fermé lundi midi, merc. midi et mardi sauf juil.-août
Menu 39/75 € – Carte 56/68 €
Au sein d'un domaine bucolique, entre des murs du 17e s., cette table élégante revisite avec bonheur la gastronomie navarraise. Au menu : variations autour des bons produits locaux et incontournables tels que morue à la biscayenne ou gâteau basque.

BIDART

✉ 64210 (Pyrénées-Atlantiques) – 6 206 hab. – **Voir carte n°3-A3**
Paris 778 km – Bayonne 17 km – Biarritz 7 km – Pau 122 km
Carte Michelin 342-C4 – Guide Vert Michelin Pays Basque et Navarre

Hostellerie des Frères Ibarboure
chemin Ttalienea, 4 km au Sud par D 810, rte Ahetze et rte secondaire – ✆ 05 59 54 81 64 – www.freresibarboure.com – Fermé 17 nov.-5 déc. et 5-23 janv.
12 ch – †119/198 € ††135/250 € – ☕ 15 € – ½ P
Rest ***Table des Frères Ibarboure*** ✿ – voir les restaurants ci-après
Beaucoup de fraîcheur et de calme dans les chambres de cette grande demeure basque, qui est aussi une étape gastronomique reconnue dans la région. Bel atout : l'écrin de verdure du parc. Petit-déjeuner gourmand servi, l'été, au bord de la piscine.

Villa L'Arche sans rest
chemin Camboénéa – ✆ 05 59 51 65 95 – www.villalarche.com – Ouvert 16 fév.-22 nov.
8 ch – †125/245 € ††125/245 € – ☕ 15 €
Une grande villa ornée de mosaïques bleues, comme une œuvre de Gaudí sur la falaise. L'intérieur a été entièrement refait dans un style design ; accès direct à la plage par un petit chemin.

Itsas Mendia sans rest
11 av. de la Grande-Plage – ✆ 05 59 54 90 23 – www.hotelbidart.com – Fermé 4 janv.-28 fév.
15 ch – †110/345 € ††110/345 € – ☕ 14 €
L'enseigne – "mer et montagne" en basque – ne ment pas ! Dans cet hôtel proche de l'Océan, on aperçoit les Pyrénées... Construit dans les années 1920 par l'arrière-grand-père de la propriétaire actuelle, l'établissement, entièrement rénové en 2010, n'a rien d'un musée. La preuve avec les chambres, résolument design.

Ouessant-Ty sans rest
3 r. Erretegia – ✆ 05 59 54 71 89 – www.ouessantty.com
12 ch – †52/130 € ††52/130 € – ☕ 8,50 €
Un bâtiment tout blanc avec des volets bleus au centre du village, à deux pas des plages. Grandes chambres meublées de rotin et appart-hôtels à la semaine. Crêperie attenante.

Irigoian sans rest
av. de Biarritz – ✆ 05 59 43 83 00 – www.irigoian.com
5 ch – †95/120 € ††95/120 € – ☕ 10 €
Ferme du 17e s. aux colombages bleus, typiquement basque, près d'un golf et de la plage. Jolies chambres simples, spacieuses et habillées de teintes pastel. Accueil convivial.

Table des Frères Ibarboure (Jean-Philippe et Xabi Ibarboure)
✿
chemin Ttalienea, 4 km au Sud par D 810, rte Ahetze et rte secondaire – ✆ 05 59 54 81 64 – www.freresibarboure.com – Fermé 17 nov.-5 déc., 5-23 janv., lundi sauf le soir d'avril à nov. et merc. de sept. à juin
Menu 39 € (déj. en semaine), 59/108 € – Carte 73/98 €
La deuxième branche de la famille Ibarboure – l'autre faisant les beaux jours de Guéthary – confirme que la dynastie est incontournable dans le paysage de la gastronomie basque ! Sens des saveurs et de l'invention, qualité d'exécution et des produits : la table séduit, comme l'accueil et le cadre, délicieux face au jardin.
→ Huîtres chaudes, caviar d'Aquitaine et œufs de saumon. Poitrine de cochon kintoa laquée, filet mignon rôti au chorizo, oreilles en millefeuille et croustillant canaille. Dégustation de chocolats grands crus.

Villa Ilbarritz
av. de Biarritz – ✆ 05 59 23 82 07 – Fermé le midi en juil.-août, sam. midi, dim. soir et lundi hors saison
Formule 19 € – Menu 25 € (déj.), 35/49 € – Carte 40/60 €
Une belle villa autour d'un patio fleuri – atmosphère feutrée et contemporaine – pour une cuisine de produits sans chichis, qui mêle les influences avec éclectisme. Filet de bœuf à la bordelaise, crevettes tigrées à la plancha... Simple et goûteux !

BIELLE

✉ 64260 (Pyrénées-Atlantiques) – 444 hab. – **Voir carte n°3-B3**
Paris 803 km – Laruns 9 km – Lourdes 43 km – Oloron-Ste-Marie 26 km
Carte Michelin 342-J6 – Guide Vert Michelin Aquitaine

L'Ayguelade

10 quartier de l'Ayguelade, 1 km par rte de Pau – ✆ 05 59 82 60 06 – www.hotel-ayguelade.com – Fermé vacances de la Toussaint, de Noël, 2 semaines en janv., vend. soir, sam. midi et dim. soir sauf juil.-août
12 ch – †59/79 € ††59/79 € – ☕ 8 € – ½ P
Rest – Menu 18 € (semaine), 25/35 € – Carte 39/49 €
Cet hôtel situé sur la route d'Espagne, entièrement rénové en 2010, abrite des chambres à la fois fonctionnelles et coquettes (tissus et murs colorés, mobilier moderne), fort bien tenues. Restaurant traditionnel.

BIESHEIM – 68 Haut-Rhin → voir Neuf-Brisach

BIGNAN – 56 Morbihan → voir Locminé

BILLIERS

✉ 56190 (Morbihan) – 918 hab. – **Voir carte n°10-C3**
Paris 461 km – La Baule 42 km – Nantes 87 km – Redon 39 km
Carte Michelin 308-Q9

Domaine de Rochevilaine

à la Pointe de Pen Lan, 2 km par D 5 – ✆ 02 97 41 61 61 – www.domainerochevilaine.com
34 ch – †170/470 € ††170/470 € – 4 suites – ☕ 24 € – ½ P
Rest *Domaine de Rochevilaine* ✿ – voir les restaurants ci-après
Sur une pointe rocheuse fendant l'océan : l'âme du granit... alliée au luxe ! Le domaine consiste en un hameau (avec quelques bâtisses très anciennes), mêlant identité bretonne et décors ethniques – notamment au centre de balnéothérapie.

Les Glycines sans rest

17 pl. de l'Église – ✆ 02 97 45 69 68 – www.lesglycinesmorbihan.com
5 ch ☕ – †88/108 € ††98/118 €
Maison tout de bleu et de blanc sur la place du village. Salon avec piano, rempli de livres, bibelots et tableaux. Chambres hautes en couleur ; salle de jeu pour les enfants.

Domaine de Rochevilaine

à la Pointe de Pen Lan, 2 km par D 5 – ✆ 02 97 41 61 61 – www.domainerochevilaine.com
Menu 42 € (déj. en semaine), 77/135 € 🍷 – Carte 74/92 €
Envie de saveurs iodées, de fruits de mer rosés et savoureux, de poisson encore nimbé de l'écume de la marée ? Cette table est tout indiquée, qui fait un sacerdoce de respecter le produit, au-dessus de tout. Vue sur les flots.
→ Expression bretonne au gré du retour de pêche. Homard bleu de casier au beurre demi-sel et sauce coraillée. Crêpes caramel au beurre salé et glace au sarrasin.

BILLY

✉ 41130 (Loir-et-Cher) – 901 hab. – **Voir carte n°11-B1**
Paris 252 km – Blois 40 km – Châteauroux 62 km – Orléans 127 km
Carte Michelin 318-G8

Le Pont de Sauldre

2 r. Nationale, 2 km au Nord rte de Selles-sur-Cher – ✆ 02 54 96 21 65 – www.lepontdesauldre.fr – Fermé dim. soir et lundi
Menu 18 € (semaine), 25/42 € – Carte 38/44 €
Attention les yeux ! Dans ce restaurant aux murs d'un rouge éclatant, on savoure une cuisine de tradition avec de beaux produits : galantine, jambon de pays, fromages de chèvre de la région, tarte au citron... Le chef fait même son pain ! Une bonne adresse pour se régaler à prix raisonnables.

BINIC

✉ 22520 (Côtes-d'Armor) – 3 693 hab. – **Voir carte n°10-C1**
Paris 463 km – Guingamp 37 km – Lannion 69 km – Paimpol 31 km
Carte Michelin 309-F3 – Guide Vert Michelin Bretagne

Le Benhuyc sans rest 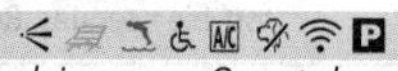
1 quai Jean-Bart – ✆ 02 96 78 79 79 – www.le-new-benhuyc.com
23 ch – †68/105 € ††75/105 € – ☕ 10 €
Au cœur de la station, près du port de plaisance, une bâtisse en pierre du pays, avec une véranda lumineuse en façade... Agréable ! Les chambres, contemporaines et fonctionnelles, raviront autant les clients d'affaires que les amoureux en goguette.

BIOT

✉ 06410 (Alpes-Maritimes) – 9 449 hab. – **Voir carte n°42-E2**
▶ Paris 910 km – Antibes 6 km – Cagnes-sur-Mer 9 km – Cannes 17 km
Carte Michelin 341-D6 – Guide Vert Michelin Côte d'Azur

Domaine du Jas sans rest 
625 rte de la Mer, D 4 – ✆ 04 93 65 50 50 – www.domainedujas.com – Ouvert de mi-fév. à mi-nov.
19 ch – †90/115 € ††95/145 € – ☕ 15 €
Des chambres immaculées et fonctionnelles (dont trois familiales en duplex) dans de petites villas, avec balcon ou terrasse donnant sur la piscine, le jardin ou le village de Biot : vivez au rythme du Sud !

Bastide Valmasque sans rest 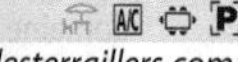
1110 rte d'Antibes, (au Golf de Biot), 1,5 km au Sud – ✆ 04 93 65 21 42 – www.bastidevalmasque.com
5 ch ☕ – †70/140 € ††75/145 €
Quelque part entre Bollywood et la Provence, il y a cette bastide rouge. De ses voyages, le propriétaire a rapporté des meubles ethniques et le goût des couleurs, pour une déco contemporaine fraîche et inattendue... juste en face du golf.

Les Terraillers (Michaël Fulci) 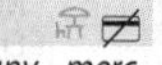
11 rte Chemin-Neuf, au pied du village – ✆ 04 93 65 01 59 – www.lesterraillers.com – Fermé 24 oct.-30 nov., merc. et jeudi
Menu 43 € (déj.)/110 € – Carte 97/119 €
Cette authentique poterie du 16e s. est devenue le restaurant de la famille Fulci. Aux commandes des cuisines, Michaël, le fils, signe des assiettes pleines des saveurs du Sud, raffinées et goûteuses, avec de beaux produits de saison. Et le reste de la famille est aux petits soins pour les hôtes ! ➜ Langoustines poêlées en fraîcheur de pastèque, pignons et olives. Saint-pierre, croustillant d'écorces de citron confit et petits pois. Tube cristal aux fraises des bois, espuma yuzu et glace confiture de lait.

Chez Odile
au village, chemin des Bachettes – ✆ 04 93 65 15 63 – Fermé 15 déc.-15 janv., merc. et jeudi sauf juil.-août
Formule 19 € – Carte 32/49 €
Peynet, peintre des années 1960, avait son rond de serviette dans cette auberge rustique élevée au rang d'institution locale. On est accueilli par Odile, joviale et passionnée. Le menu met à l'honneur les recettes régionales, accompagnées de vins locaux... et le tout se déguste en terrasse, bien sûr !

BIOULE

✉ 82800 (Tarn-et-Garonne) – 1 055 hab. – **Voir carte n°28-B2**
▶ Paris 613 km – Cahors 53 km – Montauban 22 km – Toulouse 75 km
Carte Michelin 337-F7

Les Boissières 
708 rte de Caussade – ✆ 05 63 24 50 02 – www.lesboissieres.com – Fermé 2 semaines en août, vacances de la Toussaint, 2 semaines en fév., sam. midi, dim. soir et lundi
8 ch – †77/117 € ††77/117 € – ☕ 11 € – ½ P
Rest – Formule 19 € – Menu 31/57 € – Carte environ 54 €
Au cœur d'un joli parc, cette maison de maître en brique et pierre du pays a de l'allure, sans parler de l'étable du 18e s., rénovée avec soin. Les chambres, confortables, mélangent avec raffinement le rustique et le moderne. Cuisine au goût du jour au restaurant.

BIRIATOU – 64 Pyrénées-Atlantiques ➜ voir Hendaye

BIRKENWALD

✉ 67440 (Bas-Rhin) – 291 hab. – **Voir carte n°1-A1**
Paris 461 km – Molsheim 23 km – Saverne 12 km – Strasbourg 34 km
Carte Michelin 315-I5

Au Chasseur

7 r. de l'Église – ✆ 03 88 70 61 32 – www.chasseurbirkenwald.com – Fermé 1er-12 juil. et 22 déc.-17 janv.
19 ch – 🕴75/100 € 🕴🕴100/110 € – 3 suites – ☕ 15 € – ½ P
Rest *Au Chasseur* – voir les restaurants ci-après
Dans un charmant village, une auberge régionale chaleureuse, proposant de belles chambres contemporaines, certaines tournées vers les Vosges. Parfait pour l'étape comme pour un plus long séjour...

Au Chasseur
7 r. de l'Église – ✆ 03 88 70 61 32 – www.chasseurbirkenwald.com – Fermé 1er-12 juil., 22 déc.-17 janv., lundi et le midi sauf dim.
Menu 30/55 € – Carte 36/53 €
Lambris peints, trophées de chasse... L'Alsace éternelle, toujours à l'affût de plaisirs gourmands : rognons aux spaetzele maison, foie gras au gewurztraminer, kougelhopf glacé, etc., sous l'égide de toute une famille amoureuse de son métier !

BIRON

✉ 24540 (Dordogne) – 185 hab. – **Voir carte n°4-C2**
Paris 625 km – Agen 76 km – Bordeaux 172 km – Périgueux 100 km
Carte Michelin 329-G8 – Guide Vert Michelin Périgord Quercy

Le Prieuré sans rest
– *✆ 05 53 61 93 03 – www.leprieurebiron.com – Ouvert de Pâques à oct.*
5 ch ☕ – 🕴120/140 € 🕴🕴130/165 €
Historique ! De belles chambres dans les dépendances d'un château, avec vue imprenable sur la campagne. À noter, la magnifique cheminée en bois dans la "Cardinal".

BISCARROSSE

✉ 40600 (Landes) – 12 197 hab. – **Voir carte n°3-B2**
Paris 656 km – Arcachon 40 km – Bayonne 128 km – Bordeaux 74 km
Carte Michelin 335-E8 – Guide Vert Michelin Aquitaine

à Ispe 6 km au Nord par D 652 et D 305 – ✉ 40600 Biscarosse

La Caravelle

5314 rte des lacs – ✆ 05 58 09 82 67 – www.lacaravelle.fr – Ouvert 1er mars-1er nov.
15 ch – 🕴51/87 € 🕴🕴87/127 € – ☕ 8 € – ½ P
Rest – Formule 12 € – Menu 16/40 € – Carte 26/82 € *(fermé lundi midi et mardi midi)*
Un bel air de vacances règne sur cette maison blanche posée au bord de l'étang de Cazaux, au cœur de la pinède : des eaux claires, quelques palmiers, des transats et, pour la nuit, des chambres au décor simple et soigné. Restaurant traditionnel.

Au Golf 7 km au Nord-Ouest par D 652 et D 305

Le Parcours Gourmand

av. du Golf – ✆ 05 58 09 84 84 – www.biscarrossegolf.com – Fermé 3 janv.-10 fév., lundi soir, mardi soir et merc. soir hors saison et dim. soir
Formule 17 € – Menu 19 € (déj. en semaine) – Carte 30/60 €
Une carte dans l'air du temps, valorisant les produits locaux, dans ce restaurant posé au départ du golf, au milieu de la pinède. Élégant décor épuré et terrasse avec vue sur les greens.

BITCHE

✉ 57230 (Moselle) – 5 319 hab. – **Voir carte n°27-D1**
Paris 438 km – Haguenau 43 km – Sarrebourg 62 km – Sarreguemines 33 km
Carte Michelin 307-P4

XXX **Le Strasbourg** (Lutz Janisch) avec ch

24 r. du Col.-Teyssier – ✆ 03 87 96 00 44 – www.le-strasbourg.fr – Fermé 24-31 juil., vacances de la Toussaint, 1er-10 janv., vacances de fév., dim. soir, mardi midi et lundi
10 ch – 59/69 € 79 € – 11 € – ½ P
Menu 28 € (semaine), 38/70 € – Carte 50/65 €
Une véritable auberge du 21e s., sobre et épurée, bien en phase avec son époque. La cuisine est appétissante, soignée et généreuse. Quant aux prix des menus, ils savent rester sages... Les chambres ont chacune leur style (Afrique, Asie, Provence, etc.), qu'elles cultivent avec discrétion.
➜ Foie gras d'oie à la cuillère, fraises mara des bois et pain anglais. Dos d'agneau du Bliesgau, artichauts poivrade, jus au romarin et crème d'ail. Variation surprise autour du chocolat.

XX **La Tour**

3 r. de la Gare – ✆ 03 87 96 29 25 – www.latour-bitche.fr – Fermé 24 fév.-17 mars, merc. soir du 15 nov. au 1er mars, mardi soir et lundi
Formule 10 € – Menu 26/65 € – Carte 30/52 €
Entre gare et centre-ville, on reconnaît cette grande bâtisse à sa tourelle. Ses trois salles semblent tout droit sorties de la Belle Époque... On y savoure une bonne cuisine traditionnelle éprise de produits tripiers comme, par exemple, la tête de veau, les rognons, la cervelle, etc. Avis aux amateurs !

BIZANET

⊠ 11200 (Aude) – 1 331 hab. – Voir carte n°**22**-B3
Paris 802 km – Beziers 46 km – Carcassonne 49 km – Narbonne 15 km
Carte Michelin 344-I4

X **La Table du Château**

16 r. de Paris – ✆ 04 68 93 51 19 – www.latableduchateau.fr – Fermé 17 fév.-20 mars, 10-20 nov., dim. soir de nov. à mars, mardi sauf le soir en juil-août et lundi
Formule 18 € – Menu 23 € (déj. en semaine), 30/41 € – Carte 43/58 €
Cette belle bâtisse a un certain charme avec ses pierres apparentes, son mobilier d'un rustique étudié et son agréable patio. Le chef puise son inspiration dans le terroir local : viandes cathares, fromage de brebis, herbes fraîches...

BIZANOS – 64 Pyrénées-Atlantiques ➜ voir Pau

BIZE-MINERVOIS

⊠ 11120 (Aude) – 1 081 hab. – Voir carte n°**22**-B2
Paris 792 km – Béziers 33 km – Carcassonne 49 km – Narbonne 22 km
Carte Michelin 344-I3

La Bastide Cabezac

18 Hameau de Cabezac, 3 km au Sud par D 5 – ✆ 04 68 46 66 10 – www.la-bastide-cabezac.com
12 ch – 67/98 € 83/118 € – 12 € – ½ P
Rest – Formule 17 € – Menu 25 € (déj. en semaine), 28/93 € – Carte 50/56 €
(fermé dim. soir et lundi)
Tout ne se perd pas, comme l'atteste cet ancien relais de poste du 18e s. où l'on fait toujours bonne étape ! Les chambres sont plutôt spacieuses, joliment décorées de mobilier en bois cérusé ou en fer forgé.

BLAGNAC – 31 Haute-Garonne ➜ voir Toulouse

BLAINVILLE-SUR-MER

⊠ 50560 (Manche) – 1 576 hab. – Voir carte n°**32**-A2
Paris 347 km – Caen 116 km – St-Lô 41 km
Carte Michelin 303-C5

Le Mascaret (Philippe Hardy) avec ch

1 r. de Bas – 02 33 45 86 09 – www.lemascaret.fr – Fermé 2-22 janv., dim. soir du 1er sept. au 14 juil. et lundi

5 ch – 105/115 € 135/195 € – 15 € – ½ P

Menu 25 € (déj. en semaine), 44/86 € – Carte 66/122 €

Un patio, un jardin d'herbes aromatiques et une cuisine précise et créative, mêlant avec bonheur les saveurs "terre et mer" : cette maison de pays a un charme fou ! Et comme il s'agit d'une ancienne pension de jeunes filles, on peut y faire halte très agréablement, dans une chambre originale et baroque. ➜ Homard de Blainville, émulsion corail-lée. Turbot de ligne rôti à basse température. Fruits flambés, senteurs florales.

LE BLANC

36300 (Indre) – 6 968 hab. – **Voir carte n°11-B3**

Paris 326 km – Bellac 62 km – Châteauroux 61 km – Châtellerault 52 km

Carte Michelin 323-C7 – Guide Vert Michelin Limousin Berry

Le Cygne

8 av. Gambetta – 02 54 28 71 63 – www.lecygneleblanc.fr – Fermé 23 juin-8 juil., 1er-14 janv., dim. soir, mardi sauf le soir en juil.-août et lundi

Menu 24/43 € – Carte 37/59 € *(réservation conseillée)*

Ce Cygne propose une cuisine à la croisée des chemins : des plats traditionnels avec des accents d'aujourd'hui, des créations originales où le terroir n'est jamais loin... On se régale d'une mousseline de langue de porc aux poireaux, d'une quenelle de brochet, etc. De quoi hésiter à voler vers d'autres horizons !

LE BLANC-MESNIL – 93 Seine-Saint-Denis ➜ voir Paris, Environs (Le Bourget)

BLANQUEFORT – 33 Gironde ➜ voir Bordeaux

BLANZY – 71 Saône-et-Loire ➜ voir Montceau-les-Mines

BLENDECQUES – 62 Pas-de-Calais ➜ voir St-Omer

BLÉNEAU

89220 (Yonne) – 1 441 hab. – **Voir carte n°7-A1**

Paris 156 km – Auxerre 56 km – Clamecy 59 km – Gien 30 km

Carte Michelin 319-A5

Blanche de Castille 

17 r. d'Orléans – 03 86 74 92 63 – www.hotelblanchecastille.facite.com

13 ch – 60/85 € 60/120 € – 9 € – ½ P

Rest – Formule 9 € – Menu 13 € (déj. en semaine), 17/26 € – Carte 30/57 €
(fermé 2-10 sept., 23 déc.-5 janv., jeudi et dim.)

Un hôtel familial, dans un ancien relais de poste. Les chambres répondent aux doux noms de Blanche, Aurore ou Léonie ; celles du dernier étage sont mansardées. À la carte, escargots, andouillette et gigot à déguster dans un cadre classique ou en terrasse.

BLÉNOD-LÈS-PONT-À-MOUSSON – 54 Meurthe-et-Moselle ➜ voir Pont-à-Mousson

BLÉRÉ

37150 (Indre-et-Loire) – 5 213 hab. – **Voir carte n°11-A1**

Paris 234 km – Blois 48 km – Château-Renault 36 km – Loches 25 km

Carte Michelin 317-O5 – Guide Vert Michelin Châteaux de la Loire

à l'Ouest 6 km par D 976 et rte secondaire – 37270 – 2 501 hab.

La Boulaye

lieu-dit La Boulaye – 02 47 50 29 21 – www.laboulaye.fr – Fermé vacances de la Toussaint, de Noël, de fév., mardi et merc.

Formule 22 € – Menu 29/40 €

Il faut se perdre un peu dans la campagne pour trouver cette grange du 17e s., qui se révèle romantique et chaleureuse... C'est la maîtresse des lieux qui cuisine et ses plats sont très personnels ; on la sent inspirée par le terroir. Ses créations sont généreuses, aromatiques et colorées.

BLESLE

✉ 43450 (Haute-Loire) – 634 hab. – **Voir carte n°5-B3**
▶ Paris 484 km – Aurillac 92 km – Brioude 23 km – Issoire 39 km
Carte Michelin 331-B2 – Guide Vert Michelin Auvergne

La Bougnate avec ch

pl. Vallat – ✆ 04 71 76 29 30 – www.labougnate.fr – Fermé 1er déc.-14 fév., lundi et mardi
12 ch – †89/97 € ††89/119 € – ☕ 11 € – ½ P Formule 19 € – Carte 35/47 €
Elle a du charme cette Bougnate, paisible petite auberge de village aux volets bleus. En terrasse au pied de sa façade parcourue de vigne vierge, ou dans le décor rustique de sa salle, on apprécie une jolie cuisine du terroir, concoctée dans le souci de la qualité. Et pour la nuit, les chambres ont le charme de la simplicité...

BLIENSCHWILLER

✉ 67650 (Bas-Rhin) – 339 hab. – **Voir carte n°2-C1**
▶ Paris 504 km – Barr 51 km – Erstein 26 km – Obernai 19 km
Carte Michelin 315-I6

Winzenberg sans rest

58 rte des Vins – ✆ 03 88 92 62 77 – www.winzenberg.fr – Fermé 1 semaine en juil.-août, 24 déc.-3 janv. et de mi-fév. à mi-mars
12 ch – †46/54 € ††49/59 € – ☕ 8 €
Un hôtel familial aménagé dans une ancienne maison de vigneron. Derrière la belle façade fleurie, les chambres sont charmantes avec leur mobilier en bois peint. Un établissement très bien tenu.

Le Pressoir de Bacchus

50 rte des Vins – ✆ 03 88 92 43 01 – Fermé lundi soir, merc. midi et mardi
Formule 15 € – Menu 28/67 € 🍷 – Carte 34/50 € *(réservation conseillée)*
On se presse dans cette jolie maison de la route des vins : le week-end, il convient de réserver très à l'avance. Telle est la renommée de la cuisine de Sylvie Grucker, qui sait en effet accommoder la tradition régionale avec originalité et goût ! Et la carte des vins met à l'honneur les 27 vignerons de la commune...

BLOIS

✉ 41000 (Loir-et-Cher) – 46 492 hab. – Agglo. 66 149 hab. – **Voir carte n°11-A1**
▶ Paris 182 km – Le Mans 111 km – Orléans 61 km – Tours 66 km
Carte Michelin 318-E6 – Guide Vert Michelin Châteaux de la Loire

Mercure Centre

28 quai St-Jean – ✆ 02 54 56 66 66 – www.mercure.com Plan : Y**f**
96 ch – †99/235 € ††109/265 € – ☕ 16 €
Rest – Menu 25 € – Carte 29/52 € *(fermé sam. midi et dim. midi)*
Chambres contemporaines et suites originales, en partie desservies par une coursive ouvrant sur un atrium. Bar, piscine, sauna et hammam. Petite vue sur la Loire. Le restaurant est tourné vers le fleuve ; intéressante sélection de vins au verre.

Le Monarque

61 r. Porte-Chartraine – ✆ 02 54 78 02 35 – www.hotel-lemonarque.com – Fermé 23 déc.-28 janv. Plan : Y**a**
22 ch – †58/65 € ††58/65 € – ☕ 8,50 € – ½ P
Rest – Formule 11 € – Menu 18 € (déj. en semaine)/32 € 🍷 – Carte 36/42 €
Non loin du centre piéton, un hôtel accueillant dans une bâtisse du 19es. Décor sobre et contemporain, avec partout de nombreuses affiches de Tintin, la passion du patron ! Formules et menus traditionnels au restaurant.

Ibis sans rest

3 r. Porte-Côté – ✆ 02 54 74 01 17 – www.ibishotel.com Plan : Z**x**
56 ch – †69/95 € ††69/95 € – ☕ 10 €
Une adresse centrale, dans un ancien hôtel particulier. Chambres fonctionnelles et bien insonorisées, accès Internet gratuit.

BLOIS

Abbé-Grégoire (Quai de l') . Z 2
Anne-de-Bretagne (R.) . . . . Z 3
Augustin Thierry (Sq.) . . . . Z 4
Balzac (R. H. de) . . . . V 5
Beauvoir (R.) . . . . Y 6
Bourg-St-Jean (R. du) . . . . Y 10
Cartier (R. R.) . . . . V 13
Chemonton (R.) . . . . Y 16
Clouseau (Mail) . . . . Y 17
Commerce (R. du) . . . . Z
Cordeliers (R. des) . . . . Y 18
Curie (R. Pierre et Marie) . . X 19
Déportés (Av. des) . . . . X 78
Dion (R. R.) . . . . V 20
Dupuis (Bd D.) . . . . X 21
Fontaine-des-Élus (R.) . . . . Z 22
Fossés-du-Château
(R. des) . . . . Z 23
Gambetta (Av.) . . . . X 25
Gaulle (Pont Ch.-de) . . . . . X 26
Gentils (Bd R.) . . . . X 27
Industrie (Bd de l') . . . . . . V 29
Jeanne-d'Arc (R.) . . . . Z 30
Laigret (Av. J.) . . . . Z 32
Leclerc (Av. du Mar.) . . . . . X 33
Lices (Pl. des) . . . . Z 34
Lion-Ferré (R. du) . . . . Z 35
Maunoury (Av. du Mar.) . . . Y 39
Monsabre (R. du Père) . . . . Z 41

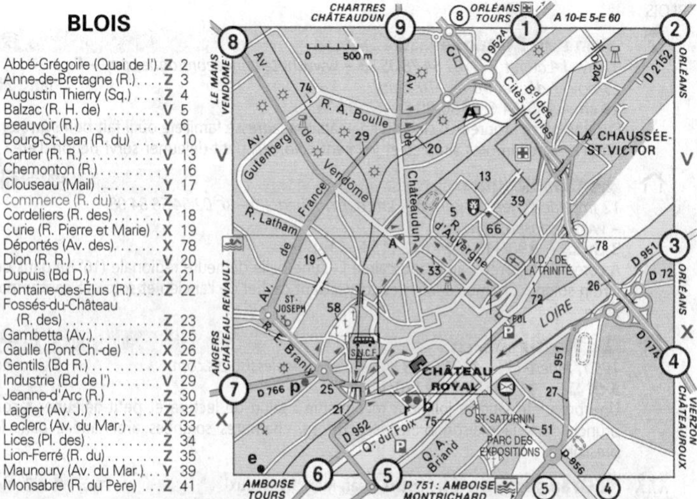

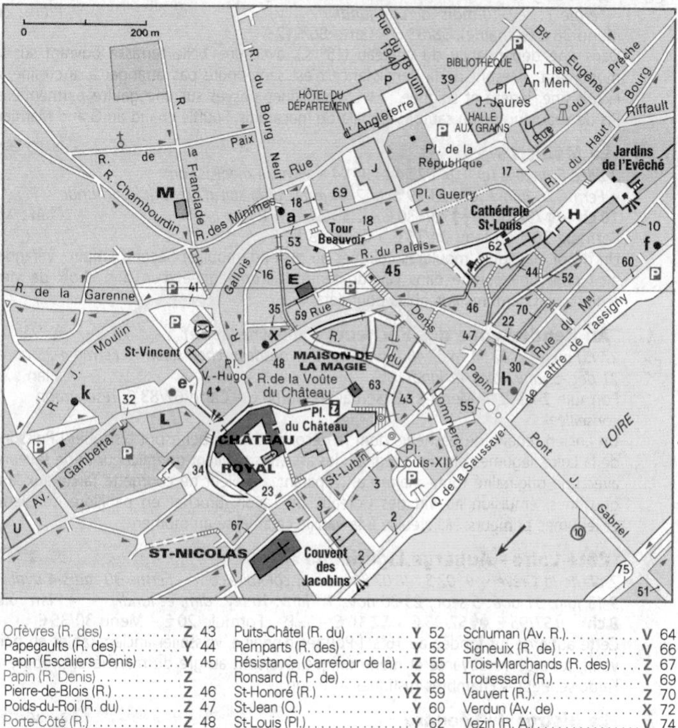

Orfèvres (R. des) . . . . Z 43
Papegaults (R. des) . . . . Y 44
Papin (Escaliers Denis) . . . . . . Y 45
Papin (R. Denis) . . . . Z
Pierre-de-Blois (R.) . . . . Z 46
Poids-du-Roi (R. du) . . . . Z 47
Porte-Côté (R.) . . . . Z 48
Président-Wilson (Av.) . . . . X, Z 51
Puits-Châtel (R. du) . . . . Y 52
Remparts (R. des) . . . . Y 53
Résistance (Carrefour de la) . . Z 55
Ronsard (R. P. de) . . . . X 58
St-Honoré (R.) . . . . YZ 59
St-Jean (Q.) . . . . Y 60
St-Louis (Pl.) . . . . Y 62
St-Martin (R.) . . . . Z 63
Schuman (Av. R.) . . . . V 64
Signeuix (R. de) . . . . V 66
Trois-Marchands (R. des) . . . . Z 67
Trouessard (R.) . . . . Y 69
Vauvert (R.) . . . . Z 70
Verdun (Av. de) . . . . X 72
Vezin (R. A.) . . . . V 74
Villebois-Mareuil (Q.) . . . . . X, Z 75

Anne de Bretagne sans rest

31 av. J.-Laigret – ✆ 02 54 78 05 38 – www.hotelannedebretagne.com – Fermé 23 nov.-7 déc. et 16 fév.-10 mars Plan : Z**k**

29 ch – 45/54 € 56/80 € – 8,50 €

Sur une place arborée voisine du château, une adresse familiale où il fait bon s'arrêter : salon cosy, chambres simples et joliment colorées, petit-déjeuner servi dehors l'été.

Le Clos Pasquier sans rest

12 imp. de l'Orée-du-Bois, à 5 km par r. Albert-1er – ✆ 02 54 58 84 08 – www.leclospasquier.fr

3 ch – 90/115 € 100/115 € – 1 suite

À l'orée de la forêt – au grand calme ! –, une belle demeure régionale (16e s.) dans un jardin soigné. Chambres jolies et cosy, alliant cachet de l'ancien et sobriété contemporaine.

Le Plessis sans rest

195 r. Albert-1er – ✆ 02 54 43 80 08 – www.leplessisblois.com Plan : X**e**

5 ch – 110/130 € 120/140 €

Une propriété viticole joliment reconvertie : salon de lecture et petit-déjeuner façon brunch dans la maison principale (18e s.), chambres soignées aménagées dans le pressoir.

L'Orangerie du Château (Jean-Marc Molveaux)

1 av. J.-Laigret – ✆ 02 54 78 05 36 – www.orangerie-du-chateau.fr – Fermé 15 fév.-10 mars, dim. et lundi Plan : Z**e**

Menu 38 € (semaine), 58/83 € – Carte 86/112 €

Dans une dépendance du château (15e s.), avec une belle terrasse ouvrant sur le monument... L'esprit de la Renaissance n'est sans doute pas étranger à la cuisine, à la fois fine, légère et soignée. ➜ Langoustines posées sur une gaufre parmentière. Ris de veau cuisiné au sautoir, timbale de macaronis. Soufflé chaud au Grand Marnier.

Le Médicis avec ch

2 allée François 1er – ✆ 02 54 43 94 04 – www.le-medicis.com – Fermé 30 juin-7 juil., 23-29 oct., 2-24 janv., dim. soir d'oct. à juin et lundi

10 ch – 79/130 € 79/130 € – 12 € – ½ P Plan : X**p**

Formule 25 € – Menu 34/76 € – Carte 43/82 €

Un décor classique (moulures colorées au plafond, mobilier Second Empire, véranda, etc.) pour une cuisine dans l'air du temps, accompagnée d'un bon choix de vins régionaux. Chambres agréables pour l'étape.

Au Rendez-vous des Pêcheurs (Christophe Cosme)

27 r. Foix – ✆ 02 54 74 67 48 – www.rendezvousdespecheurs.com – Fermé 4-25 août, 21 déc.-5 janv., dim. et lundi Plan : X**r**

Formule 24 € – Menu 37 € (semaine), 58/80 € – Carte 67/83 € *(réservation conseillée)*

Un ancien repaire de pêcheurs dont le décor cultive un bel esprit bistrotier ! Poissons de la Loire, légumes bio de la région : les assiettes pétillent de fraîcheur et de saveurs, avec une originalité toute maîtrisée... Épatant. ➜ Fleur de courgette farcie aux langoustines, émulsion au vin des Coteaux du Layon. Brochet en papillote de blette et légumes primeurs. Millefeuille à la vanille caramélisé au moment.

Côté Loire - Auberge Ligérienne avec ch

2 pl. de la Grève – ✆ 02 54 78 07 86 – www.coteloire.com – Fermé 30 mars-4 avril, 9-13 juin, 31 août-5 sept., 23-30 nov., 1er janv.-10 fév., dim. et lundi Plan : X**b**

8 ch – 57/95 € 57/95 € – 10 € – ½ P Formule 20 € – Menu 30/35 €

Cette auberge fut fondée au 16es. ! Poutres d'origine, vaisselier ancien, tables en bois verni, terrasse verdoyante et menu unique, évoluant au gré du marché et proposé à l'ardoise. Petites chambres rustiques à l'étage.

Le Bistrot de Léonard

8 r. Mar.-de Lattre-de-Tassigny – ✆ 02 54 74 83 04 – www.lebistrotdeleonard.com – Fermé 24 déc.-1er janv., sam. midi et dim. Plan : Z**h**

Carte 28/53 €

Sur les quais, derrière une jolie façade en bois, un bistrot... à la parisienne, avec des clins d'œil à Léonard de Vinci. À l'ardoise ? Des plats canailles (tartare, rognons...).

BLONVILLE-SUR-MER

✉ 14910 (Calvados) – 1 602 hab. – **Voir carte n°32-A3**
Paris 205 km – Caen 46 km – Deauville 5 km – Le Havre 50 km
Carte Michelin 303-M3

L'Épi d'Or

23 av. Michel-d'Ornano – ✆ 02 31 87 90 48 – www.hotel-normand.com – Fermé 16-30 déc. et 7 janv.-13 fév.
40 ch – †63/78 € ††63/115 € – ☕ 9 € – ½ P
Rest – Menu 20/65 € – Carte 23/56 € *(fermé merc. et jeudi sauf juil.-août)*
Cette grande maison à la sortie de Blonville a vraiment le style de la région. Les chambres, toutes semblables, sont fonctionnelles et très bien tenues. Un établissement familial qui comprend également un restaurant traditionnel et une brasserie.

BOÉ – 47 Lot-et-Garonne ➜ voir Agen

BOESCHEPE

✉ 59299 (Nord) – 2 197 hab. – **Voir carte n°30-B2**
Paris 264 km – Arras 78 km – Lille 41 km
Carte Michelin 302-E3

Auberge du Vert Mont (Florent Ladeyn) avec ch

rest,

1318 r. du Mont-Noir – ✆ 03 28 49 41 26 – www.aubergeduvertmont.fr – Fermé dim. soir, lundi et jeudi
7 ch – †58/70 € ††58/70 € – ☕ 8 € – ½ P Menu 21 € (déj. en semaine), 34/50 €
Envie de prendre des nouvelles de Florent Ladeyn, finaliste de Top Chef 2012 ? Vous le trouverez aux fourneaux de son auberge familiale, nichée dans la campagne des Flandres, près de la frontière belge ; sa cuisine respire l'invention, l'audace – sans être hasardeuse – et l'amour pour les produits de son terroir. Que de cœur !
➜ Cuisine du marché.

BOIS-COLOMBES – 92 Hauts-de-Seine ➜ voir Paris, Environs

BOIS DE BOULOGNE – 75 Ville-de-Paris ➜ voir Paris (Paris 16e)

BOIS-GRENIER – 59 Nord ➜ voir Lille

BOIS-LE-ROI

✉ 77590 (Seine-et-Marne) – 5 650 hab. – **Voir carte n°19-C2**
Paris 58 km – Fontainebleau 10 km – Melun 10 km – Montereau-Fault-Yonne 26 km
Carte Michelin 312-F5

La Marine

52 quai Olivier Metra – ✆ 01 60 69 61 38 – Fermé vacances de la Toussaint, vacances de fév., dim. soir d'oct. à avril, lundi et mardi
Menu 29/34 € – Carte 45/75 €
Cette auberge jouit d'une situation attractive en bord de Seine, face à une écluse. Sympathique cuisine traditionnelle dans la salle sagement rustique ou sur la terrasse d'été.

BOIS-PLAGE-EN-RÉ – 17 Charente-Maritime ➜ voir Île de Ré

BOISSET

✉ 15600 (Cantal) – 607 hab. – **Voir carte n°5-A3**
Paris 559 km – Aurillac 31 km – Calvinet 18 km – Entraygues-sur-Truyère 48 km
Carte Michelin 330-B6

Auberge de Concasty

ch, rest,

3 km au Nord-Est par D 64 – ✆ 04 71 62 21 16 – www.auberge-concasty.com – Ouvert d'avril à nov.
11 ch – †87/176 € ††87/176 € – 1 suite – ☕ 17 € – ½ P
Rest – Menu 34/44 € *(fermé le midi sauf dim.) (réservation conseillée)*
Ce domaine donnant sur la campagne cantalienne offre l'occasion d'une véritable bouffée d'air pur. Esprit nature et bio dans les chambres (plus spacieuses dans la remise et le sécadou) comme au restaurant. Massages sur demande.

BOISSIÈRES

✉ 46150 (Lot) – 372 hab. – Voir carte n°**28**-B1
Paris 573 km – Cahors 16 km – Fumel 43 km – Souillac 64 km
Carte Michelin 337-E4

Michel & Lydia

lieu-dit Bertouille, 1 km à l' Est par rte secondaire – ✆ 05 65 21 43 29 – www.micheletlydia.fr – Fermé 1er déc.-10 janv.
4 ch – 65/80 € 65/80 € **Table d'hôte** – Menu 28 €
Dans cette belle demeure du Quercy, avec pigeonnier, Michel et Lydia sont aux petits soins ! Les chambres sont confortables et décorées de mobilier chiné. À table, on apprécie les produits du terroir dûment accompagnés de vins de Cahors.

BOLLENBERG – 68 Haut-Rhin ➜ voir Rouffach

BOLLEZEELE

✉ 59470 (Nord) – 1 403 hab. – Voir carte n°**30**-B1
Paris 274 km – Calais 45 km – Dunkerque 24 km – Lille 68 km
Carte Michelin 302-B2

Hostellerie St-Louis

47 r. de l'Église – ✆ 03 28 68 81 83 – www.hostelleriesaintlouis.com – Fermé 28 juil.-4 août et 26 déc.-13 janv.
25 ch – 54/85 € 69/85 € – 10 € – ½ P
Rest – Menu 27 € (semaine), 35/51 € – Carte environ 47 € *(fermé le midi sauf dim.)*
Imaginez une maison du 19e s. à l'élégance très rétro, avec un ravissant jardin, un joli bassin et des chambres impeccablement tenues... Voilà une adresse parfaite pour les amateurs de classicisme et de calme ! Cuisine traditionnelle au restaurant.

BONDUES – 59 Nord ➜ voir Lille

BONIFACIO – 2A Corse-du-Sud ➜ voir Corse

BONLIEU

✉ 39130 (Jura) – 259 hab. – Voir carte n°**16**-B3
Paris 439 km – Champagnole 23 km – Lons-le-Saunier 32 km – Morez 24 km
Carte Michelin 321-F7 – Guide Vert Michelin Franche-Comté Jura

Les Alpages

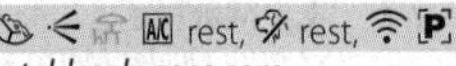

1 chemin de la Madone – ✆ 03 84 25 57 53 – www.hotel-lesalpages.com – Fermé 2 nov.-20 déc. et 5 janv.-8 fév.
9 ch – 55/94 € 60/94 € – 10 € – ½ P **Rest** – Menu 28/32 € *(fermé le midi)*
Un établissement familial sur les hauteurs du village. Les chambres y sont fonctionnelles et bien tenues, et l'hiver, on s'installe confortablement au coin de la cheminée... Avant, bien entendu, d'aller gambader dans les alpages !

La Poutre avec ch

25 Grande-Rue – ✆ 03 84 25 57 77 – www.aubergedelapoutre.com – Ouvert de début mai à début nov. et fermé 1 semaine en juin, mardi et merc. sauf juil.-août et lundi midi en été
8 ch – 52/90 € 52/90 € – 9 € – ½ P Menu 26/85 € – Carte 46/75 €
Au cœur du bourg, cette auberge familiale de 1740 cultive son charme rustique. Pour la petite histoire, sachez que la poutre qui soutient le plafond mesure 17 m et provient d'une grume de sapin de 3 m^3 ! Quant au chef, il vous régale d'une jolie cuisine d'aujourd'hui, savoureuse et raffinée.

BONNAT

✉ 23220 (Creuse) – 1 305 hab. – Voir carte n°**25**-C1
Paris 329 km – Châtre 37 km – Guéret 20 km – Montluçon 72 km
Carte Michelin 325-I3

L'Orangerie

3 bis r. de la Paix – 05 55 62 86 86 – www.hotel-lorangerie.fr – Ouvert d'avril à oct.
30 ch – 87/97 € 87/117 € – 12 € – ½ P
Rest – Menu 20 € (déj. en semaine), 32/39 € – Carte 44/63 € *(fermé dim. soir et lundi midi hors saison)*
Agréables salons, chambres confortables et douillettes, bon petit-déjeuner avec des cakes et des confitures maison, recettes dans l'air du temps faisant la part belle aux légumes du potager : cette séduisante demeure bourgeoise tient assurément ses promesses !

BONNATRAIT – 74 Haute-Savoie ➜ voir Thonon-les-Bains

BONNE

74380 (Haute-Savoie) – 2 776 hab. – **Voir carte n°46-F1**
Paris 545 km – Annecy 45 km – Bonneville 16 km – Genève 18 km
Carte Michelin 328-K3

Baud

181 av. du Léman – 04 50 39 20 15 – www.hotel-baud.com
19 ch – 145/265 € 145/265 € – 17 €
Rest *Baud* – voir les restaurants ci-après
À quelques minutes de la frontière suisse et des contreforts du Chablais, cet hôtel-restaurant séduit par son design élégant (salons cossus, miroirs imposants, chambres grand confort). On se régale de produits artisanaux dès le petit-déjeuner.

XXX

Baud

181 av. du Léman – 04 50 39 20 15 – www.hotel-baud.com – Fermé dim. soir
Menu 26 € (déj. en semaine), 44/93 € – Carte 60/81 €
Imaginez de beaux produits frais mis en valeur par de jolies touches d'inventivité : carpaccio de bœuf charolais à l'huile de truffe, jarret d'agneau confit au thym avec caviar d'aubergines et ratatouille... Et en bonus, une carte des vins bien composée et un service aimable et professionnel. Un bon moment !

au Pont-de-Fillinges 2,5 km à l'Est – 74250

XX

Le Pré d'Antoine

15 rte de Chez-Radelet – 04 50 36 45 06 – www.lepredantoine.com – Fermé 3 semaines en juil., 1er-8 janv., dim. soir et lundi
Formule 25 € – Menu 44/60 € – Carte 52/70 €
Un élégant décor contemporain, un service de qualité : on ne regrette pas d'avoir franchi le seuil de cette belle maison montagnarde, légèrement en retrait de la route. Le chef, Bernard Binaud, met tout son savoir-faire au service d'une cuisine de saison, savoureuse et sans fioriture. Du beau travail !

BONNE-FONTAINE – 57 Moselle ➜ voir Phalsbourg

BONNÉTAGE

25210 (Doubs) – 782 hab. – **Voir carte n°17-C2**
Paris 468 km – Belfort 69 km – Besançon 65 km – Biel/Bienne 62 km
Carte Michelin 321-K3

L'Étang du Moulin

5 chemin de l'Étang-du-Moulin, 1,5 km par D 236 et chemin privé – 03 81 68 92 78 – www.etang-du-moulin.fr – Fermé 22-26 déc., 2-24 janv., lundi sauf le soir de mai à sept. et mardi midi
20 ch – 115/145 € 115/145 € – 14 € – ½ P
Rest *L'Étang du Moulin* – voir les restaurants ci-après
Rest *Le Bistrot* – Menu 17 € (déj. en semaine)/140 € – Carte 55/89 € *(fermé sam. soir, dim. midi, lundi sauf le soir de mai à sept. et mardi midi)*
La nature pour écrin ! Ce grand chalet se dresse au bord d'un étang dont seul le léger clapotis vient troubler le calme des environs... Les chambres ouvrent grand sur la nature (certaines avec balcon) et leur décor contemporain rend zen. Agréable espace bien-être.

XXX **L'Étang du Moulin** (Jacques Barnachon)

5 chemin de l'Étang-du-Moulin, 1,5 km par D 236 et chemin privé – ✆ 03 81 68 92 78 – www.etang-du-moulin.fr – Fermé 22-26 déc., 2-24 janv., mardi midi, merc. midi et lundi

Menu 38/140 € – Carte 55/92 €

Comme un écho à un environnement très préservé, le terroir imprègne toute cette cuisine, de l'entrée jusqu'au dessert (parfumé à la liqueur de sapin par exemple). À noter : le menu dégustation entièrement dédié au foie gras. Service de qualité.
➜ Morilles cuites en ragoût, vin jaune et crème fraiche. Ris de veau caramélisés au miel, vinaigre balsamique et navet au beurre de curry. Fraîcheur de gentiane et croquant en caramel aux bourgeons de sapin.

BONNEUIL-MATOURS

✉ 86210 (Vienne) – 2 040 hab. – **Voir carte n°39-C1**

Paris 322 km – Bellac 79 km – Le Blanc 51 km – Châtellerault 17 km

Carte Michelin 322-J4 – Guide Vert Michelin Poitou-Charentes

XX **Le Pavillon Bleu**

D 749, (face au pont) – ✆ 05 49 85 28 05 – www.le-pavillon-bleu.fr – Fermé 22 sept.-5 oct., merc. soir, dim. soir et lundi

Formule 14 € – Menu 22/46 € – Carte environ 41 €

Une fière façade ocre, qui tranche avec le bleu des fenêtres, puis à l'intérieur des pierres apparentes, poutres et tons sobres... Ne quittez pas ce village pittoresque sans découvrir sa jolie auberge. Le chef réalise avec talent une cuisine de tradition, avec de très bons produits locaux !

BONNEVAL

✉ 28800 (Eure-et-Loir) – 4 637 hab. – **Voir carte n°11-B1**

Paris 121 km – Chartres 31 km – Lucé 34 km – Orléans 66 km

Carte Michelin 311-E6 – Guide Vert Michelin Châteaux de la Loire

Hostellerie du Bois Guibert ch,

à Guibert, 2 km au Sud-Ouest – ✆ 02 37 47 22 33 – www.bois-guibert.com – Fermé 2 semaines en nov. et 2 semaines en janv.

12 ch – †71/145 € ††71/145 € – ☕ 12 € – ½ P

Rest – Menu 25/69 € – Carte 46/67 € *(fermé dim. soir, mardi midi et lundi)*

Au cœur d'un parc ravissant, une gentilhommière du 18e s. d'une élégante simplicité ; dans l'annexe, des chambres spacieuses et modernes. Pour se restaurer, on optera pour la salle d'un beau classicisme ou le charme bucolique de la terrasse.

BONNEVAL-SUR-ARC

✉ 73480 (Savoie) – 241 hab. – **Voir carte n°45-D2**

Paris 706 km – Albertville 133 km – Chambéry 146 km – Lanslebourg 21 km

Carte Michelin 333-P5 – Guide Vert Michelin Alpes du Nord

À la Pastourelle 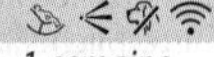

– ✆ 04 79 05 81 56 – www.pastourelle.com – fermé 1 semaine en juin, 1 semaine en sept. et vacances de la Toussaint

12 ch – †62 € ††68 € – ☕ 8 € – ½ P

Rest – Menu 12 € – Carte 23/40 € *(ouvert 21 déc.-19 avril et fermé le midi)*

Accueil avenant dans cette petite maison familiale de style montagnard. Les chambres y sont confortables et bien tenues. Au menu du restaurant, raclettes, fondues, crêpes et diots (la spécialité régionale), à savourer au coin du feu, dans une salle rustique à souhait. Une adresse authentique !

BONNEVILLE

✉ 74130 (Haute-Savoie) – 11 908 hab. – **Voir carte n°46-F1**

Paris 556 km – Annecy 42 km – Chamonix-Mont-Blanc 54 km – Nantua 87 km

Carte Michelin 328-L4 – Guide Vert Michelin Alpes du Nord

à Vougy 5 km à l'Est par D 1205 – ✉ 74130 – 1 482 hab.

XXX **Le Capucin Gourmand**

1520 rte de Genève, D 1205 – ☎ 04 50 34 03 50 – www.lecapucingourmand.com – Fermé 7-30 août, 1er-8 janv., sam. midi, dim. et lundi sauf fériés
Menu 60 € – Carte 36/58 €
Dans une élégante salle aux tons café, on déguste une cuisine classique proposée à travers une petite carte et un menu dégustation : tartare de féra du lac Léman, côte de veau boulangère (un classique de la cuisine bourgeoise), sablé au café... Voilà bien un capucin gourmand !
Le Bistro du Capucin – voir les restaurants ci-après

X **Le Bistro du Capucin**

1520 rte de Genève – ☎ 04 50 34 03 50 – www.lecapucingourmand.com – Fermé 7-30 août, 1er-8 janv., sam. midi, dim. et lundi sauf fériés
Formule 24 € – Menu 30 € – Carte 34/52 €
Escargots de Magland en persillade, dos de cabillaud rôti aux premiers légumes verts, vacherin maison, etc. : on profite ici d'une bonne cuisine canaille, gourmande et généreuse. Le tout à prix doux.

BONNIEUX

✉ 84480 (Vaucluse) – 1 420 hab. – **Voir carte n°42-E1**
Paris 721 km – Aix-en-Provence 49 km – Apt 12 km – Carpentras 42 km
Carte Michelin 332-E11 – Guide Vert Michelin Provence

La Bastide de Capelongue

rte de Lourmarin, (face au pont), 1,5 km par D 232 et voie secondaire – ☎ 04 90 75 89 78 – www.capelongue.com – Fermé 13 nov.-20 déc. et 15 janv.-6 mars
17 ch – 180/480 € 180/480 € – 11 suites – 22 €
Rest ***La Bastide de Capelongue*** ✿✿ – voir les restaurants ci-après
Au sommet des collines plantées de cèdres, ce petit hameau est un hymne à la Provence. La plupart des chambres, confortables et raffinées, jouissent d'une terrasse ou d'un balcon. Magnifique bassin de nage parmi la lavande. Idéal pour un bol d'air gorgé de soleil et de senteurs !

Le Clos du Buis sans rest

r. Victor-Hugo – ☎ 04 90 75 88 48 – www.leclosdubuis.com – Ouvert de mi-mars à mi-nov.
8 ch – 108/153 € 108/153 €
À première vue, impossible de deviner que cette jolie maison (1850) avec son ravissant jardin fut une boulangerie. La preuve : un four à pain trône dans l'un des salons ! Mais inutile de vous réveiller aux aurores, tel le boulanger... Profitez plutôt des chambres confortables et bien tenues.

XXX **La Bastide de Capelongue** (Edouard Loubet)

✿✿ *rte de Lourmarin, (face au pont), 1,5 km par D 232 et voie secondaire – ☎ 04 90 75 89 78 – www.capelongue.com – Fermé 13 nov.-20 déc., 15 janv.-6 mars, mardi midi et merc.*
Menu 70 € (déj. en semaine), 140/190 € – Carte 122/164 €
De l'élégante salle, baignée de lumière, on aperçoit les champs de lavande... Édouard Loubet s'en inspire pour créer ses superbes assiettes, magnifiées par les produits du Luberon, notamment les herbes et les fleurs. Belle carte des vins faisant la part belle à la vallée du Rhône. → Asperges de Bonnieux, racine de réglisse et nombril de Vénus. Loup poêlé à la sauge, chips d'orange et légumes du jardin à la marjolaine. Poêlée de fraises à la croque en sucre, vin rouge et crème glacée à la brousse.

X **L'Arôme**

2 r. Lucien-Blanc – ☎ 04 90 75 88 62 – www.larome-restaurant.com – Fermé 8 janv.-31 mars, jeudi sauf le soir d'avril à nov. et merc.
Menu 31/43 € – Carte 48/64 €
Au pied du village, cette adresse respire l'intimité avec le terroir. De la salle voûtée du 14e s. à la terrasse, le décor frais et champêtre est des plus charmants. La cuisine elle-même cultive l'authenticité : fraîcheur, goût, générosité, tels sont les leitmotiv du chef ! Le résultat est plein... d'arôme.

Le Fournil

pl. Carnot – ✆ 04 90 75 83 62 – www.lefournil-bonnieux.com – Fermé déc., janv. , mardi d' oct. à Pâques, sam. midi de Pâques à sept. et lundi
Formule 25 € – Menu 30 € (déj.)/48 € – Carte 34/53 € *(réservation conseillée)*
Pittoresque, cette maison adossée à la colline avec sa terrasse, sur une placette, à l'ombre des platanes ! Les gourmands s'installent dans une salle troglodyte au décor contemporain pour savourer une cuisine méridionale avec de beaux produits. Une table provençale des plus originales.

BONNOEUVRE

✉ 44540 (Loire-Atlantique) – 561 hab. – **Voir carte n°34-B2**
Paris 365 km – Angers 70 km – Nantes 55 km – Rennes 87 km
Carte Michelin 316-I2

Le Prieuré des Gourmands

11 r. du Prieuré – ✆ 02 40 56 30 00 – www.prieuredesgourmands.com – Fermé 1 semaine mi août
10 ch – 84 € 84 € – 9 € – ½ P
Rest – Formule 19 € – Menu 22 € (déj. en semaine), 30/40 € – Carte 43/53 € *(fermé dim. soir et lundi)*
Sur la place de l'église, un ancien prieuré transformé en hôtel-restaurant. Les chambres – confortables et épurées – donnent sur la campagne et un joli cours d'eau, pour des nuits au grand calme. Une adresse parfaite pour une escapade au vert.

BONNY-SUR-LOIRE

✉ 45420 (Loiret) – 2 049 hab. – **Voir carte n°12-D2**
Paris 167 km – Auxerre 64 km – Cosne-Cours-sur-Loire 25 km – Gien 24 km
Carte Michelin 318-O6

Restaurant des Voyageurs avec ch

rest,

10 Grande-Rue – ✆ 02 38 27 01 45 – www.hotel-restaurant-des-voyageurs.fr – Fermé 21 août-5 sept., vacances de fév., dim. soir, mardi midi et lundi
6 ch – 55 € 55/70 € – 7 € Menu 20 € (semaine), 31/50 € – Carte 31/52 €
Que les personnes de la région se rassurent, inutile d'être en voyage pour se régaler dans cette auberge ! On y savoure une cuisine gourmande, où les produits de saison s'accordent avec justesse. Et si vous n'êtes pas du coin, vous pourrez profiter des quelques chambres, toutes simples, pour la nuit.

LE BONO

✉ 56400 (Morbihan) – 2 176 hab. – **Voir carte n°9-A3**
Paris 475 km – Auray 6 km – Lorient 49 km – Quiberon 37 km
Carte Michelin 308-N9 – Guide Vert Michelin Bretagne Sud

Alicia sans rest

1 r. du Gén.-de-Gaulle – ✆ 02 97 57 88 65 – www.hotel-alicia.com – Fermé vacances de Noël
21 ch – 59/116 € 59/116 € – 9 €
À la sortie du village, un hôtel avec terrasse donnant sur la rivière du Bono. Les chambres, décorées dans un style contemporain classique, respirent le confort ; préférez celles avec vue sur le port.

BORDEAUX

✉ 33000 (Gironde) – 239 157 hab. – Agglo. 831 788 hab. – **Voir carte n°3-B1**
Paris 579 km – Lyon 537 km – Nantes 323 km – Strasbourg 970 km
Carte Michelin 335-H5 – Guide Vert Michelin Aquitaine

Hôtels & maisons d'hôtes

Grand Hôtel de Bordeaux & Spa

ch, rest,
2 pl. de la Comédie – ✆ 05 57 30 44 44 – www.ghbordeaux.com
121 ch – †290/1210 € ††290/1210 € – 27 suites – ☕ 38 € Plan : 3DX**r**
Rest *Le Bordeaux* – voir les restaurants ci-après
Rest *Le Pressoir d'Argent* – 5 Cours de l'Intendance, ✆ 05 57 30 43 04 –
– Menu 90/150 € – Carte 95/155 € *(fermé 4-12 nov., 18 fév.-1er mars, le midi, dim. et lundi)*
Sa façade néoclassique (1776), en parfaite harmonie avec celle du Grand Théâtre, est un petit joyau. Dans les chambres règne une atmosphère cossue, chatoyante et feutrée ; quant au spa de 1 000 m², il dispose d'une terrasse sur le toit offrant une vue imprenable sur Bordeaux. Un établissement de prestige, au cœur de la capitale du vin.

Burdigala

115 r. Georges Bonnac – ✆ 05 56 90 16 16 – www.burdigala.com Plan : 3CX**r**
75 ch – †275/395 € ††275/395 € – 8 suites – ☕ 25 €
Rest *La Table de Burdigala* – Formule 32 € – Menu 42 € – Carte 52/79 €
Burdigala ? Le nom de l'ancienne cité gallo-romaine ayant donné naissance à la ville et... cet hôtel de grand confort, qui cultive un chic contemporain très affirmé et chaleureux, dans le quartier d'affaires Mériadeck. Burdigala version 21e s. !

Seeko'o sans rest

54 quai de Bacalan – ✆ 05 56 39 07 07 – www.seekoo-hotel.com Plan : 2BT**h**
45 ch – †230/270 € ††230/270 € – ☕ 20 €
Seeko'o ? Un "iceberg" en inuit, un incroyable iceberg sur les bords de la Garonne. Design, épuré, pop : Seeko'o est tout cela ! Atout charme : les superbes salles de bains, ouvertes sur les chambres ; préférez celles du 5e étage avec vue sur les toits des Chartrons ou sur le fleuve.

Hôtel de Sèze Ⓝ

ch,
23 allée de Tourny – ✆ 05 56 14 16 16 – www.hotel-de-seze.com Plan : 3DX**t**
52 ch – †159/329 € ††159/329 € – 3 suites – ☕ 23 €
Rest *Le Comptoir de Sèze* – Formule 18 € – Menu 35 € – Carte 33/66 € *(fermé le lundi)*
Dans le triangle d'or, ce bâtiment du 18e s. a bénéficié d'une véritable cure de jouvence. À l'intérieur, élégance et classicisme jouent une partition sans fausse note. Pour se relaxer, on se rend à l'espace détente ou, dans un autre genre, au fumoir. Une adresse idéale pour goûter à l'art de vivre bordelais !

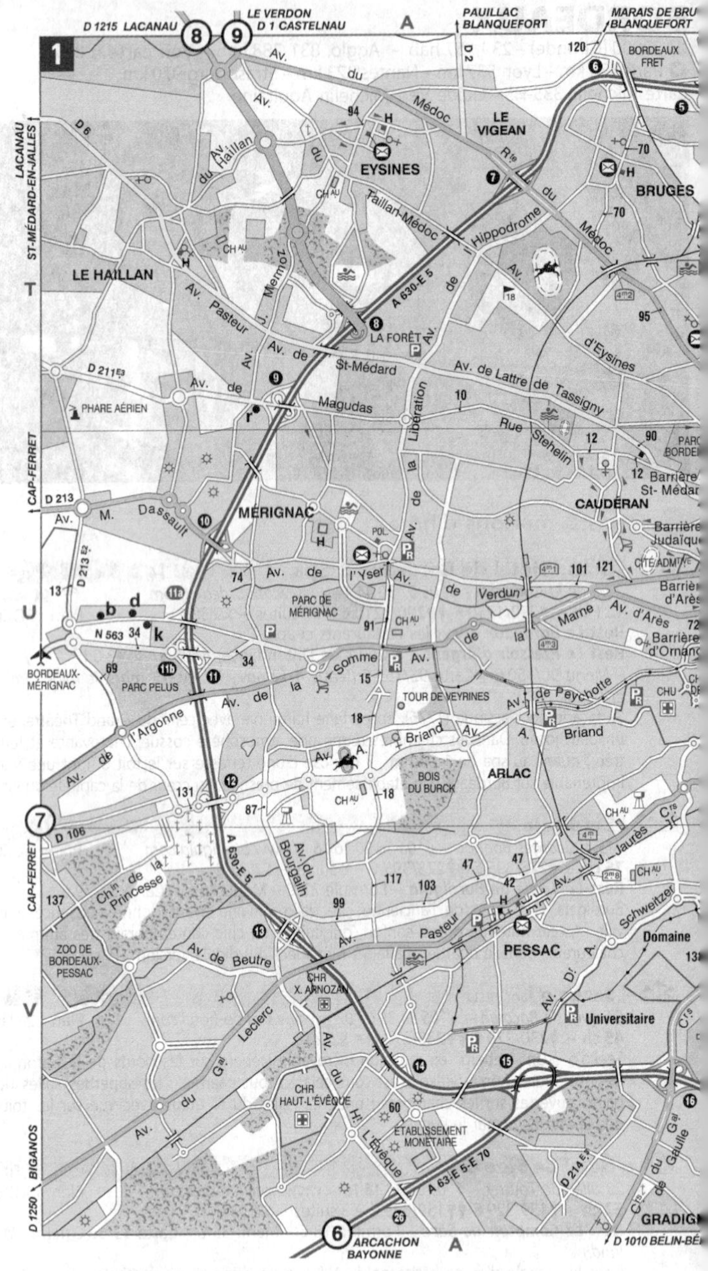

LE VERDON
D 1 CASTELNAU
D 1215 LACANAU
PAUILLAC
BLANQUEFORT
MARAIS DE BRU
BLANQUEFORT
A
1
8
9
Av. du Médoc
BORDEAUX FRET
LE VIGEAN
EYSINES
Av. du Haillan
Taillan-Médoc
Rte du Médoc
BRUGES
Hippodrome
LACANAU
ST-MÉDARD-EN-JALLES
LE HAILLAN
T
Av. Pasteur
J. Mermoz
A 630-E 5
LA FORÊT
Av. de St-Médard
Av. de Lattre de Tassigny
d'Eysines
D 211E3
PHARE AÉRIEN
Av. de Magudas
Libération
Rue Stehelin
CAP-FERRET
D 213
Av. M. Dassault
MÉRIGNAC
CAUDÉRAN
Barrière St-Médard
Barrière Judaïque
CITÉ ADMTIVE
Av. de l'Yser
Av. de Verdun
Barrière d'Arès
Av. d'Arès
Marne
Barrière d'Ornano
D 213E2
PARC DE MÉRIGNAC
U
N 563
BORDEAUX-MÉRIGNAC
PARC PELUS
Av. de la Somme
TOUR DE VEYRINES
Av. de Peychotte
CHU
Av. de l'Argonne
Av. A. Briand
ARLAC
BOIS DU BURCK
7
D 106
CAP-FERRET
Chin de la Princesse
Av. du Bourgailh
Av. J. Jaurès
Schweitzer
Domaine
ZOO DE BORDEAUX-PESSAC
Av. de Beutre
Av. Pasteur
PESSAC
Av. Dr A.
CHR X. ARNOZAN
V
Universitaire
Av. du Gal Leclerc
CHR HAUT-L'ÉVÊQUE
Av. du Ht L'Évêque
ÉTABLISSEMENT MONÉTAIRE
A 63-E 5-E 70
D 214E
Crs du Gal de Gaulle
BIGANOS
D 1250
6
ARCACHON
BAYONNE
GRADIGN
D 1010 BELIN-BÉ

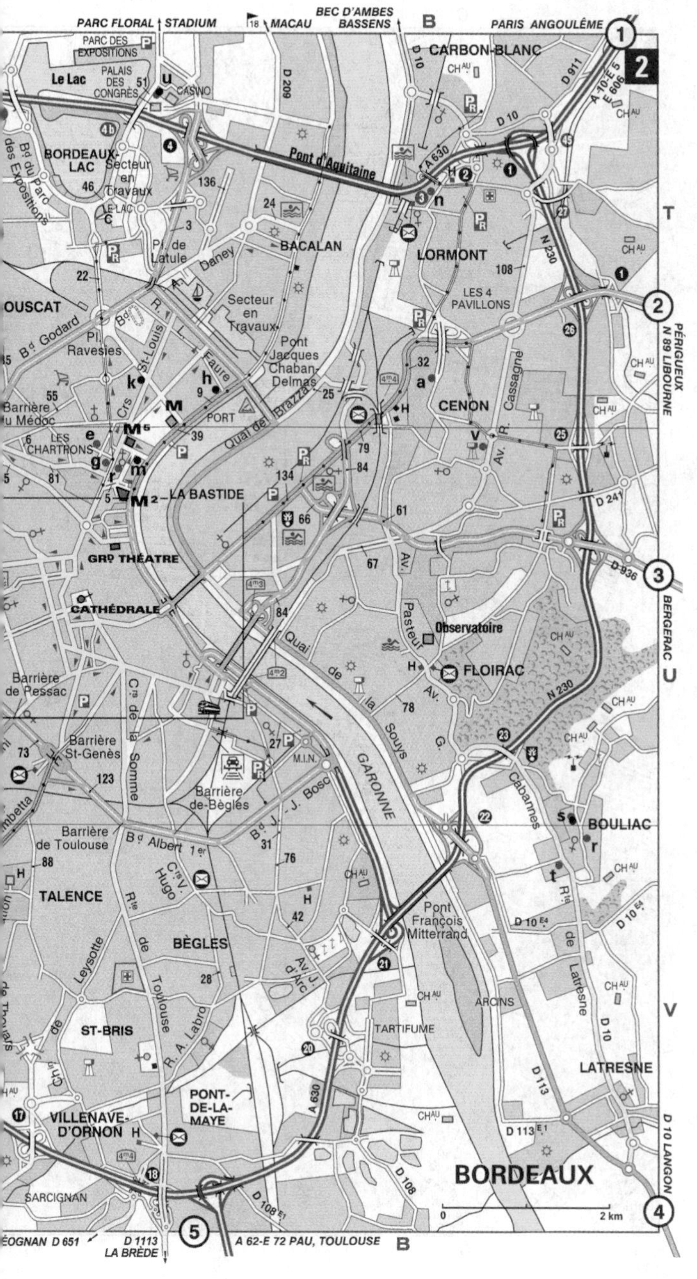
PARC FLORAL
STADIUM
MACAU
BEC D'AMBES
BASSENS
PARIS ANGOULÊME
CARBON-BLANC
Le Lac
BORDEAUX-LAC
Pont d'Aquitaine
BACALAN
LORMONT
LES 4 PAVILLONS
Pont Jacques Chaban-Delmas
CENON
LA BASTIDE
GRD THÉATRE
CATHÉDRALE
Observatoire
FLOIRAC
GARONNE
BOULIAC
TALENCE
BÈGLES
Pont François Mitterrand
ST-BRIS
PONT-DE-LA-MAYE
VILLENAVE-D'ORNON
LATRESNE
BORDEAUX
PÉRIGUEUX N 89 LIBOURNE
BERGERAC
D 10 LANGON
A 62-E 72 PAU, TOULOUSE
D 1113 LA BRÈDE

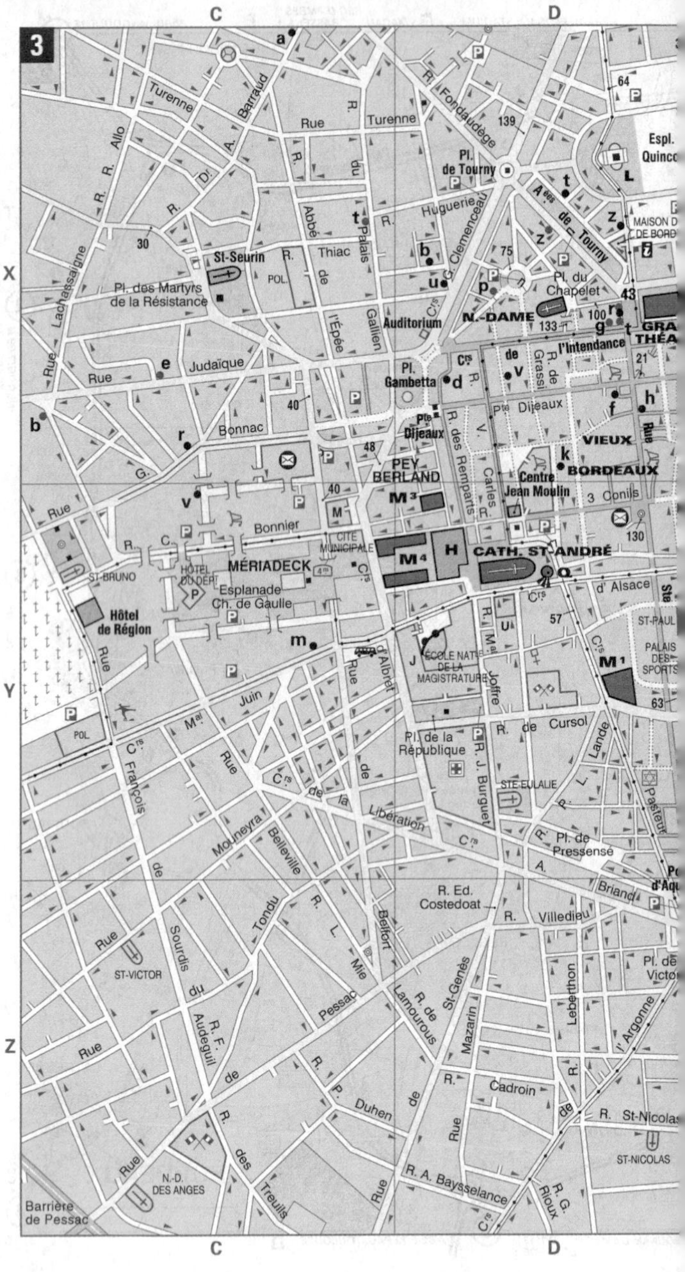
3
C
D
X
Y
Z
Turenne
Rue Turenne
Pl. de Tourny
Espl. Quinc
St-Seurin
Pl. des Martyrs de la Résistance
Auditorium
N.-DAME
Pl. du Chapelet
l'Intendance
Judaïque
Pl. Gambetta
Dijeaux
Bonnac
PEY BERLAND
VIEUX BORDEAUX
Centre Jean Moulin
Bonnier
MÉRIADECK
CATH. ST-ANDRÉ
Esplanade Ch. de Gaulle
Hôtel de Région
ST-BRUNO
ÉCOLE NAT. DE LA MAGISTRATURE
Pl. de la République
STE-EULALIE
Pl. de Pressensé
Libération
Briand
R. Ed. Costedoat
Villedieu
ST-VICTOR
Sourdis
Tondu
Pessac
Belfort
R. de Lamourous
St-Genès
Mazarin
Lebethon
Cadroin
R. St-Nicolas
ST-NICOLAS
R. A. Bayssclance
N.-D. DES ANGES
Barrière de Pessac
R. F. Audeguil
Treuils
Duhen
Mouneyra
Belleville
François
Juin
d'Albret
R. de Cursol
R. J. Burguet
Pasteur
Lande
d'Alsace
ST-PAUL
PALAIS DES SPORTS
Fondaudège
Huguerie
Thiac
Abbé de l'Épée
Gallien
Palais
Lachassaigne
Barraud
Allo
Clemenceau
Remparts
Carles
Conils
CITÉ MUNICIPALE
HÔTEL DU DÉPt
POL.
MAISON DE BORD
Argonne
Pl. de Victo
Rioux
d'Aqu

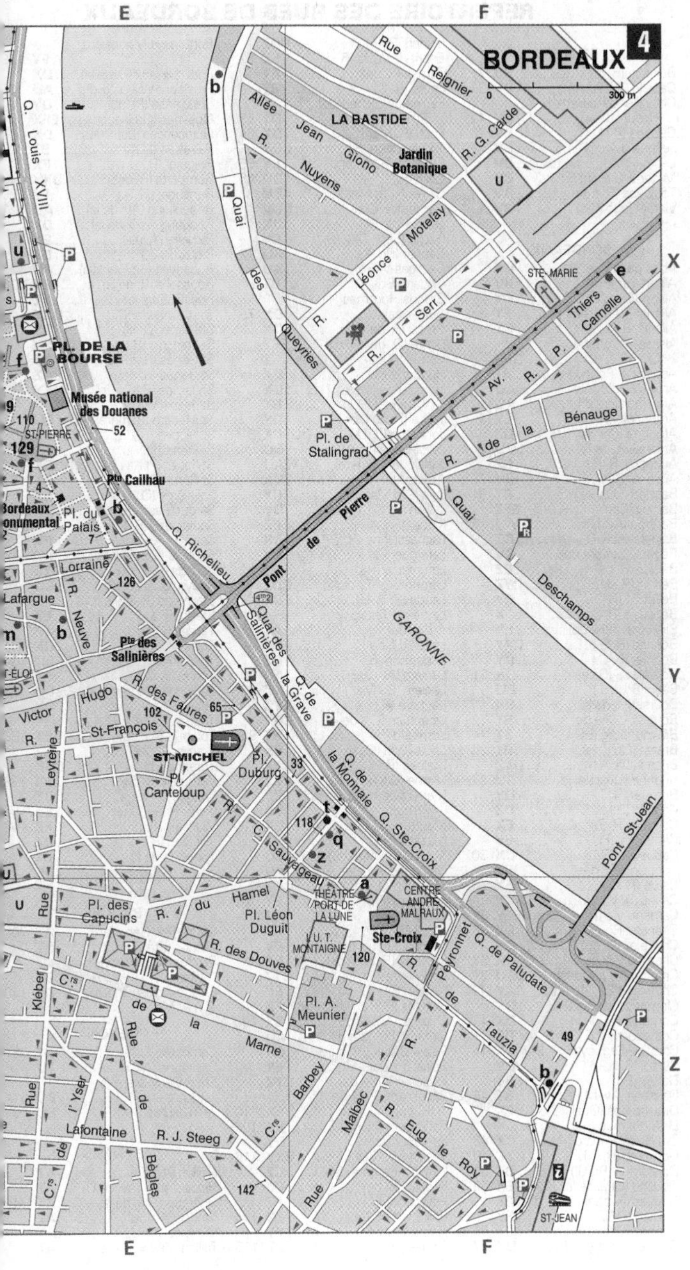

BORDEAUX
4
0
300 m
E
F
X
Y
Z
LA BASTIDE
Jardin Botanique
Rue Reignier
R. G. Carde
Allée Jean Giono
R. Nuyens
R. Léonce Motelay
R. Serr
Quai des Queyries
STE-MARIE
Thiers
Camelle
Av. R. P.
R. de la Bénauge
Pl. de Stalingrad
Pont de Pierre
Quai Deschamps
GARONNE
Q. Louis XVIII
PL. DE LA BOURSE
Musée national des Douanes
ST-PIERRE
Pte Cailhau
Pl. du Palais
Q. Richelieu
Lorraine
R. Neuve
Lafargue
Pte des Salinières
Quai des Salinières
Q. de la Grave
R. des Faures
Hugo
Victor
R. Leyteire
St-François
ST-MICHEL
Pl. Duburg
Pl. Canteloup
C. Sauvageau
Q. de la Monnaie
Q. Ste-Croix
Pont St-Jean
THÉATRE PORT DE LA LUNE
CENTRE ANDRÉ MALRAUX
Ste-Croix
Pl. Léon Duguit
I.U.T. MONTAIGNE
Pl. des Capucins
R. du Hamel
R. des Douves
Rue Kléber
Crs de la Marne
Pl. A. Meunier
R. Peyronnet
Q. de Paludate
R. de Tauzia
Rue de Bègles
R. Barbey
Crs de l'Yser
Lafontaine
R. J. Steeg
Rue Malbec
R. Eug. le Roy
ST-JEAN
Bordeaux Monumental
110
52
129
4
7
126
65
102
33
118
120
49
142

RÉPERTOIRE DES RUES DE BORDEAUX

BÈGLES

Buisson (R. F.) **BV** 28
Capelle (Av. A.) **BV** 31
Chevalier-de-la-Barre (R. du) **BV** 42
Guesde (Av. J.) **BV** 76
Jeanne-d'Arc (Av.) **BV**
Labro (R. A.) **BV**
Mitterrand (Pont F.) **BV**
Toulouse (Rte de) **BV**
Victor-Hugo (Crs) **BV**

BORDEAUX

Abbé-de-l'Épée (R.) **CX**
Albert-1er (Bd) **BV**
Albret (Crs d') **CY**
Aliénor-d'Aquitaine (Bd) **BT** 3
Allo (R. R.) **CX**
Alsace-et-Lorraine (Crs d') **DEY**
Aquitaine (Pont d') **BT**
Arès (Av. d') **AU**
Arès (Barrière d') **AU**
Argentiers (R. des) **EY** 4
Argonne (Crs de l') **DZ**
Arsenal (R. de l') **BU** 6
Audeguil (R. F.) **CZ**
Ausone (R.) **EY** 7
Bacalan (Quai de) **BT** 9
Barbey (Crs) **EFZ**
Barthou (Av. L.) **AU** 12
Baysselance (R. A.) **DZ**
Bègles (Barrière de) **BV**
Bègles (R. de) **EZ**
Belfort (R. de) **CYZ**
Belleville (R.) **CY**
Bénauge (R. de la) **FX**
Bir-Hakeim (Pl. de) **EY**
Bonnac (R. G.) **CXY**
Bonnier (R. C.) **CY**
Bordelaise (Galerie) **DX** 21
Bosc (Bd J. J.) **BU**
Bourse (Pl. de la) **EX**
Boutaut (Allée de) **BT** 22
Brandenburg (BD) **BT** 24
Brazza (Quai de) **BT** 25
Briand (Crs A.) **DYZ**
Brienne (Quai de) **BU** 27
Burguet (R. J.) **DY**
Cadroin (R.) **DZ**
Camelle (R. P.) **FX**
Canteloup (Pl.) **EY**
Capdeville (R.) **CX** 30
Capucins (Pl. des) **EZ**
Carde (R. G.) **FX**
Carles (R. V.) **DXY**
Carpenteyre (R.) **EFY** 33
Chapeau-Rouge (Crs) **EX** 36
Chapelet (Pl. du) **DX**
Chartres (Allées de) **DX** 37
Chartrons (Quai des) **BTU** 39
Château-d'Eau (R. du) **CXY** 40
Clemenceau (Crs G.) **DX**
Comédie (Pl. de la) **DX** 43
Costedoat (R. E.) **DZ**
Croix-de-Seguey (R.) **BU, CX** 45
Cursol (R. de) **DY**
Daney (Bd) **BT**
Dassault (Av. M.) **BT** 46
Deschamps (Quai) **FX**
Dr-A.-Barraud (R.) **CX**
Dr-Nancel-Pénard (R.) **CX** 48
Domercq (R. C.) **FZ** 49
Domergue (Bd G.) **BT** 51
Douane (Quai de la) **EX** 52
Douves (R. des) **EZ**
Duburg (Pl.) **EY**
Duché (R. des Gén.) **BT** 55
Duffour-Dubergier (R.) **DY** 57
Duhen (R. P.) **CDZ**
Esprit-des-Lois (R. de l') **EX** 62
Faures (R. des) **EY**
Faure (R. L.) **BT**
Ferme-de-Richemont (Pl. de la) **DY** 63
Foch (R. Mar.) **DX** 64
Fondaudège (R.) **CDX**
Fusterie (R. de la) **EY** 65
Galin (R.) **BU** 66
Gallieni (Crs Mar.) **ABU**
Gambetta (Crs) **BUV**
Gambetta (Pl.) **DX**
Gaulle (Espl. Ch.-de) **CY**
Gautier (Bd A.) **AU** 72
Georges-V (Bd) **BU** 73
Godard (Bd) **BT**
Grands-Hommes (Pl. des) **DX** 75
Grassi (R. de) **DX**
Grave (Q. de la) **EFY**
Hamel (R. du) **EZ**
Huguerie (R.) **DX**
Intendance (Crs de l') **DX**
Jean-Jaurès (Pl.) **EX**
Joffre (R. du Mar.) **DY**
Johnston (R. D.) **BU, CX** 81
Joliot-Curie (Bd) **BU** 84
Judaïque (Barrière) **AU**
Judaïque (R.) **CX**
Juin (Crs Mar.) **CY**
Jullian (Pl. C.) **DY**
Kléber (R.) **EZ**
Lachassaigne (R.) **CX**
Lafargue (Pl.) **EY**
Lafontaine (R.) **EZ**
Lamourous (R. de) **CDZ**
Lande (R. P.-L.) **DY**
Lattre-de-Tassigny (Av. de) **AT**
Latule (Pl. de) **BT**
Leberthon (R.) **DZ**
Leclerc (Av. Gén.) **AU** 90
Leclerc (Bd Mar.) **BU** 93
Leyteire (R.) **EYZ**
Libération (Crs de la) **CDY**
Lombard (R.) **BT** 96
Louis-XVIII (Quai) **EX**
Malbec (R.) **FZ**
Marne (Crs de la) **EZ**
Martyrs-de-la-Résistance (Pl. des) **CX**
Mautrec (R.) **DX** 100
Mazarin (R.) **DZ**
Médoc (Barrière du) **BU**
Mérignac (Av. de) **AU** 101
Meunier (Pl. A.) **FZ**
Meynard (Pl.) **EY** 102
Mie (R. L.) **CZ**
Mirail (R. du) **EY**
Monnaie (Quai de la) **FY**
Motelay (R. Léonce) **FX**
Mouneyra (R.) **CYZ**
Neuve (R.) **EY**
Nuyens (R.) **FX**
Orléans (Allées d') **EX** 106
Ornano (Barrière d') **AU**
Palais Gallien (R. du) **CX**
Palais (Pl. du) **EY**
Paludate (Quai de) **FZ**
Parlement St-Pierre (R. du) **EX** 110
Parlement (Pl. du) **EX** 109
Pasteur (Crs) **DY**
Pas-St-Georges (R. du) **EXY** 112
Pessac (Barrière de) **CZ**
Pessac (R. de) **CZ**
Peyronnet (R.) **FZ**
Philippart (R. F.) **EX** 114
Pierre (Pont de) **EFY**
Pierre-1er (Bd) **BT** 115
Porte de la Monnaie (R.) **FY** 118
Porte Dijeaux (R. de la) **DX**
Président-Wilson (Bd) **AU** 119
Pressensé (Pl. de) **DY**
Queyries (Quai des) **EFX**
Quinconces (Espl. des) **DX**
Ravesies (Pl.) **BT**
Reignier (R.) **FX**
Remparts (R. des) **DXY**
Renaudel (Pl. P.) **FZ** 120
République (Av. de la) **AU** 121
République (Pl. de la) **DY**
Richelieu (Quai) **EY**
Rioux (R. G.) **DZ**
Roosevelt (Bd Franklin) **BU** 123
Rousselle (R. de la) **EY** 126
Roy (R. Eug. le) **FZ**
Ste-Catherine (R.) **DXY**
Ste-Croix (Quai) **FY**
St-François (R.) **EY**
St-Genès (Barrière) **BU**
St-Genès (R. de) **CDZ**
St-James (R.) **EY**
St-Jean (Pont) **FY**
St-Médard (Barrière) **AU**
St-Nicolas (R.) **DZ**
St-Pierre (Pl.) **EX** 129
St-Projet (Pl.) **DY** 130
St-Rémi (R.) **EX** 132
Salinières (Q. des) **EY**
Sarget (Passage) **DX** 133
Sauvageau (R. C.) **EFY**
Serr (R.) **FX**
Somme (Crs de la) **DZ**
Sourdis (R. F. de) **CYZ**
Souys (Quai de la) **BU**
Stalingrad (Pl. de) **FX**
Steeg (R. J.) **EZ**
Tauzia (R. de) **FZ**
Thiac (R.) **CX**
Thiers (Av.) **FX, BU** 134
Tondu (R. du) **CZ**
Toulouse (Barrière de) **BU**
Tourny (Allées de) **DX**
Tourny (Pl. de) **DX**
Tourville (Av. de) **BT** 136
Treuils (R. des) **CZ**
Turenne (R.) **CDX**
Verdun (Crs de) **DX** 139
Victoire (Pl. de la) **DZ**
Victor-Hugo (Crs) **EY**
Vilaris (R.) **EZ** 142
Villedieu (R.) **DZ**
Yser (Crs de l') **EZ**
3-Conils (R. des) **DY**

BRUGES

Gaulle (Av. Gén.-de) **AT** 70
Médoc (Rte du) **AT**
Parc des Expositions (Bd) **BT**
Quatre-Ponts (R. des) **AT** 120

CENON

Carnot (Av.) **BT** 32
Cassagne (Av. R.) **BTU**
Entre-Deux-Mers (Bd de l') **BU** 61
Jean-Jaurès (Av.) **BU** 79

EYSINES

Haillon (Av. du) **AT**
Hippodrome (Av. de l') **AT**
Libération (Av. de la) **AT** 94
Médoc (Av. du) **AT**
Mermoz (Av. J.) **AT**
Taillon-Médoc (Av. du) **AT**

FLOIRAC		
Cabannes (Av. G.)	BU	
Gambetta (Crs)	BU	67
Guesde (R. J.)	BU	78
Pasteur (Av.)	BU	

GRADIGNAN		
Gaulle (Crs Gén.-de)	AV	

LATRESNE		
Latresne (Rte de)	BV	

LE BOUSCAT		
Ezsines (Av. d')	AT	
Libération (Av. de la)	AT	95
Louis-Blanc (Cours)	BT	97
Tivoli (Av. de)	BT	135
Zola (R. Émile)	AT	145

LE HAILLAN		
Pasteur (Av.)	AT	

LORMONT		
Paris (Rte de)	BT	108

MÉRIGNAC		
Argonne (Av. de l')	AU	
Arlac (R. d')	AU	
Barbusse (Av. H.)	AT	10
Beaudésert (Av. de)	AU	13
Belfort (Av. de)	AU	15
Bon-Air (Av.)	AU	18
Briand (Av. A.)	AU	
Cassin (Av. R.)	AU	34
Dassault (Av. M.)	AU	
Garros (Av. Rolland)	AU	69
Gouraud (Pl. du Gén.)	AU	74
Kaolack (Av. de)	AU	87
Leclerc (Av. M.)	AU	91
Libération (Av. de la)	AU	
Magudas (Av. de)	AT	
Marne (Av. de la)	AU	
Princesse (Chemin de la)	AV	
St-Médard (Av. de)	AT	
Somme (Av. de la)	AU	
Souvenir (Av. du)	AU	131
Verdun (Av. de)	AU	
Yser (Av. de l')	AU	

PESSAC		
Beutre (Av. de)	AV	
Bougailh (Av. du)	AV	
Dr-A.-Schweitzer (Av.)	AV	
Dr-Nancel-Pénard (Av.)	AV	47
Eiffel (Av. Gustave)	AV	60
Haut-l'Evêque (Av. du)	AV	
Jean-Jaurès (Av.)	AV	
Leclerc (Av. du Gén.)	AV	
Madran (R. de)	AV	99
Montagne (R. P.)	AV	103
Pasteur (Av.)	AV	
Pont-d'Orient (Av. du)	AV	117
Transvaal (Av. du)	AV	137

TALENCE		
Gambetta (Crs)	BV	
Lamartine (R.)	BV	88
Libération (Crs de la)	BV	
Roul (Av.)	BV	124
Thouars (Av. de)	BV	
Université (Av. de l')	AV	138

VILLENAVE D'ORNON		
Leysotte (Chemin de)	BV	
Toulouse (Rte de)	BV	

Normandie sans rest

7 cours 30-Juillet – ✆ 05 56 52 16 80 – www.hotel-de-normandie-bordeaux.com

82 ch – †105/175 € ††122/295 € – ☕ 18 € Plan : 3DX**z**

Élégance intemporelle d'un hôtel né avec le paquebot Normandie, dans les années 1930, et tenu par la même famille depuis les années 1950. Dans la plupart des chambres, on profite d'une vue sublime sur la place des Quinconces... celles des 5ᵉ et 6ᵉ étages disposent même d'un balcon. Belle traversée en perspective !

Mercure Bordeaux Centre

5 r. R.-Lateulade – ✆ 05 56 56 43 43 – www.mercure.com Plan : 3CY**v**

194 ch – †115/185 € ††115/185 € – 2 suites – ☕ 17 €

Rest – Menu 20/25 € – Carte 24/31 € *(fermé sam. et dim.)*

Dans le quartier d'affaires Mériadeck, un hôtel de chaîne confortable et agréablement décoré sur le thème du cinéma. Autres atouts : les salles de séminaire très bien équipées et le parking public dans le bâtiment même. Idéal pour la clientèle d'affaires.

Mercure Château Chartrons

81 cours St-Louis – ✆ 05 56 43 15 00 – www.hotel-chateau-chartrons-bordeaux.com

215 ch – †89/195 € ††89/195 € – 1 suite – ☕ 17 € Plan : 2BT**k**

Rest – Formule 13 € – Menu 19 € – Carte 24/39 €

Derrière cette étonnante façade victorienne (1850), des chambres de facture classique, spacieuses et bien insonorisées. Les plus sportifs apprécieront la salle de fitness ! Au restaurant, convivialité, tradition et, pour les amateurs de vins, une cave de dégustation recélant des petits trésors.

Novotel Bordeaux Centre

45 cours du Mar.-Juin – ✆ 05 56 51 46 46 – www.novotel.com Plan : 3CY**m**

137 ch – †122/172 € ††122/172 € – 2 suites – ☕ 15 €

Rest – Formule 18 € – Carte 21/37 €

Au cœur du centre d'affaires Mériadeck, un Novotel aux chambres contemporaines bien insonorisées et impeccablement tenues. Avec ses nombreuses salles de séminaire, l'établissement est notamment idéal pour les professionnels.

Le Boutique Hôtel Ⓝ sans rest

3 r. Lafaurie-de-Monbadon – ✆ 05 56 48 80 40 – www.hotelbordeauxcentre.com

17 ch – †169/420 € ††169/420 € – 5 suites – ☕ 16 € Plan : 3DX**u**

Au sein d'un immeuble du 18ᵉ s., à deux pas de la place Gambetta, ce nouvel hôtel allie le charme sûr d'une architecture classique à... un décor hautement contemporain, aussi stylé qu'élégant et design. Une réussite qui semble renouveler l'art de vivre à la bordelaise, en particulier le bar à vins et son agréable patio !

Grand Hôtel Français sans rest

12 r. du Temple – ✆ 05 56 48 10 35 – www.grand-hotel-francais.com – fermé 24-27 déc. Plan : 3DX**v**

35 ch – 131/179 € 159/244 €

Dans un bel immeuble du 18e s., cet hôtel mise sur le caractère de l'ancien (parquet, meubles de style), mais aussi – notamment dans les chambres du 3e étage – sur une allure ultracontemporaine. Un mix qui a du cachet et ne manque pas de séduire !

Majestic sans rest

2 r. Condé – ✆ 05 56 52 60 44 – www.hotel-majestic.com Plan : 3DX**a**

49 ch – 95/235 € 95/235 € – 14 €

Un bel immeuble bordelais (18e s.) dont les chambres, d'esprit feutré, célèbrent sobrement la musique classique... Point d'orgue de cette partition sans défaut : le parking privé, bien utile en centre-ville.

Sainte-Catherine N sans rest

27 r. Parlement-Sainte-Catherine – ✆ 05 56 81 95 12 – www.qualityhotelbordeauxcentre.com Plan : 3DX**h**

84 ch – 87/165 € 87/165 € – 14 €

Un hôtel idéalement situé au cœur du quartier St-Pierre et à deux pas de la rue Ste-Catherine, la plus importante artère commerçante de Bordeaux. Les chambres y sont fonctionnelles et bien tenues. Parfait pour une escapade shopping ou une visite de la cité.

Royal St-Jean sans rest

15 r. Charles-Domercq – ✆ 05 56 91 72 16 – www.bestwestern-hotel-royal-st-jean.com

37 ch – 89/150 € 99/160 € – 14 € Plan : 4FZ**b**

À deux pas de la gare, un hôtel contemporain, coloré et bien insonorisé. Au petit-déjeuner, on savoure de bons canelés, puis l'on saute dans le tramway, tout proche... pour aller découvrir la ville.

La Maison Bord'Eaux sans rest

113 r. du Dr.-Albert-Barrau – ✆ 05 56 44 00 45 – www.lamaisonbordeaux.com – Fermé 2 semaines en janv. Plan : 3CX**a**

14 ch – 160/235 € 160/235 € – 15 €

De ce relais de poste du 18e s., proche du Palais-Gallien – l'ancien amphithéâtre romain –, le propriétaire a fait un lieu design, coloré et élégant, d'esprit international et… bordelais. Le luxe raffiné d'un hôtel digne d'une demeure particulière, où l'on peut aussi déguster de grands vins ; le tout à 10mn à pied du cœur de la ville.

Mama Shelter N

ch,

19 r. Poquelin-Molière – ✆ 05 57 30 45 45 – www.mamashelter.com Plan : 3DX**k**

97 ch – 49/119 € 59/119 € – 15 €

Rest – Formule 16 € – Menu 19 € (déj.) – Carte 30/60 €

Mama Shelter a accouché d'un nouveau bébé : après Paris, Lyon et Marseille, le concept se décline au cœur de la métropole bordelaise. On retrouve avec plaisir cette déco très urbaine (béton brut, détails insolites et colorés, etc.) et cette ambiance éclectique (notamment au restaurant) qui font toute la saveur du concept !

L'Avant Scène sans rest

36 r. Borie – ✆ 05 57 29 25 39 – www.lavantscene.fr Plan : 2BU**m**

9 ch – 104/175 € 110/175 € – 15 €

Murs du 17e s., poutres, joli patio ; meubles signés Knoll ou Starck, chambres Bauhaus, fifties... Au cœur du quartier des Chartrons, une maison très "particulière", pour les amoureux des vieilles pierres et du design.

La Cour Carrée N sans rest

5 r. de Lurbe – ✆ 05 57 35 00 00 – www.lacourcarree.fr Plan : 3DX**b**

16 ch – 95/150 € 95/150 € – 10 €

Cet établissement organisé autour d'une jolie cour est une petite perle... Ses propriétaires l'ont aménagé avec goût : sa modernité ravira tous les amateurs d'art, de déco et d'architecture. Autres atouts : les chambres communicantes pour les familles et le parking situé juste en face (sur réservation). Un pied-à-terre idéal !

La Tour Intendance sans rest

16 r. de la Vieille-Tour – ✆ 05 56 44 56 56 – www.hotel-tour-intendance.com

36 ch – †88/138 € ††118/168 € – ☕ 12 € Plan : 3DX**d**

De jolies couleurs du Sud, du parquet, des pierres apparentes pour le cachet bordelais et parfois même une mezzanine... Dans ce petit hôtel sympathique, on se sent comme chez soi.

Hôtel de la Presse Ⓝ sans rest

6 r. Porte-Dijeaux – ✆ 05 56 48 53 88 – www.hoteldelapresse.com – Fermé 23 déc.-5 janv. Plan : 3DX**f**

27 ch – †70/140 € ††70/140 € – ☕ 12 €

Au cœur du secteur piétonnier et à deux pas de l'ancien siège du journal Sud-Ouest, une façade en pierre de taille abrite cet hôtel bien tenu, décoré autour du thème... de la presse ! On s'y repose dans des chambres fonctionnelles, à petit prix.

Maison Fredon Ⓝ sans rest

5 r. Porte-de-la-Monnaie – ✆ 05 56 91 56 37 – www.latupina.com Plan : 4FY**t**

5 ch – †180/250 € ††180/250 € – ☕ 16 €

Face au restaurant La Tupina, cette demeure du 17e s. est un vrai petit bijou. Avec quelle passion son propriétaire a décoré chaque chambre, associant mobilier chiné et pièces de design, tons sobres et œuvres d'art colorées ! Une adresse où vous pourrez même piquer des idées déco...

Restaurants

Le Chapon Fin

5 r. Montesquieu – ✆ 05 56 79 10 10 – www.chapon-fin.com – Fermé 26 juil.-26 août, dim., lundi et fériés Plan : 3DX**p**

Menu 39 € (déj.), 65/98 € – Carte 80/119 €

Une institution locale, qui ravit par son décor de rocaille 1900 autant que par la finesse de sa cuisine, sagement inventive et joliment acidulée. Quant à la sélection de bordeaux, elle est superbe ! Enfin, pour connaître les secrets du chef, Nicolas Frion, on peut s'inscrire à ses cours.

➜ Langoustine et caviar d'Aquitaine "en boîte ". Ris de veau poêlé, pulpe de carotte parfumée au galanga et orange sanguine. Comme un millefeuille au chocolat et citron.

Le Gabriel

10 pl. de la Bourse, (2ème étage) – ✆ 05 56 30 00 70 – www.bordeaux-gabriel.fr

Menu 120 € – Carte 90/110 € *(Fermé 2 semaines en juil.-août, vacances de la Toussaint, vacances d'hiver, mardi midi, merc. midi, jeudi midi, dim. et lundi)* Plan : 4EX**f**

Cadre d'exception pour cet établissement installé dans le pavillon central de la célèbre place de la Bourse, face au miroir d'eau. Ses délicieux salons 18e s. se prêtent à la dégustation d'une cuisine créative et haute en saveurs. Un joli moment en perspective.

➜ Foie gras de canard rôti aux huîtres, jus acidulé et purée d'ail noir. Bar de ligne poché à l'agastache, pomme granny smith, rhubarbe et oseille. Soufflé chaud cuit aux griottes et son sorbet.

Le Bistrot du Gabriel ☺ – voir les restaurants ci-après

Dubern - Le D Ⓝ

42 allées de Tourny – ✆ 05 56 79 07 70 – www.dubern.fr Plan : 3DX**z**

Menu 60/90 € *(dîner seult) (réservation conseillée)*

Sur les allées de Tourny, une nouvelle adresse où l'on se rend les yeux fermés... Derrière les fourneaux, le chef, Daniel Gallacher, un Écossais passé notamment chez Alain Ducasse, explore avec tact et inventivité le monde de la gastronomie française. Le tout à apprécier en admirant le monument des Girondins.

Dubern - Bistrot Gourmand ☺ – voir les restaurants ci-après

Envie de partir à la dernière minute ?
Visitez les sites Internet des hôtels pour bénéficier de promotions tarifaires.

XXX ✿ **Le Pavillon des Boulevards** (Denis Franc)

120 r. Croix-de-Seguey – ✆ 05 56 81 51 02 – www.lepavillondesboulevards.fr – Fermé 26 mai-2 juin, 16 août-4 sept., 22 déc.-4 janv., sam. midi, lundi midi et dim. Plan : 2BU**a**

Menu 35 € (déj. en semaine), 80/130 € – Carte 100/120 €

Blancheur immaculée, terrasse verdoyante : un endroit apaisant, idéal pour savourer un beau moment de gastronomie. Le chef, Denis Franc, connaît ses classiques et les revisite avec subtilité. Les associations d'arômes et de parfums font mouche !

➜ Lisette glacée au soja et petits pois, langoustine poêlée et raviole de pomme verte au boudin béarnais. Turbot demi-sel aux huiles parfumées à l'orientale. Chocolat "parfum créole".

XXX **Jean Ramet**

7 pl. Jean-Jaurès – ✆ 05 56 44 12 51 – www.restaurant-jean-ramet.com – Fermé dim. et lundi Plan : 4EX**u**

Formule 25 € – Menu 31 € (déj.), 37/65 € – Carte 60/79 €

Tout près de la Garonne, une table chaleureuse et élégante. Sur les traces de Jean Ramet – qui fit la renommée de l'adresse il y a trente ans –, le jeune chef concocte une agréable cuisine classique, jouant sur les saisons et les saveurs épicées.

XXX **L'Alhambra**

111bis r. Judaïque – ✆ 05 56 96 06 91 – Fermé 20 juil.-15 août, sam. midi, lundi midi et dim. Plan : 3CX**e**

Formule 20 € – Menu 32/42 € – Carte 43/64 €

Quenelles de brochet, perdreau, gibier en saison : un vrai petit conservatoire de la cuisine classique, dans la grande tradition du *Guide culinaire* d'Escoffier... et cela dure depuis plus de 30 ans ! Le décor est à l'avenant, et les fidèles de longue date nombreux.

XX **Le Clos d'Augusta**

339 r. Georges-Bonnac – ✆ 05 56 96 32 51 – www.leclosdaugusta.fr – Fermé 3-22 août, 23-30 déc., sam. midi, dim., lundi et fériés Plan : 1AU**a**

Menu 24 € (déj.), 45/65 € – Carte 55/70 €

Langoustines et leur cappuccino de pistache, turbot rôti et sa mousseline de betterave à la framboise... Voilà un aperçu de la cuisine créative proposée par le chef, qui fait tout maison, y compris les glaces ! Le tout à apprécier dans un cadre feutré et élégant, avec une jolie terrasse pour l'été.

XX **L'Oiseau Bleu**

127 av. Thiers – ✆ 05 56 81 09 39 – www.loiseaubleu.fr – Fermé 13-21 avril, 3-25 août, 20-29 déc., dim. et lundi Plan : 4FX**e**

Formule 21 € – Menu 24 € (déj. en semaine), 40/55 € – Carte 60/67 €

Ce bel oiseau – un ancien poste de police – hébergea peut-être quelque pervenche... C'est désormais un joli nid de gourmands, avec sa cuisine du moment et sa belle cave (300 références) créée dans... l'ancienne cellule de dégrisement !

XX **Le Bordeaux** – Grand Hôtel de Bordeaux & Spa

2 pl. de la Comédie – ✆ 05 57 30 43 46 – www.ghbordeaux.com Plan : 3DX**r**

Carte 35/65 €

Cette élégante brasserie trône sur la place de la Comédie (belle terrasse). L'endroit tout indiqué pour savourer un bon plateau de fruits de mer ou des spécialités du Sud-Ouest. Tradition et fraîcheur !

XX **La Tupina**

6 r. Porte de la Monnaie – ✆ 05 56 91 56 37 – www.latupina.com Plan : 4FY**q**

Formule 18 € – Menu 38 € 🍷 (semaine)/65 € – Carte 47/75 €

Cette auberge joliment champêtre a tout le goût d'autrefois… Le truculent patron, pétri de patrimoine gastronomique, défend le terroir avec conviction, et l'on se régale de copieux plats du Sud-Ouest, mais aussi de viandes rôties et de légumes de saison – de beaux produits exposés à la vue des clients et qui mettent en appétit !

C'Yusha

12 r. Ausone – ✆ 05 56 69 89 70 – www.cyusha.com – Fermé 3 semaines en août, 1 semaine en janv., 1 semaine à Pâques, vend. midi, sam. midi, dim. et lundi
Menu 19 € (déj. en semaine), 33/45 € – Carte 49/56 € *(réservation conseillée)* Plan : 4EY**b**
Cuisine actuelle relevée d'épices, de plantes et d'herbes, signée par un chef qui travaille seul, sous le regard des gourmands. Et cerise sur le gâteau : les légumes sont ceux de son potager. Côté cadre, le minimalisme et l'intimité (peu de couverts) priment. Au cœur du vieux Bordeaux, un lieu résolument contemporain.

Comptoir Cuisine

2 pl. de la Comédie – ✆ 05 56 56 22 33 – www.comptoircuisine.com Plan : 3DX**t**
Formule 19 € – Carte 38/55 €
Chic, un néobistrot avec ses cuisines ouvertes et son atmosphère conviviale autour du comptoir, ou plus intime au premier étage ! La carte est courte mais alléchante, et le choix de vins au verre étoffé. Une bonne adresse.

7ème Péché (Jan Schwitalla)

65 cours de Verdun – ✆ 05 56 06 42 16 – www.7peche.fr – Fermé 15 juil.-14 août, mardi, merc. et le midi sauf dim. Plan : 2BU**g**
Menu 59/89 € – Carte 75/95 € *(réservation conseillée)*
Un restaurant épuré et résolument intime avec sa petite vingtaine de couverts... au service d'une belle cuisine créative. Jan Schwitalla mûrit longuement ses préparations, pour un résultat mêlant harmonieusement textures et saveurs audacieuses – avec certaines associations inédites. Sa créativité fait voyager !
→ Œuf onsen, velouté de truffe, artichaut et cresson. Demi-pigeon cuit à basse température, abats croustillants au parfum de sous-bois fumé. Rêve de mangue et quelques touches de coco.

Gravelier

114 cours de Verdun – ✆ 05 56 48 17 15 – www.gravelier.com – Fermé 1er-29 août, une semaine vacances de fév., sam. et dim. Plan : 2BU**r**
Menu 24 € (déj. en semaine), 39/55 € – Carte 54/78 €
Un cadre original et tendance – matériaux bruts (teck, zinc), couleurs vitaminées, vue sur les fourneaux – pour une cuisine inventive, où les saveurs du Sud-Ouest se mâtinent d'Asie. L'esprit contemporain est au rendez-vous, dans le décor comme dans l'assiette.

Julien Cruège

245 r. de Turenne – ✆ 05 56 81 97 86 – www.juliencruege.fr – Fermé 2-25 août, 1 semaine vacances de Noël et de fév., sam., dim. et fériés
Menu 20 € (déj.), 31/53 € – Carte 46/62 € Plan : 2BU**b**
Typiquement bordelaise, cette maison de la Croix-Blanche cache un cadre contemporain séduisant et une terrasse qui est un havre de verdure en ville... De quoi aiguiser son appétit pour déguster la savoureuse cuisine de Julien Cruège : de jolies recettes dans l'air du temps, soignées et d'un bon rapport qualité-prix !

Dubern - Bistrot Gourmand Ⓝ – Restaurant Dubern - Le D

42 allées de Tourny – ✆ 05 56 79 07 70 – www.dubern.fr
Formule 19 € – Menu 24 € (déj.)/29 € – Carte 41/76 € Plan : 3DX**z**
Voilà une adresse qui mérite son nom ! La gourmandise est bien de mise à travers des recettes bistrotières qui font résolument plaisir, comme le fameux boudin noir de Christian Parra ou ce pavé de thon jaune avec sa mousseline de carottes... Le menu change tous les jours, raison de plus pour y aller souvent.

Le Bistrot du Gabriel – Restaurant Le Gabriel

10 pl. de la Bourse, (1er étage) – ✆ 05 56 30 00 30 – www.bordeaux-gabriel.fr
Formule 22 € – Menu 29/43 € – Carte 36/59 € Plan : 4EX**f**
Idéalement situé sur la place de la Bourse, sous l'égide du restaurant gastronomique Le Gabriel, un bistrot contemporain de grande qualité, où l'on se régale – sans se ruiner – d'un tartare de bœuf au couteau, d'un saumon fumé maison, ou encore d'une entrecôte... Et le chariot des desserts est très appétissant !

Soléna

5 r. Chauffour – ✆ 05 57 53 28 06 – www.solena-restaurant.com
– Fermé 11-26 août, 17 fév.-5 mars, lundi, mardi et le midi sauf dim. Plan : 3CX**b**
Menu 41/66 €
Après un bon parcours – notamment en Californie, où il a rencontré sa compagne, américaine, qui assure l'accueil –, ce jeune chef bordelais a créé cette table contemporaine d'esprit gastro. Au menu, des recettes bien pensées, savoureuses et généreuses. Priorité aux produits locaux !

Le Davoli Ⓝ

13 r. des Bahutiers – ✆ 05 56 48 22 19 – www.ledavoli.com
– Fermé 10-26 août, lundi sauf le soir en juil.-août et dim. Plan : 4EX**f**
Formule 16 € – Menu 30/56 € – Carte environ 59 €
Le quartier St-Pierre, ses petites rues, ses bars, ses restaurants et... Le Davoli ! Une adresse où les gourmands apprécient des recettes dans l'air du temps et fortes en goût, réalisées par un chef ayant travaillé dans de belles maisons. De plus, l'accueil est aux petits soins.

Le Vin Rue Neuve Ⓝ

23 r. Neuve – ✆ 05 56 43 17 49 – www.levinrueneuve.com
– fermé dim. et lundi Plan : 4EY**b**
Menu 18 € (déj. en semaine)/90 € – Carte 47/78 €
Un immeuble parmi les plus anciens de la ville dans... la rue Neuve, cela ne s'invente pas ! Le chef, passionné par son métier et le vin, joue à fond la carte de la "bistronomie", en misant sur des produits du marché de très belle qualité. Un délice... comme la terrasse estivale.

Kuzina

22 r. Porte-de-la-Monnaie – ✆ 05 56 74 32 92 – www.latupina.com
– Fermé dim. et lundi Plan : 4FY**z**
Menu 18 € (semaine)/27 € – Carte 32/43 €
Kuzina ? La cuisine, en grec... Et dans ce petit restaurant au décor sympathique, des centaines de photos évoquent la patrie de Socrate et la Crète, où remontent les origines du propriétaire. À table, on se régale d'une cuisine de la mer – poissons présentés sur la glace – fraîche et inspirée du régime... crétois !

Une Cuisine en Ville Ⓝ

77 r. du Palais-Gallien – ✆ 05 56 44 70 93 – www.une-cuisine-en-ville.com
– Fermé vacances de Noël, dim. et lundi Plan : 3CX**t**
Formule 15 € – Menu 18 € (déj.), 29/50 € – Carte 40/56 €
De Dax à Bordeaux, il n'y a qu'un pas que le chef, Philippe Lagraula, a franchi... pour le plus grand plaisir des Bordelais ! On peut désormais le retrouver dans ce bistrot à la déco résolument dans l'air du temps ; tout comme ses recettes : bœuf braisé, seiche grillée, gâteau au yuzu, etc. Et les prix sont mini...

Moshi Moshi

pl. Fernand-Lafargue – ✆ 05 56 79 22 91 – www.restaurantmoshimoshi.com
– Fermé dim. , lundi et le midi Plan : 4EY**m**
Menu 49 € – Carte 49/78 € *(réservation conseillée)*
LA table japonaise de Bordeaux ! Incontournables makis et sushis, mais aussi des spécialités tel que le bœuf moshi moshi (des dés de filet grillés aux légumes frits) : une jolie palette de gastronomie nippone, qui donne envie de s'envoler pour le pays du Soleil-Levant...

L'Air de Famille

15 r. Albert-Pitres – ✆ 05 56 52 13 69 – www.lairdefamille.eresto.net
– Fermé 27 juil.-20 août, 21 déc.-7 janv., sam. midi, dim. et lundi Plan : 2BU**e**
Formule 16 € – Menu 18 € (déj. en semaine)/29 €
Non loin du quartier des Chartrons, dans un décor couleur locale avec ses casiers à vin, les gourmands vont se trouver... un air de famille ! De fait, derrière les fourneaux, le chef prouve son amour du produit à chaque instant, et signe une cuisine généreuse et goûteuse, comme on l'aime. Excellent rapport qualité-prix.

Akashi Ⓝ

5 pl. des Martyrs de la Résistance – ✆ 05 56 15 53 85 – www.restaurantakashi.com – Fermé mardi midi, dim. et lundi Plan : 3CX**n**

Formule 17 € – Menu 21 € (déj. en semaine)/38 €

Une bonne surprise ! Sous des dehors a priori sans prétention (petite salle, repas au coude-à-coude), on découvre une vraie bonne table ; elle est menée par Akashi, jeune chef japonais converti à la cuisine française, ses techniques et ses bons produits. Les assiettes, précises et savoureuses, gagnent à être connues.

Café du Théâtre

pl. Pierre-Renaudel – ✆ 05 57 95 77 20 – www.le-cafe-du-theatre.fr – Fermé août, 1 semaine en fév., sam. midi, dim. et lundi Plan : 4FZ**a**

Formule 16 € – Menu 37/49 € – Carte 45/52 €

Du rouge, du noir, un grand comptoir... et une jolie cuisine du marché, soucieuse de révéler les saveurs des produits de saison. Pas de relâche pour le jeune chef, qui assure même un service tardif les soirs de spectacle... le Théâtre national de Bordeaux étant juste à côté. On applaudit !

La Petite Gironde

75 quai des Queyries – ✆ 05 57 80 33 33 – www.lapetitegironde.fr – Fermé 23 déc.-5 janv. et dim. soir Plan : 4EX**b**

Menu 17 € (semaine), 28/41 € 🍷 – Carte 32/55 €

Une terrasse sur la rive droite de la Garonne, beaucoup de convivialité et une jolie cuisine régionale saupoudrée de quelques plats bistrotiers : voilà les ingrédients de cette petite adresse girondine.

à Bordeaux-Lac (près parc des expositions) – ✉ 33300

Pullman

av. J.-G.-Domergue – ✆ 05 56 69 66 66 – www.pullmanhotels.com Plan : 2BT**u**

166 ch – †125/230 € ††125/230 € – 19 suites – ☕ 25 €

Rest *L'Aquitania* – voir les restaurants ci-après

Un accès direct au palais des congrès, 2 000 m² de salles de réunion, des chambres design de couleur rouge pour les "Médoc" ou jaune pour les "Sauternes", et un agréable restaurant traditionnel : cet hôtel a plus d'un atout et il est très apprécié par la clientèle d'affaires.

L'Aquitania – Hôtel Pullman

av. J.-G.-Domergue – ✆ 05 56 69 65 11 – www.pullmanhotels.com Plan : 2BT**u**

Formule 26 € – Menu 30/59 € – Carte 42/108 €

L'Aquitania ? Une table prisée à Bordeaux-Lac. La clientèle d'affaires, notamment, affectionne son appétissante carte traditionnelle et son atmosphère feutrée. Une adresse à noter dans ses tablettes.

par la rocade A 630 :

à Blanquefort 3 km au Nord, sortie n° 6 – ✉ 33290 – 14 779 hab.

Hostellerie des Criquets

130 av. du 11-Novembre, D 210 – ✆ 05 56 35 09 24 – www.lescriquets.com

21 ch – †80/110 € ††110/140 € – ☕ 14 € – ½ P

Rest *Hostellerie des Criquets* – voir les restaurants ci-après

Atmosphère familiale et quiétude champêtre chez ces sympathiques Criquets – entièrement rénovés en 2012 –, avec des chambres douillettes pour paresser à la manière des cigales. Et le matin, on prend le petit-déjeuner au bord de la piscine !

Hostellerie des Criquets

130 av. du 11-Novembre, D 210 – ✆ 05 56 35 09 24 – www.lescriquets.com – Fermé sam. midi, dim. soir et lundi

Formule 17 € – Menu 20 € (déj. en semaine), 50/70 € – Carte 44/75 €

Cet élégant restaurant contemporain s'ouvre sur un joli jardin et une ravissante terrasse ; la carte suit savamment les saisons et, pour ne rien gâcher, le chef donne des cours de cuisine. Une agréable étape gastronomique aux portes de Bordeaux.

à Lormont Nord-Est, sortie n°2 – ✉ 33310 – 19 799 hab.

XX **Jean-Marie Amat** AC P

✿ *1 r. du Prince-Noir – ☎ 05 56 06 12 52 – www.jm-amat.com – Fermé 3 semaines en août, 1 semaine en déc., lundi d'oct. à mai, sam. de juin à sept. et dim.*

Menu 30 € (déj. en semaine)/50 € – Carte 70/110 € Plan : 2BT**n**

Les écuries d'un château ; un cube de verre et béton ; une vue sur le pont d'Aquitaine ; l'impression d'être suspendu au milieu de la verdure... Pour son restaurant, Jean-Marie Amat a retenu un parti pris architectural très original ! Bien à l'image de sa belle cuisine du marché, saine et fraîche, aux couleurs marquantes...

➜ Tartare de homard au caviar. Pigeon grillé aux épices, salade d'herbes et pastilla des cuisses. Pêche poché au Lillet, sorbet pêche-Lillet.

à Cenon Est, sortie n° 25 – ✉ 33150 – 22 242 hab.

X **La Cape** (Thomas Brasleret) AC

✿ *allée de la Morlette – ☎ 05 57 80 24 25 – www.restaurant-lacape.com – Fermé 3 semaines en août, vacances de Noël, sam., dim. et fériés* Plan : 2BU**v**

Menu 26 € (déj. en semaine), 35/50 €

Thomas Brasleret a endossé cette Cape en 2012, mais il travaillait depuis longtemps dans la maison... Esprit de continuité donc, avec toujours le même souci de qualité et de soin apporté à la cuisine. Au menu : de belles saveurs du marché, teintées d'une certaine créativité et rehaussées par une judicieuse sélection de vins bordelais.

➜ Carpaccio de bar mariné au fruit de la passion, crème de tapioca au thé matcha. Lotte confite à l'encre, maki d'encornets et crème d'ail. Biscuit craquant "choco-blanc", mousse mangue-coco.

X **Ze Rock** AC P

1 bis r. Aristide-Briand, (au parc Palmer) – ☎ 05 57 54 12 94 – Fermé 3 semaines en août, vacances de Noël, dim., lundi et fériés Plan : 2BT**a**

Formule 16 € – Menu 19 € (semaine) – Carte 29/46 €

Béton ciré et chaises Starck : une brasserie design du "clan" Nicolas Magie, attenante au Rocher de Palmer, centre culturel et musical très original. Cochonnaille basque, frites au couteau... la belle tradition apaise les faims de rocker, à prix raisonnables.

à Bouliac Sud-Est, sortie n° 23 – ✉ 33270 – 3 106 hab.

Le Saint-James AC P

3 pl. Camille-Hostein, (près de l'église) – ☎ 05 57 97 06 00 – www.saintjames-bouliac.com – Fermé 1er-17 janv. Plan : 2BU**s**

18 ch – †155/335 € ††155/335 € – ☕ 25 €

Rest *Le Saint-James* ✿ – voir les restaurants ci-après

Conçue par Jean Nouvel, cette maison surplombant la ville et les vignes – classées premières-côtes-de-bordeaux – s'inspire des séchoirs à tabac typiques de la région. L'épure, la lumière et le design dominent avec élégance et harmonie... Le Bordelais est à vous.

XXX **Le Saint-James** AC P

✿ *3 pl. Camille-Hostein, (près de l'église) – ☎ 05 57 97 06 00 – www.saintjames-bouliac.com – Fermé 1er-17 janv., dim. et lundi* Plan : 5BU**s**

Formule 49 € 🍷 – Menu 68/135 € – Carte 133/190 €

Un écrin design et baigné de lumière, dominant les environs... Voilà un bel endroit pour un repas de qualité, ancré dans la région : le chef, Nicolas Magie, originaire du Bordelais, rend un bel hommage aux produits aquitains, avec finesse, invention et en accord avec les vins du cru. ➜ Premiers cèpes juste poêlés parfumés à la feuille de figuier. Canard croisé rôti sur le coffre, les cuisses laquées, figues et girolles. Framboises et sablé chocolat à la fleur de sel.

X **Café de l'Espérance**

10 r. de l'Esplanade, (derrière l'église) – ☎ 05 56 20 52 16 – www.saintjames-bouliac.com Plan : 2BV**r**

Formule 15 € – Carte 33/55 €

Buffets d'entrées et de desserts, grillades au feu de bois accompagnées de frites... Ici, tout est fait maison. C'est simple, très frais, copieux et bon. Les nostalgiques des troquets de village vont apprécier !

à Camblanes-et-Meynac 9 km au Sud-Est, sortie n° 22 par D 113 – ✉ 33360 – 2 661 hab.

Le Bellevue

40 rte du Bourg – ✆ 05 56 20 77 14 – www.restaurant-le-bellevue.fr – Fermé vacances de Pâques, 25 août-2 sept., vacances de la Toussaint, sam. midi, dim. soir et lundi
Formule 17 € – Menu 31 € (déj. en semaine), 38/50 € – Carte 40/46 €
Blanc de seiche en brochette, "pois chiche-merguez" et hachis d'herbes ; pistolet de veau rôti, crumble de patates douces au chocolat 90%... Le chef, Noël Baudrand, aime les surprises ; passé par de belles maisons (Bras, Ducasse, entre autres), il cuisine de beaux produits avec originalité et finesse. Savoureux !

à Martillac 9 km au Sud, sortie n° 18, D 1113 et rte secondaire – ✉ 33650 – 2 487 hab.

Les Sources de Caudalie

chemin de Smith-Haut-Lafitte – ✆ 05 57 83 83 83 – www.sources-caudalie.com – Fermé 6-29 janv.
42 ch – 280/340 € 280/340 € – 7 suites – 24 € – ½ P
Rest ***La Grand'Vigne*** **Rest** ***La Table du Lavoir*** – voir les restaurants ci-après
Au milieu des vignes, ce domaine superbe dédié au bien-être est le berceau de la vinothérapie. Bois brut, meubles chinés, ambiances délicates, plaisirs gastronomiques : le luxe sans ostentation, en harmonie avec la nature. Idéal pour s'enivrer de détente...

La Grand'Vigne – Hôtel Les Sources de Caudalie

chemin de Smith-Haut-Lafitte – ✆ 05 57 83 83 83 – www.sources-caudalie.com – Fermé 6-29 janv., merc. midi, jeudi midi, vend. midi, lundi et mardi
Menu 65/95 € – Carte 89/103 €
Dans cette charmante orangerie du 18e s., les assiettes ont le goût et les couleurs de la nature : l'œuvre d'un jeune chef inspiré, Nicolas Masse, maître dans l'art d'associer saveurs et textures avec une remarquable précision, pour le plaisir des sens. Un beau moment, porté de surcroît par un service de qualité. → L'Aquitaine, en carpaccio de bœuf et caviar primeur. Pigeon en peau d'artichaut blanc, pomme de terre fondante aux abattis, jus à la cardamome. Fraises gariguette en coque meringuée, en carpaccio et sorbet basilic.

La Table du Lavoir – Hôtel Les Sources de Caudalie

chemin de Smith-Haut-Lafitte – ✆ 05 57 83 83 83 – www.sources-caudalie.com – Fermé 6-29 janv.
Formule 29 € – Menu 38/58 €
Un cadre original que cette superbe halle tout en bois (18e s.), sous laquelle on lavait autrefois les vêtements utilisés pour les vendanges ! La cuisine joue la carte de la bonne tradition : truite marinée, dorade cuite à la plancha, côte de bœuf grillée et sa sauce béarnaise, canelés... Une adresse à voir et à déguster.

à Mérignac Ouest, sortie n° 9 – ✉ 33700 – 66 142 hab.

Kyriad Prestige

116 av. Magudas – ✆ 05 57 92 00 00 – www.bordeaux-hotels.net Plan : 1AT**r**
75 ch – 90/130 € 90/130 € – 14 € – ½ P
Rest – Formule 21 € – Menu 28 € – Carte 29/47 € *(fermé dim. et fériés)*
Tout près de l'autoroute, cet établissement dispose de chambres spacieuses et bien insonorisées, et l'on peut profiter de la formule buffet du restaurant. Pratique lors d'une étape familiale ou pour la clientèle d'affaires.

à l'aéroport de Bordeaux-Mérignac – ✉ 33700

Novotel Aéroport

80 av. J.F.-Kennedy – ✆ 05 57 53 13 30 – www.accor-hotels.com Plan : 1AU**k**
137 ch – 139/159 € 139/159 € – 16 €
Rest – Formule 14 € – Carte 20/45 €
Un Novotel d'esprit contemporain, dont la plupart des chambres donnent sur le jardin. Et pour les familles, l'aire de jeux pour les enfants et la piscine sont bien sympathiques. Le tout à deux pas de l'aéroport !

Ibis Styles Bordeaux Aéroport

95 av. J.F.-Kennedy – ✆ 05 56 55 93 42 – www.ibishotel.com Plan : 1AU**d**

81 ch – 75/150 € 85/160 €

Rest – Formule 17 € – Carte 26/35 € *(fermé 4-24 août, le midi, vend. soir, sam. et dim.)*

Cet hôtel affiche un esprit jeune et pop avec des couleurs sobres relevées de touches acidulées. De quoi retrouver la pêche entre deux vols !

L'Iguane

83 av. J.F.-Kennedy – ✆ 05 56 34 07 39 – www.liguane.fr – Fermé 2-31 août, vend. soir, sam. et dim. Plan : 1AU**b**

Formule 27 € – Menu 39 € (semaine)/75 € – Carte 51/72 €

Un cadre contemporain, feutré et élégant, pour une cuisine qui mêle teintes du temps et nuances exotiques, le tout accompagné d'une cave de 500 références aux jolies robes chatoyantes. De couleur et de piquant, le bistrot L'Olive de Mer n'en manque pas non plus, avec ses saveurs méditerranéennes et son atmosphère design.

L'Olive de Mer ✆ 05 56 12 99 99 – Formule 17 € – Menu 22 € (déj.) – Carte 26/51 € *(fermé sam. midi et dim. midi)*

LES BORDES – 45 Loiret → voir Sully-sur-Loire

BORMES-LES-MIMOSAS

83230 (Var) – 7 406 hab. – Voir carte n°**41**-C3

Paris 871 km – Fréjus 57 km – Hyères 21 km – Le Lavandou 4 km

Carte Michelin 340-N7 – Guide Vert Michelin Côte d'Azur

Hostellerie du Cigalou

pl. Gambetta, au vieux village – ✆ 04 94 41 51 27 – www.hostelleriducigalou.com – Fermé mi-nov. à mi-déc.

17 ch – 116/212 € 116/289 € – 3 suites – 13 € – ½ P

Rest – Formule 18 € – Menu 22/39 € – Carte 40/60 €

La propriétaire de cette jolie maison a décoré son intérieur avec raffinement, mêlant styles provençal et baroque. Certaines chambres bénéficient d'une terrasse privative. Au restaurant, recettes à dominante régionale, dans une ambiance bistrot décontractée.

La Bastide des Vignes sans rest

464 chemin du Patelin – ✆ 04 94 71 20 29 – www.bastidedesvignes.fr – Ouvert 1er avril-3 nov.

5 ch – 120/140 € 120/140 €

Un véritable havre de paix et de gentillesse que cette maison de vigneron de 1902, cernée par les vignes. Chambres aux couleurs de la Provence, ouvertes sur le luxuriant jardin (pas de TV). Dégustation de plats et vins régionaux à la table d'hôte (sur réservation).

Les Plumbagos sans rest

88 impasse du Pin, quartier Le Pin, par bd Mont des Roses – ✆ 06 09 82 42 86 – www.lesplumbagos.com – Ouvert mai-sept.

3 ch – 125/137 € 125/137 €

Une situation calme et privilégiée en surplomb de la baie, de coquettes chambres provençales et un agréable jardin : cette belle bâtisse des années 1920 ne manque pas d'atouts.

La Rastègue (Jérôme Masson)

48 bd du Levant, 2 km au Sud, quartier Le Pin – ✆ 04 94 15 19 41 – www.larastegue.com – Fermé janv., le midi sauf dim. et lundi

Formule 35 € – Menu 49 € *(réservation conseillée)*

Priorité au goût ! Les cuisines, ouvertes sur la salle, permettent d'admirer le jeune chef à l'œuvre, accommodant bons produits et arômes avec précision et équilibre. Aucun artifice, beaucoup de simplicité et surtout de saveurs... Service attentionné.

→ Parfait tiède de langoustines, le jus des têtes en bisque. Saint-pierre rôti sur sa peau, marmelade de fenouil et pistou de roquette. Blanc-manger noix de coco et citron vert, sauce mangue-passion.

au Sud 1 km – ✉ 83230 Bormes-les-Mimosas

Le Domaine du Mirage ch,

38 r. Vue-des-Iles – ✆ 04 94 05 32 60 – www.domainedumirage.com – Ouvert 1er avril-30 sept.
35 ch – †120/186 € ††120/186 € – ☕ 14 €
Rest – Menu 39 € (dîner) – Carte 40/60 € *(ouvert 1er avril-14 juin et 16-30 sept.)*
Dominant la baie, une belle bâtisse de style victorien entourée d'un jardin fleuri. Chambres contemporaines, en majorité avec balcon ou terrasse face à la mer. Décor raffiné au restaurant, où l'on apprécie une cuisine qui fleure bon la Provence.

BORNY – 57 Moselle ➜ voir Metz

BORT-L'ÉTANG – 63 Puy-de-Dôme ➜ voir Lezoux

BOSDARROS

✉ 64290 (Pyrénées-Atlantiques) – 1 014 hab. – **Voir carte n°3-B3**
Paris 790 km – Lourdes 36 km – Oloron-Ste-Marie 29 km – Pau 14 km
Carte Michelin 342-J5

Auberge Labarthe (Éric Dequin)

1 r. P.-Bidau – ✆ 05 59 21 50 13 – www.auberge-pau.com – Fermé 1 semaine en janv., dim. soir, lundi et mardi
Menu 34 € (semaine), 54/78 € – Carte 76/86 € *(réservation conseillée)*
Voilà une bien belle auberge ! Derrière l'église, arrêtez-vous dans cette accueillante maison à la façade fleurie. Les gourmands y savourent une généreuse cuisine régionale, avec des produits de qualité, dans une salle cosy et sagement contemporaine. ➜ Ravioles de girolles, jambon ibérique et bouillon crémeux au parfum d'estragon. Pigeonneau rôti, cuisses confites et caviar d'aubergine. Gros macaron, crème au citron, fraises mara des bois et jus au basilic.

BOSSEY – 74 Haute-Savoie ➜ voir St-Julien-en-Genevois

LES BOSSONS – 74 Haute-Savoie ➜ voir Chamonix

BOUDES

✉ 63340 (Puy-de-Dôme) – 267 hab. – **Voir carte n°5-B2**
Paris 462 km – Brioude 29 km – Clermont-Fd 52 km – Issoire 16 km
Carte Michelin 326-G10 – Guide Vert Michelin Auvergne

Le Boudes La Vigne avec ch rest,

pl. de la Mairie – ✆ 04 73 96 55 66 – www.leboudeslavigne.pagesperso-orange.fr – Fermé 2-10 juil., 23 août-4 sept., 2-23 janv., dim. soir, lundi et mardi
6 ch – †48/60 € ††48/60 € – ☕ 6 € – ½ P
Formule 17 € – Menu 23 € (semaine), 31/55 €
Cette sympathique auberge, bâtie sur d'anciennes fortifications, se trouve au cœur de ce village de vignerons où l'on produit... le boudes, l'un des cinq crus des côtes d'Auvergne. Derrière les fourneaux, le chef réalise une cuisine généreuse et parfumée, bien en prise avec son époque. Chambres fonctionnelles à l'étage.

BOUËSSE – 36 Indre ➜ voir Argenton-sur-Creuse

BOUGIVAL – 78 Yvelines ➜ voir Paris, Environs

LA BOUILLADISSE

✉ 13720 (Bouches-du-Rhône) – 5 990 hab. – **Voir carte n°40-B3**
Paris 776 km – Aix-en-Provence 27 km – Brignoles 43 km – Marseille 31 km
Carte Michelin 340-I5

La Fenière rest,

8 r. J. Pourchier – ✆ 04 42 72 38 38 – www.hotelfeniere.com
12 ch – †60/80 € ††68/80 € – ☕ 8 € – ½ P
Rest – Menu 18/26 € – Carte 30/49 € *(fermé 21 déc.-6 janv., dim. et lundi)*
Un établissement tenu en famille, par une mère et ses deux filles, dont l'une s'occupe de l'hôtel et l'autre du restaurant (d'esprit provençal). Les chambres ne sont pas très grandes mais bien tenues, et l'on peut profiter du petit jardin et de sa piscine. Pour joindre l'utile à l'agréable, en toute simplicité.

BOUILLAND

✉ 21420 (Côte-d'Or) – 189 hab. – **Voir carte n°8-C2**
▶ Paris 295 km – Autun 54 km – Beaune 17 km – Bligny-sur-Ouche 13 km
Carte Michelin 320-I7 – Guide Vert Michelin Bourgogne

Hostellerie du Vieux Moulin

1 r. de la Forge – ✆ 03 80 21 51 16 – www.moulin-de-bouilland.com – Ouvert 18 mars-16 nov. et 11-31 déc.
24 ch – †90/185 € ††110/250 € – 2 suites – ☕ 18 € – ½ P
Rest *Hostellerie du Vieux Moulin* – voir les restaurants ci-après
Dans cette charmante vallée verdoyante, un ancien moulin au bord de la rivière et ses dépendances. Beaucoup de tranquillité et un très bon confort (chambres plus spacieuses dans la bâtisse principale). Excellent petit-déjeuner.

Hostellerie du Vieux Moulin

1 r. de la Forge – ✆ 03 80 21 51 16 – www.moulin-de-bouilland.com – Ouvert 18 mars-16 nov. et 11-31 déc., fermé le midi du mardi au jeudi et lundi
Formule 24 € – Menu 39 € (semaine), 59/90 € – Carte 55/88 €
Une salle élégante et une très belle terrasse... Ce lieu ravit et met en appétit ! Les assiettes du chef ne déçoivent pas, car ce dernier concocte une cuisine d'aujourd'hui soignée et savoureuse.

Auberge St-Martin

17 rte de Beaune – ✆ 03 80 21 53 01 – www.auberge-saint-martin.net – Fermé 27 juin-3 juil., 20 déc.-5 fév., mardi et merc.
Menu 24/32 € – Carte 26/39 € *(réservation conseillée)*
Une accueillante auberge (18e s.), campagnarde à souhait, en plein cœur d'un petit village près de Beaune. On y propose une appétissante cuisine, à la fois traditionnelle et actuelle, avec des spécialités telles que la terrine de faisan ou le coq au vin.

LA BOUILLE

✉ 76530 (Seine-Maritime) – 780 hab. – **Voir carte n°33-D2**
▶ Paris 132 km – Bernay 44 km – Elbeuf 12 km – Louviers 32 km
Carte Michelin 304-F5 – Guide Vert Michelin Normandie Vallée de la Seine

Le Bellevue Ⓝ

13 quai Hector-Malot – ✆ 02 35 18 05 05 – www.hotel-le-bellevue.com – Fermé 17 août-7 sept. et 26 déc.-5 janv.
18 ch – †76/120 € ††76/120 € – ☕ 11 € – ½ P
Rest – Formule 19 € – Menu 26/30 € – Carte 29/37 € *(fermé 17 août-7 sept., 19 déc.-5 janv., sam. midi, dim. soir et vend.)*
Une demeure (début 20e s.) située sur une rive de la Seine. Les chambres sont petites mais bien tenues ; préférez celles bénéficiant d'une belle vue sur le fleuve. Au restaurant, généreuse cuisine traditionnelle.

Le St-Pierre

4 pl. du Bateau – ✆ 02 35 68 02 01 – www.restaurantlesaintpierre.com – Fermé 2-21 janv., dim. soir, lundi et mardi
Formule 18 € – Menu 25 € (semaine), 32/67 € – Carte 63/77 €
Une cuisine d'aujourd'hui réalisée avec de beaux produits, la Seine et les bateaux pour décor : un moment bien agréable ! Et l'été, on n'hésite pas à se rendre sur la terrasse.

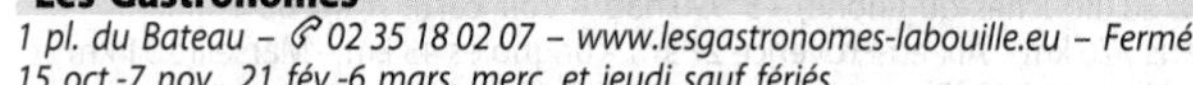

Les Gastronomes

1 pl. du Bateau – ✆ 02 35 18 02 07 – www.lesgastronomes-labouille.eu – Fermé 15 oct.-7 nov., 21 fév.-6 mars, merc. et jeudi sauf fériés
Menu 20 € (semaine), 30/45 € – Carte 43/53 €
Foie gras en terrine, tournedos de lotte au jambon, tarte Tatin : dans cette maison de pays, à côté de l'église, les patrons concoctent une jolie cuisine traditionnelle et vous reçoivent avec chaleur.

BOUIN

✉ 85230 (Vendée) – 2 200 hab. – **Voir carte n°34-A3**
▶ Paris 435 km – Challans 22 km – Nantes 51 km – Noirmoutier-en-l'Ile 29 km
Carte Michelin 316-E6 – Guide Vert Michelin Pays de la Loire

Domaine le Martinet sans rest
pl. du Gén.-Charette – ✆ 02 51 49 23 23 – www.domaine-lemartinet.com – Fermé janv.
23 ch – †80/145 € ††80/145 € – ☕ 12 €
Dans un bourg tranquille du marais breton vendéen, un hôtel tenu par un jeune couple sympathique. Toutes les chambres sont spacieuses et confortables, mais préférez celles qui ont été rénovées. Plaisant à souhait !

Le Martinet
9 r. des Jardins – ✆ 02 51 49 23 48 – www.restaurant-lemartinet.com – Fermé janv., dim. soir hors saison, lundi midi et mardi midi
Menu 18/39 €
Dans sa jolie cabane de pêcheur – un ancien grenier à sel, pour être exact –, le chef réalise une cuisine traditionnelle... aux petits oignons ! Produits de la mer fournis par son propre frère, pêcheur et ostréiculteur, légumes du potager de la maison et saveurs franches : fraîcheur et gourmandise assurées.

BOULBON

✉ 13150 (Bouches-du-Rhône) – 1 535 hab. – **Voir carte n°42-E1**
Paris 703 km – Avignon 18 km – Marseille 113 km – Nîmes 34 km
Carte Michelin 340-D2 – Guide Vert Michelin Provence

La Bastide de Boulbon
r. de l'Hôtel-de-Ville – ✆ 04 90 93 11 11 – www.labastidedeboulbon.com – Ouvert 10 avril- 20 oct.
10 ch – †115/165 € ††115/165 € – ☕ 15 €
Rest – Menu 29/35 € – Carte 43/58 € *(fermé le midi et mardi soir) (réservation conseillée)*
Au cœur d'un village, cette demeure bourgeoise (1850) aux allures de maison d'hôte invite à la détente, avec son beau jardin aux platanes bicentenaires. Chambres actuelles. Cuisine du marché servie dans une salle intime ou sur la terrasse ombragée.

La Maison Saint -Jean
1 r. Mont Saint-Jean – ✆ 04 90 91 24 54 – www.lamaisonsaintjean.com – Ouvert 15 juin-15 sept.
4 ch ☕ – †135/175 € ††135/175 € **Table d'hôte** – Menu 37 €
Une belle demeure de caractère (1820) dans un village dominé par un imposant château fort. Les chambres y sont spacieuses et raffinées : mobilier chiné, tableaux anciens et touches contemporaines. Ravissant jardin ombragé. Une adresse qui respire la douceur de vivre...

BOULIAC – 33 Gironde → voir Bordeaux

BOULIGNEUX – 01 Ain → voir Villars-les-Dombes

BOULOGNE-BILLANCOURT – 92 Hauts-de-Seine → voir Paris, Environs

BOULOGNE-SUR-MER

✉ 62200 (Pas-de-Calais) – 43 070 hab. – Agglo. 89 166 hab. – **Voir carte n°30-A2**
Paris 265 km – Amiens 130 km – Arras 122 km – Calais 35 km
Carte Michelin 301-C3

La Matelote
70 bd Ste-Beuve – ✆ 03 21 30 33 33 – www.la-matelote.com Plan : Y**q**
35 ch – †85/125 € ††100/195 € – ☕ 15 € – ½ P
Rest *La Matelote* ✿ – voir les restaurants ci-après
Fière bâtisse des années 1930 sur le front de mer, face au Nausicaa. Les chambres y sont confortables et très bien tenues. Espace détente de qualité (avec par exemple une piscine à contre-courant).

Métropole sans rest
51 r. Thiers – ✆ 03 21 31 54 30 – www.hotel-metropole-boulogne.com – Fermé 21 déc.-12 janv. Plan : Z**e**
25 ch – †65/80 € ††82/99 € – ☕ 11 €
Hôtel familial dans le centre-ville, près du port et des commerces, aux chambres spacieuses et confortables. Jolie salle des petits-déjeuners, ouverte sur le jardin.

BOULOGNE-SUR-MER

Adam (R. A.) . . . . X 2
Aumont (R. d') . . . . Z 7
Beaucerf (Bd) . . . . Z 8
Beaurepaire (R.) . . . . X 9
Bras-d'Or (R. du) . . . . Z 13
Colonne (R. de la) . . . . X 17
Diderot (Bd) . . . . X 18
Duflos (R. Louis) . . . . X 19
Dutertre (R.) . . . . Y 20
Égalité (R. de) . . . . X 22
Entente-Cordiale (Pont de l') . . Z 23
Faidherbe (R.) . . . . Y
Grande-Rue . . . . Z
Huguet (R. A.) . . . . X 29
Jean-Jaurès (Bd et Viaduc) . . . X 30
J.-J. Rousseau (Viaduc) . . . . . . X 31
Lampe (R. de la) . . . . Z 32
Lattre-de-Tassigny (Av. de) . . . Y 33
Lavocat (R. Albert) . . . . X 34
Liberté (Bd de la) . . . . X 35
Lille (R. de) . . . . Y 37
Marguet (Pont) . . . . Z 38
Michelet (R. J.) . . . . X 39
Mitterrand (Bd F.) . . . . Z 40
Montesquieu (Bd) . . . . X 42
Mont-Neuf (R. du) . . . . X 44
Orme (R. de l') . . . . X 46
Perrochel (R. de) . . . . Z 48
Porte-Neuve (R.) . . . . Y 49
Puits-d'Amour (R.) . . . . Z 53
Résistance (Pl.) . . . . Y 55
Ste-Beuve (Bd) . . . . XY 59
St-Louis (R.) . . . . Y 56
Thiers (R. A.) . . . . YZ 60
Tour-N.-Dame (R.) . . . . Y 61
Victoires (R. des) . . . . Y 63
Victor-Hugo (R.) . . . . YZ
Wicardenne (R. de) . . . . X 64

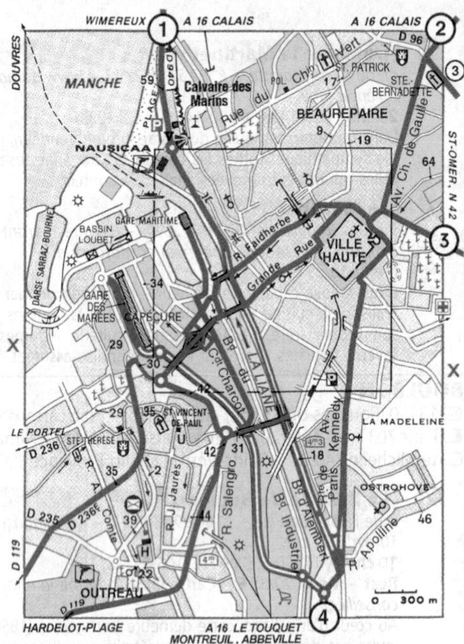

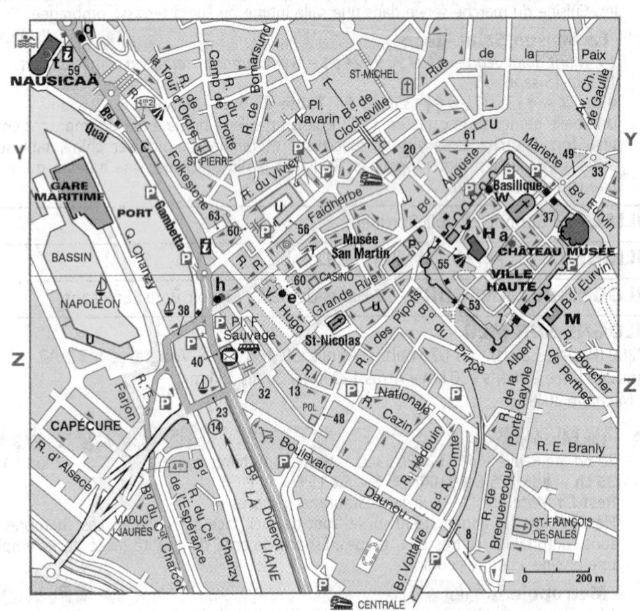

Hamiot rest,
1 r. Faidherbe – ✆ 03 21 31 44 20 – www.hotelhamiot.com Plan : Z**h**
12 ch – †68/98 € ††78/98 € – ☕ 10 € – ½ P
Rest *Grand Restaurant* – voir les restaurants ci-après
Rest *Brasserie* – Menu 12 € (semaine), 18/34 € – Carte 18/42 €
Une véritable institution ! Ce bâtiment d'après-guerre donne sur le port de pêche et la criée. Les chambres sont confortables avec leur beau mobilier en bois. Une bonne adresse également pour les amateurs d'étape gastronomique.

La Matelote (Tony Lestienne) – Hôtel La Matelote
80 bd Ste-Beuve – ✆ 03 21 30 17 97 – www.la-matelote.com – Fermé 22 déc.-20 janv. et jeudi midi Plan : Y**q**
Menu 35 € (semaine), 59/85 € – Carte 60/85 €
Du nom du fameux plat de poisson cuisiné au vin, cette table est tout entière dédiée aux produits de la mer, travaillés dans les règles de l'art et de la tradition. De belles saveurs iodées au menu ! Le cadre, cossu et feutré, a tout d'une bonbonnière. L'été, profitez de la terrasse.
→ Buisson de langoustines rôties aux herbes, sauce safranée. Assiette de homard, sauce basilic. Parfait tiède chocolaté.

Restaurant de la Plage
124 bd Ste-Beuve – ✆ 03 21 99 90 90 – www.restaurantdelaplage.fr – Fermé dim. soir et lundi soir Plan : X**v**
Formule 32 € 🍷 – Menu 35/46 € – Carte 48/86 €
Après une petite baignade, rien de mieux qu'un bon repas pour reprendre des forces ! Face à la plage, cette adresse fait honneur aux produits de la mer. Des saveurs iodées, fines et goûteuses, qui s'accordent parfaitement avec la belle carte des vins. Joli décor sur le thème balnéaire.

Grand Restaurant – Hôtel Hamiot
1 r. Faidherbe – ✆ 03 21 31 44 20 – www.hotelhamiot.com – Fermé dim. soir et merc.
Formule 19 € – Menu 22 € (semaine), 29/45 € – Carte 41/61 € Plan : Z**h**
On vient dans ce restaurant pour son atmosphère feutrée, sa vue sur l'animation portuaire, et surtout pour sa cuisine de la mer soignée : sole meunière, blanquette et bourride, plateau de fruits de mer... De quoi mettre l'eau à la bouche !

Restaurant de Nausicaa
bd Ste-Beuve – ✆ 03 21 33 24 24 – Fermé 3 dernières semaines de janv., dim. soir hors saison et lundi soir Plan : Y**t**
Menu 22 € (semaine)/29 € – Carte 23/48 €
Pause gourmande au Centre de la mer. Ici, l'ambiance est très animée : les deux salles, d'esprit brasserie, sont immenses, offrant une vue panoramique sur le port et la plage. Et la cuisine, traditionnelle, fait évidemment la part belle aux produits de la mer...

L'Ilot Vert
36 r. de Lille – ✆ 03 21 92 01 62 – Fermé 24 déc.-1er janv., merc. soir et dim. soir
Formule 17 € – Menu 21 € (déj. en semaine), 29/48 € Plan : Y**a**
– Carte 36/55 €
Une bonne surprise que ce restaurant coloré et convivial, où œuvre un jeune chef formé dans de belles maisons : il signe une cuisine bien d'aujourd'hui – avec une pointe de créativité –, joliment tournée et savoureuse, aux prix mesurés. Sympathique terrasse fleurie côté cour.

à Pont-de-Briques 5 km par ④ – ✉ 62360

Hostellerie de la Rivière avec ch rest,
17 r. de la Gare – ✆ 03 21 32 22 81 – www.lhostelleriedelariviere.fr – Fermé 19 août-5 sept., 7-31 janv., dim. soir, mardi midi et lundi
8 ch – †85/109 € ††85/112 € – ☕ 13 € – ½ P
Formule 17 € – Menu 22 € (déj. en semaine), 55 € 🍷/60 € – Carte 63/90 €
L'histoire ne dit pas si Napoléon, qui séjourna tout près, aurait aimé cette adresse. Quoi qu'il en soit, les gourmands d'aujourd'hui l'apprécient ! On y déguste de bonnes recettes du terroir et des produits de la mer. Formule bistrot au déjeuner. L'été venu, on s'installe dans le jardin.

à Hesdin-l'Abbé 9 km par ④ et D 901 – ✉ 62360 – 1 887 hab.

Cléry

r. du Château, au village – ✆ 03 21 83 19 83 – www.clery.najeti.fr – Fermé 5-31 janv.
25 ch – †105/230 € ††105/230 € – 2 suites – ☕ 15 € – ½ P
Rest *Le Berthier* – voir les restaurants ci-après
Un charmant château romantique construit à la fin du 18e s., flanqué d'un cottage et d'une fermette. Il compte un agréable salon de lecture, un parc fleuri et un jardin potager, sans oublier des chambres d'un élégant classicisme.

Le Berthier – Hôtel Cléry

r. du Château, au village – ✆ 03 21 83 19 83 – www.clery.najeti.fr – Fermé 5-31 janv.
Menu 29/51 € – Carte 53/59 € *(fermé le midi)*
Le général Berthier aurait séjourné au château pendant le siège de Boulogne par Napoléon. À l'époque, si le restaurant avait existé, sans doute aurait-il apprécié la belle véranda donnant sur le parc et la carte classique : pavé de bar, pigeon des Flandres, etc.

LE BOULOU

✉ 66160 (Pyrénées-Orientales) – 5 436 hab. – **Voir carte n°22-B3**
Paris 869 km – Argelès-sur-Mer 20 km – Barcelona 169 km – Céret 10 km
Carte Michelin 344-I7

au Sud-Est 4,5 km par D 900, D 618 et rte secondaire – ✉ 66160 Le Boulou

Relais des Chartreuses

106 av. d'En-Carbouner – ✆ 04 68 83 15 88 – www.relais-des-chartreuses.fr – Ouvert 5 mars-2 janv.
14 ch – †75/96 € ††75/185 € – 2 suites – ☕ 15 € – ½ P
Rest – Menu 40 € *(fermé dim. sauf de mai à sept. et le midi)*
Une terrasse sous les tilleuls, une piscine, un jardin... et ce mas en pierre (17e s.), édifié à flanc de montagne, au milieu d'une pinède. Dans les chambres, épure contemporaine et cachet de l'ancien se marient à merveille ; au restaurant, les saveurs sont au rendez-vous (uniquement pour les résidents). Bel endroit !

à Vivès 5 km à l'Ouest par D 115 et D 73 – ✉ 66490 – 168 hab.

L'Hostalet de Vivès avec ch

r. de la Mairie – ✆ 04 68 83 05 52 – www.hostalet-vives.com – Fermé 13 janv.-28 fév., mardi hors saison et merc.
3 ch – †69/80 € ††69/80 € – ☕ 12 €
Menu 22 € (déj. en semaine)/34 € – Carte 35/61 €
Le village est charmant et cette ravissante maison en pierre (12e s.) l'est tout autant. Ode à la bonne chère catalane dans une atmosphère conviviale, musique et costumes traditionnels compris : un restaurant à l'ancienne, comme on n'en fait presque plus ! Quelques chambres pour l'étape.

BOURBACH-LE-BAS

✉ 68290 (Haut-Rhin) – 617 hab. – **Voir carte n°1-A3**
Paris 451 km – Altkirch 27 km – Belfort 26 km – Mulhouse 25 km
Carte Michelin 315-G10

A la Couronne d'Or avec ch

9 r. Principale – ✆ 03 89 82 51 77 – www.alacouronnedor.com – Fermé mardi soir et lundi
7 ch – †43 € ††59 € – ☕ 7 € – ½ P
Formule 10 € – Menu 24/35 € – Carte 25/56 €
Dans ce village de la vallée de la Doller, une maison traditionnelle tenue en famille. Père et fils s'activent aux fourneaux – en l'occurrence dans de belles cuisines fonctionnelles – et concoctent de jolis plats avec des produits bien choisis (on va même glaner quelques cèpes en saison). Pour l'étape, des chambres un peu vieillottes, mais d'une propreté sans faille !

BOURBON-LANCY

✉ 71140 (Saône-et-Loire) – 5 260 hab. – **Voir carte n°7-B3**
▶ Paris 308 km – Autun 62 km – Mâcon 110 km – Montceau-les-Mines 55 km
Carte Michelin 320-C10 – Guide Vert Michelin Bourgogne

La Tourelle du Beffroi sans rest

17 pl. de la Mairie – ✆ 03 85 89 39 20 – www.hotellatourelle.fr
8 ch – †60/75 € ††60/75 € – ☕ 12 €
Un emplacement agréable et pratique, près des remparts de la vieille ville et à l'ombre du beffroi, pour ce petit établissement aux allures de maison d'hôtes.

BOURBON-L'ARCHAMBAULT

✉ 03160 (Allier) – 2 571 hab. – **Voir carte n°5-B1**
▶ Paris 292 km – Montluçon 53 km – Moulins 24 km – Nevers 54 km
Carte Michelin 326-F3 – Guide Vert Michelin Auvergne

Grand Hôtel Montespan-Talleyrand

pl. des Thermes – ✆ 04 70 67 00 24 – www.hotel-montespan.com – Ouvert 5 avril-20 oct.
38 ch – †70 € ††76/130 € – 2 suites – ☕ 13 € – ½ P
Rest ***Le Talleyrand*** – voir les restaurants ci-après
Mme de Sévigné et Talleyrand y logèrent, la Montespan y mourut… Cet hôtel – 11e-18e s. – est au cœur de la station thermale. Décor de caractère et chambres spacieuses. Depuis la piscine, la vue sur le château des ducs de Bourbon est superbe !

Le Talleyrand – Grand Hôtel Montespan-Talleyrand

pl. des Thermes – ✆ 04 70 67 00 24 – www.hotel-montespan.com – Ouvert 5 avril-19 oct.
Menu 23/48 € – Carte 45/59 €
À la table de la Montespan et de Talleyrand, le classicisme français et la tradition bourbonnaise sont à l'honneur, dans un cadre raffiné mêlant poutres et pierres. Du caractère !

BOURBONNE-LES-BAINS

✉ 52400 (Haute-Marne) – 2 230 hab. – **Voir carte n°14-D3**
▶ Paris 313 km – Chaumont 55 km – Dijon 124 km – Langres 39 km
Carte Michelin 313-O6 – Guide Vert Michelin Champagne Ardenne

Hérard

29 Grande-Rue – ✆ 03 25 90 13 33 – www.hotelbourbonne.com
20 ch – †63/98 € ††63/98 € – 2 suites – ☕ 10 €
Rest – Menu 13/49 € – Carte 30/59 €
Un hôtel dans une rue commerçante du centre-ville. On s'y repose dans des chambres thématiques (Africaine, NY, Bio...) et un brin ludiques. Cuisine du marché au restaurant. Idéal pour partir à la découverte de la station thermale.

Orfeuil

rest,

29 r. Orfeuil, (près des Thermes) – ✆ 03 25 90 05 71 – Ouvert 6 avril-25 nov.
30 ch – †45/65 € ††55/75 € – ☕ 9 € – ½ P
Rest – Menu 15/29 € – Carte 25/47 € *(fermé merc. soir)*
À 200 m des thermes, voilà un établissement parfait pour les curistes. Les chambres y sont fonctionnelles et équipées d'une kitchenette. L'été, au calme d'un joli jardin, on profite de la piscine.

LA BOURBOULE

✉ 63150 (Puy-de-Dôme) – 1 925 hab. – **Voir carte n°5-B2**
▶ Paris 469 km – Aubusson 82 km – Clermont-Ferrand 50 km – Mauriac 71 km
Carte Michelin 326-D9 – Guide Vert Michelin Auvergne

Le Parc des Fées

rest,

107 quai du Mar.-Fayolle – ✆ 04 73 81 01 77 – www.parcdesfees.com
– Fermé 4 nov.-26 déc.
42 ch – †65/90 € ††65/90 € – ☕ 12 € – ½ P
Rest – Menu 30/45 € – Carte 24/42 €
Le meilleur hôtel de la ville a la Dordogne pour voisine ! Cette bâtisse de 1874 fait face à la rivière et dissimule sur l'arrière un joli parc. Belle hauteur sous plafond, moulures et un salon où il fait bon lire... Le tout très bien tenu.

Régina
48 av. Alsace-Lorraine – ✆ 04 73 81 09 22 – www.hotelregina-labourboule.com – Fermé 6-31 janv.
19 ch – 58/80 € 70/130 € – 8 € – ½ P
Rest – Menu 20/32 € – Carte 27/36 € *(fermé le midi hors saison)*
Hôtel parfait pour une étape, par exemple, sur la route du Mont-Dore. Un établissement traditionnel et fonctionnel.

Le Charlet
94 bd L.-Choussy – ✆ 04 73 81 33 00 – www.lecharlet.fr – Fermé 2 nov.-19 déc.
36 ch – 50/84 € 55/89 € – 10 € – ½ P
Rest – Menu 19/37 € – Carte 28/49 €
Preuve que le sens de l'accueil se transmet de génération en génération : Le Charlet est tenu par la même famille depuis 1928 ! D'ailleurs, ici, tout est fait pour les familles : jeux pour petits et grands, piscine... Restaurant traditionnel.

Aviation sans rest
r. de Metz – ✆ 04 73 81 32 32 – www.hotel-aviation.com – Fermé 1er oct.-20 déc.
43 ch – 53/64 € 59/70 € – 9 €
Toute proche du parc Fenestre, cette maison du début du 20es. propose des chambres assez confortables. Cet établissement familial mise sur les loisirs : piscine, fitness, salle de jeux, billard... Idéal pour les vacances.

La Lauzeraie sans rest
577 chemin de la Suchère – ✆ 04 73 81 15 70 – www.lalauzeraie.net – Ouvert 1er mai-1er oct.
3 ch – 80/100 € 99/125 €
Envie de vous ressourcer à côté des volcans d'Auvergne ? À 12 km de l'A 89, cette maison au toit de lauze est l'endroit rêvé avec son joli jardin et son bassin où cohabitent carpes et poissons rouges. Décoration soignée et accueil de qualité.

L'Amuse Bouche
15 r. des Frères-Rozier – ✆ 04 73 21 68 85 – www.restaurant-lamusebouche.fr – Fermé de mi-nov. à mi-déc., mardi et merc.
Menu 25/94 € – Carte environ 38 €
Il est des couples qui se forment en cuisine... Elle a raccroché le tablier pour s'occuper de la salle, lui est resté derrière les fourneaux pour travailler des produits frais et servir bien plus qu'un amuse-bouche. Beaucoup de goût en cette adresse !

BOURDEILLES – 24 Dordogne → voir Brantôme

BOURG-ACHARD

✉ 27310 (Eure) – 3 011 hab. – **Voir carte n°33-C2**
Paris 141 km – Bernay 39 km – Évreux 62 km – Le Havre 62 km
Carte Michelin 304-E5 – Guide Vert Michelin Normandie Vallée de la Seine

L'Amandier
581 rte de Rouen – ✆ 02 32 57 11 49 – www.lamandier-bourgachard.fr – Fermé 4-13 août, 27 janv.-7 fév., dim. soir, mardi et merc.
Menu 20 € (déj. en semaine), 29/50 € – Carte 53/68 €
De bien jolis fruits naissent de cet Amandier, dont le chef cuisine avec justesse et savoir-faire des produits de qualité. Les assiettes se dégustent avec plaisir et l'on passe un agréable moment... À l'heure de l'apéritif et du café, n'hésitez pas à profiter du jardin !

BOURG-CHARENTE – 16 Charente → voir Jarnac

LE BOURG-DUN

✉ 76740 (Seine-Maritime) – 445 hab. – **Voir carte n°33-C1**
Paris 188 km – Dieppe 20 km – Fontaine-le-Dun 7 km – Rouen 56 km
Carte Michelin 304-F2 – Guide Vert Michelin Normandie Vallée de la Seine

XXX **Auberge du Dun** (Pierre Chrétien)

3 rte de Dieppe, (face à l'église) – ✆ 02 35 83 05 84 – www.auberge-du-dun.fr – Fermé 12-28 nov., 10-20 janv., merc. sauf le midi du 1er mars au 15 oct., dim. soir et lundi

Menu 30 € (semaine), 54/95 € – Carte 76/110 € *(réservation conseillée)*

Cette petite maison provinciale vous accueille dans deux salles classiques et coquettes, dont l'une avec vue sur les cuisines. Depuis de nombreuses années, le chef et son épouse mettent toute leur passion au service de leurs hôtes ; les assiettes sont fines et savoureuses... Une adresse délicieuse dans son genre !

→ Croustillant de Saint-Jacques au chou et arôme de truffe blanche. Turbot et crème aux cèpes et vin jaune. Soufflé Alexandre Legrand.

BOURG-EN-BRESSE

01000 (Ain) – 40 088 hab. – Agglo. 57 799 hab. – **Voir carte n°44-B1**

Paris 424 km – Annecy 113 km – Genève 112 km – Lyon 82 km

Carte Michelin 328-E3 – Guide Vert Michelin Bourgogne

Mercure

10 av. Bad-Kreuznach – ✆ 04 74 22 44 88 – www.mercure-bourg-en-bresse.com

60 ch – 88/130 € 88/130 € – 17 € – ½ P — Plan : X**e**

Rest *Chantecler* – voir les restaurants ci-après

Ce Mercure a fait peau neuve en 2011, affichant un style frais et design, notamment dans le grand hall lumineux, et un confort bien réjouissant dans les chambres (très grands lits). On sert des produits bio au petit-déjeuner.

Le Griffon d'Or sans rest

10 r. du 4-septembre – ✆ 04 74 23 13 24 – www.hotelgriffondor.fr – Fermé 3-24 août, 21-29 déc. et dim. — Plan : Y**a**

17 ch – 90/110 € 110/130 € – 13 €

La propriétaire, décoratrice, a entièrement rénové ce relais de poste du 18e s. : vieilles pierres et colombages se marient avec soin et élégance. Le petit-déjeuner sort du lot (confitures bio, miel, yaourts et fromages locaux) et l'accueil est charmant. L'une des plus adorables bonbonnières de la région !

Hôtel de France sans rest

19 pl. Bernard – ✆ 04 74 23 30 24 – www.bestwestern-hoteldefrance.com

44 ch – 89/105 € 94/110 € – 2 suites – 14 € — Plan : Y**r**

À deux pas de l'église Notre-Dame, un immeuble dont le hall a été restauré dans son esprit 1900 d'origine. La décoration des chambres mélange classicisme et teintes plus actuelles ; les parquets des couloirs craquent sous nos pieds et donnent du cachet à l'endroit...

Kyriad

bd Kennedy – ✆ 04 74 22 50 88 – www.kyriad.com — Plan : X**s**

40 ch – 65/120 € 65/120 € – 11 €

Rest – Menu 20/30 € – Carte environ 34 € *(fermé le midi, sam. sauf vacances scolaires, dim. et fériés)*

En retrait du boulevard circulaire, cette construction des années 1980 est devenue un hôtel de chaîne de type contemporain. Les chambres sont sobres et fonctionnelles, et l'arrière donne sur un agréable jardin avec terrasse et piscine.

Logis de Brou sans rest

132 bd de Brou – ✆ 04 74 22 11 55 – www.logisdebrou.net — Plan : Z**k**

30 ch – 70/80 € 77/94 € – 12 €

Ce petit hôtel familial des années 1970 est bien situé pour visiter l'église de Brou, célèbre pour ses vitraux et ses sculptures. Les chambres, spacieuses et bien tenues, ont un petit côté suranné. Jardin fleuri et bon petit-déjeuner.

XXX **L'Auberge Bressane**

166 bd de Brou – ✆ 04 74 22 22 68 – www.aubergebressane.fr – Fermé mardi

Formule 25 € – Menu 33/78 € – Carte 64/96 € — Plan : X**f**

Une table incontournable : la cuisine fait la part belle aux spécialités régionales (volaille de Bresse, cuisses de grenouille, écrevisses...) et les vieux millésimes abondent sur la carte des vins. Terrasse avec vue sur l'église de Brou.

BOURG-EN-BRESSE

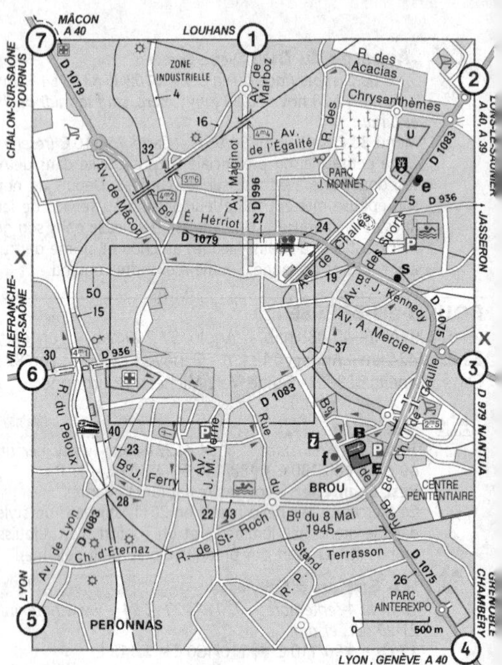

Anciens Combattants (Av. des) . . . . Z 3
Arsonval (Av. A. d') . . . . . X 4
Bad-Kreuznach (Av. de) . . X 5
Basch (R. Victor) . . . . Z 6
Baudin (Av. A.) . . . . Z 7
Belges (Av. des) . . . . Y 9
Bernard (Pl.) . . . . Y 10
Bons Enfants (R. des) . . YZ 12
Bouveret (R.) . . . . Y 13
Champ-de-Foire (Av. du) . Y 14
Citadelle (R. de la) . . . . . . X 15
Crêts (R. des) . . . . X 16
Debeney (R. Général) . . . Y 17
Europe (Car. de l') . . . . . . X 19
Foch (R. Maréchal) . . . . . Y 20
Gambetta (R.) . . . . Z 21
Huchet (Bd E.) . . . . X 22
Jean-Jaurès (Av.) . . . . X, Z 23
Joliot-Curie (Bd Irène) . . . X 24
Juin (Av. Maréchal) . . . . . X 26
Lévrier (Bd A.) . . . . X 27
Lyon (Pont de) . . . . X 28
Mail (Av. du) . . . . X 30
Migonney (R. J.) . . . . Z 31
Morgon (R. J.) . . . . X 32
Muscat (Av. A.) . . . . Z 33
Neuve (Pl.) . . . . Y 34
Notre-Dame (R.) . . . . Y 35
Palais (R. du) . . . . Y 36
St-Nicolas (Bd) . . . . X 37
Samaritaine (R.) . . . . Z 38
Semard (Av. P.) . . . . X 40
Teynière (R.) . . . . Z 42
Valéry (Bd P.) . . . . X 43
Verdun (Cours de) . . . . . . Y 44
Victoire (Av. de la) . . . . . . Z 45
4-Septembre (R. du) . . . . Y 48
23e-R.I. (R. du) . . . . X 50

MÂCON A 40
LOUHANS
CHALON-SUR-SAÔNE TOURNUS
LONS-LE-SAUNIER A 40, A 39
JASSERON
VILLEFRANCHE-SUR-SAÔNE
D 979 NANTUA
LYON
GRENOBLE CHAMBÉRY
LYON, GENÈVE A 40
ZONE INDUSTRIELLE
R. des Acacias
Chrysanthèmes
Av. de l'Égalité
PARC J. MONNET
Av. de Mâcon
Bd É. Herriot
Av. Maginot
Av. de Marboz
D 1079
D 996
D 936
D 1083
D 1075
Allée de Challes
Av. des Sports
Bd J. Kennedy
Av. A. Mercier
Ch. de Gaulle
R. du Peloux
Bd J. Ferry
Av. J. M. Verne
Rue du Stand
Bd du 8 Mai 1945
R. de St-Roch
Ch. d'Eternaz
Av. de Lyon
R. P. Terrasson
Bd de Brou
BROU
CENTRE PÉNITENTIAIRE
PARC AINTEREXPO
PERONNAS
0 500 m
X

0 200m
Av. de Mâcon
R. du 23ème R.I.
R. G. Vicaire
Av. Maginot
CHAMP DE FOIRE
Rond-Point G. Pompidou
Pl. Carriat
Promde du Bastion
POL.
Leclerc
R. Bourgmayer
PARC DE LA VISITATION
R. Gal Vadot
N-Dame
Allée de Challes
Ch. Robin
R. C. H. Groboz
Bd de Brou
Reyssouze
CHAMP DE MARS
R. des Casernes
Mal
Av. L. Jourdan
Pl. Joubert
Lorraine
R. Dr Ebrard
Pl. André Malraux
R. du Lycée
R. de la République
Square du Bourgneuf
Bd St-Nicolas
D 936
D 1083
D 1075
D 23
HÔPITAL PSYCHIATRIQUE STE-MADELEINE
Av. Alsace
Bd Paul Bert
Bd Voltaire
Pl. Perrier Labalme
Victor Hugo
R. L. Carnot
Y
Z

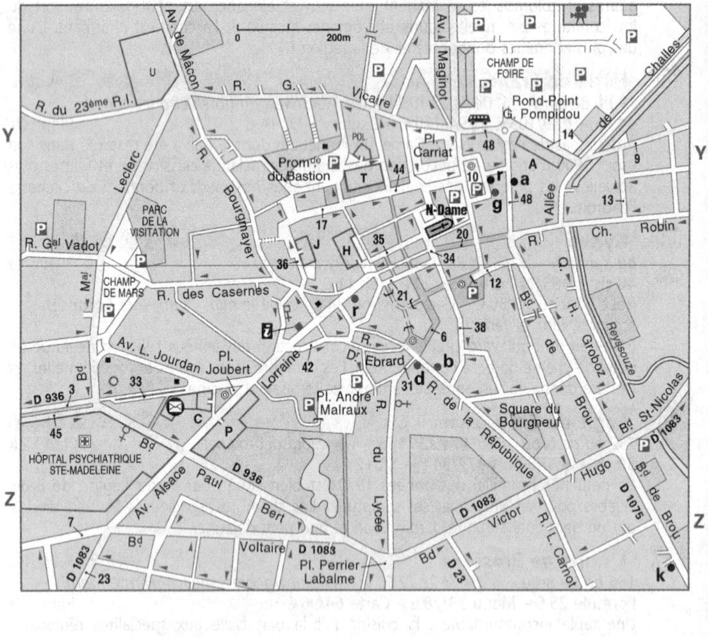

Chantecler – Hôtel Mercure

10 av. Bad-Kreuznach – ✆ 04 74 22 44 88 – www.mercure-bourg-en-bresse.com – Fermé sam. midi et dim. midi Plan : X**e**

Formule 20 € – Menu 26 € (dîner)/42 € – Carte 37/62 €

Un restaurant d'hôtel agréable, avec terrasse couverte et vue sur un jardin, décoré dans un esprit contemporain judicieux. Et l'adresse se démarque par sa cuisine, soignée dans son registre régional, avec de bons produits frais.

Place Bernard

19 pl. Bernard – ✆ 04 74 45 29 11 – www.georgesblanc.com – Fermé 2 semaines en oct. Plan : Y**g**

Formule 21 € 🍷 – Menu 26/50 € – Carte 34/57 €

Une maison 1900 placée sous la houlette du chef étoilé Georges Blanc. Le décor évoque une luxueuse brasserie : tons vifs, banquettes rouges, meubles anciens et véranda rétro. Dans l'assiette, le répertoire régional domine : terrine de foie de volaille maison, sandre au vin rouge et ses tagliatelles...

Le Français

7 av. Alsace-Lorraine – ✆ 04 74 22 55 14 – www.brasserielefrancais.com – Fermé 2-26 août, 23 déc.-5 janv., sam. soir, dim. et fériés Plan : Z**r**

Menu 28/62 € – Carte 37/72 €

Depuis 1932, la même famille vous accueille dans cette institution locale au cadre Belle Époque. Volaille de Bresse à la crème et aux morilles, grenouilles de la Dombes et quenelles de brochet : le terroir régional est à l'honneur, avec en plus une belle carte de fruits de mer. Tout cela sous un plafond classé !

Mets et Vins

11 r. de la République – ✆ 04 74 45 20 78 – www.restaurant-metsetvins.com – Fermé 14-28 juil., 2-14 janv., dim. soir, lundi et mardi Plan : Z**b**

Formule 15 € – Menu 22/59 € – Carte 31/51 €

Ici œuvre un vrai chef, grand adepte des produits du terroir local et du "fait maison" (dont le pain et les sorbets), et qui sait s'extraire des sentiers battus de la tradition. Terrine de taureau de manade aux trompettes-des-Maures, pot-au-feu de cabillaud au jus de coquillages... Une adresse qui sort du lot !

Chalet de Brou 

168 bd de Brou, (face à l'église) – ✆ 04 74 22 26 28 – Fermé 3-11 mars, lundi et merc. Plan : X**f**

Formule 19 € – Menu 25/57 € – Carte 35/65 €

Un vent de nouveauté souffle sur ce restaurant familial repris par la fille de la maison : si la carte mise toujours sur le terroir (cuisses de grenouille, poulet de Bresse), elle se fait plus actuelle, comme le cadre qui devrait être rénové... Quant à la terrasse, elle reste charmante face à la superbe église de Brou !

La Fleur de Sel Ⓝ

4 r. de la République – ✆ 04 74 45 33 18 – www.restaurant-lafleurdesel.com – Fermé 3-19 août, 2-14 janv., sam. midi et lundi Plan : Z**d**

Formule 19 € – Menu 31/40 € – Carte 40/59 €

Un nouveau venu dans le paysage burgien, niché dans le centre historique. Dynamisme et ambition, voilà ce qui caractérise son jeune chef, originaire de la ville. Sa savoureuse cuisine du marché mêle tradition (grenouilles, escargots à la crème de persil, poulet à la crème) et touches méridionales : rafraîchissant !

à Péronnas 3 km par ⑤, D 1083 – ✉ 01960 – 6 054 hab.

La Marelle (Didier Goiffon)

1593 av. de Lyon – ✆ 04 74 21 75 21 – www.lamarelle.fr – Fermé 28 avril-12 mai, 18 août-9 sept., 2-17 janv., dim. soir, mardi et merc.

Menu 39 € (déj. en semaine), 56/90 € – Carte 61/88 €

De la terre jusqu'au ciel, retrouvez sur la carte de cette Marelle une séduisante cuisine, inventive et voyageuse : le chef met en avant de beaux produits comme les Saint-Jacques, le homard ou encore le bœuf Wagyu... Quant au cadre, il est chaleureux et raffiné, mêlant rustique et contemporain.

→ Fritots d'araignée de mer. Lotte bretonne et couteau, purée d'une paella à la catalane. Poire tapée aux morilles et vin jaune, fudge de morille.

à Lalleyriat 7 km par ⑤, N 83 et D 22 – ✉ 01960

Le Nid à Bibi

Les Grandes Terres - 120 chemin des Sauvagères – ✆ 04 74 21 11 47 – www.lenidabibi.com

5 ch – 95/120 € 110/145 € **Table d'hôte** – Menu 25/35 €

Quiétude absolue, chambres coquettes et confortables, délicieux petit-déjeuner, pléiade d'activités, accueil adorable : on se sent ici comme dans sa propre maison de campagne ! La propriétaire est fine cuisinière et mitonne ratatouille, gratins et tartes avec les légumes du potager et les fruits du verger.

BOURGES

✉ 18000 (Cher) – 66 381 hab. – Agglo. 82 595 hab. – **Voir carte n°12-C3**

Paris 244 km – Châteauroux 65 km – Dijon 254 km – Nevers 69 km

Carte Michelin 323-K4 – Guide Vert Michelin Limousin Berry

Hôtel de Bourbon

bd de la République – ✆ 02 48 70 70 00 – www.hoteldebourbon.fr Plan : Y**b**

58 ch – 110/165 € 125/185 € – 4 suites – 17 €

Rest ***L'Abbaye St-Ambroix*** – voir les restaurants ci-après

Près du centre-ville, cette ancienne abbaye du 17e s. abrite un hôtel très agréable, dont les chambres sont feutrées, élégantes et confortables. Un lieu chargé d'histoire !

Hôtel d'Angleterre sans rest

1 pl. des Quatre-Piliers – ✆ 02 48 24 68 51 – www.bestwestern-angleterre-bourges.com – Fermé 23 déc.-2 janv. Plan : Y**t**

31 ch – 109/151 € 129/161 €

Cet hôtel bénéficie non seulement d'un bel emplacement, près du palais Jacques Cœur, mais aussi de chambres confortables et bien tenues. Une adresse très agréable.

Villa C sans rest

20 av. Henri-Laudier – ✆ 02 18 15 04 00 – www.hotelvillac.com Plan : V**b**

12 ch – 110/195 € 110/220 € – 13 €

À quelques pas de la gare, une belle demeure du 19e s. distillant une sobre élégance contemporaine... Joli salon feutré, quelques chambres avec terrasse.

Le Christina sans rest

5 r. de la Halle – ✆ 02 48 70 56 50 – www.le-christina.com Plan : Z**m**

64 ch – 60/100 € 60/100 € – 10 €

Près du centre-ville, face à la jolie halle au blé du 19e s., cet hôtel familial a été entièrement rénové dans un esprit sobre et moderne. Les chambres sont fonctionnelles et bien tenues, avec mobilier en bois massif et TV à écran plat... Une belle évolution !

Les Tilleuls sans rest

7 pl. Pyrotechnie – ✆ 02 48 20 49 04 – www.les-tilleuls.com Plan : X**s**

39 ch – 60/90 € 60/90 € – 8 €

Dans les faubourgs, adresse familiale où règne la simplicité. Les chambres sont situées dans une maison de maître (19e s.) et une annexe moderne. Agréable petit jardin et piscine.

Le Berry

3 pl. du Gén.-Leclerc – ✆ 02 48 65 99 30 – www.le-berry.com Plan : V**a**

65 ch – 51/78 € 61/82 € – 10 € – ½ P

Rest – Formule 17 € – Carte 19/47 € *(fermé 24 déc.-1er janv., sam. midi, dim. et fériés)*

Face à la gare, un grand bâtiment moderne qui dissimule des chambres fraîches : couleurs vives, boiseries peintes et tableaux africains. Esprit ethnique et cuisine traditionnelle au restaurant.

Ibis

r. Jankélévitch, quartier Prado – ✆ 02 48 65 89 99 – www.ibishotel.com Plan : Z**v**

86 ch – 65/90 € 65/90 € – 10 €

Rest – Carte 20/32 € *(Fermé le midi)*

Les points forts de cet Ibis : son accueil, ses chambres bien tenues et sa bonne situation ; 10mn de marche suffisent pour gagner la cathédrale ou le palais. Bar, salon et restaurant.

BOURGES

- Baffier (R. J.) . . . . . X 3
- Bérégovoy (Av. P.) . . . . . X 6
- Deux-Ponts (R. des) . . . . . V 16
- Dormoy (Av. M.) . . . . . V 19
- Farman (Rd-Pt H.) . . . . . X 21
- Foch (Bd du Mar.) . . . . . X 23
- Frères-Voisin (Av. des) . . . . . X 25
- Industrie (Bd de l') . . . . . X 30
- Joffre (Bd du Mar.) . . . . . X 34
- J.-J.-Rousseau (R.) . . . . . X 33
- Laudier (Av. H.) . . . . . V 38
- Liberté (Bd de la) . . . . . X 41
- Mitterrand (Av. F.) . . . . . X 47
- Orléans (Av. d') . . . . . V 48
- Pignoux (R. de) . . . . . X 51
- Près-le-Roi (Av. des) . . . . . V 53
- Prospective (Av. de la) . . . . . V 56
- Pyrotechnie (Pl. de la) . . . . . X 57
- Santos-Dumont (Bd) . . . . . X 65
- Sellier (R. H.) . . . . . X 66
- Semard (Av. P.) . . . . . V 68

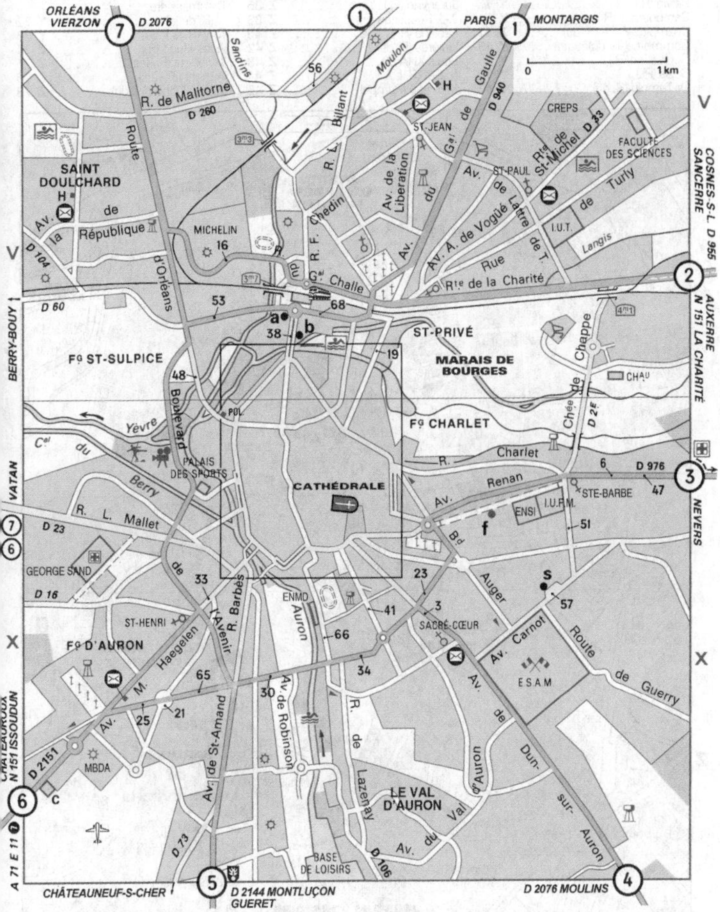

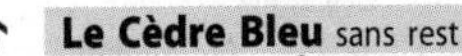

Le Cèdre Bleu sans rest

14 r. Voltaire – ✆ 02 48 25 07 37 – www.lecedrebleu.fr
– Fermé 1er-23 août Plan : Y**h**

3 ch – 70/85 € 70/85 €

Perle rare en pleine ville : cette demeure bourgeoise de style Napoléon III, agrémentée d'un agréable jardin, recèle des chambres décorées avec soin, à la tenue irréprochable.

La sélection des hôtels et des restaurants change tous les ans.
Chaque année, changez de guide MICHELIN !

BOURGES

Armuriers (R. des) . . . . Z 2
Auron (Bd d') . . . . Z
Barbès (R.) . . . . Z 4
Beaux-Arts (R. des) . . . . Y 5
Bourbonnoux (Prom.) . . . . YZ
Calvin (R.) . . . . Y 7
Cambournac (R.) . . . . Y 8
Champ-de-Foire (R. du) . . . . Z 12
Commerce (R. du) . . . . Y 13
Coursarlon (R.) . . . . Y
Cujas (Pl.) . . . . Y 15
Dr-Témoin (R. du) . . . . Y 17
Dormoy (Av. Marx) . . . . Y 19
Équerre (R. de l') . . . . Z 20
George-Sand (Escalier) . . . . Y 27
Hémerettes (R. des) . . . . Z 29
Jacobins (Cour des) . . . . Z 31
Jacques-Coeur (R.) . . . . Y 32
Jean-Jaurès (Av.) . . . . Y
Joyeuse (R.) . . . . Y 35
Juranville (Pl.) . . . . Z 36
J.-J. Rousseau (R.) . . . . Z 33
Leblanc (R. N.) . . . . YZ 40
Linières (R. de) . . . . Z 42
Louis XI (Av.) . . . . Z 43
Mallet (R. L.) . . . . Z 44
Marceau (Rampe) . . . . Z 45
Mirebeau (R.) . . . . Y
Moyenne (R.) . . . . YZ
Orléans (Av. d') . . . . Y 48
Pelvoysin (R.) . . . . Y 50
Poissonnerie (R. de la) . . . . Y 52
Prinal (R. du) . . . . Y 55
Rimbault (R. J.) . . . . Z 61
Strasbourg (Bd de) . . . . Z 71
Thaumassière (R. de la) . . . . Y 72
Tory (R. G.) . . . . Y 73
Victor-Hugo (R.) . . . . Z 74
3-Maillets (R. des) . . . . Z 75
4-Piliers (Pl. des) . . . . Z 76
95e-de-Ligne (Av. du) . . . . Z 78

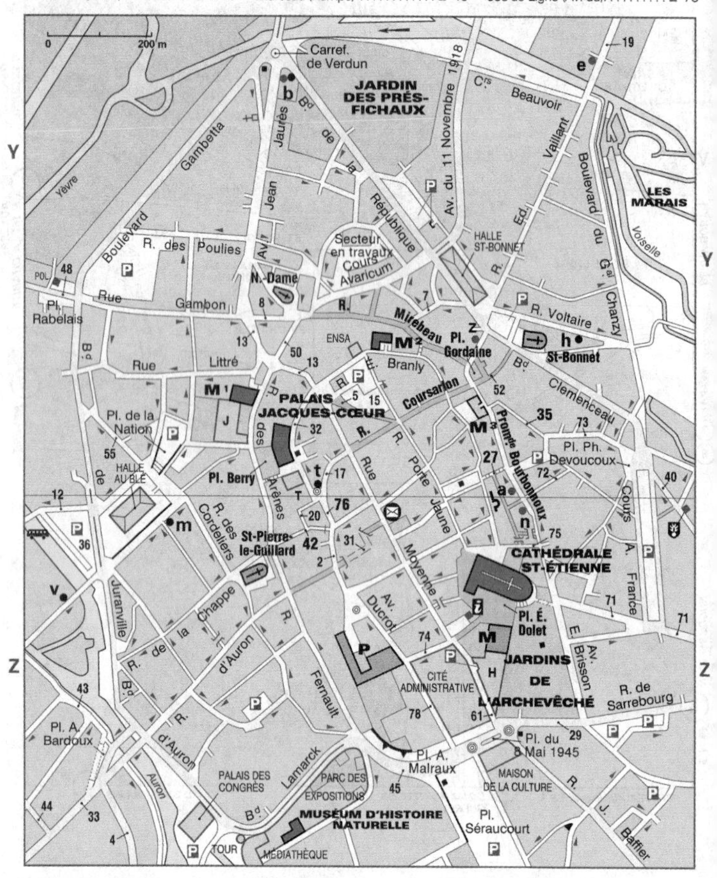

XXX **Le d'Antan Sancerrois** (Stéphane Rétif) AC

50 r. Bourbonnoux – ✆ 02 48 65 96 26 – www.dantansancerrois.fr – Fermé 5-24 août, 24 déc.-1er janv., dim., lundi et fériés Plan : Z**n**

Menu 35 € (déj.), 54/85 € – Carte 57/66 €

Ce restaurant a beau se situer au cœur du Bourges historique, il n'en propose pas moins une cuisine dans l'air du temps, avec juste ce qu'il faut d'inventivité. Dans l'assiette, les produits sont beaux, délicatement cuisinés, les saveurs bien marquées. Un délice pour les papilles, dans un cadre feutré.

➜ Carpaccio de bar au yuzu, cannelloni d'huître et méli-mélo d'herbes à la mangue. Saint-pierre rôti, fumet de poisson safrané et petits violets au chorizo. Rencontre chocolat-moka, cœur coulant et confiture de lait.

XXX **Le Beauvoir**

1 av. Marx-Dormoy – ✆ 02 48 65 42 44 – www.restaurant-lebeauvoir.com – Fermé 5-31 août et dim. soir Plan : Y**e**

Menu 15 € (semaine), 29/57 € – Carte 62/82 €

Une table élégante et accueillante, avec une terrasse sur la cour à l'arrière. Le chef concocte une appétissante cuisine traditionnelle où les produits frais ont la part belle. Une valeur sûre.

XXX **Le Cercle** (Pascal Chaupitre et Christophe Lot)

44 bd Lahitolle – ✆ 02 48 70 33 27 – www.restaurant-lecercle.fr – Fermé 2-11 mars, 27 avril-6 mai, 17 août-2 sept. et lundi Plan : X**f**

Menu 26 € (déj. en semaine), 52/82 € – Carte environ 69 €

À l'écart du centre-ville, une maison bourgeoise revue et corrigée à la mode design. Bienvenue au Cercle, né fin 2011. Deux chefs expérimentés ont décidé d'y associer leurs talents. Leurs créations se révèlent savoureuses, précises, légères, bigarrées... Beau duo ! ➜ Viennoise de ris de veau à l'orientale. Cochon fermier rôti aux coquillages et à l'estragon, travers confits et achards de légumes. Pêche pochée en croustillant de dragées, crème au chocolat au lait.

XXX **L'Abbaye St-Ambroix** – Hôtel De Bourbon

60-62 av. Jean-Jaurès – ✆ 02 48 70 80 00 – www.hoteldebourbon.fr – Fermé lundi midi, sam. midi et dim. Plan : Y**b**

Menu 30/70 € – Carte 44/72 €

Une ancienne chapelle et son immense voûte : un cadre original et superbe alliant classique et contemporain. On y célèbre une cuisine du temps présent, tout simplement bonne.

XX **Le Bourbonnoux**

44 r. Bourbonnoux – ✆ 02 48 24 14 76 – www.bourbonnoux.com – Fermé 1er-9 mars, 22 avril-2 mai, 16 août-8 sept., sam. midi, dim. soir et vend. Plan : Y**a**

Menu 14 € (semaine), 19/34 € – Carte 28/41 €

Dans ce restaurant du quartier historique, les gourmands se régalent d'une appétissante cuisine traditionnelle : rognons de veau, ravioles de foie gras, gigolettes de pintade et sauce aux cèpes, etc. Des petits plats à savourer au beau milieu d'une collection de canards en porcelaine... pour un repas sans couacs !

X **La Prose**

7 r. Jean-Girard – ✆ 02 48 70 70 30 – www.restaurant-la-prose.com – Fermé 2 semaines en mai, 15-25 sept. Plan : Y**z**

Menu 20 € (déj. en semaine), 26/45 € – Carte 28/54 €

Voilà une prose qui ne plaira pas qu'aux lettrés ! Dans ce restaurant au cadre design, une chef passionnée propose une jolie cuisine pleine de fraîcheur : millefeuille crabe et lentilles, filet de charolais au vin rouge, tiramisu griottes avec pain d'épices... Le tout accompagné d'un judicieux choix de vins.

LE BOURGET – 93 Seine-Saint-Denis ➜ voir Paris, Environs

BOURG-ET-COMIN

✉ 02160 (Aisne) – 754 hab. – **Voir carte n°37-D2**

Paris 141 km – Château-Thierry 54 km – Laon 25 km – Reims 40 km

Carte Michelin 306-D6

Auberge de la Vallée

6 r. d'Oeuilly – ✆ 03 23 25 81 58 – www.auberge-delavallee.com – Fermé janv., mardi soir et merc.

9 ch – †55 € ††55 € – ☕ 8,50 € – ½ P

Rest – Formule 9 € – Menu 17 € (déj. en semaine)/40 € – Carte 29/51 €

Sur le circuit-mémoire du Chemin des Dames et à deux pas de Center Parcs, une auberge familiale, avec des chambres fonctionnelles et bien tenues. Petit plus bucolique : l'étang dans le jardin !

LE BOURGET-DU-LAC

✉ 73370 (Savoie) – 4 410 hab. – **Voir carte n°46-F2**

Paris 531 km – Aix-les-Bains 10 km – Annecy 44 km – Belley 23 km

Carte Michelin 333-I4 – Guide Vert Michelin Alpes du Nord

Ombremont

2 km au Nord par D 1504 – 04 79 25 00 23 – www.hotel-ombremont.com – Fermé de mi-nov. à début déc., janv., lundi et mardi de déc. à avril

15 ch – 115/270 € 145/370 € – 2 suites – 22 € – ½ P

Rest *Le Bateau Ivre* ✿✿ – voir les restaurants ci-après

Dans un superbe parc arboré face au lac et au massif des Bauges, une vaste demeure de 1930. Les chambres, au décor soigné (style contemporain ou raffinement bourgeois), jouissent presque toutes d'une vue magnifique. L'été, profitez de la belle piscine.

Le Bateau Ivre (Jean-Pierre Jacob) – Hôtel Ombremont

✿✿

2 km au Nord par D 1504 – 04 79 25 00 23 – www.hotel-ombremont.com – Fermé de mi-nov. à début déc., janv., mardi sauf le soir de mai à oct., jeudi midi de mai à oct. et lundi

Menu 35 € (déj. en semaine), 55/140 € – Carte 94/123 €

Arthur Rimbaud aurait sans doute apprécié la vue de ce Bateau Ivre, les yeux rivés sur le lac et le mont Revard... La cuisine de Jean-Pierre Jacob a la rigueur et le classicisme d'un poème en alexandrins, mais aussi l'esprit de nouveauté et la fraîcheur d'une œuvre portée par les saisons et l'invention. Une belle table. ➜ Brochet et émulsion crémeuse d'écrevisses. Pigeon en croûte de foie gras, jus des carcasses au marc de Savoie. Soufflé chaud au Grand Marnier, bonbons et crème glacée.

Auberge Lamartine (Pierre Marin)

✿

3,5 km au Nord par D 1504 – 04 79 25 01 03 – www.lamartine-marin.com – Fermé 1er-7 sept., 21 déc.-23 janv., dim. soir, lundi et mardi sauf fériés

Menu 29 € (déj. en semaine), 50/86 € – Carte 68/79 €

Face au lac cher à Lamartine – auquel il dédiera l'un de ses plus célèbres poèmes en souvenir de ses amours passées –, cette table est une valeur sûre de la région : un cadre sobre et élégant, un service très agréable, et surtout une cuisine toujours inspirée et savoureuse... "Ô temps, suspends ton vol !"

➜ Queues d'écrevisses et lavaret du lac cuits à basse température. Cœur de ris de veau braisé. Framboises, sablé, crémeux yuzu et fine nougatine.

La Grange à Sel

✿

La Croix Verte – 04 79 25 02 66 – www.lagrangeasel.com – Fermé 2 janv.-8 fév., mardi midi, dim. soir et lundi

Menu 29 € (déj. en semaine), 41/69 € – Carte 60/82 €

Pierres et poutres apparentes font le cachet de cette ancienne grange à sel du 17e s., bordée par un joli jardin où l'on s'attable aux beaux jours... Un chef de métier y propose une cuisine dans l'air du temps, bien maîtrisée et très savoureuse. Agréable terrasse dans le jardin. ➜ Langoustines rôties, haché menu de lavaret, mangue et macaronis à la ricotta. Bar rôti aux blettes et fricassée de cèpes à la poudre de noisette. Soufflé chaud à la Chartreuse.

Beaurivage avec ch

1171 bd du Lac – 04 79 25 00 38 – www.beaurivage-bourget-du-lac.com – Fermé 29 oct.-9 nov., 18 déc.-17 janv., merc. sauf juil.-août, dim. soir et jeudi

4 ch – 73/76 € 76/78 € – 9 €

Formule 23 € – Menu 25 € (déj. en semaine), 29/68 € – Carte 55/73 €

Il est des rivages difficiles à quitter ! Tel est le cas de ce restaurant dont la carte étoffée fait la part belle aux produits régionaux et aux poissons du lac. Aux beaux jours, profitez de l'agréable terrasse ombragée. Les chambres, confortables, jouissent d'une jolie vue.

aux Catons 2,5 km au Nord-Ouest par D 42 – ✉ 73370

Atmosphères (Alain Périllat-Mercerot) avec ch

✿

618 rte des Tournelles – 04 79 25 01 29 – www.atmospheres-hotel.com – Fermé 19 oct.-5 nov., mardi midi et merc. midi en juil.-août, dim. de sept. à juin et lundi

4 ch – 120/130 € 130/150 € – 15 €

Menu 29 € (déj. en semaine), 47/90 € – Carte 74/96 €

Atmosphère, atmosphère... Ici, pas de canal St-Martin en vue, mais le lac pour écrin somptueux d'une cuisine qui, sans renier des bases classiques, dévoile des recettes créatives et des saveurs délicates. Un très beau travail ! Chambres séduisantes, épurées et colorées. ➜ Écrevisses du lac Léman, tête de veau et bouillon d'écrevisses. Lavaret du lac du Bourget cuit à basse température et millefeuille de blette. Carré chocolat gianduja, croustillant praliné et glace noisette.

BOURGOIN-JALLIEU

⊠ 38300 (Isère) – 26 173 hab. – **Voir carte n°44-B2**
Paris 503 km – Bourg-en-Bresse 81 km – Grenoble 66 km – Lyon 43 km
Carte Michelin 333-E4 – Guide Vert Michelin Lyon et sa région

Domaine des Séquoias
54 Vie-de-Boussieu, 2,5 km à l'Est par D 1006 et rte de Boussieu – ✆ 04 74 93 78 00 – www.domaine-sequoias.com – Fermé 2 semaines en août et 28 déc.-7 janv.
19 ch – 135/220 € 135/220 € – 18 €
Rest *Domaine des Séquoias* – voir les restaurants ci-après
Un hôtel élégant, bien au calme dans un grand parc. Vous pouvez choisir entre les chambres classiques et spacieuses de la Demeure, ou celles plus modernes et design de la Ferme. Indéniablement séduisant.

Les Dauphins sans rest
8 r. François-Berrier, 1,5 km à l'Ouest par D 312 – ✆ 04 74 93 00 58 – www.hoteldesdauphins.fr
20 ch – 58/78 € 58/78 € – 9 €
Dans cette pimpante maison bourgeoise (1910) et ses deux annexes, on découvre des chambres coquettes, aux tons pastel et fort bien tenues. Pour la détente : terrasse face au jardin où trône un beau séquoïa, piscine et petit fitness.

Domaine des Séquoias (Eric Jambon) – Hôtel Domaine des Séquoias
54 Vie-de-Boussieu, 2,5 km à l'Est par D 1006 et rte de Boussieu – ✆ 04 74 93 78 00 – www.domaine-sequoias.com – Fermé 2 semaines en août, 22 déc.-7 janv., dim. soir, mardi midi et lundi
Menu 28 € (déj. en semaine), 48/110 €
On passe un agréable moment au sein de cette belle maison de maître, d'une élégance toute classique, où de grandes toiles contemporaines projettent leurs couleurs à travers la pièce. Le repas se décline au fil de mets très savoureux et originaux, guidés par le souci du bon produit. Autre atout : l'accueil est charmant. ➜ Cuisine du marché.

à La Grive 4,5 km à l'Ouest par D 312 – ⊠ 38300

L'Émulsion
57 rte de Lyon – ✆ 04 74 28 19 12 – www.lemulsion-restaurant.com – Fermé 4-25 août, 22 déc.-2 janv., dim. et lundi
Formule 18 € – Menu 26/50 € – Carte 33/55 €
Une Émulsion à la fois savoureuse et inventive. Le cadre, contemporain et élégant, sert à merveille des recettes telles que le foie gras choc-passion, le pigeonneau en croûte, ou encore ce millefeuille d'aubergines séchées, crème citron et sorbet basilic – un dessert surprenant... Une belle alchimie !

BOURG-ST-ANDÉOL

⊠ 07700 (Ardèche) – 7 264 hab. – **Voir carte n°44-B3**
Paris 640 km – Aubenas 57 km – Montélimar 26 km – Orange 34 km
Carte Michelin 331-J7 – Guide Vert Michelin Ardèche Drôme

Le Clos des Oliviers
20 pl. du Champ-de-Mars – ✆ 04 75 54 50 12 – www.closdesoliviers.fr – Fermé 23 déc.-3 janv., sam. et dim. d'oct. à mars
24 ch – 45/60 € 58/70 € – 8 € – ½ P
Rest – Formule 13 € – Menu 18/32 € – Carte 24/45 €
Sur la place principale du village, cette maison ancienne, bien rénovée, abrite de petites chambres fonctionnelles et colorées. Celles de l'annexe sont plus calmes. Au restaurant, terrasse au milieu des oliviers et... saveurs du Sud.

BOURG-ST-MAURICE

⊠ 73700 (Savoie) – 7 705 hab. – **Voir carte n°45-D2**
Paris 635 km – Albertville 54 km – Aosta 79 km – Chambéry 103 km
Carte Michelin 333-N4 – Guide Vert Michelin Alpes du Nord

L'Autantic sans rest
69 rte d'Hauteville – ✆ 04 79 07 01 70 – www.hotel-autantic.fr
29 ch – 40/130 € 40/130 € – 10 €
Authentique, ce chalet en pierre et bois ! Les chambres, mêlant murs immaculés, bois et fer forgé, sont petites et bien tenues. Préférez celles avec terrasse ou balcon. Agréable piscine couverte.

L'Arssiban

253 av. Antoine-Borrel – ✆ 04 79 07 77 35 – Fermé 16 juin-10 juil., 27 oct.-6 nov., merc. soir, dim. soir et lundi
Menu 27/48 € – Carte 41/74 €
Savez-vous ce qu'est un arssiban ? C'est ce "banc-coffre" en pin typique de la Savoie ! Telle est la pièce maîtresse du chaleureux décor de ce chalet : voûtes en pierre, tables en bois... Adepte inconditionnel des produits frais, le chef explore la tradition avec savoir-faire. Une sympathique adresse.

Le Montagnole

26 av. du Stade – ✆ 04 79 07 11 52 – www.restaurantlemontagnole.com – Fermé 16 juin-1er juil., 18 nov.-13 déc., lundi soir et mardi hors saison
Formule 16 € – Menu 20/43 € – Carte 38/60 €
Les propriétaires, tous deux artistes, exposent leurs œuvres picturales et poétiques dans la salle. Ce n'est pas la moindre coquetterie de ce restaurant pour lequel ils donnent beaucoup. Dans l'assiette : le goût de la tradition.

BOURGUEIL

✉ 37140 (Indre-et-Loire) – 3 898 hab. – **Voir carte n°11-A2**
Paris 281 km – Angers 81 km – Chinon 16 km – Saumur 23 km
Carte Michelin 317-J5 – Guide Vert Michelin Châteaux de la Loire

La Rose de Pindare

4 pl. Hublin – ✆ 02 47 97 70 50 – www.larosedepindare.com – Fermé 1er-10 fév. et merc.
Menu 21/41 € – Carte 27/55 €
Anagramme de Pierre Ronsard – à deux lettres près –, La Rose de Pindare a conservé toute sa fraîcheur ! On s'installe dans une salle fleurie ou sur la terrasse pour déguster une cuisine dans l'air du temps, concoctée avec de beaux produits. Une bonne adresse.

Le Moulin Bleu

7 rte du Moulin-Bleu, 2 km au Nord par rte de Courléon – ✆ 02 47 97 73 13 – www.lemoulinbleu.com – Fermé 26 août-1er sept., fin-déc. à mi-fév., dim. soir, lundi soir, mardi soir et merc.
Formule 18 € – Menu 23/52 € – Carte 35/55 €
Envie de manger dans un lieu insolite ? Dans ce cas, poussez la porte de ce moulin angevin (15e s.) avec vue sur le vignoble de Bourgueil ! Dans une salle rustique à souhait, on déguste une cuisine traditionnelle généreuse et goûteuse. Ambiance chaleureuse.

Auberge La Lande

24 r. La Lande, (D 35) – ✆ 02 47 97 92 41 – Fermé dim. soir, mardi soir et lundi
Formule 18 € – Menu 20 € (semaine), 28/39 € – Carte 46/59 €
Au milieu des vignes, une maison de 1859 avec son jardinet... Dans la salle rétro, où flotte comme un esprit de famille, on déguste une cuisine bien inspirée : de fait, le chef travaille avec générosité et créativité les beaux produits frais. Comme quoi une adresse champêtre peut aussi être dans l'air du temps !

BOURGUIGNONS – 10 Aube ➜ voir Bar-sur-Seine

BOURNEVILLE

✉ 27500 (Eure) – 882 hab. – **Voir carte n°32-B3**
Paris 155 km – Brionne 25 km – Le Havre 45 km – Rouen 43 km
Carte Michelin 304-D5

Risle Seine

5 pl. de la Mairie – ✆ 02 32 42 30 22 – www.risle-seine.com – Fermé vacances de la Toussaint, de fév., mardi soir et merc.
Formule 13 € – Menu 18/32 € – Carte 20/34 €
Au cœur du village, l'une de ces bonnes auberges qui cultivent le goût de cuisiner : rosace d'andouille et de pomme, sauce au cidre ; filet de lotte à la crème safranée ; sablé aux fraises et à la rhubarbe... La tradition, et plus encore.

BOURRON-MARLOTTE

⊠ 77780 (Seine-et-Marne) – 2 712 hab. – **Voir carte n°19-C3**
▶ Paris 72 km – Fontainebleau 9 km – Melun 26 km – Montereau-Fault-Yonne 26 km
Carte Michelin 312-F5 – Guide Vert Michelin Île-de-France

XXX **Les Prémices**

Château de Bourron – ✆ 01 64 78 33 00 – www.restaurant-les-premices.com – Fermé 1er-15 août, vacances de Noël, dim. soir, lundi et mardi
Menu 38/90 € 🍷 – Carte 85/121 €
Dans les dépendances du château de Bourron (fin 16e-début 17e s.), salle moderne et terrasse fleurie. Cuisine inventive fervente des produits exotiques ; belle carte de vins.

BOURTH

⊠ 27580 (Eure) – 1 270 hab. – **Voir carte n°33-C2**
▶ Paris 125 km – L'Aigle 16 km – Alençon 78 km – Évreux 46 km
Carte Michelin 304-E9

XX **Auberge Chantecler**

6 pl. de l'Église – ✆ 02 32 32 61 45 – www.auberge-chanteclerc.fr – Fermé dim. soir, merc. soir et lundi
Formule 19 € – Menu 29/42 € – Carte 39/52 €
Près de l'église, on repère aisément cette auberge avec sa façade en briques chaulées fleurie de géraniums en été. La carte rend hommage à la Normandie et à ses produits, en particulier la spécialité de la maison : le soufflé froid au calvados !

BOUSSAC

⊠ 23600 (Creuse) – 1 353 hab. – **Voir carte n°25-C1**
▶ Paris 333 km – Aubusson 50 km – La Châtre 37 km – Guéret 41 km
Carte Michelin 325-K2 – Guide Vert Michelin Limousin Berry

à Nouzerines 10 km au Nord-Ouest par D97 – ⊠ 23600 – 251 hab.

XX **La Bonne Auberge** avec ch — rest,

1 r. des Lilas – ✆ 05 55 82 01 18 – www.la-bonne-auberge.net – Fermé 25-29 août, 22 sept.-9 oct., 17 fév.-11 mars, mardi midi de nov. à avril, dim. soir et lundi
6 ch – 68/85 € 68/85 € – ☕ 10 € – ½ P
Formule 15 € – Menu 20 € (semaine), 29/52 € – Carte 32/68 €
C'est une jolie petite auberge de village, avenante et pittoresque avec ses volets verts. Les gourmands y apprécient une bonne cuisine de tradition qui met à l'honneur les petits producteurs locaux. Et pour le repos, les chambres sont bien pratiques. Un endroit où l'on se rend avec plaisir !

BOUSSENS

⊠ 31360 (Haute-Garonne) – 1 088 hab. – **Voir carte n°28-B3**
▶ Paris 742 km – Foix 101 km – Toulouse 67 km

 **Hôtel du Lac** 

7 promenade du Lac – ✆ 05 61 90 01 85 – www.hotelrestaurantdulac.com – Fermé 3 semaines en nov. et 2 semaines en janv.
12 ch – 60/66 € 60/66 € – ☕ 10 € – ½ P
Rest – Formule 16 € – Menu 22 € (semaine), 32/38 € – Carte 46/62 € *(fermé dim. soir, lundi midi et vend.)*
Un lac dans lequel barbotent quelques canards et, tout à côté, cet hôtel. Ici, les chambres sont simples, mais agréables et très bien entretenues. Au restaurant, le patron prend plaisir à vous concocter une cuisine classique.

BOUTERVILLIERS – 91 Essonne ➜ voir Étampes

BOUZEL

⊠ 63910 (Puy-de-Dôme) – 703 hab. – **Voir carte n°6-C2**
▶ Paris 432 km – Ambert 57 km – Clermont-Ferrand 23 km – Issoire 38 km
Carte Michelin 326-G8

L'Auberge du Ver Luisant

2 r. Breuil – ✆ 04 73 62 93 83 – www.restaurantleverluisant.com – Fermé 5-12 mai, 16 août-5 sept., 2-9 janv., merc. soir, jeudi soir, dim. soir, lundi et mardi

Menu 16 € (déj. en semaine), 28/50 € – Carte 41/52 €

Voilà un ver luisant qui brille derrière les fourneaux ! Dans cette jolie maison de pays, on savoure une goûteuse cuisine traditionnelle, où transparaît tout l'amour du chef pour la gastronomie. Service attentionné et petits prix à la clé.

BOUZE-LÈS-BEAUNE – 21 Côte-d'Or ➔ voir Beaune

BOUZIGUES – 34 Hérault ➔ voir Mèze

BOUZY

51150 (Marne) – 945 hab. – **Voir carte n°13-B2**

Paris 168 km – Châlons-en-Champagne 29 km – Épernay 21 km – Reims 27 km

Carte Michelin 306-G8

Les Barbotines sans rest

1 pl. A. Tritant – ✆ 03 26 57 07 31 – www.lesbarbotines.com – Fermé 1er-20 août et 15 déc.-5 fév.

5 ch – 74 € 98 €

Un village viticole, entre Reims et Châlons-en-Champagne, voilà déjà une bonne raison de faire une halte dans cette belle maison de vigneron du 19e s. Joli mobilier chiné dans les chambres, accueil plein de petites attentions : une bonne adresse !

BOZOULS

12340 (Aveyron) – 2 759 hab. – **Voir carte n°29-D1**

Paris 603 km – Espalion 11 km – Mende 94 km – Rodez 22 km

Carte Michelin 338-I4

À la Route d'Argent

rte d'Espalion – ✆ 05 65 44 92 27 – www.laroutedargent.com – Fermé janv. et fév.

21 ch – 55/65 € 55/65 € – 9 € – ½ P

Rest *À la Route d'Argent* – voir les restaurants ci-après

Un hôtel-restaurant des années 1970 avec des chambres simples et pratiques, toutes en boiseries et couleurs chaudes, plus agréables encore côté piscine ; celles situées dans l'annexe offrent un confort similaire. Une maison sérieuse !

Hameau des Brunes sans rest

hameau les Brunes, 5 km au Sud par D 920 et rte secondaire – ✆ 05 65 48 50 11 – www.lesbrunes.com

5 ch – 92/155 € 92/155 €

Avec sa tourelle, cette demeure du 18e s. est charmante, et la propriétaire est aux petits soins pour ses hôtes. Un jardin-verger ravissant, du mobilier ancien, des produits régionaux au petit-déjeuner et la campagne pour bel horizon : du caractère !

À la Route d'Argent – Hôtel À la Route d'Argent

rte d'Espalion – ✆ 05 65 44 92 27 – www.laroutedargent.com – Fermé janv., fév., lundi sauf le soir de mi-juil. à mi-août et dim. soir hors saison

Menu 21 € (semaine), 29/48 €

Au rez-de-chaussée de l'hôtel, un restaurant à la décoration moderne et lumineux, où l'on déguste des plats traditionnels généreux et gourmands. Feuilleté aux asperges, ris d'agneau à l'aligot et endive braisée, etc. : la carte varie au gré du marché et les cuissons sont toujours justes... Médaille d'argent !

Le Belvédère (Guillaume Viala) avec ch

11 rte du Maquis Jean-Pierre, rte de St-Julien – ✆ 05 65 44 92 66 – www.belvedere-bozouls.com – Fermé 17 mars-3 avril, 17 nov.-12 déc., mardi midi, dim. soir et lundi

9 ch – 65/85 € 69/85 € – 16 € – ½ P

Menu 31 € (déj. en semaine), 52/79 € *(réservation conseillée)*

On se laisse volontiers entraîner vers ce Belvédère chaleureux qui domine le "trou de Bozouls", superbe cirque naturel. Le jeune chef, Guillaume Viala, prépare légumes, herbes et produits du terroir avec beaucoup d'intelligence – on pense au travail de son mentor, Michel Bras –, créant des mariages malins et pertinents, colorés et parfumés. De la belle ouvrage !

➔ Légumes de saison tiédis dans un bouillon, herbes et huile de navette. Agneau allaiton de l'Aveyron rôti. Spirale au chocolat, crème glacée butternut, vanille et poivre.

BRACIEUX

✉ 41250 (Loir-et-Cher) – 1 254 hab. – **Voir carte n°11-B1**
Paris 185 km – Blois 19 km – Montrichard 39 km – Orléans 64 km
Carte Michelin 318-G6 – Guide Vert Michelin Châteaux de la Loire

L'Orée des Châteaux sans rest

9 bis rte de Blois – ✆ 02 54 46 40 19 – www.oree-des-chateaux.com – Ouvert 1er mars-30 nov.
16 ch – †52/59 € ††66/71 € – ☕ 8,50 €
Ce petit hôtel familial ouvert en 2008 dispose de chambres lumineuses et pratiques. Une étape idéale sur la route des châteaux de la Loire.

Le Rendez-vous des Gourmets

20 r. Roger-Brun – ✆ 02 54 46 03 87 – Fermé vacances de printemps, 27 août-5 sept., vacances de la Toussaint, 23 déc.-20 janv., dim. soir sauf de mi-juil. à mi-août, lundi midi du 15 juil. au 15 août, sam. midi et merc.
Formule 16 € – Menu 20 € (semaine), 29/65 € – Carte 38/74 €
Dans cette auberge familiale, le chef travaille les beaux produits dans la tradition (pièce de bœuf cuite au sautoir, charlotte écrasée et poêlée de champignons ; financier aux poires caramélisées façon Belle Hélène ; etc.). De fait, l'établissement s'est imposé comme un "rendez-vous des gourmets".

BRAM

✉ 11150 (Aude) – 3 315 hab. – **Voir carte n°22-A2**
Paris 749 km – Carcassonne 24 km – Castres 67 km – Montpellier 173 km
Carte Michelin 344-D3

au Nord rte de Castelnaudary : 4 km par D 4, N 6113 et rte secondaire – ✉ 11150 Bram

Château de la Prade

– ✆ 04 68 78 03 99 – www.chateaulaprade.fr – Ouvert de mi-mars à mi-nov.
4 ch ☕ – †95/125 € ††95/125 € **Table d'hôte** – Menu 28 €
Des paons, de superbes magnolias, des platanes centenaires... Le parc est ravissant, tout comme cette demeure bourgeoise, classique et élégante sans ostentation. Au petit-déjeuner, on se régale de confitures maison et, à la table d'hôte, d'une cuisine du terroir. Le tout à deux pas du canal du Midi !

BRANCION – 71 Saône-et-Loire ➜ voir Tournus

LA BRANDE – 36 Indre ➜ voir Montipouret

BRANNE

✉ 33420 (Gironde) – 1 294 hab. – **Voir carte n°4-C1**
Paris 593 km – Bordeaux 35 km – Bergerac 57 km – Libourne 13 km
Carte Michelin 335-J6

Le Caffé Cuisine

7 pl. du Marché, (au pont) – ✆ 05 57 24 19 67 – Fermé dim. soir et lundi
Menu 16 € (déj. en semaine)/28 € – Carte 35/55 €
Simple, frais et sans chichi ! Le chef valorise les produits et le terroir : canard des Landes, pêche du jour, agneau de la région... tout près du pont sur la Dordogne.

BRANSAC – 43 Haute-Loire ➜ voir Beauzac

BRANTÔME

✉ 24310 (Dordogne) – 2 152 hab. – **Voir carte n°4-C1**
Paris 470 km – Angoulême 58 km – Limoges 83 km – Nontron 23 km
Carte Michelin 329-E3 – Guide Vert Michelin Périgord Quercy

Le Moulin de l'Abbaye

1 rte de Bourdeilles – ✆ 05 53 05 80 22 – www.moulinabbaye.com – Ouvert 17 avril-4 nov.
20 ch – †206/326 € ††299/454 € – ☕ 17 € – ½ P
Rest *Le Moulin de l'Abbaye* – voir les restaurants ci-après
Un ravissant moulin et sa maison de meunier : voilà un cadre bucolique qui laisse rêveur ! Les chambres, empreintes de douceur romantique, sont bercées par le murmure d'une cascade. Quiétude, quand tu nous tiens...

Moulin de Vigonac

– 05 53 05 87 59 – www.moulindevigonac.com – Ouvert 15 mars-30 nov.
10 ch – 125/300 € 125/300 € – 17 € – ½ P
Rest – Menu 45/65 € – Carte 58/88 € *(fermé jeudi et le midi) (réservation conseillée)*
Esprit romantique en ce moulin du 16e s., bercé par la Dronne. Les chambres, confortables et bien tenues, sont joliment décorées. À la belle saison, on profite du parc et de la piscine. Restauration traditionnelle.

Charbonnel

57 r. Gambetta – 05 53 05 70 15 – www.lesfrerescharbonnel.com – Fermé de fin nov. à mi-déc. et 2 fév.-1er mars
18 ch – 60/155 € 80/155 € – 12 € – ½ P
Rest ***Charbonnel*** – voir les restaurants ci-après
Une maison de tradition qui épouse pleinement son époque : des chambres confortables et douillettes, une terrasse sur la Dronne et un restaurant traditionnel, le tout relooké avec fraîcheur... Une bonne étape !

Les Jardins de Brantôme

33 r. Pierre-de-Mareuil – 05 53 05 88 16 – www.lesjardinsdebrantome.com – Fermé mi-déc. à mi-janv.
7 ch – 110/130 € 110/130 € – 12 €
Rest ***Les Jardins de Brantôme*** – voir les restaurants ci-après
Au cœur de la "Venise du Périgord", cette demeure du 18e s. a joui d'une belle réhabilitation : tons apaisants, matériaux de qualité, vieilles pierres et esprit d'aujourd'hui... avec un agréable salon (cheminée), un joli jardin et sa piscine. Une adresse où il fait bon séjourner.

Le Moulin de l'Abbaye – Hôtel Le Moulin de L'Abbaye

1 rte de Bourdeilles – 05 53 05 80 22 – www.moulinabbaye.com – Ouvert 17 avril-6 nov. et fermé mardi midi, merc. midi, jeudi midi et lundi
Menu 38/75 € – Carte 65/92 €
Charme contemporain et intemporel, dépaysement en écoutant bruire la Dronne... et une cuisine qui épouse joliment l'air du temps. Pour savourer pleinement l'instant : oubliez votre montre !

Charbonnel – Hôtel Charbonnel

57 r. Gambetta – 05 53 05 70 15 – www.lesfrerescharbonnel.com – Fermé de fin nov. à mi-déc., 2 fév.-1er mars, dim. soir d'oct. à juin et lundi sauf juil.-août
Formule 22 € – Menu 32 € (semaine), 42/68 € – Carte 45/80 €
Pigeon, foie gras, cèpes et truffes... des produits du terroir joliment relevés à la sauce contemporaine, pour une cuisine pleine de goût ! Atmosphère cosy et, aux beaux jours, jolie terrasse donnant sur la Dronne.

Les Jardins de Brantôme – Hôtel Les Jardins de Brantôme

33-37 r. Pierre-de-Mareuil – 05 53 05 88 16 – www.lesjardinsdebrantome.com – Fermé mi-déc. à mi-janv., le midi sauf dim., jeudi hors saison et merc.
Menu 28 € (semaine), 34/38 € – Carte 38/53 €
Dans les Jardins de Brantôme s'épanouit une savoureuse cuisine du terroir. Le chef met un point d'honneur à privilégier les petits producteurs. Ainsi un porc fermier du Périgord caramélisé et ses légumes confits. Joli cadre rustique.

Au Fil du Temps

1 chemin du Vert-Galand – 05 53 05 24 12 – www.fildutemps.com – Fermé 15 déc.-fin janv., lundi et mardi de mai à oct.
Formule 13 € – Menu 18 € (déj. en semaine)/29 € – Carte 30/55 €
Au Fil du Temps, on ne se lasse pas de savourer de bons petits plats : tête de veau, tourin blanchi, aile de raie à la grenobloise, pannacotta... D'ailleurs, comment résister ? Avant d'avaler la moindre bouchée, la façade rouge nous fait de l'œil ! Et après avoir cédé, on paresse sous le tilleul ou au coin du feu.

Les Saveurs

6 r. Georges-Saumande – 05 53 05 54 23 – www.restaurant-les-saveurs.com – Fermé 1 semaine en nov., vacances de Noël, 2 semaines en janv., merc. soir, dim. soir et jeudi sauf juil.-août
Menu 19 € (déj. en semaine), 28/51 € – Carte 40/65 €
Les Saveurs changent au cours des années... À l'image du chef, arrivé ici début 2012 ! Derrière les fourneaux, il réalise une cuisine d'aujourd'hui valorisant des produits frais. Ambiance bistrot chic.

à Champagnac de Belair 6 km au Nord-Est par D 78 et D 83 – ✉ 24530 – 696 hab.

Le Moulin du Roc

– ✆ 05 53 02 86 00 – www.moulinduroc.com – *Ouvert 1er avril-1er nov.*
15 ch – 🚹130/250 € 🚹🚹130/250 € – ☕ 18 € – ½ P
Rest ***Le Moulin du Roc*** ✿ – voir les restaurants ci-après
Le lieu est magique : un luxueux moulin à huile sur la Dronne, entouré de verdure. Les chambres sont superbes et l'on se perd dans un dédale d'escaliers ou dans le jardin au bord de l'eau...

Le Moulin du Roc (Alain Gardillou)

✿ – ✆ 05 53 02 86 00 – www.moulinduroc.com – *Ouvert 1er avril-1er nov. et fermé merc. midi et mardi*
Menu 29 € (déj. en semaine) – Carte 73/159 €
On peut être un Roc et à la fois d'une grande délicatesse : preuve en est cette cuisine subtile, qui puise dans le terroir des saveurs sensibles... mais fortes. L'environnement verdoyant ajoute au plaisir du moment. ➜ Tranche épaisse de foie gras poêlé à la noisette, terrine de poireaux en vinaigrette. Pâtes fraîches aux truffes noires du Périgord. Tarte soufflée au citron vert, fraises du Périgord et sorbet citron.

à Bourdeilles 10 km au Sud-Ouest par D 78 – ✉ 24310 – 769 hab.

Hostellerie Les Griffons

Le Pont – ✆ 05 53 45 45 35 – www.griffons.fr – *Ouvert 18 avril-28 sept.*
10 ch – 🚹96/120 € 🚹🚹96/120 € – ☕ 13 € – ½ P
Rest ***Hostellerie Les Griffons*** – voir les restaurants ci-après
Charme des poutres et des vieilles pierres, vue sur la Dronne : au pied du château, cette maison bourgeoise du 16es. cultive avec élégance un certain romantisme rural. Le matin, on prend son petit-déjeuner dans la véranda face à la rivière et au jardin.

Hostellerie Les Griffons

Le Pont – ✆ 05 53 45 45 35 – www.griffons.fr – *Ouvert 18 avril-28 sept. et fermé mardi et le midi sauf dim. et fériés*
Menu 37/60 €
Si vous souhaitez apprivoiser les Griffons – créatures légendaires décrites comme inapprochables – c'est l'occasion ou jamais ! Dans ce restaurant avec vue sur la Dronne, on savoure une bonne cuisine dans l'air du temps. Décor intime, avec cheminée, et véranda. Service attentionné.

BRAS

✉ 83149 (Var) – 2 449 hab. – **Voir carte n°41-C3**
▶ Paris 814 km – Aix-en-Provence 55 km – Marseille 62 km – Toulon 61 km
Carte Michelin 340-K5

Une Campagne en Provence

Domaine Le Peyrourier, 3 km au Sud-Ouest par D 28 et rte secondaire – ✆ 04 98 05 10 20 – www.provence4u.com – *Ouvert 28 mars-31 oct.*
5 ch ☕ – 🚹90/160 € 🚹🚹93/163 € **Table d'hôte** – Menu 36 € 🍷
Idéale pour une retraite au plus près de la campagne, cette ancienne ferme des Templiers, remontant au 12es., se dresse parmi les prairies et les vignes. Chaleureux et charmant décor provençal. À la table d'hôte, cuisine régionale et vins de la propriété.

BRASSAC

✉ 82190 (Tarn-et-Garonne) – 260 hab. – **Voir carte n°28-B1**
▶ Paris 638 km – Bordeaux 173 km – Montauban 53 km – Toulouse 91 km
Carte Michelin 337-B6

Le Moulin de Jouenery Ⓝ

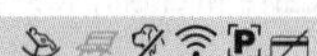

lieu-dit Jouenery, 2 km à l'Ouest par D 60, rte de Montjoi – ✆ 05 63 29 17 33 – www.jouenery.fr – *Ouvert avril-oct.*
3 ch ☕ – 🚹100/140 € 🚹🚹110/150 € – ½ P
Table d'hôte – Menu 35 € 🍷 *(fermé lundi, mardi et merc.)*
Pour accéder à cet ancien moulin du 17e s., au bord de la Séoune, on emprunte un chemin longeant des champs de melons : une belle entrée en matière ! On se ressource ensuite dans de jolies chambres décorées avec goût (contemporaines ou plus classiques) ; au petit-déjeuner, on se régale de délicieuses confitures maison...

BRASSEMPOUY

✉ 40330 (Landes) – 302 hab. – **Voir carte n°3-B3**

Paris 754 km – Bordeaux 175 km – Mont-de-Marsan 39 km – Pau 57 km

Carte Michelin 335-G13 – Guide Vert Michelin Aquitaine

La Petite Couronne sans rest

rte d'Amou, 3 km : au Nord, rte de St-Cricq-Chalosse par D 21 – ☎ 05 58 79 38 37 – www.lapetitecouronne.fr – Fermé 1 semaine en déc.

10 ch – 78/95 € 87/110 €

Défenseurs de la planète, cette adresse est faite pour vous ! En pleine campagne, l'établissement, tout en bois, joue la carte écolo, et les chambres, confortables et bien tenues, respectent les normes environnementales. Petit-déjeuner copieux, servi face à la piscine.

BREBIÈRES – 62 Pas-de-Calais ➜ voir Douai

BRÉHAT (ÎLE-DE) – 22 Côtes-d'Armor ➜ voir Île-de-Bréhat

LA BREILLE-LES-PINS

✉ 49390 (Maine-et-Loire) – 595 hab. – **Voir carte n°35-C2**

Paris 283 km – Angers 70 km – Baugé 31 km – Chinon 29 km

Carte Michelin 317-J4

L'Orée des Bois avec ch — ch, rest,

2 r. Saumuroise – ☎ 02 41 38 85 45 – www.hotel-restaurant-loreedesbois.fr – Fermé 12-29 nov.

7 ch – 67/72 € 67/72 € – 9 € – ½ P

Formule 18 € – Menu 24/55 € – Carte 40/60 € *(fermé dim. soir et merc.)*

Au cœur du village, dans un bâtiment des années 1980, le restaurant joue la carte du classicisme, mêlant meubles de style Louis XIII et rustiques. Quant aux assiettes, elles embaument les parfums du terroir. Chambres simples et bien tenues pour l'étape.

BRÉLÈS

✉ 29810 (Finistère) – 828 hab. – **Voir carte n°9-A1**

Paris 616 km – Brest 25 km – Quimper 99 km – Rennes 264 km

Carte Michelin 308-C4

Auberge de Bel Air avec ch

rte de Lanildut – ☎ 02 98 04 36 01 – www.restaubergedebelair.com – Ouvert 1er avril- 10 oct.

3 ch – 72/80 € 80/90 € – 8 €

Formule 18 € – Menu 23 € (déj. en semaine), 28/45 € – Carte 32/73 € *(fermé mardi soir et merc. soir hors vacances scolaires, dim. soir et lundi) (réservation conseillée)*

Une charmante ferme en granit, posée au bord de l'aber Ildut, avec un grand jardin et un étang. Dans l'assiette, une cuisine de la mer typique de la Bretagne, à l'image de ce filet de lieu jaune à la crème de homard. Quant au cadre, rustique, il prête à la tranquillité...

BRÉLIDY

✉ 22140 (Côtes-d'Armor) – 302 hab. – **Voir carte n°9-B1**

Paris 503 km – Lannion 27 km – Rennes 151 km – St-Brieuc 55 km

Carte Michelin 309-C3

Château de Brélidy

– ☎ 02 96 95 69 38 – www.chateau-brelidy.com – Fermé janv.

14 ch – 89/109 € 110/145 € – 14 € – ½ P

Rest – Menu 39 € (dîner) – Carte 40/55 €

Une authentique demeure seigneuriale du 16e s., tout en vieilles pierres... Les chambres se répartissent entre le château et une aile plus récente, et mêlent joliment le moderne et l'ancien (meubles de style ou bretons, etc.). Une atmosphère historique que l'on retrouve au restaurant, dans les salons et dans le beau parc.

LA BRESSE

✉ 88250 (Vosges) – 4 605 hab. – Voir carte n°**27**-C3
Paris 437 km – Colmar 52 km – Épinal 52 km – Gérardmer 13 km
Carte Michelin 314-J4

Les Vallées

31 r. Paul-Claudel – ✆ 03 29 25 41 39 – www.lesvallees-labresse.com
56 ch – †65/117 € ††65/117 € – ☕ 13 € – ½ P
Rest – Formule 16 € – Menu 21 € (déj.), 31/45 € – Carte 31/46 €
Au cœur du bourg (à proximité du plus grand domaine skiable des Vosges : la Bresse-Hohneck), un vaste complexe hôtelier fréquenté hiver comme été : chambres fonctionnelles et bien tenues, nombreux équipements (espaces pour séminaires, grande piscine avec sauna, hammam et jacuzzi, restaurant du terroir, etc.).

La Table d'Angèle

30 Grande Rue – ✆ 03 29 25 41 97 – www.resto.fr/latabledangele – Fermé 15-30 juin, 15-30 nov., lundi et mardi
Formule 15 € – Menu 31/70 € 🍷 – Carte environ 43 €
Petits appétits s'abstenir : les portions sont gargantuesques ! Ce bistrot contemporain, tenu par une famille sympathique (un couple et leur fils sommelier), explore le terroir avec générosité. Tout est fait maison, avec des produits frais.

au Sud 3 km, rte de Cornimont par D 486

Le Clos des Hortensias

51 rte de Cornimont ✉ 88250 La Bresse – ✆ 03 29 25 41 08 – Fermé 3-17 nov., merc. soir, dim. soir et lundi
Menu 17 € (semaine), 24/42 € *(réservation conseillée)*
À l'extérieur de La Bresse, arrêtez-vous dans cette demeure de prime abord banale. Vous ne le regretterez pas ! Des petits plats traditionnels concoctés avec soin et générosité, un accueil d'une amabilité rare par madame, une jolie salle bourgeoise... On est conquis.

BRESSIEUX

✉ 38870 (Isère) – 90 hab. – Voir carte n°**43**-E2
Paris 533 km – Grenoble 50 km – Lyon 76 km – Valence 73 km
Carte Michelin 333-E6 – Guide Vert Michelin Lyon et sa région

Auberge du Château

67 montée du Château – ✆ 04 74 20 91 01 – www.aubergedebressieux.fr – Fermé vacances de la Toussaint et de fév., dim. soir hors saison, mardi et merc.
Formule 21 € – Menu 28/62 € – Carte 41/56 €
Christèle et Xavier Vanheule, passionnés de cuisine et de bons vins, donnent le meilleur d'eux-mêmes pour faire de leur auberge une belle maison. Les produits viennent des fermes environnantes et débordent de fraîcheur. Tout en contemplant les monts du Lyonnais, on se régale de plats savoureux aux parfums méridionaux...

BRESSON – 38 Isère ➜ voir Grenoble

BREST

✉ 29200 (Finistère) – 141 303 hab. – Agglo. 201 666 hab. – Voir carte n°**9**-A2
Paris 596 km – Lorient 133 km – Quimper 72 km – Rennes 246 km
Carte Michelin 308-E4 – Guide Vert Michelin Bretagne Nord

Océania

82 r. de Siam – ✆ 02 98 80 66 66 – www.oceaniahotels.com Plan : EY**r**
82 ch – †90/170 € ††130/170 € – ☕ 15 €
Rest *Nautilus* ✆ 02 98 80 90 67 – – Formule 18 € – Menu 23 € (déj. en semaine) – Carte 31/51 €
Au cœur de Brest, entre la gare ferroviaire et le port, cet imposant immeuble abrite des chambres contemporaines, parfaitement insonorisées, ainsi qu'un restaurant. Pour la clientèle d'affaires, un espace séminaire confortable.

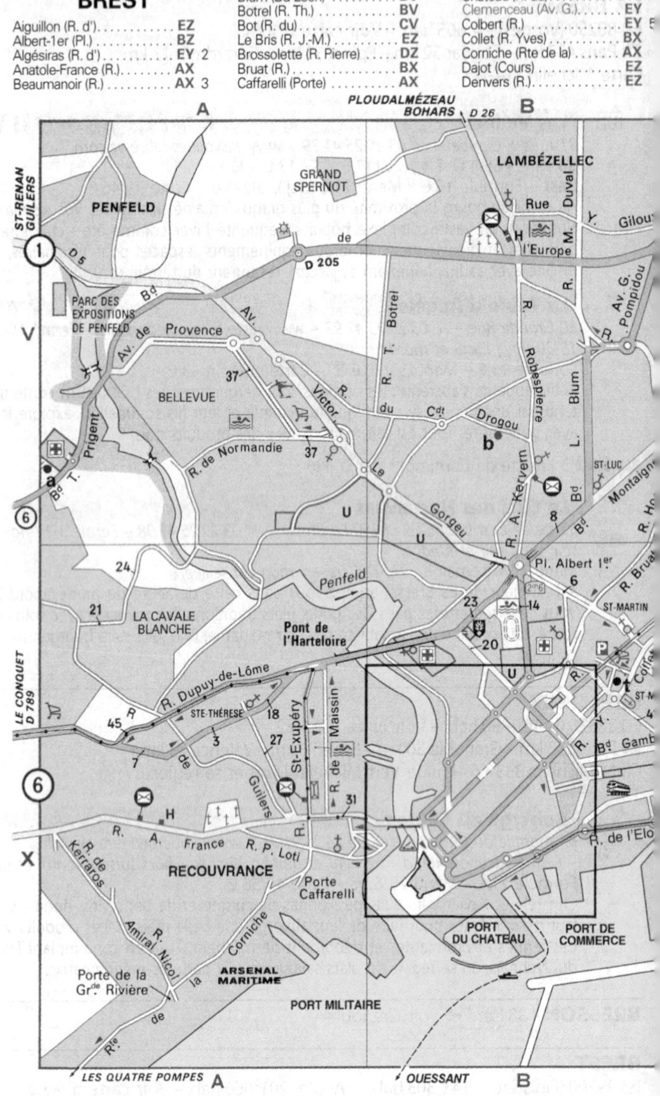

L'Amirauté

41 r. Branda – ✆ 02 98 80 84 00 – www.oceaniahotels.com Plan : BX**t**

84 ch – 85/145 € 85/145 € – ☕ 15 €

Rest – Formule 20 € – Menu 35 € (semaine)/45 € *(fermé 14 juil.-31 août, 24 déc.-1er janv., sam., dim. et fériés)*

Un hôtel aux lignes élégantes, avec des chambres spacieuses, bien insonorisées et fonctionnelles, des salles de réunion et un garage privé, très utile dans le quartier ! De plus, rien à redire sur l'entretien : c'est professionnel et très sérieux.

Desmoulins (Av. C.) .... BX 6
Dr-Kerrien (R. du) .... AX 7
Doumer (R. Paul) .... BV 8
Dourjacq (Rte du) CV
Drogou (R. Com.) .... BV
Dupuy-de-Lôme (R.) .... AX
Duquesne (R.) .... EY

Duval (R. Marcellin) .... BV
Eau-Blanche (R. de l') CV
Elorn (R. de l') .... BX
Europe (Bd de l') .... ACV
Ferry (R. J.) .... BCX 12
Foch (Av. Mar.) .... BX 14
Forestou (Pont du) .... CX 15
Français-Libres (Bd des) .... DZ 16
Frégate-La-Belle-Poule (R. de la) .... EZ 17
Gallieni (R. du Mar.) .... AX 18
Gambetta (Bd) .... BX
Le Gorgeu (Av. Victor) .... AV
Gouesnou (Rte de) CV
Grande-Rivière (Porte de la) .... AX
Guilers (R. de) .... AX
Harteloire (Pt. de l') .... AX
Harteloire (R. de l') .... AX 20
Hoche (R.) .... BV
Jean-Jaurès (R.) .... EY
Kent (R. de) .... AX 21
Kérabécam (R. de) .... EY 22
Kérraros (R. de) .... AX
Kervern (R. Auguste) .... BV
Kiel (Av. de) CX
Lamotte-Picquet (R.) .... BX 23
Lesven (R. Jules) .... BCV
Libération (Av. de la) .... AX 24
Liberté (Pl. de la) .... EY
Loti (R. Pierre) .... AX
Louppe (R. Albert) CV
Lyon (R. de) .... DEY
Macé (R. Jean) .... EZ
Maissin (R. de) .... AX
Marine (Bd de la) .... DZ 25
Michelet (R.) .... DV
Montaigne (Bd) .... BV
Mouchotte (Bd Cdt) .... AX 27
Moulin (Bd Jean) .... DY
Nicol (R. de l'Amiral) .... AX
Normandie (R. de) .... AV
Paris (R. de) CV
Pompidou (R. G.) .... BV
Porte (R. de la) .... AX 31
Prigent (Bd T.) .... AV
Provence (Av. de) .... AV
Quimper (Rte de) CV
Recouvrance (Pt de) .... DZ
Réveillère (Av. Amiral) .... EY 33
Richelieu (R.) CX
Robespierre (R.) .... BY
Roosevelt (Av. Fr.) .... DZ 34
Saint-Exupéry (R.) .... AX
St-Marc (R.) CX
Salaün-Penquer (Av.) .... EZ
Sébastopol (R.) .... CX 35
Semard (R. Pierre) CX
Siam (R. de) .... EY
Strasbourg (Pl. de) CV
Tarente (Av. de) .... AV 37
Tourbihan (R. de) .... CV 38
Tourville (Porte) .... DZ
Tritshler (R. du) CX
Troude (R. Amiral) .... BX 39
Valmy (R. de) .... CX 40
Verdun (R. de) CX
Victor-Hugo (R.) .... BX 41
Vieux-St-Marc (R. du) CX
Villeneuve (R. de la) CV
Voltaire (R.) .... EZ
Wilson (Pl.) .... EZ
Zédé (R. G.) CV
Zola (R. Émile) .... EY
2e-R.C.I. (R. du) .... DY
8-Mai-1945 (R. du) CV
11-Martyrs (R. des) .... EY 42
19-Mars-1962 (R. du) .... AX 45

La Paix

rest, rest,

32 r. Algésiras – 02 98 80 12 97 – www.hoteldelapaix-brest.com
– Fermé 23 déc.-2 janv.

Plan : EY**y**

28 ch – 59/150 € 79/150 € – 13 € – ½ P

Rest *Cosy* 02 98 43 26 17 – – Formule 14 € – Menu 17 € (déj.), 28/36 € – Carte 29/48 € *(fermé 25 juil.-5 août, 1er-15 janv., sam. midi, lundi soir et dim.)*

En plein centre-ville, cet hôtel a été rénové dans un style épuré, avec des chambres agréables et assez calmes. Les gourmands iront faire un tour du côté du restaurant, qui s'est spécialisé dans les viandes (grillées, en tartare, carpaccio).

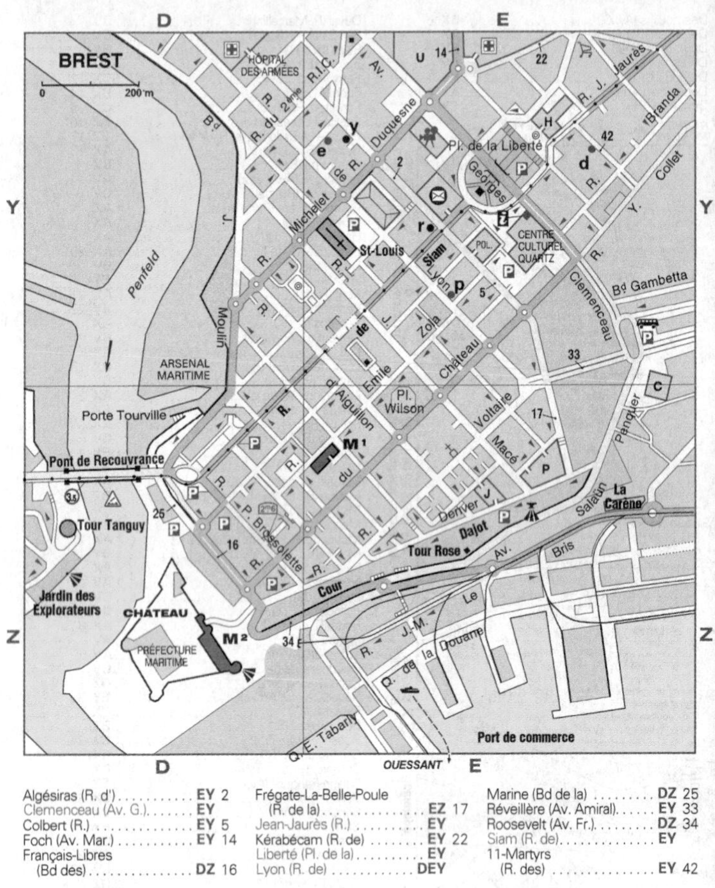

Algésiras (R. d') . . . . . EY 2	Frégate-La-Belle-Poule (R. de la) . . . . . EZ 17	Marine (Bd de la) . . . . . DZ 25
Clemenceau (Av. G.) . . . . . EY	Jean-Jaurès (R.) . . . . . EY	Réveillère (Av. Amiral) . . . . . EY 33
Colbert (R.) . . . . . EY 5	Kérabécam (R. de) . . . . . EY 22	Roosevelt (Av. Fr.) . . . . . DZ 34
Foch (Av. Mar.) . . . . . EY 14	Liberté (Pl. de la) . . . . . EY	Siam (R. de) . . . . . EY
Français-Libres (Bd des) . . . . . DZ 16	Lyon (R. de) . . . . . DEY	11-Martyrs (R. des) . . . . . EY 42

Hôtel du Questel sans rest

120 r. Francis-Thomas – ✆ 02 98 45 99 20
www.hotel-du-questel.fr Plan : AV**a**

36 ch – 60/65 € 65/70 € – 9 €

Situé au cœur d'une zone d'activités, à proximité du centre hospitalier, cet hôtel récent propose des chambres fonctionnelles et bien tenues, à prix doux. Sur demande, petit service snack.

Le M (Philippe Le Bigot)

22 r. du Cdt-Drogou – ✆ 02 98 47 90 00 – www.le-m.fr
– Fermé 23 fév.-9 mars, 10-31 août et dim. Plan : BV**b**

Formule 38 € – Menu 45 € (déj. en semaine), 51/82 €

Des associations de saveurs harmonieuses, une vraie maîtrise dans la conception des plats... Dans cette belle maison typiquement bretonne, on déguste une goûteuse cuisine d'aujourd'hui, qui met à contribution les producteurs locaux (poisson, volaille, légumes...). L'été, on met le cap sur l'agréable terrasse. On M !

→ Homard breton rafraîchi, mangue à la menthe. Pavé de cabillaud, risotto aux morilles. Radeau exotique mangue-passion et sorbet coco.

L'Armen (Yvon Morvan)
21 r. de Lyon – ✆ 02 98 46 28 34 – www.armen-restaurant.fr – Fermé 28 juil.-16 août, dim. et lundi Plan : EY**p**
Formule 20 € – Menu 34 € (déj.), 55/95 € – Carte 68/93 €
Situé dans une ancienne pâtisserie renommée de la ville, cet Armen s'inscrit dans une vraie tradition de gourmandise ! Le chef, Yvon Morvan, y propose une cuisine gastronomique fine et inspirée, qui met en valeur de beaux produits régionaux. Quant au cadre, cosy et feutré, il ne fait qu'ajouter à notre plaisir...
→ Homard breton cuit à la vapeur de sel fumé, jus parfumé à l'estragon. Feuilleté de pigeon farci au foie gras, au chou frisé et aux lardons, légumes du moment. Variation gourmande autour du chocolat noir.

L'Imaginaire
23 r. Fautras – ✆ 02 98 43 30 13 – www.imaginaire-restaurant.blogspot.com – Fermé 5-25 août, 1er-16 janv., merc. soir, dim. soir et lundi Plan : EY**e**
Formule 21 € 🍷 – Menu 45 € (dîner)/60 €
Nouveau cadre contemporain pour cette adresse du centre-ville : depuis la salle, teintée de quelques touches rétro, une baie vitrée permet désormais d'observer les cuisiniers à l'œuvre ! On se laisse porter par le menu fixe, en 4 ou 7 plats, proposé par le chef ; les préparations sont élaborées et pleines de saveurs.

Hinoki Ⓝ
6 r. des Onze-Martyrs – ✆ 02 98 43 23 68 – www.sushinoki.fr – Fermé dim. et lundi
Menu 15 € (déj.), 35/60 € *(réservation conseillée)* Plan : EY**d**
Un vrai restaurant japonais sur Brest ? Bingo ! Le Hinoki est tenu par un chef... breton, passionné par la cuisine de l'archipel. Sa technique : profiter de la pêche locale pour obtenir des poissons de première fraîcheur, et réaliser ses sushis et makis. Une adresse que les initiés s'échangent sous le manteau...

au Nord 5 km par D 788 CV – ✉ 29850 Gouesnou

Escale Oceania
32 av. Baron-Lacrosse – ✆ 02 98 02 32 83 – www.oceaniahotels.com
82 ch – 🚹80/105 € 🚹🚹80/105 € – ☕ 11 €
Rest – Formule 18 € – Carte 29/47 € *(fermé le midi du 28 juil. au 19 août, sam., dim. et fériés)*
Dans une zone commerciale et industrielle, cet hôtel-restaurant des années 1970 est malgré tout au vert, avec son joli jardin. Chambres fonctionnelles et spacieuses, certaines donnant sur la piscine.

au port de plaisance du Moulin Blanc 7 km par ⑤ – ✉ 29200

Plaisance Hôtel
37 r. du Moulin-Blanc – ✆ 02 98 42 33 33 – www.hotelplaisance.fr
44 ch – 🚹64/72 € 🚹🚹72/78 € – ☕ 8,50 € – ½ P
Rest – Formule 14 € – Menu 17 € (déj. en semaine), 23/28 € – Carte 35/47 € *(fermé sam. midi d'oct. à mars et dim. soir de mi mars à fin sept.)*
Au port de plaisance, cet hôtel-restaurant récent et accueillant propose des chambres pratiques, sobres et agréables, dans des teintes ensoleillées (orangé, jaune, bleu). Une adresse idéale pour visiter Océanopolis.

BRETENOUX
✉ 46130 (Lot) – 1 355 hab. – **Voir carte n°29-C1**
Paris 521 km – Brive-la-Gaillarde 44 km – Cahors 83 km – Figeac 48 km
Carte Michelin 337-H2

au Port de Gagnac 6 km au Nord-Est par D 940 et D 14 – ✉ 46130 Gagnac-sur-Cère

Hostellerie Belle Rive
Port-de-Gagnac – ✆ 05 65 38 50 04 – www.bellerive-dordogne-lot.com – Fermé 20 déc.-5 janv.
12 ch – 🚹55/85 € 🚹🚹75/110 € – 1 suite – ☕ 10 € – ½ P
Rest ***Hostellerie Belle Rive*** – voir les restaurants ci-après
Une belle maison lotoise dressée sur les rives de la Cère. Les chambres y sont confortables, avec de jolies notes printanières.

Auberge du Vieux Port

– ✆ 05 65 38 50 05 – www.auberge-vieuxport-lot.com – Fermé 1er-7 juil., 23-30 sept. et 23 déc.-20 janv.
8 ch – 60/100 € 65/100 € – 10 € – ½ P
Rest *Auberge du Vieux Port* – voir les restaurants ci-après
Entendez-vous le doux clapotis de l'eau ? Dans cette auberge au bord de la Cère, on se ressource loin de la ville et de la pollution. Les chambres – rénovées en 2012 – y sont confortables et bien tenues. Idéal pour un week-end au vert !

Hostellerie Belle Rive – Hostellerie Belle Rive

Port-de-Gagnac – ✆ 05 65 38 50 04 – www.bellerive-dordogne-lot.com – Fermé 20 déc.-5 janv., vend. soir, sam. midi et dim. soir de mi-avril à mi-juil. et de fin août à mi-oct., et le week-end de mi-oct. à mi-avril
Formule 17 € – Menu 25/31 € – Carte 31/54 €
Croustillant de pied de porc, noisette d'agneau, nougat glacé maison, etc. Ici, on apprécie une cuisine de tradition au fil des jours... et de l'eau, car la jolie terrasse fleurie regarde la rivière.

Auberge du Vieux Port – Hôtel Auberge du Vieux Port

– ✆ 05 65 38 50 05 – www.auberge-vieuxport-lot.com – Fermé 1er-7 juil., 23-30 sept., 23 déc.-20 janv., dim. soir, sam. midi et lundi sauf du 14 juil.-31 août
Menu 16 € (semaine), 25/40 € – Carte 35/55 €
La table de l'Auberge du Vieux Port est à l'image de l'établissement : conviviale et attrayante. On y savoure une cuisine appuyée sur le terroir. Mention spéciale pour les ris d'agneau et la flambée quercynoise. Jolie salle avec cheminée, bien agréable l'hiver venu.

BRÉTIGNOLLES-SUR-MER

✉ 85470 (Vendée) – 4 157 hab. – **Voir carte n°34-A3**
Paris 465 km – Challans 30 km – Nantes 86 km – La Roche-sur-Yon 44 km
Carte Michelin 316-E8 – Guide Vert Michelin Pays de la Loire

Hôtellerie des Brisants

63 av. de la Grand'Roche – ✆ 02 51 33 65 53 – www.lesbrisants.com – Fermé 12 nov.-5 déc. et 16 fév.-13 mars
14 ch – 85/115 € 85/115 € – 12 € – ½ P
Rest *J.-M. Pérochon* – voir les restaurants ci-après
Face à l'océan, cette agréable hôtellerie ne redoute nullement les brisants, ces grandes vagues nées au large et qui déferlent sur la côte... Les chambres se révèlent confortables, et l'on est accueilli avec simplicité et gentillesse.

J.-M. Pérochon (Jean-Marc Pérochon) – Hôtellerie des Brisants

63 av. de la Grand'Roche – ✆ 02 51 33 65 53 – www.lesbrisants.com – Fermé 12 nov.-5 déc. et 16 fév.-13 mars, lundi sauf le soir en juil.-août, dim. soir de sept. à juin et mardi midi
Menu 25 € (déj. en semaine), 31/89 € – Carte 56/71 €
Attablé derrière les grandes baies vitrées du restaurant, on admire les reflets du soleil sur l'Atlantique et les quelques gréements qui s'y découpent... Puis on découvre avec plaisir une cuisine savoureuse, sûre de ses fondamentaux, entre mer et terre (tourteau, langoustines, homard, poisson, volaille de Challans, etc.).
→ Tourteau, pomme verte et tomate marinée. Filet de saint-pierre cuit au plat, bouillon de légumes émulsionné à la truffe d'été, primeur de jardin cuit et cru. Pomme, fromage blanc et cumbawa.

BRETONVILLERS

✉ 25380 (Doubs) – 217 hab. – **Voir carte n°17-C2**
Paris 479 km – Besançon 67 km – Fribourg 163 km – Neuchâtel 75 km
Carte Michelin 321-J3

Hôtel de Gigot

à Gigot, 4,5 km au Sud-Ouest – ✆ 03 81 68 91 18 – www.hotel-gigot-vallee-dessoubre.com – Fermé vacances de la Toussaint, 15 janv.-28 fév., lundi soir, merc. soir et jeudi de mi-sept. à mi-mai
15 ch – 50/56 € 50/56 € – 7 € – ½ P
Rest – Formule 14 € – Menu 20/34 € – Carte 25/50 €
Un chalet en pleine nature, au cœur de la magnifique vallée du Dessoubre, paradis des pêcheurs... Cet hôtel-restaurant familial (troisième génération) a été rénové avec soin et est tenu méticuleusement. À table, la cuisine de tradition est de mise (spécialités : truite et grenouille).

BRETTEVILLE-SUR-LAIZE

14680 (Calvados) – 1 642 hab. – Voir carte n°**32**-B2
Paris 245 km – Caen 18 km – Hérouville-Saint-Clair 23 km – Lisieux 52 km
Carte Michelin 303-C2

Château des Riffets sans rest

– ✆ 02 31 23 53 21 – www.chateau-des-riffets.com – Fermé du 1er nov. au 15 avril
4 ch – 125/175 € 125/175 €
Ce château du milieu du 19e s. est construit sur les ruines d'un ancien relais de chasse de Guillaume Le Conquérant. On s'y repose, au grand calme, dans des chambres qui ont du cachet : beaux parquets, mobilier d'époque, lits à baldaquin... En prime, le parc – où l'on peut voir gambader des lapins – est superbe !

LE BREUIL-EN-AUGE

14130 (Calvados) – 977 hab. – Voir carte n°**33**-C2
Paris 196 km – Caen 55 km – Deauville 21 km – Lisieux 10 km
Carte Michelin 303-N4 – Guide Vert Michelin Normandie Vallée de la Seine

Le Dauphin (Régis Lecomte)

2 r. de l'Église – ✆ 02 31 65 08 11 – www.ledauphin-restaurant.com – Fermé 12 nov.-2 déc., vacances de fév., dim. soir et lundi
Menu 42/52 € – Carte 67/90 €
Avec ses colombages et sa charmante atmosphère, cet ancien relais de poste incarne la Normandie rêvée, vers laquelle on revient toujours... d'autant que la cuisine de Régis Lecomte n'en finit pas de nous réjouir ! Qualité des produits, grande maîtrise d'exécution : tout est savoureux, fin, délicat... Un vrai bonheur. → Ragoût d'ormeaux et d'escargots. Tajine de homard breton aux girolles. Soufflé au Grand Marnier.

BREUILLET

17920 (Charente-Maritime) – 2 634 hab. – Voir carte n°**38**-A3
Paris 509 km – Poitiers 176 km – La Rochelle 69 km – Rochefort 39 km
Carte Michelin 324-D5

L'Aquarelle (Xavier Taffart) avec ch

71 A rte du Montil, 2 km au Sud par D 140 – ✆ 05 46 22 11 38 – www.laquarelle.net – Fermé 1 semaine en juin, 1 semaine en oct., 1 semaine en janv., dim. soir sauf juil.-août, mardi midi et lundi
3 ch – 150 € 150 € – 17 €
Formule 29 € – Menu 35 € (déj. en semaine), 46/100 € – Carte 63/77 €
L'Aquarelle d'un chef arrivé en pleine maturité : c'est en créateur sage et inspiré que Xavier Taffart travaille ses beaux produits locaux, et réinterprète des recettes bien connues. Dans l'assiette, évidence, couleurs et... plaisir ! Et côté décor, dans la grande salle panoramique, le design prévaut. → Gambas bio pochées, eau de rhubarbe et raifort. Côte de cochon ibaïona aux langoustines, crème chaude de pomme de terre. Tiramisu orange, carotte et basilic thaï.

BREUREY-LES-FAVERNEY – 70 Haute-Saône → voir Faverney

BRIANÇON

05100 (Hautes-Alpes) – 11 627 hab. – Voir carte n°**41**-C1
Paris 681 km – Digne-les-Bains 145 km – Gap 89 km – Grenoble 119 km
Carte Michelin 334-H3 – Guide Vert Michelin Alpes du Sud

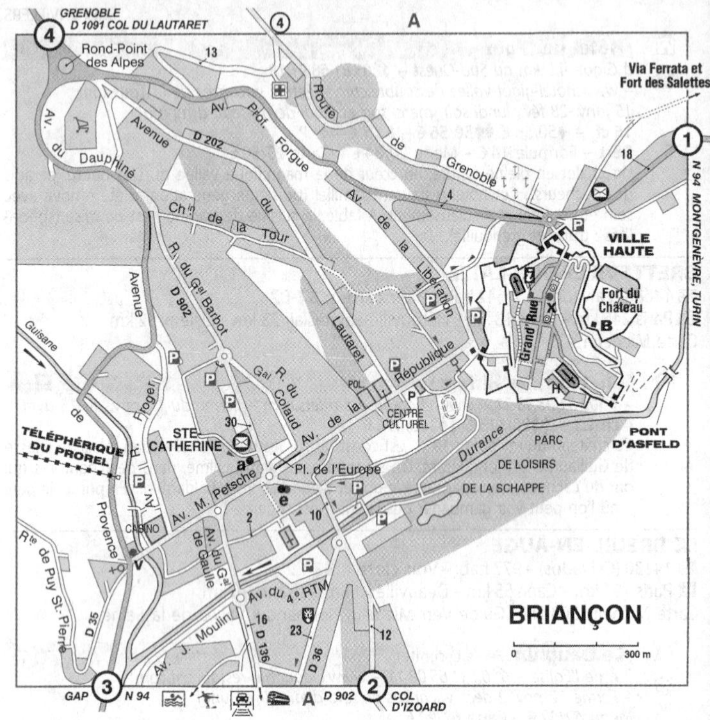

Alphand (R.)	A	2	Col-d'Izoard (Av.)	A	12	Italie (Rte d')	A	18
Baldenberger (Av. P.)	A	4	Daurelle (Av. A.)	A	13	Pasteur (R.)	A	23
Centrale (R.)	A	10	Gaulle (Av. Gén.-de)	A	16	159e-R.-I.-A. (Av.)	A	30

Parc Hôtel sans rest

Central Parc – 04 92 20 37 47 – www.soleilvacances.com Plan : A**a**

60 ch – 57/90 € 79/120 €

Cet établissement, certes fonctionnel et sans grand charme, ne manque cependant pas d'atouts : central, il abrite des chambres spacieuses, idéales pour les familles, et pratique des tarifs très attractifs pour la clientèle d'affaires.

La Chaussée

ch,

4 r. Centrale – 04 92 21 10 37 – www.hotel-de-la-chaussee.com – Fermé 16 avril-4 mai, 24 oct.-11 nov. Plan : A**e**

14 ch – 70/75 € 75/85 € – 9 € – ½ P

Rest – Menu 18 € (semaine), 24/42 € – Carte 25/43 € *(fermé dim. soir hors saison, lundi midi, mardi soir et merc. midi)*

D'emblée, on se sent bien dans cet hôtel familial transformé en "refuge montagnard" : meubles patinés par les ans, objets anciens, chambres coquettes et douillettes, belles salles de bains... Un endroit charmant !

Le Pêché Gourmand (Sharon et Jimmy Frannais)

2 rte de Gap – 04 92 21 33 21 – Fermé dim. de sept. à juin et lundi Plan : A**v**

Formule 22 € – Menu 31/60 € – Carte 52/75 €

Un restaurant au bord de la Guisane, tenu par un jeune couple franco-australien amoureux de gastronomie. Sharon concocte une belle cuisine de saison, soignée et savoureuse, et Jimmy vous régale de ses pâtisseries, délicates et délicieuses. Péché gourmand et... péché mignon !

➜ Tartare de langoustine en beignet de courgette fleur et chutney de tomate. Ris de veau croustillant aux amandes et aubergine confite. Soufflé chaud au Grand Marnier et myrtilles sauvages.

Au Plaisir Ambré

26 Grande-Rue – ✆ 04 92 52 63 46 – Fermé 2 semaines en juin, jeudi sauf juil.-août et merc. Plan : A**x**
Menu 22/55 €
Dans la cité Vauban, cette ancienne boucherie reste vouée aux bons produits. Fraîcheur : tel est le maître mot du chef, habile cuisinier qui sait révéler les meilleures saveurs. En salle, son épouse assure un accueil des plus souriants. Vous avez dit plaisir ?

à Puy-St-Pierre 3 km à l'Ouest par D 135 – ✉ 05100 – 507 hab.

Auberge de Catherine

chemin des Blés – ✆ 04 92 20 40 89 – www.aubergecatherine.fr – Fermé 19 avril-5 mai et 25 oct.-9 nov.
11 ch – 52 € 62 € – 8 € – ½ P
Rest ***Auberge de Catherine*** – voir les restaurants ci-après
À 10mn de Briançon, la montagne est à vous : la Maison profite d'une vue grandiose sur les cimes et la vallée ! Accueil familial et ambiance cosy : bois clair, fleurs séchées, bibelots... Parfait pour se ressourcer.

Auberge de Catherine

chemin des Blés – ✆ 04 92 20 40 89 – www.aubergecatherine.fr – Fermé 19 avril-5 mai, 25 oct.-9 nov., merc. midi, dim. soir et lundi
Menu 26/34 €
La Maison est posée sur les hauteurs ; son chef, passionné, tire le meilleur du pays (tourton, carré d'agneau au foin), pour un excellent rapport qualité-prix. En prime, un joli décor de bois blond. Allez respirer ce bon air de la montagne !

BRIANT

✉ 71110 (Saône-et-Loire) – 228 hab. – **Voir carte n°8-C3**
Paris 399 km – Clermont-Ferrand 161 km – Dijon 176 km – Mâcon 90 km
Carte Michelin 320-E12

Auberge de Briant

Le Bourg – ✆ 03 85 25 98 69 – www.aubergedebriant.com – Fermé 3 semaines en janv., 2 semaines fin juin-début juil., dim. soir, mardi soir et merc.
Formule 20 € – Menu 28 € (semaine)/49 € – Carte 31/48 €
Une auberge coquette au cœur d'un joli village, avec une terrasse sous un tilleul. Le chef concocte une bonne cuisine traditionnelle et valorise les produits du terroir ; l'accueil est charmant.

BRIARE

✉ 45250 (Loiret) – 5 710 hab. – **Voir carte n°12-D2**
Paris 155 km – Auxerre 76 km – Cosne-Cours-sur-Loire 31 km – Gien 10 km
Carte Michelin 318-N6 – Guide Vert Michelin Châteaux de la Loire

Le Domaine des Roches

ch, ch,
2 r. de la Plaine – ✆ 02 38 05 09 09 – www.domainedesroches.fr
12 ch – 120/165 € 140/215 € – 1 suite – 20 € – ½ P
Rest – Menu 25 € (déj. en semaine), 35/85 € – Carte 50/85 € *(fermé lundi)*
Une belle demeure bourgeoise du 19es., à la décoration classique, au milieu d'un grand parc. En sus des chambres, plusieurs cottages fonctionnels. Le restaurant, élégant, propose une cuisine d'aujourd'hui respectant les saisons.

BRICQUEBEC

✉ 50260 (Manche) – 4 256 hab. – **Voir carte n°32-A1**
Paris 348 km – Caen 115 km – Cherbourg 26 km – St-Lô 76 km
Carte Michelin 303-C3 – Guide Vert Michelin Normandie Cotentin

L'Hostellerie du Château

Cour du Château – ✆ 02 33 52 24 49 – www.lhostellerie-bricquebec.com – Fermé 20 déc.-31 janv.
17 ch – 🚹89/98 € 🚹🚹89/98 € – ☕ 10 € – ½ P
Rest – Formule 12 € – Menu 22/39 € – Carte 35/45 €
Dans l'enceinte même du château médiéval de Bricquebec, au sein d'une belle bâtisse gothique, un établissement de tradition, aux chambres classiques et confortables, apprécié notamment par la clientèle étrangère. À voir : le restaurant occupe l'ancienne salle des chevaliers, avec colonnes en pierre, armures et cheminée.

BRIDES-LES-BAINS
✉ 73570 (Savoie) – 551 hab. – **Voir carte n°46-F2**
▶ Paris 612 km – Albertville 32 km – Annecy 77 km – Chambéry 81 km
Carte Michelin 333-M5 – Guide Vert Michelin Alpes du Nord

Golf-Hôtel

av. Greyffié de Bellecombe – ✆ 04 79 55 28 12 – www.golf-hotel-brides.com – Fermé 2 nov.-25 déc.
52 ch ☕ – 🚹77/128 € 🚹🚹110/190 € – 2 suites
Rest – Menu 30 € – Carte 31/56 € *(fermé le midi du 26 déc. au 16 mars)*
Belle vue sur les glaciers de la Vanoise depuis cet hôtel des années 1920 qui propose des chambres contemporaines. Dans la grande salle de son restaurant, lumineuse, on peut opter pour des spécialités savoyardes ou un menu diététique.

Amélie
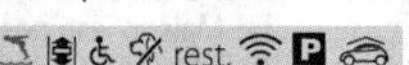

r. Émile-Machet – ✆ 04 79 55 30 15 – www.hotel-amelie.com – Fermé 27 oct.-21 déc.
41 ch – 🚹73/129 € 🚹🚹87/144 € – ☕ 13 € – ½ P
Rest *Les Cerisiers* ✆ 04 79 55 30 14 – – Menu 24/50 € – Carte 38/61 €
Un hôtel des années 1990, situé au cœur du village, à deux pas de la télécabine menant à Méribel. Chambres bien insonorisées, salles de bains en marbre et agréable bar cosy. Au restaurant, spécialités du terroir et menus diététiques. L'été, barbecue au jardin.

Le Belvédère sans rest
r. Émile-Machet, quartier des Sources – ✆ 04 79 55 23 41 – www.hotel-73-belvedere.com – Fermé de fin oct. à mi-déc.
28 ch ☕ – 🚹48/58 € 🚹🚹90/100 €
Voilà 20 ans que cette belle maison de 1830 ne résonne plus du bruit des machines à sous ! Ancien casino devenu hôtel, cet établissement dispose de chambres simples et bien tenues, dans un esprit chalet. Jacuzzi, hammam et piscine d'été chauffée.

BRIE-COMTE-ROBERT – 77 Seine-et-Marne → voir Paris, Environs

BRINDAS
✉ 69126 (Rhône) – 5 519 hab. – **Voir carte n°43-E1**
▶ Paris 472 km – Bourg-en-Bresse 94 km – Lyon 16 km – Saint-Étienne 51 km
Carte Michelin 327-H5

La Maison de Franca
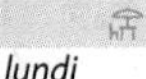

pl. des Ormeaux – ✆ 04 78 45 88 84 – Fermé 2 semaines en août, dim. et lundi
Menu 17 € (déj. en semaine)/29 € – Carte environ 35 € *(réservation conseillée)*
Une authentique trattoria dans un village du Lyonnais ! Speck et San Daniele pour le jambon cru, antipasti en tous genres, pâtes aux truffes ou au pesto... Les produits sont en provenance directe du nord de l'Italie, et l'ambiance, très conviviale, donne envie de revenir souvent.

BRINON-SUR-SAULDRE
✉ 18410 (Cher) – 1 033 hab. – **Voir carte n°12-C2**
▶ Paris 190 km – Bourges 66 km – Cosne-Cours-sur-Loire 59 km – Gien 37 km
Carte Michelin 323-J1 – Guide Vert Michelin Limousin Berry

Château des Bouffards

8 km sur D 923 rte de Lamotte-Beuvron – 02 48 58 59 88 – www.bouffards.fr
5 ch – 72/115 € 110/115 € – ½ P **Table d'hôte** – Menu 26 €
En pleine campagne et au calme ! Maison bourgeoise au cœur d'un joli parc de trois hectares, avec piscine. Les chambres y sont spacieuses et confortables.

BRIOLLAY

49125 (Maine-et-Loire) – 2 668 hab. – **Voir carte n°35-C2**
Paris 288 km – Angers 15 km – Château-Gontier 44 km – La Flèche 45 km
Carte Michelin 317-F3

par rte de Soucelles 3 km (D 109) – 49125 Briollay

Château de Noirieux

26 rte du Moulin – 02 41 42 50 05 – www.chateaudenoirieux.com – Fermé 23 fév.-2 avril et 2-21 nov.
19 ch – 175/450 € 175/450 € – 24 € – ½ P
Rest *Château de Noirieux* – voir les restaurants ci-après
Rest *Côté Véranda* – Formule 29 € – Menu 37/52 € *(fermé mardi midi, sam. soir, dim. et lundi)*
La douceur angevine n'est pas un mythe... Sous les frondaisons du parc, avec au loin le Loir qui apparaît entre des rideaux d'arbres, tout n'est que quiétude. Et dans les chambres – superbes dans le château du 17e s. comme dans le manoir du 15e s. –, l'on voudrait réciter : "Mignonne, allons voir si la rose..."

Château de Noirieux (Gérard Côme)

26 rte du Moulin – 02 41 42 50 05 – www.chateaudenoirieux.com – Fermé 23 fév.-2 avril et 2-21 nov., dim. soir d'oct. à mai, mardi midi et lundi
Menu 59 € (déj. en semaine), 69/140 € – Carte 105/135 €
Dans un cadre éminemment classique, avec une vue dominante sur la campagne angevine... Plaisirs de toujours au gré des saisons et des meilleurs produits du terroir : le chef, Gérard Côme, signe une cuisine d'une très belle facture, subtile, appuyée sur la tradition mais nullement figée !
→ Lasagne d'araignée de mer à la truffe en soupe d'écrevisses. Ris de veau de lait doré à la plancha, homard et vinaigrette au citron. Soufflé au Cointreau, brochette de fraises, ananas rôti et sorbet agrumes.

BRION – 01 Ain → voir Nantua

BRIONNE

27800 (Eure) – 4 297 hab. – **Voir carte n°33-C2**
Paris 156 km – Bernay 16 km – Évreux 40 km – Lisieux 40 km
Carte Michelin 304-E6 – Guide Vert Michelin Normandie Vallée de la Seine

Le Logis avec ch

1 pl. St-Denis – 02 32 44 81 73 – www.lelogisdebrionne.com – Fermé 27 juil.-17 août, 21 déc.-4 janv., sam. midi, mardi midi, dim. soir et lundi soir
14 ch – 85 € 95/130 € – 13 € – ½ P
Menu 18 € (déj. en semaine), 33/85 € – Carte 57/72 €
Asperges vertes à la plancha, vieille mimolette et œuf cuit à 63° : l'une des recettes du chef, Alain Depoix, qui affectionne la nouveauté autant que les produits du cru – et plus encore les légumes de son propre potager, pour lequel il a engagé un jardinier. Une table qui respire la générosité !

BRIOUDE

43100 (Haute-Loire) – 6 664 hab. – **Voir carte n°6-C3**
Paris 479 km – Clermont-Ferrand 69 km – Le Puy-en-Velay 62 km – St-Flour 52 km
Carte Michelin 331-C2 – Guide Vert Michelin Auvergne

La Sapinière

av. Paul-Chambriard – ✆ 04 71 50 87 30 – www.hotel-sapiniere-brioude.com – Fermé fév. et dim. soir sauf juil.-août
11 ch – 🚹98/120 € 🚹🚹98/120 € – ☕ 12 € – ½ P
Rest – Menu 28/52 € – Carte 42/60 € *(ouvert de Pâques au 31 déc. et fermé 4-10 nov., dim. soir, lundi et le midi sauf dim.)*
Comme un air de campagne, en plein cœur de la cité. Cette construction récente s'intègre parfaitement à un joli parc boisé ; les grandes chambres adoptent elles aussi un esprit champêtre. Belle piscine couverte, jacuzzi, restaurant...

Artemis

11 Parc des Conchettes, Rocade N 102 : 2 km au Nord-Ouest – ✆ 04 71 50 45 04 – www.artemis-hotel.com – Fermé 20 déc.-5 janv.
40 ch – 🚹68/90 € 🚹🚹78/97 € – ☕ 11 € – ½ P
Rest – Menu 18 € (semaine), 25/38 € – Carte 29/52 €
Au bord de la nationale contournant Brioude, un hôtel récent tout à fait commode. Jardin, piscine, restaurant traditionnel et salles de séminaires.

Poste et Champanne

1 bd Dr-Devins – ✆ 04 71 50 14 62 – www.hotel-de-la-poste-brioude.com – Fermé 4-11 nov., vacances de fév., dim. soir et lundi midi
Menu 17 € (semaine), 25/52 € – Carte 30/50 €
Une adresse bien connue dans la région, tenue par deux sœurs. Il faut dire qu'elles ne sont pas avares de gentillesse et d'attentions ! Le cadre est rustique, à l'image de la cuisine du terroir, fort copieuse.

Poste et Champanne
16 ch – 🚹65 € 🚹🚹65/72 € – ☕ 8 €
Dans l'annexe du restaurant, les deux gérantes proposent aux clients de confortables chambres, décorées avec un mobilier moderne de bonne facture, et bien équipées : wifi, air climatisé, etc.

BRISSAC

✉ 34190 (Hérault) – 618 hab. – Voir carte n°**23**-C2
Paris 732 km – Alès 55 km – Montpellier 41 km – Le Vigan 25 km
Carte Michelin 339-H5

Jardin aux Sources avec ch

30 av. du Parc – ✆ 04 67 73 31 16 – www.lejardinauxsources.com – Fermé 3 semaines à la Toussaint, 3 semaines en janv., dim. soir, lundi et merc. hors saison
3 ch ☕ – 🚹85/95 € 🚹🚹95/105 €
Formule 23 € 🍷 – Menu 34/71 € 🍷 – Carte environ 43 € *(réservation conseillée)*
Maison en pierre au cœur d'un pittoresque village. Jolie salle de restaurant voûtée avec vue sur les cuisines, ravissante terrasse et carte inventive. Chambres coquettes.

BRISSAC-QUINCÉ

✉ 49320 (Maine-et-Loire) – 2 931 hab. – Voir carte n°**35**-C2
Paris 307 km – Angers 18 km – Cholet 62 km – Saumur 39 km
Carte Michelin 317-G4 – Guide Vert Michelin Châteaux de la Loire

Le Castel sans rest

1 r. Louis Moron, (face au château) – ✆ 02 41 91 24 74 – www.hotel-lecastel.com
11 ch – 🚹51/86 € 🚹🚹51/86 € – ☕ 8 €
Petit hôtel familial commode pour faire étape, en lien avec la visite du château tout proche. Chambres classiques et bien tenues.

BRIVE-LA-GAILLARDE

✉ 19100 (Corrèze) – 48 949 hab. – Voir carte n°**24**-B3
Paris 480 km – Albi 218 km – Clermont-Ferrand 170 km – Limoges 92 km
Carte Michelin 329-K5 – Guide Vert Michelin Périgord Quercy

BRIVE-LA-GAILLARDE

Blum (Av. L.) .... **AX** 4
Clemenceau (Bd) ...... **AX** 6
Dalton (R. Gén.) .... **AX** 7
Dellessert (R. B.) ...... **AX** 9
Dr-Marbeau (Bd)....... **AX** 10
Dormoy (Bd M.) .... **AX** 13
Dubois (Bd Cardinal).... **AX** 15
Foch (Av. du Mar.) ..... **AX** 17
Germain (Bd Colonel)... **AX** 20
Grivel (Bd Amiral) ...... **AX** 22
Hériot (Av. E)........... **AX** 24
Leclerc (Av. Mar.)....... **AX** 31
Michelet (Bd) .... **AX** 33
Paris (Av. de).......... **AX** 34
Pasteur (Av.) .... **AX** 35
Pompidou (Av. G.) ..... **AX** 37

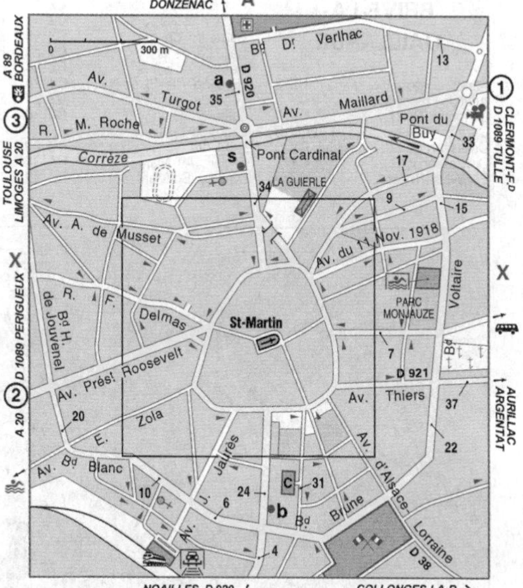

La Truffe Noire

22 bd Anatole-France – ✆ 05 55 92 45 00 – www.la-truffe-noire.com Plan : CY**v**

27 ch – 100/140 € 120/160 € – 12 € – ½ P

Rest – Formule 18 € – Menu 30/69 € – Carte 55/87 €

Au seuil de la vieille ville, cette grande maison régionale du 19e s. mêle avec élégance le charme des belles boiseries au raffinement contemporain. Les chambres, sobres et chic, offrent tout le confort nécessaire. Au restaurant, cuisine traditionnelle.

Le Quercy sans rest

8 bis quai Tourny – ✆ 05 55 74 09 26 – www.hotelduquercy.com Plan : CY**a**

48 ch – 90/120 € 110/140 € – 1 suite – 12 €

Un hôtel tout neuf au cœur de Brive (l'une des portes des causses du Quercy). Les chambres ont été aménagées avec beaucoup de soin, dans un esprit design coloré et chaleureux. Au dernier étage, on trouve même une suite-appartement très confortable... Esprit contemporain au programme !

Le Collonges sans rest

3 pl. W.-Churchill – ✆ 05 55 74 09 58 – www.hotel-collonges.com Plan : CZ**n**

24 ch – 69/90 € 72/120 € – 10 €

Un hôtel bien situé, en léger retrait du boulevard qui ceinture le centre-ville. Les chambres – rénovées en 2013 – sont à la fois confortables et fonctionnelles, dans un esprit actuel ; on prend le petit-déjeuner en terrasse pendant les beaux jours !

La Toupine

27 av. Pasteur – ✆ 05 55 23 71 58 – www.latoupine.fr – Fermé 1er-7 mai, 12-31 août, 26 fév.-4 mars, dim. et lundi Plan : AX**a**

Formule 14 € – Menu 29/43 € – Carte 37/47 € *(réservation conseillée)*

Dans une maison typiquement locale, ce restaurant affirme son look minimaliste chic (inox, pierre et bois exotique). Au menu : galette de pieds de cochon panés et escalope de foie gras ; pavé de veau en croûte de noix et gratin de cèpes, etc. Une savoureuse cuisine du marché, entre tradition et modernité.

BRIVE-LA-GAILLARDE

Alsace-Lorraine (Av. d') . . . . . **CZ** 2
Anatole-France (Bd) . . . . **CY** 3
Dalton (R. Gén.) . . . . **CY** 7
Dauzier (Pl. J.-M.) . . . . **CY** 8
Dellessert (R. B.) . . . . **CY** 9
Dr-Massénat (R.) . . . . **CY** 12
Échevins (R. des) . . . . **CZ** 14
Faro (R. du Lt-Colonel) . . . . . **CZ** 16
Gambetta (R.) . . . . **CZ**
Gaulle (Pl. Ch. de) . . . . **CZ** 18
Halle (Pl. de la) . . . . **CY** 23
Herriot (Av. E.) . . . . **CZ** 24
Hôtel-de-Ville (Pl. de l') . . . . . **CY** 26
Hôtel-de-Ville (R. de l') . . . . . **BZ** 27
Latreille (Pl.) . . . . **CZ** 30
Lattre-de-Tassigny (Pl. de) . . . . **CZ** 29
Leclerc (Av. Mar.) . . . . **CZ** 31
Lyautey (Bd Mar.) . . . . **BZ** 32
Majour (R.) . . . . **BYZ** 36
Paris (Av. de) . . . . **BY**
Puyblanc (Bd de) . . . . **CZ** 19
Raynal (R. B.) . . . . **CZ** 40
République (Pl. de la) . . . . . . **BZ** 42
République (R. de la) . . . . . . **BZ** 43
Salan (R. du) . . . . **CZ** 45
Ségéral-Verninac (R.) . . . . **BY** 46
Teyssier (R.) . . . . **CY** 47
Toulzac (R.) . . . . **CY** 48
14 Juillet (Av. du) . . . . **CY** 21

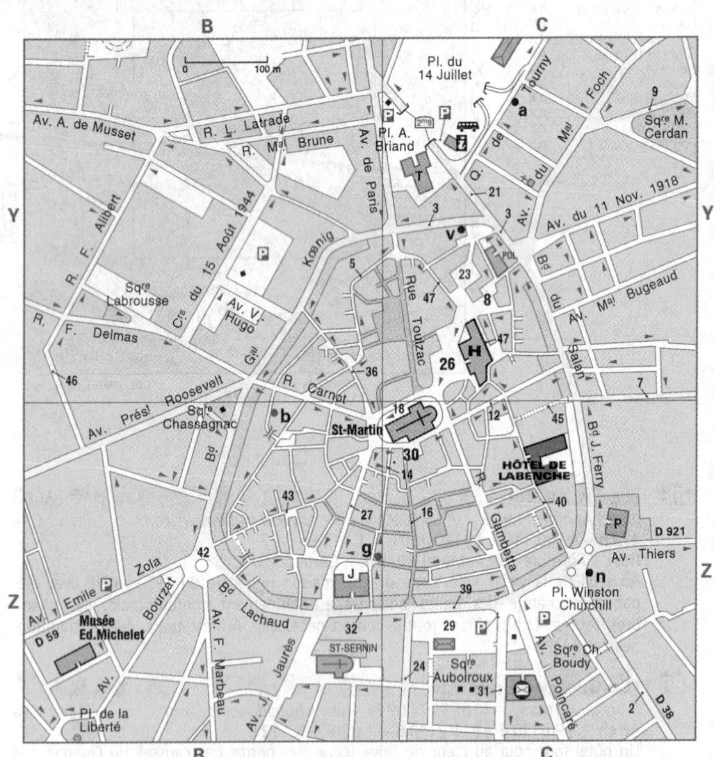

La Table d'Olivier (Pierre Neveu)

3 r. St-Ambroise – ✆ 05 55 18 95 95 – www.latabledolivier.com
– Fermé 25 août-12 sept., 2-15 janv., merc. midi, lundi et mardi Plan : BZ**b**

Formule 19 € – Menu 23 € (déj. en semaine), 38/55 € – Carte 48/56 € *(réservation conseillée)*

Dans cette maison cosy œuvre un jeune couple dont la passion fait mouche : elle, ancienne pâtissière, en tant que maîtresse de salle, lui en tant que chef, tous les deux investis pour le plaisir des clients. La cuisine de Pierre (et non Olivier !) se révèle très gourmande, aussi fine que colorée, aussi personnelle que précise...

➜ Thon rouge, tomates anciennes et glace au wasabi. Quasi de veau et jeunes poireaux à l'huile de truffe. Abricot, amande et romarin.

Chez Francis

61 av. de Paris – ✆ 05 55 74 41 72 – www.chezfrancis.fr
– Fermé 22-27 juin, 7-12 sept. 26-31 janv., dim. et lundi Plan : AX**s**

Menu 18 € (semaine)/27 € – Carte 42/63 € *(réservation conseillée)*

Publicités rétro, objets en tout genre et dédicaces laissées par les clients : la parfaite ambiance d'un bistrot familial. On vient ici en ami, et l'on se sent à son aise pour déguster bons produits et jolies recettes : rémoulade de crabe, topinambours et pomme verte, encornets sautés au wok... Avec des vins du Languedoc !

En Cuisine

39 av. Edmont-Herriot – ✆ 05 55 74 97 53 – www.encuisine.net – Fermé 3 semaines en août, sam. midi, dim. soir et lundi Plan : AX**b**
Formule 21 € – Menu 31/41 €
Prenez un jeune chef passionné, travailleur, entouré d'une équipe à son image. Ajoutez une cuisine raffinée, où les saveurs sont franches et où la présentation des plats met d'emblée l'eau à la bouche. Vous y êtes presque... Saupoudrez le tout d'un service avec le sourire. Vous pouvez savourer !

Bistrot Chambon

8 r. des Echevins – ✆ 05 55 22 36 83 – Fermé 3 semaines en août, dim. et lundi
Formule 16 € – Menu 20 € (déj.), 29/30 € – Carte 27/58 € Plan : CZ**g**
L'ambiance est conviviale dans ce bistrot contemporain haut en couleurs. Le chef se met en quatre pour faire apprécier les spécialités du genre : sole meunière, tête de veau, pied de porc, etc. De bons produits frais, cuisinés avec soin et servis au pas de charge, affluence oblige !

à Ussac 5 km au Nord-Ouest par D 920 AX et D 57 – ✉ 19270 – 3 859 hab.

Auberge St-Jean

5 pl. de l'Église – ✆ 05 55 22 87 55 – www.auberge-saint-jean.fr – Fermé 24-31 août et 1er-5 janv.
18 ch – †59 € ††59 € – ☕ 8 €
Rest *Auberge St-Jean* – voir les restaurants ci-après
Au centre du village d'Ussac, une sympathique auberge familiale où l'on peut passer une nuit tranquille. Si la bâtisse, tout en pierre, est typique de la région, les chambres sont modernes et fonctionnelles. Un intéressant point de chute.

Auberge St-Jean

5 pl. de l'Église – ✆ 05 55 22 87 55 – www.auberge-saint-jean.fr – Fermé 24-31 août et 1er-5 janv., sam. sauf le midi du 1er janv. au 27 avril et dim. sauf le soir du 1er janv. au 27 avril
Formule 18 € – Menu 23/28 € – Carte 30/40 €
Des produits frais, des recettes du terroir, un chef engagé justifiant d'un vrai savoir-faire : la tradition est bien servie dans cette auberge dont l'âme rustique a été revue à la mode contemporaine. Et au premier rayon de soleil, on se met au vert, sur la grande terrasse nichée dans le jardin...

rte d'Aurillac Est par D 921 CZ – ✉ 19360 Malemort

Auberge des Vieux Chênes

31 av. Honoré-de-Balzac, à 2,5km – ✆ 05 55 24 13 55 – www.auberge-des-vieux-chenes.com – Fermé dim. et fériés
16 ch – †62/70 € ††68/78 € – ☕ 10 € – ½ P
Rest *Auberge des Vieux Chênes* – voir les restaurants ci-après
Aux portes de Brive, un hôtel-restaurant comme autrefois, qui fait également bar-tabac. Les chambres sont pratiques, petites, bien équipées et très propres, à des tarifs raisonnables.

Auberge des Vieux Chênes

31 av. Honoré-de-Balzac, à 2,5km – ✆ 05 55 24 13 55 – www.auberge-des-vieux-chenes.com – Fermé dim. et fériés
Menu 20 € (semaine), 30/45 € – Carte 42/59 €
Une belle carte traditionnelle, des produits venus tout droit de petits producteurs locaux, un accueil tout en gentillesse... Ce restaurant ne manque pas d'atouts. Aiguillettes de canard fumées aux jeunes pousses et copeaux de jambon croustillants, ravioles de queues de langoustine au piment d'Espelette...

à Varetz 10 km par ③, D 901 et D 152 – ✉ 19240 – 2 239 hab.

Château de Castel Novel

– ✆ 05 55 85 00 01 – www.castelnovel.com – Ouvert de mi-avril à mi-nov.
35 ch – †90/350 € ††110/350 € – 2 suites – ☕ 21 € – ½ P
Rest *Château de Castel Novel* ✿ – voir les restaurants ci-après
Pour un séjour au calme, sur les pas de Colette... Cette dernière vécut ici, dans ce château fort en grès rose (13e-15e s.) si joliment romantique. Les chambres, très raffinées, donnent sur le ravissant parc. Du style, c'est indéniable !

XXX **Château de Castel Novel**

– ✆ 05 55 85 00 01 – www.castelnovel.com – Ouvert de mi-avril à mi-nov. et fermé le midi du lundi au jeudi en juil.-août, sam. midi, dim. soir et lundi de sept. à juin
Formule 29 € – Menu 38 € (déj. en semaine), 55/108 € – Carte 82/103 €
Difficile de résister au charme de ce joli château... Les amoureux d'histoire et de gastronomie sont comblés. Dans un décor de caractère, ils savourent une belle cuisine d'aujourd'hui, qui met à l'honneur les produits du terroir – à la croisée du Limousin, du Périgord et du Quercy – au fil des saisons... Précis et délicat !
→ Foie gras de canard en chaud et froid, croustillant aux câpres, rhubarbe et pomme. Noix de ris de veau, pommes de terre aux truffes d'été et jus de veau. Soufflé chaud à l'armagnac, orange et granité pamplemousse.

BRIVEZAC – 19 Corrèze → voir Beaulieu-sur-Dordogne

BROU

✉ 28160 (Eure-et-Loir) – 3 471 hab. – **Voir carte n°11-B1**
▶ Paris 142 km – Chartres 38 km – Châteaudun 22 km – Le Mans 86 km
Carte Michelin 311-C6 – Guide Vert Michelin Normandie Vallée de la Seine

X **L'Ascalier**

9 pl. du Dauphin – ✆ 02 37 96 05 52 – Fermé dim. soir, lundi soir et mardi
Formule 14 € – Menu 20/40 € – Carte 23/46 € *(réservation conseillée)*
Dans la région, tout le monde – ou presque – connaît cet Ascalier ! Et pour cause, cette adresse a plus d'un atout avec sa terrasse fleurie, son cadre contemporain et pimpant, ses beaux produits régionaux, ses menus à prix doux... et bien entendu son "escalier" du 16e s. qui mène aux salles de l'étage.

BROUILLAMNON – 18 Cher → voir Charost

LES BROUZILS

✉ 85260 (Vendée) – 2 595 hab. – **Voir carte n°34-B3**
▶ Paris 427 km – Cholet 77 km – Nantes 46 km – La Roche-sur-Yon 37 km
Carte Michelin 316-I6

Manoir de la Thébline sans rest

rte de l'Herbergement au Nord-Ouest par D 7 : 2 km – ✆ 06 77 71 67 25 – www.manoirthebline.com
3 ch – 98 € 98 €
Dans un grand parc verdoyant – avec un étang –, une jolie demeure du 15e, 16e et 19e s. Ici, tout est pensé pour la détente : billard, bibliothèque, piscine et, évidemment, des chambres de facture classique, spacieuses, coquettes et parfaitement tenues. Idéal pour un séjour découverte de la région.

BRUAILLES – 71 Saône-et-Loire → voir Louhans

BRUÈRE-ALLICHAMPS – 18 Cher → voir St-Amand-Montrond

BRUGAIROLLES

✉ 11300 (Aude) – 253 hab. – **Voir carte n°22-A3**
▶ Paris 770 km – Carcassonne 33 km – Castelnaudary 32 km – Castres 82 km
Carte Michelin 344-D4

XX **Domaine Gayda**

rte de Malvés – ✆ 04 68 20 65 87 – www.maisongayda.com – Fermé janv., lundi et mardi
Menu 24 € 🍷 (déj. en semaine), 27 € 🍷/39 €
Au-dessus du chai de ce domaine viticole, on découvre une jolie salle avec une véranda donnant sur les Pyrénées et les vignes. L'assiette varie avec les saisons et l'on peut aussi savourer des grillades dans les paillottes du jardin.

BRÛLON

✉ 72350 (Sarthe) – 1 540 hab. – **Voir carte n°35-C1**
▶ Paris 239 km – Laval 55 km – Le Mans 41 km – Nantes 167 km
Carte Michelin 310-H7

 **Château de l'Enclos** sans rest 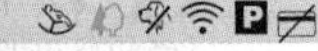
2 av. de la Libération – ✆ 02 43 92 17 85 – www.chateau-enclos.com
5 ch ☕ – †120/170 € ††120/170 €
Une véritable arche de Noé (lamas, ânes, poney...), une étonnante "kota" (maison lapone en bois) accrochée aux arbres, une roulotte tzigane... et aussi trois chambres plus académiques, mais tout aussi cosy. Cette belle maison bourgeoise (1870) se prête à un séjour bohème (testez la kota !).

BRY-SUR-MARNE – 94 Val-de-Marne ➜ voir Paris, Environs

BUELLAS

✉ 01310 (Ain) – 1 669 hab. – **Voir carte n°43-E1**
▶ Paris 424 km – Annecy 120 km – Bourg-en-Bresse 9 km – Lyon 69 km
Carte Michelin 328-D3 – Guide Vert Michelin Lyon et sa région

L'Auberge Bressane de Buellas
pl. du Prieuré, (10 rte de Buesle) – ✆ 04 74 24 20 20 – www.auberge-buellas.com – Fermé vacances de fév. et de la Toussaint, dim. soir, mardi et merc.
Formule 13 € – Menu 20/47 € – Carte 20/44 €
Le meilleur de la Bresse, mais aussi de la Provence ! Dans cette auberge (une ex-boulangerie) au décor méridional, on se régale de belles recettes du terroir avec un zeste de saveurs du Sud et une dose d'inventivité. En prime, le service est attentionné et les prix raisonnables.

LE BUGUE

✉ 24260 (Dordogne) – 2 762 hab. – **Voir carte n°4-C3**
▶ Paris 522 km – Bergerac 47 km – Brive-la-Gaillarde 72 km – Périgueux 42 km
Carte Michelin 329-G6 – Guide Vert Michelin Périgord Quercy

rte de Sarlat 3 km à l'Est par D 703 et rte secondaire ✉ 24260

Maison Oléa sans rest 
La Combe de Leygue – ✆ 05 53 08 48 93 – www.olea-dordogne.com – Fermé 21 déc.-4 janv.
5 ch ☕ – †75/95 € ††85/105 €
Derrière cette architecture inspirée des anciennes granges à tabac se cache un rêve mauresque ! Chambres avec loggia orientées plein sud et vue sur la vallée de la Vézère.

BUIS-LES-BARONNIES

✉ 26170 (Drôme) – 2 271 hab. – **Voir carte n°44-B3**
▶ Paris 685 km – Carpentras 39 km – Nyons 29 km – Orange 50 km
Carte Michelin 332-E8 – Guide Vert Michelin Alpes du Sud

 **Les Arcades-Le Lion d'Or** sans rest 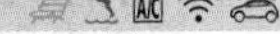
pl. du Marché – ✆ 04 75 28 11 31 – www.hotelarcades.fr – Ouvert d'avril à nov.
14 ch – †57/79 € ††66/86 € – 1 suite – ☕ 10 €
Passez sous les arcades de la place principale (15e s.) pour entrer dans l'hôtel... Les amateurs de couleurs vives apprécieront les chaleureuses chambres provençales. Aux beaux jours, il fait bon profiter de la terrasse, face à la piscine, ou du charmant jardin intérieur à l'ombre d'une glycine.

LE BUISSON-CORBLIN – 61 Orne ➜ voir Flers

LE BUISSON-DE-CADOUIN

✉ 24480 (Dordogne) – 2 119 hab. – **Voir carte n°4-C3**
▶ Paris 532 km – Bergerac 38 km – Brive-la-Gaillarde 81 km – Périgueux 52 km
Carte Michelin 329-G6

à Paleyrac 4 km au Sud-Est par D 25 et rte secondaire – ✉ 24480

Le Clos Lascazes sans rest

– *✆ 05 53 74 33 94 – www.clos-lascazes.com – Ouvert de mars à mi-nov.*

5 ch – †76/103 € ††76/103 € – ☕ 10 €

Ces trois maisons, issues de trois siècles différents, abritent des chambres confortables et lumineuses. On s'y repose au grand calme. Et durant la journée, du premier au dernier rayon de soleil, on profite du parc et de la piscine. Bon petit-déjeuner.

BULGNEVILLE

✉ 88140 (Vosges) – 1 436 hab. – Voir carte n°**26**-B3

Paris 342 km – Belfort 133 km – Épinal 55 km – Langres 71 km

Carte Michelin 314-D3

Benoit Breton sans rest

74 r. des Récollets – ✆ 03 29 09 21 72 – www.benoitbreton.fr

5 ch ☕ – †75 € ††80 €

Antiquaire de son métier, monsieur Breton a donné une âme à sa maison : chambres spacieuses, meubles et bibelots raffinés. Petits-déjeuners campagnards devant la jolie cheminée.

La Marmite Beaujolaise

34 r. de l'Hôtel-de-Ville – ✆ 03 29 09 16 58 – www.restaurant-lamarmitebeaujolaise.com – Fermé 1 semaine en oct., 1 semaine en janv., dim. soir et lundi

Menu 15 € (déj. en semaine), 22/39 € – Carte 38/55 €

Cette auberge propose une cuisine traditionnelle soignée et de beaux produits (grenouille, poisson, canard). Le cadre est à la fois rustique et raffiné, le sourire en plus !

BULLY

✉ 69210 (Rhône) – 2 069 hab. – Voir carte n°**43**-E1

Paris 471 km – Lyon 32 km – Saint-Étienne 92 km – Villeurbanne 41 km

Carte Michelin 327-G4

Auberge du Château (Yannick Bourgeois-Faucon)

pl. de l'Église – ✆ 04 74 01 25 36 – www.aubergedu-chateau.com – Fermé 1 semaine en mai, 2 semaines en août, 2 semaines en déc., dim. et lundi

Menu 25 € (déj. en semaine), 41/75 € – Carte 54/79 €

En face de l'église du village, cet ancien bistrot s'est mué en élégant restaurant contemporain. Le chef, Yannick Bourgeois-Faucon, signe une cuisine tout en maîtrise et sobriété, avec des produits de belle qualité travaillés sans fioritures. Autre bonne surprise : les prix, fort raisonnables !

→ La tarte d'une vraie niçoise. Dos de skrei aux asperges vertes et copeaux de parmesan. Baba au rhum.

BURCIN

✉ 38690 (Isère) – 451 hab. – Voir carte n°**45**-C2

Paris 548 km – Bourg-en-Bresse 142 km – Grenoble 40 km – Lyon 80 km

Carte Michelin 333-F5

Relais St-Hubert Ⓝ 

1 pl. de l'Eglise – ✆ 04 76 65 00 36 – www.relais-sthubert.com – Fermé 9-23 août, 26 déc.-13 janv. et lundi

Menu 13 € 🍷 (déj. en semaine), 23/35 € – Carte 32/41 €

Sous l'œil de saint Hubert, patron des chasseurs, on se lance à la poursuite des bonnes saveurs dans cette chaleureuse ferme dauphinoise transformée en restaurant. Gibier, champignons et autres produits du cru : le jeune chef, passionné, nous régale d'une cuisine traditionnelle rythmée par les saisons.

BURLATS – 81 Tarn → voir Castres

BURNHAUPT-LE-HAUT

✉ 68520 (Haut-Rhin) – 1 626 hab. – Voir carte n°**1**-A3

Paris 454 km – Altkirch 16 km – Belfort 32 km – Mulhouse 17 km

Carte Michelin 315-G10

Le Coquelicot ch, rest, P

au Pont d'Aspach, 1 km au Nord – ☎ 03 89 83 10 10 – www.lecoquelicot.fr – Fermé 26 déc.-6 janv.

26 ch – †70/80 € ††70/80 € – ☕ 12 € – ½ P

Rest – Formule 10 € – Menu 12 € (déj. en semaine), 28/60 € – Carte 29/54 €
(fermé 1er-17 août, sam. midi et dim. soir)

Dans une zone commerciale, non loin d'axes routiers fréquentés, cet hôtel-restaurant dispose de chambres confortables et impeccablement tenues, dans un style hôtelier fonctionnel.

BUSNES – 62 Pas-de-Calais ➜ voir Béthune

BUSSEAU-SUR-CREUSE

✉ 23150 (Creuse) – **Voir carte n°25-C1**

Paris 368 km – Aubusson 27 km – Guéret 17 km

Carte Michelin 325-J4 – Guide Vert Michelin Limousin Berry

XX **Le Viaduc** avec ch rest, ch,

9 Busseau Gare – ☎ 05 55 62 57 20 – www.restaurant-leviaduc.com – Fermé 1 semaine en juin, 2 semaines en janv., dim. soir et lundi

5 ch – †48/65 € ††48/65 € – ☕ 7 € – ½ P

Formule 14 € – Menu 23/47 € – Carte 36/45 €

Rustique et sympathique, cette petite auberge de pays domine la vallée de la Creuse et offre une belle vue sur le viaduc de style Eiffel... On y déguste une cuisine traditionnelle généreuse et, pour l'étape, les chambres sont bien pratiques !

LA BUSSIÈRE-SUR-OUCHE

✉ 21360 (Côte-d'Or) – 147 hab. – **Voir carte n°8-C2**

Paris 297 km – Dijon 34 km – Chalon-sur-Saône 63 km – Beaune 34 km

Carte Michelin 320-I6 – Guide Vert Michelin Bourgogne

Abbaye de la Bussière ch, P

D 33 – ☎ 03 80 49 02 29 – www.abbayedelabussiere.fr – Fermé 6 janv.-13 fév.

18 ch – †215/420 € ††215/420 € – ☕ 22 € – ½ P

Rest *Abbaye de la Bussière* ✿ – voir les restaurants ci-après

Rest *Le Bistrot des Moines* – Menu 31 € *(fermé dim., lundi, mardi et le soir)*

Une abbaye cistercienne du 12e s. noyée dans la verdure. Si le cloître des moines a disparu, la quiétude reste entière : architectures gothiques, pièce d'eau, chambres luxueuses et... gourmandises !

XXX ✿ **Abbaye de la Bussière** P

D 33 – ☎ 03 80 49 02 29 – www.abbayedelabussiere.fr – Fermé 6 janv.-13 fév., lundi, mardi et le midi sauf dim.

Menu 75/125 € – Carte 101/121 €

Sous les superbes voûtes en ogive de cette ancienne abbaye se joue une partition culinaire particulièrement harmonieuse... Le chef, fou amoureux des beaux produits, honore les saisons. Saveur, fraîcheur et inventivité : on passe un beau moment. Sans oublier la carte des vins qui fait la part belle à la région. ➜ Langue de veau de lait et homard à la moutarde de Bourgogne. Faux-filet de bœuf charolais, pressé de pomme de terre et de foie gras. Myrtille sauvage et cassis noir de Bourgogne infusés au laurier, sorbet au yuzu.

BUSSY-ST-GEORGES – 77 Seine-et-Marne ➜ voir Paris, Environs (Marne-la-Vallée)

BUXY

✉ 71390 (Saône-et-Loire) – 2 182 hab. – **Voir carte n°8-C3**

Paris 351 km – Chagny 25 km – Chalon-sur-Saône 17 km – Montceau-les-Mines 33 km

Carte Michelin 320-I9

XX **Aux Années Vins**

2 Grande-Rue – ☎ 03 85 92 15 76 – www.aux-annees-vins.com – Fermé 25 août-3 sept., vacances de fév., merc. sauf le soir en juil.-août et mardi

Formule 18 € – Menu 26/59 € – Carte 38/64 €

Dans les anciennes fortifications du village, cette auberge chic est une ode aux jolis nectars. Sans remonter aux années 1920, la cuisine cultive un certain classicisme, avec même un beau choix de fromages affinés. L'hiver, on s'installe au coin du feu pour un repas des plus chaleureux.

BUZANÇAIS

✉ 36500 (Indre) – 4 494 hab. – **Voir carte n°11-B3**
Paris 286 km – Le Blanc 47 km – Châteauroux 25 km – Chatellerault 78 km
Carte Michelin 323-E5

L'Hermitage

1 chemin de Vilaine – ✆ 02 54 84 03 90 – www.lhermitagehotel.com – Fermé janv., dim. soir sauf juil.-août et lundi midi
12 ch – 68/73 € 73/85 € – 11 € – ½ P
Rest *L'Hermitage* – voir les restaurants ci-après
Cette maison de maître 1900 est bucolique à souhait : les chambres, parfaitement tenues, donnent sur le grand jardin, où coule l'Indre... Apaisant et très accueillant !

L'Hermitage

1 chemin de Vilaine – ✆ 02 54 84 03 90 – www.lhermitagehotel.com – Fermé janv., dim. soir et lundi midi hors saison
Menu 17 € (déj. en semaine), 29/54 € – Carte 46/64 € *(réservation conseillée)*
Entouré d'un parc baigné par l'Indre, un Hermitage gourmand pour se régaler d'une jolie cuisine traditionnelle. Le foie gras, notamment, est une réussite ! Et aux beaux jours, on s'installe sous la pergola pour profiter du doux bruissement de la rivière... Une adresse de qualité où les clients sont choyés.

CABANAC-SÉGUENVILLE

✉ 31480 (Haute-Garonne) – 172 hab. – **Voir carte n°28-B2**
Paris 668 km – Colomiers 39 km – Montauban 46 km – Toulouse 51 km
Carte Michelin 343-E2

Château de Séguenville

par D 1 et D 89A – ✆ 05 62 13 42 67 – www.chateau-de-seguenville.com – Fermé 15 déc.-15 janv.
5 ch – 100/120 € 120/140 € – ½ P
Table d'hôte – Menu 30 € *(fermé sam. en juil.-août et dim.)*
Joli château gascon du 19e s. au milieu d'arbres centenaires. Fer forgé, mobilier chiné, baldaquin... les chambres sont bigarrées ; l'une d'elles ouvre sur une grande terrasse face aux Pyrénées ! Saveurs régionales à la table d'hôte.

CABESTANY – 66 Pyrénées-Orientales → voir Perpignan

CABOURG

✉ 14390 (Calvados) – 3 889 hab. – **Voir carte n°32-B2**
Paris 220 km – Caen 24 km – Deauville 23 km – Lisieux 35 km
Carte Michelin 303-L4 – Guide Vert Michelin Normandie Vallée de la Seine

Grand Hôtel

prom. Marcel-Proust – ✆ 02 31 91 01 79 – www.mgallery.com Plan : A**s**
68 ch – 165/575 € 165/575 € – 2 suites – 25 €
Rest *Grand Hôtel* – voir les restaurants ci-après
Rest *La Plage* – Carte 37/60 € *(ouvert de Pâques à sept. et fermé le soir et du lundi au vend. sauf juil.-août)*
Ce palace du front de mer, hanté par le souvenir de Proust, a retrouvé son lustre dans une version ultracontemporaine : lignes épurées, mobilier haut de gamme... Le temps retrouvé ! D'avril à septembre, la Plage propose salades et poissons sur une superbe terrasse posée sur le sable.

Les Bains de Cabourg

44 av. Charles-de-Gaulle – ✆ 02 50 22 10 00 – www.lesbainsdecabourg.com – Fermé 5-11 janv.
151 ch – 129/350 € 129/350 € – 14 suites – 19 €
Rest – Menu 23/45 € – Carte 40/68 €
Né en 2013, l'établissement a fait l'événement avec ses 10 000 m² de surface – dont 600 consacrés au spa – dans un parc de 6 ha face à la mer... Sa belle architecture moderne, ses volumes impressionnants, ses balcons ouvrant sur la plage (dans la plupart des chambres) : tout inspire bien-être et confort !

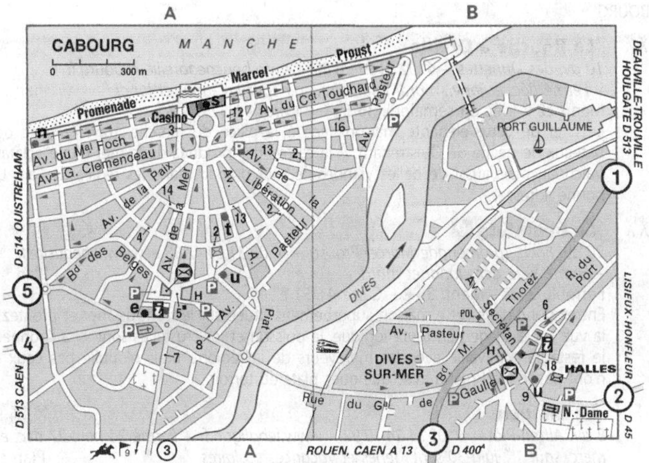

Bertaux-Levillain (Av. du Cdt) . . . . A 2
Castelnau (Av. Gén.-de) . . . . . A 4
Coquatrix (Pl. B.) . . . . A 5
Hastings (R. d') . . . . B 6
Hippodrome (Av. de l') . . . . . . A 7
Leclerc (Av. du Gén.) . . . . A 8
Manneville (R. Gaston) . . . . . . B 9
Mermoz (Av. Jean) . . . . A 12
Mer (Av. de la) . . . . A
Prempain (Av. A.) . . . . A 3
Prés. R.-Poincaré (Av. du) . . . . A 13
République (Av. de la) . . . . A 14
République (Pl. de la) . . . . B 18
Roi-Albert-1er (Av. du) . . . . . . B 16

Mercure Hippodrome sans rest

av. M.-d'Ornano, par av. Hippodrome A – ✆ 02 31 24 04 04 – www.hotel-cabourg-hippodrome.com

77 ch – 80/200 € 80/200 € – 15 €

Dans cette région où le cheval est roi, rien d'étonnant à ce que ces deux bâtiments récents – d'inspiration normande – jouxtent l'hippodrome. Certaines chambres donnent même sur le champ de courses ! Et pour se relaxer, il y a l'espace détente.

Hôtel du Golf

av. Michel-d'Ornano, par av. Hippodrome A – ✆ 02 31 24 12 34 – www.hotel-du-golf-cabourg.com – Fermé 25 nov.-15 déc. , 1er-31 janv.

39 ch – 68/88 € 68/88 € – 9 € – ½ P

Rest – Formule 15 € – Menu 19/27 € – Carte 20/44 € *(fermé vend. et dim. d'oct. à avril)*

Entre golf et hippodrome, cet établissement comprend un restaurant et des chambres de plain-pied, fonctionnelles, et donnant sur le jardin ou la terrasse. Un hôtel qui convient aussi bien à des vacances sportives qu'aux voyages d'affaires.

Le Cottage sans rest

24 av. du Gén.-Leclerc – ✆ 02 31 91 65 61 – www.hotel-cottage-cabourg.com

13 ch – 59/109 € 59/109 € – 10 € Plan : A**e**

Il règne comme une atmosphère de maison d'hôtes dans ce cottage 1900. Les chambres, petites et colorées, ont été rafraîchies. Aux beaux jours, on prend le petit-déjeuner dans le jardin. En toute simplicité... Accueil aux petits soins.

Grand Hôtel – Grand Hôtel

prom. Marcel-Proust – ✆ 02 31 91 01 79 – www.mgallery.com – Fermé le midi sauf sam. et dim. Plan : A**s**

Menu 59 € – Carte 58/80 €

Le restaurant du Grand Hôtel de Cabourg a troqué ses atours nostalgiques pour un style moderne et coloré, mais toujours luxueux et feutré. En regardant la mer, on déguste une cuisine traditionnelle qui navigue sur les tendances. En prime, la vue sur la mer est magnifique.

Le Bouche à Oreille

10 av. des Dunettes – ✆ 02 31 91 26 80 – www.boucheaoreille-cabourg.fr – Fermé déc. et janv., mardi midi, dim. soir sauf juil.-août et lundi Plan : A**u**

Menu 28 € (déj. en semaine), 36/52 € – Carte 44/52 €

Le chef de cette élégante maison, face à la place du marché, travaille avec deux bateaux de pêche de Ouistreham. À la carte : des produits de la mer d'une éclatante fraîcheur, mais aussi de belles viandes, le tout préparé dans les règles de l'art. Une bonne adresse.

Le Beau Site Ⓝ

30 av. Foch, (promenade Marcel-Proust) – ✆ 02 31 24 42 88 – www.lebeausite.fr – Fermé 9-25 déc., lundi et mardi Plan : A**n**

Formule 21 € – Menu 35 € – Carte 41/51 €

Entrez donc dans cette maison superbement située sur le front de mer et profitez de la vue sur la plage ! En toute logique, le poisson et les crustacés sont ici à l'honneur : le restaurant travaille avec les mareyeurs de la région... mais n'oublie pas ceux qui n'ont pas le pied marin avec quelques plats du terroir.

Le Baligan

8 av. Alfred-Piat – ✆ 02 31 24 10 92 – www.lebaligan.fr – Fermé 24 nov.-27 déc. et merc. sauf 1er juin-30 sept., feriés et vacances scolaires Plan : A**t**

Formule 17 € – Menu 22 € (déj. en semaine), 29/39 € – Carte 26/77 €

Cannes à pêche, lithographies, fresques, etc. Dans ce bistrot au décor marin, on vous propose les produits de la criée locale : fraîcheur garantie ! Et pour les amateurs, le chef a fait de la cuisson à la plancha une de ses spécialités. Aux beaux jours, on peut même manger en terrasse.

à Dives-sur-Mer Sud du plan – ✉ 14160 – 5 949 hab.

Chez le Bougnat

27 r. Gaston-Manneville – ✆ 02 31 91 06 13 – www.chezlebougnat.fr – Fermé 1er-24 mars et le soir du dim. au merc. sauf vacances scolaires

Menu 17 € (semaine)/28 € – Carte 24/50 € Plan : B**u**

Cette ancienne quincaillerie est devenue un bistrot convivial. De vieilles affiches aux murs et un étonnant bric-à-brac d'objets chinés donnent le ton pour une cuisine bistrotière enlevée et généreuse, avec des classiques tels que les harengs pommes à l'huile et la tête de veau. Un conseil : réservez !

au Hôme 2 km par ⑤ – ✉ 14390

Au Pied des Marais

26 av. du Prés.-Coty – ✆ 02 31 91 27 55 – www.aupieddesmarais.com – Fermé 17-26 juin, 15-26 déc., 22 janv.-12 fév., mardi et merc. sauf le soir en juil.-août

Formule 20 € – Menu 35/55 € – Carte 41/77 €

À la sortie de Cabourg, un établissement avec deux ambiances, près de la cheminée ou dans la véranda. On y apprécie des plats traditionnels, des spécialités (dont de fameux pieds de cochon) et des grillades au feu de bois. Une table où l'on passe un vrai bon moment !

CABRIÈRES

✉ 30210 (Gard) – 1 397 hab. – **Voir carte n°23-D2**

Paris 695 km – Alès 64 km – Arles 40 km – Avignon 33 km

Carte Michelin 339-L5

L'Enclos des Lauriers Roses

71 r. du 14-Juillet – ✆ 04 66 75 25 42 – www.hotel-lauriersroses.com – Ouvert 14 mars-9 nov.

23 ch – †80/120 € ††80/120 € – 4 suites – ☕ 15 € – ½ P

Rest – Menu 26/45 € – Carte 40/52 €

Des maisons gardoises dans un joli jardin planté de lauriers roses, quatre piscines, des chambres d'esprit provençal (la plupart avec terrasse) : un enclos bien agréable ! Au restaurant, le décor et les saveurs ont l'accent chantant du Sud.

CABRIÈRES-D'AVIGNON

✉ 84220 (Vaucluse) – 1 810 hab. – **Voir carte n°42-E1**
Paris 715 km – Aix-en-Provence 74 km – Avignon 34 km – Marseille 88 km
Carte Michelin 332-D10 – Guide Vert Michelin Provence

La Bastide de Voulonne

2133 rte des Beaumettes, 2,5 km au Sud-Ouest par D 148 – ☎ 04 90 76 77 55 – www.bastide-voulonne.com – Ouvert de mi-fév. à mi-nov.
13 ch – †125/155 € ††125/155 € – ☕ 13 €
Rest – Menu 37 € *(fermé le midi) (résidents seult)*
Au milieu des vignes et des arbres fruitiers, une ravissante bastide de 1764. Chambres coquettes et soignées, possibilité de séjours à thèmes (huile d'olive, truffes...). Le soir, les produits du terroir sont à la fête avec le menu unique de la table d'hôte.

CABRIÈS

✉ 13480 (Bouches-du-Rhône) – 8 572 hab. – **Voir carte n°40-B3**
Paris 773 km – Avignon 100 km – Marseille 21 km – Toulon 86 km
Carte Michelin 340-H5 – Guide Vert Michelin Provence

La Bastide de Cabriès avec ch

r. du Lac, par la D 9 – ☎ 04 42 69 07 81 – www.bastidecabries.com
12 ch – ½ P seult 100/140 €
Formule 35 € – Menu 45/90 € – Carte 65/85 € *(fermé 1er-15 août, sam. midi et dim. soir)*
Cette bastide était autrefois une tisanerie. La quiétude infuse aujourd'hui les lieux – une salle élégante et sa terrasse sous les platanes –, où l'on apprécie une cuisine gastronomique passée au filtre des saveurs. Toutes différentes, les chambres se révèlent agréables. Sachez que la gare TGV d'Aix n'est qu'à 1 km !

CABRIS – 06 Alpes-Maritimes → voir Grasse

CADEROUSSE – 84 Vaucluse → voir Orange

LA CADIÈRE-D'AZUR

✉ 83740 (Var) – 5 385 hab. – **Voir carte n°40-B3**
Paris 815 km – Aix-en-Provence 66 km – Brignoles 53 km – Marseille 45 km
Carte Michelin 340-J6 – Guide Vert Michelin Côte d'Azur

Hostellerie Bérard

6 av. Gabriel-Péri – ☎ 04 94 90 11 43 – www.hotel-berard.com – Fermé 5 janv.-8 fév.
35 ch – †99/210 € ††99/210 € – 2 suites – ☕ 22 € – ½ P
Rest *Hostellerie Bérard* ✿ **Rest *Le Bistrot de Jef*** – voir les restaurants ci-après
Une de ces adresses qui honorent l'hôtellerie française... Elle réunit plusieurs maisons de ce joli village perché : charme des vieilles pierres, de l'esprit provençal et d'un accueil prévenant – sans compter les plaisirs gastronomiques –, sous l'égide de toute une famille animée par le désir de la qualité.

Hostellerie Bérard (Jean-François Bérard)

6 av. Gabriel-Péri – ☎ 04 94 90 11 43 – www.hotel-berard.com – Fermé 5 janv.-8 fév., mardi sauf le soir du 10 juil. au 15 sept. et lundi
Formule 35 € – Menu 49 € (semaine), 89/169 € – Carte 99/143 €
René et Jean-François Bérard : père et fils œuvrent dorénavant de concert, entre transmission et nouveauté. Jus corsés et émulsions subtiles, légumes et herbes du jardin... du beau travail au service du goût !
→ Salade terre et mer. Poulette de Bresse fourrée sous la peau, farce à la brousse d'herbes. Chocolat grand cru en accord avec la framboise.

Le Bistrot de Jef – Hostellerie Bérard

16 av. Gabriel-Péri – ☎ 04 94 90 11 43 – www.hotel-berard.com – Fermé 2 janv.-10 fév., jeudi sauf le soir du 1er juil. au 15 sept. et merc.
Formule 19 € – Menu 29 € – Carte 35/57 €
Un bistrot convivial et accueillant, où une jeune équipe dynamique assure notre bonheur. La cuisine sent bon la Provence, on y retrouve en frissonnant les saveurs et les couleurs du Sud ; venez donc vous installer dans la véranda, pour déguster un savoureux gaspacho de tomates cœur-de-bœuf en admirant le paysage...

CADILLAC

✉ 33410 (Gironde) – 2 520 hab. – **Voir carte n°3-B2**
▶ Paris 607 km – Bordeaux 41 km – Langon 12 km – Libourne 40 km
Carte Michelin 335-J7 – Guide Vert Michelin Aquitaine

Château de la Tour

2 av. de la libération, D 10 – ✆ 05 56 76 92 00 – www.hotel-restaurant-chateaudelatour.com
32 ch – †75/105 € ††90/125 € – ☕ 11 € – ½ P
Rest *Château de la Tour* – voir les restaurants ci-après
Entre le château et la Garonne, au cœur d'un joli parc, cet hôtel propose des chambres contemporaines et fraîches (côté parc). Sauna, belle piscine...

Château de la Tour

av. de la libération, D 10 – ✆ 05 56 76 92 00 – www.hotel-restaurant-chateaudelatour.com – Fermé 1er-5 janv.
Formule 15 € – Menu 29/49 € – Carte 44/55 €
Sous une belle charpente ou dans le joli parc verdoyant donnant sur le château des ducs d'Épernon, on savoure une agréable cuisine traditionnelle concoctée avec des produits du terroir et au fil des saisons. Une bonne adresse.

CAEN

✉ 14000 (Calvados) – 108 954 hab. – Agglo. 198 225 hab. – **Voir carte n°32-B2**
▶ Paris 236 km – Alençon 105 km – Cherbourg 125 km – Le Havre 91 km
Carte Michelin 303-J4 – Guide Vert Michelin Normandie Cotentin

Le Dauphin

29 r. Gémare – ✆ 02 31 86 22 26 – www.le-dauphin-normandie.com Plan : DY**a**
37 ch – †95/250 € ††100/260 € – ☕ 16 € – ½ P
Rest *Le Dauphin* – voir les restaurants ci-après
Idéalement situé au cœur de Caen, à deux pas du château de Guillaume le Conquérant, l'établissement prend ses aises dans un ancien prieuré du 15e s. Les chambres associent charme des vieilles pierres et confort de notre temps : un bel ensemble...

Hôtel Moderne sans rest

116 bd du Mar.-Leclerc – ✆ 02 31 86 04 23 – www.bestwestern-moderne-caen.com
40 ch – †90/160 € ††120/220 € – ☕ 15 € Plan : DY**d**
Dans un immeuble datant des reconstructions de l'après-guerre, à deux pas du théâtre, cet hôtel offre un confort sûr ; tenues avec soin, les chambres jouent la carte du classique ou du contemporain. À noter : au 5e étage, la salle du petit-déjeuner domine les toits de la ville...

Mercure Port de Plaisance sans rest

1 r. de Courtonne – ✆ 02 31 47 24 24 – www.mercure.com Plan : EY**b**
122 ch – †110/240 € ††110/240 € – 4 suites – ☕ 16 €
Très bon confort dans ce Mercure qui jouit d'une belle situation, face au port de plaisance – un quartier aujourd'hui en plein renouveau, à deux pas du centre-ville.

Ivan Vautier

3 av. Henry-Chéron – ✆ 02 31 73 32 71 – www.ivanvautier.com Plan : AV**v**
19 ch – †105/150 € ††120/190 € – ☕ 15 € – ½ P
Rest *Ivan Vautier* ✿ – voir les restaurants ci-après
Certes un peu excentré, cet hôtel cultive le goût d'aujourd'hui avec réussite : on se sent bien dans son décor design et épuré, au chic "so international". L'adresse garde aussi le sens du terroir : dans le hall, la boutique fait la part belle aux produits de Normandie !

Malherbe Ⓝ

4 pl. Mar.-Foch – ✆ 02 31 27 57 57 – www.caen-hotel-centre.com Plan : DZ**e**
88 ch – †75/185 € ††95/185 € – ☕ 14 €
Rest – Formule 15 € – Menu 18 € – Carte environ 30 € *(fermé le midi du 23 juil. au 15 août , sam. midi et dim.)*
"Tout le plaisir des jours est dans leur matinée" disait Malherbe, le célèbre poète caennais. Cet hôtel ne le fera pas démentir, lui qui réserve des nuits propres à bien démarrer la journée : entièrement rénovées en 2011, les chambres associent confort, espace et tranquillité.

CAEN

Baladas (Bd des) . . . . **AV** 6
Chemin-vert (R. du) . . . . **AV** 19
Chéron (Av. Henri) . . . . **AV** 20
Clemenceau (Av. G.) . . . . . . **BV** 22
Copernic (Av. N.) . . . . **ABV** 23
Côte-de-Nacre (Av. de la) . . . **AV** 24
Courseulles (Av. de) . . . . **AV** 25
Délivrande (R. de la) . . . . **AV** 29
Demi-Lune (Pl. de la) . . . . . . **BV** 30
Lyautey (Bd Mar.) . . . . **AV** 53
Montalivet (Cours) . . . . **BV** 59
Montgomery (Av. Mar.) . . . . **AV** 60
Mountbatten (Av. Am.) . . . . . **AV** 62
Pasteur (R. L.) . . . . **BV** 63
Père-Ch.-de-Foucault (Av.) . . **AV** 64
Poincaré (Bd R.) . . . . **BV** 66
Pompidou (Bd G.) . . . . **AV** 67
Rethel (Bd de) . . . . **BV** 70
Richemond (Bd) . . . . **AV** 71
Rouen (Av. de) . . . . **BV** 95
Trouville (Rte de) . . . . **BV** 84

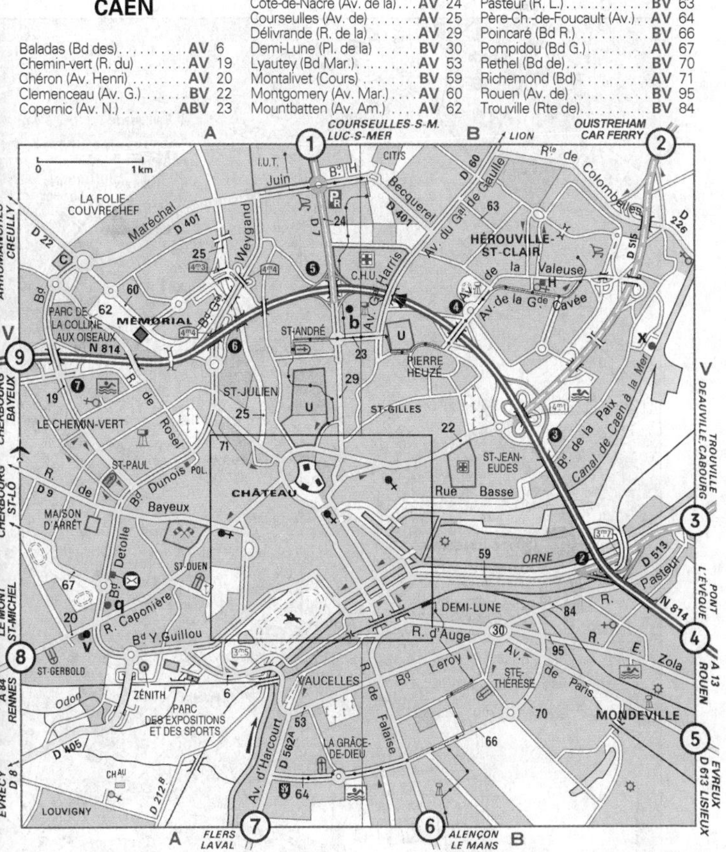

Hôtel des Quatrans sans rest

17 r. Gemare – ✆ 02 31 86 25 57 – www.hotel-des-quatrans.com – Fermé 22 déc.-2 janv. Plan : DY**p**

47 ch – †80/110 € ††80/110 € – ☕ 10 €

Au cœur de la ville, près du château, cet hôtel traditionnel abrite des chambres chaleureuses et très bien tenues – à préférer sur l'arrière pour plus de quiétude. À noter : le restaurant ArchiDona appartient au même propriétaire.

Bristol sans rest

31 r. du 11-Novembre – ✆ 02 31 84 59 76 – www.hotelbristolcaen.com

24 ch – †71/87 € ††85/97 € – ☕ 9 € Plan : EZ**s**

Tout près de la gare et de la Prairie (le poumon vert de la ville, où s'étendent aussi les pistes de l'hippodrome), ce sympathique hôtel familial se révèle fonctionnel et bien tenu. Un bon pied-à-terre !

Hôtel de France sans rest

10 r. de la Gare – ✆ 02 31 52 16 99 – www.hoteldefrance-caen.com Plan : EZ**e**

47 ch – †72/86 € ††72/86 € – ☕ 9 €

À deux pas de la gare, des chambres simples (dont certaines familiales), pratiques et très bien tenues. Parfait pour un voyage d'affaires comme pour une étape d'agrément.

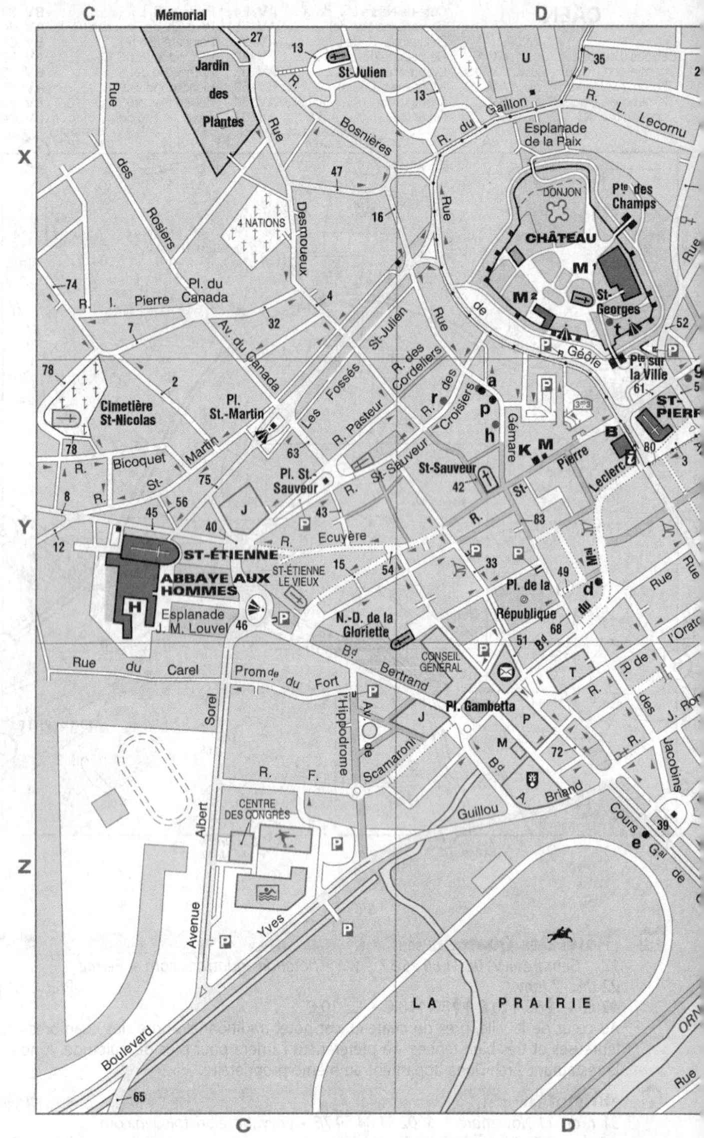

XXX Ivan Vautier – Hôtel Ivan Vautier

3 av. Henry-Chéron – ✆ 02 31 73 32 71 – www.ivanvautier.com – Fermé dim. soir et lundi
Menu 29 € (déj. en semaine), 53/90 € – Carte 70/88 € Plan : AV**v**
Limpidité, précision, maîtrise : dans ce restaurant élégant, sobre et contemporain, les assiettes ont du style, et ce sans renier la nature et la saveur des produits, au contraire... Ivan Vautier a du talent et sa cuisine de saison en témoigne ! ➔ Tartare de grosses langoustines mi-cuites-mi-crues. Ris de veau cuit au sautoir, petits et gros artichauts et jus macis-citron. Véritable millefeuille arrosé d'une marinade de vanille de la Guadeloupe.

CAEN

Académie (R. de l') .... CY 2
Alliés (Bd des) .... DY 3
Bagatelle (Av. de) .... CX 4
Barbey-d'Aurevilly (R.) .... CX 7
Bayeux (R. de) .... CX 8
Bir-Hakeim (Pont de) .... EZ 9
Brunet (R. H.) .... EYZ 10
Caponière (R.) .... CY 12
Carrières-St-Julien (R. des) . CDX 13
Caumont (R. A. de) .... CY 15
Chanoine X. de St-Paul (R.) . CDX 16
Chaussée-Ferrée (R. de la) .... EZ 18
Churchill (Pont) .... EZ 21
Courtonne (Pl.) .... EY 26
Creully (Av. de) .... CX 27
Decaen (R. Gén.) .... EZ 28
Délivrande (R. de la) .... DX 29
Docteur-Rayer (R.) .... CX 32
Doumer (R. Paul) .... DY 33
Écuyère (R.) .... CY
Édimbourg (Av. d') .... DX 35
Falaise (R. de) .... EZ 38
Foch (Pl. Mar.) .... DZ 39
Fontette (Pl.) .... CY 40
Froide (R.) .... DY 42
Fromages (R. aux) .... CY 43
Guillaume-le-Conquérant (R.) . CY 45
Guillouard (Pl. L.) .... CY 46
Juifs (R. aux) .... CX 47
Lair (R. P.-A.) .... DY 49
Lebisey (R. de) .... EX 50
Lebret (R. G.) .... DYZ 51
Leclerc (Bd Mar.) .... DYZ
Libération (Av. de la) .... DXY 52
Malherbe (Pl.) .... CDY 54
Manissier (R.) .... EX 55
Marot (R. J.) .... CY 56
Meslin (Q. E.) .... EZ 57
Miséricorde (R. de la) .... EYZ 58
Montalivet (Cours) .... EZ 59
Montoir-Poissonnerie (R.) .... DY 61
Pémagnie (R.) .... CX 63
Petit-Vallerent (Bd du) .... CZ 65
Pont-St-Jacques (R. du) .... DY 68
Reine-Mathilde (Pl.) .... EX 69
Sadi-Carnot (R.) .... DZ 72
St-Gabriel (R.) .... CX 74
St-Jean (R.) .... DEYZ
St-Manvieu (R.) .... CY 75
St-Michel (R.) .... EZ 77
St-Nicolas (R.) .... CY 78
St-Pierre (Pl.) .... DY 80
St-Pierre (R.) .... DY
Sévigné (Prom. de) .... EZ 81
Strasbourg (R. de) .... DY 83
Vaucelles (R. de) .... EZ 85
Vaugueux (R. du) .... DX 86
6-Juin (Av. du) .... DEYZ
11-Novembre (R. du) .... DEZ 90

XXX **Stéphane Carbone - Restaurant Incognito**

✿ *14 r. de Courtonne – ✆ 02 31 28 36 60 – www.stephanecarbone.fr – Fermé le midi du 11 au 24 août, sam. midi et dim.* Plan : EY**u**

Formule 29 € – Menu 37/96 € – Carte 76/91 €

Non, cette cuisine ne peut passer "incognito" ! À deux pas du port de plaisance, la table de Stéphane Carbone est une valeur sûre, où la gastronomie se décline avec créativité et délicatesse. Le confort des lieux, élégants et contemporains, ajoute au plaisir du repas. ➜ Raviole de foie gras de canard et pot-au-feu de légumes printaniers. Ris de veau et pomme cuite au sautoir à la crème d'amaretto. Chocolats en fine dentelle et espuma de vanille de Tahiti.

XXX **Le Dauphin** – Hôtel Le Dauphin

29 r. Gémare – ✆ 02 31 86 22 26 – www.le-dauphin-normandie.com – Fermé 16 juil.-5 août, sam. midi et dim. Plan : DY**a**

Formule 19 € – Menu 24/55 € – Carte 61/73 €

Amateurs de produits normands, cette adresse est faite pour vous ! Huîtres de la baie d'Isigny-sur-Mer, pigeon de la Suisse normande, andouille de Vire, etc. Les saveurs de la région ont la part belle, mais le chef sait aussi composer des recettes plus originales... Décor élégant et lumineux.

XX **ArchiDona**

17 r. Gémare – ✆ 02 31 85 30 30 – www.archidona.fr – Fermé dim. et lundi

Formule 18 € – Menu 22 € (déj. en semaine), 30/50 € – Carte 39/56 € Plan : DY**h**

ArchiDona ? Du nom du village andalou dont est originaire le propriétaire de cet agréable restaurant. Une toute jeune chef, formée ici même, œuvre dorénavant aux fourneaux : son pressé de joue de bœuf au foie gras ou son lapin farci au pistou confirment la vocation gourmande de la maison !

XX **Villa Eugène**

75 bd André-Detolle – ✆ 02 31 75 12 12 – www.villa-eugene.fr – Fermé 6-23 août, 1 semaine en fév., sam. midi et dim. Plan : AV**q**

Formule 16 € – Menu 21 € (déj.) – Carte 35/52 €

Le décor, original et chaleureux, mêle design contemporain, fauteuils en velours et lumière naturelle ; la terrasse verdoyante est protégée de la rue par des arbustes. Dans l'assiette, tartare de kipper à la bretonne, capuccino de butternut, risotto d'épeautre et potimarron... Délicieux et furieusement tendance !

XX **Le Carlotta**

16 quai Vendeuvre – ✆ 02 31 86 68 99 – www.lecarlotta.fr – Fermé le dim.

Menu 25 € (semaine), 30/40 € – Carte 33/60 € Plan : EY**m**

Agréable adresse que cette grande brasserie d'esprit Art déco, qui fait face au port de plaisance. Tout y respire le sérieux, et en premier lieu la cuisine, qui honore viandes et produits de la mer.

X **À Contre Sens** (Anthony Caillot)

8 r. des Croisiers – ✆ 02 31 97 44 48 – www.acontresenscaen.fr – Fermé juil., vacances d'hiver, mardi midi, dim. et lundi Plan : DY**r**

Menu 24 € (déj.), 40/60 € – Carte 53/61 € *(réservation conseillée)*

Jolie ironie dans le nom de ce bistrot contemporain, qui cultive non pas le contresens, mais bien l'exactitude... et sans doute aussi la malice ! Anthony Caillot est un excellent cuisinier, dont le style est enlevé, précis et audacieux – sans dérouter. Sa table rencontre un grand succès : réservation impérative !

➜ Bouillon fumant à l'andouille, foie gras poêlé, kimchi et battous de sarrasin. Cabillaud mariné au sel fumé, oignon compoté au yuzu et huître normande. Ganache tendre au chocolat et rhubarbe au cidre arrangé.

X **Le Chef et sa Femme** N

11 r. du 11-Novembre – ✆ 02 31 84 46 53 – Fermé 2 semaines en avril et 2 semaines en août, le soir du lundi au merc. et dim. Plan : EZ**a**

Formule 14 € – Menu 19 € (déj.)/24 €

Éric et Anne Darcy avaient envie de créer une petite affaire pour travailler tous les deux – et rien que tous les deux : ainsi est né Le Chef et sa Femme… On appréciera la charmante simplicité du décor et les doux parfums de la cuisine, inspirée par le marché. Qualité et petits prix font très bon ménage !

X **Café Mancel**

au Château – ✆ 02 31 86 63 64 – www.cafemancel.com – Fermé vacances de fév., dim. soir et lundi Plan : DX**t**

Formule 18 € – Menu 25/36 € – Carte 28/45 €

Le café du musée des Beaux-Arts de Caen – lequel vaut le détour – est une vraie gourmandise : sur l'esplanade du château, à l'abri des remparts élevés par Guillaume le Conquérant, le calme est délicieux, et la cuisine regorge de belles saveurs normandes ! À noter : le lieu organise aussi soirées jazz, poésie, etc.

Le Bouchon du Vaugueux

12 r. Graindorge – ✆ 02 31 44 26 26 – www.bouchonduvaugueux.com – Fermé 1er-12 sept., 22 déc.-2 janv., jours fériés, dim. et lundi Plan : DY**g**

Formule 16 € – Menu 21/33 € – Carte 29/39 € *(réservation conseillée)*

Sous des dehors simples, ce bistrot a l'âme d'un vrai bouchon lyonnais (comptoir, repas au coude-à-coude) et son ardoise n'annonce rien que de bons petits plats inspirés par le marché et les saisons. Autre bonne surprise : une jolie sélection de vins de producteurs. On se régale !

à l'échangeur Caen-Université (bretelle du bd périphérique, sortie n° 5) – ✉ 14000 Caen

Novotel Côte de Nacre

av. de la Côte-de-Nacre – ✆ 02 31 43 42 00 – www.novotel.com Plan : AV**b**

126 ch – 🚹81/172 € 🚹🚹81/172 € – ☕ 15 € **Rest** – Formule 18 € – Carte 25/43 €

Près du périphérique nord et du CHU, d'où l'on peut rejoindre la Côte de Nacre en moins de 15 min, ce Novotel confortable est idéal pour la clientèle de passage.

à Hérouville St-Clair 3 km au Nord-Est – ✉ 14200 – 21 434 hab.

L'Espérance

512 r. Abbé-Alix, (au bord du canal) – ✆ 02 31 44 97 10 – www.restaurant-esperance.com – Fermé 16-30 août, 2-16 janv., dim. soir et lundi

Formule 15 € – Menu 21 € (déj. en semaine), 29/37 € – Carte 39/48 € Plan : BV**x**

Pressé de jarret de veau au foie gras et à la sauce au raifort, paleron de bœuf à l'andouille de Vire, fraises rôties accompagnées d'une onctueuse mousse vanillée : on mange fort bien dans ce restaurant bucolique et charmant. Quant à la vue sur le canal, elle est si reposante...

à Bénouville 10 km par ② – ✉ 14970 – 1 984 hab.

La Glycine

11 pl. du Commando-N° 4, (face à l'église) – ✆ 02 31 44 61 94 – www.la-glycine.com – Fermé 2 semaines à Noël et dim. soir d'oct. à mai

34 ch – 🚹65 € 🚹🚹75 € – ☕7,50 € – ½ P

Rest ***La Glycine*** – voir les restaurants ci-après

Près du fameux Pegasus Bridge (où débutèrent les opérations du D-Day), voici une base tout indiquée pour partir à l'exploration des plages du Débarquement. Rien de figé derrière les murs de cette maison en pierre couverte de glycine : toutes les chambres ont été rénovées avec soin (également une annexe moderne).

La Glycine

11 pl. du Commando-N° 4, (face à l'église) – ✆ 02 31 44 61 94 – www.la-glycine.com – Fermé 2 semaines à Noël et dim. soir d'oct. à mai

Menu 18 € (semaine), 28/58 € – Carte 34/71 €

Face à l'église de Bénouville, cette auberge traditionnelle se révèle accueillante : derrière une jolie façade en pierre de Caen, on découvre une salle contemporaine et une cuisine valorisant l'esprit du terroir et les produits de la mer. L'étape est intéressante à 7 km de la côte.

à Fleury-sur-Orne 4 km par ⑦ – ✉ 14123 – 4 118 hab.

Auberge de l'Île Enchantée

1 r. St-André, (au bord de l'Orne) – ✆ 02 31 52 15 52 – www.aubergelileenchantee.com – Fermé 1er-15 aout, vacances de fév., dim. soir, lundi et mardi

Formule 15 € – Menu 24/42 € – Carte 45/58 €

Face à l'Orne et à une toute petite île sauvage, cette auberge des années 1930 a été entièrement rénovée... Outre le cadre, on appréciera aussi le sérieux travail du chef, Stéphane Jacq, qui revisite les recettes classiques à l'aide de beaux produits.

CAGNES-SUR-MER

✉ 06800 (Alpes-Maritimes) – 47 141 hab. – Voir carte n°**42**-E2

Paris 915 km – Antibes 11 km – Cannes 21 km – Grasse 25 km

Carte Michelin 341-D6 – Guide Vert Michelin Côte d'Azur

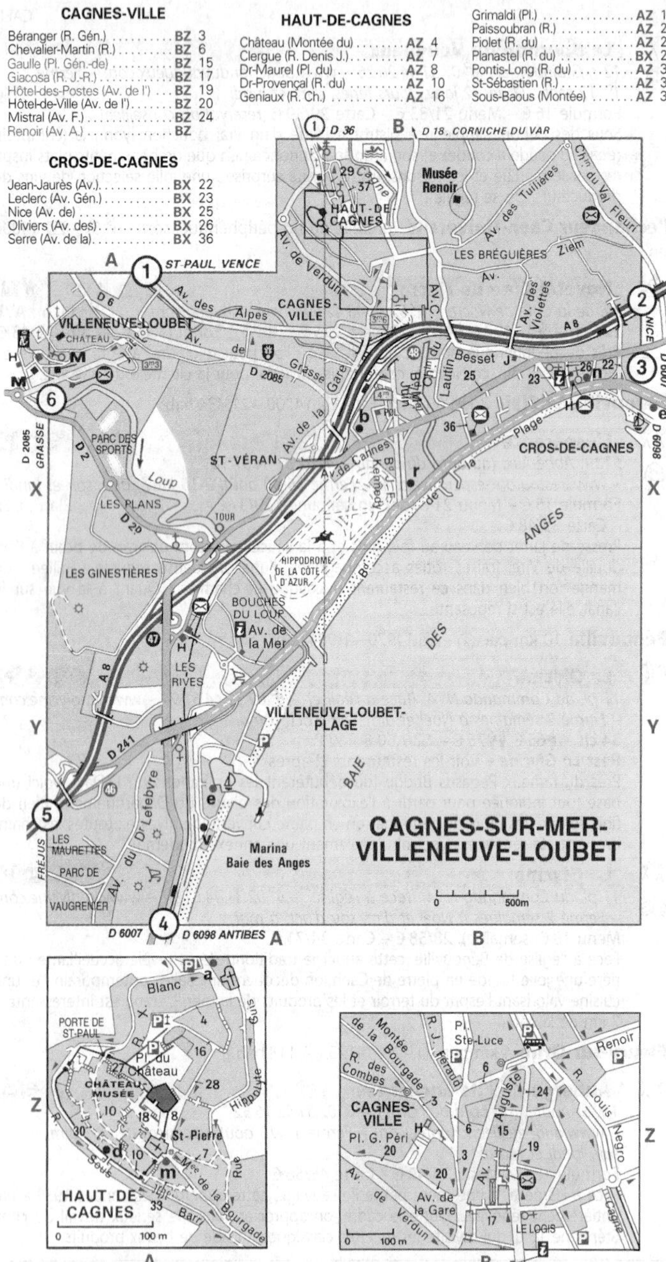
CAGNES-VILLE
Béranger (R. Gén.) . . . . BZ 3
Chevalier-Martin (R.) . . . . BZ 6
Gaulle (Pl. Gén.-de) . . . . BZ 15
Giacosa (R. J.-R.) . . . . BZ 17
Hôtel-des-Postes (Av. de l') . . . BZ 19
Hôtel-de-Ville (Av. de l') . . . . BZ 20
Mistral (Av. F.) . . . . BZ 24
Renoir (Av. A.) . . . . BZ
CROS-DE-CAGNES
Jean-Jaurès (Av.) . . . . BX 22
Leclerc (Av. Gén.) . . . . BX 23
Nice (Av. de) . . . . BX 25
Oliviers (Av. des) . . . . BX 26
Serre (Av. de la) . . . . BX 36
HAUT-DE-CAGNES
Château (Montée du) . . . . AZ 4
Clergue (R. Denis J.) . . . . AZ 7
Dr-Maurel (Pl. du) . . . . AZ 8
Dr-Provençal (R. du) . . . . AZ 10
Geniaux (R. Ch.) . . . . AZ 16
Grimaldi (Pl.) . . . . AZ 18
Paissoubran (R.) . . . . AZ 27
Piolet (R. du) . . . . AZ 28
Planastel (R. du) . . . . BX 29
Pontis-Long (R. du) . . . . AZ 30
St-Sébastien (R.) . . . . AZ 33
Sous-Baous (Montée) . . . . AZ 37
CAGNES-SUR-MER-VILLENEUVE-LOUBET
D 36
D 18, CORNICHE DU VAR
ST-PAUL, VENCE
Musée Renoir
HAUT-DE-CAGNES
CAGNES-VILLE
LES BRÉGUIÈRES
VILLENEUVE-LOUBET
CHATEAU
Av. de Verdun
Av. des Alpes
Av. de Grasse
Av. de la Gare
Ch. du Val Fleuri
Av. des Tuilières
Av. des Violettes
NICE
D 6007
D 6098
CROS-DE-CAGNES
PARC DES SPORTS
ST-VÉRAN
LES PLANS
Loup
TOUR
HIPPODROME DE LA CÔTE D'AZUR
LES GINESTIÈRES
BOUCHES DU LOUP
Av. de la Mer
LES RIVES
VILLENEUVE-LOUBET-PLAGE
BAIE DES ANGES
Bd de la Plage
Marina Baie des Anges
LES MAURETTES
PARC DE VAUGRENIER
Av. du Dr Lefebvre
FRÉJUS
D 2085 GRASSE
D 6007
D 6098 ANTIBES
0 500m
PORTE DE ST-PAUL
Pl. du Château
CHÂTEAU-MUSÉE
St-Pierre
HAUT-DE-CAGNES
Rue Hippolyte Guis
Mée de la Bourgade
R. Sous Barri
0 100 m
Pl. Ste-Luce
Montée de la Bourgade
R. des Combes
R. J. Féraud
Av. Auguste Renoir
R. Louis Négro
CAGNES-VILLE
Pl. G. Péri
Av. de la Gare
Av. de Verdun
LE LOGIS
Cagne
0 100 m

Domaine Cocagne

30 chemin du Pain-de-Sucre, colline de la rte de Vence, 2 km par ①, D 36 et rte secondaire – ✆ 04 92 13 57 77 – www.sandton.eu/cocagne/
22 ch ☕ – 🚹150/300 € 🚹🚹150/300 € – 15 suites – ½ P
Rest – Menu 35 € – Carte 46/62 €
Des palmiers, de la verdure, des chambres d'une blancheur immaculée mais aussi deux restaurants dont l'un tout de rouge et de noir vêtu... Sud et tendance, ce beau pays de cocagne !

Le Chantilly sans rest

31 chemin de la Minoterie – ✆ 04 93 20 25 50 – www.hotel-lechantilly.fr
18 ch – 🚹69/85 € 🚹🚹74/90 € – ☕ 8 € Plan : BX**b**
Une sympathique villa balnéaire – entièrement rénovée en 2013 – ; en pleine ville et à deux pas de l'hippodrome. Les chambres, claires et contemporaines, sont d'une tenue parfaite.

Tiercé Beach Hotel sans rest

33 bd Kennedy – ✆ 04 93 20 02 09 – www.hoteltiercebeach.com Plan : BX**r**
23 ch – 🚹72/161 € 🚹🚹85/161 € – ☕ 10 €
Tiercé gagnant pour cet hôtel près de la plage et de l'hippodrome. Les chambres, de style contemporain, sont fonctionnelles et confortables ; préférez celles avec vue sur la mer.

au Haut-de-Cagnes – ✉ 06800

Château Le Cagnard Ⓝ

54 r. Sous-Barri – ✆ 04 93 20 73 22 – www.lecagnard.com – Fermé de mi-nov. à début déc. Plan : AZ**d**
26 ch ☕ – 🚹150/300 € 🚹🚹190/300 € – 1 suite – ½ P
Rest – Formule 28 € 🍷 – Menu 45/75 € – Carte 50/62 €
Perchée sur les remparts de ce bourg médiéval, cette belle bâtisse du 13e s. domine les environs. Chambres et parties communes sont empreintes de caractère et d'élégance, avec des touches provençales. Beauvoir, Saint-Exupéry, Pagnol : ils sont nombreux à s'être laissés séduire...

Fleur de Sel

85 montée de la Bourgade – ✆ 04 93 20 33 33 – www.restaurant-fleurdesel.com – Fermé 21-30 juin, 4 -11 oct., 16- 26 déc., 5-11 janv., jeudi d'oct. à avril, merc. et le midi Plan : AZ**m**
Menu 34/55 € – Carte 45/80 €
Dans ce charmant restaurant d'esprit très Sud, on savoure une cuisine méditerranéenne fraîche, colorée et généreuse. Vous vous souviendrez de ce cabillaud en croûte de caviar d'aubergine, avec sa purée de pomme de terre maison vraiment onctueuse...

Josy-Jo

2 r. Planastel – ✆ 04 93 20 68 76 – www.restaurant-josyjo.com – Fermé mi-nov. à fin déc., lundi de sept. à juin et dim. Plan : AZ**a**
Menu 29 € (déj.)/42 € – Carte 49/87 €
Un endroit rustique et chaleureux, tenu par Josy Bandecchi et sa fille Valérie. Ici, convivialité rime avec simplicité : service sans tralala, fameuses grillades et petits plats provençaux.

à Cros-de-Cagnes 2 km au Sud-Est – ✉ 06800 – 13 041 hab.

La Bourride

port du Cros – ✆ 04 93 31 07 75 – www.labourride.com – Fermé vacances de fév., mardi soir et merc. Plan : BX**e**
Formule 29 € – Menu 40/50 € – Carte 56/94 €
Originaire de Concarneau, le patron a décidé de poser ses valises près de la Grande Bleue pour concocter une belle cuisine du soleil. Spécialité éponyme de la maison : la bourride, mais aussi poissons de petits pêcheurs, homard, etc. Jolie terrasse face au port de pêche.

Bistrot de la Marine - Jacques Maximin

96 bd de la Plage – ✆ 04 93 26 43 46 – www.bistrotdelamarine.com – Fermé mi-déc. à mi-janv., lundi et mardi Plan : BX**n**
Formule 25 € – Carte 51/145 € *(réservation conseillée)*
Sous l'égide du chef Jacques Maximin, un sympathique bistrot pensé dans un esprit "marin-malin". Poisson frais (en carpaccio, grillé, etc.), légumes locaux, produits du marché : le règne de la simplicité gourmande.

CAHORS

✉ 46000 (Lot) – 20 194 hab. – **Voir carte n°28-B1**
Paris 575 km – Agen 85 km – Albi 110 km – Brive-la-Gaillarde 98 km
Carte Michelin 337-E5

Terminus

5 av. Ch.-de-Freycinet – ✆ 05 65 53 32 00 – www.balandre.com – Fermé 15-30 nov. Plan : AY**s**
22 ch – 68/115 € 73/130 € – 10 €
Rest *Le Balandre* – voir les restaurants ci-après
Terminus, tout le monde descend ! Face à la gare, cet hôtel de 1911 conserve quelques vestiges de la Belle Époque. Les chambres sont spacieuses et parfaitement tenues. Préférez celles avec des vitraux et du mobilier ancien. Une bonne adresse.

La Chartreuse

chemin de la Chartreuse – ✆ 05 65 35 17 37 – www.hotel-la-chartreuse.fr
50 ch – 75/99 € 75/99 € – 10 € – ½ P Plan : AZ**e**
Rest – Formule 19 € – Menu 24/35 € – Carte 30/71 €
À l'écart de la ville, cette construction récente – qui n'a rien d'une chartreuse – abrite des chambres confortables, pour certaines ouvertes sur le Lot ! Salle de séminaire et restaurant face à la rivière. Parfait pour la clientèle d'affaires.

Jean XXII sans rest

2 r. E.-Albe – ✆ 05 65 35 07 66 – www.hotel-jeanxxii.com – Fermé dim. de nov. à mai Plan : BY**v**
9 ch – 56/65 € 67/75 € – 8 €
Voici un point de chute pratique et calme, au pied de la tour Jean XXII. Les murs de ce palais (13e s.), édifié par la famille du pontife, abritent des chambres confortables et fonctionnelles. Vos bagages posés, partez à la découverte de la cité !

Le Balandre – Hôtel Terminus

5 av. Ch.-de-Freycinet – ✆ 05 65 53 32 00 – www.balandre.com – Fermé 15-30 nov., dim. sauf fériés et lundi Plan : AY**s**
Menu 22 € (déj. en semaine), 40/80 € – Carte 42/77 €
Vitraux, belle hauteur sous plafond, moulures... Le cadre de ce restaurant vaut le détour ! Aux fourneaux, les deux chefs (père et fils) revisitent la cuisine traditionnelle. Avis aux amateurs de vins : la cave recèle des merveilles !

L'Ô à la Bouche

56 allée Fénelon – ✆ 05 65 35 65 69 – www.loalabouche-restaurant.com – Fermé vacances de Pâques et de la Toussaint, dim. et lundi Plan : BZ**a**
Menu 27/39 €
Tendron de veau de dix heures ; raviole aux aubergines et tomates ; tartelette aux figues et amandes, parfait glacé... Sous l'égide d'un jeune couple sympathique et voyageur, cette adresse met l'eau à la bouche !

Le Marché

27 pl. Chapou – ✆ 05 65 35 27 27 – www.restaurantlemarche.com – Fermé 27 avril-5 mai, 26 oct.-4 nov., dim. et lundi Plan : BZ**d**
Formule 17 € – Menu 35/48 € – Carte environ 48 €
Si vous allez au marché – mercredi et samedi matin – profitez-en pour déjeuner à côté ! Dans ce restaurant, où la carte change souvent, on ne sert que des produits frais. À apprécier dans un cadre à l'élégance toute contemporaine.

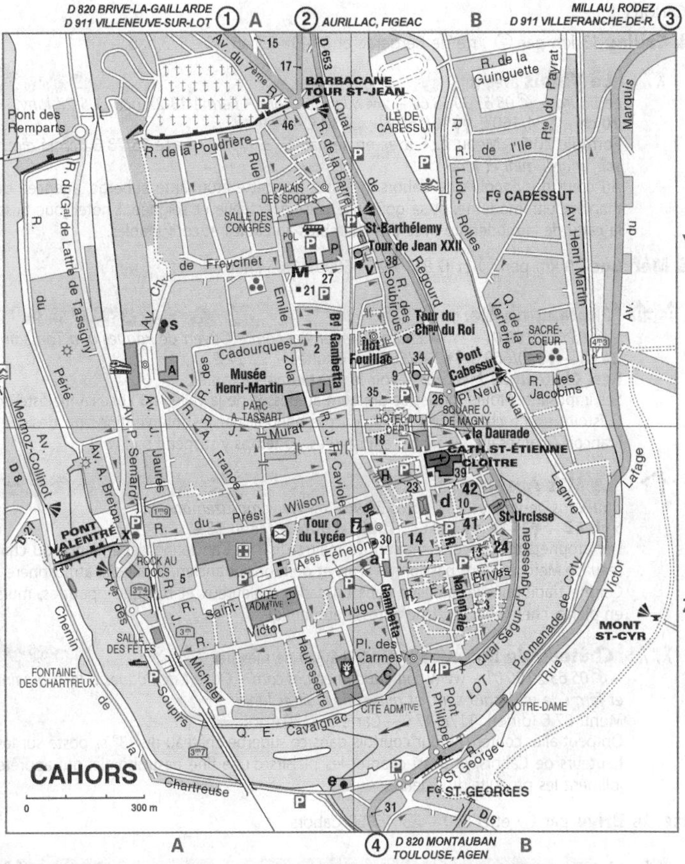

CAHORS

D 820 BRIVE-LA-GAILLARDE
D 911 VILLENEUVE-SUR-LOT ①
② AURILLAC, FIGEAC
MILLAU, RODEZ
D 911 VILLEFRANCHE-DE-R. ③
④ D 820 MONTAUBAN
TOULOUSE, AGEN

Rue	Plan	N°
Augustins (R. des)	AY	2
Badernes (R. des)	BZ	3
Blanqui (R.)	BZ	4
Bourthoumieux (R. P.)	AZ	5
Champollion (Quai)	BZ	8
Château-du-Roi (R. du)	BY	9
Clemenceau (R. G.)	BZ	10
Delmas (R. du Col.)	BZ	13
Dr-Bergounioux (R.)	BZ	14
Dr-J.-Ségala (R. du)	AY	15
Évêques (Côtes des)	AY	17
Foch (R. du Mar.)	BZ	18
Gambetta (Bd)	AY, BZ	
Gaulle (Pl. Ch.-de)	AY	21
Joffre (R. du Mar.)	BZ	23
Lastié (R.)	BZ	24
Marot (R. Clément)	BY	26
Mendès-France (R. P.)	AY	27
Mitterrand (Pl. F.)	BZ	30
Monzie (Av. A.-de)	BZ	31
Pelegry (R.)	BY	34
Portail-Alban (R. du)	BY	35
St-Barthélemy (R.)	BY	38
St-James (R.)	BZ	39
St-Priest (R.)	BZ	41
St-Urcisse (R.)	BZ	42
Vaxis (Cours)	BZ	44
Villars (R. René)	AY	46

XX Au Fil des Douceurs

32 av. André-Breton – ☏ 05 65 22 13 04 – Fermé 2 semaines en juin, 3 semaines en janv., dim. et lundi Plan : AZ**x**

Menu 15 € (déj. en semaine), 20/55 € – Carte 32/59 €

Après 23 années passées dans son bateau-restaurant sur le Lot, le chef du Fil des Douceurs a finalement posé pied à terre et pris ses quartiers dans cette petite maison colorée, au cadre contemporain, face au superbe pont de Valentré (14e s.). Sa bonne cuisine traditionnelle, à prix doux, nous fait toujours voyager !

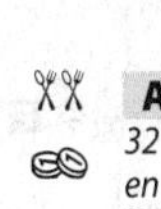

Un important déjeuner d'affaires ou un dîner entre amis ?
Le symbole ⚭ vous signale les salons privés.

à Caillac 13 km par ①, rte de Bergerac et D145 – ✉ 46140 – 575 hab.

XX **Le Vinois** avec ch

Le bourg – ✆ 05 65 30 53 60 – www.levinois.com – Fermé 13-27 oct. et 5-27 janv.
10 ch – †84/160 € ††96/160 € – ☕ 14 € – ½ P
Formule 20 € – Menu 22 € (déj. en semaine), 37/79 € – Carte 55/73 € *(fermé dim. soir, mardi midi et lundi)*
Au cœur du vignoble de Cahors, ne ratez pas cette étonnante auberge, agencée de manière ultramoderne, et sa goûteuse cuisine, actuelle et soignée. L'hôtel joue aussi la carte de la modernité avec des chambres agréables et confortables.

à Mercuès 10 km par ① et D 811 – ✉ 46090 – 1 054 hab.

Château de Mercuès

– ✆ 05 65 20 00 01 – www.chateaudemercues.com – Ouvert de Pâques à la Toussaint
24 ch – †330/660 € ††330/660 € – 6 suites – ☕ 27 €
Rest *Château de Mercuès* – voir les restaurants ci-après
Ses imposantes tours rondes se dressent au-dessus de la vallée du Lot... La majesté de l'Histoire en ce château du 13e s., encore annobli par les interventions du designer François Champsaur, élégantes et inspirées. Le temps y suspend son vol !

Le Mas Azemar

r. du Mas-de-Vinssou – ✆ 05 65 30 96 85 – www.masazemar.com
5 ch ☕ – †114 € ††114 € **Table d'hôte** – Menu 35 €
Les propriétaires de cette maison de maître du 18es., ancienne dépendance du château de Mercuès, sont passionnés d'art et de mobilier ancien. Une belle atmosphère... Cuisine traditionnelle familiale dans un cadre chaleureux et rustique : poutres, murs en pierre, cheminée, etc. Une adresse authentique.

XXX **Château de Mercuès** – Hôtel Château de Mercuès

– ✆ 05 65 20 00 01 – www.chateaudemercues.com – Ouvert de Pâques à la Toussaint et fermé le midi sauf sam. et dim., dim. soir et lundi
Menu 87 € (dîner), 117/147 € – Carte 95/130 €
On peut aller conter l'amour courtois dans ce superbe château du 13e s., posté sur les hauteurs de Cahors, et aussi chanter les plaisirs d'une fine gastronomie, qui apprête joliment les produits du Quercy...

rte de Brive par ① et D 820 – ✉ 46000 Cahors

XX **La Garenne**

St-Henri, à 7 km – ✆ 05 65 35 40 67 – www.restaurantlagarenne-cahors.com – Fermé 26 juin-2 juil., 13-19 nov., 12 fév.-12 mars, lundi soir, mardi soir et merc.
Menu 19 € (déj. en semaine), 29/57 € – Carte 37/72 €
Mangeoires, murs en pierre, charpentes apparentes, objets paysans... Ces anciennes écuries cultivent de glorieux temps oubliés ! Voilà qui se marie harmonieusement avec la cuisine du chef : des recettes tantôt classiques tantôt régionales, tels les magrets de canard ou les escalopes de foie gras poêlées au verjus...

à Lamagdelaine 7 km par ② – ✉ 46090 – 751 hab.

XXX **Marco** (Richard Marco) avec ch

chemin de l'École – ✆ 05 65 35 30 64 – www.restaurantmarco.com – Ouvert 12 mars-9 nov. et fermé, dim. soir sauf du 16 juin au 15 sept., jeudi midi et lundi sauf le soir du 16 juin au 15 sept., et mardi midi
5 ch – †95 € ††110/145 € – ☕ 12 €
Formule 30 € – Menu 46/86 € – Carte 56/88 €
Monsieur Marco laisse la place à... Monsieur Marco ! Tel père, tel fils : dans cette maison, la cuisine est subtile, actuelle... Homard, turbot, foie gras : de bien belles saveurs pour un bien joli moment. Chambres soignées.
➜ Foie gras à la braise, fond d'artichaut et cèpes. Suprême de colvert à la datte et au foie gras, légumes de saison. Tarte fine aux pommes, pignons de pin et crème glacée au caramel.

CAHUZAC-SUR-VÈRE

✉ 81140 (Tarn) – 1 054 hab. – Voir carte n°**29**-C2
Paris 655 km – Albi 28 km – Gaillac 11 km – Montauban 60 km
Carte Michelin 338-D7

Château de Salettes 
3 km au Sud par D 922 – 05 63 33 60 60 – www.chateaudesalettes.com – Fermé 3-12 mars et 1er-15 janv.
15 ch – 145/375 € 145/375 € – 2 suites – 20 €
Rest *Château de Salettes* – voir les restaurants ci-après
Il faut rentrer dans la cour pour découvrir ce beau château du 13e s. au milieu des vignes, entièrement remanié au fil du temps. À l'intérieur, une déco résolument contemporaine et design, des chambres spacieuses avec murs en pierres apparentes... Charme et personnalité, en toute quiétude !

Château de Salettes 
3 km au Sud par D 922 – 05 63 33 60 60 – www.chateaudesalettes.com – Fermé 3-12 mars, 1er-15 janv., le midi du 15 janv. au 12 mars, dim. de janv. à mai et lundi sauf le soir de juin à sept.
Formule 31 € – Menu 42/85 € – Carte environ 85 €
Un bel écrin épuré – presque dépouillé – qui sert à merveille l'intéressante cuisine du chef, créative et raffinée. Mises en bouche simples et bien réalisées, entrées originales, poissons à la chair fondante et juteuse... Et pour accompagner ces excellents plats, on peut déguster des vins de la propriété.
→ Foie gras grillé au melon. Rouget aux parfums de bouillabaisse. Aubergines cristallisées, sorbet ananas-basilic.

La Falaise (Guillaume Salvan) 
rte de Cordes – 05 63 33 96 31 – www.lafalaiserestaurant.com – Fermé 6-20 janv., dim. soir, mardi midi et lundi
Menu 20 € (déj. en semaine), 35/58 € – Carte environ 61 €
À la sortie du village, une petite maison très chaleureuse, dont le chef signe une cuisine au goût du jour séduisante et maîtrisée ; l'idéal étant de déguster ses créations avec un bon vin de Gaillac... En été, terrasse dressée sous les saules.
→ Cannelloni de boudin noir et chair de tourteau. Filet d'alose rôti au jus d'alliaire. Lamelles de butternut, crémeux de cèpes, sorbet betterave et meringue aux trompettes.

à Donnazac 5 km au Nord-Est par D 922 et rte secondaire – ✉ 81170 – 84 hab.

Les Vents Bleus sans rest
rte de Caussade – 05 63 56 86 11 – www.lesventsbleus.com – Ouvert 1er avril-31 oct.
5 ch – 90/150 € 100/150 €
Au cœur du vignoble de Gaillac, une fière maison de maître (1844) flanquée d'un pigeonnier. Les chambres, aménagées dans le chai de la propriété, mêlent l'ancien et le confort d'aujourd'hui avec raffinement. Convivial et paisible !

CAILLAC – 46 Lot → voir Cahors

CAIRANNE

✉ 84290 (Vaucluse) – 983 hab. – Voir carte n°**40**-A2
Paris 650 km – Avignon 43 km – Bollène 47 km – Montélimar 51 km
Carte Michelin 332-C8 – Guide Vert Michelin Provence

Auberge Castel Mireïo 
rte de Carpentras par D 8 – 04 90 30 82 20 – www.castelmireio.fr – Fermé 10 déc.-15 mars
9 ch – 71/75 € 74/80 € – 9 € – ½ P
Rest – Formule 24 € – Menu 31 € – Carte 31/40 € *(fermé dim. soir d'oct. à avril et le midi)*
L'annexe récente de cette demeure familiale (19e s.) abrite des chambres simples, égayées de tissus provençaux ; chacune d'elles porte le nom d'un cépage. Restaurant rustique, affichant fièrement son carrelage centenaire ; copieux plats du terroir.

Coteaux et Fourchettes

rte de Violés, croisement de la Courançonne (D 8 et D 975) – ✆ 04 90 66 35 99 – Fermé 3-17 mars, 6-19 oct., dim. soir et lundi soir sauf juil.-août et jeudi
Formule 21 € – Menu 24 € (déj. en semaine), 31/64 € – Carte 36/58 €
Jolie enseigne... Dans cet ancien caveau, le terroir s'exprime aussi bien par l'assiette - savoureuse - que par le flacon - excellent choix de vins locaux. Agréable décor contemporain, terrasse ouverte sur le vignoble.

Le Tourne au Verre

rte de Ste-Cécile – ✆ 04 90 30 72 18 – www.letourneauverre.com – Fermé 2 semaines en nov., 24 déc. -1er janv.,2 semaines en fév., merc. et dim. et le soir sauf week-end d'oct. à mai
Menu 16 € (déj. en semaine)/27 €
Atmosphère bar à vins (tonneaux, grande cave vitrée comptant 650 références), belle terrasse sous les platanes, cuisine régionale et ardoise du jour... Un lieu sympathique !

CAJARC

✉ 46160 (Lot) – 1 119 hab. – **Voir carte n°29-C1**
Paris 586 km – Cahors 52 km – Figeac 25 km – Rocamadour 59 km
Carte Michelin 337-H5

La Ségalière

380 av. François-Mitterrand, rte de Capdenac – ✆ 05 65 40 65 35 – www.lasegaliere.com – Ouvert 28 mars-3 nov.
24 ch – 65/115 € 65/115 € – 10 € – ½ P
Rest – Menu 27/34 € – Carte 28/45 € *(fermé le midi sauf sam. et dim. de mars à juin, et de sept. à nov., lundi midi et mardi midi.)*
Adresse détente dans ce village qui vit naître Françoise Sagan. Cet hôtel moderne est agréable à vivre, et les chambres bien tenues. Les plus : la grande piscine et le jardin. La carte du restaurant allie tradition et créativité. Terrasse aux beaux jours.

L'Allée des Vignes

32 bd Tour-de-Ville – ✆ 05 65 11 61 87 – www.alleedesvignes.com – Fermé lundi, mardi sauf le soir en juil.-août, dim. soir et merc. hors saison
Formule 18 € – Menu 33 € (dîner), 37/62 € – Carte 41/50 €
Dans cet ancien presbytère, les gourmands sont les nouveaux enfants de chœur... ou de cœur ! À sa tête, un couple voyageur et dynamique souhaite faire partager une nouvelle vision de la gastronomie, légère et ludique. Pari réussi : les assiettes ont du goût.

CALACUCCIA – 2B Haute-Corse → voir Corse

CALAIS

✉ 62100 (Pas-de-Calais) – 73 636 hab. – Agglo. 97 550 hab. – **Voir carte n°30-A1**
Paris 290 km – Boulogne-sur-Mer 35 km – Dunkerque 46 km – St-Omer 43 km
Carte Michelin 301-E2

Meurice

5 r. E.-Roche – ✆ 03 21 34 57 03 – www.hotel-meurice.fr Plan : CX**v**
39 ch – 95/160 € 95/160 € – ½ P
Rest – Formule 15 € – Menu 18/50 € *(fermé sam. midi)*
Près du musée des Beaux-Arts, l'hôtel le plus ancien de la ville (1771) a conservé son charme suranné. Pour abriter leurs rêves, les voyageurs ont le choix entre des chambres de style Empire ou contemporain. Restaurant traditionnel.

Mercure Centre sans rest

36 r. Royale – ✆ 03 21 97 68 00 – www.mercure.com Plan : CX**d**
41 ch – 99/130 € 99/150 € – 16 €
Dans cet hôtel qui borde une artère commerçante, la plupart des chambres arborent un style contemporain : camaïeu de gris-marron, mobilier en bois et acier brossé, etc. L'adresse s'adapte aussi bien à la clientèle d'affaires que touristique.

CALAIS

Bossuet (R.) .... BT 9
Cambronne (R.) .... AU 12
Chateaubriand (R.) .... BT 15
Égalité (Bd de l') .... BT 18
Einstein (Bd)............. AU 19
La-Fayette (Bd) .... AT 39
Fontinettes (R. des) ...... ATU 25
Four-à-Chaux (R. du) .... AU 27
Gambetta (Bd Léon)........ AT 28
Gaulle (Bd du Gén.-de) ..... AT 30
Hoche (R.) .... ATU 33
Jacquard (Bd) .... AT 34
Lattre-de-Tassigny (R. Mar.-de) .... AT 40
Lheureux (Quai L.) .... BU 41
Maubeuge (R. de) .... BT 43
Phalsbourg (R. de) .... BT 51
Prairies (R. des) .... AU 52
Ragueneau (R. de) .... BTU 57
Valenciennes (R. de) .... AU 69
Verdun (R. de) .... AT 73

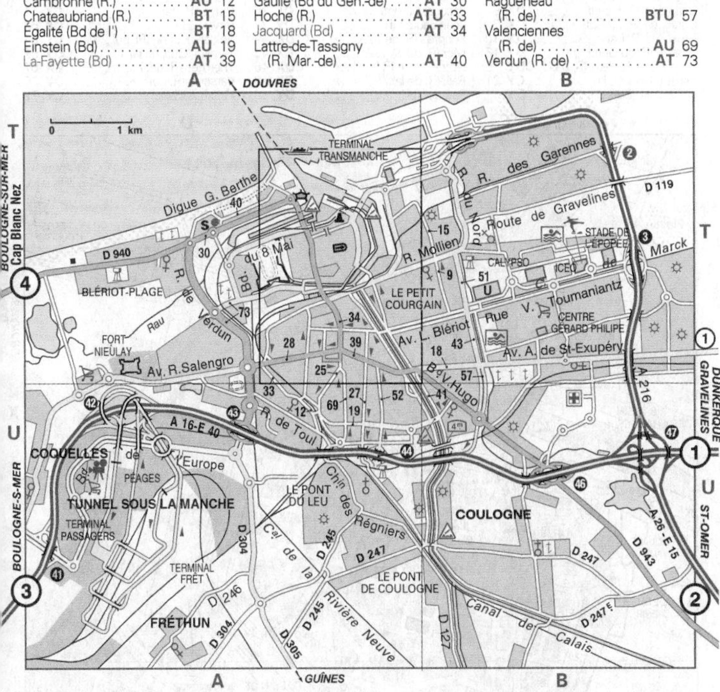

Holiday Inn

bd des Alliés – ✆ 03 21 34 69 69 – www.holidayinn.fr/calais-nord Plan : CX**a**

63 ch – 95/154 € 95/154 € – 15 € **Rest** – Carte 20/39 € *(fermé le midi)*

En face du port de plaisance, cette bâtisse imposante dispose de chambres fonctionnelles et confortables. La moitié d'entre elles donnent sur la mer.

Ibis Styles sans rest

46 r. Royale – ✆ 03 21 97 45 00 – www.accorhotels.com Plan : CX**m**

51 ch – 69/130 € 79/140 €

Voilà un nouveau venu qui n'a rien à envier à ses aînés ! Au cœur de la ville, cet immeuble ancien – entièrement réhabilité en 2012 – s'offre une seconde jeunesse avec sa décoration résolument design. Préférez les chambres les plus spacieuses, certaines aménagées pour les familles. Tarifs compétitifs.

Le Channel

3 bd de la Résistance – ✆ 03 21 34 42 30 – www.restaurant-lechannel.com – Fermé dim. soir et mardi Plan : CX**e**

Menu 21/58 € – Carte 46/88 €

À Calais, ce restaurant est une institution. Décor élégant, cuisine classique, produits de la mer issus de la pêche locale, et très belle carte des vins (cave ouverte sur la salle)... Voilà une plaisante escale avant la traversée du "channel" !

Au Côte d'Argent

1 digue Gaston-Berthe – ✆ 03 21 34 68 07 – www.cotedargent.com – Fermé 19 août-8 sept., 23 déc.-6 janv., 25 fév.-10 mars, merc. soir de sept. à mars, dim. soir et lundi Plan : CX**f**

Menu 20 € (semaine), 30/45 € – Carte 34/66 €

Embarquement immédiat pour un voyage gourmand, riche en saveurs iodées ! Dans un cadre inspiré des cabines de bateau, les amateurs de poisson se régalent de la pêche locale. Intéressante carte des vins, dont une belle sélection de bordeaux.

CALAIS

Rue	Carré	N°
Amsterdam (R. d')	DXY	3
Angleterre (Pl. d')	DX	4
Barbusse (Pl. Henri)	DX	6
Bonnigue (R. du Cdt)	DX	7
Bruxelles (R. de)	DX	10
Chanzy (R. du Gén.)	DY	13
Commune-de-Paris (R. de la)	CDY	16
Escaut (Quai de l')	CY	21
La-Fayette (Bd)	DY	
Foch (Pl. Mar.)	CXY	22
Fontinettes (R. des)	CDY	24
Gambetta (Bd Léon)	CY	
Georges-V (Pont)	CY	31
Jacquard (Bd)	CDY	
Jacquard (Pont)	CY	36
Jean-Jaurès (R.)	DY	37
Londres (R. de)	DX	42
Mer (R. de la)	CX	45
Notre-Dame (R.)	CDX	46
Paix (R. de la)	CX	48
Pasteur (Bd)	DY	
Paul-Bert (R.)	CDY	49
Prés.-Wilson (Av. du)	CY	54
Quatre-Coins (R. des)	CY	55
Rhin (Quai du)	CY	58
Richelieu (R.)	CX	60
Rome (R. de)	CY	61
Royale (R.)	CX	63
Soldat-Inconnu (Pl. du)	DY	64
Tamise (Quai de la)	CDY	66
Thermes (R. des)	CX	67
Varsovie (R. de)	DY	70
Vauxhall (R. du)	CY	72

Aquar'aile

255 r. J.-Moulin, (4e étage) – ✆ 03 21 34 00 00 – www.aquaraile.com – Fermé dim. soir Plan : AT**s**

Formule 23 € – Menu 30/45 € – Carte 40/78 €

L'atout de cet agréable restaurant, situé au 4e étage d'un immeuble ? Son panorama unique sur la Manche et les côtes anglaises ! La cuisine met en valeur la pêche locale : turbot grillé, sole meunière... À déguster en regardant passer les bateaux.

Histoire Ancienne

20 r. Royale – ✆ 03 21 34 11 20 – www.histoire-ancienne.com – Fermé lundi midi en juil.-août, lundi soir hors saison et dim. Plan : CX**x**

Formule 17 € – Menu 20 € (déj. en semaine)/28 € – Carte 38/53 €

Au cœur du centre-ville, ce bistrot rétro n'est pas de l'histoire ancienne ! La cuisine traditionnelle et les plats canailles y conservent toute leur fraîcheur : tête de veau sauce gribiche, cassoulet, etc. C'est goûteux, généreux et pas onéreux.

Le Grand Bleu

quai de la Colonne – ✆ 03 21 97 97 98 – www.legrandbleu-calais.com – Fermé 18 août-4 sept., 17 fév.-5 mars, dim. soir de nov. à mars, mardi soir et merc.

Formule 17 € – Menu 20 € (semaine), 29/49 € – Carte 28/50 € Plan : CX**n**

Appel du large pour ce jeune chef qui a fait ses armes dans de prestigieuses maisons parisiennes ! Face au port de pêche, il cuisine des produits ultrafrais, souvent bio, auxquels il ajoute une touche d'inventivité.

à Coquelles 6 km à l'Ouest par av. R. Salengro AT – ✉ 62231 – 2 291 hab.

Holiday Inn

ch, rest,

2099 av. Charles-de-Gaulle – ✆ 03 21 46 60 60 – www.hicoquelles.com

118 ch – 105/135 € 125/150 € – 16 € – ½ P

Rest – Formule 17 € – Menu 28 € – Carte 27/48 €

Ce complexe moderne, situé à 3 km de l'Eurostar (gare de Calais-Fréthun), propose des chambres spacieuses et confortables. Avant le voyage, il fait bon se détendre à l'espace forme : sauna, hammam, club de gym, squash, piscine couverte...

Suite Novotel sans rest

pl. de Cantorbery – ✆ 03 21 19 50 00 – www.suitenovotel.com

100 ch – 89/180 € 89/180 € – 15 €

Dans une zone commerciale proche du tunnel : une situation fort pratique. Les chambres sont spacieuses (30 m²) et bien insonorisées. Idéal pour l'étape.

CALALONGA (PLAGE DE) – 2A Corse-du-Sud ➜ voir Corse (Bonifacio)

CALA-ROSSA – 2A Corse-du-Sud ➜ voir Corse (Porto-Vecchio)

CALÈS

✉ 46350 (Lot) – 168 hab. – **Voir carte n°29-C1**

Paris 528 km – Cahors 52 km – Gourdon 21 km – Sarlat-la-Canéda 42 km

Carte Michelin 337-F3

Le Petit Relais

ch,

au bourg – ✆ 05 65 37 96 09 – www.hotel-petitrelais.fr – Fermé 1er-15 mars, 18-27 déc., 5 janv.-28 fév.

13 ch – 47/57 € 62/71 € – 10 € – ½ P

Rest – Menu 25/47 € – Carte 33/58 € *(fermé du lundi au vend. midi du 1er nov. au 15 mars)*

Au cœur du village, sur une petite place sympathique, une agréable maison en pierre aux chambres sobres et confortables. Recettes du terroir – et même un menu ch'ti – au restaurant.

CALLAS

✉ 83830 (Var) – 1 816 hab. – **Voir carte n°41-C3**

Paris 872 km – Castellane 51 km – Draguignan 14 km

Carte Michelin 340-O4 – Guide Vert Michelin Côte d'Azur

rte de Muy 7 km au Sud-Est par D 25 – ✉ 83830 Callas

Hostellerie Les Gorges de Pennafort

D 25 – ✆ 04 94 76 66 51 – www.hostellerie-pennafort.com – Fermé 19 janv.-20 mars

13 ch – †200/220 € ††220/280 € – 2 suites – ☕ 20 € – ½ P

Rest *Hostellerie Les Gorges de Pennafort* ✿ – voir les restaurants ci-après

Si n'était le passage des voitures, le calme serait envoûtant dans ce site naturel qui ravit l'œil : les gorges de Pennafort, escarpées, rouges et noyées sous la végétation... Confort aux couleurs de la Provence ; belle piscine et espace bien-être de l'autre côté de la route.

Hostellerie Les Gorges de Pennafort

✿

D 25 – ✆ 04 94 76 66 51 – www.hostellerie-pennafort.com – Fermé 19 janv.-20 mars, lundi sauf le soir du 28 juil. au 17 août, dim. soir du 27 juil. au 17 août et merc. midi

Formule 52 € – Menu 75/145 € – Carte 110/154 €

Un élégant décor contemporain, une terrasse sous les platanes... Le cadre séduit, la cuisine plus encore : fleurs, épices, herbes et touches personnelles du chef marient tradition et générosité. ➜ Raviolis de foie et parmesan. Pigeonneau rôti aux épices. Ananas et pamplemousse rafraîchis au basilic.

CALVI – 2B Haute-Corse ➜ voir Corse

CALVINET

✉ 15340 (Cantal) – 483 hab. – **Voir carte n°5-A3**

▶ Paris 576 km – Aurillac 34 km – Entraygues-sur-Truyère 32 km – Figeac 40 km

Carte Michelin 330-C6

Beauséjour (Louis-Bernard Puech) avec ch

✿

r. Châtaigneraie – ✆ 04 71 49 91 68 – www.cantal-restaurant-puech.com – Fermé 5 janv.-14 fév., lundi sauf le soir en juil.-août, dim. soir de sept. à juin et mardi midi

8 ch – †60/80 € ††60/80 € – 2 suites – ☕ 11 € – ½ P

Menu 30 € 🍷 (déj. en semaine), 42/65 € – Carte 55/68 € *(réservation conseillée)*

Le chef, Louis-Bernard Puech, le dit lui-même : il est un enfant du pays passionné par les produits de son terroir. Il aime donc à revisiter la tradition locale au gré de son inspiration ; c'est concocté avec justesse, sans esbroufe, tout en saveurs... Une table qui cultive l'essentiel ! ➜ Œuf au pot gourmand de saison. Tranche épaisse de veau de lait, giboulée de légumes. Sablé à la châtaigne, pomme de reinette, glace au miel de châtaignier.

CAMARET-SUR-MER

✉ 29570 (Finistère) – 2 609 hab. – **Voir carte n°9-A2**

▶ Paris 597 km – Brest 4 km – Châteaulin 45 km – Crozon 11 km

Carte Michelin 308-D5 – Guide Vert Michelin Bretagne Nord

Thalassa Ⓝ

quai Styvel – ✆ 02 98 27 86 44 – www.hotel-thalassa.com – Ouvert d'avril à sept.

49 ch – †65/139 € ††65/139 € – ☕ 11,50 € – ½ P

Rest – Formule 15 € – Menu 26/62 € – Carte 38/70 € *(ouvert mai à sept.)*

Thalassa, divinité marine de la mythologie grecque, veille sûrement sur cet hôtel idéalement situé sur le port. L'établissement a été entièrement rénové en 2013 : esprit contemporain et confort sont au rendez-vous. En façade, les chambres offrent une jolie vue sur la mer ; piscine et jacuzzi vous tendent les bras...

Hôtel de France rest,

quai G.-Toudouze – ✆ 02 98 27 93 06 – www.hotel-france-camaret.com – Ouvert 1er avril-30 nov.

20 ch – †68/128 € ††68/128 € – ☕ 10 € – ½ P

Rest – Formule 16 € – Menu 25/62 € – Carte 35/65 €

Sur le quai, un hôtel familial aux chambres fonctionnelles, bien tenues et insonorisées. On a le choix entre la vue sur les bateaux ou un maximum de calme sur l'arrière du bâtiment. Fruits de mer au restaurant.

Bellevue

r. de la Rampe – ✆ 02 98 17 12 50 – Fermé 15 déc.-7 janv.

15 ch – †79/95 € ††79/149 € – ☕ 11 €

Vue panoramique sur le port et tranquillité assurée dans les studios de cette annexe de l'Hôtel de France. Pratique : ils sont équipés de cuisinettes.

LA CAMBE

✉ 14230 (Calvados) – 635 hab. – Voir carte n°**32**-B2

Paris 289 km – Bayeux 26 km – Caen 56 km – Saint-Lô 31 km

Carte Michelin 303-F3 – Guide Vert Michelin Normandie Cotentin

Ferme Savigny sans rest

2,5 km par D 613 et D113 (direction Grandcamp-Maisy) – 02 31 21 12 33 – www.ferme-de-savigny.fr

5 ch – 45/80 € 50/85 €

Un corps de ferme couvert de vigne vierge (16e-17e s.) : dans la tourelle se cache le bel escalier à vis qui dessert les chambres, joliment champêtres. Pour le petit-déjeuner, on se régale de confitures et de madeleines maison.

CAMBLANES-ET-MEYNAC – 33 Gironde ➜ voir Bordeaux

CAMBO-LES-BAINS

✉ 64250 (Pyrénées-Atlantiques) – 6 518 hab. – Voir carte n°**3**-A3

Paris 783 km – Biarritz 21 km – Pau 115 km

Carte Michelin 342-D4 – Guide Vert Michelin Pays Basque et Navarre

Le Bellevue rest, rest,

r. des Terrasses – 05 59 93 75 75 – www.hotel-bellevue64.fr – Fermé 8 janv.-12 fév.

7 suites – 60/115 € – 7 €

Rest – Formule 13 € – Menu 20/42 € – Carte 37/49 € *(fermé jeudi soir sauf juil.-août, dim. soir et lundi)*

Dans cette maison du 19es., bien rénovée, on trouve des suites familiales d'esprit contemporain, spacieuses et bien tenues. Jardin verdoyant et transats autour de la piscine. Au restaurant, décor soigné et cuisine dans l'air du temps.

Ursula sans rest

quartier Bas-Cambo, 2 km au Nord – 05 59 29 88 88 – www.hotel-ursula.fr – Fermé 20 déc.-14 janv.

15 ch – 59/79 € 65/82 € – 9 €

Petit hôtel familial, convivial et coloré, au cœur du pittoresque quartier du Bas-Cambo. Chambres très bien tenues et climatisées. Jambon et confitures maison au petit-déjeuner.

Auberge Chez Tante Ursule

fronton du Bas-Cambo, 2 km au Nord – 05 59 29 78 23 – www.auberge-tante-ursule.com

Formule 14 € – Menu 35 € – Carte 34/40 €

Il est des proches qu'on apprécie plus que d'autres... Chez Tante Ursule, on est sûr de se régaler de bonnes recettes régionales ! Au sein de cette maison basque du 19es., voisine du fronton, la salle a été aménagée dans un ancien atelier de menuiserie. Original et authentique.

CAMBRAI

✉ 59400 (Nord) – 32 584 hab. – Voir carte n°**31**-C3

Paris 179 km – Amiens 98 km – Arras 36 km – Lille 77 km

Carte Michelin 302-H6

Beatus

718 av. de Paris, 1,5 km par ⑤ – 03 27 81 45 70 – www.beatus-cambrai.com

31 ch – 75/116 € 78/116 € – 12 €

Rest – Formule 18 € – Menu 23/41 € – Carte 31/59 € *(fermé août, 24 déc.-1 janv., le midi et week-ends) (résidents seult)*

Légèrement excentré, cet hôtel familial est niché dans un joli parc fleuri. Ici, on vient et revient pour l'accueil chaleureux et les chambres au calme (les plus récentes étant en outre très cosy). Le soir, les résidents profitent du restaurant traditionnel.

Le Clos St-Jacques sans rest

9 r. St-Jacques – 03 27 74 37 61 – www.leclosstjacques.com – Fermé 9-18 août

5 ch – 91/130 € 102/141 € Plan : BY**e**

"La maison aurait accueilli la confrérie de St-Jacques-de-Compostelle", dixit monsieur qui est un conteur né et ne manque pas d'anecdotes... Quant à madame, elle a su insuffler une âme "déco" à ce bel hôtel particulier, tout en préservant son cachet original. En prime, le petit-déjeuner est excellent. Les hôtes sont ravis !

CAMBRAI

Rue	Plan	N°
Albert-1er (Av.)	BY	2
Alsace-Lorraine (R. d')	BYZ	4
Berlaimont (Bd de)	BZ	5
Briand (Pl. A.)	AYZ	6
Cantimpré (R. de)	AY	7
Capucins (R. des)	AY	8
Château-de-Selles (R. du)	AY	10
Clefs (R. des)	AY	12
Épée (R. de l')	AZ	13
Fénelon (Gde-R.)	AY	15
Fénelon (Pl.)	AY	16
Feutriers (R. des)	AY	17
Gaulle (R. Gén.-de)	BZ	18
Grand-Séminaire (R. du)	AZ	19
Lattre-de-Tassigny (R. Mar.-de)	BZ	21
Leclerc (Pl. du Mar.)	BZ	22
Lille (R. de)	BY	23
Liniers (R. des)	AZ	24
Moulin (Pl. J.)	AZ	25
Nice (R. de)	AY	27
Pasteur (R.)	AY	29
Porte-de-Paris (Pl. de la)	AZ	32
Porte-Notre-Dame (R.)	BY	31
Râtelots (R. des)	AZ	33
Sadi-Carnot (R.)	AY	35
St-Aubert (R.)	AY	36
St-Géry (R.)	AY	37
St-Ladre (R.)	BZ	39
St-Martin (Mail)	AZ	40
St-Sépulcre (Pl.)	AZ	41
Selles (R. de)	AY	43
Vaucelette (R.)	AZ	45
Victoire (Av. de la)	AZ	46
Watteau (R.)	BZ	47
9-Octobre (Pl. du)	AY	48

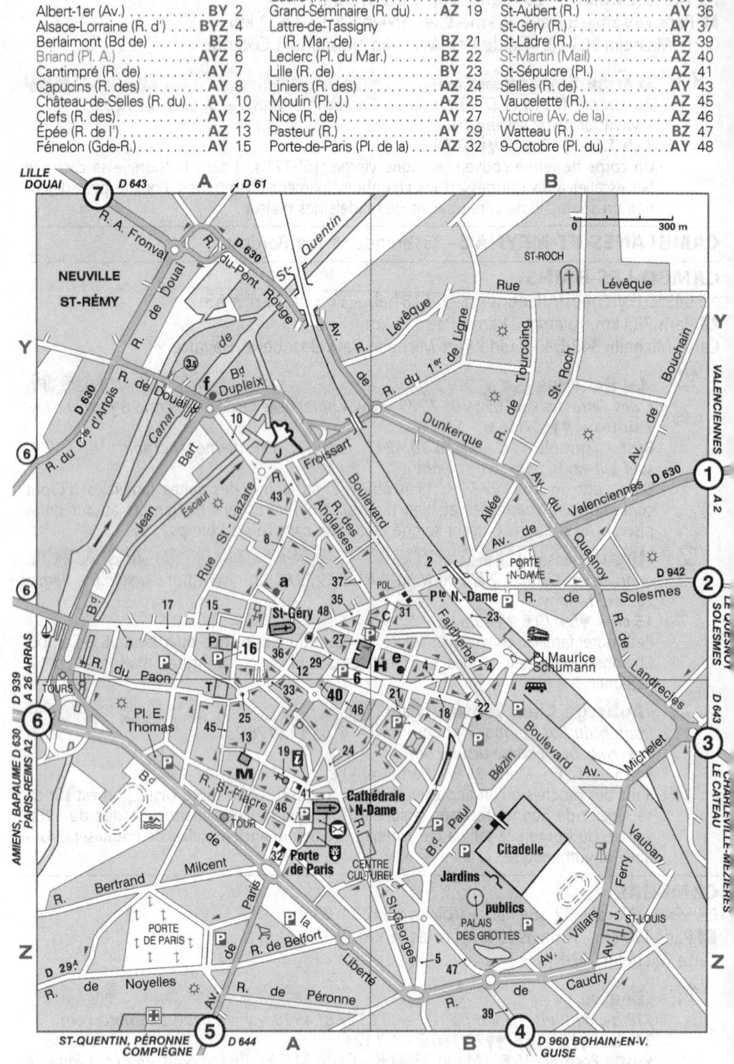

Maison Demarcq

2 r. St-Pol – ✆ 03 27 37 77 78 – www.maisondemarcq.com – Fermé sam. midi, dim. soir et lundi Plan : AY**a**

Menu 30 € (semaine), 43/69 € – Carte 42/58 €

Cette demeure bourgeoise a été marquée par l'histoire de la ville : Napoléon y a séjourné – tout près de l'endroit où aurait été signée la fameuse Paix des Dames (1529). Le décor cultive un élégant classicisme, et la cuisine se révèle inventive et soignée. Une belle adresse dans la capitale des "bêtises".

XX **Au Fil de l'Eau**

1 bd Dupleix – ✆ 03 27 74 65 31 – www.aufildeleau-cambrai.fr – Fermé 15 juil.-13 août, 22-28 fév., dim. soir, merc. soir et lundi Plan : AY**f**
Menu 27/51 € – Carte 29/52 €
Sympathique petit restaurant près d'une écluse du canal de St-Quentin. Ici, convivialité rime avec déco colorée et saveurs traditionnelles iodées. Pour cause, la propriétaire est originaire du Morbihan !

CAMON

✉ 09500 (Ariège) – 166 hab. – **Voir carte n°29-C3**
Paris 780 km – Carcassonne 63 km – Pamiers 37 km – Toulouse 103 km
Carte Michelin 343-J6

L'Abbaye-Château de Camon

– ✆ 05 61 60 31 23 – www.chateaudecamon.com – Ouvert 1er-31 oct.
5 ch – 135/195 € 135/195 € – 18 €
Table d'hôte – Menu 43 € *(fermé merc.)*
Le temps semble s'être arrêté dans ce site enchanteur. L'abbaye s'adosse toujours à l'église mais les chambres n'ont plus rien de monacal, tandis que la beauté du jardin invite à la méditation. Le soir, on se dirige vers le cloître pour célébrer les sens autour d'un menu dégustation...

CAMPAGNE – 24 Dordogne → voir Bugue

CAMPIGNY – 27 Eure → voir Pont-Audemer

CAMPSEGRET

✉ 24140 (Dordogne) – 398 hab. – **Voir carte n°4-C1**
Paris 578 km – Agen 103 km – Bordeaux 117 km – Périgueux 36 km
Carte Michelin 329-E6

La Libertie sans rest

– ✆ 05 53 61 66 45 – www.lalibertie.com
5 ch – 85/95 € 85/95 €
Ouvrir une maison d'hôtes, tel était le rêve de ce couple de Suédois tombé sous le charme du Sud-Ouest ! Leur choix s'est porté sur cette belle maison en pierre du pays de Bergerac. Les chambres, au charme simple, ouvrent toutes de plain-pied sur le joli jardin. Une certaine idée de La Libertie...

CANAPVILLE – 14 Calvados → voir Deauville

CANCALE

✉ 35260 (Ille-et-Vilaine) – 5 324 hab. – **Voir carte n°10-D1**
Paris 398 km – Avranches 61 km – Dinan 35 km – Fougères 73 km
Carte Michelin 309-K2 – Guide Vert Michelin Bretagne Nord

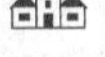

Les Maisons de Bricourt

Lieu-dit Le Buot, par rte du Mont-St-Michel : 7 km par D 76, D 155 et voie secondaire – ✆ 02 99 89 64 76 – www.maisons-de-bricourt.com – Fermé 12 janv.-12 fév. et 2-18 mars
11 ch – 190/320 € 190/320 € – 2 suites – 24 €
Rest *Le Coquillage* ✿ – voir les restaurants ci-après
Dans un parc (plantes aromatiques, animaux) dominant la baie du Mont-St-Michel, superbe villa de 1920 où séjourna Léon Blum. Chambres très raffinées, accueil soigné.

Le Continental

4 quai Thomas – ✆ 02 99 89 60 16 – www.hotel-cancale.com – Fermé 13 janv.-2 fév.
17 ch – 85/155 € 110/170 € – 15 € – ½ P Plan : Z**s**
Rest *L'Ormeau* – voir les restaurants ci-après
Une petite adresse sympathique : situation privilégiée face au port, chambres confortables et très bien tenues et, pour les gourmands, confitures maison au petit-déjeuner...

CANCALE

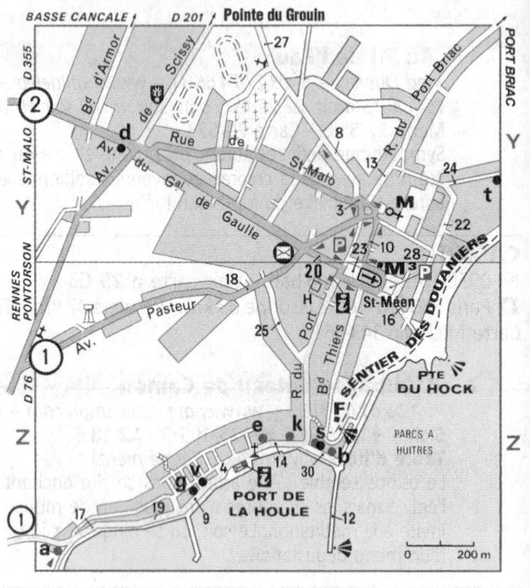

Le Manoir des Douets Fleuris sans rest

2 km par ② et D 355 – ✆ 02 23 15 13 81 – www.manoirdesdouetsfleuris.com – Ouvert mars-nov.

7 ch – 90/180 € 90/180 € – 3 suites – 13 €

Un manoir du 17es. dans la même famille depuis cinq générations. Chambres feutrées (dont une suite avec cheminée en granit), âtre monumental au salon : voilà une demeure qui a une âme ! Et au milieu du jardin parfaitement entretenu, une mare aux canards...

Auberge de la Motte Jean sans rest 

4 km par ② et D 355 – ✆ 02 99 89 41 99 – www.hotel-mottejean.com – Fermé 1er déc.-28 fév.

13 ch – 88/98 € 98/105 € – 11 €

Au jardin ou au bord de l'étang, profitez des plaisirs de la campagne cancalaise ! Corps de ferme de 1707 doté de chambres classiques et romantiques ; accueil charmant.

Alghôtel sans rest 

59 bis av. du Gén.-de-Gaulle – ✆ 02 99 89 50 00 – www.alghotel.com – Fermé janv.

30 ch – 59/109 € 59/109 € – 10 € Plan : Y**d**

À l'entrée de Cancale, cet hôtel créé en 2010 a été entièrement pensé pour le bien-être. Chambres d'esprit zen, offre de soins et de massages, sauna, etc.

Duguay Trouin sans rest 

11 quai Duguay-Trouin – ✆ 02 23 15 12 07 – www.hotelduguaytrouin.com

7 ch – 75/125 € 95/125 € – 10 € Plan : Z**g**

Hôtel du port de pêche où simplicité et gentillesse sont reines ! Chambres côté baie ou rochers, sobrement marines et décorées d'objets chinés dans de lointaines contrées...

Le Chatellier sans rest 

2 km par ② et D 355 – ✆ 02 99 89 81 84 – www.hotellechatellier.com – Ouvert mars-nov.

13 ch – 70/100 € 70/100 € – 10 €

Belle demeure bretonne au charme familial préservé. Chambres sobres et cosy (mobilier patiné, parquet...), mansardées à l'étage ; certaines donnent sur l'agréable jardin.

Les Rimains sans rest
62 r. des Rimains – ✆ 02 99 89 64 76 – www.maisons-de-bricourt.com – Ouvert de mi-mars à mi-déc. Plan : Y**t**
4 ch – 240/330 € 240/330 € – 24 €
Olivier Roellinger a fait de ce ravissant cottage des années 1930 – ceint d'un jardin surplombant la mer et longeant le chemin des douaniers –, une charmante maison d'hôtes. Chambres raffinées (meubles chinés).

Le Coquillage – Les Maisons de Bricourt
Lieu-dit Le Buot, par rte du Mont-St-Michel : 7 km par D 76, D 155 et voie secondaire – ✆ 02 99 89 25 25 – www.maisons-de-bricourt.com – fermé 2-18 mars et 12 janv.- 12 fév.
Menu 31 € (déj. en semaine), 65/139 €
Poissons et coquillages d'une grande fraîcheur, relevés de savants mélanges d'épices : la figure tutélaire d'Olivier Roellinger plane sur cette table – un menu reprend d'ailleurs ses créations. Grande salle lumineuse ouvrant sur le jardin en bord de mer. Belle carte des vins (blancs de Loire).
→ Tartare de daurade, single malt et moutarde celtique. Solettes dorées, pommes de terre écrasées et citron confit. La roulante des desserts.

Le Querrien avec ch
ch, rest,
7 quai Duguay-Trouin – ✆ 02 99 89 64 56 – www.le-querrien.com Plan : Z**v**
15 ch – 69/89 € 109/169 € – 10 €
Menu 15 € (semaine), 20/35 € – Carte 35/65 €
Vous craignez de ne pas avoir le pied marin ? Plutôt que d'embarquer sur un bateau, entrez donc dans ce restaurant ! Dans la salle, au décor marin (boiseries, bouée, pagaie…), on savoure des produits de la mer au top de leur fraîcheur. Terrasse face à la baie et chambres pour prolonger la traversée.

Côté Mer
4 r. E.-Lamort, rte de la corniche – ✆ 02 99 89 66 08 – www.restaurant-cotemer.fr – Fermé 1 semaine fin juin, 3 semaines en nov., vacances de fév., mardi soir, dim. soir hors saison et merc. Plan : Z**a**
Formule 24 € – Menu 29/76 € – Carte 40/65 €
Un charmant petit port, des maisons de pêcheurs, l'air iodé du large... À Cancale, impossible de ne pas regarder Côté Mer ! Dans ce restaurant, face à la baie, les poissons, coquillages et crustacés ont le vent en poupe à travers une cuisine goûteuse et soignée. Un bon rapport qualité-prix.

L'Ormeau – Hôtel Le Continental
4 quai Thomas – ✆ 02 99 89 60 16 – www.hotel-cancale.com – Fermé 13 janv.-2 fév., mardi et merc. sauf le soir de juin à sept. Plan : Z**s**
Formule 20 € – Menu 25/75 € – Carte 45/75 €
Ce restaurant au cadre élégant (boiseries, miroirs et vue sur la flottille de pêche) comblera les amateurs de poisson et fruits de mer. En effet, comment refuser un plateau d'huîtres de Cancale, un filet de saint-pierre ou... des ormeaux ?

La Table de Breizh Café
7 quai Thomas, (1er étage) – ✆ 02 99 89 56 46 – www.breizhcafe.com – Fermé janv., mardi et merc. Plan : Z**b**
Menu 38 € (déj. en semaine), 48/135 € *(réservation conseillée)*
Quand breton rime avec nippon... À l'étage même d'une crêperie à laquelle elle est associée, cette table gastronomique est menée par un chef japonais ! Sa cuisine franco-nippone se révèle aussi soignée que séduisante, comme le cadre qui transporte au Japon... avec vue sur la baie du Mont-St-Michel. Belle expérience.
→ Huître creuse de Cancale mi-cuite, chutney de tomate et huile d'olive au citron. Pavé de turbot poêlé, purée de céleri-rave et condiment au yuzukosho. Mousse de sucre noir d'Okinawa et brownie au café.

Le Surcouf
7 quai Gambetta – ✆ 02 99 89 61 75 – Fermé déc., janv., mardi et merc.
Menu 16/44 € – Carte 41/58 € Plan : Z**k**
Du nom du célèbre corsaire Robert Surcouf, sur le port, ce joli petit bistrot surfe sur le haut de la vague ! Dans un décor d'inspiration marine (préférez la salle de l'étage qui offre une meilleure vue sur la baie), on apprécie une savoureuse cuisine de la mer et de bons petits vins. Le tout à prix doux.

Le Troquet

19 quai Gambetta – ✆ 02 99 89 99 42 – Fermé mi-nov. à fin-janv., jeudi et vend. sauf vacances scolaires Plan : Z**e**

Formule 20 € – Menu 27/40 € – Carte 41/78 €

Un sympathique petit "Troquet" sur les quais, face à la baie. Le chef porte haut l'étendard du terroir local : poissons et crustacés de premier choix, selon les arrivages, dont les fameuses huîtres de Cancale. Le must : s'installer sur la terrasse et faire des rêves de voyage.

Breizh Café

7 quai Thomas, (rez-de-chaussée) – ✆ 02 99 89 61 76 – www.breizhcafe.com – Fermé janv., jeudi et vend. sauf vacances scolaires Plan : Z**k**

Carte 12/36 €

Sur le port de Cancale, ce Breizh Café n'a qu'une devise : "La crêpe autrement." Et pour cause : il est né... au Japon ! Son patron, Bertrand Larcher, a le premier exporté la galette bretonne à Tokyo, et après plusieurs enseignes nippones, a récidivé au sein de la mère patrie. La qualité est au rendez-vous.

à la Pointe du Grouin 4,5 km au Nord par D 201 – ✉ 35260

La Pointe du Grouin

– ✆ 02 99 89 60 55 – www.hotelpointedugrouin.com – Ouvert fin mars-12 nov.

15 ch – 🚹92/127 € 🚹🚹92/127 € – ☕ 10 € – ½ P

Rest ***La Pointe du Grouin*** – voir les restaurants ci-après

Il règne comme un délicieux parfum de bout du monde dans cette demeure bretonne perchée sur une falaise, face aux îles et au Mont-St-Michel. Les chambres sont romantiques à souhait... Un petit paradis !

La Pointe du Grouin

– ✆ 02 99 89 60 55 – www.hotelpointedugrouin.com – Ouvert fin mars-12 nov. et fermé jeudi midi sauf du 14 juil. au 15 sept. et mardi

Menu 41/85 € – Carte 40/76 €

Une vue superbe sur la baie du Mont-St-Michel ! Sur la pointe du Grouin, ce restaurant est une ode à la tradition et aux produits marins... Filet de lieu, aile de raie, soupe de poisson, mais aussi filet mignon de porc : entre terre et mer, exactement.

CANCON

✉ 47290 (Lot-et-Garonne) – 1 334 hab. – **Voir carte n°4-C2**

▶ Paris 581 km – Agen 51 km – Bergerac 40 km – Bordeaux 134 km

Carte Michelin 336-F2

à St-Eutrope-de-Born 9 km au Nord-Est par D 124 et D 153 – ✉ 47210 – 694 hab.

Domaine du Moulin de Labique

rte de Villeréal – ✆ 05 53 01 63 90 – www.moulin-de-labique.net

5 ch ☕ – 🚹85 € 🚹🚹110/135 € **Table d'hôte** – Menu 31 €

Tissus Liberty, toile de Jouy, meubles patinés par les ans... Un beau domaine au bord d'un ruisseau, dans un style "campagne chic" vraiment ravissant. Pour ne rien gâcher, les propriétaires sont très conviviaux et, au petit-déjeuner, rien de meilleur qu'une confiture maison ! Étang pour les amateurs de pêche.

CANDES-ST-MARTIN

✉ 37500 (Indre-et-Loire) – 221 hab. – **Voir carte n°11-A2**

▶ Paris 290 km – Angers 76 km – Chinon 16 km – Saumur 13 km

Carte Michelin 317-J5 – Guide Vert Michelin Châteaux de la Loire

Auberge de la Route d'Or

2 pl. de l'Église – ✆ 02 47 95 81 10 – http://routedor.free.fr – Ouvert de début avril à mi-nov. et fermé lundi sauf le midi en juil.-août et mardi

Formule 19 € – Menu 29 € (semaine) – Carte 36/48 € *(réservation conseillée)*

Que les chercheurs d'or ne s'enthousiasment pas trop vite... Ici, point de métal précieux mais une appétissante cuisine traditionnelle qui s'inspire du terroir. À savourer dans le décor rustique de cette petite auberge du 17e s. au pied de l'église du village. Et aux beaux jours, profitez de la jolie terrasse !

CANDÉ-SUR-BEUVRON

41120 (Loir-et-Cher) – 1 479 hab. – **Voir carte n°11-A1**
Paris 199 km – Blois 15 km – Chaumont-sur-Loire 7 km – Montrichard 21 km
Carte Michelin 318-E7

Auberge de la Caillère

36 rte de Montils – 02 54 44 03 08 – www.aubergedelacaillere.com – fermé 1er janv.-13 fév.
16 ch – 64/76 € 64/76 € – 10 € – ½ P
Rest – Formule 19 € – Menu 32 € (semaine)/42 € – Carte 46/62 € *(fermé merc.)*
Après avoir travaillé en Australie et au Canada, Aurélie et Éric ont repris en 2013 cet hôtel-restaurant de tradition. Jardin, poutres, cheminée, etc. : cette ancienne fermette conserve son cachet rustique, et les chambres – dans une extension plus récente – sont bien tenues. Parfait pour sillonner le val de Loire.

LE CANET – 13 Bouches-du-Rhône → voir Aix-en-Provence

CANET – 11 Aude → voir Narbonne

CANET-EN-ROUSSILLON

66140 (Pyrénées-Orientales) – 13 293 hab. – **Voir carte n°22-B3**
Paris 849 km – Argelès-sur-Mer 21 km – Narbonne 66 km – Perpignan 11 km
Carte Michelin 344-J6

à Canet-Plage – 66140

Les Flamants Roses

1 voie des Flamants-Roses, par ① – 04 68 51 60 60 – www.hotel-flamants-roses.com
60 ch – 140/380 € 140/380 € – 3 suites – 19 € – ½ P
Rest *L'Horizon* – voir les restaurants ci-après
Cet établissement récent borde la plage et est couplé à un centre de thalasso qui ravira les adeptes du genre : piscines intérieures, hammam et soins de qualité ! Quant aux chambres, ouvertes sur les flots ou le jardin, elles sont très chaleureuses.

Ibis Styles sans rest

120 prom. de la Côte-Vermeille – 04 68 80 28 59 – www.ibisstyles.com
48 ch – 99/159 € 99/159 € Plan : BZ**b**
Un hôtel de bord de mer avec des chambres fonctionnelles et confortables (lits king size), à préférer côté Méditerranée, avec balcon.

Le Galion

20 bis av. du Grand-large – 04 68 80 28 23 – www.hotel-le-galion.com
28 ch – 72/145 € 72/145 € – 11 € – ½ P Plan : BZ**r**
Rest – Formule 18 € – Menu 26/32 € – Carte 34/57 €
Cet hôtel familial abrite des chambres sobres et bien tenues ; certaines disposent d'un balcon. Les petits plus : la piscine chauffée et le parking clos. Idéal pour une étape.

L'Horizon – Hôtel les Flamants Roses

1 voie des Flamants-Roses, par ① – 04 68 51 60 60 – www.hotel-flamants-roses.com
Formule 23 € – Menu 29 € (déj. en semaine), 48/65 € – Carte environ 51 €
Envie d'admirer l'horizon ? Rendez-vous dans ce restaurant en bord de mer ! Vous y dégusterez des poissons ultrafrais, de beaux légumes issus des producteurs locaux, etc. En toute logique, les plats sont résolument méditerranéens. Un menu diététique est aussi proposé.

Le Don Quichotte

22 av. de Catalogne – 04 68 80 35 17 – www.ledonquichotte.com – Fermé mi-janv.-mi-fév., lundi et mardi hors saison Plan : BY**r**
Menu 20 € (déj. en semaine)/51 € – Carte 48/54 €
Dans ce restaurant, point de moulins à vent mais une belle cuisine traditionnelle à l'accent catalan ! Et si peu que vous soyez un amateur de vin, vous apprécierez la sélection de crus issus des quatre coins de la France. Bref, tout pour passer un bon moment.

CANET-PLAGE

Aigues Marines (R. des) .... **BZ** 2
Albères (R. des) .... **BY** 5
Amandiers (R. des) .... **BY** 6
Anémones (Bd des) .... **AYZ** 7
Balcons du Front de Mer (Av. des) **BZ** 8
Bourgogne-Morvan (R.) .... **BZ** 9
Capcir (Galerie du) .... **BY** 12
Cassanyes (Galerie) .... **BY** 14
Catalogne (Av. de la) .... **BY** 15
Cerdagne (R. de) .... **BY** 18
Cerisiers (R. des) .... **BY** 20
Champagne (R. de) .... **BZ** 22
Coquillages (R. des) .... **BZ** 25
Corbières (R. des) .... **BY** 28
Grande-Bretagne (R. de) .... **BYZ** 29
Gratia (Av. Edmond) .... **BZ** 30
Île-de-France (R.) .... **BZ** 32
Jouy d'Arnaud (R.) .... **BY** 33
Pountarrou (Av. du) .... **AY** 34
Pyrénées (R. des) .... **BY** 35
Sardane (R. de la) .... **ABY** 36

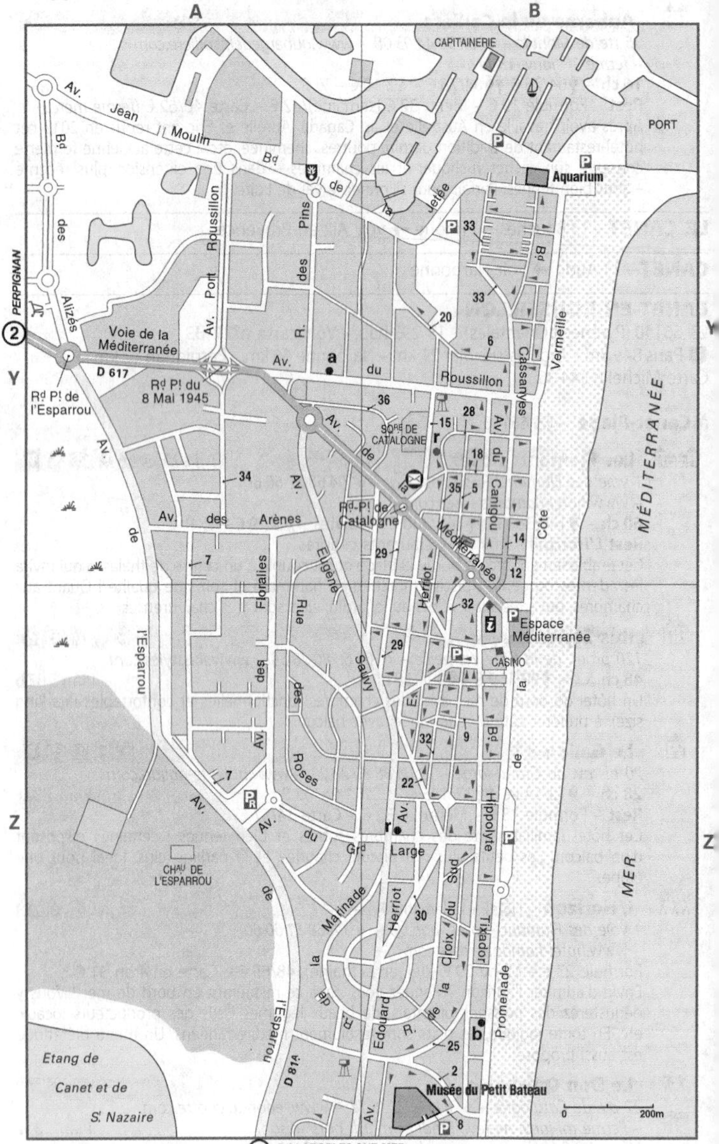

CANGEY

✉ 37530 (Indre-et-Loire) – 1 083 hab. – **Voir carte n°11-A1**
Paris 210 km – Amboise 12 km – Blois 28 km – Montrichard 26 km
Carte Michelin 317-P4 – Guide Vert Michelin Châteaux de la Loire

Le Fleuray

7 km au Nord, par D 74 rte Dame-Marie-les-Bois – ✆ 02 47 56 09 25
– *www.lefleurayhotel.com* – *Fermé 17 nov.-1er déc. et 20-25 déc.*
24 ch – †98/158 € ††98/158 € – 1 suite – ☕ 15 € – ½ P
Rest – Menu 29/39 € – Carte 32/54 € *(fermé le midi sauf sam. et dim.) (réservation conseillée)*
Une ferme restaurée, si charmante avec son verger et sa piscine ! On vous accueille avec le sourire, et les chambres, coquettes, ont des noms de fleurs... Restaurant façon jardin d'hiver, avec une belle vue sur la campagne.

CANNES

✉ 06400 (Alpes-Maritimes) – 73 234 hab. – **Voir carte n°42-E2**
Paris 898 km – Aix-en-Provence 149 km – Marseille 160 km – Nice 33 km
Carte Michelin 341-D6 – Guide Vert Michelin Côte d'Azur

Hôtels

Grand Hyatt Martinez

73 bd de la Croisette – *04 93 90 12 34*
– *www.cannesmartinez.grand.hyatt.com* Plan : DZ**n**
395 ch – 180/1500 € 180/1500 € – 14 suites – 42 €
Rest *La Palme d'Or*
Rest *Le Relais* – voir les restaurants ci-après
Rest *Z. Plage* 04 92 98 73 19 – Menu 37 € – Carte 55/135 €
(ouvert début avril-mi-oct. et fermé le soir sauf juil.-août)
Un véritable monument ! Majestueusement dressée face à la Méditerranée, sa façade Art déco immaculée (1929) porte en elle l'histoire de la villégiature version Côte d'Azur et... du festival de cinéma. Du spa, au dernier étage, jusqu'à la plage, confort exquis et prestations haut de gamme cultivent le mythe de la Croisette !

Majestic Barrière

10 bd de la Croisette – *04 92 98 77 00* – *www.majestic-barriere.com*
– *Fermé 3 semaines en déc. et 3 semaines en fév.* Plan : BZ**n**
322 ch – 210/2690 € 210/2690 € – 27 suites – 39 €
Rest *Fouquet's*
Rest *La Petite Maison de Nicole* – voir les restaurants ci-après
Rest *La Plage du Majestic* 04 92 98 77 32 – Carte 53/110 €
(ouvert début avril-fin sept. et fermé le soir)
Face au palais des Festivals, son imposante façade toute blanche évoque le faste des Années folles. Les lieux rivalisent de luxe, de confort et de raffinement contemporain, pour un séjour chic et exclusif, bien à l'image de la cité azuréenne !

InterContinental Carlton

58 bd de la Croisette – *04 93 06 40 06*
– *www.intercontinental.com/cannes* Plan : CZ**e**
304 ch – 189/1380 € 189/1380 € – 39 suites – 41 €
Rest *Carlton Restaurant* 04 93 06 40 21 – Carte 70/100 €
Rest *La Plage* 04 93 06 44 94 – Menu 44 € – Carte 65/150 €
(ouvert avril-oct. et fermé le soir)
Faut-il encore présenter le Carlton ? Inauguré en 1913, l'établissement s'est hissé parmi les hôtels mythiques de la Riviera. L'histoire imprègne ses murs, où sont passés plusieurs générations d'hôtes illustres. Le classicisme est la marque des lieux !

Five Seas
1 r. Notre-Dame – 04 63 36 05 05 – www.five-seas-hotel-cannes.com – Fermé 17 déc.-30 janv. Plan : BY**g**
30 ch – 195/790 € 195/790 € – 15 suites
Rest *Sea Sens* – voir les restaurants ci-après
À deux pas de la Croisette, cet hôtel inauguré en 2011 n'a rien d'impersonnel : décor soigné jusque dans les détails, belles ambiances (principalement sur le thème du voyage), équipements dernier cri, salon de thé – avec de délicieuses pâtisseries –, petite piscine au 5e étage... Une très agréable villégiature !

Le Grand Hôtel
rest,
45 bd de la Croisette – 04 93 38 15 45 – www.grand-hotel-cannes.com – Fermé 8 déc.-29 janv. Plan : CZ**b**
72 ch – 140/1800 € 140/1800 € – 3 suites – 34 €
Rest *Le Park 45* – voir les restaurants ci-après
Rest *La Plage 45* 04 93 38 19 57 – Carte 39/58 € *(ouvert 1er avril-10 oct. et fermé le soir)*
Un établissement de caractère sur la Croisette, au calme derrière un superbe îlot de verdure... On le sait, les années 1970 sont aujourd'hui à la mode, et les chambres jouent cette carte "revival" avec raffinement et élégance (mobilier design, tons vintage) : une réussite qui convertira même les plus rétifs.

JW Marriott
50 bd de la Croisette – 04 92 99 70 00 – www.jwmarriottcannes.com
211 ch – 189/1259 € 189/1259 € – 50 suites – 35 € Plan : CZ**a**
Rest *JW Grill* 04 92 99 70 92 – Carte 58/116 €
Photos noir et blanc d'acteurs mythiques, tons reposants : les chambres, très confortables, évoquent le cinéma... Et pour cause : face à la mer, ce bel hôtel contemporain a été créé en lieu et place de l'ancien palais des Festivals ! Pour se restaurer, un élégant steakhouse.

Gray d'Albion sans rest
38 r. des Serbes – 04 92 99 79 79 – www.gray-dalbion.com – Fermé 5-25 déc.
199 ch – 160/2890 € 160/2890 € – 28 € Plan : BZ**d**
Entre la Croisette et la rue d'Antibes, cet hôtel est une valeur sûre pour tous ceux – hommes d'affaires ou touristes – qui sont en quête d'un haut niveau de confort et de prestations contemporaines.

Radisson Blu 1835 Hotel & Thalasso
1 bd Jean-Hibert – 04 92 99 73 10 – www.radissonblu.com/hotel-cannes Plan : AZ**n**
118 ch – 100/875 € 150/875 € – 16 suites – 27 €
Rest *Le 360°* – voir les restaurants ci-après
À la pointe du vieux port, véritable figure de proue, l'hôtel domine la baie de Cannes. Les chambres allient grand confort, esprit contemporain et... vue sur le large : un cocktail séduisant. De plus, on dispose d'un accès (payant) aux thermes marins avec bain japonais, hammam, etc.

Le Canberra sans rest
120 r. d'Antibes – 04 97 06 95 00 – www.hotel-cannes-canberra.com
30 ch – 140/595 € 140/595 € – 5 suites – 21 € Plan : CZ**k**
Une jolie bâtisse traditionnelle au charme un peu rétro, avec un jardin verdoyant. Les chambres arborent un décor contemporain plutôt plaisant et se révèlent confortables, même si certaines sont plus petites. Le must : côté piscine, on jouit d'une vue dégagée et d'un bel ensoleillement...

Montaigne & Spa N sans rest
4 r. Montaigne – 04 97 06 03 40 – www.hotel-montaigne.eu Plan : BY**m**
96 ch – 109/540 € 109/540 € – 17 €
Un hôtel flambant neuf, dans une ruelle proche du boulevard Carnot. Les chambres jouent la carte contemporaine, dans un dégradé de tons blanc ou beige... Et pour la détente, direction l'espace spa au sous-sol, avec son agréable piscine !

CANNES

Albert-Édouard (Jetée) **BZ**
Alexandre-III (Bd) **X** 2
Alsace (Bd) **BDY**
Anc.-Combattants-d'Afrique-du-Nord (Av.) **AYZ** 4
André (R. du Cdt) **CZ**
Antibes (R. d') **BCY**
Bachaga-Saïd-Boualam (Av.) **AY** 5
Beauséjour (Av.) **DYZ**
Beau-Soleil (Bd) **X** 10
Belges (R. des) **BZ** 12
Blanc (R. Louis) **AYZ**
Broussailles (Av. des) **V** 16
Buttura (R.) **BZ** 17
Canada (R. du) **DZ**
Carnot (Bd) **X**
Carnot (Square) **V** 20
Castre (Pl. de la) **AZ** 21
Chabaud (R.) **CY** 22
Clemenceau (R. G.) **AZ**
Coteaux (Av. des) **V**
Croisette (Bd de la) **BDZ**
Croix-des-Gardes (Bd) **VX** 29
Delaup (Bd) **AY** 30
Dr-Pierre Gazagnaire (R.) **AZ** 32
Dr-R. Picaud (Av.) **X**
Dollfus (R. Jean) **AZ** 33
États-Unis (R. des) **CZ** 35
Favorite (Av. de la) **X** 38
Félix-Faure (R.) **ABZ**
Ferrage (Bd de la) **ABY** 40
Fiesole (Av.) **X** 43
Foch (R. du Mar.) **BY** 44
Gallieni (R. du Mar.) **BY, X** 48
Gaulle (Pl. Gén.-de) **BZ** 51
Gazagnaire (Bd Eugène) **X**
Grasse (Av. de) **VX** 53
Guynemer (Bd) **AY**
Hespérides (Av. des) **X** 55
Hibert (Bd Jean) **AZ**
Hibert (R.) **AZ**
Isola-Bella (Av. d') **X**
Jean-Jaurès (R.) **BCY**
Joffre (R. du Mar.) **BY** 60
Juin (Av. Mar.) **DZ**
Koening (Av. Gén.) **DY**
Lacour (Bd Alexandre) **X** 62
Latour-Maubourg (R.) **DZ**
Lattre-de-Tassigny (Av. de) **AY** 63
Laubeuf (Quai Max) **AZ**
Lérins (Av. de) **X** 65
Liberté-Charles de Gaulle (A. de la) **AZ** 70
Lorraine (Bd de) **CDY**
Macé (R.) **CZ** 66
Madrid (Av. de) **DZ**
Meynadier (R.) **ABY**
Midi (Bd du) **X**
Mimont (R. de) **BY**
Montfleury (Bd) **CDY** 74
Monti (R. Marius) **AY** 75
Mont-Chevalier (R. du) **AZ** 72
Noailles (Av. J.-de) **X**
Observatoire (Bd de l') **X** 84
Oxford (Bd d') **V** 87
Paillassou (Av. R. et I.) **V** 64
Pantiero (La) **ABZ**
Paradis-Terrestre (Corniches du) **V** 88
Pasteur (R.) **DZ**
Pastour (R. Louis) **AY** 90
Perier (Bd du) **V** 91
Perrissol (R. Louis) **AZ** 92
Petit-Juas (Av. du) **VX**
Pins (Bd des) **X** 95
Pompidou (Espl. G.) **BZ**
Prince-de-Galles (Av. du) **X** 97
République (Bd de la) **X**
Riouffe (R. Jean de) **BY** 98
Riou (Bd du) **VX**
Roi-Albert 1er (Av.) **X**
Rouguière (R.) **BY** 100
St-Antoine (R.) **AZ** 102
St-Nicolas (Av.) **BY** 105
St-Pierre (Quai) **AZ**
Sardou (R. Léandre) **X** 108
Serbes (R. des) **BZ** 110
Source (Bd de la) **X** 112
Stanislas (Pl.) **AY**
Strasbourg (Bd de) **CDY**
Teisseire (R.) **CY** 114
Tuby (Bd Victor) **AYZ** 115
Vallauris (Av. de) **VX** 116
Vallombrosa (Bd) **AY**
Vautrin (Bd Gén.) **DZ**
Vidal (R. du Cdt) **CY**
Wemyss (Av. Amiral Wester) **X**
1ère Division-Française (Bd de la) **BCY**

LE CANNET

Aubarède (Ch. de l') **V**
Bellevue (Pl.) **V**
Bréguières (Rte des) **V**
Cannes (R. de) **V**
Carnot (Bd) **V**
Cheval (Av. Maurice) **V**
Collines (Ch. des) **V**
Doumer (Bd Paul) **V**
Écoles (Av. des) **V**
Four-à-Chaux (Bd du) **V**
Gambetta (Bd) **V**
Gaulle (Av. Gén.-de) **V**
Jeanpierre (Av. Maurice) **V**
Mermoz (Av. Jean) **V**
Monod (Bd Jacques) **V**
Mont-Joli (Av. du) **V**
N.-D.-des-Anges (Av.) **V**
Olivetum (Bd d') **V**
Olivet (Ch. de l') **V**
Paris (R. de) **V**
Pinède (Av. de la) **V**
Pompidou (Av. Georges) **V**
République (Bd de la) **V**
Roosevelt (Av. Franklin) **V**
St-Sauveur (R.) **V**
Victoria (Av.) **V**
Victor-Hugo (R.) **V**

VALLAURIS

Cannes (Av. de) **V**
Clemenceau (Av. G.) **V**
Dr J. Ugo (Bd du) **V**
Golfe (Av. du) **V**
Picasso (Av. Pablo) **V**
Rouvier (Bd Maurice) **V**
Tapis-Vert (Av. du) **V**

CANNES

0 200 m

ÎLES DE LÉRINS

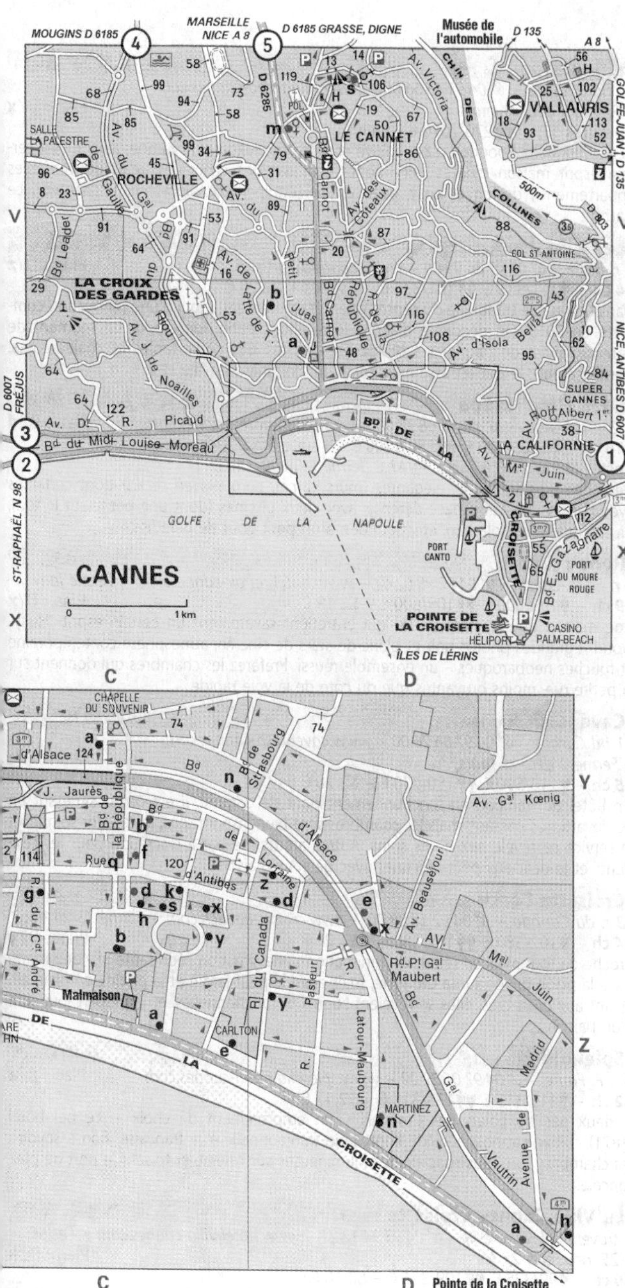
CANNES
MOUGINS D 6185
MARSEILLE NICE A 8
D 6185 GRASSE, DIGNE
Musée de l'automobile
D 135
A 8
VALLAURIS
LE CANNET
ROCHEVILLE
SALLE LA PALESTRE
LA CROIX DES GARDES
GOLFE-JUAN D 135
NICE, ANTIBES D 6007
D 6007 FRÉJUS
ST-RAPHAËL N 98
COL ST-ANTOINE
SUPER CANNES
LA CALIFORNIE
GOLFE DE LA NAPOULE
PORT CANTO
PORT DU MOURE ROUGE
POINTE DE LA CROISETTE
CASINO PALM-BEACH
HÉLIPORT
ÎLES DE LÉRINS
CHAPELLE DU SOUVENIR
Malmaison
CARLTON
MARTINEZ
Pointe de la Croisette

Villa Garbo sans rest
64 bd d'Alsace – ☎ 04 93 46 66 00 – www.villagarbo-cannes.com – Fermé 7 déc.-31 mars Plan : DZ**x**
10 suites ☕ – ††220/1070 € – 1 ch
Cette villa Belle Époque (1884) cultive son charme luxueux et raffiné, ainsi qu'un certain esprit maison d'hôtes... Elle abrite non pas des chambres, mais de véritables appartements, design et cosy, avec un bel équipement high-tech. Enchanteur, ce Garbo !

Le Patio des Artistes Ⓝ sans rest
6 r. Bône – ☎ 04 97 06 99 00 – www.lepatiodesartistes.fr Plan : DY**z**
64 ch – †101/335 € ††101/335 € – 9 suites – ☕ 20 €
Dans une ruelle tranquille du centre-ville, l'établissement a joui d'une rénovation complète en 2013. On découvre d'abord le ravissant patio, idéal pour un moment de détente, avant de gagner les chambres – toutes très confortables et chaleureuses. Dernier atout : le toit-terrasse avec solarium, dominant la ville et le port...

Eden Hôtel & Spa
133 r. d'Antibes – ☎ 04 93 68 78 00 – www.eden-hotel-cannes.com Plan : DZ**d**
116 ch – †150/1100 € ††150/1100 € – 1 suite – ☕ 20 €
Rest – Menu 27 € – Carte 34/47 € *(fermé le midi)*
Des chambres sobres et élégantes (murs camel, parquets en teck...) dont certaines avec balcon ; un bel espace détente, avec deux piscines (dont une petite sur le toit), un hammam, un solarium, etc. Cet Éden a un petit goût de paradis...

Renoir sans rest
7 r. Edith-Cavell – ☎ 04 92 99 62 62 – www.hotel-renoir-cannes.com – Fermé janv. Plan : BY**x**
29 ch – †109/800 € ††109/800 € – ☕ 19 €
Une maison de caractère (1913) qui entretient savamment un certain esprit "Hollywood" : grandes photos noir et blanc de stars de cinéma, atmosphère contemporaine et touches néobaroques – un ensemble réussi. Préférez les chambres qui donnent sur la petite rue, moins bruyantes que du côté de la voie rapide.

Cavendish sans rest
11 bd Carnot – ☎ 04 97 06 26 00 – www.cavendish-cannes.com – Fermé 7 déc.-15 mars Plan : BY**t**
35 ch – †110/590 € ††150/750 € – ☕ 20 €
Un hôtel de tradition au fonctionnement haut de gamme. Il est certes situé sur un boulevard très passant, mais les chambres sont bien insonorisées, leur décor soigné, et le service se révèle aux petits soins. Autres atouts : le bar à discrétion pour les résidents et le délicieux petit-déjeuner avec gâteaux maison !

Croisette Beach sans rest
13 r. du Canada – ☎ 04 92 18 88 00 – www.croisettebeach.com – Fermé 13-25 déc. Plan : DZ**y**
94 ch – †102/580 € ††102/580 € – ☕ 21 €
Proche de tout mais en retrait de l'animation : une situation séduisante ! Évidemment, il y a la plage privée sur la Croisette, mais aussi le petit jardin et la piscine en plein air. Quant aux chambres, elles se révèlent sobres et fonctionnelles, et la plupart jouissent d'un balcon...

Splendid sans rest
4 r. F.-Faure – ☎ 04 97 06 22 22 – www.splendid-hotel-cannes.com Plan : BZ**a**
62 ch – †115/315 € ††115/315 € – ☕ 17 €
À deux pas du palais des Festivals – un emplacement de choix –, ce bel hôtel (1871) cultive l'atmosphère de l'hôtellerie traditionnelle à la française. Bon à savoir : les chambres sont plus spacieuses et lumineuses sur l'avant, et toisent le port de plaisance...

La Villa Cannes Croisette sans rest
8 traverse Alexandre-III – ☎ 04 93 94 12 21 – www.hotel-villa-cannes.com – Fermé 6-25 janv. et 5-27 fév. Plan : DZ**h**
30 ch – †99/325 € ††109/325 € – ☕ 18 €
De grands miroirs ouvragés, des tissus délicats, de gros motifs stylisés, des dominantes d'or et de noir... Ces deux villas réunies par un jardin ont été entièrement rénovées en 2012 dans un style néobaroque : l'atmosphère est superbement glamour ! Préférez les chambres sur l'arrière, préservées de la voie ferrée voisine.

Hôtel de Paris sans rest
34 bd d'Alsace – ✆ 04 93 38 30 89 – www.hoteldeparis.fr
– Fermé 6-27 déc. et 3-30 janv. Plan : CY**a**
47 ch – †125/205 € ††135/215 € – 10 suites – ☕ 18 €
Près d'un axe fréquenté, cet hôtel Belle Époque, bien insonorisé, a été rénové dans un élégant style contemporain. Les chambres sont bien tenues ; dans une maison voisine, on découvre sept beaux appartements, parfaits pour les longs séjours.

Victoria sans rest
rd-pt Duboys-d'Angers – ✆ 04 92 59 40 00 – www.cannes-hotel-victoria.com
– Fermé 18 nov.-26 déc. Plan : CZ**x**
25 ch – †110/450 € ††110/450 € – ☕ 19 €
Tout près de la Croisette, dans un immeuble d'habitation. Les chambres sont sobres (tons beige et bleu) et confortables, à préférer côté jardin – avec balcon ! En prime, le bar donne sur la terrasse, face à la petite piscine.

Cézanne sans rest
40 bd d'Alsace – ✆ 04 92 59 41 00 – www.hotel-cezanne.com Plan : CY**n**
28 ch – †109/800 € ††109/800 € – ☕ 17 €
Un hôtel de bon standing niché derrière un joli jardin, qui l'isole de la circulation automobile sur le boulevard. Bien insonorisées et confortables, les chambres sont résolument modernes et colorées. On peut prendre le petit-déjeuner en terrasse aux beaux jours.

America sans rest
13 r. St-Honoré – ✆ 04 93 06 75 75 – www.hotel-america.com
– Fermé 15 déc.-15 janv. Plan : BZ**r**
29 ch – †80/450 € ††80/450 € – ☕ 15 €
Dans une petite rue calme proche de la Croisette, cet hôtel a quelque chose de ces jolies maisons de vacances chic de la côte Est des États-Unis... Les chambres, cosy et dans l'air du temps, sont bien insonorisées. Good Morning America !

Fouquet's sans rest
2 rd-pt Duboys-d'Angers – ✆ 04 92 59 25 00 – www.le-fouquets.com
– Ouvert de mai à oct. Plan : CZ**y**
13 ch – †130/290 € ††160/390 € – ☕ 14 €
Ce petit hôtel familial – qui peut compter une clientèle fidèle – a subi une belle cure de jouvence : drapés rouges, balcons ouvragés... pour des chambres spacieuses et confortables.

Cannes Riviera sans rest
16 bd d'Alsace – ✆ 04 97 06 20 40 – www.cannesriviera.com Plan : BY**r**
64 ch – †105/415 € ††120/415 € – ☕ 17 €
Sur la façade, le portrait géant de Marilyn Monroe attire l'œil, mais à l'intérieur le mobilier et la décoration colorée ne trompent pas : nous sommes en Provence. Les chambres sont bien insonorisées, et l'on peut profiter de la piscine panoramique sur le toit !

Château de la Tour
10 av. Font-de-Veyre, par ③ – ✆ 04 93 90 52 52 – www.hotelchateaudelatour.com
– Fermé 5 janv.-2 mars
34 ch – †155/455 € ††155/455 € – ☕ 17 € – ½ P
Rest – Formule 32 € – Menu 39 € – Carte 39/74 €
En périphérie de Cannes, un castel provençal (19e s.) dans un beau jardin, où l'on cultive l'art de la quiétude. Les chambres ont été décorées dans un style contemporain cossu et glamour, qui prête au confort. Et l'on peut profiter de la très belle terrasse du restaurant face à la piscine...

Villa de l'Olivier sans rest
5 r. Tambourinaires – ✆ 04 93 39 53 28 – www.hotelolivier.com
– Fermé 28 nov.-26 déc., 5-31 janv. et 5-28 fév. Plan : AZ**e**
21 ch – †80/190 € ††90/190 € – 1 suite – ☕ 14 €
À proximité du quartier du Suquet, cet hôtel familial abrite des chambres coquettes et colorées (plus lumineuses sur l'avant), dont certaines jouissent d'une terrasse avec vue sur l'Esterel. On prend son petit-déjeuner dans la véranda ou dans un paisible patio... Un bon point de chute !

Hôtel de Provence sans rest

9 r. Molière – ✆ 04 93 38 44 35 – www.hotel-de-provence.com – Fermé 5-27 fév.

32 ch – 75/350 € 92/350 € – 10 € Plan : CZ**s**

Pour l'anecdote, la chambre n°15 de cet hôtel a accueilli François Hollande pendant la campagne présidentielle de 2012... Une chambre "normale", mais bénéficiant d'un balcon donnant sur un petit jardinet planté de palmiers ! Une bonne étape.

Idéal Séjour Ⓝ sans rest

6 allée du Parc-des-Vallergues , (par l'av. Jean-de-Lattre-de-Tassigny) – ✆ 04 93 39 16 66 – www.ideal-sejour.com Plan : X**b**

16 ch – 68/81 € 79/99 € – 10 €

Cette villa au calme, loin du centre-ville, pourrait vous surprendre... Cinéma, bande dessinée, commedia dell'arte : la propriétaire, passionnée de littérature, a laissé libre cours à son imagination pour décorer les chambres. Pour un séjour original !

Molière Ⓝ sans rest

5 r. Molière – ✆ 04 93 38 16 16 – www.hotel-moliere.com – Fermé 8 déc.-12 janv.

24 ch – 80/200 € 80/200 € – 11 € Plan : CZ**h**

Un établissement tendance, décoré dans des tons brun, beige et taupe. Côté sud, les chambres avec balcon permettent de prendre un vrai bain de soleil cannois. Au réveil, le petit-déjeuner est servi en terrasse, dans un décor de verdure... Séduisant !

Florian sans rest

8 r. du Cdt-André – ✆ 04 93 39 24 82 – www.hotel-leflorian.com – Fermé 1er déc.-15 janv. Plan : CZ**g**

20 ch – 57/90 € 67/100 € – 6 €

Un petit hôtel familial modeste et accueillant. Les chambres (certaines avec balcon) sont bien tenues, fonctionnelles, et les propriétaires sont aux petits soins pour la clientèle. Dernière chose : les prix sont sages...

Restaurants

XXXX ✿✿ **La Palme d'Or** – Hôtel Grand Hyatt Martinez

73 bd de la Croisette – ✆ 04 92 98 74 14 – www.cannesmartinez.grand.hyatt.com – Fermé janv.-fév., mardi sauf de juin à oct., dim. et lundi Plan : DZ**n**

Menu 69 € (déj.), 185/205 € – Carte 120/200 €

Dans le somptueux cadre Art déco du Martinez, on domine la Croisette et la baie de Cannes... tout en atteignant des hauteurs gastronomiques. Dans ce restaurant au luxe discret et raffiné, le chef, Christian Sinicropi, signe une cuisine très créative et sophistiquée, gorgée de soleil, qui mérite bien sa Palme d'Or ! → Araignée de mer cuisinée comme une crème caramel. Noix de ris de veau, glace de veau et riz soufflé au romarin. Citron de Menton décliné en différentes textures, suprême glacé à la bergamote.

XXX **Fouquet's** – Hôtel Majestic Barrière

10 bd de la Croisette – ✆ 04 92 98 77 05 – www.majestic-barriere.com – Fermé 3 semaines en déc. et 3 semaines en fév. Plan : BZ**n**

Formule 34 € – Menu 75 € – Carte 63/141 €

Fauteuils bleu nuit, dorures et moulures créent une ambiance très chic, tandis que la carte célèbre avec soin les incontournables des brasseries haut de gamme, dans la lignée de la fameuse maison parisienne du même nom... À ceci près qu'ici, la terrasse sous le soleil est éminemment cannoise !

XXX ✿ **Le Park 45** – Le Grand Hôtel

45 bd de la Croisette – ✆ 04 93 38 15 45 – www.grand-hotel-cannes.com – Fermé 8 déc.-29 janv. Plan : CZ**b**

Formule 34 € – Menu 50/115 € – Carte 72/95 € *(fermé le midi en juil.-août)*

Riche d'une belle expérience, le chef exécute une cuisine toute de fraîcheur et de saveurs, et met le produit en valeur avec un plaisir évident. Le nouveau décor du restaurant, élégant et plein de couleurs, ajoute encore au plaisir du repas. Et depuis la terrasse, on apprécie la vue sur le parc...

→ Émietté de tourteau au curry de Madras. Saint-pierre en aiguillette à la plancha et fleurs de courgette farcies. Vacherin ananas au beurre, chantilly au poivre long et son caviar passion.

XXX **Le Mesclun**

16 r. St-Antoine – ✆ 04 93 99 45 19 – www.lemesclun-restaurant.com – Fermé 29 juin-8 juil., 2 fév.-4 mars, dim. et le midi Plan : AZ**t**

Menu 49 € – Carte 79/139 €

Lumière tamisée, boiseries, tableaux peints par la propriétaire elle-même... Une atmosphère cossue et cosy, idéale pour déguster une cuisine méditerranéenne goûteuse et soignée, en prise sur les saisons. Les spécialités ? Noix de Saint-Jacques rôties et compote de pommes vertes à l'estragon, filet de canette au miel d'épices, etc.

XX **Sea Sens** – Hôtel Five Seas

1 r. Notre-Dame – ✆ 04 63 36 05 06 – www.five-seas-hotel-cannes.com – Fermé 17 déc.-30 janv. Plan : BZ**g**

Formule 29 € – Menu 39 € (déj. en semaine), 55/120 € – Carte 50/95 € *(fermé dim. et lundi)*

Un jeune chef passé par de grandes maisons et un pâtissier sacré champion du monde des desserts : tout au fil du repas, le duo fait mouche. Produits de qualité, maîtrise d'exécution, parfums marqués... et jolie vue sur les toits de la ville : nul doute, voilà une table qui monte ! Offre plus simple au déjeuner.

➜ Cuisine du marché.

XX **Le Relais** – Hôtel Martinez

73 bd de la Croisette – ✆ 04 92 98 74 12 – www.cannesmartinez.grand.hyatt.com

Formule 27 € – Menu 32 € (déj. en semaine)/65 € – Carte 55/110 € Plan : DZ**n**

Une atmosphère décontractée règne dans cette brasserie moderne rattachée au célébrissime Martinez... ou comment allier esprit palace et ambiance informelle. La carte marie habilement les influences locales, la tradition et des touches plus actuelles.

XX **Le 360°** – Radisson Blu 1835 Hotel & Thalasso

1 bd Jean-Hibert – ✆ 04 92 99 73 10 – www.radissonblu.com/hotel-cannes

Formule 29 € – Menu 39 € (déj.), 49/58 € – Carte 54/74 € Plan : AZ**n**

Un cadre zen et épuré, une salle panoramique offrant une vue époustouflante – 360° oblige ! – sur la baie de Cannes et le massif de l'Esterel... Une situation de choix pour apprécier une savoureuse cuisine, dans l'air du temps, qui marie habilement produits de la région et horizons lointains, notamment asiatiques.

XX **La Petite Maison de Nicole** – Hôtel Majestic Barrière

10 bd de la Croisette – ✆ 04 92 98 77 89 – www.majestic-barriere.com – Fermé 3 semaines en déc., 3 semaines en fév. et le midi Plan : BZ**n**

Carte 67/106 €

Pissaladière, petits farcis niçois, beignets de fleurs de courgette... Une cuisine niçoise parfumée et généreuse, au sein du célèbre hôtel Majestic. Le décor ancre lui aussi résolument dans la région : voilages blancs, meubles en ferronnerie, vieux parquet, etc. On dirait le Sud !

XX **Mantel**

22 r. St-Antoine – ✆ 04 93 39 13 10 – www.restaurantmantel.com – Fermé mardi midi, jeudi midi, merc. et le midi en juil.-août Plan : AZ**c**

Menu 35/60 € – Carte 70/105 €

Dans un décor d'une sobriété toute contemporaine, une table de qualité pour se régaler de plats traditionnels bien ficelés, agrémentés de jolies saveurs provençales. Saumon mariné et sa salade de saison, risotto à l'italienne aux trois fromages et jus de veau, plateau de pâtisseries...

XX **La Toque d'Or** Ⓝ

11 r. Louis-Blanc – ✆ 04 93 39 68 08 – www.la-toque-dor.e-monsite.com – Fermé mardi sauf le soir en été et lundi Plan : AY**b**

Formule 20 € – Menu 30 € (déj.), 50/65 € – Carte 55/75 € *(réservation conseillée)*

Satay, wasabi, citronnelle, curry, etc. Non, vous n'êtes pas dans un restaurant asiatique ! Après un voyage en Thaïlande, le chef a ramené dans ses valises toutes ces saveurs pour agrémenter des mets aussi hexagonaux que le turbot ou la joue de porc... Le résultat : une cuisine personnelle et pleine de surprises !

Da Bouttau - Auberge Provençale

10 r. St-Antoine – 04 92 99 27 17 – www.auberge-provençale.com Plan : AZ**d**
Formule 22 € – Menu 30 € – Carte 52/86 €
Sur la route qui monte au Suquet, une auberge fondée par Alexandre Bouttau... en 1860 ! On s'y installe dans l'une des petites salles de style classique pour apprécier de bonnes recettes traditionnelles, bien faites et parfumées. Entre les plats, on regarde des photos de célébrités ayant fréquenté cette table...

Yo'mo Lounge

25 r. Hoche – 04 93 39 50 00 – www.yomolounge.com – Fermé dim.
Formule 15 € – Menu 20 € (déj.), 24/42 € – Carte 35/70 € Plan : BY**y**
Un mot, d'abord, sur l'ambiance : la déco mêle mobilier des années 1950, touches asiatiques et art contemporain. C'est réussi ! Du côté des assiettes, le métissage est aussi de rigueur avec des recettes à tendance méditerranéenne qui passent par le Liban, la Grèce ou l'Italie. De quoi donner des envies de grand départ...

Le Restaurant Arménien

82 bd de la Croisette – 04 93 94 00 58 – www.lerestaurantarmenien.com – Fermé lundi hors saison et le midi sauf dim. Plan : DZ**a**
Menu 47 €
Le menu du jour – un bel assortiment de mezze frais et subtils – mène sur les routes parfumées d'Arménie... Un joli voyage ! En outre, on sert jusqu'à minuit, la carte des vins est particulièrement attrayante et l'on peut même manger végétarien.

Relais des Semailles

9 r. St-Antoine – 04 93 39 22 32 – www.lerelaisdessemailles.fr – Fermé lundi midi
Formule 24 € – Menu 32/45 € – Carte 50/85 € Plan : AZ**z**
Une vieille maison datant de la fin du 17e s., avec poutres apparentes, bibelots, cheminée et meubles anciens. L'atmosphère est cosy, apaisante, et recèle un charme indéfinissable, presque romantique... L'endroit idéal pour déguster de sympathiques plats traditionnels à l'accent provençal !

L'Affable

5 r. La Fontaine – 04 93 68 02 09 – www.restaurant-laffable.fr – Fermé août, sam. midi et dim. Plan : CZ**d**
Formule 23 € – Menu 27 € (déj.), 42 € – Carte 69/83 €
Dans le centre de Cannes, ce bistrot contemporain a le vent en poupe et dévoile de beaux atouts... au premier rang desquels sa carte, qui change avec le marché : calamars poêlés aux olives et tomates, rognon de veau à la moutarde de Meaux, sans oublier le soufflé au Grand Marnier, un best-seller de la maison !

Bistro Les Canailles

12 r. Jean-Daumas – 04 93 68 12 10 – www.bistro-lescanailles.com – Fermé dim. et lundi sauf congrès Plan : CY**b**
Carte 28/41 €
Ce bistrot est un rendez-vous apprécié des Cannois... Chic ? Oui, mais également décontracté et sympathique. Au comptoir, atmosphère de bar à vins autour de jolis nectars proposés au verre. Et à l'ardoise ? D'incontournables plats bistrotiers et canailles, ainsi qu'une jolie cuisine du marché, fraîche et tout simplement bonne.

Caveau 30

45 r. Félix-Faure – 04 93 39 06 33 – www.lecaveau30.com – Fermé 10-20 janv.
Formule 17 € – Menu 27/37 € – Carte 35/66 € Plan : AZ**f**
Ce Caveau, au décor des années 1930, met à l'honneur les plats typiques de la brasserie française – fruits de mer compris ! En été, la vaste véranda devient une terrasse et l'on profite d'autant mieux de l'ambiance animée... Un lieu sympathique.

La Table du Chef

5 r. Jean-Daumas – 04 93 68 27 40 – Fermé 14-24 avril, 6-20 oct., 29 déc.-9 janv., mardi soir, merc. soir, dim. et lundi Plan : CY**f**
Formule 25 € – Menu 29/41 € *(réservation conseillée)*
À deux pas de la rue d'Antibes, ce discret petit bistrot gagne à être connu. Ses principaux atouts : un accueil prévenant et une cuisine de qualité – version bistronomie –, avec une formule du jour au déjeuner et, le soir, un unique "menu surprise" en quatre plats. Une vraie table de chef !

L'Antidote - Christophe Ferré

60 bd d'Alsace – ✆ 04 93 43 32 19 – www.lantidote-christopheferre.fr – Fermé 21 déc.-21 janv., lundi sauf le soir de mars à oct. et dim. Plan : DZ**e**

Formule 17 € – Menu 21 € (déj.), 29/49 € – Carte 44/52 € dîner

Une ancienne maison de maître du début du 20e s., que l'on rejoint en traversant une petite cour aménagée en terrasse pour les beaux jours. Au menu : des plats d'inspiration méditerranéenne, cuisinés par le chef au gré du marché, avec de nombreuses touches personnelles et modernes. Tout cela dans une ambiance conviviale !

La Cave

9 bd de la République – ✆ 04 93 99 79 87 – www.lacave-et-fils.com – Fermé 18-31 août, lundi midi, sam. midi et dim. Plan : CY**q**

Formule 21 € – Menu 26 € (déj.)/34 € – Carte 40/72 €

Un vrai petit bistrot convivial, avec banquettes et repas au coude-à-coude de rigueur. Les classiques ne manquent pas à l'appel (chou farci "Mamie Jeanne", ris de veau aux morilles, aïoli aux légumes de saison, etc.) et le chef, passionné de bons crus, a même constitué une admirable cave de près de 250 références !

Aux Bons Enfants

80 r. Meynadier – www.aux-bons-enfants.com – Fermé 30 nov.-4 janv., lundi hors vacances scolaires et dim. Plan : AZ**r**

Formule 16 € – Menu 27/34 € – Carte 32/42 € *(réservation conseillée)*

Le patron de ce sympathique bistrot ? Un vrai passionné, qui cultive avec bonheur l'art de recevoir et concocte une belle cuisine provençale, ainsi que des plats canailles bien gourmands. Pas de téléphone et paiement en liquide, mais les lieux rendent bon enfant !

Côté Jardin

12 av. St-Louis – ✆ 04 93 38 60 28 – www.restaurant-cotejardin.com – Fermé vacances de la Toussaint, dim. et lundi sauf le soir en juil.-août Plan : X**a**

Formule 25 € – Menu 32/42 €

Langoustines juste saisies et jus mousseux ; jus de pot-au-feu à l'italienne aux gnocchis et foie gras ; crumble mangue, chocolat blanc et citron vert, etc. Installé dans la véranda, côté jardin, on savoure cette cuisine actuelle, réalisée au gré du marché.

au Cannet 3 km au Nord - V – ✉ 06110 – 42 320 hab.

Villa Archange (Bruno Oger)

r. de l'Ouest, (par av. Campon-D 6285) – ✆ 04 92 18 18 28 – www.bruno-oger.com – Fermé dim., lundi et le midi sauf vend. et sam. Plan : V**m**

Menu 65 € (déj.), 95/190 € – Carte 125/184 € *(réservation conseillée)*

Une jolie bâtisse du 18e s. décorée avec beaucoup de goût (parquets, tableaux, mobilier chiné...) : un antre charmant pour découvrir la cuisine de Bruno Oger, qui signe des plats très parfumés, savamment composés et extrêmement précis dans leur exécution. Voilà qui fait pousser des ailes à la gastronomie méridionale ! ➜ Cappuccino de grenouilles et palourdes à l'échalote et au vin jaune. Jarret de veau cuisiné vingt-quatre heures, pommes écrasées à la truffe. Traou mad aux fruits de saison.

Bistrot St-Sauveur

87 r. St-Sauveur – ✆ 04 93 94 42 03 – www.bistrotsaintsauveur.fr – Fermé 7-30 juil., dim. soir et lundi Plan : V**s**

Formule 24 € 🍷 – Menu 30/35 € – Carte 30/45 € *(réservation conseillée)*

Fauteuils noirs, rideaux blancs : le décor est contemporain, dans un style épuré et séduisant, jamais tape-à-l'œil. La cuisine bistrotière du chef se déguste avec bonheur : pâté en croûte "grande tradition", filet de veau Wellington, millefeuille à la vanille... Tout est bon : le plus difficile sera de choisir !

Bistrot des Anges

r. de l'Ouest, (par av. Campon-D 6285) – ✆ 04 92 18 18 28 – www.bruno-oger.com – Fermé dim. soir de sept. à avril Plan : V**m**

Formule 24 € 🍷 – Menu 29/39 € – Carte 41/79 €

Dans l'échelle séraphique, l'équipe de la Villa Archange pense brasserie : ici, décor moderne et élégant, formules ensoleillées et chariot de douceurs... angéliques.

LE CANNET – 06 Alpes-Maritimes ➜ voir Cannes

CAPBRETON

✉ 40130 (Landes) – 7 965 hab. – **Voir carte n°3-A3**

▶ Paris 749 km – Bayonne 22 km – Biarritz 29 km – Mont-de-Marsan 90 km

Carte Michelin 335-C13 – Guide Vert Michelin Aquitaine

quartier la Pêcherie

Le Regalty

port de plaisance, (quai Mille-Sabords) – ✆ 05 58 72 22 80 – www.leregalty.fr – Fermé fin nov.-début déc., fin janv.-début fév., merc. soir et dim. soir de sept. à juin et lundi

Menu 19 € (semaine), 36/65 € – Carte 35/52 €

Au pied d'un immeuble moderne, une salle chaleureuse, en partie ouverte sur les cuisines. Un mur végétal borde la terrasse. Menu homard, belle carte des vins.

CAP COZ – 29 Finistère ➜ voir Fouesnant

CAP-d'AGDE – 34 Hérault ➜ voir Agde

CAP d'AIL

✉ 06320 (Alpes-Maritimes) – 5 022 hab. – **Voir carte n°42-E2**

▶ Paris 945 km – Monaco 3 km – Menton 14 km – Monte-Carlo 4 km

Carte Michelin 341-F5 – Guide Vert Michelin Côte d'Azur

Voir plan de Monaco (Principauté de)

Marriott Riviera La Porte de Monaco

av. du Port – ✆ 04 92 10 67 67 – www.marriottportedemonaco.com

ch, ch, Plan : AV**n**

171 ch – 🚹179/349 € 🚹🚹199/389 € – 15 suites – ☕ 24 €

Rest – Formule 20 € 🍷 – Menu 34 € (dîner) – Carte 38/55 €

À deux pas de la marina de Cap-d'Ail, la porte de l'établissement ouvre sur... Monaco ! Cet hôtel d'esprit international séduira la clientèle d'affaires comme les touristes soucieux d'un confort sûr. Les chambres les plus agréables donnent sur le port et la mer.

CAP d'ANTIBES – 06 Alpes-Maritimes ➜ voir Antibes

CAPDENAC-LE-HAUT – 46 Lot ➜ voir Figeac

CAP-FERRET

✉ 33970 (Gironde) – **Voir carte n°3-B2**

▶ Paris 650 km – Arcachon 66 km – Bordeaux 71 km – Lacanau-Océan 55 km

Carte Michelin 335-D7 – Guide Vert Michelin Aquitaine

La Frégate sans rest

34 av. de l'Océan – ✆ 05 56 60 41 62 – www.hotel-la-fregate.net – Fermé déc. et janv.

29 ch – 🚹54/175 € 🚹🚹54/175 € – ☕ 10 €

Autour d'une agréable piscine, ces deux maisons arborent un joli style balnéaire, chic et sobre à la fois... Beaucoup de blanc, deux appartements pour les séjours en famille et des parties communes chaleureuses : un endroit plaisant.

Le Pinasse Café

2 bis av. de l'Océan – ✆ 05 56 03 77 87 – www.pinassecafe.com

Formule 32 € – Menu 39 € – Carte 40/63 €

Avec sa terrasse idyllique donnant sur les flots, ce restaurant contemporain est une ode au bassin et à la dune du Pilat ! Poissons et crustacés du cru sont à l'honneur (huître en tête) et, pour l'anecdote iodée, la pinasse est le bateau traditionnel du littoral arcachonnais.

CAP GRIS-NEZ

✉ 62179 (Pas-de-Calais) – **Voir carte n°30-A1**
Paris 288 km – Arras 139 km – Boulogne-sur-Mer 21 km – Calais 32 km
Carte Michelin 301-C2

XX **La Sirène**

376 rte de la Plage – ✆ 03 21 32 95 97 – www.lasirene-capgrisnez.com
– Fermé 23-27 juin, 29 sept.-3 oct., 15 déc.-28 janv., le soir de mi-sept. à fin mars, dim. soir et lundi
Menu 29 € – Carte 32/58 €
En front de mer, un paysage sauvage et préservé... Voilà qui transporte l'imagination, avant que la cuisine n'invite à une autre poésie, celle des papilles : sole meunière, homard grillé, etc. Ici, la tradition, c'est le poisson... À déguster dans un cadre contemporain épuré.

Si vous recherchez un hébergement particulièrement agréable pour un séjour de charme, préférez les établissements signalés en rouge : ...

CAPINGHEM – 59 Nord ➜ voir Lille

CAPPELLE-LA-GRANDE – 59 Nord ➜ voir Dunkerque

CARANTEC

✉ 29660 (Finistère) – 3 189 hab. – **Voir carte n°9-B1**
Paris 552 km – Brest 71 km – Lannion 53 km – Morlaix 14 km
Carte Michelin 308-H2 – Guide Vert Michelin Bretagne Nord

L'Hôtel de Carantec

20 r. du Kelenn – ✆ 02 98 67 00 47 – www.hoteldecarantec.com
– Fermé 17 nov.-11 déc., fin janv.-début fév., dim., lundi et mardi hors saison
12 ch – †98/195 € ††120/236 € – ☕ 18 €
Rest *Patrick Jeffroy* ✿✿ – voir les restaurants ci-après
Cette charmante maison de 1936 surplombe la baie de Morlaix. Les chambres, contemporaines et épurées, donnent toutes sur la Manche (terrasse au 1er étage). Le jardin descend vers la mer et l'on peut s'y installer, serein, pour lire, boire un verre... avant de profiter de la très belle table de Patrick Jeffroy.

La Baie de Morlaix sans rest

17 bis r. Albert-Louppe – ✆ 02 98 67 07 64 – www.hotel-baiedemorlaix.com
– Fermé 6-19 janv.
16 ch – †58/75 € ††62/89 € – ☕ 8,50 €
Un établissement bien situé, au cœur de la ville, dans une rue commerçante. Entièrement rénové en 2010, il cache de petites chambres tout en sobriété et bien tenues. La plage n'est pas très loin, on peut y descendre à pied.

XXX ✿✿ **Patrick Jeffroy** – L'Hôtel de Carantec

20 r. du Kelenn – ✆ 02 98 67 00 47 – www.hoteldecarantec.com
– Fermé 17 nov.-11 déc., fin janv.-début fév., dim. soir, lundi et mardi sauf fériés et vacances scolaires de mi-sept. à mi-juin, lundi midi et mardi midi sauf fériés de mi-juin à mi-sept.
Formule 42 € 🍷 – Menu 50 € 🍷 (déj. en semaine), 78/140 € – Carte 96/129 €
(réservation conseillée)
C'est peu dire que la vue sur la baie de Morlaix y est superbe... Quel meilleur écrin pour l'une des plus belles cuisines bretonnes ! Patrick Jeffroy allie avec art classicisme et inventivité, mariant magnifiquement produits du terroir et pêche locale. Et la qualité du service rehausse encore le caractère du repas...
➜ Marinière de langoustines, pétoncles et foie gras rôti. Filet de bar au beurre d'herbes, carottes de sable et marmelade d'oignon au citron confit. Millefeuille de crêpes dentelle aux fruits rouges, sorbet fruits rouges.

CARCASSONNE

✉ 11000 (Aude) – 47 419 hab. – Voir carte n°**22**-B2
Paris 768 km – Albi 110 km – Narbonne 61 km – Perpignan 114 km
Carte Michelin 344-F3

Les Trois Couronnes

2 r. des Trois-Couronnes – ✆ 04 68 25 36 10 – www.hotel-destroiscouronnes.com – Fermé 1er-13 janv. Plan : BZ**v**

70 ch – †98/175 € ††98/175 € – ☕ 13 € – ½ P

Rest – Menu 28 € – Carte 35/48 € *(fermé le midi de nov. à mars)*

Joliment contemporain et... très bien situé : dans la plupart des chambres, on profite d'une loggia ouvrant sur la sublime cité médiévale hérissée de tourelles ! Autres atouts : la piscine panoramique (4e étage) et la terrasse braquée sur l'Aude, où l'on peut se restaurer.

Hôtel de L'Octroi (N) sans rest

144 r. Trivalle, par ② – ✆ 04 68 25 29 08 – www.hoteloctroi.com

21 ch – †90/120 € ††90/120 € – 5 suites – ☕ 12 €

À deux pas de la cité médiévale, un établissement résolument tourné vers le troisième millénaire avec ses chambres colorées et contemporaines ! Le tout organisé autour d'un patio avec piscine et solarium. À l'Hôtel de l'Octroi, l'on pourrait bien vous taxer d'immobilisme...

Le Parc Franck Putelat avec ch

80 chemin des Anglais, au Sud de la Cité - C – ✆ 04 68 71 80 80 – www.franck-putelat.com – Fermé 2-16 mars, 5-12 janv., dim. et lundi sauf fériés

7 ch – †190/350 € ††190/350 € – ☕ 20 €

Menu 35 € 🍷 (déj. en semaine), 67/135 € – Carte 98/139 €

Du grand art que celui de Franck Putelat ! Technique, inventivité, respect des produits (de grande qualité), effets visuels : sa cuisine est un concentré de justesse, de textures et de saveurs. Et le cadre très contemporain de cette villa, au pied de la citadelle, ajoute au caractère de l'expérience... d'autant que de belles chambres ont été inaugurées en 2013.

→ Tartine de haricots de Castelnaudary confits à la sauge, mozzarella di bufala et truffe. Filet de bœuf "Bocuse d'or". Satin ananas, citron vert et sorbet aux baies de genièvre.

Le Clos Occitan

68 bd Barbès – ✆ 04 68 47 93 64 – www.restaurant-carcassonne-closoccitan.com – Fermé 3-17 mars, sam. midi, dim. soir et lundi Plan : AZ**s**

Menu 16 € (déj.), 23/43 € – Carte 39/53 €

Une petite table sympathique, créée dans... un ancien garage, transformé dans un esprit plutôt rustique. La cuisine joue tout simplement la carte de la tradition, et les prix sont attractifs – on fait d'ailleurs souvent salle comble au déjeuner. Mention spéciale pour l'agréable terrasse.

Robert Rodriguez

39 r. Coste-Reboulh – ✆ 04 68 47 37 80 – www.restaurantrobertrodriguez.com – Fermé merc. et dim. Plan : BZ**z**

Carte 40/79 € *(réservation conseillée)*

Un bistrot authentique, convivial et joliment rétro (objets chinés, vieux comptoir...), pour une cuisine résolument dans le ton. Le chef privilégie les produits bio et ses plats fleurent bon la générosité, avec même quelques belles canailles : cassoulet, parmentier, etc. En bref, on se régale !

à l'entrée de la Cité près porte Narbonnaise

Mercure Porte de la Cité

18 r. Camille-St-Saëns – ✆ 04 68 11 92 82 – www.mercure-carcassonne.fr

80 ch – †91/179 € ††91/179 € – ☕ 15 € Plan : D**b**

Rest – Formule 14 € – Menu 20/29 € – Carte 28/39 €

Aux portes de la cité, un Mercure dans un quartier résidentiel. Les chambres, un peu petites mais joliment épurées, donnent – pour certaines – sur la piscine et les remparts tout proches.

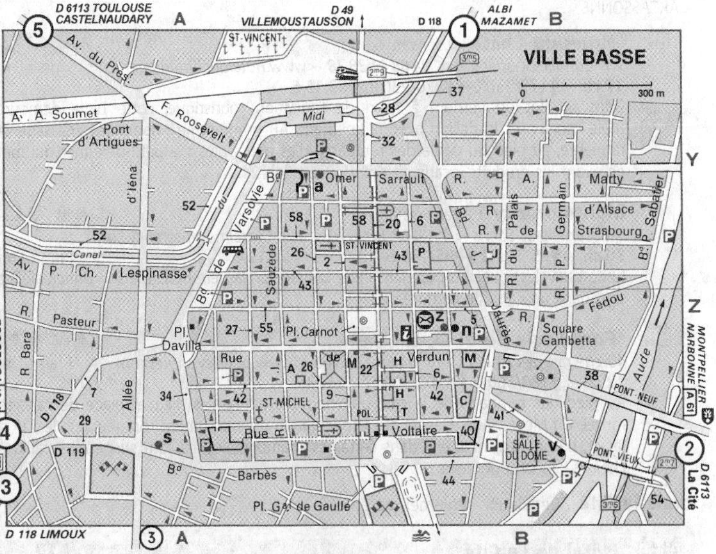

VILLE BASSE

CARCASSONNE

Armagnac (R. A.) . . . **AY** 2
Barbès (R.) . . . . **BZ** 5
Bringer (R. Jean) . . **BYZ** 6
Bunau-Varilla (Av.) . . . **AZ** 7
Chartran (R.) . . . . **AZ** 9
Clemenceau (R. G.) . **BY** 20
Combéléran (Mtée G.) **D** 21
Courtejaire (R.) . . . . . **BZ** 22
Cros-Mayrevieille (R.) . **D** 24
Dr-A.-Tomey (R.) . . . **AYZ** 26
Études (R. des) . . . . . **AZ** 27
Foch (Av. du Mar.) . . **BY** 28
Gout (Av. Henri) . . . . **AZ** 29
Grand-Puits (R. du) . . **CD** 30
Joffre (Av. du Mar.) **BY** 32
Marcou (Bd) . . . . **AZ** 34
Médiévale (Voie) . . . . **D** 36
Minervoise (Rte) . . . . **BY** 37
Mullot (Av. Arthur) . . **BZ** 38
Pelletan (Bd C.) . . . . . **BZ** 40
Pont-Vieux (R. du) . . . **BZ** 41
Ramon (R. A.) . . . . **ABZ** 42
République (R. de la) . . . . **ABY** 43
Roumens (Bd du Cdt) . . . . **BZ** 44
St-Jean (R.) . . . . **C** 46
St-Saëns (R. C.) . . . . . **D** 48
St-Sernin (R.) . . . . **D** 49
Semard (Av. Pierre) . **AY** 52
Trivalle (R.) . . . . **BZ** 54
Verdun (R. de) . . . . **ABZ**
Victor-Hugo (R.) . . . . **AZ** 55
Viollet-le-Duc (R.) . . . . . **C** 56
4-Septembre (R. du) . . . . **ABY** 58

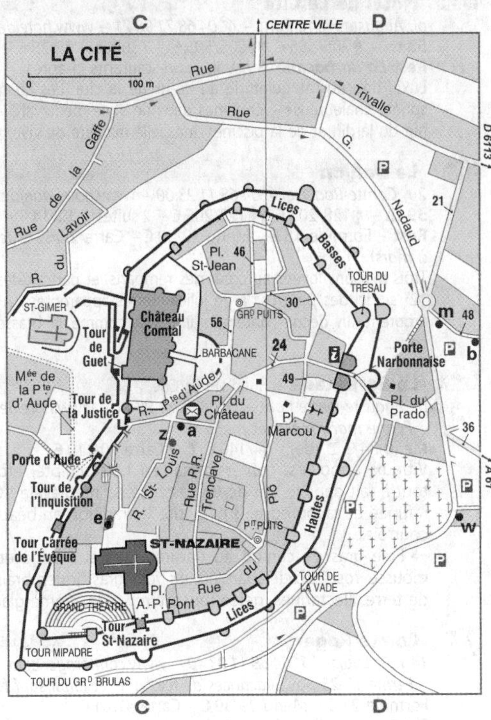

Hôtel du Château sans rest
2 r. Camille-St-Saëns – ✆ 04 68 11 38 38 – www.hotelduchateau.net Plan : D**m**
17 ch – 170/230 € 170/230 € – 15 €
Dans un îlot de verdure à l'abri de l'agitation touristique, cette belle demeure mêle l'ancien et le design avec raffinement. Au programme : hammam, massage et farniente, au pied du défilé des remparts... Les petits plus : le petit-déjeuner qui met en avant les produits locaux et le bar ouvert 24h/24.

Montmorency sans rest
2 r. Camille-St-Saëns – ✆ 04 68 11 96 70 – www.hotelmontmorency.com
30 ch – 95/195 € 95/195 € – 2 suites – 12 € Plan : D**m**
Chambres classiques ou pop dans cette bâtisse sur l'arrière de la maison principale. Le tout dans un écrin de verdure.

Pont Levis Hôtel sans rest
40 chemin des Anglais – ✆ 04 68 72 08 08 – www.pontlevishotel.com Plan : D**w**
12 ch – 180/360 € 180/360 € – 23 €
Au pied des remparts de la cité, une nouvelle adresse en lieu et place de l'ancien musée du Moyen-Âge. Désormais, la décoration est résolument tournée vers le 21e s. (acier, béton, etc.) même si dans certaines chambres, les lits sont suspendus par des chaînes... façon pont-levis !

dans la Cité - Circulation réglementée en été

Hôtel de La Cité
pl. Auguste-Pierre-Pont – ✆ 04 68 71 98 71 – www.hoteldelacite.com Plan : C**e**
53 ch – 205/595 € 205/595 € – 7 suites – 28 € – ½ P
Rest ***La Barbacane*** – voir les restaurants ci-après
Luxe, douceur et quiétude au cœur de la cité. Les chambres dégagent une atmosphère chaleureuse – certaines dans un style médiéval ! – et, côté remparts, on profite du jardin et de la piscine. Une belle manière de vivre Carcassonne...

Le Donjon ch,
2 r. Comte-Roger – ✆ 04 68 11 23 00 – www.hotel-donjon.fr Plan : C**a**
59 ch – 128/205 € 128/205 € – 2 suites – 14 € – ½ P
Rest – Formule 18 € – Menu 22/30 € – Carte 28/65 € *(fermé dim. soir de nov. à mars)*
Trois maisons lovées au cœur des remparts, et partout des traces de l'architecture du 12e s. : ici des poutres, là de jolies pierres apparentes ! À noter : certaines chambres arborent un décor contemporain, tout comme la brasserie. Un établissement très cosy...

La Barbacane – Hôtel De La Cité
pl. Auguste-Pierre-Pont – ✆ 04 68 71 98 71 – www.hoteldelacite.com
– Fermé mars, mardi et merc. Plan : C**e**
Menu 34 € (déj.), 64/140 € – Carte 90/110 €
Vitraux, armoiries, confessionnal en bois sculpté, etc. Un décor néogothique tout à fait dans le ton de Carcassonne la médiévale ! On y déguste une cuisine raffinée et savoureuse, qui revisite la tradition en beauté. De qui conter l'amour courtois...
➜ Foie gras de canard au naturel, magret mariné et marmelade de pamplemousse rose. Bœuf charolais au foie gras, joues braisées, churros de pomme de terre. Nectarines, gelée muscat-verveine, crème glacée au lait de chèvre.

Comte Roger
14 r. St-Louis – ✆ 04 68 11 93 40 – www.comteroger.com
– Fermé 17-25 nov., vacances de fév., dim. et lundi sauf fériés Plan : C**z**
Formule 21 € – Menu 29/39 € – Carte 41/61 €
Dans une ruelle animée de la cité, un décor tout en épure contemporaine, avec un joli patio empreint de fraîcheur. Monsieur le comte sait recevoir et sa cuisine épouse l'époque avec une certaine noblesse. La bonne petite adresse du cœur touristique !

à Aragon 10 km par ① D 118 et D 935 – ✉ 11600 – 421 hab.

La Bergerie

allée Pech-Marie – ✆ 04 68 26 10 65 – www.labergeriearagon.com – Fermé 15 oct.-1er nov. et 15 fév.-12 mars

8 ch – 80/120 € 100/130 € – 10 €

Rest *La Bergerie* – voir les restaurants ci-après

À l'orée de ce pittoresque village perché, cette bâtisse méridionale domine le vignoble de Cabardès. L'accueil est sympathique et prévenant, tout en restant décontracté ; les chambres, bien agréables, donnent sur les vignes... Nul besoin de compter les moutons pour s'endormir dans cette Bergerie !

La Bergerie (Fabien Galibert)

allée Pech-Marie – ✆ 04 68 26 10 65 – www.labergeriearagon.com – Fermé 15 oct.-1er nov., 15 fév.-12 mars, lundi midi de juin à sept., mardi et merc. sauf le soir de juin à sept.

Menu 27 € (déj. en semaine), 40/95 € – Carte 57/66 €

Des saveurs harmonieusement mariées, de l'originalité, de la technique... Le chef révèle son beau sens des produits et son seul souci : honorer la gastronomie avec générosité, faire plaisir, tout simplement. → Terrine de foie gras aux artichauts. Dorade dans son hamburger. Feuilleté chocolat, cœur passion.

au hameau de Montredon 4 km au Nord-Est par r. A. Marty - BY – ✉ 11000

La Bastide Saint-Martin (N) sans rest

– ✆ 04 68 47 44 41 – www.hotelbastidesaintmartin.com – fermé 12-23 nov. et 5-15 janv.

15 ch – 70/95 € 85/120 € – 10 €

Dans un hameau proche de Carcassonne, au cœur d'un parc paisible, cette jolie maison a des airs de bastide et ses chambres, dans une veine rustique et champêtre, sont charmantes... Le matin, on peut prendre son petit-déjeuner face à la piscine avant de faire son premier plongeon de la journée !

Château Saint-Martin

– ✆ 04 68 71 09 53 – www.chateausaintmartin.net – fermé 6-20 mars, vacances de la Toussaint, 2-6 janv., dim. soir, jeudi midi et merc.

Menu 34/62 € – Carte 48/66 €

Amateurs de vieilles pierres, vous serez séduits par cette demeure très ancienne, flanquée d'une tour du 12e s. ! Au menu : des mets classiques et raffinés, aux ingrédients bien choisis et subtilement cuisinés. Un joli moment de gastronomie que l'on peut notamment partager sur la terrasse verdoyante et fleurie, bien au calme...

au Sud par ③ 3 km et par D104 – ✉ 11000 Carcassonne

Domaine d'Auriac

2535 rte de St-Hilaire – ✆ 04 68 25 72 22 – www.domaine-d-auriac.com – Fermé 9-17 nov., 4 janv.-9 fév., dim. soir et lundi d'oct. à avril sauf fériés

24 ch – 130/470 € 130/470 € – 25 € – ½ P

Rest *Domaine d'Auriac* – voir les restaurants ci-après

Rest *Bistrot d'Auriac* ✆ 04 68 25 37 19 – – Menu 20 € (déj.)/30 € – Carte 30/40 € dîner *(fermé mardi soir, merc. soir, jeudi soir et lundi d'oct. à avril et dim. soir sauf fériés)*

Un grand parc arboré, un golf 18 trous et cette très belle maison de maître du 19e s. en pierre blonde. Toutes différentes et confortables, les chambres jouent la carte du classicisme bourgeois ou de la simplicité méridionale... Certaines, très spacieuses, sont idéales pour les familles.

Domaine d'Auriac

2535 rte de St-Hilaire – ✆ 04 68 25 72 22 – www.domaine-d-auriac.com – Fermé 9-17 nov., 4 janv.-9 fév., dim. soir et lundi sauf fériés d'oct. à avril, lundi midi, mardi midi et merc. midi de mai à sept. sauf fériés

Menu 48 € (déj. en semaine), 68/116 € – Carte 84/92 €

Une demeure distinguée, au cadre éminemment bourgeois : un décor qui sert à merveille une assiette tout en classicisme – mais relevée d'une pointe de modernité – et de belle facture. Quand le temps le permet, on s'installe sur la terrasse ouvrant sur le parc. Plaisirs intemporels... → Assiette de dégustation autour de l'anchois de Collioure. Cassoulet du domaine. Soufflé au Grand Marnier.

à Cavanac 7 km par ③ et rte de St-Hilaire – ✉ 11570 – 921 hab.

Château de Cavanac
– ✆ 04 68 79 61 04 – *www.chateau-de-cavanac.fr* – *Fermé 2 semaines en nov., janv. et fév.*
24 ch – †68/75 € ††120/135 € – 4 suites – ☕ 12 €
Rest *Château de Cavanac* – voir les restaurants ci-après
Sur le domaine viticole du propriétaire, ce castel du 17e s. est ravissant. Les chambres portent des noms de fleurs et distillent, avec leur mobilier d'époque et leurs lits à baldaquin, un charme romantique et bucolique... Du cachet aux portes de Carcassonne.

Château de Cavanac
– ✆ 04 68 79 61 04 – *www.chateau-de-cavanac.fr* – *Fermé 2 semaines en nov., janv., fév., le midi et lundi*
Menu 45 € 🍷
En lieu et place des écuries du château, cette auberge se révèle très pittoresque. Mangeoires et poutres anciennes, cuisiniers "en vitrine" s'activant sous l'œil amusé des gourmands, et sympathique menu unique arrosé des vins du domaine : on cultive la tradition...

à Pezens 10 km au Nord-Ouest par ⑤ et D 6113 – ✉ 11170 – 1 334 hab.

L'Ambrosia (Daniel Minet)
carrefour la Madeleine, D 6113 – ✆ *04 68 24 92 53* – *www.ambrosia-pezens.com* – *Fermé 23 juin-8 juil., 2-24 janv., merc. midi, dim. soir et lundi*
Formule 26 € – Menu 46/78 € – Carte 80/88 €
Le jeune chef, Daniel Minet, n'avait que 22 ans lorsqu'il a repris cette affaire en 2007 avec ses parents, et il a d'emblée révélé la précocité de son talent : sa cuisine de produits, directe et parfumée, témoigne d'une belle sincérité ! Côté décor, la fraîcheur et l'épure priment aussi. Et l'été, on profite de la terrasse...
➜ Paella version 2013. Agneau "voyage à Marrakech". Le "4 C".

à Moussoulens 14 km au Nord-Ouest par ⑤ et D 6113 – ✉ 11170 – 942 hab.

La Rougeanne sans rest 
8 allée du Parc – ✆ *04 68 24 46 30* – *www.larougeanne.com*
5 ch ☕ – †85/115 € ††90/120 €
Une maison qui met le cap au sud, en regardant amoureusement la Malepère et les Pyrénées. Olivier, Tomette, Romarin... les chambres sentent bon la garrigue et évoquent les jours heureux des vacances familiales. On prend le petit-déjeuner dans la belle orangerie ou le jardin. Du soleil et du style !

CARGÈSE – 2A Corse-du-Sud ➜ voir Corse

CARHAIX-PLOUGUER

✉ 29270 (Finistère) – 7 659 hab. – **Voir carte n°9-B2**
▶ Paris 506 km – Brest 86 km – Guingamp 49 km – Lorient 74 km
Carte Michelin 308-J5 – Guide Vert Michelin Bretagne Sud

Noz Vad sans rest
12 bd de la République – ✆ *02 98 99 12 12* – *www.nozvad.com* – *Fermé 2 semaines en déc. et 1 semaine en janv.*
44 ch – †43/94 € ††49/100 € – ☕ 8,50 €
À deux pas du centre historique de Carhaix – célèbre pour le festival des Vieilles Charrues –, un hôtel de la fin des années 1970 avec des chambres fonctionnelles, décorées de peintures et de photos sur le thème de la Bretagne. De quoi passer une *noz vad* ("bonne nuit" en breton) !

CARIGNAN

✉ 08110 (Ardennes) – 3 107 hab. – **Voir carte n°14-C1**
▶ Paris 264 km – Charleville-Mézières 43 km – Mouzon 8 km – Montmédy 24 km
Carte Michelin 306-N5

La Gourmandière

19 av. de Blagny – 03 24 22 20 99 – Fermé 23 janv.-7 fév., 25 juin-5 juil., 25 sept.-6 oct. et lundi sauf fériés

Formule 22 € – Menu 31/82 € – Carte 40/68 €

Cette maison bourgeoise de 1890 choie ses convives : cuisine gourmande et généreuse (à base de produits du potager), belle carte des vins, et espace lounge. La chef est désormais épaulée par son fils qui réalise de savoureuses pâtisseries.

CARLA-BAYLE

09130 (Ariège) – 770 hab. – Voir carte n°**28**-B3

Paris 742 km – Foix 33 km – Toulouse 67 km

Auberge Pierre Bayle

– 05 61 60 63 95 – www.auberge-pierrebayle.fr – Fermé janv., dim. soir et mardi soir de sept. à mars et lundi

Formule 13 € – Menu 27/48 € – Carte 38/57 €

Une auberge qui joue la carte de la tradition, tout en sachant allier jolies saveurs d'ici et d'ailleurs. Tartare de thon et d'espadon au wasabi, parmentier de canard aux panais : frais et plaisant... Une bonne raison pour venir découvrir ce village d'artistes et d'artisans, perché sur un piton face aux Pyrénées.

CARNAC

56340 (Morbihan) – 4 295 hab. – Voir carte n°**9**-B3

Paris 490 km – Auray 13 km – Lorient 49 km – Quiberon 19 km

Carte Michelin 308-M9 – Guide Vert Michelin Bretagne Sud

Le Diana

21 bd de la Plage – 02 97 52 05 38 – www.lediana.com – Ouvert 11 avril-4 oct.

35 ch – 133/273 € 149/273 € – 3 suites – 22 € – ½ P Plan : Z**r**

Rest ***Les Marquises*** – voir les restaurants ci-après

Atmosphère cossue dans cet hôtel à l'architecture d'inspiration bretonne. Les chambres, plutôt spacieuses, donnent sur l'océan ou – plus au calme – sur la cour, et leur entretien est impeccable. Pour se détendre, direction l'espace bien-être !

Carnac Thalasso & Spa Resort

av. de l'Atlantique – 02 97 52 53 54 rest, rest,

– www.thalasso-carnac.com – Fermé 30 nov.-13 déc. Plan : Z**s**

229 ch – 89/275 € 89/275 € – 1 suite – 14 €

Rest ***Le Clipper*** 02 97 52 53 00 – – Formule 24 € – Menu 27 € – Carte 29/59 €

Rest ***Secrets de Cuisine*** 02 97 52 53 00 – – Menu 30 €

Accès direct à la thalasso, piscine d'eau de mer, spa moderne, fitness, tennis et chambres avenantes : voilà un hôtel ressourçant ! Cuisine dans l'air du temps au Clipper, diététique aux Secrets de Cuisine.

Le Churchill sans rest

70 bd de la Plage, 1 km à l'Est par D 186 - Z – 02 97 52 50 20 – www.lechurchill.com – Ouvert de fin mars à mi nov.

28 ch – 85/215 € 85/215 € – 14 €

À la pointe Churchill, un hôtel des années 1970 rénové sur le thème de la mer (photos de Philip Plisson). La majorité des chambres, confortables et bien tenues, donnent sur la mer. Pour se détendre, on profite de l'espace bien-être et de la piscine.

Lann Roz N sans rest

36 av. de la Poste – 02 97 52 68 00 – www.lannroz.fr – Fermé janv. Plan : Y**a**

15 ch – 85/124 € 85/134 € – 12 €

Cette maison familiale, fondée en 1967, a su évoluer avec son temps : c'est aujourd'hui un hôtel flambant neuf, design et contemporain. Dans les chambres, le blanc des murs contraste avec les multiples couleurs des fauteuils et canapés... Original !

Celtique

82 av. des Druides – 02 97 52 14 15 – www.hotel-celtique.com Plan : Z**h**

55 ch – 95/220 € 95/220 € – 12 suites – 15 € – ½ P

Rest – Menu 35 € *(fermé le midi)*

À proximité de la plage, cet hôtel abrite des chambres fonctionnelles. Agréable espace bien-être : piscine couverte, sauna, spa, hammam... Au restaurant, on sert une cuisine d'aujourd'hui.

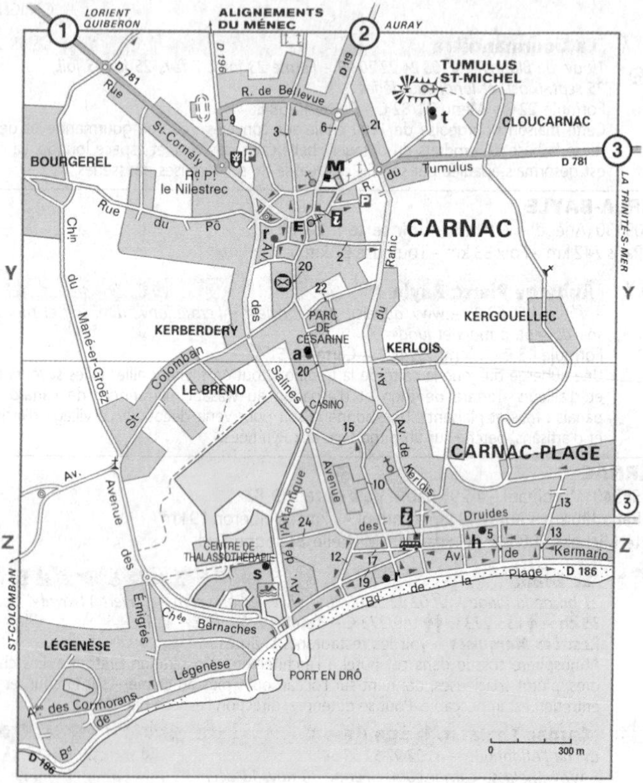

Colary (R.) . . . . Y 2	Menhirs (Allée des) . . . . Z 10	Port en Dro (Av. de) . . . . Z 19
Courdiec (R. de) . . . . Y 3	Miln (Av.) . . . . Z 12	Poste (Av. de la) . . . . Y 20
Cromlech (Allée du) . . . . Z 5	Montagne (Allée de la) . . . . . . Z 13	Poul Person (R. de) . . . . Y 21
Korrigans (R. des) . . . . Y 6	Palud (Av. du) . . . . Z 15	Roer (Av. du) . . . . Y 22
Ménec (R. du) . . . . Y 9	Parc (Allée du) . . . . Z 17	Talleyrand (Allée de) . . . . . . Z 24

Tumulus

chemin du Tumulus – ✆ 02 97 52 08 21 – www.hotel-tumulus.com – Fermé 3 nov.-14 fév.

Plan : Yt

24 ch – †95/199 € ††95/199 € – ☕ 16 € – ½ P

Rest *Tumulus* – voir les restaurants ci-après

Bien au calme, ce petit manoir des années 1920 est perché sur les hauteurs de Carnac. On loge dans des chambres confortables ; préférez les plus spacieuses, qui disposent d'une terrasse.

XX La Côte

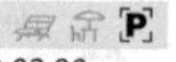

3 impasse er Forn, (alignements de Kermario), 2 km par ② – ✆ 02 97 52 02 80 – www.restaurant-la-cote.com – Fermé 2 janv.-10 fév., dim. soir de sept. à juin, mardi midi et lundi

Menu 26 € (déj. en semaine), 36/83 € – Carte 56/95 €

Une salle dédiée au vin, une autre résolument contemporaine et ouvrant sur un jardin japonisant : cette ferme proche du site mégalithique de Kermario vit avec son temps. De même la carte, qui allie bons produits et imagination.

XX **Tumulus** – Hôtel Tumulus

chemin du Tumulus – ✆ 02 97 52 08 21 – www.hotel-tumulus.com – Fermé 3 nov.-14 fév., lundi midi et mardi midi Plan : Y**t**

Formule 20 € – Menu 32 € (dîner), 45/85 € – Carte 47/59 €

On pourrait contempler la baie de Quiberon par les jolies fenêtres de ce restaurant pendant des heures, sans se lasser. Dans l'assiette, ormeaux, poissons frais et saveurs franches de la Bretagne se mêlent avec invention.

XX **Les Marquises** – Hôtel Le Diana

21 bd de la Plage – ✆ 02 97 52 05 38 – www.lediana.com – Ouvert 19 avril-4 oct. et fermé le midi sauf dim. et fériés Plan : Z**r**

Menu 38/43 € – Carte 65/90 €

Devant la plage, on se délecte de homard, Saint-Jacques et autres fruits de mer, que le chef agrémente selon l'inspiration du moment. Les amateurs de rhum se rueront ensuite à la boutique attenante, où ils découvriront plus de 300 références à emporter.

X **La Calypso**

158 r. du Pô, zone ostréïcole du Pô - Y – ✆ 02 97 52 06 14 – www.calypso-carnac.com – Fermé 1 semaine en juin, de mi-nov. à début fév., dim. soir sauf juil.-août et lundi

Carte 34/70 €

Les habitués ne s'y trompent pas : dans ce charmant bistrot marin, poissons, coquillages et crustacés sont d'une grande fraîcheur. Dans l'une des salles, dont le décor est à l'unisson, on fait même griller les mets dans la cheminée. Face au parc à huîtres, une adresse authentique à souhait !

X **Côté Cuisine** Ⓝ

36 av. de la Poste – ✆ 02 97 57 50 35 – www.cotecuisine-carnac.fr – Fermé 2 semaines en janv., 12 au 22 nov., mardi du 15 sept. au 15 juin et lundi

Formule 19 € – Menu 23 € (déj. en semaine), 34/40 € – Carte environ 50 € Plan : Y**a**

Dans l'enceinte de l'hôtel Lann Roz, ce restaurant a été entièrement rénové en 2012 et arbore un décor résolument moderne, agréable pour un repas où les produits régionaux sont en bonne place, accompagnés de touches contemporaines : conchiglionis farcis au crabe, filet de saint-pierre rôti au beurre salé...

X **Auberge le Râtelier** avec ch

rest,

4 chemin du Douet – ✆ 02 97 52 05 04 – www.le-ratelier.com – Fermé mi-nov. à mi-déc. et janv. Plan : Y**r**

8 ch – †50/70 € ††50/70 € – ☐ 8 € – ½ P

Formule 17 € – Menu 23/48 € – Carte 47/78 € *(fermé mardi et merc. d'oct. à Pâques, mardi midi et merc. midi en juin et sept.)*

La façade en granit (19ᵉs.) de cette auberge est recouverte de vigne vierge. Une touche bucolique qui séduit, tout comme l'ambiance conviviale et la cuisine, régionale et axée sur le poisson. Chambres rustiques à l'étage.

CARNON-PLAGE

✉ 34280 (Hérault) – **Voir carte n°23-C2**

Paris 758 km – Aigues-Mortes 20 km – Montpellier 20 km – Nîmes 56 km

Carte Michelin 339-I7

Neptune

au port de plaisance – ✆ 04 67 50 88 00 – www.hotel-neptune.fr – Fermé 14 déc.-13 janv.

53 ch – †80/110 € ††90/140 € – ☐ 12 € – ½ P

Rest *Le Trident* – voir les restaurants ci-après

Pour vivre l'agglomération montpelliéraine côté mer, cet hôtel moderne jouit d'une situation avantageuse directement sur le port de plaisance de Carnon. Chambres lumineuses et confortables, belle piscine et plage à moins de cinq minutes.

Le Trident - Hôtel Neptune

au port de plaisance – ✆ 04 67 50 92 57 – www.restaurant-trident.fr – Fermé 14 déc.-14 janv., dim. soir, lundi midi et mardi midi sauf juil.-août
Formule 16 € – Menu 18 € (déj. en semaine)/31 € – Carte 37/66 €
Alors que le dieu des mers lançait sa fourche contre ses ennemis, l'hôtel Neptune, sur le port de plaisance de Carnon, dévoile, lui, un Trident en forme de table agréable et amicale, autour de recettes traditionnelles bien tournées. Ne passez pas à côté du saumon fumé et des glaces maison. Terrasse face aux bateaux.

CARPENTRAS

✉ 84200 (Vaucluse) – 29 278 hab. – **Voir carte n°42-E1**
Paris 679 km – Avignon 30 km – Digne-les-Bains 139 km – Gap 146 km
Carte Michelin 332-D9 – Guide Vert Michelin Provence

Safari

1060 av. Jean-Henri-Fabre, par ③ – ✆ 04 90 63 35 35 – www.safarihotel.fr
35 ch – †70/110 € ††80/180 € – ☕ 12 € – ½ P
Rest *Hibiscus* – Menu 15 € (déj. en semaine), 30/47 € – Carte 38/58 € *(fermé dim. soir hors saison)*
Aux portes de Carpentras, le meilleur hôtel de la localité, aussi confortable que contemporain. Fil rouge des décors : des pièces d'art africain, la passion du propriétaire. Détail marquant : de l'ascenseur, vitré, on admire le mont Ventoux...

Le Comtadin sans rest

65 bd Albin-Durand – ✆ 04 90 67 75 00 – www.hotel-carpentras.com – Fermé 26-30 avril, 14-21 janv., 22 fév.-9 mars et dim. d'oct. à fév. Plan : Z**u**
19 ch – †85/130 € ††85/130 € – ☕ 13 €
Au cœur de la capitale du Comtat Venaissin, un bel hôtel particulier de la fin du 18e s. Rien de daté dans le décor des chambres, chaleureuses et bien tenues. La plupart donnent sur le patio, où l'on prend le petit-déjeuner en été.

Maison Trevier

36 pl. du Dr-Cavaillon – ✆ 04 90 51 99 98 – www.maison-trevier.com Plan : YZ**f**
5 ch – †145 € ††145 € – ☕ 12 € – ½ P **Table d'hôte** – Menu 50 € 🍷/85 € 🍷
Un hôtel particulier (1742) au cœur de la vieille ville. La propriétaire, esthète, passionnée de gastronomie et de voyages, a créé un lieu raffiné, mêlant rétro et contemporain. Elle propose des cours de cuisine et ouvre aussi sa table à ses hôtes (produits régionaux, vins naturels). Une maison à part.

Chez Serge

90 r. Cottier – ✆ 04 90 63 21 24 – www.chez-serge.com Plan : Z**a**
Menu 17 € (déj.), 25/75 € – Carte 26/65 €
Serge Ghoukassian aime le vin (une passion et un métier, car il est un sommelier exigeant), les truffes et la gourmandise ; rien d'étonnant si son restaurant a autant de goût et de nez ! Le flacon séduit également : un joli décor de bistrot contemporain dans des murs du 16e s. parfaitement vieillis.

à Beaumes-de-Venise 10 km par ① D 7 puis D 21 – ✉ 84190 – 2 305 hab.

Le Clos Saint Saourde sans rest

rte de St-Véran, 3 km au Sud-Est par D 21 et rte secondaire – ✆ 04 90 37 35 20 – www.leclossaintsaourde.com
5 ch ☕ – †180/470 € ††180/470 €
Isolé dans la campagne, un mas du 18e s. tout en raffinement et caractère ! On hésite entre les chambres taillées dans la roche - superbes - et la somptueuse "cabane" en bois créée au fond du jardin (avec jacuzzi extérieur). Un lieu d'un grand charme, idéal pour jouer aux Robinson provençaux...

Les Remparts sans rest

74 cours Louis-Pasteur – ✆ 04 90 62 75 49 – www.lamaisondesremparts.com
5 ch ☕ – †160/280 € ††160/280 €
Une maison du 16e s. bâtie sur les anciens remparts de la cité... Voilà qui ne manque pas de cachet ! Les chambres - confortables et bien tenues - adoptent le style provençal avec élégance. Dès les premiers rayons de soleil, on profite du patio et de la piscine. Une belle adresse, authentique à souhait.

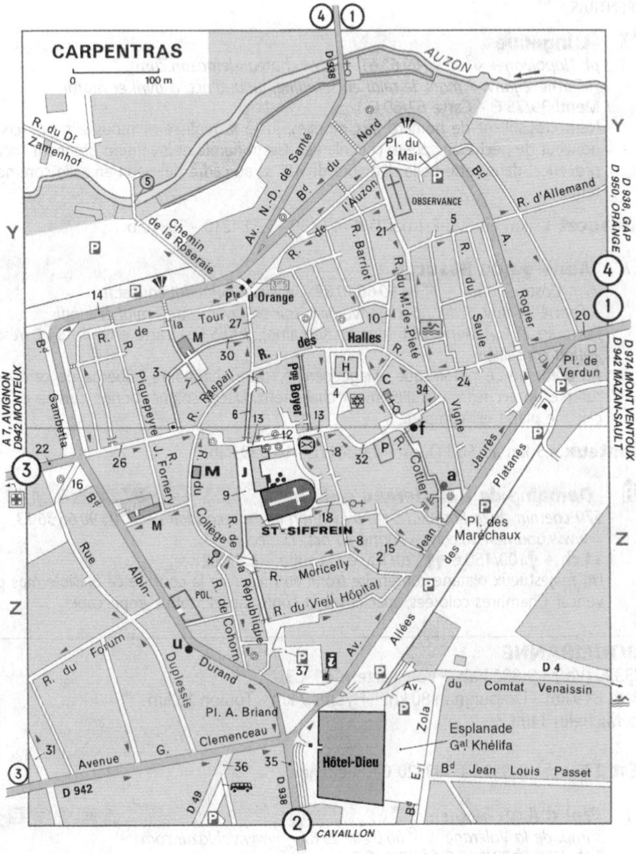

CARPENTRAS

Rue			Rue			Rue		
Barjavel (R.)	Z	2	Inguimbert (Pl. d')	Z	12	Pte de Monteux (R.)	Z	26
Briand (Pl. A.)	Z		Inguimbert (R. d')	YZ	13	Pte Orange (R.)	Y	27
Carmel (R. du)	Y	3	Khélifa (Espl. Gén.)	Z		République (R. de la)	Z	
Charretier (Pl. M.)	Y	4	Leclerc (Bd Mar.)	Y	14	Stes-Maries (R. des)	Y	30
Clapiès (R. de)	Y	5	Marins (R. des)	Z	15	St-Jean (R.)	Y	34
Évêché (R. de l')	Y	6	Marotte (Pl. de la)	Z	16	Sémard (Av. Pierre)	Z	31
Frères-Laurens (R. des)	Y	7	Mercière (R.)	Z	18	Sous-Préfecture (R.)	Z	32
Gaudibert-Barret (R.)	Z	8	Mont Ventoux (Av. du)	Y	20	Victor-Hugo (Av.)	Z	35
Gaulle (Pl. du Gén.-de)	Z	9	Observance (R. de l')	Y	21	Wilson (Av.)	Z	36
Guillabert (R. D.)	Y	10	Pétrarque (Av.)	Z	22	25-Août-1944 (Pl. du)	Z	37
Halles (R. des)	Y		Pte de Mazan (R.)	Y	24			

à Mazan 7 km à l'Est par D 942 – ✉ 84380 – 5 792 hab.

Château de Mazan

pl. Napoléon – ✆ 04 90 69 62 61 – www.chateaudemazan.com – Fermé 2 janv.-7 mars

28 ch – †115/242 € ††115/242 € – 2 suites – ☕ 18 €

Rest *L'Ingénue* – voir les restaurants ci-après

Cette demeure de 1720 appartint au marquis de Sade. Moulures, tomettes, objets chinés, baignoires à l'ancienne : toute l'élégance d'une maison de famille provençale, noble et pure. À noter : les chambres en rez-de-jardin disposent d'une terrasse.

Un symbole passé en rouge désigne une maison particulièrement charmante : 🏠 XXX.

XX **L'Ingénue**

pl. Napoléon – ✆ 04 90 69 62 61 – www.chateaudemazan.com
– Fermé 2 janv.-7 mars, le midi en semaine, lundi d'oct. à avril et mardi
Menu 39/75 € – Carte 62/69 €
Nem croustillant de homard aux morilles, jus à la réglisse et mousseline de céleri ; douceur de pêche en sphère chocolatée... Gastronomie et invention prennent l'accent provençal dans cette belle demeure du 18e s., au cadre délicieux en salle comme en terrasse.

au Beaucet 11 km au Sud-Est par D 4 et D 39 – ✉ 84210 – 363 hab.

XX **Auberge du Beaucet**

29 r. Coste-Chaude – ✆ 04 90 66 10 82 – www.aubergedubeaucet.fr
– Fermé 24 nov.-3 déc., 6-29 janv., dim. soir en hiver, mardi midi et lundi
Formule 21 € – Menu 26 € (déj. en semaine), 39/55 € – Carte environ 54 € *(réservation conseillée)*
Au cœur de ce pittoresque village perché, cette charmante auberge de campagne réserve un accueil particulièrement chaleureux. Décor soigné, bonne cuisine provençale : le plaisir est complet.

à Monteux 4,5 km au Sud-Ouest – ✉ 84170 – 10 989 hab.

Domaine de Bournereau sans rest

579 chemin de la Sorguette, rte d'Avignon et rte secondaire – ✆ 04 90 66 36 13
– www.bournereau.com – Fermé 10 oct.-15 déc.
11 ch – †100/150 € ††120/180 € – 1 suite – ☕ 15 €
Un majestueux platane centenaire trône au milieu de la cour de ce paisible mas provençal. Chambres colorées, spacieuses et confortables ; tenue impeccable.

CARQUEIRANNE

✉ 83320 (Var) – 9 886 hab. – Voir carte n°**41**-C3
Paris 849 km – Draguignan 80 km – Hyères 7 km – Toulon 16 km
Carte Michelin 340-L7

à l'Est 2 km par D 559 - ✉83320 Carqueiranne

Val d'Azur sans rest

3 imp. de la Valérane – ✆ 06 09 07 23 87 – www.valdazur.com
5 ch ☕ – †88/140 € ††88/140 €
Sur les hauteurs de Carqueiranne, face à la mer, belle villa contemporaine disposant de confortables chambres au décor exotique et soigné (bain balnéo ou hammam).

CARROS

✉ 06510 (Alpes-Maritimes) – 11 508 hab. – Voir carte n°**42**-E2
Paris 943 km – Marseille 197 km – Monaco 40 km – Nice 25 km
Carte Michelin 341-E5 – Guide Vert Michelin Côte d'Azur

X **La Forge** N

av. Fernand-Barbary, à Carros Village – ✆ 04 93 29 31 50 – www.restolaforge.com
– Fermé 1 semaine en juin, vacances de Noël, lundi soir, mardi soir et merc.
Formule 17 € – Menu 31/62 € – Carte 40/60 €
Le restaurant est installé dans l'ancienne forge de ce village médiéval niché dans l'un des vallons de l'arrière-pays niçois. Karine, en cuisine, revisite les classiques "à l'instinct", avec une touche féminine assumée (assaisonnements, présentations...). Son péché mignon ? La truffe et son menu spécial... À découvrir !

LES CARROZ-D'ARÂCHES

✉ 74300 (Haute-Savoie) – Voir carte n°**46**-F1
Paris 580 km – Annecy 67 km – Bonneville 25 km – Chamonix-Mont-Blanc 47 km
Carte Michelin 328-M4 – Guide Vert Michelin Alpes du Nord

Les Servages d'Armelle

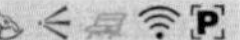

841 rte des Servages – ✆ 04 50 90 01 62 – www.servages.com – Fermé mai et nov.
8 ch – 🚹220/910 € 🚹🚹220/910 € – 2 suites – ☕ 25 € – ½ P
Rest ***Les Servages*** – voir les restaurants ci-après
Sur les hauteurs de la station, ce superbe chalet ancien a été transformé en un hôtel de grand charme. Une dizaine de chambres et de suites spacieuses, toutes en matériaux de prestige : vieux planchers, poutres, meubles polis par les ans... et vraies cheminées !

La Croix de Savoie

768 rte du Pernand – ✆ 04 50 90 00 26 – www.lacroixdesavoie.fr
28 ch – 🚹96/153 € 🚹🚹96/153 € – ☕ 10 € – ½ P
Rest – Menu 29/60 € – Carte environ 50 €
Derrière cette façade de bois, très contemporaine, se cache un hôtel "bioclimatique", où tout a été conçu dans le souci de l'environnement. Calme, écolo et high-tech ! À table, honneur aux produits de saison et aux saveurs de la région, avec, en prime, vue sur les cimes.

Les Servages – Hôtel les Servages d'Armelle

841 rte des Servages – ✆ 04 50 90 01 62 – www.servages.com – Fermé mai et nov.
Formule 24 € – Menu 30 € (semaine), 60/110 € – Carte 60/79 € *(fermé mardi et merc. hors saison et lundi sauf fériés)*
Une chose est sûre : le chef aime son métier, et cette passion est communicative. Il réalise une cuisine actuelle, soignée et généreuse, avec des produits de superbe qualité : poissons frais, crustacés, etc. Ses filets de Saint-Pierre et encornets cuits à la plancha en sont un délicieux exemple... parmi d'autres.

CARRY-LE-ROUET

✉ 13620 (Bouches-du-Rhône) – 6 305 hab. – **Voir carte n°40-B3**
▶ Paris 765 km – Aix-en-Provence 39 km – Marseille 34 km – Martigues 20 km
Carte Michelin 340-F6 – Guide Vert Michelin Provence

Le Madrigal

4 av. du Dr.-Gérard-Montus – ✆ 04 42 44 58 63 – www.restaurant-lemadrigal.com – Fermé de mi-nov. à début déc., dim. soir et lundi de sept. à avril
Formule 19 € – Menu 35/59 € – Carte 42/70 €
Un madrigal, c'est historiquement une pièce musicale profane et galante. Et oui, ce Madrigal-là invite à la romance, en particulier sa terrasse qui offre une vue superbe sur la Grande Bleue ! Cuisine régionale de bonne facture.

CARSAC-AILLAC

✉ 24200 (Dordogne) – 1 502 hab. – **Voir carte n°4-D3**
▶ Paris 536 km – Brive-la-Gaillarde 59 km – Gourdon 18 km – Sarlat-la-Canéda 9 km
Carte Michelin 329-I6 – Guide Vert Michelin Périgord Quercy

La Villa Romaine

St-Rome, 3 km par rte de Gourdon – ✆ 05 53 28 52 07 – www.lavillaromaine.com – Fermé 11 nov.-8 déc. et de mi-janv. à mi-fév.
15 ch – 🚹125/175 € 🚹🚹125/205 € – 2 suites – ☕ 15 €
Rest ***La Villa Romaine*** – voir les restaurants ci-après
Bâtie sur un site gallo-romain proche de la Dordogne, cette ancienne métairie a effectivement un petit air italien, avec ses cyprès ! Terrasses, jardin et piscine sont très agréables.

La Villa Romaine

St-Rome, 3 km par rte de Gourdon – ✆ 05 53 28 52 07 – www.lavillaromaine.com – Ouvert 1er mai-3 nov. et fermé lundi, mardi sauf du 10 juil.-23 août et le midi
Menu 39/44 € *(réservation conseillée)*
Tartare de bar à l'huile d'olive, carré d'agneau rôti aux herbes, belle ratatouille, etc. Ici, on savoure une cuisine au bon goût du Sud, réalisée par un jeune chef au sérieux savoir-faire. Pour ne rien gâcher, cette Villa Romaine est très plaisante...

CARTERET – 50 Manche ➜ voir Barneville-Carteret

CARVIN

62220 (Pas-de-Calais) – 17 152 hab. – **Voir carte n°31-C2**
Paris 204 km – Arras 35 km – Béthune 28 km – Douai 23 km
Carte Michelin 301-K5

Parc Hôtel

Z.I. du Château – 03 21 79 65 65 – www.parc-hotel.com
46 ch – 65/85 € 75/95 € – 11 € – ½ P
Rest – Formule 21 € – Menu 25/30 € – Carte 26/37 € *(fermé dim. et fériés)*
Près de l'autoroute, cet hôtel est idéal pour une étape dans la région. Les chambres sont bien tenues. Un conseil : préférez celles côté campagne ! Au restaurant, transformé en brasserie en 2012, on propose des formules à prix réduits pour le déjeuner. Jolie terrasse.

Le Charolais

Domaine de la Gloriette, 143 bis r. Mar.-Foch – 03 21 40 12 98 – www.le-charolais.fr – Fermé 3 semaines en août et le soir sauf sam.
Formule 12 € – Menu 15 € (déj. en semaine), 20/30 € – Carte 35/45 €
Le bœuf charolais est à l'honneur dans cette maison de style régional. Dans la salle, où des peintres locaux exposent, on goûte une cuisine traditionnelle. Le tout à petits prix.

CASAMOZZA – 2B Haute-Corse ➜ voir Corse

CASCASTEL-DES-CORBIÈRES

11360 (Aude) – 212 hab. – **Voir carte n°22-B3**
Paris 835 km – Carcassonne 70 km – Narbonne 48 km – Perpignan 52 km
Carte Michelin 344-H5

Domaine Grand Guilhem sans rest

1 chemin du Col-de-la-Serre – 04 68 45 86 67 – www.grandguilhem.com
4 ch – 100 € 110 €
Cette demeure en pierre (19e s.), au cœur d'une exploitation viticole, a tout d'une maison de famille. Les chambres y sont coquettes et impeccablement tenues. Au petit-déjeuner, on se régale de bons produits locaux : miel, fruits, jambon cru, viennoiseries... Et le propriétaire vigneron peut faire déguster ses vins !

CASENEUVE

84750 (Vaucluse) – 448 hab. – **Voir carte n°40-B2**
Paris 745 km – Avignon 63 km – Digne-les-Bains 83 km – Marseille 121 km
Carte Michelin 332-F10

Le Sanglier Paresseux

Le Village – 04 90 75 17 70 – www.sanglierparesseux.com – Fermé 23 déc.-31 janv., lundi soir de juin à août, merc. de sept. à mai, dim. soir et lundi midi
Menu 25 € (déj. en semaine), 31/42 € – Carte environ 39 €
Brésilien, le chef a posé ses valises dans ce village du Vaucluse et repris l'ancienne auberge communale pour en faire un lieu plein de vie. Sa cuisine, assez personnelle, est tout simplement savoureuse. L'été, on s'installe sur la terrasse à l'ombre des canisses. Une vie de pacha... ou de sanglier paresseux.

CASSEL

59670 (Nord) – 2 287 hab. – **Voir carte n°30-B2**
Paris 250 km – Calais 58 km – Dunkerque 30 km – Hazebrouck 11 km
Carte Michelin 302-C3

Châtellerie de Schoebeque sans rest

32 r. du Mar.-Foch – 03 28 42 42 67 – www.schoebeque.com
14 ch – 189 € 189 € – 18 €
Ce bel hôtel particulier (18e s.) hébergea d'illustres personnalités, dont le roi George V et le maréchal Foch. C'est désormais à votre tour de profiter de son charme paisible, de ses jolies chambres thématiques et de son centre de soins... Et quoi de plus normal, en tant qu'hôtes de marque !

Haut Bonheur de la Table 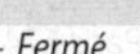

18 Grand-Place – ✆ 03 28 40 51 03 – www.hautbonheurdelatable.com – Fermé 3-10 mars, 2 semaines en août, dim. soir, lundi soir et merc.

Menu 19 € (déj. en semaine), 29/39 €

Un restaurant sur la place principale de la ville ; on y déguste des recettes dans l'air du temps, plutôt bien ficelées, telles ces ravioles de lapin servies avec une gelée de champignons, savoureuse à souhait, ou encore cette volaille fermière tendre et juteuse. L'été, on profite de la jolie terrasse.

CASSIS

✉ 13260 (Bouches-du-Rhône) – 7 722 hab. – **Voir carte n°40-B3**

Paris 800 km – Aix-en-Provence 51 km – La Ciotat 10 km – Marseille 30 km

Carte Michelin 340-I6 – Guide Vert Michelin Provence

Royal Cottage sans rest

6 av. du 11-Novembre – ✆ 04 42 01 33 34 – www.royal-cottage.com – Fermé 8-28 déc.

25 ch – †93/245 € ††93/245 € – ☕ 11 €

Bâtisse moderne sur les hauteurs disposant de chambres sobres avec balcon ou terrasse. Préférez celles avec vue sur le port. Belle piscine au milieu d'une luxuriante végétation.

Les Jardins de Cassis sans rest

r. Auguste-Favier – ✆ 04 42 01 84 85 – www.lesjardinsdecassis.com – Ouvert de mars à nov.

36 ch – †73/155 € ††73/155 € – ☕ 14 €

Bâtiments ocre sur les hauteurs de Cassis. Chambres coquettes, souvent avec terrasse privée. Beau jardin méridional.

La Villa Madie (Dimitri Droisneau)

av. du Revestel, (anse de Corton), au Sud-Est par D 41A – ✆ 04 96 18 00 00 – www.lavillamadie.com – Fermé de début janv. à mi-fév., mardi d'oct. à avril et lundi

Menu 97 € (déj. en semaine)/130 € – Carte 104/133 €

Vue sur le large et les pins, cadre design et épuré, terrasse dominant la mer : un lieu exceptionnel, tourné tout entier vers la Grande Bleue, pour une cuisine qui sublime... les saveurs méditerranéennes. De superbes produits, une vraie finesse, des recettes à la fois subtiles et percutantes : un régal ! → Langouste puce grillée aux herbettes de l'anse et barigoule au safran. Rouget de Méditerranée, artichaut, fenouil, seiche et bouillon de roche. Abricot infusé à la sauge et nougatine d'un sablé breton.

La Petite Cuisine – voir les restaurants ci-après

La Petite Cuisine – Restaurant La Villa Madie

av. du Revestel, (anse de Corton), Sud-Est par D 41A – ✆ 04 96 18 00 00 – www.lavillamadie.com – Fermé de début janv. à mi-fév., samedi d'oct. à avril, dim., fériés et le soir

Menu 45 € – Carte 48/62 €

À l'étage du restaurant gastronomique La Villa Madie, cette Petite Cuisine joue la carte de la simplicité, autour de plats cuits au feu de bois et de saveurs du marché ("selon la criée" et "retour du boucher"). Aux beaux jours, on profite de la terrasse face à la jolie crique aux eaux turquoise...

Romano

15 quai Jean-Jacques-Barthélemy, (port de Cassis) – ✆ 04 42 01 08 16 – www.restaurant-romano.com – Fermé début janv. à mi-fév., dim. soir et mardi de nov. à avril

Formule 24 € – Menu 32/49 € – Carte 57/72 €

Un restaurant idéalement situé sur le port de Cassis. On y déguste une cuisine dans l'air du temps – à l'image de ce maquereau façon gravlax avec sa purée de betterave, et de ce tournedos d'espadon légèrement pané. Aux beaux jours, on profite de la grande terrasse avec vue sur les bateaux.

CASTAGNÈDE – 64 Pyrénées-Atlantiques → voir Salies-de-Béarn

CASTANET-TOLOSAN – 31 Haute-Garonne → voir Toulouse

CASTELJALOUX

✉ 47700 (Lot-et-Garonne) – 4 761 hab. – **Voir carte n°4-C2**
Paris 674 km – Agen 55 km – Langon 55 km – Marmande 23 km
Carte Michelin 336-C4 – Guide Vert Michelin Aquitaine

La Vieille Auberge

11 r. Posterne – ✆ 05 53 93 01 36 – www.la-vieille-auberge-47.com
– Fermé 24 juin-7 juil., 25 nov.-8 déc. et lundi
Menu 20 € (semaine), 31/65 € – Carte 45/66 €
Charmante maison de pierre bordant une ruelle de la bastide. Le décor est bourgeois et, côté papilles, on se régale d'une cuisine classique, gourmande et soignée. Incontournables de la maison : les ris de veau et le baba au rhum. En prime, la carte des vins propose un large choix de crus.

CASTELLANE

✉ 04120 (Alpes-de-Haute-Provence) – 1 537 hab. – **Voir carte n°41-C2**
Paris 797 km – Digne-les-Bains 54 km – Draguignan 59 km – Grasse 64 km
Carte Michelin 334-H9 – Guide Vert Michelin Alpes du Sud

à la Garde 6 km par D 559 et D 4085 – ✉ 04120 – 90 hab.

Auberge du Teillon avec ch

rte Napoléon – ✆ 04 92 83 60 88 – www.auberge-teillon.com
– Ouvert 25 mars-11 nov. et fermé dim. soir hors saison, mardi midi en juil.-août et lundi
8 ch – 65/80 € 65/80 € – 9 €
Formule 22 € – Menu 29/54 € – Carte 41/61 €
Des produits au top, des assiettes qui débordent de saveurs : cette auberge rustique célèbre la tradition avec un bel accent du Sud. Accueil tout sourire et ambiance conviviale. À l'étage, quelques petites chambres fraîches, pratiques pour l'étape.

LE CASTELLET

✉ 83330 (Var) – 4 099 hab. – **Voir carte n°40-B3**
Paris 816 km – Aubagne 30 km – Marseille 46 km – Toulon 23 km
Carte Michelin 340-J6 – Guide Vert Michelin Côte d'Azur

au Circuit Paul Ricard 11 km au Nord par D 226, D 26 et D N8 – ✉ 83330 Le Beausset

Hôtel du Castellet

3001 rte Hauts-du-Camp – ✆ 04 94 98 37 77 – www.hotelducastellet.com
– Fermé 14 déc.-10 fév.
33 ch – 350/1200 € 350/1200 € – 9 suites – 34 €
Rest *Monte Cristo* ✿✿ **Rest *San Felice*** – voir les restaurants ci-après
Trois cents hectares de pinède dominant l'arrière-pays varois, avec la Méditerranée à l'horizon. Si tous les paradis sont perdus, l'hôtel du Castellet en a conservé le goût : coursives, bassins, parterres de lavande... Félicité à la provençale !

Grand Prix

3100 rte des Hauts-du-Camp – ✆ 04 94 88 80 80 – www.grandprixhotel.fr
– Fermé 15 déc.-15 janv.
117 ch – 145 € 157 €
Rest – Formule 12 € – Menu 19 € (dîner)/27 € – Carte 35/44 €
Sur la route qui mène au circuit, au milieu de la forêt, cet hôtel est né en 2009 sous le patronage de la Formule 1 : fils rouges du décor, des photos de courses et un mobilier contemporain... fuselé comme un bolide. Équipements dernier cri.

XXXX ✿✿ **Monte Cristo** – Hôtel du Castellet

3001 rte Hauts-du-Camp – ✆ 04 94 98 29 69 – www.hotelducastellet.com – Fermé 14 déc.-10 fév., dim. soir de mi-sept. à mai, le midi de juin à mi-sept., lundi et mardi

Menu 85/290 € – Carte 150/180 €

La seule héroïne de ce Monte Cristo, c'est la grande cuisine ! Sous la conduite de Christophe Bacquié, cette table mérite assurément le détour, à deux pas du circuit du Castellet. Fin, délicat, précis : un beau travail sur les textures et les saveurs... un délice ! L'atmosphère feutrée ajoute encore au plaisir.

➜ Tourteau roulé façon sashimi, caviar cristal, crème acidulée au cumbawa. Pigeonneau au sang, en croûte de sel épicée, en deux services. Soufflé au Grand Marnier.

XX **San Felice** – Hôtel Du Castellet

3001 rte Hauts-du-Camp – ✆ 04 94 98 29 58 – www.hotelducastellet.com – Fermé 14 déc.-11 fév.

Formule 38 € – Menu 48 € – Carte 59/96 €

Sardines grillées espuma vodka, langouste de Méditerranée au barbecue, souris d'agneau confite huit heures... La San Felice n'est pas qu'un roman de Dumas, c'est aussi – au sein de l'hôtel du Castellet – un bistrot chic et inventif !

CASTELNAUDARY

✉ 11400 (Aude) – 11 753 hab. – **Voir carte n°22-A2**

Paris 735 km – Carcassonne 42 km – Foix 70 km – Pamiers 49 km

Carte Michelin 344-C3

Hôtel du Canal sans rest

88-108 av. A.-Vidal – ✆ 04 68 94 05 05 – www.hotelducanal.com

38 ch – †52/68 € ††59/82 € – ☕ 6 €

Un hôtel familial fort sympathique, au bord du canal du Midi... Les chambres sont fonctionnelles et parfaitement tenues. On prend son petit-déjeuner tout près de l'eau et de la verdure, avant d'entamer une balade sur les berges.

XX **Le Tirou**

90 av. Mgr de Langle – ✆ 04 68 94 15 95 – www.letirou.com – Fermé 20-27 juin, 20 déc.-20 janv., lundi et le soir sauf sam.

Menu 24 € (déj. en semaine), 32/44 € – Carte 44/68 €

Une jolie ménagerie dans le jardin, des mets du terroir 100 % maison – le cassoulet, notamment, est délicieux –, des produits et des vins du cru : cette auberge champêtre et familiale a tout pour plaire... et l'on peut aussi acheter les conserves du chef. Difficile de faire plus authentique !

CASTELNAU-DE-LÉVIS – 81 Tarn ➜ voir Albi

CASTELNAU-DE-MONTMIRAL

✉ 81140 (Tarn) – 957 hab. – **Voir carte n°29-C2**

Paris 645 km – Cordes-sur-Ciel 22 km – Gaillac 12 km – Toulouse 69 km

Carte Michelin 338-C7

Hôtel des Consuls sans rest

pl. des Arcades – ✆ 05 63 33 17 44 – www.hoteldesconsuls.com – Fermé 20 déc.-fin fév.

16 ch – †62/115 € ††62/115 € – ☕ 11 €

Bienvenue dans l'un des plus beaux villages de France, avec sa pittoresque bastide du 13e s. ! Ses nouveaux propriétaires ont entièrement rénové ce lieu chargé d'histoire (deux maisons anciennes de 1630) ; l'endroit se révèle un véritable havre de paix et de repos.

X **La Table des Consuls**

pl. des Arcades – ✆ 05 63 40 63 55 – www.lesconsuls.com – Ouvert de mars à oct. et fermé dim. soir, lundi et mardi sauf juil.-août

Menu 16 € (déj. en semaine) – Carte 24/40 €

Tout consul digne de ce nom ne manquerait pas de se régaler dans ce restaurant au charme rustique... Ici, tout est fait maison, souvent parfumé d'épices et d'herbes fraîches ; c'est copieux, généreux et sans esbroufe. Une vraie cuisine de bistrot, comme on les aime !

CASTELNAU-LE-LEZ – 34 Hérault ➜ voir Montpellier

CASTÉRA-VERDUZAN

✉ 32410 (Gers) – 949 hab. – Voir carte n°**28**-A2
Paris 720 km – Agen 61 km – Auch 26 km – Condom 20 km
Carte Michelin 336-E7

Le Florida

2 r. du Lac – ✆ 05 62 68 13 22 – www.restaurant-florida.fr – Fermé 7-14 janv., dim. soir et lundi
Formule 14 € – Menu 27 € (semaine), 29/43 € – Carte 53/62 €
Spécialités gersoises à savourer en hiver, réchauffé par le crépitement d'un bon feu de cheminée, et en été sur la terrasse ombragée et fleurie.

CASTERINO – 06 Alpes-Maritimes → voir Tende

CASTILLON-DU-GARD – 30 Gard → voir Pont-du-Gard

CASTRES

✉ 81100 (Tarn) – 42 314 hab. – Voir carte n°**29**-C2
Paris 718 km – Albi 43 km – Béziers 107 km – Carcassonne 70 km
Carte Michelin 338-F9

Grand Hôtel

11 r. de la Libération – ✆ 05 63 37 82 20 – www.grandhoteldecastres.com
50 ch – 92 € 97 € – 3 suites – 13 € Plan : BZ**n**
Rest – Menu 20 € (déj.)/28 € *(fermé sam., dim. et fériés)*
À deux pas de la cathédrale, un vrai "Grand Hôtel" ! Ce lieu classique connaît une nouvelle jeunesse, ses propriétaires en ayant fait un endroit élégant, design et épuré... Bois précieux, matériaux choisis, excellente insonorisation : les chambres ont beaucoup de style, sans ostentation.

Occitan

201 av. Ch.-de-Gaulle, par ③ – ✆ 05 63 35 34 20 – www.hotel-restaurant-l-occitan.fr – Fermé 21 déc.-4 janv.
64 ch – 71/100 € 78/110 € – 11 € – ½ P
Rest – Menu 16 € (semaine), 19/42 € – Carte 31/57 € *(fermé dim. midi de la Toussaint à Pâques et sam. midi)*
Ce vaste hôtel-restaurant se situe à l'entrée de la ville, sur un axe passant, mais il est très bien insonorisé. Les chambres sont toutes climatisées, impeccablement tenues, arborant un style contemporain très frais. Pour la détente, on profite de la piscine, du sauna et du jacuzzi...

Renaissance sans rest

17 r. Victor-Hugo – ✆ 05 63 59 30 42 – www.hotel-renaissance.fr – Fermé 1er-6 janv.
20 ch – 70/200 € 70/200 € – 2 suites – 12 € Plan : AZ**m**
Derrière cette belle façade à colombages du 17e s. se cache un hôtel éclectique et charmant : les chambres ont toutes leur style (Empire, Napoléon III, Savane, New York, etc.) et foisonnent de tableaux, meubles chinés et bibelots. Un lieu cosy !

Le Caussea Ⓝ

38 av. de la Montagne-Noire, 6 km par D85 et N112 – ✆ 05 63 37 64 90 – www.le-caussea.com
40 ch – 52/64 € 62/76 € – 9 € – ½ P
Rest *Le Caussea* – voir les restaurants ci-après
Un hôtel tout neuf, en périphérie de la ville, à quelques centaines de mètres du nouveau centre hospitalier de Castres-Mazamet. Fonctionnel et au calme, les chambres sont parfaitement tenues et bien équipées.

Mandragore

1 r. Malpas – ✆ 05 63 59 51 27 – Fermé 1 semaine en mars, 1 semaine en sept., dim. et lundi Plan : BY**e**
Menu 14 € (déj. en semaine), 17/32 € – Carte 28/40 €
Une maison toute simple dans le vieux Castres, où dominent bois blond et verre dépoli. Le chef concocte une bonne cuisine traditionnelle : pavé de saumon au chorizo et parmesan, salade de roquette au chèvre... Le rapport qualité-prix est bon : telle est la vertu de cette mandragore-là, sans nulle magie !

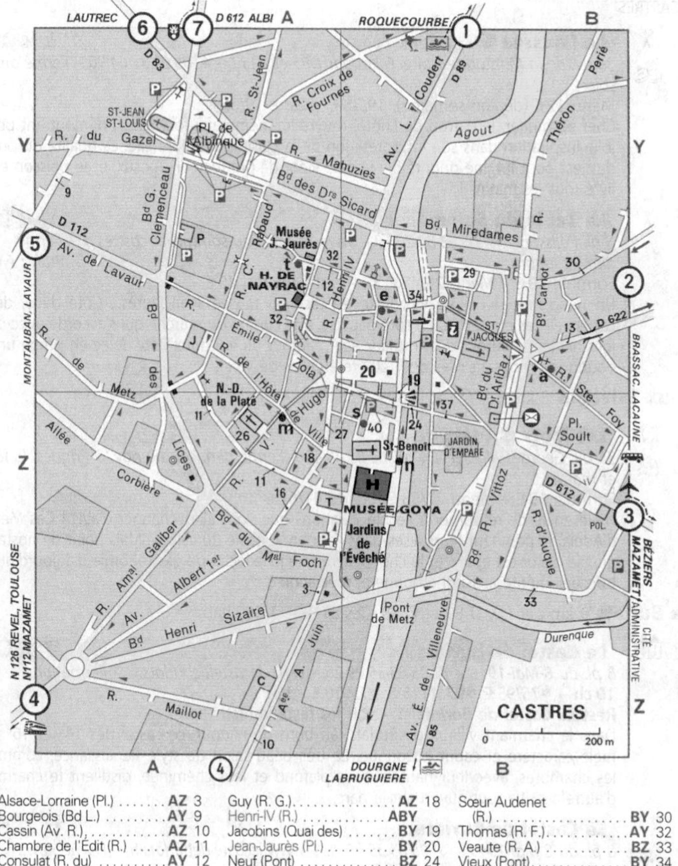

Alsace-Lorraine (Pl.) .... **AZ** 3	Guy (R. G.) .... **AZ** 18	Sœur Audenet (R.) .... **BY** 30
Bourgeois (Bd L.) .... **AY** 9	Henri-IV (R.) .... **ABY**	Thomas (R. F.) .... **AY** 32
Cassin (Av. R.) .... **AZ** 10	Jacobins (Quai des) .... **BY** 19	Veaute (R. A.) .... **BZ** 33
Chambre de l'Édit (R.) .... **AZ** 11	Jean-Jaurès (Pl.) .... **BY** 20	Vieux (Pont) .... **BY** 34
Consulat (R. du) .... **AY** 12	Neuf (Pont) .... **BZ** 24	Villegoudou (R.) .... **BZ** 37
Desplats (Av. Lt J.) .... **BY** 13	Platé (R. de la) .... **AZ** 26	Zola (R. Émile) .... **AY**
Fuzies (R.) .... **BY** 14	Sabatier (R.) .... **AZ** 27	8-Mai-1945 (Pl. du) .... **BZ** 40
Gambetta (R.) .... **AZ** 16	Ste-Claire (Pl.) .... **BY** 29	

XX **Le Victoria** A/C

24 pl. du 8-Mai-1945 – ☎ 05 63 59 14 68 – www.le-victoria-restaurant.com – Fermé sam. midi et dim. soir Plan : BZ**s**

Formule 14 € – Menu 25/35 € – Carte 34/58 €

En plein cœur de la ville, à deux pas de la cathédrale St-Benoît, ce restaurant joue la carte de la tradition : la cuisine y est copieuse et semble intemporelle. Côté déco, une salle voûtée (celle d'un ancien couvent du 17e s.), des briques apparentes et un style... tout aussi classique.

X **Bistrot Saveurs** (Simon Scott)

✿ *5 r. Ste-Foy – ☎ 05 63 50 11 45 – www.bistrot-saveurs.com – Fermé 1 semaine en mars, 3 semaines en août, 1 semaine en nov., sam., dim. et fériés* Plan : BY**a**

Formule 19 € – Menu 24 € 🍷 (déj. en semaine), 40/110 € 🍷 – Carte 80/95 €

Messieurs les Anglais... cuisinez les premiers ! Voilà ce qu'en toute courtoisie l'on pourrait s'exclamer en découvrant les assiettes de Simon Scott, dont l'expérience l'a mené de Londres à la Provence, avant de s'installer dans le Tarn. Saveurs marquées, sucrés-salés en équilibre, contrastes de température... *Scrumptious !* ➜ Duo de foie gras de canard, "façon crumble" aux pommes et pain d'épice. Pigeon en deux services. Sphère de chocolat noir aux agrumes et espuma à l'orange amère.

Le Caussea – Hôtel le Caussea

38 av. de la Montagne-Noire, 6 km par D85 et N112 – ✆ 05 63 37 64 90 – Fermé dim. soir
Menu 12 € (déj. en semaine), 19/38 € – Carte 19/65 €
Chef de métier, le patron de l'hôtel œuvre lui-même aux fourneaux, démontrant une jolie inspiration dans son interprétation de la cuisine traditionnelle. La qualité du produit est pour lui une priorité : la viande vient de producteurs locaux, et le poisson est livré tous les matins !

La Table du Sommelier

6 pl. Pélisson – ✆ 05 63 82 20 10 – www.la-table-du-sommelier-castres.fr – Fermé dim. et lundi Plan : AY**t**
Formule 18 € – Menu 21/42 € 🍷 – Carte environ 45 €
Un néobistrot dédié au vin, juste en face du musée Jean-Jaurès... Côté déco, des casiers et des bouteilles, et, côté papilles, une cuisine du marché qui s'accorde avec de jolis nectars : "autour du vin blanc sec", "autour du vin doux", etc. Avec en prime une boutique proposant près de 1 200 références de vins !

aux Salvages 5 km par ① et D 89 – ✉ 81100

Les Mets d'Adélaïde

36 av. Georges-Alquier – ✆ 05 63 35 78 42 – Fermé dim. soir de nov. à Pâques, lundi et mardi
Formule 19 € – Menu 27/58 € – Carte 41/61 €
Nulle envie de retourner à l'école ? Parions que vous allez changer d'avis ! Ces Mets d'Adélaïde prennent leurs aises dans l'ancienne école du village. Mais point de nostalgie : le décor est épuré et le chef délivre une jolie leçon de gastronomie d'aujourd'hui. L'accueil mérite aussi une bonne appréciation !

à Burlats 9 km par ①, D 89 et D 58 – ✉ 81100 – 1 902 hab.

Le Castel de Burlats

8 pl. du 8-Mai-1945 – ✆ 05 63 35 29 20 – www.lecasteldeburlats.fr – Fermé janv.
10 ch – 🚹75/95 € 🚹🚹75/115 € – ☕ 10 € – ½ P
Rest *Le Castel de Burlats* – voir les restaurants ci-après
Dans le charmant village de Burlats, au bord de l'Agout, ce castel des 14e et 16e s. mêle caractère et esprit historique. Le très beau salon de style Renaissance, comme les chambres, avec leur hauteur sous plafond et leur cheminée, distillent le charme d'autrefois... Le tout ouvert sur le parc.

Le Castel de Burlats

8 pl. du 8-Mai-1945 – ✆ 05 63 35 05 98 – www.lecasteldeburlats.fr – Fermé janv., dim. soir, lundi et mardi sauf juil.-août
Formule 21 € – Menu 28/50 € – Carte 38/61 € *(réservation conseillée)*
Après avoir travaillé auprès de Gilles Goujon, en sa célèbre auberge de Fontjoncouse, le chef vole désormais de ses propres ailes dans ce castel des 14e et 16e s. Sa patte ? Une cuisine rythmée sur les saisons et une technique mise au service du goût. Très bon rapport qualité-prix. Jolie terrasse face à la nature.

CASTRIES – 34 Hérault → voir Montpellier

LE CATELET

✉ 02420 (Aisne) – 194 hab. – Voir carte n°**37**-C1
▶ Paris 170 km – Cambrai 22 km – Le Cateau-Cambrésis 29 km – Laon 66 km
Carte Michelin 306-B2

La Coriandre

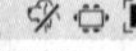

68 r. du Gén.-Augereau – ✆ 03 23 66 21 71 – www.restaurant-la-coriandre.com – Fermé 27 juil.-20 août, 2-10 janv., mardi soir, merc. soir, jeudi soir et lundi
Formule 21 € – Menu 26 € (déj. en semaine), 42/62 € – Carte 62/83 €
Salade de homard à la crème de ciboulette, barbue dorée à l'huile d'olive, lasagnes de céleri, millefeuille à la vanille... On savoure une cuisine soignée, à l'accent méditerranéen, dans un cadre rustique. Une bonne adresse.

LES CATONS – 73 Savoie → voir Bourget-du-Lac

CAUDEBEC-EN-CAUX

✉ 76490 (Seine-Maritime) – 2 279 hab. – **Voir carte n°33-C1**
Paris 162 km – Lillebonne 17 km – Le Havre 53 km – Rouen 37 km
Carte Michelin 304-E4 – Guide Vert Michelin Normandie Vallée de la Seine

Normotel

18 quai Guilbaud – ✆ 02 35 96 20 11 – www.normotel-lamarine.fr – Fermé 23 déc.-7 janv.
31 ch – 75/105 € 75/105 € – 9 € – ½ P
Rest *La Marine* – Formule 16 € – Menu 19/32 € – Carte 35/41 € *(fermé sam. midi et dim. soir)*
Sur la rue principale (face à la Seine), une grande bâtisse reconstruite après-guerre, dont les chambres sont progressivement rénovées dans un esprit contemporain et épuré. Au restaurant, les plats de tradition en appellent souvent aux produits normands.

Le Cheval Blanc

4 pl. René-Coty – ✆ 02 35 96 21 66 – www.le-cheval-blanc.fr – Fermé 25 déc.-3 janv.
14 ch – 58/62 € 58/62 € – 8 € – ½ P
Rest – Formule 15 € – Menu 20 € (semaine), 27/31 € *(fermé 21 déc.-3 janv., sam. midi, dim. soir et vend.)*
Simple et bien tenu, avec des chambres correctement insonorisées et mansardées au deuxième étage, idéales pour se loger à bon compte. Au restaurant, les plats du terroir sont préparés par le patron. Une petite adresse sympathique !

Manoir de Rétival

2 r. St-Clair – ✆ 06 50 23 43 63 – www.restaurant-ga.fr – Fermé en août, 31 déc.-10 fév., dim. soir, lundi et mardi
4 ch – 160/310 € 160/310 € – 15 €
Table d'hôte – Menu 98 € /149 €
Quel charme... Ce manoir est superbe, avec sa tourelle, ses colombages, son beau jardin et sa chapelle. Les chambres cultivent un bel esprit maison de famille (parquet, jonc de mer, mobilier chiné, etc.) et la table d'hôte est agréable : le patron est un jeune chef allemand amoureux de la gastronomie française !

CAUREL

✉ 22530 (Côtes-d'Armor) – 378 hab. – **Voir carte n°10-C2**
Paris 461 km – Carhaix-Plouguer 45 km – Guingamp 48 km – Loudéac 24 km
Carte Michelin 309-D5

Beau Rivage

au Lac de Guerlédan, 2 km par D 111 – ✆ 02 96 28 52 15 – www.le-beau-rivage.info – Fermé lundi soir en juil.-août et merc. midi
Menu 20 € (semaine), 32/45 € – Carte 49/62 €
Les habitants de la région, comme les touristes, apprécient cette maison offrant une jolie vue sur le lac de Guerlédan. Dans l'assiette ? Une bonne et généreuse cuisine traditionnelle, tout simplement.

CAUSSADE

✉ 82300 (Tarn-et-Garonne) – 6 623 hab. – **Voir carte n°29-C2**
Paris 606 km – Cahors 38 km – Gaillac 51 km – Montauban 28 km
Carte Michelin 337-F7

Dupont

ch,

25 r. Récollets – ✆ 05 63 65 05 00 – www.hotel-restaurant-dupont.com – Fermé 21 déc.-10 janv.
30 ch – 50/69 € 54/69 € – 8 €
Rest – Menu 17 € – Carte 19/39 € *(fermé vend., sam., dim. et le midi)*
Au cœur de la petite capitale du chapeau de paille, un relais de poste du 18e s. avec des chambres simples et propres, ainsi qu'un restaurant traditionnel. Pratique lors d'une étape.

à Monteils 3 km au Nord-Est par D 17 – ✉ 82300 – 1 303 hab.

Le Clos Monteils

7 chemin du Moulin – ✆ 05 63 93 03 51 – Fermé 2-9 nov., janv., fév., dim. soir, lundi et mardi

Formule 18 € – Menu 30/55 € *(réservation conseillée)*

Françoise et Bernard Bordaries ont fait de ce presbytère de 1771 un lieu convivial et intime, telle une maison de famille. Elle vous accueille avec gentillesse, tandis que lui s'active aux fourneaux. Son credo : cuisiner sur des bases simples et mettre en avant le produit avec des recettes vraiment bien ficelées. On se régale !

CAUTERETS

✉ 65110 (Hautes-Pyrénées) – 1 139 hab. – Voir carte n°**28**-A3

Paris 880 km – Argelès-Gazost 17 km – Lourdes 30 km – Pau 75 km

Carte Michelin 342-L7

Astérides-Sacca

11 bd Latapie-Flurin – ✆ 05 62 92 50 02 – www.asterides-sacca.com – Fermé 2 semaines en avril et 12 oct.-20 déc.

51 ch – 78/106 € 88/116 € – ½ P

Rest – Menu 25/36 € – Carte 35/50 € *(fermé le midi en hiver)*

Ces étoiles de mer (astérides) ont élu domicile à la montagne... Derrière une belle façade de style bigourdan, les chambres, fonctionnelles, sont décorées dans un esprit actuel. Cuisine traditionnelle au restaurant, au cadre chaleureux.

Lion d'Or

12 r. Richelieu – ✆ 05 62 92 52 87 – www.liondor.eu – Fermé 21 avril-8 mai et 5 oct.-19 déc.

18 ch – 76/155 € 78/162 € – 12 € – ½ P

Rest – Menu 22/28 € – Carte 24/30 € *(fermé le midi) (résidents seult)*

Hôtel familial construit au 19es. (portes-fenêtres, balconnets en fer forgé...). Chambres douillettes à la décoration soignée (objets chinés). Confitures et tourtes maison au petit-déjeuner. Cuisine de tradition servie dans une salle à manger ancienne.

Le Bois Joli sans rest

1 pl. du Mar.-Foch – ✆ 05 62 92 53 85 – www.hotel-leboisjoli.com – Fermé 21 avril-1er juin et 13 oct.-30 nov.

12 ch – 95/110 € 106/125 € – 11 €

Au cœur de la station, bâtisse du 19e s. au cachet préservé. Chambres d'esprit chalet, très colorées et décorées suivant quatre thèmes : fleurs, animaux, arbres et monts.

L'Abri du Benques

2 km au Sud par D 920 au lieu-dit la Raillère – ✆ 05 62 92 50 15 – www.benques.com – Fermé 1er-20 déc., 1er-15 janv., lundi soir, mardi soir et merc. sauf vacances scolaires

Formule 13 € – Menu 24/48 € – Carte 36/47 €

Sur la route du pont d'Espagne, dans un cadre magique – entre montagne et torrents –, ce restaurant au décor contemporain propose une cuisine actuelle signée par un jeune chef du pays.

CAVAILLON

✉ 84300 (Vaucluse) – 24 951 hab. – Voir carte n°**42**-E1

Paris 702 km – Aix-en-Provence 60 km – Arles 44 km – Avignon 25 km

Carte Michelin 332-D10 – Guide Vert Michelin Provence

Prévôt (Jean-Jacques Prévôt)

353 av. de Verdun – ✆ 04 90 71 32 43 – www.restaurant-prevot.com – Fermé dim. et lundi sauf fériés

Formule 28 € – Menu 35 € (déj.), 48/85 € – Carte 65/83 €

Dans cette sympathique maison familiale, on célèbre avec passion le melon de Cavaillon – un menu entier lui est même dédié en saison. Truffes et légumes du pays occupent aussi une place de choix sur la carte, qui sait mettre de beaux produits en valeur. Un travail de qualité, sans fioritures, au service des saveurs !

→ Foie gras mi-cuit au melon confit et cromesquis à la pistache. Melon garni d'une bouillabaisse de homard mitonnée au four. Tarte sablée à la crème chiboust de lavande et crème glacée au yaourt.

Carte sur Table

35 r. Gustave-Flaubert – ✆ 04 90 78 15 27 – www.restaurant-carte-sur-table.com – Fermé 1 semaine en août, dim. et lundi

Formule 16 € – Menu 28 € – Carte 34/45 €

Il souffle un vent nouveau sur cette adresse où l'on joue Carte sur Table ! Installé ici en 2012 après un beau parcours dans des maisons de qualité, un jeune couple entend y mettre à profit son expérience. Son credo : qualité de l'accueil et qualité de la cuisine (inspirée par les beaux produits frais).

à Cheval-Blanc 5 km à l'Est par D 973 – ✉ 84460 – 4 138 hab.

L'Auberge de Cheval Blanc

481 av. de la Canebière – ✆ 04 32 50 18 55 – www.auberge-de-chevalblanc.com – Fermé sam. midi, dim. soir et lundi de sept. à juin

Formule 20 € – Menu 28/69 € – Carte 44/64 € *(réservation conseillée)*

Des produits frais, une agréable cuisine de saison : cette discrète auberge de bord de route promet un agréable moment gourmand... et sa terrasse est idyllique.

CAVALIÈRE

✉ 83980 (Var) – **Voir carte n°41-C3**

Paris 880 km – Draguignan 68 km – Fréjus 55 km – Le Lavandou 7 km

Carte Michelin 340-N7 – Guide Vert Michelin Côte d'Azur

Le Club de Cavalière & Spa

30 av. du Cap-Nègre – ✆ 04 98 04 34 34 – www.clubdecavaliere.com – Ouvert 8 mai-27 sept.

32 ch – 415/990 € 605/1295 € – 5 suites – ½ P

Rest ***Le Club de Cavalière & Spa*** – voir les restaurants ci-après

Une demeure élégante ouverte sur la plage. Du style, assurément : un vrai esprit bourgeois – tellement confortable – décliné dans une veine résolument contemporaine. Piscine, spa, sauna, jacuzzi, fitness, bateau privé... Détente assurée !

Le Club de Cavalière & Spa

30 av. du Cap-Nègre – ✆ 04 98 04 34 34 – www.clubdecavaliere.com – Ouvert 8 mai-27 sept.

Menu 80 € (dîner)/98 € – Carte 56/131 €

Ravioles aux langoustines et à la coriandre, bisque au curry ; loup de pleine mer en pavé rôti à la peau, escabèche croquante aux condiments... De beaux produits de la mer (et quelques viandes), cuisinés avec finesse. À apprécier face aux flots !

CAVANAC – 11 Aude ➜ voir Carcassonne

CAYRON – 32 Gers ➜ voir Beaumarchés

CEILLAC

✉ 05600 (Hautes-Alpes) – 304 hab. – **Voir carte n°41-C1**

Paris 729 km – Briançon 50 km – Gap 75 km – Guillestre 14 km

Carte Michelin 334-I4 – Guide Vert Michelin Alpes du Sud

La Cascade

au pied du Mélezet, 2 km au Sud-Est – ✆ 04 92 45 05 92 – www.hotel-la-cascade.com – Ouvert 1er juin -15 sept. et 20 déc.-30 mars

22 ch – 50/66 € 72/82 € – 10 € – ½ P

Rest – Menu 17/24 € – Carte 27/36 €

Hôtel isolé dans un beau site alpestre. Des meubles ornés de sculptures au couteau, typiques du Queyras, décorent les chambres de style montagnard. Joli espace bien-être. Le restaurant et la terrasse offrent une jolie vue sur les montagnes ; cuisine régionale.

CEILLOUX

✉ 63520 (Puy-de-Dôme) – 158 hab. – Voir carte n°**6**-C2
Paris 464 km – Clermont-Ferrand 50 km – Cournon-d'Auvergne 36 km – Riom 62 km
Carte Michelin 326-I9

Domaine de Gaudon sans rest

4 km au Nord par D 304 – ✆ 04 73 70 76 25 – www.domainedegaudon.fr
5 ch – 95 € 120 €
Appel de la campagne ? Le Domaine de Gaudron, bordé d'un parc de 11 ha planté d'arbres centenaires, vit en symbiose avec la nature. Cette bâtisse du 19e s. offre un décor classique tout en boiseries. Bon accueil.

LA CELLE

✉ 83170 (Var) – 1 305 hab. – Voir carte n°**41**-C3
Paris 812 km – Aix-en-Provence 63 km – Draguignan 62 km – Marseille 65 km
Carte Michelin 340-L5

Hostellerie de l'Abbaye de la Celle

10 pl. du Gén.-de-Gaulle – ✆ 04 98 05 14 14 – www.abbaye-celle.com
– Fermé janv., mardi et merc. sauf du 10 avril au 13 oct. et fériés
10 ch – 250/550 € 250/550 € – 23 €
Rest *Hostellerie de l'Abbaye de la Celle* – voir les restaurants ci-après
Cette ancienne hostellerie d'abbaye distille un bel esprit d'antan (murs du 18e s., imprimés délicats, etc.). Le matin, le soleil filtre à travers les persiennes et les grands arbres du jardin... La qualité du service ajoute encore au charme des lieux.

Hostellerie de l'Abbaye de la Celle

10 pl. du Gén.-de-Gaulle – ✆ 04 98 05 14 14 – www.abbaye-celle.com
– Fermé janv., mardi et merc. sauf du 10 avril au 13 oct. et fériés
Formule 48 € – Menu 70/95 € – Carte 64/97 €
En cette demeure de charme, propriété du groupe Ducasse, la cuisine méridionale éclate de saveurs. Rien d'extravagant, une certaine simplicité même, mais tous les produits – dont de beaux légumes – s'expriment avec justesse.
→ Confit de lapereau, queues d'écrevisses et salades sauvages. Cookpot de homard bleu et légumes d'été en deux services. Carré chocolat-poire.

LA CELLE-LES-BORDES

✉ 78720 (Yvelines) – 934 hab. – Voir carte n°**18**-B2
Paris 62 km – Évry 49 km – Nanterre 49 km – Versailles 36 km
Carte Michelin 311-H4

L'Auberge de l'Élan

5 r. du Village, (Les Bordes) – ✆ 01 34 85 15 55 – www.laubergedelelan-78.com
– Fermé 19 août-5 sept., 19-26 déc., 2-8 janv., dim. soir, mardi et merc.
Menu 70 € – Carte 50/72 €
Maison de village où se mêlent déco rustique et objets modernes. Bon accueil ; cuisine du marché concoctée par le chef-patron. Vente de produits régionaux.

CELLES-SUR-BELLE

✉ 79370 (Deux-Sèvres) – 3 753 hab. – Voir carte n°**38**-B2
Paris 400 km – Couhé 37 km – Niort 22 km – Poitiers 69 km
Carte Michelin 322-E7 – Guide Vert Michelin Poitou-Charentes

Hostellerie de l'Abbaye

1 pl. des Époux-Laurant – ✆ 05 49 26 03 18 – www.hostellerie-de-abbaye.fr – Fermé 22-30 déc.
21 ch – 62/67 € 69/74 € – 9 € – ½ P
Rest *Hostellerie de l'Abbaye* – voir les restaurants ci-après
Cette hostellerie traditionnelle s'épanouit au pied du clocher de la belle abbatiale (17e s.). Derrière ses murs en pierre, on découvre des chambres tout à fait contemporaines, fonctionnelles et confortables (certaines restent plus classiques).

Hostellerie de l'Abbaye

1 pl. des Époux-Laurant – ✆ 05 49 26 03 18 – www.hostellerie-de-abbaye.fr
– Fermé 22-30 déc., sam. midi de sept. à mai et dim. soir
Formule 12 € – Menu 14 € (déj. en semaine), 29/49 € – Carte 40/52 €
De la viande au poisson, les produits sont très frais et de qualité, et le chef démontre un vrai tour de main, revisitant la tradition au gré des saisons. Formule brasserie au déjeuner. Le tout à savourer dans une salle des plus chaleureuses ou sur la terrasse. Une bonne adresse.

CELLES-SUR-DUROLLE

✉ 63250 (Puy-de-Dôme) – 1 774 hab. – **Voir carte n°6-C2**
Paris 460 km – Clermont-Ferrand 55 km – Moulins 140 km – Saint-Étienne 101 km
Carte Michelin 326-I7

Auberge du Palais

ch, ch,

4 pl. du Palais – ✆ 04 73 51 89 15 – www.aubergedupalais.com
– Fermé 24-31 août et 16 janv.-16 fév.
13 ch – 75/95 € 75/95 € – 8 € – ½ P
Rest – Formule 13 € – Menu 29/42 € – Carte 40/49 € *(fermé vend. soir et lundi)*
Impossible de manquer cette auberge qui, sans être un palais, sait attirer l'attention ! Ainsi sa façade ocre, rappelant la terre d'Afrique, reste la meilleure des invitations. Les chambres y sont confortables et bien tenues. Restauration du terroir.

CELONY – 13 Bouches-du-Rhône ➜ voir Aix-en-Provence

CÉNAC-ET-ST-JULIEN

✉ 24250 (Dordogne) – 1 206 hab. – **Voir carte n°4-D1**
Paris 547 km – Cahors 71 km – Périgueux 73 km – Sarlat-la-Canéda 12 km
Carte Michelin 329-I7

La Guérinière

rest,

sur D 46 – ✆ 05 53 29 91 97 – www.la-gueriniere-dordogne.com
– Ouvert 1er avril-2 nov.
5 ch – 80/105 € 80/105 €
Table d'hôte – Menu 28 € *(fermé sam. et dim.)*
Située face à la bastide de Domme, cette chartreuse périgourdine profite d'un cadre verdoyant et serein. Chambres coquettes, grand parc, piscine et tennis. Le soir, recettes régionales servies dans un agréable décor rustique.

CENON – 33 Gironde ➜ voir Bordeaux

CERDON

✉ 45620 (Loiret) – 1 039 hab. – **Voir carte n°12-C2**
Paris 185 km – Fleury-les-Aubrais 63 km – Olivet 59 km – Orléans 73 km
Carte Michelin 318-L6

Les Vieux Guays

rte des Hauteraults, 3 km au Sud-Ouest par D 65 et rte secondaire
– ✆ 02 38 36 03 76 – www.lesvieuxguays.com
– Fermé 12 fév.-30 mars
5 ch – 85 € 85 €
Table d'hôte – Menu 30 €
Superbe relais de chasse des années 1950, dans un parc avec étang, piscine et tennis. Les chambres y sont confortables, bien tenues et décorées avec raffinement. Un cadre rustique, où l'on apprécie une cuisine de saison, inspirée par le terroir.

CÉRÉ-LA-RONDE

✉ 37460 (Indre-et-Loire) – 446 hab. – Voir carte n°**11**-A2
Paris 232 km – Blois 46 km – Orléans 108 km – Tours 52 km
Carte Michelin 317-Q5

Auberge de Montpoupon

Le Moulin Bailly – ✆ 02 47 59 01 18 – www.aubergedemontpoupon.com – Fermé 1er janv.-12 fév. et merc. de sept. à mars
Formule 24 € – Menu 29/67 € – Carte environ 45 € *(dîner seult en semaine hors saison)*
Comme confiée aux bons soins du château de Montpoupon (15e s.) qui s'élève tout près, cette auberge cultive un esprit très Val de Loire : cadre rustique et cuisine traditionnelle joliment travaillée ("chasse du moment" en saison). Service attentionné.

CÉRET

✉ 66400 (Pyrénées-Orientales) – 7 629 hab. – Voir carte n°**22**-B3
Paris 875 km – Gerona 81 km – Perpignan 34 km – Port-Vendres 37 km
Carte Michelin 344-H8

Le Mas Trilles sans rest

au Pont de Reynès, 3 km après Céret direction Amélie-les-Bains – ✆ 04 68 87 38 37 – www.le-mas-trilles.com – Ouvert 18 avril-10 oct.
8 ch – 85/219 € 85/219 € – 2 suites – 13 €
Niché dans un vallon, ce beau mas du 17e s. possède le sens de l'accueil, et ses chambres – la plupart avec terrasse ou jardin – cultivent un certain charme d'antan... Autres avantages : la piscine domine le Tech et, au petit-déjeuner, on se régale des fruits des vergers alentour.

Les Arcades sans rest

1 pl. Picasso – ✆ 04 68 87 12 30 – www.hotel-arcades-ceret.com
30 ch – 50/67 € 50/67 € – 7 €
Un hôtel familial, bien tenu et fonctionnel : certaines chambres disposent d'une kitchenette et il y a un parking au sous-sol. Les amateurs d'art apprécieront la déco avec des photos et des lithographies d'artistes passés par le village. Au petit-déjeuner, on savoure de bons produits locaux.

Le Chat qui Rit

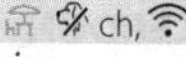

1 rte de Céret, (à la Cabanasse), 1,5 km par rte Amélie – ✆ 04 68 87 02 22 – www.restaurant-le-chat-qui-rit.fr – Fermé 18-24 nov., 23-29 déc., 7-13 janv., 25 fév.-10 mars, dim. soir, mardi soir et merc. sauf juil.-août
Menu 18 € (déj. en semaine), 28/50 € – Carte 42/84 €
Aux environs de Céret, cette maison met les produits et saveurs catalans à l'honneur : effiloché d'agneau catalan à la crème d'ail, côte de veau de Cerdagne et flan d'aubergine, etc. Mention spéciale pour la terrasse verdoyante, où l'on peut paresser comme... un chat.

Del Bisbe avec ch

ch,

4 pl. Soutine – ✆ 04 68 87 00 85 – www.hotelceret.com – Fermé 1 semaine en juin, nov., 1 semaine en fév., mardi et merc. sauf juil.-août
8 ch – 50/120 € 50/120 € – 8 €
Formule 19 € – Menu 28/36 € – Carte 38/50 €
Cette maison de l'évêque (sens de "Del Bisbe" en catalan) cultive son petit côté rustique et authentique. On y savoure une cuisine typique de la région, concoctée avec une majorité de produits locaux. Et l'été, il fait bon s'installer sous la treille ! Quelques chambres simples et bien tenues.

LE CERGNE

✉ 42460 (Loire) – 713 hab. – Voir carte n°**44**-A1
Paris 414 km – Charlieu 17 km – Chauffailles 15 km – Lyon 78 km
Carte Michelin 327-E3

Bel'Vue
04 74 89 87 73 – www.lebelvue.com – Fermé 16-30 août, 17-26 janv., vend. soir et dim. soir
15 ch – 63/96 € 63/116 € – 10 € – ½ P
Rest – Formule 13 € – Menu 24 € /65 € – Carte 45/59 €
Une maison, oui, mais surtout une âme... Dans ce village des monts du Haut-Beaujolais, elle abrite des chambres impeccables, toutes décorées avec goût (thème fleuri, coloré, oriental, etc.). Comme le nom l'indique, belle vue sur la vallée depuis la salle à manger panoramique (cuisine traditionnelle).

CERGY – 95 Val-d'Oise → voir Paris, Environs (Cergy-Pontoise)

CÉRILLY

03350 (Allier) – 1 351 hab. – **Voir carte n°5-B1**
Paris 298 km – Bourges 66 km – Montluçon 41 km – Moulins 47 km
Carte Michelin 326-D3 – Guide Vert Michelin Auvergne

Chez Chaumat
pl. Péron – 04 70 67 52 21 – www.chezchaumat.com – Fermé 1 semaine en juin, 1 semaine en sept., 1 semaine fin déc., dim. soir et lundi
8 ch – 46 € 56 € – 8 € – ½ P
Rest – Menu 13 € (semaine), 18/34 € – Carte 25/43 €
À proximité de la superbe forêt domaniale de Tronçais, cet établissement familial cultive un esprit auberge de campagne. Les chambres, sobres (sol en lino, murs crépis, mobilier en bois), sont bien insonorisées. Restauration traditionnelle.

CERNANS

39110 (Jura) – 141 hab. – **Voir carte n°16-B2**
Paris 433 km – Besançon 54 km – Lons-le-Saunier 58 km – Neuchâtel 122 km
Carte Michelin 321-F5

La Grange Combaret
21 rte de Salins – 03 84 73 52 90 – www.grange-combaret.com
4 ch – 52 € 64 € – ½ P
Table d'hôte – Menu 24 € *(fermé jeudi soir et dim. soir)*
Cette ancienne ferme se trouve au cœur d'une exploitation laitière dont les propriétaires ne sont autres que les éleveurs ! Les chambres sont confortables et bien tenues. Ici, qu'on se le dise, l'atmosphère est très familiale. Côté gourmandises, bon petit-déjeuner et table d'hôte sur réservation.

CERNAY

68700 (Haut-Rhin) – 11 268 hab. – **Voir carte n°1-A3**
Paris 461 km – Altkirch 26 km – Belfort 39 km – Colmar 37 km
Carte Michelin 315-H10

XX **Hostellerie d'Alsace** avec ch
61 r. Poincaré – 03 89 75 59 81 – www.hostellerie-alsace.fr – Fermé 29 avril-5 mai, 29 juil.-18 août, 23-31 déc., sam. et dim.
10 ch – 56 € 70 € – 10 € – ½ P Menu 21 € (semaine)/65 € – Carte 44/65 €
Dans cette grande maison à colombages, le chef propose une cuisine d'aujourd'hui valorisant le terroir local : carré d'agneau rôti en croûte d'herbes, lasagnes de Saint-Jacques, etc. Pour l'étape, des chambres fonctionnelles et d'un bon rapport qualité-prix.

CERNAY-LA-VILLE – 78 Yvelines → voir Paris, Environs

CÉRON

71110 (Saône-et-Loire) – 287 hab. – **Voir carte n°7-B3**
Paris 377 km – Clermont-Ferrand 126 km – Dijon 187 km – Mâcon 91 km
Carte Michelin 320-D12

Château de la Frédière

golf de Céron – 03 85 25 17 79 – www.golfdeceron.fr – Fermé 22 déc.-13 janv.
12 ch – 100 € 200 €
Rest – Menu 20/39 € – Carte 40/82 € *(Fermé 1er déc.-17 mars sauf weekends)*
Un domaine de plus de 60 ha avec un magnifique golf : voilà le cadre de cette élégante demeure du 19e s. Les chambres – mobilier massif, tissus choisis, cheminée et parquet – ont beaucoup de caractère. Et on appréciera... le grand calme !

CERVIONE – 2B Haute-Corse ➜ voir Corse

CESSON – 22 Côtes-d'Armor ➜ voir St-Brieuc

CESSON-SÉVIGNÉ – 35 Ille-et-Vilaine ➜ voir Rennes

CESTAYROLS

81150 (Tarn) – 478 hab. – **Voir carte n°29-C2**
Paris 660 km – Albi 19 km – Castres 59 km – Toulouse 71 km
Carte Michelin 338-D7

Lou Cantoun

Le village – 05 63 53 28 39 – www.loucantoun.fr – Fermé 1er-22 janv., mardi et merc.
Formule 15 € – Menu 20 € (déj. en semaine), 27/50 € – Carte 39/63 €
Ne vous fiez pas à l'aspect banal de cette maison de village : l'intérieur, rustique à souhait, n'est pas dénué de charme, et la terrasse est très plaisante. Œufs pochés, lentilles vertes et poitrine croustillante ; magret de canard aux fruits rouges et légumes de saison... Une cuisine goûteuse et colorée !

CEVINS

73730 (Savoie) – 679 hab. – **Voir carte n°46-F2**
Paris 629 km – Aix-les-Bains 79 km – Annecy 57 km – Chambéry 63 km
Carte Michelin 333-L4

La Fleur de Sel

Les Marais – 04 79 37 49 98 – www.restaurant-fleurdesel.fr – Fermé dim. soir, mardi soir et lundi
Menu 20 € (déj.), 31/69 € – Carte 23/70 €
Entre mer et montagne… Sur la route des stations, cette maison récente mêle le bois, la pierre et les inspirations marines (objets, peintures). On y apprécie une appétissante cuisine de saison, servie par des produits de qualité.

CHABLIS

89800 (Yonne) – 2 338 hab. – **Voir carte n°7-B1**
Paris 181 km – Auxerre 21 km – Avallon 39 km – Tonnerre 18 km
Carte Michelin 319-F5 – Guide Vert Michelin Bourgogne

Hostellerie des Clos

18 r. Jules-Rathier – 03 86 42 10 63 – www.hostellerie-des-clos.fr – Fermé 22 déc.-22 janv.
36 ch – 69/142 € 71/142 € – 4 suites – 14 € – ½ P
Rest *Hostellerie des Clos* – voir les restaurants ci-après
Rest *Le Bistrot des Grands Crus* – 8 r. Jules-Rathier, 03 86 42 19 41 – Formule 22 € – Carte 29/41 € *(fermé 20 déc.-7 janv.)*
Une agréable hostellerie au cœur de Chablis. On peut prendre ses aises au salon – avec feu de cheminée l'hiver – avant de gagner l'une des chambres, traditionnelles et cosy. Préférez les plus récentes.

Hôtel du Vieux Moulin sans rest

18 r. des Moulins – 03 86 42 47 30 – www.larochehotel.fr – Fermé 21 déc.-10 janv.
7 ch – 100/175 € 100/175 € – 2 suites – 10 €
Subtile alliance de tradition (poutres, pierres) et de modernité (salles de bain design, écrans plats)... Une certaine idée du luxe, sans ostentation.

Hostellerie des Clos – Hostellerie des Clos
18 r. Jules-Rathier – ✆ 03 86 42 10 63 – www.hostellerie-des-clos.fr – Fermé 22 déc.-22 janv.
Formule 36 € – Menu 45/90 € – Carte 70/102 €
Une certaine intimité règne dans ce clos, au décor élégant et feutré. On y déguste des vins de Chablis évidemment, et une cuisine empreinte de classicisme qui leur sied bien.

CHADURIE

✉ 16250 (Charente) – 525 hab. – **Voir carte n°39-C3**
Paris 957 km – Angoulême 21 km – Barbezieux-St-Hilaire 31 km – Périgueux 77 km
Carte Michelin 324-K7

Le Logis de Puygâty
7 km au Nord par D 438, D 22 et rte secondaire – ✆ 05 45 21 75 11 – www.logisdepuygaty.com – Fermé fév.
4 ch – 165/298 € 165/298 € – 14 € **Table d'hôte** – Menu 45 €
À l'issue d'une allée de cèdres, une ferme fortifiée du 15e s. idéale pour un séjour... fortifiant, dans le bon air des vignes et des bois. Les chambres, aménagées dans les dépendances, dégagent un charme fou : murs chaulés, bois patiné, toile de jute et lin, lavabos en pierre de Combe... En un mot : nature.

CHAGNY

✉ 71150 (Saône-et-Loire) – 5 572 hab. – **Voir carte n°7-A3**
Paris 327 km – Autun 44 km – Beaune 15 km – Chalon-sur-Saône 20 km
Carte Michelin 320-I8

Maison Lameloise
36 pl. d'Armes – ✆ 03 85 87 65 65 – www.lameloise.fr – Fermé 22 déc.-23 janv., 25 fév.-5 mars, mardi et merc. d'oct. à juin
16 ch – 135/360 € 135/360 € – 25 €
Rest *Maison Lameloise* ✿✿✿ – voir les restaurants ci-après
Cette haute maison bourguignonne - un ancien relais de poste datant du 15e s. - incarne la grande hôtellerie de tradition ! Les chambres à l'élégance toute classique, le restaurant qui vaut le voyage, le service dévoué aux clients : tout honore l'art de recevoir.

Hôtel de la Poste sans rest
17 r. de la Poste – ✆ 03 85 87 64 40 – www.hoteldelaposte-chagny71.com – Fermé 25 août-3 sept. et 21 déc.-5 janv.
11 ch – 45/55 € 50/70 € – 8 €
Ce petit hôtel familial et bien tenu se situe en plein cœur du bourg, non loin de la Maison Lameloise. Une adresse calme et fonctionnelle.

Maison Lameloise (Eric Pras) – Hôtel Maison Lameloise
✿✿✿ *36 pl. d'Armes – ✆ 03 85 87 65 65 – www.lameloise.fr – Fermé 22 déc.-23 janv., 25 fév.-5 mars, mardi et merc. d'oct. à juin, mardi midi, merc. midi et jeudi midi de juil. à sept.*
Menu 80 € (déj. en semaine), 135/195 € – Carte 135/182 € *(réservation conseillée)*
Entouré par une équipe de grande valeur, Éric Pras dévoile des créations subtiles et réinterprète avec brio les classiques qui ont fait la réputation de cette illustre maison… Au cœur de la gastronomie française, l'enseigne brille toujours d'un superbe éclat, pour un moment d'exception. → Langoustines marinées, céleri, pomme verte, crème à la moutarde et caviar. Côte de veau à la marjolaine, orange rôtie et pomme fondante. Tarte soufflée aux fraises mara des bois, crème glacée réglisse.

Pierre & Jean
2 r. de la Poste – ✆ 03 85 87 08 67 – www.pierrejean-restaurant.fr – Fermé de mi-déc. à mi-janv., dim. soir et lundi
Formule 19 € – Menu 31/35 € – Carte environ 37 €
Il ne s'agit pas du roman de Maupassant, mais de "la maison d'en face" du prestigieux Lameloise, du nom de ses fondateurs. Une "annexe" un rien canaille qui explore avec finesse la cuisine du moment et... revisite les recettes des ancêtres. Excellent moment sous les charpentes de ce chai du 18e s. avec vue sur les cuisines !

L'Arôme

25 r. de la République – 03 85 46 29 67 – www.arome-chagny.fr – Fermé 16-29 août, 23-27 déc., 17 fév.-4 mars, merc. soir, dim. soir et lundi
Formule 18 € – Menu 24/45 € – Carte environ 33 €
Un bistrot chic et contemporain, pile dans l'air du temps. La carte est courte et réjouissante, le menu unique proposé au déjeuner très attractif, et le chef a une passion particulière pour les légumes et le poisson. Au final : une cuisine pleine d'arômes.

rte de Chalon 2 km au Sud-Est par N 6 et rte secondaire – 71150 Chagny

Hostellerie du Château de Bellecroix

20 chemin de Bellecroix – 03 85 87 13 86 – www.chateau-bellecroix.com – Fermé 18 déc.-13 fév. et merc. sauf de juin à sept.
19 ch – 93/270 € 93/270 € – 1 suite – 16 € – ½ P
Rest – Menu 25/65 € – Carte 61/96 € *(fermé lundi midi, jeudi midi et merc.)*
Cette ancienne propriété des chevaliers de Malte en impose ; de même que son restaurant, avec sa cheminée et ses boiseries ouvragées. Au choix : le château du 18e s. ou la commanderie du 12e s. Les chambres de cette dernière sont plus spacieuses et offrent davantage de caractère.

CHAILLES – 73 Savoie ➜ voir Échelles

CHAILLY-SUR-ARMANÇON – 21 Côte-d'Or ➜ voir Pouilly-en-Auxois

CHAINTRÉ

71570 (Saône-et-Loire) – 531 hab. – **Voir carte n°8-C3**
Paris 397 km – Bourg-en-Bresse 45 km – Lyon 70 km – Mâcon 10 km
Carte Michelin 320-I12

La Table de Chaintré (Sébastien Grospellier)

72 pl. du Luminaire – 03 85 32 90 95 – www.latabledechaintre.com – Fermé 19 août-6 sept., 2-18 janv., dim. soir, lundi et mardi sauf fériés
Menu 38 € (déj. en semaine)/58 € *(réservation conseillée)*
Un restaurant élégant, contemporain et très accueillant, au cœur du vignoble de Pouilly-Fuissé. Du rouge cardinal sur les murs ; de beaux produits du marché aux couleurs délicieuses ; des recettes plutôt tendance : le tout prête à une dégustation raffinée, accompagnée de beaux nectars de Bourgogne et du Beaujolais !
➜ Homard bleu servi tiède, jeunes pousses de maïs doux et vinaigrette aux baies de sureau. Lièvre à la royale. Tarte à la pistache et aux fruits rouges, sorbet framboise.

LA CHAISE-DIEU

43160 (Haute-Loire) – 722 hab. – **Voir carte n°6-C3**
Paris 503 km – Ambert 29 km – Brioude 35 km – Issoire 59 km
Carte Michelin 331-E2 – Guide Vert Michelin Auvergne

L'Écho et l'Abbaye avec ch

pl. Écho – 04 71 00 00 45 – Ouvert 1er avril-10 nov. et fermé merc. sauf juil.-août
5 ch – 44/90 € 55/135 € – 9 € – ½ P
Menu 19/52 € – Carte 36/62 € *(réservation conseillée)*
Tables joliment dressées, cuisine traditionnelle réalisée par le patron, carte des vins étoffée, dont un bon choix de bordeaux : la clientèle V.I.P. du festival de musique apprécie. Les chambres, sobres et rustiques, portent toutes un nom : Sonatine, Menuet, Rêverie, etc.

CHALEZEULE – 25 Doubs ➜ voir Besançon

CHALLANGES – 21 Côte-d'Or ➜ voir Beaune

CHALLANS

85300 (Vendée) – 18 686 hab. – **Voir carte n°34-A3**
Paris 436 km – Cholet 84 km – Nantes 58 km – La Roche-sur-Yon 42 km
Carte Michelin 316-E6 – Guide Vert Michelin Pays de la Loire

L'Antiquité sans rest

14 r. Galliéni – ✆ 02 51 68 02 84 – www.hotelantiquite.com – Fermé 21 déc.-7 janv.

20 ch – 59/140 € 59/140 € – 12 €

Une maison vendéenne avenante dans une rue tranquille, pour une étape sympathique. Les chambres donnent toutes sur la cour et sont vraiment jolies (mobilier chiné ou patiné...) ; celles de l'annexe sont spacieuses et particulièrement soignées.

L'Apart N

38 rte de Soullans – ✆ 02 51 68 00 66 – www.apart-restaurant-challans.fr – Fermé une semaine en avril, 3-24 août, lundi soir, merc. soir et dim. soir

Formule 15 € – Menu 18 € (dîner), 28/50 €

Il est des destins tout tracés comme celui de ce restaurant installé dans un ancien magasin de cuisines ! On y déguste des plats savoureux, à l'image de ce risotto aux pleurotes ou de ce merlu vapeur aux poireaux. De beaux produits, bien préparés... la garantie de passer un bon moment.

Chez Charles N

8 pl. du Champ-de-Foire – ✆ 02 51 93 36 65 – www.restaurantchezcharles.com – Fermé 23 déc.-24 janv., dim. soir et lundi

Formule 15 € – Menu 23/48 € – Carte 30/57 €

Un sympathique petit restaurant familial, au cœur de la cité. Le canard de Challans est évidemment l'une des vedettes de la carte, comme le homard, mais aussi, selon les saisons, les langoustines, les grenouilles, les asperges et les Saint-Jacques. Priorité aux arrivages du marché et aux produits du terroir !

à la Garnache 6,5 km au Nord-Est – ✉ 85710 – 4 493 hab.

Le Petit St-Thomas

25 r. de Lattre-de-Tassigny – ✆ 02 51 49 05 99 – www.restaurant-petit-st-thomas.com – Fermé 23 juin-11 juil., 2-17 janv., dim. soir, merc. soir et lundi

Formule 19 € – Menu 27/59 € – Carte 47/72 €

C'est une petite maison vendéenne aux volets bleus, mais l'image d'Épinal s'arrête là... car sa déco est résolument contemporaine ! Le chef s'absente le temps du marché pour sélectionner les meilleurs produits, avant de mitonner de belles recettes traditionnelles, parfois revisitées, toujours généreuses. On se régale...

rte de St-Gilles-Croix-de-Vie – ✉ 85300 Challans

Château de la Vérie

rte de Soullans, 2,5 km sur D 69 – ✆ 02 51 35 33 44 – www.chateau-de-la-verie.com

21 ch – 75/185 € 82/185 € – 15 € – ½ P

Rest *Château de la Vérie* – voir les restaurants ci-après

Une rivière, un étang, un parc immense (17 ha), et soudain apparaît ce beau château du 16e s. (classé monument historique), digne d'une rêverie romantique. Les chambres, d'esprit classique, sont agréables et douillettes... pour rêver encore.

Château de la Vérie

rte de Soullans, 2,5 km sur D 69 – ✆ 02 51 35 33 44 – www.chateau-de-la-verie.com – Fermé 2 semaines fin oct., semaine de Noël, 2 semaines en fév., dim. soir, mardi midi et lundi

Formule 17 € – Menu 32/57 € – Carte environ 61 €

Boiseries sculptées, cheminées anciennes, tentures dans une veine 18e s., etc. Cet auguste château vendéen se prête à un moment élégant et romantique ! Au menu : une gastronomie d'aujourd'hui, qui puise directement aux sources des saisons.

au Perrier 10 km au Sud – ✉ 85300 – 1 859 hab.

Les Tendelles

1 rte de Grabat, 4 km rte de Challans – ✆ 02 51 35 36 94 – www.lestendelles.fr – Fermé 1 semaine en mars, mardi soir sauf juil.-août et merc.

Formule 15 € – Menu 18 € (déj. en semaine), 25/43 € – Carte 28/48 €

Au cœur du marais vendéen, une petite maison typique, au cadre champêtre, où œuvrent deux jeunes frères dynamiques (l'un en salle, l'autre en cuisine). La cuisine se révèle savoureuse, aussi bien ficelée que pensée : tout en produits frais, les recettes d'hier retrouvent une nouvelle jeunesse !

CHALLES-LES-EAUX – 73 Savoie ➜ voir Chambéry

CHÂLONS-EN-CHAMPAGNE

✉ 51000 (Marne) – 45 299 hab. – Voir carte n°**13**-B2
Paris 188 km – Dijon 259 km – Metz 157 km – Nancy 162 km
Carte Michelin 306-I9 – Guide Vert Michelin Champagne Ardenne

Hôtel D'Angleterre

19 pl. Mgr-Tissier – ✆ 03 26 68 21 51 – www.hotel-dangleterre.fr – Fermé 27 juil.-20 août, vacances de Noël, dim. et fériés
Plan : BY**g**

25 ch – 100/180 € 105/210 € – 16 €
Rest *Jacky Michel* ✿ **Rest *Les Temps Changent*** – voir les restaurants ci-après
Rien de perfide dans cette Albion, bien au contraire : les chambres sont très confortables, parfaitement tenues, de style classique ou chalet pour certaines... Et le personnel se révèle très aimable ! Côté gastronomie, on a le choix entre la table de Jacky Michel et la brasserie où est d'ailleurs servi le petit-déjeuner.

Le Renard

rest,

24 pl. de la République – ✆ 03 26 68 03 78 – www.le-renard.com – Fermé 2 semaines en août et vacances de Noël
Plan : AZ**r**

38 ch – 87/105 € 95/118 € – 11 € – ½ P
Rest – Formule 21 € – Menu 26 € – Carte 27/47 € *(fermé sam. midi et dim.)*
Sur la place de la République, un Renard rusé et résolument design ! Ici, les chambres ont adopté un style contemporain, sobre et épuré, et les bâtiments (datant du 15e s.) sont reliés entre eux par un patio, protégé par une grande verrière. Cuisine dans l'air du temps au restaurant.

Jacky Michel – Hôtel D'Angleterre

✿
19 pl. Mgr-Tissier – ✆ 03 26 68 21 51 – www.hotel-dangleterre.fr – Fermé 27 juil.-20 août, vacances de Noël, lundi midi, sam. midi, dim. et fériés
Menu 64/95 € – Carte 76/117 €
Plan : BY**g**

De belles tables en bois, des teintes chaudes, des boiseries un peu partout... Ce restaurant parvient à être élégant sans être guindé. Le chef réalise une cuisine classique, maîtrisée, pour ainsi dire dans "les règles de l'art" et qui n'oublie pas d'être généreuse. Service aux petits soins.
→ Langoustines rôties aux légumes de saison, tomate à la citronnelle. Ris de veau braisé, carotte fane et fenouil confits au pain d'épice. Soufflé chaud au chocolat.

Au Carillon Gourmand

15 bis pl. Mgr-Tissier – ✆ 03 26 64 45 07 – Fermé 3 semaines en août, une semaine en fév., dim. soir, merc. soir et lundi
Plan : BY**e**

Formule 22 € – Menu 28/36 € – Carte 36/64 €
Dans cette adresse chic et élégante, volontiers design, le carillon marque l'heure de la tradition revisitée. Hamburger de foie gras à la mangue caramélisée, râble de lapin farci aux pruneaux... voilà qui sonnera sans doute très bien aux oreilles des gourmands !

Les Temps Changent – Hôtel d'Angleterre

1 r. Garinet – ✆ 03 26 66 41 09 – www.hotel-dangleterre.fr – Fermé 27 juil.-20 août, vacances de Noël, lundi midi, sam. midi, dim. et fériés
Plan : BY**g**

Formule 25 € – Menu 33 € (semaine)/47 € *(Fermé 27 juil.-20 août, vacances de Noël, lundi midi, sam. midi, dim. et fériés)*
L'annexe du gastro de Jacky Michel propose de généreuses recettes traditionnelles qui suivent les saisons. Le tout à apprécier dans un cadre coloré et chaleureux où l'ambiance est, de fait, conviviale. Alors oui, Les Temps Changent, et c'est très bien ainsi !

à l'Épine 8,5 km par ③ – ✉ 51460 – 621 hab.

Aux Armes de Champagne

rest,

31 av. du Luxembourg – ✆ 03 26 69 30 30 – www.aux-armes-de-champagne.com – Fermé 13-28 juil., 16 fév.-11 mars, dim. soir et lundi hors saison

21 ch – 79/125 € 95/125 € – 14 € – ½ P
Rest *Aux Armes de Champagne* – voir les restaurants ci-après
Rest *Le Bistrot de Christèle* – Menu 26 € – Carte environ 34 € *(fermé le soir)*
Une coquette auberge champenoise littéralement au pied de la basilique Notre-Dame-de-l'Épine, chef-d'œuvre de l'art gothique (15e s.). Les chambres, classiques et bien tenues, conviennent aussi bien à un séjour touristique qu'à un voyage d'affaires. Quant aux gourmands, ils ont le choix entre le restaurant gastronomique et le bistrot.

CHÂLONS-EN-CHAMPAGNE

Arche-de-Mauvillain (Pt de l') . **BZ** 2
Bourgeois (R. Léon). . . . . . . **ABY**
Brossolette (Av. Pierre). . . . . . . **X** 4
Chastillon (R. de) . . . . **ABZ** 6
Croix-des-Teinturiers (R.) . . . . **AZ** 9
Dr-Pellier (R. du). . . . . **X** 11
Flocmagny (R. du). . . . . **BY** 12
Foch (Pl. du Maréchal) . . . . . . **AY** 13
Gantelet (Rue du) . . . . **AY** 14
Gaulle
(Av. du Gén. Charles-de) . . **BZ** 15
Godart (Pl.). . . . . **AY** 17
Jacquiert (R. Clovis). . . . . **X** 18
Jeanne-d'Arc (Av.). . . . . **X** 21
Jean-Jaurès (R.) . . . . **AZ** 20
Jessaint (R. de) . . . . **BZ** 22
Libération (Pl. de la) . . . . **AZ** 24
Mariniers (Pt des) . . . . **AY** 26
Marne (R. de la). . . . . **AY**
Martyrs-de-la-Résistance
(R. des) . . . . **BY** 29
Orfeuil (R. d') . . . . **AZ** 31
Ormesson (Cours d') . . . . **AZ** 32
Prieur-de-la-Marne (R.) . . . . . . **BY** 36
Récamier (R. Juliette) . . . . **AZ** 38
République (Pl. de la) . . . . **AZ** 39
Roosevelt (Av. du Prés.) . . . . **X** 41
Simon (Av. Jacques) . . . . **X** 45
Vaux (R. de) . . . . **AY** 47
Vieilles-Postes (R. des) . . . . **X** 48
Vinetz (R. de) . . . . **BZ** 49
Viviers (Pt des) . . . . **AY** 50

XXX **Aux Armes de Champagne**

31 av. du Luxembourg – ✆ 03 26 69 30 30 – www.aux-armes-de-champagne.com – Fermé 13-28 juil., 16 fév.-11 mars, dim. soir et lundi

Menu 48/82 € – Carte 76/90 €

Un cadre joliment classique pour une cuisine du moment, préparée avec soin. À la carte : risotto au homard, bar rôti à l'ail doux et aux escargots, macarons aux fruits exotiques, etc. Une cuisine au goût du jour, sérieuse et appliquée.

à Matougues 11 km par ⑦ – ✉ 51510 – 668 hab.

Auberge des Moissons rest, rest,

8 rte Nationale – ✆ 03 26 70 99 17 – www.auberge-des-moissons.com – Fermé 28 juil.-12 août et 22 déc.-13 janv.

27 ch – †81/86 € ††85/100 € – ☕ 11 € – ½ P

Rest – Menu 26/45 € – Carte 31/54 € *(fermé dim. soir et le midi)*

Dans cette ancienne ferme-auberge, on cultive l'art de recevoir de génération en génération. Les chambres, contemporaines, sont tout ce qu'il y a de plus confortable ; quant au restaurant, il est très champêtre... D'octobre à décembre, on ne passe pas à côté du menu truffe concocté avec la récolte de la maison !

CHALON-SUR-SAÔNE

✉ 71100 (Saône-et-Loire) – 44 985 hab. – Agglo. 73 377 hab. – Voir carte n°**8**-C3

▶ Paris 335 km – Besançon 132 km – Dijon 68 km – Lyon 125 km

Carte Michelin 320-J9 – Guide Vert Michelin Bourgogne

Le St-Georges

32 av. J.-Jaurès – ✆ 03 85 90 80 50 – www.le-saintgeorges.fr Plan : AZ**s**

51 ch – †92/145 € ††115/145 € – ☕ 14 €

Rest ***Le St-Georges*** – voir les restaurants ci-après

Près de la gare TGV, derrière une belle façade classique, des chambres feutrées et contemporaines, associant beaux matériaux et esprit design. Sans oublier l'espace séminaire bien équipé. Idéal pour un voyage d'affaires.

Ibis Styles Ⓝ ch,

av. de l'Europe – ✆ 03 85 46 51 89 – www.ibisstyles.com Plan : X**a**

85 ch ☕ – †95/139 € ††95/139 €

Rest – Formule 18 € – Menu 21 € – Carte 28/51 € *(fermé dim. et fériés)*

Près de l'autoroute, un hôtel qui a fait peau neuve. Les chambres y sont bien insonorisées, spacieuses et confortables. On peut également profiter de la brasserie. Parfait pour une étape.

À La Villa Boucicaut sans rest

33 bis av. Boucicaut – ✆ 03 85 90 80 45 – www.la-villa-boucicaut.fr Plan : AY**u**

16 ch – †75 € ††99 € – ☕ 12 €

Un lieu reposant, à cinq minutes du centre-ville et tout près de la gare. Les propriétaires ont su créer un hôtel élégant et charmant, dont l'esprit évoque une bonbonnière aussi bien qu'une maison de famille. Le petit-déjeuner, excellent, est servi en terrasse aux beaux jours.

XX **Le Bourgogne**

28 r. de Strasbourg – ✆ 03 85 48 89 18 – www.restau-lebourgogne-chalon.fr – Fermé 7-21 juil., 1 semaine en fév., sam. midi, dim. soir et lundi Plan : CZ**t**

Formule 16 € – Menu 19/33 € – Carte 37/50 €

Cette institution a été reprise par un jeune couple, qui a su mettre en valeur avec goût son cachet rustique (poutres apparentes, cheminée) et perpétuer la tradition d'une cuisine portant fièrement les couleurs de la région. Pour plus d'intimité, on choisit l'un des salons particuliers.

XX **Da Nunzio**

3 r. de Strasbourg – ✆ 03 85 48 39 83 – www.danunzio-restaurant.com – Fermé merc. et jeudi Plan : CZ**f**

Formule 20 € – Menu 42 € – Carte environ 50 €

Une ode à l'Italie, tout en finesse et subtilité... Dans un cadre aux accents vénitiens, on se régale d'une savoureuse cuisine, mettant en valeur de beaux produits français ou italiens (poisson de ligne, agneau de lait, truffe blanche d'Alba, etc.), sans parler des superbes vins transalpins. *Buon appetito !*

CHALON-SUR-SAÔNE

Rue	Carreau	N°
Arnal (R. R.)	X	2
Banque (R. de la)	BZ	3
Blum (Av. L.)	X	4
Châtelet (Pl. du)	BZ	5
Châtelet (R. du)	CZ	6
Citadelle (R. de la)	BY	7
Coubertin (R. P. de)	X	8
Couturier (R. Ph.-L.)	BZ	9
Duhesme (R. du Gén.)	AY	12
Europe (Av. de l')	X	14
Evêché (R. de l')	CZ	15
Fèvres (R. aux)	CZ	16
Gaulle (Pl. Gén.-de)	BZ	17
Grande-R.	BCZ	18
Hôtel-de-Ville (Pl. de l')	BZ	19
Lardy (Av. P.)	X	20
Leclerc (R. Gén.)	BZ	
Lyon (R. de)	BZ	21
Mac-Orlan (R. P.)	X	22
Messiaen (R. O.)	AZ	24
Nugues (Av. P.)	X	25
Obélisque (Pl. de l')	BY	27
Pasteur (R.)	BZ	28
Poilus-d'Orient (R.)	X	29
Poissonnerie (R. de la)	CZ	31
Pompidou (Av. G.)	AZ	32
Pont (R. du)	CZ	35
Porte-de-Lyon (R.)	BZ	36
Port-Villiers (R. du)	BZ	37
Poterne (Q. de la)	CZ	38
Pretet (R. René)	AZ	40
République (Bd)	ABZ	42
Ste-Marie (Prom.)	CZ	47
St-Georges (R.)	BZ	45
St-Vincent (Pl. et R.)	CZ	46
Strasbourg (R. de)	CZ	48
Thénard (R. L.-J.)	X	49
Trémouille (R. de la)	BCY	51
8-Mai-1945 (Av.)	X	52
56e-R.I. (R. du)	X	54
134e-R.I. (R. du)	X	58

Le Bistrot

31 r. de Strasbourg – ✆ 03 85 93 22 01 – Fermé 2 semaines au mois d'août, 21 fév.-9 mars, sam. et dim. Plan : CZ**f**

Menu 24 € (semaine), 36/47 € – Carte 44/59 €

Ce beau néobistrot est vraiment chaleureux... Côté papilles, entre le risotto de noix de Saint-Jacques, la volaille de Bresse, les légumes et fruits rouges du jardin (le chef possède deux potagers en dehors de la ville) et les beaux bourgognes de la cave vitrée, on se régale !

Parcours

32 r. de Strasbourg – ✆ 03 85 93 91 38 – www.restaurantparcours.com – Fermé de fin- juin à mi-juil., 24-31 déc., merc. et dim. Plan : CZ**t**

Formule 20 € – Menu 25/43 € – Carte 40/49 €

C'est à un parcours très original qu'invite le chef de cette table, qui aime inventer de nouveaux accords de saveurs et porte un soin particulier à l'esthétique des assiettes ! Un conseil : préférez la belle salle voûtée du sous-sol.

Chez Jules

11 r. de Strasbourg – ✆ 03 85 48 08 34 – www.restaurant-chezjules.com – Fermé 28 juil.-12 août, vacances de fév., sam. midi et dim. Plan : CZ**f**

Menu 20 € (semaine), 29/39 € – Carte 34/42 €

Tradition ! Sur l'île St-Laurent, ce Jules très sympathique fait la part belle aux spécialités locales... Et pour les amoureux du sucré, un beau choix de desserts est proposé. On appréciera également l'ambiance animée.

Le St-Georges – Hôtel Le St-Georges

32 av. J.-Jaurès – ✆ 03 85 90 80 50 – www.le-saintgeorges.fr Plan : AZ**s**

Menu 21 € (semaine), 31/52 € – Carte 38/55 €

Le St-Georges ? Une agréable brasserie, dont le chef – sous la houlette de Georges Blanc – concocte une cuisine traditionnelle faisant la part belle au terroir, ainsi qu'aux bons petits plats bistrotiers.

à St-Loup-de-Varennes 7 km par ③ – ✉ 71240 – 1 131 hab.

Le Saint-Loup

13 rte Nationale 6 – ✆ 03 85 44 21 58 – www.lesaintloup.fr – Fermé merc. soir, dim. soir et lundi

Formule 18 € – Menu 22 € (déj. en semaine), 30/55 € – Carte 31/58 €

Faites donc une halte gourmande dans cette auberge typiquement bourguignonne, au décor champêtre. Cuisses de grenouilles, ris de veau, œufs en meurette... Les recettes du terroir sont à l'honneur, comme les petits producteurs locaux ! Le tout à deux pas du musée de la photographie Nicéphore-Niépce.

à St-Rémy 4 km à l'Ouest (rte du Creusot) N 6, N 80 et rte secondaire – ✉ 71100 – 6 109 hab.

L'Amaryllis (Cédric Burtin)

chemin de Martorey – ✆ 03 85 48 12 98 – www.lamaryllis.com – Fermé 27 oct.-3 nov., 1er-7 janv., mardi midi, dim. soir et lundi Plan : X**k**

Menu 27 € (déj. en semaine), 41/95 € – Carte 81/94 €

Un paisible moulin du 19e s. baigné par son bief. Cédric Burtin a repris en 2010 cette table bien connue dans la région, avec un nouveau nom de fleur... pour laisser s'épanouir une cuisine empreinte d'inventivité, de fraîcheur, et magnifiée par un dressage très travaillé. Bon choix de bourgognes. → Foie gras chaud en cube, minestrone de légumes en bouillon d'estragon. Pigeon à la poudre d'agrumes, cromesquis de cuisse et pommes soufflées. Pomme granny smith dans sa boule de sucre soufflée.

rte de Givry 4 km à l'Ouest sur D 69 – ✉ 71880

Auberge des Alouettes

1 rte de Givry – ✆ 03 85 48 32 15 – Fermé 16 juil.-6 août, 7-21 janv., dim. soir, mardi soir et merc. Plan : X**e**

Formule 17 € – Menu 22/55 € – Carte 30/68 €

Sur la route menant aux vignobles de Givry, cette sympathique auberge porte haut les saveurs de la région. Bœuf bourguignon, tête de veau, soufflé chaud au Grand Marnier... Des recettes généreuses qui se dégustent dans une atmosphère conviviale. Cette gentille Alouette a évidemment ses fidèles !

à Dracy-le-Fort 6 km par ⑥ et D 978 – ✉ 71640 – 1 327 hab.

Le Dracy

4 r. du Pressoir – ☎ 03 85 87 81 81 – www.ledracy.com

47 ch – 85/145 € 85/145 € – 13 € – ½ P

Rest ***La Garenne*** – voir les restaurants ci-après

Un ensemble moderne dans un environnement calme et verdoyant. Les chambres associent décor soigné et confort contemporain, certaines jouissant même d'une terrasse privative face au jardin. Agréable pour une parenthèse au vert.

XX **La Garenne** – Hôtel Le Dracy

4 r. du Pressoir – ☎ 03 85 87 81 81 – www.ledracy.com

Menu 22 € (déj. en semaine), 32/45 € – Carte 47/64 €

Marbré de lapin à l'estragon, croustillant de pieds de cochon et escargots, suprême de volaille et clafoutis aux champignons… Une belle garenne, où l'on se régale d'une cuisine traditionnelle soignée et respectueuse des saisons. Pour ne rien gâcher, le décor est sobre et élégant.

à Sassenay 9 km au Nord-Est par D 5, rte de Seurre – ✉ 71530 – 1 553 hab.

XX **Le Magny**

29 Grande-Rue – ☎ 03 85 91 61 58 – www.lemagny.com

– Fermé 16-23 avril, 1er-20 août, 5-12 fév., dim. soir, mardi soir et lundi

Formule 15 € – Menu 23 € (semaine), 29/36 € – Carte 46/53 €

Cette auberge de village est fort avenante et l'on y mange bien. Escargots, volaille de Bresse... Avec de beaux produits, le chef concocte une cuisine régionale alléchante et soignée ; à apprécier, en toute logique, dans un décor rustique.

CHAMAGNE – 88 Vosges ➜ voir Charmes

CHAMALIÈRES – 63 Puy-de-Dôme ➜ voir Clermont-Ferrand

CHAMANT

✉ 60300 (Oise) – 909 hab. – **Voir carte n°36-B3**

Paris 57 km – Amiens 111 km – Beauvais 57 km – Bobigny 44 km

Carte Michelin 305-G5

L'Aunette Cottage sans rest

9-11 r. Alain-de-Rothschild – ☎ 03 44 72 73 47 – www.launettecottage.com

14 ch – 100/145 € 129/189 € – 12 €

Nul besoin de partir en Angleterre pour goûter au charme d'un cottage ! Au cœur du village, cet hôtel dispose de chambres confortables, calmes et cosy. Le matin, on prend le petit-déjeuner devant la cheminée. Et dans la journée, on profite du joli jardin. Une bonne adresse.

CHAMBERET

✉ 19370 (Corrèze) – 1 325 hab. – **Voir carte n°25-C2**

Paris 453 km – Guéret 84 km – Limoges 66 km – Tulle 45 km

Carte Michelin 329-L2

Hôtel de France rest, ch,

5 pl. du Marché – ☎ 05 55 98 30 14 – www.hotelfrancechamberet.fr

– Fermé 23 déc.-27 janv.

15 ch – 48/55 € 48/55 € – 8 € – ½ P

Rest – Formule 13 € – Menu 21 € (semaine), 26/35 € – Carte 21/43 € *(fermé vend. soir et dim. soir de sept. à mai)*

L'ambiance est familiale dans cette maison en pierre toute pimpante, située sur la place centrale du village. Des chambres bien tenues, un café apprécié dans les environs, une petite table traditionnelle : un vrai hôtel de France.

CHAMBÉRY

✉ 73000 (Savoie) – 57 342 hab. – Agglo. 174 833 hab. – **Voir carte n°46-F2**
▶ Paris 562 km – Annecy 50 km – Grenoble 55 km – Lyon 101 km
Carte Michelin 333-I4 – Guide Vert Michelin Alpes du Nord

Hôtel des Princes sans rest

4 r. de Boigne – ✆ 04 79 33 45 36 – www.hoteldesprinces.com Plan : B**r**
45 ch – †85/105 € ††95/115 € – ☕ 12 €
Nul doute que vous serez reçu, ici, comme un prince ! Au cœur de la cité, cet hôtel abrite des chambres en majorité contemporaines mais aussi d'inspiration africaine et savoyarde... Cité de montagne oblige.

Mercure sans rest

183 pl. de la Gare – ✆ 04 79 62 10 11 – www.mercure.com Plan : A**s**
81 ch – †89/149 € ††89/149 € – ☕ 19 €
Face à la gare, un hôtel à l'architecture résolument moderne (verre et béton). On s'y repose dans des chambres modernes, spacieuses et bien insonorisées. Lumineuse salle de petit-déjeuner. Cette adresse s'adapte aussi bien à la clientèle d'affaires que touristique.

CHAMBÉRY

Allobroges (Q. des) . . . . A 2
Banque (R. de la) . . . . B 3
Basse-du-Château (R.) . . . . . . A 4
Bernardines (Av. des) . . . . A 6
Boigne (R. de) . . . . B
Borrel (Q. du Sénateur A.) . . . B 7
Charvet (R. F.) . . . . B 9
Château (Pl. du) . . . . A 10
Colonne (Bd de la) . . . . B 12
Ducis (R.) . . . . B 13
Ducs-de-Savoie (Av. des) . . . . . B 14
Europe (Espl. de l') . . . . B 16
Freizier (R.) . . . . AB 17
Gaulle (Av. Gén.-de) . . . . B 18
Italie (R. d') . . . . B 20
Jean-Jaurès (Av.) . . . . A 21
Jeu-de-Paume (Q. du) . . . . A 23
Juiverie (R.) . . . . A
Lans (R. de) . . . . A 24
Libération (Pl. de la) . . . . B 25
Maché (Pl.) . . . . A 27
Maché (R. du Fg) . . . . A 28
Martin (R. Cl.) . . . . B 30
Métropole (Pl.) . . . . B 31
Michaud (R.) . . . . B 32
Mitterrand (Pl. F.) . . . . B 33
Musée (Bd. du) . . . . AB 34
Ravet (Q. Ch.) . . . . B 35
St-François (R.) . . . . B 38
St-Léger (Pl.) . . . . B
St- Antoine (R.) . . . . A 36
Théâtre (Bd du) . . . . B 39
Vert (Av. du Comte) . . . . A 40

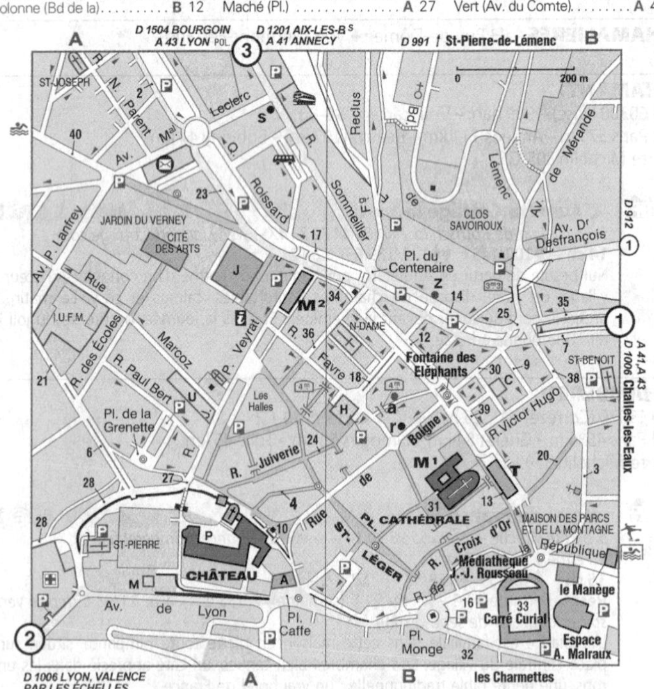

XX **Côté Marché** (Alexandre Ongaro)

60 r. Vieille-Monnaie – ☎ 04 79 85 04 35 – www.cotemarche-restaurant.com – Fermé 5-25 août, 2-7 janv., lundi et mardi Plan : B**a**

Menu 27 € (déj. en semaine), 47/65 € *(réservation conseillée)*

Vous ferez bien un tour Côté Marché... Tenu par un jeune couple – lui en cuisine, elle en salle et aux vins –, ce restaurant s'impose comme l'une des bonnes adresses de Chambéry. Derrière les fourneaux, le chef réalise des recettes dans l'air du temps sans pour autant couper les ponts avec le terroir.

→ Langoustines snackées, tarte fine de polenta, artichaut et truffe noire. Maigre de ligne, fenouil et pommes de terre confites, aïoli safrané. Pêche de vigne rôtie au miel et aux épices douces, crème glacée à la Chartreuse.

X **Les Barjots**

688 av. Les Follaz, (face au phare), 2 km au Nord-Ouest par D 1A – ☎ 04 79 75 27 99 – www.brasserielesbarjots.fr – Fermé 2 semaines en août et dim.

Formule 18 € – Menu 29 € (déj. en semaine)/38 € – Carte 32/72 €

Dans cette grande brasserie contemporaine tenue, entre autres, par deux anciens Barjots – surnom des membres de l'équipe de France de handball –, que les gourmands se rassurent : ça tourne rond ! À table, on savoure une bonne cuisine de brasserie, simple et bien ficelée. Spécialité : les viandes à la plancha.

X **Brasserie Le Z**

12 av. des Ducs-de-Savoie – ☎ 04 79 85 96 87 – www.brasserielez.fr Plan : B**z**

Formule 13 € – Menu 16 € (déj. en semaine)/28 € – Carte 29/50 €

Le Z a beau être la dernière lettre de l'alphabet, ce restaurant n'est pas en reste quand il s'agit de cuisiner ! Dans un cadre plutôt branché, la carte revisite les spécialités de brasserie. Bon choix de fruits de mer.

à Sonnaz 8 km par ① sur D 991 – ✉ 73000 – 1 510 hab.

XX **Auberge Le Régent**

453 rte d'Aix-les-Bains – ☎ 04 79 72 27 70 – Fermé 15 août-5 sept., dim. soir, merc. et soirs fériés

Menu 31/51 € – Carte 42/62 €

Ça sent très bon par ici ! Dans cette ancienne ferme savoyarde (19e s.), on apprécie la cuisine traditionnelle. Aux beaux jours, profitez de la terrasse pour déguster votre repas à l'ombre des platanes et face au jardin.

à St-Alban-Leysse 4 km par ①, D 1006 et rte secondaire – ✉ 73230 – 5 710 hab.

L'Or du Temps

814 rte de Plainpalais – ☎ 04 79 85 51 28 – www.or-du-temps.com – Fermé 1er-8 mars, 10-31 août et 1er-10 janv.

18 ch – †65 € ††70 € – ☐ 7 € – ½ P

Rest – Formule 18 € – Menu 24 € (déj. en semaine), 36/52 € – Carte 40/69 € *(fermé sam. midi, dim. soir et lundi)*

Cette maison de pays offre une vue splendide sur le massif des Bauges. Les chambres y sont simples et bien tenues ; idéales pour une étape. À la carte du restaurant, une cuisine d'aujourd'hui aux notes créatives. À la belle saison, profitez de la terrasse !

X **Le Panoramic**

260 chemin des Vignes, à Monterminod – ☎ 04 79 85 28 99 – www.lepanoramic73.com – Fermé dim. soir, mardi soir et lundi

Formule 19 € – Menu 38/63 € – Carte 48/62 € *(réservation conseillée)*

Sur les coteaux de Monterminod, où l'on produit l'excellente roussette de Savoie (vin blanc sec), ce chalet est bien connu des gourmands. Ici, le jeune chef, d'origine galloise, réalise une cuisine originale, fine et soignée. Un vrai refuge accroché à la montagne !

à Barberaz 3 km par ①, N 201 (sortie 19 : La Ravoire) – ✉ 73000 – 4 598 hab.

Altédia Lodge
61 r. de la République – ✆ 04 79 60 05 00 – www.hotel-altedia.com
26 ch – 82/162 € 82/162 € – 10 suites – 13 €
Rest ***La Maison Rouge*** ✆ 04 79 60 07 00 – Formule 16 € – Menu 19 € (déj. en semaine), 25/39 € – Carte 25/48 €
Orange, vert, rouge, cet hôtel voit la vie en technicolor ! Fauteuils Louis XVI revisités par Starck, écrans plats et espace forme : voilà un lieu résolument moderne, fréquenté par une clientèle d'affaires.

Altédia Hôtel
41 ch – 49/78 € 49/78 € – 8 €
Cette annexe dispose de chambres familiales. Buffet au petit-déjeuner.

à Challes-les-Eaux 7 km par ② par D 1006 et rte secondaire – ✉ 73190 – 5 087 hab.

Château des Comtes de Challes
247 montée du Château – ✆ 04 79 72 72 72 – www.chateaudescomtesdechalles.com – Fermé vacances de la Toussaint
49 ch – 94/158 € 128/188 € – 5 suites – 12 € – ½ P
Rest ***Château des Comtes de Challes*** – voir les restaurants ci-après
Dans le village de Challes-les-Eaux, on reconnaît ce château du 15e s. à ses deux tours en façade. Arbres centenaires, chapelle et, dans trois bâtiments différents, des chambres spacieuses alliant le cachet de l'histoire et le confort moderne.

Château des Comtes de Challes
247 montée du Château – ✆ 04 79 72 72 72 – www.chateaudescomtesdechalles.com – Fermé vacances de la Toussaint
Menu 28 € (semaine), 45/60 € – Carte 66/79 €
Cheminée gothique, poutres anciennes, rideaux épais : un décor cossu et chaleureux, idéal pour faire banquet d'une cuisine gastronomique empreinte de classicisme, valorisant les produits nobles et régionaux.

par ③ : 3 km sur D 201 (sortie La Motte-Servolex) – ✉ 73000 Chambéry

Alexander Park
51 r. Alexander-Fleming – ✆ 04 79 68 60 00 – www.bestwestern.fr
100 ch – 110/167 € 110/184 € – 15 € – ½ P
Rest – Formule 20 € – Menu 13 € – Carte 22/41 €
À la périphérie d'une zone commerciale proche de la voie rapide, un hôtel très fonctionnel et parfaitement insonorisé. Idéal pour un déplacement professionnel.

à Chambéry-le-Vieux 5 km par ③ par N 201 et rte secondaire (sortie Chambéry-le-Haut) – ✉ 73000

Château de Candie
68 r. Bobby-Sands – ✆ 04 79 96 63 00 – www.chateaudecandie.com
22 ch – 189/279 € 199/289 € – 4 suites – 24 € – ½ P
Rest ***L'Orangerie*** – voir les restaurants ci-après
Dans cette maison forte bâtie au 14es. par des croisés, l'esprit chevaleresque a laissé place au sens de l'accueil. Les chambres, cosy, allient styles ancien et contemporain. À noter : la superbe suite avec jacuzzi dans la tour... À défaut, vous pourrez profiter de la piscine, agréable à souhait.

L'Orangerie
68 r. Bobby-Sands – ✆ 04 79 96 63 11 – www.chateaudecandie.com
Formule 28 € – Menu 35 € (déj. en semaine), 55/98 € – Carte 74/87 €
À la table du Château de Candie, une cuisine dans l'air du temps axée sur des produits locaux de qualité. Belle sélection de vins savoyards. Agréable moment dans l'élégante salle habillée de boiseries.

CHAMBOLLE-MUSIGNY

✉ 21220 (Côte-d'Or) – 313 hab. – **Voir carte n°8-D1**
Paris 326 km – Beaune 28 km – Dijon 17 km
Carte Michelin 320-J6 – Guide Vert Michelin Bourgogne

Château André Ziltener sans rest

r. de la Fontaine – ✆ 03 80 62 41 62 – www.chateau-ziltener.com – Fermé 30 nov.-15 mars
8 ch – 250/420 € 250/420 € – 2 suites – 18 €
Le luxe raffiné et sans tapage du style Régence, pour une belle demeure seigneuriale du 18e s. ! Le bar à vins, élégant comme il se doit, permet de goûter la production du domaine.

Le Millésime

1 r. Traversière – ✆ 03 80 62 80 37 – Fermé 1er-15 août, 1er-15 janv., dim. et lundi
Formule 19 € – Menu 29/48 € – Carte 36/60 €
Dans ce bistrot de village métamorphosé en restaurant contemporain, le jeune chef, aussi talentueux que sympathique, n'a pas son pareil pour vous mettre en appétit. Il prépare une cuisine actuelle, savoureuse et gourmande, à prix doux ; on l'accompagne de jolis vins de la région. Un bon Millésime !

Le Chambolle

28 r. Caroline-Aigle – ✆ 03 80 62 86 26 – www.restaurant-lechambolle.com – Fermé 18 déc.-8 fév., jeudi soir et merc.
Menu 24/32 € – Carte 22/52 € *(réservation conseillée)*
Un lieu chaleureux et rustique (imposante cheminée) pour s'attabler autour de petits plats de terroir accompagnés de vins du village. Accueil tout sourire.

LE CHAMBON-SUR-LIGNON

✉ 43400 (Haute-Loire) – 2 672 hab. – **Voir carte n°6-D3**
Paris 573 km – Annonay 48 km – Lamastre 32 km – Privas 75 km
Carte Michelin 331-H3 – Guide Vert Michelin Ardèche Drôme

Bel Horizon

ch, rest,

chemin de Molle – ✆ 04 71 59 74 39 – www.belhorizon.fr – Fermé 2-28 janv. et dim. soir d'oct. à avril
30 ch – 85/108 € 85/118 € – 12 € – ½ P
Rest – Formule 15 € – Menu 19 € (semaine), 22/40 € – Carte 24/46 €
Atmosphère décontractée et... priorité aux loisirs, avec un centre de remise en forme très complet (jacuzzi, sauna, salle de sport, soins, etc.). Côté repos, des chambres d'esprit contemporain et des chalets confortables. Cuisine actuelle au restaurant.

à l'Est 3,5 km par D 157 et D 185 – ✉ 43400 Chambon-sur-Lignon

Clair Matin

ch, rest,

Les Barandons – ✆ 04 71 59 73 03 – www.hotelclairmatin.com – Fermé 15 nov.-15 fév., lundi et mardi hors saison
25 ch – 70/130 € 70/130 € – 12 € – ½ P
Rest – Menu 22 € (semaine), 25/42 € – Carte 36/58 €
Ce chalet isolé est vraiment accueillant, et la vue sur les Cévennes des plus agréables. Pour l'anecdote, la salle à manger est chauffée avec un impressionnant poêle scandinave. Les chambres, quant à elles, ont été rénovées dans un style contemporain. Quiétude et air pur garantis !

CHAMBOULIVE

✉ 19450 (Corrèze) – 1 184 hab. – **Voir carte n°25-C3**
Paris 463 km – Bourganeuf 80 km – Brive-la-Gaillarde 43 km – Seilhac 10 km
Carte Michelin 329-L3 – Guide Vert Michelin Limousin Berry

Deshors Foujanet

9 rte Treignac – ✆ 05 55 21 62 05 – www.deshors-foujanet.com – Fermé 3-17 nov., 1er janv.-15 mars et lundi
20 ch – 57/70 € 70/72 € – 9 € – ½ P
Rest – Formule 20 € – Menu 22/50 € – Carte 32/47 €
Au cœur du village, une hostellerie familiale tenue avec soin, où l'on se sent bien ; les chambres sont décorées dans un esprit contemporain, et sont très fonctionnelles. Quand le soleil tape, on se réfugie dans l'agréable piscine, à l'arrière.

CHAMBRETAUD

✉ 85500 (Vendée) – 1 457 hab. – Voir carte n°**34**-B3
Paris 373 km – Angers 85 km – Bressuire 50 km – Cholet 21 km
Carte Michelin 316-K6

Château du Boisniard

– 02 51 67 50 01 – *www.chateau-boisniard.com* – *Fermé 21 oct.-12 nov. et 17 fév.-3 mars*
27 ch – †215/850 € ††215/850 € – ☐ 24 € – ½ P
Rest ***La Table du Boisniard*** – voir les restaurants ci-après
Tout près du Puy du Fou, un château du 15e s. avec ses étangs, ses chambres au charme médiéval et ses beaux chalets sur pilotis – à la fois nature et contemporains – disséminés dans le parc. Les amoureux d'échappées vertes et d'histoire seront comblés !

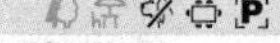

La Table du Boisniard – Hôtel Château du Boisniard

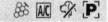

– 02 51 67 50 01 – *www.chateau-boisniard.com* – *Fermé 21 oct.-12 nov. et 17 fév.-3 mars*
Menu 27 € (déj. en semaine), 35/65 € – Carte 49/55 €
La Table du Boisniard, ou le décor d'un château du 15e s. au service d'une cuisine classique qui flirte parfois avec l'air du temps. Dans l'assiette c'est goûteux, soigné et parfumé. Parmentier de canard délicat, baba au rhum réalisé dans les règles de l'art... On passe un bon moment !

CHAMESOL

✉ 25190 (Doubs) – 398 hab. – Voir carte n°**17**-C2
Paris 453 km – Besançon 91 km – Belfort 43 km – Montbéliard 30 km
Carte Michelin 321-K2

Mon Plaisir (Christian Pilloud)

22 lieu-dit Journal – 03 81 92 56 17 – *www.restaurant-mon-plaisir.com* – *Fermé 25 août-9 sept., 22-28 déc., dim. soir, lundi et mardi sauf midi fériés*
Menu 39/90 €
À l'entrée du village, cette accueillante maison de pays est tout entière dédiée à votre plaisir : ambiance cosy (confortable salon, élégante salle à manger bourgeoise) et belle cuisine du chef, fine et harmonieuse. ➜ Cuisine du marché.

CHAMONIX-MONT-BLANC

✉ 74400 (Haute-Savoie) – 8 972 hab. – Voir carte n°**45**-D1
Paris 610 km – Albertville 65 km – Annecy 97 km – Aosta 57 km
Carte Michelin 328-O5 – Guide Vert Michelin Alpes du Nord

Hôtels

Hameau Albert 1er

38 rte du Bouchet – ✆ 04 50 53 05 09 – www.hameaualbert.fr
– Fermé 9 nov.-4 déc. Plan : AX**f**
33 ch – 160/600 € 160/600 € – 4 suites – 25 €
Rest ***Albert 1er*** **Rest** ***La Maison Carrier*** – voir les restaurants ci-après
Ce véritable hameau associant plusieurs chalets constitue un délicieux havre montagnard, sous un beau tapis de neige l'hiver, tout en vert tendre aux beaux jours... Noblesse des matériaux (dont des boiseries de vieux chalets d'alpage) et chic contemporain, confort extrême et spa d'exception : un sommet de luxe !

Mont-Blanc

62 allée du Majestic – ✆ 04 50 53 05 09 – www.hotelmontblancchamonix.fr
38 ch – 250/700 € 250/700 € – 2 suites – 25 € Plan : AY**a**
Rest – Menu 29 € (déj. en semaine)/46/95 € – Carte 50/90 € (*fermé dim. soir et lundi soir*)
Renaissance de cet hôtel historique, après une rénovation de pied en cap. La décoratrice Sybille de Margerie a su mettre en valeur tous ses charmes, révélant la beauté des moulures anciennes et du grand escalier, et jouant partout la carte d'un chic à la fois contemporain et intemporel... À redécouvrir !

Grand Hôtel des Alpes sans rest

75 r. du Dr-Paccard – ✆ 04 50 55 37 80 – www.grandhoteldesalpes.com – Fermé 15 avril-15 juin et 30 sept.-12 déc. Plan : AY**r**
27 ch – 175/600 € 175/600 € – 3 suites – 20 €
Ce "grand hôtel" mythique, bâti en 1840, a été merveilleusement restauré en 2004. Le résultat est à la fois intime et raffiné : hall cossu, bar feutré, élégants salons, chambres raffinées et des suites tout en bois rustique. Le tout au cœur de la station.

Auberge du Bois Prin

69 chemin de l'Hermine, (aux Moussoux) – ✆ 04 50 53 33 51 – www.boisprin.com
– Fermé 5-27 mai et 27 oct.-4 déc. Plan : AZ**a**
9 ch – 180/335 € 220/335 € – 4 suites – 22 € – ½ P
Rest ***Auberge du Bois Prin*** – voir les restaurants ci-après
Ce joli chalet perche sur les hauteurs de la station, offrant une vue imprenable sur Chamonix et le massif du Mont-Blanc... et c'est d'un calme olympien ! Les chambres ont le goût de la simplicité ; le mobilier classique, les poutres et le lambris créent une vraie ambiance de chalet montagnard, à l'unisson de l'environnement.

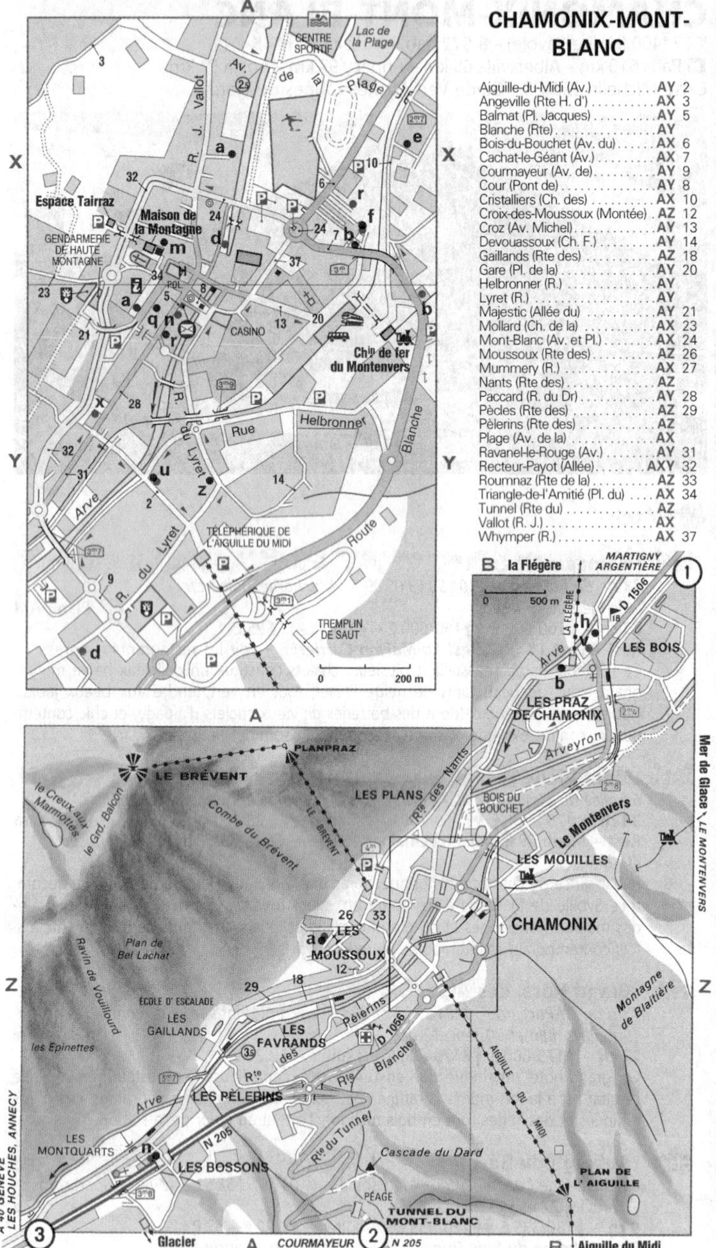
CHAMONIX-MONT-BLANC
Aiguille-du-Midi (Av.) AY 2
Angeville (Rte H. d') AX 3
Balmat (Pl. Jacques) AY 5
Blanche (Rte) AY
Bois-du-Bouchet (Av. du) AX 6
Cachat-le-Géant (Av.) AX 7
Courmayeur (Av. de) AY 9
Cour (Pont de) AY 8
Cristalliers (Ch. des) AX 10
Croix-des-Moussoux (Montée) AZ 12
Croz (Av. Michel) AY 13
Devouassoux (Ch. F.) AY 14
Gaillands (Rte des) AZ 18
Gare (Pl. de la) AY 20
Helbronner (R.) AY
Lyret (R.) AY
Majestic (Allée du) AY 21
Mollard (Ch. de la) AX 23
Mont-Blanc (Av. et Pl.) AX 24
Moussoux (Rte des) AZ 26
Mummery (R.) AX 27
Nants (Rte des) AZ
Paccard (R. du Dr) AY 28
Pècles (Rte des) AZ 29
Pèlerins (Rte des) AZ
Plage (Av. de la) AX
Ravanel-le-Rouge (Av.) AY 31
Recteur-Payot (Allée) AXY 32
Roumnaz (Rte de la) AZ 33
Triangle-de-l'Amitié (Pl. du) AX 34
Tunnel (Rte du) AZ
Vallot (R. J.) AX
Whymper (R.) AX 37
CENTRE SPORTIF
Lac de la Plage
Av. de la Plage
R. J. Vallot
Espace Tairraz
Maison de la Montagne
GENDARMERIE DE HAUTE MONTAGNE
POL
CASINO
Chin de fer du Montenvers
Rue Helbronner
R. du Lyret
Arve
Route Blanche
TÉLÉPHÉRIQUE DE L'AIGUILLE DU MIDI
TREMPLIN DE SAUT
200 m
la Flégère
MARTIGNY ARGENTIÈRE
500 m
LES BOIS
LES PRAZ DE CHAMONIX
Arveyron
BOIS DU BOUCHET
Le Montenvers
Mer de Glace LE MONTENVERS
LES MOUILLES
CHAMONIX
PLANPRAZ
LE BRÉVENT
LES PLANS
Rte des Nants
le Creux aux Marmottes
le Grd. Balcon
Combe du Brévent
Plan de Bel Lachat
Ravin de Vouillourd
LES MOUSSOUX
ÉCOLE D' ESCALADE
LES GAILLANDS
les Epinettes
LES FAVRANDS
Rte des Pèlerins
D 1056
Rte Blanche
LES PÈLERINS
Rte du Tunnel
N 205
LES MONTQUARTS
LES BOSSONS
Cascade du Dard
PÉAGE
TUNNEL DU MONT-BLANC
Montagne de Blaitière
AIGUILLE DU MIDI
PLAN DE L' AIGUILLE
A 40 GENÈVE LES HOUCHES, ANNECY
Glacier des Bossons
COURMAYEUR AOSTA/AOSTE
Aiguille du Midi

Le Morgane

145 av. de l'Aiguille-du-Midi – ✆ 04 50 53 57 15 – www.morgane-hotel-chamonix.com Plan : AY**u**

56 ch – 89/365 € 99/490 € – 15 €

Rest *Le Bistrot* – voir les restaurants ci-après

La nature est ici pleinement respectée : engagement environnemental (zéro carbone), cadre épuré et beaux matériaux (bois brut, pierre, coton bio). L'hôtel de montagne du 21e s. en quelque sorte. En sous-sol, on trouve spa, hammam, sauna, et même une petite piscine.

Chalet Hôtel Hermitage sans rest

63 chemin du Cé – ✆ 04 50 53 13 87 – www.hermitage-paccard.com – Ouvert 20 juin-20 sept. et 21 déc.-20 avril Plan : AX**e**

21 ch – 149/173 € 174/227 € – 7 suites – 17 €

Tout le charme de la tradition montagnarde, réinterprétée dans une veine contemporaine des plus séduisantes. Certaines chambres offrent une très belle vue sur le massif : le tableau est alors complet ! On peut également opter pour les belles suites familiales nichées dans deux petits chalets voisins.

Auberge du Manoir sans rest

8 rte du Bouchet – ✆ 04 50 53 10 77 – www.aubergedumanoir.com – Fermé 20 oct.-6 déc. Plan : AX**b**

18 ch – 106/260 € 106/260 € – 15 €

Un hôtel qui a su conserver son charme savoyard ! L'ensemble est décoré avec beaucoup de goût, mêlant boiseries et beaux tissus chaleureux... Au réveil, le petit-déjeuner privilégie les produits régionaux.

L'Oustalet sans rest

330 r. du Lyret – ✆ 04 50 55 54 99 – www.hotel-oustalet.com – Fermé mi-mai à mi-juin et mi-oct. à mi-déc. Plan : AY**z**

15 ch – 100/147 € 115/185 € – 14 €

Un hôtel sympathique, à la fois chaleureux et moderne, qui cultive totalement l'esprit montagne. Le petit-déjeuner est copieux et de qualité : charcuterie, fromage, œufs, bonnes viennoiseries et yaourt maison. Idéal en famille.

Park Hotel Suisse

 ch, rest,

75 allée du Majestic – ✆ 04 50 53 07 58 – www.chamonix-park-hotel.com – Ouvert 7 juin-27 sept. et 19 déc.-12 avril Plan : AY**q**

64 ch – 102/330 € 140/525 € – 2 suites

Rest – Menu 25 € (déj.)/36 € *(ouvert 7 juin-27 sept.)*

Voilà un hôtel familial aux chambres spacieuses, rénovées dans un style contemporain. Au dernier étage, avec vue panoramique sur le mont Blanc, on trouve sauna, hammam et salon de détente ; puis on plonge dans l'eau délicieusement chaude de la piscine...

Le Faucigny sans rest

118 pl. de l'Église – ✆ 04 50 53 01 17 – www.hotelfaucigny-chamonix.com – Fermé 2 semaines en mai et 3 semaines en nov. Plan : AX**m**

28 ch – 65/180 € 75/230 € – 12 €

En centre-ville, un sympathique petit hôtel aux tons gris, sobre et contemporain, avec un mobilier de style scandinave ; au retour des pistes de ski, on profite du superbe salon-bibliothèque où crépite un feu de cheminée...

Hôtel de l'Arve sans rest

60 impasse des Anémones – ✆ 04 50 53 02 31 – www.hotelarve-chamonix.com – Fermé nov. Plan : AX**a**

37 ch – 60/120 € 70/170 € – 12 €

Cet hôtel familial propose des chambres de style savoyard, petites mais fonctionnelles, entourées d'un jardinet face au mont Blanc. Pour les loisirs : salle de fitness bien équipée, mur d'escalade et billard dans le salon.

Il fait beau ? Repérez le symbole et attablez-vous en terrasse...

Restaurants

XXXX Albert 1er (Pierre Carrier et Pierre Maillet) – Hôtel Hameau Albert 1er

38 rte du Bouchet – ☎ 04 50 53 05 09 – www.hameaualbert.fr – Fermé 11-28 mai, 9 nov.-4 déc., mardi midi, jeudi midi et merc. Plan : AX**f**

Formule 39 € – Menu 60 € (semaine), 85/145 € – Carte 125/170 €

De la subtilité et de l'exigence, des bases classiques interprétées avec finesse, de beaux produits : cette cuisine raffinée est un plaisir pour les sens, et attire une clientèle de tous horizons. On se souviendra par exemple de cette canette laquée au miel de bourgeons de sapin, tout en tendreté et saveurs... ➜ Risotto à la truffe blanche d'Alba. Omble chevalier du lac Léman, miel de bourgeons de sapin, pain d'épice et carottes des sables. Soufflé chaud à la Chartreuse jaune, glace réglisse.

XXX Le Bistrot (Mickey Bourdillat) – Hôtel Le Morgane

151 av. de l'Aiguille-du-Midi – ☎ 04 50 53 57 64 – www.lebistrotchamonix.com

Formule 19 € – Menu 50/80 € – Carte 64/94 € Plan : AY**u**

Vous ferez sans doute un détour par le Bistrot de Mickey Bourdillat, dont la formule déjeuner, à petit prix, attire la moitié de la ville ! La patte du chef ? Une cuisine du marché qui privilégie les produits de saisons, et un soin tout particulier apporté à la préparation des assiettes. La recette du succès. ➜ Tartare de féra du lac Léman, herbes et fromage blanc, jeunes légumes croquants. Tournedos de filet de bœuf, girolles et gnocchis piémontais. Pain perdu, mirabelle de Lorraine et glace vanille.

XXX Auberge du Bois Prin – Hôtel Auberge du Bois Prin

69 chemin de l'Hermine, (aux Moussoux) – ☎ 04 50 53 33 51 – www.boisprin.com – Fermé 5-27 mai, 27 oct.-4 déc., mardi midi, merc. midi et lundi

Formule 29 € – Menu 48/105 € – Carte 67/92 € Plan : AZ**a**

Une table amoureuse des herbes alpestres et du bio : il n'est qu'à admirer le potager au pied de l'auberge (dès que le tapis de neige s'estompe). Les assiettes respirent le bon air de la montagne, comme la vue offerte sur les aiguilles de Chamonix toutes proches !

XX La Maison Carrier – Hôtel Hameau Albert 1er

44 rte du Bouchet – ☎ 04 50 53 00 03 – www.hameaualbert.fr – Fermé 1er-20 juin, 9 nov.-12 déc., lundi sauf juil.-août et fériés Plan : AX**r**

Formule 19 € – Menu 24 € (déj. en semaine), 29/40 € – Carte 40/66 €

Une ferme typique, reconstruite pièce par pièce au sein du luxueux Hameau Albert Ier. Lorsque l'on a goûté aux délicieux petits plats mitonnés ici, l'on est totalement envoûté : élaborés avec de superbes produits du terroir, ils sont généreux, nobles et savoureux, comme l'étaient les recettes de nos grands-mères...

XX Le Cap Horn (N)

74 r. des Moulins – ☎ 04 50 21 80 80 – www.caphorn-chamonix.com Plan : AX**d**

Formule 19 € – Menu 28/35 € – Carte 29/63 €

Un concept original, un restaurant à deux visages : sushi-bar d'un côté, spécialités savoyardes et produits de la mer de l'autre. Un choix varié qui fait la force de l'adresse ! Dans tous les cas, la cuisine est goûteuse, simple et légère, et le service et l'ambiance sont agréablement décontractés.

XX Atmosphère

123 pl. Balmat – ☎ 04 50 55 97 97 – www.restaurant-atmosphere.com Plan : AY**n**

Formule 21 € – Menu 25/32 € – Carte 33/74 €

Dans le centre-ville, cette adresse qui surplombe l'Arve ne manque pas d'atmosphère : une belle salle claire et des produits travaillés avec justesse, entre tradition savoyarde et fine cuisine d'aujourd'hui. Blanquette de veau à l'ancienne, tzatziki de saumon aux graines de sésame et crème au raifort... On est conquis.

XX L'Impossible

9 chemin du Cry – ☎ 04 50 53 20 36 – www.restaurant-impossible.com – Fermé nov., mardi soir hors saison et le midi en semaine Plan : AY**d**

Formule 29 € – Menu 36/52 € – Carte 50/65 € *(réservation conseillée)*

À la carte de cette chaleureuse ferme du 18e s., beaucoup d'herbes et d'épices pour une cuisine italienne qui met à l'honneur de superbes produits bio : raviolis aux fèves et pecorino au jus de canard, raviolis de poisson blanc au velouté d'asperges et noix de Saint-Jacques gratinées au miel... Tout est possible !

X **Panier des 4 Saisons**

262 r. Dr-Paccard – ✆ 04 50 53 98 77 – www.restaurant-panierdes4saisons.com – Fermé de fin avril à mi-juin, de fin oct. à mi-déc. et mardi midi Plan : AY**x**

Formule 17 € – Menu 30 € – Carte 40/60 €

Les quatre saisons s'illustrent avec gourmandise dans ce chaleureux restaurant, qui nous accueille dans un décor de bois délicieusement montagnard. Canette caramélisée au miel, dos de bar et noix de Saint-Jacques grillées, ou encore risotto aux cèpes, y sont des plats incontournables... Traditionnel et bien ficelé !

X **Rèvolâ** (N)

263 av. Cachat-le-Géant – ✆ 06 30 69 27 55 – www.revola-chamonix.fr – Fermé 2 semaines en mai, 2 semaines en nov. et merc. Plan : AY**b**

Formule 17 € – Menu 24/42 € – Carte 35/50 €

Le rèvolâ ? En patois savoyard, c'est le repas servi aux ouvriers agricoles pendant les moissons... Comme on l'imagine, la tradition est ici de mise, et avec panache : fraîcheur et soin distinguent chaque assiette. Les deux associés, Jérôme et Eric, ont entièrement imaginé ce restaurant dans des tons gris, noirs et rouges.

aux Praz-de-Chamonix 2,5 km au Nord – ✉ 74400

Le Labrador sans rest

au golf – ✆ 04 50 55 90 09 – www.hotel-labrador.com – Fermé 21 avril-7 mai et 19 oct.-6 déc. Plan : BZ**h**

33 ch – †95/260 € ††95/260 € – 2 suites – ☕ 14 €

Ce grand chalet tout en bois, aux allures scandinaves, est situé en plein cœur du golf de Chamonix. Les chambres sont habillées de matériaux nobles, la vue sur le mont Blanc et la vallée est superbe. Un grand bol d'oxygène !

Les Lanchers rest,

1459 rte des Praz – ✆ 04 50 53 47 19 – www.hotel-lanchers-chamonix.com – Fermé 12 nov.-11 déc. Plan : BZ**b**

19 ch – †75/105 € ††85/120 € – ☕ 10 € – ½ P

Rest – Formule 14 € – Menu 22/28 € – Carte environ 31 € *(fermé lundi sauf saison)*

Des fresques typiques de la région égayent la façade de ce petit hôtel familial qui a trouvé un nouveau souffle, avec la création de huit chambres d'esprit contemporain et confortables. Cuisine traditionnelle au restaurant.

XX **La Cabane des Praz**

23 rte du Golf – ✆ 04 50 53 23 27 – www.restaurant-cabane.com Plan : BZ**v**

Formule 19 € – Menu 29 € – Carte 31/68 €

Superbement rénovée, cette élégante cabane en rondins est à la fois chic et décontractée. L'ambiance est chaleureuse, que ce soit dans le salon avec cheminée ou sur la terrasse. En cuisine, le registre actuel rencontre la tradition et le terroir : tarte fine au reblochon, agneau fondant au miel... Efficace !

aux Tines 4 km par ①, D 1506 et rte secondaire – ✉ 74400

Excelsior sans rest

251 chemin de St-Roch – ✆ 04 50 53 18 36 – www.hotelexcelsior-chamonix.com – Fermé 30 oct.-1er déc.

36 ch – †40/65 € ††70/95 € – ☕ 15 €

Au pied de l'aiguille Verte et du Dru, cette belle bâtisse jaune est tenue par la même famille depuis 1913. Les chambres habillées de bois clair sont plaisantes, tout comme les salons où crépite parfois un feu de cheminée...

au Lavancher 6 km par ①, D 1506 et rte secondaire – ✉ 74400

Le Jeu de Paume

705 rte du Chapeau – ✆ 04 50 54 03 76 – www.jeudepaumechamonix.com – Ouvert 1er juin-15 sept. et 15 déc.-1er mai

23 ch – †135/240 € ††135/240 € – ☕ 15 €

Rest *Le Rosebud* – voir les restaurants ci-après

En haut d'un hameau pris entre vallée et hauts sommets, cet hôtel possède de nombreux atouts : piscine couverte, sauna, jacuzzi, salons avec cheminée, billard... Son décor traditionnel "tout bois" est plutôt raffiné, et assure à la clientèle un repos sans faille.

Les Chalets de Philippe
700-718 rte du Chapeau – ✆ 06 07 23 17 26 – www.chaletsphilippe.com
13 ch – 110/370 € 130/810 € – 27 € – ½ P
Rest *Les Chalets de Philippe* – voir les restaurants ci-après
Insolite, unique, marquant... Voilà bien un hôtel exclusif ! Cet ensemble de superbes chalets, accrochés à flanc de montagne parmi les sapins, porte l'esprit savoyard à des sommets de charme et de luxe : bois ancien, objets rares, détails délicats, dans un esprit quasi baroque mais avec un goût toujours sûr... Enivrant !

Les Chalets de Philippe – Hôtel Les Chalets de Philippe
700-718 rte du Chapeau – ✆ 06 07 23 17 26 – www.chaletsphilippe.com
Formule 55 € – Menu 75/300 € – Carte environ 75 € *(réservation conseillée)*
Le chef de ces Chalets, un ancien de l'Auberge de l'Ill, prépare des menus dégustation au gré de son inspiration et en fonction du marché. Une belle cuisine, qui sied à cet établissement de charme.

Le Rosebud – Hôtel Le Jeu de Paume
705 rte du Chapeau – ✆ 04 50 54 03 76 – www.jeudepaumechamonix.com – Ouvert 1er juin-15 sept., 15 déc.-1er mai et fermé mardi midi et merc. midi
Menu 35/59 € – Carte 39/64 €
Le voyage commence face aux montagnes que l'on aperçoit à travers les baies vitrées puis continue à table, entre spécialités régionales, grands classiques et saveurs du monde, presque toujours rehaussés d'herbes et d'épices. Avec une pointe d'exotisme !

aux Bossons 3,5 km au Sud – ✉ 74400

Aiguille du Midi
479 chemin Napoléon – ✆ 04 50 53 00 65 – www.hotel-aiguilledumidi.com – Fermé 6 avril-17 mai et 21 sept.-20 déc. Plan : AZ**n**
39 ch – 74/156 € 74/156 € – 13 € – ½ P
Rest *Aiguille du Midi* – voir les restaurants ci-après
Dans cet hôtel bâti en 1908, préférez les chambres récemment rénovées : dans un style montagnard contemporain, sobres et bien aménagées, elles sont très confortables. Le salon panoramique offre une magnifique vue sur le glacier des Bossons.

Aiguille du Midi
479 chemin Napoléon – ✆ 04 50 53 00 65 – www.hotel-aiguilledumidi.com – Fermé 6 avril-17 mai, 21 sept.-20 déc. et merc. midi hors saison Plan : AZ**n**
Formule 19 € – Menu 24 €, 34/53 € – Carte 17/59 €
Les légumes du potager de cet hôtel-restaurant se retrouvent directement dans de belles spécialités savoyardes et traditionnelles : ravioles du Dauphiné, filet d'omble-chevalier au beurre blanc, omelette au beaufort d'été... Sans oublier le plateau de fromages !

CHAMOUILLE – 02 Aisne ➜ voir Laon

CHAMPAGNAC-DE-BELAIR – 24 Dordogne ➜ voir Brantôme

CHAMPAGNÉ

✉ 72470 (Sarthe) – 3 757 hab. – **Voir carte n°35-D1**
Paris 205 km – Alençon 67 km – Le Mans 14 km – Nantes 204 km
Carte Michelin 310-L6

Le Cochon d'Or
49 rte de Paris, D 323 – ✆ 02 43 89 50 08 – www.lecochondor.fr – Fermé 29 juil.-19 août, lundi et le soir sauf sam.
Formule 17 € – Menu 21 € (déj. en semaine), 29/54 € – Carte 38/52 €
Le marché, les saisons, la tradition et le sens des produits : voilà le credo du chef, Thierry Janvier, qui concocte une cuisine savoureuse, généreuse et fine ; à l'image de ces rognons de veau à la moutarde, du saumon fumé "maison", de ce filet de bœuf poêlé au vin de Chinon, etc. En prime, l'accueil est... en or !

CHAMPAGNEUX – 73 Savoie ➜ voir St-Genix-sur-Guiers

CHAMPAGNEY – 70 Haute-Saône ➜ voir Ronchamp

CHAMPAGNOLE

✉ 39300 (Jura) – 8 077 hab. – **Voir carte n°16-B3**
▶ Paris 420 km – Besançon 66 km – Dole 68 km – Genève 86 km
Carte Michelin 321-F6 – Guide Vert Michelin Franche-Comté Jura

Le Bois Dormant

rte de Pontarlier, 1,5 km – ✆ 03 84 52 66 66 – www.bois-dormant.com – Fermé 21-27 déc.
40 ch – †75/84 € ††75/84 € – ☕ 11 € – ½ P
Rest – Formule 19 € – Menu 25/50 € – Carte 24/53 €
Dans un parc arboré, un hôtel au décor chaleureux. Bois blond, tons pastel... les chambres sont actuelles et pratiques ; il y a aussi une très jolie piscine côté jardin (avec jacuzzi, hammam et sauna) et un restaurant traditionnel.

rte de Genève 8 km au Sud – ✉39300 Champagnole

Auberge des Gourmets avec ch

1 la Billaude du haut, par N 5 – ✆ 03 84 51 60 60 – www.auberge-des-gourmets-jura.fr – Fermé 1er déc.-5 fév., dim. soir et lundi sauf vacances scolaires
6 ch – †90 € ††125 € – ☕ 10 € – ½ P
Formule 11 € – Menu 28/49 € – Carte 39/73 €
Dans cette jolie maison colorée, on sert une cuisine de tradition bonne et bien faite... Le cadre est chaleureux, élégant et, pour prolonger l'étape, les chambres sont coquettes (plus calmes côté terrasse).

CHAMPAGNY-EN-VANOISE

✉ 73350 (Savoie) – 679 hab. – **Voir carte n°45-D2**
▶ Paris 625 km – Albertville 44 km – Chambéry 94 km – Moûtiers 19 km
Carte Michelin 333-N5 – Guide Vert Michelin Alpes du Nord

L'Ancolie

ch, rest,

Les Hauts du Crey – ✆ 04 79 55 05 00 – www.hotel-ancolie.com – Ouvert 22 juin-7 sept. et 21 déc.-21 avril
31 ch – †69/123 € ††69/152 € – ☕ 11 € – ½ P
Rest – Menu 22/35 € – Carte 27/43 €
La fleur sauvage a prêté son nom à cet hôtel perché sur les hauteurs, dernier lieu de vie avant les pistes ! L'étape est toute trouvée pour les skieurs et les randonneurs, qui apprécieront là un hébergement à la fois fonctionnel et confortable, avec un restaurant d'esprit savoyard.

Les Glières

ch,

à Planchamp – ✆ 04 79 55 05 52 – www.hotel-glieres.com – Ouvert 28 juin-23 août et 20 déc.-19 avril
20 ch – †77/105 € ††80/125 € – ☕ 11 € – ½ P
Rest – Formule 16 € – Menu 20/33 € – Carte 30/38 € *(fermé lundi en été)*
Non loin de la télécabine, dans un groupement de chalets bordant la station, des chambres mignonnes et chaleureuses, où dominent le bois et la couleur rouge. Après une journée sportive, il fait bon s'installer devant la cheminée du salon...

CHAMPCEVINEL – 24 Dordogne → voir Périgueux

CHAMPEIX

✉ 63320 (Puy-de-Dôme) – 1 348 hab. – **Voir carte n°5-B2**
▶ Paris 440 km – Clermont-Ferrand 30 km – Condat 49 km – Issoire 14 km
Carte Michelin 326-F9 – Guide Vert Michelin Auvergne

à Montaigut-le-Blanc 3 km à l'Ouest par D 996 – ✉ 63320 – 776 hab.

Le Chastel Montaigu sans rest

au château – ✆ 04 73 96 28 49 – www.lechastelmontaigu.com – Ouvert d'avril à oct.
4 ch ☕ – †140/155 € ††145/160 €
L'originalité de cette maison d'hôtes haut perchée : ses superbes chambres (lits à baldaquin) situées dans un donjon crénelé, avec vue plongeante sur les monts Dore et le Forez.

CHAMPIGNÉ

✉ 49330 (Maine-et-Loire) – 2 068 hab. – **Voir carte n°35-C2**
▶ Paris 287 km – Angers 24 km – Château-Gontier 24 km – La Flèche 41 km
Carte Michelin 317-F3

au Nord-Ouest 3 km par D 768 et D 190 - ✉ 49330 Champigné

Château des Briottières
rest,

rte de Marigné – ✆ 02 41 42 00 02 – www.briottieres.com – Ouvert d'avril à oct.
17 ch – 149/205 € 149/252 € – 20 €
Rest – Menu 50 € *(fermé le midi) (résidents seult)*
Un raffinement très 18e s. règne dans ce château familial entouré d'un parc avec un étang. Chambres et salons sont décorés avec style et, le soir, on dîne aux chandelles.

CHAMPILLON – 51 Marne ➜ voir Épernay

CHAMPLIVE

✉ 25360 (Doubs) – 260 hab. – **Voir carte n°17-C1**
▶ Paris 438 km – Besançon 24 km – Lausanne 121 km
Carte Michelin 321-H3

Auberge du Château de Vaite avec ch

17 Grande-Rue – ✆ 03 81 55 20 66 – www.auberge-chateau-vaite.com – Fermé 23 déc.-3 fév.
9 ch – 58 € 68 € – 9 € – ½ P
Formule 13 € – Menu 22/36 € – Carte 22/47 €
Une ancienne ferme au cœur du village ? Oui, mais surtout un restaurant hyper design, après une véritable mue très originale dans la région – et réussie. Pas de changement dans l'assiette : toujours la même cuisine traditionnelle bien tournée (truites, grenouilles, etc.). Beaucoup d'originalité côté chambres, avec des thèmes décalés (blanc, nature, salle de jeux...).

CHAMPS-SUR-YONNE – 89 Yonne ➜ voir Auxerre

CHAMPTOCEAUX

✉ 49270 (Maine-et-Loire) – 2 373 hab. – **Voir carte n°34-B2**
▶ Paris 357 km – Ancenis 9 km – Angers 65 km – Beaupréau 30 km
Carte Michelin 317-B4 – Guide Vert Michelin Châteaux de la Loire

Le Champalud

1 pl. du Chanoine-Bricard – ✆ 02 40 83 50 09 – www.lechampalud.com
19 ch – 63/109 € 63/109 € – 10 € – ½ P
Rest – Formule 15 € – Menu 19/32 € – Carte 34/40 € *(fermé dim. soir d'oct. à juin)*
Au cœur du village, face à l'église, petit hôtel bien tenu, mêlant mobilier fonctionnel, poutres apparentes et vieilles pierres. Chambres spacieuses et bien équipées, plus récentes dans l'annexe. Côté restaurant, décor rustique et cuisine traditionnelle.

CHAMPVANS-LES-MOULINS – 25 Doubs ➜ voir Besançon

CHANAS

✉ 38150 (Isère) – 2 339 hab. – **Voir carte n°43-E2**
▶ Paris 512 km – Grenoble 89 km – Lyon 57 km – St-Étienne 75 km
Carte Michelin 333-B6

Mercure

à l'échangeur A 7 – ✆ 04 74 84 27 50 – www.mercure.com
42 ch – 65/120 € 65/120 € – 16 €
Rest – Formule 13 € – Menu 19 € – Carte 31/61 € *(fermé sam. midi et dim.)*
La proximité de l'autoroute rend cet hôtel pratique pour poser ses valises au cours d'un passage dans la région. On apprécie les chambres, claires, bien équipées, et la possibilité de se restaurer (carte traditionnelle). Simple et bien tenu !

CHANCELADE – 24 Dordogne ➜ voir Périgueux

CHANDAI

✉ 61300 (Orne) – 681 hab. – Voir carte n°**33**-C3
Paris 129 km – L'Aigle 10 km – Alençon 72 km – Chartres 71 km
Carte Michelin 310-N2

L'Écuyer Normand

23 rte de Paris, D 926 – ✆ 02 33 24 08 54 – www.ecuyer-normand.com – Fermé merc. soir, dim. soir et lundi
Formule 15 € – Menu 20 € (déj. en semaine), 31/45 € – Carte 42/72 € *(réservation conseillée)*
Le pays du percheron n'est pas si loin et cet Écuyer – une jolie auberge en brique et pierre – pourrait très bien arborer sur son blason cet animal emblématique, qui incarne autant la puissance que la douceur : de fait, la carte exalte le goût du terroir avec finesse et élégance. Le chef est un vrai artisan... À cheval !

CHANDOLAS

✉ 07230 (Ardèche) – 469 hab. – Voir carte n°**44**-A3
Paris 662 km – Alès 43 km – Aubenas 34 km – Privas 66 km
Carte Michelin 331-H7

Auberge les Murets

D 104, quartier Langarnayre – ✆ 04 75 39 08 32 – www.aubergelesmurets.com – Fermé 25 nov.-6 déc. et 6 janv.-7 fév.
10 ch – 70/92 € 70/92 € – 10 € – ½ P
Rest ***Auberge les Murets*** – voir les restaurants ci-après
Les vignes et la nature à perte de vue pour cette jolie ferme cévenole du 18e s., avec ses chambres pimpantes, dont trois plus spacieuses et contemporaines. Bel espace détente : sauna, jacuzzi... Un endroit très sympathique !

Auberge les Murets

D 104, quartier Langarnayre – ✆ 04 75 39 08 32 – www.aubergelesmurets.com – Fermé 25 nov.-6 déc., 6 janv.-7 fév., lundi sauf le soir d'avril à oct. et mardi de nov. à mars
Menu 19 € (semaine), 23/40 € – Carte 32/44 €
Des voûtes et... le terroir ! La cuisine du chef, préparée en toute simplicité, joue agréablement avec la tradition et, l'été, il fait bon s'installer sous le mûrier.

CHANTEMERLE – 05 Hautes-Alpes → voir Serre-Chevalier

CHANTILLY

✉ 60500 (Oise) – 10 876 hab. – Voir carte n°**36**-B3
Paris 51 km – Beauvais 55 km – Compiègne 44 km – Meaux 53 km
Carte Michelin 305-F5 – Guide Vert Michelin Île-de-France

Auberge du Jeu de Paume

rest,

4 r. du Connétable – ✆ 03 44 65 50 00 – www.aubergedujeudepaumechantilly.fr
68 ch – 235/750 € 235/750 € – 24 suites – 32 €
Rest ***La Table du Connétable*** ✿✿ – voir les restaurants ci-après
Rest ***Le Jardin d'Hiver*** ✆ 03 44 65 50 40 – Formule 39 € – Menu 55 € – Carte 59/71 €
Beaucoup de raffinement dans ce luxueux établissement inauguré fin 2012 au sein du Domaine de Chantilly, entre les Grandes Écuries et le château. Les chambres spacieuses et à l'élégance classique (avec vue sur la ville ou le parc), les deux restaurants, le spa de 600 m^2... tout est princier.

La Table du Connétable – Auberge du Jeu de Paume

✿✿

4 r. du Connétable – ✆ 03 44 65 50 00 – www.aubergedujeudepaumechantilly.fr
Menu 67 € (déj.), 88/125 € – Carte 100/135 €
Au sein de la luxueuse Auberge du Jeu de Paume, sur le domaine du château, cette table feutrée et distinguée cultive l'excellence : dans chaque assiette, le jeune chef, Arnaud Faye, allie avec grande subtilité classicisme et originalité, harmonie et vivacité des saveurs, beaux produits et exécution soignée. Tout en finesse...
→ Écrevisse, bouillon aux fleurs de sureau, ravioles de cerises et amandes fraîches. Agneau du Quercy laqué au miel de citron et soja, ravioles croustillantes d'aubergine. Fraise mara des bois en surprise, croustillant menthe-citron.

à Apremont 6 km au Nord par D 606 – ✉ 78200

Auberge La Grange aux Loups avec ch
8 r. du 11-novembre – ✆ 03 44 25 33 79 – www.lagrangeauxloups.com – Fermé 22 sept.-6 oct., 2-13 janv., dim. soir et lundi
4 ch – †85 € ††85 € – ☕ 10 € Menu 27 € (semaine), 52/59 € – Carte 58/82 €
Auberge villageoise logée sous les poutres et solives d'une jolie salle rustique (cheminée centrale). Terrasse d'été et choix classique à la carte. Chambres calmes et bien tenues, installées dans une dépendance.

rte d'Apremont au Nord-Est par D 606

Dolce Chantilly
à 3 km – ✆ 03 44 58 47 77 – www.dolcechantilly.com – Fermé vacances de Noël
194 ch – †130/380 € ††170/420 € – 6 suites – ☕ 23 €
Rest *Carmontelle* – voir les restaurants ci-après
Rest *La Véranda* – Menu 36/45 €
Rest *Le Swing* – Formule 23 € – Menu 27 € (semaine)/37 € *(fermé août, vacances de Noël et le soir)*
Dans ce resort avec golf, terrain de polo, espace détente et salles de séminaire, on se met au vert… Et dans les chambres de ce grand bâtiment d'inspiration classique, spacieuses et modernes, un fil rouge logique vers Chantilly : le cheval.

Carmontelle – Hôtel Dolce Chantilly
à 3 km – ✆ 03 44 58 47 57 – www.dolcechantilly.com – Fermé vacances de Noël et le midi
Formule 29 € – Menu 36/78 € – Carte 60/80 € *(réservation conseillée)*
Au cœur du Dolce Chantilly Resort, cet élégant restaurant, tout en tons crème, ouvre sur les greens et la nature. Au menu, de bons produits cuisinés dans les règles : filet de bœuf au sautoir et purée de topinambours, lotte rôtie à l'os au beurre et choux de Bruxelles, ris de veau doré en cocotte et poêlée de girolles, etc.

à Montgrésin 5 km au Sud-Est par D 924^{A} – ✉ 60560

Relais d'Aumale
37 pl. des Fêtes – ✆ 03 44 54 61 31 – www.relais-aumale.fr – Fermé 23 déc.-2 janv.
22 ch ☕ – †126/165 € ††126/165 € – 2 suites – ½ P
Rest *Relais d'Aumale* – voir les restaurants ci-après
Cet ancien pavillon de chasse du duc d'Aumale se niche dans un jardin, à l'orée de la forêt de Chantilly. Les chambres sont confortables et joliment décorées par un designer suédois (tons passés, velours).

Relais d'Aumale
37 pl. des Fêtes – ✆ 03 44 54 61 31 – www.relais-aumale.fr – Fermé 23 déc.-2 janv.
Formule 32 € – Menu 39 € (déj. en semaine), 48/75 € – Carte 62/108 €
Dans ce restaurant, deux styles de déco : l'une actuelle, l'autre châtelaine avec boiseries, plafond à la française et tableaux. La cuisine est traditionnelle, accompagnée d'une belle carte des vins, dont un excellent choix de bordeaux.

à Gouvieux 4 km à l'Ouest par D 909 – ✉ 60270 – 9 434 hab.

Château de Montvillargenne rest,
6 av. François-Mathet – ✆ 03 44 62 37 37 – www.montvillargenne.com
120 ch – †250/450 € ††250/450 € – ☕ 19 € – ½ P
Rest – Menu 45/85 € – Carte 59/80 € *(fermé le midi en semaine)*
Ce château est un bel exemple du style volontiers éclectique (colombages, meneaux, etc.) du début du 20e s. Les chambres, souvent très spacieuses, sont elles aussi décorées de différents styles : exotique, provençal, Directoire...

Château de la Tour
chemin du Château-de-la-Tour – ✆ 03 44 62 38 38 – www.lechateaudelatour.fr
41 ch ☕ – †129/245 € ††129/245 € – ½ P
Rest *Château de la Tour* – voir les restaurants ci-après
Pour se mettre au vert pas trop loin de Paris, cette belle demeure du début du 20e s. et son extension contemporaine se cachent dans un joli parc de 5 ha. À l'intérieur, tout n'est que raffinement et confort bourgeois.

Le Pavillon St-Hubert

à Toutevoie – ✆ 03 44 57 07 04 – www.pavillon-saint-hubert.com – Fermé 2-20 janv.
18 ch – 67/90 € 67/90 € – 10 € – ½ P
Rest *Le Pavillon St-Hubert* – voir les restaurants ci-après
On accède à cette maison de caractère, blanche et fleurie, par son joli jardin situé au bord de l'Oise. Les chambres sont relativement petites mais confortables, avec de jolies teintes douces.

Château de la Tour – Hôtel Château de la Tour

chemin du Château-de-la-Tour – ✆ 03 44 62 38 38 – www.lechateaudelatour.fr
Formule 30 € – Menu 35 € (déj. en semaine), 48/95 € – Carte 49/71 €
Dans cette superbe bâtisse de style anglo-normand, hauts plafonds ouvragés et cheminées en marbre servent de cadre à une cuisine empreinte de classicisme : foie gras, noix de Saint-Jacques à l'orange, croustillant de caille sauce griotte, etc.

Le Pavillon St-Hubert – Hôtel Le Pavillon St-Hubert

à Toutevoie – ✆ 03 44 57 07 04 – www.pavillon-saint-hubert.com – Fermé 2 janv.-8 fév., dim. soir, mardi midi et lundi
Menu 27 € (semaine), 36/45 € – Carte 43/69 €
Un restaurant meublé dans le style Louis XIII ; l'été, de la terrasse dressée à l'ombre des tilleuls, on regarde passer lentement les péniches. Carte et menus proposent de grands classiques : foie gras, sole meunière, ris de veau...

Ô Relais de la Côte

9 r. de Chantilly – ✆ 03 44 57 01 19 – Fermé fin juil. à début août, 24 déc.-2 janv., dim. soir, lundi soir et mardi
Formule 16 € – Menu 34 € – Carte 40/53 € *(réservation conseillée)*
À la sortie de la ville, restaurant au style actuel (murs blancs, tableaux modernes, mobilier contemporain), jouissant d'une belle terrasse arborée. Cuisine au goût du jour.

rte de Creil 4 km au Nord – ✉ 60740 St-Maximin

Le Verbois

6 r.la Grande Folie, D 1016 – ✆ 03 44 24 06 22 – www.leverbois.com – Fermé 13-30 août, 2-15 janv., dim. soir et lundi
Formule 30 € – Menu 36 € (semaine)/70 € – Carte 76/104 €
À l'orée de la forêt, ex-relais de chasse (1886) évoquant une maison de maître, agrandi d'une véranda cernée par le jardin. Tenue soignée. Cuisine du marché et de saison (gibier).

CHANTONNAY

✉ 85110 (Vendée) – 8 248 hab. – **Voir carte n°34-B3**
Paris 410 km – Cholet 53 km – Nantes 79 km – La Roche-sur-Yon 34 km
Carte Michelin 316-J7

Manoir de Ponsay

7 km à l'Est par rte de Pouzauges (D 960) et rte secondaire (à Puybéliard direction St Mars des Prés) – ✆ 02 51 46 96 71 – www.manoirdeponsay.com – Ouvert avril-sept.
5 ch – 66/180 € 66/180 € – 10 € – ½ P **Table d'hôte** – Menu 33 €
Pour jouir de la vie de château en pleine nature, ce manoir classé, transmis de père en fils depuis 1644, est idéal. Les chambres sont spacieuses et chargées d'histoire. Et dès que le temps le permet, on profite du parc, où trône un magnifique cèdre bicentenaire... À la table d'hôte, cuisine familiale.

CHAOURCE

✉ 10210 (Aube) – 1 102 hab. – **Voir carte n°13-B3**
Paris 196 km – Auxerre 66 km – Bar-sur-Aube 58 km – Châtillon-sur-Seine 52 km
Carte Michelin 313-E5 – Guide Vert Michelin Champagne Ardenne

Le Cadusia

21 rte de Troyes – ✆ 03 25 42 10 10 – www.le-cadusia.com
19 ch – 65/68 € 68/72 € – 9 € – ½ P
Rest – Formule 13 € – Menu 17/32 € – Carte 30/42 €
À la sortie de Chaource, sur la route de Troyes, cet hôtel créé en 2010 propose des chambres fonctionnelles, au style résolument contemporain, et abrite un restaurant doublé d'une rôtisserie. Une étape utile.

à Maisons-lès-Chaource 6 km au Sud-Est par D 34 – ✉ 10210 – 182 hab.

Aux Maisons

11 r. des AFN – ✆ 03 25 70 07 19 – www.logis-aux-maisons.com – Fermé dim. soir
23 ch – †68/77 € ††72/82 € – ☕ 10 € – ½ P
Rest – Menu 17 € (déj. en semaine), 25/68 € – Carte 40/53 €
Au centre du village, la même famille tient cet hôtel-restaurant traditionnel depuis quatre générations ! Les chambres sont confortables, fonctionnelles et donnent sur la piscine ou les prairies, où gambadent parfois des chevaux.

LA CHAPELLE-ACHARD

✉ 85150 (Vendée) – 1 745 hab. – Voir carte n°**34**-B3
Paris 444 km – Nantes 89 km – La Rochet-sur-Yon 22 km
Carte Michelin 316-G8

Vendée Mer sans rest

r. Michel-Belin, Les Landes, (ZA Sud-Est des Achards), 2 km au Nord par D 21 – ✆ 02 51 98 85 85 – www.hotelvendeemer.com – Fermé 24 déc.-2 janv.
41 ch – †62/93 € ††62/93 € – 2 suites – ☕ 9 €
Dans une zone industrielle et commerciale, cet hôtel flambant neuf vous accueille dans un hall clair et agréable, très épuré ; à l'étage, de grandes chambres fonctionnelles vous attendent. Et il y a même une salle de musculation, pour les amateurs !

LA CHAPELLE-AUX-CHASSES

✉ 03230 (Allier) – 213 hab. – Voir carte n°**6**-C1
Paris 294 km – Bourbon-Lancy 22 km – Decize 25 km – Moulins 21 km
Carte Michelin 326-I2

Auberge de la Chapelle aux Chasses

Le Bourg – ✆ 04 70 43 44 71 – www.aubergedelachapelleauxchasses.com – Fermé vacances de la Toussaint, de fév., mardi et merc.
Formule 16 € – Menu 22 € (semaine), 29/68 € *(réservation conseillée)*
De cet ancien presbytère, les gourmands ont fait leur repaire ! Dans un cadre rustique, on déguste une appétissante cuisine du moment, qui évolue au gré des saisons : lasagnes de jarret de veau mijoté à la tomate, risotto aux langoustines et asperges... L'été, on profite de la terrasse ouverte sur le jardin.

LA CHAPELLE-D'ABONDANCE

✉ 74360 (Haute-Savoie) – 840 hab. – Voir carte n°**46**-F1
Paris 600 km – Annecy 108 km – Châtel 6 km – Évian-les-Bains 29 km
Carte Michelin 328-N3 – Guide Vert Michelin Alpes du Nord

Les Cornettes

– ✆ 04 50 73 50 24 – www.lescornettes.com – Fermé de mi-avril à début mai et de mi-oct. à mi-déc.
45 ch – †75/115 € ††120/160 € – ☕ 14 € – ½ P
Rest *Les Cornettes* – voir les restaurants ci-après
Une affaire de famille depuis 1894 : cinq générations ont forgé cet hôtel-restaurant plein de vie, qui abrite même un musée savoyard ! Les chambres sont accueillantes et bien tenues, le restaurant honore le terroir local. Une corne d'abondance...

Les Gentianettes

rte de Chevenne – ✆ 04 50 73 56 46 – www.gentianettes.fr – Ouvert de fin mai à mi-sept. et de mi-déc. à fin mars
36 ch – †99/195 € ††99/195 € – ☕ 16 € – ½ P
Rest *Les Gentianettes* – voir les restaurants ci-après
Meubles en sapin sculpté, cloches de vache et objets anciens célébrant la vie montagnarde : ce chalet a du cachet ! Les chambres sont charmantes, bien équipées, et l'accueil et le service sont particulièrement agréables.

L'Ensoleillé
– 04 50 73 50 42 – *www.hotel-ensoleille.com – Ouvert de mi-mai à mi-sept. et de mi-déc. à mi-avril*
40 ch – 80/150 € 90/160 € – 12 € – ½ P
Rest ***L'Ensoleillé*** – voir les restaurants ci-après
Aux commandes de ce chalet ? Une famille dynamique qui vient de créer de nouvelles chambres, spacieuses, au style contemporain et montagnard ; pour se remettre en forme, on profite d'un hammam et d'une piscine couverte. Un agréable moment !

XX **Les Gentianettes** – Hôtel Les Gentianettes
rte de Chevenne – 04 50 73 56 46 – www.gentianettes.fr – Ouvert de fin mai à mi-sept. et de mi-déc. à fin mars; fermé lundi midi et merc. midi sauf fév., juil. et août
Formule 21 € – Menu 30/75 € – Carte 45/72 €
La neige, la montagne, l'envie de paresser près de la cheminée autour de jolis plats... Ici, pas d'esbroufe, mais une cuisine traditionnelle pleine de finesse : les travers de porc laqués, accompagnés de confit de cochon fermier de la vallée, sont fameux. Et côté carnotzet, honneur aux spécialités savoyardes.

XX **L'Ensoleillé** – Hôtel L'Ensoleillé
– 04 50 73 50 42 – www.hotel-ensoleille.com – Ouvert de mi-mai à mi-sept. et de mi-déc. à mi-avril et fermé le mardi
Formule 17 € – Menu 23 € (déj.), 29/41 € – Carte 36/64 €
Cet imposant chalet n'a pas volé son nom : il jouit de l'ensoleillement exceptionnel de la vallée. On y apprécie une bonne cuisine du terroir alpin : savoureuses tommes, charcuteries salées et séchées par le patron en personne, etc.

XX **Les Cornettes** – Hôtel Les Cornettes
– 04 50 73 50 24 – www.lescornettes.com – Fermé de mi-avril à début mai et de mi-oct. à mi-déc.
Formule 20 € – Menu 25 € (semaine), 31/70 € – Carte 45/98 €
Avis aux Pantagruel : le terme "copieux" semble avoir été inventé pour cette adresse, où l'on reprend son souffle, lorsqu'après une entrée à base de charcuteries (jambon cru, saucisson fumé, etc.), arrive la potée savoyarde... La qualité est au rendez-vous, c'est simple et bon, et l'ambiance est rustique à souhait !

LA CHAPELLE-DE-GUINCHAY

71570 (Saône-et-Loire) – 3 746 hab. – **Voir carte n°8-C3**
Paris 412 km – Bourg-en-Bresse 50 km – Caluire-et-Cuire 64 km – Dijon 142 km
Carte Michelin 320-I12

XX **La Poularde** (Olivier Muguet)
pl. de la Gare – 03 85 36 72 41 – http://lapoularde.free.fr – Fermé 3-17 mars, 18 août-1er sept., dim. soir, mardi et merc.
Menu 35/60 € – Carte environ 77 €
Dès les amuse-bouches, on devine que la cuisine sera raffinée, et l'on ne se trompe pas ! Olivier Muguet travaille des produits de grande qualité, avec beaucoup de délicatesse et de précision – et des notes florales ou épicées. Le tout servi dans une ambiance délicieuse, sur fond de musique jazzy... Zen et élégant !
→ Petit pois déstructuré, thon fumé aux sarments et vinaigrette d'herbes. Langoustines saisies, semoule façon tajine, raisin, amandes et légumes. Soufflé glacé à la Chartreuse verte, sauce caramel au beurre salé.

LA CHAPELLE-DES-MARAIS

44410 (Loire-Atlantique) – 3 772 hab. – **Voir carte n°34-A2**
Paris 442 km – Nantes 67 km – Rennes 96 km – Vannes 53 km
Carte Michelin 316-C3 – Guide Vert Michelin Pays de la Loire

X **Le Penlys**
41 r. de Penlys – 02 40 53 91 44 – www.restaurantlepenlys.com – Fermé 23 déc.-8 janv., lundi et le soir sauf sam.
Formule 15 € – Menu 17 € (déj.)/27 €
De cet ancien "routier" au cœur d'un village de Brière, ses actuels propriétaires ont su faire un petit restaurant sans prétention, mais tout à fait sérieux : on y apprécie des recettes traditionnelles cuisinées sans chichis, dans une ambiance familiale qui va bien au décor, tout simple. Prix raisonnables.

LA CHAPELLE-EN-SERVAL

✉ 60520 (Oise) – 2 914 hab. – Voir carte n°**36**-B3
Paris 41 km – Beauvais 64 km – Chantilly 10 km – Compiègne 43 km
Carte Michelin 305-G6

Mont Royal

1 km à l'Est par D 118, rte de Plailly – ✆ 03 44 54 50 50 – www.tiara-hotels.com
104 ch – 160/400 € 160/400 € – 4 suites – 25 € – ½ P
Rest ***L'Opéra*** – voir les restaurants ci-après
Ce superbe château de 1909 se dresse au milieu d'un grand parc arboré et s'inspire des châteaux du 18e s. Dès l'entrée, hauts plafonds, miroirs et mobilier de style donnent le ton : luxe et raffinement. Un havre de paix !

L'Opéra – Hôtel Mont Royal

1 km à l'Est par D 118, rte de Plailly – ✆ 03 44 54 50 50 – www.tiara-hotels.com – Fermé le midi
Menu 69/95 € – Carte 78/88 €
Un lieu superbe, au charme très classique : l'ancienne salle de bal du château, construite en rotonde et ornée de boiseries, lustres à pendeloques, etc. La cuisine gastronomique y valorise les traditions régionales.

LA CHAPELLE-EN-VERCORS

✉ 26420 (Drôme) – 675 hab. – Voir carte n°**43**-E2
Paris 604 km – Die 41 km – Grenoble 60 km – Romans-sur-Isère 47 km
Carte Michelin 332-F4 – Guide Vert Michelin Alpes du Nord

Hôtel des Sports

ch,

av. des Grands Goulets – ✆ 04 75 48 20 39 – www.hotel-des-sports.com – Fermé 12 nov.-1er fév., dim. soir et lundi
10 ch – 58/60 € 58/60 € – 9 € – ½ P
Rest – Menu 15 € (déj. en semaine), 19/32 € – Carte 33/43 €
À l'entrée du village, voici le pied-à-terre des cyclistes et randonneurs parcourant le Vercors. Mais que les non sportifs se rassurent, les chambres – très bien tenues – ne leur sont pas interdites ! Au restaurant, plats traditionnels et spécialités régionales redonnent des forces aux uns comme aux autres.

LA CHAPELLE-ST-MESMIN – 45 Loiret ➜ voir Orléans

LA CHAPELLE-TAILLEFERT – 23 Creuse ➜ voir Guéret

CHARBONNIÈRES-LES-BAINS – 69 Rhône ➜ voir Lyon

CHARENTON-LE-PONT – 94 Val-de-Marne ➜ voir Paris, Environs

CHARETTE

✉ 38390 (Isère) – 461 hab. – Voir carte n°**44**-B1
Paris 479 km – Aix-les-Bains 68 km – Belley 39 km – Grenoble 100 km
Carte Michelin 333-F3

Auberge du Vernay (N) avec ch

2411 rte d'Optevoz, D 52 – ✆ 04 74 88 57 57 – www.auberge-du-vernay.fr – Fermé 1 semaine en janv.
7 ch – 60 € 75 € – 10 € – ½ P
Formule 18 € – Menu 24 € (semaine), 29/52 € – Carte 42/55 € *(fermé sam. midi, dim. soir, merc. midi et lundi)*
Perdue en pleine campagne, au grand calme, cette ferme du 18e s. dégage une atmosphère campagnarde authentique et conviviale. On y déguste une cuisine imaginative et pleine de saveurs, à l'image de ces encornets farcis sauce pistou, ou de cette daurade en écailles de courgettes. Le jeune chef a un beau parcours derrière lui...

LA CHARITÉ-SUR-LOIRE

✉ 58400 (Nièvre) – 5 129 hab. – Voir carte n°**7**-A2

Paris 212 km – Auxerre 109 km – Bourges 51 km – Montargis 102 km

Carte Michelin 319-B8 – Guide Vert Michelin Bourgogne

Auberge de Seyr

4 Grande Rue – ✆ 03 86 70 03 51 – Fermé 22-29 mars, 16 août-6 sept., jeudi soir, dim. soir et lundi

Formule 13 € – Menu 24/35 € – Carte 28/36 €

Un restaurant tout simple, dont les salles sont rustiques et chaleureuses (poutres peintes, murs blancs). Le chef concocte de bons petits plats traditionnels.

CHARLEVILLE-MÉZIÈRES

✉ 08000 (Ardennes) – 49 810 hab. – Agglo. 61 166 hab. – Voir carte n°**13**-B1

Paris 230 km – Luxembourg 168 km – Reims 85 km – Sedan 26 km

Carte Michelin 306-K4 – Guide Vert Michelin Champagne Ardenne

Le Dormeur du Val sans rest

32 bis r. de la Gravière – ✆ 03 24 42 04 30 – www.hotel-dormeur-du-val.fr

17 ch – †67/161 € ††67/161 € – ☕ 13 € Plan : BY**d**

Ode à la poésie rimbaldienne dans cette ancienne imprimerie... Ici, le design et l'originalité arty sont de mise ; les chambres se font "Rime", "Strophe" ou "Poème".

Kyriad sans rest

pl. Bozzi – ✆ 03 24 26 32 32 – www.kyriad.fr Plan : ABX**n**

54 ch – †64/129 € ††64/129 € – ☕ 10 €

Un hôtel récent (2009) à quelques minutes à pied du centre-ville. Les chambres y sont confortables et fonctionnelles. Buffet au petit-déjeuner. Enfin, les clients disposent d'un parking : pratique !

La Clef des Champs

33 r. du Moulin – ✆ 03 24 56 17 50 – www.laclefdeschamps.fr – Fermé dim. soir et merc. Plan : BX**e**

Formule 27 € – Menu 36/67 € – Carte 52/72 €

Prenez la clef des champs près de la place Ducale, vous tomberez sous le charme de cette demeure du 17e s. Parquet, briques et poutres apparentes séduisent, tout comme la belle gastronomie contemporaine, teintée de touches japonisantes.

La Papillote

6 pl. du Théatre – ✆ 03 24 37 41 34 – www.lapapillote08.fr – Fermé dim. soir

Menu 19 € (déj. en semaine), 30/60 € Plan : BX**b**

En face du théatre, l'adresse est chaleureuse comme tout avec ses poutres apparentes, sa cheminée et ses tables joliment dressées. Beaucoup de produits locaux, un registre traditionnel et un menu-carte à l'ardoise : on apprécie... D'autant qu'on aperçoit les cuisines depuis la salle !

La Table d'Arthur "R"

9 r. Bérégovoy – ✆ 03 24 57 05 64 – www.latabledarthur.fr – Fermé vacances de printemps, 3 semaines en août, lundi soir, merc. soir, dim. et fériés Plan : BX**a**

Formule 20 € – Menu 27 € – Carte 23/40 €

Cette table à la mode propose deux formules. Recettes traditionnelles et beaux flacons dans la cave voûtée ; au rez-de-chaussée, bistrot contemporain et grands classiques (tête de veau, steak tartare, etc.). Décontracté et original !

Amorini

46 pl. Ducale – ✆ 03 24 37 48 80 – Fermé 20 avril-6 mai, 3 semaines en août, dim., lundi et le soir Plan : BX**t**

Carte 22/29 €

Un petit restaurant italien, sur la place Ducale, avec un menu au diapason : antipasti, charcuterie, bonnes pâtes et vins transalpins. Il y a même une petite épicerie ouverte pendant le service !

CHARLEVILLE-MÉZIÈRES

Arches (Av. d') . . . . **BYZ**
Arquebuse (R. de l') . . . . **BX** 2
Bérégovoy (R. P.) . . . . **BX** 3
Bourbon (R.) . . . . **BX** 4
Carré (R. Irénée) . . . . **BX** 5
Corneau (Av. G.) . . . . **BY** 6
Droits-de-l'Homme (Pl. des) **BX** 7
Fg de Pierre (R. du) . . . . **BZ** 8
Flandre (R. de) . . . . **BX** 9
Hôtel de Ville (Pl. de l') . . . . . **BZ** 10
Jean-Jaurès (Av.) . . . . **BY**
Leclerc (Av. Mar.) . . . . **BY** 19
Manchester (Av. de) . . . . **AY** 20
Mantoue (R. de) . . . . **BX** 21
Mitterrand (Av. F.) . . . . **AX** 22
Monge (R.) . . . . **BZ** 23
Montjoly (R. de) . . . . **AX** 24
Moulin (R. du) . . . . **BX** 25
Nevers (Pl. de) . . . . **BX** 27
Petit-Bois (Av. du) . . . . **BX** 28
République (R. de la) . . . . **BX** 30
Résistance (Pl. de la) . . . . . . **BZ** 31
St-Julien (Av. de) . . . . **AY** 32
Sévigné (R. Mme de) . . . . **BY** 33
Théâtre (R. du) . . . . **BX** 34
91e-Régt-d'Infanterie (Av. du) . . . . **BZ** 36

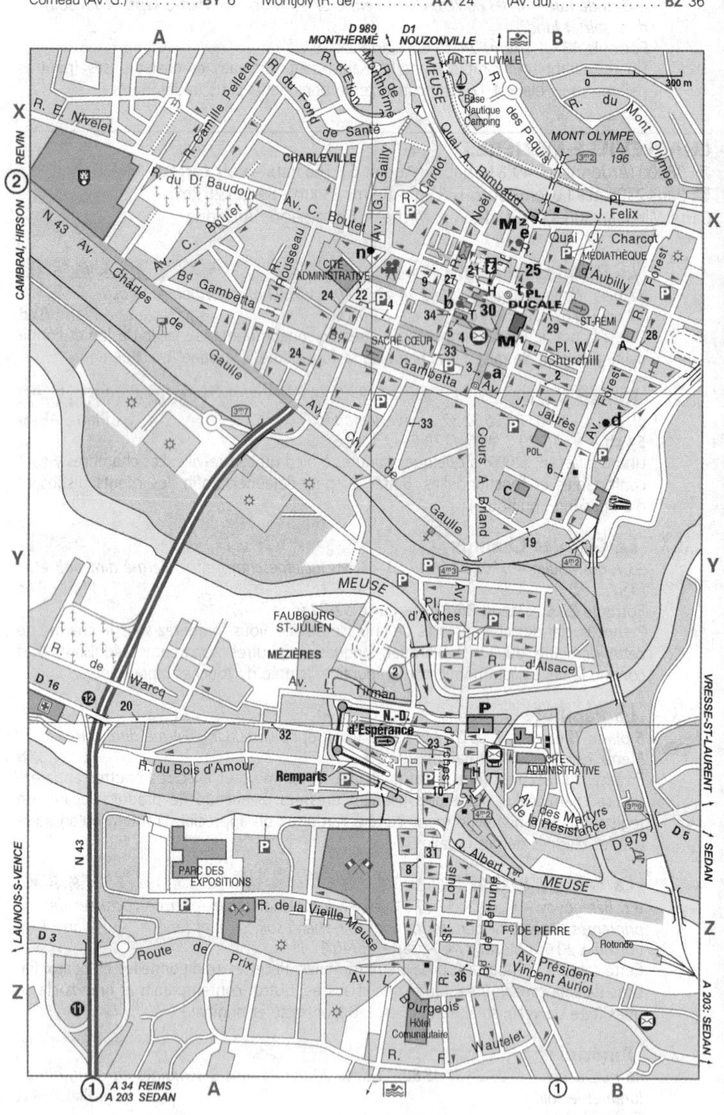

à Montcy-Notre-Dame 4 km au Nord par D 1 BX – ✉ 08090 – 1 562 hab.

XX **L'Auberge du Laminak**
rte de Nouzonville – ✆ 03 24 33 37 55 – www.auberge-ardennes.com – Fermé 9-31 août, 2-8 janv., dim. soir, merc. soir et lundi
Menu 16 € (déj. en semaine), 29/39 € – Carte 34/47 € *(réservation conseillée)*
Dans cette charmante auberge en lisière de forêt, le Pays basque – origine du chef – rencontre les beaux produits des Ardennes. Résultat, des recettes savoureuses, parfaitement maîtrisées, telle cette entrée pleine de fraîcheur, associant crabe, avocat et gaspacho, ou cette côte de veau aux girolles et pommes grenaille...

CHARLIEU

✉ 42190 (Loire) – 3 695 hab. – Voir carte n°**44**-A1
Paris 398 km – Mâcon 77 km – Roanne 18 km – St-Étienne 102 km
Carte Michelin 327-E3 – Guide Vert Michelin Bourgogne

Relais de l'Abbaye
415 rte du Beaujolais – ✆ 04 77 60 00 88 – www.relais-abbaye.fr
28 ch – †55/98 € ††55/98 € – ☕ 12 € – ½ P
Rest ***Relais de l'Abbaye*** – voir les restaurants ci-après
Un hôtel moderne à la sortie de la localité, avec sur l'arrière un grand jardin verdoyant (jeux pour les enfants). Deux générations de chambres coexistent : préférez les plus récentes, même si toutes sont bien tenues. Une bonne étape.

XX **Relais de l'Abbaye**
415 rte du Beaujolais – ✆ 04 77 60 00 88 – www.relais-abbaye.fr
Formule 18 € – Menu 23/55 € – Carte 37/91 €
Dans ce Relais de facture moderne – et ouvert sur les prés environnants, ce qui est agréable –, la carte met à l'honneur les produits locaux et les mariages de saveurs : gambas et boudin noir, sandre et escargot, etc. Le tout bien ficelé.

rte de Pouilly 2,5 km au Sud-Ouest par D 487 et rte secondaire

XX **L'Atelier Rongefer**
22 r. Jean-Jaurès – ✆ 04 77 60 01 57 – www.atelierrongefer.fr – Fermé 16 août-8 sept., 15 janv.-5 fév., lundi soir en hiver, dim. soir, mardi soir et merc.
Menu 19 € (déj. en semaine), 29/65 € – Carte 43/73 €
Nouveau lieu, nouveau décor : Carine et Fabien Gautier ont troqué le Moulin de Rongefer pour ce superbe Atelier – une ancienne usine textile –, avec poutrelles métalliques et élégant décor au classicisme très contemporain. On y apprécie une cuisine gastronomique vive et colorée, dont un menu homard.

à St-Pierre-la-Noaille 5,5 km au Nord-Ouest par rte secondaire – ✉ 42190 – 368 hab.

Domaine du Château de Marchangy sans rest 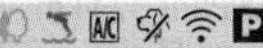
– *✆ 04 77 69 96 76 – www.marchangy.com*
4 ch ☕ – †105 € ††105/125 €
On accède à cette belle demeure du 18e s. par une allée bordée de vieux chênes... Les chambres sont situées dans la maison de vigneron mitoyenne, couverte de vigne vierge. Meubles anciens, entretien impeccable, accueil charmant... et un grand parc offrant de belles échappées sur les monts du Forez. Bel endroit !

à St-Nizier-sous-Charlieu à l'Ouest 6 km par D 4 – ✉ 42190 – 1 661 hab.

Aux Forêts sans rest
996 rte de Fleury – ✆ 06 22 48 75 95 – www.aux-forets.fr – Ouvert 18 avril-17 oct.
4 ch ☕ – †70/78 € ††85/98 €
Sur les hauteurs du village, cette ancienne maison de vigneron (1785), avec son parc arboré et fleuri, a tout pour plaire ! Les chambres y sont confortables et décorées avec du mobilier chiné ou de famille. Autre atout : un petit musée de la vigne ouvert à la visite.

CHARMES

✉ 88130 (Vosges) – 4 627 hab. – Voir carte n°**27**-C3
Paris 381 km – Épinal 31 km – Lunéville 40 km – Nancy 43 km
Carte Michelin 314-F2

à Chamagne 4 km au Nord par D 9 – ✉ 88130 – 464 hab.

Le Chamagnon

236 r. du Patis – ✆ 03 29 38 14 74 – www.lechamagnon.fr – Fermé 1er-24 juil., 23 oct.-3 nov., mardi soir, merc. soir, dim. soir et lundi
Formule 11 € – Menu 19/53 € – Carte 35/51 €
Dans le village de Claude Gellée dit "Le Lorrain", ce restaurant chaleureux (cave en exposition) propose une cuisine privilégiant le terroir et les excellents produits.

à Vincey 4 km au Sud-Est par N 57 – ✉ 88450 – 2 264 hab.

Relais de Vincey

33 r. de Lorraine – ✆ 03 29 67 40 11 – www.relaisdevincey.fr
41 ch – 🛉63/102 € 🛉🛉73/139 € – ☕ 12 € – ½ P
Rest *Relais de Vincey* – voir les restaurants ci-après
Sur la route de Charmes, cet hôtel des années 1960 n'a cessé d'évoluer : deux piscines (extérieure et intérieure), d'agréables chambres contemporaines (bois exotique et tons chauds), tennis, fitness, etc. Une bonne étape.

Relais de Vincey

33 r. de Lorraine – ✆ 03 29 67 40 11 – www.relaisdevincey.fr – Fermé sam. midi et dim. soir
Formule 23 € – Menu 27 € (semaine), 30/37 € – Carte 33/57 €
Pour une étape entre Épinal et Nancy, au cœur des Vosges (spécialités traditionnelles) mais aussi un peu au milieu de l'océan – large choix de fruits de mer et décor aux notes nautiques (panneaux de bois, hublots, etc.).

CHARMES-SUR-RHÔNE

✉ 07800 (Ardèche) – 2 419 hab. – Voir carte n°**44**-B3
Paris 571 km – Crest 23 km – Montélimar 44 km – Valence 11 km
Carte Michelin 331-K4 – Guide Vert Michelin Ardèche Drôme

Le Carré d'Alethius (Olivier Samin) avec ch

rest,

4 r. Paul-Bertois – ✆ 04 75 78 30 52 – www.lecarredalethius.com – Fermé 2-18 mars, 17 août-2 sept., 1er-9 janv., dim. soir, mardi midi et lundi
9 ch – 🛉72/85 € 🛉🛉72/85 € – ☕ 10 €
Formule 20 € – Menu 26 € (déj. en semaine), 40/85 € – Carte environ 60 €
Au cœur du village, cette table vit au rythme de la cuisine d'Olivier Samin, jeune chef expérimenté (ancien second d'Anne-Sophie Pic à Valence). Il compose ici une cuisine au gré du marché, avec un sacré sens de l'équilibre : cuissons précises, veloutés et crèmes d'une légèreté aérienne... Carrément délicieux !
➜ Œuf de poule mollet, champignons et velouté de potiron à la cardamome noire. Saint-pierre meunière et légumes à la grecque. Profiteroles comme un saint-honoré au fruit de la passion.

CHARNY-SUR-MEUSE – 55 Meuse ➜ voir Verdun

CHAROLLES

✉ 71120 (Saône-et-Loire) – 2 794 hab. – Voir carte n°**8**-C3
Paris 374 km – Autun 80 km – Chalon-sur-Saône 67 km – Mâcon 55 km
Carte Michelin 320-F11 – Guide Vert Michelin Bourgogne

Hôtel de la Poste

2 av. de la Libération, (près de l'église) – ✆ 03 85 24 11 32 – www.hotel-laposte-doucet.com – Fermé 1 semaine en juin, 3 semaines en nov., vacances de fév., dim. soir et lundi
16 ch – 🛉80/180 € 🛉🛉110/180 € – ☕ 15 €
Rest *Frédéric Doucet* ✿ – voir les restaurants ci-après
Cet hôtel-restaurant jouit d'une solide réputation – méritée – dans la région. Les chambres, réparties dans plusieurs maisons, sont spacieuses et résolument contemporaines. Au petit-déjeuner, on découvre les produits de la région.

Le Clos de l'Argolay sans rest

21 quai de la Poterne – ✆ 03 85 24 10 23 – www.closdelargolay.fr – Fermé déc.-janv.

3 ch – 99 € 125 €

Dans la "Petite Venise" charolaise, une belle demeure du 18e s. avec son jardin odorant, ses suites et son duplex rivalisant de charme. Au petit-déjeuner, on se régale du bon chèvre de la fromagerie familiale... quoi de plus bucolique ?

Frédéric Doucet – Hôtel de la Poste

2 av. de la Libération, (près de l'église) – ✆ 03 85 24 11 32 – www.hotel-laposte-doucet.com – Fermé 1 semaine en juin, 3 semaines en nov., vacances de fév., mardi midi de juin à août, jeudi soir de sept. à mai, dim. soir et lundi

Menu 32 € (semaine), 52/85 € – Carte 75/90 €

Le jeune chef a repris le restaurant familial il y a quelques années et, à force de passion, l'a fait entrer de plain-pied dans le 21e siècle. On passe un beau moment à cette table où techniques classiques et produits de tradition (le bœuf charolais, évidemment) se déclinent avec finesse et imagination.

→ Asperges vertes, œuf coulant et crème de comté. Entrecôte charolaise cuite simplement au beurre. Soufflé chaud au Grand Marnier.

au Sud-Ouest 11 km par D 985 et D 270 – ✉ 71120 Changy

Le Chidhouarn

les Tardes, par D 270 – ✆ 03 85 88 32 07 – restaurant-le-chidhouarn.com – Fermé 9-18 juin, 1er-11 sept., 12 janv.-5 fév., dim. soir de nov. à avril, lundi et mardi

Formule 15 € – Menu 23 € (semaine), 30/53 €

Chidhouarn ? Le chaudron en breton. Dans cette enclave iodée en plein cœur du bocage charolais, les produits de la mer arrivent directement de Bretagne (poissons et coquillages), deux à trois fois par semaine. Extrafrais !

CHARQUEMONT

✉ 25140 (Doubs) – 2 467 hab. – **Voir carte n°17-C2**

Paris 478 km – Basel 98 km – Belfort 66 km – Besançon 75 km

Carte Michelin 321-K3

Au Bois de la Biche avec ch

5 km au Sud-Est par D 10E et rte secondaire – ✆ 03 81 44 01 82 – www.boisdelabiche.fr – Fermé 2 janv.-3 fév., dim. soir sauf juil.-août et lundi

3 ch – 60 € 60 € – 8 € – ½ P

Menu 23 € (semaine), 36/47 € – Carte 31/68 €

Avis aux amoureux de la montagne : en pleine nature, cet hôtel-restaurant offre une vue incomparable sur la vallée du Doubs et le Jura suisse... La cuisine est à la hauteur, au cœur de belles saveurs de la région ! Et qui sait, entre deux bouchées, peut-être apercevrez-vous une biche sortant du bois ? Accueil charmant.

CHARROUX

✉ 03140 (Allier) – 386 hab. – **Voir carte n°5-B1**

Paris 344 km – Clermont-Ferrand 61 km – Montluçon 68 km – Moulins 52 km

Carte Michelin 326-F5 – Guide Vert Michelin Auvergne

La Maison du Prince de Condé

8 pl. d'Armes – ✆ 04 70 56 81 36 – www.maison-conde.com – Fermé 18 oct.-5 nov. et 3-31 janv.

5 ch – 71/89 € 75/118 €

Table d'hôte – Menu 25/84 € – Carte 42/60 €

Dans ce beau village médiéval, cette maison raconte cinq siècles d'histoire (13e-18e s.). Force des vieilles pierres, décors d'autrefois : une charmante étape au nord de l'Auvergne. À la table d'hôte, on apprécie une cuisine de saison et les spécialités du chef autour du foie gras.

Ferme Saint-Sébastien

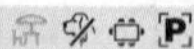

chemin de Bourion – ✆ 04 70 56 88 83 – www.fermesaintsebastien.fr – Fermé 1er-10 juil., 16 déc.-25 janv., mardi sauf juil.-août et lundi
Formule 17 € – Menu 31/72 € – Carte 32/51 € *(réservation conseillée)*
Dans cette authentique ferme bourbonnaise, entièrement rénovée, il fait bon s'attabler autour des petits plats concoctés par la maîtresse des lieux... On y apprécie une cuisine d'aujourd'hui fleurant bon le terroir. Une bonne adresse.

à Valignat 8 km à l'Ouest sur D 183 – ✉ 03330 – 75 hab.

Château de l'Ormet sans rest

L'Ormet – ✆ 04 70 58 57 23 – www.chateaudelormet.com – Ouvert de mi-avril à mi-nov.
4 ch ☕ – †77/92 € ††85/100 €
"Champêtre", "Renaissance", "Romantique"... les chambres de cette gentilhommière bourbonnaise du 18e s. ont du caractère ! Toutes donnent sur le parc, où s'épanouit un potager bio et un insolite miniréseau ferroviaire, la passion du patron.

CHARTRES

✉ 28000 (Eure-et-Loir) – 38 931 hab. – Agglo. 87 463 hab. – **Voir carte n°11-B1**
▶ Paris 89 km – Évreux 78 km – Le Mans 120 km – Orléans 80 km
Carte Michelin 311-E5 – Guide Vert Michelin Île-de-France

Le Grand Monarque

22 pl. des Épars – ✆ 02 37 18 15 15 – www.bw-grand-monarque.com Plan : Z**e**
50 ch – †139/206 € ††139/206 € – 5 suites – ☕ 15 €
Rest *Le Georges* ✿ **Rest *La Cour du Monarque*** – voir les restaurants ci-après
L'hôtel de tradition par excellence, déjà recommandé par le guide Michelin 1900 ! Chambres spacieuses, élégantes et contemporaines, ou plus classiques. Un tour au luxueux spa s'impose avant d'aller dîner au Georges.

Mercure Cathédrale sans rest

3 r. du Gén.-Koenig – ✆ 02 37 33 11 11 – www.mercure.com Plan : Y**v**
67 ch – †85/219 € ††85/219 € – ☕ 15 €
Une situation avantageuse en centre-ville, des chambres modernes et bien insonorisées (avec vue sur la cathédrale pour la catégorie Privilège) : cet hôtel récent a de nombreux atouts. La nuit, on remarque de loin sa façade illuminée.

L'Hôtel

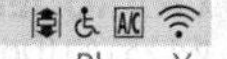

28 r. du Gd-Faubourg – ✆ 02 37 18 52 77 – www.lhotel-chartres.com Plan : Z**a**
36 ch – †79/98 € ††79/98 € – 1 suite – ☕ 10 € – ½ P
Rest *L'Écume* – Formule 16 € – Menu 19 € (déj. en semaine)/30 € – Carte 22/49 € *(fermé 14-29 juil., 1 semaine en fév., dim. soir et fériés le soir)*
Un établissement avec des chambres contemporaines de bon standing (parquet, esprit design, couettes). Au dernier étage, on apprécie la vue sur les toits et la cathédrale.

Ibis Centre

14 pl. Drouaise – ✆ 02 37 36 06 36 – www.ibis.com Plan : X**b**
82 ch – †56/115 € ††56/115 € – ☕ 10 €
Rest – Formule 15 € – Carte 18/29 € *(fermé le midi)*
À proximité du quartier historique et de la cathédrale, un hôtel aux chambres fonctionnelles et bien tenues. La terrasse du restaurant, dressée au bord de l'Eure, tire son attrait d'un pittoresque lavoir.

Le Bœuf Couronné Ⓝ

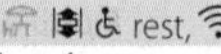

15 pl. Châtelet – ✆ 02 37 18 06 07 – www.leboeufcouronne.com – Fermé 23 déc.-6 janv. et dim. soir de déc. à avril Plan : Y**d**
17 ch – †74/93 € ††84/119 € – ☕ 9 € **Rest** – Menu 22/36 €
Existant depuis 1900, tenu par la même famille depuis 1953, cet établissement chartrais fait figure d'institution... Les chambres, de style classique, sont confortables et bien tenues ; on commence la soirée au bar avant de profiter du sympathique restaurant !

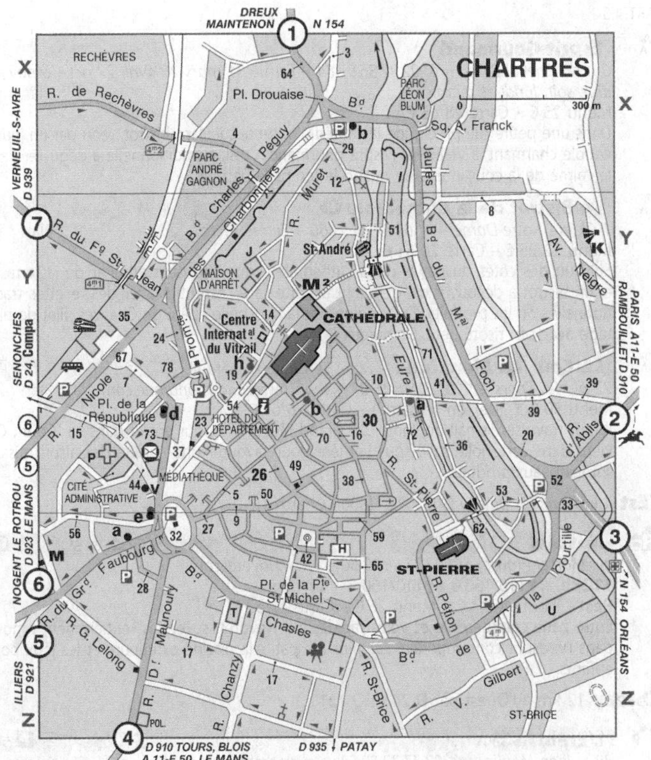

Aligre (Av. d') . . . . . X 3
Alsace-Lorraine (Av. d') . . . . . X 4
Ballay (R. Noël) . . . . . Y 5
Beauce (Av. Jehan-de) . . . . . Y 7
Bethouard (Av.) . . . . . Y 8
Bois-Merrain (R. du) . . . . . Y 9
Bourg (R. du) . . . . . Y 10
Brèche (R. de la) . . . . . X 12
Cardinal-Pie (R. du) . . . . . Y 14
Casanova (R. Danièle) . . . . . Y 15
Changes (R. des) . . . . . Y 16
Châteaudun (R. de) . . . . . Z 17
Châtelet (Pl.) . . . . . Y 18
Cheval-Blanc (R. du) . . . . . Y 19
Clemenceau (Bd) . . . . . Y 20
Collin-d'Harleville (R.) . . . . . Y 23
Couronne (R. de la) . . . . . Y 24
Cygne (Pl. du) . . . . . Y 26
Delacroix (R. Jacques) . . . . . Y 27
Dr-Gibert (R. du) . . . . . Z 28
Drouaise (R. Porte) . . . . . X 29
Écuyers (R. des) . . . . . Y 30
Épars (Pl. des) . . . . . Z 32
Faubourg La Grappe (R. du) . . . . . Y 33
Félibien (R.) . . . . . Y 35
Fessard (R. G.) . . . . . Y 78
Foulerie (R. de la) . . . . . Y 36
Gaulle (Pl. Gén.-de) . . . . . Y 37
Grenets (R. des) . . . . . Y 38
Guillaume (R. du Fg) . . . . . Y 39
Guillaume (R. Porte) . . . . . Y 41
Halles (Pl. des) . . . . . Z 42
Koenig (R. du Gén.) . . . . . Y 44
Marceau (Pl.) . . . . . Y 49
Marceau (R.) . . . . . Y 50
Massacre (R. du) . . . . . Y 51
Morard (Pl.) . . . . . Y 52
Morard (R. de la Porte) . . . . . Y 53
Moulin (Pl. Jean) . . . . . Y 54
Péri (R. Gabriel) . . . . . Z 56
Poêle-Percée (R. de la) . . . . . Z 59
St-Hilaire (R. du Pont) . . . . . Z 62
St-Maurice (R.) . . . . . X 64
St-Michel (R.) . . . . . Z 65
Semard (Pl. Pierre) . . . . . Y 67
Soleil-d'Or (R. du) . . . . . Y 70
Tannerie (R. de la) . . . . . Y 71
Teinturiers (Q. des) . . . . . Y 72
Violette (Bd Maurice) . . . . . Y 73

XXX **Le Georges** – Hôtel Le Grand Monarque

22 pl. des Épars – ✆ 02 37 18 15 15 – www.bw-grand-monarque.com – Fermé dim. et lundi

Menu 51/90 € – Carte 76/102 € Plan : Z**e**

Cette table a su garder le goût feutré de la tradition. Le cadre est cossu, idéal pour la gastronomie classique que l'on vient y goûter. L'accent est mis sur de beaux produits, souvent locaux, et sur les grands crus.

➜ Pâté de Chartres. Côte de veau "Grand Monarque". Soufflé chaud au Grand Marnier.

X **Les Feuillantines**

4 r. du Bourg – ✆ 02 37 30 22 21 – Fermé 20-29 avril, 3-26 août, 28 déc.-6 janv., dim., lundi et fériés Plan : Y**a**

Formule 22 € – Menu 29/41 € – Carte environ 45 € *(réservation conseillée)*

Sympathique, ce restaurant situé dans le quartier historique, à deux pas de la cathédrale ! Émietté de tourteau et sa salade de pommes de terre, brochette de caille aux abricots, sphère au chocolat renfermant des framboises fraîches... La carte est alléchante, la formule intéressante, et l'ambiance chaleureuse.

Esprit Gourmand
6 r. du Cheval-Blanc – ✆ 02 37 36 97 84 – Fermé 31 mars-20 avril, 27 oct.-16 nov., dim. soir, lundi et mardi Plan : Y**h**
Menu 25 € – Carte 28/45 €
Dans une petite rue proche de la cathédrale, cet accueillant bistrot, tenu par un jeune couple charmant, a vraiment l'esprit gourmand. Cuisine traditionnelle à déguster dans le calme de la cour intérieure quand le temps le permet.

Le Bistrot de la Cathédrale Ⓝ
1 Cloître Notre-Dame – ✆ 02 37 36 59 60 – Fermé merc. Plan : Y**b**
Menu 22/25 € – Carte 26/51 €
Sur l'un des côtés du parvis de la cathédrale – que l'on peut admirer de la terrasse –, un bistrot à découvrir d'urgence ! L'assiette va à l'essentiel, avec des recettes traditionnelles où les produits de la région ont la part belle : pâté de Chartres, filet de pintade avec son risotto, etc. Savoureux !

La Cour du Monarque – Hôtel Le Grand Monarque
22 pl. des Épars – ✆ 02 37 18 15 07 – www.bw-grand-monarque.com Plan : Z**e**
Menu 30 € 🍷 (déj. en semaine) – Carte 26/61 €
Il faut traverser le hall de l'hôtel du Grand Monarque pour entrer dans sa "Cour". On vient dans cette jolie salle sous verrière pour savourer une cuisine de saison misant sur les beaux produits.

à l'Est 4 km par ② puis D 910 – ✉ 28000 Chartres

Novotel
av. Marcel-Proust – ✆ 02 37 88 13 50 – www.novotel.com
112 ch – 🚹110/160 € 🚹🚹110/160 € – ☕ 16 €
Rest – Formule 14 € – Menu 26 € – Carte 27/53 €
Entre zone commerciale et voies rapides, un Novotel "seventies" entièrement rénové dans un esprit contemporain. Les plus : le patio, la piscine extérieure et les jeux pour enfants.

à Chazay 12 km à l'Ouest par D 24 et D 121

L'Erablais sans rest
38 r. Jean-Moulin – ✆ 02 37 32 80 53 – www.erablais.com – Fermé 21 déc.-6 janv.
3 ch ☕ – 🚹45/47 € 🚹🚹52/57 €
Mais pourquoi ce nom ? La propriétaire se fera un plaisir de vous répondre, tout en vous faisant découvrir ses chambres, aménagées dans l'ancienne étable de cette ferme du 19e s. : "Pivoine", "Iris", "Hortensia"... paisible et bucolique.

à St-Luperce 13 km à l'Ouest par ⑥ puis D 121 et D 114 – ✉ 28190 – 875 hab.

La Ferme de Mousseau sans rest
Lieu-dit "Mousseau" – ✆ 02 37 26 85 01 – www.lafermedemousseau.com – Ouvert 15 mars-15 nov.
3 ch ☕ – 🚹50/55 € 🚹🚹60 €
Pour un séjour à la campagne dans une "vraie" ferme (encore exploitée). Cadre rustique et confortable, petit-déjeuner alléchant – confitures, brioches maison – dans les anciennes écuries : rien ne manque !

LA CHARTRE-SUR-LE-LOIR

✉ 72340 (Sarthe) – 1 461 hab. – **Voir carte n°35-D2**
Paris 217 km – La Flèche 57 km – Le Mans 49 km – St-Calais 30 km
Carte Michelin 310-M8 – Guide Vert Michelin Pays de la Loire

Hôtel de France 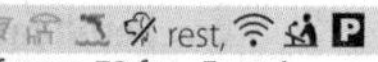
20 pl. de la République – ✆ 02 43 44 40 16 – www.hoteldefrance-72.fr – Fermé 10 janv.-15 fév., lundi sauf le soir en juil.-août et dim. soir
21 ch – 🚹60/66 € 🚹🚹66/78 € – ☕ 9 € – ½ P
Rest – Formule 13 € – Menu 16 € (semaine), 28/40 € – Carte 30/60 €
Au bord du Loir, l'un de ces hôtels-restaurants traditionnels bien appréciés des touristes étrangers : il y règne en effet une authentique atmosphère vieille France... L'ensemble est très bien tenu et l'accueil charmant.

CHARTRETTES

✉ 77590 (Seine-et-Marne) – 2 556 hab. – **Voir carte n°19-C2**
Paris 66 km – Créteil 44 km – Montreuil 60 km – Vitry-sur-Seine 48 km
Carte Michelin 312-F5

Château de Rouillon sans rest

41 av. Charles de Gaulle – ✆ 01 60 69 64 40 – www.chateauderouillon.net
4 ch – 90/110 € 98/118 €
Château du 17e s. et son majestueux parc à la française bordé par la Seine. Meubles de style et objets anciens composent un décor raffiné dans les chambres comme dans les salons.

CHASSAGNE-MONTRACHET

✉ 21190 (Côte-d'Or) – 353 hab. – **Voir carte n°7-A3**
Paris 327 km – Beaune 16 km – Dijon 64 km – Lons-le-Saunier 125 km
Carte Michelin 320-I8

Château de Chassagne-Montrachet sans rest

5 chemin du Château – ✆ 03 80 21 98 57
– www.chateaudechassagnemontrachet.com – Fermé 23 déc.-2 janv.
5 ch – 260 € 260 €
Ce prestigieux domaine viticole vous ouvre les portes de son château (fin 18e s.) et de ses caves. Belles chambres très contemporaines, salles de bains créées par le sculpteur Argueyrolles, expositions d'art dans les élégants salons...

Ed.Em N (Edouard Mignot)

4 impasse Chenevottes – ✆ 03 80 21 94 94 – www.restaurant-edem.com – Fermé 2 semaines en août, 22-30 déc., 17 fév.-4 mars, lundi et mardi
Menu 35 € (déj. en semaine), 59/95 € – Carte 89/105 €
Ed.Em ? La contraction d'Édouard et Émilie, qui ont investi les locaux de l'ancien restaurant Chassagne. Lui, jeune chef au bon parcours, allie personnalité et subtilité dans de savoureux menus, où la délicatesse est toujours au rendez-vous ; elle, pâtissière, garantit des fins de repas délicieuses. On accourt !
→ Escargots de Bourgogne travaillés comme un sandwich. Poulet de Bresse, délicatesse et artichaut aux zestes d'agrumes. Comme un paris-brest, noisette et cassis.

CHASSELAY

✉ 69380 (Rhône) – 2 672 hab. – **Voir carte n°43-E1**
Paris 443 km – L'Arbresle 15 km – Lyon 21 km – Villefranche-sur-Saône 18 km
Carte Michelin 327-H4

Guy Lassausaie

r. de Belle-Sise – ✆ 04 78 47 62 59 – www.guy-lassausaie.com – Fermé 3-13 mars, 4-28 août, mardi et merc.
Menu 60/120 € – Carte 72/82 €
Ce restaurant a été créée en 1906 par l'arrière grand-père du chef, du temps où l'on jouait aux boules à côté de la maison, entre deux services... Aujourd'hui, Guy Lassausaie propose une cuisine d'une grande finesse, revisitant les classiques et magnifiant les saveurs. Sûrement l'un des meilleurs rapports qualité-prix de France !
→ Gâteau de tourteau, avocat et velouté de fromage de brebis à la menthe fraîche. Féra du lac Léman, purée de petits pois, fondue d'oignon doux et crème acidulée au caviar. Carpaccio d'ananas à la badiane et dacquoise coco.

CHASSENEUIL-DU-POITOU – 86 Vienne → voir Poitiers

CHASSE-SUR-RHÔNE – 38 Isère → voir Vienne

CHÂTEAU-ARNOUX-ST-AUBAN

✉ 04160 (Alpes-de-Haute-Provence) – 5 266 hab. – **Voir carte n°41-C2**
Paris 719 km – Digne-les-Bains 26 km – Forcalquier 30 km – Manosque 42 km
Carte Michelin 334-E8 – Guide Vert Michelin Alpes du Sud

La Bonne Étape
chemin du lac – ✆ 04 92 64 00 09 – www.bonneetape.com – Fermé 2 janv.-12 fév.
18 ch – 195/240 € 260/515 € – 23 € – ½ P
Rest ***La Bonne Étape*** – voir les restaurants ci-après
Comment ne pas tomber sous le charme de cette demeure du 18e s. qui fleure bon la Provence ? Un beau jardin fleuri, un grand potager bio, des chambres spacieuses, du mobilier d'époque : une Bonne Étape dont on ne veut repartir !

XXX **La Bonne Étape** (Jany Gleize)
chemin du lac – ✆ 04 92 64 00 09 – www.bonneetape.com – Fermé 17 nov.-2 déc., 2 janv.-12 fév., lundi et mardi sauf le soir en saison et sauf fériés
Menu 35 € (déj.), 75/115 € – Carte 78/97 €
On y apprécie une partition classique, à la croisée de la tradition gastronomique française et des incontournables de la cuisine provençale. Le cadre – belle interprétation bourgeoise du répertoire local – ajoute à l'agrément du moment.
➜ Fleurs de courgette farcies au basilic, tartare de pomme d'amour, caviar d'aubergine. Agneau de Sisteron rôti à four d'enfer, jus à la sarriette. Crème glacée au miel de lavande dans sa ruche.

XX **La Magnanerie** avec ch
Les Fillières, 2 km au Nord par N 85 – ✆ 04 92 62 60 11 – www.la-magnanerie.net – Fermé 12-27 nov., 22-30 déc., 24 fév.-9 mars, merc. midi, dim. soir et lundi
9 ch – 75/85 € 75/85 € – 12 € – ½ P
Formule 17 € – Menu 29/69 € – Carte 51/75 €
Une équipe jeune et passionnée fait souffler un vent de modernité sur cet hôtel-restaurant ! À l'unisson du décor très contemporain, le jeune chef réalise un travail minutieux et inspiré, en jouant sur les associations de saveurs, les textures et les contrastes (acide/amer par exemple). Joli moment en perspective...

X **Au Goût du Jour**
14 av. du Gén.-de-Gaulle – ✆ 04 92 64 48 48 – Fermé 2 janv.-12 fév.
Formule 19 € – Carte 23/31 €
Ne cherchez pas des plats particulièrement au goût du jour... Ici, le chef réalise une goûteuse cuisine du terroir. Dans l'assiette, les produits du marché et du jardin défilent au gré des saisons. Cadre tout en simplicité, aux couleurs de la Provence.

CHÂTEAUBOURG

✉ 35220 (Ille-et-Vilaine) – 6 081 hab. – Voir carte n°**10**-D2
Paris 329 km – Angers 114 km – Châteaubriant 52 km – Fougères 44 km
Carte Michelin 309-N6

Ar Milin'
30 r. de Paris – ✆ 02 99 00 30 91 – www.armilin.com – Fermé 30 déc.-5 janv.
32 ch – 88/134 € 98/159 € – 12 € – ½ P
Rest ***Ar Milin'*** **Rest** ***Bistrot du Moulin*** – voir les restaurants ci-après
Un authentique moulin en pierre du 19e s., un parc immense où sont disséminées de monumentales œuvres d'art contemporain... et des chambres cosy réparties dans deux bâtiments : une douce idée de la tranquillité !

XX **Ar Milin'**
30 r. de Paris – ✆ 02 99 00 30 91 – www.armilin.com – Fermé 30 déc.-5 janv., le midi du 15 juil. au 15 août, dim. soir de nov. à mars et sam. midi
Menu 30/47 € – Carte 31/48 €
Dans cet ancien moulin, on profite d'une vue panoramique sur la Vilaine et l'immense parc. Le décor est épuré : un cadre sympathique pour des plats bien de notre époque, à l'instar de ces tomates confites au chèvre frais, ou encore de ces magrets de canard rôtis au miel et au sésame... Appétissant !

X **Bistrot du Moulin** – Hôtel Ar Milin'
30 r. de Paris – ✆ 02 99 00 30 91 – www.armilin.com – Fermé 30 déc.-5 janv., dim. de sept. à avril et le soir
Formule 17 € – Menu 22 € – Carte environ 25 €
Un lieu simple et convivial, ouvert seulement au déjeuner... On vient y apprécier une cuisine bistrotière épurée, à prix raisonnables, et l'on profite avec bonheur de la terrasse au bord de la rivière.

à St-Didier 6 km à l'Est par D 33 – ✉ 35220 – 1 792 hab.

Pen'Roc
à La Peinière, D 105 – ✆ 02 99 00 33 02 – www.penroc.fr – Fermé 23 déc.-6 janv.
27 ch – †87/131 € ††99/151 € – ☕ 13 € – ½ P
Rest *Pen'Roc* – voir les restaurants ci-après
Ce Pen'Roc respire la sérénité : au programme, des chambres au décor soigné et un espace "détente et relaxation" comprenant piscine extérieure chauffée, sauna et jacuzzi, le tout en pleine campagne.

Pen'Roc
à La Peinière, D 105 – ✆ 02 99 00 33 02 – www.penroc.fr – Fermé 23 déc.-6 janv. et dim. soir hors saison
Formule 17 € – Menu 23 € (semaine), 34/85 € – Carte environ 61 €
Des petits salons intimes et feutrés, de jolies salles en enfilade et – le plus important ! – une assiette du moment pleine de saveurs, réalisée avec de bons produits du terroir, sans oublier un beau choix de vins... On passe ici un bon moment gourmand.

CHÂTEAUBRIANT

✉ 44110 (Loire-Atlantique) – 12 022 hab. – **Voir carte n°34-B2**
Paris 354 km – Angers 72 km – Laval 65 km – Nantes 62 km
Carte Michelin 316-H1 – Guide Vert Michelin Pays de la Loire

La Ferrière rest,
r. Winston Churchill, au Sud par rte de Moisdon-la-Rivière (D 178) – ✆ 02 40 28 00 28 – www.hotellaferriere.fr
19 ch – †80/107 € ††80/107 € – ☕ 11 € – ½ P
Rest – Formule 17 € – Menu 22 € (déj. en semaine), 29/39 € – Carte 40/60 € *(fermé dim. soir)*
À la sortie de la cité, dans un parc planté d'arbres centenaires, une maison de maître de 1840 (pierre et brique, échauguettes, etc.), aux chambres classiques et assez spacieuses. Un peu moins de caractère dans l'annexe.

CHÂTEAU-CHALON

✉ 39210 (Jura) – 164 hab. – **Voir carte n°16-B3**
Paris 409 km – Besançon 73 km – Dole 51 km – Lons-le-Saunier 14 km
Carte Michelin 321-D6 – Guide Vert Michelin Franche-Comté Jura

Le Relais des Abbesses sans rest
36 r. de la Roche – ✆ 03 84 44 98 56 – www.relais-des-abbesses.fr – Ouvert de mars à mi-nov.
5 ch ☕ – †75 € ††80/85 €
Les propriétaires ont craqué pour cette maison de village surplombant les vignes et la vallée. Les chambres, baptisées Agnès, Marguerite et Eugénie offrent une superbe vue sur la Bresse ; Violette fait les yeux doux à Château-Chalon... Du cachet !

LE CHÂTEAU D'OLÉRON – 17 Charente-Maritime → voir Île d'Oléron

CHÂTEAU-D'OLONNE – 85 Vendée → voir Sables-d'Olonne

CHÂTEAUDUN

✉ 28200 (Eure-et-Loir) – 13 640 hab. – **Voir carte n°11-B2**
Paris 131 km – Blois 57 km – Chartres 45 km – Orléans 53 km
Carte Michelin 311-D7 – Guide Vert Michelin Châteaux de la Loire

Entre Beauce et Perche sans rest
9 La Varenne-Hodier, 3 km au Nord par rte de Chartres N 10 – ✆ 02 37 66 30 00 – www.hotelchateaudunlogis.fr
65 ch – †65/100 € ††65/100 € – ☕ 9 €
Entre Beauce et Perche en effet, voilà un hôtel moderne, sobre et engageant. Les chambres sont claires et fonctionnelles ; l'ensemble convient parfaitement à une étape touristique ou un voyage d'affaires. Bon point, le parking sécurisé.

Aux Trois Pastoureaux

31 r. A. Gillet – ✆ 02 37 45 74 40 – www.aux-trois-pastoureaux.fr – Fermé 3-10 mars, 13 juil.-3 août, 25 déc.-4 janv., dim. et lundi
Formule 21 € – Menu 23/59 € – Carte 37/57 €
Boiseries, touches provençales et tableaux peints par un artiste local composent le décor du restaurant. Carte traditionnelle, menu médiéval et bon choix de vins au verre.

à Flacey 8 km au Nord par N 10 – ✉ 28800 – 223 hab.

Domaine de Moresville sans rest

rte de Brou, 3.5 km au Nord-Ouest par D110 – ✆ 02 37 47 33 94 – www.domaine-moresville.com
17 ch – †70/179 € ††80/179 € – 2 suites – ☕ 14 €
Au cœur d'un parc planté d'arbres centenaires, un château du 18e s. plein de charme. Caractère historique dans les jolis salons comme dans les chambres, tout confort (dont cinq aménagées dans l'orangerie). Et pour se détendre, on profite du spa !

CHÂTEAUFORT – 78 Yvelines ➜ voir Paris, Environs

CHÂTEAU-GAILLARD

✉ 01500 (Ain) – 1 818 hab. – **Voir carte n°44-B1**
Paris 464 km – Bourg-en-Bresse 32 km – Grenoble 140 km – Lyon 53 km
Carte Michelin 328-E5

La Villa L

130 chemin des Vignes – ✆ 04 74 39 96 86 – www.lavillal.fr – Fermé 2 semaines en mars, 2 semaines en août, dim. et lundi
Menu 24/48 € – Carte 30/50 €
Mélusine, Clochette et Morgane : ces trois fées prêtent leur nom aux attrayants menus de ce restaurant. Aux fourneaux, la chef réalise une cuisine inspirée, dans laquelle le terroir (ris de veau, filet mignon, foie gras, etc.) rencontre des épices de toutes sortes. Et la carte des vins sort de l'ordinaire !

CHÂTEAU-GONTIER

✉ 53200 (Mayenne) – 11 585 hab. – **Voir carte n°35-C1**
Paris 288 km – Angers 50 km – Châteaubriant 56 km – Laval 30 km
Carte Michelin 310-E8 – Guide Vert Michelin Pays de la Loire

Parc Hôtel sans rest

46 av. Joffre, au Sud par N 162 – ✆ 02 43 07 28 41 – www.parchotel.fr – Fermé 28 fév.-16 mars et 19 déc.-5 janv.
21 ch – †75/115 € ††75/115 € – ☕ 11 €
Dans le parc arboré et près de la piscine chauffée, on oublie vite la route toute proche. Les chambres sont résolument classiques, plus spacieuses dans la maison de maître du 19e s., et l'on profite du tout nouvel espace détente (jacuzzi, hammam, etc.).

L'Aquarelle

2 r. Félix Marchand, 1 km au Sud par D 267, rte de Ménil – ✆ 02 43 70 15 44 – www.restaurant-laquarelle.com – Fermé 2-22 janv., dim. soir, mardi soir et merc.
Formule 11 € – Menu 14 € (déj. en semaine), 25/32 €
Cette Aquarelle-là est un bien joli tableau. Dans une maison au bord de la Mayenne, le chef réalise une cuisine raffinée (brochettes de homard persillé, mousse de caramel, etc.) au rythme des saisons. Belle vue sur la rivière depuis la salle et la terrasse...

à Coudray 7 km au Sud-Est par D 22 – ✉ 53200 – 856 hab.

L'Amphitryon avec ch

2 rte de Daon – ✆ 02 43 70 46 46 – www.lamphitryon53.fr – Fermé 1 semaine fin mai, vacances de la Toussaint, dim. sauf le midi de mars à nov., mardi midi et lundi
6 ch – †65 € ††75 € – ☕ 10 €
Formule 23 € – Menu 31/50 € *(réservation conseillée)*
Par quel hasard un relais de poste du 19e s. devient-il un repaire de gourmands au 21e s. ? Grâce à un chef, bien sûr ! Lequel concocte des plats savoureux avec des produits de saison et du terroir. Pas de doute, cet Amphitryon sait recevoir.

CHÂTEAUMEILLANT

✉ 18370 (Cher) – 2 015 hab. – Voir carte n°**12**-C3
▶ Paris 313 km – Argenton-sur-Creuse 58 km – Châteauroux 55 km – La Châtre 19 km
Carte Michelin 323-J7 – Guide Vert Michelin Limousin Berry

La Goutte Noire avec ch

rest, rest, ch,

21 r. du Château – ✆ 02 48 96 98 87 – www.la-goutte-noire.fr – Fermé 2 semaines en oct., dim. soir et lundi sauf fériés
6 ch – †52 € ††62/69 € – 8 € – ½ P
Formule 11 € – Menu 21 € (semaine), 30/75 € – Carte 37/63 €
Du nom du ruisseau qui coule dans le village, cette table ne manque pas d'attraits : une grande véranda très lumineuse, une cuisine qui explore le terroir avec goût et générosité (bons vins et fromages régionaux) et un accueil délicat. Chambres coquettes à l'étage.

CHÂTEAUNEUF-DE-GADAGNE

✉ 84470 (Vaucluse) – 3 259 hab. – Voir carte n°**42**-E1
▶ Paris 694 km – Arles 47 km – Avignon 13 km – Marseille 95 km
Carte Michelin 84-C10

La Maison de Celou

impasse de l'Alouette, (Portail du Thor) – ✆ 04 90 16 08 61 – www.lamaisondecelou.com – Fermé vacances de la Toussaint et de fév., sam. midi et dim. midi en juil.-août, dim. soir et merc. soir de sept. à juin et lundi
Menu 18 € (déj. en semaine)/36 € – Carte 45/65 €
Dans la maison d'enfance de son père – vendue puis rachetée –, le chef concocte des recettes dans l'air du temps teintées de notes méridionales. Le tout à déguster dans une jolie salle ou sur la terrasse offrant un beau panorama sur le mont Ventoux et la montagne du Luberon !

CHÂTEAUNEUF-DU-PAPE

✉ 84230 (Vaucluse) – 2 140 hab. – Voir carte n°**42**-E1
▶ Paris 667 km – Alès 82 km – Avignon 19 km – Carpentras 22 km
Carte Michelin 332-B9 – Guide Vert Michelin Provence

Hostellerie Château des Fines Roches

rte de Sorgues et voie privée – ✆ 04 90 83 70 23 – www.chateaufinesroches.com
11 ch – †115/302 € ††115/302 € – 18 € – ½ P
Rest *Hostellerie Château des Fines Roches* – voir les restaurants ci-après
Étonnante vision... À la fois médiéval, provençal et maure, ce castel du 19e s. ceint de tours crénelées surgit tel un mirage au milieu du fameux vignoble ! Un lieu raffiné, propice – si l'on souhaite – à une certaine fantaisie.

Hostellerie Château des Fines Roches

rte de Sorgues et voie privée – ✆ 04 90 83 70 23 – www.chateaufinesroches.com – Fermé dim. soir et lundi de nov. à avril
Formule 25 € – Menu 29 € (déj. en semaine), 41/100 € – Carte environ 66 €
À l'écart du village, sa terrasse verdoyante offre une vue plongeante sur le vignoble... Un décor parfait pour déguster quelque beau nectar du cru, accompagné par exemple d'une pièce de veau poêlée, aubergines et basilic, ou d'une tarte aux figues. Menu bistrot le midi et carte gastronomique le soir.

Le Verger des Papes

au château – ✆ 04 90 83 50 40 – www.vergerdespapes.com – Fermé 21 déc.-1er mars, dim. soir et lundi
Menu 20 € (déj. en semaine)/33 € – Carte 22/50 €
Quoi de plus plaisant que ce restaurant adossé aux remparts du château et sa terrasse réservant une vue à couper le souffle ? Cuisine provençale, bons produits et vins de la vallée du Rhône.

à l'Ouest 4 km par D 17 – ✉ 84230 Châteauneuf-du-Pape

La Sommellerie

rte de Roquemaure – ✆ 04 90 83 50 00 – www.la-sommellerie.fr – Fermé 2 janv.-6 fév.

15 ch – 🚹78/192 € 🚹🚹78/192 € – 1 suite – ☕ 15 € – ½ P

Rest – Formule 23 € – Menu 32 € (semaine), 48/65 € – Carte 47/79 € *(fermé sam. midi, dim. soir et lundi hors saison)*

Au cœur du vignoble de Châteauneuf, une bergerie du 17ᵉs. joliment aménagée. Les chambres y sont rustiques et provençales. Il fait bon se détendre dans le jardin arboré. Cuisine méridionale servie, l'été, sous la pergola.

CHÂTEAUNEUF-VILLEVIEILLE

✉ 06390 (Alpes-Maritimes) – 872 hab. – **Voir carte n°41-D2**

Paris 957 km – Menton 42 km – Nice 22 km – Puget-Théniers 81 km

Carte Michelin 341-E5

La Parare

67 Calade du Pastre – ✆ 04 93 79 22 62 – www.laparare.com – Fermé 1er- 20 déc.

4 ch ☕ – 🚹133/164 € 🚹🚹133/164 € **Table d'hôte** – Menu 35 €

Les amateurs d'ancien seront comblés par cette superbe bergerie du 17ᵉ s., isolée parmi de magnifiques oliviers. Dans les chambres, soies chinoises, lin et kilims s'accordent à merveille avec les tomettes et les poutres... Quant au bassin de nage, entouré de murets en pierres sèches, il ne dépare pas !

CHÂTEAUROUX

✉ 36000 (Indre) – 46 140 hab. – **Voir carte n°12-C3**

Paris 265 km – Blois 101 km – Bourges 65 km – Limoges 125 km

Carte Michelin 323-G6 – Guide Vert Michelin Limousin Berry

Colbert

3 av. de la Châtre – ✆ 02 54 35 70 00 – www.hotel-colbert.fr Plan : BZ**a**

58 ch – 🚹82/138 € 🚹🚹82/138 € – 16 suites – ☕ 14 €

Rest *La Manufacture* – Formule 19 € – Menu 23 € (semaine), 31/35 € – Carte 32/64 € *(fermé sam. midi)*

Nouveau souffle pour l'ancienne manufacture de tabac de la ville, fermée en 1997 : les aménagements sont très modernes et soignés (insonorisation et literie excellentes, quelques chambres en duplex). Le restaurant cultive "le pain, le vin et la broche" : on rôtit chaque jour un bon produit, tel le poulet du Berry !

Ibis sans rest

16 r. Victor-Hugo – ✆ 02 54 34 61 61 – www.ibishotel.com Plan : BY**v**

60 ch – 🚹71/91 € 🚹🚹71/91 € – ☕ 10 €

Un hôtel central, fonctionnel et plutôt confortable. Les chambres sont lumineuses, de bonne taille, et cultivent un esprit contemporain avec leur mobilier plaqué. On appréciera le garage au sous-sol.

Élysée Hôtel sans rest

2 r. de la République – ✆ 02 54 22 33 66 – www.elysee-hotel-chateauroux.com

16 ch – 🚹82/86 € 🚹🚹86/92 € – ☕ 10 € Plan : AY**s**

En centre-ville, cet immeuble début de siècle a été entièrement rénové en 2010 : les chambres jouent tout simplement la carte de la fonctionnalité. Une adresse utile.

Jeux 2 Goûts

42 r. Grande – ✆ 02 54 27 66 28 – www.jeux2gouts.fr – Fermé 25 juil.-15 août, vacances de fév., dim. et lundi Plan : BY**t**

Formule 13 € – Menu 16 € (déj. en semaine), 25/49 € – Carte 32/48 €

Des associations de produits inattendues, des influences japonaises... De retour dans sa région natale après plusieurs années à Paris, le jeune chef bouscule les habitudes, comme avec cet effeuillé de lapereau, sauce citronnée et espuma de betterave rouge.

CHÂTEAUROUX

Albert 1er (R.) . . . . **BY** 2
Argenton (Av. d') . . . . **X** 4
Augras (R. E.) . . . . **X** 5
Auvergne (R. d') . . . . **X** 7
Bourdillon (R.) . . . . **BZ** 8
Bryas (Bd de) . . . . **X** 9
Château-Raoul (R. du) . . . . . . **AY** 13
Châtellerault (R. de) . . . . **AY** 29
Châtre (Av. de la) . . . . **X, BZ** 14
Croix-Normand (Bd) . . . . **BZ** 17
Duchâteau (Av. G.) . . . . **X** 18
États-Unis (R. des) . . . . . . **X, BY** 20
Fontaine-St-Germain (R.) . . . . **X** 22
Fournier (R. A.) . . . . **BY** 23
Gallieni (R.) . . . . **BZ** 24
Gambetta (Pl.) . . . . **BY** 25
Gare (R. de la) . . . . **BY**
Gaulle (Av. du Gén.-de) . . . . . . **X** 26
Grande (R.) . . . . **BY** 27
J.-J.-Rousseau (R.) . . . . **AY** 28
Kennedy (Av. J.-F.) . . . . . . **X, AZ** 30
Ledru-Rollin (R.) . . . . **BY** 31
Lemoine (Av. Marcel) . . . . **X, BY** 32
Marins (Av. des) . . . . **X, AY** 33
Marins (Bd des) . . . . **X** 34
Mitterrand (Av. F.) . . . . . . **X, AY** 35
Moulin-Neuf (Bd du) . . . . **X** 36
Palais-de-Justice (R. du) . . **ABZ** 37
Pont-Neuf (Av. du) . . . . . . **X, AY** 40
République (Pl. de la) . . . . . . **AY** 44
Ste-Hélène (Pl.) . . . . **BY** 48
St-Denis (Bd) . . . . **X** 45
St-Luc (R.) . . . . **BY** 46
Tours (Av. de) . . . . **X** 50
Valla (Bd de la) . . . . **X** 51
Verdun (Av. de) . . . . **X** 52
Victoire et des Alliés (Pl. de la) . . . . **AY** 53
Victor-Hugo (R.) . . . . **ABY** 54
3e-Rég.-Aviation-de-Chasse (R. du) . . . . **X** 55
6-Juin 1944 Débarquement Allié (Av. du) . . . . **AY** 58

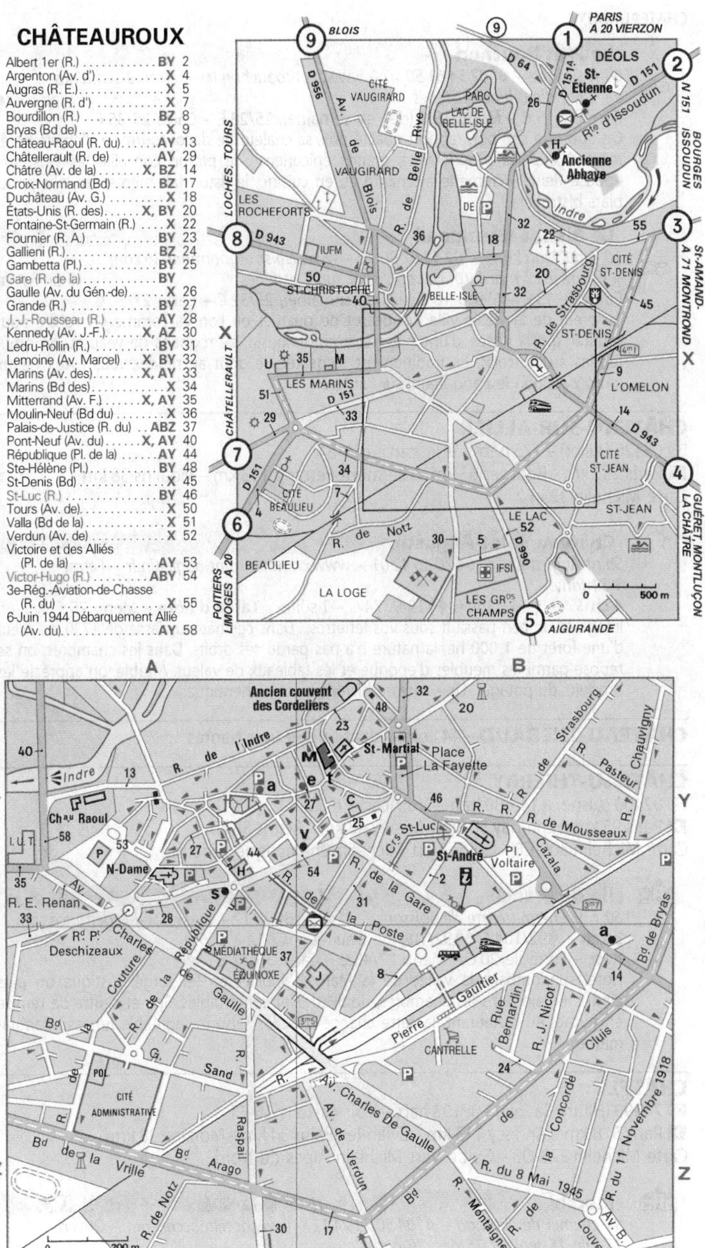

Le P'tit Bouchon

64 r. Grande – ☎ 02 54 61 50 40 – www.leptitbouchon.fr – Fermé 3 semaines en août, dim., lundi et fériés Plan : BY**e**

Formule 15 € – Menu 18 € (déj. en semaine), 25/28 € – Carte 25/35 €

On apprécie son bon rapport qualité-prix, sa chaleur (le décor fourmille d'objets hétéroclites) et... ses propriétaires, grands épicuriens : le patron conseille les vins, son épouse tient la crèmerie attenante et, en cuisine, le fiston fait mijoter de jolis petits plats bistrotiers !

Le Bistrot Gourmand

10 r. du Marché – ☎ 02 54 07 86 98 – www.lebistrotgourmand36.com – Fermé 2-17 mars, 10-31 août, dim., lundi et fériés Plan : AY**a**

Formule 13 € – Menu 16 € (déj. en semaine), 25/32 € – Carte 27/50 €

Au cœur de la vieille ville, un bistrot de quartier où l'on va comme en voisin, pour profiter, à prix justes, d'une côte de bœuf limousin, de rognons de veau ou de profiteroles au chocolat. La tradition est respectée, le goût au rendez-vous ! Aux beaux jours, direction le patio fleuri, sur l'arrière.

CHÂTEAU-SUR-ALLIER

✉ 03320 (Allier) – 175 hab. – Voir carte n°**5**-B1

Paris 282 km – Bourges 63 km – Clermont-Ferrand 133 km – Moulins 38 km

Carte Michelin 326-F2

Château Saint-Augustin

Saint-Augustin – ☎ 04 70 66 42 01 – www.chateau-saint-augustin.fr – Fermé 3-31 janv.

4 ch – 142/362 € 154/374 € – 1 suite **Table d'hôte** – Menu 75 €

Imaginez un cerf passant sous vos fenêtres... Dans ce château classé de 1730, au cœur d'une forêt de 1 000 ha, la nature n'a pas perdu ses droits. Dans les chambres, on se repose parmi les meubles d'époque et les tableaux de valeur. À table, on apprécie les produits du potager. Une adresse historique et authentique.

CHÂTEAU-THÉBAUD – 44 Loire-Atlantique ➜ voir Nantes

CHÂTEAU-THIERRY

✉ 02400 (Aisne) – 14 480 hab. – Voir carte n°**37**-C3

Paris 95 km – Épernay 56 km – Meaux 48 km – Reims 58 km

Carte Michelin 306-C8 – Guide Vert Michelin Champagne Ardenne

Ile de France

ch, rest, ch,

60 r. L. Lhermitte, rte de Soissons – ☎ 03 23 69 10 12 – www.hotel-iledefrance.com

36 ch – 92/104 € 92/104 € – 6 suites – 14 € – ½ P

Rest – Formule 20 € – Menu 27/43 € – Carte 36/57 €

Hôtel surplombant la vallée de la Marne. Mobilier en fer forgé, rustique ou plus contemporain dans les chambres, douillettes et confortables. Spa et centre de remise en forme. Au restaurant, la carte change avec les saisons ; agréable terrasse panoramique.

CHÂTEL

✉ 74390 (Haute-Savoie) – 1 198 hab. – Voir carte n°**46**-F1

Paris 578 km – Annecy 113 km – Évian-les-Bains 34 km – Morzine 38 km

Carte Michelin 328-O3 – Guide Vert Michelin Alpes du Nord

Macchi

rest, rest,

94 chemin de l'Etringa – ☎ 04 50 73 24 12 – www.hotelmacchi.com – Ouvert 15 juin-15 sept. et 15 déc.-20 avril

30 ch – 67/269 € 95/385 € – 16 € – ½ P

Rest – Formule 20 € – Menu 27/77 € – Carte 53/66 € *(fermé le midi)*

Derrière une jolie façade arborant des fresques tyroliennes, un hôtel charmant dont les chambres portent le nom de grands champions de ski alpin. Beau spa indien, piscine couverte... Cosy, élégant et dépaysant !

Fleur de Neige

rest,

564 rte de Vonnes – ✆ 04 50 73 20 10 – www.hotel-fleurdeneige.fr – Ouvert 1er juil.-31 août et 21 déc.-31 mars

28 ch – 80/145 € 100/250 € – 14 € – ½ P

Rest – Menu 23/42 € *(fermé le midi)*

En haut de la station, un hôtel dans l'esprit chalet bucolique des années 1960... Certaines chambres ont été décorées dans un style contemporain plutôt réussi. On profite pleinement de l'espace balnéo avec piscine, sauna et hammam.

Belalp

382 rte de Vonnes – ✆ 04 50 73 24 39 – www.hotelbelalp.com – Ouvert 1er juil.-24 août et 21 déc.-30 mars

25 ch – 60/119 € 60/119 € – 10 € – ½ P

Rest – Menu 25/35 € – Carte 35/54 € *(fermé mardi)*

C'est un joli chalet aux volets verts, on y vient à ski et on y trouve un repos bien mérité dans une petite chambre, mignonne et très bien tenue (préférez-la côté vallée). Espace bien-être. Plats savoyards au coin de la cheminée ou dans la salle panoramique offrant une vue à tomber !

Le Kandahar

1620 rte de la Dranse, 1,5 km au Sud-Ouest par rte de la Béchigne – ✆ 04 50 73 30 60 – www.lekandahar.com – Fermé de mi-avril à mi-mai, 27 juin-11 juil. et 28 oct.-20 déc.

8 ch – 58/88 € 58/88 € – 10 € – ½ P

Rest – Menu 15 € (déj. en semaine), 24/40 € – Carte 27/59 € *(fermé dim. soir et merc. hors saison)*

Kandahar ? Une cité afghane, une course à ski et cet accueillant chalet familial en contrebas de la station. Chambres petites mais pratiques, avec balcon ; navettes pour le Linga. Aucun doute au restaurant : on est en Savoie ! Une raclette près de la cheminée ?

Le Choucas sans rest

303 rte Vonnes – ✆ 04 50 73 22 57 – www.hotel-lechoucas.com – Ouvert 20 juin-15 sept. et 18 déc.-18 avril

12 ch – 53/70 € 53/70 € – 8,50 €

Un chalet largement fleuri... voilà de quoi attirer les choucas, ces oiseaux malicieux proches des corneilles. Pour les amateurs de montagne à prix modéré, les chambres sont pratiques et très bien tenues. Les vertus de la simplicité.

Le Vieux Four

55 rte du Boude – ✆ 04 50 73 30 56 – Ouvert 7 déc.-20 avril, 14 juin-13 sept. et fermé lundi

Menu 15 € (déj. en semaine), 26/45 € – Carte 28/55 €

Rustique et chaleureuse, cette vieille ferme (1852) joue la carte de l'authenticité et ravit ses hôtes. On admire les figurines nichées dans les mangeoires de l'étable, tout en se régalant de petits plats savoyards et du terroir.

La Poya N

196 rte de Vonnes – ✆ 04 50 81 19 34 – www.lapoya.fr – Fermé 15 -30 avril, 10 juin-4 juil., 21 sept.-24 oct., jeudi midi en hiver, dim. soir, lundi soir, mardi soir et merc. hors saison

Formule 14 € – Menu 26/68 € – Carte 41/72 €

La Poya ? C'est le nom de ces peintures locales représentant la montée des troupeaux aux alpages. Situé au cœur de la station, ce restaurant propose de savoureuses recettes traditionnelles où les produits du terroir jouent les stars. Une bonne adresse pour reprendre des forces après quelques descentes !

CHÂTEL-GUYON

✉ 63140 (Puy-de-Dôme) – 6 222 hab. – **Voir carte n°5-B2**

Paris 411 km – Clermont-Ferrand 21 km – Gannat 31 km – Vichy 43 km

Carte Michelin 326-F7 – Guide Vert Michelin Auvergne

Splendid

rest,

5-7 r. d'Angleterre – 04 73 86 04 80 – www.hotelsplendid-chatelguyon.com
85 ch – 110/165 € 110/165 € – 1 suite – 12 €
Rest – Formule 22 € – Menu 28/39 € – Carte environ 38 € *(fermé dim. soir et lundi de mi-nov. à fin mars)*
Guy de Maupassant, qui fréquenta cet ancien palace bâti en 1872, a laissé son nom à l'un des salons. Charmantes chambres confortables et bien tenues. Majestueuse salle du 19e s. : colonnes, belle cheminée en bois sculpté, etc. Un établissement qui évolue avec son temps.

Le Bellevue

4 r. A. Punett – 04 73 86 07 62 – www.bellevue63.fr – Ouvert 1er avril-31 oct.
38 ch – 70/130 € 70/130 € – 11 €
Rest – Menu 15 € (déj.), 24/39 € – Carte 27/59 € *(résidents seult)*
Dominant la station thermale, cet hôtel 1930 invite au repos. Les chambres sont pratiques, et le cadre verdoyant. Restauration traditionnelle servie exclusivement aux résidents.

CHÂTELAILLON-PLAGE

17340 (Charente-Maritime) – 6 029 hab. – **Voir carte n°38-A2**
Paris 482 km – Niort 74 km – Rochefort 22 km – La Rochelle 19 km
Carte Michelin 324-D3 – Guide Vert Michelin Poitou-Charentes

Mercure Les Trois Iles

à la Falaise , 1,5 km – 05 46 56 14 14 – www.3iles.fr
79 ch – 89/170 € 89/205 € – 16 € – ½ P
Rest *Les Trois Iles* – voir les restaurants ci-après
Oléron, Aix et Ré... de bien jolies îles à l'horizon. Les chambres sont contemporaines et confortables. Évidemment, on craque pour celles qui donnent sur la mer !

Ibis

ch, rest,

à la Falaise, 1,5 km – 05 46 56 35 35
70 ch – 95/132 € 105/132 € – 10 € **Rest** – Menu 20 € – Carte 25/40 €
Loin de l'agitation touristique et face à la mer, cet hôtel moderne compte un centre de thalassothérapie et des chambres assez spacieuses, fonctionnelles et bien tenues. Priorité à la détente...

Les Trois Iles – Hôtel Mercure

à la Falaise, 1,5 km – 05 46 56 14 14 – www.3iles.fr
Formule 24 € – Menu 29/38 € – Carte 28/50 €
Poisson frais, fruits de mer et cuisine traditionnelle, avec la mer et la piscine pour horizon... Ici, le chef met un point d'honneur à travailler des produits de qualité. Une sympathique escale gourmande !

L'Acadie St-Victor avec ch

ch,

35 bd de la Mer – 05 46 56 25 13 – www.hotel-acadie.fr – Fermé 1er-14 mars, 20 oct.-15 nov., 17-28 fév., vend. soir d'oct. à avril, dim. soir et lundi sauf du 15 juin au 15 sept.
15 ch – 59/71 € 59/71 € – 10 € – ½ P
Formule 19 € – Menu 25 € (semaine), 31/42 € – Carte 33/64 €
Belle vue sur l'Océan depuis ce restaurant du front de mer qui met à l'honneur le poisson et les crustacés. Pour l'étape, les chambres sont bien tenues et idéalement situées pour rêver de grandes traversées !

Les Flots avec ch

rest,

52 bd de la Mer – 05 46 56 23 42 – www.les-flots.fr – Fermé 16 déc.-31 janv. et mardi d'oct. à mars
10 ch – 65/101 € 65/101 € – 10 € – ½ P
Formule 18 € – Menu 28/45 € – Carte 34/55 €
Une jolie maison bleu et blanc (1890) face à la plage : ici, l'esprit marin est à l'honneur, dans le décor (maquette de navire, fresque représentant le fort Boyard...) comme dans l'assiette, pleine de fraîcheur, de générosité et de saveurs iodées ! Quant aux chambres, elles sont agréables et confortables.

LA CHÂTELAINE

✉ 39600 (Jura) – 127 hab. – Voir carte n°**16**-B2

▶ Paris 422 km – Besançon 57 km – Lons-le-Saunier 46 km

Carte Michelin 321-E5

Séquoia sans rest

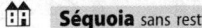

Grande Rue, (Domaine d'Artois) – ✆ 03 84 66 14 73 – www.hotel-sequoia-jura.com

20 ch – †69/75 € ††79/89 € – 3 suites – ☕ 12 €

Un grand parc, un château du 15e s. et de jolies bâtisses en brique et bois formant un charmant hameau... Cachet, caractère, nature, voilà trois mots qui définissent parfaitement l'ambiance qui règne ici. Dans les chambres, déco champêtre ou montagne, pour un esprit très cocooning. Reposant !

LE CHÂTELARD

✉ 73630 (Savoie) – 658 hab. – Voir carte n°**46**-F2

▶ Paris 595 km – Chambéry 47 km – Genève 75 km – Lyon 143 km

Carte Michelin 333-J7 – Guide Vert Michelin Alpes du Nord

Auberge Les Clarines avec ch

Les Granges – ✆ 04 79 54 80 80 – www.hotel-les-clarines.fr – Fermé 12 nov.-12 déc., dim. soir, lundi et mardi

6 ch – †70/90 € ††70/90 € – ☕ 10 € – ½ P

Formule 14 € – Menu 18 € (déj. en semaine), 20/28 € – Carte 23/48 €

Une ancienne ferme au cœur du massif des Bauges... L'adresse est prisée des randonneurs qui s'y régalent d'une bonne cuisine régionale dans un cadre rustique. Mention spéciale pour le poulet fermier en croûte de sel et le gâteau de Savoie. Chambres à la fois modernes et montagnardes.

CHÂTELLERAULT

✉ 86100 (Vienne) – 32 459 hab. – Voir carte n°**39**-C1

▶ Paris 304 km – Châteauroux 98 km – Cholet 134 km – Poitiers 36 km

Carte Michelin 322-J4 – Guide Vert Michelin Poitou-Charentes

La Gourmandine avec ch

22 av. du Président-Wilson – ✆ 05 49 21 05 85 – www.la-gourmandine.com – Fermé 2-7 janv. Plan : AZ**x**

13 ch – †90/140 € ††100/150 € – ☕ 14 €

Formule 15 € – Menu 18 € (déj. en semaine), 25/72 € – Carte 33/78 € *(fermé dim. soir et lundi midi)*

Hauts plafonds, moulures, boiseries... une maison de maître estampillée 1905, à l'ambiance feutrée et élégante. Le service, de qualité, comme les recettes, créatives, lui vont bien ! Et pour la nuit, des chambres aussi confortables que contemporaines (Sérénade, Bambou, Romance, Chinoise, etc.).

Bernard Gautier

189 r. d'Antran – ✆ 05 49 90 24 74 – Fermé 25 août-14 sept., 23 fév.-9 mars, dim. et lundi Plan : AY**t**

Formule 20 € 🍷 – Menu 32/42 € – Carte 53/60 €

Terrine de foie gras, morue poêlée aux agrumes, etc. Tradition et générosité dans cette petite maison où l'on fait la part belle aux recettes de toujours. Malgré des abords tristounets, la salle se révèle coquette et le service est aux petits soins... ce qui ne gâche rien !

à Usseau 7 km par ⑤, D 749 et D 75 – ✉ 86230 – 652 hab.

Château de la Motte

– ✆ 05 49 85 88 25 – www.chateau-de-la-motte.net – Fermé de mi-nov. à mi-mars

5 ch ☕ – †95/160 € ††95/160 € – ½ P **Table d'hôte** – Menu 35 € 🍷

Ce château du 15e s., qui surplombe la vallée, se mérite ! C'est, en effet, en haut d'un escalier pentu qu'un couple d'amoureux des vieilles pierres vous y accueille avec tous les égards. À l'intérieur, du caractère, de l'élégance : on est conquis ! La table d'hôte fait honneur aux légumes "oubliés" du potager et aux fruits du verger.

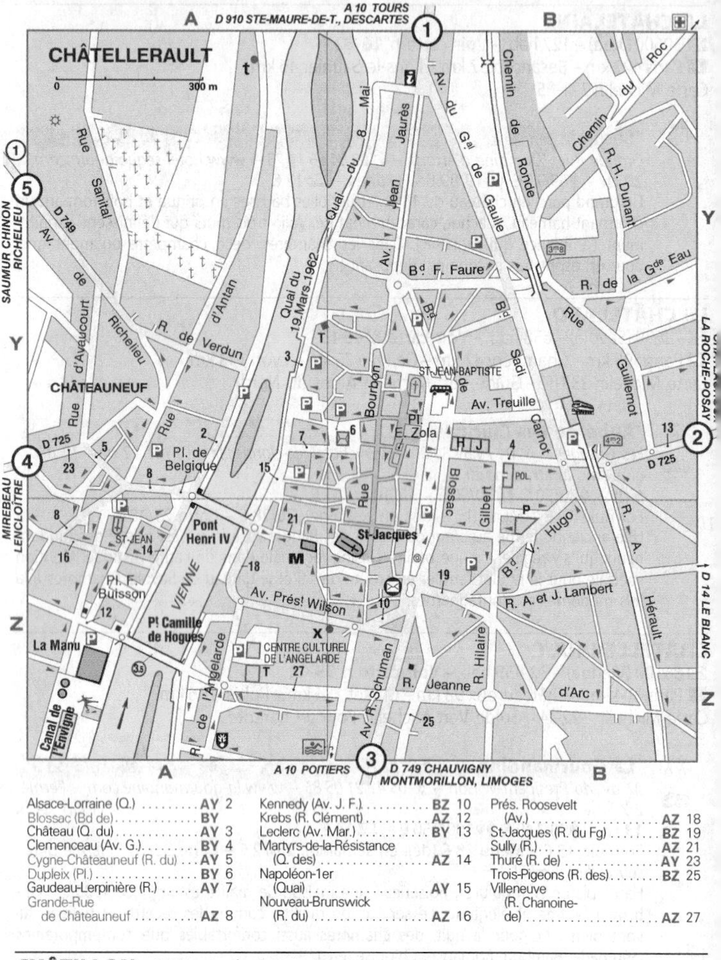

CHÂTELLERAULT

CHÂTILLON – 92 Hauts-de-Seine ➜ voir Paris, Environs

CHÂTILLON-ST-JEAN – 26 Drôme ➜ voir Romans-sur-Isère

CHÂTILLON-SUR-CHALARONNE

✉ 01400 (Ain) – 4 922 hab. – **Voir carte n°43-E1**
▶ Paris 418 km – Bourg-en-Bresse 28 km – Lyon 55 km – Mâcon 28 km
Carte Michelin 328-C4 – Guide Vert Michelin Lyon et sa région

La Tour

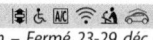

pl. de la République – ✆ 04 74 55 05 12 – www.hotel-latour.com – Fermé 23-29 déc. et 2-17 janv.

19 ch – †97/125 € ††119/155 € – ☕ 12 €

Rest *La Tour* – voir les restaurants ci-après

Charme et confort caractérisent cette superbe demeure du 14e s., dont le style oscille entre cabinet de curiosités et esprit déco : tissus choisis, ciels de lit, objets chinés, salles de bains parfois ouvertes, etc. L'accueil est professionnel et chaleureux. Une jolie adresse pour découvrir la Dombes et ses mille étangs...

XX **La Tour**

pl. de la République – ✆ 04 74 55 05 12 – www.hotel-latour.com – Fermé 23-29 déc., 2-17 janv., dim. soir, lundi midi et merc. midi
Formule 19 € – Menu 25 € (semaine), 39/67 € – Carte 64/74 €
Derrière une belle façade à colombages, on s'installe dans un décor classieux et cosy, où les bibelots abondent. Dans l'assiette, terrine de volaille en gelée, dos de cabillaud aux légumes et crème brûlée à la vanille marquent les esprits des gourmets de passage...

à l'Abergement-Clémenciat 5 km au Nord-Ouest par D 7 et D 64^C – ✉ 01400 – 784 hab.

XXX **St-Lazare**

le Bourg – ✆ 04 74 24 00 23 – www.lesaintlazare.fr – Fermé 2 semaines en juil.-août, 1 semaine vacances de Noël, 1 semaine vacances de fév., dim. soir, merc. et jeudi
Formule 19 € – Menu 29/85 € *(réservation conseillée)*
Cette maison est dans la famille depuis 1899 ! Elle a du charme avec sa salle à manger lumineuse, sa jolie terrasse qui donne sur un jardin méditerranéen et sa cuisine à base de produits frais. Dans l'ancienne Épicerie de la grand-mère, on sert des formules rapides, dont une le soir autour de la grenouille...
L'Épicerie Menu 13 € (déj. en semaine)/25 € *(réservation conseillée)*

CHÂTILLON-SUR-INDRE

✉ 36700 (Indre) – 2 828 hab. – **Voir carte n°11-B3**
Paris 261 km – Le Blanc 43 km – Châteauroux 47 km – Orléans 175 km
Carte Michelin 323-D5 – Guide Vert Michelin Limousin Berry

La Poignardière

3 km au Nord et à l'Est par D 975 et D 28 direction Le Tranger et rte secondaire – ✆ 02 54 38 78 14 – www.lapoignardiere.fr – Ouvert de mars à nov.
5 ch – 90/109 € 100/119 € **Table d'hôte** – Menu 30 €
Certaines demeures distillent un charme indéfinissable. Est-ce la promenade en barque sur l'étang, la beauté des arbres centenaires ou l'élégance sobre de cette demeure 1900 ? Est-ce le jardin d'hiver si romantique ou le dîner traditionnel ? Peut-être un peu tout cela...

X **Auberge de la Tour**

2 rte du Blanc – ✆ 02 54 38 44 20 – www.auberge-de-la-tour36.fr – Fermé 2 semaines en sept., 2 semaines en janv., mardi d'oct. à mars, dim. soir et lundi
Menu 16/40 € – Carte 28/50 €
Après un joli parcours dans de grandes maisons, Éric Souverin est rentré chez lui pour fonder son propre restaurant... Ici, il réinterpète les saveurs de son enfance selon l'inspiration du moment. Son leitmotiv ? Faire plaisir... Pari réussi !

CHÂTILLON-SUR-SEINE

✉ 21400 (Côte-d'Or) – 5 564 hab. – **Voir carte n°8-C1**
Paris 233 km – Auxerre 85 km – Chaumont 60 km – Dijon 83 km
Carte Michelin 320-H2 – Guide Vert Michelin Bourgogne

La Côte d'Or

2 r. Charles-Ronot – ✆ 03 80 91 13 29 – www.hotel-delacotedor.fr – Fermé 2 janv.-14 fév., lundi et mardi sauf fériés
11 ch – 70 € 80 € – 10 €
Rest ***La Côte d'Or*** – voir les restaurants ci-après
Ce relais de poste s'est transformé en sympathique hôtel-restaurant, avec des chambres classiques (mobilier ancien ou de style) et bien tenues, ainsi qu'un joli jardin planté de marronniers et d'érables... Le charme douillet d'antan !

XX **La Côte d'Or**

2 r. Charles-Ronot – ✆ 03 80 91 13 29 – www.hotel-delacotedor.fr – Fermé 2 janv.-14 fév., lundi et mardi sauf fériés
Menu 24 € (semaine)/40 € – Carte 38/65 €
On s'installe dans la belle salle rustique ou à l'ombre des arbres du jardin, puis on prend le temps de savourer l'appétissante cuisine traditionnelle et bourguignonne du chef. Les produits sont bien choisis... c'est simple et bon. Ne passez pas à côté du poulet de Bresse ou du bœuf charolais.

LA CHÂTRE

✉ 36400 (Indre) – 4 482 hab. – Voir carte n°**12**-C3
Paris 298 km – Bourges 69 km – Châteauroux 37 km – Guéret 53 km
Carte Michelin 323-H7 – Guide Vert Michelin Limousin Berry

À l'Escargot

pl. du Marché – ✆ 02 54 48 03 85 – www.auberge-restaurant-escargot.com – Fermé 21 août-11 sept., 18 fév.-4 mars, dim. soir et lundi
Formule 17 € – Menu 27 € – Carte 39/45 €
Pour la petite histoire, les parents de George Sand se seraient connus dans cet ancien relais de poste des 15e-16e s. Auraient-ils succombé à la sympathique cuisine traditionnelle qu'on y sert aujourd'hui, et la sobriété toute rustique de la décoration ? Certainement !

à Pouligny-Notre-Dame 12 km au Sud par D 940 – ✉ 36160 – 615 hab.

Les Dryades

rest,

28 r. du Golf – ✆ 02 54 06 60 60 – www.les-dryades.fr
80 ch – 129/259 € 129/259 € – 5 suites
Rest – Menu 24/51 € – Carte 47/75 € *(fermé le midi)*
Dans la mythologie grecque, les dryades étaient les nymphes protectrices de la forêt... Un nom tout trouvé pour ce bel hôtel contemporain donnant sur un golf 18 trous très verdoyant. Tons clairs et apaisants dans les chambres, spa très agréable.

CHÂTRES

✉ 77610 (Seine-et-Marne) – 579 hab. – Voir carte n°**19**-C2
Paris 49 km – Boulogne-Billancourt 57 km – Montreuil 44 km – Saint-Denis 62 km
Carte Michelin 312-F3

Le Portail Bleu sans rest

2 rte de Fontenay – ✆ 01 64 25 84 94 – www.leportailbleu.com
5 ch – 60 € 75/82 €
Cette ancienne ferme briarde (19e s.), impeccablement rénovée, abrite des chambres mansardées et douillettes, garnies de meubles et d'objets chinés avec passion.

CHAUBLANC – 71 Saône-et-Loire ➜ voir St-Gervais-en-Vallière

CHAUDEFONDS-SUR-LAYON

✉ 49290 (Maine-et-Loire) – 957 hab. – Voir carte n°**35**-C2
Paris 325 km – Angers 30 km – Laval 101 km – Nantes 89 km
Carte Michelin 317-E5

La Table du Square

au Domaine St-Pierre – ✆ 02 41 78 04 21 – www.latabledusquare.com – Fermé vacances de Noël, 3 semaines en août, merc. soir, dim., lundi et mardi sauf fériés
Formule 15 € – Menu 18 € (déj.)/52 € *(réservation conseillée)*
Au cœur du domaine viticole familial (Saint-Pierre, sur les coteaux du Layon), surplombant les vignes, le restaurant joue la carte des saveurs de saison – fort joliment tournées – et, évidemment, des vins du cru. Après le repas, il est même possible de visiter les chais et la cave. Vins et gastronomie ne font qu'un !

CHAUDES-AIGUES

✉ 15110 (Cantal) – 926 hab. – Voir carte n°**5**-B3
Paris 538 km – Aurillac 94 km – Espalion 54 km – St-Chély-d'Apcher 30 km
Carte Michelin 330-G5 – Guide Vert Michelin Auvergne

Beauséjour

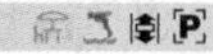

9 av. G.-Pompidou – ✆ 04 71 23 52 37 – www.hotel-beausejour-chaudes-aigues.com – Ouvert 1er avril-25 nov.
39 ch – 51/58 € 61/75 € – 8 € – ½ P
Rest – Menu 15/35 € – Carte 23/45 €
Une grande bâtisse blanche près du centre thermal. Les chambres, simples, claires et confortables, donnent pour la grande majorité sur la rivière toute proche, au calme ; pour l'agrément, une piscine chauffée bien appréciable et sa jolie terrasse.

XXX ✿✿ **Serge Vieira** avec ch

Château du Couffour, 2,5 km au Sud par rte de Rodez (D 921) – ✆ 04 71 20 73 85 – www.sergevieira.com – Ouvert 4 avril-30 nov. et fermé mardi et merc.

3 ch – †205 € ††205 € – ☕ 17 € Menu 72/115 €

Dans son vaisseau contemporain (pierre, fer et verre) construit à l'aplomb d'une forteresse des 14 et 16e s. dominant l'Aubrac, Serge Vieira fait des merveilles. Sa cuisine révèle un grand savoir-faire... et elle a aussi une très belle âme, à l'unisson de la région ! Une adresse délicieuse, jusqu'aux chambres conçues selon une démarche écologique. ➜ Foie gras aux pommes acidulées, billes de riz soufflé et feuilles de pourpier. Selle d'agneau allaiton rôtie au poivre des moines. Millefeuille chocolat et mandarine, crème vanille et sorbet mandarine.

CHAUMONT

✉ 52000 (Haute-Marne) – 23 011 hab. – **Voir carte n°14-C3**

▶ Paris 264 km – Épinal 128 km – Langres 35 km – St-Dizier 74 km

Carte Michelin 313-K5 – Guide Vert Michelin Champagne Ardenne

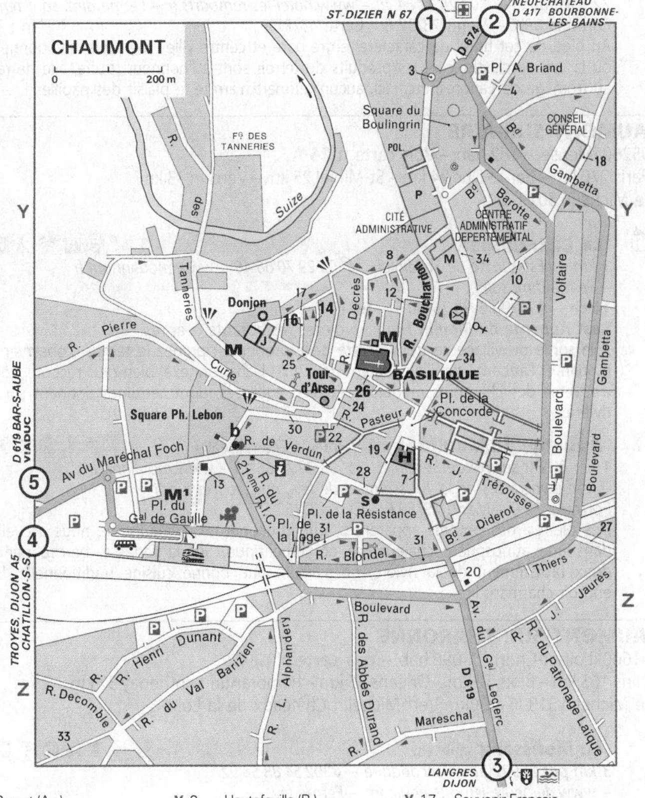

Carnot (Av.) . . . . . Y 3
Champ-de-Mars (R. du) . . . . . Y 4
Clemenceau (R. G.) . . . . . Z 7
Dutailly (R.) . . . . . Y 8
Fourcaut (R. V.) . . . . . Y 10
Girardon (R.) . . . . . Y 12
Goguenheim (Pl. E.) . . . . . Z 13
Gouthière (R. J.) . . . . . Y 14
Guyard (R.) . . . . . Y 16
Hautefeuille (R.) . . . . . Y 17
Hugueny (R. du Cdt) . . . . . Y 18
Laloy (R.) . . . . . Z 19
Langres (Pt de) . . . . . Z 20
Mariotte (R. V.) . . . . . Z 22
Mgr Desprez (R.) . . . . . YZ 24
Palais (R. du) . . . . . Y 25
St-Jean (R.) . . . . . YZ 26
Souvenir Français (Av. du) . . . . . Z 27
Toupot-de-Béveaux (R.) . . . . . Z 28
Tour Charton (R. de la) . . . . . Z 30
Tour Mongeard (R. de la) . . . . Z 31
Val Anne-Marie (R. du) . . . . . Z 33
Verdun (R. de) . . . . . Z
Victoire-de-la-Marne (R.) . . . . . Y 34

France

25 r. Toupot de Béveaux – 03 25 03 01 11 – www.hotel-france-chaumont.fr
20 ch – 79/114 € 87/133 € – 7 suites – 12 € Plan : Z**s**
Rest – Formule 15 € – Menu 25 € – Carte 22/41 € *(fermé 11-17 août, dim., fériés et le midi)*
Tenu par la même famille depuis 60 ans, cet hôtel propose des chambres spacieuses faisant de discrètes allusions à des destinations lointaines. Bonne insonorisation. Côté restauration, on sert des plats traditionnels dans un cadre contemporain. Idéal pour la clientèle d'affaires.

Les Remparts

72 r. Verdun – 03 25 32 64 40 – www.hotel-les-remparts.fr – Fermé dim. sauf fériés
17 ch – 80/92 € 88/100 € – 12 € Plan : Z**b**
Rest *Les Remparts* – voir les restaurants ci-après
En face d'un joli parc, des chambres colorées et confortables, agencées dans plusieurs immeubles. Un côté "labyrinthe" qui fait le charme du lieu... À noter aussi, un petit salon et un bar où il fait bon siroter un cocktail.

Les Remparts

72 r. Verdun – 03 25 32 64 40 – www.hotel-les-remparts.fr – Fermé dim. sauf fériés
Formule 19 € – Menu 23/57 € – Carte 43/77 € Plan : Z**b**
Au pied de cet hôtel de caractère, entre gare et centre-ville, une table traditionnelle où la cuisine classique et les produits du terroir sont à l'honneur (truffe, aile de raie au fromage de Langres, etc.). Ici, aucun rempart n'arrête le plaisir des papilles !

CHAUMONT-SUR-AIRE

55260 (Meuse) – 162 hab. – Voir carte n°**26**-A2
Paris 270 km – Bar-le-Duc 24 km – St-Mihiel 25 km – Verdun 33 km
Carte Michelin 307-C5

Le Chantoiseau

1 km à l'Est sur rte de St-Mihiel – 03 29 70 66 46 – www.moulinhaut.fr – Fermé dim. soir
10 ch – 75/90 € 75/90 € – 10 €
Rest *Auberge du Moulin Haut* – voir les restaurants ci-après
À la sortie du village se trouve cette belle propriété ; prenez le temps d'observer le moulin et l'auberge familiale, datant de 1787 ! Dans l'annexe, bien plus récente, vous trouverez des chambres modernes et bien équipées, dont certaines donnent sur la rivière...

Auberge du Moulin Haut – Hôtel le Chantoiseau

1 km à l'Est sur rte de St-Mihiel – 03 29 70 66 46 – www.moulinhaut.fr – fermé vacances de la Toussaint et de fév., dim. soir et lundi
Formule 15 € – Menu 29/59 € – Carte 37/62 €
Des pierres, des poutres apparentes, une cheminée... Cette auberge nous accueille dans une atmosphère chaleureuse et authentique. Sur la terrasse, bercée par le doux bruissement de la rivière, on savoure une bonne cuisine traditionnelle. Un endroit charmant !

CHAUMONT-SUR-THARONNE

41600 (Loir-et-Cher) – 1 096 hab. – Voir carte n°**12**-C2
Paris 165 km – Blois 52 km – Orléans 35 km – Romorantin-Lanthenay 32 km
Carte Michelin 318-I6 – Guide Vert Michelin Châteaux de la Loire

Le Mousseau sans rest

3 km par D 922 et rte secondaire – 02 54 88 53 92 – www.demeure-lemousseau.com – Fermé fév.
5 ch – – 199/440 € 199/440 €
Magnifique gentilhommière du 19ᵉs. dans un immense parc au cœur de la Sologne sauvage. Les chambres sont cosy et soigneusement décorées : tissus choisis, mobilier de style... Une belle adresse.

CHAUMOUSEY – 88 Vosges → voir Épinal

CHAUNY

✉ 02300 (Aisne) – 11 983 hab. – **Voir carte n°37-C2**
Paris 124 km – Compiègne 46 km – Laon 35 km – Noyon 18 km
Carte Michelin 306-B5

Toque Blanche avec ch
24 av. Victor-Hugo – ✆ 03 23 39 98 98 – www.toque-blanche.fr – Fermé 5-24 août, 2-4 janv., 1 semaine vacances de fév., sam. midi, dim. soir et lundi
5 ch – 66/92 € 77/92 € – 15 €
Menu 20 € (déj. en semaine), 34/78 € – Carte 68/80 €
Blottie dans un parc, cette belle demeure bourgeoise de 1827, reconstruite en 1920, révèle un agréable décor romantique. Goûteuse cuisine actuelle.

CHAUSEY (ÎLES) – 50 Manche → voir Îles Chausey

LA CHAUSSÉE-D'IVRY

✉ 28260 (Eure-et-Loir) – 1 004 hab. – **Voir carte n°11-B1**
Paris 75 km – Chartres 60 km – Évreux 35 km – Orléans 141 km
Carte Michelin 311-E2

Le Gingko
404 r. des Moulins, (golf Parc de Nantilly) – ✆ 02 37 64 01 11 – www.hotel-gingko.com – Fermé 4-12 janv.
20 ch – 79/164 € 79/164 € – 9 €
Rest *Restaurant du Golf* – Formule 21 € – Menu 25/36 € – Carte 35/50 € *(fermé le soir sauf sam.)*
Cette maison de maître du 19e s. – aux dépendances plus récentes – est parfaite pour les golfeurs : elle jouxte directement le golf ; l'accueil se fait d'ailleurs au club-house. Chambres spacieuses et confortables, cuisine traditionnelle au restaurant : tout est réuni pour un bon séjour sportif.

CHAUSSENAC

✉ 15700 (Cantal) – 234 hab. – **Voir carte n°5-A3**
Paris 536 km – Aurillac 51 km – Clermont-Ferrand 133 km – Limoges 166 km
Carte Michelin 330-B3

La Fournio sans rest
Esclandines – ✆ 04 71 69 02 68 – www.lafournio.fr – Ouvert 2 avril-31 oct., vacances de printemps, de Noël et de fév.
3 ch – 75/90 € 80/95 €
Cette maison appartenait à la grand-mère du propriétaire. La voilà qui revit, décorée dans un charmant style maison de campagne (poutres, meubles de famille, objets chinés). Un lieu délicieux, parfait pour un week-end en amoureux.

CHAUSSIN

✉ 39120 (Jura) – 1 617 hab. – **Voir carte n°16-A2**
Paris 354 km – Beaune 52 km – Besançon 76 km – Chalon-sur-Saône 56 km
Carte Michelin 321-C5

Chez Bach
4 pl. Ancienne Gare – ✆ 03 84 81 80 38 – www.hotel-bach.com – Fermé 20 déc.-10 janv., vend. soir sauf du 14 juil. au 31 août, dim. soir et lundi midi
23 ch – 76/95 € 76/95 € – 12 € – ½ P
Rest *Chez Bach* – voir les restaurants ci-après
À la sortie de ce village situé aux confins de la Bresse, de la Bourgogne et du Jura, un hôtel-restaurant familial, avec des chambres classiques et douillettes. Une étape bien agréable.

Chez Bach
4 pl. Ancienne Gare – ✆ 03 84 81 80 38 – www.hotel-bach.com – Fermé 20 déc.-10 janv., vend. soir sauf du 14 juil. au 31 août, dim. soir et lundi midi
Formule 19 € – Menu 29/70 € – Carte 45/65 € *(réservation conseillée)*
Ballottine de poulet de Bresse et salade de girolles fraîches, filet de féra du Léman, cassolette d'escargots de Bourgogne... Ce Bach-là compose un menu sur des bases traditionnelles avec un rien de tendance ; à déguster dans un cadre cossu.

CHAUVIGNY

✉ 86300 (Vienne) – 6 754 hab. – Voir carte n°**39**-C1
Paris 333 km – Bellac 64 km – Le Blanc 36 km – Châtellerault 30 km
Carte Michelin 322-J5 – Guide Vert Michelin Poitou-Charentes

Lion d'Or
ch, rest,

8 r. du Marché, (près de l'église) – ✆ 05 49 46 30 28 – Fermé 24 déc.-15 janv.
26 ch – 52 € 52 € – 8 € – ½ P
Rest – Formule 13 € – Menu 21/46 € – Carte 30/60 €
L'on y dort bien, dans cet ancien relais de poste (avec une annexe moderne) qui abrite des chambres fonctionnelles et bien tenues, aux tarifs mesurés ! Aux commandes des cuisines, le patron ne manque pas de générosité.

CHAUX-NEUVE

✉ 25240 (Doubs) – 261 hab. – Voir carte n°**16**-B3
Paris 450 km – Besançon 94 km – Genève 78 km – Lons-le-Saunier 68 km
Carte Michelin 321-G6 – Guide Vert Michelin Franche-Comté Jura

Auberge du Grand Gît
ch,

8 r des Chaumelles – ✆ 03 81 69 25 75 – www.aubergedugrandgit.com
10 ch – 52/60 € 57/62 € – 10 € – ½ P
Rest – Menu 13 € (déj. en semaine), 19/25 € – Carte 25/40 € *(fermé sam. midi et lundi)*
Un chalet récent, posté près des tremplins de saut à ski. Il règne ici une agréable atmosphère familiale et un calme plaisant. Chambres simples, d'esprit montagnard. Le patron mitonne une appétissante cuisine régionale, servie dans une sympathique salle rustique.

CHAVANOZ

✉ 38230 (Isère) – 4 288 hab. – Voir carte n°**44**-B1
Paris 494 km – Grenoble 101 km – Lyon 49 km – Villeurbanne 38 km
Carte Michelin 333-E3

Aux Berges du Rhône avec ch

hameau de Grange-Rouge, 2 km au Sud-Est par D 55 rte de Loyettes – ✆ 04 72 02 02 50 – www.antonin-restaurant.com – Fermé dim. soir, merc. soir et lundi
7 ch – 105 € 135 € – ½ P Menu 28 € (semaine), 40/76 € – Carte 45/66 €
Sur les bords du Rhône, l'adresse offre l'occasion d'une expérience culinaire inventive et moderne. Gelée de lapin au basilic, épaule d'agneau en pastilla et jus au cumin, grenouilles en persillade... des exemples parmi d'autres d'un alléchant registre actuel. Pour faire une étape, des chambres confortables au décor épuré.

CHAVIGNOL – 18 Cher ➜ voir Sancerre

CHAZAY – 28 Eure-et-Loir ➜ voir Chartres

CHAZELLES-SUR-LYON

✉ 42140 (Loire) – 5 110 hab. – Voir carte n°**44**-A2
Paris 487 km – Lyon 46 km – Montbrison 28 km – Roanne 70 km
Carte Michelin 327-F6 – Guide Vert Michelin Lyon et sa région

Château Blanchard
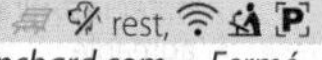

36 rte St-Galmier – ✆ 04 77 54 28 88 – www.hotel-chateau-blanchard.com – Fermé 15 août-4 sept., fin fév.-début mars, vend. soir, dim. soir et lundi
12 ch – 65/75 € 70/80 € – 8 €
Rest – Menu 18 € (déj. en semaine), 41/70 € – Carte 54/61 €
Cette imposante villa des années 1920 ne manque pas d'allure : haute façade blanche ornée de sgraffites, jardin verdoyant, chambres spacieuses et, pour les repas, une superbe salle à manger parée de boiseries. Nous sommes à mi-route entre Lyon et St-Étienne.

CHAZEY-SUR-AIN

✉ 01150 (Ain) – 1 464 hab. – Voir carte n°**44**-B1

▶ Paris 469 km – Bourg-en-Bresse 45 km – Chambéry 87 km – Lyon 43 km

Carte Michelin 328-E5

Les Chalets de Maramour sans rest

Le Luizard, 3 km au Sud par D 62 et rte secondaire – ✆ 04 74 38 89 68 – www.hotelmaramour.com

10 ch – †55/65 € ††65/75 € – ☕ 7 €

Un ensemble original à deux pas du parc du Cheval Rhône-Alpes : dix petits chalets en rondins de bois, flambants neufs, tous équipés de kitchenettes et d'une petite terrasse, et recouverts d'un toit végétal. À l'intérieur, le décor est contemporain et sobre, et l'on est au calme : un bon plan !

La Louizarde

3 km au Sud par D 62 et rte secondaire – ✆ 04 74 61 53 23 – Fermé 29 avril-4 mai, 1er-15 sept., 23-28 déc., mardi soir, merc. soir et jeudi soir d'oct. à mai, sam. midi, dim. soir et lundi

Menu 18 € (déj. en semaine), 25/35 €

L'architecture de la maison, le décor d'esprit colonial et la magnifique terrasse ombragée ont de quoi séduire. La cuisine mêle les influences régionales à des notes plus actuelles comme le sucré-salé.

CHECY

✉ 45430 (Loiret) – 8 208 hab. – Voir carte n°**12**-C2

▶ Paris 142 km – Olivet 28 km – Orléans 10 km

Carte Michelin 318-J4 – Guide Vert Michelin Châteaux de la Loire

Le Week-End

1 pl. du Cloître – ✆ 02 38 86 84 93 – www.restaurant-leweekend.com – Fermé dim. soir et lundi

Formule 30 € – Menu 42/65 € – Carte environ 65 €

Un week-end, arrêtez-vous dans cette charmante maison ! Retour de pêche selon la saison et beau choix de vins du Val de Loire (dégustation au caveau) à savourer dans un cadre épuré.

CHELLES – 60 Oise ➜ voir Pierrefonds

CHÉNAS

✉ 69840 (Rhône) – 530 hab. – Voir carte n°**43**-E1

▶ Paris 407 km – Bourg-en-Bresse 45 km – Lyon 59 km – Mâcon 18 km

Carte Michelin 327-H2 – Guide Vert Michelin Lyon et sa région

Les Platanes de Chénas

aux Deschamps, 2 km au Nord par D 68 – ✆ 03 85 36 79 80 – www.platanes-chenas.com – Fermé fév., mardi et merc.

Menu 28/51 € – Carte 41/55 €

Dans ce joli village viticole dominant le Beaujolais, cette ancienne ferme a tout pour plaire : évidemment, il y a une terrasse sous les platanes – charmante –, mais aussi de vastes salles feutrées et accueillantes, où l'on sert une cuisine régionale qui se révèle goûteuse. Plein de charme !

CHÊNEHUTTE-LES-TUFFEAUX – 49 Maine-et-Loire ➜ voir Saumur

CHÉNÉRAILLES

✉ 23130 (Creuse) – 750 hab. – Voir carte n°**25**-C1

▶ Paris 369 km – Aubusson 19 km – La Châtre 63 km – Guéret 32 km

Carte Michelin 325-K4 – Guide Vert Michelin Limousin Berry

Le Coq d'Or

7 pl. du Champ-de-Foire – ✆ 05 55 62 30 83 – www.restaurant-coqdor-23.com – Fermé 23 juin-4 juil., 22 sept.-3 oct., 1er-22 janv., dim. soir, merc. soir et lundi

Formule 14 € – Menu 23/52 € – Carte 36/59 €

Une déco très... coquette, et pour cause : on trouve ici moults coqs rapportés des quatre coins du monde par les clients ! Dans l'assiette ? Une cuisine fine et maîtrisée, alliant saveurs du terroir et créativité... qui donne décidément envie de chanter "cocorico" !

CHENNEVIÈRES-SUR-MARNE – 94 Val-de-Marne ➜ voir Paris, Environs

CHENONCEAUX

✉ 37150 (Indre-et-Loire) – 356 hab. – **Voir carte n°11-A1**
Paris 234 km – Amboise 12 km – Château-Renault 36 km – Loches 31 km
Carte Michelin 317-P5 – Guide Vert Michelin Châteaux de la Loire

Auberge du Bon Laboureur

6 r. Dr Bretonneau – ✆ 02 47 23 90 02 – www.bonlaboureur.com – Fermé 11 nov.-19 déc. et 5 janv.-13 fév.
22 ch – †129/185 € ††135/265 € – 4 suites – ☐ 16 € – ½ P
Rest ***Auberge du Bon Laboureur*** ✿ – voir les restaurants ci-après
Près du "château des Dames", un véritable hameau de jolies maisonnettes couvertes de vigne vierge : chaque chambre y distille un charme particulier, comme si tout un pittoresque village se faisait demeure de famille...

La Roseraie

7 r. Dr Bretonneau – ✆ 02 47 23 90 09 – www.hotel-chenonceau.com – Ouvert 12 mars-17 nov.
22 ch – †65/125 € ††65/135 € – ☐ 11 € – ½ P
Rest – Formule 19 € – Menu 29 € – Carte 45/55 € *(fermé merc. midi et mardi)*
Cet hôtel, tapissé de vigne vierge, ne manque pas de charme. Les chambres (progressivement rénovées) y sont coquettes et fleuries, comme le jardin, mais quoi de plus normal pour une Roseraie... Quant à la piscine, elle invite à la détente. Ambiance chaleureuse et familiale.

Auberge du Bon Laboureur (Antoine Jeudi)

6 r. Dr Bretonneau – ✆ 02 47 23 90 02 – www.bonlaboureur.com – Fermé 11 nov.-19 déc., 5 janv.-13 fév. et mardi midi
Menu 32 € (déj. en semaine)/52 € – Carte 67/95 €
Cette valeur sûre creuse un sillon très fertile : celui de la finesse et de la subtilité, au service du produit et des saisons. Le chef signe une cuisine sans fausse note, savoureuse et généreuse ; le tout accompagné d'un joli choix de vins. Une belle table dans un cadre élégant. ➜ Crème onctueuse d'écrevisses, concassé de tomate au basilic. Conjugaison de ris et tête de veau, sauce gribiche. Millefeuille chocolat, mousse chocolat-caramel, sorbet pêche de vigne.

CHENÔVE – 21 Côte-d'Or ➜ voir Dijon

CHERBOURG-OCTEVILLE

✉ 50100 (Manche) – 38 433 hab. – Agglo. 117 855 hab. – **Voir carte n°32-A1**
Paris 359 km – Brest 399 km – Caen 125 km – Laval 224 km
Carte Michelin 303-C2 – Guide Vert Michelin Normandie Cotentin

Le Louvre sans rest

2 r. Henri-Dunant – ✆ 02 33 53 02 28 – www.hotel-le-louvre.com – Fermé 19 déc.-4 janv. Plan : AX**e**
40 ch – †69/77 € ††77/85 € – ☐ 9 €
Une situation aussi centrale que le Louvre à Paris, avec bien sûr beaucoup moins d'espace et de luxe. Mais pour les prix, les chambres se révèlent confortables et parfaitement tenues. De plus, l'accueil est charmant !

La Renaissance sans rest

4 r. de l'Église – ✆ 02 33 43 23 90 – www.hotel-renaissance-cherbourg.com
12 ch – †61/69 € ††68/77 € – ☐ 8 € Plan : ABX**a**
En léger retrait des quais, un petit hôtel familial, gai et bien tenu, pratiquant des tarifs très raisonnables. Mansardes au dernier étage...

Café de Paris

40 quai Caligny – ✆ 02 33 43 12 36 – www.restaurantcafedeparis.com – Fermé 3 semaines en mars, 3 semaines en nov., lundi midi et dim. Plan : BXY**d**
Formule 19 € – Menu 23/48 € – Carte 32/53 €
Une vraie brasserie de la mer ! Banc d'écailler au rez-de-chaussée, vue sur le port à l'étage – avec le spectacle, à l'heure de la marée, des chalutiers gorgés de poissons et crustacés... La cuisine est bien ficelée, préparée sans chichis avec de très beaux produits, et surtout pleine de goût.

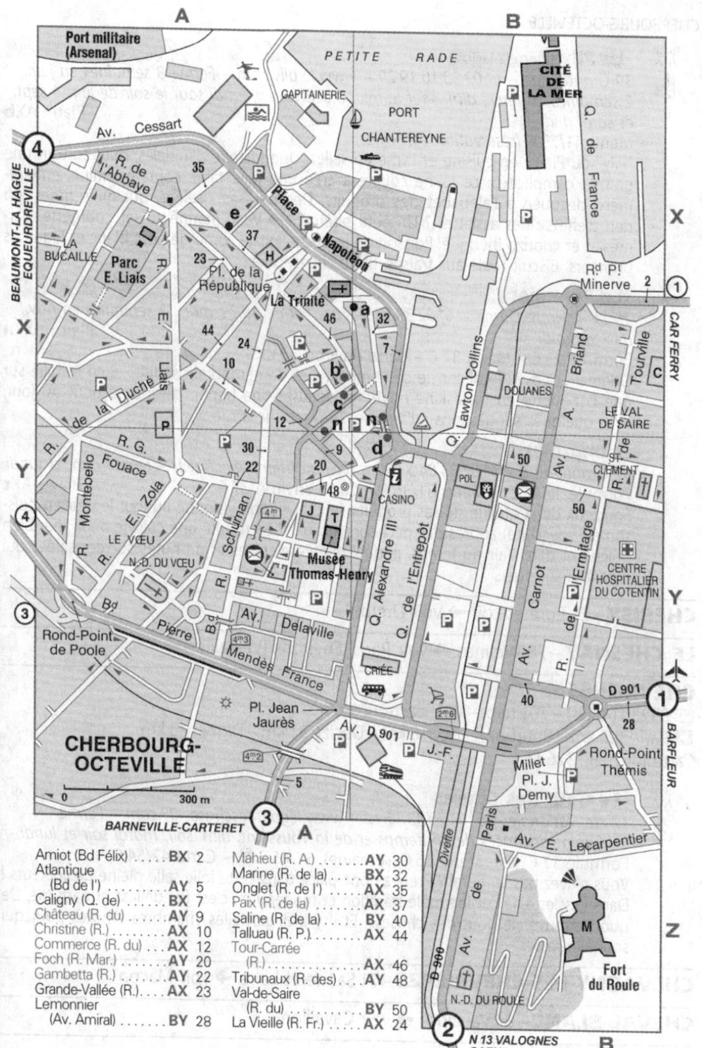

Le Vauban

22 quai Caligny – ✆ 02 33 43 10 11 – www.levauban-cherbourg.fr – Fermé 1er-17 mars, 25-31 août, sam. midi, dim. soir et lundi

Plan : BX**n**

Formule 16 € – Menu 23/44 € – Carte 42/60 €

Ce restaurant fait face au port de pêche mais... on n'y mange pas que du poisson frais ! Géré par un couple accueillant et dynamique (lui en cuisine, elle en salle), Le Vauban propose des recettes bien dans l'air du temps, pleines de saveurs : légumes du maraîcher, viandes locales et produits de la mer sont cuisinés avec soin.

XX ✿ **Le Pily** (Pierre Marion)

39 Grande-Rue – ✆ 02 33 10 19 29 – www.le-pily.com – Fermé 3 semaines en juin, 2 semaines en janv., dim. sauf le midi d'oct. à mai, lundi sauf le soir de juin à sept. et sam. midi Plan : AX**b**

Menu 41/73 € *(réservation conseillée)*

"Pily" ou Pierre en cuisine et Lydie en salle... Une histoire d'initiales, mais surtout une grande complicité : ce jeune couple a créé une jolie table contemporaine, entièrement dévouée à l'alphabet des produits. Des phrases ciselées, quelques rimes, un rien d'effets : des assiettes ? Un petit poème. ➜ Veau mariné au sel, courgette, parmesan et chorizo ibérique. Poisson de la pêche locale, lomo de porc blanc et légumes primeurs. Biscuit roulé aux fraises, glace cheesecake.

X **Le Pommier**

15 bis r. Notre-Dame – ✆ 02 33 53 54 60 – Fermé 19-31 mars, 3 semaines en nov., dim. et lundi Plan : AXY**n**

Formule 25 € – Menu 32 € – Carte environ 36 €

Original et cosy : le décor de ce Pommier très contemporain séduit... Bien installé sur une banquette en moleskine noire, on déguste une bonne cuisine au goût du jour, avec quelques suggestions à l'ardoise. Terrasse sur la rue.

X **L'Imprévu**

32 Grande-Rue – ✆ 02 33 04 53 90 – restaurantlimprevu.free.fr – Fermé dim. et lundi Plan : AX**c**

Formule 17 € 🍷 – Menu 31/36 € – Carte environ 37 €

Soucieux de la qualité de ses produits, le chef s'approvisionne au jour le jour en poisson (sa spécialité) auprès des pêcheurs locaux. Il en résulte une cuisine de la mer bien fraîche et dans l'air du temps, parfois teintée d'épices et de notes sucrées-salées qui créent la surprise...

CHERISY – 28 Eure-et-Loir ➜ voir Dreux

LE CHESNAY – 78 Yvelines ➜ voir Paris, Environs (Versailles)

CHEVAGNES

✉ 03230 (Allier) – 701 hab. – **Voir carte n°6-C1**

▶ Paris 309 km – Bourbon-Lancy 18 km – Decize 31 km – Digoin 43 km

Carte Michelin 326-I3

XX ☺ **Le Goût des Choses**

12 rte Nationale – ✆ 04 70 43 11 12 – www.legoutdeschoses-03.com – Fermé 1 semaine vacances de printemps et de la Toussaint, dim. soir, mardi soir et lundi

Formule 17 € 🍷 – Menu 26 € (semaine), 31/65 € 🍷 – Carte 42/54 €

Vous n'avez pas le moral ? Prenez donc place dans cette jolie salle pleine de couleurs ! Dans l'assiette, la cuisine mêle tradition et modernité : c'est fin, délicat et parfumé. De quoi retrouver le goût des choses... Et il y a deux belles chambres d'hôtes pour qui souhaite rester.

CHEVAGNY-LES-CHEVRIÈRES – 71 Saône-et-Loire ➜ voir Mâcon

CHEVAL-BLANC – 84 Vaucluse ➜ voir Cavaillon

CHEVERNY – 41 Loir-et-Cher ➜ voir Cour-Cheverny

LE CHEYLARD

✉ 07160 (Ardèche) – 3 218 hab. – **Voir carte n°44-A3**

▶ Paris 598 km – Aubenas 50 km – Lamastre 21 km – Privas 47 km

Carte Michelin 331-I4 – Guide Vert Michelin Ardèche Drôme

Le Provençal A/C rest, ch, P

17 av. de la Gare – ✆ 04 75 29 02 08 – www.hotelrestaurantleprovencal.com – Fermé 26 sept.-15 oct., 26 déc.-16 janv., vend. soir, dim. soir et lundi

10 ch – †57 € ††67/80 € – ☕ 10 € – ½ P

Rest – Formule 18 € – Menu 24/36 € *(résidents seult)*

Bâtisse en pierre abritant de petites chambres simples et bien tenues. Garage à vélos apprécié des cyclistes qui parcourent la corniche de l'Eyrieux. Salles à manger sobrement rustiques, cuisine traditionnelle inspirée du terroir et sélection de vins du pays.

CHÉZERY-FORENS

✉ 01410 (Ain) – 434 hab. – Voir carte n°**45**-C1
▶ Paris 506 km – Bellegarde-sur-Valserine 17 km – Bourg-en-Bresse 82 km – Gex 39 km
Carte Michelin 328-I3

Commerce

– *04 50 56 90 67 – www.hotelducommerce-blanc.fr – Ouvert fév.-sept. et fermé de mi-juin à mi-juil., dim. soir, mardi et merc. hors vacances d'été*
Formule 13 € – Menu 15 € (semaine), 26/50 € – Carte 25/50 €
Cette attachante maison propose une bonne cuisine régionale et familiale (vivier à truites et grenouilles en saison), servie avec le sourire dans un cadre authentiquement campagnard. Et sur la terrasse, on se laisse bercer par le bruit des eaux de la Valserine...

CHILLE – 39 Jura ➜ voir Lons-le-Saunier

CHILLEURS-AUX-BOIS

✉ 45170 (Loiret) – 1 841 hab. – Voir carte n°**12**-C2
▶ Paris 96 km – Chartres 71 km – Étampes 47 km – Orléans 30 km
Carte Michelin 318-J3

Le Lancelot

12 r. des Déportés – 02 38 32 91 15 – www.restaurantgastronomiquelelancelot.com – Fermé 3-25 août, 24 fév.-10 mars, merc. soir, dim. soir et lundi
Formule 23 € – Menu 29/76 € – Carte 59/71 € *(réservation conseillée)*
Au centre du village, accueillante maison fleurie avec jardin et terrasse. La patronne propose ses créations personnelles et de vieilles recettes de famille.

CHINAILLON – 74 Haute-Savoie ➜ voir Grand-Bornand

CHINON

✉ 37500 (Indre-et-Loire) – 7 894 hab. – Voir carte n°**11**-A3
▶ Paris 285 km – Châtellerault 51 km – Poitiers 80 km – Saumur 29 km
Carte Michelin 317-K6 – Guide Vert Michelin Châteaux de la Loire

Hôtel de France sans rest

47 pl. Gén.-de-Gaulle – 02 47 93 33 91 – www.bestwestern-hoteldefrance-chinon.com – Fermé 3 semaines en nov., 2 semaines en fév. et dim. soir de nov. à mars
Plan : A**s**
28 ch – 98/140 € 108/160 € – 3 suites
Dans ces deux maisons mitoyennes du 16e s., près du centre historique, les chambres sont confortables et certaines donnent sur le château. Jolie courette intérieure.

Diderot sans rest

4 r. de Buffon – 02 47 93 18 87 – www.hoteldiderot.com – Fermé 12 nov.-7 déc. et 20 janv.-2 fév.
Plan : B**n**
23 ch – 52/86 € 60/98 € – 10 €
Cette belle demeure du 18e s. propose des chambres joliment décorées dans un style ancien. Petit-déjeuner façon table d'hôte : produits fermiers et confitures maison.

Ibis Styles

11 r. Digue-Saint-Jacques – 02 47 98 46 46 – www.accorhotels.com – Fermé 22 déc.-2 janv.
55 ch – 69/119 € 79/129 €
Rest – Menu 15 € /35 € – Carte 17/40 € *(fermé vend. soir, sam., dim. et le midi)*
À 10mn du centre-ville, cet hôtel - avec restaurant - a été refait à neuf en 2011. Au programme : fonctionnalité, calme et confort. La moitié des chambres donnent sur la campagne, l'autre sur la ville. Idéal pour la clientèle d'affaires comme touristique.

L'Océanic

13 r. Rabelais – 02 47 93 44 55 – Fermé 26 août-3 sept., 21-27 oct., 1er-7 janv., 24 fév.-12 mars, dim. soir et lundi
Plan : A**u**
Formule 17 € – Menu 26/37 € – Carte 37/89 €
Le vent de l'Océan souffle jusqu'à Chinon ! Comme l'enseigne l'indique, les produits de la mer sont ici à l'honneur. En cuisine, le chef prépare des poissons très frais, y ajoutant un zeste d'originalité, dont quelques touches d'épices et une pointe de sucré-salé. Bon rapport qualité-prix.

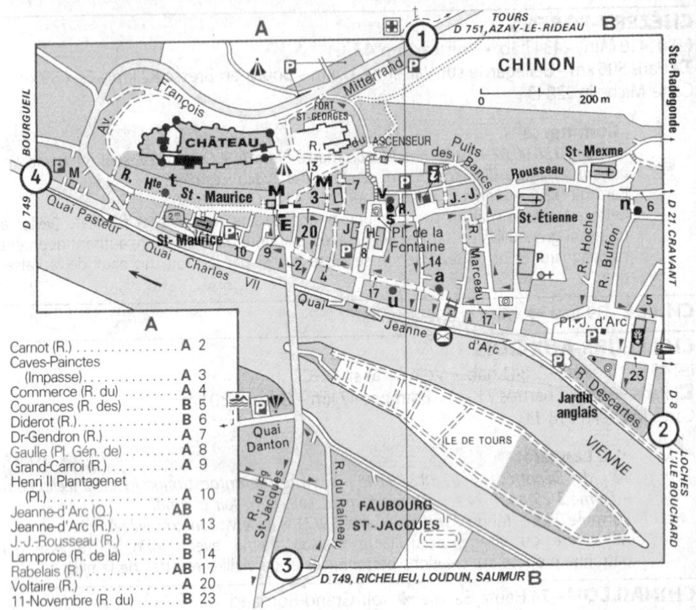

XX Au Chapeau Rouge

49 pl. du Gén.-de-Gaulle – ✆ 02 47 98 08 08 – www.auchapeaurouge.fr – Fermé 3 semaines en nov., 17 fév.-11 mars, mardi midi, dim. soir et lundi Plan : A**v**

Menu 22 € (déj. en semaine), 29/54 € – Carte 40/70 €

Chapeau Rouge, comme celui que portaient les cochers des messageries royales. Le château de Chinon est, en effet, tout proche de ce restaurant devant lequel murmure une fontaine. On y déguste une belle cuisine fidèle aux saisons, avec des produits du terroir triés sur le volet. Menu truffe en hiver.

X Les Années Trente

78 r. Voltaire – ✆ 02 47 93 37 18 – www.lesannees30.com – Fermé 2 semaines fin juin, 2 semaines fin nov., mardi sauf le soir du 14 juil. au 14 sept. et merc. Plan : A**t**

Formule 18 € 🍷 – Menu 26 € – Carte 35/60 €

Ne vous fiez pas au nom de cet établissement ! Ici, point d'esprit années 1930 mais un décor chaleureux : tuffeau, poutres et même une cheminée... Les gourmands y apprécient une appétissante cuisine centrée sur les produits frais. Terrasse pour les beaux jours.

X L'Ardoise

42 r. Rabelais – ✆ 02 47 58 48 78 – Fermé janv., dim. et lundi Plan : B**a**

Formule 12 € – Menu 15 € (semaine)/23 € – Carte 28/48 €

Entièrement rénovée, cette Ardoise vous accueille dans un intérieur de bistrot chic. Canard en croûte de sel, dos de cabillaud cuit vapeur avec sauce soja et citronnelle, crêpes à la truffe en saison... Passionné d'Asie, le chef signe des recettes bien ficelées, aux saveurs marquées. Accueil et service aux petits soins.

à Marçay 9 km par ③ et D 116 – ✉ 37500 – 463 hab.

Château de Marçay

rte du Château – ✆ 02 47 93 03 47 – www.chateaudemarcay.com – Fermé 17 nov.-18 déc., 5 janv.-5 fév. et 16 fév.-5 mars, lundi et mardi de nov. à mars sauf fériés

26 ch – 🚹195/225 € 🚹🚹195/280 € – 4 suites – ☕ 22 € – ½ P

Rest ***La Table de Marçay*** – voir les restaurants ci-après

De nobles tours rondes, une belle pierre blanche... ce château des 12e-15e s. a fière allure ! Tout autour : le calme d'un grand parc et des vignes (dégustations), en face desquelles se dresse une annexe. Pour un séjour à l'image de la région.

XXX **La Table de Marçay** – Hôtel Château de Marçay
rte du Château – ✆ 02 47 93 03 47 – www.chateaudemarcay.com – Fermé 17 nov.-18 déc., 5 janv.-5 fév. et 16 fév.-5 mars, lundi et mardi de nov. à mars sauf fériés
Menu 48/106 € – Carte 62/98 €
Dîner au château... On y accède par une allée privée et la silhouette de ses tours transporte dans un roman de l'amour courtois. Le cadre est élégant et chaleureux, la cuisine empreinte de jolies saveurs et... auréolée de vins de Loire, bien sûr.

à Seuilly 8 km par ③, D 751e et et D 24 – ✉ 37500 – 368 hab.

XXX **Le Plaisir Gourmand**
au Château du Coudray Montpensier, au Sud : 1 km – ✆ 02 47 98 00 86 – www.coudray-montpensier.fr – Fermé dim. soir, mardi midi et lundi
Formule 24 € – Menu 28 € (déj. en semaine), 37/125 € 🍷 – Carte 63/73 €
Dans les dépendances du château de Coudray-Montpensier (15e s.), dont on peut admirer les hautes tours depuis la terrasse, une table gastronomique séduisante, dont la carte suit les saisons avec gourmandise. Ne sommes-nous pas au pays de Rabelais ? Mention spéciale pour le décor très contemporain.

CHISSAY-EN-TOURAINE – 41 Loir-et-Cher ➜ voir Montrichard

CHISSEAUX

✉ 37150 (Indre-et-Loire) – 637 hab. – **Voir carte n°11-A1**
Paris 235 km – Amboise 14 km – Loches 33 km – Tours 37 km
Carte Michelin 317-P5

XX **Auberge du Cheval Rouge**
30 r. Nationale – ✆ 02 47 23 86 67 – www.auberge-duchevalrouge.com – Fermé janv., dim. soir en hiver, mardi et merc.
Formule 25 € – Menu 29/75 € 🍷 – Carte 45/60 €
Noble nom que celui de cette auberge située sur la route des châteaux de la Loire ! Depuis 2013, la cuisine est occupée par un nouveau chef au beau parcours (le Meurice à Paris, le Richelieu sur l'île de Ré...). Terrine de pied de porc au foie gras, bouillon crémeux de homard et langoustines... Appétissant !

CHITENAY

✉ 41120 (Loir-et-Cher) – 1 022 hab. – **Voir carte n°11-A1**
Paris 196 km – Blois 15 km – Orléans 72 km – Romorantin-Lanthenay 39 km
Carte Michelin 318-F7

 **Auberge du Centre**
34 Grande-Rue, (pl. de l'Église) – ✆ 02 54 70 42 11 – www.auberge-du-centre.com – Fermé fév.
26 ch – 68/140 € 88/140 € – ½ P
Rest – Formule 19 € 🍷 – Menu 26 € (semaine), 34/54 € – Carte 36/53 € *(fermé dim. soir hors saison, lundi sauf le soir en saison et mardi midi)*
À proximité des châteaux de la Loire, une engageante auberge de village dont la façade est couverte de vigne vierge. Chambres propres et mignonnes (motifs floraux, couleurs gaies) ; jardin arboré. Cuisine traditionnelle dans un cadre frais et cosy.

CHOLET

✉ 49300 (Maine-et-Loire) – 54 098 hab. – **Voir carte n°34-B2**
Paris 353 km – Ancenis 49 km – Angers 64 km – Nantes 60 km
Carte Michelin 317-D6 – Guide Vert Michelin Pays de la Loire

 **San Benedetto** sans rest
26 bd Gustave Richard – ✆ 02 41 62 07 20 – www.sanbenedetto-hotel.com
50 ch – 89/128 € 99/148 € – 13 € Plan : Z**e**
C'est le plus ancien hôtel de la ville. Désormais, tout est très moderne, voire tendance, avec de beaux volumes. Les chambres, immaculées, sont ponctuées de touches colorées. Aux beaux jours, on prend le petit-déjeuner dans le joli patio.

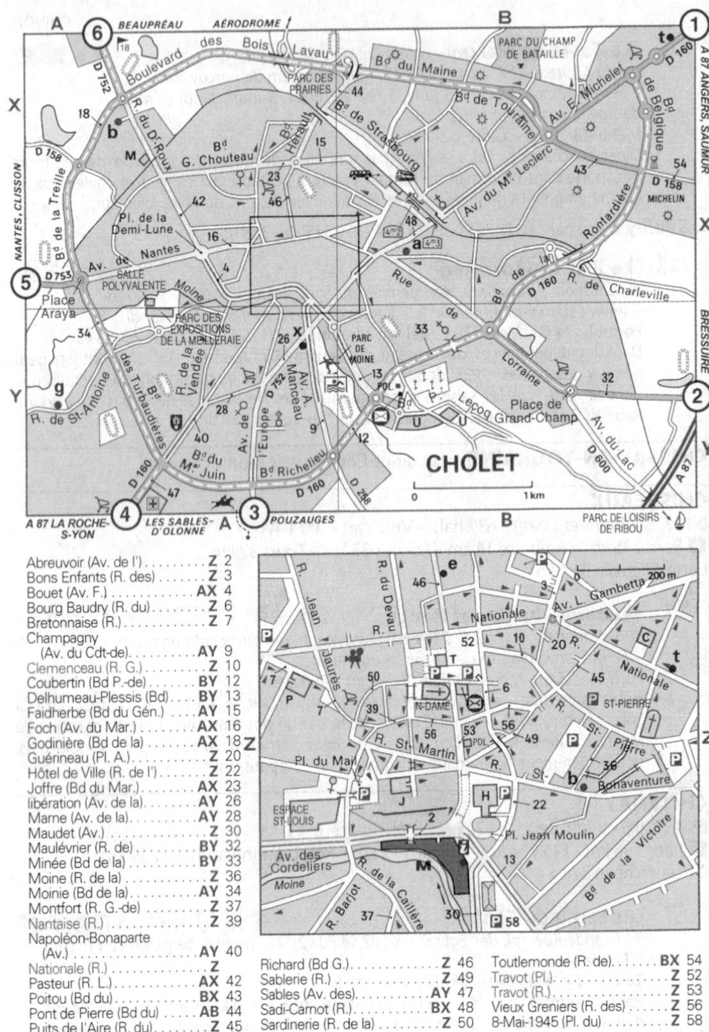

Ibis Styles

rest,

45 av. d'Angers – ✆ 02 41 71 08 08 – www.ibis-styles-hotels.com Plan : BX**t**

57 ch – 85/108 € 95/118 € – 2 suites

Rest – Formule 14 € – Menu 17 € (déj.)/20 € – Carte 30/44 € *(fermé 25-31 déc., vend. soir, sam. et dim.)*

Une fois à l'intérieur, on oublie la zone commerciale toute proche : le décor, où domine le bois canadien, est chaleureux. Les chambres sont modernes, confortables et bien insonorisées. Carte traditionnelle dans un cadre dépaysant avec charpente et verrière.

Park Hotel sans rest

4 av. Anatole-Manceau – ✆ 02 41 62 65 45 – www.park-hotel-cholet.fr – Fermé 21 déc.-6 janv. Plan : AY**x**

54 ch – 69/85 € 69/85 € – 8,50 €

Chambres fonctionnelles et bien insonorisées, grande salle de réunion et petit-déjeuner buffet : une adresse pratique et bien tenue, près de la patinoire de Cholet et du parc de Moine.

Demeure l'Impériale sans rest

28 r. Nationale – ✆ 02 41 58 84 84 – www.demeure-imperiale.com Plan : Z**t**

5 ch – **†**70 € **††**80 €

Accueil charmant dans cet hôtel particulier de 1860. Chambres lumineuses (fleurs, linge luxueux, parquet). Petit-déjeuner sous une verrière avec confiture et gâteaux maison.

La Grange

64 r. de St-Antoine – ✆ 02 41 62 09 83 – Fermé dim. soir, merc. soir et lundi

Menu 18 € (semaine), 29/56 € – Carte 40/59 € Plan : AY**g**

L'esprit nature domine dans cette ancienne ferme du pays. En terrasse, sous les poutres ou près de la cheminée, on se régale d'une cuisine respectant le rythme des saisons.

La Touchetière

41 r. du Dr-Roux – ✆ 02 41 62 55 03 – www.restaurant-cholet.com – Fermé 3 semaines en août, sam. midi, dim. soir et lundi soir Plan : AX**b**

Formule 19 € – Menu 23 € (semaine), 30/76 € – Carte 40/65 €

Cette vieille auberge a su préserver son cachet rustique : poutres blanchies, cheminée allumée en hiver, terrasse fleurie... pour une cuisine traditionnelle teintée de modernité.

L'Ourdissoir

40 r. St-Bonaventure – ✆ 02 41 58 55 18 – Fermé 29 juil.-15 août, 1 semaine vacances de fév., dim. et lundi Plan : Z**b**

Formule 14 € – Menu 18 € (déj. en semaine), 30/55 € – Carte environ 42 €

De beaux murs en pierre, témoins du travail des tisserands de la ville du mouchoir. Le chef propose un menu découverte selon son inspiration et les propositions du marché.

Le Pouce Pied

1 r. du Lait-au-Beurre – ✆ 02 41 58 50 03 – www.lepoucepied.com – Fermé 15 août-3 sept., jeudi soir hors vacances scolaires, sam. midi, dim. soir et lundi

Menu 19 € (déj. en semaine), 30/61 € – Carte environ 42 € *(réservation conseillée)* Plan : BX**a**

Un restaurant de poche un peu excentré, où les tables sont décorées de pouces-pieds ! La cuisine est alléchante et gorgée de saveurs, le tout à prix raisonnable.

à Nuaillé 7,5 km par ① et D 960 – ✉ 49340 – 1 379 hab.

Les Biches sans rest

2 r. d'Anjou – ✆ 02 41 62 38 99 – www.hoteldesbiches.com – Fermé vacances de Noël

12 ch – **†**56/63 € **††**65/69 € – 8 €

Un petit hôtel familial plaisant, avec ses chambres gaies, bien tenues et régulièrement rafraîchies. En été, les petits-déjeuners sont servis près de la piscine.

à Maulévrier 13 km par ② et D 20 – ✉ 49360 – 3 180 hab.

Château Colbert

pl. du Château – ✆ 02 41 55 51 33 – www.chateaucolbert.com – Fermé 19 déc.-7 janv., 28 fév.-17 mars et dim. soir

20 ch – **†**95/170 € **††**95/170 € – 1 suite – 12 € – ½ P

Rest *Château Colbert* – voir les restaurants ci-après

Ce château du 17e s. veille jalousement sur ses chambres meublées d'ancien. Celles du 1er étage sont magnifiques et donnent sur un splendide jardin japonais. Une belle manière de prolonger le rêve...

Château Colbert

pl. du Château – ✆ 02 41 55 51 33 – www.chateaucolbert.com – Fermé 19 déc.-7 janv., 28 fév.-17 mars et dim. soir

Menu 29 € (déj. en semaine), 33/75 € – Carte environ 54 €

Dans le restaurant de ce château, les hauts plafonds et les lustres en cristal Grand Siècle embellissent un peu plus des repas basés sur une cuisine actuelle inspirée du terroir.

CHOMELIX

✉ 43500 (Haute-Loire) – 488 hab. – Voir carte n°**6**-C3
Paris 519 km – Ambert 36 km – Brioude 52 km – Le Puy-en-Velay 30 km
Carte Michelin 331-E2

Auberge de l'Arzon avec ch — ch, rest, P

pl. Fontaine – 04 71 03 62 35 – www.auberge-de-larzon.com – Ouvert de Pâques à fin sept. et fermé dim. soir, lundi, mardi et merc. hors saison et le midi sauf dim.
9 ch – 55/60 € 60/80 € – 7 € – ½ P Menu 34 € – Carte 24/43 €
Au cœur du village, cette bâtisse en pierre invite à un joli repas traditionnel, avec en vedette les champignons du pays. Le patron ramasse lui-même ses morilles ! Une dépendance située à l'arrière abrite des chambres très bien tenues.

CHONAS-L'AMBALLAN – 38 Isère → voir Vienne

CHORANCHE

✉ 38680 (Isère) – 131 hab. – Voir carte n°**43**-E2
Paris 588 km – Grenoble 52 km – Valence 48 km – Villard-de-Lans 20 km
Carte Michelin 333-F7 – Guide Vert Michelin Alpes du Nord

Le Jorjane — P

105 Grande-Rue – 04 76 36 09 50 – www.lejorjane.com – Fermé 2 semaines en nov., dim. soir hors saison et lundi
7 ch – 45/57 € 45/57 € – 8 € – ½ P
Rest – Formule 15 € – Menu 18/30 € – Carte 19/38 € *(réservation conseillée)*
Dans ce célèbre village aux sept grottes, cette auberge familiale propose des chambres bien pratiques. Les motards y sont particulièrement chouchoutés ; il faut dire que le patron est passionné de moto et de cuisine (plats traditionnels, grillades, salades, etc.).

CHORGES

✉ 05230 (Hautes-Alpes) – 2 599 hab. – Voir carte n°**41**-C1
Paris 717 km – Digne-les-Bains 98 km – Gap 18 km – Marseille 193 km
Carte Michelin 334-F5 – Guide Vert Michelin Alpes du Sud

Ax'Hôtel — AC rest, P

ZA La Grande-Ile – 04 92 21 45 17 – www.ax-hotel.com
39 ch – 85/110 € 85/110 € – 1 suite – 13 € – ½ P
Rest – Menu 23/38 € – Carte 35/43 € *(fermé le midi)*
Né en 2010, un édifice entièrement habillé de bois clair, au calme, près de Gap. La décoration est contemporaine, rehaussée d'illustrations évoquant les beautés naturelles – à l'unisson des montagnes environnantes. Le superbe spa ajoute à l'intérêt de l'établissement, unique dans la région.

CIBOURE – 64 Pyrénées-Atlantiques → voir St-Jean-de-Luz

CIEURAC

✉ 46230 (Lot) – 426 hab. – Voir carte n°**28**-B1
Paris 589 km – Cahors 16 km – Montauban 53 km – Toulouse 105 km
Carte Michelin 337-F5

Table de Haute Serre — P

Château de Haute Serre – 05 65 20 80 20 – www.hauteserre.fr – Fermé 3 semaines en mars, 20 nov.-début janv., jeudi hors saison, dim. soir et merc.
Menu 19 € (semaine), 29/79 €
Dans l'ancien chai d'un château, ce restaurant au milieu des vignes a le charme de l'authenticité. Dans la salle, en revanche, la déco est résolument contemporaine : sol en béton, mobilier en alu... Le cadre parfait pour apprécier une cuisine ancrée dans son époque. Menu truffe en saison.

CINQ-CHEMINS – 74 Haute-Savoie → voir Thonon-les-Bains

LA CIOTAT

✉ 13600 (Bouches-du-Rhône) – 33 829 hab. – Voir carte n°**40**-B3
Paris 802 km – Aix-en-Provence 53 km – Brignoles 62 km – Marseille 32 km
Carte Michelin 340-I6 – Guide Vert Michelin Provence

Vieux Port sans rest

252 quai François-Mitterrand – ✆ 04 42 04 00 00 – www.bestwestern-laciotat.com
60 ch – †99/265 € ††99/265 € – 1 suite – ☐ 14 €
Cet hôtel, sur le port, porte bien son nom. Les chambres y sont spacieuses et fonctionnelles, la moitié dispose d'un balcon. Si vous aimez le calme et que la vue vous importe peu, préférez celles sur l'arrière du bâtiment. Le must : la piscine sur le toit et son magnifique panorama ! Bel espace détente.

au Liouquet 6 km à l'Est par D 559 (rte de Bandol) – ✉ 13600

Roche Belle

Corniche du Liouquet – ✆ 04 42 71 47 60 – www.roche-belle.fr – Fermé 26 oct.-11 nov., 16 fév.-11 mars, dim. sauf juil.-août, et lundi
Menu 20 € (déj. en semaine)/35 € – Carte 45/65 € *(réservation conseillée)*
Dans un chaleureux cadre provençal, une maisonnette couverte de vigne vierge et sa terrasse plantée d'oliviers. La cuisine est goûteuse, ensoleillée, et fleure bon le Midi.

CLAIRAC

✉ 47320 (Lot-et-Garonne) – 2 451 hab. – **Voir carte n°4-C2**
Paris 690 km – Agen 42 km – Marmande 24 km – Nérac 35 km
Carte Michelin 336-E3 – Guide Vert Michelin Aquitaine

L'Auberge de Clairac

12 av. du Gén.-de-Gaulle – ✆ 05 53 79 22 52 – www.aubergedeclairac.fr – Fermé vacances de la Toussaint, dim. soir, mardi soir et merc.
Formule 20 € – Menu 30 € – Carte environ 36 €
"Gargantua", "Marius", "Magellan"... La propriétaire, fine cuisinière, concocte de jolies ardoises qui ravissent les habitués. Quant au menu, il change tous les deux ou trois mois, au gré des saisons et des produits du potager. Aux beaux jours, on s'installe sur la jolie terrasse fleurie.

CLAM – 17 Charente-Maritime ➜ voir Jonzac

CLAMART – 92 Hauts-de-Seine ➜ voir Paris, Environs

CLAMECY

✉ 58500 (Nièvre) – 4 248 hab. – **Voir carte n°7-B2**
Paris 208 km – Auxerre 42 km – Avallon 38 km – Cosne-Cours-sur-Loire 52 km
Carte Michelin 319-E7 – Guide Vert Michelin Bourgogne

Hostellerie de la Poste

9 pl. Emile-Zola – ✆ 03 86 27 01 55 – www.hostelleriedelaposte.fr – Fermé 2-13 janv.
22 ch – †65/92 € ††65/92 € – ☐ 10 € – ½ P
Rest – Formule 23 € – Menu 27/49 € – Carte 46/60 €
Ex-relais de poste au cœur d'une jolie bourgade, tenu avec soin par un jeune couple. Coquettes petites chambres. Salle à manger feutrée, entre boiseries et pierres apparentes, et saveurs du terroir revisitées.

Deux Pièces Cuisine

7 r. de la Monnaie – ✆ 03 86 27 25 07 – www.2pieces-cuisine.fr – Fermé 2 semaines en mars, 20 nov.-10 déc., dim. soir et mardi de mi-sept. à fin avril et lundi
Menu 19 € (déj. en semaine), 28/38 € *(réservation conseillée)*
Une véritable petite bonbonnière, où se côtoient bibelots, oursons et même coucou suisse... L'âme cosy des lieux a conquis la clientèle locale. Cuisine actuelle.

Angélus

11 pl. St-Jean – ✆ 03 86 27 33 98 – www.restaurantlangelus.com – Fermé vacances de la Toussaint, de Noël, de fév., mardi soir sauf juil.-août, dim. soir et merc.
Menu 21 € (semaine), 28/36 € – Carte 32/55 € *(réservation conseillée)*
Une maison à colombages au pied de l'église. On y savoure une bonne cuisine de produits – à l'image de ce croustillant de chavignol ou de cette escalope de saumon tout juste dorée avec des légumes. Aux beaux jours, on profite de la jolie terrasse.

CLARA – 66 Pyrénées-Orientales ➜ voir Prades

LES CLAUX – 05 Hautes-Alpes ➜ voir Vars

CLÉCY

✉ 14570 (Calvados) – 1 260 hab. – **Voir carte n°32-B2**
Paris 268 km – Caen 39 km – Condé-sur-Noireau 10 km – Falaise 31 km
Carte Michelin 303-J6 – Guide Vert Michelin Normandie Cotentin

Au Site Normand

2 r. des Chatelets – ✆ 02 31 69 71 05 – www.hotel-clecy.com – Fermé 31 mars-9 avril, 17-27 oct. et 20 déc.-30 janv.
19 ch – 62/80 € 62/80 € – 10 € – ½ P
Rest *Au Site Normand* – voir les restaurants ci-après
C'est l'histoire d'un enfant du pays qui désirait ouvrir un hôtel-restaurant à son image : charmant et accueillant. Voilà qui est chose faite ! Les chambres ne sont certes pas très grandes mais fonctionnelles et confortables. Parfait pour une étape gourmande.

Au Site Normand

2 r. des Chatelets – ✆ 02 31 69 71 05 – www.hotel-clecy.com – Fermé 31 mars-9 avril, 17-27 oct. et 20 déc.-30 janv., dim. soir et lundi
Formule 20 € – Menu 28/60 € – Carte environ 40 €
Poulet fermier au beurre d'abricot et cerfeuil, enroulé de maquereau à la vinaigrette de carotte... Le chef revisite la tradition avec maîtrise, à travers une carte qui change régulièrement. Et qui suit toujours le rythme des saisons !

CLÉMONT

✉ 18410 (Cher) – 708 hab. – **Voir carte n°12-C2**
Paris 187 km – Bourges 62 km – Orléans 72 km – Vierzon 71 km
Carte Michelin 323-J1

Domaine des Givrys

4 km au Sud par D 79, rte de Ste-Montaine et rte secondaire – ✆ 02 48 58 80 74 – www.domainedesgivrys.com
5 ch – 59 € 59 € – 8 € **Table d'hôte** – Menu 35 €
Douceur de vivre et sérénité en bordure d'étang et de rivière... Cette ancienne ferme, au cœur d'un vaste domaine, ravira les amoureux de la nature. Chambres sobres et classiques. Le terroir et la convivialité sont à l'honneur autour de la grande table d'hôte en chêne.

CLÈRES

✉ 76690 (Seine-Maritime) – 1 347 hab. – **Voir carte n°33-D1**
Paris 155 km – Dieppe 45 km – Forges-les-Eaux 35 km – Neufchâtel-en-Bray 36 km
Carte Michelin 304-G4 – Guide Vert Michelin Normandie Vallée de la Seine

à Frichemesnil 4 km au Nord-Est par D 6 et D 100 – ✉ 76690 – 424 hab.

Au Souper Fin (Eric Buisset) avec ch

1 rte de Clères – ✆ 02 35 33 33 88 – www.souperfin.com – Fermé 4-28 août, vacances de Noël, dim. soir, merc. et jeudi
3 ch – 65 € 80 € – 12 €
Formule 30 € – Menu 36 € (semaine)/59 € – Carte 58/74 €
Des mariages de saveurs réfléchis et flatteurs, des produits de qualité, très frais, beaucoup de soin... L'enseigne ne ment pas et c'est logique, tant le chef et son épouse veillent à satisfaire toujours davantage leurs clients ! Cette excellente adresse propose aussi de jolies petites chambres... pour rester un jour de plus ?
→ Rémoulade de chair de homard, la queue marinée à l'huile d'olive vierge. Côte de veau aux morilles et vin jaune. Millefeuille à la vanille.

au Sud 2 km sur D 155 – ✉ 76690 Clères

Auberge du Moulin

36 r. des Moulins-du-Tot – ✆ 02 35 33 62 76 – www.aubergedumoulin.org – Fermé 18 août-5 sept., mardi sauf le soir de mai à oct., dim. soir et lundi
Formule 20 € – Menu 29/49 € – Carte 40/62 €
Une sympathique auberge tournée vers un vieux moulin, bordé par une petite rivière dont le cours est ponctué de cressonnières. On prend plaisir à déguster la cuisine dans l'air du temps concoctée par Marc Halbourg, qui valorise joliment marée et terroir normands. Agréable terrasse pour les beaux jours.

CLERMONT

✉ 60600 (Oise) – 10 573 hab. – Voir carte n°**36**-B2
Paris 79 km – Amiens 83 km – Beauvais 27 km – Compiègne 34 km
Carte Michelin 305-F4

à Étouy 7 km au Nord-Ouest par D 151 – ✉ 60600 – 809 hab.

XXX **L'Orée de la Forêt** (Nicolas Leclercq)

✿ *255 r. Forêt – ✆ 03 44 51 65 18 – www.loreedelaforet.fr – Fermé 25 juil.-26 août, 2-10 janv., sam. midi, dim. soir, vend. et fériés le soir*

Formule 32 € – Menu 48 € (semaine)/97 € – Carte 96/104 €

Une maison de maître du début du 20e s., dans un paisible parc arboré. Le grand potager approvisionne la table en légumes frais ! Le millefeuille vanille est divin. → Foie gras poêlé, gomasio et spéculos. Pigeonneau rôti, légumes du potager. Millefeuille vanillé.

CLERMONT-FERRAND

✉ 63000 (Puy-de-Dôme) – 139 860 hab. – Agglo. 261 240 hab. – **Voir carte n°5-B2**
Paris 420 km – Lyon 172 km – Moulins 106 km – ST-Étienne 147 km
Carte Michelin 326-F8 – Guide Vert Michelin Auvergne

Hôtels

Novotel
Z.I. du Brézet, r. G. Besse – ☎ 04 73 41 14 14 – www.novotel.com Plan : CY**a**
137 ch – 110/225 € 110/225 € – 16 €
Rest – Formule 18 € – Carte 18/40 €
En bordure d'autoroute, ce Novotel propose des chambres modernes et bien insonorisées ; préférez les plus récentes. Cuisine régionale au restaurant, ouvert sur la piscine.

Suite Novotel sans rest
52 av. de la République – ☎ 04 73 42 34 73 – www.suitenovotel.com Plan : BY**c**
91 ch – 120/140 € 120/140 € – 14 €
Face au centre des congrès, un hôtel récent, facilement accessible par le tram. Les chambres sont actuelles et confortables – surtout les "suites" avec leur coin bureau. Boutique gourmande et espace business au rez-de-chaussée. Idéal pour la clientèle d'affaires.

Kyriad Prestige
25 av. de la Libération – ☎ 04 73 93 22 22
– www.kyriad-prestige-clermont-ferrand.fr Plan : EX**m**
81 ch – 85/135 € 85/135 € – 15 €
Rest – Formule 15 € – Menu 20 € (semaine)/26 € – Carte environ 28 €
Ce bâtiment moderne, situé en centre-ville, abrite des chambres contemporaines colorées ; à partir du 3e étage, côté rue, elles bénéficient de la vue sur les volcans. Carte traditionnelle et formules buffets au restaurant, dans un décor d'inspiration bistrot.

Lafayette sans rest
53 av. de l'Union-Soviétique – ☎ 04 73 91 82 27 – www.hotel-le-lafayette.com
– Fermé 20 déc.-4 janv. Plan : GV**a**
48 ch – 79/115 € 79/115 € – 11 €
Hall contemporain, chambres actuelles (tons pastel, meubles de qualité) et bonne insonorisation caractérisent cet hôtel à 50 m de la gare.

Dav'Hôtel Jaude sans rest
10 r. des Minimes – ☎ 04 73 93 31 49 – www.davhotel.fr – Fermé 20 déc.-6 janv.
28 ch – 64/74 € 67/79 € – 10 € Plan : EV**f**
Un établissement à quelques pas de la fameuse place de Jaude dont les jeux d'eau, la nuit venue, s'illuminent de couleurs différentes. À croire que la jeune artiste ayant relooké l'hôtel s'en est inspirée... avec des notes vives dans les chambres. Simple et vivifiant !

Hôtel des Puys
16 pl. Delille – ✆ 04 73 91 92 06 – www.hoteldespuys.com Plan : FV**n**
63 ch – †99/180 € ††99/180 € – ☕ 14 €
Rest – Formule 15 € – Menu 21/26 € – Carte 32/38 € *(fermé sam. et dim.)*
Si vous êtes perdu, demandez votre chemin aux Clermontois : ils connaissent tous la place Delille. Cet hôtel offre confort, modernité et... vue imprenable sur le puy de Dôme depuis la salle du petit-déjeuner, au 6e étage !

Le Relais Kennedy sans rest
bd Edgar-Quinet – ✆ 04 73 23 37 01 – www.relais-kennedy.com Plan : CY**e**
55 ch – †69/130 € ††69/140 € – ☕ 12 €
Vu de l'extérieur, cet hôtel a un petit je-ne-sais-quoi de colonial. Dans les chambres, spacieuses et confortables, l'atmosphère est à la fois douce et chaleureuse. Aux beaux jours, profitez de la piscine !

Ibis Montferrand
bd A.-Brugière – ✆ 04 73 23 00 04 Plan : CY**v**
77 ch – †68/93 € ††68/93 € – ☕ 10 €
Rest – Menu 20 € – Carte 22/34 € *(fermé le midi)*
À deux pas du quartier historique de Clermont-Ferrand, un bâtiment moderne en retrait d'un petit boulevard. Les chambres sont bien pensées : grand lit avec couette, espace de travail, mobilier en bois. Restaurant d'esprit bistrot, proposant par exemple bavette et andouillette.

Bordeaux sans rest
39 av. F.-Roosevelt – ✆ 04 73 37 32 32 – www.hoteldebordeaux.com – Fermé 21 déc.-15 janv. Plan : DX**t**
31 ch – †65/85 € ††65/85 € – ☕ 9 €
La capitale du vin est loin, mais que cela ne vous empêche pas de faire escale dans ce petit hôtel du centre-ville. Dominance des tons orangés dans les chambres, chaleureuses et confortables. Un établissement parfaitement tenu.

Restaurants

Jean-Claude Leclerc
12 r. St-Adjutor – ✆ 04 73 36 46 30 – www.restaurant-leclerc.com – Fermé 2-10 mars, 4-12 mai, 10 août-2 sept., dim. et lundi Plan : EV**k**
Menu 35 € (déj. en semaine), 55/105 € – Carte 78/108 €
Dans cet établissement proche du palais de justice, point de convocation à une audience, mais une invitation à l'épicurisme ! Voilà une table clermontoise très appréciée : tout en équilibre et très maîtrisées, les assiettes pétillent de saveurs... Atmosphère élégante et terrasse ombragée.
➜ Brochette d'escargots de pays au beurre vert et ravioli de pomme de terre. Bar aux huîtres, vinaigre de mangue et jeunes poireaux. Poire rôtie au sucre muscovado, gaufre et crème glacée au caramel.

Amphitryon Capucine
50 r. de Fontgiève – ✆ 04 73 31 38 39 – www.amphitryoncapucine.com – Fermé 1er-19 août, dim. et lundi Plan : DV**k**
Menu 25 € (déj. en semaine), 30/85 € – Carte 51/76 €
Aux commandes de cette table clermontoise œuvre un chef venu de... Marseille ! Il signe de jolies recettes du moment, marquées par l'esprit du Sud, fort bien cuisinées et riches en saveurs, à l'instar de ces fleurs de courgette farcies à la ratatouille. Cadre classique et feutré.

Apicius (Arkadiusz Zuchmanski)
16 r. Claussmann – ✆ 04 73 91 13 61 – www.apicius-clermont.com – Fermé 28 avril-4 mai, 2-31 août, 1er-5 janv., sam., dim. et fériés Plan : FV**b**
Formule 35 € – Menu 49 € – Carte 106/121 €
L'enseigne célèbre un fameux cuisinier de l'Antiquité, à juste titre : les assiettes, bien qu'actuelles, distillent des saveurs éternelles, celles des produits rendus dans leur vérité. Beau décor contemporain. ➜ Polenta crémeuse à la truffe noire, pied de porc croustillant et vieux parmesan. Lièvre à la royale, gnocchis Apicius glacés au foie gras et champignons. Mont-blanc façon Apicius.

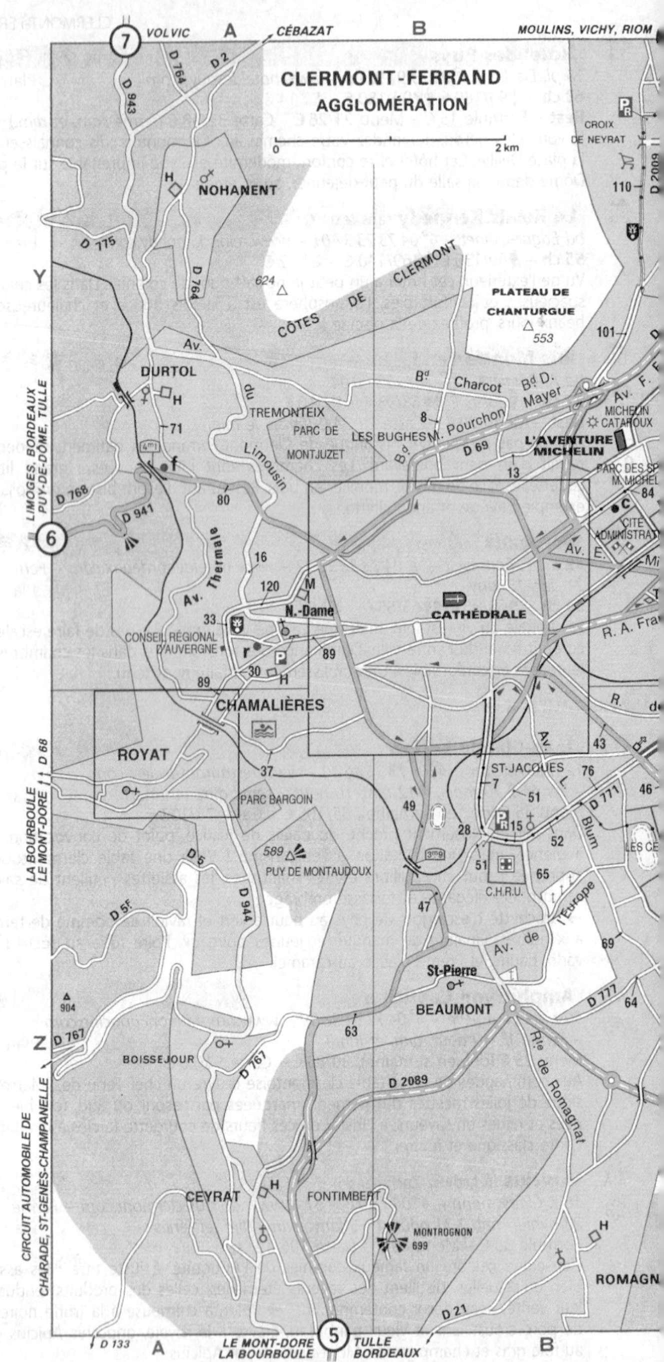
CLERMONT-FERRAND
AGGLOMÉRATION
VOLVIC
CÉBAZAT
MOULINS, VICHY, RIOM
NOHANENT
DURTOL
CÔTES DE CLERMONT
PLATEAU DE CHANTURGUE
TREMONTEIX
PARC DE MONTJUZET
LES BUGHES
L'AVENTURE MICHELIN
CATHÉDRALE
N.-Dame
CONSEIL RÉGIONAL D'AUVERGNE
CHAMALIÈRES
ROYAT
PARC BARGOIN
PUY DE MONTAUDOUX
ST-JACQUES
C.H.R.U.
St-Pierre
BEAUMONT
BOISSEJOUR
CEYRAT
FONTIMBERT
MONTROGNON
LIMOGES, BORDEAUX PUY-DE-DÔME, TULLE
LA BOURBOULE LE MONT-DORE
CIRCUIT AUTOMOBILE DE CHARADE, ST-GENÈS-CHAMPANELLE
LE MONT-DORE LA BOURBOULE
TULLE BORDEAUX

AUBIÈRE

Cournon (av. de) . . . . **CZ**
Maerte (av. Roger) . . . . . . **CZ** 55
Mont-Mouchet (av. du) . . . **BZ** 64
Moulin (av. Jean) . . . . **CZ**
Noëllet (av. Jean) . . . . **BZ** 69
Roussillon (av. du) . . . . **CZ**

BEAUMONT

Europe (av. de l') . . . . **BZ**
Leclerc (av. du Maréchal) . **BZ** 47
Mont-Dore (av. du) . . . . . **ABZ** 63
Romagnat (route de) . . . . . **BZ**

CHAMALIÈRES

Claussat (av. Joseph) . . . . **AY** 16
Europe (carrefour de l') . . . **AY** 30
Fontmaure (av. de) . . . . . . **AY** 33
Gambetta (bd) . . . . **AZ** 37
Royat (av. de) . . . . **AY** 89
Thermale (av.) . . . . **AY**
Voltaire (av.) . . . . **AY** 120

CLERMONT-FERRAND

Agriculture (av. de l') . . . . . **CY** 3
Anatole-France (r.) . . . . **BY**
Bernard (bd Claude) . . . . . **BZ** 7
Bingen (bd Jacques) . . **BCYZ**
Blanzat (r. de) . . . . **BY** 8
Blériot (r. Louis) . . . . **CY** 10
Blum (av. Léon) . . . . **BZ**
Brezet (av. du) . . . . **CY**
Champfleuri (r.) . . . . **BY** 13
Charcot (bd) . . . . **BY**
Churchill (bd Winston) . . . **BZ** 15
Clementel (bd Etienne) . . **BY**
Cugnot (r. Nicolas-Joseph) **CY** 22
Dunant (pl. Henri) . . . . **BZ** 28
Flaubert (bd Gustave) . . . . **CZ** 32
Forest (av. Fernand) . . . . . **BY**
Jouhaux (bd Léon) . . . . **CY** 40
Kennedy
(bd John-Fitzgerald) . . . **CY** 41
Kennedy (carrefour) . . . . . **CY** 42
Lafayette (bd) . . . . **BZ** 43
Landais (av. des) . . . . **BCZ** 46
Libération (av. de la) . . . . . **BZ** 49
Limousin (av. du) . . . . **AY**
Liondards (r. des) . . . . **BZ** 51
Loucheur (bd Louis) . . . . . **BZ** 52
Mabrut (r. Adrien) . . . . **CY** 53
Margeride (av. de la) . . . . . **CZ** 58
Mayer (bd Daniel) . . . . **BY**
Mermoz (av. Jean) . . . . **CY**
Michelin (av. Édouard) . . . **BY**
Montalembert (r.) . . . . **BZ** 64
Moulin (bd Jean) . . . . **CY** 39
Oradou (r. de l') . . . . **BCZ**
Pochet-Lagaye (bd Paul) . . **BZ** 76
Pompidou (bd Georges) . . **CY**
Pourchon (bd Maurice) . . . **BY**
Puy de Dôme (av. du) . . . . **AY** 80
Quinet (bd Edgar) . . . . **CY**
République (av. de la) . . . . **BY** 84
Saint-Jean (bd) . . . . **CY** 96
Sous les Vignes (r.) . . . . . . **BY** 101
Torpilleur Sirocco (r. du) . . **BY** 110
Verne (r. Jules) . . . . **CY** 117
Viviani (r.) . . . . **CY**

DURTOL

Paix (av. de la) . . . . **AY** 71

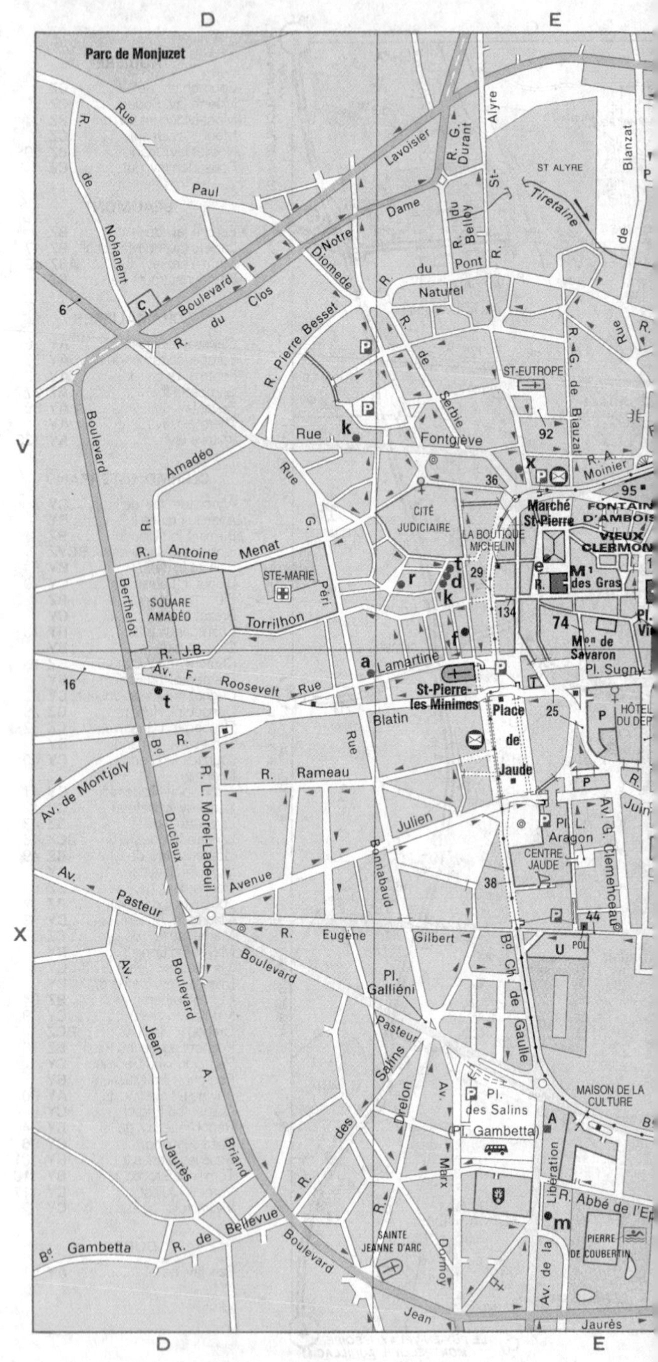
D
E
V
X
Parc de Monjuzet
Rue Paul
R. de Nohanent
Boulevard du Clos
Notre Dame
Lavoisier
R. G. Durant
Alyre
St-Alyre
ST ALYRE
Tiretaine
Blanzat
R. du Belloy
Pont
R. du Naturel
Diomède
R. Pierre Besset
R. de Serbie
ST-EUTROPE
R. G. de Biauzat
Rue Fontgiève
Amadéo
Rue G. Péri
R. A. Moinier
Marché St-Pierre
FONTAINE D'AMBOISE
VIEUX CLERMONT
CITÉ JUDICIAIRE
LA BOUTIQUE MICHELIN
R. Antoine Menat
STE-MARIE
Boulevard Berthelot
SQUARE AMADÉO
Torrilhon
R. J.B. Lamartine
Av. F. Roosevelt
Rue Blatin
St-Pierre-les-Minimes
Place de Jaude
M¹ R. des Gras
Mon de Savaron
Pl. Sugny
HÔTEL DU DEP
Av. de Montjoly
Bd R.
R. L. Morel-Ladeuil
R. Rameau
Julien
Duclaux
Avenue
Bonnabaud
Pl. L. Aragon
CENTRE JAUDE
Av. G. Clemenceau
Juin
Av. Pasteur
R. Eugène Gilbert
Bd Ch. de Gaulle
POL
Boulevard Pasteur
Pl. Galliéni
Av. Jean Jaurès
Boulevard A. Briand
R. des Salins
Drelon
Av. Marx
Pl. des Salins
(Pl. Gambetta)
MAISON DE LA CULTURE
Libération
Av. de la
R. Abbé de l'Ep
PIERRE DE COUBERTIN
R. Dormoy
SAINTE JEANNE D'ARC
Bd Gambetta
R. de Bellevue
Boulevard Jean Jaurès
Jaurès
6
16
36
92
95
29
134
74
25
38
44
c
k
x
e
t
r
d
f
a
m
A
U
P

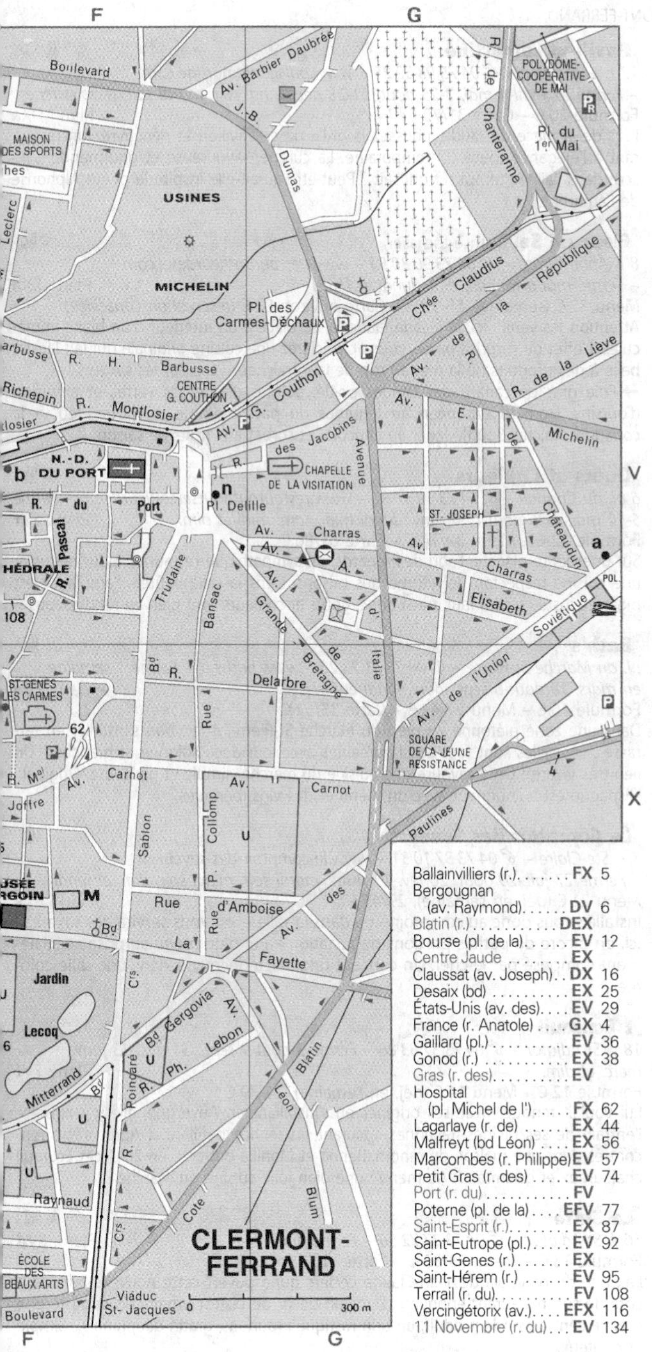

Ballainvilliers (r.) . . . . . . FX 5
Bergougnan (av. Raymond). . . . . DV 6
Blatin (r.) . . . . DEX
Bourse (pl. de la) . . . . . EV 12
Centre Jaude . . . . EX
Claussat (av. Joseph) . . DX 16
Desaix (bd) . . . . EX 25
États-Unis (av. des). . . . EV 29
France (r. Anatole) . . . . GX 4
Gaillard (pl.) . . . . EV 36
Gonod (r.) . . . . EX 38
Gras (r. des). . . . . EV
Hospital (pl. Michel de l') . . . . FX 62
Lagarlaye (r. de) . . . . . . EX 44
Malfreyt (bd Léon) . . . . EX 56
Marcombes (r. Philippe) EV 57
Petit Gras (r. des) . . . . . EV 74
Port (r. du) . . . . FV
Poterne (pl. de la) . . . . EFV 77
Saint-Esprit (r.). . . . . . . EX 87
Saint-Eutrope (pl.) . . . . . EV 92
Saint-Genes (r.) . . . . EX
Saint-Hérem (r.) . . . . . . EV 95
Terrail (r. du). . . . . FV 108
Vercingétorix (av.). . . . EFX 116
11 Novembre (r. du) . . . EV 134

Pavillon Lamartine

17 r. Lamartine – ✆ 04 73 93 52 25 – www.pavillonlamartine.com – Fermé 27 avril-4 mai, 3-25 août, 21-28 déc., lundi soir, mardi soir, dim. et fériés
Formule 20 € – Carte 31/72 € Plan : DX**a**
Près de la place de Jaude, poussez la grille de ce Pavillon et découvrez un restaurant à l'élégance toute contemporaine. La cuisine, savoureuse et gourmande, s'inscrit dans l'air du temps. Et qui sait ? Peut-être aurait-elle inspiré le poète Alphonse de Lamartine !

Fleur de Sel (Patrice Eschalier)

8 r. Abbé-Girard – ✆ 04 73 90 30 59 – www.restaurantfleurdesel.com – Fermé mai à mi-juin, dim., lundi et fériés Plan : FX**a**
Menu 32 € (semaine), 58/78 € – Carte environ 82 € *(réservation conseillée)*
Attention les yeux : ici, la façade jaune laisse place à un intérieur d'un blanc immaculé... L'effet de surprise passé, vous apprécierez une cuisine originale qui fait la part belle à des produits de la mer au top de leur fraîcheur : cap sur les saveurs !
➜ Foie gras de canard des Landes poêlé, pointes d'asperges vertes et émulsion d'oursins. Homard européen au légumes du pays "comme un pot-au-feu" à la coriandre fraîche. Soufflé léger au chocolat et sorbet aux fruits de saison.

Goûts et Couleurs

6 pl. du Changil – ✆ 04 73 19 37 82 – www.restaurantgoutsetcouleurs.com – Fermé 5-12 mai, 4-25 août, 1er-7 janv., lundi midi, sam. midi et dim. Plan : EV**r**
Formule 22 € – Menu 32/74 € – Carte 61/86 €
Sur une petite place, à l'abri des regards, un sympathique restaurant pour déguster une cuisine respectant le rythme des saisons. Dans la salle voûtée, l'ambiance est bigarrée juste ce qu'il faut. Ainsi donc, goûts et couleurs sont bien au rendez-vous !

Bath's

pl. du Marché-St-Pierre – ✆ 04 73 31 23 22 – www.baths.fr – Fermé 1 semaine en mars, 18 août-6 sept., dim., lundi et fériés Plan : EV**e**
Formule 16 € – Menu 27/42 € – Carte 35/52 €
Dans une zone piétonne au pied du marché St-Pierre, il fait bon s'installer en terrasse... Les salles sont tout aussi agréables avec leur déco soignée et branchée. Un lieu très vivant ! On y savoure une cuisine du marché, simple et goûteuse. Original : l'Espagne est à l'honneur avec un menu et des vins ibériques.

Le Comptoir des Saveurs

5 r. Ste-Claire – ✆ 04 73 37 10 31 – www.le-comptoir-des-saveurs.fr – Fermé 27 juil.-20 août, 20 fév.-1er mars, mardi soir, merc. soir, dim. et lundi
Menu 21 € (déj. en semaine), 29/43 € Plan : EV**x**
Installez-vous donc au comptoir – ou dans la salle –, on vous servira des saveurs ! Ici, on picore de petites portions dégustation au fil d'un menu surprise spécialement composé par le chef. Un concept original, à découvrir dans une salle colorée.

L'Écureuil

18 r. St-Adjutor – ✆ 04 73 37 83 86 – Fermé 3 août-9 sept., 31 déc.-13 janv., merc. et dim. Plan : EV**t**
Formule 12 € – Menu 14 € (déj. en semaine), 24/39 €
Lui voulait renouer avec ses origines en s'installant en Auvergne, elle y a apporté l'entrain de ses racines italiennes, assurant un service pétillant… Après s'être rencontrés dans une maison de renom, Benoît et Monika ont créé en 2011 cet Écureuil chaleureux et gourmand. Au menu : une bien jolie cuisine du marché !

La Suite

16 r. St-Adjutor – ✆ 04 73 37 72 56 – Fermé dim. Plan : EV**d**
Formule 13 € – Menu 23/33 € – Carte 34/52 €
La Suite du parcours de Jean-Claude Leclerc qui a ouvert cette nouvelle adresse à côté de son restaurant éponyme. Dans un décor de bistrot urbain, on déguste une cuisine centrée sur le produit, un brin rustique : rognons, gratin dauphinois... Simple et goûteux.

à Chamalières – ✉ 63400 – 17 081 hab.

Radio
43 av. Pierre-et-Marie-Curie – ✆ 04 73 30 87 83 – www.hotel-radio.fr
– Fermé 2-11 nov. et 1er-15 janv. Plan : Plan de RoyatB**w**
25 ch – †90/145 € ††99/160 € – ☕ 15 € – ½ P
Rest ***Radio*** ✿ – voir les restaurants ci-après
Héritage des années 1930, cet hôtel des hauteurs de Chamalières offre un beau témoignage du style Art déco – celui des années radio ! À l'exception des chambres, spacieuses et feutrées, qui sont décorées de manière contemporaine, le côté rétro domine... et séduit notamment la clientèle étrangère.

Radio – Hôtel Radio
43 av. Pierre-et-Marie-Curie – ✆ 04 73 30 87 83 – www.hotel-radio.fr
– Fermé 2-11 nov., 1er-15 janv., lundi midi,
sam. midi et dim. Plan : Plan de RoyatB**w**
Menu 30 € (déj.), 53/89 € – Carte 72/98 €
Dans ce bel hôtel qui a conservé son cachet Art déco, le restaurant plaira aux amateurs du style : lignes modernistes, alliance du verre et du miroir, sobriété du noir et blanc... Une source d'inspiration pour le chef ? Ses assiettes se révèlent esthétiques et recherchées, sans effets inutiles : de belles saveurs au menu.
→ Langoustines bretonnes rôties et petits légumes confits. Selle d'agneau du Bourbonnais poêlée, purée d'aubergine fumée au romarin, jus à la cardamome. Rhubarbe, fraise et verveine du Velay.

Ô Gré des Saveurs
22 r. du Pont-de-la-Gravière – ✆ 04 73 36 99 35 – www.ogredesaveurs.com
– Fermé 29 mai-5 juin, 7-25 août, 1er-8 janv., mardi soir, dim. soir et lundi
Formule 14 € – Menu 16 € (semaine), 28/41 € – Carte 33/50 € Plan : AY**r**
C'est à une jolie pérégrination qu'invite cette enseigne, où se cache aussi – l'avez-vous vu ? – un ogre. Pour sa première affaire, un jeune chef venu de Bretagne réécrit chaque jour ce petit itinéraire gargantuesque en fonction du marché. Notez qu'aucun ogre ne se cache dans la salle, où règne une ambiance conviviale.

à Pérignat-lès-Sarliève 8 km – ✉ 63170 – 2 696 hab.

Gergovie
25 allée du Petit-Puy – ✆ 04 73 79 09 95 – www.hotelgergovie-clermontferrand.com
59 ch – †78/150 € ††78/160 € – ☕ 14 € Plan : CZ**r**
Rest – Formule 19 € – Menu 23 € – Carte 30/38 € *(fermé le midi du 15 juil. au 17 août, sam. et dim.)*
Malgré le nom de cet établissement, aucune bataille à l'horizon ! La guerre des Gaules est loin, et c'est dans un grand bâtiment récent, à l'écart de l'autoroute, que les voyageurs posent leurs bagages. Les chambres sont résolument design, avec balcon ou terrasse. Restaurant traditionnel.

À la réservation, faites-vous bien préciser le prix et la catégorie de la chambre.

rte de la Baraque – ✉ 63830 Durtol

Le Pré - Xavier Beaudiment
rte de la Baraque – ✆ 04 73 19 25 00 – www.restaurant-lepre.com
– Fermé 20-30 avril, 1er-15 août, 2-8 janv., dim. soir, lundi et mardi Plan : AY**f**
Formule 34 € – Menu 55/75 €
Concept audacieux adopté par ce jeune chef : pas de carte, mais un menu unique élaboré selon l'inspiration du moment, avec la complicité de tout un réseau de petits producteurs et... les herbes sauvages de la région. Une "cuisine d'instinct", alliée à un vrai sens des saveurs, qui fait mouche !
→ Œuf de poule, lierre terrestre et noisette. Truite au jus d'oseille, céleri de terre et pomme du verger. Chocolat chaud, carotte sauvage et poire.

à Lempdes 10 km par ③ – ✉ 63370 – 8 354 hab.

B2K6

6 r. du Caire, (sortie Lempdes centre) – ✆ 04 73 61 74 71 – www.b2k6.fr – Fermé août, dim. et lundi

Formule 20 € – Menu 29/52 € – Carte 48/63 €

Ce sympathique bistrot est né de la rencontre de deux jeunes passionnés : Jérôme Bru, ancien second d'Anne-Sophie Pic, et Romain Billard, sommelier, passé également par de fameuses maisons. Au menu : une belle cuisine, rythmée par les saisons et les produits locaux, accompagnée des vins adéquats. Une belle complicité !

à La Baraque 6 km par ⑥ – ✉ 63870

Le Relais des Puys

59 rte de la Baraque – ✆ 04 73 62 10 51 – www.relaisdespuys.com – Fermé de mi-déc. à fin janv. et dim. soir hors saison

36 ch – †71/85 € ††71/85 € – ☕ 10 € – ½ P

Rest *Le Relais des Puys* – voir les restaurants ci-après

Depuis sept générations, la même famille veille sur ce relais de diligence devenu un hôtel-restaurant. Les chambres sont simples mais confortables et parfaitement tenues. Une bonne adresse sur la route du puy de Dôme.

Le Relais des Puys

59 rte de la Baraque – ✆ 04 73 62 10 51 – www.relaisdespuys.com – Fermé mi-déc. à fin janv., dim. soir hors saison et lundi midi

Formule 16 € – Menu 19/51 € – Carte 26/50 €

Voilà un restaurant simple et chaleureux où l'on mange bien. Il ne reste qu'à se mettre devant la cheminée ou sur la terrasse pour goûter le poulet fermier à la gentiane, une terrine de rouget aux lentilles ou un bon plateau de fromages.

à Orcines 8 km par ⑥ – ✉ 63870 – 3 296 hab.

Les Hirondelles

34 rte de Limoges – ✆ 04 73 62 22 43 – www.hotel-leshirondelles.com – Ouvert de fév. à nov. et fermé dim. soir, mardi midi et lundi en fév.-mars

30 ch – †67/87 € ††73/94 € – ☕ 10 €

Rest – Formule 17 € – Menu 20 € (semaine), 28/43 € – Carte 31/44 €

Postée en lisière du parc naturel régional des Volcans d'Auvergne, cette ancienne ferme – où venaient nicher des hirondelles, d'où le nom de l'établissement – abrite des chambres petites mais bien tenues. Sous les voûtes de l'ancienne étable, on sert une cuisine auvergnate.

Auberge de la Baraque

2 rte de Bordeaux – ✆ 04 73 62 26 24 – www.laubrieres.com – Fermé 3-19 mars, 7-23 juil., lundi, mardi et merc.

Menu 30/54 €

Cette baraque-là, tout comme les plats qu'on y prépare, ne sont pas faits de bric et de broc ! Dans le cadre rustique de cet ancien relais de diligence (1800), on apprécie une cuisine de qualité, savoureuse et bien présentée. Le tout à petits prix.

Auberge de la Fontaine du Berger

167 rte de Limoges – ✆ 04 73 62 10 52 – www.auberge.fr – Fermé 3-6 mars, 12-15 mai, 28 août-3 sept., 22 déc.-15 janv., dim. soir, mardi soir et merc.

Menu 17 € (déj. en semaine), 31/49 € – Carte 30/55 €

Arrêtez-vous dans cette maison de pays aux volets rouges ! On y apprécie une jolie cuisine où les produits frais ont la part belle. Dans les assiettes, le goût est au rendez-vous. À l'image de ce tartare de thon avec des chips de pommes de terre ou ce filet de saint-pierre accompagné d'épinards et d'agrumes...

CLERMONT-L'HÉRAULT

✉ 34800 (Hérault) – 8 018 hab. – **Voir carte n°23**-C2

Paris 718 km – Béziers 46 km – Lodève 24 km – Montpellier 42 km

Carte Michelin 339-F7

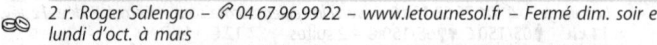

Le Tournesol
2 r. Roger Salengro – ✆ 04 67 96 99 22 – www.letournesol.fr – Fermé dim. soir et lundi d'oct. à mars
Formule 13 € – Menu 16 € (déj. en semaine), 24/39 € – Carte 32/78 €
Prenez une jolie véranda, ajoutez du mobilier en teck et une grande terrasse plantée d'oliviers… et vous obtiendrez une certaine idée des vacances ! Dans ce restaurant du centre-ville, où le Midi s'invite dans l'assiette, le chef signe une cuisine traditionnelle gorgée de soleil. Une bonne adresse.

à Brignac 3 km à l'Est par D 4 – ✉ 34800 – 714 hab.

La Missare sans rest
9 rte de Clermont – ✆ 04 67 96 07 67 – http://la.missare.free.fr
4 ch – 🛉75 € 🛉🛉75 €
La Missare ("le loir" en languedocien...) allie charme et sérénité : chambres spacieuses, meubles chinés – le maître des lieux est antiquaire –, beau jardin envahi de fleurs, piscine... Un conseil : ne passez pas à côté du petit-déjeuner maison !

CLERVAL

✉ 25340 (Doubs) – 1 045 hab. – Voir carte n°**17**-C2
Paris 459 km – Besançon 58 km – Delémont 103 km – Neuchâtel 111 km
Carte Michelin 321-I2 – Guide Vert Michelin Franche-Comté Jura

La Bonne Auberge avec ch
2 rte de Besançon – ✆ 03 81 97 81 01 – www.hotellabonneauberge.com – Fermé 1 semaine en fév., 1 semaine en juin, 1 semaine en août, 1 semaine en oct., 1 semaine à Noël, sam. midi, dim. soir et vend.
6 ch – 🛉70/80 € 🛉🛉70/80 € – 9 € – ½ P
Formule 11 € – Menu 28/33 € – Carte environ 35 €
Voilà une enseigne qui donne le ton ! Dans cette belle maison en pierre, à la sortie du village et à deux pas du Doubs, on savoure de bons petits plats traditionnels. Les préparations sont maîtrisées, les produits de qualité. Accueil sympathique.

CLESSÉ

✉ 71260 (Saône-et-Loire) – 829 hab. – Voir carte n°**8**-C3
Paris 397 km – Dijon 127 km – Lyon 85 km – Mâcon 15 km
Carte Michelin 320-I11 – Guide Vert Michelin Bourgogne

Château de Besseuil Ⓝ
– ✆ 03 85 36 92 49 – www.chateaudebesseuil.com – Fermé dim. et lundi du 16 nov. au 31 mars
14 ch – 🛉79/229 € 🛉🛉139/229 € – 6 suites – 18 € – ½ P
Rest *Château de Besseuil* – voir les restaurants ci-après
Une superbe demeure du 16e s., posée en plein cœur d'un domaine viticole de quatre hectares, où le calme est roi. Dans ce cadre magnifique, on découvre des chambres épurées et colorées, qui raviront notamment les adeptes du design nordiste.

Château de Besseuil Ⓝ
– ✆ 03 85 36 92 49 – www.chateaudebesseuil.com – Fermé dim. et lundi du 16 nov. au 31 mars
Formule 20 € – Menu 27 € (déj. en semaine), 39/135 € – Carte 57/80 €
Dans l'une des dépendances du château, ce restaurant met en valeur les produits bourguignons avec une patte moderne et créative. Les menus sont variés, et la carte des vins est tout simplement superbe !

CLICHY – 92 Hauts-de-Seine ➜ voir Paris, Environs

CLIOUSCLAT

✉ 26270 (Drôme) – 636 hab. – Voir carte n°**44**-B3
Paris 586 km – Montélimar 24 km – Valence 31 km
Carte Michelin 332-C5

La Treille Muscate
Le village – ☎ 04 75 63 13 10 – www.latreillemuscate.com – Fermé 8 déc.-12 fév.
11 ch – 65/150 € 65/150 € – 2 suites – 12 € – ½ P
Rest *La Treille Muscate* – voir les restaurants ci-après
Cette belle bâtisse en pierre est tout imprégnée de douceur provençale : le jardin ouvre sur les vergers alentour, les chambres sont raffinées... La tranquillité avec l'accent du Sud.

La Treille Muscate
Le village – ☎ 04 75 63 13 10 – www.latreillemuscate.com – Fermé 8 déc.-12 fév. et lundi
Formule 20 € – Menu 31/38 € – Carte 40/47 €
La terrasse, au cœur du village, dégage le charme de l'authenticité ; la salle voûtée est très cosy... Produits frais, saveurs régionales revisitées par le chef : l'assiette est au diapason. Tout est fait maison et cela se sent !

La Fontaine
Le village – ☎ 04 75 63 07 38 – www.lafontaine-cliousclat.fr – Fermé vacances de la Toussaint, de Noël et de fév., dim. soir et mardi soir de sept. à mi-juin et merc.
Formule 13 € – Menu 29/40 € – Carte 35/44 €
Un bistrot de village vraiment sympathique. Regardez, depuis la salle, on aperçoit le chef s'activer en cuisine autour des bons produits... Et savourez, car ses petits plats du terroir sont alléchants ! Jolie terrasse sur la rue.

CLISSON

✉ 44190 (Loire-Atlantique) – 6 732 hab. – Voir carte n°**34**-B2
Paris 396 km – Nantes 31 km – Niort 130 km – Poitiers 151 km
Carte Michelin 316-I5 – Guide Vert Michelin Pays de la Loire

Villa Saint-Antoine
8 r. St-Antoine – ☎ 02 40 85 46 46 – www.hotel-villa-saint-antoine.com
43 ch – 89/158 € 89/158 € – 13 € – ½ P
Rest – Formule 15 € – Menu 29/38 € – Carte 38/50 €
Au cœur de Clisson – petite ville dont l'architecture s'inspire de la Toscane –, cette ancienne filature propose de belles chambres contemporaines rendant hommage à l'art italien. Terrasse au bord de l'eau. Cuisine d'aujourd'hui dans un décor de brasserie.

La Bonne Auberge
1 r. Olivier-de-Clisson – ☎ 02 40 54 01 90 – Fermé 6-31 août, 1er-19 janv., merc. soir, dim. soir, lundi et mardi
Formule 15 € – Menu 22 € (déj. en semaine), 45/70 € – Carte 65/85 €
Cette maison bourgeoise compte trois salles à manger élégantes et chaleureuses (boiseries blondes), dont une véranda ouverte sur un petit jardin. Carte fidèle à son classicisme.

à Gétigné 3 km au Sud-Est par D 149 et rte secondaire – ✉ 44190 – 3 397 hab.

La Gétignière
3 r. de la Navette – ☎ 02 40 36 05 37 – www.lagetigniere.com – Fermé vacances de Noël, dim. soir, mardi soir et lundi
Formule 18 € – Menu 22 € (semaine), 32/44 € – Carte 45/65 €
Jolie maison fleurie au cœur du village. Salle contemporaine (murs gris, mobilier design) et terrasse ouvrant sur un petit jardin japonisant. Cuisine actuelle.

CLOHARS-FOUESNANT – 29 Finistère ➜ voir Bénodet

CLUNY

✉ 71250 (Saône-et-Loire) – 4 638 hab. – Voir carte n°**8**-C3
Paris 384 km – Mâcon 25 km – Chalon-sur-Saône 49 km – Montceau-les-Mines 44 km
Carte Michelin 320-H11 – Guide Vert Michelin Bourgogne

Avril (R. d') 2
Conant (Espace K. J.) 3
Filaterie (R.) 4
Gaulle (Av. Ch.-de) 5
Lamartine (R.) 6
Levée (R. de la) 8
Marché (Pl. du) 9
Mercière (R.) 12
Prud'hon (R.) 14
Pte des Prés (R.) 13
République (R.) 15

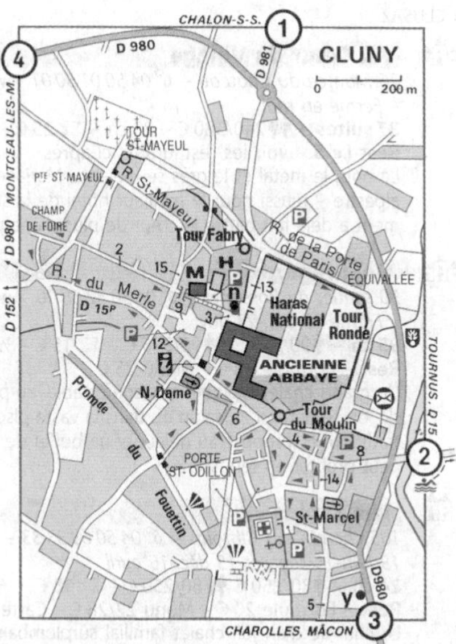

Hôtel de Bourgogne

pl. de l'Abbaye – ✆ 03 85 59 00 58 – www.hotel-cluny.com – Fermé 1er déc.-6 fév. et 1er-8 mars **n**

14 ch – 89/95 € 89/135 € – 2 suites – ☕ 11 €

Rest *Restaurant de Bourgogne* – voir les restaurants ci-après

En face de la célèbre abbaye, une maison de caractère où Lamartine avait jadis ses habitudes. Les chambres sont classiques, spacieuses et parfaitement tenues. À cela s'ajoute un accueil fort aimable. En résumé, la bonne adresse de la cité.

Hostellerie d'Héloïse avec ch

♿ rest,

7 rte de Mâcon – ✆ 03 85 59 05 65 – www.hostelleriedheloise.com – Fermé 25 juin-4 juil., 21 déc.-début fév., dim. soir, jeudi midi et merc. **y**

13 ch – 59/69 € 59/69 € – ☕ 10 € – ½ P

Formule 20 € 🍷 – Menu 26/51 € – Carte 36/47 €

Un établissement convivial et joliment rétro ! Les Héloïse et Abélard d'aujourd'hui pourront y savourer une cuisine traditionnelle et régionale d'une belle finesse... Et pour l'étape, quelques chambres bien tenues.

Restaurant de Bourgogne – Hôtel de Bourgogne

pl. de l'Abbaye – ✆ 03 85 59 00 58 – www.hotel-cluny.com – Fermé 1er déc.-6 fév., 1er-8 mars, 22-29 juil., mardi et merc. **n**

Formule 19 € – Menu 26/48 € – Carte 38/62 €

Une table de tradition à deux pas de la célèbre abbaye. Derrière les fourneaux, le chef travaille de bons produits du terroir : pressé de lapin aux pruneaux, filet de bœuf charolais et réduction de vin rouge du Mâconnais, etc. Et aux beaux jours, on profite de la jolie petite terrasse.

LA CLUSAZ

✉ 74220 (Haute-Savoie) – 1 874 hab. – **Voir carte n°46-F1**

Paris 564 km – Albertville 40 km – Annecy 32 km – Chamonix-Mont-Blanc 60 km

Carte Michelin 328-L5 – Guide Vert Michelin Alpes du Nord

Au Cœur du Village
26 Montée du Château – ✆ 04 50 01 50 01 – www.hotel-aucoeurduvillage.fr – Fermé en mai
37 suites – ††240/580 € – 20 ch – ☕25 € – ½ P
Rest *Le 5* – voir les restaurants ci-après
Le bois, le métal et le grès se mêlent... Mariage des matières et des styles – design, alpestre – réussi pour le meilleur hôtel de la station. Ouvert fin 2010, cet établissement a déjà fait battre le cœur de plus d'une personne !

Beauregard
90 sentier du Bossonet – ✆ 04 50 32 68 00 – www.hotel-beauregard.fr – Fermé 19 oct.-23 nov.
95 ch – †90/375 € ††90/375 € – ☕15 € – ½ P
Rest – Formule 18 € – Menu 25 €
Un grand chalet typique, très confortable, au pied des pistes. Après une journée de ski, on se détend au salon ou dans la vaste piscine couverte. Pratique : le restaurant, traditionnel, propose au déjeuner un buffet de hors-d'œuvre et de desserts, dont on peut profiter en terrasse.

Les Sapins
105 chemin des Riffroids – ✆ 04 50 63 33 33 – www.clusaz.com – Ouvert 15 juin-15 sept. et 15 déc.-15 avril
24 ch – †80/250 € ††80/250 € – ☕13 € – ½ P
Rest – Formule 20 € – Menu 22/28 € – Carte 32/42 €
Le charme d'un joli chalet familial surplombant le village... Bois blond et tomettes au salon, accès direct aux pistes : rien ne manque – même pas l'espace bien-être – et l'on se sent bien. Un grand creux ? On se repaît de tartiflettes et de fondues en profitant de la vue sur les pentes enneigées.

Alp'Hôtel
192 rte col des Aravis – ✆ 04 50 02 40 06 – www.clusaz.com – Ouvert 15 juin-15 sept. et 15 déc.-20 avril
15 ch – †80/240 € ††105/275 € – ☕14 € – ½ P
Rest – Menu 35 € – Carte 34/59 € *(fermé le midi)*
Haut chalet au cœur de la station. Dans les chambres (toutes avec balcon) règne une agréable atmosphère savoyarde, et le restaurant devient un vrai lieu de vie pendant les beaux jours. Chaleureux !

Le 5 – Hôtel Au Cœur du Village
26 Montée du Château – ✆ 04 50 01 50 01 – www.hotel-aucoeurduvillage.fr/fr/restaurant-le-5 – Fermé en mai
Formule 35 € – Menu 55/90 € – Carte 68/100 €
Ce restaurant chic, au cœur de la station, propose un grand choix de poissons et de viandes. Dans la salle, avec vue sur les cuisines, l'ambiance est animée. Aux beaux jours, préférez la terrasse à l'étage.

rte du Col des Aravis 4 km au Sud par D 909 – ✉ 74220

Les Chalets de la Serraz

3862 rte du Col des Aravis – ✆ 04 50 02 48 29 – www.laserraz.com – Fermé 21 avril-28 mai et 28 sept.-24 oct.
10 ch – ½ P seult 110/185 € **Rest** – Menu 30 € *(fermé le midi en hiver)*
Une ancienne ferme, la montagne à perte de vue et des chambres douillettes... Dans le jardin, de charmants chalets abritent les duplex, avec terrasse privative. Et, en prime, un bain finlandais vous attend en extérieur !

CLUSES

✉ 74300 (Haute-Savoie) – 17 408 hab. – **Voir carte n°46-F1**
Paris 570 km – Annecy 56 km – Chamonix-Mont-Blanc 41 km – Thonon-les-Bains 59 km
Carte Michelin 328-M4 – Guide Vert Michelin Alpes du Nord

La Ferme du Lac

550 av. Louis-Coppel, lacs de Thyez – ✆ 04 50 18 94 00 – www.fermedulac.com – Fermé août et 1 semaine vacances de Noël

20 ch – †75/130 € ††85/130 € – ☕ 12 € – ½ P

Rest – Menu 20/30 € – Carte 30/54 € *(fermé sam. midi et dim.)*

Dans un quartier calme, face aux lacs de Thyez, ce chalet cossu, créé en 2011, est fonctionnel et parfait pour une étape. Bois et équipements high-tech : les chambres sont confortables et propices au repos.

XX **Le St-Vincent**

14 r. Fg-St-Vincent, au Sud-Est par rte de Chamonix – ✆ 04 50 96 17 47 – www.le-saint-vincent.com – Fermé 11-24 août, sam. midi et dim.

Formule 20 € – Menu 30/50 € – Carte 40/58 €

Un esprit "nouvelle auberge", une atmosphère chaleureuse et une cuisine soignée et délicate, que le jeune chef concocte avec de beaux produits : la valeur sûre de Cluses !

COCHEREL – 27 Eure ➜ voir Pacy-sur-Eure

COCURÈS – 48 Lozère ➜ voir Florac

COËX – 85 Vendée ➜ voir St-Gilles-Croix-de-Vie

COGNAC

✉ 16100 (Charente) – 18 557 hab. – **Voir carte n°38-B3**

Paris 478 km – Angoulême 45 km – Bordeaux 120 km – Niort 83 km

Carte Michelin 324-I5 – Guide Vert Michelin Poitou-Charentes

Le Valois sans rest

35 r. du 14-Juillet – ✆ 05 45 36 83 00 – www.hotellevalois.com – Fermé 23 déc.-4 janv. Plan : Z**a**

56 ch – †76 € ††82 € – ☕ 10 €

À deux pas des chais de Cognac, dans un immeuble des années 1980, des chambres fonctionnelles et assez spacieuses (une partie dans l'annexe voisine). L'entretien se révèle très soigné.

Héritage

25 r. d'Angoulême – ✆ 05 45 82 01 26 – www.hheritage.com – Fermé 22 fév.-10 mars Plan : Y**z**

19 ch – †67/70 € ††72/75 € – ☕ 8 €

Rest – Menu 45 € – Carte 35/53 € *(fermé dim. et lundi)*

Des couleurs très flashy, une myriade de styles, plein de contrastes... Cet hôtel particulier du Second Empire (1865) bouscule son héritage avec décalage, jeunesse et chaleur. Cuisine classique au restaurant.

XX **Les Pigeons Blancs** avec ch

rest,

110 r. Jules-Brisson – ✆ 05 45 82 16 36 – www.pigeons-blancs.com – Fermé 15-25 nov., dim. soir et lundi midi Plan : Y**d**

6 ch – †65/95 € ††85/115 € – ☕ 13 € – ½ P

Formule 28 € – Menu 38/65 € – Carte 58/80 €

Séparé du centre-ville par la Charente, un relais de poste du 17ᵉ s. dans un petit parc clos de mur. Un antre dédié à la tradition, sous l'égide de toute une famille (deux frères et leur sœur) très attachée au lieu.

X **Le Bistro de Claude**

35 r. Grande – ✆ 45 82 60 32 – www.bistro-de-claude.com – Fermé 3 semaines en août, sam. et dim. Plan : Y**n**

Formule 19 € – Menu 23 € (déj.)/30 € – Carte 42/61 €

Vous ne connaissez pas Claude ? Son bistro est à son image : chaleureux, franc et... gourmand, avec de belles assiettes fort bien mijotées (lotte rôtie à l'espagnole, entrecôte du Limousin à la plancha, etc.). Tout Cognac connaît Claude !

COGNAC

Angoulême (R. d') . . . . Y
Armes (Pl. d') . . . . Y
Bazoin (R. Abel) . . . . Y 6
Bernard Guionnet (Allées) . . . . Z 9
Boucher (R. Cl.) . . . . Y 7
Briand (R. A.) . . . . Y
Canton (R. du) . . . . Y 8
Château (Quai du) . . . . Y 10
Cordeliers (R. des) . . . . Y 11
Corderie (Allées de la) . . . . . . Z 12
François-1er (R.) . . . . Y 13
Germain (R. H.) . . . . Y 14
Grande Rue . . . . Y 15
Isle d'Or (R. de l') . . . . Y 16
Lusignan (R. de) . . . . Y 20
Magdeleine (R.) . . . . Y 21
Martell (Pl. Ed.) . . . . Z 22
Monnet (Pl. Jean) . . . . Z 23
Palais (R. du) . . . . Y 24
Victor-Hugo (Av.) . . . . Z
14-Juillet (R. du) . . . . Z 26

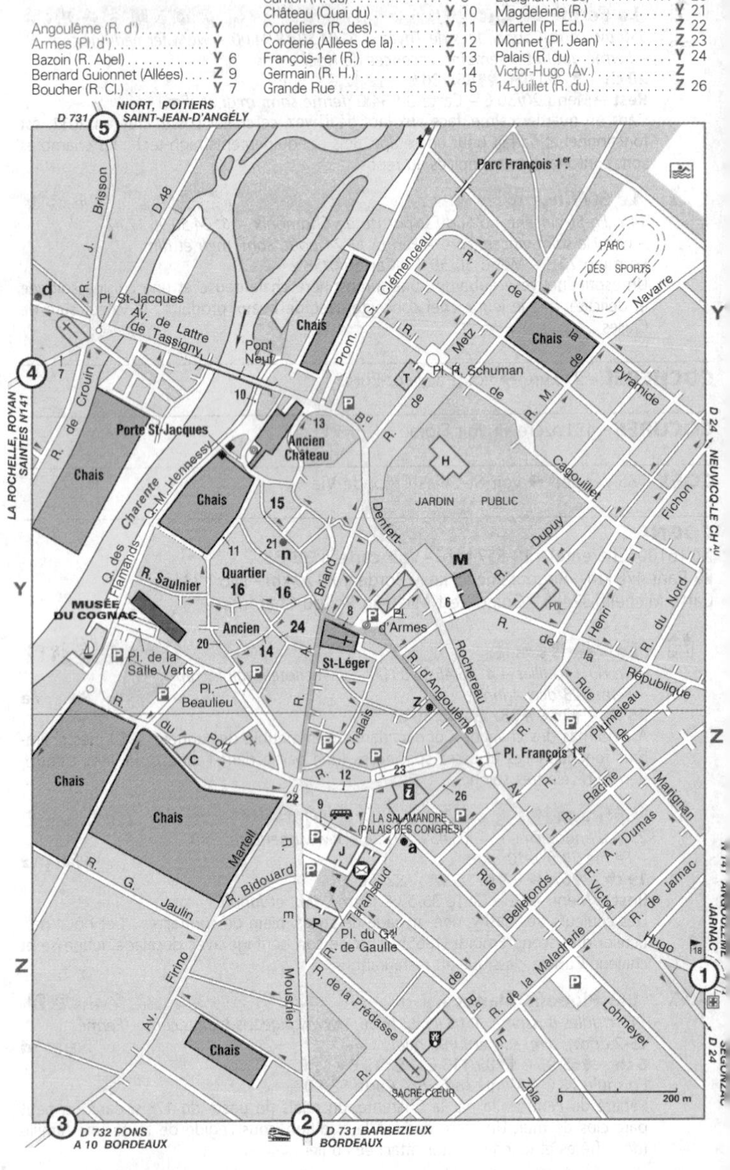

La Courtine

allée Fichon, parc François-1er – ✆ 05 45 82 34 78 – www.restaurant-la-courtine.fr – Fermé 24 déc.-10 janv. Plan : Y**t**

Formule 20 € – Menu 28 € – Carte 28/44 €

Pour s'encanailler sur les rives de la Charente, une ancienne guinguette dans un site préservé... Le décor tout en bois fait remonter le temps, de même que la cuisine simple et traditionnelle, aux prix mesurés. À noter : la jolie terrasse face au ponton.

au Sud-Est 3 km par ① rte d'Angoulême et rte de Rouillac (D 15) – ✉ 16100 Châteaubernard

Château de l'Yeuse

65 r. de Bellevue, (quartier l'Échassier) – ✆ 05 45 36 82 60 – www.yeuse.fr – Fermé 18 déc.-2 fév.

21 ch – †120/199 € ††120/199 € – 3 suites – ☕ 19 € – ½ P

Rest ***Le P'tit Yeuse*** **Rest** ***La Table de l'Yeuse*** – voir les restaurants ci-après

Atmosphère romantique en cette gentilhommière du 19e s. agrandie d'une aile moderne. Mobilier ancien et décor raffiné dans les chambres ; belle collection de cognacs dans le salon : beaucoup de charme !

Domaine de l'Échassier rest,

72 r. de Bellevue, (quartier l'Echassier) – ✆ 05 45 35 01 09 – www.echassier.com – Fermé 28 oct.-4 nov., 24-30 déc., 22 fév.-4 mars et dim. d' oct. à avril

26 ch – †80/130 € ††98/150 € – ☕ 13 € – ½ P

Rest – Menu 37 € (semaine)/42 € – Carte 36/48 €

En périphérie de Cognac, une construction des années 1980, d'esprit classique. Les chambres sont spacieuses et calmes, certaines avec balcon ou terrasse face au joli jardin. Le restaurant gastronomique ouvre lui aussi sur la verdure... pour une cuisine rythmée par les saisons.

XX **La Table de l'Yeuse** – Hôtel Château de l'Yeuse

65 r. de Bellevue, (quartier l'Échassier) – ✆ 05 45 36 82 60 – www.yeuse.fr – Fermé 18 déc.-2 fév., dim. sauf du 14 juil. au 25 août , lundi hors saison et le midi

Menu 45/90 € – Carte 54/76 €

Dans cette jolie demeure bourgeoise dominant la Charente, le chef réalise des préparations précises à partir de produits de qualité, qu'il sélectionne grâce à son réseau de producteurs locaux. Beaucoup d'harmonie et d'élégance : une belle maison.

X **Le P'tit Yeuse** – Hôtel Château de l'Yeuse

65 r. de Bellevue, (quartier l'Échassier) – ✆ 05 45 36 82 60 – www.yeuse.fr – Fermé 18 déc.-2 fév., lundi, sam., dim. et le soir

Menu 28 €

Au Château de l'Yeuse, on a le choix entre le gastro et ce bistrot qui propose une cuisine généreuse, d'un excellent rapport qualité-prix. Acras de morue, terrine de bœuf et carottes au persil, ou encore dos de merlu à la plancha et galette de courgettes du jardin… Ce P'tit Yeuse a tout d'un grand !

COGOLIN

✉ 83310 (Var) – 11 108 hab. – **Voir carte n°41-C3**

Paris 864 km – Fréjus 33 km – Ste-Maxime 13 km – Toulon 60 km

Carte Michelin 340-O6 – Guide Vert Michelin Côte d'Azur

XX **La Grange des Agapes**

7 r. du 11-Novembre, (pl. de la Mairie) – ✆ 04 94 54 60 97 – www.grangeagapes.com – Fermé 3-11 août, 24 déc.-5 janv., le midi du 12-31 août, dim. et lundi

Menu 23 € (déj.), 32/55 € – Carte 55/65 €

Une adresse qui a la cote : la salle est agréable (à l'étage, avec vue sur les fourneaux) et la cuisine, régionale, allie simplicité et authenticité. Le chef propose des cours.

X **Grain de Sel**

6 r. du 11-Novembre, (derrière la mairie) – ✆ 04 94 54 46 86 – www.grainsel-cogolin.fr – Fermé vend. midi , dim. et lundi sauf le soir en juil. août

Formule 22 € – Menu 29 € – Carte 41/53 € *(réservation conseillée)*

Au cœur de Cogolin, ce tout petit bistrot provençal ne manque pas de sel : un jeune couple en a repris les rênes en 2011 – elle en salle, lui en cuisine, pour cultiver toutes les saveurs du Sud.

COIRAC

✉ 33540 (Gironde) – 212 hab. – Voir carte n°**4**-C2
▶ Paris 598 km – Bordeaux 49 km – Langon 20 km – Périgueux 131 km
Carte Michelin 335-J6

Le Flore

1 Petit-Champ-du-Bourg – ☎ 05 56 71 57 47 – www.restaurantleflore.wordpress.com – Fermé mardi soir, merc. soir, dim. soir et lundi

Formule 15 € – Menu 30/41 € – Carte environ 38 €

On sait que les routes françaises cachent de jolies surprises. En voilà une avec cette bonne petite table de campagne. Les gourmands s'y retrouvent autour d'une cuisine du marché savoureuse et généreuse. Les propriétaires sont très accueillants et il y a même une terrasse donnant sur un petit verger !

COISE-ST-JEAN-PIED-GAUTHIER

✉ 73800 (Savoie) – 1 182 hab. – Voir carte n°**46**-F2
▶ Paris 582 km – Albertville 32 km – Chambéry 23 km – Grenoble 55 km
Carte Michelin 333-J4

Château de la Tour du Puits

rest,

1 km par rte du Puits – ☎ 04 79 28 88 00 – www.chateaupuit.fr – Ouvert 15 mai-15 sept.

7 ch – 170/310 € 170/310 € – 25 € – ½ P

Rest – Menu 35 € (déj.), 45/90 € *(fermé dim. soir sauf juil.-août, mardi midi et lundi) (résidents seult)*

Ce gracieux château rebâti au 18ᵉs. dresse sa tour en poivrière au milieu d'un superbe parc arboré. Chambres décorées avec soin (boutis, mobilier chiné...). Héliport. Fine cuisine actuelle réalisée avec de bons produits ; jolie terrasse sous une tonnelle.

COL BAYARD

✉ 05000 (Hautes-Alpes) – Voir carte n°**41**-C1
▶ Paris 658 km – Gap 7 km – La Mure 56 km – Sisteron 60 km
Carte Michelin 334-E5 – Guide Vert Michelin Alpes du Sud

à Laye 2,5 km au Nord par N 85 – ✉ 05500 – 246 hab.

La Laiterie du Col Bayard

– ☎ 04 92 50 50 06 – www.laiterie-col-bayard.com – Fermé 11 nov.-20 déc. et lundi sauf vacances scolaires

Menu 19/45 € – Carte 27/48 €

Une étape incontournable pour les amateurs de fromage ! Associé à une laiterie et à une belle boutique de produits régionaux, tout près du col Bayard, le restaurant joue la carte de la qualité version affinage : au menu, fondues, raclettes, etc., et un plateau de plus de 60 fromages, la plupart des Alpes bien sûr !

COL DE CUREBOURSE – 15 Cantal ➜ voir Vic-sur-Cère

COL DE LA CROIX-FRY – 74 Haute-Savoie ➜ voir Manigod

COL DE LA FAUCILLE

✉ 01170 (Ain) – Voir carte n°**46**-F1
▶ Paris 480 km – Bourg-en-Bresse 108 km – Genève 29 km – Gex 11 km
Carte Michelin 328-J2 – Guide Vert Michelin Franche-Comté Jura

La Mainaz

col de la Faucille, 1 km au Sud par D 1005 – ☎ 04 50 41 31 10 – www.la-mainaz.com – Fermé 15 juin-3 juil., 25 oct.-9 déc., dim. soir et lundi sauf vacances scolaires

21 ch – 90/125 € 90/125 € – 13 € – ½ P

Rest – Formule 30 € – Menu 36/50 € – Carte 41/89 €

Atout incontestable de ce grand chalet en bois : la vue exceptionnelle sur le Léman et les Alpes ! Il règne ici une ambiance familiale avec des chambres de style montagnard ; certaines d'entre elles sont plus récentes et lumineuses. Au petit-déjeuner, priorité aux fromages de la région !

COL DE LA MACHINE - 26 Drôme ➜ voir St-Jean-en-Royans

COL DE LA SCHLUCHT

(Vosges) – Voir carte n°**27**-D3
Paris 441 km – Colmar 37 km – Épinal 56 km – Gérardmer 16 km
Carte Michelin 314-K4

Le Collet

9937 rte de Colmar, (au Collet), 2 km sur rte de Gérardmer – ✆ 03 29 60 09 57 – www.chalethotel-lecollet.com
25 ch – 81 € 91/111 € – 6 suites – 15 € – ½ P
Rest ***Le Collet*** – voir les restaurants ci-après
Un beau chalet, au cœur du parc régional des Ballons des Vosges. Les chambres, très douillettes, fourmillent de détails soignés (tissu des Vosges brodé, bois, pierre) et les environs... de sapins !

Le Collet

9937 rte de Colmar, (au Collet), 2 km sur rte de Gérardmer – ✆ 03 29 60 09 57 – www.chalethotel-lecollet.com
Formule 16 € – Menu 26/52 € – Carte 36/44 €
Une "cuisine du terroir relookée", selon les propres mots du chef, qu'inspirent les choses "vraies", les légumes du potager et les produits de la ferme. Le goût des bonnes choses, dans un joli décor montagnard.

COL DU DONON

67130 (Bas-Rhin) – Voir carte n°**1**-A2
Paris 402 km – Lunéville 61 km – St-Dié 41 km – Sarrebourg 39 km
Carte Michelin 315-G5

Le Donon sans rest

– ✆ 03 88 97 20 69 – www.donon.fr – Fermé 22-25 déc.
28 ch – 120 € 120 € – 1 suite – 10 €
Sur le col, au milieu de la forêt, une imposante bâtisse abritant des chambres douillettes, d'esprit traditionnel, et des studios avec mansarde. Jolie piscine, sauna, jacuzzi. Cadre rustique et esprit régional au restaurant.

COL DU PAVILLON - 69 Rhône ➜ voir Cours

COLIGNY

01270 (Ain) – 1 154 hab. – Voir carte n°**44**-B1
Paris 407 km – Bourg-en-Bresse 24 km – Lons-le-Saunier 39 km – Mâcon 57 km
Carte Michelin 328-F2

Au Petit Relais

Grande-Rue – ✆ 04 74 30 10 07 – www.aupetitrelais.fr – Fermé 24 mars-4 avril, 22 sept.-2 oct., 1er-4 déc., dim. soir, merc. soir et jeudi
Menu 22 € (déj. en semaine), 31/73 € – Carte 54/101 € *(réservation conseillée)*
Ce Petit Relais propose une cuisine particulièrement goûteuse, assez sophistiquée, où se côtoient homard, poissons nobles, spécialités de la Bresse et vins choisis. La salle à manger est pimpante, et, l'été, on dresse la terrasse dans la cour intérieure.

COLLÉGIEN - 77 Seine-et-Marne ➜ voir Paris, Environs (Marne-la-Vallée)

LA COLLE-SUR-LOUP

06480 (Alpes-Maritimes) – 7 676 hab. – Voir carte n°**42**-E2
Paris 919 km – Antibes 15 km – Cagnes-sur-Mer 7 km – Cannes 26 km
Carte Michelin 341-D5 – Guide Vert Michelin Côte d'Azur

Alain Llorca

350 rte de St-Paul – ✆ 04 93 32 02 93 – www.alainllorca.com
10 ch – 170/270 € 170/270 € – 20 € – ½ P
Rest ***Alain Llorca*** – voir les restaurants ci-après
Un "hôtel de chef", idéal pour parfaire l'expérience de la cuisine d'Alain Llorca. Pour décor : un jardin à flanc de colline ; pour horizon : la campagne provençale et le village de St-Paul-de-Vence... Beaux volumes et matériaux de qualité font toute l'élégance des chambres.

Marc Hély sans rest
535 rte de Cagnes, 800 m au Sud-Est par D 6 – ✆ 04 93 22 64 10 – www.hotel-marc-hely.com – Ouvert fév.-nov.
10 ch – †90/110 € ††110/145 € – ☕ 12 €
Cette grande maison, un peu en retrait de la route de Cagnes, offre une vue imprenable sur St-Paul-de-Vence et les monts alentour. Les chambres sont calmes, bien tenues et décorées dans un style provençal parfaitement accordé à cet environnement...

Le Blanc Manger
1260 rte de Cagnes – ✆ 04 93 22 51 20 – www.leblancmanger.fr – Fermé lundi et mardi
Formule 25 € 🍷 – Menu 35 € (déj.), 45/60 € – Carte 55/73 € *(réservation conseillée)*
Ce restaurant méridional est l'antre de Brigitte Guignery, une chef passionnée par la cuisine provençale, qui a à cœur de "donner du sens au goût". Sa cuisine porte autant sa marque que celle de la région, avec une réelle sincérité et en toute simplicité.

Alain Llorca – Hôtel Alain Llorca
350 rte de St-Paul – ✆ 04 93 32 02 93 – www.alainllorca.com
Menu 38 € (déj.), 55/130 € – Carte 67/157 €
Ceux qui connaissaient déjà Alain Llorca, en particulier au Moulin de Mougins, ont le plaisir de le retrouver ici chez lui, signant une véritable ode à la cuisine méditerranéenne, revisitée avec finesse et sensibilité. À noter : spécialité de viandes et crustacés rôtis sur le gril. Terrasse panoramique. ➜ Fleur de courgette farcie aux champignons et aux truffes. Risotto de homard. Tiramisu revisité.

L'Atelier des Saveurs "Francis Scordel" Ⓝ
51 r. Georges-Clemenceau – ✆ 04 93 59 75 71 – http://restaurantscordel.com – Fermé nov.,7-31 janv., lundi soir et mardi
Formule 25 € 🍷 – Menu 29 € (déj. en semaine), 36/50 € – Carte 41/58 € *(réservation conseillée)*
C'est fort d'une solide expérience que Francis Scordel a créé cet Atelier des Saveurs, où la cuisine reste en effet un artisanat : soucieux de la fraîcheur des produits – au gré du marché –, le chef prône le fait maison... et le fait bien.

COLLEVILLE-SUR-MER

✉ 14710 (Calvados) – 177 hab. – **Voir carte n°32-B2**
▶ Paris 281 km – Caen 49 km – Cherbourg 84 km – Saint-Lô 39 km
Carte Michelin 303-G3 – Guide Vert Michelin Normandie Cotentin

Domaine de L'Hostréière sans rest
rte du Cimetière Américain – ✆ 02 31 51 64 64 – www.domainedelhostreiere.com – Ouvert de mi-avril à fin oct.
18 ch – †79/109 € ††79/109 € – ☕ 11 €
Si vous cherchez le cimetière américain, vous êtes sans doute tout proche de cet engageant complexe hôtelier. Un jardin fleuri, une belle piscine, des chambres spacieuses : tout est réuni pour un repos bien mérité sur les chemins de l'Histoire.

COLLIAS – 30 Gard ➜ voir Pont-du-Gard

COLLIOURE

✉ 66190 (Pyrénées-Orientales) – 2 989 hab. – **Voir carte n°22-B3**
▶ Paris 879 km – Argelès-sur-Mer 7 km – Céret 36 km – Perpignan 30 km
Carte Michelin 344-J7

Relais des Trois Mas
rte de Port-Vendres – ✆ 04 68 82 05 07 – www.relaisdestroismas.com – Fermé déc. et janv.
Plan : B**n**
21 ch – †100/170 € ††155/475 € – 2 suites – ☕ 18 € – ½ P
Rest *La Balette* ✿ – voir les restaurants ci-après
De ces mas enchâssés dans la roche, la vue est imprenable sur la baie de Collioure et Notre-Dame-des-Anges ! Les chambres s'égayent de tissus catalans ; la terrasse et sa magnifique piscine complètent ce décor paradisiaque.

COLLIOURE

Aire (R. de l') .... B 2
Amirauté (Q. de l') .... B 3
Arago (R. François) .... B 4
Argelès (Rte d') .... A
Dagobert (R.) .... B 7
Démocratie (R. de la) .... B 8
Égalité (R. de l') .... B 9
Ferry (R. Jules) .... AB 13
Galère (R. de la) .... A
Gaulle (Av. du Gén.) .... B
Jean-Jaurès (Pl.) .... B 14
Lamartine (R.) .... B 15
Leclerc (Pl. Gén.) .... AB 17
Maillol (Av. Aristide) .... A
Mailly (R.) .... B 19
Michelet (R. Jules) .... A 20
Miradou (Av. du) .... A 23
Pasteur (R.) .... B
Pla de Las Fourques (R. du) .. A
République (R. de la) .... AB
Rolland (R. Romain) .... A
Rousseau (R. J.-J.) .... AB 29
St-Vincent (R.) .... B 30
Soleil (R. du) .... B 33
La Tour d'Auvergne (R. de) ... B 16
Vauban (R.) .... B 34
8 Mai 1945 (Pl. du) .... B 35
18-Juin (Pl. du) .... B 40

Casa Païral sans rest

imp. des Palmiers – ✆ 04 68 82 05 81 – www.hotel-casa-pairal.com – Ouvert 11 avril-11 nov.
Plan : A**b**

27 ch – †99/299 € ††99/299 € – ☕ 16 €

Une jolie demeure catalane du 19e s. avec son traditionnel patio à l'andalouse, son jardin planté de magnolias et d'essences méditerranéennes... Les chambres, plutôt sobres, sont néanmoins très soignées. Du caractère et un vrai parfum de vacances !

Madeloc sans rest

r. Romain-Rolland – ✆ 04 68 82 07 56 – www.madeloc.com – Ouvert début fév.-11 nov.
Plan : A**e**

22 ch – †65/165 € ††70/189 € – ☕ 12 €

Sur les hauteurs de la ville, dans un quartier résidentiel, un hôtel pratique et frais, avec des chambres agréables (certaines avec terrasse), un jacuzzi, une piscine panoramique et même un jardin à flanc de colline.

L'Arapède

rte de Port-Vendres – ✆ 04 68 98 09 59 – www.arapede.com – Fermé 13 nov.-15 fév.
Plan : A**d**

20 ch – †60/120 € ††90/120 € – ☕ 12 €

Rest – Formule 18 € – Menu 28 € – Carte 34/57 € *(ouvert avril-oct. et fermé lundi et mardi d'avril à juin et en oct. sauf fériés)*

Un hôtel-restaurant posté sur les hauteurs de Collioure ; au programme : piscine à débordement et vue sur la mer ! Dans les chambres, simplicité de bon aloi et mobilier de style catalan. Un lieu qui joue avec brio la carte familiale et conviviale.

La Frégate
ch,

24 quai de l'Amirauté – ✆ 04 68 82 06 05 – www.fregate-collioure.com – Fermé de mi-nov. à début fév. Plan : B**a**

26 ch – †60/70 € ††85/115 € – 1 suite – ☐ 8 € – ½ P

Rest – Formule 12 € – Menu 16 € (dîner en semaine), 21 € ▼/33 €
– Carte 30/47 € *(fermé dim. soir, merc. soir et jeudi d'oct. à avril)*

Face au château royal, on est immédiatement séduit par la façade ocre et blanc cassé de cette Frégate, et par sa proue arrondie à la manière d'un phare ; on y trouve des chambres simples et claires, aussi épurées que fonctionnelles. Et au restaurant, on mange catalan !

Méditerranée sans rest

av. A. Maillol – ✆ 04 68 82 08 60 – www.mediterranee-hotel.com – Ouvert avril-nov. Plan : A**h**

23 ch – †80/120 € ††80/120 € – ☐ 10 €

Pratique ! Un petit hôtel coquet, datant des années 1970, proposant des chambres simples et très propres, toutes avec balcon ou petite terrasse. Pour le farniente, on profite du solarium et du jardin en terrasses.

La Balette – Hôtel Relais des Trois Mas

rte de Port-Vendres – ✆ 04 68 82 05 07 – www.relaisdestroismas.com – Fermé déc., janv., mardi midi, merc. midi et lundi sauf d'avril à sept.

Formule 30 € ▼ – Menu 48/105 € – Carte 77/108 € Plan : B**n**

Sur la route de Port-Vendres, tous les parfums de la région catalane se donnent rendez-vous dans les assiettes de ce restaurant baigné de soleil, qui regarde la belle Collioure les pieds dans l'eau... Respect des produits, poisson de première fraîcheur, intéressante carte des vins : cette table sort du lot. → Encornets au vert de blette. Rouget barbet, cromesquis de boudin et pommes de terre au jus de bouillabaisse. Éclair kalamensi, croquant macaron, sorbet framboise-hibiscus.

Le Neptune

rte de Port-Vendres – ✆ 04 68 82 02 27 – www.leneptune-collioure.com – Fermé mardi et merc. hors saison Plan : B**s**

Menu 39/79 € – Carte 55/97 €

Exceptionnel ! Face au vieux port, un lieu magique avec ses terrasses nichées dans la roche, au cœur d'un beau jardin. Un restaurant ? Plutôt trois ! Selon son envie, on dînera d'une belle cuisine locale, de plats plus simples d'esprit brasserie, ou – en saison – de jolies spécialités de la mer (espace lounge).

Le 5ème Péché

16 r. de la Fraternité – ✆ 04 68 98 09 76 – www.le5peche.com – Fermé 2 semaines en nov., janv., dim. soir et lundi Plan : B**y**

Formule 18 € – Menu 24 € (déj.), 37/59 € *(réservation conseillée)*

Un chef tokyoïte passionné de mets français et de vins... et sa petite table du vieux Collioure : quand le Japon rencontre la Catalogne ! Alors bien sûr, on déguste ici une cuisine fusion, où le poisson ultrafrais est roi.

Côté Patio (N)

14 r. du Dr-Coût – ✆ 04 68 82 00 71 – www.cotepatio.fr – Fermé 17 nov.-11 déc., 6 janv.-22 fév., mardi et merc. de mi-sept. à mi-juin Plan : A**e**

Formule 14 € – Menu 18 € (déj. en semaine)/35 € – Carte 40/60 €

Amoureux des beaux produits locaux ? Arrêtez-vous dans ce sympathique restaurant où vous apprécierez une cuisine du marché colorée à souhait : gaspacho de carottes, pavé de cabillaud accompagné de riz pilaf, etc. Le tout à savourer dans une salle en pierres apparentes des plus chaleureuses ou dans le joli patio.

COLLONGES-AU-MONT-D'OR – 69 Rhône → voir Lyon

COLLONGES-LA-ROUGE

✉ 19500 (Corrèze) – 470 hab. – **Voir carte n°25-C3**

Paris 505 km – Brive-la-Gaillarde 21 km – Cahors 105 km – Figeac 75 km

Carte Michelin 329-K5 – Guide Vert Michelin Périgord Quercy

Jeanne sans rest
au bourg – 05 55 25 42 31 – www.jeannemaisondhotes.com
5 ch – 100 € 100 €
Rouge, elle l'est aussi cette fière demeure en pierres flanquée d'une tour (15e s.). D'emblée, on se sent le bienvenu et les chambres séduisent avec leur mobilier d'antiquaire, leur cheminée, leurs poutres... Un style élégant et rustique que l'on retrouve au salon, puis au calme du jardin. Ah, les beaux jours !

Relais St-Jacques de Compostelle avec ch
– 05 55 25 41 02 – www.hotel-stjacques.com – Fermé de mi-nov. à mi-mars et merc.
10 ch – 65/75 € 70/80 € – 8 € – ½ P
Formule 21 € – Menu 25/35 € – Carte 32/46 €
Dans cette bâtisse du 15e s., ancienne étape pour les pèlerins sur la route de Compostelle, on fait le plein de saveurs en découvrant les bons produits du terroir local – entre Dordogne, Corrèze et Lot – et l'on peut aussi profiter de l'une des jolies chambres pour passer la nuit.

COLMAR

68000 (Haut-Rhin) – 67 615 hab. – Agglo. 91 699 hab. – **Voir carte n°2-C2**
Paris 450 km – Basel 68 km – Freiburg-im-Breisgau 51 km – Nancy 140 km
Carte Michelin 315-I8

Les Têtes
19 r. des Têtes – 03 89 24 43 43 – www.maisondestetes.com
– Fermé fin janv. à début mars Plan : BY**y**
21 ch – 140/245 € 145/260 € – 16 € – ½ P
Rest *La Maison des Têtes* – Formule 25 € – Menu 38/68 € – Carte 32/73 €
(fermé dim. soir, mardi midi et lundi)
À l'attrait historique de cette superbe demeure bâtie au 17e s. sur les vestiges du mur d'enceinte de Colmar, s'ajoute le raffinement d'un élégant décor. On retrouve ce même caractère typiquement alsacien dans la salle de restaurant de la fin du 19e s. Et l'on appréciera la quiétude de la ravissante cour intérieure...

Grand Hôtel Bristol
7 pl. de la Gare – 03 89 23 59 59 – www.grand-hotel-bristol.com Plan : AZ**g**
91 ch – 128/195 € 138/205 € – 17 €
Rest *Rendez-vous de Chasse* – voir les restaurants ci-après
Rest *L'Auberge* 03 89 23 17 57 – – Formule 11 € – Menu 23/31 €
– Carte 27/49 €
Face à la gare de Colmar, cet immeuble Belle Époque est fort engageant. Beaucoup de confort dans les chambres, contemporaines ou plus classiques, et de beaux espaces, que ce soit pour les séminaires ou la détente. Deux options à l'heure des repas : restaurant gastronomique ou auberge alsacienne.

Le Colombier sans rest
7 r. Turenne – 03 89 23 96 00 – www.hotel-le-colombier.fr
– Fermé 24 déc.-2 janv. Plan : BZ**u**
28 ch – 99/229 € 99/229 € – 14 €
Qui pourrait croire que cette bâtisse régionale du 15e s., pleine de charme avec son escalier Renaissance et son patio, dissimule... pareille modernité ? L'intérieur a été entièrement repensé par un designer italien et c'est une réussite !

Le Colombier Suites sans rest
11 quai de la Poissonnerie – 03 89 23 96 00
– www.colombier-suites.com
8 ch – 200/255 € 200/255 € – 14 €
Une maison typiquement alsacienne avec des chambres joliment design ainsi qu'un petit jardin et une terrasse au bord de l'eau... On se croirait presque à la campagne, alors qu'on est bien au cœur de la ville !

COLMAR

Agen (R. d') . . . . . BY
Alsace (Av. d') . . . . . CYZ
Ancienne Douane (Pl. de l') . . . . . CZ 2
Augustins (R. des) . . . . . BZ 3
Bagatelle (R. de la) . . . . . AY
Bains (R. des) . . . . . BY 5
Bâle (Route de) . . . . . CZ
Bartholdi (R.) . . . . . BCZ
Blés (R. des) . . . . . BZ 9
Boulangers (R. des) . . . . . BY 12
Brasseries (R. des) . . . . . CY 13
Bruat (R.) . . . . . BZ 14
Cathédrale (Pl. de la) . . . . . BY 17
Cavalerie (R. de la) . . . . . BCY
Champ-de-Mars (Bd du) . . . . . BYZ 18
Chauffour (R.) . . . . . BZ 20
Clefs (R. des) . . . . . BCY
Clemenceau (Av. Georges) . . . . . BCZ
Écoles (R. des) . . . . . BZ 22
Est (R. de l') . . . . . CYZ
Fleischhauer (R.) . . . . . BCY
Fleurent (R. J.-B.) . . . . . BY 24
Fleurs (R. des) . . . . . CZ
Florimont (R. du) . . . . . AY 25
Foch (Av.) . . . . . BZ
Fribourg (Av. de) . . . . . CZ
Gare (Pl. et R. de la) . . . . . AZ
Gaulle (Av. Gén.-de) . . . . . ABYZ
Golbéry (R.) . . . . . BY
Grad (R. Charles) . . . . . AY
Grand'Rue . . . . . BCZ 31
Grenouillère (R. de la) . . . . . CYZ 32
Herse (R. de la) . . . . . BZ 33
Ingersheim (Rte d') . . . . . ABY
Jeanne d'Arc (Pl.) . . . . . CY
Joffre (Av.) . . . . . BZ
Kléber (R.) . . . . . BY 35
Ladhof (R. du) . . . . . CY 36
Lasch (R. Georges) . . . . . AZ 37
Lattre-de-Tassigny (Av. J. de) . . . . . ABY 43
Leclerc (Bd du Gén.) . . . . . BZ 45
Liberté (Av. de la) . . . . . AZ
Logelbach (R. du) . . . . . AY
Manège (R. du) . . . . . BZ 49
Marchands (R. des) . . . . . BYZ 50
Marché-aux-Fruits (Pl. du) . . . . . BZ 51
Marne (Av. de la) . . . . . BZ
Messimy (R.) . . . . . ABZ 52
Molly (R. Berthe) . . . . . BYZ 54
Mouton (R. du) . . . . . CY 57
Mulhouse (R. de) . . . . . AZ
Neuf-Brisach (Rte de) . . . . . CY
Nord (R. du) . . . . . BCY
Poincaré (Av. Raymond) . . . . . ABZ
Poissonnerie (R. et Q. de la) . . . . . BCZ 62
Preiss (R. Jacques) . . . . . ABZ 63
Rapp (Pl.) . . . . . BZ
Rapp (R.) . . . . . BCY
Reims (R. de) . . . . . BZ 65
République (Av. de la) . . . . . ABZ
Ribeauvillé (R. de) . . . . . BY 67
Roesselman (R.) . . . . . BY 69
Rouffach (Rte de) . . . . . AZ
St-Jean (R.) . . . . . BZ 71
St-Joseph (Pl. et R.) . . . . . AY
St-Josse (R.) . . . . . CZ
St-Léon (R.) . . . . . AY
St-Nicolas (R.) . . . . . BY 73
St-Pierre (Bd et Pont) . . . . . BCZ
Schlumberger (R. Camille) . . . . . ABZ
Schwendi (R.) . . . . . CZ
Sélestat (Rte de) . . . . . CY
Semm (R. de la) . . . . . CZ
Serruriers (R. des) . . . . . BY 75
Sinn (Quai de la) . . . . . BY 77
Six-Montagnes-Noires (Pl. des) . . . . . BZ 79
Stanislas (R.) . . . . . BY
Tanneurs (R. des) . . . . . CZ 82
Têtes (R. des) . . . . . BY 83
Thann (R. de) . . . . . CY
Tir (R. du) . . . . . AZ
Turckheim (R. de) . . . . . AY
Turenne (R.) . . . . . BCZ
Unterlinden (Pl. d') . . . . . BY 85
Val St-Grégoire (R. du) . . . . . AY
Vauban (R.) . . . . . CY
Voltaire (R.) . . . . . ABZ
Weinemer (R.) . . . . . BZ 86
1ère Armée Française (R. de la) . . . . . BY
2 Février (Pl. du) . . . . . CY 87
5e Division-Blindée (R. de la) . . . . . BY 95
18 Novembre (Pl. du) . . . . . BY 97

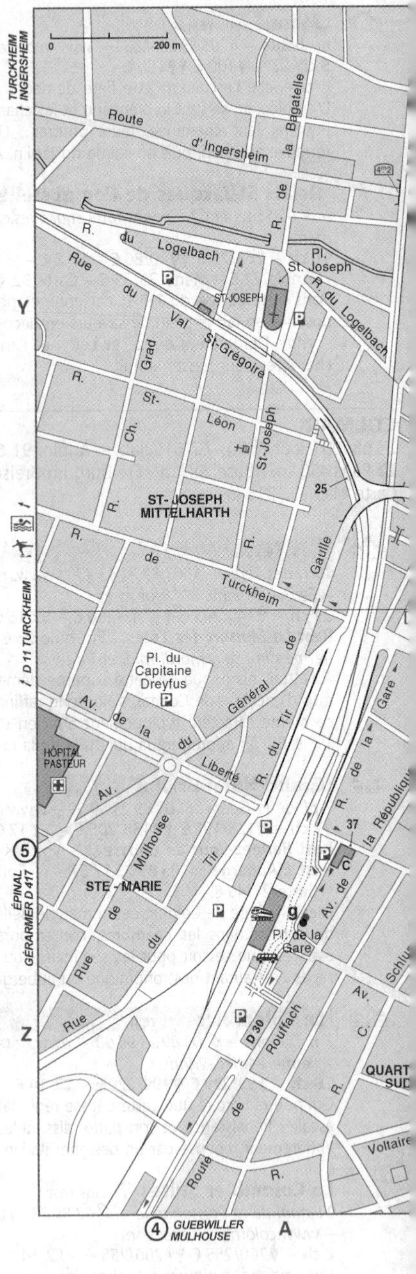

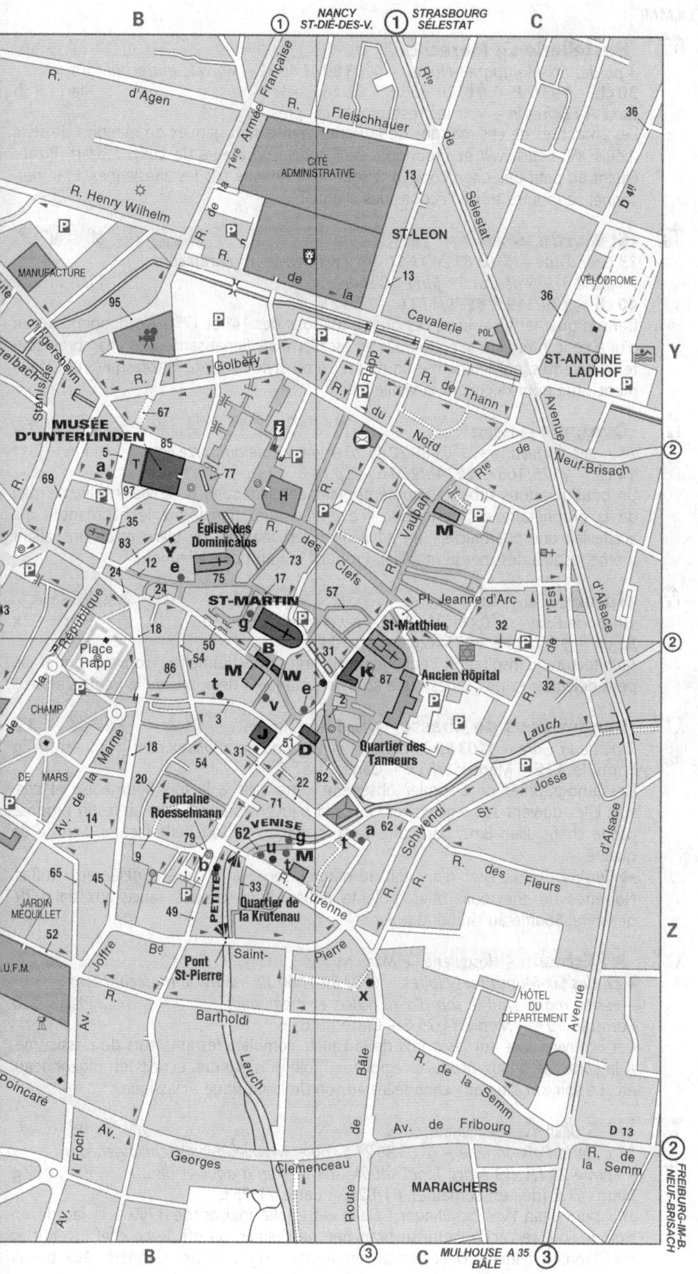

NANCY
ST-DIÉ-DES-V.
STRASBOURG
SÉLESTAT
B
C
Y
Z
R. d'Agen
R. de la 1ère Armée Française
R. Fleischhauer
Rte de Sélestat
CITÉ ADMINISTRATIVE
R. Henry Wilhelm
ST-LEON
MANUFACTURE
VÉLODROME
R. de la Cavalerie
POL.
ST-ANTOINE LADHOF
R. Golbery
R. Rapp
R. de Thann
R. du Nord
Rte de Neuf-Brisach
Avenue d'Alsace
MUSÉE D'UNTERLINDEN
Stanislas
d'Ingersheim
Église des Dominicains
R. des Clefs
R. Vauban
R. de l'Est
ST-MARTIN
Pl. Jeanne d'Arc
St-Matthieu
Ancien Hôpital
Place Rapp
R. de la République
CHAMP DE MARS
Av. de la Marne
Quartier des Tanneurs
Lauch
R. St-Josse
Fontaine Roesselmann
VENISE
PETITE
Quartier de la Krutenau
R. Turenne
R. Schwendi
R. des Fleurs
JARDIN MÉQUILLET
Bd Saint-Pierre
Pont St-Pierre
Av. Joffre
I.U.F.M.
R. Bartholdi
HÔTEL DU DÉPARTEMENT
R. de la Semm
Route de Bâle
Av. de Fribourg
D 13
R. de la Semm
Av. Poincaré
Av. Foch
Av. Georges Clemenceau
MARAICHERS
FREIBURG-IM-B. NEUF-BRISACH
MULHOUSE A 35 BÂLE

Hostellerie Le Maréchal

4 pl. des Six-Montagnes-Noires – ✆ 03 89 41 60 32 – www.le-marechal.com
30 ch – 95/225 € 110/265 € – 16 € – ½ P Plan : BZ**b**
Rest *A l'Échevin* – voir les restaurants ci-après
Les chambres de ces maisons de la Petite Venise sont garnies de meubles de style (Louis XV, Louis XVI) et répondent aux noms évocateurs de Lully, Mozart, Bizet... Quant au petit-déjeuner, copieux à souhait, il ne joue pas les arlésiennes. Et le personnel se montre très à l'écoute des clients !

St-Martin sans rest

38 Grand'Rue – ✆ 03 89 24 11 51 – www.hotel-saint-martin.com
– Fermé 23-26 déc. et 1er janv.-18 mars Plan : BCZ**e**
40 ch – 79/119 € 79/170 € – 12 €
Dans le quartier historique, ces quatre maisons des 14e et 17e s. s'ordonnent autour d'une cour intérieure avec tourelle et escalier à vis Renaissance. Les chambres, toutes différentes, ont le charme un peu rétro du style alsacien. Pittoresque... et idéalement situé pour découvrir la vieille ville !

Quatorze sans rest

14 r. des Augustins – ✆ 03 89 20 45 20 – www.hotelquatorze.com Plan : BY**t**
14 ch – 125/165 € 145/260 € – 18 €
Un boutique-hôtel urbain et contemporain, en plein cœur de la vieille ville. Le mari de la propriétaire est designer ; il a entièrement transformé le bâtiment – qui accueillait une pharmacie – en privilégiant les dégradés de blanc et de gris, allant même jusqu'à dessiner le mobilier. Produits bio au petit-déjeuner !

Turenne sans rest

10 rte de Bâle – ✆ 03 89 21 58 58 – www.turenne.com Plan : CZ**x**
56 ch – 75/120 € 75/120 € – 10 €
Architecture d'inspiration régionale, chambres fonctionnelles, copieux buffet au petit-déjeuner et prix sages : une adresse pratique à deux pas de la Petite Venise.

Rendez-vous de Chasse – Grand Hôtel Bristol

7 pl. de la Gare – ✆ 03 89 23 15 86 – www.grand-hotel-bristol.com Plan : AZ**g**
Formule 39 € – Menu 55/85 € – Carte 71/97 €
Des lithographies de Daumier observent cette salle à la fois bourgeoise et cossue. Elles doivent souvent envier ceux qui peuvent prendre part au festin proposé par le chef, Julien Binz, dans une veine classique de fort belle facture. Service de qualité.
→ Terrine de foie gras d'oie cuit au naturel, servie à la cuillère, gelée aux truffes. Noisettes de chevreuil rôties, polenta grillée, figue confite, sauce aux baies de genièvre. Soufflé au Grand Marnier.

A l'Échevin – Hostellerie Le Maréchal

4 pl. des Six-Montagnes-Noires – ✆ 03 89 41 60 32 – www.le-marechal.com
– Fermé mardi sauf le soir d'avril à déc. et merc. midi Plan : BZ**b**
Formule 19 € – Menu 34/75 € – Carte 40/65 €
Cet Échevin, posé sur les bords de la Lauch, comblera les amateurs de classicisme. À la carte, de beaux produits régionaux : foie gras, sandre, écrevisses, pigeonneau, etc. Le soir, on dîne aux chandelles au son de la musique... classique.

JY'S (Jean-Yves Schillinger)

17 r. de la Poissonnerie – ✆ 03 89 21 53 60 – www.jean-yves-schillinger.com
– Fermé 23 fév.-13 mars, lundi sauf le soir de juin à août et dim. Plan : BZ**g**
Menu 41 € (déj. en semaine), 61/82 € – Carte 71/95 €
JY'S pour Jean-Yves Schillinger ! Dans cette jolie maison de 1750 à la façade en trompe-l'œil se cache l'adresse branchée de Colmar, où officie ce chef inventif et bouillonnant d'idées. Décor ultracontemporain signé Olivier Gagnère. Aux beaux jours, on profite de la terrasse au bord de la Lauch.
→ Foie gras de canard à la pomme verte, crumble et gel de poire. Omble chevalier fumé sous cloche, fèves japonaises et "salsa verde" au persil. Dessert tout chocolat.

L'Atelier du Peintre (Loïc Lefebvre)

1 r. Schongauer – ✆ 03 89 29 51 57 – www.atelier-peintre.fr – Fermé 3 semaines en août, 2 semaines en fév., mardi midi, dim. et lundi sauf déc. Plan : BZ**v**

Formule 24 € – Menu 29 € (déj.), 39/78 € – Carte 67/73 €

Dans cet Atelier élégant, où les murs s'égayent de nombreux tableaux, le chef, Loïc Lefebvre, brosse un portrait convaincant de la gastronomie française actuelle. Une jolie palette de saveurs contemporaines !

➜ Foie gras rôti, émulsion de pomme de terre, girolles et jus à l'amaretto. Bar sauvage grillé, mousseline de céleri, tartare d'huîtres, pomme verte et oseille. Pêche et framboise, structure et texture.

Aux Trois Poissons

15 quai de la Poissonnerie – ✆ 03 89 41 25 21 – Fermé 2 semaines en juil., dim. et lundi Plan : CZ**t**

Menu 22 € (semaine), 30/49 € – Carte 30/75 €

Dévastée par un incendie en 2012, cette belle maison à colombages (16e s.) a été reconstruite à l'identique : une bonne nouvelle, car l'on n'aurait pas pu se priver de son ambiance chaleureuse et de sa cuisine gourmande aux airs de... pêche miraculeuse ! Huîtres de Marennes-Oléron, sole, dorade, quenelles de brochet, etc.

Côté Cour

1 r. St-Martin, (pl. de la Cathédrale) – ✆ 03 89 21 19 18 – www.cotecour-cotefour.fr – Fermé vacances de fév. Plan : BY**g**

Formule 22 € – Menu 31 € – Carte 33/53 €

Au cœur de la vieille ville, on entre dans cette maison précisément... côté cour. Des fresques, des affiches publicitaires, un service dynamique, de la convivialité et de belles saveurs : terrine de caille, filet mignon de porc et choucroute en feuille de brick, etc. L'esprit brasserie prend un sacré coup de jeune !

Le Théâtre

1 r. des Bains – ✆ 03 89 29 29 29 – www.restaurantletheatre.net Plan : BY**a**

Menu 33 € – Carte 30/50 €

Face au théâtre, ce restaurant animé a été repris il y a quelques années par M. Staub (les cocottes...). Le lieu s'inspire des bistrots à l'ancienne et joue la carte de la tradition – sans oublier les fameuses tartes flambées, dont l'une aux escargots ! Les saveurs ne font pas dans la figuration...

Chez Hansi

23 r. des Marchands – ✆ 03 89 41 37 84 – Fermé 1 semaine en juin, janv., merc. et jeudi Plan : BZ**e**

Menu 20/40 € – Carte 35/45 €

Cette maison à colombages typique du vieux Colmar est un vrai concentré d'Alsace ! On vous sert en costume traditionnel une véritable cuisine régionale, simple et savoureuse : choucroute, poulet poché au riesling, spaetzle...

La Petite Venise

4 r. de la Poissonnerie – ✆ 03 89 41 72 59 – www.restaurantpetitevenise.com – Fermé 24 juin-8 juil., dim. midi, jeudi midi et merc. sauf en déc. Plan : BZ**t**

Carte 28/42 €

Dans la Petite Venise, cette maison du 17e s. du même nom invite à goûter des recettes alsaciennes transmises de génération en génération, préparées au gré des saisons. Une adresse nostalgique et attachante, entre bistrot et winstub.

Bartholdi

2 r. des Boulangers – ✆ 03 89 41 07 74 – www.restaurant-bartholdi.fr – Fermé 14-28 juil., vacances de fév., dim. soir et lundi Plan : BY**e**

Menu 22/53 € – Carte 23/65 €

Amoureux des vins alsaciens, vous trouverez forcément votre bonheur dans cette maison aux allures de winstub : le choix de crus régionaux est immense. La cuisine, classique, sait faire la part belle aux spécialités régionales au gré des saisons. Attention vous êtes ici dans une institution !

Wistub Brenner

1 r. Turenne – ✆ 03 89 41 42 33 – www.wistub-brenner.fr – Fermé 22-30 juin, 13-20 nov., 13-26 janv., mardi et merc. sauf d'avril à déc. Plan : BZ**u**

Formule 23 € – Menu 30 €

Du mobilier chaleureux et rustique, des nappes à carreaux, on est bien dans cette authentique Wistub, qui a également pour elle une sympathique terrasse. La cuisine, on ne peut plus régionale, est à l'avenant : presskopf (hure de porc en gelée), salade au munster pané, choucroute !

L'Épicurien

11 r. Wickram – ✆ 03 89 41 14 50 – Fermé 22 juin-15 juil., 22 déc.-5 janv. , dim. et lundi Plan : CZ**a**

Formule 14 € – Menu 25 € – Carte 31/47 € *(réservation conseillée)*

Ce bistrot à vin convivial – on mange au coude à coude – est tout proche de la Petite Venise. Un cadre aussi sympathique que la cuisine du chef et ses produits de qualité. La sélection de vins impressionne, avec environ 200 références. Une adresse idéale pour changer un peu des winstubs !

à Horbourg 4 km à l'Est par rte de Neuf-Brisach - CY – ✉ 68180 – 4 931 hab.

L'Europe

ch, ch,

15 rte de Neuf-Brisach – ✆ 03 89 20 54 00 – www.hotel-europe-colmar.com – Fermé 4-24 janv.

116 ch – †75/145 € ††75/145 € – 4 suites – ☕ 13 € – ½ P

Rest – Formule 14 € – Carte 18/37 € *(fermé mardi et merc.)*

Rest *L'Europe* – Formule 18 € – Menu 39/55 € – Carte 37/63 € *(fermé jeudi, vend., sam., dim. et lundi)*

Cet imposant hôtel de style néo-alsacien, un peu en dehors de la ville, propose des chambres très confortables. Mention spéciale pour les deux belles suites, plus design. Tout est parfaitement conçu pour l'organisation de séminaires mais les loisirs ne sont pas en reste : piscine, restaurant et brasserie, etc.

à Ste-Croix-en-Plaine 10 km par ③ – ✉ 68127 – 2 730 hab.

Au Moulin

rte d'Herrlisheim, par D 1 – ✆ 03 89 49 31 20 – www.aumoulin.net – Ouvert 1er avril-15 déc.

16 ch – †50/75 € ††66/75 € – ☕ 9 €

Rest – Carte 24/49 € *(ouvert 1er mai-15 oct. et fermé le midi et dim.) (résidents seult)*

Lorsqu'on arrive dans cet ancien moulin à grain du 15e s., on est tout de suite frappé par l'ambiance familiale qui y règne. Les chambres, fonctionnelles et bien tenues, ont vue sur les Vosges et les résidents pourront goûter à la cuisine maison dans un cadre très couleur locale. Il y a même un petit musée d'objets alsaciens !

à Wettolsheim 4,5 km par ⑤ et D 1bis II – ✉ 68920 – 1 684 hab.

La Palette avec ch

rest,

9 r. Herzog – ✆ 03 89 80 79 14 – www.lapalette.fr – Fermé 11-24 août, 23-26 déc., 24 fév.-3 mars, dim. soir, mardi midi et lundi

16 ch – †79/84 € ††79/84 € – ☕ 11 € – ½ P

Menu 15 € (déj. en semaine), 19/68 € – Carte 42/63 €

Le chef a beau être savoyard, on déguste ici une belle cuisine traditionnelle alsacienne qui ne dédaigne pas les clins d'œil à la modernité. La carte des vins est très complète et met à l'honneur les vignerons du village. Chambres claires et fraîches pour l'étape. Une bonne adresse.

à Ingersheim 4 km au Nord-Ouest - AY – ✉ 68040 – 4 696 hab.

La Taverne Alsacienne

99 r. de la République – ✆ 03 89 27 08 41 – Fermé 27 juil.-19 août, 31 déc.-14 janv., jeudi soir, dim. soir et lundi

Formule 18 € – Menu 22/54 € – Carte 37/61 €

Dirigée par la famille Guggenbuhl depuis 1964, cette taverne à la façade rouge typique mérite amplement sa réputation. Même ceux qui ne connaissent rien à la cuisine alsacienne seront conquis par sa divine choucroute traditionnelle (entre autres délices) ; le tout accompagné de beaux vins d'Alsace !

LA COLMIANE

✉ 06420 – Voir carte n°**41**-D2
Paris 844 km – Marseille 244 km – Monaco 86 km – Nice 72 km
Carte Michelin 341-E3 – Guide Vert Michelin Côte d'Azur

Le Green

rte du Télésiège – ✆ 04 93 03 00 00 – www.greenecolodge.com
6 ch – 120/150 € 150/220 € – 15 € **Rest** – Menu 20 €
Dans l'arrière-pays niçois, à l'orée du Mercantour, se cache cet hôtel qui sort – littéralement – des sentiers battus. Ici, on est "green" à tous les niveaux : déco en bois récupéré, nature omniprésente, menu bio au restaurant. Toute une expérience !

COLOMBES – 92 Hauts-de-Seine ➜ voir Paris, Environs

COLOMBEY-LES-DEUX-ÉGLISES

✉ 52330 (Haute-Marne) – 672 hab. – Voir carte n°**14**-C3
Paris 248 km – Bar-sur-Aube 16 km – Châtillon-sur-Seine 63 km – Chaumont 26 km
Carte Michelin 313-J4 – Guide Vert Michelin Champagne Ardenne

Hostellerie la Montagne

10 r. Pisseloup – ✆ 03 25 01 51 69 – www.hostellerielamontagne.com – Fermé 7-30 janv., lundi et mardi
9 ch – 120/170 € 120/170 € – 1 suite – 14 €
Rest *Hostellerie la Montagne* – voir les restaurants ci-après
Jardin et verger, décor à l'ancienne plein d'élégance (mobilier en chêne, cheminées, salles de bains rétro...). Non loin du cimetière où repose le général de Gaulle, cette demeure en pierre cultive joliment les charmes de la France éternelle.

Hostellerie la Montagne (Jean-Baptiste Natali)

10 r. Pisseloup – ✆ 03 25 01 51 69 – www.hostellerielamontagne.com – Fermé 22-26 déc., 7-30 janv., lundi et mardi
Formule 28 € – Menu 55/87 € – Carte 83/99 €
Dans ce paisible village cher à de Gaulle, les beaux produits de nos terroirs... mais surtout un savoir-faire sans nostalgie, car la cuisine est ici affaire d'invention. La gastronomie française à l'heure contemporaine – et de même pour le décor !
➜ Cèpes rôtis au lard de Colonnata, copeaux et émulsion de vieux parmesan. Côte de veau de lait et galet de pomme de terre aux truffes. Cigare, ganache praliné-framboise, chocolat et crème glacée à la vanille.

À La Table du Général

57 r. du Général-de-Gaulle – ✆ 03 25 01 51 69 – Ouvert 1er avril-30 nov. et fermé lundi et mardi hors saison et le soir
Formule 14 € – Menu 19 €
Envie de déguster les plats préférés du général de Gaulle ? Poussez donc la porte de ce petit bistrot qui fait de la résistance pour proposer, intactes, les bonnes recettes de la tradition (blanquette de veau et daube de bœuf étaient les chouchous du grand homme). Un endroit sympathique où les prix le sont tout autant.

COLOMIERS – 31 Haute-Garonne ➜ voir Toulouse

COLROY-LA-ROCHE

✉ 67420 (Bas-Rhin) – 478 hab. – Voir carte n°**1**-A2
Paris 412 km – Lunéville 70 km – St-Dié 33 km – Sélestat 31 km
Carte Michelin 315-H6

Hostellerie La Cheneaudière

3 r. du Vieux-Moulin – ✆ 03 88 97 61 64 – www.cheneaudiere.com
25 ch – 145/260 € 145/260 € – 7 suites – 25 € – ½ P
Rest *Hostellerie La Cheneaudière* – voir les restaurants ci-après
À flanc de colline, cette imposante demeure d'esprit traditionnel se révèle chic et accueillante. Que ce soit dans les chambres spacieuses aux teintes apaisantes ou dans les beaux espaces communs, on ressent comme un sentiment d'exclusivité...

Hostellerie La Cheneaudière

3 r. du Vieux-Moulin – ✆ 03 88 97 61 64 – www.cheneaudiere.com – Fermé le midi sauf sam., dim. et fériés
Menu 55/100 € – Carte 81/113 €
Dans cet établissement élégant, les salles à manger affichent clairement un style cossu. La carte, courte et raffinée, fait d'alléchantes propositions : variations autour du foie gras, fricassée de homard, pigeon de ferme rôti et farci...

COLY – 24 Dordogne ➜ voir Lardin-St-Lazare

LA COMBE – 73 Savoie ➜ voir Aiguebelette-le-Lac

COMBEAUFONTAINE

70120 (Haute-Saône) – 556 hab. – **Voir carte n°16-B1**
Paris 336 km – Besançon 72 km – Épinal 83 km – Gray 40 km
Carte Michelin 314-D6

Le Balcon avec ch

2 Grande-Rue – ✆ 03 84 92 11 13 – www.le-balcon-70.fr – Fermé 23 juin-3 juil., 29 sept.-2 oct., 26 déc.-16 janv., dim. soir, mardi midi et lundi
15 ch – 55/87 € 55/87 € – 11 € – ½ P Menu 28/64 € – Carte 41/73 €
Dans le jardinet de cette auberge coule une jolie fontaine... Une fois en salle, on se régale de plats classiques ou plus inventifs, dans un cadre champêtre et soigné (nappes blanches, cuivres et meubles cirés). Chambres sur l'arrière, au calme.

COMBLOUX

74920 (Haute-Savoie) – 2 080 hab. – **Voir carte n°46-F1**
Paris 593 km – Annecy 80 km – Bonneville 37 km – Chamonix-Mont-Blanc 31 km
Carte Michelin 328-M5 – Guide Vert Michelin Alpes du Nord

Aux Ducs de Savoie

au Bouchet – ✆ 04 50 58 61 43 – www.ducs-de-savoie.com – Ouvert 2 juin-5 oct. et 16 déc.-24 avril
50 ch – 145/230 € 145/230 € – 18 € – ½ P
Rest – Menu 32 € – Carte 40/55 €
Un vaste chalet tout en bois dans un superbe cadre alpin. Atmosphère conviviale et feutrée, piscine face au mont Blanc, sauna, jacuzzi et restaurant de tradition dans une salle panoramique : une sympathique villégiature.

Au Cœur des Prés

rest,

152 chemin du Champet – ✆ 04 50 93 36 55 – www.hotelaucoeurdespres.com – Ouvert de fin mai à fin sept. et de mi-déc. à début avril
33 ch – 80/160 € 130/160 € – 13 € – ½ P
Rest *(fermé le midi) (résidents seult)*
Sur les hauts de Combloux, un beau chalet traditionnel tenu en famille, avec des chambres fraîches et pimpantes, dans un esprit montagnard et bucolique. L'espace bien-être met à disposition sauna, hammam avec chromothérapie, etc. Les habitués sont nombreux et on les comprend !

Le Coin Savoyard

300 rte de la Cry, (Cuchet) – ✆ 04 50 58 60 27 – www.coin-savoyard.com – Ouvert 7 juin-20 sept. et 14 déc.-13 avril
14 ch – 102/126 € 102/165 € – 12 € – ½ P
Rest – Carte 22/50 € *(fermé lundi midi en hiver sauf vacances scolaires et lundi en juin et sept.)*
Une ancienne ferme datant du 19e s., où règne une délicieuse atmosphère rustique. Elle abrite de confortables chambres, qui donnent toutes sur les monts. À l'heure du repas, spécialités régionales devant la cheminée ou sur la terrasse.

COMBOURG

35270 (Ille-et-Vilaine) – 5 637 hab. – **Voir carte n°10-D2**
Paris 387 km – Avranches 58 km – Dinan 25 km – Fougères 49 km
Carte Michelin 309-L4 – Guide Vert Michelin Bretagne Nord

Hôtel du Château

1 pl. Chateaubriand – ✆ 02 99 73 00 38 – www.hotelduchateau.com – Fermé 6 déc.-5 janv.

33 ch – 69/160 € 69/160 € – 11 € – ½ P

Rest ***Restaurant du Château*** – voir les restaurants ci-après

Une belle maison ancienne au pied du château célébré par Chateaubriand... Chambres de bonne tenue, fraîches et douillettes, de style bucolique ou plus contemporain. Une bonne petite adresse de campagne !

Restaurant du Château

1 pl. Chateaubriand – ✆ 02 99 73 00 38 – www.hotelduchateau.com – Fermé 6 déc.-5 janv., dim. soir sauf juil.-août, lundi midi, mardi midi et sam. midi

Formule 16 € – Menu 20 € (semaine), 28/55 € – Carte 47/66 €

Cannellonis de lapin à la moutarde, pressé de volaille... Pour savourer cette alléchante cuisine mâtinée de notes régionales, on s'installe dans la grande et accueillante salle bourgeoise, ou au jardin lorsque le temps le permet.

COMPIÈGNE

60200 (Oise) – 40 517 hab. – Agglo. 70 610 hab. – **Voir carte n°36-B2**

Paris 81 km – Amiens 80 km – Beauvais 61 km – St-Quentin 74 km

Carte Michelin 305-H4

Les Beaux Arts sans rest

33 cours Guynemer – ✆ 03 44 92 26 26 – www.bw-lesbeauxarts.com Plan : AY**t**

36 ch – 84/114 € 94/124 € – 14 suites – 12 €

Nul besoin d'être artiste dans l'âme pour séjourner dans cet hôtel sur les quais de l'Oise. Les chambres, au style légèrement ethnique, disposent pour certaines d'une kitchenette. Avantage non négligeable : le garage, bien pratique en centre-ville. Une bonne adresse.

Hôtel du Nord

rest,

1 pl. de la Gare – ✆ 03 44 83 22 30 – www.hoteldunordcompiegne.com

20 ch – 75/85 € 75/95 € – 10 € – ½ P Plan : AY**b**

Rest – Formule 20 € – Menu 25 € (semaine), 33/55 € – Carte 42/76 € *(fermé sam. midi et dim. soir)*

À côté de la gare, un hôtel entièrement rénové en 2012. Les chambres y sont fonctionnelles et bien tenues. Idéal pour partir à la découverte de la ville. Au restaurant, cuisine dans l'air du temps.

Du Palais au Jardin sans rest

3 r. Henri-de-Serroux – ✆ 06 16 76 19 24 – www.dupalaisaujardin.com – Fermé 15-30 août Plan : BZ**x**

5 ch – 100/130 € 130/150 €

Dans cet ancien hôtel particulier du 19e s., à deux pas du château, le passé impérial de Compiègne n'est pas un mythe ! Des chambres, spacieuses et raffinées, au salon avec son piano à queue, en passant par la salle Napoléon III, chaque pièce est une parenthèse hors du temps...

L'Hostellerie du Royal Lieu avec ch

ch,

9 r. de Senlis, par r. de Paris (AZ) 2 km au Sud-Ouest – ✆ 03 44 20 10 24 – www.host-royallieu.com

15 ch – 65/100 € 65/100 € – 10 € – ½ P

Formule 23 € – Menu 30/39 € – Carte 52/84 €

Une hostellerie de tradition (19e s.) postée en lisière de forêt. Dans un beau décor classique – ou sous les arbres centenaires l'été –, on déguste une cuisine fidèle aux saisons. Les chambres jouent la carte du style, de la fraîcheur et du confort.

Rive Gauche

13 cours Guynemer – ✆ 03 44 40 29 99 – www.restaurantrivegauche.com – Fermé lundi Plan : BY**e**

Menu 38/48 € – Carte 75/102 €

Tartare de bar sauvage au citron vert ; râble de lapin farci aux légumes provençaux, tomates confites et gnocchis au jus de veau... Le chef signe une cuisine soignée sur la rive gauche de l'Oise. Belle carte des vins.

COMPIÈGNE

Austerlitz (R. d') . . . . **AZ** 2
Boucheries (R. des) . . . . **AZ** 3
Capucins (R. des) . . . . **AZ** 4
Change (Pl. du) . . . . **AZ** 5
Clemenceau (Av. G.) . . . . **BY** 6
Harlay (R. de) . . . . **AY** 8
Hôtel-de-Ville (Pl. de l') . . . . . **AZ** 10
Legendre (R. J.) . . . . **BZ** 12
Lombards (R. des) . . . . **BZ** 13
Magenta (R.) . . . . **BZ** 14
Notre-Dame-de-Bon-Secours (R.) . . . . **AZ** 15
Noyon (R. de) . . . . **AY** 16
Paris (R. de) . . . . **AZ** 17
Pierrefonds (R. de) . . . . **BZ** 18
St-Antoine (R.) . . . . **AZ** 19
St-Corneille (R.) . . . . **AZ** 20
St-Jacques (Pl.) . . . . **BZ** 22
Soissons (R. de) . . . . **BY** 24
Solferino (R.) . . . . **AYZ** 25
Sorel (R. du Prés.) . . . . **AZ** 26
Sous-Préfecture (R. de la) . . . **BZ** 27
54e-Rgt.-d'Infanterie (Pl.) . . . . **AY** 30

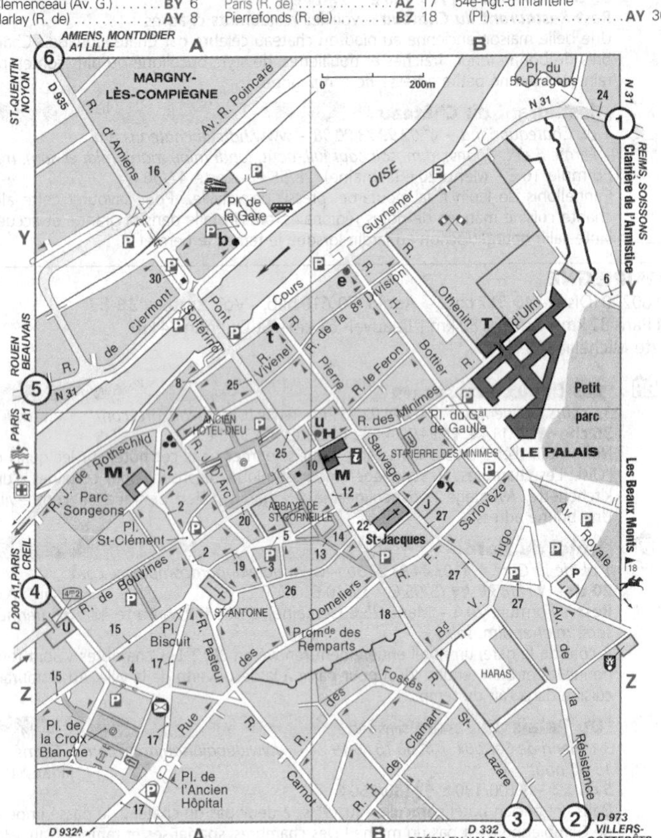

Bistrot du Terroir

13 r. Eugène-Floquet – ✆ 03 44 40 06 36 – www.bistrot-du-terroir.fr – Fermé dim. et fériés
Plan : BZ**u**

Formule 16 € 🍷 – Menu 22 € 🍷/28 € 🍷 – Carte 38/45 €

Au cœur de la vieille ville, un sympathique bistrot dans une ancienne imprimerie... Ici, on ne compose plus de textes mais de goûteuses recettes avec des produits de qualité. À l'image de ce paleron de bœuf avec sa purée ou de cette mousse de pomme. Un tirage des plus savoureux !

à Rethondes 10 km par ② – ✉ 60153 – 724 hab.

Auberge du Pont de Rethondes

21 r. du Maréchal-Foch – ✆ 03 44 85 60 24 – www.aubergedupont-rethondes.fr – Fermé 13 août-7 sept., vacances de fév., sam. midi, dim. soir, lundi et mardi

Menu 29 € (semaine), 48/80 € – Carte 62/105 €

Sa jolie façade traditionnelle exprime le charme de ce village des bords de l'Aisne. Elle cache une salle à l'atmosphère classique et feutrée (tables rondes, nappes blanches, mobilier de style, etc.), parfaite pour un repas porté par l'imagination du chef et les bons produits de la saison... Terrasse côté jardin.

à Vieux-Moulin 10 km par ③ et D 14 – ✉ 60350 – 598 hab.

Auberge du Mont St-Pierre

28 rte des Étangs – ✆ 03 44 85 60 00 – www.aubergedumontsaintpierre.fr – Fermé 3 semaines en août, vacances de fév., mardi soir, merc. soir, jeudi soir, dim. soir et lundi

Formule 20 € – Menu 30/44 € – Carte 47/77 €

À l'orée de la forêt, cette auberge des années 1930 décline le thème de la chasse dans le décor comme dans l'assiette (gibier en saison). Belle quiétude en terrasse.

au Meux 11 km par ⑤, D 200 et D 98 – ✉ 60880 – 1 992 hab.

Auberge de la Vieille Ferme

58 r. de la République – ✆ 03 44 41 58 54 – www.hotel-restaurant-oise.com – Fermé 3 semaines en août et 24 déc.-1er janv.

14 ch – 70/76 € 82 € – 8 € – ½ P

Rest – Formule 22 € – Menu 30 € – Carte 40/61 € *(fermé sam. midi et dim. soir)*

Direction la vallée de l'Oise et cette ancienne ferme en briques rouges, aux chambres fonctionnelles et bien tenues, aménagées de part et d'autre des deux cours intérieures. Restaurant traditionnel. Il règne ici une authentique ambiance familiale.

L'Annexe

1 r. de la République – ✆ 03 44 91 10 10 – www.facebook.com/restaurantlannexe – Fermé lundi soir, mardi soir et dim.

Formule 18 € – Menu 24/28 €

Sous l'égide du Rive Gauche de Compiègne, cette table explore la tradition au gré du marché. Agréable terrasse sous la glycine.

Z.A.C du Camp du Roy 5 km par ⑥ - ✉ 60880 Jaux

Ibis Styles sans rest

pl. Jacques-Tati – ✆ 03 44 23 80 80 – www.ibisstyles-hotels.com

58 ch – 79/95 € 89/105 €

Un hôtel récent à la périphérie de Compiègne. Chambres fonctionnelles et colorées, salle de musculation, sauna, et pour les enfants (et les plus grands ?) : consoles de jeux. Idéal pour l'étape.

COMPS-LA-GRAND-VILLE

✉ 12120 (Aveyron) – 542 hab. – Voir carte n°**29**-C1

Paris 678 km – Montpellier 181 km – Rodez 20 km – Toulouse 152 km

Le Clos d'Albray sans rest

3 pl. Notre-Dame – ✆ 05 65 74 38 77 – http://leclosdalbray.free.fr

3 ch – 75/95 € 85/105 €

Ce petit château en pierre (1772) ne laisse pas indifférent : serait-ce le mobilier chiné, les chambres colorées, la majestueuse cheminée dans la salle du petit-déjeuner, la bibliothèque ou le ravissant jardin ? C'est tout cela, mais aussi ce supplément d'âme qu'on nomme le caractère...

COMPS-SUR-ARTUBY

✉ 83840 (Var) – 325 hab. – Voir carte n°**41**-C2

Paris 892 km – Castellane 29 km – Digne-les-Bains 82 km – Draguignan 31 km

Carte Michelin 340-O3 – Guide Vert Michelin Alpes du Sud

Grand Hôtel Bain

av. de Fayet – ✆ 04 94 76 90 06 – www.grand-hotel-bain.fr – Ouvert 2 mars-10 nov.

17 ch – 68 € 68 € – 10 € – ½ P

Rest – Formule 16 € – Menu 19/40 € – Carte 29/50 €

Inscrite dans le Livre des records, cette auberge traditionnelle, peinte d'une diligence, est exploitée par la même famille depuis... 1737 ! Chambres simples de style rustique provençal.

CONCARNEAU

✉ 29900 (Finistère) – 19 048 hab. – **Voir carte n°9-B2**
▶ Paris 546 km – Brest 96 km – Lorient 49 km – Quimper 22 km
Carte Michelin 308-H7 – Guide Vert Michelin Bretagne Sud

Les Sables Blancs

plage des Sables-Blancs – ✆ *02 98 50 10 12* – *www.hotel-les-sables-blancs.com*
18 ch – †95/230 € ††120/250 € – 3 suites – ☕ 15 € – ½ P Plan : A**n**
Rest ***Le Nautile*** – voir les restaurants ci-après
Les vagues déferlent sur la plage des Sables-Blancs, au pied de cet hôtel d'un blanc immaculé ; les chambres, claires et tendance, ont toutes un balcon qui donne sur le large. De quoi prendre un véritable bain d'iode et de lumière !

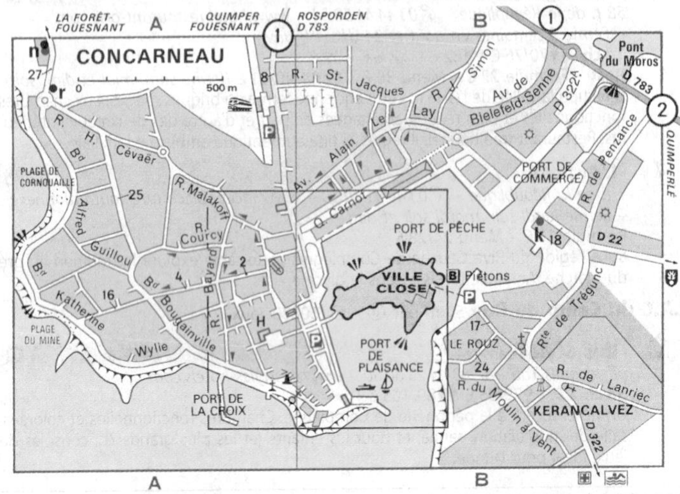

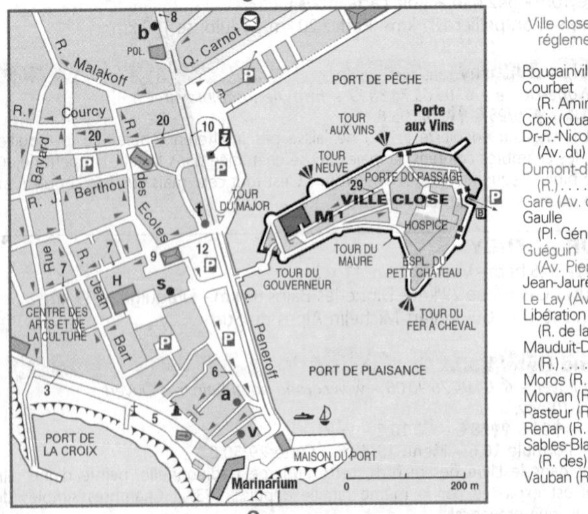

Ville close: Circulation réglementée l'été

Bougainville (Bd) **C** 3
Courbet (R. Amiral) .... **A** 4
Croix (Quai de la) **C** 5
Dr-P.-Nicolas (Av. du) ...... **C** 6
Dumont-d'Urville (R.) .... **C** 7
Gare (Av. de la) **AC** 8
Gaulle (Pl. Gén.-de) .. **C** 9
Guéguin (Av. Pierre) .... **C** 10
Jean-Jaurès (Pl.) . **C** 12
Le Lay (Av. Alain) **B**
Libération (R. de la) ..... **A** 16
Mauduit-Duplessis (R.) .... **B** 17
Moros (R. du) ... **B** 18
Morvan (R. Gén.) **C** 20
Pasteur (R.) ...... **B** 24
Renan (R. Ernest) **A** 25
Sables-Blancs (R. des) ...... **A** 27
Vauban (R.) ..... **C** 29

Hôtel de l'Océan

plage des Sables-Blancs – ☎ 02 98 50 53 50 – www.hotel-ocean.com Plan : A**r**
70 ch – 🚹89/145 € 🚹🚹99/165 € – ☕ 13 €
Rest – Formule 21 € – Menu 30/50 € – Carte 36/68 € *(fermé déc., janv., 2 semaines en fév., dim. d'oct. à mars, sam. midi et lundi midi)*
L'Océan ! Voilà l'atout majeur de cet imposant bâtiment moderne. Dans le salon, comme au restaurant (cuisine de la mer) et dans les chambres – avec un balcon pour celles qui donnent sur la plage –, il est partout. Fonctionnel, spacieux et bien équipé : un hôtel pour un séjour reposant.

Hôtel de France et d'Europe sans rest

9 av. de la Gare – ☎ 02 98 97 00 64 – www.hotel-france-europe.com – Fermé 20 déc.-20 janv. Plan : C**b**
22 ch – 🚹85 € 🚹🚹90/105 € – ☕ 12 €
Voici un hôtel pour le moins confortable, situé près d'un axe passant entre le port et la ville close. Les chambres ont été rénovées dans un style actuel et fonctionnel. Un pied-à-terre idéal pour découvrir la ville !

Hôtel des Halles sans rest

r. Charles-Linement, (pl. de l'Hôtel-de-Ville) – ☎ 02 98 97 11 41 – www.hoteldeshalles.com Plan : C**s**
25 ch – 🚹47/51 € 🚹🚹65/85 € – ☕ 9 €
Lambris lasurés, couleurs vives, photos de voiliers : pas de doute, on est en bord de mer. Il règne une ambiance familiale dans cet hôtel très central, ce qui ajoute à la sensation de villégiature... Et le petit-déjeuner est maison.

Le Nautile – Hôtel Les Sables Blancs

plage des Sables-Blancs – ☎ 02 98 50 10 12 – www.hotel-les-sables-blancs.com
Formule 22 € – Menu 34/75 € – Carte 50/77 € Plan : A**n**
On dirait un vaisseau prêt à s'élancer sur l'océan ! À l'intérieur, tout respire cette élégance marine qui évoque les croisières des années 1930. La mer est également dans l'assiette, avec des produits de belle fraîcheur (araignée, lieu jaune, etc.), cuits avec précision et présentés avec soin.

La Coquille

1 quai du Moros – ☎ 02 98 97 08 52 – www.lacoquille-concarneau.com – Fermé 1 semaine en nov., 1 semaine en janv., dim. soir et lundi Plan : B**k**
Formule 10 € – Menu 29/45 € – Carte 46/83 €
Dans la pure tradition bretonne, directement sur le port de pêche, on vient ici se régaler de poissons et de crustacés pleins de fraîcheur, accompagnés de produits du marché. Le midi, on se presse au Bistrot pour les suggestions à l'ardoise et l'ambiance franchement conviviale.
Le Bistrot Formule 15 € – Menu 20 € *(déj. seult)*

L'Amiral

1 av. Pierre-Guéguin – ☎ 02 98 60 55 23 – www.restaurant-lamiral-concarneau.com – Fermé 2 semaines en mars, 3 semaines en nov., dim. soir sauf vacances scolaires, lundi soir sauf juil.-août et lundi midi de sept. à mars Plan : C**t**
Formule 17 € – Menu 20 € (semaine), 28/42 € – Carte 35/58 €
Un restaurant vraiment engageant, tout en boiseries sombres et allusions marines élégantes. Bien situé, face à la ville close, il propose tous les grands classiques d'une cuisine de la mer. Avec une spécialité : la grande cocotte de l'Amiral, une version chaude de l'incontournable plateau de fruits de mer !

Le Buccin

1 r. Duguay-Trouin – ☎ 02 98 50 54 22 – www.restaurantlebuccin.fr – Fermé lundi sauf le soir en saison, sam. midi et dim. soir Plan : C**v**
Formule 13 € – Menu 18 € (déj. en semaine), 25/38 € – Carte 34/49 €
Dans une petite rue légèrement en retrait du port de plaisance, se cache un Buccin... Pas le gastéropode, mais bien un restaurant, à la façade traditionnelle et un brin rétro, qui fait la part belle aux produits de la mer : filet de dorade grise aux légumes de saison, rôti de lotte aux saveurs d'Asie, etc.

Le Flaveur

4 r. Duquesne – 02 98 60 43 47 – Fermé 6-21 janv., sam. midi, dim. soir et lundi
Formule 15 € – Menu 19 € (déj. en semaine), 23/46 € Plan : Ca
– Carte 44/55 €
Ce restaurant se niche dans une petite rue calme, légèrement en retrait du port de plaisance et de la ville close. Aux commandes, le jeune chef fait preuve d'une inventivité rafraîchissante, à l'image de ce lieu jaune, écume iodée, cromesquis d'huître et pamplemousse marin...

CONCHES-EN-OUCHE

27190 (Eure) – 4 993 hab. – **Voir carte n°33-D2**
Paris 118 km – Bernay 34 km – Dreux 49 km – Évreux 18 km
Carte Michelin 304-F8 – Guide Vert Michelin Normandie Vallée de la Seine

Hôtel de Normandie

10 r. St-Étienne – 02 32 30 04 58 – www.conches-hotel.com – Fermé 4-18 août, 24 déc.-5 janv., dim. soir, lundi midi et vend.
17 ch – 60 € 60 € – 8 € – ½ P
Rest – Formule 13 € – Menu 20/39 € – Carte 30/50 €
Un hôtel simple et bien tenu, au cœur de la localité : pratique pour une étape dans la région. À noter : le bâtiment central date du 12e s., mais les chambres se trouvent dans les deux ailes récentes. Restaurant traditionnel en complément.

La Grand'Mare avec ch

13 av. Croix-de-Fer – 02 32 30 23 30 – Fermé mardi soir, lundi (sauf hôtel) et dim. soir
9 ch – 59 € 59 € – 8 €
Formule 12 € – Menu 19 € (déj. en semaine), 27/37 € – Carte 41/63 €
La grande mare se trouve juste à côté – c'est même un étang – et ajoute à l'esprit rustique de cette maison à colombages du 19e s., située au cœur de Conches. Surprise côté cuisine : si la tradition est de mise, les recettes plus contemporaines également. Bon à savoir : quelques chambres ont été créées en 2012.

CONCHY-LES-POTS

60490 (Oise) – 608 hab. – **Voir carte n°36-B2**
Paris 100 km – Compiègne 28 km – Amiens 55 km – Beauvais 68 km
Carte Michelin 305-H3

Le Relais

20 r. de Boulogne, (D 1017) – 03 44 85 01 17 – www.lerelais-conchylespots.fr – Fermé 2 semaines fin juil.-début août, vacances de fév., dim. soir, merc. soir, lundi et mardi
Formule 22 € – Menu 32/90 € – Carte 58/85 €
N'hésitez pas à pousser la porte de cet ancien relais routier peint en jaune : la salle à manger s'avère coquette et lumineuse, et la cuisine, traditionnelle et généreuse.

CONCREMIERS

36300 (Indre) – 644 hab. – **Voir carte n°11-B3**
Paris 337 km – Châteauroux 66 km – Châtellerault 65 km – Orléans 212 km
Carte Michelin 323-C7

Château de Forges

rest, P

1 km à l'Ouest par D 53 – 02 54 37 40 03 – www.chateaudeforges.fr
3 ch – 140 € 140 € – 10 € **Table d'hôte** – Menu 45 €
Un authentique château fort, érigé à la fin du 15e s. par l'ancêtre des actuels propriétaires ! On remonte le temps lorsque l'on en franchit le porche couronné de mâchicoulis, avant de découvrir le superbe donjon... Et le confort des lieux n'a rien de médiéval (hammam, bain balnéo, savoureuse table d'hôtes, etc.). Unique !

CONDÉ-NORTHEN

57220 (Moselle) – 611 hab. – **Voir carte n°27-C1**
Paris 350 km – Metz 21 km – Pont-à-Mousson 52 km – Saarlouis 38 km
Carte Michelin 307-J4

La Grange de Condé

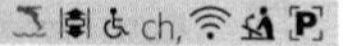

41 r. des Deux-Nieds – ✆ 03 87 79 30 50 – www.lagrangedeconde.com
17 ch – 🚹115 € 🚹🚹115 € – 3 suites – ☕ 12 €
Rest – Formule 17 € – Menu 24/49 € – Carte 36/64 €
Un ancien corps de ferme familial (1682) sur la route traversant le village. Les chambres y sont spacieuses avec des lits de belle ampleur. Pour se détendre, on profite du sauna, du jacuzzi ou du hammam. Cuisine traditionnelle au restaurant.

CONDETTE

✉ 62360 (Pas-de-Calais) – 2 575 hab. – **Voir carte n°30-A2**
▶ Paris 245 km – Amiens 117 km – Arras 125 km – Lille 128 km
Carte Michelin 301-C4

L'Orée du Bois

20 r. de la Marne – ✆ 03 21 87 34 73 – Fermé dim. soir et lundi
Formule 18 € – Menu 29/50 € – Carte 33/52 € *(réservation conseillée)*
Ce chef, au parcours sans faute, a posé ses valises à L'Orée du Bois. Non pas qu'il eut peur d'entrer dans la forêt… Avec ses savoureuses recettes dans l'air du temps, il est capable d'appâter n'importe qui. Mais voilà, Antoine Ducrocq est de ceux qui régalent les gourmands avec de beaux produits de saison !

CONDOM

✉ 32100 (Gers) – 7 012 hab. – **Voir carte n°28-A2**
▶ Paris 729 km – Agen 41 km – Mont-de-Marsan 80 km – Toulouse 121 km
Carte Michelin 336-E6

Les Trois Lys

38 r. Gambetta – ✆ 05 62 28 33 33 – www.lestroislys.com Plan : Y**a**
10 ch – 🚹90/170 € 🚹🚹90/170 € – ☕ 9 €
Rest – Carte environ 35 € *(fermé lundi midi, jeudi midi et dim.)*
Cet hôtel particulier du 18[e]s. abrite des chambres personnalisées avec de beaux meubles anciens ou ethniques. Jolie piscine sur l'arrière. Cuisine simple servie dans la salle ou sur la terrasse en teck dressée dans la cour. Bar cosy.

CONDOM

Aquitaine (Av. d') . . . . Y 2
Armuriers (R. des) . . . . Y 5
Barlet (Pont) . . . . Y 7
Bonnamy (R.) . . . . YZ 8
Buzon (R. et Quai) . . . . Z 12
Carmes (Pont des) . . . . Z 14
Cazaubon (R. H.) . . . . Z 16
Charron (R.) . . . . Y 19
Cordeliers (R. des) . . . . Z 21
Foch (R. Mar.) . . . . Y 22
Gaichies (R.) . . . . Y 24
Gambetta (R. L.) . . . . Y 26
Jean-Jaurès (R.) . . . . Z 28
Lannelongue (Pl.) . . . . Y 31
Lion-d'Or (Pl. du) . . . . Y 35
Monnaie (R. de la) . . . . YZ 38
Paix (R. de la) . . . . Z 40
Roquepine (R. de) . . . . Z 44
Roques (R.) . . . . Y 47
Saint-Exupéry (R.) . . . . Z 50
St-Pierre (Pl.) . . . . Y 53

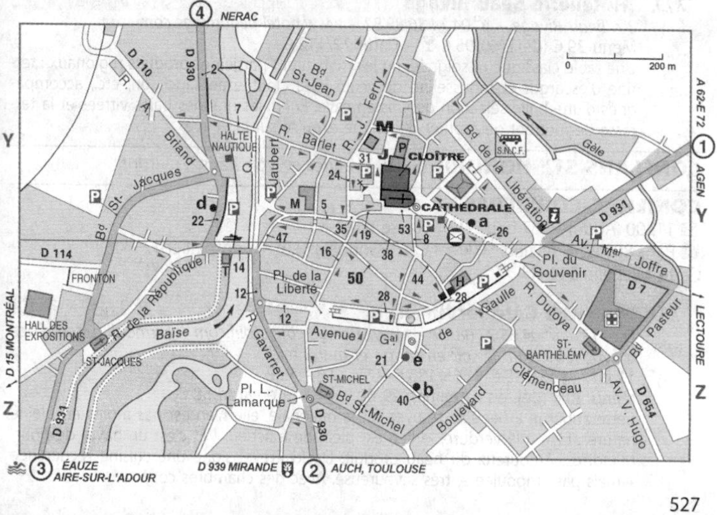

Continental ch,

20 r. du Mar.-Foch – ✆ 05 62 68 37 00 – www.lecontinental.net – Fermé 10-16 mars et 14-29 déc. Plan : Y**d**

24 ch – †52/76 € ††52/76 € – 1 suite – ☐ 9 € – ½ P

Rest – Formule 12 € – Menu 22/33 € – Carte 30/41 €

La Baïse coule au pied de cet hôtel. Les chambres, confortables et bien tenues, donnent pour la plupart sur une cour joliment aménagée (terrasse). Plats traditionnels dans un décor actuel, clair et lumineux.

Logis des Cordeliers sans rest

2 bis r. de la Paix – ✆ 05 62 28 03 68 – www.logisdescordeliers.com – Fermé 2 janv.-3 fév. Plan : Z**b**

21 ch – †48/70 € ††48/72 € – ☐ 8 €

Bâtiment des années 1970 situé dans un quartier tranquille. Chambres fonctionnelles ; optez pour celles donnant sur la piscine, agrémentées de petits balcons. Ambiance familiale.

La Table des Cordeliers (Eric Sampietro)

1 r. des Cordeliers – ✆ 05 62 68 43 82 – www.latabledescordeliers.com – Fermé 1er déc.-31 janv., dim. soir et lundi Plan : Z**e**

Formule 19 € – Menu 30 € (semaine), 52/80 € – Carte 68/78 €

Dans cet ancien couvent, la cuisine se fonde sur le produit pour des mariages inventifs, osant l'alliance entre le sucré et le salé. Au salon, on admire la belle collection d'armagnacs. À noter : une formule bistrot est proposée le midi en semaine.

→ Pressé de foie gras aux figues, gelée au floc de Gascogne. Pigeon entier rôti, blinis de pomme de terre et foie chaud. Crémeux chocolat manjari, praliné à l'ancienne et sorbet chocolat.

CONDRIEU

✉ 69420 (Rhône) – 3 831 hab. – Voir carte n°**44**-B2

Paris 497 km – Annonay 34 km – Lyon 41 km – Rive-de-Gier 21 km

Carte Michelin 327-H7 – Guide Vert Michelin Lyon et sa région

Hôtellerie Beau Rivage

2 r. Beau Rivage – ✆ 04 74 56 82 82 – www.hotel-beaurivage.com

20 ch – †115/175 € ††115/175 € – 10 suites – ☐ 19 €

Rest *Hôtellerie Beau Rivage* – voir les restaurants ci-après

Dans l'un des plus fameux vignobles des côtes du Rhône, cet hôtel familial semble rêvasser au bord du fleuve... Une douceur de vivre que l'on retrouve au jardin et dans les chambres, élégantes. Une belle manière de découvrir cette région viticole !

Hôtellerie Beau Rivage

2 r. Beau Rivage – ✆ 04 74 56 82 82 – www.hotel-beaurivage.com

Menu 39 € (déj.), 60/95 € 🍷 – Carte 72/112 €

Une table classique et soignée, où les mets tirent partie des produits régionaux : terrine d'escargot et mousseline de veau, lotte cloutée au saucisson, etc., accompagnés d'une belle sélection de vins en cave. Enfin, les grandes baies vitrées et la terrasse permettent de profiter d'une vue exquise sur le fleuve.

CONFLANS-STE-HONORINE – 78 Yvelines → voir Paris, Environs

CONILHAC-CORBIÈRES

✉ 11200 (Aude) – 887 hab. – Voir carte n°**22**-B3

Paris 802 km – Béziers 59 km – Carcassonne 31 km – Montpellier 120 km

Carte Michelin 344-H3

Auberge Côté Jardin avec ch ch,

D 6113 – ✆ 04 68 27 08 19 – www.auberge-cotejardin.com – Fermé dim. soir d'oct. à avril, lundi sauf le soir en saison et mardi midi

12 ch – †65/135 € ††65/135 € – ☐ 12 € – ½ P

Menu 20 € (déj. en semaine), 29/60 € – Carte environ 58 €

Cette auberge a beau se trouver sur la nationale, elle n'en est pas moins en pleine nature : face à la verdure, le lieu est plein de fraîcheur ! Et c'est un havre de gourmandise... Amoureux du beau produit, David Prevel signe une cuisine recherchée – mais pas ampoulée –, très savoureuse. Avec des chambres cosy...

CONLEAU – 56 Morbihan ➜ voir Vannes

CONNELLES

✉ 27430 (Eure) – 204 hab. – **Voir carte n°33-D2**
Paris 111 km – Les Andelys 13 km – Évreux 34 km – Rouen 33 km
Carte Michelin 304-H6

Le Moulin de Connelles

40 rte d'Amfreville-sous-les-Monts – ✆ 02 32 59 53 33 – www.moulin-de-connelles.fr – Fermé 20 nov.-8 déc.
9 ch – 150/250 € 150/250 € – 3 suites – 17 € – ½ P
Rest ***Le Moulin de Connelles*** – voir les restaurants ci-après
Sur un bras de la Seine, cet authentique manoir anglo-normand est un vrai joyau romantique ! Ses tourelles et colombages se reflètent dans le fleuve, le parc arboré est ravissant, l'accueil charmant, et les chambres d'un goût exquis. La délicatesse incarnée...

Le Moulin de Connelles

40 rte d'Amfreville-sous-les-Monts – ✆ 02 32 59 53 33 – www.moulin-de-connelles.fr – Fermé 20 nov. -8 déc. et le midi du lundi au jeudi
Menu 35 € (semaine), 46/75 €
Dans cet ancien et superbe moulin surplombant un petit bras de la Seine, on se croirait presque à Chenonceau. Ici, le décor comme l'assiette ne sont qu'élégance, classicisme de bon aloi et douceur feutrée... Un joli songe à faire tout éveillé !

CONQUES

✉ 12320 (Aveyron) – 275 hab. – **Voir carte n°29-C1**
Paris 601 km – Aurillac 53 km – Espalion 42 km – Figeac 43 km
Carte Michelin 338-G3

Ste-Foy sans rest

r. Principale – ✆ 05 65 69 84 03 – www.hotelsaintefoy.com – Ouvert 1er mai-12 oct.
17 ch – 99/197 € 99/197 € – 10 €
Au cœur de ce superbe et célèbre village niché dans les gorges de l'Ouche, cette demeure du 17e s. (belle façade à colombages) contemple la sublime abbatiale Ste-Foy. Aux beaux jours, le patio sent la glycine et il fait bon y entendre bruire la fontaine ; les chambres sont rustiques et charmantes : tout est plaisant !

Auberge St-Jacques

r. Gonzague-Florent – ✆ 05 65 72 86 36 – www.aubergestjacques.fr – Ouvert d'avril à mi-nov. et fermé dim. soir et lundi
Formule 14 € – Menu 19/38 € – Carte 26/46 €
Les visiteurs de ce village magnifique, comme les pélerins sur la route historique de St-Jacques-de-Compostelle, trouveront dans cette maison de pays rustique une cuisine d'inspiration régionale, simple et copieuse. Installé sur la terrasse, on admire l'abbatiale romane et ses vitraux contemporains signés Soulage !

au Sud 3 km sur D 901 – ✉ 12320 Conques

Hervé Busset

Domaine de Cambelong – ✆ 05 65 72 84 77 – www.moulindecambelong.com – Ouvert 1er avril-2 nov. et fermé mardi midi, merc. midi et lundi hors saison
8 ch – 130/250 € 130/330 € – 1 suite – 20 € – ½ P
Rest ***Hervé Busset*** – voir les restaurants ci-après
Dans l'un des derniers moulins à eau du 18e s. en bordure du Dourdou, les chambres jouent la carte du contraste, additionnant les couleurs, affichant un style résolument contemporain et design... Calme, reposant et singulier.

Hervé Busset

Domaine de Cambelong – ✆ 05 65 72 84 77 – www.moulindecambelong.com – Ouvert 1er avril-2 nov. et fermé mardi midi, merc. midi et lundi hors saison
Menu 35 € (déj. en semaine), 65/95 € – Carte 67/103 €
Épure contemporaine et élégance au service d'une cuisine de chef créative, maîtrisée et soignée. Hervé Busset, passionné par les herbes, les plantes régionales et les beaux produits, n'a de cesse d'innover : il varie les garnitures et superpose les saveurs, poudres, émulsions, avec aplomb... Une réussite ! ➜ Pappardelle de truite fario et lard noir de Bigorre. Verveine en bouillon, pomme, céleri et suprême de poulette fermière. Religieuse, crème glacée au safran et chocolat de l'île de Grenade.

LE CONQUET

✉ 29217 (Finistère) – 2 666 hab. – **Voir carte n°9-A2**

▶ Paris 619 km – Brest 24 km – Brignogan-Plages 59 km – St-Pol-de-Léon 85 km

Carte Michelin 308-C4 – Guide Vert Michelin Bretagne Nord

à la Pointe de St-Mathieu 4 km au Sud – ✉ 29217

Hostellerie de la Pointe St-Mathieu

– *☎ 02 98 89 00 19 – www.pointe-saint-mathieu.com – Fermé 16 fév.-12 mars*

23 ch – 85/265 € 85/265 € – 13 € – ½ P

Rest ***Hostellerie de la Pointe St-Mathieu*** – voir les restaurants ci-après

Phare, sémaphores, vestiges d'abbaye... Pas de doute, c'est bien la pointe ouest de la Bretagne, et ses paysages de tempête. Heureusement, cette maison de pays élégante et contemporaine, tout en teintes douces, est un refuge de choix !

Vent d'Iroise sans rest

– *☎ 02 98 89 45 00 – www.hotel-vent-iroise.com – Fermé vend., sam. et dim. de mi-fév. à mi-mars*

24 ch – 54/145 € 54/145 € – 10 €

Idéalement placé pour partir en balade sur les sentiers de la pointe St-Mathieu, cet hôtel récent conviendra à ceux qui recherchent un maximum de calme. Un style dépouillé et plaisant, pour communier avec la mer.

Hostellerie de la Pointe St-Mathieu

– *☎ 02 98 89 00 19 – www.pointe-saint-mathieu.com – Fermé 16 fév.-12 mars et dim. soir*

Formule 17 € – Menu 31/88 € – Carte 43/108 €

Vieilles pierres, cheminée monumentale et poutres se marient admirablement avec un mobilier franchement contemporain. Saint-Jacques, ormeaux, homard, foie gras de Bretagne : le chef met en valeur toute la noblesse du terroir. Avec, en prime, un chariot d'une quinzaine de desserts, qui clôt le repas en beauté !

LES CONTAMINES-MONTJOIE

✉ 74170 (Haute-Savoie) – 1 193 hab. – **Voir carte n°46-F1**

▶ Paris 606 km – Annecy 93 km – Bonneville 50 km – Chamonix-Mont-Blanc 33 km

Carte Michelin 328-N6 – Guide Vert Michelin Alpes du Nord

Gai Soleil

rest,

288 chemin des Loyers – ☎ 04 50 47 02 94 – www.gaisoleil.com – Ouvert 14 juin-15 sept. et 20 déc.-15 avril

18 ch – 60/90 € 80/95 € – 12 € – ½ P

Rest – Formule 15 € – Menu 19/30 € – Carte 23/35 € *(fermé le midi sauf du 15 au 22 mars, du 14 juin au 15 sept. et du 25 janv. au 14 fév.)*

Un joli chalet dominant la station, superbement fleuri en saison, tout comme son agréable jardin. Les chambres, d'esprit montagne, sont simples et d'une tenue parfaite ; dans la salle rustique et chaleureuse du restaurant, on sert des petits plats traditionnels.

L'Ô à la Bouche

510 rte Notre-Dame-de-la-Gorge – ☎ 04 50 47 81 67 – www.lo-contamines.com – Fermé 25 mai-15 juin, 8 nov.-15 déc. et lundi hors saison

Formule 19 € – Menu 33/68 € *(réservation conseillée)*

Un lieu, deux atmosphères, mais toujours l'eau à la bouche... Au rez-de-chaussée, cadre contemporain autour d'une cuisine gastronomique fraîche et goûteuse ; au sous-sol (et seulement l'hiver), raclettes, fondues, grillades et convivialité toute montagnarde !

CONTES

✉ 06390 (Alpes-Maritimes) – 7 010 hab. – **Voir carte n°41-D2**

▶ Paris 954 km – Antibes 43 km – Marseille 206 km – Nice 21 km

Carte Michelin 341-E5 – Guide Vert Michelin Côte d'Azur

La Fleur de Thym

3 bd Charles Alunni – ✆ 04 93 79 47 33 – www.lafleurdethym.fr – Fermé 21 déc.-6 janv., dim. soir en hiver, mardi soir et merc.
Menu 28/49 € – Carte 36/51 €
Si vous passez par le pays des Paillons, arrêtez-vous dans cette petite maison colorée : certes, près d'une station-service, elle ne paie pas forcément de mine, mais à l'intérieur on découvre un agréable décor d'esprit bistrot contemporain. Quant à la cuisine, elle suit le marché et les saisons.

CONTEVILLE

✉ 27210 (Eure) – 921 hab. – **Voir carte n°32-A3**
Paris 181 km – Évreux 102 km – Le Havre 34 km – Honfleur 15 km
Carte Michelin 304-C5 – Guide Vert Michelin Normandie Vallée de la Seine

Auberge du Vieux Logis

48 rte de l'Estuaire – ✆ 02 32 57 60 16 – Fermé 1 semaine en mars, 2 semaines en oct., 1 semaine en janv., mardi sauf juil.-août, dim. soir et lundi
Menu 40 € (semaine)/60 € – Carte 90/105 €
Au cœur de ce charmant village normand, une façade à colombages fleurie de géraniums en été, un décor de poutres, de briques et de cuivres : une parfaite auberge de tradition ! La carte cultive le classicisme, et fait notamment la part belle à la pêche locale.

au Marais Vernier 8 km à l'Est par D 312 et D 90 – ✉ 27680 – 494 hab.

Auberge de l'Etampage

82 quartier de l'Eglise – ✆ 02 32 57 61 51 – Fermé 23 déc.-1er fév., dim. soir et merc.
Formule 17 € – Menu 21/31 € – Carte 43/53 €
Les propriétaires de cette auberge tout en colombages – à flanc de colline au-dessus des marais – sont très attachés à l'idée d'un bistrot de campagne. Désossé de poulet fermier au cidre, tarte aux pommes... Les effluves qui s'échappent des cuisines attestent une cuisine 100 % maison. Fraîcheur, tradition et terroir !

CONTRES

✉ 41700 (Loir-et-Cher) – 3 420 hab. – **Voir carte n°11-A1**
Paris 203 km – Blois 22 km – Châteauroux 79 km – Montrichard 23 km
Carte Michelin 318-F7

Le Manoir de Contres

ch, rest,

23 r. des Combattants-en-Afrique-du-Nord – ✆ 02 54 78 45 39 – www.manoirdecontres.com – Fermé 25 déc.-13 fév.
9 ch – 130/150 € 170/200 €
Rest – Menu 32/45 € *(fermé dim. soir et le midi sauf dim. et fériés)*
Il ne s'agit pas ici d'être pour ou Contres ! Dans ce ravissant manoir (1818), près des châteaux de la Loire et à 20mn du zoo de Beauval, il suffit de poser ses bagages. Les chambres sont cossues, spacieuses et très confortables. Restauration traditionnelle à apprécier, aux beaux jours, sur la terrasse.

Hôtel de France

ch, rest, ch,

rte de Blois – ✆ 02 54 79 50 14 – www.hoteldefrance-contres.com – Fermé de fin janv. à début mars
32 ch – 70/115 € 70/115 € – 2 suites – 13 € – ½ P
Rest – Formule 22 € – Menu 27/50 € – Carte 49/62 € *(fermé lundi sauf le soir en saison, dim. soir et mardi midi)*
Une bonne adresse familiale au centre de Contres. Chambres confortables, la plupart donnant sur le jardin et la piscine. Au restaurant, la carte est traditionnelle.

La Botte d'Asperges

52 r. P.-H.-Mauger – ✆ 02 54 79 50 49 – www.labotte-dasperges.com – Fermé 19 août-2 sept., 2-15 janv., merc. soir en hiver, dim. soir et lundi
Formule 20 € – Menu 24/45 € – Carte 37/52 €
Rassurez-vous, ce restaurant est ouvert même en dehors de la saison des asperges ! Les gourmands s'y régalent d'une cuisine savoureuse : charlotte de rillettes de saumon et rouget, dos de carrelet en croûte de mozzarella et olives... Service et accueil aux petits soins dans un cadre convivial.

CONTREVOZ - 01 Ain ➜ voir Belley

CONTREXÉVILLE

✉ 88140 (Vosges) - 3 389 hab. - **Voir carte n°26-B3**
Paris 337 km - Épinal 47 km - Langres 75 km - Nancy 83 km
Carte Michelin 314-D3

Cosmos

13 r. de Metz - ✆ 03 29 07 61 61 - www.hotelcontrexeville.com - Ouvert 15 mars-31 oct.
77 ch - 85/95 € 105/115 € - 6 suites - 13 € - ½ P
Rest - Formule 30 € - Menu 34 € - Carte environ 40 €
L'atmosphère vieille France de cet hôtel aux chambres confortables nous transporte à la Belle Époque. Un endroit idéal pour les adeptes de fitness et de balnéothérapie. Menus classiques et diététiques servis dans une grande salle à manger rétro à souhait.

COQUAINVILLIERS - 14 Calvados ➜ voir Lisieux

COQUELLES - 62 Pas-de-Calais ➜ voir Calais

CORBEIL-ESSONNES - 91 Essonne ➜ voir Paris, Environs

CORBIGNY

✉ 58800 (Nièvre) - 1 604 hab. - **Voir carte n°7-B2**
Paris 236 km - Autun 76 km - Avallon 38 km - Clamecy 28 km
Carte Michelin 319-F8 - Guide Vert Michelin Bourgogne

Hôtel de L'Europe

7 Grande Rue - ✆ 03 86 20 09 87 - www.bourgogne-hotel-restaurant-morvan.com - Fermé 22 déc.-3 janv. et fév.
18 ch - 51/58 € 67/81 € - 9 € - ½ P
Rest *Le Cépage* - voir les restaurants ci-après
Un sympathique hôtel-restaurant familial dont les chambres sont très propres et confortables, bien qu'assez petites. Confitures maison au petit-déjeuner.

Le Cépage - Hôtel de L'Europe

7 Grande Rue - ✆ 03 86 20 09 87 - www.bourgogne-hotel-restaurant-morvan.com - Fermé 23 déc.-3 janv., fév. et dim. soir sauf juil.-août
Menu 13 € (déj. en semaine), 23/64 € - Carte 30/60 €
Voilà un cépage qui tient ses promesses ! Dans la salle - avec poutres et pierres apparentes - ou sur la terrasse, on déguste une bonne cuisine traditionnelle où le terroir a la part belle. Dans l'assiette, c'est savoureux et généreux. Belle carte des vins.

CORCELLES-EN-BEAUJOLAIS

✉ 69220 (Rhône) - 796 hab. - **Voir carte n°43-E1**
Paris 419 km - Bourg-en-Bresse 55 km - Lyon 53 km - Mâcon 22 km
Carte Michelin 327-H3 - Guide Vert Michelin Lyon et sa région

Auberge de Corcelles

15 r. de la Mairie - ✆ 04 74 60 65 87 - Fermé de mi-fév. à mi-mars, merc. midi et mardi
Formule 15 € - Menu 26/40 € - Carte 38/46 € *(réservation conseillée)*
Impossible de rater cette maison ocre près de l'église du village. Surprise : un chef japonais œuvre aux fourneaux, mais comme nombre de ses compatriotes, il signe une vraie cuisine française - notamment lyonnaise -, façonnée dans les règles, avec de beaux produits frais. Gâteau de foie de volaille, quenelles de brochet...

CORDES-SUR-CIEL

✉ 81170 (Tarn) - 1 011 hab. - **Voir carte n°29-C2**
Paris 655 km - Albi 25 km - Rodez 78 km - Toulouse 82 km
Carte Michelin 338-D6

Hostellerie du Vieux Cordes

21 r. St-Michel – 05 63 53 79 20 – www.hostelleriehvc.com – Fermé 2 janv.-13 fév.

19 ch – 58/178 € 58/178 € – 13 € – ½ P

Rest – Formule 26 € – Menu 36/45 € – Carte 40/46 € *(fermé mardi midi et lundi sauf juil.-août et dim. soir de nov. à mai)*

Un monastère du 13e s. au cœur de la cité médiévale. Le bel escalier à vis, les chambres fraîches conservant leur petit cachet ancien, le joli patio et sa superbe glycine odorante sous laquelle on prend ses repas aux beaux jours... Tout cela est bien agréable.

rte d'Albi

L'Envolée sauvage

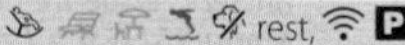

La Borie – 05 63 56 88 52 – www.lenvolee-sauvage.com – Ouvert 30 avril-15 oct.

5 ch – 120/140 € 130/150 € **Table d'hôte** – Menu 40 €

Rencontre du terroir et du raffinement pour cette ferme du 18e s. Authenticité des vieilles pierres, plaisir de la piscine, charme des chambres cosy : on n'a plus du tout envie de s'envoler ! Les produits de la ferme (fruits, légumes, foie gras maison) garnissent la table d'hôte.

CORDON

74700 (Haute-Savoie) – 1 004 hab. – **Voir carte n°46-F1**

Paris 589 km – Annecy 76 km – Bonneville 33 km – Chamonix-Mont-Blanc 32 km

Carte Michelin 328-M5 – Guide Vert Michelin Alpes du Nord

Les Roches Fleuries

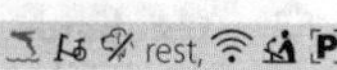

90 rte de la Scie – 04 50 58 06 71 – www.rochesfleuries.com – Fermé de nov. à mi-déc.

21 ch – 120/280 € 120/280 € – 3 suites – 20 € – ½ P

Rest – Formule 24 € – Menu 29/72 € *(fermé dim. soir, mardi midi et lundi)*

Perché sur les hauteurs de Cordon, ce chalet est ravissant et la vue y est superbe ! Décor chaleureux (boiseries et élégant mobilier régional ancien), restaurant feutré, chambres douillettes et jolie piscine, idéale après une journée sur les pistes... Une certaine idée du luxe made in Savoie !

Le Cerf Amoureux

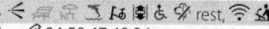

à Nant-Cruy, 2 km au Sud (rte Combloux) – 04 50 47 49 24 – www.lecerfamoureux.com – Fermé 1er avril- 15 juin et 1er sept.- 15 déc.

9 ch – 180/295 € 180/295 € – 2 suites – 18 €

Rest – Menu 36 € *(fermé dim. et lundi hors vacances scolaires et le midi) (résidents seult)*

Un beau chalet – tout de pierre et de bois vêtu – raffiné et très cosy. Les chambres, délicieuses, avec balcon, donnent sur les Aravis ou le mont Blanc... On peut aussi profiter de l'espace bien-être et de la "cuisine familiale améliorée" proposée (dixit le propriétaire). Est-ce l'amour qui rend ce Cerf si charmant ?

La Joubarbe au Balcon du Mont Blanc

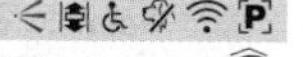

2087 rte des Miaz – 04 50 91 15 35 – www.lajoubarbe.com

10 ch – 131/198 € 141/208 € – ½ P

Rest – Menu 27 € *(fermé le midi) (résidents seult)*

La Joubarbe est une jolie fleur de montagne, dont la teinte varie entre le rose, le rouge et le violet. Un bel emblème pour ce chalet situé sur les hauteurs, où règne une charmante atmosphère de maison d'hôtes. Les chambres ont toutes un balcon ou une terrasse pour profiter de la vue.

Le Chamois d'Or

4080 rte de Cordon – 04 50 58 05 16 – www.hotel-chamoisdor.com – Ouvert de juin à mi-sept. et du 20 déc. à début avril

27 ch – 100/145 € 150/210 € – 1 suite – 18 € – ½ P

Rest – Formule 22 € – Menu 27 € (semaine), 30/35 € – Carte 33/60 € *(fermé merc. midi et jeudi midi)*

Piscine, tennis, fitness, sauna, jacuzzi, billard, restaurant traditionnel... Dans ce fier chalet, tenu par la même famille depuis les années 1960, tout est pensé pour la détente. Quiétude et douceur dans les chambres et suites, dans un esprit montagnard élégant (tissus choisis).

Le Cordonant

120 rte des Miaz – ✆ 04 50 58 34 56 – www.lecordonant.fr – Ouvert de mi-mai à fin sept. et de mi-déc. à mi-avril
16 ch – 85/105 € 95/115 € – 10 € – ½ P
Rest *Le Cordonant* – voir les restaurants ci-après
Un grand et beau chalet d'esprit familial, de jolies chambres avec des meubles en bois peint, un jardin et une terrasse donnant sur la vallée de Sallanches, les aiguilles de Varens et le massif du Mont-Blanc... Une bonne adresse pour un séjour montagnard.

Le Cordonant

120 rte des Miaz – ✆ 04 50 58 34 56 – www.lecordonant.fr – Ouvert de mi-mai à fin sept. et de mi-déc. à mi-avril
Menu 25/35 € – Carte 33/48 €
On se laisse facilement porter par la douce atmosphère savoyarde de ce joli chalet de moyenne altitude. On y (re)découvre la saveur d'une copieuse cuisine familiale, bien préparée, et fidèle à l'esprit de la région.

CORENC – 38 Isère ➜ voir Grenoble

CORMEILLES

✉ 27260 (Eure) – 1 174 hab. – Voir carte n°**32**-A3
Paris 181 km – Bernay 26 km – Lisieux 19 km – Pont-Audemer 17 km
Carte Michelin 304-C6 – Guide Vert Michelin Normandie Vallée de la Seine

L'Auberge du Président

70 r. de l'Abbaye – ✆ 02 32 57 80 37 – www.hotel-cormeilles.com – Fermé 3-10 janv.
14 ch – 68/88 € 78/95 € – 10 € – ½ P
Rest – Menu 20 € (semaine), 22/38 € – Carte 31/52 € *(fermé dim. soir d'oct. à mars et lundi midi) (réservation conseillée)*
L'enseigne rend hommage au président René Coty qui fit halte dans l'auberge. La façade à colombages n'a pas changé depuis la IVe République, mais les chambres respirent la fraîcheur, dans une jolie veine cosy et romantique. On peut aussi profiter de l'espace détente (sauna, jacuzzi, fitness) et du restaurant du terroir.

CORMERY

✉ 37320 (Indre-et-Loire) – 1 653 hab. – Voir carte n°**11**-B2
Paris 254 km – Blois 63 km – Château-Renault 48 km – Loches 22 km
Carte Michelin 317-N5 – Guide Vert Michelin Châteaux de la Loire

Auberge du Mail

2 pl. du Mail – ✆ 02 47 43 40 32 – www.aubergedumail-cormery.com – Fermé 1er-8 mars , 26 août-1er sept., 24-31 déc., le soir de mi-oct. à fin mars sauf vend. et sam., sam. midi, merc. soir et jeudi
Formule 17 € – Menu 20/43 € – Carte 28/53 €
Dans cette maison de pays, proche de l'abbaye – célèbre pour ses macarons –, on déguste une cuisine de tradition avec de beaux produits frais. Mention spéciale pour le beau plateau de fromages et le chariot de desserts ! L'été, on s'installe sur la terrasse à l'ombre des tilleuls et de la glycine.

CORNILLON

✉ 30630 (Gard) – 914 hab. – Voir carte n°**23**-D1
Paris 666 km – Avignon 50 km – Alès 47 km – Bagnols-sur-Cèze 17 km
Carte Michelin 339-L3 – Guide Vert Michelin Provence

La Vieille Fontaine avec ch

r. du Château – ✆ 04 66 82 20 56 – www.lavieillefontaine.net – Ouvert de Pâques à oct. et fermé lundi, mardi, merc. sauf juil.-août et le midi sauf dim.
8 ch – 105/155 € 105/155 € – 10 € – ½ P Menu 40 €
Maison de caractère adossée aux murailles médiévales. Dans la salle voûtée, on déguste une cuisine de tradition, dont la spécialité de la maison : les moules farcies à la diable. Piscine et jardin dominant la vallée ; chambres coquettes pour l'étape.

CORPS

✉ 38970 (Isère) – 511 hab. – **Voir carte n°45-C3**
▶ Paris 626 km – Gap 39 km – Grenoble 64 km – La Mure 24 km
Carte Michelin 333-I9 – Guide Vert Michelin Alpes du Sud

Hôtel du Tilleul

r. des Fosses – ✆ 04 76 30 00 43 – www.hotel-restaurant-du-tilleul.com – Fermé 20 oct.-20 déc.
18 ch – †49/55 € ††55/71 € – ☕ 8,50 € – ½ P
Rest – Formule 16 € – Menu 18/40 € – Carte 19/29 €
Un vieux village fort animé en été, peut-être en raison de son emplacement sur la route Napoléon. Les chambres sont fraîches et bien tenues (plus calmes à l'annexe) et le restaurant permet de découvrir le terroir local. Accueil charmant

à Aspres-les-Corps 5 km au Sud-Est par N 85 et D 58 – ✉ 05800 – 139 hab.

Château d'Aspres

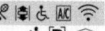

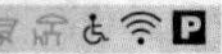

– ✆ 04 92 55 28 90 – www.chateau-daspres.com – Ouvert 1er mars-15 nov., 30 déc.-2 janv. et fermé dim. soir et lundi du 1er mars au 31 mai
8 ch – †90 € ††90/200 € – 3 suites – ☕ 14 € – ½ P
Rest – Menu 24/45 € – Carte 38/65 €
Cette demeure seigneuriale (12e-17e s.) domine la vallée du Champsaur. Portraits d'ancêtres, lourdes tentures, meubles d'époque : une décoration bourgeoise également à l'honneur dans les chambres. La vue sur le paysage environnant est superbe.

CORRENÇON-EN-VERCORS – 38 Isère → voir Villard-de-Lans

CORRÈZE

✉ 19800 (Corrèze) – 1 161 hab. – **Voir carte n°25-C3**
▶ Paris 480 km – Aubusson 96 km – Brive-la-Gaillarde 45 km – Tulle 19 km
Carte Michelin 329-M3 – Guide Vert Michelin Limousin Berry

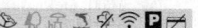

Mercure Corrèze La Seniorie Ⓝ

11 r. St-Martial – ✆ 05 55 21 22 88 – www.mercure.com – Ouvert de mars à nov.
29 ch – †80/146 € ††93/162 € – ☕ 16 € **Rest** – Carte 41/64 € *(fermé le midi)*
À quelques kilomètres de l'autoroute, sur les hauteurs du village, impossible de manquer cette élégante demeure du 19e s. Cet ancien pensionnat, fort heureusement transformé dans sa totalité (en 2012), recèle des chambres spacieuses, confortables et bien équipées.

Le Parc des 4 Saisons

16 av. de la Gare – ✆ 05 55 21 44 59 – www.leparc.info
5 ch ☕ – †58/98 € ††65/105 € **Table d'hôte** – Menu 35 € 🍷
Le jeune couple qui a aménagé cette ancienne maison de notable a voulu créer une chambre d'hôtes "écolo". Objets chinés, chambres pimpantes et confortables, parc agréable, piscine chauffée à l'énergie solaire : tout est prévu pour votre confort. Et la table d'hôte met en avant les produits locaux...

CORSE

(Corse) – 305 674 hab. – **Voir carte n°15-B2**
Carte Michelin 345 – Guide Vert Michelin Corse

© Hôtel La Corniche

Ajaccio

✉ 20000 (Corse-du-Sud) – 65 542 hab. – **Voir carte n°15-A3**
▶ Bastia 147 km – Bonifacio 131 km – Calvi 166 km – Corte 80 km
Carte Michelin 345-B8

Palazzu U Domu sans rest

17 r. Bonaparte – ✆ 04 95 50 00 20 – www.hotel-palazzudomu-ajaccio.com
45 ch – †129/355 € ††129/355 € – ☕ 16 € Plan : Z**e**

Le palais du comte Pozzo di Borgo (18e s.) est résolument feutré et raffiné : escalier d'époque, teintes sombres, expos d'art contemporain. Trois catégories de chambres, suites. Sans doute le meilleur hôtel du centre-ville.

AJACCIO

Albert-1er (Bd)	Y	2
Bévérini Vico (Av.)	Y	4
Colonna d'Ornano (Av. du Col.)	Y	10
Griffi (Square P.)	Y	22
Leclerc (Cours Gén.)	Y	25
Madame-Mère (Bd)	Y	29
Maillot (Bd H.)	Y	30
Masséria (Bd)	Y	32
Napoléon-III (Av.)	Y	37
Napoléon (Cours)	Y	
Nicoli (Cours J.)	Y	38
Paoli (Bd D.)	Y	41
St-Jean (Montée)	Y	51

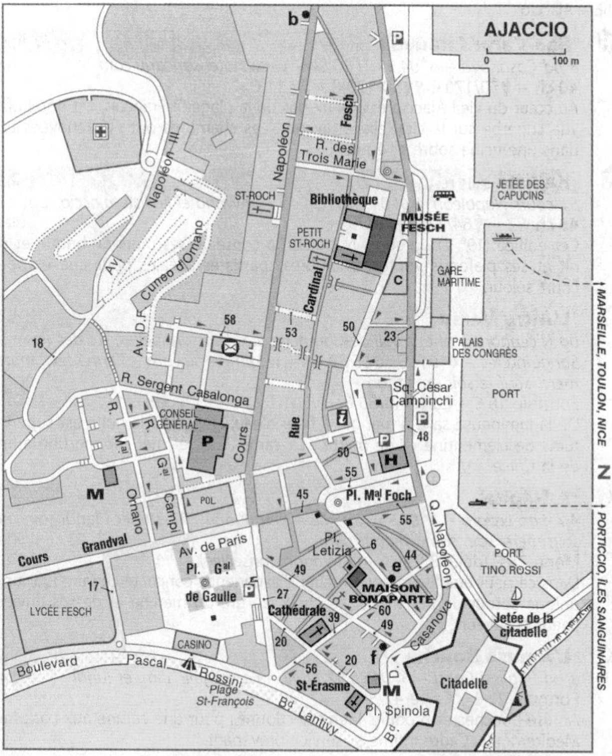

Rue	Plan	N°	Rue	Plan	N°	Rue	Plan	N°
Bonaparte (R.)	Z	6	Macchini (Av. E.)	Z	27	Roi-de-Rome (R.)	Z	49
Dr-Ramaroni (Av. du)	Z	17	Napoléon-III (Av.)	Z		Roi-Jérôme (Bd)	Z	50
Eugénie (Av. Impératrice)	Z	18	Napoléon (Cours)	Z		Sebastiani (R. Gén.)	Z	53
Fesch (R. Cardinal)	Z		Notre-Dame (R.)	Z	39	Sérafini (Av. A.)	Z	55
Forcioli-Conti (R.)	Z	20	Pozzo-di-Borgo (R.)	Z	44	Soeur-Alphonse (R.)	Z	56
Grandval (Cours)	Z		Premier-Consul (Av.)	Z	45	Vero (R. Lorenzo)	Z	58
Herminier (Quai l')	Z	23	République (Q. de la)	Z	48	Zévaco-Maire (R.)	Z	60

Les Mouettes sans rest

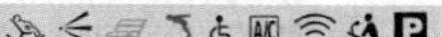

9 cours Lucien-Bonaparte, par ② – ✆ 04 95 50 40 40 – www.hotellesmouettes.fr – Fermé 3 nov.-2 avril

28 ch – 🚹95/400 € 🚹🚹95/400 € – ☕ 19 €

Une grande demeure rose de 1880, une vue superbe sur la piscine et la plage privée. Chambres sobres et spacieuses, la plupart avec loggia, pour rêver en regardant les mouettes.

Impérial sans rest

6 bd Albert-1er – ✆ 04 95 21 50 62 – www.hotelimperial-ajaccio.fr – Ouvert mars-oct.

Plan : Y**a**

44 ch – 🚹73/160 € 🚹🚹73/160 € – ☕ 11 €

Une façade pimpante, en lisière de la ville, sur la promenade menant aux Sanguinaires. Le hall est "impérial" ; sorte d'hommage à Napoléon. Chambres bien tenues, plage à deux pas.

Amirauté sans rest

20 bd Georges-Pompidou, par ① – ✆ 04 95 27 22 57 – www.corsica-hotels.fr

72 ch – 🚹55/270 € 🚹🚹65/270 € – ☕ 11 €

Vaste immeuble moderne en sortie de ville, vers l'aéroport. Les chambres y sont fonctionnelles. Piscine et terrasse tournées vers la mer.

San Carlu Citadelle sans rest
8 bd Casanova – ✆ 04 95 21 13 84 – www.hotel-sancarlu.com Plan : Z**f**
40 ch – 50/170 € 50/170 € – 11 €
Au cœur du vieil Ajaccio et à deux pas de la plage St-François, cet hôtel offre une vue superbe sur la citadelle et la mer. Les chambres ont été rénovées en 2011 dans une veine sobre et épurée.

Kallisté sans rest
51 cours Napoléon – ✆ 04 95 51 34 45 – www.hotel-kalliste-ajaccio.com
45 ch – 64/77 € 80/95 € Plan : Z**b**
Cet édifice (19e s.) du cours Napoléon a conservé ses murs de brique et de granit et ses plafonds voûtés. Chambres spartiates, idéales pour une étape ou un court séjour.

XX **L'Altru Versu**
bd Nicéphore-Sephanopoli-de-Comnene, Les Sept Chapelles, rte des Iles Sanguinaires – ✆ 04 95 50 05 22 – www.laltruversu.com – Fermé fév., mardi et merc. sauf le soir en saison
Formule 18 € – Carte 40/55 €
De la lumineuse salle à manger à fleur d'eau, la vue sur le golfe est superbe. Parfums de clémentine et de myrte... La carte "terre et mer" donne une autre idée de la Corse.

X **A Nepita**
4 r. San-Lazaro – ✆ 04 95 26 75 68 – Fermé août, 23-30 déc., lundi soir, mardi soir, merc. soir, sam. midi et dim. Plan : Y**f**
Menu 28 € (déj.), 33/39 € *(réservation conseillée)*
Dans ce petit établissement, un chef d'expérience concocte chaque jour un menu unique autour de deux plats au choix, au gré du marché et de ses envies. Fraîcheur et saveur !

X **L'Amuse Bouche**
3 bd Pugliesi-Conti – ✆ 04 95 52 11 43 – Fermé juil., dim. et lundi Plan : Y**s**
Formule 22 € – Carte 47/56 €
Amuse-bouches et produits bien sélectionnés pour une cuisine aux parfums de la Méditerranée. Cadre intime et service prévenant.

Plaine de Cuttoli 15 km par ① par rte de Bastia, rte de Cuttoli (D 1) puis rte de Bastelicaccia – ✉ 20167 Mezzavia

XX **U Licettu** avec ch
– ✆ 04 95 25 61 57 – www.u-licettu.com – Fermé 1er janv.-15 fév., dim. soir et lundi
5 ch – 75/90 € 75/90 € – ½ P Menu 42 € *(réservation conseillée)*
Une villa dominant le golfe et noyée sous les fleurs, quelques chambres face au jardin, un accueil charmant, une cuisine corse copieuse et savoureuse (charcuteries maison, viandes rôties dans la cheminée, brocciu frais du matin même...) : autant de bonnes raisons de ne pas prendre le maquis !

à Pisciatello 12 km par ① et N 196 – ✉ 20117

X **Auberge du Prunelli**
– ✆ 04 95 20 02 75 – www.facebook.com/auberge.duprunelli – Fermé mardi
Menu 20 € (déj.)/31 € – Carte 28/42 €
À deux pas d'un petit pont sur le Prunelli, une auberge corse du 19e s. avec sa treille. Légumes du potager et incontournables (omelette au brocciu, cabri rôti, figatelli).

rte des îles Sanguinaires par ② – ✉ 20000

Dolce Vita
à 9 km – ✆ 04 95 52 42 42 – www.hotel-dolcevita.com – Ouvert d'avril à oct.
32 ch – 230/460 € 380/460 € – 24 € – ½ P
Rest ***La Mer*** – voir les restaurants ci-après
La vie est douce dans cet hôtel à fleur d'eau : beau jardin, piscine et plage privée. Chambres spacieuses et contemporaines, toutes avec vue sur la Méditerranée...

Cala di Sole

à 6 km – ✆ 04 95 52 01 36 – www.caladisole.fr – Ouvert avril-sept.
31 ch – 90/200 € 135/260 € – 15 €
Rest – Carte 35/66 € *(ouvert juin-sept.)*
Pour un séjour tonique les pieds dans l'eau : piscine, fitness, plongée, jet-ski et planche à voile. Chambres avec terrasse ou loggia donnant sur la mer. En saison, grillades et salades servies midi et soir à la paillotte de l'hôtel, située sur la plage.

La Mer – Hôtel Dolce Vita

à 9 km – ✆ 04 95 52 42 42 – www.hotel-dolcevita.com – Ouvert d'avril à oct.
Menu 49 € (dîner) – Carte 57/77 €
La Mer et toutes ses splendeurs : on s'installe en terrasse, face aux Sanguinaires, pour déguster de beaux produits marins... Par temps frais, on apprécie la douceur bourgeoise qui règne dans la salle.

Palm Beach avec ch

à 5 km – ✆ 04 95 52 01 03 – www.palm-beach.fr
8 ch – 140/250 € 140/250 € – 1 suite – 18 €
Menu 89/149 € *(ouvert de mars à oct. et fermé le midi)*
Le restaurant embrasse le golfe d'Ajaccio, la Grande Bleue vient caresser sa terrasse… Une situation idyllique pour savourer une cuisine gastronomique raffinée, mettant en valeur de beaux produits. Menu plus simple au déjeuner au Sari. Chambres contemporaines et épurées, face à la mer.
→ Huître aux parfums de mélisse et écume légère d'un moka au citron vert. "U bagnu pagna". Texture de pomélo rose et crème glacée à la farine de châtaigne.
Et aussi ***Le Sari*** Menu 25 € – Carte 36/60 € *(fermé lundi et le soir)*

Aléria

20270 (Haute-Corse) – 2 067 hab. – **Voir carte n°15-B2**
Bastia 71 km – Corte 50 km – Porto Vecchio 72 km
Carte Michelin 345-G7

L'Empereur

(N 198) – ✆ 04 95 57 02 13 – www.hotel-empereur.com
32 ch – 40/80 € 50/100 € – 7 € – ½ P
Rest – Menu 16 € (semaine), 22/25 € – Carte 27/36 €
À trois minutes de la plage, au bord de la nationale qui traverse le village, cette construction de style motel propose des chambres spacieuses et fonctionnelles donnant pour la plupart sur la piscine. Les duplex conviendront particulièrement aux vacances en famille.

Algajola

20220 (Haute-Corse) – 296 hab. – **Voir carte n°15-A1**
Bastia 76 km – Calvi 16 km – L'Ile-Rousse 10 km
Carte Michelin 345-C4

Stellamare sans rest

chemin Santa Lucia – ✆ 04 95 60 71 18 – www.stellamarehotel.com – Ouvert 25 avril-12 oct.
16 ch – 81/151 € 92/162 €
Sur les hauteurs de la station, un beau jardin très engageant, puis cette grande maison qui abrita jadis les locaux de l'ORTF. Chambres plaisantes et cosy donnant sur la mer ou la montagne.

Serenada sans rest

– ✆ 04 95 36 43 64 – www.hotel-serenada.com – Ouvert mai-oct.
12 ch – 116/245 € 116/245 €
Presque les pieds dans l'eau, un hôtel récent vraiment accueillant. Les chambres sont très confortables – avec une préférence pour celles qui donnent sur la mer –, bien insonorisées et décorées dans un style sobre et contemporain.

Aullène

✉ 20116 (Corse-du-Sud) – 182 hab. – **Voir carte n°15-B3**
Ajaccio 73 km – Bonifacio 84 km – Corte 103 km – Porto-Vecchio 59 km
Carte Michelin 345-D9

San Larenzu sans rest

Pasta di Grano, (près de la Poste) – ☎ 04 95 78 63 12 – www.sanlarenzu.com – Fermé 1 semaine en oct.
5 ch – 65 € 70 €
En route pour le GR 20 ? Laurent propose des chambres bien tenues et... vend aussi sa charcuterie artisanale ! Bon petit-déjeuner (miel et confitures corses) face aux montagnes.

Barcaggio

✉ 20275 (Haute-Corse) – **Voir carte n°15-B1**
Bastia 55 km
Carte Michelin 345-F1

Petra Cinta sans rest

au port – ☎ 04 95 36 87 45 – www.hotelpetracinta.free.fr – Ouvert mai-oct.
9 ch – 55/105 € 75/135 € – 6,50 €
Dans cette jolie maison blanche, en retrait du pittoresque port, les chambres sont décorées avec goût, vraiment avenantes, et certaines sont même conçues pour les familles. Tout est doux et reposant, à prix raisonnable.

Bastelica

✉ 20119 (Corse-du-Sud) – 543 hab. – **Voir carte n°15-B2**
Ajaccio 43 km – Corte 69 km – Propriano 70 km – Sartène 82 km
Carte Michelin 345-D7

Artemisia

Boccialacce, rte du Col de Scalella – ☎ 04 95 28 19 13 – www.hotel-artemisia.com – Fermé début nov. à mi-déc.
10 ch – 94/194 € 94/194 € – 13 € – ½ P
Rest – Menu 31/43 € *(fermé le midi) (réservation conseillée)*
Le charme de la différence ! Né en 2010, cet hôtel associe architecture contemporaine et esprit loft. Dans les chambres, les lits placés devant de grandes baies tutoient la montagne. Le patron, enfant du village, conseille balades et adresses d'artisanat. Recettes corses à l'heure du dîner. Détente absolue...

Chez Paul

– ☎ 04 95 28 71 59
Menu 12/30 € – Carte 23/32 € dîner
Dans cette auberge, on se régale d'une bonne cuisine corse (charcuterie maison, daube de veau, cannellonis au brocciu) depuis quatre générations ! Dans l'assiette, c'est généreux et savoureux. Aux beaux jours, on profite de la terrasse avec vue plongeante sur le village et la vallée du Prunelli.

Bastia

✉ 20200 (Haute-Corse) – 43 008 hab. – **Voir carte n°15-B1**
Ajaccio 148 km – Bonifacio 171 km – Calvi 92 km – Corte 69 km
Carte Michelin 345-F3

Les Voyageurs sans rest

9 av. du Mar.-Sébastiani – ☎ 04 95 34 90 80 – www.hotel-lesvoyageurs.com
24 ch – 70/108 € 75/115 € – 10 € Plan : X**r**
Entre le port et la gare, cet hôtel accueille les voyageurs – touristes et clientèle d'affaires – depuis plus d'un siècle ! Chaque chambre arbore un décor différent, sur le thème de l'ailleurs ou du cinéma. Sympathique.

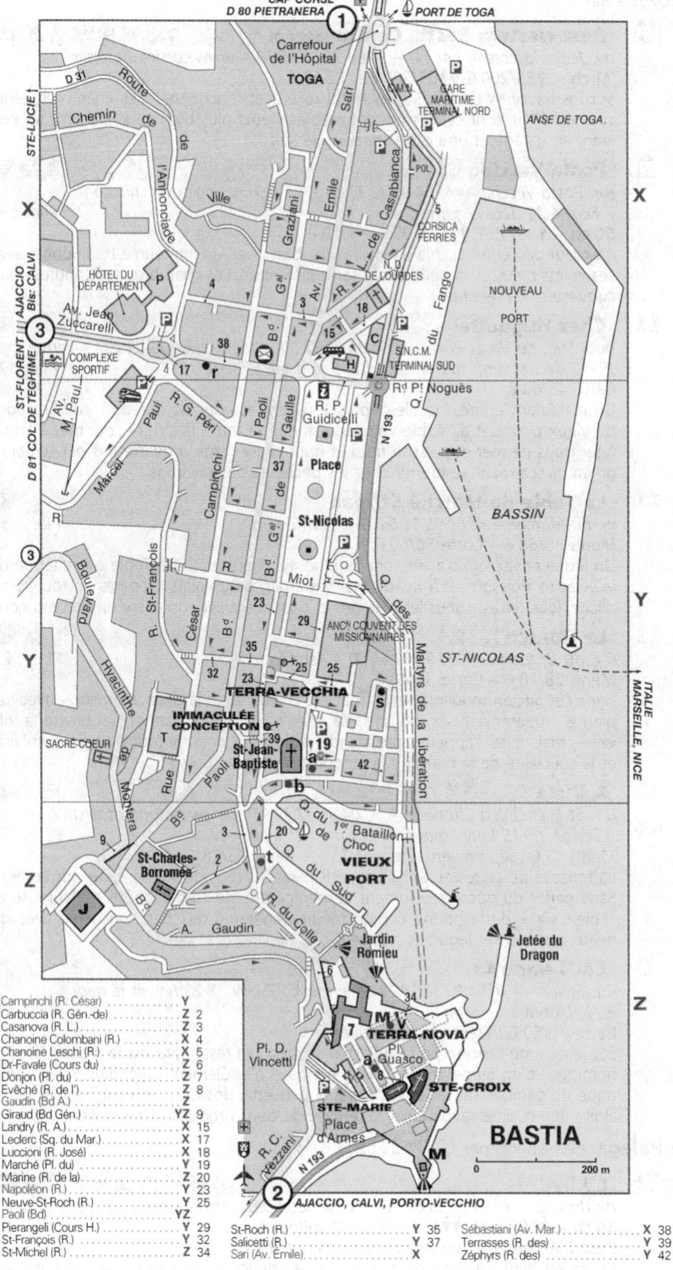

CAP CORSE
D 80 PIETRANERA
PORT DE TOGA
Carrefour de l'Hôpital
TOGA
GARE MARITIME TERMINAL NORD
ANSE DE TOGA
CORSICA FERRIES
NOUVEAU PORT
HÔTEL DU DÉPARTEMENT
COMPLEXE SPORTIF
S.N.C.M. TERMINAL SUD
Rd Pt Nogues
R. P. Guidicelli
Place St-Nicolas
BASSIN
ANCN COUVENT DES MISSIONNAIRES
ST-NICOLAS
ITALIE MARSEILLE, NICE
TERRA-VECCHIA
IMMACULÉE CONCEPTION
SACRÉ-COEUR
St-Jean-Baptiste
St-Charles-Borromée
VIEUX PORT
Jardin Romieu
Jetée du Dragon
TERRA-NOVA
Pl. Guasco
Pl. D. Vincetti
STE-CROIX
STE-MARIE
Place d'Armes
BASTIA
0
200 m
AJACCIO, CALVI, PORTO-VECCHIO
STE-LUCIE
AJACCIO Bis: CALVI
ST-FLORENT D 81 COL DE TEGHIME
Campinchi (R. César) Y
Carbuccia (R. Gén.-de) Z 2
Casanova (R. L.) X 3
Chanoine Colombani (R.) X 4
Chanoine Leschi (R.) X 5
Dr-Favale (Cours du) Z 6
Donjon (Pl. du) Z 7
Evêché (R. de l') Z 8
Gaudin (Bd A.) Z
Giraud (Bd Gén.) YZ 9
Landry (R. A.) X 15
Leclerc (Sq. du Mar.) X 17
Luccioni (R. José) X 18
Marché (Pl. du) Y 19
Marine (R. de la) Z 20
Napoléon (R.) Y 23
Neuve-St-Roch (R.) Y 25
Paoli (Bd) YZ
Pierangeli (Cours H.) Y 29
St-François (R.) Y 32
St-Michel (R.) Z 34
St-Roch (R.) Y 35
Salicetti (R.) Y 37
Sari (Av. Emile) X
Sébastiani (Av. Mar.) X 38
Terrasses (R. des) Y 39
Zéphyrs (R. des) Y 42

Best western Bastia Centre sans rest

av. Jean-Zuccarelli, par ③ – ☎ 04 95 55 05 10 – www.corsica-hotels.fr

71 ch – †55/200 € ††65/200 € – ☕ 10 €

Sur les hauteurs de la ville, un hôtel récent et fonctionnel. Les chambres, rénovées en 2010, sont calmes et confortables. Petits plus bien appréciables : un parking, un garage et une carte snacking le soir.

Posta Vecchia sans rest

8 r. Posta-Vecchia – ☎ 04 95 32 32 38 – www.hotel-postavecchia.com – Fermé 23 déc.-12 janv. Plan : Y**s**

50 ch – †55/95 € ††55/105 € – ☕ 9 €

Au cœur de Terra-Vecchia (la vieille ville bastiaise), un immeuble traditionnel avec ses volets bleus et sa belle teinte terre de Sienne. Les chambres sont petites, mais coquettes et avenantes.

Chez Huguette

quai Sud, au Vieux-Port – ☎ 04 95 31 37 60 – www.chezhuguette.fr – Fermé 1er-15 déc. et dim. sauf le soir du 15 juin au 15 sept. Plan : Z**t**

Carte 43/63 €

Un restaurant épuré, installé depuis 1969 en face des nombreuses embarcations du vieux port. Cet agréable voisinage donne le ton à la cuisine, qui met à l'honneur fruits de mer et poisson frais. Et pour cause : trois à quatre fois par semaine, on va directement se fournir chez les pêcheurs des environs.

La Table du Marché St Jean

pl. du Marché – ☎ 04 95 31 64 25 – Fermé dim. Plan : Y**a**

Menu 30/68 € – Carte 36/60 €

Un jeune chef plein d'allant, une équipe dynamique... Cette Table a le charme de la vivacité. Poissons et fruits de mer extrafrais, petits plats préparés en toute simplicité, jolie terrasse sous les platanes et banc d'écailler : on passe un bon moment.

Le Guasco

6 r. du Dragon – ☎ 04 95 31 44 70 – Fermé lundi Plan : Z**a**

Menu 28/38 € – Carte 32/48 €

Dans cet ancien moulin à huile, tout est chaleureux : la déco, bien sûr – avec ses pierres apparentes, ses poutres, sa meule si pittoresque et sa presse à olives –, mais aussi l'appétissante viande régionale (menu autour du veau insulaire) et la spécialité de la maison : la langoustine du cap Corse !

A Vista

8 r. St-Michel, (La Citadelle) – ☎ 04 95 47 39 91 – www.restaurantavista.com – Fermé 1er-15 janv., mardi hors saison et lundi Plan : Z**v**

Menu 17 € (déj. en semaine), 30/75 € – Carte 45/78 €

La terrasse de ce restaurant ? Un petit paradis avec une superbe vue sur la mer... Sans parler du décor résolument contemporain, de l'atmosphère chaleureuse et – bien sûr – de la bonne cuisine méditerranéenne du chef, concoctée avec de beaux poissons et légumes (souvent bio) de l'île.

Col Tempo Ⓝ

4 r. St-Jean – ☎ 04 95 58 14 22 – Fermé 1er-7 nov., 7-28 fév. et le midi en juil.-août Plan : Y**b**

Carte 36/50 € *(réservation conseillée)*

Sur le quai de l'ancien port de Bastia, ce nouveau restaurant est le repaire "bistronomique" d'un jeune chef formé à bonne école, Clément Calendini. Salade exotique de gambas sauvages lardées à la pancetta, dos de merlu cuit vapeur façon aïoli : une cuisine savoureuse, faite avec de bons produits... Une belle surprise !

à Palagaccio 2,5 km par ① – ✉ 20200

L'Alivi

rte du Cap – ☎ 04 95 55 00 00 – www.hotel-alivi.com – Ouvert 15 mars-31 oct.

36 ch – †80/210 € ††135/210 € – 1 suite – ☕ 15 €

Rest *L'Archipel* – voir les restaurants ci-après

La vie en bleu ! À 5mn du centre-ville, en direction du cap Corse, cet hôtel est une ode à la mer. Accès direct à la plage et vue plongeante sur les flots, qu'on paresse au solarium, crawle dans la piscine ou prenne l'air sur la terrasse de sa jolie chambre...

L'Archipel – Hôtel L'Alivi

rte du Cap – ✆ 04 95 55 00 10 – www.hotel-alivi.com – Ouvert 1er avril-31 sept. et fermé dim. soir et lundi midi
Carte 47/103 €
Pâtes aux langoustes, loup en croûte de sel... Cette cuisine du Sud est très appétissante, et on la déguste dans un cadre magique, face à l'archipel toscan et presque les pieds dans l'eau. Une impression de bout du monde, peut-être la plus belle terrasse de Bastia !

à Pietranera 3 km par ① – ✉ 20200

Pietracap sans rest

sur D 131 – ✆ 04 95 31 64 63 – www.pietracap.com – Ouvert avril-nov.
39 ch – 🚹97/224 € 🚹🚹97/224 € – ☕ 16 €
Parc luxuriant, vue sur la mer... un havre de paix ! Les chambres sont spacieuses, la plupart avec balcon donnant sur la verdure et la Grande Bleue. Au petit-déjeuner, goûtez la bonne confiture d'orange maison (avec les agrumes du jardin).

à Miomo 5,5 km par ① – ✉ 20200

Torremare

ch,

2 rte Bord de Mer – ✆ 04 95 33 47 20 – www.hotel-torremare-corse.com – Ouvert de début mai à fin sept.
7 ch – 🚹135/150 € 🚹🚹135/150 € – ☕ 10 € – ½ P
Rest – Formule 25 € – Carte 27/42 €
Sur la plage ! Ce petit hôtel-restaurant ne pouvait rêver meilleure situation... Toutes les chambres, lumineuses et épurées, donnent sur la mer. Simple et plaisant.

à San-Martino-di-Lota 13 km par ① et D 131 – ✉ 20200 – 2 764 hab.

La Corniche

hameau de Castagneto – ✆ 04 95 31 40 98 – www.hotel-lacorniche.com – Fermé 1er janv.-7 fév.
20 ch – 🚹50/109 € 🚹🚹55/130 € – ☕ 12 € – ½ P
Rest ***La Corniche*** – voir les restaurants ci-après
Perchée sur les hauteurs du village, à flanc de colline, cette jolie maison toute jaune offre une vue à couper le souffle sur la vallée, la mer et, au loin, l'île d'Elbe. Déco colorée dans les chambres, jolie piscine et... prix assez doux.

Château Cagninacci sans rest

Hameau de Mola – ✆ 06 78 29 03 94 – www.chateaucagninacci.com – Ouvert 15 mai-1er oct.
4 ch ☕ – 🚹113/148 € 🚹🚹113/148 €
À flanc de montagne et au grand calme, ce joli couvent du 17e s. cultive un certain esprit monacal et hors du temps. Les chambres sont spacieuses, meublées à l'ancienne, et donnent – comme la terrasse – sur la mer et l'île d'Elbe... Un cachet fou !

La Corniche – Hôtel La Corniche

hameau de Castagneto – ✆ 04 95 31 40 98 – www.hotel-lacorniche.com – Fermé 1er janv.-7 fév., dim. soir et le midi de nov. à avril, lundi et mardi midi
Formule 24 € – Menu 31/79 € – Carte 37/65 €
Une maison chaleureuse accrochée à la montagne et donnant sur la mer, une belle terrasse sous les platanes... et ce n'est pas tout ! On déguste ici une cuisine traditionnelle généreuse et authentique. Que diriez-vous de beignets de fromage corse ou d'une côte d'agneau grillée aux légumes et aux herbes du maquis ?

rte d'Ajaccio 4 km par ② – ✉ 20600

Ostella

ch,

av. Sampiero-Corso – ✆ 04 95 30 97 70 – www.hotel-ostella.com
52 ch – 🚹70/150 € 🚹🚹200/350 € – 2 suites – ☕ 12 € – ½ P
Rest – Formule 19 € 🍷 – Carte 24/47 €
Ne vous fiez pas à son aspect un peu banal dans la banlieue de Bastia, cet hôtel est vraiment sympathique : agréable spa, joli jardin, piscine couverte, solarium, restaurant tendance, chambres fraîches et colorées...

rte de l'aéroport de Bastia-Poretta 18 km par ②, N 193 et D 507 ✉ 20290 Lucciana

Poretta sans rest
rte de l'Aéroport – ✆ 04 95 36 09 54 – www.hotel-poretta.com
43 ch – †70/80 € ††80/95 € – ☕ 9 €
En retrait de la route, un hôtel récent dissimulé derrière des palmiers. Les chambres, de style contemporain, sont fonctionnelles et propres. Également des duplex – rénovés en 2012 –, bien pratiques lors d'une étape en famille.

Belgodère

✉ 20226 (Haute-Corse) – 482 hab. – **Voir carte n°15-A1**
Bastia 68 km – Calvi 40 km – Corte 55 km – L'Ile-Rousse 15 km
Carte Michelin 345-D4

I Salti Ⓝ
golf du Reginu – ✆ 04 95 34 35 59 – Ouvert avril-oct. et fermé jeudi sauf juil.-août
Carte 39/61 €
Dans la vallée du Reginu, non loin du golf, on emprunte un chemin sur quelques kilomètres avant de découvrir cette jolie maison entièrement rénovée. On y apprécie une cuisine au goût du jour, généreuse et bien maîtrisée, tout en profitant d'un service efficace et professionnel ! Une bonne adresse.

Bonifacio

✉ 20169 (Corse-du-Sud) – 2 955 hab. – **Voir carte n°15-B3**
Ajaccio 132 km – Corte 150 km – Sartène 50 km
Carte Michelin 345-D11

Genovese sans rest
quartier de la Citadelle, (ville haute) – ✆ 04 95 73 12 34 – www.hotel-genovese.com – Fermé déc. et janv.
15 ch – †140/420 € ††140/420 € – 3 suites – ☕ 20 €
Dans les remparts du fort, un établissement au minimalisme chic et moderne, propice à la détente. Belles chambres réparties autour de la cour, orientées côté citadelle ou port.

A Cheda
rte de Porto-Vecchio, 2 km au Nord-Est par N 198 – ✆ 04 95 73 03 82 – www.acheda-hotel.com
10 ch – †150/575 € ††150/945 € – 6 suites – ☕ 23 € – ½ P
Rest ***A Cheda*** – voir les restaurants ci-après
Pour se couper du monde : un jardin planté d'essences du Sud et des chambres délicieuses (terrasse privative, sauna) dans des maisonnettes.

Santa Teresa sans rest
quartier St-François, (ville haute) – ✆ 04 95 73 11 32 – www.hotel-santateresa.com – Ouvert 7 avril-15 oct.
42 ch – †105/295 € ††105/295 € – ☕ 15 €
Hôtel imposant surplombant les falaises. Chambres contemporaines très soignées ; certaines offrent une vue plongeante sur la Grande Bleue, avec la Sardaigne au loin !

A Trama ch, rest,
2 km à l'Est par rte Santa Manza – ✆ 04 95 73 17 17 – www.a-trama.com – Fermé 5 janv.-2 fév.
31 ch – †86/196 € ††96/206 € – ☕ 12 €
Rest – Menu 37 € – Carte 39/50 € *(ouvert 1er avril-31 oct. et fermé le midi)*
Les chambres sont disséminées dans cinq bungalows, au cœur d'un beau jardin planté d'oliviers et de palmiers. Décor soigné (mosaïques) et terrasses privées. Courte carte et cuisine méditerranéenne servies sous une véranda face à la piscine.

A Madonetta sans rest
r. Paul-Nicolaï – ✆ 04 95 10 36 39 – www.amadonetta.com
22 ch – 72/199 € 72/199 € – 2 suites – 13 €
Un hôtel récent proche de la marina et assez calme. Chambres contemporaines et fonctionnelles, certaines avec mezzanine. Agréable spa (bain à remous, hammam, solarium).

Domaine de Licetto sans rest
2 km au Sud-Est par rte de Pertusato – ✆ 04 95 73 19 48 – www.licetto.com
19 ch – 55/90 € 70/110 € – 11 €
Un établissement familial sur la route menant au sémaphore et au cap de Pertusato. Les chambres – rénovées peu à peu – sont spacieuses, fonctionnelles et bien tenues. Pour plus d'indépendance : quelques studios au milieu du maquis. Une adresse idéale pour se ressourcer au grand calme.

A Cheda – Hôtel A Cheda
rte de Porto-Vecchio, 2 km au Nord-Est par N 198 – ✆ 04 95 73 03 82 – www.acheda-hotel.com – Fermé 2 janv.-11 fév., le midi et mardi d'oct. à mai, dim. soir, lundi soir et merc. soir de nov. à mars
Menu 42/78 € – Carte environ 70 €
Bois, pierre, mosaïque... Un restaurant intime et une terrasse charmante, face à la piscine ! Tartare de veau bio, langoustines au four... On apprécie une belle cuisine d'aujourd'hui, qui met à l'honneur les produits corses.

Le Voilier
quai Comparetti – ✆ 04 95 73 07 06 – www.restaurant-levoilier-bonifacio.com – Fermé 14 janv.-14 fév., dim. soir et merc. hors saison
Formule 30 € – Menu 35 € – Carte 58/107 €
Voguez sans crainte vers cette étape gourmande ! Décor élégant et terrasse sur la marina, cuisine iodée d'une grande fraîcheur, embellie de légumes et d'herbes aromatiques.

Stella d'Oro
7 r. Doria, (ville haute) – ✆ 04 95 73 03 63 – Ouvert de début avril à fin sept.
Formule 29 € – Carte 46/88 €
Une maison ancienne (poutres, pressoir à olives et meule en pierre) dans la vieille ville. Cuisine savoureuse faisant la part belle à la pêche locale et aux langoustes.

à Gurgazu 6 km au Nord-Est par rte de Santa-Manza – ✉ 20169

Hôtel du Golfe
Golfe Sant' Amanza – ✆ 04 95 73 05 91 – www.hoteldugolfe-bonifacio.com – Ouvert d'avril à mi-nov.
12 ch – ½ P seult 70/90 € **Rest** – Formule 15 € – Carte 29/52 €
Cette affaire familiale nichée dans un site sauvage du golfe de Santa Manza, à 50 m de la mer, séduit les amateurs de quiétude et de simplicité. Salle de restaurant conviviale et terrasse face à la côte. Appétissante cuisine, régionale et sans prétention.

au Nord-Est 10 km par rte de Porto-Vecchio (N 198) et rte secondaire – ✉ 20169

U Capu Biancu
Domaine de Pozzoniello – ✆ 04 95 73 05 58 – www.ucapubiancu.com – Ouvert 30 avril-11 oct.
40 ch – 195/995 € 195/995 € – 2 suites – 30 €
Rest *U Capu Biancu* – voir les restaurants ci-après
Dans un splendide jardin méditerranéen, au-dessus des eaux turquoise du golfe de Santa-Manza. Suites luxueuses et chambres côté mer ou côté maquis, piscine à débordement, espace détente... Un endroit idyllique !

U Capu Biancu
Domaine de Pozzoniello – ✆ 04 95 73 05 58 – www.ucapubiancu.com – Ouvert 30 avril-11 oct.
Carte 61/150 €
Il y a le soleil, la mer et la Corse tout entière dans cet agréable restaurant... Le chef travaille des produits nobles et met en valeur le terroir ; il réalise des plats de tradition très appétissants.

Calacuccia

✉ 20224 (Haute-Corse) – 307 hab. – **Voir carte n°15-A2**

▶ Bastia 78 km – Calvi 97 km – Corte 35 km – Piana 68 km

Carte Michelin 345-D5

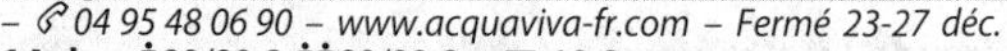

Acqua Viva sans rest

– *✆ 04 95 48 06 90 – www.acquaviva-fr.com – Fermé 23-27 déc.*

14 ch – 🚹80/90 € 🚹🚹90/99 € – ☕ 10 €

Au débouché de la Scala di Santa Regina – taillée, dit-on, par la Vierge en personne –, un petit hôtel familial simple et engageant, avec des chambres d'une tenue irréprochable. Aux beaux jours, le petit-déjeuner est servi sous la glycine...

Auberge Casa Balduina sans rest

lieu-dit Le Couvent – ✆ 04 95 48 08 57 – www.casabalduina.com – Ouvert 1er mai-15 oct.

7 ch – 🚹62/75 € 🚹🚹62/75 € – ☕ 9 €

Nichée dans un joli jardin, cette maison propose des chambres petites mais coquettes. Idéal pour une étape entre randonnée et canyoning.

Calvi

✉ 20260 (Haute-Corse) – 5 394 hab. – **Voir carte n°15-A1**

▶ Bastia 92 km – Corte 88 km – L'Ile-Rousse 25 km – Porto 73 km

Carte Michelin 345-B4

La Villa ch, ch,

chemin de Notre-Dame-de-la-Serra, 1 km par ① – ✆ 04 95 65 10 10 – www.hotel-lavilla.com – Ouvert 12 avril-10 nov.

36 ch – 🚹120/1120 € 🚹🚹120/1120 € – 18 suites – ☕ 32 €

Rest *La Table de Bastien* ✿ – voir les restaurants ci-après

Rest *La Terrasse* – Carte 44/60 €

La vieille ville et toute la baie semblent se prosterner devant cette Villa juchée sur les hauteurs ! Ce palace au luxe discret, digne d'un couvent comme d'une villa romaine, distille l'essence de l'Île de Beauté...

Regina sans rest

av. Santa-Maria, par ① – ✆ 04 95 65 24 23 – www.reginahotelcalvi.com

44 ch – 🚹70/326 € 🚹🚹70/326 € – ☕ 12 €

En léger surplomb de la ville, cet agréable hôtel offre une vue partielle sur le port et le golfe de Calvi. Les grandes chambres, à la décoration claire et actuelle, sont tournées vers la mer ou la jolie piscine à déversoir...

Mariana sans rest

av. Santa-Maria, par ① – ✆ 04 95 65 31 38 – www.hotel-mariana.com

53 ch – 🚹70/195 € 🚹🚹70/195 € – 2 suites – ☕ 12 €

Hôtel récent surplombant le golfe de Calvi, avec des chambres fonctionnelles – la plupart avec une loggia privée côté mer. Dans l'aile la plus récente, on prend le petit-déjeuner sur le toit-terrasse, d'où la vue est superbe...

Hostellerie de l'Abbaye sans rest

rte de Santore – ✆ 04 95 65 04 27 – www.hostellerie-abbaye.com – Ouvert avril-oct. **a**

43 ch – 🚹110/310 € 🚹🚹110/320 € – ☕ 18 €

Une abbaye franciscaine du 16e s. couverte de lierre, son beau jardin ombragé et odorant... et, en son sein, des chambres classiques et confortables. Un bon hôtel de tradition.

Le Rocher sans rest

1 bd Wilson – ✆ 04 95 65 20 04 – www.hotel-le-rocher.com – Ouvert avril-oct.

20 ch – 🚹85/170 € 🚹🚹85/230 € – ☕ 12 €

Un hôtel idéalement situé, à deux pas de la citadelle et du port de Calvi. Les chambres se révèlent cosy et confortables, toutes avec balcon. Et au 5e étage, les plus spacieuses regardent la mer !

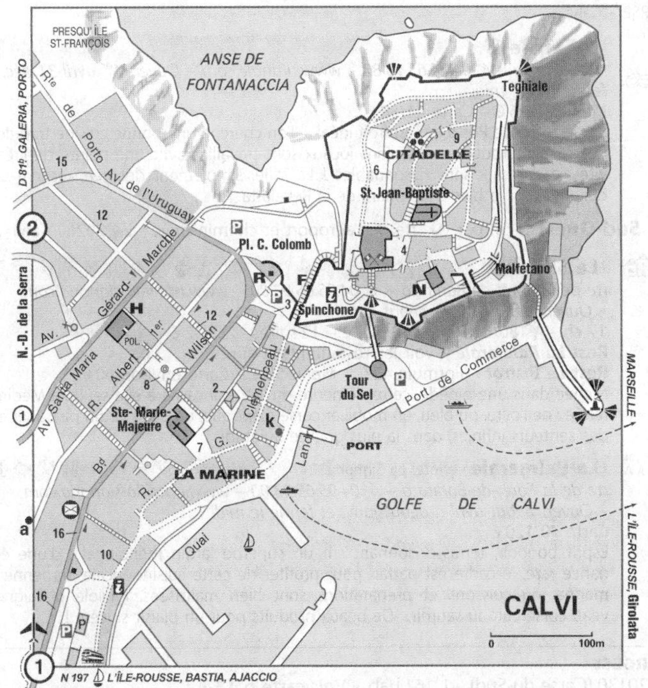

En saison: circulation modifiée

Alsace-Lorraine (R.) 2
Anges (R. des) 3
Armes (Pl. d') 4
Clemenceau (R. G.) ....
Colombo (R.) 6
Crudelli (Pl.) 7
Dr-Marchal (Pl. du) 8
Fil (R. du) 9
Joffre (R.) 10
Montée des Écoles (Chemin de) 12
Napoléon (Av.) 15
République (Av. de la) 16
Wilson (Bd) ....

L'Onda sans rest

av. Christophe-Colomb, 1 km par ① – ✆ 04 95 65 35 00 – www.hotel-londa.com – Ouvert mai-oct.

24 ch – †72/143 € ††72/143 € – ☕ 8 €

À proximité de la plage et de la pinède, un petit immeuble des années 1980, engageant avec sa façade jaune vif. Chambres simples et un peu rétro, très bien tenues, toutes avec balcon. Parfait pour une étape.

La Table de Bastien – Hôtel La Villa

chemin de Notre-Dame-de-la-Serra, 1 km par ① – ✆ 04 95 65 83 60 – www.hotel-lavilla.com – Ouvert 12 avril-10 nov. et fermé le midi de mi-juin à mi-sept.

Menu 75 € (dîner)/130 € – Carte 100/140 €

Au sein de la Villa, dont le luxueux décor s'efface devant la majesté du panorama – la baie, la forteresse, les montagnes –, cette Table cultive logiquement les beautés de l'île : queues de langoustine, cannelloni de foie gras au bœuf fumé, filet de saint-pierre aux épinards... Savoureux et inspiré ! ➜ Carpaccio de saint-pierre. Turbot sauvage de ligne. Soufflé chaud au Grand Marnier.

Emile's

quai Landry – ✆ 04 95 65 09 60 – www.restaurant-emiles.com – Fermé 1er nov.-10 déc., mardi et merc. sauf mai à sept. **k**

Formule 28 € – Menu 35 € (déj.), 60/110 € – Carte 74/108 €

Sur un quai planté de palmiers, cette maison typique domine le port de Calvi. Mobilier de la Belle Époque et tables dressées avec soin : il y a du raffinement ! La cuisine est à l'avenant : préparée avec des produits de qualité, elle s'agrémente parfois d'épices et réserve de belles surprises…

U Fanale
rte de Porto – 04 95 65 18 82 – www.ufanale.com – Ouvert 1er avril-31 déc. et fermé mardi midi
Menu 20/26 € – Carte 41/58 €
Sur la route de Porto, un endroit idéal si l'on cherche une bonne cuisine traditionnelle : jolis produits et poissons locaux sont travaillés avec une pointe de créativité... et les prix sont raisonnables ! La salle, simplement décorée, réserve une belle vue sur la baie et le phare de la Revelatta.

au Sud-Ouest 5 km par ① rte de l'aéroport et chemin privé - ✉ 20260 Calvi

La Signoria
rte de la Forêt-de-Bonifato – 04 95 65 93 00 – www.hotel-la-signoria.com – Ouvert début avril à début janv.
17 ch – †180/620 € ††180/620 € – 12 suites – ☕ 32 €
Rest ***La Palmeraie*** – voir les restaurants ci-après
Rest ***Le Bistrot*** – Formule 42 € – Menu 58 € – Carte environ 60 €
Nichée dans une pinède, cette demeure du 18e s. incarne à elle seule la Méditerranée : de l'ocre, du bleu, un mobilier corse d'époque, un beau jardin paysager et... des senteurs infinies, dans la plus grande quiétude !

La Palmeraie – Hôtel La Signoria
rte de la Forêt-de-Bonifato – 04 95 65 93 00 – www.hotel-la-signoria.com – Ouvert début avril à début janv. et fermé le midi
Carte 70/120 €
Esprit boudoir, terrasse donnant sur un superbe jardin méridional : d'une élégance rare, le cadre est parfait pour profiter de cette cuisine locale, terrienne et marine, où cuissons et préparations sont bien maîtrisées. Raviole d'araignée, veau corse cuit au sautoir... De beaux produits pour un plaisir sincère !

CARGÈSE
✉ 20130 (Corse-du-Sud) – 1 161 hab. – Voir carte n°15-A2
Ajaccio 51 km – Calvi 106 km – Corte 119 km – Piana 21 km
Carte Michelin 345-A7

Thalassa
plage du Pero, 1,5 km au Nord – 04 95 26 40 08 – www.thalassa-lura.com – Ouvert mai-oct.
25 ch ☕ – †90/115 € ††100/125 € – ½ P
Rest *(fermé le midi) (résidents seult)*
Sympathique ambiance de pension de famille dans cet hôtel donnant directement sur une plage magnifique. Chambres fonctionnelles côté mer, avec un balcon ou un jardinet ; parfait pour un séjour balnéaire. Cuisine traditionnelle corse.

CASAMOZZA
✉ 20290 (Haute-Corse) – Voir carte n°15-B1
Bastia 20 km – Corte 49 km – Vescovato 6 km
Carte Michelin 345-F4

Chez Walter
N 193 – 04 95 36 00 09 – www.hotel-chez-walter.com
64 ch – †83/85 € ††95/98 € – 2 suites – ☕ 9 € – ½ P
Rest – Menu 23/35 € – Carte 39/60 € *(fermé 20 déc.-10 janv. et dim. sauf le soir en août)*
Non loin de l'aéroport de Bastia-Poretta, un complexe hôtelier récent au cœur d'un jardin méditerranéen. Plats traditionnels et pizzas au restaurant, piscine, tennis et fitness : les loisirs à l'honneur... et un grand espace séminaires.

CERVIONE
✉ 20221 (Haute-Corse) – 1 686 hab. – Voir carte n°15-B2
Bastia 52 km – Ajaccio 140 km – Biguglia 45 km – Corte 78 km
Carte Michelin 345-F6

à Prunete 5,5 km à l'Est par D 71 – ✉ 20221

Casa Corsa sans rest

Acqua Nera – ✆ 04 95 38 01 40 – www.casa-corsa.net

5 ch ☕ – 🚹56/62 € 🚹🚹63/70 €

Une étape idéale sur la côte, entre Bastia et Aléria. Dans cette villa typiquement méditerranéenne, les chambres ont un petit côté provençal. Au programme : petit-déjeuner sous la tonnelle, promenade parmi les arbres fruitiers...

CORTE

✉ 20250 (Haute-Corse) – 6 915 hab. – **Voir carte n°15-B2**

Bastia 69 km – Bonifacio 150 km – Calvi 88 km – L'Ile-Rousse 63 km

Carte Michelin 345-D6 – Guide Vert Michelin Corse

Duc de Padoue sans rest

2 pl. de Padoue – ✆ 04 95 46 01 37 – www.ducdepadoue.com – Ouvert 1er avril-15 nov.

11 ch ☕ – 🚹77/124 € 🚹🚹78/125 €

Au cœur de la ville et tout près de la citadelle, une jolie bâtisse du 19e s., avec de belles chambres d'esprit contemporain, aux couleurs douces et reposantes. Un bon hôtel.

Le 24

24 cours Paoli – ✆ 04 95 46 02 90 – www.restaurant-le24.fr – Fermé fév. et dim. de nov. à mai

Formule 16 € 🍷 – Menu 18/24 € – Carte 30/65 €

Sur le cours Paoli, une adresse sympathique dont le décor oscille entre touches contemporaines et vieilles pierres ; dans l'assiette, on sert surtout des produits corses, comme ces beaux poissons bien choisis et ces langoustes en vivier. Le verre n'est pas en reste avec une très belle sélection de vins locaux !

dans les Gorges de La Restonica Sud-Ouest sur D 623 – ✉ 20250

Dominique Colonna sans rest

à 2 km – ✆ 04 95 45 25 65 – www.dominique-colonna.com – Ouvert avril-nov.

28 ch – 🚹90/290 € 🚹🚹90/290 € – 1 suite – ☕ 14 €

À l'entrée des gorges, dans l'arrière-pays de Corte, un hôtel paisible entre rochers et pins : les amoureux de la nature seront sous le charme ! Le confort est total, des jolies chambres à cette splendide terrasse qui surplombe les flots tumultueux de la rivière...

COTI-CHIAVARI

✉ 20138 (Corse-du-Sud) – 724 hab. – **Voir carte n°15-A3**

Ajaccio 42 km – Propriano 38 km – Sartène 50 km

Carte Michelin 345-B9

Le Belvédère

– ✆ 04 95 27 10 32 – www.lebelvederedecoti.com – Ouvert 1er mars-11 nov.

13 ch – 🚹🚹60/75 € – ☕ 6 € – ½ P

Rest – Menu 22/30 € *(fermé le midi) (réservation conseillée)*

Véritable nid d'aigle dans le maquis, cette maison familiale offre une vue époustouflante sur le golfe d'Ajaccio ! C'est peu dire que l'on est ici accueilli "comme à la maison", en particulier au restaurant, où mère et filles proposent une cuisine des plus authentiques : daube de veau, travers de porc au miel, etc.

ECCICA-SUARELLA

✉ 20117 (Corse-du-Sud) – 862 hab. – **Voir carte n°15-A3**

Ajaccio 19 km – Corte 87 km – Ghisonaccia 129 km – Propriano 52 km

Carte Michelin 345-C8

Carpe Diem Palazzu

– ✆ 04 95 10 96 10 – www.carpediem-palazzu.com – Ouvert 16 avril-31 oct.

5 ch – 🚹250/480 € 🚹🚹250/480 € – ☕ 21 € **Table d'hôte** – Carte 39/62 €

Pierre brute et bois omniprésents, mobilier chiné ou de style ; les suites de cette maison de maître du 18e s. sont décorées avec goût. Délicieux jardin, petite piscine et hammam. Menu unique proposant le meilleur du terroir corse, avec un pointe de créativité.

ERBALUNGA

✉ 20222 (Haute-Corse) – **Voir carte n°15-B1**
Bastia 11 km – Rogliano 30 km
Carte Michelin 345-F3

Castel'Brando sans rest
rte du Cap – ✆ 04 95 30 10 30 – www.castelbrando.com – Ouvert 1er avril- 2 nov.
44 ch – 70/293 € 70/293 € – 6 suites – 14 €
Dans cette maison de maître édifiée par un médecin des armées napoléoniennes, tout est ravissant : le jardin luxuriant et ses jolis palmiers, les chambres raffinées (certaines dans des villas annexes), les piscines, l'espace forme et massage, la véranda... On aimerait rester toujours !

Le Pirate
au port – ✆ 04 95 33 24 20 – www.restaurantlepirate.com – Ouvert mars-oct.
Formule 42 € – Menu 75/90 € – Carte 80/105 € *(fermé lundi et mardi hors saison)*
Dans ce petit restaurant du port, original et pittoresque, le chef concocte une belle cuisine d'aujourd'hui, fine et précise. Le meilleur de la pêche locale, la viande des petits producteurs alentour : on ne triche pas avec les produits et cela se sent ! Et pour l'anecdote, le capitaine Crochet veille sur les lieux...
→ Tortellinis de langoustines, infusion aux noisettes. Déclinaison autour du veau corse. Notre vision d'une tarte au citron.

ERSA

✉ 20275 (Haute-Corse) – 153 hab. – **Voir carte n°15-B1**
Bastia 48 km – Ajaccio 195 km
Carte Michelin 345-F2

Le Saint-Jean ch, ch,
Botticella – ✆ 04 95 47 71 71 – www.lesaintjean.net – Ouvert de début avril à fin oct.

9 ch – 70/90 € 75/135 € – 8 € – ½ P
Rest – Menu 20 € – Carte 25/37 € *(fermé le midi)*
Au bout du cap Corse, cette maison de maître a été joliment rénovée ! Mexicaine, Maroc, Mer, etc. : les chambres sont toutes différentes et dominent le maquis et le cap. La terrasse, presque entièrement recouverte d'une verrière, fait face à l'île de la Giraglia...

ÉVISA

✉ 20126 (Corse-du-Sud) – 190 hab. – **Voir carte n°15-A2**
Ajaccio 71 km – Calvi 96 km – Corte 70 km – Piana 33 km
Carte Michelin 345-B6

Scopa Rossa rest,
– ✆ 04 95 26 20 22 – www.hotelscoparossa.com – Ouvert mars-nov.
28 ch – 49/68 € 52/80 € – 8 € – ½ P
Rest – Menu 22 € – Carte 27/40 €
Un hôtel des années 1970, idéal pour un séjour en famille et les randonneurs à l'orée de la forêt d'Aïtone. Les chambres y sont simples et bien tenues. Recettes du terroir au restaurant.

FAVONE

✉ 20135 (Corse-du-Sud) – **Voir carte n°15-B3**
Ajaccio 128 km – Bonifacio 58 km
Carte Michelin 345-F9

U Dragulinu sans rest
– ✆ 04 95 73 20 30 – www.hoteludragulinu.com – Ouvert 27 avril-30 oct.
34 ch – 110/230 € 125/245 €
Cet hôtel familial jouit d'un emplacement idyllique, idéal pour un séjour balnéaire. Chambres fonctionnelles ouvertes sur le parc ou la plage...

Feliceto

✉ 20225 (Haute-Corse) – 211 hab. – **Voir carte n°15-A1**

Bastia 76 km – Calvi 26 km – Corte 72 km – L'Ile-Rousse 15 km

Carte Michelin 345-C4

Cas'Anna Lidia sans rest

au village – ✆ 04 95 61 81 24 – www.hoteldecharme-corse.com – Ouvert 1er mai-30 sept.

8 ch – 110/180 € 110/180 € – 15 €

Ce joli petit hôtel borde le village, en surplomb de la vallée : on y jouit d'une vue superbe ! Dans les chambres, spacieuses et toutes différentes, la décoration contemporaine côtoie tissus corses et mobilier cérusé... Une belle étape.

Mare e Monti sans rest

– ✆ 04 95 63 02 00 – www.hotel-maremonti.com – Ouvert 24 avril-6 oct.

16 ch – 79/139 € 79/139 € – 13 €

Fortune faite dans la canne à sucre, les ancêtres de la famille revinrent de Porto Rico et édifièrent cette jolie maison de maître (1870), entre mer et montagne. Bel escalier, fresques et voûtes : un hôtel qui a du caractère.

L'Ile-Rousse

✉ 20220 (Haute-Corse) – 3 201 hab. – **Voir carte n°15-A1**

Bastia 67 km – Calvi 25 km – Corte 63 km

Carte Michelin 345-C4

Liberata sans rest

La Marinella – ✆ 04 95 62 03 62 – www.hotel-liberata.com – Fermé de mi-déc. à fin fév.

22 ch – 100/430 € 100/430 € – 18 €

À deux pas de la mer, on est arrêté par la grande façade bordeaux – aux volets verts ! – de cette magnifique demeure seigneuriale. On y pénètre par un beau lobby noir et blanc, délicieusement Art nouveau ; les chambres sont cosy, décorées en beige, chocolat et turquoise... Du goût !

Perla Rossa sans rest

30 r. Notre-Dame – ✆ 04 95 48 45 30 – www.hotelperlarossa.com – Ouvert de mi-avril à mi-oct.

8 ch – 180/490 € 180/490 € – 2 suites – 18 €

Au cœur de la cité balnéaire, cette belle maison du 18e s. a du caractère, avec ses grandes chambres contemporaines, lumineuses et épurées. Sur la terrasse, très belle vue sur la baie, pour s'émerveiller d'être en Corse !

Santa Maria sans rest

rte du Port – ✆ 04 95 63 05 05 – www.hotelsantamaria.com

56 ch – 80/318 € 80/318 € – 15 €

Sur la langue de terre conduisant à la presqu'île de la Pietra (le joyau de l'Île-Rousse), un hôtel moderne bien agréable, avec des chambres confortables et raffinées dont la plupart donnent sur la mer ou le jardin méditerranéen. Accès direct à une petite plage aménagée.

Cala di l'Oru sans rest

bd Pierre-Pasquini – ✆ 04 95 60 14 75 – www.hotel-caladiloru.com – Ouvert mars-oct.

26 ch – 66/125 € 69/145 € – 9 €

Un hôtel décoré avec goût et proposant des chambres avenantes, très bien entretenues, donnant sur la mer ou la montagne. Les fils de la propriétaire exposent photos et œuvres d'art contemporain, et il y a aussi un joli jardin méridional.

L'Amiral sans rest

bd Ch.-Marie-Savelli – ✆ 04 95 60 28 05 – www.hotel-amiral.com – Ouvert avril-sept.

19 ch – 80/150 € 80/150 € – 11 €

Embarquez à bord de cet hôtel très marin, presque les pieds dans l'eau : terrasse en teck, esprit bateau et chambres agréables et fonctionnelles, plus contemporaines côté plage.

La Pietra
chemin du Phare – 04 95 63 02 30 – www.hotel-lapietra.com – Ouvert d'avril à mi-oct.
42 ch – 75/150 € 75/150 € – 13 € – ½ P
Rest – Carte 38/51 € *(fermé le midi)*
Sur la route du phare de la Pietra, juste après le port, un hôtel-restaurant des années 1970, entièrement rénové en 2013 ; les chambres ont toutes un balcon donnant sur la mer ou la tour génoise (15e s.). Un lieu calme et sympathique.

Escale Côté Sud sans rest
22 r. Notre-Dame – 04 95 63 01 70 – www.hotel-ilerousse.com
14 ch – 85/214 € 85/214 € – 12 €
Juste en face de la mer, dans un quartier riche en restaurants et boutiques, un hôtel d'esprit contemporain avec de petites chambres confortables ; les quelques-unes donnant sur le large sont un peu plus spacieuses ! Au bar, on peut manger sur le pouce.

Pasquale Paoli (Ange Cananzi)
2 pl. Paoli – 04 95 47 67 70 – www.pasquale-paoli.com – Fermé de mi-janv. à fin fév., le midi en juil.-août, dim. et lundi
Menu 50/85 € – Carte 60/110 € *(réservation conseillée)*
On célèbre ici Pascal Paoli, ce général corse qui mena, au 18e s., la lutte des insulaires contre les armées de Louis XV. Dans l'assiette, c'est un véritable concentré de l'île : le chef, passionné, travaille les meilleurs produits locaux avec justesse et finesse. Sur la terrasse, la vie est belle... → Denti de pêche locale fumé au bois de châtaignier. Risotto arborio au foie de veau corse fermier, artichauts violets et jus de veau. Pastizzu au pain au levain et caramel d'agrumes.

Le Bistrot de la Place
3 pl. Paoli – 04 95 60 12 90 – Fermé dim. soir et lundi du 15 sept. au 15 juin
Carte 50/75 €
Sur la place Paoli – si typique –, un restaurant rustique et chaleureux. On sert une sympathique cuisine du marché, ainsi que des plats de tradition incontournables, tels les abats. Le tout avec les conseils avisés de la propriétaire en matière de vins.

à Monticello 4,5 km au Sud-Est par D 63 – ✉ 20220 – 1 686 hab.

A Piattatella sans rest
chemin St-François – 04 95 60 07 00 – www.apiattatella.com – Ouvert avril-oct.
13 ch – 168/348 € 168/348 € – 18 €
Piattatella, ou "cachette" en langue corse. Un nom tout trouvé pour ce bel hôtel niché sur les hauteurs du village, qui ne fait qu'un avec la nature environnante... Les paysages de Balagne, l'élégance sobre et reposante, et ce parfait sentiment d'exclusivité : tout est là !

A Pasturella avec ch
pl. du Village – 04 95 60 05 65 – www.a-pasturella.com – Fermé de début-nov. à mi-déc. et 1 semaine vacances de fév.
12 ch – 68/102 € 78/115 € – 12 € – ½ P
Formule 31 € – Menu 50/59 € – Carte 44/70 € *(fermé dim. soir de déc. à mars)*
Sur la place de ce beau village perché trône ce restaurant familial très apprécié dans la région. On y honore le poisson (pêche du jour) et la tradition ; pour les petits appétits, tous les plats sont disponibles en demi-portion... Pour prolonger l'étape, des chambres sobres et élégantes.

à Pigna 8 km au Sud-Ouest par N 197 et D 151 – ✉ 20220 – 99 hab.

Palazzu Pigna
– 04 95 47 32 78 – www.hotel-palazzu.com – Ouvert avril-oct.
3 ch – 150/160 € 220/250 € – 2 suites – 17 €
Table d'hôte – Menu 25 € /50 € – Carte 46/68 €
Au cœur de Pigna, cette belle maison de maître du 18e s. offre une vue superbe sur la plaine et la mer. Toutes les chambres sont empreintes de charme et de sérénité, et certaines ont même une terrasse ; à table, on se régale d'une cuisine simple au milieu des vieilles poutres... Authentique et chaleureux.

A Mandria di Pigna

– ✆ 04 95 32 71 24 – www.amandria.com – Ouvert avril-oct. et fermé lundi sauf juil.-août
Carte 37/61 €
À l'entrée de ce village attachant, une bergerie contemporaine qui ne l'est pas moins. Courgettes, tomates et herbes aromatiques du potager, agneau cuit et cochon de lait, en grillades ou à la broche : le terroir corse est à l'honneur ! Et le midi, on peut se rabattre sur des salades et des plats plus légers.

Levie

20170 (Corse-du-Sud) – 769 hab. – **Voir carte n°15-B3**
Ajaccio 101 km – Bonifacio 57 km – Porto-Vecchio 39 km – Sartène 28 km
Carte Michelin 345-D9

A Pignata

5 km rte des sites de Cucuruzzu et Capula – ✆ 04 95 78 41 90 – www.apignata.com – Ouvert avril-oct.
17 ch – ½ P seult 190/400 €
Rest *A Pignata* – voir les restaurants ci-après
Pour se ressourcer au grand calme, plusieurs maisons en pierre de pays, en pleine forêt... Les chambres, élégantes (gris et bruns chauds), ouvrent sur la verdure du massif de Bavella ; l'une d'elles est même perchée dans les arbres.

A Pignata

5 km rte des sites de Cucuruzzu et Capula – ✆ 04 95 78 41 90 – www.apignata.com – Ouvert avril-oct.
Menu 45 €
Dans ce restaurant rustique, en pleine nature, la cuisine familiale a le bon goût de la tradition... Les produits sont d'une qualité exceptionnelle ; d'ailleurs, la charcuterie est fabriquée à partir des cochons de l'exploitation familiale !

La Pergola

r. Sorba – ✆ 04 95 78 41 62 – Ouvert de mai à sept.
Formule 14 € – Menu 20 € *(réservation conseillée)*
Ne ratez pas l'entrée de ce petit restaurant discret ! On s'y régale de spécialités corses (terrine de sanglier, plats mijotés) à prix très digestes. Agréable tonnelle.

Lumio

20260 (Haute-Corse) – 1 255 hab. – **Voir carte n°15-A1**
Bastia 82 km – Calvi 10 km – L'Ile-Rousse 16 km
Carte Michelin 345-B4

Chez Charles

rte de Calvi – ✆ 04 95 60 61 71 – www.hotelcorse-chezcharles.com – Ouvert 10 avril-2 nov.
29 ch – †140/190 € ††170/340 € – ☕ 22 € – ½ P
Rest *Chez Charles* ✿ – voir les restaurants ci-après
Agréable escapade en cet hôtel au décor contemporain et design, ouvrant sur le golfe de Calvi et la montagne (chambres avec balcon, piscine à débordement). Et à l'heure des gourmandises, faites donc un tour au restaurant...

Chez Charles

rte de Calvi – ✆ 04 95 60 61 71 – www.hotelcorse-chezcharles.com – Ouvert 10 avril-2 nov.
Formule 32 € – Menu 69/115 € – Carte 80/100 €
Un restaurant au décor contemporain, une jolie terrasse : un cadre idéal pour déguster une cuisine qui respire la Méditerranée et le terroir corse. Le jeune chef, venu de Marseille, signe une cuisine au goût du jour, fine et pleine de parfums, où les plats sont parfaitement maîtrisés... Bon et généreux ! ➜ Foie gras et myrte mariné, figues noires rôties, amandes fraîches et gelée d'or. Plat de côte de veau cuit douze heures au miel et écorces de cédrat. Pêche et verveine.

Le Matahari

plage de l'Arinella – ✆ 04 95 60 78 47 – www.lematahari.com – Ouvert de début avril à fin sept. et fermé lundi soir
Menu 43 € (dîner) – Carte 48/64 € *(réservation conseillée)*
Posée sur la plage de l'Arinella, cette Matahari est une séductrice pleine d'exotisme : les pieds dans le sable, à la lueur des bougies, on se régale de bons produits de la mer, d'incontournables spécialités insulaires et de plats aux influences asiatiques... Le soir, réservation indispensable.

Macinaggio

20248 (Haute-Corse) – **Voir carte n°15-B1**
Bastia 37 km – Ajaccio 184 km
Carte Michelin 345-F2

U Libecciu

rte de la Plage – ✆ 04 95 35 43 22 – www.u-libecciu.com – Ouvert 1er avril-15 oct.
30 ch – 66/94 € 70/130 € – 10 suites – 8 €
Rest – Menu 20/25 € – Carte 27/44 € *(ouvert 1er avril-30 sept. et fermé le midi)*
Près du port, un petit hôtel-restaurant d'esprit pension de famille, avec des chambres simples et spacieuses (avec terrasse), ainsi que des appartements loués à la semaine. Agréable piscine dans le jardin.

U Ricordu

rest,

– ✆ 04 95 35 40 20 – www.hotel-uricordu.com – Ouvert 30 mars-3 nov.
60 ch – 60/160 € 60/160 € – 10 €
Rest – Menu 22 € – Carte 30/40 € *(ouvert 15 avril-15 oct.)*
Après une balade vivifiante sur le sentier des douaniers, on regagne sa chambre fraîche et pimpante avec plaisir, côté piscine ou côté montagne... Une bonne adresse pour une étape au cap Corse !

Marine-d'Albo

20217 (Haute-Corse) – 103 hab. – **Voir carte n°15-B1**
Bastia 40 km – Ajaccio 181 km
Carte Michelin 345-F3

Morganti

Marina D'albu 20217 Ogliastro – ✆ 04 95 37 85 10 – www.restaurantmorganti.com – Fermé 20 déc.-1er fév. et du dim. soir au vend. midi de début nov. à fin mars
Menu 22 € – Carte 36/59 €
Un restaurant tout simple, avec une jolie terrasse bordée de mûriers-platanes. Ici, on cuisine du poisson extrafrais en arrivage direct de Balagne et du cap Corse, ainsi que les langoustines du vivier ; les assiettes se révèlent généreuses, pleines de saveurs, et vraiment respectueuses du produit. On y court !

Muro

20225 (Haute-Corse) – 254 hab. – **Voir carte n°15-A1**
Bastia 105 km – Ajaccio 160 km
Carte Michelin 345-C4

Casa Theodora sans rest

Piazza a u Duttore – ✆ 04 95 61 78 32 – www.a-casatheodora.com – Ouvert mai-oct.
9 ch – 140/180 € 140/180 € – 15 €
Palazzo du 16e s. réhabilité, portant le nom de l'éphémère roi de Corse, hôte des lieux en 1736. Architecture génoise, trompe-l'œil et fresques baroques, petite piscine intérieure.

Nonza

20217 (Haute-Corse) – 70 hab. – **Voir carte n°15-B1**
Bastia 33 km – Rogliano 49 km – Saint-Florent 20 km
Carte Michelin 345-F3

Casa Maria sans rest

au pied de la tour génoise – ✆ 04 95 37 80 95 – www.casamaria.fr – Ouvert d'avril à oct.
5 ch – 75/95 € 75/95 €
Au pied d'une tour génoise et au cœur de ce joli village piétonnier, cette maison de maître (18e s.) est une bien agréable étape sur la route du cap : accueil chaleureux, chambres fraîches, mobilier ancien et... belle vue sur la mer.

OLETTA

20232 (Haute-Corse) – 1 408 hab. – Voir carte n°**15**-B1
Bastia 18 km – Calvi 78 km – Corte 72 km – L'Ile-Rousse 53 km
Carte Michelin 345-F4

U Palazzu Serenu sans rest

– *04 95 38 39 39 – www.upalazzuserenu.com*
6 ch – 170/490 € 170/490 € – 2 suites
Embrassant le golfe de St-Florent et les paysages superbes du Nebbio, ce palais d'inspiration toscane (17e s.) est un joyau ! Œuvres d'art contemporain et grand style, tout se mêle avec raffinement. Sérénité, charme et luxe discret...

A Magina

– *04 95 39 01 01 – Ouvert d'avril à mi-oct. et fermé lundi sauf juil.-août*
Menu 28 € – Carte 40/60 €
Une vue à couper le souffle sur le golfe de St-Florent, pour une vraie cuisine corse préparée en famille et servie dans un cadre contemporain. Les beignets au fromage frais – l'une des spécialités de la maison – sont légers et croustillants, bref... délicieux ! Le soir, depuis la terrasse, sublime coucher de soleil...

OLMETO

20113 (Corse-du-Sud) – 1 222 hab. – Voir carte n°**15**-A3
Ajaccio 64 km – Propriano 8 km – Sartène 20 km
Carte Michelin 345-C9

à Olmeto-Plage 9 km au Sud-Ouest par D 157 – 20113

Ruesco

ch, ch,
Capicciolo – 04 95 76 70 50 – www.hotel-ruesco.com – Ouvert 1er avril-10 oct.
25 ch – 135/195 € 150/205 € – 3 suites – 13 € **Rest** – Carte 38/57 €
Dans une crique privée à l'issue d'une route étroite... Cet hôtel dispose de suites luxueuses et de chambres classiques ouvrant sur la mer et le jardin. La paillotte, entre piscine et plage, propose une carte simple mais aussi de la langouste et des poissons nobles.

au Sud 5 km par N 196 et rte secondaire – 20113 Olmeto

Marinca

ch,
lieu-dit Vitricella – 04 95 70 09 00 – www.hotel-marinca.com – Ouvert 2 mai-6 oct.
54 ch – 330/695 € 380/750 € – 4 suites – ½ P
Rest *Le Diamant Noir* – voir les restaurants ci-après
Rest – Formule 25 € – Carte 72/88 € *(fermé le midi)*
Au bord d'une crique, dans un parc fleuri, avec trois piscines à débordement descendant vers la plage privée, cet hôtel est un véritable îlot de confort... Le décor mêle les influences (Maroc, Indonésie...) et les chambres offrent une superbe vue sur la mer !

Le Diamant Noir – Hôtel Marinca

lieu-dit Vintricella – 04 95 70 09 00 – www.hotel-marinca.com – ouvert 2 mai-6 oct. et fermé le midi
Menu 85 € – Carte 72/86 €
Il est des trésors que l'on aimerait garder pour soi seul ; ce diamant noir en fait partie ! Derrière les fourneaux, le chef – Meilleur Ouvrier de France en 2000 – s'inspire de sa Bretagne natale pour travailler de très beaux produits avec une pointe d'originalité. Cadre élégant et jolie vue en terrasse.

PATRIMONIO

20253 (Haute-Corse) – 669 hab. – Voir carte n°**15**-B1
Bastia 16 km – St-Florent 6 km – San-Michele-de-Murato 22 km
Carte Michelin 345-F3

Vignoble sans rest

Santa Maria – 04 95 37 18 48 – www.hotel-du-vignoble.com – Ouvert d'avril à oct.
12 ch – 50/100 € 50/100 € – 6 €
Au cœur du village, une belle maison de 1846 entièrement rénovée... Résultat : un lieu confortable et chaleureux avec ses murs patinés, ses meubles en fer forgé et sa boutique permettant de découvrir les vins de l'exploitation familiale.

Peri

✉ 20167 (Corse-du-Sud) – 1 737 hab. – **Voir carte n°15-A2**
Ajaccio 26 km – Corte 71 km – Propriano 82 km – Sartène 94 km
Carte Michelin 345-C7

Chez Séraphin

au village – ✆ 04 95 25 68 94 – Ouvert début avril à début oct. et fermé lundi
Menu 48 € *(réservation conseillée)*
Typique maison corse dans un charmant village à flan de montagne. Menu unique appétissant : beignets aux fleurs d'acacia, tarte aux herbes du jardin, agneau rôti, etc.

Piana

✉ 20115 (Corse-du-Sud) – 455 hab. – **Voir carte n°15-A2**
Ajaccio 72 km – Calvi 85 km – Évisa 33 km – Porto 13 km
Carte Michelin 345-A6

Capo Rosso

ch,

rte des Calanche – ✆ 04 95 27 82 40 – www.caporosso.com – Ouvert début avril-20 oct.
42 ch – 120/345 € 140/365 € – ½ P
Rest – Menu 40 € – Carte 60/85 €
Vue imprenable sur le golfe de Porto et les calanques depuis la piscine et les vastes chambres, toutes avec balcon et décorées dans un élégant style contemporain. Au restaurant panoramique, cuisine de qualité à base de pêche locale et de produits du terroir.

Le Scandola sans rest

rte de Cargèse – ✆ 04 95 27 80 07 – www.hotelscandola.com – Ouvert 1er avril-15 oct.
14 ch – 76/106 € 76/106 € – 12 €
Au cœur d'un site exceptionnel, face à la presqu'île de Scandola. Une vue superbe dont on ne se lasse pas dans les chambres, elles-mêmes décorées avec soin et une pointe de romantisme...

Porticcio

✉ 20166 (Corse-du-Sud) – **Voir carte n°15-A3**
Ajaccio 19 km – Sartène 68 km
Carte Michelin 345-B8

Le Maquis

– ✆ 04 95 25 05 55 – www.lemaquis.com – Fermé janv.-fév.
20 ch – 160/900 € 280/900 € – 5 suites – 28 €
Rest ***L'Arbousier*** – voir les restaurants ci-après
Cette demeure d'inspiration génoise, nichée dans un jardin luxuriant, est un petit bijou. Chambres spacieuses, décorées de mobilier ancien, avec une vue superbe sur la mer ; splendides piscines... Prenons le Maquis !

Sofitel Thalassa

ch, rest,

domaine de la Pointe – ✆ 04 95 29 40 40 – www.sofitel.com – Fermé 5 janv.-13 fév.
96 ch – 180/670 € 180/670 € – 2 suites – 27 € – ½ P
Rest – Formule 29 € – Menu 57 € – Carte 57/88 €
Complexe hôtelier voué à Neptune : situation isolée à la pointe du cap de Porticcio, institut de thalassothérapie, sports nautiques et chambres tournées vers la mer. Piscine à débordement. Carte traditionnelle et plats diététiques à déguster face aux flots.

L'Arbousier – Hôtel Le Maquis

– ✆ 04 95 25 05 55 – www.lemaquis.com – Fermé janv.-fév.
Menu 80 € (dîner) – Carte 81/106 €
Savourer des langoustines, du homard et des poissons de petits pêcheurs locaux en regardant la mer... quel délice ! Une institution locale.

à Agosta-Plage 2 km au Sud – ✉ 20128

Radisson Blu
– ✆ 04 95 77 97 97 – *www.radissonblu.fr/resort-ajacciobay*
165 ch – †110/385 € ††110/400 € – 5 suites – ☕ 20 €
Rest ***A Muvra*** ✆ 04 95 23 92 07 – – Carte 46/56 €
Inauguré en 2012 face à la plage, l'établissement compte le plus grand nombre de chambres en Corse. Tout en lignes épurées et confort, elles ouvrent sur la baie d'Ajaccio – et les Sanguinaires à l'horizon – ou le maquis. Spa de 900 m², club enfants, salles de séminaires, restaurant, etc. De belles prestations.

Kallisté sans rest
rte du Vieux-Molini – ✆ 04 95 25 54 19 – www.cyrnos.net – Ouvert 1er avril-1er nov.
7 ch ☕ – †69/139 € ††79/149 €
Une villa sur les hauteurs, avec une belle vue sur le golfe d'Ajaccio. Chambres sobres, meublées de teck, certaines avec terrasse. Grande piscine et jardin face à la mer.

PORTO

✉ 20150 (Corse-du-Sud) – 544 hab. – **Voir carte n°15-A2**
▶ Ajaccio 84 km – Calvi 73 km – Corte 93 km – Évisa 23 km
Carte Michelin 345-B6

Eden Park
4 km par rte de Calvi – ✆ 04 95 26 10 60 – www.hotels-porto.com – Ouvert 3 mai-28 sept.
35 ch ☕ – †155/300 € ††155/300 € – ½ P
Rest ***Eden Park*** – voir les restaurants ci-après
Sur la route de Calvi, un vaste établissement composé de bungalows nichés dans un jardin luxuriant, au grand calme. Bel espace lounge et palmiers autour de la piscine. Que demander de plus ?

Capo d'Orto sans rest
rte de Calvi – ✆ 04 95 26 11 14 – www.hotel-capo-dorto.com – Ouvert 10 avril-20 oct.
39 ch ☕ – †75/150 € ††75/160 €
Un hôtel sur la route de Calvi, surplombant le golfe. Les chambres, confortables et fonctionnelles, donnent sur la mer. Bel espace piscine.

Le Subrini sans rest
à la Marine – ✆ 04 95 26 14 94 – www.hotels-porto.com – Ouvert 20 avril-20 oct.
24 ch ☕ – †95/175 € ††95/175 €
Un édifice en pierre de taille tout proche de la mer, face à la tour génoise. Décoration simple et chambres fonctionnelles avec vue sur la marina.

Le Belvédère sans rest
à la Marine – ✆ 04 95 26 12 01 – www.hotelrestaurant-lebelvedere-porto.com – Ouvert 1er avril-31 oct.
20 ch – †55/135 € ††55/135 € – ☕ 12 €
Au pied de la tour de Porto, un hôtel en pierre rouge, à l'entrée discrète. Chambres simples et confortables, certaines avec vue sur le port et les montagnes.

Bella Vista sans rest
rte de Calvi – ✆ 04 95 26 11 08 – www.hotel-corse.com – Ouvert d'avril à oct.
17 ch – †57/81 € ††62/108 € – ☕ 12 €
L'enseigne ne ment pas : la vue est belle, c'est incontestable, sur le Capo d'Orto... En outre, il règne dans ce petit hôtel une ambiance familiale. Chambres accueillantes et bon petit-déjeuner. L'une des adresses les plus plaisantes de Porto.

Le Romantique sans rest
à la Marine – ✆ 04 95 26 10 85 – www.hotel-romantique-porto.com – Ouvert 20 avril-15 oct.
8 ch – †77/98 € ††77/98 € – ☕ 9 €
Cet hôtel dispose de chambres spacieuses et bien tenues ; les balcons donnent tous sur une petite marina et un bois d'eucalyptus.

XXX **Eden Park** – Hôtel Eden Park

4 km par rte de Calvi – ✆ 04 95 26 10 60 – www.hotels-porto.com – Ouvert 3 mai-28 sept.

Menu 33/41 € – Carte 45/55 € *(réservation conseillée)*

Au sein de l'hôtel Eden Park, face au jardin et à la piscine, on déguste une cuisine gastronomique joliment maîtrisée, dont les recettes mêlent tradition et modernité : sashimis revisités, côte de veau corse cuite au sautoir et pommes grenaille, etc., avec un menu "détox" pour les amateurs. Menu plus simple au déjeuner.

PORTO-POLLO

✉ 20140 (Corse-du-Sud) – **Voir carte n°15-A3**

Ajaccio 52 km – Sartène 31 km

Carte Michelin 345-B9

Le Golfe

– ✆ 04 95 74 01 66 – www.hotel-corse-porto-pollo.com – Ouvert d' avril à oct.

14 ch – †210/380 € ††210/380 € – 4 suites – ☕ 19 €

Rest – Formule 17 € – Menu 39 € (dîner) – Carte 35/60 €

Un bâtiment récent juste à côté du port. Les chambres sont sobres et élégantes, avec une jolie vue sur le golfe de Valinco où l'on peut se promener avec le bateau de l'hôtel. Brasserie lounge proposant une cuisine régionale soignée et des produits de la mer.

Les Eucalyptus sans rest

– ✆ 04 95 74 01 52 – www.hoteleucalyptus.com – Ouvert 15 avril-8 oct.

32 ch – †80/135 € ††80/135 € – ☕ 12 €

Cet hôtel familial, entièrement rénové en 2011, domine le golfe de Valinco. De la plupart des chambres, on contemple la plage, toute proche...

PORTO-VECCHIO

✉ 20137 (Corse-du-Sud) – 11 035 hab. – **Voir carte n°15-B3**

Ajaccio 141 km – Bonifacio 28 km – Corte 121 km – Sartène 59 km

Carte Michelin 345-E10

Casadelmar

7 km par rte de la plage de Palombaggia – ✆ 04 95 72 34 34 – www.casadelmar.fr – Ouvert 11 avril-2 nov.

34 ch ☕ – †410/860 € ††410/860 € – 17 suites

Rest *Casadelmar* ✿ – voir les restaurants ci-après

Rest *Le Grill & Lounge Bar* – Carte 92/117 € *(ouvert 15 mai-15 sept. et fermé le soir sauf juil.-août)*

Un long parallélépipède de bois, dans un parc planté de figuiers, de grenadiers et d'oliviers. Des lignes géométriques étudiées, des espaces design... et partout – notamment de la piscine à débordement –, une vue magique sur la baie de Porto-Vecchio : la Corse à l'heure contemporaine *"and so chic"* !

Don Cesar

r. du Cdt.-Quilici – ✆ 04 95 76 09 09 – www.hoteldoncesar.com – Ouvert 30 avril-5 oct.

37 ch ☕ – †310/860 € ††310/860 € – 2 suites – ½ P

Rest – Formule 55 € – Menu 65/110 € – Carte 60/90 € *(fermé dim. en juil.-août)*

Dans cet hôtel créé en 2012 dans l'esprit méditerranéen, le luxe a donné rendez-vous au raffinement. Les chambres sont superbes et spacieuses (50 m² au minimum) et leurs balcons se tournent vers le golfe de Porto-Vecchio... pour rêver éveillé. Piscine, spa, jardin paysager, etc., ajoutent à la beauté des lieux.

Retrouvez toutes les tables du guide MICHELIN (et plein d'autres) sur notre site Michelin Restaurants : restaurant.michelin.fr

Le Belvédère

ch, ch,

5 km par rte de la plage de Palombaggia – ✆ 04 95 70 54 13 – www.hbcorsica.com – Ouvert 15 avril-2 déc.

15 ch – 105/440 € 105/440 € – 4 suites – 20 € – ½ P

Rest *Le Belvédère* – voir les restaurants ci-après

Rest *La Brocherie-Mari e Tarra* – Carte 60/100 € *(ouvert début mai à début oct.)*

Franchissez le lourd portail en bois sculpté et pénétrez dans une oasis de verdure. Les chambres sont disséminées dans plusieurs pavillons : l'île de Beauté en toute tranquillité. Outre le restaurant gastronomique, jolie formule à la Brocherie (cabri et cochon de lait au feu de bois).

Les Bergeries de Palombaggia

ch,

12 km par rte de Palombaggia – ✆ 04 95 70 03 23 – www.hotel-palombaggia.com – Ouvert mi-avril à fin-oct.

10 ch – 169/509 € 169/509 € – 7 suites – 23 € – ½ P

Rest *La Table de Mina* – Menu 46 € (dîner) – Carte 57/108 € *(fermé lundi)*

Parmi les oliviers et les cyprès, plusieurs maisonnettes construites dans l'esprit des anciennes bergeries, mais très confortables… luxueuses même ! Matériaux bruts, vue sur la mer (en étage), cuisine fraîcheur au restaurant, etc. : pour une belle et discrète villégiature à deux pas de la célèbre plage de Palombaggia.

Le Goéland

à la Marine – ✆ 04 95 70 14 15 – www.hotelgoeland.com – Ouvert 22 mars-6 nov.

34 ch – 100/400 € 120/420 € – ½ P

Rest – Formule 22 € – Menu 30 € – Carte 35/60 €

Cet hôtel agréable a le pied marin : lampes-tempêtes, meubles aux peintures patinées... Mais aussi plage privée et ponton d'amarrage ! Le grand restaurant s'ouvre totalement sur le golfe et le jardin ; cuisine corse et plats méditerranéens affichés à l'ardoise.

Golfe Hôtel

rest,

r. du 9-Septembre-1943 – ✆ 04 95 70 48 20 – www.golfehotel-corse.com – Fermé vacances de Noël

45 ch – 83/300 € 100/343 € – ½ P

Rest – Menu 35 € (semaine) – Carte 40/60 € *(fermé le midi, sam. de nov. à mars et dim.)*

Sur la route du port, cet hôtel propose des chambres décorées avec soin (mobilier épuré, tons gris et blanc) disséminées autour de la piscine et du jardin. Viandes grillées et poissons à la plancha servis dans une belle salle moderne et colorée.

San Giovanni

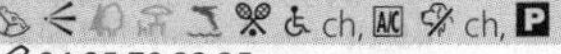

rte d'Arca, 3 km au Sud-Ouest par D 659 – ✆ 04 95 70 22 25 – www.hotel-san-giovanni.com – Ouvert 3 mars-11 nov.

30 ch – 70/160 € 70/180 € – 12 € **Rest** *(fermé le midi) (résidents seult)*

L'hôtel de loisirs par excellence, charmant et familial, au calme dans un très beau jardin fleuri. La plupart des chambres ont une terrasse ou un petit jardin privatif. Mieux vaut réserver ! Petit-déjeuner et cuisine traditionnelle servis sous la pergola.

Alcyon sans rest

9 r. du Mar.-Leclerc, (près de la poste) – ✆ 04 95 70 50 50 – www.hotel-alcyon.com

40 ch – 85/250 € 85/250 € – 14 €

Un établissement moderne en centre-ville, abritant des chambres fonctionnelles et bien rénovées. Certaines, plus spacieuses, peuvent convenir aux familles.

Les Jardins de Mathieu

Pascialella de Muratello, 12 km à l'Ouest par D 159 et rte secondaire – ✆ 04 95 26 78 41 – www.lesjardinsdemathieu.net – Ouvert 1er avril-15 nov.

4 ch – 150/250 € 150/250 € – ½ P **Table d'hôte** – Menu 35 €

Une sympathique maison au cœur du maquis corse. Depuis les chambres, à l'épure toute contemporaine, on aperçoit le golfe de Porto-Vecchio... Piscine chauffée, jacuzzi, etc. Idéal pour se ressourcer dans un écrin de verdure ! Recettes du terroir et produits du potager autour de la table d'hôte.

XXXX **Casadelmar** – Hôtel Casadelmar

7 km par rte de la plage de Palombaggia – ✆ 04 95 72 34 34 – www.casadelmar.fr – Ouvert 11 avril-2 nov. et fermé le midi et le dim.
Carte 145/170 €
Dans le cadre ultracontemporain de ce luxueux hôtel, cette table place la Méditerranée au cœur de tout : la vue sur la baie ensorcelle, et la cuisine met en valeur les saveurs du Sud. Voilà bien une "maison de la mer"...
➜ Tortellonis "cacio e peppe", filet de rouget au vieux porto. Saint-pierre fumé au bois de genévrier, carotte violette et oignons à l'amaretto. Soufflé à la violette de Parme, glace myrte-myrtille.

XXX **Le Belvédère** – Hôtel Belvédère

5 km par rte de la plage de Palombaggia – ✆ 04 95 70 54 13 – www.hbcorsica.com – Ouvert 15 avril-2 déc. et fermé lundi et mardi en avril et oct., le midi de mai à sept. sauf dim. et fériés
Formule 39 € – Menu 70/115 € – Carte 70/110 €
La mer vient flirter avec les tables, les monts se découpent sur le ciel lointain... la terrasse est idyllique ! Au cœur du golfe de Porto-Vecchio, cette enclave discrète joue la carte des beaux produits et de la gastronomie d'aujourd'hui.

XX **Le Troubadour**

13 r. du Gén.-Leclerc, (près de la poste) – ✆ 04 95 70 08 62 – Fermé 25 nov.-17 déc., le midi et dim.
Menu 35 € – Carte 30/60 €
Cette jolie maison corse de la vieille ville est une ode à la tradition et à la simplicité : viandes et poissons à la plancha, pâtes fraîches... Le meilleur de l'esprit brasserie !
Et aussi ***L' Atelier du troubadour*** – Formule 17 € – Carte 27/37 € *(fermé le midi)*

X **Tamaricciu**

15 km par rte de la plage de Palombaggia – ✆ 04 95 70 49 89 – www.tamaricciu.com – Ouvert 10 avril-11 nov. et fermé le soir sauf juil.-août
Carte 50/83 €
Sur la sublime plage de Palombaggia, face à la mer turquoise, on déguste des pâtes fraîches, des poissons frais du jour et de délicieux desserts. Ambiance détendue le midi et plus raffinée le soir.

au golfe de Santa Giulia 8 km au Sud par N 198 et rte secondaire – ✉ 20137

Moby Dick

– ✆ 04 95 70 70 00 – www.sud-corse.com – Ouvert de mi-avril à mi-oct.
45 ch – ½ P seult 244/580 € **Rest** – Menu 56/73 € – Carte 57/121 €
Emplacement idyllique, sur la lagune, pour cet hôtel – rénové en 2012 – séparé du golfe aux couleurs polynésiennes par une plage de sable fin. Chambres spacieuses à choisir côté mer ou côté jardin. Grand buffet pour le déjeuner, cuisine méditerranéenne à l'honneur le soir.

Castell' Verde

– ✆ 04 95 70 71 00 – www.sud-corse.com – Ouvert de fin-avril à mi-oct.
32 ch – ½ P seult en été 94/188 €
Rest *Le Costa Rica* ✆ 04 95 72 24 51 – – Carte 40/85 €
Dans un parc protégé de 5 ha, de spacieux bungalows à portée de la Grande Bleue. Chambres contemporaines. Deux piscines, dont une chauffée ; accès direct à la plage. Sur la terrasse qui surplombe la baie, la cuisine s'inspire également de la mer.

Alivi sans rest

Marina di Santa Giulia – ✆ 04 95 52 01 68 – www.santa-giulia.fr – Ouvert 1er avril-3 nov.
10 ch – †135/375 € ††155/395 € – ☕ 18 €
Pour passer ses vacances au calme, un hôtel contemporain entre mer et maquis, aux chambres reposantes avec une petite terrasse. Piscine circulaire face à la baie de Santa Giulia.

U Santa Marina

Marina di Santa Giulia – 04 95 70 45 00 – www.usantamarina.com – Ouvert 1er avril-1er nov. et fermé le midi
Menu 68/128 € – Carte 80/100 €
La vue sur le golfe y est délicieuse, et le soir venu, l'on pourrait presque croquer le soleil couchant... Un bel endroit, donc, pour un repas placé sous les auspices de la Méditerranée : langoustines du cap Corse en sablé, denti aux fèves et asperges, etc. Restauration légère sur la plage le midi, grill côté piscine.

Les Hauts de Santa Giulia

– 04 95 70 40 84 – Ouvert mai- sept. et fermé le midi
Carte 50/80 € *(réservation conseillée)*
Un restaurant original, avec son mobilier chiné des années 1960 et sa terrasse sous les canisses. Cuisine parfumée et raffinée, aux influences asiatiques et méditerranéennes.

à Cala Rossa 10 km au Nord-Est par N 198 et D 468 – ✉ 20137

Grand Hôtel de Cala Rossa

– 04 95 71 61 51 – www.cala-rossa.com – Ouvert 1er avril-31 oct.
31 ch – 160/1530 € 160/1530 € – 9 suites
Rest *La Table de Cala Rossa* ✿ – voir les restaurants ci-après
À demeure d'exception, écrin splendide : un jardin luxuriant, un ponton privé sur la plage et un spa luxueux. Cet hôtel empreint de classicisme a quelque chose d'intemporel...

La Table de Cala Rossa

✿

– 04 95 71 61 51 – www.cala-rossa.com – Ouvert 1er avril-31 oct. et fermé le midi
Menu 90/150 € – Carte 93/126 €
Dans ce domaine privé, la table se pare d'élégance – belle terrasse à l'ombre des pins parasols – et la cuisine méditerranéenne s'incarne dans le raffinement. Saveurs et parfums rendent hommage aux meilleurs produits.
→ Œuf bio poché, pomme juliette au caviar d'Aquitaine et petite grenobloise croustillante. Côte de veau cuite au sautoir en croûte d'olives taggiasche. Soufflé au cœur chocolat guanaja.

à la presqu'île du Benedettu 10 km au Nord-Est par N 198 et D 468 – ✉ 20137 Porto-Vecchio

La Plage Casadelmar

– 04 95 71 02 30 – www.laplagecasadelmar.fr – Ouvert mi avril-mi oct.
12 ch – 390/1000 € 390/1700 € – 3 suites
Rest *Le Grill* – voir les restaurants ci-après
Fermez les yeux et imaginez une superbe plage de sable fin en accès direct... Tel est l'un des atouts de ce bel établissement niché sur un petit cap du golfe de Porto-Vecchio. Un lieu à part, dont le design contemporain cultive un minimalisme chic et apaisant...

Le Grill – Hôtel La Plage Casadelmar

– 04 95 71 02 30 – www.laplagecasadelmar.fr – Ouvert mi avril-mi oct.
Carte 70/109 €
La salle et la terrasse sont posées juste au-dessus d'une plage discrète du golfe de Porto-Vecchio. Comment se lasser de la vue sur la côte et la mer ? Au sein de ce bel hôtel contemporain, la cuisine évolue au gré du marché et de la pêche, avec des spécialités à la broche (coquelet, jarret de veau, cochon noir, etc.).

PROPRIANO

✉ 20110 (Corse-du-Sud) – 3 399 hab. – **Voir carte n°15-A3**
Ajaccio 74 km – Bonifacio 62 km – Corte 139 km – Sartène 13 km
Carte Michelin 345-C9

Miramar Boutique Hôtel

rte de la Corniche – ✆ 04 95 76 06 13 – www.miramarboutiquehotel.com – Ouvert de mai à fin sept.

21 ch – 240/490 € 240/490 € – 5 suites – 25 € – ½ P

Rest – Carte 40/70 €

Au cœur d'un parc luxuriant, cette villa aux murs chaulés offre une vue plongeante sur le golfe de Valinco. Beaucoup de charme : objets chinés, espace et raffinement... Carte simple et légère le midi ; poisson à la plancha, terroir corse et langouste grillée le soir.

Le Lido

42 av. Napoléon-III – ✆ 04 95 76 06 37 – www.le-lido.com – Ouvert de mai à sept.

11 ch – 130/240 € 130/240 € – 15 €

Rest *Le Lido* – voir les restaurants ci-après

Sur une presqu'île, une maison les pieds dans l'eau, fondée en 1932... Bois exotique, objets chinés et mosaïques portugaises dans les chambres, qui donnent directement sur la plage ou sur le patio.

Neptune sans rest

39 r. du 9-Septembre – ✆ 04 95 76 10 20 – www.hotels-propriano.com

40 ch – 58/128 € 76/165 €

Près du port et de la plage, cette bâtisse récente propose des chambres fonctionnelles, certaines avec vue sur la mer. Petit-déjeuner face au golfe de Valinco. Grand spa de 200 m².

Chez Parenti

10 av. Napoléon – ✆ 04 95 76 12 14 – www.chezparenti.fr – Ouvert 1er avril-15 oct. et fermé dim. soir et lundi sauf le soir en saison

Menu 46/75 € – Carte 48/60 €

Pour une envie de poisson frais ou de homard (en vivier), ce restaurant, tenu depuis 1935 par la famille Parenti, dispose d'une agréable terrasse sur le port de plaisance.

Le Lido – Hôtel Le Lido

42 av. Napoléon-III – ✆ 04 95 76 06 37 – www.le-lido.com – Ouvert de mai à sept. et fermé le midi

Menu 75 € – Carte environ 80 € *(réservation conseillée)*

Une superbe escale face aux flots, un accueil prévenant, un menu unique et très bien ficelé pour une cuisine délicate et pleine de saveurs… Le Lido ? Le goût de la Corse, entre terre, mer et création contemporaine. ➜ Cuisine du marché.

Terra Cotta

29 av. Napoléon – ✆ 04 95 74 23 80 – Ouvert de mi-mars à fin nov. et fermé dim. sauf le soir en juil.-août

Menu 48 € – Carte 48/57 €

Dans ce charmant petit restaurant du port, le frère du patron fournit la pêche du jour. Pagre, liche, chapon, mustelle et autres poissons frais sont préparés avec grand soin.

Tempi Fà

7 av. Napoléon-III – ✆ 04 95 76 06 52 – www.tempi-fa.com – Ouvert 10 avril-31 oct. et fermé lundi midi

Formule 25 € – Menu 35 € – Carte 39/49 €

Tempi fà ou « au temps d'avant » en corse... C'est exactement là où ramène cette épicerie-bistrot ! On entre par la boutique, dont le décor original reproduit une place de village, avec un vrai marché local (charcuteries, fromages, vin de myrte, etc.). Et tous ces beaux produits sont proposés à la dégustation...

St-Florent

✉ 20217 (Haute-Corse) – 1 635 hab. – **Voir carte n°15-B1**

Bastia 22 km – Calvi 70 km – Corte 75 km – L'Ile-Rousse 45 km

Carte Michelin 345-E3

Demeure Loredana sans rest

Cisterninu-Suttanu – ✆ 04 95 37 22 22 – www.demeureloredana.com – Ouvert 1^er^avril-15 nov.

17 ch – 195/390 € 195/440 € – 6 suites – 23 €

Une demeure de caractère qui rivalise de détails raffinés. La déco mêle les styles... avec style et, dans le salon douillet et cossu, on se prend à rêver de l'Empire des Indes. Et que dire de la vue sur la mer et de la piscine à débordement ?

La Dimora sans rest

4,5 km par D 82 rte d'Oletta – ✆ 04 95 35 22 51 – www.ladimora.fr – Ouvert 17 avril-20 oct.

15 ch – 145/350 € 145/350 € – 2 suites – 19 €

Matériaux nobles, authenticité et luxe contemporain discret... Dans l'arrière-pays, cette villa du 18e s. distille un vrai charme et vous reçoit en ami ; la piscine, l'espace bien-être et le jardin invitent délicatement au farniente.

La Roya

plage de la Roya, 1 km par rte de Calvi puis rte secondaire – ✆ 04 95 37 00 40 – www.hotelroya.com – Ouvert 27 mars-16 nov.

25 ch – 150/400 € 150/400 € – 6 suites – 25 € – ½ P

Rest *La Roya* ✿ – voir les restaurants ci-après

Sur la plage de sable fin de la Roya (accès direct) et dans un jardin ravissant embaumant les senteurs méditerranéennes, cet hôtel récent est un havre de paix. Les lits sont si douillets qu'on pourrait ne plus quitter la chambre, mais la Corse est si belle...

Dolce Notte sans rest

rte de Bastia – ✆ 04 95 37 06 65 – www.hotel-dolce-notte.com – Ouvert avril-oct.

20 ch – 72/172 € 72/172 € – 9 €

En bord de mer, une maison corse avec des chambres donnant toutes sur les flots (balcon ou terrasse). Certaines arborent un style marin ; d'autres sont plus contemporaines (galets, voûtes, bois flotté) et toutes sont plaisantes.

Tettola sans rest

1 km au Nord sur D 81 – ✆ 04 95 37 08 53 – www.tettola.com – Ouvert avril-oct.

29 ch – 75/176 € 85/186 € – 12 €

Un petit hôtel d'esprit familial donnant sur une plage de galets. Accueil aimable et chambres claires et bien tenues, plus calmes et spacieuses côté mer. Pratique pour l'étape.

La Florentine sans rest

1 km au Nord par D 81 – ✆ 04 95 37 00 99 – www.hotellaflorentine.com – Ouvert avril-oct.

20 ch – 130/290 € 130/290 € – 18 €

Jardin fleuri, terrasse ombragée, délicieuse piscine, couleurs chatoyantes, visite des plages du golfe sur le bateau de l'hôtel, chambres fraîches et confortables... Autant d'atouts pour ce sympathique établissement de bord de mer.

Maxime sans rest

au village – ✆ 04 95 37 05 30 – Ouvert fév.-nov.

19 ch – 59/87 € 59/87 € – 10 €

Au cœur de la ville et au bord d'un petit canal (amarrage possible), une bâtisse blanche aux volets bleus et des propriétaires fort accueillants ! Chambres simples, pratiques et propres, le plus souvent avec une loggia ou un balcon.

La Roya – Hôtel La Roya

✿ *plage de la Roya, 1 km par rte de Calvi puis rte secondaire – ✆ 04 95 37 00 40 – www.hotelroya.com – Ouvert 27 mars-16 nov.*

Menu 55/80 € – Carte 70/79 €

Atmosphère contemporaine et raffinée, terrasse dans le joli jardin, face à la plage : un cadre idyllique au service d'une cuisine fine et créative, au goût du jour, concoctée par un jeune chef... breton. Le personnel, souriant et attentionné, rend cette expérience plus agréable encore... Royal ! ➜ Araignée de mer roulée comme un nem, au sésame, gingembre et ail confit, légumes croquants à l'huile de cumbawa. Veau corse à notre façon. Chocolat-passion.

La Rascasse

promenade des Quais, (1er étage) – ✆ 04 95 37 06 09 – www.larascasse137.com – Ouvert d'avril à mi-oct. et fermé lundi sauf le soir de juin à sept.
Menu 48/78 € – Carte 55/72 €
Envie d'un dîner gastronomique honorant les beaux produits et le poisson ? La Rascasse s'ouvre à vous, face au port (salle à l'étage). Langoustes exclusivement corses, rouget ou chapon : tout est d'une belle fraîcheur et travaillé avec passion par le jeune chef...
Le 137 – voir les restaurants ci-après

Le 137

promenade des Quais – ✆ 04 95 37 06 99 – www.larascasse137.com – Ouvert avril-oct. et fermé lundi sauf de juin à août
Menu 29 € – Carte 39/59 €
Ceux qui préfèrent les ambiances décontractées opteront pour le "petit frère" de La Rascasse, au rez-de-chaussée du même bâtiment. Ils y dégusteront par exemple un denti moelleux à l'huile d'olive, ou un assortiment de "finger food", tout en se laissant bercer par le clapotis des bateaux amarrés sur le quai... Tranquille !

STE-LUCIE-DE-PORTO-VECCHIO

✉ 20144 (Corse-du-Sud) – **Voir carte n°15-B3**
Ajaccio 157 km – Ghisonaccia 42 km – Porto-Vecchio 16 km – Sartène 76 km
Carte Michelin 345-F9 – Guide Vert Michelin Corse

Le Pinarello

Pinarello – ✆ 04 95 71 44 39 – www.lepinarello.com – Ouvert de mi-avril à mi-oct.
27 ch – 🚹257/494 € 🚹🚹271/562 € – 7 suites – ☕ 26 € – ½ P
Rest – Carte 29/48 € *(fermé le soir)*
Bel ensemble au luxe discret dans un cadre de rêve... Chambres et suites contemporaines, magnifique vue sur le golfe, centre de soins. Le midi, snacking sur la terrasse face à la plage.

La Fleur de Sel

Pinarello – ✆ 04 95 71 06 49 – Ouvert 15 mars-15 oct.
Menu 39/74 € – Carte 50/72 € *(réservation conseillée)*
Face à la Méditerranée, une terrasse romantique noyée sous les jasmins, les roses et les oliviers. Cuisine terre et mer réalisée avec des produits triés sur le volet. Le tout à prix doux.

STE-MARIE-SICCHÉ

✉ 20190 (Corse-du-Sud) – 442 hab. – **Voir carte n°15-A3**
Ajaccio 36 km – Sartène 51 km
Carte Michelin 345-C8

Santa Maria

– ✆ 04 95 25 72 65 – www.santa-maria-hotel.com
23 ch ☕ – 🚹61/72 € 🚹🚹76/97 € – ½ P
Rest – Menu 19/25 € – Carte 17/41 €
Ambiance de pension de famille dans cet hôtel des années 1970 prisé des randonneurs. Les chambres sont simples et bien tenues, certaines avec balcon. Salle à manger rustique où l'on sert une cuisine familiale : charcuteries maison et spécialités corses.

SANT'ANTONINO

✉ 20220 (Haute-Corse) – 94 hab. – **Voir carte n°15-A1**
Bastia 99 km – Ajaccio 155 km – Corte 74 km
Carte Michelin 345-C4

I Scalini

haut du village – ✆ 04 95 47 12 92 – www.i-scalini.com – Ouvert de mai à sept., fermé le mardi en mai et juin, mardi soir et merc. soir en sept.
Carte 37/54 € *(réservation conseillée)*
Dans ce superbe village de Balagne, on accède à ce restaurant par un escalier étroit, avant de s'installer en terrasse sur le toit – réservation impérative ! De là-haut, la vue est tout simplement éblouissante, et l'on se régale des incontournables saveurs corses traditionnelles, ou de plats plus osés... Une adresse à part.

SARTÈNE

✉ 20100 (Corse-du-Sud) – 3 259 hab. – **Voir carte n°15-A3**
Ajaccio 84 km – Bonifacio 50 km – Corte 149 km
Carte Michelin 345-C10

Santa Barbara

1 km à l'Est par N 196 et rte secondaire – ✆ 04 95 77 09 06 – www.santabarbara.fr – Ouvert Pâques-15 oct. et fermé lundi sauf le soir en juil.-août
Menu 34 € – Carte 47/66 €
Une villa dans un jardin exquis ouvrant sur Sartène et la vallée... Autres atouts : la cuisine mêlant recettes traditionnelles et spécialités corses, accueil et service aux petits soins.

SOCCIA

✉ 20125 (Corse-du-Sud) – 147 hab. – **Voir carte n°15-A2**
Ajaccio 69 km – Calvi 130 km – Corte 106 km – Vico 18 km
Carte Michelin 345-C6

A Merendella

rte de l'Église – ✆ 04 95 28 34 91 – www.a-merendella-soccia.fr – Ouvert d'avril à oct. et fermé merc. hors saison
Menu 26/38 €
Un sentiment de plénitude avec la nature : voilà ce que dégagent ce village corse isolé dans la montagne et cette authentique auberge. Les légumes du potager, la charcuterie, les recettes traditionnelles comme l'agneau fermier ou le veau en civet embaument le terroir insulaire. Une belle expérience corse !

SOLENZARA

✉ 20145 (Corse-du-Sud) – 1 169 hab. – **Voir carte n°15-B3**
Ajaccio 118 km – Bonifacio 68 km – Sartène 77 km
Carte Michelin 345-F8

La Solenzara sans rest

quartier du Palais – ✆ 04 95 57 42 18 – www.hotel-lasolenzara.com – Ouvert mi-mars à fin oct.
28 ch – 85/150 € 85/150 €
Grande demeure de style génois (18e s.) entourée d'un jardin. Chambres spacieuses, claires et sobres ; vue sur la mer à l'arrière. Espace bien-être, belle piscine à débordement.

Maison Rocca Serra sans rest

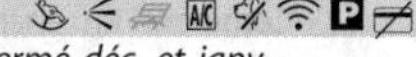

Scaffa Rossa, 1,5 km au Nord – ✆ 04 95 57 44 41 – Fermé déc. et janv.
4 ch – 100 € 100 €
Une grande bâtisse dans un jardin, d'où l'on accède directement à de petites criques privées... Chambres avec terrasse, décorées de mobilier ancien ; petit-déjeuner sous la véranda.

A Mandria

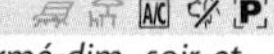

1 km au Nord – ✆ 04 95 57 41 95 – Ouvert de fév. à oct. et fermé dim. soir et lundi hors saison
Menu 29/35 € – Carte 32/55 €
Un restaurant au cadre pittoresque, proposant des grillades, des buffets de hors-d'œuvres et des spécialités corses. La pergola jouxte le potager.

ZONZA

✉ 20124 (Corse-du-Sud) – 2 341 hab. – Voir carte n°**15**-B3
▶ Ajaccio 93 km – Bonifacio 67 km – Porto-Vecchio 40 km – Sartène 38 km
Carte Michelin 345-E9

Le Tourisme sans rest

rte de Quenza – ✆ 04 95 78 67 72 – www.hoteldutourisme.fr – Ouvert d'avril à oct.
16 ch – †89/149 € ††99/159 €
Cet ancien relais de diligences (1875) a conservé sa fontaine d'origine. Chambres sobres et colorées avec balcon. Jardin et belle piscine chauffée avec vue sur la forêt de Zonza. Accueil charmant.

CORTE – 2B Haute-Corse ➜ voir Corse

CORVOL-D'EMBERNARD

✉ 58210 (Nièvre) – 103 hab. – Voir carte n°**7**-B2
▶ Paris 236 km – Cosne-Cours-sur-Loire 48 km – Dijon 168 km – Nevers 45 km
Carte Michelin 319-D8

Le Colombier de Corvol

– ✆ 03 86 29 79 60 – www.lecolombierdecorvol.com
5 ch – †105/115 € ††105/115 € **Table d'hôte** – Menu 45 €
Ferme de caractère (1812) tenue par un couple belge amoureux d'art contemporain et de cuisine : chambres simples ornées d'œuvres, galerie dans une ancienne étable (expositions durant l'été) et table d'hôte orchestrée par monsieur, "amateur de plats en sauce".

COSNE-COURS-SUR-LOIRE

✉ 58200 (Nièvre) – 10 653 hab. – Voir carte n°**7**-A2
▶ Paris 186 km – Auxerre 83 km – Bourges 61 km – Montargis 76 km
Carte Michelin 319-A7 – Guide Vert Michelin Bourgogne

Au Bistrot d'Anatole

6 r. Anatole-France – ✆ 03 86 27 12 95 – www.chez-anatole.com – Fermé dim. soir, mardi soir, merc. soir et lundi
Formule 17 € – Menu 20 € (déj. en semaine), 23/28 €
Un bistrot contemporain dans une petite rue du centre-ville. On y savoure les classiques du genre comme ce paleron de bœuf fondant à souhait et sa purée de pommes de terre, ou cet artichaut poivrade accompagné d'une tartine de Chavignol. Accueil souriant et ambiance conviviale.

à Villechaud 4 km au Sud par D 243 – ✉ 58200

Le Chat

42 r. des Guérins – ✆ 03 86 28 49 03 – Fermé 1er-8 janv., 15-31 août, dim. soir, lundi et mardi sauf fériés
Formule 21 € – Menu 27 € (déj. en semaine), 30/45 €
Comment un ancien bar de village – baptisé Le Chat depuis 1856, tout de même – se mue-t-il en bonne table ? Demandez donc au chef, aussi sympathique que travailleur, qui sait faire rimer créativité et convivialité. On en ronronne de plaisir.

LE COTEAU – 42 Loire ➜ voir Roanne

LA CÔTE-ST-ANDRÉ

✉ 38260 (Isère) – 4 833 hab. – Voir carte n°**44**-B2
▶ Paris 525 km – Grenoble 50 km – Lyon 67 km – La Tour-du-Pin 33 km
Carte Michelin 333-E5 – Guide Vert Michelin Lyon et sa région

XX **Hôtel de France** avec ch — rest,

16 pl. de l'Église – ✆ 04 74 20 25 99 – www.hoteldefrance-csa.fr – Fermé 1 semaine en mai, 1 semaine en juil., 1 semaine en oct., dim. soir et lundi
15 ch – †55/75 € ††68/98 € – ☕ 10 € – ½ P
Menu 25 € (déj. en semaine), 35/85 € – Carte 52/68 €
Sacré coup de jeune pour ce restaurant au cœur de la cité natale de Berlioz : il affiche dorénavant un décor contemporain engageant. Et la cuisine s'est mise au diapason, tout en mettant en valeur les produits du terroir local. Des chambres simples permettent de faire étape.

COTI-CHIAVARI – 2A Corse-du-Sud ➜ voir Corse

COTINIÈRE – 17 Charente-Maritime ➜ voir Île d'Oléron

COUDEKERQUE-BRANCHE – 59 Nord ➜ voir Dunkerque

COUDRAY – 53 Mayenne ➜ voir Château-Gontier

LE COUDRAY-MONTCEAUX – 91 Essonne ➜ voir Paris, Environs (Corbeil-Essonnes)

COUËRON – 44 Loire-Atlantique ➜ voir Nantes

COUILLY-PONT-AUX-DAMES

⊠ 77860 (Seine-et-Marne) – 2 132 hab. – **Voir carte n°19-C2**
Paris 45 km – Coulommiers 20 km – Lagny-sur-Marne 12 km – Meaux 9 km
Carte Michelin 312-G2 – Guide Vert Michelin Île-de-France

XX ✿ **Auberge de la Brie** (Alain Pavard)

14 av. Alphonse Boulingre, (D 436) – ✆ 01 64 63 51 80 – www.aubergedelabrie.net – Fermé 27 juil.-26 août, 21 déc.-6 janv., dim. et lundi
Formule 35 € – Menu 48/90 € – Carte 70/105 € *(réservation conseillée)*
Parmi les atouts que compte cette coquette maison briarde : son cadre contemporain raffiné, sa délicieuse cuisine actuelle personnalisée et son accueil tout sourire. ➜ Ravioles de foie gras de canard, bresaola et pignons de pin grillés. Ris de veau braisé au jus, macaronis farcis et gratinés. Soufflé chaud au Grand Marnier, sorbet orange.

COUIZA

⊠ 11190 (Aude) – 1 147 hab. – **Voir carte n°22-B3**
Paris 785 km – Carcassonne 41 km – Foix 75 km – Perpignan 88 km
Carte Michelin 344-E5

Château des Ducs de Joyeuse

allée du Château – ✆ 04 68 74 23 50 – www.chateau-des-ducs.com – Ouvert 5 avril-3 nov.
35 ch – †118/150 € ††118/150 € – ☕ 14 € – ½ P
Rest *Château des Ducs de Joyeuse* – voir les restaurants ci-après
Construit sous la Renaissance (16e s.), ce beau château fortifié n'en est pas moins totalement médiéval. Tours, pierres, poutres, baldaquins, salles voûtées... le tableau est complet. Et le parc, qui longe joliment la rivière, ne met pas moins en joie ! Insolite : le caveau de dégustation dans l'ancienne chapelle.

XX **Château des Ducs de Joyeuse**

allée du Château – ✆ 04 68 74 23 50 – www.chateau-des-ducs.com – Ouvert 5 avril-3 nov. et fermé le midi sauf sam. et dim.
Menu 33 € (dîner)/69 € – Carte 49/66 €
Tartine mangue-crevettes, noisette d'agneau aux herbes fraîches et sa compotée de légumes de Méditerranée... Une cuisine dans l'air du temps, dans un élégant cadre châtelain. Le passé rencontre le présent, et c'est réussi.

COULANDON – 03 Allier ➜ voir Moulins

COULLONS

✉ 45720 (Loiret) – 2 451 hab. – Voir carte n°**12**-C2
Paris 165 km – Aubigny-sur-Nère 18 km – Gien 16 km – Orléans 60 km
Carte Michelin 318-L6

La Canardière

1 r. de la Mairie – ✆ 02 38 29 23 47 – www.restaurantlacanardiere.fr – Fermé 11 août-2 sept., 22 déc.- 6 janv., dim. soir, merc. soir, lundi et mardi
Formule 25 € – Menu 31/69 € – Carte environ 45 €
Le cadre a beau être rustique, avec ses poutres et sa cheminée en cuivre, la cuisine n'en est pas moins dans l'air du temps : légumes, herbes du jardin et respect des saisons. Autre option : l'ardoise du Bistrot, dans une atmosphère conviviale.
Et aussi ***Le Bistrot*** Formule 18 € – Menu 20 €

COULOMBIERS

✉ 86600 (Vienne) – 1 083 hab. – Voir carte n°**39**-C2
Paris 352 km – Couhé 25 km – Lusignan 8 km – Parthenay 44 km
Carte Michelin 322-H6

Auberge Le Centre Poitou avec ch

39 r. Nationale – ✆ 05 49 60 90 15 – www.centre-poitou.com – Fermé dim. soir et lundi de sept. à juin
13 ch – †50/95 € ††58/110 € – ☕ 11 € – ½ P
Formule 15 € 🍷 – Menu 30/85 € – Carte 58/80 €
Depuis 1870, la même famille tient cet auberge qui fut autrefois un relais de poste et y cultive le sens de l'accueil. Dans l'assiette, on se régale d'une cuisine plutôt classique, concoctée avec des produits soigneusement choisis. Tout est fait maison, même les viennoiseries du petit-déjeuner pour les résidents...

COULOMMIERS

✉ 77120 (Seine-et-Marne) – 14 544 hab. – Voir carte n°**19**-D2
Paris 62 km – Châlons-en-Champagne 111 km – Meaux 26 km – Melun 46 km
Carte Michelin 312-H3 – Guide Vert Michelin Île-de-France

à Pommeuse Ouest : 6,5 km – ✉ 77515 – 2 800 hab.

Le Moulin de Pommeuse sans rest

32 av. Gén. Huerne – ✆ 01 64 75 29 45 – www.le-moulin-de-pommeuse.com
5 ch ☕ – †59/68 € ††78/89 €
Ce moulin à eau du 14e s. abrite de jolies chambres aux noms évocateurs : Semailles, Moisson, Batteuse... Petit salon aménagé dans l'ex-machinerie et parc agrémenté d'une île.

COULON

✉ 79510 (Deux-Sèvres) – 2 224 hab. – Voir carte n°**38**-B2
Paris 418 km – Fontenay-le-Comte 25 km – Niort 11 km – La Rochelle 63 km
Carte Michelin 322-C7 – Guide Vert Michelin Poitou-Charentes

Le Central

4 r. d'Autremont – ✆ 05 49 35 90 20 – www.hotel-lecentral-coulon.com – Fermé 1 semaine en fév.
13 ch – †61/75 € ††71/100 € – ☕ 10 € – ½ P
Rest *Le Central* – voir les restaurants ci-après
Au cœur de ce charmant petit village de la Venise verte, des chambres chaleureuses, revues dans un esprit campagnard chic (mobilier patiné, ciels de lit ou boiseries, etc.) : cette auberge familiale – depuis trois générations – a su évoluer avec son temps !

Au Marais sans rest

46 quai Louis Tardy – ✆ 05 49 35 90 43 – www.hotel-aumarais.com – Fermé 15 déc.-3 fév.
18 ch – †55/70 € ††69/80 € – ☕ 9 €
Face à l'embarcadère pour le Marais mouillé, deux anciennes maisons de bateliers transformées en hôtel. Agréables chambres mêlant classique et contemporain, certaines avec vue sur la Sèvre.

Le Central - Hôtel Le Central

4 r. d'Autremont – ✆ 05 49 35 90 20 – www.hotel-lecentral-coulon.com – Fermé vacances de fév., 2 semaines en oct., dim. soir et lundi
Formule 16 € – Menu 21 € (semaine), 30/45 € – Carte 42/54 €
Pour une escapade champêtre au cœur de la Venise verte... Poutres blanchies, vaisselier à l'ancienne. La cuisine cultive elle aussi la tradition, autour de quelques produits fétiches : anguilles, escargots, fromage de chèvre, etc. Une valeur sûre, petite boussole dans la géographie poitevine.

COUPELLE-VIEILLE

62310 (Pas-de-Calais) – 553 hab. – Voir carte n°**30**-A2
Paris 232 km – Abbeville 58 km – Arras 64 km – Boulogne-sur-Mer 48 km
Carte Michelin 301-F4

Le Fournil

r. St-Omer – ✆ 03 21 04 47 13 – www.restaurant-lefournil.com – Fermé mardi soir, dim. soir, fériés le soir et lundi
Formule 16 € – Menu 19 € (semaine), 26/33 € – Carte 36/52 €
Les apparences sont parfois trompeuses ! Ainsi, Le Fournil n'est pas installé dans une ancienne boulangerie mais dans un relais de poste du 19e s. On y savoure une cuisine traditionnelle accompagnée de bons vins... Terrasse avec vue sur le jardin.

COURBAN

21520 (Côte-d'Or) – 167 hab. – Voir carte n°**8**-C1
Paris 252 km – Dijon 101 km – Chaumont 43 km – Langres 58 km
Carte Michelin 320-I2

Château de Courban

7 r. du Lavoir – ✆ 03 80 93 78 69 – www.chateaudecourban.com
24 ch – 109/160 € 109/160 € – 18 € – ½ P
Rest *Château de Courban* – voir les restaurants ci-après
Charmante, champêtre, authentique et confortable : telle est cette belle gentilhommière de 1837. Les jardins, la piscine à débordement et le spa ajoutent encore au cachet du lieu. Et l'on est reçu comme dans une maison de famille... Sympathique !

Château de Courban

7 r. du Lavoir – ✆ 03 80 93 78 69 – www.chateaudecourban.com
Menu 45/79 € – Carte 45/91 €
Dans un bâtiment annexe de l'hôtel, une salle raffinée et élégante, aux allures d'orangerie... Le service y est chaleureux et prévenant, ce qui permet de profiter au mieux d'un gaspacho de tomates Green Zebra, émulsion de piment doux et ses escargots, ou encore d'un filet de turbot au basilic et courgettes grillées...

COURBEVOIE - 92 Hauts-de-Seine → voir Paris, Environs

COURCELLES-DE-TOURAINE

37330 (Indre-et-Loire) – 482 hab. – Voir carte n°**11**-A2
Paris 267 km – Angers 74 km – Chinon 46 km – Saumur 46 km
Carte Michelin 317-K4

au golf 7 km à l'Est dir. Ambillou puis Château La Vallière – 37330

Château des Sept Tours

Le Vivier des Landes - D34 – ✆ 02 47 24 69 75 – www.7tours.com – Fermé 15 déc.-15 janv.
22 ch – 155/280 € 198/280 € – 20 € – ½ P
Rest – Menu 35/68 € – Carte 37/43 € *(fermé le midi)*
Ce beau château du 15es., entouré d'un golf 18 trous, est impressionnant avec ses... sept tours ! Chambres agréables et fonctionnelles. Cuisine gastronomique servie dans une salle bourgeoise ou sous la véranda. Petite restauration au Club House, situé dans une ancienne chapelle.

COURCELLES-SUR-VESLE

✉ 02220 (Aisne) – 345 hab. – Voir carte n°**37**-C2
Paris 122 km – Fère-en-Tardenois 20 km – Laon 35 km – Reims 39 km
Carte Michelin 306-D6

Château de Courcelles

8 r. du Château – ✆ 03 23 74 13 53 – www.chateau-de-courcelles.fr
15 ch – †195/375 € ††195/375 € – 3 suites – ☕ 21 € – ½ P
Rest *Château de Courcelles* ✿ – voir les restaurants ci-après
De longues enfilades de fenêtres, des toits à la Mansart, des allées de buis taillé... la parfaite image d'un château français du 17e s., fréquenté en leurs temps par Crébillon, Rousseau ou encore Cocteau. Grand style dans les chambres et belles prestations.

XXX ✿

Château de Courcelles

8 r. du Château – ✆ 03 23 74 13 53 – www.chateau-de-courcelles.fr
Menu 55/100 € – Carte 105/150 €
Le Grand Siècle loin de Versailles, fastueux sans être opulent... et un beau jardin d'hiver, d'inspiration Second Empire. Le décor ajoute à la noblesse de la cuisine, soignée, inventive et judicieuse.
→ Foie gras de canard en habit vert à la croque-au-sel. Pigeon rôti, purée de fenouil et chutney de cerise. Le chocophile.

COURCHEVEL

✉ 73120 (Savoie) – Voir carte n°**45**-D2

Paris 660 km – Albertville 52 km – Chambéry 99 km – Moûtiers 25 km

Carte Michelin 333-M5 – Guide Vert Michelin Alpes du Nord

Hôtels

à Courchevel 1850

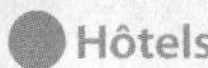

Les Airelles

Au Jardin Alpin – ✆ 04 79 00 38 38 – www.airelles.fr
– Ouvert de mi-déc. à mi-avril Plan : Z**h**

37 ch – ½ P seult 1100/2690 € – 15 suites

Rest *Pierre Gagnaire pour les Airelles* ✿✿ – voir les restaurants ci-après

Rest *La Table du Jardin Alpin* – Menu 175 € – Carte 280/600 €

Rest *Le Coin Savoyard* – Carte 170/370 €

Le palace des neiges par excellence. Derrière le ballet des voituriers en tenue de chasseur alpin et la magnifique façade de style austro-hongrois, tout n'est que luxe et raffinement : un superbe univers à la tyrolienne, ouaté comme un tapis de neige et… infiniment chaleureux. Quant au service, il est bien digne d'un tel établissement.

Cheval Blanc

au Jardin Alpin – ✆ 04 79 00 50 50 – www.chevalblanc.com
– Ouvert 13 déc.-7 avril Plan : Z**m**

32 ch – ½ P seult 740/1450 € – 4 suites

Rest *Le 1947* ✿✿ – voir les restaurants ci-après

Rest *Le White* ✆ 04 79 23 14 01 – – Carte 90/190 €

Du nom du célèbre château bordelais, un hôtel très "grand cru" ! Au sortir des pistes, on se réfugie avec plaisir dans ce chalet aménagé dans un superbe esprit contemporain, qui investit et réinvente tout l'imaginaire de l'hiver... Luxe et confort dans les moindres détails, avec un spa délicieux et deux restaurants pour toutes les envies.

Le K 2

r. des Clarines – ✆ 04 79 40 08 80 – www.hotellek2.com
– Ouvert de mi-déc. à mi-avril Plan : Y**b**

26 ch – 1350/2300 € 1350/2300 € – 8 suites – ½ P

Rest *Le Kintessence* ✿✿ – voir les restaurants ci-après

Rest *Le Black Pyramid* – Menu 90 € (déj.) – Carte 140/190 € dîner

Né en 2011, ce "jeune" palace n'a pas de leçon à recevoir de ses aînés ! Personnel d'un grand professionnalisme et prestations d'excellence attendent les clients de cet établissement de 20 000 m², imaginé par les concepteurs du Kilimandjaro. L'élégance le dispute au raffinement...

Une bonne table sans se ruiner ? Repérez les Bib Gourmand.

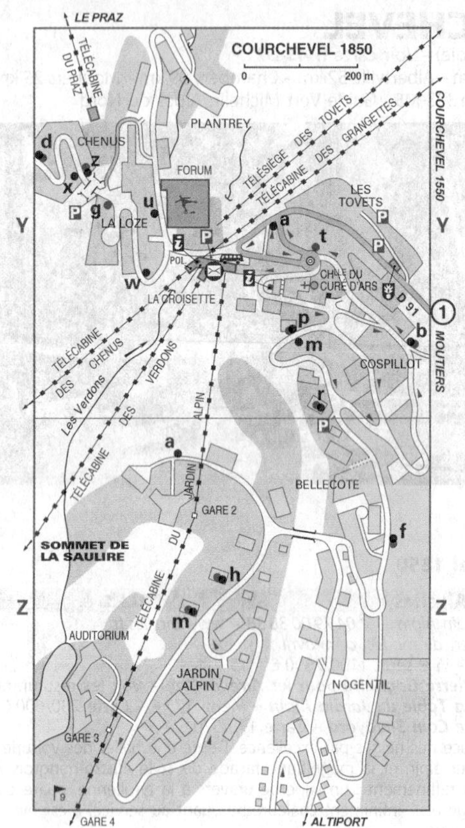

Le Kilimandjaro

rte Altiport - Z – ✆ 04 79 01 46 46 – www.hotelkilimandjaro.com
– Ouvert de mi-déc. à mi-avril
32 ch – ½ P seult 345/875 € – 3 suites
Rest *La Table du Kilimandjaro* ❀❀ – voir les restaurants ci-après
Rest *Les Terrasses du Kilimandjaro* – rte Altiport - Z – Carte 88/175 € *(fermé le soir)*

Bois vieillis, tissus chauds, cheminées... La quintessence des Alpes, rendue avec un grand raffinement : ainsi culmine ce Kilimandjaro, véritable hameau de montagne constitué d'une collection de chalets. Équipements high-tech et confort absolu : un sommet pour les sports d'hiver.

Le Strato

rte de Bellecôte – ✆ 04 79 41 51 60 – www.hotelstrato.com
– Ouvert 12 déc.-7 avril Plan : Z**f**
25 ch – ½ P seult 890/1490 € – 23 suites
Rest *Le Strato* ❀❀ – voir les restaurants ci-après

Né fin 2009, ce chalet associe luxe, grand confort et esprit sportif : spa de 800 m², mobilier design, pièces anciennes, décor sur le thème du ski, vue sur la vallée et... accès direct aux pistes. Un havre pour les rois de la glisse !

Amanresorts Le Mélézin

r. Bellecôte – ✆ 04 79 08 01 33 – www.amanresorts.com – Ouvert 20 déc.-6 avril
23 ch – 880/4000 € 880/4000 € – 8 suites – 34 € Plan : Y**r**
Rest *Amanresorts Le Mélézin* – voir les restaurants ci-après
Au pied des pistes, cet hôtel élégant se révèle très intime et propice à la détente : spa complet, grandes chambres lumineuses et zen, certaines avec espace "day bed" (dédié au repos de jour)... Le tout décoré avec un goût très sûr. À noter aussi, le service de conciergerie particulièrement performant.

Le Lana

rte de Bellecôte – ✆ 04 79 08 01 10 – www.lelana.com Plan : Y**p**
55 ch – 680/1200 € 680/1200 € – 30 suites – ½ P
Rest *La Table du Lana* – voir les restaurants ci-après
Rest *Le Saint Nicolas* – Carte 78/108 € *(Ouvert 16 déc.-5 avril et fermé le midi)*
L'un des premiers hôtels de la station, et toujours le chouchou de la jet-set ! Un soin tout particulier a été apporté aux décors – design et ultracossus – des chambres et des suites. Quant au spa, il est si agréable qu'il en ferait presque oublier les joies du ski...

L'Apogée (N)

au jardin Alpin – ✆ 04 92 93 32 40 – www.lapogeecourchevel.com – Ouvert déc.-avril
33 suites – ½ P seult 900/5300 € – 20 ch
Rest *Le Comptoir de l'Apogée* – Carte 50/180 €
Un établissement flambant neuf, dont la déco est signée par les fameux Joseph Dirand et India Mahdavi, au style inimitable : lignes rétro tout en rondeurs et notes colorées ! Après une journée sur les pistes – dont l'accès est direct –, le refuge se révèle aussi raffiné que cosy, et l'élégant restaurant des plus chaleureux.

Annapurna

rte Altiport - Z – ✆ 04 79 08 04 60 – www.annapurna-courchevel.com – Ouvert de mi-déc. à mi-avril
64 ch – 325/910 € 580/925 € – 7 suites – ½ P
Rest – Formule 45 € – Menu 70 € (déj.) – Carte 63/248 €
Cet Annapurna-là n'a presque rien à envier à celui de l'Himalaya ! L'hôtel – le plus haut de la station – tutoie les cimes, dans un environnement immaculé. Décor d'esprit montagnard dans les chambres, qui dominent les pistes côté sud. Depuis la grande salle du restaurant ou sa terrasse, on admire la Saulire tout en reprenant des forces (cuisine traditionnelle).

Les Suites de la Potinière

r. du Plantret – ✆ 04 79 08 00 16 – www.suites-potiniere.com – Ouvert 13 déc.-6 avril Plan : Y**u**
12 ch – 1000/2900 € 1000/2900 € – 4 suites – 35 €
Rest – Carte 40/76 €
Luxe discret, raffinement et élégance en cet hôtel contemporain proche de la Croisette. Suites spacieuses dont certaines avec cheminée, œuvres d'art dans le hall, etc. Midi et soir, les skieurs peuvent se restaurer au séduisant bar-lounge.

Saint-Roch

rte de Bellecôte – ✆ 04 79 08 02 66 – www.lesaintroch.com – Ouvert de mi-déc. à mi-avril Plan : Y**m**
19 suites – ½ P seult 995/1510 € – 5 ch **Rest** – Menu 80 € – Carte 68/123 €
Oubliez l'esprit montagnard dans cet hôtel ostensiblement chic et moderne, au décor parfois très original. Chaque chambre dispose de son hammam. Au restaurant, tout de noir vêtu, carte aux notes contemporaines.

Le Chabichou

r. des Chenus – ✆ 04 79 08 00 55 – www.chabichou-courchevel.com – Ouvert juil.-août et déc.-avril Plan : Y**z**
36 ch – 135/1014 € 180/1495 € – 5 suites
Rest *Le Chabichou* ✿✿ **Rest *Le Chabotté*** – voir les restaurants ci-après
Telle une hermine qui se pare de blanc l'hiver venu, un grand chalet immaculé comme la neige... Jolie osmose avec la montagne pour cet hôtel cossu, au décor très savoyard et chaleureux (omniprésence du bois). Et après une journée de ski, rien de tel pour se délasser qu'un passage au spa de 1 200 m^2 !

La Sivolière

r. des Chenus – ✆ 04 79 08 08 33 – www.hotel-la-sivoliere.com – Ouvert 13 déc.-12 avril
24 ch – 505/600 € 890/1100 € – 12 suites – ½ P Plan : Y**d**
Rest ***1850*** – voir les restaurants ci-après
Sur les hauteurs de la station, au grand calme, ce chalet de caractère distille un charme sûr. Décor contemporain et raffiné dans les espaces communs ; montagnard et cosy dans les chambres. Les must : le superbe spa et la piscine face à la forêt.

La Pomme de Pin

r. des Chenus – ✆ 04 79 08 36 88 – www.pommedepin.com – Ouvert 14 déc.-10 avril
48 ch – 378/686 € 378/686 € – 1 suite – ½ P Plan : Y**x**
Rest – Formule 30 € – Carte 44/73 €
Avec son architecture en bois et verre, cette pomme de pin-là n'est pas difficile à trouver au milieu des chalets traditionnels ! Les chambres, spacieuses et de style montagnard, offrent une vue de carte postale ; de même que la terrasse, orientée plein sud et très prisée par les skieurs.

La Loze sans rest

r. Park-City – ✆ 04 79 08 28 25 – www.la-loze.com – Ouvert de mi-déc. à mi-avril
27 ch – 196/590 € 196/590 € – 1 suite Plan : Y**w**
Hôtel tourné vers les pistes, autrichien dans l'âme : bois couleur pain d'épice, chambres cosy ornées de frises et personnel en costume tyrolien. Dans le salon, on aime profiter de la cheminée où le feu crépite. Une certaine idée du bonheur...

Courcheneige

r. de Nogentil – ✆ 04 79 08 02 59 – www.courcheneige.com – Ouvert de mi-déc. à début avril
86 ch – ½ P seult 150/350 €
Rest – Menu 30 € (déj.), 45/55 € – Carte 30/50 € *(fermé le soir sauf résidents)*
Il règne une ambiance jeune, sportive et sympathique, dans ce chalet posé au beau milieu des pistes. Chambres de style régional, simples et bien tenues. La terrasse du restaurant offre une vue imprenable sur les sommets ; carte de type brasserie et spécialités savoyardes.

Les Monts Charvin sans rest

impasse des Verdons – ✆ 04 79 04 19 10 – www.lesmontscharvin-courchevel1850.com Plan : Y**a**
19 ch – 155/555 € 155/555 € – 17 €
Petit hôtel familial et authentique, au cœur de la station : coquette décoration alpestre, salon avec feu de cheminée, tenue impeccable. Tarifs intéressants pour Courchevel.

Restaurants

Pierre Gagnaire pour les Airelles – Hôtel Les Airelles

Au Jardin Alpin – ✆ 04 79 00 38 38 – www.airelles.fr – Ouvert de mi-déc. à mi-avril et fermé le midi Plan : Z**h**
Menu 220 € (semaine)/495 € – Carte 320/450 €
Dans le décor fastueux des Airelles, une avalanche de saveurs ! Rien ne semble pouvoir brider l'inventivité de Pierre Gagnaire et de ses équipes : produits rares et superbes, mariages subtils et inattendus, etc. Une leçon de liberté, mais qui a un prix : l'addition atteint les sommets… ➜ Autour de la langoustine. Le "Grand Menu" Pierre Gagnaire. Soufflés vanille et chocolat.

Le Kintessence – Hôtel le K2

r. des Clarines – ✆ 04 79 40 08 80 – www.hotellek2.com – Ouvert de mi-déc. à mi-avril et fermé le midi Plan : Y**b**
Menu 195/300 € – Carte 175/205 €
Un nom en forme de programme… Pour le chef, Nicolas Sale, exprimer la quintessence des meilleurs produits semble un sacerdoce. Qualité des ingrédients, harmonie et créativité des recettes, finesse et esthétique des assiettes : tout séduit, de même que l'ambiance feutrée des lieux et la discrétion du service. ➜ Langoustine mi-cuite, champignons enoki aux pistaches et nuage coco-citron vert. Pigeon des Costières rôti, oignon doux et gingembre rose. Onctueux au citron en texture crémeuse, pain de Gênes et comète glacée.

Le 1947 – Hôtel Cheval Blanc

au Jardin Alpin – ✆ 04 79 23 14 01 – www.chevalblanc.com
– Ouvert 13 déc.-30 mars et fermé le midi et le lundi Plan : Z**m**
Carte 190/350 €

1947... le millésime mythique du Cheval Blanc et, au sein de l'hôtel du même nom, cette table exclusive placée sous l'égide de Yannick Alléno. Au menu : rien qu'une succession de grands plats, nobles et particulièrement fins. Évidemment, le Cheval Blanc domine la carte des vins. ➜ Courges aux graines salées, mousse de pain fermenté. Riz sale, poularde de Bresse aux copeaux de truffe, salade 34. Fuseau croustillant à la truffe noire et fleur de sel.

1850 – Hôtel La Sivolière

r. des Chenus – ✆ 04 79 08 08 33 – www.hotel-la-sivoliere.com
– Ouvert 13 déc.-12 avril Plan : Y**d**
Menu 30 € (déj.), 70/95 € – Carte 86/168 €

Le chef concocte ici une carte tendance à base de bons produits (ravioles de chèvre frais à la truffe noire, pot-au-feu d'aujourd'hui, île flottante au coulis de popcorn, etc.). Pour autant, les amateurs de spécialités savoyardes ne sont pas oubliés !

Amanresorts Le Mélézin – Hôtel Amanresorts Le Mélézin

r. Bellecôte – ✆ 04 79 08 01 33 – www.amanresorts.com – Ouvert 20 déc.-6 avril
Carte 68/110 € Plan : Y**r**

L'endroit respire l'élégance ! Outre la cuisine traditionnelle, les spécialités thaïlandaises sont à l'honneur ; quant à la qualité du service, elle est vraiment exceptionnelle.

Le Strato – Hôtel Le Strato

rte de Bellecôte – ✆ 04 79 41 51 60 – www.hotelstrato.com
– Ouvert 12 déc.-7 avril Plan : Z**f**
Menu 155/195 € – Carte 164/333 €

Saveurs subtiles, compositions ciselées, créativité tout en finesse : le ski alpin pourrait symboliser la cuisine du Strato, qui slalome avec grâce et précision entre inspirations provençales et influences hivernales... Une prestation de haut niveau ! ➜ "Alaska snow king crab", saumon façon gravlax et caviar osciètre golden. Homard bleu, texture crémeuse de salsifis, châtaigne et truffe. Chocolat grand cru jivara lacté, fève tonka, confit de sudachi et noix de macadamia.

La Table du Kilimandjaro – Hôtel Le Kilimandjaro

rte de l'Altiport - Z – ✆ 04 79 01 46 46 – www.hotelkilimandjaro.com
– Ouvert de mi-déc. à mi-avril et fermé le midi
Menu 100/195 € – Carte 130/225 €

Une vue superbe sur les sommets et... une belle illustration de la haute gastronomie. Les produits sont superbes, travaillés avec art, pour le seul plaisir des sens. Le service prévenant et le cadre chaleureux (bois brut, cheminée, bel espace) ajoutent à l'agrément du moment. ➜ Crémeux de chou-fleur et caviar de France, huître végétale et fleur de bourrache. Filets de sole meunière, citron, persil plat et blettes au mascarpone. Frécinette rôtie au vieux rhum, chichi et sorbet coco.

La Table du Lana – Hôtel Le Lana

rte de Bellecôte – ✆ 04 79 08 01 10 – www.lelana.com – Ouvert 14 déc.-6 avril
Menu 80 € (dîner) – Carte 75/168 € Plan : Y**p**

Bois vieilli et tissus épais : voici le décor cossu de la Table du Lana, feutrée et gastronomique le soir, plus décontractée au déjeuner – en particulier sur la terrasse ensoleillée, face aux pistes. Belle carte des vins.

Le Chabichou (Michel Rochedy) – Hôtel Le Chabichou

r. des Chenus – ✆ 04 79 08 00 55 – www.chabichou-courchevel.com
– Ouvert juil.-août et déc.-avril Plan : Y**z**
Menu 60 € (déj.), 95/215 € – Carte 175/295 €

Le Chabichou, c'est avant tout une cuisine empreinte de classicisme, où les produits nobles tiennent le premier rang et où les mets sont composés dans les règles de l'art : au service des saveurs, tout simplement. Décor montagnard, comme il se doit. ➜ Pressé de foie gras et de lavaret fumé, fine gelée au citron et compression de topinambour. Poitrine de cochon du Cantal caramélisée au jus parfumé à la verveine. Le tout chocolat Michel Rochedy.

XX **Le Genépi**
r. Park City – ✆ 04 79 08 08 63 – www.legenepi-courchevel.com – Ouvert sept.-avril et fermé sam. et dim. de sept. à nov. Plan : Y**g**
Menu 29 € (déj. en semaine) – Carte 47/94 €
Accueil sympathique en ce petit restaurant familial : le feu crépite dans le salon. Le chef, né à Courchevel, propose une cuisine régionale bien ficelée (menu skieur à midi). Une valeur sûre.

XX **La Saulire**
pl. Rocher – ✆ 04 79 08 07 52 – www.lasaulire.com – Ouvert déc.-avril
Formule 28 € – Menu 35 € (déj.) – Carte 71/125 € Plan : Y**t**
Un décor tout de bois blond, rehaussé de vieux objets montagnards... C'est dans ce cadre authentique qu'il faut être vu à Courchevel, en atteste le passage de la jet-set et des têtes couronnées ! Menu du jour à midi et recettes à base de truffes du Périgord ou fondue le soir.

X **Le Chabotté** – Hôtel Le Chabichou
r. des Chenus – ✆ 04 79 01 46 86 – www.chabichou-courchevel.com – Ouvert juil.-août et déc.-avril Plan : Y**z**
Formule 21 € – Menu 26 € (déj.), 30/42 € – Carte 36/82 €
Le Chabotté du Chabichou ? Une formule assez futée, créée dans une extension contemporaine construite... sous les pistes de ski. Après l'effort, le réconfort : tartiflette, raclette et viandes à la broche (entrecôte, gigot d'agneau, etc.).

à Courchevel 1650 par ① : 4 km

Manali ch, rest,
r. de la Rosière – ✆ 04 79 08 07 07 – www.hotelmanali.com – Ouvert 15 déc.-fin mars
32 ch – 490/780 € – 5 suites – ½ P
Rest – Menu 90/110 € – Carte 60/103 €
Du nom d'un village himalayen, un luxueux chalet mâtiné d'exotisme : au gré des chambres, le bois montagnard rencontre des inspirations indiennes (frises sculptées) ou canadiennes (rondins de bois). Au restaurant, décor Bollywood et cuisine actuelle teintée d'épices. Dépaysement garanti !

Le Portetta
r. du Marquis – ✆ 04 79 08 01 47 – www.leportetta.com – Ouvert 14 déc.-21 avril
38 ch – 191/400 € 191/400 € – 6 suites – ½ P **Rest** – Carte 30/53 €
Aux pieds des pistes, cet hôtel offre un décor montagnard on ne peut plus cosy, avec espace détente (fitness, hammam, spa, sauna, etc.), terrasse ensoleillée, accueil aimable... Un bien agréable refuge.

Le Seizena sans rest
– ✆ 04 79 08 26 36 – www.hotelseizena.com – Ouvert juil.-août et de mi-déc. à mi-avril
20 ch – 240/370 € 240/370 €
Un hommage original et réussi au Cessna et à l'aéronautique : chambres modernes évoquant des cabines, salles de bains façon cockpit, hélices, maquettes d'avions…

au Praz (Courchevel 1300) 8 km par ①

Les Peupliers
– ✆ 04 79 08 41 47 – www.lespeupliers.com – Fermé mai-juin et les week-ends de sept. à nov.
35 ch – 90/200 € 120/330 € – 15 €
Rest *La Table de mon Grand-Père* ✆ 04 79 08 41 42 – Menu 30 € – Carte 33/69 €
Cet hôtel familial situé à deux pas d'un petit lac abrite des chambres chaleureuses et lambrissées ; elles sont dotées de balcons côté sud. Accueil sympathique. Jolies boiseries savoyardes et plats traditionnels à La Table de mon Grand-Père.

Azimut (François Moureaux)
Immeuble l'Or Blanc – ✆ 04 79 06 25 90 – www.restaurantazimut.com – Ouvert de mi-déc. à fin avril et fermé lundi midi et merc. midi
Formule 27 € – Menu 30/95 € – Carte 55/100 € *(réservation conseillée)*
Une adresse sympathique, aux prix mesurés, où l'on déguste une cuisine très sûre, simple et actuelle, à base d'excellents produits. Le tout accompagné de bons vins du Jura – région où l'établissement prend ses quartiers d'été. Accueil très aimable.
➜ Marbré de ris de veau et sot-l'y-laisse. Saint-Jacques à la crème de porto et étuvée d'endives. Mi-cuit au chocolat et cœur coulant fruit de la passion.

Le Bistrot du Praz
– ✆ 04 79 08 41 33 – www.bistrotdupraz.fr – Fermé mai et oct., de lundi à vend. hors saison et dim. en hiver
Menu 30/55 € – Carte 35/72 €
Dans le village du Praz, petit chalet au cadre savoyard chaleureux, proposant une cuisine de bistrot bien gourmande et un menu qui évolue au fil des saisons. Ne passez pas à côté des spécialités de foie gras (froid ou chaud).

à la Tania 12 km par ①

Le Farçon (Julien Machet)
immeuble la Kalinka – ✆ 04 79 08 80 34 – www.lefarcon.fr – Ouvert de mi-juin à mi-sept., de mi-nov. à fin-avril et fermé lundi en été
Menu 34 € (déj.)/54 €
Si l'agréable décor façon chalet (dû au père du chef, menuisier de son état) honore la Savoie, la cuisine explore un territoire de saveurs plus large, avec inventivité, soin et finesse. Pour une savoureuse escapade à l'écart de Courchevel.
➜ Mousse de betterave rouge rafraîchie de groseille et oxalys. Omble chevalier cuit à basse température, ratatouille minute et noix de coco. Citron sur l'idée de la tarte et du colonel.

COUR-CHEVERNY

✉ 41700 (Loir-et-Cher) – 2 731 hab. – **Voir carte n°11-AB1**
Paris 194 km – Blois 14 km – Châteauroux 88 km – Orléans 73 km
Carte Michelin 318-F6

St-Hubert
122 rte Nationale – ✆ 02 54 79 96 60 – www.hotel-sthubert.com
21 ch – †60/64 € ††64/75 € – ☕ 10 €
Rest – Formule 16 € – Menu 19/39 € – Carte 37/50 € *(fermé dim. soir de nov. à mars)*
Un petit hôtel placé sous la protection du patron des chasseurs – logique dans une localité avec une telle tradition de vénerie ! Plaisante ambiance provinciale, âtre au salon... Salle de restaurant lumineuse et colorée ; cuisine traditionnelle et gibier en saison.

à Cheverny 1 km au Sud – ✉ 41700 – 932 hab.

Château du Breuil
23 rte de Fougères, 3 km à l'Ouest par D 52 et voie privée – ✆ 02 54 44 20 20 – www.chateau-hotel-du-breuil.com – Fermé janv.
35 ch – †120/360 € ††120/360 € – 4 suites – ☕ 16 €
Rest – Menu 40 € *(fermé le midi)*
Visitez Cheverny et logez au Breuil : un parc arboré de 30 ha préserve ce petit château (18^{e}s.) du monde extérieur. Décor soigné ; quelques belles chambres dans les anciennes granges, côté verger. Cuisine traditionnelle au restaurant.

COURCOURONNES – 91 Essonne ➜ voir Paris, Environs (Évry)

COURLANS – 39 Jura ➜ voir Lons-le-Saunier

COURLAOUX – 39 Jura ➜ voir Lons-le-Saulnier

COURMES

✉ 06620 (Alpes-Maritimes) – 100 hab. – **Voir carte n°42-E2**
Paris 942 km – Marseille 214 km – Monaco 71 km – Nice 57 km
Carte Michelin 341-D5 – Guide Vert Michelin Côte d'Azur

Auberge de Courmes avec ch

3 r. des Platanes – ✆ 04 93 77 64 70 – www.aubergedecourmes.com
– Fermé janv., fév., merc. sauf juil.-août, lundi en juil.-août et mardi
5 ch – 60 € 65 € – ½ P
Formule 18 € – Menu 24 € *(réservation conseillée)*
Il faut la dénicher, cette auberge en pierre, dans ce petit village isolé de l'arrière-pays... On ne regrettera pas le trajet, tant ce véritable havre de paix est revigorant ! Outre les chambres, toutes sobres, on appréciera la cuisine du jeune chef, qui revisite la tradition avec goût... Une sympathique adresse.

COURS

✉ 69470 (Rhône) – 3 857 hab. – **Voir carte n°44-A1**
Paris 416 km – Chauffailles 17 km – Lyon 75 km – Mâcon 70 km
Carte Michelin 327-E3

au col du Pavillon 4 km à l'Est par D 64 – ✉ 69470

Le Pavillon

rest,

– ✆ 04 74 89 83 55 – www.hotel-pavillon.com
21 ch – 47 € 57 € – 8,50 €
Rest – Formule 12 € – Menu 17/38 € – Carte 33/49 € *(fermé dim. soir)*
Pour une véritable cure de repos parmi les sapins, au col du Pavillon, bon point de départ pour de nombreuses randonnées. Une cuisine simple et classique, des chambres confortables (avec terrasse ou balcon) : les amateurs sont comblés.

COURSAC

✉ 24430 (Dordogne) – 1 914 hab. – **Voir carte n°4-C1**
Paris 556 km – Angoulême 91 km – Bordeaux 127 km – Périgueux 14 km
Carte Michelin 329-E5

Le Clos Bruyols sans rest

7 impasse de Bruyols – ✆ 05 53 07 56 61 – www.le-clos-bruyols.com
– Fermé janv.
4 ch – 90/120 € 110/140 €
De chaque pièce de cette métairie, la propriétaire a fait un lieu unique (objets chinés, mobilier ancien). Mention spéciale pour la suite du colombier ! La piscine et le sauna sont à disposition pour se détendre sans voir le temps passer.

COURSEULLES-SUR-MER

✉ 14470 (Calvados) – 4 153 hab. – **Voir carte n°32-B2**
Paris 252 km – Arromanches-les-Bains 14 km – Bayeux 24 km – Cabourg 41 km
Carte Michelin 303-J4 – Guide Vert Michelin Normandie Cotentin

La Pêcherie avec ch

rest, ch,

pl. 6-Juin – ✆ 02 31 37 45 84 – www.la-pecherie.fr
7 ch – 74/110 € 74/110 € – ½ P Menu 20/38 € – Carte 30/56 €
Derrière la façade à colombages, un intérieur empreint de nostalgie : horloges, portraits, poutres, jolie verrière... Poissons et crustacés sont à la fête, préparés par un chef qui aime son métier. Quelques chambres sont disponibles, pour rester tout près de la plage !

LA COURTEIX – 63 Puy-de-Dôme → voir Pontgibaud

COURTENAY

✉ 45320 (Loiret) – 3 976 hab. – **Voir carte n°12-D2**
▶ Paris 118 km – Auxerre 56 km – Nemours 44 km – Orléans 101 km
Carte Michelin 318-P3

à Ervauville 9 km au Nord-Ouest par N 60, D 32 et D 34 – ✉ 45320 – 565 hab.

XXX **Le Gamin**
Le Bourg – ✆ 02 38 87 22 02 – www.restaurant-le-gamin.fr – Fermé 16-30 juin, 6-22 nov., dim. soir, lundi, mardi et merc.
Menu 58 € 🍷 *(réservation conseillée)*
Pour une soirée romantique, une épicerie transformée en élégante auberge, avec terrasse et joli jardin. La cuisine est séduisante, employant volontiers des produits nobles.

LA COURTINE

✉ 23100 (Creuse) – 818 hab. – **Voir carte n°25-D2**
▶ Paris 424 km – Aubusson 38 km – La Bourboule 53 km – Guéret 80 km
Carte Michelin 325-K6

XX **Au Petit Breuil** avec ch
rte de Felletin – ✆ 05 55 66 76 67 – www.lepetitbreuil.com – Fermé 19 déc.-12 janv., dim. soir et vend. soir du 15 sept. au 15 avril
9 ch – †52 € ††62 € – ☕ 7 € – ½ P
Formule 14 € 🍷 – Menu 18 € (semaine)/46 € – Carte 24/41 €
Un restaurant contemporain et lumineux ouvrant sur la verdure, tenu par la même famille depuis sept générations. Salade de ris de veau, foie gras chaud et, en saison, champignons : dans l'assiette, de jolies spécialités traditionnelles et régionales. Chambres fonctionnelles pour l'étape.

COUTANCES

✉ 50200 (Manche) – 9 355 hab. – **Voir carte n°32-A2**
▶ Paris 335 km – Avranches 52 km – Cherbourg 76 km – St-Lô 28 km
Carte Michelin 303-D5 – Guide Vert Michelin Normandie Cotentin

Cositel
29 r. de St-Malo – ✆ 02 33 19 15 00 – www.cositel.fr
55 ch – †71/106 € ††71/106 € – ☕ 11 € – ½ P
Rest – Formule 11 € – Menu 24/37 € – Carte 21/45 € *(fermé sam. midi et dim. midi)*
Sur les hauteurs de la ville, au milieu des champs (et de quelques maisons), cet hôtel moderne se révèle agréable : un ensemble bien pensé, fonctionnel et lumineux. Les chambres y sont peu à peu rénovées ; préférez celles qui donnent sur le jardin. Cuisine traditionnelle au restaurant... où l'on a une jolie vue sur la cité.

Manoir de L'Ecoulanderie sans rest
r. de la Broche – ✆ 02 33 45 05 05 – www.l-b-c.com
4 ch ☕ – †150/180 € ††160/200 €
Un enchantement ! Cette demeure blanche (17e s.) et son jardin, tout en fleurs et bassins, dominent la ville et sa superbe cathédrale. On peut même en admirer les tours effilées depuis la piscine ! "Sous-bois", "La Source", "La Suite" : les chambres sont idéales pour une romance au charme d'antan...

X **Côté Saint-Pierre** Ⓝ
55 r. Geoffroy-de-Montbray – ✆ 02 33 47 94 78 – Fermé dim. soir et lundi
Formule 15 € – Menu 18 € (déj. en semaine), 25/35 € *(réservation conseillée)*
À côté de l'église St-Pierre – d'où le nom –, cette maison du 17e s. abrite un sympathique bistrot ! Suggestions à l'ardoise le midi et menus courts le soir mettent en valeur les recettes du chef où les produits de saison côtoient ceux du terroir normand. Cadre rustique.

à Gratot 4 km à l'Ouest et D 244 – ✉ 50200 – 663 hab.

Le Tourne-Bride

85 r. d'Argouges – ✆ 02 33 45 11 00 – Fermé 1er-15 juil., 2-17 mars, dim. soir et lundi

Formule 14 € – Menu 19/38 € – Carte 34/56 €

Près des ruines romantiques du château de Gratot, ce restaurant – et bar-tabac – fait œuvre de tradition : le chef cultive les classiques (telles les tripes à la mode de Caen) avec bonhomie et fraîcheur. Une cuisine généreuse qui ravira les bons mangeurs !

LA CRAU

✉ 83260 (Var) – 16 786 hab. – **Voir carte n°41-C3**

Paris 847 km – Brignoles 41 km – Draguignan 71 km – Hyères 9 km

Carte Michelin 340-L7

Auberge du Fenouillet

20 av. du Gén.-de-Gaulle – ✆ 04 94 66 76 74 – Fermé 3-12 janv., mardi midi, dim. soir et lundi

Formule 32 € – Menu 48 € – Carte 34/74 €

Après un CAP d'ébénisterie, le jeune chef a finalement préféré la cuisine, les bons produits et les vins. Sa cuisine, enlevée et ludique (émulsions, cuissons à l'azote, etc.), est bien celle d'un passionné ! Il a créé cette belle auberge avec sa compagne – une adresse d'aujourd'hui fort appréciée dans la région.

CRAVANT

✉ 89460 (Yonne) – 801 hab. – **Voir carte n°7-B1**

Paris 185 km – Auxerre 19 km – Avallon 33 km – Clamecy 35 km

Carte Michelin 319-F5 – Guide Vert Michelin Bourgogne

Hostellerie St-Pierre

5 r. de l'Église – ✆ 03 86 42 31 67 – www.hostellerie-st-pierre.com – Fermé 20 déc.-10 janv.

7 ch – †52 € ††57 € – ☕ 9 € – ½ P

Rest – Menu 23 € *(fermé le midi) (réservation conseillée)*

Cet hôtel familial vous réserve un accueil chaleureux ; les chambres, petites mais coquettes, sont disposées autour d'une cour fleurie. Sauna et fitness dans la cave voûtée. Au restaurant, cuisine du marché et vieux millésimes à prix doux.

CRAVANT-LES-CÔTEAUX

✉ 37500 (Indre-et-Loire) – 723 hab. – **Voir carte n°11-A3**

Paris 284 km – Châtellerault 57 km – Orléans 160 km – Tours 45 km

Carte Michelin 317-L6

Manoir des Berthaisières sans rest

D 21 – ✆ 02 47 98 35 07 – www.lesberthaisieres.com

3 ch ☕ – †70/95 € ††75/115 €

Au cœur d'une immense propriété cultivant du cabernet-franc, ce petit manoir fortifié propose plusieurs chambres, une suite familiale et un gîte. Piscine, fitness et jacuzzi.

CRÈCHES-SUR-SAÔNE – 71 Saône-et-Loire → voir Mâcon

CRÉDIN

✉ 56580 (Morbihan) – 1 500 hab. – **Voir carte n°10-C2**

Paris 451 km – Pontivy 19 km – Vannes 49 km – Rennes 100 km

Carte Michelin 308-O6

La Maison Blanche aux Volets Bleus

à Blézouan, 2,5 km à l'Est par D11 et rte secondaire – ✆ 02 97 38 58 61 – www.lamaisonblancheauxvoletsbleus.com – Fermé 1 semaine en août et janv.

4 ch – ½ P seult 120/135 € **Table d'hôte** – Menu 55 € 🍷

Une Maison Blanche aux Volets Bleus dans un joli hameau... C'est dans cette atmosphère cosy que les Delhange – un charmant couple de Belges – vous reçoivent. Passionnés de cuisine, ils organisent des ateliers culinaires... Esprit de famille à la table d'hôte.

CREIL

✉ 60100 (Oise) – 33 601 hab. – **Voir carte n°36-B3**
Paris 63 km – Beauvais 45 km – Chantilly 9 km – Clermont 17 km
Carte Michelin 305-F5 – Guide Vert Michelin Île-de-France

La Ferme de Vaux

11-19 rte de Vaux, par D 120, direction Verneuil – ✆ 03 44 64 77 00 – www.la-ferme-de-vaux.com
28 ch – †74/82 € ††74/82 € – ☕ 10 € – ½ P
Rest – Menu 21/39 € – Carte 38/53 € *(fermé sam. midi et dim. soir)*
Cette ancienne ferme francilienne (19e s.), construite autour d'une cour fermée, se situe entre Chantilly et Senlis : une étape pratique pour le tourisme. Les chambres sont simples et bien tenues, plus spacieuses au rez-de-chaussée. Restauration traditionnelle.

CRÉMIEU

✉ 38460 (Isère) – 3 347 hab. – **Voir carte n°44-B2**
Paris 488 km – Belley 49 km – Bourg-en-Bresse 64 km – Grenoble 86 km
Carte Michelin 333-E3 – Guide Vert Michelin Lyon et sa région

Auberge de la Chaite avec ch

pl. des Tilleuls, (21 crs Baron Raverat) – ✆ 04 74 90 76 63 – www.aubergedelachaite.com – Fermé 26 avril-12 mai, 26 août-3 sept., 21 déc.-15 janv., merc. midi, dim. soir et lundi
9 ch – †60/62 € ††68/80 € – ☕ 10 € Menu 20/40 € – Carte 30/60 €
Face à l'imposante porte de la Loi (vestige de l'enceinte du 14e s.), cette maison de pays nous accueille dans un cadre rustique, ou en terrasse quand le temps le permet. Le chef, véritable passionné, concocte une cuisine généreuse et goûteuse, ancrée dans la tradition. Une adresse simple et agréable !

CRENEY-PRÈS-TROYES – 10 Aube

→ voir Troyes

CREON

✉ 33670 (Gironde) – 4 246 hab. – **Voir carte n°3-B1**
Paris 597 km – Arcachon 88 km – Bordeaux 25 km – Langon 32 km
Carte Michelin 335-I6 – Guide Vert Michelin Aquitaine

Château Camiac

ch, rest,

rte de la Forêt, (D 121) – ✆ 05 56 23 20 85 – www.chateaucamiac.com – Ouvert 2 mai-5 oct.
13 ch – †160/280 € ††160/280 € – 1 suite – ☕ 16 €
Rest – Menu 45/60 € – Carte 50/68 € *(fermé mardi et le midi)*
Un beau château des 18e et 19e s., au cœur du vignoble bordelais et d'un parc de 8 ha. Meubles de style, confort et authenticité : une étape pleine de charme... Les sportifs sauront sans nul doute profiter de la grande piscine.

CRÉON-D'ARMAGNAC

✉ 40240 (Landes) – 335 hab. – **Voir carte n°4-C2**
Paris 700 km – Bordeaux 122 km – Condom 47 km – Mont-de-Marsan 36 km
Carte Michelin 335-K11

Le Poutic

1,5 km au Sud, rte de Cazaubon, par D 51 – ✆ 05 58 44 66 97 – www.chambre-hotes-landes.fr
4 ch ☕ – †60/65 € ††65/75 €
Table d'hôte – Menu 28 € 🍷/45 € 🍷 *(fermé le midi, sam. et dim.)*
Des chênes, des tilleuls, un beau parc et des chambres soignées... Dans cette belle ferme landaise, on savoure la douceur de vivre et les plaisirs gourmands (week-ends foie gras, armagnac...). La table d'hôte met la volaille landaise – dont le canard – à l'honneur.

CRÉPON

✉ 14480 (Calvados) – 218 hab. – Voir carte n°**32**-B2
▶ Paris 257 km – Bayeux 13 km – Caen 23 km – Deauville 66 km
Carte Michelin 303-I4 – Guide Vert Michelin Normandie Cotentin

Ferme de la Rançonnière

rte d'Arromanches-les-Bains – ✆ 02 31 22 21 73 – www.ranconniere.fr
35 ch – 70/195 € 70/195 € – 2 suites – ½ P
Rest ***Ferme de la Rançonnière*** – voir les restaurants ci-après
Charme et caractère ! Imaginez une ferme médiévale fortifiée qui aurait conservé tout son cachet : pierres robustes, poutres patinées, mobilier d'époque... Les chambres sont à l'avenant et dégagent un luxe discret et authentique. Au cœur du Bessin.

Manoir de Mathan

à 600 m.
21 ch – 110/195 € 110/195 € – 2 suites – 13 €
Assurance de nuits très calmes dans les grandes chambres de cette ancienne métairie du 18e s. (à 600 m de la Rançonnière), dont le décor de bois et de pierre fait remonter le temps...

Ferme de la Rançonnière – Hôtel Ferme de la Rançonnière

rte d'Arromanches-les-Bains – ✆ 02 31 22 21 73 – www.ranconniere.fr
Formule 23 € – Menu 30/41 € – Carte 36/62 €
Un cadre historique admirablement préservé : grande cheminée, belles voûtes en pierre... Le cadre idéal pour une cuisine traditionnelle et raffinée : terrine de pavé d'Isigny, gourmandise de lotte en aïoli, etc., et même un menu médiéval !

CRESSERONS – 14 Calvados ➜ voir Douvres-la-Délivrande

CREST

✉ 26400 (Drôme) – 7 915 hab. – Voir carte n°**44**-B3
▶ Paris 585 km – Die 37 km – Gap 129 km – Grenoble 114 km
Carte Michelin 332-D5 – Guide Vert Michelin Ardèche Drôme

La Saleine

quartier Saleine, 1 km à l'Ouest par D 93 – ✆ 04 75 57 90 68 – www.la-saleine.com
20 ch – 68/72 € 76/80 € – 10 €
Rest – Formule 15 € – Menu 18/34 € – Carte 26/40 €
Entre la vallée du Rhône et le massif du Vercors, cet hôtel-restaurant est idéal pour sillonner la région. Les chambres, sobres et lumineuses, permettent de se reposer avant de repartir pour de nouvelles découvertes ! Restaurant traditionnel.

Kléber (Sébastien Bonnet)

6 r. A.-Dumont – ✆ 04 75 25 11 69 – Fermé 2-11 janv., 17-25 août, dim. soir hors saison, merc. soir et lundi
Menu 29 € (déj. en semaine), 49/79 € – Carte 75/82 €
Dans cette maison du centre-ville, on sait réveiller les papilles ! De l'entrée au dessert, le jeune chef redouble d'efforts pour satisfaire les gourmands avec des plats fins et goûteux, à déguster dans un cadre contemporain.
➜ Tartare de thon rouge aux saveurs asiatiques et mousseline de carotte à la citronnelle. Suprême de pigeonneau, crépinette d'abats et jus de truffe. Dôme au chocolat du Pérou et cœur moelleux à la verveine.

à La Répara-Auriples 8 km au Sud par D 538 et D 166 rte d'Autichamp – ✉ 26400 – 237 hab.

Le Prieuré des Sources

lieu dit Bouchassagne – ✆ 04 75 25 03 46 – www.prieuredessources.com
5 ch – 150/235 € 150/235 € – 15 € – ½ P **Table d'hôte** – Menu 52 €
Zen, restons zen… Dans cet ancien prieuré, l'ambiance monacale a laissé place à une déco tout droit venue d'Asie. Les grandes et belles chambres, la salle voûtée ou la piscine donnant sur les champs sont autant d'invitations au repos et à l'apaisement. Une adresse authentique teintée d'exotisme.

CREST-VOLAND

✉ 73590 (Savoie) – 390 hab. – Voir carte n°**46**-F1
▶ Paris 588 km – Albertville 24 km – Annecy 53 km – Chamonix-Mont-Blanc 47 km
Carte Michelin 333-M3 – Guide Vert Michelin Alpes du Nord

Le Caprice des Neiges

1175 rte des Saisies, à 1 km – ✆ 04 79 31 62 95 – www.hotel-capricedesneiges.com – Ouvert mai à fin sept. et de déc. à mi-avril
16 ch – †70/135 € ††70/135 € – ☕ 13 € – ½ P
Rest ***Le Caprice des Neiges*** – voir les restaurants ci-après
Un grand chalet fleuri en été, couvert de neige ouatée en hiver, à l'atmosphère chaleureuse et familiale. Les chambres sont habillées de bois brut et, après le ski, on se prélasse devant la cheminée. Sympathique caprice !

Mont Bisanne

292 rte d'Entre-deux-Villes – ✆ 04 79 31 60 26 – www.mont-bisanne.com – Ouvert de mi-déc. à mi-avril et de début juil. à fin août
14 ch – †60/110 € ††80/120 € – ☕ 9 € – ½ P
Rest ***La Table de Diamant*** – voir les restaurants ci-après
Avec ce chalet, face au télésiège, vous serez le premier en haut des pistes ! Les chambres, d'esprit savoyard, simples et fonctionnelles (lambris et mobilier vernis), et la vue étendue sur l'espace skiable : tout invite à profiter de la montagne.

Le Caprice des Neiges – Hôtel Le Caprice des Neiges

1175 rte des Saisies, à 1 km – ✆ 04 79 31 62 95 – www.hotel-capricedesneiges.com – Ouvert mai à fin sept. et de déc. à mi-avril et fermé le midi du lundi au jeudi
Menu 28 €, 38/50 € – Carte 35/55 €
Un restaurant de style savoyard, avec des baies vitrées donnant sur le massif des Aravis. Une truite de Marlens marinée aux baies roses, une bonne petite brioche et un sorbet citron : le chef trouve son inspiration entre terroir et tradition.

La Table de Diamant – Hôtel Mont Bisanne

– ✆ 04 79 31 60 26 – www.mont-bisanne.com – Ouvert mi-déc. à mi-avril et début juil. à fin août
Menu 24 € (déj.)/53 € – Carte 27/50 €
Son nom rend hommage à l'espace Diamant, le grand domaine skiable local. Pour autant, la carte sait sortir des pistes balisées sans craindre le hors-piste, car le chef fait montre d'un beau savoir-faire quand il s'agit de renouveler le registre traditionnel. Une table agréable.

CRÉTEIL – 94 Val-de-Marne ➜ voir Paris, Environs

CREULLY

✉ 14480 (Calvados) – 1 651 hab. – Voir carte n°**32**-B2
▶ Paris 253 km – Bayeux 14 km – Caen 20 km – Deauville 62 km
Carte Michelin 303-I4 – Guide Vert Michelin Normandie Cotentin

Hostellerie St-Martin avec ch

6 pl. Edmond Paillaud – ✆ 02 31 80 10 11 – www.hostelleriesaintmartin.com – Fermé 21 déc.-11 janv.
12 ch – †60/77 € ††60/77 € – ☕ 8 € – ½ P
Formule 11 € – Menu 16 € (semaine), 25/46 € – Carte 23/79 €
Il a du caractère ce restaurant avec ses belles salles voûtées du 16e s., autrefois anciennes halles du village. La cuisine est traditionnelle : fruits de mer, feuilleté d'andouille, faisan au chou, etc. À l'étage, des chambres toutes simples, parfaites pour cette étape gastronomique.

LE CREUSOT

71200 (Saône-et-Loire) – 22 783 hab. – Agglo. 90 584 hab. – **Voir carte n°8-C3**
Paris 316 km – Autun 30 km – Beaune 46 km – Chalon-sur-Saône 38 km
Carte Michelin 320-G9 – Guide Vert Michelin Bourgogne

La Petite Verrerie

4 r. J. Guesde – 03 85 73 97 97 – www.bestwestern-petite-verrerie.com – Fermé 22 déc.-2 janv.
37 ch – 76/115 € 90/135 € – 6 suites – 16 €
Rest – Menu 31/38 € – Carte 29/39 € *(fermé sam. midi et dim.)*
Jadis, cette jolie maison bourgeoise était la pharmacie des usines ! Aujourd'hui, c'est un hôtel avec des chambres classiques et confortables, des salles de réception et un restaurant célébrant le terroir bourguignon et la tradition. Une autre manière de se soigner.

Le Restaurant

r. des Abattoirs – 03 85 56 32 33 – Fermé août, lundi soir, sam. et dim.
Menu 25/48 € *(réservation conseillée)*
Le patron de ce Restaurant est fou de beaux produits et de bons vins. Il fait le tour des tables, explique l'ardoise, conseille avec passion un cru de petit producteur ou un flacon d'exception. Grâce à lui, l'endroit respire le bien-vivre ! Dans l'assiette, c'est frais, fin et gourmand ; bref : on en redemande.

à Montcenis 3 km à l'Ouest par D 784 – 71710 – 2 217 hab.

Le Montcenis

2 pl. du Champ-de-Foire – 03 85 55 44 36 – www.restaurantlemontcenis.fr – Fermé 15 juil.-14 août, dim. soir, lundi et mardi
Formule 17 € – Menu 23 € (déj. en semaine), 30/57 € – Carte 39/52 € *(réservation conseillée)*
Du cachet dans le décor (cave voûtée, pierres et poutres) comme dans l'assiette. Le chef, Laurent Dufour, accompagné de sa brigade, propose une cuisine généreuse et sincère, réalisée avec de beaux produits ; il change sa carte cinq fois par an, histoire de titiller les gourmands. On parie que vous allez craquer ?

à Torcy 4 km au Sud par D 28 – 71210 – 3 097 hab.

Le Vieux Saule

lieu dit le Vieux Saule – 03 85 55 09 53 – www.restaurant-vieux-saule.com – Fermé 2 semaines en juil., 2 semaines en janv., dim. soir et lundi
Menu 19 € (semaine), 34/54 € – Carte 50/65 €
Sandre en feuille de chou, râble de lapin farci aux légumes, crépinette de pied de cochon aux morilles... On vient ici pour la tradition et l'on n'est pas déçu !

CREUTZWALD

57150 (Moselle) – 13 483 hab. – **Voir carte n°27-C1**
Paris 376 km – Metz 53 km – Neunkirchen 61 km – Saarbrücken 37 km
Carte Michelin 307-L3

Auberge Richebourg

17 r. de la Houve – 03 87 90 17 54 – www.aubergerichebourg.com – Fermé 1er-21 août, sam. midi, dim. soir et lundi
Formule 13 € – Menu 25 € (semaine), 36/60 € – Carte 44/60 €
Façade rouge brique et décor contemporain, cette table suit la tendance. Et dans l'assiette, le même mouvement : pigeon au chutney de cerises, joue de bœuf mijotée, pastilla au chocolat... Quant à la terrasse, elle est bien agréable lorsque les beaux jours arrivent.

CREUZIER-LE-VIEUX – 03 Allier ➜ voir Vichy

CRICQUEBOEUF – 14 Calvados ➜ voir Honfleur

CRILLON

✉ 60112 (Oise) – 440 hab. – Voir carte n°**36**-A2
Paris 103 km – Aumale 33 km – Beauvais 16 km – Breteuil 33 km
Carte Michelin 305-C3

La Petite France

7 r. Moulin – ✆ 03 44 81 01 13 – www.lapetitefrance-restaurant.com – Fermé 21-27 juil., dim. soir, merc. soir, lundi et mardi
Menu 17 € (semaine), 28/37 € – Carte 36/54 €
Cette accueillante auberge située dans un village du Beauvaisis abrite deux salles à manger rustiques. Carte traditionnelle dont la tête de veau ravigote, spécialité maison.

CRILLON-LE-BRAVE

✉ 84410 (Vaucluse) – 448 hab. – Voir carte n°**42**-E1
Paris 687 km – Avignon 41 km – Carpentras 14 km – Nyons 37 km
Carte Michelin 332-D9 – Guide Vert Michelin Provence

Crillon le Brave

ch, ch,

pl. de l'Église – ✆ 04 90 65 61 61 – www.crillonlebrave.com – Fermé 30 nov.-18 déc. et 2 janv.- 26 fév.
26 ch – 270/620 € 290/640 € – 6 suites – ½ P
Rest *Restaurant Jérome Blanchet* – voir les restaurants ci-après
Rest *Le Bistrot 40 K* – Menu 40 € *(ouvert avril-oct., fermé dim., jeudi et le midi)*
Un village perché, le mont Ventoux pour horizon et ces belles bastides en pierre... Les chambres sont tout imprégnées de Provence et le jardin à l'italienne descend jusqu'à la piscine... Une élégance rare ! Pour se restaurer, on choisit entre la table gastronomique et le bistrot.

Restaurant Jérome Blanchet – Hôtel Crillon le Brave

pl. de l'Église – ✆ 04 90 65 61 61 – www.crillonlebrave.com – Fermé 30 nov.-18 déc. et 2 janv.-26 fév.
Menu 30 € (déj.), 65/95 € – Carte 34/77 €
Niché au cœur d'un village tout en pierres, avec un grand morceau de Provence pour horizon (quelle terrasse romantique !), ce restaurant très élégant cultive évidemment le goût du Sud. À la carte : produits locaux et vins du cru.

CRISENOY – 77 Seine-et-Marne → voir Melun

LE CROISIC

✉ 44490 (Loire-Atlantique) – 4 050 hab. – Voir carte n°**34**-A2
Paris 459 km – La Baule 9 km – Nantes 86 km – Redon 66 km
Carte Michelin 316-A4 – Guide Vert Michelin Pays de la Loire

Le Fort de l'Océan

pointe du Croisic- AY – ✆ 02 40 15 77 77 – www.hotelfortocean.com
9 ch – 200/360 € 200/360 € – 21 € – ½ P
Rest *Le Fort de l'Océan* ✿ – voir les restaurants ci-après
Un fortin en granit (17e s.) isolé sur la côte sauvage : dans les chambres très confortables et feutrées (joli décor à l'ancienne), on admire à loisir l'océan se déchaînant sur les chaos de rochers… et le contraste est délicieux.

L'Océan

à Port-Lin – ✆ 02 40 62 90 03 – www.restaurantlocean.com – Fermé 8-26 déc.
8 ch – 120/450 € 120/450 € – 2 suites – 14 € – ½ P Plan : AZ**v**
Rest *Le Bistrot de l'Océan* Rest *L'Océan* – voir les restaurants ci-après
Une situation unique pour cet hôtel, à même les rochers de la côte sauvage, magnifiquement illuminés le soir venu. Rénové en 2011, il abrite des chambres spacieuses, élégantes et confortables ; toutes disposent d'un grand balcon donnant sur les flots. Une séduisante adresse.

Les Vikings sans rest

à Port-Lin – ✆ 02 40 62 79 05 – www.hotel-les-vikings.com Plan : AZ**e**
23 ch – 60/111 € 60/111 € – 14 €
Un bâtiment moderne au Croisic, en retrait de l'océan, mais la plupart des chambres – avec balcon ou bow-window – dominent la côte sauvage. Assez soigné et lumineux.

LE CROISIC

Aiguillon (Quai d') . . . . AY 2
Cordiers (R. des) . . . . BY 6
Europe (R. de l') . . . . AY 7
Gaulle (Pl. du Gén.-de) . . . . . AZ 9
Grande-Rue . . . . AY 12
Lénigo (Quai du) . . . . AY 13
Lepré (Pl. Donatien) . . . . AY 16
Mail de Broc (R. du) . . . . AY 17
Petite Chambre (Q. de la) . . BY 20
Pilori (R. du) . . . . BY 22
Poilus (R. des) . . . . BZ 23
Port Charly (Quai) . . . . AY 26
Port Ciguet (Quai du) . . . . . . AY 27
Port Lin (Av. de) . . . . AZ 28
Rielle (Quai Hervé) . . . . BY 32
Saint-Christophe (R.) . . . . . . BY 33
Saint-Goustan (Av. de) . . . . . AY 35
18-Juin-1940 (Pl. du) . . . . BZ 36

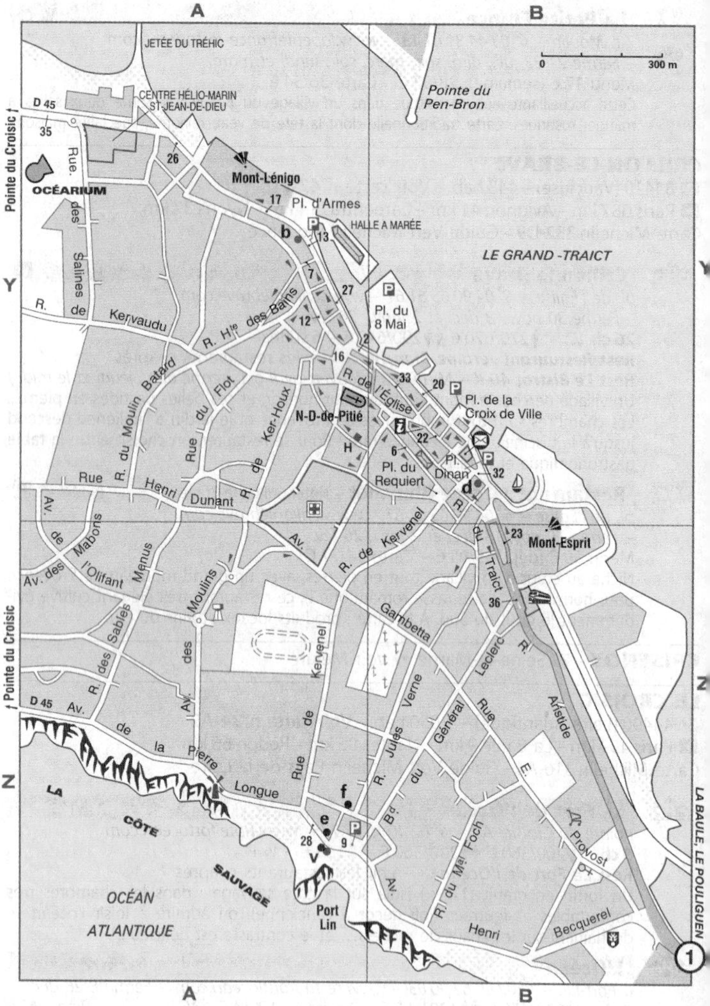

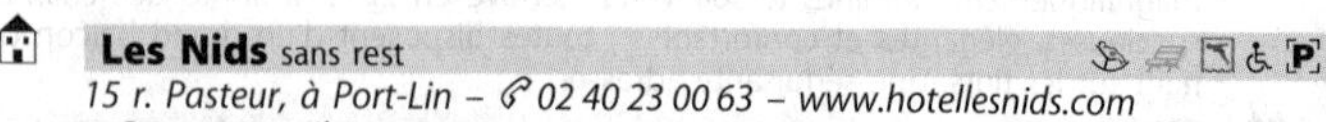

Les Nids sans rest

15 r. Pasteur, à Port-Lin – ✆ 02 40 23 00 63 – www.hotellesnids.com
– Ouvert 9 avril-2 nov. Plan : AZ**f**

24 ch – 🚹62/86 € 🚹🚹62/86 € – ☕ 10 €

L'immeuble est moderne, les chambres simplement décorées et l'ambiance familiale. Avec le jardinet, l'aire de jeu et la piscine couverte, les enfants seront ravis !

XXX **Le Fort de l'Océan** – Hôtel Le Fort de l'Océan

pointe du Croisic- AY – ✆ 02 40 15 77 77 – www.hotelfortocean.com – Fermé 12 nov.-19 déc., 6 janv.-7 fév., mardi sauf de début juil. à début sept., lundi et le midi sauf sam. et dim.

Menu 50/88 €

Au pied de cet ancien fort "à la Vauban", un jeune chef et son équipe concoctent une cuisine de la mer pleine d'idées et de saveurs : que de vitalité ! Cadre classique, face au jardin enserré dans les fortifications. ➜ Homard fumé, matsubadaki, burrata et avocat. Cabillaud façon brandade revisitée. Pêche, fraise et verveine.

XXX **L'Océan** – Hôtel L'Océan

à Port-Lin – ✆ 02 40 62 90 03 – www.restaurantlocean.com – Fermé 8-26 déc.

Carte 73/114 € Plan : AZ**v**

Quelle vue ! La verrière – de 30 m de long – face au large offre un panorama à couper le souffle. Ici, on savoure les produits de la mer "tout frais pêchés". Mention spéciale pour le bar en croûte de sel et la sole meunière. Et le soir, on dîne tout en regardant le soleil se coucher sur les flots...

XX **Le Lénigo**

11 quai Lénigo – ✆ 02 40 23 00 31 – www.le-lenigo.fr – Ouvert 15 fév.-14 nov., fermé mardi sauf août et lundi Plan : AY**b**

Menu 28/42 € – Carte 40/69 €

Face à la criée, embarquez dans ce restaurant tenu par toute une famille très sympathique. Atmosphère marine (bois vernis, hublots) et cuisine de la mer fraîche et soignée.

X **Le Bistrot de l'Océan** – Hôtel l'Océan

à Port-Lin – ✆ 02 40 62 90 03 – www.restaurantlocean.com – Fermé 8-26 déc.

Carte 46/61 € Plan : AZ**v**

Petit frère de L'Océan, le bistrot est également calé sur les horaires des marées. Toujours aussi frais, les poissons sont en revanche cuisinés avec plus de simplicité. Le tout à prix raisonnables. L'été, on profite de la grande terrasse face au large.

X **Le Saint-Alys**

3 quai Hervé-Rielle – ✆ 02 40 23 58 40 – Fermé 30 juin-8 juil., 29 sept.-6 oct., 18-24 nov., 30 janv.-13 fév., lundi en juil.-août, mardi soir et merc. de sept. à juin et dim. soir Plan : BY**d**

Formule 20 € – Menu 29/40 € – Carte 40/55 € *(réservation conseillée)*

Face au port de plaisance, dans cette maison balayée par les vents, les papilles s'arriment aux bons petits plats du chef ! Ravioles de langoustines parfumées à l'estragon, carré d'agneau mi-fumé poêlé à l'ail rose, etc. Les présentations sont soignées et les saveurs tiennent le cap.

LA CROIX-FRY (COL DE) – 74 Haute-Savoie ➜ voir Manigod

LA CROIX-ST-LEUFROY

✉ 27490 (Eure) – 1 087 hab. – Voir carte n°**33**-D2

▶ Paris 98 km – Évreux 18 km – Mantes-la-Jolie 47 km – Rouen 46 km

Carte Michelin 304-H7 – Guide Vert Michelin Normandie Vallée de la Seine

XX **Le Cheval Blanc**

27 r. de Louviers – ✆ 02 32 34 82 86 – Fermé 23 déc.-16 janv., 24-27 fév., dim. soir, mardi soir et merc.

Formule 19 € 🍷 – Menu 27/37 € – Carte 34/44 €

Terrine de foies de volaille au banyuls et sa salade de mâche aux cranberries, joue de porc confite au citron et millefeuille de légumes, camembert au calvados pour honorer la région... Aucun doute, dans cette maison de pays joliment rustique, la tradition gourmande est au rendez-vous !

LA CROIX-VALMER

✉ 83420 (Var) – 3 429 hab. – Voir carte n°**41**-C3
Paris 873 km – Draguignan 48 km – Fréjus 35 km – Le Lavandou 27 km
Carte Michelin 340-O6 – Guide Vert Michelin Côte d'Azur

L'Orangeraie
545 bd Georges-Selliez, (rte de Ramatuelle) – ✆ 04 94 55 27 27 – www.hotel-lorangeraie.com – Ouvert 18 avril-12 oct.
35 ch – 95/189 € 95/315 € – 18 €
Rest – Menu 30 € – Carte 34/55 € *(ouvert 1er mai-27 sept. et fermé mardi)*
Couvent, puis orphelinat, puis hôtel à la Belle Époque. Hall majestueux et vastes chambres romantiques, la plupart tournées vers la palmeraie et la mer : du lustre et du cachet ! Petite restauration en été dans un cadre historique.

Les Trois Îles sans rest
1799 bd du Littoral, Le Vergeron, rte de Gigaro – ✆ 04 94 49 03 73 – www.3iles.com – Ouvert mi-mars à mi-oct.
5 ch – 130/290 € 130/290 €
En face des îles d'Or, cette belle villa récente niche dans un charmant jardin fleuri, à flanc de colline. Les chambres sont chic et de bon goût, et l'on est aux petits soins.

à Gigaro 5 km au Sud-Est par rte secondaire – ✉ 83420

Château de Valmer
plage de Gigaro – ✆ 04 94 55 15 15 – www.chateauvalmer.com – Ouvert de début mai à début oct.
41 ch – 275/415 € 360/580 € – 1 suite – 28 € – ½ P
Rest *La Palmeraie* – voir les restaurants ci-après
Une belle allée de palmiers qui se fraie un chemin entre les vignes : la première image offerte par ce domaine viticole du 19e s. Tout y confirme l'impression liminaire : raffinement, lumière, esprit azuréen... et pour une nuit très romantique, deux magnifiques cabanes perchées dans les arbres !

La Pinède-Plage
plage de Gigaro – ✆ 04 94 55 16 16 – www.pinedeplage.com – Ouvert de début mai à début oct.
31 ch – 265/460 € 320/660 € – 28 € – ½ P **Rest** – Carte 54/78 €
Cet hôtel-restaurant porte bien son nom : ombragé de pins parasols et directement sur la plage, face aux îles d'Or ! Un établissement avec beaucoup de charme et de belles chambres ouvertes sur le large... Impression d'être loin de tout : parfait pour les vacances.

La Palmeraie – Hôtel Château de Valmer
plage de Gigaro – ✆ 04 94 55 15 17 – www.chateauvalmer.com – Ouvert de mi-juin à mi-sept. et fermé le midi et merc.
Menu 55/90 €
Artichauts violets "cuits, crus, frits" aux agrumes du château ; loup côtier à la plancha ; fraîcheur de pêches blanches… une carte éprise de Provence, dans un cadre séduisant (superbe terrasse). Et l'on peut découvrir les vins du domaine !

CROS-DE-CAGNES – 06 Alpes-Maritimes ➜ voir Cagnes-sur-Mer

LE CROTOY

✉ 80550 (Somme) – 2 219 hab. – Voir carte n°**36**-A1
Paris 210 km – Abbeville 22 km – Amiens 75 km – Berck-sur-Mer 29 km
Carte Michelin 301-C6

Auberge de la Marine
1 r. Florentin-Lefils – ✆ 03 22 27 92 44 – Fermé 17-24 juin, 18-25 nov., 2-29 janv., merc. sauf juil.-août et mardi
Formule 21 € – Menu 29/41 € – Carte 29/45 €
Cette petite maison régionale, proche des quais, est une vraie auberge marine : la déco évoque toute la baie de Somme ! La cuisine joue la carte de la tradition et des produits régionaux : agneau des prés salés, oreilles de cochon (l'épinard de la mer), pêche locale, etc. Accueil et service aux petits soins.

CROZANT

✉ 23160 (Creuse) – 533 hab. – **Voir carte n°25-C1**
▶ Paris 329 km – Argenton-sur-Creuse 31 km – La Châtre 46 km – Guéret 41 km
Carte Michelin 325-G2 – Guide Vert Michelin Limousin Berry

Auberge de la Vallée

14 r. Guillaumin – ✆ 05 55 89 80 03 – www.laubergedelavallee.fr – Fermé 1er-20 sept., mardi et merc.
Menu 18 € (semaine), 36/52 € – Carte 50/67 €
Viandes d'éleveurs locaux (agneau, veau, bœuf), fromages de la région (chèvre, surtout !) et légumes de son grand potager... Le chef aime les produits du terroir, et cela se sent : il en tire une délicieuse cuisine dans l'air du temps, que l'on apprécie dans un joli décor rustique. Une sympathique auberge de campagne !

CROZET

✉ 01170 (Ain) – 1 862 hab. – **Voir carte n°46-F1**
▶ Paris 537 km – Bourg-en-Bresse 105 km – Genève 16 km – Lyon 153 km
Carte Michelin 328-J3

Jiva Hill Park Hôtel

rte d'Harée – ✆ 04 50 28 48 48 – www.jivahill.com
34 ch – 254/580 € 254/580 € – 27 € – ½ P
Rest *Jiva Hill Park Hôtel* – voir les restaurants ci-après
Raffinement, luxe et lignes contemporaines à 10mn de l'aéroport de Genève. Cet hôtel, pensé comme un lodge sud-africain, est placé sous le signe de la sophistication chic. Les amateurs d'art apprécieront notamment les 200 œuvres disséminées dans tout l'établissement !

Jiva Hill Park Hôtel – Jiva Hill Park Hôtel

rte d'Harée – ✆ 04 50 28 48 48 – www.jivahill.com
Menu 38 € (déj. en semaine), 55/105 € – Carte 90/125 €
Ce restaurant est décoré dans un style lodge, comme l'hôtel Jiva Hill Park où il se situe ; sa terrasse panoramique face au mont Blanc impressionne... Un lieu dans l'air du temps, comme sa goûteuse cuisine.

CROZON

✉ 29160 (Finistère) – 7 809 hab. – **Voir carte n°9-A2**
▶ Paris 587 km – Brest 60 km – Châteaulin 35 km – Douarnenez 40 km
Carte Michelin 308-E5 – Guide Vert Michelin Bretagne Sud

Hôtel de la Presqu'île

pl. de l'Église – ✆ 02 98 27 29 29 – www.hotel-lapresquile.fr – Fermé 3 semaines en mars et 3 semaines en oct.
13 ch – 60/87 € 87 € – 11 € – ½ P
Rest *Le Mutin Gourmand* – voir les restaurants ci-après
Sur la place de l'église, où se tient un marché tous les matins, cette maison bretonne abritait autrefois la mairie de Crozon. C'est aujourd'hui un hôtel familial, décoré avec goût, proposant des petites chambres fraîches et fonctionnelles.

Le Mutin Gourmand – Hôtel de la Presqu'île

pl. de l'Église – ✆ 02 98 27 06 51 – Fermé 3 semaines en mars, 3 semaines en oct., dim. soir et mardi midi hors saison, lundi sauf le soir en saison
Menu 29/69 € – Carte 44/70 €
Pas de mutinerie en vue parmi la clientèle de ce restaurant, qui occupe les locaux de l'ancienne poste de Crozon. On cuisine de bons produits frais de saison, avec quelques touches exotiques : saumon fumé du mutin et rouleau de printemps, filet de lieu jaune aux légumes de saison... Avec un beau choix de vins !

au Fret 5,5 km au Nord par D 155 et D 55 – ✉ 29160

Hostellerie de la Mer

11 quai du Fret – ✆ 02 98 27 61 90 – www.hostelleriedelamer.com
24 ch – 58/130 € 58/130 € – 11 € – ½ P
Rest *Hostellerie de la Mer* – voir les restaurants ci-après
Une hostellerie bretonne logée dans un petit port tranquille face à la rade de Brest ; on y propose des chambres simples mais fraîches, assez coquettes, dont certaines donnent sur la mer. Parfait pour profiter de cette presqu'île pittoresque.

XX **Hostellerie de la Mer**

11 quai du Fret – ✆ 02 98 27 61 90 – www.hostelleriedelamer.com – Fermé 2 janv.-6 fév., sam. midi, dim. soir et lundi midi de mi-oct. à mars
Formule 19 € – Menu 27/75 € – Carte 38/66 €
Le chef propose une cuisine bien en phase avec l'époque, mariant à merveille le poisson de la pêche locale et les produits du terroir breton, à l'image de cette royale de fenouil du Léon aux langoustines... Les cuissons sont précises et magnifient des produits bien choisis !

CRUIS

✉ 04230 (Alpes-de-Haute-Provence) – 615 hab. – Voir carte n°**40**-B2
Paris 732 km – Digne-les-Bains 42 km – Forcalquier 22 km – Manosque 42 km
Carte Michelin 334-D8 – Guide Vert Michelin Alpes du Sud

X **Auberge de l'Abbaye** avec ch

– ✆ 04 92 77 01 93 – www.auberge-abbaye-cruis.monsite-orange.fr – Fermé vacances de la Toussaint, de mi-déc. à mi-mars, dim. soir, mardi soir et merc. de sept. à juin et le midi du lundi au jeudi en juil.-août
8 ch – †55/75 € ††55/75 € – ☕ 12 € – ½ P
Formule 25 € – Menu 34/57 € *(réservation conseillée)*
Une sympathique auberge familiale avec sa terrasse ombragée face à l'église. En cuisine, le chef concocte de bons petits plats où les produits du terroir (canard, caille, agneau de Sisteron...) sont à l'honneur. Chambres simples mais impeccablement tenues. Pain maison au petit-déjeuner. Une adresse authentique !

CRUSEILLES

✉ 74350 (Haute-Savoie) – 3 859 hab. – Voir carte n°**46**-F1
Paris 537 km – Annecy 19 km – Bellegarde-sur-Valserine 44 km – Bonneville 37 km
Carte Michelin 328-J4 – Guide Vert Michelin Alpes du Nord

XXX **L'Ancolie** avec ch

au parc des Dronières, 1 km au Nord-Est par D 15 – ✆ 04 50 44 28 98 – www.lancolie.com – Fermé vacances de la Toussaint et 20 janv.-11 fév.
10 ch – †104/146 € ††104/146 € – ☕ 15 € – ½ P
Formule 25 € – Menu 31 € (déj. en semaine), 46/75 € – Carte 63/78 € *(fermé dim. soir, mardi midi et lundi)*
Au bord d'un petit lac, en toute quiétude, un agréable chalet où règne une charmante atmosphère savoyarde. À table, on déguste de bons petits plats traditionnels, tels ces médaillons de mignons de veau aux morilles ou ces filets de féra... Terrasse panoramique et jolies chambres pour l'étape.

aux Avenières 6 km au Nord par D 41 et rte secondaire – ✉ 74350 Cruseilles

Domaine du Château des Avenières

1060 rte du Château, Lieu-Dit Chenaz – ✆ 04 50 44 02 23 – www.avenieres.com – Fermé vacances de la Toussaint
14 ch – †180/390 € ††180/390 € – ☕ 20 € – ½ P
Rest *Domaine du Château des Avenières* – voir les restaurants ci-après
Bâti en 1907, ce manoir baroque semble nimbé de mystère. Son parc représentant un papillon, ses chambres de caractère – l'une d'elles dispose même d'un observatoire ! –, son annexe au chic très contemporain, sans parler de la vue imprenable sur la chaîne des Aravis. Bref, tout ici est romantique et romanesque.

La Maison des Écureuils

6 suites – ††350/450 € – ☕ 20 €
La Maison des Écureuils, située en contrebas du château, est l'annexe contemporaine de ce superbe domaine. Six suites de grand standing vous y attendent, toutes dotées de cheminées et d'équipements dernier cri ; une retraite au calme, pour les amoureux de la nature !

Domaine du Château des Avenières

1060 rte du Château, Lieu-Dit Chenaz – ✆ 04 50 44 02 23 – www.avenieres.com – Fermé vacances de la Toussaint

Formule 45 € – Menu 59/79 € – Carte 69/79 €

Un lieu superbe, atypique et rococo, pour une cuisine créative et colorée, qui mêle les saveurs avec originalité. Que diriez-vous par exemple d'un beau morceau de porcelet avec sa sauce au miel et aux épices, le tout accompagné d'une poêlée de légumes et de morilles ? En prime, la vue est à couper le souffle !

au Nord 5 km par D 1201 – ✉ 74350 Cruseilles

Rey sans rest

131 rte d'Annecy, au Col du Mont Sion – ✆ 04 50 44 13 29 – www.hotel-rey.com – Fermé 21 déc.-6 janv.

30 ch – 81/120 € 85/124 € – 10 €

Séparé de la route par le jardin et le court de tennis, cet hôtel dispose de chambres fonctionnelles et bien tenues ; préférez celles qui ont été rénovées. Parfait pour un voyage d'affaires comme pour un séjour sportif.

La Clef des Champs

131 rte d'Annecy, au col du Mont Sion – ✆ 04 50 44 13 11 – www.hotel-rey.com – Fermé 26 déc.-15 janv., dim. soir, lundi et mardi

Formule 20 € – Menu 26 € (déj. en semaine), 35/51 € – Carte 62/70 €

Prenez la clef des champs juste en face de l'hôtel Rey. Le cadre est chaleureux et la cuisine traditionnelle : rognons au madère, soufflé chaud aux framboises, jambon de sanglier et gibier en saison... Dans l'assiette, c'est généreux et gourmand ! Enfin, l'été, on s'installe sur la petite terrasse.

CRUZY

✉ 34310 (Hérault) – 971 hab. – **Voir carte n°22-B2**

Paris 787 km – Albi 130 km – Carcassonne 59 km – Montpellier 98 km

Carte Michelin 339-C8

Le Terminus

av. de la Gare, 1,5 km au Sud-Est, rte de Quarante par D 37 – ✆ 04 67 89 71 26 – www.leterminus-cote-gare.fr – Fermé 29 sept.-16 oct., 24 fév.-11 mars, merc. soir et dim. soir hors saison, mardi soir et lundi

Formule 13 € – Menu 24/35 € – Carte 33/45 €

Terminus ! Tous les gourmands sont invités à descendre dans cette gare reconvertie en un petit bistrot convivial. Il est des arrêts indispensables, celui-ci en est un avec sa généreuse cuisine traditionnelle : gigot d'agneau et purée maison, baba au rhum... Bon rapport saveurs-prix !

CUCUGNAN

✉ 11350 (Aude) – 137 hab. – **Voir carte n°22-B3**

Paris 847 km – Carcassonne 77 km – Limoux 79 km – Perpignan 42 km

Carte Michelin 344-G5

La Tourette sans rest

4 passage de la Vierge – ✆ 06 09 64 60 47 – www.latourette.eu

3 ch – 90/110 € 100/120 €

Une jolie maison bourgeoise, nichée au cœur de ce village pittoresque, au calme. "Prune", "Indigo", "Turquoise" : la couleur est le leitmotiv des chambres. Au petit-déjeuner – servi l'été dans le joli patio à l'ombre d'un olivier –, on se régale de préparations maison. Cosy et chaleureux !

Auberge du Vigneron avec ch

ch,

2 r. Achille-Mir – ✆ 04 68 45 03 00 – www.auberge-vigneron.com – Ouvert 16 mars-10 nov.

7 ch – 55/90 € 55/110 € – 9 € – ½ P

Formule 16 € – Menu 19 €, 25/40 € – Carte 38/54 € *(fermé lundi)*

Une affaire de famille... et même de mère et fille, puisque la première passe actuellement la main à la seconde ! Le terroir et la tradition restent à l'honneur : fricassée de lapin à l'ancienne, crépine de pied de porc... En terrasse, on jouit d'une vue superbe sur les vignobles. En prime : quelques chambres joliment arrangées.

La Table du Curé avec ch

25 r. Alphonse-Daudet – ✆ 04 68 45 01 46 – www.auberge-la-table-du-cure.com – Fermé 11 nov.-31 janv., merc. sauf en juil.-août et en fév.

3 ch – †60/70 € ††60/70 € – ☕ 8 € – ½ P

Formule 16 € – Menu 18/61 € 🍷 – Carte 24/50 €

Fruits et légumes cathares, agneau catalan, pain et pâtes du moulin de Cucugnan : de beaux produits ancrés dans le terroir, au service d'une cuisine traditionnelle goûteuse et généreuse ! Et l'on peut rester pour la nuit en profitant de l'une des petites chambres rustiques.

à Duilhac-sous-Peyrepertuse 4 km au Nord-Ouest par D 14 – ✉ 11350 – 135 hab.

Hostellerie du Vieux Moulin sans rest

24 r. de la Fontaine – ✆ 04 68 45 03 00 – www.auberge-vigneron.com – Ouvert 1er avril-11 nov.

14 ch – †57/65 € ††59/65 € – ☕ 8 €

C'est un moulin en pierre digne des contes d'Alphonse Daudet. Les chambres, impeccablement tenues, sont simples mais ont une âme – un petit côté rustique vraiment charmant. En prime, l'établissement se trouve sur le passage du GR 36... Idéal pour les marcheurs !

CUCURON

✉ 84160 (Vaucluse) – 1 830 hab. – **Voir carte n°42-E1**

Paris 739 km – Apt 25 km – Cavaillon 39 km – Digne-les-Bains 109 km

Carte Michelin 332-F11 – Guide Vert Michelin Provence

Le Pavillon de Galon sans rest

chemin de Galon – ✆ 04 90 77 24 15 – www.pavillondegalon.com

3 ch ☕ – †220/310 € ††220/310 €

Un magnifique parc classé (jardin à la française, vignes, verger, buis, oliviers et autres arbres plusieurs fois centenaires...) entoure ce pavillon de chasse du 18e s. Un domaine très privé, aux chambres raffinées.

La Petite Maison de Cucuron (Éric Sapet)

pl. de l'Étang – ✆ 04 90 68 21 99 – www.lapetitemaisondecucuron.com – Fermé lundi et mardi

Menu 46/68 € *(réservation conseillée)*

Il était une fois une petite maison jaune, près d'un étang, dans laquelle un excellent cordon bleu magnifiait les produits du marché. À sa table, tous revenaient aussi souvent qu'ils le pouvaient. Mais gare à ceux qui oubliaient de réserver car cette adresse affichait souvent complet ! ➜ Charlotte d'asperges vertes, mayonnaise de chair de tourteau, pomme verte, aneth et curry. Lièvre à la royale en deux services. Tarte sablée amandine aux fruits de saison.

L'Horloge

55 r. Léonce Brieugne – ✆ 04 90 77 12 74 – www.restaurant-lhorloge.com – Fermé lundi et mardi de nov. à mars

Menu 26/49 € – Carte 35/49 €

Changement d'heure en cette Horloge : depuis 2011, un jeune couple règne sur cet ancien pressoir à huile du 16e s. Le nouveau chef et patron signe de bons petits plats aux accents provençaux.

CUERS

✉ 83390 (Var) – 10 246 hab. – **Voir carte n°41-C3**

Paris 834 km – Brignoles 25 km – Draguignan 59 km – Marseille 84 km

Carte Michelin 340-L6

Hôtellerie Kouros

Zac les Défens – ✆ 04 94 66 69 25 – www.hotelleriekouros.fr – Fermé dim. et lundi hors saison

9 ch – †64/110 € ††64/110 € – ☕ 10 € **Rest** – Formule 15 € – Menu 30 €

Une vraie hôtellerie d'aujourd'hui, tout en matières et tons naturels. "Patmos", "Rhodes", "Samos", etc. : chaque chambre porte le nom d'une île grecque, hommage aux origines des propriétaires.

Le Lingousto

934 av. Eugénie-et-Henri-Majastre, 2 km à l'Est par rte de Pierrefeu – ✆ 04 94 28 69 10 – www.lingousto.fr – Fermé dim. soir
12 ch – 100/150 € – 2 suites – 13 € – ½ P
Rest – Formule 22 € – Menu 34/75 € – Carte 73/122 €
Une charmante bastide – rénovée en 2011 – au beau milieu des vignes. Les chambres y sont confortables et bien tenues ; certaines disposent même d'une terrasse. Piscine, fitness, restaurant... Idéal pour goûter à l'art de vivre provençal !

Le Verger des Kouros

quartier des Cauvets, 2 km par rte de Solliès-Pont D 97 – ✆ 04 94 28 50 17 – www.levergerdeskouros.com – Fermé merc. hors saison
Formule 18 € – Menu 22 € (déj. en semaine), 28/42 €
Point de statues d'éphèbes, mais trois frères d'origine grecque à la tête de ce restaurant gastronomique qui cultive... le goût de la Méditerranée ! Recettes provençales, poisson des côtes, légumes de la région, etc. Et l'élégante terrasse, aux airs de villégiature, ancre résolument dans le Sud.

CUGNAUX

31270 (Haute-Garonne) – 15 807 hab. – **Voir carte n°28-B2**
Paris 690 km – Auch 79 km – Montauban 67 km – Toulouse 18 km

Domaine de Dubac sans rest

80 rte de Tournefeuille – ✆ 05 61 92 58 42 – www.domainededubac.com
3 ch – 93/100 € 103/110 €
Cette maison de famille est nichée dans un parc, au milieu d'arbres séculaires... L'endroit a du caractère. Les belles chambres sont soigneusement décorées, toutes avec une mezzanine et une terrasse. Le matin, on se régale de gâteaux maison et d'œufs du poulailler, avant d'aller faire un plongeon dans la piscine !

CUISEAUX

71480 (Saône-et-Loire) – 1 791 hab. – **Voir carte n°8-D3**
Paris 395 km – Chalon-sur-Saône 60 km – Lons-le-Saunier 26 km – Mâcon 74 km
Carte Michelin 320-M11 – Guide Vert Michelin Bourgogne

Vuillot

36 r. Edouard Vuillard – ✆ 03 85 72 71 79 – www.hotelvuillot.fr – Fermé 24 nov.-1er déc. et 1er-15 janv.
16 ch – 54/64 € 62/72 € – 8,50 € – ½ P
Rest *Vuillot* – voir les restaurants ci-après
Pour une étape au sud-est de la Bourgogne, ce village – qui a conservé les vestiges de ses anciennes fortifications – est tout indiqué avec cette maison en belles pierres du pays, qui propose des petites chambres colorées, bien tenues et fonctionnelles.

Vuillot

36 r. Edouard Vuillard – ✆ 03 85 72 71 79 – www.hotelvuillot.fr – Fermé 24 nov.-1er déc., 1er-15 janv., dim. soir sauf juil.-août et lundi midi
Formule 13 € – Menu 20/40 € – Carte 36/57 €
Dans cet ancien relais de poste, on honore la Bresse avec de bons produits régionaux (poulet, écrevisses, etc.). Le décor se révèle chaleureux avec ses tons ensoleillés et ses expositions de tableaux régionaux. Le bon goût de la tradition !

CUISERY

71290 (Saône-et-Loire) – 1 653 hab. – **Voir carte n°8-C3**
Paris 367 km – Chalon-sur-Saône 35 km – Lons-le-Saunier 50 km – Mâcon 38 km
Carte Michelin 320-J10 – Guide Vert Michelin Bourgogne

Hostellerie Bressane

56 rte de Tournus – ✆ 03 85 32 30 66 – www.hostellerie-bressane.fr – Fermé 22 déc.-18 janv., dim. soir, mardi midi et lundi

15 ch – †75/100 € ††80/120 € – ☕ 11 € – ½ P

Rest ***Hostellerie Bressane*** – voir les restaurants ci-après

Une hostellerie de tradition dans une bâtisse du 19e s. Les chambres sont spacieuses et agréables, certaines sous les combles des anciennes écuries. Quant au jardin, il se révèle charmant. Idéal, par exemple, pour découvrir le marché du livre qui se tient tous les premiers dimanches du mois dans les rues du village.

XXX **Hostellerie Bressane**

56 rte de Tournus – ✆ 03 85 32 30 66 – www.hostellerie-bressane.fr – Fermé 22 déc.-18 janv., dim. soir, mardi midi et lundi

Formule 20 € – Menu 29/54 € – Carte 38/59 €

Un restaurant classique et élégant, une jolie terrasse sous un superbe platane bicentenaire... pour une fine cuisine de tradition qui met volontiers en avant les petits producteurs locaux et honore le terroir avec subtilité. En prime, le service est souriant et attentionné. Une bonne adresse.

CULT

✉ 70150 (Haute-Saône) – 228 hab. – **Voir carte n°16-B2**

Paris 367 km – Besançon 35 km – Dole 44 km – Vesoul 56 km

Carte Michelin 321-E3

Les Egrignes sans rest

2 rte d'Hugier – ✆ 03 84 31 92 06 – www.les-egrignes.com – Ouvert 1er mars-12 nov.

3 ch ☕ – †90/110 € ††100/130 €

Belle demeure de caractère (1849) entourée d'un parc fleuri et ombragé. Chambres très spacieuses, décorées avec raffinement, comme l'élégant salon. Délicieux petit-déjeuner.

CUQ-TOULZA

✉ 81470 (Tarn) – 677 hab. – **Voir carte n°29-C2**

Paris 713 km – Albi 72 km – Castelnaudary 35 km – Toulouse 47 km

Carte Michelin 338-D9

Cuq en Terrasses

2,5 km au Sud-Est par D 45 – ✆ 05 63 82 54 00 – www.cuqenterrasses.com – Ouvert 11 avril-15 oct.

6 ch – †80/140 € ††95/165 € – 2 suites – ☕ 15 € – ½ P

Rest – Menu 37 € *(fermé le midi et merc.)*

Sur les hauteurs du village, cette charmante maison du 18e s. est un havre de paix : insolite jardin en terrasses, chambres calmes au décor raffiné, très "maison de famille". Côté restaurant, le chef met en valeur les produits du potager et la cuisine méditerranéenne.

CUREBOURSE (COL DE) – 15 Cantal ➜ voir Vic-sur-Cère

CURTIL-VERGY – 21 Côte-d'Or ➜ voir Nuits-St-Georges

CURZAY-SUR-VONNE

✉ 86600 (Vienne) – 468 hab. – **Voir carte n°39-C1**

Paris 364 km – Lusignan 11 km – Niort 54 km – Parthenay 34 km

Carte Michelin 322-G6

Château de Curzay

rte de Jazeneuil – ✆ 05 49 36 17 00 – www.chateau-curzay.com – Ouvert 20 avril-11 nov.

20 ch – †218/360 € ††218/360 € – 2 suites – ☕ 28 €

Rest ***La Cédraie*** ✿ – voir les restaurants ci-après

Rest ***La Table d'à Côté*** – Formule 29 € – Menu 35 € *(fermé lundi et mardi sauf juil.-août)*

Superbe château (1710) au cœur d'un beau parc de 120 ha traversé par une rivière et abritant un haras. Chambres classiques au port tout aristocratique ; cuisine inventive ou saveurs traditionnelles ; bien-être et détente : on se rêve châtelain(e) !

La Cédraie – Hôtel Château de Curzay
rte de Jazeneuil – ✆ 05 49 36 17 00 – www.chateau-curzay.com – Ouvert 20 avril-11 nov., 20 déc.-1er janv. et fermé lundi, mardi et merc. sauf juil.-août et fériés et le midi sauf dim.
Menu 86 € – Carte 81/97 €
Dans le décor noble et altier de ce château du 18e s., une belle cuisine qui joue la carte des saisons et de l'invention, en lien avec le terroir poitevin et le littoral atlantique. Aux beaux jours, profitez de la terrasse installée au pied du monument, face aux frondaisons du parc...
➜ Foie gras "céleri-truffe", pomme granny smith, céleri et betterave. Turbot sauvage au jambon ibérique, comme une raviole de palourde. Surprise de boule de sucre soufflée.

CUSSAY

✉ 37240 (Indre-et-Loire) – 586 hab. – **Voir carte n°11-B3**
▶ Paris 303 km – Joué-lès-Tours 62 km – Orléans 179 km – Tours 67 km
Carte Michelin 317-N6

La Ferme Blanche 
La Chaume-Brangerie – ✆ 06 61 72 68 30 – www.la-ferme-blanche.com – Ouvert d'avril à oct.
3 ch ☕ – 🚹140 € 🚻140 € **Table d'hôte** – Menu 35 €
Un peu à l'écart du village, au grand calme, une ferme en pierre (18es.) joliment restaurée. Ambiance "campagne chic" dans les chambres aussi bien qu'au salon. À la table d'hôte, on profite d'une cuisine traditionnelle inspirée du terroir tourangeau.

CUSSEY-SUR-L'OGNON

✉ 25870 (Doubs) – 946 hab. – **Voir carte n°16-B2**
▶ Paris 412 km – Besançon 14 km – Gray 37 km – Vesoul 45 km
Carte Michelin 321-F2

La Vieille Auberge
1 Grande-Rue – ✆ 03 81 48 51 70 – www.la-vieille-auberge.fr – Fermé 1er-16 sept., 24 déc.-14 janv., dim. soir et lundi
Menu 19 € 🍷 (déj. en semaine), 24/48 € 🍷 – Carte 40/65 €
À l'entrée du village, une auberge ancienne tapissée de lierre, simple et engageante. On y apprécie une cuisine ancrée dans la région (spécialité de grenouilles en saison). Pour une escapade champêtre aux portes de Besançon.

CUTS

✉ 60400 (Oise) – 946 hab. – **Voir carte n°37-C2**
▶ Paris 115 km – Chauny 16 km – Compiègne 26 km – Noyon 10 km
Carte Michelin 305-J3

Auberge Le Bois Doré avec ch — rest, P
5 r. Ramée, D 934 – ✆ 03 44 09 77 66 – www.leboisdore.fr – Fermé 26 août-3 sept., 23 fév.-4 mars, dim. soir, mardi soir et lundi
3 ch – 🚹47/49 € 🚻56/64 € – ☕ 9 € – ½ P
Formule 10 € – Menu 18 € (déj. en semaine), 20/38 € – Carte 30/45 €
Sur la façade, une belle fresque en faïence représente l'établissement au début du 20es. On cultive la tradition dans cette auberge plus que centenaire. Quelques chambres pour prolonger l'étape.

CUTXAN – 32 Gers ➜ voir Barbotan-les-Thermes

CUVES

✉ 50670 (Manche) – 349 hab. – **Voir carte n°32-A2**
▶ Paris 334 km – Avranches 23 km – Domfront 42 km – Fougères 47 km
Carte Michelin 303-F7

Le Moulin de Jean

La Lande, 2 km au Nord-Est sur D 48 – ✆ 02 33 48 39 29 – www.lemoulindejean.com – Fermé 6-24 janv., lundi et mardi d'oct. à avril sauf vacances scolaires
Formule 31 € – Menu 37 €
Situé dans un site bucolique, cet ancien moulin donne dans le rustique chic, avec ses pierres et poutres apparentes, sa petite cheminée et sa mise en place soignée... Attablé, on admire la belle cave à vins, derrière une vitre, avant qu'arrive la spécialité de la maison : le pied de porc farci au boudin noir !

CUVILLY

✉ 60490 (Oise) – 610 hab. – **Voir carte n°36-B2**
▶ Paris 93 km – Amiens 54 km – Beauvais 61 km – Compiègne 21 km
Carte Michelin 305-H3

L'Auberge Fleurie

64 rte de Flandres, D 1017 – ✆ 03 44 85 06 55 – www.auberge-fleurie-gastronomie-60.com – Fermé 1er-27 sept., 2-17 janv., mardi soir, merc. soir, jeudi soir, dim. soir et lundi
Menu 16 € (déj. en semaine), 30/40 € – Carte 38/60 €
Ancien relais de poste – fondé par un grognard de Napoléon – puis ferme, cette maison tapissée non pas de fleurs mais de vigne vierge est désormais une sympathique auberge. Les gourmands s'y régalent de bons petits plats, réalisés dans la tradition picarde. Cadre rustique.

CUZANCE

✉ 46600 (Lot) – 547 hab. – **Voir carte n°29-C1**
▶ Paris 507 km – Cahors 80 km – Sarlat-la-Canéda 40 km – Tulle 61 km
Carte Michelin 337-F2

Manoir de Malagorse

Sud-Est 4,5 km par D103 rte de Rignac – ✆ 05 65 27 14 83 – www.manoir-de-malagorse.fr – Fermé 15 déc.-1er mars
5 ch – 130/160 € 130/185 € **Table d'hôte** – Menu 42 €
Ce domaine de 5 ha situé en pleine campagne vous promet un séjour mémorable : chambres personnalisées et salon-bibliothèque cosy logés dans une bâtisse régionale en pierre (19es.). La table d'hôte met à l'honneur les fruits et légumes du Causse.

DABISSE

✉ 04190 (Alpes-de-Haute-Provence) – **Voir carte n°40-B2**
▶ Paris 734 km – Digne-les-Bains 34 km – Forcalquier 20 km – Manosque 27 km
Carte Michelin 334-D9

Le Vieux Colombier

rte d'Oraison, 2 km au Sud par D 4 – ✆ 04 92 34 32 32 – www.levieuxcolombier.over-blog.fr – Fermé 1er-10 oct., 2-10 janv., dim. soir, lundi et mardi
Formule 23 € – Menu 27/54 € – Carte environ 39 €
Au Vieux Colombier, on ne prend pas les gourmands pour des pigeons ! Dans l'assiette, les recettes traditionnelles font mouche : produits de qualité, cuissons et assaisonnements soignés, etc. Décor classique et terrasse à l'ombre des marronniers ; service agréable.

DACHSTEIN

✉ 67120 (Bas-Rhin) – 1 614 hab. – **Voir carte n°1-A1**
▶ Paris 477 km – Molsheim 6 km – Saverne 28 km – Sélestat 40 km
Carte Michelin 315-J5

Auberge de la Bruche

1 r. Principale – ✆ 03 88 38 14 90 – www.auberge-bruche.com – Fermé 29 juil.-11 août, 27 déc.-5 janv., sam. midi, dim. soir et merc.
Menu 32/75 € – Carte 48/62 €
Croustillant de foie d'oie avec sa poêlée de champignons, civet de homard au chardonnay du Languedoc accompagné de gnocchis... Carte actuelle dans cette auberge fleurie, à deux pas de la porte du village et de la Bruche, un joli cours d'eau.

DAGLAN

✉ 24250 (Dordogne) – 555 hab. – **Voir carte n°4-D2**
Paris 558 km – Bordeaux 203 km – Cahors 51 km – Sarlat-la-Canéda 23 km
Carte Michelin 337-D3 – Guide Vert Michelin Périgord Quercy

Le Petit Paris

au bourg – ✆ 05 53 28 41 10 – www.le-petit-paris.fr – Ouvert 14 fév.-11 nov. et fermé dim. soir sauf juil.-août, mardi d'oct. à avril et lundi
Menu 29/41 € *(réservation conseillée)*
Au cœur d'un charmant village périgourdin, une table sympathique devancée par une grande terrasse. Ici, le chef – un enfant du pays – met un point d'honneur à valoriser les produits de sa région. C'est actuel, frais et savoureux !

LA DAILLE – 73 Savoie ➜ voir Val-d'Isère

DAMBACH-LA-VILLE

✉ 67650 (Bas-Rhin) – 1 969 hab. – **Voir carte n°2-C1**
Paris 443 km – Obernai 24 km – Saverne 61 km – Sélestat 8 km
Carte Michelin 315-I7

Le Vignoble sans rest

1 r. de l'Église – ✆ 03 88 92 43 75 – www.hotel-vignoble-alsace.fr – Fermé de janv. à début fév.
7 ch – 60/64 € 72/74 € – 9 €
Attenante à l'église du village, cette ancienne grange alsacienne (1765) abrite des chambres coquettes et rustiques. Aux beaux jours, il fait bon profiter de la cour et du jardinet. Accueil chaleureux.

DAMGAN

✉ 56750 (Morbihan) – 1 625 hab. – **Voir carte n°9-B3**
Paris 469 km – Muzillac 10 km – Redon 46 km – La Roche-Bernard 25 km
Carte Michelin 308-P9

Hôtel de la Plage sans rest

38 bd de l'Océan – ✆ 02 97 41 10 07 – www.hotel-morbihan.com – Ouvert 14 fév.-8 nov.
16 ch – 83/159 € 83/159 € – 1 suite – 14 €
Cet hôtel n'est séparé de la plage que par une petite rue. Les chambres, peu à peu redécorées dans un style épuré, donnent sur la mer. Salle de détente (sauna et soins). Par beau temps, petit-déjeuner en terrasse.

L'Albatros

rest,

1 bd de l'Océan – ✆ 02 97 41 16 85 – www.hotel-albatros-damgan.com – Ouvert fin mars-début nov.
26 ch – 58/98 € 58/98 € – 10 € – ½ P
Rest – Formule 14 € – Menu 22 € (déj. en semaine), 30/37 € – Carte 32/48 €
L'atout majeur de cet hôtel est son emplacement, juste en face de la plage et des voiliers. La majorité des chambres, très bien tenues, donnent sur l'Océan. Au restaurant, grandes baies vitrées ouvrant sur les flots, plateaux de fruits de mer et poisson frais.

DAMPIERRE-EN-YVELINES – 78 Yvelines ➜ voir Paris, Environs

LES DAMPS – 27 Eure ➜ voir Pont-de-L'Arche

DANIZY

✉ 02800 (Aisne) – 569 hab. – **Voir carte n°37-C2**
Paris 148 km – Amiens 111 km – Laon 32 km – Saint-Quentin 28 km
Carte Michelin 306-C5

Domaine le Parc

ch,

r. du Quesny – ✆ 03 23 56 55 23 – www.domaineleparc.fr – Fermé 22 déc.-4 janv.
5 ch – 75/95 € – ½ P **Table d'hôte** – Menu 38 €
Belle demeure du 18e s. nichée dans un magnifique parc boisé. Esprit classique et romantique dans les chambres, dont certaines regardent la vallée de l'Oise. Séduisante cuisine familiale concoctée par le sympathique propriétaire, originaire de Hollande.

DANJOUTIN – 90 Territoire de Belfort ➜ voir Belfort

DANNEMARIE

✉ 68210 (Haut-Rhin) – 2 323 hab. – **Voir carte n°1-A3**
▶ Paris 447 km – Basel 43 km – Belfort 25 km – Colmar 58 km
Carte Michelin 315-G11

Ritter

5 r. de la Gare – ✆ 03 89 25 04 30 – Fermé 16-31 juil., 17-31 déc., 18 fév.-7 mars, lundi soir, jeudi soir et mardi
Formule 11 € – Menu 27/59 € – Carte 33/57 €
Face à l'ancienne gare (désormais une médiathèque), il y a l'ancien théâtre... devenu restaurant ! Rien ne se crée, tout se transforme, et l'on savoure ici une honnête cuisine traditionnelle et du terroir. Spécialité de la maison ? La carpe frite en filet, encore meilleure sur la jolie terrasse.

Wach

13 pl. de l'Hôtel de Ville – ✆ 03 89 25 00 01 – Fermé 4-19 août, 23 déc.-13 janv., lundi et le soir
Menu 14 € (semaine), 17/37 € – Carte 32/46 €
Dans ce modeste restaurant règne une plaisante atmosphère familiale... On y déguste une sympathique cuisine traditionnelle et régionale, accompagnée de nectars bien choisis (avec une prédilection pour les bordeaux et corbières).

DAVAYÉ

✉ 71960 (Saône-et-Loire) – 679 hab.
▶ Paris 407 km – Dijon 137 km – Lyon 74 km – Mâcon 8 km
Carte Michelin 320-I12

Auberge de la Patte d'Oie Ⓝ

La Patte d'Oie – ✆ 03 85 35 86 50 – www.lapattedoie.net – Fermé 21 avril-2 mai, 9-17 août, 26 déc.-14 janv. et le soir du dim. au merc.
Formule 13 € – Menu 17 € (déj. en semaine), 25/55 € 🍷 – Carte 31/47 €
Estelle et David ont repris en 2012 cet ancien restaurant ouvrier, situé sur la route de la Roche de Solutré (à 6 km). François Mitterrand y aurait sûrement fait étape en découvrant la fine et savoureuse cuisine d'Estelle, concoctée avec de beaux produits frais. Tout est fait maison, même le pain !

DAX

✉ 40100 (Landes) – 20 665 hab. – **Voir carte n°3-B3**
▶ Paris 727 km – Biarritz 61 km – Bordeaux 144 km – Mont-de-Marsan 54 km
Carte Michelin 335-E12 – Guide Vert Michelin Aquitaine

Le Grand Hôtel

rest,

r. de la Source – ✆ 05 58 90 53 00 – www.thermes-dax.com – Fermé 22 déc.-12 janv.
Plan : B**f**
128 ch – †75/106 € ††83/113 € – 8 suites – ☕ 10 € – ½ P
Rest – Formule 12 € – Menu 18/35 € – Carte 28/43 €
Au cœur de la cité, cet établissement fera le bonheur des curistes. Ici, nul besoin de sortir pour faire ses soins : il suffit de descendre au sous-sol pour accéder aux thermes. Les chambres, simples et bien tenues, disposent pour certaines d'une kitchenette. Restauration traditionnelle.

La Néhé sans rest

18 r. de la Fontaine-Chaude – ✆ 05 58 90 16 46 – www.hotel-nehe-dax.com
20 ch – †49/53 € ††59/63 € – ☕ 7 €
Plan : B**g**
Un hôtel tout près de la fontaine d'eau chaude, appelée aussi source de la Nèhe – du nom d'une naïade. Les chambres sont petites, mais fonctionnelles et bien tenues. Idéal pour une escale dans la cité thermale.

L'Amphitryon

38 cours Galliéni – ✆ 05 58 74 58 05 – Fermé 23 août-5 sept., 1er-30 janv., sam. midi, dim. soir, lundi et mardi
Plan : B**e**
Menu 20 € (semaine), 30/40 € – Carte 39/55 € *(réservation conseillée)*
Cet amphitryon-là est un hôte de choix ! Dans ce restaurant de poche, à la décoration marine, on déguste une cuisine traditionnelle à l'accent du Sud-Ouest. Les assiettes sont copieuses, généreuses et soignées... à prix doux.

La Tête de l'Art

2 pl. Camille-Bouvet, (marché couvert) – ✆ 05 58 74 00 13 – Fermé 14-31 juil., 29 août-5 sept., 20-31 déc., merc. soir, dim. soir et lundi Plan : B**v**
Formule 16 € – Menu 19 € (déj. en semaine) – Carte 39/50 €
"Si l'art avait une tête, quelle serait-elle ?" Voilà une question digne de l'épreuve de philo au bac ! Rassurez-vous, ici, on ne vous demandera pas de disserter mais de savourer une agréable cuisine traditionnelle. Mention spéciale pour les viandes cuites à la broche et les poissons à la plancha. Terrasse sur cour.

à St-Paul-lès-Dax – ✉ 40990 – 12 409 hab.

Calicéo

355 r. du Centre-Aéré, au lac de Christus – ✆ 05 58 90 66 00 – www.hotelcaliceo.com Plan : A**n**
147 suites – 130/170 € – 48 ch – ☕ 10 €
Rest – Menu 15/40 € – Carte 24/47 €
Architecture originale pour cet hôtel des années 1990 qui a la forme d'un calice ! Avec son centre de balnéothérapie intégré, cet établissement fait la joie des curistes. Les chambres, dont un grand nombre de suites, sont fonctionnelles. Restauration traditionnelle ou diététique. Le tout au cœur de la forêt des Landes.

DAX

Rue	Plan	N°
Aspremont (R. d')	A	2
Augusta (Cours J.)	B	3
Baignots (Allée des)	B	4
Bouvet (Pl. C.)	B	5
Carmes (R. des)	B	6
Carnot (Bd)	A	10
Cazade (R.)	B	12
Chanoine-Bordes (Pl.)	B	13
Chaulet (Av. G.)	AB	14
Clemenceau (Av. G.)	AB	15
Doumer (Av. P.)	A	16
Ducos (Pl. R.)	B	18
Foch (Cours Mar.)	B	19
Francis Plante (Av.)	A	35
Fusillés (R. des)	B	22
Gaulle (Espl. Gén.-de)	B	23
Lorrin (Bd C.)	A	26
Manoir (Bd Y.-du)	AB	28
Milliés-Lacroix (Av. E.)	AB	30
Neuve (R.)	B	31
Pasteur (Cours)	B	34
Sablar (Av. du)	B	37
St-Pierre (Pl.)	B	38
St-Pierre (R.)	B	39
St-Vincent-de-Paul (Av.)	AB	44
St-Vincent (R.)	B	40
Sully (R.)	B	47
Thiers (Pl.)	B	49
Toro (R. du)	B	50
Tuilleries (Av. des)	AB	51
Verdun (Cours de)	B	52
Victor-Hugo (Av.)	AB	54

ST-PAUL-LÈS-DAX

Rue	Plan	N°
Foch (R. Mar.)	A	20
Lahillade (R. G.)	A	24
Liberté (Av. de la)	A	25
Loustalot (R. René)	A	27
Résistance (Av. de la)	A	36
St-Vincent-de-Paul (Av.)	A	45
Tambour (R. du)	B	47

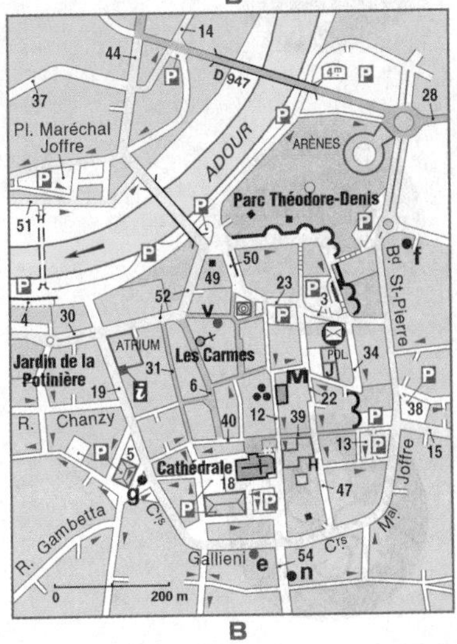

Hôtel du Lac

rest, rest,

266 allée de Christus – *05 58 90 60 00* – *www.brithotel.fr*
– *Ouvert 2 mars-23 nov.*

Plan : A**t**

209 ch – 58/82 € 64/92 € – 10 €
Rest *L'Arc-en-Ciel* 05 58 90 63 00 – Formule 15 € – Menu 20/25 € – Carte 25/36 €

Cet imposant ensemble hôtelier et thermal propose des chambres, confortables et bien tenues, donnant sur le lac Christus. Au restaurant, on apprécie la cuisine traditionnelle dans un cadre contemporain. Pratique pour les curistes.

Le Moulin de Poustagnacq

– *05 58 91 31 03* – *www.moulindepoustagnacq.com* – *Fermé vacances de la Toussaint, 20-30 déc., vacances de fév., mardi midi, dim. soir et lundi*
Menu 30/75 € – Carte environ 80 €

Plan : A**r**

Envie de manger au bord de l'eau ? Dans ce cas, faites un tour dans cet ancien moulin ! Le chef travaille les produits frais et livre une cuisine traditionnelle teintée d'un joli accent régional. Aux beaux jours, installez-vous sur la terrasse face au lac. Ambiance bucolique garantie.

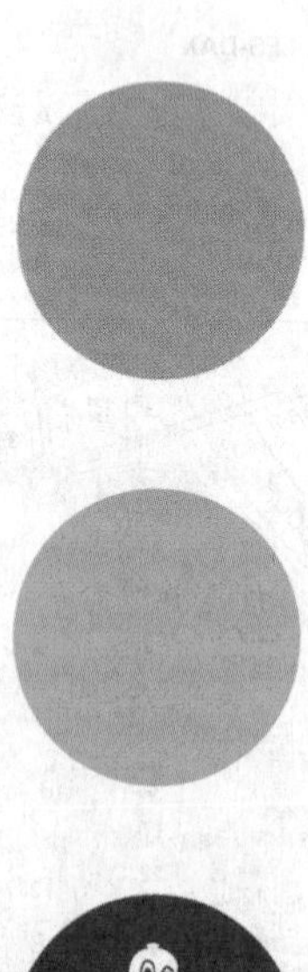

DEAUVILLE

14800 (Calvados) – 3 866 hab. – **Voir carte n°32-A3**
Paris 202 km – Caen 50 km – Évreux 101 km – Le Havre 44 km
Carte Michelin 303-M3 – Guide Vert Michelin Normandie Vallée de la Seine

Hôtels & maisons d'hôtes

Normandy-Barrière

38 r. J.-Mermoz – 02 31 98 66 22 – www.lucienbarriere.com Plan : AZ**h**
279 ch – 185/940 € 185/940 € – 11 suites – 32 €
Rest *La Belle Époque* – voir les restaurants ci-après
Un fier manoir anglo-normand reconnaissable entre mille : construit en 1912, cet hôtel mythique est tout simplement l'emblème de la station ! Toile de Jouy, boiseries… les chambres sont cosy et raffinées ; pour se détendre, on n'a que l'embarras du choix entre la piscine, le tennis ou le centre de remise en forme... Un rêve éveillé.

Royal-Barrière

rest,

bd Eugène-Cornuché – 02 31 98 66 33 – www.lucienbarriere.com – Ouvert de mars à oct. Plan : AZ**y**
253 ch – 295/800 € 295/800 € – 17 suites – 32 €
Rest *L'Etrier* – voir les restaurants ci-après
Rest *Côté Royal* – Menu 50 € – Carte 70/95 € *(fermé le soir de dim. à jeudi sauf en juil.-août et le midi)*
Imposante bâtisse 1900 appréciée par la jet-set et les stars de cinéma. Dans les chambres, luxueuses et chaleureuses, on se sent comme dans un petit palace ; certaines donnent sur la mer. Du style et du caractère, sans conteste !

81 L'Hôtel sans rest

81 av. de la République – 02 31 14 01 50 – www.81lhotel.com Plan : AZ**p**
20 ch – 141/295 € 141/295 € – 14 €
Grand manoir anglo-normand (1906) dont la déco est, à la fois, atypique et intemporelle : parquets, moulures d'époque, mobilier de style laqué argent, pampilles et reproductions de Lichtenstein... Un établissement bien tenu.

Almoria sans rest

37 av. de la République – 02 31 14 32 32 – www.almoria-deauville.com Plan : BZ**q**
60 ch – 80/250 € 80/250 € – 13 €
En plein centre-ville, cet hôtel récent a fait du confort et de l'épure son crédo. Préférez toutefois les chambres donnant sur le patio, où l'on prend son petit-déjeuner aux beaux jours. Accueil aimable.

Mercure Deauville Hôtel du Yacht Club sans rest

2 r. Breney – 02 31 87 30 00 – www.mercure.com Plan : BY**b**
53 ch – 99/249 € 99/249 € – 17 €
Une bâtisse de style régional, pour un Mercure fonctionnel et contemporain donnant sur un jardin intérieur – où les chambres sont plus calmes – et sur la marina. Au petit-déjeuner, on peut même se régaler de produits bio !

DEAUVILLE

Blanc (R. E.) . . . . **AZ** 4
Colas (R. E.) . . . . **AZ** 5
Fossorier (R. R.) . . . . **ABZ** 8
Fracasse (R. A.) . . . . **AZ**
Gambetta (R.) . . . . **BY** 9
Gaulle (Av. Gén.-de) . . . . **AZ** 10
Gontaut-Biron (R.) . . . . **AYZ** 13
Hoche (R.) . . . . **AYZ** 20
Le-Hoc (R. D.) . . . . **BZ** 24
Laplace (R.) . . . . **AZ** 23
Le Marois (R.) . . . . **AZ** 25
Mirabeau (R.) . . . . **BY** 26
Morny (Pl. de) . . . . **BZ** 28
République (Av. de la) . . . . **ABZ**

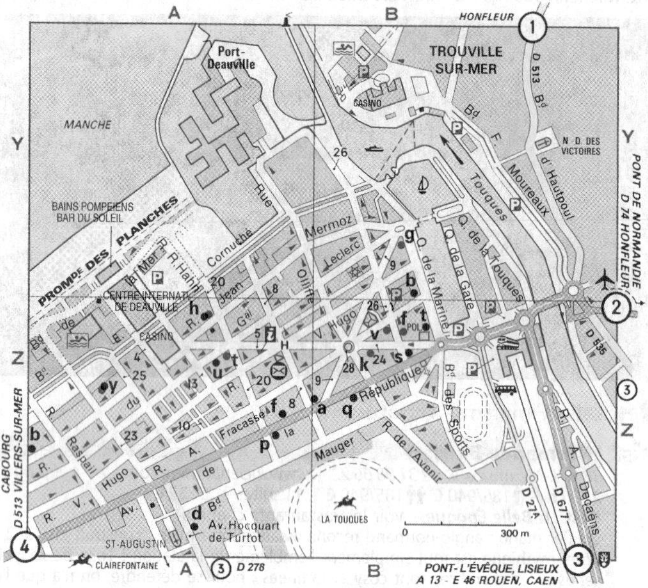

L'Augeval sans rest

15 av. Hocquart-de-Turtot – ✆ 02 31 81 13 18 – www.augeval.com Plan : AZ**d**

40 ch – †98/142 € ††124/170 € – 2 suites – ☕ 14 €

Près de l'hippodrome et des haras, un agréable manoir normand, un brin rétro, et une villa d'esprit contemporain, le Trait d'Union... Après une journée de balade, rendez-vous près de la piscine ou au sauna.

Le Trophée sans rest

81 r. du Gén.-Leclerc – ✆ 02 31 88 45 86 – www.letrophee.com Plan : AZ**u**

35 ch – †99/243 € ††99/243 € – ☕ 14 €

Tout près des mythiques planches et du centre-ville. Donnant sur la rue ou la piscine, les chambres de cet établissement sont confortables et sobres, certaines disposent même d'une baignoire balnéo. Et si ce n'est pas le cas, direction le sauna ou le hammam !

Continental sans rest

1 r. Désiré-Le-Hoc – ✆ 02 31 88 21 06 – www.hotel-continental-deauville.com

42 ch – †72/119 € ††72/119 € – ☕ 10 € Plan : BZ**s**

Construit en 1865 sur une avenue animée, cet hôtel est l'un des pionniers de la station. Les chambres y sont assez spacieuses, confortables et bien tenues. Et pour le petit côté "couleur locale", on vend même de bons produits régionaux !

Villa Joséphine sans rest

23 r. des Villas – ✆ 02 31 14 18 00 – www.villajosephine.fr – Fermé en janv.

9 ch – †130/365 € ††130/365 € – ☕ 22 € Plan : AZ**b**

Dans un quartier résidentiel – à quelques pas de la mer et un peu en retrait du centre-ville –, une charmante villa normande classée (fin 19e s.), entourée d'un jardin ravissant. Entre les couleurs poudrées, le mobilier de style, les portraits de famille, tout y est cosy et délicat, dans un esprit maison d'hôtes.

Marie-Anne sans rest
142 av. de la République – ✆ 02 31 88 35 32 – www.hotelmarieanne.com – Fermé 1er-24 janv. Plan : AZ**f**
25 ch – †79/145 € ††109/199 € – ☐ 13 €
Une villa à deux pas du casino, du golf et de l'hippodrome... Les chambres y sont spacieuses et élégantes, plus calmes sur l'arrière ou dans l'annexe qui donne sur un jardinet. Un établissement bien tenu.

Ibis ch, ch, ch,
9 quai de la Marine – ✆ 02 31 14 50 00 – www.ibishotel.com Plan : BZ**t**
95 ch – †69/119 € ††69/119 € – ☐ 10 €
Rest – Formule 13 € – Menu 19/21 €
Ibis d'esprit régional, juste à côté du port de plaisance. Les chambres y sont fonctionnelles et bien tenues ; certaines disposent même d'une petite terrasse. Une bonne adresse.

Le Chantilly sans rest
120 av. République – ✆ 02 31 88 79 75 – www.hotel-chantilly.com Plan : BZ**a**
17 ch – †68/82 € ††70/96 € – ☐ 8,50 €
Petit hôtel familial tout près de l'hippodrome de la Touques et du centre-ville. Les chambres, très bien tenues, sont plus tranquilles sur l'arrière.

Manoir de Benerville sans rest
✆ 02 31 14 68 80 – www.manoir-benerville.com
5 ch ☐ – †190/470 € ††190/470 €
Sur les hauteurs de Deauville, cette villa anglo-normande (1874) cultive un style qui fait très "maison de poupée" : du rose, des fleurs, la mer ou le joli parc en toile de fond... Avec les chambres, on vous propose même des soins pour encore mieux vous détendre. Le tout au grand calme !

Restaurants

L'Etrier – Hôtel Royal-Barrière
bd Eugène-Cornuché – ✆ 02 31 98 66 33 – www.lucienbarriere.com – Ouvert de mars à oct. et fermé le midi sauf dim. Plan : AZ**y**
Menu 69/117 € – Carte 90/110 €
Boiseries, lustres, tentures épaisses, etc. Mettre le pied à l'Étrier, c'est entrer dans un univers délicieusement cosy et très "palace", où l'on apprécie une cuisine mêlant beaux produits et influences du moment.

La Belle Époque – Hôtel Normandy-Barrière
38 r. J.-Mermoz – ✆ 02 31 98 66 22 – www.lucienbarriere.com Plan : AZ**h**
Menu 55/80 € – Carte 66/141 €
Le restaurant Belle Époque de l'élégant hôtel Normandy, se prête à la dégustation d'une sympathique cuisine de tradition. Sous une magnifique verrière ou l'été, dans la cour fleurie, on apprécie, par exemple, un émietté de tourteaux ou une sole meunière aux épinards. Un agréable moment !

Le Spinnaker
52 r. Mirabeau – ✆ 02 31 88 24 40 – www.spinnakerdeauville.com – Fermé 1 semaine en juin, 1 semaine en nov., 1 semaine en janv., lundi et mardi sauf juil.-août Plan : BZ**v**
Menu 26 € (déj. en semaine), 38/55 € – Carte 39/96 €
Ce "spi" ne vous fera pas gagner de régates, mais il vous régalera, sans aucun doute ! Loin des sentiers battus, on s'installe dans un cadre moderne et épuré ; la cuisine, au goût du jour, est pleine de saveurs... et le service est aux petits oignons.

Augusto Chez Laurent
27 r. Désiré-Le-Hoc – ✆ 02 31 88 34 49 – www.restaurant-augusto.com – Fermé mardi sauf vacances scolaires et lundi Plan : BZ**k**
Formule 19 € – Menu 25 € (déj.), 40/60 € – Carte 51/125 €
Connue pour ses spécialités de homard et de poisson, cette institution tient le cap de la cuisine iodée depuis plus de 35 ans ! On se régale d'un tartare de bar posé sur un lit d'aubergines rissolées à l'huile d'olive ou d'un filet de turbot enrobé dans un crumble de noisettes et d'amandes. Décor chic façon bateau.

XX **La Flambée**

81 r. du Général-Leclerc – ✆ 02 31 88 28 46 – www.laflambee-deauville.com
Formule 21 € – Menu 29/52 € – Carte 45/80 € Plan : AZ**t**
Pourquoi "La Flambée" ? Sans doute à cause de la grande cheminée où l'on prépare de belles grillades sous vos yeux... mais l'adresse aurait aussi pu s'appeler "Le Homard", qui est son autre spécialité ! Derrière les fourneaux, le chef réalise des recettes soignées, qui vont à l'essentiel ; le service est aux petits soins...

X **L'Essentiel**

29/31 r. Mirabeau – ✆ 02 31 87 22 11 – www.lessentiel-deauville.com – Fermé semaines en janv.,1 semaine en juin, 1 semaine en déc., lundi et mardi sauf en saison et fériés Plan : BZ**f**
Formule 18 € – Menu 26 € (déj.)/57 € – Carte 40/69 €
Ce bistrot contemporain célèbre le mariage réussi de l'Hexagone et de l'Asie. Mira – coréenne – et Charles – français – œuvrent à quatre mains à la ville comme en cuisine et concoctent de jolis plats fusion... Une belle invitation au voyage ! L'été, on profite du patio.

X **Le Comptoir et la Table**

1 quai de la Marine – ✆ 02 31 88 92 51 – Fermé 1 semaine en mars, 2 semaines en nov. et merc. Plan : BY**g**
Formule 15 € – Menu 30 € (dîner en semaine) – Carte 45/60 €
Un bistrot dans son jus "fifties" : fresque au plafond évoquant la vie trouvillaise, comptoir en bois et... de la convivialité à revendre. Voilà le lieu idéal pour savourer des petits plats sans chichis, tout simplement frais et bons. On se régale !

à Touques 2,5 km par ③ – ✉ 14800 – 3 995 hab.

XX **Les Landiers**

90 r. Louvel-et-Brière – ✆ 02 31 87 41 08 – www.restaurant-deauville.com – Fermé 20-30 juin, 2-10 janv., dim. soir, mardi et merc. sauf vacances scolaires
Formule 25 € – Menu 29/45 €
Tout près de Deauville, une maison typiquement normande et des saveurs traditionnelles fleurant bon l'iode. L'accueil est charmant et, sur demande, on sert aussi des spécialités des pays de l'Est, car madame est ukrainienne. Le tout dans une ambiance chaleureuse.

à Canapville 6 km par ③ – ✉ 14800 – 219 hab.

XX **Auberge du Vieux Tour**

36 rte départementale 677 – ✆ 02 31 65 21 80 – www.levieuxtour.com – Fermé une semaine fin juin, vacances de Noël et de fév., mardi sauf juil.-août et merc. sauf fériés
Menu 25 € (semaine), 30/56 € – Carte 40/55 €
Une chaumière rustique près de la départementale, mais au calme et très accueillante ! Les patrons – de vrais passionnés – font surtout appel aux producteurs locaux et vous concoctent une sympathique cuisine de tradition : asperges à la polonaise, sole meunière avec une purée maison, tarte aux pommes, etc. Un régal !

au New Golf 3 km au Sud par D 278 - BAZ – ✉ 14800 Deauville

Hôtel du Golf-Barrière ch, rest,

– ✆ 02 31 14 24 00 – www.lucienbarriere.com – (réouverture prévue après travaux au printemps 2014) Fermé de mi-nov. à fin-déc.
178 ch – †199/1235 € ††199/1235 € – ☕ 26 €
Rest ***Le Club House*** – voir les restaurants ci-après
Rest ***Le Lassay*** ✆ 02 31 14 24 48 – – Menu 46 € (dîner), 57/65 € – Carte 50/70 € *(fermé le midi)*
Surplombant la côte et en pleine campagne, ce superbe hôtel typiquement normand (1929) est un vrai havre de paix ! Golf de 27 trous, vue sur la mer, chambres spacieuses... un lieu chic mais décontracté, décoré dans un esprit Art déco, où l'on a plaisir à séjourner.

Le Club House – Hôtel Du Golf-Barrière

– 02 31 14 24 23 – www.lucienbarriere.com – (réouverture prévue après travaux au printemps 2014) Fermé de mi-nov. à fin-déc.
Formule 23 € – Menu 25/27 € – Carte 40/52 € *(fermé le soir)*
Un Club House tout près du golf, où il fait bon se restaurer d'une sympathique cuisine traditionnelle : tartares, salades, pâtes, etc. Formule snacking servie jusqu'à 17 h.

au Sud 6 km par D 278 et chemin de l'Orgueil – ✉ 14800 Deauville

Les Manoirs de Tourgéville

6 km au Sud par D 278 et chemin de l'Orgueil – 02 31 14 48 68 – www.lesmanoirstourgeville.com
35 suites – 230/580 € – 22 ch – 25 € – ½ P
Rest ***1899*** – voir les restaurants ci-après
En plein bocage du pays d'Auge, ce manoir est vraiment séduisant : chambres raffinées, apaisantes et spacieuses (nombreux duplex et triplex). Pour se détendre, il y a l'embarras du choix : piscine, vélo, massage, tennis, cinéma. Se lasser d'un tel endroit ? Impossible !

1899 – Hôtel Les Manoirs de Tourgéville

6 km au Sud par D 278 et chemin de l'Orgueil – 02 31 14 48 68 – www.lesmanoirstourgeville.com – Fermé le midi, dim. et lundi de sept. à mars
Formule 32 € – Menu 45 € – Carte 52/81 €
Le 1899 ? Un restaurant chic, sobre et gourmand. Au déjeuner, la carte est volontairement courte (plats légers, snacking), mais à l'heure du dîner, l'assiette se pare de jolis mets cuisinés sur des bases traditionnelles. En prime, la terrasse donne sur un joli patio !

DECIZE

✉ 58300 (Nièvre) – 5 777 hab. – **Voir carte n°7-B3**
Paris 270 km – Châtillon-en-Bazois 34 km – Luzy 44 km – Moulins 35 km
Carte Michelin 319-D11 – Guide Vert Michelin Bourgogne

Le Charolais

33 bis rte de Moulins – 03 86 25 22 27 – Fermé 1er-9 janv., 1 semaine en fév., dim. soir, lundi et mardi
Formule 14 € – Menu 18/50 €
Dans cet agréable restaurant, le jeune chef mitonne des plats bien dans leur époque. Dès que le temps le permet, direction la terrasse pour y dévorer des grillades et autres plats à la plancha... Enfin, les chefs en herbe pourront s'inscrire aux cours de cuisine, dispensés le lundi et le mercredi.

LA DÉFENSE – 92 Hauts-de-Seine → voir Paris, Environs

DELLE

✉ 90100 (Territoire de Belfort) – 5 916 hab. – **Voir carte n°17-D1**
Paris 448 km – Besançon 108 km – Belfort 25 km – Bâle 97 km
Carte Michelin 315-G11

Hostellerie des Remparts

1 pl. Raymond Forni – 03 84 56 32 61 – www.hostellerie-des-remparts.fr – Fermé 3 semaines en août, 1 semaine en fév. et lundi
Formule 14 € – Menu 27/49 € – Carte environ 42 €
Cette bâtisse de 1576 fait partie du patrimoine local. On prend place, au choix, sous la charpente de l'étage, très rustique ; dans la salle du bas, plus moderne ; ou aux beaux jours sur la terrasse en bord de rivière. La cuisine ? Celle d'un chef aussi jovial que généreux. Tout est dit.

DELME

✉ 57590 (Moselle) – 989 hab. – **Voir carte n°27-C2**
Paris 364 km – Château-Salins 12 km – Metz 33 km – Nancy 36 km
Carte Michelin 307-J5

A la XIIe Borne

6 pl. de la République – ✆ 03 87 01 30 18 – www.12eme-borne.com – Fermé 2 semaines en juil. et 2 semaines début janv.
15 ch – 62 € 62 € – 8 € – ½ P
Rest *A la XIIe Borne* – voir les restaurants ci-après
Une auberge accueillante, tenue par la même famille depuis 1954 ! Les chambres, fonctionnelles et bien tenues, sont très appréciées par la clientèle d'affaires en semaine. À noter, quelques chambres familiales plus spacieuses.

A la XIIe Borne

6 pl. de la République – ✆ 03 87 01 30 18 – www.12eme-borne.com – Fermé 2 semaines en juil., 2 semaines début janv., dim. soir, mardi soir et lundi
Formule 10 € – Menu 24/54 € – Carte 47/65 €
Dans une ambiance familiale, on se retrouve autour d'une cuisine du terroir soignée et généreuse : effiloché de cabillaud lié aux herbes et présenté en raviole de concombre, pavé de truite rose assaisonné de sésame et citron au sel... Les cuissons sont justes et la fraîcheur est au rendez-vous.

DERCHIGNY

✉ 76370 (Seine-Maritime) – 562 hab. – **Voir carte n°33-D1**
Paris 206 km – Barentin 64 km – Dieppe 10 km – Rouen 74 km
Carte Michelin 304-H2

Manoir de Graincourt

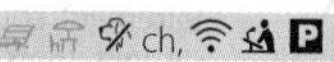

10 pl. Ludovic Panel – ✆ 02 35 84 12 88 – www.manoir-de-graincourt.fr
5 ch – 100/148 € 115/148 € **Table d'hôte** – Menu 37 €
Pour l'anecdote, Renoir séjourna dans cet ancien couvent typiquement normand (19e s.). Les chambres, thématiques (meubles de famille ou chinés, beaux tissus, etc.), donnent sur un joli jardin clos ; la table d'hôte permet de savourer des plats traditionnels dans la belle cuisine rustique, mais pensez à réserver !

DESCARTES

✉ 37160 (Indre-et-Loire) – 3 815 hab. – **Voir carte n°11-B3**
Paris 292 km – Châteauroux 94 km – Châtellerault 24 km – Chinon 51 km
Carte Michelin 317-N7 – Guide Vert Michelin Châteaux de la Loire

Moderne avec ch

15 r. Descartes – ✆ 02 47 59 72 11 – www.modernehotel.fr – Fermé 1er-15 août
11 ch – 44/48 € 50/54 € – 8 € – ½ P
Formule 12 € – Menu 16/36 € – Carte 26/47 €
À deux pas de la maison natale de René Descartes (devenue musée), ce restaurant sert une cuisine traditionnelle à base de produits frais. Quelques chambres toutes simples pour dépanner.

DESVRES

✉ 62240 (Pas-de-Calais) – 5 179 hab. – **Voir carte n°30-A2**
Paris 263 km – Arras 98 km – Boulogne 19 km – Calais 40 km
Carte Michelin 301-E3

Le Moulin aux Draps

rte Crémarest, 1,5 km par D 254E – ✆ 03 21 10 69 59 – www.hotel-moulinauxdraps.com – Fermé 23 déc.-7 janv.
20 ch – 68/155 € 68/155 € – 12 € – ½ P
Rest *Le Moulin aux Draps* – voir les restaurants ci-après
Au cœur de la forêt domaniale et près d'un moulin du 15e s., on est ici dans un environnement préservé. Un peu comme à la ferme, le confort en plus ! Les chambres sont plaisantes, douillettes et mansardées à l'étage. Parfait pour se reposer au grand calme.

XX **Le Moulin aux Draps**

rte Crémarest, 1,5 km par D 254^E – ✆ 03 21 10 69 59 – www.hotel-moulinauxdraps.com – Fermé 23 déc.-7 janv., sam. midi, dim. soir et lundi midi

Formule 15 € – Menu 29/50 € – Carte 36/51 €

Ici, point de moulin à paroles, on fait silence pour savourer la cuisine régionale ! Et pour cause, en terrasse ou devant la cheminée en faïence, difficile de résister au chaud-froid de saumon fumé, au filet de bœuf sauce vigneronne ou à la tartelette de camembert... Une bonne adresse.

DEUIL-LA-BARRE – 95 Val-d'Oise ➜ voir Paris, Environs

LES DEUX-ALPES (Alpes de Mont-de-Lans et de Vénosc)

✉ 38860 (Isère) – Voir carte n°**45**-C2

▶ Paris 640 km – Le Bourg-d'Oisans 26 km – Grenoble 78 km

Carte Michelin 333-J7 – Guide Vert Michelin Alpes du Nord

Chalet Mounier rest,

2 r. de la Chapelle – ✆ 04 76 80 56 90 – www.chalet-mounier.com – Ouvert 21 juin-30 août et 20 déc.-29 avril **n**

38 ch – 170/287 € 230/390 € – 5 suites – 15 € – ½ P

Rest ***Le P'tit Polyte*** ✿ – voir les restaurants ci-après

Rest – Menu 35 € *(fermé le midi)*

Tout en haut des Deux-Alpes, sur le site d'une ferme d'alpage, l'aîné des hôtels de la station, né dans les années 1930 : les lieux ont la tradition de l'accueil chevillée au corps – des chevilles en bois, évidemment ! Tout pour un beau séjour à la montagne : grand confort, piscines, sauna, fitness, table gastronomique...

Souleil'Or rest, P

10 r. Grand Plan – ✆ 04 76 79 24 69 – www.le-souleil-or.fr – Ouvert 15 juin-31 août et 1er déc.-13 avril **t**

42 ch – 96/175 € 114/235 €

Rest – Menu 32 € (dîner) – Carte 29/58 € *(ouvert 1er déc.-13 Avril)*

Skieurs en hiver, randonneurs en été : au pied des pistes, ce grand chalet vit montagne ! La plupart des chambres ouvrent sur un balcon, pour un bol d'air maximal... Une de ces adresses où lambrissé et simplicité riment avec douillet.

Les Mélèzes rest, P

17 r. des Vikings – ✆ 04 76 80 50 50 – www.hotelmelezes.com – Ouvert 15 déc.-28 avril **s**

34 ch – ½ P seult 89/148 € **Rest** – Formule 20 € – Menu 35 € – Carte 37/54 €

L'expression "au pied des pistes" n'est pas galvaudée : on pourrait littéralement entrer dans l'hôtel les skis aux pieds ! Après avoir traversé un grand salon cosy, on découvre, à l'étage, des chambres où règnent le bois et un agréable esprit contemporain.

Côte Brune N ch, P

6 r. Côtes-Brunes – ✆ 04 76 80 54 89 – www.hotel-cotebrune.com – Ouvert 16 juin-31 août et 2 déc.-30 avril **b**

18 ch – 102/138 € 170/230 € – ½ P

Rest – Carte 21/37 € *(dîner pour résidents seult)*

Adieu le froid béton, bonjour la chaleur des boiseries ! En rénovant une ancienne structure des années 1970, située au pied des pistes de ski, la famille Bel a créé un hôtel chaleureux et accueillant, synthèse idéale entre rustique montagnard et confort moderne.

Serre-Palas sans rest

13 pl. de l'Alpe-de-Venosc – ✆ 04 76 80 56 33 – www.hotelserre-palas.fr – Ouvert 16 juin-31 août, 26 oct.-3 nov. et 1er déc.-30 avril **u**

24 ch – 28/70 € 40/138 €

Bon rapport qualité-prix pour cet hôtel proche de la télécabine de Venosc. Côté sud, chaque chambre possède son propre balcon avec, en point de mire, le massif de la Muzelle... Et l'ambiance est dans le ton : au menu, déco et mobilier montagnards !

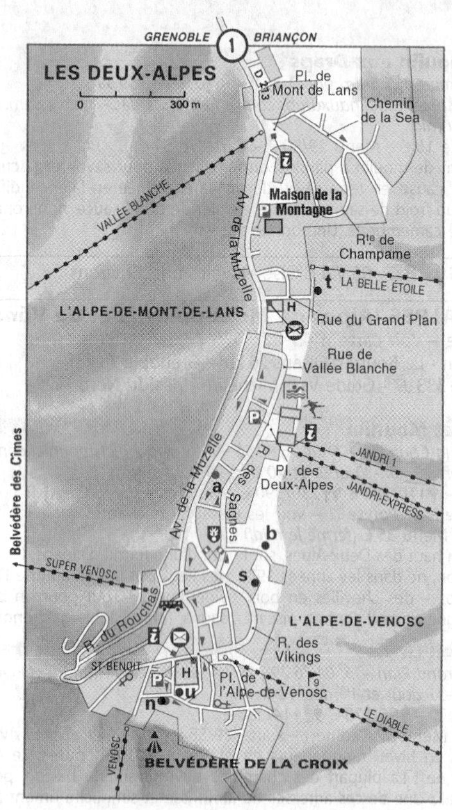

Le P'tit Polyte – Hôtel Chalet Mounier

2 r. de la Chapelle – ✆ 04 76 80 56 90 – www.chalet-mounier.com – Ouvert 21 juin-30 août et 20 déc.-29 avril et fermé le midi, dim. et lundi

Menu 56/95 € – Carte 78/90 € **n**

P'tit par le nom, mais grand par la qualité : ce noble chalet, au décor très contemporain, réserve une superbe expérience autour de produits d'une parfaite fraîcheur et d'une cuisine tout en maîtrise, accompagnée d'une belle carte des vins. Finesse et justesse...

➜ Verrine de Saint-Jacques, tapioca soufflé, spaghettis d'encre de seiche. Côte de porc à la moelle de veau, potimarron et gras de Colonnata. Chocolat et yuzu en textures.

Le Diable au Cœur 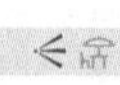

7 r. des Gorges, au sommet du télésiège du Diable – ✆ 04 76 79 99 50 – www.lediableaucoeur.com – Ouvert 20 juin-1er sept. et 5 déc.-26 avril, fermé le soir

Menu 25 € – Carte 29/50 € *(réservation conseillée)*

Direction les cimes ! Empruntez le télésiège pour aller déjeuner dans ce diable de restaurant, perché à 2 400 m d'altitude... Dans le cadre agréable d'un chalet en bois clair, face à la Muzelle, la cuisine ne souffre pas du vertige : gourmande et soignée, elle mêle avec brio tradition et spécialités régionales. Du cœur !

Le Raisin d'Ours

98 av. de la Muzelle – ✆ 04 76 79 29 56 – www.leraisindours.fr – Fermé mai, sept. et oct. **a**

Formule 20 € – Menu 26/39 € – Carte 29/58 €

Le Raisin d'Ours ? Un arbuste du sud des Alpes et un écho à la vigne : double clin d'œil aux origines des jeunes propriétaires. Lui, en cuisine, est natif de la station ; elle, enfant du Beaujolais, est sommelière. Le résultat : une cuisine fine et travaillée, et une sélection de vins qui ne doit rien au hasard !

DHUIZON

✉ 41220 (Loir-et-Cher) – 1 430 hab. – **Voir carte n°12-C2**

Paris 174 km – Beaugency 23 km – Blois 29 km – Orléans 46 km

Carte Michelin 318-G6

au Nord-Est 4 km par rte de Villeny et rte secondaire

La Maison de Capucine sans rest

Ferme de l'Aunay, (Le Thou) – ✆ 06 13 43 58 98 – www.lamaisondecapucine.com – Ouvert avril-nov.

4 ch – 150/180 € 150/180 €

En pleine forêt et vraiment au calme ! Cette jolie ferme solognote avec ses colombages, parfaitement rénovée, abrite des chambres au charme champêtre (poutres, parquet, tomettes). Une bonne adresse pour se mettre au vert... et au calme.

DIE

✉ 26150 (Drôme) – 4 357 hab. – **Voir carte n°44-B3**

Paris 623 km – Gap 92 km – Grenoble 110 km – Montélimar 73 km

Carte Michelin 332-F5 – Guide Vert Michelin Alpes du Sud

L'Escale de Die

av. de la Clairette – ✆ 04 75 22 00 95 – www.lescale-de-die.fr – Fermé vacances de fév., de la Toussaint et merc.

9 ch – 68/78 € 68/78 € – 9 € – ½ P

Rest – Menu 16 € (déj.), 22/40 € – Carte 30/53 € *(fermé dim. soir du 1er oct. au 1er mai et merc.)*

Il règne une ambiance familiale dans cette maison à la façade fleurie. Chambres parfaitement tenues et confortables. Préférez celles donnant sur le massif du Vercors. Au restaurant, on sert une cuisine traditionnelle. Une escale bien agréable.

DIEBOLSHEIM

✉ 67230 (Bas-Rhin) – 649 hab. – **Voir carte n°1-B2**

Paris 529 km – Colmar 55 km – Freiburg im Breisgau 59 km – Strasbourg 44 km

Carte Michelin 315-J7

Ambiance Jardin sans rest

12 r. de L'Abbé-Wendling – ✆ 03 88 74 84 85 – www.ambiance-jardin.com

4 ch – 75/85 € 85/95 €

De cette grange, les propriétaires ont fait une charmante maison d'hôtes, qui foisonne d'antiquités. Chambres aux tons pastel, spacieuses et cosy. Beau jardin.

DIEFFENBACH-AU-VAL

✉ 67220 (Bas-Rhin) – 618 hab. – **Voir carte n°2-C1**

Paris 538 km – Colmar 33 km – Lahr 65 km – Strasbourg 53 km

Carte Michelin 315-H7

La Romance sans rest

17 r. de Neuve-Église – ✆ 03 88 85 67 09 – www.la-romance.net

5 ch – 65/95 € 78/105 €

Au bout d'un chemin privé qui longe la forêt, cette charmante maison à colombages respire la sérénité. Chambres soignées et joliment colorées. Aux beaux jours, on peut prendre le petit-déjeuner au jardin.

DIEFFENTHAL

✉ 67650 (Bas-Rhin) – 256 hab. – **Voir carte n°2-C1**
▶ Paris 441 km – Lunéville 100 km – St-Dié 45 km – Sélestat 7 km
Carte Michelin 315-I7

Le Verger des Châteaux

rest,

2 rte Romaine – ✆ 03 88 92 49 13 – www.verger-des-chateaux.fr
32 ch – †65/99 € ††65/99 € – ☕ 10 € – ½ P
Rest – Formule 11 € – Menu 19/22 € – Carte 27/53 € *(fermé lundi midi)*
Une imposante bâtisse bordant le fameux vignoble alsacien. Les chambres sont spacieuses, équipées de mobilier en bois blond ; mansardes familiales au dernier étage. Salle à manger donnant sur la campagne ; registre culinaire traditionnel. Winstub au décor coloré.

DIEFMATTEN

✉ 68780 (Haut-Rhin) – 301 hab. – **Voir carte n°1-A3**
▶ Paris 450 km – Belfort 25 km – Colmar 48 km – Mulhouse 21 km
Carte Michelin 315-G10

Auberge du Cheval Blanc avec ch

rest,

17 r. Hecken – ✆ 03 89 26 91 08 – www.auchevalblanc.fr – Fermé 15-30 juil. et 2-7 janv.
5 ch – †56 € ††65 € – ☕ 12 € – ½ P
Formule 23 € – Menu 28 €, 39/72 € – Carte 51/82 € *(fermé lundi et mardi sauf fériés)*
La déclinaison de foie gras ? L'un des grands classiques de cette élégante maison alsacienne, où la cuisine gastronomique épouse les saisons – notamment autour de menus à thème (truffe, bouillabaisse, etc.) et de vins bien choisis. Pour l'étape, d'agréables chambres fonctionnelles.

DIEPPE

✉ 76200 (Seine-Maritime) – 31 963 hab. – **Voir carte n°33-D1**
▶ Paris 197 km – Abbeville 68 km – Caen 176 km – Le Havre 111 km
Carte Michelin 304-G2 – Guide Vert Michelin Normandie Vallée de la Seine

Aguado sans rest

30 bd de Verdun – ✆ 02 35 84 27 00 – www.hotelsdieppe.com Plan : BY**s**
56 ch – †74/146 € ††74/146 € – ☕ 10 €
Étonnant : l'immeuble enjambe une rue reliant le front de mer à la ville ! Quant aux chambres, bien insonorisées, elles sont décorées avec soin dans des styles variés... La moitié d'entre elles donnent sur la Manche, un plaisir à prolonger au petit-déjeuner.

Mercure la Présidence

1 bd de Verdun – ✆ 02 35 84 31 31 – www.hotel-la-presidence.com
85 ch – †120/155 € ††120/155 € – ☕ 17 € Plan : AY**a**
Rest – Menu 25/30 € – Carte 35/55 € *(fermé sam. midi et dim.)*
Près du casino et du centre de thalasso, ne vous laissez pas intimider par la façade un peu ingrate de cet hôtel : les chambres sont décorées avec goût (parquet, mobilier design et tons chatoyants) et la moitié ont vue sur les flots... Une ambiance marine qui se confirme au restaurant de l'établissement.

Hôtel de l'Europe sans rest

63 bd de Verdun – ✆ 02 32 90 19 19 – www.hoteldieppe.com – Ouvert du 19 avril à mi-nov. Plan : BY**t**
60 ch – †90/145 € ††99/145 € – ☕ 10 €
Sur le front de mer, du bois, du béton et... de l'allure ! À l'intérieur, les chambres, grandes, colorées et meublées de rotin, regardent la Manche et ses flots aux couleurs sans cesse changeantes.

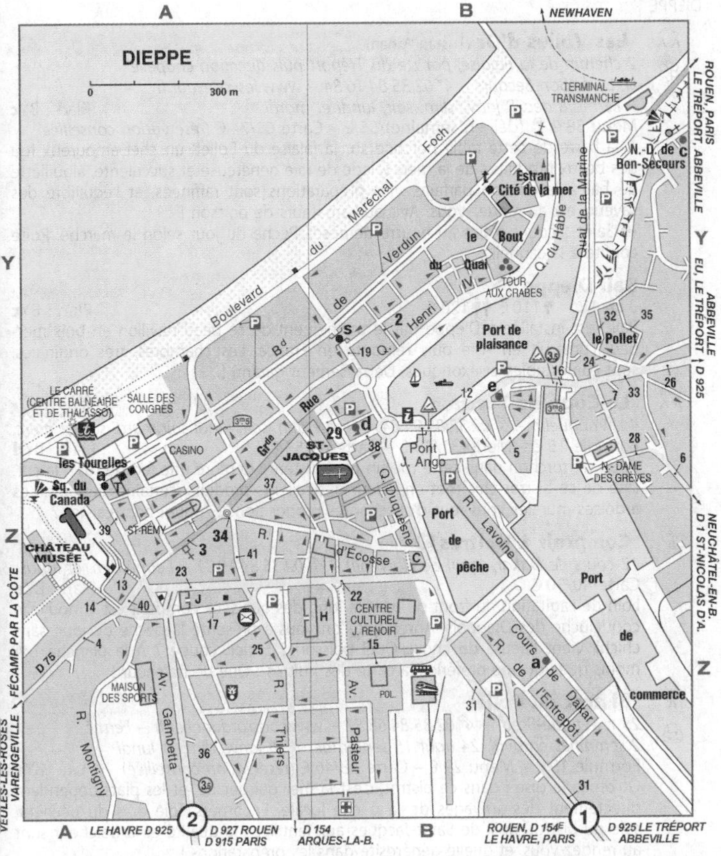

DIEPPE

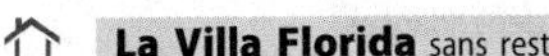

La Villa Florida sans rest

24 chemin du Golf, au Sud-Ouest par D 75 - AZ – ☎ 02 35 84 40 37 – www.lavillaflorida.com

4 ch – 84/103 € 90/110 €

Il flotte comme un parfum des Indes dans cette maison d'architecte dont la propriétaire est passionnée de yoga. Golf, Lotus, Bleue et... Yoga : les chambres, toutes plus apaisantes les unes que les autres, sont une invitation au voyage !

Le symbole vous garantit des nuits au calme. En rouge ? Encore plus de tranquillité : juste le chant des oiseaux au petit matin...

XX **Les Voiles d'Or** (Tristan Arhan)

2 chemin de la Falaise, par rte du Tréport puis direction chapelle N.-D.-de-Bon-Secours – 02 35 84 16 84 – www.lesvoilesdor.fr – Fermé 8 déc.-8 janv., dim. soir, lundi et mardi Plan : BY**c**

Menu 38 € (déj. en semaine)/55 € – Carte 63/74 € *(réservation conseillée)*

À la barre de cette table perchée sur la falaise du Pollet, un chef amoureux fou des beaux produits... de la mer. Salade de raie généreuse et succulente, aiguillette de bar à la cuisson parfaite : les préparations sont raffinées, et l'équilibre des saveurs est au rendez-vous. Avis aux amateurs de poisson !

➜ Saint-Jacques rôties au beurre demi-sel. Pêche du jour selon le marché. Poire confite à la cannelle.

Bali-Dieppe

3 ch – 110 € 120 € Plan : BY**c**

Bali s'est installée à Dieppe par le truchement de ce beau pavillon en bois merbau, construit en Asie puis remonté en France. Les chambres, très originales, sont confortables et exotiques. Dépaysement garanti !

XX **Le Coup de Torchon**

4 r. Vauquelin – 02 35 85 94 84 – Fermé dim. soir, lundi soir,mardi soir et merc.

Formule 15 € – Menu 31/48 € – Carte 41/53 € Plan : BY**d**

Coup de torchon dans cette rue un peu austère : derrière une façade rose, la cuisine de ce bistrot chic met en valeur d'excellents produits, certains dieppois. Les ardoises murales vous font d'alléchantes propositions... À quoi bon résister ?

X **Comptoir à Huîtres** N

12 cours de Dakar, (quai de Norvège) – 02 35 84 19 37 – Fermé dim. et lundi

Carte 40/50 € Plan : BZ**a**

Loin de l'agitation du front de mer, le long des quais, ce comptoir est la nouvelle coqueluche des Dieppois. Après que l'on vous a présenté la pêche du jour, sans chichi, vient l'heure du choix. Quel poisson ? Entier, coupé ? À la plancha ? À moins que vous ne préfériez la carte des huîtres... Que de fraîcheur !

X **Bistrot du Pollet**

23 r. Tête-de-Bœuf – 02 35 84 68 57 – www.bistrotdupollet.fr – Fermé 2 semaines en avril, 24 août-15 septembe, 1er-8 janv., dim. et lundi

Formule 19 € – Menu 29 € – Carte 28/46 € *(réservation conseillée)* Plan : BY**e**

Qu'on se le dise : dans ce bistrot, c'est la mer qui décide, et les plats dépendent directement des arrivages de la pêche locale. Encornets, foie gras du pêcheur, sole du bistrot, noix de Saint-Jacques aux lentilles : la qualité et la fraîcheur sont au rendez-vous, et quelle générosité dans les préparations !

à Martin-Église 6 km au Sud-Est par D 1 - BYZ – ✉ 76370 – 1 542 hab.

XX **Auberge du Clos Normand** avec ch ch, P

22 r. Henri-IV – 02 35 40 40 40 – www.closnormand.fr – Fermé 17 nov.-10 déc. et 17 fév.-5 mars

10 ch – 75 € 75 € – 8 €

Menu 25/35 € – Carte 39/49 € *(fermé mardi midi, merc. midi et lundi)*

Dans un jardin bordé par une rivière, cet ancien relais de poste (15e s.) est le repaire idéal des amateurs de cuisine traditionnelle ! Devant la grande cheminée en brique de Dieppe, on déguste huîtres, ris de veau et autres magrets... Quelques chambres calmes et feutrées dans les dépendances.

à Offranville 6 km par ②, D 927 et D 54 – ✉ 76550 – 3 321 hab.

XX **Le Colombier**

r. Loucheur, (parc du Colombier) – 02 35 85 48 50 – www.restaurant-normandie-offranville-colombier.over-blog.com – Fermé 30 juin-17 juil., 2-19 mars, mardi sauf juil.-août, dim. soir et merc.

Formule 22 € – Menu 28 € (semaine), 41/70 €

Dans cette vénérable maison normande du 16e s., l'imposante cheminée à colonnes se fond dans un beau décor contemporain. Saint-Jacques à la compote de poire, "poissons d'ici", pomme façon tatin... C'est fin, harmonieux et sagement original.

à Pourville-sur-Mer 5 km à l'Ouest par D 75 AZ – ✉ 76550

Le Trou Normand

128 r. des Verts-Bois – ✆ 02 35 84 59 84 – Fermé 26 août-10 sept., 29 déc.-18 janv., dim. soir et lundi
Menu 26/40 € – Carte 37/56 €
Cette auberge est toute proche de la plage où débarquèrent, en 1942, les Canadiens de l'opération Jubilee. On y déguste une bonne cuisine traditionnelle, crémeuse et généreuse, à moins de préférer la petite carte "terre et mer" qui varie au gré du marché... où le patron fait ses emplettes deux fois par semaine !

à Neuville-lès-Dieppe 1,4 km à l'Est par av. de la République – ✉ 76370

Auberge du Vieux Puits avec ch

15 av. Alexandre-Dumas – ✆ 02 35 84 47 35 – www.puys.fr – Fermé 3 janv.-14 fév., 1er-12 oct.
8 ch – 105/145 € 105/145 € – ½ P
Formule 21 € – Menu 26/53 € – Carte 36/65 €
Sur les hauteurs, face à la mer, une auberge à l'ancienne qui ne manque pas de sel ! Huîtres d'Isigny gratinées à la mimolette, pavé de turbot rôti au vin blanc, soufflé au Grand Marnier... Une cuisine goûteuse et généreuse, réalisée par un chef maîtrisant parfaitement sa partition.

DIEULEFIT

✉ 26220 (Drôme) – 3 004 hab. – **Voir carte n°44-B3**
Paris 614 km – Crest 30 km – Montélimar 29 km – Nyons 30 km
Carte Michelin 332-D6 – Guide Vert Michelin Ardèche Drôme

au Poët-Laval 5 km à l'Ouest par D 540 – ✉ 26160 – 944 hab.

Les Hospitaliers

– ✆ 04 75 46 22 32 – www.hotel-les-hospitaliers.com – Ouvert 29 mars- 1er nov.
22 ch – 79/160 € 79/160 € – 13 € – ½ P
Rest – Formule 19 € – Menu 24 € (déj. en semaine), 42/55 € – Carte 63/74 €
(fermé lundi et mardi sauf du 1er juil. au 10 sept.)
Référence aux Hospitaliers qui, au 12e s., s'installèrent dans le village. L'établissement, composé d'un bel ensemble de maisons en pierre sèche, abrite des chambres de caractère. Cuisine de saison au restaurant.

au Nord 9 km par D 538, D 110 et D 245 - ✉ 26460 Truinas

La Bergerie de Féline

Les Charles – ✆ 04 75 49 12 78 – www.labergeriedefeline.com
5 ch – 130/220 € 130/220 € **Table d'hôte** – Menu 30 €
Vue sur le Vercors, belle piscine, hamac au fond du jardin... Dans cette bergerie du 18e s., la vie est bien douce ! Les chambres allient chaleur du bois brut et mobilier design. Autour de la table d'hôte, on savoure une bonne cuisine familiale.

DIGNE-LES-BAINS

✉ 04000 (Alpes-de-Haute-Provence) – 16 922 hab. – **Voir carte n°41-C2**
Paris 744 km – Aix-en-Provence 109 km – Avignon 167 km – Cannes 135 km
Carte Michelin 334-F8 – Guide Vert Michelin Alpes du Sud

Le Grand Paris

19 bd Thiers – ✆ 04 92 31 11 15 – www.hotel-grand-paris.com – Ouvert 1er avril-30 nov.
16 ch – 85/135 € 95/160 € – 4 suites – 17 € – ½ P
Rest *Le Grand Paris* – voir les restaurants ci-après
Charme et authenticité pour ce couvent du 17e s. aux chambres délicieusement vieille France... Ici, on cultive le sens de l'accueil et la belle tradition hôtelière.

XXX Le Grand Paris

19 bd Thiers – ✆ 04 92 31 11 15 – www.hotel-grand-paris.com – Ouvert 1er avril-30 nov. et fermé lundi midi, mardi midi, merc. midi et jeudi midi hors saison

Formule 28 € – Menu 39/78 € – Carte 64/86 €

Une maison pleine de cachet, avec un petit côté "à l'ancienne" tout à fait plaisant. La chef revisite les recettes classiques de son père (jadis aux fourneaux) ; ses plats sont savoureux. Ici, la tradition se perpétue d'une bien jolie façon.

rte de Nice 2 km par N 85 – ✉ 04000 Digne-les-Bains

Villa Gaïa

24 rte de Nice – ✆ 04 92 31 21 60 – www.hotel-villagaia-digne.com – Ouvert 15 avril-25 oct. et fermé 1er-5 juil. et 27-30 août

10 ch – †79/99 € ††85/120 € – ☕ 13 € – ½ P

Rest – Menu 28 € *(fermé jeudi sauf juil.-août, merc. et le midi) (résidents seult)*

Cette accueillante maison de maître du début du 18e s. a conservé le charme d'autrefois : un grand parc, une bibliothèque et des chambres de style rétro (sans TV !). Et un menu régional est même proposé pour les gourmands !

DIGOIN

✉ 71160 (Saône-et-Loire) – 8 303 hab. – **Voir carte n°7-B3**

▶ Paris 337 km – Autun 69 km – Charolles 26 km – Moulins 57 km

Carte Michelin 320-D11 – Guide Vert Michelin Bourgogne

à Vigny-les-Paray 9 km au Nord-Est par D 994 et D 52 – ✉ 71160

X Auberge de Vigny

– ✆ 03 85 81 10 13 – www.aubergedevigny.fr – Fermé 9-30 oct., 2-20 janv., dim. soir de nov. à mars, lundi et mardi

Formule 18 € – Menu 27/40 € – Carte 36/47 €

Dans cette ancienne salle de classe décorée avec soin, on sert désormais une cuisine qui joue parfois avec les codes de la tradition (un bourguignon de calamars !). Jolie terrasse donnant sur le jardin et le potager... pour une étape champêtre.

DIJON

✉ 21000 (Côte-d'Or) – 151 212 hab. – Agglo. 237 924 hab. – Voir carte n°**8-D1**
Paris 311 km – Auxerre 152 km – Besançon 94 km – Genève 192 km
Carte Michelin 320-K6 – Guide Vert Michelin Bourgogne

Hôtels

Grand Hôtel de la Cloche

14 pl. Darcy – ✆ 03 80 30 12 32 – www.hotel-lacloche.com Plan : CY**f**
61 ch – 165/265 € 195/350 € – 4 suites – 22 €
Rest *Les Jardins de la Cloche* – voir les restaurants ci-après
Une bâtisse Belle Époque (1884) où il fait bon vivre. Les chambres allient classicisme contemporain, ameublement en bois blond et bonne insonorisation : c'est cossu, charmant et douillet... Les amateurs apprécieront le cachet traditionnel, très français, de l'ensemble !

Hostellerie du Chapeau Rouge

5 r. Michelet – ✆ 03 80 50 88 88 – www.chapeau-rouge.fr Plan : CY**a**
29 ch – 130/180 € 130/180 € – 2 suites – 17 €
Rest *William Frachot* ✿✿ – voir les restaurants ci-après
Une élégante "hostellerie" créée en 1863, mais toujours pleine de fraîcheur avec ses chambres au décor soigné, certaines très contemporaines. Le must : profiter de l'espace bien-être – massage, sauna, hammam – avant un bon dîner.

Mercure-Centre Clemenceau

22 bd de la Marne – ✆ 03 80 72 31 13 – www.hotel-mercure-dijon.com
123 ch – 105/245 € 105/245 € – 18 € Plan : EX**z**
Rest *Le Château Bourgogne* – voir les restaurants ci-après
Un hôtel de grand confort, tout près de l'auditorium, des palais des congrès et des expositions. Les chambres sont spacieuses et décorées avec personnalité, dans des tons gris et noirs ; dans la cour centrale, la piscine vous tend les bras... Un ensemble chaleureux.

Philippe Le Bon

18 r. Ste-Anne – ✆ 03 80 30 73 52 – www.hotelphilippelebon.com Plan : DY**p**
41 ch – 90/250 € 90/250 € – 15 € – ½ P
Rest *Les Oenophiles* – Formule 25 € – Menu 39/62 € – Carte 54/66 € *(fermé le midi du 6 au 19 août et dim.)*
Rest *L'Autre Entrée* ✆ 03 80 30 53 55 – – Formule 14 € – Menu 17 € (déj.) – Carte 26/45 € *(fermé sam. midi, dim. midi et lundi)*
Dans le centre ancien, trois superbes hôtels particuliers des 15e et 18e s., autour d'une jolie cour de style gothique... L'un des bâtiments accueille de nouvelles chambres, luxueuses et spacieuses. Pour le repas, on choisira, selon l'humeur du jour, entre restaurant traditionnel et bistrot.

DIJON

Rue	Carré	N°
Adler (Pl. E.)	EZ	
Albert-1er (Av.)	CY	
Arquebuse (R. de l')	CY	
Audra (R.)	CY	
Auxonne (R. d')	EZ	
Barabant (Pl. Henri)	DZ	
Baudin (R. J.-B.)	EYZ	
Berbisey (R.)	CYZ	
Berlier (R.)	DEY	
Bordot (R.)	DZ	
Bossuet (R. et Pl.)	CDY	
Bouhey (Pl. J.)	EX	
Bourg (R. du)	DY	
Briand (Av. A.)	EX	8
Brosses (Bd de)	CY	9
Buffon (R.)	DY	
Cabet (R. P.)	EY	
Carnot (Bd)	DEY	
Castell (Bd du)	CZ	
Cellerier (R. J.)	CX	
Chabot-Charny (R.)	DYZ	
Champagne (Bd de)	EX	14
Charrue (R.)	DY	18
Chouette (R. de la)	DY	21
Clemenceau (Bd G.)	EX	
Colmar (R. de)	EX	
Comte (R. A.)	DY	27
Condorcet (R.)	CY	
Cordeliers (Pl. des)	DY	
Courtépée (R.)	DX	
Darcy (Pl.)	CY	
Daubenton (R.)	CZ	
Davout (R.)	EY	
Devosge (R.)	CDXY	
Diderot (R.)	EY	
Dr-Chaussier (R.)	CY	32
Dubois (Pl. A.)	CY	33
Dumont (R. Ch.)	DZ	
École-de-Droit (R.)	DY	35
Égalité (R. de l')	CX	
Févret (R.)	DZ	
Foch (Av. Mar.)	CY	43
Fontaine-lès-Dijon (R.)	CX	
Forges (R. des)	DY	
Fremiet (R. A.)	DX	
Gagnereaux (R.)	DX	
Garibaldi (Av.)	DX	
Gaulle (Crs Général-de)	DZ	
Godrans (R. des)	DY	51
Grangier (Pl.)	DY	54
Gray (R. de)	EY	
Guillaume-Tell (R.)	CY	
Hôpital (R. de l')	CZ	
Ille (R. de l')	CZ	
Jeannin (R.)	DEY	
Jean-Jaurès (Av.)	CZ	
Jouvence (R. de)	DX	
J.-J.-Rousseau (R.)	DY	
Ledru-Rollin (R.)	EXY	
Libération (Pl. de la)	DY	57
Liberté (R. de la)	CY	
Longvic (R. de)	DEZ	
Magenta (R.)	EZ	58
Manutention (R. de la)	CZ	
Marceau (R.)	DX	
Mariotte (R.)	CY	
Marne (Bd de la)	EX	
Metz (R. de)	EY	
Michelet (R.)	CY	64
Mirande (R. de)	EY	
Monge (R.)	CY	
Montchapet (R. de)	CX	
Mulhouse (R. de)	EXY	
Musette (R.)	DY	
Parmentier (R.)	EX	
Pasteur (R.)	DYZ	
Perrières (R. des)	CY	
Perspective (Pl. de la)	CZ	
Petit-Citeaux (R. du)	CZ	
Petit-Potet (R. du)	DY	71
Piron (R.)	DY	
Préfecture (R. de la)	DY	
Prés.-Wilson (Pl.)	DZ	
Prévert (Pl. J.)	CZ	
Raines (R. du Fg)	CYZ	
Rameau (R.)	DY	77
République (Pl. de la)	DX	
Rolin (Quai N.)	CZ	
Roses (R. des)	CX	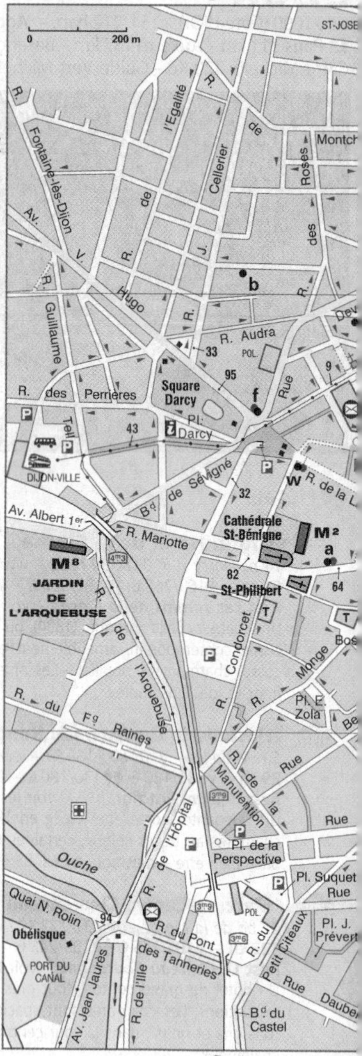
Roussin (R. Amiral)	DY	
Rude (Pl. F.)	DY	
Rude (R. F.)	DY	81
Ste-Anne (R.)	DYZ	
St-Bénigne (Pl.)	CY	82
St-Bernard (Pl.)	DY	83
St-Michel (Pl.)	DY	8
Sambin (R.)	DX	
Sévigné (Bd de)	CY	
Suquet (Pl.)	CZ	
Tanneries (Rd-Pt des)	CZ	
Théâtre (Pl. du)	DY	

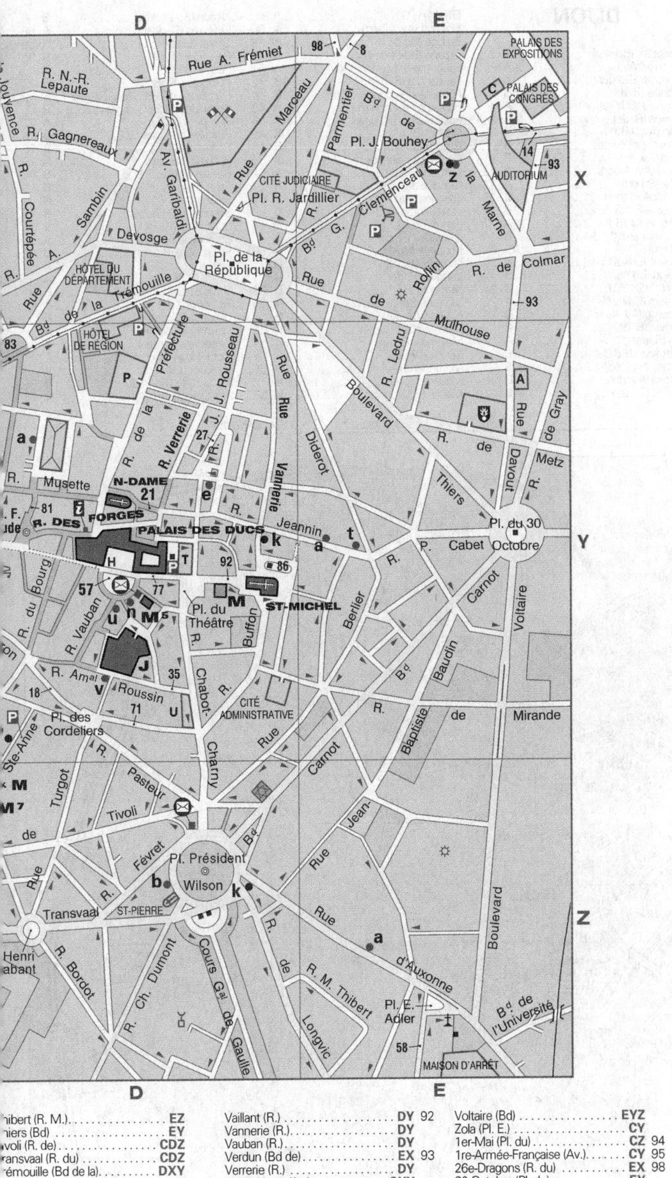
D
E
X
Y
Z
Rue A. Frémiet
R. N.-R. Lepaute
R. Gagnereaux
Av. Garibaldi
Rue Marceau
Parmentier
Pl. J. Bouhey
PALAIS DES EXPOSITIONS
PALAIS DES CONGRÈS
AUDITORIUM
CITÉ JUDICIAIRE
Pl. R. Jardillier
Bd G. Clemenceau
la Marne
Courtépée
Sambin
Devosge
Pl. de la République
HÔTEL DU DÉPARTEMENT
Bd de la Trémouille
HÔTEL DE RÉGION
Préfecture
R. de Colmar
Rue de Rollin
Mulhouse
R. Ledru
J. J. Rousseau
Rue Diderot
Boulevard Thiers
Rue de Gray
R. de Metz
R. de Davout
R. de la Préfecture
R. Verrerie
Musette
N-DAME
R. DES FORGES
PALAIS DES DUCS
Rue Vannerie
R. Jeannin
Pl. du 30 Octobre
P. Cabet
R. du Bourg
R. Vauban
Pl. du Théâtre
Buffon
ST-MICHEL
Berlier
Carnot
Voltaire
R. Amal Roussin
Chabot-Charny
CITÉ ADMINISTRATIVE
Bd Baudin
R. Baptiste de Mirande
Pl. des Cordeliers
Ste-Anne
Turgot
R. Pasteur
Tivoli
Rue Carnot
Rue Jean-
Février
Pl. Président Wilson
ST-PIERRE
Transvaal
Henri Chabant
R. Bordot
R. Ch. Dumont
Cours Gal de Gaulle
R. de Longvic
R. M. Thibert
Rue d'Auxonne
Pl. E. Adler
Boulevard
Bd de l'Université
MAISON D'ARRÊT

DIJON

Aiguillottes (Bd des) . . . . **A** 2
Albert-1er (Av.) . . . . **A**
Allobroges (Bd des) . . . . **A** 3
Auxonne (R. d') . . . . **B**
Bachelard (Bd Gaston) . . . . **A** 4
Bellevue (R. de) . . . . **A** 5
Bertin (Av. J.B.) . . . . **B** 6
Bourroches (Bd des) . . . . **A**
Briand (Av. A.) . . . . **B** 8
Camus (Av. Albert) . . . . **B** 12
Castel (Bd du) . . . . **A** 13
Champollion (Av.) . . . . **B** 15
Chanoine-Bardy (Imp.) . . . . **B** 16
Chanoine-Kir (Bd) . . . . **A** 17
Chateaubriand (R. de) . . . . **B** 19
Chevreul (R.) . . . . **AB**
Chèvre-Morte (Bd de) . . . . **A** 20
Chicago (Bd de) . . . . **B**
Churchill (Bd W.) . . . . **B** 24
Clomiers (Bd des) . . . . **A** 26
Concorde (Av. de la) . . . . **B** 28
Cracovie (R. de) . . . . **B**
Dijon (R. de) . . . . **A**
Dr-Petitjean (Bd du) . . . . **B**
Doumer (Bd Paul) . . . . **B**
Drapeau (Av. du) . . . . **B**
Dumont (R. Ch.) . . . . **AB**
Eiffel (Av. G.) . . . . **A**
Einstein (Av. Albert) . . . . **A** 36
Europe (Bd de l') . . . . **B** 38
Europe (Rd-Pt de l') . . . . **B** 40
Faubourg-St-Martin (R. du) . . . . **A**
Fauconnet (R. Gén.) . . . . **AB** 42
Fontaine-des-Suisses (Bd) . . . . **B** 44
Fontaine-lès-Dijon (R.) . . . . **A** 43
France-Libre (Pl. de la) . . . . **AB** 45
Gabriel (Bd) . . . . **B** 46
Gallieni (Bd Mar.) . . . . **AB** 48
Gaulle (Crs Gén.-de) . . . . **B** 50
Gorgets (Bd des) . . . . **A** 52
Gray (R. de) . . . . **B**
Jeanne-d'Arc (Bd) . . . . **B** 55
Jean-Jaurès (Av.) . . . . **A**
Joffre (Bd Mar.) . . . . **B**
Jouvence (R. de) . . . . **A**
Kennedy (Bd J.) . . . . **A** 56
Langres (Av. de) . . . . **B**
Longvic (R. de) . . . . **B**
Magenta (R.) . . . . **B** 58
Maillard (Bd) . . . . **A** 60
Malines (R. de) . . . . **B**
Mansard (Bd) . . . . **B** 62
Mayence (R. de) . . . . **B**
Mirande (R. de) . . . . **B**
Mont-Blanc (Av. du) . . . . **B** 65
Moulins (R. des) . . . . **A**
Moulin (R. Jean) . . . . **B** 63
Nation (Rd-Pt de la) . . . . **B** 66
Orfèvres (R. des) . . . . **A** 68
Ouest (Bd de l') . . . . **A** 69
Parc (Cours du) . . . . **B** 70
Pascal (Bd) . . . . **B**
Poincaré (Av. R.) . . . . **B** 71
Pompidou (Rd-Pt Georges) . . . . **B** 72
Pompidou (Voie Georges) . . . . **B**
Pompon (Bd F.) . . . . **A** 73
Prat (Av. du Colonel) . . . . **B** 75
Rembrandt (Bd) . . . . **B** 78
Rolin (Q. Nicolas) . . . . **A** 79
Roosevelt (Av. F. D.) . . . . **B** 80
Saint-Exupéry (Pl.) . . . . **B** 85
Salengro (Pl. R.) . . . . **B**
Schuman (Bd Robert) . . . . **B** 88
Stalingrad (Av. de) . . . . **B**
Stearinerie (R. de la) . . . . **A**
Strasbourg (Bd de) . . . . **B** 90
Sully (R.) . . . . **B**
Talant (R. de) . . . . **A**
Trimolet (Bd) . . . . **B** 91
Troyes (Bd de) . . . . **A**
Université (Bd de l') . . . . **B**
Valendons (Bd des) . . . . **A**
Valendons (R. des) . . . . **A**
Victor-Hugo (Av.) . . . . **A**
1er-Consul (Av. du) . . . . **A**
8-Mai-1945 (Rd-Pt du) . . . . **B** 96
26e-Dragons (R. du) . . . . **B** 98

Wilson sans rest
1 r. de Longvic – ☎ 03 80 66 82 50 – www.wilson-hotel.com Plan : DZ**k**
27 ch – †89/116 € ††89/116 € – ☕ 14 €
Des pierres apparentes, des poutres, une grande cheminée où le feu crépite en hiver et des chambres sobres et plaisantes, bien insonorisées : le charme de l'ancien – logique pour un relais de poste du 17e s. – et tout le confort moderne !

Hôtel du Nord
pl. Darcy – ☎ 03 80 50 80 50 – www.hotel-nord.fr
– Fermé 19 déc.-5 janv. Plan : CY**w**
27 ch – †90/110 € ††105/150 € – ☕ 12 €
Rest *Porte Guillaume* – voir les restaurants ci-après
Atmosphère, Atmosphère ? Cet Hôtel du Nord-là, tenu par la même famille depuis quatre générations, est idéalement situé au cœur du Dijon animé et commerçant. Et les chambres ? Elles sont fonctionnelles et bien insonorisées.

Hôtel des Ducs Ⓝ sans rest
5 r. Lamonnoye – ☎ 03 80 67 31 31 – www.hoteldesducs.com Plan : DY**k**
35 ch – †70/119 € ††70/119 € – ☕ 11 €
Gageons que les ducs de Bourgogne, du temps de leur domination dans la région, auraient goûté le repos en cette jolie adresse. Les chambres, spacieuses, et les prix, très raisonnables, en font une étape de choix, en plein cœur de la ville.

Ibis Styles Ⓝ
3 pl. Grangier – ☎ 03 80 30 44 00 – www.ibishotel.com Plan : CY**m**
90 ch ☕ – †94/114 € ††114/124 €
Rest *Le Central* – Formule 24 € – Menu 29 € – Carte 31/70 € *(fermé dim.)*
En un mot : flambant neuf ! Dans le cœur de ville, ce bâtiment des années 1930 a été remis au goût du jour, avec des chambres joyeuses et colorées, au look très actuel. En prime, les enfants pourront profiter de l'espace jeux.

Montigny sans rest
8 r. de Montigny – ☎ 03 80 30 96 86 – www.hotelmontigny.com
– Fermé 20 déc.-5 janv. Plan : CY**e**
28 ch – †61/63 € ††67/69 € – ☕ 10 €
Non loin du centre-ville, avec un parking fermé. Les chambres, d'une tenue irréprochable, sont fonctionnelles et bien insonorisées. Simple, accueillant et pratique.

Victor Hugo sans rest
23 r. Fleurs – ☎ 03 80 43 63 45 – www.hotelvictorhugo-dijon.com Plan : CX**b**
23 ch – †43/47 € ††57/62 € – ☕ 6 €
Un petit hôtel dans une rue calme et résidentielle, à cinq minutes à pied du centre-ville. Les chambres, sobres mais très bien tenues, sont plus spacieuses côté cour. Dans tous les cas, les prix sont très attractifs.

Restaurants

Le Pré aux Clercs (Alexis Billoux) avec ch
13 pl. de la Libération – ☎ 03 80 38 05 05 – www.jeanpierrebilloux.com
5 ch – †120/180 € ††150/250 € – ☕ 22 € Plan : DY**n**
Menu 32 € (déj. en semaine), 56/99 € – Carte 77/136 € *(fermé 25-31 août, vacances de fév., dim. et lundi sauf fériés)*
L'heure de la passation a sonné ! Alexis Billoux a repris les rênes de la maison familiale... mais son père Jean-Pierre y distille toujours une présence bienveillante. Et si la cuisine révèle un beau classicisme, dans les règles de l'art, elle se mêle de nouveauté et de fantaisie. Le tout sur l'élégante place de la Libération, signée Hardouin-Mansart.
→ Langoustines rôties, jus à la badiane, foie gras chaud de canard. Ris de veau pané au son de moutarde, beurre de câpres et de cornichons. Tube cacao, confiture de lait, émulsion caramel et nougatine de noisettes.

XXX **William Frachot** – Hostellerie du Chapeau Rouge

5 r. Michelet – ✆ 03 80 50 88 88 – www.chapeau-rouge.fr – Fermé 1er-20 janv., dim. et lundi Plan : CY**a**

Menu 39 € (déj. en semaine), 75/145 € – Carte 95/115 €

Un décor contemporain qui puise aux sources de la nature, très minéral et très végétal, orné notamment de troncs d'arbre... Un bel écrin pour la cuisine de William Frachot, éprise d'essentiel, inspirée, voyageuse et aboutie. Écorce des saveurs, saveurs corsées ! ➜ Tête de veau croustillante et langoustine saisie, crémeux façon gribiche. Lotte, jus de langoustine à l'encre de seiche. Soufflé au Grand Marnier et sorbet à l'orange sanguine.

XXX **Stéphane Derbord**

10 pl. Wilson – ✆ 03 80 67 74 64 – www.restaurantstephanederbord.fr – Fermé 4-18 août, 2-6 janv., 23 fév.-3 mars, dim. et lundi Plan : DZ**b**

Menu 28 € (déj. en semaine), 53/102 € – Carte 80/100 €

Stéphane Derbord a donné son propre nom à son restaurant, et c'est justice : sa cuisine porte en effet sa marque, très personnelle, revisitant avec une subtile créativité le répertoire bourguignon, et mettant l'épure au service de saveurs très nettes... Voilà bien une élégante table contemporaine ! ➜ Tube de sandre fumé et julienne de légumes croquants. Côte de veau rôtie au jus brun et légumes bio. Sabayon aux pêches pochées et sa liqueur de pêche.

XXX **Les Jardins de la Cloche** – Grand Hôtel de la Cloche

14 pl. Darcy – ✆ 03 80 30 12 32 – www.hotel-lacloche.com Plan : CY**f**

Formule 29 € – Menu 37/49 € 🍷 – Carte 65/100 €

Foie gras de canard aux fruits du mendiant ; pavé de turbot sauvage rôti aux copeaux de poutargue ; biscuit aux noix, gelée de poire et espuma de marron... Une cuisine dans l'air du temps pour une table élégante, à l'ambiance feutrée, avec une jolie terrasse. Et le dimanche, on brunche !

XXX **La Dame d'Aquitaine**

23 pl. Bossuet – ✆ 03 80 30 45 65 – www.ladamedaquitaine.fr – Fermé le midi du 20 juil. au 20 août, lundi midi et dim. Plan : CY**m**

Formule 23 € – Menu 33 € (déj. en semaine), 42/48 € – Carte 46/77 €

Un lieu étonnant ! Cette crypte du 13e s. frappe l'imagination avec ses voûtes et ses jeux de lumière ; elle plonge surtout dans une ambiance éminemment intime et romantique... L'endroit est donc parfait pour un repas complice, d'autant que la cuisine flirte joliment avec l'époque.

XX **La Maison des Cariatides**

28 r. Chaudronnerie – ✆ 03 80 45 59 25 – www.lamaisondescariatides.fr – Fermé 2 semaines en août, dim. et lundi Plan : DY**e**

Formule 15 € – Menu 21 € (déj.), 38/55 €

Dans cette belle maison (1603) du quartier des antiquaires, la salle évoque... un loft très contemporain : le contraste séduit ! Quant à la cuisine, elle se révèle soignée, fraîche et bien dans notre époque, accompagnée de bons bourgognes – les prix des vins sont mesurés. L'une des adresses les plus agréables en ville.

XX **Loiseau des Ducs** Ⓝ

3 r. Vauban – ✆ 03 80 30 28 09 – www.bernard-loiseau.com – Fermé 25-31 août, 24 fév.-16 mars, dim. et lundi Plan : DY**u**

Formule 20 € – Menu 28/95 € – Carte 60/82 €

Près du palais ducal, le dernier-né des restaurants du groupe Loiseau s'abrite dans l'hôtel de Talmay, du 16e s. Le cadre est élégant, mariant belles pierres et touches contemporaines ; de même, la cuisine, réalisée par un jeune chef formé à bonne école, associe racines bourguignonnes, touches créatives et... suaves parfums ! ➜ Escargots à la crème d'ail, poireaux et coulis de persil. Ris de veau doré au sautoir, purée et poêlée de girolles. Cheesecake aux agrumes, citron confit et sorbet pamplemousse.

XX **Porte Guillaume** – Hôtel du Nord

pl. Darcy – ✆ 03 80 50 80 50 – www.hotel-nord.fr – Fermé 19 déc.-5 janv.

Formule 23 € – Menu 28/45 € – Carte 31/56 € Plan : CY**w**

Une table de tradition chaleureuse et accueillante. Au menu, donc : œufs en meurette, coq au vin, poire pochée à la vanille... L'adresse abrite également un caveau voûté en guise de bar à vins, qui ravira les amateurs de bourgogne.

Le Château Bourgogne – Hôtel Mercure-Centre Clemenceau

22 bd de la Marne – ✆ 03 80 72 31 13 – www.hotel-mercure-dijon.com

Plan : EX**p**

Formule 29 € – Menu 39/69 € – Carte 43/84 €

En guise d'accueil, un couloir en forme de vinothèque : nous voici bien en Bourgogne ! En salle, le design est élégant et conviendra parfaitement aux repas d'affaires. Dans l'assiette, les bonnes surprises s'enchaînent : fraîcheur des produits, variété de la carte, plateau de fromages bien affinés...

DZ'envies

12 r. Odebert – ✆ 03 80 50 09 26 – www.dzenvies.com – Fermé 1er-15 janv., dim. et fériés

Plan : DY**a**

Menu 20 € (déj.), 29/36 € – Carte 30/46 € *(réservation conseillée)*

Des envies ? Faites confiance à David Zuddas et à ses initiales ! Dans son restaurant aux airs de cantine branchée, le chef laisse s'exprimer son amour du métier et des beaux produits. On se souviendra de ces noix de Saint-Jacques et sot-l'y-laisse dans un bouillon thaï à la citronnelle... Ses envies, notre plaisir !

So (N)

15 r. Amiral-Roussin – ✆ 03 80 30 03 85 – Fermé dim. et lundi

Plan : DY**v**

Formule 12 € – Menu 17 € (déj.), 27/35 € *(réservation conseillée)*

Épaulé en salle par Rié, sa compagne, le chef japonais, So Takahashi, seul aux fourneaux après avoir œuvré dans de belles maisons, travaille les produits qu'il achète directement au marché voisin. Le résultat : une cuisine française traversée d'inspirations nippones, finement exécutée, légère et parfumée... So good !

Masami

79 r. Jeannin – ✆ 03 80 65 21 80 – www.restaurantmasami.com – Fermé 2 semaines en août et dim.

Plan : EY**t**

Formule 15 € – Menu 19 € (déj.), 30/54 € – Carte 25/52 €

Un petit restaurant japonais au cadre épuré, où l'on savoure une cuisine authentique : les classiques sont au rendez-vous (sushis, makis et sashimis), les tempuras se révèlent légères et croustillantes, le magret de canard sauce yuzu savoureux... Pour ne rien gâcher, l'accueil est très sympathique et les tarifs mesurés.

Le Petit Vatel

73 r. d'Auxonne – ✆ 03 80 65 80 64 – Fermé sam. midi et dim. sauf fériés

Plan : EZ**a**

Formule 18 € – Menu 25/44 € – Carte 47/65 €

Un restaurant de quartier sympathique, rustique et accueillant. La carte est traditionnelle – référence au célèbre François Vatel oblige – et le pain est fait maison. L'hiver, on mange au coin du feu... À l'ancienne !

La Fringale

53 r. Jeannin – ✆ 03 80 67 69 37 – Fermé août, lundi soir et dim.

Plan : EY**a**

Formule 15 € – Menu 18/28 € – Carte 35/74 €

Sur des tables dont la décoration rappelle le grand large, on savoure une belle cuisine de la mer – avec de bons poissons frais en arrivage direct du Guilvinec –, et des desserts maison simples et bien faits. Pour remédier à une fringale, cette institution dijonnaise est tout indiquée !

Chez Septime

11 av. Junot – ✆ 03 80 66 72 98 – www.chezseptime.fr – Fermé 3-15 août, dim. et lundi

Plan : B**n**

Formule 14 € – Menu 19 € (déj. en semaine) – Carte environ 38 €

Un cadre très tendance (avec Superman qui vole sur un mur), une cuisine du moment à base de produits frais, une belle sélection de vins au verre : ce restaurant contemporain attire les branchés comme les gourmets !

au Parc de la Toison d'Or 5 km au Nord par D 974 – ✉ 21000 Dijon

Holiday Inn

1 pl. Marie de Bourgogne – ✆ 03 80 60 46 00 – www.holidayinn-dijon.fr

127 ch – †99/176 € ††99/196 € – 14 suites – ☕ 17 €

Plan : B**r**

Rest – Formule 24 € – Menu 40/46 € – Carte 30/80 € *(fermé sam. midi et dim. midi)*

Derrière le centre commercial de la Toison-d'Or, l'établissement est idéal pour la clientèle d'affaires et très pratique sur le chemin du nouveau tramway.

à Chenôve 6 km par ⑥ – ✉ 21300 – 14 045 hab.

X **Auberge du Clos du Roy**

2 pl. Anne-Laprévote – ✆ 03 80 27 17 39 – www.aubergeduclosduroy.com – Fermé 11-31 août, dim. et le soir sauf vend. et sam.

Formule 16 € – Carte 27/37 €

Un néobistrot sympathique, entre vieilles pierres et décoration contemporaine, cuisine canaille et plats bistrotiers revisités. Les amateurs de vins du cru aimeront la carte 100 % locale, avec une belle sélection de marsannays. Le tout à prix d'ami...

à Marsannay-la-Côte 8 km par ⑥ – ✉ 21160 – 5 108 hab.

XXX **Les Gourmets**

8 r. Puits-de-Têt, (près de l'église) – ✆ 03 80 52 16 32 – www.les-gourmets.com – Fermé 28 juil.-12 août, lundi et mardi

Formule 19 € – Menu 29/89 € – Carte 58/80 €

En toute discrétion, cette table se cache à l'ombre du clocher de ce joli village de la côte de Nuits. Bien que tenue par un jeune chef, l'adresse joue tous les codes d'un restaurant gastronomique très classique, en particulier dans son décor. Avis aux amateurs.

à Talant 4 km – ✉ 21240 – 11 475 hab.

La Bonbonnière sans rest

24 r. des Orfèvres, (au vieux village) – ✆ 03 80 57 31 95 – www.labonbonnierehotel.fr

23 ch – †85/110 € ††85/110 € – ☕ 11 € Plan : As

Dans un charmant village à quelques minutes du centre de Dijon, ce petit hôtel familial domine la ville et le lac Kir. Avec des chambres spacieuses, bien tenues, et un agréable jardin, l'étape est sympathique !

à Velars-sur-Ouche 11 km par ⑦et A 38 – ✉ 21370 – 1 704 hab.

XX **L'Auberge Gourmande**

17 allée de la Cude – ✆ 03 80 33 62 51 – www.auberge-velars.com – Fermé 16 août-13 sept., 2-15 janv., dim. soir, mardi et merc.

Menu 21 € (semaine), 31/56 € – Carte 32/58 €

Une vraie auberge de campagne ! L'atmosphère est cossue et chaleureuse ; la cuisine du terroir, bien généreuse, suit les saisons... et les patrons – de vrais passionnés d'œnologie – savent dénicher de bons vins.

à Prenois 12 km par ⑧par D 971 et D 104 – ✉ 21370 – 416 hab.

XXX **Auberge de la Charme** (Nicolas Isnard et David Le Comte)

12 r. de la Charme – ✆ 03 80 35 32 84 – www.aubergedelacharme.com – Fermé 23 mars-2 avril, 23-30 déc., dim. soir, lundi et mardi

Menu 35 € 🍷 (déj. en semaine), 52/98 € *(réservation conseillée)*

Dans un village réputé gourmand, cette ancienne forge cultive l'esprit d'invention et la surprise ! À quatre mains, ses jeunes propriétaires réalisent une cuisine délicate, spontanée, précise, directement inspirée par le marché. Il suffit de se laisser guider à travers le menu imposé qui se dévoile au fil du service...

➜ Œuf cuit à basse température, asperges vertes, copeaux et émulsion de parmesan. Turbot de ligne, carottes et émulsion d'agrumes. Cheesecake aux fruits rouges de saison.

à Hauteville-lès-Dijon 6 km par ⑧ et D 107F – ✉ 21121 – 1 098 hab.

XX **La Musarde** avec ch

rest, rest,

7 r. des Riottes – ✆ 03 80 56 22 82 – www.lamusarde.fr – Fermé 23 déc.-6 janv.

13 ch – †65/80 € ††72/99 € – ☕ 11 € – ½ P

Menu 22 € 🍷 (déj. en semaine), 37/59 € – Carte 55/72 € *(fermé dim. soir, mardi midi et lundi)*

On peut musarder sans retenue dans cet hôtel-restaurant situé au calme, dans une ancienne ferme du 19e s. rénovée dans un esprit contemporain. Ouvert sur la verdure, avec une belle terrasse, le restaurant joue pleinement la carte de la tradition.

DINAN

22100 (Côtes-d'Armor) – 10 819 hab. – **Voir carte n°10-C2**
Paris 400 km – Rennes 54 km – St-Brieuc 61 km – St-Malo 32 km
Carte Michelin 309-J4 – Guide Vert Michelin Bretagne Nord

Jerzual
ch, rest,

26 quai des Talards, (au port) – 02 96 87 02 02 – www.bestwesterndinan.fr
52 ch – 109/159 € 109/159 € – 14 € – ½ P Plan : BY**b**
Rest *Le Grand Pavois* – Formule 15 € – Menu 28 € – Carte 30/42 €
Face au port, le long de la Rance, un hôtel très confortable : derrière la façade traditionnelle (pierre et ardoise), les chambres se révèlent spacieuses, contemporaines et feutrées ; le restaurant chaleureux. Un ensemble parfaitement tenu et agréable.

Le d'Avaugour sans rest

1 pl. du Champ – 02 96 39 07 49 – www.avaugourhotel.com – Ouvert 1er mars-31 oct. Plan : AZ**r**
24 ch – 90/200 € 90/200 € – 15 €
Cette belle bâtisse en pierre du pays, adossée aux remparts de la ville, abrite de jolies chambres, décorées dans un style simple et romantique d'esprit breton. Aux beaux jours, on prend son petit-déjeuner dans le charmant jardin fleuri.

Le Connétable (N) sans rest

33 r. Louise-Weiss, par ③ – 02 96 87 29 29 – www.leconnetabledinan.com
22 ch – 70/122 € 70/122 € – 10 €
Cet hôtel récent est logé dans les murs d'une ancienne caserne militaire, en léger retrait du centre-ville. On s'y repose dans des chambres sobres et épurées, qui conviendront aussi bien à la clientèle d'affaires qu'aux touristes en quête de bien-être.

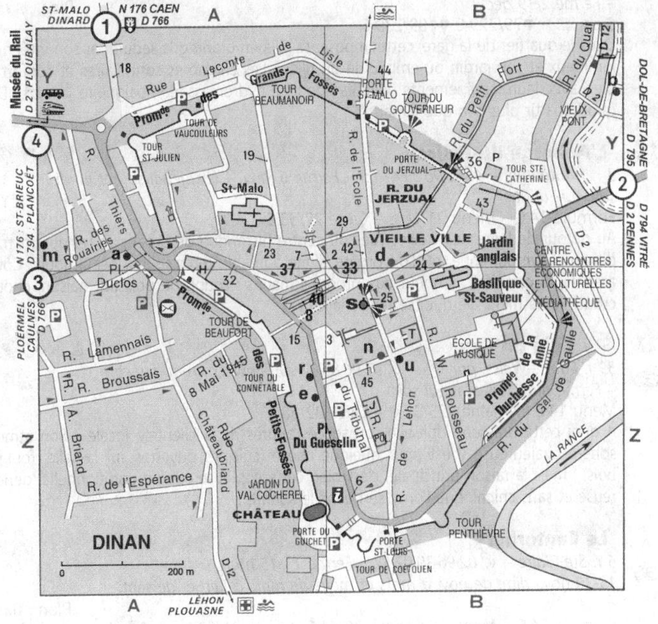

Apport (R. de l') ABY 2	Garaye (R. Comte de la) AY 19	Michel (R.) BY 36
Champ Clos (Pl. du) ABZ 3	Grande-R. AY 23	Mittrie (R. de la) AZ 37
Château (R. du) BZ 6	Haute-Voie (R.) BY 24	Petit-Pain (R. du) AZ 40
Cordeliers (Pl. des) AY 7	Horloge (R. de l') BZ 25	Poissonnerie (R. de la) BY 42
Cordonnerie (R. de la) AZ 8	Lainerie (R. de la) BY 29	Rempart (R. du) BY 43
Ferronerie (R. de la) AZ 15	Marchix (R. du) AYZ 32	Ste-Claire (R.) BZ 45
Gambetta (R.) AY 18	Merciers (Pl. des) BYZ 33	St-Malo (R.) BY 44

Le Challonge sans rest

29 pl. Duguesclin – ✆ 02 96 87 16 30 – www.hotel-dinan.fr Plan : AZ**e**

18 ch – 66/72 € 74/99 € – 10 €

En centre-ville, sur l'ancienne place du champ de foire, cet hôtel à la longue façade classique se découvre par un petit hall accueillant, tout en boiseries claires. Les chambres, confortables et bien insonorisées, sont impeccablement tenues.

Arvor sans rest

5 r. Auguste-Pavie – ✆ 02 96 39 21 22 – www.hotelarvordinan.com – Fermé 2-31 janv. Plan : BZ**u**

24 ch – 72/95 € 78/125 € – 10 €

Un portail Renaissance sculpté donne accès à ce bâtiment du 17e s. – rénové en 2012 – qui fut autrefois un couvent, et cultive aujourd'hui un certain romantisme. Les chambres comme le salon sont décorés avec des meubles chinés chez les antiquaires.

Ibis sans rest

1 pl. Duclos – ✆ 02 96 39 46 15 – www.ibis.com Plan : AY**a**

62 ch – 65/105 € 65/105 € – 10 €

Fonctionnel et lumineux, un hôtel de chaîne situé en plein centre-ville, à proximité des remparts et du château. On s'y sent bien : les chambres, spacieuses et climatisées, plairont autant à la clientèle d'affaires qu'aux touristes en goguette.

La Villa Côté Cour sans rest

10 r. Lord-Kitchener – ✆ 02 96 39 30 07 – www.villa-cote-cour-dinan.com – Fermé 2-19 déc. Plan : AY**m**

5 ch – 79/229 € 89/239 €

Dans le quartier de la gare, cette imposante villa en granit gris séduit par son intérieur lumineux et son jardin où embaume un tilleul. Les chambres sont claires et confortables, avec leurs équipements privatifs : douche hydromassante, baignoire jacuzzi... De quoi repartir plus zen que jamais !

L'Auberge du Pélican

3 r. Haute-Voie – ✆ 02 96 39 47 05 – Fermé 6 janv.-4 fév., jeudi soir et lundi sauf juil.-août Plan : BY**d**

Formule 14 € – Menu 21/60 € – Carte 27/53 €

Au détour de l'une des vieilles rues du centre historique de Dinan, un restaurant traditionnel sympathique, où l'on profite d'une agréable terrasse aux beaux jours. Côté assiette, la carte fait honneur aux produits marins : soupe de poisson maison, choucroute de la mer... De quoi se rêver pélican !

Au Coin du Feu

39 r. Louise-Weiss, par ③ – ✆ 02 96 85 02 90 – www.coin-du-feu.com – Fermé dim. soir et lundi soir

Menu 14 € (semaine), 25/35 € – Carte 32/58 €

À quoi cette brasserie doit-elle son succès auprès de la clientèle locale ? Son atmosphère chaleureuse y est pour quelque chose (cuisines ouvertes sur la salle, four à bois) ; mais la raison principale, c'est bien cette copieuse cuisine traditionnelle, généreuse et sans chichi, que l'on y sert avec le sourire !

Le Cantorbery

6 r. Ste-Claire – ✆ 02 96 39 02 52 – Fermé 1er-15 mars, 15-30 nov., dim. de nov. à mars et merc. de mars à juin et de sept. à oct. Plan : BZ**n**

Formule 14 € – Menu 18 € (déj.), 30/41 € – Carte 34/52 €

Mobilier rustique, chaises en bois et paille, et, au menu, terrines de foie gras et autres assiettes de fruits de mer... Cette maison de ville du 17e s. a le goût de la tradition ! Dans l'une des salles, on fait même rôtir les grillades dans une grande cheminée en pierre...

DINARD

✉ 35800 (Ille-et-Vilaine) – 10 579 hab. – Voir carte n°**10**-C1
▶ Paris 408 km – Dinan 22 km – Dol-de-Bretagne 31 km – Rennes 73 km
Carte Michelin 309-J3 – Guide Vert Michelin Bretagne Nord

Grand Hôtel Barrière de Dinard

46 av. George-V – ✆ *02 99 88 26 26* – *www.lucienbarriere.com* – *Ouvert 4 avril-11 nov.*
Plan : BY**v**

89 ch – 🚹185/565 € 🚹🚹185/565 € – ☕ 25 €
Rest ***Le Blue B*** – voir les restaurants ci-après
Rest ***333 Café*** – Menu 20 € – Carte 35/58 € *(fermé le soir)*
Ce "grand hôtel" du 19ᵉ s., qui domine la promenade maritime du Clair-de-Lune, accueille les stars de cinéma lors du Festival du film britannique. Décor soigné, chambres sobres et raffinées : un endroit cosy.

DINARD

Rue	Plan	N°
Abbé-Langevin (R.)	AY	2
Albert-1er (Bd)	BY	3
Anciens Combattants (R. des)	AZ	5
Barbine (R. de)	AZ	7
Boutin (Pl. J.)	BY	9
Clemenceau (R. G.)	BY	10
Coppinger (R.)	BY	12
Corbinais (R. de la)	AZ	13
Croix-Guillaume (R.)	AZ	15
Douet-Fourche (R. du)	AZ	17
Dunant (R. H.)	AY	19
Féart (Bd)	BYZ	
Français-Libres (R.)	ABZ	22
Gaulle (Pl. du Gén.-de)	BZ	25
Giraud (Av. du Gén.)	BZ	26
Leclerc (R. Mar.)	BYZ	28
Levasseur (R.)	BY	29
Lhotelier (Bd)	AY	31
Libération (Bd de la)	AZ	32
Malouine (R. de la)	BY	34
Mettrie (R. de la)	BZ	35
Pionnière (R. de la)	ABY	38
Prés.-Wilson (Bd)	BY	40
Renan (R. E.)	AY	43
République (Pl. de la)	BY	44
St-Lunaire (R. de)	AY	48
Vallée (R. de la)	BYZ	50
Verney (R. Y.)	BY	52

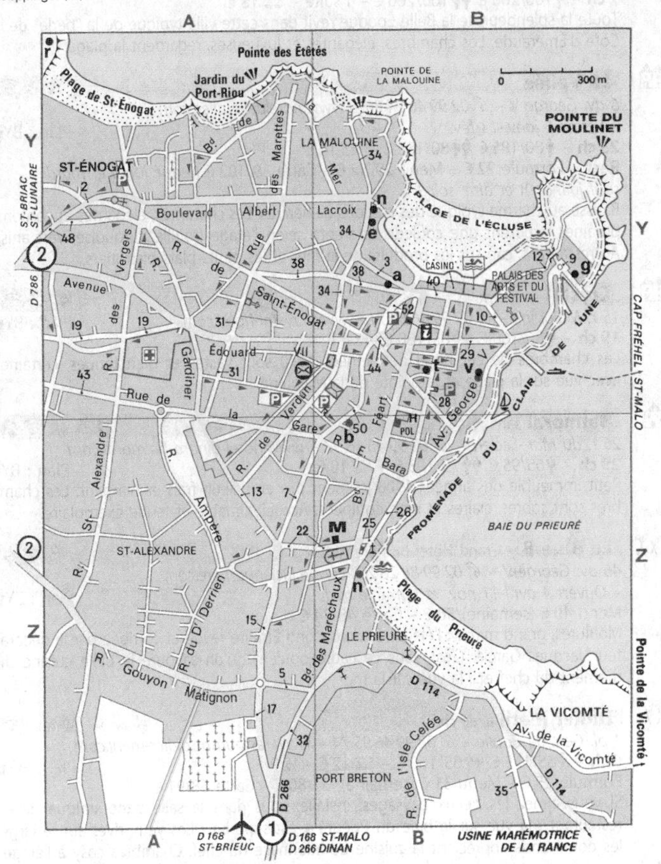

Royal Emeraude sans rest

1 bd Albert-1er – ☎ 02 99 46 19 19 – www.royalemeraudedinard.com Plan : BY**a**

47 ch – 113/237 € 129/257 € – 20 €

Agatha Christie aurait adoré ce bel hôtel en pierre et brique rouge de 1876 ! On y verrait d'ailleurs très bien Hercule Poirot ou Miss Marple y dénouer une intrigue. D'autant plus que certaines chambres se déclinent sur les thèmes de l'Inde ou de l'Orient-Express. Sans parler du salon : "so British" !

Novotel Thalassa

1 av. du Château-Hébert – ☎ 02 99 16 78 10 – www.accorthalassa.com – Fermé 1er-25 déc. Plan : AY**r**

173 ch – 145/290 € 145/290 € – 18 € – ½ P

Rest – Menu 32/45 € – Carte 33/63 €

Sur la pointe de St-Énogat – quel cadre ! –, cet hôtel dispose d'un superbe centre de thalassothérapie ; repos dans des chambres contemporaines, ou façon chalet dans l'aile annexe. Cuisine diététique les yeux rivés sur la Manche : telle est la carte du restaurant.

Villa Reine Hortense sans rest

19 r. de la Malouine – ☎ 02 99 46 54 31 – www.villa-reine-hortense.com – Ouvert fin avril à fin sept. Plan : BY**e**

7 ch – 160/260 € 160/260 € – 1 suite – 18 €

Toute la splendeur de la Belle Époque revit dans cette villa typique de la "perle" de la Côte d'Émeraude. Les chambres, élégantes et luxueuses, regardent la plage.

La Vallée

6 av. George V – ☎ 02 99 46 94 00 – www.hoteldelavallee.com – Fermé 6 janv.-13 fév. Plan : BY**g**

23 ch – 80/185 € 80/185 € – 14 € – ½ P

Rest – Formule 22 € – Menu 29/52 € – Carte 39/102 € *(fermé lundi et mardi sauf juil.-août et dim. soir)*

Bâtisse au charme typique des stations balnéaires. Les chambres, élégantes et contemporaines, arborent une couleur différente selon l'étage (rouille, turquoise, vert anis). Au restaurant, cap sur les produits de la mer et les petits plats bistrotiers.

Crystal sans rest

15 r. Malouine – ☎ 02 99 46 66 71 – www.crystal-hotel.com Plan : BY**n**

19 ch – 85/160 € 85/160 € – 12 €

Les chambres de cet hôtel des années 1970 sont vastes et bien tenues, certaines avec vue sur la plage et la pointe de la Malouine.

Balmoral sans rest

26 r. du Mar.-Leclerc – ☎ 02 99 46 16 97 – www.hotel-dinard-balmoral.com Plan : BY**t**

29 ch – 65/95 € 75/105 € – 10 €

Petit immeuble des années 1900 joliment mis en valeur, frais et pimpant. Les chambres sont sobres, claires et bien équipées. Accueil aimable et tenue exemplaire.

Le Blue B – Grand Hôtel Barrière de Dinard

46 av. George-V – ☎ 02 99 88 26 26 – www.lucienbarriere.com – Ouvert 4 avril-11 nov. et fermé le midi Plan : BY**v**

Menu 40 € (semaine)/50 € – Carte 48/74 €

Moulures, grand miroir : l'élégance du Second Empire revue et corrigée par le décorateur Jacques Garcia. C'est dans ce cadre opulent qu'on savoure la belle cuisine du moment du chef et... la vue sur la mer.

Didier Méril avec ch

1 pl. Gén.-de-Gaulle – ☎ 02 99 46 95 74 – www.restaurant-didier-meril.com Plan : BZ**n**

6 ch – 65/115 € 65/160 € – 12 € – ½ P

Formule 25 € – Menu 31 € (semaine), 37/80 € – Carte 58/91 €

Si vous aimez les beaux paysages, installez-vous dans la salle panoramique de ce restaurant : la vue sur la baie du Prieuré y est superbe ! Les yeux rivés sur le large, les gourmands apprécient la cuisine traditionnelle du chef. Chambres cosy à l'étage.

Le Balafon Ⓝ

31 r. de la Vallée – ✆ 02 99 46 14 81 – www.lebalafon-restaurant-dinard.fr – Fermé 1 semaine en juin, 1 semaine en nov., jeudi soir hors saison, lundi sauf le soir en saison et dim. soir Plan : BZ**b**

Formule 15 € – Menu 29/39 € – Carte 31/46 €

Ce restaurant est installé dans une petite maison en granit, typique de l'architecture de la station. À l'intérieur, on découvre un vrai bistrot : tables en bois, petites chaises, ardoises, et même un... balafon. On y sert une cuisine du marché traditionnelle, avec quelques touches de modernité. Convivial et sans prétention !

à St-Lunaire 5 km par ② par D786 – ✉ 35800 – 2 329 hab.

Villa Christilla sans rest

319 bd de la Plage – ✆ 02 99 16 62 71 – www.villa-christilla.fr – Ouvert de mi-mars à mi-nov.

4 ch – 90/125 € 100/135 €

Non loin d'une jolie plage, une villa construite à la fin du 19e s. par un marin cap-hornier. Tout l'esprit d'une maison de maître version bord de mer : un bel endroit, particulièrement dans les chambres nichées sous les toits ! Et ses propriétaires, originaires du Nord, sauront vous faire partager leur amour de la région...

Le Décollé

1 Pointe-du-Décollé – ✆ 02 99 46 01 70 – www.restaurantdudecolle.com – Fermé 12 nov.-1er fév., merc. et jeudi de fév. à mars, mardi sauf juil.-août et lundi

Formule 19 € – Menu 31/41 € – Carte 46/66 € *(réservation conseillée)*

La carte fait la part belle aux produits de la mer, tandis que le sobre décor s'efface devant la vue superbe sur la Côte d'Émeraude... L'établissement jouit d'une situation privilégiée sur la pointe du Décollé ! En terrasse, le spectacle est total.

DIOU – 36 Indre ➜ voir Issoudun

DIRAC

✉ 16410 (Charente) – 1 536 hab. – **Voir carte n°39-C3**

Paris 462 km – Angoulême 11 km – Périgueux 76 km – Poitiers 126 km

Carte Michelin 324-L6 – Guide Vert Michelin Poitou-Charentes

Domaine du Châtelard

1079 rte du Châtelard – ✆ 05 45 70 76 76 – www.domaineduchatelard.com – Fermé 15-24 oct. et 2-24 janv.

12 ch – 101/143 € 118/168 € – 13 € – ½ P

Rest ***Domaine du Châtelard*** – voir les restaurants ci-après

Des bois, des prairies, un lac... Le domaine est superbe (80 ha) et cette "gentilhommière" pleine de cachet ! Une ode à la vie au grand air et à la nature, des chambres mêlant classicisme et douceur champêtre : une certaine idée du chic.

Domaine du Châtelard

1079 rte du Châtelard – ✆ 05 45 70 76 76 – www.domaineduchatelard.com – Fermé 15-24 oct., 2-24 janv., dim. soir et lundi sauf juil.-août

Formule 26 € – Menu 39/59 € – Carte 46/62 €

Gaspacho de fenouil, thon en marinade asiatique... Dans cette belle "maison de campagne", le chef choisit bien ses produits et réalise une cuisine dans l'air du temps, fraîche et fine. Le must ? Déjeuner sur la terrasse, avec vue sur le lac.

DISNEYLAND RESORT PARIS – 77 Seine-et-Marne ➜ voir Paris, Environs (Marne-La-Vallée)

DIVES-SUR-MER – 14 Calvados ➜ voir Cabourg

DIVONNE-LES-BAINS

✉ 01220 (Ain) – 8 160 hab. – **Voir carte n°46-F1**

Paris 488 km – Bourg-en-Bresse 129 km – Genève 18 km – Gex 9 km

Carte Michelin 328-J2 – Guide Vert Michelin Franche-Comté Jura

Le Grand Hôtel sans rest

av. des Thermes – 04 50 40 34 34 – www.domainedivonne.com
119 ch – 149/285 € 149/285 € – 12 suites – 19 €
Ce "palace" de 1931 se dresse au cœur d'un parc (5 ha) planté d'immenses cèdres. Un cadre très Art déco, style qui domine aussi dans certaines chambres ; d'autres sont plus contemporaines, mais tout aussi raffinées et spacieuses. Le tout à côté du casino et du golf.

Château de Divonne

115 r. des Bains – 04 50 20 00 32 – www.chateau-divonne.com
29 ch – 185/390 € 185/390 € – 4 suites – 24 € – ½ P
Rest ***Château de Divonne*** – voir les restaurants ci-après
Perchée au-dessus de la ville, cette imposante demeure du 19e s. se niche au cœur d'un superbe parc arboré. Belle hauteur sous plafond, escalier monumental, élégant salon avec sa bibliothèque, mobilier ancien dans les chambres. En résumé, un style très châtelain !

La Villa du Lac

93 chemin du Chatelard – 04 50 20 90 00 – www.lavilladulac.com
88 ch – 115/162 € 115/162 € – 15 €
Rest – Formule 23 € – Menu 26 € – Carte 29/50 €
Un ensemble moderne et fonctionnel, au calme, entre lac et ville. Les chambres – toutes avec balcon – sont confortables et bien tenues, sans oublier les salles de séminaire dernier cri et le spa très complet. Un établissement qui s'adapte aussi bien aux déplacements professionnels qu'aux virées touristiques !

Le Jura sans rest

54 r. d'Arbère – 04 50 20 05 95 – www.hotel-divonne.com
21 ch – 76/112 € 83/119 € – 11 €
Un hôtel familial dans un quartier résidentiel. Les chambres, petites, sont bien tenues ; on prend son petit-déjeuner dans la véranda... avec vue sur le jardin. Autre avantage : le parking au sein même de l'établissement.

Château de Divonne – Hôtel Château de Divonne

115 r. des Bains – 04 50 20 00 32 – www.chateau-divonne.com
Formule 29 € – Menu 39 € (déj. en semaine), 78/110 € – Carte 76/97 €
La salle de ce château est vraiment élégante mais le point fort reste toutefois la terrasse panoramique... Un enchantement ! Côté assiette, les préparations goûteuses et particulièrement soignées respectent le rythme des saisons, à l'image de cette salade d'asperges ou ce filet de St-Pierre. On se régale.

Le Rectiligne

2981 rte du Lac – 04 50 20 06 13 – www.lerectiligne.fr – Fermé dim. et lundi de sept. à mai
Formule 32 € – Menu 49/96 € – Carte 55/93 €
Au bord du lac, cette bâtisse blanche abrite un restaurant résolument contemporain. Côté déco, chaises signées Philippe Starck, mur d'eau, cave vitrée et, dans l'assiette, le même esprit moderne : cuissons à basse température, azote liquide devant le client, etc. Tentant, n'est-ce pas ?

Le Pavillon du Golf

av. des Thermes – 04 50 40 34 13 – www.domainedivonne.com – Ouvert de mi-mars à mi-déc. et fermé lundi et mardi de mi-oct. à fin avril
Menu 27 € (déj.)/39 € – Carte 41/59 €
Cette ancienne ferme borde le parcours de golf. Côté déco, on cultive une ambiance un rien vieille France ; derrière les fourneaux, le chef réalise une cuisine traditionnelle teintée de quelques touches d'originalité sans oublier, pour le déjeuner, une formule plus simple appréciée des golfeurs.

Gourmand'in

76 Grande Rue – 04 50 28 93 02 – www.coulisses-gourmandes.fr – Fermé 1er-15 août, 1 semaine en janv.
Menu 18 € (déj. en semaine), 32/64 € – Carte 36/55 €
Côté rue, le Gourmand'in est un bistrot sympathique et sobre, où le chef concocte une bonne cuisine de tradition un brin actualisée. Côté cour, les Coulisses Gourmandes, une boutique et une école de cuisine ludique. De quoi faire de vous un gourmand doublé d'un cordon bleu !

DIZY – 51 Marne ➔ voir Épernay

DOLANCOURT

✉ 10200 (Aube) – 139 hab. – **Voir carte n°13-B3**

▶ Paris 229 km – Châlons-en-Champagne 92 km – Saint-Dizier 63 km – Troyes 45 km

Carte Michelin 313-H4 – Guide Vert Michelin Champagne Ardenne

Moulin du Landion

5 r. St-Léger – ☎ 03 25 27 92 17 – www.moulindulandion.com – Fermé 2-20 janv.

18 ch – 71/119 € 71/119 € – 13 € – ½ P

Rest – Menu 33/47 € – Carte 35/51 €

Un moulin du 17e s., à proximité du parc d'attraction Nigloland. Les chambres sont confortables, avec des balcons donnant sur le parc ou la rivière. Et depuis le restaurant, les curieux pourront admirer la roue à aube et son mécanisme...

DOL-DE-BRETAGNE

✉ 35120 (Ille-et-Vilaine) – 5 335 hab. – **Voir carte n°10-D2**

▶ Paris 378 km – Alençon 154 km – Dinan 26 km – Fougères 54 km

Carte Michelin 309-L3 – Guide Vert Michelin Bretagne Nord

Les Ormes

Domaine des Ormes, 7 km au Sud par rte de Combourg – ☎ 02 99 73 53 00 – www.lesormes.com

45 ch – 75/100 € 90/120 € – 12 € – ½ P

Rest – Menu 18 € – Carte 26/35 € *(ouvert de mi-mars à début nov. et fermé dim. et le midi)*

Un domaine familial de 200 ha ! Activités sportives et ludiques à foison (équitation, golf, cabanes dans les arbres, etc.) et repos mérité dans des chambres sobres et pratiques. Pause gourmande simple et traditionnelle ; détente au bar, face à la piscine.

à Mont-Dol 3 km au Nord par D 155 – ✉ 35120 – 1 248 hab.

Château de Mont-Dol

1 r. de la Mairie – ☎ 02 99 80 74 24 – www.chateaumontdol.com – Fermé 12 nov.-19 déc. et 6 janv. à début fév.

5 ch – 95/99 € 95/99 €

Table d'hôte – Menu 39 € *(Fermé lundi et mardi)*

Accueil charmant dans cette demeure bourgeoise du 19es. située entre le Mont-St-Michel et St-Malo. Chambres cosy : mobilier de famille ou chiné. Table tenue par un chef ayant œuvré dans des maisons étoilées ; produits de la mer et légumes du potager à l'honneur.

DOLE

✉ 39100 (Jura) – 24 629 hab. – **Voir carte n°16-B2**

▶ Paris 363 km – Beaune 65 km – Besançon 55 km – Dijon 50 km

Carte Michelin 321-C4 – Guide Vert Michelin Franche-Comté Jura

Au Moulin des Écorces

14 allée du Pont-Roman – ☎ 03 84 72 72 00 – www.aumoulindesecorces.fr

18 ch – 95/110 € 100/110 € – 13 € Plan : BZ**a**

Rest – Formule 20 € – Menu 23/65 € – Carte 38/61 € *(fermé dim. soir et lundi)*

Minimaliste et chic ! Ce moulin au bord du Doubs – où les écorces des arbres étaient broyées pour tanner le cuir – a été restauré avec beaucoup de goût et ses chambres cultivent un bel esprit contemporain. On peut aussi y déjeuner tranquillement sur la terrasse, bercé par le bruissement de l'eau, ou manger sur le pouce (côté bistrot).

La Chaumière

346 av. du Mar.-Juin, 3 km par ③ – ☎ 03 84 70 72 40 – www.lachaumiere-dole.fr – Fermé vacances de la Toussaint

19 ch – 80/110 € 90/110 € – 12 €

Rest *La Chaumière* ✿ – voir les restaurants ci-après

Voilà une chaumière dont on n'a pas envie de repartir... C'est cosy, confortable et chaleureux ; toutes les chambres ont été rénovées dans un joli style contemporain. Une adresse idéale pour partir en escapade dans le Jura !

DOLE

Arènes (R. des) . . . . **ABZ**
Besançon (R. de) . . . . **BYZ**
Béthouart (R. du Gén.) . . . . . **BZ** 2
Boyvin (R.) . . . . **BZ** 4
Chifflot (R. L.) . . . . **AZ** 5
Duhamel (Av. J) . . . . **AZ** 6
Gouvernement (R. du) . . . . . **BY** 9
Grande-Rue . . . . **BZ** 10
Jean-Jaurès (Av.) . . . . **BY** 13
Juin (Av. du Mar.) . . . . **BZ** 14
Lattre de Tassigny (Av. du Mar.de) . . . . **BY** 15
Messageries (R. des) . . . . . . **AY** 16
Nationale, Charles-de-Gaulle (Pl.) . . . . **BZ** 17
Parlement (R. du) . . . . **BZ** 18
Rockefeller (R. J.) . . . . **BY** 21
Sous-Préfecture (R. de la) . . . . **BY** 22

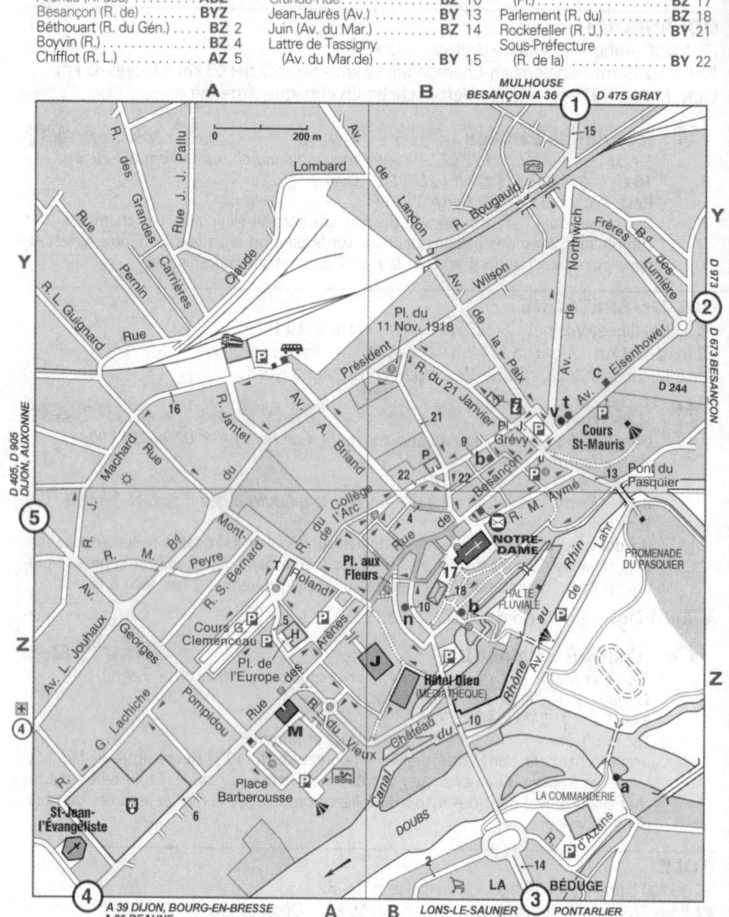

La Cloche sans rest

1 pl. Grévy – ☎ 03 84 82 06 06 – www.la-cloche.fr – Fermé 23 déc.-2 janv.

30 ch – †70/110 € ††80/130 € – ☕ 12 € Plan : BY**v**

Stendhal aurait séjourné dans cet hôtel voisin du cours St-Mauris. Les chambres, rénovées peu à peu, sont très bien tenues et affichent un style contemporain et fonctionnel.

XXX La Chaumière (Joël Césari)

✿

346 av. du Mar.-Juin, 3 km par ③ – ☎ 03 84 70 72 40 – www.lachaumiere-dole.fr – Fermé vacances de la Toussaint, dim. en juil.-août, lundi midi et sam. midi

Formule 25 € 🍷 – Menu 38 € (semaine)/80 € – Carte 72/95 €

Cachet des pierres apparentes et style contemporain : une élégante auberge du 21e s. La cuisine de Joël Césari, inventive et renouvelée au gré du marché, s'accompagne de beaux crus du Jura ou de vins naturels, choisis par un sommelier ravi de prodiguer ses conseils avisés... ➜ Foie gras de canard, absinthe et gel de pomme. Poulette aux morilles, vin jaune et carottes au gingembre. Crème brûlée au vin jaune, croquant aux morilles et glace au genièvre.

Grain de Sel (N)

67 r. Pasteur – ✆ 03 84 71 97 36 – www.restaurant-graindesel.fr – Fermé dim. soir et lundi
Formule 15 € – Menu 23/45 € Plan : BZ**b**
Un cadre plutôt zen, une terrasse verdoyante et des recettes originales, soignées et savoureuses (queue de homard sur son lit de quinoa aux zestes d'agrumes ; côte de porc rôtie au foin, pommes nouvelles et fèves...) : le jeune chef fait des merveilles, et l'on a beau être au Grain de Sel, la note n'est pas salée !

La Romanée

13 r. des Vieilles-Boucheries – ✆ 03 84 79 19 05 – www.laromanee.info – Fermé 1 semaine en juin, 2-23 janv., dim. soir, mardi soir et merc. Plan : BZ**n**
Menu 20 € (semaine), 28/44 € – Carte 30/46 €
Cette boucherie de 1717 est pleine de charme (salle voûtée) et le jeune chef, originaire de Guérande, fait la part belle au... poisson, sans pour autant laisser les fous de viande au port.

Iida-Ya

18 r. Arney – ✆ 03 84 70 98 73 – www.iida-ya.fr – Fermé 17 août-8 sept., 21 déc.-5 janv., dim. sauf juil.-août et lundi Plan : BY**b**
Formule 14 € – Menu 22/55 € – Carte 29/50 €
Sushis, makis, tempura... Dans son restaurant zen et chic – et sous vos yeux –le jeune chef nippon concocte des mets très raffinés ! Belle maîtrise de la tradition, saveurs au top : le pays du Soleil-Levant réveille les papilles de Dole.

Le Grévy

2 av. Eisenhower – ✆ 03 84 82 44 42 – Fermé 3-18 août, 21 déc.-1er janv., sam. et dim.
Formule 10 € – Menu 16 € (déj.) – Carte 22/57 € Plan : BY**t**
Banquettes, nappes à carreaux... un bistrot façon bouchon lyonnais. Évidemment, les tripes et autres plats canailles du Rhône et du Jura sont à l'honneur, mais le poisson n'est pas en reste. Les suggestions à l'ardoise changent tous les mois.

à Rochefort-sur-Nenon 7 km par ② par D 673 – ✉ 39700 – 563 hab.

Fernoux-Coutenet

10 r. Barbière – ✆ 03 84 70 60 45 – www.hotelfernoux-coutenet.com – Fermé 25 oct.-2 nov. et 20 déc.-4 janv.
11 ch – †61/65 € ††65/69 € – ☕ 9 €
Rest – Formule 13 € – Menu 16 € (déj.), 22/29 € – Carte 30/54 € *(fermé sam. midi et dim.)*
Hôtel familial, simple et fonctionnel, où l'on peut aussi se restaurer d'une sympathique petite cuisine traditionnelle. Les propriétaires sont avenants ; les chambres agréables et bien tenues et il y a même un espace jeu pour les enfants.

à Parcey 8 km par ③ rte de Lons-le-Saunier – ✉ 39100 – 955 hab.

Les Jardins Fleuris

35 Route Nationale 5 – ✆ 03 84 71 04 84 – www.restaurant-jardins-fleuris.com – Fermé 2-16 juil., 12 nov.-3 déc., dim. soir, lundi soir et mardi
Menu 19/48 € – Carte 37/58 €
Certes, la route est très proche, mais passé le porche de cette maison de pierre, on l'oublie vite. Ici, on trace une tout autre voie, celle des plaisirs de la bonne chère : tartare de saumon à la pulpe d'avocat, croustillant de jarret de bœuf à la coriandre et sa poêlée de légumes, etc. Accueil charmant.

à Sampans 6,5 km au Nord par ① – ✉ 39100 – 928 hab.

Château du Mont Joly (Romuald Fassenet) avec ch

6 r. du Mont-Joly – ✆ 03 84 82 43 43 rest, rest,
– www.chateaumontjoly.com – Fermé 24 déc.-17 janv., merc. sauf le soir en juil.-août et mardi
7 ch – †95/155 € ††95/155 € – ☕ 14 €
Menu 32 € (déj. en semaine), 38 € 🍷/95 € – Carte 80/90 €
Une maison de maître (18e s.) fort bien nommée... L'élégance et le raffinement contemporain servent à merveille une cuisine de haute volée ; la tradition s'habille de modernité pour révéler toute sa subtilité. Après cette belle émotion culinaire, quel plaisir de prolonger son séjour : les chambres sont très agréables et l'on s'y sent vraiment bien ! ➜ Escargots poêlés et émulsion de fenouil à l'absinthe. Suprême de volaille de Bresse cuite en vessie, morilles et vin jaune. Coque au chocolat en chaud-froid.

DOLUS-D'OLÉRON – 17 Charente-Maritime ➜ voir Île d'Oléron

DOMFRONT-EN-CHAMPAGNE

✉ 72240 (Sarthe) – 971 hab. – Voir carte n°**35**-C1
▶ Paris 216 km – Alençon 54 km – Laval 77 km – Le Mans 20 km
Carte Michelin 310-J6

XX **Restaurant du Midi**
33 r. du Mans, D 304 – ✆ 02 43 20 52 04 – www.restaurantdumidi.com – Fermé 15-31 août, 15 fév.-15 mars, lundi, mardi et le soir sauf vend. et sam.
Formule 13 € – Menu 22/37 € – Carte 25/34 €
Terrine de campagne maison, pièce de bœuf au poivre, paris-brest... Dans cette auberge de village, le chef concocte des recettes traditionnelles dans les règles de l'art. Une adresse sympathique.

DOMMARTEMONT – 54 Meurthe-et-Moselle ➜ voir Nancy

DOMME

✉ 24250 (Dordogne) – 998 hab. – Voir carte n°**4**-D1
▶ Paris 538 km – Cahors 51 km – Fumel 50 km – Sarlat-la-Canéda 12 km
Carte Michelin 329-I7 – Guide Vert Michelin Périgord Quercy

XXX **L'Esplanade** avec ch
2 r. Pontcarral – ✆ 05 53 28 31 41 – www.esplanade-perigord.com – Fermé 3 nov.-13 déc., 12 janv.-13 fév., lundi sauf le soir de mai à sept. et merc. midi hors saison
15 ch – †85/165 € ††85/165 € – ☕ 15 € – ½ P Menu 35/100 € – Carte 43/94 €
Une belle demeure ancienne, perchée sur les remparts, avec une terrasse sous les tilleuls. La cuisine est sincère, sans artifice, et fait apprécier les saveurs franches de la tradition. Chambres bourgeoises, certaines avec une jolie vue sur la vallée de la Dordogne.

X **Cabanoix et Châtaigne**
3 r. Geoffroy-de-Vivans – ✆ 05 53 31 07 11 – www.restaurantcabanoix.com – Fermé 1 semaine en juin, 1 semaine en sept., 10 déc.-1er mars, mardi et merc. sauf juil.-août
Formule 24 € – Menu 30/54 €
Une vraie carte postale du Périgord... Au cœur de cette superbe bastide, Cabanoix et Châtaigne exalte les charmes de la région. Pour le chef, travailler dans le respect de la terre et des saisons est une priorité. Son tour de main fait le reste : les assiettes débordent de saveurs ! Tout le Périgord... à prix doux.

DOMPAIRE

✉ 88270 (Vosges) – 1 101 hab. – Voir carte n°**26**-B3
▶ Paris 366 km – Épinal 21 km – Luxeuil-les-Bains 61 km – Nancy 64 km
Carte Michelin 314-F3

XX **Le Commerce** avec ch
pl. du Gén.-Leclerc – ✆ 03 29 36 50 28 – Fermé dim. soir et lundi
7 ch – †40/44 € ††44/50 € – ☕ 7 € – ½ P
Menu 14 € (semaine), 23 € 🍷/36 € – Carte 28/42 €
La salle à manger, avec sa grande baie vitrée ouverte sur le jardin, est d'un commerce agréable. Cuisine régionale et produits locaux. Chambres simples et spacieuses pour une étape entre Vittel et Épinal.

DOMPIERRE-SUR-BESBRE

✉ 03290 (Allier) – 3 152 hab. – Voir carte n°**6**-C1
▶ Paris 324 km – Bourbon-Lancy 19 km – Decize 46 km – Digoin 27 km
Carte Michelin 326-J3

XX **Auberge de l'Olive** avec ch
av. de la Gare – ✆ 04 70 34 51 87 – www.auberge-olive.fr – Fermé 22 sept.-10 oct., 2-12 janv., dim. soir de nov. à mars et vend. sauf juil.-août
17 ch – †64/78 € ††64/78 € – ☕ 8 € – ½ P
Menu 20 € (semaine), 29/52 € – Carte 39/58 €
Au bord de la route, une auberge recouverte de lierre... On y apprécie une cuisine traditionnelle actualisée, à déguster sous la lumineuse véranda ou dans la salle rustique. Chambres confortables et fonctionnelles, non loin du parc d'attractions et animalier du PAL.

DOMPIERRE-SUR-VEYLE

✉ 01240 (Ain) – 1 226 hab. – **Voir carte n°44-B1**

▶ Paris 439 km – Belley 70 km – Bourg-en-Bresse 18 km – Lyon 58 km

Carte Michelin 328-E4 – Guide Vert Michelin Lyon et sa région

L'Auberge de Dompierre

7 pl. E. Brazier – ✆ 04 74 30 31 19 – www.aubergededompierresurveyle.com – Fermé 1 semaine en avril, 3 semaines en août, 23-31 déc., sam. et le soir

Formule 13 € 🍷 – Menu 30/34 € – Carte 33/56 € *(réservation conseillée)*

Sur la place de l'église du village natal d'Eugénie Brazier, cette auberge familiale est tenue par un jeune couple... bien inspiré. Au menu, spécialités de la Dombes et quelques plats ibériques, hommage aux origines du patron. Tout cela à des prix vraiment alléchants !

DONCHERY – 08 Ardennes ➜ voir Sedan

DONNAZAC – 81 Tarn ➜ voir Cahuzac-sur-Vère

DONNEMARIE-DONTILLY

✉ 77520 (Seine-et-Marne) – 2 801 hab. – **Voir carte n°19-D2**

▶ Paris 92 km – Créteil 79 km – Evry 67 km – Melun 46 km

Carte Michelin 312-H5

La Croix Blanche

2 pl. du Marché – ✆ 01 64 60 67 86 – Fermé 2 semaines en juil.-août, 2 semaines en nov., 2 semaines en fév., dim. soir d'oct. à mars, lundi soir, mardi soir et merc.

Formule 22 € – Menu 36/53 €

Aucun doute, vous allez marquer votre passage dans ce restaurant d'une croix blanche ! Derrière les fourneaux, le chef met un point d'honneur à utiliser de beaux produits de saison. Dans l'assiette, le goût est au rendez-vous, comme avec ce suprême de volaille aux petits légumes... Une bonne adresse.

DONON (COL DU) – 67 Bas-Rhin ➜ voir Col du Donon

DONVILLE-LES-BAINS – 50 Manche ➜ voir Granville

DONZENAC

✉ 19270 (Corrèze) – 2 545 hab. – **Voir carte n°24-B3**

▶ Paris 469 km – Brive-la-Gaillarde 11 km – Limoges 81 km – Tulle 27 km

Carte Michelin 329-K4 – Guide Vert Michelin Périgord Quercy

Le Périgord

9 av. de Paris – ✆ 05 55 85 72 34 – Fermé vacances de la Toussaint, vacances de fév., dim. soir, lundi soir et merc.

Formule 17 € – Menu 21/31 € – Carte 34/53 €

Si vous passez devant cette maison traditionnelle recouverte de vigne vierge, venez vous asseoir dans cet intérieur paré de bois massif, près de l'imposante cheminée. On vous fera goûter la spécialité de la maison : la tête de veau sauce gribiche, indémodable et toujours aussi bonne ! Du rustique comme on l'aime.

DONZY

✉ 58220 (Nièvre) – 1 624 hab. – **Voir carte n°7-A2**

▶ Paris 203 km – Auxerre 66 km – Bourges 73 km – Clamecy 39 km

Carte Michelin 319-B7 – Guide Vert Michelin Bourgogne

Le Grand Monarque

10 r. de l'Étape, (près de l'église) – ✆ 03 86 39 35 44 – www.legrandmonarque-donzy.fr – Fermé 12-25 nov. et 4-20 janv.

11 ch – 🚹49/80 € 🚹🚹59/80 € – ☕ 10 € – ½ P

Rest – Formule 15 € – Menu 21/32 € *(fermé mardi midi, dim. soir et lundi)*

Dans un paisible village, ancien relais de poste remontant au 16ᵉs. Les chambres sont desservies par un escalier à vis et certaines arborent murs en pierre et ciel de lit. Le restaurant conserve un authentique fourneau à charbon ; plats du terroir.

DOUAI

✉ 59500 (Nord) – 42 197 hab. – Agglo. 511 345 hab. – **Voir carte n°31-C2**
Paris 194 km – Arras 26 km – Lille 42 km – Tournai 39 km
Carte Michelin 302-G5

à Brebières 7 km par ③ – ✉ 62117 – 4 902 hab.

Air Accueil

D 950 – ✆ 03 21 50 01 02 – www.air-accueil-restaurant.com – Fermé août, dim. soir et lundi
Menu 29/60 € – Carte 40/72 €
Près de l'aérodrome de Vitry-en-Artois, cette vaste auberge fut autrefois un mess d'officiers. C'est aujourd'hui tout sauf une simple cantine ! On y déguste en effet une délicieuse cuisine, où transparaît toute l'expérience de son chef, Franck Gilabert. Les clins d'œil au terroir sont nombreux, et les saveurs décollent !

DOUAINS – 27 Eure → voir Vernon

DOUARNENEZ

✉ 29100 (Finistère) – 14 912 hab. – **Voir carte n°9-A2**
Paris 585 km – Brest 76 km – Lorient 88 km – Quimper 23 km
Carte Michelin 308-F6 – Guide Vert Michelin Bretagne Sud

Le Clos de Vallombreuse

7 r. d'Estienne-d'Orves – ✆ 02 98 92 63 64 – www.closvallombreuse.com
25 ch – †60/170 € ††60/170 € – ☕ 13 € – ½ P — Plan : Y**x**
Rest *Le Clos de Vallombreuse* – voir les restaurants ci-après
Derrière l'église, cette belle demeure de 1902 domine la baie de Douarnenez ; les propriétaires ont su préserver son charme classique, tout en assurant un confort optimal dans les chambres. Avec, en prime, un espace bien-être avec sauna et jacuzzi !

Hôtel de France

4 r. Jean-Jaurès – ✆ 02 98 92 00 02 – www.lafrance-dz.com – Fermé 3-18 nov., 22-27 déc. et 11-26 fév. — Plan : Y**r**
23 ch – †59/76 € ††59/76 € – ☕ 10 € – ½ P
Rest *L'Insolite* – voir les restaurants ci-après
Dans cet Hôtel de France, les chambres jouent les contrastes, mélange de style contemporain dépouillé, de couleurs vives et de mobilier breton. Il souffle un vent de fraîcheur sur cet établissement né en 1878...

Le Clos de Vallombreuse – Hôtel Le Clos de Vallombreuse

7 r. d'Estienne-d'Orves – ✆ 02 98 92 63 64 – www.closvallombreuse.com — Plan : Y**x**
Formule 16 € – Menu 22 € (semaine), 32/60 € – Carte 38/60 €
Cette jolie villa distille un charme classique et bourgeois, mais ne vous y trompez pas : on y sert une cuisine bien en phase avec son époque. Le chef est très attentif au passage des saisons, et pioche autant sur les étals de fruits et légumes du marché, que dans les filets remontés de la pêche locale. Frais et bon !

L'Insolite – Hôtel de France

4 r. Jean-Jaurès – ✆ 02 98 92 00 02 – www.lafrance-dz.com – Fermé 3-18 nov., 22-27 déc. et 11-26 fév., dim. soir et lundi — Plan : Y**r**
Formule 15 € – Menu 31/69 € – Carte 43/87 €
Plutôt séduisants, ce topinambour en fin velouté à la crème de truffe, et cette poitrine de canette rôtie au miel et aux épices… Ici, le terroir s'offre des présentations originales, et les inventions sont légion. La faute aux deux jeunes chefs, passionnés et formés dans de belles maisons. À découvrir !

Le Kériolet avec ch

29 r. Croas-Talud – ✆ 02 98 92 16 89 – www.hotel-keriolet.com – Fermé 1er-10 fév. et lundi midi hors saison — Plan : Z**a**
8 ch – †55/75 € ††55/75 € – ☕ 7 € – ½ P
Menu 14 € (semaine), 20/40 € – Carte 27/52 €
Allez, on embarque ! Cuisine traditionnelle, produits du terroir et pêche locale en vue dans ce restaurant discrètement marin. Quelques chambres sont également à disposition, plutôt simples mais bien tenues.

DOUARNENEZ

Anatole-France (R.) . . . . Y 2
Baigneurs (R. des) . . . . Y 5
Barré (R. J.) . . . . YZ 7
Berthelot (R.) . . . . Z 8
Centre (R. du) . . . . Y 10
Croas-Talud (R.) . . . . Z 14
Duguay-Trouin (R.) . . . . YZ 15
Enfer (Pl. de l') . . . . YZ 16
Grand-Port (Quai du) . . . . . . Y 19
Grand-Port (R. du) . . . . Y 20
Jaurès (R. Jean) . . . . YZ
Jean-Bart (R.) . . . . Y 24
Kerivel (R. E.) . . . . YZ 21
Laënnec (R.) . . . . Z 25
Lamennais (R.) . . . . Z 27
Marine (R. de la) . . . . Y 32
Michel (R. L.) . . . . Y 36
Monte-au-Ciel (R.) . . . . Z 37
Péri (Pl. Gabriel) . . . . Y 42
Petit-Port (Quai du) . . . . Y 43
Plomarc'h (R. des) . . . . . . YZ 44
Stalingrad (Pl.) . . . . Z 65
Vaillant (Pl. E.) . . . . Y 59
Victor-Hugo (R.) . . . . Z 60
Voltaire (R.) . . . . Y 62

Sens unique en saison: flèche noire

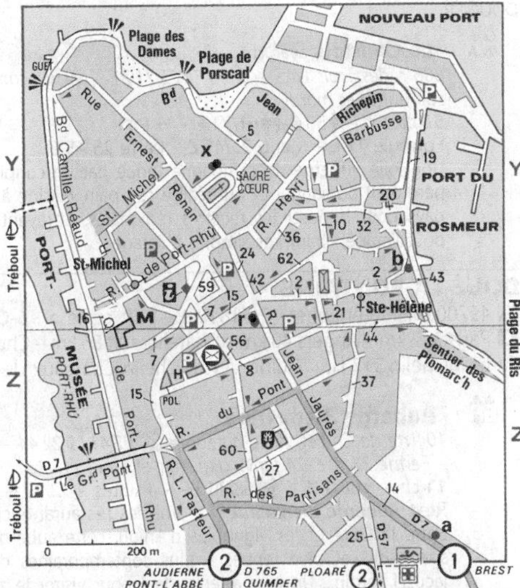

Quai 29

11 quai du Petit-Port – ✆ 09 81 92 96 22 – Ouvert de fin fév. à mi-oct. et fermé mardi soir et merc. Plan : Y**b**

Formule 15 € – Menu 18 € (déj. en semaine) – Carte 25/45 €

C'est un peu la version bistrot de L'Insolite, le restaurant de l'Hôtel de France ; d'ailleurs, les propriétaires sont les mêmes. Bien protégé par la baie vitrée, on nargue la tempête devant tapas, fruits de mer et formule à la plancha. Le tout servi par une jeune équipe motivée, dans une ambiance sympathique !

à Tréboul 3 km au Nord-Ouest – ✉ 29100

Thalasstonic

rest,

r. des Professeurs Curie – ✆ 02 98 74 45 45 – www.hotel-douarnenez.com

44 ch – 🚹99/150 € 🚹🚹99/150 € – 6 suites – ☕ 13 € – ½ P

Rest ***L'Armor*** ✆ 02 98 74 45 63 – Formule 14 € – Menu 17 € (déj. en semaine), 29/42 € – Carte 31/38 €

Cet hôtel respire l'air marin et vous garantit un séjour "tonic" dans des chambres spacieuses, fonctionnelles et bien tenues. La plage est à deux pas, et l'on profite d'un accès direct au centre de thalassothérapie. Quant au restaurant, il met en avant les produits du terroir breton et, évidemment, la pêche locale...

Ty Mad

plage St-Jean, (près de la chapelle St-Jean) – ✆ 02 98 74 00 53 – www.hoteltymad.com – Ouvert 8 mars-11 nov.

15 ch – 🚹78/120 € 🚹🚹118/230 € – ☕ 14 € – ½ P

Rest – Formule 28 € – Menu 33 € – Carte 38/57 € *(fermé lundi, mardi, sauf de juil. à mi-oct. et vacances scolaires, dim. et le midi)*

Ty mad : bonne maison en breton. Il faut dire que l'hôtel a du charme avec ses matériaux naturels (pierre et bois) et sa décoration franchement zen ; même la cour a des allures de jardin japonais. Cuisine bio aux herbes fraîches et piscine à contre-courant : on se sent bien.

DOUBS – 25 Doubs ➜ voir Pontarlier

DOUCIER

✉ 39130 (Jura) – 295 hab. – **Voir carte n°16-B3**

Paris 427 km – Champagnole 21 km – Lons-le-Saunier 25 km

Carte Michelin 321-E7 – Guide Vert Michelin Franche-Comté Jura

Le Comtois avec ch ch,

806 r. des Trois Lacs – ✆ 03 84 25 71 21 – www.lecomtoisdoucier.com – Fermé dim. soir, lundi et mardi

50 ch – 50 € 61/71 € – ½ P

Formule 17 € – Menu 25/45 € – Carte 25/45 €

Une jolie auberge de campagne tenue par un couple charmant... Monsieur, dont le père était boulanger et qui réalise son pain, cuisine à base de plantes et d'herbes du pays pour honorer les recettes régionales. Attrayante sélection de vins du Jura et, pour l'étape, chambres simples à l'étage.

DOUÉ-LA-FONTAINE

49700 (Maine-et-Loire) – 7 518 hab. – Voir carte n°**35**-C2

Paris 322 km – Angers 40 km – Châtellerault 86 km – Cholet 50 km

Carte Michelin 317-H5 – Guide Vert Michelin Châteaux de la Loire

Auberge Bienvenue

104 rte de Cholet, (face au zoo) – ✆ 02 41 59 22 44 – www.aubergebienvenue.com – Fermé 22 déc.-14 janv., dim. soir et lundi

11 ch – 68/115 € 68/115 € – 4 suites – 12 € – ½ P

Rest *Auberge Bienvenue* – voir les restaurants ci-après

Entre la Loire et les vignobles d'Anjou, cette auberge abrite des chambres calmes, spacieuses et bien tenues – plus contemporaines dans l'annexe. Piscine couverte, jacuzzi, jardin... Un pied-à-terre idéal pour visiter le zoo local ou découvrir les roseraies.

Auberge Bienvenue

104 rte de Cholet, (face au zoo) – ✆ 02 41 59 22 44 – www.aubergebienvenue.com – Fermé 22 déc.-14 janv., dim. soir et lundi

Formule 15 € – Menu 27/44 € – Carte 44/54 €

Ici, vous serez toujours le bienvenu ! Confortablement installé sous les poutres et les arcades de la grande salle, on est contraint... de constater que la tradition a toujours du bon, surtout en cuisine. Ne passez pas à côté du bœuf au tanin d'Anjou. Bon rapport qualité-prix.

DOURGNE

81110 (Tarn) – 1 287 hab. – Voir carte n°**29**-C2

Paris 742 km – Carcassonne 52 km – Castelnaudary 35 km – Toulouse 67 km

Carte Michelin 338-E10

Hostellerie de la Montagne Noire avec ch rest, ch,

15 pl. des Promenades – ✆ 05 63 50 31 12 – www.montagnenoire.net – Fermé dim. soir et lundi

9 ch – 54/62 € 58/64 € – 8 € – ½ P

Formule 14 € – Menu 17 € (semaine), 24/35 € – Carte 28/45 €

Attention, la jeunesse arrive ! Les deux fils du propriétaire ont pris le pouvoir en cuisine, dans ce sympathique restaurant situé au centre du village ; ils nous régalent d'une bonne cuisine traditionnelle, simple et savoureuse, sans chichis. Et l'été, ça se passe sur la terrasse, à l'ombre des platanes...

DOUSSARD

74210 (Haute-Savoie) – 3 551 hab. – Voir carte n°**46**-F1

Paris 555 km – Albertville 27 km – Annecy 20 km – Megève 42 km

Carte Michelin 328-K6 – Guide Vert Michelin Alpes du Nord

Arcalod ch, rest,

104 rte de la Gare – ✆ 04 50 44 30 22 – www.hotelarcalod.fr – Ouvert 20 mai-23 sept.

33 ch – 75/95 € 75/110 € – 13 € – ½ P

Rest – Formule 16 € – Menu 23 € (semaine), 27/33 € – Carte 27/35 €

Un chalet familial vraiment sympathique : les chambres sont fraîches, calmes et agréables ; les propriétaires organisent de nombreuses activités gratuites (randonnée, tir à l'arc, vélo...), et il y aussi le jardin arboré, la grande piscine, le restaurant traditionnel...

DOUVAINE

✉ 74140 (Haute-Savoie) – 4 972 hab. – Voir carte n°**46**-F1
▶ Paris 555 km – Annecy 63 km – Chamonix-Mont-Blanc 87 km – Genève 18 km
Carte Michelin 328-K3

XXX ✿ **Ô Flaveurs** (Jérôme Mamet)
Château de Chilly, 2 km au Sud-Est par rte de Crépy – ✆ 04 50 35 46 55 – www.oflaveurs.com – Fermé 24 juil.-6 août, 1er-10 janv., mardi et merc.
Menu 42 € (déj. en semaine), 73/105 €
Pierres apparentes, poutres, cheminée : un petit château du 15e s. authentique, élégant et romantique à souhait. Autour d'un menu surprise, on découvre la cuisine pleine de saveurs et de fraîcheur d'un chef inventif et talentueux ; à l'image de ce foie gras mi-cuit avec son coulis aux agrumes... Ô Flaveurs !
➜ Foie gras de canard, pulpe de datte, mendiant de fruits secs. Canette en croûte de noisettes, légumes mijotés et jus de carcasse. Notre version d'un mont-blanc.

X **Le 111**
111 r. du Centre – ✆ 04 50 85 06 25 – www.le111.fr – Fermé 25 juil.-10 août, 1er-10 janv., mardi et merc.
Formule 14 € – Menu 27/34 €
Un lieu convivial ! Du bois, de la pierre, une bonne cuisine traditionnelle et... un propriétaire sommelier qui délivre des conseils fort avisés pour choisir son nectar – il est notamment incollable sur les crus de la région. L'été, on profite de la terrasse.

DOUVRES-LA-DÉLIVRANDE

✉ 14440 (Calvados) – 4 959 hab. – Voir carte n°**32**-B2
▶ Paris 246 km – Bayeux 26 km – Caen 15 km – Deauville 48 km
Carte Michelin 303-J4 – Guide Vert Michelin Normandie Cotentin

à Cresserons 2 km à l'Est par D 35 – ✉ 14440 – 1 208 hab.

XXX **La Valise Gourmande** 
7 rte de Lion-sur-Mer – ✆ 02 31 37 39 10 – www.lavalisegourmande-caen.com – Fermé dim. soir, mardi midi et lundi
Menu 31/53 € – Carte 38/66 € *(réservation conseillée)*
Une adresse aussi charmante que gourmande. Blotti au fond d'un délicieux jardin clos, ce prieuré du 18e s. semble attendre votre visite. Un accueil très souriant, un repas classique de qualité, des prix sages : on passe un bon moment.

DRACY-LE-FORT – 71 Saône-et-Loire ➜ voir Chalon-sur-Saône

DRAGUIGNAN

✉ 83300 (Var) – 36 391 hab. – Voir carte n°**41**-C3
▶ Paris 862 km – Fréjus 30 km – Marseille 124 km – Nice 89 km
Carte Michelin 340-N4 – Guide Vert Michelin Côte d'Azur

Ibis Styles sans rest 
11 bd G. Clemenceau – ✆ 04 94 50 95 09 – www.ibis.com Plan : Z**n**
38 ch – †110/125 € ††120/135 €
Entièrement rénové et idéalement situé en centre-ville, cet hôtel bénéficie de chambres spacieuses, bien équipées et insonorisées, dans un esprit assez tendance.

La Source Saint Michel sans rest 
299 chemin de Seyran – ✆ 04 94 84 59 05 – www.lasourcesaintmichel.com – Fermé 21 oct.-6 janv.
4 ch – †95/135 € ††95/135 €
À l'écart de la ville, entre champs d'oliviers et allées de platanes, cette demeure bourgeoise toute blanche (19e s.) distille le charme d'antan : tomettes, mobilier d'époque, cheminées, etc. L'accueil charmant et les cours d'œnologie proposés permettent de s'initier à l'art de vivre de la région...

DRAGUIGNAN

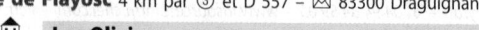

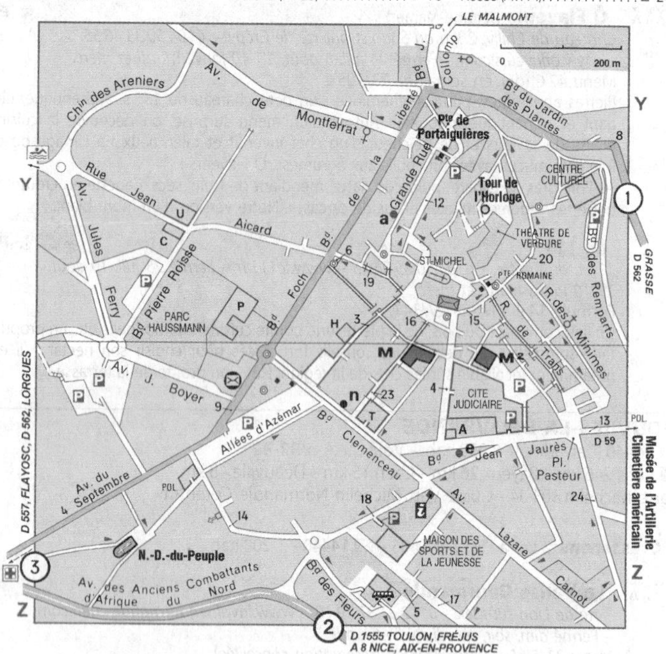

XX ✿ **Côté Rue** (Benjamin Collombat) ♿

42 Grande-Rue – ☎ 04 83 11 50 55 – www.restaurant-coterue.com – Fermé 1 semaine en avril, 3 semaines en août, 1 semaine en janv., dim. et lundi Plan : Y**a**

Formule 23 € – Menu 32/83 € – Carte 61/79 €

Derrière la massive porte en bois de cette maison bourgeoise du 19e s., un cadre très moderne – et agréable – et une cuisine non moins contemporaine : précise, technique, fine et soucieuse des meilleurs produits, elle se révèle dans l'assiette aussi belle que sapide... ➜ Foie gras poêlé, soba, suprême de pamplemousse et jus à la gentiane. Saint-pierre poêlé, gomasio cumin-badiane, soupe de roche et pommes de terre fondantes. Café liégeois revisité.

X **Lou Galoubet** A/C

23 bd Jean-Jaurès – ☎ 04 94 68 08 50 – www.lougaloubet.com – Fermé 1 semaine aux vacances de fév. et de printemps, 15-30 août, sam. midi, dim. soir, mardi soir et merc. Plan : Z**e**

Formule 19 € – Menu 22 € (déj. en semaine), 29/46 € – Carte 40/66 €

Une fois passé la porte, on découvre aussitôt les cuisines. Une belle entrée en matière, à l'unisson des assiettes qui vont à l'essentiel : terroir, saison et fraîcheur. Salle lumineuse.

rte de Flayosc 4 km par ③ et D 557 – ✉ 83300 Draguignan

Les Oliviers sans rest

rte de Flayosc, D 557 – ☎ 04 94 68 25 74 – www. les-oliviers.eu

12 ch – †59/75 € ††59/75 € – ☕ 7 €

Un jeune couple charmant a récemment repris cet hôtel : si la simplicité est de mise, un vrai esprit chaleureux règne sur les lieux, parfaitement tenus. Le jardin fleuri abrite une piscine et l'on y sert le petit-déjeuner en été.

à Flayosc 7 km par ③ et D 557 – ✉ 83780 – 4 419 hab.

XX **L'Oustaou**

5 pl. Joseph-Brémond, (au village) – ✆ 04 94 70 42 69 – www.restaurantloustaou.com – Fermé dim. soir, mardi et merc. d'oct. à avril

Formule 17 € – Menu 28/45 € – Carte 34/58 €

Qu'il est agréable de prendre son temps à la terrasse de cette auberge familiale, face à la place du village au caractère bien méridional... Au menu : des variations originales inspirées de recettes régionales, conçues par un jeune chef formé "chez les grands". Pensez à réserver !

DRAIN

✉ 49530 (Maine-et-Loire) – 1 938 hab. – Voir carte n°**34**-B2

Paris 359 km – Cholet 60 km – Nantes 41 km – Saint-Herblain 48 km

Carte Michelin 317-B4

Le Mésangeau

5 km au Sud par D 154 – ✆ 02 40 98 21 57 – www.loire-mesangeau.com

5 ch – 80/100 € 90/110 € – ½ P

Table d'hôte – Menu 35 €

Vaste gentilhommière de 1830, au sein d'un agréable parc (étang, chapelle, basse-cour, collection de voitures anciennes). Chambres spacieuses et confortables, ornées de mobilier et objets de style. Table d'hôte rustique : belle cheminée en pierre et plats du terroir.

DREUX

✉ 28100 (Eure-et-Loir) – 31 031 hab. – Voir carte n°**11**-B1

Paris 78 km – Chartres 36 km – Évreux 44 km – Mantes-la-Jolie 43 km

Carte Michelin 311-E3 – Guide Vert Michelin Normandie Vallée de la Seine

XX **Le Saint-Pierre**

19 r. Sénarmont – ✆ 02 37 46 47 00 – www.lesaint-pierre.com – Fermé dim. soir et lundi

Plan : BY**r**

Formule 17 € – Menu 20/37 € – Carte 32/47 €

Un restaurant bien sympathique, dans une petite rue du quartier commerçant. Dans la lignée des anciens propriétaires, le nouveau chef – arrivé en 2013 – réalise une bonne cuisine traditionnelle : marbré de joue de bœuf et foie gras, risotto aux asperges et langoustines, crème au caramel... Et en prime, les prix sont sages.

à Chérisy 4,5 km par ② – ✉ 28500 – 1 865 hab.

XX **Le Vallon de Chérisy**

12 rte de Paris – ✆ 02 37 43 70 08 – www.le-vallon-de-cherisy.fr – Fermé 15 juil.-1er août, dim. soir, mardi soir et merc.

Menu 30/58 € – Carte 35/64 €

L'enseigne ? Un clin d'œil à une ode de Victor Hugo composée dans cette même auberge en 1821. Ici, la cuisine, copieuse et volontiers rustique, s'inspire des saisons et met en avant les produits locaux, en particulier les légumes et les herbes aromatiques... Gourmand et bon !

à Ste-Gemme-Moronval 6 km par ②, N 12, D 912 et D 308[1] – ✉ 28500 – 1 007 hab.

XXX **L'Escapade**

pl. du Dr.-Charles-Jouve – ✆ 02 37 43 72 05 – Fermé 20 août-10 sept., 17 fév.-4 mars, dim. soir, lundi soir et mardi

Menu 35 € – Carte 50/82 €

Faites une escapade dans cette auberge champêtre vraiment accueillante : la carte met l'accent sur la fraîcheur et la tradition, et la terrasse est si plaisible...

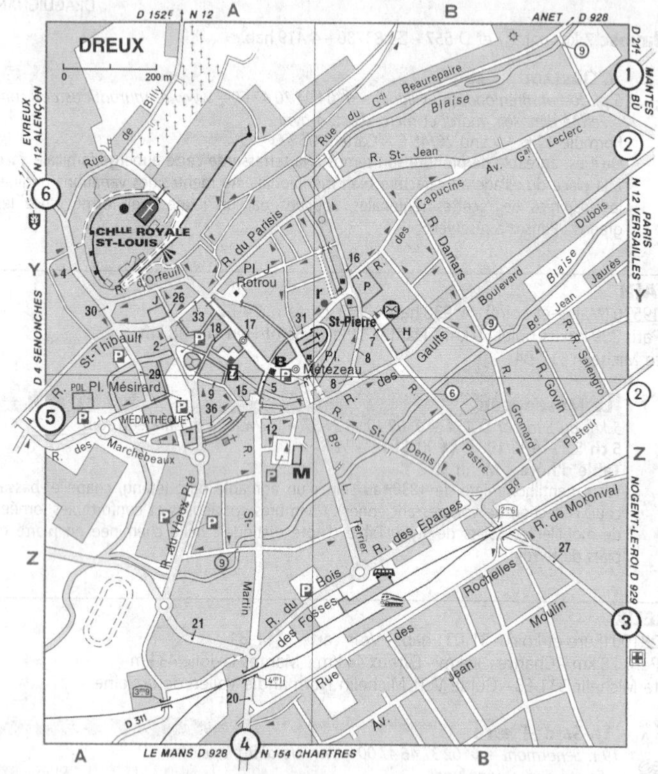

Rue	Carreau	N°	Rue	Carreau	N°	Rue	Carreau	N°
Anatole-France (Pl.)	AY	2	Fusillés (Pl. des)	AZ	15	Parisis (R.)	AY	
Bois-Sabot (R. du)	AY	4	Gaulle (R. du Gén.-de)	BY	16	Prés.-Kennedy (Av. du)	BZ	27
Chartraine (R. Porte)	AZ	5	Gd-R. M.-Viollette	AY	17	Renan (R. Ernest)	AZ	29
Châteaudun (R. de)	BY	7	Illiers (R.)	AY	18	Sainte-Barbe (Pl.)	AY	30
Doguereau (R.)	BY	8	Marceau (Av. du Gén.)	AZ	20	Senarmont (R. de)	AY	31
Embûches (R. des)	AYZ	9	Melsungen (Av. de)	AZ	21	Tanneurs (R. aux)	AY	33
Esmery-Caron (R.)	AZ	12	Palais (R. du)	AY	26	Teinturiers (R. des)	AZ	36

à Vernouillet-centre 2 km au Sud par D 311 AZ – ✉ 28500 – 11 751 hab.

XX **Auberge de la Vallée Verte** avec ch

6 r. Lucien-Dupuis, (près de l'église) – ✆ 02 37 46 04 04 – www.aubergevalleeverte.fr – Fermé 3 semaines en août, 22 déc.-5 janv. et dim.

15 ch – †80/95 € ††80/95 € – ☕ 10 € – ½ P   Menu 33/57 € 🍷 – Carte 45/65 €

Poutres apparentes, cheminée et jolis tableaux participent à l'atmosphère sereine de ce restaurant, où l'on savoure une cuisine de saison réalisée à partir de produits locaux. Les chambres, plus grandes dans l'annexe, sont simples et bien tenues, avec un jardin pour se ressourcer.

Budget serré ? Profitez des menus déjeuners (déj.) à prix ajustés.

DRUSENHEIM

✉ 67410 (Bas-Rhin) – 5 052 hab. – **Voir carte n°1-B1**

Paris 499 km – Haguenau 17 km – Saverne 61 km – Strasbourg 33 km

Carte Michelin 315-L4

XX **Auberge du Gourmet** avec ch

rte Strasbourg, 1 km au Sud-Ouest – ✆ 03 88 53 30 60 – www.auberge-gourmet.com – Fermé 18 août-10 september et 17 fév.-7 mars

11 ch – 🛉46/50 € 🛉🛉55/60 € – ☕ 8 € – ½ P

Menu 23/42 € – Carte 33/64 € *(fermé sam. midi, mardi soir et merc.)*

Une auberge entourée d'un grand jardin l'isolant de la route. La cuisine, traditionnelle, est servie dans une salle chaleureuse. Les chambres – assez spacieuses, claires et fraîches – sont très bien tenues.

DUCEY

✉ 50220 (Manche) – 2 478 hab. – Voir carte n°**32**-**A3**

▶ Paris 348 km – Avranches 11 km – Fougères 41 km – Rennes 80 km

Carte Michelin 303-E8 – Guide Vert Michelin Normandie Cotentin

Moulin de Ducey sans rest

1 Grande-Rue – ✆ 02 33 60 25 25 – www.moulindeducey.com – Fermé 28 fév.-9 mars et 21 déc.-5 janv.

28 ch – 🛉65/119 € 🛉🛉72/119 € – ☕ 11 €

Entre bief et Sélune, cet ancien moulin semble établi sur une île verdoyante... On y trouve des chambres charmantes, à la déco épurée ; la salle du petit-déjeuner surplombe le vieux pont de pierre, d'où l'on peut pratiquer la pêche au saumon !

Auberge de la Sélune

2 r. St-Germain – ✆ 02 33 48 53 62 – www.selune.com – Fermé début fév. à mi-mars et 2 semaines début nov.

20 ch – 🛉65/85 € 🛉🛉65/85 € – ☕ 10 € – ½ P

Rest ***Auberge de la Sélune*** – voir les restaurants ci-après

Sur les bords de la Sélune qui part se jeter dans la baie du Mont-Saint-Michel, une bonne option pour dormir un peu à l'écart du circuit touristique. Les chambres sont simples et bien tenues, côté route ou côté jardin et rivière.

XX **Auberge de la Sélune**

2 r. St-Germain – ✆ 02 33 48 53 62 – www.selune.com – Fermé début fév. à mi-mars et 2 semaines début nov.

Menu 17 € (déj. en semaine), 28/49 € – Carte 35/45 € *(fermé mardi soir et merc. midi de fin sept. à mi-juil., dim. soir et mardi midi de nov. à mars)*

Au bord de la Sélune – connue pour les saumons qui viennent y frayer –, un cadre classique, lumineux, et une cuisine actuelle rythmée par les saisons : tarte aux légumes parfumée à la truffe d'été, sablé aux fraises et sa crème au basilic, etc. Les saveurs sont au rendez-vous et les prix restent mesurés !

DUHORT-BACHEN

✉ 40800 (Landes) – 632 hab. – Voir carte n°**3**-**B3**

▶ Paris 710 km – Bordeaux 150 km – Mont-de-Marsan 30 km – Pau 57 km

Carte Michelin 335-J12

XX **Les Arcades**

232 pl. de la Mairie – ✆ 05 58 71 85 59 – Fermé mi-janv. à mi-fév., mardi soir, dim. soir et lundi

Formule 13 € 🍷 – Menu 20 € 🍷/31 € – Carte 25/42 €

Dire que cette adresse porte haut les couleurs du terroir est un euphémisme ! Dans une ambiance champêtre ou installés sous les arcades, les gourmands dégustent de bonnes recettes traditionnelles. Qui plus est, un vendredi soir par mois, un producteur du coin est mis en lumière lors d'une soirée thématique.

DUILHAC-SOUS-PEYREPERTUSE – 11 Aude ➜ voir Cucugnan

DUINGT

✉ 74410 (Haute-Savoie) – 884 hab. – Voir carte n°**46**-**F1**

▶ Paris 548 km – Albertville 34 km – Annecy 12 km – Megève 48 km

Carte Michelin 328-K6 – Guide Vert Michelin Alpes du Nord

Clos Marcel

410 allée de la Plage – ✆ 04 50 68 67 47 – www.closmarcel.com – Fermé 26 oct.-12 déc.
14 ch – 149/455 € 149/455 € – 1 suite – 16 €
Rest *Comptoir du Lac* – voir les restaurants ci-après
Sur un site privilégié au bord du lac d'Annecy (ponton privé), une architecture repensée dans un esprit écologique, des chambres design et confortables : un Clos Marcel résolument 21ᵉ s.

Comptoir du Lac

410 allée de la Plage – ✆ 04 50 68 14 10 – www.comptoirdulac.com – Fermé 26 oct.-12 déc., dim. soir de déc. à avril
Formule 19 € – Menu 42/45 €
Un restaurant aux airs de grande verrière indus' et contemporaine, cerné par la verdure, la montagne et le lac... Un endroit vraiment sympathique, pour une cuisine traditionnelle qui l'est elle aussi !

DUNES

82340 (Tarn-et-Garonne) – 1 176 hab. – Voir carte n°**28**-B2
Paris 655 km – Agen 21 km – Auvillar 13 km – Miradoux 12 km
Carte Michelin 337-A7

Les Templiers

1 pl. des Martyrs – ✆ 05 63 39 86 21 – Fermé vacances de la Toussaint, mardi soir, sam. midi, dim. soir et lundi
Menu 20 € (semaine), 30/59 € – Carte 48/56 €
Au centre de cette jolie bourgade, dans une maison du 16ᵉ s. au charme préservé. Les grands principes du chef : "la tradition, qui garantit la qualité" et "l'innovation, qui préserve de la routine". Un gage d'authenticité et de surprise... L'été, on se régale en profitant de la terrasse sous les arcades.

DUNIÈRES

43220 (Haute-Loire) – 2 934 hab. – **Voir carte n°6-D3**
Paris 549 km – Le Puy-en-Velay 52 km – St-Agrève 30 km – St-Étienne 37 km
Carte Michelin 331-I2

La Tour avec ch

7 ter r. Fraisse, (D 61) – ✆ 04 71 66 86 66 – www.hotelrestaurantlatour.com – Fermé mars, 23 août-2 sept., 16-24 nov., 31 déc.-4 janv., 14-28 fév., vend. soir d'oct. à mai, dim. soir et lundi
11 ch – 60/66 € 60/66 € – 10 € – ½ P
Formule 16 € – Menu 27/60 € – Carte 39/66 €
Les produits locaux (lentilles vertes du Puy, escargots de Grazac, pintade fermière, etc.) se transforment en mets alléchants sous l'impulsion du chef. C'est bon, soigné, généreux, avec en prime, un beau chariot de fromages auvergnats. Tout est sympathique, y compris les chambres, bien pratiques.

DUNKERQUE

59140 (Nord) – 92 005 hab. – Agglo. 181 699 hab. – Voir carte n°**30**-B1
Paris 288 km – Amiens 205 km – Calais 47 km – Ieper 56 km
Carte Michelin 302-C1

Borel sans rest

6 r. L'Hermite – ✆ 03 28 66 51 80 – www.hotelborel.fr Plan : CY**u**
48 ch – 84/94 € 84/130 € – 12 €
Tout près du port de plaisance, cet hôtel est idéalement placé. On s'y repose dans des chambres parfaitement tenues et on profite des petits salons cosy et des prix doux. Une bonne adresse pour un déplacement professionnel ou une escapade en ville.

Ibis

13 r. Leughenaer – ✆ 03 28 66 29 07 – www.ibishotel.com Plan : CY**s**
120 ch – 65/92 € 65/92 € – 10 €
Rest – Formule 15 € – Carte 20/27 € *(fermé le midi)*
Non loin du port de plaisance, un hôtel de chaîne avec des chambres fonctionnelles et une offre de restauration toute simple mais pratique.

DUNKERQUE

Banc Vert (R. du) . . . . **AX** 8
Berteaux (Av. M.) . . . . **AX** 10
Cambon (Bd P.) . . . . **BX** 17
Darses (Chaussée des) . . . . **AX** 25
Jean-Jaurès (Bd.) . . . . **BX** 39
Lille (R. de) . . . . **BX** 45
Malo (R. Célestin) . . . . **BX** 50
Mendès-France (Bd) . . . . . . **BX** 52
Pasteur (R.) . . . . **BX** 56
République (R. de la) . . . . . . **AX** 61
Waldeck-Rousseau (R.) . . . . **BX** 73

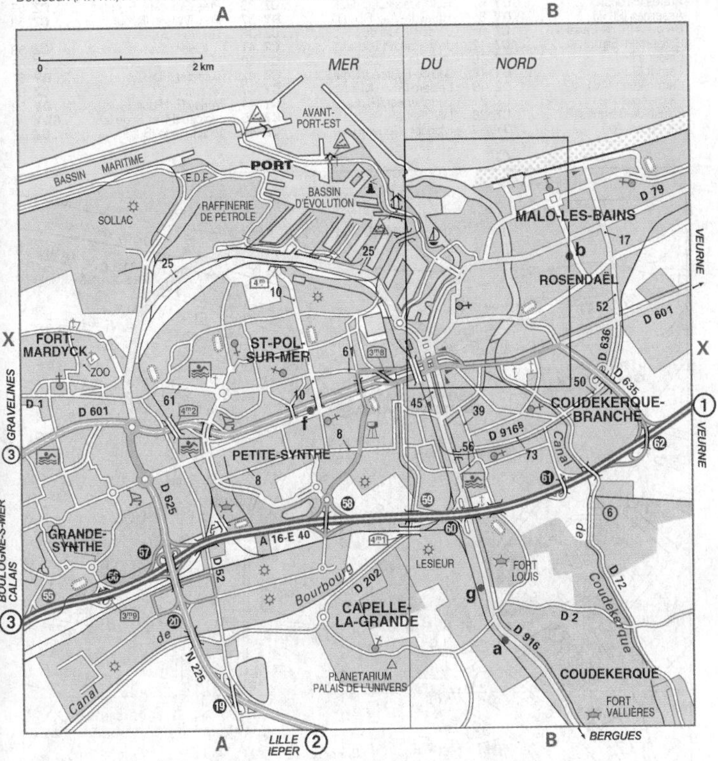

Le Vent d'Ange

1449 av. de Petite-Synthe – ✆ 03 28 25 28 98 – www.leventdange.com – Fermé 15-30 août, 4-15 janv., mardi soir, merc. soir, dim. soir et lundi

Formule 17 € – Menu 20 € (déj. en semaine), 25/50 € Plan : AX**f**

Vent d'Ange ? Tout d'abord parce que le décor s'inspire des jolis angelots du baroque italien... et parce que la cuisine, fraîche comme un petit vent de printemps, fleure bon l'air du temps.

L'Estouffade

2 quai de la Citadelle – ✆ 03 28 63 92 78 – www.estouffade.com – Fermé 27 fév.-5 mars, dim. soir et lundi Plan : CZ**r**

Menu 20 € (déj. en semaine), 30/58 € – Carte 40/60 €

Royale de moules, noix de Saint-Jacques aux endives caramélisées... Tout près du port, ce restaurant met l'eau à la bouche et la mer à l'honneur ! Accueil charmant.

L'Essentiel

451 r. Winston-Churchill – ✆ 03 28 60 51 32 – www.restaurant-lessentiel.fr – Fermé 4-26 août, 30 déc.-14 janv., dim. soir, lundi et mardi Plan : BX**b**

Menu 29/50 € – Carte 36/57 €

À 500 m de la mer, dans un quartier peu touristique, une bonne surprise que cette assiette qui sait maîtriser l'essentiel : une cuisine d'aujourd'hui, pleine de mesure et de naturel (poisson frais). Décor moderne et ambiance feutrée.

DUNKERQUE

Albert-1er (R.) . . . . **CZ** 2
Alexandre-III (Bd) . . . . **CZ** 3
Arbres (R. des) . . . . **CDY** 6
Asseman (Pl. P.) . . . . **DY** 8
Bergues (R. du Canal de) . . . . . **CZ** 9
Bollaert (Pl. Émile) . . . . **CZ** 12
Calonne (Pl.) . . . . **DZ** 16
Carnot (Bd) . . . . **DY** 18
Carton-Lurat (Av.) . . . . **DZ** 19
Clemenceau (R.) . . . . **CZ** 21
Écluse-de-Bergues (R.) . . . . **CZ** 26
Faidherbe (Av.) . . . . **DY**
Fusillés-Marins (R.) . . . . **CZ** 30
Gare (Pl. de la) . . . . **CZ** 32
Gaulle (Pl. du Gén.-de) . . . . **CZ** 33
Geeraert (Av. Adolphe) . . . . **DY**
Hermitte (R. l') . . . . **CY** 35
Hollandais (Quai des) . . . . **CZ** 36
Hôtel-de-Ville (R. de l') . . . . **DY** 37
Jardins (Quai des) . . . . **CZ** 38
Jean-Bart (Pl.) . . . . **CZ** 41
Jean-Jaurès (Bd.) . . . . **CZ** 40
Jeu-de-Paume (R. du) . . . . **CZ** 42
Leclerc (R. du Mar.) . . . . **CY** 43
Leughenaer (R. du) . . . . **CY** 44
Lille (R. de) . . . . **CZ** 45
Magasin-Général (R.) . . . . **CZ** 48
Malo (Av. Gaspard) . . . . **DY** 49
Mar.-de-France (Av. des) . . . . . **DY** 51
Mer (Digue de) . . . . **DY**
Minck (Pl. du) . . . . **CY** 53
Paris (R. de) . . . . **CZ** 54
Prés.-Poincaré (R. du) . . . . **CZ** 57
Prés.-Wilson (R. du) . . . . **CZ** 58
Quatre-Écluses (Quai) . . . . **CZ** 59
Thiers (R.) . . . . **CZ** 65
Turenne (Pl.) . . . . **DY** 67
Valentin (Pl. C.) . . . . **CZ** 68
Verley (Bd Paul) . . . . **DY** 69
Victoire (Pl. et R. de la) . . . . . . **CDY** 70
Victor-Hugo (Bd) . . . . **CZ** 72

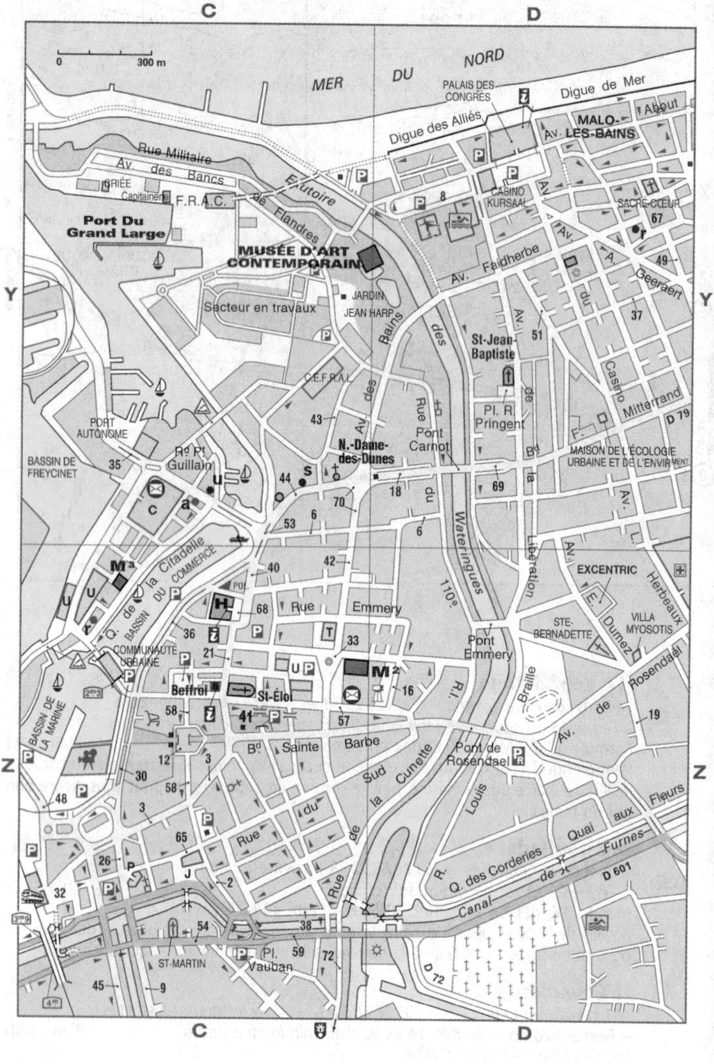

L'Auberge de Jules

9 r. de la Poudrière – ✆ 03 28 63 68 80 – Fermé 3 semaines en août, 1 semaine en janv., sam., dim. et fériés Plan : CY**a**
Formule 22 € – Menu 26/35 € – Carte 30/55 €
Près du port de plaisance, un bistrot gourmand, convivial et... familial. La patronne accommode le poisson tout frais pêché par son frère : la fraîcheur est au rendez-vous ! Quant à son "jules", il s'occupe des desserts...

à Malo-les-Bains – ✉ 59240

L'Hirondelle

rest, ch,

46 av. Faidherbe – ✆ 03 28 63 17 65 – www.hotelhirondelle.com Plan : DY**r**
50 ch – 80/100 € 80/100 € – 10 € – ½ P
Rest – Formule 14 € – Menu 21/30 € – Carte 29/40 € *(fermé 9 août-1er sept., 17 fév.-3 mars, dim. soir et lundi midi)*
Au cœur de la petite station balnéaire, un sympathique hôtel familial, aux chambres contemporaines et sobres, aussi plaisantes que l'accueil réservé par les charmants propriétaires. Au restaurant, honneur aux produits de la mer.

à Téteghem 6 km au Sud-Est par D 601 BX – ✉ 59229 – 7 072 hab.

La Meunerie avec ch

rest, rest,

au Galghouck, 2 km au Sud-Est par D 4 – ✆ 03 28 26 14 30 – www.lameunerie.fr – Fermé lundi et le midi sauf dim.
9 ch – 90/122 € 106/138 € – 11 € – ½ P Menu 40/55 €
À la sortie du village, cette Meunerie ne s'endort pas sur ses lauriers : sa salle, toute contemporaine, ouvre sur les cuisines aux allures d'atelier (on y donne d'ailleurs des cours) et la carte revisite la tradition avec tact. Lors d'une étape, on appréciera aussi la quiétude des chambres, classiques et spacieuses.

à Coudekerque-Branche – ✉ 59210 – 22 474 hab.

Le Soubise

49 rte de Bergues – ✆ 03 28 64 66 00 – www.restaurant-soubise.com – Fermé 24 avril-6 mai, 24 juil.-19 août, 18 déc.-6 janv., sam. et dim. Plan : BX**g**
Menu 31/54 € – Carte environ 59 €
Une table élégante, où l'on se régale d'une cuisine pleine d'authenticité et de générosité... à l'image du maître des lieux, Michel Hazebroucq. Connue et reconnue pour sa gentillesse, cette figure de Dunkerque a déjà passé plus de cinquante ans derrière les fourneaux. Une bien belle carrière !

à Cappelle-la-Grande 5 km au Sud sur D 916 – ✉ 59180 – 8 173 hab.

Fleur de Sel

48 rte de Bergues – ✆ 03 28 64 21 80 – www.fleurdesel-restaurant.com – Fermé 2 semaines début août et dim. soir Plan : BX**a**
Formule 16 € – Menu 29/48 €
Le long du canal, l'adresse prend ses aises dans un ancien corps de ferme du 17e s., mêlant agréablement pierres apparentes et esprit contemporain. Au menu : une cuisine traditionnelle concoctée avec fraîcheur et générosité. Une adresse sympathique !

DURAS

✉ 47120 (Lot-et-Garonne) – 1 316 hab. – **Voir carte n°4-C2**
Paris 577 km – Agen 90 km – Marmande 23 km – Périgueux 88 km
Carte Michelin 336-D1 – Guide Vert Michelin Aquitaine

Hostellerie des Ducs

bd. J.-Brisseau – ✆ 05 53 83 74 58 – www.hostellerieducs-duras.com
18 ch – 52/110 € 80/152 € – 11 € – ½ P
Rest *Hostellerie des Ducs* – voir les restaurants ci-après
Un presbytère voisin du château et deux dépendances, dont une bâtisse du 13e s. Ici, poutres et vieilles pierres sont omniprésentes. Et il faut bien avouer que certaines chambres tirent joliment parti du caractère des lieux ; d'autres sont plus simples mais tout aussi agréables.

Hostellerie des Ducs

bd. J.-Brisseau – ✆ 05 53 83 74 58 – www.hostellerieducs-duras.com – Fermé dim. soir d'oct. à juin, lundi sauf le soir de juil. à sept. et sam. midi
Menu 17/59 € – Carte 36/77 €
Dans la cuisine des ducs, le père et le fils s'activent aux fourneaux et vous concoctent des plats du terroir généreux et appétissants, avec de beaux produits. Le tout à accompagner d'un vin de Duras... forcément. Quant au grand-père, il prépare le pain maison. Classique et authentique !

DURY – 80 Somme ➜ voir Amiens

EAUX-PUISEAUX

✉ 10130 (Aube) – 234 hab. – **Voir carte n°13-B3**
Paris 161 km – Auxerre 53 km – Sens 63 km – Troyes 32 km
Carte Michelin 313-D5 – Guide Vert Michelin Champagne Ardenne

L'Étape Gourmande

rest, rest, P

6 Gde-Rue – ✆ 03 25 80 36 96 – www.letape-gourmande.fr – Fermé 19 oct.-6 nov. et 21déc.-1er janv.
14 ch – 53/66 € 56/66 € – 9 € – ½ P
Rest – Menu 22/49 € – Carte 37/51 € *(fermé dim. soir, lundi et le midi sauf sam. et dim.)*
Ouvert sur la nature, cet hôtel récent est situé légèrement en retrait de la rue, au calme ; il propose des chambres fonctionnelles et parfaitement tenues. L'accueil est prévenant et l'ensemble constitue une étape reposante.

EAUZE

✉ 32800 (Gers) – 4 092 hab. – **Voir carte n°28-A2**
Paris 719 km – Auch 58 km – Mont-de-Marsan 64 km – Toulouse 131 km
Carte Michelin 336-C6

La Vie en Rose

22 r. Saint-July – ✆ 05 62 09 83 29 – Fermé vacances de printemps et de la Toussaint, mardi soir et merc.
Menu 15 € (semaine), 29/45 € – Carte 40/52 €
L'intérieur de ce restaurant a du charme et invite à apprécier, en toute sérénité, une cuisine mettant à l'honneur le terroir. Vins de Gascogne et accueil convivial.

EBERSMUNSTER

✉ 67600 (Bas-Rhin) – 465 hab. – **Voir carte n°2-C1**
Paris 508 km – Obernai 23 km – St-Dié-des-Vosges 55 km – Strasbourg 40 km
Carte Michelin 315-J7

Restaurant des Deux Clefs

23 r. du Gén.-Leclerc – ✆ 03 88 85 71 55 – www.restaurantauxdeuxclefs.fr – Fermé 2 semaines en juil., 24 déc.-10 janv., lundi et merc. sauf fériés
Formule 22 € – Menu 35/39 € – Carte 34/51 €
Ici, les poissons d'eau douce sont à l'honneur : friture, anguille, etc. On les déguste dans un restaurant au sobre décor alsacien, agrémenté d'une salle winstub.

ECCICA-SUARELLA – 2A Corse-du-Sud ➜ voir Corse

LES ÉCHELLES

✉ 73360 (Savoie) – 1 219 hab. – **Voir carte n°45-C2**
Paris 552 km – Chambéry 24 km – Grenoble 40 km – Lyon 92 km
Carte Michelin 333-H5 – Guide Vert Michelin Alpes du Nord

à Chailles 5 km au Nord – ✉ 73360

Auberge du Morge avec ch

P

D 1006, Gorges de Chailles – ✆ 04 79 36 62 76 – www.aubergedumorge.com – Fermé 30 nov.-31 janv., jeudi midi et merc.
7 ch – 53/55 € 60/64 € – 9 € – ½ P Carte 29/58 €
Auberge à l'entrée des gorges de Chailles, près d'un torrent apprécié des pêcheurs. On y déguste des recettes traditionnelles dans un décor champêtre. Chambres au charme d'antan, très bien tenues.

à St-Christophe-la-Grotte 5 km au Nord-Est par D 1006 et rte secondaire – ✉ 73360 – 517 hab.

La Ferme Bonne de la Grotte
ch,

2027 rte du Pont-Romain – ✆ 04 79 36 59 05 – www.gites-savoie.com
4 ch – 81/86 € 81/86 € – ½ P **Table d'hôte** – Menu 22 €
Cette ancienne ferme du 18es. adossée à une falaise est le point de départ d'une randonnée vers la superbe grotte de St-Christophe. Chambres coquettes et chaleureuses. Plats régionaux servis dans un charmant cadre rehaussé de meubles authentiquement savoyards.

ECHENEVEX – 01 Ain ➜ voir Gex

LES ÉCHETS

✉ 01700 (Ain) – **Voir carte n°43-E1**
Paris 454 km – L'Arbresle 28 km – Bourg-en-Bresse 47 km – Lyon 20 km
Carte Michelin 328-C5

Christophe Marguin

916 rte de Strasbourg – ✆ 04 78 91 80 04 – www.christophe-marguin.com – Fermé 3-25 août, 23 déc.-7 janv., sam. midi, dim. soir et lundi
Formule 23 € – Menu 28 € (semaine), 49/85 € – Carte 56/82 €
Une table élégante de la région lyonnaise, avec des boiseries, une bibliothèque et une cave riche en bordeaux et bourgognes. Cuisine classique et spécialités régionales (grenouilles, volaille à la crème, cervelle de canut...).

ÉCHIROLLES – 38 Isère ➜ voir Grenoble

ÉCLOSE

✉ 38300 (Isère) – 713 hab. – **Voir carte n°44-B2**
Paris 521 km – Bourg-en-Bresse 115 km – Grenoble 59 km – Lyon 54 km
Carte Michelin 333-E5

Auberge d'Éclose

61 r. Sordette – ✆ 04 74 27 98 98 – www.laubergedeclose.fr – Fermé 16-30 août, 30 déc.-6 janv., lundi et le soir sauf vend., sam.
Formule 14 € – Menu 16 € (déj. en semaine), 29/41 € – Carte 26/53 €
Une maison dauphinoise en pisé, nichée dans une rue calme du village. Le chef travaille avec maîtrise de bons produits frais, pour un résultat séduisant : une cuisine qui fleure bon le marché (avec une prédilection pour les épices, les champignons et le gibier en saison), fraîche et goûteuse !

ÉCOUVIEZ

✉ 55600 (Meuse) – 522 hab. – **Voir carte n°26-A1**
Paris 296 km – Bar-le-Duc 131 km – Metz 95 km – Luxembourg 68 km
Carte Michelin 307-D1

Les Épices Curiens avec ch

3b pl. de la Gare – ✆ 03 29 86 84 58 – www.lesepicescuriens.com – Fermé 1 semaine à Pâques, 2 semaines en août, 1 semaine vacances de la Toussaint, 1 semaine en janv., dim. soir sauf en été, lundi soir, mardi soir et merc.
4 ch – 59/79 € 59/79 € – 9 €
Formule 18 € – Menu 26 € (déj. en semaine), 32/49 € – Carte 50/75 € *(réservation conseillée)*
En se baladant dans les parages, on passe facilement en Belgique sans s'en rendre compte... mais l'ancienne gare de ce village frontalier, transformée en un sympathique restaurant, saura vous retenir en France. On y déguste une cuisine inspirée et bien tournée, accompagnée de bons petits vins. Beaucoup de goût !

ÉCULLY – 69 Rhône ➜ voir Lyon

ÉGLETONS

✉ 19300 (Corrèze) – 4 481 hab. – Voir carte n°**25**-C3
Paris 499 km – Aubusson 75 km – Aurillac 97 km – Limoges 112 km
Carte Michelin 329-N3 – Guide Vert Michelin Limousin Berry

Ibis

rte Ussel par D 1089 : 1,5 km – ☎ 05 55 93 25 16 – www.ibishotel.com
41 ch – 59/75 € 59/75 € – ☕ 10 € **Rest** – Formule 17 € – Menu 20 €
En pleine campagne de Haute-Corrèze, cet Ibis se démarque par ses chambres confortables (lits avec couettes) et son mobilier moderne. La salle à manger intègre un salon avec cheminée ; à l'extérieur, le plan d'eau ajoute un supplément d'âme au lieu.

EGUISHEIM

✉ 68420 (Haut-Rhin) – 1 683 hab. – Voir carte n°**2**-C2
Paris 452 km – Belfort 68 km – Colmar 7 km – Gérardmer 52 km
Carte Michelin 315-H8

Hostellerie du Château sans rest

2 r. du Château – ☎ 03 89 23 72 00 – www.hostellerieduchateau.com
11 ch – 75/103 € 85/113 € – ☕ 11 €
Sur une petite place pittoresque, cette demeure à colombages cache un hôtel qui sort du lot : ses chambres, d'inspiration ethnique, sont lumineuses et très accueillantes. Un établissement idéal pour partir à la découverte de la vieille ville.

St-Hubert sans rest

6 r. des Trois-Pierres – ☎ 03 89 41 40 50 – www.hotel-st-hubert.com – Fermé 22 juin-3 juil., 9-20 nov. et 5 janv.-6 mars
13 ch – 87/97 € 107/123 € – 2 suites – ☕ 11 €
Les vignes, la quiétude... pour un hôtel aux airs de gros pavillon, où l'on cultive avec bonheur l'esprit maison d'hôtes. Dormez tranquille sous l'œil bienveillant de St-Hubert (le patron des chasseurs, dont la statue trône dans l'entrée) : les chambres sont agréables et certaines disposent même d'une petite terrasse.

La Ferme du Pape

10 Grand'Rue – ☎ 03 89 41 41 21 – www.hostellerie-pape.com
47 ch – 59/149 € 59/149 € – ☕ 11 € – ½ P
Rest – Formule 11 € – Menu 23/45 € – Carte 26/53 €
Non loin du château de la cité – où serait né le pape Léon IX –, un hôtel-restaurant aux chambres spacieuses, fonctionnelles et bien tenues. Préférez les plus récentes, rénovées avec goût dans un joli style rustique (bois clair, tissus alsaciens, etc.).

Auberge des Trois Châteaux

26 Grand'Rue – ☎ 03 89 23 11 22 – www.auberge-3-chateaux.com – Fermé 1 semaine en juil., 1 semaine en nov. et 2 semaines en fév.
12 ch – 55/72 € 60/72 € – ☕ 8 € – ½ P
Rest *Auberge des Trois Châteaux* – voir les restaurants ci-après
Au cœur du village, trois maisons du 17e s. au charme typiquement alsacien. Les chambres, rustiques, sont bien tenues et progressivement rafraîchies. Ambiance familiale.

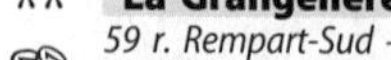

La Grangelière

59 r. Rempart-Sud – ☎ 03 89 23 00 30 – www.lagrangeliere.fr – Fermé jeudi de janv. à avril, dim. soir et merc.
Menu 15 € (déj. en semaine), 29/49 € – Carte 29/55 €
Des poules, il y en a partout dans cette sympathique auberge : sur les murs, les rideaux, les tables... un peu comme dans la salle à manger d'une grand-tante collectionneuse. D'ailleurs, il règne ici une authentique atmosphère familiale, et l'on se régale d'une cuisine du terroir gourmande et inspirée !

Au Vieux Porche

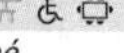

16 r. des Trois Châteaux – ☎ 03 89 24 01 90 – www.auvieuxporche.fr – Fermé 15 fév.-15 mars, mardi et merc.
Menu 24/48 € – Carte 32/58 €
Cette demeure typique (1707) est installée sur le domaine viticole de la famille de la gérante. Son compagnon concocte de bons plats classiques et régionaux, mais il est également vigneron... Autant dire qu'on se délecte de bons vins locaux !

Auberge des Trois Châteaux

26 Grand'Rue – ✆ 03 89 23 11 22 – www.auberge-3-chateaux.com – Fermé 1 semaine en juil., 1 semaine en nov., 2 semaines en fév., mardi soir et merc.
Menu 19 €, 24/37 € – Carte 28/45 €
Quel meilleur décor qu'Eguisheim pour un repas ancré dans la tradition ? Dans l'esprit de cette jolie cité, on met ici en avant les recettes de toujours et les bons produits de la région. Le tout à déguster dans une salle au décor alsacien... Évidemment !

Le Pavillon Gourmand

101 r. du Rempart-Sud – ✆ 03 89 24 36 88 – www.pavillon-gourmand.fr – Fermé 24 juin-2 juil., 13 janv.-12 fév., mardi et merc.
Menu 18/60 € – Carte 27/60 €
Dans cette maison de village (1683), rustique comme il se doit, on savoure une cuisine traditionnelle et régionale soignée. Terrine de campagne aux pépites de foie gras, poulet au riesling, tarte flambée aux myrtilles... Gourmandises !

EICHHOFFEN

67140 (Bas-Rhin) – 561 hab. – **Voir carte n°2-C1**
Paris 497 km – Colmar 43 km – Offenburg 50 km – Strasbourg 38 km
Carte Michelin 315-I6

Les Feuilles d'Or sans rest

52 r. du Vignoble – ✆ 03 88 08 49 80 – www.lesfeuillesdor-alsace.com
5 ch – 80 € 85 €
Bordée par les vignes du Moenchberg, cette maison d'aspect traditionnel est agréable et cosy, mêlant confort actuel et charme rustique (poutres apparentes). Chambres spacieuses.

ELBEUF

76500 (Seine-Maritime) – 17 178 hab. – **Voir carte n°33-D2**
Paris 121 km – Evreux 44 km – Pontoise 109 km – Rouen 24 km
Carte Michelin 304-G6 – Guide Vert Michelin Normandie Vallée de la Seine

Le 1900 Ⓝ

33 r. Guynemer, angle de la r. Henry – ✆ 02 35 77 07 27 – www.restaurantle1900.com – Fermé jeudi soir, sam. midi, dim. soir et lundi
Formule 17 € – Menu 23/36 € – Carte 33/49 €
Proche du centre-ville, une jolie maison à colombages ; au plafond, des fresques Belle Époque représentant d'élégantes bourgeoises du temps jadis, et sur les tables un nappage froissé rouge et or... L'endroit a du style, et met en valeur une bonne cuisine traditionnelle, soignée, et servie avec le sourire !

ELNE

66200 (Pyrénées-Orientales) – 7 898 hab. – **Voir carte n°22-B3**
Paris 864 km – Argelès-sur-Mer 8 km – Céret 29 km – Perpignan 14 km
Carte Michelin 344-I7 – Guide Vert Michelin Languedoc Roussillon

Au Remp'Arts Ⓝ avec ch

rest,

3 pl. Colonel-Roger – ✆ 04 68 22 31 95 – Fermé 7-30 nov. et 15-31 janv.
5 ch – 50/65 € 59/68 € – 9 €
Formule 15 € – Menu 26 € – Carte 27/36 € *(fermé mardi de mi oct. à mi avril et lundi)*
Si vous passez par Elme, arrêtez-vous dans ce restaurant sur les hauteurs de la ville. Derrière les fourneaux, le chef concocte une cuisine colorée, sans chichi, avec de beaux produits ; l'été, on profite de la jolie terrasse végétalisée. Cerise sur le gâteau, les prix sont très raisonnables !

EMBRUN

✉ 05200 (Hautes-Alpes) – 6 110 hab. – Voir carte n°**41**-C1
Paris 706 km – Barcelonnette 55 km – Briançon 48 km – Digne-les-Bains 97 km
Carte Michelin 334-G5 – Guide Vert Michelin Alpes du Sud

rte de Gap 3 km au Sud-Ouest par N 94 – ✉ 05200 Embrun

Les Bartavelles

Clos des Pommiers, (RN 94) – ✆ 04 92 43 20 69 – www.bartavelles.com – Fermé 5-20 janv.
42 ch – 78/88 € 108/128 € – 1 suite – 11 € – ½ P
Rest *La Table de Paul* – voir les restaurants ci-après
Mélèze sculpté et pierres sèches locales : décor typé dans cette maison et ses trois bungalows... Chambre ou duplex, on a le choix ; quant au spa, il se révèle des plus agréables !

La Table de Paul – Hôtel Les Bartavelles

Clos des Pommiers, (RN 94) – ✆ 04 92 43 20 69 – www.bartavelles.com – Fermé 5-20 janv., dim. soir et lundi midi d'oct. à mai
Formule 21 € – Menu 25 €, 29/46 € – Carte 28/57 €
Cannelloni de truite et brousse des Hautes-Alpes, petit carré d'agneau en croûte d'herbes fraîches... Une cuisine de tradition bien copieuse dans ce sympathique hôtel-restaurant, au décor très nature. Et l'on n'oublie pas la cave bien fournie, avec près de 300 vins référencés !

ENGHIEN-LES-BAINS – 95 Val-d'Oise → voir Paris, Environs

ENNORDRES

✉ 18380 (Cher) – 215 hab. – Voir carte n°**12**-C2
Paris 191 km – Bourges 44 km – Orléans 102 km – Vierzon 38 km
Carte Michelin 323-K2

Les Chatelains

7 km à l'Est par D 171 – ✆ 02 48 58 40 37 – www.leschatelains.com
5 ch – 79 € 85 € **Table d'hôte** – Menu 30 €
Au carrefour du Berry et de la Sologne, une ferme restaurée dans laquelle le charme d'antan (mobilier d'antiquaire et esprit brocante) rivalise avec la gentillesse des propriétaires des lieux. Cerise sur le gâteau : la table d'hôte, joliment champêtre, et la cuisine de tradition.

ENSISHEIM

✉ 68190 (Haut-Rhin) – 7 247 hab. – Voir carte n°**1**-A3
Paris 487 km – Strasbourg 100 km – Colmar 27 km – Freiburg im Breisgau 68 km
Carte Michelin 315-I9

Le Domaine du Moulin

44 r. de la 1ère-Armée – ✆ 03 89 83 42 39 – www.hotel-domainedumoulin-alsace.com
65 ch – 99/113 € 110/125 € – 15 € – ½ P
Rest *La Villa du Meunier* – voir les restaurants ci-après
Le jardin, l'étang, la piscine et... cette grande maison récente et confortable, d'esprit alsacien, située au cœur du village. Dans les chambres, spacieuses et confortables, les meubles en bois, conçus sur mesure, évoquent l'univers des moulins.

La Villa du Meunier – Domaine du Moulin

44 r. de la 1ère-Armée – ✆ 03 89 81 15 10 – www.hotel-domainedumoulin-alsace.com – Fermé sam. midi
Formule 15 € – Menu 22 € (semaine), 25/62 € – Carte 31/67 €
Imaginez une ancienne maison de meunier, authentique à souhait, dont l'une des salles abrite une très jolie cheminée... parfaite pour les repas d'hiver. Côté assiette, on savoure les bonnes recettes traditionnelles du chef, qui évoluent au rythme des saisons. Et l'été, on s'installe en terrasse !

ENTRAYGUES-SUR-TRUYÈRE

✉ 12140 (Aveyron) – 1 168 hab. – Voir carte n°**29**-C1
Paris 600 km – Aurillac 45 km – Figeac 58 km – Rodez 43 km
Carte Michelin 338-H3

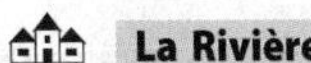

La Rivière

60 av. du Pont-de-Truyère – ✆ 05 65 66 16 83 – www.hotellariviere.com – Fermé 2 semaines en déc. et 2 semaines en fév.
31 ch – 69/84 € 94/124 € – 12 € – ½ P
Rest – Menu 32/36 € – Carte environ 48 €
Cet hôtel des bords de la Truyère cultive son style local (toit en lauzes, grande façade blanche) et... le goût de l'époque : les chambres, lumineuses et épurées, se révèlent fort agréables à vivre. Une belle étape dans la région.

Les Deux Vallées

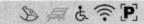

ch,

7 av. du Pont-de-Truyère – ✆ 05 65 44 52 15 – www.hotel-les2vallees.com – Fermé 19-27 oct., vacances de Noël, fév., dim. soir, vend. soir et sam. d'oct. à avril
20 ch – 52/72 € 52/72 € – 8 € – ½ P
Rest – Menu 18/38 € – Carte 32/62 €
Au cœur d'Entraygues, une maison régionale en pierre, avec des chambres coquettes, colorées et bien tenues ; on apprécie particulièrement l'insonorisation de l'ensemble. Au restaurant, cuisine traditionnelle et atmosphère chaleureuse.

au Fel 10 km à l'Ouest par D 107 et D 573 – ✉ 12140 – 163 hab.

Auberge du Fel

Le Fel – ✆ 05 65 44 52 30 – www.auberge-du-fel.com – Ouvert 19 avril-10 nov.
10 ch – 60/71 € 60/71 € – 8,50 € – ½ P
Rest ***Auberge du Fel*** – voir les restaurants ci-après
Dans un hameau surplombant le Lot, une maison coiffée de lauzes avec une agréable terrasse sous une treille ; les chambres sont joliment arrangées, confortables et impeccablement tenues. Et quel calme !

Auberge du Fel

Le Fel – ✆ 05 65 44 52 30 – www.auberge-du-fel.com – Ouvert 19 avril-10 nov. et fermé le midi hors saison sauf dim.
Menu 22 € (dîner en semaine), 34/44 € – Carte 19/38 €
Dans cette agréable auberge, pounti, truffade, chevreau à l'oseille, poulet fermier et fricassée de chou vous attendent. Tout est fait maison et cela fleure bon le terroir ! Une halte sympathique dans ce joli petit village de vignerons.

ENTZHEIM – 67 Bas-Rhin → voir Strasbourg

ÉPAIGNES

✉ 27260 (Eure) – 1 371 hab. – Voir carte n°**32**-A3
Paris 175 km – Le Grand-Quevilly 63 km – Le Havre 50 km – Rouen 69 km
Carte Michelin 304-C6

Auberge de la Houssaye avec ch

1 rte des Anglais – ✆ 02 32 20 46 83 – www.hotelepaignes.com – Fermé dim. soir, mardi soir et lundi
7 ch – 50/70 € 70 € – 8 € – ½ P
Formule 20 € – Menu 28/42 € – Carte 38/48 €
C'est peu dire qu'on s'approvisionne ici en circuit (très) court : les propriétaires sont eux-mêmes éleveurs de volaille et producteurs de foie gras, entre autres ! Au menu, donc : une cuisine qui puise à la source du terroir, mais aussi originale et bien ficelée. Autre atout de l'auberge : des chambres soigneusement tenues.

ÉPENOUX – 70 Haute-Saône → voir Vesoul

ÉPERNAY

✉ 51200 (Marne) – 24 035 hab. – Voir carte n°**13**-B2
▶ Paris 143 km – Châlons-en-Champagne 35 km – Château-Thierry 57 km – Reims 28 km
Carte Michelin 306-F8 – Guide Vert Michelin Champagne Ardenne

La Villa Eugène sans rest

84 av. de Champagne, 1 km par ② – ✆ 03 26 32 44 76 – www.villa-eugene.com – Fermé 1 semaine à Noël
15 ch – †149/390 € ††149/390 € – ☕ 17 €
Cette belle demeure bourgeoise appartenait à un certain Eugène... Mercier, de la célèbre maison champenoise ! À méditer au bar à champagne, puis dans les chambres de style colonial ou Louis XVI. On prend son petit-déjeuner sous une jolie verrière, face à la piscine et au jardin.

Jean Moët sans rest

7 r. Jean-Moët – ✆ 03 26 32 19 22 – www.hoteljeanmoet.com Plan : BY**t**
12 ch – †140/180 € ††150/200 € – ☕ 15 €
Un bel hôtel particulier situé en plein centre d'Épernay, non loin du théâtre et du jardin de l'Hôtel-de-Ville, où l'on "bulle" avec plaisir dans des chambres raffinées et confortables. Leurs noms ? Jéroboam, Salmanazar... On ne se refait pas !

Le Clos Raymi sans rest

3 r. Joseph-de-Venoge – ✆ 03 26 51 00 58 – www.closraymi-hotel.com – Fermé 23 déc.-12 janv. Plan : BZ**a**
7 ch – †115/175 € ††115/175 € – ☕ 15 €
Cette jolie maison de maître en briques rouges fut celle de la famille Chandon, rien de moins ! L'ambiance est agréable dans le salon de style Art déco tout comme dans les chambres, lumineuses et élégantes. Par beau temps, le petit-déjeuner est servi sur la terrasse.

Les Berceaux

13 r. des Berceaux – ✆ 03 26 55 28 84 – www.lesberceaux.com Plan : AZ**a**
28 ch – †80 € ††95 € – ☕ 12 € – ½ P
Rest *Les Berceaux* ✿ Rest *Bistrot le 7* – voir les restaurants ci-après
Au cœur de la pétillante cité, voilà un hôtel qui annonce la couleur dès le hall d'entrée : le sol vitré révèle de mousseuses bouteilles... Les chambres sont confortables, surtout après une belle étape gastronomique, qu'elle soit bistrot ou gastro.

Les Berceaux (Patrick Michelon) – Hôtel Les Berceaux

✿
13 r. des Berceaux – ✆ 03 26 55 28 84 – www.lesberceaux.com – Fermé 11-24 août, 17 fév.-11 mars, lundi et mardi Plan : AZ**a**
Menu 38 € (déj. en semaine), 69/81 € – Carte environ 80 €
Le chef Patrick Michelon s'attache à faire ressortir le meilleur de la gastronomie champenoise, dans une veine authentiquement classique et avec maîtrise : qualité des produits, finesse des préparations... Le cadre est tout aussi élégant. Quant au rapport qualité-prix, il est excellent !
→ Fleur de courgette farcie aux truffes d'été. Ris de veau aux amandes fraîches et girolles. Tatin d'abricot au romarin, crème glacée au caramel.

Le Théâtre

8 pl. Pierre-Mendès-France – ✆ 03 26 58 88 19 – www.epernay-rest-letheatre.com – Fermé 13 juil.-3 août, 22-27 déc., 17 fév.-11 mars, dim. soir, mardi soir et merc.
Formule 19 € – Menu 24 € (semaine), 32/49 € – Carte 40/55 € Plan : BY**f**
Près du théâtre, le rideau s'ouvre sur l'une des plus anciennes brasseries d'Épernay – début du 20e s. –, tout en moulures et hauts plafonds. Derrière les fourneaux, le chef fait rimer tradition et produits de saisons... Idéal pour se restaurer après avoir assisté à une pièce !

La Table Kobus

3 r. du Dr-Rousseau – ✆ 03 26 51 53 53 – www.latablekobus.com – Fermé 2 semaines en avril, 3 semaines en août, 23 déc.-8 janv., jeudi soir, dim. soir et lundi
Formule 19 € – Menu 23 € (semaine), 32/47 € – Carte 51/70 € Plan : ABY**u**
Un sympathique restaurant décoré dans un esprit de brasserie à l'ancienne – sa façade date tout de même de 1900 –, où l'on déguste une cuisine traditionnelle revisitée. Une preuve de la qualité de l'adresse ? C'est simple : les Sparnaciens s'y précipitent.

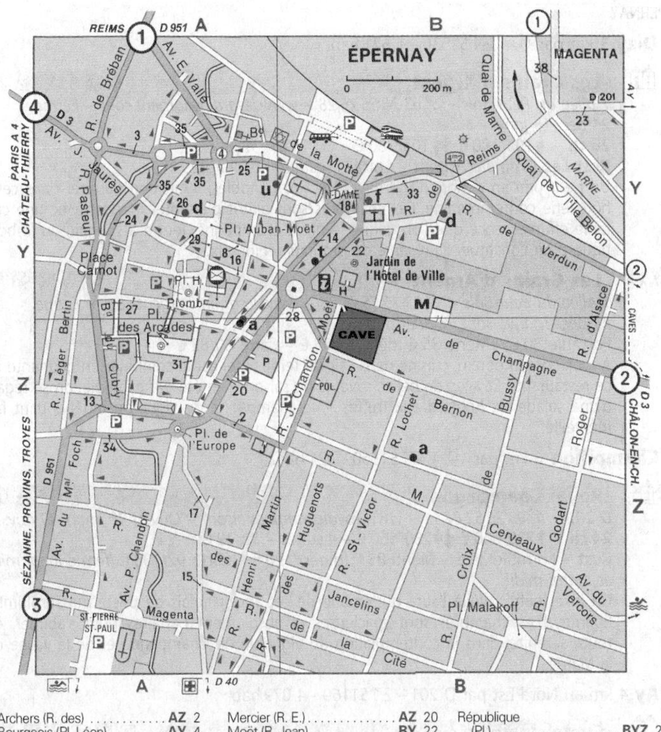

Archers (R. des) . . . . AZ 2
Bourgeois (Pl. Léon) . . . . AY 4
Flodoard (R.) . . . . AY 8
Gallice (R.) . . . . AZ 13
Gambetta (R.) . . . . BY 14
Hôpital Auban-Moët (R.) . . . . AZ 15
Leclerc (R. Gén.) . . . . AY 16
Louis (R. Charles) . . . . AZ 17
Mendès-France (Pl.) . . . . BY 18
Mercier (R. E.) . . . . AZ 20
Moët (R. Jean) . . . . BY 22
Moulin Brûlé (R. du) . . . . AY 24
Moulin (R. Jean) . . . . BY 23
Perrier (Rempart) . . . . AY 25
Plomb (Pl. Hugues) . . . . AY
Porte Lucas (R.) . . . . AY 26
Prof. Langevin (R.) . . . . AY 27
République (Pl.) . . . . BYZ 28
St-Laurent (R.) . . . . AY 3
St-Martin (R.) . . . . AY 29
St-Thibault (R.) . . . . AZ 31
Semard (R. Pierre) . . . . BY 33
Sézanne (R. de) . . . . AZ 34
Tanneurs (R. des) . . . . AY 35
Thévenet (Av.) . . . . BY 38

La Grillade Gourmande

16 r. de Reims – ✆ 03 26 55 44 22 – www.lagrilladegourmande.com – Fermé 10-31 août, 1 semaine à Noël, vacances de fév., dim. et lundi

Menu 19/57 € – Carte 32/57 € Plan : BY**d**

Les spécialités de ce restaurant ? Poêlée d'écrevisses au champagne, pigeonneau au foie gras, ris de veau à la bourgeoise... et des grillades préparées en salle, dans la cheminée ! Côté décor : la sobriété et l'élégance priment. Aux beaux jours, on profite de la terrasse.

Bistrot le 7 – Hôtel Les Berceaux

13 r. des Berceaux – ✆ 03 26 55 28 84 – www.lesberceaux.com Plan : AZ**a**

Formule 21 € – Menu 29 € – Carte 45/64 €

Aux Berceaux, il y a aussi l'option Bistrot ! Foie gras maison, sole meunière, escargots persillés, picatta de veau... le 7 ou la simplicité dans le raffinement. À noter également la belle sélection de champagnes.

Cook'in

18 r. Porte-Lucas – ✆ 03 26 54 89 80 – www.restaurant-cookin.com – Fermé 28 juil.-17 août, 1er-15 janv. Plan : AY**d**

Formule 15 € – Menu 19 € (semaine) – Carte 31/44 €

Ce restaurant est le lieu de rencontre entre les univers français (lui, en cuisine) et thaïlandais (elle, en salle). Le résultat est une délicieuse cuisine fusion, réalisée avec de beaux produits – légumes de petits producteurs, poissons sauvages, viandes de la région –, à des tarifs plutôt imbattables.

à Dizy 3 km par ① – ✉ 51530 – 1 621 hab.

Les Grains d'Argent

1 allée du Petit-Bois – ☎ 03 26 55 76 28 – www.lesgrainsdargent.com – Fermé 24 déc.-15 janv.

20 ch – 105/180 € 105/180 € – ☕ 15 € – ½ P

Rest ***Les Grains d'Argent*** – voir les restaurants ci-après

Un petit peu en dehors d'Épernay, face aux vignobles, il fait bon s'arrêter dans cette hôtellerie contemporaine. Les chambres sont plutôt plaisantes et c'est avec une certaine effervescence que l'on gagne le bar à champagne, feutré à souhait, ou la boutique pour constituer sa réserve de produits régionaux.

Les Grains d'Argent

1 allée du Petit-Bois – ☎ 03 26 55 76 28 – www.lesgrainsdargent.com – Fermé 24 déc.-3 janv., sam. midi et dim.

Formule 30 € – Menu 35 € (déj.), 55/95 € – Carte 60/82 €

À look contemporain, cuisine dans l'air du temps ; tel est la combinaison gagnante de ce restaurant ! Et avec de belles saveurs de saison – en été par exemple, on se régale d'une salade de homard aux truffes –, le champagne de vigneron indépendant fait merveille.

à Champillon 6 km par ① – ✉ 51160 – 521 hab.

Royal Champagne

D 201 – ☎ 03 26 52 87 11 – www.royalchampagne.com – Ouvert 1er mars-30 nov.

24 ch – 280/660 € 280/660 € – 4 suites – ☕ 29 € – ½ P

Rest – Formule 39 € – Menu 85 € (dîner)/120 € – Carte 92/108 € *(fermé lundi midi et mardi midi)*

Un luxe feutré : voilà l'aura qui émane de cet ancien relais de poste qui surplombe Épernay. Les chambres sont spacieuses et absolument parfaites pour s'abîmer, en toute sérénité, dans la contemplation du vignoble de Champagne et de la vallée de la Marne...

à Ay 4 km au Nord-Est par D 201 – ✉ 51160 – 4 079 hab.

Castel Jeanson sans rest

24 r. Jeanson – ☎ 03 26 54 21 75 – www.casteljeanson.fr – Fermé 23 déc.-3 fév.

16 ch – 125 € 125/160 € – 1 suite – ☕ 14 €

Lire, se reposer, siroter un thé ou un verre de champagne du domaine, voilà l'art de vivre auquel on aime s'adonner dans cet hôtel particulier du 19e s. Remarquable, la superbe verrière de style Art nouveau, côté piscine.

Le Manoir des Charmes sans rest

83 bd Charles-de-Gaulle – ☎ 03 26 54 58 49 – www.lemanoirdescharmes.com

5 ch ☕ – 125/145 € 125/145 €

Cette jolie maison bâtie en 1906 porte bien son nom. "Paradis", "Romance", "Songes", "Secrète" : chaque chambre a été décorée avec soin par la propriétaire. Quant au petit-déjeuner, il se prend sous une magnifique verrière. Que d'attentions !

Le Vieux Puits - Clos St-Georges avec ch

rest,

7 r. Jules-Lobet – ☎ 03 26 56 96 53 – www.levieuxpuits.com – Fermé 2 semaines en août, fin déc.-mi janv., dim. soir, merc. soir et lundi

4 ch ☕ – 90 € 115/175 €

Menu 43/55 € – Carte 56/76 € *(réservation conseillée)*

Blottie au cœur d'un jardin ombragé et fleuri, cette jolie maison de maître cultive une douce atmosphère bourgeoise. On y apprécie de bons petits plats traditionnels accompagnés d'un beau choix de champagnes. Chambres confortables, pour prolonger l'étape.

à Mutigny 8 km au Nord-Est par D 201 et rte secondaire – ✉ 51160 – 226 hab.

Manoir de Montflambert sans rest

– ☎ 03 26 52 33 21 – www.manoirdemontflambert.fr

5 ch ☕ – 114/129 € 119/134 €

Il a belle allure, ce manoir du 17e s. dans son grand parc. Les chambres y sont romantiques à souhait – meubles patinés, tentures fleuries, baldaquins – et donnent sur la cour, la forêt ou... les vignes, car on est ici dans un domaine viticole !

à Vinay 6 km par ③ – ✉ 51530 – 555 hab.

Hostellerie La Briqueterie

4 rte de Sézanne – ✆ 03 26 59 99 99 – www.labriqueterie.fr – Fermé 2-17 janv.
40 ch – †210/480 € ††210/480 € – ☕ 22 € – ½ P
Rest *Hostellerie La Briqueterie* ✿ – voir les restaurants ci-après
Un havre de paix raffiné et cosy au cœur du vignoble ! Au salon, l'ambiance est feutrée, presque "british", parfait pour déguster une coupe de champagne en toute tranquillité. Dans les chambres, teintes douces et belles matières... pour faire de beaux rêves.

Hostellerie La Briqueterie

4 rte de Sézanne – ✆ 03 26 59 99 99 – www.labriqueterie.fr – Fermé 2-17 janv. et sam. midi
Menu 40 € (déj. en semaine), 60/110 € – Carte 91/117 €
À la sortie d'Épernay, sur la route de Sézanne, arrêtez-vous dans ce restaurant au cœur des vignes. Dans un décor très cossu et classique, on apprécie une cuisine gastronomique soignée, qui met l'accent sur des produits nobles. Sans oublier la belle de carte de champagnes. ➜ Crabe royal gratiné, beurre tiède citronné à la muscade et persil plat. Bar de ligne vapeur sous croûte d'algues, purée de fenouil, sauce champagne et coquillages. Soufflé chaud de fruits de saison et Grand Marnier.

à Avize 10 km au Sud-Est par D 40 et D 10 – ✉ 51190 – 1 719 hab.

Les Avisés

59 r. de Cramant – ✆ 03 26 57 70 06 – www.selosse-lesavises.com – Fermé 5-21 août, 16 déc.-8 janv., 24 fév.-7 mars, mardi et merc.
10 ch – †230/380 € ††230/380 € – ☕ 20 €
Rest *Les Avisés* – voir les restaurants ci-après
Au cœur de la côte des Blancs – berceau du chardonnay –, au sein même d'une célèbre maison de champagne, une demeure néoclassique confortable et élégante, dont la déco a été signée par l'architecte Bruno Borrione. Le must : une chambre avec vue sur le vignoble. Une personne avisée en vaut deux : voilà une adresse de charme !

Les Avisés

59 r. de Cramant – ✆ 03 26 57 70 06 – www.selosse-lesavises.com – Fermé 5-21 août, 16 déc.-8 janv., 24 fév.-7 mars, mardi et merc.
Menu 37 € *(réservation conseillée)*
Au cœur du domaine Selosse, réputé pour son champagne, le restaurant Les Avisés cultive l'esprit d'une table d'hôte, autour d'un menu unique concocté avec soin et évidemment accompagné de crus de choix, de la propriété et d'ailleurs. Aux beaux jours, on profite de la grande terrasse...

ÉPINAL

✉ 88000 (Vosges) – 32 842 hab. – **Voir carte n°27-C3**
Paris 385 km – Belfort 96 km – Colmar 88 km – Mulhouse 106 km
Carte Michelin 314-G3

Le Manoir

5 av. Provence – ✆ 03 29 29 55 55 – http://manoirhotel.online.fr/ Plan : BZ**n**
10 ch – †85/135 € ††105/155 € – 2 suites – ☕ 15 €
Rest *Les Ducs de Lorraine* ✿ – voir les restaurants ci-après
Une institution à Épinal que cette belle demeure bourgeoise pleine du cachet du 19e s. Architecture éclectique, grand escalier de bois, déluge de tableaux, tapis, mobilier ancien, etc. : le charme d'une grande dame des Vosges.

Mercure

13 pl. E. Stein – ✆ 03 29 29 12 91 – www.mercure.com Plan : AZ**e**
60 ch – †89/170 € ††89/170 € – ☕ 17 €
Rest – Formule 19 € – Menu 25 € – Carte 28/37 € *(fermé vend. soir, sam. et dim.)*
À deux pas du musée d'Art et de la Moselle (vue sur le canal à l'arrière), dans un immeuble du 19e s., des chambres très confortables, au vrai cachet contemporain. Agréables prestations : piscine, sauna, hammam, jacuzzi, restaurant traditionnel, etc.

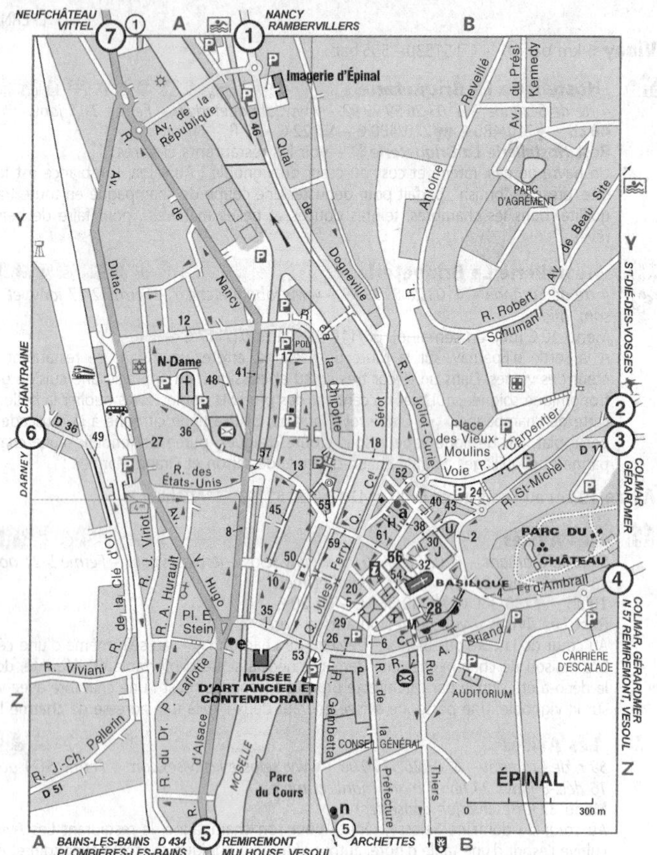

Abbé-Friesenhauser (R.)	BZ 2	États-Unis (R. des)	AY	Neufchâteau (R. F. de)	AY 48
Ambrail (R. d')	BZ 4	Foch (Pl.)	BZ 26	N.-D.-de-Lorette (R.)	AY 49
Bassot (Pl. Cl.)	BZ 5	Gaulle (Av. du Gén.-de)	AY 27	Pinau (Pl.)	AZ 50
Blaudez (R. F.)	BZ 6	Gelée (R. Cl.)	BZ 28	Poincaré (R. Raymond)	BY 52
Boegner (R. du Pasteur)	BZ 7	Georgin (R.)	BZ 29	Sadi-Carnot (Pont)	AZ 53
Bons-Enfants (Quai des)	AZ 8	Halles (R. des)	BZ 30	St-Goery (R.)	BZ 54
Boudiou (Pt et R. du)	AZ 10	Henri (Pl. E.)	BZ 32	Schwabisch Hall (Pl. de)	BZ 55
Boulay-de-la-Meurthe (R.)	AY 12	Lattre (Av. Mar.-de)	AY 36	La Tour (R. G. de la)	AZ 35
Bourg (R. L.)	AY 13	Leclerc (R. Gén.)	BZ 38	Vosges (Pl. des)	BZ 56
Clemenceau (Pl.)	AY 17	Lormont (R.)	BZ 40	4-Nations (Pl. des)	AY 57
Clemenceau (Pont)	BY 18	Lyautey (R. Mar.)	AY 41	170e Régt-d'Inf. (Pont du)	BZ 59
Comédie (R. de la)	BZ 20	Maix (R. de la)	BZ 43	170e-Régt-d'Inf. (R. du)	BZ 61
Entre-les-Deux-Portes (R.)	BYZ 24	Minimes (R. des)	AZ 45		

XXX **Les Ducs de Lorraine** (Claudy Obriot et Stéphane Ringer) – Hôtel Le Manoir
5 av. Provence – *03 29 29 56 00*
– *www.ducsdelorraine.fr – Fermé 27 juil.-17 août, 1er-8 janv. et dim.* Plan : BZ**n**
Menu 41 € (déj. en semaine), 72/98 € – Carte 100/180 €

La grande salle à l'ancienne (avec des clins d'œil très mode), les tables soigneusement dressées, la fine gastronomie, le délicieux chariot de desserts : une belle image d'Épinal ! Rien de figé en cette table lorraine renommée, mais une inspiration sans cesse renouvelée, beaucoup de fraîcheur et une exécution minutieuse.

➜ Déclinaison de foies gras. Côte de veau de lait, gâteau au beaufort et à la truffe. Le grand chariot des desserts.

Le Petit Robinson

24 r. Raymond Poincaré – ✆ 03 29 34 23 51 – www.lepetitrobinson.fr – Fermé vacances scolaires sauf juil., sam. et dim. Plan : BZ**a**
Menu 20/40 € – Carte 38/61 €
Filets de sole belle meunière, caille rôtie glacée au miel des Vosges, tournedos aux morilles, etc. Tenu par un couple très aimable, ce Petit Robinson n'est pas en mal de bonnes saveurs traditionnelles ! Une valeur sûre à Épinal.

au Nord 3 km par ① D 46 - ✉ 88000 Épinal

La Fayette

rest,

3 r. Bazaine (Le-Saut-le-Cerf) – ✆ 03 29 81 15 15 – www.bestwestern-lafayette-epinal.com
57 ch – †112/127 € ††112/127 € – 1 suite – ☕ 13 €
Rest – Menu 20/46 € – Carte 42/56 €
Aux portes d'Épinal, dans une zone commerciale, cet hôtel moderne mérite attention : il recèle de beaux espaces, feutrés et confortables, un spa agréable (bassin à contre-courant, sauna, jacuzzi), le tout parfaitement tenu. Restaurant traditionnel.

à Chaumousey 10 km par ⑥ et D 460 – ✉ 88390 – 864 hab.

Le Calmosien

37 r. d'Epinal – ✆ 03 29 66 80 77 – www.calmosien.com – Fermé 14-29 juil., dim. soir et lundi
Menu 24/64 € – Carte 43/58 €
Tout près de l'église de ce village vosgien – la campagne à 10mn d'Épinal –, une jolie maison de maître au cadre classique (tons pastel, tableaux, etc.) pour une cuisine de facture traditionnelle : filet de bar à l'oseille, carré d'agneau au thym...

à Golbey 4 km au Nord par ⑦ – ✉ 88190 – 8 230 hab.

Atrium sans rest

89 r. de Lorraine – ✆ 03 29 81 15 20 – www.hotel-atrium.fr
22 ch – †70 € ††75 € – ☕ 9 €
Dans une zone d'activités en périphérie d'Épinal, un hôtel aux allures de motel, à la fois simple et bien pensé : parfait pour la clientèle d'affaires.

à Fontenay 13 km au Nord-Est par D 420 – ✉ 88600 – 503 hab.

La Grange

chemin de Framont – ✆ 03 29 43 20 55 – www.la-grange-aux-arts.com
5 ch ☕ – †105/120 € ††120 € **Table d'hôte** – Menu 28 €
Japonaise, africaine, indienne, mauresque... Chaque chambre invite au voyage, avec beaucoup de goût ! Ce n'est pas le moindre attrait de cette villa contemporaine, lumineuse et paisible, dont la charmante propriétaire est également artiste et galeriste.

L'ÉPINE – 51 Marne ➜ voir Châlons-en-Champagne

ÉPINEAU-LES-VOVES – 89 Yonne ➜ voir Joigny

ERBALUNGA – 2B Haute-Corse ➜ voir Corse

ERMENONVILLE

✉ 60950 (Oise) – 969 hab. – Voir carte n°**36**-B3
Paris 51 km – Beauvais 70 km – Compiègne 42 km – Meaux 25 km
Carte Michelin 305-H6 – Guide Vert Michelin Île-de-France

Le Relais de la Croix d'Or avec ch

rest,

2 r. Prince Radziwill – ✆ 03 44 54 00 04 – www.lacroixdor.net – Fermé 26 juil.-5 août, dim. soir, mardi soir et lundi
8 ch ☕ – †71/88 € ††79/101 € Formule 18 € – Menu 38/75 € – Carte 53/79 €
Atmosphère rustique – poutres, pierres apparentes, cave voûtée – en cette auberge dédiée à la tradition (produits de saison). Terrasse en bord de bassin. Chambres pratiques.

ERMITAGE-DU-FRÈRE-JOSEPH – 88 Vosges ➜ voir Ventron

ERNÉE

✉ 53500 (Mayenne) – 5 791 hab. – **Voir carte n°34-B1**
▶ Paris 304 km – Domfront 47 km – Fougères 22 km – Laval 31 km
Carte Michelin 310-D5 – Guide Vert Michelin Pays de la Loire

XX **Le Grand Cerf** avec ch
19 r. Aristide-Briand – ✆ 02 43 05 13 09 – www.legrandcerf.net – Fermé 2-13 août, 15-31 janv., vend. soir, dim. soir et lundi midi
9 ch – †60/80 € ††60/80 € – ☕ 9 € – ½ P
Formule 16 € – Menu 26 € (semaine), 36/40 € – Carte 32/50 €
Dans un ancien relais de poste (1870), cette auberge de village a le charme de l'authenticité : murs en pierres apparentes, tissus de Mayenne... Le tout agrémenté de sculptures d'un artiste local. Derrière les fourneaux, les deux chefs revisitent la cuisine classique. Un duo gagnant, assurément...

ERQUY

✉ 22430 (Côtes-d'Armor) – 3 852 hab. – **Voir carte n°10-C1**
▶ Paris 451 km – Dinan 46 km – Dinard 39 km – Lamballe 21 km
Carte Michelin 309-H3 – Guide Vert Michelin Bretagne Nord

Beauséjour sans rest
21 r. de la Corniche – ✆ 02 96 72 30 39 – www.beausejour-erquy.com – Ouvert 7 avril-15 nov.
15 ch – †65/95 € ††65/95 € – ☕ 11 €
À 100 m de la plage, cet hôtel familial abrite des chambres colorées, coquettes et bien tenues, qui se révèlent très fonctionnelles. À noter : la moitié donne sur le port de pêche. De plus, l'accueil est agréable !

XX **L'Escurial** Ⓝ
bd de la Mer – ✆ 02 96 72 31 56 – Fermé 3 semaines en janv., jeudi soir et dim. soir hors saison et lundi
Formule 22 € – Menu 36/88 € 🍷 – Carte 49/61 €
Idéalement situé face à la plage et au port d'Erquy, cet Escurial a été repris en 2012 par un jeune couple, elle en salle et lui en cuisine. Ce dernier a choisi de perpétuer l'esprit de la maison, avec une cuisine dans l'air du temps, valorisant de beaux produits, notamment de la mer. Un travail soigneux !

à St-Aubin 3 km au Sud-Est par rte secondaire – ✉ 22430

XX **Relais Saint-Aubin** avec ch
D 68 – ✆ 02 96 72 13 22 – www.relais-saint-aubin.fr – Fermé 15 nov.-15 déc., 15 janv.-15 fév., mardi sauf juil.-août et lundi
3 ch ☕ – †95 € ††105/125 € Formule 17 € – Menu 24/44 € – Carte 28/58 €
Charmant et si bucolique, ce prieuré en pierre (17e s.) recouvert de vigne vierge ! Le jardin est ravissant et la déco – entre mobilier rustique et juke-box ! – est très originale ; quant à l'assiette, elle fait honneur aux belles saveurs de tradition. En face, trois chambres d'hôtes accueillent les gourmands repus...

ERSA – 2B Haute-Corse ➜ voir Corse

ERSTEIN

✉ 67150 (Bas-Rhin) – 10 791 hab. – **Voir carte n°1-B2**
▶ Paris 514 km – Colmar 49 km – Molsheim 24 km – St-Dié 69 km
Carte Michelin 315-J6

Crystal
41-43 av. de la Gare – ✆ 03 88 64 81 00 – www.hotelcrystal.fr – Fermé 1er-10 août et 24 déc.-1er janv.
69 ch – †81/93 € ††98/108 € – 3 suites – ☕ 13 € – ½ P
Rest *Le B* – voir les restaurants ci-après
On peut sans hésiter faire une étape dans cet hôtel-restaurant récent, tout près de la voie rapide. Les chambres sont fonctionnelles (plus spacieuses au 3e étage) et l'on organise des sorties et des dégustations de vin.

XXX **Jean-Victor Kalt**

41 av. de la Gare – ✆ 03 88 98 09 54 – www.jean-victor-kalt.fr – Fermé 2 semaines en août, dim. soir et lundi sauf fériés
Menu 28/62 € – Carte 53/81 €
Le chef aime son métier et le prouve : il élabore, au gré du marché, une belle cuisine classique et, lorsqu'il vient saluer ses hôtes, il prodigue de judicieux conseils.

XX **Le B** – Hôtel Crystal

41-43 av. de la Gare – ✆ 03 88 64 81 00 – www.hotelcrystal.fr – Fermé 1er-17 août, 24 déc.-4 janv., vend. soir, sam. midi et dim.
Formule 12 € – Menu 28 € (semaine)/45 € – Carte 28/59 €
Au sein de l'hôtel Crystal, un cadre plaisant, assez élégant et feutré, pour une cuisine traditionnelle qui mise sur la fraîcheur : saumon mariné à la citronnelle, lotte rôtie et pak choï, macaron framboise mangue hibiscus, etc.

ERVAUVILLE – 45 Loiret ➜ voir Courtenay

ESCOIRE

24420 (Dordogne) – 459 hab. – **Voir carte n°4-C1**
Paris 485 km – Bordeaux 147 km – Périgueux 13 km – Sarlat-la-Canéda 72 km
Carte Michelin 329-G4

Château d'Escoire sans rest 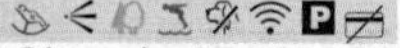

– ✆ 05 53 05 99 80 – www.escoire-lechateau.com – Ouvert Pâques à mi-nov.
5 ch – 75/80 € 95/105 €
Dans un parc de 9 ha, une demeure romantique (18e s.) dominant le village. On s'y repose dans des chambres spacieuses et bien tenues. Aux beaux jours, il fait bon profiter de la piscine ou se balader dans le jardin à la française.

ESPALION

12500 (Aveyron) – 4 341 hab. – **Voir carte n°29-D1**
Paris 592 km – Aurillac 72 km – Figeac 93 km – Mende 101 km
Carte Michelin 338-I3

Hôtel de France sans rest

36 bd J.-Poulenc – ✆ 05 65 44 06 13 – www.hoteldefrance12.fr
23 ch – 49/55 € 49/60 € – 8 €
Juste en face de la mairie, des chambres simples, fonctionnelles et bien tenues ; préférez celles des 2e et 3e étages, d'esprit plus contemporain. Un bon point de chute au cœur de cette jolie cité.

XX **Le Méjane**

r. Méjane – ✆ 05 65 48 22 37 – www.restaurant-mejane.fr – Fermé 23-30 juin, janv., lundi sauf le soir d'avril à juin et en sept., merc. sauf juil.-août et dim. soir
Formule 18 € – Menu 27/57 € – Carte 43/49 €
Le Méjane, c'est d'abord un endroit agréable et feutré, d'une sobre élégance contemporaine. Et c'est surtout une cuisine qui ravit, soignée, fraîche et savoureuse : terrine de foie gras de canard maison, noix de veau de l'Aveyron jus à l'estragon...

ESPALY-ST-MARCEL – 43 Haute-Loire ➜ voir Puy-en-Velay

ESPELETTE

64250 (Pyrénées-Atlantiques) – 1 974 hab. – **Voir carte n°3-A3**
Paris 775 km – Bordeaux 215 km – Pau 134 km – Donostia-San Sebastián 78 km
Carte Michelin 342-D2 – Guide Vert Michelin Pays Basque et Navarre

Euzkadi rest, ch,

285 Karrika Nagusia – ✆ 05 59 93 91 88 – www.hotel-restaurant-euzkadi.com – Fermé 1er nov.-24 déc., mardi hors saison et lundi
27 ch – 53/71 € 67/89 € – 9 € – ½ P
Rest – Menu 20/37 € – Carte 27/48 €
Dans la capitale du piment, une belle façade à la gloire du pays. La plupart des chambres arborent un style basque épuré : murs blancs et poutres. La piscine est agréable...

ESSOYES

✉ 10360 (Aube) – 711 hab. – Voir carte n°**13**-B3
Paris 222 km – Chaumont 65 km – Dijon 120 km – Troyes 49 km
Carte Michelin 313-H5 – Guide Vert Michelin Champagne Ardenne

Hôtel des Canotiers

1 r. Pierre-Renoir – ✆ 03 25 38 61 08 – www.hoteldescanotiers.com – Fermé 23 déc.-10 janv., 24 fév.-14 mars, dim. soir, mardi midi et lundi d'oct. à mai
24 ch – 77/85 € 77/85 € – 10 € – ½ P
Rest ***Restaurant des Canotiers*** – voir les restaurants ci-après
Fonctionnelles et bien tenues, les chambres de cet hôtel donnent pour la plupart sur la vallée de l'Ource et le village, où repose Auguste Renoir, à qui l'on doit le célèbre *Déjeuner des canotiers* – d'où l'enseigne. Dix chambres ont été récemment créées dans une annexe contemporaine : un ensemble agréable.

Restaurant des Canotiers

1 r. Pierre-Renoir – ✆ 03 25 38 61 08 – www.hoteldescanotiers.com – Fermé 23 déc.-10 janv., 24 fév.-14 mars, dim. soir, mardi midi et lundi d'oct. a mai
Menu 18 € (déj. en semaine), 32/46 € – Carte 40/60 €
Une bonne option pour un déjeuner dans cette petite cité où vécut Renoir. Sur les hauteurs du village, on profite de la vue panoramique sur les environs – digne d'un tableau –, tout en dégustant une appétissante cuisine, éprise de tradition : escargots aux févettes, parmentier de confit de canard et foie gras poêlé...

ESTAING

✉ 12190 (Aveyron) – 600 hab. – Voir carte n°**29**-D1
Paris 602 km – Aurillac 63 km – Conques 33 km – Espalion 10 km
Carte Michelin 338-I3

Le Manoir de la Fabrègues

rte d'Espalion, 3 km – ✆ 05 65 66 37 78 – www.manoirattitude.com – Ouvert de mi-mars à mi-nov.
10 ch – 70/100 € 70/100 € – 1 suite – 10 € – ½ P
Rest – Menu 26 € *(fermé le midi)*
Les propriétaires ont su insuffler l'esprit d'une maison d'hôtes à ce manoir du 15e s. (pierres du pays, poutres apparentes, cantou). Quant aux chambres, elles ont toute leur style : baroque, Empire, etc. Un lieu qui a du caractère !

L'Auberge St-Fleuret

19 r. François d'Estaing, (face à la mairie) – ✆ 05 65 44 01 44 – www.auberge-st-fleuret.com – Ouvert d'avril à oct.
14 ch – 48/58 € 48/58 € – 9 € – ½ P
Rest – Menu 19 € (semaine), 28/40 € – Carte 31/49 € *(fermé lundi midi, mardi midi et merc. midi)*
Face à la mairie, ce relais de poste du 19e s. est désormais une sympathique auberge de tradition, avec des chambres colorées et pratiques. Par beau temps, on profite de la terrasse surplombant la piscine. Mets régionaux à prix doux au restaurant !

ESTIVAREILLES – 03 Allier ➔ voir Montluçon

ESTRABLIN – 38 Isère ➔ voir Vienne

ESTRÉES-ST-DENIS

✉ 60190 (Oise) – 3 573 hab. – Voir carte n°**36**-B2
Paris 81 km – Beauvais 46 km – Clermont 21 km – Compiègne 17 km
Carte Michelin 305-G4

Le Moulin Brûlé

70 av. de Flandre – ✆ 03 44 41 97 10 – www.lemoulinbrule.fr – Fermé août, 1er-7 janv., dim. soir, lundi et mardi
Formule 17 € – Menu 22/65 € – Carte 34/60 € *(réservation conseillée)*
Logé dans une ancienne épicerie, un restaurant mi-contemporain, mi-champêtre, agrémenté d'une terrasse fermée. Plats actuels et beau choix de bordeaux et de vins de Loire.

ÉTAMPES

✉ 91150 (Essonne) – 23 158 hab. – Voir carte n°**18**-B3
▶ Paris 51 km – Chartres 59 km – Évry 35 km – Fontainebleau 45 km
Carte Michelin 312-B5 – Guide Vert Michelin Île-de-France

Ibis sans rest

14 r. du Rempart – ✆ 01 69 92 16 50 – www.ibishotel.com
67 ch – †50/120 € ††50/120 € – ☕ 10 €
À deux pas de la gare RER et du centre-ville, des chambres fonctionnelles et bien tenues. Préférez celles – plus calmes – sur l'arrière du bâtiment. Parfait pour la clientèle d'affaires.

à Ormoy-la-Rivière 5 km au Sud par D 49 et rte secondaire – ✉ 91150 – 941 hab.

Le Vieux Chaudron

45 Grande-Rue – ✆ 01 64 94 39 46 – www.levieuxchaudron.com – Fermé 3-25 août, 22-30 déc., dim. soir et lundi
Formule 25 € – Menu 36/53 €
Une petite auberge face à l'église, au cadre campagnard agrémenté d'une belle cheminée et d'une terrasse au calme. Appétissantes recettes dans l'air du temps et gibier en saison.

à Boutervilliers 9 km à l'Ouest par D 191 – ✉ 91150 – 366 hab.

Le Bouche à Oreille

11 r. de la Chapelle – ✆ 01 64 95 69 50 – www.bao-restaurant.fr – Fermé dim. soir, lundi soir et mardi
Formule 24 € – Menu 32/44 € 🍷 – Carte 53/85 €
Aux portes de la Beauce, le jeune chef signe une cuisine de belle facture, savoureuse et teintée d'originalité, comme ce bœuf et foie gras poêlé façon burger. Décor à l'élégance un rien bourgeoise ; accueil et service aux petits soins.

ÉTANG-DE-HANAU – 57 Moselle → voir Philippsbourg

LES ÉTANGS-DES-MOINES – 59 Nord → voir Fourmies

ÉTAPLES

✉ 62630 (Pas-de-Calais) – 11 279 hab. – Voir carte n°**30**-A2
▶ Paris 228 km – Abbeville 55 km – Arras 101 km – Calais 67 km
Carte Michelin 301-C4

Aux Pêcheurs d'Étaples

quai Canche – ✆ 03 21 94 06 90 – www.auxpecheursdetaples.fr – Fermé 3 semaines en janv. et dim. soir d' oct. à mars
Formule 18 € – Menu 21/39 € – Carte 29/73 €
Au rez-de-chaussée, une grande poissonnerie ; au premier étage, un restaurant de poissons et fruits de mer... Difficile de faire plus frais ! Mention spéciale pour la bouillabaisse du pêcheur et le blanc de turbot grillé ou vapeur du chef. En prime : vue sur l'aérodrome du Touquet... entre ciel et mer.

ÉTEL

✉ 56410 (Morbihan) – 2 077 hab. – Voir carte n°**9**-B2
▶ Paris 494 km – Lorient 26 km – Quiberon 24 km – Vannes 37 km
Carte Michelin 308-L9 – Guide Vert Michelin Bretagne Sud

Le Trianon

rest,

14 r. du Gén.-Leclerc – ✆ 02 97 55 32 41 – www.letrianon56.com – Fermé janv.
20 ch – †50/68 € ††68/120 € – ☕ 12 € – ½ P
Rest – Formule 15 € – Menu 25/38 € – Carte 30/48 € *(fermé dim. soir et lundi midi)*
Près du port de pêche, des chambres rétro, forcément un peu hors du temps mais parfaitement tenues ! L'été, le jardin invite à la détente. Restauration traditionnelle servie dans un cadre rustique.

ÉTOUY – 60 Oise → voir Clermont

ÉTRÉAUPONT

✉ 02580 (Aisne) – 895 hab. – Voir carte n°**37**-D1
Paris 184 km – Avesnes-sur-Helpe 24 km – Hirson 16 km – Laon 44 km
Carte Michelin 306-F3

Clos du Montvinage

8 r. Albert Ledant – ✆ 03 23 97 91 10 – www.hotel-clos-du-montvinage.com – Fermé 11-18 août, 22 déc.-6 janv., dim. soir, lundi midi et merc. midi
20 ch – †66/86 € ††78/98 € – ☕ 11 € – ½ P
Rest – Formule 18 € – Menu 24/47 € – Carte 29/58 €
Cette maison de maître du 19e s. est vraiment avenante et ses chambres thématiques (montagne, bourgeoise, etc.) sont très bien tenues. Pour vos loisirs : belle salle de billard, tennis, vélos et croquet dans le parc.

ÉTRETAT

✉ 76790 (Seine-Maritime) – 1 499 hab. – Voir carte n°**33**-C1
Paris 206 km – Bolbec 30 km – Fécamp 16 km – Le Havre 29 km
Carte Michelin 304-B3 – Guide Vert Michelin Normandie Vallée de la Seine

Dormy House

rte du Havre – ✆ 02 35 27 07 88 – www.dormy-house.com
61 ch – †68/210 € ††78/210 € – 2 suites – ☕ 17 € – ½ P
Rest *Dormy House* – voir les restaurants ci-après
Une situation idyllique : à flanc de falaise, cette House domine Étretat et la falaise d'Amont... Les chambres, élégantes, se répartissent entre le manoir de 1870 et plusieurs dépendances. Dans le jardin, la vue à travers les pins se révèle poétique tandis que résonnent, au loin, les bruits de la plage. Toute une atmosphère...

Domaine St-Clair

chemin de St-Clair – ✆ 02 35 27 08 23 – www.hoteletretat.com
21 ch – †90/270 € ††90/570 € – ☕ 14 € – ½ P
Rest *Domaine St-Clair* – voir les restaurants ci-après
Sur les hauteurs, à l'issue d'un chemin tortueux, un lieu à part, où l'on renoue avec les plaisirs de la Belle Époque... Le domaine réunit un castel et une villa : autant d'espaces intimes et charmants, décorés dans un esprit baroque, canaille ou moderne ! Les échappées sur la côte invitent, elles, à la contemplation...

Hôtel Ambassadeur Ⓝ sans rest

10 av. de Verdun – ✆ 02 35 27 00 89 – www.hotelcharmeetretat.com Plan : B**t**
25 ch – †69/129 € ††69/129 € – ☕ 11 €
Cette jolie villa du 19e s., avec sa façade en briques rouges et ses balcons blancs, se trouve à un jet de pierre du Clos Lupin, la maison-musée du "gentleman cambrioleur". Les chambres se révèlent douillettes et personnalisées... Le tout a fière allure.

Villa sans Souci sans rest

27 ter r. Guy-de-Maupassant – ✆ 02 35 28 60 14 – www.villa-sans-souci.fr
5 ch ☕ – †85 € ††115/165 €
Dans un grand parc arboré, cette villa du début du siècle est tenue par un couple passionné par le cinéma. Baptisées "Certains l'aiment chaud" ou "Out Of Africa", les chambres, confortables, fourmillent d'objets chinés en hommage aux grands films de l'histoire. Tant de caractère, ce n'est pas du cinéma !

Domaine St-Clair – Hôtel Domaine St-Clair

chemin de St-Clair – ✆ 02 35 27 08 23 – www.hoteletretat.com – Fermé le midi du lundi au jeudi
Menu 25 € (déj.), 35/75 € – Carte 66/72 € *(fermé le midi du lundi au jeudi)*
Au sein du beau Domaine St-Clair et de son élégant manoir normand, se cache ce bon restaurant ! Le chef y réalise une cuisine bien tournée, soignée et généreuse ; on se souviendra notamment de ce tartare de magret de canard, une entrée originale et savoureuse...

Dormy House – Hôtel Dormy House

rte du Havre – ✆ 02 35 27 07 88 – www.dormy-house.com
Menu 28/68 € – Carte 46/75 €
Original : l'équipe du restaurant se place chaque année sous le patronage d'un grand chef, qui contribue à l'élaboration de la carte ! Entre terroir normand et fraîcheur de la marée, les saveurs sont au rendez-vous. Et depuis la salle, on regarde avec délectation les flots se brisant contre les célèbres falaises...

ÉTUPES – 25 Doubs → voir Sochaux

EU

✉ 76260 (Seine-Maritime) – 7 436 hab. – **Voir carte n°33-D1**

Paris 176 km – Abbeville 34 km – Amiens 88 km – Dieppe 33 km

Carte Michelin 304-I1 – Guide Vert Michelin Normandie Vallée de la Seine

La Cour Carrée

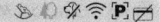

rte de Dieppe – ☎ 02 35 50 60 60 – www.hotel-courcarree-eu.fr

28 ch – 79/115 € 79/115 € – 11 € – ½ P

Rest – Carte 25/42 € *(fermé vend., dim. et le midi) (résidents seult)*

Cette ancienne briqueterie, devenue ferme puis hôtel, est située au bord de la route de Dieppe, juste après la sortie d'Eu. On y trouve des chambres à thèmes – champêtre, ethnique, par exemple –, confortables et plutôt spacieuses. Le tout autour d'une cour carrée.

Manoir de Beaumont sans rest

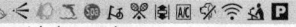

rte de Beaumont, 3 km par D 49 puis direction Ferme de Beaumont – ☎ 02 35 50 91 91 – www.demarquet.eu – Fermé janv.

3 ch – 40/52 € 52/63 €

Dans cette demeure située à un saut de biche de la forêt d'Eu et à 5mn des plages, les propriétaires vous accueillent en amis. Les chambres, délicieusement rétro, le salon Louis XVI et le joli parc contribuent tous au charme du lieu. On se sent vraiment chez soi !

EUGÉNIE-LES-BAINS

✉ 40320 (Landes) – 448 hab. – **Voir carte n°3-B3**

Paris 731 km – Aire-sur-l'Adour 12 km – Dax 71 km – Mont-de-Marsan 26 km

Carte Michelin 335-I12 – Guide Vert Michelin Aquitaine

Les Prés d'Eugénie

pl. de l'Impératrice – ☎ 05 58 05 06 07 – www.michelguerard.com – Fermé 5 janv.-5 mars

17 ch – 325/405 € 325/405 € – 11 suites – 32 €

Rest *Les Prés d'Eugénie - Michel Guérard* ✿✿✿ – voir les restaurants ci-après

Les Prés du bonheur ! Demeure du 19e s. élégamment décorée, parc et "ferme thermale" : heureux mariage entre maison de ville et maison des champs, entre plaisir et forme.

Le Couvent des Herbes

– www.michelguerard.com – Fermé 5 janv.-11 fév.

4 ch – 375/425 € 375/425 € – 4 suites – 30 €

Napoléon III fit amoureusement restaurer pour Eugénie ce joli couvent du 18e s. Autour d'un jardin d'Éden, les chambres sont la séduction même.

La Maison Rose

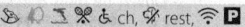

– ☎ 05 58 05 06 07 – www.michelguerard.com – Fermé 1er janv.-9 fév.

24 ch – 210 € 230/260 € – 5 suites – 22 €

Rest – Menu 48 € *(menu minceur pour résidents seult)*

À côté des thermes, cette maison à la façade rose a des allures de guesthouse ! Les chambres sont confortables et bien tenues. Fleurs fraîches et meubles en rotin ajoutent au romantisme des lieux.

Les Prés d'Eugénie - Michel Guérard

✿✿✿ *pl. de l'Impératrice – ☎ 05 58 05 06 07 – www.michelguerard.com – Fermé 5 janv.-5 mars, lundi soir et le midi en semaine sauf du 9 juil. au 24 août et sauf fériés*

Menu 130 € (semaine), 175/210 € – Carte 135/190 €

Une signature à jamais associée à l'aventure de la Nouvelle Cuisine ! Une œuvre sensible, légère et inventive… une véritable ode aux saveurs, rendues dans une veine naturaliste. Mention spéciale pour la magie des lieux, occasion d'une véritable parenthèse bucolique. → Zéphyr de truffe "surprise exquise" en nuage sur une crème potagère. Grillade de ris de veau à l'olive cassée, langoustine au lard du pays et jus aux herbes des chartreux. Les soufflés époustouflants.

La Ferme aux Grives avec ch
– 05 58 05 05 06 – *www.michelguerard.com* – *Fermé 6 janv.-11 fév., mardi et merc. sauf du 10 juil. au 25 août et fériés*
4 suites – 520/805 € – 42 € Menu 49 €
Cette vieille auberge de village a retrouvé ses couleurs d'antan. Jardin potager, vieilles poutres et tomettes... Un cadre idéal pour savourer une cuisine du terroir joliment ressuscitée. Suites exquises, pour des nuits paisibles.

ÉVIAN-LES-BAINS

74500 (Haute-Savoie) – 8 142 hab. – **Voir carte n°46-F1**
Paris 577 km – Genève 44 km – Montreux 40 km – Thonon-les-Bains 10 km
Carte Michelin 328-M2 – Guide Vert Michelin Alpes du Nord

Royal
13 av. des Mateirons – 04 50 26 85 00 – *www.evianresort.com* – *Ouvert 1er juil.-9 oct.* Plan : C**z**
78 ch – 310/4350 € 340/4380 € – 30 €
Rest *Les Fresques* – voir les restaurants ci-après
L'établissement sommeillera au premier semestre 2014, pour renaître paré d'une nouvelle beauté, avec la réouverture d'une première moitié des chambres en juillet. Ainsi perdurera le mythe de ce luxueux palace né en 1907, dont le parc superbe, avec sa vue imparable sur le lac et les montagnes, a un goût d'éternité !

Ermitage rest,
1230 av. du Léman – 04 50 26 85 00 – *www.evianermitage.com* Plan : C**a**
80 ch – 195/420 € 225/450 € – 6 suites – 28 € – ½ P
Rest *La Table* 04 50 26 85 54 – – Menu 55/90 € – Carte 58/95 € *(fermé le midi)*
Rest *La Bibliothèque* – Menu 29 € – Carte 38/49 € *(fermé le soir)*
Cet imposant bâtiment Belle Époque se dresse sur les hauteurs d'Évian, dans un écrin de verdure. À l'intérieur, le style est épuré avec des matériaux évoquant la nature : bois précieux, ardoise, galets, etc. Côté papilles, deux options : le gastro La Table ou La Bibliothèque et ses recettes dans l'air du temps.

Hilton
27 quai Paul-Léger – 04 50 84 60 00 – *www.evianlesbains.hilton.com*
165 ch – 127/630 € 127/630 € – 5 suites – 25 € – ½ P Plan : C**b**
Rest *Riva* 04 50 84 60 30 – – Formule 19 € – Menu 48 € – Carte 34/64 €
Un bâtiment imposant, au cadre design et ultracontemporain. La majorité des chambres disposent d'un balcon face au lac. Un endroit parfait pour le farniente chic, avec en prime une belle piscine et un superbe espace fitness.

La Verniaz et ses Chalets
1417 av. du Léman, (à Neuvecelle) – 04 50 75 04 90 – *www.verniaz.com* – *Ouvert de mars à oct.* Plan : C**q**
32 ch – 95/175 € 95/230 € – 4 suites – 17 € – ½ P
Rest *La Verniaz et ses Chalets* – voir les restaurants ci-après
Cet ensemble de maisons et de chalets disséminés dans un très beau parc, noyé sous les fleurs, dégage un charme vieille France. De grandes chambres, des meubles anciens, la vue sur le lac... Ici, le temps semble suspendre son vol.

Littoral sans rest
9 av. de Narvik – 04 50 75 64 00 – *www.hotel-littoral-evian.com* – *Fermé 9-30 nov.*
30 ch – 89/116 € 89/116 € – 11 € Plan : B**e**
Pour trouver cet hôtel des années 1990, cherchez le casino, il est situé juste à côté. L'ensemble est cosy et chaleureux, dans un esprit montagne contemporain (bois et boutis dans les chambres) : comme une invitation au cocooning... Difficile à décliner !

L'Oasis sans rest
11 bd Bennevy – 04 50 75 13 38 – *www.oasis-hotel.com* – *Ouvert 1er avril-30 sept.*
16 ch – 73/119 € 73/119 € – 13 € Plan : A**v**
Sur les hauteurs d'Évian, un hôtel charmant aux chambres coquettes et cosy, dont certaines font face au lac. Le jardin est bien agréable et de la terrasse, où l'on prend le petit-déjeuner en saison, la vue est magnifique ! Accueil aimable.

ÉVIAN-LES-BAINS

Abondance (Av. d')	C	2
Bennevy (Bd de)	AB	5
Besson (Quai Ch.)	B	6
Clermont (R. de)	B	10
Cordeliers (R. des)	C	12
Cottet (Pl. Ch.)	B	15
Folliet (R. Gaspard)	B	19
Grottes (Av. des)	C	22
Larringes (Av. de)	A	25
Libération (Pl. de la)	C	26
Mateirons (Av. des)	B	27
Monnaie (R. de la)	B	29
Narvik (Av. de)	B	31
Nationale (R.)	B	33
Neuvecelle (Av. de)	C	36
Port (Pl. du)	C	37
Sources (Av. des)	B	39
Vallées (Av. des)	AB	40

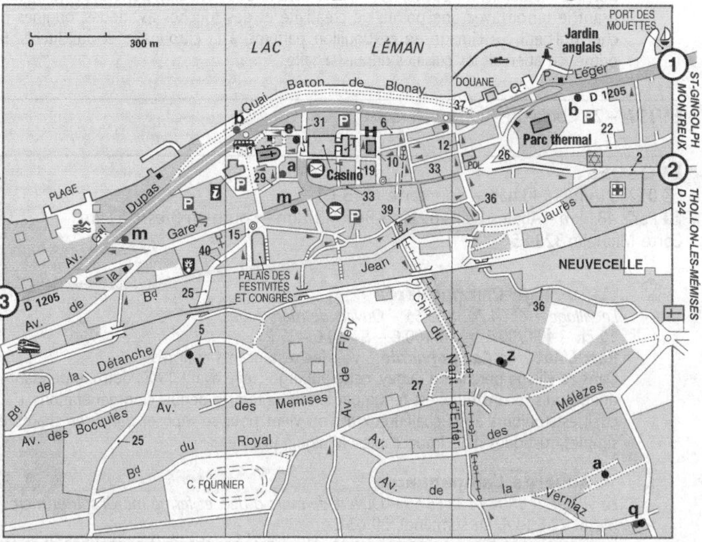

Continental sans rest

65 r. Nationale – ☎ 04 50 75 37 54 – www.hotel-continental-evian.com
32 ch – †52/70 € ††58/95 € – ☕ 8,50 € Plan : B**m**
Ce petit hôtel familial, logé dans un édifice de 1868, est situé dans une rue piétonne, bien pratique lorsque l'on fait une cure. Les chambres, dont le mobilier ancien a été chiné par le propriétaire, sont confortables et bien tenues ; préférez celles du 4e étage qui ont vue sur le lac.

XXX La Verniaz et ses Chalets – Hôtel La Verniaz et ses Chalets

1417 av. du Léman, (à Neuvecelle) – ☎ 04 50 75 04 90 – www.verniaz.com
– Ouvert de mars à oct. et fermé lundi et mardi de mars à mi-mai Plan : C**q**
Menu 38/85 € – Carte 51/100 €
À la table de La Verniaz, le chef réalise une cuisine classique où pointe une certaine modernité. On y apprécie les poissons du lac Léman mais pas uniquement, comme en témoigne ce beau morceau de bœuf accompagné de pointes d'asperges et de morilles. Le tout à savourer sur la terrasse fleurie ou dans une salle très cosy.

XX Les Fresques Ⓝ – Hôtel Royal

13 av. des Mateirons – ☎ 04 50 26 85 00 – Ouvert 1er juil.-9 oct. Plan : C**z**
Carte 50/90 €
Les Fresques... comme celles, superbes, que l'on peut admirer pendant le repas, dans le cadre très élégant de l'hôtel Royal. Au menu : une délicate cuisine actuelle, façon brasserie de luxe, à l'instar d'un pâté en croûte et son mesclun, d'un pavé de thon aux légumes nouveaux ou d'un baba au rhum. Très beau choix de vins.

X La Fourchette de l'Église Ⓝ

5 r. Bugnet – ☎ 04 50 79 93 43 – www.lafourchettedeleglise.fr – fermé dim. et lundi
Formule 12 € – Menu 28 € (dîner) – Carte 34/40 € Plan : B**b**
Après avoir roulé sa bosse en Irlande et en Nouvelle-Zélande, le jeune chef a posé ses valises dans ce restaurant, juste derrière l'église. Et, très vite, le bouche-à-oreille a fait le reste... Dans l'assiette, les plats, traditionnels, sont teintés d'une certaine originalité. Et aux beaux jours, on profite de la terrasse.

Instant Gourmand

10 r. de l'Église – ✆ 04 50 04 74 98 – www.instantgourmand.fr – Fermé 1 semaine fin août, vacances de la Toussaint, dim. et lundi Plan : B**a**

Formule 12 € – Menu 27 € 🍷, 30/54 € *(réservation conseillée)*

Dans ce restaurant de poche, les recettes sont fines et subtiles, parfois ludiques, valorisant le terroir avec une pointe de créativité et des touches asiatiques, origines du chef obligent ; à l'image de ce bouillon parfumé à la citronnelle et aux litchis. En prime, on aperçoit les cuisines depuis la salle.

ÉVISA – 2A Corse-du-Sud ➜ voir Corse

ÉVOSGES

✉ 01230 (Ain) – 140 hab. – **Voir carte n°45-C1**

Paris 481 km – Aix-les-Bains 69 km – Belley 37 km – Bourg-en-Bresse 57 km

Carte Michelin 328-F5

L'Auberge Campagnarde

Le village – ✆ 04 74 38 55 55 – Ouvert de mars à déc.

11 ch – 50/90 € 70/100 € – 10 € – ½ P

Rest *L'Auberge Campagnarde* – voir les restaurants ci-après

Dans ce village perché du Bugey, cette auberge créée avant 1900, détruite pendant la guerre puis reconstruite, est tenue par la même famille depuis cinq générations. L'accueil est toujours aussi chaleureux et l'on vient pour se reposer dans des chambres simples, rustiques mais impeccables. Minigolf, piscine.

L'Auberge Campagnarde

Le village – ✆ 04 74 38 55 55 – Ouvert de mars à déc. et fermé mardi soir et merc.

Menu 22 € (déj. en semaine), 29/63 €

L'auberge porte bien son nom, avec sa salle à manger champêtre à souhait et sa terrasse fleurie. Les produits sont frais et la cuisine, à la fois généreuse et féminine, a l'accent du terroir !

ÉVREUX

✉ 27000 (Eure) – 50 537 hab. – **Voir carte n°33-D2**

Paris 100 km – Alençon 119 km – Caen 135 km – Chartres 78 km

Carte Michelin 304-G7 – Guide Vert Michelin Normandie Vallée de la Seine

Hôtel Palais des Congrès

bd de Normandie – ✆ 02 32 38 77 77 – www.bwevreux.com Plan : AZ**s**

60 ch – 79/119 € 89/129 € – 15 € – ½ P

Rest – Menu 20/30 € – Carte 25/40 €

Près du palais des congrès, à la sortie de la ville, cet établissement contemporain se révèle agréable : beaux espaces, déco design et colorée, restaurant proposant une carte traditionnelle... Le meilleur hôtel des environs.

L'Orme sans rest

13 r. des Lombards – ✆ 02 32 39 34 12 – www.hotel-de-lorme.fr Plan : BY**t**

39 ch – 50/74 € 55/80 € – 9 €

Un hôtel central et d'esprit familial, bien pratique : les chambres sont fonctionnelles, sobres et bien tenues ; l'accueil se révèle des plus aimables.

La Gazette

7 r. St-Sauveur – ✆ 02 32 33 43 40 – www.restaurant-lagazette.fr – Fermé 3-25 août, sam. midi, dim. et lundi Plan : AY**f**

Formule 21 € – Menu 24/48 € – Carte 45/71 €

Une valeur sûre que ce restaurant dont le décor mêle harmonieusement le contemporain et l'ancien, entre teintes claires et poutres centenaires... Aux fourneaux, Xavier Buzieux s'attache à mettre en valeur les petits producteurs locaux et à suivre les saisons. De quoi faire parler les gazettes !

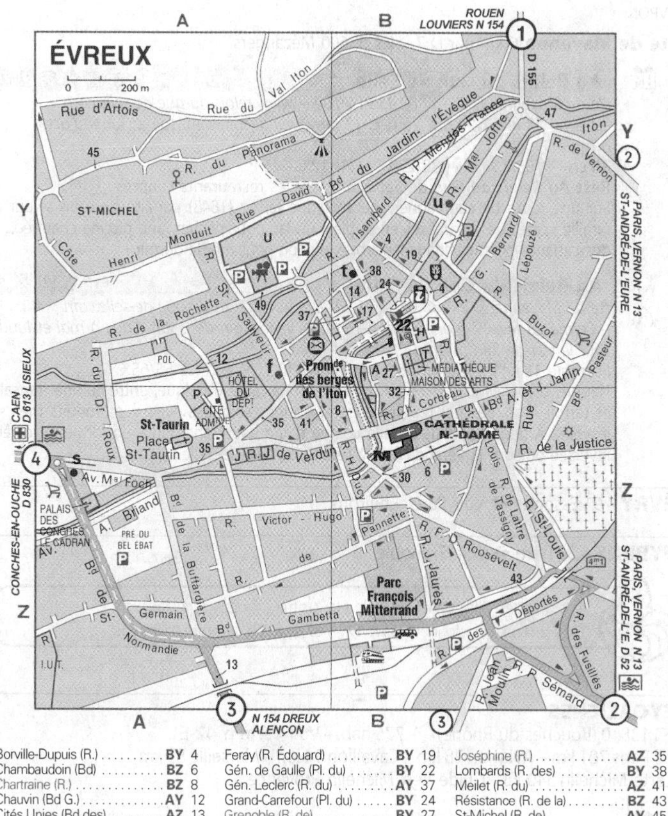

Borville-Dupuis (R.)	**BY** 4	Feray (R. Édouard)	**BY** 19	Joséphine (R.)	**AZ** 35
Chambaudoin (Bd)	**BZ** 6	Gén. de Gaulle (Pl. du)	**BY** 22	Lombards (R. des)	**BY** 38
Chartraine (R.)	**BZ** 8	Gén. Leclerc (R. du)	**AY** 37	Meilet (R. du)	**AZ** 41
Chauvin (Bd G.)	**AY** 12	Grand-Carrefour (Pl. du)	**BY** 24	Résistance (R. de la)	**BZ** 43
Cités Unies (Bd des)	**AZ** 13	Grenoble (R. de)	**BY** 27	St-Michel (R. de)	**AY** 45
Clemenceau (Pl.)	**BY** 14	Harpe (R. de la)	**BZ** 30	Vigor (R.)	**BY** 47
Dr-Oursel (R. du)	**BY** 17	Horloge (R. de l')	**BZ** 32	7e-Chasseurs (R. du)	**AY** 49

Ô Saveurs

1 r. du Maréchal-Joffre – ✆ 02 32 31 61 05 – www.osaveurs.wifeo.com – Fermé 2 semaines en août, dim. soir et lundi Plan : BY**u**

Formule 17 € – Menu 27/60 € – Carte 48/90 €

Un restaurant d'esprit familial, à l'orée du centre-ville. On appréciera particulièrement la terrasse, au calme sur le jardin, à l'arrière de la maison. Le chef connaît ses classiques et les relève d'un soupçon d'air du temps.

ÉVRON

✉ 53600 (Mayenne) – 7 148 hab. – **Voir carte n°35-C1**

Paris 250 km – Alençon 58 km – La Ferté-Bernard 98 km – Laval 32 km

Carte Michelin 310-G6 – Guide Vert Michelin Pays de la Loire

La Toque des Coëvrons

4 r. des Prés – ✆ 02 43 01 62 16 – www.latoquedescoevrons.com – Fermé 2 semaines en août, vacances de fév., merc. soir, dim. soir et lundi

Formule 16 € – Menu 20 € (semaine), 28/36 € – Carte 35/50 €

Le chef, toqué de recettes traditionnelles et amoureux de sa région, mitonne de goûteux petits plats avec des produits locaux, à l'image des fromages issus des fermes locales. Dans la salle rustique à souhait (tomettes, poutres…), on apprécie toute l'ambiance chaleureuse de cette adresse authentique.

rte de Mayenne 6 km par D 7 – ✉ 53600 Mézangers

Au Relais du Gué de Selle

rte de Mayenne, D 7 – ✆ 02 43 91 20 00 – www.relais-du-gue-de-selle.com – Fermé 28 fév.-17 mars, 20 déc.-13 janv., vend. soir, dim. soir et lundi d'oct. à mai

30 ch – 63/136 € 88/270 € – 12 € – ½ P

Rest *Au Relais du Gué de Selle* – voir les restaurants ci-après

Sur une route de campagne, une ancienne ferme (1843) parfaite pour un séjour en famille : quelques chambres en duplex, un lac pour pêcher, une piscine chauffée... et des cabanes perchées dans les arbres où l'on peut même dormir !

Au Relais du Gué de Selle

rte de Mayenne, D 7 – ✆ 02 43 91 20 00 – www.relais-du-gue-de-selle.com – Fermé 28 fév.-17 mars, 20 déc.-13 janv., vend. soir, dim. soir d'oct. à mai et lundi sauf le soir de juin à sept.

Formule 18 € – Menu 26 € (semaine), 30/76 € – Carte 55/65 €

Nappes blanches et service à l'ancienne : une table classique, entre cuisine française et terroir local. Le chef réalise des préparations soignées avec des produits triés sur le volet. À déguster dans la salle coiffée d'une haute charpente en forme de carène inversée ou sous la véranda face à l'étang du Gué-de-Selle...

ÉVRY – 91 Essonne ➜ voir Paris, Environs

EYBENS – 38 Isère ➜ voir Grenoble

Les grandes villes bénéficient de plans situant hôtels et restaurants. Suivez leurs coordonnées (ex. : **12**BM**e**) pour les repérer facilement.

EYGALIÈRES

✉ 13810 (Bouches-du-Rhône) – 1 775 hab. – **Voir carte n°42-E1**

Paris 701 km – Avignon 28 km – Cavaillon 14 km – Marseille 83 km

Carte Michelin 340-E3 – Guide Vert Michelin Provence

La Bastide d'Eygalières

ch, ch,

rte Orgon (D 24B) et chemin de Pestelade – ✆ 04 90 95 90 06 – www.hotellabastide.com

13 ch – 74/136 € 86/188 € – 1 suite – 13 € – ½ P

Rest – Formule 16 € – Menu 25 € (dîner)/38 € – Carte 30/45 € dîner *(ouvert 29 mars-3 nov.)*

Une charmante bastide aux volets bleus. Les chambres, de style provençal, sont des plus calmes. Joli jardin avec piscine, donnant sur les Alpilles. Au restaurant, la cuisine privilégie les légumes et les produits bio.

Mas dou Pastré sans rest

quartier St-Sixte, 1,5 km par rte Orgon (D 24B) – ✆ 04 90 95 92 61 – www.masdupastre.com – Fermé 15 nov.-15 déc.

12 ch – 120/190 € 120/190 € – 1 suite – 15 €

Cette ancienne bergerie a l'âme d'une "guesthouse" un peu insolite : décoration provençale à l'ancienne, meubles et bibelots chinés, jardin... et trois roulottes typiquement gitanes !

Le Jardin de Tim sans rest

av. Léon-Blum – ✆ 04 32 61 91 87 – www.lejardindetim.com – Fermé de janv. à mi-mars

5 ch – 120/350 € 120/350 €

Une belle bâtisse (1870) dans ce village peuplé d'antiquaires et d'artisans d'art. On y accède par un discret portail s'ouvrant sur un joli jardin. Les chambres, ornées de bibelots anciens et de tableaux contemporains, portent des noms de thés : Darjeeling, Earl Grey, Sencha… De bien charmantes infusions !

XXX **Maison Bru** (Wout Bru) avec ch — rest,

3,5 km rte d'Orgon – ✆ 04 90 90 60 34 – www.chezbru.com – Ouvert mai à oct. et fermé lundi midi et mardi midi
14 ch – 300 € 300/375 € – 2 suites – 20 €
Menu 110/170 € – Carte 115/155 €
Bel endroit que ce mas en pierre blanche cerné par des oliviers centenaires... Au restaurant, décor contemporain et terrasse regardant les Alpilles ; cuisine au goût du jour. Côté hôtel, des chambres superbes et très design, ainsi qu'une délicieuse piscine.
➜ Croustillant de royale de foie gras. Cochon de lait au jus de porto, mousse de lait parfumée au romarin. Fraises mara des bois et fraises des bois marinées au kirsch, vanille et croustillant de noisette.

XX **La Petite Table**

av. du Gén.-de-Gaulle, angle rte d'Orgon – ✆ 04 90 38 19 23 – www.la-petite-table-eygalieres.com – Ouvert début avril-fin oct. et fermé mardi soir et merc.
Formule 25 € – Menu 50/70 € – Carte 66/90 €
Œuf "parfait" aux asperges et soupe de morilles, filet de bœuf – une partie cuite à la plancha, l'autre en tartare –, etc. Dans cette sympathique maison de village, on se régale d'une jolie cuisine dans l'air du temps.

XX **La Brasserie d'Eygalières**

1 r. de la République – ✆ 04 90 95 93 17 – www.chezbru.com – Fermé 10 nov.-2 déc. et mardi sauf en saison
Menu 32 € – Carte 38/53 €
Au cœur du village, un lieu décontracté aux allures de brasserie chic. Cuisine actuelle concoctée à partir de produits méridionaux. Agréable patio et terrasse sur la rue.

X **Bistrot l'Aubergine** avec ch — ch, ch,

18 av. Jean-Jaurès – ✆ 04 90 95 98 89 – www.laubergine-eygalieres.com – Ouvert de mars à mi-déc. et fermé merc. sauf le soir en juil.-août
4 ch – 140/165 € 140/165 € – 13 € Carte 33/53 €
Une belle terrasse, un décor de bistrot cosy, des produits de qualité cuisinés sans chichis. Il n'en faut pas plus pour passer un agréable moment... Dans l'assiette, c'est frais et parfumé comme, par exemple, cette belle tranche de thon avec sa croûte d'épices parfaitement relevée. On se régale !

EYMET

24500 (Dordogne) – 2 570 hab. – Voir carte n°**4**-C2
Paris 560 km – Arcachon 72 km – Bayonne 239 km – Bordeaux 101 km
Carte Michelin 329-D8 – Guide Vert Michelin Périgord Quercy

XX **La Cour d'Eymet** avec ch — rest,

32 bd National – ✆ 05 53 22 72 83 – www.lacourdeymet.com – Fermé 23-29 juin, 16 fév.-15 mars, du dim. soir au merc. de nov. à mars, dim. soir et merc. d'avril à oct.
3 ch – 80 € 100 €
Menu 20 € (déj. en semaine), 35/52 € – Carte 35/70 € *(réservation conseillée)*
Sur la rue principale du bourg, une maison de style régional, flanquée d'une petite cour où l'on dresse quelques tables aux beaux jours. Les gourmands s'y régalent d'une cuisine soignée à base d'excellents produits. Le tout accompagné de vins du pays. Quelques chambres spacieuses et plutôt coquettes.

EYMOUTIERS

87120 (Haute-Vienne) – 2 041 hab. – Voir carte n°**25**-C2
Paris 434 km – Guéret 63 km – Limoges 45 km – Tulle 71 km
Carte Michelin 325-H6 – Guide Vert Michelin Limousin Berry

X **La Cave**

2 r. Karl-Marx – ✆ 05 55 69 45 34 – Fermé janv.
Menu 28 € – Carte 27/33 €
Le patron, autodidacte, est animé d'une véritable passion pour la cuisine et le vin ! On approuve son idée d'un restaurant mi-brasserie (salades, tapas, planches de charcuterie et viandes grillées), mi-gastro, où tout est fait maison.

EYRAGUES – 13 Bouches-du-Rhône ➜ voir St-Rémy-de-Provence

LES EYZIES-DE-TAYAC

✉ 24620 (Dordogne) – 832 hab. – **Voir carte n°4-C3**

▶ Paris 536 km – Brive-la-Gaillarde 62 km – Fumel 62 km – Périgueux 47 km

Carte Michelin 329-H6 – Guide Vert Michelin Périgord Quercy

Les Glycines

ch, ch,

4 av. de Laugerie, rte de Périgueux – ✆ 05 53 06 97 07 – www.les-glycines-dordogne.com – Fermé 17 nov.-26 déc. et 16-24 fév.

26 ch – 100/265 € 100/265 € – 17 € – ½ P

Rest *1862* – voir les restaurants ci-après

Rest *Les Glycines Côté Bistro* – Formule 17 € – Carte 25/55 € *(fermé dim. et lundi de nov. à avril et le soir)*

Cet ancien relais de poste au bord de la Vézère embaume la nature, avec son parc, sa tonnelle de glycine et son potager. Les chambres, refaites en 2012, sont très confortables et charmantes ; préférez les plus spacieuses.

Hostellerie du Passeur

pl. de la Mairie – ✆ 05 53 06 97 13 – www.hostellerie-du-passeur.com – Ouvert de Pâques à la Toussaint

19 ch – 92/120 € 92/120 € – 13 € – ½ P

Rest – Formule 12 € – Menu 27/46 € *(fermé mardi midi, jeudi midi et sam. midi sauf juil.-août)*

Sur la place de la mairie, cette imposante demeure périgourdine a tout pour elle : chambres coquettes (certaines de style contemporain et très colorées), restauration traditionnelle et même une boutique de produits du terroir et d'arts de la table.

Moulin de la Beune

2 r. du Moulin Bas – ✆ 05 53 06 94 33 – www.moulindelabeune.com – Ouvert 15 avril-20 oct.

20 ch – 56/65 € 65/73 € – 8 € – ½ P

Rest *Au Vieux Moulin* – voir les restaurants ci-après

Au milieu du luxuriant jardin coule une rivière, la Beune. Puis il y a ces deux anciens moulins, cultivant avec bonheur leur ravissant charme champêtre et leur bel esprit maison de famille... Un lieu délicat, plaisant et reposant.

Le Cro Magnon

54 av. de la Préhistoire – ✆ 05 53 06 97 06 – www.hotel-cromagnon.com – Ouvert 15 mars-1er nov.

15 ch – 80/88 € 84/97 € – 11 € – ½ P

Rest – Formule 21 € – Menu 28/42 € *(fermé le midi sauf juil.-août)*

Cette demeure adossée aux rochers n'a rien de préhistorique, avec ses chambres spacieuses, son joli salon avec cheminée et sa piscine. Repas traditionnels servis dans la véranda ou en terrasse.

1862 – Hôtel Les Glycines

4 av. de Laugerie, rte de Périgueux – ✆ 05 53 06 97 07 – www.les-glycines-dordogne.com – Fermé 17 nov.-26 déc., 16-24 fév., dim. soir et lundi de nov. à avril et le midi

Menu 58/105 € – Carte 70/91 €

Pour trouver ce restaurant, suivez l'odeur de la glycine ! Dans cette bâtisse de 1862, la cuisine est colorée, originale, alléchante... Les produits sont de qualité (tels les légumes du potager) et les vins bien choisis. L'été, profitez de la terrasse face au parc. Et pour le déjeuner, direction le Côté Bistro.

Au Vieux Moulin – Hôtel Moulin de la Beune

2 r. du Moulin-Bas – ✆ 05 53 06 94 33 – www.moulindelabeune.com – Ouvert 15 avril-20 oct. et fermé mardi midi, merc. midi et sam. midi

Menu 19/48 € – Carte 46/79 €

Une roue à aubes, le doux bruissement de l'eau et un décor rustique à souhait... Ce moulin est charmant et l'on y savoure une cuisine du terroir goûteuse et bien tournée. Aux beaux jours, on dresse les tables au bord de la rivière pour un repas des plus bucoliques. La carte des vins fait la part belle aux bordeaux.

à l'Est 7 km par rte de Sarlat – ✉ 24620 Les Eyzies-de-Tayac

XX **La Métairie**

Lieu-dit Beyssac, sur D 47 – ✆ 05 53 29 65 32 – www.restaurant-la-metairie.com – Fermé 12 nov.-1er mars, mardi midi, dim. soir et lundi sauf juil.-août
Menu 16 € (déj. en semaine), 22/60 € – Carte 25/58 €
Au pied de la falaise, l'ancienne ferme du château de Beyssac, entourée d'un parc. Pour preuve, les mangeoires, soigneusement préservées, qui participent à l'atmosphère rustique du lieu. On y savoure une appétissante cuisine traditionnelle avec de beaux produits du terroir. L'été, on s'installe sur la terrasse.

ÈZE

✉ 06360 (Alpes-Maritimes) – 2 686 hab. – **Voir carte n°42**-E2
Paris 938 km – Cap d'Ail 6 km – Menton 17 km – Monaco 8 km
Carte Michelin 341-F5 – Guide Vert Michelin Côte d'Azur

Château de la Chèvre d'Or ch, rest,

r. du Barri, (accès piétonnier) – ✆ 04 92 10 66 66 – www.chevredor.com – Ouvert mi-mars à mi-déc.
30 ch – †300/810 € ††300/810 € – 7 suites – ☕ 45 €
Rest *La Chèvre d'Or* ✿✿
Rest *Les Remparts* – voir les restaurants ci-après
Rest *L'Eden* – Carte 100/150 € *(Ouvert mai à oct. et fermé lundi en mai et oct. et le midi)*
Exceptionnel, divin, enchanteur... Un îlot céleste, agrippé aux rochers en surplomb de la Méditerranée. La plupart des chambres, disséminées dans le village, jouissent d'une vue splendide, tout comme les restaurants. Un petit paradis sur terre... au-dessus de la mer !

Château Eza

r. Pise, (accès piétonnier) – ✆ 04 93 41 12 24 – www.chateaueza.com – Fermé 1er nov.-20 déc.
10 ch – †180/950 € ††180/950 € – 2 suites – ☕ 25 €
Rest *Château Eza* ✿ – voir les restaurants ci-après
Dans cette demeure du 14e s. perchée entre ciel et mer, la vue sur la côte est littéralement... époustouflante ! Quant à la décoration des chambres, elle mêle charme des pierres anciennes et raffinement contemporain : c'est élégant et subtil. Et l'on vit le mythe de la Riviera...

XXX **La Chèvre d'Or** – Hôtel Château de la Chèvre d'Or

✿✿ *r. du Barri, (accès piétonnier) – ✆ 04 92 10 66 66 – www.chevredor.com – Ouvert mi-mars à mi-déc. et fermé lundi midi, mardi midi et merc. midi en juil.-août et lundi en mars, nov. et déc.*
Menu 80 € (déj. en semaine)/230 € – Carte 200/250 € *(réservation conseillée)*
Perchée sur ce nid d'aigle qu'est Èze, la table gastronomique du célèbre Château de la Chèvre d'Or jouit d'une situation paradisiaque, face à l'azur de la mer et du ciel... La cuisine est au diapason : d'inspiration méditerranéenne, fine et variée, elle se fonde sur de superbes produits gorgés de fraîcheur. ➜ Ceviche de pélamide et rascasse, tarama, kiwi et noisettes du Piémont. Agneau de lait de l'Adret, la selle farcie de rognon, la côte cuite rosée et petits farcis niçois. Baba aux truffes noires.

XXX **Château Eza** – Hôtel Château Eza

✿ *r. Pise, (accès piétonnier) – ✆ 04 93 41 12 24 – www.chateaueza.com – Fermé 1er nov.-20 déc., lundi et mardi de janv. à mars*
Menu 50 € (déj.), 65/120 € – Carte 75/120 €
Évidemment, il y a le panorama éblouissant, ces variations du paysage en contrebas, le massif qui plonge ses forêts de pins dans la Méditerranée. Mais il y a surtout la cuisine du chef : des produits de qualité, des saveurs qui ne tombent jamais au hasard, des cuissons précises... Le plaisir est complet !
➜ Marbré de foie gras, aubergine compotée, marmelade de betterave, figues et pain d'épice. Carré d'agneau de l'Adret mariné et rôti, concassé d'aubergine et craquants de sauge. Trois sphères chocolatées et grand cru en crème glacée.

Les Remparts – Hôtel Château de la Chèvre d'Or

r. du Barri, (accès piétonnier) – ✆ 04 92 10 66 66 – www.chevredor.com – Ouvert 1er avril-1er nov. et fermé le soir

Carte 100/150 €

Une cuisine méridionale chic, servie le midi en saison sur une terrasse sublime, posée en bordure de falaise et offrant une vue magique sur la Grande Bleue, St-Jean-Cap-Ferrat, la baie des Anges... Pour un déjeuner d'exception !

Troubadour

r. du Brec, (accès piétonnier) – ✆ 04 93 41 19 03 – Fermé 3-10 mars, 1er-7 juil., 22 nov.-22 déc., dim. et lundi

Menu 40 € – Carte 50/67 € *(réservation conseillée)*

Dans une demeure ancienne, ce restaurant cultive son charme rustique. Le chef réalise une belle cuisine classique aux accents de Provence : une bonne table au cœur du vieux village !

au Col d'Èze 3 km au Nord-Ouest – ✉ 06360 Eze

Hermitage

1951 av. des Diables-Bleus, par la D 2564 (Grande Corniche) direction Nice – ✆ 04 93 41 00 68 – www.ezehermitage.com

16 ch – †80/135 € ††80/135 € – ☕ 13 € – ½ P

Rest *Hermitage* – voir les restaurants ci-après

À deux pas du parc de la Grande-Corniche, cette maison d'architecture traditionnelle est chaleureuse : les chambres sont petites mais propres, très bien insonorisées et non dénuées de charme... La propriétaire aime chiner et s'est chargée de la déco !

La Bastide aux Camélias sans rest

23c rte de l'Adret – ✆ 04 93 41 13 68 – www.bastideauxcamelias.com – Ouvert de début mars à mi-nov.

5 ch ☕ – †130/260 € ††130/260 €

Une belle bastide provençale noyée dans une végétation méditerranéenne luxuriante... Les chambres sont élégantes et décorées avec soin, et l'on profite à loisir de la piscine, du hammam, du sauna, du jacuzzi, etc. Une maison d'hôtes très agréable !

Hermitage – Hôtel Hermitage

1951 av. des Diables-Bleus, par la D 2564 (Grande Corniche) direction Nice – ✆ 04 93 41 00 68 – www.ezehermitage.com

Formule 18 € – Menu 35 € – Carte 40/60 €

Dans ce sympathique hermitage méridional, le chef concocte une alléchante cuisine gorgée de soleil et de fraîcheur... La salle est ravissante avec ses murs en pierre et ses meubles patinés ; l'été, on profite du joli jardin.

ÈZE-BORD-DE-MER

✉ 06360 (Alpes-Maritimes) – **Voir carte n°42-E2**

Paris 959 km – Menton 22 km – Monaco 8 km – Nice 14 km

Carte Michelin 341-F5 – Guide Vert Michelin Côte d'Azur

Cap Estel

1312 av. Raymond-Poincaré – ✆ 04 93 76 29 29 – www.capestel.com – Fermé 2 janv.-1er mars et 24 juil.-25 août

19 suites – ††1810/7600 € – 9 ch – ☕ 37 €

Rest *La Table de Patrick Raingeard* ✿ – voir les restaurants ci-après

Sur une presqu'île privée, cette villa enchanteresse, construite par un prince russe à la fin du 19e s, cultive l'art du luxe discret. Ses salons magnifiques, ses chambres et suites somptueuses, son spa, son parc et sa piscine à débordement au-dessus de la mer... tout invite à un séjour de rêve, à l'abri des regards.

XXX **La Table de Patrick Raingeard** – Hôtel Cap Estel

1312 av. Raymond-Poincaré – ✆ 04 93 76 29 29 – www.capestel.com – Fermé 2 janv.-3 mars et 24 juil.-25 août

Formule 42 € – Menu 110/150 € – Carte 90/135 € *(fermé dim. soir, mardi midi et lundi du 6 oct. au 4 mars et le midi du 2 juin au 13 sept.)*

Dans le cadre luxueux de l'hôtel Cap Estel, cerné par la mer, Patrick Raingeard rend un bel hommage à la Méditerranée et ses rives : la qualité des produits, l'exécution soignée, la pointe d'inventivité qui rehausse l'ensemble, tout invite à un repas privilégié...

➜ Calisson de foie gras de canard aux figues, madeleine de chorizo. Brandade de pintade fermière aux truffes. Autour du citron d'ici ou d'ailleurs.

FALAISE

✉ 14700 (Calvados) – 8 279 hab. – **Voir carte n°32-B2**

Paris 264 km – Argentan 23 km – Caen 36 km – Flers 37 km

Carte Michelin 303-K6 – Guide Vert Michelin Normandie Cotentin

XX **L'Attache**

rte de Caen, 1,5 km au Nord par N158 – ✆ 02 31 90 05 38 – Fermé 8-30 sept., mardi et merc. sauf fériés

Menu 20/62 € – Carte 40/70 € *(réservation conseillée)*

À la sortie de la ville, sur la route de Caen, on découvre cette maison bien avenante. Le chef, passionné de plantes et de légumes oubliés (panais, blettes, cerfeuil tubéreux...), a même publié des livres sur le sujet. Son credo : tradition, fraîcheur et simplicité ! De quoi s'attacher très vite à cette adresse.

XX **La Fine Fourchette**

52 r. Georges-Clemenceau – ✆ 02 31 90 08 59 – www.fine-fourchette.fr – Fermé 3-16 mars

Formule 15 € – Menu 19/57 € – Carte 37/79 €

On dit que les homards redoutent de croiser la route de Freddy Costil, le jeune chef de la Fine Fourchette. Mais ils ne sont pas les seuls à se faire du souci : pieds de cochon et tête de veau sont aussi de la partie... Des plats généreux, savoureux et inventifs, pour une adresse qui s'est offert une nouvelle jeunesse.

à St-Pierre-Canivet 4 km au Nord par N 158 et D 6 – ✉ 14700 – 377 hab.

Domaine de la Tour sans rest

– ✆ 02 31 20 53 07 – www.domainedelatour.fr

5 ch ☕ – 🚹65/74 € 🚹🚹70/79 €

Très nature, ces chambres dans le pavillon de chasse et les écuries du Château de la Tour. Tout est prévu pour un séjour au calme et en famille ; les chambres sont aménagées avec goût mais sans luxe ostentatoire. Et il y a même des jeux pour enfants, un espace fitness, un joli parc... Que demander de plus ?

LE FALGOUX

✉ 15380 (Cantal) – 144 hab. – **Voir carte n°5-B3**

Paris 533 km – Aurillac 57 km – Mauriac 29 km – Murat 34 km

Carte Michelin 330-D4

Hôtel des Voyageurs rest,

– ✆ 04 71 69 51 59 – www.cantal-hotels.com – Fermé 11 nov.-1er fév. et merc. hors saison

14 ch – 🚹48 € 🚹🚹48 € – ☕ 8 € – ½ P **Rest** – Menu 19/29 € – Carte 20/36 €

Une auberge typique avec son restaurant traditionnel, sur la place du village, juste en face de l'église. Les chambres, claires et fonctionnelles, offrent une vue magnifique sur les hauteurs du Puy Mary. Un concentré d'Auvergne !

FALICON

✉ 06950 (Alpes-Maritimes) – 1 913 hab. – **Voir carte n°42-E2**

Paris 935 km – Cannes 42 km – Nice 12 km – Sospel 41 km

Carte Michelin 341-E5 – Guide Vert Michelin Côte d'Azur

Parcours Live

1 pl. Marcel Eusebi, (près de la mairie) – 04 93 84 94 57 – www.restaurant-parcours.com – Fermé lundi et mardi

Menu 43/76 € – Carte environ 57 €

Du restaurant, bien situé au cœur du village perché de Falicon, le regard parcourt les vallons environnants, Nice et même la Méditerranée... Mais le spectacle est aussi en cuisine, dont l'activité est retransmise "en live" par un écran. Voilà qui exprime l'esprit de la carte : créative et fondée sur les produits locaux.

FARROU – 12 Aveyron ➜ voir Villefranche-de-Rouergue

LA FAUCILLE (COL DE) – 01 Ain ➜ voir Col de la Faucille

LE FAUGA

31410 (Haute-Garonne) – **Voir carte n°28-B2**

Paris 706 km – La Massana 165 km – Toulouse 33 km

Carte Michelin 343-F4

Le Château de la Mandre

4 r. Cazaleres – 05 61 56 74 94 – www.lechateaudelamandre.com – Fermé 1er-21 août, 1er-7 janv., dim. soir, mardi soir et lundi

Menu 19 € (déj. en semaine)/35 € – Carte 35/41 €

Dans cette imposante bâtisse bourgeoise, le chef – qui a notamment travaillé au Maupertu à Paris – concocte de belles recettes traditionnelles. Le résultat est à la fois savoureux et coloré, à l'image de ces Saint-Jacques accompagnées d'un millefeuille à la mangue... Une bonne adresse !

FAULQUEMONT

57380 (Moselle) – 5 549 hab. – **Voir carte n°27-C1**

Paris 367 km – Metz 38 km – Château-Salins 29 km – Pont-à-Mousson 46 km

Carte Michelin 307-K4

au Nord 3 km par rte de St-Avold et golf – 57380 Faulquemont

Hostellerie du Chambellan

ch, ch,

av. Jean-Monnet, (au golf de Faulquemont) – 03 87 00 10 80 – www.lechambellan.com – Fermé 10-25 août,24 déc.-2 janv.

44 ch – 99/125 € 104/130 € – 11 €

Rest *Toya* – voir les restaurants ci-après

Rest *La Mezzanine* 03 87 91 51 08 – – Carte 25/46 € *(fermé 2 semaines en août, 24 déc.-2 janv., 1 semaine en fév., sam. midi, dim. soir et lundi)*

Juste à côté du golf de Faulquemont, ce bâtiment récent propose des chambres à la fois sobres, contemporaines et confortables, dont certaines ont vue sur les greens. Deux options pour se restaurer : fine gastronomie au Toya, ou cuisine de brasserie et pizzas à la Mezzanine.

Toya (Loïc Villemin) – Hostellerie du Chambellan

av. Jean-Monnet, (au golf de Faulquemont) – 03 87 89 34 22 – www.lechambellan.com – Fermé 2 semaines en août, 24 déc.-2 janv., 1 semaine en fév., dim. soir, lundi et mardi

Menu 55/125 €

Toya ? Un célèbre lac volcanique au nord du Japon et... cette table tendance zen (grande ouverte sur la verdure) pour une éruption de saveurs ! Beaux produits, technique soignée, inspiration maîtrisée, etc. Le jeune chef, Loïc Villemin, sait associer savoir-faire, sagesse et finesse.

➜ Foie gras de canard et pomme verte. Pintade rôtie, cannelloni de champignons, mousse de pomme de terre. Raviole de pêche et fraise des bois, émulsion champagne.

FAVERGES

74210 (Haute-Savoie) – 6 833 hab. – **Voir carte n°45-C1**

Paris 562 km – Albertville 20 km – Annecy 27 km – Megève 35 km

Carte Michelin 328-K6 – Guide Vert Michelin Alpes du Nord

Florimont
1006 r. du Champ-Canon, (rte d'Albertville) – ✆ 04 50 44 50 05 – www.hotelflorimont.com – Fermé 6 déc.-10 janv.
27 ch – †76/90 € ††84/120 € – ☕ 12 € – ½ P
Rest ***Florimont*** – voir les restaurants ci-après
Le Florimont ? Un mot-valise composé de "fleur" et "mont" pour une enseigne qui dit vrai. Vue sur le mont Blanc, situation privilégiée près d'un golf et, pour ne rien gâcher, des chambres parfaitement tenues, un copieux petit-déjeuner où l'on savoure les délicieuses confitures maison, et un restaurant bien gourmand !

Hôtel de Genève sans rest
34 r. de la République – ✆ 04 50 32 46 90 – www.hotellegeneve.com – Fermé 20 déc.-5 janv.
30 ch – †54/73 € ††63/90 € – ☕ 10 €
Un hôtel central reconnaissable entre mille avec sa jolie façade décorée de fleurs peintes. Des chambres pratiques (bien insonorisées côté rue) et très bien tenues ; une formule "soirée étape" intéressante... un bon point de chute !

XX **Florimont** – Hôtel Florimont
1006 r. du Champ-Canon, (rte d'Albertville) – ✆ 04 50 44 50 05 – www.hotelflorimont.com – Fermé 6 déc.-10 janv., dim. soir, lundi midi et sam.
Menu 20 € (déj. en semaine), 31/47 € – Carte 57/76 €
De beaux produits, des cuissons et des techniques maîtrisées, de la recherche et du caractère : la cuisine du chef est gourmande et pleine de saveurs ; à l'image de ce filet de lieu jaune accompagné d'asperges et d'une mousse d'artichaut. Quant au cadre, d'esprit montagnard, il ne manque pas de chaleur.

au Tertenoz 4 km au Sud-Est par D 12 et rte secondaire – ✉ 74210

XX **Au Gay Séjour** avec ch
58 rte de Tertenoz – ✆ 04 50 44 52 52 – www.hotel-gay-sejour.com – Fermé dim. soir et lundi
11 ch – †81/91 € ††91/108 € – ☕ 15 € – ½ P
Formule 34 € – Menu 40/84 € – Carte 45/63 €
Cette ferme-auberge du 17e s. a fière allure : belle vue sur la vallée, décor contemporain haut en couleurs... pour une cuisine traditionnelle fort alléchante ! Pour dépanner, des chambres simples.

FAVERNEY

✉ 70160 (Haute-Saône) – 981 hab. – Voir carte n°**16**-B1
Paris 364 km – Besançon 70 km – Lure 48 km – Vesoul 21 km
Carte Michelin 314-E6 – Guide Vert Michelin Franche-Comté Jura

à Breurey-lès-Faverney 3 km au Sud-Est par D 434 et D 6 – ✉ 70160 – 571 hab.

Château de la Presle rest,
3 r. Louis-Pergaud – ✆ 03 84 91 41 70 – www.chateaudelapresle.com
5 ch ☕ – †100/110 € ††115/125 € **Table d'hôte** – Menu 45 €
Vous rêvez d'un week-end de charme à la campagne ? Ce château du 19es., dans un parc de 6 ha, devrait vous plaire ! Les chambres sont ravissantes (toile de Jouy, style gustavien, etc.), sans parler du salon avec piano, du billard sous les combles et de l'espace bien-être. Cuisine bourgeoise servie dans une salle élégante.

FAVIÈRES

✉ 80120 (Somme) – 457 hab. – Voir carte n°**36**-A1
Paris 212 km – Abbeville 22 km – Amiens 77 km – Berck-Plage 27 km
Carte Michelin 301-C6

Les Saules ch,
1075 r. des Forges – ✆ 03 22 27 04 20 – www.hotel-baie-somme.com
21 ch – †102/112 € ††122/143 € – ☕ 12 € – ½ P
Rest – Formule 15 € – Menu 24/34 € – Carte 24/39 € *(fermé dim. soir de nov. à mars)*
Tranquillité assurée dans cette maison proche du parc ornithologique du Marquenterre. Chambres fonctionnelles avec vue sur le jardin ou la campagne environnante. Dîner servi aux résidents.

La Clé des Champs

pl. des Frères-Caudron – ✆ 03 22 27 88 00 – www.restaurant-lacledeschamps.fr – Fermé 1 semaine en août, 2 semaines en janv., lundi et mardi sauf fériés
Menu 16 € (semaine), 22/37 €
Cette ancienne ferme picarde est désormais une bonne adresse gourmande. Près de la cheminée, on se régale de jolis plats du marché : sole, asperges, escalope de foie gras...

FAVONE – 2A Corse-du-Sud ➜ voir Corse

FAYENCE

✉ 83440 (Var) – 5 109 hab. – Voir carte n°**41**-C3
Paris 884 km – Castellane 55 km – Draguignan 30 km – Fréjus 36 km
Carte Michelin 340-P4 – Guide Vert Michelin Côte d'Azur

La Bégude du Pascouren sans rest

74 chemin de la Bane, 7,5 km au Sud par D 562 (rte de Draguignan) – ✆ 04 94 68 63 03 – www.chambres-hotes-labegudedupascouren.fr – Fermé 15 fév.-15 mars
5 ch – 129/179 € 132/182 €
Une partie de pétanque, quelques brasses dans la piscine chauffée, un tour en vélo (gracieusement prêté) puis une sieste dans sa chambre ou au jardin... Cette villa offre tous les plaisirs de la Provence.

La Table d'Yves

1357 rte de Fréjus, 2 km par D 563 – ✆ 04 94 76 08 44 – www.latabledyves.com – Fermé jeudi sauf le soir en saison et merc.
Menu 30/56 € – Carte 41/66 €
Les vignes et le village de Fayence pour décor ! L'été, on s'installe sur la terrasse de cette jolie maison aux volets bleus en laissant le temps filer... Douce quiétude et agréables saveurs : Yves Merville concocte de bonnes recettes aux accents du terroir, avec de jolis produits du marché. On se régale !

La Farigoulette

1 pl. du Château – ✆ 04 94 84 10 49 – Fermé 1er-26 déc., 1er-12 fév., 22 fév.-5 mars, mardi sauf le soir en juil.-août et merc.
Formule 19 € – Menu 29/39 € – Carte 44/63 €
Des murs en pierre, des poutres… et une collection de cocottes anciennes (une passion du chef) : cette ancienne bergerie, postée sur les hauteurs du vieux village, cultive le sens de la tradition ! Au menu, de bonnes recettes du terroir cuisinées avec des produits frais.

Le Temps des Cerises

2 pl. République – ✆ 04 94 76 01 19 – www.restaurantletempsdescerises.fr – Fermé 12 nov.-21 déc., mardi et le midi du 15 juin au 1er sept. sauf dim.
Menu 32 € – Carte 40/50 €
Une terrasse sous la tonnelle, des cuisines ouvertes sur la salle et des tableaux peints par le père du chef : l'ambiance est chaleureuse et provençale, même si ce dernier est d'origine hollandaise ! Parfaitement acclimaté aux fourneaux, il y chante "le temps des cerises" sans nostalgie.

à l'Ouest par rte de Seillans (D 19) et rte secondaire – ✉ 83440 Fayence

Moulin de la Camandoule

chemin de Notre-Dame, à 2 km – ✆ 04 94 76 00 84 – www.camandoule.com
9 ch – 60/98 € 70/148 € – 1 suite – 14 € – ½ P
Rest *Moulin de la Camandoule* – voir les restaurants ci-après
Ce moulin à huile du 17e s., alimenté en eau par un aqueduc auquel on prête des origines romaines, se dresse dans un bel écrin de verdure. Mobilier ancien dans les chambres. L'âme des vieilles pierres... portée par une jeune équipe dynamique !

XX **Moulin de la Camandoule** – Hôtel Moulin de la Camandoule
chemin de Notre-Dame, à 2 km – ✆ 04 94 76 00 84 – www.camandoule.com – Fermé jeudi sauf le soir en juil.-août et merc. de sept. à juin
Formule 21 € – Menu 32/59 € – Carte 42/65 €
Beaucoup de cachet dans cet ancien moulin : rustique son mécanisme tout en rouages et poulies ; rustiques ses poutres, sa cheminée, ses vieux objets... La carte est exactement dans le ton : terroir et tradition provençale.

XX **Le Castellaras**
461 chemin Peymeyan, à 4 km – ✆ 04 94 76 13 80 – www.restaurant-castellaras.com – Fermé 5 janv.-24 mars, lundi et mardi
Menu 35 € (déj. en semaine), 47/69 € – Carte 55/82 €
On ne résiste pas au charme de cette maison de caractère posée dans son jardin arboré, à flanc de colline, avec le village pour toile de fond... Un cadre fort agréable pour un repas qui cultive les couleurs et la générosité de la Provence, à l'image de ce filet de turbot façon meunière et ses petits légumes d'automne.

LE FAYET – 74 Haute-Savoie ➔ voir St-Gervais-les-Bains

FÉCAMP

✉ 76400 (Seine-Maritime) – 19 207 hab. – **Voir carte n°33-C1**
Paris 201 km – Amiens 165 km – Caen 113 km – Dieppe 66 km
Carte Michelin 304-C3 – Guide Vert Michelin Normandie Vallée de la Seine

Le Grand Pavois sans rest
15 quai de la Vicomté – ✆ 02 35 10 01 01 – www.hotel-grand-pavois.com
35 ch – †101/199 € ††101/199 € – ☕ 16 € Plan : AYr
Sa façade moderne pavoise sur les quais : une situation idéale ! Les prestations sont de qualité : décor contemporain et boisé, confort (excellente literie, bonne insonorisation), accueil aimable... et le petit-déjeuner se prend face aux bateaux. L'un des meilleurs hôtels de la région.

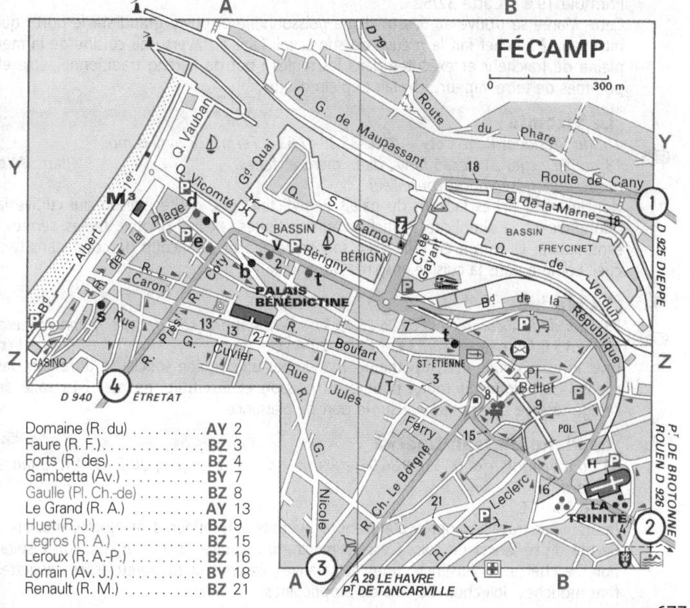

Domaine (R. du) .... AY 2
Faure (R. F.) .... BZ 3
Forts (R. des) .... BZ 4
Gambetta (Av.) .... BY 7
Gaulle (Pl. Ch.-de) .... BZ 8
Le Grand (R. A.) .... AY 13
Huet (R. J.) .... BZ 9
Legros (R. A.) .... BZ 15
Leroux (R. A.-P.) .... BZ 16
Lorrain (Av. J.) .... BY 18
Renault (R. M.) .... BZ 21

Hôtel d'Angleterre

91 r. de la Plage – ✆ 02 35 28 01 60 – www.hotelangleterre.com Plan : AY**s**

26 ch – 68/98 € 68/98 € – 2 suites – 8,50 €

Rest – Carte 16/34 € *(fermé 15-31 déc. et le midi)*

Un hôtel accueillant, non loin de la plage : les chambres, gaies et cosy, sont agréables après une journée de baignade. Au rez-de-chaussée, on trouve un pub très fréquenté et une crêperie non moins sympathique !

Vent d'Ouest sans rest

3 av. Gambetta – ✆ 02 35 28 04 04 – www.hotelventdouest.tm.fr – Fermé dim. soir sauf de juil. à sept. Plan : BY**t**

15 ch – 46/57 € 57/60 € – 7 €

Entre le port et le centre-ville, cet hôtel fonctionnel pratique des tarifs compétitifs : les chambres sont certes petites, mais bien tenues et décorées de jolies photos marines.

La Grande Maison (N)

ch,

112 r. de Mer – ✆ 02 35 28 52 44 – www.lagrandemaison-fecamp.fr Plan : AY**b**

3 ch – 150 € 150 € **Table d'hôte** – Menu 35 €

Cette demeure du 16e s. appartint il y a un siècle à un célèbre armateur qui y intégra des ornements de son yacht personnel et même des vitraux inspirés du palais Bénédictine. De là une ambiance rare, feutrée et distinguée, parfaitement mise en valeur par l'actuelle propriétaire. Charme et confort à deux pas du port !

Auberge de la Rouge avec ch

445 rte du Havre, 2 km par ③ – ✆ 02 35 28 07 59 – www.auberge-rouge.com

8 ch – 69 € 69 € – 8 € – ½ P

Formule 16 € – Menu 23/56 € – Carte 60/100 € *(fermé dim. soir et lundi)*

Trois possibilités pour s'attabler ici : une salle rustique avec une belle cheminée, une autre plus moderne, ou la terrasse face au jardin (sur lequel donnent les chambres). Le chef concocte une solide cuisine traditionnelle, d'un bon rapport qualité-prix : avis aux amateurs !

La Marée

77 quai Bérigny, (1er étage) – ✆ 02 35 29 39 15 – www.fecamp-restaurant-la-maree.com – Fermé janv., jeudi soir, dim. soir et lundi hors saison Plan : AY**v**

Formule 19 € – Carte 32/52 €

Cette Marée se trouve au-dessus d'une poissonnerie et ouvre grand sur le port : qui dit mieux ? Le chef fait la preuve de son savoir-faire à travers une cuisine de la mer pleine de fraîcheur et exécutée dans les règles : pot de hareng traditionnel, sole et pommes de terre vapeur... On fait le plein d'iode !

Le Vicomté

4 r. du Président-René-Coty – ✆ 02 35 28 47 63 – Fermé 28 avril-8 mai, 13 août-3 sept., 21 déc.-6 janv., dim., merc. et fériés Plan : AY**e**

Menu 20 € *(réservation conseillée)*

Non loin des riches façades du palais Bénédictine, une petite maison qui cultive la bonhomie et la simplicité : affiches humoristiques, vieilles photos, tables serrées... sans oublier le patron en salle avec son grand tablier. Beaucoup de cœur dans l'accueil comme dans la cuisine, inspirée du marché !

La Marine

23 quai de la Vicomté – ✆ 02 35 28 15 94 – Fermé mardi soir de sept. à juin et merc.

Menu 15 € (semaine), 20/33 € – Carte 28/44 € Plan : AY**d**

Une adresse simple et sympathique, menée par une équipe soucieuse du plaisir des clients. L'enseigne dit tout : priorité au poisson et aux fruits de mer ! La salle de l'étage réserve une petite vue sur le port de plaisance.

Le Piano de Jean-Noël (N)

63 quai Bérigny – ✆ 02 35 10 86 06 – Fermé 1 semaine en juin, 20 janv.-4 fév., lundi et mardi Plan : AY**t**

Carte 24/51 €

Après avoir travaillé auprès d'Alexandre Bourdas à Honfleur, Jean-Noël Ganachas a décidé de se lancer en solo. C'est au marché qu'il puise, chaque matin, son inspiration. Le chef a de l'instinct : fines et créatives, fraîches et savoureuses, ses assiettes font mouche... Joli choix de vins de propriétaires.

FEGERSHEIM – 67 Bas-Rhin ➜ voir Strasbourg

FEILLENS

✉ 01570 (Ain) – 3 115 hab. – **Voir carte n°44-B1**
Paris 398 km – Bourg-en-Bresse 36 km – Lyon 80 km – Mâcon 8 km
Carte Michelin 328-C2

La Feillentine

210 rte de l'Église – ✆ 03 85 30 03 53 – www.lafeillentine.fr – Fermé août, sam. midi, dim. soir, mardi soir, merc. soir et lundi
Formule 16 € – Menu 25/43 € – Carte 36/49 € dîner
Juste à côté de l'église du village, entrez donc dans la cour de cette bâtisse en pierres apparentes, installez-vous sur la terrasse ombragée et laissez-vous servir... Au menu : une cuisine traditionnelle et goûteuse, réalisée par un jeune chef qui a déjà acquis une belle expérience dans la région. Une bonne adresse !

LE FEL – 12 Aveyron ➜ voir Entraygues-sur-Truyères

FELDBACH

✉ 68640 (Haut-Rhin) – 458 hab. – **Voir carte n°1-A3**
Paris 461 km – Altkirch 14 km – Basel 34 km – Belfort 46 km
Carte Michelin 315-H11

Cheval Blanc

1 r. Bisel – ✆ 03 89 25 81 86 – Fermé 30 juin-15 juil., 17 fév.-4 mars, lundi et mardi
Menu 13 € (déj. en semaine), 21/44 € – Carte 25/51 €
Dans cette maison typique du Sundgau, la cuisine est une passion qui se transmet de génération en génération : père et fils œuvrent en effet de concert aux fourneaux, pour réaliser de belles recettes traditionnelles teintées de modernité. Très beau choix de vins. Vraiment, ce Cheval Blanc est une bonne monture !

FELICETO – 2B Haute-Corse ➜ voir Corse

FENOUILLET

✉ 31150 (Haute-Garonne) – 5 166 hab. – **Voir carte n°28-B2**
Paris 671 km – Albi 82 km – Montauban 49 km – Toulouse 13 km
Carte Michelin 343-G2

Le Virgil

40 r. Jean-Jaurès – ✆ 05 61 09 14 72 – www.levirgil.com – Fermé 5-20 août, sam. midi, dim. soir et lundi
Formule 17 € 🍷 – Menu 29 € – Carte environ 45 €
"Virgil", c'est la contraction de Virginie et Gilles, le charmant couple aux commandes. Dans un intérieur cosy et plein de charme, on se retrouve autour de plats du terroir simples et copieux : cassoulet toulousain, cabillaud aux haricots tarbais et petites seiches... Goûteux et gourmand !

FÈRE-EN-TARDENOIS

✉ 02130 (Aisne) – 3 270 hab. – **Voir carte n°37-C3**
Paris 111 km – Château-Thierry 23 km – Laon 55 km – Reims 50 km
Carte Michelin 306-D7

Château de Fère

rte de Fismes, 3 km au Nord par D 967 – ✆ 03 23 82 21 13 – www.chateaudefere.com – Fermé janv. et fév.
24 ch – †160/225 € ††160/225 € – 5 suites – ☕ 22 €
Rest *Château de Fère* – voir les restaurants ci-après
Non loin se dressent les vestiges du château d'Anne de Montmorency. En pleine forêt et au grand calme, cette belle demeure du 16e s. est chargée d'histoire, mais vit au présent : piscine, spa, chambres confortables...

XXX **Château de Fère**

rte de Fismes, 3 km au Nord par D 967 – ✆ 03 23 82 21 13 – www.chateaudefere.com – Fermé janv., fév. et lundi midi sauf fériés
Menu 38 € (déj. en semaine), 52/95 € – Carte 57/91 €
Fresque à la gloire de Jean de La Fontaine, cuisine classique et carte des vins mettant superbement à l'honneur la Champagne : aucun doute, la tradition a du bon !

FERNEY-VOLTAIRE

✉ 01210 (Ain) – 8 025 hab. – Voir carte n°**46**-F1
Paris 499 km – Bellegarde-sur-Valserine 37 km – Genève 10 km – Gex 10 km
Carte Michelin 328-J3 – Guide Vert Michelin Franche-Comté Jura

Novotel

rte de Meyrin, par D 35 – ✆ 04 50 40 85 23 – www.novotel.com
80 ch – 84/204 € 84/204 € – 16 €
Rest – Formule 18 € – Menu 23 € – Carte 25/45 €
À deux pas de la frontière Suisse et de l'aéroport, ce Novotel propose des chambres contemporaines et fonctionnelles... au calme. Ici, tout est à la fois prévu pour les affaires et la détente.

Hôtel de France

1 r. de Genève – ✆ 04 50 40 63 87 – www.hotelfranceferney.com – Fermé 1er-8 mai, 3-18 août et 21 déc.-6 janv.
14 ch – 79/105 € 99/120 € – 10 € – ½ P
Rest ***Restaurant de France*** – voir les restaurants ci-après
Cette maison du 18e s. a su conserver le charme de l'ancien (pierres et poutres, escalier d'époque). Les chambres sont confortables et coquettes avec leurs boutis et leurs meubles de famille ; quant aux salles de bains, elles sont flambant neuves. Copieux petit déjeuner sous forme de buffet.

XX **Restaurant de France** – Hôtel de France

1 r. de Genève – ✆ 04 50 40 63 87 – www.hotelfranceferney.com – Fermé 1er-8 mai, 3-18 août, 21 déc.-6 janv., sam. midi, dim. et lundi
Formule 25 € – Menu 30 € (déj. en semaine), 50/74 € – Carte 52/75 €
Il est des lieux où l'on se sent bien dès la porte franchie ; tel est le cas du restaurant de l'hôtel de France. Ici, le chef propose une cuisine plutôt actuelle, qui change au gré des saisons, et célèbre les produits des marchés du pays de Gex, du Léman et de Bresse. Aux beaux jours, on profite de la terrasse ombragée.

X **Le Chanteclair**

13 r. Versoix – ✆ 04 50 40 79 55 – Fermé 1 semaine en mai, 3 semaines en août, dim. et lundi
Menu 30 € (déj.), 38/62 € – Carte 48/65 €
Impossible de ne pas remarquer la façade bleu du Chanteclair ! Dans ce restaurant de poche, la déco est contemporaine... et la cuisine au diapason. Le chef s'inspire notamment de diverses influences : terroir, Asie, Méditerranée. Judicieuse carte des vins.

FERRALS-LES-CORBIÈRES

✉ 11200 (Aude) – 1 135 hab. – Voir carte n°**22**-B3
Paris 807 km – Albi 145 km – Montpellier 119 km – Perpignan 85 km
Carte Michelin 344-H4

XX **En Catimini** N

16 pl. de la République – ✆ 04 68 41 62 53 – www.en-catimini.fr – Ouvert 19 avril-31 déc. et fermé dim. soir de sept. à déc., lundi sauf le soir de mi jun à début sept. et sam. midi
Menu 29/60 € – Carte 38/74 €
L'archétype de l'hôtel particulier (1884) avec son grand escalier, ses moulures, ses boiseries et même un patio. C'est ici qu'une mère et sa fille – anciennes autodidactes – concoctent de jolies recettes : sushis revisités, lotte grillée au jambon cru et muscat, faisselle à la menthe et au gingembre... De belles saveurs !

FERRETTE

✉ 68480 (Haut-Rhin) – 846 hab. – **Voir carte n°1-A3**
Paris 467 km – Altkirch 20 km – Basel 28 km – Belfort 52 km
Carte Michelin 315-H12

à Lutter 8 km au Sud-Est par D 23 – ✉ 68480 – 296 hab.

L'Auberge Paysanne avec ch

1 r. de Wolschwiller – ✆ 03 89 40 71 67 – www.auberge-hostellerie-paysanne.com – Fermé 30 juin-14 juil., 23 déc.-14 janv., mardi midi et lundi
7 ch – 56/66 € 56/66 € – 10 € – ½ P
Formule 12 € – Menu 14 € (déj. en semaine), 26/47 € – Carte 28/48 €
Non loin de la frontière suisse, une maison pleine d'âme (vieilles photos, poêle en faïence, etc.) et tenue en famille. Le chef, d'origine méditerranéenne, concocte une cuisine traditionnelle aux légères fragrances du Sud. Pour faire étape, les chambres sont modestes, mais parfaitement tenues.

Hostellerie Paysanne

– ✆ 03 89 40 71 67 – Fermé 30 juin-14 juil., 23 déc.-14 janv.
9 ch – 66/76 € 66/76 € – 10 €
Cette ferme alsacienne (1618), démontée puis reconstruite dans le village, n'est autre que l'annexe de l'Auberge Paysanne. Les chambres, décorées dans un esprit campagne, sont simples et agréables.

LA FERRIÈRE-AUX-ÉTANGS – 61 Orne

➜ voir Flers

FERRIÈRES-EN-GÂTINAIS

✉ 45210 (Loiret) – 3 395 hab. – **Voir carte n°12-D2**
Paris 99 km – Auxerre 81 km – Fontainebleau 40 km – Montargis 12 km
Carte Michelin 318-N3 – Guide Vert Michelin Bourgogne

L'Abbaye

Carrefour des Trois Platanes – ✆ 02 38 96 53 12 – www.hotel-abbaye.fr
30 ch – 79 € 79 € – 10 €
Rest *L'Abbaye* – voir les restaurants ci-après
Cet hôtel, entièrement rénové, doit son nom à l'abbaye bénédictine de St-Pierre-et-St-Paul. Idéal pour une étape ou un court séjour dans la région.

L'Abbaye

Carrefour des Trois Platanes – ✆ 02 38 96 53 12 – www.hotel-abbaye.fr
Formule 15 € – Menu 25 € (semaine), 35/60 € – Carte 30/65 €
Cuisse de canard confite et ses pommes de terre en persillade, filet de bœuf au roquefort, cassolette d'escargots... Une cuisine traditionnelle dans un restaurant classique, avec une terrasse très prisée dès les premiers beaux jours.

FERRIÈRES-LES-VERRERIES

✉ 34190 (Hérault) – 63 hab. – **Voir carte n°23-C2**
Paris 747 km – Alès 47 km – Florac 86 km – Montpellier 41 km
Carte Michelin 339-H5

La Cour-Mas de Baumes avec ch

4 km à l'Est par D 107[E4] – ✆ 04 66 80 88 80 – www.masdebaumes.com – Fermé 2 semaines en janv., du mardi au vend. midi d'oct. à mars, dim. soir et lundi sauf juil.-août
11 ch – 71/89 € 79/99 € – 11 €
Formule 18 € – Menu 39/69 € – Carte 40/70 € *(réservation conseillée)*
Le ciel et la garrigue pour horizon... Renouez avec les éléments dans ce mas du 15e s. isolé sur un causse. Dans le décor élégant du restaurant, on déguste une cuisine très soignée, toute de saison et de fraîcheur. Les chambres sont propices à une escapade romantique...

LA FERTÉ-BEAUHARNAIS

✉ 41210 (Loir-et-Cher) – 536 hab. – **Voir carte n°12-C2**
Paris 183 km – Blois 46 km – Orléans 45 km – Vierzon 56 km
Carte Michelin 318-I6 – Guide Vert Michelin Châteaux de la Loire

Château de la Ferté Beauharnais sans rest

172 r. du Prince-Eugène – ✆ 02 54 83 72 18

3 ch – 145 € 145 €

Ce château fut la résidence de la famille de Beauharnais, et notamment de Joséphine, première épouse de Napoléon. On s'y repose dans des chambres de style (parquet, moulures, cheminée). Grand parc où il fait bon se promener.

LA FERTÉ-BERNARD

72400 (Sarthe) – 9 235 hab. – **Voir carte n°35-D1**

Paris 164 km – Alençon 56 km – Chartres 79 km – Châteaudun 65 km

Carte Michelin 310-M5 – Guide Vert Michelin Pays de la Loire

Restaurant du Dauphin

3 r. d'Huisne, (accès piétonnier) – ✆ 02 43 93 00 39 – www.restaurant-du-dauphin.com – Fermé 2 semaines en août, jeudi soir, dim. soir et lundi

Menu 19 € (semaine), 30/50 € – Carte 43/58 €

Une jolie maison du 16e s. au pied de la porte St-Julien, qui assume l'héritage de cette époque (pierres, cheminée), en le mariant harmonieusement à des teintes chaudes et ensoleillées. La cuisine est dans l'air du temps, avec des notes inventives et exotiques, comme dans cette quenelle de poisson au combava.

LA FERTÉ-ST-AUBIN

45240 (Loiret) – 7 127 hab. – **Voir carte n°12-C2**

Paris 153 km – Blois 62 km – Orléans 23 km – Romorantin-Lanthenay 45 km

Carte Michelin 318-I5 – Guide Vert Michelin Châteaux de la Loire

L'Orée des Chênes 

3,5 km au Nord-Est par rte de Marcilly – ✆ 02 38 64 84 00 – www.loreedeschenes.com

26 ch – 90/160 € 90/160 € – 15 € – ½ P

Rest ***L'Orée des Chênes*** – voir les restaurants ci-après

Un agréable parc, un étang, une piscine et... ces jolies maisons solognotes, avec des chambres accueillantes, feutrées, chics et bucoliques. Quiétude, verdure et confort !

L'Orée des Chênes

3,5 km au Nord-Est par rte de Marcilly – ✆ 02 38 64 84 00 – www.loreedeschenes.com

Formule 28 € – Menu 41 € (semaine), 53/53 € – Carte 54/67 €

Cachet et caractère pour cette table qui cultive avec élégance son atmosphère champêtre. Le chef concocte une cuisine de saison très joliment présentée. L'hiver, on savoure le repas en regardant crépiter le feu dans la belle cheminée.

à Ménestreau-en-Villette 7 km à l'Est par D 17 – 45240 – 1 467 hab.

La Ferme des Foucault sans rest

Les Foucault, au Nord par D 64 et rte secondaire – ✆ 02 38 76 94 41 – www.ferme-des-foucault.com – Fermé de début janv. au 1er mars

3 ch – 85/90 € 90/95 €

Ancienne ferme à colombages nichée au cœur de la forêt. Ses chambres, coquettes et très spacieuses, sont meublées dans un style rustique ; l'une d'elles dispose d'une terrasse.

Le Relais de Sologne 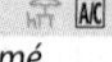

63 pl. du 8-Mai-1945 – ✆ 02 38 76 97 40 – www.lerelaisdesologne.com – Fermé 1 semaine en août, 1 semaine vacances de Noël, vacances de fév., dim. soir, lundi soir, mardi soir et merc.

Menu 27/45 € – Carte 55/65 €

Voilà une auberge où les petits producteurs occupent le devant de la scène ! Le chef y tient tout particulièrement, lui qui signe une cuisine dans l'air du temps, avec du gibier en saison – Sologne oblige –, et agrémentée de notes exotiques... Inspirations rapportées de ses voyages.

LA FERTÉ-ST-CYR

✉ 41220 (Loir-et-Cher) – 1 019 hab. – **Voir carte n°12-C2**
Paris 170 km – Blois 32 km – Orléans 37 km – Romorantin-Lanthenay 35 km
Carte Michelin 318-H6

Saint-Cyr sans rest
15 r. de Bretagne – ☎ 02 54 87 90 51 – www.hotel-st-cyr.com – Fermé 20 déc.-4 janv. et 31 janv.-15 mars
20 ch – 61/69 € 65/77 € – 11 €
Voilà un sympathique petit hôtel familial ! Les chambres y sont confortables et chaleureuses. Aux beaux jours, on se détend sur la jolie terrasse. Boutique de produits du terroir et location de vélos.

LA FERTÉ-SOUS-JOUARRE

✉ 77260 (Seine-et-Marne) – 9 061 hab. – **Voir carte n°19-D1**
Paris 67 km – Melun 70 km – Reims 83 km – Troyes 116 km
Carte Michelin 312-H2

Château des Bondons
47 r. des Bondons, 2 km à l'Est par D 70, rte de Montménard – ☎ 01 60 22 00 98 – www.chateaudesbondons.com
11 ch – 130/300 € 130/300 € – 3 suites – 15 € – ½ P
Rest *Le Castel* – voir les restaurants ci-après
Dans son parc planté d'arbres vénérables, ce château du 18e s. dégage un charme bourgeois : meubles de style, chambres avec ciel de lit, cheminée... Pour découvrir la région ou, à une vingtaine de minutes de route, Disneyland Paris !

Auberge de Condé
1 av. de Montmirail – ☎ 01 60 24 50 05 – www.auberge-de-conde.com
14 ch – 115 € 125 € – 15 € – ½ P
Rest *Auberge de Condé* – voir les restaurants ci-après
Rest *Le Bistrot des Peintres* – Formule 17 € – Menu 23 € *(fermé dim. midi, vend. soir et sam.)*
À deux pas de Paris et le charme de la campagne... Dans cet hôtel, les citadins en peine – et les autres – viennent se ressourcer dans de belles chambres contemporaines, spacieuses et confortables. Deux options pour se restaurer : la table gastronomique ou le bistrot.

Best Hôtel sans rest
32 av. F.-Roosevelt – ☎ 01 60 61 53 60 – www.besthotel.fr/la-ferte
43 ch – 59/62 € 65/68 € – 9 €
Né en 2012 à l'entrée de la ville, un hôtel fonctionnel, simple et pratique, idéal pour la clientèle de passage.

Auberge de Condé – Hôtel Auberge de Condé
1 av. de Montmirail – ☎ 01 60 24 50 05 – www.auberge-de-conde.com – Fermé du dim. soir au vend. midi
Formule 35 € – Menu 50/65 € – Carte 50/75 €
Cette auberge longtemps réputée – elle fut rendue célèbre dans les années 1960 par le grand chef Alexis Tingaud – connaît aujourd'hui une renaissance : qualité y rime désormais avec modernité, et le standing des lieux demeure.

Le Castel – Hôtel Château des Bondons
47 r. des Bondons, 2 km à l'Est par D 70, rte de Montménard – ☎ 01 60 22 00 98 – www.chateaudesbondons.com – Fermé janv., lundi et mardi
Formule 40 € – Menu 55/95 € – Carte 70/140 €
Nappes blanches, beau parquet, baies vitrées : les amateurs de classicisme élégant seront comblés. Idem avec la sole pochée au champagne, le civet de homard, le magret de canard à la bière de la Brie...

FEURS

✉ 42110 (Loire) – 7 921 hab. – **Voir carte n°44-A2**
Paris 433 km – Lyon 69 km – Montbrison 24 km – Roanne 38 km
Carte Michelin 327-E5 – Guide Vert Michelin Lyon et sa région

Etésia sans rest

4 chemin des monts, rte de Roanne – ✆ 04 77 27 07 77 – Fermé 22-29 déc. et dim. en hiver

15 ch – 🚹56/62 € 🚹🚹62/69 € – ☕ 10 €

À la sortie de la ville, un hôtel moderne particulièrement bien tenu et confortable. L'accueil sympathique des propriétaires ajoute à l'intérêt de l'étape, comme le jardin arboré avec sa piscine. Bon rapport qualité-prix.

Chalet de la Boule d'Or

42 r. Cassin, (rte de Lyon) – ✆ 04 77 26 20 68 – www.chaletlabouledor.com – Fermé 1 semaine en mars, 1 semaine en mai, 28 juil.-25 août, merc. soir, dim. soir et lundi

Formule 14 € – Menu 18 € (semaine), 29/38 € – Carte 40/65 € *(réservation conseillée)*

Au menu de ce restaurant traditionnel, une cuisine sûre de ses classiques : foie gras maison, filet de bœuf et gratin dauphinois aux morilles, fromages fermiers, etc. Une adresse bien appréciée dans la région.

à Salt-en-Donzy 5 km rte de Lyon – ✉ 42110 – 535 hab.

L'Assiette Saltoise

au bourg – ✆ 04 77 26 04 29 – www.assiette-saltoise.com – Fermé 1er-5 janv., mardi soir et merc.

Formule 13 € – Menu 22/31 € – Carte 27/35 €

Au pied de l'église du village, un petit restaurant sympathique qui fait la part belle à la tradition. Aux beaux jours, profitez du décor de la terrasse sous les tilleuls.

à Naconne 3 km au Nord-Ouest par N 89 et D 112 – ✉ 42110

Brin de Laurier

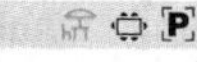

– ✆ 04 77 26 07 50 – www.brindelaurier.com – Fermé 28 avril-9 mai, 24 août-5 sept., 22 déc.-12 janv., sam. midi, dim. soir et lundi

Menu 17 € (déj. en semaine), 28/38 € – Carte environ 46 €

Thierry Laurier aime la couleur et ça se voit : il a peint sa propriété de tons chatoyants ! Il aime aussi les bons produits, la fraîcheur, les recettes qui changent... Sa table est vive et parfumée. Deux ambiances : une salle principale élégante et intime, et une terrasse sous des glycines aux accents provençaux.

FEYTIAT

✉ 87220 (Haute-Vienne) – 5 981 hab. – **Voir carte n°24-B2**

Paris 398 km – Limoges 9 km – Saint-Junien 41 km – Panazol 5 km

Carte Michelin 325-E6

Prieuré du Puy Marot

8 allée du Puy-Marot, 2 km au Nord-Est par rte de St-Just-le-Martel (D 98) – ✆ 05 55 48 33 97

3 ch ☕ – 🚹80 € 🚹🚹90 € **Table d'hôte** – Menu 30 €

Surplombant la vallée de la Valoine, ce prieuré du 12e s., plusieurs fois remanié, coule des jours paisibles au milieu d'un beau jardin. Du style, un accueil charmant et ce petit supplément d'âme qui fait la différence. Le soir, cuisine traditionnelle.

FIGEAC

✉ 46100 (Lot) – 9 810 hab. – **Voir carte n°29-C1**

Paris 578 km – Aurillac 64 km – Rodez 66 km – Villefranche-de-Rouergue 36 km

Carte Michelin 337-I4

Le Pont d'Or ch, ch,

2 av. Jean-Jaurès – ✆ 05 65 50 95 00 – www.hotelpontdor.com Plan : **x**

35 ch – 🚹78/146 € 🚹🚹78/146 € – ☕ 12 €

Rest – Formule 13 € – Menu 15 € (déj. en semaine), 22/32 € – Carte 24/42 € *(fermé 20 déc.-3 janv., sam. et dim. du 1er oct. au 31 mars)*

Cet hôtel borde le Célé, face à la vieille ville. Les chambres y sont confortables ; préférez celles avec vue sur la rivière. Sauna, piscine et fitness sur le toit. Au restaurant, on apprécie les recettes traditionnelles.

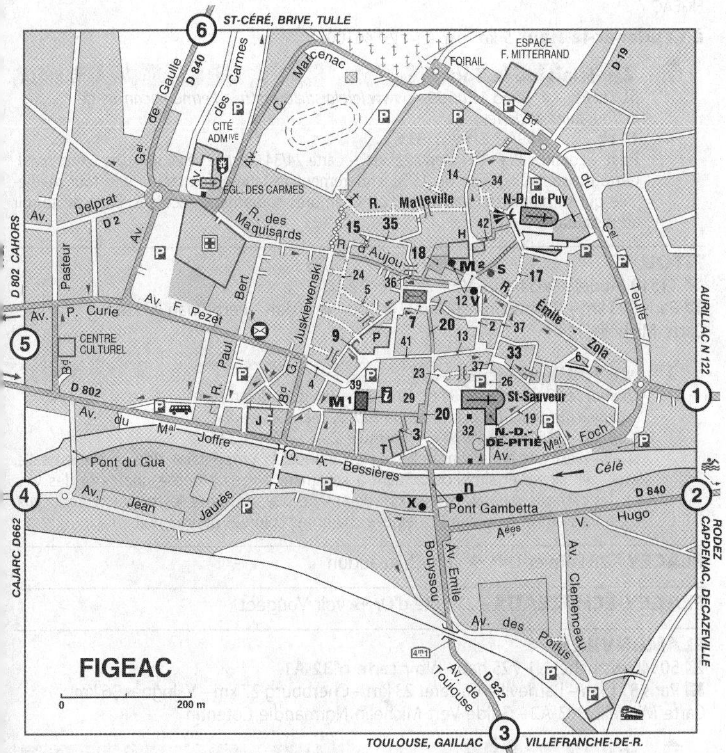

Aujou (R. d')		Clermont (R.)	13	Ortabadial (R.)	29
Baduel (R.)	2	Colomb (R. de)	14	Raison (Pl. de la)	32
Balène (R.)	3	Crussol (R. du)	15	Roquefort (R.)	33
Barthal (Pl.)	4	Delzhens (R.)	17	St-Jacques (R.)	34
Bonhore (R.)	5	Ecritures (Pl. des)	18	St-Thomas (R.)	35
Canal (R. du)	6	Ferrer (R.)	19	Seguier (R.)	36
Carnot (Pl.)	7	Gambetta (R.)	20	Tomfort (R.)	37
Caviale (R.)	9	Herbes (Pl. aux)	23	Vival (Pl.)	39
Champollion		Laurière (R.)	24	11-Novembre (R. du)	41
(Pl. et R. des Frères)	12	Michelet (Pl. E.)	26	16-Mai (R. du)	42

Le Champollion sans rest

3 pl. Champollion – ✆ 05 65 34 04 37 Plan : **v**

10 ch – †49 € ††54 € – ☕ 8 €

Une maison médiévale sur la jolie place Champollion, face au "moucharabieh typographique" (2009) qui rehausse la façade du musée éponyme. Chambres fonctionnelles, en noir et blanc.

Hôtel des Bains sans rest

1 r. Griffoul – ✆ 05 65 34 10 89 – www.hoteldesbains.fr – Fermé 14 déc.-6 janv. et week-ends du 12 nov. au 27 fév. Plan : **n**

19 ch – †50/62 € ††62/75 € – ☕ 8 €

Un hôtel familial face à la vieille ville. Cet ancien établissement de bains publics abrite des chambres simples et bien tenues. Terrasse au bord de la rivière.

La Dînée du Viguier

4 r. Boutaric – ✆ 05 65 50 08 08 – www.ladineeduviguier.fr – Fermé 20-28 nov., 15 janv.-6 fév., dim. soir d'oct. à mars, sam. midi et lundi Plan : **s**

Formule 20 € – Menu 30/74 € – Carte 65/80 €

Au cœur de la cité médiévale, dans l'ancienne salle des gardes du château du Viguier : haut plafond de poutres peintes, cheminée au manteau sculpté... et cuisine pourtant bien dans l'air du temps ! Belle carte des vins.

à Capdenac-le-Haut 5 km par ② – ✉ 46100

Le Relais de la Tour

pl. Lucter – ✆ 05 65 11 06 99 – www.lerelaisdelatour.fr – Fermé vacances de la Toussaint et de fév.

11 ch – 59/67 € 67/93 €

Rest – Formule 12 € – Menu 22/36 € – Carte 24/34 € *(fermé vend. soir, dim. soir et sam.)*

Cette maison villageoise du 15ᵉs., entièrement restaurée, fait face à une tour médiévale qui surplombe la vallée du Lot. Chambres sobrement décorées. Plats du terroir au restaurant.

FITOU

✉ 11510 (Aude) – 965 hab. – Voir carte n°**22**-B3

Paris 823 km – Carcassonne 90 km – Narbonne 40 km – Perpignan 29 km

Carte Michelin 344-I5

Le Toit Vert avec ch

chemin les Pujades – ✆ 04 68 70 47 38 – www.letoitvert.com – Ouvert fin mars-fin oct. et fermé mardi, merc. et jeudi

3 ch – 50 € 60/70 € Formule 26 € – Menu 32 €

Si elle n'est pas dans son atelier de céramique, la propriétaire aide sa fille en salle, avec gentillesse et simplicité. Quant à son mari, il vous propose une carte des vins et des recettes renouvelées au gré de ses découvertes chez les producteurs locaux. C'est frais et sympathique ! Quelques chambres colorées pour la nuit.

FLACEY – 28 Eure-et-Loir ➔ voir Châteaudun

FLAGEY-ÉCHEZEAUX – 21 Côte-d'Or ➔ voir Vougeot

FLAMANVILLE

✉ 50340 (Manche) – 1 725 hab. – Voir carte n°**32**-A1

Paris 371 km – Barneville-Carteret 23 km – Cherbourg 27 km – Valognes 36 km

Carte Michelin 303-A2 – Guide Vert Michelin Normandie Cotentin

Bel Air sans rest

2 r. du Château – ✆ 02 33 04 48 00 – www.hotelbelair-normandie.com – Fermé 15 déc.-15 fév.

11 ch – 80/110 € 80/110 € – 11 €

Une jolie dépendance du château, appréciée pour son grand calme. Les chambres, toutes différentes, sont propres et coquettes, dans un esprit province. Accueil charmant.

Le Sémaphore

Chasse de la Houe – ✆ 02 33 52 18 98 – www.restaurantlesemaphore.com – Fermé de Noël à début fév., dim. soir et lundi

Formule 17 € – Menu 22/49 € – Carte 30/50 €

Légèrement en retrait de Flamanville, cet ancien sémaphore est perché sur la falaise et offre une vue sublime sur les îles anglo-normandes ; on y sert une cuisine traditionnelle, réalisée avec de bons produits de la mer. L'accueil est assuré par le patron, connaisseur de la région et... au caractère bien trempé !

FLAYOSC – 83 Var ➔ voir Draguignan

LA FLÈCHE

✉ 72200 (Sarthe) – 15 087 hab. – Voir carte n°**35**-C2

Paris 244 km – Angers 52 km – Laval 70 km – Le Mans 44 km

Carte Michelin 310-I8 – Guide Vert Michelin Pays de la Loire

Le Vert Galant sans rest

70 Grande-Rue – ✆ 02 43 94 00 51 – www.vghotel.com Plan : Y**r**

25 ch – 65/89 € 73/99 € – 12 €

Dans la principale rue commerçante de La Flèche, non loin du prytanée (école militaire), un authentique relais de poste du 18ᵉ s. avec son porche qui dessert la cour à l'arrière. Les chambres se révèlent bien tenues et fonctionnelles : parfait pour une étape.

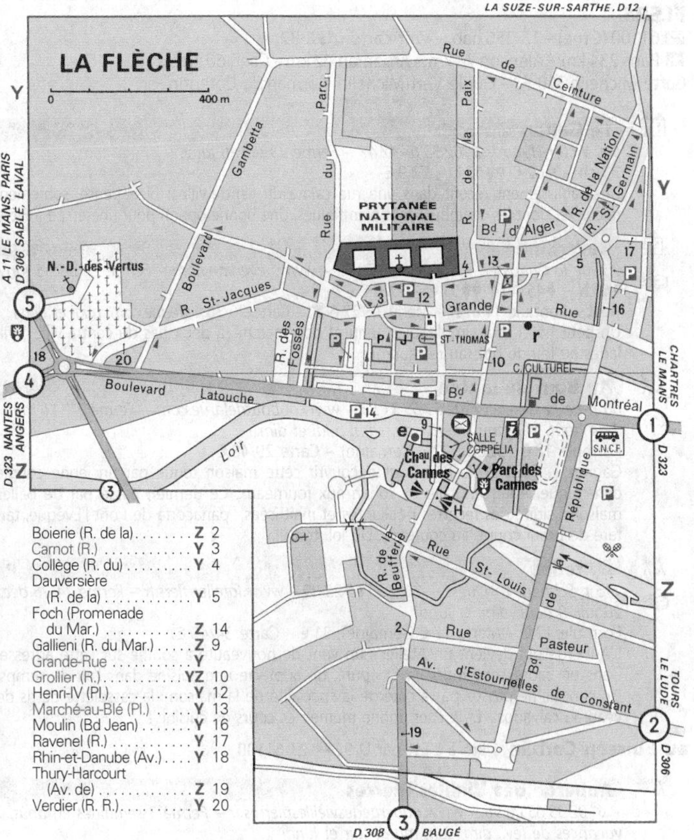

Le Moulin des Quatre Saisons (Camille Constantin)

r. Gallieni – ✆ 02 43 45 12 12 – www.camilleconstantin.com – Fermé merc. soir, dim. soir et lundi — Plan : Ze

Formule 22 € – Menu 29 € (semaine), 36/75 € – Carte 55/73 €

Une flèche en plein cœur, au cœur de La Flèche : au centre de la ville, Cupidon semble veiller sur ce beau moulin du 17e s. posé sur les eaux du Loir ! Un cadre enchanteur... pour une cuisine fine et délicate, rythmée par les saisons et accompagnée de beaux vins, certains d'Autriche – pays d'origine de la propriétaire. ➜ Pépites de foie gras et Saint-Jacques pochées dans un bouillon terre et mer. Ris, foie et filet de veau de lait du Limousin aux olives et girolles. Soufflé chaud aux griottes, glace vanille.

FLÉCHIN

✉ 62960 (Pas-de-Calais) – 509 hab. – **Voir carte n°30-B2**

Paris 246 km – Arras 63 km – Lens 55 km – Lille 72 km

Carte Michelin 301-G4

La Maison

20 r. Haute – ✆ 03 21 12 69 33 – www.lamaisonrestaurant.com – Fermé sam. midi, dim. soir, mardi soir, merc. soir, jeudi soir et lundi

Formule 18 € – Menu 29/75 € *(réservation conseillée)*

C'est une belle maison 1900 : parquet d'époque, objets chinés, superbe lustre Gallet... Le chef concocte une cuisine où se mêlent produits du terroir et bio, légumes oubliés et épices. En plus, on vous reçoit comme si vous étiez des amis !

FLERS

✉ 61100 (Orne) – 15 356 hab. – Voir carte n°**32**-B2
Paris 234 km – Alençon 73 km – Argentan 42 km – Caen 60 km
Carte Michelin 310-F2 – Guide Vert Michelin Normandie Cotentin

Le Galion sans rest

5 r. Victor-Hugo – ☎ 02 33 64 47 47 – Fermé 23 déc.-6 janv.
31 ch – 62 € 67 € – 9 €
Un établissement récent dans une rue calme du centre-ville : bien pensé, sobrement décoré et dont les chambres sont bien tenues. Une bonne option pour une étape à Flers.

Beverl'inn

rest,
9 r. de la Chaussée – ☎ 02 33 96 79 79 – www.beverlinn.com – Fermé 22 déc.-5 janv.
16 ch – 45/49 € 51 € – 6 € – ½ P
Rest – Formule 11 € – Menu 16/27 € – Carte 20/36 € *(fermé sam. midi et dim.)*
Un petit hôtel tout simple, bien tenu et bon marché, à deux pas du centre-ville. Grillades au feu de bois au restaurant.

Au Bout de la Rue

60 r. de la Gare – ☎ 02 33 65 31 53 – www.auboutdelarue.com – Fermé 1er-11 mai, 3-24 août, 2-9 janv., merc. soir, sam. midi et dim.
Formule 18 € – Menu 22 € (semaine) – Carte 29/48 €
Gagnez le Bout de la Rue pour découvrir cette maison tenue par un jeune couple dynamique, Anaïs en salle et Yohan aux fourneaux. Ce dernier, passé par de belles maisons, signe des recettes pétillantes et maîtrisées : panacotta de Pont-l'Evêque, tartare de bœuf coupé au couteau... Du joli travail.

L'Atelier

115 r. Schnetz, à l'Ouest – ☎ 02 33 65 23 89 – www.latelier-flers.fr – Fermé 24-26 déc., 20 juil.-8 août, dim. et lundi
Formule 12 € – Menu 17 € (semaine), 31 € – Carte 34/45 €
L'Auberge qui devient un Atelier : un vent de nouveauté a soufflé sur cette adresse. Dans un cadre contemporain et épuré, on apprécie une cuisine dans l'air du temps. Un conseil, ne passez pas à côté de la spécialité de la maison : la cassolette de ris de veau au calvados... Et le chef donne même des cours de cuisine !

au Buisson-Corblin 4 km à L'Est par D 924 – ✉ 61100

Auberge des Vieilles Pierres

– ☎ 02 33 65 06 96 – www.aubergedesvieillespierres.fr – Fermé 3 semaines en août, vacances de fév., dim. soir, mardi soir et lundi
Formule 17 € – Menu 27/60 € – Carte 43/59 €
Sous l'égide d'un couple de bons professionnels, cette auberge a su conquérir le cœur des gourmands de la région. On y déguste des recettes bien dans l'air du temps qui prennent leur origine dans la cuisine traditionnelle ; le tout rythmé par les saisons. Une bonne adresse.

à La Ferrière-aux-Étangs 10 km au Sud-Est par D 18 et D 825 – ✉ 61450 – 1 547 hab.

Auberge de la Mine (Hubert Nobis)

le Gué-Plat, à 3 km par rte de Dompierre – ☎ 02 33 66 91 10 – www.aubergedelamine.com – Fermé 15 juil.-6 août, 2-22 janv., dim. soir, lundi et mardi
Formule 20 € – Menu 26 € (semaine)/66 € – Carte 69/75 €
Ce tout petit coin de Normandie connut la prospérité après la découverte d'un filon de fer... Dans l'ancienne cantine des mineurs, Hubert Norbis cultive toujours les richesses de la terre avec une main de velours : technique éprouvée, parfums équilibrés... le terroir normand cuisiné comme un trésor.
→ Galette de pied de cochon et kadaïf de langoustines. Pomme de ris de veau piquée à l'andouille de Vire. Poire de fisée confite au poiré.

FLEURIE

✉ 69820 (Rhône) – 1 244 hab. – Voir carte n°**43**-E1
Paris 410 km – Bourg-en-Bresse 46 km – Lyon 58 km – Mâcon 22 km
Carte Michelin 327-H2 – Guide Vert Michelin Lyon et sa région

Hôtel des Grands Vins sans rest 
r. de la Grappe-Fleurie, 1 km au Sud par D 119E – ✆ 04 74 69 81 43 – www.hoteldesgrandsvins.com – Fermé 1er déc.-31 janv.
20 ch – †74/95 € ††74/95 € – ☕ 11 €
Le jardin borde les vignes, et l'on est vraiment au calme dans ce petit hôtel tenu en famille, aux chambres fonctionnelles et bien tenues. On profite du bassin de nage à contre-courant et, après ces quelques brasses, on peut déguster et acheter les vins du domaine.

 **Domaine du Clos des Garands** sans rest 
Les Garands, 1 km à l'Est par D 32 – ✆ 04 74 69 80 01 – www.closdesgarands.fr
4 ch ☕ – †100/120 € ††100/120 €
Au cœur de 6 ha de vignes anciennes et d'un beau jardin, cette maison bourgeoise du 18e s. est un véritable havre de paix. Dans les chambres – toutes différentes et très soignées –, l'on jouit d'une vue imprenable sur Fleurie et les monts du Beaujolais. Et l'on peut évidemment déguster les vins de la propriété !

 **Auberge du Cep** Ⓝ 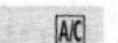
pl. de l'Église – ✆ 04 74 04 10 77 – Fermé dim. soir, mardi midi et lundi
Formule 27 € – Menu 48/67 € – Carte 44/78 €
Dans le village, à l'ombre de l'église, cette auberge bien connue dans la région a changé de propriétaire en 2013. Le nouveau chef fait honneur à la renommée de la maison : les recettes du terroir resplendissent de soin et de saveurs. Quant au décor, au charme rustique, il cultive lui aussi des bonheurs indémodables ! → Terrine de canard rustique, condiment aigre-doux. Coq au vin de Fleurie. Œufs à la neige.

FLEURVILLE

✉ 71260 (Saône-et-Loire) – 478 hab. – **Voir carte n°8-C3**
▶ Paris 375 km – Cluny 26 km – Mâcon 18 km – Pont-de-Vaux 8 km
Carte Michelin 320-J11 – Guide Vert Michelin Bourgogne

 **Château de Fleurville** 
r. du Glamont – ✆ 03 85 27 91 30 – www.chateau-de-fleurville.com – Ouvert 14 avril-19 oct.
14 ch – †130/195 € ††130/195 € – 1 suite – ☕ 16 € – ½ P
Rest – Menu 45/65 € – Carte environ 85 € *(fermé le midi)*
Dans son ravissant parc, un petit château du 17e s. en pierre bourguignonne, flanqué d'une jolie tour. Tissus tendus et meubles anciens ajoutent au caractère et à la patine des chambres. Autres agréments : la piscine, le tennis et le restaurant gastronomique.

à Mirande 3 km au Nord-Ouest – ✉ 71260

La Marande (Philippe Michel) avec ch 
rte de Lugny – ✆ 03 85 33 10 24 – www.hotel-restaurant-la-marande.com – Fermé 3 semaines en janv., vacances de la Toussaint, mardi sauf le soir en juil.-août et lundi
5 ch – †80 € ††80 € – ☕ 10 €   Menu 30/70 € – Carte 48/56 €
"Marander" en patois local signifie… aller manger. En cette belle maison bourgeoise, à l'élégance contemporaine, la cuisine est avant tout un art : le chef fait montre de maîtrise et de délicatesse à travers des assiettes particulièrement graphiques. Et le choix de vins de Bourgogne en rehausse encore les saveurs !
→ Cromesquis de queue de bœuf au foie gras. Suprême de pigeon aux girolles. Sablé spéculos, dacquoise framboise et yaourt maison.

FLEURY-LA-FORÊT

✉ 27480 (Eure) – 281 hab. – **Voir carte n°33-D2**
▶ Paris 108 km – Beauvais 49 km – Évreux 99 km – Rouen 42 km
Carte Michelin 304-J5 – Guide Vert Michelin Normandie Vallée de la Seine

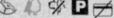

Château de Fleury-la-Forêt sans rest
4 rte de Lyons, 1,5 km au Sud-Ouest par D 14 – ✆ 02 32 49 63 91 – www.chateau-fleury-la-foret.com
4 ch ☕ – †85 € ††85 €
Un véritable monument – d'ailleurs ouvert à la visite –, superbe avec son appareillage de briques et ses toits élancés (16e-18e s.), ses chambres meublées d'époque et – fait original – sa collection de poupées et d'objets anciens. Le must : le petit-déjeuner servi dans la cuisine historique, saisissante d'authenticité...

FLEURY-SUR-ANDELLE

✉ 27380 (Eure) – 1 876 hab. – Voir carte n°**33**-D2

Paris 103 km – Evreux 54 km – Pontoise 69 km – Rouen 24 km

Château de Bonnemare sans rest

à Bonnemare, 990 chemin de Bacqueville, 3,5 km par D 321 et rte secondaire – ✆ 02 32 49 03 73 – www.bonnemare.com – Fermé 1er déc.-14 fév.

4 ch – 102/110 € 202/210 €

Renaître à l'époque de la Renaissance, telle est l'expérience unique à laquelle invite cet ensemble : le châtelet d'entrée, les dépendances, la chapelle, le château lui-même, tout transporte au milieu du 16e s. ! Décors historiques, fresques, tableaux et mobilier des 17e et 18e s. : l'art de vivre dans la permanence...

FLEURY-SUR-ORNE – 14 Calvados → voir Caen

FLORAC

✉ 48400 (Lozère) – 1 942 hab. – Voir carte n°**23**-C1

Paris 622 km – Alès 65 km – Mende 38 km – Millau 84 km

Carte Michelin 330-J9

Gorges du Tarn

48 r. Pêcher – ✆ 04 66 45 00 63 – www.hotel-gorgesdutarn.com – Ouvert de Pâques à la Toussaint et fermé merc.

23 ch – 60/90 € 70/90 € – 10 € – ½ P

Rest *L'Adonis* – voir les restaurants ci-après

Une sympathique auberge de village à l'entrée (ou à la sortie) des célèbres gorges du Tarn. Les chambres, globalement petites mais très coquettes, ont été joliment décorées par une artiste locale. Dans l'annexe, six autres chambres et quatre duplex.

L'Adonis – Hôtel Gorges du Tarn

48 r. Pêcher – ✆ 04 66 45 00 63 – www.hotel-gorgesdutarn.com – Ouvert de Pâques à la Toussaint et fermé jeudi midi, sam. midi et merc.

Menu 27/50 € – Carte 43/52 €

De bons produits cévenols (pélardon et châtaignes du cru, agneau et bœuf de Lozère, truite d'élevage local, coupétade...) pour une cuisine actuelle ; un service très attentionné et une jolie sélection de vins régionaux : un Adonis tout en gourmandise, feutré et accueillant.

à Cocurès 5,5 km au Nord-Est par D 806 et D 998 – ✉ 48400 – 196 hab.

La Lozerette

– ✆ 04 66 45 06 04 – www.lalozerette.com – Ouvert 11 avril-Toussaint

20 ch – 61/94 € 61/94 € – 9 € – ½ P

Rest *La Lozerette* – voir les restaurants ci-après

Dans ce hameau cévenol, une jolie demeure avec des chambres d'esprit chalet, lumineuses et toutes avec un petit balcon en bois. Une déco simple mais vraiment mignonne, pour un lieu attachant.

La Lozerette

– ✆ 04 66 45 06 04 – www.lalozerette.com – Ouvert du 11 avril à la Toussaint et fermé mardi soir hors saison, mardi midi et merc. midi

Formule 18 € – Menu 26/51 € – Carte 34/47 €

Dans cette charmante auberge, la propriétaire est sommelière : elle se fera un plaisir de vous guider dans l'accord de votre nectar avec la cuisine du chef, concoctée à base des meilleurs produits régionaux. Le plateau de fromages est superbe... Savoureux !

FLORANGE

✉ 57190 (Moselle) – 11 454 hab. – Voir carte n°**26**-B1

Paris 329 km – Grevenmacher 60 km – Luxembourg 35 km – Metz 30 km

Carte Michelin 307-H3

XX **Villa Castellino** Ⓝ

121 r. de l'Étoile – ✆ 03 82 82 64 89 – www.lavillacastellino.com – Fermé 23 déc.-6 janv., sam. midi en été, dim. soir et lundi sauf le midi de sept. à juin

Carte 32/60 €

Entre Florange et Thionville, non loin de l'autoroute, une belle bâtisse crème aux volets rouges, qui détonne dans le paysage ! Mais asseyons-nous en terrasse, et concentrons-nous sur la cuisine. Antipasti (carpaccio de bœuf, beignets de scampi, nems de chèvre), risotto et autres bruschettas : l'Italie n'est pas loin...

FLUMET

✉ 73590 (Savoie) – 848 hab. – **Voir carte n°46-F1**

▶ Paris 582 km – Albertville 22 km – Annecy 51 km – Chamonix-Mont-Blanc 43 km

Carte Michelin 333-M3 – Guide Vert Michelin Alpes du Nord

 **Cœur de Marie** 

aux Glières, 5 km au Nord par D 909 rte de la Giettaz – ✆ 04 79 31 38 84 – www.chalet-marie.com – Fermé en mai

5 ch – 🚹59 € 🚹🚹68/79 € **Table d'hôte** – Menu 24 €

Les mains vertes sauront que le "cœur de Marie" est une jolie fleur ancienne... Doux auspices pour ce chalet de 1810, qui se révèle très cosy, tout en bois doré, rideaux brodés et bibelots choisis. À l'étage, au coin du feu, la table d'hôte honore les spécialités savoyardes.

FOIX

✉ 09000 (Ariège) – 9 885 hab. – **Voir carte n°29-C3**

▶ Paris 762 km – Andorra-la-Vella 102 km – Carcassonne 89 km – St-Girons 45 km

Carte Michelin 343-H7

 **Hôtel du Lac** 

rte de Toulouse, 3 km par ① – ✆ 05 61 65 17 17 – www.hoteldulac-foix.fr

35 ch – 🚹69/85 € 🚹🚹69/85 € – 10 € – ½ P

Rest *Restaurant du Lac* – voir les restaurants ci-après

Voici un établissement qui porte bien son nom ; tout près du lac (sur le cours de l'Ariège) et de ses nombreuses activités nautiques, il jouit d'un environnement plutôt calme. Les chambres se révèlent confortables et parfaitement tenues.

FOIX

Alsace-Lorraine (Bd) . . . . B 2
Bayle (R.) . . . . B
Chapeliers (R. des) . . . . A 3
Delcassé (R. Th.) . . . . B 4
Delpech (R. Lt P.) . . . . A 5
Duthil (Pl.) . . . . B 6
Fauré (Cours G.) . . . . AB 7
Labistour (R. de) . . . . B 8
Lazéma (R.) . . . . A 9
Lérida (Av. de) . . . . A 10
Lespinet (R. de) . . . . A 13
Marchands (R. des) . . . . B 12
Préfecture (R. de la) . . . . A 14
Rocher (R. du) . . . . A 20
St-Jammes (R.) . . . . A 22
St-Volusien (Pl.) . . . . A 23
Salenques (R. des) . . . . A 24

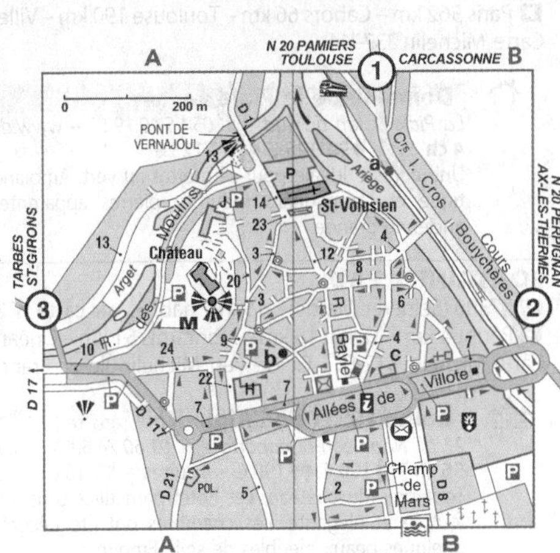

Eychenne sans rest

11 r. N.-Peyrevidal – ✆ 05 61 65 00 04 – www.hotel-eychenne.com Plan : A**b**

16 ch – 🚹43/53 € 🚹🚹53/63 € – ☕ 6 €

Au pied du château, cet hôtel ne passe pas inaperçu avec sa tour en bois et son bar de village façon pub anglais... Les chambres y sont bien tenues, mais préférez celles, plus spacieuses, nichées justement dans la tour.

Phoebus

3 cours Irénée-Cros – ✆ 05 61 65 10 42 – www.ariege.com/le-phoebus – Fermé de mi-juil. à mi-août, sam. midi, dim. soir et lundi Plan : B**a**

Formule 19 € – Menu 29/87 € 🍷 – Carte 30/70 €

Ici, le chef donne la priorité aux produits régionaux et concocte des recettes dans l'air du temps. En prime, les gourmands profitent de la vue imprenable sur l'Ariège et le château. Accueil soigné et pensé, notamment, pour les non-voyants (carte en braille).

Restaurant du Lac – Hôtel du Lac

rte de Toulouse, 3 km par ① – ✆ 05 61 65 17 17 – www.hoteldulac-foix.fr

Menu 29/38 € – Carte environ 39 € *(fermé 24 déc.-1er janv., dim. d'oct. à juin et le midi)*

Pour un repas à fleur d'eau, installez-vous près des fenêtres, face au lac sur l'Ariège. Côté assiette, on apprécie les classiques de la cuisine bistrotière réalisés avec des produits de qualité. Le tout bien travaillé.

FONDAMENTE

✉ 12540 (Aveyron) – 309 hab. – **Voir carte n°29-D2**

▶ Paris 679 km – Albi 109 km – Millau 43 km – Montpellier 98 km

Carte Michelin 338-K7

Baldy avec ch

A/C rest, ch,

Vallée de Sorgues, (Bourg Fondamente) – ✆ 05 65 99 37 38 – www.hotel-sorgues.com – hotel : ouvert de Pâques à fin sept. et fermé dim. soir et lundi

9 ch – 🚹50/75 € 🚹🚹50/75 € – ☕ 10 € – ½ P

Formule 18 € – Menu 28 € (déj.), 32/68 € *(ouvert de Pâques au 11 nov. et fermé dim. soir, jeudi midi et lundi) (réservation conseillée)*

Truffes, tête de veau, tripoux, ris d'agneau, foie gras, pâté et charcuterie maison... Dans cette sympathique auberge familiale, le chef – un ancien boucher – mise sur la fraîcheur des produits et propose une carte régionale, courte mais très alléchante. Pour l'étape, des petites chambres simples et bien tenues.

FONS

✉ 46100 (Lot) – 393 hab. – **Voir carte n°29-C1**

▶ Paris 562 km – Cahors 66 km – Toulouse 190 km – Villefranche-de-Rouergue 47 km

Carte Michelin 337-H4

Domaine de la Piale sans rest

La Piale, 1 km au Sud – ✆ 05 65 40 19 52 – www.domainedelapiale.com

4 ch ☕ – 🚹90/125 € 🚹🚹90/125 €

Une adresse idéale pour se mettre au vert. Ambiance familiale et agréable cadre rustique et campagnard (poutres, pierres apparentes). Les chambres occupent une ancienne grange.

FONTAINEBLEAU

✉ 77300 (Seine-et-Marne) – 15 107 hab. – **Voir carte n°19-C3**

▶ Paris 64 km – Melun 18 km – Montargis 51 km – Orléans 89 km

Carte Michelin 312-F5 – Guide Vert Michelin Île-de-France

Grand Hôtel de l'Aigle Noir sans rest

27 pl. Napoléon-Bonaparte – ✆ 01 60 74 60 00 – www.hotelaiglenoir.fr

55 ch – 🚹190 € 🚹🚹190 € – 4 suites – ☕ 18 € Plan : AZ**a**

Tout près du château, cet hôtel particulier construit au 18e s. cultive une ambiance feutrée et élégante. Les chambres ont été décorées avec soin, en particulier avec quelques beaux meubles de style Empire.

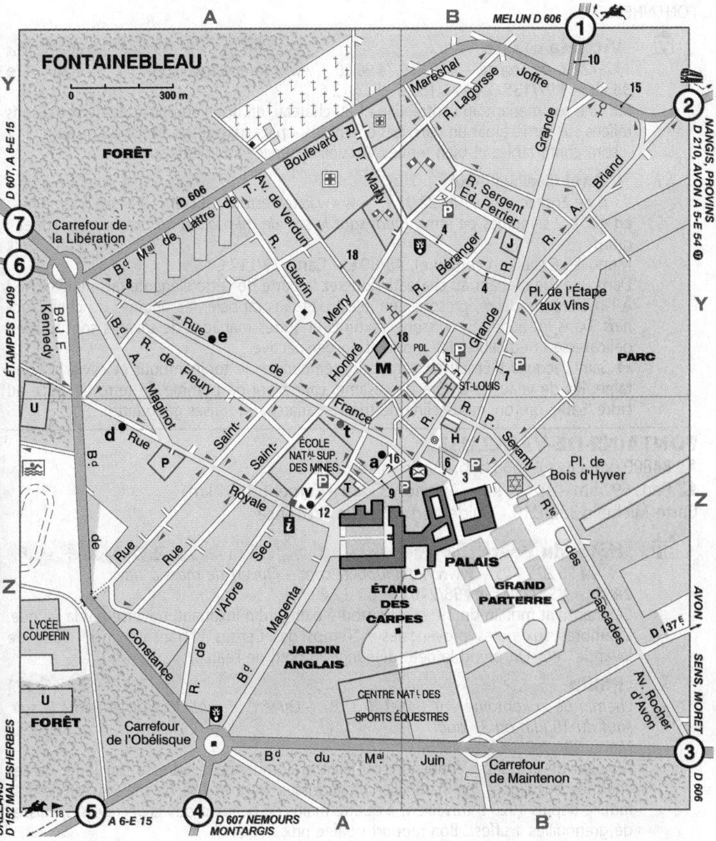

FONTAINEBLEAU

Armes (Pl. d')	BZ 3	Churchill (Bd W.)	AY 8	Gaulle (Pl. Gén.-de)	AZ 12
Bois (R. des)	BY 4	Dénecourt (R.)	AZ 9	Grande (R.)	BY
Briand (R. Aristide)	BY	Étape aux Vins (Pl. de l')	BY	Leclerc (Bd du Mar.)	BY 15
Calas (R. du Commissaire)	BY 5	Foch (Bd du Mar.)	BY 10	Napoléon Bonaparte (Pl.)	AZ 16
Chancellerie (R. de la)	BZ 6	France (R. de)	AYZ	Paroisse (R. de la)	AY 18
Château (R. du)	BY 7				

Mercure ch,

41 r. Royale – ✆ 01 64 69 34 34 – www.mercure.com Plan : AZ**d**

97 ch – 115/185 € 115/185 € – 19 €

Rest – Carte 30/45 € *(fermé 27 juil.-18 août et 20 déc.-5 janv., vend. soir, sam. et dim.)*

Cet établissement confortable et de qualité propose des chambres fonctionnelles. Détendez-vous devant la cheminée du salon ou profitez de l'ambiance cosy du bar. Cuisine traditionnelle dans la salle contemporaine prolongée d'une terrasse avec vue sur le parc.

Hôtel de Londres sans rest

1 pl. du Gén.-de-Gaulle – ✆ 01 64 22 20 21 – www.hoteldelondres.com – Fermé 12-19 août et 23 déc.-6 janv. Plan : AZ**v**

16 ch – 105/180 € 135/210 € – 15 €

Cet hôtel, face au château, existe depuis le 16ᵉ s. Chambres amples et insonorisées, élégamment décorées : beaux tissus, meubles rustiques et de style, gravures de chasse.

Victoria sans rest
112-122 r. de France – ✆ 01 60 74 90 00 – www.hotelvictoria.com Plan : AY**e**
35 ch – †97/135 € ††97/135 € – ☕ 12 €
Sur une rue menant au centre-ville et au château, un hôtel composé de deux maisons reliées sur l'arrière par un parc. Les chambres – plus spacieuses au n° 122 qu'au n° 112 – sont confortables et bien tenues. Accueil et service aux petits soins.

L'Axel (Kunihisa Goto)
43 r. de France – ✆ 01 64 22 01 57 – www.laxel-restaurant.com – Fermé 3 semaines en août, 2 semaines en janv., lundi sauf le soir de mi-mars à fin oct., merc. midi et mardi Plan : AZ**t**
Menu 30 € (déj. en semaine), 48/80 € – Carte 79/117 €
Dans une rue menant au château, poussez la porte de cette élégante façade blanche ! À l'intérieur, le décor, presque zen, n'est pas sans rappeler les origines du chef, japonais. Dans les assiettes, cuissons, textures et autres mariages de saveurs sont tout en délicatesse et équilibre. Joli moment en perspective...
➜ Saint-Jacques d'Erquy en carpaccio, rémoulade de topinambour et caviar d'Aquitaine. Ris de veau en croûte de sésame, cannelloni de pomme de terre et sauce au cidre. Sablé breton, mousseline de thé vert matcha et fraises gariguette.

FONTAINE-DE-VAUCLUSE

✉ 84800 (Vaucluse) – 668 hab. – Voir carte n°**42**-E1
Paris 697 km – Apt 34 km – Avignon 33 km – Carpentras 21 km
Carte Michelin 332-D10 – Guide Vert Michelin Provence

Hôtel du Poète sans rest
– ✆ 04 90 20 34 05 – www.hoteldupoete.com – Ouvert de mars à nov.
24 ch – †98/240 € ††98/240 € – ☕ 17 €
Ce charmant moulin du 19e s. est entouré d'un jardin luxuriant, traversé par la Sorgue. Chambres aux notes provençales : "Temps des Cerises", "Transhumance", "Brin de lavande", etc. On prend le petit-déjeuner au bord de l'eau.

Philip
chemin de la Fontaine – ✆ 04 90 20 31 81 – Ouvert 1er avril-30 sept. et fermé le soir sauf du 16 juin au 31 août
Menu 29/42 € – Carte 49/69 €
Au pied de la célèbre fontaine d'où jaillit la Sorgue, cette adresse sait jouer de ses charmes bucoliques, en particulier en terrasse... Père et fille (la maison est dans la famille depuis 1926 !) travaillent à quatre mains de beaux produits : écrevisses, cuisses de grenouilles, truffes... Bon rapport qualité-prix.

Chez Dominique
6 pl. de la Colonne – ✆ 04 90 20 33 26 – http://chezdominique.wifeo.com – Fermé merc. soir et jeudi de nov. à avril
Menu 26/36 € 🍷 – Carte 31/46 €
Bienvenue chez Dominique ! Ici, le prénom est féminin, car c'est bien une "cheffe" qui œuvre en cuisine. Parmi ses spécialités : le parmentier de confit de canard gratiné et le filet de truite et son risotto crémeux. Aux beaux jours, prenez place sur le balcon donnant sur la Sorgue.

FONTAINE-SOUS-JOUY

✉ 27120 (Eure) – 775 hab. – Voir carte n°**33**-D2
Paris 90 km – Évreux 17 km – Rouen 55 km – Versailles 80 km
Carte Michelin 304-H7

Clos de Mondétour sans rest
17 r. de la Poste – ✆ 06 71 13 11 57 – www.closdemondetour.com
3 ch ☕ – †80/120 € ††80/120 €
Dans ce petit village tranquille de la vallée de l'Eure, au sein d'un grand jardin arboré, trône cette belle demeure du 16e s. restaurée avec goût. Toile de Jouy, objets chinés, superbe cheminée dans le salon, patine de l'ancien : il y règne un esprit maison de famille plein de charme !

FONTANGES – 15 Cantal ➜ voir Salers

LE FONTANIL – 38 Isère ➜ voir Grenoble

FONTANS

✉ 48700 (Lozère) – 212 hab. – Voir carte n°**23**-C1

Paris 560 km – Mende 35 km – Montpellier 216 km – Le Puy-en-Velay 79 km

Carte Michelin 330-I6

La Grange d'Émilie

Le Comte de Fontans, 500 m à l'Est au croisement D 7 et D 4 – ✆ 04 66 47 30 82 – www.chambrehote-emilie.com – Ouvert 5 avril-2 nov.

5 ch – 95/115 € 105/125 €

Table d'hôte – Menu 35 €

De la ferme familiale, Émilie et son mari ont fait une maison d'hôtes accueillante et une table honorant le terroir. Bois, pierres et poutres : la décoration, raffinée, mêle le charme rustique, l'esprit champêtre et l'épure contemporaine ; les équipements (sauna, hammam) ajoutent au plaisir du séjour. Un lieu attachant !

FONTENAI-SUR-ORNE – 61 Orne ➜ voir Argentan

FONTENAY – 88 Vosges ➜ voir Épinal

FONTENAY-LE-COMTE

✉ 85200 (Vendée) – 14 339 hab. – Voir carte n°**34**-B3

Paris 442 km – Cholet 103 km – La Rochelle 51 km – La Roche-sur-Yon 64 km

Carte Michelin 316-L9 – Guide Vert Michelin Pays de la Loire

Le Rabelais

19 r. Ouillette – ✆ 02 51 69 86 20 – www.hotel-lerabelais.com Plan : BZ**a**

54 ch – 85/100 € 90/120 € – 12 € – ½ P

Rest *Le Rabelais* – voir les restaurants ci-après

Une bâtisse de style vendéen à l'entrée de la ville. Dans les chambres du rez-de-jardin, l'atmosphère est nature tandis qu'à l'étage, l'ambiance se veut plus urbaine et design. Et le confort et le bien-être règnent jusque dans l'espace détente. Une bonne adresse.

Le Logis de la Clef de Bois sans rest

5 r. du Département – ✆ 02 51 69 03 49 – www.clef-de-bois.com – Ouvert d'avril à oct. Plan : AY**b**

4 ch – 90/105 € 100/115 €

Un hôtel particulier raffiné (17e s. et 18e s.) avec parquet et cheminées d'origine, bibliothèque, billard, etc. "Simenon", "Queneau", "Ragon" : les chambres ont du caractère et la suite "Rabelais" évoque la commedia dell'arte avec originalité. Aux beaux jours, on profite de l'agréable jardin et de sa piscine.

Le Vieux Pressoir

5 r. du Dr-René-Laforge – ✆ 02 51 69 47 90 – www.levieux-pressoir.com – Fermé 26-30 déc., dim. soir et lundi

Formule 12 € – Menu 25/39 € – Carte 33/49 €

Tenu par un couple accueillant, ce Vieux Pressoir fait honneur à la tradition et aux bonnes spécialités régionales, comme en témoignent ce samoussa d'escargot croustillant à souhait, ou cette savoureuse andouillette au vin de Pisotte. Le tout à apprécier dans une salle confortable, au décor rustique.

Le Rabelais – Hôtel Le Rabelais

19 r. Ouillette – ✆ 02 51 69 86 20 – www.hotel-lerabelais.com Plan : BZ**a**

Formule 16 € – Menu 20/28 € – Carte 29/43 €

Le Rabelais ? Avec un nom pareil, pas de doute, ce restaurant saura combler les appétits gargantuesques ! Ici, on se régale de bonnes recettes traditionnelles dans une salle des plus lumineuses. Et aux beaux jours, on profite de la jolie terrasse donnant sur la piscine.

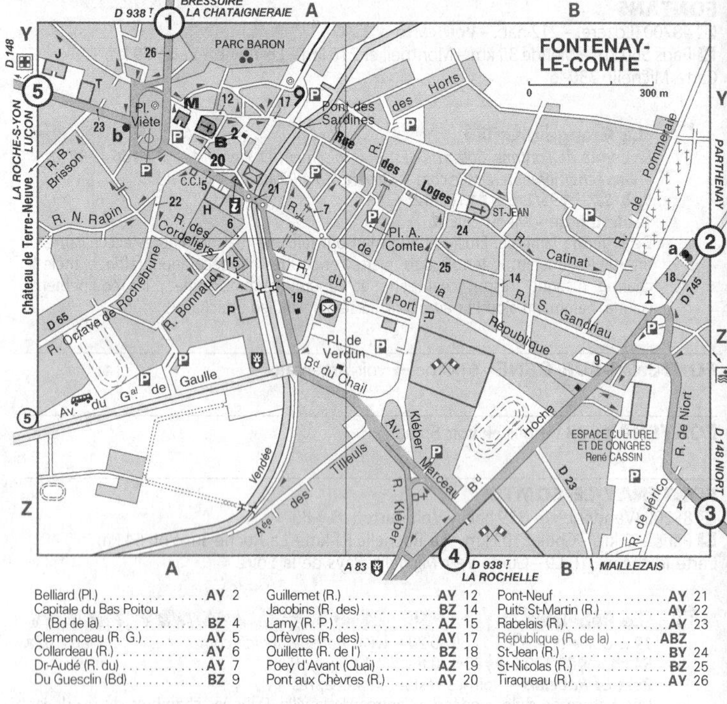

Belliard (Pl.)	AY 2	Guillemet (R.)	AY 12	Pont-Neuf	AY 21
Capitale du Bas Poitou (Bd de la)	BZ 4	Jacobins (R. des)	BZ 14	Puits St-Martin (R.)	AY 22
Clemenceau (R. G.)	AY 5	Lamy (R. P.)	AZ 15	Rabelais (R.)	AY 23
Collardeau (R.)	AY 6	Orfèvres (R. des)	AY 17	République (R. de la)	ABZ
Dr-Audé (R. du)	AY 7	Ouillette (R. de l')	BZ 18	St-Jean (R.)	BY 24
Du Guesclin (Bd)	BZ 9	Poey d'Avant (Quai)	AZ 19	St-Nicolas (R.)	BZ 25
		Pont aux Chèvres (R.)	AY 20	Tiraqueau (R.)	AY 26

à Velluire 11 km par ④, D 938 ter et D 68 – ✉ 85770 – 555 hab.

XXX **Auberge de la Rivière** avec ch

r. du Port-de-la-Fouarne – ☎ 02 51 52 32 15 – www.hotel-riviere-vendee.com – Fermé 10-16 mars (sauf rest.), dim. soir d'oct. à mars et lundi

11 ch – †58/92 € ††72/102 € – ☕ 11 € – ½ P

Formule 23 € – Menu 29/57 € – Carte 55/66 €

Le frémissement de la rivière toute proche, le lierre qui court sur la façade : cette auberge vendéenne invite à la rêverie... et à la gourmandise ! Beaux produits, herbes aromatiques, assaisonnements : on sent chez le chef la patte d'un vrai passionné de gastronomie. Et pour l'étape, des chambres modernes et au calme.

FONTETTE – 89 Yonne ➜ voir Vézelay

FONTEVRAUD-L'ABBAYE

✉ 49590 (Maine-et-Loire) – 1 554 hab. – Voir carte n°**35**-C2

Paris 296 km – Angers 78 km – Chinon 21 km – Loudun 22 km

Carte Michelin 317-J5 – Guide Vert Michelin Châteaux de la Loire

Hostellerie La Croix Blanche

7 pl. Plantagenêts – ☎ 02 41 51 71 11 – www.hotel-croixblanche.com – Fermé 5-25 janv.

24 ch – †70/160 € ††70/160 € – 2 suites – ☕ 13 € – ½ P

Rest ***Hostellerie La Croix Blanche*** – voir les restaurants ci-après

On vient depuis plus de trois cents ans dans cette auberge... pour découvrir l'abbaye royale du 12e s. située juste en face. Les chambres sont modernes et vraiment pratiques.

La Licorne
allée Ste-Catherine – ✆ 02 41 51 72 49 – Fermé 15 déc.-26 janv., merc. soir , dim. soir, et lundi d'oct. à avril
Menu 29/65 € – Carte 45/71 € *(réservation conseillée)*
Pas de vraie licorne dans cette demeure du 18e s. (tuffeau, poutres) mais la terrasse et le jardin fleuri sont délicieux. On y savoure des recettes traditionnelles cuisinées avec soin et une touche d'originalité.

Hostellerie La Croix Blanche – Hostellerie la Croix Blanche
7 pl. des Plantagenêts – ✆ 02 41 51 71 11 – www.hotel-croixblanche.com – Fermé 5-25 janv.
Menu 29/39 € – Carte 43/58 €
Après la visite de l'abbaye ou une bonne nuit reposante côté hôtel, vous pourrez déguster une agréable cuisine régionale actualisée.

FONTJONCOUSE

11360 (Aude) – 141 hab. – Voir carte n°**22**-B3
Paris 822 km – Carcassonne 56 km – Narbonne 32 km – Perpignan 65 km
Carte Michelin 344-H4 – Guide Vert Michelin Languedoc Roussillon

Auberge du Vieux Puits (Gilles Goujon) avec ch
5 av. St-Victor – ✆ 04 68 44 07 37 – www.aubergeduvieuxpuits.fr – Fermé 1er janv.-27 mars, mardi sauf le soir du 18 juin au 1er sept., dim. soir du 1er sept. au 18 juin et lundi
8 ch – 245/275 € 245/275 € – 25 €
Menu 80 € (déj. en semaine), 150/180 € – Carte 151/165 €
Le produit est la star de cette cuisine inspirée qui porte certaines émotions gustatives à l'incandescence. Saisons, terroir, invention : Gilles Goujon excelle dans l'équilibre, avec précision et humilité, entouré d'une équipe proche du client. Hébergement de qualité, mêlant cadre rustique et décor contemporain.
→ Œuf de poule "pourri" de truffes sur une purée de champignons et truffe. Rouget barbet, pomme bonne bouche fourrée d'une brandade en "bullinada". Fausse cerise cassante, sorbet noyau, tiramisu mascarpone-pistache et jus de mélasse.

La Maison des Chefs
(à 300 m dans le village) – ✆ 04 68 44 07 37 – www.aubergeduvieuxpuits.fr – Fermé 1er janv.-27 mars, mardi sauf du 18 juin au 1er sept., dim. du 1er sept. au 18 juin et lundi
6 ch – 160 € 160 € – 25 €
Les chambres de cette annexe sont placées sous le patronage des grands chefs : ustensiles, vestes signées Bocuse, Troigros, etc. Cours de cuisine.

FONT-ROMEU

66120 (Pyrénées-Orientales) – 2 003 hab. – Voir carte n°**22**-A3
Paris 858 km – Andorra la Vella 73 km – Ax-les-Thermes 56 km – Bourg-Madame 18 km
Carte Michelin 344-D7

Le Grand Tétras sans rest
14 av. Emmanuel-Brousse – ✆ 04 68 30 01 20 – www.hotelgrandtetras.fr
36 ch – 82/114 € 82/114 € – 10 €
Au cœur de la station, cet hôtel familial est vraiment plaisant. Les chambres sont décorées dans un esprit contemporain et montagnard, certaines avec balcon et vue sur les Pyrénées... et il y a même un jacuzzi extérieur et une piscine couverte sur le toit.

Clair Soleil
29 av. François-Arago, 1 km rte d'Odeillo – ✆ 04 68 30 13 65 – www.hotel-clair-soleil.com – Fermé 15 avril-20 mai et 30 oct.-18 déc.
29 ch – 53/62 € 53/62 € – 8,50 € – ½ P
Rest – Menu 22/38 € – Carte 37/43 € *(fermé le midi du lundi au jeudi)*
Belle vue sur la vallée, atmosphère familiale et accueil aux petits soins... un hôtel sympathique où l'on se repose dans des chambres fonctionnelles et disposant toutes d'un balcon ou d'une terrasse. Cuisine traditionnelle maison au restaurant.

La Chaumière

96 av. Emmanuel-Brousse – ✆ 04 68 30 04 40 – www.lachaumiere-font-romeu.fr – Fermé de mi-juin à début juil., 2 semaines en nov., dim. soir, lundi et mardi hors saison

Formule 17 € – Menu 22/55 € – Carte 39/66 €

Rangez les skis ! À l'entrée de la station, on ne résiste pas à cette sympathique chaumière où le bois domine. Au menu : une belle sélection de mets catalans, de délicieuses tapas et de bons vins régionaux. Le patron est un amoureux des bonnes choses (viandes de choix, légumes locaux) et a même créé... une cave à jambons !

à Via 5 km au Sud par D 29 – ✉ 66120

L'Oustalet

av. du Mar.-Leclerc – ✆ 04 68 30 11 32 – www.hoteloustalet.com – Fermé 6 avril-8 mai et 12 oct.-30 nov.

27 ch – †47/62 € ††47/62 € – ☕ 8 € – ½ P

Rest – Menu 14 € *(fermé le midi) (résidents seult)*

Étape idéale pour les skieurs et les randonneurs, ce joli chalet abrite des chambres fonctionnelles, la plupart avec balcon. Les pensionnaires peuvent dîner sur place, l'accueil est aimable, les prix doux : un endroit sympathique...

FONTVIEILLE

✉ 13990 (Bouches-du-Rhône) – 3 621 hab. – **Voir carte n°42-E1**

Paris 712 km – Arles 12 km – Avignon 30 km – Marseille 92 km

Carte Michelin 340-D3 – Guide Vert Michelin Provence

La Regalido

r. Frédéric-Mistral – ✆ 04 90 54 60 22 – www.laregalido.com – Fermé 3 janv.-12 fév.

16 ch – †150/390 € ††150/390 € – 2 suites – ☕ 15 € – ½ P

Rest – Formule 18 € – Menu 36/65 € – Carte 42/66 € *(fermé mardi midi, jeudi midi et lundi)*

Ce vieux moulin à huile, blotti au cœur d'un jardin fleuri, est un régal ! Chambres contemporaines, sobres et élégantes, piscine et minispa. Côté restaurant, salle voûtée et terrasse pour une cuisine mêlant racines provençales et influences originales.

Le Val Majour sans rest

22 rte d'Arles – ✆ 04 90 54 62 33 – www.levalmajour.com

32 ch – †65/160 € ††65/160 € – ☕ 12 €

Cet hôtel des années 1960 propose des chambres confortables et bien tenues, certaines avec un balcon tourné vers le parc. Agréable piscine.

La Peiriero

36 av. des Baux – ✆ 04 90 54 76 10 – www.hotel-peiriero.com – Ouvert 15 fév.-15 nov.

42 ch – †99/215 € ††99/215 € – ☕ 14 € – ½ P

Rest – Menu 30 € – Carte 33/39 € *(ouvert 1er avril-31 oct.)*

Plaisant hôtel au milieu d'une pinède, bercé par le chant des cigales. Chambres de style provençal. Minigolf et jeu d'échecs géant. Cuisine traditionnelle au restaurant, avec une ravissante terrasse ouverte sur le parc.

Hostellerie de la Tour

3 r. Plumelets – ✆ 04 90 54 72 21 – www.hotel-delatour.com – Ouvert 1er avril-6 nov.

10 ch – †77 € ††77 € – ☕ 11 € – ½ P **Rest** – Menu 25 € *(fermé le midi)*

Près de la tour des Abbés, un peu à l'extérieur du centre-ville, une sympathique auberge familiale ! Les chambres, fonctionnelles et confortables, entourent la piscine et le coquet jardin : on s'y sent bien.

Le Patio

117 rte du Nord – ✆ 04 90 54 73 10 – www.lepatio-alpilles.com – Fermé vacances de la Toussaint, de fév., dim. soir, mardi soir hors saison, jeudi en saison et merc.

Formule 21 € – Menu 29/46 € – Carte 54/67 €

Cette jolie bergerie du 18e s. s'égaye d'un bien agréable patio planté d'acacias et de palmiers. Cuisine aux parfums de la Provence tels que le basilic, la lavande, l'olive ou l'amande douce...

X **La Table du Meunier**

42 cours Hyacinthe-Bellon – ✆ 04 90 54 61 05 – Fermé nov., 20-29 déc., fév., mardi sauf juil.-août et merc.
Formule 21 € – Menu 27/35 € – Carte environ 36 € *(réservation conseillée)*
Non loin du moulin d'Alphonse Daudet, plus de meunier mais une cuisine provençale bien copieuse. Salle dans un poulailler de 1765 et charmante terrasse.

FORBACH

✉ 57600 (Moselle) – 21 510 hab. – Agglo. 87 061 hab. – **Voir carte n°27-C1**
Paris 385 km – Metz 59 km – St-Avold 23 km – Sarreguemines 21 km
Carte Michelin 307-M3

XX **Le Schlossberg**

13 r. du Parc – ✆ 03 87 87 88 26 – www.restaurantleschlossberg.com – Fermé 21 juil.-8 août, dim. soir, mardi soir et merc.
Menu 19 € (déj. en semaine), 30/53 € – Carte 55/67 €
Deux tourelles en pierre, un porche et quelques créneaux : le bâtiment a des allures de petit château et il jouxte le parc du Schlossberg, face auquel il dévoile une belle terrasse. La cuisine, bien que traditionnelle, se pare de touches contemporaines. Accueil chaleureux.

à Stiring-Wendel 3 km au Nord-Est par D 603 – ✉ 57350 – 12 438 hab.

XXX **La Bonne Auberge** (Lydia Egloff)

15 r. Nationale – ✆ 03 87 87 52 78 – Fermé 18-31 août, 27 déc.-6 janv., sam. midi, dim. soir et lundi
Menu 45 € (déj. en semaine), 70/110 € – Carte 80/110 €
L'antre de deux sœurs de talent, Lydia et Isabelle Egloff : la première œuvre en cuisine, où elle signe des recettes inventives et parfumées, tandis que la seconde supervise le service, d'un grand charme. Une serre en guise de jardin d'hiver, une salle lumineuse et originale, une belle carte des vins : l'enseigne dit la vérité !
→ Bar de ligne à la marmelade de chorizo aux dattes, semoule à la cardamome. Viennoise de rognon de veau, caramel d'endive au Picon-bière. Gratin de mirabelles "collection permanente".

à Rosbrück 6 km au Sud-Ouest – ✉ 57800 – 764 hab.

XXX **Auberge Albert Marie**

1 r. Nationale – ✆ 03 87 04 70 76 – Fermé sam. midi, dim. soir et lundi
Menu 28 € 🍷 (déj. en semaine), 40/60 € – Carte 46/87 €
Une salle un rien bourgeoise, un plafond à caissons, des boiseries sombres... La tradition – savoureuse – est également à l'honneur sur la carte. Depuis quarante ans, cette maison enchante ses hôtes et n'usurpe pas sa belle réputation !

FORCALQUIER

✉ 04300 (Alpes-de-Haute-Provence) – 4 680 hab. – **Voir carte n°40-B2**
Paris 747 km – Aix-en-Provence 80 km – Apt 42 km – Digne-les-Bains 50 km
Carte Michelin 334-C9 – Guide Vert Michelin Provence

La Bastide Saint Georges sans rest

rte de Banon, 2 km par D 950 – ✆ 04 92 75 72 80 – www.bastidesaintgeorges.com – Ouvert 2 mars-16 nov. et 26 déc.-2 janv.
21 ch – †130/285 € ††130/285 € – 1 suite – ☕ 18 €
Beaucoup de charme en ce domaine ! Les chambres sont décorées avec goût – et au naturel : bois, pierre, lin –, la plupart avec terrasse. Piscine, spa et massages. Idéal pour un séjour farniente.

X **Les Terrasses de la Bastide**

quartier Beaudine, rte de Banon – ✆ 04 92 73 32 35 – www.lesterrassesdelabastide.fr – Fermé 25 nov.-23 déc., merc. midi de mai à sept., dim. soir, lundi soir d'oct. à avril, lundi midi et mardi midi
Formule 18 € – Menu 27/39 € – Carte 26/52 €
Entendez-vous les cigales chanter ? Installés sur la belle terrasse, face au jardin, les gourmands se régalent d'une bonne cuisine méditerranéenne. La spécialité du chef : les pieds et paquets. Et si d'aventure le temps n'était pas de la partie, réfugiez-vous dans la salle décorée sur le thème de l'olive.

à l'Est 4 km par D 4100 et rte secondaire – ✉ 04300 Forcalquier

Auberge Charembeau sans rest
Lieu-dit Charambau, rte de Niozelles – ✆ 04 92 70 91 70 – www.charembeau.com – Ouvert 1er mars-15 nov.
25 ch – 78/83 € 93/124 € – 11 €
Une ferme du 18e s. dans un charmant parc vallonné. On s'y repose, au grand calme, dans des chambres de style provençal. Tennis, piscine : comme une invitation à la détente...

à Mane 4 km au Sud par D 4100 – ✉ 04300 – 1 373 hab.

Couvent des Minimes rest,
chemin des Jeux-de-Maï – ✆ 04 92 74 77 77 – www.couventdesminimes-hotelspa.com
42 ch – 150/530 € 195/530 € – 4 suites – 25 € – ½ P
Rest *Le Cloître* – voir les restaurants ci-après
Rest *Le Pesquier* – Carte 42/61 €
Ancien couvent des Minimes (1862) superbement transformé en hôtel de luxe. Dans les chambres, le décor est sobre et raffiné : chêne massif, tons chauds... Il fait bon se promener dans le jardin pour admirer ses nombreuses essences ou profiter du spa signé L'Occitane. Une belle adresse.

Mas du Pont Roman sans rest
chemin de Châteauneuf, rte d'Apt – ✆ 04 92 75 49 46 – www.pontroman.com
10 ch – 80/90 € 95/110 € – 10 €
Suivez la route bordée de platanes, près d'un vieux pont roman, vous trouverez ce mas en pierre au cœur d'un joli jardin. Les chambres, de style provençal, sont ravissantes et bien tenues. Terrain de pétanque, piscines balnéo et à contre-courant viendront à bout des plus stressés...

Le Cloître – Hôtel Couvent des Minimes
chemin des Jeux-de-Maï – ✆ 04 92 74 77 77 – www.couventdesminimes-hotelspa.com – (révouverture mi-avril 2014 après travaux) fermé lundi, mardi et le midi sauf dim.
Menu 70/120 € – Carte 90/110 €
Un restaurant dans un ancien couvent où le chef, qui a notamment travaillé auprès de Pierre Gagnaire, réalise une cuisine créative. Quant à la terrasse ombragée, elle est divine !

LA FORÊT-FOUESNANT

✉ 29940 (Finistère) – 3 327 hab. – **Voir carte n°9-B2**
Paris 552 km – Concarneau 8 km – Pont-l'Abbé 22 km – Quimper 16 km
Carte Michelin 308-H7 – Guide Vert Michelin Bretagne Sud

Auberge Saint-Laurent
6 rte de Beg-Menez, 2 km par rte de Concarneau, par la côte – ✆ 02 98 56 98 07 – Fermé lundi et mardi sauf juil.-août
Formule 17 € – Menu 26/44 € – Carte 30/50 €
Il est bon, parfois, de se délasser loin des circuits touristiques, et de s'attarder dans une auberge aux petites salles rustiques cosy et intimes. Le chef aime travailler le foie gras et la langoustine du Guilvinec ; sa cuisine est traditionnelle mais teintée de notes plus actuelles.

FORGES-LES-EAUX

✉ 76440 (Seine-Maritime) – 3 504 hab. – **Voir carte n°33-D1**
Paris 117 km – Abbeville 73 km – Amiens 72 km – Rouen 44 km
Carte Michelin 304-J4 – Guide Vert Michelin Normandie Vallée de la Seine

Le Continental sans rest
av. des Sources, rte de Dieppe – ✆ 02 32 89 50 50 – www.domainedeforges.com
44 ch – 62/79 € 72/79 € – 8 €
Cet édifice des années 1920 se trouve à deux pas du parc thermal et du casino. Les chambres sont spacieuses et contemporaines ; quant au salon et à la salle de petit-déjeuner, ils sont bien agréables. Une belle maison normande.

FORT-MAHON-PLAGE

✉ 80120 (Somme) – 1 318 hab. – Voir carte n°**36**-A1

Paris 225 km – Abbeville 41 km – Amiens 90 km – Berck-sur-Mer 19 km

Carte Michelin 301-C5

Auberge Le Fiacre

à Routhiauville, 2 km au Sud-Est par rte de Rue – ✆ 03 22 23 47 30 – www.lefiacre.fr – Fermé 15 déc.-7 fév.

12 ch – 🚹90/130 € 🚹🚹90/130 € – 2 suites – ☕ 15 € – ½ P

Rest *Auberge Le Fiacre* – voir les restaurants ci-après

Idéal pour se mettre au vert et découvrir la baie de Somme ! Dans cet ancien relais de poste du Marquenterre, on apprécie les chambres douillettes et le joli jardin. Sans oublier la piscine, même si la mer n'est pas très loin.

La Terrasse

1461 av. de la Plage – ✆ 03 22 23 37 77 – www.hotellaterrasse.com – Fermé 5-26 janv.

56 ch – 🚹46/116 € 🚹🚹46/116 € – ☕ 11 € – ½ P

Rest *La Terrasse* – voir les restaurants ci-après

Dans cet hôtel du front de mer, les chambres sont confortables et donnent sur le large ou, plus au calme, sur la cour. Parfait pour passer quelques jours dans cette petite station posée sur une plage immense.

Auberge Le Fiacre – Hôtel Auberge Le Fiacre

à Routhiauville, 2 km au Sud-Est par rte de Rue – ✆ 03 22 23 47 30 – www.lefiacre.fr – Ouvert 22 mars-16 nov. et fermé le midi du lundi au jeudi sauf fériés

Menu 20 € (dîner en semaine), 29/52 €

Dans cet ancien relais du 18ᵉs., les fiacres ne s'arrêtent plus depuis longtemps ! En revanche, les gourmands sont toujours aussi nombreux à venir déguster une savoureuse cuisine traditionnelle à l'accent ch'ti. Cadre rustique.

La Terrasse – Hôtel La Terrasse

1461 av. de la Plage – ✆ 03 22 23 37 77 – www.hotellaterrasse.com – Fermé 5-26 janv.

Menu 16/70 € 🍷 – Carte 30/75 €

De cette Manche que l'on voit par les baies vitrées proviennent de beaux produits que le chef met à l'honneur. Du homard bien sûr, mais aussi des huîtres, du bar rôti, de la sole, des maquereaux, le tout iodé à souhait.

LA FOSSETTE (PLAGE DE) – 83 Var → voir Le Lavandou

FOS-SUR-MER

✉ 13270 (Bouches-du-Rhône) – 15 357 hab. – Voir carte n°**40**-A3

Paris 750 km – Aix-en-Provence 55 km – Arles 42 km – Marseille 51 km

Carte Michelin 340-E5 – Guide Vert Michelin Provence

Ariane Fos

rest,

chemin du Plan-d'Arenc, 3 km par rte d'Istres – ✆ 04 42 05 00 57 – www.arianefoshotel.com

72 ch – 🚹71/91 € 🚹🚹81/100 € – ☕ 11 € – ½ P

Rest – Formule 17 € – Menu 20 € (semaine)/25 € – Carte 28/44 € *(fermé sam. et dim.)*

Près de l'étang de l'Estomac, un hôtel confortable, pratique pour les réunions d'affaires ou les réceptions. Chambres spacieuses et fonctionnelles, équipements pour les séminaires, restaurant traditionnel.

FOUDAY

✉ 67130 (Bas-Rhin) – 371 hab. – Voir carte n°**1**-A2

Paris 412 km – St-Dié 34 km – Saverne 55 km – Sélestat 37 km

Carte Michelin 315-H6

Julien

D 1420 – ✆ 03 88 97 30 09 – www.hoteljulien.com – Fermé 6-26 janv.

48 ch – 🚹135/200 € 🚹🚹135/200 € – ☕ 18 € – ½ P

Rest *Julien* – voir les restaurants ci-après

Un bien beau chalet, impressionnant dans son magnifique parc fleuri traversé par la Bruche. Les chambres sont raffinées, mariant la chaleur du bois à la richesse des étoffes, certaines avec jacuzzi. L'espace bien-être est superbe !

Julien – Hôtel Julien
D 1420 – ✆ 03 88 97 30 09 – www.hoteljulien.com
– Fermé 6-26 janv. et mardi
Menu 14 € (déj. en semaine), 18/55 € – Carte 33/55 €
Serveuses en habit traditionnel, décor bourgeois typique des Vosges (tout en bois !) : tout respire ici l'authenticité. À table, tradition française et terroir alsacien donnent ce qu'ils ont de meilleur. C'est copieux et goûteux à souhait.

FOUESNANT

29170 (Finistère) – 9 155 hab. – **Voir carte n°9-B2**
Paris 555 km – Carhaix-Plouguer 69 km – Concarneau 11 km – Quimper 16 km
Carte Michelin 308-G7 – Guide Vert Michelin Bretagne Sud

L'Orée du Bois sans rest
4 r. Kergoadig, (près de l'église) – ✆ 02 98 56 00 06 – www.hotel-oreedubois.com
15 ch – †40/80 € ††40/80 € – ☕ 8 €
Voilà un petit hôtel frais et sympathique où l'on vous accueille avec un grand sourire ! Les chambres sont simples, d'une très bonne tenue, évoquant les plaisirs de la mer toute proche. Prix tout doux, comme le climat...

au Cap Coz 2,5 km au Sud-Est par rte secondaire – 29170

Belle-Vue
30 descente Belle-Vue – ✆ 02 98 56 00 33 – www.hotel-belle-vue.com
– Ouvert 1er mars-1er nov.
17 ch – †68/98 € ††72/104 € – ☕ 12 € – ½ P
Rest *Belle-Vue* – voir les restaurants ci-après
Quelle vue sur la baie de la Forêt-Fouesnant ! Les chambres, parfaitement tenues, sont pimpantes avec leurs couleurs claires et, bien entendu, elles donnent sur les flots ou le jardin. S'installer en terrasse face à la plage est un vrai bonheur... et l'accueil est charmant.

La Pointe du Cap Coz
153 av. de la Pointe-du-Cap-Coz – ✆ 02 98 56 01 63 – www.hotel-capcoz.com
– Fermé 25-30 nov. et 1er janv.-12 fév.
17 ch – †69/72 € ††79/110 € – ☕ 13 € – ½ P
Rest *La Pointe du Cap Coz* – voir les restaurants ci-après
Ses chambres sont décorées sobrement, dans un esprit bord de mer (certaines sont plus petites et plus simples), mais l'essentiel est ailleurs : cette bâtisse bretonne se dresse à l'extrémité de la pointe du Cap-Coz, cette bande de sable prise entre l'Atlantique et l'anse de Port-la-Forêt !

Belle-Vue – Hôtel Belle-Vue
30 descente Belle-Vue – ✆ 02 98 56 00 33 – www.hotel-belle-vue.com
– Ouvert 1er mars-1er nov. et fermé mardi en mars, oct. et lundi
Formule 17 € – Menu 27/48 € – Carte 31/104 €
Quelle belle vue ! De la salle du restaurant, on peut apercevoir la plage, les eaux cristallines et les arbres courbés par le vent... Au menu : une cuisine au goût du jour, orientée poissons et fruits de mer, que le chef travaille avec précision, en n'oubliant jamais d'y mettre une touche personnelle.

La Pointe du Cap Coz – Hôtel De la Pointe du Cap Coz
153 av. de la Pointe-du-Cap-Coz – ✆ 02 98 56 01 63 – www.hotel-capcoz.com
– Fermé 25-30 nov., 1er janv.-12 fév., lundi sauf le soir en juil.-août, dim. soir, mardi soir de sept. à juin et merc. en juil.-août
Menu 31/65 € – Carte 53/82 €
Une petite maison blanche qui semble posée sur l'océan... C'est là, presque au bout du monde, qu'on apprécie la cuisine du chef, à la fois ambitieuse et bien maîtrisée. Elle valorise les produits de la pêche et du terroir, avec des présentations soignées et des cuissons précises. En un mot : délicieux !

à Beg-Meil 5 km au Sud par D 45 – ✉ 29170

XX **Bistrot Chez Hubert**
16 r. des Glénan – ✆ 02 98 94 98 04 – www.bistrotchezhubert.fr – Fermé 24 juin-6 juil., 11 nov.-4 déc., mardi de sept. à juin et lundi
Menu 17 € (déj. en semaine) – Carte 36/53 €
Un bistrot de famille : c'est l'arrière-grand-mère du chef qui le fonda en 1903. La cuisine bourgeoise y a toujours cours : poisson, gibier en saison et, en spécialité, pied de porc désossé farci au foie gras. La tradition est respectée ! En prime, une formule tapas est proposée au bar, pour les amateurs.

à la Pointe de Mousterlin 6 km au Sud-Ouest par D 145 et D 134 – ✉ 29170

La Pointe de Mousterlin
108 rte de la Pointe – ✆ 02 98 56 04 12 – www.hoteldelapointefouesnant.com – Fermé 2-24 mars, mardi midi, dim. soir et lundi du 15 oct. au 15 avril
42 ch – †67/82 € ††84/106 € – 1 suite – ☕ 13 €
Rest ***La Pointe de Mousterlin*** – voir les restaurants ci-après
À la pointe de Mousterlin, une dune plantée de pins et puis... la plage. L'hôtel est grand, avec des chambres spacieuses et agréables, et les familles y trouveront quantité de loisirs (tennis, piscine chauffée, salle de jeux, salle de fitness…).

XX **La Pointe de Mousterlin** 
108 rte de la Pointe – ✆ 02 98 56 04 12 – www.hoteldelapointefouesnant.com – Fermé 23 fév.-10 mars, mardi midi, dim. soir et lundi du 17 oct. au 12 avril
Formule 20 € 🍷 – Menu 30/50 € – Carte 49/78 €
Le chef a beau être anglais, sa cuisine a l'accent du terroir... marin, mais pas seulement ! Oui, il y a les fruits de mer, le poisson frais, mais aussi du lapin braisé, de l'andouille aux pommes caramélisées, etc.

Les maisons d'hôtes ⌂ ne proposent pas les mêmes services qu'un hôtel : l'accueil, l'atmosphère, la décoration des lieux font son caractère et son charme, qui reflètent la personnalité de ses propriétaires. Parmi elles, les maisons d'hôtes classées en rouge ⌂ sont les plus agréables.

FOUGÈRES

✉ 35300 (Ille-et-Vilaine) – 19 779 hab. – **Voir carte n°10-D2**
▶ Paris 326 km – Avranches 44 km – Laval 53 km – Le Mans 132 km
Carte Michelin 309-O4 – Guide Vert Michelin Bretagne Nord

Hôtel des Voyageurs sans rest
10 pl. Gambetta – ✆ 02 99 99 08 20 – www.hotel-fougeres.fr – Fermé 22 déc.-2 janv. et sam. de mi-déc. à fév. Plan : BY**e**
32 ch – †61/136 € ††76/162 € – ☕ 12 €
Établissement centenaire situé au cœur de la ville haute, bien tenu et peu à peu renové. De colorées et fonctionnelles, les chambres y gagnent un esprit contemporain, plus cosy.

XX **Haute Sève**
37 bd Jean-Jaurès – ✆ 02 99 94 23 39 – www.lehauteseve.fr – Fermé 25 juil.-23 août, 1er-20 janv., dim. soir et lundi Plan : BY**z**
Formule 21 € – Menu 27 € (semaine), 34/45 € – Carte 39/45 €
Surprenant décalage ! La façade à colombages de ce restaurant cache une salle relookée dans un esprit contemporain. On y sert une cuisine régionale actualisée avec des produits soigneusement choisis. Une bonne adresse.

LA FOUILLOUSE – 42 Loire ➜ voir St-Étienne

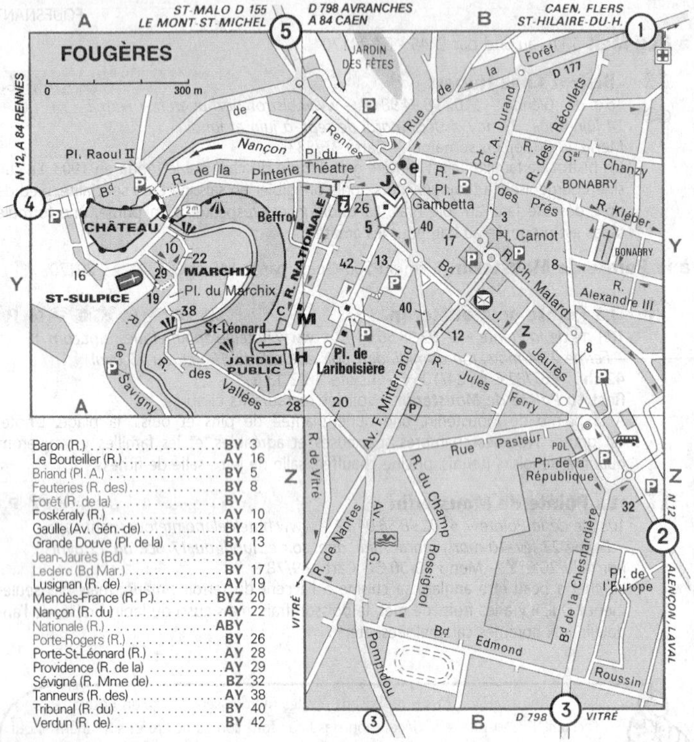

FOUGÈRES

Baron (R.)	BY	3
Le Bouteiller (R.)	AY	16
Briand (Pl. A.)	BY	5
Feuteries (R. des)	BY	8
Forêt (R. de la)	BY	
Foskéraly (R.)	AY	10
Gaulle (Av. Gén.-de)	BY	12
Grande Douve (Pl. de la)	BY	13
Jean-Jaurès (Bd)	BY	
Leclerc (Bd Mar.)	BY	17
Lusignan (R. de)	AY	19
Mendès-France (R. P.)	BYZ	20
Nançon (R. du)	AY	22
Nationale (R.)	ABY	
Porte-Rogers (R.)	BY	26
Porte-St-Léonard (R.)	AY	28
Providence (R. de la)	AY	29
Sévigné (R. Mme de)	BZ	32
Tanneurs (R. des)	AY	38
Tribunal (R. du)	BY	40
Verdun (R. de)	BY	42

FOURAS

✉ 17450 (Charente-Maritime) – 4 095 hab. – **Voir carte n°38-A2**
Paris 485 km – Châtelaillon-Plage 18 km – Rochefort 15 km – La Rochelle 34 km
Carte Michelin 324-D4 – Guide Vert Michelin Poitou-Charentes

Grand Hôtel des Bains sans rest 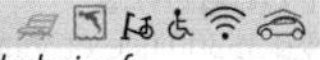

15 r. du Gén.-Bruncher – ✆ 05 46 84 03 44 – www.grandhotel-desbains.fr – Ouvert de mars à déc.

34 ch – 🚹59/86 € 🚹🚹59/99 € – ☕ 10 €

Un ancien relais de poste (1896) à 50 m de la plage. Les chambres donnent sur la bourgade (double-vitrage) ou la cour intérieure, arborée et bien agréable l'été – d'autant que l'on y prend le petit-déjeuner. Parfait pour un week-end avec le fort Boyard en ligne de mire !

FOURMIES

✉ 59610 (Nord) – 12 687 hab. – **Voir carte n°31-D3**
Paris 214 km – Avesnes-sur-Helpe 16 km – Charleroi 60 km – Hirson 14 km
Carte Michelin 302-M7

aux Étangs-des-Moines 2 km à l'Est par D 964 et rte secondaire – ✉ 59610

Ibis sans rest

r. des Étangs-des-Moines – ✆ 03 27 60 21 54

31 ch – 🚹62/70 € 🚹🚹62/70 € – ☕ 10 €

En lisière de forêt, un agréable hôtel de chaîne dont le propriétaire organise des excursions "moto verte". On se repose dans des chambres fonctionnelles et bien tenues, donnant sur les étangs ou la verdure. Paisible !

FOURNET-BLANCHEROCHE

✉ 25140 (Doubs) – 348 hab. – **Voir carte n°17-C2**
▶ Paris 486 km – Besançon 74 km – Delémont 74 km – Neuchâtel 39 km
Carte Michelin 321-K3

L'Authentique

4 bis r. du Lt.-Col.-Loichot – ☎ 06 71 92 61 37 – www.chambres-hotes-lauthentique.com
5 ch – 55/65 € 70/80 € – ½ P **Table d'hôte** – Menu 22 €
Besoin d'un grand bol d'air ? Dans ce chalet flambant neuf, les chambres, toutes de plain-pied, ont une terrasse s'ouvrant sur la forêt ! Il fait bon profiter du coin détente : sauna, jacuzzi... À la table d'hôte, on apprécie une cuisine régionale et familiale. Une adresse auhentique, oui.

FOUSSEMAGNE

✉ 90150 (Territoire de Belfort) – 970 hab. – **Voir carte n°17-D1**
▶ Paris 451 km – Belfort 14 km – Besançon 110 km – Delémont 57 km
Carte Michelin 315-G11

Le Relais d'Alsace

28 r. d'Alsace – ☎ 03 84 19 40 06 – Fermé 3 semaines en août, 1 semaine en janv., dim. soir, lundi et mardi
Menu 13 € (déj. en semaine), 27/32 € – Carte 32/42 €
Tout en pans de bois, ce relais de poste ne peut mentir sur son âge : plus d'un siècle ! Un jeune couple le fait aujourd'hui revivre avec beaucoup de fraîcheur. La carte explore la tradition – mais pas seulement – en privilégiant les produits locaux. Une belle alliance.

FRANCESCAS

✉ 47600 (Lot-et-Garonne) – 695 hab. – **Voir carte n°4-C2**
▶ Paris 720 km – Agen 28 km – Condom 18 km – Nérac 14 km
Carte Michelin 336-E5

Le Relais de la Hire

11 r. Porte-Neuve – ☎ 05 53 65 41 59 – www.la-hire.com – Fermé 27 oct.-4 nov., vacances de fév., dim. soir, mardi soir, merc. soir et lundi
Formule 15 € 🍸 – Menu 25/42 € – Carte 42/52 € *(réservation conseillée)*
Confortable décor classique, charmante terrasse au cœur des plantes aromatiques – dont un bel arbre poivrier du Sichuan – que le chef utilise dans ses recettes... Il fait bon s'installer ici, autour de plats régionaux qui suivent l'air du temps.

FRÉHEL

✉ 22240 (Côtes-d'Armor) – 1 637 hab. – **Voir carte n°10-C1**
▶ Paris 433 km – Dinan 38 km – Lamballe 28 km – St-Brieuc 40 km
Carte Michelin 309-H3 – Guide Vert Michelin Bretagne Nord

Le Victorine

3 pl. Chambly – ☎ 02 96 41 55 55 – www.levictorine.net – Fermé 3 semaines en nov., 2 semaines en fév., dim. soir et lundi
Menu 15 € (déj. en semaine), 22/36 € – Carte 24/46 €
Sur la place du village, un restaurant traditionnel tenu en famille. Le chef, alsacien, fait honneur à ses origines en réalisant une cuisine généreuse et rythmée par les saisons. Les spécialités ? Soupe de poisson maison, ris de veau à la normande, filet mignon de porc au beurre de cacahuètes...

FRÉJUS

✉ 83600 (Var) – 51 839 hab. – **Voir carte n°41-C3**
▶ Paris 868 km – Cannes 40 km – Draguignan 31 km – Hyères 90 km
Carte Michelin 340-P5 – Guide Vert Michelin Côte d'Azur

FRÉJUS

Agachon (Av. de l') . . . . **A** 2
Alger (Bd) . . . . **B** 5
Brosset (Av. du Gén.) . . . . . **AB** 13
Carrara (R. Jean) . . . . **A** 16
Decuers (Bd S.) . . . . **A** 23
Donnadieu (R.) . . . . **B** 24
Einaudi (R. Albert) . . . . **A** 25
Europe (Av. de l') . . . . **A** 26
Fabre (Av. Hippolyte) . . . . **B** 27
Garros (R. Roland) . . . . **B** 32
Libération (Bd de la) . . . . **B** 40
Papin (R. Denis) . . . . **B** 46
Triberg (R. de) . . . . **A** 53
Verdun (Av. de) . . . . **A** 56
Victor-Hugo (Av.) . . . . **B** 60
XVe-Corps (Av. du) . . . . **A** 62

ST-RAPHAËL

Coty (Promenade René) . . . . **B** 20
Gaulle (Av. du Gén.-de) . . . . . **B** 33
Leclerc (Av. Mar.) . . . . **B** 39
Mimosas (Bd des) . . . . **B** 43
Myrtes (Av. des) . . . . **B** 45
Poincaré (Av. Raymond) . . . . **B** 47
Rivière (Av. Théodore) . . . . . . **B** 51
Valescure (Av. de) . . . . **B** 54

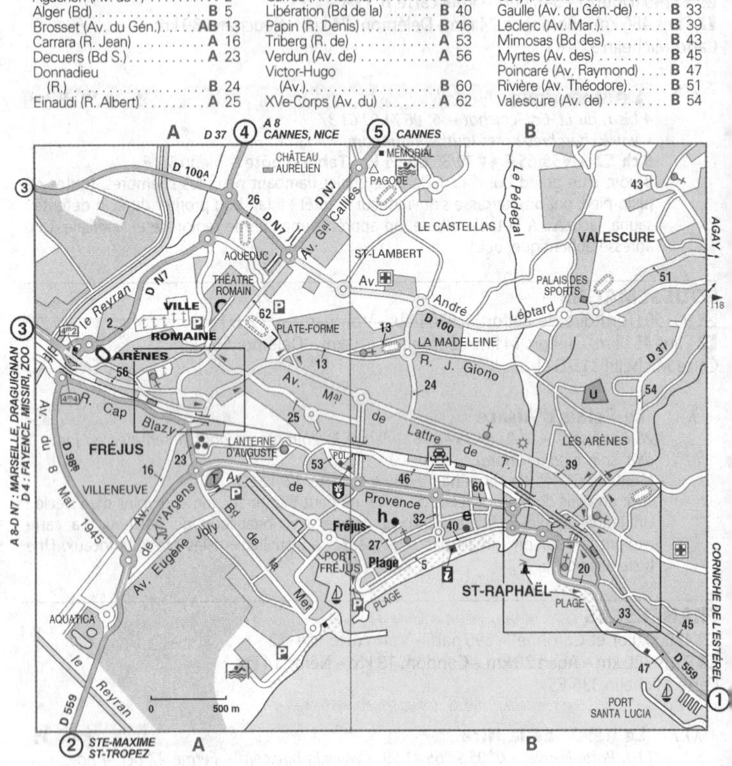

L'Aréna

ch,

145 r. du Gén.-de-Gaulle – ✆ 04 94 17 09 40 – www.hotel-frejus-arena.com
39 ch – †77/191 € ††77/191 € – ☕ 16 € – ½ P Plan : C**r**
Rest – Formule 22 € – Menu 29/70 € – Carte 40/70 € *(fermé nov.)*
Chambres cosy (tissus régionaux, mobilier peint, faïence...), patio odorant, piscine bleu azur : un pur concentré de Provence dans cette délicieuse maison proche des arènes. Cuisine du Sud au restaurant.

L'Amandier

19 r. Marc-Antoine-Desaugiers – ✆ 04 94 53 48 77 – www.restaurant-lamandier.com – Fermé 3 semaines en nov., 1 semaine en janv., lundi midi, merc. midi et dim.
Formule 21 € – Menu 27/39 € – Carte 36/51 € *(réservation conseillée)* Plan : D**v**
Une adresse sympathique à deux pas de la mairie. Deux salles sobrement rustiques, dont une voûtée. Cuisine méridionale tout simplement bonne et belle, sélection de vins.

à Fréjus-Plage AB – ✉ 83600 Fréjus

L'Oasis sans rest

71 impasse Charcot – ✆ 04 94 51 50 44 – www.hotel-oasis.net – Ouvert 8 fév.-11 nov.
27 ch – †52/76 € ††52/76 € – ☕ 9 € Plan : B**h**
Il règne une ambiance familiale dans cette hôtel des années 1950, situé dans un quartier calme. Chambres fonctionnelles d'esprit néorustique. Petit-déjeuner sous la pergola en saison.

FRÉJUS

Voir plan de St-Raphaël

Aubenas (R. Joseph)	C 7	Formigé (Pl.)	D 29	Liberté (Pl. de la)	C 42
Beausset (R. du)	D 9	Gallus (R.)	C 30	Montgolfier (R.)	C 44
Clemenceau (Pl. G.)	D 19	Girardin (R.)	C 35	Portalet (Passage du)	D 48
Craponne (R.)	C 22	Glacière (Pl. de la)	D 36	Potiers (R. des)	C 49
Decuers (Bd S.)	D 23	Grisolle (R.)	D 37	Sieyès (R.)	D 52
Fleury (R. de)	D 28	Jean-Jaurès (R.)	C	Verdun (Av. de)	C 56

Le Mérou Ardent

157 bd la Libération – 04 94 17 30 58 – Fermé 1 semaine en juin, 20 nov.-20 déc., sam. midi, lundi midi et jeudi midi en juil.-août, merc. et jeudi de sept. à juin
Menu 19/36 € – Carte 25/53 € Plan : B**e**
Sympathique restaurant du front de mer où la carte, plutôt traditionnelle, privilégie les recettes de poisson. Aux beaux jours, service en terrasse, face à la plage.

FRÉLAND

68240 (Haut-Rhin) – 1 409 hab. – **Voir carte n°2-C2**
Paris 438 km – Colmar 20 km – Mulhouse 63 km – Strasbourg 91 km
Carte Michelin 315-H7

La Haute Grange sans rest

la Chaude Côte – 03 89 71 90 06 – www.lahautegrange.fr – Fermé janv. et fév.
4 ch – 85/125 € 105/145 €
Un indéniable cachet ! Adossée à une colline, cette maison ancienne est bucolique et charmante. Les propriétaires l'ont décorée avec soin, mêlant raffinement contemporain et patine des ans. Après une nuit sereine – les chambres sont épurées et toutes différentes –, on savoure un délicieux petit-déjeuner.

LE FRENEY-D'OISANS

38142 (Isère) – 265 hab. – **Voir carte n°45-C2**
Paris 626 km – Bourg-d'Oisans 12 km – La Grave 16 km – Grenoble 64 km
Carte Michelin 333-J7

à Mizoën Nord-Est : 4 km par N 91 et D 1091 – 38142 – 193 hab.

Panoramique

rest,

rte des Aymes – 04 76 80 06 25 – www.hotel-panoramique.com – Ouvert 15 mai-22 sept. et 26 déc.-15 avril
9 ch – 70/78 € 99/112 € – ½ P **Rest** – Menu 20/27 € *(fermé le midi)*
Un authentique Panoramique ! Perché sur les hauteurs du village, cet imposant chalet semble tutoyer les sommets... Les balcons sont fleuris en été, l'accueil est charmant (les propriétaires sont d'anciens libraires) et le bois prête sa chaleur à toutes les chambres. La montagne apprivoisée...

LE FRENZ – 68 Haut-Rhin ➜ voir Kruth

FRESNAY-EN-RETZ

✉ 44580 (Loire-Atlantique) – 1 235 hab. – Voir carte n°**34**-A2
▶ Paris 425 km – Nantes 40 km – La Roche-sur-Yon 64 km – Saint-Nazaire 51 km
Carte Michelin 316-E5

Le Colvert

14 rte de Pornic – ✆ 02 40 21 46 79 – www.lecolvert.fr – Fermé 17 août-12 sept., dim. soir, mardi soir, merc. soir et lundi

Formule 15 € – Menu 19 € (déj. en semaine), 29/60 € – Carte 46/66 €

Nul besoin de se hausser du col pour pénétrer dans ce restaurant gastronomique, qui a opéré une jolie mue : fini la salle rustique, place à un décor contemporain intime et... à des saveurs qui aiment flirter avec la nouveauté. Dans l'annexe, Chez P'tit Père, priorité aux petits plats traditionnels et aux bons vins.

Chez P'tit PèreFormule 11 € 🍷 – Menu 23 € – Carte 19/34 € *(fermé 17-31 août, lundi et le soir sauf vend. et sam.)*

LE FRET – 29 Finistère ➜ voir Crozon

FRICHEMESNIL – 76 Seine-Maritime ➜ voir Clères

FROENINGEN – 68 Haut-Rhin ➜ voir Mulhouse

FROIDETERRE – 70 Haute-Saône ➜ voir Lure

FRONTONAS

✉ 38290 (Isère) – 1 931 hab. – Voir carte n°**44**-B2
▶ Paris 495 km – Ambérieu-en-Bugey 44 km – Lyon 34 km – La Tour-du-Pin 26 km
Carte Michelin 333-E4

Comptoir et Dépendances Ⓝ

La Place – ✆ 04 74 95 14 14 – www.comptoir-dependances.fr – Fermé dim.

8 ch – †75 € ††75 € – ☕ 8 €

Rest – Formule 13 € – Menu 15 € (déj. en semaine) – Carte 25/40 € *(fermé sam.)*

Ah ! Quel plaisir pour le voyageur de pousser la porte de cette petite auberge, située sur la place d'un paisible village dauphinois... L'endroit est chaleureux et convivial, les chambres sont modernes et bien tenues : on est ici chez soi. Cuisine bistrotière au restaurant.

Auberge du Ru

Le Bergeron – ✆ 04 74 94 25 71 – www.aubergeduru.fr – Fermé 2-10 mars, 13-28 juil., dim. et lundi

Formule 21 € 🍷 – Menu 29/56 € – Carte 35/46 €

Au menu de cette petite maison régionale, une déco fraîche et originale (tons mode, clins d'œil culinaires, toiles monochromes, etc.) et... des saveurs du moment. Le patron, Meilleur Ouvrier de France en sommellerie (2007), saura vous conseiller de jolis côtes-du-rhône pour accompagner cette cuisine goûteuse et parfumée.

FUISSÉ – 71 Saône-et-Loire ➜ voir Mâcon

LA FUSTE – 04 Alpes-de-Haute-Provence ➜ voir Manosque

FUTEAU – 55 Meuse ➜ voir Ste-Menehould (51 Marne)

FUVEAU

✉ 13710 (Bouches-du-Rhône) – 9 247 hab. – Voir carte n°**40**-B3
▶ Paris 765 km – Brignoles 53 km – Manosque 73 km – Marseille 36 km
Carte Michelin 340-I5

Aix Ste-Victoire

375 R.D 6, (face au golf de la Sainte-Victoire) – ☏ 04 42 68 19 19 – www.bestwestern-aix-saintevictoire.fr – Fermé 19 déc.-4 janv.

81 ch – 🚹79/169 € 🚹🚹79/169 € – ☕ 12 €

Rest – Formule 13 € – Menu 16 € (déj. en semaine)/24 € – Carte environ 30 € *(fermé sam. midi et dim.)*

Pour les amateurs de 18-trous ou... de séminaires professionnels, un hôtel récent et confortable situé entre le golf de la Ste-Victoire (belle vue sur la montagne de certaines chambres) et une petite zone d'activités. Équipements pour affaires.

LA GACILLY

✉ 56200 (Morbihan) – 2 222 hab. – Voir carte n°**10**-C2

▶ Paris 415 km – Nantes 96 km – Rennes 64 km – Vannes 65 km

Carte Michelin 308-S8 – Guide Vert Michelin Bretagne Sud

La Grée des Landes

1,5 km au Sud-Est par rte de Cournon – ☏ 02 99 08 50 50 – www.lagreedeslandes.com – Fermé 2-9 janv.

29 ch ☕ – 🚹115/150 € 🚹🚹115/150 € – ½ P

Rest *Les Jardins Sauvages* – voir les restaurants ci-après

Un vrai concept que cet "éco-hôtel spa" Yves Rocher : architecture bioclimatique et matériaux bruts (lin, coton, chêne). Soins esthétiques et repos total face à la vallée de l'Aff.

Les Jardins Sauvages – Hôtel La Grée des Landes

1,5 km au Sud-Est par rte de Cournon – ☏ 02 99 08 50 50 – www.lagreedeslandes.com – Fermé 2-9 janv.

Formule 21 € – Menu 27 € (déj. en semaine), 38/70 € – Carte environ 53 €

La Grée des Landes, hôtel écolo made by Yves Rocher, se devait d'avoir un restaurant en accord avec ses principes. C'est chose faite avec ces Jardins Sauvages, où traçabilité et produits locavores (potager bio) dominent.

GAGNY – 93 Seine-Saint-Denis → voir Paris, Environs

GAILLAC

✉ 81600 (Tarn) – 13 293 hab. – Voir carte n°**29**-C2

▶ Paris 672 km – Albi 26 km – Cahors 89 km – Castres 52 km

Carte Michelin 338-D7

Domaine de Perches Ⓝ

lieu-dit Perches, 7 km au Nord-Ouest par D 4 – ☏ 05 63 56 58 24 – www.laboriegrande.com

3 ch ☕ – 🚹145/165 € 🚹🚹150/185 € **Table d'hôte** – Menu 45 €

Il est des lieux qui traversent les époques sans se démoder : c'est le cas de cette maison de maître, située à quelques kilomètres du centre de Gaillac. Ici, le mobilier ancien côtoie celui d'aujourd'hui, les chambres sont raffinées, élégantes et offrent une jolie vue sur les vignes. Champêtre !

Vigne en Foule

80 pl. de la Libération – ☏ 05 63 41 79 08 – www.vigneenfoule.fr – Fermé dim.

Formule 13 € – Menu 16 € (déj.), 24/31 € – Carte 33/50 €

Un sympathique bar-restaurant dans lequel la vigne règne en maître : près de 300 références s'offrent à votre choix, principalement des vins nature ou en biodynamie. Et les gourmands ne sont pas en reste, se régalant d'une croquette de pied et tête de cochon, de pimientos farcis ou encore d'un coustellous laqué... Miam !

La Table du Sommelier

34 pl. du Griffoul – ☏ 05 63 81 20 10 – www.latabledusommelier.com – Fermé dim. sauf juil.-août et lundi

Formule 14 € – Menu 18 € (déj. en semaine), 30 € 🍷/45 € 🍷 – Carte environ 32 €

Avec une telle enseigne, nul doute, c'est Bacchus que l'on célèbre dans ce "bistrot-boutique" situé sous les arcades de la place du marché. Les accords mets-vins y sont à l'honneur, bien sûr ! Et l'on ne rechigne pas devant la cuisine du chef, honnête, typiquement bistrot, qui ne triche pas sur la qualité des produits.

GAILLARD – 74 Haute-Savoie ➜ voir Annemasse

GAILLON

✉ 27600 (Eure) – 7 271 hab. – Voir carte n°**33**-D2
Paris 94 km – Les Andelys 13 km – Évreux 25 km – Rouen 48 km
Carte Michelin 304-I7 – Guide Vert Michelin Normandie Vallée de la Seine

à Vieux-Villez 4 km à l'Ouest par D 6015 – ✉ 27600 – 212 hab.

Château Corneille

17 r. de l'Église – ✆ 02 32 77 44 77 – www.chateau-corneille.fr
20 ch – 92 € 115 € – 13 € – ½ P
Rest *La Closerie* – Formule 14 € – Menu 26/42 € – Carte 30/45 € *(fermé sam. midi et dim. soir)*
Est-ce la quiétude du parc planté d'arbres centenaires, le cachet de ce manoir du 18e s., le confort sobre et douillet de ses chambres, ou encore le restaurant traditionnel aménagé dans l'ancienne bergerie ? En tout cas, on prendrait bien racine au Château Corneille !

à St-Aubin-sur-Gaillon 2 km au Sud – ✉ 27600 – 1 710 hab.

L'Atelier de Jacques

r. du Bois-de-Saint-Paul, (ZA des Champs-Chouette), sortie 17 par A13 – ✆ 02 32 54 06 33 – www.erisay-brasserie.fr – Fermé 26 juil.-25 août, 24 déc.-4 janv. , sam. midi et dim.
Menu 38 € – Carte 26/51 € *(fermé le soir sauf sam.)*
Une brasserie des temps modernes, à la fois conviviale et contemporaine dans son bâtiment cubique et lumineux. Ravioles de homard, assiette du boucher, superbes légumes, etc. L'adresse plaira aux amateurs de cuisine traditionnelle revisitée et de produits de saison !

GALLARGUES-LE-MONTUEUX

✉ 30660 (Gard) – 3 314 hab. – Voir carte n°**23**-C2
Paris 735 km – Arles 51 km – Montpellier 36 km – Nîmes 26 km
Carte Michelin 339-J6

Orchidéa

9 pl. Coudoulié – ✆ 04 66 73 34 07 – Fermé dim.
Formule 19 € – Menu 27/34 € – Carte environ 50 €
Une maison conviviale, d'esprit "table d'hôte". Au gré de son inspiration et du marché, le chef concocte une ardoise du jour teintée de saveurs méridionales.

GAMBSHEIM

✉ 67760 (Bas-Rhin) – 4 569 hab. – Voir carte n°**1**-B1
Paris 491 km – Karlsruhe 67 km – Stuttgart 133 km – Strasbourg 25 km
Carte Michelin 315-L4

Fleur de Sureau

22 r. du Chemin-de-Fer – ✆ 03 88 21 85 22 – www.fleurdesureau.fr – Fermé sam. midi, mardi soir et merc.
Formule 19 € – Menu 43 € – Carte 38/53 €
Cette Fleur de Sureau a poussé face à la gare ! À ceci près que son jardinier est un chef qui a fait ses classes auprès de Pierre Gagnaire. Il réalise une cuisine du marché soignée et savoureuse. À noter, un menu surprise avec des plats plus créatifs. Une adresse pour ceux qui ont la main verte... ou pas.

GANNAT

✉ 03800 (Allier) – 5 806 hab. – Voir carte n°**5**-B1
Paris 383 km – Clermont-Ferrand 49 km – Montluçon 78 km – Moulins 58 km
Carte Michelin 326-G6 – Guide Vert Michelin Auvergne

XX **Le Frégénie**

4 r. des Frères-Bruneau – ✆ 04 70 90 04 65 – www.le-fregenie.com
– Fermé 1er-10 sept., 1er-7 janv. et le soir sauf vend. et sam.
Menu 15 € (déj.), 24/44 €
Gaperon coulant en croûte, joues de cochon fermier confites, pavé de sandre à la vigneronne, croquant chocolaté au citron vert... Dans cet ancien relais de poste bourbonnais on savoure une cuisine gourmande, respectueuse des produits et toujours de saison. Accueil chaleureux.

GAP

✉ 05000 (Hautes-Alpes) – 39 744 hab. – Voir carte n°**41**-C1
Paris 665 km – Avignon 209 km – Grenoble 103 km – Sisteron 52 km
Carte Michelin 334-E5 – Guide Vert Michelin Alpes du Sud

Le Clos

20 ter av. du cdt.-Dumont, par ① rte de Grenoble et chemin privé
– ✆ 04 92 51 37 04 – www.leclos.fr – Fermé 21 oct.-26 nov. et dim. soir
28 ch – †59/63 € ††59/63 € – ☕ 10 € – ½ P
Rest – Menu 23/35 € – Carte 31/53 € *(fermé dim. soir et lundi)*
Non loin du centre-ville, une sympathique bâtisse aux volets bleus, avec un petit jardin verdoyant sur lequel ouvrent quelques balcons (préférez ces chambres-là). Un endroit simple et bien tenu, parfait pour une étape à Gap.

Kyriad sans rest

5 chemin des Matins Calmes, par ③ : 2,5 km (près piscine), rte Sisteron
– ✆ 04 92 51 57 82 – www.kyriad.com
26 ch – †60/75 € ††60/75 € – ☕ 10 €
Aux portes de Gap, sur la route Napoléon, un hôtel très fonctionnel, auquel sa propriétaire insuffle un petit supplément d'âme : l'entretien est extrêmement soigné et l'ensemble très fleuri. En outre, le jardin où l'on peut prendre le petit-déjeuner se révèle charmant.

XXX **Patalain**

2 pl. Ladoucette – ✆ 04 92 52 30 83 – www.lepatalain.fr
– Fermé 30 déc.-31 janv., dim. et lundi Plan : Y**d**
Menu 40/45 €
Un joli jardin, une terrasse sous une glycine, un décor de moulures, de parquet et d'objets anciens... À l'entrée de la ville, cette maison de maître de 1895 conserve un cachet certain. La carte y fait profession de classicisme : quoi de plus logique ? Bonne formule également au Bistro, digne d'un bouchon lyonnais !
Bistro du Patalain Formule 17 € – Menu 20/25 €

XX **Le Pasturier**

18 r. Pérolière – ✆ 04 92 53 69 29 – www.restaurantlepasturier.com
– Fermé mardi midi, dim. soir et lundi Plan : Y**a**
Formule 21 € – Menu 30/53 € – Carte 46/63 €
Dans une rue piétonne assez animée, le Pasturier a tout du bon petit restaurant traditionnel : le décor n'a rien de révolutionnaire, pas plus que la cuisine, mais le chef est un sérieux professionnel qui privilégie les produits frais et les approvisionnements locaux. À savoir : on trouve sur l'arrière une sympathique terrasse.

X **Le Bouchon**

4 La Placette – ✆ 04 92 46 02 43 – Fermé 2 semaines en mai, 24 août-3 sept.,
21 déc.-6 janv., dim. et lundi Plan : Y**b**
Formule 17 € – Carte 34/53 €
Des assiettes pleines d'arômes, généreuses et fort bien cuisinées, mettant en valeur des produits de belle qualité (bio et productions locales) : non, on ne pousse pas le Bouchon trop loin ! Cette table s'impose pour un savoureux repas, et l'ambiance sympathique donne envie de revenir...

GAP

à La Bâtie-Neuve 10 km par ② – ✉ 05230 – 2 325 hab.

La Pastorale sans rest

Les Brès, 4 km au Nord-Est par D 214 et D 614 – ✆ 04 92 50 28 40 – www.lapastorale.net – Ouvert 1er mai-30 oct.

8 ch – †89 € ††89/109 € – ☕ 10 €

Sortez de Gap... et des sentiers battus ! Il faut emprunter de petites routes en lacets pour rallier cette ferme du 16e s. Le trajet est digne d'une pastorale et la bâtisse va bien à cet environnement : entre ses murs épais et biscornus, on découvre des chambres au charme champêtre, à l'unisson du calme alentour.

GAPENNES

✉ 80150 (Somme) – 257 hab. – **Voir carte n°36-A1**

Paris 178 km – Abbeville 62 km – Amiens 17 km – Berck 50 km

Carte Michelin 301-E6

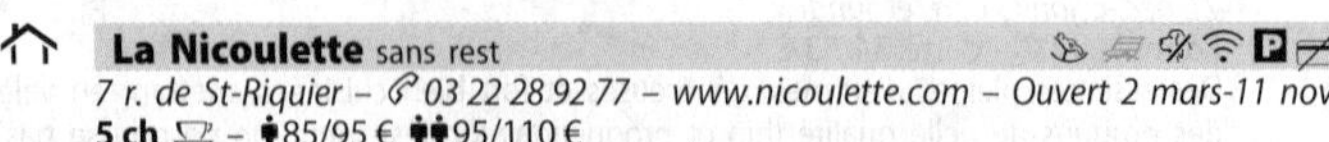

La Nicoulette sans rest

7 r. de St-Riquier – ✆ 03 22 28 92 77 – www.nicoulette.com – Ouvert 2 mars-11 nov.

5 ch ☕ – †85/95 € ††95/110 €

Mobilier chiné çà et là, briques apparentes, chambres de plain-pied sur le joli jardin... Cette ancienne ferme picarde ne manque pas de charme. Jacuzzi pour la détente.

GARABIT (VIADUC DE) – 15 Cantal ➜ voir Viaduc de Garabit

LA GARDE – 04 Alpes-de-Haute-Provence ➜ voir Castellane

LA GARDE – 48 Lozère ➜ voir St-Chély-d'Apcher

LA GARDE-ADHÉMAR

✉ 26700 (Drôme) – 1 118 hab. – Voir carte n°**44**-B3
Paris 624 km – Montélimar 24 km – Nyons 42 km – Pierrelatte 7 km
Carte Michelin 332-B7 – Guide Vert Michelin Ardèche Drôme

Le Logis de l'Escalin

Les Mamarteaux, 1 km au Nord par D 572 – ✆ 04 75 04 41 32 – www.lescalin.com
14 ch – 80/115 € 80/115 € – 14 € – ½ P
Rest ***Le Logis de l'Escalin*** – voir les restaurants ci-après
Incroyable destin que celui d'Antoine Escalin. À l'origine simple berger, puis soldat, il fut anobli et devint ambassadeur de François Ier... Sous l'égide de l'illustre personnage, cet établissement aux allures de mas provençal propose des chambres calmes et de bon confort.

Le Logis de l'Escalin

Les Mamarteaux, 1 km au Nord par D 572 – ✆ 04 75 04 41 32 – www.lescalin.com – Fermé dim. soir et lundi
Formule 22 € – Menu 27 € (semaine), 41/71 € – Carte 52/85 €
Ici, la Provence est à l'honneur ! Le chef signe une goûteuse cuisine traditionnelle, à savourer dans l'une des deux salles séparées par une cheminée ou sur la terrasse ombragée.

LA GARDE-GUÉRIN

✉ 48800 (Lozère) – Voir carte n°**23**-C1
Paris 610 km – Alès 59 km – Aubenas 69 km – Florac 71 km
Carte Michelin 330-L8

Auberge Régordane

rest, rest,
Prévenchères – ✆ 04 66 46 82 88 – www.regordane.com – Ouvert 19 avril-28 sept.
16 ch – 63/74 € 63/74 € – 10 € – ½ P
Rest – Menu 15 € (déj. en semaine), 26/39 € – Carte 38/51 €
Au cœur d'un village fortifié entouré de lande et interdit à la circulation, cette demeure seigneuriale (16e s.) mêle charme des vieilles pierres et esprit monacal : on remonte le temps... Au restaurant, on admire la salle voûtée et son superbe cantou (cheminée) ; cuisine du terroir.

LA GARENNE-COLOMBES – 92 Hauts-de-Seine ➜ voir Paris, Environs

GARGAS

✉ 84400 (Vaucluse) – 2 929 hab. – Voir carte n°**42**-E1
Paris 735 km – Aix-en-Provence 91 km – Avignon 53 km – Marseille 107 km
Carte Michelin 332-F10

Domaine de la Coquillade

hameau Le Perrotet, 4,5 km au Sud-Ouest par D 83 – ✆ 04 90 74 71 71 – www.coquillade.fr – Ouvert 16 avril-3 nov.
22 suites – 180/1400 € – 6 ch – 22 €
Rest ***Le Gourmet*** ✿ **Rest** ***Le Bistrot dans les Vignes*** – voir les restaurants ci-après
Un hameau provençal dont les origines remontent au 11e s. : tel est le cadre de ce luxueux domaine hôtelier ! Le jardin s'étage en terrasses face au Luberon ; les chambres, épurées, expriment la quintessence des lieux (vieilles pierres, charpentes) ; le tout au sein d'un vignoble de 30 ha. Vendange de plaisirs...

Le Gourmet - Hôtel Domaine de la Coquillade

hameau Le Perrotet, 4,5 km au Sud-Ouest par D 83 – ✆ 04 90 74 71 71 – www.coquillade.fr – Ouvert 16 avril-3 nov.

Formule 38 € – Menu 58 € (déj. en semaine), 65/110 € – Carte environ 75 €

On est un peu au royaume de Bacchus dans ce restaurant bien nommé, situé au cœur d'un domaine viticole. On honore les vins du cru et... l'on rend grâce à tous les fruits de la terre provençale, cuisinés avec grande finesse. Le décor lui non plus ne manque pas de superbe (colonnes, charpente). ➜ Tartine de figue fraîche et noix, foie gras de canard confit au piment d'Espelette. Daurade à la plancha, artichaut façon barigoule au gingembre et basilic. Sphère blanche à l'ananas et citron vert, lait glacé au géranium et verveine.

Le Bistrot dans les Vignes - Hôtel Domaine de la Coquillade

hameau Le Perrotet, 4,5 km au Sud-Ouest par D 83 – ✆ 04 90 74 71 71 – www.coquillade.fr – Ouvert 16 avril-3 nov. et fermé mardi et merc. sauf de mi-juin à mi-sept. et le midi

Menu 34 € – Carte environ 66 €

Dans le bistrot ou dans le jardin au milieu du vignoble l'été... Un fil très rouge, donc, pour cette adresse gourmande : le travail des saisons et le sens du terroir – au sein d'un hôtel qui vaut le coup d'œil !

GARIDECH

31380 (Haute-Garonne) – 1 591 hab. – **Voir carte n°29-C2**

Paris 687 km – Albi 58 km – Auch 96 km – Toulouse 21 km

Carte Michelin 343-H2

Le Club

rte d'Albi – ✆ 05 61 84 20 23 – www.leclubchampetre.com – Fermé sam. midi, dim. soir et lundi

Formule 16 € – Menu 18 € (déj. en semaine), 29/46 € – Carte 46/58 €

Ici, le goût de la tradition est roi ! Sur la route d'Albi, en pleine campagne (l'une des salles offre une belle vue sur les champs), le cadre est résolument classique, et la cuisine honore les beaux produits du terroir et les saisons. Mention particulière pour le service, souriant et dynamique.

GARNACHE - 85 Vendée ➜ voir Challans

GARONS - 30 Gard ➜ voir Nîmes

GARREVAQUES

81700 (Tarn) – 374 hab. – **Voir carte n°29-C2**

Paris 727 km – Carcassonne 53 km – Castres 31 km – Toulouse 52 km

Carte Michelin 338-D10

Le Pavillon du Château rest,

Château de Garrevaques – ✆ 05 63 75 04 54 – www.garrevaques.com

15 ch – 95/180 € 110/250 € – 12 €

Rest – Menu 25 € (déj. en semaine)/45 € – Carte 27/60 € *(réservation conseillée)*

Au cœur du pays cathare, dans un parc de 7 ha, ce bel hôtel occupe les écuries d'un château du 16e s. remanié au 19e s. Charme, authenticité et tableaux contemporains ; meubles chinés et équipements dernier cri ; superbe spa ; restaurant classique et salle voûtée au dîner : tout se mêle avec élégance...

GARRIGUES

34160 (Hérault) – 167 hab. – **Voir carte n°23-C2**

Paris 756 km – Alès 51 km – Montpellier 37 km – Nîmes 46 km

Carte Michelin 339-J6

Château Roumanières sans rest

2 pl. de la Mairie – ✆ 04 67 86 49 70 – www.chateauroumanieres.com – Fermé déc., janv. et fév.

5 ch – 90/120 € 100/130 €

Cette maison familiale – ancien château du village – jouxte le domaine viticole et sa ferme fortifiée. Salle de réception du 13e s., belles chambres mariant l'ancien et le moderne.

GASNY

✉ 27620 (Eure) – 3 004 hab. – **Voir carte n°33-D2**

▶ Paris 77 km – Évreux 43 km – Mantes-la-Jolie 20 km – Rouen 71 km

Carte Michelin 304-J7

Auberge du Prieuré Normand

1 pl. de la République – ✆ 02 32 52 10 01 – www.aubergeduprieurenormand.com – Fermé 24-30 déc., mardi soir et merc.

Formule 22 € – Menu 30/47 € – Carte 49/59 €

Depuis La Roche-Guyon, en suivant les boves crayeuses, votre route vous mènera à Gasny, où cette auberge familiale aussi pittoresque que sympathique anime joliment la place centrale. Produits de qualité, sauces sapides, saveurs franches : la cuisine du chef – un sérieux professionnel, très investi – est généreuse et soignée !

GASSIN

✉ 83580 (Var) – 2 853 hab. – **Voir carte n°41-C3**

▶ Paris 872 km – Fréjus 34 km – Le Lavandou 31 km – St-Tropez 9 km

Carte Michelin 340-O6 – Guide Vert Michelin Côte d'Azur

La Verdoyante

866 chemin vicinal Coste-Brigade – ✆ 04 94 56 16 23 – www.la-verdoyante.fr – Ouvert de début fév. à mi-oct. et fermé du lundi au jeudi en fév.-mars, lundi midi et merc. d'avril à mi-oct.

Menu 28/54 € – Carte 53/75 €

Elle a bien mérité son nom, La Verdoyante : posée au cœur des vignes, cette ancienne ferme rustique jouit d'un très beau panorama... Mais elle ne serait rien sans la passion de ses propriétaires, la famille Mouret au grand complet. Au menu : une délicieuse cuisine provençale aux parfums de garrigue.

LA GAUDE

✉ 06610 (Alpes-Maritimes) – 6 821 hab. – **Voir carte n°42-E2**

▶ Paris 930 km – Marseille 202 km – Nice 30 km

Carte Michelin 341-D5 – Guide Vert Michelin Côte d'Azur

Aux Caprices de Caroline avec ch

221 rte de St-Laurent, 2 km au Nord par D 118 – ✆ 04 93 24 40 60 – www.auxcapricesdecaroline.com – Fermé 3-10 mars, 24 août-8 sept., 2-13 janv.

7 ch – †62/72 € ††72/82 € – ☕ 11 €

Formule 21 € – Menu 29/69 € – Carte 57/74 € *(fermé sam. midi, dim. soir et lundi) (réservation conseillée)*

Caroline n'est pas capricieuse, mais inventive et talentueuse ! Le chef signe en effet une belle cuisine méditerranéenne, originale et inspirée, bien équilibrée, très fraîche et parfumée. Le plaisir est au rendez-vous, et l'on peut le prolonger en réservant l'une des petites chambres cosy de l'hôtel...

GAUJAC

✉ 30330 (Gard) – 1 000 hab. – **Voir carte n°23-D2**

▶ Paris 673 km – Avignon 39 km – Montpellier 93 km – Nîmes 45 km

Carte Michelin 339-M4

La Maison

r. du Presbytère – ✆ 04 66 39 33 08 – www.lamaison.gaujac.com – Fermé 17-31 août, le midi du 1er juil. au 16 août, mardi midi, jeudi midi, merc. et dim. de sept. à juin

Menu 31 € *(réservation conseillée)*

On se sent bien, un peu comme à La Maison, dans cette ancienne demeure de vignerons ! Dans les salles, magnifiques écrins de pierre, on savoure une goûteuse cuisine du marché, réalisée par madame. Monsieur, lui, s'occupe de la belle sélection de vins qui comprend notamment des crus du village. Le tout à petits prix.

GAVARNIE

✉ 65120 (Hautes-Pyrénées) – 140 hab. – **Voir carte n°28-A3**

▶ Paris 901 km – Lourdes 52 km – Luz-St-Sauveur 20 km – Pau 96 km

Carte Michelin 342-L8

à Gèdre 9 km au Nord par D 921 – ✉ 65120 – 251 hab.

Brèche de Roland

– ☎ 05 62 92 48 54 – www.pyrenees-hotel-breche.com – *Fermé 1er-12 avril et 20 nov.-22 déc.*
25 ch – †99/109 € ††99/109 € – 1 suite – ☕ 11 € – ½ P
Rest – Menu 23/29 € – Carte 33/45 €
Au pied des cirques de Gavarnie et de Troumouse, auberge familiale aménagée dans une maison de pays ; lieu de départ idéal pour la découverte d'une nature intacte. Petit fitness. Au restaurant, on apprécie les recettes du terroir.

GAZERAN – 78 Yvelines → voir Rambouillet

GÈDRE – 65 Hautes-Pyrénées → voir Gavarnie

GÉMENOS

✉ 13420 (Bouches-du-Rhône) – 6 137 hab. – **Voir carte n°40-B3**
▶ Paris 788 km – Aix-en-Provence 39 km – Brignoles 48 km – Marseille 25 km
Carte Michelin 340-I6 – Guide Vert Michelin Provence

Bastide Relais de la Magdeleine

40 av. du 2ème- Cuirassier, au rond point de la Fontaine – ☎ 04 42 32 20 16 – *www.relais-magdeleine.com* – *Ouvert 30 mars-3 nov.*
28 ch – †120/160 € ††128/198 € – 1 suite – ☕ 16 € – ½ P
Rest *Relais de la Magdeleine* – voir les restaurants ci-après
C'est toute la noblesse provençale qui s'exprime dans cette demeure du 18e s. : mobilier ancien, tableaux, tissus... même le chant des cigales semble élégant !

Bed & Suites sans rest

250 av. Château-de-Jouques, 2 km au Sud, au parc d'activités de Gémenos – ☎ 04 42 32 72 73 – www.bestwestern-gemenos.com – *Fermé 21 déc.-2 janv.*
31 ch – †80/105 € ††80/105 € – ☕ 12 €
Dans une zone d'activités aux portes de la cité, un hôtel moderne (créé en 2000) et bien tenu. Le décor des chambres, lumineuses, s'inspire de la Provence. Utile pour une étape.

Relais de la Magdeleine – Hôtel Bastide Relais de la Magdeleine

40 av. du 2ème- Cuirassier, au rond point de la Fontaine
– ☎ 04 42 32 20 16 – www.relais-magdeleine.com – *Ouvert 30 mars-3 nov. et fermé lundi midi et merc. midi*
Formule 35 € – Menu 46/48 € – Carte 53/68 €
Une superbe maison provençale, où il fait bon s'attabler à l'ombre des platanes ou à la lueur des bougies... Côté papilles, on savoure une cuisine traditionnelle ensoleillée.

GENAS – 69 Rhône → voir Lyon

GENESTON

✉ 44140 (Loire-Atlantique) – 3 524 hab. – **Voir carte n°34-B2**
▶ Paris 398 km – Cholet 60 km – Nantes 20 km – La Roche-sur-Yon 47 km
Carte Michelin 316-G5

Le Pélican

13 pl. Georges-Gaudet – ☎ 02 40 04 77 88 – www.restaurantlepelican.fr – *Fermé août, vacances de fév., dim. soir, lundi et mardi*
Formule 20 € – Menu 24/34 €
Ouvrez grand la bouche : ce Pélican propose une savoureuse cuisine, mêlant tradition et modernité. Mention spéciale pour le nougat de foie gras à l'armagnac et sa tuile au miel. Les cuissons sont justes, les assaisonnements précis, les saveurs respectées et... les prix mesurés. De quoi clouer le bec aux plus difficiles !

GENEUILLE – 25 Doubs → voir Besançon

GENILLÉ

✉ 37460 (Indre-et-Loire) – 1 582 hab. – Voir carte n°**11**-B3
▶ Paris 239 km – Blois 57 km – Châtellerault 67 km – Tours 48 km
Carte Michelin 317-P5 – Guide Vert Michelin Châteaux de la Loire

Agnès Sorel

6 pl. Agnès-Sorel – ☎ 02 47 59 50 17 – www.agnessorel.com – Fermé 16 sept.-1er oct., 1er-15 janv., dim. soir, jeudi midi et merc.
Formule 19 € – Menu 23 € (déj. en semaine), 37/41 € – Carte 55/65 €
Au 15e s., Genillé abrita les amours illégitimes de Charles VII et de la belle Agnès Sorel. Joli hommage rendu à la favorite du roi dans ce restaurant où la cuisine traditionnelle séduit le cœur – et les papilles – des gourmands : carpaccio de tête de veau, sandre au beurre blanc... Accueil charmant.

GÉNIN (LAC) – 01 Ain ➜ voir Oyonnax

GÉNISSAC

✉ 33420 (Gironde) – 1 835 hab. – Voir carte n°**3**-B1
▶ Paris 581 km – Agen 167 km – Bordeaux 38 km – Périgueux 105 km
Carte Michelin 335-J5

L'Arbre Rouge sans rest

1393 rte de la Palus, à Port de Génissac, 5 km au Nord par D 121 et rte secondaire – ☎ 05 57 24 43 72 – www.larbrerouge.com – Ouvert 15 avril-15 oct.
5 ch – 95/135 € 95/135 €
Un charme fou ! Dans cette ferme du 18e s., au bord de la Dordogne, tout n'est que raffinement – sobre et design. Quelques brasses dans la piscine couverte, puis on musarde sur le ponton, en laissant filer le temps...

GENNES

✉ 49350 (Maine-et-Loire) – 2 086 hab. – Voir carte n°**35**-C2
▶ Paris 305 km – Angers 33 km – Bressuire 65 km – Cholet 68 km
Carte Michelin 317-H4 – Guide Vert Michelin Châteaux de la Loire

L'Aubergade

7 av. des Cadets – ☎ 02 41 51 81 07 – www.restaurant-laubergade.com – Fermé vacances de la Toussaint, de fév., mardi et merc.
Menu 25 € (semaine), 35/90 € – Carte 54/62 €
Le chef de cette auberge n'hésite pas à mêler les influences et à parfumer sa cuisine de touches exotiques, avec habileté. Une invitation au voyage, dans un décor fort élégant...

GENNEVILLE – 14 Calvados ➜ voir Honfleur

GENSAC

✉ 33890 (Gironde) – 860 hab. – Voir carte n°**4**-C1
▶ Paris 554 km – Bergerac 39 km – Bordeaux 63 km – Libourne 33 km
Carte Michelin 335-L6

au Sud-Ouest 2 km par D18 et D15E1 – ✉ 33350 Ste-Radegonde

Château de Sanse

– ☎ 05 57 56 41 10 – www.chateaudesanse.com – Fermé janv. et fév.
12 ch – 120/195 € 120/195 € – 4 suites – 12 € – ½ P
Rest – Formule 18 € – Menu 24/44 € – Carte 34/54 € *(réservation conseillée)*
Dominant la campagne et les vignobles, cette belle demeure (18e s.) en pierre blonde est vraiment au grand calme ! Parc verdoyant, grande piscine chauffée, restaurant, chambres spacieuses et charmantes : une étape pleine de cachet.

GÉRARDMER

✉ 88400 (Vosges) – 8 755 hab. – Voir carte n°**27**-C3
▶ Paris 425 km – Belfort 78 km – Colmar 52 km – Épinal 40 km
Carte Michelin 314-J4

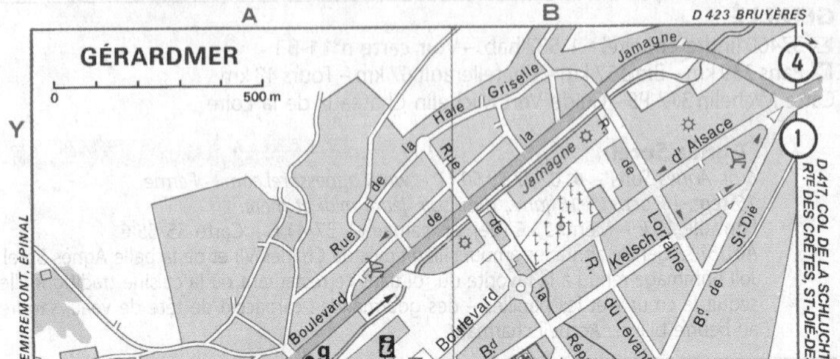

GÉRARDMER

Déportés (Pl. des) . . . . . AY 3
Ferry (Pl. Albert) . . . . . . AZ 5
Gaulle (R. Ch.-de) . . . . ABZ
Kelsch (Bd) . . . . BY
Leclerc (Pl. Gén.) . . . . . . AY 6
Mitterrand (R. F.) . . . . . . AY 8
Ville-de-Vichy
(Av. de la) . . . . AZ 9
Xettes (Bd des) . . . . AY 12

Le Grand Hôtel

pl. du Tilleul – 03 29 63 06 31 – www.grandhotel-gerardmer.com Plan : AZ**f**
62 ch – 98/198 € 118/268 € – 14 suites – 22 € – ½ P
Rest *L'Assiette du Coq à l'Âne*
Rest *Le Pavillon Pétrus* – voir les restaurants ci-après
Rest *Le Grand Cerf* – Menu 32 €
Né au 19e s., il cultive sans faillir l'âme de la station vosgienne. Des chambres spacieuses classiques ou contemporaines, de superbes suites tout en bois dans un chalet indépendant, un spa magnifique, trois restaurants... Un fleuron en matière d'accueil et de confort.

Le Manoir au Lac

chemin de la Droite du Lac, rte d'Épinal, 1 km par ③ – 03 29 27 10 20 – www.manoir-au-lac.com – Fermé 12 nov.-3 déc.
8 ch – 190/250 € 190/250 € – 2 suites – 20 €
Rest – Menu 30 € *(fermé le midi, dim., lundi, mardi, merc. et jeudi) (résidents seult)*
Dans son parc escarpé dominant le lac, cet imposant chalet de 1830 fut jadis fréquenté par Maupassant... qui aurait pu écrire un roman sur la beauté du panorama. À l'intérieur, tout n'est que raffinement et confort : mobilier de style, épais édredons sur chaque lit, piscine couverte, etc. Une adresse de charme !

Beau Rivage

esplanade du Lac – 03 29 63 22 28 – www.hotel-beaurivage.fr Plan : AY**e**
50 ch – 80/318 € 80/318 € – 4 suites – 13 € – ½ P
Rest *Côté Lac* – voir les restaurants ci-après
Rest *Le Toit du Lac* – Formule 19 € – Menu 25 € – Carte environ 26 € *(fermé du lundi au jeudi sauf vacances scolaires)*
Tel un paquebot (le bâtiment date des années 1950), il est posé face au lac et ses rives verdoyantes... Les chambres sont confortables, très contemporaines, et les mieux exposées offrent une vue superbe ! À l'heure des repas, deux options : gastronomie côté lac ou plats à la plancha sur le toit-terrasse.

Jamagne
2 bd Jamagne – ✆ 03 29 63 36 86 – www.jamagne.com – Fermé 9 nov.-12 déc.
48 ch – 🚹70/120 € 🚹🚹90/150 € – ☕ 11 € – ½ P Plan : AY**g**
Rest – Formule 16 € – Menu 20 € (semaine), 32/52 € – Carte 34/60 €
Un hôtel-restaurant de tradition, tenu par la même famille depuis 1905. L'établissement est confortable, parfaitement tenu et il sait vivre avec son temps – ainsi un agréable espace bien-être.

Gérard d'Alsace sans rest
14 r. du 152° R.I. – ✆ 03 29 63 02 38 – www.hotel-gerard-dalsace.com – Fermé 28 juin-10 juil. Plan : AZ**v**
13 ch – 🚹59/90 € 🚹🚹59/90 € – ☕ 9 €
Une maison traditionnelle, à la façade blanche et aux volets bleus, à 300 m du lac. Les chambres sont douillettes, avec de jolis boutis et des tissus aux couleurs vives. Agréable surprise : la piscine dans le jardin. Une bonne adresse.

Hôtel de la Paix
6 av. de la Ville-de-Vichy – ✆ 03 29 63 38 78 – www.hoteldelapaix.fr Plan : AZ**s**
24 ch – 🚹50/98 € 🚹🚹50/98 € – ☕ 9 € – ½ P
Rest *La Brasserie de la P.* – Formule 18 € – Menu 25 € – Carte 25/37 € *(fermé dim. soir, lundi midi sauf vacances scolaires et fériés)*
Face au lac et au casino, cet hôtel traditionnel se révèle avenant et fort bien tenu. À noter : on peut accéder à la piscine couverte, au spa et à la salle de massage du Beau Rivage voisin, appartenant au même propriétaire. Spécialités alsaciennes et vosgiennes au restaurant.

Les Reflets du Lac sans rest
201 chemin du Tour-du-Lac, au bout du lac, 2,5 km par ③ – ✆ 03 29 60 31 50 – www.lesrefletsdulac.com – Fermé 15 nov.-15 déc.
14 ch – 🚹60/70 € 🚹🚹60/70 € – ☕ 8 €
Son nom ne ment pas : la plupart des chambres – certaines avec balcon – offrent une vue apaisante sur les reflets du lac... Accueil simple et sympathique, décor d'esprit chalet : un établissement chaleureux, à l'écart de Gérardmer.

Côté Lac – Hôtel Beau Rivage
esplanade du Lac – ✆ 03 29 63 22 28 – www.hotel-beaurivage.fr Plan : AY**e**
Menu 27 € (déj. en semaine)/48 € – Carte 51/67 €
Sa grande terrasse toise évidemment le lac... Belle situation pour ce restaurant très confortable, dont la carte affectionne les produits nobles et les vins d'Alsace. Une valeur sûre de la gastronomie locale.

Le Pavillon Pétrus – Le Grand Hôtel
pl. du Tilleul – ✆ 03 29 63 06 31 – www.grandhotel-gerardmer.com – Fermé jeudi midi, mardi et merc. Plan : AZ**f**
Menu 48/96 € – Carte 59/89 €
Chaises capitonnées de velours, lustres à pendeloques, nappes blanches... Un décor au classicisme achevé, pour une cuisine gastronomique fort soignée – à l'instar de cette pièce de bœuf Wagyu à la plancha, purée truffée. De belles saveurs au menu !

L'Assiette du Coq à l'Âne – Le Grand Hôtel
pl. du Tilleul – ✆ 03 29 63 06 31 – www.grandhotel-gerardmer.com Plan : AZ**f**
Menu 18 € 🍷 (déj. en semaine), 26/30 € – Carte 32/52 €
Sautez allégrement sur l'Assiette du Coq à l'Âne, la bonne petite adresse "terroir" de Gérardmer, en forme de chalet vosgien. Spécialités : la choucroute, généreuse et goûteuse, la tartiflette, revigorante dès les premiers frimas, ou encore un authentique... "hamburger du bûcheron" !

à Xonrupt-Longemer 4 km par ① – ✉ 88400 – 1 569 hab.

Les Jardins de Sophie
Domaine de la Moinaudière, rte du Valtin, 4 km au Nord-Ouest par D23 et rte secondaire – ✆ 03 29 63 37 11 – www.hotel-lesjardinsdesophie.com
32 ch – 🚹130/240 € 🚹🚹155/289 € – ☕ 16 € – ½ P
Rest *Les Jardins de Sophie* ✿ – voir les restaurants ci-après
Sentiment d'exception dans ce chalet luxueux blotti dans une forêt d'épicéas... Ici, l'esprit montagnard n'est que raffinement et douceur, confort et chaleur. Une adresse délicieuse pour profiter pleinement des Vosges !

La Devinière sans rest

318 montée des Broches – ✆ 03 29 63 23 89 – www.chambredhote-deviniere.com – Fermé 16 mars-4 avril, 11-24 mai, 10-27 juin, 25 sept.-25 oct. et 13-20 janv.

5 ch ☕ – 🚹62/72 € 🚹🚹68/108 €

Les atouts de cette ferme restaurée, sur la route du col de la Schlucht ? La tranquillité, la vue sur la forêt, un espace bien-être (sauna finlandais), cinq grandes chambres... et un accueil fort sympathique.

Les Jardins de Sophie – Hôtel Les Jardins de Sophie

Domaine de la Moinaudière, rte du Valtin, 4 km au Nord-Ouest par D23 et rte secondaire – ✆ 03 29 63 37 11 – www.hotel-lesjardinsdesophie.com

Menu 29 € (déj. en semaine), 49/79 € – Carte environ 70 € *(fermé mardi et merc. hors saison sauf fériés)*

À l'occasion d'une escapade dans la forêt vosgienne depuis Gérardmer, vous ne serez pas dépourvu quand l'heure du repas sera venue : voici une table gastronomique empreinte de finesse et d'originalité. Bons produits, exécution soignée, recettes bien pensées : des Jardins très raffinés parmi l'étendue des sapins...

➜ Foie gras de canard poêlé aux myrtilles, tuile sésame et pain du grand-père. Filets de pigeon dorés au sautoir, cuisses aux abattis et jus de presse au Melfor. Chocolat, carré griottes, crêpes séchées et sorbet cerise.

aux Bas-Rupts 4 km par ② – ✉ 88400

Les Bas-Rupts

181 rte de la Bresse – ✆ 03 29 63 09 25 – www.bas-rupts.com

21 ch – 🚹150/240 € 🚹🚹150/240 € – 4 suites – ☕ 22 € – ½ P

Rest ***Les Bas-Rupts*** ✿ – voir les restaurants ci-après

Un parfait décor pour un séjour de charme à la montagne : boiseries, cheminées, salons confortables, objets anciens, tableaux, piscine intérieure, etc. – sans compter l'accueil exquis. On ne peut quitter les lieux sans nostalgie...

Auberge de la Poulcière rest,

10 chemin du Bouchot – ✆ 03 29 42 04 33 – www.auberge-poulciere.com – Fermé 15 oct.-20 déc.

7 ch – 🚹90/110 € 🚹🚹90/110 € – ☕ 9 € – ½ P

Rest – Menu 29/39 € – Carte environ 40 € *(fermé le midi, mardi et merc.) (réservation conseillée)*

Une auberge en pleine nature, cernée par les jonquilles au printemps... Entre ses murs de 1775, âme rustique et confort contemporain se conjuguent avec charme. Chaque chambre dispose d'une kitchenette, mais vous pouvez aussi profiter du restaurant : le patron ne jure que par les produits frais !

Les Bas-Rupts (Michel Philippe) – Hôtel Les Bas-Rupts

181 rte de la Bresse – ✆ 03 29 63 09 25 – www.bas-rupts.com

Menu 35 € (déj. en semaine), 52/98 € – Carte 67/135 € *(réservation conseillée)*

La table des Bas-Rupts est une valeur sûre, idéale pour apprécier une cuisine classique réalisée dans les règles de l'art et aux saveurs très flatteuses. Même la rusticité de certains mets – telles les tripes au riesling – se fait raffinement... Décor élégant et chaleureux. ➜ Filets de perche du lac poêlés meunière, tarte fine de légumes. Côtelette de caille des Vosges farcie au foie gras, jus au vin jaune. Ruches glacées au miel de montagne.

Le Refuge

144 rte de la Bresse – ✆ 03 29 63 06 83 – www.le-refuge-gerardmer.com – Fermé lundi sauf fériés et vacances scolaires

Formule 11 € – Menu 21 € (semaine) – Carte 24/39 €

Un vrai refuge pour montagnards affamés ! Ici, on se retrouve autour de viandes cuites au feu de bois... dans un four à très haute température – un beau joujou parfaitement maîtrisé par le chef. Résultat : entrecôte, onglet, côte de bœuf et autres morceaux choisis sont délicieusement caramélisés.

GERBEROY

✉ 60380 (Oise) – 89 hab. – **Voir carte n°36-A2**

Paris 110 km – Aumale 30 km – Beauvais 22 km – Breteuil 37 km

Carte Michelin 305-C3

Hostellerie du Vieux Logis

25 r. Logis du Roy – ✆ 03 44 82 71 66 – www.hostellerieduvieuxlogis.com – Fermé 20 déc.-20 janv., vacances de fév., dim. soir, lundi soir, mardi soir et merc.
Menu 26/48 € – Carte 44/64 €
À l'entrée du vieux village fortifié, désormais pris d'assaut par les peintres et les touristes. Plats traditionnels axés terroir servis dans une salle rustique.

GERMAGNY

✉ 71460 (Saône-et-Loire) – 197 hab. – **Voir carte n°8-C3**
Paris 361 km – Chalon-sur-Saône 27 km – Mâcon 54 km – Montceau-les-Mines 28 km
Carte Michelin 320-H9

Les Vignes

Le Bourg – ✆ 03 85 49 23 23 – www.lesvignes-germagny.fr
Formule 13 € – Menu 22/42 € – Carte 25/37 €
Terrine de campagne aux châtaignes, blanquette de veau façon grand-mère... Dans cette auberge de village, on sert une cuisine traditionnelle et régionale bien alléchante. Et la viande bovine provient d'un abattoir tout proche.

GERMIGNY-L'ÉVÊQUE – 77 Seine-et-Marne ➜ voir Meaux

GÉTIGNÉ – 44 Loire-Atlantique ➜ voir Clisson

LES GETS

✉ 74260 (Haute-Savoie) – 1 248 hab. – **Voir carte n°46-F1**
Paris 579 km – Annecy 77 km – Bonneville 33 km – Cluses 19 km
Carte Michelin 328-N4 – Guide Vert Michelin Alpes du Nord

La Marmotte

61 r. du Chêne – ✆ 04 50 75 80 33 – www.hotel-marmotte.com – Ouvert de mi-juin à mi-sept. et de mi-déc. à mi-avril
56 ch – 55/315 € 70/472 € – 17 € – ½ P
Rest *(ouvert juil.-août, mi-déc. à mi-avril et fermé le midi) (résidents seult)*
Après une journée de ski, détendez-vous près de la cheminée avant de vous faire dorloter dans le superbe spa (750 m²). En sus de la partie traditionnelle de l'établissement, ont été créées de nouvelles chambres, tout en vieux bois et très confortables avec leur poêle à bois près duquel paresser comme... une marmotte !

Le Labrador

266 rte du Léry – ✆ 04 50 75 80 00 – www.labrador-hotel.com – Ouvert 6 avril-21 juin et 7 sept.-20 déc.
20 ch – 90/230 € 120/310 € – 1 suite – ½ P
Rest ***Le St-Laurent*** – Menu 38/68 € – Carte 50/72 € *(fermé le midi)*
Délicieuse halte près de la cheminée du salon, dans ce chalet à la décoration typiquement savoyarde. À l'étage, les chambres sont habillées de bois, confortables et bien tenues. Au petit-déjeuner, le patron sert les œufs de sa propre ferme !

Alpina

55 imp. de la Grange-Neuve – ✆ 04 50 75 80 22 – www.hotelalpina.fr – Ouvert 25 mai-25 sept. et 15 déc.-15 avril
38 ch – 78/100 € 105/179 € – 12 € – ½ P
Rest – Menu 30/40 € – Carte 28/49 € *(fermé le midi)*
Non loin du téléphérique, ce beau chalet familial domine le bourg... Les chambres, de style savoyard, offrent plusieurs conforts différents (familiale, montagnarde ou standard). Le restaurant se révèle sympathique : cuisine aux accents du pays, et vue sur la vallée !

Crychar

136 imp. de la Grange-Neuve, par rte de la Turche – ✆ 04 50 75 80 50 – www.crychar.com – Ouvert 20 juin-10 sept. et 18 déc.-15 avril
15 ch – 92/170 € 126/266 € – 15 € – ½ P
Rest – Menu 40 € *(fermé le midi)*
Un petit chalet au pied des pistes, chaleureux et confortable. Le feu crépite dans le salon ; les chambres, tout en bois clair, sont pimpantes et jouissent d'un balcon. Au restaurant, bons produits et jolie carte des vins. Un concentré de Savoie !

GEVREY-CHAMBERTIN

✉ 21220 (Côte-d'Or) – 3 061 hab. – Voir carte n°**8**-D1
▶ Paris 315 km – Beaune 33 km – Dijon 13 km – Dole 61 km
Carte Michelin 320-J6 – Guide Vert Michelin Bourgogne

Grands Crus sans rest

r. de Lavaux – ✆ 03 80 34 34 15 – www.hoteldesgrandscrus.com – Ouvert de début mars à fin nov.
24 ch – †87/97 € ††87/97 € – ☕ 13 €
Des "Grands Crus" au milieu de célèbres vignobles, quoi de plus logique ? Un peu à l'écart du village, on profite du calme environnant, du jardin fleuri et des chambres classiques (mobilier ancien), tenues avec soin.

Arts et Terroirs sans rest

28 rte de Dijon – ✆ 03 80 34 30 76 – www.arts-et-terroirs.com
20 ch – †95/128 € ††95/128 € – ☕ 12 €
Sur la route de Dijon, à la sortie du village, cet hôtel bourguignon a le charme cosy d'une maison particulière... Les chambres sont classiques et spacieuses, la majorité d'entre elles ouvrant sur le joli jardin à l'arrière. Belle sélection de crus locaux en dégustation.

Chez Guy

3 pl. de la Mairie – ✆ 03 80 58 51 51 – www.chez-guy.fr – Fermé 17-29 août, vacances de Noël et dim. soir de mi-nov. à mars
Menu 25 € (déj. en semaine), 31/60 €
On peut être moderne en apparence et fidèle à la tradition sur le fond ! La preuve avec ce restaurant au cadre contemporain... dont la cuisine est enracinée dans le terroir : foie gras de canard poché au pinot noir, jambon persillé, gibier en saison, etc. Sans oublier la remarquable cave qui met toute la Bourgogne à l'honneur.

GEX

✉ 01170 (Ain) – 10 372 hab. – Voir carte n°**46**-F1
▶ Paris 490 km – Genève 19 km – Lons-le-Saunier 93 km – Pontarlier 110 km
Carte Michelin 328-J3 – Guide Vert Michelin Franche-Comté Jura

à Echenevex 4 km au Sud par D 984c et rte secondaire – ✉ 01170 – 1 631 hab.

Auberge des Chasseurs

711 rte de Naz-Dessus – ✆ 04 50 41 54 07 – www.aubergedeschasseurs.com – Ouvert de mi-fév. à mi-nov.
15 ch – †80/130 € ††100/130 € – ☕ 12 € – ½ P
Rest – Formule 20 € – Menu 34/48 € – Carte 36/57 € *(réservation conseillée)*
Une jolie maison recouverte de vigne vierge avec le mont Blanc en toile de fond. À l'intérieur, le décor est scandinave avec des boiseries peintes, des photographies de Cartier-Bresson qui fut jadis un client ! Tout ici respire la sérénité et l'art de vivre... Idéal pour se ressourcer.

GIEN

✉ 45500 (Loiret) – 14 684 hab. – Voir carte n°**12**-C2
▶ Paris 149 km – Auxerre 85 km – Bourges 77 km – Cosne-Cours-sur-Loire 46 km
Carte Michelin 318-M5 – Guide Vert Michelin Châteaux de la Loire

Rivage sans rest

1 quai de Nice – ✆ 02 38 37 79 00 – Fermé 4-24 août et vacances de Noël
16 ch – †69/120 € ††79/120 € – 3 suites – ☕ 11 €
Ancien relais de poste du 19e s., bien situé face à la Loire et non loin du vieux pont. Les chambres sont fonctionnelles, idéales pour l'étape. Bar avec piano et salon confortable.

Axotel sans rest

14 r. de la Bosserie, 3 km au Nord – ✆ 02 38 67 11 99 – www.axotelgien.com
50 ch – †63/66 € ††72/76 € – ☕ 8 €
Au nord de la ville, une construction récente, parfaite pour la clientèle d'affaires. Les chambres sont spacieuses et fonctionnelles. L'été, il fait bon profiter de la piscine... au cours de la journée ou le soir pour se détendre !

Anne de Beaujeu sans rest

10 rte de Bourges – ✆ 02 38 29 39 39 – www.hotel-anne-de-beaujeu.com
30 ch – †43/46 € ††50/57 € – ☕ 8 €
Cet établissement de la rive gauche porte le nom de la célèbre comtesse de Gien. Chambres fonctionnelles et bien tenues ; préférez celles situées sur l'arrière. Prix raisonnables.

Côté Jardin

14 rte Bourges – ✆ 02 38 38 24 67 – www.cote-jardin-restaurant.com – Fermé 21 juil.-10 août, 28 déc.-17 janv., dim. soir, mardi et merc.
Formule 25 € – Menu 31/38 € – Carte 46/57 € *(réservation conseillée)*
Sur la rive gauche de la Loire, on s'installe Côté Jardin ! Ici, la fraîcheur vient autant de la brise que des produits. Au piano, le chef réalise une goûteuse cuisine du marché : queues de langoustines et mousseline de chou-fleur, crumble froid de mangue à l'orange... À déguster dans un décor printanier.

Le P'tit Bouchon

66 r. B. Palissy – ✆ 02 38 67 84 40 – Fermé 28 avril-7 mai, 18 août-10 sept., 23 déc.-4 janv., dim. et lundi
Formule 17 € – Menu 25 €
Répertoire bistrotier et menus s'annoncent ici à l'ardoise ! En cuisine, le chef privilégie les produits frais et de saison. Un conseil : ne passez pas à côté du croustillant de canard confit au coteaux-du-layon ou du moelleux au chocolat. Le cadre est rustique, l'ambiance chaleureuse.

au Sud 3 km par D 940 et rte secondaire - ✉ 45500 - Poilly-Lez-Gien

Villa Hôtel

ZA le Clair Ruisseau, allée du Vieux Cours – ✆ 02 38 27 03 30 – www.villa-hotel-restaurant.fr
24 ch – †44 € ††44 € – ☕ 7 € – ½ P **Rest** – Menu 15/18 € *(fermé le midi)*
Parfait pour une étape à prix doux : un hôtel moderne au confort simple, formé de plusieurs maisons pavillonnaires dont les chambres profitent du calme alentour.

GIENS

✉ 83400 (Var) – **Voir carte n°41-C3**
▶ Paris 860 km – Carqueiranne 10 km – Draguignan 87 km – Hyères 9 km
Carte Michelin 340-L7 – Guide Vert Michelin Côte d'Azur

Voir plan de Giens à Hyères.

Le Provençal

113 pl. St-Pierre – ✆ 04 98 04 54 54 – www.provencalhotel.com – Ouvert 12 avril-12 oct. Plan : X**s**
41 ch – †100/171 € ††117/188 € – ☕ 15 € – ½ P
Rest – Formule 25 € – Menu 35/55 € – Carte 51/71 €
Hôtel bâti à flanc de colline, dans un parc ombragé et fleuri qui dégringole en terrasses jusqu'à la mer. Chambres provençales. Parking privé à 500 m. Le panorama offert par le restaurant a peut-être inspiré le poète Saint-John Perse, célèbre résident de la presqu'île.

GIFFAUMONT-CHAMPAUBERT

✉ 51290 (Marne) – 257 hab. – **Voir carte n°14-C2**
▶ Paris 208 km – Bar-le-Duc 53 km – Chaumont 75 km – St-Dizier 25 km
Carte Michelin 306-K11 – Guide Vert Michelin Champagne Ardenne

Le Cheval Blanc

21 r. du Lac – ✆ 03 26 72 62 65 – www.lecheval-blanc.net – Fermé 2-15 sept. et 1er-17 janv.
14 ch – †75/90 € ††75/90 € – 1 suite – ☕ 10 € – ½ P
Rest – Formule 20 € – Menu 26/56 € – Carte 40/65 € *(fermé dim. soir, mardi midi et lundi)*
Cette accueillante maison ne se trouve qu'à 500 m de l'un des plus grands lacs artificiels d'Europe : le lac du Der. Chambres confortables et impeccablement tenues, jardin, jacuzzi : le repos est total ! Cuisine traditionnelle au restaurant.

GIF-SUR-YVETTE - 91 Essonne ➜ voir Paris, Environs

GIGARO - 83 Var ➜ voir La Croix-Valmer

GIGNAC

✉ 34150 (Hérault) – 5 447 hab. – **Voir carte n°23-C2**
Paris 719 km – Béziers 58 km – Lodève 25 km – Montpellier 30 km
Carte Michelin 339-G7

Restaurant de Lauzun (Matthieu de Lauzun)

3 bd de l'Esplanade – ✆ 04 67 57 50 83 – www.restaurant-delauzun.com – Fermé 2 semaines en fév.-mars, 2 semaines en nov., sam. midi, dim. soir, lundi et fériés
Formule 26 € – Menu 45/78 € – Carte 59/69 €
Face à l'esplanade, une maison menée tambour battant par un jeune chef passionné. Décor sobre et soigné à l'image de la cuisine, séduisante et festive, avec ses belles associations de saveurs – originales et bien pensées – et ses assiettes très graphiques. Bon choix de vins locaux.
➜ Gaspacho de mon enfance en trois façons. Longe de veau cuite rosée, purée d'artichaut et gnocchis au parmesan. Tartelette au citron revisitée et gelée d'agrumes.

GIGONDAS

✉ 84190 (Vaucluse) – 556 hab. – **Voir carte n°42-E1**
Paris 662 km – Avignon 40 km – Nyons 31 km – Orange 20 km
Carte Michelin 332-D9 – Guide Vert Michelin Provence

Les Florets

rte des Dentelles, 2 km à l'Est – ✆ 04 90 65 85 01 – www.hotel-lesflorets.com – Fermé janv. à mi-mars
15 ch – †81/175 € ††81/175 € – ☕ 16 € – ½ P
Rest – Formule 28 € – Menu 35/52 € – Carte 51/62 € *(fermé merc.)*
Au pied des Dentelles de Montmirail, cet hôtel situé en plein vignoble abrite de séduisantes chambres colorées (avec terrasse à l'annexe). Décor et cuisine inspirés par la région, vins du domaine et jolie terrasse.

L'Oustalet

pl. du village – ✆ 04 90 65 85 30 – www.loustalet-gigondas.com – Fermé 1er déc.-5 janv., dim. midi et lundi
Formule 32 € – Menu 39/110 € 🍷 – Carte 49/99 € *(réservation conseillée)*
Dans ce beau village de vignerons, cet Oustalet vous délecte d'une cuisine savoureuse, aux doux parfums provençaux. Installez-vous sous les vieux platanes... On dirait le Sud !

GILETTE

✉ 06830 (Alpes-Maritimes) – 1 494 hab. – **Voir carte n°41-D2**
Paris 946 km – Antibes 43 km – Nice 36 km – St-Martin-Vésubie 45 km
Carte Michelin 341-D4 – Guide Vert Michelin Côte d'Azur

à Vescous 9 km par rte de Rosquesteron (D 17) – ✉ 06830

La Capeline

rte de Roquesteron – ✆ 04 93 08 58 06 – www.restaurant-lacapeline.com – Ouvert du jeudi au dim. de mars à déc., les week-ends en janv.-fév. et fermé vacances de Noël, le soir sauf vend. et sam. en saison
Formule 20 € – Menu 23 € (déj. en semaine), 25/28 € *(réservation conseillée)*
C'est sans doute l'une des adresses les plus représentatives pour découvrir la cuisine niçoise ! Isolée sur une route escarpée, au cœur d'une vallée préservée, l'auberge conserve intacte son âme rustique et met en valeur des produits 100 % frais, avec autant de générosité que de parfums... Le plaisir est complet !

GILLY-LÈS-CÎTEAUX - 21 Côte-d'Or ➜ voir Vougeot

GIMBELHOF - 67 Bas-Rhin ➜ voir Lembach

GIMEL-LES-CASCADES

✉ 19800 (Corrèze) – 720 hab. – Voir carte n°**25**-C3
▶ Paris 493 km – Brive-la-Gaillarde 40 km – Limoges 104 km – Tulle 13 km
Carte Michelin 329-M4 – Guide Vert Michelin Limousin Berry

Hostellerie de la Vallée

au bourg – ✆ 05 55 21 40 60 – www.hotel-restaurant-gimel.fr – Fermé 18 déc.-5 janv. et dim. soir d'oct. à mai
9 ch – †70/83 € ††70/83 € – ☕ 10 € – ½ P
Rest – Menu 25 € – Carte 31/58 € *(fermé lundi midi, dim. soir, vend. et sam. d'oct. à mars sauf fériés) (dîner pour résidents seult)*
Gimel est réputé pour ses cascades ; cette maison de pays bien rénovée permet d'y faire une halte de choix en profitant de chambres confortables. Un jeune couple dynamique et motivé veille au grain, y compris en cuisine. Ambiance conviviale !

LA GIMOND

✉ 42140 (Loire) – 272 hab. – Voir carte n°**44**-A2
▶ Paris 485 km – Annonay 67 km – Lyon 58 km – Saint-Étienne 18 km
Carte Michelin 327-F6

Le Vallon du Moulin

– ✆ 04 77 30 97 06 – Fermé 18-31 août, 2-15 janv., dim. soir, mardi soir, merc. et lundi sauf le midi en juil.-août
Menu 21 € (déj. en semaine), 28/49 €
Au cœur du village, ce sympathique restaurant contemporain propose une bonne cuisine (saumon à la niçoise, croustillant de framboise...) qui suit le rythme des saisons. Preuve d'authenticité : le pain est fait maison avec la farine du moulin voisin !

GIMONT

✉ 32200 (Gers) – 2 815 hab. – Voir carte n°**28**-B2
▶ Paris 701 km – Colomiers 40 km – Toulouse 51 km – Tournefeuille 40 km
Carte Michelin 336-H8

Villa Cahuzac

1 av. de Cahuzac – ✆ 05 62 62 10 00 – www.villacahuzac.com
11 ch – †98/120 € ††98/120 € – ☕ 12 € – ½ P
Rest ***Villa Cahuzac*** – voir les restaurants ci-après
Maison typique de la région (1885) avec des chambres pratiques et soignées (lambris et parquet). Celles du 1er étage ouvrent sur un corridor qui plonge sur le patio fleuri.

Château de Larroque

rte de Toulouse – ✆ 05 62 67 77 44 – www.chateaularroque.fr – Fermé 2-23 janv., dim. soir, mardi midi et lundi d'oct. à avril
16 ch – †91/117 € ††98/157 € – 1 suite – ☕ 13 € – ½ P
Rest – Menu 25/58 € – Carte 28/64 €
Un beau château, édifié en 1805, entouré d'un parc paisible avec piscine et tennis. Certaines chambres, et l'un des salons, ont été décorés dans un style plus contemporain. Cuisine traditionnelle dans un cadre élégant, à déguster sous la tonnelle en été.

Villa Cahuzac – Hôtel Villa Cahuzac

1 av. de Cahuzac – ✆ 05 62 62 10 00 – www.villacahuzac.com
Formule 18 € – Menu 25/36 € – Carte 20/36 €
Dans ce restaurant aux airs de joli passage couvert, on sert une cuisine de terroir et de tradition... Le canard et le foie gras sont d'ailleurs les stars de la carte !

GINASSERVIS

✉ 83560 (Var) – 1 496 hab. – Voir carte n°**40**-B3
▶ Paris 781 km – Aix-en-Provence 53 km – Avignon 111 km – Manosque 23 km
Carte Michelin 340-K3

Chez Marceau avec ch ch,
pl. Jean Jaurès – 04 94 80 11 21 – www.chezmarceau.com – Fermé 15-30 nov., 15-30 janv., dim. soir et lundi
6 ch – 67 € 67 € – ½ P Menu 15 € (semaine), 25/50 € – Carte 31/73 €
Entre Durance et Verdon, plongez au cœur de la vie méridionale dans cette sympathique auberge. On y savoure une cuisine du terroir et du gibier en saison. Aux beaux jours, prenez place sur la terrasse. Chambres pour l'étape.

GINCLA

11140 (Aude) – 48 hab. – Voir carte n°**22**-B3
Paris 821 km – Carcassonne 77 km – Foix 88 km – Perpignan 67 km
Carte Michelin 344-E6

Hostellerie du Grand Duc 
2 rte de Boucheville – 04 68 20 55 02 – www.hostelleriedugrandduc.com – Ouvert 1er avril-1er nov.
12 ch – 68/74 € 84/95 € – 12 € – ½ P
Rest *Hostellerie du Grand Duc* – voir les restaurants ci-après
Cette belle maison de maître (18e s.) recouverte de lierre est charmante. Toile de Jouy, mobilier chiné, poutres, pierres apparentes : les chambres ont toutes leur propre style. Sans parler du beau jardin... et de cette précieuse quiétude que rien ne vient troubler.

Hostellerie du Grand Duc 
2 rte de Boucheville – 04 68 20 55 02 – www.hostelleriedugrandduc.com – Ouvert 1er avril-1er nov. et fermé merc. midi
Menu 31 € (semaine), 35/82 € – Carte 40/70 €
À la table de l'Hostellerie du Grand Duc, on passe de toute évidence un bon moment. Derrière les fourneaux, le chef met toute sa passion et son envie de faire plaisir au service d'une belle cuisine du terroir à l'accent provençal. Une vraie tournée des grands ducs !

GIRMONT-VAL-D'AJOL – 88 Vosges → voir Remiremont

GIROMAGNY

90200 (Territoire de Belfort) – 3 187 hab. – Voir carte n°**17**-C1
Paris 419 km – Belfort 15 km – Épinal 80 km – Lure 30 km
Carte Michelin 315-E10 – Guide Vert Michelin Franche-Comté Jura

rte du Ballon d'Alsace 7 km au Nord par D 465 - 90200 Lepuix-Gy

Le Saut de la Truite 
112 rte du Ballon-d'Alsace – 09 72 26 90 99 – www.sautdelatruite.fr – Fermé 12-29 nov.
10 ch – 89/129 € 98/129 € – 13 € – ½ P
Rest – Formule 22 € – Carte 24/37 € *(fermé le midi) (résidents seult)*
Une bâtisse toute rose dans un vallon verdoyant baigné par la Savoureuse... Charmant et pittoresque ! Entièrement rénové en 2011, cet établissement désormais centenaire jouit du dernier confort. Espace bien-être (hammam, sauna), restaurant intime (truite du vivier au menu), salon avec cheminée. Et pour un calme authentique, pas de télévision dans les chambres... Un délicieux refuge.

GISORS

27140 (Eure) – 11 554 hab. – Voir carte n°**33**-D2
Paris 73 km – Beauvais 33 km – Évreux 66 km – Mantes-la-Jolie 40 km
Carte Michelin 304-K6 – Guide Vert Michelin Normandie Vallée de la Seine

Le Cappeville
17 r. Cappeville – 02 32 55 11 08 – www.lecappeville.com – Fermé merc. et jeudi
Menu 29/54 € – Carte 53/70 €
Pigeon rôti à la crème de laitue, langoustines et potiron confit, carré de veau et sauce aux épices, etc. : au cœur de la capitale du Vexin normand, le terroir prend un coup de jeune et la carte suit les saisons. Une formule sympathique dans un cadre classique.

à Bazincourt-sur-Epte 6 km au Nord par D 14 – ✉ 27140 – 681 hab.

Château de la Rapée

2 km à l'Ouest par rte secondaire – ☎ 02 32 55 11 61 – www.hotelrapee.com – Fermé 16 août-1er sept. et 15 fév.-15 mars

12 ch – 🛉97/130 € 🛉🛉130 € – ☕ 14 €

Rest – Formule 29 € 🍷 – Menu 40/60 € – Carte 48/64 € *(fermé merc.)*

Sommes-nous en Normandie ou... en Angleterre ? À la lisière d'un domaine dédié à l'élevage des chevaux, ce manoir aux allures de cottage anglais tutoie le bocage environnant. Les chambres cultivent le classicisme (de même que le restaurant) : une valeur sûre pour les amateurs de confort bourgeois et de quiétude.

GIVERNY

✉ 27620 (Eure) – 500 hab. – **Voir carte n°33-D2**

▶ Paris 75 km – Cergy 47 km – Évreux 37 km – Rouen 65 km

Carte Michelin 304-I6 – Guide Vert Michelin Normandie Vallée de la Seine

La Réserve sans rest 

(près de la mairie), 2 km au Nord par r. Blanche-Hochedé-Monet et C3 direction Bois-Jérôme – ☎ 02 32 21 99 09 – www.giverny-lareserve.com – Ouvert avril-oct.

5 ch ☕ – 🛉105/135 € 🛉🛉135/165 €

Cette belle demeure familiale à la façade jaune safran, perchée sur les hauts de Giverny, n'est pas sans rappeler la maison de Monet elle-même. Le parc planté de pommiers, les chambres spacieuses et pleines de charme, le salon avec sa cheminée : tout laisse une impression impérissable...

XXX **Le Jardin des Plumes** Ⓝ avec ch 

1 r. du Milieu – ☎ 02 32 54 26 35 – www.lejardindesplumes.fr – Fermé lundi et mardi midi de mai à oct., fermé lundi et mardi hors saison

8 ch – 🛉160/320 € 🛉🛉160/320 € – ☕ 17 €

Formule 29 € – Menu 38/80 € – Carte environ 70 €

On connaît l'inspiration naturaliste d'Éric Guérin en Brière (St-Joachim) ; cette nouvelle adresse créée à Giverny est dans l'ordre des choses : où mieux proposer que dans ce fief de l'impressionnisme de nouvelles sensations visuelles et... gustatives ? De plus, la maison (1912), entre Art déco et vintage, est charmante : parfait pour un week-end plaisir !

GIVET

✉ 08600 (Ardennes) – 6 663 hab. – **Voir carte n°14-C1**

▶ Paris 287 km – Charleville-Mézières 58 km – Fumay 23 km – Rocroi 41 km

Carte Michelin 306-K2 – Guide Vert Michelin Champagne Ardenne

Les Reflets Jaunes sans rest 

2 r. du Gén.-de-Gaulle – ☎ 03 24 42 85 85 – www.les-reflets-jaunes.com – Fermé 20 déc.-5 janv.

17 ch – 🛉58/80 € 🛉🛉64/85 € – ☕ 12 €

Près du centre historique, cet hôtel en briques rouges – façade typique de la région – dispose de chambres confortables dont une, plus grande, pour les familles. Copieux petit-déjeuner.

Le Roosevelt sans rest 

14 quai des Remparts – ☎ 03 24 42 14 14 – www.hotel-le-roosevelt.com – Fermé 24 déc.-6 janv.

8 ch – 🛉70 € 🛉🛉80/85 € – ☕ 9 €

C'est vrai qu'il est joli ce val d'Ardenne... Alors, pourquoi ne pas faire étape sur le quai ? Cette maison en pierre typique vous propose des chambres fonctionnelles et bien tenues. À noter : on propose croques, salades, glaces, etc., à la crêperie-salon de thé.

GIVORS

✉ 69700 (Rhône) – 19 118 hab. – **Voir carte n°44-B2**

▶ Paris 480 km – Lyon 25 km – Rive-de-Gier 17 km – Vienne 12 km

Carte Michelin 327-H6 – Guide Vert Michelin Lyon et sa région

à Loire-sur-Rhône 5 km par N 86, rte de Condrieu – ✉ 69700 – 2 412 hab.

XX **Mouton-Benoît**

1167 rte de Beaucaire – ✆ 04 78 07 96 36 – www.restaurant-moutonbenoit.com – Fermé 3 semaines en août et sam.

Formule 26 € – Menu 33/38 €

Au bord de la route, cet établissement fondé en 1822 abritait autrefois les fourneaux des "mères" Dumas. Aujourd'hui, la cuisine cultive joliment la tradition comme les saveurs actuelles : vapeur de cabillaud aux asperges, pavé de lieu jaune au miel épicé, flanchet de veau de lait aux légumes de saison...

GLAINE-MONTAIGUT

✉ 63160 (Puy-de-Dôme) – 524 hab. – Voir carte n°**6**-C2

▶ Paris 440 km – Clermont-Ferrand 31 km – Issoire 37 km – Thiers 21 km

Carte Michelin 326-H8

X **Auberge de la Forge** avec ch 

place de l'Église – ✆ 04 73 73 41 80 – www.aubergedelaforgeglainemontaigut.com – Fermé 27 oct.-12 nov., dim. soir et merc.

4 ch – †39/48 € ††39/48 € – ☕ 7 € – ½ P

Formule 16 € 🍷 – Menu 22/44 € – Carte 27/55 €

Face à l'église romane, cette sympathique auberge est l'exacte reproduction de l'ancienne forge du village : murs en pisé, poutres apparentes, soufflet pour attiser le feu de la cheminée ! Le chef joue sur l'effet de surprise avec notamment une fricassée de crêtes de coq pour le moins surprenante.

GLANVILLE

✉ 14950 (Calvados) – 176 hab. – Voir carte n°**32**-A3

▶ Paris 201 km – Caen 42 km – Évreux 124 km – Rouen 95 km

Carte Michelin 303-M4

Le Clos Devalpierre Ⓝ 

171 rte de Bourgeauville – ✆ 02 31 64 02 66 – www.chambres-dhotes-devalpierre.com

5 ch ☕ – †105/110 € ††105/110 € – ½ P **Table d'hôte** – Menu 38 €

Vous voulez vous reposer au grand calme ? Ne cherchez plus : cette belle bâtisse normande, en plein bocage, conviendra à merveille ! Les chambres, à colombages, sont absolument charmantes... Tout comme les propriétaires, amoureux de leur maison et de leur région, qui sauront vous transmettre leur passion.

GLUIRAS

✉ 07190 (Ardèche) – 375 hab. – Voir carte n°**44**-B3

▶ Paris 606 km – Le Cheylard 20 km – Lamastre 40 km – Privas 33 km

Carte Michelin 331-J4

X **Le Relais de Sully** avec ch 

pl. centrale – ✆ 04 75 66 63 41 – www.lerelaisdesully.com – Fermé 18-29 déc., 15 janv.-15 mars, dim. soir, merc. soir et lundi sauf juil.-août

4 ch – †41 € ††41 € – ☕ 7 €

Formule 16 € 🍷 – Menu 20 € 🍷 (semaine), 27 € 🍷/42 €

Au cœur de ce village perché ardéchois, une maison en pierre devancée par une véranda. Le jovial patron aime cuisiner les produits du terroir local, de même que le poisson, selon les arrivages. Chambres modestes, utiles en dépannage.

GODEWAERSVELDE

✉ 59270 (Nord) – 2 026 hab. – Voir carte n°**30**-B2

▶ Paris 263 km – Arras 90 km – Brugge 97 km – Lille 41 km

Carte Michelin 302-D3

X **L'Estaminet du Centre** 

11 rte de Steenvoorde – ✆ 03 28 42 21 72 – www.estaminetducentre.com – Fermé 1er-15 déc., lundi soir, jeudi soir, mardi et merc.

Menu 26 € (semaine)/29 € – Carte 25/35 €

Un estaminet typique et convivial, où l'on se régale encore et toujours de bonnes recettes traditionnelles : harengs, flamiche au maroilles, carbonade... Le chef fait parler avec précision ce terroir qu'il aime tant ! Et en salle, Béatrice, l'âme de la maison, conseille avec chaleur les novices sur la gastronomie du Nord...

GOLBEY – 88 Vosges ➜ voir Épinal

GOLFE DE SANTA-GIULIA – 2A Corse-du-Sud ➜ voir Corse (Porto-Vecchio)

GOLFE-JUAN

✉ 06220 (Alpes-Maritimes) – **Voir carte n°42-E2**

▶ Paris 905 km – Antibes 5 km – Cannes 6 km – Grasse 23 km

Carte Michelin 341-D6 – Guide Vert Michelin Côte d'Azur

Beau Soleil sans rest 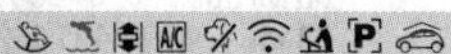

6 impasse Beau-Soleil, par D 6007 (dir. Antibes) – ✆ 04 93 63 63 63 – www.hotel-beau-soleil.com – Ouvert 10 mars-25 nov.

30 ch – †64/93 € ††78/146 € – ☕10 €

Dans une impasse tranquille à 500 m de la plage, un hôtel avec des chambres fonctionnelles, ainsi qu'une jolie piscine autour de laquelle on peut musarder sur un transat. Enfin, le patron étant un fan de moto, tout est prévu les motards : garage, penderie pour sécher les combinaisons, etc.

XX **Nounou** 

bd des Frères-Roustan, (à la plage) – ✆ 04 93 63 71 73 – www.nounou.fr

Menu 41/76 € – Carte 36/176 €

Nounou vit sur la plage ! Près des baies vitrées, la vue sur le rivage est superbe et, dans l'assiette, on se régale de spécialités telles que la soupe de poissons, la bouillabaisse ou encore la bourride. Une bonne adresse pour les amateurs de saveurs iodées.

à Vallauris Nord-Ouest : 2,5 km par D 135 – ✉ 06220 – 28 252 hab.

Le Mas Samarcande sans rest 

138 Grand-Boulevard de Super-Cannes – ✆ 04 93 63 97 73 – www.mas-samarcande.com

5 ch ☕ – †120/130 € ††120/135 €

Sur les hauteurs de Vallauris, cette belle villa est une véritable invitation à la détente ! Les chambres, originales et raffinées, mêlent inspiration provençale et exotique... et sur la terrasse, on peut lézarder en profitant de la jolie vue sur la baie.

GONFREVILLE-CAILLOT

✉ 76110 (Seine-Maritime) – 324 hab. – **Voir carte n°33-C1**

▶ Paris 196 km – Caen 112 km – Évreux 124 km – Rouen 74 km

Carte Michelin 304-C4

XX **L'Auberge de la Motte** 

196 rte de Goderville – ✆ 02 35 28 71 84 – www.aubergedelamotte.com – Fermé 1er-14 oct., 2-10 janv., dim. soir de nov. à fév., merc. soir et lundi

Formule 25 € – Menu 32/70 € 🍷 *(réservation conseillée)*

Dans un paisible village, une jolie chaumière coiffée de chaume, et à l'intérieur, une cheminée monumentale : le cadre est charmant, très rustique – mais nullement figé. Aux commandes, le jeune chef signe avec maîtrise une cuisine créative aux parfums marqués et aux présentations soignées. Une excellente auberge !

GORBIO

✉ 06500 – 1 284 hab. – Voir carte n°**42**-E2
▶ Paris 961 km – Marseille 215 km – Monaco 13 km – Nice 27 km
Carte Michelin 341-F5

Le Beau Séjour

20 pl. de la République – ✆ 04 93 41 46 15 – Ouvert d'avril à oct. et fermé merc. et le soir hors saison
Menu 27 € (déj.)/40 € – Carte 34/58 €
Au cœur de ce petit village situé sur les hauteurs entre Menton et Monaco, ce Beau Séjour échappe à l'agitation de la côte. Le joli décor, aux teintes claires et lumineuses, donne une patte classique au restaurant ; la cuisine se décline en deux menus composés de plats locaux, où tout est fait maison... Charmant !

GORDES

✉ 84220 (Vaucluse) – 2 113 hab. – Voir carte n°**42**-E1
▶ Paris 712 km – Apt 19 km – Avignon 38 km – Carpentras 26 km
Carte Michelin 332-E10 – Guide Vert Michelin Provence

La Bastide de Gordes & Spa

au village – ✆ 04 90 72 12 12 – www.bastide-de-gordes.com – Fermé 3 janv.-15 fév.
31 ch – †190/495 € ††190/495 € – 8 suites – ☕ 28 € – ½ P
Rest ***La Bastide de Gordes*** – voir les restaurants ci-après
Si un bâtiment avait de la prestance comme une personne, cette bastide du 16e s. pourrait se targuer d'en avoir beaucoup ! Côté vallée ou côté village, les chambres sont superbes et très confortables. Quant au spa... Le luxe à la provençale.

Les Bories & Spa

rte de l'Abbaye de Sénanque, 2 km – ✆ 04 90 72 00 51 – www.hotellesbories.com – Fermé 5 janv.-14 fév.
31 ch – †320/505 € ††320/505 € – 2 suites – ☕ 23 € – ½ P
Rest ***Les Bories*** ✿ – voir les restaurants ci-après
Les "bories", ce sont ces cabanes en pierres sèches des anciens bergers de Provence... Un modèle pour l'architecture de ce luxueux établissement, qui semble vivre en communion avec la garrigue, entre lavandes et oliviers. Lumière, raffinement...

Le Gordos sans rest

1,5 km par rte de Cavaillon – ✆ 04 90 72 00 75 – www.hotel-le-gordos.com – Ouvert 29 mars-3 nov.
19 ch – †135/148 € ††135/178 € – ☕ 17 €
Posté à l'entrée du village, un mas en pierre sèche frais et charmant. Les chambres avec terrasse donnent sur le jardin, où embaument les fleurs et les plantes aromatiques.

Le Mas des Romarins sans rest

rte de Sénanque – ✆ 04 90 72 12 13 – www.masromarins.com – Fermé 17 nov.-20 déc. et 12 janv.-1er mars
13 ch – †100/185 € ††100/185 € – ☕ 15 €
Ferme centenaire dominant Gordes. Les chambres sont fraîches et cosy ; de la terrasse, à l'ombre des mûriers, la vue est un délice. Restauration possible certains soirs.

Les Terrasses

hameau Les Gros – ✆ 04 32 50 25 85 – www.chambre-hotes-luberon.fr
3 ch ☕ – †100/180 € ††100/180 € **Table d'hôte** – Menu 35 € 🍷
Une belle bâtisse de style régional – toit en tuiles et murs en pierres – à 3 km de Gordes. Les chambres y sont confortables et cosy. Joli jardin, piscine chauffée, cuisine du marché... ou la garantie de passer un agréable séjour au cœur du Luberon !

La Bastide de Gordes – Hôtel La Bastide de Gordes & Spa

au village – ✆ 04 90 72 12 12 – www.bastide-de-gordes.com – Fermé 3 janv.-15 fév.
Menu 40 € 🍷/65 € – Carte 87/102 €
Pour ce restaurant de grand hôtel, un décor très classique (moulures, nappes blanches) et une large terrasse panoramique. Une belle vue du Sud... où la carte puise ses produits et son caractère.

XXX **Les Bories** – Hôtel Les Bories & Spa

rte de l'Abbaye de Sénanque, 2 km – ✆ 04 90 72 00 51 – www.hotellesbories.com – Fermé 5 janv.-14 fév.

Menu 57/95 € – Carte 89/103 € *(réservation conseillée)*

Un cadre idyllique, à la fois secret et grand ouvert sur la garrigue... Les saveurs provençales prennent ici toute leur dimension : parfums sublimés, textures équilibrées, accords harmonieux... le travail du chef est très délicat.

➜ Fleurs de courgette soufflées au basilic. Carré d'agneau laqué au citron. Pêche jaune rôtie à la verveine, financier pêche et miettes à la vanille.

rte d'Apt 2 km à l'Est par D 2 – ✉ 84220 Gordes

Auberge de Carcarille ch,

rte d'Apt, 4 km par D 2 – ✆ 04 90 72 02 63 – www.auberge-carcarille.com – Fermé 11 nov.-5 fév.

20 ch – †79/142 € ††79/142 € – ☕ 14 € – ½ P

Rest *Auberge de Carcarille* – Menu 20 € (déj.), 37/56 € – Carte 40/60 € *(fermé vend. sauf le soir d'avril à sept.)*

Passé l'allée de cyprès, on découvre cette jolie maison en pierre sèche qui embaume le bon air de la Provence. Chaque chambre ouvre sur un balcon ou une terrasse, la piscine est entourée d'oliviers... les cigales chantent tout l'été. Recettes régionales au restaurant.

La Ferme de la Huppe

5 km par D 156 rte de Goult – ✆ 04 90 72 12 25 – www.lafermedelahuppe.com – Ouvert mi-mars à début nov.

10 ch ☕ – †110/140 € ††155/215 € – ½ P

Rest *La Ferme de la Huppe* – voir les restaurants ci-après

Jolie fermette du 18e s. en pierre sèche. Les chambres fleurent bon le lin et la lavande, comme un rêve provençal. Très jolie piscine parmi les arbustes.

XX **La Ferme de la Huppe**

5 km par D 156 rte de Goult – ✆ 04 90 72 12 25 – www.lafermedelahuppe.com – Ouvert mi-mars à début nov.

Formule 26 € – Menu 30 € (déj. en semaine), 45/55 € *(fermé lundi midi, mardi midi et dim.)*

Un restaurant dans une jolie fermette du 18e s. On y savoure une cuisine provençale réalisée avec de beaux produits du terroir. Dans l'assiette, les saveurs sont bien marquées, les cuissons maîtrisées. Aux beaux jours, on profite de la terrasse. Accueil et service aux petits soins.

rte des Imberts 4 km au Sud-Ouest par D 2 – ✉ 84220 Gordes

Mas de la Senancole

Hameau les Imberts – ✆ 04 90 76 76 55 – www.mas-de-la-senancole.com – Fermé 2 janv.-5 fév.

21 ch – †99/150 € ††99/150 € – ☕ 14 € – ½ P

Rest *L'Estellan* – voir les restaurants ci-après

La Sénancole coule à proximité de ce petit mas en pierre. Chambres agréables (bois peint et fer forgé), certaines avec terrasse. Espace détente avec sauna, hammam, jacuzzi.

Le Moulin des Sources sans rest

Hameau des Gros – ✆ 04 90 72 11 69 – www.le-moulin-des-sources.com – Ouvert de mars à nov.

5 ch ☕ – †105/150 € ††105/150 €

On se prélasse volontiers dans cet ancien moulin à huile aux murs voûtés, allant du salon-bibliothèque au jardin, puis à la piscine. Belles chambres aux teintes terriennes.

XX **Le Mas Tourteron**

chemin de St-Blaise – ✆ 04 90 72 00 16 – www.mastourteron.com – Ouvert 2 mars-2 nov. et fermé dim. en oct. et mars, lundi, mardi et le midi sauf dim. et fériés

Menu 62 €

Ce joli mas et sa terrasse sous les mûriers dégagent un charme à la Pagnol. Le credo du lieu : une "cuisinière dans sa maison" qui régale d'une généreuse cuisine provençale.

L'Estellan – Hôtel Mas de la Senancole
Hameau les Imberts – ✆ 04 90 72 04 90 – www.restaurant-estellan.com – Fermé 2 janv.-4 fév., lundi et mardi de nov. à mars
Formule 19 € – Menu 25 € (déj.), 37/49 € – Carte 47/59 €
Un restaurant au charme poétique et rétro, dans un mas en pierre. Ail, olive, plantes aromatiques en vedette d'une goûteuse cuisine provençale.

GORGES DE LA RESTONICA – 2B Haute-Corse ➜ voir Corse (Corte)

GOSNAY – 62 Pas-de-Calais ➜ voir Béthune

LA GOUESNIÈRE

✉ 35350 (Ille-et-Vilaine) – 1 646 hab. – **Voir carte n°10-D1**
▶ Paris 390 km – Dinan 25 km – Dol-de-Bretagne 13 km – Lamballe 65 km
Carte Michelin 309-K3

Maison Tirel-Guérin
à la gare, rte de Cancale : 1,5 km par D 76 – ✆ 02 99 89 10 46 – www.tirelguerin.com – Fermé 21 déc.-30 janv.
55 ch – 🚹58/168 € 🚹🚹58/168 € – 2 suites – ☕ 15 €
Rest *Maison Tirel-Guérin* ✿ – voir les restaurants ci-après
Face à la gare, dans un environnement pourtant sans attrait, cet ancien relais de poste ne manque pas de séduire : accueil prévenant, espace et confort, piscine couverte... Une adresse familiale d'excellente tenue.

Maison Tirel-Guérin
✿
à la gare, rte de Cancale : 1,5 km par D 76 – ✆ 02 99 89 10 46 – www.tirelguerin.com – Fermé 21 déc.-30 janv., dim. soir, lundi soir d'oct. à avril et lundi midi sauf fériés
Menu 27 € (semaine), 39/96 € – Carte 56/109 € *(réservation conseillée)*
Ne pas chercher à épater, mais faire plaisir, tout simplement : le joli pari relevé par cette table bretonne, où la maîtrise d'exécution se met au service des plus beaux produits de saison. Cadre classique, fort confortable. ➜ Saint-Jacques à la nage. Homard bleu braisé et flambé au cognac. Soufflé au Grand Marnier.

GOULT

✉ 84220 (Vaucluse) – 1 161 hab. – **Voir carte n°42-E1**
▶ Paris 714 km – Apt 14 km – Avignon 41 km – Bonnieux 8 km
Carte Michelin 332-E10 – Guide Vert Michelin Provence

La Bartavelle
r. du Cheval-Blanc – ✆ 04 90 72 33 72 – www.bartavelle.free.fr – Fermé mi-nov. à fin fév., le midi, mardi et merc.
Menu 43 € *(réservation conseillée)*
Le petit Marcel Pagnol et son chasseur de père auraient apprécié cette salle voûtée avec ses tomettes... rouges comme des bartavelles ! On y savoure des plats régionaux.

GOUMOIS

✉ 25470 (Doubs) – 179 hab. – **Voir carte n°17-C2**
▶ Paris 513 km – Besançon 92 km – Montbéliard 55 km – Morteau 47 km
Carte Michelin 321-L3 – Guide Vert Michelin Franche-Comté Jura

Taillard
3 rte de la Corniche – ✆ 03 81 44 20 75 – www.hoteltaillard.com – Ouvert 15 mars-8 nov.
16 ch – 🚹91/120 € 🚹🚹91/120 € – 4 suites – ☕ 14 € – ½ P
Rest *Taillard* – voir les restaurants ci-après
Situé à flanc de colline, un hôtel familial (1875) plaisant avec un très joli jardin, pour les amoureux de la nature. Les chambres, classiques ou plus contemporaines à l'annexe, sont confortables et soignées (meubles chinés, tableaux, etc.).

Taillard

3 rte de la Corniche – ✆ 03 81 44 20 75 – www.hotel-taillard.fr – Ouvert 15 mars-8 nov. et fermé merc. soir d'oct. à avril, lundi soir sauf juil.-août, fériés, lundi midi et merc. midi
Formule 20 € – Menu 27 € (déj.), 37/115 € – Carte 51/90 €
La vue sur la vallée est très agréable et la cuisine du terroir concoctée par le chef – savoureuse et très raffinée – n'a rien à lui envier ! Une maison familiale et de tradition.

GOUPILLIÈRES

14210 (Calvados) – 166 hab. – **Voir carte n°32-B2**
Paris 255 km – Caen 24 km – Condé-sur-Noireau 27 km – Falaise 34 km
Carte Michelin 303-J5

Auberge du Pont de Brie

Halte de Grimbosq, 1,5 km à l'Est – ✆ 02 31 79 37 84 – www.pontdebrie.com – Fermé 6-16 juil., 28 oct.-6 nov., 22 déc.-23 janv., nov. et déc. sauf week-ends, dim. soir, merc. soir de sept. à Pâques, mardi et lundi
Menu 24/41 € – Carte 34/59 €
Avec ses escarpements et ses jolis points de vue, la vallée de l'Orne mérite une visite ! Faites donc une halte dans cette auberge en pleine campagne, où l'on peut déguster une andouillette de canard, une entrecôte au camembert ou une côte de veau grand-mère... Sympathique et traditionnel !

GOURDON

46300 (Lot) – 4 640 hab. – **Voir carte n°28-B1**
Paris 543 km – Bergerac 91 km – Brive-la-Gaillarde 66 km – Sarlat-la-Canéda 26 km
Carte Michelin 337-E3

Hostellerie de la Bouriane

pl. du Foirail – ✆ 05 65 41 16 37 – www.hotellabouriane.fr – Fermé 16-25 oct., 20 janv.-10 mars, dim. soir et lundi d'oct. à avril
20 ch – 85/125 € 85/125 € – 14 € – ½ P
Rest ***Hostellerie de la Bouriane*** – voir les restaurants ci-après
Cette maison cultive le sens de l'hospitalité depuis 1898 ! On s'y repose dans des chambres rustiques bien tenues et mansardées au dernier étage. L'été, il fait bon profiter de l'agréable jardin. Un point de chute parfait pour partir à la découverte de ce village médiéval remarquablement préservé.

Hostellerie de la Bouriane

pl. du Foirail – ✆ 05 65 41 16 37 – www.hotellabouriane.fr – Fermé 16-25 oct., 20 janv.-10 mars, le midi sauf le dim., dim. soir et lundi d'oct. à avril
Menu 30/46 € – Carte 43/81 €
Cette hostellerie de campagne mise sur les beaux produits du terroir : agneau du Quercy, petits gris du village, rocamadour fermier, liqueur de prune de Souillac, etc. Grande spécialité de la maison : le tournedos Rossini. Belle carte des vins.

GOURETTE

64440 (Pyrénées-Atlantiques) – **Voir carte n°3-B3**
Paris 829 km – Argelès-Gazost 35 km – Eaux-Bonnes 9 km – Laruns 14 km
Carte Michelin 342-K7 – Guide Vert Michelin Aquitaine

Boule de Neige

(accès piétonnier) – ✆ 05 59 05 10 05 – www.hotel-bouledeneige.com – Ouvert 1er juil.-6 sept. et 1er déc.-14 avril
22 ch – 50/80 € 70/100 € – 10 € – ½ P
Rest – Menu 15 € (déj.), 20 € /32 € – Carte 27/42 €
Les atouts de cet hôtel : sa situation au pied des pistes, face aux sommets, et ses petites chambres de style chalet (la moitié avec mezzanine). Restaurant contemporain décoré de rondins de bois et de pierres apparentes. Cuisine traditionnelle ; snack à midi.

L'Amoulat
rte de l'Aubisque – ✆ 05 59 05 12 06 – Ouvert 15 juin-14 sept. et 19 déc.-30 mars
12 ch – 🚹50/65 € 🚹🚹60/75 € – ☕ 9 € – ½ P
Rest – Menu 18 € (semaine), 25/40 € – Carte 24/57 € *(fermé le midi)*
Sur les hauteurs de Gourette et près de la route menant au col de l'Aubisque, cet hôtel dispose de petites chambres, fonctionnelles et bien tenues. Cuisine simple servie sous la véranda ou dans la salle rustique.

GOURNAY-EN-BRAY

✉ 76220 (Seine-Maritime) – 6 396 hab. – **Voir carte n°33-D2**
▶ Paris 97 km – Amiens 78 km – Les Andelys 38 km – Beauvais 31 km
Carte Michelin 304-K5 – Guide Vert Michelin Normandie Vallée de la Seine

Le Saint Aubin ch,
550 chemin Vert, 3 km par D 915 rte de Dieppe – ✆ 02 35 09 70 97 – www.hotel-saint-aubin.fr
60 ch – 🚹60/90 € 🚹🚹65/90 € – ☕ 8 € – ½ P
Rest – Menu 14 € 🍷 (dîner en semaine)/18 € – Carte 19/33 € *(fermé 1er-25 août, 23 déc.-1er janv., sam. et dim.)*
Cette construction en brique rouge, prisée par la clientèle d'affaires (plusieurs salles de réunion), se trouve légèrement en retrait de la route de Dieppe. Les chambres sont fonctionnelles et utiles pour l'étape.

Le Cygne sans rest
20 r. Notre Dame – ✆ 02 35 90 27 80 – www.hotellecygne.fr
29 ch – 🚹48/52 € 🚹🚹60/64 € – ☕ 8 €
Hôtel familial et accueillant, situé au centre de cette petite cité du pays de Bray. Les chambres sont bien tenues et parfaitement insonorisées, et l'entretien est irréprochable. Une petite adresse bien pratique !

GOUVIEUX – 60 Oise ➜ voir Chantilly

GOUY-ST-ANDRÉ – 62 Pas-de-Calais ➜ voir Hesdin

GRAMAT

✉ 46500 (Lot) – 3 537 hab. – **Voir carte n°29-C1**
▶ Paris 534 km – Brive-la-Gaillarde 57 km – Cahors 58 km – Figeac 36 km
Carte Michelin 337-G3

Le Centre ch,
pl. de la République – ✆ 05 65 38 73 37 – www.lecentre.fr
20 ch – 🚹61/77 € 🚹🚹69/77 € – ☕ 10 € – ½ P
Rest – Formule 16 € – Menu 22 € (semaine), 32/49 € – Carte 33/65 €
Un bon point de chute, associant belles prestations et esprit contemporain – l'adresse a été rénovée de pied en cap ! Les chambres offrent un bon confort et des literies king size. Restauration traditionnelle et spécialités de brasserie.

Lion d'Or ch,
8 pl. de la République – ✆ 05 65 10 46 10 – www.liondorhotel.fr
15 ch – 🚹55/88 € 🚹🚹65/88 € – ☕ 10 € – ½ P
Rest *Lion d'Or* – voir les restaurants ci-après
Rest *Le Quinze* – Menu 19 € *(ouvert en saison et fermé le soir)*
En plein centre-ville, cette jolie demeure régionale de caractère est placée sous la houlette d'un enfant du pays. Les chambres ont été rénovées avec goût en 2010 et arborent un joli décor aux couleurs pastel.

Hostellerie du Causse
2 km par rte de Cahors – ✆ 05 65 10 60 60 – www.hostellerieducausse.com – Fermé 2-31 janv.
31 ch – 🚹60/70 € 🚹🚹70/80 € – ☕ 9 € – ½ P
Rest – Formule 13 € – Menu 21 € (semaine)/59 € – Carte 38/57 € *(fermé sam. midi, dim. soir et vend. d'oct. à mars)*
À l'écart du centre, cette belle bâtisse récente, inspirée du style local, possède des chambres assez spacieuses, à la fois modernes et fonctionnelles. Au restaurant, cuisine traditionnelle.

Le Relais des Gourmands

2 av. de la Gare – ✆ 05 65 38 83 92 – www.relais-des-gourmands.fr – Fermé 2-17 mars, 1 semaine en oct. et 22 déc.-1er janv.

16 ch – †64/77 € ††64/78 € – ☕ 10 € – ½ P

Rest ***Le Relais des Gourmands*** – voir les restaurants ci-après

Accueil attentionné et bonne tenue dans cet établissement situé face à la gare. Les chambres, de facture actuelle, sont sobres et fonctionnelles. Le plus : l'agréable piscine entourée d'un jardin.

Moulin de Fresquet sans rest

1 km par rte de Figeac – ✆ 05 65 38 70 60 – www.moulindefresquet.com – Ouvert 16 avril-14 oct.

5 ch ☕ – †69/83 € ††69/118 €

Ce moulin où cohabitent trois époques (14e, 18e et 19e s.) se dresse au sein d'un jardin baigné par un bief. Meubles, tableaux, tapisseries et objets anciens habillent les chambres, bien décorées et très cosy. Joli jardin... avec des canards !

Le Relais des Gourmands – Hôtel Le Relais des Gourmands

2 av. de la Gare – ✆ 05 65 38 83 92 – www.relais-des-gourmands.fr – Fermé 2-17 mars, 1 semaine en oct., 22 déc.-1er janv., lundi sauf le soir en juil.-août et dim. soir

Formule 18 € – Menu 20 € (semaine), 22/45 € – Carte 35/73 €

Face à la gare, les gourmands qui descendent du train ont un pied-à-terre tout trouvé ! En cuisine, les petits plats du terroir mijotent sous l'œil attentif du chef, Gérard Curtet. Avec lui, les recettes du pays sont joliment actualisées. Aux beaux jours, profitez de la terrasse sous les marronniers.

Lion d'Or – Hôtel Lion d'Or

8 pl. de la République – ✆ 05 65 10 46 10 – www.liondorhotel.fr – Fermé dim. soir et lundi du 15 nov. au 15 avril

Menu 23/48 € – Carte 49/73 €

Que le chef soit de la région ne fait, ici, aucun doute ! En cuisine, il concocte des recettes traditionnelles bien ancrées dans le terroir. De bons petits plats à déguster en terrasse ou dans la salle un brin bourgeoise de cet hôtel-restaurant. Une bonne adresse.

LE GRAND-BORNAND

✉ 74450 (Haute-Savoie) – 2 190 hab. – Voir carte n°**46**-F1

Paris 564 km – Albertville 47 km – Annecy 31 km – Bonneville 23 km

Carte Michelin 328-L5 – Guide Vert Michelin Alpes du Nord

Les Écureuils Ⓝ

Le Villard, à la télécabine de la Joyère – ✆ 04 50 02 20 11 – www.hotel-les-ecureuils.com – Ouvert début juin-fin sept. et mi déc.-début avril

17 ch – †72/172 € ††72/172 € – ☕ 9 € – ½ P

Rest – Formule 16 € – Menu 24/31 € – Carte 30/55 €

À deux pas de la télécabine (parfait pour les skieurs), un chalet entièrement rénové dans un style contemporain, chic et original à la fois. Cuisine traditionnelle faite de produits frais, sauna avec vue sur l'extérieur... Un endroit qui sort du lot !

Les Fermes de Pierre et Anna sans rest

Les Plans, (au golf), 5 km à l'Est par D 4e – ✆ 04 50 51 54 99 – www.fermes-pierre-anna.com – Fermé 1er nov.-10 déc.

8 ch – †98/118 € ††106/136 € – ☕ 12 €

Authentique ! Tel est ce confortable chalet du 18e s. Le golf et les pistes de ski de fond sont à deux pas, tandis que la quiétude et la douceur de vivre sont ici même, chez Pierre et Anna.

Le Delta Ⓝ sans rest

rte de la Patinoire – ✆ 04 50 02 26 25 – www.hotel-delta74.com – Ouvert de juin à sept. et de déc. à avril

19 ch – †79/99 € ††79/99 € – ☕ 9 €

À la périphérie du village, à côté de la patinoire et du stand de tir du biathlon, un petit hôtel récent aux chambres chic et montagnardes, certaines en duplex. Les amateurs de glisse apprécieront la présence d'une boutique de vente et location de skis.

Croix St-Maurice rest,
(face à l'église) – ✆ 04 50 02 20 05 – www.hotel-lacroixstmaurice.com – Fermé 22 sept.-18 oct.
22 ch – 75/115 € 75/115 € – 9 € – ½ P
Rest – Menu 24/32 € – Carte 32/45 €
Un chalet traditionnel au cœur de la station. On se repose dans de petites chambres chaleureuses, dans le style local, avant de profiter de l'espace bien-être, avec sauna et hammam. Spécialités savoyardes au restaurant.

Confins des Sens
Le Villavit – ✆ 04 50 69 94 25 – www.confins-des-sens.com – Fermé 3 semaines en juin, 3 semaines en oct., dim. soir et merc.
Menu 26 € (déj. en semaine), 39/79 € – Carte environ 63 €
La spécialité de la maison ? La délicieuse soupe de foie gras au muscat, avec une compotée d'oignons rouges et ses cromesquis. Le terroir, avec la touche de créativité qui fait la différence !

au Chinaillon 5,5 km au Nord par D 4 – ✉ 74450

Les Cimes sans rest

– ✆ 04 50 27 00 38 – www.hotel-les-cimes.com – Ouvert 21 juin-6 sept. et 6 déc.-12 avril
8 ch – 100/199 € 139/259 € – 4 suites – 16 €
Au cœur de la station du Chinaillon, ce chalet cultive un esprit atypique, proche d'une maison d'hôtes. Les chambres sont charmantes avec leurs murs entièrement tapissés de bois et ornés de motifs peints à la main. De véritables cocons de montagne !

La Crémaillère

Le Chinaillon – ✆ 04 50 27 02 33 – www.hotel-la-cremaillere.fr – Ouvert 15 juin-15 sept. et 20 déc.-20 avril
15 ch – 48/112 € 48/112 € – 8 € – ½ P
Rest – Menu 20 € (déj.), 25/36 € – Carte 25/51 € *(fermé mardi midi et lundi)*
Dans les chambres, petites mais très propres, vue sur les pistes ! Et l'on peut même entendre bruire le cours d'eau qui a donné son nom au village. Le patron cuisine de sympathiques plats savoyards, et l'on propose des confitures maison au petit-déjeuner.

GRANDCAMP-MAISY

✉ 14450 (Calvados) – 1 752 hab. – **Voir carte n°32-B2**
Paris 297 km – Caen 63 km – Cherbourg 73 km – St-Lô 40 km
Carte Michelin 303-F3 – Guide Vert Michelin Normandie Cotentin

La Faisanderie sans rest

av. du Col.-Courson – ✆ 02 31 22 70 06
3 ch – 50 € 80 €
Une charmante demeure tapissée de vigne vierge, au cœur d'un domaine où l'on élève des chevaux. On vous accueille dans un salon cossu avec cheminée avant de vous accompagner à votre chambre ; une vraie maison de famille, au calme !

La Marée

5 quai Henri-Chéron – ✆ 02 31 21 41 00 – www.restolamaree.com – Fermé 1er janv.-10 fév.
Formule 16 € – Menu 20/36 € – Carte 42/61 € *(réservation conseillée)*
Un ancien bar de pêcheur joliment contemporain, décoré de belles photos ayant pour thème la mer, avec, à l'étage, une vue plongeante sur le port... Le chef n'a qu'à traverser la rue pour se fournir à la criée. Résultat : une cuisine inventive et d'une totale fraîcheur, vivement conseillée.

LA GRANDE-MOTTE

✉ 34280 (Hérault) – 8 440 hab. – **Voir carte n°23-C2**
Paris 747 km – Aigues-Mortes 12 km – Lunel 16 km – Montpellier 28 km
Carte Michelin 339-J7

Les Corallines rest,

615 allée de la Plage, (Le Point Zéro) – 04 67 29 13 13 – www.thalasso-grandemotte.com – Fermé 23 déc.-26 janv.

39 ch – 134/202 € 134/202 € – 3 suites – 15 € – ½ P

Rest – Formule 25 € – Menu 33 € – Carte 35/41 €

Sur le bord de mer, un complexe hôtelier moderne avec centre de thalassothérapie et spa. Chambres avec balcon, belle piscine et terrasse panoramique face au littoral. Au restaurant, cadre japonisant et zen pour une cuisine aux parfums méditerranéens.

Novotel

1641 av. du Golf – 04 67 29 88 88 – www.novotel.com

80 ch – 99/319 € 99/319 € – 3 suites – 16 € – ½ P

Rest – Formule 18 € – Menu 26/50 € – Carte 29/49 €

Des prestations modernes à l'entrée du golf : hall monumental coiffé d'une coupole en verre, grandes chambres aux normes de la chaîne, belles suites. Au restaurant ouvert sur la piscine, formules traditionnelles et saveurs de Méditerranée.

Mercure ch,

140 r. du port – 04 67 56 90 81 – www.mercure.com

99 ch – 99/181 € 121/261 € – 18 suites – 15 €

Rest – Formule 24 € – Carte 33/50 € *(fermé vend. soir, dim. midi et sam. de nov. à fév.)*

Cette imposante bâtisse domine le port de plaisance, au cœur de la station. Les chambres, spacieuses, bénéficient d'un balcon tourné vers la mer. Carte traditionnelle proposée dans un décor actuel ou sur une terrasse ombragée de platanes.

Golf Hôtel sans rest

1920 av. du Golf – 04 67 29 72 00 – www.golfhotel34.com – Fermé 13 déc.-12 janv.

44 ch – 90/160 € 90/160 € – 1 suite – 15 €

Dans un quartier calme, face à une pinède, un hôtel construit à la fin des années 1980. Les chambres ouvrent par une loggia sur le golf ou le plan d'eau du Ponant.

Hôtel de la Plage

allée du Levant, direction Grau-du-Roi – 04 67 29 93 00 – www.hp-lagrandemotte.fr

38 ch – 85/215 € 85/215 € – 1 suite – 14 € – ½ P

Rest – Menu 45 € (dîner) – Carte 43/68 € *(fermé de mi-déc. à fin fév., mardi, merc. de nov. à mars, dim. soir sauf de juin à août et le midi de mi-sept. à avril) (résidents seult)*

Sur la plage évidemment... Cet hôtel tenu par un jeune couple a bénéficié de travaux de modernisation (décor contemporain). Les balcons face à la Méditerranée sont bien agréables. Au restaurant ouvert le soir, cuisine estivale face à la piscine.

Azur Bord de Mer sans rest

pl. Justin – 04 67 56 56 00 – www.hotelazur.net

20 ch – 69/229 € 75/229 € – 14 €

Telle une vigie scrutant la Grande Bleue, un hôtel familial ancré sur le môle fermant le port au sud. Chambres douillettes, au décor classique ou contemporain. Piscine chauffée.

Europe sans rest

allée des Parcs – 04 67 56 62 60 – www.hoteleurope34.com – Ouvert de mi fév. à mi nov.

34 ch – 69/140 € 69/140 € – 12 €

Derrière le palais des congrès, un sympathique hôtel familial né dans les années 1970 et entièrement rénové en 2012. Piscine, terrasse-solarium et salon marocain en plein air.

Alexandre

esplanade Maurice Justin – 04 67 56 63 63 – www.alexandre-restaurant.com – Fermé janv., dim. soir sauf juil.-août, mardi d'oct. à mars et lundi

Formule 28 € – Menu 32 € (semaine), 52/82 € – Carte 55/92 €

La table gastronomique se situe à l'étage et bénéficie d'une belle vue sur le port et le large... On y propose une cuisine très classique, où dominent les produits de la mer. Côté Bistrot, au rez-de-chaussée, ambiance décontractée et viandes ou poissons grillés.

Bistrot d'Alexandre Formule 23 € *(ouvert 5 juin-5 sept. et fermé le soir)*

GRAND-FOUGERAY

✉ 35390 (Ille-et-Vilaine) – 2 352 hab. – **Voir carte n°10-D2**
Paris 392 km – Bruz 41 km – Cesson-Sévigné 52 km – Rennes 49 km
Carte Michelin 309-L8

Les Palis rest,
15 pl. de l'Église – ☎ 02 99 08 30 80 – www.hotelcharmebretagne.com
16 ch – †85/170 € ††85/170 € – ☕ 11 € – ½ P
Rest – Formule 16 € – Menu 21 € (semaine), 29/39 € – Carte 25/50 € *(fermé dim. soir et lundi)*
Avec sa grande façade blanche (18e s.) sur la place centrale du village, l'établissement a tout de l'hôtel-restaurant d'autrefois, et pourtant... On y découvre des chambres très contemporaines (dont l'une avec un lit rond !), un espace bien-être avec fitness, sauna, jacuzzi, etc. Le tout à mi-chemin entre Nantes et Rennes.

LE GRAND-VILLAGE-PLAGE – 17 Charente-Maritime → voir Île d'Oléron

GRANDVILLERS

✉ 88600 (Vosges) – 693 hab. – **Voir carte n°27-C3**
Paris 404 km – Épinal 22 km – Gérardmer 29 km – Lunéville 48 km
Carte Michelin 314-I3

Europe et Commerce ch,
3 et 4 rte de Bruyères – ☎ 03 29 65 71 17 – www.hotel-europe-commerce.fr
20 ch ☕ – †59/69 € ††78/88 € – ½ P
Rest – Formule 13 € – Menu 18/40 € – Carte 20/53 € *(fermé vend. soir et dim. soir)*
D'un côté de la route, le restaurant ; de l'autre – et un peu en retrait – les chambres, dans un bâtiment des années 1980 bordé par un petit jardin. Cuisine traditionnelle.

GRANE

✉ 26400 (Drôme) – 1 746 hab. – **Voir carte n°44-B3**
Paris 599 km – Lyon 136 km – Montélimar 35 km – Valence 32 km
Carte Michelin 332-C5

La Demeure de Grâne avec ch
8 pl. de l'Église – ☎ 04 75 62 60 64 – www.lademeuredegrane.com
7 ch – †68 € ††68 € – ☕ 7 € – ½ P
Formule 18 € – Menu 27/55 € *(fermé dim. soir et lundi sauf juil.-août, merc. midi, jeudi midi et mardi)*
Sur la place de l'église, cette sympathique auberge propose une cuisine traditionnelle. Aux beaux jours, préférez la terrasse à l'ombre des platanes. Chambres pour l'étape.

GRANGES-LÈS-BEAUMONT – 26 Drôme → voir Romans-sur-Isère

GRANGES-STE-MARIE – 25 Doubs → voir Malbuisson

GRANVILLE

✉ 50400 (Manche) – 12 969 hab. – **Voir carte n°32-A2**
Paris 342 km – Avranches 27 km – Cherbourg 105 km – St-Lô 57 km
Carte Michelin 303-C6 – Guide Vert Michelin Normandie Cotentin

Mercure Le Grand Large sans rest
5 r. de la Falaise – ☎ 02 33 91 19 19 – www.mercure-granville.com
66 ch – †77/180 € ††77/180 € – ☕ 15 €
Dans le centre de Granville, non loin du casino, cet hôtel est perché sur la falaise au-dessus de la plage ; on y jouit d'un panorama somptueux sur la Manche ! Sobriété feutrée dans les chambres, grandes, climatisées et bien équipées. Parfait pour un déplacement professionnel comme pour les vacances.

La Citadelle

34 r. du Port – ✆ 02 33 50 34 10 – www.restaurant-la-citadelle.com – Fermé 16 déc.-19 janv., mardi d'oct. à mars et merc.
Formule 21 € – Menu 29/35 € – Carte 30/50 €
Une adresse qui se démarque sur le port de Granville. On admire les petits bateaux de plaisance en partance pour les îles, tout en dégustant homards de Chausey et autres crustacés... Cap sur les produits de la mer !

à Donville-les-Bains 1,5 km au Nord par D 911 et D 468 – ✉ 50350 – 3 242 hab.

Hôtel de la Baie

r. de l'Ermitage – ✆ 02 33 90 31 10 – www.previthal.com
74 ch – 95/180 € 95/180 € – 2 suites – 9 € – ½ P
Rest *Le Sound* – Formule 22 € – Menu 29 € – Carte 34/50 €
Sur la côte juste au nord de Granville, cet établissement au décor contemporain et épuré – ouvert en 2013 – a de quoi séduire touristes et curistes... puisqu'il est relié au centre de thalassothérapie. Les chambres, sobres et bien tenues, disposent d'une vue sur la mer.

GRASSE

✉ 06130 (Alpes-Maritimes) – 51 036 hab. – **Voir carte n°42-E2**
Paris 905 km – Cannes 17 km – Digne-les-Bains 118 km – Draguignan 53 km
Carte Michelin 341-C6 – Guide Vert Michelin Côte d'Azur

La Bastide St-Antoine

48 av. Henri-Dunant, (quartier St-Antoine), 1,5 km par ② et rte de Cannes – ✆ 04 93 70 94 94 – www.jacques-chibois.com
11 ch – 270/350 € 270/350 € – 5 suites – 31 € – ½ P
Rest *La Bastide St-Antoine* – voir les restaurants ci-après
Cette imposante bastide du 18e s. trône dans un parc magnifique, doublé d'une immense oliveraie aménagée en restanques. L'image même de la Provence éternelle ! Luxueux mais sans ostentation, l'établissement cultive l'élégance aussi bien que la discrétion : la promesse d'un séjour enchanteur...

Élixir

r. Martine-Carol, (quartier St-Claude), 2,5 km par ② et rte de Cannes – ✆ 04 93 70 70 70 – www.bestwestern-elixir-grasse.com
63 ch – 89/169 € 89/169 € – 15 €
Rest – Formule 19 € – Menu 25/35 € – Carte 27/52 €
Les vertus de cet Élixir situé aux portes de la cité des parfumeurs : des chambres contemporaines confortables et bien aménagées (complètement rénovées en 2013), une agréable piscine et un restaurant traditionnel. Parfait pour une étape à Grasse.

Le Patti

pl. du Patti – ✆ 04 93 36 01 00 – www.hotelpatti.com Plan : Y**a**
73 ch – 75/95 € 89/115 € – 9 € – ½ P
Rest – Formule 12 € – Menu 19/38 € – Carte 35/54 € *(fermé 5 janv.-10 fév. et dim.)*
Vous voilà au parfum, les chambres de cet établissement, simple et bien tenu, sont bien utiles si l'on souhaite visiter la vieille ville ou le musée international de la Parfumerie.

Moulin St-François sans rest

60 av. Guy-de-Maupassant, 2 km à l'Ouest par rte de St-Cézaire – ✆ 04 93 42 14 35 – www.moulin-saint-francois.com
3 ch – 220/350 € 220/350 €
Sur les collines bordant Grasse, dans un parc planté d'oliviers, cette luxueuse demeure, créée sur les fondations d'un moulin du 18e s., cultive charme, raffinement et quiétude... Tout de blanc, le décor intérieur concentre la lumière, crée une atmosphère apaisante et fraîche. Sentiment d'exclusivité...

GRASSE

Barri (Pl. du) . . . . Z 4
Bellevue (Bd) . . . . X 5
Charabot (Bd) . . . . XY 6
Conte (R. D.) . . . . Y 7
Cresp (Cours H.) . . . . Z 8
Crouët (Bd Jacques) . . . . . X 10
Droite (R.) . . . . Y 12
Duval (Av. M.) . . . . X 14
Évêché (R. de l') . . . . Z 15
Fontette (R. de) . . . . Y 16
Foux (Pl. de la) . . . . Y 17
Fragonard (Bd) . . . . Z 18
Gaulle (Av. Gén.-de) . . . . X 20
Gazan (R.) . . . . Z 22
Herbes (Pl. aux) . . . . Y 23
Jeu-de-Ballon (Bd) . . . . YZ
Journet (R. M.) . . . . YZ 26
Juin (Av. Mar.) . . . . Y 27
Lattre-de-Tassigny (Av. Mar.-de) . . . . X 28
Leclerc (Bd Mar.) . . . . . . X 30
Libération (Av.) . . . . X 32
Mougins-Roquefort (R.) . Z 33
Moulin-des-Paroirs (R.) . . X 34
Oratoire (R. de l') . . . . Y 35
Ossola (R. Jean) . . . . Z 38
Petit-Puy (Pl. du) . . . . Z 42
Poissonnerie (Pl.) . . . . . . Z 43
Prés.-Kennedy (Bd) . . . . . X 45
Reine-Jeanne (Bd) . . . . . X 48
Rothschild (Bd de) . . . . . X 49
St-Martin (Traverse) . . . . Z 50
Sémard (Av. P.) . . . . X 53
Thiers (Av.) . . . . Y
Touts-Petits (Trav.) . . . . . Z 55
Tracastel (R.) . . . . Z 57
Victoria (Av.) . . . . X 60
Victor-Hugo (Bd) . . . . . . X, Z 59
11-Novembre (Av. du) X, Y 63

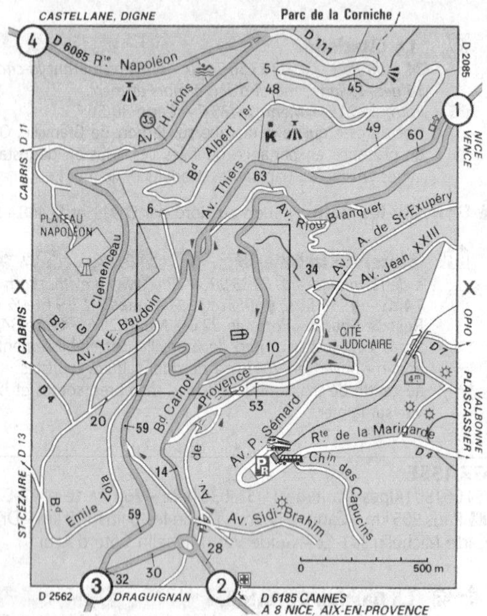

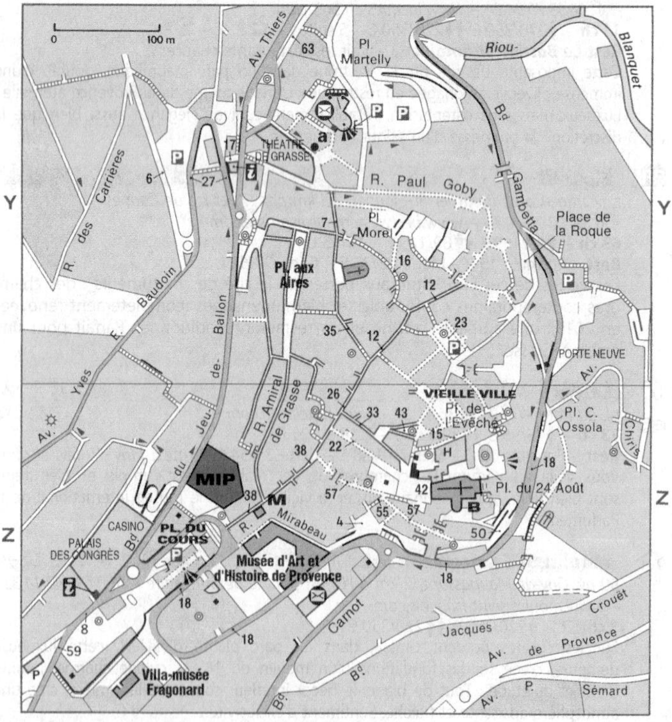

Moulin Ste-Anne sans rest
9 chemin des Prés, (quartier Ste-Anne), 1,5 km par ③ – ✆ 04 92 42 01 70 – www.moulin-sainte-anne.com
5 ch – 110/195 € 110/195 €
Un puits, une rivière, un ancien moulin à huile du 18e s. (avec son mécanisme intact) : presque un hameau au sein du quartier Ste-Anne, à proximité du cœur de la ville. Les amateurs de vieilles pierres apprécieront ce décor authentique, l'âme rustique des chambres, le calme des lieux...

La Bastide St-Antoine (Jacques Chibois) – Hôtel La Bastide St-Antoine
48 av. Henri-Dunant, (quartier St-Antoine), 1,5 km par ② et rte de Cannes – ✆ 04 93 70 94 94 – www.jacques-chibois.com
Menu 63 € (déj.), 100/198 € – Carte 120/180 €
Si Grasse est la cité du parfum, la table de Jacques Chibois – l'un des chefs de file de la "cuisine du soleil" depuis trente ans – est la reine des arômes ! Agrumes, herbes, huile d'olive : chaque assiette exalte les saveurs provençales, et certaines créations, tel le papillon de langoustines, sont de véritables anthologies.
→ Papillon de langoustines en émulsion de pulpe d'orange à l'huile d'olive et basilic. Saint-pierre cuit en étuvée, purée de fenouil et coulis de citron. Merveilleuse orchidée de mangue et sorbet à l'orientale.

à Magagnosc 5 km par ① rte de Nice – ✉ 06520

Au Fil du Temps (Sébastien Giraud)
83 av. Auguste-Renoir – ✆ 04 93 36 20 64 – www.restaurantaufildutemps.com – Fermé 2 semaines en juil., vacances de la Toussaint, le midi en juil.-août, merc. et dim.
Menu 30 € (déj. en semaine), 39/80 € – Carte 69/77 € *(réservation conseillée)*
Au fil du temps, du marché, des saisons... et avec toutes les couleurs de l'époque. Dans cette maison qui domine le pays de Grasse, on déguste une cuisine savoureuse, sans fioritures, où le terroir provençal s'exprime avec une belle fraîcheur.
→ Sphère champignon, escargot et chlorophylle. Filet de bœuf stroganoff version 2013. Granité au café, crème au whisky, orange et chocolat.

au Sud-Est 5 km par D 4 - ✉ 06130 Grasse

Lou Fassum
381 rte de Plascassier, (Plascassier) – ✆ 04 93 60 14 44 – www.loufassum.com – Fermé vacances de la Toussaint, vacances de fév., dim. et lundi hors saison
Formule 30 € – Menu 40 € (déj. en semaine), 56/76 € – Carte 64/114 € *(réservation conseillée)*
De la terrasse dressée sous les tilleuls, la vue sur Mouans-Sartoux et le golfe de Théoule est exceptionnelle. Le chef travaille des produits d'une belle fraîcheur et privilégie les producteurs locaux. Pour un agréable moment...

au Val du Tignet 8 km par ③ rte de Draguignan par D 2562 – ✉ 06530 Peymeinade

Auberge Chantegrill
291 rte de Draguignan – ✆ 04 93 66 12 33 – www.restaurantchantegrill.com – Fermé dim. soir et merc. d'oct. à avril
Formule 16 € – Menu 22 € (semaine), 29/49 € – Carte 39/55 €
Une grande cheminée, une terrasse fleurie, un accueil chaleureux et une cuisine enracinée dans la tradition, copieuse et goûteuse. Tout cela fleure bon la Provence : une sympathique auberge !

à Cabris 5 km à l'Ouest par D 4 - X – ✉ 06530 – 1 410 hab.

Horizon sans rest
100 promenade St-Jean – ✆ 04 93 60 51 69 – Ouvert 25 avril-15 oct.
22 ch – 89/158 € 89/158 € – 12 €
Dans ce joli village perché où résida Saint-Exupéry, ce petit hôtel familial se révèle fort avenant. La terrasse, la piscine et certaines chambres offrent une vue à couper le souffle : Grasse, le golfe de Cannes, l'Estérel... L'accueil est charmant.

XX **Auberge du Vieux Château** avec ch 

pl. du Panorama – ✆ 04 93 60 50 12 – www.aubergeduvieuxchateau.com – Fermé lundi et mardi sauf juil.-août

4 ch – 59/139 € 59/139 € – 9 € Menu 29 € (déj. en semaine), 39/55 €

Un charmant restaurant, niché sur une placette médiévale. On profite de ce décor de vieilles pierres en terrasse, ou l'on se réfugie dans la jolie salle provençale... En cuisine œuvre une jeune chef inspirée par le marché et la Méditerranée : saveurs et couleurs n'ont rien de féodal ! Et les chambres sont ravissantes...

X **Auberge de la Chèvre d'Or**

1 pl. du Puits – ✆ 04 93 60 54 22 – www.lachevredor.fr – Fermé 15-28 nov., janv., mardi et merc. sauf juil.-août

Formule 19 € – Menu 25/35 € – Carte 36/51 €

À l'entrée du village, voici une sympathique auberge familiale où déguster une cuisine traditionnelle savoureuse et copieuse... Décor rustique et provençal, feu de cheminée en hiver et jolie terrasse : vive la Chèvre d'Or de Cabris !

GRATENTOUR – 31 Haute-Garonne ➜ voir Toulouse

GRATOT – 50 Manche ➜ voir Coutances

LE GRAU-D'AGDE – 34 Hérault ➜ voir Agde

LE GRAU-DU-ROI

✉ 30240 (Gard) – 8 178 hab. – **Voir carte n°23-C2**

Paris 751 km – Aigues-Mortes 7 km – Arles 55 km – Lunel 22 km

Carte Michelin 339-J7

Splendid

bd Mar.-Alphonse-Juin – ✆ 04 66 51 41 29 – www.splendid-camargue.com

51 ch – 79/130 € 79/130 € – 11 € – ½ P

Rest – Formule 14 € – Menu 17 € – Carte 32/49 €

Face à la mer, un hôtel moderne avec des balcons à tous les étages. Depuis les chambres, la vue est... splendide ! L'ensemble est propre et bien tenu. Accueil aimable. Cuisine méditerranéenne au restaurant.

Les Acacias sans rest

21 r. de l'Egalité – ✆ 04 66 51 40 86 – www.hotel-les-acacias.fr – Fermé 18 nov.-15 fév.

28 ch – 60/90 € 60/90 € – 10 €

Un hôtel familial tout près de la plage. Une terrasse fleurie sépare les deux maisons : décor provençal dans l'une, plus sobre dans l'autre. Simple et bien tenu.

à Port Camargue Sud : 3 km par D 62B – ✉ 30240

Spinaker

pointe de la Presqu'île – ✆ 04 66 53 36 37 – www.spinaker.com – Fermé 17-25 déc. et 2 janv.-7 fév.

16 ch – 88/120 € 88/120 € – 5 suites – 15 € – ½ P

Rest *Spinaker* – voir les restaurants ci-après

Un hôtel avec ponton privé ! Ce complexe moderne est amarré à la marina, au bout de la presqu'île. Toutes les chambres donnent de plain-pied sur le jardin et... sur la jolie piscine bordée de palmiers.

Les Bains de Camargue ch, rest,

rte des Marines – ✆ 04 66 73 60 60 – www.thalazur.fr – Fermé 1er-15 déc.

87 ch – 130/220 € 130/220 € – 16 € – ½ P

Rest – Formule 25 € – Menu 32 € – Carte 30/54 €

Détente face aux dunes et à la mer : cet ensemble hôtelier comprend un centre de thalasso et la plupart de ses chambres regardent les flots (toutes avec balcon). Cuisine traditionnelle et recettes diététiques au restaurant, perché au 6e étage.

L'Oustau Camarguen

3 rte des Marines – ✆ 04 66 51 51 65 – www.oustaucamarguen.com – Ouvert 20 mars-3 nov.
32 ch – 75/145 € 75/145 € – 8 suites – 13 € – ½ P
Rest – Menu 29 € – Carte 37/55 € *(fermé le midi sauf weekends)*
Un petit mas camarguais qui a le goût de la Provence : fer forgé, terre cuite, bois patiné... Les chambres sont assez spacieuses et jouissent de terrasses ou de jardins privatifs au calme ! Le restaurant est agréable : on sert une cuisine régionale au bord de la piscine.

Spinaker – Hôtel Spinaker

pointe de la Presqu'île – ✆ 04 66 53 36 37 – www.spinaker.com – Fermé 17-25 déc., 2 janv.-10 fév., lundi et mardi sauf juil.-août et fériés
Formule 35 € – Menu 45 € – Carte 39/80 €
Une cuisine dans l'air du temps à savourer dans une salle moderne ou sur la superbe terrasse ouverte sur la marina et ses bateaux de plaisance.

L'Amarette

centre commercial Camargue 2000 – ✆ 04 66 51 47 63 – www.l-amarette.com – Fermé 8 déc.-1er fév. et merc. sauf de mai à sept.
Formule 25 € – Menu 40/62 € – Carte 40/77 €
Près de la plage, ce restaurant dispose d'une terrasse en étage qui offre une belle vue sur la baie d'Aigues-Mortes. Agréable cuisine de la mer.

GRAUFTHAL – 67 Bas-Rhin ➜ voir La Petite-Pierre

LA GRAVE

✉ 05320 (Hautes-Alpes) – 488 hab. – **Voir carte n°41-C1**
Paris 642 km – Briançon 38 km – Gap 126 km – Grenoble 80 km
Carte Michelin 334-F2 – Guide Vert Michelin Alpes du Nord

Les Chalets de la Meije sans rest

– ✆ 04 76 79 97 97 – www.chaletdelameije.com – Ouvert 28 mai-21 sept. et 15 fév.-20 avril
18 ch – 75/96 € 90/115 € – 9 suites
Une superbe situation face aux Écrins et au glacier de la Meije ! L'hôtel se compose de plusieurs chalets reliés par de petits chemins piétonniers, le petit-déjeuner étant servi dans le chalet principal, un peu comme si l'on vivait dans la vallée... Magnifique panorama également depuis l'espace bien-être.

GRAVESON

✉ 13690 (Bouches-du-Rhône) – 3 914 hab. – **Voir carte n°42-E1**
Paris 696 km – Avignon 14 km – Carpentras 40 km – Cavaillon 30 km
Carte Michelin 340-D2 – Guide Vert Michelin Provence

Moulin d'Aure

rte de Maillane, 1 km par D 5 – ✆ 04 90 95 84 05 – www.hotel-moulindaure.com
19 ch – 104/130 € – 16 € – ½ P
Rest – Formule 25 € – Menu 32 € (déj. en semaine), 39/90 € – Carte 56/83 € *(ouvert début avril-15 oct. et fermé mardi midi et lundi)*
Dans un grand parc planté d'oliviers, cette bastide abrite des chambres confortables, d'esprit provençal (tomettes, couleurs douces, etc.) ; quelques-unes avec terrasse. Mention spéciale pour l'agréable piscine. Cuisine méditerranéenne au restaurant.

Le Cadran Solaire sans rest

5 r. du Cabaret-Neuf – ✆ 04 90 95 71 79 – www.hotel-en-provence.com – Ouvert 15 mars-15 nov.
12 ch – 78/100 € 78/100 € – 10 €
Quelle que soit l'heure donnée par le cadran solaire, ce relais de poste du 16e s. dégage un vrai charme ! Les chambres, avec leur mobilier chiné, sont séduisantes ; le jardin tout autant.

GRAY

✉ 70100 (Haute-Saône) – 6 016 hab. – **Voir carte n°16-B2**

▶ Paris 336 km – Besançon 45 km – Dijon 50 km – Dole 46 km

Carte Michelin 314-B8 – Guide Vert Michelin Franche-Comté Jura

à Rigny 5 km au Nord-Est par D 70 et D 2 – ✉ 70100 – 616 hab.

Château de Rigny

70 r. des Epoux Blanchot – ☎ 03 84 65 25 01 – www.chateau-de-rigny.com

28 ch – †98/150 € ††98/245 € – ☕ 14 € – ½ P

Rest – Menu 39/72 € – Carte 43/66 €

Dans cette demeure du 17e s., nichée au cœur d'un magnifique parc à l'anglaise, le temps semble s'être arrêté. Mobilier d'époque dans les chambres – certaines plus modernes –, superbe salle des gardes, salon avec tapisseries... renvoient 400 ans en arrière !

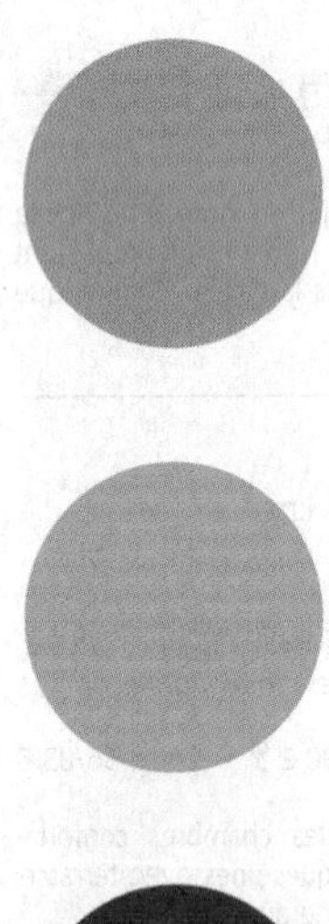

GRENOBLE

✉ 38000 (Isère) – 155 637 hab. – Agglo. 494 878 hab. – Voir carte n°**45**-C2
Paris 566 km – Chambéry 55 km – Genève 143 km – Lyon 105 km
Carte Michelin 333-H6 – Guide Vert Michelin Alpes du Nord

Hôtels

Park Hôtel sans rest

10 pl. Paul-Mistral – ✆ 04 76 85 81 23 – www.park-hotel-grenoble.fr
40 ch – 99/195 € 99/195 € – 16 € Plan : FZ**w**
On profite pleinement du nouveau décor de cet hôtel, situé en bordure du parc Paul-Mistral. Les chambres, spacieuses, marient sobriété et raffinement. Au bar ou dans la salle de réunion, c'est la même élégante décontraction : un must pour les hommes d'affaires.

Le Grand Hôtel sans rest

5 r. de la République – ✆ 04 76 51 22 59 – www.grand-hotel-grenoble.fr
66 ch – 90/169 € 99/249 € – 1 suite – 19 € Plan : EY**a**
À deux pas de la maison natale de Stendhal, ce "grand hôtel" entièrement rénové en 2011 marie à merveille luxe et design. Pour accéder aux chambres, sobres et contemporaines, on emprunte le magnifique escalier d'époque. Un conseil : ne manquez pas le petit-déjeuner, les fromages sont délicieux !

Novotel Centre

à Europole, 5 pl. Robert-Schuman – ✆ 04 76 70 84 84 – www.novotel.com
116 ch – 112/176 € 112/176 € – 2 suites – 16 € Plan : AV**r**
Rest – Formule 18 € – Carte 25/45 € *(fermé sam. midi, dim. midi et fériés)*
Impossible de manquer cet hôtel, il fait partie intégrante du centre de congrès de l'Europole. Les chambres sont presque japonisantes, modernes comme l'ensemble du bâtiment et le beau fitness. Les hommes d'affaires pressés pourront profiter de la cuisine traditionnelle et des grillades.

Mercure Président

11 r. du Gén.-Mangin – ✆ 04 76 56 26 56 – www.mercure-grenoble-president.com
105 ch – 89/189 € 99/189 € – 19 € Plan : AX**y**
Rest – Formule 18 € – Menu 26 € – Carte 29/37 € *(fermé 25-31 déc., week-ends et fériés)*
Un hôtel plaisant, dont le confort correspond aux nouveaux standards de la chaîne. Tout a été relooké, des parties communes aux chambres, bien équipées. Au sous-sol, on trouve un espace fitness avec sauna, et un beau jacuzzi en véranda.

Patrick Hotel sans rest

116 cours de la Libération – ✆ 04 76 21 26 63 – www.patrickhotel-grenoble.com
56 ch – 61/103 € 61/113 € – 12 € Plan : AX**n**
Cet hôtel moderne et fonctionnel offre un bon niveau de confort. À proximité de la rocade sud, on peut compter sur la très bonne insonorisation des chambres. Plutôt plaisants, le petit bar et le salon.

CORENC

Eygala (Av. de l') . . . . . . BCV
Grésivaudan (Av. du) . . . . . . BCV

EYBENS

Innsbruck (Av. d') . . . . . . BX 38
Jean-Jaurès (Av.) . . . . . . BX
Mendès-France (R.) . . . . . . BX
Poisat (Av. de) . . . . . . BX 47

ÉCHIROLLES

Etats-Généraux (Av. des) . . . . . . AX 30
Grugliasco (Av. de) . . . . . . AX
Jean-Jaurès (Crs) . . . . . . AX
Kimberley (Av. de) . . . . . . ABX

FONTAINE

Briand (Av. A.) . . . . . . AV
Joliot-Curie (Bd) . . . . . . AV
Vercors (Av. du) . . . . . . AV

GRENOBLE

Alliés (R. des) . . . . . . AX
Alsace-Lorraine (Av.) . . . . . . DYZ 3
Ampère (R.) . . . . . . AV
Augereau (R.) . . . . . . DZ
Barnavel (R.) . . . . . . EFY 5
Bayard (R.) . . . . . . FY 6
Belgique (Av. Albert-1er de) . . . . . . EFZ 7
Belgrade (R. de) . . . . . . EY 9
Bernard (Q. Cl.) . . . . . . DY
Berriat (Crs) . . . . . . AV, DZ
Berthelot (Av. M.) . . . . . . BX
Bistesi (R.) . . . . . . FZ 10
Bizanet (R.) . . . . . . FGY
Blanchard (R. P.) . . . . . . EYZ
Blum (Av. Léon) . . . . . . AX
Boissieux (R. B.-de) . . . . . . EZ
Bonne (R. de) . . . . . . EZ 12
Brenier (R. C.) . . . . . . DY 13
Briand (Pl. A.) . . . . . . DY
Brocherie (R.) . . . . . . EY 15
Casimir-Périer (R.) . . . . . . EZ 16
Champollion (R.) . . . . . . FZ 17
Champon (Av. Gén.) . . . . . . FZ
Chanrion (R. J.) . . . . . . FYZ
Chenoise (R.) . . . . . . EFY 18
Claudel (R. P.) . . . . . . BX 20
Clemenceau (Bd) . . . . . . FGZ
Clot-Bey (R.) . . . . . . EYZ 21
Condillac (R.) . . . . . . EZ
Condorcet (R.) . . . . . . DZ
Créqui (Q.) . . . . . . DEY
Diables-Bleus (Bd des) . . . . . . FZ 24
Diderot (R.) . . . . . . AV 25
Dr-Girard (Pl.) . . . . . . FY 26
Driant (Bd Col.) . . . . . . FZ 27
Dubedout (Pl. H.) . . . . . . DY 28
Esclangon (R. F.) . . . . . . AV 29
Esmonin (Av. E.) . . . . . . AX
l'Europe (Av. de) . . . . . . BX 31
Fantin-Latour (R.) . . . . . . FZ 32
Faure (R. E.) . . . . . . FZ
La Fayette (R.) . . . . . . EY 39
Flandrin (R. J.) . . . . . . GZ 33
Foch (Bd Mar.) . . . . . . DEZ
La Fontaine (Crs) . . . . . . EZ
Fourier (R.) . . . . . . FZ 34
France (Q. de) . . . . . . DEY
Gambetta (Bd) . . . . . . DEZ
Graille (Q. de la) . . . . . . DY
Grande-Rue . . . . . . EY 37
Grenette (Pl.) . . . . . . EY
Gueymard (R. E.) . . . . . . DY
Haxo (R.) . . . . . . FZ
Hébert (R.) . . . . . . FYZ
L'Herminier (R. Cdt) . . . . . . FY 41
Hoche (R.) . . . . . . EZ
Jay (Q. S.) . . . . . . EY
Jeanne-d'Arc (Av.) . . . . . . GZ
Jean-Jaurès (Crs) . . . . . . DYZ
Joffre (Bd Mar.) . . . . . . DEZ
Jongking (Q.) . . . . . . FY
Jouhaux (R. L.) . . . . . . BX, GZ
Jouvin (Q. X.) . . . . . . FY
Lakanal (R.) . . . . . . EZ
Lavalette (Pl.) . . . . . . FY 40
Leclerc (Av. Mar.) . . . . . . FY
Lesdiguières (R.) . . . . . . EZ
Libération et du Gén.-de Gaulle (Crs de la) . . . . . . AX
Lyautey (Bd Mar.) . . . . . . EZ 42
Lyon (Rte de) . . . . . . DY
Malakoff (R.) . . . . . . FGZ
Mallifaud (R.) . . . . . . EFZ
Martyrs (R. des) . . . . . . AV
Mistral (Pl. P.) . . . . . . FZ
Montorge (R.) . . . . . . EY 43
Mortillet (R. de) . . . . . . FGY
Moyrand (R.) . . . . . . FGZ
Notre-Dame (Pl.) . . . . . . FY
Pain (Bd J.) . . . . . . FZ
Palanka (R.) . . . . . . EY 44
Pasteur (Pl.) . . . . . . FZ 45
Perrière (Q.) . . . . . . EY 46
Perrot (Av. J.) . . . . . . BX, FZ
Poulat (R. F.) . . . . . . EY 48
Prévost (R. J.) . . . . . . DZ
Randon (Av. Mar.) . . . . . . FY
Reynier (R. A.) . . . . . . AX 49
Reynoard (Av. M.) . . . . . . BX
Rey (Bd Ed.) . . . . . . EY
Rhin-et-Danube (Av.) . . . . . . AX
Rivet (Pl. G.) . . . . . . EZ
Rousseau (R. J.-J.) . . . . . . EY
Sablon (Pont du) . . . . . . GY
Ste-Claire (Pl.) . . . . . . EY
St-André (Pl.) . . . . . . EY
Sembat (Bd A.) . . . . . . EZ
Servan (R.) . . . . . . FY
Stalingrad (R. de) . . . . . . AX
Strasbourg (R. de) . . . . . . EFZ
Thiers (R.) . . . . . . DZ
Très-Cloîtres (R.) . . . . . . FY
Turenne (R.) . . . . . . DZ

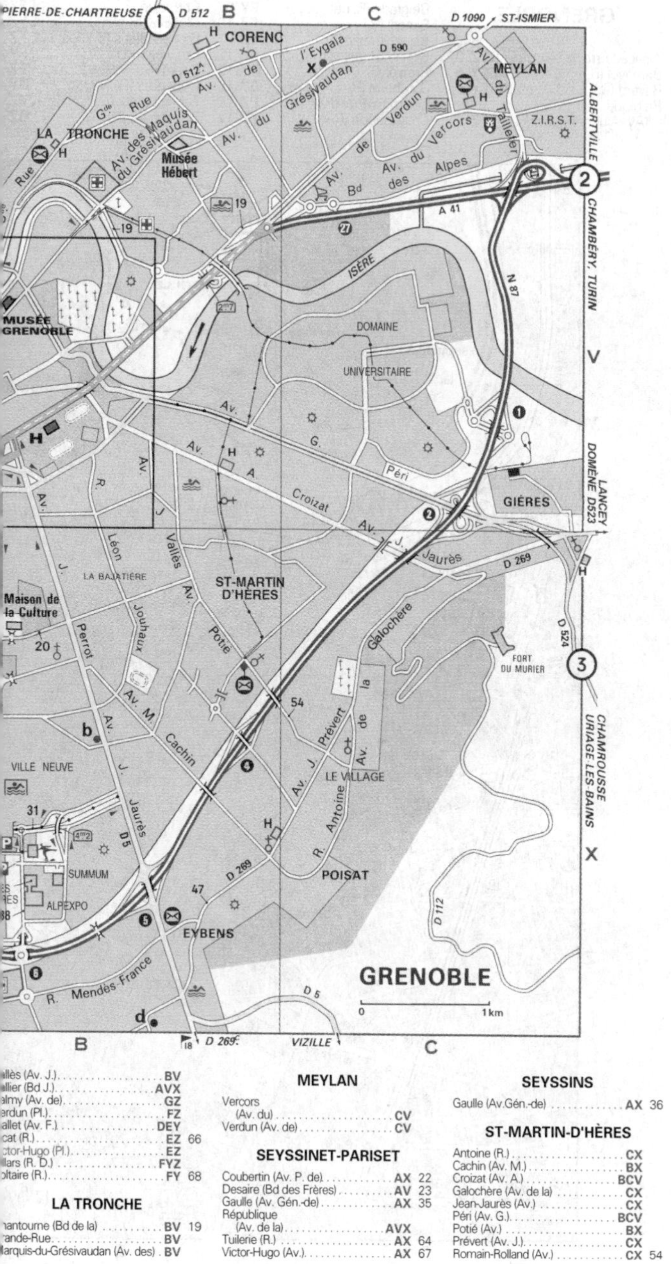

…allès (Av. J.)	BV	
…allier (Bd J.)	AVX	
…almy (Av. de)	GZ	
…erdun (Pl.)	FZ	
…allet (Av. F.)	DEY	
…cat (R.)	EZ	66
…ctor-Hugo (Pl.)	EZ	
…llars (R. D.)	FYZ	
…oltaire (R.)	FY	68

LA TRONCHE

…hantourne (Bd de la)	BV	19
…rande-Rue	BV	
…arquis-du-Grésivaudan (Av. des)	BV	

MEYLAN

Vercors (Av. du)	CV	
Verdun (Av. de)	CV	

SEYSSINET-PARISET

Coubertin (Av. P. de)	AX	22
Desaire (Bd des Frères)	AV	23
Gaulle (Av. Gén.-de)	AX	35
République (Av. de la)	AVX	
Tuilerie (R.)	AX	64
Victor-Hugo (Av.)	AX	67

SEYSSINS

Gaulle (Av.Gén.-de)	AX	36

ST-MARTIN-D'HÈRES

Antoine (R.)	CX	
Cachin (Av. M.)	BX	
Croizat (Av. A.)	BCV	
Galochère (Av. de la)	CX	
Jean-Jaurès (Av.)	CX	
Péri (Av. G.)	BCV	
Potié (Av.)	BX	
Prévert (Av. J.)	CX	
Romain-Rolland (Av.)	CX	54

GRENOBLE

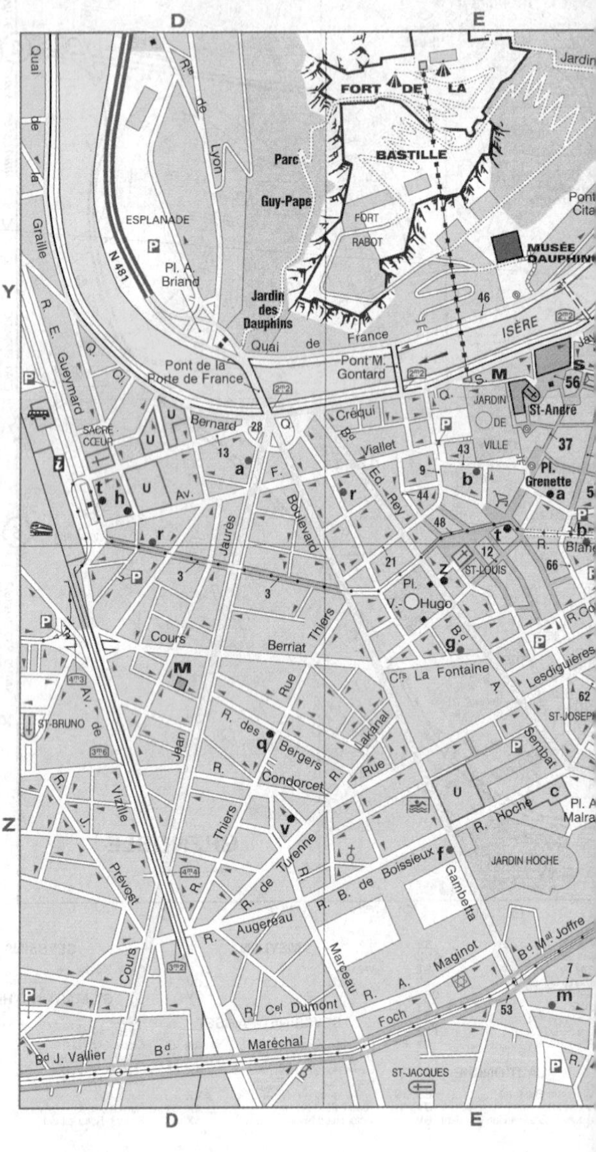

FORT DE LA
BASTILLE
Parc
Guy-Pape
ESPLANADE
Pl. A. Briand
Jardin des Dauphins
FORT RABOT
MUSÉE DAUPHIN
Quai de France
ISÈRE
Pont de la Porte de France
Pont M. Gontard
JARDIN DE VILLE
St-André
Pl. Grenette
SACRÉ CŒUR
ST-LOUIS
Pl. V.-Hugo
Cours Berriat
Crs La Fontaine
Lesdiguières
ST-JOSEP
ST-BRUNO
R. des Bergers
R. Condorcet
R. Hoche
Pl. A Malra
JARDIN HOCHE
R. B. de Boissieux
Gambetta
R. de Turenne
R. Augereau
Marceau
R. A. Maginot
Bd Mal Joffre
R. Cel Dumont
Foch
Maréchal
Bd J. Vallier
ST-JACQUES
Quai de la Graille
R. E. Gueymard
Av. de Vizille
R. J. Prévost
Cours Jean Jaurès
Boulevard
Rue Thiers
R. Thiers
Rue Lakanal
Sembat
Bd Viallet
Ed. Rey
Créqui
R. de Lyon
N 481

…och (Bd Mar.) . . . . DEZ
…ourier (R.) . . . . FZ 34
…rande-Rue . . . . EY 37
…renette (Pl.) . . . . EY
…avalette (Pl.) . . . . FY 40
…a Fayette (R.) . . . . EY 39
… Herminier (R. Cdt) . . . . . . FY 41
…yautey (Bd Mar.) . . . . EZ 42
Montorge (R.) . . . . EY 43
Palanka (R.) . . . . EY 44
Pasteur (Pl.) . . . . FZ 45
Perrière (Q.) . . . . EY 46
Poulat (R. F.) . . . . EY 48
Rivet (Pl. G.) . . . . EZ 53
Rousseau (R. J.-J.) . . . . EY 55
Ste-Claire (Pl.) . . . . EY 57
St-André (Pl.) . . . . EY 56
Servan (R.) . . . . FY 59
Strasbourg (R. de) . . . . . . EFZ 62
Très-Cloître (R.) . . . . FY 63
Vicat (R.) . . . . EZ 66
Victor-Hugo (Pl.) . . . . EZ
Voltaire (R.) . . . . FY 68

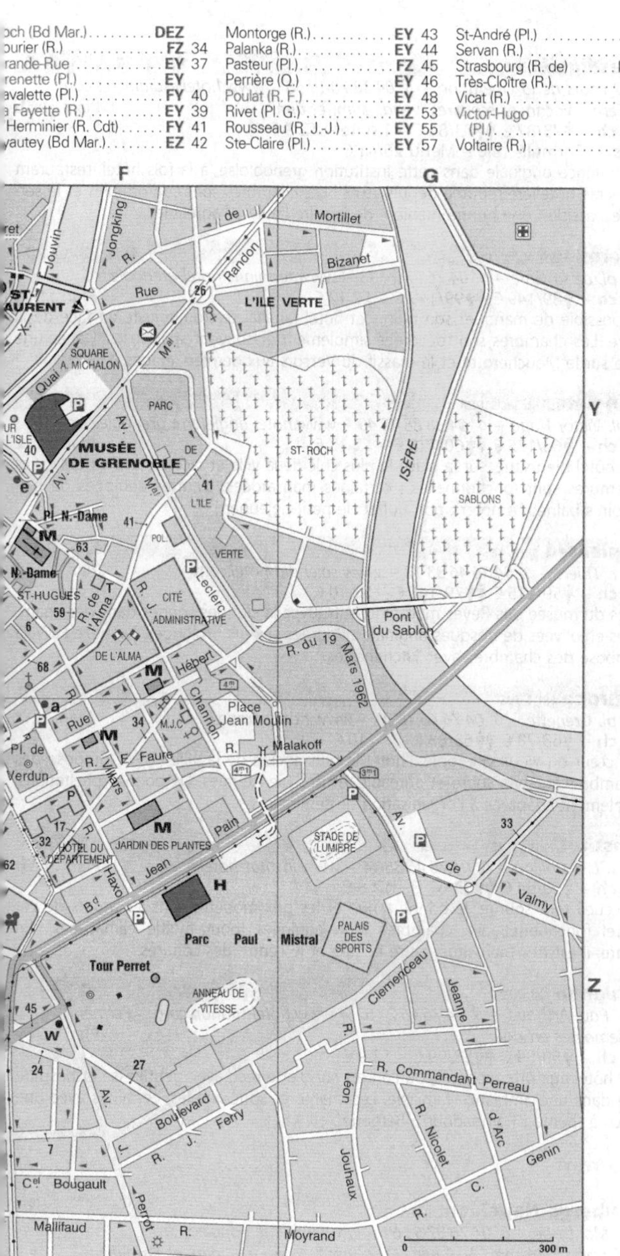

Lesdiguières

122 cours de la Libération – ✆ 04 38 70 19 50 – www.hotellesdiguieres.com – Fermé vacances scolaires, vend., sam. et dim. Plan : AX**b**

23 ch – 73/82 € 73/82 € – 1 suite – 9 €

Rest – Formule 18 € – Menu 26/41 €

Expérience originale dans cette institution grenobloise, à la fois hôtel, restaurant et école hôtelière réputée depuis 1917 ! Les chambres sont confortables et le service... assidu : une bonne manière de joindre l'utile à l'agréable.

Terminus sans rest

10 pl. de la Gare – ✆ 04 76 87 24 33 – www.terminus-hotel-grenoble.fr

39 ch – 89/149 € 99/149 € – 12 € Plan : DY**t**

Impossible de manquer son train, cet hôtel familial se trouve juste en face de la gare. Les chambres sont décorées simplement et souvent spacieuses – avec une vue sur le Moucherotte et le massif du Vercors aux derniers étages.

Angleterre sans rest

5 pl. Victor-Hugo – ✆ 04 38 88 40 40 – www.hotel-angleterre-grenoble.com

62 ch – 60/175 € 60/175 € – 13 € Plan : EZ**z**

Un hôtel bien situé, sur la place la plus chic de la ville et face au jardin public. Ses chambres sont fonctionnelles ; certaines mansardées, d'autres équipées de baignoires balnéo. À noter : bon buffet de petit-déjeuner !

Splendid sans rest

22 r. Thiers – ✆ 04 76 46 33 12 – www.splendid-hotel.com Plan : DZ**q**

50 ch – 59/115 € 79/145 € – 10 €

Près du musée des Rêves mécaniques, trouvez la clef des songes dans des chambres enjolivées de fresques originales. Pour les séjours prolongés, l'annexe La Villa propose des chambres avec kitchenettes.

Europe sans rest

22 pl. Grenette – ✆ 04 76 46 16 94 – www.hoteleurope.fr Plan : EY**t**

45 ch – 68/78 € 68/88 € – 10 €

Au cœur du vieux Grenoble, l'hôtel le plus ancien de la ville (1890) propose des chambres au style sobre et agréable, et très bien tenues. De bonnes prestations, également adaptées à l'organisation de séminaires.

Institut sans rest

10 r. L.-Barbillon – ✆ 04 76 46 36 44 – www.institut-hotel.fr Plan : DY**h**

48 ch – 50/64 € 53/67 € – 8 €

L'accueil tout sourire, la bonne tenue et les prix modérés sont les atouts de cet hôtel fonctionnel, aux chambres bien équipées (pour moitié climatisées). En outre, il est très bien situé, entre la gare et le centre des congrès.

Trianon sans rest

3 r. Paul-Arthaud – ✆ 04 76 46 21 62 – www.hotel-trianon.com – Fermé 2 semaines en août Plan : DZ**v**

35 ch – 50/89 € 53/99 € – 9 €

Un hôtel aux prix modérés, où l'on est sûr d'être reçu avec gentillesse et hospitalité dans une ambiance familiale. Les chambres sont simples, certaines avec une déco à thème ("Pompadour", "Bergerie", etc.).

Restaurants

Auberge Napoléon

7 r. Montorge – ✆ 04 76 87 53 64 – www.auberge-napoleon.fr – Fermé 1er-16 mai, 7-10 juin, 11-27 août, 6-14 janv., dim. et le midi

Menu 49/73 € – Carte 59/77 € *(réservation conseillée)* Plan : EY**b**

La maison entretient le souvenir de Napoléon Bonaparte, son hôte le plus célèbre, avec un décor Empire assez théâtral. Mais dans l'assiette, point de nostalgie ! La jeune chef laisse aller son inspiration et joue sur les textures ; les saveurs sont bien marquées et la délicatesse est au rendez-vous. Impérial...

XXX **Le Fantin Latour – Stéphane Froidevaux**

1 r. Gén.-Beylié – ✆ 04 76 01 00 97 – www.fantin-latour.net – Fermé dim., lundi et le midi sauf sam. Plan : FZ**a**

Menu 40/82 € – Carte 46/82 €

Une grande sensibilité, beaucoup de personnalité... On se laisse porter par la cuisine de Stéphane Froidevaux, inspirée et originale, littéralement mise en scène mais toujours sincère. La gastronomie de montagne est pour ainsi dire réinventée ! Et le cachet de cet hôtel particulier du 19e s. séduit tout autant...

La Brasserie du Fantin Latour – voir les restaurants ci-après

XX **Sens**

50 bd Gambetta – ✆ 04 76 95 03 58 – www.michaelbreuil.fr – Fermé 28 juil.-27 août, dim., lundi et le midi sauf vend. Plan : EZ**f**

Menu 55/85 €

Parler de cuisine créative en évoquant l'univers de Michael Breuil est un euphémisme : ses créations sont insolites, et son imagination semble n'avoir pas de limite. Des petits pois au filet de bar, du veau à la glace à la violette, tout est détourné, repensé, réinventé... et cette énergie est communicative !

XX **La Brasserie du Fantin Latour** – Restaurant Le Fantin Latour

5 r. Abbé-de-la-Salle – ✆ 04 76 01 00 97 – www.fantin-latour.net Plan : FZ**a**

Formule 25 € – Menu 28 € – Carte 36/60 €

Dans les mêmes murs que son restaurant gastronomique, Le Fantin Latour Stéphane Froidevaux joue la carte de la convivialité. On retrouve la passion du chef pour les beaux produits et l'originalité, déclinée dans un esprit brasserie : tout est aromatique, parfumé... Une version "bis" très gourmande !

XX **Le Mas Bottero**

168 cours Berriat – ✆ 04 76 21 95 33 – www.lemasbottero.com – Fermé 9-17 mars, 1er-5 mai, 27 juil.-18 août, 1er-6 janv., dim. et lundi Plan : AV**n**

Formule 22 € – Menu 39/64 € – Carte 58/80 €

Truite du Vercors, fruits et légumes du Grésivaudan, noix de Grenoble, desserts à la chartreuse... Le credo de ce mas tient en quelques mots : terroir, marché et saisons ! Les plats sont fins et inventifs, soigneusement présentés, et l'on est enchanté du dynamisme qui règne, tant en cuisine qu'en salle.

XX **Marie Margaux**

12 r. Marcel-Porte – ✆ 04 76 46 46 46 – www.lemariemargaux.com – Fermé 14 juil.-15 août, dim. soir, mardi soir et lundi Plan : EZ**m**

Formule 13 € – Menu 20 € (déj. en semaine), 34/45 € – Carte 43/57 €

Marie et Margaux sont les grands-mères tutélaires de cette avenante maison familiale. À la carte : filet de saint-pierre au corail d'oursin, bar au pastis et safran... Un style provençal et chaleureux, avec le poisson en vedette, et un bon choix de vins au verre !

XX **Chasse-Spleen**

6 pl. de Lavalette – ✆ 04 38 37 03 52 – www.le-chasse-spleen.com – Fermé lundi midi, sam. midi et dim. Plan : FY**e**

Formule 18 € – Menu 29/39 € – Carte 38/52 €

Le nom d'un vin que Baudelaire lui-même aurait baptisé ainsi lors d'un séjour à Moulis-en-Médoc. Aux murs, poèmes de l'auteur pour la nourriture spirituelle et, dans l'assiette, cuisine généreuse pour le plaisir des sens : pressé de foie gras et jus de cochon, filet de féra aux endivettes braisées...

X **Brasserie Chavant**

2 cours Lafontaine – ✆ 04 76 87 61 83 Plan : EZ**g**

Carte 35/55 €

Dernière née des brasseries grenobloises, cette adresse en impose avec son décor chic et baroque ! Au menu, les bons classiques du genre : tartare de bœuf, épaule d'agneau confite... Pour l'anecdote : Chavant était le nom des ancêtres du maître des lieux, restaurateurs depuis 1852.

L'Exception

4 cours Jean-Jaurès – ✆ 04 76 47 03 12 – www.restaurant-lexception.com – Fermé 23 juil.-15 août, 1er-6 janv., sam. et dim. Plan : DY**a**

Formule 15 € – Menu 28/54 € – Carte 52/66 €

Une adresse simple qui ne désemplit pas ; on s'y presse pour cette belle cuisine de terroir, préparée avec soin. La qualité des produits utilisés est indéniable, et le résultat bluffe par les saveurs franches et la générosité qui s'en dégagent. Que dire de plus ? Ah, si : allez-y aussi pour la douceur des prix.

Le Village

20 r. de Strasbourg – ✆ 04 76 87 88 44 – Fermé 29 juin-28 juil., 21 déc.-5 janv., mardi midi, dim. et lundi Plan : FZ**b**

Formule 15 € – Menu 19 € (déj. en semaine), 30/45 € – Carte 37/51 €
(réservation conseillée)

Est-ce à cause de la cuisine du chef, de sa passion, ou de la décoration d'inspiration industrielle – ou grâce à tout cela ? –, toujours est-il que ce Village a beaucoup de succès. La cuisine est travaillée avec soin et justesse, à base de bons produits. C'est souvent plein : il convient donc de réserver.

Le Grill Parisien

34 av. Alsace-Lorraine – ✆ 04 76 46 10 16 – Fermé 2-26 août, 1er-6 janv., sam., dim. et fériés Plan : DYZ**r**

Formule 25 € – Menu 42 € – Carte environ 53 €

Pas si parisien que cela ! Tarte Tatin au chèvre, suprême de volaille à la crème aux champignons, capuccino figues et prunes au vin... Installés à la table d'hôte (dans la cuisine) ou sous les poutres de la salle à manger, les habitués se régalent d'une cuisine traditionnelle qui a surtout l'accent... du Sud.

La Girole (N)

15 r. Dr-Mazet – ✆ 04 76 43 09 70 – www.lagirole.com – Fermé 3 semaines en août, sam. midi, dim. et lundi Plan : EY**r**

Formule 18 € – Menu 24 € (déj.), 28/46 € – Carte 40/59 €

Dans une rue commerçante, un restaurant familial avec une salle en pierres apparentes. On y apprécie les recettes traditionnelles du chef dont la spécialité est la préparation des champignons... donc, en saison, vous savez ce qu'il vous reste à faire ! Accueil et service aux petits soins.

La Baratte (N)

6 pl. Championnet – ✆ 04 76 43 86 48 – www.restaurant-la-baratte.fr – Fermé 1 semaine en mai, 3 semaines en août, 1 semaine en janv., mardi soir, merc. soir, dim. et lundi Plan : EZ**b**

Formule 15 € – Menu 20 € (déj.)/50 € 🍷 – Carte 20/51 €

Un charmant bistrot de poche. Aux fourneaux, la jeune chef propose une cuisine soigneusement travaillée, notamment à base de bons légumes du marché. C'est à la fois simple, gourmand et toujours goûteux, de quoi passer un bon moment... d'autant que les prix sont très attractifs !

à Corenc 3,5 km – ✉ 38700 – 3 851 hab.

La Corne d'Or

159 rte de Chartreuse, par ① : 3,5 km sur D 512 – ✆ 04 38 86 62 36 – www.cornedor.fr – Fermé dim. soir et lundi midi

Formule 22 € – Menu 26/70 € – Carte 58/86 €

Depuis la terrasse, le panorama sur Grenoble et la chaîne de Belledonne est pour le moins enchanteur. Le chef, passionné de botanique, invente des recette[illegible] embaumant l'humus, le fenouil sauvage, l'ail des ours, la berce, le serpo[illegible] tant d'autres... Ah, les bienfaits des hauteurs !

Le Provence

28 av. du Grésivaudan – ✆ 04 76 90 03 38 – www.leprovence.fr – [illegible] dim. sauf le midi de sept. à juin, sam. midi et lundi Plan : CV**x**

Formule 23 € – Menu 28 € 🍷 (déj. en semaine), 38/59 € – [illegible]te 36/67 €

Ici, le chef fait lui-même son marché, d'où les sugg[illegible] à l'ardoise ; on peut aussi le voir travailler en cuisine via un écran[illegible]ité : de grosses pièces de poissons cuites entières (pageot, pagre, denti[illegible]). Le soleil de la Provence en direct et cuisine à l'huile d'olive !

à Eybens 5 km – ✉ 38320 – 9 582 hab.

Château de la Commanderie
17 av. d'Échirolles – ☎ 04 76 25 34 58 – www.commanderie.fr – Fermé 21 déc.-5 janv. Plan : BX**d**

42 ch – †104/196 € ††116/205 € – ☕ 17 € – ½ P

Rest – Formule 20 € – Menu 27 € (déj.), 47/87 € – Carte 64/84 € *(fermé sam. midi, dim. et lundi)*

Cette ancienne commanderie des Templiers a gardé le charme d'antan – meubles ancestraux, portraits de famille, tapisseries d'Aubusson –, ce qui n'empêche pas certaines chambres d'être contemporaines. Quant au restaurant, il célèbre la tradition et le terroir...

La Table du 20 Ⓝ
20 av. Jean-Jaurès – ☎ 04 76 24 76 93 – www.latabledu20.fr – Fermé 11-31 août, 21 déc.-8 janv., sam. et dim. Plan : BX**b**

Formule 15 € – Menu 23 € (déj.) – Carte 26/48 €

Situé au rez-de-chaussée d'un hôtel des années 1980, ce bistrot convivial fait le plein sans difficulté. Deux compères sont à l'origine de ce succès : Franck, au piano, propose une belle cuisine canaille, pleine de peps et de saveurs, tandis que Luc, sommelier, a toujours le vin qu'il vous faut... Plaisir garanti !

Ne confondez pas les couverts ✗ et les étoiles ✿! Les couverts définissent une catégorie de confort et de service, tandis que l'étoile couronne uniquement la qualité de la cuisine, quel que soit le standing de la maison.

à Bresson Sud par av. J. Jaurès : 8 km par D 269^{c} – ✉ 38320 – 692 hab.

Chavant avec ch
2 r. Emile-Chavant – ☎ 04 76 25 25 38 – www.chavanthotel.com – Fermé 20-28 déc., sam. midi, dim. soir et lundi

7 ch – †110/140 € ††140/200 € – ☕ 16 €

Menu 35 € (déj.), 53/122 € – Carte 64/110 €

Cette auberge, tenue par la famille Chavant depuis 1852, est le restaurant classique par excellence. Saumon fumé maison, ris de veau aux morilles, Saint-Jacques à la crème d'huître... et service stylé : rien ne manque ! Pour le reste, fumoir, cave à vins, piscine, chambres spacieuses : on sait s'occuper des clients.

à Échirolles 4 km – ✉ 38130 – 35 748 hab.

Dauphitel
16 av. Kimberley – ☎ 04 76 33 60 60 – www.dauphitel.fr Plan : AX**e**

68 ch – †80/120 € ††80/120 € – ☕ 11 € – ½ P

Rest – Menu 25/47 € – Carte 27/50 € *(fermé 4-24 août, 24 déc.-1er janv., sam., dim. et fériés)*

Cet hôtel d'architecture récente contemple les montagnes toutes proches. Chambres confortables, salles de séminaire bien équipées, restaurant traditionnel et piscine entourée de verdure : un bon compromis entre hôtel d'affaires et de loisirs.

à Seyssins 6,5 km – ✉ 38180 – 6 913 hab.

L'Atelier des Gourmets Ⓝ
8 r. Dr-Schweitzer – ☎ 04 76 21 62 61 – www.atelierdesgourmets.fr – Fermé 9 août-1er sept., 28 déc.-5 janv., merc. soir, sam. midi, dim. et lundi

Menu 25 € (déj.)/44 € – Carte 41/57 € Plan : AX**r**

Entre ici, gourmet, cet endroit est le tien ! Pyramide de pintade fermière et glace au foie gras, ravioles du Royans au bleu du Vercors-Sassenage... L'âme du Dauphiné résonne dans ce restaurant à la décoration moderne et épurée. Le chef est également passionné de vin, et conseille la clientèle avec talent.

au Fontanil 10 km ✉ 38120 – 2 818 hab.

La Queue de Cochon

rte de Lyon – ✆ 04 76 75 65 54 – www.laqueuedecochon.fr – Fermé merc. soir, dim. soir et lundi
Menu 30/56 € – Carte 36/55 €
Tout est bon dans le cochon ! Mais que l'on ne s'y trompe pas, on vient ici surtout pour les buffets et les grillades de viandes et poissons : foie de veau en persillade, Saint-Jacques à la plancha, pressé de lapereau à l'estragon... La terrasse en plein air, entourée d'un jardin, est bien agréable.

près échangeur A 48 sortie n° 12/13 : 12 km – ✉ 38340 Voreppe

Novotel

1625 rte de Veurey – ✆ 04 76 50 55 55 – www.novotel.com
114 ch – 99/161 € 99/161 € – 16 €
Rest – Formule 18 € – Carte 23/45 €
À deux pas du péage de Voreppe (A 48), en plein milieu des champs, des chambres grandes et confortables, bien tenues. L'ensemble est parfait pour une étape ou l'organisation d'un séminaire d'entreprise.

GRÉOUX-LES-BAINS

✉ 04800 (Alpes-de-Haute-Provence) – 2 545 hab. – **Voir carte n°40-B2**
Paris 783 km – Aix-en-Provence 55 km – Brignoles 52 km – Digne-les-Bains 69 km
Carte Michelin 334-D10 – Guide Vert Michelin Alpes du Sud

La Crémaillère

776 av. des Thermes, rte de Riez – ✆ 04 92 70 40 04 – www.mascremailleregreoux.com – Ouvert 30 mars-13 déc.
51 ch – 95/140 € 95/155 € – 13 € – ½ P
Rest – Formule 21 € – Menu 29/45 € – Carte 47/55 €
À deux pas des thermes troglodytiques, cet hôtel, confortable et chic, est idéal pour se ressourcer. Chambres contemporaines et lumineuses, avec balcon ou loggia. Au restaurant, cuisine "santé nature" pour les curistes.

Villa Borghèse

av. des Thermes – ✆ 04 92 78 00 91 – www.hotel-villaborghese.com – Ouvert 15 mars-29 nov.
67 ch – 75/189 € 104/189 € – 14 € – ½ P
Rest – Formule 25 € – Menu 35/47 € – Carte 49/58 €
Cette Villa Borghèse, tapissée de vigne vierge, abrite de grandes chambres traditionnelles avec loggia. Sauna, espace beauté et cours de bridge. Cuisine provençale au restaurant.

Les Alpes

19 av. des Alpes – ✆ 04 92 74 24 24 – www.hoteldesalpes04.fr – Fermé 13 déc.-20 janv.
26 ch – 69/129 € 69/170 € – 12 € – ½ P
Rest – Formule 17 € – Menu 26/35 € – Carte 28/61 € *(fermé dim. soir et lundi midi de nov. à mi-mars)*
Ce petit hôtel familial, au pied du château des Templiers, dispose de chambres confortables, certaines avec terrasse. Au restaurant, on apprécie les recettes provençales.

Le Verdon

43 av. du Colombier – ✆ 04 92 70 40 03 – www.hotel-le-verdon.fr – Ouvert 3 mars-22 nov.
64 ch – 65/85 € 65/85 € – 12 € – ½ P
Rest – Formule 19 € – Menu 25/34 € – Carte 40/48 €
Cet hôtel abrite des chambres fonctionnelles et bien tenues, avec un balcon donnant sur le village ou la garrigue. Agréable jardin avec terrain de pétanque. Recettes dans l'air du temps au restaurant.

GRESSE-EN-VERCORS

✉ 38650 (Isère) – 406 hab. – Voir carte n°**45**-C2
▶ Paris 610 km – Clelles 22 km – Grenoble 48 km – Monestier-de-Clermont 14 km
Carte Michelin 333-G8 – Guide Vert Michelin Alpes du Nord

 **Le Chalet**

Le Village – ✆ 04 76 34 32 08 – www.lechalet.free.fr – Fermé 16 mars-12 mai, 12 oct.-20 déc.
25 ch – †62/72 € ††77/87 € – ☕ 11 € – ½ P
Rest ***Le Chalet*** – voir les restaurants ci-après
L'âme du Vercors et de la montagne, déclinée avec fraîcheur et simplicité : un vrai chalet d'aujourd'hui, tenu avec un soin méticuleux. Et aux commandes : toute une famille animée par le désir de bien faire.

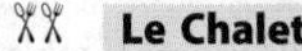

XX **Le Chalet**

Le Village – ✆ 04 76 34 32 08 – www.lechalet.free.fr – Fermé 16 mars-12 mai, 12 oct.-20 déc., mardi midi, merc. midi et jeudi midi du 1er janv. au 13 fév.
Menu 19 € (semaine), 29/52 € – Carte 33/52 €
Paupiette de lapin aux chanterelles et gratin dauphinois, omble chevalier et crêpes aux orties, fromages du pays, etc. En deux mots : tradition et générosité. Tels sont les maîtres mots de cette table familiale, confortable et impeccablement tenue...

GRESSY – 77 Seine-et-Marne ➜ voir Paris, Environs

GRÉSY-SUR-ISÈRE

✉ 73460 (Savoie) – 1 261 hab. – Voir carte n°**46**-F2
▶ Paris 595 km – Aiguebelle 12 km – Albertville 18 km – Chambéry 35 km
Carte Michelin 333-K4 – Guide Vert Michelin Alpes du Nord

XXX **La Tour de Pacoret** avec ch

La Tour de Pacoret, 1,5 km au Nord-Est par D 201 – ✆ 04 79 37 91 59 – www.hotel-pacoret-savoie.com – Ouvert 15 mai-15 oct. et fermé mardi et merc.
10 ch – †80/120 € ††80/120 € – ☕ 12 € Menu 27/35 €
Cette tour de guet édifiée en 1283 garde la combe de Savoie. Lumineuse salle à manger, agréable terrasse avec vue sur les sommets environnants et cuisine traditionnelle.

GRÈZES

✉ 46320 (Lot) – 162 hab. – Voir carte n°**29**-C1
▶ Paris 562 km – Aurillac 84 km – Cahors 50 km – Figeac 21 km
Carte Michelin 337-G4

 **Le Grézalide**

– ✆ 05 65 11 20 40 – www.grezalide.com – Ouvert 18 avril-28 sept.
19 ch – †65/85 € ††82/102 € – ☕ 11 € – ½ P
Rest – Menu 26/62 € – Carte 33/56 € *(fermé le midi)*
Au cœur de ce village du Quercy, une adresse qui vous entraîne sur les chemins de l'art avec ses chambres dédiées à des artistes (Dalí, Rodin...) et son espace exposition. Une cuisine aux accents du terroir vous attend dans une jolie salle à manger voûtée.

LA GRIÈRE – 85 Vendée ➜ voir La Tranche-sur-Mer

GRIGNAN

✉ 26230 (Drôme) – 1 607 hab. – Voir carte n°**44**-B3
▶ Paris 629 km – Crest 46 km – Montélimar 25 km – Nyons 25 km
Carte Michelin 332-C7 – Guide Vert Michelin Ardèche Drôme

Manoir de la Roseraie

1 chemin des Grands-Prés, rte de Valréas – ✆ 04 75 46 58 15 – www.manoirdelaroseraie.com – Ouvert 16 mai-29 sept. et week-ends du 7 fév. au 15 mai et du 30 sept. au 3 nov.
21 ch – †170/295 € ††170/295 € – ☕ 20 € – ½ P
Rest *Manoir de la Roseraie* – voir les restaurants ci-après
Dans un village du Tricastin, ce manoir du 19e s. doit son nom à sa roseraie. Il fait bon se promener dans le joli parc ou faire quelques brasses dans la piscine. Les chambres sont spacieuses et confortables, dans une veine traditionnelle.

Le Clair de la Plume

2 pl. du Mail – ✆ 04 75 91 81 30 – www.clairplume.com
17 ch – †99/310 € ††99/310 € – ☕ 19 € – ½ P
Rest *Le Clair de la Plume* – voir les restaurants ci-après
Rest *Le Bistrot* – Formule 25 € – Menu 30 € – Carte 35/50 € *(fermé le soir et dim.)*
Le nom de cet hôtel aurait plu à la comtesse de Ségur ! Cette demeure provençale du 18e s. propose des chambres ravissantes avec leur mobilier chiné – et plus encore lorsqu'elles donnent sur le joli jardin de curé. Au choix selon l'heure du repas, restaurant gastronomique ou bistrot.

La Bastide de Grignan sans rest

120 chemin de Bessas, 1 km par D 541 rte de Montélimar – ✆ 04 75 90 67 09 – www.labastidedegrignan.com
16 ch – †70/160 € ††80/160 € – ☕ 13 €
À 800 m du château de Grignan, cette demeure récente est entourée de chênes truffiers. Dans les chambres, coquettes et provençales, vous passerez des nuits calmes. Agréable piscine dans le jardin.

La Table des Délices

1 km par D 541 rte de Montélimar – ✆ 04 75 46 57 22 – www.latabledesdelices.com – Fermé 15-30 nov., 1er-15 janv., mardi midi en juil.-août, mardi soir hors saison, dim. soir et lundi
Menu 27 € (déj. en semaine), 37/90 € – Carte 47/64 €
La maison, des années 1980, est sur la route de la grotte où Mme de Sévigné aimait se retirer. Le chef concocte une goûteuse cuisine régionale, dans un esprit gastronomique. Belle carte des vins.

Manoir de la Roseraie – Hôtel Manoir de la Roseraie

1 chemin des Grands-Prés, rte de Valréas – ✆ 04 75 46 58 15 – www.manoirdelaroseraie.com – Ouvert 16 mai-29 sept. et week-ends du 7 fév. au 15 mai et du 30 sept. au 3 nov.
Formule 25 € – Menu 29/65 € – Carte 56/66 € *(réservation conseillée)*
Une rotonde, une verrière et une terrasse donnant sur le joli parc : un lieu indéniablement cossu. Le chef s'approvisionne en priorité chez les producteurs locaux et concocte une cuisine gastronomique dans l'air du temps.

Le Clair de la Plume – Hôtel Le Clair de la Plume

2 pl. du Mail – ✆ 04 75 91 81 30 – www.clairplume.com – Fermé le midi sauf dim.
Menu 45/79 € – Carte 60/78 €
Clair de Plume... ou le raffinement côté Sud ! Truite marinée des sources de l'Oron, volaille de l'Ardèche ou agneau en déclinaison gourmande : on se délecte d'une jolie cuisine du marché, concoctée par un chef passé par de belles maisons de la région.

Le Poème de Grignan

r. St-Louis – ✆ 04 75 91 10 90 – www.lepoemedegrignan.com – Fermé 2 semaines en nov., 1 semaine en janv., mardi et merc. de nov. à janv.
Menu 24 € (déj. en semaine), 31/46 € *(réservation conseillée)*
Tout un poème, cette maison de village avec ses porcelaines anciennes et ses fleurs ! Ici, tout est soigné, goûteux, fait sur place... et sent bon la Provence. Une invitation aux plaisirs de la région.

GRIMAUD

✉ 83310 (Var) – 4 171 hab. – Voir carte n°**41**-C3
Paris 861 km – Fréjus 32 km – Le Lavandou 32 km – St-Tropez 12 km
Carte Michelin 340-O6 – Guide Vert Michelin Côte d'Azur

Le Verger Maelvi sans rest

2 km à l'Ouest par D 14, rte de Collobrières – ✆ 04 94 55 57 80 – www.hotel-grimaud.com – Ouvert 21 mars-26 oct.
14 ch – †95/350 € ††98/560 € – 2 suites – ☕ 15 €
On n'entend que le doux chuchotement de la rivière dans ce joli mas champêtre et son pavillon "bio", au fond du jardin. L'été, odeurs de glycine et copieux petit-déjeuner sous l'agréable pergola, face à la piscine.

La Boulangerie sans rest

2 km à l'Ouest par D14, rte de Collobrières – ✆ 04 94 43 23 16 – www.hotel-laboulangerie.com – Ouvert 1er mai-9 oct.
10 ch – †119/132 € ††122/152 € – 2 suites – ☕ 12 €
Sur les hauteurs du village, un agréable petit mas niché dans la verdure. Chambres d'esprit provençal, ambiance conviviale. Détente et bien-être sont au rendez-vous.

Athénopolis

rest, ch, rest,

3,5 km au Nord-Ouest par D 558, rte de La Garde-Freinet – ✆ 04 98 12 66 44 – www.athenopolis.com – Ouvert 1er avril-31 oct.
11 ch – †125/159 € ††139/210 € – ☕ 15 € – ½ P
Rest – Menu 25 € – Carte 37/48 € *(ouvert de mai à mi-oct. et fermé lundi soir sauf juil.-août et le midi)*
Dans le paysage méditerranéen – presque grec – du massif des Maures, une maison aux volets bleus. Les chambres ont toutes leur propre loggia ou terrasse. L'ensemble est charmant et l'on profite au maximum de la nature. Cuisine traditionnelle au restaurant.

Les Santons

743 rte Nationale – ✆ 04 94 43 21 02 – www.restaurant-les-santons.fr – Fermé 3 semaines en déc., le midi en semaine en juil.-août, lundi et merc. de sept. à juin
Menu 39 € 🍷 (déj.)/61 € – Carte 67/95 €
Des recettes classiques (sole au champagne, poire Belle-Hélène...) dans un cadre chaleureux : salon avec cheminée et fauteuils club, salle à manger élégante. Accueil charmant.

La Bretonnière

pl. des Pénitents – ✆ 04 94 43 25 26 – www.bretonniere.1s.fr – Fermé 1er nov.-31 déc., mardi de janv. à mars, dim. sauf le midi de janv. à mars, le midi en juil.-août et lundi sauf juil.-août
Menu 31/42 € – Carte 50/65 €
Au cœur du bourg médiéval, face à la chapelle des Pénitents, une table qui invite... au péché de gourmandise. Savoureuse cuisine de tradition, par un chef d'origine belge.

Le Mûrier

La Boal, 1,5 km au Sud-Est par D 14 – ✆ 04 94 56 31 62 – www.restaurant-lemurier.fr – Fermé 24 fév.-10 mars, dim. soir du 15 oct. à Pâques, lundi et le midi en juil.-août
Menu 31 € – Carte 43/61 €
C'est un couple franco-japonais qui préside à la destinée de cette jolie villa bordée de mûriers. Ici, courte carte alléchante et rapport plaisir-prix garanti !

Le Coteau Fleuri

pl. des Pénitents – ✆ 04 94 43 20 17 – www.coteaufleuri.fr – Fermé 5 nov.-26 déc., le midi en juil.-août, lundi midi, vend. midi et mardi
Formule 24 € – Menu 27 € (déj.), 45/105 € 🍷 – Carte 65/85 €
Une ancienne magnanerie sur une placette pittoresque du vieux village. Cuisine classique servie dans la salle ornée d'une grande cheminée ou sur la terrasse tournée vers le massif des Maures. Les chambres, au décor monacal, sont sobres et bien tenues.

LA GRIVE – 38 Isère ➜ voir Bourgoin-Jallieu

GROISY

✉ 74570 (Haute-Savoie) – 3 062 hab. – **Voir carte n°46-F1**

▶ Paris 534 km – Annecy 17 km – Bellegarde-sur-Valserine 40 km – Bonneville 29 km

Carte Michelin 328-K4

XX **Auberge de Groisy**

34 rte du Chef-Lieu – ✆ 04 50 68 09 54 – www.auberge-groisy.com – Fermé 1er-15 sept., vacances de Noël, dim. soir, lundi et mardi

Menu 31/75 € – Carte 47/82 € *(réservation conseillée)*

Une jolie ferme du 19e s. revue à la mode d'aujourd'hui : pierres apparentes et poutres pour le cachet ; douceur contemporaine tout en beige et lin. Un endroit charmant pour déguster une cuisine bien dans son temps, qui valorise les produits de la région. Enfin, cerise sur le gâteau, le pain et les glaces sont fait maison.

GROSLEE

✉ 01680 (Ain) – 353 hab. – **Voir carte n°45-C2**

▶ Paris 505 km – Bourg-en-Bresse 73 km – Genève 127 km – Lyon 74 km

Carte Michelin 328-G6

XX **Hostellerie du Port de Groslée**

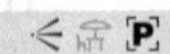

Le Port – ✆ 04 74 39 71 01 – www.hostellerieduportdegroslee.fr – Fermé 2 semaines en janv., mardi soir et merc. soir d'oct. à mai, lundi sauf le midi d'oct. à mai et dim. soir

Formule 17 € – Menu 24 € (semaine), 29/98 € – Carte 31/75 €

Une institution reprend vie sur les rives du Rhône... Cette table réputée (avec un côté "gastro" et un côté "bistrot") renaît sous l'égide d'une nouvelle équipe : un repas y convainc qu'elle renoue avec la belle gastronomie, en finesse et justesse. À noter : la vue sur le fleuve et le pont suspendu est magistrale !

GRUISSAN

✉ 11430 (Aude) – 4 676 hab. – **Voir carte n°22-B3**

▶ Paris 796 km – Carcassonne 73 km – Narbonne 15 km – Perpignan 76 km

Carte Michelin 344-J4

Le Phoebus

bd Planasse, (au casino) – ✆ 04 68 49 03 05 – www.phoebus-sa.com

50 ch – †56/120 € ††56/120 € – ☕ 11 €

Rest – Menu 21/45 € – Carte 22/52 €

Bordant l'étang et intégré au complexe du casino, ce Phoebus prend des airs de motel : toutes les chambres – plutôt joliment arrangées – jouissent d'une entrée indépendante, et celles du rez-de-chaussée ont même une petite terrasse avec vue sur l'eau. Confortable et pratique.

X **L'Estagnol**

12 av. Narbonne – ✆ 04 68 49 01 27 – Fermé vacances de fév., lundi et le soir en hiver sauf vend. et sam.

Formule 13 € – Menu 25/32 € – Carte 23/58 €

Face à l'étang, cette authentique maison de pêcheur a fait du poisson la star de ses assiettes ! Les produits sont toujours frais et souvent locaux. Quant à l'ambiance, elle est décontractée et méridionale à souhait.

GRUSON – 59 Nord ➜ voir Lille

LE GUA

✉ 17600 (Charente-Maritime) – 2 053 hab. – **Voir carte n°38-B3**

▶ Paris 493 km – Bordeaux 126 km – Rochefort 26 km – La Rochelle 63 km

Carte Michelin 324-E5

Le Moulin de Châlons avec ch

à Châlons, 1 km à l'Ouest par rte de Royan – ✆ 05 46 22 82 72 – www.moulin-de-chalons.com – Fermé 10-25 mars, 17 nov.-9 déc., dim. soir et lundi midi d'oct. à avril

10 ch – 90/120 € 90/150 € – 13 € – ½ P

Menu 30/52 € – Carte 46/71 €

Tartare de thon à l'ananas, filet de bar poêlé au parfum de badiane... le chef connaît son métier – cuissons millimétrées, saveurs harmonieuses – et concocte une appétissante cuisine d'aujourd'hui, qu'il fait évoluer trois fois par an. Cadre élégant dans un joli moulin ; chambres donnant sur le parc bucolique.

GUEBERSCHWIHR

68420 (Haut-Rhin) – 832 hab. – **Voir carte n°1-A2**

Paris 487 km – Colmar 12 km – Guebwiller 18 km – Mulhouse 36 km

Carte Michelin 315-H8

Relais du Vignoble

33 r. des Forgerons – ✆ 03 89 49 22 22 – www.relaisduvignoble.com – Fermé fév.

30 ch – 64/79 € 64/85 € – 10 € – ½ P

Rest *Belle Vue* – voir les restaurants ci-après

Situé à flanc de coteau, cette grande bâtisse jouxte une cave – quoi de plus normal dans un village de vignerons ! Les chambres, fonctionnelles et bien tenues, donnent sur les vignes.

Belle Vue – Hôtel Relais du Vignoble

29 r. des Forgerons – ✆ 03 89 49 31 09 – www.belle-vue-gueberschwihr.com – Fermé fév., jeudi midi et merc.

Formule 17 € – Menu 21 € (semaine), 25/45 € – Carte 41/62 €

Il est vrai que la vue est belle de la terrasse de ce restaurant où le regard embrasse les vignobles... Quant aux papilles, elles se régalent de plats traditionnels (pâté en croûte, choucroutes, poissons) et des vins du domaine.

GUEBWILLER

68500 (Haut-Rhin) – 11 461 hab. – **Voir carte n°1-A3**

Paris 474 km – Belfort 52 km – Colmar 27 km – Épinal 96 km

Carte Michelin 315-H9

Domaine du Lac

244 r. de la République, vers Buhl – ✆ 03 89 76 15 00 – www.domainedulac-alsace.com

63 ch – 75/125 € 75/125 € – 13 € – ½ P

Rest *Les Terrasses* – voir les restaurants ci-après

Deux hôtels en un ! Le Lac, avec de petites chambres colorées, design et fonctionnelles ; les Rives, plus confortables et cosy, dans une belle veine contemporaine. Vue sur le lac ou le ruisseau à l'arrière.

Les Terrasses – Hôtel Domaine du Lac

244 r. de la République, vers Buhl – ✆ 03 89 76 15 76 – www.domainedulac-alsace.com – Fermé sam. midi

Formule 17 € – Menu 23 € (déj. en semaine), 39/55 € – Carte 42/56 €

Un cadre contemporain et soigné, ouvert sur la verdure, et une belle terrasse au bord du plan d'eau : un lieu agréable, où l'on apprécie une cuisine contemporaine et très fraîche (tout est fait sur place, y compris le pain au levain).

à Murbach 5 km au Nord-Ouest par D 40II – 68530 – 140 hab.

Le St-Barnabé

53 r. de Murbach – ✆ 03 89 62 14 14 – www.le-stbarnabe.com – Fermé 1 semaine vacances de fév.

27 ch – 80/199 € 80/199 € – 15 € – ½ P

Rest *Le Jardin des Saveurs* – voir les restaurants ci-après

En plein cœur de la forêt et au milieu d'un jardin verdoyant, cette maison alsacienne est charmante... Les chambres sont décorées avec soin dans un style coloré et reposant ; quant au spa, il se révèle très plaisant !

Le Schaeferhof sans rest

6 r. de Guebwiller – 03 89 74 98 98 – www.schaeferhof.fr – Fermé 10-30 janv.

5 ch – 160/175 € 175/190 €

Cette métairie du 18e s. est tout simplement superbe ! Partout, la propriétaire, amoureuse du beau, a imprimé sa patte. Mobilier chiné, tissus raffinés... chaque détail a été soigneusement pensé. Du cachet et une âme authentique !

Le Jardin des Saveurs – Hôtel Le St-Barnabé

53 r. de Murbach – 03 89 62 14 14 – www.le-stbarnabe.com – Fermé 1er-11 juil., 1 semaine vacances de fév., dim. soir, jeudi midi et merc.

Formule 17 € – Menu 32/72 € – Carte 47/75 €

Un coin de nature vosgienne... et de gourmandise ! Sous l'œil du propriétaire – cuisinier de formation –, le chef travaille de beaux produits et concocte des plats réjouissants, qui font la part belle aux saisons et au bio. Le tout à petits prix. Voilà un Jardin rafraîchissant où l'on aimerait prendre racine...

à Rimbach-près-Guebwiller 11 km à l'Ouest par D 5I – 68500 – 237 hab.

L'Aigle d'Or avec ch

5 r. Principale – 03 89 76 89 90 – www.hotelaigledor.com – Fermé 18 fév.-18 mars et lundi

15 ch – 40/54 € 54/62 € – 9 € – ½ P

Formule 11 € – Menu 20/40 € – Carte 24/49 €

Une vraie auberge champêtre, avec son ravissant jardin, tenue par la même famille depuis 1926. Le chef concocte une cuisine valorisant le terroir et la tradition ; pour prolonger l'étape, on propose des chambres sobres et fraîches.

GUÉCÉLARD

72230 (Sarthe) – 2 755 hab. – **Voir carte n°35-C1**

Paris 219 km – Château-du-Loir 38 km – La Flèche 26 km – Le Grand-Lucé 38 km

Carte Michelin 310-J7

La Botte d'Asperges

49 r. Nationale – 02 43 87 29 61 – www.la-botte-dasperges.fr – Fermé 18-25 mars, 5-28 août, 7-14 janv., dim. soir et lundi sauf fériés

Formule 14 € – Menu 17/58 € – Carte 34/73 €

Cette auberge de tradition est un repaire de gourmands. La chef, Karine Lefriec, dont la spécialité est le pigeon farci au ris de veau et foie gras, travaille surtout des produits locaux comme les asperges... et ça nous botte !

GUENROUËT

44530 (Loire-Atlantique) – 3 007 hab. – **Voir carte n°34-A2**

Paris 430 km – Nantes 56 km – Redon 21 km – St-Nazaire 41 km

Carte Michelin 316-E2

Le Relais St-Clair

31 r. de l'Isac, (rte de Nozay) – 02 40 87 66 11 – www.relais-saint-clair.com – Fermé 1 semaine en nov., 2 semaines en fév., mardi soir et merc. soir d'oct. à mai et lundi

Menu 25 € (déj. en semaine), 29/99 € – Carte 50/80 €

Dans cette bâtisse fleurie qui surplombe le canal de Nantes à Brest, on privilégie les menus et les produits locaux (poissons, coquillages). Belle carte des vins. À l'étage inférieur, sous les glycines, formule brasserie (grillades et buffets) au Jardin de l'Isac.

Le Jardin de l'Isac Formule 10 € – Menu 13 € (déj. en semaine)/20 € – Carte 25/50 €

Le Paradis des Pêcheurs

au Cougou, 5 km au Nord-Ouest par D 102 – 02 40 87 64 10 – www.restaurant-leparadisdespecheurs.fr – Fermé vacances de la Toussaint, de fév., dim. soir, lundi soir, mardi soir, jeudi soir et merc.

Menu 13 € (déj. en semaine), 25/40 € – Carte environ 43 €

Dans son hameau de l'arrière-pays nazairien, cette grande auberge des années 1930 respire le charme provincial : poutres et cheminée, abords verdoyants (on peut se promener dans le parc attenant) et, dans l'assiette, des recettes traditionnelles qui font le bonheur des habitués.

GUÉRANDE

✉ 44350 (Loire-Atlantique) – 15 534 hab. – **Voir carte n°34-A2**
▶ Paris 450 km – La Baule 6 km – Nantes 77 km – St-Nazaire 20 km
Carte Michelin 316-B4 – Guide Vert Michelin Pays de la Loire

Hôtel de la Cité sans rest
2 pl. Dolgellau – ☎ 02 40 22 02 20 – www.hotel-guerande.com
60 ch – †69/130 € ††72/140 € – ☕ 12 €
Un hôtel à 1 km de la cité, dans une zone d'activités. Literie moelleuse, matériaux contemporains (résine, stuc), photos graphiques... Une adresse où l'on se sent bien !

La Guérandière sans rest
5 r. Vannetaise – ☎ 02 40 62 17 15 – www.guerandiere.com
5 ch – †64/94 € ††64/94 € – ☕ 10 €
Demeure du 19e s. pleine de charme, au pied des remparts. Chambres cosy et colorées, plusieurs avec cheminée. L'été, petit-déjeuner servi dans le jardin ou sous la verrière.

La Tête de l'Art
11 r. de Porte-Calon, (au manoir de Porte Calon) – ☎ 02 40 88 53 40 – www.restaurantlatetedelart.fr – Fermé mardi soir, dim. et lundi
Carte 24/39 €
Avant de franchir les remparts de Guérande, faites donc une halte dans les dépendances de ce manoir du 13e s. En cuisine, le chef signe des plats savoureux comme cette soupe de lentilles au chorizo accompagnée de chips de lard, ou ces cannellonis de homard avec leur sauce de crustacés. Cadre très cosy.

LA GUERCHE-DE-BRETAGNE

✉ 35130 (Ille-et-Vilaine) – 4 255 hab. – **Voir carte n°10-D2**
▶ Paris 324 km – Châteaubriant 30 km – Laval 53 km – Redon 84 km
Carte Michelin 309-O7 – Guide Vert Michelin Bretagne Sud

La Calèche avec ch
rest,
16 av. du Gén.-Leclerc – ☎ 02 99 96 21 63 – www.restaurant-la-caleche.com – Fermé 2-25 août, 25-31 déc. (sauf hôtel), vend. soir, dim. soir et lundi
13 ch – †54 € ††66 € – ☕ 11 € – ½ P
Formule 16 € – Menu 18 € (semaine), 29/38 € – Carte 36/57 €
Vous ferez bien un tour en calèche, n'est-ce pas ? Dans cette authentique bonne petite table, on se régale d'une généreuse cuisine du terroir rehaussée de notes contemporaines. Chambres fonctionnelles pour prolonger la promenade !

GUÉRET

✉ 23000 (Creuse) – 13 573 hab. – **Voir carte n°25-C1**
▶ Paris 351 km – Châteauroux 90 km – Limoges 93 km – Montluçon 66 km
Carte Michelin 325-I3 – Guide Vert Michelin Limousin Berry

Auclair sans rest
19 av. de la Sénatorerie – ☎ 05 44 00 03 93 – www.hotelauclair.fr
31 ch – †64/69 € ††64/69 € – ☕ 8,50 €
Dans le centre-ville, un hôtel d'esprit contemporain... Tons chocolat et or, décor épuré dans les chambres, terrasse avec piscine : un endroit sympathique et tendance où il fait bon s'arrêter pour découvrir la Creuse.

Le Coq en Pâte
2 r. de Pommeil – ☎ 05 55 41 43 43 – www.restaurant-lecoqenpate.com – Fermé 1er-16 juil., 23 fév.-10 mars, dim. soir et lundi soir
Menu 18 € (semaine), 30/56 € – Carte 53/88 €
Dans cette maison bourgeoise et cossue (19e s.), on sert une belle cuisine classique qui varie selon les saisons. Mais rassurez-vous : le homard du vivier et le filet de bœuf sont aussi des résidents permanents ! On les accompagne d'un des nombreux bordeaux présents sur la carte... Un agréable moment gastronomique.

à La Chapelle-Taillefert 8 km au Sud par D 940 – ✉ 23000 – 379 hab.

Influence

1 r. des Remparts – ☎ 05 55 81 98 32 – www.restaurant-influence.com – Fermé 1 semaine en avril, 2 semaines en août, 24 déc.-1er janv., 1 semaine en fév., dim. (sauf les 2 premiers de chaque mois) et lundi

Formule 13 € – Menu 23 € (déj. en semaine), 27/42 € – Carte 30/40 €

Pavé de bœuf de la ferme de la Courtine, feuilleté de tête de veau sauce gribiche... Le patron – chef particulier d'un préfet pendant dix ans – aime les beaux produits et nous régale d'une belle cuisine de saison. Le tout à apprécier dans une maison du 18e s. joliment restaurée.

GUÉRY (LAC DE) – 63 Puy-de-Dôme → voir Mont-Dore

GUÉTHARY

✉ 64210 (Pyrénées-Atlantiques) – 1 349 hab. – **Voir carte n°3-A3**

▶ Paris 780 km – Bayonne 19 km – Biarritz 9 km – Pau 125 km

Carte Michelin 342-C4 – Guide Vert Michelin Pays Basque et Navarre

Villa Catarie sans rest

415 av. du Gén. de Gaulle – ☎ 05 59 47 59 00 – www.villa-catarie.com

14 ch – 130/220 € 130/220 € – 12 €

Ravissante demeure basque de 1830, à deux pas du port et des plages. Chambres cosy, aux tons pastel. L'été, petit-déjeuner servi au jardin. Il règne ici un esprit familial.

Brikéténia

– ☎ 05 59 26 51 34 – www.briketenia.com – Fermé 4-23 nov.

17 ch – 75/85 € 80/95 € – 10 €

Rest *Brikéténia* ✿ – voir les restaurants ci-après

Sur le site d'une ancienne briquetterie (d'où "Brikéténia"), ce relais de poste du 17e s., blanc et rouge, abrite des chambres simples, qui valent surtout pour leur vue dégagée sur les environs. Pratique si l'on veut profiter du (bon) restaurant.

Arguibel sans rest

1146 chemin de Laharraga – ☎ 05 59 41 90 46 – www.arguibel.fr – Fermé 5 janv.-14 fév.

5 ch – 114/204 € 130/220 € – 16 €

Superbe villa de style néobasque, à l'intérieur très raffiné, mariant objets design, meubles traditionnels et toiles d'artistes contemporains... Chaque chambre a sa personnalité.

Brikéténia (Martin et David Ibarboure) – Hôtel Brikéténia

✿

r. de l'Église – ☎ 05 59 26 51 34 – www.briketenia.com – Fermé 4-23 nov. et mardi du 15 sept. au 30 juin

Menu 38 € (déj. en semaine), 52/96 € – Carte 75/110 €

Dans cette demeure blanche des années 1930, père et fils signent une cuisine de grande qualité : assaisonnements subtils, effets de transparence ou de contraste, produits choisis à leur parfaite maturité... Un vrai travail sur le naturel.

→ Millefeuille de foie gras au poivre de Sarawak, fraise, rhubarbe et vanille. Turbot sauvage sur galette de blé noir, marinière de coquillages, artichaut violet et roquette. Vacherin contemporain, sorbet fraise et thym citron.

LE GUÉTIN

✉ 18150 (Cher) – **Voir carte n°12-D3**

▶ Paris 252 km – Bourges 58 km – La Guerche-sur-l'Aubois 11 km – Nevers 13 km

Carte Michelin 323-O5

Auberge du Pont-Canal

37 r. des Ecluses – ☎ 02 48 80 40 76 – www.auberge-du-pont-canal.fr – Fermé 2-15 janv. et lundi

Formule 13 € – Menu 21/30 € – Carte 21/44 €

Dans cette petite auberge familiale jouxtant le pont de l'Allier, la tradition est à l'honneur... Ris de veau, cuisses de grenouilles et friture font la fierté de la maison. Le jeune chef travaille les beaux produits avec générosité et simplicité. L'été, on s'attable sur la jolie terrasse avec vue sur la rivière.

GUEWENHEIM

⊠ 68116 (Haut-Rhin) – 1 291 hab. – **Voir carte n°1-A3**
Paris 458 km – Altkirch 23 km – Belfort 36 km – Mulhouse 21 km
Carte Michelin 315-G10

La Gare

2 r. de Soppe – ✆ 03 89 82 51 29 – Fermé 28 juil.-12 août, 16 fév.-2 mars, mardi soir et merc.
Formule 11 € – Menu 28 € (déj. en semaine), 31/47 € – Carte 32/58 €
Une très contemporaine institution locale (depuis 1874) ! Ou comment mixer élégance, peps et convivialité ; mêler brasserie sur le pouce et joli repas traditionnel sur la belle terrasse verdoyante... Ou comment présenter l'une des plus belles cartes des vins de France – rien que ça – tout en restant simple.

GUICHE

⊠ 64520 (Pyrénées-Atlantiques) – 907 hab. – **Voir carte n°3-B3**
Paris 770 km – Bordeaux 184 km – Mont-de-Marsan 102 km – Pau 89 km
Carte Michelin 342-E1 – Guide Vert Michelin Aquitaine

Le Gantxo

quartier du Port, (au Trinquet) – ✆ 05 59 56 46 63 – www.restaurant-le-gantxo.fr – Fermé merc. soir et jeudi soir d'oct. à mars, dim. soir, lundi et mardi
Formule 12 € – Menu 20/28 € – Carte 22/37 €
Bienvenue en terre basque ! Ce Gantxo – du nom d'une passe de pelote – donne directement sur le "trinquet", l'aire de jeu du célèbre sport local. En cuisine, le chef sait aussi faire rebondir les saveurs des bonnes recettes de la région. Des plats parfois très fins, souvent copieux, toujours goûteux !

GUIDEL

⊠ 56520 (Morbihan) – 10 359 hab. – **Voir carte n°9-B2**
Paris 511 km – Lorient 14 km – Pont-Aven 26 km – Quimper 60 km
Carte Michelin 308-K8

Le Domaine de Kerbastic

rest,

rte de Locmaria – ✆ 02 97 65 98 01 – www.domaine-de-kerbastic.com – Fermé janv.
17 ch – 120/370 € 190/370 € – 18 €
Rest – Menu 41/61 € – Carte 50/63 € *(fermé dim. soir et lundi hors saison)*
Colette, Proust, Cocteau... que d'hommes illustres ont séjourné dans cette demeure princière ! Depuis 2007, elle s'est muée en hôtel luxueux, très privé... à votre tour de vous délecter de son charme raffiné ! Au restaurant règnent l'élégance et la tradition.

GUILLESTRE

⊠ 05600 (Hautes-Alpes) – 2 325 hab. – **Voir carte n°41-C1**
Paris 715 km – Barcelonnette 51 km – Briançon 36 km – Digne-les-Bains 114 km
Carte Michelin 334-H5 – Guide Vert Michelin Alpes du Sud

Dedans Dehors

ruelle Sani – ✆ 04 92 44 29 07 – Ouvert de mi-mai à mi-sept.
Carte 33/40 €
Une ruelle médiévale dessert cette cave voûtée : tartines, salades et cuisine du terroir à la plancha, le tout agrémenté de fleurs et d'herbes folles. Un bistrot éclectique !

à Mont-Dauphin gare 4 km au Nord-Ouest par D 902^{A} et N 94 – ⊠ 05600

Lacour et rest. de la Gare

– ✆ 04 92 45 03 08 – www.hotel-lacour.com – Fermé 1 semaine en janv., sam. sauf juil.-août et sauf de Noël à Pâques
46 ch – 36/65 € 36/65 € – 8 € – ½ P
Rest – Menu 17 € (semaine), 23/32 € – Carte 18/47 €
En contrebas des fortifications de Mont-Dauphin, cet hôtel familial et son annexe proposent des chambres confortables et bien tenues. Préférez celles, plus calmes, côté jardin. Au restaurant, on apprécie la cuisine régionale.

à Mont-Dauphin 6 km au Nord-Ouest par D 37 – ✉ 05600 – 147 hab.

La Maison du Guil
La Font d'Eygliers – ✆ 04 92 50 16 20 – www.lamaisonduguil.com
4 ch – 120/130 € 120/130 € **Table d'hôte** – Menu 35 €
Au-dessus des gorges du Guil, un ancien prieuré du 16ᵉs. restauré avec inspiration : entre vieilles pierres et mobilier design de qualité, le charme est au rendez-vous.

GUILLIERS
✉ 56490 (Morbihan) – 1 334 hab. – **Voir carte n°10-C2**
Paris 418 km – Dinan 66 km – Lorient 91 km – Ploërmel 13 km
Carte Michelin 308-Q6

Au Relais du Porhoët
11 pl. de l'Église – ✆ 02 97 74 40 17 – www.aurelaisduporhoet.com – Fermé 2 semaines en janv.
12 ch – 43/54 € 48/62 € – 8,50 € – ½ P
Rest *Au Relais du Porhoët* – voir les restaurants ci-après
Une discrète auberge de village, dont les habitués taisent comme un secret le bon confort, l'entretien sans défaut et les tarifs très compétitifs. La plupart des chambres, classiques, donnent sur l'église.

Au Relais du Porhoët
11 pl. de l'Église – ✆ 02 97 74 40 17 – www.aurelaisduporhoet.com – Fermé 2 semaines en janv., dim. soir et lundi sauf en juil.-août
Formule 11 € – Menu 15 € (semaine), 22/42 € – Carte 27/42 €
Des pierres apparentes, une cheminée monumentale, quelques notes colorées : une âme rustique mais nullement écrasante, pour une cuisine régionale généreuse et bien tournée, dont les prix tout doux font aussi plaisir.

GUINGAMP
✉ 22200 (Côtes-d'Armor) – 7 280 hab. – **Voir carte n°9-B1**
Paris 484 km – Carhaix-Plouguer 49 km – Lannion 32 km – Morlaix 53 km
Carte Michelin 309-D3 – Guide Vert Michelin Bretagne Nord

La Demeure sans rest
5 r. du Gén.-de-Gaulle – ✆ 02 96 44 28 53 – www.demeure-vb.com – Fermé 17 août-2 sept., 26 déc.-4 janv. et dim. d'oct. à avril
10 ch – 69/119 € 85/119 € – 9 €
Cette belle maison de maître (18ᵉ s.) hébergea un temps la gendarmerie. Aujourd'hui, point de plaintes en ces lieux, où l'accueil est charmant ! Les chambres, élégantes et toutes différentes (tissus choisis, atmosphère feutrée), sont d'esprit classique ou bord de mer chic.

Ibis sans rest
6 r. de la Chesnaye, sortie Guingamp-centre – ✆ 02 96 21 09 41 – www.ibis.com
49 ch – 64/85 € 64/85 € – 10 €
Près des axes routiers et non loin du centre-ville, un hôtel qui propose des chambres très fonctionnelles. Dès 4h du matin, on prend le petit-déjeuner dans une salle lumineuse, avec de grandes baies vitrées ; une adresse commode pour l'étape.

Hôtel de l'Arrivée sans rest
19 bd Clemenceau, (face à la gare) – ✆ 02 96 40 04 57 – www.hotel-arrivee.com
27 ch – 46/75 € 58/75 € – 8,50 €
L'enseigne évoque la proximité de la gare ferroviaire. À l'arrivée ou au départ de Guingamp, cet hôtel propose de petites chambres bien rénovées. Utile et bon marché !

La Boissière
90 r. Yser, dir. Tréguier, Plouisy – ✆ 02 96 21 06 35 – Fermé 25 août-8 sept., vacances de fév., sam. midi, dim. soir et lundi
Formule 14 € – Menu 16 € (déj. en semaine), 23/60 € – Carte 36/57 €
Dans une maison de maître datant du début du 20ᵉ s., au milieu d'un grand parc arboré, on gravit quelques marches pour découvrir un intérieur résolument classique (belle cheminée, boiseries murales), et une cuisine traditionnelle. La spécialité de la maison ? Le saucisson de langoustines à la chair de tourteau. Un régal !

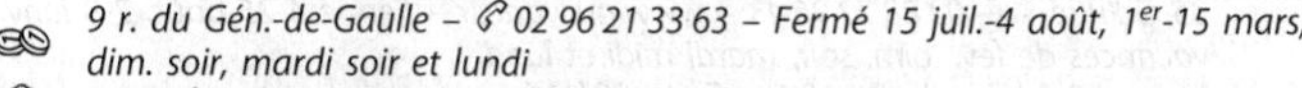

Le Clos de la Fontaine

9 r. du Gén.-de-Gaulle – ✆ 02 96 21 33 63 – Fermé 15 juil.-4 août, 1er-15 mars, dim. soir, mardi soir et lundi
Formule 13 € – Menu 16 € (déj. en semaine), 23/41 € – Carte 35/45 €
Le patron est passionné par le poisson et ne transige pas : dans votre assiette, toute la fraîcheur de la pêche côtière, cuisinée sans chichis et mise en valeur par des sauces délicates et des cuissons précises. Quelques plats rendent aussi hommage au terroir breton, comme le kouign patatez, le traou mad, etc.

GUISSENY

✉ 29880 (Finistère) – 2 012 hab. – **Voir carte n°9-A1**
Paris 591 km – Brest 35 km – Landerneau 27 km – Morlaix 56 km
Carte Michelin 308-E3

Auberge de Keralloret

3 km au Sud par D 10 et rte secondaire – ✆ 02 98 25 60 37 – www.keralloret.com
11 ch – 59/64 € 67/79 € – 9 € – ½ P
Rest – Menu 21 € (déj. en semaine), 24/34 € – Carte 27/41 €
Charme, tranquillité et caractère : trio gagnant pour cette ancienne ferme joliment rénovée. Le décor contemporain des chambres, réparties dans plusieurs bâtisses de granit, s'inspire de la région et de son identité, celle de l'estran et du pays pagan. Au restaurant, kig-ha-farz, fruits de mer, etc.

GUJAN-MESTRAS

✉ 33470 (Gironde) – 19 305 hab. – **Voir carte n°3-B2**
Paris 638 km – Andernos-les-Bains 26 km – Arcachon 10 km – Bordeaux 56 km
Carte Michelin 335-E7 – Guide Vert Michelin Aquitaine

La Guérinière

18 cours de Verdun, à Gujan – ✆ 05 56 66 08 78 – www.lagueriniere.com
23 ch – 130/175 € 130/175 € – 2 suites – 14 € – ½ P
Rest ***La Guérinière*** ✿ – voir les restaurants ci-après
Hôtel d'esprit balnéaire situé au centre du principal port ostréicole du bassin d'Arcachon. Les chambres sont spacieuses, aménagées avec goût dans un esprit zen et épuré ; quant à la terrasse bordant la piscine, elle est très agréable.

La Guérinière

18 cours de Verdun, à Gujan – ✆ 05 56 66 08 78 – www.lagueriniere.com – Fermé sam. midi
Menu 50 € (semaine), 75/125 € – Carte 94/169 €
Le chef concocte une cuisine dans l'air du temps, sophistiquée et parfumée, à savourer au bord de la piscine ou dans la salle joviale et colorée, d'esprit contemporain.
→ Soupe blanche du bassin, raviole de brandade de rouget à l'estragon. Filet de sole d'Arcachon meunière, jus de crabe vert. Soufflé chaud au Grand Marnier.

GUNDERSHOFFEN

✉ 67110 (Bas-Rhin) – 3 525 hab. – **Voir carte n°1-B1**
Paris 466 km – Haguenau 16 km – Sarreguemines 61 km – Strasbourg 45 km
Carte Michelin 315-J3

Le Moulin sans rest

r. du Moulin – ✆ 03 88 07 33 30 – www.hotellemoulin.com – Fermé 11-24 août, 6-12 janv. et 24 fév.-10 mars
13 ch – 95/140 € 95/140 € – 2 suites – 21 €
Ancien moulin au milieu d'un beau parc où coule une rivière. Chambres au décor soigné, joliment rustiques ou contemporaines. Calme, raffinement et... accueil charmant !

Le Cygne (Fabien Mengus)

35 Gd'Rue – 03 88 72 96 43 – www.aucygne.fr – Fermé 4-25 août, 2-8 janv., vacances de fév., dim. soir, mardi midi et lundi
Menu 50 € (semaine)/110 € – Carte 90/116 €
Cette noble demeure alsacienne, associant charme de l'ancien et élégance contemporaine, porte haut les couleurs de la gastronomie dans la région. Son jeune chef, Fabien Mengus, cultive les règles de l'art aussi bien que l'invention : la subtilité et la précision de ses créations promettent un repas... insigne.
➜ Langoustines en trois déclinaisons. Dégustation du filet de bœuf cru et cuit. Savarin au rhum revisité.

GY

70700 (Haute-Saône) – 1 048 hab. – **Voir carte n°16-B2**
Paris 356 km – Besançon 32 km – Dijon 69 km – Dôle 50 km
Carte Michelin 314-C8 – Guide Vert Michelin Franche-Comté Jura

Pinocchio sans rest

3 r. Beauregard – 03 84 32 95 95 – www.hotel-pinocchio.fr
14 ch – 60 € 70/85 € – 7 €
Ne mentez pas chez Pinocchio, sous peine de voir votre nez s'allonger ! Dans les chambres, sobres et confortables, les meubles ont été fabriqués par un ébéniste. De là à y voir le travail de Geppetto... Agréable jardin avec piscine.

HABÈRE-POCHE

74420 (Haute-Savoie) – 1 226 hab. – **Voir carte n°46-F1**
Paris 564 km – Annecy 63 km – Bonneville 33 km – Genève 37 km
Carte Michelin 328-L3

La Fontaine d'Argence (N)

à Argence : 2 km – 06 89 29 17 30 – www.lafontainedargence.net
5 ch – 60/90 € 70/100 €
Table d'hôte – Menu 20 €
Au cœur de la Vallée verte, une ferme savoyarde restaurée avec goût ; on y trouve des chambres spacieuses et bien tenues. À la table d'hôte, on apprécie la cuisine de madame – qui est herboriste –, à base de produits bio et de plantes, mais aussi le miel de monsieur, apiculteur à ses heures.

Tiennolet

– 04 50 39 51 01 – Fermé juin, 15 oct.-15 nov., dim. soir, mardi soir et merc. sauf vacances scolaires et merc. en juil.-août
Formule 16 € – Menu 29/40 € – Carte 27/41 €
Au centre du village, un restaurant de montagne rustique et chaleureux, avec une agréable terrasse exposée plein sud. Les deux chefs apportent une touche toute personnelle à leur jolie cuisine traditionnelle et régionale.

HAGETMAU

40700 (Landes) – 4 535 hab. – **Voir carte n°3-B3**
Paris 737 km – Aire-sur-l'Adour 34 km – Dax 45 km – Mont-de-Marsan 29 km
Carte Michelin 335-H13 – Guide Vert Michelin Aquitaine

Les Lacs d'Halco

3 km au Sud-Ouest par rte de Cazalis – 05 58 79 30 79 – www.hoteldeslacsdhalco.fr
19 ch – 100/130 € 100/130 € – 15 € – ½ P
Rest – Formule 20 € – Menu 44 € (déj. en semaine)/60 € – Carte 38/66 €
Vous rêvez de marcher sur l'eau ? C'est possible dans cet hôtel construit sur un étang ! Depuis les belles chambres contemporaines, on regarde la forêt ou le plan d'eau. Original : le restaurant en rotonde, posé sur les flots, où l'on déguste une cuisine du terroir. Un endroit unique.

Le Jambon

245 av. Carnot – ✆ 05 58 79 32 02 – www.hotel-restaurant-lejambon.com – Fermé dim. soir et lundi

7 ch – 65/80 € 70/80 € – 10 € – ½ P

Rest ***Le Jambon*** – voir les restaurants ci-après

Cette grande maison du centre-ville héberge des chambres spacieuses, lumineuses, bien insonorisées et d'une tenue scrupuleuse ; toutes donnent sur l'espace piscine joliment fleuri. Un bon plan !

Le Jambon

245 av. Carnot – ✆ 05 58 79 32 02 – www.hotel-restaurant-lejambon.com – Fermé dim. soir et lundi

Formule 15 € – Menu 28/40 € – Carte 32/50 €

Émincé de magret de canard, caille farcie au foie gras, turbot en papillote, soufflé au Grand Marnier, etc. Le propriétaire concocte une généreuse cuisine traditionnelle et landaise. Cadre raffiné.

HAGONDANGE

57300 (Moselle) – 9 414 hab. – Voir carte n°**26**-B1

Paris 324 km – Luxembourg 49 km – Metz 21 km – Thionville 17 km

Carte Michelin 307-I3

Quai des Saveurs (Frédéric Sandrini)

69 r. de la Gare – ✆ 03 87 71 24 98 – www.quaidessaveurs.com – Fermé 16-20 mars, 20 août-20 sept., dim. soir et lundi

Menu 39 € (semaine), 49/69 € – Carte 63/82 €

Depuis plusieurs années, Frédéric Sandrini prend un malin plaisir à bousculer la tradition gastronomique locale avec une cuisine en mouvement, qui laisse une grande place à l'imagination. Le tout dans un joli cadre contemporain plutôt sobre, peut-être pour ne pas détourner notre attention de la finesse de l'assiette...

→ Foie gras de canard aux truffes et petite salade d'artichaut. Lotte rôtie aux girolles et aux aubergines, toast croustillant au lonzo et beurre blanc. Fuseau croustillant aux fruits rouges.

HAGUENAU

67500 (Bas-Rhin) – 34 280 hab. – Voir carte n°**1**-B1

Paris 478 km – Baden-Baden 41 km – Sarreguemines 93 km – Strasbourg 33 km

Carte Michelin 315-K4

Europe Hôtel

15 av. du Prof.-Leriche, (proche du centre hospitalier), par ④ – ✆ 03 88 93 58 11 – www.europehotel.fr

67 ch – 50/105 € 59/105 € – 10 € – ½ P

Rest – Formule 13 € – Menu 24 € (semaine)/36 € – Carte 25/52 € *(fermé dim. soir et fériés le soir)*

Dans la ville qui a vu naître le pilote Sébastien Loeb, au sein d'une zone pavillonnaire, un hôtel engageant et bien confortable. Préférez les chambres rénovées dans un style contemporain. Au restaurant, on propose une cuisine ancrée dans le terroir, mais également voyageuse. Vous êtes prêts ? Alors, top départ !

Le Jardin

16 r. de la Redoute – ✆ 03 88 93 29 39 – www.lejardinhaguenau.fr – Fermé 5-20 août, 21 fév.-5 mars, mardi et merc. Plan : BZ**n**

Formule 19 € – Menu 41/71 €

Levez les yeux pour contempler l'élégant plafond de style Renaissance de la salle. Puis savourez une bonne cuisine classique, assez épurée ; le poisson y est à l'honneur.

L'Essentiel

2 pl. du Marché-aux-Bestiaux – ✆ 03 88 73 39 47 – Fermé 2 semaines début août et 3 semaines fin déc.-début janv. Plan : AY**e**

Formule 13 € – Menu 31 € (dîner), 34/38 € – Carte 40/52 €

Au pied de la tour des Chevaliers (13e s.), L'Essentiel est dans l'assiette. Aux fourneaux, le jeune chef concocte une goûteuse cuisine du marché avec des recettes bien ficelées et des saveurs marquées. Original : l'une des salles est à la cave !

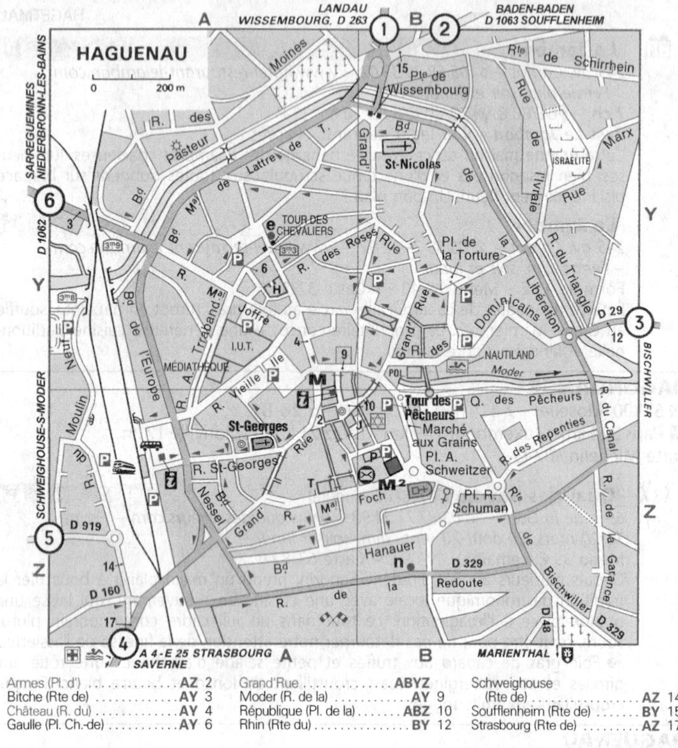

Armes (Pl. d')	AZ	2	Grand'Rue	ABYZ		Schweighouse (Rte de)	AZ	14
Bitche (Rte de)	AY	3	Moder (R. de la)	AY	9	Soufflenheim (Rte de)	BY	15
Château (R. du)	AY	4	République (Pl. de la)	ABZ	10	Strasbourg (Rte de)	AZ	17
Gaulle (Pl. Ch.-de)	AY	6	Rhin (Rte du)	BY	12			

au Sud-Est 3 km par D 329 et rte secondaire – ✉ 67500 Haguenau

Champ'Alsace sans rest

12 r. St-Exupéry – ☎ 03 88 93 30 13 – www.champ-alsace.com

40 ch – †69/84 € ††69/84 € – ☕ 9 €

On a beau être sur les terres du riesling, on en apprécie pas moins le champagne ! La preuve, avec cet hôtel proche de l'aérodrome. Dans les chambres, spacieuses et bien tenues, des fresques invitent au voyage : Afrique, Russie... Dépaysant !

LA HAIE-TONDUE

✉ 14950 (Calvados) – **Voir carte n°32-A3**

▶ Paris 198 km – Caen 41 km – Deauville 15 km – Le Havre 53 km

Carte Michelin 303-M4

La Haie Tondue

– ☎ 02 31 64 85 00 – www.restaurants-deauville-trouville.com – Fermé 1 semaine en juin, 1 semaine en nov., 2 semaines en janv., lundi soir sauf août et mardi de nov. à mars

Formule 19 € – Menu 28/43 € – Carte 28/47 €

Terrine maison, lapin aux saveurs d'Auge, agneau à la crème d'ail... Dans cette maison couverte de vigne vierge, la cuisine est traditionnelle et bien tournée. Rustique, le cadre l'est également ! L'été, on profite de la terrasse. Accueil chaleureux.

HAMBACH

✉ 57910 (Moselle) – 2 736 hab. – **Voir carte n°27-C1**

▶ Paris 396 km – Metz 70 km – Saarbrücken 23 km – Sarreguemines 8 km

Carte Michelin 307-N4

Hostellerie St-Hubert

30 r. de la Forêt - La Verte Forêt – ✆ 03 87 98 39 55 – www.hostellerie-saint-hubert.com – Fermé 22-29 déc.
49 ch – †59/62 € ††82/104 € – 4 suites – ☕ 9 € – ½ P
Rest – Formule 14 € – Menu 19 € (semaine), 27/59 € – Carte 25/80 €
Au sein d'un complexe de loisirs verdoyant – plan d'eau pour se baigner, camping et terrain de tennis –, cet hôtel-restaurant dispose de chambres spacieuses et impeccablement tenues. Parfait pour les séminaires et les fêtes de famille.

HAMBYE

✉ 50450 (Manche) – 1 192 hab. – **Voir carte n°32-A2**
▶ Paris 316 km – Coutances 20 km – Granville 30 km – St-Lô 25 km
Carte Michelin 303-E6 – Guide Vert Michelin Normandie Cotentin

à l'Abbaye 3,5 km au Sud par D 51 – ✉ 50450 Hambye

Auberge de l'Abbaye avec ch

5 rte de l'Abbaye – ✆ 02 33 61 42 19 – www.aubergedelabbayehambye.com – Fermé 6-20 oct., 16 fév.-9 mars, dim. soir sauf en juil.-août et lundi
6 ch – †48/54 € ††53/59 € – ☕ 9 € – ½ P
Formule 17 € – Menu 28/68 € – Carte 39/56 €
À deux pas des ruines romantiques de l'abbaye de Hambye, cet hôtel-restaurant plutôt classique a été repris par un jeune couple. Le chef y avait commencé son apprentissage (poursuivi dans de bonnes maisons) ; il signe une cuisine savoureuse et sans superflu, aux solides bases traditionnelles. De nouvelles litanies gourmandes !

HARDELOT-PLAGE

✉ 62152 (Pas-de-Calais) – **Voir carte n°30-A2**
▶ Paris 254 km – Arras 114 km – Boulogne-sur-Mer 15 km – Calais 51 km
Carte Michelin 301-C4

Hôtel du Parc

111 av. Francois-1er – ✆ 03 21 33 22 11 – www.parc.najeti.fr
80 ch – †95/170 € ††95/170 € – 1 suite – ☕ 15 € – ½ P
Rest ***Restaurant du Parc*** – voir les restaurants ci-après
Les bâtiments de ce complexe hôtelier ont un petit côté chalet et se fondent parfaitement dans le style de cette jolie station de la Côte d'Opale. Quant aux chambres, elles sont spacieuses et lumineuses ; la moitié d'entre elles disposent d'un balcon.

Les Jardins d'Hardelot sans rest

451 av. François-1er – ✆ 03 21 32 50 40 – www.lesjardinsdhardelot.fr – Fermé 10-20 mars
39 ch – †110/120 € ††110/120 € – ☕ 12 €
Créé en 2012, l'hôtel se trouve à seulement 500 m de la plage. On s'y repose dans des chambres très cosy et chaleureuses ; certaines familiales. Appétissant buffet au petit-déjeuner… avant la première baignade de la journée.

Régina

185 av. François-1er – ✆ 03 21 83 81 88 – www.lereginahotel.fr – Ouvert 26 fév.-30 nov.
42 ch – †82/90 € ††82/90 € – ☕ 10 € – ½ P
Rest ***Le Woods*** – voir les restaurants ci-après
Cette bâtisse moderne se trouve à la lisière de la pinède de cette élégante station de la Côte d'Opale, non loin du golf. Après une bonne balade, les chambres, claires et fonctionnelles, invitent au repos.

Restaurant du Parc – Hôtel Du Parc

111 av. Francois-1er – ✆ 03 21 33 22 11 – www.parc.najeti.fr
Formule 18 € – Menu 26/30 €
Ce restaurant distille un charme feutré ; un cadre classique en accord avec la cuisine traditionnelle, basée sur des produits régionaux : noisette d'agneau à la crème d'ail, dorade à l'estragon...

Le Woods – Hôtel Régina

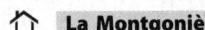

185 av. François-1er – ✆ 03 21 83 81 88 – www.lereginahotel.fr – Ouvert 26 fév.-30 nov. et fermé dim. soir d'oct. à juin, lundi midi et mardi midi de juil. à sept.

Formule 18 € – Menu 25/39 € – Carte 28/48 €

Le Woods ? Un décor chaleureux et une jolie terrasse... Parfait pour déguster des plats classiques : tartare de bœuf, dos de saumon rôti, etc.

HARRICOURT

✉ 08240 (Ardennes) – 45 hab. – **Voir carte n°14-C1**

Paris 236 km – Châlons-en-Champagne 86 km – Charleville-Mézières 61 km – Sedan 42 km

Carte Michelin 306-L6

La Montgonière ch,

1 r. St-Georges – ✆ 03 24 71 66 50 – www.lamontgoniere.net

4 ch – 90/110 € 90/130 € **Table d'hôte** – Menu 25 €

Un parc avec un étang, des boiseries, une bibliothèque, du mobilier ancien... On passe de beaux jours dans cette demeure familiale du 17e s., où l'élégance se transmet de génération en génération. Table d'hôte sur réservation.

HASPARREN

✉ 64240 (Pyrénées-Atlantiques) – 6 140 hab. – **Voir carte n°3-AB3**

Paris 783 km – Bayonne 24 km – Biarritz 34 km – Cambo-les-Bains 9 km

Carte Michelin 342-E4 – Guide Vert Michelin Pays Basque et Navarre

Les Tilleuls rest,

pl. de Verdun – ✆ 05 59 29 62 20 – www.hotelestilleuls.fr – Fermé de mi-fév. à mi-mars, sam. midi et dim. soir sauf de juil. à sept. et fériés

25 ch – 51/56 € 62/68 € – 8 € – ½ P

Rest – Formule 13 € – Menu 15 € (semaine), 25/32 € – Carte 26/47 €

Non loin de la maison où vécut l'écrivain Francis Jammes, cette construction de style basque abrite des chambres fonctionnelles et bien tenues, et un restaurant d'esprit rustique. Idéal pour une étape.

HAUTEFORT

✉ 24390 (Dordogne) – 1 073 hab. – **Voir carte n°4-D1**

Paris 466 km – Bordeaux 189 km – Brive-la-Gaillarde 57 km – Périgueux 59 km

Carte Michelin 329-H4 – Guide Vert Michelin Périgord Quercy

Au Périgord Noir sans rest

La Genèbre – ✆ 05 53 50 40 30 – www.hotel-perigordnoir.com

29 ch – 50/55 € 50/55 € – 7 €

Cette bâtisse récente, face au château de Hautefort, dispose de chambres fonctionnelles, bien tenues et calmes. Réception partiellement automatisée.

HAUTE-GOULAINE – 44 Loire-Atlantique ➜ voir Nantes

HAUTELUCE

✉ 73620 (Savoie) – 828 hab. – **Voir carte n°45-D1**

Paris 606 km – Albertville 24 km – Annecy 62 km – Chambéry 77 km

Carte Michelin 333-M3 – Guide Vert Michelin Alpes du Nord

La Ferme du Chozal 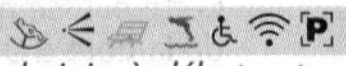

– ✆ 04 79 38 18 18 – www.lafermeduchozal.com – Ouvert de juin à début oct. et de mi-déc. à mi-avril

12 ch – 120/170 € 120/170 € – 17 € – ½ P

Rest *La Ferme du Chozal* – voir les restaurants ci-après

Voilà comment une ancienne ferme – un beau chalet – devient un hôtel très agréable avec sa piscine extérieure chauffée, ses chambres douillettes habillées de bois blond et son espace bien-être complet... Le tout au calme. Une bonne adresse !

La Ferme du Chozal
– *04 79 38 18 18 – www.lafermeduchozal.com – Ouvert de juin à début oct., mi-déc. à mi-avril et fermé dim. soir et lundi en juin, sept. et oct. et le midi en semaine de juin à début oct.*
Menu 32/120 € – Carte 56/62 € *(réservation conseillée)*
Bien que ce restaurant cultive un style montagnard typique, la cuisine n'en n'est pas moins actuelle et appétissante avec ses beaux produits du terroir. À noter, la remarquable carte des vins des Alpes françaises, suisses et italiennes.

HAUTERIVES

26390 (Drôme) – 1 680 hab. – **Voir carte n°43-E2**
Paris 540 km – Grenoble 77 km – Lyon 85 km – Valence 46 km
Carte Michelin 332-D2 – Guide Vert Michelin Ardèche Drôme

Le Relais
1 pl. Gén.-de-Miribel – 04 75 68 81 12 – www.hotel-relais-drome.com – Fermé 18 janv.-28 fév., dim. soir et lundi sauf juil.-août
16 ch – 59 € 69 € – 9 € – ½ P
Rest – Formule 16 € – Menu 18 € (déj. en semaine), 26/38 € – Carte 31/44 €
Les visiteurs du "Palais idéal" édifié par le facteur Cheval pourront faire étape dans cette solide maison à la façade en galets roulés. Chambres bien tenues et trois roulottes au fond du jardin. Petits plats traditionnels servis dans la salle rustique ou en terrasse.

LES HAUTES-RIVIÈRES

08800 (Ardennes) – 1 647 hab. – **Voir carte n°14-C1**
Paris 254 km – Châlons-en-Champagne 150 km – Charleville-Mézières 22 km – Sedan 29 km
Carte Michelin 306-L3 – Guide Vert Michelin Champagne Ardenne

Les Saisons
5 Grande-Rue – 03 24 53 40 94 – Fermé 16-31 août, vacances de fév., dim. soir, merc. soir et lundi
Formule 14 € – Menu 20/40 € – Carte 34/55 €
Un petit restaurant sympathique, au centre du village. Ici, la cuisine traditionnelle valorise les produits locaux : jambon de sanglier ou de pays, gibier et champignons en saison...

HAUTEVILLE-LÈS-DIJON – 21 Côte-d'Or → voir Dijon

LE HAVRE

76600 (Seine-Maritime) – 175 497 hab. – Agglo. 244 745 hab. – **Voir carte n°33-C2**
Paris 198 km – Amiens 184 km – Caen 90 km – Lille 318 km
Carte Michelin 304-A5 – Guide Vert Michelin Normandie Vallée de la Seine

Pasino
ch,
pl. Jules-Ferry, (au casino) – 02 35 26 00 00 – www.casinolehavre.com
45 ch – 90/190 € 90/190 € – 16 € Plan : FZ**b**
Rest ***La Brasserie*** – Formule 16 € – Menu 20 € (déj. en semaine) – Carte 25/45 €
Témoin de la reconstruction du Havre par Auguste Perret, cette bâtisse classée se découvre par un grand hall desservant aussi le casino et La Brasserie, dont la terrasse donne sur le bassin du Commerce. Les chambres sont confortables, avec un mobilier de qualité, et bien tenues. Les joueurs – et les autres – apprécieront.

Novotel
rest,
20 cours Lafayette – 02 35 19 23 23 – www.novotel.com Plan : HZ**a**
134 ch – 99/173 € 99/173 € – 6 suites – 16 €
Rest – Menu 18 € – Carte 25/40 €
À l'entrée de la ville, à deux pas de la gare, ce grand hôtel contemporain fait face au bassin Vauban. Distribuées par des coursives intérieures, les chambres sont confortables, vastes et claires, bref : agréables à vivre !

HARFLEUR

Doumer (R. Paul) . . . . **D** 30
Verdun (Av. de) . . . . **D** 90
104 (R. des) . . . . **D** 98

LE HAVRE

Abbaye (R. de l') . . . . **C** 2
Aplemont (Av. d') . . . . **C** 7
Churchill (Bd W.) . . . . **B** 24
Hermann-du-Pasquier (Quai) . **B** 44
Joannès-Couvert (Quai) . . . . . **B**
Mouchez (Bd Amiral) . . . . **B**
Octeville (Rte d') . . . . **A**
Picasso (Av. Pablo) . . . . **C**
Rouelles (R. de) . . . . **C**
Sakharov (R. Andréi) . . . . **C**

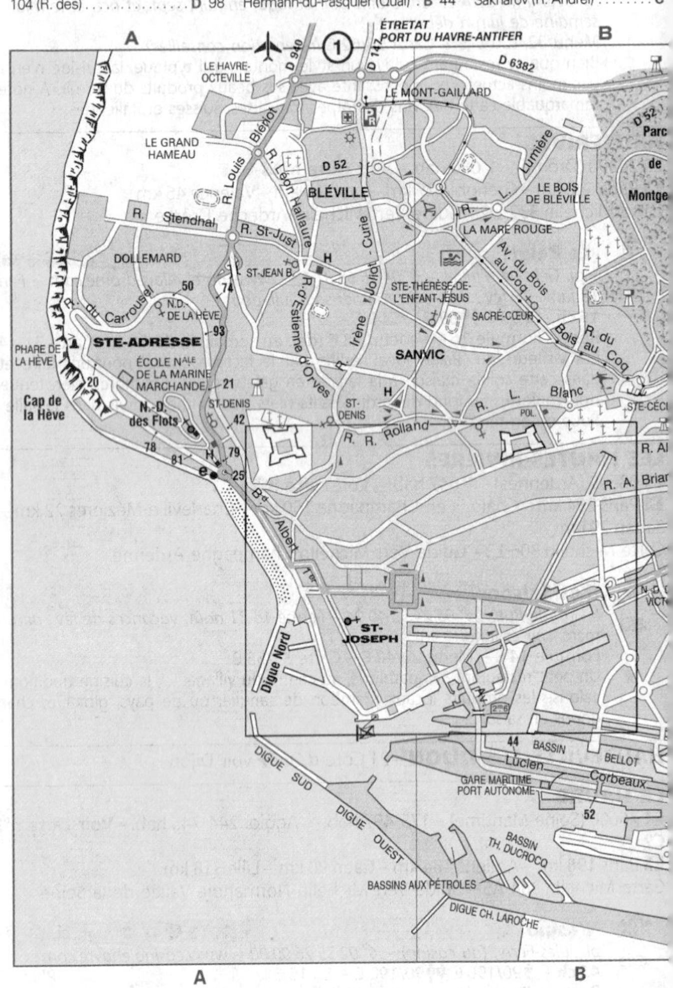

Vent d'Ouest sans rest

4 r. Caligny – ✆ 02 35 42 50 69 – www.ventdouest.fr Plan : EZ**a**

32 ch – 🚹100/145 € 🚹🚹165/175 € – 3 suites – ☕ 12 €

Tout près de l'église St-Joseph, signée Perret, un hôtel plein de cachet : les chambres, très douillettes et parfaitement tenues, sont décorées avec soin (thèmes "Mer", "Capitaine" et "Montagne") et l'on peut même profiter de l'espace détente !

LE HAVRE

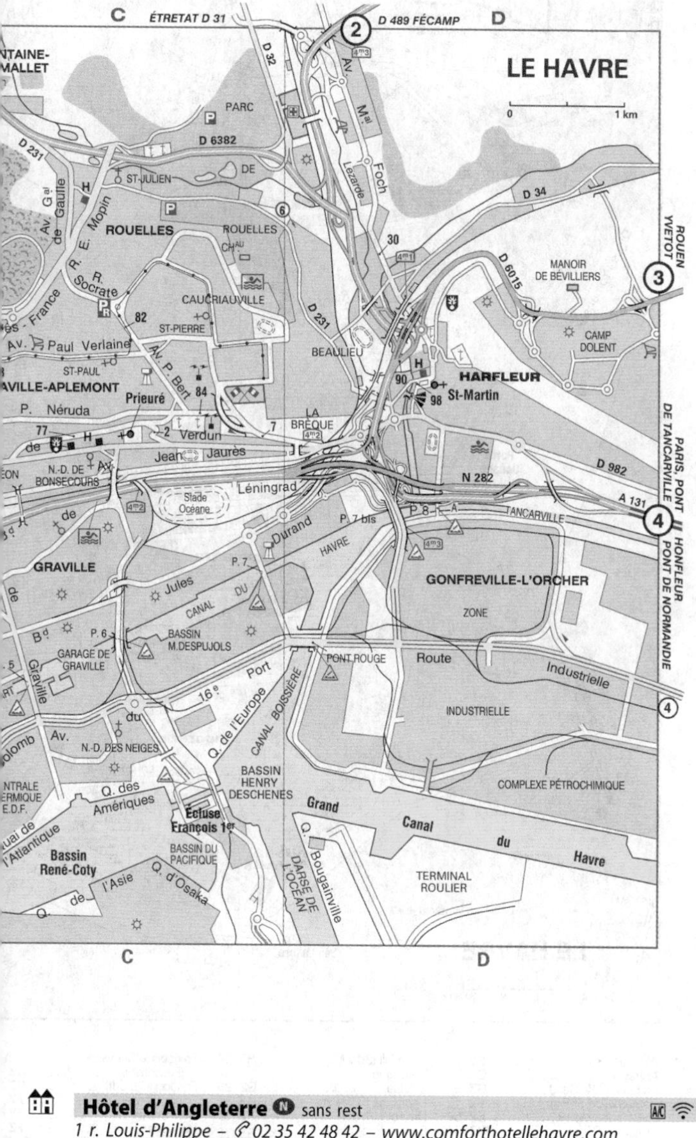

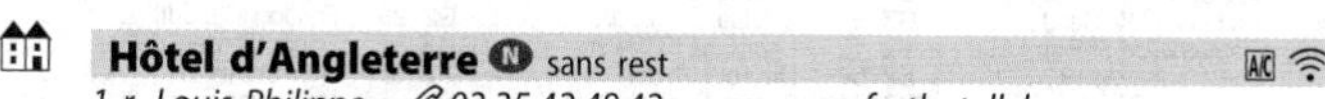

Hôtel d'Angleterre sans rest

1 r. Louis-Philippe – ✆ 02 35 42 48 42 – www.comforthotellehavre.com

28 ch – 79/99 € 79/99 € – 12 € Plan : EY**t**

Des chambres plutôt spacieuses, avec un espace bureau bien pensé et un plateau de courtoisie : on apprécie les prestations de ce petit hôtel du centre-ville. Dans les parties communes, de nombreuses toiles contemporaines ajoutent à l'esprit moderne des lieux.

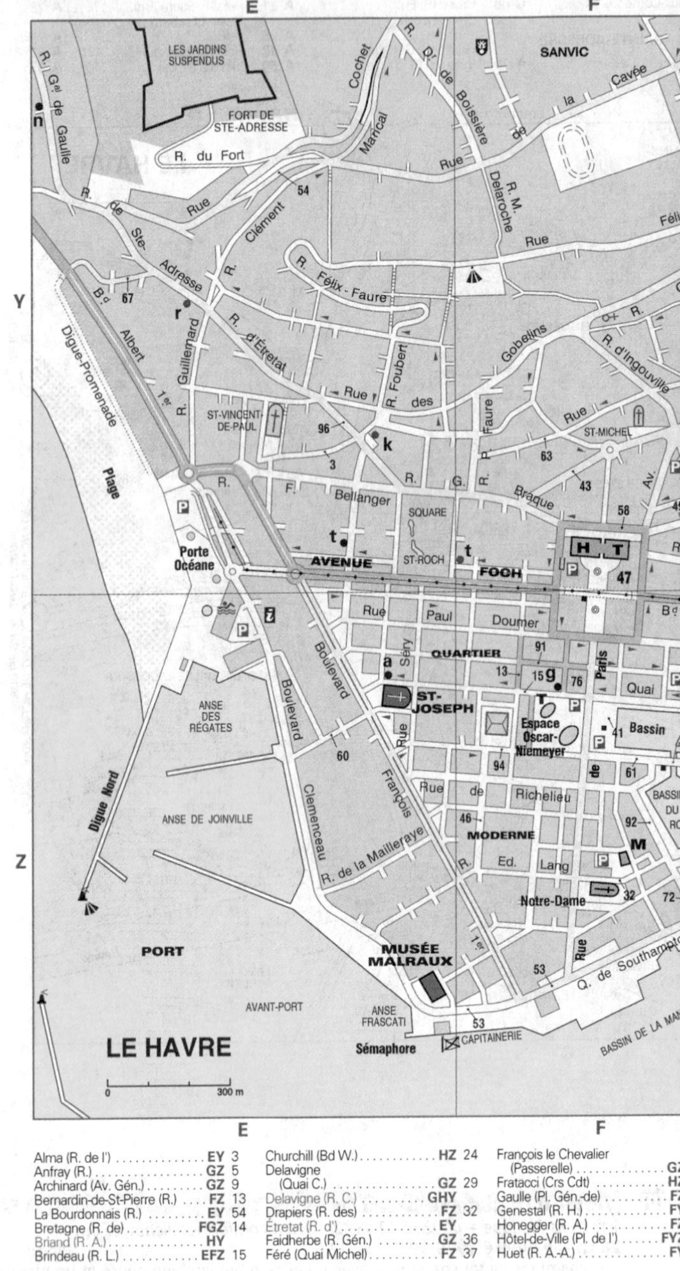

E
F
LES JARDINS SUSPENDUS
FORT DE STE-ADRESSE
R. du Fort
SANVIC
Y
Z
LE HAVRE
0
300 m
Porte Océane
Plage
Digue-Promenade
ST-VINCENT-DE-PAUL
SQUARE ST-ROCH
AVENUE FOCH
QUARTIER ST-JOSEPH
ST-MICHEL
Espace Oscar-Niemeyer
ANSE DES RÉGATES
ANSE DE JOINVILLE
Digue Nord
MODERNE
Notre-Dame
BASSIN DU ROI
MUSÉE MALRAUX
PORT
AVANT-PORT
ANSE FRASCATI
Sémaphore
CAPITAINERIE
BASSIN DE LA MANCHE
Q. de Southampton
Boulevard Clemenceau
Boulevard François 1er
R. de la Mailleraye
Rue de Richelieu
R. Ed. Lang
Rue Paul Doumer
R. F. Bellanger
R. G. Braque
Rue des Gobelins
R. d'Ingouville
R. Foubert
R. P. Faure
R. Félix-Faure
R. d'Étretat
Rue de Ste-Adresse
R. Clément
R. Guillemard
Bd Albert 1er
R. Gal de Gaulle
R. Cochet
Marical
R. D. de Boissière
R. M. Delaroche
Rue de la Cavée
Rue Séry
Quai
Bassin
Rue de Paris

E F

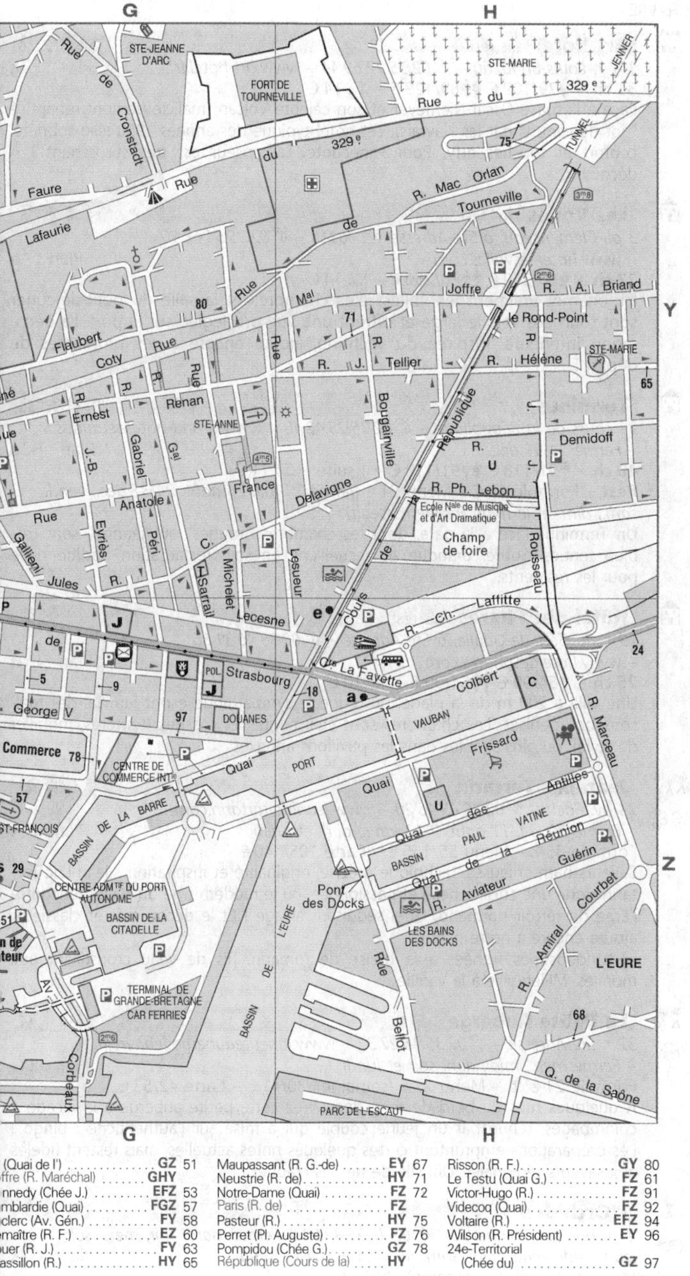

G
H
Y
Z
STE-JEANNE D'ARC
FORT DE TOURNEVILLE
STE-MARIE
JENNER
329 e
Rue du 329 e
Rue de Cronstadt
Rue Faure
Lafaurie
TUNNEL
75
3m8
R. Mac Orlan
de Tourneville
Rue du Mal Joffre
R. A. Briand
2m6
80
71
le Rond-Point
Rue Flaubert
Coty
R. J. Tellier
R. Hélène
STE-MARIE
65
Rue Renan
R. Ernest
STE-ANNE
Bougainville
République
Demidoff
J.-B.
Gabriel
Gal
4m5
France
Delavigne
R. Ph. Lebon
Anatole
Rue Eyriès
Péri
Ecole Nale de Musique et d'Art Dramatique
Champ de foire
Rousseau
Gallieni
Jules
R.
C.
Sarrail
Michelet
Lesueur
Cours de la
Lecesne
R. Ch. Laffitte
24
Crs La Fayette
Strasbourg
POL.
Colbert
5
9
18
George V
97
DOUANES
VAUBAN
R. Marceau
Commerce
78
CENTRE DE COMMERCE INTl
Quai
PORT
Frissard
57
Quai des Antilles
ST-FRANÇOIS
BASSIN DE LA BARRE
BASSIN PAUL VATINE
Quai de la Réunion
29
Guérin
CENTRE ADM TIF DU PORT AUTONOME
Pont des Docks
R. Aviateur
Courbet
51
BASSIN DE LA CITADELLE
LES BAINS DES DOCKS
BASSIN DE L'EURE
Rue Belfort
R. Amiral
L'EURE
TERMINAL DE GRANDE-BRETAGNE CAR FERRIES
68
2m6
Corbeaux
Q. de la Saône
PARC DE L'ESCAUT

Art Hôtel sans rest

147 r. Louis-Brindeau – 02 35 22 69 44 – www.art-hotel.fr Plan : FZ**g**

31 ch – 79/109 € 89/129 € – 14 €

Face à l'espace Oscar-Niemeyer et son célèbre Volcan (malicieusement rebaptisé "pot de yaourt" par les Havrais), cet hôtel typique des années 1950 allie sobriété, confort et touches arty. Pour l'anecdote, l'ascenseur est très surprenant ! À découvrir...

Les Voiles sans rest

3 pl. Clemenceau, à Ste-Adresse 76310 – 02 35 54 68 90 – www.hotel-lesvoiles.com Plan : A**e**

17 ch – 80/250 € 80/250 € – 14 €

Ici, on met vraiment les voiles... Les chambres et la salle du petit-déjeuner sont tournées vers le large et offrent une vue privilégiée sur le port. La décoration intérieure, inspirée du yachting, ajoute encore à ces promesses de départ !

Terminus

23 cours de la République – 02 35 25 42 48 – www.grand-hotel-terminus.fr – Fermé 24-31 déc. Plan : HZ**e**

40 ch – 91/118 € 91/118 € – 1 suite – 11 €

Rest – Formule 15 € – Menu 21 € *(fermé 1er juil.-24 août, 24-31 déc., vend., sam., dim. et le midi) (résidents seult)*

Un Terminus face à la gare, dont les chambres, "rouges" ou "jaunes", sont très bien tenues. Sobre, pratique et accueillant. Le soir, restauration traditionnelle pour les résidents.

Hôtel des Phares sans rest

29 r. du Gén.-de-Gaulle, à Ste-Adresse – 02 35 46 31 86 – www.hoteldesphares.com Plan : EY**n**

25 ch – 54/99 € 54/99 € – 10 €

Une villa à 200 m de la plage, où règne le sympathique esprit familial des maisons bourgeoises. Les chambres sont charmantes et cossues (tentures, mobilier de style), ou plus simples dans les pavillons annexes.

Jean-Luc Tartarin

73 av. Foch – 02 35 45 46 20 – www.jeanluc-tartarin.com – Fermé 29 juil.-11 août, 2-13 janv., dim. et lundi Plan : FY**t**

Formule 35 € – Menu 55/155 € – Carte 105/140 €

Saveurs harmonieuses, technique précise, originalité et inspiration : Jean-Luc Tartarin signe une cuisine belle et passionnée, où le modernisme du Havre rencontre l'âme du terroir normand. Quel séduisant alliage ! Et le décor, chic et classieux, ajoute encore à notre plaisir...

→ Langoustines fumées à la braise de romarin. Ris de veau croustillant aux morilles. Millefeuille à la vanille.

La Petite Auberge

32 r. Ste-Adresse – 02 35 46 27 32 – www.lapetiteauberge-lehavre.fr – Fermé merc. midi, dim. soir et lundi Plan : EY**r**

Formule 21 € – Menu 27 € (semaine), 30/41 € – Carte 42/53 €

À quelques rues du bord de mer, découvrez cette petite auberge à la façade à colombages, tenue par un jeune couple qui a misé sur l'authenticité : bingo ! Les préparations empruntent certes quelques notes actuelles, mais restent fidèles aux saveurs régionales. Difficile de ne pas craquer !

L'Orchidée

41 r. du Gén.-Faidherbe – 02 76 25 38 03 – Fermé mardi soir, merc. soir, jeudi midi, vend. midi, sam. midi, dim. soir et lundi Plan : GZ**s**

Menu 19 € (déj. en semaine), 29/39 €

Saint-Jacques à la sauce dieppoise, terrine de foie de volaille : des plats traditionnels remis au goût du jour dans un restaurant tout simple. Une bonne petite adresse du port.

Le Wilson

98 r. du Prés.-Wilson – ✆ 02 35 41 18 28 – Fermé 1 semaine vacances scolaires de fév., merc. et le soir sauf vend. et sam. Plan : EY**k**

Formule 14 € – Menu 20 € (semaine)/29 € – Carte 27/35 €

Croustillant d'andouille, délicieuse tarte aux pommes servie encore chaude... Ici, la tradition a du bon, et les fidèles sont à l'heure pour le plat du jour ! Cerise sur le gâteau : le sourire des patrons, qui gèrent la maison en famille.

HÉDÉ

✉ 35630 (Ille-et-Vilaine) – 1 940 hab. – **Voir carte n°10-D2**

Paris 372 km – Avranches 71 km – Dinan 33 km – Dol-de-Bretagne 31 km

Carte Michelin 309-L5 – Guide Vert Michelin Bretagne Nord

La Vieille Auberge

rte de Tinténiac – ✆ 02 99 45 46 25 – www.lavieilleauberge.net – Fermé 23 août-7 sept., 2 semaines en mars, dim. soir et lundi

Formule 21 € 🍷 – Menu 27/80 € – Carte 38/70 €

Ce joli moulin du 17e s. est rustique et bucolique à souhait ! On s'installe au bord de l'étang pour y déguster une cuisine en prise avec son époque. Un conseil : ne passez pas à côté de l'agneau, élevé par le père des maîtres des lieux.

HEGENEY

✉ 67360 (Bas-Rhin) – 380 hab. – **Voir carte n°1-B1**

Paris 490 km – Metz 166 km – Saarbrücken 89 km – Strasbourg 43 km

Carte Michelin 315-K3

Belle Vue

1 rte de Haguenau – ✆ 03 88 09 32 28 – www.hegeney-bellevue.fr – Fermé 2 semaines en août, 1 semaine vacances de fév., sam. midi, mardi soir et merc.

Formule 13 € – Menu 15 € (déj. en semaine), 23/41 € – Carte 40/50 €

Aux portes du parc naturel des Vosges du Nord, faites donc étape dans ce restaurant ! On y savoure une cuisine dans l'air du temps réalisée par un jeune chef ayant travaillé auprès d'Alain Passard, Jacques Chibois ou encore Michel Bruneau. Des références de bon augure...

HENDAYE

✉ 64700 (Pyrénées-Atlantiques) – 15 370 hab. – **Voir carte n°3-A3**

Paris 799 km – Biarritz 31 km – Pau 143 km – St-Jean-de-Luz 12 km

Carte Michelin 342-B4 – Guide Vert Michelin Pays Basque et Navarre

Villa Goxoa sans rest

32 av. des Magnolias – ✆ 05 59 20 32 43 – www.villa-goxoa.com – Fermé 15 nov.-1er déc.

9 ch – †85/115 € ††105/135 € – ☕ 12 €

Entre plage et port de plaisance, cette belle maison abrite un élégant "éco-hôtel". Décor épuré dans les chambres, dont le nom en basque évoque la nature (eau, montagne...).

à Hendaye Plage – ✉ 64700

Serge Blanco

ch, rest,

125 bd de la Mer – ✆ 05 59 51 35 35 – www.thalassoblanco.com

90 ch – †106/150 € ††152/240 € – ☕ 15 €

Rest – Menu 35 € – Carte 38/48 €

Envie de tout plaquer ? À la tête de cet hôtel et de son centre de thalasso, le célèbre rugbyman. Les chambres, entièrement rénovées en 2012, font face à la plage ou au port (quelques-unes sur cour). Parfait pour un séjour détente.

à Biriatou 4 km au Sud-Est par D 811 – ✉ 64700 – 1 087 hab.

Les Jardins de Bakéa

1134 chemin Herri-Alde – ✆ 05 59 20 02 01 – www.bakea.fr – Fermé 17 nov.-4 déc. et 19 janv.-5 fév.
25 ch – 58/140 € 68/140 € – 10 € – ½ P
Rest ***Les Jardins de Bakéa*** – voir les restaurants ci-après
Maison régionale du début du 20^e^s., abritant des chambres traditionnelles ou plus contemporaines. Joli jardin. Idéal pour un séjour au calme.

Les Jardins de Bakéa

1134 chemin Herri-Alde – ✆ 05 59 20 02 01 – www.bakea.fr – Fermé 17 nov.-4 déc., 19 janv.-5 fév., mardi sauf le soir d'avril à nov. et lundi
Formule 28 € – Menu 37 € (semaine), 52/73 € – Carte 50/75 €
La table des Jardins de Bakéa offre une belle vue sur la montagne et une jolie terrasse sous les platanes. Ici, on savoure une cuisine qui va à l'essentiel, à l'image de cette appétissante salade de fonds d'artichaut avec du jambon de pays ou cette nage de fraises à la menthe, rafraîchissante à souhait.

HÉNIN-BEAUMONT

✉ 62110 (Pas-de-Calais) – 26 278 hab. – **Voir carte n°31-C2**
Paris 194 km – Arras 25 km – Béthune 30 km – Douai 13 km
Carte Michelin 301-K5

Novotel

av. de la République, près échangeur Autoroute A1, par D 943 ✉ 62950 – ✆ 03 21 08 58 08 – www.novotel.com
81 ch – 79/169 € 79/169 € – 16 €
Rest – Formule 14 € – Menu 18/22 € – Carte 18/45 €
Dans un centre commercial, ce Novotel est protégé par un îlot de verdure. Les chambres sont fonctionnelles et contemporaines. Au restaurant, on sert une cuisine actuelle, dont quelques plats à la plancha. Et lorsque le temps le permet, les repas se prennent au bord de la piscine !

HENNEBONT

✉ 56700 (Morbihan) – 15 191 hab. – **Voir carte n°9-B2**
Paris 492 km – Concarneau 57 km – Lorient 13 km – Pontivy 51 km
Carte Michelin 308-L8 – Guide Vert Michelin Bretagne Sud

Au Jardin des Sens

pl. du Calvaire – ✆ 02 97 36 21 44 – www.aujardindessens.fr – Fermé dim. soir et lundi
Formule 17 € – Menu 20 € (semaine), 25/55 € – Carte 41/56 €
Sur le chemin de la basilique N.-D.-de-Paradis, arrêtez-vous au Jardin des Sens pour réveiller vos papilles ! Derrière les fourneaux, le chef prépare une savoureuse cuisine, notamment inspirée par les produits de fournisseurs locaux. L'été, à la salle colorée préférez la terrasse. Accueil souriant.

rte de Port-Louis 4 km au Sud par D 781 – ✉ 56700 Kervignac

Château de Locguénolé

à Locguénolé – ✆ 02 97 76 76 76 – www.chateau-de-locguenole.com – Fermé 5 janv.-13 fév.
18 ch – 250/337 € 339/447 € – 4 suites – 20 € – ½ P
Rest ***Château de Locguénolé*** ✿ – voir les restaurants ci-après
Villégiature à la bretonne... Dans son immense parc, cette belle demeure à l'architecture classique domine la ria du Blavet. De l'enfilade de salons et des chambres garnies de mobilier ancien, on a tout loisir d'admirer le paysage qui change avec les marées...

XXX **Château de Locguénolé**

à Locguénolé – ✆ 02 97 76 76 76 – www.chateau-de-locguenole.com – Fermé 5 janv.-13 fév., lundi et le midi sauf dim.

Menu 49/98 € – Carte 70/110 €

Plaisirs gastronomiques dans un décor très classique (tapisseries, lustres à pampilles, chandeliers, etc.), plus champêtre dans une seconde salle (pierres apparentes, vue sur le jardin). Le chef signe ici une cuisine très ouvragée, fondée sur des produits de qualité. Belle carte des vins.

→ Vinaigrette de homard bleu à l'huile de crustacés, pâte de carotte à la cardamome. Pigeonneau fumé au genévrier, condiment petit pois au raifort. Rhubarbe au thym citron, nougatine sésame et crème fleur d'hibiscus.

L'HERBAUDIÈRE – 85 Vendée → voir Île de Noirmoutier

HERBIGNAC

✉ 44410 (Loire-Atlantique) – 5 817 hab. – **Voir carte n°34-A2**

Paris 446 km – La Baule 24 km – Nantes 72 km – Redon 37 km

Carte Michelin 316-C3 – Guide Vert Michelin Pays de la Loire

au Sud 6 km rte de Guérande par D774 – ✉ 44410 Herbignac

XX **La Chaumière des Marais**

– ✆ 02 40 91 32 36 – www.lachaumieredesmarais.com – Fermé lundi sauf juil.-août et mardi

Menu 18 € (déj. en semaine), 29/65 € – Carte environ 51 €

Jolie chaumière briéronne aux abords fleuris, avec poutres et cheminée. En cuisine, on utilise les herbes, les fleurs (capucines), les tomates et les fruits rouges du potager...

HÉRÉPIAN – 34 Hérault → voir Bédarieux

HÉROUVILLE – 95 Val-d'Oise → voir Paris, Environs (Cergy-Pontoise)

HÉROUVILLE-ST-CLAIR – 14 Calvados → voir Caen

HESDIN

✉ 62140 (Pas-de-Calais) – 2 272 hab. – **Voir carte n°30-A2**

Paris 210 km – Abbeville 36 km – Arras 58 km – Boulogne-sur-Mer 65 km

Carte Michelin 301-F5

Trois Fontaines ch,

16 rte d'Abbeville – ✆ 03 21 86 81 65 – www.hotel-les3fontaines.com – Fermé 21 déc.-7 janv.

16 ch – 62/72 € 65/77 € – 8 € – ½ P

Rest – Formule 15 € – Menu 20/29 € – Carte 25/34 € *(fermé lundi midi et sam. midi)*

Dans un quartier pavillonnaire en périphérie de la ville. Les chambres, assez petites mais bien aménagées, donnent toutes sur le jardin. Préférez celles de l'extension récente, décorées dans un style scandinave chaleureux (lambris, mobilier rustique). Restaurant traditionnel.

XX **L'Écurie**

17 r. Jacquemont – ✆ 03 21 86 86 86 – www.restaurant-lecurie.com – Fermé dim. soir, mardi soir et lundi

Formule 15 € – Menu 22/28 € – Carte 32/43 €

À deux pas de l'hôtel de ville, ce sympathique restaurant célèbre le cheval (sculptures, peintures). Dans la lumineuse salle, on apprécie des plats traditionnels.

à Gouy-St-André 14 km à l'Ouest par N 39 et D 137 – ✉ 62870 – 638 hab.

Le Clos de la Prairie

17 r. de St-Rémy – ☎ 03 21 90 39 58 – www.leclosdelaprairie.com – Fermé 23-30 déc.

8 ch – 🚹95/120 € 🚹🚹120 € – ☕ 15 €

Rest ***Le Clos de la Prairie*** – voir les restaurants ci-après

Dans un corps de ferme du 19e s. entouré de 12 ha de prairies, cet établissement domine la vallée de l'Authie. Les chambres, dans un style "campagne chic" (mobilier cérusé, boutis, rideaux en lin...), sont toutes de plain-pied et s'ouvrent sur la nature.

Le Clos de la Prairie

17 r. de St-Rémy – ☎ 03 21 90 39 58 – www.leclosdelaprairie.com – Fermé 23-30 déc., lundi midi, mardi midi, sam. midi et merc.

Menu 38 € – Carte 46/53 € *(réservation conseillée)*

En pleine campagne, ce charmant restaurant dégage une douceur bucolique. Derrière les fourneaux, le chef concocte, avec maîtrise, des plats traditionnels qui suivent le rythme des saisons. L'été, profitez de la terrasse qui donne sur... la prairie.

HESDIN-L'ABBÉ – 62 Pas-de-Calais ➜ voir Boulogne-sur-Mer

HÉSINGUE – 68 Haut-Rhin ➜ voir St-Louis

HEUCHIN

✉ 62134 (Pas-de-Calais) – 566 hab. – **Voir carte n°30-B2**

Paris 250 km – Amiens 74 km – Arras 66 km – Lille 78 km

Carte Michelin 301-G5

Maison de Plumes

73 r. d'Aire Heuchin – ☎ 03 21 41 47 85 – www.maisondeplumes.com

5 ch ☕ – 🚹109 € 🚹🚹109 € **Table d'hôte** – Menu 35 €

Cette adresse plairait à Zizi Jeanmaire ! Dans cette maison du 13e s. tenue par un couple d'Anglais, les chambres portent des noms d'oiseaux : Flamant rose, Autruche... Et la décoration, fruit de la créativité toute britannique de la maîtresse des lieux, est au diapason. Un endroit agréablement atypique.

HEUDICOURT-SOUS-LES-CÔTES – 55 Meuse ➜ voir St-Mihiel

HEUGUEVILLE-SUR-SIENNE

✉ 50200 (Manche) – 535 hab. – **Voir carte n°32-A2**

Paris 342 km – Avranches 52 km – Cherbourg 80 km – Coutances 7 km

Carte Michelin 303-C5

16ème Ouest Ⓝ

16 r. de la Sienne – ☎ 02 33 47 19 61 – Fermé dim. soir et merc.

Formule 14 € – Menu 30/55 € 🍷 – Carte 23/39 €

Pour trouver ce restaurant, cherchez l'église : il est situé juste à côté, dans l'ancien presbytère du 18e s. Là, dans un décor délicieusement rustique, on apprécie une cuisine bien dans son temps privilégiant la pêche locale et les produits du terroir normand. Sérieux et sans prétention !

HEYRIEUX

✉ 38540 (Isère) – 4 756 hab. – **Voir carte n°44-B2**

Paris 487 km – Lyon 30 km – Pont-de-Chéruy 22 km – La Tour-du-Pin 35 km

Carte Michelin 333-D4

L'Alouette

rte de St-Jean-de-Bournay, à 3 km ✉ 38090 – ☎ 04 78 40 06 08 – www.restaurant-alouette.com – Fermé 1 semaine en avril, 21 juil.-13 août, 23 déc.-2 janv., sam. midi, dim. soir et lundi

Formule 21 € 🍷 – Menu 39/55 € – Carte 49/181 €

Alouette, gentille alouette... Voilà un restaurant contemporain bien agréable avec ses œuvres d'art, son piano à queue et son joli jardin. Le chef concocte une cuisine de saison, fine et goûteuse, à partir des produits du marché. Et pour accompagner cela, la cave offre un choix de plus de 450 références !

HIERES-SUR-AMBY

✉ 38118 (Isère) – 1 149 hab. – **Voir carte n°44-B1**
▶ Paris 489 km – Bourg-en-Bresse 57 km – Grenoble 107 km – Lyon 61 km
Carte Michelin 333-E3 – Guide Vert Michelin Lyon et sa région

XX **Le Val d'Amby** avec ch — rest, ch,
pl. de la République – ☎ 04 74 82 42 67 – www.hotel-levaldamby.com – Fermé 2-9 mars, 27 avril-4 mai, 3-17 août, 24-28 déc., dim. soir et merc.
13 ch – 58/70 € 67/82 € – 9 € – ½ P
Menu 25 € (déj. en semaine), 29/65 € – Carte 37/77 €
Sur la place du village, cette jolie maison en pierre se révèle l'endroit idéal pour déguster une bonne cuisine traditionnelle, traversée d'influences méridionales. On cède aisément à cette salade de poulpes à la coriandre et menthe fraîche, ou à ce pavé de turbot rôti au miel... Et les propriétaires sont charmants !

HINSINGEN

✉ 67260 (Bas-Rhin) – 81 hab. – **Voir carte n°1-A1**
▶ Paris 405 km – St-Avold 35 km – Sarrebourg 37 km – Sarreguemines 22 km
Carte Michelin 315-F3

X **La Grange du Paysan**
23 r. Principale – ☎ 03 88 00 91 83 – Fermé 1 semaine en été, 2 semaines en hiver et lundi sauf fériés
Formule 12 € – Menu 20/45 € – Carte 20/50 €
Vieilles poutres, licous et autres objets du monde agricole : on appréciera dans cette salle champêtre une cuisine du terroir généreuse (produits de l'élevage familial).

HIRMENTAZ – 74 Haute-Savoie ➜ voir Bellevaux

HOCHSTATT – 68 Haut-Rhin ➜ voir Mulhouse

HOHRODBERG

✉ 68140 (Haut-Rhin) – **Voir carte n°1-A2**
▶ Paris 462 km – Colmar 26 km – Gérardmer 37 km – Guebwiller 47 km
Carte Michelin 315-G8

Panorama — ch, rest, ch,
3 rte de Linge Hohrodberg – ☎ 03 89 77 36 53 – www.hotel-panorama-alsace.com – Fermé 7 janv.-7 fév.
35 ch – 54/102 € 54/102 € – 13 € – ½ P
Rest – Menu 16 € (semaine), 23/55 € – Carte 30/50 €
Quel panorama ! Face à la vallée de Munster, une sympathique bâtisse hôtelière avec des chambres confortables (certaines donnant sur les Vosges) qui, par touches, évoquent l'Alsace. La région s'invite aussi à table, avec des spécialités telles que le presskopf de la mer... et la montagne pour horizon.

LE HOHWALD

✉ 67140 (Bas-Rhin) – 501 hab. – **Voir carte n°2-C1**
▶ Paris 430 km – Lunéville 89 km – Molsheim 33 km – St-Dié 46 km
Carte Michelin 315-H6

La Forestière
10 A chemin-du-Eck – ☎ 03 88 08 31 08 – www.laforestiere-alsace.fr – Fermé 1 semaine en avril, 1 semaine fin juin et 1 semaine en fév.
5 ch – 82/92 € 97/107 € **Table d'hôte** – Menu 32 €
Sur les hauteurs de cette petite station de montagne, avec la forêt toute proche, une grande maison très tranquille : espace, modernité, confort... et saveurs, car ses charmants propriétaires sont passionnés par la cuisine alsacienne et le gibier !

HOLNON – 02 Aisne ➜ voir St-Quentin

LE HÔME – 14 Calvados ➜ voir Cabourg

HONFLEUR

✉ 14600 (Calvados) – 8 093 hab. – **Voir carte n°32-A3**
Paris 195 km – Caen 69 km – Le Havre 27 km – Lisieux 38 km
Carte Michelin 303-N3 – Guide Vert Michelin Normandie Vallée de la Seine

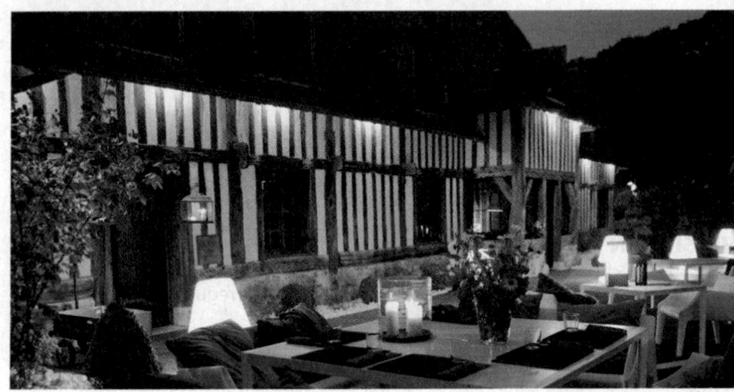

Hôtels & maisons d'hôtes

La Ferme St-Siméon

20 r. Adolphe Marais, par ③ – ✆ 02 31 81 78 00
– www.fermesaintsimeon.fr
30 ch – †150/515 € ††150/515 € – 4 suites – ☕ 28 € – ½ P
Rest ***La Ferme St-Siméon*** – voir les restaurants ci-après
Haut lieu de l'histoire de la peinture, l'auberge que fréquentaient les impressionnistes est devenue un hôtel magnifique ! Le parc domine l'estuaire – et ses lumières changeantes –, les chambres, au calme, réinventent le style rustique... version luxe. Intemporel comme un tableau.

Le Manoir des Impressionnistes

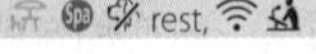

r. Adolphe-Marais, par ③ – ✆ 02 31 81 63 00
– www.manoirdesimpressionnistes.com
11 ch – †150/455 € ††150/455 € – ☕ 19 € – ½ P
Rest – Menu 43/89 € – Carte 55/92 € *(fermé le midi en semaine)*
Colombages peints, fenêtres à croisillons, toitures asymétriques, petit parc : ce manoir du 18e s. pourrait inspirer un peintre. On accède aux chambres, très cosy, par un bel escalier de bois, la mer est en contrebas : si romantique...

Les Maisons de Léa

rest,

pl. Ste-Catherine – ✆ 02 31 14 49 49
– www.lesmaisonsdelea.com Plan : AY**a**
26 ch – †160/205 € ††260/305 € – 8 suites – ☕ 15 € – ½ P
Rest – Formule 22 € – Menu 28 € (déj.), 36/56 € – Carte 42/59 € *(fermé merc. sauf du 15 juin au 15 sept.)*
Ces trois anciens logis de pêcheur (16e s.) et leur grenier à sel illustrent parfaitement l'attrait propre à Honfleur. Un véritable hôtel de charme, face au clocher en bois de Ste-Catherine, avec, détail délicieux, un superbe spa.

L'Écrin sans rest

19 r. Eugène-Boudin – ✆ 02 31 14 43 45
– www.honfleur.com/hotel-ecrin.fr Plan : AZ**g**
30 ch – †120/200 € ††120/200 € – 3 suites – ☕ 11 €
Écrin précieux que ce véritable petit musée rempli d'objets d'art et d'ornements anciens, assurément atypique ! Dans les chambres cohabitent les styles et les détails d'époque, de la jolie mansarde au grand lit à baldaquin. Et le petit-déjeuner est servi face au jardin...

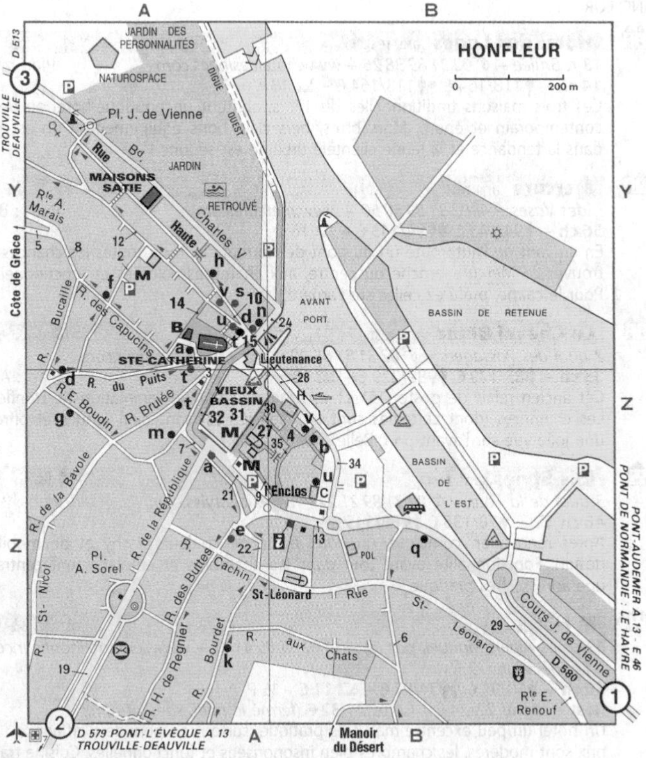

HONFLEUR

Rue	Plan	N°
Albert-1er (R.)	AY	2
Berthelot (Pl. P.)	AZ	3
Boudin (Pl. A.)	BZ	4
Cachin (R.)	AZ	
Charrière-de-Grâce (R.)	AY	5
Charrière-St-Léonard (R.)	BZ	6
Dauphin (R. du)	AZ	7
Delarue-Mardrus (R. L.)	AY	8
Fossés (Cours des)	AZ	9
Hamelin (Pl.)	AY	10
Homme-de-Bois (R.)	AY	12
Lingots (R. des)	AY	14
Logettes (R. des)	AY	15
Manuel (Cours A.)	AZ	19
Montpensier (R.)	AZ	21
Notre-Dame (R.)	AZ	22
Passagers (Quai des)	ABY	24
Le-Paulmier (Quai)	BZ	13
Porte-de-Rouen (Pl. de la)	AZ	25
Prison (R. de la)	AZ	27
Quarantaine (Quai de la)	BZ	28
République (R. de la)	AZ	
Revel (R. J.)	BZ	29
Ste-Catherine (Quai)	AZ	32
St-Antoine (R.)	BZ	30
St-Étienne (Quai)	AZ	31
Tour (Quai de la)	BZ	34
Ville (R. de la)	BZ	35

La Maison de Lucie sans rest

44 r. des Capucins – ☎ 02 31 14 40 40
– www.lamaisondelucie.com Plan : AY**f**

10 ch – †150/200 € ††150/200 € – 2 suites – ☕ 22 €

Quel charme, quel style ! Des boiseries, des canapés en cuir, une bibliothèque... Cette maison du 18e s. propose toute une gamme de chambres décorées avec le meilleur goût. Un sens du détail et une ambiance feutrée qui donnent envie de revenir très vite !

L'Absinthe sans rest

1 r. de la Ville – ☎ 02 31 89 23 23 – www.absinthe.fr
– Fermé de mi-nov. à mi-déc. Plan : BZ**v**

9 ch – †130/210 € ††130/210 € – 2 suites – ☕ 13 €

La "fée verte" se fait reposante dans cet ancien presbytère du 16e siècle... Matériaux anciens et teintes douces dessinent un cadre plaisant (plus contemporain dans l'annexe, une maison faisant face aux quais) qui pourra... envoûter.

Hôtel des Loges sans rest

18 r. Brûlée – 02 31 89 38 26 – www.hoteldesloges.com Plan : AZ**t**

14 ch – 118/164 € 118/164 € – 13 €

Ces trois maisons traditionnelles du 17e s. abritent un boutique-hôtel au décor contemporain et épuré. Murs bruts, bois clair, bons équipements : on est pile dans la tendance et la jeune clientèle urbaine est séduite !

Mercure sans rest

r. des Vases – 02 31 89 50 50 – www.mercure.com Plan : BZ**q**

56 ch – 94/145 € 94/145 € – 16 €

En arrivant de l'autoroute ou du pont de Normandie, on a toutes les chances de trouver ce Mercure proche du centre, aux chambres colorées et fonctionnelles. Pour le calme, préférez celles sur l'arrière.

Le Cheval Blanc sans rest

2 quai des Passagers – 02 31 81 65 00 – www.hotel-honfleur.com

35 ch – 85/179 € 89/229 € – 13 € Plan : AY**n**

Cet ancien relais de poste (15e s.) se situe au cœur de l'animation de Honfleur. Les chambres (dont certaines sont très spacieuses) sont bien tenues et offrent une jolie vue sur l'avant-port. Belle situation !

Ibis Styles sans rest

3 quai de la Tour – 02 31 89 21 22 – www.ibisstyles.com Plan : BZ**u**

48 ch – 78/135 € 88/145 €

Après rénovation complète, un hôtel avide de couleurs flashy et de mobilier design. Fonctionnalité avant tout dans les chambres et emplacement central : une adresse très pratique.

M Hôtel

rest,

62 cours Albert-Manuel, par ② – 02 31 89 41 77 – www.lemhotelhonfleur.com – Fermé 5 janv.-9 fév.

50 ch – 68/97 € 74/97 € – 11 € – ½ P

Rest – Menu 22/24 € – Carte 24/32 € *(fermé le midi, sam. et dim.)*

Un hôtel un peu excentré mais très pratique, surtout en période d'affluence : les prix sont modérés, les chambres bien insonorisées et fonctionnelles. Cuisine traditionnelle au restaurant.

Entre Terre et Mer Ⓝ

ch,

28 pl. Hamelin – 02 31 98 83 33 – www.hotel-centre-honfleur.com – Fermé janv. Plan : AY**t**

14 ch – 75/124 € 75/124 € – 11 € – ½ P

Rest – Formule 19 € – Menu 23 € – Carte environ 34 €

Avec ses vieilles pierres et ses couloirs étroits, cette ancienne maison de pêcheur remonte au 17e s. Classiques et agréables, les chambres vous placent au cœur de la cité ! Autre atout : le bar à huîtres, très sympathique. À ne pas confondre avec le restaurant gastronomique du même nom, juste en face.

La Petite Folie sans rest

44 r. Haute – 06 74 39 46 46 – www.lapetitefolie-honfleur.com – Fermé 5-15 janv. Plan : AY**h**

5 ch – 146/186 € 146/186 €

Flânez donc dans cette rue animée du vieux Honfleur, vous trouverez cette "folie" douce, authentique maison d'hôtes de charme. Meubles et objets chinés par Penny – la charmante propriétaire d'origine américaine –, tomettes, linge luxueux, petit-déjeuner dans le jardin aux beaux jours.... Superbe !

À L' École Buissonnière sans rest

4 r. de la Foulerie – 06 16 18 43 62 – www.a-lecole-buissonniere.com

5 ch – 150/180 € 150/180 € Plan : AZ**m**

Cette école-là possède un cachet fou ! À deux pas du Vieux-Bassin, les salles de classe 1900 sont devenues des chambres délicieuses. La cour avec ses colombages, la superbe cuisine ouverte pour le petit-déjeuner gourmand, l'original bar à fromages... Une leçon de plaisir.

Le Clos Bourdet sans rest

50 r. Bourdet – ✆ 02 31 89 49 11 – www.leclosbourdet.com – Fermé 6-31 janv.
5 ch – 125 € 135 € Plan : AZ**k**
Dans un grand jardin clos à flanc de colline... C'est dire comme cette belle maison bourgeoise du 18e s. est au calme ! Œuvres d'art et meubles chinés lui donnent un style déco très affirmé, et l'on appréciera également les pâtisseries du propriétaire au petit-déjeuner.

La Cour Ste-Catherine sans rest

74 r. du Puits – ✆ 02 31 89 42 40 – www.coursaintecatherine.com Plan : AYZ**d**
5 ch – 90/110 € 90/110 €
Non loin du Vieux-Bassin et du centre historique, cet ancien couvent du 17e s. – qui fut aussi une cidrerie – abrite des chambres délicieusement tranquilles, décorées avec goût. Le petit-déjeuner est servi dans l'ancien pressoir, un modèle de charme rustique, et le jardin distille un esprit champêtre !

Restaurants

La Ferme St-Siméon – Hôtel La Ferme St-Siméon

20 r. Adolphe-Marais, par ③ – ✆ 02 31 81 78 00 – www.fermesaintsimeon.fr
Menu 55 € (déj. en semaine), 75/129 € – Carte 117/159 €
Le parc arboré avec sa roseraie, la vue sur l'estuaire de la Seine... Un cadre enchanteur qui n'empêche pas de se concentrer sur l'assiette ! Le chef signe en effet une belle cuisine contemporaine, précise et finement exécutée, à l'unisson de l'agrément des lieux.

L'Absinthe

10 quai de la Quarantaine – ✆ 02 31 89 39 00 – www.absinthe.fr – Fermé 15 nov.-15 déc. Plan : BZ**b**
Menu 32/85 € – Carte 60/83 €
Pour déguster un tartare d'huître ou un poisson très frais cuisiné avec soin, cette ancienne maison de pêcheur sur le port (15e-17e s.) est l'endroit idéal. Le décor mêle esprit rustique et élégance, et l'on apprécie la terrasse aux beaux jours...

SaQuaNa (Alexandre Bourdas)

22 pl. Hamelin – ✆ 02 31 89 40 80 – www.alexandre-bourdas.com – Fermé 2 semaines en juin, 1 semaine en oct., 2 semaines en fév., lundi, mardi et merc.
Menu 68/108 € *(réservation conseillée)* Plan : AY**u**
SaQuaNa pour "saveurs, qualité, nature" ou encore "poisson" (*sakana*) en nippon : telle est la formule magique d'Alexandre Bourdas, formé chez Michel Bras et passé par le Japon. Il signe une authentique cuisine d'auteur, millimétrée, très intuitive et inventive, qui mène de découvertes en découvertes... Quel beau travail !
→ Lotte pochée au citron vert, livèche et coriandre, bouillon clair à la noix de coco. Daurade étuvée et pimentée, chou-fleur râpé. Tourte tiède amande et gingembre, marmelade de mangue, poivre et passion.

Entre Terre et Mer

12-14 pl. Hamelin – ✆ 02 31 89 70 60 – www.entreterreetmer-honfleur.com – Fermé janv. Plan : AY**t**
Formule 23 € – Menu 28/55 € – Carte 54/84 €
Sur une place près du Vieux-Bassin, ce restaurant navigue entre terre et mer dans l'assiette comme dans le décor, avec des photos de vaches, de moutons et de poissons. Un cadre apaisant et chaleureux, pour une cuisine marquée du sceau de l'authenticité normande.

Le Bréard

7 r. du Puits – ✆ 02 31 89 53 40 – www.restaurant-lebreard.com – Fermé 6-20 janv., merc. midi et jeudi midi de mi-sept. à mi-juil., mardi midi et lundi Plan : AY**t**
Menu 31/55 € – Carte 48/67 €
Cadre contemporain et cuisine subtile dans ce restaurant d'une ruelle pavée proche de l'église Ste-Catherine. Le chef associe de belles saveurs avec créativité : en témoigne ce cabillaud cuit à basse température, accompagné d'un risotto au combava... Beaucoup de fraîcheur et de générosité !

La Fleur de Sel

17 r. Haute – ✆ 02 31 89 01 92 – www.lafleurdesel-honfleur.com
– Fermé 1er-7 juil., janv., lundi et mardi Plan : AY**v**
Menu 30/60 €
Vincent Guyon, ancien de la Ferme Saint-Siméon, réalise ici un travail admirable : cuissons bien maîtrisées, assaisonnements au poil, belles inspirations dans la construction visuelle des plats... L'ensemble dégage une vraie assurance, celle d'un chef qui sait où il va. Et le service est impeccable !

L'Endroit

3 r. Charles-et-Paul-Bréard – ✆ 02 31 88 08 43 – Fermé mardi et merc. sauf fériés Plan : AZ**e**
Formule 21 € – Menu 28 € – Carte 34/40 €
Difficile d'imaginer ici un tel endroit ! Des allures de loft, une cuisine grande ouverte sur la salle : l'adresse est novatrice. Côté assiette, les recettes sont dans l'air du temps avec des mariages de saveurs réussis et des épices de-ci de-là... The place to be.

Au P'tit Mareyeur

4 r. Haute – ✆ 02 31 98 84 23 – www.auptitmareyeur.com
– Fermé 22 juin-1er juil., 6 janv.-6 fév., mardi et merc. Plan : AY**s**
Menu 28 € (déj.)/35 € – Carte 40/60 € *(réservation conseillée)*
Atmosphère intime dans cette sympathique maison, reconnaissable à sa façade bleue. Le jeune chef s'y connaît en produits de la mer avec, comme spécialité, la bouillabaisse honfleuraise. Des saveurs bien marquées, un pur plaisir !

L'Ecailleur

1 r. de la République – ✆ 02 31 89 93 34 – www.lecailleur.fr
– Fermé 12-28 mars, 17 juin-3 juil., 17-31 déc., jeudi hors saison et merc.
Formule 20 € – Menu 29/43 € – Carte 37/54 € Plan : AZ**a**
Larguez les amarres ! Ce restaurant face au Vieux-Bassin évoque une vraie cabine de paquebot (boiseries, cordages, hublots, etc.). Le chef est un ancien autodidacte qui sait laisser libre cours à son imagination, à partir de produits de qualité. Il propose une agréable traversée...

à la Rivière-St-Sauveur 2 km par ① – ✉ 14600 – 1 951 hab.

Antarès sans rest

r. St-Clair – ✆ 02 31 89 10 10 – www.antares-honfleur.com
78 ch – †94/159 € ††94/159 € – ☕ 12 €
Non loin de Honfleur, ce complexe hôtelier, bien tenu et fonctionnel, cache un agréable spa (piscine, sauna, hammam, massages...). Certaines chambres, en duplex, sont idéales pour une étape en famille !

Les Bleuets sans rest

11 r. Desseaux – ✆ 02 31 81 63 90 – www.motel-les-bleuets.com
18 ch – †59/145 € ††59/145 € – ☕ 9 €
À l'entrée de Honfleur, un établissement moderne et fonctionnel, tout à fait dans l'esprit motel ! L'entretien est irréprochable, et l'on peut même vous prêter des vélos pour découvrir les environs. Petit espace détente avec sauna à disposition.

à Genneville 10 km au Sud-Ouest par ① et D 140 – ✉ 14600 – 759 hab.

Le Grand Clos de St-Martin sans rest

Hameau St-Martin – ✆ 02 31 87 80 44 – www.legrandclosdesaintmartin.com
3 ch ☕ – †90 € ††100/120 €
Des pommiers, un plan d'eau, des chevaux, beaucoup de quiétude, une superbe architecture de colombages, des produits maison au petit-déjeuner et des chambres qui affichent un joli côté bonbonnière... Ce Grand Clos est comme un rêve de Normandie !

à Barneville-la-Bertran 5 km par ②, D 62 et D 279 – ✉ 14600 – 140 hab.

Auberge de la Source

– ✆ 02 31 89 25 02 – *www.auberge-de-la-source.fr* – *Fermé 6 janv.-6 fév.*
14 ch – †115/245 € ††115/245 € – 1 suite – ☕ 15 € – ½ P
Rest – Formule 32 € – Menu 38/48 € *(fermé lundi midi, merc. midi et mardi de nov. à mars)*
À l'entrée du village, cette jolie maison en brique rouge et sa longère à colombages semblent incarner l'idéal champêtre : un jardin et ses beaux arbres fruitiers ; des bassins où fraient truites et esturgeons ; des chambres d'esprit nature et cosy... et un restaurant aux airs d'auberge chic. Charmant !

au Nord-Ouest 3 km par ③ rte de Trouville – ✉ 14600 Vasouy

La Chaumière

rte du Littoral par D 513, Vasouy – ✆ 02 31 81 63 20 – *www.hotel-chaumiere.fr*
9 ch ☕ – †126/464 € ††146/566 € – 1 suite
Rest ***La Chaumière*** – voir les restaurants ci-après
Cette jolie ferme normande du 17e s. se dresse face à l'estuaire de la Seine, dans un parc qui dévale jusqu'à la mer. Là, pourquoi ne pas pique-niquer ? Puis remonter vers les belles chambres, luxueuses, où le bois chaleureux domine... Une adresse exquise !

XX **La Chaumière**

rte du Littoral par D 513, Vasouy – ✆ 02 31 81 63 20 – *www.hotel-chaumiere.fr* – *Fermé mardi midi, merc. midi et jeudi midi*
Menu 29 € (déj. en semaine)/50 € – Carte 39/65 €
Le soir venu, la gourmandise s'empare de la Chaumière, et la technique de son chef fait des merveilles : foie gras poêlé à la sauce au miel d'épices, risotto de langoustines et fumet à l'orange... Les plats sont simples mais précis, et servis avec décontraction et amabilité. Comment ne pas être séduit ?

au Nord-Ouest 8 km par ③ rte de Trouville et rte secondaire – ✉ 14600 Honfleur

Le Romantica

chemin du Petit-Paris – ✆ 02 31 81 14 00 – *www.romantica-honfleur.com* – *Fermé de janv. à mi-fév.*
35 ch – †60/70 € ††70/90 € – ☕ 11 € – ½ P
Rest – Formule 20 € – Menu 27/45 € *(fermé janv., fév., jeudi midi et merc.)*
Sur les hauteurs du village, cette bâtisse régionale offre calme et confort avec ses chambres plutôt classiques, et très bien entretenues. Les points forts de la maison : la vue sur la Manche et les deux piscines, intérieure et extérieure.

à Cricqueboeuf 9 km par ③ et rte de Trouville – ✉ 14113 – 198 hab.

Manoir de la Poterie & Spa

chemin P.-Ruel – ✆ 02 31 88 10 40 – *www.manoirdelapoterie.fr*
23 ch – †165/250 € ††165/250 € – 1 suite – ☕ 21 €
Rest – Menu 35 € (semaine), 52/80 € – Carte 41/175 €
Face à la mer ! Dans cette solide bâtisse d'inspiration normande se télescopent les styles baroque, Directoire, marin ou contemporain. Côté vue, vous avez le choix entre l'estran ou la campagne. Et le restaurant se prête à un moment romantique.

à Villerville 10 km par ③, rte de Trouville – ✉ 14113 – 765 hab.

Le Bellevue

12 r. Gén.-Leclerc, (rte d'Honfleur) – ✆ 02 31 87 20 22 – *www.bellevue-hotel.fr* – *Fermé 6 janv.-13 fév.*
22 ch – †95/125 € ††95/125 € – 4 suites – ☕ 14 € – ½ P
Rest – Menu 29/47 € – Carte 45/60 € *(fermé mardi midi, merc. midi et jeudi midi)*
Cette demeure bien nommée – face à la mer – fut, à la fin du 19e s., la villégiature d'un directeur de l'Opéra-Comique de Paris. Parmi les chambres, confortables, certaines ont vue sur la Manche, et le restaurant met à l'honneur les produits de la mer. Séjour marin en vue !

L'HÔPITAL-ST-BLAISE

64130 (Pyrénées-Atlantiques) – 83 hab. – Voir carte n°**3**-B3
Paris 796 km – Oloron-Ste-Marie 18 km – Orthez 32 km – Pau 52 km
Carte Michelin 342-H5 – Guide Vert Michelin Pays Basque et Navarre

Auberge du Lausset
– 05 59 66 53 03 – Fermé merc. de sept. à juin et mardi
Formule 21 € – Menu 25/39 € – Carte 33/43 € *(réservation conseillée)*
Profitez d'une visite de l'église romane classée (13e s.) de ce village pour faire escale dans cette auberge ! Si son décor n'a rien de particulier, l'assiette, en revanche, met bien en valeur les spécialités du terroir. Tout est fait maison. L'été, arrivez assez tôt, la terrasse est prise d'assaut.

HORBOURG – 68 Haut-Rhin → voir Colmar

HOSSEGOR

40150 (Landes) – 3 723 hab. – Voir carte n°**3**-A3
Paris 752 km – Bayonne 25 km – Biarritz 32 km – Bordeaux 170 km
Carte Michelin 335-C13 – Guide Vert Michelin Aquitaine

Les Hortensias du Lac sans rest
1578 av. du Tour-du-Lac – 05 58 43 99 00 – www.hortensias-du-lac.com – Ouvert de mi-mars à mi-nov.
20 ch – †105/270 € ††105/270 € – 5 suites – 22 €
Trois belles maisons entourées d'une pinède, au bord du lac marin... Dans les chambres, luxe décontracté et décoration d'inspiration 1930. Délicieux petit-déjeuner sucré-salé au champagne.

202 sans rest
202 av. du Golf – 05 58 43 22 02 – www.hotel202.fr – Fermé 6 janv.-12 fév.
25 ch – †110/250 € ††110/250 € – 2 suites – 15 €
Une jolie villa immaculée, où règne une ambiance assez jeune. Les chambres sont spacieuses et cosy, toutes avec balcon. Terrasse en teck. L'adresse design d'Hossegor.

Pavillon Bleu sans rest
1053 av. Touring-Club-de-France – 05 58 41 99 50 – www.pavillonbleu.fr
20 ch – †89/225 € ††89/225 € – 14 €
Une grande maison de construction récente, près du lac marin : les chambres, avec balcon, sont fonctionnelles et bien équipées (baignoires balnéo).

Jean des Sables
121 bd de la Dune – 05 58 72 29 82 – www.jeandessables.com – Fermé 4 janv.-11 fév., merc. midi et vend. midi de mi-juin à mi-sept., lundi soir et mardi de mi-sept. à mi-juin et lundi midi
Menu 32 € (déj. en semaine), 58/74 € – Carte 61/68 €
Cadre épuré pour ce restaurant de plage du chef Jean Cousseau : béton ciré, murs clairs, vivier, vue sur l'Océan... La carte met en avant les produits de la pêche locale. Accueil et service aux petits soins.

HOUAT (ÎLE D') – 56 Morbihan → voir Île d'Houat

LA HOUBE

57850 (Moselle) – Voir carte n°**27**-D2
Paris 453 km – Lunéville 86 km – Phalsbourg 18 km – Sarrebourg 27 km
Carte Michelin 307-O7

Vosges avec ch
ch,
41 r. de la Forêt-Brûlée – 03 87 08 80 44 – www.hotel-restaurant-vosges.com – Fermé 17 sept.-1er oct., 12 fév.-12 mars, mardi soir et merc.
9 ch – †50 € ††65/70 € – 8 € – ½ P
Menu 10 € (déj. en semaine), 23/35 € – Carte 24/42 €
Bien sympathique cette petite auberge de village, un peu perdue à l'écart du rocher de Dabo. On y déjeune en admirant la forêt vosgienne, gagné par la beauté du cadre et les saveurs d'une cuisine respectueuse du terroir. Chambres simples pour l'étape.

LES HOUCHES

✉ 74310 (Haute-Savoie) – 3 018 hab. – **Voir carte n°46-F1**
Paris 602 km – Annecy 89 km – Bonneville 47 km – Chamonix-Mont-Blanc 9 km
Carte Michelin 328-N5 – Guide Vert Michelin Alpes du Nord

Les Granges d'en Haut Ⓝ

rte des Chavants – ✆ 04 50 54 65 36 – www.grangesdenhaut.com – Fermé 5 nov.-5 déc.
14 suites – 1130/2590 €
Rest ***Le Crystal*** – voir les restaurants ci-après
Rest ***La Table des Granges*** – Formule 20 € – Menu 28 € – Carte 33/40 € *(fermé lundi, mardi et le soir)*
Dans la douceur d'un petit hameau sur les hauteurs de la ville, quatorze chalets qui incarnent à merveille l'idée de luxe montagnard. Chacun d'entre eux comprend quatre belles chambres, un sauna et un salon avec cheminée, d'où l'on contemple les aiguilles de Chamonix... À la Table, cuisine actuelle et spécialités savoyardes.

Hôtel du Bois

475 av. des Alpages, La Griaz – ✆ 04 50 54 50 35 – www.hotel-du-bois.com
43 ch – 80/200 € 80/235 € – 11 € – ½ P
Rest – Carte 25/36 € *(fermé le midi)*
Ce sympathique chalet offre pour horizon... le mont Blanc. Les chambres sont confortables, dans un goût plutôt contemporain, certaines avec balcon ; il est aussi possible de louer de beaux appartements, avec ou sans cuisine, pour deux nuits minimum.

Auberge Beau Site sans rest

52 r. de l'Église – ✆ 04 50 55 51 16 – www.hotel-beausite.com – Ouvert 1er juin-26 sept. et 20 déc.-20 avril
18 ch – 75/90 € 80/130 € – 12 €
Au pied du clocher de la station, une jolie auberge rose, tenue en famille. Les chambres sont spacieuses, bien tenues et décorées avec simplicité. L'après-midi, on fait salon de thé et on propose salades, quiches et tartes pour les petits creux...

Auberge Le Montagny sans rest

490 rte du Pont – ✆ 04 50 54 57 37 – www.chamonix-hotel.com – Ouvert 21 juin-14 sept. et 21 déc.-5 avril
8 ch – 88 € 88 € – 10 €
En léger retrait de la station – en toute quiétude –, un petit chalet coquet. Du bois partout, des tissus joliment choisis : il règne ici un bel esprit montagne et la tenue des chambres est excellente. Une très bonne petite adresse !

Le Crystal Ⓝ – Hôtel Les Granges d'en Haut

rte des Chavants – ✆ 04 50 54 65 36 – www.grangesdenhaut.com – Fermé 5 nov.-5 déc., dim., lundi et mardi sauf juil.-août et sauf du 20 déc. au 31 mars et le midi
Menu 45/95 € – Carte 47/81 €
À flanc de vallée, on découvre une salle chic et contemporaine (bois clair, cheminée) ; dans l'assiette, la cuisine est au diapason, à l'image de ce maki de langoustine, quinoa aux agrumes et glace basilic. Et par beau temps, on s'installe en terrasse pour profiter d'un paysage... enchanteur !

au Prarion par télécabine – ✉ 74310

Le Prarion

alt.1 860 – ✆ 04 50 54 40 07 – www.prarion.com – Ouvert de mi-juin à mi-sept. et 20 déc.-20 avril
12 ch – ½ P seult 90/130 € **Rest** – Menu 17 € (déj.), 20/38 € – Carte 24/39 €
Mont-Blanc, massif des Aravis : une vue à couper le souffle dans ce chalet au charme authentique, situé à 1 860 m d'altitude. Chambres en bois brut assez jolies ; repas traditionnels (self en hiver et menu unique au dîner)... Le bel esprit montagne !

HOUDAN

✉ 78550 (Yvelines) – 3 289 hab. – **Voir carte n°18-A2**
Paris 60 km – Chartres 55 km – Dreux 20 km – Évreux 52 km
Carte Michelin 311-F3 – Guide Vert Michelin Île-de-France

XXX La Poularde

24 av. de la République, (rte de Maulette D 912) – ✆ 01 30 59 60 50 – www.alapoularde.com – Fermé 22 fév.-5 mars, 4-27 août, 21 oct.-5 nov., dim. soir, lundi et mardi
Formule 22 € – Menu 28 € (déj. en semaine) – Carte 45/80 €
La carte, traditionnelle, met notamment en valeur le homard (servi en paella, à la façon du chef) et les truffes en saison. Cadre classique et grande terrasse pour l'été. Belle collection de whiskys.

XX Le Donjon

14 r. d'Epernon, (près de l'église) – ✆ 01 30 59 79 14 – www.restaurant-ledonjon.fr – Fermé 1 semaine en mars, 2 semaines en août, dim. soir, jeudi soir et lundi
Formule 25 € – Menu 39/74 € – Carte 45/57 €
Du château médiéval ne subsiste que le donjon, voisin de ce restaurant. Cuisine traditionnelle rythmée par les saisons, servie dans une salle classique, de bon confort.

HOUDEMONT – 54 Meurthe-et-Moselle ➜ voir Nancy

Les maisons d'hôtes ne proposent pas les mêmes services qu'un hôtel : l'accueil, l'atmosphère, la décoration des lieux font son caractère et son charme, qui reflètent la personnalité de ses propriétaires. Parmi elles, les maisons d'hôtes classées en rouge sont les plus agréables.

HOULGATE

✉ 14510 (Calvados) – 2 086 hab. – **Voir carte n°32-B2**
Paris 214 km – Caen 29 km – Deauville 14 km – Lisieux 33 km
Carte Michelin 303-L4 – Guide Vert Michelin Normandie Vallée de la Seine

Villa les Bains sans rest

31 r. des Bains – ✆ 02 31 24 80 40 – www.hotelhoulgate.fr – Fermé 12 nov.-19 déc. et 5 janv.-13 fév.
17 ch – †98/170 € ††98/170 € – ☕ 12 €
Cet hôtel est devenu l'adresse tendance de Houlgate, en plein cœur de la station. Les chambres, de bon confort, sont réparties sur deux bâtiments séparés par un patio ; celles du dernier étage offrent une très belle vue sur la mer. Rien de tel pour déconnecter !

XX L'Éden

7 r. Henri-Fouchard – ✆ 02 31 24 84 37 – www.eden-houlgate.com – Fermé 29 sept.-7 oct., 5 janv.-6 fév., lundi et mardi sauf du 10 juil. au 31 août
Formule 19 € – Menu 23 € (semaine), 29/38 € – Carte environ 51 €
Deux atmosphères pour cet Éden, une salle cosy ou une véranda – façon jardin d'hiver – avec vue sur les cuisines. Derrière les fourneaux, le chef mitonne avec soin des recettes traditionnelles, justes et généreuses : andouille de Vire et cromesquis de camembert, homard braisé au pommeau... On y revient !

HUEZ – 38 Isère ➜ voir Alpe d'Huez

HUNINGUE – 68 Haut-Rhin ➜ voir St-Louis

HUSSEREN-LES-CHÂTEAUX

✉ 68420 (Haut-Rhin) – 497 hab. – **Voir carte n°2-C2**
Paris 455 km – Belfort 69 km – Colmar 10 km – Gérardmer 55 km
Carte Michelin 315-H8

Husseren-les-Châteaux
r. Schlossberg – ✆ 03 89 49 22 93 – www.hotel-husseren-les-chateaux.com
36 ch – 88/103 € 98/135 € – 2 suites – 13 €
Rest – Menu 22/30 € – Carte 32/50 €
Sur les hauteurs du massif vosgien, un vaste établissement avec de grandes chambres – la plupart avec mezzanine –, dans un style fonctionnel et contemporain. Belle piscine couverte, tennis, brasserie et restaurant, espace séminaire... Idéal pour un séjour en famille comme pour un voyage d'affaires.

HYÈRES

✉ 83400 (Var) – 54 600 hab. – **Voir carte n°41-C3**
Paris 851 km – Aix-en-Provence 102 km – Cannes 123 km – Draguignan 78 km
Carte Michelin 340-L7 – Guide Vert Michelin Côte d'Azur

Mercure
19 av. Amboise-Thomas – ✆ 04 94 65 03 04 – www.mercure.com Plan : V**x**
83 ch – 120/231 € 130/241 € – 15 €
Rest – Formule 16 € – Menu 22 € – Carte 20/45 €
Hôtel lumineux, situé près de la voie d'Olbia et d'un centre d'affaires. Chambres fonctionnelles et contemporaines disposant d'équipements dernier cri. Au restaurant, cuisine régionale et service au bord de la piscine en saison.

L'Europe sans rest
45 av. E. Cavell – ✆ 04 94 00 67 77 – www.hotel-europe-hyeres.com
42 ch – 85/200 € 85/200 € – 12 € Plan : V**r**
Face à la gare, bâtiment du 19e s. entièrement rénové en 2010. Chambres d'esprit zen (tons gris et taupe) et belle terrasse panoramique sur le toit.

Joy
24 r. de Limans – ✆ 04 94 20 84 98 – www.restaurant-joy.fr
– Fermé 15-30 janv., dim. et lundi hors saison Plan : Y**a**
Menu 35 € (semaine)/45 € – Carte 45/64 € *(réservation conseillée)*
Dans les deux salles de ce charmant restaurant contemporain ou sur la petite terrasse donnant sur la rue piétonne, on savoure une subtile cuisine en prise sur les saisons.

Le Baraza
2 av. Ambroise-Thomas – ✆ 04 94 35 21 01 – www.baraza.fr
– Fermé dim. et lundi Plan : Z**x**
Formule 19 € – Carte 37/49 €
Faites vos jeux dans ce bistrot en face du casino ! Ici, point de croupier ou de roulette, mais un chef derrière les fourneaux qui signe une bonne cuisine du marché. Dans l'assiette, les produits sont de qualité, les recettes bien ficelées. À apprécier dans un décor dédié au vin.

à La Bayorre 2,5 km à l'Ouest par rte de Toulon – ✉ 83400

La Colombe
663 rte de Toulon – ✆ 04 94 35 35 16 – www.restaurantlacolombe.com
– Fermé dim. soir de sept. à juin, mardi midi en juil.-août, sam. midi et lundi
Menu 30/65 € – Carte 60/75 €
Charmant restaurant au pied du massif des Maurettes. Cuisine méditerranéenne raffinée, servie avec le sourire dans une jolie salle à manger ou un patio verdoyant.

HYÈRES-GIENS

Rue	Carré	N°
Almanarre (Rte de l')	X	2
Barbacane (R.)	Y	3
Barruc (R.)	Y	4
Belgique (Av. de)	Y	5
Bourgneuf (R.)	Y	6
Chateaubriand (Bd)	Y	7
Clemenceau (Pl.)	Y	9
Clotis (Av. J.)	V	10
Costebelle (Montée)	V	12
Degioanni (R. R.)	X	13
Denis (Av. A.)	Y	
Dr-Perron (Av.)	Z	14
Foch (Av. Mar.)	Z	15
Gambetta (Av.)	Z	
Gaulle (Av. de)	Y	16
Geoffroy-St-Hilaire (Av.)	V	17
Godillot (Av. A.)	V	18
Herriot (Bd E.)	X	20
Iles d'Or (Av. des)	Z	
Lattre-de-Tassigny (Av. de)	V	22
Lefebvre (Pl. Th.)	Z	23
Macri (Ch. Soldat)	V	25
Madrague (Rte de la)	X	26
Mangin (Av. Gén.)	Y	28
Massillon (Pl. et R.)	Y	29
Millet (Av. E.)	Z	32
Moulin-Premier (Chemin du)	V	33
Noailles (Montée de)	Y	34
Nocart (Bd)	Y	35
Palyvestre (Chemin du)	V	36
Paradis (R. de)	Y	37
Plaine-de-Bouisson (Chemin)	X	38
Provence (R. de)	V	40
Rabaton (R.)	Y	41
République (Pl. et R.)	Y	42
Riondet (Av.)	YZ	43
Riquier (Av. O.)	V	44
Roubaud (Ch.)	V	45
Ste-Catherine (R.)	Y	50
Ste-Claire (R.)	Y	51
St-Bernard (R.)	Y	46
St-Esprit (R.)	Y	47
St-Paul (Pl. et R.)	Y	49
Strasbourg (Cours)	Y	52
Versin (Pl. L.)	Z	53
Victoria (Av.)	Z	54
11-Novembre (Pl.)	V	56
15e-Corps-d'Armée (Av. du)	V	57

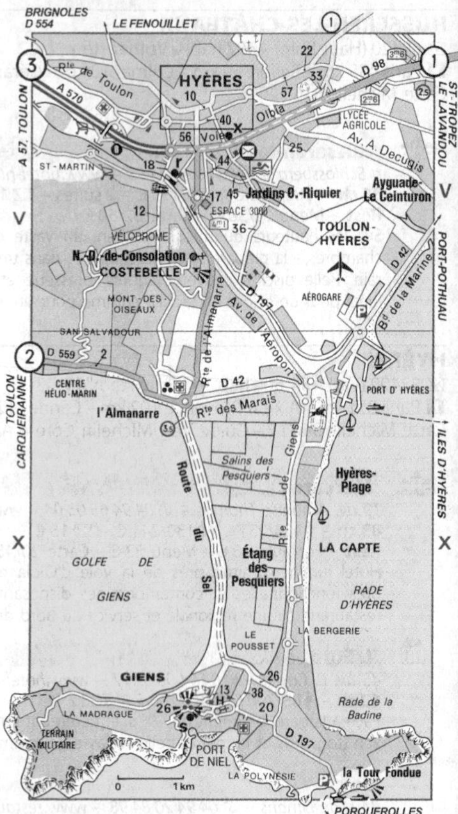

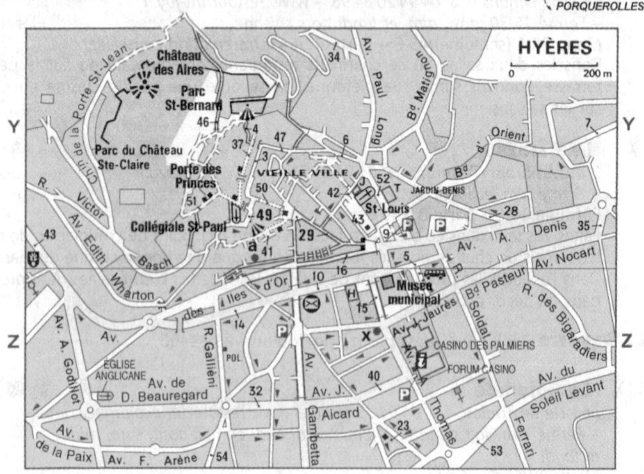

IGÉ

✉ 71960 (Saône-et-Loire) – 878 hab. – **Voir carte n°8-C3**
▶ Paris 396 km – Cluny 13 km – Mâcon 14 km – Tournus 34 km
Carte Michelin 320-I11

Château d'Igé

252 r. du Château – ✆ 03 85 33 33 99 – www.chateaudige.com – Ouvert 14 fév.-16 nov. et fermé dim., lundi et mardi hors saison
13 ch – 🚹93/178 € 🚹🚹93/178 € – 4 suites – ☕ 16 €
Rest *Château d'Igé* – voir les restaurants ci-après
En ce château fort (1235) du Mâconnais, caractère et charme vont de pair. Les chambres sont raffinées et pleines de cachet, comme l'attestent les tapisseries, baldaquins et autres voûtes. Quant au jardin avec sa roseraie et sa source, il est tout simplement magnifique !

Château d'Igé

252 r. du Château – ✆ 03 85 33 33 99 – www.chateaudige.com – Ouvert 14 fév.-16 nov. et fermé dim., lundi et mardi hors saison et le midi en semaine sauf fériés
Menu 37/88 € – Carte 56/74 €
Un décor médiéval et châtelain (pierres, poutres, belle et imposante cheminée, tissus tendus, etc.) au service d'une cuisine classique et soignée. Au sein de cette ancienne forteresse féodale devenue très douce, cette table charmante est idéale pour un moment galant...

IGUERANDE

✉ 71340 (Saône-et-Loire) – 1 010 hab. – **Voir carte n°7-B3**
▶ Paris 399 km – Dijon 184 km – Mâcon 105 km – Roanne 21 km
Carte Michelin 320-E12 – Guide Vert Michelin Bourgogne

La Colline du Colombier

3,5 km au Sud-Ouest par D 9 et rte secondaire – ✆ 03 85 84 07 24 – www.troisgros.com – Ouvert de mi-mars à fin nov. et fermé mardi sauf juil.-août et merc.
Formule 32 € – Menu 42/60 € – Carte 80/110 €
En pleine campagne, dominant la Loire, une ferme restaurée dans un style certes champêtre... mais chic et épuré ! Un lieu nature et design, pour déguster une cuisine du terroir raffinée. Et pour prolonger l'étape, il y a même de jolies cabanes sur pilotis !

ILAY

✉ 39150 (Jura) – **Voir carte n°16-B3**
▶ Paris 439 km – Champagnole 19 km – Lons-le-Saunier 36 km – Morez 22 km
Carte Michelin 321-F7 – Guide Vert Michelin Franche-Comté Jura

Auberge du Hérisson

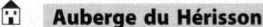

5 rte des Lacs, (carrefour D 75-D 39) – ✆ 03 84 25 58 18 – www.herisson.com – Ouvert de fév. à oct.
16 ch – 🚹50 € 🚹🚹50 € – ☕ 9 €
Rest – Formule 14 € – Menu 19/45 € – Carte 24/60 €
Au pied du sentier qui mène aux cascades du Hérisson, une auberge familiale et rustique, très appréciée des randonneurs. Les chambres sont bien pratiques et, à table, on sert une cuisine régionale (grenouille, friture de truitelle, etc.) et le pain est même fait maison.

ÎLE AUX MOINES

✉ 56780 (Morbihan) – 629 hab. – **Voir carte n°9-A3**
Carte Michelin 308-N9 – Guide Vert Michelin Bretagne Sud

Les Embruns

r. du Commerce – ✆ 02 97 26 30 86 – www.restaurantlesembruns.com – Fermé 1er-22 oct., fév., le soir en hiver et merc. sauf vacances scolaires
Menu 20/29 € – Carte 26/37 €
Par mer agitée, il n'est pas rare que ce restaurant soit balayé par les embruns ! Quoi de plus normal sur cette jolie île... où le plaisir des yeux s'allie au plaisir des papilles. Ici, pas de chichi, on savoure tourteaux, poissons frais, huîtres et fruits de mer dans une ambiance conviviale... esprit insulaire oblige !

L'ÎLE BOUCHARD

✉ 37220 (Indre-et-Loire) – 1 721 hab. – **Voir carte n°11-A3**

Paris 284 km – Châteauroux 118 km – Chinon 16 km – Châtellerault 49 km

Carte Michelin 317-L6 – Guide Vert Michelin Châteaux de la Loire

XXX **Auberge de l'Ile**

3 pl. Bouchard – ✆ 02 47 58 51 07 – www.aubergedelile.fr – Fermé 2 janv.-5 fév., mardi et merc. sauf fériés

Menu 31/56 €

Sur cette île, au milieu de la Vienne, on jouerait volontiers les Robinson Crusoé... À condition de pouvoir manger dans cette auberge tous les jours ! On y savoure de bons produits, cuisinés avec soin, dans un cadre contemporain, ou en terrasse pour regarder passer les bateaux.

à Sazilly 7 km à l'Ouest par D 760 – ✉ 37220 – 254 hab.

XX **Auberge du Val de Vienne**

30 rte de Chinon – ✆ 02 47 95 26 49 – www.aubergeduvaldevienne.com – Fermé 20-30 juin, 20-30 nov., 23 fév.-7 mars, dim. soir et lundi

Formule 17 € – Menu 30/55 € – Carte 49/59 €

Sur la route de Chinon, faites une halte gourmande dans cet ancien relais de poste (1870) au cœur du vignoble ! On y apprécie une cuisine traditionnelle actualisée, à base de beaux produits travaillés avec inventivité. Mention spéciale pour le carpaccio de cèpes et foie gras. Belle carte des vins.

ÎLE-D'AIX

✉ 17123 (Charente-Maritime) – 232 hab. – **Voir carte n°38-A2**

Carte Michelin 324-C3 – Guide Vert Michelin Poitou-Charentes

Napoléon

r. Gourgaud – ✆ 05 46 84 00 77 – www.hotel-ile-aix.com – Ouvert 15 mars-1er nov.

18 ch – †80/140 € ††80/140 € – ☕ 12 € – ½ P

Rest *Chez Josephine* – voir les restaurants ci-après

Vingt minutes de bateau et... la quiétude d'une île préservée. Dans cette jolie maison ancienne rénovée dans un bel esprit contemporain, les chambres sont douillettes (certaines face à la mer). Ici, la défaite de Napoléon eût semblé plus douce.

X **Chez Josephine**

r. Gourgaud – ✆ 05 46 84 00 77 – www.hotel-ile-aix.com – Ouvert 15 mars-1er nov.

Menu 28 € – Carte 30/53 €

Au restaurant de l'hôtel Napoléon, le chef réalise une jolie cuisine d'aujourd'hui, dans laquelle les produits de la mer tiennent le haut de l'affiche. Un cadre élégant mêlant design et touches baroques ; une jolie terrasse... Très sympathique !

ÎLE DE BATZ

✉ 29253 (Finistère) – 507 hab. – **Voir carte n°9-B1**

Carte Michelin 308-G2 – Guide Vert Michelin Bretagne Nord

Ti Va Zadou sans rest

au bourg – ✆ 02 98 61 76 91 – www.tivazadou-iledebatz.fr – Ouvert de mi-fév. à mi-nov.

4 ch ☕ – †50 € ††65 €

O me da gar, ti va zadoù ! (Que je t'aime, maison de mes pères !) De l'embarcadère, on aperçoit la demeure avec ses volets bleus, à droite de l'église. Comment résister à son authentique charme breton, et à ses chambres adorables, parfaitement tenues, face aux flots ? Un paradis pour les amoureux de la mer Celtique...

ÎLE DE BENDOR

✉ 83150 (Var) – **Voir carte n°40-B3**

Carte Michelin 340-J7 – Guide Vert Michelin Côte d'Azur

Le Delos

– *✆ 04 94 05 90 90 – www.bendor.com – Ouvert d'avril à oct.*
61 ch – 🛉100/305 € 🛉🛉125/350 € – 8 suites
Rest *Le Delos* – voir les restaurants ci-après
Une île méditerranéenne pour soi seul... ou presque. Sept minutes de traversée suffisent pour rejoindre ce havre de paix, où la nature semble conserver tous ses droits – et les hommes celui d'une vie très douce ! Architectures italiennes, villas au bord de l'eau : de superbes prestations, pour un séjour unique.

Le Delos

– *✆ 04 94 05 90 90 – www.bendor.com – Ouvert d'avril à oct. et fermé le midi en juil. août*
Carte 51/64 €
Prenez le large ! Sur l'île de Bendor, ce Delos (du nom de l'île d'Apollon en Grèce) offre l'occasion d'une parenthèse très méditerranéenne. Sentiment délicieux d'être à l'écart... et de revenir aux sources. À la carte, saveurs du Sud et poisson !

ÎLE-DE-BRÉHAT

(Côtes-d'Armor) – Voir carte n°**10**-C1
Carte Michelin 309-D1 – Guide Vert Michelin Bretagne Nord

Bellevue

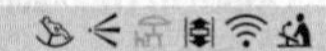

Port-Clos – ✆ 02 96 20 00 05 – www.hotel-bellevue-brehat.com – Fermé 15 nov.-25 déc. et 6 janv.-1er mars
19 ch – 🛉75/171 € 🛉🛉75/171 € – 11 € – ½ P
Rest – Formule 16 € – Menu 26/43 € – Carte 35/55 €
Dominant l'embarcadère du Port-clos – lieu emblématique de l'île de Bréhat –, on trouve cette belle maison de pays largement centenaire (1904). Les chambres ont été rénovées avec goût et sobriété, et certaines d'entre elles disposent d'une terrasse avec vue sur la pointe de l'Arcouest...

ÎLE DE GROIX

(Morbihan) – Voir carte n°**9**-B2
Carte Michelin 308-K9 – Guide Vert Michelin Bretagne Sud

La Jetée sans rest

1 quai de Port-Tudy – ✆ 02 97 86 80 82 – www.hoteldelajetee.fr – Fermé 5 janv.-15 fév.
8 ch – 🛉69/94 € 🛉🛉69/94 € – 9 €
Fraîches et pimpantes, toutes les chambres de cette petite maison blanche donnent sur la jetée ou la côte du Gripp. Petit-déjeuner au bar marin ou sur la terrasse.

Le Sémaphore de la Croix sans rest

Le Sémaphore (Locmaria-plage les Sables Rouges) – ✆ 06 21 55 16 41 – www.semaphoredelacroix.fr – Ouvert d'avril à oct.
5 ch – 🛉165/205 € 🛉🛉165/205 €
L'isolement de ce sémaphore du 19e s. le pare de romantisme. Chambres raffinées, certaines d'inspiration marine ; préférez celles avec terrasse. Jardin fleuri et vue superbe sur l'océan font de cette adresse un véritable petit coin de paradis. Mais chut, on ne vous a rien dit !

ÎLE DE NOIRMOUTIER

(Vendée) – Voir carte n°**34**-A2
Carte Michelin 316-C6 – Guide Vert Michelin Pays de la Loire

L'HERBAUDIÈRE

✉ 85330 (Vendée) – Voir carte n°**34**-A2
Paris 469 km – Cholet 140 km – Nantes 85 km – La Roche-sur-Yon 91 km

La Marine (Alexandre Couillon)

3 r. Marie-Lemonnier, (sur le port) – ✆ 02 51 39 23 09 – www.restaurantlamarine.blogspot.com – Fermé 1er déc.-20 janv., dim. soir, mardi et merc.

Menu 64/130 € *(réservation conseillée)*

Ne vous fiez pas aux apparences ! Derrière la sage façade de ce restaurant, le cadre est pop, pétillant et contemporain... tout comme la cuisine. Le chef, créatif et talentueux, compose des assiettes subtiles, abouties et raffinées, magnifiant des produits de la mer déjà au top. Menu unique.

→ Huître au bouillon de lard et encornet. Homard, concombre à la braise et herbes des dunes. Chocolat crémeux et glacé au pin maritime.

Et aussi ***La Table d'Élise*** – voir les restaurants ci-après

La Table d'Élise

5 r. Marie-Lemonnier, (sur le port) – ✆ 02 28 10 68 35 – Fermé 1er déc.-20 janv., dim. soir, mardi et merc.

Formule 18 € – Menu 22 € (déj. en semaine)/29 € *(réservation conseillée)*

Cette table marine – l'annexe du restaurant gastronomique La Marine – honore les beaux produits iodés. On reconnaît le sens des saveurs et la précision d'exécution du chef, version bistrot et sans façon... Un vrai bon moment en perspective !

NOIRMOUTIER-EN-L'ÎLE

✉ 85330 (Vendée) – 4 567 hab. – **Voir carte n°34-A2**

Paris 464 km – Cholet 135 km – Nantes 80 km – La Roche-sur-Yon 86 km

Fleur de Sel

10 r. des Saulniers – ✆ 02 51 39 09 07 – www.fleurdesel.fr – Ouvert 1er mars-2 nov.

35 ch – 88/165 € 98/225 € – ½ P

Rest *Fleur de Sel* – voir les restaurants ci-après

Un lieu paisible et verdoyant, entre practice de golf, piscine et chambres coquettes au décor soigné, d'esprit marin ou cosy, salon au coin de la cheminée... Ici, calme, confort et détente passent avant tout. Parfait pour un week-end au vert !

La Villa en l'Ile (N) sans rest

38 av. de la Victoire – ✆ 02 51 39 06 82 – www.lavillaenlile.com – Fermé janv.

22 ch – 60/110 € 60/110 € – 10 €

Sur la route de la plage – mais au calme –, cet établissement a été entièrement rénové. Les chambres, décorées dans un style contemporain, sont fonctionnelles et bien tenues. Entre le sauna, la salle de massage et le jacuzzi, c'est sûr, vous allez décompresser !

Le Grand Four

1 r. de la Cure, (derrière le château) – ✆ 02 51 39 61 97 – www.legrandfour.com – Fermé déc., janv., jeudi midi et dim. soir hors saison et lundi

Formule 24 € – Menu 31/80 € – Carte 42/90 €

Après une visite du château de Noirmoutier-en-l'Île, arrêtez-vous dans cette belle maison bourgeoise du 18e s. au cadre feutré et cossu. Dans ce Grand Four mijote une savoureuse cuisine du moment qui fait la part belle aux produits de l'Atlantique : huîtres de Noirmoutier, sole de l'Herbaudière, etc. De jolis arômes !

Fleur de Sel – Hôtel Fleur de Sel

10 r. des Saulniers – ✆ 02 51 39 09 07 – www.fleurdesel.fr – Ouvert 5 avril-5 oct. et fermé le midi en semaine hors saison

Menu 27/44 € – Carte 33/58 €

Un restaurant très mer... pour une cuisine dans l'air du temps. Dans l'assiette, les recettes du chef sont bien tournées et donnent, évidemment, une place de choix aux produits iodés. On recommande vivement de goûter à cette savoureuse terrine de maquereau, ou à ce beau filet de daurade... Service tout sourire.

XX **L'Étier** 

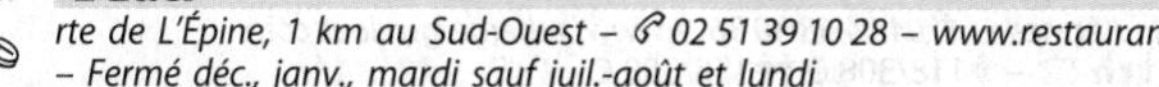
rte de L'Épine, 1 km au Sud-Ouest – ✆ 02 51 39 10 28 – www.restaurant-letier.fr – Fermé déc., janv., mardi sauf juil.-août et lundi
Menu 18/55 € – Carte 46/55 €
Une maison basse typique de l'île, dont l'intérieur est agréablement rustique et dont la véranda donne sur l'étier – un chenal d'eau de mer – de l'Arceau. On y déguste de beaux produits de la pêche locale : langoustines, filet de sole, etc. Une cuisine de bon artisan, fraîche et savoureuse à souhait. Une bonne adresse.

au Bois de la Chaize 2 km à l'Est – ✉ 85330

 **Les Prateaux** 
8 allée du Tambourin – ✆ 02 51 39 12 52 – www.lesprateaux.com – Fermé 3 nov.-18 déc., 5 janv.-13 fév. et 28 fév.-13 mars
20 ch – †99/140 € ††99/210 € – ☕ 15 € – ½ P
Rest – Formule 20 € – Menu 25 € (déj.), 42/85 € – Carte 45/76 € *(fermé le midi sauf du 16 juin au 14 sept.)*
Une jolie maison dans la pinède et non loin de la plage ! Les chambres, spacieuses et souvent de plain-pied, sont classiques et très confortables (lits king size). Une douceur de vivre qui ravit les nombreux habitués et autres amateurs de grand air.

 **St-Paul**  
15 av. du Mar.-Foch – ✆ 02 51 39 05 63 – www.hotel-saint-paul.net – Ouvert 15 mars-11 nov.
33 ch ☕ – †79/165 € ††94/180 € – ½ P
Rest ***L'Anse Rouge*** – voir les restaurants ci-après
Un hôtel d'esprit balnéaire (19ᵉ s.) au cœur des bois et d'un parc fleuri, au grand calme. Les chambres, classiques et assez cossues, sont agréables et, pour la détente, rien ne manque : spa complet (hammam, massages, soins), piscine couverte... Idéal pour se ressourcer !

XX **L'Anse Rouge** – Hôtel St-Paul 
15 av. du Mar.-Foch – ✆ 02 51 39 05 63 – www.hotel-saint-paul.net – Ouvert 15 mars-11 nov.
Formule 17 € – Menu 23 € (déj.), 30/70 € – Carte 40/51 €
Au menu de la table de l'hôtel St-Paul, de bonnes recettes de tradition donnant la priorité aux produits de la mer. On se régalera par exemple d'une savoureuse compotée de lapereau aux coques, d'un filet de cabillaud à la cuisson parfaitement maîtrisée... Le tout à apprécier dans un cadre classique.

ÎLE DE PORQUEROLLES

✉ 83400 (Var) – Voir carte n°**41**-C3
Carte Michelin 340-M7 – Guide Vert Michelin Côte d'Azur

 **Le Mas du Langoustier** 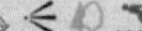 
3,5 km à l'Ouest du port – ✆ 04 94 58 30 09 – www.langoustier.com – Ouvert de fin avril à début oct.
45 ch ☕ – †370/650 € ††370/650 € – 5 suites – ½ P
Rest ***Le Mas du Langoustier*** ✿ – voir les restaurants ci-après
Un petit coin de paradis à la pointe de l'île... Cette belle demeure de style provençal abrite des chambres spacieuses, fraîches et très bourgeoises. Le luxe ? Le calme et la végétation luxuriante. Navettes régulières avec le continent... qui semble si loin.

 **Villa Ste-Anne** 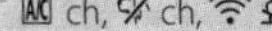
pl. d'Armes – ✆ 04 98 04 63 00 – www.sainteanne.com – Ouvert 12 avril-13 oct.
25 ch ☕ – †150/180 € ††175/220 € – ½ P
Rest – Menu 25 € – Carte 36/66 €
À côté de la petite église, sur la placette du village, une maison traditionnelle aux chambres fort bien tenues. Le restaurant, de style bistrot, jouit d'une terrasse ombragée ; cuisine traditionnelle.

 **Auberge des Glycines** ch, ch,

pl. d'Armes – ✆ 04 94 58 30 36 – www.auberge-glycines.com

11 ch – 118/308 € 158/358 € – ½ P

Rest – Menu 25 € – Carte 33/51 €

Un sympathique petit coin de Provence, agréable pour un séjour sur l'île. Accueil chaleureux et décor coloré ! La Méditerranée est à l'honneur au restaurant, qui cache un joli patio ombragé.

 **Le Mas du Langoustier** – Hôtel Le Mas du Langoustier 

3,5 km à l'Ouest du port – ✆ 04 94 58 30 09 – www.langoustier.com – Ouvert de fin avril à début oct. et fermé dim. soir et lundi sauf juil.-août

Formule 55 € – Menu 65/135 € – Carte 103/128 €

Dans ce mas coupé du monde, avec pour seul vis-à-vis la flore méditerranéenne et la mer, les saveurs prennent sans doute un relief particulier... mais la qualité d'exécution et la générosité des recettes sont bien réelles, et le plaisir évident. ➜ Filets de rouget poêlés sur un feuilleté au thym. Saint-pierre rôti, pain perdu au jus de bouillabaisse. Sphère chocolat au confit de banane et glace caramel.

ÎLE DE PORT-CROS

✉ 83400 (Var) – **Voir carte n°41-C3**

Carte Michelin 340-N7 – Guide Vert Michelin Côte d'Azur

Le Manoir 

– ✆ 04 94 05 90 52 – www.hotel-lemanoirportcros.com – Ouvert 26 avril-5 oct.

22 ch – ½ P seult 165/230 €

Rest *Le Manoir* – voir les restaurants ci-après

Un privilège que de séjourner sur cette magnifique île protégée ! Ce joli manoir du 19e s. a l'âme d'une maison de famille, où l'on partage son temps entre plage (à deux pas) et jardin. Pour jouer les Robinson... sans télévision ni Internet !

Le Manoir

– ✆ 04 94 05 90 52 – www.hotel-lemanoirportcros.com – Ouvert 26 avril-5 oct.

Carte 59/95 €

Sous de vieux eucalyptus, la terrasse regarde les voiliers dans la rade de Port-Cros. Bel endroit pour une cuisine qui embaume les parfums de la région : filet de bœuf grillé, jus romarin et gingembre ; larme glacée à la nougatine d'olive...

ÎLE DE RÉ

(Charente-Maritime) – Voir carte n°**38**-A2
Carte Michelin 324-B2 – Guide Vert Michelin Poitou-Charentes

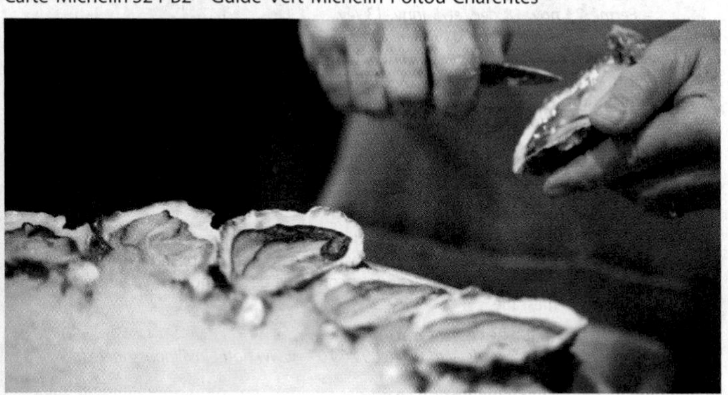

Ars-en-Ré

✉ 17590 (Charente-Maritime) – 1 330 hab. – Voir carte n°**38**-A2
▶ Paris 506 km – Fontenay-le-Comte 85 km – Luçon 75 km – La Rochelle 34 km

Le Martray

8 rte d'Ars, le Martray, 3 km à l'Est par D 735 – ✆ 05 46 29 40 04 – www.hotel-le-martray.com – Fermé 6 janv.-15 fév.
15 ch – †74/157 € ††74/157 € – ☕ 11 €
Rest – Formule 20 € – Menu 18/35 € *(fermé dim. soir sauf juil.-août et lundi)*
"Marocaine", "Rhétaise", "Espagnole"... certaines chambres sont originales, d'autres plus conventionnelles mais toutes sont confortables. Préférez celles donnant sur les marais et la mer, car ici la plage est à deux pas ! Au restaurant, cap sur les saveurs iodées.

Le Sénéchal sans rest

6 r. Gambetta – ✆ 05 46 29 40 42 – www.hotel-le-senechal.com – Fermé début janv. à début fév.
22 ch – †65/295 € ††75/295 € – ☕ 13 €
Au cœur du village, une maison qui a un charme fou ! Pour l'anecdote, à la Renaissance, elle appartenait à un sénéchal... Dans les patios, ça sent bon la lavande et le romarin ; partout, il y a de beaux meubles chinés et des objets design. Tout cela crée une atmosphère très déco et résolument chaleureuse.

Le Bistrot de Béné

1 quai Criée – ✆ 05 46 29 40 26 – www.bistrotdebene.fr – Fermé janv., fév., lundi et mardi hors saison
Menu 38 € – Carte 61/95 €
Poêlé, vapeur ou au four ? Chez Béné, on choisit la cuisson de son poisson... Une façon originale de découvrir de bons petits plats traditionnels et bien iodés. Quant au cadre, il est élégant et lumineux, avec un coin piano et l'indispensable terrasse face au port. Une bonne adresse.

Ô de Mer

5 r. Thiers – ✆ 05 46 29 23 33 – www.odemerbistrotgourmand.fr – Fermé 20 nov.-20 déc., 10 janv.-10 fév., dim. soir et mardi midi hors saison et lundi
Formule 25 € – Carte 52/70 €
Les propriétaires ? Un couple belge qui, après dix ans passés en Australie, a trouvé son coin de paradis à Ars. Philosophie de la maison ? Accueillir, faire plaisir et partager... autour d'une cuisine du marché qui respecte les saisons et s'accompagne d'une belle sélection de bordeaux. Savoureux !

Le Bois-Plage-en-Ré

✉ 17580 (Charente-Maritime) – 2 358 hab. – Voir carte n°**38**-A2
▶ Paris 494 km – Fontenay-le-Comte 74 km – Luçon 64 km – La Rochelle 23 km

L'Océan

172 r. St-Martin – 05 46 09 23 07 – www.re-hotel-ocean.com
– Fermé 23 nov.-18 déc. et 5 janv.-13 fév.
29 ch – 85/170 € 85/170 € – 13 € – ½ P
Rest ***L'Océan*** – voir les restaurants ci-après
Cette vieille maison de pays, aux murs chaulés, fut jadis la première pension de famille de l'île. Côté déco, courtepointes et tissus brodés distillent le charme intemporel des habitations rhétaises. Les chambres sont très coquettes : on s'y sent bien !

Les Bois Flottais sans rest

chemin des Mouettes – 05 46 09 27 00 – www.lesboisflottais.com
– Ouvert 4 avril-2 nov.
19 ch – 80/110 € 90/135 € – 13 €
Un petit hôtel à l'écart de l'agitation du village. Tomettes, lambris, bibelots marins... Ici, les chambres ont un décor très insulaire ; toutes de plain-pied, elles donnent même sur l'une des piscines. Et pour encore plus de détente, on va au hammam ou à la salle de massage.

La Villa Passagère sans rest

25 av. du Pas-des-Bœufs – 05 46 00 26 70 – www.hotel-lavillapassagere.fr
– Ouvert 12 avril-11 nov.
13 ch – 95/160 € 95/160 €
Sentez-vous ce parfum de lavande et de romarin ? Au cœur d'un jardin odorant, ces petites maisons régionales n'ont pas fini de vous rappeler de bons souvenirs ! Les chambres de plain-pied sont lumineuses et fonctionnelles ; préférez les plus récentes. Idéal pour un passage paisible et plaisant sur l'île.

L'Océan – Hôtel L'Océan

172 r. St-Martin – 05 46 09 23 07 – www.re-hotel-ocean.com – Fermé 23 nov.-18 déc., 5 janv.-13 fév. et merc. sauf le soir d'avril à sept.
Formule 20 € – Menu 27/38 € – Carte 30/64 €
Soupe de poisson, faux-filet grillé, banane rôtie... Le chef concocte de bons petits plats de tradition, sans pour autant oublier les saisons, et que l'on savoure dans une atmosphère très bord de mer. Jolie terrasse aux beaux jours.

La Flotte

17630 (Charente-Maritime) – 2 889 hab. – **Voir carte n°38-A2**
Paris 489 km – Fontenay-le-Comte 68 km – Luçon 58 km – La Rochelle 17 km

Le Richelieu

44 av. de la Plage – 05 46 09 60 70 – www.hotel-le-richelieu.com
– Fermé 6 janv.-15 fév.
37 ch – 120/470 € 120/470 € – 3 suites – 20 € – ½ P
Rest ***Le Richelieu*** – voir les restaurants ci-après
Face à l'océan, une très belle villa rhétaise, immaculée comme il se doit et portant le nom du cardinal qui fut gouverneur de l'île. Les chambres sont raffinées, dans un esprit classique ou bord de mer chic, certaines avec une terrasse donnant sur les flots. Thalassothérapie, fitness... Un beau moment de détente !

Le Richelieu – Hôtel Richelieu

44 av. de la Plage – 05 46 09 60 70 – www.hotel-le-richelieu.com
– Fermé 6 janv.-15 fév., mardi midi et jeudi midi d'avril à juin, le midi d'oct. à mars
Menu 50/70 € – Carte 56/74 €
Vue sur le jardin et sur la mer pour cette table classique et élégante où l'on s'installe dans une salle panoramique. Derrière les fourneaux, le chef réalise une agréable cuisine du moment faisant la part belle aux saveurs iodées ; plats plus simples le midi. Service tout sourire.

L'Écailler

3 quai de Sénac – 05 46 09 56 40 – www.lecailler-iledere.com
– Ouvert 15 fév.-11 nov. et fermé mardi sauf juil.-août et lundi
Menu 39 € (déj.)/59 € – Carte 49/94 €
Sur le joli petit port, une maison d'armateur datant de 1652 ! À l'intérieur, c'est chaleureux et soigné, avec des boiseries, une cheminée et du parquet ancien. Quant aux recettes, elles honorent la pêche locale... Aux beaux jours, on profite de la terrasse. Une bonne adresse gourmande.

Chai nous comme Chai vous

1 r. de la Garde – 05 46 09 49 85 – www.chainouscommechaivous.over-blog.com – Fermé 30 juin-6 juil., 22 fév.-10 mars, merc. sauf vacances scolaires et jeudi
Formule 24 € – Menu 51 € *(réservation conseillée)*
On se sent un peu comme chez soi dans ce restaurant de poche coquet et convivial. Au menu, une jolie cuisine de la mer, des vins bien choisis, une touche d'inventivité et de sympathiques petites attentions... Réservez !

RIVEDOUX-PLAGE

17940 (Charente-Maritime) – 2 302 hab. – **Voir carte n°38-A2**
Paris 483 km – Fontenay-le-Comte 63 km – Luçon 53 km – La Rochelle 12 km

La Marée

321 av. A.-Sarrault, rte de St-Martin – 05 46 09 80 02 – www.hoteldelamaree.com
26 ch – 70/188 € 70/188 € – 14 € – ½ P
Rest ***Le M*** – voir les restaurants ci-après
Un hôtel face à la mer avec des chambres d'esprit contemporain et épuré donnant toutes sur les flots... Et pour les amateurs d'eau douce, la piscine et le jacuzzi sont bien agréables. Parfait pour prendre un grand bol d'air frais !

Le Grand Large

154 av. des Dunes – 05 46 09 89 51 – www.hoteldugrandlarge.com – Ouvert de mi-mars à mi-oct.
30 ch – 65/160 € 65/160 € – 12 € – ½ P
Rest – Formule 18 € – Menu 39 € – Carte environ 42 €
Ouvert sur le large, cet établissement de style rhétais s'organise autour d'une belle piscine. Les chambres, claires, confortables et fonctionnelles, ont toutes un balcon ou une terrasse privative... Et pour un repas décontracté, on se retrouve autour de pâtes, de pizzas et de petits plats traditionnels.

Le M – Hôtel La Marée

321 av. A.-Sarrault, rte de St-Martin – 05 46 35 39 44 – www.le-m.com
Formule 19 € – Menu 29 € (déj. en semaine), 31/77 € – Carte 41/67 €
Ce bistrot chic et contemporain propose une carte dans l'air du temps, courte mais alléchante ; les amateurs se laisseront séduire par le menu homard... Quant au cadre, à votre convenance : à l'intérieur ou sur la terrasse, face à l'Océan et au pont de l'île de Ré. Rien de tel pour se sentir vraiment en vacances !

ST-CLÉMENT-DES-BALEINES

17590 (Charente-Maritime) – 720 hab. – **Voir carte n°38-A2**
Paris 509 km – Fontenay-le-Comte 89 km – Luçon 79 km – La Rochelle 38 km

Le Chat Botté sans rest

2 pl. de l'Église – 05 46 29 21 93 – www.hotelchatbotte.com – Fermé 1 semaine fin nov. et de début janv. à mi-fév.
20 ch – 59/126 € 78/156 € – 3 suites – 12 €
Dans cette maison de 1933, la troisième génération s'active pour satisfaire les clients, à l'image du petit-déjeuner servi dans l'adorable jardin ou du centre de beauté, agréable à souhait. Une adresse dédiée à la détente et au bien-être !

Le Chat Botté

r. de la Mairie – 05 46 29 42 09 – www.restaurant-lechatbotte.com – Fermé déc., janv., mardi soir et merc. de mi-sept. à fin juin et lundi en juil.-août
Menu 25 € (semaine), 39/82 € – Carte 47/79 €
Dans sa belle auberge marine, ce Chat-là ne chausse pas ses bottes pour partir à la pêche, mais c'est tout comme. À sa table, on se régale de poissons exclusivement sauvages, fraîchement choisis par le chef à la criée de La Rochelle. Pour un peu, on s'en lècherait les babines !

ST-MARTIN-DE-RÉ

17410 (Charente-Maritime) – 2 526 hab. – **Voir carte n°38-A2**
Paris 493 km – Fontenay-le-Comte 72 km – Luçon 62 km – La Rochelle 22 km

Hôtel de Toiras
1 quai Job-Foran – ✆ 05 46 35 40 32 – www.hotel-de-toiras.com
11 ch – 190/540 € 190/580 € – 9 suites – 22 € – ½ P
Rest – Menu 75 € – Carte 75/105 € *(fermé dim., lundi et le midi)*
Une maison d'armateur datant du 17e s., pleine de charme : décoration soignée, à la fois luxueuse et cosy, chambres très chaleureuses, accueil particulièrement attentionné, et des recettes bien tournées au restaurant, très appréciées des résidents... Pas de doute, cet établissement est une perle rare !

Villa Clarisse
5 r. du Gén.-Lapasset – ✆ 05 46 35 40 32 – www.villa-clarisse.com – Ouvert avril-oct.
6 ch – 210/560 € 210/560 € – 3 suites – 22 €
À 250 m de l'hôtel de Toiras, une Villa en apparence plus modeste... mais tout aussi raffinée par la qualité de ses aménagements et l'inspiration de ses décors, dans le bel esprit de l'île. Un petit havre de paix.

Le Clos St-Martin sans rest
87 cours Pasteur – ✆ 05 46 01 10 62 – www.le-clos-saint-martin.com
33 ch – 145/509 € 145/509 € – 20 €
Non loin du port mais au calme, une belle maison dans un superbe jardin verdoyant. Joli hammam en mosaïque, spa, piscines et chambres d'esprit rhétais d'une élégance sobre et très nature... Cet établissement a du charme à revendre !

La Baronnie Hôtel & Spa sans rest
17-21 r. Baron-de-Chantal – ✆ 05 46 09 21 29 – www.hotel-labaronnie.com – Ouvert 3 avril -11 nov.
21 ch – 145/305 € 145/305 € – 17 €
Au cœur d'un beau jardin, ces deux hôtels particuliers du 18e s., restaurés avec goût dans un esprit bourgeois, permettent de se reposer au grand calme. Dans les chambres règne une vraie douceur de vivre, celle des demeures de famille, à la fois cosy et cossues... Une bien belle adresse.

Le Galion sans rest
allée de Guyane – ✆ 05 46 09 03 19 – www.hotel-legalion.com
29 ch – 80/135 € 85/140 € – 10 €
Les remparts de Vauban protègent ce Galion des humeurs de l'Océan ; quant aux chambres, sobres, confortables et très bien tenues, elles donnent pour la plupart sur le large. De quoi donner envie de larguer les amarres pour un voyage au long cours.

La Jetée sans rest
quai Georges-Clemenceau – ✆ 05 46 09 36 36 – www.hotel-lajetee.com
23 ch – 98/135 € 98/135 € – 1 suite – 12 €
Sur le port, au cœur de l'animation, un hôtel d'esprit contemporain. Les chambres sont avant tout fonctionnelles et néanmoins chaleureuses ; certaines plus design que les autres. En prime, il y a un joli patio, où l'on prend son petit-déjeuner aux beaux jours.

La Maison Douce sans rest
25 r. Mérindot – ✆ 05 46 09 20 20 – www.lamaisondouce.com – Ouvert avril-oct.
11 ch – 155/165 € 175/195 € – 15 €
Attention, charme à l'horizon ! Cette maison typiquement rhétaise (19e s.) porte bien son nom : atmosphère feutrée, chambres où l'on resterait plus que de raison, salles de bains rétro et joli jardin aux mille parfums, où l'on prend son petit-déjeuner en été.

Hôtel du Port sans rest 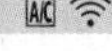
29 quai Poithevinière – ✆ 05 46 09 21 21 – www.iledere-hot-port.com – Fermé 6-22 janv.
35 ch – 72/135 € 82/175 € – 10 €
Au cœur du quartier animé de St-Martin-de-Ré, un hôtel bien pratique, avec des chambres lumineuses, très propres, fonctionnelles et accueillantes, dont certaines donnent sur le port.

L'Avant Port
8 quai Daniel-Rivaille – ✆ 05 46 68 06 68 – www.lavantport.com – Fermé janv. à mi-fév., dim. soir sauf juil.-août, mardi midi et lundi sauf fériés et vacances scolaires
Formule 30 € – Carte 42/80 €
À l'entrée du port, au calme, un bistrot chic qui mêle avec bonheur les styles industriel et Louis XVIII. Un cadre branché, pour une cuisine sans esbroufe, où le produit passe avant tout : poisson extrafrais, légumes de l'île, etc. Tentant !

STE-MARIE-DE-RÉ

✉ 17740 (Charente-Maritime) – 3 186 hab. – **Voir carte n°38-A2**
Paris 486 km – Fontenay-le-Comte 66 km – Luçon 55 km – La Rochelle 15 km

Atalante
r. Port-Notre-Dame – ✆ 05 46 30 22 44 – www.hotel-atalante.com – Fermé 5-18 janv.
96 ch – 118/580 € 118/580 € – 20 €
Rest ***Atalante*** – voir les restaurants ci-après
Rest ***Le Loofa Bar*** – Menu 25 € – Carte 27/40 €
Face à la mer, un hôtel au grand calme, entièrement rénové en 2011. Mobilier contemporain et esprit zen dans les chambres, en adéquation avec la vocation de l'établissement, axé sur la thalassothérapie et la détente... En prime, de la piscine couverte, on accède à l'un des deux restaurants. Pratique !

Les Vignes de la Chapelle sans rest
5 r. de la Manne – ✆ 05 46 30 20 30 – www.lesvignesdelachapelle.com – Ouvert 4 avril-2 nov.
17 suites – 100/265 € – 2 ch – 14 €
Face aux vignes et à la mer, cet hôtel de style local est écorespectueux (matériaux naturels, panneaux solaires, etc.) et cultive un bel esprit nature. Les chambres sont de plain-pied avec terrasse. Et pour une détente maximale, on file à l'espace bien-être... Tranquillité, sobriété et confort !

L'Ile sous le Vent
17 bis r. du Petit-Labat – ✆ 05 46 09 60 53 – www.ilesouslevent.com – Fermé 11 nov.-12 fév.
9 ch – 60/120 € 60/120 € – 10 € – ½ P
Rest – Menu 35 € *(fermé le midi, dim. et lundi)*
Une belle et grande maison de plain-pied, bien dans l'esprit de l'île. Les chambres, feutrées et décorées avec goût, sont de véritables îlots de sérénité, sans même parler du jardin ou de la piscine... Un endroit calme et charmant.

Atalante – Hôtel Atalante
r. Port-Notre-Dame – ✆ 05 46 30 22 44 – www.hotel-atalante.com – Fermé 5-18 janv.
Formule 28 € – Menu 46/54 € – Carte 55/75 €
Un bistrot chic et chaleureux ouvert sur l'Atlantique ; on y propose une cuisine du moment qui fait la part belle aux produits de la mer, à l'image de cette savoureuse marinière de moules et de coques ou de ce beau filet de maigre poêlé... À conseiller aux amateurs de saveurs iodées !

ÎLE DE SEIN

✉ 29990 (Finistère) – 195 hab. – **Voir carte n°9-A2**
Carte Michelin 308-B6 – Guide Vert Michelin Bretagne Sud

Ar Men 
rte du Phare – ✆ 02 98 70 90 77 – www.hotel-armen.net – Ouvert 1er mars-11 nov.
10 ch – 48/58 € 58/75 € – 8 € – ½ P
Rest – Menu 24 € *(fermé dim. soir et merc.)*
La dernière maison en sortant du bourg, sur la route du phare. Les amoureux de la mer et du calme apprécieront les chambres océanes, presques nues, avec vue sur le large. Tout aussi efficace, la cuisine, qui change au gré de la pêche (ragoût de homard sur réservation). Pain maison, aux algues !

ÎLE DES EMBIEZ

✉ 83140 (Var) – **Voir carte n°40-B3**
Carte Michelin 340-J7 – Guide Vert Michelin Côte d'Azur

Hélios
au port – ✆ 04 94 10 66 10 – www.les-embiez.com – Ouvert 1er avril-31 oct.
61 ch – 115/235 € 140/260 € – 1 suite
Rest – Formule 25 € – Menu 30 € – Carte 37/54 €
Rien que sept minutes de traversée pour rejoindre cette charmante petite île... Les chambres sont lumineuses et actuelles, avec balcon côté port. La terrasse du restaurant donne sur la marina ; sa cuisine, bien ficelée, chante avec l'accent du Sud.

ÎLE D'OLÉRON

(Charente-Maritime) – Voir carte n°**38**-A2
Carte Michelin 324-C4 – Guide Vert Michelin Poitou-Charentes

LA COTINIÈRE

17310 (Charente-Maritime) – Voir carte n°**38**-A2
Paris 522 km – Marennes 22 km – Rochefort 44 km – La Rochelle 80 km

Face aux Flots sans rest
24 r. du Four – ✆ 05 46 47 10 05 – www.hotel-faceauxflots-oleron.com – Ouvert 15 fév.-11 nov. et vacances de Noël
22 ch – 58/135 € 62/140 € – 11 €
Un petit hôtel de bord de mer sympathique, avenant et tenu en famille. Les chambres sont fonctionnelles et impeccables (dont quatre avec un petit balcon), et celles du 2e étage ont une très jolie vue sur les flots... évidemment !

Île de Lumière sans rest
69 av. des Pins – ✆ 05 46 47 10 80 – www.moteliledelumiere.com – Ouvert 11 avril-5 oct.
45 ch – 86/162 € 86/162 €
Des chambres dans de petits pavillons, sur un site assez sauvage... façon motel. Toutes ont une terrasse privative donnant sur la mer, les dunes ou la piscine : c'est sobre, bien tenu et vraiment calme.

Hôtel de la Plage sans rest
51 bd du Capitaine-Leclerc – ✆ 05 46 47 28 79 – www.oleronhotel.com – Ouvert 1er fév.-2 nov.
19 ch – 56/86 € 56/86 € – 9 €
Une jolie maison oléronaise dans un jardin arboré, au calme et tout près de la plage. Les chambres sont fonctionnelles, d'une tenue parfaite et d'un rapport qualité-prix excellent. Un bon petit hôtel !

à la Ménounière 2 km au Nord par rte secondaire 17310 St-Pierre-d'Oléron

Saveurs des Îles
18 r. de la Plage – ✆ 05 46 75 86 68 – www.saveursdesiles.fr – Ouvert 10 avril-5 nov. et fermé lundi sauf le soir en juil.-août, merc. midi en juil.-août et mardi midi de sept. à juin
Formule 28 € – Menu 40/55 € – Carte 49/60 €
Les propriétaires ont construit eux-mêmes ce joli restaurant ethnique et sa terrasse zen et apaisante... Désormais, Patrick Daudu concocte de bons plats créatifs relevés de saveurs exotiques tandis que Cécile, son épouse, vous accueille avec le sourire. Une invitation au voyage !

DOLUS-D'OLÉRON

17550 (Charente-Maritime) – 3 173 hab. – Voir carte n°**38**-A2
Paris 511 km – Rochefort 39 km – La Rochelle 75 km – Saintes 58 km

à la Rémigeasse 2 km à l'Ouest par rte secondaire – 17550

Le Grand Large
2 av. de l'Océan – ✆ 05 46 75 77 77 – www.le-grand-large.fr – Ouvert avril-oct.
27 ch – 130/400 € 130/400 € – 19 € – ½ P
Rest – Menu 35 € (déj.), 55/89 € – Carte 62/80 € *(fermé le midi du lundi au jeudi)*
Ce fleuron de la villégiature balnéaire des années 1960 a retrouvé sa belle jeunesse en 2011, grâce à ses propriétaires. Tombés sous le charme, ils ont quitté leur Luberon pour Oléron, et bien leur en a pris ! Design, nature et trendy : un lieu chic au bord de l'eau, entre embruns, air du large et évocation de la douceur des sixties.

St-Pierre-d'Oléron

✉ 17310 (Charente-Maritime) – 6 687 hab. – **Voir carte n°38-A2**
Paris 522 km – Marennes 22 km – Rochefort 44 km – La Rochelle 80 km

Le Square sans rest
pl. des Anciens-Combattants – ✆ 05 46 47 00 35 – www.le-square-hotel.fr – Ouvert mars-oct.
26 ch – 52/88 € 52/88 € – 9 €
Près du marché couvert, un petit hôtel tenu par un jeune couple sympathique... La plupart des chambres ont été rénovées dans un esprit contemporain et, pour la détente, il y a une grande piscine dans la cour intérieure. Prix raisonnables.

St-Trojan-les-Bains

✉ 17370 (Charente-Maritime) – 1 473 hab. – **Voir carte n°38-A2**
Paris 509 km – Marennes 16 km – Rochefort 38 km – La Rochelle 74 km

Novotel ch, ch, rest,
plage de Gatseau, 2,5 km au Sud – ✆ 05 46 76 02 46 – www.thalassa.com – Fermé 23 nov.-25 déc.
109 ch – 90/280 € 90/280 € – 17 € – ½ P
Rest – Formule 20 € – Menu 31 € (dîner)/42 € – Carte 32/58 €
Face à la plage, un hôtel intégré au centre de thalassothérapie et, de fait, dédié à la détente, au bien-être et à la diététique. D'esprit contemporain, les chambres sont confortables et assez spacieuses ; celles côté mer – plus chères – disposent même d'un balcon... Repos garanti !

Les Cleunes sans rest
25 bd de la Plage – ✆ 05 46 76 03 08 – www.hotel-les-cleunes.com – Ouvert de début mars à mi-nov.
41 ch – 65/219 € 65/219 € – 14 €
Sur le front de mer, une grande maison vendéenne avec sa piscine donnant sur l'Océan... Les chambres sont confortables et chaleureuses ; plus spacieuses côté mer. Et que dire de l'espace bien-être avec sauna et hammam... Idéal pour décompresser !

Mer et Forêt
16 bd Pierre-Wiehn – ✆ 05 46 76 00 15 – www.hotel-ile-oleron.com – Ouvert de mi-d'avril à début nov.
43 ch – 58/242 € 58/242 € – 11 € – ½ P
Rest ***Mer et Forêt*** – voir les restaurants ci-après
Dans un quartier résidentiel et calme, un hôtel balnéaire avec des chambres fonctionnelles et très bien tenues donnant sur la forêt de pins ou sur la mer. Vous préférez l'eau douce au grand large ? Pas de problème : la piscine vous tend les bras.

L'Albatros ch, rest,
11 bd du Dr-Pineau – ✆ 05 46 76 00 08 – www.albatros-hotel-oleron.com – Ouvert 12 fév.-4 nov.
13 ch – 90/140 € 90/140 € – 12 € – ½ P
Rest – Formule 19 € – Menu 30/85 € – Carte 34/120 €
Un hôtel "les pieds dans l'eau" et au grand calme, façon mer d'huile ! Les chambres ont été rénovées en 2010 dans un esprit frais et contemporain et l'on s'y sent vraiment bien. Évidemment, la carte du restaurant fait la part belle aux produits de la pêche locale. Belle terrasse sous les pins et face à l'océan.

XX **Mer et Forêt** – Hôtel Mer et Forêt
16 bd Pierre-Wiehn – ✆ 05 46 76 00 15 – www.hotel-ile-oleron.com – Ouvert de mi-d'avril à début nov.
Formule 17 € – Menu 22/31 € – Carte 32/51 €
Beau panorama sur le pont-viaduc et le continent, terrasse donnant sur la mer... Un endroit agréable pour déguster une cuisine traditionnelle simple et bien faite. Un exemple ? Œuf mollet forestière, suivi de moules de bouchot accompagnées de frites et d'une crème brûlée... Un régal. Service tout sourire.

Le Château-d'Oléron

✉ 17480 (Charente-Maritime) – 3 920 hab. – **Voir carte n°38-A2**
Paris 524 km – Poitiers 190 km – La Rochelle 72 km – Saintes 54 km

XX **Les Jardins d'Aliénor** avec ch

11 r. Mar.-Foch – ✆ 05 46 76 48 30 – www.lesjardinsdalienor.com – Fermé 2 janv.-14 fév., le midi en juil.-août, lundi et mardi hors saison

8 ch – †109/159 € ††109/159 € – ☐ 9 €

Menu 29 € (déj. en semaine), 45/65 € – Carte 54/66 €

Dans cet ancien relais de poste de 1900, mélange de styles – d'hier et d'aujourd'hui – et joli mur végétal dans le patio... Un cadre chic pour savourer une cuisine assez contemporaine. À l'étage, délicieuses chambres au charme champêtre, climatisées et bien équipées. Une bonne adresse.

LE GRAND-VILLAGE-PLAGE

✉ 17370 (Charente-Maritime) – 1 013 hab. – **Voir carte n°38-A2**

Paris 525 km – Poitiers 191 km – La Rochelle 73 km – Rochefort 36 km

X **Le Relais des Salines**

Port des Salines – ✆ 05 46 75 82 42 – www.lerelaisdessalines.com – Ouvert de mi-mars à mi-nov. et fermé lundi sauf vacances scolaires

Formule 22 € – Carte environ 34 €

Atmosphère décontractée, esprit bistrot marin tendance, terrasse côté marais salants et belle ardoise de suggestions iodées : cette ancienne cabane ostréicole est une vraie perle !

ÎLE D'OUESSANT

(Finistère) – **Voir carte n°9-A1**

Carte Michelin 308-A4 – Guide Vert Michelin Bretagne Sud

Ti Jan Ar C' Hafé sans rest

Kernigou – ✆ 06 70 89 29 23 – www.tijan.fr – Fermé 11 nov.-26 déc. et 4 janv.-1er mars

8 ch – †69/99 € ††69/99 € – ☐ 10 €

À l'entrée du bourg de Lampaul, un vrai petit hôtel de charme, point de chute parfait pour visiter l'île. Les chambres sont ravissantes, colorées et du meilleur goût. Tout est délicieux : la terrasse, le calme, la nature pleine de poésie...

X **Ty Korn**

au bourg de Lampaul – ✆ 02 98 48 87 33 – Fermé 11-30 nov., 1er-8 déc., 4-25 janv., dim. et lundi sauf fériés

Carte 40/55 € *(réservation conseillée)*

À Ouessant, tout le monde connaît cette adresse voisine de l'église de Lampaul. Des fruits de mer, des poissons fraîchement pêchés ; c'est convivial et généreux. Un restaurant devenu un rendez-vous incontournable sur l'île pour les amateurs de qualité !

ÎLE D'YEU

(Vendée) – **Voir carte n°34-A3**

Carte Michelin 316-BC7 – Guide Vert Michelin Pays de la Loire

PORT-JOINVILLE

✉ 85350 (Vendée) – 4 591 hab. – **Voir carte n°34-A3**

Paris 457 km – Challans 26 km – Nantes 69 km – La Roche-sur-Yon 70 km

L'Escale sans rest

14 r. de La Croix-de-Port – ✆ 02 51 58 50 28 – www.yeu-escale.fr – Fermé 15 nov.-15 déc.

29 ch – †62/86 € ††62/86 € – ☐ 9 €

En retrait du port, une Escale typique de l'île avec sa façade blanche et ses volets colorés. Les chambres sont simples et très bien tenues, certaines en rez-de-jardin. Petit plus appréciable sur l'Île d'Yeu, le forfait comprend la location de vélos. Bref, tout cela fleure bon les vacances !

Atlantic Hôtel sans rest

quai Carnot – ✆ 02 51 58 38 80 – www.hotel-yeu.com

17 ch – †54/106 € ††54/106 € – ☐ 10 €

Face à l'embarcadère, des chambres lumineuses d'où l'on profite avec ravissement du tintement des mâts ou, pour celles situées sur l'arrière, de la tranquillité du village et de ses jardinets de pêcheurs. Un hôtel fonctionnel et bien tenu... D'ailleurs, n'est-ce pas là l'essentiel ?

Le Bleu Pêchoir Ⓝ sans rest
2 r. du Camp – ✆ 06 33 07 74 14 – Ouvert avril-oct.
5 ch – 145/185 € 165/205 €
Dans une petite rue calme, une belle maison du 20e s. avec son jardin fleuri sur l'arrière. Ici, les chambres portent toutes des noms d'îles, insularité oblige... Elles sont élégantes, spacieuses et bien tenues. Et l'été, on profite de la piscine, idéale pour un week-end de détente !

Port Baron
5 bis r. Georgette – ✆ 02 51 59 15 88 – www.restaurant-port-baron.fr – Fermé 2 semaines en oct., de janv. à mi-fév., mardi midi et lundi
Formule 18 € – Menu 21 € (déj. en semaine), 38/48 €
Vieilles affiches, banquettes et disques anciens : dans cet ancien fournil du début du 20e s. l'atmosphère est celle d'un bistrot à l'ancienne. Le chef concocte une jolie cuisine de la mer, qui varie selon les arrivages... Rétro en diable et convivial. Et il y a même un toit-terrasse, le must !

L'ILE-ROUSSE – 2B Haute-Corse ➜ voir Corse

ÎLES CHAUSEY

✉ 50400 (Manche) – **Voir carte n°32-A2**
Carte Michelin 303-B6 – Guide Vert Michelin Normandie Cotentin

Fort et des Iles avec ch
– ✆ 02 33 50 25 02 – www.hotel-chausey.com – Ouvert 13 avril-29 sept. et fermé lundi sauf fériés
8 ch – ½ P seult 77 € Menu 26/82 € – Carte 32/48 € *(réservation conseillée)*
Homards, huîtres et poissons : dans cette jolie maison de granit, on savoure une agréable cuisine iodée qui varie au gré de la pêche. La vue sur l'archipel est belle et donne envie de prolonger l'étape... Cela tombe bien, les chambres sont simples et sans télévision, pour mieux profiter de la quiétude insulaire.

LAS ILLAS – 66 Pyrénées-Orientales ➜ voir Maureillas-las-Illas

---

ILLE-SUR-TÊT

✉ 66130 (Pyrénées-Orientales) – 5 266 hab. – **Voir carte n°22-B3**
Paris 873 km – Canillo 126 km – Montpellier 177 km – Perpignan 26 km
Carte Michelin 344-G6

Saveurs des Orgues Ⓝ
1 r. Guttemberg – ✆ 04 68 84 10 48 – www.saveurs-des-orgues.fr – Fermé 2 semaines en janv., dim. soir et lundi
Formule 15 € – Menu 30/55 € – Carte 58/67 €
Tendez l'oreille... non pas pour entendre le chant des orgues, mais le tintement des casseroles, des couverts et des assiettes ! C'est à un joli moment de gastronomie qu'invite cette table, menée avec soin par un père et son jeune fils. Entre terre et mer, les saveurs sont bien au rendez-vous. Et l'accueil est tout sourire !

ILLHAEUSERN

✉ 68970 (Haut-Rhin) – 698 hab. – **Voir carte n°2-C2**
Paris 452 km – Artzenheim 15 km – Colmar 19 km – St-Dié 55 km
Carte Michelin 315-I7

Les Hirondelles sans rest
33 r. du 25-janvier – ✆ 03 89 71 83 76 – www.hotelleshirondelles.com – Fermé 1er-11 sept. et 27 janv.-14 mars
19 ch – 70/77 € 75/82 € – 6,50 €
Un accueil sympathique vous est réservé dans cette ancienne ferme à la fois rustique et chaleureuse. Les chambres, confortables et bien équipées, se répartissent autour d'une jolie cour. Et aux premières chaleurs, on plonge dans la piscine !

XXXXX ✿✿✿ **Auberge de l'Ill** (Marc Haeberlin)

2 r. de Collonges-au-Mont-d'Or – ✆ 03 89 71 89 00 – www.auberge-de-l-ill.com – Fermé 1er-5 janv., 10 fév.-13 mars, lundi et mardi

Menu 99 € (déj. en semaine), 125/168 € – Carte 130/210 € *(réservation conseillée)*

Ce n'était, à l'origine, qu'une petite auberge sur les rives de l'Ill, appréciée pour sa matelote au riesling. Au fil du 20e s., la famille Haeberlin a su l'élever au rang d'institution, et voilà bien un fief de la grande tradition : celle qui a inspiré et inspirera encore des générations de cuisiniers, et qui conserve intacts la fraîcheur et le souffle de l'excellence.

➜ Mousseline de grenouilles "Paul Haeberlin". Volaille de Bresse rôtie à la broche et baeckeofe aux truffes. Pêche Haeberlin.

Hôtel des Berges

– ✆ 03 89 71 87 87 – www.hoteldesberges.com – Fermé 1er-5 janv., 10 fév.-13 mars, lundi et mardi

11 ch – †300/400 € ††300/400 € – 2 suites – ☕ 28 €

Dans l'environnement bucolique du jardin baigné par l'Ill, à deux pas de l'Auberge, un délicieux refuge pour les gourmets attirés par la renommée de l'assiette... Quiétude, grand confort, élégance et raffinement.

ILLKIRCH-GRAFFENSTADEN – 67 Bas-Rhin ➜ voir Strasbourg

ILLZACH

✉ 68110 (Haut-Rhin) – 14 596 hab. – **Voir carte n°1-A3**

Paris 479 km – Colmar 42 km – Strasbourg 114 km

XX **La Closerie**

6 r. Henry-de-Crousaz – ✆ 03 89 61 88 00 – www.closerie.fr – Fermé 27 juil.-20 août, 23 déc.-3 janv., sam. midi, lundi soir et dim.

Menu 27 € (déj.), 46/68 € – Carte 55/98 €

Le fond et la forme ; la légèreté et l'harmonie ; les mets et les vins ; la finesse et le goût de la qualité... Dans cette maison centenaire baignée de verdure, à l'élégance toute naturelle, on ne plaisante pas avec la gastronomie !

La Bistronomie – voir les restaurants ci-après

X **La Bistronomie** – Restaurant La Closerie

6 r. Henry-de-Crousaz – ✆ 03 89 61 88 00 – www.closerie.fr – Fermé 28 juil.-20 août, 22 déc.-5 janv., dim., lundi et le midi

Formule 24 € – Menu 29 € – Carte environ 33 € *(Fermé 28 juil.-20 août, 22 déc.-5 janv., dim., lundi et le midi)*

Imaginez une maison centenaire noyée dans la verdure... cachant une extension ultra-contemporaine, tout en hautes verrières ! C'est là que se cache cette Bistronomie, qui renouvelle les codes de la gourmandise. Avis aux amateurs de poisson : le chef travaille en direct avec la criée des Sables-d'Olonne...

INGERSHEIM – 68 Haut-Rhin ➜ voir Colmar

INNENHEIM

✉ 67880 (Bas-Rhin) – 1 115 hab. – **Voir carte n°1-B2**

Paris 487 km – Molsheim 12 km – Obernai 10 km – Sélestat 34 km

Carte Michelin 315-J6

Au Cep de Vigne

5 r. Barr – ✆ 03 88 95 75 45 – www.aucepdevigne.com – Fermé 23 juin-10 juil., 6-24 janv., dim. soir et lundi

35 ch – †67/77 € ††80/90 € – ☕ 10 € – ½ P

Rest – Formule 15 € – Menu 24/39 € – Carte 29/50 €

À l'occasion d'un périple entre Strasbourg, la route des vins et les Vosges, vous pouvez vous arrêter dans cette grande maison à colombages ; les chambres sont spacieuses et sans prétention. Et pour se délasser, un joli parc arboré...

INXENT – 62 Pas-de-Calais ➜ voir Montreuil

ISBERGUES – 62 Pas-de-Calais ➜ voir Aire-sur-la-Lys

ISIGNY-SUR-MER

✉ 14230 (Calvados) – 2 803 hab. – Voir carte n°**32**-A2
Paris 298 km – Bayeux 35 km – Caen 64 km – Carentan 14 km
Carte Michelin 303-F4 – Guide Vert Michelin Normandie Cotentin

Hôtel de France

13 r. E. Demagny – ✆ 02 31 22 00 33 – www.hotel-france-isigny.fr
19 ch – 62 € 62/80 € – 9 € – ½ P
Rest – Menu 12 € (semaine), 16/36 € – Carte 32/49 € *(fermé 23 déc.-14 janv.)*
Amateurs de beurre et de crème, peut-être aurez-vous envie de vous arrêter dans la rue principale de cette célèbre cité laitière... Cet hôtel affiche un style simple et pimpant ; le restaurant comblera les envies d'huîtres et de cuisine iodée. Prix raisonnables.

L'ISLE-ADAM

✉ 95290 (Val-d'Oise) – 11 744 hab. – Voir carte n°**18**-B1
Paris 41 km – Beauvais 49 km – Chantilly 24 km – Compiègne 66 km
Carte Michelin 305-E6 – Guide Vert Michelin Île-de-France

Le Cabouillet avec ch

5 quai de l'Oise – ✆ 01 34 69 00 90 – www.lecabouillet.com – Fermé vacances de fév., dim. soir et lundi
7 ch – 90/140 € 90/140 € – 12 €
Formule 26 € – Menu 36 € (semaine)/39 € – Carte 55/71 €
Ce Cabouillet a une bonne bouille ! Près du vieux pont de pierre, cette bâtisse du début du 20e s. domine les rives verdoyantes de l'Oise où il fait si bon canoter... On y apprécie une cuisine savoureuse, où le fait maison rime avec saison. En prime, quelques chambres coquettes pour la nuit. Une jolie étape.

Le Relais Fleuri

61 bis r. St-Lazare – ✆ 01 34 69 01 85 – Fermé août, lundi soir, merc. soir, dim. soir et mardi
Formule 26 € – Menu 34/37 €
Cette table adamoise connaît une clientèle d'habitués de longue date. Dans un décor aux notes désuètes, on apprécie une vraie cuisine traditionnelle, concoctée avec des produits frais. Agréable terrasse sous les tilleuls.

L'ISLE-D'ABEAU

✉ 38080 (Isère) – 15 586 hab. – Voir carte n°**44**-B2
Paris 499 km – Bourgoin-Jallieu 6 km – Grenoble 72 km – Lyon 38 km
Carte Michelin 333-E4 – Guide Vert Michelin Lyon et sa région

Le Relais du Çatey avec ch

rest, ch,

10 r. Didier – ✆ 04 74 18 26 50 – www.le-relais-du-catey.com – Fermé 2-26 août et 28 déc.-5 janv.
7 ch – 65/85 € 65/85 € – 10 € – ½ P
Menu 25 € (déj. en semaine), 38/65 € – Carte 49/71 € *(fermé dim. et lundi)*
Décor et éclairage contemporains soulignent le cachet préservé de cette maison dauphinoise de 1774. Fine galette d'écrevisses aux artichauts et huile de sapin, féra du Léman et chlorophylle d'ail des ours, selle d'agneau à la chapelure de romarin... Des plats inventifs, servis avec sérieux et professionnalisme.

à l'Isle-d'Abeau-Ville-Nouvelle Ouest : 4 km par N 6 – ✉ 38080 L'Isle d'Abeau – 43 290 hab.

Mercure

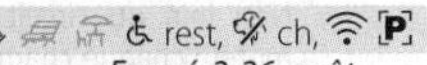

ch,

20 r. Condorcet – ✆ 04 74 96 80 00 – www.hotel-lyon-isledabeau.fr
189 ch – 95/135 € 105/145 € – 40 suites – 15 €
Rest *La Belle Époque* – Formule 25 € – Carte 29/53 € *(fermé vend. soir, sam. et dim. d'avril à fin sept.)*
Rest *New Sunset* ✆ 04 74 96 81 77 – – Formule 17 € – Carte 19/31 € *(fermé vend. soir, sam. et dim. d'oct. à mars)*
Ce Mercure œuvre pour le bien-être de ses hôtes : construction "géobiologique" (tendance Feng Shui), centre de remise en forme, bel équipement sportif... Les chambres affichent un style standard et minimaliste, et on propose quelques studios dans l'annexe. Pour se restaurer, deux possibilités, dont le piano-bar New Sunset.

L'ISLE-JOURDAIN

✉ 32600 (Gers) – 7 336 hab. – **Voir carte n°28-B2**
▶ Paris 682 km – Auch 45 km – Montauban 58 km – Toulouse 37 km
Carte Michelin 336-I8

L'Échappée Belle

2 pl. Gambetta – ✆ 05 62 07 50 00 – www.echappee-belle.fr
25 ch – †82/125 € ††82/125 € – 2 suites – ☕ 12 € – ½ P
Rest ***L'Échappée Belle*** – voir les restaurants ci-après
À deux pas de Toulouse et aux portes du Gers, la façade ultramoderne de cet hôtel cache des chambres résolument contemporaines. Il fait bon se détendre dans le joli salon ou dans le patio. Idéal pour une échappée... belle !

L'Échappée Belle

2 pl. Gambetta – ✆ 05 62 07 50 05 – www.echappee-belle.fr
Formule 15 € – Menu 19 € (déj. en semaine), 28/40 € – Carte 37/52 €
La table de L'Échappée Belle est à l'image de l'établissement : dans l'air du temps ! Dans un cadre contemporain, on déguste une bonne cuisine du marché tel ce saumon rôti accompagné de linguines et de courgettes. La carte a été imaginée par le chef Bernard Bach. Un lieu tendance… mais pas seulement.

à Pujaudran Est : 8 km par N 124 – ✉ 32600 – 1 372 hab.

Le Puits St-Jacques (Bernard Bach)

av. Victor-Capoul – ✆ 05 62 07 41 11 – www.lepuitssaintjacques.fr – Fermé 31 août-19 sept., 1er-18 janv., dim. soir, lundi et mardi
Menu 32 € (déj. en semaine), 70/115 € – Carte 100/120 € *(réservation conseillée)*
Cette maison gersoise, jadis relais sur la route de Compostelle, abrite une salle à manger raffinée et un patio à l'atmosphère méridionale. Cuisine séduisante et inspirée, osant les nouvelles tendances. ➜ Foie gras de canard confit aux graines de fenouil. Filet d'agneau du Quercy au praliné de noisettes. Véritable chocolat liégeois servi devant vous.

L'ISLE-JOURDAIN

✉ 86150 (Vienne) – 1 215 hab. – **Voir carte n°39-C2**
▶ Paris 375 km – Confolens 29 km – Niort 104 km – Poitiers 53 km
Carte Michelin 322-K7

à Port-de-Salles Sud : 7 km par D 8 et rte secondaire – ✉ 86150

Val de Vienne sans rest

Port de Salles – ✆ 05 49 48 27 27 – www.hotel-valdevienne.com
20 ch – †90/135 € ††90/135 € – 1 suite – ☕ 10 €
Non loin du circuit automobile du Val-de-Vienne, en pleine campagne, un véritable motel : chaque chambre dispose d'une entrée indépendante et d'une terrasse face au jardin bordé par la Vienne. Le calme est assuré et l'entretien impeccable... Qu'on y vienne !

L'ISLE-SUR-LA-SORGUE

✉ 84800 (Vaucluse) – 19 048 hab. – **Voir carte n°42-E1**
▶ Paris 693 km – Apt 34 km – Avignon 23 km – Carpentras 18 km
Carte Michelin 332-D10 – Guide Vert Michelin Provence

Domaine de la Petite Isle Ⓝ

871 rte d'Apt , (2 km) – ✆ 04 90 38 40 00 – www.domainedelapetiteisle.com – Fermé sam. et dim. en janv. et fév.
81 ch – †75/165 € ††75/165 € – 8 suites – ☕ 13 € – ½ P
Rest – Formule 19 € – Menu 25 € – Carte 34/48 €
À la sortie de la cité, un domaine verdoyant baigné par la Sorgue... Les chambres se répartissent sur différents bâtiments : n'hésitez pas à demander à loger dans les deux derniers-nés (2013), où elles sont plus spacieuses et agréables, dans une jolie veine contemporaine.

Les Névons sans rest

chemin des Névons, (derrière la poste) – ✆ 04 90 20 72 00 – www.hotel-les-nevons.com
44 ch – †52/65 € ††55/120 € – ☕ 9 €
Près du centre-ville, des chambres fonctionnelles et bien tenues ; certaines avec balcon. Au petit-déjeuner, ne passez pas à côté des confitures maison.

Le Clos Violette sans rest

1 r. Pasteur – ✆ 04 90 92 69 32 – www.le-clos-violette.fr

5 ch – 180/240 € 250/280 €

Dans cette maison raffinée de 1769, les chambres n'ont jamais aussi bien porté leurs noms : la "Sarah Bernhardt" avec son décor de théâtre, la "Sade" et ses gravures coquines, etc. Au petit-déjeuner, on se régale des confitures et gâteaux maison. Piscine intérieure s'ouvrant sur le jardinet.

La Maison sur la Sorgue sans rest

6 r. Rose-Goudard – ✆ 06 87 32 58 68 – www.lamaisonsurlasorgue.com – Fermé 1er-15 fév.

4 ch – 270/350 € 270/350 €

Un très bel hôtel particulier, décoré sur le thème des voyages. Les chambres ont toutes leur cachet : baignoire sur pieds, loggia, vue sur l'église... Délicieux patio et piscine.

La Prévôté avec ch

rest,

4 bis r. Jean-Jacques-Rousseau, (derrière l'église) – ✆ 04 90 38 57 29 – www.la-prevote.fr – Fermé 23 fév.-15 mars, 16 nov.-6 déc., merc. sauf le soir en juil.-août et mardi

5 ch – 160/185 € 160/185 €

Formule 22 € – Menu 39/79 € – Carte 46/65 € *(réservation conseillée)*

Dans un couvent du 17es. ouvrant sur un bras de la Sorgue, on savoure une cuisine basée sur des produits frais, dans un cadre raffiné (cheminée, poutres apparentes). Chambres très joliment décorées.

Le Vivier

800 cours Fernande-Peyre, rte de Carpentras – ✆ 04 90 38 52 80 – www.levivier-restaurant.com – Fermé 20 fév.-13 mars, 1 semaine en août, 1 semaine en nov., 1 semaine en janv., jeudi midi en juil.-août, dim. soir de sept. à juin, vend. midi, sam. midi et lundi

Menu 30 € (déj. en semaine), 50/75 € – Carte 62/82 €

Voilà une belle table contemporaine : sa terrasse face à la Sorgue et ses rives verdoyantes est un plaisir pour les yeux, plus encore ses assiettes, très graphiques et soignées. Le chef mêle saveurs et textures avec délicatesse et subtilité.

➜ L'assiette façon tapas. Pithiviers de pigeon. Le tout chocolat.

Café Fleurs

9 r. Théodore-Aubanel – ✆ 04 90 20 66 94 – www.cafefleurs.com – Fermé en janv., mardi et merc. sauf le soir de mi-juin à fin août

Formule 20 € – Menu 28 € (déj. en semaine), 43/59 € – Carte 50/67 €

Deux salles au décor provençal clair et soigné, une agréable terrasse ombragée au bord de l'eau : joli cadre pour une cuisine actuelle au charme typiquement méridional.

L'Oustau de l'Isle

147 chemin du Bosquet, 1 km par rte d'Apt – ✆ 04 90 20 81 36 – www.restaurant-oustau.com – Fermé 17-26 nov., 19 janv.-8 fév., lundi en juil.-août, mardi et merc. sauf juil.-août

Formule 14 € – Menu 33/52 € – Carte 45/60 €

Ce mas entouré de verdure possède une ravissante terrasse ombragée et deux salles au décor épuré. La cuisine est d'inspiration méditerranéenne : millefeuille de rouget à la tapenade, risotto crémeux au citron confit ; tarte fine aux abricots rôtis au miel et romarin ; etc.

Le Jardin du Quai

91 av. Julien-Guigue, (près de la gare) – ✆ 04 90 20 14 98 – www.lejardinduquai.com – Fermé mardi et merc. sauf de mai à oct.

Menu 35 € (déj. en semaine), 40/43 €

Avec son jardin ombragé, ce bistrot dégage un vrai charme rétro. Menu unique du marché, pour une cuisine goûteuse et juste. L'annexe "à KO'T" propose des petits plats le midi.

Le Carré d'Herbes

13 av. des 4 Otages – ✆ 04 90 38 23 97 – www.lecarredherbes.eu – Fermé 4 semaines en déc.-janv., jeudi sauf le soir en juil.-août et merc.

Menu 17 € (déj. en semaine)/36 €

Pas évident de trouver ce restaurant dans le renfoncement d'une cour... peuplée d'antiquaires. Dans la salle, objets et mobilier chinés dessinent un lieu atypique – sans parler de la terrasse, des plus agréables ! Au menu : une cuisine de saison aux saveurs méridionales.

La Balade des Saveurs

3 quai Jean-Jaurès – ✆ 04 90 95 27 85 – www.balade-des-saveurs.com – Fermé 1 semaine mi-mars, 1 semaine début oct., 1 semaine fin janv., lundi et mardi d'oct. à fév.
Formule 15 € – Menu 18 € (déj. en semaine), 25/46 € – Carte 36/47 €
Un jeune couple sympathique – Benjamin et Sophie Fabre – règne sur ce restaurant plein de fraîcheur, dont la terrasse borde le cours pittoresque de la Sorgue. Les recettes cultivent aussi bien le caractère que la douceur de la Provence. Cette Balade des Saveurs est aussi... une ballade des gens heureux.

au Nord par D 938 et rte secondaire – ✉ 84740 Velleron

Hostellerie La Grangette

rest,

807 chemin de Cambuisson, à 6 km – ✆ 04 90 20 00 77 – www.la-grangette-provence.com – Ouvert 14 fév.-11 nov.
16 ch – 110/240 € 110/240 €
Rest – Formule 32 € – Menu 49 € *(fermé le midi et lundi et mardi) (réservation conseillée)*
Ancienne ferme provençale décorée dans un style rustique et cossu. Chambres confortables et bien tenues, sans télévision ! Cuisine du Sud au restaurant, au cadre intime.

rte d'Apt 6 km au Sud-Est par D 901– ✉ 84800 Lagnes

Le Mas des Grès

– ✆ 04 90 20 32 85 – www.masdesgres.com – Ouvert 28 mars-11 nov.
14 ch – 80/160 € 100/200 € – 15 € – ½ P
Rest ***Le Mas des Grès*** – voir les restaurants ci-après
Ce mas provençal restauré avec goût invite à la détente : jardin, terrasse ombragée, aire de jeux pour les enfants, petit espace fitness... et des chambres coquettes, décorées avec soin. Cerise sur le gâteau : le petit-déjeuner est fort bon.

Le Mas des Grès

– ✆ 04 90 20 32 85 – www.masdesgres.com – Ouvert 28 mars-11 nov. et fermé le midi sauf juil.-août
Formule 20 € – Menu 39 € (dîner) *(réservation conseillée)*
Aux beaux jours, les tables prennent leurs aises sous la treille ou sous les platanes... Une bouffée de fraîcheur dans ce mas très avenant, qui propose chaque jour sur son ardoise un menu du marché plein de couleurs.

L'ISLE-SUR-SEREIN

✉ 89440 (Yonne) – 738 hab. – **Voir carte n°7-B2**
Paris 209 km – Auxerre 50 km – Avallon 17 km – Montbard 36 km
Carte Michelin 319-H6

Auberge du Pot d'Étain avec ch

ch,

24 r. Bouchardat – ✆ 03 86 33 88 10 – www.potdetain.com – Fermé 15-31 oct., fév., dim. soir et mardi midi sauf juil.-août et lundi
9 ch – 60/90 € 60/90 € – 10 € – ½ P Menu 27/55 € – Carte 50/62 €
Cuisine classique aux accents régionaux, exceptionnelle sélection de bourgognes (2 500 appelations, 40 000 bouteilles), chambres coquettes et colorées : une auberge sympathique dans la bucolique vallée du Serein... à deux tours de roue de l'A6 !

ISPE – 40 Landes ➔ voir Biscarrosse

LES ISSAMBRES

✉ 83380 (Var) – **Voir carte n°41-C3**
Paris 877 km – Draguignan 40 km – Fréjus 11 km – St-Raphaël 14 km
Carte Michelin 340-P5 – Guide Vert Michelin Côte d'Azur

à San-Peire-sur-Mer – ✉ 83520

Le Provençal rest, ch,

D 559 – ✆ 04 94 55 32 33 – www.hotel-leprovencal.com – Ouvert 1er mars-11 nov.

27 ch – †78/153 € ††84/153 € – ☐ 12 € – ½ P

Rest ***Les Mûriers*** – Menu 30/60 € – Carte 36/87 € *(fermé lundi midi du 14 juil. au 31 aout et mardi midi)*

Dans le golfe de St-Tropez, une maison colorée des années 1930, tenue par la même famille depuis quatre générations. Chambres fonctionnelles, certaines avec vue sur la mer. Cuisine méditerranéenne servie dans une salle provençale ou à l'ombre des mûriers.

à la calanque des Issambres – ✉ 83380 Les Issambres

Chante-Mer

pl. Ottaviani, (au village provençal) – ✆ 04 94 96 93 23 – www.chantemer.com – Fermé 15 déc.-30 janv., lundi sauf le soir en saison

Menu 29/35 € – Carte 46/67 €

Un nom tout trouvé pour ce restaurant à 300 m du front de mer ! Derrière les fourneaux, un enfant du pays concocte de généreuses recettes traditionnelles. Tout est frais, fait maison et savoureux... De quoi faire chanter les gourmands de plaisir. À noter : la belle terrasse face à la place de l'église.

ISSIGEAC

✉ 24560 (Dordogne) – 708 hab. – **Voir carte n°4-C2**

Paris 607 km – Agen 75 km – Bordeaux 110 km – Périgueux 65 km

Carte Michelin 329-E7 – Guide Vert Michelin Périgord Quercy

La Brucelière avec ch 

pl. de la Capelle – ✆ 05 53 73 89 61 – www.labruceliere.com – Fermé 1 semaine en janv., 1 semaine en fév., mardi de la Toussaint à Pâques, mardi soir sauf août et merc.

4 ch ☐ – †55/65 € ††65/80 €

Formule 19 € – Menu 26/30 € – Carte environ 33 €

Une vraie auberge de campagne... Avec ses murs en moellons et son mobilier en bois, la salle dégage une ambiance un rien surannée ; l'été, on profite de la terrasse sur le jardin. Côté menu, le chef met un point d'honneur à cuisiner des produits frais à travers des recettes simples et bonnes. Une adresse sympathique.

ISSOIRE

✉ 63500 (Puy-de-Dôme) – 14 012 hab. – **Voir carte n°5-B2**

Paris 446 km – Clermont-Ferrand 36 km – Le Puy-en-Velay 94 km – Thiers 56 km

Carte Michelin 326-G9 – Guide Vert Michelin Auvergne

Le Pariou rest,

18 av. Kennedy, 1 km au Nord – ✆ 04 73 55 90 37 – www.hotel-pariou.com – Fermé 17 déc.-8 janv.

54 ch – †69/80 € ††83/125 € – ☐ 10 € – ½ P

Rest ***Le Jardin*** – Formule 11 € – Menu 24/43 € – Carte 32/46 € *(fermé sam. midi, dim. et lundi)*

Un peu excentré, cet hôtel-restaurant – bâtisse de 1950 – est idéal pour une étape dans cette localité connue pour abriter l'un des joyaux de l'art roman auvergnat, l'abbatiale St-Austremoine. Chambres spacieuses avec mobilier design et tons colorés.

L'Atelier Yssoirien

23 bd Triozon-Bayle – ✆ 04 73 89 44 47 – www.atelier-yssoirien.com – Fermé 3 semaines en août, dim. et lundi

Formule 14 € – Menu 28/80 € – Carte 44/67 €

Ne vous fiez pas à sa façade noire, cet Atelier créé en 2012 fait des étincelles ! Dans sa cuisine ouverte sur la salle – au décor urbain et coloré –, le jeune chef compose de jolies assiettes, originales et parfumées. Une adresse sans doute à suivre…

à St-Rémy-de-Chargnat 7 km au Sud-Est par D 999 – ✉ 63500 – 552 hab.

Château de la Vernède sans rest
– ☎ *04 73 71 07 03 – www.chateauvernedeauvergne.com*
5 ch – 70/110 € 70/110 €
Un joli château remanié en 1850, ancien relais de chasse de la reine Margot, où meubles d'époque côtoient tableaux anciens et pièces rares. Beaucoup de goût et de romantisme !

à Sarpoil 10 km au Sud-Est par D 999 – ✉ 63490 St-Jean-en-Val

La Bergerie (Cyrille Zen)
– ☎ *04 73 71 02 54 – www.labergeriedesarpoil.com – Fermé 16-25 juin, 14-24 sept., 6-30 janv., dim. soir, mardi et merc.*
Menu 22 € (déj. en semaine), 35/80 € – Carte 55/80 € *(réservation conseillée)*
Point d'habitudes moutonnières en cette Bergerie, mais du soin apporté à chaque assiette, de subtils mariages de saveurs, de textures, de couleurs… Une cuisine du terroir à la fois fine et gourmande ! Et peut-être connaissez-vous déjà le chef, Cyrille Zen, finaliste de l'émission Top Chef en 2012. → Raviole de joue de bœuf et foie gras. Chou farci de homard et tourteau. Rocher coulant framboise et chocolat.

à Perrier 5 km à L'Est par D 996 – ✉ 63500 – 829 hab.

La Cour Carrée avec ch
17 av. du Tramot – ☎ 04 73 55 15 55 – www.cour-carree.com – Fermé 4-15 nov., 2-17 janv., dim. soir et lundi soir du 15 sept. au 15 juin et le midi sauf dim.
3 ch – 88/98 € 88/98 € – 12 € – ½ P Menu 30/36 € *(réservation conseillée)*
Cette ancienne maison de vigneron s'ouvre sur... une cour carrée ! Le chef met le savoir-faire des petits producteurs en avant. Il signe une jolie cuisine du terroir. Chambres élégantes et confortables où dominent le bois et la pierre.

ISSOUDUN

✉ 36100 (Indre) – 13 090 hab. – **Voir carte n°12-C3**
Paris 244 km – Bourges 37 km – Châteauroux 29 km – Tours 127 km
Carte Michelin 323-H5 – Guide Vert Michelin Limousin Berry

La Cognette
r. des Minimes – ☎ 02 54 03 59 59 – www.la-cognette.com Plan : A**e**
17 ch – 85/125 € 85/125 € – 3 suites – 15 €
Rest ***La Cognette*** – voir les restaurants ci-après
Répondants aux noms de Lamartine, Napoléon, Liszt, etc., les chambres de ce charmant hôtel, souvent de plain-pied sur le jardin, ne manquent pas de style ! Dans l'annexe, elles sont plus simples et plus contemporaines, mais tout aussi agréables...

La Cognette (Jean-Jacques Daumy)
bd Stalingrad – ☎ 02 54 03 59 59 – www.la-cognette.com – Fermé janv., dim. soir, mardi midi et lundi de mi-sept. à avril Plan : A**z**
Formule 25 € – Menu 38/89 € – Carte 58/95 € *(réservation conseillée)*
Dans *La Rabouilleuse*, Balzac évoque La Cognette, qui le lui rend bien. Ce joli boudoir, tout à la gloire du grand écrivain, célèbre aussi le classicisme culinaire, les plats du terroir et même quelques créations plus actuelles. Tout un roman !
→ Crème de lentilles vertes du Berry aux truffes. Filet de bœuf sauce béarnaise et joue de bœuf braisée au pinot noir. Massepain d'Issoudun à la fleur d'oranger.

à Diou par ① : 12 km sur D 918 – ✉ 36260 – 279 hab.

L'Aubergeade
rte d'Issoudun – ☎ 02 54 49 22 28 – Fermé merc. soir et dim. soir
Menu 22 € (semaine), 33/42 € – Carte 45/57 € *(réservation conseillée)*
En amoureux des bons vins, le chef vous propose un tour du monde des jolis crus et vous fait aussi découvrir le très local reuilly. Pour ne rien gâcher, il concocte de bons petits plats dans l'air du temps. Et l'été, on profite de la terrasse !

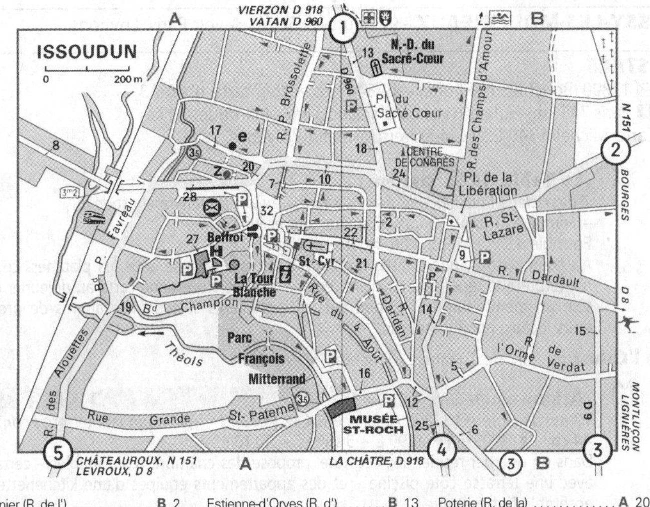

Avenier (R. de l') . . . . B 2
Bons-Enfants (R. des) . . . . B 5
Capucins (R. des) . . . . B 6
Casanova (R. D.) . . . . A 7
Chinault (Av. de) . . . . A 8
Croix-de-Pierre (Pl. de la) . . . . . . B 9
Dormoy (Bd M.) . . . . A 10
Entrée-de-Villatte (R.) . . . . B 12
Estienne-d'Orves (R. d') . . . . B 13
Fossés-de-Villatte (R. des) . . . . . . B 14
Gaulle (Av. Ch. de) . . . . B 15
Hospices St-Roch (R.) . . . . B 16
Minimes (R. des) . . . . A 17
Père-Jules-Chevalier (R. du) . . . . . . B 18
Ponts (R. des) . . . . A 19
Poterie (R. de la) . . . . A 20
Quatre-Vents (R. des) . . . . B 21
République (R. de la) . . . . AB 22
Roosevelt (Bd Prés.) . . . . B 24
St-Martin (R.) . . . . B 25
Semard (R. P.) . . . . A 27
Stalingrad (Bd de) . . . . A 28
10-Juin (Pl. du) . . . . A 32

à St-Valentin 11 km à l'Ouest par D 8 et D 12 – ✉ 36100 – 278 hab.

Au 14 Février

2 r. du Portail – ✆ 02 54 03 04 96 – www.au14fevrier.com – Fermé 2 semaines en sept., 2-17 janv., dim. soir de sept. à avril, merc. midi, lundi et mardi
Menu 32 € (déj. en semaine), 45/85 €
Au cœur du "village des amoureux", une vraie surprise que cette table tenue par... toute une équipe japonaise. Les saveurs nipponnes et françaises se mêlent avec art : un mariage très réussi, un amour de cuisine fusion ! Quant au cadre, raffiné, et au charmant service, ils se prêtent à un dîner... à deux.
➜ Poêlée de foie gras de canard du Périgord sur un pancake au maïs. Rôti de homard bleu, purée d'oignon rouge fondante. Dôme au chocolat blanc.

IS-SUR-TILLE

✉ 21120 (Côte-d'Or) – 4 183 hab. – **Voir carte n°8-C2**
Paris 332 km – Chenôve 43 km – Dijon 30 km – Talant 32 km
Carte Michelin 320-K4

Auberge Côté Rivière

3 r. des Capucins – ✆ 03 80 95 65 40 – www.auberge-cote-riviere.com – Fermé 1 semaine en août, 24 déc.-6 janv. et dim. soir
10 ch – 82/139 € 82/139 € – 10 € – ½ P
Rest *Auberge Côté Rivière* – voir les restaurants ci-après
Ambiance bucolique... On enjambe la Tille pour entrer dans cette charmante maison bourgeoise entourée d'un grand parc. Les chambres se révèlent claires et accueillantes, les plus grandes d'entre elles pouvant accueillir des familles. Au petit-déjeuner, une douce surprise : le pain est fait maison.

Auberge Côté Rivière

3 r. des Capucins – ✆ 03 80 95 65 40 – www.auberge-cote-riviere.com – Fermé 1 semaine en août, 24 déc.-6 janv., dim. soir et lundi
Formule 14 € – Menu 20 € (déj. en semaine), 28/49 € – Carte 40/60 €
Cette grange à houblon n'a rien perdu de son cachet d'antan... Selon la saison, on aime se réchauffer près de la belle cheminée ou prendre le frais dans le joli parc, tout en se régalant des bons petits plats traditionnels du chef.

ISSY-LES-MOULINEAUX – 92 Hauts-de-Seine ➜ voir Paris, Environs

➜ voir Paris, Environs

ISTRES

✉ 13800 (Bouches-du-Rhône) – 42 544 hab. – **Voir carte n°40-A3**
Paris 745 km – Arles 46 km – Marseille 55 km – Martigues 14 km
Carte Michelin 340-E5 – Guide Vert Michelin Provence

La Table de Sébastien
7 av. Hélène-Boucher – ✆ 04 42 55 16 01 – www.latabledesebastien.fr – Fermé 2-21 janv., mardi midi, dim. soir et lundi
Formule 18 € – Menu 31 € – Carte environ 38 €
Au cœur d'Istres, une bâtisse ancienne avec une terrasse sous les platanes. Le chef réinterprète le répertoire culinaire régional à travers un menu-carte au déjeuner et, le soir, un menu "surprise" inspiré par les ingrédients sélectionnés auprès de producteurs locaux, notamment bio.

à l'Ouest au Parc de Trigance, direction Fos-sur-Mer

Ariane sans rest
12 av. de Flore ✉ 13800 Istres – ✆ 04 42 11 13 13 – www.arianehotel-istres.com
44 ch – †69/99 € ††69/99 € – 5 suites – ☕ 10 €
Dans un quartier résidentiel, cet hôtel propose des chambres confortables – certaines avec une terrasse côté piscine – et des appartements équipés d'une kitchenette. Un ensemble fort pratique.

Ibis
10 chemin de Capeau, (Parc de Trigance) – ✆ 04 90 45 15 60 – www.accorhotels.com
54 ch – †60/90 € ††60/90 € – ☕ 10 € **Rest** – Formule 15 € – Carte 29/42 €
Dans la zone d'activités d'Istres, un hôtel fonctionnel et bien tenu. Au restaurant, petite carte de salades, pizzas et plats de pâtes. Une adresse idéale pour une étape.

ITTERSWILLER

✉ 67140 (Bas-Rhin) – 267 hab. – **Voir carte n°2-C1**
Paris 502 km – Erstein 25 km – Mittelbergheim 5 km – Molsheim 26 km
Carte Michelin 315-I6

Arnold
98 rte des Vins – ✆ 03 88 85 50 58 – www.hotel-arnold.com
28 ch – †90/122 € ††90/122 € – 1 suite – ☕ 12 € – ½ P
Rest *Winstub Arnold* – voir les restaurants ci-après
Sur la route des vins, deux bâtisses à colombages dans un village de carte postale ! Le panorama est superbe : la plupart des chambres dominent le vignoble, les villages de la plaine d'Alsace et la Forêt-Noire… Décor chaleureux.

Winstub Arnold – Hôtel Arnold
98 rte des Vins – ✆ 03 88 85 50 58 – www.hotel-arnold.com – Fermé dim. soir et lundi de nov. à mai
Formule 18 € – Menu 22 € (semaine), 31/61 € – Carte 32/64 €
Cette winstub met à l'honneur les "elsässische spezialitäten" : kougelhopf, choucroute et tant de plats régionaux ! Soulevez donc le couvercle en fonte qui protège le baeckeofe servi en cocotte…

ITXASSOU

✉ 64250 (Pyrénées-Atlantiques) – 2 032 hab. – **Voir carte n°3-A3**
Paris 787 km – Bayonne 24 km – Biarritz 25 km – Cambo-les-Bains 5 km
Carte Michelin 342-D5 – Guide Vert Michelin Pays Basque et Navarre

Txistulari
rte Errobi, (D249) – ✆ 05 59 29 75 09 – www.txistulari.fr – Fermé 14 déc.-6 janv.
22 ch – †46/52 € ††56/82 € – ☕ 8,50 € – ½ P
Rest – Menu 13 € (déj. en semaine), 17/28 € *(fermé sam. midi et dim. soir)*
L'hôtel est tout proche de la petite route conduisant au Pas de Roland et jouit d'un environnement calme et verdoyant. Chambres bien tenues, la moitié – rénovées en 2012 – dans un style plus contemporain. Cuisine traditionnelle au restaurant.

Le Chêne
rest,

(près de l'église) – ✆ 05 59 29 75 01 – www.lechene-itxassou.com – Fermé janv., mardi sauf de juil. à oct. et lundi

15 ch – 🚹48/65 € 🚹🚹48/65 € – ☕ 7 € – ½ P **Rest** – Menu 30 €

Face à l'église du village, cette auberge accueille les voyageurs depuis 1696 ! Chambres bien tenues, préférez les plus récentes. Au restaurant, décor rustique et cuisine du Pays basque ; belle terrasse.

Hôtel du Fronton
rest,

– ✆ 05 59 29 75 10 – www.hotelrestaurantfronton.com – Fermé 16-22 nov., 1er janv.-15 fév. et merc.

19 ch – 🚹58/73 € 🚹🚹58/73 € – 3 suites – ☕ 8,50 € – ½ P

Rest – Menu 22/39 € – Carte 43/52 €

Maison basque adossée au fronton de pelote du village. Chambres spacieuses dans l'aile récente ; petit cachet local pour les plus anciennes. Cuisine d'auberge généreuse, avec des produits de terroir. Monts d'Itxassou en toile de fond.

JALIGNY-SUR-BESBRE

✉ 03220 (Allier) – 618 hab. – Voir carte n°**6**-C1

Paris 335 km – Clermont-Ferrand 101 km – Mâcon 123 km – Moulins 38 km

Carte Michelin 326-I4 – Guide Vert Michelin Auvergne

Hôtel de Paris
rest,

3 Grande-Rue – ✆ 04 70 34 82 63 – www.hotelrestaurantdeparis.net

6 ch – 🚹66 € 🚹🚹66 € – ☕ 9 € – ½ P

Rest – Formule 14 € 🍷 – Menu 20/48 € – Carte 32/64 €

Une adresse familiale au cœur d'un petit village tranquille. Les chambres, simples et fonctionnelles, sont idéales pour une étape près du parc d'attractions et animalier du PAL. Cuisine traditionnelle servie dans un cadre rustique ; patio pour les beaux jours.

JANVRY – 91 Essonne → voir Paris, Environs

JARNAC

✉ 16200 (Charente) – 4 434 hab. – Voir carte n°**38**-B3

Paris 475 km – Angoulême 31 km – Barbezieux 30 km – Bordeaux 113 km

Carte Michelin 324-I5 – Guide Vert Michelin Poitou-Charentes

Ligaro (N) sans rest

74 Grand-Rue – ✆ 05 45 32 71 38 – www.hotel-ligaro.com

10 ch – 🚹159 € 🚹🚹245 € – ☕ 16 €

Juste en face de l'église St-Pierre, cette maison bourgeoise du 17e s. – l'une des plus vieilles de Jarnac – a été superbement rénovée, mêlant ancien et contemporain, ambiance feutrée et confort. Le tout d'une sobre élégance très séduisante !

Château Saint-Martial

56 r. des Chabannes – ✆ 05 45 83 38 64 – www.chateausaintmartial.fr – Fermé 12-21 mars et 15-24 fév.

5 ch ☕ – 🚹109/149 € 🚹🚹129/169 € **Table d'hôte** – Menu 48 €

Ce beau château du 19e s., à l'architecture éclectique, appartint à la famille Bisquit, célèbre pour son cognac. On y mène toujours grand train : salons immenses, décors profus, tableaux, meubles anciens... pour un séjour en majesté.

Restaurant du Château

15 pl. du Château – ✆ 05 45 81 07 17 – www.restaurant-du-chateau.com – Ferme dim. soir et lundi

Formule 26 € – Menu 34 € (déj.), 49/71 € – Carte 65/85 €

Des airs de brasserie chic et contemporaine au cœur de Jarnac, ville natale et pays de cœur de François Mitterrand. On se délecte ici d'une cuisine du moment, fine et savoureuse, réalisée avec de beaux produits par un jeune chef plein d'allant.

à Bourg-Charente Ouest : 6 km par N 141 et rte secondaire – ✉ 16200 – 789 hab.

La Ribaudière (Thierry Verrat)

2 pl. du Port – ✆ 05 45 81 30 54 – www.laribaudiere.com – Fermé 15-28 oct., vacances de fév., dim. soir, mardi midi et lundi

Menu 45/89 € – Carte 80/101 €

Une grande villa contemporaine, avec un jardin qui descend en pente douce vers la Charente... La terrasse est superbe, la salle très originale – blanche et pop ! Dans le même ton, le chef signe une belle cuisine, où l'invention cultive le naturel. La force tranquille. ➜ Escargots petits-gris à la graisse de canard, bouillon d'ortie sauvage. Truite du gouffre de Gensac en croûte de truffe noire. Mystère aux myrtilles et crème citron meringuée.

à Bassac Sud-Est : 7 km par N 141 et D 22 – ✉ 16120 – 572 hab.

L'Essille

r. de Condé – ✆ 05 45 81 94 13 – www.hotel-restaurant-essille.com – Fermé 1er-8 janv.

17 ch – †75/100 € ††80/100 € – ☕ 10 €

Rest – Menu 18 € (déj. en semaine), 29/50 € – Carte 45/52 € *(fermé sam. midi et dim. soir)*

Au cœur de ce petit village du pays de Cognac, une ancienne ferme de 1856 qui a toujours bon pied, bon œil ! Les chambres associent esprit contemporain et bon rapport confort-prix ; le restaurant étonne par sa mise en scène originale et une belle carte des vins.

JASSANS-RIOTTIER

✉ 01480 (Ain) – 5 976 hab. – Voir carte n°**43**-E1

Paris 439 km – Bourg-en-Bresse 79 km – Lyon 34 km – Saint-Étienne 93 km

Carte Michelin 328-B5

L'Embarcadère

15 av. de la Plage – ✆ 04 74 07 07 07 – www.georgesblanc.com – Fermé janv.

Formule 21 € 🍷 – Menu 26/52 € – Carte 37/56 €

"Cuisine de campagne au bord de l'eau" : voilà le credo de cette adresse griffée Georges Blanc, au bord de la Saône, entre guinguette chic et brasserie contemporaine. Œuf de poule cressonnière aux escargots de Bourgogne, poulet de Bresse à la crème : une tradition très tendance... Embarquement immédiat !

JAUSIERS – 04 Alpes-de-Haute-Provence ➜ voir Barcelonnette

JERSEY (ÎLE DE) – JSY Jersey ➜ voir Île de Jersey

JOIGNY

✉ 89300 (Yonne) – 10 249 hab. – Voir carte n°**7**-B1

Paris 144 km – Auxerre 28 km – Gien 74 km – Montargis 59 km

Carte Michelin 319-D4 – Guide Vert Michelin Bourgogne

La Côte St-Jacques

14 fg de Paris – ✆ 03 86 62 09 70 – www.cotesaintjacques.com – Fermé 5-22 janv. et lundi Plan : A**r**

31 ch – †225/455 € ††225/455 € – 1 suite – ☕ 28 €

Rest ***La Côte St-Jacques*** ✿✿✿ – voir les restaurants ci-après

Au bord de l'Yonne, cet hôtel luxueux offre de nombreux agréments : moments de détente à la piscine et au spa avec piscine couverte, hammam, sauna et jacuzzi ; sommeil réparateur dans des chambres raffinées, et beaux plaisirs gastronomiques...

Le Rive Gauche

r. du Port-au-Bois – ✆ 03 86 91 46 66 – www.hotel-le-rive-gauche.fr Plan : A**s**

42 ch – †85/95 € ††85/115 € – ☕ 12 €

Rest ***Le Rive Gauche*** – voir les restaurants ci-après

Sur la rive gauche de l'Yonne, ce grand établissement construit dans les années 1990 propose des chambres spacieuses, bien équipées et lumineuses. Le tout au sein d'un grand parc, avec plan d'eau et même héliport !

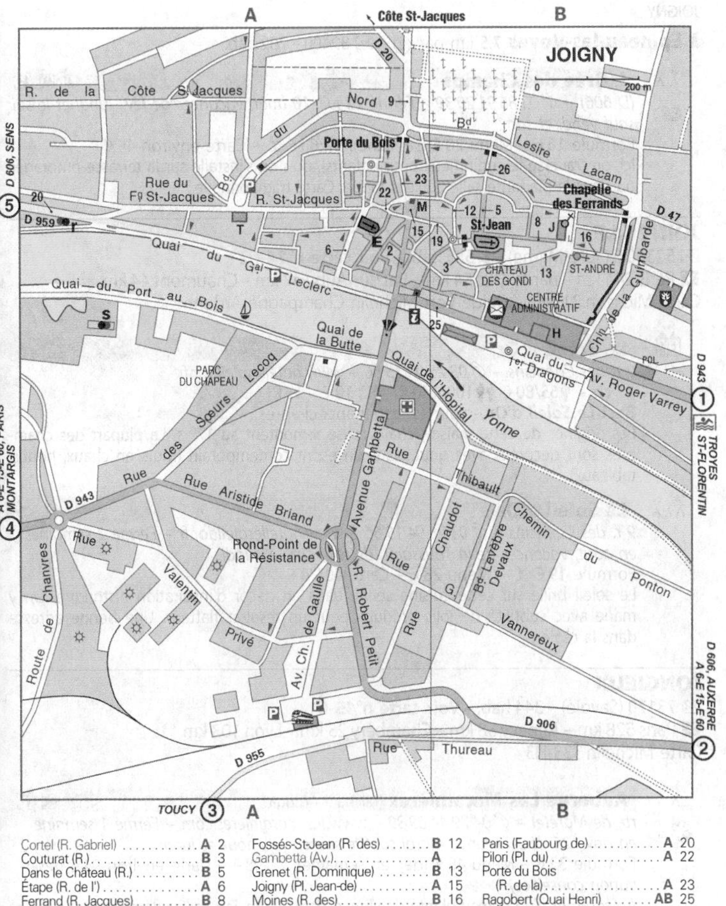

XXXX ✿✿✿ **La Côte St-Jacques** (Jean-Michel Lorain) – Hôtel La Côte St-Jacques

14 fg de Paris – ✆ 03 86 62 09 70 – www.cotesaintjacques.com – Fermé 5-22 janv., mardi midi et lundi Plan : A**r**

Menu 75 € (déj. en semaine), 155/250 € – Carte 115/205 € *(réservation conseillée)*

D'une petite couturière audacieuse à son petit-fils globe-trotter, le nom de la famille n'a cessé de se décliner… en gourmandise(s). Épices, produits exotiques, techniques nouvelles – mais avec toujours la Bourgogne au cœur : Jean-Michel Lorain signe une cuisine inventive, qui célèbre le beau produit.

→ Genèse d'un plat sur le thème de l'huître. Poularde de Bresse à la vapeur de champagne. Millefeuille aux trois crèmes légères.

XX **Le Rive Gauche** – Hôtel Le Rive Gauche

r. du Port-au-Bois – ✆ 03 86 91 46 66 – www.hotel-le-rive-gauche.fr – Fermé dim. soir d'oct. à Pâques Plan : A**s**

Formule 24 € – Menu 30/48 € – Carte 36/53 €

Atout charme : la terrasse face aux rives de l'Yonne. La salle offre aussi de belles échappées sur la verdure et la carte mêle tradition et invention. La preuve ? Cette lotte cuisinée comme un couscous avec une gaufre aux senteurs de merguez.

à Épineau-les-Voves 7,5 km par ② – ✉ 89400 – 702 hab.

XX **L'Orée des Champs**

(D 606) – ✆ 03 86 91 20 39 – Fermé 22 juil.-10 août, vacances de fév., lundi et le soir sauf vend. et sam.

Formule 16 € – Menu 20 € (semaine), 32/60 € 🍷 – Carte environ 45 €

Ici, on traverse le jardin (jeux pour enfants), puis on s'installe sur la terrasse ombragée ou dans la plaisante salle couleur taupe. Carte traditionnelle.

JOINVILLE

✉ 52300 (Haute-Marne) – 3 635 hab. – Voir carte n°**14**-C2

Paris 244 km – Bar-le-Duc 54 km – Bar-sur-Aube 47 km – Chaumont 44 km

Carte Michelin 313-K3 – Guide Vert Michelin Champagne Ardenne

Le Soleil d'Or

9 r. des Capucins – ✆ 03 25 94 15 66 – www.hotellesoleildor.fr

27 ch – 65/80 € 100/140 € – ☕ 10 € – ½ P

Rest *Le Soleil d'Or* – voir les restaurants ci-après

Les origines de cette maison chaleureuse remontent au 17e s. La plupart des chambres sont décorées avec goût, dans un esprit contemporain (murs en chaux, boutis, tableaux).

XXX **Le Soleil d'Or**

9 r. des Capucins – ✆ 03 25 94 15 66 – www.hotellesoleildor.fr – Fermé 2 semaines en août, vacances de la Toussaint, de fév., dim. et lundi

Formule 19 € 🍷 – Menu 28 € – Carte 40/70 €

Le soleil brille sur cette cuisine servie dans un décor d'inspiration historique. On y marie avec subtilité de jolis produits pour un résultat flatteur. Une bonne adresse dans la région.

JONGIEUX

✉ 73170 (Savoie) – 344 hab. – Voir carte n°**45**-C1

Paris 528 km – Annecy 58 km – Chambéry 25 km – Lyon 103 km

Carte Michelin 333-H3

XX **Auberge Les Morainières** (Michaël Arnoult) 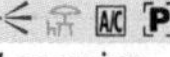

rte de Marétel – ✆ 04 79 44 09 39 – www.les-morainieres.com – Fermé 1 semaine en nov., 26 déc.-12 janv., mardi sauf le soir en juil.-août et lundi

Formule 32 € – Menu 48 € (déj. en semaine), 72/98 € – Carte environ 94 € *(réservation conseillée)*

Au sommet d'un coteau planté de vignes, dans un ancien cellier dominant la vallée et le Rhône… Loin des sentiers battus, la table de Mickaël Arnoult mérite un détour ! Car ce jeune chef imagine une cuisine d'une grande finesse, flatteuse sans être prétentieuse, créative sans être déroutante. Il impose son style.

→ Foie gras de canard poêlé, rhubarbe et fleur de sureau. Ris de veau doré, jus de mondeuse et truffe de Jongieux. Tarte fine aux pêches jaunes et pistaches.

JONS

✉ 69330 (Rhône) – 1 298 hab. – Voir carte n°**43**-E1

Paris 476 km – Lyon 28 km – Meyzieu 10 km – Montluel 8 km

Carte Michelin 327-J5

Auberge de Jons

rte du Pont – ✆ 04 78 31 29 85 – www.auberge-de-jons.com – Fermé 21 déc.-3 janv.

34 ch – 75/113 € 75/113 € – 3 suites – ☕ 13 €

Rest *Lounge Boat* – Formule 21 € – Menu 28 € – Carte 29/38 € *(fermé 3 semaines en août)*

Au bord du Rhône, un joli complexe hôtelier avec un ravissant cottage en bois et ses chambres d'esprit chalet, de confortables bungalows familiaux, ou des chambres classiques et contemporaines dans la bâtisse originelle. Côté détente : piscine, restaurant d'esprit paquebot, etc.

JONZAC

✉ 17500 (Charente-Maritime) – 3 480 hab. – Voir carte n°**38**-B3
Paris 512 km – Angoulême 59 km – Bordeaux 84 km – Cognac 36 km
Carte Michelin 324-H7 – Guide Vert Michelin Poitou-Charentes

Hostellerie du Coq d' Or avec ch

18 pl. du Château – ✆ 05 46 48 00 06 – www.lecoqdor.fr – Fermé 15-31 mars, vacances de Noël, dim. soir et lundi
5 ch – †89/99 € ††89/99 € – ☕ 10 € – ½ P
Formule 13 € – Menu 15 € (déj. en semaine)/30 € – Carte 30/54 €
Sur la place du château, une demeure (1904) rétro en diable et très élégante. On se régale de plats bistrotiers, généreux et savoureux, qui suivent le cours des saisons... Et pour passer la nuit, les chambres sont confortables et charmantes.

à Clam 6 km au Nord par D 142 – ✉ 17500 – 379 hab.

Le Vieux Logis

r. du 8 mai-1945 – ✆ 05 46 70 20 13 – www.vieuxlogis.com
10 ch – †70 € ††70/75 € – ☕ 10 € – ½ P
Rest *Le Vieux Logis* – voir les restaurants ci-après
À quelques kilomètres au nord de Jonzac. Dans ce joli logis, les chambres, fonctionnelles et bien tenues, donnent de plain-pied sur le jardinet. Et l'été, on se rafraîchit en faisant quelques brasses dans la piscine !

Le Vieux Logis

r. du 8 mai-1945 – ✆ 05 46 70 20 13 – www.vieuxlogis.com
Formule 16 € – Menu 20 € (semaine), 30/45 € – Carte 38/63 €
Avec sa façade blanche fleurie de géraniums, l'adresse a des airs d'auberge d'autrefois... L'endroit est tout indiqué pour découvrir les produits du terroir, mais sachez que le patron signe aussi quelques plats plus exotiques, nés de son goût pour les voyages ! À noter : la boutique d'artisanat d'outre-mer.

JOSSELIN

✉ 56120 (Morbihan) – 2 501 hab. – Voir carte n°**10**-C2
Paris 428 km – Dinan 86 km – Lorient 76 km – Rennes 79 km
Carte Michelin 308-P7 – Guide Vert Michelin Bretagne Sud

Hôtel du Château

1 r. du Gén.-de-Gaulle – ✆ 02 97 22 20 11 – www.hotel-chateau.com – Fermé 24 nov.-20 janv., dim. soir et lundi d'oct. à mars
35 ch – †69/102 € ††81/102 € – ☕ 10 € – ½ P
Rest – Formule 12 € – Menu 16 € (déj.), 21/44 € – Carte 24/64 €
Cet hôtel-restaurant des bords de l'Oust, créé en 1958, fait face au château des Rohan. Les chambres ont été rénovées en 2010 et la moitié donnent sur les puissantes murailles. Cuisine traditionnelle dans une salle d'esprit médiéval ou sur la terrasse tournée vers la forteresse.

JOUCAS

✉ 84220 (Vaucluse) – 326 hab. – Voir carte n°**42**-E1
Paris 716 km – Apt 14 km – Avignon 42 km – Carpentras 32 km
Carte Michelin 332-E10

Hostellerie Le Phébus & Spa

rte de Murs – ✆ 04 90 05 78 83 – www.lephebus.com – Ouvert 15 mars-15 nov.
14 ch – †165/373 € ††165/373 € – 10 suites – ☕ 26 € – ½ P
Rest *Xavier Mathieu* ✿ **Rest *Le Café de la Fontaine*** – voir les restaurants ci-après
Phébus... l'autre nom d'Apollon – et ce séjour que le dieu de la Beauté n'aurait sans doute pas renié ! Nichée dans la verdure, cette demeure provençale domine le Luberon ; la plupart des chambres jouissent d'un balcon, d'une terrasse voire d'une mini-piscine privée. Si loin du monde des hommes...

Le Mas des Herbes Blanches

2,5 km rte de Murs – ☎ 04 90 05 79 79 – www.herbesblanches.com – Fermé 7 janv.-17 mars

16 ch – 🚹154/470 € 🚹🚹154/470 € – 3 suites – ☕ 23 € – ½ P

Rest ***Le Mas des Herbes Blanches*** – voir les restaurants ci-après

Une architecture tout en pierres sèches, l'ombre des oliviers sous le soleil du Sud, une superbe piscine... et surtout un panorama grandiose sur la vallée du Luberon. Adossé au plateau de Vaucluse, ce mas est un sommet de Provence !

Le Mas du Loriot sans rest

4 km rte de Murs – ☎ 04 90 72 62 62 – www.masduloriot.com – Fermé 13 nov.-13 déc. et 3 janv.-10 fév.

9 ch – 🚹75/150 € 🚹🚹75/150 € – ☕ 14 €

Maison familiale perdue dans la garrigue, au cœur du parc régional du Luberon. Les chambres, confortables, sont en rez-de-jardin. Agréable piscine parmi les pins et la lavande.

Xavier Mathieu – Hostellerie Le Phébus & Spa

rte de Murs – ☎ 04 90 05 78 83 – www.lephebus.com – Ouvert 15 mars-15 nov. et fermé mardi midi, merc. midi et jeudi midi

Menu 39 € (déj. en semaine), 55/130 € – Carte 66/130 €

Grandi à Marseille, Xavier Mathieu a la Provence chevillée au corps. Recherche, technique, précision... mais surtout sens des saveurs et inspiration : chaque plat est une variation sur les origines. À découvrir dans le cadre privilégié d'une luxueuse bastide dans la garrigue.

→ Soupe au pistou. Pieds et paquets marseillais. Anchoïade (dessert).

Le Mas des Herbes Blanches – Hôtel Le Mas des Herbes Blanches

2,5 km rte de Murs – ☎ 04 90 05 79 79 – www.herbesblanches.com – Fermé 7 janv.-17 mars

Menu 45 € (déj.), 65/95 € – Carte 71/99 €

Une terrasse panoramique ? Un véritable balcon sur tout le Luberon ! Et chaque assiette ajoute senteurs et arômes au spectacle – avec de subtils dosages d'épices, qui rappellent les origines thaïlando-cambodgiennes du jeune chef. Un bel endroit.

Le Café de la Fontaine – Hostellerie Le Phébus & Spa

rte de Murs – ☎ 04 90 05 78 83 – www.lephebus.com – Ouvert 15 mars-15 nov. et fermé le soir

Menu 28 € – Carte 45/83 €

L'évocation très chic d'un café de village... Au cœur du luxueux hôtel Phébus, les abords de la piscine prennent l'allure d'une placette – avec sa fontaine – et la carte égrène plats provençaux et familiaux. Le tout dans une ambiance so lounge !

JOUGNE

✉ 25370 (Doubs) – 1 443 hab. – **Voir carte n°17-C3**

▶ Paris 464 km – Besançon 79 km – Champagnole 50 km – Lausanne 48 km

Carte Michelin 321-I6 – Guide Vert Michelin Franche-Comté Jura

La Couronne

6 r. de l'Église – ☎ 03 81 49 10 50 – www.hotel-couronne-jougne.com – Fermé nov., dim. soir et lundi hors saison et vacances scolaires

11 ch – 🚹75/83 € 🚹🚹82/85 € – 2 suites – ☕ 10 € – ½ P

Rest ***La Couronne*** – voir les restaurants ci-après

Près de l'église, une maison de pays (18e s.) où l'on se sent bien, tout simplement... Les chambres sont cosy et joliment décorées ; certaines ouvrent sur les monts du Jura.

La Couronne

6 r. de l'Église – ☎ 03 81 49 10 50 – www.hotel-couronne-jougne.com – Fermé nov., dim. soir et lundi hors saison et vacances scolaires

Menu 23 € (déj. en semaine), 31/51 € – Carte 38/66 €

De douces saveurs régionales et de bons produits cuisinés avec justesse : une terrine de lapin aux noisettes ouvre grand l'appétit ; un rôti de veau, bien moelleux, fleure bon le repas dominical de notre enfance... Une Couronne bien méritée !

JOUILLAT

✉ 23220 (Creuse) – 470 hab. – **Voir carte n°25-C1**
▶ Paris 345 km – Domérat 74 km – Guéret 15 km – Limoges 102 km
Carte Michelin 325-I3 – Guide Vert Michelin Limousin Berry

La Maison Verte

2 Lombarteix, 2 km au Nord par D 940 et rte secondaire – ✆ 05 55 51 93 34 – www.lamaisonvertecreuse.net
4 ch – 70/80 € 80/110 € **Table d'hôte** – Menu 25 €
Isolée en pleine verdure, cette ferme du 19e s. ne pourrait être plus au calme ! Jardin, potager, piscine, grandes chambres au décor soigné préservant l'âme des lieux et cuisine traditionnelle préparée par le propriétaire : on se sent bien.

JOUX

✉ 69170 (Rhône) – 662 hab. – **Voir carte n°44-A1**
▶ Paris 437 km – Lyon 51 km – St-Étienne 102 km – Villeurbanne 60 km
Carte Michelin 327-F4

Le Tilia

pl. du Plaisir – ✆ 04 74 05 19 46 – www.letilia.com – Fermé août, une semaine en fév., dim. soir et lundi
Formule 15 € – Menu 26/65 € – Carte 45/70 €
De retour d'Australie, le chef a eu envie d'ouvrir sa propre maison avec sa compagne, rencontrée là-bas... De la salle des fêtes du village, ils ont fait un restaurant cosy où la généreuse cuisine traditionnelle n'hésite pas à faire des sauts du côté du pays des kangourous.

JUAN-LES-PINS

✉ 06160 (Alpes-Maritimes) – **Voir carte n°42-E2**
▶ Paris 910 km – Aix-en-Provence 161 km – Cannes 10 km – Nice 22 km
Carte Michelin 341-D6 – Guide Vert Michelin Côte d'Azur

Juana

la Pinède, 19 av. G.-Gallice – ✆ 04 93 61 08 70 – www.hotel-juana.com – Fermé 26 oct.-26 déc.
Plan : FZ**f**
37 ch – 129/760 € 129/760 € – 3 suites – 27 €
Rest *Bistrot Terrasse* – voir les restaurants ci-après
Luxueux hôtel des années 1930 où l'on sait cultiver l'art de recevoir. Chambres Art déco exquises, équipements haut de gamme, belle piscine et, pour l'anecdote, magnifique ascenseur en bois... Le charme fou de la French Riviera !

Belles Rives

33 bd Édouard-Baudoin – ✆ 04 93 61 02 79 – www.bellesrives.com – Fermé 2 janv.-2 mars
Plan : FZ**d**
39 ch – 150/1200 € 150/1200 € – 4 suites – 27 €
Rest *La Passagère* Rest *Plage Belles Rives* – voir les restaurants ci-après
Un petit joyau Art déco où vécut Francis Scott Fitzgerald. Bar d'époque classé, chambres joliment décorées (mobilier 1930) – préférez celles côté mer –, restaurant de charme ou table près des flots, ponton et plage privés... Élégance et nostalgie.

AC Hotel Ambassadeur

50-52 chemin des Sables – ✆ 04 92 93 74 10 – www.achoteljuanlespins.fr – Fermé 2 semaines en déc.
Plan : FZ**s**
196 ch – 139/499 € 139/499 € – 25 suites – 25 € – ½ P
Rest *Fushi* – Menu 30 € – Carte 37/56 € *(fermé le midi en juil.-août) (résidents seult)*
Rest *Le Grill* – Carte 33/52 € *(ouvert juil.-août et fermé le soir)*
Style contemporain de bon ton dans les chambres, salles de séminaire et restaurants, plage privée, etc. Ce vaste complexe hôtelier a de quoi séduire vacanciers... et businessmans, d'autant plus qu'il se situe juste en face du nouveau palais des congrès.

JUAN-LES-PINS

Ardisson (Bd B.) .... FZ 5
Courbet (Av. Amiral) .... EZ 18
Docteur-Dautheville (Av.) ... FZ 22
Docteur-Hochet (Av. du)..... FZ 23
Gallet (Av. Louis) .... EZ 27
Gallice (Av. G.) .... FZ 29
Hôtel-des-Postes (R. de l') .. FZ 44
Iles (R. des) .... EZ 46
Joffre (Av. du Maréchal)... EFZ 47
Lauriers (Av. des)........... FZ 48
Maupassant (Av. Guy-de).. EFZ 53
Oratoire (R. de l') .... FZ 56
Palmiers (Av. des) .... FZ 59
Paul (R. M.) .... EZ 60
Printemps (R. du) .... FZ 63
Ste-Marguerite (R.) .... EZ 74
St-Honorat (R.).............. EZ 71
Vilmorin (Av.)............... EZ 88

Accès et sorties: voir à Antibes

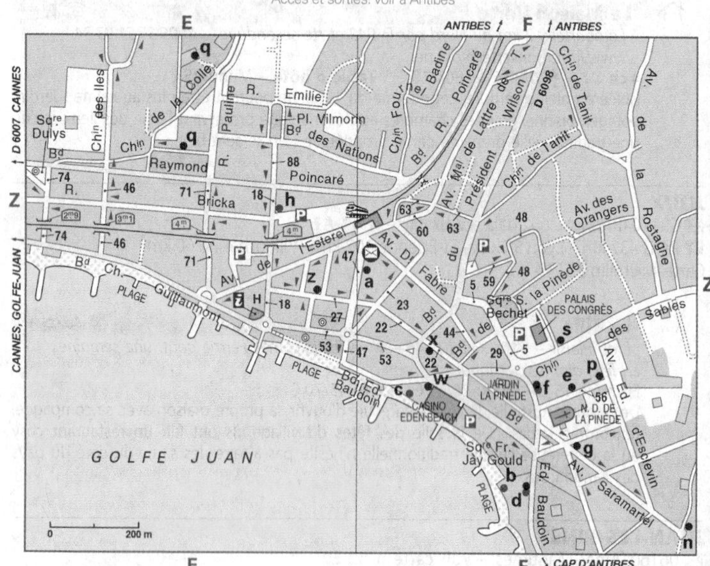

Garden Beach

ch, rest,

15 bd Édouard-Baudoin – ✆ 04 92 93 57 57 – www.hotel-gardenbeach.com – Fermé déc.-fév. Plan : FZ**w**

171 ch – 🚹99/485 € 🚹🚹99/945 € – 4 suites – ☕ 25 € – ½ P

Rest *La Frégate* – Formule 22 € – Carte 46/87 €

Rest *La Plage* – Formule 22 € – Carte 46/87 € *(ouvert mi avril-mi oct. et le soir du 15 juin au 15 sept.)*

En bordure d'une pinède, jouxtant le casino, un hôtel balnéaire récent. La moitié des chambres donnent sur la mer et, pour la détente, plage privée, fitness, sauna, restaurant méditerranéen, etc. De quoi passer des vacances idylliques.

Ste-Valérie sans rest

r. de l'Oratoire – ✆ 04 93 61 07 15 – www.hotel-sainte-valerie.fr – Ouvert 26 avril-12 oct. Plan : FZ**p**

24 ch – 🚹180/330 € 🚹🚹180/330 € – ☕ 20 €

De belles villas made in Méditerranée ! Les chambres, d'esprit très Sud, donnent sur le jardin luxuriant et sur la petite piscine. Quant à l'accueil, il est des plus aimables... Cossu et raffiné.

La Villa Cap d'Antibes sans rest

av. Saramartel – ✆ 04 92 93 48 00 – www.hotel-villa-antibes.com – Ouvert mars- fin oct. Plan : FZ**n**

26 ch – 🚹149/495 € 🚹🚹169/495 € – ☕ 19 €

Le jardin de cette grande villa 1900 est ravissant avec ses palmiers et ses oliviers. Mais il y a aussi la jolie piscine, l'accueil délicieux, ces chambres à la fois sobres et élégantes, le bar et le salon d'esprit balinais où il fait bon musarder... Un bel endroit, au calme.

Astoria sans rest

15 av. Mar.-Joffre – ✆ 04 93 61 23 65 – www.hotellastoria.com Plan : FZ**a**

47 ch – †99/208 € ††99/208 € – 2 suites – ☕ 10 €

Près de la gare et à deux pas de la plage, ce petit hôtel récent est vraiment pratique, tant pour un séjour d'affaires que pour l'agrément. Les chambres, qui disposent toutes d'un balcon, sont contemporaines et bien tenues.

Les Strélitzias Ⓝ ch, ch,

2 r. Pierre-Commanay – ✆ 04 92 93 64 00 – www.lesstrelitzias.com Plan : EZ**q**

69 ch – †75/115 € ††100/193 € – ☕ 13 €

Rest – Formule 19 € – Menu 25/28 € – Carte 28/36 €

Ce grand complexe, bâti dans les années 1970, est bien situé et propose des chambres spacieuses et fonctionnelles. Pour l'anecdote, quelques scènes du film "De rouille et d'os" ont été tournées ici. Enfin, les prix sont raisonnables pour la station...

Hôtel des Mimosas sans rest

r. Pauline – ✆ 04 93 61 04 16 – www.hotelmimosas.com – Ouvert 1er mai- 30 sept.

34 ch – †99/160 € ††99/160 € – ☕ 10 € Plan : EZ**q**

Sur les hauteurs de Juan, cette grande villa 1900 d'une blancheur immaculée se niche dans un joli parc planté de palmiers. Les chambres, un rien seventies, sont confortables et très bien tenues, les plus agréables donnant sur la piscine...

Le Grand Pavois Ⓝ sans rest

5 av. Saramartel – ✆ 04 92 93 54 54 – www.bestwestern-legrandpavois.com – Fermé 11 nov.-28 déc. Plan : FZ**g**

60 ch – †74/260 € ††84/270 € – ☕ 14 €

Arrêtez-vous au coin de la rue pour admirer de l'extérieur cette belle bâtisse tout en rondeurs, dans le style de 1930. À l'intérieur, le rétro domine, avec de hauts plafonds, de vieux parquets et des fresques rendant hommage à Sidney Bechet. Du cachet !

Mademoiselle Ⓝ sans rest

12 av. Dr-Dautheville – ✆ 04 93 61 31 34 – www.hotelmademoisellejuan.com – Fermé déc. et janv. Plan : FZ**x**

14 ch – †75/150 € ††85/180 € – ☕ 15 €

Gold, Afrique, nuages, relais de chasse, romantique, sous-bois scandinave... Un cadavre exquis ? Non, simplement les thèmes des chambres de cet hôtel atypique, situé au cœur de la ville. Rêverie et enchantement sont au programme !

Juan Beach sans rest

5 r. de l'Oratoire – ✆ 04 93 61 02 89 – www.hoteljuanbeach.com – Ouvert 4 avril-9 oct. Plan : FZ**e**

26 ch – †175/320 € ††185/320 € – 3 suites – ☕ 15 €

Une villa en bleu et blanc... très bord de mer. L'accueil est chaleureux ; on pose ses valises dans des chambres modernes et épurées, où la blancheur dominante est égayée par des rideaux et dessus de lit turquoise. Agréable !

Eden Hôtel sans rest

16 av. L.-Gallet – ✆ 04 93 61 05 20 – www.edenhoteljuan.com – Ouvert de mars à oct.

17 ch – †78/105 € ††88/130 € – ☕ 8 € Plan : EZ**z**

Près de la plage, un hôtel familial datant de 1930, simple et convivial. Les chambres ont été récemment rénovées dans un esprit contemporain. Petit-déjeuner sur une jolie terrasse.

Ibis Styles Ⓝ sans rest

95 bd Raymond-Poincaré – ✆ 04 92 95 90 02 – www.ibisstyles.com Plan : AU**a**

40 ch ☕ – †75/155 € ††85/165 €

Sur la route de Cannes, un établissement moderne, ample et coloré. Les petites chambres jouent le minimalisme en terme de décor, avec des touches de rose, vert fluo et orange vif. Pratique et idéal pour un court séjour.

XXX **La Passagère** – Hôtel Belles Rives

33 bd Édouard-Baudoin – ✆ 04 93 61 02 79 – www.bellesrives.com – Fermé 2 janv.-2 mars, le midi en saison, lundi et mardi hors saison Plan : FZ**d**

Formule 29 € – Menu 70/120 € – Carte 91/104 €

Un beau décor 1930 façon "paquebot", une jolie terrasse face à la mer et au massif de l'Estérel... Le cadre est idyllique. À la carte, une cuisine au plus près des saisons, dans laquelle les produits locaux ont la part belle. Du soleil dans l'assiette !

XX **Bistrot Terrasse** – Hôtel Juana

la Pinède, 19 av. G.-Gallice – ☎ 04 93 61 08 70 – www.hotel-juana.com – Fermé 26 oct.-26 déc. Plan : FZ**f**

Formule 19 € – Menu 29/39 € – Carte 40/55 €

Pour une incursion gourmande et raffinée dans le superbe hôtel Juana... Ce bistrot joue la carte des belles saveurs italiennes et niçoises, annoncées à l'ardoise ; on se régale sur la jolie terrasse entourée de palmiers... Une belle tranche de Méditerranée !

XX **Cap Riviera** Ⓝ

13 bd Édouard-Baudoin – ☎ 04 93 61 22 30 – www.cap-riviera.fr – Fermé 3 nov.-25 déc., 5 janv.-13 fév., dim. soir et lundi hors saison Plan : FZ**c**

Menu 39 € – Carte 48/74 €

Sa terrasse, qui offre une vue superbe sur le massif de l'Esterel et la mer Méditerranée, n'est pas le moindre de ses atouts ! Car on retient aussi ce restaurant pour son cadre clair et lumineux, et cette cuisine aux accents du Sud (poisson, salades, etc.), bien parfumée et réalisée avec de bons produits.

X **Plage Belles Rives** – Hôtel Belles Rives

33 bd Édouard-Baudoin – ☎ 04 93 61 02 79 – www.bellesrives.com – Ouvert de mi-avril à début oct. et fermé lundi et mardi hors saison et le soir sauf juil.-août

Carte 55/95 € Plan : FZ**b**

Un lieu plein de charme, sur la plage du bien nommé Hôtel Belles Rives, face à la Grande Bleue, aux îles de Lérins et même au lointain massif de l'Esterel... Poisson grillé, salades, pâtes : la cuisine méditerranéenne est à l'honneur, tout en simplicité et fraîcheur.

X **L'Amiral**

7 av. de l'Amiral-Courbet – ☎ 04 93 67 34 61 – Fermé 10-17 juin, sam. midi, dim. soir, lundi et le midi en juil.-août Plan : EZ**h**

Menu 26/33 € – Carte 30/60 €

Cuisines ouvertes, comptoir, vivier... Voilà un restaurant bien dans son temps, pour des mets à l'avenant. Déclinés autour de deux petits menus de saison, ils enchantent les habitués. Atmosphère familiale.

JUGY – 71 Saône-et-Loire ➜ voir Tournus

JULIÉNAS

✉ 69840 (Rhône) – 838 hab. – **Voir carte n°43-E1**

▶ Paris 403 km – Bourg-en-Bresse 51 km – Lyon 63 km – Mâcon 15 km

Carte Michelin 327-H2 – Guide Vert Michelin Lyon et sa région

Chez la Rose

pl. du Marché – ☎ 04 74 04 41 20 – www.chez-la-rose.fr – Ouvert de mars à mi-déc.

7 ch – 67/155 € 64/155 € – 6 suites – 10 €

Rest ***Chez la Rose*** – voir les restaurants ci-après

Un agréable hôtel-restaurant, avec une jolie terrasse et une petite piscine. Les chambres ont fait l'objet en 2012 d'une rénovation complète ; certaines affichent même un décor des plus tendance ! Une bonne étape dans ce village viticole du Beaujolais, en particulier pour les familles.

Les Vignes sans rest

à 0,5 km rte St-Amour – ☎ 04 74 04 43 70 – www.hoteldesvignes.com – Fermé 1er déc.-12 fév.

22 ch – 55/88 € 67/88 € – 10 €

Un agréable petit hôtel implanté au cœur des vignes, à flanc de coteau ! L'accueil y est aimable, les chambres soignées et aux prix doux, et la terrasse parfaite pour prendre le petit-déjeuner aux beaux jours...

XX **Chez la Rose** – Hôtel Chez la Rose

pl. du Marché – ☎ 04 74 04 41 20 – www.chez-la-rose.fr – Ouvert de mars à mi-déc. et fermé, vend. midi, lundi et mardi

Formule 26 € – Menu 37/45 € – Carte 36/53 €

Dans un cadre très lumineux et résolument contemporain, on savoure une sympathique cuisine traditionnelle qui fait honneur aux produits du terroir. Le tout accompagné de vins du cru, Beaujolais oblige. Mention spéciale pour la belle terrasse sur l'arrière.

La Taverne du Coq
pl. du Marché – ✆ 04 74 04 41 98 – www.coq-julienas.com – Fermé mi-déc. à mi-mars, merc. et jeudi
Menu 25 € – Carte 22/39 €
Un petit bistrot délicieusement rétro (tomettes, comptoir en zinc, belle cheminée et vieilles affiches), où l'on savoure une bonne cuisine du terroir accompagnée de vins des producteurs locaux. Charmant et sympathique !

JULLIÉ

✉ 69840 (Rhône) – 415 hab. – **Voir carte n°43-E1**
Paris 415 km – Bourg-en-Bresse 55 km – Lyon 67 km – Mâcon 20 km
Carte Michelin 327-H2

Domaine de la Chapelle de Vâtre sans rest
Le Bourbon, 2 km au Sud par D 68 et D 68e – ✆ 04 74 04 43 57 – www.vatre.com
3 ch – 60/80 € 70/95 €
Au sommet d'une colline couverte de vignes, ce beau domaine viticole beaujolais domine la plaine de la Saône. Les propriétaires, d'origine britannique, ont su marier avec goût et simplicité le style contemporain et les vieilles pierres. Au programme : piscine à débordement et découverte des chais...

JUMIÈGES

✉ 76480 (Seine-Maritime) – 1 736 hab. – **Voir carte n°33-C2**
Paris 160 km – Caudebec-en-Caux 16 km – Rouen 28 km
Carte Michelin 304-E5 – Guide Vert Michelin Normandie Vallée de la Seine

Domaine Le Clos des Fontaines sans rest
191 r. des Fontaines – ✆ 02 35 33 96 96 – www.leclosdesfontaines.com – Fermé 20 déc.-15 janv.
19 ch – 90/290 € 90/290 € – 15 €
Entre la célèbre abbaye de Jumièges et la Seine, ces quatre magnifiques pavillons normands allient pierre, brique et colombages, au calme d'un grand jardin avec fontaine, piscine et spa... Les chambres, vastes et lumineuses, rendent hommage à des artistes (Monet, Corneille) ou des lieux (Normandie, Fez, Kyoto...). Belle adresse !

L'Auberge des Ruines
17 pl. de la Mairie – ✆ 02 35 37 24 05 – www.auberge-des-ruines.fr – Fermé 3 semaines en janv.
Formule 25 € – Menu 30/95 € – Carte 62/75 €
Aux fourneaux de cette demeure normande, à deux pas des ruines de l'abbaye, se tient un jeune chef savoyard passionné et débordant d'énergie. Il en résulte une cuisine traditionnelle revisitée, rythmée par les saisons, que l'on savoure dans un décor entre rustique (poutres, cheminée) et actuel (éclairage, tableaux).

JUNGHOLTZ

✉ 68500 (Haut-Rhin) – 906 hab. – **Voir carte n°1-A3**
Paris 475 km – Belfort 62 km – Colmar 32 km – Mulhouse 23 km
Carte Michelin 315-H9

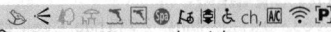

Les Violettes
rte de Thierenbach, 1 km à l'Ouest – ✆ 03 89 76 91 19 – www.les-violettes.com – Fermé 6-16 janv.
53 ch – 160/380 € 160/380 € – 4 suites – 23 € – ½ P
Rest – Menu 59 € – Carte 45/85 € *(fermé le midi sauf dim.)*
Dans un cadre verdoyant, une bâtisse imposante aux airs de chalet, dont les chambres et suites, d'esprit alsacien raffiné, se révèlent très confortables (moins cossues à la Gentilhommière). Superbe spa (avec espace fitness et grotte à sel), restaurant... Détente.

JUTIGNY

✉ 77650 (Seine-et-Marne) – 576 hab. – **Voir carte n°19-D2**
Paris 100 km – Créteil 87 km – Melun 54 km – Troyes 101 km
Carte Michelin 312-I5

Moulin de Gouaix sans rest
– ✆ 09 61 24 56 77 – www.chambre-hote-provins.com – Fermé 15 août-1er sept. et 24 déc.-3 janv.
3 ch – 80/85 € 150/160 €
À 10 km de la cité médiévale de Provins, cet ancien moulin abrite des chambres spacieuses et fonctionnelles. Le matin, on prend son petit-déjeuner face à la campagne. Parfait pour un week-end au vert.

JUVIGNAC – 34 Hérault ➜ voir Montpellier

JUVIGNY – 74 Haute-Savoie ➜ voir Annemasse

JUVIGNY-SOUS-ANDAINE

61140 (Orne) – 1 042 hab. – **Voir carte n°32-B3**
Paris 239 km – Alençon 51 km – Argentan 47 km – Domfront 12 km
Carte Michelin 310-F3 – Guide Vert Michelin Normandie Cotentin

Au Bon Accueil avec ch — rest,
23 pl. St-Michel – ✆ 02 33 38 10 04 – www.aubonaccueil-normand.com – Fermé 2 semaines en janv., dim. soir et lundi
4 ch – 64/69 € 64/79 € – 10 € – ½ P
Formule 16 € – Menu 20 € (semaine), 30/60 € – Carte 43/50 € *(fermé dim. soir et lundi)*
L'enseigne ne ment pas ! Dans ce restaurant repris par un jeune couple en 2012, on vous accueille à bras ouverts. Et si le cadre est classique, la cuisine bouscule les habitudes : le chef aime revisiter les recettes du terroir, en y apposant son style original et créatif... Pour prolonger le séjour, on profite de l'hôtel.

KATZENTHAL

68230 (Haut-Rhin) – 549 hab. – **Voir carte n°2-C2**
Paris 445 km – Colmar 8 km – Gérardmer 53 km – Munster 18 km
Carte Michelin 315-H8

A l'Agneau avec ch
16 Grand'Rue – ✆ 03 89 80 90 25 – www.agneau-katzenthal.com – Fermé 1er-10 juil., 15 fév.-12 mars, mardi soir de mi-oct. à fin juin, jeudi midi et merc.
12 ch – 45/62 € 45/62 € – 11 € – ½ P
Formule 19 € – Menu 23/46 € – Carte 30/54 €
Cette jolie maison au décor typiquement alsacien est douce... comme un agneau. On y savoure une cuisine du marché et des spécialités régionales réalisées par un chef, Thierry Hohly, passé par de belles maisons. Le tout accompagné des vins du cru. Pour l'étape, des chambres classiques.

KAYSERSBERG

68240 (Haut-Rhin) – 2 713 hab. – **Voir carte n°2-C2**
Paris 438 km – Colmar 12 km – Gérardmer 46 km – Guebwiller 35 km
Carte Michelin 315-H8

Chambard
9 r. du Gén.-de-Gaulle – ✆ 03 89 47 10 17 – www.lechambard.fr – Fermé 12-26 janv.
27 ch – 162/178 € 162/178 € – 5 suites – 21 €
Rest *Chambard* **Rest *Winstub*** **Rest *Flamme & Co*** – voir les restaurants ci-après
Véritable institution dans la cité, le Chambard a fière allure : derrière sa belle façade traditionnelle (18e s.) se cache un décor ultracontemporain, chic et tendance. Quant aux gourmands, ils ont le choix entre un restaurant de haute gastronomie ou une charmante winstub... et partout un très grand confort.

Les Remparts et Les Terrasses sans rest
4 r. Flieh – ✆ 03 89 47 12 12 – www.lesremparts.com
44 ch – †52/65 € ††59/95 € – ☕ 10 €
Dans un quartier résidentiel calme, un hôtel familial où le sens de l'accueil n'est pas un vain mot. Les chambres sont fonctionnelles et assez spacieuses, la plupart avec un joli balcon fleuri en saison ; au petit-déjeuner, on se régale de bons produits locaux.

Loges les Remparts sans rest
4 r. Flieh – ✆ 03 89 47 12 12 – www.lesremparts.info/loges
9 ch – †80 € ††80 € – ☕ 10 €
Dans l'annexe de la maison-mère, ces "Loges", spacieuses et contemporaines, sont louées pour un minimum de trois nuits ; elles disposent toutes d'une cuisine équipée. De quoi se sentir comme chez soi !

Constantin sans rest
10 r. du Père-Kohlman – ✆ 03 89 47 19 90 – www.hotel-constantin.com
20 ch – †55/58 € ††72/82 € – ☕ 9 €
Dans cette maison de vigneron du 19e s., les chambres sont fonctionnelles et rustiques (parfois avec une mezzanine), très bien tenues et d'un bon rapport qualité-prix. Le petit plus : on prend son petit-déjeuner sous une jolie verrière.

Chambard (Olivier Nasti) – Hôtel Chambard
9 r. du Gén.-de-Gaulle – ✆ 03 89 47 10 17 – www.lechambard.fr – Fermé 12-26 janv., mardi sauf le soir de Pâques à déc., merc. midi et lundi
Formule 38 € – Menu 63/127 € – Carte 82/125 €
Un décor chic et trendy, mais surtout une cuisine excellente ! Découpes, cuissons, assaisonnements, jeux de textures et d'ingrédients : tout est soigneusement réglé dans la cuisine d'Olivier Nasti... Et pourtant, chaque assiette laisse fleurer l'inspiration du chef ! Harmonieux, savoureux, bref : imparable.
➜ Foie gras d'oie en texture, nougat, vinaigre balsamique et parmesan. Filet de chevreuil aux baies roses, jus de griotte, betterave et céleri. Pomme fondante roulée et caramélisée, pannacotta caramel.

La Vieille Forge
1 r. des Écoles – ✆ 03 89 47 17 51 – Fermé 30 déc.-19 janv.
Menu 21/40 € – Carte 35/54 €
Dans un décor traditionnel (vieilles poutres, poêle en faïence), on déguste par exemple risotto d'épinards aux escargots, tête de veau aux gambas, etc. Fraîcheur des produits, subtilité des saveurs : le jeune chef (le fils de la maison !) fait preuve d'un talent indiscutable, et maîtrise son sujet. Courez-y !

Winstub – Hôtel Chambard
9 r. du Gén.-de-Gaulle – ✆ 03 89 47 10 17 – www.lechambard.fr – Fermé 12-26 janv.
Menu 29 € – Carte 35/67 €
La seconde table du Chambard, version winstub. Ici, Olivier Nasti revisite tout ce que le terroir alsacien peut offrir : baeckeoffe et choucroute, tarte à l'oignon, presskopf... Sans oublier cette délicieuse tête de veau et ses pommes de terre écrasées à la muscade : goûteux et généreux, une ode à la gourmandise !

Au Lion d'Or
66 r. du Gén.-de-Gaulle – ✆ 03 89 47 11 16 – www.auliondor.fr – Fermé 2-9 juil., 17 fév.-12 mars, mardi sauf le midi de mai à oct. et merc.
Menu 18/35 € – Carte 23/53 €
Cette maison de 1521, tenue par la même famille depuis 1724, a beaucoup de cachet, et l'on y déguste de savoureux plats traditionnels. De beaux produits et l'envie de bien faire : c'est bon ! L'hiver, on se réchauffe au coin de la cheminée.

Flamme & Co – Hôtel Chambard
9 r. du Gén.-de-Gaulle – ✆ 03 89 47 16 16 – www.lechambard.fr – Fermé le midi et lundi
Menu 25 € – Carte 35/42 €
Une adresse où la tarte flambée est érigée en concept, et même en concept branché... Four à bois éclairé par des spots fluo, fauteuils zébrés, sets de D.J. certains soirs. Et des créations telle que la flammée fromage frais aux herbes, noix, pousses d'épinard et miel poivré. Surprenant !

à Kientzheim 3 km à l'Est par D 28 – ✉ 68240 – 759 hab.

L'Abbaye d'Alspach sans rest

2 r. Mar.-Foch – ✆ 03 89 47 16 00 – www.hotel-abbaye-alspach.com – Fermé 3 janv.-15 mars

31 ch – †89/133 € ††89/133 € – 5 suites – ☕ 13 €

Faire étape dans ce couvent du 11e s. sera l'occasion de découvrir une charmante bourgade médiévale et de profiter du style rustique et cossu d'un hôtel familial. De surcroît, le petit-déjeuner fait la part belle aux produits locaux !

Hostellerie Schwendi

2 pl. Schwendi – ✆ 03 89 47 30 50 – www.schwendi.fr – Fermé 5 janv.-10 mars

29 ch – †76/86 € ††86/118 € – ☕ 11 € – ½ P

Rest ***Hostellerie Schwendi*** – voir les restaurants ci-après

Cette grande maison à pans de bois a vraiment bonne mine sur la petite place du village. L'ambiance est familiale et l'on se sent bien dans ses chambres rustiques et pimpantes. L'annexe "La maison Germaine" est tout aussi agréable.

Hostellerie Schwendi

2 pl. Schwendi – ✆ 03 89 47 30 50 – www.schwendi.fr – Fermé 5 janv.-10 mars, jeudi midi et merc.

Menu 23/62 € – Carte 27/59 €

Envie d'un cadre original ? Rendez-vous dans ce restaurant où l'on dîne dans l'ancienne cave à vin de l'auberge. Croquettes de munster, foie gras aux griottes, truite au riesling... Ici, le chef privilégie le meilleur de la gastronomie régionale. En été, on se régale sur la place. Pittoresque à souhait !

KEMBS-LOÉCHLÉ

✉ 68680 (Haut-Rhin) – **Voir carte n°1-B3**

▶ Paris 493 km – Altkirch 26 km – Basel 16 km – Belfort 70 km

Carte Michelin 315-J11

Les Écluses

8 r. Rosenau – ✆ 03 89 48 37 77 – www.lesecluses.fr – Fermé vacances de la Toussaint, 3-15 janv., merc. soir d'oct. à avril, dim. soir et lundi

Formule 12 € – Menu 17/43 € – Carte 33/51 €

Non loin du canal de Huningue et de la "Petite Camargue" alsacienne, on déguste une cuisine traditionnelle qui fait la part belle au poisson, dans une atmosphère chaleureuse et familiale.

KIENTZHEIM – 68 Haut-Rhin ➜ voir Kaysersberg

KILSTETT

✉ 67840 (Bas-Rhin) – 2 357 hab. – **Voir carte n°1-B1**

▶ Paris 489 km – Haguenau 23 km – Saverne 51 km – Strasbourg 14 km

Carte Michelin 315-L4

Oberlé

11 rte Nationale – ✆ 03 88 96 21 17 – www.hotel-restaurant-oberle.fr – Fermé 18 août-7 sept. et 19 janv.-2 fév.

29 ch – †52 € ††68 € – ☕ 8 € – ½ P

Rest – Formule 12 € – Menu 23/44 € – Carte 24/50 € *(fermé dim. soir d'oct. à mars, jeudi et vend.)*

À 15 km de Strasbourg, une imposante maison alsacienne proche de la gare. Les chambres sont simples mais bien insonorisées. Au restaurant, cuisine régionale et atmosphère conviviale.

Au Cheval Noir

1 r. du Sous-Lieutenant-Maussire – ✆ 03 88 96 22 01 – www.restaurant-cheval-noir.fr – Fermé 21 juil.-13 août, 2 semaines en janv., dim. soir, lundi et mardi

Menu 16 € (déj. en semaine), 25/49 € – Carte 44/50 €

C'est au galop qu'on se rend au Cheval Noir ! Derrière la façade de cette maison à colombages (18e s.), deux frères travaillent les beaux produits en tandem. Une cuisine traditionnelle à déguster dans de jolies salles… si tant est qu'on descende de sa monture.

KOENIGSMACKER

✉ 57970 (Moselle) – 2 080 hab. – **Voir carte n°26-B1**
Paris 349 km – Luxembourg 50 km – Metz 39 km – Völklingen 69 km
Carte Michelin 307-I2

Moulin de Méwinckel sans rest
chemin de Méwinckel – ✆ 03 82 55 03 28
5 ch – 50/60 € 60/65 €
Même si la roue à aube tourne toujours, c'est moins un moulin que toute une ferme noyée dans la verdure... Les chambres sont agréables et impeccablement tenues ; les nuits s'y écoulent au rythme de l'eau toute proche. Et au petit-déjeuner, on apprécie confitures maison et bon beurre fermier !

LE KREMLIN-BICÊTRE – 94 Val-de-Marne

➜ voir Paris, Environs

KRUTH

✉ 68820 (Haut-Rhin) – 1 007 hab. – **Voir carte n°1-A3**
Paris 453 km – Colmar 63 km – Épinal 68 km – Gérardmer 31 km
Carte Michelin 315-F9

au Frenz 5 km à l'Ouest par D 13bis – ✉ 68820 – 1 007 hab.

Les Quatre Saisons
3 rte du Frentz – ✆ 03 89 82 28 61 – www.hotel4saisons.com – Fermé 1er-7 juil., 12-21 nov. et 6-18 janv.
9 ch – 55/65 € 55/65 € – 9 € – ½ P
Rest *Les Quatre Saisons* – voir les restaurants ci-après
On se croirait dans un petit chalet familial au cœur de la forêt : tout est soigné, mignon, accordé avec goût. Les chambres ? De petits nids douillets et chaleureux. Le petit-déjeuner ? Un pur délice, avec des confitures maison, de la charcuterie, du fromage... Et ici, même les prix sont doux.

Les Quatre Saisons – Hôtel les Quatre Saisons
3 rte du Frentz – ✆ 03 89 82 28 61 – www.hotel4saisons.com – Fermé 1er-7 juil., 12-21 nov., 6-18 janv., mardi et merc.
Menu 16/38 € – Carte 29/42 €
Roland et Christelle aux fourneaux ; Frédéric choisissant avec soin de jolis crus... Un père, sa fille et son gendre, pour un trio gourmand et gagnant. Dans ce chalet douillet, on se régale d'une délicieuse cuisine de saison, sans fausse note !

LABAROCHE

✉ 68910 (Haut-Rhin) – 2 286 hab. – **Voir carte n°2-C2**
Paris 441 km – Colmar 17 km – Gérardmer 49 km – Munster 25 km
Carte Michelin 315-H8

La Rochette
500 lieu-dit La Rochette – ✆ 03 89 49 80 40 – www.larochette-hotel.fr – Fermé 3 semaines en mars et 12-28 nov.
11 ch – 70/88 € 72/88 € – 11 € – ½ P
Rest *La Rochette* – voir les restaurants ci-après
Au cœur des Ballons des Vosges, cette grosse maison tenue en famille cultive le sens de l'accueil ! Les chambres sont très plaisantes, dans un esprit épuré où domine le bois clair ; quant au restaurant, il réserve son lot de gourmandises...

La Rochette – Hôtel La Rochette
500 lieu-dit La Rochette – ✆ 03 89 49 80 40 – www.larochette-hotel.fr – Fermé 3 semaines en mars, 12-28 nov., lundi et mardi
Formule 13 € – Menu 30/60 € – Carte 34/59 €
Une belle découverte que ce restaurant contemporain ! Aux fourneaux, père et fils réalisent des plats savoureux et fins, telle une réconfortante matelote au riesling. Et un deuxième fils œuvre en salle... avec sa maman, en tant que sommelier. Une histoire de famille.

LABASTIDE-BEAUVOIR

✉ 31450 (Haute-Garonne) – 1 080 hab. – **Voir carte n°29-C2**
▶ Paris 701 km – Albi 97 km – Castelnaudary 35 km – Toulouse 25 km
Carte Michelin 343-I4

L' Oustal du Lauragais

rte de Mauremont – ✆ 05 34 66 16 16 – www.oustal-lauragais.fr – Fermé 21 déc.-4 janv.
14 ch – 69 € 69 € – 8 € – ½ P
Rest – Formule 16 € – Menu 20/29 € – Carte 21/33 € *(fermé 2-24 août, sam. et dim. soir)*
Ah, la quiétude d'une jolie ferme restaurée, au milieu de la verdure ! Les chambres sont toutes identiques, simples et très bien tenues (le plus souvent avec balcon). Au restaurant, cuisine de tradition.

LABASTIDE-DE-VIRAC

✉ 07150 (Ardèche) – 232 hab. – **Voir carte n°44-A3**
▶ Paris 675 km – Alès 42 km – Lyon 213 km – Privas 73 km
Carte Michelin 331-I7 – Guide Vert Michelin Ardèche Drôme

Le Mas Rêvé sans rest

3 km à l'Est par D 217 et rte secondaire – ✆ 04 75 38 69 13 – www.lemasreve.com – Ouvert 1er mai-30 sept.
5 ch – 110/160 € 110/160 €
Marie-Rose et Guido Goossens ont restauré cette ferme ardéchoise avec soin ; les chambres sont pleines de charme, le jardin vraiment beau et la piscine... rafraîchissante !

LABASTIDE-MURAT

✉ 46240 (Lot) – 659 hab. – **Voir carte n°29-C1**
▶ Paris 543 km – Brive-la-Gaillarde 66 km – Cahors 32 km – Figeac 45 km
Carte Michelin 337-F4

La Garissade

20 pl. de la Mairie – ✆ 05 65 21 18 80 – www.garissade.com – Ouvert avril-oct.
19 ch – 68 € 75 € – 9 € – ½ P
Rest *La Garissade* – voir les restaurants ci-après
Une ambiance familiale règne dans cette maison villageoise du 13e s. Les chambres sont fonctionnelles et bien tenues. Une bonne adresse pour découvrir le parc naturel régional des Causses du Quercy.

La Garissade

20 pl. de la Mairie – ✆ 05 65 21 18 80 – www.garissade.com – Ouvert avril-oct.
Menu 19/32 € – Carte 15/26 € déjeuner *(fermé lundi midi)*
Dans un hôtel en pierre blonde du pays, ce restaurant a un petit côté bistrot chic. La carte, quant à elle, s'inspire du terroir : foie gras et truffe, veau élevé sous la mère, agneau fermier du Quercy, bœuf de l'Aubrac... Beaucoup de goût.

LABOURSE – 62 Pas-de-Calais ➜ voir Béthune

LACABARÈDE

✉ 81240 (Tarn) – 290 hab. – **Voir carte n°29-C2**
▶ Paris 754 km – Béziers 71 km – Carcassonne 53 km – Castres 36 km
Carte Michelin 338-H10

Demeure de Flore

106 Grand'rue – ✆ 05 63 98 32 32 – www.demeuredeflore.com
10 ch – 115/125 € 115/145 € – 1 suite – ½ P
Rest – Menu 29 € (déj. en semaine)/38 € *(fermé 2-31 janv. et lundi hors saison)*
Passé l'allée bordée de grands arbres, on découvre cette jolie maison de maître (1890) en pleine nature, face à la Montagne noire. Le propriétaire, italien, en a fait un hôtel charmant... Une déco florentine, colorée et atypique, des chambres cosy et confortables : le Sud par voie express !

LACAPELLE-VIESCAMP

✉ 15150 (Cantal) – 468 hab. – **Voir carte n°5-A3**
Paris 547 km – Aurillac 19 km – Figeac 57 km – Laroquebrou 12 km
Carte Michelin 330-B5

Hôtel du Lac

– *✆ 04 71 46 31 57 – www.hoteldulac-cantal.com*
– Fermé 2 semaines en janv.
23 ch – †65/75 € ††65/75 € – ☕ 8 € – ½ P
Rest *Le Capellain* – Formule 14 € – Menu 25/38 € – Carte 30/42 € *(fermé sam. midi sauf juil.-août et jeudi soir d'oct. à Pâques)*
Séjour au calme dans cet hôtel situé un peu en dehors du village. Préférez les chambres côté jardin, plus spacieuses et avec balcon ou terrasse. Un hébergement simple et très bien tenu, à proximité du lac de St-Étienne-Cantalès.

LACAUNE

✉ 81230 (Tarn) – 2 603 hab. – **Voir carte n°29-D2**
Paris 708 km – Albi 67 km – Béziers 89 km – Castres 48 km
Carte Michelin 338-I8

Le Relais de Fusies

2 r. de la République – ✆ 05 63 37 02 03 – www.hotelfusies.fr
30 ch – †65/75 € ††75/85 € – ☕ 10 € – ½ P
Rest *Le Relais de Fusies* – voir les restaurants ci-après
Un ancien relais de diligence, datant du 19e s., qui a gardé de nombreux vestiges d'antan : fresques, parquet, carrelage, et ce superbe escalier en bois pour accéder aux chambres. Ces dernières sont sobres, mais pratiques. Une étape agréable !

Le Relais de Fusies

2 r. de la République – ✆ 05 63 37 02 03 – www.hotelfusies.fr
– Fermé sam. midi, dim. soir et lundi midi de nov. à mars
Formule 13 € – Menu 15 € (déj. en semaine), 18/45 € – Carte 28/40 €
Dans ce restaurant classique et accueillant, le chef s'attache à travailler de beaux produits et réalise une bonne cuisine du terroir, accompagnée de jolis vins.

Calas avec ch

rest,

pl. Vierge – ✆ 05 63 37 03 28 – Fermé 23 déc.-15 janv.
16 ch – †42/60 € ††42/60 € – ☕ 8,50 € – ½ P
Formule 13 € – Menu 16 € (semaine), 23/39 € – Carte 30/49 € *(fermé vend. soir, sam. midi et dim. soir d'oct. à Pâques)*
Quatre générations se sont succédé à la tête de cette institution locale, où l'on se sustente d'une solide cuisine du terroir dans une atmosphère chaleureuse. Le dimanche, le chef propose un "menu des amis" et, pour prolonger l'étape, les chambres sont avenantes.

LACAVE

✉ 46200 (Lot) – 285 hab. – **Voir carte n°29-C1**
Paris 528 km – Brive-La-Gaillarde 51 km – Cahors 58 km – Gourdon 26 km
Carte Michelin 337-F2

Château de la Treyne

3 km à l'Ouest par D 23, D 43 et voie privée – ✆ 05 65 27 60 60
– www.chateaudelatreyne.com – Ouvert 21 mars-9 nov. et 23 déc.-5 janv.
14 ch – †200/440 € ††200/440 € – 3 suites – ☕ 24 € – ½ P
Rest *Château de la Treyne* ✿ – voir les restaurants ci-après
Une situation idyllique, en surplomb de la Dordogne qui lui prête ses reflets... Vivre est un art en ce château des 14e-17e s. ! Le parc abrite un jardin à la française et une chapelle romane (expositions, concerts), les chambres sont somptueuses.

Pont de l'Ouysse

– ✆ 05 65 37 87 04 – www.lepontdelouysse.com – Ouvert 29 mars-2 nov., fermé lundi sauf le soir en saison, merc. midi et jeudi midi hors saison et mardi midi sauf feriés

14 ch – 100/220 € 100/220 € – 17 € – ½ P

Rest ***Pont de l'Ouysse*** ✿ – voir les restaurants ci-après

Une séduisante demeure du 19e s., dans un jardin baigné par l'Ouysse, qui a creusé ce vallon escarpé et verdoyant... Beaucoup de charme dans les chambres, mêlant goût de l'ancien et esprit champêtre, et belle attention portée aux clients.

Château de la Treyne – Hôtel Château de la Treyne

3 km à l'Ouest par D 23, D 43 et voie privée – ✆ 05 65 27 60 60 – www.chateaudelatreyne.com – Ouvert 21 mars-9 nov. et 23 déc.-5 janv. et fermé le midi du mardi au vend.

Menu 48 € (déj.), 96/138 € – Carte 103/149 €

Quel lieu splendide ! La Dordogne serpente au pied de ce superbe château tout environné de verdure. La vue de la terrasse laisse rêveur... On apprécie d'autant plus le repas, dans une veine classique, élégante et soignée.

➜ Asperges vertes crues et cuites au jus de truffe, œuf poché truffé. Millefeuille de bœuf du Limousin, foie gras au vin de Cahors et pommes de terre soufflées. Tarte au citron meringuée, glace caramel au beurre salé.

Pont de l'Ouysse (Daniel et Stéphane Chambon) – Hôtel Pont de l'Ouysse

– ✆ 05 65 37 87 04 – www.lepontdelouysse.com – Ouvert 29 mars-2 nov. et fermé lundi sauf le soir en saison et mardi midi sauf fériés

Formule 45 € – Menu 60/180 € – Carte 77/105 €

Daniel et Stéphane Chambon – père et fils – œuvrent dorénavant de concert. Entre transmission et passion, l'âme généreuse et les beaux produits du Sud-Ouest sont mis en valeur. Charmante terrasse sous les tilleuls. ➜ Risotto d'artichaut, jus de barigoule et parfum de truffe. Pomme de terre charlotte en habit noir de truffe. Croustillant de crème brûlée aux framboises et sorbet citron-basilic.

LAC CHAMBON

✉ 63790 (Puy-de-Dôme) – Voir carte n°**5**-**B2**

Paris 456 km – Clermont-Ferrand 37 km – Condat 39 km – Issoire 32 km

Carte Michelin 326-E9 – Guide Vert Michelin Auvergne

Le Grillon

– ✆ 04 73 88 60 66 – www.hotel-grillon.com – Ouvert 15 fév.-2 nov. et fermé dim. soir sauf de mi juin à mi sept.

20 ch – 50 € 55 € – 9 € – ½ P

Rest – Formule 15 € – Menu 20 € (semaine), 24/40 € – Carte 25/48 € *(fermé lundi midi sauf juil.-août)*

Cet établissement familial abrite des chambres confortables et décorées avec soin par la propriétaire. Au restaurant, produits du terroir et vue sur le lac.

Beau Site

– ✆ 04 73 88 61 29 – www.beau-site.com – Ouvert 16 fév.-15 oct.

17 ch – 52/55 € 55/60 € – 10 € – ½ P

Rest – Formule 15 € – Menu 20/32 € – Carte 30/42 € *(fermé le midi sauf dim. et fériés)*

Cette belle maison fleurie domine le lac. Les chambres sont très bien tenues – préférez les plus récentes –, avec vue sur le plan d'eau ou la plage. Cuisine du terroir à déguster face au rivage.

LAC DE GUÉRY – 63 Puy-de-Dôme ➜ voir Mont-Dore

LAC DE LA LIEZ – 52 Haute-Marne ➜ voir Langres

LAC DE PONT – 21 Côte-d'Or ➜ voir Semur-en-Auxois

LAC GÉNIN – 01 Ain ➜ voir Oyonnax

LACHASSAGNE

✉ 69480 (Rhône) – 903 hab. – **Voir carte n°43-E1**
Paris 445 km – Lyon 30 km – Villeurbanne 39 km – Vénissieux 43 km
Carte Michelin 327-H4

XX ✿ **La Table de Lachassagne** (Anthony Fusco)

850 rte de la colline – ✆ 04 74 67 14 99 – www.restaurant-lachassagne.com – Fermé 3-17 août, 2-15 janv., dim. soir, lundi et mardi

Formule 35 € – Menu 47/65 € *(réservation conseillée)*

Ses abords sont sans charme mais la salle se révèle coquette, avec une terrasse dominant la vallée de la Saône. Quant à l'assiette... Anthony Fusco laisse libre cours à son inspiration, inventant sans cesse, guidé par les produits d'un réseau de fournisseurs locaux triés sur le volet. Le résultat ? Moderne, fin et subtil.

➜ Foie gras de canard rôti, jus de fruits rouges au poivre de Sechuan et chutney mangue-rhubarbe. Saint-pierre, champignons, coquillages et jus fruit de la passion. Biscuit mi-cuit de chocolat noir, caramel liquide et sorbet mangue.

LACOMBE

✉ 11310 (Aude) – 170 hab. – **Voir carte n°22-B2**
Paris 771 km – Carcassonne 33 km – Montpellier 177 km – Toulouse 95 km
Carte Michelin 344-E2

X **À la Prise d'Alzeau**

à la Prise-d'Alzeau – ✆ 04 68 25 46 94 – www.prisedalzeau.com – Ouvert d'avril à nov. et fermé lundi sauf juil.-aout et dim. soir

Menu 30/35 € – Carte 37/48 €

Au cœur de la forêt, en lieu et place d'une ancienne colonie de vacances, une jolie auberge champêtre... C'est ici, au cœur de l'Aude, qu'a décidé de s'installer ce couple de Hollandais passé par la Thaïlande. Au menu : une jolie cuisine du marché rehaussée... de quelques saveurs thaïes, où transparaît l'envie de bien faire !

LACQ

✉ 64170 (Pyrénées-Atlantiques) – 705 hab. – **Voir carte n°3-B3**
Paris 799 km – Bordeaux 220 km – Mont-de-Marsan 65 km – Pau 31 km
Carte Michelin 342-I2

XX **Auberge Panacau**

12 RD 817 – ✆ 05 59 60 02 27 – Fermé 4-20 août, vacances de Noël, le soir, sam. et dim.

Menu 24 € – Carte 40/47 €

Sur la route de Lacq, faites donc étape dans cette maison rouge ! Derrière les fourneaux, la chef concocte de bons petits plats traditionnels... depuis trois décennies. Un conseil : réservez, c'est souvent complet. Prix raisonnables.

LACROIX-FALGARDE – 31 Haute-Garonne ➜ voir Toulouse

LADOIX-SERRIGNY – 21 Côte-d'Or ➜ voir Beaune

LAGARDE D'APT

✉ 84400 (Vaucluse) – 37 hab. – **Voir carte n°40-B2**
Paris 739 km – Avignon 74 km – Digne-les-Bains 98 km – Marseille 105 km
Carte Michelin 332-F10

X ✿ **Le Bistrot de Lagarde** Ⓝ (Lloyd Tropeano)

rte d'Apt , 1 km par D 34 – ✆ 04 90 74 57 23 – http://lebistrotdelagarde.free.fr – Fermé de mi-déc. à mi-mars, lundi et mardi

Menu 21 € (déj. en semaine), 39/59 € *(réservation conseillée)*

Le genre de découverte qui marque pour longtemps... Le lieu est perdu, au cœur du plateau d'Albion (1 100 m), sur une ancienne base de lancement de missiles nucléaires ! C'est aujourd'hui un petit havre de délices, porté par l'inspiration d'un jeune chef talentueux, Lloyd Tropeano (ancien de Régis Marcon). Partez à sa rencontre ! Menu plus simple au déjeuner.

➜ Pâté chaud de gibier, velouté au foie gras, potimarron et cèpes. Jarret de veau braisé au macis et polenta croustillante. Fraîcheur de mangue et menthe poivrée.

LAGARDE-ENVAL

✉ 19150 (Corrèze) – 760 hab. – Voir carte n°**25**-C3
Paris 488 km – Aurillac 71 km – Brive-la-Gaillarde 35 km – Mauriac 66 km
Carte Michelin 329-L4

Auberge du Pays

rte de l'Étang – ✆ 05 55 27 16 12 – www.aubergedupays.fr – Fermé 15 août-15 sept., sam. et dim.
Formule 12 € – Menu 16 € (déj. en semaine), 22/30 € – Carte 24/49 €
Très sympathique, ce restaurant familial qui fait aussi bar-tabac. La cuisine du terroir tulliste est à l'honneur : millassou, mique, tête de veau le mercredi et farcidure le jeudi... C'est généreux et goûteux, une véritable adresse à l'ancienne !

LAGNIEU

✉ 01150 (Ain) – 6 756 hab. – Voir carte n°**44**-B1
Paris 475 km – Bourg-en-Bresse 43 km – Genève 111 km – Lyon 50 km
Carte Michelin 328-F5

Le Temps d'un Resto Ⓝ

53 r. Centrale – ✆ 04 74 35 79 32 – Fermé 10-25 août, 22-30 déc., dim. et lundi
Formule 17 € – Menu 26/56 € – Carte 36/55 €
On aime l'ambiance décontractée de ce petit restaurant situé dans une rue du centre piétonnier ; la cuisine y fait la part belle au poisson, souvent agrémenté d'épices (vanille, cannelle, curry, etc.), à la façon caribéenne, avec une petite musique des îles en fond sonore... Une pointe d'exotisme qui fait un bien fou !

LAGORD

✉ 17140 (Charente-Maritime) – 7 230 hab. – Voir carte n°**38**-A2
Paris 475 km – Poitiers 142 km – La Rochelle 5 km – La Roche-sur-Yon 94 km
Carte Michelin 324-D2

Hôtel du Château

123 av. du Clavier – ✆ 05 46 07 91 42 – www.hotel-du-chateau-la-rochelle.com
20 ch – 🚹180/220 € 🚹🚹180/220 € – ☕ 20 € – ½ P
Rest ***Le 123*** – voir les restaurants ci-après
Au cœur d'un parc de deux hectares, un très joli château du 19e s. qui ne laisse rien deviner de sa décoration intérieure... Dans les chambres et les salons, un seul mot d'ordre : design ! Classique, contemporain et surtout très élégant : plaisir et détente assurés...

Le 123 – Hôtel du Château

123 av. du Clavier – ✆ 05 46 07 91 42 – www.hotel-du-chateau-la-rochelle.com – Fermé sam. midi, dim. soir et lundi hors saison
Formule 18 € – Menu 26/40 € – Carte 36/55 €
Une grande verrière donnant sur le parc, une déco résolument contemporaine et trendy au service d'une cuisine à l'avenant, alléchante et fraîche... La vie de château version 21e s. !

LAGRASSE

✉ 11220 (Aude) – 583 hab. – Voir carte n°**22**-B3
Paris 819 km – Carcassonne 51 km – Montpellier 133 km – Perpignan 97 km
Carte Michelin 344-G4

Hostellerie des Corbières avec ch

9 bd de la Promenade – ✆ 04 68 43 15 22 – www.hostellerie-des-corbieres.com – fermé 15-30 nov., 10 janv.-10 fév. et jeudi
6 ch – 🚹70/95 € 🚹🚹70/95 € – ☕ 8 € – ½ P
Menu 17 € (déj. en semaine), 25/38 € – Carte 40/54 €
Le relais de poste du village a fait peau neuve pour laisser place à un restaurant bien dans son époque, tenu par un jeune couple accueillant. Le savoir-faire du chef fait honneur au terroir et aux beaux produits locaux ! L'été, profitez de la terrasse. Quelques chambres toutes simples pour la nuit.

LAGRAVE

✉ 81150 (Tarn) – 1 828 hab. – **Voir carte n°29-C2**
▶ Paris 686 km – Albi 16 km – Montauban 63 km – Toulouse 63 km
Carte Michelin 338-D7

Château de Touny

32 chemin de Touny – ✆ 05 63 57 90 90 – www.tounylesroses.com
4 ch – 108/134 € 108/134 € **Table d'hôte** – Menu 29 €
Au cœur du vignoble de Gaillac et au bord du Tarn, un beau château (18e et 19e s.) flanqué de deux pigeonniers. Dans le parc s'épanouissent des roses anciennes, et les chambres – mariant les genres avec élégance – respirent la sérénité. Sur le ponton, la gabarre et les kayaks du domaine sont amarrés, qui n'attendent que vous... Un lieu charmant et hors du temps !

LAGUIOLE

✉ 12210 (Aveyron) – 1 256 hab. – **Voir carte n°29-D1**
▶ Paris 571 km – Aurillac 79 km – Espalion 22 km – Mende 83 km
Carte Michelin 338-J2

Gilles Moreau

2 allée de l'Amicale – ✆ 05 65 44 31 11 – www.gilles-moreau.fr – Fermé 30 juin-4 juil., 12 nov.-20 déc., 5 janv.-14 fév., mardi et merc. sauf en août
20 ch – 52/112 € 52/112 € – 12 € – ½ P
Rest *Gilles Moreau* – voir les restaurants ci-après
Une maison de tradition à l'âme hospitalière. Les chambres portent des noms ancrés dans la région (lieux, fleurs, monts...), les plus calmes et les plus confortables donnant sur le jardin. De la verdure, le grand air de l'Aubrac et... une jolie piscine pour faire quelques brasses : le plaisir est complet.

Le Relais de Laguiole

espace Les Cayres – ✆ 05 65 54 19 66 – www.relais-laguiole.com – Ouvert 5 avril-2 nov.
33 ch – 88/110 € 88/110 € – 12 € – ½ P
Rest – Menu 24/40 € – Carte 35/57 € *(fermé le midi)*
Une bâtisse récente d'esprit régional, sur une petite place commerçante. Ses atouts : des chambres fonctionnelles et spacieuses, une grande piscine couverte, un copieux buffet de petit-déjeuner avec gâteaux maison et un restaurant traditionnel. Idéal pour une étape en famille.

Régis sans rest

3 pl. de la Patte-d'Oie – ✆ 05 65 44 30 05 – www.hotel-regis-laguiole.com – Ouvert 15 fév.-11 nov. et 27 déc.-7 janv.
15 ch – 55/132 € 55/132 € – 10 €
Au cœur de la cité, un relais de diligence du 19e s., tenu par la même famille depuis trois générations. Les chambres, fraîches et contemporaines, sont agréables, tout comme la piscine.

La Ferme de Moulhac sans rest

2,5 km au Nord-Est par rte secondaire – ✆ 05 65 44 33 25 – www.fermedemoulhac.fr
5 ch – 80/130 € 85/130 €
Calme, air pur et repos garantis dans cette ferme familiale. Pour l'anecdote, le propriétaire est un "vrai" agriculteur, toujours en activité. Les chambres mêlent joliment l'ancien et le moderne ; le petit-déjeuner se révèle copieux et il y a même une cuisinette à votre disposition... Authentique et sympathique !

Gilles Moreau – Hôtel Gilles Moreau

2 allée de l'Amicale – ✆ 05 65 44 31 11 – www.gilles-moreau.fr – Fermé 30 juin-4 juil., 12 nov.-20 déc., 5 janv.-14 fév., mardi et merc. sauf août
Menu 29/68 € – Carte 66/117 € *(réservation conseillée)*
Le restaurant, bien connu dans la région, a pris un nouveau départ il y a quelques années sous la houlette de Gilles Moreau, un jeune chef enthousiaste. Ce dernier réalise une cuisine bien tournée et savoureuse : de la finesse, de beaux produits et l'envie de bien faire... Avis aux gourmands !

à l'Est 6 km par rte de l'Aubrac (D 15) – ✉ 12210 Laguiole

Bras

rte de l'Aubrac – ✆ 05 65 51 18 20 – www.bras.fr – Ouvert de début avril à fin oct. et fermé mardi midi, merc. midi et lundi sauf juil.-août

11 ch – 🚹285/440 € 🚹🚹285/440 € – 2 suites – ☕ 29 €

Rest ***Bras*** ✿✿✿ – voir les restaurants ci-après

Au-dessus de Laguiole, à l'aplomb du plateau de l'Aubrac : plein sud, tout l'Aveyron se déploie à vos pieds ! C'est ici que Michel Bras a décidé de recréer l'auberge familiale, devenue vaisseau contemporain. Dans la transparence du verre, la nature est à vous…

Bras (Michel et Sébastien Bras)

✿✿✿ *rte de l'Aubrac – ✆ 05 65 51 18 20 – www.bras.fr – Ouvert de début avril à fin oct. et fermé mardi midi et merc. midi sauf juil.-août et lundi*

Menu 128/200 € – Carte 130/165 € *(réservation conseillée)*

Aubrac, Aubrac... Telle est l'incantation qui s'échappe de cette table magique ! Suc du terroir, sève des herbes aromatiques : le style Bras père et fils puise au cœur du produit. Ainsi le gargouillou, précipité unique d'une sensibilité et des légumes ou fleurs du jour : l'un des trésors de ce restaurant... qui chante la terre.

➜ Gargouillou de jeunes légumes, herbes et fleurs. Agneau allaiton rôti sur l'os. Biscuit tiède au chocolat coulant.

au Golf 12 km à l' Ouest par D541, D213 et rte secondaire

Domaine de Mezeyrac

– *✆ 05 65 44 41 41 – www.hotel-laguiole.com – Ouvert 24 avril-2 nov.*

7 ch – 🚹59/79 € 🚹🚹69/92 € – 4 suites – ☕ 9 €

Rest – Menu 20 € – Carte environ 35 €

Cette ancienne bâtisse régionale dévoile son charme et son caractère en pleine nature ! Elle a été transformée en charmant complexe hôtelier, avec un golf de neuf trous et un restaurant dans la jolie grange rustique. Grand calme assuré, bon confort et vue sur les greens.

LAILLY-EN-VAL

✉ 45740 (Loiret) – 2 639 hab. – Voir carte n°**12**-C2

Paris 158 km – Blois 42 km – Fleury-les-Aubrais 37 km – Orléans 31 km

Carte Michelin 318-H5

Domaine de Montizeau

5 km au Sud-Est par D19 (rte de Ligny) et rte secondaire – ✆ 02 38 45 34 74 – www.domaine-montizeau.com

4 ch ☕ – 🚹75/90 € 🚹🚹85/100 €

Table d'hôte – Menu 30 € 🍷 *(fermé merc. et dim.)*

Bienvenue sur les terres de l'ancien seigneur de Montizeau ! Ce relais de chasse du 17e s., noyé sous la végétation, est un endroit très agréable. La décoration des chambres, élégante et soignée, s'inspire de l'Italie, des fleurs ou de la chasse.

LALACELLE

✉ 61320 (Orne) – 281 hab. – Voir carte n°**32**-B3

Paris 208 km – Alençon 20 km – Argentan 34 km – Domfront 42 km

Carte Michelin 310-I4

La Lentillère

1,5 km par N 12, rte d'Alençon – ✆ 02 33 27 38 48 – www.lalentillere.fr – Fermé 24 déc.-1er janv.

13 ch – 🚹55/85 € 🚹🚹55/85 € – ☕ 9 € – ½ P

Rest – Formule 13 € – Menu 16 € (déj. en semaine), 28/36 € – Carte 22/44 € *(fermé vend. soir de mi-nov. à mi-mars, dim. soir et lundi midi)*

Un ancien relais de poste en bordure de N 12. Une situation qu'on oublie vite la nuit venue grâce à des chambres confortables et bien tenues, et à l'agréable jardin qui nous attend à l'arrière. Cuisine traditionnelle au restaurant.

LALLEYRIAT – 01 Ain ➜ voir Bourg-en-Bresse

LAMAGDELAINE – 46 Lot ➜ voir Cahors

LAMALOU-LES-BAINS

34240 (Hérault) – 2 438 hab. – **Voir carte n°22-B2**
Paris 732 km – Béziers 39 km – Lodève 38 km – Montpellier 79 km
Carte Michelin 339-D7

à Combes 10 km à l'Ouest par D 908 et D 180 – 34240 – 329 hab.

Auberge de Combes

– 04 67 95 66 55 – www.aubergedecombes.com – Fermé 2 janv.-8 fév., mardi de nov. à avril, dim. soir sauf juil.-août et lundi
Formule 24 € – Menu 30/75 € – Carte 42/68 €
Père et fils œuvrent de concert dans cette auberge perchée sur les hauteurs de la vallée de l'Orb. Derrière les fourneaux, tous deux s'activent et tirent le meilleur du terroir et des produits de saison. Dans l'assiette comme dans le paysage, la suavité brute domine... Excellent rapport qualité-prix.

LAMASTRE

07270 (Ardèche) – 2 480 hab. – **Voir carte n°44-B2**
Paris 577 km – Privas 55 km – Le Puy-en-Velay 72 km – St-Étienne 90 km
Carte Michelin 331-J4 – Guide Vert Michelin Ardèche Drôme

Château d'Urbilhac

rte de Vernoux, 2 km au Sud-Est par rte de Vernoux-en-Vivarais – 04 75 06 42 11 – www.chateaudurbilhac.fr
5 ch – 160/200 € 160/200 € **Table d'hôte** – Menu 42 €
Ce petit château de style néo-Renaissance (bâti au 16e s. et restauré au 19e s.) est prisé pour son parc de 30 ha dominant la vallée du Doux. Belle piscine. À la table d'hôte, on apprécie les recettes provençales de la maîtresse des lieux.

LAMBALLE

22400 (Côtes-d'Armor) – 12 098 hab. – **Voir carte n°10-C2**
Paris 431 km – Dinan 42 km – Rennes 81 km – St-Brieuc 21 km
Carte Michelin 309-G4 – Guide Vert Michelin Bretagne Nord

Kyriad sans rest

29 bd Jobert – 02 96 31 00 16 – www.hotel-lamballe.com
27 ch – 69/100 € 69/100 € – 9 €
Face à la gare, des chambres fonctionnelles, décorées à l'identique et bien insonorisées, avec buffet petit-déjeuner le matin : une adresse adaptée à la clientèle d'affaires.

à la Poterie 3,5 km à l'Est par D 28 – 22400

Le Manoir des Portes

– 02 96 31 13 62 – www.manoirdesportes.com – Fermé 19 déc.-5 janv.
16 ch – 57/86 € 67/114 € – 10 € – ½ P
Rest *Le Manoir des Portes* – voir les restaurants ci-après
Ce manoir du 16e s. tout en pierre ouvre sur un beau jardin fleuri, nanti d'un verger et d'un potager. Les chambres allient éléments anciens (mansardes), décoration très colorée et grand calme. Centre équestre à proximité.

Le Manoir des Portes

– 02 96 31 13 62 – www.manoirdesportes.com – Fermé 19 déc.-5 janv., sam. midi, dim. soir et lundi
Formule 21 € – Menu 28 €
Dans ce restaurant joliment rustique (poutres, pierres, cheminée), on savoure une bonne cuisine dans l'air du temps, qui laisse découvrir de solides bases traditionnelles. Les propositions du chef suivent le marché et changent tous les jours... Faites votre choix à l'ardoise !

LAMOTTE-BEUVRON

✉ 41600 (Loir-et-Cher) – 4 736 hab. – **Voir carte n°12-C2**
Paris 171 km – Blois 59 km – Gien 58 km – Orléans 36 km
Carte Michelin 318-J6 – Guide Vert Michelin Châteaux de la Loire

Tatin

5 av. de Vierzon, (face à la gare) – ✆ 02 54 88 00 03 – www.hotel-tatin.fr – Fermé 13-30 avril, 27 juil.-5 août, 21 déc.-7 janv., dim. soir, mardi midi et lundi
14 ch – †64/137 € ††64/137 € – ☕ 8,50 €
Rest *Tatin* – voir les restaurants ci-après
Une adresse historique ! C'est dans cet hôtel, datant de 1894, que les demoiselles Tatin ont inventé leur célèbre dessert. Les chambres, rénovées progressivement, sont simples et bien tenues. Joli jardin.

Tatin

5 av. de Vierzon, (face à la gare) – ✆ 02 54 88 00 03 – www.hotel-tatin.fr – Fermé 13-30 avril, 27 juil.-5 août, 21 déc.-7 janv., dim. soir, mardi midi et lundi
Formule 26 € – Menu 34/61 € – Carte 86/92 €
C'est ici que les sœurs Tatin inventèrent leur fameuse tarte aux pommes "renversée". Preuve en est : le fourneau de l'époque, fièrement exposé au bar. Et la tradition perdure... La cuisine du chef respecte les belles recettes d'hier !

LAMOTTE-WARFUSEE

✉ 80800 (Somme) – 626 hab. – **Voir carte n°36-B2**
Paris 141 km – Abbeville 72 km – Amiens 22 km – Cambrai 68 km
Carte Michelin 301-I8

Le Saint-Pierre

3 r. Delambre – ✆ 03 22 42 26 66 – Fermé le soir 1er oct.-31 janv. sauf vend. et sam., dim. soir, merc. soir et lundi
Formule 15 € 🍷 – Menu 18 € 🍷 (semaine), 25/30 € – Carte 30/40 €
À côté de l'église, le Saint-Pierre vous mène au paradis sans passer par le purgatoire... On s'y régale d'une appétissante cuisine traditionnelle : ris de veau poêlés, tarte aux escargots, etc. Accueil sympathique.

LAMOURA

✉ 39310 (Jura) – 529 hab. – **Voir carte n°16-B3**
Paris 477 km – Genève 47 km – Gex 29 km – Lons-le-Saunier 74 km
Carte Michelin 321-F8 – Guide Vert Michelin Franche-Comté Jura

La Spatule

Grande'rue – ✆ 03 84 41 20 23 – www.hotellaspatule.com – Fermé nov. à mi déc.
26 ch – †72/82 € ††72/82 € – ☕ 10 € – ½ P
Rest – Formule 15 € – Menu 19/32 € – Carte 24/44 € *(fermé lundi hors saison)*
Au pied des pistes, un beau chalet avec des chambres pratiques et contemporaines (à l'exception de quelques-unes plus "montagne") proposées à des tarifs très compétitifs ! Et il y a aussi un restaurant traditionnel où l'on ne manque pas de déguster des spécialités fromagères.

LAMPAUL-PLOUARZEL

✉ 29810 (Finistère) – 2 054 hab. – **Voir carte n°9-A1**
Paris 615 km – Brest 24 km – Quimper 98 km – Rennes 263 km
Carte Michelin 308-C4

Auberge du Vieux Puits

pl. de l'Église – ✆ 02 98 84 09 13 – www.aubergeduvieuxpuits.com – Fermé 24 mars-12 avril, 22 sept.-10 oct., dim. soir et lundi
Menu 20 € (semaine), 34/54 €
Elle a du charme cette maison bretonne au centre du village... et le puits est toujours là ! Foie gras de Ploudaniel (maison), lieu de la mer d'Iroise, homard à la lampaulaise, etc. Une cuisine traditionnelle qui profite à plein des bons produits issus de la pêche locale, travaillés avec passion.

LANARCE

✉ 07660 (Ardèche) – 164 hab. – Voir carte n°**44**-A3

Paris 579 km – Aubenas 44 km – Langogne 18 km – Privas 72 km

Carte Michelin 331-G5

Le Provence

N 102 – ✆ 04 66 69 46 06 – www.hotel-le-provence.com – Fermé 15 nov.-1er mars

19 ch – 52/68 € 52/68 € – 10 € – ½ P

Rest *Le Provence* – voir les restaurants ci-après

Altitude 1 200 m, en pleine montagne ardéchoise, pays des volcans et des sources : bienvenue aux amoureux de la nature ! Cette bâtisse récente borde un axe fréquenté, mais toutes les chambres ouvrent du côté opposé à la route et sont bien insonorisées. Un établissement bien tenu.

Le Provence

N 102 – ✆ 04 66 69 46 06 – www.hotel-le-provence.com – Ouvert 15 mars-11 nov.

Formule 14 € – Menu 21/39 € – Carte 26/36 €

À mi-chemin entre Aubenas et Le Puy-en-Velay, faites étape dans ce sympathique restaurant ! On y apprécie une cuisine gourmande et généreuse axée sur les produits du terroir : agneau provenant de l'élevage familial, charcuteries, cèpes, myrtilles, etc. Une bonne adresse.

LANCIÉ

✉ 69220 (Rhône) – 801 hab. – Voir carte n°**43**-E1

Paris 418 km – Lyon 56 km – Villeurbanne 65 km – Saint-Étienne 115 km

Carte Michelin 327-H2

Le Petit Nid de Pierres

Le Chatelard – ✆ 06 75 12 87 03 – www.pariaud.com – Fermé 6 janv.-22 fév.

5 ch – 80/87 € 87/100 € **Table d'hôte** – Menu 30 €

À deux pas du cœur du village, cette ferme en pierre forme un ravissant hameau... La cour, la piscine, les balcons fleuris, la fontaine et les chambres au décor soigné : tout est charmant ! À la table d'hôte, les beaux légumes du potager et les vins du domaine sont à l'honneur. Et l'on loue des vélos électriques...

LANCIEUX

✉ 22770 (Côtes-d'Armor) – 1 494 hab. – Voir carte n°**10**-C1

Paris 413 km – Rennes 80 km – Saint-Brieuc 85 km – Saint-Malo 18 km

Carte Michelin 309-J3 – Guide Vert Michelin Bretagne Nord

Hôtel des Bains sans rest

20 r. Poncel – ✆ 02 96 86 31 33 – www.hoteldesbains-lancieux.fr – Fermé sam. et dim. de déc. à mars sauf vacances scolaires

12 ch – 65/88 € 78/88 € – 9 €

Au cœur de cette station balnéaire, à quelques centaines de mètres du rivage, un hôtel né en 1894 et géré en famille. Les chambres sont fonctionnelles et bien tenues, certaines avec une kitchenette : une adresse utile.

LANCRANS – 01 Ain → voir Bellegarde-sur-Valserine

LANGEAC

✉ 43300 (Haute-Loire) – 3 978 hab. – Voir carte n°**6**-C3

Paris 508 km – Brioude 31 km – Mende 92 km – Le Puy-en-Velay 45 km

Carte Michelin 331-C3 – Guide Vert Michelin Auvergne

 3 km au Nord par D 585 – ✉ 43300

Val d'Allier

rest, rest,

– ✆ 04 71 77 02 11 – www.hotelvalallier.fr – Ouvert avril-oct. et fermé dim. hors saison

22 ch – 53/56 € 60/66 € – 10 € – ½ P

Rest – Formule 20 € – Menu 23 € (semaine), 28/32 € *(fermé le midi) (réservation conseillée)*

Les amateurs de sports nature et de randos en Auvergne aiment cette adresse. Pourquoi ? Pour ses chambres simples d'une tenue irréprochable (plus calmes sur l'arrière) et pour sa cuisine du terroir. Idéal pour les petits budgets.

LANGEAIS

✉ 37130 (Indre-et-Loire) – 4 029 hab. – **Voir carte n°11-A2**
Paris 259 km – Angers 101 km – Château-la-Vallière 28 km – Chinon 26 km
Carte Michelin 317-L5 – Guide Vert Michelin Châteaux de la Loire

Au Coin des Halles

9 r. Gambetta – ✆ 02 47 96 37 25 – www.aucoindeshalles.com – Fermé de mi-janv. à mi-fév., merc. et jeudi
Formule 25 € – Menu 30/51 € – Carte 54/61 €
Dans la rue qui mène au château de Langeais, arrêtez-vous dans cette jolie maison en tuffeau. Le décor est agréable et la cuisine, inventive et boostée par les produits du terroir, fait mouche ! Aux beaux jours, on profite de l'agréable terrasse. Accueil charmant en prime.

à St-Patrice 10 km à l'Ouest par rte de Bourgueil – ✉ 37130 – 677 hab.

Château de Rochecotte

43 r. Dorothée de Dino – ✆ 02 47 96 16 16 – www.chateau-de-rochecotte.fr – Fermé 17 fév.-3 mars et 3 semaines en janv.
34 ch – †185/290 € ††185/290 € – 3 suites – ☕ 21 € – ½ P
Rest *Château de Rochecotte* – voir les restaurants ci-après
Le souvenir de la duchesse de Dino et de Talleyrand plane sur cette élégante demeure aristocratique. De l'enfilade des magnifiques salons, aux chambres intimes et raffinées, en passant par le superbe parc, les plaisirs du 18e s. restent intacts !

Château de Rochecotte

43 r. Dorothée de Dino – ✆ 02 47 96 16 16 – www.chateau-de-rochecotte.fr – Fermé 17 fév.-3 mars et 3 semaines en janv.
Menu 49/72 € – Carte 58/83 €
Dans cet élégant château du Siècle des lumières, proche des vignobles de Bourgueil, la cuisine se décline dans un esprit gastronomique : feuillantine de langoustine et foie gras, tournedos de lotte au safran... À l'aune de son décor 18e s.

LANGON

✉ 33210 (Gironde) – 7 391 hab. – **Voir carte n°3-B2**
Paris 624 km – Bergerac 83 km – Bordeaux 49 km – Libourne 54 km
Carte Michelin 335-J7 – Guide Vert Michelin Aquitaine

Alienor sans rest

rte de Fargues, (chemin du Pioc) – ✆ 05 56 62 15 15 – www.hotel-alienorlangon.fr
20 ch – †63/73 € ††68/78 € – ☕ 8,50 €
Près d'un accès à l'autoroute et dans un environnement calme et verdoyant, un hôtel créé en 2011, d'esprit fonctionnel. Les chambres sont plaisantes et bien insonorisées ; la décoration sobre et de bon goût : une bonne étape !

Claude Darroze avec ch

95 cours Gén. Leclerc – ✆ 05 56 63 00 48 – www.darroze.com – Fermé dim. soir et lundi midi hors saison
16 ch – †65/80 € ††75/120 € – ☕ 15 € – ½ P
Menu 30 € (déj. en semaine), 45/88 € – Carte 62/133 €
Cet établissement familial sait perpétuer les traditions : on y savoure une délicieuse cuisine du Sud-Ouest, accompagnée de bons bordeaux (600 appellations). Les petits plus appréciables : l'agréable terrasse sous les platanes et les chambres dont certaines ont été refaites récemment. ➜ Salade de homard aux légumes croquants. Pigeon rôti farci au foie gras, gnocchis et légumes glacés au jus. Soufflé Grand Marnier.

à St-Macaire 2 km au Nord – ✉ 33490 – 1 995 hab.

Abricotier avec ch

rest, rest, P

D 1113 – ✆ 05 56 76 83 63 – www.restaurant-labricotier.com – Fermé 24-31 mars, 1er-4 juil., 2-5 sept., 12 nov.-12 déc., lundi et mardi soir
3 ch – †65/68 € ††65/68 € – ☕ 8 € Menu 22/43 € – Carte 35/67 €
À deux pas de la cité médiévale, cette maison régionale ravit par son atmosphère décontractée, sa terrasse ombragée par des mûriers centenaires et son appétissante cuisine du marché : croustillant au boudin, crépinettes de canard dans une sauce au vin et champignons, etc. Quelques chambres spacieuses dans l'annexe.

LANGRES

✉ 52200 (Haute-Marne) – 8 082 hab. – **Voir carte n°14-C3**
Paris 285 km – Chaumont 35 km – Dijon 79 km – Nancy 142 km
Carte Michelin 313-L6 – Guide Vert Michelin Champagne Ardenne

Le Cheval Blanc

4 r. de l'Estres – ✆ 03 25 87 07 00 – www.hotel-langres.com – Fermé nov.
23 ch – †80/140 € ††85/145 € – ☕ 11 € – ½ P
Rest *Le Cheval Blanc* – voir les restaurants ci-après
Le lieu est chargé d'histoire ! En effet, c'est dans cette église que Bossuet reçut le sous-diaconat. La Révolution en fit une auberge et depuis, on vient se reposer dans des chambres de caractère, plus fonctionnelles à l'annexe.

Le Cheval Blanc

4 r. de l'Estres – ✆ 03 25 87 07 00 – www.hotel-langres.com – Fermé nov. et merc. midi
Formule 17 € – Menu 34/48 € – Carte 49/86 €
Inutile de se cabrer, ce restaurant propose une belle cuisine basée sur des produits du terroir. Le chef n'hésite pas à rehausser le tout de touches d'inventivité : Saint-Jacques à la pomme verte, fraisier destructuré, etc.

au Lac de la Liez 6 km à l'Est par N 19 et D 284 – ✉ 52200

Auberge des Voiliers avec ch

1 r. des Voiliers, (lac de la Liez) – ✆ 03 25 87 05 74 – www.hotel-voiliers.com – Ouvert 16 mars-16 nov. et fermé dim. soir,mardi midi et lundi hors saison
10 ch – †50/68 € ††68/92 € – ☕ 10 € – ½ P
Formule 18 € – Menu 26/66 € – Carte 26/72 €
Cette auberge jouit d'une situation idéale au bord du lac. En dégustant sa cuisine traditionnelle sous la véranda et avec pareille vue, on se croirait en vacances... Les chambres, fonctionnelles et climatisées, entretiennent presque l'illusion d'être sur un voilier !

LANGUIMBERG

✉ 57810 (Moselle) – 186 hab. – **Voir carte n°27-C2**
Paris 411 km – Lunéville 43 km – Metz 79 km – Nancy 65 km
Carte Michelin 307-M6

Chez Michèle (Bruno Poiré)

57 r. Principale – ✆ 03 87 03 92 25 – www.chezmichele.fr – Fermé 24 déc.-14 janv., lundi soir en hiver, mardi et merc.
Formule 24 € – Menu 39/95 € – Carte 59/83 €
Ancien café de village, puis auberge familiale... et enfin table gastronomique reconnue dans la région : une jolie trajectoire pour ce restaurant dorénavant tenu par Bruno Poiré, le fils de Michèle, qui signe une cuisine d'aujourd'hui généreuse et précise. Excellent rapport qualité-prix. ➜ La terre, le potager et les fleurs. Homard breton grillé en deux services. Éclair à la framboise et sorbet fromage blanc.

LANNEPAX

✉ 32190 (Gers) – 563 hab. – **Voir carte n°28-A2**
Paris 749 km – Aire-sur-l'Adour 48 km – Auch 41 km – Barbotan-les-Termes 34 km
Carte Michelin 336-D7

Les Caprices d'Antan

pl. de la Mairie – ✆ 05 62 65 76 92 – www.aubergelescapricesdantan.fr – Fermé 2-10 janv., dim. soir, lundi et mardi
Menu 19 € (déj. en semaine)/33 € – Carte 40/50 €
Dans cette auberge conviviale, l'ardoise change chaque jour ; les assiettes explosent de saveurs d'ici et d'ailleurs, de couleurs... La patronne a le goût du voyage (elle a vécu au Brésil) et aime faire découvrir les petits vins locaux. Généreux, simple et bon !

LANNILIS

✉ 29870 (Finistère) – 5 293 hab. – **Voir carte n°9-A1**
Paris 599 km – Brest 23 km – Landerneau 29 km – Morlaix 63 km
Carte Michelin 308-D3

Les Oliviers

6 r. Carellou – ✆ 02 98 04 19 94 – www.les-oliviers-lannilis.fr – Fermé vacances de Noël, lundi soir, sam. midi et mardi
Formule 17 € – Menu 22 € (semaine), 30/59 € – Carte 33/51 €
Ces Oliviers-là se plaisent en terre bretonne. Le chef, originaire de Montpellier, travaille des produits du Sud (cochon du Ventoux, sélection du mareyeur, taureau de Camargue AOC, etc.), mais aussi des légumes oubliés, toujours avec une pointe d'originalité.

LANNION

✉ 22300 (Côtes-d'Armor) – 20 079 hab. – **Voir carte n°9-B1**
Paris 516 km – Brest 96 km – Morlaix 42 km – St-Brieuc 65 km
Carte Michelin 309-B2 – Guide Vert Michelin Bretagne Nord

L'Anthocyane

25 av. Ernest-Renan – ✆ 02 96 38 30 49 – Fermé lundi
Formule 19 € – Menu 23 € (déj. en semaine), 32/54 €
Un chef expérimenté veille aux destinées de ce nouveau restaurant, au cadre contemporain et cosy ; il y propose une cuisine du marché autour de courts menus établis au plus près des saisons. Imagination, précision technique, respect des saveurs : trois règles d'or pour un repas qui ne laisse pas indifférent !

rte de Perros-Guirec 5 km par D 788 – ✉ 22300 Lannion

Arcadia

Crec'h-Quillé – ✆ 02 96 48 45 65 – www.hotel-arcadia.com – Fermé 21 déc.-7 janv.
42 ch – 48/98 € 48/98 € – 8 €
Rest *Le St-Gilles* ✆ 02 96 48 43 01 – – Formule 15 € – Menu 17 € (semaine)/29 € – Carte 22/42 € *(fermé sam. et dim.)*
En sortie de ville, sur la route de Perros-Guirec, un hôtel fonctionnel, dont les chambres sont bien équipées et confortables (bonne literie, TV écran plat, moquette au sol). Une petite affaire qui se révèle très bien tenue !

à La Ville-Blanche 5 km par D 786, rte de Tréguier – ✉ 22300

La Ville Blanche (Jean-Yves Jaguin)

– ✆ 02 96 37 04 28 – www.la-ville-blanche.com
– Fermé 30 juin-9 juil., 22 déc.-30 janv., merc. sauf juil.-août, dim. soir et lundi
Menu 34 € (semaine), 46/78 € – Carte 70/79 € *(réservation conseillée)*
On vient ici pour se faire plaisir ! Dans cette jolie longère, une belle clientèle d'habitués se donne rendez-vous pour savourer une cuisine fine et parfumée, subtilement relevée par les herbes aromatiques du jardin potager. Le décor, d'esprit contemporain, semble à l'unisson de l'inspiration du chef...
→ Huîtres tièdes au bouillon de poule, flan de foie gras et galette de blé noir. Homard rôti au four au beurre salé, ses pinces en ragoût. Tutti frutti aux fraises.

LANS-EN-VERCORS

✉ 38250 (Isère) – 2 557 hab. – **Voir carte n°45-C2**
Paris 576 km – Grenoble 27 km – Villard-de-Lans 8 km – Voiron 37 km
Carte Michelin 333-G7 – Guide Vert Michelin Alpes du Nord

Le Val Fleuri sans rest

730 av. Léopold Fabre – ✆ 04 76 95 41 09 – www.le-val-fleuri.com
– Fermé 17 mars-1er mai et 5 oct.-20 déc., dim. soir et lundi sauf vacances scolaires
14 ch – 49/73 € 49/73 € – 9 €
Une belle et grande bâtisse Art déco au cachet pieusement conservé. Des meubles années 1920, un grand jardin, des chambres particulièrement bien tenues, un retour au temps des premiers séjours à la montagne... avec, le soir, une restauration simple pour les résidents.

LAON

✉ 02000 (Aisne) – 25 986 hab. – Voir carte n°**37**-D2

Paris 141 km – Reims 62 km – St-Quentin 48 km – Soissons 38 km

Carte Michelin 306-D5

La Bannière de France

11 r. F.-Roosevelt – ✆ 03 23 23 21 44 – www.hoteldelabannieredefrance.com – Fermé 24 déc.-1er janv. Plan : BCZ**t**

18 ch – 79/86 € 86/120 € – 9 € – ½ P

Rest – Menu 16/56 € – Carte 34/82 €

Édifié en 1685 au cœur de la cité médiévale, ce relais postal accueillit le premier cinéma laonnois dans sa salle de banquet (années 1920). Chambres bien tenues.

La Maison des 3 Rois sans rest

17 r. Saint-Martin – ✆ 03 23 20 74 24 – www.lamaisondes3rois.com Plan : BZ**r**

4 ch – 75/100 € 85/135 €

De l'industrie à l'hôtellerie, il n'y a parfois qu'un pas que le propriétaire des lieux a franchi. Au cœur de la vieille ville, ces deux maisons – dont la partie la plus ancienne remonte au 14e s. – conjuguent charme et douceur. Et certaines chambres offrent une jolie vue sur les toits...

Zorn - La Petite Auberge

45 bd Brossolette – ✆ 03 23 23 02 38 – www.zorn-lapetiteauberge.com – Fermé 1 semaine vacances de printemps,1 semaine en août, sam. midi, lundi soir et dim. sauf fériés Plan : CY**a**

Formule 20 € – Menu 30/57 € – Carte 57/89 €

Cette belle auberge affiche souvent complet : c'est en effet une valeur sûre de la région ! Un succès mérité pour le chef, Willy Marc Zorn, qui fait montre d'une vraie finesse d'exécution en concoctant de belles assiettes de saison, tout en saveurs franches. Un excellent rapport qualité-prix.

Et aussi ***Bistrot St-Amour*** – 45 bis bd Brossolette, ✆ 03 23 23 31 01 – Formule 13 € – Menu 16/19 € – Carte 22/37 €

à Samoussy 13 km par ② et D 977 – ✉ 02840 – 338 hab.

Le Relais Charlemagne

4 rte de Laon – ✆ 03 23 22 21 50 – www.lerelaischarlemagne.fr – Fermé 3 semaines en août, vacances de fév., merc. soir, dim. soir, fériés le soir et lundi

Menu 28 € (semaine), 48/62 € – Carte 54/63 €

Berthe, la mère de Charlemagne, était originaire de ce village. La maison abrite quatre salles feutrées dont l'une s'ouvre sur le jardin. Cuisine classique et ambiance familiale.

à Chamouille 13 km par D 967 DZ – ✉ 02860 – 260 hab.

Hôtel du Golf de l'Ailette

ch, rest,

23 r. du Chemin-des-Dames, (parc nautique de l'Ailette), 0,5 km au Sud par D 967 – ✆ 03 23 24 84 85 – www.ailette.fr

58 ch – 99/139 € 99/139 € – 14 €

Rest – Formule 25 € – Menu 30/45 € – Carte 33/45 €

Sur les rives du lac d'Ailette, entre calme et verdure... Dans ce bâtiment des années 1990, les chambres sont spacieuses et contemporaines, toutes avec un balcon donnant sur l'eau. Golf, sports nautiques : côté détente, rien ne manque !

La sélection de ce guide s'enrichit avec vous : vos découvertes et vos commentaires nous intéressent ! Coup de cœur ou coup de colère, écrivez-nous sur notre site Michelin Restaurants : restaurant.michelin.fr

LAON

LAPALISSE

✉ 03120 (Allier) – 3 150 hab. – **Voir carte n°6-C1**

Paris 346 km – Digoin 45 km – Mâcon 122 km – Moulins 50 km

Carte Michelin 326-I5 – Guide Vert Michelin Auvergne

Auberge du Moulin Marin

rte de Varrennes-sur-Tèche – ✆ 04 70 99 08 53 – www.moulin-marin.com – Fermé 2-6 janv.

16 ch – 72/82 € 95/102 € – 10 €

Rest – Formule 15 € – Menu 19 € (semaine), 28/37 € – Carte 28/45 € *(fermé lundi midi, mardi midi et merc. midi d'oct. à mars)*

En face d'un grand moulin (1854) – qui abrite la partie restaurant, d'esprit traditionnel –, un bâtiment récent au bord de la Besbre. On s'y repose dans des chambres contemporaines et confortables, bercé par le doux clapotis de l'eau.

Galland avec ch

20 pl. de la République – ✆ 04 70 99 07 21 – www.hotelgalland.fr – Fermé 7-14 janv., dim. soir sauf juil.-août et lundi

6 ch – 58/70 € 58/70 € – 8 € – ½ P Formule 16 € – Menu 26/59 € – Carte 39/55 €

Impossible de ne pas remarquer cette imposante maison rose pastel ! On y apprécie des plats actuels mettant à l'honneur les produits régionaux, le tout servi dans un cadre élégant. À noter, une petite carte bistrot au déjeuner. Chambres sobres et bien tenues pour l'étape.

ırée (R. de la). . . . . DY 23
ır (Prom. Barthélémy de) . . CZ 24
ıclerc (Pl. du Gen.) . . . . CZ 25
ıduc (R. Eugène) . . . . DY
ıération (R. de la) . . . . . ABZ 26
artinot (Allée Jean) . . . . . . DZ 28
Parvis Gautier de Mortagne (Pl. du) . . . . CZ 29
Père Marquette et Louis Jolliet (R. du) . . . . BZ 27
Rabin (Promenade Yitzhak) . CZ 30
Roosevelt (R. Franklin) . . . . . CZ 31
St-Jean (R.) . . . . BZ 33
St-Martin (R.) . . . . BZ 34
Signier (R. de) . . . . CZ 36
Thuillart (R. Fernand) . . . . . . DY 37
Victor-Hugo (Pl.) . . . . DY 39
Vinchon (R.) . . . . CZ 40

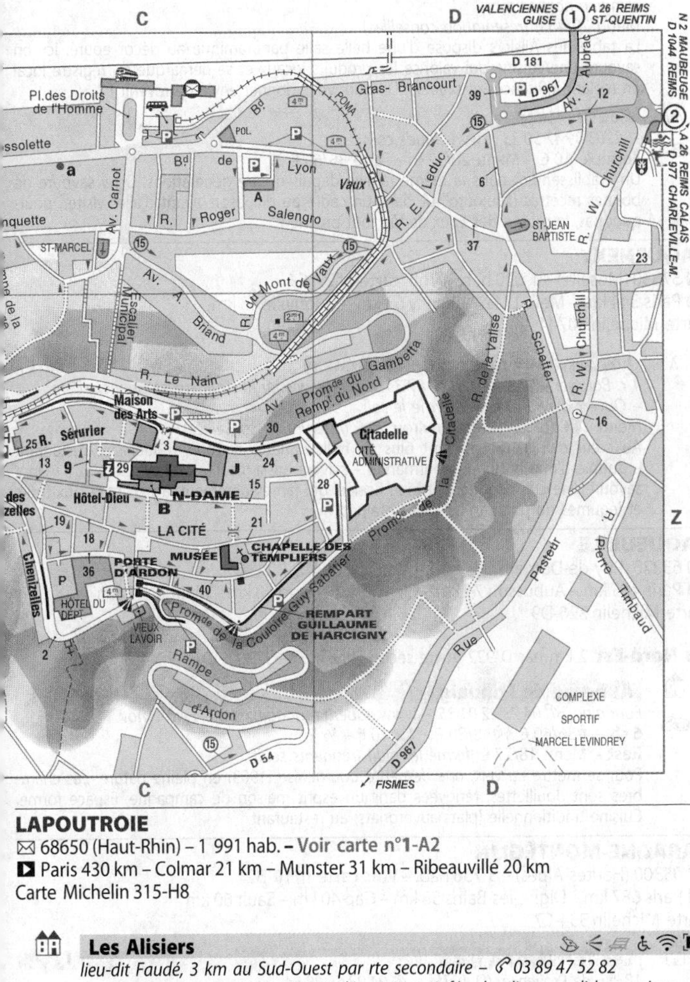

LAPOUTROIE

✉ 68650 (Haut-Rhin) – 1 991 hab. – **Voir carte n°1-A2**
Paris 430 km – Colmar 21 km – Munster 31 km – Ribeauvillé 20 km
Carte Michelin 315-H8

 **Les Alisiers** 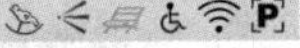

lieu-dit Faudé, 3 km au Sud-Ouest par rte secondaire – ✆ 03 89 47 52 82 – www.alisiers.com – Fermé 23-26 déc., 3 janv.-3 fév., lundi et mardi hors saison
16 ch – 🛉80/135 € 🛉🛉80/135 € – ☕ 13 € – ½ P
Rest *Les Alisiers* – voir les restaurants ci-après
À 700 m d'altitude, dominant le vallon, cette ancienne ferme du pays welche (datée de 1819) est bourrée de charme ! Les chambres sont chaleureuses – certaines décorées avec soin à la façon d'un chalet contemporain – et l'on s'y sent bien...

 **Faudé** 

28 r. Gén. Dufieux – ✆ 03 89 47 50 35 – www.faude.com
30 ch – 🛉78/88 € 🛉🛉78/88 € – 2 suites – ☕ 13 € – ½ P
Rest *Faudé* – voir les restaurants ci-après
Dans un jardin bordé par une rivière, un hôtel et son restaurant : une vraie maison de tradition, aux chambres confortables et bien tenues.

Les Alisiers – Hôtel Les Alisiers
lieu-dit Faudé, 3 km au Sud-Ouest par rte secondaire – ☏ 03 89 47 52 82 – www.alisiers.com – Fermé 23-26 déc., 3 janv.-3 fév., lundi, mardi et le midi en semaine hors saison
Menu 29/45 € *(réservation conseillée)*
La table des Alisiers dispose d'une belle salle panoramique au décor épuré. Ici, on savoure une cuisine qui valorise les produits locaux et se démarque du registre local en mêlant influences et saveurs. De quoi vous donner envie de revenir !

Faudé – Hôtel Faudé
– ☏ 03 89 47 50 35 – www.faude.com
Formule 10 € – Menu 20/72 € – Carte 35/65 €
Un établissement dans la même famille depuis quatre générations. On y savoure de bonnes recettes d'aujourd'hui, dans un cadre au diapason, avant d'aller visiter, pourquoi pas, le musée des Eaux-de-Vie tout proche !

LAQUENEXY

✉ 57530 (Moselle) – 1 020 hab. – **Voir carte n°27-C1**
Paris 344 km – Metz 17 km – Nancy 63 km – Thionville 43 km
Carte Michelin 307-I4

Les Jardins Fruitiers de Laquenexy
4 r. Bourger-et-Perrin – ☏ 03 87 35 01 00 – www.jardinsfruitiersdelaquenexy.com – Ouvert d'avril à oct. et fermé le soir
Menu 24 € (déj.) – Carte environ 29 € *(réservation conseillée)*
Au cœur d'un jardin abritant plus de mille variétés d'arbres fruitiers, ce restaurant – doublé d'une boutique gourmande – s'avère aussi insolite que sympathique ! On y savoure une cuisine légère et bien ficelée, qui fait évidemment la part belle aux fruits et légumes du potager. Une jolie graine...

LAQUEUILLE

✉ 63820 (Puy-de-Dôme) – 374 hab. – **Voir carte n°5-B2**
Paris 455 km – Aubusson 74 km – Clermont-Ferrand 40 km – Mauriac 73 km
Carte Michelin 326-D9

au Nord-Est 2 km par D 922 et rte secondaire – ✉ 63820

Auberge de Fondain
Fondain – ☏ 04 73 22 01 35 – www.auberge-fondain.com – Fermé nov.
6 ch – †36/60 € ††48/80 € – ☕ 10 € – ½ P
Rest – Menu 18/27 € *(fermé le midi) (résidents seult)*
Pour se mettre au vert, une demeure bourgeoise (1903) en pleine nature. Les chambres sont douillettes, rénovées dans un esprit maison de campagne. Espace forme. Cuisine traditionnelle (plats auvergnats) au restaurant.

LARAGNE-MONTÉGLIN

✉ 05300 (Hautes-Alpes) – 3 756 hab. – **Voir carte n°40-B2**
Paris 687 km – Digne-les-Bains 58 km – Gap 40 km – Sault 60 km
Carte Michelin 334-C7

Les Terrasses sans rest 
18 av. de Provence, (D 1075) – ☏ 04 92 65 08 54 – www.perso.wanadoo.fr/hotellesterrasses/ – Ouvert 1er avril-1er nov.
15 ch – †31/58 € ††49/58 € – ☕ 8 €
Petit hôtel familial aux chambres modestes et très bien tenues ; côté jardin, plus au calme, elles possèdent une terrasse d'où l'on aperçoit le village et le mont Chabre. Repas traditionnel dans une salle aux tons ensoleillés ou sous la pergola tapissée de vigne vierge.

L'Araignée Gourmande
8 r. de la Paix – ☏ 04 92 65 13 39 – Fermé 24 fév.-12 mars, 30 juin-6 juil., 17 nov.-3 déc., dim. soir, mardi soir et merc.
Menu 17 € (déj. en semaine), 26/35 € – Carte 39/56 €
Cette table saura vous prendre dans sa toile : cadre lumineux, cuisine traditionnelle généreuse (légumes du potager familial, viande locale), service efficace et prix doux.

LARÇAY

✉ 37270 (Indre-et-Loire) – 2 391 hab. – **Voir carte n°11-B2**
Paris 243 km – Angers 134 km – Blois 55 km – Poitiers 103 km
Carte Michelin 317-N4

Manoir de Clairbois sans rest

2 imp. du Cher – ✆ 02 47 50 59 75 – www.manoirdeclairbois.com
2 ch – 120 € 120 € – 1 suite
Le Cher longe le parc de ce manoir du 19e s. Le décor est soigné, avec de beaux meubles d'époque dans les parties communes. Chambres bonbonnières, le confort en plus !

LE LARDIN-ST-LAZARE

✉ 24570 (Dordogne) – 1 907 hab. – **Voir carte n°4-D1**
Paris 503 km – Brive-la-Gaillarde 28 km – Lanouaille 38 km – Périgueux 47 km
Carte Michelin 329-I5

au Sud 4 km par D 704, D 62 et rte secondaire – ✉ 24570

Château de la Fleunie

– ✆ 05 53 51 32 74 – www.lafleunie.com – Fermé janv.
33 ch – 78/190 € 98/210 € – 12 €
Rest – Menu 28/65 € – Carte 26/72 € *(fermé 16 déc.-31 janv., dim. soir et lundi soir hors saison, lundi midi et mardi midi sauf de mai à sept.)*
Ce château féodal, au cœur d'un vaste domaine boisé, impressionne ; il y a même un parc animalier ! On cultive le style châtelain, avec poutres, vieilles pierres et beau salon dans la tour. Cuisine classique servie devant la cheminée.

à Coly 6 km au Sud-Est par D 74 et D 62 – ✉ 24120 – 224 hab.

Manoir d'Hautegente

– ✆ 05 53 51 68 03 – www.manoir-hautegente.com – Ouvert 5 mai-15 oct.
17 ch – 95/250 € 95/250 € – 15 € – ½ P
Rest – Formule 25 € – Menu 50/100 € – Carte 45/71 € *(fermé merc. midi, lundi et mardi)*
Dans un parc traversé par une rivière, un moulin du 14es. tapissé de vigne vierge. La beauté du site, les meubles anciens et le bar installé dans l'ancienne forge dégagent un charme véritable. Un joli écrin pour une cuisine inspirée du marché.

La Table de Jean

– ✆ 05 53 51 68 08 – Fermé 1 semaine vacances de printemps, sam. midi, le soir du dim. au jeudi d'oct. à mars et merc. d'avril à sept.
Menu 15 € (déj. en semaine), 20/29 €
Ici, on cultive l'identité locale ! Dans la salle, d'esprit bistrot, des photos retracent l'histoire du village. On apprend ainsi que Jean en a été le maire – et qu'il était visiblement un proche des patrons. Au menu : une cuisine traditionnelle simple autant que bonne.

LARDY

✉ 91510 (Essonne) – 5 528 hab. – **Voir carte n°18-B2**
Paris 46 km – Boulogne-Billancourt 49 km – Évry 29 km – Montreuil 47 km
Carte Michelin 312-C4 – Guide Vert Michelin Île-de-France

Auberge de l'Espérance

80 Grande-Rue – ✆ 01 69 27 40 82 – www.auberge-lesperance.fr – Fermé 9 août-3 sept., 27 janv.-5 fév., lundi et le soir sauf vend. et sam.
Formule 15 € – Menu 38 € – Carte environ 40 €
Au cœur de ce charmant village de l'Essonne, une auberge au cadre classique et lumineux où l'on se régale d'une bonne cuisine actuelle. Petit patio-terrasse pour les beaux jours.

LARGENTIÈRE

✉ 07110 (Ardèche) – 1 814 hab. – **Voir carte n°44-A3**
Paris 645 km – Alès 66 km – Aubenas 18 km – Privas 49 km
Carte Michelin 331-H6 – Guide Vert Michelin Ardèche Drôme

à Rocher 4 km au Nord par D 5 – ✉ 07110 – 279 hab.

Le Chêne Vert ch, ch,
– ✆ 04 75 88 34 02 – *www.hotellechenevert.com* – *Ouvert 15 avril-1er oct.*
25 ch – †77/103 € ††77/103 € – ☕ 10 € – ½ P
Rest – Formule 22 € – Menu 32/42 € – Carte 40/56 € *(fermé lundi midi)*
Aux confins du Vivarais et des Cévennes, une adresse conviviale aux chambres pratiques, certaines avec balcon offrant une jolie vue sur la vallée. À table, plats traditionnels et recettes régionales servis dans un décor bourgeois.

à Sanilhac 7 km au Sud par D 312 – ✉ 07110 – 396 hab.

Auberge de la Tour de Brison ch, ch,
à la Chapelette – ✆ *04 75 39 29 00* – *www.belinbrison.com* – *Ouvert 1er avril-31 oct.*
14 ch – †77/120 € ††77/120 € – ☕ 11 € – ½ P
Rest – Menu 30 € – Carte 27/38 € *(fermé merc. midi) (réservation conseillée)*
De cette accueillante auberge bâtie à flanc de colline, la vue plonge sur la vallée et sur le plateau du Coiron. Chambres actuelles, jardin et superbe piscine à débordement. Au restaurant, cadre chaleureux, terrasse panoramique et recettes du terroir (menu unique).

LARMOR-BADEN

✉ 56870 (Morbihan) – 810 hab. – **Voir carte n°9-A3**
Paris 474 km – Auray 15 km – Lorient 59 km – Pontivy 66 km
Carte Michelin 308-N9 – Guide Vert Michelin Bretagne Sud

Auberge du Parc Fétan
17 r. de Berder – ✆ *02 97 57 04 38* – *www.hotel-parcfetan.com* – *Ouvert 14 fév.-13 nov.*
25 ch – †45/78 € ††45/78 € – ☕ 9 € – ½ P
Rest – Formule 15 € – Menu 23/40 € – Carte 26/45 € *(fermé merc. sauf le soir de juin à août, sam. midi et mardi midi)*
À proximité de la baie et des sentiers côtiers, un hôtel convivial et parfaitement tenu, doté de chambres plutôt petites, simples et claires, la plupart ouvrant sur le golfe du Morbihan. Produits de la mer et cuisine traditionnelle dans une ambiance bistrot.

LARMOR-PLAGE

✉ 56260 (Morbihan) – 8 334 hab. – **Voir carte n°9-B2**
Paris 510 km – Lorient 7 km – Quimper 74 km – Vannes 66 km
Carte Michelin 308-K8 – Guide Vert Michelin Bretagne Sud

Les Rives du Ter
15 bd Jean Monnet – ✆ *02 97 35 33 50* – *www.lesrivesduter.com*
58 ch – †115/132 € ††125/132 € – ☕ 16 €
Rest – Menu 24/45 € – Carte environ 31 €
Cet hôtel récent bordant le Ter abrite des chambres spacieuses, au style épuré, avec terrasse ou balcon donnant sur l'étang, bien au calme. Une bonne option pour profiter des jolies plages des environs.

LARNAC – 30 Gard ➜ voir St-Ambroix

LAROQUE-DES-ALBÈRES

✉ 66740 (Pyrénées-Orientales) – 2 078 hab. – **Voir carte n°22-B3**
Paris 883 km – Figueres 50 km – Montpellier 187 km – Perpignan 39 km
Carte Michelin 344-I7 – Guide Vert Michelin Languedoc Roussillon

Côté Saisons Ⓝ avec ch rest, ch,
10 av. de la Côte-Vermeille – ✆ *04 34 12 36 51* – *www.cotesaisons.com* – *Fermé 2-23 janv., jeudi sauf le soir en juil.-août et merc.*
5 ch ☕ – †80/120 € ††80/120 € – ½ P
Formule 24 € 🍷 – Menu 29/31 € – Carte environ 38 €
C'est au Ritz, à Paris, que le couple s'est rencontré. Elle était en salle, lui en cuisine, comme aujourd'hui dans leur restaurant. Une bâtisse du 19e s. avec un jardin fleuri et une jolie terrasse pour être toujours... Côté Saisons, à l'instar des recettes, savoureuses et bien ficelées ! De plus, le service est tout sourire.

LARRAU

✉ 64560 (Pyrénées-Atlantiques) – 199 hab. – **Voir carte n°3-B3**
▶ Paris 832 km – Oloron-Ste-Marie 42 km – Pau 75 km – St-Jean-Pied-de-Port 64 km
Carte Michelin 342-G6 – Guide Vert Michelin Pays Basque et Navarre

Etchemaïté

Le Bourg – ✆ 05 59 28 61 45 – www.hotel-etchemaite.fr – Fermé 5 janv.-22 fév., dim. soir et lundi de nov. à avril
16 ch – †58/84 € ††58/84 € – ☕ 8 € – ½ P
Rest – Menu 20 € (semaine), 25/55 € – Carte environ 43 €
Simplicité et accueil familial d'une auberge de montagne, dans un hameau de la pittoresque Haute-Soule. Les chambres, entièrement rénovées en 2011, sont confortables et bien tenues. Dans la salle : pierres et poutres apparentes, nappes basques, cheminée et vue sur la vallée. Recettes régionales.

LASCABANES

✉ 46800 (Lot) – 189 hab. – **Voir carte n°28-B1**
▶ Paris 598 km – Montauban 69 km – Toulouse 120 km – Villeneuve-sur-Lot 61 km
Carte Michelin 337-D5

Le Domaine de Saint-Géry

– ✆ 05 65 31 82 51 – www.saint-gery.com – Ouvert 15 avril-1er nov. et les week-ends en janv.-fév.
5 ch – †126/248 € ††126/248 € – ☕ 28 € – ½ P **Table d'hôte** – Menu 48/205 €
Vous voici sur les terres du seigneur de St-Géry... ou plutôt de son descendant. Au cœur du Quercy, ce domaine de 70 ha permet de se ressourcer dans de confortables chambres campagnardes. À table, on apprécie la cuisine du potager. Ici, le blé est même ramassé à la main pour faire le pain. Authentique !

LASCELLE

✉ 15590 (Cantal) – 306 hab. – **Voir carte n°5-B3**
▶ Paris 555 km – Aurillac 16 km – Bort-les-Orgues 84 km – Brioude 94 km
Carte Michelin 330-D4

Lac des Graves

Jaulhac – ✆ 04 71 47 94 06 – www.lacdesgraves.com – Fermé mi nov.-mi déc.
23 ch – †58/77 € ††58/77 € – ☕ 9 € – ½ P
Rest – Formule 13 € – Menu 22/26 € – Carte environ 28 € *(fermé mardi sauf de juin à août et lundi)*
Randonneurs, kayakistes et adeptes du VTT apprécieront ce vaste parc aménagé au bord d'un lac. Chalets et cubes en bois au bord de l'eau, roulottes bohème parmi les ânes et les moutons ; l'hébergement est très original !

LASSEUBE

✉ 64290 (Pyrénées-Atlantiques) – 1 679 hab. – **Voir carte n°3-B3**
▶ Paris 797 km – Bordeaux 219 km – Pau 19 km – Tarbes 60 km
Carte Michelin 342-J3 – Guide Vert Michelin Aquitaine

La Ferme Dagué sans rest

chemin Croix-de-Dagué – ✆ 05 59 04 27 11 – www.ferme-dague.com – Ouvert 30 avril-22 oct.
5 ch ☕ – †46/64 € ††56/66 €
Avec sa superbe cour fermée, cette ferme béarnaise du 18e s. a beaucoup de cachet ! Les chambres sont fonctionnelles et bien tenues, le petit-déjeuner copieux.

La Promenade

r. de la République – ✆ 05 59 04 26 24 – Fermé janv., 1 semaine en juin et lundi
Menu 14 € (déj. en semaine), 27/31 € – Carte 25/40 €
Une bonne petite table de terroir, où simplicité rime avec qualité ! Ici, les préparations maison avec des produits frais et de saison ont la part belle. Ambiance familiale et prix tout petits rendent La Promenade résolument attractive.

LASTOURS

✉ 11600 (Aude) – 165 hab. – Voir carte n°**22**-B2
Paris 782 km – Carcassonne 19 km – Castres 52 km – Toulouse 107 km
Carte Michelin 344-F3

Le Puits du Trésor (Jean-Marc Boyer)
21 rte des Quatre Châteaux – ✆ 04 68 77 50 24 – www.lepuitsdutresor.com – Fermé 3-19 mars, dim. soir, lundi et mardi
Menu 45/90 € *(réservation conseillée)*
Jean-Marc Boyer est un véritable passionné : lors de balades en solitaire dans les collines environnantes, il déniche l'inspiration pour sa cuisine... Herbes aromatiques, asperges sauvages ou ail des ours viennent ainsi agrémenter des plats colorés, pleins de saveurs et bien maîtrisés. Une réussite ! ➜ Foie gras de canard au poivre du Sechuan, marmelade de fraises gariguette à l'hibiscus. Bar de ligne nacré à l'huile de thym, cocos aux moules de pays. Tarte au citron meringuée et glace à la verveine.
Et aussi ***L'Auberge*** Menu 18/25 € – Carte 24/44 €

LATILLÉ

✉ 86190 (Vienne) – 1 480 hab. – Voir carte n°**39**-C1
Paris 358 km – Niort 65 km – Poitiers 29 km – Tours 122 km
Carte Michelin 322-G5

La Gentilhommière sans rest
1 pl. Robert-Gerbier – ✆ 05 49 36 34 20 – www.gentilhommiere.fr
5 ch – 100/110 € 100/110 €
Elle porte bien son nom, cette Gentilhommière de 1785 aux superbes atours : tentures, boiseries, mobilier et objets anciens parent des chambres Art déco, Empire ou encore Directoire... Un véritable répertoire de styles, d'un grand raffinement ! Quant au parc, il dégage une douce quiétude...

LATTES – 34 Hérault ➜ voir Montpellier

LA LAUPIE

✉ 26740 (Drôme) – 691 hab. – Voir carte n°**44**-B3
Paris 610 km – Lyon 147 km – Privas 43 km – Valence 49 km
Carte Michelin 332-C6

La Laùpio sans rest
Les Prades – ✆ 04 75 92 39 01 – www.lalaupio-chambresdhotes.fr
5 ch – 75/110 € 80/115 €
Au milieu des champs et de grands arbres, cette belle ferme d'esprit provençal a été entièrement réhabilitée par ses propriétaires. Vieilles pierres, joli décor, espace et confort : les chambres séduisent. Fruits du verger, jus pressés et confitures maison au petit-déjeuner.

LAUTREC

✉ 81440 (Tarn) – 1 756 hab. – Voir carte n°**29**-C2
Paris 703 km – Albi 31 km – Castelnaudary 55 km – Castres 17 km
Carte Michelin 338-E8 – Guide Vert Michelin Midi-Pyrénées

Le Clos d'Adèle N
6 pl. du Monument – ✆ 05 81 43 61 91 – Fermé jeudi midi, merc. hors saison et dim. soir
Menu 17/32 € – Carte 28/39 €
Une bâtisse ancienne (poutres, pierres apparentes) au cœur de la ville historique, une bonne cuisine du marché réalisée avec des produits d'excellente qualité, et des saveurs qui sautent aux papilles… Avec, à l'arrivée, une addition plutôt raisonnable. Que demander de plus ?

LAUZERTE

✉ 82110 (Tarn-et-Garonne) – 1 506 hab. – Voir carte n°**28**-B1
Paris 614 km – Agen 53 km – Auch 98 km – Cahors 39 km
Carte Michelin 337-C6

Hôtel du Quercy avec ch

fg d'Auriac – ✆ 05 63 94 66 36 – Fermé vacances de la Toussaint, de fév., dim. soir sauf juil.-août et lundi

9 ch – 🚹46/50 € 🚹🚹46/50 € – ☕ 7 € – ½ P

Formule 13 € – Menu 30/36 € – Carte 33/41 €

Au cœur de ce bourg pittoresque, cette maison de pays possède le charme désuet des auberges de campagne... Les propriétaires se mettent en quatre pour satisfaire leurs hôtes ; on savoure donc de bons petits plats du terroir (dont l'agneau du Quercy). Pour l'étape, des chambres simples et bien tenues.

LAVAL

✉ 53000 (Mayenne) – 50 940 hab. – Voir carte n°**35**-C1

▶ Paris 280 km – Angers 79 km – Le Mans 86 km – Rennes 76 km

Carte Michelin 310-E6 – Guide Vert Michelin Pays de la Loire

Hôtel de Paris sans rest

22 r. de la Paix – ✆ 02 43 53 76 20 – www.hotel-laval.fr – Fermé 22 déc.-2 janv.

50 ch – 🚹60/160 € 🚹🚹60/170 € – ☕ 9 € Plan : Y**a**

En plein quartier commerçant, un hôtel d'après-guerre entièrement rénové en 2005. Les chambres, actuelles et fonctionnelles, sont bien tenues. Préférez celles sur l'arrière, plus calmes.

Marin'Hôtel sans rest

102 av. Robert-Buron – ✆ 02 43 53 09 68 – www.marin-hotel.fr Plan : X**d**

25 ch – 🚹58/69 € 🚹🚹70/74 € – ☕ 8,50 €

Face à la gare, cet hôtel engageant (jolis mascarons sur la façade) dispose de chambres simples et bien tenues, plus calmes à l'arrière. Buffet au petit-déjeuner.

Bistro de Paris

67 r. du Val-de-Mayenne – ✆ 02 43 56 98 29 – www.lebistro-de-paris.com – Fermé 1er-21 août, sam. midi, dim. soir et lundi Plan : Y**k**

Formule 23 € 🍷 – Menu 28/70 € 🍷 – Carte environ 48 €

On s'attend presque à voir Alfons Mucha ou Émile Gallé entrer dans cette élégante salle Art nouveau ! Au cœur du quartier historique de Laval, ce bistrot chic a été repris en 2011 par une nouvelle équipe. Dans l'assiette, les plats, dans l'air du temps, respectent le rythme des saisons. Belle carte des vins.

La Gerbe de Blé avec ch

83 r. Victor Boissel – ✆ 02 43 53 14 10 – www.gerbedeble-hotel-restaurant.com – Fermé 26 juil.-18 août, sam. midi et dim. Plan : X**n**

8 ch – 🚹85/120 € 🚹🚹100/120 € – ☕ 12 € Formule 15 € – Menu 33 €

Pas de champs de blé à l'horizon, mais un ancien relais de poste (1860) transformé en restaurant. On y déguste une savoureuse cuisine classique avec des produits de saison triés sur le volet. Appétissant !

À la Bonne Auberge avec ch

170 r. de Bretagne, par ⑥ – ✆ 02 43 69 07 81 – www.alabonneauberge.com – Fermé août, sam. midi, fériés le soir et dim.

12 ch – 🚹63/82 € 🚹🚹84/93 € – ☕ 10 € – ½ P

Menu 17 € (semaine), 27/46 € – Carte environ 48 €

Sur la route de Rennes, on repère cette bâtisse à ses murs entièrement tapissés de vigne vierge, mais les gourmands la connaissent pour sa bonne cuisine : joue de veau à l'ail, riz crémeux aux agrumes, etc. Un travail bien fait ! Quelques chambres bien tenues pour prolonger l'étape.

L'Antiquaire

64 r. Vaufleury – ✆ 02 43 53 66 76 – www.restaurant-lantiquaire.com – Fermé 7-28 juil., 5-26 janv., sam. midi, dim. soir et lundi Plan : X**e**

Formule 13 € – Menu 25/50 € – Carte 33/51 €

Amis chineurs, ici, vous ne trouverez ni livres anciens, ni toiles du 19e s., ni objets des années 1930... mais vous n'y perdrez pas au change ! Cet Antiquaire-là est tout à fait plaisant et accueillant, et dans l'assiette, on apprécie une cuisine généreuse et teintée de créativité.

LAVAL

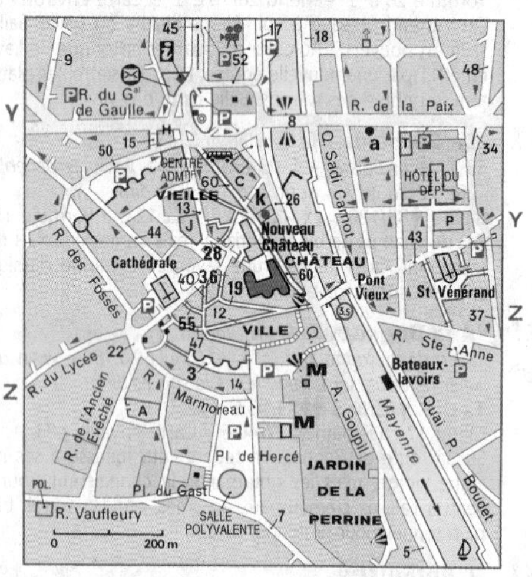

45
17
18
9
52
48
R. du Gal de Gaulle
8
R. de la Paix
15
50
CENTRE ADMIF
60
C
VIEILLE
13
J
k
26
Q. Sadi Carnot
a
34
HÔTEL DU DÉPT
44
R. des Fossés
Cathédrale
28
Nouveau Château
CHÂTEAU
40
36
19
60
Pont Vieux
43
St-Vénérand
12
55
VILLE
37
22
47
3
R. du Lycée
R. Ste Anne
Bateaux-lavoirs
M
14
R. Marmoreau
A
R. de l'Ancien Evêché
M
A. Goupil
Mayenne
Quai P. Boudet
Pl. de Hercé
JARDIN DE LA PERRINE
POL.
R. Vaufleury
Pl. du Gast
SALLE POLYVALENTE
7
5
0
200 m
Y
Z

Edelweiss

99 av. Robert-Buron – ✆ 02 43 53 11 00 – www.restaurant-edelweiss.fr – Fermé 20 juil.-14 août, vacances de fév., sam. sauf le soir en déc. et dim.
Menu 15 € (déj. en semaine), 32/58 € – Carte environ 30 € Plan : X**v**
Bien loin des montagnes où il pousse habituellement, cet Edelweiss-là séduit autant les yeux que les papilles. Dans un cadre sobre et cosy, les gourmands dégustent une cuisine un brin créative. Une adresse sympathique.

LE LAVANCHER – 74 Haute-Savoie → voir Chamonix

LE LAVANDOU

83980 (Var) – 5 546 hab. – **Voir carte n°41-C3**
Paris 873 km – Cannes 102 km – Draguignan 75 km – Fréjus 61 km
Carte Michelin 340-N7 – Guide Vert Michelin Côte d'Azur

Baptistin sans rest

quai Baptistin-Pins – ✆ 04 98 00 44 51 – www.baptistin-hotel-lavandou.com
14 ch – 95/330 € 95/330 € – 12 €
Face au port, cet hôtel très récent joue la carte de la modernité : décor design, formes cubiques et équipements de qualité, pour des chambres invitant au cocooning.

Le Rabelais sans rest

r. Rabelais, (face au vieux port) – ✆ 04 94 71 00 56 – www.le-rabelais.fr – Fermé 15 nov.-15 déc.
21 ch – 56/140 € 67/140 € – 9 €
Petit hôtel très bien tenu, agréablement situé sur le front de mer, abritant des chambres fraîches et colorées. L'été, petit-déjeuner en terrasse face à l'animation du port.

à St-Clair 2 km à l'Est – 83980

Roc Hôtel sans rest

5 bd des Dryades – ✆ 04 94 01 33 66 – www.roc-hotel.com – Ouvert de fin mars à mi-oct.
30 ch – 82/180 € 82/180 € – 2 suites
Un hôtel accroché aux rochers, au-dessus de la mer... Les chambres, avec leur terrasse, sont lumineuses : pour un séjour tonique, choisissez-les face au large !

Méditerranée

5 r. des Dryades – ✆ 04 94 01 47 70 – www.hotel-med.fr – Ouvert 21 mars-20 oct.
20 ch – 86/96 € 86/144 € – 9 € – ½ P
Rest – Menu 23 € *(fermé merc. et le midi) (résidents seult)*
Soleil et plaisirs de la Méditerranée au bord de cette plage de sable fin. Chambres contemporaines et fonctionnelles ; optez pour celles regardant la mer. Ambiance familiale. Décor coquet au restaurant, agréable terrasse ombragée ; cuisine traditionnelle.

Belle Vue sans rest

chemin du Four des Maures – ✆ 04 94 00 45 00 – www.bellevue.fr – Ouvert avril-oct.
19 ch – 90/230 € 90/230 €
À l'écart de l'animation estivale, une villa nichée dans un jardin fleuri (bougainvilliers, essences locales), dominant la plage de St-Clair. Les chambres sont provençales, en toute simplicité. Ne manquez pas les magnifiques couchers de soleil sur la côte...

La Bastide sans rest

pl. des Pins Penchés – ✆ 04 94 01 57 00 – www.hotel-la-bastide.fr – Ouvert 5 avril-27 oct.
19 ch – 67/125 € 67/125 € – 9 €
Hauts murs blancs, balcons, tuiles romaines et... accueil familial : esprit méridional non loin de la plage de St-Clair. Simplicité et fraîcheur dans les chambres.

Bistr'eau Ryon

bd des Dryades – ✆ 04 94 15 26 97 – www.bistreauryon.com – Fermé nov. et 2 semaines en janv.
Menu 28 € – Carte 40/55 €
Un joli bistr'eau contemporain, avec une appétissante terrasse face à la plage... Salade de pois gourmands et blancs de volaille ; dorade en croûte de tapenade : cuisine du marché fine et savoureuse !

Les Tamaris - Chez Raymond
– ✆ 04 94 71 07 22 – Ouvert de mi-mars à mi-nov. et fermé mardi sauf le soir de mi-juin à mi-sept.
Carte 40/90 €
Ancienne guinguette, cette table rustique a pour spécialité les produits de la mer issus de la pêche locale. Fraîcheur et saveurs franches assurées. Une institution locale.

à Aiguebelle 4,5 km à l'Est – ✉ 83980

Les Alcyons sans rest
av. des Trois-Dauphins – ✆ 04 94 05 84 18 – www.hotellesalcyons.com – Ouvert de début avril à mi-oct.
24 ch – 80/159 € 80/159 €
Dans la mythologie, rencontrer des alcyons – oiseaux marins fabuleux – était présage de calme et de paix... Accueil attentionné et cadre contemporain, face à la mer.

Hydra sans rest
av. du Levant – ✆ 04 94 71 65 46 – www.hotel-hydra.fr
27 ch – 92/98 € 102/120 € – 3 suites – 15 €
De l'île grecque qui lui a donné son nom, cet hôtel moderne a hérité la luminosité. Chambres confortables et vastes suites familiales. Passage souterrain avec accès direct à la mer.

Beau Soleil
av. des Trois Dauphins – ✆ 04 94 05 84 55 – www.hotel-lavandou.com – Ouvert Pâques-début oct.
15 ch – 58/86 € 78/100 € – 7 € – ½ P
Rest – Menu 31/39 € – Carte 31/42 € *(ouvert début mai-début oct.)*
Aiguebelle ("belle eau") et beau soleil : l'essentiel pour des vacances réussies ! Profitez ici de chambres confortables (balcons) et bien tenues : le patron est un excellent bricoleur. Formule snack à midi, spécialités locales le soir ; terrasse sous les platanes.

L'Empreinte
av. des Trois-Dauphins – ✆ 04 94 05 76 98 – www.empreinte-restaurant.com – Fermé 1er janv.-12 fév., mardi, merc. sauf juil.-août et le midi en juil.-août sauf sam. et dim.
Menu 59/75 € – Carte 58/77 €
Parions que ce restaurant laissera une empreinte dans votre mémoire ! Dans une salle des plus lumineuses, on savoure une cuisine dans l'air du temps avec des produits de saison et régionaux. Ne passez pas à côté des ris d'agneau sautés en persillade, gourmands à souhait. Une bonne adresse.

LAVANNES

✉ 51110 (Marne) – 603 hab. – **Voir carte n°13-B2**
Paris 161 km – Châlons-en-Champagne 56 km – Épernay 43 km – Reims 14 km
Carte Michelin 306-H7

La Closerie des Sacres sans rest
7 r. Chefossez – ✆ 03 26 02 05 05 – www.closerie-des-sacres.com
3 ch – 80/100 € 96/120 €
Engageante, l'architecture traditionnelle de cette ancienne ferme ! Les chambres d'hôtes ont été aménagées avec goût dans les écuries, habillées de mobilier ancien, de fer forgé et de tissus bien choisis. Une maison d'une élégante simplicité, dans laquelle on peut se détendre au grand calme.

LAVARDIN – 41 Loir-et-Cher ➜ voir Montoire-sur-le-Loir

LAVAUDIEU

✉ 43100 (Haute-Loire) – 224 hab. – **Voir carte n°6-C3**
Paris 488 km – Brioude 11 km – Clermont-Ferrand 78 km – Le Puy-en-Velay 56 km
Carte Michelin 331-C2 – Guide Vert Michelin Auvergne

Le Colombier sans rest

rte des Fontannes, (D 203) – ✆ 04 71 76 09 86 – www.lecolombier-lavaudieu.com – Ouvert 1er mai-30 sept.

4 ch – 60 € 75 €

Une maison récente, sur les hauteurs du village – l'un des plus beaux de France. Les chambres – "Velay", "Afrique" (lit à baldaquin en bambou), "Maroc" – sont impeccables. Un pigeonnier classé du 18e s., un joli jardin... et une superbe vue sur la vallée !

Auberge de l'Abbaye

– ✆ 04 71 76 44 44 – www.lavaudieu.free.fr – Fermé 10 nov.-1er avril, lundi et mardi sauf vacances scolaires et fériés

Formule 22 € – Menu 26 € – Carte 22/31 €

Cette auberge, voisine de la belle abbaye, donne sa version – charmante – du style rustique. La convivialité s'impose autour de la cuisine régionale de la patronne (produits du marché). Une ambiance chaleureuse, relayée en salle par son mari.

Court La Vigne

– ✆ 04 71 76 45 79 – Fermé déc., janv., mardi et merc.

Menu 18 € (déj. en semaine)/25 € – Carte environ 29 € *(réservation conseillée)*

Cherchez le cloître médiéval, cette charmante bergerie du 15e s. est juste à deux pas. Tout y est plaisant, le bar et sa cheminée, la galerie d'art et la cour ! Des vins bio locaux accompagnent une cuisine du terroir tout en simplicité.

LES LAVAULTS – 89 Yonne ➜ voir Quarré-les-Tombes

LAVAUR

✉ 81500 (Tarn) – 10 148 hab. – Voir carte n°**29**-C2

Paris 682 km – Albi 51 km – Castelnaudary 56 km – Castres 40 km

Carte Michelin 338-C8

Ibis sans rest

1 av. G. Pompidou – ✆ 05 63 83 08 08 – www.ibishotel.com

58 ch – 63/81 € 63/81 € – 10 €

Dans un quartier résidentiel, un Ibis avec des chambres claires, pratiques et toutes climatisées. Petits plus : un agréable jardinet, ainsi qu'un bar avec snacking et grillades en saison.

LAVELANET

✉ 09300 (Ariège) – 6 525 hab. – Voir carte n°**29**-C3

Paris 784 km – Carcassonne 71 km – Castelnaudary 53 km – Foix 28 km

Carte Michelin 343-J7

à Nalzen 6 km à l'Ouest par D 117 – ✉ 09300 – 123 hab.

Les Sapins

Conte – ✆ 05 61 03 03 85 – www.restaurantlessapins.com – Fermé dim. soir, lundi et mardi sauf fériés et juil.-août

Menu 16 € (déj. en semaine), 24/46 € – Carte 34/66 €

En retrait de la route, au bord d'une forêt de sapins, cette maison aux airs de chalet abrite un restaurant rustique et chaleureux... La simplicité même ! On vient y apprécier le goût de la tradition, et les saveurs de produits bien frais. Une affaire familiale pleine de charme.

à Montségur 13 km au Sud par D 109 et D 9 – ✉ 09300 – 116 hab.

Auberge de Montségur avec ch

– ✆ 05 61 01 10 24 – www.aubergemontsegur.com – Fermé janv., dim. soir et lundi

13 ch – 52/115 € 52/115 € – 9 € – ½ P Menu 15/30 € – Carte 23/40 €

Une auberge résolument médiévale au cœur d'un village ariégeois, pour un joli voyage dans le passé. Le chef mitonne une cuisine régionale avec les produits des fermes des montagnes : potée, civets, confits, magrets selon les saisons. L'endroit parfait pour remonter le temps pendant quelques heures...

LAVENTIE

✉ 62840 (Pas-de-Calais) – 4 838 hab. – **Voir carte n°30-B2**
Paris 229 km – Armentières 13 km – Arras 45 km – Béthune 18 km
Carte Michelin 301-J4

Le Cerisier (Éric Delerue)

3 r. de la Gare – ✆ 03 21 27 60 59 – www.lecerisier.com – Fermé 1 semaine en août, 1 semaine en fév., sam. midi, dim. soir et lundi
Menu 36/75 € – Carte 86/104 €
Au cœur du pays de l'Alloeu, dont l'emblème est... un cerisier, les amateurs de bonne chère connaissent bien cette adresse ! Finesse et inventivité caractérisent la cuisine du chef dont les menus thématiques ("La promenade du pêcheur", "Le voyage gastronomique", etc.) invitent à un tour d'horizon... gustatif. ➜ Carpaccio de homard, caviar des Pyrénées, verveine et truffe d'été. Côte de veau, royale d'artichaut à la vanille. Pêche pochée au vin jaune, baies roses, sorbet pêche et romarin.

LAVOUX – 86 Vienne ➜ voir Poitiers

LAYE – 05 Hautes-Alpes ➜ voir Col Bayard

LES LECQUES – 83 Var ➜ voir St-Cyr-sur-Mer

LECTOURE

✉ 32700 (Gers) – 3 785 hab. – **Voir carte n°28-B2**
Paris 708 km – Agen 39 km – Auch 35 km – Condom 26 km
Carte Michelin 336-F6

Hôtel de Bastard

r. Lagrange – ✆ 05 62 68 82 44 – www.hotel-de-bastard.com – Fermé 22 déc.-28 janv.
27 ch – 🚹60/100 € 🚹🚹60/100 € – 2 suites – ☕ 11 € – ½ P
Rest ***Restaurant de Bastard*** – voir les restaurants ci-après
En plein centre de la cité gersoise, ce bel hôtel particulier du 18e s. abrite des chambres coquettes et confortables – celles du 2e étage sont mansardées et climatisées. L'accueil souriant et professionnel ajoute à l'agrément des lieux.

Restaurant de Bastard

r. Lagrange – ✆ 05 62 68 82 44 – www.hotel-de-bastard.com – Fermé 22 déc.-28 janv. ,mardi midi, dim. soir et lundi
Formule 14 € – Menu 18 € (déj. en semaine), 31/62 € 🍷 – Carte 40/66 €
De hauts plafonds, des toiles tendues aux murs, des tables bien dressées : un décor classique et harmonieux pour cette table gastronomique menée par un chef gascon qui connaît son métier. Beaux produits, technique soignée, intéressantes associations de saveurs : une table agréable.

L'Auberge des Bouviers

8 r. Montebello – ✆ 05 62 68 95 13 – www.auberge-des-bouviers.com – Fermé 12-30 nov., 1 semaine en fév., sam. midi, dim. soir et lundi
Menu 15 € (déj. en semaine)/26 €
Chaleureux restaurant installé dans une demeure du 17e s. qui a conservé ses pierres et poutres apparentes. Cuisine dans l'air du temps qui fait la part belle au terroir.

LEGÉ

✉ 44650 (Loire-Atlantique) – 4 290 hab. – **Voir carte n°34-B3**
Paris 424 km – Nantes 44 km – La Roche-sur-Yon 32 km
Carte Michelin 316-G6

Villa des Forges sans rest

Les Forges – ✆ 02 40 26 36 58 – www.villadesforges.com
5 ch ☕ – 🚹65/75 € 🚹🚹75/85 €
Alliance des vieilles pierres et du design le plus contemporain dans cet ancien corps de ferme du 18e s. rénové par son propriétaire architecte. Beaux espaces, jacuzzi, étang et prés... Une agréable étape aux portes de la Vendée.

LÉGNY

✉ 69620 (Rhône) – 597 hab. – **Voir carte n°43-E1**
Paris 454 km – Bourg-en-Bresse 94 km – Lyon 32 km – Saint-Étienne 91 km
Carte Michelin 327-G4

Côté Hôtel sans rest
Les Ponts Tarrets – ✆ 04 78 43 09 71 – www.cote-hotel.com – Fermé dim. soir
26 ch – 59/75 € 69/85 € – 8,50 €
Les thèmes de la forêt et des appellations beaujolaises sont à l'honneur dans les chambres de cet hôtel né en 2011. Il faut dire qu'à 30mn de Lyon, c'est un bon point de départ pour découvrir la région. Accueil sympathique et prix doux.

LEMBACH

✉ 67510 (Bas-Rhin) – 1 695 hab. – **Voir carte n°1-B1**
Paris 470 km – Bitche 32 km – Haguenau 25 km – Strasbourg 58 km
Carte Michelin 315-K2

Au Heimbach sans rest
15 rte de Wissembourg – ✆ 03 88 94 43 46 – www.hotel-au-heimbach.fr
18 ch – 60/65 € 65/75 € – 10 €
Une belle maison à colombages au cœur d'un village du parc naturel régional des Vosges du Nord. On se sent bien dans les chambres, confortables et rustiques à souhait. Copieux petit-déjeuner et accueil convivial.

Auberge du Cheval Blanc (Pascal Bastian) avec ch — ch,
4 rte de Wissembourg – ✆ 03 88 94 41 86 – www.au-cheval-blanc.fr – Fermé 30 juin-8 juil. et 5 janv.-7 fév.
21 ch – 105/250 € 105/250 € – 14 € – ½ P
Menu 48/95 € – Carte 70/90 € *(fermé vend. midi, lundi et mardi)*
Ce noble relais de poste (18e s.), aujourd'hui mené par Carole et Pascal Bastian, allie charme typiquement alsacien et raffinement contemporain : c'est un plaisir que de voir vivre ainsi de telles institutions... Le chef maîtrise aussi bien le classicisme que l'inventivité ; la finesse de sa table séduit ! Comme les chambres et les recettes du terroir du D'Rössel Stub. → Cannelloni de foie gras aux champignons, émulsion de truffe noire. Turbot rôti sur l'arête façon grenobloise et gnocchis aux herbes. Pain de Gênes au citron vert, thé vert, orange et pomélo, glace thé vert-citron.
D'Rössel Stub ✆ 03 88 94 29 02 – Formule 15 € – Menu 26/35 € – Carte 27/45 €

à Gimbelhof 10 km au Nord par D 3, D 925 et rte forestière – ✉ 67510

Gimbelhof avec ch — rest,
– ✆ 03 88 94 43 58 – www.gimbelhof.com – Fermé vacances de fév. et 18 nov.-26 déc.
10 ch – 55/63 € 70/87 €
Menu 13 € (semaine), 23/30 € – Carte 20/45 € *(fermé lundi et mardi)*
Cette auberge forestière du "pays des trois frontières", au cœur du massif vosgien, séduira les amoureux de la nature. Ambiance rustique ; cuisine régionale. Pour l'étape, chambres confortables et très bien tenues.

LEMPDES – 63 Puy-de-Dôme → voir Clermont-Ferrand

LENS

✉ 62300 (Pas-de-Calais) – 35 032 hab. – Agglo. 511 345 hab. – **Voir carte n°30-B2**
Paris 199 km – Arras 18 km – Béthune 19 km – Douai 24 km
Carte Michelin 301-J5

Lensotel
centre commercial Lens 2, 4 km au Nord ✉ 62880 – ✆ 03 21 79 36 36 – www.lensotel.com
70 ch – 79/89 € 85/99 € – 11 €
Rest *Lensotel* – voir les restaurants ci-après
Parfait pour une escale au Louvre de Lens, cet établissement – au cœur d'une zone commerciale – propose des chambres de plain-pied et de bon confort. Préférez celles côté jardin !

XX **L'Arcadie II**
13 r. Decrombecque – ✆ 03 21 70 32 22 – www.restaurant-arcadie2.com – Fermé dim. soir, lundi soir, merc. soir et mardi
Formule 20 € – Menu 25 € (semaine), 35/42 € – Carte 37/57 €
Décor sobre et épuré (nappes et murs blancs, chaises en jonc de mer, etc.) pour cet élégant restaurant du centre-ville, dont la carte suit la valse des saisons. Agréable terrasse.

XX **Lensotel** – Hôtel Lensotel
centre commercial Lens 2, 4 km au Nord ✉ 62880 – ✆ 03 21 79 36 36 – www.lensotel.com
Menu 20/40 € – Carte 29/54 €
Avec sa cheminée monumentale et sa véranda donnant sur le jardin, l'endroit est plutôt plaisant ! En coulisse, le chef réalise une cuisine traditionnelle soignée : entrecôte Angus poêlée et moelle à la fleur de sel, filet de sandre au foie gras... Une bonne adresse.

LENT

✉ 01240 (Ain) – 1 328 hab. – **Voir carte n°44-B1**
Paris 440 km – Bourg-en-Bresse 11 km – Genève 110 km – Lyon 59 km
Carte Michelin 328-E4 – Guide Vert Michelin Lyon et sa région

X **Auberge Lentaise** Ⓝ
Grande-Rue – ✆ 04 74 21 55 05 – Fermé mardi soir, merc. soir, dim. soir et lundi
Menu 24 € (déj. en semaine), 31/54 €
Au centre du village, où trône une petite tour de l'horloge, cette auberge communale est sans conteste la bonne adresse du coin : le jeune couple qui dirige l'endroit propose des plats de qualité, préparés avec des produits frais et locaux, et servis à l'intérieur ou en terrasse... Une belle découverte !

LÉON

✉ 40550 (Landes) – 1 877 hab. – **Voir carte n°3-B2**
Paris 724 km – Castets 14 km – Dax 30 km – Mont-de-Marsan 75 km
Carte Michelin 335-D11 – Guide Vert Michelin Aquitaine

Hôtel du Lac sans rest
2 r. des Berges-du-Lac – ✆ 05 58 48 73 11 – www.hoteldulac-leon.com – Ouvert de Pâques au 1er oct.
14 ch – †57/70 € ††57/70 € – ☕ 8 €
Les chambres, simples mais soignées, donnent pour la plupart sur le lac. Petits-déjeuners servis sous la véranda ou, en été, sur la terrasse au bord de l'eau.

LÉOTOING

✉ 43410 (Haute-Loire) – 207 hab. – **Voir carte n°5-B2**
Paris 478 km – Aurillac 104 km – Clermont-Ferrand 63 km – Le Puy-en-Velay 79 km
Carte Michelin 331-B1 – Guide Vert Michelin Auvergne

À la Buissonnière
1 r. de l'École – ✆ 04 71 76 31 41 – www.alabuissonniere.com – Ouvert de mai à sept.
4 ch ☕ – †80/110 € ††80/110 €
Table d'hôte – Menu 24/40 € *(dîner pour résidents seult)*
Avec une Buissonnière comme celle-là, on risque de ne jamais retourner à l'école ! Profitez donc du village médieval, du jardin et de ses roses en liberté, de la piscine qui domine les monts d'Auvergne, sans oublier les jolies chambres et la cuisine familiale de la propriétaire, à base de produits bio...

LEPUIX-GY – 90 Territoire de Belfort ➜ voir Giromagny

LESPERON

✉ 40260 (Landes) – 1 017 hab. – **Voir carte n°3-B2**
Paris 702 km – Bordeaux 123 km – Mont-de-Marsan 85 km – Pau 141 km
Carte Michelin 335-E11

Escalandes

35 r. du Commerce – ✆ 05 58 89 61 45 – www.hotel-restaurant-escalandes.fr – Fermé vend. soir, lundi midi et dim.

10 ch – †55/60 € ††60/65 € – ☕ 8 € – ½ P **Rest** – Formule 13 € – Carte 24/45 €

Une architecture landaise typique, avec ses colombages et sa glycine. Dans les chambres, un réel effort de décoration a été fait, en toute simplicité. Ambiance campagne d'aujourd'hui au restaurant, pour une cuisine traditionnelle simple et efficace.

LESPONNE – 65 Hautes-Pyrénées ➜ voir Bagnères-de-Bigorre

LESTELLE-BÉTHARRAM

✉ 64800 (Pyrénées-Atlantiques) – 843 hab. – **Voir carte n°3-B3**

Paris 801 km – Laruns 35 km – Lourdes 17 km – Nay 8 km

Carte Michelin 342-K6 – Guide Vert Michelin Aquitaine

Le Vieux Logis

2 km rte des Grottes de Bétharram par D 937 – ✆ 05 59 71 94 87 – www.hotel-levieuxlogis.com – Fermé 1er-7 nov., 21 déc.-3 janv., 1er-25 fév., dim. soir et lundi hors saison

33 ch – †75/95 € ††75/95 € – ☕ 10 € – ½ P

Rest – Menu 25/35 € – Carte 38/51 € *(fermé lundi midi en saison)*

À deux pas du Gave de Pau, chambres fonctionnelles dans le corps de cette ancienne ferme des années 1800. Bungalows rustiques disséminés dans l'agréable parc, proche des grottes de Bétharram. Au restaurant, cheminée d'époque et cuisine régionale simple.

LEUCATE

✉ 11370 (Aude) – 4 043 hab. – **Voir carte n°22-B3**

Paris 821 km – Carcassonne 88 km – Narbonne 38 km – Perpignan 35 km

Carte Michelin 344-J5

Klim & Ko (Alexandre Klimenko)

chemin du Phare – ✆ 04 68 70 06 84 – www.klimenko.fr – Fermé janv., mardi soir et merc.

Formule 28 € 🍷 – Menu 35 € 🍷 (déj. en semaine), 54/86 € – Carte 58/77 €

Naufragés affamés, vous voilà sauvés ! Sur le chemin du phare, cet ancien relais de télévision, transformé en restaurant, est le nouveau repaire des gastronomes. La vue sur la Méditerranée, le cadre très contemporain, et surtout la cuisine, délicatement ciselée et originale : tout pointe vers un seul cap, celui du plaisir !

➜ Œuf fermier cuit à basse température, émulsion de champignons. Minute de rouget cuit à la salamandre, mousseline de panais. Carrément chocolat.

Jardin des Filoche

64 av. Jean-Jaurès – ✆ 04 68 40 01 12 – Fermé déc. à fév., le midi sauf dim. et fériés, dim. soir, lundi et mardi d'oct. à mars

Menu 32/37 €

Un agréable restaurant – avec une terrasse fleurie et un jardin – où l'on travaille en famille et dans la bonne humeur. Dans la salle, vue sur les cuisines et les bons plats traditionnels du chef... idéal pour les curieux ! Quant au choix de crus locaux, il est des plus judicieux.

35 B Ⓝ

35 pl. de la République – ✆ 04 68 33 92 60 – Ouvert de mars à oct. et fermé mardi soir et merc.

Formule 17 € 🍷 – Menu 29 € – Carte 36/62 €

Une belle et bonne cuisine du marché, mettant à l'honneur les produits de saison : terrine de lapereau aux trompettes-de-la-mort et confiture d'oignons, magret de canard aigre-doux, etc. Les assiettes sont colorées, les cuissons maîtrisées et les saveurs bien marquées. Une jolie adresse !

à Port-Leucate 7 km au Sud par D 627 – ✉ 11370

Hôtel des deux Golfs sans rest
sur le port – ✆ 04 68 40 99 42 – www.hoteldes2golfs.com – Ouvert avril-oct.
30 ch – †54/80 € ††54/80 € – ☕ 8 €
Entre lac et mer, un hôtel récent dont les chambres, fonctionnelles et bien tenues, jouissent toutes d'une petite loggia donnant le plus souvent sur le port de plaisance. Le tout à deux pas de l'animation de la station.

LEUGNY

✉ 89130 (Yonne) – 381 hab. – **Voir carte n°7-B1**
Paris 173 km – Auxerre 23 km – Dijon 171 km – Nevers 99 km
Carte Michelin 319-D5

La Borde ch,
à La Borde, 2 km à l'Ouest par D 52 – ✆ 03 86 47 69 01 – www.lbmh.fr – Fermé de mi-déc. à mi-fév.
5 ch ☕ – †310/375 € ††310/375 € **Table d'hôte** – Menu 55 €
Poussez la grille en fer forgé et empruntez l'allée menant à cette demeure dont la partie la plus ancienne remonte au 14e s. Les chambres, calmes et confortables, portent des noms de fleurs : Jonquille, Aubépine, Rose, etc. Comme une invitation à découvrir le superbe parc...

LEUTENHEIM

✉ 67480 (Bas-Rhin) – 855 hab. – **Voir carte n°1-B1**
Paris 501 km – Haguenau 22 km – Karlsruhe 46 km – Strasbourg 45 km
Carte Michelin 315-M3

Auberge Au Vieux Couvent
à Koenigsbruck, 4 km au Nord par D 163 – ✆ 03 88 86 39 86 – Fermé 11-31 août, lundi et mardi
Formule 14 € – Menu 31/41 € – Carte 32/50 €
Au fin fond de la forêt, une maison à colombages (fin du 17e s.) simple et rustique... On y apprécie de copieuses assiettes de spécialités régionales. De quoi donner envie d'entrer... au Vieux Couvent !

LEVALLOIS-PERRET – 92 Hauts-de-Seine ➜ voir Paris, Environs

LEVERNOIS – 21 Côte-d'Or ➜ voir Beaune

LEVIE – 2A Corse-du-Sud ➜ voir Corse

LEYNES

✉ 71570 (Saône-et-Loire) – 486 hab. – **Voir carte n°8-C3**
Paris 402 km – Bourg-en-Bresse 51 km – Charolles 58 km – Mâcon 15 km
Carte Michelin 320-I12

Le Fin Bec
pl. de la Mairie – ✆ 03 85 35 11 77 – www.lefinbec.com – Fermé janv., jeudi soir, dim. soir et lundi
Formule 19 € – Menu 27/39 € – Carte 37/67 €
N'ayez pas le bec fin en visant l'humble décor de ce petit restaurant villageois : l'accueil y est charmant et l'on y déguste une agréable cuisine traditionnelle : escargots, quenelles de brochets, grenouilles... Le tout à prix raisonnable !

LÉZARDRIEUX

✉ 22740 (Côtes-d'Armor) – 1 601 hab. – **Voir carte n°10-C1**
Paris 497 km – Rennes 146 km – St-Brieuc 50 km
Carte Michelin 309-D2 – Guide Vert Michelin Bretagne Nord

Auberge du Trieux

1 imp. du Four-Neuf – ✆ 02 96 20 10 70 – www.auberge-du-trieux.com – Fermé vacances de la Toussaint, de Noël, de Février, mardi soir et jeudi soir d'oct. à avril et merc.

Formule 13 € – Menu 16 € (déj. en semaine), 20/48 € – Carte 26/40 €

Attaché à faire vivre son auberge, où il avait même fait son apprentissage, le chef, originaire du pays, propose une cuisine traditionnelle pleine de bon sens, mâtinée de quelques touches actuelles. Sans oublier l'incontournable plateau de fruits de mer (sur commande). Une adresse sympathique.

LÉZIGNAN-CORBIÈRES

✉ 11200 (Aude) – 10 539 hab. – **Voir carte n°22-B3**

Paris 804 km – Carcassonne 39 km – Narbonne 22 km – Perpignan 85 km

Carte Michelin 344-H3

Le Mas de Gaujac

r. Gustave Eiffel, Z. I. Gaujac vers accès A61 – ✆ 04 68 58 16 90 – Fermé 20-26 déc.

21 ch – †76/135 € ††76/135 € – ☕ 10 € – ½ P

Rest – Formule 17 € – Menu 19/38 € – Carte 26/49 €

Vous ne pourrez pas manquer ce mas... orange ! Non loin de l'autoroute, l'adresse est très pratique pour une étape. Les chambres y sont fonctionnelles et agréables. Restaurant traditionnel.

La Maison de Marthe sans rest

37 bd Marx-Dormoy – ✆ 04 68 44 10 71 – www.lamaison-de-marthe.com – Ouvert 15 mars-15 déc.

5 ch ☕ – †85/95 € ††95/115 €

Le sol de l'entrée portait ses initiales gravées dans le marbre : un signe pour celle qui a racheté cette bâtisse du 16e s. sur un coup de cœur, avant d'en faire une demeure bourgeoise du 21e s., chaleureuse, confortable, élégante... délicieuse ! Et pour les vrais gourmands, le petit-déjeuner est exquis.

LEZOUX

✉ 63190 (Puy-de-Dôme) – 5 599 hab. – **Voir carte n°6-C2**

Paris 434 km – Clermont-Ferrand 33 km – Issoire 43 km – Riom 38 km

Carte Michelin 326-H8 – Guide Vert Michelin Auvergne

Les Voyageurs avec ch

rest,

2 pl. de la Mairie – ✆ 04 73 73 10 49 – Fermé 10 août-1er sept. et 26 déc.-5 janv.

17 ch – †48/60 € ††55/68 € – ☕ 8,50 € – ½ P

Menu 14 € (déj. en semaine), 18/40 € – Carte 28/44 €

Nul besoin d'être un voyageur pour manger dans ce restaurant ! Aux fourneaux, le chef concocte des petits plats traditionnels. Dans la salle, rustique et colorée, on vous sert généreusement. Le tout à petits prix. Chambres pour l'étape.

à Bort-l'Étang 8 km au Sud-Est par D 223 et D 309 – ✉ 63190 – 593 hab.

Château de Codignat

Ouest : 1 km – ✆ 04 73 68 43 03 – www.codignat.com – Ouvert 11 avril-19 oct.

14 ch – †180/410 € ††180/410 € – 5 suites – ☕ 25 € – ½ P

Rest *Château de Codignat* ✿ – voir les restaurants ci-après

Les chambres évoquent Barbe-Bleue, Louis XI, Jacques Cœur, etc. Dans toutes, on a l'impression d'être plongé au cœur d'un conte médiéval. Imprimés soyeux, balustres dorées, dais sculptés : ce château du 15e s. n'a rien d'un ogre, mais d'une fée !

Château de Codignat

Ouest : 1 km – ✆ 04 73 68 43 03 – www.codignat.com – Ouvert 11 avril-19 oct. et fermé le midi du lundi au vend. sauf fériés

Menu 57/120 € – Carte 101/107 € *(réservation conseillée)*

Le chef signe une cuisine originale, marquée par le jeu subtil des saveurs. Quant au décor, il est élégant, avec une pointe de faste qui rappelle l'atmosphère des buffets châtelains d'antan... On passe un beau moment en ces lieux. ➜ Foie gras d'Auvergne et légumes confits. Agneau du Bourbonnais rôti, croûte moelleuse à la menthe fraîche. Mariage de chocolat et cerises noires relevées au piment d'Espelette.

à l'Ouest 5 km par N 89 ✉63190 Seychalles

X **Chante Bise**

à Courcourt – ✆ 04 73 62 91 41 – www.restaurant-chantebise63.com – Fermé 16 août-6 sept., 17 fév.-7 mars, mardi soir et jeudi soir de déc. à mars, dim. soir, merc. soir et lundi

Formule 12 € – Menu 22/30 € – Carte 34/46 €

"La cigale, ayant chanté tout l'été, se trouva fort dépourvue quand la bise fut venue..." Contrairement à la fable de La Fontaine, ici, point de pénurie ! Toute l'année, les gourmands apprécient une agréable cuisine traditionnelle. Accueil chaleureux.

LIBOURNE

✉ 33500 (Gironde) – 23 624 hab. – **Voir carte n°3-B1**

Paris 576 km – Agen 129 km – Bergerac 64 km – Bordeaux 30 km

Carte Michelin 335-J5 – Guide Vert Michelin Aquitaine

LIBOURNE

Amade (Q. du Gén.-d') ..... **AZ** 4
Clemenceau (Av. G.) ..... **BY** 5
Decazes (Pl.) ..... **BY** 6
Ferry (R. J.) ..... **AZ** 7
Foch (Av. du Mar.) ..... **BY** 8
Gambetta (R.) ..... **ABY**
Jean-Jaurès (R.) ..... **ABZ**
J.-J.-Rousseau (R.) ..... **ABZ** 10
Lattre-de-Tassigny (Pl. du Mar.-de) ..... **AZ** 14
Montaigne (R. M.) ..... **BZ** 21
Montesquieu (R.) ..... **BY** 23
Prés.-Carnot (R. du) ..... **ABY**
Prés.-Doumer (R. du) ..... **ABY** 28
Prés.-Wilson (R. du) ..... **BY** 29
Princeteau (Pl.) ..... **ABY** 30
Salinières (Quai des) ..... **AY** 35
Surchamp (Pl. A.) ..... **AZ**
Thiers (R.) ..... **AZ**
Waldeck-Rousseau (R.) ..... **AY** 45

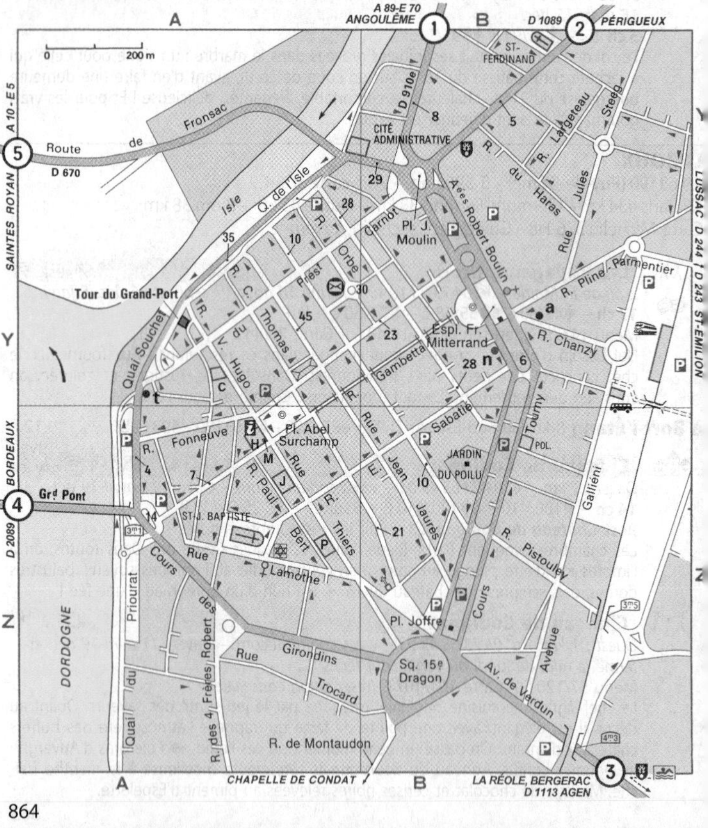

Mercure sans rest

3 quai Souchet – ✆ 05 57 25 64 18 – www.mercure-libourne-saint-emilion.com

81 ch – †85/132 € ††85/142 € – 3 suites – ☕ 15 € Plan : AY**t**

Un Mercure contemporain sur les quais de la Dordogne. Chambres confortables et bien tenues, avec douche à l'italienne ; offre bio au petit-déjeuner.

Hôtel de France sans rest

7 r. Chanzy – ✆ 05 57 51 01 66 – www.hoteldefrancelibourne.com Plan : BY**a**

25 ch – †62/147 € ††67/147 € – ☕ 10 €

Un relais de poste qui marie habilement tradition et modernité ! Résultat : un endroit chaleureux avec des chambres agréables, dont les plus haut de gamme sont très confortables.

Chez Servais

14 pl. Decazes – ✆ 05 57 51 83 97 – www.chezservais.fr – Fermé 1er-8 mai, 16-30 août, dim. soir et lundi Plan : BY**n**

Formule 19 € – Menu 28/54 €

Vous n'aurez aucun mal à trouver cette bonne petite table située sur la place principale de Libourne. Le chef connaît ses classiques et fait la part belle aux produits du marché, et plus encore au poisson. Une adresse généreuse, décontractée, à prix plutôt doux et... au cœur de la bastide !

Bord d'Eau

1,5 km par ⑤ et D 670 – ✆ 05 57 51 99 91 – Fermé 22-29 sept., 17-30 nov., 17 fév.-4 mars, merc. soir, dim. soir et lundi

Menu 21 € (semaine), 35/42 € – Carte 40/45 €

Appétissante cuisine du marché à apprécier dans un cadre rétro avec vue imprenable sur la Dordogne ! Il faut dire que la maison, sur pilotis, borde la rivière...

à La Rivière 6 km à l'Ouest par ⑤ – ✉ 33126 – 343 hab.

Château de La Rivière sans rest

par D 670 – ✆ 05 57 55 56 51 – www.vignobles-gregoire.com – Ouvert 1er mars-31 oct.

5 ch ☕ – †130/192 € ††151/213 €

Un château de la Renaissance restauré par Viollet-le-Duc. Les chambres, spacieuses et confortables, cultivent évidemment leur esprit... châtelain. Au petit-déjeuner, on se régale de pâtisseries maison et, pour le cachet, on visite les caves souterraines du domaine.

LIÈPVRE

✉ 68660 (Haut-Rhin) – 1 756 hab. – **Voir carte n°2-C1**

Paris 428 km – Colmar 35 km – Ribeauvillé 27 km – St-Dié 31 km

Carte Michelin 315-H7

à La Vancelle (Bas-Rhin) 2,5 km au Nord-Est par D 167 – ✉ 67730 – 382 hab.

Auberge Frankenbourg (Sébastien Buecher) avec ch

13 r. du Gén.-de-Gaulle – ✆ 03 88 57 93 90 – www.frankenbourg.com – Fermé 30 juin-13 juil., 9-14 nov., 16 fév.-6 mars AC rest,

11 ch – †75 € ††85 € – ☕ 13 € – ½ P

Menu 36 € (semaine), 52/75 € – Carte 57/71 € *(fermé mardi soir et merc.)*

Dans cette auberge née au début du 20e s. officient deux frères pleins d'allant : Sébastien réalise une cuisine de produits goûteuse et élégante, tandis que Guillaume mène le jeu en salle. Le décor mêle boiseries et esprit zen, et quelques chambres permettent de prolonger l'étape... → Cuisses de grenouilles, œuf mollet et beurre d'agrumes. Pigeon d'Alsace en déclinaison. Mandelberg aux fruits de saison.

LIESSIES

✉ 59740 (Nord) – 556 hab. – **Voir carte n°31-D3**

Paris 223 km – Avesnes-sur-Helpe 14 km – Charleroi 48 km – Hirson 24 km

Carte Michelin 302-M7

Château de la Motte

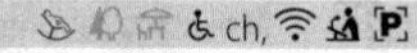

14 r. de la Motte, 1 km au Sud par rte secondaire – ✆ 03 27 61 81 94 – www.chateaudelamotte.fr – Fermé 16 déc.-8 fév.

10 ch – †66 € ††80 € – ☕ 10 € – ½ P

Rest – Formule 19 € – Menu 25 € (semaine), 41 € 🍷/65 € – Carte 40/60 € *(fermé dim. soir et lundi midi hors saison)*

En pleine campagne, cette demeure fut la maison de retraite des moines de l'abbaye voisine ! Difficile de faire plus paisible... Ambiance classique dans les chambres, agréables et fonctionnelles, dont une partie situées dans une annexe.

XX

Le Carillon

1 r. Roger-Salengro, (face à l'église) – ✆ 03 27 61 80 21 – www.le-carillon.com – Fermé 19-27 août, 18 nov.-3 déc., 19 fév.-12 mars, lundi soir, mardi soir, jeudi soir, dim. soir et merc.

Formule 28 € – Menu 31/47 € *(réservation conseillée)*

Une terrasse avec platanes, des poutres apparentes, une cave à vins pour emporter un peu de l'endroit avec soi : cette maison a des atouts à faire valoir ! On y propose une bonne cuisine traditionnelle, ainsi qu'une restauration d'appoint (salades, flamiche au Maroilles), dans un décor rustique et chaleureux... Nord oblige !

LIEUSAINT – 77 Seine-et-Marne ➜ voir Paris, Environs (Sénart)

LA LIEZ (LAC DE) – 52 Haute-Marne ➜ voir Langres

LIFFRE

✉ 35340 (Ille-et-Vilaine) – 6 829 hab. – **Voir carte n°10-D2**

Paris 359 km – Laval 84 km – Rennes 25 km – Saint-Lô 131 km

Carte Michelin 309-M5

Hôtel La Reposée

La Quinte, sortie 26 sur A 84 – ✆ 02 99 68 31 51 – www.hotel-la-reposee.com – Fermé 5-21 août

25 ch – †68/72 € ††78/85 € – ☕ 11 € – ½ P

Rest ***L'Escu de Runfao*** – voir les restaurants ci-après

Près de l'autoroute, certes, mais dans un joli parc verdoyant. Avec ses chambres bien tenues et sa salle de séminaire, cette grande bâtisse d'inspiration bretonne est sympathique et bien pratique.

XX

L'Escu de Runfao – Hôtel La Reposée

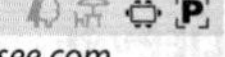

La Quinte, sortie 26 sur A 84 – ✆ 02 99 68 31 51 – www.hotel-la-reposee.com – Fermé 5-21 août, 1 semaine vacances de fév., sam. midi et dim. soir

Menu 26 € (déj. en semaine), 32/56 € – Carte 63/77 €

Fleur de courgette farcie au rouget barbet, risotto aux langoustines, ris de veau et homard breton au sauterne... une cuisine de saison à savourer dans une atmosphère cosy et contemporaine, en admirant le grand jardin.

LILLE

✉ 59000 (Nord) – 227 560 hab. – Agglo. 1 014 239 hab. – **Voir carte n°31-C2**
▶ Paris 223 km – Bruxelles 114 km – Gent 75 km – Luxembourg 310 km
Carte Michelin 302-G4

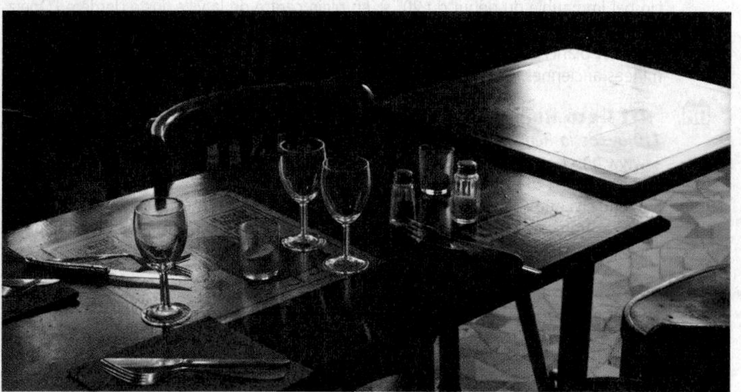

Hôtels & maisons d'hôtes

Barrière Lille
777 bis Pont-de-Flandres ✉ 59777 – ✆ 03 28 14 45 00 – www.hotel-barriere-lille.com
Plan : 1FY**a**
128 ch – 175/329 € 175/329 € – 14 suites – 18 €
Rest *Les Hauts de Lille* ✆ 03 28 14 45 50 – – Menu 32 € (déj.), 51/92 € – Carte 55/64 € *(fermé août, sam. midi, dim. et lundi)*
Rest *La Terrasse du Parc* ✆ 03 28 14 47 00 – – Menu 25 € – Carte 24/41 €
Dans ce grand bâtiment de verre, on peut aller au théâtre, au casino et... regagner en un clin d'œil son hôtel – l'un des derniers-nés du groupe Barrière (2010). Espace, lumière, luxe sans ostentation, restaurant chic et brasserie contemporaine : de très séduisantes prestations.

L'Hermitage Gantois
224 r. de Paris – ✆ 03 20 85 30 30 – www.hotelhermitagegantois.com Plan : 1EZ**b**
69 ch – 169/545 € 169/545 € – 3 suites – 22 €
Rest – Formule 49 € – Menu 65 € /106 € – Carte 58/83 € *(fermé 27 juil.-21 août, 1er-13 janv., sam. midi, dim. et lundi)*
Rest *L'Estaminet* – Formule 25 € – Carte 26/39 €
Fondé vers 1460, cet ancien hospice est devenu hôtel en 2003. Architectures historiques, nouveau classicisme contemporain, cours et patios intérieurs... de quoi se convertir en ermite ! Le restaurant gastronomique ne manque pas d'élégance, tandis que l'estaminet cultive joliment l'esprit du Nord.

Crowne Plaza
335 bd Leeds – ✆ 03 20 42 46 46 – www.lille-crowneplaza.com Plan : 1FY**n**
121 ch – 205/245 € 205/245 € – 19 € – ½ P
Rest – Menu 22 € (déj. en semaine), 25/32 € – Carte 39/60 €
De vastes chambres contemporaines, d'esprit zen et très bien équipées, certaines avec une vue superbe sur Lille et son beffroi. Le choix de salles de réunion et l'emplacement, face à la gare TGV, conviendront parfaitement à la clientèle d'affaires.

Novotel Lille Centre Gares
49 r. de Tournai ✉ 59800 – ✆ 03 28 38 67 00 – www.novotel.com Plan : 1FZ**u**
96 ch – 105/226 € 105/226 € – 5 suites – 16 €
Rest – Formule 19 € – Carte 27/43 €
Près de la gare Lille-Flandres et à proximité du Grand Palais et du Zénith, cet hôtel se distingue par ses chambres confortables et fonctionnelles, qui raviront les voyageurs de passage dans la grande métropole du Nord.

Mercure Lille Centre Grand Place sans rest

2 bd Carnot ✉ 59800 – ✆ 03 20 14 71 47 – www.mercure.com Plan : 1EY**h**
101 ch – †97/215 € ††97/215 € – ☕ 18 €
Un bel immeuble du début du 20e s., en plein centre de la ville, juste derrière l'Opéra. Dans les chambres, rénovées dans un esprit contemporain, les couleurs oscillent entre rouge et blanc, et certains éléments viennent rappeler le caractère du bâtiment (cheminées anciennes, briques, etc.).

Art Déco Romarin sans rest

110 av. de la République, à la Madeleine – ✆ 03 20 14 81 81 – www.hotel-artdecolille.com Plan : 1FY**t**
56 ch – †86/146 € ††86/146 € – ☕ 13 €
Sur une avenue passante, l'établissement est néanmoins très bien insonorisé et la ligne de tramway permet de rejoindre le centre-ville en un clin d'œil. Les chambres sont agréables, dans un style qui s'inspire de l'Art déco.

Hôtel Up sans rest

17 pl. des Reignaux – ✆ 03 20 06 06 93 – www.hotelup.fr Plan : 1EY**y**
27 ch – †89/269 € ††89/269 € – ☕ 15 €
Près de la gare, un hôtel contemporain mêlant épure et touches de fantaisie, entre autres atouts : une équipe accueillante, un petit-déjeuner très appétissant et plusieurs grandes chambres parfaites pour les familles.

Why Ⓝ

ch,

7 bis square Morisson – ✆ 03 20 50 30 30 – www.why-hotel.com Plan : 1EZ**r**
46 ch – †130/195 € ††130/225 € – ☕ 14 €
Rest – Carte 25/43 € *(fermé dim. et le soir)*
Dans un immeuble des années 1970 (avec une façade entièrement percée de grandes fenêtres ovales), un hôtel résolument design, décoré avec soin et sens du confort : parquet en chêne, grands lits avec couettes, douches à l'italienne, etc. On peut se restaurer à midi et profiter du bar le soir. Why not ?

Hôtel de la Treille sans rest

7/9 pl. Louise-de-Bettignies – ✆ 03 20 55 45 46 – www.hoteldelatreille.com
40 ch – †80/200 € ††80/200 € – ☕ 14 € Plan : 1EY**b**
Idéalement placé pour flâner dans le quartier du Vieux-Lille, cet hôtel familial propose des chambres cosy, décorées dans des tons sobres et de bon goût, et bien agencées ; certaines d'entre elles offrent une jolie vue sur la cathédrale.

Hôtel de la Paix sans rest

46 bis r. de Paris – ✆ 03 20 54 63 93 – www.hotel-la-paix.com Plan : 1EY**r**
36 ch – †79/120 € ††89/130 € – ☕ 9 €
Bien tenu et central, cet hôtel traditionnel a pour propriétaire une artiste dans l'âme : elle expose des reproductions de tableaux et a réalisé la fresque qui orne la salle du petit-déjeuner, le tout dans un esprit rétro.

La Maison du Champlain sans rest

13 r. Nicolas-Leblanc – ✆ 03 20 54 01 38 – www.lechamplain.fr – Fermé août
4 ch ☕ – †130/140 € ††150/200 € Plan : 1EZ**u**
Beaucoup de charme dans cette maison bourgeoise (1873) proche du centre-ville. Les chambres, souvent avec salon, cultivent le classicisme dans un esprit cosy et feutré. Et l'espace bien-être, installé dans d'anciennes caves voûtées, invite à la détente...

Restaurants

À L'Huîtrière

3 r. des Chats-Bossus ✉ 59800 – ✆ 03 20 55 43 41 – www.huitriere.fr – Fermé 27 juil.-25 août, dim. soir et fériés le soir Plan : 1EY**g**
Menu 45 € (déj. en semaine), 105/150 € – Carte 75/118 €
Une institution lilloise pour les amoureux de poissons, coquillages et crustacés. Les produits sont de belle fraîcheur, le cadre élégant... Et l'on peut faire un détour par la boutique-traiteur (somptueux décor en céramique) ou une pause gourmande au bar à huîtres.

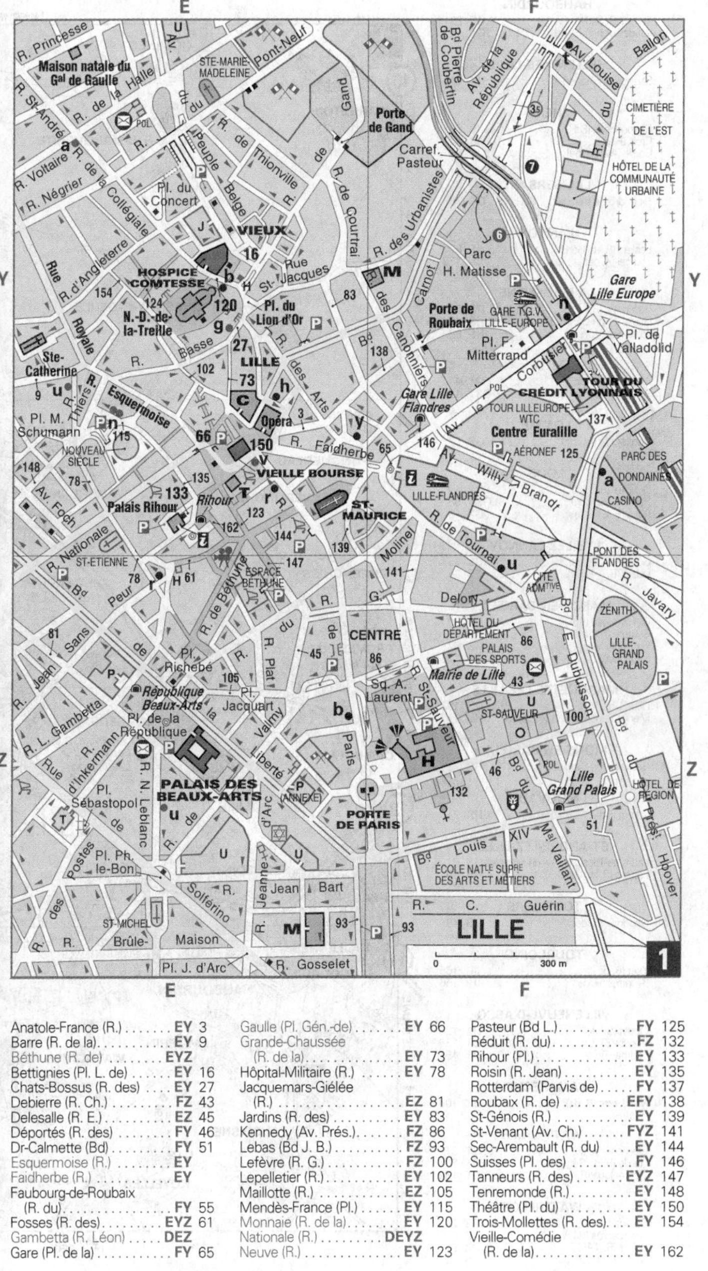

Anatole-France (R.) . . . . EY 3
Barre (R. de la) . . . . EY 9
Béthune (R. de) . . . . EYZ
Bettignies (Pl. L. de) . . . . . . EY 16
Chats-Bossus (R. des) . . . . EY 27
Debierre (R. Ch.) . . . . FZ 43
Delesalle (R. E.) . . . . EZ 45
Déportés (R. des) . . . . FY 46
Dr-Calmette (Bd) . . . . FY 51
Esquermoise (R.) . . . . EY
Faidherbe (R.) . . . . EY
Faubourg-de-Roubaix (R. du) . . . . FY 55
Fosses (R. des) . . . . EYZ 61
Gambetta (R. Léon) . . . . . DEZ
Gare (Pl. de la) . . . . FY 65
Gaulle (Pl. Gén.-de) . . . . EY 66
Grande-Chaussée (R. de la) . . . . EY 73
Hôpital-Militaire (R.) . . . . . . EY 78
Jacquemars-Giélée (R.) . . . . EZ 81
Jardins (R. des) . . . . EY 83
Kennedy (Av. Prés.) . . . . FZ 86
Lebas (Bd J. B.) . . . . FZ 93
Lefèvre (R. G.) . . . . FZ 100
Lepelletier (R.) . . . . EY 102
Maillotte (R.) . . . . EZ 105
Mendès-France (Pl.) . . . . EY 115
Monnaie (R. de la) . . . . EY 120
Nationale (R.) . . . . DEYZ
Neuve (R.) . . . . EY 123
Pasteur (Bd L.) . . . . FY 125
Réduit (R. du) . . . . FZ 132
Rihour (Pl.) . . . . EY 133
Roisin (R. Jean) . . . . EY 135
Rotterdam (Parvis de) . . . . . FY 137
Roubaix (R. de) . . . . EFY 138
St-Génois (R.) . . . . EY 139
St-Venant (Av. Ch.) . . . . . . FYZ 141
Sec-Arembault (R. du) . . . . . EY 144
Suisses (Pl. des) . . . . FY 146
Tanneurs (R. des) . . . . EYZ 147
Tenremonde (R.) . . . . EY 148
Théâtre (Pl. du) . . . . EY 150
Trois-Mollettes (R. des) . . . . EY 154
Vieille-Comédie (R. de la) . . . . EY 162

HAUBOURDIN

Carnot (R. Sadi) . . . . **GT** 22
Vanderhaghen (R. A.) . . . . **GT** 157

HELLEMMES-LILLE

Salengro (R. Roger). . . . . **HS** 142

HEM

Clemenceau (Bd G.) . . . . **JS** 28
Croix (R. de) . . . . **JS** 40
Gaulle (Av. Ch.-de) . . . . **JS** 64

LAMBERSART

Hippodrome (Av. de l') . . . . **GS** 76

LANNOY

Leclerc (R. du Gén.). . . . . **JS** 97
Tournai (R. de) . . . . **JS** 153

LA MADELEINE

Gambetta (R.) . . . . **GS** 63
Gaulle (R. du Gén.-de) . . . . **HS** 69
Lalau (R.) . . . . **HS** 87

LILLE

Arras (R. du Fg d') . . . . **GT** 4
Postes (R. du Fg des) . . . . **GST** 129

LOMME

Dunkerque (Av. de). . . . . **GS** 52

LOOS

Doumer (R. Paul). . . . . **GT** 49
Foch (R. du Mar.) . . . . **GST** 58
Potié (R. Georges). . . . . **GT** 130

LYS-LEZ-LANNOY

Guesde (R. Jules) . . . . **JS** 75
Lebas (R. J.-B.). . . . . **JS** 94

MARCQ-EN-BARŒUL

Clemenceau (Bd) . . . . **HS** 30
Couture (R. de la) . . . . **HS** 39
Foch (Av. Mar.) . . . . **HS** 57
Nationale (R.). . . . . **HS** 122

MARQUETTE-LEZ-LILLE

Lille (R. de). **GS** 103
Menin (R. de). . . . . **HS** 117

MONS-EN-BARŒUL

Gaulle (R. du Gén.-de) . . . . **HS** 70

MOUVAUX

Carnot (Bd). **HR** 21

ST-ANDRÉ-LEZ-LILLE

Lattre-de-Tassigny (Av. du Mar.-de). **GS** 91
Leclerc (R. du Gén.) . . . . **GS** 99

TOUFFLERS

Déportés (R. des). . . . . **JS** 48

TOURCOING

Yser (R. de l') . . . . **JR** 165
3-Pierres (R. des) . . . . **JR** 166

VILLENEUVE-D'ASCQ

Ouest (Bd de l') . . . . **HS** 124
Ronsse (R. Ch.) . . . . **JT** 136
Tournai (Bd de) . . . . **JT** 151

WAMBRECHIES

Marquette (R. de) . . . . **GZ** 108

WATTIGNIES

Clemenceau (R.) . . . . **GT** 31
Gaulle (R. du Gén.-de) . . . . **GT** 72
Victor-Hugo (R.) . . . . **GT** 160

WATTRELOS

Carnot (R.) . . . . **JRS** 24
Jean-Jaurès (R.) . . . . **JR** 82
Lebas (R. J.-B.). . . . . **JR** 96
Mont-à-Leux (R. du). . . . . **JR** 121

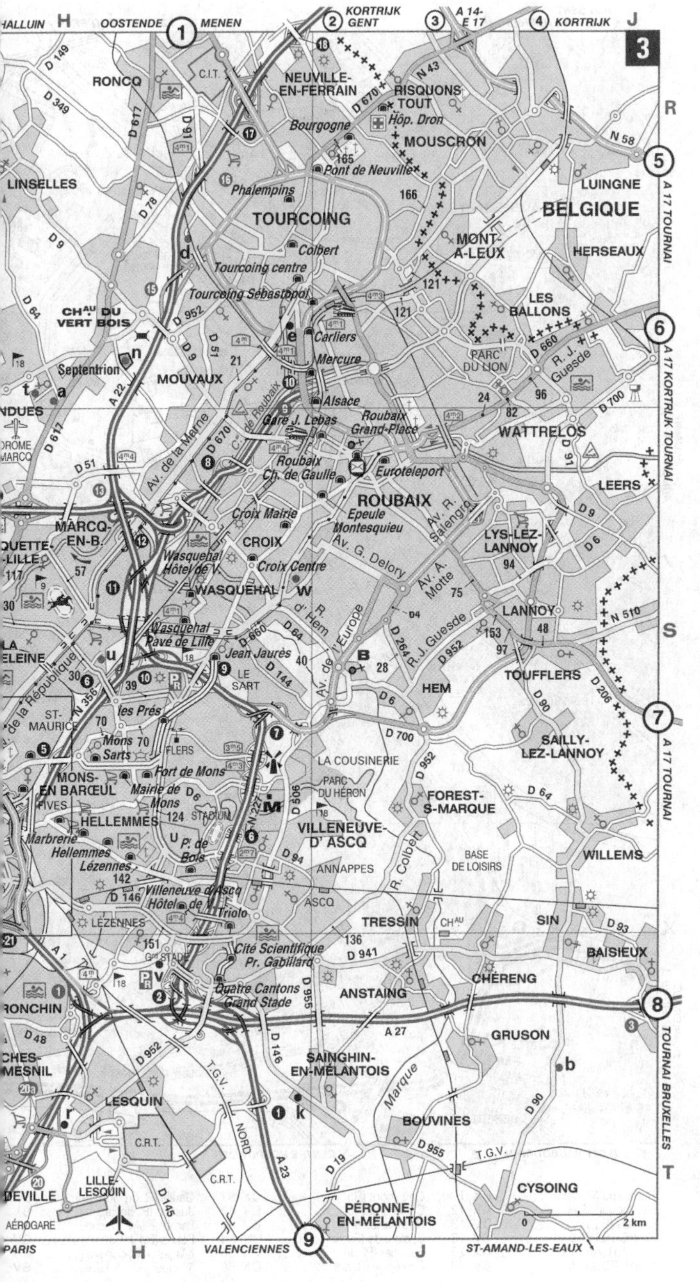

HALLUIN
OOSTENDE
MENEN
KORTRIJK GENT
A 14-E 17
KORTRIJK
3
RONCQ
NEUVILLE-EN-FERRAIN
RISQUONS TOUT
Hôp. Dron
MOUSCRON
LINSELLES
Bourgogne
Pont de Neuville
LUINGNE
Phalempins
TOURCOING
BELGIQUE
Colbert
MONT-A-LEUX
HERSEAUX
Tourcoing centre
Tourcoing Sébastopol
LES BALLONS
CH^AU DU VERT BOIS
Carliers
Septentrion
Mercure
PARC DU LION
MOUVAUX
R. J. Guesde
Alsace
Gare J. Lebas
Roubaix Grand-Place
WATTRELOS
Av. de la Marne
Roubaix Ch. de Gaulle
Euroteleport
LEERS
ROUBAIX
MARCQ-EN-B.
Croix Mairie
Epeule Montesquieu
LYS-LEZ-LANNOY
CROIX
Av. G. Delory
Wasquehal Hôtel de V.
Croix Centre
WASQUEHAL
LANNOY
Wasquehal Pavé de Lille
Jean Jaurès
TOUFFLERS
LE SART
HEM
les Prés
ST-MAURICE
Mons Sarts
FLERS
SAILLY-LEZ-LANNOY
MONS-EN BARŒUL
Fort de Mons
LA COUSINERIE
Mairie de Mons
PARC DU HÉRON
FOREST-S-MARQUE
FIVES
HELLEMMES
STADIUM
VILLENEUVE-D'ASCQ
Marbrerie
Hellemmes
P^t de Bois
WILLEMS
Lézennes
ANNAPPES
BASE DE LOISIRS
Villeneuve d'Ascq Hôtel de V.
Triolo
ASCQ
TRESSIN
SIN
LEZENNES
BAISIEUX
Cité Scientifique Pr. Gabillard
CHÉRENG
Quatre Cantons Grand Stade
ANSTAING
RONCHIN
GRUSON
SAINGHIN-EN-MÉLANTOIS
LESQUIN
BOUVINES
C.R.T.
LILLE-LESQUIN
CYSOING
PÉRONNE-EN-MÉLANTOIS
AÉROGARE
A 17 TOURNAI
A 17 KORTRIJK TOURNAI
TOURNAI BRUXELLES
PARIS
VALENCIENNES
ST-AMAND-LES-EAUX
0
2 km

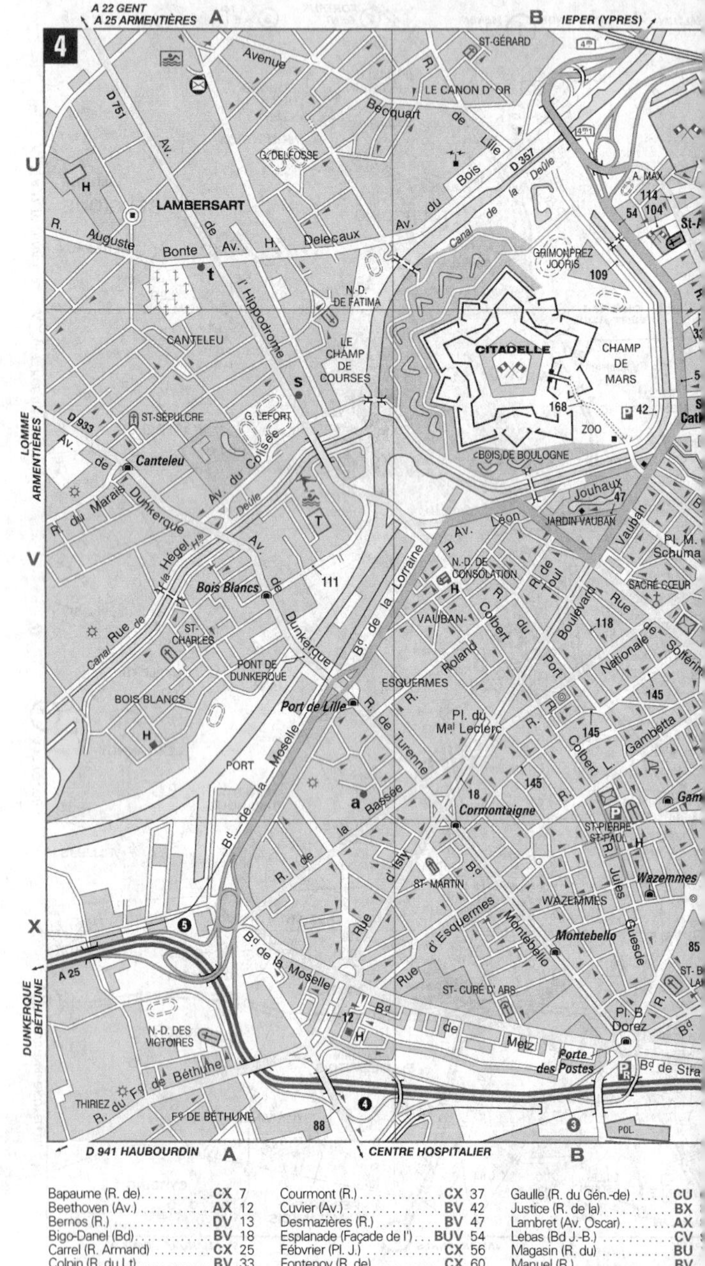

A 22 GENT
A 25 ARMENTIÈRES
IEPER (YPRES)
LOMME ARMENTIÈRES
DUNKERQUE BÉTHUNE
D 941 HAUBOURDIN
CENTRE HOSPITALIER
LAMBERSART
CITADELLE
CHAMP DE MARS
BOIS DE BOULOGNE
JARDIN VAUBAN
ESQUERMES
WAZEMMES
BOIS BLANCS
PORT

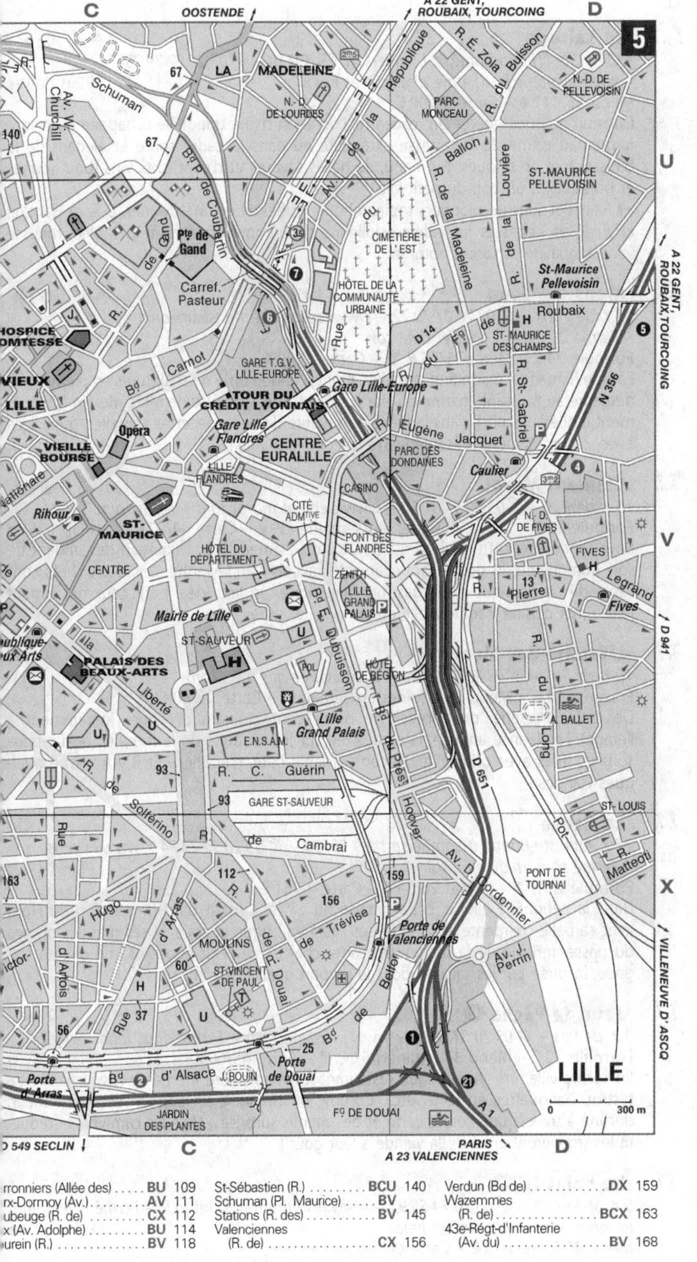

rronniers (Allée des) . . . . . **BU** 109
rx-Dormoy (Av.) . . . . **AV** 111
ubeuge (R. de) . . . . **CX** 112
x (Av. Adolphe) . . . . **BU** 114
ırein (R.) . . . . **BV** 118

St-Sébastien (R.) . . . . **BCU** 140
Schuman (Pl. Maurice) . . . . **BV**
Stations (R. des) . . . . **BV** 145
Valenciennes
(R. de) . . . . **CX** 156

Verdun (Bd de) . . . . **DX** 159
Wazemmes
(R. de) . . . . **BCX** 163
43e-Régt-d'Infanterie
(Av. du) . . . . **BV** 168

XXX **La Laiterie**

✿ *138 av. de l'Hippodrome, à Lambersart ✉ 59130 – ✆ 03 20 92 79 73 – www.lalaiterie.fr – Fermé dim. soir et lundi* Plan : 4AV**s**

Menu 56/110 € – Carte 80/90 €

Dans un quartier légèrement excentré, l'occasion d'une tranquille échappée gastronomique, au calme de la terrasse extérieure ou dans le cadre sobre et élégant de la bâtisse, tout en briques. Au menu, de belles saveurs et d'excellents vins (bourgognes et bordeaux)... on boit du petit lait !

➜ Saint-Jacques de plongée, topinambours truffés et écume de mer. Dos de sandre, effeuillé de cèpes et jus caféiné. Julienne de pomme granny smith sablée, mousse vanille, opaline et sorbet pomme.

XX **Monsieur Jean**

12 r. de Paris – ✆ 03 28 07 70 72 – www.restaurant-monsieurjean.fr – Fermé 28 juil.-18 août et dim. soir Plan : 1EY**v**

Formule 24 € – Menu 31/75 € 🍷 – Carte 49/59 €

Façade flamande, magnifique escalier, mur en brique orné de sculptures en pierre : une demeure au puissant charme du Nord... C'est l'adresse lilloise de Marc Meurin (doublement étoilé à Busnes), dans laquelle on savoure de belles recettes actuelles, travaillées avec soin et joliment présentées. Très recommandable !

XX **Clément Marot**

16 r. de Pas – ✆ 03 20 57 01 10 – www.clement-marot.com – Fermé dim.

Formule 23 € – Menu 29 € (déj. en semaine)/39 € – Carte 44/82 € Plan : 1EY**n**

Pour l'anecdote, cette maison est tenue par... Clément Marot (lointain descendant de son homonyme, le poète cadurcien) et François Vandeweghe. Les deux chefs sont l'âme de ce classique de la gastronomie lilloise, un lieu idéal pour ceux qui aiment faire rimer cuisine traditionnelle et convivialité.

XX **L'Écume des Mers**

10 r. de Pas – ✆ 03 20 54 95 40 – www.ecume-des-mers.com Plan : 1EY**n**

Formule 18 € – Menu 25 € (dîner en semaine) – Carte 40/80 €

De cette brasserie, on apprécie le décor contemporain et épuré (notamment à l'étage), l'ambiance animée, la carte axée sur les produits de la mer, les beaux poissons cuisinés avec originalité, l'incontournable banc d'écailler... Et il y a même quelques viandes !

XX **La Cense**

27 r. Auguste-Bonte, à Lambersart ✉ 59130 – ✆ 03 20 92 22 74 – www.la-cense.fr – Fermé sam. midi, dim. soir et lundi Plan : 4AU**t**

Formule 21 € 🍷 – Menu 26/54 € – Carte 47/61 €

Dans la périphérie lilloise, cette grange du 17e s. s'inscrit dans la tradition du Nord avec sa belle charpente apparente, ses murs en brique et craie, et ses grandes photos du passé agricole de la région. Un cadre chaleureux pour déguster une cuisine soignée, inspirée par les saisons, dont le rapport qualité-prix fait sens !

XX **Jour de Pêche** Ⓝ

2 r. de Pas – ✆ 03 20 57 60 59 – www.jourdepeche.fr – Fermé dim., lundi et fériés

Formule 20 € – Menu 37 € (dîner)/51 € 🍷 – Carte 45/60 € Plan : 1EY**n**

En centre-ville, un sympathique restaurant à l'atmosphère intime et cosy (chaises de bistrot, banquettes en laine, etc.). Comme on l'imagine, le poisson est à l'honneur, décliné à travers une courte carte et des menus surprise... Mais les carnivores irréductibles trouveront aussi de la viande à leur goût !

XX **Le Saint-Jo** Ⓝ

5 r. St-Joseph – ✆ 03 20 74 55 95 – www.restaurant-le-saint-jo.fr – Fermé 3 semaines en août, sam. midi, dim. et lundi Plan : 4VA**a**

Menu 26 € (déj.)/49 € – Carte environ 54 €

Après un an et demi autour du monde, Nicolas Pourcheresse – belle barbe en bataille, bras tatoués – a finalement jeté l'ancre dans le vieux Lille. Dans son "steakhouse", il propose une cuisine inventive à grand renforts d'épices, d'herbes et d'aromates... De belles viandes, des recettes inspirées : dépaysement garanti !

L'Atelier Gourmand

4 r. des Bouchers – ✆ 03 20 37 38 53 – Fermé vacances de printemps, août, dim., lundi et fériés Plan : 1EY**u**

Menu 22 € (déj. en semaine) – Carte 42/52 € dîner *(réservation conseillée)*

Filet mignon de porc rôti au thym, ormeaux de Bretagne poêlés en persillade, cheesecake ananas avec glace rhum raisin faite maison... Le chef de cette sympathique petite adresse, au cœur du Vieux-Lille, concocte une savoureuse cuisine du marché.

Pessoa (N)

37 r. St-André – ✆ 03 28 52 40 68 – http://pessoa-lille.tumblr.com – Fermé 3 semaines en août, dim. et lundi Plan : 1EY**a**

Menu 25/38 € – Carte 29/53 € *(réservation conseillée)*

Banquettes en moleskine marron, chaises en bois, petites tables serrées et ardoises indiquant les plats et vins... Aucun doute : il s'agit bien d'un petit bistrot contemporain, à la française. La cuisine est à l'avenant : goûteuse et soignée, elle met en valeur les produits du marché, avec des vins choisis.

La Table du Champlain

17 r. Nicolas-Leblanc – ✆ 03 20 54 01 38 – www.lechamplain.fr – Fermé août, sam. midi et lundi Plan : 1EZ**u**

Menu 32 € 🍷/47 € 🍷

Beaucoup de douceur dans ce restaurant intime, où dominent le blanc et le crème. Le chef propose ici un menu unique (vin compris) pleinement inspiré par les produits de saison.

à Bondues – ✉ 59910 – 9 930 hab.

Auberge de l'Harmonie

pl. Abbé-Bonpain – ✆ 03 20 23 17 02 – www.aubergeharmonie.fr – Fermé 11 juil.-2 août, dim. soir, mardi soir, jeudi soir et lundi Plan : 3HR**t**

Formule 19 € – Menu 26 € (semaine), 37/55 € – Carte 47/66 €

Une jolie auberge du 19e s. tout en harmonie (tons gais, terrasse verdoyante) pour une carte qui s'habille aux couleurs de l'hiver, du printemps, de l'été...

Val d'Auge (Christophe Hagnerelle)

805 av. du Gén.-de-Gaulle – ✆ 03 20 46 26 87 – www.valdauge.com – Fermé 20 avril-5 mai, 4-25 août, 23-30 déc., 23 fév.-10 mars, dim. sauf fériés, sam. midi et lundi Plan : 3HR**a**

Formule 28 € – Menu 36 € (déj. en semaine), 50 € 🍷/93 € 🍷 – Carte 76/108 €

Ce Val vous tend les bras : le chef fait parler son expérience et réalise une cuisine de saison précise et goûteuse, sans esbroufe, avec une pointe d'inventivité. On s'y régale à la carte ou grâce à la formule déjeuner, au rapport qualité-prix imbattable... Le tout dans un cadre charmant, épuré et lumineux !

→ Œuf cocotte à la truffe. Pigeon des Flandres rôti entier et parfumé au sel de vanille. Tarte fine au pamplemousse rose et compotée d'endives.

à Marcq-en-Baroeul – ✉ 59700 – 38 947 hab.

Le Septentrion

9 chemin des Coulons, (parc du Château-Vert-Bois), 9 km par D 617 – ✆ 03 20 46 26 98 – www.septentrion.fr – Fermé 24 juil.-15 août, dim. soir, mardi soir, merc. soir et lundi Plan : 3HR**n**

Formule 24 € – Menu 30 € (déj. en semaine), 39/80 € – Carte 51/68 €

Une dépendance du château du Vert-Bois au sein de la fondation Prouvost-Septentrion (boutiques d'artisanat). Côté papilles, cap sur les produits de saison ; côté mirettes, vue bucolique sur le parc.

La Salle à Manger

99 r. Jules-Delcenserie – ✆ 03 20 65 21 19 – www.restaurant-lasalleamanger.com – Fermé 2 semaines en août, 22 déc.-2 janv., 1 semaine vacances de fév., lundi soir, mardi soir, merc. soir et dim. Plan : 3HS**u**

Formule 29 € – Menu 35 € (déj. en semaine) – Carte 39/51 € *(réservation conseillée)*

Un jeune couple charmant vous reçoit dans cette Salle à Manger à l'atmosphère tamisée, à la fois intime et conviviale. L'ardoise ? Courte, très appétissante et toujours en mouvement, car le chef cuisine en fonction du marché et de ses envies !

à Villeneuve d'Ascq – ✉ 59491 – 63 572 hab.

Park Inn

211 bd de Tournai, (à côté du Grand Stade) – ✆ 03 20 64 40 00 – www.rezidorparkinn.com Plan : 3HT**v**

127 ch – †75/250 € ††75/250 € – ☕ 15 € – ½ P

Rest – Carte 28/78 € *(fermé vend. soir, dim. midi et sam.)*

À deux pas du tout nouveau stade Pierre-Mauroy, cet hôtel récent abrite des chambres fonctionnelles (écrans plats, douches à l'italienne), bien insonorisées. Espace fitness et, le matin, copieux buffet petit-déjeuner.

à Gruson – ✉ 59152 – 1 145 hab.

L'Arbre (Yorann Vandriessche)

1 pavé Jean-Marie-Leblanc, (croisement chemin de Bourghelles), 1 km à l'Est par D 90 – ✆ 03 20 79 55 33 – www.larbre.com – Fermé 10-31 août, 1er-8 janv., merc. soir, dim. et lundi Plan : 3JT**b**

Formule 29 € – Menu 33 € (semaine)/79 € – Carte 58/73 €

Cet estaminet, tout de rouge vêtu, est installé sur un passage mythique de la course Paris-Roubaix. Mais bien loin de "l'Enfer du Nord", c'est ici le paradis de la gourmandise ! Le chef, Yorann Vandriessche, concocte une cuisine goûteuse et dans l'air du temps ; les saveurs des bons produits de saison sont gagnantes.

➜ Cannelloni de pinces de tourteau aux herbes fraîches et huile d'olive au citron. Ris de veau croustillant, morilles et pommes de terre. Tartelette à la rhubarbe et crème brûlée à la vanille de Tahiti.

Se régaler sans se ruiner ? Repérez les Bib Gourmand ☺. Ils vous aideront à dénicher les bonnes tables sachant marier cuisine de qualité et prix ajustés !

à Sainghin-en-Mélantois – ✉ 59262 – 2 493 hab.

La Verdière

1839 r. de Lille – ✆ 03 20 05 05 61 – www.la-verdiere.eu Plan : 3HT**k**

5 ch ☕ – †95/155 € ††120/180 € – ½ P

Table d'hôte – Menu 35 €

Une jolie bâtisse bourgeoise nichée dans un grand parc. Pas de doute, on cultive ici l'art du bien-recevoir, ainsi qu'un certain esprit demeure de famille (mobilier chiné patiné par les ans, tons cosy). Au réveil, on se régale de produits maison, avant d'aller se prélasser dans l'espace bien-être (jacuzzi, hammam).

à l'aéroport de Lille-Lesquin – ✉ 59810

Mercure Aéroport

110 r. Jean-Jaurès – ✆ 03 20 87 46 46 – www.mercure-lille-aeroport.com

215 ch – †78/165 € ††78/165 € – ☕ 16 € Plan : 3HT**r**

Rest ***La Flamme*** – Menu 27/50 € – Carte 26/61 €

Un hôtel de facture contemporaine, face à l'aéroport, avec un service de navettes gratuites. Les chambres se révèlent spacieuses, confortables et bien équipées. Au restaurant, convivialité, plats régionaux et rôtisserie.

à Capinghem – ✉ 59160 – 1 620 hab.

La Marmite de Pierrot

93 r. Poincaré – ✆ 03 20 92 12 41 – www.pierrot-de-lille.com – Fermé 29 juil.-18 août, dim. soir, mardi soir, merc. soir, jeudi soir et lundi

Formule 26 € – Menu 33/42 € Plan : 2GS**v**

Adieu veau, vache... Bonjour cochon, produits tripiers ! Le chef propose une cuisine très généreuse, dans une ambiance bon enfant et familiale. Et cela vaut aussi pour le décor : point de fioritures ici, un bar en bois, des tables au coude-à-coude, et des verres juste assez solides pour tenir le choc. C'est bien suffisant !

à Bois-Grenier 15 km par ⑫ , sortie n°8 (Armentières) et D 222 – ✉ 59280 – 1 521 hab.

XX ✿ **La Table des Jardins** (Guillaume Thuin)
480 r. de la Guennerie, 2 km au Sud-Ouest par D 222 (dir. Fleurbaix) et rte secondaire, direction cimetière anglais Y. Farm – ✆ 03 20 57 75 52 – www.latabledesjardins.fr – Fermé 7-22 août, dim. soir, mardi soir et merc.
Menu 29 € (déj. en semaine), 70/80 € – Carte 45/70 € *(réservation conseillée)*
Au milieu des champs, une ferme rénovée dans une veine très... design ! Même esprit contemporain côté cuisine : le chef fait rimer créativité et qualité, avec de belles compositions qui révèlent les saveurs les plus essentielles.
➜ Moules flambées au pastis et brunoise de fenouil. Homard sauce hollandaise à la bière blanche. Litchi, dentelle de meringue et espuma framboise.

à St-André-Lez-Lille – ✉ 59350 – 11 336 hab.

XXX **La Quintinie**
501 av. du Mal.-de-Lattre-de-Tassigny, D 57 – ✆ 03 20 40 78 88 – www.alaquintinie.com – Fermé 29 juil.-20 août, lundi et le soir sauf sam.
Formule 20 € – Menu 26/33 € – Carte 58/80 € Plan : 2GS**t**
Créateur visionnaire du potager de Louis XIV au château de Versailles, achevé en 1683, Jean-Baptiste de La Quintinie n'aurait pas renié ce ravissant restaurant, situé dans une ancienne orangerie. Le classicisme est de mise sur la carte, assez courte mais bien composée.

LIMAY

✉ 78520 (Yvelines) – 16 302 hab. – **Voir carte n°18-A1**
▶ Paris 56 km – Argenteuil 50 km – Boulogne-Billancourt 52 km – Saint-Denis 60 km
Carte Michelin 311-G2

XX **Au Vieux Pêcheur**
5 quai Albert 1er – ✆ 01 30 92 77 78 – www.au-vieux-pecheur.com – Fermé en août, merc. soir, dim. soir et lundi
Formule 28 € – Menu 36/71 €
En face du vieux pont de Limay, sur la Seine. Plusieurs salles et plusieurs ambiances (contemporaine ou plus feutrée) pour déguster une cuisine traditionnelle soignée.

LIMERAY – 37 Indre-et-Loire ➜ voir Amboise

LIMOGES

✉ 87000 (Haute-Vienne) – 139 150 hab. – Agglo. 184 066 hab. – **Voir carte n°24-B2**
▶ Paris 391 km – Angoulême 105 km – Brive-la-Gaillarde 92 km – Châteauroux 126 km
Carte Michelin 325-E6 – Guide Vert Michelin Limousin Berry

Mercure Royal Limousin sans rest
pl. de la République – ✆ 05 55 34 65 30 – www.mercure-limoges.com Plan : CY**u**
82 ch – †85/260 € ††100/260 € – ☕ 15 €
Un établissement en centre-ville. Les chambres sont bien insonorisées et, au petit-déjeuner, le buffet est copieux. Bon rapport qualité-prix.

Domaine de Faugeras
allée de Faugeras, 3 km au Nord-Est par r. A-Briand et D 142 - AX – ✆ 05 55 34 66 22 – www.castelfaugeras.fr
9 ch – †95/220 € ††95/220 € – 2 suites – ☕ 14 € – ½ P
Rest – Formule 20 € – Menu 33/46 € – Carte 39/56 € *(fermé lundi soir, sam. midi et dim.)*
Ce château du 18e s. marie avec la plus grande élégance cachet historique et sobriété contemporaine. Quant au grand parc, il surplombe la ville... C'est chic, calme et charmant. Au restaurant, cuisine traditionnelle.

Richelieu sans rest
40 av. Baudin – ✆ 05 55 34 22 82 – www.hotel-richelieu.com Plan : CZ**k**
41 ch – †85/210 € ††100/210 € – 2 suites – ☕ 15 €
Un hôtel près de la mairie, deux bâtiments : dans mon premier, les chambres sont classiques ; dans mon second, elles sont plus raffinées, chaleureuses et confortables.

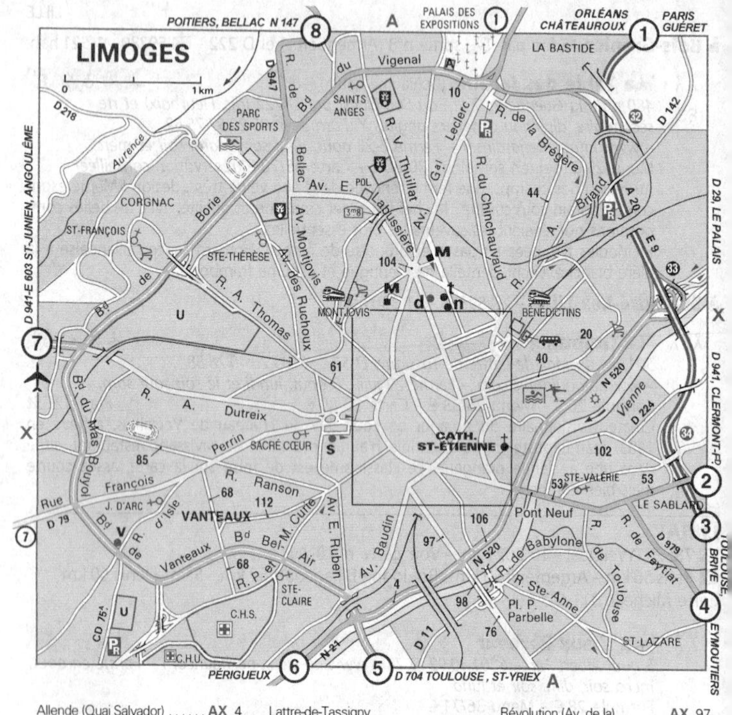

Allende (Quai Salvador)	AX	4
Arcades (Bd des)	AX	10
Casseaux (Av. des)	AX	20
Gagnant (Av. J.)	AX	40
Grand-Treuil (R. du)	AX	44
Labussière (Av. E.)	AX	51
Lattre-de-Tassigny (Av. Mar. de)	AX	53
Mauvendière (R. de la)	AX	61
Naugeat (Av. de)	AX	68
Pompidou (Av. G.)	AX	76
Puy-Las-Rodas (R. du)	AX	85
Révolution (Av. de la)	AX	97
Révolution (Pont de la)	AX	98
Sablard (Av. du)	AX	102
Sadi-Carnot (Pl.)	AX	104
Ste-Claire (R.)	AX	112
St-Martial (Quai)	AX	106

Atrium sans rest

22 allée de Seto - Parc du Ciel – ✆ 05 55 10 75 75 – www.interhotel-atrium.com
70 ch – †85/110 € ††85/120 € – ☕ 12 € Plan : DY**a**
Un entrepôt des douanes reconverti en hôtel : c'est original ! Les chambres sont pratiques et certaines donnent sur la jolie gare de Limoges et les caténaires, pour les amateurs. Brasserie attenante.

St-Martial sans rest

21 r. A.-Barbès – ✆ 05 55 77 75 29 – www.hotelsaintmartiallimoges.com
30 ch – †56/93 € ††62/93 € – ☕ 10 € Plan : AX**n**
Hôtel pratique et familial, tout proche du centre-ville. Les chambres sont très bien tenues et la moitié d'entre elles ont été entièrement rénovées en 2010.

Art Hôtel Tendance sans rest

37 r. A.-Barbes – ✆ 05 55 77 31 72 – www.arthoteltendance.com Plan : AX**t**
13 ch – †57/65 € ††65/71 € – ☕ 8 €
Un petit hôtel dans un quartier résidentiel. Les plus jolies chambres ? Canada, Grèce et Inde. Dépaysement garanti et tenue impeccable !

Le Vanteaux

162 bd de Vanteaux – ✆ 05 55 49 01 26 – www.levanteaux.com – Fermé 28 avril-5 mai, 29 mai-2 juin, 4-18 août, 1er-5 janv., dim. soir et lundi Plan : AX**v**
Formule 21 € – Menu 24 € (déj. en semaine), 31/69 € – Carte 53/72 € dîner
Son chef se définit comme un "agitateur de gourmandises" ! On apprécie sa cuisine ludique et tendance qui revisite les classiques régionaux... À noter : le chariot de mini-desserts pour bien conclure le repas et, le midi, la sélection de vins au verre. L'été, on s'installe sur le toit, à l'ombre des canisses.

LIMOGES

Rue	Plan	N°
Aine (Pl. d')	BZ	2
Allois (R. des)	DZ	6
Amphithéâtre (R. de l')	BY	8
Barreyrrette (Pl. de la)	CZ	12
Bénédictins (Av. des)	DY	14
Betoulle (Pl. L.)	CZ	16
Boucherie (R. de la)	CZ	18
Cathédrale (R. de la)	DZ	23
Clocher (R. du)	CZ	25
Collège (R. du)	CZ	26
Consulat (R. du)	CZ	
Coopérateurs (R. des)	BY	27
Dupuytren (R.)	CZ	30
Ferrerie (R.)	CZ	33
Fonderie (R. de la)	BY	35
Fontaine-des-Barres (Pl.)	CY	37
Gambetta (Bd)	BCZ	
Giraudoux (Square Jean)	CY	42
Haute-Cité (R.)	DZ	46
Jacobins (Pl. des)	CZ	49
Jean-Jaurès (R.)	CYZ	
Louis-Blanc (Bd)	CZ	
Louvrier-de-Lajolais (R.)	BY	55
Manigne (Pl.)	CZ	57
Maupas (R. du)	DY	59
Michels (R. Charles)	CZ	63
Motte (Pl. de la)	CZ	66
Périn (Bd G.)	CY	71
Préfecture (R. de la)	CY	83
Raspail (R.)	DZ	89
Réforme (R. de la)	CY	91
République (Pl. de la)	CY	95
St-Martial (R.)	CY	107
St-Maurice (Bd)	DZ	109
St-Pierre (Pl.)	CZ	110
Stalingrad (Pl.)	CY	113
Temple (Cour du)	CZ	115
Temple (R. du)	CZ	116
Tourny (Carrefour)	CY	118
Victor-Hugo (Bd)	BY	120
Vigne-de-Fer (R.)	CZ	122
71e-Mobile (R. du)	DZ	125

XX Philippe Redon Ⓝ

14 r. A.-Dubouché – ✆ 05 55 79 37 50 – www.philippe-redon.com – Fermé dim. et lundi

Formule 18 € – Carte 35/56 € Plan : CY**f**

Vous aimez les métissages ? Vous allez être servi... Ici, on réalise des recettes qui oscillent entre bistronomie, air du temps et esprit gastronomique à l'ancienne ; on trouvera par exemple des couteaux persillés avec un risotto, ou encore un turbot sauvage accompagnés d'une fricassée de girolles. Savoureux !

X Le Versailles

20 pl. d'Aine – ✆ 05 55 34 13 39 – www.brasserie-le-versailles-limoges.com

Formule 19 € – Menu 25 € (semaine)/30 € – Carte 24/70 € Plan : BZ**a**

Brasserie fondée en 1932, en face du palais de justice. Un lieu très vivant et une carte "tout maison" fort sympathique, avec un large choix de viandes limousines.

La Cuisine

21 r. Montmailler – ✆ 05 55 10 28 29 – www.restaurantlacuisine.com – Fermé 1er-15 août, 15-30 janv., dim. et lundi Plan : BY**a**

Formule 23 € – Menu 31/53 €

Lorsque l'on pénètre dans cette "Cuisine", on est tout de suite charmé par le style urbain du lieu, avec une charmante terrasse. Le jeune chef a la passion du beau produit et concocte des recettes inventives, présentées au gré d'un menu unique qui change tous les mois. Voilà une bonne raison de revenir !

La Maison des Saveurs

74 av. Garibaldi – ✆ 05 55 79 30 74 – Fermé 16-30 juil., sam. midi, dim. soir et lundi

Formule 16 € – Menu 27/60 € – Carte 52/73 € Plan : AX**d**

Cuisine traditionnelle – foie gras, magrets fermiers, médaillon de veau cuit au sautoir – mettant à l'honneur le terroir limousin. C'est simple, bon, et l'ambiance est franchement chaleureuse.

Les Petits Ventres

20 r. de la Boucherie – ✆ 05 55 34 22 90 – www.les-petits-ventres.com – Fermé vacances de Pâques, 1er-15 sept., vacances de fév., dim. et lundi

Formule 19 € – Menu 24 € (déj. en semaine)/32 € – Carte 33/49 € Plan : CZ**u**

Atmosphère bon enfant garantie dans cette maison du 14e s., autour d'une cuisine où l'air du temps se saupoudre d'une pointe d'exotisme. Pour les petits ventres... et les autres.

La Table du Couvent

15 r. Neuve-des-Carmes – ✆ 05 55 32 30 66 – www.latableducouvent.com – Fermé 2 semaines en août, dim. soir, mardi midi et lundi Plan : AX**s**

Formule 17 € – Menu 25 € (semaine), 39/42 € – Carte 27/62 €

Cet ancien couvent de carmélites cultive des plaisirs intemporels : ceux d'une authentique cuisine "à la cheminée" ! Côte de bœuf, bavette ou entrecôte limousine (viandes locales) sont grillées dans l'âtre, où mijotent aussi de jolies cocottes...

Chez Alphonse

5 pl. de la Motte – ✆ 05 55 34 34 14 – Fermé 30 déc.-6 janv., dim. et fériés

Formule 16 € – Carte 23/48 € Plan : CZ**e**

Pourquoi Alphonse ? Parce que, dans ce bistrot canaille et généreux, le patron fonçait se ravitailler aux halles. Authentique... comme la terrine maison, apportée entière ou le savoureux saucisson à l'ail !

à St-Martin-du-Fault 13 km par ⑦, N 141, D 941 et D 20 – ✉ 87510

Chapelle Saint-Martin

– ✆ 05 55 75 80 17 – www.chapellesaintmartin.com – Fermé 1er janv.-12 fév.

10 ch – †90/295 € ††90/295 € – 4 suites – ☕ 19 € – ½ P

Rest *Chapelle Saint-Martin* – voir les restaurants ci-après

Nichée dans un grand parc, tout près d'un bois, cette gentilhommière cultive avec sérénité son élégance bourgeoise : chambres parées d'étoffes colorées, beau mobilier, tentures fleuries et quelques luxueuses suites contemporaines...

Chapelle Saint-Martin

– ✆ 05 55 75 80 17 – www.chapellesaintmartin.com – Fermé 1er janv.-22 mars, 3 nov.-24 déc., dim. soir de nov. à mars, mardi midi, merc. midi et lundi

Formule 39 € – Menu 57/89 € *(réservation conseillée)*

Dans ce petit castel cossu et raffiné, le chef et sa brigade sélectionnent rigoureusement de beaux produits régionaux... Ils concoctent alors une savoureuse cuisine classique, qu'ils n'hésitent pas à parsemer d'inventivité.

LIMOUX

✉ 11300 (Aude) – 10 130 hab. – **Voir carte n°22-B3**

Paris 769 km – Carcassonne 25 km – Foix 70 km – Perpignan 104 km

Carte Michelin 344-E4

Grand Hôtel Moderne et Pigeon

1 pl. Gén.-Leclerc, (près de la poste) – ✆ 04 68 31 00 25 – www.grandhotelmodernepigeon.fr – Fermé 21 déc.-28 janv.
11 ch – 85/95 € 100/125 € – 3 suites – 13 €
Rest *Grand Hôtel Moderne et Pigeon* – voir les restaurants ci-après
Rest *L'Annexe* – Formule 18 € – Menu 20 € – Carte 28/41 € *(fermé le soir)*
Dans cette demeure du 17e, les siècles se suivent et ne se ressemblent pas. Ancienne résidence des parents de Madame du Barry, couvent... puis hôtel, les lieux ne manquent ni d'âme ni de cachet : superbe escalier, fresques, vitraux, ciels de lit ou baldaquins, etc. Une adresse que l'on quitte à regret.

Grand Hôtel Moderne et Pigeon

1 pl. Gén.-Leclerc, (près de la poste) – ✆ 04 68 31 00 25 – www.grandhotelmodernepigeon.fr – Fermé 21 déc.-28 janv., dim. soir et lundi
Menu 40/118 € – Carte 57/90 €
Classique, raffinée, savoureuse et réjouissante : la cuisine du chef est à l'image du bel hôtel particulier dans lequel elle s'épanouit. Quant à la carte des vins, elle recèle de biens jolis crus.

Tantine et Tonton

29 av. Fabre-d'Églantine – ✆ 04 68 31 21 95 – Fermé lundi soir et dim.
Formule 16 € – Menu 19 € (déj. en semaine), 29/70 € – Carte 33/67 €
Dans ce cadre traditionnel et décontracté, l'on se croirait un peu... en famille. Ce qui contraste avec la modernité de la carte, où produits bio et jolis vins régionaux (tous proposés au verre) se mettent au service de plats de saison bien troussés et forts en goût. Merci qui ? Merci Tantine et Tonton !

LINDRY – 89 Yonne ➜ voir Auxerre

LINGOLSHEIM – 67 Bas-Rhin ➜ voir Strasbourg

LE LIOUQUET – 13 Bouches-du-Rhône ➜ voir La Ciotat

LISIEUX

✉ 14100 (Calvados) – 21 640 hab. – Voir carte n°33-C2
Paris 179 km – Alençon 94 km – Caen 64 km – Évreux 73 km
Carte Michelin 303-N5 – Guide Vert Michelin Normandie Vallée de la Seine

Mercure

par ② : 2,5 km (rte de Paris) – ✆ 02 31 61 17 17 – www.hotellisieux.com
69 ch – 89/117 € 104/120 € – 16 €
Rest – Formule 20 € – Menu 25 € – Carte 28/47 €
En périphérie de Lisieux, cet établissement dispose de chambres confortables et bien tenues ; celles du dernier étage sont mansardées. L'été, on profite de la terrasse du restaurant et de la piscine.

Hôtel de la Place sans rest

67 r. Henry-Chéron – ✆ 02 31 48 27 27 – www.lisieux-hotel-delaplace.com – Fermé 30 nov.-5 janv.
Plan : ABY**a**
30 ch – 65/85 € 73/95 € – 10 €
Un hôtel central – juste en face de la cathédrale – où l'on vous reçoit avec la plus grande amabilité. Sympathique aussi : les chambres fonctionnelles et bien tenues. Quant au petit-déjeuner, il est très copieux !

L 'Espérance

16 bd Ste-Anne – ✆ 02 31 62 17 53 – www.lisieux-hotel.com – Ouvert de mi-avril à fin oct.
Plan : BZ**e**
90 ch – 90/135 € 99/135 € – 11 €
Rest – Formule 19 € – Menu 24/39 € – Carte 48/83 €
Cette bâtisse normande à colombages a beau être l'un des plus anciens hôtels de Lisieux, ses chambres n'en sont pas moins contemporaines et cossues. Les groupes de pèlerins apprécient notamment la grande salle Art déco et la cuisine traditionnelle tout en simplicité. Un établissement bien tenu.

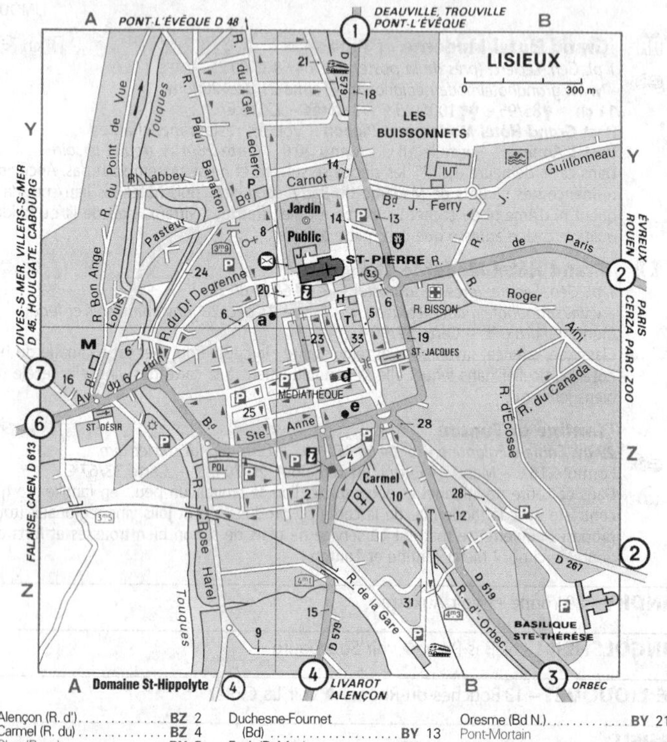

Alençon (R. d') . . . . . . BZ 2	Duchesne-Fournet (Bd) . . . . . . BY 13	Oresme (Bd N.) . . . . . . BY 21
Carmel (R. du) . . . . . . BZ 4	Foch (R. Mar.) . . . . . . BY 14	Pont-Mortain (R.) . . . . . . BZ 23
Char (R. au) . . . . . . BY 5	Fournet (R.) . . . . . . BZ 15	Remparts (Quai des) . . . . . . AY 24
Chéron (R. Henry) . . . . . . ABY 6	Guizot (R.) . . . . . . AZ 16	République (Pl. de la) . . . . . . ABZ 25
Condorcet (R.) . . . . . . AY 8	Herbet-Fournet (Bd) . . . . . . BY 18	Ste-Thérèse (Av.) . . . . . . BZ 28
Creton (R.) . . . . . . ABZ 9	Jeanne-d'Arc (Bd) . . . . . . BZ 19	Verdun (R. de) . . . . . . BZ 31
Dr-Lesigne (R.) . . . . . . BZ 10	Mitterrand (Pl. F.) . . . . . . ABY 20	Victor-Hugo (Av.) . . . . . . BZ 33
Dr-Ouvry (R.) . . . . . . BZ 12		

Aux Acacias

13 r. de la Résistance – ✆ 02 31 62 10 95 – Fermé dim. soir et lundi Plan : BZ**d**

Menu 18 € (semaine), 26/48 € – Carte 40/59 €

Ces Acacias ont un petit côté zen, voire minimaliste. Derrière les fourneaux, le chef concocte une cuisine traditionnelle bien tournée où les produits du terroir normand figurent en bonne place.

à Ouilly-du-Houley 10 km par ②, D 510 et D 262 – ✉ 14590 – 208 hab.

Restaurant de la Paquine

rte de Moyaux – ✆ 02 31 63 63 80 – Fermé 2-17 mars, 12 nov.-2 déc., dim. soir, mardi soir et merc.

Menu 33/50 € – Carte environ 53 € *(réservation conseillée)*

En plein bocage normand ! Cette petite auberge fleurie au cadre rustique continue d'honorer la tradition. Attention, le nombre de couverts par service est limité, la réservation est donc conseillée.

à Coquainvilliers 4 km au Nord par D 48 – ✉ 14130 – 852 hab.

Sogni D'Italia

Le Bourg, RD 48 – ✆ 02 31 62 29 20 – www.sogni-italia.onlc.fr – Fermé 1 semaine à Pâques, 1 semaine en juin, 1 semaine à Noël, merc., dim. soir et lundi soir

Formule 11 € – Menu 20/39 € – Carte 25/52 €

Poussez donc la porte de cette petite maison normande à colombages, située en bord de route, et offrez-vous... un véritable plongeon dans l'Italie gourmande ! Le chef réalise ses pâtes fraîches lui-même et s'approvisionne directement dans la péninsule. En dégustant ses gnocchis maison, on ne peut que s'exclamer : "*Delizioso !*"

LISSAC-SUR-COUZE

✉ 19600 (Corrèze) – 727 hab. – **Voir carte n°24-B3**

▶ Paris 489 km – Brive-la-Gaillarde 14 km – Limoges 101 km – Tulle 45 km

Carte Michelin 329-J5 – Guide Vert Michelin Limousin Berry

Château de Lissac sans rest

au bourg – ✆ 05 55 85 14 19 – www.chateaudelissac.com – Ouvert 15 avril-14 nov.

5 ch – 120/150 € – 12 €

Un lieu magique ! Le château, construit entre le Moyen-Âge et le 18e s., contemple le lac de Causse de son superbe parc planté de marronniers, de magnolias, de tilleuls... Les chambres sont décorées avec goût ; un vrai supplément d'âme.

LISSES – 91 Essonne ➜ voir Paris, Environs (Évry)

LISTRAC-MEDOC

✉ 33480 (Gironde) – 2 404 hab. – **Voir carte n°3-B1**

▶ Paris 609 km – Bordeaux 38 km – Lacanau-Océan 39 km – Lesparre-Médoc 31 km

Carte Michelin 335-G4

Les Cinq Sens sans rest

7 rte du Mayne, (Château Mayne-Lalande) – ✆ 05 56 58 27 63 – www.chateau-mayne-lalande.com

5 ch – 95/155 € 120/180 €

Dans un environnement préservé – entre vignes et nature –, cette belle demeure médocaine a été rénovée avec goût. Cachet des vieilles pierres et charme du contemporain : les chambres ont du style. Excellent petit-déjeuner, dégustation des vins de la propriété, espace détente... le luxe et la quiétude !

LIVRY-GARGAN – 93 Seine-Saint-Denis ➜ voir Paris, Environs

LA LLAGONNE – 66 Pyrénées-Orientales ➜ voir Mont-Louis

LLO – 66 Pyrénées-Orientales ➜ voir Saillagouse

LOCHES

✉ 37600 (Indre-et-Loire) – 6 507 hab. – **Voir carte n°11-B3**

▶ Paris 261 km – Blois 68 km – Châteauroux 72 km – Châtellerault 56 km

Carte Michelin 317-O6 – Guide Vert Michelin Châteaux de la Loire

Le George Sand

39 r. Quintefol – ✆ 02 47 59 39 74 – www.hotelrestaurant-georgesand.com

19 ch – 50/125 € 50/125 € – 11 € – ½ P

Rest – Menu 13 € (déj. en semaine), 27/34 € – Carte 37/53 € *(fermé vend. soir et dim. d'oct. à mars)*

Cette demeure du 15e s. sur les berges de l'Indre possède un esprit d'auberge familiale. Bel escalier à vis en pierre, chambres rustiques dont la moitié donne sur le fleuve. Plaisant restaurant (poutres, cheminée) et délicieuse terrasse couverte avec vue bucolique.

La Maison de l'Argentier du Roy sans rest

21 r. Saint-Ours – ✆ 02 47 91 62 86 – www.argentier-du-roy.com

4 ch – 115/165 € 115/165 €

Une maison en tuffeau dans la partie médiévale de la ville, pour un voyage hors du temps. Les chambres, thématiques, se nomment Belle Époque, Jacques Cœur, Gîte du Chevalier et Bibliothèque de Balzac.

LOCMARIAQUER

✉ 56740 (Morbihan) – 1 661 hab. – **Voir carte n°9-A3**

▶ Paris 488 km – Auray 13 km – Quiberon 31 km – La Trinité-sur-Mer 10 km

Carte Michelin 308-N9 – Guide Vert Michelin Bretagne Sud

Hôtel des Trois Fontaines sans rest

rte d'Auray – ✆ 02 97 57 42 70 – www.hotel-troisfontaines.com – Ouvert 16 fév.-11 nov.

18 ch – 78/140 € 78/140 € – 12 €

À l'entrée du village, un hôtel engageant avec un beau jardin fleuri. L'agréable salon et les chambres, meublées d'acajou, évoquent le bord de mer. Accueil vraiment charmant.

Le Neptune sans rest

port du Guilvin – ✆ 02 97 57 30 56 – www.hotel-le-neptune.fr – Ouvert 1er avril-30 sept.
12 ch – 🚹53/77 € 👫53/77 € – ☕ 8 €
Cet hôtel familial, situé sur le port du Guilvin, propose des chambres fonctionnelles. Préférez celles de l'annexe, plus spacieuses et jouissant d'une terrasse donnant sur le golfe.

LOCMINÉ

✉ 56500 (Morbihan) – 4 268 hab. – Voir carte n°**10**-C2
▶ Paris 453 km – Lorient 52 km – Pontivy 24 km – Quimper 114 km
Carte Michelin 308-N7 – Guide Vert Michelin Bretagne Sud

à Bignan 5 km à l'Est par D 1 – ✉ 56500 – 2 729 hab.

Auberge La Chouannière

6 r. Georges Cadoudal – ✆ 02 97 60 00 96 – www.auberge-la-chouannière.fr – Fermé 7-15 oct., dim. soir, mardi soir, merc. soir et lundi
Menu 24/45 €
Pierre Guillemot, farouche lieutenant de Cadoudal, était natif du village : il est l'un des chouans célébrés par l'enseigne... On s'y régale d'une cuisine classique dans un décor qui l'est tout autant.

LOCQUIREC

✉ 29241 (Finistère) – 1 476 hab. – Voir carte n°**9**-B1
▶ Paris 534 km – Brest 81 km – Guingamp 52 km – Lannion 22 km
Carte Michelin 308-J2 – Guide Vert Michelin Bretagne Nord

Le Grand Hôtel des Bains

15 bis r. de l'Église – ✆ 02 98 67 41 02 – www.grand-hotel-des-bains.com
36 ch ☕ – 🚹147/163 € 👫166/187 €
Rest – Menu 41 € – Carte 59/79 € *(fermé le midi) (résidents seult)*
Nostalgie, nostalgie, c'est ici que Michel Lang tourna *L'Hôtel de la Plage*. Aucun vestige des années 1970 néanmoins, plutôt un style élégant très Nouvelle-Angleterre : parquets cirés, beaux matériaux, tonalités miel, gris perle, bleu rétro... Face à la baie, spa et restaurant sont tout aussi chic.

Restaurant du Port

5 pl. du Port – ✆ 02 98 15 32 98 – www.restaurantduport-locquirec.fr – Fermé lundi, mardi, merc., jeudi du 15 janv. au 15 mars et le soir d'oct. à Pâques sauf vend. sam. et merc.
Formule 18 € 🍷 – Menu 25 € 🍷 (déj. en semaine), 32/75 € – Carte 47/68 €
Après une balade sur la pointe de Locquirec, l'heure des délices sonne avec ce bistrot contemporain sur le port ! Le chef propose une carte courte, collant le plus près possible aux produits de saison, et fait un carton plein : préparations précises, cuissons maîtrisées, présentations soignées... Excellent rapport plaisir-prix.

LOCRONAN

✉ 29180 (Finistère) – 793 hab. – Voir carte n°**9**-A2
▶ Paris 576 km – Brest 66 km – Briec 22 km – Châteaulin 18 km
Carte Michelin 308-F6 – Guide Vert Michelin Bretagne Sud

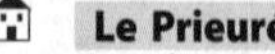

Le Prieuré

11 r. du Prieuré – ✆ 02 98 91 70 89 – www.hotel-le-prieure.com – Hôtel : fermé 11 nov.-15 mars ; rest : fermé 11 nov.-8 déc.
15 ch – 🚹58/65 € 👫69/78 € – ☕ 9 € – ½ P
Rest – Formule 15 € – Menu 19/40 € – Carte 20/51 €
On ne peut pas manquer cette maison de pays postée à l'entrée du village – si breton et réputé pour être l'un des plus jolis de France ! Un hôtel-restaurant aux chambres simples et bien tenues (plus agréables et plus calmes sur l'arrière), parfait pour profiter de cet environnement pittoresque.

au Nord-Ouest 3 km par rte secondaire – ✉ 29550

 **Manoir de Moëllien**

– ✆ *02 98 92 50 40 – www.manoirmoellien.fr – ouvert 29 mars-16 nov.*

19 ch – †85/145 € ††85/145 € – ☕ 12 € – ½ P

Rest – Menu 34/68 € – Carte 46/112 € *(ouvert vacances de Noël et 29 mars-16 nov., fermé le midi et dim.) (réservation conseillée)*

Des pierres grises, une silhouette mystérieuse : un très joli manoir du 17e s., planté dans son grand parc en pleine campagne. Les chambres sont aménagées dans les dépendances, bien au calme, décorées dans un style plus campagnard que châtelain. Les résidents apprécient l'imposant restaurant.

LOCTUDY

✉ 29750 (Finistère) – 4 136 hab. – **Voir carte n°9-A2**

Paris 587 km – Concarneau 40 km – Quimper 26 km – Rennes 236 km

Carte Michelin 308-F8 – Guide Vert Michelin Bretagne Sud

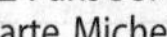 **Auberge Pen Ar Vir**

r. du Cdt-Carfort – ✆ *02 98 87 57 09 – www.penarvir.fr – Fermé 15-30 nov., 2-14 janv., lundi et mardi*

Formule 19 € – Menu 25 € (déj. en semaine), 32/78 € – Carte 54/71 €

Une belle maison, moderne et élégante, avec un jardin qui descend jusqu'à la mer : en terrasse comme en salle, le moment est agréable. Légumes du marché, poissons de la criée, viandes locales... La carte mise sur la fraîcheur et les saveurs naturelles.

LODÈVE

✉ 34700 (Hérault) – 7 512 hab. – **Voir carte n°23-C2**

Paris 695 km – Alès 98 km – Béziers 63 km – Millau 60 km

Carte Michelin 339-E6

 **Paix**

11 bd Montalangue – ✆ *04 67 44 07 46 – www.hotel-dela-paix.com – Fermé 15-30 nov., fév., sam. midi, dim. soir et lundi d' oct. à avril sauf vacances scolaires*

23 ch – †55/60 € ††55/80 € – 2 suites – ☕ 8 € – ½ P

Rest – Formule 20 € – Menu 25/52 € – Carte environ 40 €

Relais de poste converti en hôtel familial (5e génération), aux portes des Grands Causses. Les chambres, fonctionnelles, arborent un style provençal coloré et gai. Au restaurant, on sert une cuisine régionale accompagnée de vins du Languedoc. Une bonne adresse.

LOGONNA-DAOULAS

✉ 29460 (Finistère) – 2 093 hab. – **Voir carte n°9-A2**

Paris 578 km – Brest 25 km – Morlaix 75 km – Quimper 59 km

Carte Michelin 308-F5

 **Le Domaine de Moulin Mer** 

34 rte de Moulin Mer, 1 km par D 333 – ✆ *02 98 07 24 45 – www.domaine-moulin-mer.com*

5 ch ☕ – †80/140 € ††80/140 € – ½ P **Table d'hôte** – Menu 35 €

Sur la route du littoral, cette demeure de 1920, posée dans un beau jardin fleuri planté de palmiers et de magnolias, n'est que raffinement et bon goût : objets d'art, mobilier Empire et Napoléon III (le propriétaire en est un amateur éclairé), etc. L'espace bien-être, avec sauna, hammam et jacuzzi, achève de séduire !

LOHÉAC

✉ 35550 (Ille-et-Vilaine) – 664 hab. – **Voir carte n°10-D2**

Paris 380 km – Châteaubriant 51 km – Ploërmel 47 km – Redon 33 km

Carte Michelin 309-K7 – Guide Vert Michelin Bretagne Sud

 **Hostellerie du Village** sans rest 

21 r. de la Poste – ✆ *02 99 34 19 19 – www.loheac-hostellerie-du-village.fr – Fermé 15 déc.-1er fév.*

4 ch – †95/120 € ††95/120 € – ☕ 9 €

Dans cet ancien relais de diligence de 1593, ayant par la suite appartenu aux barons de Lohéac, les noms des chambres évoquent des personnages de légende : Lancelot, Perceval, Merlin... Pour l'anecdote : il même possible de dormir dans un lit clos !

LOIRÉ

✉ 49440 (Maine-et-Loire) – 881 hab. – Voir carte n°**34**-B2

▶ Paris 322 km – Ancenis 35 km – Angers 45 km – Châteaubriant 34 km

Carte Michelin 317-D3

Auberge de la Diligence (Michel Cudraz)

4 r. de la Libération – ✆ 02 41 94 10 04 – www.diligence.fr – Fermé 26 avril-4 mai, 11-31 août, 29 déc.-6 janv. , sam. midi, dim. soir et lundi

Formule 31 € 🍷 – Menu 42/85 € – Carte 51/79 € *(réservation conseillée)*

Vieilles pierres et terrasse au jardin : un charmant écrin pour une ambitieuse cuisine contemporaine, relevée par les herbes du potager et quelques notes d'Asie, passion du chef.

➜ Ravioles de langoustines cuites à la vapeur, bisque parfumée au saté. Paleron de bœuf Black Angus snacké, bouillon au lait de coco et sésame torréfié. Gâteau de crêpes au caramel salé et glace au poivre du Népal.

LOIRE-SUR-RHÔNE – 69 Rhône ➜ voir Givors

LOMENER – 56 Morbihan ➜ voir Ploemeur

LA LONDE-LES-MAURES

✉ 83250 (Var) – 9 870 hab. – Voir carte n°**41**-C3

▶ Paris 868 km – Marseille 93 km – Toulon 29 km – La Seyne-sur-Mer 35 km

Carte Michelin 340-M7 – Guide Vert Michelin Côte d'Azur

Cédric Gola

22 av. Georges-Clemenceau – ✆ 04 94 66 97 93 – Fermé 1 semaine en mars, 23 juin-4 juil., 23 nov.-26 déc., le midi sauf le dim. de sept. à juin, mardi sauf en juil.-août et lundi

Menu 37/78 € *(réservation conseillée)*

Ce bistrot chic (beau carrelage d'époque, haut plafond, vieux comptoir...) propose une cuisine fine, marquée par le Sud et les saisons (menu truffe). Accueil charmant.

LONDINIÈRES

✉ 76660 (Seine-Maritime) – 1 266 hab. – Voir carte n°**33**-D1

▶ Paris 147 km – Amiens 78 km – Dieppe 27 km – Neufchâtel-en-Bray 14 km

Carte Michelin 304-I3

Auberge du Pont

14 r. du Pont de Pierre – ✆ 02 35 93 80 47 – Fermé 15 janv.-10 fév., dim. soir et lundi

Menu 11 € (semaine), 18/34 € – Carte 21/56 €

Le temps semble s'être arrêté dans cette petite auberge normande, où l'on est accueilli comme en famille. Dans une salle de style champêtre, on déguste une cuisine traditionnelle qui a notamment pour elle des prix très raisonnables. Un refuge loin des modes.

LA LONGEVILLE – 25 Doubs ➜ voir Montbenoît

LONGJUMEAU – 91 Essonne ➜ voir Paris, Environs

LONGNES

✉ 78980 (Yvelines) – 1 467 hab. – Voir carte n°**18**-A1

▶ Paris 65 km – Pontoise 53 km – Rouen 90 km – Versailles 55 km

Carte Michelin 311-F2

Le Pigeonnier

7 rte de Bréval – ✆ 01 30 42 41 60 – www.lepigeonnier78.fr – Fermé dim. soir, mardi midi et lundi

Menu 26 € (semaine), 36/65 €

Impossible de se tromper d'adresse avec ce restaurant voisin... d'un pigeonnier ! Sous la belle charpente de la salle, au décor un brin rustique, la carte fait honneur à la tradition : le chef travaille les produits du marché et fait même son boudin. Une table sympathique.

LONGUYON

✉ 54260 (Meurthe-et-Moselle) – 5 577 hab. – Voir carte n°**26**-B1
Paris 314 km – Metz 79 km – Nancy 133 km – Sedan 69 km
Carte Michelin 307-E2

à **Rouvrois-sur-Othain** (Meuse) 7,5 km au Sud par D 618 – ✉ 55230 – 200 hab.

La Marmite

11 rte Nationale – ✆ 03 29 85 90 79 – www.restaurant-la-marmite.com – Fermé 2-8 sept., 1er-8 janv., dim. soir et lundi
Menu 15 € (déj. en semaine), 35/55 € – Carte 38/69 €
Dans cette Marmite, uniquement des plats authentiques et savoureux, concoctés avec de bons produits locaux ; le chef fait lui-même ses salaisons. Une ambiance rustique bien agréable pour une belle approche du terroir. Accueil tout sourire.

LONS – 64 Pyrénées-Atlantiques ➜ voir Pau

LONS-LE-SAUNIER

✉ 39000 (Jura) – 17 681 hab. – Voir carte n°**16**-B3
Paris 408 km – Besançon 84 km – Bourg-en-Bresse 73 km – Chalon-sur-Saône 61 km
Carte Michelin 321-D6 – Guide Vert Michelin Franche-Comté Jura

Hôtel du Béryl sans rest

805 bd de l'Europe, 1 km par ① rte de Besançon puis D 1083 – ✆ 03 84 24 40 50 – www.hotel-lonslesaunier.com
40 ch – †55/85 € ††65/105 € – ☕ 10 €
Un hôtel très agréable, à deux pas du casino. Les chambres sont spacieuses, reposantes et fonctionnelles. Le tout à prix sages.

Hôtel du Parc

9 av. J. Moulin – ✆ 03 84 86 10 20 – www.hotel-parc.fr Plan : Y**s**
19 ch – †60 € ††69 € – ☕ 8 € – ½ P
Rest – Formule 12 € – Menu 19/31 € – Carte 33/54 € *(fermé dim. soir)*
Près du parc des Bains, un hôtel simple et pratique, avec des chambres bien tenues et un restaurant traditionnel axé terroir.

La Comédie

65 pl. de la Comédie – ✆ 03 84 24 20 66 – www.restaurant-lacomedie.com – Fermé 2 semaines en avril, 3 semaines en août, dim. et lundi Plan : Y**e**
Menu 20/34 €
Au mur, des masques vénitiens célèbrent l'art de la comédie ; derrière ses fourneaux, le chef célèbre l'art culinaire, et fait honneur aux produits de la mer. Cassolette de moules de bouchot, plancha de queues de langoustes, etc... Goûteux et extrafrais !

Le Comptoir du Mirabilis Ⓝ

9 Galerie Lecourbe – ✆ 03 84 25 96 37 – www.lecomptoirdumirabilis.com – Fermé 4-24 août, dim. et fériés Plan : Y**b**
Menu 13 € (déj. en semaine) – Carte 30/48 €
Dans le quartier historique, ce restaurant est niché en retrait de la rue Lecourbe ; derrière les fourneaux, le chef prépare une savoureuse cuisine de saison – carpaccio de bœuf, dos de cabillaud avec son risotto safrané et sa ratatouille... Le service, efficace et décontracté, ajoute encore à notre plaisir !

La Table de Perraud Ⓝ

11 pl. Perraud – ✆ 03 84 86 49 68 – Fermé 2 semaines en avril, 2 semaines fin août, 1 semaine fin déc. Plan : Y**a**
Formule 12 € – Carte 30/40 €
Sur une place juste à côté du Musée des Beaux-Arts, ce restaurant fait le bonheur des amateurs de bonne chère ! Dans une salle au décor contemporain, dotée d'un joli plafond à la française, on apprécie des classiques de bistrot : tartare, entrecôte, etc. Menu unique le midi.

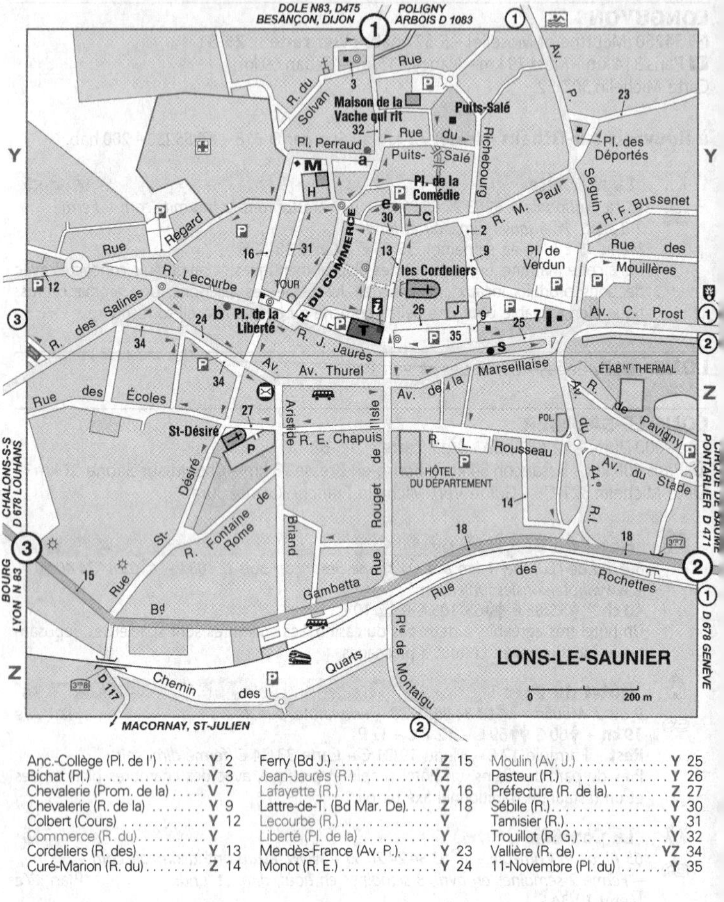

Rue	Carré	N°	Rue	Carré	N°	Rue	Carré	N°
Anc.-Collège (Pl. de l')	Y	2	Ferry (Bd J.)	Z	15	Moulin (Av. J.)	Y	25
Bichat (Pl.)	Y	3	Jean-Jaurès (R.)	YZ		Pasteur (R.)	Y	26
Chevalerie (Prom. de la)	V	7	Lafayette (R.)	Y	16	Préfecture (R. de la)	Z	27
Chevalerie (R. de la)	Y	9	Lattre-de-T. (Bd Mar. De)	Z	18	Sébile (R.)	Y	30
Colbert (Cours)	Y	12	Lecourbe (R.)	Y		Tamisier (R.)	Y	31
Commerce (R. du)	Y		Liberté (Pl. de la)	Y		Trouillot (R. G.)	Y	32
Cordeliers (R. des)	Y	13	Mendès-France (Av. P.)	Y	23	Vallière (R. de)	YZ	34
Curé-Marion (R. du)	Z	14	Monot (R. E.)	Y	24	11-Novembre (Pl. du)	Y	35

à Chille 3 km par ① rte de Besançon et D 157 – ✉ 39570 – 326 hab.

Parenthèse

186 chemin du Pin – ✆ 03 84 47 55 44 – www.hotelparenthese.com – Fermé 20-29 déc.

34 ch – †90/153 € ††90/153 € – ☕ 12 € – ½ P

Rest *Parenthèse* – voir les restaurants ci-après

Quelques brasses au grand air, une balade dans le parc, un beau moment de détente au spa et un petit somme dans une chambre lumineuse et spacieuse, avant le dîner au restaurant... Une parenthèse enchantée, au calme.

Parenthèse

186 chemin du Pin – ✆ 03 84 47 55 44 – www.hotelparenthese.com – Fermé 22-29 déc., dim. soir sauf juil.-août, sam. midi et lundi midi

Menu 20 € (semaine), 29/58 € – Carte 36/66 €

Cet élégant restaurant contemporain dont la cuisine est ouverte sur la salle propose de bonnes recettes dans l'air du temps : saumon mariné avec une fine julienne de betterave, dos de cabillaud avec des artichauts, carpaccio d'ananas et pralines roses... Accueil aimable.

au Sud 6 km par D 117 et D 41 – ✉ 39570

Domaine du Val de Sorne
rest, rest,

– ✆ *03 84 43 04 80 – www.valdesorne.com – Fermé 20 déc.-15 janv.*
35 ch – 95/165 € 95/180 € – 14 €
Rest – Formule 20 € – Menu 25 € – Carte 37/63 € *(fermé dim. soir de nov. à fév.)*
Un établissement dans l'enceinte d'un très beau golf. Et pour la détente, difficile de faire mieux : piscine, billard... Au restaurant, la terrasse donne sur les greens ; l'été, on y savoure des grillades, bercé par le doux bruissement de la Sorne.

à Courlans 6 km par ③ rte de Chalon-sur-Saône, D 678 – ✉ 39570 – 992 hab.

Auberge de Chavannes Ⓝ

1890 av. de Châlon – ✆ 03 84 43 24 34 – www.auberge-de-chavannes.com – Fermé en nov., dim. soir et lundi
10 ch – 88/98 € 88/118 € – 12 €
Rest – Formule 29 € – Menu 38/52 € – Carte 45/64 €
Entre Bresse et Jura, une agréable maison traditionnelle. Les chambres, décorées sur le thème du voyage – Afrique, méditerranée, Océanie, Asie, etc. –, sont assez spacieuses, confortables, et la jolie terrasse permet de profiter de la belle saison. Une invitation au repos !

à Courlaoux 8 km par ③ rte de Chalon-sur-Saône, D 678 – ✉ 39570 – 955 hab.

L'Épicurien

1 r. des Perroux – ✆ 03 84 24 63 91 – www.restaurant-lepicurien.fr – Fermé 1 semaine fin mai, 2 semaines fin sept., 1 semaine en janv., dim. soir, lundi et mardi
Formule 15 € – Menu 19 € (semaine), 28/54 € – Carte 51/61 €
Un Épicurien contemporain et décontracté, où la cuisine se révèle particulièrement généreuse : tartare de tilapia, piperade de poivrons et concassé d'amande ; pièce de bœuf taillée dans le filet au beurre noisette, échalotes confites et jus corsé aux baies roses... Et l'été, on se fait une place en terrasse !

LE LONZAC

✉ 19470 (Corrèze) – 778 hab. – **Voir carte n°25-C2**
Paris 479 km – Brive-la-Gaillarde 62 km – Limoges 90 km – Tulle 29 km
Carte Michelin 329-L3

Auberge du Rochefort avec ch

36 av. de la Libération – ✆ 05 55 97 93 42 – www.auberge-du-rochefort.fr – Fermé 3-9 mars et 1er-21 oct.
6 ch – 45/60 € 45/60 € – 7 € – ½ P
Menu 12 € (déj. en semaine)/22 € – Carte 40/60 € *(fermé le soir sauf vend., sam. et résidents)*
Cette maison à colombages semble tout droit sortie d'une carte postale. L'accueil est à la hauteur de la cuisine, soignée, qui revisite les grands classiques régionaux comme la tête de veau sauce gribiche. Pour prolonger l'étape, quelques chambres assez confortables.

LORAY

✉ 25390 (Doubs) – 495 hab. – **Voir carte n°17-C2**
Paris 448 km – Baume-les-Dames 35 km – Besançon 46 km – Morteau 22 km
Carte Michelin 321-I4 – Guide Vert Michelin Franche-Comté Jura

Robichon avec ch

22 Grande Rue – ✆ 03 81 43 21 67 – www.hotel-robichon.com – Fermé sam. midi, dim. soir et lundi
11 ch – 59 € 59 € – 9 € – ½ P
Formule 14 € – Menu 18 € (déj. en semaine), 29/80 € – Carte 40/71 €
Robuste maison régionale située au centre du bourg. Cuisine de tradition servie dans une salle contemporaine (boiseries claires et mobilier coloré). Petites chambres traditionnelles pour l'étape. Au P'tit Bichon, décor façon chalet franc-comtois, plats régionaux, grillades et menu du jour.
P'tit Bichon Formule 13 € – Carte 25/43 €

LORGUES

✉ 83510 (Var) – 8 976 hab. – **Voir carte n°41-C3**
Paris 841 km – Brignoles 34 km – Draguignan 12 km – Fréjus 37 km
Carte Michelin 340-N5 – Guide Vert Michelin Côte d'Azur

XXX ✿ **Bruno** (Clément Bruno) avec ch
2350 rte des Arcs, Campagne Mariette, 3 km au Sud-Est par rte des Arcs – ✆ 04 94 85 93 93 – www.restaurantbruno.com – Fermé dim. soir et lundi du 15 sept. au 15 juin
6 ch – 150/306 € 150/306 € – 20 € Menu 69/185 € *(réservation conseillée)*
Une maison doit tant à ses propriétaires... Bruno, c'est toute l'âme de son chef, personnage truculent qui voue un véritable culte à la truffe : toute l'année, un menu est dédié au précieux tubercule (d'hiver et d'été), cuisiné avec beaucoup de goût. Et le cadre de ce joli mas provençal ne manque pas non plus de caractère ! ➜ Pomme de terre cuite au four et crème de truffe. Épaule d'agneau de lait confite au four, jus à l'ail et au thym à la truffe. Duo de chocolat et glace pralinée aux noisettes.

XX **Le Chrissandier**
18 cours de la République – ✆ 04 94 67 67 15 – www.lechrissandier.com – Fermé janv., mardi et merc. sauf en été
Menu 30/70 € – Carte 73/89 €
Une devanture tout en bois, des murs de pierre, une cheminée, un patio sous une treille... Un décor à la fois chaleureux et bourgeois, où la tradition est chez elle : au menu, foie gras au naturel, timbale d'écrevisses au porto, fraises melba, etc.

au Nord-Ouest 8 km par rte de Salernes, D 10 et rte secondaire– ✉ 83510

Château de Berne 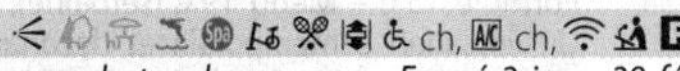
rte de Salernes – ✆ 04 94 60 48 88 – www.chateauberne.com – Fermé 2 janv.-28 fév.
24 ch – 190/840 € 190/840 € – 1 suite – 26 € – ½ P
Rest ***L'Orangerie*** – voir les restaurants ci-après
Rest ***La Bouscarelle*** – Menu 25 € (déj.), 32/39 € – Carte 43/61 € *(ouvert mai à sept. et le midi)*
Au bout d'un long chemin serpentant à travers la garrigue... une parenthèse bénie dans un domaine viticole de 600 ha ! On partage son temps entre les chambres – élégantes –, les cours de cuisine, les dégustations de vin, les concerts, le spa...

XXX **L'Orangerie** – Hôtel Château de Berne
rte de Salernes – ✆ 04 94 60 48 88 – www.chateauberne.com – Fermé 2 janv.-28 fév. et le midi de mi-avril à mi-oct.
Formule 25 € – Menu 49/110 €
Culture du vin, saveurs du Sud, décor raffiné... L'image d'un certain art de vivre, au sein même d'un vignoble provençal dont on peut découvrir la production. Superbe terrasse sous le soleil !

LORIENT

✉ 56100 (Morbihan) – 57 204 hab. – Agglo. 116 401 hab. – **Voir carte n°9-B2**
Paris 503 km – Quimper 69 km – St-Brieuc 116 km – St-Nazaire 146 km
Carte Michelin 308-K8 – Guide Vert Michelin Bretagne Sud

Mercure sans rest
31 pl. Jules-Ferry – ✆ 02 97 21 35 73 – www.accorhotels.com Plan : BZ**m**
58 ch – 93/155 € 93/155 € – 16 €
Face au palais des congrès, cet hôtel est idéalement situé pour découvrir Lorient. Les chambres, confortables et bien tenues, ont été entièrement rénovées en 2012. L'adresse s'adapte aussi bien à la clientèle d'affaires que touristique.

Escale Océania sans rest
30 r. Ducouëdic – ✆ 02 97 64 13 27 – www.oceaniahotels.com – Fermé 21 déc.-2 janv. Plan : BY**a**
32 ch – 62/150 € 62/150 € – 12 €
Accueil chaleureux dans cet hôtel idéalement situé en centre-ville, entre la gare et le palais des congrès. Chambres confortables et bien insonorisées.

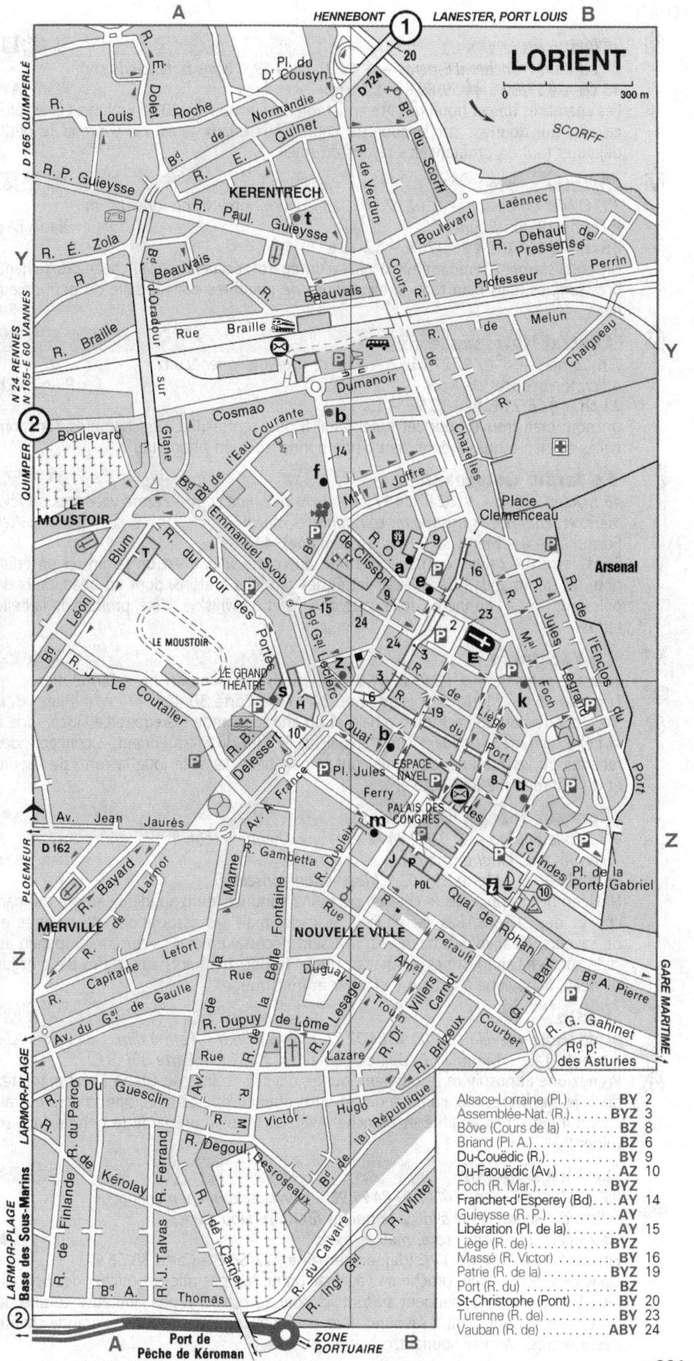
LORIENT
0
300 m
A
B
Y
Z
HENNEBONT
LANESTER, PORT LOUIS
1
20
D 765 QUIMPERLÉ
N 24 RENNES
N 165-E 60 VANNES
QUIMPER
2
PLOEMEUR
D 162
LARMOR-PLAGE
LARMOR-PLAGE
Base des Sous-Marins
GARE MARITIME
ZONE PORTUAIRE
Port de
Pêche de Kéroman
SCORFF
KERENTRECH
LE MOUSTOIR
LE MOUSTOIR
LE GRAND THÉATRE
MERVILLE
NOUVELLE VILLE
Arsenal
Place Clemenceau
ESPACE NAYEL
PALAIS DES CONGRÈS
Pl. Jules Ferry
Pl. de la Porte Gabriel
Rd pt des Asturies
Pl. du Dr Cousyn
R. É. Dolet
R. Louis Roche
Normandie
Bd de Quinet
R. E.
R. P. Guieysse
R. Paul. Guieysse
R. de Verdun
Bd du Scorff
Boulevard Laënnec
R. Dehaut de Pressensé
Perrin
Professeur
Cours
R. É. Zola
Beauvais
R. Beauvais
R. Braille
Rue Braille
Bd d'Oradour-sur-Glane
R. de Melun
Chaigneau
Dumanoir
Cosmao
Bd de l'Eau Courante
Boulevard
R. Chazelles
Mal Joffre
Bd Emmanuel Svob
R. du Tour des Portes
Bd Léon Blum
R. J. Le Coutaller
Bd de Clisson
R. O.
Bd Gal Leclerc
R. de Liège
R. du Port
R. Mal Foch
R. Jules Legrand
R. de l'Enclos du Port
R. B. Delessert
Quai
Av. A. France
Av. Jean Jaurès
R. Gambetta
R. Dupleix
R. Bayard
R. de Larmor
Marne
R. de la Belle Fontaine
Rue Perault
Quai de Rohan
des Indes
Bd A. Pierre
R. G. Gahinet
Capitaine Lefort
Rue de la
Duguay-Trouin
Villers
Carnot
Q. J. Bart
Courbet
Av. du Gal de Gaulle
R. Dupuy de Lôme
R. Lesage
Rue Lazare
R. Dr
R. Brizeux
Du Guesclin
Av. R.
R. M. Victor-Hugo
Bd de la République
R. du Parco
R. de Kérolay
R. de Finlande
R. Ferrand
R. Degoul
Desroseaux
R. de Carnel
R. J. Talvas
Bd A. Thomas
R. du Calvaire
R. Ingr Gal
R. Winter
POL
Alsace-Lorraine (Pl.) . . . . BY 2
Assemblée-Nat. (R.) . . . . BYZ 3
Bôve (Cours de la) . . . . BZ 8
Briand (Pl. A.) . . . . BZ 6
Du-Couëdic (R.) . . . . BY 9
Du-Faouëdic (Av.) . . . . AZ 10
Foch (R. Mar.) . . . . BYZ
Franchet-d'Esperey (Bd) . . . . AY 14
Guieysse (R. P.) . . . . AY
Libération (Pl. de la) . . . . . . AY 15
Liège (R. de) . . . . BYZ
Massé (R. Victor) . . . . BY 16
Patrie (R. de la) . . . . BYZ 19
Port (R. du) . . . . BZ
St-Christophe (Pont) . . . . BY 20
Turenne (R. de) . . . . BY 23
Vauban (R. de) . . . . ABY 24

Cléria sans rest
27 bd Mar.-Franchet-d'Esperey – ✆ 02 97 21 04 59 – www.hotel-cleria.com
33 ch – 59/89 € 59/89 € – 10 € Plan : AY**f**
Les chambres de cet hôtel ont été entièrement rénovées en 2012. Préférez celles, plus calmes, qui donnent sur la courette fleurie. Aux beaux jours, on y prend le petit-déjeuner tout en profitant des rayons du soleil.

Astoria sans rest
3 r. Olivier de Clisson – ✆ 02 97 21 10 23 – www.hotelastoria-lorient.com – Fermé 19 déc.-2 janv. Plan : BY**e**
35 ch – 65/76 € 65/76 € – 10 €
Un établissement sympathique à plus d'un égard : accueil familial chaleureux, chambres simples mais bien tenues, expositions de peintures dans la salle du petit-déjeuner.

Central Hôtel sans rest
1 r. Cambry – ✆ 02 97 21 16 52 – www.centralhotellorient.com – Fermé vacances de Noël Plan : BZ**b**
21 ch – 66/71 € 70/75 € – 9 €
Un nom bien trouvé pour cet hôtel familial du... centre-ville. Les chambres, fonctionnelles et bien tenues, bénéficient d'une bonne isolation phonique.

Le Jardin Gourmand
46 r. Jules Simon – ✆ 02 97 64 17 24 – www.tropmad.com – Fermé vacances de fév., merc. et jeudi hors saison, dim. soir, lundi et mardi Plan : AY**t**
Formule 24 € – Menu 30 € (déj. en semaine), 42/56 €
Dans cette rue calme, un peu excentrée du centre-ville, il est un jardin tel un éden pour les gourmands ! Dans les assiettes, les produits bretons, dont un beau choix de poissons, sont à l'honneur... Jolie carte de vins et de whiskys. L'été, profitez de la belle terrasse.

Le Yachtman
14 r. Poissonnière – ✆ 02 97 21 31 91 – www.leyachtmanlorient.fr – Fermé dim.
Formule 16 € – Menu 20 € (semaine), 30/44 € – Carte 30/46 € Plan : BZ**u**
Non loin du port, le Yachtman régale et on en redemande ! Grégoire Le Floch, rodé à la belle ouvrage – pendant vingt ans, il fut le chef du Pic à Lorient –, concocte des recettes où les produits de la mer ont la part belle. La salle joue la carte de l'épure et de l'intime. Une jolie escale.

Henri et Joseph (Philippe Le Lay)
4 r. Léo-le-Bourgo – ✆ 02 97 84 72 12 – www.henrietjoseph.fr – Fermé dim., lundi et mardi Plan : AY**z**
Formule 29 € – Menu 55/103 € *(réservation conseillée)*
Ni Henri ni Joseph, mais le chef en personne annonce le menu, défini au gré du marché et des saisons. Pas de choix à la carte, mais les associations de textures et de saveurs, créatives et maîtrisées, ravissent nécessairement. Décor contemporain au style sûr. ➜ Langoustines, ananas et truffe. Turbot, artichauts aux truffes d'été et jus de veau. Baba cube à la fleur d'oranger et fruits rouges.

L'Alto
pl. de l'Hôtel-de-Ville – ✆ 02 97 84 07 57 – www.lalto.fr – Fermé dim. Plan : AZ**s**
Formule 14 € – Menu 17 € (déj. en semaine), 20/37 € – Carte 30/48 €
Prenez une atmosphère résolument lounge dans l'enceinte du Grand Théâtre, mettez deux jeunes frères aux commandes et vous obtiendrez... cette cuisine sincère et fraîche, qui fait rimer sapidité et branché. Avec cet Alto-là, on garde le rythme sans se ruiner !

Le Tire Bouchon
45 r. Jules Le Grand – ✆ 02 97 84 71 92 – www.letirebouchonlorient.com – Fermé 1 semaine en avril, 2 semaines fin août-début sept., 23-26 déc., 1er-9 janv., sam. midi et merc. Plan : BZ**k**
Formule 14 € – Menu 17 € (déj. en semaine), 27/56 € – Carte 38/58 €
Dans ce Tire Bouchon, proche de l'arsenal, on ne fait pas que déboucher des bouteilles ! Les gourmands viennent surtout ici pour se régaler d'une goûteuse cuisine de saison. Un bon moment à savourer dans une salle coquette à souhait : grande cheminée, poutres... Accueil souriant.

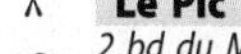

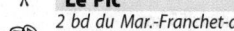

Le Pic

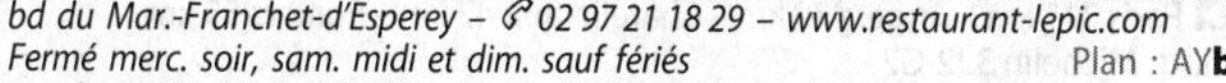

2 bd du Mar.-Franchet-d'Esperey – ✆ 02 97 21 18 29 – www.restaurant-lepic.com – Fermé merc. soir, sam. midi et dim. sauf fériés Plan : AY**b**

Formule 15 € – Menu 19 € (semaine), 27/39 € – Carte 30/46 €

Avec sa façade rouge, impossible de manquer ce restaurant ! On y mange dans un décor rétro (vitraux, miroirs, comptoir) où règne une belle ambiance de brasserie. Derrière les fourneaux, le chef réalise une bonne cuisine traditionnelle, au gré des arrivages de poisson frais. Une adresse qui tombe à pic...

au Nord-Ouest 3,5 km par D 765 AY – ✉ 56100

L'Amphitryon (Jean-Paul Abadie)

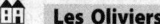

127 r. du Col.-Müller – ✆ 02 97 83 34 04 – www.amphitryon-abadie.com – Fermé 28 avril-13 juin, 1er-15 sept., 1er-7 janv., dim. et lundi

Menu 50 € (semaine), 88/150 € – Carte 105/140 €

Une cuisine d'auteur, ludique, fine et inspirée, donnant aux produits de la mer leurs lettres de noblesse. Le tout magnifié par une superbe sélection de crus confidentiels. Quant au service, exécuté dans un beau cadre contemporain, il est aussi professionnel que charmant... L'Amphitryon triomphe ! ➜ Étrille comme un cappuccino au gingembre et citron vert. Homard aux agrumes. Fraises, verveine et rhubarbe.

LORIOL-SUR-DRÔME

✉ 26270 (Drôme) – Voir carte n°**44**-B3

Paris 590 km – Lyon 127 km – Privas 21 km – Valence 29 km

Carte Michelin 332-B5

Les Oliviers

r. Louis-d'Arbalestier – ✆ 04 75 61 00 55 – www.hotel-les-oliviers.fr

63 ch – 82/122 € 82/122 € – 12 € **Rest** – Formule 27 € – Menu 31 €

Avec son jardin planté d'oliviers, cette bâtisse des années 1970 porte bien son nom. Et pour se délasser, rien de mieux que la grande piscine à débordement ! Chambres fonctionnelles, restaurant régional.

LORMONT – 33 Gironde ➜ voir Bordeaux

LORP-SENTARAILLE – 09 Ariège ➜ voir St-Girons

LOUBRESSAC

✉ 46130 (Lot) – 520 hab. – Voir carte n°**29**-C1

Paris 531 km – Brive-la-Gaillarde 47 km – Cahors 73 km – Figeac 44 km

Carte Michelin 337-G2

Le Relais de Castelnau

rte de Padirac – ✆ 05 65 10 80 90 – www.relaisdecastelnau.com – Ouvert 1er avril-fin oct. et fermé dim. soir et lundi en avril et oct.

40 ch – 65/120 € 65/120 € – 10 € – ½ P

Rest – Menu 19/48 € – Carte 40/56 € *(fermé le midi)*

Tourné vers l'imposant château de Castelnau-Bretenoux, cet établissement offre une vue imprenable sur la vallée de la Dordogne. Les chambres sont fonctionnelles et confortables ; préférez celles avec balcon.

LOUDÉAC

✉ 22600 (Côtes-d'Armor) – 9 857 hab. – Voir carte n°**10**-C2

Paris 438 km – Carhaix-Plouguer 69 km – Dinan 76 km – Pontivy 24 km

Carte Michelin 309-F5 – Guide Vert Michelin Bretagne Nord

Les Voyageurs rest,

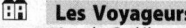

10 r. de Cadélac – ✆ 02 96 28 00 47 – www.hoteldesvoyageurs.fr

30 ch – 52/82 € 62/82 € – 9 € – ½ P

Rest – Menu 17 € (semaine)/39 €
– Carte 29/45 € *(fermé vend. soir, dim. soir et sam.)*

Bienvenue aux voyageurs ! L'hôtel affiche un style contemporain de bon aloi, l'ensemble est fort bien tenu et le restaurant traditionnel tombe à point nommé pour les résidents. Une bonne adresse de l'Argoat.

LOUDUN

✉ 86200 (Vienne) – 6 989 hab. – Voir carte n°**39**-C1

Paris 311 km – Angers 79 km – Châtellerault 47 km – Poitiers 55 km

Carte Michelin 322-G2

Renaudot sans rest

40 av. de Leuze – ✆ 05 49 98 09 38 – www.hotelrenaudot.com

29 ch – †90/170 € ††90/170 € – ☕ 12 €

Né à Loudun, Théophraste Renaudot fut le créateur de la "Gazette", en 1631, qui en fit pour l'histoire le créateur de la presse écrite en France. Cet hôtel feutré et moderne lui rend hommage, et propose aux voyageurs des chambres confortables, à la décoration soignée.

L'Aumônerie sans rest

3 bd Mar.-Leclerc – ✆ 05 49 22 63 86 – www.l-aumonerie.biz

4 ch ☕ – †46/52 € ††56/62 €

Diane de Poitiers, Aliénor d'Aquitaine ou encore la mystérieuse Mélusine : ces trois figures féminines de l'histoire et du folklore poitevin prêtent leur nom aux chambres de cette sympathique maison d'hôtes, tenue avec soin. La demeure date principalement du 17e s., avec des fondations du 13e s.

LOUÉ

✉ 72540 (Sarthe) – 2 139 hab. – Voir carte n°**35**-C1

Paris 230 km – Laval 59 km – Le Mans 30 km – Rennes 127 km

Carte Michelin 310-I7

Ricordeau

rest, rest,

13 r. de la Libération – ✆ 02 43 88 40 03 – www.hotel-ricordeau.fr – Fermé 2-9 mars

13 ch – †85/125 € ††85/125 € – ☕ 14 € – ½ P

Rest *Ricordeau* – voir les restaurants ci-après

Rest *La Table du Coq* ✆ 02 43 88 31 14 – – Menu 14 € (déj. en semaine), 18/21 € *(fermé 1 semaine en nov., 1 semaine en mars, lundi et mardi midi, le soir du merc. au sam. et dim.)*

Cet ancien relais de diligence, qui date de la fin du 19e s., est situé dans le centre de Loué. Les chambres, classiques et bien tenues, sont décorées dans un style campagnard chic plutôt agréable. Élégant !

Ricordeau

13 r. de la Libération – ✆ 02 43 88 40 03 – www.hotel-ricordeau.fr – Fermé 2-9 mars, 1 semaine en nov., dim. soir, lundi et mardi

Menu 27 € (déj. en semaine), 41/55 € – Carte 60/80 €

Installez-vous sur l'agréable terrasse dressée dans le parc, au bord de la Vègre, et laissez-vous tenter par la bonne cuisine gastronomique du chef. Des plats au goût du jour, sérieux et appliqués, réalisés avec de très bons produits, dont la célèbre volaille de Loué !

LOUHANS-CHÂTEAURENAUD

✉ 71500 (Saône-et-Loire) – 6 520 hab. – Voir carte n°**8**-D3

Paris 373 km – Bourg-en-Bresse 61 km – Chalon-sur-Saône 38 km – Dijon 85 km

Carte Michelin 320-L10 – Guide Vert Michelin Bourgogne

Le Moulin de Bourgchâteau

r. Guidon, rte de Chalon – ✆ 03 85 75 37 12 – www.bourgchateau.com

19 ch – †56/67 € ††67 € – ☕ 9 € – ½ P

Rest *Le Moulin de Bourgchâteau* – voir les restaurants ci-après

Ce moulin du 18e s., posé sur un bras de la Seille, est plein de caractère. Ses propriétaires, deux frères d'origine italienne, sont aux petits soins ; dans les chambres, décorées de meubles chinés, on entend le murmure de la rivière... Idéal pour se ressourcer.

Barbier des Bois

ch,

rte de Cuiseaux, 3,5 km au Sud-Est par D 996 – ✆ 03 85 75 55 65 – www.barbierdesbois.com

15 ch – †65/85 € ††85/105 € – ☕ 10 € **Rest** – Carte 23/35 €

Les chambres de cet hôtel-restaurant aux airs de motel, situé en pleine campagne, ont un petit côté zen avec leur terrasse face à la nature. L'ensemble est très bien tenu et le service est à l'image du lieu : efficace et sympathique.

XX **Le Moulin de Bourgchâteau** – Hôtel Le Moulin de Bourgchâteau

r. Guidon, rte de Chalon – ✆ 03 85 75 37 12
– www.bourgchateau.com – Fermé 21 fév.-10 mars et lundi
Formule 21 € – Menu 28 € – Carte 44/60 € *(réservation conseillée)*
La salle, juste au-dessus de l'eau, a du style avec ses rouages, ses poutres et ses vieilles pierres. Sur la carte, parmi les spécialités traditionnelles comme la volaille de Bresse, on trouve quelques recettes italiennes telles ces délicieuses pâtes maison... origines du chef obligent !

à Bruailles 8 km au Sud-Est par D 972 – ✉ 71500 – 937 hab.

La Ferme de Marie-Eugénie

225 allée de Chardenoux – ✆ 03 85 74 81 84 – www.lafermedemarieeugenie.fr
– Fermé 23-28 déc.
4 ch – 115/135 € 115/135 €
Table d'hôte – Menu 40 €
Cette ferme du 18e s., tout en poutres et torchis, décorée avec goût, est reposante à souhait. Les chambres jouent le contraste : pierre de Bourgogne, bois massif, mobilier contemporain... L'endroit étant un peu isolé, la généreuse table d'hôte constitue une vraie bonne option.

LOURDES

✉ 65100 (Hautes-Pyrénées) – 14 743 hab. – Voir carte n°**28**-A3
Paris 850 km – Bayonne 147 km – Pau 45 km – St-Gaudens 86 km
Carte Michelin 342-L6

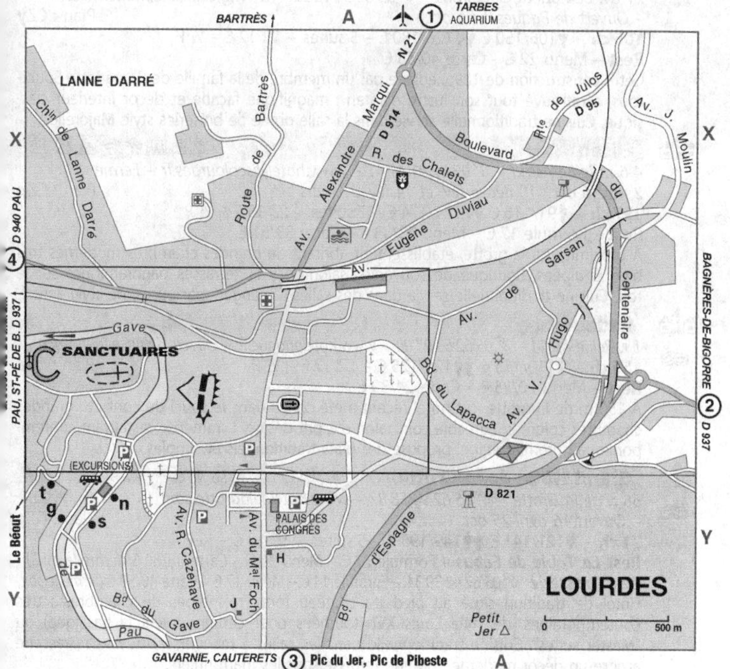

LOURDES

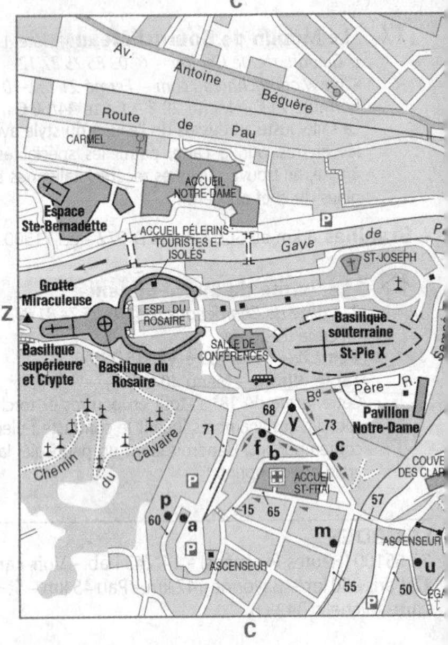

Grand Hôtel Moderne

ch, ch, rest,

21 av. Bernadette-Soubirous – ✆ 05 62 94 12 32 – www.grandhotelmoderne.com – Ouvert de Paques à fin oct. Plan : CZ**y**

105 ch – †106/150 € ††126/180 € – 5 suites – ☐ 12 € – ½ P

Rest – Menu 22 € – Carte 40/55 €

Cette construction de 1896, édifiée par un membre de la famille de Bernadette Soubirous, a retrouvé tout son lustre d'antan : magnifique façade et décor intérieur classique. Cuisine traditionnelle servie dans la salle ornée de boiseries style Majorelle.

Éliseo

4-6 r. Reine-Astrid – ✆ 05 62 41 41 41 – www.hoteleliseolourdes.fr – Fermé 2 nov.-6 déc., 10 déc.-6 fév. et 14 fév.-31 mars Plan : CZ**p**

197 ch – †91/116 € ††124/174 € – 7 suites – ☐ 15 € – ½ P

Rest – Formule 17 € – Menu 23/33 € – Carte 33/51 €

À proximité de la grotte, établissement abritant de grandes chambres modernes très bien équipées. Boutique de souvenirs, salon cosy et terrasses panoramiques sur le toit. Cuisine traditionnelle servie dans des salles à manger spacieuses, de style actuel.

Padoue

ch,

1 r. Reine-Astrid – ✆ 05 62 53 07 00 – www.hotelpadoue.fr – Ouvert début avril-fin oct.

155 ch – †110/115 € ††120/125 € – ☐ 12 € – ½ P Plan : CZ**a**

Rest – Menu 20/25 € – Carte 24/39 €

À 150 m de la grotte, cet hôtel récent a été conçu dans le souci du confort : grandes chambres colorées, agréable coin salon d'esprit design. L'immense restaurant contemporain, au premier étage, propose des plats traditionnels et simples.

Grand Hôtel de la Grotte

ch, rest,

66 r. de la Grotte – ✆ 05 62 94 58 87 – www.hoteldelagrotte.com – Ouvert 16 avril-25 oct. Plan : DZ**y**

71 ch – †121/141 € ††149/195 € – 5 suites – ☐ 18 € – ½ P

Rest *La Table de Fébus* – Formule 27 € – Menu 36 € – Carte 38/60 € *(fermé le midi)*

Rest *Brasserie* ✆ 05 62 42 39 34 – Formule 14 € – Menu 17 € – Carte 40/50 € *(fermé le soir)*

Hôtel de tradition situé au pied du château fort. Trois types de chambres : très contemporaines, de style Louis XVI (tournées pour certaines vers la basilique) ou "Master suites". Cuisine traditionnelle dans les salles à manger, feutrées. La Brasserie arbore un décor moderne ; grande terrasse sous les marronniers.

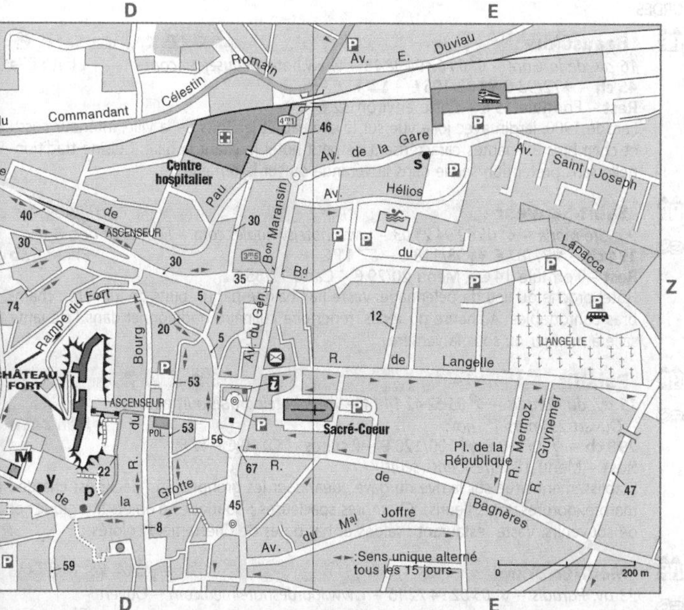

Gallia et Londres

26 av. B. Soubirous – ☎ 05 62 94 35 44 – www.hotelsvinuales.com – Ouvert 19 avril-27 oct. Plan : CZ**c**

94 ch – †108/168 € ††146/266 € – 3 suites – ☕ 16 € – ½ P

Rest – Menu 25/29 € – Carte 34/52 €

Séduisante atmosphère vieille France dans ce bel hôtel à deux pas des sanctuaires. Chambres confortables, meublées dans le style Louis XVI. Salle à manger ornée de boiseries, de lustres en cristal et d'une tapisserie représentant Venise.

Panorama

11 r. Sainte-Marie – ☎ 05 62 94 33 04 – www.hotelpanoramalourdes.com – ouvert 12 fév.-10 déc. Plan : CZ**f**

104 ch – †93/145 € ††118/222 € – 2 suites – ☕ 13 €

Rest – Menu 21/30 € – Carte 28/40 €

Aux portes du sanctuaire, cet hôtel-restaurant a été entièrement rénové en 2012. Tout a été repensé ; résultat : une décoration contemporaine, de la luminosité et de beaux espaces. Les chambres y sont confortables et bien tenues. Une nouvelle étape pour les pèlerins.

Miramont

40 av. Peyramale – ☎ 05 62 94 70 00 – www.hotelmiramontlourdes.fr – Ouvert 3 avril-3 nov. Plan : AY**g**

92 ch – †53/69 € ††80/108 € – ☕ 10 € – ½ P

Rest – Menu 15/26 € – Carte 27/41 €

Un esprit contemporain distingue cet établissement : hall lumineux, bar et salon confortable, chambres dans la même veine... Au restaurant ouvert sur le gave, belle décoration actuelle et cuisine traditionnelle.

Mercure Impérial

3 av. Paradis – ☎ 05 62 94 06 30 – www.mercure.com – Fermé 15 déc.-31 janv.

88 ch – †105/122 € ††114/128 € – 2 suites – ☕ 13 € – ½ P Plan : CZ**u**

Rest – Formule 10 € 🍷 – Menu 15 € – Carte 31/38 €

Établi au pied du château et dominant le gave, hôtel des années 1930 dont on a conservé le bel escalier central et les vitraux. Chambres fonctionnelles ; terrasse panoramique sur le toit. Salle à manger contemporaine et carte de tradition.

Beauséjour

16 av. de la Gare – ✆ 05 62 94 38 18 – www.hotel-beausejour.com Plan : EZ**s**

45 ch – 72/98 € 82/195 € – 11 € – ½ P

Rest – Formule 15 € – Carte environ 32 €

Façade 1900, jardin avec jolie vue sur le château et les toits de la ville, intérieur cossu et chambres avenantes caractérisent ce petit hôtel jouxtant la gare. Cuisine traditionnelle sans prétention servie dans la véranda ou sur la terrasse.

Saint-Sauveur

9 r. Ste-Marie – ✆ 05 62 94 25 03 – www.hotelsvinuales.com – Fermé 10 déc.-8 fév.

174 ch – 77/87 € 98/118 € – 11 € Plan : CZ**b**

Rest – Formule 14 € – Menu 20/29 € – Carte 17/35 €

Hôtel proche du lieu de pèlerinage. Vaste hall baigné par un puits de lumière ; chambres confortables. À l'heure du repas, répertoire culinaire traditionnel dans l'élégante salle à manger ou sous la verrière.

Paradis

15 av. du Paradis – ✆ 05 62 42 14 14 – www.hotelparadislourdes.com – Ouvert 25 mars-1er nov. Plan : AY**n**

298 ch – 90/110 € 100/120 € – 2 suites – 10 € – ½ P

Rest – Menu 18 € *(résidents seult)*

Établissement situé sur la rive du gave, idéal pour les groupes. Son décor est chargé : marbre, dorures, tapis fleuris... Chambres spacieuses ; boutiques d'objets liturgiques et de souvenirs. Vaste restaurant ; salons et bar dotés de Chesterfield colorés.

Méditerranée

23 av. Paradis – ✆ 05 62 94 72 15 – www.lourdeshotelmed.com – Ouvert 11 avril-24 oct. Plan : AY**s**

171 ch – 81 € 101 € – 10 € – ½ P **Rest** – Menu 17/27 € – Carte 20/32 €

Un grand immeuble un peu excentré, sur les rives du gave de Pau. L'établissement a été entièrement rénové en 2012, dans un esprit très contemporain. Autre atout : les chambres offrent une vue dégagée sur la ville et ses abords.

Christ-Roi

9 r. Mgr Rodhain – ✆ 05 62 94 24 98 – www.lourdes-christroi.com – Ouvert de Pâques à mi-oct. Plan : AY**t**

180 ch – 63/65 € 84/88 € – 10 € – ½ P **Rest** – Menu 21 €

Les pèlerins peuvent prendre un ascenseur situé à deux pas de l'hôtel pour rejoindre la grotte. Chambres fonctionnelles dans un édifice récent. Bar anglais. Le restaurant, fréquenté principalement par les résidents de l'hôtel, sert une cuisine traditionnelle.

Notre Dame de France

8 av. Peyramale – ✆ 05 62 94 91 45 – www.hotelnd-france.fr – Ouvert 21 mars-31 oct. Plan : CZ**m**

74 ch – 55/65 € 65/70 € – 8 € – ½ P

Rest – Formule 15 € – Menu 18 € – Carte 19/31 €

Le long du gave de Pau, hôtel dirigé par la même famille depuis plusieurs générations. Agencement fonctionnel dans les chambres, simples et bien tenues. Cuisine traditionnelle et atmosphère de pension de famille au restaurant.

Alexandra

3 r. du Fort – ✆ 05 62 94 31 43 – Fermé dim. soir et lundi Plan : DZ**p**

Formule 10 € – Menu 15 € (déj. en semaine)/17 € – Carte 37/56 €

Cette discrète maison à la façade rouge est un vrai petit miracle ! Cuisine goûteuse servie dans deux univers singuliers : l'un intime et cosy ; l'autre contemporain et décalé.

LOURMARIN

84160 (Vaucluse) – 1 005 hab. – **Voir carte n°42**-E1

Paris 732 km – Apt 19 km – Aix-en-Provence 37 km – Cavaillon 32 km

Carte Michelin 332-F11 – Guide Vert Michelin Provence

Le Moulin de Lourmarin ch,
r. du Temple – ✆ 04 90 68 06 69 – www.moulindelourmarin.com
17 ch – 🛉90/210 € 🛉🛉90/210 € – 2 suites – ☕ 18 € – ½ P
Rest – Formule 21 € – Menu 25 € (déj. en semaine), 35/49 € – Carte 45/65 € *(fermé 5 janv.-10 fév., mardi et merc.)*
Un hôtel de charme dans un moulin à huile du 18e s., au cœur de ce ravissant village. Les chambres sont confortables et décorées dans le style provençal. Restauration traditionnelle.

Mas de Guilles rest,
rte Vaugines : 2 km – ✆ 04 90 68 30 55 – www.guilles.com – Ouvert de début avril à fin oct.
28 ch – 🛉89/99 € 🛉🛉89/240 € – ☕ 17 € – ½ P
Rest – Menu 49/56 € *(fermé le midi)*
Au milieu des vignes, cette ancienne ferme du 17e s. abrite des chambres d'inspiration provençale ou contemporaine. Cuisine traditionnelle servie dans une jolie salle voûtée ou sur la grande terrasse. Parfait pour un séjour au grand calme.

La Bastide de Lourmarin ch, rest,
rte de Cucuron – ✆ 04 90 07 00 70 – www.hotelbastide.com – Fermé 5 janv.-13 fév.
19 ch – 🛉100/150 € 🛉🛉100/150 € – ☕ 12 € – ½ P
Rest – Formule 19 € – Menu 32 € – Carte 34/46 € *(ouvert d'avril à oct. et fermé le midi le lundi, mardi, merc. en été, dim. soir et lundi)*
Derrière les murs de cette bastide se cachent de belles suites et des chambres thématiques (zen, romantique, etc.). Mobilier contemporain, objets chinés, touches ethniques et équipements de pointe créent un style tendance. Cuisine méridionale servie en terrasse l'été, au bord de la piscine.

Auberge La Fenière (Reine Sammut) avec ch ch,
D 943, 2 km par rte de Cadenet – ✆ 04 90 68 11 79 – www.reinesammut.com
16 ch – 🛉150/320 € 🛉🛉180/350 € – ☕ 20 €
Formule 45 € – Menu 65/125 € – Carte 108/122 € *(fermé nov. à fév., mardi sauf le soir de mi-juin à mi-sept. et lundi)*
Dans un parc verdoyant face au Grand Luberon, pour un moment de grâce... culinaire : une cuisine fine signée par une "reine" des saveurs. Au Bistrot, ambiance chaleureuse sous le préau autour des recettes de campagne. Les chambres, stylées et agréables, se répartissent dans plusieurs bâtiments du domaine.
➜ Fèves et asperges vertes au jus de truffe noire, râpé de truffe de printemps. Loup de Méditerranée à la vapeur de coriandre, jeunes pousses d'épinards et bouquet de brocoli. Millefeuille à la vanille et crème glacée à la Chartreuse.
Bistrot La Cour de Ferme Menu 35 € *(fermé janv., jeudi sauf le soir de mi-juin à mi-sept., mardi hors saison et merc.)*

LOUVIERS

✉ 27400 (Eure) – 17 734 hab. – Voir carte n°**33**-D2
Paris 104 km – Les Andelys 22 km – Lisieux 75 km – Mantes-la-Jolie 51 km
Carte Michelin 304-H6 – Guide Vert Michelin Normandie Vallée de la Seine

Le Pré St-Germain
7 r. St-Germain – ✆ 02 32 40 48 48 – www.le-pre-saint-germain.com – Fermé 21 déc.-6 janv.
34 ch – 🛉91/112 € 🛉🛉112/125 € – ☕ 12 € – ½ P
Rest *Le Pré St-Germain* – voir les restaurants ci-après
Légèrement excentrée et au calme, cette grande bâtisse blanche cache des chambres spacieuses et contemporaines, tenues avec soin. Une étape pleine de fraîcheur pour visiter Louviers, dont le beau cloître des Pénitents ou l'église Notre-Dame.

Le Pré St-Germain
7 r. St-Germain – ✆ 02 32 40 48 48 – www.le-pre-saint-germain.com – Fermé 2-20 août, 21 déc.-6 janv., sam. et dim.
Formule 19 € 🍷 – Menu 22 € 🍷/39 € – Carte 26/64 €
Dans cet hôtel-restaurant, la cuisine allie générosité, fraîcheur et parfums. Foie gras maison, saumon fumé au bois de hêtre et sorbet pamplemousse, tournedos Rossini, tarte fine aux pommes flambée au calvados... On passe un bon moment gourmand ! Jolie terrasse.

à St-Étienne-du-Vauvray 7 km au Nord-Est par N 154 et D 77 – ✉ 27430 – 749 hab.

La Ferme de la Haute Crémonville

rte de Crémonville, 2,5 km au Sud-Ouest par D 77 et rte secondaire – ☎ 02 32 59 14 22 – www.restaurant-ferme-haute-cremonville.com – Fermé 10-25 août, merc. soir, sam. midi et dim.

Menu 29 € – Carte 33/58 € *(réservation conseillée)*

Cette superbe ferme normande, tout en colombages, semble incarner le rêve d'une vie à la campagne ! Bonjour veaux, vaches, cochons et... recettes traditionnelles : la terrine du chef sent bon le terroir, la poule au pot embaume, les volailles sont cuites au feu de bois... De généreux plats mijotés à la sauce champêtre.

LE LUC

✉ 83340 (Var) – 9 498 hab. – Voir carte n°**41**-C3

Paris 836 km – Cannes 75 km – Draguignan 29 km – Fréjus 41 km

Carte Michelin 340-M5 – Guide Vert Michelin Côte d'Azur

Le Gourmandin

8 pl. L.-Brunet – ☎ 04 94 60 85 92 – www.legourmandin.com – Fermé 25 août-23 sept., 25 fév.-10 mars, dim. soir, jeudi soir et lundi

Menu 29/48 € – Carte 48/67 € *(réservation conseillée)*

Détail qui dit tout : les nappes en coton crochetées par une habitante du Luc ! Dans cette véritable bonbonnière provençale, le temps semble s'être arrêté... La tradition est également maîtresse aux fourneaux, pour le meilleur : croustillant d'asperge ou volaille farcie et petits légumes, tout est généreux et gourmand.

LUCELLE

✉ 68480 (Haut-Rhin) – 40 hab. – Voir carte n°**1**-A3

Paris 472 km – Altkirch 29 km – Basel 41 km – Belfort 56 km

Carte Michelin 315-H12

au Nord-Est : 4,5 km par D 41 et rte secondaire – ✉ 68480 Lucelle

Le Petit Kohlberg

– ☎ 03 89 40 85 30 – www.petitkohlberg.com – Fermé 23-28 déc., vacances de fév.

34 ch – †69/82 € ††69/82 € – ☕ 11 € – ½ P

Rest – Formule 17 € – Menu 26/57 € – Carte 28/65 € *(fermé lundi et mardi)*

En pleine campagne, un hôtel-restaurant au grand calme. Les chambres, confortables et bien tenues, ont été rénovées récemment ; quant à la salle à manger, elle est grande ouverte sur le joli parc, fleuri et boisé.

LA LUCERNE-D'OUTREMER

✉ 50320 (Manche) – 833 hab. – Voir carte n°**32**-A2

Paris 332 km – Caen 100 km – Saint-Lô 65 km – Saint-Malo 84 km

Carte Michelin 303-D7

Le Courtil de la Lucerne

17 r. de la Libération, (Le Bourg) – ☎ 02 33 61 22 02 – www.le-courtil-de-la-lucerne.fr – Fermé 2-17 janv., dim. soir, mardi soir et merc.

Formule 14 € – Menu 17 € (semaine), 29/38 € – Carte 36/47 €

Installé dans l'ancien presbytère d'un petit village normand, ce restaurant, sobrement décoré, propose de bonnes recettes traditionnelles : marmite de poisson, parmentier de canard, etc. Aux beaux jours, on profite de la terrasse.

LUCEY – 54 Meurthe-et-Moselle ➜ voir Toul

LUCHÉ-PRINGÉ

✉ 72800 (Sarthe) – 1 665 hab. – Voir carte n°**35**-C2

Paris 242 km – Angers 68 km – La Flèche 14 km – Le Lude 10 km

Carte Michelin 310-J8 – Guide Vert Michelin Pays de la Loire

XX **Auberge du Port des Roches** avec ch

au port des roches, 2,5 km à l'Est par D 13 et D 214 – ✆ 02 43 45 44 48 – Fermé 3-18 mars, 18-22 août, 1 semaine vacances de la Toussaint, dim. soir, mardi midi et lundi

12 ch – †60/70 € ††60/70 € – ☕ 8 € – ½ P   Menu 26/58 €

Une terrasse et un jardin au fil de l'eau, une salle champêtre et une cuisine traditionnelle pétrie d'authenticité : faites fi de la morosité dans cette sympathique auberge des bords du Loir ! Pour l'étape, des chambres fraîches et colorées.

LUCHON – 31 Haute-Garonne ➜ voir Bagnères-de-Luchon

LUCINGES

✉ 74380 (Haute-Savoie) – 1 547 hab. – **Voir carte n°46-F1**

▶ Paris 559 km – Annecy 49 km – Bonneville 18 km – Thonon-les-Bains 33 km

Carte Michelin 328-k3

X **Le Bonheur dans Le Pré** Ⓝ avec ch

2011 rte de Bellevue, 2,5 km au Nord-Est par D 183 – ✆ 04 50 43 37 77 – www.lebonheurdanslepre.com – Fermé vacances de la Toussaint, 21 déc.-15 janv. et le midi

7 ch – †80/100 € ††80/100 € – ☕ 9 € – ½ P   Menu 35 €

Dans cette vieille ferme en pleine nature, on joue à fond la carte de l'authenticité ! En cuisine, le chef compose un menu unique à partir de beaux produits locaux. Le tout bien accompagné d'un vin du coin. Dès lors, comment ne pas être convaincu que... Le Bonheur est dans Le Pré !

LUÇON

✉ 85400 (Vendée) – 9 636 hab. – **Voir carte n°34-B3**

▶ Paris 438 km – Cholet 89 km – Fontenay-le-Comte 30 km – La Rochelle 43 km

Carte Michelin 316-I9 – Guide Vert Michelin Pays de la Loire

XXX **La Mirabelle**

89 bis r. de Gaulle, rte des Sables-d'Olonne – ✆ 02 51 56 93 02 – www.restaurant-lamirabelle.com – Fermé dim. soir, lundi soir et mardi sauf fériés

Formule 19 € – Menu 24/79 € – Carte 47/66 €

C'est à un joli repas qu'invite cette maison vendéenne postée sur la route des Sables-d'Olonne, et flanquée d'une terrasse fleurie. La tradition y est reine, et les beaux produits du terroir cuisinés avec un réel savoir-faire. On croque dans cette Mirabelle !

XX **Au Fil des Saisons** avec ch   rest,

55 rte de la Roche-sur-Yon – ✆ 02 51 56 11 32 – www.aufildessaisons-vendee.com – Fermé 2 semaines fin août-début sept. et 2 semaines début janv.

6 ch ☕ – †58/68 € ††68/75 € – ½ P

Formule 15 € – Menu 27/52 € – Carte environ 40 € *(fermé sam. midi, dim. soir et lundi)*

Au fil des saisons, on s'installe dans la salle, simple et coquette, ou bien on file dans la véranda ou au jardin... En toute saison, on prend le temps de savourer des petits plats d'aujourd'hui, frais et parfumés. Et pour l'étape, les chambres sont agréables et confortables.

à Moreilles 11 km au Sud-Est par D 949 et D 137 – ✉ 85450 – 360 hab.

Château de l'Abbaye et Le Portail en Marais Poitevin

– ✆ 02 51 56 17 56 – www.chateau-moreilles.com   ch, rest,

5 ch – †79/219 € ††79/269 € – ☕ 15 € – ½ P   **Table d'hôte** – Menu 38 €

Tissus tendus, mobilier ancien, salons élégants : cette belle demeure, couverte de vigne vierge, semble transporter dans un roman du 19e s. ! Une petite tête dans la piscine avant de goûter la cuisine ménagère de la table d'hôte ? À l'annexe – un corps de ferme –, esprit plus champêtre mais tout aussi charmant.

LES LUCS-SUR-BOULOGNE

✉ 85170 (Vendée) – 3 264 hab. – Voir carte n°**34**-B3
Paris 441 km – Angers 146 km – Nantes 61 km – La Roche-sur-Yon 23 km
Carte Michelin 316-H6 – Guide Vert Michelin Pays de la Loire

XX **Auberge du Lac**
250 r. du Gén.-Charette – ✆ 02 51 46 59 59 – www.aubergedulac85.com – Fermé 20 déc.-10 janv., dim. soir, mardi soir et merc.
Formule 16 € – Menu 29/52 € – Carte 36/44 €
Anguille fumée au foie gras, poêlée de ris de veau, moelleux au chocolat... Dans cette bien nommée Auberge du Lac, le chef concocte une cuisine traditionnelle savoureuse et gourmande. De temps à autre, il n'hésite pas à se montrer plus créatif, pour le plus grand plaisir des habitués !

LUC-SUR-MER

✉ 14530 (Calvados) – 3 099 hab. – Voir carte n°**32**-B2
Paris 249 km – Arromanches-les-Bains 23 km – Bayeux 29 km – Cabourg 28 km
Carte Michelin 303-J4 – Guide Vert Michelin Normandie Cotentin

Hôtel des Thermes et du Casino

5 r. Guyemer – ✆ 02 31 97 32 37 – www.hotelresto-lesthermes.com – Ouvert 24 mars-31 oct.
48 ch – 87/125 € 87/125 € – 12 € – ½ P
Rest ***Au Jardin de la Mer*** – voir les restaurants ci-après
Une adresse tonique directement sur la promenade, à proximité des thermes et du casino, comme son nom l'indique. Les chambres avec balcon ont vue sur la mer ; c'est tellement bien situé !

XX **Au Jardin de la Mer** – Hôtel des Thermes et du Casino
5 r. Guyemer – ✆ 02 31 97 32 37 – www.hotelresto-lesthermes.com – Ouvert 1er mai-30 sept.
Formule 23 € – Menu 32/50 € – Carte environ 40 €
Un nom poétique pour ce restaurant entre Manche et jardin fleuri où embaument les pommiers. Homards du vivier, poissons de Port-en-Bessin, recettes du terroir... Un sympathique potager !

LUC-SUR-ORBIEU

✉ 11200 (Aude) – 1 023 hab. – Voir carte n°**22**-B3
Paris 809 km – Carcassonne 41 km – Montpellier 113 km – Perpignan 82 km
Carte Michelin 344-H3

XX **La Luciole** N
3 pl. de la République – ✆ 04 68 40 87 74 – www.restaurantluciole.fr – Fermé dim. soir et lundi
Formule 16 € – Menu 20/39 € – Carte 28/49 €
Le chef a réalisé un rêve d'enfant en rachetant ce café sur la petite place du village... Autodidacte passionné, il réalise avec sa fille (tout juste sortie de l'école hôtelière !) une cuisine simple et goûteuse, faisant la part belle aux produits locaux. À déguster en terrasse, à l'ombre des arbres centenaires !

LE LUDE

✉ 72800 (Sarthe) – 4 049 hab. – Voir carte n°**35**-D2
Paris 244 km – Angers 63 km – Chinon 63 km – La Flèche 20 km
Carte Michelin 310-J9 – Guide Vert Michelin Pays de la Loire

L'Auberge Alsacienne rest, ch,
14 r. de la Boule-d'Or – ✆ 02 43 48 20 45 – www.auberge-alsacienne-restaurant.fr
7 ch – 65/80 € 70/85 € – 8,50 €
Rest – Menu 23 € (déj. en semaine)/29 € – Carte 27/44 € *(fermé 4-18 août, 22 déc.-6 janv., mardi midi, dim. soir et lundi)*
Une auberge simple, tranquille et familiale, qui fut autrefois un couvent. On y pose ses valises au calme de chambres fonctionnelles et assez grandes, dont certaines peuvent accueillir des familles. À table, on sert choucroute, flammenkueche, baeckeoffe... aucun doute : c'est l'Alsace !

La Renaissance avec ch — rest,
2 av. de la Libération – ✆ 02 43 94 63 10 – www.renaissancelelude.com – *Fermé 23 fév.-13 mars*
8 ch – †53/63 € ††53/63 € – ☕ 9 € – ½ P
Formule 12 € 🍷 – Menu 18 € 🍷 (déj. en semaine), 29/40 € – Carte 48/60 € *(fermé dim. soir et lundi)*
Des produits sarthois et angevins, mais aussi le serpolet, la cardamome, le pavot, la mangue... Ce restaurant traditionnel est à la page, avec sa cuisine qui explore de nouveaux mariages de saveurs. Accueil sympathique.

LUDES

✉ 51500 (Marne) – 629 hab. – **Voir carte n°13-B2**
▶ Paris 157 km – Châlons-en-Champagne 52 km – Reims 15 km – Épernay 22 km
Carte Michelin 306-G8

La Villa Champagne Ployez-Jacquemart sans rest

8 r. Astoin – ✆ 03 26 61 11 87 – www.ployez-jacquemart.fr – *Fermé 17 déc.-15 janv.*
5 ch ☕ – †130/140 € ††140/170 €
Pour les adeptes de tourisme viticole, cette belle demeure dédiée au champagne depuis 1930 cultive l'art de vivre à la française. Les chambres sont élégantes et raffinées ; après une dégustation, quoi de mieux qu'une promenade, parmi les vignes ?

LUMBRES

✉ 62380 (Pas-de-Calais) – 3 763 hab. – **Voir carte n°30-A2**
▶ Paris 261 km – Arras 81 km – Boulogne-sur-Mer 43 km – Calais 44 km
Carte Michelin 301-F3

Hôtel du Golf
chemin des Bois, 2 km au Nord-Ouest par D 225, au golf de l'A – ✆ 03 21 11 42 42 – *www.golf.najeti.fr*
54 ch – †129/220 € ††129/220 € – ☕ 15 € – ½ P
Rest ***Le Lodge*** – voir les restaurants ci-après
Les golfeurs impénitents vont se régaler ! Au départ du parcours de l'Aa, cet hôtel évoque les lodges nord-américains. De surcroît, les chambres, confortables, donnent sur les greens ou la forêt. Que demander de plus, sinon d'y rester longtemps...

Moulin de Mombreux — ch,
2 km à l'Ouest par rte de Boulogne, D 225 et rte secondaire – ✆ 03 21 39 13 13 – *www.mombreux.com*
24 ch – †95/105 € ††115/135 € – ☕ 15 € – ½ P
Rest – Formule 12 € – Menu 28/65 € – Carte 41/72 €
À côté d'un ravissant moulin du 18e s. – abritant le restaurant – au bord du Bléquin, cet hôtel invite au repos. Les chambres, confortables, sont décorées avec une charmante simplicité. À cela s'ajoute un joli parc, idéal pour les promenades !

Le Lodge – Hôtel Du Golf
chemin des Bois, 2 km au Nord-Ouest par D 225, au golf de l'A – ✆ 03 21 11 42 42 – *www.stomer-hoteldugolf.com*
Formule 22 € 🍷 – Menu 27 € 🍷 (semaine)/35 € – Carte environ 46 €
Bois d'antilope, lambris, cuir blanc... Une déco très "lodge" au service d'une cuisine régionale revisitée : mignons de porc sauce spéculos, salade de toasts au maroilles, etc. Le plus : les poissons sont labellisés "pêche durable".

LUNEL

✉ 34400 (Hérault) – 25 277 hab. – **Voir carte n°23-C2**
▶ Paris 733 km – Aigues-Mortes 16 km – Alès 58 km – Arles 56 km
Carte Michelin 339-J6

L'Anguille Sous Cloche

42 r. Roger-Salengro – ✆ 04 67 22 38 47 – Fermé 1 semaine en juil., 3 semaines en août, sam. midi, mardi soir, dim. et lundi
Formule 15 € – Menu 20 € (déj.) – Carte 38/143 € *(réservation conseillée)*
Aucune anguille sous roche dans ce bistrot de poche où l'on aime visiblement les bons mots. Au menu, une savoureuse cuisine du Sud axée sur les beaux produits : anguilles de la pêche locale, poissons sauvages, bœuf persillé Wagyu, etc. Sous la cloche, c'est un régal !

LUNÉVILLE

✉ 54300 (Meurthe-et-Moselle) – 19 740 hab. – **Voir carte n°27-C2**
Paris 347 km – Épinal 69 km – Metz 95 km – Nancy 36 km
Carte Michelin 307-J7

Les Pages

rest,

5 quai des Petits-Bosquets – ✆ 03 83 74 11 42 – www.hotel-les-pages.fr
38 ch – †70/110 € ††90/130 € – ☕ 12 € – ½ P
Rest *Le Petit Comptoir* ✆ 03 83 73 14 55 – – Menu 17 € (semaine), 24/45 € – Carte 32/50 € *(fermé 30 déc.-4 janv., sam. midi et dim. soir)*
Un hôtel au bord de la Meurthe, juste en face du château. Plusieurs catégories de chambres sont proposées, celles de l'étage étant les plus spacieuses et les plus modernes. Bistrot attenant.

à Moncel-lès-Lunéville 3 km à l'Est par rte de St-Dié (D 590) – ✉ 54300 – 524 hab.

Relais St-Jean

22 av. de l'Europe – ✆ 03 83 74 08 65 – www.relaissaintjean.fr – Fermé 28 juil.-19 août, 17 fév.-3 mars, dim. soir, merc. soir et lundi
Formule 12 € – Menu 15 € (semaine), 26/35 € – Carte 23/46 €
La spécialité de ce restaurant de la vallée de la Meurthe ? La tête de veau ! Et d'autres recettes classiques du registre traditionnel : foie gras, ris de veau aux morilles, mousse au chocolat maison, etc. Un relais agréable et sans prétention.

au Sud 5 km par rte de Rambervillers, puis av. G. Pompidou et cités Ste-Anne – ✉ 54300

Château d'Adoménil

– ✆ 03 83 74 04 81 – www.adomenil.com – Fermé 2 semaines janv., vacances de fév., dim. soir, mardi d'oct. à avril et lundi de mai à sept.
9 ch – †189/225 € ††189/225 € – 5 suites – ☕ 23 €
Rest *Château d'Adoménil* ✿ – voir les restaurants ci-après
On a forcément une bonne raison de loger dans cette belle demeure du 18e s., que ce soit pour son parc boisé, ses chambres bourgeoises ou son cachet historique indéniable. N'en n'oubliez pas pour autant le restaurant !

Château d'Adoménil (Cyril Leclerc)

– ✆ 03 83 74 04 81 – www.adomenil.com – Fermé 2 semaines en janv., vacances de fév., dim. soir, mardi d'oct. à avril, lundi de mai à sept. et le midi sauf sam. et dim.
Menu 65 € (semaine)/125 € – Carte 99/131 €
Dans cette belle demeure, les tentures et les boiseries sombres sont agrémentées de touches baroques et contemporaines. Un décor de rêve pour déguster une cuisine créative, réalisée avec des produits nobles ; les cuissons sont justes et les saveurs bien au rendez-vous. Et la carte des vins n'est pas en reste...
→ Déclinaison autour de la langoustine. Pigeonneau du terroir Lorrain. La mirabelle de Lorraine.

LURE

✉ 70200 (Haute-Saône) – 8 325 hab. – **Voir carte n°17-C1**
Paris 387 km – Belfort 37 km – Besançon 77 km – Épinal 77 km
Carte Michelin 314-G6 – Guide Vert Michelin Franche-Comté Jura

à Roye 2 km à l'Est par rte de Belfort – ✉ 70200 – 1 345 hab.

XX **Le Saisonnier**

56 r. de la Verrerie, N 19 – ✆ 03 84 30 46 00 – www.restaurantlesaisonnier.fr – Fermé 16-31 août, dim. soir, merc. soir et lundi

Menu 27/63 € 🍷 *(réservation conseillée)*

Voilà un nom bien trouvé pour un restaurant proposant une cuisine du marché ! Dans cette ancienne ferme, les gourmands s'installent dans une salle rustique ou plus moderne. Mais point de différence dans l'assiette avec des produits... de saison.

à Froideterre 3 km au Nord-Est par D 486 et D 99 – ✉ 70200 – 341 hab.

XX **Hostellerie des Sources et H. San Val'Eau** avec ch

4 r. du Grand-Bois – ✆ 03 84 30 34 72 – www.hostellerie-des-sources.com – Fermé 1er-7 janv.

5 ch – †78/142 € ††78/142 € – ☕ 10 € – ½ P

Menu 28/52 € – Carte 34/51 € *(fermé dim. soir, lundi, mardi et le midi) (réservation conseillée)*

Envie d'un retour aux Sources ? Cette ancienne ferme, au décor rustique et chaleureux, devrait faire votre bonheur. D'autant plus que le chef joue une musique sans fausse note : belles préparations, cuissons millimétrées, explosion de saveurs...

LUSIGNY-SUR-OUCHE

✉ 21360 (Côte-d'Or) – 107 hab. – **Voir carte n°7-A3**

▶ Paris 296 km – Dijon 51 km – Mâcon 103 km – Nevers 146 km

Carte Michelin 320-I7

La Saura Ⓝ sans rest

rte de Beaune, 2 km au Sud de Bligny-sur-Ouche par D 970 – ✆ 03 80 20 17 46 – www.la-saura.com – Fermé 20 déc.-30 janv.

5 ch ☕ – †95 € ††100/125 €

Un ancien relais de poste en bordure de la route de Beaune ; les chambres, chaleureuses et parfaitement entretenues, se trouvent dans les anciennes écuries de la propriété. Dehors, on se repose au calme d'un grand jardin arboré avec piscine... Une halte pour le moins charmante !

LUSSAC-LES-CHÂTEAUX

✉ 86320 (Vienne) – 2 346 hab. – **Voir carte n°39-D2**

▶ Paris 355 km – Bellac 42 km – Châtellerault 52 km – Montmorillon 12 km

Carte Michelin 322-K6 – Guide Vert Michelin Poitou-Charentes

Les Orangeries

12 av. du Dr-Dupont – ✆ 05 49 84 07 07 – www.lesorangeries.fr – Fermé 2 semaines en fév.

11 ch – †79/159 € ††89/159 € – 4 suites – ☕ 15 € – ½ P

Rest *Les Orangeries* – voir les restaurants ci-après

Cette maison bourgeoise de la fin du 18e s. est située au cœur du bourg, et arbore fièrement ses façades en pierres apparentes ; à l'arrière, on découvre un grand parc arboré. Du mobilier, chiné chez les antiquaires, au grand salon avec ses billards, on est ici comme à la maison.

XX **Les Orangeries**

12 av. du Dr-Dupont – ✆ 05 49 84 07 07 – www.lesorangeries.fr – Fermé 2 semaines en fév., sam. midi sauf juil.-août

Formule 20 € – Menu 35/51 €

Voilà une adresse où le terme "écolo-responsable" a un sens : on y cuisine presque exclusivement des produits bio, venant soit du potager, soit des producteurs fermiers de la région, et la carte des vins est dans le même esprit. Un respect des saisons et du marché qui se retrouve dans l'assiette !

LUTTER – 68 Haut-Rhin ➜ voir Ferrette

LUXÉ – 16 Charente ➜ voir Mansle

LUXEUIL-LES-BAINS

✉ 70300 (Haute-Saône) – 7 248 hab. – **Voir carte n°17-C1**
▶ Paris 379 km – Épinal 58 km – Vesoul 32 km – Vittel 72 km
Carte Michelin 314-G6 – Guide Vert Michelin Franche-Comté Jura

Les Sources sans rest

2 av. Jean-Moulin, (face au parc thermal) – ✆ 03 84 93 70 04 – www.70lessources.fr – Fermé 19 déc.-4 janv.
41 ch – †59/110 € ††69/120 € – ☕ 10 €
Face aux thermes, cette bâtisse (1860) abrite 41 studios modernes et fonctionnels – avec kitchenette – donnant sur le parc ou la ville. L'adresse parfaite pour curistes en quête d'indépendance.

Le Clos Rebillotte sans rest

16 r. des Thermes – ✆ 03 84 93 90 90 – www.hotel-luxeuil.com
21 ch – †60/105 € ††60/105 € – ☕ 9 €
Faites vos jeux ! Cet établissement, face au casino, propose de spacieuses chambres contemporaines. Quelques touches de couleurs, beaucoup de velours et un mobilier stylé... Voilà l'exemple même d'une atmosphère feutrée et raffinée.

LUYNES

✉ 37230 (Indre-et-Loire) – 5 078 hab. – **Voir carte n°11-B2**
▶ Paris 247 km – Angers 115 km – Chinon 41 km – Langeais 15 km
Carte Michelin 317-M4 – Guide Vert Michelin Châteaux de la Loire

Domaine de Beauvois

4 km au Nord-Ouest par D 49 – ✆ 02 47 55 50 11 – www.beauvois.fr
36 ch – †125/340 € ††125/340 € – ☕ 23 € – ½ P
Rest ***Le Louis 13*** – voir les restaurants ci-après
Vaste manoir des 16e et 17e s. au cœur d'un parc arboré avec un étang. Les chambres et leurs belles tentures murales confirment une impression d'élégant classicisme, tout comme le restaurant.

XXX Le Louis 13

4 km au Nord-Ouest par D 49 – ✆ 02 47 55 38 77 – www.restaurant-louis13.fr – fermé dim. soir, lundi et mardi de nov. à mars
Formule 29 € – Menu 35 € (déj.), 57/77 € – Carte 54/76 € dîner
Une grande salle à manger cossue, des salons intimes... pour une agréable cuisine de saison. Cette table gastronomique cultive son élégance bourgeoise avec raffinement.

X Le XII de Luynes avec ch

12 r. de la République – ✆ 02 47 26 07 41 – www.le-xii.com – Fermé 13-27 janv., dim. soir, mardi midi et lundi
9 ch – †77/95 € ††77/95 € – ☕ 10 € – ½ P
Formule 17 € – Menu 30/38 € – Carte 44/54 €
Une salle peut en cacher une autre ! Outre une terrasse face au château, ce relais de poste du 17e s. abrite une grande salle aux racines rustiques, mais aussi une deuxième plus petite, troglodytique et très intime. Avis aux âmes romantiques... D'autant que la cuisine se révèle originale, joliment ficelée et savoureuse.

LUZ-ST-SAUVEUR

✉ 65120 (Hautes-Pyrénées) – 1 001 hab. – **Voir carte n°28-A3**
▶ Paris 882 km – Argelès-Gazost 19 km – Cauterets 24 km – Lourdes 32 km
Carte Michelin 342-L7

à Esquièze-Sère au Nord – ✉ 65120 – 379 hab.

Le Montaigu

9 rte de Vizos – ✆ 05 62 92 81 71 – www.hotelmontaigu.com – Fermé 1er avril-15 mai, oct. et nov.
42 ch – †65/85 € ††75/85 € – ☕ 10 € – ½ P
Rest – Menu 17/24 € *(fermé le midi, lundi et mardi sauf vacances scolaires)*
Bâtiment situé au pied d'un château en ruine (15es.). Grandes chambres fonctionnelles, dont quelques-unes plus récentes ; certaines disposent d'un balcon donnant sur les montagnes. Restaurant cultivant la tradition ; lumineux salon tourné vers le jardin.

Terminus sans rest 

21 r. Marcadaou – ✆ 05 62 92 80 17 – www.luz-terminus.fr – Fermé mai et nov.

15 ch – †55 € ††55 € – ☕ 7 €

Grande maison de village disposant de chambres fonctionnelles, dont certaines colorées et actuelles (rouge, gris souris...). Aux beaux jours, petit-déjeuner dans le jardin.

LUZY

✉ 58170 (Nièvre) – 2 006 hab. – Voir carte n°**7**-B3

▶ Paris 319 km – Le Creusot 47 km – Dijon 122 km – Nevers 81 km

Carte Michelin 319-G11 – Guide Vert Michelin Bourgogne

XX **Le Morvan** 

73 av. du Dr-Dollet, (transfert prévu courant été au 25 r. de la République) – ✆ 03 86 30 00 66 – www.hotelrestaurantdumorvan.fr – Fermé 17 fév.-3 mars, sam. midi, dim. soir et lundi

Formule 16 € – Menu 23 € (déj. en semaine), 31/90 € – Carte 55/70 €

Joliesse des assiettes, harmonie des textures et des bons produits... Un véritable ballet de saveurs et d'inventivité dans une atmosphère rustique et champêtre.

LYON

✉ 69000 (Rhône) – 484 344 hab. – Agglo. 1 509 766 hab. – Voir carte n°**43**-E1
▶ Paris 458 km – Genève 151 km – Grenoble 106 km – Marseille 314 km
Carte Michelin 327-I5 – Guide Vert Michelin Lyon Drôme Ardèche

Liste alphabétique des hôtels
Index of hotels

Liste alphabétique des restaurants
Index of restaurants

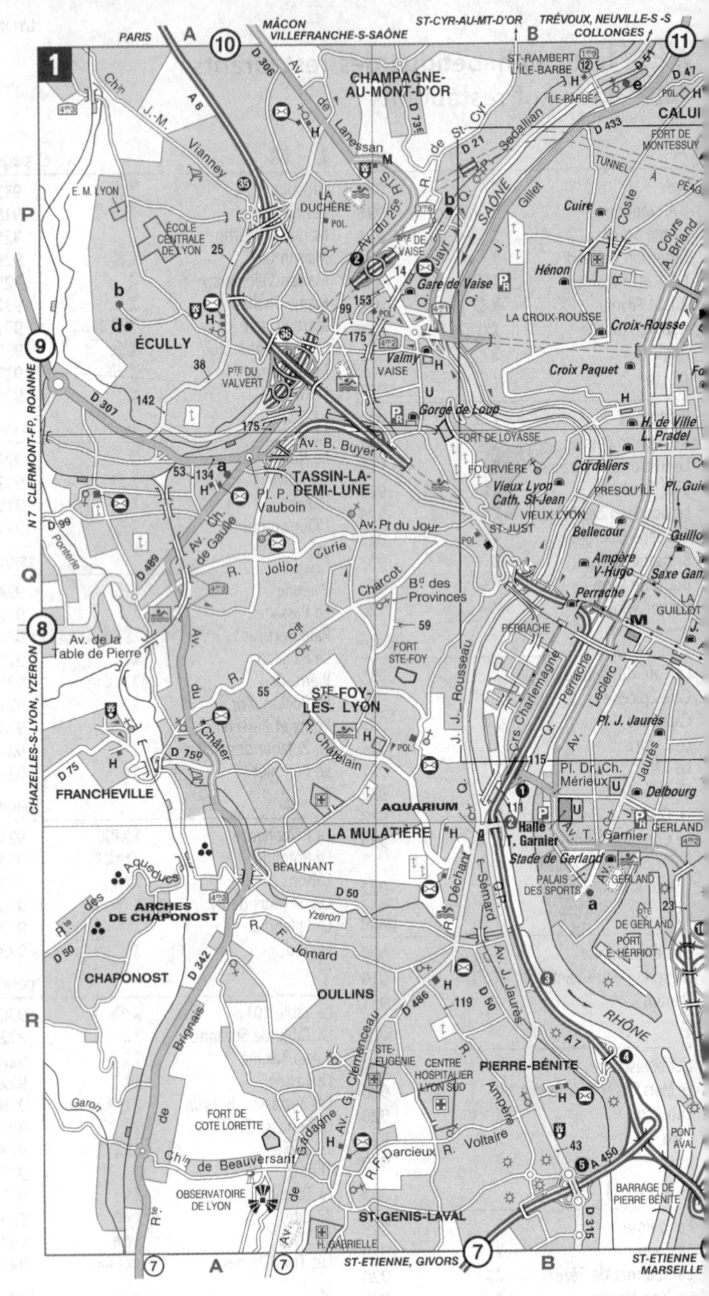
PARIS
MÂCON
VILLEFRANCHE-S-SAÔNE
ST-CYR-AU-MT-D'OR
TRÉVOUX, NEUVILLE-S-S
COLLONGES
CHAMPAGNE-AU-MONT-D'OR
ÉCULLY
TASSIN-LA-DEMI-LUNE
STE-FOY-LÈS-LYON
FRANCHEVILLE
LA MULATIÈRE
CHAPONOST
OULLINS
PIERRE-BÉNITE
ST-GENIS-LAVAL
CALUIRE
ARCHES DE CHAPONOST
AQUARIUM
ST-ETIENNE, GIVORS
ST-ETIENNE
MARSEILLE
N 7 CLERMONT-FD, ROANNE
CHAZELLES-S-LYON, YZERON

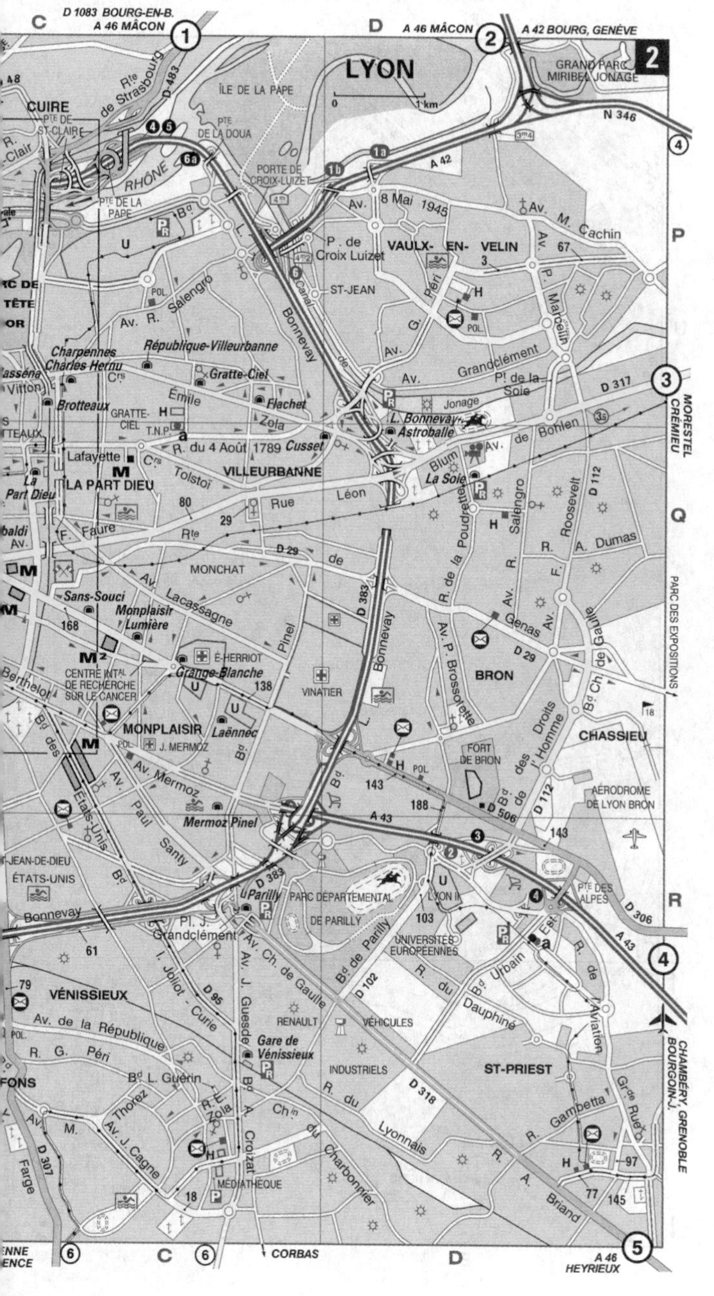

D 1083 BOURG-EN-B.
A 46 MÂCON
A 46 MÂCON
A 42 BOURG, GENÈVE
LYON
GRAND PARC MIRIBEL JONAGE
N 346
ÎLE DE LA PAPE
CUIRE
RHÔNE
PORTE DE CROIX-LUIZET
A 42
Av. 8 Mai 1945
Av. M. Cachin
VAULX- EN- VELIN
P. de Croix Luizet
ST-JEAN
Canal de Jonage
Bonnevay
Av. R. Salengro
République-Villeurbanne
Charpennes Charles Hernu
Gratte-Ciel
Flachat
Brotteaux
Av. Grandclément
Pt de la Soie
D 317
MORESTEL CRÉMIEU
L. Bonnevay
Astroballe
R. du 4 Août 1789
Cusset
Av. de Bohlen
Lafayette
LA PART DIEU
VILLEURBANNE
La Soie
Rue Léon Blum
Rte de Genas
D 29
MONCHAT
Av. Lacassagne
Sans-Souci
Monplaisir Lumière
É-HERRIOT
Grange-Blanche
CENTRE INTAL DE RECHERCHE SUR LE CANCER
VINATIER
Bd Pinel
D 383
R. de la Poudrette
Av. P. Brossolette
BRON
R. A. Dumas
Bd Ch. de Gaulle
PARC DES EXPOSITIONS
CHASSIEU
MONPLAISIR
Laënnec
J. MERMOZ
Av. Mermoz
Mermoz Pinel
FORT DE BRON
D 506
AÉRODROME DE LYON BRON
A 43
ÉTATS-UNIS
Bd des États-Unis
Av. Paul Santy
Parilly
PARC DÉPARTEMENTAL DE PARILLY
LYON II
UNIVERSITÉS EUROPÉENNES
D 306
Pte DES ALPES
Bonnevay
Pl. J. Grandclément
Av. Ch. de Gaulle
Bd de Parilly
D 102
R. du Dauphiné
Bd Urbain Est
R. de l'Aviation
VÉNISSIEUX
Av. de la République
D 95
Av. J. Guesde
Gare de Vénissieux
RENAULT VÉHICULES INDUSTRIELS
D 318
ST-PRIEST
CHAMBÉRY, GRENOBLE BOURGOIN-J.
R. G. Péri
Bd L. Guérin
R. du Lyonnais
R. Gambetta
Gr. de Rue
Av. J. Cagne
Chin du Charbonnier
R. A. Briand
D 307
MÉDIATHÈQUE
CORBAS
A 46 HEYRIEUX

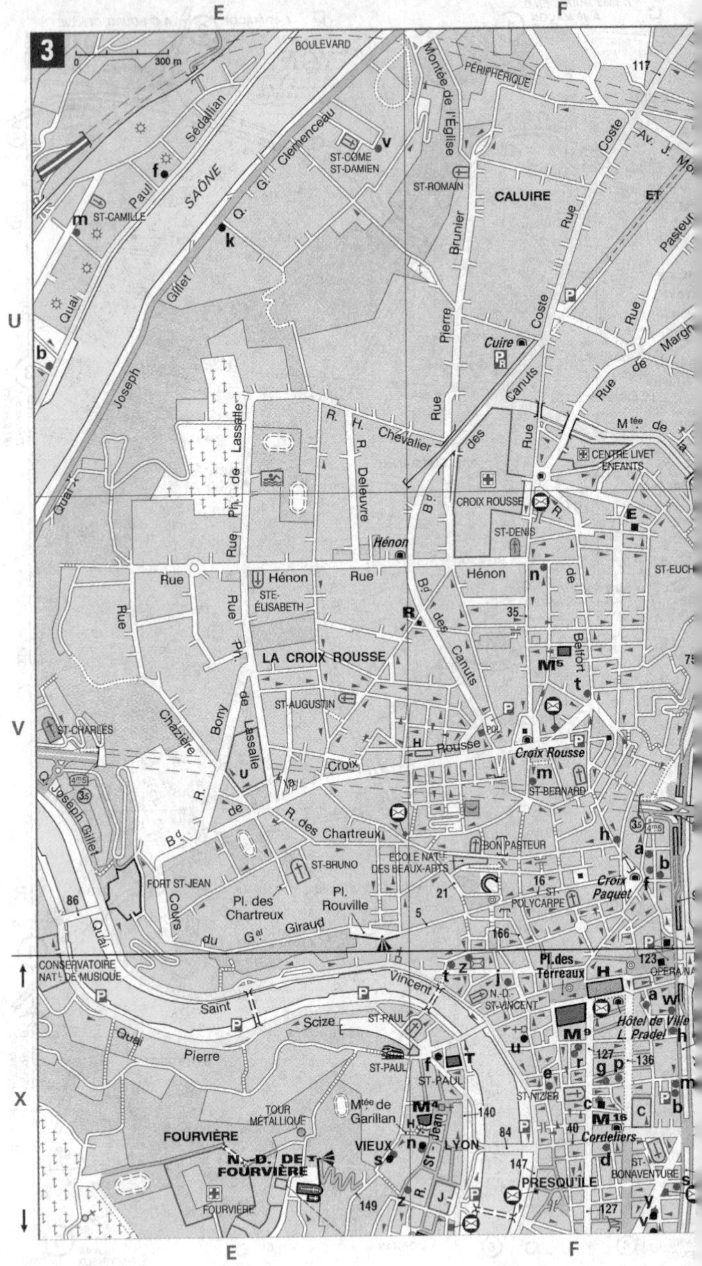

E
F
3
0
300 m
BOULEVARD
PÉRIPHÉRIQUE
Montée de l'Église
117
Sédallian
Paul
Quai
SAÔNE
Q. G. Clemenceau
ST-COME
ST-DAMIEN
ST-ROMAIN
CALUIRE
Rue Coste
Av. J.
ET
Pasteur
ST-CAMILLE
Gillet
Joseph
Rue Pierre Brunier
Cuire
Rue de Margn
U
Canuts
Rue des
Mtée de la
R. H. Chevalier
R. Deleuvre
Rue Ph. de Lassalle
CENTRE LIVET
ENFANTS
CROIX ROUSSE
ST-DENIS
Hénon
Rue Hénon
STE-ÉLISABETH
Bd des Canuts
Bd
Belfort
ST-EUCH
LA CROIX ROUSSE
Rue Bony
Chazière
ST-AUGUSTIN
ST-CHARLES
V
Croix Rousse
Rue
Croix
de Lassalle
R. de
Bd
R. des Chartreux
ST-BERNARD
Q. Joseph Gillet
BON PASTEUR
ECOLE NAT.
DES BEAUX-ARTS
ST-BRUNO
Croix Paquet
FORT ST-JEAN
Pl. des Chartreux
Pl. Rouville
ST-POLYCARPE
Cours du Gal Giraud
Quai
CONSERVATOIRE
NAT. DE MUSIQUE
Pl. des Terreaux
OPÉRA
Vincent
Saint
N.-D.
ST-VINCENT
Hôtel de Ville
L. Pradel
Scize
ST-PAUL
Quai Pierre
ST-NIZIER
X
TOUR MÉTALLIQUE
Mtée de Garillan
FOURVIÈRE
N.-D. DE FOURVIÈRE
VIEUX
LYON
R. St-Jean
Cordeliers
PRESQU'ÎLE
ST-BONAVENTURE
149
127
140
84
40
147
136
123
166
16
21
5
86
35

G H

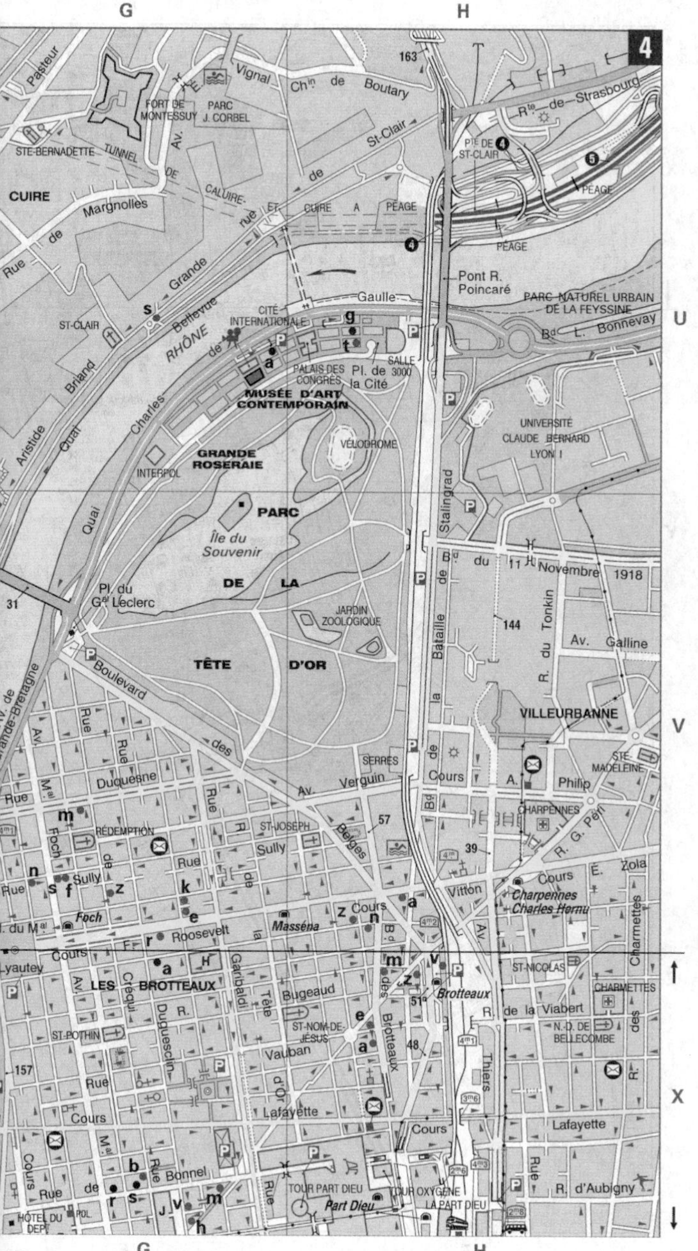
4
CUIRE
FORT DE MONTESSUY
PARC J. CORBEL
STE-BERNADETTE
TUNNEL DE CALUIRE-ET-CUIRE A PÉAGE
Chin de Boutary
Rte de Strasbourg
PTE DE ST-CLAIR
PÉAGE
Pont R. Poincaré
PARC NATUREL URBAIN DE LA FEYSSINE
Bd L. Bonnevay
CITÉ INTERNATIONALE
PALAIS DES CONGRÈS
Pl. de la Cité
SALLE 3000
MUSÉE D'ART CONTEMPORAIN
RHÔNE
GRANDE ROSERAIE
VÉLODROME
INTERPOL
UNIVERSITÉ CLAUDE BERNARD LYON I
PARC DE LA TÊTE D'OR
Île du Souvenir
JARDIN ZOOLOGIQUE
SERRES
Pl. du Gal Leclerc
Bd du 11 Novembre 1918
Av. Galline
R. du Tonkin
Bd de la Bataille de Stalingrad
VILLEURBANNE
STE-MADELEINE
Cours A. Philip
CHARPENNES
R. G. Péri
Cours É. Zola
Charpennes Charles Hernu
ST-JOSEPH
RÉDEMPTION
Av. Verguin
Boulevard des Belges
Rue Duquesne
Rue Sully
Cours Vitton
Foch
Masséna
Cours F. Roosevelt
Cours Lyautey
LES BROTTEAUX
Av. Créqui
R. Duguesclin
Rue Garibaldi
Rue Tête d'Or
Bugeaud
Vauban
ST-NOM-DE-JÉSUS
Bd des Brotteaux
Brotteaux
ST-POTHIN
ST-NICOLAS
CHARMETTES
Rue des Charmettes
R. de la Viabert
N.-D. DE BELLECOMBE
Thiers
Cours Lafayette
Rue Bonnel
TOUR PART DIEU
TOUR OXYGÈNE
Part Dieu
LA PART DIEU
R. d'Aubigny
HÔTEL DU DÉPT
POL.
163
31
57
39
144
48
157
U
V
X

G H

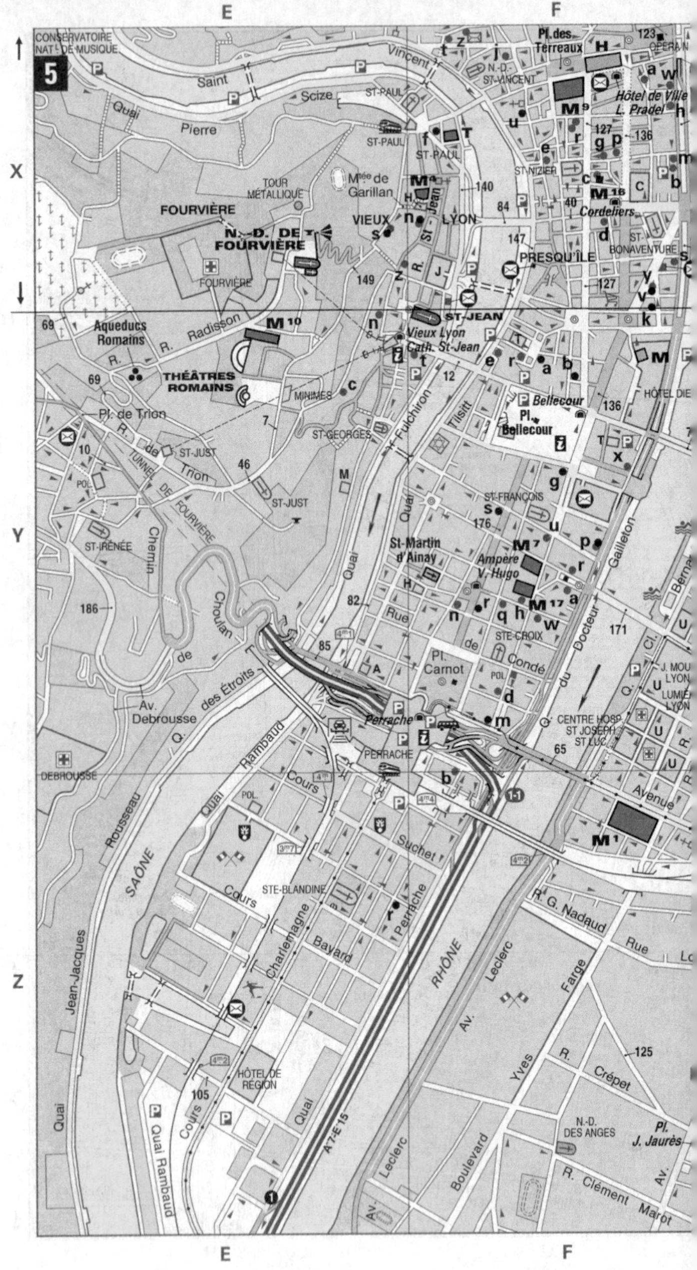
E
F
X
Y
Z
5
FOURVIÈRE
N.-D. DE FOURVIÈRE
VIEUX LYON
PRESQU'ÎLE
ST-JEAN
Aqueducs Romains
THÉÂTRES ROMAINS
St-Martin d'Ainay
Pl. Bellecour
Pl. Carnot
Perrache
SAÔNE
RHÔNE
Pl. des Terreaux
Hôtel de Ville L. Pradel
Cordeliers
Bellecour
Ampère V. Hugo
Vieux Lyon Cath. St-Jean
HÔTEL DE RÉGION
CENTRE HOSP. ST JOSEPH ST LUC
N.-D. DES ANGES
Pl. J. Jaurès
A7-E15

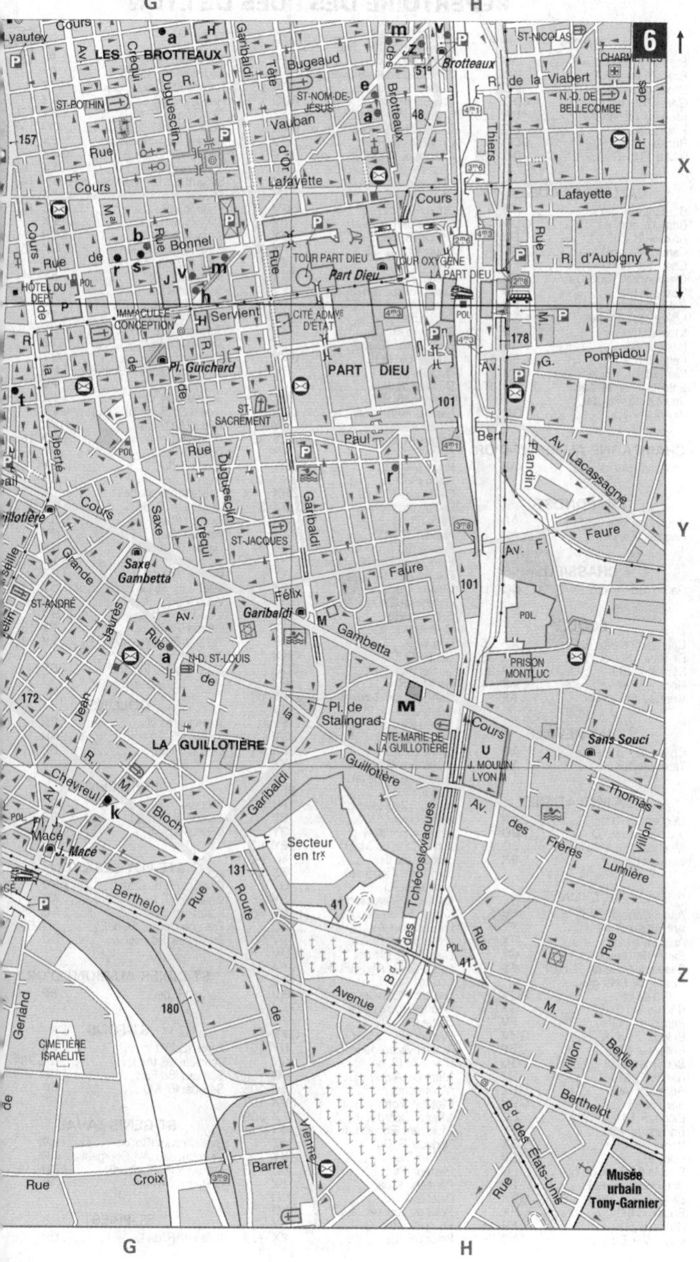
6
X
Y
Z
LES BROTTEAUX
Brotteaux
ST-NICOLAS
CHARMETTES
R. de la Viabert
N.-D. DE BELLECOMBE
ST-POTHIN
ST-NOM-DE-JÉSUS
Cours Vauban
Cours Lafayette
Rue Bugeaud
Rue Duguesclin
Rue Garibaldi
Rue Tête d'Or
Rue des Brotteaux
Rue Thiers
Rue Créqui
Cours Bonnel
R. d'Aubigny
TOUR PART DIEU
TOUR OXYGÈNE
Part Dieu
LA PART DIEU
HÔTEL DU DÉPT
IMMACULÉE CONCEPTION
Rue Servient
CITÉ ADMVE D'ÉTAT
Av. G. Pompidou
Pl. Guichard
PART DIEU
ST-SACREMENT
Rue Paul Bert
Av. Lacassagne
Rue Flandin
Cours de la Liberté
Cours Gambetta
Rue de Saxe
Av. F. Faure
Guillotière
Grande Rue de la Guillotière
ST-JACQUES
Saxe Gambetta
Garibaldi
Av. Félix Faure
PRISON MONTLUC
ST-ANDRÉ
Av. Jean Jaurès
N-D. ST-LOUIS
Pl. de Stalingrad
Sans Souci
LA GUILLOTIÈRE
STE-MARIE DE LA GUILLOTIÈRE
Cours Albert Thomas
J. MOULIN LYON III
R. Chevreul
R. M. Bloch
Pl. J. Macé
J. Macé
Av. des Frères Lumière
Rue Villon
Secteur en trx
Bd des Tchécoslovaques
Route de Vienne
Av. Berthelot
Rue M. Berliet
Rue Gerland
CIMETIÈRE ISRAÉLITE
Rue Barret
Rue de la Croix
Bd des États-Unis
Musée urbain Tony-Garnier
POL.
157
172
48
51
101
178
131
41
180

RÉPERTOIRE DES RUES DE LYON

BRON

Bonnevay (Bd L.) ... **DQ**
Brossolette (Av. P.) ... **DQ**
Droits de l'Homme (Bd des) ... **DQ**
Genas (Rte de) ... **CDQ**
Mendès-France (Av. P.) ... **DR** 103
Pinel (Bd) ... **CQ**
Roosevelt (Av. F.) ... **DQR** 143
8 Mai 1945 (R. du) ... **DQ** 188

CALUIRE ET CUIRE

Boutary (Ch. de) ... **HU**
Briand (Cours A.) ... **GUV**
Brunier (R. P.) ... **FU**
Canuts (Bd des) ... **FU**
Chevalier (R. H.) ... **EFU**
Clemenceau (Quai G.) ... **EU**
Coste (R.) ... **FU**
Église (Montée de l') ... **FU**
Margnolles (R. de) ... **FGU**
Monnet (Av. J.) ... **FU**
Pasteur (R.) ... **FGU**
Peissel (R. F.) ... **FU** 117
Saint Clair (Grande R. de) ... **GHU**
Soldats (Montée des) ... **HU** 163
Strasbourg (Rte de) ... **CP**
Vignal (Av. E.) ... **GU**

CHAMPAGNE-AU-MONT-D'OR

Lanessan (Av. de) ... **AP**

CHAPONOST

Aqueducs (Rte des) ... **AR**
Brignais (Rte de) ... **AR**

CHASSIEU

Gaulle (Bd Ch.-de) ... **DQ**

ÉCULLY

Champagne (Rte de) ... **AP** 25
Dr-Terver (Av. du) ... **AP** 38
Marietton (R.) ... **AP** 99
Roosevelt (Av. F.) ... **AP** 142
Vianney (Ch. J.-M.) ... **AP**

FRANCHEVILLE

Châter (Av. du) ... **AQ**
Table de Pierre (Av.) ... **AQ**

LA MULATIÈRE

Déchant (R. S.) ... **BR**
J.-J. Rousseau (Quai) ... **BQ**
Mulatière (Pont de la) ... **BQ** 111
Sémard (Quai P.) ... **BR**

LYON

Annonciade (R. de l') ... **FV** 5
Antiquaille (R. de l') ... **EY** 7
Aubigny (R. d') ... **HX**
Barret (R. Croix) ... **GZ**
Basses Verchères (R. des) ... **EY** 10
Bataille de Stalingrad (Bd de la) ... **HUV**
Béchevelin (R.) ... **GY**
Belfort (R. de) ... **FV**
Belges (Bd des) ... **GHV**
Bellecour (Pl.) ... **FY**
Bellevue (Quai) ... **GU**
Berliet (R. M.) ... **HZ**
Berthelot (Av.) ... **GHZ**
Bert (R. P.) ... **GHY**
Bloch (R. M.) ... **GZ**
Bonaparte (Pt) ... **FY** 12
Bonnel (R. de) ... **GX**
Bony (R.) ... **EV**
Boucle (Montée de la) ... **FU**
Bourgogne (R. de) ... **BP** 14
Brotteaux (Bd des) ... **HVX**
Bugeaud (R.) ... **HX**
Burdeau (R.) ... **FV** 16
Buyer (Av. B.) ... **AQ**
Canuts (Bd des) ... **FUV**
Carmélites (Mtée des) ... **FV** 21
Carnot (Pl.) ... **FY**
Chambaud-de-la-Bruyère (Bd) ... **BR** 23
Charcot (R. Cdt) ... **ABQ**
Charlemagne (Cours) ... **EZ**
Charmettes (R. des) ... **HVX**
Chartreux (Pl. des) ... **EV**
Chartreux (R. des) ... **EV**
Chazière (R.) ... **EV**
Chevreul (R.) ... **GYZ**
Choulans (Ch. de) ... **EY**
Churchill (Pt W.) ... **GV** 31
Claude-Bernard (Q.) ... **FY**
Condé (R. de) ... **FY**
Courmont (Q. J.) ... **FX** 33
Crepet (R.) ... **FZ**
Créqui (R. de) ... **GVY**
Croix-Rousse (Bd de la) ... **EFV**
Croix-Rousse (Gde-R. de la) ... **FV** 35
Debrousse (Av.) ... **EY**
Deleuvre (R.) ... **EUV**
Dr-Gailleton (Q. du) ... **FY**
Duguesclin (R.) ... **GVY**
Duquesne (R.) ... **GV**
Duvivier (R. P.) ... **GZ** 180
Épargne (R. de l') ... **HZ** 41
États-Unis (Bd des) ... **CQR**
Étroits (Quai des) ... **EY**
Farges (R. des) ... **EY** 46
Farge (Bd Y.) ... **FZ**
Faure (Av. F.) ... **GHY**
Favre (Bd J.) ... **HX** 48
La-Fayette (Cours) ... **GHX**
La-Fayette (Pont) ... **GX** 88
Ferry (Pl. J.) ... **HX** 51
Flandin (R. M.) ... **HXY**
France (Bd A.) ... **HV** 57
Frères-Lumière (Av. des) ... **HZ**
Fulchiron (Q.) ... **EY**
Gallieni (Pt) ... **FY** 65
Gambetta (Cours) ... **GHY**
Garibaldi (R.) ... **GVZ**
Garillan (Montée du) ... **EFX**
Garnier (Av. T.) ... **BR**
Gaulle (Q. Ch.-de) ... **GHU**
Genas (Rte de) ... **CDQ**
Gerland (R. de) ... **GZ**
Gerlier (R. du Cardinal) ... **EY** 69
Gillet (Quai J.) ... **EUV**
Giraud (Cours du Gén.) ... **EV**
Grande-Bretagne (Av. de) ... **GV**
Grenette (R.) ... **FX** 71
Guillotière (Grande-R. de la) ... **GYZ**
Guillotière (Pt de la) ... **FY** 73
Hénon (R.) ... **EFV**
Herbouville (Cours d') ... **FV** 75
Jayr (Q.) ... **BP**
Jean-Jaurès (Av.) ... **GY**
Joffre (Quai du Mar.) ... **EY** 82
Joliot-Curie (R.) ... **AQ**
Juin (Pont Alphonse) ... **FX** 84
Jutard (Pl. A.) ... **GY**
Kitchener Marchand (Pt) ... **EY** 85
Koenig (Pt du Gén.) ... **EV** 86
Lacassagne (Av.) ... **CQ**
Lassagne (Quai A.) ... **FV** 93
Lassalle (R. Ph. de) ... **EUV**
Lattre-de-Tassigny (Pt de) ... **FV** 94
Leclerc (Av.) ... **EFZ**
Leclerc (Pl. du Gén.) ... **GV**
Liberté (Cours de la) ... **GXY**
Lortet (R.) ... **FZ**
Lyautey (Pl. du Mar.) ... **GVX**
Marius-Vivier-Merle (Bd) ... **HY** 101
Marseille (R. de) ... **GY**
Mermoz (Av. J.) ... **CQ**
Montrochet (R. P.) ... **EZ** 105
Morand (Pont) ... **FVX** 107
Moulin (Quai J.) ... **FX** 109
Mulatière (Pont de la) ... **BQ** 111
Nadaud (R. G.) ... **FZ**
La Part Dieu ... **HXY**
Pasteur (Pt) ... **BQ** 115
Perrache (Quai) ... **EZ**
Pinel (Bd) ... **CQ**
Point du Jour (Av. du) ... **ABQ**
Pompidou (Av. G.) ... **HY**
Pradel (Pl. L.) ... **FX** 123
Prés.-Édouard-Herriot (R. du) ... **FX** 127
Pré Gaudry (R.) ... **FZ** 125
Radisson (R. Roger) ... **EY**
Rambaud (Quai) ... **EYZ**
Repos (R. du) ... **GZ** 131
République (R. de la) ... **FXY** 136
Rockefeller (Av.) ... **CQ** 138
Rolland (Quai Romain) ... **FX** 140
Roosevelt (Cours F.) ... **GVX**
St-Antoine (Q.) ... **FX** 147
St-Barthélémy (Montée) ... **EX** 149
St-Jean (R.) ... **FX**
St-Simon (R.) ... **APB** 153
St-Vincent (Quai) ... **EFX**
Santy (Av. Paul) ... **CQR**
Sarrail (Quai du Gén.) ... **GX** 157
Saxe (Av. du Mar. de) ... **GXY**
Scize (Quai P.) ... **EX**
Sédallian (Quai P.) ... **EU**
Serbie (Quai de) ... **GV**
Servient (R.) ... **GY**
Stalingrad (Pl. de) ... **GHY**
Suchet (Cours) ... **EFZ**
Sully (R.) ... **GV**
Tchécoslovaques (Bd des) ... **HZ**
Terme (R.) ... **FV** 166
Terreaux (Pl. des) ... **FX**
Tête d'Or (R. de la) ... **GVX**
Thiers (Av.) ... **HVX**
Thomas (Crs A.) ... **CQ** 168
Tilsitt (Q.) ... **FY**
Trion (Pl. de) ... **EY**
Trion (R. de) ... **EY**
Université (Pont de l') ... **FY** 171
Université (R. de l') ... **GY** 172
Vauban (R.) ... **GHX**
Verguin (Av.) ... **HV**
Viabert (R. de la) ... **HX**
Victor-Hugo (R.) ... **FY** 176
Vienne (Rte de) ... **GZ**
Villette (R. de la) ... **HY** 178
Villon (R.) ... **HZ**
Vitton (Cours) ... **HV**
Wilson (Pont) ... **FY** 182
1re Div.-Fr.-Libre (Av. de la) ... **EY** 186
25e Régt de Tirailleurs Sénégalais (Av. du) ... **ABP**

OULLINS

Jean-Jaurès (Av.) ... **BR**
Jomard (R. F.) ... **AR**
Perron (R. du) ... **BR** 119

PIERRE-BÉNITE

Ampère (R.) ... **BR**
Europe (Bd de l') ... **BR** 43
Voltaire (R.) ... **BR**

STE-FOY-LÈS-LYON

Charcot (R. du Cdt) ... **ABQ**
Châtelain (R.) ... **AQ**
Fonts (Ch. des) ... **AQ** 55
Franche-Comté (R. de) ... **BQ** 59
Provinces (Bd des) ... **BQ**

ST-DIDIER-AU-MONT-D'OR

St-Cyr (R. de) ... **BP**

ST-FONS

Farge (Bd Y.) ... **CR**
Jean-Jaurès (Av.) ... **CR** 79
Semard (Bd P.) ... **BR** 159
Sembat (R. M.) ... **BR** 161

ST-GÉNIS-LAVAL

Beauversant (Ch. de) ... **AR**
Clemenceau (Av. Georges) ... **AR**
Darcieux (R. François) ... **ABR**
Gadagne (Av. de) ... **AR**

ST-PRIEST

Aviation (R. de l') ... **DR**

Briand (R. A.) . . . . . DR
Dauphiné (R. du) . . . . . DR
Gambetta (R.) . . . . . DR
Grande-Rue . . . . . DR
Herriot (Bd E.) . . . . . DR 77
Lyonnais (R. du) . . . . . DR
Maréchal (R. H.) . . . . . DR 97
Parilly (Bd de) . . . . . DR
Rostand (R. E.) . . . . . DR 145
Urbain Est (Bd) . . . . . DR

TASSIN-LA-DEMI-LUNE

Foch (Av. du Mar.) . . . . . AQ 53
Gaulle (Av. Ch.-de) . . . . . AQ
République (Av. de la) . . . . . AQ 134
Vauboin (Pl. P.) . . . . . AQ
Victor Hugo (Av.) . . . . . APQ 175

VAULX-EN-VELIN

Allende (Av. S.) . . . . . DP 3
Bohlen (Av. de) . . . . . DQ
Cachin (Av. M.) . . . . . DP
Dumas (R. A.) . . . . . DQ
Gaulle (Av. Ch.-de) . . . . . DP 67

Grandclément (Av.) . . . . . DP
Marcellin (Av. P.) . . . . . DP
Péri (Av. G.) . . . . . DP
Roosevelt (Av. F.) . . . . . DQ
Salengro (Av. R.) . . . . . DQ
Soie (Pont de la) . . . . . DP
8 Mai 1945 (Av. du) . . . . . DP

VÉNISSIEUX

Bonnevay (Bd L.) . . . . . CR
Cachin (Av. M.) . . . . . CR 18
Cagne (Av. J.) . . . . . CR
Charbonnier (Ch. du) . . . . . CDR
Croizat (Bd A.) . . . . . CR
Farge (Bd Y.) . . . . . CR
Frères L. et É. Bertrand (R. des) . . . . . CR 61
Gaulle (Av. Ch.-de) . . . . . CR
Gérin (Bd L.) . . . . . CR
Grandclément (Pl. J.) . . . . . CR
Guesde (Av. J.) . . . . . CR
Joliot Curie (Bd I.) . . . . . CR
Péri (R. G.) . . . . . CR
République (Av. de la) . . . . . CR
Thorez (Av. M.) . . . . . CR

Vienne (Rte de) . . . . . CQR

VILLEURBANNE

Bataille de Stalingrad (Bd de la) . . . . . HUV
Blum (R. L.) . . . . . CDQ
Bonnevay (Bd L.) . . . . . CP
Charmettes (R. des) . . . . . HVX
Chirat (R. F.) . . . . . CQ 29
Croix Luizet (Pont de) . . . . . CDP
Dutriévoz (Av. A.) . . . . . HV 39
Galline (Av.) . . . . . HV
Genas (Rte de) . . . . . CDQ
Jean-Jaurès (R.) . . . . . CQ 80
Philip (Cours A.) . . . . . HV
Poincaré (Pt R.) . . . . . HU
Poudrette (R. de la) . . . . . DQ
Rossellini (Av. R.) . . . . . HV 144
Salengro (Av. R.) . . . . . CP
Tolstoï (Cours) . . . . . CQ
Tonkin (R. du) . . . . . HV
Zola (Cours Émile) . . . . . CP
4 Août 1789 (R. du) . . . . . CQ
11 Novembre 1918 (Bd du) . . . . . HV

VIEUX-LYON - VAISE (5e - 9e arrondissements)

Villa Florentine

25 montée St-Barthélémy ✉ 69005 Ⓜ Fourvière – ☎ 04 72 56 56 56 – www.villaflorentine.com
Plan : 3EX**s**

24 ch – †290/950 € ††290/950 € – 4 suites – ☕ 25 €

Rest *Les Terrasses de Lyon* ✿ – voir les restaurants ci-après

Sur la colline de Fourvière, cette demeure d'inspiration Renaissance (18e s.) jouit d'une vue incomparable sur la ville. Côté chambres, le raffinement et le classicisme sont de mise, et le personnel est aux petits soins ! Voilà bien l'un des établissements les plus beaux de la ville...

Cour des Loges

6 r. du Bœuf ✉ 69005 Ⓜ Vieux Lyon – ☎ 04 72 77 44 44 – www.courdesloges.com
Plan : 3FX**n**

61 ch – †200/450 € ††200/845 € – 10 suites – ☕ 27 €

Rest *Les Loges* ✿ **Rest *Café-Épicerie*** – voir les restaurants ci-après

Voûtes, galeries, passages... tout le charme de la Renaissance au cœur du vieux Lyon, le design et l'élégance contemporaine en prime. Ces cinq bâtiments anciens, reliés entre eux par des traboules, forment un ensemble magique, sans même parler du bistrot et du restaurant gastronomique.

Lyon Ouest Ⓝ

rest, rest, ch,

50 quai Paul-Sedaillan ✉ 69009 Ⓜ Gare de Vaise – ☎ 04 72 66 01 01 – www.hotellyonouest.com
Plan : 3EU**f**

102 ch – †130/150 € ††130/150 € – ☕ 15 € – ½ P

Rest *Quai 50* ☎ 04 72 66 01 03 – Formule 14 € – Menu 18 € – Carte 22/42 €

Un hôtel moderne dans un quartier en plein développement, sur les quais de Saône. Dans les chambres, spacieuses, l'insonorisation fait des merveilles et le mobilier italien ravit ; certaines d'entre elles offrent une jolie vue sur la rivière.

Collège sans rest

5 pl. St Paul ✉ 69005 Ⓜ Vieux Lyon – ☎ 04 72 10 05 05 – www.college-hotel.com

40 ch – †125/155 € ††125/155 € – ☕ 14 €
Plan : 3FX**f**

Pupitres, cheval d'arçon, cartes géographiques : tout ici évoque l'école d'antan, dans un esprit design. Les chambres, d'une blancheur immaculée, jouissent d'un balcon ou d'une terrasse, et l'on peut profiter du sympathique bar à goneries – les tapas lyonnaises !

Dock Ouest sans rest

39 r. des Docks ✉ 69009 Ⓜ Gare de Vaise – ☎ 04 78 22 34 34 – www.dockouest.com

43 ch – †55/140 € ††55/140 € – ☕ 13 €
Plan : 1BP**b**

Un hôtel inauguré en 2011 dans ce quartier prometteur, juste en face du "fast-food" de Paul Bocuse. Comme il se doit dans un tel environnement high-tech, les chambres sont sobres et confortables (avec un coin kitchenette). Petit-déjeuner gourmand.

XXX **Les Terrasses de Lyon** – Hôtel Villa Florentine

25 montée St-Barthélémy ✉ 69005 Ⓜ Fourvière – ✆ 04 72 56 56 02
– www.villaflorentine.com – Fermé dim. et lundi Plan : 3EX**s**
Menu 39 € (déj.), 49/108 € – Carte 99/137 €
Sur les hauteurs de Fourvière, ces Terrasses ne manquent pas de charme : le panorama sur la ville est splendide... Le chef, Davy Tissot, maîtrise parfaitement sa partition culinaire : les saveurs se mêlent avec raffinement, les parfums s'échappent avec délice, les saisons sont magnifiées. Le spectacle est total.
→ Quenelle de langoustines, émulsion de têtes aux champignons sauvages. Risotto arborio cuit "al dente" aux copeaux de parmesan. Moelleux au chocolat guanaja, infusion crémeuse au gingembre et cédrat.

XXX **Têtedoie** (Christian Têtedoie)

montée du Chemin-Neuf ✉ 69005 Ⓜ Minimes – ✆ 04 78 29 40 10
– www.tetedoie.com – Fermé dim. Plan : 5EY**n**
Menu 36 € (déj. en semaine), 58/108 € – Carte 82/104 €
Sur la colline de Fourvière, cet écrin ultracontemporain, élégant et design, semble un balcon sur la ville... Christian Têtedoie explore la tradition française avec talent ; dans l'assiette, couleurs et présentation rivalisent avec le panorama ! Côté Terrasse de l'Antiquaille, ambiance plus décontractée pour de belles saveurs méditerranéennes et une cuisine à la plancha.
→ Foie gras de canard poêlé, pressé de pot-au-feu, queue de bœuf fondante et carotte acidulée. Homard et cromesquis de tête de veau, pruneaux et amandes. Croustillant de chocolat guanaja et crémeux exotique-vanille.
La Terrasse de l'Antiquaille Formule 28 € – Menu 40 € *(ouvert de mi-avril à fin sept.)*

XXX **Les Loges** – Hôtel Cour des Loges

6 r. du Bœuf ✉ 69005 Ⓜ Vieux Lyon – ✆ 04 72 77 44 44
– www.courdesloges.com – Fermé 27 juil.-27 août, dim., lundi et le midi
Menu 85/105 € – Carte 75/108 € Plan : 3FX**n**
Un cadre enchanteur : sous une verrière contemporaine, une cour florentine cernée par trois étages de galeries. On y dîne à la lueur des bougies et le temps semble s'arrêter ! La cuisine, moderne et inventive, s'appuie sur de très beaux produits, et joue brillamment sur les contrastes de saveurs. La magie opère...
→ Écrevisses, laitue et champignons braisés dans un jus de tête au macvin. Cabillaud des côtes bretonnes, légumes du moment en barigoule. Cacao grand cru en chaud et froid, croustillant gianduja.

XXX **Auberge de l'Île** (Jean-Christophe Ansanay-Alex) soir,

sur l'Île Barbe ✉ 69009 – ✆ 04 78 83 99 49 – www.aubergedelile.com – Fermé dim. soir et lundi Plan : 1BP**e**
Menu 48 € (déj. en semaine), 105/165 €
C'est peu dire que le cadre de cette auberge est idyllique : la verdoyante île Barbe, posée sur la Saône, semble un rêve champêtre en pleine ville. La demeure est charmante avec ses murs de 1601 ; quant à la cuisine, elle puise dans le classicisme son respect du produit...
→ Blanquette de grenouilles et nougatine à l'ail des ours. Selle d'agneau allaiton servie comme à Versailles. Soufflé chaud à la pêche blanche et sorbet pêche de vigne.

XX **Jérémy Galvan** Ⓝ

29 r. du Boeuf ✉ 69005 Ⓜ Vieux-Lyon – ✆ 04 72 40 91 47
– www.jeremygalvanrestaurant.com – Fermé vacances de Printemps , 21 juil.- 11 août , 1 semaine en déc., sam. midi, dim. et lundi Plan : 5FX**g**
Menu 24 € (déj.), 38/65 € – Carte environ 49 €
Ce restaurant se découvre dans une rue pavée du vieux Lyon. L'adresse a été redynamisée par un jeune chef, qui réalise une cuisine ludique et dans l'air du temps, au gré de ses envies... tout simplement ! Épices et aromates sont à la fête, sans tomber dans le gadget ; les présentations sont originales et soignées.

Au 14 Février

6 r. Mourguet ✉ 69005 Ⓜ Vieux Lyon – ✆ 04 78 92 91 39 – www.au14fevrier.com – Fermé dim., lundi et le midi sauf sam. Plan : 5EFY**t**

Menu 82 € *(réservation conseillée) (menu unique)*

On le sait, les gastronomies française et japonaise filent aujourd'hui le parfait amour... Ce 14 Février en est l'un des plus beaux témoignages ! Concocté par un chef nippon plein de talent, le repas émerveille : variété des textures, contrastes doux-amers, etc. Un menu "surprise" remarquablement conduit...

➜ Foie gras de canard des Landes poêlé, compote de cerise et poudre de spéculos. Rôti de canette challandaise, purée de carotte et kumquat. Compote de pêche et gelée de verveine, crème glacée au yaourt.

Daniel et Denise Saint-Jean

32 r. Tramassac ✉ 69005 Ⓜ Vieux Lyon – ✆ 04 78 42 24 62 – www.danieletdenise-stjean.com – Fermé 2 semaines en août, dim. et lundi

Formule 19 € – Menu 27/40 € – Carte 35/50 € Plan : 5EY**n**

À deux pas de la cathédrale St-Jean, La Machonnerie, bouchon emblématique du vieux Lyon, a été reprise par le chef Joseph Viola (Meilleur Ouvrier de France), déjà connu pour son Daniel et Denise de la Part-Dieu. Au menu de cet opus, une cuisine lyonnaise non moins gourmande, généreuse et goûteuse !

L'Ouest

1 quai du Commerce, Nord par bords de Saône (D 51) ✉ 69009 Ⓜ Gare de Vaise – ✆ 04 37 64 64 64 – www.nordsudbrasseries.com

Formule 22 € – Menu 26 € (semaine)/35 € – Carte 25/57 € Plan : 3EU**b**

L'une des savoureuses brasseries de Paul Bocuse. Ici, on met le cap vers l'ouest : la carte s'inspire notamment des îles (Antilles), mais n'oublie pas les plats de tradition qui ont fait la réputation du grand chef (poulet de Bresse rôti à la broche, suprême de volaille, etc.). Décor design et jolie terrasse côté Saône.

Café-Épicerie – Hôtel Cour des Loges

6 r. du Bœuf ✉ 69005 Ⓜ Vieux Lyon – ✆ 04 72 77 44 44 – www.courdesloges.com Plan : 3FX**n**

Formule 17,50 € – Carte 39/61 €

Dans le cadre merveilleux de la Cour des Loges, un Café-Épicerie où règne une atmosphère de bistrot branché : mobilier moderne, jolie salle voûtée, et la cuisine réalisée sous l'œil de la clientèle... On vient y apprécier des petits plats bien tournés dont le choix change chaque jour.

KOS-I Ⓝ

4 r. Jean-Marcuit, (2ème étage) ✉ 69009 Ⓜ Gare de Vaise – ✆ 04 37 50 28 55 – www.kos-i.fr – Fermé août et dim. Plan : 3EU**m**

Formule 19 € – Menu 26 € (déj.)/29 € – Carte 25/64 €

S'imaginer en pilote de course, c'est ce que propose I-WAY, un complexe de loisirs unique en son genre avec ses simulateurs. Contre toute attente, l'endroit abrite un bon restaurant ! Un chef aguerri y propose une jolie carte, créative sans excès, bien maîtrisée, valorisant de bons produits frais. Voilà qui n'a rien de virtuel...

PRESQU'ÎLE - CROIX-ROUSSE (1er - 2e - 4e arrondissements)

Sofitel

20 quai Gailleton ✉ 69002 Ⓜ Bellecour – ✆ 04 72 41 20 20 – www.sofitel.com – Fermé 3 août-2 sept. Plan : 5FY**p**

135 ch – †185/390 € ††185/390 € – 29 suites – ☕ 26 €

Rest *Les Trois Dômes* ✿ – voir les restaurants ci-après

Rest *Silk Brasserie* ✆ 04 72 41 20 80 – – Formule 19 € – Carte 37/53 €

Un Sofitel luxueux et élégant, de facture contemporaine, où la soie – fierté des célèbres canuts lyonnais – est à l'honneur ! Pour l'anecdote, Bill Clinton a séjourné dans la suite présidentielle. Deux options à l'heure des repas : les Trois Dômes ou le Silk (carte internationale, cadre zen).

Lyon Métropole

85 quai J. Gillet ✉ *69004 – ✆ 04 72 10 44 44 – www.lyonmetropole.com*
174 ch – 140/260 € 140/260 € – 18 € Plan : 3EU**k**
Rest *Le Lyon Plage* – Menu 25 € – Carte 39/51 €
Avis aux sportifs : cet hôtel abrite une piscine olympique et de nombreux équipements (fitness, courts de tennis et de squash, practices, superbe spa, etc.). Un vrai resort urbain ! Au restaurant, la carte met les produits de la mer à l'honneur.

Le Royal Lyon

20 pl. Bellecour ✉ *69002* Ⓜ *Bellecour – ✆ 04 78 37 57 31 – www.lyonhotel-leroyal.com* Plan : 5FY**g**
69 ch – 145/375 € 145/375 € – 5 suites – 25 €
Rest *L'Institut* – Formule 27 € – Menu 37 € *(Fermé 22-25 déc., 29 déc.-6 janv., 3-25 août, dim., lundi et fériés)*
Inauguré en 1912, le Royal séduit alors par son confort et son raffinement. Cent ans plus tard, cette institution n'a rien perdu de son charme et de son chic... Moulures, toiles de Jouy, mobilier bourgeois : l'élégance, tout simplement.

Carlton Ⓝ sans rest

4 r. Jussieu ✉ *69002* Ⓜ *Cordeliers – ✆ 04 78 42 56 51 – www.mgallery.com*
80 ch – 150/340 € 150/340 € – 24 € Plan : 5FX**v**
Entièrement restauré en 2013, cet illustre établissement téléporte ses hôtes dans une atmosphère 1930, tout en dominantes de rouges. Les chambres sont spacieuses et bien aménagées, et l'ascenseur d'époque est magnifique. Le mariage du confort et du charme !

Globe et Cécil sans rest

21 r. Gasparin ✉ *69002* Ⓜ *Bellecour – ✆ 04 78 42 58 95 – www.globeetcecilhotel.com* Plan : 5FY**b**
60 ch – 89/200 € 112/280 € – 10 €
Un hôtel de la fin du 19e s. à deux pas de la place Bellecour, avec des chambres charmantes (parquet et cheminée dans certaines) et bien tenues. Le grand hall et le salon offrent un confort de premier ordre.

Grand Hôtel des Terreaux sans rest

16 r. Lanterne ✉ *69001* Ⓜ *Hôtel de Ville – ✆ 04 78 27 04 10 – www.hotel-lyon.fr*
53 ch – 107/195 € 145/195 € – 15 € Plan : 3FX**u**
Chambres décorées avec goût, petite piscine intérieure sous des voûtes anciennes et service attentif : ce relais de poste du 19e s. est propice à un séjour rassérénant, au cœur de la ville.

Mercure Plaza République sans rest

5 r. Stella ✉ *69002* Ⓜ *Cordeliers – ✆ 04 78 37 50 50 – www.mercure.com*
78 ch – 124/214 € 124/214 € – 19 € Plan : 5FY**k**
Un hôtel de chaîne agréable, situé tout près des quais du Rhône, et très apprécié de la clientèle d'affaires (salles de réunion).

La Résidence sans rest

18 r. Victor-Hugo ✉ *69002* Ⓜ *Bellecour – ✆ 04 78 42 63 28 – www.hotel-la-residence.com* Plan : 5FY**s**
67 ch – 96 € 96 € – 8 €
Hôtel tenu par la même famille depuis les années 1960. Les chambres sont confortables, plutôt spacieuses, et surtout très propres (quelques-unes au décor plus actuel).

Alexandra Ⓝ sans rest

49 r. Victor-Hugo ✉ *69002* Ⓜ *Ampère – ✆ 04 78 37 75 79 – www.hotel-alexandra-lyon.fr* Plan : 5FY**r**
34 ch – 79/189 € 99/209 € – 14 €
Entre Bellecour et Perrache, un hôtel dont la décoration fait la part belle aux plus beaux monuments de la ville. Les chambres sont plutôt cosy, et certaines d'entre elles offrent même une jolie vue sur les toits de la cité.

Axotel

12 r. Marc-Antoine Petit ✉ 69002 Ⓜ Perrache – ✆ 04 72 77 70 70 – www.hotel-lyon.fr/perrache Plan : 5EZ**r**

130 ch – 🚹65/115 € 🚹🚹65/115 € – ☕ 10 € – ½ P

Rest *Le Chalut* ✆ 04 72 56 07 69 – – Formule 22 € – Menu 27/48 € – Carte 34/47 € *(fermé 28 juil.-28 août, 1 semaine fin déc., vend. soir, sam. midi et dim.)*

Un hôtel-restaurant idéal pour la clientèle d'affaires : plusieurs salles de séminaire et des chambres bien équipées. Dans les filets du Chalut, du poisson bien sûr, et des propositions qui varient avec les saisons.

Verdun sans rest

82 r. de la Charité ✉ 69002 Ⓜ Perrache – ✆ 04 78 37 34 71 – www.bestwestern-hoteldeverdun.com – Fermé 3-17 août Plan : 5FY**m**

27 ch – 🚹69/180 € 🚹🚹69/180 € – ☕ 12 €

Un petit hôtel fonctionnel et bien tenu, près de la gare de Lyon-Perrache. Après avoir été accueilli dans un hall lumineux, on découvre des chambres fonctionnelles, fraîchement rénovées ; pour les gourmands, copieux petit-déjeuner !

Hôtel des Célestins sans rest

4 r. des Archers ✉ 69002 Ⓜ Bellecour – ✆ 04 72 56 08 98 – www.hotelcelestins.com Plan : 5FY**a**

29 ch – 🚹70/114 € 🚹🚹84/218 € – ☕ 10 €

Entre la place Bellecour et les Célestins, un hôtel situé dans un immeuble d'habitation. Original ! Chambres agréables, dont trois jolies junior suites au 5e étage (grande douche à l'italienne, écran plat...).

Mère Brazier (Mathieu Viannay)

12 r. Royale ✉ 69001 Ⓜ Hôtel de Ville – ✆ 04 78 23 17 20 – www.lamerebrazier.fr – Fermé 1er-9 mars, 2-24 août, sam. et dim.

Formule 57 € – Menu 70/140 € – Carte 105/155 € Plan : 3FV**a**

Figure tutélaire de la cuisine lyonnaise, Eugénie Brazier (1895-1977) s'est sans doute penchée sur le berceau de Mathieu Viannay, Meilleur Ouvrier de France. Il insuffle son talent et son inspiration au cœur de cette maison emblématique, entre classicisme de haute volée et esprit de création. Quelle belle continuité !

➜ Pâté en croûte de volaille de Bresse et foie gras, confiture de cerise noire. Poularde de Bresse demi-deuil, petits légumes et cerises au vinaigre. Paris-brest, glace aux noisettes caramélisées et pralin.

Les Trois Dômes – Hôtel Sofitel

20 quai Gailleton, (8ème étage) ✉ 69002 Ⓜ Bellecour – ✆ 04 72 41 20 97 – www.les-3-domes.com – Fermé 3 août-2 sept., dim. et lundi Plan : 5FY**p**

Menu 47 € (déj.), 79/125 € – Carte 113/134 €

Au dernier étage de l'hôtel, une cuisine pleine de hauteur, jouant sur de somptueux accords mets et vins. D'une terrine de pot-au-feu de foie gras à un gigotin d'agneau du Limousin, les classiques sont revisités sans faute. Quant à la salle, élégante et épurée, elle offre une vue sur Lyon tout simplement magique...

➜ Pressé de tourteau et avocat grillé, crumble aux agrumes. Tourte de homard. Omelette norvégienne tradition, parfum Grand Marnier.

La Rémanence (Fabien Blanc)

31 r. du Bât-d'Argent ✉ 69001 Ⓜ Hôtel de Ville – ✆ 04 72 00 08 08 – www.laremanence.fr – Fermé dim. et lundi Plan : 5FX**h**

Formule 24 € – Menu 27 € (déj. en semaine), 37/71 € – Carte 45/66 €

La rémanence est la persistance d'une sensation après la disparition de sa cause. Voilà ce qui a inspiré Nathalie et Fabien Blanc en s'installant sous les voûtes de cet élégant réfectoire jésuite du 16e s. Leur cuisine est spontanée, instinctive, marquante, et l'on peut difficilement s'en lasser : la carte change tous les mois.

➜ Cuisses de grenouilles en deux cuissons. Lotte rôtie au curry vert, barigoule d'artichaut poivrade et jambon serrano. Figues violettes piquées au laurier, crème glacée au lait d'amande douce.

XX **Brasserie Léon de Lyon**

1 r. Pleney, (angle r. du Plâtre) ✉ 69001 Ⓜ Hôtel de Ville – ✆ 04 72 10 11 12 – www.leondelyon.com Plan : 5FX**r**

Formule 21 € – Menu 24 € – Carte 42/50 €

Cette institution lyonnaise, fondée en 1904, a conservé son cadre cossu et son atmosphère conviviale. On est en plein dans l'esprit brasserie, avec une cuisine canaille dans la droite ligne de la tradition lyonnaise. Aux beaux jours, la petite rue Pleney devient piétonne, et l'on s'attable en terrasse...

XX **Le Passage**

8 r. Plâtre ✉ 69001 Ⓜ Hôtel de Ville – ✆ 04 78 28 11 16 – www.le-passage.com – Fermé dim., lundi et fériés Plan : 5FX**r**

Menu 35/58 € – Carte 42/77 €

Un Passage chaleureux, fait de boiseries, de tapisseries pourpres et de lustres en cristal. Honneur à la cuisine classique : tournedos de bœuf et foie gras poêlé, pâté de lapin en croûte et ragoût de homard font partie des incontournables de la maison.

XX **La Tassée**

20 r. de la Charité ✉ 69002 Ⓜ Bellecour – ✆ 04 72 77 79 00 – www.latassee.fr – Fermé sam. en août et le dim. Plan : 5FY**u**

Formule 26 € 🍷 – Menu 30/79 € – Carte 48/81 €

Une institution locale, tenue par la même famille depuis trois générations. Ici, on cultive l'art de mêler tradition, terroir et esprit contemporain sans perdre son âme !

XX **La Table de Suzanne**

37 r. Auguste-Comte ✉ 69002 Ⓜ Ampère – ✆ 04 78 37 49 83 – www.latabledesuzanne.com – Fermé 3-18 août, dim. et lundi Plan : 5FY**q**

Formule 22 € – Menu 46 € – Carte 50/60 €

En angle de rue dans le quartier des antiquaires, un restaurant raffiné, où la cuisine dite "gastronomique" vit avec son temps. Velouté de potimarron et foie gras poêlé, vapeur de cabillaud et raviole de "king crab" : la carte est étoffée, et la formule déjeuner particulièrement bon marché.

XX **Le Potiquet**

27 r. de l'Arbre-Sec ✉ 69001 Ⓜ Hotel de Ville – ✆ 04 78 30 65 44 – www.lepotiquet.com – Fermé août, sam. midi et dim. Plan : 3FX**w**

Formule 19 € – Menu 30/50 € – Carte 36/51 €

Dans une rue étroite non loin de l'opéra, on trouve ce Potiquet (le mot, usité en Belgique, désigne un petit récipient), sobre et élégant... Les pierres apparentes donnent ce petit je-ne-sais-quoi qui fait la différence, tout comme la cuisine du jeune chef, tout en créativité et précision.

XX **La Voûte - Chez Léa**

11 pl. A.-Gourju ✉ 69002 Ⓜ Bellecour – ✆ 04 78 42 01 33 – www.lavoutechezlea.com – Fermé 2 semaines en août et dim. Plan : 5FY**e**

Formule 19 € – Menu 30/41 € – Carte 36/50 €

L'un des plus vieux restaurants de Lyon ! Une équipe dynamique accueille la clientèle avec le sourire ; dans cette chaleureuse atmosphère, on perpétue avec brio la tradition (saucisson chaud, tablier de sapeur, cervelle de canut, gibier en saison, etc.). Une valeur sûre !

XX **Cuisine & Dépendances Acte II**

68 r. de la Charité ✉ 69002 Ⓜ Perrache – ✆ 04 78 37 45 02 – www.cuisineetdependances.com – Fermé 10-25 août, dim. et lundi

Formule 19 € – Menu 44/79 € – Carte 42/75 € Plan : 5FY**d**

Cet acte II se joue dans un décor tendance et cosy, avec des notes baroques et colorées, idéal pour voir et être vu. On y apprécie une cuisine d'une belle finesse, axée sur les produits de la mer : langoustines rôties au beurre d'aromates, turbot grillé et confit de chou rouge aux figues, etc.

Brasserie Georges

30 cours de Verdun ✉ 69002 Ⓜ Perrache – ✆ 04 72 56 54 54 – www.brasseriegeorges.com Plan : 5FZ**b**

Menu 20 €, 23/26 € – Carte 28/45 €

"Bonne bière et bonne chère depuis 1836" : un slogan qui ne se dément pas ! On apprécie également le cadre Art déco jalousement préservé – et l'atmosphère qui va avec – de cette brasserie, véritable institution pour tous les Lyonnais.

Le Vivarais

1 pl. Gailleton ✉ 69002 Ⓜ Bellecour – ✆ 04 78 37 85 15 – www.restaurant-le-vivarais.com – Fermé dim. Plan : 5FY**r**

Formule 18 € 🍷 – Menu 29/39 € – Carte 38/64 €

Avant 1789, le pays de Vivarais couvrait l'actuelle Ardèche, au sud de Lyon ; plus de deux cents ans ont passé, mais ce terroir est toujours vivant ! Ici, un Meilleur Ouvrier de France et sa fille cuisinent à quatre mains, proposant quenelles, tête de veau, bœuf à la ficelle, cocottes du jour...

Augusto Ⓝ

6 r. Neuve ✉ 69002 Ⓜ Cordelier – ✆ 04 72 19 44 29 – Fermé août, dim. et le midi Plan : 5FX**g**

Menu 38 € *(réservation conseillée)*

Difficile de ne pas s'enthousiasmer devant le travail d'Augusto, le jeune chef brésilien – très investi – aux commandes de ce restaurant... italien ! De beaux produits, une exécution précise, des assiettes parfumées et colorées comme il se doit : séduisant jusque dans les détails, sans parler de l'accueil, charmant.

Balthaz'art

7 r. des Pierres-Plantées ✉ 69001 Ⓜ Croix-Rousse – ✆ 04 72 07 08 88 – www.restaurantbalthazart.fr – Fermé 4-19 août, 24 déc.-2 janv., mardi midi, merc. midi, dim. et lundi Plan : 3FV**m**

Formule 16 € – Menu 28/34 € – Carte 30/44 €

Presque au sommet de la Croix-Rousse, ce restaurant – l'ancien QG du PCF – se mérite ! Le rouge est omniprésent (comme il se doit), et l'œil se pose sur des reproductions de Picasso ou Modigliani : il y a de la fantaisie et de la beauté dans la déco comme dans l'assiette... avec des vins bien choisis.

Fond Rose Ⓝ

23 quai G.-Clemenceau ✉ 69300 Caluire-et-Cuire – ✆ 04 78 29 34 61 – www.nordsudbrasseries.com Plan : 3EU**v**

Formule 22 € – Menu 25 € (déj. en semaine)/35 € – Carte 30/68 €

Une maison bourgeoise des années 1920 transformée en brasserie chic par le groupe Bocuse, avec sa terrasse entourée d'arbres centenaires : une certaine idée de la quiétude. La cuisine se révèle généreuse et savoureuse, dans la tradition des bords de Saône : grenouilles, quenelles, etc. Une certaine idée du goût !

Le Sud

11 pl. Antonin-Poncet ✉ 69002 Ⓜ Bellecour – ✆ 04 72 77 80 00 – www.nordsudbrasseries.com Plan : 5FY**x**

Formule 22 € – Carte 23/57 €

Il y a quelque chose de l'élégance grecque dans le décor blanc et bleu de cette brasserie Bocuse située à deux pas de la place Bellecour. Et ce n'est pas un hasard : ici, c'est le Sud, les *penne rigate* à l'italienne, la soupe marseillaise et le tajine à l'orientale... Et ça l'est encore plus en été, en terrasse !

Les Saveurs de Py

8 r. Pailleron ✉ 69004 Ⓜ Hénon – ✆ 04 78 28 80 86 – www.saveursdepy.fr – Fermé août, dim soir, mardi midi et lundi Plan : 3FV**n**

Formule 15 € – Menu 17 € (déj.), 30/38 €

En plein cœur du quartier animé de la Croix-Rousse, l'un de ces petits bistrots contemporains, conviviaux et colorés comme on les aime. Aux fourneaux, un chef qui travaille avec talent des produits du marché, en osant de belles touches japonisantes ; les saveurs sont franches, et le rapport qualité-prix excellent.

Le Centre

14 r. Grolée ✉ 69002 Ⓜ Cordeliers – ☎ 04 72 04 44 44 – www.georgesblanc.com
Formule 22 € – Menu 26 € – Carte 38/61 € Plan : 3FX**y**
Georges Blanc, le célèbre chef de Vonnas, est à l'initiative de cette brasserie contemporaine née fin 2012. L'adresse est dédiée à la viande – de belles viandes : charolais, bœuf Wagyu, agneau de l'Aveyron ou encore volaille de Bresse –, accompagnées d'un grand choix de garnitures et de sauces. Avis aux carnivores !

Palégrié

8 r. Palais-Grillet ✉ 69002 Ⓜ Cordeliers – ☎ 04 78 92 94 84 – www.palegrie.fr – Fermé 3 semaines en août, lundi midi, sam. et dim. Plan : 5FX**d**
Formule 19 € – Menu 23 € (déj.), 31/49 € *(réservation conseillée)*
Deux trentenaires au parcours sans faute – lui comme chef, elle comme sommelière – ont créé début 2012 ce restaurant plein de fraîcheur, où ils s'épanouissent visiblement. Les vins mettent bien en valeur les recettes, pleines de justesse, marquées par le sens du produit et la finesse. Passion et convivialité...

Le Potager des Halles

3 r. de la Martinière ✉ 69001 Ⓜ Hôtel de Ville – ☎ 04 72 00 24 84 – www.lepotagerdeshalles.com – Fermé 1er-15 août, 1 semaine à Noël, dim. et lundi Plan : 3FX**t**
Formule 16 € – Menu 20 € (déj. en semaine), 39/55 € – Carte 27/77 €
Une table sympathique, entre quais de la Saône et halles de la Martinière. Grosse seiche noire de ligne aux légumes de saison rôtis à la mélisse et au thym citron, lapin désossé et farci au chorizo : les produits bio et la cuisine de marché sont à la fête !

Eskis

11 r. Chavanne ✉ 69001 Ⓜ Cordeliers – ☎ 04 78 27 86 93 – www.eskis-restaurant.com – Fermé 2-28 août, 1er-12 janv., dim. et lundi
Menu 26 € (déj. en semaine), 49/69 € Plan : 4FX**e**
Ici, l'originalité a toute sa place ! Le jeune chef part d'une sélection de produits de saison et laisse aller son inspiration et sa créativité dans un menu surprise en deux, trois ou cinq plats. Le cadre est au diapason : moderne et trendy.

Le Nord

18 r. Neuve ✉ 69002 Ⓜ Hôtel de Ville – ☎ 04 72 10 69 69 – www.nordsudbrasseries.com Plan : 5FX**p**
Formule 22 € – Menu 26 € (semaine)/36 € – Carte 30/55 €
La plus petite (façon de parler !) des brasseries Bocuse, organisée en plusieurs espaces dont une véranda sur la rue et des salons privatifs à l'étage. En cuisine, la brigade a évidemment été à bonne école : la fraîcheur des produits est un dogme, et la tradition rime avec générosité et saveur. Une valeur sûre.

L'Ourson qui Boit

23 r. Royale ✉ 69001 Ⓜ Croix-Paquet – ☎ 04 78 27 23 37 – Fermé 4 semaines en juil.-août, 2 semaines en déc., merc. et dim. Plan : 3FV**b**
Menu 18 € (déj.)/28 €
Le Tout-Lyon a adopté cet ourson ! C'est qu'il est craquant avec son décor de bistrot contemporain épuré comme une estampe... Un signe ? Le chef, Akira Nishigaki, a fait ses classes dans de belles maisons françaises. Résultat, la tradition lyonnaise et l'excellence japonaise fusionnent à prix imbattables ! Réservez à l'avance...

Ponts et Passerelles

5 pl. Dr.-Gailleton ✉ 69002 Ⓜ Bellecour – ☎ 04 78 38 70 70 – www.pontsetpasserelles.com – Fermé 10 août-1er sept., 28 déc.-10 janv., dim. et lundi Plan : 5FY**a**
Formule 17 € – Menu 20 € (déj. en semaine), 26/36 € – Carte 29/41 € *(réservation conseillée)*
Côté look : un décor contemporain mâtiné de touches nostalgiques, où l'on se sent rapidement comme chez soi. Côté cook : une fine et goûteuse cuisine du marché où s'expriment des produits de choix, sélectionnés au plus près des saisons. Le tout accompagné d'une jolie carte des vins. Un pont, une passerelle ? Un viaduc !

Magali et Martin

11 r. des Augustins ✉ 69001 Ⓜ Hotel de Ville – ☎ 04 72 00 88 01 – Fermé 11-16 août et vacances de Noël Plan : 3FX**j**

Formule 20 € – Menu 22 € (déj.) – Carte 32/48 € dîner

Entre les quais de Saône et l'hôtel de ville, un petit bistrot moderne et sympathique. La déco, mêlant matériaux bruts et mobilier d'architecte, est superbe ! Aux fourneaux, Martin, venu d'Autriche, concocte une cuisine instinctive, au gré du marché et des saisons. Appétissant...

L'Effervescence

15 r. Claudia ✉ 69002 Ⓜ Cordeliers – ☎ 04 78 37 23 89 – www.restaurant-effervescence.fr – Fermé 3 semaines en août, dim. et lundi

Formule 25 € – Menu 29 € (déj.), 39/50 € Plan : 3FX**b**

Une histoire de spontanéité, d'ébullition... en un mot, d'effervescence ! Ici, le jeune chef déjà expérimenté, Christophe Hubert, cuisine au gré de son inspiration. Avec lui, même le produit le plus simple est joliment travaillé. Oui, l'effervescence n'empêche pas la justesse et la précision !

Le Bistrot des Voraces Ⓝ

13 r. d'Austerlitz ✉ 69004 Ⓜ Croix-Rousse – ☎ 04 72 07 71 86 – Fermé 3 semaines en août, sam. et dim. Plan : 3FV**t**

Menu 21 €

Êtes-vous simplement gourmand... ou franchement vorace ? Dans tous les cas, ce bistrot de quartier de la Croix-Rousse saura vous combler : son jeune chef, Cédric Blin, a fait ses classes chez Gérard Boyer et Jean-Paul Lacombe, avant de se lancer ici en solo... Comme il a bien fait : le rapport plaisir-prix est excellent !

Thomas

6 r. Laurencin ✉ 69002 Ⓜ Bellecour – ☎ 04 72 56 04 76 – www.restaurant-thomas.com – Fermé 3 semaines en août, 24 déc.-2 janv., sam. et dim. Plan : 5FY**w**

Formule 16 € – Menu 20 € (déj. en semaine), 31/89 € 🍷 – Carte environ 45 €

Sous l'égide d'un jeune chef à la passion communicative, une cuisine fine et savoureuse (carte renouvelée chaque mois) dans un bistrot contemporain et cosy. À deux pas, deux annexes tout aussi sympathiques, dont le trendy Comptoir et ses plats à la plancha.

Comptoir Thomas ☎ 04 72 41 92 99 – Menu 25 € (déj.) – Carte 43/65 € dîner

La Cantinetta – 3 r. Laurencin, ☎ 04 72 60 94 53 – Formule 21 € – Carte 46/53 €

Le Jean Moulin

22 r. Gentil ✉ 69002 Ⓜ Cordeliers – ☎ 04 78 37 37 97 – www.lejeanmoulin.fr – Fermé 2 semaines en août, dim. et lundi Plan : 3FX**m**

Formule 20 € – Menu 24 €

Très bon rapport qualité-prix dans ce bistrot élégant et chaleureux, lancé fin 2011 par un chef formé à bonne école (Bocuse, Viannay, Pic, etc.). Sa cuisine est à son image : à la fois vive, sérieuse, goûteuse, colorée et généreuse... On mange sans faim et sans chichis !

Le Pavillon Ⓝ

14 r. Royale ✉ 69001 Ⓜ Hôtel de Ville – ☎ 04 72 00 01 72 – www.lepavillon-restaurant.fr – Fermé août , dim. et lundi Plan : 3FV**f**

Formule 15 € – Menu 34 € – Carte environ 41 €

Au pied des pentes de la Croix-Rousse, ce restaurant décontracté a su se faire une place dans ce quartier très animé. Deux chefs, Gaël Le Blanc et Xavier Yvon, sont à l'origine de cette réussite : à quatre mains, ils réalisent une cuisine spontanée et créative, qui montre toute l'étendue de leur savoir-faire. À découvrir.

Maison Villemanzy

25 montée St-Sébastien ✉ 69001 Ⓜ Croix-Paquet – ☎ 04 72 98 21 21 – www.maison-villemanzy.com – Fermé 2-20 août, 21 déc.-7 janv., lundi midi et dim. Plan : 3FV**h**

Formule 21 € – Menu 27 € *(réservation conseillée)*

Perchée sur les pentes de la Croix-Rousse, cette maison offre en terrasse une vue splendide sur la ville. Avec son vieux plancher et sa cheminée, l'intérieur façon bistrot est plein de chaleur. Au menu : recettes familiales et plats canailles. Une adresse qui tourne rond !

Brazier Wine Bar

14 r. Royale ✉ 69001 Ⓜ Hôtel de Ville – ✆ 04 78 23 24 26 – Fermé 9-16 mars, 3-25 août, dim. et lundi Plan : 3FV**a**

Formule 20 € – Carte environ 33 € *(réservation conseillée)*

Mathieu Viannay, chef de la célébrissime Mère Brazier, a imaginé ce bar à vins branché et convivial, où l'on mange sur une grande table d'hôtes de 16 places. Boudin noir rôti, velouté de topinambour et pâté en croûte sont au menu, accompagnés de bons vins régionaux. Une expérience atypique !

Entr'Acte

46 r. Ferrandière ✉ 69002 Ⓜ Cordeliers – ✆ 04 78 37 44 84 – www.restaurant-entr-acte.com – Fermé 2 semaines en août, dim. et lundi

Formule 16 € – Menu 21 € (déj. en semaine), 30/36 € Plan : 5FX**s** – Carte 32/48 €

Une petite salle tout en longueur, design et très chaleureuse, une ambiance lounge, une jeune équipe et une cuisine inventive célébrant les produits du marché : il vous faudra bien plus que le temps d'un entracte pour profiter pleinement de ce sympathique endroit !

La Terrasse St-Clair

2 Grande-Rue-St-Clair ✉ 69300 Caluire-et-Cuire – ✆ 04 72 27 37 37 – www.terrasse-saint-clair.com – Fermé 5-22 août, 23 déc.-7 janv., dim. et lundi Plan : 4GU**s**

Menu 27 €

Hommage à la Fanny – tant redoutée des boulistes ! – dans ce restaurant sympathique et convivial, aux allures de guinguette. Bonne cuisine de tradition, terrasse sous les platanes et... terrain de pétanque évidemment.

Bouchons :

dégustation de vins régionaux et cuisine locale dans une ambiance typiquement lyonnaise

Le Bouchon des Filles

20 r. Sergent-Blandan ✉ 69001 Ⓜ Hôtel de Ville – ✆ 04 78 30 40 44 – Fermé vacances de Noël et le midi sauf sam. et dim. Plan : 3FX**z**

Menu 25/28 €

À côté de la charmante place Sathonay, dans une petite rue pavée, une poignée de Filles tiennent ce bouchon de carte postale, aussi mignon que chaleureux. Côté cuisine, elles revisitent des plats de tradition lyonnaise avec une pointe de légèreté : c'est simple, frais, goûteux et généreux !

Le Garet

7 r. Garet ✉ 69001 Ⓜ Hôtel de Ville – ✆ 04 78 28 16 94 – Fermé 27 juil.-27 août, sam. et dim. Plan : 3FX**a**

Menu 19 € (déj. en semaine)/24 € – Carte 19/40 € *(réservation conseillée)*

Une véritable institution bien connue des amateurs de cuisine lyonnaise : tête de veau, tripes, quenelles ou andouillettes se dégustent en toute convivialité dans un cadre exemplaire du genre. Le tout est complété par une ardoise du jour avec des plats du marché, aux prix raisonnables.

Le Musée

2 r. des Forces ✉ 69002 Ⓜ Cordeliers – ✆ 04 78 37 71 54 – Fermé août, 24 déc.-2 janv., dim. et lundi Plan : 5FX**c**

Formule 18 € – Menu 23 € (déj.)/27 € *(réservation conseillée)*

Un bouchon sincère et authentique ! Nappes à carreaux, tables au coude-à-coude, et une sacrée ambiance : le décor est planté. En cuisine, le jeune chef réalise les classiques avec un vrai savoir-faire : joue de porc à la lyonnaise, foie de veau persillé, pieds et museau en salade, pâté de tête... Que du bon !

Le Poêlon d'or

29 r. des Remparts-d'Ainay ✉ 69002 Ⓜ Ampère – ✆ 04 78 37 65 60 – www.lepoelondor-restaurant.fr – Fermé 26 avril-4 mai, 2-24 août, sam. et dim.
Formule 15 € – Menu 17 € (déj. en semaine), 25/32 € Plan : 5FY**h**
– Carte 30/47 € *(réservation conseillée)*
On ne sait si le chef utilise effectivement un poêlon d'or ; en tout cas, il doit avoir un secret pour si bien revisiter le terroir lyonnais, et proposer une cuisine aussi goûteuse et parfaitement ficelée. Du gâteau de foie de volaille et coulis de tomate, à la quenelle de brochet en gratin et sauce béchamel... À découvrir !

Les Brotteaux - La Part-Dieu - La Guillotière - Gerland
(3e - 6e - 7e - 8e arrondissements)

Hilton

ch,

70 quai Ch.-de-Gaulle ✉ 69006 – ✆ 04 78 17 50 50 – www.hilton.com
192 ch – 180/555 € 180/555 € – 5 suites – 24 € Plan : 4GU**a**
Rest *Blue Elephant* – voir les restaurants ci-après
Rest *Brasserie* ✆ 04 78 17 51 00 – – Carte 35/62 €
Entre le Rhône et le parc de la Tête-d'Or, cet imposant hôtel en verre et brique rouge est doté d'un "business center" et de deux restaurants. Les chambres sont très bien équipées, spacieuses et décorées dans un style contemporain. Pour un séjour tout confort.

Hôtel de la Cité

22 quai Ch.-de-Gaulle ✉ 69006 – ✆ 04 78 17 86 86 – www.lyon.concorde-hotels.com Plan : 4HU**g**
164 ch – 90/350 € 90/350 € – 5 suites – 22 €
Rest – Menu 16 € (semaine), 18/23 € – Carte 29/43 € *(fermé août, sam. et dim.)*
Un immeuble contemporain au sein de la Cité internationale (quartier d'affaires) dessinée par Renzo Piano, avec des chambres lumineuses et bien conçues, qui se révèlent particulièrement agréables. En outre, l'accueil est sympathique ! Cuisine traditionnelle et produits régionaux au restaurant.

Mercure Saxe Lafayette

ch, ch, rest,

29 r. Bonnel ✉ 69003 Ⓜ Place Guichard – ✆ 04 72 61 90 90 – www.mercure-lyon-saxe-lafayette.com Plan : 4GX**r**
156 ch – 113/192 € 113/192 € – 19 €
Rest *Le Garage* ✆ 04 72 61 29 79 – – Formule 20 € – Menu 23/26 € – Carte 35/53 € *(fermé 26 juil.-25 août)*
Dans le quartier de la Part-Dieu, ce grand hôtel a tout pour séduire : un décor contemporain, épuré et élégant, une excellente insonorisation, un espace fitness et même un service voiturier... Au restaurant Le Garage, spécialités régionales.

Mama Shelter

13 r. Domer ✉ 69007 Ⓜ Jean Macé – ✆ 04 78 02 58 00 – www.mamashelter.com
156 ch – 59/199 € 69/209 € – 15 €
Rest *Mama Shelter* – voir les restaurants ci-après
Après Paris et Marseille, Mama Shelter débarque à Lyon et c'est une bonne nouvelle ! Une déco toujours aussi branchée (béton brut, objets design, détails décalés...), des prix abordables, et une bonne situation, avec des lignes de métro et tramway en direction de la presqu'île ou de la Part-Dieu : cette Mama est épatante.

Le Roosevelt sans rest

48 r. de Sèze ✉ 69006 Ⓜ Foch – ✆ 04 78 52 35 67 – www.hotel-roosevelt.com – Fermé 10-18 août Plan : 4GX**a**
48 ch – 89/220 € 89/220 € – 15 €
Un hôtel agréable et confortable, à l'ambiance feutrée. Préférez les chambres côté cour, plus spacieuses et parfaitement calmes. Le soir, descendez profiter de l'ambiance jazzy du bar, et de la douce chaleur d'un feu de cheminée...

Créqui Part-Dieu

37 r. Bonnel ✉ 69003 Ⓜ Place Guichard – ✆ 04 78 60 20 47 – www.bestwestern-lyonpartdieu.com Plan : 4GX**s**

46 ch – 79/165 € 79/165 € – 3 suites – 16 €

Rest *La Cantine du Palais* ✆ 04 78 60 83 96 – – Formule 16 € – Menu 20 € (déj.)/25 € – Carte 29/45 € *(fermé août, sam. et dim.)*

En face de la cité judiciaire et tout près des halles Paul-Bocuse. Les chambres sont confortables et il y a même une jolie cour fleurie... À la Cantine, récréation (décor sur le thème de l'école) autour de plats traditionnels.

Pont Wilson sans rest

6 r. Mazenod ✉ 69003 Ⓜ Guillotière – ✆ 04 78 60 94 94 – www.hotelwilson-lyon.com Plan : 6GY**t**

54 ch – 79/305 € 89/315 € – 16 €

Bien situé (près des quais et du pont Wilson), cet hôtel dispose de chambres de bonne taille, avec de grands bureaux très pratiques, et de suites familiales qui ont vue sur la colline de Fourvière.

Pierre Orsi

3 pl. Kléber ✉ 69006 Ⓜ Masséna – ✆ 04 78 89 57 68 – www.pierreorsi.com – Fermé dim. et lundi sauf fériés Plan : 4GV**e**

Menu 45 € (déj. en semaine), 60/120 € – Carte 80/175 €

D'abord, il y a cette belle façade florentine de couleur ocre ; puis l'on découvre l'élégance et le confort cossu d'une opulente maison bourgeoise. Dans l'assiette, c'est une cuisine de notre temps, fine et précise, basée sur des produits d'excellente qualité. Le tout accompagné de vins superbes. Riche moment !

➜ Ravioles de foie gras de canard au jus de porto et truffe. Tronçon de homard en barigoule d'artichaut. Crêpes Suzette à l'orange.

Le Gourmet de Sèze (Bernard Mariller)

129 r. de Sèze ✉ 69006 Ⓜ Masséna – ✆ 04 78 24 23 42 – www.le-gourmet-de-seze.com – Fermé 2-6 mars, 26 juil.-21 août, dim., lundi et fériés Plan : 4HV**z**

Formule 26 € – Menu 36 € (déj. en semaine), 50/115 € *(réservation conseillée)*

Depuis plus de vingt ans, ce Gourmet n'a pas pris une ride. En partant de produits rigoureusement sélectionnés, Bernard Mariller parvient à composer une cuisine actuelle et élaborée, qui conserve tout de la finesse du grand classicisme. Et, symbole fort, sa carte rend hommage à ses maîtres, parmi lesquels Robuchon et Chavent. ➜ Croustillant de pied de cochon compoté à la moutarde en grains. Saint-Jacques d'Erquy. Grand dessert du gourmet.

Takao Takano Ⓝ

33 r. Malesherbes ✉ 69006 Ⓜ Foch – ✆ 04 82 31 43 39 – www.restaurant-takaotakano.com – Fermé 2 semaines en août, dim. et lundi

Menu 28 € (déj.), 45/75 € Plan : 4GV**m**

Takao Takano est de retour et l'on s'en réjouit ! Pour ce chef japonais déjà connu pour son tour de main, cette nouvelle adresse – tout en épure – est celle de la confirmation : comment ne pas être séduit par son sens de la précision et des saveurs, la subtilité de ses compositions ? Un bel hommage rendu à la cuisine française. ➜ Cuisine du marché.

L'Alexandrin (Laurent Rigal)

83 r. Moncey ✉ 69003 Ⓜ Place Guichard – ✆ 04 72 61 15 69 – www.lalexandrin.fr – Fermé 3-25 août, dim. et lundi Plan : 4GX**h**

Menu 38 € (déj. en semaine), 60/115 €

Cet Alexandrin fait rimer originalité avec générosité, sur la base de beaux produits du terroir. Végétarien, répertoire lyonnais revisité, ou création autour d'un produit noble : chaque menu décline une belle variation... Un moment de poésie bien agréable, dans une ambiance feutrée.

➜ Cocotte de légumes aux pêches jaunes rôties. Volaille de Bresse au vinaigre, pommes de terre ratte au thym frais, girolles sautées. Madeleine au chocolat guanaja, marmelade d'orange confite au Grand Marnier.

XX **Alex**

44 bd des Brotteaux ✉ 69006 Ⓜ Brotteaux – ✆ 04 78 52 30 11 – Fermé en août, dim. et lundi Plan : 5HX**e**

Formule 21 € – Menu 25 € (déj. en semaine), 30/65 € – Carte 49/63 €

Alex ? C'est le chef (et propriétaire) de ce restaurant chic et sobre, qui joue avec brio la carte gastronomique bon marché. Avec de bons produits frais glanés au marché, il concocte une cuisine bien ficelée, rehaussée d'un joli choix de vins.

XX **Cazenove**

75 r. Boileau ✉ 69006 Ⓜ Masséna – ✆ 04 78 89 82 92 – www.le-cazenove.com – Fermé août, 24 déc.-5 janv., sam. et dim. Plan : 4GV**k**

Menu 35 € (semaine)/45 € – Carte 47/116 €

Un décor "so British", avec une ronde de sculptures en bronze et des banquettes en cuir capitonné... Dans cette atmosphère très chaleureuse, le jeune chef propose une bonne cuisine traditionnelle, légèrement revue au goût du jour. L'adresse fait régulièrement salle comble !

XX **Blue Elephant** – Hôtel Hilton

70 quai Ch.-de-Gaulle ✉ 69006 – ✆ 04 78 17 50 00 – www.hilton.com – Fermé août, sam. midi, dim. et lundi Plan : 4GU**a**

Formule 22 € – Menu 44 €, 53/95 € 🍷 – Carte 38/52 €

Sans conteste, cet Éléphant voit la vie en bleu ! L'exotisme est total dans ce restaurant thaïlandais, des bambous aux palmiers, des petites cascades au mobilier en rotin verni... Avec des ingrédients importés de Bangkok, le chef thaï réalise une bonne cuisine aux prix doux. Dépaysement garanti !

X **Maison Clovis** (Clovis Khoury)

19 bd Brotteaux ✉ 69006 Ⓜ Brotteaux – ✆ 04 72 74 44 61 – www.maisonclovis.com – Fermé 5-12 mai, 3-25 août, 1er-9 janv., dim. et lundi

Menu 25 € (déj. en semaine), 48/79 € – Carte 70/95 € Plan : 4HX**m**

Mobilier en bois exotique, tons gris métallisé : l'endroit est design et élégant, sans être guindé. Fin cuisinier, Clovis Khoury signe une cuisine de saison originale et savoureuse, d'inspiration méditerranéenne, dans laquelle infusent ses origines libanaises. La carte est courte, mais le choix cornélien.

→ Lotte crue marinée, fricassée de légumes croquants, pousses de salade et pignons. Ris de veau du Limousin et carpaccio de tête de veau. Pain perdu en brioche à la vanille Bourbon, sorbet fromage blanc.

X **Daniel et Denise**

156 r. Créqui ✉ 69003 Ⓜ Place Guichard – ✆ 04 78 60 66 53 – www.daniel-et-denise.fr – Fermé 26 juil.-25 août, 24 déc.-2 janv., sam., dim. et fériés Plan : 4GX**b**

Menu 29 € – Carte 30/55 €

Joseph Viola – Meilleur Ouvrier de France – règne sur ce petit bistrot au décor patiné par le temps. Il propose des recettes traditionnelles parfaitement réalisées, à base de superbes produits, et fait vivre sa carte au rythme des saisons. Son plat fétiche ? Le pâté en croûte au ris de veau et foie gras... Miam !

X **M Restaurant**

47 av. Foch ✉ 69006 Ⓜ Foch – ✆ 04 78 89 55 19 – www.mrestaurant.fr – Fermé 1er-10 mars, 4-25 août, 21-25 déc., sam. et dim. Plan : 4GV**s**

Formule 19 € – Menu 25/35 € – Carte environ 43 €

Voilà un lieu qui met de bonne humeur : pan de mur orangé, fauteuils design, tables en chêne brut, on s'y sent bien... En cuisine, la partition est dirigée par un ancien de Léon de Lyon, qui a su adapter son sérieux savoir-faire à l'air du temps, et s'entourer d'une équipe pro et enthousiaste. Le résultat s'impose : on M !

X **33 Cité**

33 quai Charles-de-Gaulle ✉ 69006 – ✆ 04 37 45 45 45 – www.33cite.com – Fermé 4-24 août Plan : 4HU**t**

Formule 20 € – Menu 24 € – Carte 33/61 €

Trois chefs de talent – Mathieu Viannay (MOF), Christophe Marguin et Frédéric Berthod (passé par la "case" Bocuse) – se sont associés pour créer cette brasserie chic et gourmande, ouvrant sur le parc de la Tête-d'Or. Au menu : les belles spécialités du genre !

Le Splendid

3 pl. Jules-Ferry ✉ 69006 Ⓜ Brotteaux – ✆ 04 37 24 85 85 – www.georgesblanc.com Plan : 4HV**z**

Formule 21 € 🍷 – Menu 26/50 € – Carte 36/54 €

Cette brasserie chic et confortable est marquée de l'empreinte de Georges Blanc (le grand chef de Vonnas). On lui doit les orientations de cette cuisine du terroir généreuse, entre Bresse et Dombes. Aux murs, de grandes fresques murales rendent hommage aux fameuses "mères" lyonnaises... La filiation, toujours !

Mon Bistrot à Moi

84 cours Vitton ✉ 69006 Ⓜ Brotteaux – ✆ 04 78 52 47 28 – www.monbistrotamoi.fr – Fermé 1er-23 août, 1 semaine en fév., sam., dim. et fériés Plan : 4HV**a**

Menu 24/34 € *(réservation conseillée)*

Un sympathique repaire gourmand, qui propose une cuisine canaille bien goûteuse : jambon persillé et salade de condiments, cuisse de canard au jus de miel et gingembre, soupe vigneronne aux raisins et sorbet cassis… Finalement, ce Bistrot à Moi est celui de tous les amoureux de la bonne cuisine, et des prix doux !

L'Est

14 pl. J. Ferry, (gare des Brotteaux) ✉ 69006 Ⓜ Brotteaux – ✆ 04 37 24 25 26 – www.nordsudbrasseries.com Plan : 4HX**v**

Formule 22 € – Menu 26 € (semaine)/33 € – Carte 30/55 €

Le charme ferroviaire ! Dans cette ancienne gare devenue une brasserie vivante et conviviale, des trains miniatures tournent au-dessus des têtes... Les grandes cuisines sont ouvertes sur la salle ; il en sort des plats du marché voyageurs et savoureux. L'une des brasseries "cardinales" de Paul Bocuse.

La Table 101 Ⓝ

101 r. Moncey ✉ 69003 Ⓜ Place Guichard – ✆ 04 78 60 90 23 – www.latable101.fr – Fermé 1er-26 août, sam. et dim. Plan : 4GX**m**

Formule 19 € 🍷 – Menu 24 € (déj. en semaine), 29/40 € – Carte 41/52 €

À côté des halles Paul-Bocuse, le chef n'a que quelques pas à faire pour acheter ses produits au marché. Dans l'assiette, le résultat est sans appel : une cuisine goûteuse, avec une touche créative maîtrisée. On est enthousiasmé jusqu'au dernier coup de fourchette, et l'addition, légère, achève de nous convaincre !

L'Art et la Manière

102 Gde-Rue de la Guillotière ✉ 69007 Ⓜ Saxe-Gambetta – ✆ 04 37 27 05 83 – www.art-et-la-maniere.fr – Fermé 3 semaines en août, lundi soir, sam. et dim.

Formule 15 € – Menu 19 € (déj.), 25/32 € – Carte 34/43 € Plan : 6GY**a**

Un bistrot contemporain qui célèbre l'amitié, la cuisine du marché et ces vins gouleyants que l'on boit à prix doux. Une belle manière de découvrir le quartier de la Guillotière. Les habitués sont nombreux, pensez à réserver !

La Toscane Ⓝ

26 bis r. Duquesne ✉ 69006 Ⓜ Foch – ✆ 04 78 93 20 91 – Fermé 3 semaines en août, sam. et dim. Plan : 4GV**m**

Formule 15 € – Menu 20 € (déj.) 29 € – Carte 34/55 €

Une cuisine traditionnelle italienne à peine francisée, savoureuse, qui se fonde sur des produits frais et respecte les saisons ; le tout exécuté avec brio par un chef qui connaît son métier (un ancien de chez Georges Blanc). Le cadre, coloré et agréable, sait se faire discret, et le service est très sympathique.

En Mets Fais ce Qu'il te Plaît Ⓝ

43 r. chevreul ✉ 69007 Ⓜ Jean Macé – ✆ 04 78 72 46 58 – www.enmetsfaiscequilteplait.fr – Fermé 3 semaines en août, 1 semaine fin déc., sam. midi, dim. et fériés. Plan : 6GY**f**

Menu 25 € (déj. en semaine), 38/55 €

Plutôt bohème, ce restaurant ne se soucie guère des apparences : ses propriétaires japonais nous accueillent un peu comme à la maison... mais que l'on ne s'en formalise pas : dans l'assiette, on découvre de beaux produits, des sauces et cuissons millimétrées, des saveurs subtiles... D'une désarmante sincérité qui fait craquer !

Les Oliviers

20 r. Sully ✉ 69006 Ⓜ Foch – ✆ 04 78 89 07 09 – www.lesoliviers-lyon.fr – Fermé 1er-8 mai, août, sam., dim. et fériés Plan : 4GV**f**

Formule 18 € – Menu 25/36 € – Carte 35/45 €

Un petit coin de Provence niché dans le 6e arrondissement : on sert ici une appétissante cuisine du soleil – les poissons grillés comptent parmi les vedettes de la maison –, le tout à prix doux. Et le chef, qui a conservé sa faconde marseillaise, n'hésite pas à venir insuffler sa bonne humeur en salle !

Bernachon Passion

42 cours Franklin-Roosevelt ✉ 69006 Ⓜ Foch – ✆ 04 78 52 23 65 – www.bernachon.com – Fermé 19 juil.-20 août, dim., lundi et fériés

Menu 27 € – Carte 35/47 € *(fermé le soir) (réservation conseillée)* Plan : 4GV**r**

On ne présente plus la célèbre chocolaterie lyonnaise Bernachon, dont le fils du fondateur a épousé l'aînée de Paul Bocuse. Les petits-enfants du grand chef prennent aujourd'hui la relève ! Au menu du restaurant, de bonnes recettes traditionnelles (telles les quenelles de brochet) et des pâtisseries... Bernachon, évidemment.

Mama Shelter Ⓝ – Hôtel Mama Shelter

13 r. Domer ✉ 69007 Ⓜ Jean Macé – ✆ 04 78 02 58 00 – www.mamashelter.com

Carte 26/59 €

Une déco hyper décalée, ludique et festive, avec baby-foot et plafond en forme de tableau noir : le concept Mama Shelter a encore frappé ! Côté cuisine, sous la houlette du duo Alain Senderens et Jérôme Banctel, cap sur la Méditerranée en toute simplicité : pâtes, poisson à la plancha, etc., sans oublier les quenelles maison.

Le Café du Peintre Ⓝ

50 bd des Brotteaux ✉ 69006 Ⓜ Brotteaux – ✆ 04 78 52 52 61 – www.lecafedupeintre.fr – Fermé 1er-9 mars, 1er-11 mai, 2-24 août, sam. de mai à août, dim. et le soir sauf jeudi Plan : 6HX**a**

Menu 20 € (déj.) – Carte 29/44 € *(réservation conseillée)*

Ici règnent l'esprit bouchon et la grande tradition régionale. L'ambiance est familiale, animée et chaleureuse : en cuisine, Florence prépare une cuisine digne des mères lyonnaises (terrine maison, quenelles de brochet, tête de veau braisée au vin rouge) tandis que son fils Maxime assure l'animation en salle, avec talent !

L'Âme Sœur Ⓝ

209 r. Dugesclin ✉ 69003 Ⓜ Place Guichard – ✆ 04 78 42 47 78 – Fermé 3 semaines en août, lundi soir, mardi soir, sam. et dim. Plan : 4GX**v**

Menu 20 € (semaine), 44/52 € – Carte 28/54 € *(réservation conseillée)*

Une sympathique brasserie, très animée, qui emprunte son nom à un vin de Côte-Rôtie, produit par un ami du chef. La cuisine, au goût du jour, justifie le succès de l'endroit : d'un bouillon de jarret de bœuf, à ces magrets de canard au sang de Challans, c'est savoureux et servi avec le sourire !

Argenson Gerland

40 allée Pierre-de-Coubertin, à Gerland ✉ 69007 Ⓜ Stade de Gerland – ✆ 04 72 73 72 73 – www.argenson.com Plan : 1BR**a**

Formule 22 € – Menu 26 € (semaine)/35 € – Carte 31/60 €

Voisine du stade de Gerland, cette brasserie siglée Bocuse profite à plein de la clientèle liée à l'activité de l'Olympique lyonnais. Une dizaine de personnes s'affairent en cuisine sous la houlette du chef ; on sert surtout de bons plats traditionnels de brasserie, et quelques créations méditerranéennes.

Danton

8 r. Danton ✉ 69003 Ⓜ Part Dieu – ✆ 04 37 48 00 10 – Fermé août, 21 déc.-5 janv., sam. et dim. Plan : 6HY**r**

Formule 20 € – Menu 27/45 € – Carte 30/49 €

Alexis Pouly, originaire de Roanne, a travaillé dans de belles maisons avant de créer ce néobistrot aussi convivial que professionnel. Ses recettes vont à l'essentiel, dans une belle version canaille et gourmande, et la carte des vins fait honneur aux crus régionaux (mais pas que). Bref, l'affaire est épatante !

Le 126

126 r. de Seze ✉ 69006 Ⓜ Masséna – ✆ 04 78 52 74 34 – Fermé 3 semaines en août, 2 semaines vacances de Noël, sam. et dim. Plan : 4HV**n**

Formule 14 € – Menu 16 € (déj. en semaine)/30 € – Carte environ 36 €

Un jeune chef a repris les commandes, en 2012, de ce petit restaurant très convivial. Après avoir été notamment second à l'Ouest, l'une des brasseries lyonnaises de Paul Bocuse, il propose ici une cuisine créative et goûteuse, à prix mini, qui lui vaut un franc succès !

Chez Terra Ⓝ

81 r. Duguesclin ✉ 69006 Ⓜ Foch – ✆ 04 78 89 05 04 – Fermé 3 semaines en août , dim. et lundi Plan : 4GV**z**

Carte 20/47 €

Encore un chef japonais installé à Lyon... mais celui-ci a choisi d'honorer non la cuisine française mais nippone ! Il a recréé une vraie izakaya, l'un de ces bistrots simples et conviviaux que l'on trouve partout au Japon. Soupe miso, raviolis grillés et brunoise de légumes, poisson cru... C'est fin, soigné et plein de saveurs.

Environs

à Collonges-au-Mont-d'Or 12 km au Nord par bords de Saône (D 433, D 51) - BP – ✉ 69660 – 3 790 hab.

Paul Bocuse

40 r. de la Plage, au pont de Collonges – ✆ 04 72 42 90 90 – www.bocuse.fr Plan : 1BP

Menu 149/240 € – Carte 125/220 €

Temple de la grande cuisine, institution du service à l'ancienne… Le restaurant de Paul Bocuse est un véritable monument. Classique parmi les classiques, chaque assiette incarne l'une des plus belles pages de la gastronomie française. Le grand chef est entré dans l'Histoire : quel meilleur hommage que ces trois étoiles portées depuis 1965 !

→ Soupe aux truffes noires V.G.E. Rouget en écailles de pommes de terre. Gâteau Président "Maurice Bernachon".

à Villeurbanne 4 km à l'Est - DQ – ✉ 69100 – 145 150 hab.

33 TNP Ⓝ

8 pl. Lazare-Goujon Ⓜ Gratte-Ciel – ✆ 04 78 37 37 37 – www.33tnp.com – Fermé août, dim. et lundi Plan : 2CQ**a**

Formule 15 € – Menu 19 € – Carte 24/40 €

Au sein du Théâtre National Populaire, un même esprit : "Le meilleur à la portée de tous et de toutes les bourses." Trois cuistots bien connus (Frédéric Berthod, Christophe Marguin et Mathieu Viannay) ont créé ce 33 TNP. Cuissons soignées, associations savoureuses, service attentionné : une vraie bonne "brasserie populaire" !

à Rillieux-la-Pape 7 km par ① D 483 et D 484 – ✉ 69140 – 29 952 hab.

Larivoire

chemin des Iles – ✆ 04 78 88 50 92 – www.larivoire.com – Fermé 16-30 août, dim. soir, lundi (sauf fériés) et mardi

Menu 35/91 € – Carte 75/90 €

Dans le bas de la ville, une imposante maison de maître datant de 1891, à la façade rose pâle. Dans la salle au cadre bourgeois ou sur la grande terrasse ombragée par de vieux platanes, on déguste une cuisine classique actualisée, de celles qui s'inscrivent pleinement dans la tradition provinciale.

à Genas 12 km à l'Est par rte de Genas (D 29) - DQ – ✉ 69740 – 12 126 hab.

Ambassadeur

36 r. Antoine Pinay – ✆ 04 78 40 02 02 – www.ambassadeur-hotel.fr – Fermé 2 semaines en août

84 ch – †80/205 € ††85/210 € – ☕ 13 € – ½ P

Rest – Formule 19 € – Menu 23/39 € – Carte 40/55 € *(fermé sam. et dim.)*

Des chambres sobres et contemporaines, très bien tenues : fonctionnel et idéal pour la clientèle d'affaires. Et pour oublier le stress : un agréable jardin japonais.

à Tassin-la-Demi-Lune 5 km à l'Ouest (A6, sortie n° 36) - APQ – ✉ 69160 – 19 511 hab.

Brasserie Halles 9

4 promenade des Tuileries (angle av. Général Leclerc) – ✆ 04 78 36 99 99 – www.halles9.com Plan : 1AQ**a**

Formule 20 € – Menu 24 € (semaine), 29/38 € – Carte 31/49 €

Dans un nouveau quartier de Tassin, cette brasserie – ouverte en mai 2012 – donne dans la modernité. Le cadre est résolument design, et on déguste par exemple des rillettes de saumon de Norvège au curry ou un dos de cabillaud accompagné d'une fricassée de légumes. Ambiance décontractée.

à Ecully 7 km à l'Ouest (A6, sortie n° 36) - AP – ✉ 69130 – 17 998 hab.

Les Hautes Bruyères sans rest

5 chemin des Hautes Bruyères – ✆ 06 08 48 69 50 – www.lhb-hote.fr

6 ch – †120/250 € ††120/250 € – ☕ 15 € Plan : 1AP**d**

Charme patiné, authenticité et sérénité à 10mn de l'effervescence lyonnaise : cette demeure de jardinier (19e s.), jadis rattachée au château voisin, cultive avec raffinement son esprit "maison de famille". Avec, en prime, une charmante chambre-roulotte dans le jardin.

Saisons

Château du Vivier, 8 chemin Trouillat – ✆ 04 72 18 02 20 – www.institutpaulbocuse.com – Fermé 1er-26 août, 19 déc.-6 janv., merc. soir, sam. et dim. Plan : 1AP**b**

Menu 29 € (déj.), 34/50 € *(réservation conseillée)*

Ce château du 19e s., bordé d'un parc, abrite l'école hôtelière internationale patronnée par Paul Bocuse. Le restaurant n'a rien d'une mauvaise copie, au contraire : secondés par des professeurs de talent, dans un agréable cadre bourgeois, les élèves ne trichent ni avec les règles de la tradition, ni avec... les saisons !

à St-Priest 13 km au Sud-Est par D 318 – ✉ 69800 – 41 964 hab.

Golden Tulip Lyon Millénaire

160 cours du 3e-Millénaire – ✆ 04 37 25 25 25 – www.goldentuliplyon.com

131 ch – †76/350 € ††76/350 € – 2 suites – ☕ 16 € Plan : 2DR**a**

Rest *Le Cocon* – voir les restaurants ci-après

Une architecture impressionnante, véritable millefeuille de pierre, de bois et de verre ! Sur le site du parc technologique, cet hôtel labellisé Haute Qualité Environnementale offre espace, clarté et confort optimal. Très innovant.

Le Cocon – Golden Tulip Lyon Millénaire

160 cours du 3e-Millénaire – ✆ 04 37 25 21 07 – www.goldentuliplyon.com – Fermé sam. et dim. Plan : 2DR**a**

Formule 18 € – Menu 23 € (semaine)/27 € – Carte 32/59 €

Au sein d'un hôtel très high-tech, cette table cultive des recettes éprouvées : un décor élégant, des tables bien dressées et une carte de qualité, en lien avec le marché et les productions locales (nombreux produits bio). De jolies présentations, une cuisine bien appliquée : une bonne adresse.

à Charbonnières-les-Bains 8 km par ⑨ et N 7 – ✉ 69260 – 4 698 hab.

Le Pavillon de la Rotonde

3 av. Georges Bassinet – ✆ 04 78 87 00 97 – www.restaurant-rotonde.com – Fermé 27 juil.-27 août et 2-6 janv.

16 ch – †200/340 € ††220/370 € – ☕ 23 €

Rest *La Rotonde* ✿✿ – voir les restaurants ci-après

À deux pas du casino et dans un beau parc arboré, cet hôtel luxueux mêle contemporain et discrètes touches Art déco. Certaines chambres disposent d'un hammam et d'une terrasse... Une très belle adresse en périphérie de Lyon.

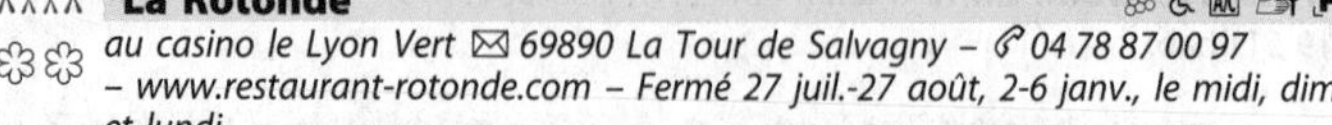

La Rotonde

au casino le Lyon Vert ✉ 69890 La Tour de Salvagny – ✆ 04 78 87 00 97 – www.restaurant-rotonde.com – Fermé 27 juil.-27 août, 2-6 janv., le midi, dim. et lundi

Menu 127/157 € – Carte 135/200 €

Dans ce beau domaine aux portes de la ville, à l'étage du casino Le Lyon vert – bel héritage de la période Art déco –, un vrai moment de gastronomie. Le chef, Philippe Gauvreau, nous régale d'une subtile cuisine sans fioritures, aux influences méditerranéennes, où les saveurs se dessinent nettement. Quelle élégance ! ➜ Morille farcie de cuisses de grenouilles et queues d'écrevisses, sauce à l'ail. Homard en tajine, petits farcis, aubergine confite et jus de crustacés. Mille-feuille caramélisé, glace à la vanille de Tahiti.

à St-Cyr-au-Mont-d'Or 10 km au Nord par rte de St-Cyr - BP – ✉ 69450 – 5 587 hab.

L'Ermitage

chemin de l'Ermitage, 2,5 km au sommet du Mont Cindre – ✆ 04 72 19 69 69 – www.ermitage-college-hotel.com

27 ch – †145/195 € ††145/195 € – 1 suite – ☕ 14 €

Rest – Menu 27 € (déj. en semaine), 34/36 €

Cet hôtel ne manque pas d'atouts : vue extraordinaire sur Lyon et les Monts-d'Or, cadre design et épuré pour une sérénité à son zénith. Dans la "cuisine à manger", on savoure de belles spécialités lyonnaises... Et la terrasse suspendue est superbe !

Le Comptoir Saint-Cyr Ⓝ

17 rte de Lyon – ✆ 04 78 83 30 52 – www.lecomptoirrestaurant.fr – Fermé dim. soir

Formule 17 € – Menu 32/35 € – Carte 34/53 €

Salades lyonnaises, pluma ibérique, fondant au chocolat... Une bonne cuisine au goût du jour, préparée avec soin et générosité ; on sent une vraie rigueur dans la sélection des produits. Le tout servi dans la chaleureuse ambiance d'une charmante auberge de village !

à l'aéroport de Lyon St-Exupéry 27 km par A 43 – ✉ 69125

NH Lyon Aéroport

Aéroport Lyon St-Exupéry, terminal 1 – ✆ 04 72 23 05 50 – www.nh-hotels.fr

245 ch – †112/275 € ††112/275 € – ☕ 23 €

Rest – Formule 22 € – Menu 29/37 €

Des chambres contemporaines, agréables et bien insonorisées, juste en face de l'aérogare : impossible de rater son avion ! À noter : un fitness très complet et une importante capacité d'accueil pour les séminaires.

LYONS-LA-FORÊT

✉ 27480 (Eure) – 752 hab. – **Voir carte n°33-D2**

▶ Paris 104 km – Beauvais 57 km – Mantes-la-Jolie 66 km – Rouen 35 km

Carte Michelin 304-I5 – Guide Vert Michelin Normandie Vallée de la Seine

La Licorne

27 pl. Isaac-Bensarade – ✆ 02 32 48 24 24 – www.hotel-licorne.com

15 ch – †180/250 € ††180/250 € – 6 suites – ☕ 18 € – ½ P

Rest *La Licorne Royale* ✿ – voir les restaurants ci-après

Au cœur du joli village de Lyons et non loin de la superbe forêt domaniale, cette authentique Licorne normande a de beaux secrets à faire partager : ses chambres sont d'un raffinement très contemporain (douches à l'italienne, baignoires sur pieds, parquet...) et le spa Nuxe est une petite merveille !

Le Grand Cerf

30 pl. Isaac-Bensarade – ✆ 02 32 49 50 50 – www.grandcerf.fr

11 ch – †110/170 € ††170/225 € – 4 suites – ☕ 18 € – ½ P

Rest *Le Bistrot du Grand Cerf* – voir les restaurants ci-après

Sur la pittoresque place du village, célèbre pour sa halle du 18e s., ce Grand Cerf – arborant de beaux colombages – abrite des chambres au charme champêtre, voire "forestier", avec leur décor de branchages et même de bois de cerf ! Insolite et très cosy... À noter : on peut accéder au délicieux spa de l'hôtel La Licorne.

Les Lions de Beauclerc

7 r. de l'Hôtel-de-Ville – ✆ 02 32 49 18 90 – www.lionsdebeauclerc.com
6 ch – 85/115 € 85/115 € – 13 € – ½ P
Rest ***Les Lions de Beauclerc*** – voir les restaurants ci-après
Meubles chinés et bibelots, tissus imprimés, atmosphère classique : au cœur du village, cette jolie maison en brique se révèle chaleureuse à souhait. On rugit de plaisir !

La Licorne Royale – Hôtel La Licorne

27 pl. Isaac-Bensarade – ✆ 02 32 48 24 24 – www.hotel-licorne.com – Fermé merc. et le midi sauf sam. et dim.
Menu 47/129 € – Carte 76/83 €
Des produits de qualité, une technique soignée, des associations de saveurs équilibrées et subtiles, au service du goût : la promesse d'un repas délicieux, de surcroît dans un cadre intime et charmant, associant avec réussite rustique et contemporain. ➜ Millefeuille de foie gras de canard à l'anguille et pomme granny smith. Côte de veau de lait marinée à l'armagnac, cèpes et noix. Beignets à la pomme, mousse à la gelée de cidre.

Les Lions de Beauclerc – Hôtel Les Lions de Beauclerc

7 r. Hôtel de Ville – ✆ 02 32 49 18 90 – www.lionsdebeauclerc.com – Fermé merc. et jeudi
Formule 15 € – Menu 18/33 € – Carte 17/41 €
C'est d'abord un joli endroit, au charme classique (cheminée, boiseries, papiers peints colorés) ; c'est aussi une sympathique table traditionnelle, qui propose également – fait original – un large choix de crêpes et galettes. Ces Lions ont du chien !

Le Bistrot du Grand Cerf – Hôtel Le Grand Cerf

30 pl. Isaac-Bensarade – ✆ 02 32 49 50 50 – www.grandcerf.fr – Fermé lundi et mardi
Formule 19 € – Menu 29/39 € – Carte 36/94 €
L'endroit possède un indéniable cachet avec ses colombages, ses briques, ses grosses poutres au plafond et son agréable terrasse dans la cour pavée. Escalope de foie gras de canard poêlée, blanquette de veau de nos grands-mères, etc. : la tradition bistrotière est de mise, sans oublier les fromages du pays !

LYS-ST-GEORGES

✉ 36230 (Indre) – 246 hab. – **Voir carte n°12-C3**
Paris 287 km – Argenton-sur-Creuse 29 km – Bourges 80 km – Châteauroux 29 km
Carte Michelin 323-G7 – Guide Vert Michelin Limousin Berry

Auberge La Forge

7 r. du Château – ✆ 02 54 30 81 68 – www.restaurantlaforge.com – Fermé 2-8 juil., 24 sept.-10 oct., 2-23 janv., mardi sauf en juil.-août, dim. soir et lundi
Menu 20 € (déj. en semaine), 31/51 € – Carte 36/63 €
Cheminée, tomettes, poutres apparentes et tonnelle ombragée : rien ne manque dans cette auberge champêtre, étape incontournable sur le circuit "George Sand"... surtout si vous êtes amateur de saveurs du terroir. Cassoulet, côte de porc fermier aux pleurotes : la carte est vraiment alléchante et les prix très doux !

MACÉ – 61 Orne ➜ voir Sées

MACHILLY

✉ 74140 (Haute-Savoie) – 957 hab. – **Voir carte n°46-F1**
Paris 548 km – Annemasse 11 km – Genève 21 km – Thonon-les-Bains 20 km
Carte Michelin 328-K3

Le Refuge des Gourmets

90 rte des Framboises – ✆ 04 50 43 53 87 – www.refugedesgourmets.com – Fermé 3-10 mars, 18 août-3 sept., dim. soir et lundi
Formule 28 € – Menu 40/82 € – Carte 74/91 €
Ce restaurant cossu, d'inspiration Belle Époque, est un vrai refuge de gourmets ! Le chef et sa brigade concoctent une jolie cuisine classique et de saison, rehaussée de touches créatives. Les menus sont organisés autour de grandes thématiques, comme une saison ou un produit (chasse, homard, morilles, truffe noire...).

LA MACHINE (COL DE) – 26 Drôme ➜ voir St-Jean-en-Royans

MACINAGGIO – 2B Haute-Corse ➜ voir Corse

MÂCON

✉ 71000 (Saône-et-Loire) – 34 040 hab. – **Voir carte n°8-C3**
Paris 391 km – Bourg-en-Bresse 38 km – Chalon-sur-Saône 59 km – Lyon 71 km
Carte Michelin 320-I12 – Guide Vert Michelin Bourgogne

Hôtel d'Europe et d'Angleterre sans rest

92 quai J.-Jaurès – ✆ 03 85 38 27 94 – www.hotel-europeangleterre-macon.com
31 ch – †67/154 € ††67/154 € – ☕ 13 € Plan : BY**m**
Fondé en 1804, très couru entre les deux guerres – avec un restaurant trois étoiles ! –, ce fameux hôtel des bords de Saône a été rénové du sol au plafond. Décor moderne dans le hall, meubles contemporains et bons équipements dans les chambres : c'est une petite résurrection.

Ibis Styles sans rest

91 r. Victor-Hugo – ✆ 03 85 39 17 11 – www.accorhotels.com Plan : AZ**b**
48 ch ☕ – †83/108 € ††93/118 €
En plein centre-ville, un bel immeuble en pierre dont l'intérieur a été entièrement rénové dans un style plutôt pop, avec des couleurs acidulées et un mobilier moderne. Côté cour, on découvre une grande piscine extérieure, au calme. Reposant !

Hôtel du Nord sans rest

313 quai Jean-Jaurès – ✆ 03 85 38 08 68 – www.hotel-dunord.com
– Fermé 1 semaine au mois d' août et vacances de Nöel Plan : BY**g**
15 ch – †76/80 € ††86/90 € – ☕ 8,50 €
Les pieds dans l'eau... de la Saône, à quelques pas du centre, le meilleur petit hôtel de la ville vous ouvre ses portes : l'atmosphère est familiale, l'ensemble a été aménagé avec goût – la propriétaire est une ancienne styliste – et toutes les chambres ont été rénovées au cours des dernières années. Cosy et douillet !

Pierre (Christian Gaulin)

7 r. Dufour – ✆ 03 85 38 14 23 – www.restaurant-pierre.com – Fermé 3 semaines en juil., 1 semaine en fév., dim. soir, mardi midi et lundi Plan : BZ**k**
Menu 26 € (déj. en semaine), 35/85 € – Carte 65/80 €
Une grande cheminée, des pierres apparentes, des poutres et, partout, beaucoup de raffinement. Dans l'assiette, même élégance : Christian Gaulin marie classicisme, terroir et modernité... et le fait bien. Un hommage subtil rendu à la Bourgogne ! ➜ Croustillant de homard bleu et truffe fraîche de Bourgogne. Quenelles de brochet sur coulis de homard. Soufflé chaud aux griottines confites.

Le Poisson d'Or

allée du Parc, par ① et bords de Saône – ✆ 03 85 38 00 88
– www.lepoissondor.com – Fermé 4-13 mars, 4-28 oct., dim. soir, mardi soir et merc.
Menu 26/68 € – Carte 54/72 €
Père et fils concoctent une jolie cuisine d'aujourd'hui, fine et précise, où le poisson et les fruits de mer partagent l'affiche avec le filet de bœuf charolais et la canette des Dombes. Côté décor, des murs pastel et de grandes baies vitrées pour noyer son regard dans la Saône.

L'Ethym'Sel

10 r. Gambetta – ✆ 03 85 39 48 84 – Fermé 27 juil.-17 août, 1 semaine vacances scolaires de fév., mardi soir et merc. de sept. à juin, dim. sauf le midi de sept. à juin et lundi en juil.-août Plan : BZ**t**
Formule 16 € – Menu 18 € (semaine), 30/50 € – Carte environ 38 €
Tout près des quais, un joli restaurant contemporain et reposant, où il fait bon s'attabler. On découvre une carte bien étoffée, au service d'une cuisine au goût du jour et d'inspiration traditionnelle. De quoi se laisser séduire, d'autant que contrairement aux plats, les prix ne font pas d'étincelles...

MÂCON

Barre (Pl. de la) .... **AYZ** 2
Barre (R. de la) ...... **BZ** 3
Dombey (R.) .... **BZ** 5
Dufour (R.) .... **BZ** 6
Gaulle (Av. Gén.-de) .. **BY** 7
Laguiche (R. Ph.) .... **BZ** 8
Lamartine (R.) ..... **BYZ** 9
Paix (Square de la) ... **BY** 10
Perrier (R.) .... **AY** 12
Poissonnière (Pl.) .... **BZ** 13
Pont (R. du) .... **BZ** 14
Préfecture (R. de la) . **BY** 15
St-Étienne (Pl.) ...... **BY** 17
St-Nizier (R.) .... **BZ** 18
Sigorgne (R.) .... **BZ** 19
Strasbourg (R. de) ... **BY** 20
Ursulines (R. des) ... **BY** 21
11-Nov.-1918 (R. du) **ABY** 22
28-Juin-1944 (R.) .... **BY** 24

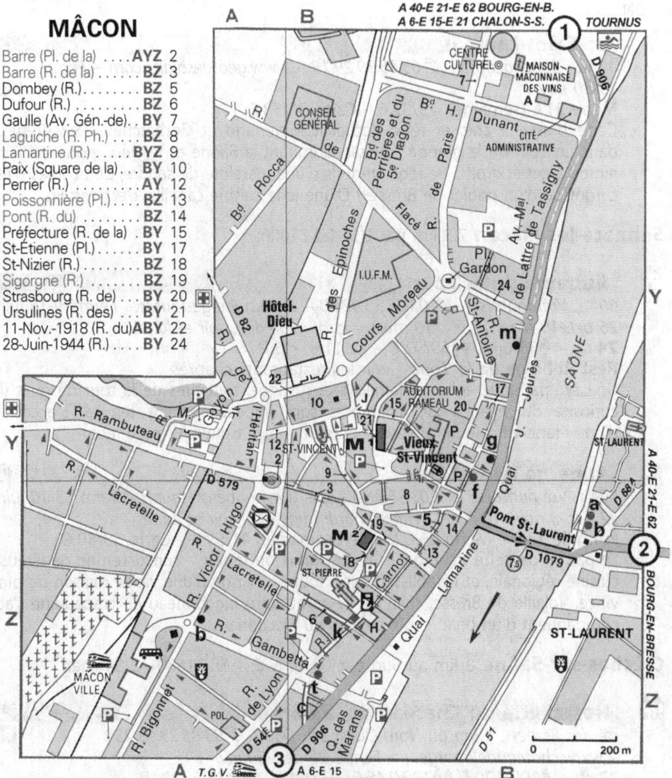

L'Ambroisie

103 r. Marcel-Paul, (Rond-Point de l'Europe), par ③ – ✆ 03 85 38 12 21 – www.lambroisie.fr – Fermé 1er-15 août et dim.

Formule 13 € – Menu 18 € (déj. en semaine), 25/58 € – Carte 28/84 €

Rouelles de volaille et risotto, escargots de Bourgogne en persillade, etc. La carte est "bistronomique" – comme le revendique le jeune patron – et évolue en fonction des saisons. Côté service, amabilité et attention sont de mise dans ce décor chaleureux et plutôt soigné.

L'Ardoise

19 r. Franche – ✆ 03 85 31 62 26 – Fermé 5-20 août dim. et lundi Plan : BY**f**

Menu 14 € (déj.)/30 € – Carte 30/37 €

Les produits régionaux sont ici à l'honneur ! Aux manettes, le chef, Stéphane Chevauchet, concocte avec maîtrise toute une série de jolis plats du terroir, du jambon persillé à la cassolette de poulet de Bresse, en passant par le tournedos charolais… Le service est soigné et plein de gentillesse.

à St-Laurent-sur-Saône (01Ain) – ✉ 01750 – 1 749 hab.

L'Autre Rive

143 quai Bouchacourt – ✆ 03 85 39 01 02 – www.lautrerive.fr – Fermé 1er-10 mars, 20-30 août, 23-26 déc., mardi midi, dim. soir et lundi Plan : BZ**a**

Formule 20 € – Menu 27/40 € – Carte 30/43 €

Nous voici sur "l'autre rive" de la Saône, face à Mâcon, où la vue sur les quais est imprenable ! On appréciera aussi le décor du restaurant, jouant sur des tons pastel, très tendance. Le chef est passionné par les vins – qu'il aime conseiller en salle – et sa cuisine honore les viandes du terroir comme les produits de la mer.

Le Saint-Laurent

1 quai Bouchacourt – ✆ 03 85 39 29 19 – www.georgesblanc.com – Fermé 15-30 nov. Plan : BZ**b**

Menu 21 € (semaine), 29/52 € – Carte 36/58 €

Cette brasserie chic et rétro accueillit Mitterrand et Gorbatchev ! S'assirent-ils dans un coin de la grande terrasse, admirant la Saône et le vieux pont qui l'enjambe à cet endroit ? Se régalèrent-ils d'une matelote de sandre, de ravioles d'escargot ou d'un poulet de Bresse ? D'une jolie cuisine canaille, c'est certain.

à Sennecé-lès-Mâcon 7,5 km par ① – ✉ 71000

Auberge de la Tour

604 r. Vrémontoise – ✆ 03 85 36 02 70 – www.auberge-tour.fr – Fermé 9-16 juin, 26 oct.-10 nov., 16 fév.-10 mars, mardi midi, dim. soir et lundi

24 ch – †55/66 € ††69/92 € – ☕ 11 € – ½ P

Rest *Auberge de la Tour* – voir les restaurants ci-après

Une sympathique auberge familiale et rustique, tout près de la tour de guet (la curiosité du village). Les chambres sont impeccablement tenues. L'occasion d'une étape viticole : la cave de la commune se trouve juste en face.

Auberge de la Tour

604 r. Vrémontoise – ✆ 03 85 36 02 70 – www.auberge-tour.fr – Fermé 3-10 juin, 22 oct.-5 nov., 18 fév.-11 mars, mardi midi, dim. soir et lundi

Formule 14 € – Menu 26 € (déj. en semaine), 41/59 € – Carte 38/50 €

Le patron de cette auberge – un passionné du terroir – concocte une généreuse cuisine régionale, et l'établissement a tout le charme d'une vieille maison de province. Volaille de Bresse, civet de lièvre et autre pigeonneau en crapaudine s'accompagnent d'un beau choix de vins du Mâconnais.

à Crèches-sur-Saône 8 km au Sud par ③ et N 6 – ✉ 71680 – 2 846 hab.

Hostellerie du Château de la Barge

rte des Bergers, 1 km au Nord-Ouest par D89 – ✆ 03 85 23 93 23 – www.chateaudelabarge.fr – Fermé 20 déc.-6 janv.

22 ch – †100/120 € ††120/145 € – 3 suites – ☕ 15 € – ½ P

Rest *Hostellerie du Château de la Barge* – voir les restaurants ci-après

Cette vaste demeure du 17e s. est cernée par un joli parc avec piscine, au pied des vignes. On vient s'y reposer dans une atmosphère qui balance entre classicisme et modernité, les chambres étant décorées dans un esprit contemporain. Une association de styles atypique.

Hostellerie du Château de la Barge

rte des Bergers, 1 km au Nord-Ouest par D89 – ✆ 03 85 23 93 23 – www.chateaudelabarge.fr – Fermé 22 déc.-3 janv.

Formule 19 € 🍷 – Menu 23/90 € 🍷 – Carte 46/83 €

Les deux chefs de cet élégant restaurant se mettent en quatre pour interpréter les classiques de la gastronomie du terroir. Au menu par exemple : tarte fine aux escargots ail et persil, risotto de homard, gaufrettes mâconnaises... et un beau choix de pouilly-fuissé.

à Chevagny-les-Chevrières 7 km à l'Ouest par D 17 et D 194 – ✉ 71960 – 605 hab.

L'Arbre Blanc

pl. de l'Église – ✆ 03 85 40 63 26 – www.restaurant-alexandre-blanc.e-monsite.com – Fermé dim. soir, lundi et mardi

Menu 28 € (déj. en semaine)/45 € *(réservation conseillée)*

Un restaurant chic et convivial, tout habillé de blanc. Dans les assiettes : finesse, tradition et créativité sont au rendez-vous, au gré d'un menu unique renouvelé chaque mois. Accueil charmant... tout comme l'ensemble de l'adresse !

à Fuissé 8,5 km au Sud-Ouest par D 172 puis D 54 – ✉ 71960 – 355 hab.

XX **L'O des Vignes** Ⓝ

r. du Bourg – ✆ 03 85 38 33 40 – www.lodesvignes.com – Fermé mardi et merc.
Menu 26 € (déj. en semaine), 45/69 € – Carte 30/80 €
D'abord la grande cour fermée, avec ses arbres centenaires portant leur ombre sur la terrasse, puis cette belle maison du début du 20e s., typique de la région : l'endroit est charmant. Dans une salle moderne et spacieuse, on déguste une cuisine actuelle, évoluant selon les saisons et le marché. Une belle expérience !

LA MADELAINE-SOUS-MONTREUIL – 62 Pas-de-Calais → voir Montreuil

---

MADIRAN

✉ 65700 (Hautes-Pyrénées) – 449 hab. – **Voir carte n°28-A2**
Paris 753 km – Pau 51 km – Tarbes 41 km – Toulouse 154 km
Carte Michelin 342-L1

XX **Le Prieuré** avec ch — rest, ch, P

4 r. de l'Église – ✆ 05 62 31 44 52 – www.leprieure-madiran.fr
– Fermé 2 semaines en fév., mardi midi, dim. soir et lundi
9 ch – †80/90 € ††80/90 € – ☕ 10 €
Formule 20 € – Menu 30 € (déj. en semaine), 41/46 € – Carte environ 50 €
Ce monastère du 11e s. abrite un restaurant au décor élégant, mais aussi la maison des vins de Madiran. Terrasse sous la tonnelle et cuisine régionale.

MAFFLIERS

✉ 95560 (Val-d'Oise) – 1 664 hab. – **Voir carte n°18-B1**
Paris 29 km – Beaumont-sur-Oise 10 km – Beauvais 53 km – Compiègne 73 km
Carte Michelin 305-E6

Novotel — ch, rest, P

allée des Marronniers – ✆ 01 34 08 35 35 – www.novotel.com
99 ch – †99/210 € ††99/210 € – ☕ 16 €
Rest – Formule 14 € – Carte 21/40 €
Dans un parc au grand calme, des chambres fonctionnelles et confortables, situées dans une annexe ouverte sur la verdure. La demeure principale de cet ancien domaine du 18e s. abrite le restaurant, des salles de séminaire et un couloir de nage.

MAGAGNOSC – 06 Alpes-Maritimes → voir Grasse

MAGALAS

✉ 34480 (Hérault) – 2 977 hab. – **Voir carte n°22-B2**
Paris 755 km – Béziers 54 km – Montpellier 17 km – Narbonne 82 km
Carte Michelin 339-E8

X **Ô. Bontemps**

pl. de l'Église – ✆ 04 67 36 20 82 – www.o-bontemps.com – Fermé 1 semaine en mars, 1 semaine en mai, 2 semaines en sept., 2 semaines en déc., dim., lundi, fériés et le midi sauf vend. et sam.
Menu 38/85 € *(réservation conseillée)*
Sympathique restaurant tenu par un jeune chef qui a autant l'instinct du produit que le sens du spectacle (admirez sa découpe des viandes en salle !). Réservation nécessaire…

LA MAGDELEINE – 16 Charente → voir Barbézieux-St-Hilaire

MAGESCQ

✉ 40140 (Landes) – 1 853 hab. – **Voir carte n°3-B2**
Paris 722 km – Bayonne 45 km – Biarritz 52 km – Castets 13 km
Carte Michelin 335-D12 – Guide Vert Michelin Aquitaine

Relais de la Poste

24 av. de Maremne – ✆ 05 58 47 70 25 – www.relaisposte.com – Fermé 12 nov.-13 déc., 5-18 janv., lundi et mardi du 15 janv. au 30 mars
14 ch – †220/270 € ††220/270 € – 2 suites – ☕ 25 € – ½ P
Rest ***Relais de la Poste*** ✿✿ – voir les restaurants ci-après
Des tapis de fleurs, un verger, des ceps de vignes, de belles allées de pins, une superbe piscine... On ne se lasse pas de ce parc de 8 ha, ni des chambres d'ailleurs, spacieuses et très confortables. Un castel landais plein de caractère.

Relais de la Poste (Jean Coussau)

✿✿

24 av. de Maremne – ✆ 05 58 47 70 25 – www.relaisposte.com – Fermé 12 nov.-13 déc., 5-18 janv., mardi sauf le soir en juil.-août et lundi
Menu 55 € (semaine), 85/115 € – Carte 95/112 € *(réservation conseillée)*
Une valeur très sûre : de père en fils, on cultive ici le classicisme de main de maître. Une partition exécutée dans les règles de l'art, au service de produits superbes et de saveurs pleines de naturel. Pour un grand repas, face à la pinède.
➜ Foie gras de canard chaud aux raisins. Saumon sauvage de l'Adour grillé, sauce béarnaise. Croustade landaise aux pommes et pruneaux, crème brûlée et sorbet à l'armagnac.

Côté Quillier

26 av. de Maremne – ✆ 05 58 47 79 50 – www.relaisposte.com – Fermé 11 nov.-14 déc. et 6-19 janv.
Formule 21 € 🍷 – Menu 24/34 € – Carte 38/50 €
Un élégant bistrot, dont les couleurs tendance s'harmonisent au mobilier design. On y apprécie une cuisine du marché. Terrasse et magnifique jardin où vous attend un jeu... de quilles. Ambiance conviviale.

MAGNAC-BOURG

✉ 87380 (Haute-Vienne) – 1 086 hab. – Voir carte n°**24**-B2
Paris 419 km – Limoges 31 km – St-Yrieix-la-Perche 28 km – Uzerche 28 km
Carte Michelin 325-F7 – Guide Vert Michelin Limousin Berry

Auberge de l'Étang

9 rte de la Gare – ✆ 05 55 00 81 37 – www.aubergedeletang.com – Fermé 10 nov.-8 déc., 24 fév.-10 mars, dim. soir et lundi de sept. à juin
14 ch – †53/65 € ††53/65 € – ☕ 10 €
Rest – Formule 12 € – Menu 17 € (semaine), 23/48 € – Carte 31/59 € *(fermé dim. soir, lundi de sept. à juin et merc. midi en juil.-août)*
Au bord d'un étang, un petit hôtel-restaurant engageant et bien pratique pour une étape sur la route des vacances (l'autoroute n'est qu'à 1 km). Les chambres sont bien tenues, l'accueil sympathique et les enfants apprécieront la piscine !

MAGNY-COURS – 58 Nièvre ➜ voir Nevers

MAGNY-LE-HONGRE – 77 Seine-et-Marne ➜ voir Paris, Environs (Marne-la-Vallée)

MAÎCHE

✉ 25120 (Doubs) – 4 355 hab. – Voir carte n°**17**-C2
Paris 498 km – Besançon 75 km – Belfort 60 km – Montbéliard 42 km
Carte Michelin 321-K3 – Guide Vert Michelin Franche-Comté Jura

à Mancenans-Lizerne 2,5 km à l'Est par D 464 et D 272 – ✉ 25120 – 185 hab.

Au Coin du Bois

4 r. Sous-le-Rang, La Lizerne – ✆ 03 81 64 00 55 – www.restaurant-aucoindubois.com – Fermé 21 juil.-4 août, 28 oct.-3 nov., 27 janv.-10 fév., merc. soir, dim. soir et lundi
Menu 14 € (déj. en semaine), 27/62 € – Carte 31/62 €
Un joli chalet, à la fois simple et soigné, entouré de sapins et avec une agréable terrasse. Le jeune chef signe une cuisine soignée, réalisée avec de bons produits frais.

MAILLANE – 13 Bouches-du-Rhône ➜ voir St-Rémy-de-Provence

MAINTENON

⊠ 28130 (Eure-et-Loir) – 4 473 hab. – **Voir carte n°12-C1**
Paris 90 km – Chartres 19 km – Évry 77 km – Orléans 104 km
Carte Michelin 311-F4 – Guide Vert Michelin Île-de-France

Le Petit Marché

2 bis pl. Omer et Noé Sadorge – ✆ 02 37 23 17 38 – www.lepetitmarche-maintenon.fr – Fermé 2 semaines fin oct.-début nov., 2 semaines en mars, dim. soir de nov. à fin mars et merc.

Menu 21/45 € – Carte 45/58 €

L'adresse évoque une petite brasserie, mais une petite brasserie qui sort du lot. Ses credo : la convivialité, la tradition bistrotière et... la viande. C'est copieux, généreux, et, de la salle, on peut voir le chef en cuisine. Pas de doute, tout est frais et fait minute !

MAISONNAIS

⊠ 18170 (Cher) – 231 hab. – **Voir carte n°12-C3**
Paris 308 km – Bourges 60 km – Châteauroux 52 km – Orléans 182 km
Carte Michelin 323-J7

La Maison d'Orsan 

Prieuré Notre-Dame-d'Orsan, 5 km au Nord – ✆ 02 48 56 27 50 – www.prieuredorsan.com – Ouvert 1er avril-31 oct.

6 ch – 425/575 € – ½ P

Rest *La Maison d'Orsan* – voir les restaurants ci-après

Délicieuse étape dans un prieuré du 12e s. Plus qu'une maison de caractère, c'est avant tout un superbe jardin monastique avec – accessoirement – des chambres sobres et raffinées, comme aime le dire le propriétaire... Exquis et romantique !

La Maison d'Orsan 

Prieuré Notre-Dame-d'Orsan, 5 km au Nord – ✆ 02 48 56 27 50 – www.prieuredorsan.com – Ouvert 1er avril-31 oct. ; fermé le midi

Menu 70 €

Un endroit plein de charme, champêtre et hors du temps... On savoure ici un menu unique mettant en avant les produits du terroir, du potager et du marché. Frais et goûteux !

MAISONS-ALFORT – 94 Val-de-Marne ➜ voir Paris, Environs

MAISONS-DU-BOIS – 25 Doubs ➜ voir Montbenoit

MAISONS-LAFFITTE – 78 Yvelines ➜ voir Paris, Environs

MAISONS-LÈS-CHAOURCE – 10 Aube ➜ voir Chaource

MALAUCÈNE

⊠ 84340 (Vaucluse) – 2 665 hab. – **Voir carte n°40-B2**
Paris 673 km – Avignon 45 km – Carpentras 18 km – Vaison-la-Romaine 10 km
Carte Michelin 332-D8 – Guide Vert Michelin Provence

Le Domaine des Tilleuls sans rest 

rte du Mont-Ventoux – ✆ 04 90 65 22 31 – www.hotel-domainedestilleuls.com – Ouvert de mars à nov.

19 ch – 75/95 € 75/95 € – 13 €

Une magnanerie du 18e s. décorée dans le style provençal et très appréciée des randonneurs. Préférez les chambres donnant sur le parc planté de platanes et de... tilleuls !

La Chevalerie

53 pl. de l'Église, (Les Remparts) – ✆ 04 90 65 11 19 – www.la-chevalerie.net – Fermé1er-15 déc., 2-15 janv., mardi et merc. de janv. à mars, dim. soir et lundi

Formule 19 € – Menu 29/48 € – Carte 31/52 € *(réservation conseillée)*

Cette belle et imposante bâtisse fut jadis la demeure des princes d'Orange. On y accède désormais les "armes déposées" pour apprécier une cuisine traditionnelle et généreuse.

MALBUISSON

✉ 25160 (Doubs) – 704 hab. – Voir carte n°**17**-C3
Paris 456 km – Besançon 74 km – Champagnole 42 km – Pontarlier 16 km
Carte Michelin 321-H6 – Guide Vert Michelin Franche-Comté Jura

Le Lac

65 Grande-Rue – ✆ 03 81 69 34 80 – www.hotel-le-lac.fr – Fermé 12 nov.-12 déc.
53 ch – †52/68 € ††69/132 € – 3 suites – ☕ 12 € – ½ P
Rest – Menu 18 € (semaine), 29/49 € – Carte 34/67 €
Rest *Du Fromage* – Formule 12 € – Menu 18/22 € – Carte 25/38 €
Postée sur la rue principale de Malbuisson, cette imposante maison cache un jardin qui descend vers le lac... L'établissement est dans la même famille depuis trois générations et ne cesse d'évoluer, mêlant esprit rétro et modernité – le tout fort bien tenu. Copieux petit-déjeuner, pâtisseries maison au salon de thé, fondues et raclettes au bien nommé Restaurant du Fromage.

Beau Site

67 Grande-Rue – ✆ 03 81 69 70 70 – www.hotel-le-lac.fr – Fermé 17 nov.-19 déc.
17 ch – †35/48 € ††35/48 € – ☕ 12 €
Ce bâtiment d'architecture italienne abrite des chambres simples et fonctionnelles. Accueil à l'hôtel du Lac.

La Poste

61 Grande Rue – ✆ 03 81 69 79 34 – www.hotel-le-lac.fr – Fermé 12 nov.-12 déc.
10 ch – †46 € ††51/58 € – ☕ 12 € – ½ P
Rest *À la Ferme* – Formule 10 € – Menu 12 € (déj. en semaine), 17/19 € – Carte 20/41 € *(fermé dim. soir, mardi soir et lundi sauf juil.-août)*
Dans ce sympathique petit hôtel, les chambres sont colorées ; préférez celles donnant sur le lac, plus au calme. Trois plaisantes salles (rustique, classique ou "À la Ferme") pour savourer une cuisine axée terroir.

Le Bon Accueil (Marc Faivre) avec ch

rest,

Grande Rue – ✆ 03 81 69 30 58 – www.le-bon-accueil.fr
– Fermé 23 juin-8 juil., 27 oct.-12 nov., 15 déc.-15 janv., dim. soir sauf août, mardi midi et lundi
12 ch – †90 € ††90/140 € – ☕ 12 € – ½ P
Formule 27 € 🍷 – Menu 41/75 € – Carte 59/99 €
Bon accueil et art de recevoir depuis quatre générations ! On fait une belle étape dans cette maison régionale, chaleureuse et confortable. À l'heure des repas, plaisirs de haute gastronomie : Marc Faivre signe une cuisine fine et savoureuse, où le terroir révèle une belle fraîcheur.
→ Tarte fine à la morteau, étuvée de poireaux et œuf poché. Féra du Léman à l'absinthe de Pontarlier. Sorbet à la gentiane, macaronade aux pamplemousses.

aux Granges-Ste-Marie 2 km au Sud-Ouest – ✉ 25160

Auberge du Coude

1 r. du Coude – ✆ 03 81 69 31 57 – www.aubergeducoude.com
– Fermé 7 nov.-20 déc.
11 ch – †64 € ††69 € – ☕ 8,50 € – ½ P
Rest *Auberge du Coude* – voir les restaurants ci-après
Lovée près d'un coude du lac de St-Point, cette maison en pierre (1826) s'intègre tout naturellement au paysage verdoyant du haut Doubs. Les chambres sont simples et bien tenues. Nature autant que chaleureux !

Auberge du Coude

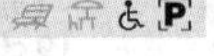

1 r. du Coude – ✆ 03 81 69 31 57 – www.aubergeducoude.com
– Fermé 7 nov.-20 déc. et dim. soir
Menu 19 € (déj. en semaine), 30/58 € – Carte 32/72 €
Dans une atmosphère champêtre (lambris, poutres), une cuisine régionale généreuse et pourtant parée d'une certaine légèreté : la marque d'un chef au beau parcours. Jolie sélection de vins du Jura.

LA MALÈNE

✉ 48210 (Lozère) – 166 hab. – Voir carte n°**23**-C1
Paris 609 km – Florac 41 km – Mende 41 km – Millau 44 km
Carte Michelin 330-H9

au Nord-Est 5,5 km sur D 907bis – ✉ 48210 Ste Énimie

Château de la Caze

– *✆ 04 66 48 51 01 – www.chateaudelacaze.com – Ouvert d'avril à mi-nov. et fermé merc. et jeudi en oct.*
9 suites – 190/280 € – 7 ch – 16 € – ½ P
Rest *Château de la Caze* – voir les restaurants ci-après
Sur les rives du Tarn, un superbe château fortifié construit au 15e s. Mobilier ancien, tours crénelées, baldaquins et vieilles pierres : rien ne manque ! Une atmosphère résolument châtelaine au cœur d'une nature préservée.

XXX **Château de la Caze**

– *✆ 04 66 48 51 01 – www.chateaudelacaze.com – Ouvert d'avril à mi-nov. et fermé merc. et jeudi en oct.*
Menu 35 € (déj. en semaine), 45/69 € – Carte 46/64 €
Dans l'ancienne chapelle de ce divin château, place aux nourritures terrestres ! On y apprécie une cuisine pleine de finesse, valorisant les produits frais du terroir (et quelques légumes du potager)... et rehaussée de très bons vins du Languedoc-Roussillon.

MALESHERBES

✉ 45330 (Loiret) – 6 190 hab. – **Voir carte n°12-C1**
Paris 75 km – Étampes 26 km – Fontainebleau 27 km – Montargis 62 km
Carte Michelin 318-L2 – Guide Vert Michelin Châteaux de la Loire

Écu de France

10 pl. Martroi – ✆ 02 38 34 87 25 – www.hotel-ecudefrance.fr
16 ch – 67/90 € 67/90 € – 10 €
Rest *Écu de France* Rest *Brasserie de l'Écu* – voir les restaurants ci-après
À deux pas du château de Malesherbes, un ancien relais de poste tenu par la même famille depuis 1938. Les chambres sont spacieuses et certaines sont décorées dans un style contemporain – ce sont les plus agréables. Une bonne étape.

XX **Écu de France** – Hôtel Écu de France

10 pl. Martroi – ✆ 02 38 34 87 25 – www.hotel-ecudefrance.fr – Fermé 4-17 août, jeudi soir et dim. soir
Menu 28 € (semaine), 40/55 € – Carte 32/86 €
Saint-Jacques, foie gras : telles sont, entre autres, les spécialités de ce sympathique restaurant traditionnel, où la générosité n'est pas un vain mot ! Aux beaux jours, direction la jolie terrasse fleurie.

X **Brasserie de l'Écu** – Hôtel Écu de France

10 pl. Martroi – ✆ 02 38 34 87 25 – www.hotel-ecudefrance.fr – Fermé 4-17 août, jeudi soir et dim. soir
Carte 26/83 €
Repas express à la Brasserie de l'Écu, autour d'une grillade, d'une salade ou de la spécialité de la maison : la tête de veau sauce ravigote ! Avis aux amateurs...

MALICORNE-SUR-SARTHE

✉ 72270 (Sarthe) – 1 970 hab. – **Voir carte n°35-C2**
Paris 236 km – Château-Gontier 52 km – La Flèche 16 km – Le Mans 32 km
Carte Michelin 310-I8 – Guide Vert Michelin Pays de la Loire

X **La Petite Auberge** 

5 pl. Duguesclin – ✆ 02 43 94 80 52 – www.petite-auberge-malicorne.fr – Fermé 24 déc.-28 fév., le soir sauf sam. de sept. à avril, dim. soir et mardi soir de mai à août et lundi
Menu 20 € (déj. en semaine), 30/60 € – Carte 39/53 €
L'été, on s'attable en terrasse, à fleur d'eau, et l'hiver, on se réfugie auprès de la belle cheminée du 13e s., dans un cadre délicieusement vieille France. Mousseline de lotte et merlu, selle d'agneau aux légumes de saison : une petite auberge comme on les aime, où la tradition domine...

MALLING

✉ 57480 (Moselle) – 557 hab. – **Voir carte n°26-B1**
Paris 352 km – Luxembourg 35 km – Metz 43 km – Trier 63 km
Carte Michelin 307-I2

à Petite Hettange 1 km à l'Est sur D 654 – ✉ 57480

XX **Olmi**
11 rte Nationale – ✆ 03 82 50 10 65 – www.olmi-restaurant.fr – Fermé 1 semaine vacances scolaires de fév., dim. soir, lundi et mardi
Menu 25 € (déj. en semaine), 40/65 € – Carte 52/70 €
Oubliez le relais routier, vous êtes désormais dans une auberge contemporaine. Le chef élabore une carte volontairement réduite, d'esprit classique, influencée par ses origines italiennes. Autre agrément : la terrasse sous les arbres !

MALO-LES-BAINS – 59 Nord ➜ voir Dunkerque

MANCENANS-LIZERNE – 25 Doubs ➜ voir Maîche

MANCEY – 71 Saône-et-Loire ➜ voir Tournus

MANCIET – 32 Gers ➜ voir Nogaro

MANDELIEU

✉ 06210 (Alpes-Maritimes) – 22 203 hab. – **Voir carte n°42-E2**
Paris 890 km – Brignoles 86 km – Cannes 9 km – Draguignan 53 km
Carte Michelin 341-C6 – Guide Vert Michelin Côte d'Azur

Les Bruyères sans rest
1400 av. de Fréjus – ✆ 04 93 49 92 01 – www.hotellesbruyeres.net – Fermé 2-31 janv. Plan : Y**h**
14 ch – 73/103 € 73/103 € – 9 €
Sur la N 7 et non loin de la plage et du golf, un petit hôtel récent avec des studios et des chambres fonctionnelles et bien tenues. Petit plus : la bonne insonorisation.

La Napoule – ✉ 06210

Pullman Royal Casino
605 av. Gén.-de-Gaulle, D 6098 – ✆ 04 92 97 70 00 – www.pullman-mandelieu.com Plan : Z**a**
211 ch – 122/750 € 122/750 € – 2 suites – 24 €
Rest *Royal Bay* ✆ 04 92 97 70 20 – – Formule 22 € – Menu 30 € – Carte 34/63 € *(fermé dim. soir et lundi de nov. à mars)*
Hors saison, c'est l'hôtel idéal pour le business et lorsqu'arrivent les beaux jours, c'est une possibilité d'hébergement grand confort. Les chambres sont modernes et plaisantes, la piscine et la plage sont sympathiques ; sur la terrasse du restaurant, face à la mer, on déguste de belles recettes méditerranéennes !

Villa Parisiana sans rest
152 r. de l'Argentière – ✆ 04 93 49 93 02 – www.villaparisiana.com – Fermé 15 nov.-30 janv. Plan : Z**d**
13 ch – 52/78 € 52/78 € – 8 €
Une villa 1900, située dans le quartier résidentiel du château. Les chambres sont certes petites mais fonctionnelles et à prix raisonnables. Reste l'ambiance, familiale à souhait. Le tout à proximité du port.

XXXX **L'Oasis** (Stéphane, Antoine et François Raimbault)
r. J.-H.-Carle – ✆ 04 93 49 95 52 – www.oasis-raimbault.com – Fermé de mi-déc. à mi-janv., dim. et lundi Plan : Z**r**
Formule 42 € – Menu 59 € (déj. en semaine), 74/235 € – Carte 140/210 €
Luxuriant patio, cadre élégant, délicieuses recettes méridionales aux accents orientaux, caravane des desserts, ateliers gourmands (cuisine, pâtisserie, œnologie) : cette oasis fraternelle n'a rien d'un mirage !
➜ Soleil levant de poisson cru "souvenir d'Osaka". Pêche locale au gré du marché Forville ou de la criée, rôtie au four. Caravane des desserts.
Le Bistrot l'Étage – voir les restaurants ci-après

LA NAPOULE

Abaguiers (R. des)	Z	2
Argentière (Rue de l')	Z	3
Aulas (R. Jean)	Z	4
Balcon d'Azur (Rd-Pt)	Z	5
Carle (R. J.-H)	Z	10
Chantier Naval (R. du)	Z	12
Clews (Av. H.)	Z	
Fanfarigoule (Bd)	Z	
Gaulle (Av. Gén.-de)	Z	
Hautes Roches (R. des)	Z	20
Mancha (Av. de la)	Z	22
Petit Port (R. du)	Z	
Pierrugues (R. Charles)	Z	24
Plage (R. de la)	Z	
Riou (Av. du)	Z	
San-Peyré (Bd du)	Z	
Soustelle (Bd J.)	Z	
23-Août (Av. du)	Z	

MANDELIEU-LA-NAPOULE

Bon Puits (Bd du)	Y	6
Cannes (Av. de)	Y	8
Ecureuils (Bd des)	Y	13
Esterel Parc (Bd)	Y	14
Europe (Av. de l')	Y	16
Fontmichel (Av. G.-de)	Y	17
Fréjus (Av. de)	Y	
Gaulle (Av. Gén.-de)	Y	19
Juin (Av. Mar.)	Y	
Marine-Royale (Allée de la)	Y	23
Mer (Av. de la)	Y	
Princes (Bd des)	Y	25
République (Av. de la)	Y	27
Ricard (Av. P.)	Y	
Siagne (R. de la)	Y	
Tavernière (Bd de la)	Y	28

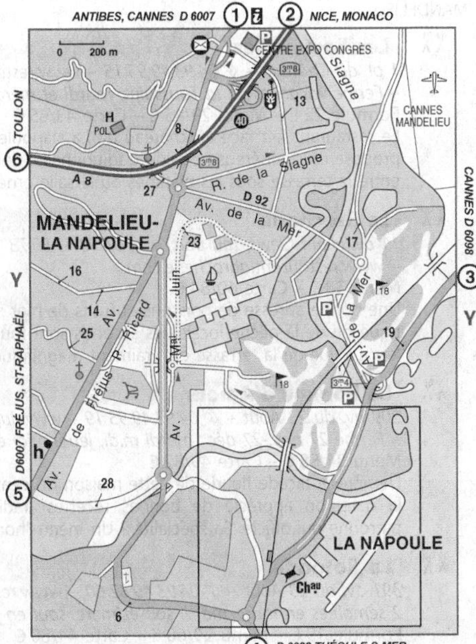

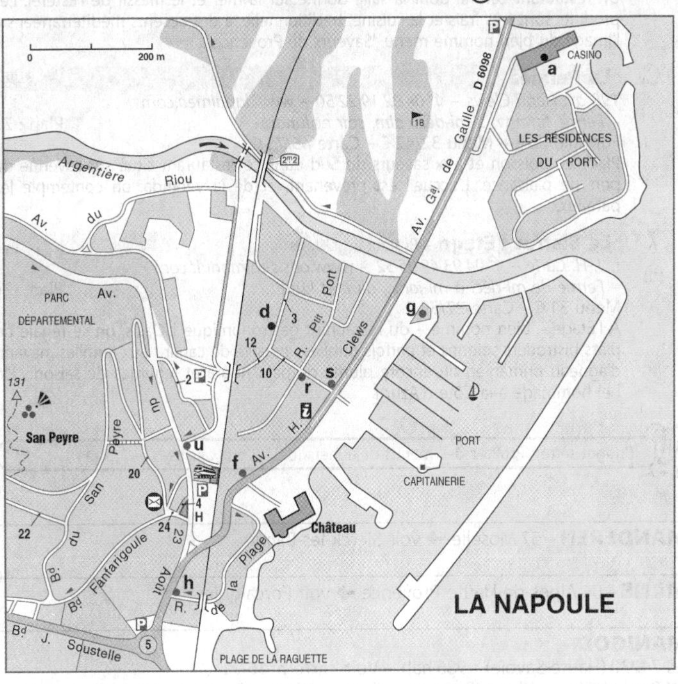

XX **Les Bartavelles**

1 pl. du Château – ✆ 04 93 49 95 15 – www.restaurantlesbartavelles.com – Fermé vacances de la Toussaint, mardi et merc. sauf juil.-août Plan : Z**f**
Formule 22 € – Menu 29/45 € – Carte 43/65 €
Le restaurant fait face au château de La Napoule. Derrière les fourneaux, le chef propose une généreuse cuisine traditionnelle. Côté ambiance, vous avez le choix entre la terrasse sous les platanes ou la salle ornée de peintures colorées.

XX **La Brocherie**

11 av. Henri-Clews, (au port) – ✆ 04 93 49 80 73 – www.restaurantlabrocherie.com Plan : Z**g**
Menu 38 € – Carte 60/84 €
Une bonne adresse de poissons et fruits de mer ; les premiers arrivent de l'Atlantique ou de la pêche locale, les seconds sont fournis par l'un des meilleurs écaillers. La vue de la terrasse est vraiment magnifique !

XX **La Pomme d'Amour**

209 av. du 23 Août – ✆ 04 93 49 95 19 – www.lapommedamour-restaurant.com – Fermé 27 nov.-27 déc., mardi midi, jeudi midi et lundi Plan : Z**u**
Menu 34/58 € – Carte 49/82 €
Derrière la façade fleurie de cette maison du centre de La Napoule, tout près de la gare, on apprécie de bonnes recettes traditionnelles. En cuisine, c'est la patronne qui officie. Sa spécialité ? Un menu "homard".

XX **La Rotonde**

391 av. du 23-Août – ✆ 04 93 49 82 60 – www.restaurantlarotonde.com – Fermé 2 semaines en mars, mardi soir et merc. sauf en juil.-août Plan : Z**h**
Formule 19 € – Menu 29/60 € – Carte 44/80 €
Un restaurant central dont la salle donne sur la mer et le massif de l'Esterel. Les produits sont très frais et la cuisine, traditionnelle, a des accents méditerranéens à l'image du bien nommé menu "Saveurs de Provence".

XX **La Palméa**

198 av. Henri-Clews – ✆ 04 92 19 22 50 – www.lapalmea.com – Fermé fin-nov. à mi-déc., dim. soir et lundi Plan : Z**s**
Formule 25 € – Menu 32/42 € – Carte 45/75 €
Place au poisson et aux saveurs du Sud dans ce restaurant situé sur l'avenue du port de plaisance. L'accueil est prévenant, et de la véranda, on contemple les bateaux.

X **Le Bistrot l'Étage** – Restaurant L'Oasis

r. J.-H.-Carle – ✆ 04 93 49 95 52 – www.oasis-raimbault.com – Fermé de mi-déc. à mi-janv., dim. et lundi Plan : Z**r**
Menu 31 € – Carte 27/54 €
À l'Étage – bien nommé – du restaurant gastronomique L'Oasis, on se régale de plats bistrotiers soignés et parfois oubliés : persillé de canard aux lentilles, navarin d'agneau printanier, ou encore pluma de pata negra et légumes de saison... Un bel hommage à la Côte d'Azur !

Budget serré ? Profitez des menus déjeuners (déj.) à prix ajustés.

MANDEREN – 57 Moselle → voir Sierck-les-Bains

MANE – 04 Alpes-de-Haute-Provence → voir Forcalquier

MANIGOD

✉ 74230 (Haute-Savoie) – 986 hab. – **Voir carte n°46-F1**
Paris 558 km – Albertville 39 km – Annecy 25 km – Chamonix-Mont-Blanc 67 km
Carte Michelin 328-L5

rte du col de la Croix-Fry 5 ,5 km - ✉ 74230 Manigod

Chalet Hôtel Croix-Fry

4910 rte du Col de la Croix Fry – ✆ 04 50 44 90 16 – www.hotelchaletcroixfry.com – Ouvert de mi-juin à mi-sept. et mi-déc. à mi-avril
8 ch – 🚹150/160 € 🚹🚹150/160 € – 1 suite – ☕ 22 € – ½ P
Rest *La Table de Marie-Ange* – voir les restaurants ci-après
Dans un cadre idyllique, au milieu des alpages, un beau chalet tenu par la même famille depuis des décennies (accueil charmant). Magnifiquement restauré, il révèle un bel intérieur montagnard... Un lieu superbe !

Les Sapins Ⓝ

6762 rte du Col de la Croix-Fry – ✆ 04 50 44 90 29 – www.les-sapins.fr – Fermé 28 avril-11 mai et 10 oct.-3 nov.
25 ch – 🚹90/280 € 🚹🚹100/290 € – ☕ 10 € – ½ P
Rest – Menu 20 € (déj. en semaine), 26/40 € – Carte 40/55 € *(fermé merc.)*
Un chalet situé sur le col de la Croix Fry, à deux pas des remontées mécaniques. Les chambres mêlent style contemporain et esprit montagnard. Au restaurant, on apprécie autant les spécialités savoyardes que la superbe vue depuis la terrasse. Parfait pour prendre un grand bol d'air !

La Table de Marie-Ange – Chalet Hôtel Croix-Fry

– ✆ 04 50 44 90 16 – www.hotelchaletcroixfry.com – Ouvert de mi-juin à mi-sept. et mi-déc. à mi-avril et fermé mardi midi, merc. midi et lundi
Menu 30 € (déj. en semaine), 55/78 € – Carte 63/85 €
La terrasse panoramique face aux Aravis est tout simplement magique, et il est difficile de quitter la Table de Marie-Ange... On s'y régale d'une jolie cuisine pétrie d'authenticité régionale et concoctée avec de beaux produits. Le pain est même fait dans un vrai four à bois, c'est dire !

MANOM – 57 Moselle ➜ voir Thionville

MANOSQUE

✉ 04100 (Alpes-de-Haute-Provence) – 22 105 hab. – **Voir carte n°40-B2**
▶ Paris 758 km – Aix-en-Provence 57 km – Avignon 91 km – Digne-les-Bains 61 km
Carte Michelin 334-C10 – Guide Vert Michelin Provence

Pré St-Michel sans rest

435 montée de la Mort-d'Imbert, 1,5 km au Nord par bd M.-Bret et rte de Dauphin – ✆ 04 92 72 14 27 – www.presaintmichel.com
24 ch – 🚹65/200 € 🚹🚹65/200 € – ☕ 13 €
Cette bâtisse régionale abrite des chambres spacieuses, de style provençal. Préférez celles avec terrasse privative. En prime, vue sur les toits de Manosque.

Le Sud

80 bd Charles-de-Gaulle – ✆ 04 92 87 78 58 – www.hotel-lesud.com
45 ch – 🚹88/150 € 🚹🚹88/150 € – ☕ 11 € – ½ P
Rest – Formule 17 € – Menu 21/32 € – Carte 34/56 €
Hôtel d'affaires, idéal pour les séminaires, situé aux portes du vieux Manosque. Les chambres, toutes identiques, et les salons arborent un décor aux accents provençaux. L'esprit du Sud souffle sur le restaurant : couleurs ensoleillées et plats régionaux.

Les Monges sans rest

3627 rte d'Apt, 4 km au Nord-Ouest par D 907 et rte secondaire – ✆ 04 92 72 68 41 – www.lesmonges.com – Ouvert 26 avril-5 oct.
5 ch ☕ – 🚹70/85 € 🚹🚹70/85 €
Une imposante bergerie en pierre sur les hauteurs, au grand calme. Les chambres sont fonctionnelles et bien tenues. Au petit-déjeuner, on apprécie les confitures maison et les œufs de la ferme. Accueil sympathique.

Dominique Bucaille

715 av. des Savels – ✆ 04 92 77 59 37 – www.restaurant-bucaille.com – Fermé 15 janv.-1er fév., dim. soir d'oct. à mai, lundi et mardi sauf fériés
Menu 48/75 € – Carte 66/75 € *(réservation conseillée)*
Une bastide du 18e s. sur le site d'anciennes cultures maraîchères... La salle, contemporaine et élégante, la terrasse face au jardin, le potager : tout est charmant. Et plus encore la cuisine, signée par Dominique Bucaille et sa fille, qui mettent très joliment en valeur les saveurs de la Provence.
➜ Effeuillé de morue, encornets en cocotte et vierge de tomate. Pigeonneau doré à l'ail doux, légumes du jardin. Sablé au beurre et miel de lavande "comme une tarte au citron" et crème glacée.

Sens et Saveurs

43 bd des Tilleuls – ✆ 04 92 75 00 00 – www.sensetsaveurs.com – Fermé 10-25 août, 10-25 janv., lundi soir, jeudi soir et dim.
Formule 20 € – Menu 28/50 € – Carte 35/44 €
D'abord monastère, puis filature, ensuite entrepôt alimentaire et enfin théâtre : la grande salle voûtée de ce restaurant a traversé les époques sans prendre une ride ! Un lieu de caractère et de charme pour une cuisine méridionale empreinte de personnalité. Ambiance familiale.

à La Fuste 6,5 km au Sud-Est par rte de Valensole – ✉ 04210

La Fuste avec ch

ch, rest,

lieu-dit la Fuste – ✆ 04 92 72 05 95 – www.lafuste.com – Fermé dim. soir, lundi et mardi en hiver
14 ch – †180/200 € ††180/200 € – 1 suite – ☕ 20 € – ½ P
Menu 45/95 € – Carte 72/110 €
Ne vous fiez pas au nom de ce restaurant ! Ici, point de construction en rondins mais une élégante hostellerie où l'on savoure une cuisine gorgée de saveurs. Dans la salle panoramique ou sur la terrasse, à l'ombre des platanes, les gourmands passent un bon moment. Belles chambres pour prolonger l'étape.

LE MANS

✉ 72000 (Sarthe) – 142 626 hab. – Agglo. 208 283 hab. – **Voir carte n°35-D1**
Paris 206 km – Angers 97 km – Le Havre 213 km – Nantes 184 km
Carte Michelin 310-K6 – Guide Vert Michelin Pays de la Loire

Mercure Centre sans rest

19 r. Chanzy – ✆ 02 43 40 22 40 – www.mercure.com Plan : DX**p**
69 ch – †89/175 € ††89/175 € – 4 suites – ☕ 15 €
Ce bel immeuble néoclassique (19e s.) abritait autrefois... le siège des Mutuelles du Mans ! Ses garanties ? Un bon niveau de confort, un certain esprit contemporain et du calme, à deux pas de la vieille ville.

Chantecler sans rest

50 r. de la Pelouse – ✆ 02 43 14 40 00 – www.hotelchantecler.fr – Fermé 24 déc.-1er janv., 3 semaines en août Plan : CY**f**
35 ch – †80/86 € ††95/101 € – ☕ 11 €
Un hôtel traditionnel entre gare et centre-ville. Mention spéciale à la salle des petits-déjeuners, aux airs de jardin d'hiver. D'importants travaux de rénovation ont été réalisés dans les chambres sobres et fonctionnelles.

Mercure Batignolles

17 r. de la Pointe – ✆ 02 43 72 27 20 – www.mercure-le-mans-batignolles.com
66 ch – †70/135 € ††80/145 € – ☕ 14 € Plan : AZ**b**
Rest – Carte 29/40 € *(fermé sam., dim. et le midi)*
Cet hôtel récent, en périphérie de la ville, se révèle fonctionnel et bien tenu : très commode pour faire étape. Les chambres, rénovées récemment, sont plus grandes dans l'annexe.

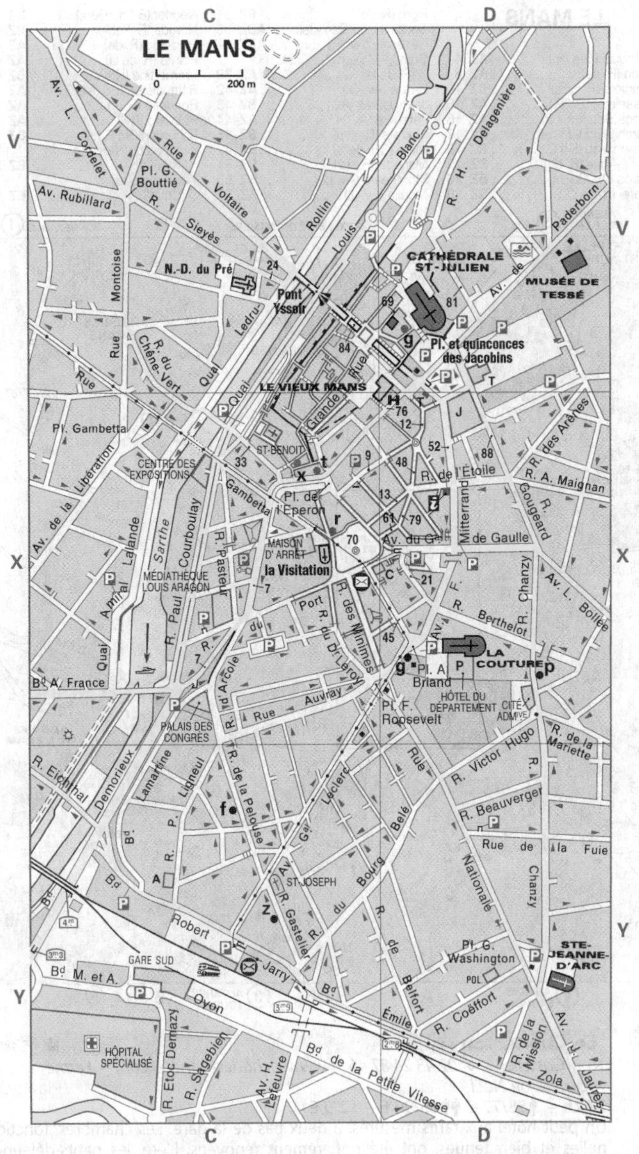

Barbier (R.) . . . . **CX** 7	Gambetta (R.) . . . . **CX**	Reine-Bérengère (R. de la) . . . **DV** 69
Barillerie (R. de la) . . . . **CX** 9	Levasseur (Bd René) . . . . **DX** 45	République (Pl. de la) . . . . **CX** 70
Blondeau (R. C.) . . . . **DX** 12	Marchande (R.) . . . . **DX** 48	Rostov-s-le-Don (Av. de) . . . . . . **DX** 76
Bolton (R. de) . . . . **DX** 13	Mendès-France (R. P.) . . . . **DX** 52	St-Jacques (R.) . . . . **DX** 79
Courthardy (R.) . . . . **DX** 21	Minimes (R. des) . . . . **CX**	Triger (R. Robert) . . . . **DV** 81
Dr-Gallouëdec (R.) . . . . **CV** 24	Nationale (R.) . . . . **DY**	Wright (R. Wilbur) . . . . **CV** 84
Galère (R. de la) . . . . **CX** 33	Perle (R. de la) . . . . **DX** 61	33e-Mobiles (R. du) . . . . **DX** 88

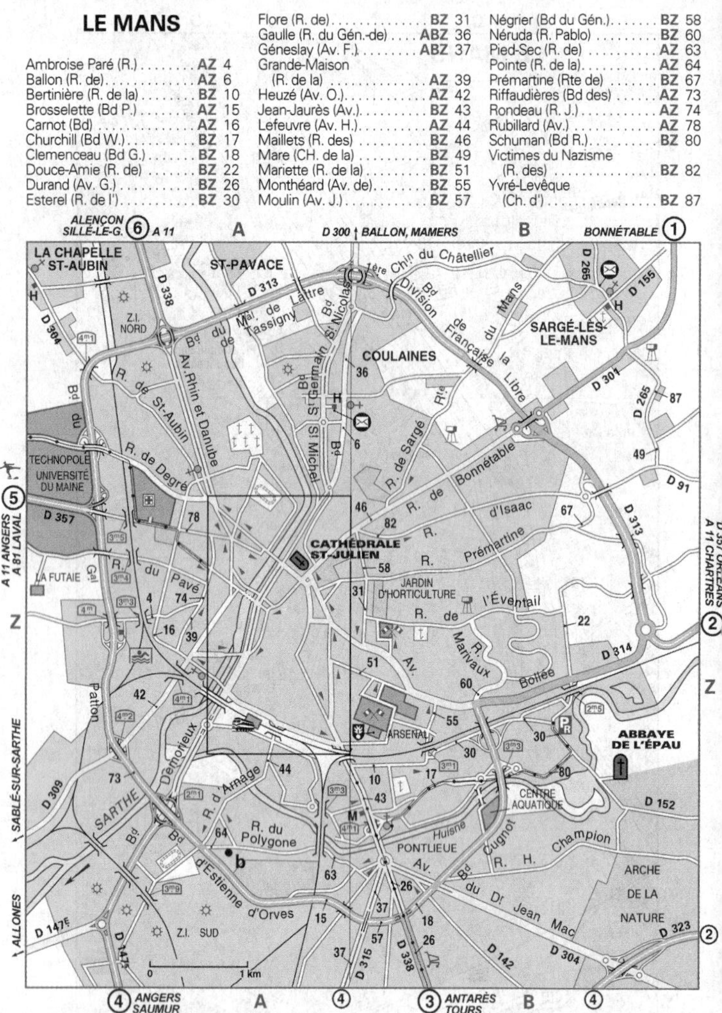

Le Charleston sans rest

18 r. Gastelier – ✆ 02 43 24 87 46 – www.lecharlestonhotel.com – Fermé vacances de Noël

Plan : CY**z**

31 ch – †58/77 € ††65/90 € – ☕ 9 €

Un petit hôtel aux tarifs mesurés, à deux pas de la gare. Les chambres, fonctionnelles et bien tenues, ont été entièrement rénovées. L'été, les petits-déjeuners sont servis dans la cour fleurie.

Le Beaulieu (Olivier Boussard)

34 bis pl. de la République, (1er étage) – ✆ 02 43 87 78 37 – Fermé 8-31 août, sam. et dim.

Formule 35 € – Menu 55 € (déj.), 69/84 €

Plan : CX**r**

Des produits d'excellente qualité, des jus savamment réduits, un nombre limité d'ingrédients joliment associés... La technique et l'épure au service des saveurs, dans ce Beaulieu élégant et feutré. → Foie gras de canard poêlé aux épices. Ris de veau braisé, réduction de porto et purée de pomme de terre aux truffes. Croustillant de fruits rouges, crème au citron de Menton.

XX **La Maison d'Élise** avec ch

8 r. du Doyenné – ✆ 02 43 47 85 11 – www.restaurant-lamaisondelise.fr – Fermé dim. et lundi Plan : DV**g**

5 ch – 95/100 € 100/145 €

Formule 18 € – Menu 27 € (semaine), 36/82 € – Carte environ 67 €

Ce restaurant gastronomique se cache dans une jolie maison du 18e s., à l'ombre de la cathédrale... La terrasse dans la cour, refermée par une grille, forme un cadre charmant ; les salles se révèlent assez intimes. Avis aux romantiques... et aux gourmands qui se régaleront d'une cuisine fine et actuelle.

XX **Le Grenier à Sel**

26 pl. de l'Eperon – ✆ 02 43 23 26 30 – www.restaurant-le-grenier-a-sel.fr – Fermé-18 mars, 10 août-3 sept., dim. et lundi Plan : CX**t**

Formule 20 € – Menu 25 € (semaine), 40/65 € – Carte environ 52 €

À l'entrée de la cité Plantagenêt, il fut bien un grenier à sel mais présente aujourd'hui un décor sagement contemporain... tel un écho à la cuisine du chef. La carte évolue avec les saisons et le marché, et séduit depuis longtemps les gourmands des environs !

X **La Réserve**

34 pl. de la République – ✆ 02 43 52 82 82 – Fermé dim. et lundi Plan : CX**r**

Carte 27/48 €

Une adresse dont le Tout-Mans parle... et c'est mérité. Déco tendance et courte carte autour d'une belle cuisine classique revisitée, ainsi qu'une ardoise d'appétissantes propositions du jour : une Réserve de saveurs !

X **La Ciboulette**

14 r. de la Vieille-Porte – ✆ 02 43 24 65 67 – www.laciboulettelemans.com

Formule 13 € – Menu 21/56 € – Carte 30/47 € Plan : CX**x**

Dans le vieux Mans, derrière une façade à colombages, une sympathique petite adresse au décor cosy. La carte fait profession de tradition, et met en avant les spécialités de la maison : rillettes du Mans aux noix, trilogie de lapin composée d'un parmentier, d'un râble confit et d'une blanquette au riesling.

à Savigné-l'Évêque 10 km par ① – ✉ 72460 – 4 041 hab.

La Villa des Arts sans rest

68 Grande-Rue – ✆ 06 08 94 19 17 – www.lavilladesarts.com – Ouvert mai-sept.

5 ch – 180/275 € 195/290 €

Dé-li-cieux ! Des petits ponts en fer forgé qui enjambent des douves en eau, des arbres centenaires et... cette très belle demeure du 18e s., bien nommée : objets d'art, mobilier ancien et, partout, des fresques – fruit de deux années de travail – qui évoquent le charme des villas italiennes de la Renaissance. Le tout éminemment confortable...

à Arnage 10 km par ④ – ✉ 72230 – 5 118 hab.

XXX **Auberge des Matfeux**

289 av. Nationale, au Sud sur D 147 – ✆ 02 43 21 10 71 – www.aubergedesmatfeux.fr – Fermé 2-11 mars, 28 avril-6 mai, 21 juil.-20 août, 2-6 janv., dim. soir, lundi et mardi

Menu 40/76 € – Carte 44/100 €

Des motifs abstraits aux murs, une vaisselle signée par un artiste local, etc. : le décor est contemporain et original, tout en restant élégant ! Dans l'assiette, on découvre une cuisine soignée, qui aime revisiter les classiques, que l'on accompagne de beaux millésimes de bordeaux et autres vins de Loire.

à l'Ouest 4 km par ⑤ sur D 357 – ✉ 72000 Le Mans

Auberge de la Foresterie rest,

rte de Laval – ✆ 02 43 51 25 12 – www.aubergedelaforesterie.com – Fermé 2 semaines en août et vacances de Noël

40 ch – 100/120 € 120/150 € – 12 € – ½ P

Rest – Formule 18 € – Menu 25/29 € – Carte 30/35 € *(fermé sam. midi et dim. soir)*

Sur la route de Laval, cet hôtel est aisément accessible de l'autoroute A 81 : parfait pour la clientèle d'affaires ! On s'installe dans des chambres assez spacieuses, fonctionnelles et bien tenues. Cuisine traditionnelle au restaurant.

à St-Saturnin 8 km par ⑥ – ✉ 72650 – 2 497 hab.

Domaine de Chatenay sans rest

sur D 304, rte de la Chapelle St-Aubin – ✆ 02 43 25 44 60 – www.domainedechatenay.com

8 ch – 118/130 € 148/155 €

Cette demeure du 18e s. apparaît au bout d'une belle allée cavalière, au cœur de la campagne mancelle. Meubles de famille, tapisseries, trumeaux, vieux portraits, etc., évoquent un décor à la Balzac. Le roman se finit toujours bien, chaque matin, dans le salon Empire, autour du petit-déjeuner...

MANSLE

✉ 16230 (Charente) – 1 565 hab. – Voir carte n°**39**-C2

Paris 421 km – Angoulême 26 km – Cognac 53 km – Limoges 93 km

Carte Michelin 324-L4 – Guide Vert Michelin Poitou-Charentes

Beau Rivage

pl. Gardoire – ✆ 05 45 20 31 26 – www.hotel-beau-rivage-charente.com – Fermé 17 fév.-10 mars, 15 déc.-4 janv.

29 ch – 69/79 € 69/79 € – 10 € – ½ P

Rest – Menu 15 € (semaine), 21/37 € – Carte 31/57 € *(fermé dim. soir sauf de mai à sept.)*

Impossible de manquer cet hôtel-restaurant traditionnel, dont la grande façade se dresse au bord de la Charente. Il abrite des chambres tenues avec soin, certaines avec un balcon donnant sur le fleuve.

à Luxé 6 km à l'Ouest par D 739 – ✉ 16230 – 800 hab.

Auberge du Cheval Blanc

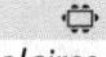

r. du Cheval-Blanc, (à la gare) – ✆ 05 45 22 23 62 – www.auberge-cheval-blanc.com – Fermé 1er-10 sept., fév., dim. soir, lundi et mardi

Formule 20 € – Menu 29/48 € – Carte environ 39 €

Sur la place de la gare, cette sympathique auberge centenaire vous invite à déguster une cuisine généreuse et soignée, qui met en valeur les produits régionaux dans le respect du cycle des saisons. Huîtres de Marennes-Oléron façon bordelaise, cabillaud aux pieds de cochon... le tout servi avec le sourire !

MANTES-LA-JOLIE

✉ 78200 (Yvelines) – 42 969 hab. – Voir carte n°**18**-A1

Paris 56 km – Beauvais 69 km – Chartres 78 km – Évreux 46 km

Carte Michelin 311-G2 – Guide Vert Michelin Île-de-France

Rive Gauche

1 r. du Fort – ✆ 01 30 92 30 16 – Fermé 3 semaines en août, vacances scolaires de fév., sam. midi, dim. et lundi Plan : B**a**

Formule 24 € – Carte 42/60 €

Près de la Seine, derrière la porte aux Prêtres, un restaurant sympathique au décor métissé. La cuisine brasse également les influences, de l'Asie en passant par l'Italie.

à Mantes-la-Ville 2 km par ③ – ✉ 78711 – 19 234 hab.

Le Moulin de la Reillère

171 rte de Houdan – ✆ 01 30 92 22 00 – www.lemoulindelareillere.fr – Fermé 1 semaine en mai, 3 semaines début août, 1 semaine en janv., sam. midi, dim. soir et lundi

Formule 26 € – Menu 36 € – Carte 45/60 €

Belle auberge aménagée dans un ancien moulin du 18e s. Un cadre bourgeois, avec sa terrasse et son ravissant jardin fleuri ; une cuisine classique bien réalisée.

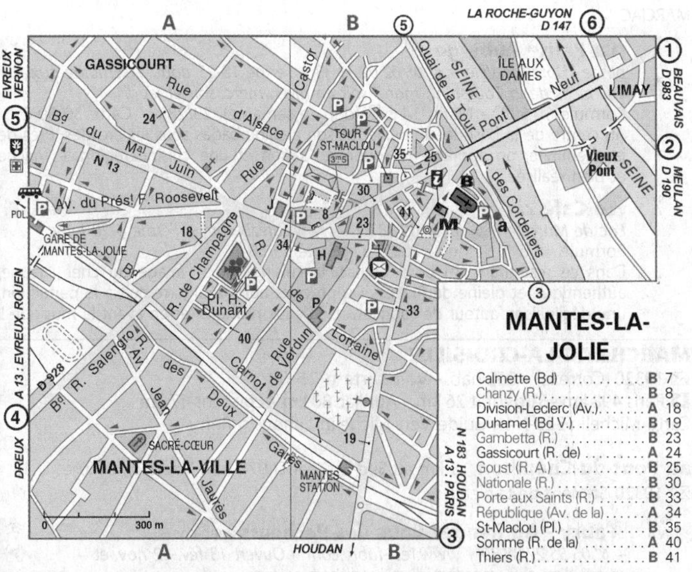

MANTES-LA-VILLE – 78 Yvelines ➜ voir Mantes-la-Jolie

MANVIEUX – 14 Calvados ➜ voir Arromanches-les-Bains

MANZAC-SUR-VERN

✉ 24110 (Dordogne) – 566 hab. – **Voir carte n°4-C1**
Paris 502 km – Bergerac 34 km – Bordeaux 112 km – Périgueux 20 km
Carte Michelin 329-E5

Le Lion d'Or avec ch

pl. de l'Église – ✆ 05 53 54 28 09 – www.lion-dor-manzac.com – Fermé 15-30 nov., 9 fév.-3 mars, dim. soir sauf juil.-août, mardi midi en juil.-août et lundi

8 ch – †60/63 € ††64/67 € – ☕ 9 €
Formule 14 € – Menu 20 € (déj. en semaine)/34 € – Carte 32/49 €
On s'installe dans une salle lumineuse, agrémentée de bibelots, pour savourer une copieuse cuisine traditionnelle prenant souvent l'accent du terroir. Chambres fonctionnelles et bien tenues.

MARAIS-VERNIER – 27 Eure ➜ voir Conteville

MARAUSSAN – 34 Hérault ➜ voir Béziers

MARÇAY – 37 Indre-et-Loire ➜ voir Chinon

MARCIAC

✉ 32230 (Gers) – 1 239 hab. – **Voir carte n°28-A2**
Paris 801 km – Auch 50 km – Bordeaux 189 km – Toulouse 129 km
Carte Michelin 336-C8

La Baguenaude sans rest

9 r. de Juillac – ✆ 05 62 09 57 03 – www.labaguenaude.fr

4 ch ☕ – †90/120 € ††90/120 €
Les amoureux du jazz pourront baguenauder vers cette jolie maison du 19e s., ils ne seront pas déçus ! Décoration éclectique et élégante, cour intérieure, fontaine : lénifiant.

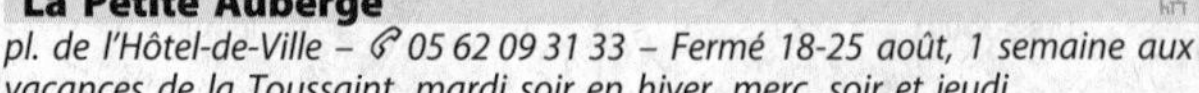

La Petite Auberge

pl. de l'Hôtel-de-Ville – ✆ 05 62 09 31 33 – Fermé 18-25 août, 1 semaine aux vacances de la Toussaint, mardi soir en hiver, merc. soir et jeudi
Formule 10 € 🍷 – Menu 14 € 🍷 (déj. en semaine), 20/28 € – Carte 30/50 €
Au centre de la bastide, une jolie maison à colombages sous les arcades. Près de la cheminée, on apprécie la soupe de saison et une cuisine régionale fraîche et bien réalisée.

Le Café Zik

Lac de Marciac – ✆ 05 62 09 88 72 – www.cafezik.com – Fermé 4-20 janv.
Formule 15 € 🍷 – Menu 26/55 € – Carte 39/53 €
Dans ce restaurant du bord du lac, la cuisine est à l'image du chef : jeune, authentique et pleine de finesse. Du porcelet noir de Bigorre cuit à la perfection, une déclinaison autour de l'abricot... De beaux produits, et en avant la musique !

MARCILLAC-LA-CROISILLE

✉ 19320 (Corrèze) – 852 hab. – **Voir carte n°25-C3**
Paris 498 km – Argentat 26 km – Aurillac 80 km – Égletons 17 km
Carte Michelin 329-N4 – Guide Vert Michelin Limousin Berry

au Pont-du-Chambon 15 km au Sud-Est, par D 978 (dir. Mauriac), D 60 et D 13
✉ 19320 St-Merd-de-Lapleau

Fabry - Au Rendez-vous des Pêcheurs avec ch

– ✆ 05 55 27 88 39 – www.rest-fabry.com – Ouvert 13 fév.-12 nov. et fermé dim. soir, mardi midi et lundi hors saison
8 ch – 50/54 € 50/54 € – 8 € – ½ P Formule 19 € – Menu 30/43 €
Pour une échappée au calme sur les bords de la Dordogne, voilà une maison familiale pleine de charme. Produits régionaux et herbes du jardin participent à une cuisine du terroir teintée de modernité : rouleaux croustillants de pieds de cochon aux cèpes, ris de veau au cantal et sauge, etc.

MARCOLÈS

✉ 15220 (Cantal) – 616 hab. – **Voir carte n°5-A3**
Paris 571 km – Aurillac 25 km – Clermont-Ferrand 178 km – Rodez 74 km
Carte Michelin 330-C6

Auberge de la Tour Ⓝ avec ch

pl. de la Fontaine – ✆ 04 71 46 99 15 – www.aubergedela-tour.com – Fermé 3 nov.-8 déc. et 1er janv.-10 fév.
5 ch – 42/63 € 60/89 € – 8 € – ½ P
Formule 19 € – Menu 31 € (semaine), 39/62 € – Carte 47/62 € *(fermé merc. midi, dim. soir et lundi)*
Une charmante bâtisse en pierre datant du 17e s., avec sa tour d'angle et son escalier à vis... On est accueilli dans deux jolies salles – dont une avec cheminée –, cosy et chaleureuses. Le chef travaille de beaux produits frais et réalise une cuisine fine et goûteuse, où le terroir s'immisce avec gourmandise.

MARCQ-EN-BAROEUL – 59 Nord ➜ voir Lille

MARENNES

✉ 17320 (Charente-Maritime) – 5 607 hab. – **Voir carte n°38-A2**
Paris 524 km – Poitiers 191 km – La Rochelle 58 km
Carte Michelin 324-D5 – Guide Vert Michelin Poitou-Charentes

Le Buccin

6 r. des Martyrs – ✆ 05 46 36 33 47 – www.restaurant-le-buccin.com – Fermé 11 nov.-14 fév. et lundi hors saison
Menu 18/40 € – Carte 28/58 €
Buccin ? Le nom scientifique du bulot. Aux commandes de cette jolie maison du port, deux frères – l'un au service, l'autre en cuisine avec sa brigade –, pour une belle cuisine de la mer réalisée avec des produits extrafrais : simple et bon.

MARGAUX

✉ 33460 (Gironde) – 1 506 hab. – **Voir carte n°3-B1**
▶ Paris 599 km – Bordeaux 29 km – Lesparre-Médoc 42 km
Carte Michelin 335-G4

à Arcins 6 km au Nord-Ouest par D 2 – ✉ 33460 – 433 hab.

Le Lion d'Or

11 rte de Pauillac – ✆ 05 56 58 96 79 – Fermé 13 juil.-4 août, 21 déc.-12 janv., dim., lundi sauf fériés
Menu 15 € 🍷 (semaine) – Carte 38/54 € *(réservation conseillée)*
Sur la route du Médoc, une auberge de village (19e s.) au cadre patiné par les ans – boiseries, casiers à bouteilles... On y savoure une jolie cuisine du marché et de copieux plats du terroir dans une atmosphère résolument chaleureuse.

MARGÈS

✉ 26260 (Drôme) – 925 hab. – **Voir carte n°43-E2**
▶ Paris 551 km – Grenoble 92 km – Hauterives 14 km – Romans-sur-Isère 13 km
Carte Michelin 332-D3

Auberge Le Pont du Chalon

rest,

50 rte des Dauphins, 2 km au Sud par D 538 – ✆ 04 75 45 62 13 – www.auberge-pontduchalon.com – Fermé 26 avril-7 mai, 25 août-3 sept. et 22-30 déc.
9 ch – †65/75 € ††80/100 € – ☕ 9 €
Rest – Formule 14 € – Menu 21 € (semaine), 28/37 € – Carte 27/45 € *(fermé dim. soir, lundi et mardi)*
Ambiance chaleureuse et raffinée dans cette auberge, nichée derrière un rideau de platanes. Dans les chambres, joliment meublées, les nuits sont douces... Et côté restaurant, la tradition est de mise – avec une jolie terrasse sous une pergola.

MARIENTHAL

✉ 67500 (Bas-Rhin) – **Voir carte n°1-B1**
▶ Paris 479 km – Haguenau 5 km – Saverne 42 km – Strasbourg 30 km
Carte Michelin 315-K4

Le Relais Princesse Maria Leczinska

1 r. Rothbach – ✆ 03 88 93 43 48 – Fermé sam. midi, dim. soir et merc.
Formule 15 € – Menu 19 € (déj. en semaine), 42/59 € *(réservation conseillée)*
Aux commandes : un couple japonais amoureux de la cuisine française ! Un relais entre tradition et épure (poutres, vitrail, tons clairs) ; une carte actuelle, riche de saveurs.

MARIGNANE

✉ 13700 (Bouches-du-Rhône) – 34 485 hab. – **Voir carte n°40-B3**
▶ Paris 753 km – Aix-en-Provence 24 km – Marseille 26 km – Martigues 16 km
Carte Michelin 340-G5 – Guide Vert Michelin Provence

à l'aéroport de Marseille-Provence au Nord

Pullman Marseille Provence

ch,

✉ 13728 – ✆ 04 42 78 42 78 – www.pullman-marseille-provence.com
177 ch – †115/275 € ††115/275 € – 1 suite – ☕ 25 €
Rest – Formule 26 € – Carte 41/63 €
Sur la zone aéroportuaire, un imposant bâtiment des années 1970, très confortable et aux abords verdoyants, avec piscine, tennis, fitness, restaurant lounge... Deux types de chambres : d'esprit provençal ou plus modernes.

Best Western Marseille Aéroport

ch,

(face à l'aéroport) ✉ 13127 Vitrolles – ✆ 04 42 15 54 00 – www.bwmrs.com
120 ch – †95/199 € ††95/199 € – ☕ 14 €
Rest – Formule 22 € 🍷 – Menu 33 € 🍷 – Carte 30/50 €
Créé dans les années 1980 sur le grand rond-point qui précède le terminal, un hôtel classique et bien tenu, tout à fait pratique pour une escale.

Holiday Inn Express Marseille Provence sans rest

7-8 impasse Pythagore, (zone de la Couperigne - direction gare de Vitrolles) ✉ 13127 Vitrolles – ✆ 04 42 15 09 30 – www.hiexpress.com/marseille-apt

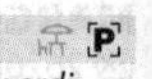

107 ch – 69/150 € 69/150 € – 10 suites

Inauguré en 2011, à proximité de l'aéroport – mais aussi de la gare de Vitrolles –, un hôtel très fonctionnel, aux chambres d'esprit chaleureux (tons chauds, effets bois). Le tout évidemment impeccable.

MARIGNY

✉ 71300 (Saône-et-Loire) – 150 hab. – **Voir carte n°8-C3**

Paris 380 km – Dijon 110 km – Mâcon 66 km – Nevers 174 km

Carte Michelin 320-G9

L'Atelier du Goût

Le Bourg – ✆ 03 85 57 81 87 – www.latelierdugout71.fr – Fermé lundi, mardi, merc. et jeudi

Formule 19 € – Menu 27/68 € – Carte 46/65 €

Côté déco, les tableaux de la propriétaire – institutrice de formation – égayent joliment la salle. Côté fourneaux, son chef de mari, amoureux des belles saveurs, concocte une cuisine de saison qui honore les produits... Gourmand et bon !

MARIGNY-ST-MARCEL

✉ 74150 (Haute-Savoie) – 650 hab. – **Voir carte n°46-F1**

Paris 536 km – Aix-les-Bains 22 km – Annecy 19 km – Bellegarde-sur-Valserine 43 km

Carte Michelin 328-I6

Blanc

90 av. Sindeldorf – ✆ 04 50 01 09 50 – www.blanc-hotel-restaurant.fr – Fermé 26 déc.-6 janv.

26 ch – 90/180 € 90/180 € – 13 € – ½ P

Rest *Blanc* – voir les restaurants ci-après

À mi-chemin entre Annecy et Aix-les-Bains, cet hôtel-restaurant s'est récemment doublé d'une annexe (de l'autre côté de la route), au style montagnard contemporain séduisant (bois brut, couleurs décalées, etc.) – mais les chambres du bâtiment principal sont également confortables. Autre atout : l'espace bien-être.

Blanc

90 av. Sindeldorf – ✆ 04 50 01 09 50 – www.blanc-hotel-restaurant.fr – Fermé 26 déc.-6 janv.

Formule 17 € – Menu 28/90 € – Carte 43/94 € *(fermé dim. soir et sam. sauf juil.-août)*

Deux options au sein de cette auberge familiale : ou bien la brasserie au décor de chalet tout en bois, où les spécialités fromagères savoyardes sont reines (mais aussi les grenouilles et la perche), ou bien la partie restaurant, plus cossue et avec une carte plus travaillée. Du plaisir dans les deux cas.

MARINE-D'ALBO – 2B Haute-Corse → voir Corse

MARINGUES

✉ 63350 (Puy-de-Dôme) – 2 748 hab. – **Voir carte n°6-C2**

Paris 409 km – Clermont-Ferrand 32 km – Lezoux 16 km – Riom 22 km

Carte Michelin 326-G7 – Guide Vert Michelin Auvergne

Le Clos Fleuri avec ch

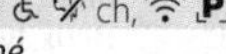

rte de Clermont – ✆ 04 73 68 70 46 – www.leclosfleuri.net – Fermé 17 fév.-17 mars, lundi sauf le soir en juil.-août, vend. soir et dim. soir de sept. à juin

14 ch – 49/54 € 54/60 € – 9 € – ½ P

Formule 14 € – Menu 26/44 € – Carte 28/53 €

Virage à 180° avec un décor récent pour cette maison tenue par la même famille depuis trois générations. De la salle, on admire le beau jardin tout en savourant une bonne cuisine traditionnelle.

Le Carrousel (Olivier Said)

14 r. du Pont-de-Morge – ✆ 04 73 68 70 24 – www.restaurant-lecarrousel.com – Fermé 16 juil.-3 août, 9-26 janv., mardi et merc.
Menu 24/58 € – Carte 51/62 €
Un décor d'une sobre élégance contemporaine pour un joli moment de gastronomie autour de recettes actuelles et délicates, signées par un chef très professionnel – formé à l'école Bocuse – et qui sait choisir ses produits. L'été, on profite de la terrasse donnant sur la rivière, face à l'église. On passe ici un bon moment !
➜ Blinis cuits minute, tartare de légumes en vinaigrette et chair de tourteau aux senteurs de cumbawa. Viennoise de veau fermier, duxelles de champignons aux épinards, jus à la truffe noire. Moelleux aux marrons.

MARLENHEIM

✉ 67520 (Bas-Rhin) – 3 711 hab. – **Voir carte n°1-A1**
▶ Paris 468 km – Haguenau 50 km – Molsheim 13 km – Saverne 18 km
Carte Michelin 315-I5

Le Cerf

30 r. du Gén.-de-Gaulle – ✆ 03 88 87 73 73 – www.lecerf.com – Fermé 23-29 déc. et 2-15 janv.
16 ch – 75/300 € 75/300 € – 2 suites – 21 €
Rest *Le Cerf* – voir les restaurants ci-après
Cet ancien relais de poste ne manque pas d'élégance : jolie cour fleurie, bel espace bien-être, chambres raffinées (d'esprit alsacien ou contemporain), accueil très professionnel... Un cerf doux comme un agneau !

Hostellerie Reeb rest, ch,

2 r. Albert Schweitzer – ✆ 03 88 87 52 70 – www.hostellerie-reeb.fr – Fermé 2-20 janv.
26 ch – 60/65 € 65/70 € – 9 € – ½ P
Rest *La Crémaillère* – Formule 12 € – Menu 20 € (semaine), 30/39 € – Carte 30/57 € *(fermé dim. soir et lundi)*
Aux portes du village où débute la route des Vins, grande maison à colombages dotée de chambres spacieuses et classiques. À la Crémaillère, cuisine régionale servie dans un décor bourgeois de style alsacien "tout bois".

Le Cerf (Michel Husser) – Hôtel Le Cerf

30 r. du Gén.-de-Gaulle – ✆ 03 88 87 73 73 – www.lecerf.com – Fermé 23-29 déc., 2-15 janv., mardi et merc.
Menu 43 € (déj. en semaine)/78 € – Carte 75/100 €
Une valeur sûre de la gastronomie alsacienne, dont on ne se lasse pas ! Le chef signe une cuisine très maîtrisée, avec de constants rappels aux traditions régionales – certaines un peu oubliées... – et à la fois personnelle. En un mot : savoureux.
➜ Terrine de foie gras de canard au naturel et gelée au gewurztraminer. Choucroute "Fil d'Or" au cochon de lait rôti, béatilles, foie gras fumé et poêlé. Partition de sorbets et glace à la vanille "comme un vacherin".

MARLY-LE-ROI – 78 Yvelines ➜ voir Paris, Environs

MARMANDE

✉ 47200 (Lot-et-Garonne) – 18 400 hab. – **Voir carte n°4-C2**
▶ Paris 666 km – Agen 67 km – Bergerac 57 km – Bordeaux 90 km
Carte Michelin 336-C2 – Guide Vert Michelin Aquitaine

Le Capricorne sans rest

av. Hubert-Ruffe, rte d'Agen, 2 km par D 813 – ✆ 05 53 64 16 14 – www.lecapricorne-hotel.com – Fermé 19 déc.-4 janv.
34 ch – 75 € 85 € – 9 €
Dans une zone commerciale, un hôtel très pratique, bien tenu et insonorisé. Bon rapport qualité-prix.

Boat aux Saveurs

36-38 av. Jean-Jaurès – ✆ 05 53 64 20 35 – www.restaurantboatauxsaveurs.fr – Fermé 18-31 août, dim. soir, mardi midi et lundi

Menu 25 € (déj. en semaine), 43/62 € – Carte 76/84 €

Point de mal de mer sur ce Boat aux Saveurs ! Dans cette élégante chartreuse transformée en restaurant, les gourmands se régalent d'une cuisine dans l'air du temps. La jeune chef met un point d'honneur à tout faire maison et à se fournir chez les producteurs locaux. Une bonne adresse.

à Pont-des-Sables 5 km au Sud par D 933 – ✉ 47200 – 1 238 hab.

Auberge de l' Escale

Pont des Sables – ✆ 05 53 93 60 11 – Fermé 1er-8 sept., 12-17 nov., 2-10 janv., dim. soir et lundi

Formule 17 € – Menu 23/63 € – Carte 35/69 €

Cette auberge conviviale est le rendez-vous des plaisanciers. Généreuse cuisine du Sud-Ouest, grillades au feu de bois (côte de bœuf, entrecôte, tête de veau sauce ravigote, etc.) et jolie terrasse surplombant le canal... pour ne pas perdre de vue son bateau !

à Samazan 9 km au Sud-Ouest par D 933 et D 289 – ✉ 47250

Le Léopard d'Or

pl. de l'Eglise – ✆ 05 53 84 58 79 – Fermé 26 août-3 sept., 30 déc.-7 janv., lundi et mardi

Carte 31/64 €

Pour l'anecdote, au 12e s. le village fut acheté 12 000 léopards d'or par un Anglais... d'où le nom de ce restaurant. Dans cette grande maison en pierre, on savoure une cuisine dans l'air du temps à base de beaux produits frais, pour la plupart issus de producteurs locaux. Simple et bon !

MARMANHAC

✉ 15250 (Cantal) – 733 hab. – Voir carte n°**5**-B3

Paris 566 km – Aurillac 17 km – Clermont-Ferrand 154 km – Saint-Flour 69 km

Carte Michelin 330-C4

Château de Sédaiges sans rest

– ✆ 04 71 47 30 01 – www.chateausedaiges.com – Ouvert 1er mai-30 sept.

5 ch – 130 € 130 €

Un vrai château de conte de fées, bel exemple d'architecture troubadour (12e-19e s.), dans un parc plein de noblesse. Escalier monumental en bois, superbes tapisseries des Flandres ; les chambres ont le charme reposant du temps jadis...

MARNANS

✉ 38980 (Isère) – 147 hab. – Voir carte n°**43**-E2

Paris 558 km – Grenoble 62 km – Lyon 96 km – Valence 89 km

Carte Michelin 333-E6 – Guide Vert Michelin Lyon et sa région

Atelier Nicolas Grandclaude avec ch

rest,

2 pl. du Prieuré – ✆ 04 76 36 28 71 – www.ateliergrandclaude.com – Fermé dim. soir, lundi et mardi sauf le soir en juil.-août

4 ch – 55/63 € 68/76 € – 9 €

Menu 20 € (déj. en semaine), 28/51 € – Carte 48/54 € *(réservation conseillée)*

Arrêt conseillé ! De jolies chambres meublées à l'ancienne, un petit-déjeuner très copieux, un accueil charmant… Ce jeune couple fait souffler un vent de fraîcheur sur cette auberge isolée. Et que dire de la table ? Le chef signe une cuisine précise et inventive… qui donne envie de ne plus repartir.

MARNE-LA-VALLÉE Île-de-France ➜ voir Paris, Environs

MARQUAY

✉ 24620 (Dordogne) – 572 hab. – Voir carte n°**4**-D3

Paris 530 km – Brive-la-Gaillarde 55 km – Périgueux 60 km – Sarlat-la-Canéda 12 km

Carte Michelin 329-H6 – Guide Vert Michelin Périgord Quercy

La Condamine

1 km rte de Meyrals – ✆ 05 53 29 64 08 – www.hotel-lacondamine.com – Ouvert 15 mars-15 nov. et 20 déc.-5 janv.

21 ch – 🚹49/85 € 🚹🚹49/85 € – ☕ 9 € – ½ P

Rest – Formule 12 € – Menu 22/32 € – Carte 27/37 € *(fermé le midi sauf week-end et juil.-août) (réservation conseillée)*

Cette maison, en pleine nature, domine la campagne périgourdine. Préférez les chambres avec balcon et vue sur la nature. Restaurant de style "pension de famille", avec terrasse ouvrant sur le jardin fleuri et la piscine. Minigolf, boulodrome.

Maison de Marquay

Le Bourg – ✆ 05 53 59 53 59 – www.maisondemarquay.fr – Fermé janv. et fév. sauf vacances scolaires

5 ch ☕ – 🚹82/115 € 🚹🚹82/115 €

Table d'hôte – Menu 30 € *(Fermé mardi sauf juil.-août et lundi sauf août)*

Un havre de paix au cœur du bourg... Derrière les murs en pierre du jardin, on se prélasse au bord de la piscine et on profite du grand confort des lieux, où dialoguent joliment l'ancien et le moderne. Accueil très agréable ! Monsieur, ancien chef cuisinier, œuvre rien que pour vous à la table d'hôte.

MARSANNAY-LA-CÔTE – 21 Côte-d'Or ➜ voir Dijon

MARSANNE

✉ 26740 (Drôme) – 1 181 hab. – **Voir carte n°44-B3**

▶ Paris 611 km – Lyon 149 km – Romans-sur-Isère 69 km – Valence 48 km

Carte Michelin 332-C6 – Guide Vert Michelin Ardèche Drôme

Domaine de la Vivande

rte de Cléon d'Andran, 2,5 km au Sud-Est par D57 – ✆ 04 75 00 56 64 – www.domainedelavivande.com – Fermé janv., vacances de la Toussaint et dim. soir et lundi sauf en saison

9 ch – 🚹79/119 € 🚹🚹79/119 € – ☕ 13 €

Rest – Menu 29/55 € – Carte 29/50 € *(mardi midi, merc. midi et jeudi midi)*

Jadis consacrée à la sériciculture, cette belle maison du 18^e^s. propose des chambres spacieuses (mezzanine) et confortables. Vous apprécierez cet établissement, en pleine campagne, où la douceur n'est certes plus celle de la soie mais d'un art de vivre méridional bien agréable.

MARSEILLAN

✉ 34340 (Hérault) – 7 883 hab. – **Voir carte n°23-C2**

▶ Paris 754 km – Agde 7 km – Béziers 31 km – Montpellier 49 km

Carte Michelin 339-G8

La Table d'Emilie

8 pl. Carnot – ✆ 04 67 77 63 59 – Fermé 4-28 nov., 12-20 janv., jeudi midi de juil. à sept., lundi sauf le soir de juil. à sept., dim. soir et merc. d'oct. à juin

Menu 20 € (déj. en semaine), 30/54 € – Carte 46/54 €

La table d'Émilie... jolie ! Cette maisonnette du 12e s. dégage un charme romantique à souhait avec sa salle voûtée et son patio verdoyant. Dans d'immenses assiettes blanches, on savoure une cuisine créative où les bons produits sont la règle et les associations terre et mer fréquentes. Une bonne adresse.

Le Château du Port

9 quai de la Résistance – ✆ 04 67 77 31 67 – www.chateauduport.fr – Ouvert mi fév.-fin oct. et fermé lundi et mardi sauf de mi-sept. à mi-juin

Formule 24 € – Menu 30 € – Carte 30/45 €

Une belle maison bourgeoise du 19e s. au bord du canal... On s'installe sur la terrasse au bord de l'eau ou dans la salle à l'esprit bistrot chic et contemporain. Produits de la mer et recettes régionales revisitées complètent le tableau.

MARSEILLE

⊠ 13000 (Bouches-du-Rhône) – 850 726 hab. – Agglo. 1 038 940 hab. – Voir carte n°**40**-B3

Paris 769 km – Lyon 314 km – Nice 189 km – Torino 373 km

Carte Michelin 340-H6 et 114-28 – Guide Vert Michelin Provence

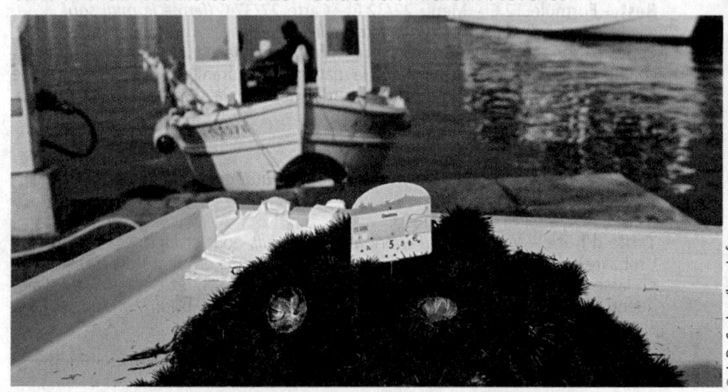

Hôtels & maisons d'hôtes

Intercontinental-Hôtel Dieu

1 pl. Daviel ⊠ 13002 – ✆ 04 13 42 42 42 – www.intercontinental.com

191 ch – †200/375 € ††210/385 € – 3 suites – ☕ 29 € Plan : 3ES**g**

Rest ***Alcyone*** – voir les restaurants ci-après

Rest ***Brasserie les Fenêtres*** ✆ 04 13 42 42 40 – – Formule 34 € – Menu 41 € (déj.) – Carte 56/106 €

Sous l'œil bienveillant de la "Bonne Mère" qu'il toise en droite ligne, cet ancien et fameux hôpital est devenu hôtel en 2013. Derrière la monumentale façade (18-19ᵉ s.), les lieux rivalisent d'espace, de sobriété et d'élégance – avec tous les services d'un établissement de luxe. Voilà qui fera date !

Sofitel Vieux Port

36 bd Ch.-Livon ⊠ 13007 – ✆ 04 91 15 59 00 – www.sofitel-marseille-vieuxport.com Plan : 3DU**n**

134 ch – †199/335 € ††199/555 € – 3 suites – ☕ 26 €

Rest ***Les Trois Forts*** – voir les restaurants ci-après

Sur les hauteurs du Pharo, dominant les forts, la passe... et tout le Vieux Port ! Plus d'une vingtaine de chambres jouissent d'une terrasse ouvrant sur le bassin. Le grand confort au cœur du mythe marseillais.

Radisson Blu

38 quai Rive-Neuve ⊠ 13007 – ✆ 04 88 44 52 00 – www.radissonblu.com/hotel-marseille – Fermé dernière semaine de déc.

183 ch – †160/470 € ††170/470 € – 6 suites – ☕ 25 € Plan : 3DU**d**

Rest ***Solaris*** – Formule 20 € – Menu 28 € (déj. en semaine)/38 € – Carte 31/53 € *(fermé sam. midi et dim.)*

Imposant et moderne : tel est le Radisson Blu, né en 2007 sur le Vieux Port, à côté du théâtre de la Criée. Toutes les prestations d'un grand hôtel international : chambres spacieuses et confortables, équipements de qualité, restaurant, petite piscine chauffée sur le toit et... boulodrome, Marseille oblige !

Pullman Palm Beach

200 Corniche J.-F.-Kennedy ⊠ 13007 – ✆ 04 91 16 19 00 – www.pullmanhotels.com Plan : 1AZ**b**

160 ch – †155/650 € ††155/650 € – ☕ 25 €

Rest ***La Réserve*** ✆ 04 91 16 19 21 – – Formule 34 € 🍷 – Menu 39 € 🍷 (semaine) – Carte 45/78 €

Sous la route de la Corniche, un grand vaisseau moderne face à la mer... La piscine d'eau de source qui regarde la baie, les chambres à la fois design et d'esprit marin, les nombreuses terrasses qui contemplent la Méditerranée : tout invite au repos.

Le Petit Nice

anse de Maldormé, (hauteur 160 Corniche J.-F.-Kennedy) ✉ 13007 – ✆ 04 91 59 25 92 – www.passedat.fr – Fermé 1er-15 nov., 1er-15 janv., dim. et lundi de nov. à mars Plan : 1AZ**d**

13 ch – 150/290 € 150/290 € – 3 suites – 35 €

Rest *Le Petit Nice* ✿✿✿ – voir les restaurants ci-après

Rest *Bar 1917* – Menu 55/65 € – Carte 66/93 €

Sur la Corniche, ces architectures néoclassiques des années 1910 semblent lancer des œillades à la mer et à ses îles immaculées ! Toute la lumière du Sud, toute la magie du site de Marseille, que l'on admire à loisir dans le plus grand confort...

New Hotel of Marseille

71 bd Ch.-Livon ✉ 13007 – ✆ 04 91 31 53 15 – www.newhotelofmarseille.com

100 ch – 135/240 € 155/260 € – 8 suites – 16 € Plan : 3DU**v**

Rest – Formule 19 € – Menu 29/39 € – Carte 32/53 €

Orné d'œuvres d'artistes contemporains marseillais, très design, ce New Hotel (né en 2006) possède une vraie personnalité. On découvre des chambres spacieuses, certaines avec balcon. Dernier atout : un bel emplacement près du Pharo.

Résidence du Vieux Port

18 quai du Port ✉ 13002 – ✆ 04 91 91 91 22 – www.hotel-residence-marseille.com Plan : 3ET**a**

50 ch – 156/265 € 156/265 € – 4 suites – 18 €

Rest *Le Relais 50* – voir les restaurants ci-après

Une décoration fort inspirée, en hommage aux années 1950. Les amateurs de Prouvé, Perriand ou Lurçat seront aux anges ! Le petit-déjeuner se prend dans un salon de style 18e s. dont les baies vitrées offrent une magnifique vue sur le Vieux Port ou Notre-Dame-de-la-Garde.

Mercure Centre sans rest

1 r. Neuve-St-Martin ✉ 13001 – ✆ 04 96 17 22 22 – www.mercure-marseille-centre.com Plan : 3ES**b**

200 ch – 99/179 € 99/179 € – 19 €

À deux pas du World Trade Center, au pied de la Canebière, cet hôtel des années 1970 a fait l'objet d'une rénovation complète en 2011-12 : il arbore aujourd'hui un décor ultracontemporain associant tons très osés (violet, turquoise...), rayures, photos, etc. Bons équipements pour la clientèle d'affaires.

New Hotel Bompard

ch,

2 r. Flots-Bleus ✉ 13007 – ✆ 04 91 99 22 22 – www.new-hotel.com

50 ch – 100/220 € 100/240 € – 12 € – ½ P Plan : 1AZ**e**

Rest – Formule 23 € – Menu 29 € – Carte 34/46 € *(fermé le midi et week-ends de déc. à mars) (résidents seult)*

Idéal pour qui souhaite fuir la foule, cet établissement du début du 19e s. est perché sur les hauteurs de la Corniche, dans un beau jardin fleuri et arboré. Au choix : des chambres modernes ou provençales (dans un mas séparé). À noter : l'accès peut s'avérer difficile par les ruelles étroites environnantes.

Suite Novotel sans rest

33 bd de Dunkerque ✉ 13002 – ✆ 04 91 01 56 50 – www.suitenovotel.com

127 ch – 99/165 € 99/165 € – 15 € Plan : 1AX**f**

Des chambres très spacieuses, Internet et téléphone (vers les fixes) illimités, une boutique gourmande 24h/24, un petit-déjeuner ludique et équilibré : une bonne option que cet établissement né dans le nouveau quartier d'affaires Euroméditerranée. Desservi par le tramway, il satisfera aussi les touristes.

Holiday Inn Express St-Charles sans rest

15 bd Maurice-Boudet – ✆ 04 91 99 59 90 – www.hiemarseille.com Plan : 4FS**q**

120 ch – 95/199 € 95/199 €

Pour poser ses bagages en sortant du train ! Face à la gare St-Charles, cet hôtel né en 2010 se révèle résolument moderne, bien insonorisé et plutôt attrayant – en particulier les chambres sur l'arrière qui, à partir du 4e étage, dominent Marseille.

MARSEILLE

Aix (R. d') . . . . BY
Anthoine (R. d') . . . . AX
Baille (Bd) . . . . BCY
Belsunce (Cours) . . . . BY
Blancarde (Bd de la) . . . . CY
Bompard (Bd) . . . . AYZ
Briançon (Bd de) . . . . BX 13
Canebière (La) . . . . BY
Cantini (Av. Jules) . . . . BCZ
Capelette (Av. de la) . . . . . . CYZ
Castellane (Pl.) . . . . BY
Catalans (R. des) . . . . AY 16
Chartreux (Av. des) . . . . CY 17
Chave (Bd) . . . . BCY
Chutes Lavie (Av.) CX
Dunkerque (Bd de) . . . . AX
Duparc (Bd Françoise) . . . . CXY
Endoume (R. d') . . . . AY
Estrangin (Bd G.) . . . . ABZ
Fleming (Bd Alexander) CX
Foch (Av. Mar.) . . . . CY
Guesde (Pl. Jules) . . . . BY 35
Guibal (R.) . . . . BX
Guigou (Bd) . . . . BX 36
Jeanne-d'Arc (Bd) . . . . CY
Jean-Jaurès (Pl.) . . . . BY
Lazaret (Quai du) . . . . AX
Leclerc (Av. Gén.) . . . . BY
Lesseps (Bd Ferdinand de) . AX 40
Lieutaud (Cours) . . . . BY
Livon (Bd Charles) . . . . AY
Mazargues (Av. de) . . . . BZ
Mermoz (R. Jean) . . . . BZ
Michelet (Bd) . . . . BCZ
Moulin (Bd Jean) . . . . CY 47
National (Bd) . . . . BX
Notre-Dame (Bd) . . . . BY
Paradis (R.) . . . . BYZ
Paris (Bd de) . . . . ABX
Pelletan (Av. C.) . . . . BXY
Périer (Bd) . . . . BZ
Plombières (Bd de) . . . . BX
Pologne (Pl. de) . . . . CY 51
Pompidou (Prom. Georges) . BZ 52
Prado (Av. du) . . . . BYZ
Président-J.-F.-Kennedy (Corniche) . . . . AYZ
Pyat (R. Félix) . . . . BX
Rabatau (Bd) . . . . BCZ
République (R. de la) . . . . . ABY
Roches (Av. des) . . . . AZ
Rolland (Bd Romain) . . . . CZ
Rolland (R. du Cdt) . . . . BZ
Rome (R. de) . . . . BY
Roucas Blanc (Chemin du) . . AZ
Rouet (R. du) . . . . BYZ
Ste-Marguerite (Bd) . . . . CZ
Ste-Marthe (Ch. de) . . . . BX
St-Just (Av. de) CX
St-Pierre (R.) . . . . BCY
Sakakini (Bd) . . . . CY
Salengro (Av. Roger) . . . . BX
Sartre (Av. Jean-Paul) . . . . . . CX 59
Schlœsing (Bd) . . . . CZ
Sébastopol (Pl.) . . . . CY
Strasbourg (Bd) . . . . BX 61
Teisseire (Bd R.) . . . . CZ
Tellène (Bd) . . . . AY
Timone (Av. de la) . . . . CY
Toulon (Av. de) . . . . BCY
Vallon l'Oriol (Chemin) . . . . . AZ
Vauban (Bd) . . . . BY
Verdun (R. de) . . . . CY 70

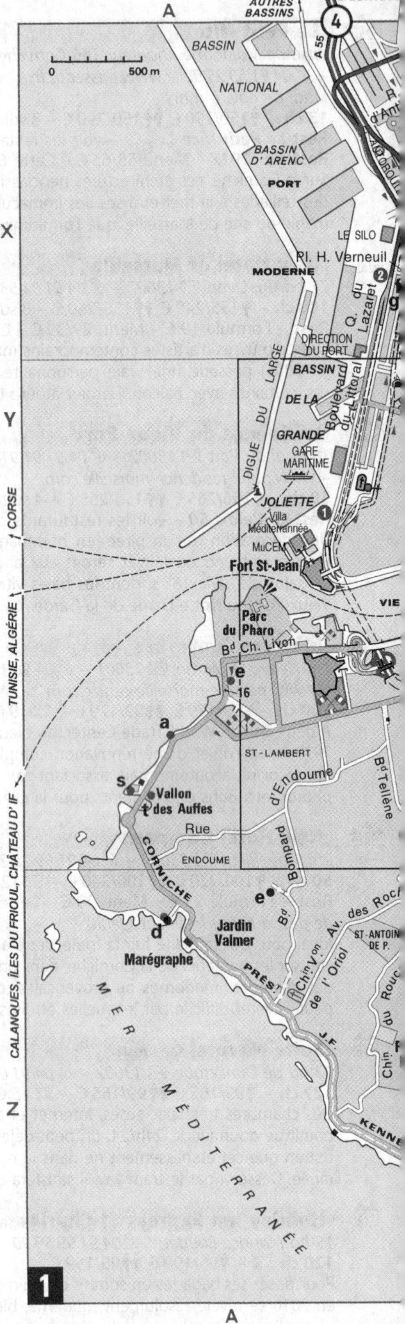

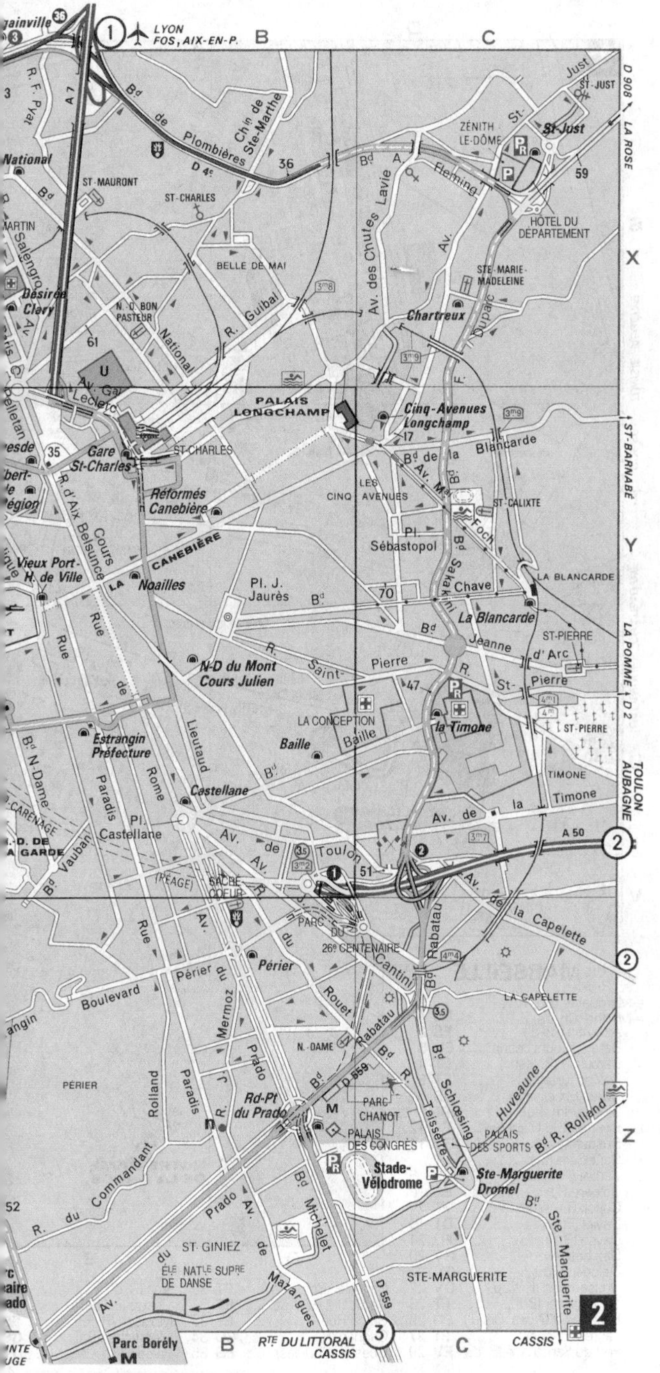
LYON
FOS, AIX-EN-P.
B
C
D 908
LA ROSE
ST-BARNABÉ
LA POMME
D 2
TOULON
AUBAGNE
A 50
X
Y
Z
CASSIS
Rte DU LITTORAL
CASSIS
Bd de Plombières
Chin de Ste-Marthe
ST-MAURONT
ST-CHARLES
BELLE DE MAI
R. Guibal
National
Désirée Clary
N.-D. BON PASTEUR
Av. des Chutes Lavie
Bd A. Fleming
ZÉNITH LE-DÔME
St-Just
HÔTEL DU DÉPARTEMENT
STE-MARIE-MADELEINE
Chartreux
PALAIS LONGCHAMP
Cinq-Avenues Longchamp
Bd de la Blancarde
LES CINQ AVENUES
ST-CALIXTE
Pl. Sébastopol
Bd Sakakini
Av. Mal Foch
Chave
LA BLANCARDE
La Blancarde
Gare St-Charles
Réformés Canebière
LA CANEBIÈRE
Noailles
Vieux Port-H. de Ville
Cours Belsunce
R. d'Aix
Pl. J. Jaurès
Bd Jeanne d'Arc
ST-PIERRE
R. Saint-Pierre
N-D du Mont Cours Julien
LA CONCEPTION
Baille
la Timone
TIMONE
Av. de la Timone
Estrangin Préfecture
Castellane
Pl. Castellane
Rue de Rome
Paradis
Lieutaud
Bd N-Dame
Bd Vauban
Av. de Toulon
SACRÉ COEUR
PARC DU 26e CENTENAIRE
Av. de la Capelette
LA CAPELETTE
Bd Rabatau
R. du Rouet
Cantini
Périer
Boulevard Périer
Mermoz
Prado
N.-DAME
PÉRIER
Rolland
Rd-Pt du Prado
PARC CHANOT
PALAIS DES CONGRÈS
Stade-Vélodrome
R. Teisseire
Bd Schloesing
Huveaune
PALAIS DES SPORTS
Bd R. Rolland
Ste-Marguerite Dromel
Bd Ste-Marguerite
STE-MARGUERITE
Bd Michelet
D 559
Av. de Mazargues
ST GINIEZ
ÉLE NATLE SUPRE DE DANSE
R. du Commandant Rolland
Parc Borély
2

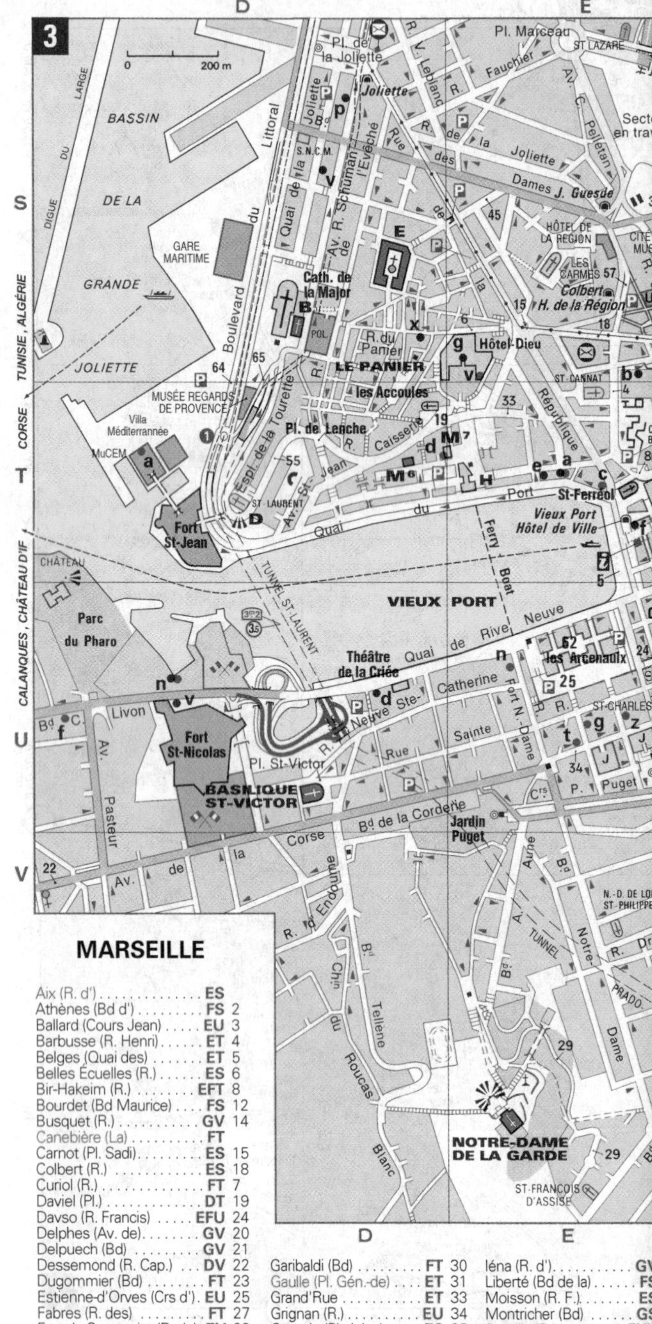

D
E
3
0
200 m
BASSIN
DE LA
GRANDE
JOLIETTE
DIGUE DU LARGE
GARE MARITIME
CORSE, TUNISIE, ALGÉRIE
CALANQUES, CHÂTEAU D'IF
MUSÉE REGARDS DE PROVENCE
Villa Méditerranée
MuCEM
Fort St-Jean
CHÂTEAU
Parc du Pharo
Fort St-Nicolas
BASILIQUE ST-VICTOR
Pl. St-Victor
Théâtre de la Criée
VIEUX PORT
Quai du Port
Quai de Rive Neuve
Ferry Boat
TUNNEL ST-LAURENT
Pl. de la Joliette
Joliette
Boulevard du Littoral
Quai de la Joliette
Av. R. Schuman
S.N.C.M.
Cath. de la Major
LE PANIER
les Accoules
Pl. de Lenche
R. du Panier
Hôtel-Dieu
ST-LAURENT
Esp. de la Tourette
Av. St-Jean
St-Ferréol
Vieux Port Hôtel de Ville
Pl. Marceau
ST LAZARE
Rue de la République
R. de la Joliette
J. Guesde
HÔTEL DE LA RÉGION
LES CARMES
Colbert H. de la Région
ST-CANNAT
les Arcenaulx
ST-CHARLES
Bd de la Corderie
Jardin Puget
Av. Pasteur
Bd Livon
Av. de la Corse
R. d'Endoume
Bd Tellène
Chin du Roucas Blanc
TUNNEL PRADO
Bd A. Aune
Notre-Dame
N.-D. DE LORETTE ST-PHILIPPE
NOTRE-DAME DE LA GARDE
ST-FRANÇOIS D'ASSISE
S
T
U
V

MARSEILLE

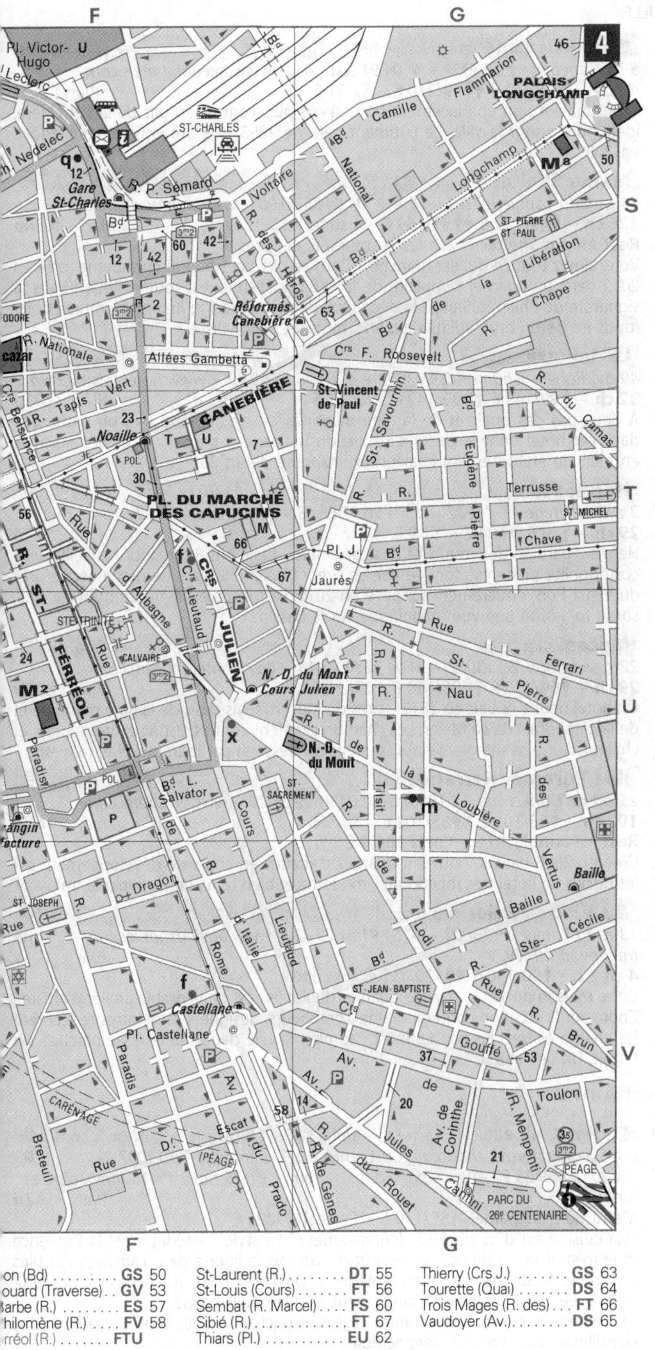

F
G
PALAIS LONGCHAMP
ST-CHARLES
Gare St-Charles
CANEBIÈRE
PL. DU MARCHÉ DES CAPUCINS
Allées Gambetta
Réformés Canebière
St-Vincent de Paul
Noailles
Crs F. Roosevelt
N.-D. du Mont Cours Julien
N.-D. du Mont
Castellane
Pl. Castellane
Baille
ST-JEAN-BAPTISTE
PARC DU 26e CENTENAIRE

Escale Océania sans rest

5 La Canebière ✉ 13001 – ✆ 04 91 90 61 61 – www.oceaniahotels.com

45 ch – 🚹99/210 € 🚹🚹99/210 € – ☕ 11 € Plan : 3ET**f**

Atout majeur : un emplacement on ne peut plus central, en bas de la Canebière, idéal pour visiter la ville. Le bâtiment date de 1893 et a été entièrement rénové en 2009.

Mama Shelter

64 r. de la Loubière ✉ 13006 – ✆ 04 84 35 20 00 – www.mamashelter.com

126 ch – 🚹49/159 € 🚹🚹59/169 € – 1 suite – ☕ 15 € Plan : 4GU**m**

Rest *Mama Shelter* – voir les restaurants ci-après

Vous aimez tout ce qui est branché ? Dans ce cas, cet hôtel ultramoderne, créé en 2012 dans un quartier populaire de la cité phocéenne, est tout indiqué ! Sous la signature de Philippe Starck, la déco joue une carte design assumée : murs et plafonds en béton brut, aplats de blanc, mobilier minimaliste...

La Joliette sans rest

49 av. Robert-Schuman ✉ 13002 – ✆ 04 96 11 49 49 – www.hotel-joliette.com

32 ch – 🚹99/149 € 🚹🚹99/149 € – ☕ 13 € Plan : 3DS**p**

À deux pas des quais et de la gare maritime, on ne descend pas, on embarque dans cet hôtel dont le décor s'inspire du thème des paquebots et des voyages en mer. Un établissement chaleureux, inauguré début 2011.

Hermès sans rest

2 r. Bonneterie ✉ 13002 – ✆ 04 96 11 63 63 – www.hotelmarseille.com

29 ch – 🚹64 € 🚹🚹94 € – ☕ 9 € Plan : 3ET**e**

Hermès, gardien des routes et des carrefours... Belle enseigne pour Marseille, ville cosmopolite s'il en est, fondée par les Grecs ! Voilà une parfaite petite escale près du Vieux Port, entièrement rénovée en 2012. Le must : la "chambre nuptiale" qui, sur le toit, offre une vue magnifique sur le bassin...

Mucem sans rest

22 r. Mazenod ✉ 13002 – ✆ 04 91 93 13 13 – www.hotel-mucem.com

29 ch – 🚹60/130 € 🚹🚹85/160 € – ☕ 11 € Plan : 3DS**v**

Un hôtel neuf – ouvert en 2012 – près du Mucem mais aussi de la gare maritime et de la cathédrale de La Major. Les chambres mêlent confort, esprit contemporain et chaleur. Autre avantage : l'établissement est desservi par le tramway et le métro.

Ibis Euroméditerranée ch, ch,

25 bd de Dunkerque ✉ 13002 – ✆ 04 91 99 25 20 – www.ibishotel.com

192 ch – 🚹65/102 € 🚹🚹65/102 € – ☕ 9 € Plan : 1AX**g**

Rest – Formule 15 € – Carte 18/32 €

Créé en 2008 dans le nouveau quartier d'affaires en cours de développement sur les docks, un hôtel très fonctionnel, moderne et bien tenu, desservi par le tramway.

Au Vieux Panier sans rest

13 r. du Panier ✉ 13002 – ✆ 04 91 91 23 72 – www.auvieuxpanier.com – Fermé mi-janv. à mi-fév. Plan : 3DS**x**

4 ch ☕ – 🚹90/190 € 🚹🚹120/190 € – 1 suite

Cette maison du 17e s., dans le quartier du Panier, est un véritable atelier d'artiste ! Zoom sur la création contemporaine : grapheurs, designers et peintres redécorent les chambres tous les ans. Le must : admirer la ville depuis la terrasse perchée sur le toit. Un lieu inédit.

Restaurants

Le Petit Nice (Gérald Passédat) – Hôtel Le Petit Nice

anse de Maldormé, (hauteur 160 Corniche J.-F.-Kennedy) ✉ 13007 – ✆ 04 91 59 25 92 – www.passedat.fr – Fermé 1er-15 nov., 1er-15 janv., dim. et lundi Plan : 1AZ**d**

Menu 90 € (semaine), 155/190 € – Carte 187/295 €

"Ma cuisine est d'ici, du Sud, définitivement." Le style Passédat, c'est la Provence et le mistral, la vie du port et le goût du voyage, la liberté dans l'ancrage ! Et plus encore la Méditerranée, "mon potager"... On redécouvre les richesses de cette mer rêvée, ainsi qu'un magnifique symbole : la bouillabaisse.

→ Anémones de mer en beignets légers et onctueux iodé. Loup Lucie Passédat. Gentillesse aux fruits, vinaigre acidulé.

XXXX **Alcyone** Ⓝ – Intercontinental Hôtel Dieu

✿ *1 pl. Daviel ✉ 13002 – ✆ 04 13 42 42 42 – www.intercontinental.com*
Menu 138 € (dîner) – Carte 111/181 € Plan : 3ES**v**
Lionel Lévy, à la barre de cet Alcyone (du nom de la fille du dieu Éole) né en 2013 au sein du fameux Hôtel-Dieu, fait un fier capitaine. Son idée : proposer une cuisine résolument méditerranéenne, balayée par les épices et faisant la part belle aux poissons locaux, tout cela dans une ambiance chic et sobre. Le cap est tenu ! ➜ Consommé de "bouille-abaisse", poissons de roche cuits et crus. Poisson de Méditerranée poché et gratiné au melet, jus iodé. Citron givré.

XXX **Les Trois Forts** – Hôtel Sofitel Vieux Port

36 bd Ch.-Livon ✉ 13007 – ✆ 04 91 15 59 56 – www.sofitel-marseille-vieuxport.com Plan : 3DU**n**
Formule 50 € 🍷 – Menu 75/95 € – Carte 74/96 €
Tout Marseille est là : le Vieux Port et sa myriade de mâts, les quais qui fourmillent au loin, le ciel azuré... Au 7e étage du Sofitel, le panorama est sublime. L'assiette rend également un bel hommage à la cité phocéenne, entre inspirations provençales et saveurs d'ailleurs. Beau moment !

XXX **L'Épuisette**

✿ *158 r. Vallon-des-Auffes ✉ 13007 – ✆ 04 91 52 17 82 – www.l-epuisette.com – Fermé 10 août-2 sept., 22 fév.-2 mars, dim. et lundi* Plan : 1AY**s**
Menu 70/125 € – Carte 95/110 €
Une Épuisette dans les rochers, quoi de plus logique ? Comme posée sur les récifs du vallon des Auffes – un cadre enchanteur –, cette table vit en intimité avec la mer... Bouillabaisse, bourride, homard grillé, entre autres mets marqués par la créativité. Une délicieuse escale. ➜ Rossini de thon et escalope de foie gras. Tajine de homard de notre vivier, légumes fondants et confit de citron de Menton. Macaron comme un boudoir aux framboises de l'arrière-pays et sorbet litchi.

XXX **Une Table au Sud**

2 quai du Port, (1er étage) ✉ 13002 – ✆ 04 91 90 63 53 – www.unetableausud.com – Fermé vacances de Noël, dim. soir et lundi
Formule 29 € – Menu 48 € (déj. en semaine), 68/78 € – Carte 56/97 € Plan : 3ET**c**
Aux commandes de cette table résolument ancrée dans le Sud, un jeune chef qui s'est notamment fait connaître via l'émission Top Chef. Ses recettes, inventives et bien composées, cultivent avec goût l'esprit de la région, à l'unisson du panorama unique offert par la salle sur le Vieux Port et la "Bonne Mère" !

XX **Michel - Brasserie des Catalans** (Michèle Visciano)

✿ *6 r. des Catalans ✉ 13007 – ✆ 04 91 52 30 63 – www.restaurant-michel.com*
Carte 85/95 € Plan : 1AY**e**
Ambiance 100 % marseillaise dans cette institution de la plage des Catalans. Ici, la bouillabaisse est une religion... autant qu'un délice ! Au menu, donc, la pêche du jour, d'une remarquable fraîcheur : admirez le poisson exposé dans le "pointu" à l'entrée. ➜ Bouillabaisse. Bourride provençale. Poissons grillés.

XX **Chez Fonfon** avec ch rest,

140 Vallon-des-Auffes ✉ 13007 – ✆ 04 91 52 14 38 – www.chez-fonfon.com – Fermé 2 semaines en janv. Plan : 1AY**t**
3 ch – †80/135 € ††80/135 € – ☕ 9 €
Menu 43 € – Carte 50/76 € *(fermé lundi sauf le soir de mai à oct. et dim.)*
Fraîcheur : le maître mot de cette institution familiale née en 1952. Le poisson – la spécialité des lieux – sort tout droit des "pointus" en bois que l'on aperçoit en face dans le petit port. L'adresse niche en effet dans le beau vallon des Auffes...

XX **La Table du Fort**

8 r. Fort-Notre-Dame ✉ 13007 – ✆ 04 91 33 97 65 – www.latabledufort.fr – Fermé juil., le midi en août, sam. midi, lundi midi et dim. Plan : 3EU**n**
Menu 19 € (déj. en semaine), 35/49 € – Carte 42/54 €
Dans une rue étroite qui part du Vieux Port, au sein d'un bâtiment ancien joliment mis en valeur (beau plafond de poutres, œuvres d'art contemporain, etc.), un restaurant à la fois feutré, chaleureux et gourmand. La "faute" à ses propriétaires, un jeune couple plein d'allant !

Péron

56 Corniche J.-F.-Kennedy ✉ 13007 – ✆ 04 91 52 15 22 – www.restaurant-peron.com Plan : 1AY**a**

Menu 65/79 € – Carte 75/90 €

Sur la Corniche, cette bâtisse accrochée à la roche offre une vue imprenable sur la baie de Marseille, ses îles, le château d'If... L'esprit de la Méditerranée domine évidemment à la carte : bouillabaisse, chipirons farcis, etc.

Le Relais 50 – Hôtel Résidence du Vieux Port

18 quai du Port ✉ 13002 – ✆ 04 91 52 52 50 – www.hotel-residence-marseille.com Plan : 3ET**a**

Formule 27 € – Menu 33 € – Carte environ 42 € *(Fermé dim. et lundi)*

Vive les années 1950 ! Carrelage, appliques, chaises, etc. : ce Relais joue la carte "revival" avec malice et élégance. Autre attrait : la terrasse sur le Vieux Port, avec Notre-Dame-de-la-Garde en ligne de mire... Au menu, une jolie cuisine qui puise dans les traditions de la Méditerranée.

Le Ventre de l'Architecte - Le Corbusier avec ch

280 bd Michelet, (Cité Radieuse, 3ème étage), par ③ ✉ 13008 – ✆ 04 91 16 78 00 – www.leventredelarchitecte.com

21 ch – 75/145 € 115/145 € – 10 €

Menu 25 € (déj.)/59 € *(fermé 31 juil.-25 août, dim. et lundi)*

Au sein de la Cité radieuse de Le Corbusier, ce restaurant et ses chambres attirent tous les aficionados du "fada" : voilà bien un monument historique du modernisme, jusqu'au mobilier signé Prouvé et Jacobsen. En cuisine, on trouve désormais le chef Jérôme Caprin, passé par de belles maisons marseillaises... Du solide !

Le Môle Passedat - La Table Ⓝ

1 espl. du J4, (toit terrasse MuCEM) ✉ 13002 – ✆ 04 91 19 17 80 – www.passedat.fr – Fermé dim. soir et mardi Plan : 3DT**a**

Menu 49 € (déj.)/69 € – Carte environ 76 € *(réservation conseillée)*

Le bouche-à-oreille n'a pas tardé à faire son chemin ! Quelques mois après son ouverture dans l'enceinte du Mucem, cette adresse avait déjà la cote auprès des gourmands. Le chef, Gérald Passedat, y rend un vibrant hommage à la cuisine méditerranéenne, dans un décor sobre et lumineux. Ambiance décontractée.

Le Malthazar

19 r. Fortia ✉ 13001 – ✆ 04 91 33 42 46 – www.malthazar.fr Plan : 3EU**z**

Menu 31 € – Carte 44/59 €

Retour aux sources – et au pays natal – pour Michel Portos, après avoir fait les beaux jours du Saint-James (près de Bordeaux), avec cette brasserie reprise fin 2012 près du Vieux Port. Ici, plus de très haute gastronomie, mais toujours beaucoup de gourmandise : beaux classiques et recettes personnelles du chef régalent !

Axis

8 r. Sainte-Victoire ✉ 13006 – ✆ 04 91 57 14 70 – www.restaurant-axis.com – Fermé août, 22-30 déc., sam. midi, lundi soir, mardi soir, merc. soir et dim.

Formule 17 € – Menu 21 € (déj. en semaine), 30/38 € – Carte 33/40 € Plan : 4FV**f**

Très bon rapport qualité-prix dans ce restaurant contemporain proche de la place Castellane. Au gré du marché, le jeune chef propose une cuisine pétillante, parfumée et colorée, qui régale. Très recommandable.

Lauracée

96 r. de Grignan ✉ 13001 – ✆ 04 91 33 63 36 – www.lelauracee.com – fermé août, lundi soir, sam. midi et dim. Plan : 3EU**t**

Formule 19 € – Menu 35/68 € – Carte 42/75 €

C'est bien clair, le patron ne sert que des produits frais : "je ne sais pas faire autre chose !" Sa cuisine a l'accent du Sud... Et le cadre, tout simple, en retrait du Vieux Port, lui va bien.

Le Grain de Sel

39 r. de la Paix-Marcel-Paul ✉ 13001 – ✆ 04 91 54 47 30 – Fermé août, vacances de Noël, mardi soir, merc. soir, jeudi soir, dim. et lundi Plan : 3EU**g**
Formule 17 € – Menu 20 € (déj. en semaine) – Carte 35/47 € *(réservation conseillée)*
Un bistrot voisin du Vieux Port où l'on se régale d'une très bonne cuisine du marché. On commence par une tarte aux tomates bio et fromage frais, suivie d'un pavé de maigre avec sa purée de courgettes et ses girolles, pour finir par un sablé aux prunes. Parfait pour passer un agréable moment entre amis.

Le Café des Épices

4 r. Lacydon ✉ 13002 – ✆ 04 91 91 22 69 – www.cafedesepices.com – Fermé vacances de Noël, sam. soir, dim., lundi et fériés Plan : 3DT**d**
Formule 24 € – Menu 27 € (déj.)/45 € – Carte 36/50 € *(réservation conseillée)*
Derrière l'hôtel de ville, un restaurant minuscule, dont on remarque surtout la jolie terrasse bordée d'oliviers. Sa cuisine ne passe pas non plus inaperçue, sous l'égide d'un chef amoureux des produits, des voyages et bien sûr des épices. Un lieu gourmand et atypique, qui propose certains soirs des soirées tapas et D.J. !

Charles Livon

89 bd Charles-Livon ✉ 13007 – ✆ 04 91 52 22 41 – www.charleslivon.fr – Fermé 3 semaines en août, mardi et merc. Plan : 3DU**f**
Formule 19 € – Menu 23 € (déj. en semaine), 39/55 € *(réservation conseillée)*
Aux abords du parc du Pharo, une table d'une sobre élégance, parfaite pour un dîner en ville. Au menu : une cuisine de qualité, en prise sur les tendances et le marché du jour – avec l'accent de la région.

Le Goût des Choses

4 pl. Notre-Dame-du-Mont ✉ 13006 – ✆ 04 91 48 70 62 – www.legoutdeschoses.fr – Fermé 1 semaine à Noël, dim. et lundi
Formule 16 € – Menu 33 € – Carte 39/49 € Plan : 4FU**x**
Le (vrai) goût des choses... Une jolie ambition pour ce sympathique restaurant, tenu par un couple de professionnels installés ici après de nombreuses expériences à travers le monde. Au menu, produits du marché et réminiscences de saveurs lointaines.

Mama Shelter – Hôtel Mama Shelter

64 r. de la Loubière ✉ 13006 – ✆ 04 84 35 20 00 – www.mamashelter.com
Formule 19 € – Carte 26/67 € Plan : 4GU**m**
Quand funky rime avec trendy, vous avez Mama Shelter ! Graffitis au plafond, grandes tables design, scène pour accueillir des DJ... L'ambiance est on ne peut plus cool, et la cuisine a des allures de joli melting-pot, mêlant influences françaises, italiennes, espagnoles et asiatiques.

Le Bistrot d'Édouard

150 r. Jean-Mermoz ✉ 13008 – ✆ 04 91 71 16 52 – Fermé 3 semaines en août, 1 semaine à Noël, dim. et lundi Plan : 2BZ**n**
Carte 20/30 €
¡ Viva España ! Son auberge d'aujourd'hui, Édouard la voulait ibérique et rien d'autre, avec une formule partageuse : celle des tapas – version gourmande. Aubergines frites, anchois marinés, churros, etc. : on n'en fait qu'une bouchée.

La Cantinetta

24 cours Julien ✉ 13006 – ✆ 04 91 48 10 48 – Fermé 24 août-7 sept. et dim.
Carte 23/42 € *(réservation conseillée)* Plan : 4FT**f**
Depuis l'enfance, Pierre-Antoine Denis est un fougueux passionné de la cuisine transalpine. Secondé par Luigi, un vieil Italien qui confectionne les pâtes, il se rend régulièrement dans la péninsule pour dénicher les meilleurs producteurs. Chaleureuse et gourmande, sa Cantinetta est une vraie trattoria !

au Sud 11 km par rte des Goudes

X **Tiboulen de Maïre**

Calanque Blanche ✉ 13008 – ✆ 04 91 25 26 30 – www.planier.fr – Fermé dim. soir et merc.

Carte 40/108 € *(réservation conseillée)*

Sur la route des calanques, une maison si simple qu'elle semble s'effacer devant le spectacle de la mer... Le patron est un ancien plongeur qui se ravitaille chaque matin auprès des pêcheurs locaux. On ne vient ici que pour le poisson : cuit entier, servi quasi brut (non écaillé), pour les vrais amateurs. Bonne mer !

MARSOLAN

✉ 32700 (Gers) – 461 hab. – **Voir carte n°28-B2**

Paris 721 km – Agen 49 km – Auch 43 km – Toulouse 115 km

Carte Michelin 336-F6

Lous Grits rest,

au village – ✆ 05 62 28 37 10 – www.hotel-lousgrits.com

6 ch – 225/360 € 225/360 € – 20 €

Rest – Menu 45 € *(fermé le midi) (résidents seult)*

On se sent comme chez soi dans cette maison qui cultive l'art de vivre à la gasconne (meubles de famille, bibelots, faïences et mosaïques, peintures). Goût, raffinement et... entretien impeccable ! Au restaurant, cuisine traditionnelle pour les résidents uniquement.

MARTAINVILLE-ÉPREVILLE – 76 Seine-Maritime ➜ voir Rouen

MARTEL

✉ 46600 (Lot) – 1 650 hab. – **Voir carte n°29-C1**

Paris 510 km – Brive-la-Gaillarde 33 km – Cahors 79 km – Figeac 59 km

Carte Michelin 337-F2

Relais Ste-Anne 

r. Pourtanel – ✆ 05 65 37 40 56 – www.relais-sainte-anne.com – Ouvert de fin mars à fin nov.

14 ch – 55/275 € 80/275 € – 2 suites – 13 € – ½ P

Rest ***Relais Ste-Anne*** – voir les restaurants ci-après

Ce charmant relais, ceint d'un beau parc fleuri où se dresse une chapelle, est un ancien pensionnat de jeunes filles. On s'y repose dans des chambres confortables et raffinées, au grand calme.

XX **Relais Ste-Anne** 

r. Pourtanel – ✆ 05 65 37 40 56 – www.relais-sainte-anne.com – Ouvert de fin mars à fin nov. et fermé le midi du lundi au jeudi

Menu 20 € (déj. en semaine)/28 € – Carte environ 46 €

Charmant, tel est l'adjectif qui vient immédiatement à l'esprit en entrant dans ce restaurant ! Un écrin de pierre où, l'hiver venu, les gourmands s'installent devant la cheminée. On s'y régale d'une cuisine dans l'air du temps où le foie gras et le magret ont la part belle. Accueil et service aux petits soins.

MARTIGUES

✉ 13500 (Bouches-du-Rhône) – 47 544 hab. – **Voir carte n°40-B3**

Paris 769 km – Aix-en-Provence 45 km – Arles 53 km – Marseille 40 km

Carte Michelin 340-F5 – Guide Vert Michelin Provence

XX **Le Garage** 

20 av. Frédéric-Mistral – ✆ 04 42 44 09 51 – www.restaurantmartigues.com – Fermé 30 juil.-20 août, 31 déc.-14 janv., dim. et lundi Plan : Z**a**

Menu 26 € (déj. en semaine), 28/39 € – Carte environ 45 € *(réservation conseillée)*

Pour ce jeune chef, la cuisine était tout sauf une voie de garage ! Il suffit de le voir dresser ses assiettes – les cuisines sont ouvertes sur la salle – pour reconnaître le travail d'un passionné. Soucieux du bon produit (il noue des partenariats avec des artisans locaux), il aime créer et surprendre. Et il séduit.

MARTIGUES

Allende (Bd S.) . . . . **Y** 2
Belges (Esplanade des) . . . . . . **Z** 3
Brescon (Quai) . . . . **Z** 4
Cachin (Bd Marcel) . . . . **Z** 5
Combes (R. L.) . . . . **Z** 7
Denfert-Rochereau (R. Colonel P.) . . . . **Y** 8
Dr-Flemming (Av. du) . . . . **Y** 9
Gambetta (R. L.) . . . . **Z** 12
Girondins (Quai des) . . . . **Y** 13
Lamartine (Pl.) . . . . **Z** 15
Libération (Pl. de la) . . . . **Z** 16
Lorto (Av. P.-di) . . . . **Z** 17
Marceau (Quai F.) . . . . **Z** 18
Martyrs (Pl. des) . . . . **Z** 19
Richaud (Bd) . . . . **Z** 22
Roques (R. Jean) . . . . **Y** 24
Tessé (Quai Maurice) . . . . **Y** 25
4-Septembre (Cours du) . . . . **Z** 27

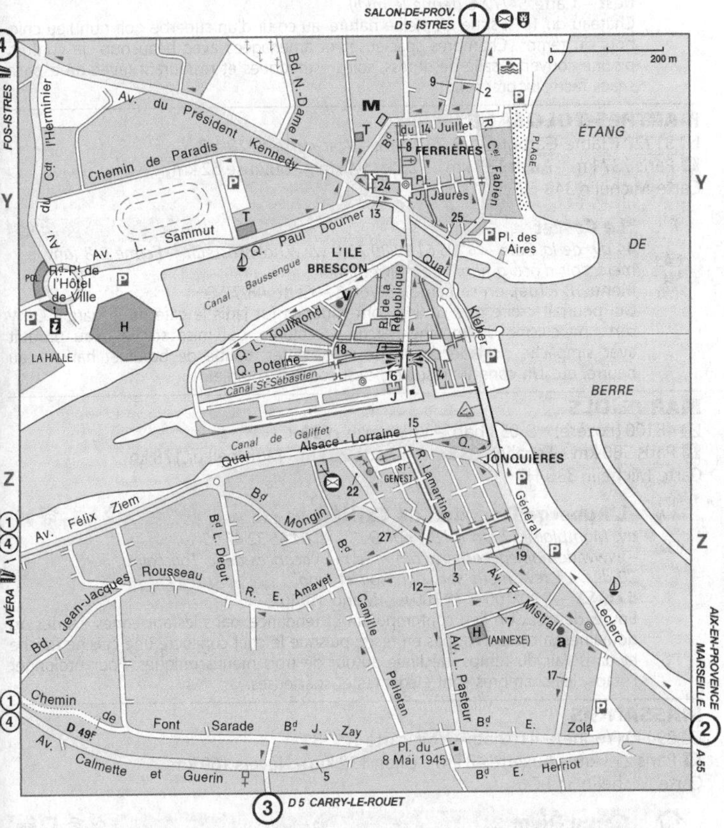

Le Bouchon à la Mer

19 quai Lucien-Toulmond – ✆ 04 42 49 41 41 – www.lebouchonalamer.fr – Fermé merc. soir, dim. soir et lundi Plan : Y**v**

Menu 25 € (semaine)/31 € – Carte 46/62 €

Au bord du canal, cette charmante maison martégale n'est pas loin de flotter sur les eaux... On s'y régale d'une savoureuse cuisine provençale : soupe de favouilles, râble de lapin aux légumes de saison, etc. Et la note est légère !

MARTILLAC – 33 Gironde ➜ voir Bordeaux

MARTIN-ÉGLISE – 76 Seine-Maritime ➜ voir Dieppe

LA MARTRE

✉ 83840 (Var) – 183 hab. – **Voir carte n°41-C2**
Paris 808 km – Castellane 19 km – Digne-les-Bains 73 km – Draguignan 50 km
Carte Michelin 340-O3

Château de Taulane ch, rest,

Le Logis du Pin, au golf, 4 km au Nord-Est par D 6085 – ✆ 04 93 40 60 80 – www.chateau-taulane.com – Ouvert de mi-avril à mi-oct.
45 ch – 119/259 € 139/259 € – 3 suites – 20 € – ½ P
Rest – Carte 54/72 € *(fermé le midi)*
Château du 18[e]s. situé en pleine nature, au cœur d'un superbe golf : un lieu chic, hors du temps. Chambres spacieuses et aménagées avec beaucoup de confort, piscine couverte, salle de fitness, soins esthétiques et restaurant (avec un espace snack face aux greens).

MARTRES-TOLOSANE

✉ 31220 (Haute-Garonne) – 2 231 hab. – **Voir carte n°28-B3**
Paris 737 km – Auch 133 km – Tarbes 94 km – Toulouse 62 km
Carte Michelin 343-E5

Le Castet

44 av. de la Gare – ✆ 05 61 98 80 20 – www.hotelcastet.fr – Fermé 2-8 janv., merc. soir d'oct. à juin, dim. soir et lundi
Menu 18 € (déj. en semaine), 30/60 € – Carte 48/77 €
Qui pourrait croire que ce lieu contemporain fut jadis le café de la gare ? On y sert une cuisine du marché fraîche et colorée, qui mise sur le beau produit avec simplicité : salade de penne et crevettes, daube de bœuf et haricots au beurre, etc. Un conseil : réservez, c'est souvent complet.

MARVEJOLS

✉ 48100 (Lozère) – 5 053 hab. – **Voir carte n°23-C1**
Paris 580 km – Espalion 83 km – Mende 28 km – Montpellier 178 km
Carte Michelin 330-H7

L'Auberge Domaine de Carrière avec ch rest,

av. Montplaisir, 2 km à l'Est par D 1 – ✆ 04 66 32 47 05 – www.domainedecarriere.com – Fermé vacances de la Toussaint, 20 déc.-1er fév., merc. soir, dim. soir et lundi
5 ch – 90/100 € 100 € Menu 19/40 €
Épuré, design... Un lieu contemporain et tendance, dans les anciennes écuries du domaine. La carte n'est pas en reste, puisque le chef concocte une cuisine fraîche et dans l'air du temps, déclinée autour de trois menus uniques. Pour prolonger l'étape, les chambres sont élégantes et spacieuses.

MASSANGIS

✉ 89440 (Yonne) – 410 hab. – **Voir carte n°7-B2**
Paris 213 km – Auxerre 48 km – Dijon 132 km – Nevers 169 km
Carte Michelin 319-G6

Carpe Diem

53 Grande-Rue – ✆ 03 86 33 89 32 – www.acarpediem.com
5 ch – 62/85 € 70/93 € **Table d'hôte** – Menu 35 €
De ce corps de ferme (18e-19e s.) situé dans un paisible village, les propriétaires ont fait un lieu charmant, cosy et élégant : mobilier de famille, boiseries et parquet, jardin fleuri... À la table d'hôte, cuisine traditionnelle et classicisme de bon aloi.

MASSERET

✉ 19510 (Corrèze) – 679 hab. – **Voir carte n°24-B2**
Paris 432 km – Guéret 132 km – Limoges 45 km – Tulle 48 km
Carte Michelin 329-K2 – Guide Vert Michelin Limousin Berry

Hôtel de la Tour rest,

7 pl. Marcel-Champeix – ✆ 05 55 73 40 12 – www.hoteldelatourmasseret.com – Fermé dim. soir sauf juil.-août
25 ch – 52/80 € 52/80 € – 9 €
Rest – Formule 16 € – Menu 23 € (semaine), 30/39 € – Carte 28/61 €
Sur les hauteurs de ce bourg limousin – gage de tranquillité –, un hôtel familial qui propose des chambres simples et bien tenues, rénovées avec goût et bien équipées. De la terrasse, on a une jolie vue sur... la tour !

MASSIAC

✉ 15500 (Cantal) – 1 829 hab. – Voir carte n°**5**-B3
▶ Paris 484 km – Aurillac 84 km – Brioude 23 km – Issoire 38 km
Carte Michelin 330-H3 – Guide Vert Michelin Auvergne

Grand Hôtel de la Poste
rest, P

26 av. Ch. de Gaulle – ✆ 04 71 23 02 01 – www.hotel-massiac.com – Fermé 12 nov.-20 déc., mardi soir et merc. de janv. à mars
33 ch – †47/60 € ††47/60 € – ☕ 8 € – ½ P
Rest – Menu 15 € (semaine), 24/41 € – Carte 26/48 €
Pas de panique si, après des heures de route sur l'A 75, vous vous retrouvez au niveau de Massiac. Cet établissement imposant, au fonctionnement familial, propose des chambres tout à fait confortables. Pour se détendre, il y a aussi de nombreux équipements de loisirs (fitness, jacuzzi, squash, etc.).

La Colombière sans rest
P

rte de Grenier Montgon, 1 km au Nord par D 909 – ✆ 04 71 23 18 50 – www.hotel-lacolombiere.com – Fermé fév.
30 ch – †48 € ††56/58 € – ☕ 7 €
Ses grandes chambres fonctionnelles (mobilier moderne, sanitaires bien équipés, tenue exemplaire) font de cet hôtel récent une étape pratique sur la route des gorges de l'Alagnon. La terrasse, donnant sur le jardin, est particulièrement sympathique.

MASSY – 91 Essonne ➔ voir Paris, Environs

MATIGNICOURT-GONCOURT

✉ 51300 (Marne) – 120 hab. – Voir carte n°**14**-C2
▶ Paris 194 km – Bar-le-Duc 46 km – Châlons-en-Champagne 44 km – Troyes 73 km
Carte Michelin 306-k10

Ô Delices des Papilles Ⓝ
P

11 r. du Château-d'Eau – ✆ 03 26 72 51 60 – www.odelicesdespapilles.fr – Fermé 27 avril-2 mai, 17 août-4 sept., 2-15 janv., lundi et mardi
Menu 24/59 € – Carte 49/74 €
À la sortie du village, faites donc une halte Ô Delices des Papilles. Dans un intérieur contemporain et boisé, on célèbre la production locale (asperges, petits pois, rhubarbe, escargots...) au gré de délicieux petits plats de tradition. Et côté vin, faites confiance à l'expérience du sommelier !

MATOUGUES – 51 Marne ➔ voir Châlons-en-Champagne

MAUBEC

✉ 84660 (Vaucluse) – 1 874 hab. – Voir carte n°**42**-E1
▶ Paris 717 km – Avignon 36 km – Marseille 84 km – Valence 156 km
Carte Michelin 332-D10

La Bastide du Bois Bréant
P

501 chemin du Puits de Grandaou – ✆ 04 90 05 86 78 – www.hotel-bastide-bois-breant.com – Fermé mi-janv. à mi-fév.
12 ch ☕ – †151/230 € ††151/230 € – 1 suite
Rest – Formule 17 € – Menu 28 € *(fermé le midi et dim.) (résidents seult)*
Au milieu d'une chênaie, cette bastide a préservé son âme provençale. Meubles chinés et atmosphère cosy dans les chambres, ou trip écolo au sommet d'une cabane dans un arbre ! Menu unique réservé aux résidents (cuisine régionale).

MAUBEUGE

✉ 59600 (Nord) – 31 046 hab. – Agglo. 115 320 hab. – Voir carte n°**31**-D2
▶ Paris 242 km – Mons 21 km – St-Quentin 114 km – Valenciennes 39 km
Carte Michelin 302-L6

L'Atelier 117 Ⓝ ch,

117 av. Jean-Jaurès – ✆ 03 27 62 15 00 – www.latelier117.com.
42 ch – 72/122 € 72/122 € – 11 €
Rest – Formule 15 € – Menu 26/30 € – Carte 34/42 € *(fermé vend. soir et dim. soir)*
Un hôtel contemporain situé légèrement à l'extérieur de la ville ; on y dort dans de petites chambres parfaitement équipées : iDock, grand écran, bonne literie, plateau de courtoisie... Et au restaurant, une sympathique carte de style brasserie !

au Sud par rte d'Avesnes-sur-Helpe – ✉ 59330 Beaufort

Auberge de l'Hermitage

6 km au Sud par N 2 – ✆ 03 27 67 89 59 – Fermé 25 juil.-13 août, dim. soir, mardi soir, jeudi soir et lundi
Formule 22 € – Menu 29 € (semaine), 52/62 € – Carte 61/97 €
En bord de route et à l'orée du parc naturel régional de l'Avesnois, cette jolie maison fait honneur à la tradition culinaire. Rien d'étonnant au pays des fameux maroilles !

Le Relais de Beaufort

8 km au Sud par N 2 – ✆ 03 27 63 50 36 – www.relaisdebeaufort.fr – Fermé 16 août-3 sept., dim. soir, mardi soir et lundi
Menu 29/46 € – Carte 27/70 €
Une auberge, deux atmosphères – rustique ou contemporaine –, mais surtout une généreuse cuisine traditionnelle : fricassée de Saint-Jacques à la crème d'ail, carré d'agneau rôti au romarin, et un plateau de fromages qui vaut son pesant d'or... Une adresse agréable.

MAULÉVRIER – 49 Maine-et-Loire → voir Cholet

MAUREILLAS-LAS-ILLAS

✉ 66480 (Pyrénées-Orientales) – 2 661 hab. – **Voir carte n°22-B3**
Paris 873 km – Gerona 71 km – Perpignan 31 km – Port-Vendres 31 km
Carte Michelin 344-H8

à Las Illas 11 km au Sud-Ouest par D 13 – ✉ 66480

Hostal dels Trabucayres avec ch

– ✆ 04 68 83 07 56 – Hôtel : ouvert 15 avril-20 oct., rest. : fermé début janv.-15 mars, 20-25 oct., mardi et merc. hors saison
5 ch – 36 € 36 € – 6 € – ½ P
Menu 16 €, 25 €/54 € – Carte 24/38 €
Auberge rustique (1840) postée sur le GR 10, au cœur d'une forêt de chênes-lièges et... au calme ! Après une bonne marche, on dévore de copieux petits plats du terroir catalan, et pour le repos du randonneur, on trouve des chambres très simples (toilettes et douches sur le palier) ainsi que deux gîtes récents.

MAURIAC

✉ 15200 (Cantal) – 3 836 hab. – **Voir carte n°5-A3**
Paris 490 km – Aurillac 53 km – Clermont-Ferrand 113 km – Le Mont-Dore 77 km
Carte Michelin 330-B3 – Guide Vert Michelin Auvergne

Auv'Hôtel sans rest

4 r. du 11-Novembre – ✆ 04 71 68 19 10 – www.auv-hotel.fr – Fermé 1er-10 oct.
11 ch – 55/65 € 60/72 € – 8 €
Située à côté de la basilique romane Notre-Dame-des-Miracles, une sympathique petite adresse aux fenêtres fleuries. Les chambres, mignonnes, coquettes et bien tenues, sont parfaites pour les petits budgets !

MAUROUX – 46 Lot → voir Puy-l'Évêque

MAUSSANE-LES-ALPILLES

✉ 13520 (Bouches-du-Rhône) – 2 132 hab. – **Voir carte n°42-E1**
▶ Paris 712 km – Arles 20 km – Avignon 30 km – Marseille 81 km
Carte Michelin 340-D3 – Guide Vert Michelin Provence

Le Pré des Baux sans rest

r. du Vieux-Moulin – ✆ 04 90 54 40 40 – www.lepredesbaux.com – Ouvert 4 avril-2 nov.

10 ch – †95/135 € ††95/135 € – ☕ 13 €

Les chambres de plain-pied entourent la piscine et le jardin méridional, au calme. Petit-déjeuner (fruits frais, confitures artisanales) servi sur les terrasses privatives.

Val Baussenc

122 av. de la Vallée-des-Baux – ✆ 04 90 54 38 90 – www.valbaussenc.com – Ouvert 1er mars-31 oct.

23 ch – †77/131 € ††88/131 € – ☕ 11 € – ½ P

Rest – Carte environ 33 € *(fermé dim., merc. et le midi)*

Une maison au décor provençal qui magnifie avec originalité la pierre calcaire des Baux. Les chambres, presque toutes avec terrasse ou balcon, profitent du calme de la campagne environnante. Petite salle à manger, treille et cuisine aux couleurs du Sud.

Castillon des Baux sans rest

10 bis av. de la Vallée-des-Baux – ✆ 04 90 54 31 93 – www.castillondesbaux.com – Fermé 15 déc.- 31 janv.

20 ch – †95/157 € ††95/157 € – ☕ 13 €

Bâtisse ocre rouge façon mas, entourée d'un jardin. Les chambres, sobres et confortables, ont presque toutes un balcon ou une terrasse. Prix raisonnables.

Ou Ravi Provençau

34 av. de la Vallée-des-Baux – ✆ 04 90 54 31 11 – www.restaurantalpilles.fr – Fermé 22-30 juin, 15 nov.-15 déc., 15 janv.-10 fév., mardi et merc.

Formule 20 € – Menu 52 € 🍷

Authentique, goûteuse et généreuse... la cuisine servie dans cette jolie maison méridionale semble sortir du "Reboul" : daube, escargots à la suçarelle, lapin au thym, etc. Agréable patio.

Le Clos St-Roch

87 av. de la Vallée-des-Baux – ✆ 04 90 98 77 15 – www.leclosaintroch.com – Fermé 1 semaine vacances de Noël, 3 semaines vacances de fév., merc. et jeudi

Formule 21 € – Menu 28 € – Carte 32/49 €

Des États-Unis aux Alpilles, il n'y a parfois qu'un pas que ce couple a franchi. En cuisine, monsieur concocte des recettes imprégnées des parfums de la région, tandis que madame œuvre en salle. L'hiver, demandez une table à côté de la cheminée et, l'été, profitez de la terrasse !

La Place

65 av. de la Vallée-des-Baux – ✆ 04 90 54 23 31 – www.restaurant-laplace.fr – Fermé mardi de nov. à avril et merc. d'oct. à mai

Formule 24 € – Menu 37/47 € – Carte 42/50 €

Cette "Place", d'un style rétro revisité (lustres en cristal, tons anis et prune), et sa terrasse servent d'écrin à une cuisine d'aujourd'hui, aux accents du Sud.

au Paradou 2 km à l'Ouest par D 17, rte d'Arles – ✉ 13520 – 1 417 hab.

B design & Spa sans rest

lieu-dit de Bourgeac – ✆ 04 90 54 58 66 – www.hotelbdesign.com

15 suites – ††350/490 € – ☕ 21 €

La modernité au service du confort et du bien-être résume l'esprit de cet hôtel, à l'entrée de la propriété. Vastes suites dessinées par un designer, terrasses, espace de remise de forme. Pour un beau séjour au calme...

Du Côté des Olivades

lieu-dit de Bourgeac – ✆ 04 90 54 56 78 – www.ducotedesolivades.com

10 ch – †140/210 € ††140/210 € – ☕ 21 € – ½ P

Rest *Nancy Bourguignon* – voir les restaurants ci-après

Cette bastide contemporaine, nichée au milieu des oliviers, abrite des chambres de style provençal. Agréable piscine et copieux petit-déjeuner.

La Maison du Paradou sans rest

2 rte de St-Roch – ✆ 04 90 54 65 46 – www.maisonduparadou.com
5 ch ☕ – 🚹225/295 € 🚻225/295 €
Relais de poste (1699) couvert de glycine, tenu par des Britanniques et doté de chambres extrêmement confortables. Très beau salon voûté, jardin provençal et piscines d'eau salée... Avec les Alpilles en toile de fond. Paradisiaque !

Nancy Bourguignon – Hôtel Du Côté des Olivades

lieu-dit de Bourgeac – ✆ 04 90 54 56 78 – www.ducotedesolivades.com
Carte 55/92 € *(fermé mardi midi et lundi) (réservation conseillée)*
Légumes primeurs provençaux, poisson de ligne... Dans ce charmant restaurant, la chef, autodidacte et passionnée, concocte de fines et subtiles recettes, très parfumées. Agréable terrasse entourée de végétation méditerranéenne.

Le Bistrot du Paradou

57 av. de la Vallée-des-Baux – ✆ 04 90 54 32 70 – Fermé 25 mai-2 juin, vacances de Noël et de fév., dim. et lundi
Menu 47 € 🍷 (déj.)/53 € 🍷 *(réservation conseillée)*
Cette maison aux volets bleus conviviale est une institution locale. Elle fleure bon l'aïoli, la volaille de Bresse à la broche et les tartes maison. Attention, menu unique !

MAUZAC-ET-ST-MEYME-DE-ROZENS

✉ 24150 (Dordogne) – 862 hab. – **Voir carte n°4-C3**
▶ Paris 596 km – Agen 116 km – Bordeaux 151 km – Périgueux 64 km
Carte Michelin 329-F6

La Métairie

– ✆ 05 53 22 50 47 – www.la-metairie.com – Ouvert 25 mars-5 nov. et vacances de Noël
9 ch – 🚹125/175 € 🚻135/195 € – 1 suite – ☕ 18 € – ½ P
Rest – Formule 38 € – Menu 43/55 € – Carte 58/86 €
Un hôtel charmant et romantique, installé dans une maison du 19e s., au cœur d'un superbe parc de 3 ha. Les chambres ont beaucoup de classe et, le plus souvent, une terrasse privative. Restaurant au cadre rustique pour une cuisine s'inspirant du terroir.

MAYENNE

✉ 53100 (Mayenne) – 13 299 hab. – **Voir carte n°35-C1**
▶ Paris 283 km – Alençon 61 km – Flers 56 km – Fougères 47 km
Carte Michelin 310-F5 – Guide Vert Michelin Pays de la Loire

Le Grand Hôtel

2 r. Ambroise-de-Loré – ✆ 02 43 00 96 00 – www.grandhotelmayenne.com – Fermé 27 juil.-17 août, 20 déc.-4 janv.
22 ch – 🚹77/106 € 🚻92/138 € – ☕ 13 €
Rest *Le Grand Hôtel* – voir les restaurants ci-après
Cet hôtel central, créé en 1850, dispose de chambres très bien tenues. On vient d'abord se garer tranquillement dans la cour fleurie qui sert de parking avant de profiter du confortable salon et du bar à whiskies.

L'Éveil des Sens (Nicolas Nobis)

429 bd Paul-Lintier – ✆ 02 43 30 42 17 – www.restaurant-leveildessens.fr – Fermé 11 août-1er sept., 2-23 janv., mardi midi, dim. soir et lundi
Formule 19 € – Menu 22 € (déj. en semaine), 37/59 € *(réservation conseillée)*
Des cuissons et assaisonnements précis, une créativité bien maîtrisée, des produits de qualité : cette table réveille les papilles et y laisse une empreinte durable. Décor sobre et moderne.
➜ Foie gras à la badiane et fenouil confit. Saint-pierre nature, étuvée de chou-rave et coquillages. Croustillant chocolat et praliné, glace au café blanc.

Le Grand Hôtel – Le Grand Hôtel
2 r. Ambroise-de-Loré – ✆ 02 43 00 96 00 – www.grandhotelmayenne.com – Fermé 27 juil.-17 août, 20 déc.-4 janv., sam. sauf le soir de mai à oct. et dim. de nov. à avril
Formule 18 € – Menu 20/34 € – Carte 55/68 €
Dans un décor de jardin d'hiver (plantes vertes, meubles en rotin, etc.), on apprécie une cuisine qui s'appuie sur de solides bases classiques avec, en semaine pour le déjeuner, une formule "bouchon" à prix étudié. Ainsi va la vie au Grand Hôtel...

rte de Laval au Sud par N 162 – ✉ 53100 Mayenne

La Marjolaine
au domaine du Bas-Mont, à 6,5 km – ✆ 02 43 00 48 42 – www.lamarjolaine.fr – Fermé vacances de fév.
41 ch – 👤63/122 € 👥63/122 € – ☕ 11 € – ½ P
Rest *La Marjolaine* – voir les restaurants ci-après
Près de Mayenne, mais en pleine nature : dans le parc aux arbres centenaires coule une rivière... On peut loger au château (17e s.) ou à la ferme, à moins de préférer les chambres plus actuelles de la dépendance. Espace détente.

La Marjolaine
au domaine du Bas-Mont, à 6,5 km – ✆ 02 43 00 48 42 – www.lamarjolaine.fr – Fermé vacances de fév., vend. soir, sam. midi de janv. à Pâques et dim. soir d'oct. à Pâques
Menu 21 € (semaine)/33 € – Carte 49/74 €
Dans ce restaurant élégant, on savoure une cuisine classique où les tendances actuelles se devinent par petites touches : pigeonneau au jus de mûre, blanquette de ris de veau et langoustines, escargots aux oreilles de cochon... Nul doute que cette Marjolaine séduira plus d'un gourmand !

Beau Rivage avec ch
rte de St-Baudelle, à 4 km – ✆ 02 43 00 49 13 – www.restaurantbeaurivage.com – Fermé dim. soir et lundi
8 ch – 👤60 € 👥74 € – ☕ 8,50 € – ½ P
Formule 15 € – Menu 18/39 € – Carte 29/49 €
Ce restaurant, au bord de la Mayenne, a des airs de guinguette. Et c'est avec plaisir qu'on atteint les rivages de la gourmandise grâce à l'appétissante cuisine traditionnelle du chef et autres viandes rôties... Aux beaux jours, profitez de la belle terrasse ombragée.

MAZAMET

✉ 81200 (Tarn) – 9 995 hab. – **Voir carte n°29-C2**
▶ Paris 739 km – Albi 64 km – Carcassonne 50 km – Castres 21 km
Carte Michelin 338-G10

Mets et Plaisirs
7 av. Albert Rouvière – ✆ 05 63 61 56 93 – www.metsetplaisirs.com – Fermé 2-23 août, 24 déc.-8 janv., dim. soir et lundi
11 ch – 👤45 € 👥55/65 € – ☕ 7 € – ½ P
Rest *Mets et Plaisirs* – voir les restaurants ci-après
Dans le centre de Mazamet, une maison de maître du début du 20e s. avec des chambres assez petites et simples, mais bien tenues... Quant au restaurant, il ravira les gourmands !

La Villa de Mazamet 
4 r. Pasteur – ✆ 05 63 97 90 33 – www.villademazamet.com – Fermé 15 déc.-15 janv.
4 ch ☕ – 👤105/185 € 👥105/185 € – 1 suite
Table d'hôte – Menu 35 € *(fermé merc.)*
Les propriétaires ? Deux Anglais tombés amoureux du Sud et de cette très belle maison de maître (1935), avec son grand escalier en pierre, ses moulures, ses cheminées en marbre, etc. Les chambres, spacieuses et lumineuses, sont raffinées ; l'accueil est charmant... Une superbe adresse.

Mets et Plaisirs – Hôtel Mets et Plaisirs
7 av. Albert Rouvière – ✆ 05 63 61 56 93 – www.metsetplaisirs.com – Fermé 2-23 août, 24 déc.-8 janv., dim. soir et lundi
Menu 19 € (semaine), 30/60 € – Carte 44/51 €
Une maison bourgeoise et un cadre... classique – moulures, boiseries, etc. Aux fourneaux, le propriétaire prépare une cuisine fraîche et bien tournée, avec des produits choisis. On a du plaisir à savourer ses mets !

MAZAN – 84 Vaucluse ➜ voir Carpentras

MAZAYE

63230 (Puy-de-Dôme) – 697 hab. – **Voir carte n°5-B2**
Paris 441 km – Clermont-Ferrand 23 km – Le Mont-Dore 32 km – Pontaumur 27 km
Carte Michelin 326-E8

Auberge de Mazayes
à Mazayes-Basses – ✆ 04 73 88 93 30 – www.auberge-mazayes.com – Fermé 16 déc.-25 janv., dim. soir et lundi de sept. à avril et mardi midi
15 ch – 🚹57/66 € 🚹🚹69/81 € – ☕ 10 € – ½ P
Rest ***Auberge de Mazayes*** – voir les restaurants ci-après
Cette belle ferme rustique est le pied-à-terre parfait pour sillonner la campagne auvergnate. Profitez des chambres coquettes et au calme, avant de repartir à l'assaut des monts Dôme.

Auberge de Mazayes
à Mazayes-Basses – ✆ 04 73 88 93 30 – www.auberge-mazayes.com – Fermé 16 déc.-25 janv., dim. soir et lundi de sept. à avril et mardi midi
Formule 16 € – Menu 24 € (déj. en semaine), 31/34 € – Carte 31/43 €
Des moellons de basalte, du bois patiné... et tout le goût de l'Auvergne : feuilleté au cantal, truffade du Cantal et de l'Aveyron, truite au lard, petit salé aux lentilles vertes du Puy, pounti et fromages régionaux, etc. Sincère et généreux !

MAZEROLLES – 40 Landes ➜ voir Mont-de-Marsan

MEAULNE

03360 (Allier) – 763 hab. – **Voir carte n°5-B1**
Paris 307 km – Clermont-Ferrand 126 km – Moulins 96 km – Montluçon 31 km
Carte Michelin 326-C3 – Guide Vert Michelin Auvergne

Au Cœur de Meaulne
20 pl. de l'Eglise – ✆ 04 70 06 20 30 – www.aucoeurdemeaulne.com – Fermé vacances de Noël et de fév.
6 ch – 🚹60/70 € 🚹🚹60/70 € – ☕ 10 € – ½ P
Rest ***Au Cœur de Meaulne*** – voir les restaurants ci-après
Cette auberge vous héberge dans des chambres colorées et bien tenues, où des tronçons de bois de la forêt de Tronçais tiennent lieu de tables de nuit ! Une petite maison bien agréable, aux prix mesurés.

Manoir du Mortier
Le Mortier – ✆ 06 62 21 08 82 – www.manoirdumortier.com – Ouvert avril à mi-nov.
4 ch ☕ – 🚹85/160 € 🚹🚹140/260 € **Table d'hôte** – Menu 32 €
En pleine nature, à l'orée d'une forêt, manoir familial du 18ᵉs. joliment restauré. Ciels de lit, tentures, objets anciens : les chambres sont très romantiques. Repas sur réservation, servi devant la cheminée ou en terrasse. Idéal pour se ressourcer.

Au Cœur de Meaulne – Hôtel Au Cœur de Meaulne
20 pl. de l'Eglise – ✆ 04 70 06 20 30 – www.aucoeurdemeaulne.com – Fermé vacances de Noël et de fév., dim. soir et le midi sauf dim.
Menu 31 € – Carte 39/48 € *(réservation conseillée)*
Des produits de qualité et l'envie de bien faire : une jolie recette pour une cuisine dans l'air du temps... qui met l'eau à la bouche. Et l'été, il fait bon s'attabler sous les feuilles du vieux marronnier.

MEAUX

✉ 77100 (Seine-et-Marne) – 50 755 hab. – **Voir carte n°19-C1**
Paris 54 km – Compiègne 68 km – Melun 56 km – Reims 98 km
Carte Michelin 312-G2 – Guide Vert Michelin Île-de-France

La Grignotière

36 r. de la Sablonnière – ✆ 01 64 34 21 48 – Fermé août, sam. midi, mardi et merc.
Formule 29 € – Menu 39/49 € – Carte 60/72 €
On apprécie ce restaurant rustique bien agréable avec sa cheminée en état de marche. Sympathique cuisine de tradition et beaux plateaux de fruits de mer servis toute l'année.

à Germigny-l'Évêque 8 km au Nord-Est par D 405 et D 97 – ✉ 77910 – 1 358 hab.

Le Gonfalon avec ch

2 r. de l'Église – ✆ 01 64 33 16 05 – www.restaurantgonfalon.com – Fermé 1 semaine en avril, 1 semaine en nov., 7-26 janv., dim. soir et lundi
8 ch – 85/90 € 105/120 € – 12 €
Formule 35 € – Menu 48/80 € – Carte 63/85 €
Fraîcheur et charme inondent la terrasse romantique de cette auberge en bord de Marne. On y apprécie une cuisine d'aujourd'hui, servie l'hiver au coin du feu, dans une salle cosy et intime... Chambres très calmes, certaines côté rivière.

à Trilbardou 7 km à l'Ouest par N 3 et D 27 – ✉ 77450 – 639 hab.

M. et Mme Cantin sans rest

2 r. de l'Église – ✆ 01 60 61 08 75
3 ch – 60 € 70 €
Le canal de l'Ourcq longe le jardin de cette demeure du 19e s. Chambres à la décoration raffinée. Pour les sportifs, une piste cyclable depuis Paris permet d'y accéder en vélo !

MEAUZAC

✉ 82290 (Tarn-et-Garonne) – 1 155 hab. – **Voir carte n°28-B2**
Paris 628 km – Cahors 57 km – Montauban 16 km – Toulouse 67 km
Carte Michelin 337-D7

Manoir des Chanterelles

à Bernon-Boutounelle, 2170 rte de Castelsarrasin, 2 km au Nord par D 45 – ✆ 05 63 24 60 70 – www.manoirdeschanterelles.com – Fermé dim. soir hors saison
5 ch – 90/120 € 100/130 € – ½ P **Table d'hôte** – Menu 35 €
Un beau manoir flanqué de tourelles au cœur d'un parc et d'un verger de pommiers. Savane, Louis XVI, Orientale, Romantique et Zen : les chambres, confortables, offrent un décor bigarré et opulent. Piscine, tennis et espace bien-être pour la détente.

LES MÉES

✉ 04190 (Alpes-de-Haute-Provence) – 3 630 hab. – **Voir carte n°40-B2**
Paris 733 km – Avignon 155 km – Digne-les-Bains 22 km – Marseille 115 km
Carte Michelin 334-D8

La Marmite du Pêcheur

bd des Tilleuls – ✆ 04 92 34 35 56 – www.lamarmitedupecheur.com – Fermé 2-12 janv., mardi et merc.
Menu 20 € (déj. en semaine), 36/59 € – Carte 45/90 €
Au pied des Pénitents, ces célèbres rochers pointus, les gourmands n'ont pas à faire profil bas ! Dans cet ancien moulin, on se régale de spécialités de poisson et de produits de la mer (bouillabaisse sur commande). Décor contemporain dans la salle où trône encore la roue à aubes.

MEGÈVE

✉ 74120 (Haute-Savoie) – 3 705 hab. – **Voir carte n°46-F1**

Paris 598 km – Albertville 32 km – Annecy 60 km – Chamonix-Mont-Blanc 33 km

Carte Michelin 328-M5 – Guide Vert Michelin Alpes du Nord

© J.-D. Sudres/hemis.fr

Hôtels

Les Fermes de Marie

163 chemin de la Riante-Colline, par ② – ☎ 04 50 93 03 10 – www.fermesdemarie.com – Fermé 6 avril-3 juin

60 ch – 290/1020 € 290/1650 € – 10 suites – 29 € – ½ P

Rest – Carte 65/119 €

Rest *Restaurant Alpin* – Menu 60 € *(fermé le midi)*

On se verrait bien vivre dans ce hameau de fermes savoyardes reconstituées. Les chambres sont délicieusement montagnardes, boisées, décorées avec goût dans le style de la famille Sibuet, reconnaissable entre mille... Et le spa est superbe. Un véritable paradis des neiges !

Le Fer à Cheval

rest, rest,

36 rte Crêt-d'Arbois – ☎ 04 50 21 30 39 – www.feracheval-megeve.com – Ouvert de fin juin à début sept. et de mi-déc. à mi-avril Plan : BY**a**

38 ch – 690/810 € 690/810 € – 15 suites – ½ P

Rest – Menu 65 € – Carte 73/145 € *(fermé le midi)*

Rest *L'Alpage* – Carte 56/66 € *(ouvert de mi-déc. à mi-avril et fermé le midi)*

Pourquoi le Fer à Cheval ? En hommage au forgeron du village, qui bâtit ce superbe chalet en 1938. Ici, l'esprit savoyard est sublimé : entre bois et objets montagnards, tout n'est que chaleur et raffinement... Autres atouts : un spa grandiose et deux restaurants – gastronomique ou savoyard – selon vos envies.

Lodge Park

100 r. d'Arly – ☎ 04 50 93 05 03 – www.lodgepark.com – Ouvert de mi-déc. à fin mars

38 ch – 280/750 € 280/750 € – 11 suites – 26 € Plan : AY**s**

Rest *Beef Lodge* – voir les restaurants ci-après

Atypique, chic et hors du temps : ce Lodge Park est tout cela à la fois. L'ambiance ? Celle d'une maison de trappeur dans le Grand Nord ! Trophées de chasse, peaux de bêtes aux murs, cornes et bustes bovins, cheminées en pierre... et les chambres sont de vrais cocons !

Chalet du Mont d'Arbois

447 chemin de la Rocaille, par rte Edmond-de-Rothschild – ☎ 04 50 21 25 03 – www.domainedumontdarbois.com – Ouvert de mi-juin à mi-sept. et de mi déc. à mi-avril

41 ch – 210/1150 € 210/1150 € – 8 suites – 28 € – ½ P Plan : BY**p**

Rest *1920* ✿ – voir les restaurants ci-après

Sous l'égide de la famille Rothschild, un grand chalet très chic, chaleureux et raffiné, avec une vue sublime sur les sommets : toute la féerie de Megève. Ou l'art d'apprécier le luxe d'une piscine semi-couverte chauffée à 30°C, comme celui d'un dîner romantique...

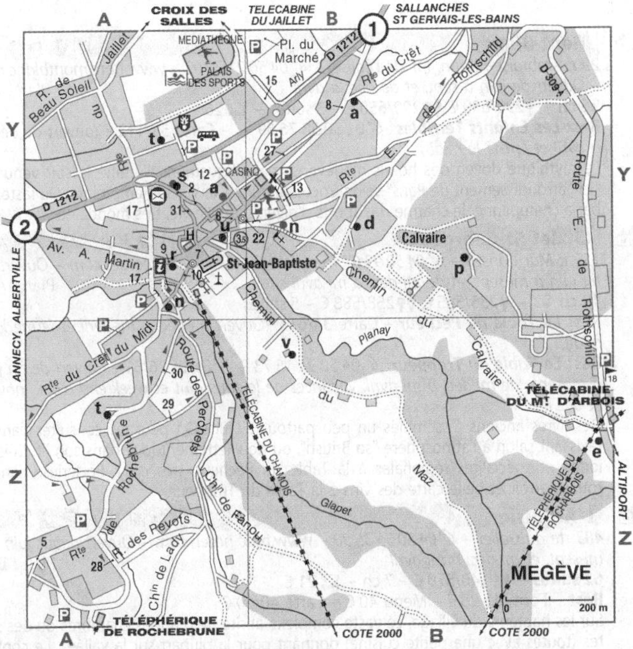

Rue		
Arly (R. d')	AY	2
Bouchet (Rte du)	AZ	5
Église (Pl. de l')	AY	7
Feige (R. Ch.)	ABY	8
Martin (R. A.)	AY	9
Monseigneur-Conseil (R.)	AY	10
Muffat-de-St-Amour (R. du Gén.)	AY	12
Oberstdorf (R.)	BY	13
Palais des Sports (Rte du)	ABY	15
Poste (R. de la)	AY	17
Résistance (Pl. de la)	AY	22
St-François (R.)	ABY	27
Téléphérique (Rte du)	AZ	28
Torrents (R. des)	AZ	29
Verte (Allée)	AZ	30
5-Rues (Passage des)	AY	31

Chalet Noémie

447 chemin de la Rocaille – Ouvert de mi-juin à mi-sept. et de mi déc. à mi-avril

5 suites – ††950/4500 € – ☕28 €

Le Chalet de Noémie constitue une délicieuse annexe, distillant un parfait charme savoyard.

Chalet Alice

447 chemin de la Rocaille – Ouvert de mi-juin à mi-sept. et de mi déc. à mi-avril

6 ch – †350/650 € ††350/650 € – 2 suites – ☕28 €

Un chalet à l'ancienne… qui brille comme un sou neuf. Cosy, ravissant, parfaitement tenu, il renferme une collection rare de cannes et pipes appartenant aux Rothschild.

Le Chalet Zannier Ⓝ

367 rte du Crêt – ✆ 04 50 21 01 01 – www.lechaletzannier.com – ouvert mi-déc. à mi-avril

8 ch ☕ – †450/650 € ††450/650 € – 4 suites – ½ P

Rest *Le Chalet Zannier* – voir les restaurants ci-après

Un ensemble de trois superbes chalets savoyards, possédant un joli centre de détente avec piscine, hammam et sauna. L'esprit de luxe montagnard règne dans les chambres, sobres et chic, jamais tape-à-l'œil, et dans les nombreux services (navette privée vers la station).

Alpaga

rte du Prariand, (allée des Marmoussets), 1,5 km par ② et rte secondaire – ✆ 04 50 91 48 70 – www.alpaga.com – Ouvert fin juin à mi-sept. et 6 déc.-13 avril

22 ch ☕ – †210/830 € ††210/830 € – 11 suites

Rest *La Table de l'Alpaga* ✿ – voir les restaurants ci-après

Ce hameau de chalets très chic cultive sa différence à l'écart de la station... Résolument contemporaines, les chambres sont superbes dans leur esprit épuré – et néanmoins chaleureux –, loin des chalets les plus traditionnels. Mention spéciale pour le délicieux spa.

Mont-Blanc

29 r. Ambroise-Martin, (pl. de l'Église) – ✆ 04 50 21 20 02 – www.hotelmontblanc.com – Ouvert de juin à sept. et de déc. à avril Plan : AY**r**

35 ch – 290/650 € 290/650 € – 3 suites – 26 €

Rest *Les Enfants Terribles* ✆ 04 50 58 76 69 – – Carte 59/112 € *(ouvert de déc. à avril et fermé le midi)*

Le mythique doyen des hôtels megèvans, magnifiquement illuminé le soir venu : le "21e arrondissement de Paris" selon Cocteau, qui y a laissé son empreinte. Du faste, un bar à champagne, le charme des sports d'hiver... la belle vie, très mondaine !

Chalet St-Georges

ch, rest,

159 r. Mgr Conseil – ✆ 04 50 93 07 15 – www.hotel-chaletstgeorges.com – Ouvert de fin juin à mi-sept. et de mi-déc. à mi-avril Plan : AY**n**

19 ch – 235/565 € 258/588 € – 5 suites

Rest *La Table du Pêcheur* – Carte 34/61 € *(Ouvert mi-déc. à mi-avril et fermé le midi)*

Rest *La Table du Trappeur* ✆ 04 50 21 15 73 – – Carte 36/61 € *(ouvert de fin juin à mi-sept., de mi-déc. à mi-avril, vacances de la toussaint et week-end d'oct., nov. et déc.)*

Des livres anciens disséminés un peu partout ? Oui ! On peut les consulter dans le ravissant salon à l'atmosphère "so British", ou douillettement lové dans son lit. Cuisine iodée et spécialités régionales à la Table du Pêcheur, très cosy. Boiseries, viandes rôties, terroir et belle carte des vins à la Table du Trappeur.

L'Arboisie

ch,

483 rte du Gollet – ✆ 04 50 55 35 90 – www.hmc-hotels.com – Ouvert début juin à mi-sept. et mi-déc. à mi-avril Plan : BY**d**

62 suites – 140/570 € – 7 ch – 21 €

Rest – Formule 28 € – Menu 40 € – Carte 40/60 €

Sur les hauteurs du village, ce vaste complexe abrite de grandes chambres ou des suites (toutes avec une petite cuisine) donnant pour la plupart sur la vallée... Le confort comme le grand air sont au rendez-vous ! Bel espace détente et restaurant traditionnel.

Au Coin du Feu

252 rte de Rochebrune – ✆ 04 50 21 04 94 – www.coindufeu.com – Ouvert mi-déc. à fin mars Plan : AZ**t**

23 ch – 205/425 € 205/425 € – 18 € – ½ P

Rest *Le St-Nicolas* – Menu 49 € – Carte 40/60 € *(fermé le midi)*

Des cheminées, de jolis motifs floraux habillant toutes les chambres : une atmosphère authentique, familiale et chic. Petit espace bien-être avec salle de massage. Spécialités traditionnelles et fromagères servies dans une élégante taverne montagnarde.

La Ferme du Golf sans rest

3048 rte Edmond-de-Rothschild – ✆ 04 50 21 14 62 – www.mont-darbois.fr – Ouvert de mi-juin à mi-sept. et de mi-déc. à début avril Plan : BZ**e**

19 ch – 95/410 € 110/425 €

Au pied des remontées mécaniques, un sympathique hôtel – jadis une ferme – avec des chambres bien tenues, plus calmes côté vallée. Dans un joli salon décoré à l'écossaise, on dispute une partie de billard non loin de la cheminée, avant de rejoindre, pourquoi pas, le jacuzzi... Quelques duplex pour les familles.

Au Cœur de Megève

rest,

44 av. Charles-Feige – ✆ 04 50 21 25 30 – www.hotel-megeve.com Plan : AY**u**

36 ch – 98/233 € 98/233 € – 7 suites – 13 €

Rest – Formule 25 € – Carte 36/65 € *(fermé merc. et jeudi hors saison)*

Un hôtel d'esprit pension de famille au cœur de la station. Déco montagnarde et actuelle dans les chambres ; vue sur les pistes ou sur le village et le torrent. Typique, pratique et bien tenu ! Au restaurant, place à la tradition.

La Grange d'Arly

ch, ch,

10 r. des Allobroges – ✆ 04 50 58 77 88 – www.grange-darly.com – Ouvert de fin juin à début-sept. et de mi-déc. à fin mars Plan : AY**t**

22 ch – 125/215 € 145/260 € – ½ P **Rest** – Menu 23/37 € *(fermé le midi)*

Hôtel familial impeccablement tenu. Les chambres sont assez spacieuses (quelques-unes mansardées ou en duplex) et le bois naturel domine. Une valeur simple et sûre ! Au restaurant, cuisine traditionnelle et spécialités savoyardes.

La Chaumine sans rest
36 chemin des Bouleaux, par chemin du Maz – ✆ 04 50 21 37 05 – www.hotel-lachaumine-megeve.com – Ouvert 28 juin-7 sept. et 19 déc.-13 avril
11 ch – 85/126 € 90/126 € – 11 € Plan : BZ**v**
À 300 m du village et de la télécabine du Chamois, une ferme du 19e s. joliment restaurée à la mode savoyarde. On entre par un petit salon coquet, typiquement megèvan, un vrai cocon de montagne. Les chambres sont douillettes et... très au calme !

Restaurants

1920 – Hôtel Chalet du Mont d'Arbois
447 chemin de la Rocaille, par rte Edmond-de-Rothschild – ✆ 04 50 21 25 03 – www.domainedumontdarbois.com – Ouvert de mi-juin à mi-sept. et de mi déc. à mi-avril Plan : BY**p**
Menu 55/120 € – Carte 87/170 €
Dans ce luxueux domaine créé par les Rothschild en 1920, les plaisirs de la table se déclinent en produits nobles et recettes originales, sans oublier les grands classiques, tel le soufflé tradition Rothschild. Le tout accompagné d'une belle carte des vins où les célèbres crus de la famille sont à l'honneur !
➜ Grosses langoustines de casier panées aux fruits à coque. Pigeon de Bresse rôti au serpolet et artichaut poivrade en barigoule. Soufflé tradition "Rothschild", salade d'orange et granité au Grand Marnier.

Le Chalet Zannier N – Hôtel le Chalet Zannier
367 rte du Crêt – ✆ 04 50 21 01 01 – www.lechaletzannier.com – ouvert mi-déc. à mi-avril et fermé le midi Plan : BY**k**
Menu 85 € – Carte 70/115 €
Un restaurant aux allures de luxueux bistrot, mais dont l'allure décontractée ne préjuge en rien de la qualité de l'assiette : on y déguste en effet une délicieuse cuisine, empreinte de classicisme, soignée et fondée sur des produits de grande qualité. Le raffinement est au rendez-vous !

La Table de l'Alpaga – Hôtel Alpaga
rte du Prariand, (allée des Marmoussets), 1,5 km par ② et rte secondaire – ✆ 04 50 91 48 70 – www.alpaga.com – Ouvert juil.-août et 20 déc.-13 avril et fermé mardi de juil. à mi-sept., lundi et le midi
Menu 90 € – Carte 60/100 €
Qu'il est déjà plaisant de prendre place dans cet endroit sobre et chic... En lisant la carte, très attrayante, on comprend bien la volonté du chef : proposer une cuisine pleinement ancrée dans notre époque, faire découvrir des saveurs oubliées, travailler des produits régionaux, jouer la légèreté... Un délicieux programme !
➜ Œuf de ferme cuit moelleux, mouillettes à la truffe noire et lard de Colonnata. Homard bleu en raviole ouverte, topinambour, carvi et truffe noire. Chartreuse verte en chiboust, crème brûlée à la noisette et glace Chartreuse verte.

Beef Lodge – Hôtel Lodge Park
100 r. d'Arly – ✆ 04 50 93 05 03 – Ouvert de mi-déc. à fin mars et fermé le midi
Carte 70/110 € Plan : AY**s**
Un vrai repaire de carnivores, au décor très "animal" : trophées, peaux de bête, cuir... Dans la lignée des steakhouses américains, on y propose des viandes de grande qualité, sélectionnées – et maturées – avec soin : bœuf Black Angus ou de Bavière, premium du Texas... Le tout dans les règles de l'art : avis aux amateurs !

Flocons Village
75 r. St-François – ✆ 04 50 78 35 01 – www.floconsdesel.com Plan : AY**a**
Formule 27 € – Menu 31 € – Carte 38/47 €
La deuxième adresse d'Emmanuel Renaut, le chef bien connu des Flocons de Sel (Leutaz). Ces Flocons-ci font fondre de plaisir avec une cuisine actuelle soignée et des plats du terroir d'une grande finesse : terrine de volaille maison à la confiture d'oignons au vin rouge, paleron de bœuf braisé à la mondeuse... Fameux !

Face au Mont-Blanc Ⓝ

à l'arrivée de la télécabine du Jaillet – ✆ 04 50 21 06 51 – www.chaletsaintgeorges.com – Fermé d'avril à début juil., début sept. à mi-déc. et le soir

Formule 32 € – Menu 43 €

Il ne pouvait pas mieux porter son nom ! Depuis la terrasse, la vue sur Megève et le massif du Mont-Blanc est magnifique. Pour le reste, ce restaurant d'altitude propose une savoureuse cuisine traditionnelle, avec un beau buffet pour les hors-d'œuvre et les desserts. Service efficace.

Le Puck Ⓝ

31 r. Oberstdorf – ✆ 04 57 19 97 96 – http://lepuck-megeve.fr – Fermé mardi sauf juil.-août et du 1er déc. au 31 mars Plan : BY**x**

Formule 18 € – Menu 24/31 € – Carte 34/58 €

Le puck ? Il s'agit du palet des hockeyeurs ; une évidence, pour ce restaurant situé juste en face de la patinoire centrale. On y sert une cuisine de brasserie à l'accent savoyard, où tout est fait maison à partir de produits frais. Et la jeune équipe est très accueillante !

Le Vieux Megève

58 pl. de la Résistance – ✆ 04 50 21 16 44 – www.restaurant-vieux-megeve.fr – Ouvert 11 juil.-31 août et 11 déc.-30 mars et fermé lundi en hiver, mardi midi en janv. et mars Plan : BY**n**

Carte 34/62 €

Authenticité montagnarde : le credo de ce Vieux Megève, une institution familiale depuis 1965. Fondues bourguignonne et savoyarde, brasérade, reblochonnade et charcuteries en tous genres : les portions sont généreuses, sans pour autant négliger le goût. Et l'ambiance est rustique à souhait...

au sommet du Mont d'Arbois par télécabine du Mt d'Arbois ou télécabine de la Princesse – ✉ 74170

L'Idéal 1850

– ✆ 04 50 21 31 26 – www.domainedumontdarbois.com – Ouvert mi-déc.-mi-avril et fermé le soir

Carte 51/87 €

À l'arrivée de la télécabine, cette ferme d'alpage est devenue le restaurant d'altitude (1 850 m) le plus en vue de la station, avec un panorama idéal sur le mont Blanc ! La Savoie est évidemment à l'honneur à la carte. En outre, une nouvelle suite est disponible ; luxueuse, elle peut héberger neuf privilégiés...

à Leutaz 4 km au Sud-Ouest par rte du Bouchet AZ – ✉ 74120

Flocons de Sel (Emmanuel Renaut) avec ch

1775 rte du Leutaz, 4 km au Sud-Ouest par rte du Bouchet - ZA – ✆ 04 50 21 49 99 – www.floconsdesel.com – Fermé 27 avril-30 mai et 10 nov.-5 déc.

9 ch – †280/980 € ††280/980 € – ☕ 26 €

Menu 90 € (déj.)/180 € – Carte 110/165 € *(fermé mardi et merc.)*

Plusieurs chalets au-dessus de Megève... Suivez les sommets, vous rencontrerez Emmanuel Renaut. Voilà bien un grand cuisinier, habité par la passion de la montagne : si ses recettes possèdent une vraie signature, elles apparaissent aussi infiniment proches de la nature ! Et ces Flocons de Sel sont aussi un hôtel charmant marqué par la patte du chef et de son épouse...

→ Lotte du lac et brochet comme un biscuit, jus d'oignon paille. Noix de ris de veau dorée, jus à l'Angostura et à la marjolaine. Tarte à la Chartreuse.

La Sauvageonne - Chez Nano

– ✆ 04 50 91 90 81 – www.restaurant-sauvageonne.com – Ouvert 10 déc.-15 avril et fermé lundi midi, mardi midi, merc. midi et jeudi midi hors vacances scolaires

Menu 39 € (déj.) – Carte 76/107 €

Comme prévu, la sauvageonne marque les esprits par son extravagance. L'ambiance est très showbiz : bar lounge avec DJ, salon fumoir, et une clientèle d'habitués qui sont ici chez eux... C'est à l'étage, sous la charpente, que l'on déguste une cuisine aux accents exotiques, préparée avec de beaux produits travaillés avec soin.

X **Le Refuge**

2615 rte du Leutaz – ✆ 04 50 21 23 04 – www.refuge-megeve.com – Fermé juin, mi oct.-mi nov., dim. soir, lundi, mardi et merc. hors saison

Formule 24 € – Menu 29 € (déj.) – Carte 40/59 €

Un charmant Refuge, typique et convivial, sur les hauteurs de la station. On y sert une vraie cuisine de chef, fine et goûteuse, et les incontournables savoyards bien sûr.

MEHUN-SUR-YÈVRE

⊠ 18500 (Cher) – 6 820 hab. – Voir carte n°**12**-C3

Paris 222 km – Bourges 19 km – Cosne-cours-sur-Loire 72 km – Gien 77 km

Carte Michelin 323-J4 – Guide Vert Michelin Limousin Berry

X **Aux Saveurs de Mehun** N

12 pl. du 14-juillet – ✆ 02 48 30 87 22 – www.auxsaveursdemehun.fr – Fermé 14-30 juil., 25 déc.-17 janv., merc. soir, dim. soir et lundi

Formule 13 € – Menu 18/48 € – Carte 37/47 €

Une ancienne boucherie transformée en restaurant... où l'on ne mange pas que de la viande ! Frère et sœur travaillent de concert, elle en cuisine, lui en salle ; ils permettent aux gourmands de redécouvrir les grands classiques du bistrot. Pour plus d'intimité, réservez une table dans le petit salon à l'étage.

MEILLONNAS

⊠ 01370 (Ain) – 1 298 hab. – Voir carte n°**44**-B1

Paris 432 km – Bourg-en-Bresse 12 km – Mâcon 47 km – Nantua 37 km

Carte Michelin 328-F3 – Guide Vert Michelin Lyon et sa région

X **Auberge Au Vieux Meillonnas**

Le Mollard – ✆ 04 74 51 34 46 – www.auvieuxmeillonnas.fr – Fermé 1 semaine vacances de printemps, 16 août-4 sept., 1 semaine vacances de fév., mardi soir, dim. soir et merc.

Menu 17 € (semaine), 24/36 € – Carte 30/58 €

Dans ce charmant village, cette ferme bressane offre un cadre délicieusement champêtre : carreaux en ciment, pierres et poutres, grand jardin... sans parler des plats, très joliment ficelés. Le chef maîtrise un large répertoire, authentiquement régional ou plus moderne, et son menu surprise permet de démultiplier les plaisirs !

MEISENTHAL

⊠ 57960 (Moselle) – 716 hab. – Voir carte n°**27**-D2

Paris 440 km – Haguenau 47 km – Sarreguemines 38 km – Saverne 40 km

Carte Michelin 307-P5

Auberge des Mésanges — rest, rest

r. des Vergers – ✆ 03 87 96 92 28 – www.aubergedesmesanges.fr – Fermé 21 déc.-3 janv.

20 ch – †50/56 € ††58/70 € – ☕ 10 € – ½ P

Rest – Formule 23 € – Menu 35 € *(fermé dim. soir, mardi midi et lundi)*

Au cœur du parc naturel des Vosges du Nord, une auberge familiale dans une maison centenaire postée à la lisière de la forêt. Au programme : des petites chambres toutes simples et une cuisine traditionnelle au restaurant (tartes flambées le soir). Parfait pour visiter le centre international d'Art verrier.

MÉJANNES-LÈS-ALÈS – 30 Gard → voir Alès

MÉLISEY

⊠ 70270 (Haute-Saône) – 1 677 hab. – Voir carte n°**17**-C1

Paris 397 km – Belfort 33 km – Besançon 92 km – Épinal 63 km

Carte Michelin 314-H6 – Guide Vert Michelin Franche-Comté Jura

XX **La Bergeraine**

27 rte des Vosges – ✆ 03 84 20 82 52 – www.labergeraine.fr – Fermé dim. soir, mardi soir et merc. sauf fériés

Menu 21 € (déj. en semaine), 28/95 € – Carte 50/83 € *(réservation conseillée)*

Ne vous fiez pas à l'extérieur de cette vénérable maison en pierre. Passé la porte, c'est une toute autre ambiance qui vous attend : lustres design, mobilier wengé, nappage rouge, etc. Même contraste sur la carte avec une cuisine créative ou classique. Renversant !

MELLE

✉ 79500 (Deux-Sèvres) – 3 657 hab. – **Voir carte n°39-C2**

▶ Paris 394 km – Niort 30 km – Poitiers 60 km – St-Jean-d'Angély 45 km

Carte Michelin 322-F7 – Guide Vert Michelin Poitou-Charentes

L'Argentière

à St-Martin, 2 km sur rte de Niort – ✆ 05 49 29 13 22 – www.largentiere.com – Fermé 24 déc.-2 janv.

25 ch – †61/72 € ††67/78 € – ☕ 8,50 €

Rest ***La Table de L'Argentière*** – voir les restaurants ci-après

L'enseigne évoque les anciennes mines d'argent qui firent jadis la fortune de la ville. Les chambres sont fonctionnelles et bien tenues ; préférez celles – plus calmes et spacieuses – donnant sur l'arrière du bâtiment.

Les Glycines avec ch

5 pl. René Groussard – ✆ 05 49 27 01 11 – www.hotel-lesglycines.com – Fermé 6- 20 janv., vend. soir d'oct. à mars et dim. soir sauf juil.-août

7 ch – †56/74 € ††63/80 € – ☕ 9 € – ½ P

Formule 13 € – Menu 21 € (déj. en semaine), 28/44 € – Carte 38/57 €

La jolie véranda de ce restaurant couvert de glycines dissimule un décor contemporain et cossu. On y revisite les plats régionaux – tel ce lapin farci à la tapenade et au fromage de chèvre – et il y a un menu du jour à la brasserie. Chambres coquettes.

La Table de L'Argentière – Hôtel L'Argentière

à St-Martin, 2 km sur rte de Niort – ✆ 05 49 29 13 74 – www.restaurantlargentiere.fr – Fermé 24 déc.-2 janv., dim. soir et lundi

Formule 12 € – Menu 19/36 € – Carte 28/64 €

Un cadre séduisant, cosy et feutré – tendance mais sans excès –, pour cette Table qui propose une cuisine dans l'air du temps et, au déjeuner en semaine, une formule brasserie.

MELLO

✉ 60660 (Oise) – 587 hab. – **Voir carte n°36-B3**

▶ Paris 69 km – Amiens 88 km – Beauvais 33 km – Pontoise 45 km

Carte Michelin 305-F5

Relais du Jeu d'Arc

pl. du Jeu-d'Arc, 1 km à l'Est – ✆ 03 44 56 85 00 – www.relais-jeu-arc.com – Fermé août et 22 déc.-2 janv.

14 ch – †77/125 € ††77/125 € – ☕ 10 €

Rest ***Relais du Jeu d'Arc*** – voir les restaurants ci-après

Les origines de ce relais de poste remontent au 17e s. Les chambres sont modernes et confortables ; certaines avec mezzanine. Pierres et poutres apparentes leur confèrent un charme pittoresque.

Relais du Jeu d'Arc

pl. du Jeu-d'Arc, 1 km à l'Est – ✆ 03 44 56 85 00 – www.relais-jeu-arc.com – Fermé août, 22 déc.-2 janv., dim. et lundi

Formule 18 € – Menu 26 € (semaine), 34/39 € – Carte 49/55 €

Une ancienne écurie – au style typiquement régional – sert de cadre à ce sympathique restaurant : parfait pour déguster une cuisine traditionnelle près d'une belle cheminée en pierre ou sur la terrasse, au pied du château de Mello.

MELUN

✉ 77000 (Seine-et-Marne) – 39 589 hab. – Agglo. 107 705 hab. – **Voir carte n°19-C2**

▶ Paris 47 km – Fontainebleau 18 km – Orléans 104 km – Troyes 128 km

Carte Michelin 312-E4 – Guide Vert Michelin Île-de-France

Le Mariette

31 r. St-Ambroise – ✆ 01 64 37 06 06 – www.lemariette.fr – Fermé 1er-25 août, 22-29 déc., vacances de fév., lundi soir, jeudi soir, sam. midi et dim. Plan : AZ**a**

Formule 23 € – Menu 29 € (déj.), 36/49 € – Carte 57/68 €

Les tons chauds dominent dans le décor plutôt moderne de ce restaurant où la cuisine fait la part belle aux produits de saison. Suggestions du marché et bon choix de vins au verre.

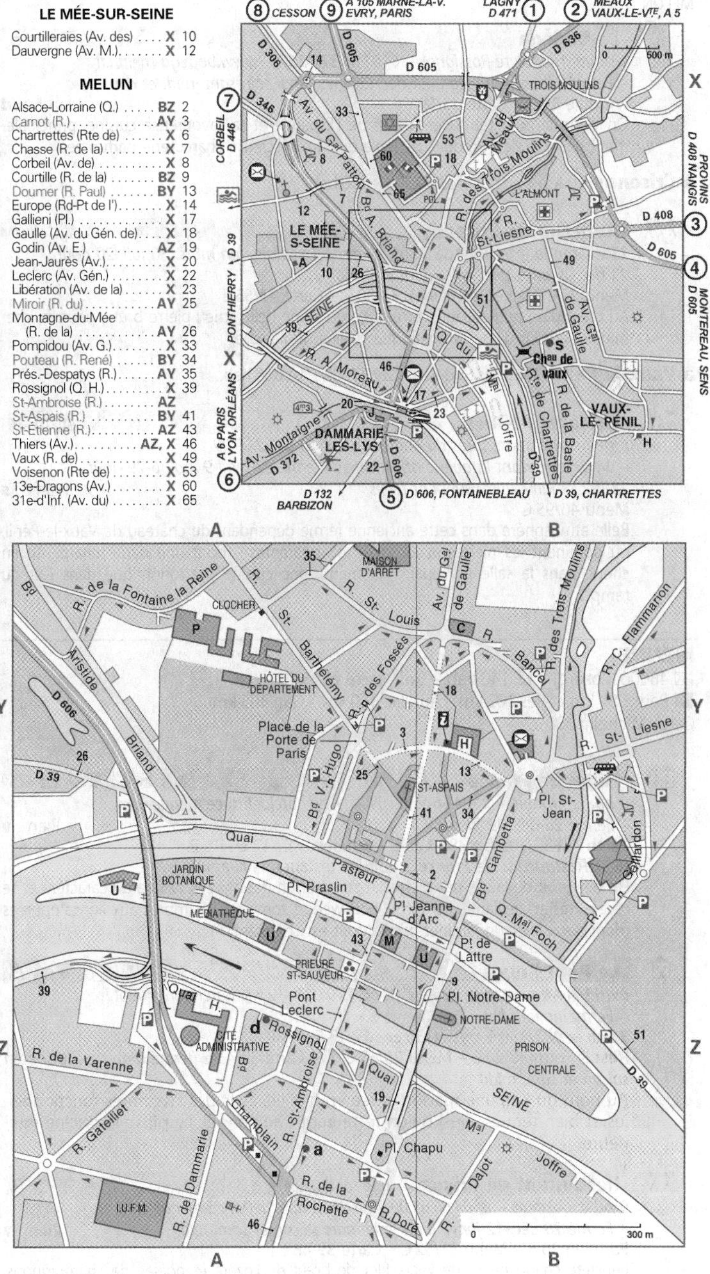

LE MÉE-SUR-SEINE
Courtilleraies (Av. des) . . . . X 10
Dauvergne (Av. M.). . . . . . . X 12
MELUN
Alsace-Lorraine (Q.) . . . . . BZ 2
Carnot (R.). . . . . AY 3
Chartrettes (Rte de) . . . . . . X 6
Chasse (R. de la) . . . . X 7
Corbeil (Av. de) . . . . X 8
Courtille (R. de la) . . . . BZ 9
Doumer (R. Paul) . . . . BY 13
Europe (Rd-Pt de l'). . . . . . . X 14
Gallieni (Pl.) . . . . X 17
Gaulle (Av. du Gén. de). . . . X 18
Godin (Av. E.) . . . . AZ 19
Jean-Jaurès (Av.). . . . . X 20
Leclerc (Av. Gén.) . . . . X 22
Libération (Av. de la) . . . . . . X 23
Miroir (R. du) . . . . AY 25
Montagne-du-Mée (R. de la) . . . . AY 26
Pompidou (Av. G.). . . . . X 33
Pouteau (R. René) . . . . . . BY 34
Prés.-Despatys (R.) . . . . . . AY 35
Rossignol (Q. H.). . . . . X 39
St-Ambroise (R.) . . . . AZ
St-Aspais (R.) . . . . BY 41
St-Étienne (R.). . . . . AZ 43
Thiers (Av.). . . . . AZ, X 46
Vaux (R. de) . . . . X 49
Voisenon (Rte de) . . . . X 53
13e-Dragons (Av.) . . . . X 60
31e-d'Inf. (Av. du) . . . . X 65
8 CESSON
9 A 105 MARNE-LA-V. EVRY, PARIS
LAGNY D 471 1
2 MEAUX VAUX-LE-VTE, A 5
PROVINS D 408 NANGIS
3
4
MONTEREAU, SENS D 605
5 D 606, FONTAINEBLEAU
D 39, CHARTRETTES
D 132 BARBIZON
6
A 6 PARIS LYON, ORLÉANS
PONTHIERRY D 39
CORBEIL D 446
7
TROIS MOULINS
L'ALMONT
LE MÉE-S-SEINE
DAMMARIE-LES-LYS
VAUX-LE-PÉNIL
Chau de vaux
R. des Trois Moulins
Av. du Gal Patton
Bd A. Briand
R. A. Moreau
Av. Montaigne
R. St-Liesne
Av. Gal de Gaulle
Rte de Chartrettes
R. de la Baste
Q. du Mal Joffre
SEINE
0 500 m
MAISON D'ARRÊT
CLOCHER
HÔTEL DU DÉPARTEMENT
Place de la Porte de Paris
ST-ASPAIS
Pl. St-Jean
JARDIN BOTANIQUE
MÉDIATHÈQUE
Pl. Praslin
Pl. Jeanne d'Arc
Pl. de Lattre
PRIEURÉ ST-SAUVEUR
Pont Leclerc
Pl. Notre-Dame
NOTRE-DAME
PRISON CENTRALE
CITÉ ADMINISTRATIVE
Pl. Chapu
I.U.F.M.
R. de la Fontaine la Reine
Bd Aristide Briand
R. St-Barthélemy
R. St-Louis
R. des Fossés
Bd V. Hugo
R. Bancel
R. C. Flammarion
R. St-Liesne
Bd Gambetta
Quai Pasteur
Q. Mal Foch
Quai H. Rossignol
R. St-Ambroise
R. de la Varenne
R. Gatelliet
Bd Chamblain
R. de Dammarie
R. de la Rochette
R. Doré
R. Dajot
Quai Mal Joffre
SEINE
0 300 m

La Bodega

18 quai Hippolyte-Rossignol – ✆ 01 64 37 10 57 – www.bodega-melun.fr – Fermé 10 août-1er sept., 24 déc.-2 janv., lundi soir, sam. midi et dim.
Formule 19 € – Carte 33/59 € Plan : AZ**d**
On vient ici pour retrouver l'esprit de l'Espagne et sa savoureuse cuisine, principalement des Asturies. Produits de belle qualité, délicieuse charcuterie parfumée.

à Crisenoy 10 km par ② – ✉ 77390 – 628 hab.

Auberge de Crisenoy

23 r. Grande – ✆ 01 64 38 83 06 – Fermé 1 semaine en mars, 30 juil.-20 août, 23 déc.-2 janv., dim. soir, lundi et mardi
Menu 23 € (déj. en semaine), 33/50 € – Carte 43/55 €
Au cœur d'un petit village, cette auberge a une belle âme : pierre brute, poutres, cheminée... autour d'une sympathique cuisine du marché.

à Vaux-le-Pénil 3 km au Sud-Est – ✉ 77000 – 10 866 hab.

La Table St-Just

r. de la Libération, (près du château) – ✆ 01 64 52 09 09 – www.restaurant-latablesaintjust.com – Fermé 27 avril-9 mai, 6-29 août, 23 déc.-3 janv., dim., lundi et fériés Plan : X**s**
Menu 46/95 €
Belle atmosphère dans cette ancienne ferme dépendant du château de Vaux-le-Pénil, où dominent les pierres et les poutres apparentes – dont une haute charpente en chêne dans la salle principale. Au menu, une cuisine gastronomique dans l'air du temps.

MENDE

✉ 48000 (Lozère) – 12 140 hab. – Voir carte n°**23**-C1
Paris 584 km – Alès 102 km – Aurillac 150 km – Gap 305 km
Carte Michelin 330-J7

Hôtel de France

9 bd. L. Arnault – ✆ 04 66 65 00 04 – www.hoteldefrance-mende.com – Fermé 26 déc.-12 janv. Plan : **v**
26 ch – †80/105 € ††80/125 € – 5 suites – ☕ 12 € – ½ P
Rest *Restaurant de France* – voir les restaurants ci-après
Un beau toit de lauze, des pierres : cette maison des années 1730 a du caractère et se révèle très accueillante. Fer forgé, bois wengé, tomettes, chambres aux lignes épurées (dont deux avec un jardinet privé) : tout est charmant.

Le Pont Roupt

av. 11-Novembre, par ③ – ✆ 04 66 65 01 43 – www.hotel-pont-roupt.fr – Fermé nov. et fév.
25 ch – †82/130 € ††82/130 € – ☕ 13 € – ½ P
Rest – Formule 20 € – Menu 25/65 € 🍷 – Carte 32/43 € *(fermé dim. sauf le soir en saison et sam. midi)*
Au bord du Lot, une maison gérée en famille, avec des chambres fonctionnelles et bien tenues, ainsi qu'un restaurant traditionnel. Le plus : la piscine intérieure.

Restaurant de France – Hôtel de France

9 bd. L. Arnault – ✆ 04 66 65 00 04 – www.hoteldefrance-mende.com – Fermé 26 déc.-12 janv., lundi midi hors saison et sam. midi Plan : **v**
Formule 26 € – Menu 31/52 € – Carte 39/48 €
Feuilleté chaud de ris de veau, filet de bœuf de Lozère et poêlée de champignons, soufflé à l'orange... Le chef concocte une bonne cuisine du marché qui fait la part belle aux produits du terroir, et l'équipe compétente et motivée rend ce moment particulièrement agréable. Un lieu sympathique !

MENDE

Aigues-Passes (R. d') 2
Ange (R. de l') 3
Angiran (R. d') 4
Arjal (R. de l') 5
Beurre (Pl. au) 6
Blé (Pl. au) 7
Britexte (Bd) 8
Capucins (Bd des) 9
Carmes (R. des) 10
Chanteronne (R. de) 12
Chaptal (R.) 13
Chastel (R. du) 14
Collège (R. du) 18
Droite (R.) 19
Écoles (R. des) 20
Épine (R. de l') 21
Estoup (Pl. René) 22
Gaulle (Pl. Ch.-de) 23
Montbel (R. du Fg) 24
Piencourt (Allée) 25
Planche (Pont de la) 26
Pont N.-Dame (R. du) 27
République (Pl. et R.) 30
Roussel (Pl. Th.) 32
Soubeyran (Bd du) 33
Soubeyran (R.) 34
Soupirs (Allée des) 36
Urbain V (Pl.) 37

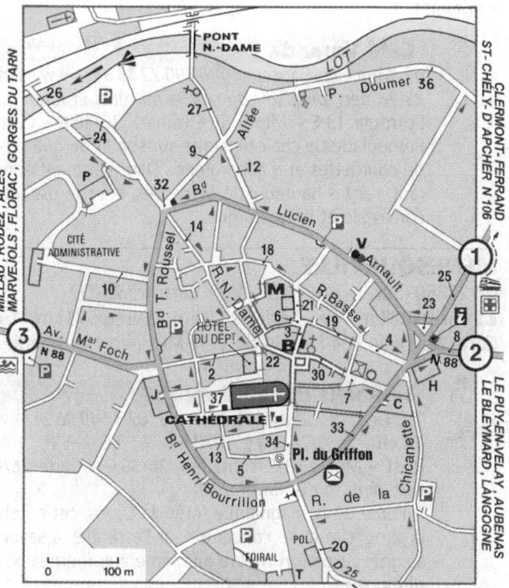

à Chabrits 5 km au Nord-Ouest par ③ et D 42 – ⊠ 48000

XX **La Safranière**

hameau de Chabrits – ✆ 04 66 49 31 54 – Fermé 1er-8 sept., 17 fév.-17 mars, merc. midi sauf juil.-août, dim. soir et lundi

Menu 20 € (semaine), 29/49 € *(réservation conseillée)*

Une étape gourmande sur les premières marches du Gévaudan, sur le site d'une ancienne exploitation de safran. Dans un décor frais et coloré, on apprécie une jolie cuisine de saison ; les vins et fromages de la région sont à l'honneur.

MÉNERBES

⊠ 84560 (Vaucluse) – 1 104 hab. – **Voir carte n°42-E1**

Paris 713 km – Aix-en-Provence 59 km – Apt 23 km – Avignon 40 km

Carte Michelin 332-E11 – Guide Vert Michelin Provence

La Bastide de Marie

rte de Bonnieux – ✆ 04 90 72 30 20 – www.labastidedemarie.com – Ouvert 18 avril-3 nov.

9 ch – ½ P seult 185/305 € – 6 suites

Rest *La Bastide de Marie* – voir les restaurants ci-après

Cette superbe bastide au cœur des vignes incarne l'esprit de la Provence. Pierres apparentes, meubles anciens, tissus nobles, coins et recoins... font le caractère de chaque chambre. Romantique et charmant, idéal pour se retrouver !

La Bastide de Soubeyras sans rest

chemin des Alafoux, 2,5 km au Nord par rte des Beaumettes – ✆ 04 90 72 94 14 – www.bastidesoubeyras.com – Ouvert 1er avril-15nov.

5 ch – †95/195 € ††95/195 €

Cette belle demeure en pierre sèche, perchée sur une colline, domine le village. Ravissantes chambres d'esprit provençal ; jardin et piscine pour le farniente.

XX **La Bastide de Marie** – Hôtel La Bastide de Marie 

rte de Bonnieux – ✆ 04 90 72 30 20 – www.labastidedemarie.com – Ouvert 18 avril-3 nov.

Menu 69 € (dîner) – Carte 40/60 €

Au cœur de la bastide en hiver, entre poutres et vieilles pierres ; en terrasse l'été, face à un véritable tableau de nature provençale. Idéal pour déguster fleurs de courgette farcies, soupe de tomate glacée, clafoutis aux cerises du verger...

Café Véranda

av. Marcellin-Poncet – ✆ 04 90 72 33 33 – www.cafe-veranda.com – Fermé 23-26 déc., dim. soir de nov. à mi-mars et lundi
Formule 13 € – Menu 30 € (dîner), 36/46 € – Carte 37/88 €
Rémoulade de chair de crabe sur son lit de guacamole au citron ; filet de bœuf et tian de courgettes et d'aubergines... Dans cette ancienne droguerie transformée en restaurant, sur les hauteurs de Ménerbes, la carte ose les associations originales ! Ambiance conviviale et sympathique.

MÉNESQUEVILLE

✉ 27850 (Eure) – 432 hab. – Voir carte n°**33**-D2
Paris 100 km – Les Andelys 16 km – Évreux 53 km – Gournay-en-Bray 33 km
Carte Michelin 304-I5 – Guide Vert Michelin Normandie Vallée de la Seine

Le Relais de la Lieure

1 r. Gén. de Gaulle, (D 321) – ✆ 02 32 49 06 21 – www.relaisdelalieure.com
14 ch – 70/78 € 70/78 € – 8 € – ½ P
Rest – Menu 18 € (semaine), 26/39 € – Carte 26/48 € *(fermé 21 déc.-3 janv., vend. soir, dim. soir et lundi midi)*
À l'orée de la magnifique forêt de Lyons, cet hôtel-restaurant familial joue la carte de la simplicité et se concentre sur l'essentiel, à savoir une bonne literie et un entretien soigné. Le patron œuvre lui-même aux fourneaux, où il concocte des petits plats traditionnels.

MÉNESTÉROL – 24 Dordogne

➜ voir Montpon-Ménestérol

MENESTREAU-EN-VILLETTE – 45 Loiret

➜ voir La Ferté-St-Aubin

LE MÉNIL – 88 Vosges

➜ voir Thillot

LA MÉNOUNIÈRE – 17 Charente-Maritime

➜ voir Île d'Oléron

MENTHON-ST-BERNARD

✉ 74290 (Haute-Savoie) – 1 873 hab. – Voir carte n°**46**-F1
Paris 548 km – Albertville 37 km – Annecy 10 km – Bonneville 50 km
Carte Michelin 328-K5 – Guide Vert Michelin Alpes du Nord

Palace de Menthon ch, rest,

665 rte des Bains – ✆ 04 50 64 83 00 – www.palacedementhon.com
60 ch – 124/295 € 124/295 € – 6 suites – 18 €
Rest *Le Viù* – voir les restaurants ci-après
Rest *Palace Beach* – Menu 35 € *(ouvert 1er juin-31 août)*
Entre lac et montagne, cet imposant hôtel de 1911 a un vrai cachet et cultive avec élégance l'art de recevoir... Le parc verdoyant et délicieux, les chambres confortables (mobilier de style), les restaurants, la belle piscine couverte creusée dans la roche, le sauna, le hammam : tout invite à la détente !

Beau Séjour sans rest

161 allée des Tennis – ✆ 04 50 60 12 04 – www.hotelbeausejour-menthon.com – Ouvert 15 avril-fin sept.
18 ch – 70/96 € 78/102 € – 9 €
Non loin du lac, une jolie maison traditionnelle et familiale, bucolique, rétro en diable et... si paisible. Chambres au charme champêtre, joli jardin : un séjour aux airs de délicieuses vacances chez une tendre grand-maman !

La Vallombreuse sans rest

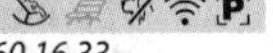

534 rte Moulins, 700 m. à l'Est par rte du Col de Bluffy – ✆ 04 50 60 16 33 – www.la-vallombreuse.com
5 ch – 86/137 € 99/150 €
Tout le cachet et la patine de l'ancien dans cette belle maison du 15e s. Les chambres sont grandes et joliment arrangées, dans un esprit classique ou savoyard ; le beau jardin est apaisant et, sur réservation, on peut se restaurer à la table d'hôte.

XXX **Le Viù** – Hôtel Palace de Menthon

665 rte des Bains – ✆ 04 50 64 83 00 – www.palacedementhon.com

Formule 25 € – Menu 49 € *(fermé le midi sauf dim., lundi et mardi de juin à août)*

De la couleur et de grands miroirs ciselés pour la touche de baroque, une vue imprenable sur le lac... Un restaurant chic, trendy et terriblement cosy, au service d'une cuisine d'aujourd'hui, fine et goûteuse.

X **Le Confidentiel**

24 rte des Moulins – ✆ 04 50 44 00 68 – www.restaurant-leconfidentiel.fr – Fermé 1 semaine en mai, 15 août-7 sept., 10 fév.-10 mars, lundi et mardi

Menu 29/33 € *(réservation conseillée)*

Au cœur de ce village dominant le lac, une petite adresse qui gagne à ne pas rester confidentielle : la cuisine, délicate et subtile, ravit les papilles ! On se régale, par exemple, d'une terrine de lapin parfumée à l'estragon ou d'un effiloché d'agneau savoureux à souhait. Une bonne adresse.

MENTON

✉ 06500 (Alpes-Maritimes) – 28 858 hab. – **Voir carte n°42-E2**

Paris 956 km – Cannes 63 km – Cuneo 102 km – Monaco 11 km

Carte Michelin 341-F5 – Guide Vert Michelin Côte d'Azur

Napoléon sans rest

29 Porte-de-France – ✆ 04 93 35 89 50 – www.napoleon-menton.com – Fermé 1er nov.-25 déc. Plan : BU**a**

44 ch – 89/264 € 89/264 € – 14 €

Un hôtel très Riviera ! Dans une atmosphère élégante et contemporaine, les chambres rendent de charmants hommages à leurs hôtes illustres (Cocteau, Sutherland). Et quand on a la chance d'être côté mer, les terrasses sont idylliques...

Riva sans rest

600 promenade du Soleil – ✆ 04 92 10 92 10 – www.rivahotel.com Plan : CZ**n**

41 ch – 102/154 € 102/154 € – 12 €

Un vrai lieu de vie, contemporain et lumineux : du hall, très design, jusqu'au toit, où l'on trouve un bel espace de remise en forme, un certain esprit balnéaire baigne les lieux ! Les chambres, décorées avec sobriété, dominent la Méditerranée en façade. L'appel du farniente...

Princess et Richmond sans rest

617 promenade du Soleil – ✆ 04 93 35 80 20 – www.princess-richmond.com – Fermé 2 nov.-17 déc. Plan : CZ**s**

44 ch – 95/165 € 95/165 € – 2 suites – 12 €

Tellement Côte d'Azur : une plage de galets au pied du bâtiment, un solarium et un jacuzzi sur le toit, des chambres très lumineuses... Certaines sont braquées sur la Grande Bleue : une vraie carte postale !

Prince de Galles

4 av. Gén.-de-Gaulle – ✆ 04 93 28 21 21 – www.princedegalles.com Plan : AV**e**

64 ch – 65/155 € 65/155 € – 12 € – ½ P

Rest *Le Petit Prince* ✆ 04 93 41 66 05 – – Formule 18 € – Menu 24/41 € – Carte 35/54 €

Comment imaginer que ce beau bâtiment rose (19e s.) fut jadis une caserne de carabiniers des princes de Monaco ? C'est aujourd'hui un agréable hôtel, au confort très contemporain, où chaque chambre semble tutoyer la Méditerranée...

Paris Rome ch,

79 Porte-de-France – ✆ 04 93 35 70 35 – www.paris-rome.com – Fermé 1er nov.-31 janv. Plan : BU**n**

19 ch – 70/235 € 110/235 € – 13 €

Rest – Carte 46/54 € *(fermé le lundi, mardi, merc. et le midi) (réservation conseillée)*

Sur le boulevard côtier, au bout du port de plaisance de Garavan, cet hôtel arbore les couleurs du Sud. Contemporaines, indiennes, zen, classiques ou provençales : les chambres sont toutes différentes. Le lounge-bar propose vins et assiettes de dégustation.

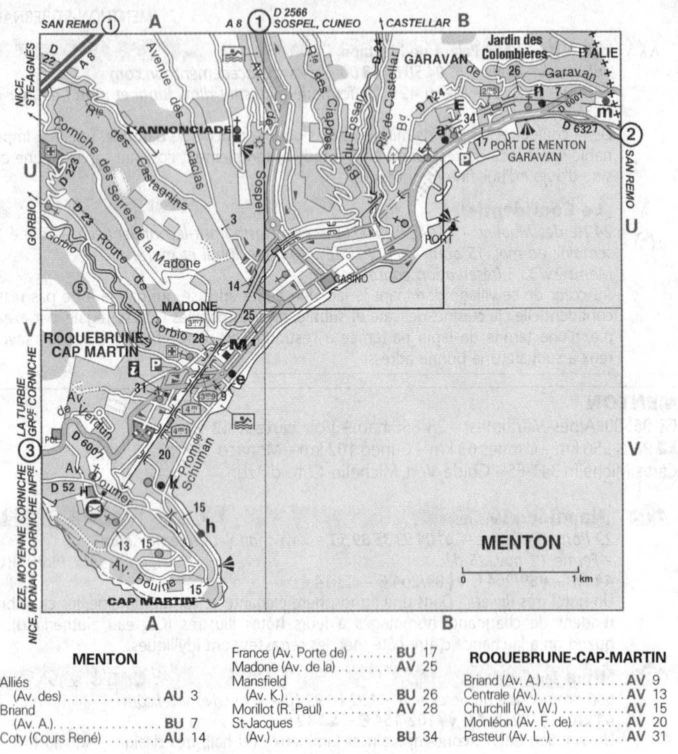

Ibis Styles sans rest

10 r. de Villarey – 04 92 10 95 25 – www.ibisstyles.com Plan : DY**t**

43 ch – 80/130 € 85/130 € – 4 suites

Des lignes épurées, des touches très colorées, un sympathique esprit contemporain : telle est la signature de cet hôtel situé au cœur de Menton. Avis aux amateurs : on propose, au dernier étage, un superbe penthouse dominant la ville...

Méditerranée

ch, rest,

5 r. de la République – 04 92 41 81 81 – www.hotel-med-menton.com

89 ch – 89/189 € 99/189 € – 15 € Plan : DY**a**

Rest – Formule 13 € – Menu 26/32 €

Au cœur de l'animation de la vieille ville, ce grand bâtiment récent abrite des chambres classiques et bien tenues, intéressantes pour la clientèle de passage. On pourra profiter du bar panoramique et du grand solarium au 7e étage.

Palm Garavan sans rest

3 Porte-de-France – 04 93 78 80 67 – www.hotel-menton-garavan.fr

– Fermé 20 oct.-5 nov. Plan : DX**e**

19 ch – 70/150 € 80/150 € – 8 €

Sur le front de mer, entre vieille ville et... Italie, cet hôtel tout juste rénové se révèle agréable et d'un bon rapport qualité-prix : la simplicité domine dans le décor, tout blanc et relevé de pièces de mobilier design bien choisies. Préférez évidemment les chambres côté mer, les plus agréables...

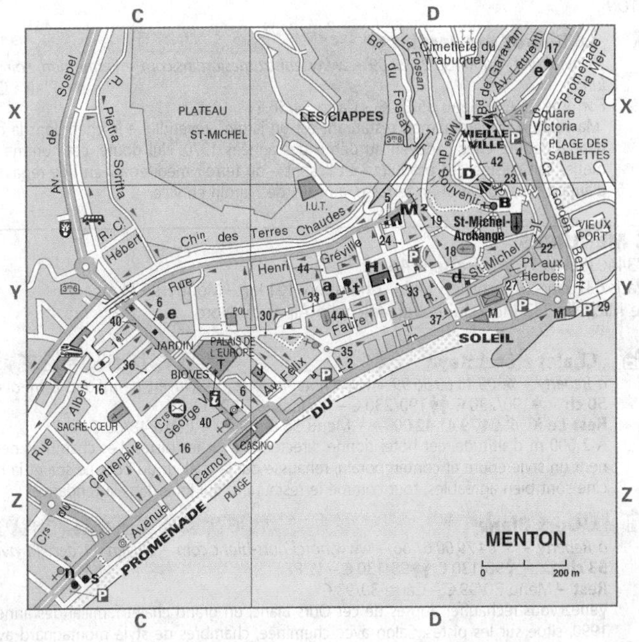

- Adémar de Lantagnac (R. d') DY 2
- Bonaparte (Quai) DX 4
- Bosano (R. Lt) DY 5
- Boyer (Av.) CYZ 6
- Édouard-VII (Av.) CYZ 16
- Félix-Faure (Av.) CDY
- Gallieni (R. Gén.) DY 18
- Guyau (R.) DY 19
- Logettes (R. des) DY 22
- Longue (R.) DX 23
- Lorédan-Larchey (R.) DY 24
- Monléon (Quai de) DY 27
- Napoléon-III (Quai) DY 29
- Partouneaux (R.) DY 30
- République (R. de la) DY 33
- St-Michel (R.) DY
- St-Roch (Pl.) DY 35
- Thiers (Av.) CY 36
- Trenca (R.) DY 37
- Verdun (Av. de) CYZ 40
- Vieux-Château (R.) DX 42
- Villarey (R.) DY 44

Mirazur (Mauro Colagreco)

30 av. Aristide-Briand – ✆ 04 92 41 86 86 – www.mirazur.fr – Ouvert mi-fév. à début nov. et fermé mardi sauf le soir en juil.-août, merc. midi en juil.-août et lundi Plan : BU**m**

Menu 50 € (déj. en semaine), 68/135 € – Carte environ 125 € *(réservation conseillée)*

Un lieu d'exception ! C'est d'abord un bel écrin, perché sur la corniche, grand ouvert sur l'azur de la Méditerranée et du ciel... C'est surtout une table excellente, portée par un chef inspiré : l'Argentin Mauro Colagreco signe un hymne unique aux plantes aromatiques, aux fleurs, aux légumes de son potager, aux agrumes, etc. Les saisons, la région sont illuminées.

➜ Salade d'asperges, pamplemousse et sauce yaourt au miel. Veau rôti, mousseline de panais et sauce cacao. Crème de safran, espuma d'amandes et sorbet orange.

La Cantinella

8 r. Trenca – ✆ 04 93 41 34 20 – Fermé 3-12 juin, 10-31 janv., dim. soir et lundi sauf fériés Plan : DY**d**

Menu 22 € (déj. en semaine), 32/45 € – Carte 31/58 € *(réservation conseillée)*

Pêche locale, pâtes fraîches (linguine au homard, cannellonis à la sicilienne...), tiramisu : le patron, sicilien, aime faire plaisir à ses clients et leur mitonne de savoureux plats du Sud – entre région niçoise et Italie –, en prise sur le marché. Une sympathique affaire familiale.

Le Bistrot des Jardins

14 av. Boyer – ☎ 04 93 28 28 09 – www.lebistrotdesjardins.com – Fermé dim. soir et lundi
Plan : CY**e**

Formule 21 € – Menu 35/38 € – Carte 34/56 €

"Ma ville est un jardin, mon restaurant est un jardin", revendique le chef, dont la carrière a débuté chez Ledoyen au début des années 1970. Nul doute, cet homme de métier sait cuisiner les produits – et l'esprit – du terroir méditerranéen ! Le repas est d'autant plus convivial en terrasse, aux airs de... jardin en ville.

LES MENUIRES

✉ 73440 (Savoie) – Voir carte n°**46**-F2
Paris 632 km – Albertville 51 km – Chambéry 101 km – Moûtiers 27 km
Carte Michelin 333-M6 – Guide Vert Michelin Alpes du Nord

Chalet Hôtel Kaya

à Reberty – ☎ 08 10 00 56 99 – www.hotel-kaya.com – Ouvert de mi-déc. à mi-avril
50 ch – †190/230 € ††190/230 € – 4 suites – ☕ 25 € – ½ P
Rest ***Le K*** ☎ 04 79 41 42 00 – – Menu 58 € (dîner) – Carte 48/60 €

À 2 000 m d'altitude, cet hôtel donne directement sur les pistes. Les chambres déclinent un style épuré et contemporain, rehaussé par la chaleur du bois. Le spa et la piscine sont bien agréables, tout comme le restaurant, qui joue dans la tendance.

L'Ours Blanc

ch, rest,

à Reberty – ☎ 04 79 00 61 66 – www.hotel-ours-blanc.com – Ouvert 11 déc.-11 avril
53 ch ☕ – †98/130 € ††98/130 € – ½ P
Rest – Menu 30/99 € – Carte 39/93 €

Venez vous réchauffer auprès de cet Ours Blanc, un grand chalet familial des années 1990, situé sur les pistes. Salon avec cheminée, chambres de style montagnard avec un balcon, spécialités régionales au restaurant...

MERCATEL – 62 Pas-de-Calais → voir Arras

MERCUÈS – 46 Lot → voir Cahors

MERCUREY

✉ 71640 (Saône-et-Loire) – 1 291 hab. – Voir carte n°**8**-C3
Paris 344 km – Autun 39 km – Beaune 26 km – Chagny 11 km
Carte Michelin 320-I8

Hôtellerie du Val d'Or

140 Grande-Rue – ☎ 03 85 45 13 70 – www.le-valdor.com – Fermé 3-8 août, 21 déc.-20 janv., dim. soir du 15 nov. au 15 mars, mardi midi et lundi
12 ch – †88/105 € ††88/105 € – ☕ 11 € – ½ P
Rest ***Hôtellerie du Val d'Or*** – voir les restaurants ci-après

Dans ce village vigneron de la côte chalonnaise, cet ancien relais de poste propose une douzaine de chambres et un agréable jardin : parfait pour découvrir l'un des vins les plus connus de Bourgogne.

Hôtellerie du Val d'Or

140 Grande-Rue – ☎ 03 85 45 13 70 – www.le-valdor.com – Fermé 3-8 août, 21 déc.-20 janv., dim. soir du 15 nov. au 15 mars, mardi midi et lundi

Formule 23 € – Menu 25 € (déj.), 29/76 € – Carte 45/76 €

Une table comme une ode au classicisme et au terroir, avec de beaux produits, travaillés avec générosité : rognons à la moutarde violette, feuilleté de ris de veau au ratafia, filet de sandre aux asperges...

MÉREAU – 18 Cher → voir Vierzon

MÉRIBEL

✉ 73550 (Savoie) – Voir carte n°**46**-F2
Paris 621 km – Albertville 41 km – Annecy 85 km – Chambéry 90 km
Carte Michelin 333-M5 – Guide Vert Michelin Alpes du Nord

Le Kaïla

rest,

rte de la Montée – ✆ 04 79 41 69 20 – www.lekaila.com – Ouvert de mi-déc. à début avril Plan : **b**

26 suites – 430/1090 € – 12 ch
Rest *L'Ekrin* – Carte 62/110 € *(fermé le midi) (résidents seult)*
S'il fallait illustrer l'expression "luxe montagnard" à l'aide d'un exemple, on pourrait allégrement choisir ce grand chalet, situé au cœur du village de Méribel. On ronronne de plaisir à la découverte de ces chambres chaleureuses, aux matériaux nobles (bois alpin, lauze), à la fois sobres et raffinées... Un must !

L'Hélios

rte de la Renarde – ✆ 04 79 24 22 42 – www.lhelios.com – Ouvert déc.-avril Plan : **m**

18 ch – 385/900 € 385/900 € – 25 € – ½ P
Rest *L'Hélios* – voir les restaurants ci-après
Sur les hauteurs de Méribel, ce chalet – en pierre et mélèze de Sibérie – met le plus grand domaine skiable du monde à vos pieds ! Dans les chambres règne une atmosphère contemporaine, nordique ou savoyarde des plus raffinées. Quant au spa, c'est l'endroit rêvé pour se détendre. Que demander de plus ?

Le Grand Cœur & Spa

chemin du Grand-Cœur – ✆ 04 79 08 60 03 – www.legrandcoeur.com – Ouvert 20 déc.-30 mars Plan : **a**

35 ch – 270/580 € 295/750 € – 8 suites
Rest *Le Grand Cœur* – voir les restaurants ci-après
Romantisme et luxe se sont donné rendez-vous dans cet hôtel de 1952, l'un des plus anciens de la station. Bois blond et belles étoffes donnent aux chambres un charme indéniable. Les suites – créées en 2011 – se parent, quant à elles, d'un style plus contemporain. Accueil prévenant.

Allodis

ch, ch,

au Belvédère – ✆ 04 79 00 56 00 – www.hotelallodis.com – Ouvert de mi-déc. à mi-avril Plan : **d**

34 ch – ½ P seult 288/335 € – 8 suites
Rest – Menu 60 € (dîner), 85/92 € – Carte 64/108 €
Au bout de la route conduisant au belvédère, ce joli chalet domine la station et donne directement sur les pistes. Les chambres, à la décoration alpestre ou contemporaine, permettent de se reposer au grand calme. Restauration traditionnelle.

Le Yéti

ch,

rd-pt des Pistes – ✆ 04 79 00 51 15 – www.hotel-yeti.com – Ouvert 1er juil.-24 août et 13 déc.-19 avril Plan : **p**

30 ch – 221/318 € 272/389 €
Rest – Menu 39 € (dîner)/55 € – Carte 43/66 € déjeuner
Voilà un bien chaleureux "home" des neiges ! Dans les chambres, la décoration – boiseries et tissus coordonnés – est cosy à souhait. À l'instar du salon, où il fait bon s'asseoir pour lire ou converser au coin du feu. Terrasse plein sud, idéale à l'heure du déjeuner.

Le Savoy

rte de la Montée – ✆ 04 79 55 55 50 – www.hotel-savoy-meribel.com – Ouvert de début déc. à mi-avril Plan : **z**

36 ch – 230/1100 € 230/1100 € – 5 suites – ½ P
Rest – Carte 54/76 €
Face à l'office de tourisme, cet hôtel – entièrement rénové en 2011 – se trouve au cœur de la station. Les chambres, contemporaines, sont de bon confort. Après une journée sur les pistes, vous pourrez vous détendre au petit espace bien-être ou profiter du beau restaurant sous charpente.

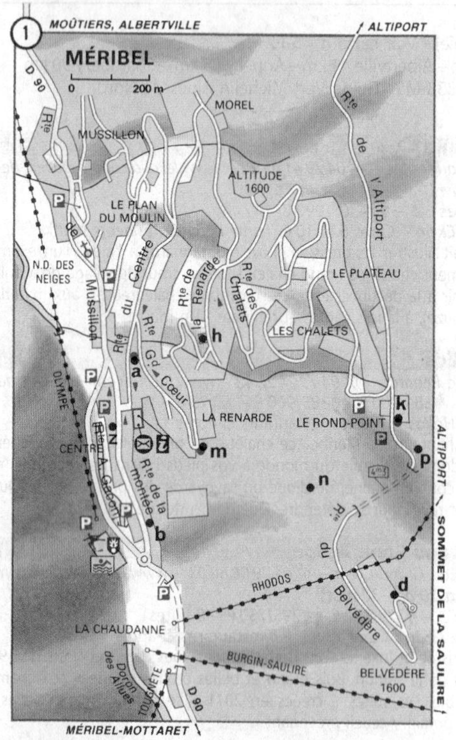

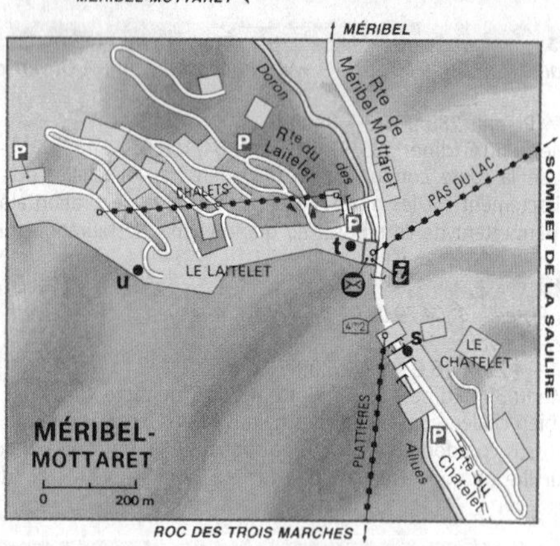

 **Marie-Blanche** 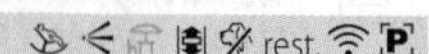 rest,

rte de la Renarde – ✆ 04 79 08 65 55 – www.marie-blanche.com
– Ouvert 6 juil.-30 août (sauf rest.) et 16 déc.-15 avril Plan : **h**
20 ch ☕ – ♦105/330 € ♦♦135/348 € – ½ P
Rest – Menu 43 € (dîner) – Carte 43/67 €
Ce chalet familial vous accueille dans de coquettes chambres savoyardes, toutes avec balcon. Au salon, profitez de la cheminée centrale et de la vue sur la montagne. Restaurant traditionnel.

L'Orée du Bois

rte du Belvédère, au rd-pt des Pistes – ✆ 04 79 00 50 30 – www.meribel-oree.com – Ouvert mi déc.-mi avril Plan : **k**

35 ch – 324/412 € – ½ P **Rest** – Menu 45/65 €

Ce chalet bénéficie d'un cadre exceptionnel, à l'orée du bois et à flanc de montagne ! Les chambres, lambrissées, cultivent l'esprit savoyard. En hiver, on apprécie les flambées dans la cheminée du salon. Idéal pour les skieurs et les randonneurs.

Adray Télébar

sur les pistes (accès piétonnier) – ✆ 04 79 08 60 26 – www.telebar-hotel.com – Ouvert 15 déc.-15 avril Plan : **n**

27 ch – ½ P seult 299/389 € **Rest** – Menu 33 € – Carte 40/74 €

Un hôtel sur les pistes, ça se mérite ! Un conseil : prévoyez d'arriver quand les remontées mécaniques sont à l'arrêt – on viendra vous chercher en chenillette –, sinon vous aurez à parcourir 200 m au milieu des skieurs ! Les chambres, très calmes le soir venu, sont bien tenues. Une adresse authentique, pour vrais amateurs.

XXX L'Hélios – Hôtel L'Hélios

rte de la Renarde – ✆ 04 79 24 22 42 – www.lhelios.com – Ouvert déc.-avril

Menu 28 € (déj.)/40 € – Carte 34/65 € Plan : **m**

Dans le cadre cossu de ce restaurant, on a le choix entre la salle joliment décorée et la terrasse donnant sur les cimes. Le chef privilégie les beaux produits frais. Une adresse agréable pour un dîner gastronomique.

XXX Le Grand Cœur – Hôtel Le Grand Cœur & Spa

chemin du Grand-Cœur – ✆ 04 79 08 60 03 – www.legrandcoeur.com – Ouvert 20 déc.-30 mars Plan : **a**

Menu 80 € (dîner)/98 € – Carte 72/158 €

Avec ses arcades et ses boiseries claires, la grande salle a de l'allure, et le midi, sur la terrasse, on peut rêver face à la piste olympique... La cuisine est bonne, les produits frais, le tout dans un esprit gastronomique. Très belle carte des vins.

XX Le Plantin

3,5 km par ① – ✆ 04 79 04 12 11 – www.leplantin.com – Ouvert 13 déc.-20 avril

Formule 35 € – Menu 65 € – Carte 58/135 €

Un très beau chalet, tout en bois sablé, pierre, objets agrestes et touches contemporaines. La cuisine, savoureuse et généreuse, met en avant les produits nobles : crustacés, ris de veau, bœuf Wagyu... À déguster avec l'un des grands crus de la cave.

XX Le Blanchot

3,5 km par rte de l'Altiport – ✆ 04 79 00 55 78 – www.leblanchot.com – Ouvert juil.-août et de mi-déc. à mi-avril et fermé lundi soir hors vacances scolaires

Formule 39 € – Carte 50/75 €

Dans ce chalet, bordé par les pistes et le golf, le chef signe une cuisine traditionnelle aux accents régionaux. De la Bourgogne, dont il est originaire, à la Provence, en passant par la Savoie, on parcourt des kilomètres, bien installé dans la salle, cosy, ou sur la terrasse, face à la forêt. Belle carte des vins.

X Le Bistrot de l'Orée

rte du Belvédère, (au rd-pt des Pistes) – ✆ 04 79 00 31 29 – www.meribel-oree.com – Ouvert juin-oct. et déc.-avril Plan : **k**

Carte 36/63 €

Dans un cadre contemporain, design et coloré, on se régale d'une cuisine de bistrot : plats régionaux, spécialités fromagères... et même pizzas. Pour un repas ou un en-cas, voilà un endroit bien sympathique !

à l'altiport 4,5 km au Nord-Est

Altiport Hôtel

rest, rest,

rte de l'Altiport – ✆ 04 79 00 52 32 – www.altiporthotel.fr – Ouvert 20 déc.-15 avril

39 ch – 180/210 € 220/260 € – 1 suite – ½ P

Rest *L'Escale* – voir les restaurants ci-après

Rest *Le Zinc* – Formule 35 € – Carte 43/85 € *(ouvert 20 déc.-15 avril et fermé le soir)*

Rest *L'Annexe* – Carte 33/63 € *(ouvert 20 déc.-10 avril et fermé le midi)*

Jouxtant l'altiport, ce grand chalet, près du golf et des pistes, est idéal pour les sportifs épris de grand air ! Les chambres, toutes de bois vêtues, sont bien tenues et confortables. Et si jamais des courbatures se font sentir, les soins du spa permettront de les apaiser.

L'Escale – Altiport Hôtel

rte de l'Altiport – ✆ 04 79 00 52 32 – www.altiporthotel.fr – Ouvert 20 déc.-15 avril et fermé merc. et le midi

Menu 49/130 € – Carte 82/120 €

Une escale comme celle-là, on en voudrait matin, midi et soir ! Les gourmets doivent pourtant attendre le dîner pour s'installer dans la jolie salle contemporaine de ce restaurant. Le chef, adepte des beaux produits frais, concocte des recettes généreuses et soignées. Une bonne adresse.

à Méribel-Mottaret 6 km – ✉ 73550

Alpen Ruitor 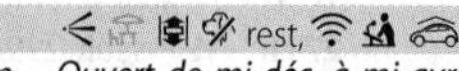

Le Laitelet – ✆ 04 79 00 48 48 – www.alpenruitor.com – Ouvert de mi-déc. à mi-avril

43 ch – †305/445 € ††360/500 € – 1 suite – ½ P Plan : **t**

Rest – Formule 25 € – Menu 55 € (déj.) – Carte 45/65 €

Ambiance et décor aux couleurs du Tyrol dans cet hôtel au cœur de la station. Les chambres disposent d'un balcon avec vue sur les pistes ou la vallée. Les parties communes – refaites en 2012 – se sont enrichies d'un spa, d'un bar et de deux restaurants. Accueil attentionné.

Mont Vallon 

– ✆ 04 79 00 44 00 – www.hotel-montvallon.com – Ouvert de mi-déc. à début avril

88 ch – ½ P seult 210/430 € – 2 suites Plan : **s**

Rest *Le Chalet* – Menu 80 € *(Fermé le midi)*

Rest *Brasserie Le Schuss* – Formule 44 € – Menu 52 € – Carte 50/120 € *(Fermé le soir)*

Au pied des pistes, cet imposant chalet des années 1980 accueille les fous de glisse. Dans les chambres, très confortables, la décoration est chaleureuse (boiseries, tissus coordonnés...). Et si la faim vous tenaille, profitez de la brasserie et des spécialités savoyardes.

Les Arolles 

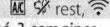

– ✆ 04 79 00 40 40 – www.arolles.com – Ouvert 21 déc.-25 avril Plan : **u**

54 ch – †155/215 € ††230/350 €

Rest – Formule 24 € – Menu 29 € (dîner) – Carte environ 32 €

Cet hôtel (1977) a emprunté son nom au pin cembro (ou arolle), un symbole de la haute montagne. Les chambres, simples mais bien tenues, disposent toutes d'un balcon. Au restaurant, on sert une cuisine régionale : raclettes, fondues, etc. En prime, une belle terrasse.

aux Allues 7 km au Nord par D 915^{A} – ✉ 73550 – 1 867 hab.

La Croix Jean-Claude

– ✆ 04 79 08 61 05 – www.croixjeanclaude.com – Fermé 20 avril -8 juin

15 ch – †72/174 € ††72/174 € – 10 € – ½ P

Rest – Carte 47/76 € *(fermé sam. midi et dim. hors saison)*

Cette bâtisse de la fin des années 1940 compte parmi les plus anciens hôtels des Trois-Vallées. Les chambres, de style montagnard, sont simples et bien tenues, l'ambiance conviviale : l'un des meilleurs rapports qualité-prix de la station.

MÉRIGNAC – 33 Gironde ➜ voir Bordeaux

MERKWILLER-PECHELBRONN

✉ 67250 (Bas-Rhin) – 968 hab. – **Voir carte n°1-B1**

Paris 496 km – Haguenau 17 km – Strasbourg 51 km – Wissembourg 18 km

Carte Michelin 315-K3

Auberge Baechel-Brunn avec ch rest,

3 rte de Soultz – ✆ 03 88 80 78 61 – www.baechel-brunn.com – Fermé 3 semaines en août, 2 semaines en janv., dim. soir, lundi soir et mardi

5 ch – †50/60 € ††70/85 € Formule 20 € – Menu 43/71 € – Carte 56/69 €

Père et fils aux fourneaux, mère et belle-fille en salle : chez les Limmacher, la cuisine est une histoire familiale ! Côté assiette, la finesse est au rendez-vous, entre grands classiques et recettes nouvelles. Côté cadre, la grange d'antan a laissé place à l'épure contemporaine. Quelques chambres parfont cette agréable maison.

MERLETTE – 05 Hautes-Alpes ➜ voir Orcières

MERRY-SUR-YONNE

✉ 89660 (Yonne) – 214 hab. – **Voir carte n°7-B2**
▶ Paris 203 km – Auxerre 44 km – Avallon 32 km – Dijon 139 km
Carte Michelin 319-E6 – Guide Vert Michelin Bourgogne

Le Charme Merry
30 rte de Compostelle – ☎ 03 86 81 08 46 – www.lecharmemerry.com – Fermé 5 janv.-27 mars
4 ch – 140/150 € 140/150 € **Table d'hôte** – Menu 50 €
Dans cette maison de vigneron (1647), il fait bon flâner près de la piscine ou musarder dans les superbes chambres contemporaines (pierre de pays, grandes photos prises par le patron, salles d'eau design).

MÉRU

✉ 60110 (Oise) – 13 269 hab. – **Voir carte n°36-B3**
▶ Paris 60 km – Beauvais 27 km – Compiègne 74 km – Mantes-la-Jolie 62 km
Carte Michelin 305-D5 – Guide Vert Michelin Île-de-France

Les Trois Toques
21 r. P. Curie – ☎ 03 44 52 01 15 – www.lestroistoques.fr – Fermé 1er-15 août, dim. soir, mardi soir et merc.
Formule 15 € – Menu 18/48 €
Cuisine au goût du jour concoctée par le chef-patron et servie dans une salle au cadre moderne, rehaussée d'un mobilier rustique. Un agréable moment en perspective.

MERVILLE FRANCEVILLE-PLAGE

✉ 14810 (Calvados) – 2 109 hab. – **Voir carte n°32-B2**
▶ Paris 225 km – Beuvron-en-Auge 20 km – Cabourg 7 km – Caen 20 km
Carte Michelin 303-K4 – Guide Vert Michelin Normandie Cotentin

Le Vauban sans rest

8 rte de Cabourg – ☎ 02 31 24 23 37 – www.vauban-hotel.fr
17 ch – 53/65 € 53/65 € – 8 €
Sur une route passante, non loin de la plage, cet hôtel familial dispose de chambres fonctionnelles et bien tenues ; si vous voulez être au calme, préférez celles de l'annexe. L'accueil est toujours aussi sympathique et les prix raisonnables.

MÉRY-SUR-OISE – 95 Val-d'Oise ➜ voir Paris, Environs (Cergy-Pontoise)

LE MESNIL-AMELOT – 77 Seine-et-Marne ➜ voir Paris, Environs

MESNIL-ST-PÈRE

✉ 10140 (Aube) – 430 hab. – **Voir carte n°13-B3**
▶ Paris 200 km – Bar-sur-Aube 32 km – Châtillon-sur-Seine 55 km – St-Dizier 74 km
Carte Michelin 313-G4 – Guide Vert Michelin Champagne Ardenne

Auberge du Lac
5 r. du 28-août-1944 – ☎ 03 25 41 27 16 – www.auberge-du-lac.fr – Fermé 2 déc.-6 janv.
21 ch – 74/120 € 77/129 € – 14 € – ½ P
Rest *Au Vieux Pressoir* – voir les restaurants ci-après
Cette auberge, dans une jolie maison à colombages, est tenue par la même famille depuis une quarantaine d'années. Une fidélité confirmée par la tenue impeccable des chambres ! Au petit- déjeuner, on déguste des confitures maison...

Au Vieux Pressoir
5 r. du 28-août-1944 – ☎ 03 25 41 27 16 – www.auberge-du-lac.fr – Fermé 2 déc.-6 janv., dim. soir du 4 nov. au 17 mars, lundi midi et mardi midi
Formule 27 € – Menu 43/82 € – Carte 70/114 €
Sur la route du lac d'Orient, cette maison à colombages, typique de la Champagne humide, a conservé son charme simple et rustique. La cuisine est fine et joue avec la tradition : foie gras à la plancha et bouillon fève tonka ; veau, butternut et réglisse... Avec, en prime, une belle sélection de vins de Bordeaux.

MESNIL-VAL

✉ 76910 (Seine-Maritime) – **Voir carte n°33-D1**
▶ Paris 184 km – Amiens 96 km – Dieppe 28 km – Le Tréport 6 km
Carte Michelin 304-H1

Royal Albion sans rest

1 r. de la Mer – ✆ 02 35 86 21 42 – www.hotels-treport.com – Fermé 19-26 déc.
25 ch – †55/119 € ††70/119 € – ☕ 10 €
Perchée sur une falaise, cette belle bâtisse était une caserne de douaniers au 19e s. Les chambres se prénomment Galway, Blue Harbour, Victoria... un petit côté "british" vieille école qui n'est guère déplaisant. Et un sentier pédestre vous mène droit à la mer !

MESQUER

✉ 44420 (Loire-Atlantique) – 1 727 hab. – **Voir carte n°34-A2**
▶ Paris 460 km – La Baule 16 km – Nantes 86 km – St-Nazaire 29 km
Carte Michelin 316-B3

La Vieille Forge

32 r. d'Aha – ✆ 02 40 42 62 68 – www.vieilleforge.fr – Fermé lundi soir, mardi soir et merc. sauf juil.-août
Formule 14 € – Menu 28/50 € – Carte 41/52 €
Dans cette ancienne forge du 18e s., le piano a remplacé l'enclume ! Mais tout comme le forgeron, Ludovic Favrel ne ménage pas sa peine, toujours à la recherche des bons produits (telles les huîtres de Kercabellec) et des meilleures saveurs... le tout à petits prix.

MESSANGES

✉ 40660 (Landes) – 984 hab. – **Voir carte n°3-A2**
▶ Paris 717 km – Bayonne 46 km – Bordeaux 157 km – Mont-de-Marsan 92 km
Carte Michelin 335-C12

La Maison de la Prade sans rest

16 av. de l'Océan – ✆ 05 58 48 38 96 – www.lamaisondelaprade.com – Ouvert de mars à nov.
16 ch – †102/138 € ††102/195 € – ☕ 13 €
Près d'une plage sauvage et cerné par une forêt de pins, un bâtiment Art déco réaménagé en hôtel contemporain. Chambres spacieuses et claires ; terrasse au bord de la piscine.

MESSERY

✉ 74140 (Haute-Savoie) – 2 103 hab. – **Voir carte n°46-F1**
▶ Paris 560 km – Annecy 68 km – Annemasse 23 km – Thonon-les-Bains 17 km
Carte Michelin 328-K2

L'Atelier des Saveurs

7 chemin sous les Prés – ✆ 04 50 94 73 40 – www.atelier-saveurs-messery.com – Fermé 28 oct.-10 nov., mardi midi, dim. et lundi
Menu 28 € (semaine), 34/47 € – Carte environ 46 € *(réservation conseillée)*
Quel amateur de vin ne trouverait pas son bonheur ici, dans ce "temple" dédié à Bacchus ? Ici, les bouteilles tapissent littéralement les murs du sol au plafond – il y a aussi une boutique –, tandis que l'assiette se pare de belles saveurs traditionnelles réinterprétées par un chef passionné... Convivial et bon !

MÉTABIEF

✉ 25370 (Doubs) – 1 085 hab. – **Voir carte n°17-C3**
▶ Paris 466 km – Besançon 78 km – Champagnole 45 km – Morez 49 km
Carte Michelin 321-I6 – Guide Vert Michelin Franche-Comté Jura

Étoile des Neiges

4 r. du Village – ✆ 03 81 49 11 21 – www.hoteletoiledesneiges.fr
23 ch – †58 € ††58 € – ☕ 6 € – ½ P
Rest – Formule 10 € – Menu 17/28 € – Carte 19/39 € *(fermé jeudi soir et dim. soir hors saison)*
Hôtel familial très bien tenu dans une station prisée, été comme hiver, des "vététistes", randonneurs et skieurs. Jolies chambres lambrissées avec balcon fleuri. Cuisine régionale soignée à déguster dans une sobre salle habillée de bois.

METZ

57000 (Moselle) – 120 738 hab. – Agglo. 290 851 hab. – **Voir carte n°26-B1**
Paris 330 km – Luxembourg 62 km – Nancy 57 km – Saarbrücken 69 km
Carte Michelin 307-I4

La Citadelle

5 av. Ney – 03 87 17 17 17 – www.citadelle-metz.com Plan : CX**y**
57 ch – 185/245 € 195/245 € – 24 €
Rest *Le Magasin aux Vivres* – voir les restaurants ci-après
Ce luxueux hôtel du centre-ville a su marier les contrastes : ses spacieuses chambres prennent leur aise dans... un bâtiment militaire du 16e s. ! L'ensemble, aménagé dans un esprit contemporain feutré, est parfait pour un week-end chic à Metz.

Novotel Centre

pl. des Paraiges – 03 87 37 38 39 – www.accorhotels.com Plan : DV**t**
120 ch – 80/180 € 80/180 € – 16 €
Rest – Formule 18 € – Menu 25 € – Carte 25/46 €
L'hôtel est directement accessible depuis un parking public facilement accessible, près de la cathédrale et du centre commercial St-Jacques. Les chambres sont spacieuses, très modernes et, malgré l'emplacement au cœur de la ville, étonnamment calmes.

Cathédrale sans rest

25 pl. de Chambre – 03 87 75 00 02 – www.hotelcathedrale-metz.fr – Fermé 1er-6 janv. Plan : CV**v**
29 ch – 75/110 € 80/110 € – 11 €
Cette maison du 17e s. peut s'enorgueillir d'avoir reçu de belles plumes : Madame de Staël et Chateaubriand. Les chambres (une partie dans une demeure voisine) sont toutes d'une belle élégance : parquet, poutres apparentes, meubles chinés...

Escurial sans rest

18 r. Pasteur – 03 87 66 40 96 – www.escurial-hotel.com – Fermé 26 déc.-8 janv.
36 ch – 71/81 € 81/92 € – 12 € Plan : CX**d**
Une adresse simple et fonctionnelle, non loin de la gare ; les chambres sont fraîches, toutes aménagées de la même manière, et soigneusement tenues.

Le Magasin aux Vivres (Christophe Dufossé) – Hôtel La Citadelle

5 av. Ney – 03 87 17 17 17 – www.citadelle-metz.com
– Fermé sam. midi, dim. soir et lundi Plan : CX**y**
Menu 45 € (déj. en semaine), 70/110 € – Carte 99/109 €
La meilleure table de Metz ne doit pas son nom au hasard : nous sommes ici dans une ancienne citadelle militaire, transformée en bel hôtel contemporain ! Les vivres d'aujourd'hui sont des produits nobles de grande qualité : foie gras, homard, truffe, Saint-Jacques, etc. Le tout préparé avec soin et une touche de créativité.
→ Cassolettes gourmandes. Bar en croûte de sel. Saint-honoré version fraise.

Le Chat Noir

30 r. Pasteur – 03 87 56 99 19 – Fermé 4-26 déc., 31 déc.-2 janv., sam. midi, dim. soir et lundi Plan : AZ**e**
Menu 29 € (déj. en semaine), 37/55 € – Carte 40/60 €
Chaises léopard, tons chocolat et... sculptures de chats noirs assis, composent le décor exotique de cette adresse à mi-chemin entre la brasserie chic et le bistrot. La cuisine est classique mais se nuance de notes contemporaines, avec notamment de jolis plateaux de fruits de mer.

Le GourMetz N

11 r. Pasteur – 03 87 52 25 34 – www.gourmetz.fr – Fermé 3 semaines en août, sam., dim. et le soir sauf jeudi et vend. Plan : CX**a**
Formule 32 € – Menu 40 € – Carte 48/75 €
Non loin de la gare ferroviaire, cette ancienne chocolaterie se découvre d'abord par sa façade vitrée entourée d'inox, délicieusement seventies. Le décor, aux notes asiatiques, annonce la modernité de la cuisine : Saint-Jacques rôties et risotto au parmesan, filet de saint-pierre sauce au safran... De bons mets.

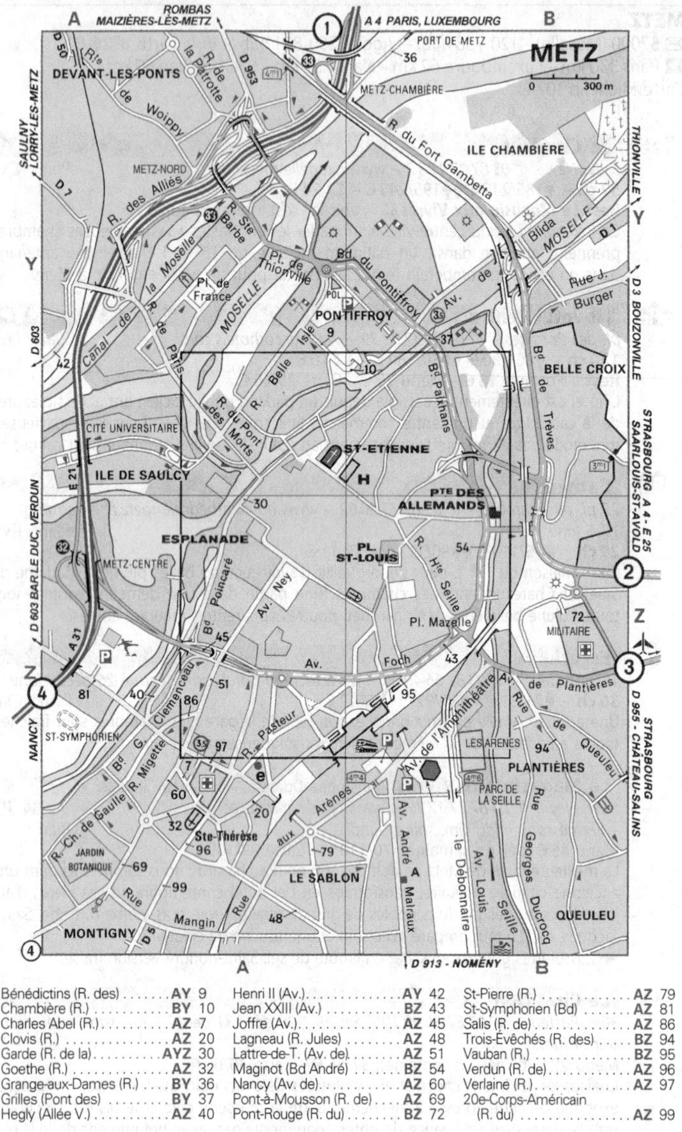

Bénédictins (R. des) . . . . **AY** 9
Chambière (R.) . . . . **BY** 10
Charles Abel (R.) . . . . **AZ** 7
Clovis (R.) . . . . **AZ** 20
Garde (R. de la) . . . . **AYZ** 30
Goethe (R.) . . . . **AZ** 32
Grange-aux-Dames (R.) . . . . **BY** 36
Grilles (Pont des) . . . . **BY** 37
Hegly (Allée V.) . . . . **AZ** 40
Henri II (Av.) . . . . **AY** 42
Jean XXIII (Av.) . . . . **BZ** 43
Joffre (Av.) . . . . **AZ** 45
Lagneau (R. Jules) . . . . **AZ** 48
Lattre-de-T. (Av. de) . . . . **AZ** 51
Maginot (Bd André) . . . . **BZ** 54
Nancy (Av. de) . . . . **AZ** 60
Pont-à-Mousson (R. de) . . . . **AZ** 69
Pont-Rouge (R. du) . . . . **BZ** 72
St-Pierre (R.) . . . . **AZ** 79
St-Symphorien (Bd) . . . . **AZ** 81
Salis (R. de) . . . . **AZ** 86
Trois-Évêchés (R. des) . . . . . **BZ** 94
Vauban (R.) . . . . **BZ** 95
Verdun (R. de) . . . . **AZ** 96
Verlaine (R.) . . . . **AZ** 97
20e-Corps-Américain (R. du) . . . . **AZ** 99

Thierry "Saveurs et Cuisine"

5 r. des Piques, "Maison de la Fleure de Ly" – ✆ 03 87 74 01 23 – www.restaurant-thierry.fr – Fermé 27 avril-4 mai, 3-17 août, merc. et dim.
Formule 24 € – Menu 30 € (semaine)/40 € – Carte 40/60 € Plan : DV**a**
Au sein de la vieille ville, Thierry Krompholtz vous accueille dans cet ancien hôtel particulier du 16e s. Dans une ambiance de bistrot chic, sa cuisine mêle les influences françaises, orientales, asiatiques, caribéennes, etc. Et la carte des vins met aussi en avant les crus du monde entier !

METZ

Allemands (R. des) . . . . DV 2
Ambroise-Thomas (R.) . . . . . CV 3
Armes (Pl. d') . . . . DV 5
Augustins (R. des) . . . . DX 6
Chambière (R.) . . . . DV 10
Chambre (Pl. de). . . . . CV 12
Champé (R. du) . . . . DV 13
Chanoine-Collin (R. du) . . . . DV 15
Charlemagne (R.) . . . . CX 17
Chèvre (R. de la). . . . . DX 19
Clercs (R. des) CV
Coëtlosquet (R. du) . . . . CX 22
Coislin (R.). . . . . DX 23
Enfer (R. d'). . . . . DV 25
En Fournirue . . . . DV
Fabert (R.) . . . . CV 26
Faisan (R. du) . . . . CV 27
La-Fayette (R.) . . . . CX 47
Fontaine (R. de la) . . . . DX 29
Gaulle (Pl. du Gén.-de) . . . . . DX 31
Grande-Armée (R. de la) . . . DV 34
Hache (R. de la) . . . . DV 39
Jardins (R. des). . . . . DV
Juge-Pierre-Michel (R. du) . . CV 46
Lasalle (R.) . . . . DX 49
Lattre-de-T. (Av. de) . . . . CX 51
Leclerc-de-H. (Av.) . . . . CX 52
Mondon (Pl. R.) . . . . CX 57
Paix (R. de la) . . . . CV 61
Palais (R. du) . . . . CV 62
Paraiges (Pl. des) . . . . DV 63
Parmentiers (R. des) . . . . . . DX 64
Petit-Paris (R. du) . . . . CV 65
Pierre-Hardie (R. de la) . . . . . CV 66
Pont-Moreau (R. du) . . . . . CDV 70
Prés.-Kennedy (Av. J.-F.) . . . . CX 73
Ste-Croix (Pl.) . . . . DV 83
Ste-Marie (R.) . . . . CV 84
St-Eucaire (R.). . . . . DV 76
St-Gengoulf (R.) . . . . CX 77
St-Georges (R.). . . . . CV 78
St-Louis (Pl.). . . . . DVX
St-Simplice (Pl.) . . . . DV 80
St-Thiébault (Pl.) . . . . DX 82
Salis (R. de) . . . . CX 86
Schuman (Av. R.) CX
Sérot (Bd Robert) . . . . CV 87
Serpenoise (R.) CV
Taison (R.). . . . . DV 88
Tanneurs (R. des) . . . . DV 90
Tête d'Or (R. de la) . . . . DV
Trinitaires (R. des). . . . . DV 93
Verlaine (R.). . . . . CX 97

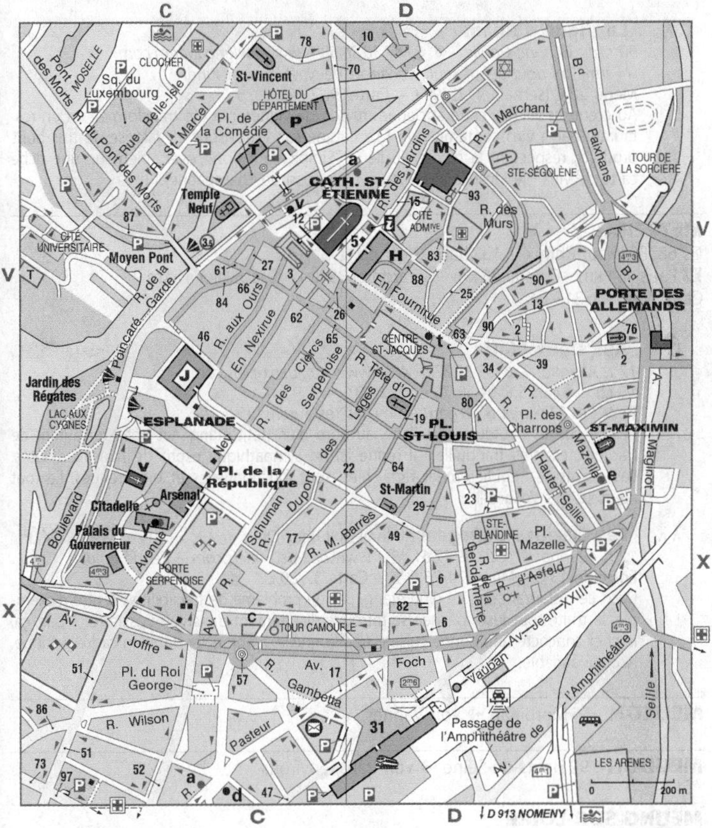

83 Restaurant

83 r. Mazelle – ✆ 03 87 75 20 20 – www.83restaurant.com – Fermé 2 semaines fin août, une semaine à Noël, lundi soir, sam. midi et dim. Plan : DX**e**

Carte 40/50 € *(réservation conseillée)*

À 15mn à pied du Centre Pompidou-Metz, ce restaurant sympathique met à l'honneur la gastronomie italienne, à travers des produits triés sur le volet (charcuteries, burrata, pâtes, poissons sauvages, viandes de race). Et pour accompagner tout cela, une belle sélection de vins transalpins !

à Borny 3 km par ③ et rte de Strasbourg – ✉ 57070

XXX **Le Jardin de Bellevue**

58 r. Claude Bernard, (près du Technopole Metz 2000) – ☎ 03 87 37 10 27 – www.lejardindebellevue.com – Fermé 28 avril-12 mai, 11-24 août, 29 déc.-10 janv., sam. midi, dim. soir, mardi soir et lundi

Menu 29 € (déj. en semaine), 45/71 € – Carte 70/83 €

Une belle clientèle plébiscite cette maison centenaire de la périphérie messine (à 2 km du centre Pompidou), tenue par Nathalie et Philippe Jung. Lui, en cuisine, travaille des produits frais et propose des plats attractifs, au goût du jour. Elle, comme la jeune équipe qui l'entoure, assure un accueil charmant et souriant !

à Plappeville 7 km par av. Henri II - AY – ✉ 57050 – 2 135 hab.

X **La Vigne d'Adam**

50 r. du Gén.-de-Gaulle – ☎ 03 87 30 36 68 – www.lavignedadam.com – Fermé mi août-début sept., vacances de Noël, dim. et lundi

Menu 28 € (semaine), 35/90 € – Carte 34/78 €

Au cœur du village, cette ancienne maison de vigneron a été transformée en un restaurant-bar à vins contemporain ! La cuisine suit les saisons et valorise de très bons produits, respectant la devise du lieu : "Simplement bon." Avec, bien sûr, une riche carte de vins (de Moselle et d'Alsace, mais aussi de Champagne).

METZERAL

✉ 68380 (Haut-Rhin) – 1 133 hab. – Voir carte n°**1**-A2

Paris 464 km – Colmar 25 km – Gérardmer 39 km – Guebwiller 41 km

Carte Michelin 315-G8

Aux Deux Clefs

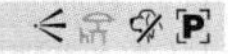

12 r. Altenhof – ☎ 03 89 77 61 48 – www.aux-deux-clefs.com

15 ch – 45/55 € 60/75 € – 10 € – ½ P

Rest ***Les Clarines d' Argent*** – voir les restaurants ci-après

Perché sur les hauteurs du village, au bord d'un petit étang, cet hôtel-restaurant de tradition est très tranquille : il règne ici un sympathique esprit de maison d'hôtes. Les chambres, régulièrement rafraîchies, sont fonctionnelles et bien tenues. Le tout au cœur des Vosges !

XX **Les Clarines d' Argent** – Hôtel Aux Deux Clefs

12 r. Altenhof – ☎ 03 89 77 61 48 – www.aux-deux-clefs.com – Fermé lundi

Formule 13 € – Menu 24/75 € – Carte 32/80 €

Dans ce restaurant, à côté d'un étang, pas de problème de traçabilité ! À titre d'exemple, la truite tout juste pêchée se retrouve directement dans votre assiette. À part ça, le chef concocte une bonne cuisine traditionnelle, à apprécier dans un cadre rustique. Accueil aimable.

MEUCON – 56 Morbihan → voir Vannes

MEUDON – 92 Hauts-de-Seine → voir Paris, Environs

MEUNG-SUR-LOIRE

✉ 45130 (Loiret) – 6 086 hab. – Voir carte n°**12**-C2

Paris 149 km – Blois 43 km – Fleury-les-Aubrais 31 km – Orléans 25 km

Carte Michelin 318-H5 – Guide Vert Michelin Châteaux de la Loire

Le Relais Louis XI

2 r. St-Pierre – ☎ 02 38 44 27 71 – www.lerelaislouisxi.com

14 ch – 80/130 € 80/130 € – 1 suite – 15 €

Rest ***Le Relais Louis XI*** – voir les restaurants ci-après

Dans un esprit maison d'hôtes, cette demeure historique propose des chambres thématiques fort plaisantes (baroque, chinoise, lys, etc.), la plupart avec vue sur la Loire.

Le Relais Louis XI

2 r. St-Pierre – ✆ 02 38 44 27 71 – www.lerelaislouisxi.com – Fermé dim. soir, mardi midi et lundi

Formule 22 € – Menu 29 € (semaine), 35/59 € – Carte 37/48 €

Fricassée de champignons sauvages, soupe de panais, cabillaud à la provençale, ou encore agneau aux épices douces : une table qui mise joliment sur les saisons et les produits du potager. Cette salle voûtée est un vrai repaire gourmand !

MEURSANGES – 21 Côte-d'Or

➜ voir Beaune

MEURSAULT

21190 (Côte-d'Or) – 1 529 hab. – **Voir carte n°7-A3**

Paris 326 km – Dijon 55 km – Lons-le-Saunier 117 km – Mâcon 86 km

Carte Michelin 320-I8 – Guide Vert Michelin Bourgogne

Château de Cîteaux-La Cueillette

18 r. de Cîteaux – ✆ 03 80 20 62 80 – www.lacueillette.com – Fermé 21 déc.- 2 fév.

19 ch – 145/345 € 175/345 € – 19 €

Rest ***Château de Cîteaux-La Cueillette*** – voir les restaurants ci-après

Rest ***Le Potager*** – Carte 26/39 € *(fermé le soir sauf dim.)*

Un joli château des 18e et 19e s. dans cette localité célèbre pour ses vins blancs ! Les chambres y sont spacieuses et contemporaines, et il fait bon se ressourcer dans l'espace détente : sauna, hammam, jacuzzi et soins de fruitithérapie.

Les Charmes sans rest

10 pl. du Murger – ✆ 03 80 21 63 53 – www.hotellescharmes.com – Fermé 6-24 janv. et dim. soir de nov. à mars

13 ch – 75/118 € 85/128 € – 12 €

Au cœur du village, une grosse maison de viticulteur (18e s.) avec son jardin arboré et ses chambres contemporaines. Une bonne adresse où l'accueil est charmant.

Château de Cîteaux-La Cueillette – Hôtel Château de Cîteaux-La Cueillette

18 r. de Cîteaux – ✆ 03 80 20 62 80 – www.lacueillette.com – Fermé 21 déc.- 2 fév. et le midi

Menu 45/80 € – Carte environ 45 €

Une Cueillette élégante et raffinée. Dans la salle d'un superbe classicisme – moulures, dorures, fresque représentant une allégorie de l'Amour –, on cultive l'air du temps et les saveurs de jolis produits ; on peut aussi s'asseoir sur la terrasse panoramique, avec vue sur les vignes et le clocher de Meursault...

Le Relais de la Diligence

49 r. de la Gare, 2,5 km au Sud-Est par D 23 – ✆ 03 80 21 21 32 – www.relaisdeladiligence.com – Fermé 18 déc.-25 janv., 1 semaine début juil., mardi soir et merc.

Menu 11 € (déj. en semaine), 21/50 € – Carte 28/51 €

Près de la gare, cet ancien relais de poste en pierre du pays est une bonne auberge ! Carte traditionnelle et vue panoramique sur les vignes, dans la salle principale comme en terrasse.

Le Chevreuil avec ch

pl. de l'Hôtel-de-Ville – ✆ 03 80 21 23 25 – www.lechevreuil.fr – Fermé 11-18 août, 22-29 déc. et 4 fév.-4 mars

11 ch – 70/80 € 70/80 € – 9 € – ½ P

Formule 20 € – Menu 24/58 € – Carte 49/61 € *(fermé dim. et merc.)*

Côté cuisine, on se régale encore avec la fameuse "terrine chaude de la mère Dauzier", spécialité de la maison depuis 1870 (et secret bien gardé !) ; le chef réalise aussi de savoureux plats au goût du jour, tout en équilibre de saveurs. Côté décor, c'est résolument moderne et dynamique... Un cocktail gagnant !

Le Bouchon

1 pl. de l'Hôtel-de-Ville – ✆ 03 80 21 29 56 – www.restaurant-le-bouchon.com – Fermé 22 déc.-21 janv., dim. soir et lundi

Formule 11 € – Menu 19/32 € – Carte 31/41 €

Sur la place de la mairie, ce petit bistrot met en avant le terroir bourguignon et quelques spécialités lyonnaises. Au gré des saisons et au plus près de la fraîcheur, le chef fait la promotion de la tradition, pour le plus grand plaisir des habitués.

LE MEUX – 60 Oise ➜ voir Compiègne

MEXIMIEUX

✉ 01800 (Ain) – 7 268 hab. – **Voir carte n°44-B1**

▶ Paris 458 km – Bourg-en-Bresse 37 km – Chambéry 120 km – Genève 118 km
Carte Michelin 328-E5

La Cour des Lys

17 r. de Lyon – ✆ 04 74 61 06 78 – www.la-cour-des-lys.com – Fermé 3-10 mars, 11-25 août, 4-11 nov., 2-9 janv., dim. soir et lundi
Formule 18 € – Menu 29/49 € – Carte 49/72 €
Une cuisine misant sur le classicisme (foie gras, daurade royale aux escargots, volaille de Bresse, grenouilles poêlées...), ce que reflète parfaitement la décoration des lieux. Une maison de tradition au cœur de la Dombes.

au Pont de Chazey-Villieu 3 km à l'Est par D 1084 – ✉ 01800

La Mère Jacquet avec ch

ch,

Pont de Chazey – ✆ 04 74 61 94 80 – www.lamerejacquet.com – Fermé 8-25 août et vacances de Noël
19 ch – 60/70 € 70/80 € – 8 € – ½ P
Formule 14 € – Menu 19 € (déj. en semaine), 29/49 € – Carte 43/55 € *(fermé sam. midi, dim. soir et vend.)*
La tradition initiée par la Mère Jacquet se perpétue au fil des générations dans cette grande maison solidement plantée au bord de la route. Les plats classiques (foie gras, terrine maison, pigeonneau en croûte) sont accompagnés d'une sélection de vieux millésimes à prix d'ami : avis aux amateurs de bons vins !

MEYLAN – 38 Isère ➜ voir Grenoble

MEYMAC

✉ 19250 (Corrèze) – 2 526 hab. – **Voir carte n°25-C2**

▶ Paris 443 km – Aubusson 57 km – Limoges 96 km – Neuvic 30 km
Carte Michelin 329-N2 – Guide Vert Michelin Limousin Berry

Chez Françoise avec ch

rest,

24 r. Fontaine du Rat – ✆ 05 55 95 10 63 – www.chezfrancoise.fr – Fermé 24 déc.-1er fév., dim. soir et lundi
4 ch – 60/70 € 60/70 € – 8 €
Menu 14 € (déj. en semaine), 29/35 € – Carte 22/56 €
Dans cette maison rustique (16e s.), la patronne met à l'honneur les spécialités corréziennes : farcidure, millassou, tourtous, confits... C'est généreux et goûteux ! Et que dire de cette magnifique carte de grands vins, de Cahors à Bordeaux ? Des chambres bien tenues et spacieuses permettent de prolonger l'étape.

MEYRONNE

✉ 46200 (Lot) – 300 hab. – **Voir carte n°29-C1**

▶ Paris 524 km – Brive-la-Gaillarde 47 km – Cahors 76 km – Figeac 54 km
Carte Michelin 337-F2

La Terrasse

pl. de l'Église – ✆ 05 65 32 21 60 – www.hotel-la-terrasse.com – Ouvert 21 mars-1er nov.
11 ch – 90/140 € 90/140 € – 4 suites – 13 € – ½ P
Rest *La Terrasse* – voir les restaurants ci-après
Pour se rêver en seigneur du Lot, un château du 11e s. dressé fièrement au-dessus de la Dordogne. Vieilles pierres, poutres et bon confort : charme et caractère, en toute simplicité !

La Terrasse

pl. de l'Église – ✆ 05 65 32 21 60 – www.hotel-la-terrasse.com – Ouvert 21 mars-1er nov. et fermé mardi midi
Menu 23 € (déj. en semaine), 31/75 € – Carte 60/84 €
La terrasse, qui domine la Dordogne, est parfaite pour un dîner romantique, et l'hiver on peut se réfugier sous les voûtes médiévales de cette ancienne place forte du 11e s. Au menu : les saveurs du terroir.

MEYRUEIS

✉ 48150 (Lozère) – 825 hab. – **Voir carte n°23-C1**
▶ Paris 643 km – Florac 36 km – Mende 57 km – Millau 43 km
Carte Michelin 330-I9

Château d'Ayres
rest,

rte d'Ayres, 1,5 km à l'Est par D 57 – ✆ 04 66 45 60 10 – www.chateau-d-ayres.com – Fermé 3 janv.-1er mars
22 ch – 🚹100/177 € 🚹🚹100/177 € – 7 suites – ☕ 16 € – ½ P
Rest – Menu 21/56 € – Carte 56/68 €
Tentures fleuries, trophées de chasse, parc de 6 ha, restaurant traditionnel : beaucoup de charme et de calme dans ce prieuré bénédictin du 12e s. marqué par l'histoire cévenole. Pour l'anecdote, Charles de Gaulle a séjourné ici...

Mont Aigoual
34 quai de la Barrière – ✆ 04 66 45 65 61 – www.hotel-mont-aigoual.com – Ouvert 4 avril-3 nov.
30 ch – 🚹65 € 🚹🚹65/85 € – ☕ 8,50 € – ½ P
Rest – Menu 24/50 € *(fermé mardi midi sauf juil.-août)*
Au pied du massif de l'Aigoual, ce village est idéal pour partir à la découverte des Grands Causses et des Cévennes. Et dans cet hôtel-restaurant familial, avec un jardin et une piscine, les prix sont très raisonnables. Une bonne étape.

Family Hôtel
rest,

4 r. Barrière – ✆ 04 66 45 60 02 – www.hotel-restaurant-family-48-12.com – Ouvert 1er avril-4 nov.
44 ch – 🚹47/59 € 🚹🚹57/59 € – ☕ 8 € – ½ P
Rest – Menu 13 € (déj. en semaine), 20/35 € – Carte 20/38 €
Parfait pour les familles, comme son nom l'indique. Bordant le Bétuzon (un affluent de la Jonte), l'hôtel dispose de chambres pratiques, bien tenues et confortables. On y trouve aussi jardin et piscine avec jacuzzi, sauna, hammam, etc.

MEYZIEU – 69 Rhône ➜ voir Lyon

MÈZE

✉ 34140 (Hérault) – 10 523 hab. – **Voir carte n°23-C2**
▶ Paris 746 km – Agde 21 km – Béziers 43 km – Lodève 52 km
Carte Michelin 339-G8

Hôtel de la Pyramide sans rest
8 promenade Sergent Jl.-Navarro – ✆ 04 67 46 61 50 – www.hoteldelapyramide.fr – Fermé 1 semaine en nov. et de mi-déc. à fin janv.
21 ch – 🚹65/95 € 🚹🚹65/95 € – 1 suite – ☕ 9 €
Belle demeure provençale au cœur d'un petit parc. Chambres très confortables au décor épuré (murs blancs, mobilier en fer forgé), avec des balcons ouverts sur l'étang de Thau.

à Bouzigues 4 km au Nord-Est par D 613 et rte secondaire – ✉ 34140 – 1 626 hab.

La Côte Bleue
av. Louis Tudesq – ✆ 04 67 78 30 87 – www.la-cote-bleue.fr
31 ch – 🚹82/122 € 🚹🚹82/122 € – ☕ 10 €
Rest *La Côte Bleue* – voir les restaurants ci-après
Au bord de l'étang de Thau, une grande piscine, des chambres agréables et assez spacieuses (avec balcon)... et les flots pour horizon. Une belle invitation au farniente et à la détente !

À La Voile Blanche
ch, ch,

1 av. Louis Tudesq – ✆ 04 67 78 35 77 – www.alavoileblanche.com
8 ch – 🚹65/110 € 🚹🚹65/110 € – ☕ 8 € – ½ P
Rest – Formule 15 € – Menu 25 € – Carte 35/65 €
Au bord de l'étang, ses parcs à huîtres et son petit port, une maison au décor contemporain. Certaines chambres ont une terrasse. Côté restaurant, ambiance décontractée et cuisine méridionale privilégiant poissons et coquillages à la plancha.

La Côte Bleue – Hôtel La Côte Bleue

av. Louis Tudesq – ✆ 04 67 78 30 87 – www.la-cote-bleue.fr – Fermé 10-20 nov., 12 janv.-12 fév. et merc. hors saison

Formule 19 € – Menu 29 € (semaine), 37/44 € – Carte 50/70 €

À la bien nommée Côte Bleue, on déguste une sympathique cuisine de la mer (dont les fameuses huîtres de Bouzigues). Aux beaux jours, il fait bon s'installer sous les pins de la terrasse !

MÉZIDON

14270 (Calvados) – 4 944 hab. – **Voir carte n°32-B2**

Paris 202 km – Alençon 107 km – Caen 27 km – Rouen 119 km

Carte Michelin 303-L5

Le Saint-Pierre

74 pl. Charles-de-Gaulle – ✆ 02 31 40 47 94 – www.lesaint-pierre.fr – Fermé 24 déc.-2 janv.

14 ch – 59 € 72 € – 9 € – ½ P

Rest ***Le Saint-Pierre*** – voir les restaurants ci-après

Résolument design ! Transformation réussie pour cette imposante bâtisse qui affiche désormais des couleurs flashy ou profondes, lignes épurées et toiles abstraites, ainsi qu'un bar très concept. Avis au amateurs.

Le Saint-Pierre

74 pl. Charles-de-Gaulle – ✆ 02 31 40 47 94 – www.lesaint-pierre.fr – Fermé 24 déc.-2 janv., sam. midi et dim. soir

Formule 12 € – Menu 16 € (déj. en semaine), 33/36 €

Acidulé, vitaminé, élégant... Tel est ce Saint-Pierre ! Le décor comme la cuisine sont à l'avenant ; le jeune chef ose par exemple le steak tartare de canard, les rillettes de lapin aux poires, etc. Ses recettes sont soignées, les produits choisis. En bref, une adresse à suivre.

MÉZOS

40170 (Landes) – 854 hab. – **Voir carte n°3-B2**

Paris 684 km – Bordeaux 124 km – Dax 58 km – Mont-de-Marsan 107 km

Carte Michelin 335-E10

La Maison de Mézos sans rest

av. de l' Océan – ✆ 05 58 42 61 38 – www.hotel-mezos.com – Fermé janv. et fév.

14 ch – 87/170 € 87/195 € – 9 €

Dans un petit village landais, coquette maison à l'ambiance familiale, entre hôtel et chambre d'hôtes (mobilier chiné). Pavillon et roulottes dans le grand jardin. Piscine.

MÉZY-MOULINS

02650 (Aisne) – 523 hab. – **Voir carte n°37-C3**

Paris 103 km – Amiens 221 km – Laon 92 km – Reims 55 km

Carte Michelin 306-D8

Le Moulin Babet avec ch

8 r. du Moulin Babet à Moulins (N3) – ✆ 03 23 71 44 72 – www.hotel-moulinbabet.com – Fermé 20-31 août, 24 déc.-11 janv., dim. soir (sauf hôtel), mardi et merc.

7 ch – 70/90 € 70/90 € – 9 €

Formule 21 € – Menu 32/65 € – Carte 49/63 €

En pleine campagne, un moulin qui a conservé sa roue, visible depuis le hall. Salle à manger d'esprit rustique où l'on sert une cuisine actuelle. Belles chambres contemporaines.

MIEUSSY

74440 (Haute-Savoie) – 2 116 hab. – **Voir carte n°46-F1**

Paris 563 km – Annecy 62 km – Bonneville 21 km – Chamonix-Mont-Blanc 59 km

Carte Michelin 328-M4 – Guide Vert Michelin Alpes du Nord

 **Vacca Park** 

2 rte du Col de la Ramaz, (Plateau de Sommand), Praz de Lys 1 420 m – ✆ 04 50 34 20 88 – www.vaccapark.com – Fermé mi-avril à mi-mai et début nov. à mi-déc.

15 ch – 🚹70/110 € 🚹🚹89/138 € – ☕ 10 € – ½ P

Rest – Menu 20/43 € – Carte 25/48 €

Au milieu des pâturages et des pistes, un chalet moderne avec des chambres coquettes et chaleureuses, ainsi qu'un restaurant traditionnel et savoyard. Pour l'anecdote, il y a une photo de vache (presque grandeur nature) sur chaque porte... Et oui, en latin, vacca signifie "vache" !

MILLAU

✉ 12100 (Aveyron) – 21 887 hab. – **Voir carte n°29-D2**

▶ Paris 636 km – Albi 106 km – Mende 95 km – Montpellier 114 km

Carte Michelin 338-K6

 **Mercure**

1 pl. de la Tine – ✆ 05 65 59 29 00 – www.mercure.com Plan : BY**m**

57 ch – 🚹96/190 € 🚹🚹96/190 € – ☕ 16 €

Rest – Menu 27 € – Carte 30/40 € *(fermé 21 déc.-5 janv., le midi, vend. et sam. d'oct. à mars et dim.)*

En plein centre-ville, un hôtel contemporain et chaleureux, avec un parking privé à deux pas, fort pratique. Les chambres sont spacieuses et lumineuses (certaines avec balcon), une partie offrant une vue imprenable sur l'extraordinaire viaduc !

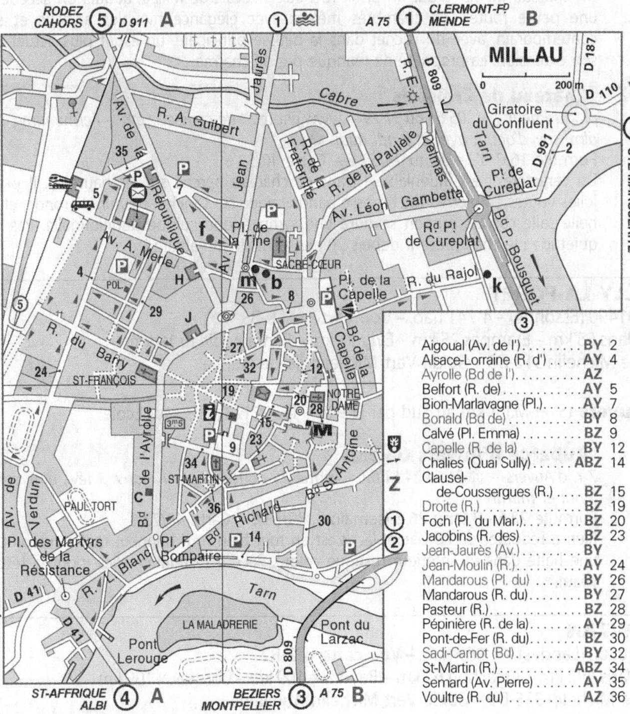

MILLAU

Aigoual (Av. de l') . . . . **BY** 2
Alsace-Lorraine (R. d') . . . . . **AY** 4
Ayrolle (Bd de l') . . . . **AZ**
Belfort (R. de) . . . . **AY** 5
Bion-Marlavagne (Pl.) . . . . . **AY** 7
Bonald (Bd de) . . . . **BY** 8
Calvé (Pl. Emma) . . . . **BZ** 9
Capelle (R. de la) . . . . **BY** 12
Chalies (Quai Sully) . . . . . . **ABZ** 14
Clausel-de-Coussergues (R.) . . . . **BZ** 15
Droite (R.) . . . . **BZ** 19
Foch (Pl. du Mar.) . . . . **BZ** 20
Jacobins (R. des) . . . . **BZ** 23
Jean-Jaurès (Av.) . . . . **BY**
Jean-Moulin (R.) . . . . **AY** 24
Mandarous (Pl. du) . . . . **BY** 26
Mandarous (R. du) . . . . **BY** 27
Pasteur (R.) . . . . **BZ** 28
Pépinière (R. de la) . . . . **AY** 29
Pont-de-Fer (R. du) . . . . **BZ** 30
Sadi-Carnot (Bd) . . . . **BY** 32
St-Martin (R.) . . . . **ABZ** 34
Semard (Av. Pierre) . . . . **AY** 35
Voultre (R. du) . . . . **AZ** 36

Cévenol Hôtel
115 r. Rajol – ✆ 05 65 60 74 44 – www.cevenol-hotel.fr – Fermé 19 déc.-13 janv.
42 ch – †58/79 € ††58/79 € – ☕ 9 € – ½ P Plan : BY**k**
Rest – Menu 13 € (déj.), 20/34 € – Carte 30/74 €
Cet hôtel, situé dans un quartier résidentiel excentré, proche du Tarn, a bénéficié d'une belle rénovation. Ses chambres, fonctionnelles, bien équipées et soigneusement tenues, se révèlent agréables. Cuisine traditionnelle au restaurant.

Ibis sans rest
r. du Sacré-Cœur – ✆ 05 65 59 29 09 – www.ibishotel.com Plan : BY**b**
46 ch – †73/100 € ††73/100 € – ☕ 11 €
Idéalement situé en plein centre-ville et plutôt confortable. Pratique, le parking fermé.

Capion
3 r. J.-F.-Alméras – ✆ 05 65 60 00 91 – www.restaurant-capion.com – Fermé 6-25 juil., 1er-8 janv., mardi soir et merc. Plan : AY**f**
Formule 15 € 🍷 – Menu 24/40 € – Carte 27/48 €
Est-ce en raison de son cadre très chic et design, qui détonne au cœur de Millau ? Ou plutôt grâce à sa bonne et généreuse cuisine, signée par un chef passionné par son terroir ? À moins que ce ne soit cet exotique "menu d'ailleurs" mâtiné d'épices... En tout cas, ce restaurant sait séduire son monde !

au Sud 2 km par ④ rte de St-Affrique – ✉ 12100 Millau

Château de Creissels
pl. du Prieur – ✆ 05 65 60 16 59 – www.chateau-de-creissels.com – Fermé janv., fév. et dim. soir de nov. à mars
26 ch – †82/126 € ††82/153 € – ☕ 11 € – ½ P
Rest *Château de Creissels* – voir les restaurants ci-après
Un château du 12e s. sur un piton rocheux à l'écart de Millau, auquel on accède par une petite route. Les chambres mêlent avec élégance meubles anciens et style contemporain, avec du cachet dans la bâtisse principale, un esprit plus actuel dans son extension. La propriété ne manque pas de charme...

Château de Creissels
pl. du Prieur – ✆ 05 65 60 31 79 – www.chateau-de-creissels.com – Fermé janv., fév., dim. soir d'oct. à avril et lundi midi
Formule 16 € 🍷 – Menu 24/57 € – Carte 40/52 €
Du caractère, c'est indéniable ! Dans ce château perché sur les hauteurs, il y a de jolies voûtes en pierre, une terrasse panoramique sur l'ancien chemin de ronde, et une belle salle cossue, où l'on savoure une sympathique cuisine traditionnelle. Pas d'inquiétude : le chef, présent depuis 20 ans, connaît son affaire !

MILLY-LA-FORÊT
✉ 91490 (Essonne) – 4 741 hab. – Voir carte n°**18**-B3
▶ Paris 58 km – Étampes 25 km – Évry 31 km – Fontainebleau 19 km
Carte Michelin 312-D5 – Guide Vert Michelin Île-de-France

à Auvers (S.-et-M.) 4 km au Sud par D 948 – ✉ 77123 Noisy sur Ecole

Auberge d'Auvers Galant

7 r. d'Auvers – ✆ 01 64 24 51 02 – Fermé 25 août-9 sept., 12 janv.-3 fév., dim. soir, lundi et mardi
Formule 22 € – Menu 26 € (semaine), 39/53 € – Carte 48/73 €
Rien à redouter de ce Galant-là : c'est en tout bien tout honneur qu'il vous propose une halte dans un intérieur rustique coloré. Recettes traditionnelles (dont la tête de veau).

MIMIZAN
✉ 40200 (Landes) – 7 069 hab. – Voir carte n°**3**-B2
▶ Paris 692 km – Arcachon 67 km – Bayonne 109 km – Bordeaux 109 km
Carte Michelin 335-D9 – Guide Vert Michelin Aquitaine

Plage Sud

Hôtel de France sans rest

18 av. de la Côte-d'Argent – ✆ 05 58 09 09 01 – www.hoteldefrance-mimizan.com – Ouvert fin mars-11 nov.

21 ch – †48/93 € ††55/103 € – ☕ 7 €

Le premier hôtel de la station, construit en bois en 1870, puis en dur en 1920. Toutes pimpantes, les chambres sont impeccables et disposent du wifi gratuit.

L'Airial sans rest

6 r. Papeterie – ✆ 05 58 09 46 54 – www.hotel-airial.com – Fermé dim. soir et lundi hors saison

18 ch – †44/61 € ††50/85 € – ☕ 6 €

Un bâtiment des années 1970 dans un quartier résidentiel. Ambiance familiale, confort simple, jardin pour le petit-déjeuner et décor tout bleu et blanc : ambiance balnéaire garantie.

MINERVE

✉ 34210 (Hérault) – 130 hab. – **Voir carte n°22-B2**

▶ Paris 812 km – Béziers 45 km – Carcassonne 44 km – Narbonne 33 km

Carte Michelin 339-B8

Relais Chantovent avec ch

17 Grand'Rue – ✆ 04 68 91 14 18 – www.relaischantovent-minerve.fr – Ouvert 10 fév.-1er janv. sauf vacances de Noël et fermé dim. soir, mardi soir sauf juil.-août et merc.

5 ch – †42/49 € ††42/49 € – ☕ 7 € – ½ P Menu 21/51 € – Carte 38/49 €

Une charmante petite auberge en pays cathare... Ici, point de voiture ; les gourmands, tels des pèlerins, viennent à pied pour déguster une appétissante cuisine du marché. Le must : la terrasse et sa vue plongeante sur la vallée du Briant. Chambres modestes mais bien tenues pour l'étape.

MIOMO – 2B Haute-Corse ➜ voir Corse (Bastia)

MIRAMAR – 06 Alpes-Maritimes ➜ voir Théoule-sur-Mer

MIRAMBEAU

✉ 17150 (Charente-Maritime) – 1 504 hab. – **Voir carte n°38-B3**

▶ Paris 515 km – Bordeaux 72 km – Angoulême 73 km – Cognac 48 km

Carte Michelin 324-G7

Château de Mirambeau

1 av. des Comtes-Duchatel – ✆ 05 46 04 91 20 – www.chateaumirambeau.com – Ouvert 11 avril-18 oct.

22 ch – †220/560 € ††220/560 € – ☕ 23 €

Rest *Château de Mirambeau* ✿ – voir les restaurants ci-après

Parc immense, fastueux salons, restaurant cossu, piscine couverte et chambres raffinées – entre marqueterie, boiseries et tentures : ce superbe château du 19e s. n'est que charme et élégance ! L'entretien est irréprochable, l'accueil agréable.

Château de Mirambeau

✿

1 av. des Comtes-Duchatel – ✆ 05 46 04 91 20 – www.chateaumirambeau.com – Ouvert 11 avril-18 oct.

Formule 49 € – Menu 70/100 € – Carte 75/110 €

Au sein de ce château néogothique du 19e s., dans un décor foisonnant d'objets d'art et de tentures, cette table gastronomique met en valeur les produits de la région avec grâce et subtilité : la noblesse est la marque des lieux ! Et depuis la terrasse, on profite d'une jolie vue sur l'estuaire de la Gironde...

➜ Langoustines en spaghettis croustillants, nougatine coulante d'ail et d'orange. Sole en filet cuite à 64 °C, glacée de son fumet. Soufflé chaud au cassis, crème glacée à la violette.

MIRANDE – 71 Saône-et-Loire ➜ voir Fleurville

MIREBEL

✉ 39570 (Jura) – 243 hab. – Voir carte n°**16**-B3
Paris 419 km – Champagnole 17 km – Lons-le-Saunier 17 km
Carte Michelin 321-E6

Mirabilis

41 Grande-Rue – ✆ 03 84 48 24 36 – www.lemirabilis.com – Fermé 2-30 janv., merc. de sept. à juin, lundi et mardi
Formule 13 € – Menu 20/50 € – Carte 28/48 €
Quand Mirebel rime avec Mirabilis ("admirable" en latin), on obtient une bonne adresse. Dans cette chaleureuse maison ancienne (1760), le chef concocte une cuisine goûteuse et colorée, sur de belles bases régionales : aumônière d'escargots, magret de canard aux pêches, vacherin glacé... On en redemande !

Le Bouchon du Château

34 r. de Viseney – ✆ 03 84 25 18 60 – www.lebouchonduchateau.com – Fermé 18 août-2 sept., 24 déc.-6 janv., mardi soir, merc. soir, jeudi soir, sam. midi, dim. soir et lundi
Formule 13 € – Menu 17 € (déj. en semaine), 24/39 € – Carte 35/61 €
En passant par Mirebel, arrêtez-vous dans ce restaurant ! Le chef, passé par de belles maisons, revisite ici les bonnes recettes du temps jadis... Les plats canailles et jurassiens sont revus à la sauce du 21e s. pour le plus grand plaisir des gourmands. Cadre coloré et ambiance conviviale.

MIREPOIX

✉ 09500 (Ariège) – 3 137 hab. – Voir carte n°**29**-C3
Paris 753 km – Carcassonne 52 km – Castelnaudary 34 km – Foix 37 km
Carte Michelin 343-J6

Relais Royal

8 r. Mar.-Clauzel – ✆ 05 61 60 19 19 – www.relaisroyal.com – Fermé 1er janv.-12 fév.
8 ch – 199/299 € 220/299 € – 3 suites – 22 € – ½ P
Rest *Relais Royal* – voir les restaurants ci-après
Au cœur du pays cathare, une belle demeure de maître (1742), où histoire et modernité se côtoient subtilement. Un grand escalier dessert les chambres, spacieuses, et le bassin de nage, bordé par une terrasse, est ravissant.

Les Minotiers

av. du Mar.-Foch – ✆ 05 61 69 37 36 – www.lesminotiers.com
40 ch – 49/135 € 53/135 € – 8 €
Rest – Formule 12 € – Menu 17/38 € – Carte 30/55 € *(fermé sam. midi)*
Espace, confort, lumière : dans cette ancienne minoterie – une usine de préparation des farines –, tout est neuf et plaisant, faisant rimer simplicité et qualité. Les chambres sont bien équipées, et le restaurant met en avant les produits régionaux.

Les Remparts avec ch

6 cours L.-Pons-Tande – ✆ 05 61 68 12 15 – www.hotelremparts.com – Fermé mardi midi, dim. soir et lundi
7 ch – 68/118 € 88/140 € – 10 € – ½ P
Menu 23 € (déj. en semaine), 29/53 € – Carte 36/56 €
Dans cette maison construite sur les remparts de la ville, la pierre et le bois se mêlent avec chaleur et élégance. Un intérieur délicieusement rustique, dans lequel on goûte à la bonne cuisine de la patronne, qui s'attache à valoriser les produits de la région. Chambres simples et agréables (plus calmes côté cour).

Relais Royal – Hôtel Relais Royal

8 r. Mar. Clauzel – ✆ 05 61 60 19 19 – www.relaisroyal.com – Fermé 1er janv.-12 fév., lundi, mardi et le midi sauf vend. et dim.
Menu 59 €
Une maison bourgeoise du 18e s. tout en élégance, située au cœur de la ville historique. La salle à manger, sobre et lumineuse, est l'écrin parfait pour cette cuisine d'aujourd'hui, juste et raffinée.

MIRMANDE

✉ 26270 (Drôme) – 497 hab. – Voir carte n°**44**-B3
Paris 603 km – Lyon 141 km – Romans-sur-Isère 61 km – Valence 42 km
Carte Michelin 332-C5 – Guide Vert Michelin Ardèche Drôme

Hôtel de Mirmande sans rest

Le village – ✆ 04 75 63 13 18 – www.hotelmirmande.fr
9 ch – 70/100 € 70/120 € – 11 €
Jolie reconversion pour cette ancienne épicerie transformée en un charmant hôtel. Vous y découvrirez de spacieuses chambres à la déco cosy : coussins, boutis, meubles et objets en bois cérusé... Une adresse sympathique.

La Capitelle

Le Rempart – ✆ 04 75 63 02 72 – www.lacapitelle.com – Fermé 15 déc.-14 fév. et mardi sauf juil.-août
12 ch – 80/150 € 80/150 € – 12 € – ½ P
Rest – Formule 19 € – Menu 25 € (déj.), 39/53 € – Carte 50/60 € *(fermé merc. midi et mardi sauf juil.-août)*
Cette ancienne magnanerie, située au cœur du vieux village, fut la résidence du cubiste André Lhote. Les meubles d'antiquaire, dans les chambres, et la cheminée monumentale, dans la salle voûtée, ajoutent au cachet de cette demeure de caractère. Belle vue sur les vergers et les collines depuis la terrasse.

MISSILLAC

✉ 44780 (Loire-Atlantique) – 4 843 hab. – Voir carte n°**34**-A2
Paris 436 km – Nantes 62 km – Redon 24 km – St-Nazaire 37 km
Carte Michelin 316-D3 – Guide Vert Michelin Pays de la Loire

La Bretesche

ch, rest,

Domaine de la Bretesche, rte de la Baule – ✆ 02 51 76 86 96 – www.bretesche.fr
30 ch – 166/410 € 166/410 € – 6 suites – 24 €
Rest *La Bretesche* ✿ – voir les restaurants ci-après
Rest *Le Club* – Menu 25 € (déj.), 30/36 € – Carte 40/59 € *(fermé le soir d'oct. à janv. sauf lundi, vend. et sam.)*
Dans les dépendances du château de Missillac, dont les jolies tours se reflètent dans le lac contigu, un établissement cossu et feutré : mobilier de style et détails tendance, salon dans les anciennes écuries, espace bien-être... à deux pas du golf 18 trous (club-house).

La Bretesche ✿

Domaine de la Bretesche, rte de la Baule – ✆ 02 51 76 86 96 – www.bretesche.fr – Fermé 24 fév.-20 mars, lundi et mardi en janv.-fév. et le midi sauf dim.
Menu 40 € (dîner en semaine), 59/109 € – Carte 90/101 €
Voilà une salle éminemment bourgeoise : atmosphère élégante, flambée dans la grande cheminée en hiver, vue sur le lac... Un cadre propice à la dégustation d'une cuisine gastronomique subtile et soignée, sans fioritures.
➜ Beignets de langoustine et gelée au cédrat. Filet de saint-pierre au beurre d'algues et artichaut poivrade. Fraises de Marzan et gelée de tomate verte.

MITTELBERGHEIM

✉ 67140 (Bas-Rhin) – 653 hab. – Voir carte n°**2**-C1
Paris 499 km – Barr 2 km – Erstein 24 km – Molsheim 23 km
Carte Michelin 315-I6

Gilg avec ch

rest,

1 r. Rotland – ✆ 03 88 08 91 37 – www.hotel-gilg.com – Fermé 30 juin-16 juil., 12 janv.-6 fév., mardi et merc.
19 ch – 60/75 € 65/95 € – 9 € Menu 30/78 € – Carte 42/72 €
Sur la route des vins, la winstub d'origine, où fut créé, dit-on, le pâté vigneron, s'est muée en un restaurant sympathique et convivial ! On y savoure de généreux plats traditionnels, inspirés du répertoire alsacien.

MITTELHAUSEN

✉ 67170 (Bas-Rhin) – 534 hab. – Voir carte n°**1**-B1
Paris 478 km – Haguenau 21 km – Saverne 22 km – Strasbourg 24 km
Carte Michelin 315-J4

À l'Étoile

12 r. La Hey – ✆ 03 88 51 28 44 – www.hotel-etoile.fr – Fermé 1er-14 janv.
31 ch – 66/76 € 73/93 € – 10 € – ½ P
Rest ***À l'Étoile*** – voir les restaurants ci-après
Nous voilà dans le pays de la Zorn, également appelé "pays de l'or vert", autrement dit du houblon ! Cette maison de pays (1888) a conservé son charme traditionnel alsacien, tandis que l'annexe, plus récente, ose le style contemporain. Un bon rapport qualité-prix.

À l'Étoile

12 r. La Hey – ✆ 03 88 51 28 44 – www.hotel-etoile.fr – Fermé 6-30 juil., 1er-14 janv., dim. soir et lundi
Formule 13 € – Menu 22/44 € – Carte 31/48 €
Dans la chaleureuse salle à manger décorée de boiseries, c'est toute l'Alsace qui vous donne rendez-vous. Entendez par là toutes ses saveurs, ses vins et son terroir !

MITTELWIHR

✉ 68630 (Haut-Rhin) – 802 hab. – Voir carte n°**2**-C2
Paris 445 km – Colmar 10 km – Kaysersberg 6 km – Sélestat 20 km
Carte Michelin 315-H8

Le Mandelberg sans rest

chemin du Mandelberg – ✆ 03 89 49 09 49 – www.hotelmandelberg.fr – Fermé janv.
18 ch – 77/130 € 77/130 € – 12 €
Pourquoi ne pas s'arrêter dans ce village du "Midi de l'Alsace" pour y voir fleurir les amandiers ? Ce sera l'occasion de profiter des chambres confortables de cette grande bâtisse de style néo-alsacien.

Le Mittelwihr sans rest

19 rte du Vin – ✆ 03 89 49 09 90 – http://hotelmittelwihr.fr.monsite-orange.fr – Fermé fév.
15 ch – 74/102 € 82/120 € – 11 €
Sur la route des vins, cette maison colorée propose des chambres reposantes meublées de manière simple et rustique. Détail important, elles sont climatisées, car il peut faire chaud en Alsace ! Petit-déjeuner vraiment copieux.

La Table de Mittelwihr

19a rte du Vin – ✆ 03 89 78 61 40 – www.la-table-de-mittelwihr.com – Fermé 3 semaines en janv., dim. soir de janv. à mars, mardi midi et lundi
Menu 20 € (déj. en semaine), 37/57 € – Carte 46/65 €
L'architecture intérieure de ce restaurant est pour le moins originale avec ses poutres en bois courbées ; un mélange de tradition et de modernité que l'on retrouve dans les assiettes. À noter, la terrasse, très agréable en été.

MIZOËN – 38 Isère → voir Freney-d'Oisans

MODÈNE

✉ 84330 (Vaucluse) – 422 hab. – Voir carte n°**42**-E1
Paris 694 km – Avignon 37 km – Marseille 123 km – Valence 134 km
Carte Michelin 332-D9

La Villa Noria

ch,

4 rte de Mazan – ✆ 04 90 62 50 66 – www.villa-noria.com
5 ch – 70/120 € 70/120 € **Table d'hôte** – Menu 35 €
Une maison de maître du 18e s. avec son jardin arboré et... sa noria toujours en état de marche – une curiosité à découvrir. Dans les chambres – mansardées au 2e étage –, mobilier chiné et de famille dégagent un charme suranné. À la table d'hôte œuvre le propriétaire, ancien chef ! Une adresse où l'on se sent bien.

MOËLAN-SUR-MER

⊠ 29350 (Finistère) – 6 968 hab. – **Voir carte n°9-B2**
Paris 523 km – Carhaix-Plouguer 66 km – Concarneau 27 km – Lorient 27 km
Carte Michelin 308-J8 – Guide Vert Michelin Bretagne Sud

Manoir de Kertalg sans rest

rte de Riec-sur-Belon, 3 km à l'Ouest par D 24 et chemin privé – ✆ 02 98 39 77 77 – www.manoirdekertalg.com – Ouvert 12 avril-6 nov.
8 ch – 125/248 € 155/248 € – 16 €
Une altière demeure du 19e s. dans un superbe parc forestier. Proportions monumentales, richesse des matériaux, chambres spacieuses et raffinées : un bel exemple de classicisme. Le peintre Brann, propriétaire des lieux, y expose ses œuvres d'inspiration surréaliste.

Les Moulins du Duc

rte des Moulins, 2 km au Nord-Ouest par rte secondaire – ✆ 02 98 96 52 52 – www.hotel-moulins-du-duc.com – Ouvert 1er mars-30 nov.
20 ch – 150/290 € 150/290 € – 5 suites – 19 € – ½ P
Rest *Le Raphaël* – voir les restaurants ci-après
Quel charme bucolique, quelle fraîcheur ! Une rivière serpente, des canards s'ébattent dans l'étang. Beaucoup de poésie naturelle pour ce moulin du 16e s. où les chambres sont réparties dans de petits cottages en pierre à travers le domaine. Un lieu hors du temps...

Le Raphaël – Hôtel Les Moulins du Duc

rte des Moulins, 2 km au Nord-Ouest par rte secondaire – ✆ 02 98 96 52 52 – www.hotel-moulins-du-duc.com – Ouvert 1er mars-30 nov. et fermé le midi sauf sam. et dim.
Menu 41 €, 56/86 € – Carte 64/78 €
On a réellement l'impression de dîner à fleur d'eau dans le cadre atypique de cet ancien moulin à la grâce pastorale. La cuisine terre et mer suit la tendance actuelle, au gré du cycle des saisons, les produits travaillés sont de grande qualité, et le service est aux petits oignons...

MOIRAX – 47 Lot-et-Garonne ➜ voir Agen

MOISSAC

⊠ 82200 (Tarn-et-Garonne) – 12 192 hab. – **Voir carte n°28-B2**
Paris 632 km – Agen 57 km – Auch 87 km – Cahors 63 km
Carte Michelin 337-C7

L'Armateur

1 r. François-Raynal – ✆ 05 63 32 85 10 – www.hotelarmateur.fr
16 ch – 90/135 € 90/135 € – 12 € – ½ P
Rest – Formule 20 € – Menu 26/45 € – Carte 39/53 € *(fermé lundi midi, sam. midi et dim. soir)*
Près du canal, dans l'ancien quartier des marins, cette maison bourgeoise du 18e s. a été entièrement restaurée dans un esprit contemporain épuré. Minimalisme fluide, blancheur immaculée, murs en brique : élégant ! Côté jardin, les chambres sont très au calme.

Le Moulin de Moissac

Esplanade du Moulin – ✆ 05 63 32 88 88 – www.lemoulindemoissac.com
36 ch – 96/180 € 96/180 € – 14 € – ½ P
Rest – Formule 18 € – Menu 23 € (déj. en semaine)/50 € – Carte environ 45 € *(fermé sam. midi)*
Sur les bords du Tarn, un moulin du 15e s. aux chambres sobres et élégantes, d'esprit mer, campagne ou montagne. Les plus spacieuses offrent une jolie vue sur la rivière et, pour la détente, on profite d'un spa très complet. Bistrot traditionnel.

Le Florentin

8 pl. Roger-Delthil – ✆ 05 63 04 19 18 – Fermé de fin oct. à début mars
Formule 17 € – Menu 23/50 € – Carte 33/51 €
Dans le département – et au-delà – la réputation du Florentin n'est plus à faire ! Son chef est un amoureux du beau produit (sélectionné auprès des fournisseurs locaux) et de la tradition. Dans l'assiette, c'est gourmand et goûteux à souhait. La terrasse offre une vue imprenable sur la belle abbatiale.

au Nord 9 km par D 7 - ✉ 82400 St-Paul-Espis

Le Manoir St-Jean

à St-Jean-de-Cornac – ✆ 05 63 05 02 34 – www.manoirsaintjean.com – Fermé 1er-10 janv.

10 ch – †110/180 € ††110/180 € – 9 suites – ☕ 13 € – ½ P

Rest ***Le Manoir St-Jean*** – voir les restaurants ci-après

Cette belle maison de maître (19e s.), à la décoration très soignée – mobilier chiné, trompe-l'œil, etc. –, a du cachet et une âme... Les chambres sont toutes différentes (esprit Art déco, marin, etc.) et le jardin se révèle agréable, comme la jolie piscine.

Le Manoir St-Jean

à St-Jean-de-Cornac – ✆ 05 63 05 02 34 – www.manoirsaintjean.com – Fermé 1er-10 janv., dim. et lundi du 15 sept. au 15 juin

Formule 30 € – Menu 38/75 € – Carte 43/55 € *(fermé le midi) (réservation conseillée)*

Une grande salle à manger bourgeoise, plaisante et raffinée, pour une cuisine qui l'est tout autant. Avec de bons produits de saison, le chef concocte des plats sains et goûteux, aux saveurs délicates.

MOISSAC-BELLEVUE – 83 Var ➜ voir Aups

MOISSIEU-SUR-DOLON

✉ 38270 (Isère) – 701 hab. – Voir carte n°**44**-B2

Paris 511 km – Grenoble 78 km – Lyon 55 km – La Tour-du-Pin 53 km

Carte Michelin 333-C5

Domaine de la Colombière

Château de Moissieu – ✆ 04 74 79 50 23 – www.lacolombiere.com – Fermé 16 fév.-10 mars

21 ch – †80 € ††89/129 € – 1 suite – ☕ 14 € – ½ P

Rest – Menu 29/44 € – Carte 35/52 € *(fermé dim. et lundi)*

Cette demeure bourgeoise de 1820 est entourée d'un parc arboré, où l'on trouve aussi un petit château en pierre avec son beau pigeonnier... Les vastes chambres sont bien équipées, et décorées sur le thème des peintres célèbres. Du cachet !

MOLITG-LES-BAINS

✉ 66500 (Pyrénées-Orientales) – 215 hab. – Voir carte n°**22**-B3

Paris 896 km – Perpignan 50 km – Prades 7 km – Quillan 56 km

Carte Michelin 344-F7

Château de Riell

– ✆ 04 68 05 04 40 – www.chateauderiell.com – Ouvert 28 mars-12 nov.

19 ch – †150/480 € ††150/480 € – 3 suites – ☕ 25 € – ½ P

Rest ***Château de Riell*** – voir les restaurants ci-après

Malgré ses faux airs de nid d'aigle, ce château se révèle baroque et chaleureux. Les chambres distillent une élégance toute languedocienne, la luxuriance du parc est un vrai bonheur, et l'on prend son petit-déjeuner dans une datcha... sans parler de la vue sur le Canigou !

Le Grand Hôtel

– ✆ 04 68 05 00 50 – www.grandhotelmolitg.com – Ouvert 30 mars-30 nov.

38 ch – †95/220 € ††95/220 € – 5 suites – ☕ 14 € – ½ P

Rest ***Le Grand Hôtel*** – voir les restaurants ci-après

Un hôtel thermal raffiné et apaisant : les tons clairs dominent dans les chambres, bien confortables, et le jardin s'épanouit dans un beau décor de rocailles naturelles. Fait remarquable, le marbre des Pyrénées s'impose partout dans les bains.

Château de Riell – Hôtel Château de Riell

– ✆ 04 68 05 04 40 – www.chateauderiell.com – Ouvert 28 mars-12 nov. et fermé lundi et le midi sauf week-ends, fériés et juil.-août

Menu 65/115 € – Carte 82/90 €

Un restaurant raffiné et largement ouvert sur la forêt, où la carte célèbre la belle cuisine catalane. Les chefs ont été formés chez Michel Guérard et leur cuisine en est le reflet ; on passe un beau moment en terrasse, dégustant de délicieux plats en contemplant la cime enneigée du mont Canigou, au loin...

Le Grand Hôtel – Grand Hôtel Thermal

04 68 05 00 50 – www.grandhotelmolitg.com – Ouvert 30 mars-30 nov. et fermé dim.
Formule 28 € – Menu 34 € – Carte 48/56 €
Dans ce restaurant aux couleurs du Sud et de la Catalogne, où trône le portrait de Pablo Casals (qui était habitué des lieux), curistes et gourmands peuvent ripailler ensemble. Deux types de cuisine sont proposés, signés Michel Guérard : "Santé Nature" – réservé aux résidents –, ou "d'Appétit", pour les gourmands.

MOLLANS-SUR-OUVÈZE

26170 (Drôme) – 1 061 hab. – **Voir carte n°44-B3**
Paris 676 km – Carpentras 30 km – Nyons 21 km – Vaison-la-Romaine 13 km
Carte Michelin 332-E8 – Guide Vert Michelin Alpes du Sud

Le St-Marc rest,

av. de l'Ancienne Gare – 04 75 28 70 01 – www.saintmarc.com – Ouvert d'avril à oct.
12 ch – 68/98 € 68/98 € – 12 € – ½ P
Rest – Menu 33/38 € *(fermé dim. en avril et de mi-sept. à fin oct.)*
Au pied du mont Ventoux, cette maison provençale dispose de chambres fonctionnelles. Grand jardin avec piscine et tennis. Cuisine du Sud servie dans une salle rustique ou sur la terrasse fleurie.

MOLLÉGÈS

13940 (Bouches-du-Rhône) – 2 547 hab. – **Voir carte n°42-E1**
Paris 704 km – Avignon 24 km – Cavaillon 9 km – Marseille 80 km
Carte Michelin 340-E3

Mas du Capoun avec ch ch, ch,

166 av. des Paluds – 04 90 26 07 12 – www.masducapoun.fr – Rest : fermé 25 oct.-10 nov. et de mi-fév. à mi-mars ; hôtel : ouvert de Pâques à oct.
6 ch – 85/95 € 95/105 €
Formule 24 € – Menu 37 € *(fermé mardi soir, sam. midi et merc.) (réservation conseillée)*
Mas raffiné où l'on mange dans une salle lumineuse et épurée ou, en été, sous la charpente d'une superbe grange restaurée. Belle cuisine actuelle à partir de produits frais. Chambres confortables à l'arrière du bâtiment, avec terrasse privative.

MOLLKIRCH

67190 (Bas-Rhin) – 962 hab. – **Voir carte n°1-A2**
Paris 485 km – Molsheim 11 km – Saverne 35 km – Strasbourg 40 km
Carte Michelin 315-I5

Fischhutte

30 rte de la Fischhutte, rte Grendelbruch : 3,5 km – 03 88 97 42 03 – www.fischhutte.com – Fermé 24 mars-17 avril et 21 juil.-5 août
18 ch – 80/98 € 90/128 € – 14 € – ½ P
Rest – Formule 15 € – Menu 23 € (dîner), 38/89 € – Carte 31/57 € *(fermé lundi et mardi)*
Au cœur de la vallée de la Magel, des chambres confortables, au décor contemporain ; certaines offrent une vue sur la forêt vosgienne. Espace brasserie flanqué d'une coquette salle à manger. Carte régionale ; gibier en saison.

MOLSHEIM

67120 (Bas-Rhin) – 9 215 hab. – **Voir carte n°1-A1**
Paris 477 km – Lunéville 94 km – St-Dié 79 km – Saverne 28 km
Carte Michelin 315-I5

Diana ch,

pont de la Bruche – 03 88 38 51 59 – www.hotel-diana.com
67 ch – 89/159 € 89/159 € – 3 suites – 12 € – ½ P
Rest – Formule 17 € – Menu 30 € – Carte 36/50 € *(fermé 24-31 déc. et dim.)*
Construction des années 1970 agrémentée de nombreuses œuvres d'art. Chambres actuelles avec mobilier et déco design. Pour le bien-être : spa, superbe fitness, jardin. Au restaurant, carte dans l'air du temps et belle cave.

Le Bugatti sans rest

r. de la Commanderie – ✆ 03 88 49 89 00 – www.hotel-le-bugatti.com – Fermé 24 déc.-1er janv.

59 ch – †55/85 € ††55/85 € – ☕ 8 €

Une construction de facture contemporaine, tout près des légendaires usines Bugatti. Les chambres sont fonctionnelles et bien tenues.

LES MOLUNES

✉ 39310 (Jura) – 141 hab. – Voir carte n°**16**-B3

Paris 485 km – Genève 49 km – Gex 30 km – Lons-le-Saunier 74 km

Carte Michelin 321-F8

Le Pré Fillet

rte des Moussières – ✆ 03 84 41 62 89 – www.hotel-leprefillet.com – Fermé 21 avril-2 mai, 13-18 oct., 2-19 déc., dim. soir et lundi

15 ch – †60 € ††63 € – ☕ 8,50 € – ½ P

Rest ***Le Pré Fillet*** – voir les restaurants ci-après

Pour un séjour très "nature", une hôtellerie de moyenne montagne dans laquelle on est accueilli avec beaucoup de gentillesse et de prévenance. Les chambres sont bien tenues, dans un style rétro ; sauna et jacuzzi offrent une belle vue sur la campagne...

Le Trappeur

Le Manon – ✆ 03 84 41 21 26 – www.hoteltrappeur.com – Fermé lundi

10 ch – †64/75 € ††65/77 € – ☕ 7 € – ½ P

Rest – Formule 13 € – Menu 20/29 € – Carte 26/48 €

Ce petit chalet est idéal pour se mettre au vert en famille, au grand calme. Atmosphère conviviale, chambres impeccables et pratiques ; cuisine du terroir et – les vendredis, samedis et dimanches soirs – pizzas cuites au feu de bois... C'est simple, mais de qualité !

Le Pré Fillet – Hôtel Le Pré Fillet

rte des Moussières – ✆ 03 84 41 62 89 – www.hotel-leprefillet.com – Fermé 21 avril-2 mai, 13-18 oct., 2-19 déc., dim. soir et lundi

Formule 12 € – Menu 14 € (semaine), 23/42 € – Carte 19/67 € *(réservation conseillée)*

Au beau milieu des champs et des bois, un restaurant simple et authentique. Derrière les fourneaux, le chef concocte de bonnes recettes copieuses, dans lesquelles le terroir se taille la part du lion ; on les déguste dans une salle ouverte sur la nature. Et l'accueil est aux petits oignons !

MONACO (PRINCIPAUTE DE) → voir en fin de guide

MONCEL-LÈS-LUNÉVILLE – 54 Meurthe-et-Moselle → voir Lunéville

MONDEMENT-MONTGIVROUX – 51 Marne → voir Sézanne

MONDRAGON

✉ 84430 (Vaucluse) – 3 691 hab. – Voir carte n°**40**-A2

Paris 640 km – Avignon 45 km – Montélimar 40 km – Nyons 41 km

Carte Michelin 332-B8

La Beaugravière avec ch

N 7 – ✆ 04 90 40 82 54 – www.beaugraviere.com – Fermé 15-30 sept., dim. soir et lundi

4 ch – †80 € ††90/125 € – ☕ 10 € Menu 31/125 € – Carte 53/124 €

Maison provençale mettant le classicisme et la truffe à l'honneur ; superbe carte des vins. Installez-vous près de la cheminée monumentale ou sur la terrasse ombragée. Chambres pour l'étape.

MONESTIER

✉ 24240 (Dordogne) – 386 hab. – Voir carte n°**4**-C1

Paris 612 km – Agen 109 km – Bordeaux 117 km – Périgueux 71 km

Carte Michelin 329-C7

Château des Vigiers
au golf des Vigiers – ✆ 05 53 61 50 00 – www.vigiers.com
– Fermé 10-25 déc.
87 ch – †120/350 € ††120/350 € – ☕ 25 €
Rest *Les Fresques* ✿ – voir les restaurants ci-après
Rest *Brasserie Le Chai* ✆ 05 53 61 50 39 – – Menu 25 € (déj.)/35 €
– Carte 40/57 €
En bordure du golf et dans un beau parc arboré, ce château du 16e s. est si paisible... Les chambres affichent un style élégant et classique, tandis que, dans l'annexe – une jolie bâtisse aux airs de séchoir à tabac –, elles sont plus contemporaines... Raffinement et verdure !

Château des Baudry
3 km au Nord par D 4, rte de Saussignac et rte secondaire – ✆ 05 53 23 46 42
– www.logisdesbaudry.com
5 ch – †110/130 € ††128/150 € – ☕ 13 € – ½ P **Table d'hôte** – Menu 35 €
En plein vignoble d'AOC Saussignac, célèbre pour son vin liquoreux, cette ancienne ferme propose des chambres spacieuses avec cheminées et plafonds à la française. Jolie salle à manger où l'on sert le repas le soir (apéritif offert) et patio pour les beaux jours.

Les Fresques – Hôtel Château des Vigiers
au golf des Vigiers – ✆ 05 53 61 50 00 – www.vigiers.com – Ouvert mi-avril à mi-oct., fermé dim., merc. et le midi
Menu 55/95 € – Carte 78/88 €
Classique, feutré, élégant : le cadre sied à la dégustation d'une cuisine raffinée et parfumée, où brillent les produits nobles (truffe en saison) et les vins locaux, à commencer par ceux du vignoble de la propriété. ➜ Grosse langoustine rôtie à la pêche et basilic. Tournedos de filet de bœuf blonde d'Aquitaine piqué au foie gras, jus au pain d'épice. Vacherin revisité aux fraises et fraises des bois.

MONESTIER-DE-CLERMONT

✉ 38650 (Isère) – 1 273 hab. – **Voir carte n°45-C2**
▶ Paris 598 km – Grenoble 36 km – La Mure 29 km – Serres 72 km
Carte Michelin 333-G8 – Guide Vert Michelin Alpes du Nord

Au Sans Souci
Le Bourg, à St-Paul-lès-Monestier, 2 km au Nord-Ouest par D 8 – ✆ 04 76 34 03 60
– www.au-sans-souci.com – Fermé 16 déc.-30 janv., dim. soir et lundi
12 ch – †56/72 € ††68/72 € – ☕ 9 € – ½ P
Rest *Au Sans Souci* – voir les restaurants ci-après
Une ancienne scierie au cœur du Vercors : comme l'on dit en Suisse, pour "scier du bois" toute la nuit, l'adresse est idéale… d'autant qu'il y règne un grand calme et une ambiance chaleureuse. Un séjour sans souci, assurément.

Au Sans Souci
Le Bourg, à St-Paul-lès-Monestier, 2 km au Nord-Ouest par D 8 – ✆ 04 76 34 03 60
– www.au-sans-souci.com – Fermé 16 déc.-30 janv., dim. soir et lundi
Menu 20 € (semaine), 27/50 € – Carte 29/44 €
Digne héritier de la famille Maurice – maîtresse des lieux depuis 1934 –, c'est aujourd'hui Julien qui œuvre aux fourneaux, avec une envie intacte de bien faire. Ravioles du Vercors aux cèpes et écrevisses, filet d'omble chevalier du pays au gratin dauphinois, etc. : les saveurs sont au rendez-vous !

LE MONÊTIER-LES-BAINS – 05 Hautes-Alpes ➜ voir Serre-Chevalier

LA MONGIE

✉ 65200 (Hautes-Pyrénées) – **Voir carte n°28-A3**
▶ Paris 853 km – Bagnères-de-Bigorre 25 km – Bagnères-de-Luchon 72 km – Tarbes 48 km
Carte Michelin 342-N5

au Nord-Est 8 km par D 918 – ✉ 65710 Campan

La Maison d'Hoursentut

lieu dit Gripp – ✆ 05 62 91 89 42 – www.maison-hoursentut.com

13 ch – 🛉65/75 € 🛉🛉65/75 € – ☕ 8 €

Rest – Menu 20 € *(fermé le midi) (résidents seult)*

Dans un hameau, cet hôtel-restaurant surprend par son décor contemporain plutôt minimaliste... avec par exemple des rondins de bois en guise de tables de nuit. Les chambres conviennent aussi bien aux couples qu'aux familles. Restaurant traditionnel.

MONNAIE

✉ 37380 (Indre-et-Loire) – 4 011 hab. – **Voir carte n°11-B2**

▶ Paris 227 km – Château-Renault 15 km – Tours 16 km – Vouvray 10 km

Carte Michelin 317-N4

L'Épicurien

53 r. Nationale – ✆ 02 47 56 10 34 – www.restaurant-lepicurien.com – Fermé jeudi soir, dim. soir et lundi

Formule 18 € – Menu 25/43 € – Carte 41/57 €

Un restaurant sur l'axe principal du bourg. La cuisine est actuelle, presque sophistiquée, et réalisée avec de bons produits.

MONPAZIER

✉ 24540 (Dordogne) – 516 hab. – **Voir carte n°4-C2**

▶ Paris 575 km – Bergerac 47 km – Périgueux 75 km – Sarlat-la-Canéda 50 km

Carte Michelin 329-G7 – Guide Vert Michelin Périgord Quercy

Edward 1er

5 r. St-Pierre – ✆ 05 53 22 44 00 – www.hoteledward1er.com – Ouvert 14 mars-30 nov.

15 ch – 🛉77/149 € 🛉🛉92/164 € – 2 suites – ☕ 13 € – ½ P

Rest *Eléonore* – voir les restaurants ci-après

Une belle gentilhommière du 19e s. et... les joies de la vie de château ! Tout est charmant, romantique et raffiné : moulures, meubles de style, ciels de lit et... chambres avec vue sur la nature, le jardin ou le village.

Eléonore – Hôtel Edward 1er

5 r. St-Pierre – ✆ 05 53 22 44 00 – www.hoteledward1er.com – Ouvert 14 mars-30 nov. et fermé le midi et le merc. sauf juil.-août

Menu 30/50 € *(réservation conseillée)*

Une table élégante dans un joli petit château et un menu carte qui change chaque jour, au gré de l'inspiration du chef. Ce dernier travaille de bons produits périgourdins, et cela se sent !

Bistrot 2

Foirail Nord – ✆ 05 53 22 60 64 – www.bistrot2.fr – Fermé de mi-nov. à mi-déc., sam. midi, lundi soir et vend. de mi-sept. à juin

Formule 16 € 🍷 – Menu 20 € 🍷 (déj. en semaine), 23/28 € – Carte environ 30 €

Une partie de l'équipe de l'Édouard 1er a investi ce bistrot contemporain. Ici, les gourmands apprécient les classiques du genre. Et à la belle saison, on profite de la terrasse à l'ombre de la glycine.

MONTAGNAC

✉ 04500 (Alpes-de-Haute-Provence) – 421 hab. – **Voir carte n°41-C2**

▶ Paris 799 km – Avignon 151 km – Digne-les-Bains 51 km – Marseille 105 km

Carte Michelin 334-E10 – Guide Vert Michelin Alpes du Sud

La Maison du Bois Doré

rest,

Lieu-dit Plan-de-Croix, 2 km au Nord-Ouest par D 11, rte de Riez et chemin secondaire – ✆ 04 92 78 05 87 – www.lamaisonduboisdore.fr – Ouvert d'avril à nov.

4 ch ☕ – 🛉80 € 🛉🛉87 € **Table d'hôte** – Menu 28 € 🍷

Pour vivre loin de tout... Cette ancienne ferme apicole est entourée de champs de lavande et de chênes truffiers. Décor zen et moderne dans les chambres, avec terrasse. Au petit-déjeuner, ne passez pas à côté de la confiture et du miel maison.

MONTAGNAT

✉ 01250 (Ain) – 1 646 hab. – **Voir carte n°44-B1**
Paris 447 km – Bourg-en-Bresse 8 km – Lyon 84 km – Mâcon 55 km
Carte Michelin 328-E3

Au Pot de Grès

2013 rte du Village – ✆ 04 74 51 67 05 – Fermé 24 août-9 sept., mardi soir, dim. soir et lundi
Formule 17 € – Menu 20 € (semaine), 27/46 € – Carte 40/60 €
Dans cette jolie maison de campagne, on se réchauffe en hiver près de la cheminée et, en été, on se prélasse sur la terrasse fleurie... Côté carte, le chef met en avant des produits de la Bresse scrupuleusement choisis, et propose une carte courte et appétissante.

MONTAGNE-DU-SEMNOZ

✉ 74000 (Haute-Savoie) – **Voir carte n°46-F1**
Paris 552 km – Aix-les-Bains 43 km – Albertville 60 km – Annecy 17 km
Carte Michelin 328-J6 – Guide Vert Michelin Alpes du Nord

par D 41

Les Rochers Blancs

près du sommet, alt. 1 650 ✉ 74000 Annecy – ✆ 04 50 01 23 60 – www.lesrochersblancs.com – Fermé 22 avril-29 mai et 20 oct.-6 déc.
15 ch – †60/65 € ††74/80 € – ☕ 10 € – ½ P
Rest – Menu 20/38 € – Carte 32/52 €
Au cœur du massif des Bauges, un panorama exceptionnel à 1 650 m d'altitude et... une grande quiétude ! Ce chalet typiquement savoyard, tenu en famille, a des airs de sympathique auberge fromagère. Chambres simples et chaleureuses, petits plats régionaux : un lieu accueillant.

MONTAGNIEU – 38 Isère ➜ voir La Tour-du-Pin

MONTAGNY-LÈS-BEAUNE – 21 Côte-d'Or ➜ voir Beaune

MONTAGUDET

✉ 82110 (Tarn-et-Garonne) – 189 hab. – **Voir carte n°28-B1**
Paris 622 km – Agen 48 km – Montauban 42 km – Toulouse 92 km
Carte Michelin 337-C6

Le Belvédère Ⓝ

2 km au Nord par D 60 – ✆ 05 63 95 51 10 – www.lebelvedere.biz
20 ch – †65/275 € ††65/275 € – ☕ 11 € – ½ P
Rest – Formule 18 € – Menu 25 € (déj.), 37/67 € – Carte 60/86 €
Au cœur de la forêt, à seulement 10 mn du magnifique village de Lauzerte, cet établissement propose des chambres fonctionnelles et bien tenues. Pour se détendre, on profite de la piscine à débordement, offrant une très jolie vue sur la vallée...

MONTAIGU

✉ 85600 (Vendée) – 5 050 hab. – **Voir carte n°34-B3**
Paris 389 km – Cholet 36 km – Fontenay-le-Comte 88 km – Nantes 37 km
Carte Michelin 316-I6

La Robe Ⓝ

3 pl. Reveillère-Lepeaux – ✆ 02 51 47 79 27 – Fermé 5-25 août, dim. et lundi
Menu 28 € (déj. en semaine)/35 € – Carte 42/59 €
La Robe... n'est plus seulement l'indispensable des élégantes, ici, elle est aussi le "must have" des gourmands ! Derrière les fourneaux, le chef concocte une cuisine bien dans l'air du temps – le menu change tous les jours –, à apprécier dans un cadre sobre et contemporain. Agréable !

au Pont de Sénard 7 km au Nord par N 137 et D 77 – ✉ 85600

Le Pont de Sénard
rest, P

– ☎ 02 51 46 49 50 – www.hotel-pontdesenard.fr
– Fermé 2 semaines en août et 26 déc.-2 janv.
25 ch – 57 € 75 € – 9 € – ½ P
Rest – Formule 11 € – Menu 22/29 € *(fermé vend. soir d'oct. à mai et dim. soir)*
Bordant la Maine, cet hôtel est implanté dans un environnement délicieusement bucolique. Terrasse donnant sur la rivière, chambres simples et bien tenues, équipement complet pour les séminaires... l'établissement compte de nombreux fidèles.

MONTAIGUT-LE-BLANC – 63 Puy-de-Dôme ➜ voir Champeix

MONTANGES
✉ 01200 (Ain) – 330 hab. – **Voir carte n°45-C1**
Paris 498 km – Bourg-en-Bresse 65 km – Genève 56 km – Lyon 106 km
Carte Michelin 328-H4

L'Auberge du Pont des Pierres
P

754 r. Paul-de-Vanssay – ☎ 04 50 56 36 35 – www.pontdespierres.fr
– Fermé mardi et merc.
Formule 20 € – Menu 29/34 € *(réservation conseillée)*
Cette auberge a été récemment créée par un enfant du pays et ne désemplit pas ! Le jeune chef ne manque pas de talent pour cuisiner les produits du cru, soigneusement choisis : poisson du lac Léman, porc et volaille de l'Ain, etc. Tout est fait maison (pain et glace compris) et l'on se régale... à petits prix.

MONTARCHER
✉ 42380 (Loire) – 63 hab. – **Voir carte n°44-A2**
Paris 491 km – Clermont-Ferrand 154 km – Lyon 109 km – Le Puy-en-Velay 68 km
Carte Michelin 327-C7 – Guide Vert Michelin Lyon et sa région

Le Clos Perché avec ch

Le bourg – ☎ 04 77 50 00 08 – www.leclosperche.blogspot.com
– Fermé 2 semaines en nov., vacances de fév., merc. sauf juil.-août et mardi
4 ch – 50 € 60 € – ½ P Menu 29/37 € – Carte 33/43 €
Il était une fois une auberge qui jouait à chat perché sur les hauts plateaux du Forez… C'est ici, à l'entrée de ce minuscule village, que Julien Magne a posé ses valises. Derrière les fourneaux, ce jeune chef réalise une cuisine très colorée, savoureuse et gourmande, pour laquelle on se fait volontiers souris !

MONTAREN-ET-ST-MÉDIERS – 30 Gard ➜ voir Uzès

MONTARGIS
✉ 45200 (Loiret) – 14 649 hab. – **Voir carte n°12-D2**
Paris 109 km – Auxerre 81 km – Bourges 117 km – Orléans 73 km
Carte Michelin 318-N4 – Guide Vert Michelin Châteaux de la Loire

Hôtel de France sans rest

54 pl. de la République – ☎ 02 38 99 09 09 – www.leshotelsdorele.com
24 ch – 101/118 € 101/118 € – 11 € Plan : Zf
Au cœur de Montargis, l'établissement a connu une véritable cure de jouvence en 2011. Dans les chambres, confortables et calmes, le style contemporain domine. Agréable terrasse pour les beaux jours. L'ensemble dégage une douceur de vivre indéniable...

MONTARGIS

Anatole-France (Bd). . . . . Y 2
Ancien Palais (R. de l'). . . . . . Z 3
Baudin (Bd Paul). . . . . YZ 4
Belles Manières (Bd des) . . . Z 5
Bon-Guillaume (R. du) . . . . . . Z 6
Carnot (R. Lazare) . . . . Y 8
Cormenin (R.). . . . . Z 12
Decourt (R. E.). . . . . Y 13
Dr Robert Szigeti (Av. du) . . . Y 16
Dr-Roux (R. du) . . . . Y 15
Dorée (R.). . . . . Z
Ferry (Pl. Jules) . . . . Z 20
Fg de la Chaussée (R. du) . YZ 17
Fg d'Orléans (R. du). . . . . . YZ 18
Jean-Jaurès (R.). . . . . Y 21
Kléber (R.) . . . . Y 22
Laforge (R. R.) . . . . Z 23
Lamy (R. Jean). . . . . Y 24
Longeard (R. du) . . . . Y 26
Moulin à Tan (R.du) . . . . Z 28
Pêcherie (R. de la) . . . . Z 30
Poterne (R. de la). . . . . Z 32
Pougin-de-la-Maisonneuve (R.) . . . . Z 33
République (Pl. de la). . . . . . . Z 36
Roosevelt (R. Franklin D.) . . . Y 34
Sédillot (R.). . . . . Y 37
Tellier (R. R.). . . . . Z 39
Vaublanc (R. de). . . . . Z 41
Verdun (Av. de) . . . . Y 42
18-Juin-1940 (Pl. du). . . . . . YZ 45

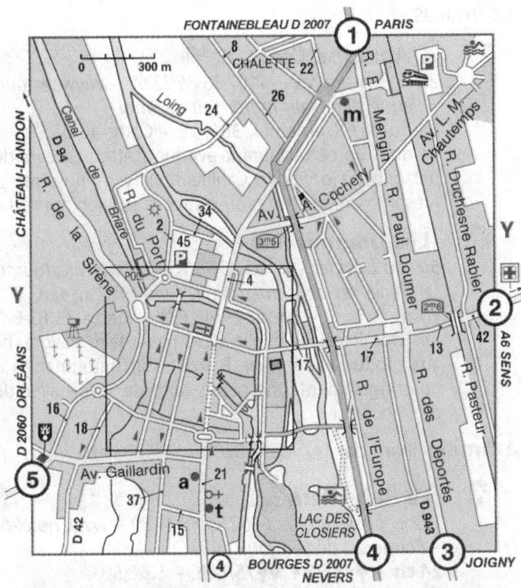

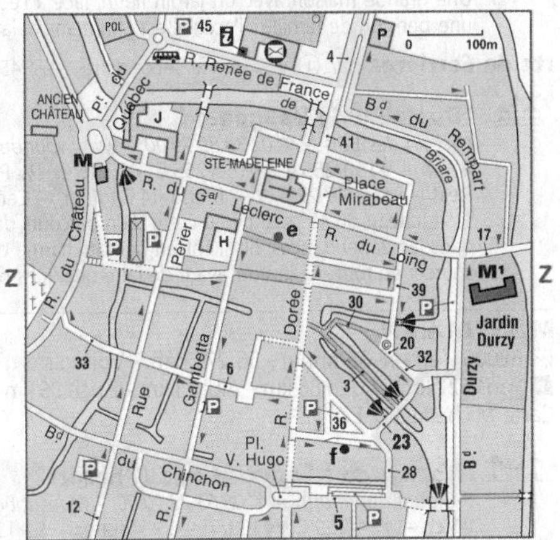

XXX ✿ **La Gloire** (Jean-Claude Martin) avec ch

rest, rest, ch,

74 av. du Gén.-de-Gaulle – ✆ 02 38 85 04 69 – www.lagloire-montargis.com – Fermé 1er-12 mars, 18 août-3 sept., 18-28 fév., mardi et merc. Plan : Y**m**

12 ch – †66 € ††68/85 € – ☕ 8,50 €

Menu 32 € (semaine), 44/58 € 🍷 – Carte 64/105 €

Cette Gloire n'a rien de pompeux : ce restaurant lumineux et fleuri vous réserve un accueil charmant. Derrière les fourneaux, le chef revisite la tradition gastronomique de manière subtile et généreuse ; en témoigne la savoureuse caravane des desserts ! Chambres confortables pour prolonger l'étape. ➜ Salade tiède de homard et vinaigrette de crustacés. Ris et rognons de veau, barigoule d'artichaut. La caravane des douceurs.

XX **L'Orangerie**

57 r. Jean-Jaurès – ✆ 02 38 93 33 83 – www.restaurant-orangerie-montargis.com – Fermé lundi soir, mardi et merc. Plan : Y**t**

Menu 27 € (semaine), 38/46 € – Carte 38/55 €

Nul besoin d'être amateur d'agrumes pour apprécier la généreuse cuisine traditionnelle de ce restaurant. Les gourmands s'installent dans l'une des jolies petites salles ou sous la véranda aux allures de jardin d'hiver. Une sympathique halte en Gâtinais !

L'Agrappe Cœur

22 r. Jean-Jaurès – ✆ 02 38 85 22 65 – www.restaurant-agrappecoeur.com – Fermé dim. soir, mardi soir et lundi Plan : Y**a**

Menu 26 € (semaine), 38/48 € – Carte 40/65 €

Le nom de ce restaurant évoque *L'Attrape-cœurs* de Salinger, mais contrairement au personnage d'Holden Caulfield, ici, vous ne serez pas tenté de fuir ! Dans les salles – esprit contemporain ou bistrot chic –, on apprécie une bonne cuisine traditionnelle.

Les Dominicaines

6 r. du Dévidet – ✆ 02 38 98 10 22 – www.restaurant-lesdominicaines.com – Fermé 2 semaines en août, merc. soir, sam. midi et dim. Plan : Z**e**

Formule 15 € – Menu 29/48 € – Carte 33/83 € *(réservation conseillée)*

Ces Dominicaines-là n'invitent pas à faire maigre, bien que l'on fasse ici la part belle aux produits de la mer. Parmi les incontournables de la chef, le homard bleu rôti. À noter également, une petite carte de sushis avec du poisson très frais. L'été, profitez de la terrasse.

à Amilly 5 km par ③ – ✉ 45200 – 11 588 hab.

Le Belvédère sans rest

192 r. Jules-Ferry – ✆ 02 38 85 41 09 – www.hotel-belvedere-amilly.com – Fermé 20 déc.- 3 janv.

24 ch – †65/75 € ††75/80 € – ☕ 8,50 €

Une grande maison avec un jardin fleuri, face à l'école du village. On se croirait dans une pension de famille : l'accueil est charmant et la décoration un peu désuète.

rte de Ferrières par ①, N 7 et rte secondaire – ✉ 45210 Fontenay-sur-Loing

Domaine de Vaugouard

chemin des Bois – ✆ 02 38 89 79 00 – www.vaugouard.com – Fermé 15 déc.-2 janv.

47 ch – †150/255 € ††150/255 € – ☕ 16 € – ½ P

Rest – Formule 22 € – Menu 44 € (dîner) – Carte 61/95 € *(fermé 15 déc.-28 fév.)*

Joli château du 18e s. situé au cœur d'un parcours de golf. Les chambres, plus grandes dans les dépendances, distillent un délicat charme bourgeois et permettent de se ressourcer en toute quiétude, avant de faire quelques brasses, putts ou smashs.

MONTAUBAN

✉ 82000 (Tarn-et-Garonne) – 56 271 hab. – Voir carte n°**28**-B2

Paris 627 km – Agen 86 km – Albi 73 km – Auch 86 km

Carte Michelin 337-E7

Abbaye des Capucins Spa & Resort

6-8 quai de Verdun – ✆ 05 63 22 00 00 – www.abbayedescapucins.fr

85 ch – †94/259 € ††103/259 € – 4 suites – ☕ 15 € – ½ P Plan : Z**t**

Rest ***La Table des Capucins*** ✿ **Rest** ***Bistrot des Capucins*** – voir les restaurants ci-après

Pour apaiser corps et esprit... Ce couvent classé (1630) s'est mué en hôtel contemporain à la fois harmonieux et raffiné. La belle Table des Capucins et le Bistrot sont là pour rappeler que le plaisir de la chère n'est pas un vain mot.

Mercure

12 r. Notre-Dame – ✆ 05 63 63 17 23 – www.mercure.com Plan : Z**s**

44 ch – †98/140 € ††108/150 € – ☕ 12 €

Rest – Formule 11 € – Menu 14/35 € – Carte 32/52 €

Cet hôtel particulier (18e s.) en brique rose abrite un Mercure plaisant, avec des chambres spacieuses, confortables et bien insonorisées, selon les normes de la chaîne.

Hôtel du Commerce sans rest

9 pl. F.-Roosevelt – ✆ 05 63 66 31 32 – www.hotel-commerce-montauban.com – Fermé 21 déc.-7 janv. Plan : Z**b**

27 ch – †59/66 € ††66/82 € – ☕ 9 €

Sur la place de la cathédrale, cet hôtel tenu en famille perpétue la tradition et l'art du bien recevoir. Les chambres sont sobres et bien tenues, et il règne dans l'établissement une sympathique atmosphère conviviale.

MONTAUBAN

Abbaye (R. de l') . . . . Z
Alsace-Lorraine (Bd) . . . . X 3
Arago (R.) . . . . Z
Banque (R. de la) . . . . Z
Barbazan (R.) . . . . Z
Bourdelle (Pl.) . . . . Z 4
Bourjade (Pl. L.) . . . . Z 6
Briand (Av. A.) . . . . Y 7
Cambon (R.) . . . . Z 9
Carmes (R. des) . . . . Z 10
Chamier (Av.) . . . . Y 12
Cladel (R. L.) X
Comédie (R. de la) . . . . Z 13
Consul-Dupuy (Allée du) . . . Z 14
Coq (Pl. du) . . . . Z 16
Dr-Alibert (R.) X
Dr-Lacaze (R. du) . . . . Z 19
Doumerc (Bd B.) X
Foch (Pl. du Mar.) . . . . Z
Fort (R. du) . . . . Z
Gambetta (Av.) . . . . YZ
Garrisson (Bd G.) . . . . YZ
Gaulle (Av. Ch.-de) . . . . Y 25
Grand'Rue Sapiac . . . . Z
Grand'Rue Villenouvelle . . . . X 28
Guibert (Pl.) . . . . Z 29
Herriot (Av. É.) . . . . Y 30
Hôtel-de-Ville (R. de l') . . . . . Z 31
Ingres (R. D.) X
Jourdain (R. A.) . . . . Z
Lacapelle (Fg) . . . . YZ
Lafon (R. du Pasteur L.) . . . Y 34
Lafon (R. Mary) . . . . Z 32
Lagrange (R. L.) . . . . YZ 35
Leclerc (Pl. du Gén.) . . . . . . Z
Libération (Pl. de la) X
Lycée (R. du) . . . . Z
Malcousinat (R.) . . . . Z 36
Mandoune (R. de la) . . . . Z
Marceau-Hamecher (Av.) . . Y 37
Marre (R. H.) . . . . Z
Martyrs (Carrefour des) . . . . Z 46
Marty (Pl. A.) . . . . XY
Mayenne (Av.) . . . . Y 50
Michelet (R.) . . . . Z 51
Midi-Pyrénées (Bd) . . . . Z 52
Monet (R. J.) . . . . Z 53
Montauriol (Bd) . . . . Y
Montmurat (Q. de) . . . . Z 54
Mortarieu (Allées de) . . . . . Z 56
Moustier (Fg du) . . . . Z
Nationale (Pl.) . . . . Z
Notre-Dame (R.) . . . . Z 60
Piquard (Sq Gén.) . . . . Z 62
Pouvillon (R. E.) . . . . Z
Prax-Paris (Pl.) . . . . Z
République (R. de la) . . . . . . Z 63
Résistance (R. de la) . . . . . . Z 64
Roosevelt (Pl. F.) . . . . Z 66
Ste-Claire (R.) . . . . Z
St-Jean (R.) . . . . X 67
Sapiac (Pont de) . . . . YZ 68
Sarrail (R. Gén.) . . . . Y 70
Verdun (Q. de) . . . . Z 71
10e-Dragons (Av. du) X
11e-Rég.-d'Infanterie (Av. du) . . . . X 73
19-Août-1944 (Av. du) . . . . . X 75
22-Septembre (Pl. du) . . . . . Z 76

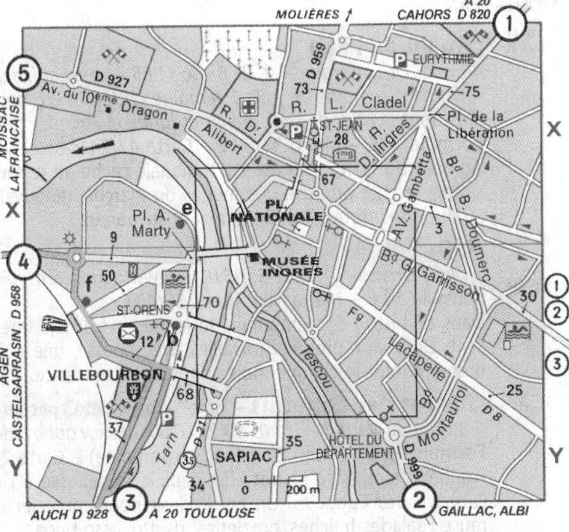

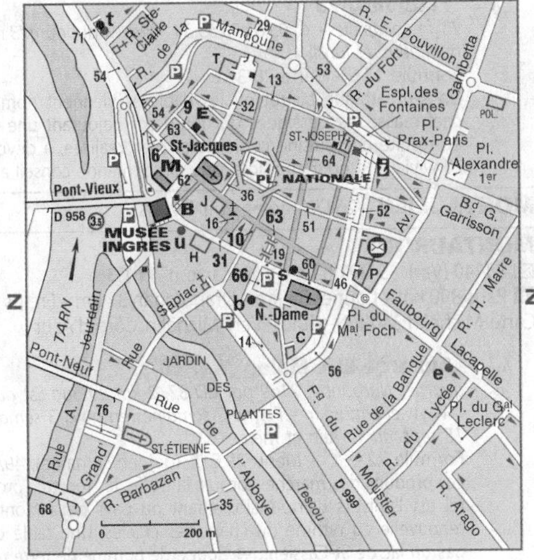

XXX Les Saveurs d'Ingres

13 r. de l'Hôtel-de-Ville – ✆ 05 63 91 26 42 – www.lessaveursdingres.com – Fermé dim. et lundi

Plan : Z**u**

Menu 27 € (déj.)/41 €

À côté du musée Ingres, ce restaurant contemporain est fort plaisant. On y savoure une cuisine d'aujourd'hui concoctée avec de bons produits et jouant habilement sur les saveurs et les contrastes... le tout à tarif raisonnable.

XXX La Table des Capucins – Hôtel Abbaye des Capucins Spa & Resort

✿ *6-8 quai de Verdun – ✆ 05 63 22 00 00 – www.abbayedescapucins.fr – Fermé le midi sauf dim., dim. soir et lundi*

Plan : Z**t**

Menu 37 € (semaine), 52/79 € – Carte 47/89 €

Entre ces murs élégants, on voue un culte aux beaux produits, et surtout au travail du goût : le chef signe avec subtilité une cuisine-plaisir aux saveurs affirmées, pleine de fraîcheur et de vitalité. ➜ Foies gras en deux déclinaisons. Pigeon rôti au lard de porc noir de Bigorre. Soufflé au chocolat, cœur framboise.

XX **Au Fil de l'Eau**

14 quai Dr-Lafforgue – 05 63 66 11 85 – www.aufildeleau82.com – Fermé 1 semaine en juil., 1 semaine en fév., merc. soir sauf juil.-août, dim. sauf le midi de sept. à juin et lundi Plan : Xe

Formule 18 € – Menu 35/50 € – Carte 47/74 €

Au bord du Tarn, cette maison régionale cache un restaurant coloré. Outre la carte de saison, le chef propose des menus du marché, renouvelés plusieurs fois par semaine au fil de ses trouvailles. Généreux et savoureux !

X **L'Ouriol**

1 pl. St-Orens – 05 63 63 45 01 – www.ouriol.com – Fermé août, dim. et lundi

Formule 14 € – Menu 18 € (déj.), 30/42 € Plan : Yb

Dans ce bistrot contemporain, le jeune chef a déjà une solide expérience et cela se sent. De beaux produits travaillés avec finesse, une cuisine très fraîche et un court menu renouvelé chaque mois : goûteux et tendance.

X **Bistrot des Capucins** – Hôtel Abbaye des Capucins Spa & Resort

6-8 quai de Verdun – 05 63 22 00 00 – www.abbayedescapucins.fr

Formule 23 € – Menu 27 € (déj. en semaine) – Carte 27/53 € Plan : Zt

Par beau temps, ce bistrot chic déploie sa terrasse à l'intérieur même du cloître de l'abbaye des Capucins. Un bel endroit pour apprécier une cuisine simple et savoureuse : salades fraîches, omelettes, risotto, osso-buco...

X **Faubourg 73** N

73 fg Lacapelle – 05 63 93 55 54 – www.faubourg73.fr – Fermé 10-25 août, sam. midi, dim. et lundi Plan : Ze

Formule 17 € – Carte 28/37 €

Un sympathique bistrot où les habitués viennent nombreux. On les comprend : le chef réalise les classiques du genre en y ajoutant une pointe d'accent basque, et il en résulte une cuisine copieuse et bien réalisée, à dévorer dans une ambiance bien conviviale. Et pour choisir le vin... On demande conseil au patron !

MONTAULIEU – 26 Drôme

➜ voir Nyons

MONTAUROUX

83440 (Var) – 5 801 hab. – **Voir carte n°41-C3**

Paris 890 km – Cannes 36 km – Draguignan 37 km – Fréjus 30 km

Carte Michelin 340-P4 – Guide Vert Michelin Côte d'Azur

XX **Auberge Eric Maio**

quartier Narbonne, 2169 par CD 37, 2 km au Sud-Est du village – 04 94 47 71 65 – www.eric-maio.fr – Fermé 2 semaines en nov., 3 semaines en janv., mardi du 15 sept. au 15 juin et merc.

Formule 22 € – Menu 29 € (déj. en semaine), 49/95 €

Les produits des marchés locaux, la truffe, les recettes provençales, la belle technique : tel est l'univers d'Éric Maio, enfant du pays né à Montauroux, dont l'inspiration se renouvelle au rythme du chant des cigales. Une table originale et élégante, à deux pas du lac de St-Cassien. ➜ Soupe de pomme de terre revisitée aux truffes de saison. Pigeon en croûte farci de blette, de truffe et de foie gras, pomme granny. Parfait aux fruits des bois, pêche jaune, paillettes givrées à la verveine.

MONTBARD

21500 (Côte-d'Or) – 5 513 hab. – **Voir carte n°8-C2**

Paris 240 km – Autun 87 km – Auxerre 81 km – Dijon 81 km

Carte Michelin 320-G4 – Guide Vert Michelin Bourgogne

à St-Rémy 3 km à l'Ouest par D 905 – 21500 – 826 hab.

XX **La Mirabelle**

1 r. de la Brenne – 03 80 92 40 69 – Fermé 16 août-5 sept., 23 déc.-12 janv., dim. soir, mardi soir et merc.

Menu 20 € (semaine), 31/42 € – Carte 47/56 € *(réservation conseillée)*

Près du canal, cette ancienne grange à sel abrite une salle pleine de cachet, avec une jolie voûte et des pierres apparentes. Plusieurs clients passent la tête dans l'ouverture donnant sur les cuisines ; ils peuvent ainsi voir Gilles Muzel, le chef, élaborer ses recettes tout en finesse et travailler de bons produits.

MONTBAZON

✉ 37250 (Indre-et-Loire) – 3 933 hab. – Voir carte n°**11**-B2
Paris 247 km – Châtellerault 59 km – Chinon 41 km – Loches 33 km
Carte Michelin 317-N5 – Guide Vert Michelin Châteaux de la Loire

Château d'Artigny

2 km au Sud-Ouest par D 17 – ✆ 02 47 34 30 30 – www.artigny.com
56 ch – †150/550 € ††150/550 € – 2 suites – ☕ 24 €
Rest – Formule 29 € – Menu 35 € (déj. en semaine), 57/88 € – Carte 70/130 €
Ce château dont le parc boisé et les jardins à la française surplombent l'Indre fut conçu dans les années 1920 par le parfumeur Coty. Pur style classique et faste omniprésent. Cuisine classique, somptueuse carte des vins et collection de vieux armagnacs.

Moulin d' Artigny

7 ch – †115 € ††115 € – ☕ 24 €
À 800 m, l'annexe du château occupe un joli pavillon, rustique et moins luxueux, au bord de la rivière. Très bucolique.

Domaine de la Tortinière

ch, rest,

rte de Ballan-Veigné, 2 km au Nord par D 910 et D 287 – ✆ 02 47 34 35 00 – www.tortiniere.com – Fermé 18 déc.-28 fév.
25 ch – †135/315 € ††135/315 € – 5 suites – ☕ 19 € – ½ P
Rest – Formule 30 € – Menu 40 € (déj.), 52/79 € – Carte 60/75 € *(réservation conseillée)*
Ce château du Second Empire se dresse au cœur d'un parc dominant l'Indre. Les chambres ont beaucoup de charme, certaines dans un style contemporain. Agréable piscine. La salle du restaurant donne sur une terrasse avec la vallée en toile de fond.

Olivier Arlot - La Chancelière

1 pl. des Marronniers – ✆ 02 47 26 00 67 – www.olivierarlot.fr – Fermé 2-11 mai, 19-31 juil., 2-9 janv., merc. midi, dim. et lundi
Menu 33 € (déj. en semaine), 43/82 €
Cure de jouvence pour cette institution bien connue en Touraine, sous l'égide du chef Olivier Arlot, qui y appose son nom et son style : il signe une cuisine nette et précise, maniant l'épure contemporaine avec inspiration. Décor à l'unisson, chic et sobre.
→ Foie gras de canard poché dans un bouillon, couteaux parfumés au curry. Poitrine de pigeon cuite au sautoir, cuisse en ravioli et jus à la badiane. Sablé breton, tomate de pays et cerises, crème glacée à la gentiane.

à l'Ouest 5 km par D 910, D 287 et D 87 – ✉ 37250 Montbazon

Le Moulin Fleuri avec ch

ch,

rte du Ripault – ✆ 02 47 26 01 12 – www.moulin-fleuri.com – Fermé 20-26 oct., 20-26 déc., 19 janv.-24 fév., mardi soir sauf juil.-août, jeudi midi et merc.
10 ch – †87/120 € ††87/120 € – ☕ 11 € – ½ P Formule 24 € – Menu 33/57 €
Voilà un moulin (16ᵉs.) où fleurissent les bons petits plats ! Au bord de l'Indre, les gourmands se délectent d'une cuisine dans l'air du temps, bien ficelée, goûteuse et généreuse. Le tout accompagné d'une belle carte des vins. Chambres, côté rivière ou jardin, pour prolonger l'étape.

MONTBÉLIARD

✉ 25200 (Doubs) – 25 875 hab. – Agglo. 108 768 hab. – Voir carte n°**17**-C1
Paris 477 km – Belfort 22 km – Besançon 76 km – Mulhouse 60 km
Carte Michelin 321-K1 – Guide Vert Michelin Franche-Comté Jura

Bristol sans rest

2 r. de Velotte – ✆ 03 81 94 43 17 – www.hotel-bristol-montbeliard.com – Fermé 24 déc.-1er janv.
Plan : Z**b**
50 ch – †57/89 € ††59/95 € – ☕ 9 €
Une situation centrale, des chambres modernes et confortables, une piscine couverte et un parking fermé (bien utile dans cette ville largement piétonne) : sur le papier, ce Bristol a tout pour plaire ; l'étape se révèle en effet agréable.

MONTBÉLIARD

Albert-Thomas (Pl.) . . . . **Z** 2
Audincourt (R. d') . . . . **XY** 4
Belchamp (R. de) . . . . **Y** 5
Besançon (Fg de) . . . . **X** 7
Blancheries (R.des) . . . . **Z** 8
Chabaud-Latour (Av.) . . . . **X** 9
Cuvier (R.) . . . . **Z**
Denfert-Rochereau (Pl.) . . . . **Z** 10
Dorian (Pl.) . . . . **Z** 12
Épinal (R. d') . . . . **Z** 13
Febvres (R. des) . . . . **Z** 14
Gambetta (Av.) . . . . **X** 15
Helvétie (Av. d') . . . . **X** 18
Jean-Jaurès (Av.) . . . . **Y** 20
Joffre (Av. du Mar.) . . . . **X** 22
Lattre-de-Tassigny (Av. du Mar. de) . . . . **Z** 23
Leclerc (R. Gén.) . . . . **Z** 24
Ludwigsburg (Av. de) . . . . **X** 26
Petite-Hollande (R.) . . . . **XY** 28
St-Georges (Pl.) . . . . **Z** 29
Schiffre (R. de) . . . . **Z** 32
Toussain (R. P.) . . . . **X** 36
Valentigney (R. de) . . . . **Y** 40

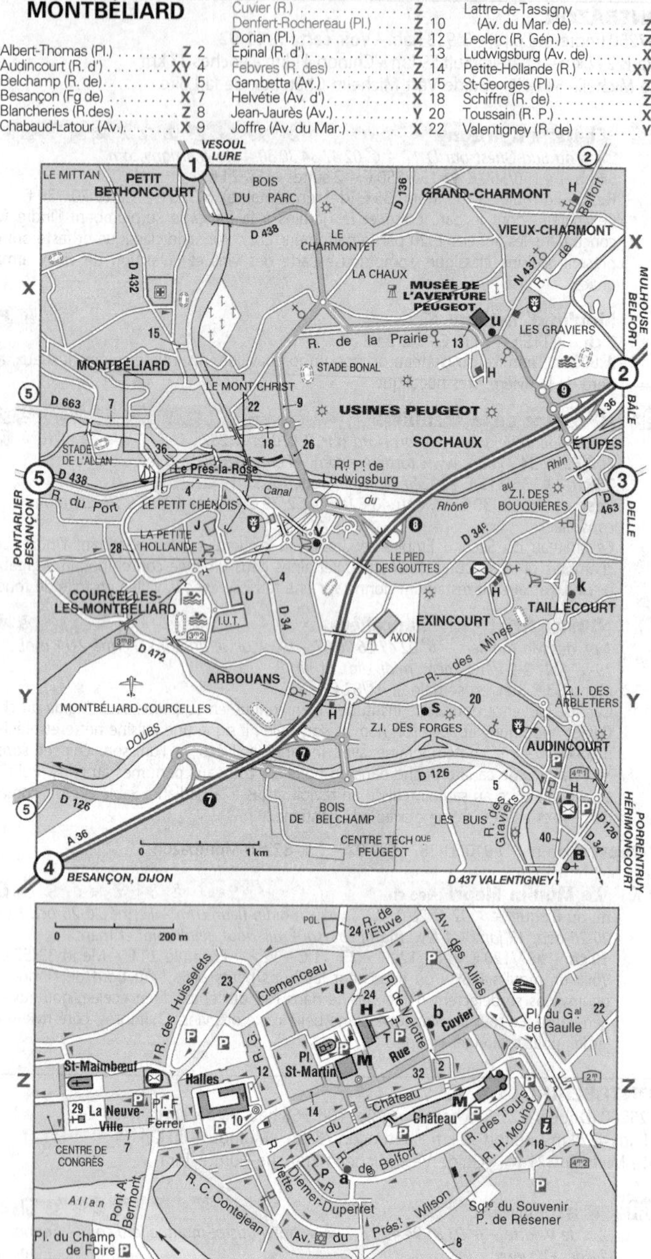

Aux Relais Verts sans rest

r. des frères Deckherr – ✆ 03 81 90 10 69 – www.hotelrelaisvert.net – Fermé 23 déc.-1er janv. Plan : X**v**

64 ch – 56/85 € 56/85 € – 8 €

Au cœur d'une zone commerciale, un hôtel récent et fonctionnel, parfait pour la clientèle d'affaires (chambres "Standard" ou "Privilège"). Les joueurs de l'équipe de France de football y ont séjourné, comme le rappelle le nom des chambres.

Le St-Martin (Olivier Prévôt-Carme)

1 r. du Gén.-Leclerc – ✆ 03 81 91 18 37 – www.le-saint-martin.fr – Fermé 1 semaine en mai, 21 juil.-12 août, sam. midi, dim. et lundi Plan : Z**u**

Menu 29 € (déj.)/65 € – Carte 52/72 €

Olivier Prévôt-Carme signe une cuisine riche de parfums, où le produit est roi. Pas de superflu, mais une justesse des recettes, cuissons et assaisonnements qui rehausse la saveur de chaque ingrédient. Rien de prétentieux, rien de compliqué… que du plaisir !

➜ Déclinaison de foies gras. Volaille de Bresse aux morilles et au vin jaune. Chariot des desserts.

Joseph

17 r. de Belfort – ✆ 03 81 91 20 02 – Fermé 1 semaine en août, 1 semaine en nov., dim., lundi et fériés Plan : Z**a**

Menu 50 € (déj. en semaine), 60/80 € – Carte 56/73 €

Langoustines rôties et brandade en croustillant de patate douce, volaille de Bresse au bouillon de foie gras et salade de radis roses... De belles saveurs au menu de cette table gastronomique tenue par un chef très friand de qualité.

MONTBENOÎT

✉ 25650 (Doubs) – 391 hab. – **Voir carte n°17-C2**

Paris 464 km – Besançon 61 km – Morteau 17 km – Pontarlier 15 km

Carte Michelin 321-I5 – Guide Vert Michelin Franche-Comté Jura

à La Longeville 5,5 km au Nord par D 131 – ✉ 25650 – 670 hab.

Le Crêt l'Agneau ch,

Les Auberges – ✆ 03 81 38 12 51 – www.lecret-lagneau.com

5 ch – 80/90 € 100/118 € **Table d'hôte** – Menu 30 €

Au milieu des pâturages, cette ferme du 17es. est tenue par un couple dynamique et distille le charme douillet des maisons de la région. Chambres très soignées. Au petit-déjeuner, on se régale des fameuses confitures de Lili ! Cuisine du terroir et pain maison.

à Maisons-du-Bois 4 km au Sud-Ouest sur D 437 – ✉ 25650 – 599 hab.

Le Saugeais

6 rte Nationale – ✆ 03 81 38 14 65 – www.hoteldusaugeais.fr – Fermé 15-31 janv., jeudi soir et dim. soir

Menu 15 € (semaine)/35 € – Carte 34/56 €

Une sympathique auberge de bord de route, simple et champêtre. Les voyageurs s'y attablent autour de spécialités régionales.

MONTBOUCHER-SUR-JABRON – 26 Drôme ➜ voir Montélimar

MONTBRISON

✉ 42600 (Loire) – 15 299 hab. – **Voir carte n°44-A2**

Paris 444 km – Lyon 103 km – Le Puy-en-Velay 99 km – Roanne 68 km

Carte Michelin 327-D6 – Guide Vert Michelin Lyon et sa région

La Roseraie

61 av. Alsace-Lorraine, (face à la gare) – ✆ 04 77 58 15 33 – www.restaurantlaroseraie.com – Fermé 21 juil.-8 août, dim. soir, mardi soir et merc.

Menu 18 € (déj. en semaine), 21/69 € – Carte 27/57 €

Aux commandes de ce restaurant ancré dans la tradition, un chef qui connaît son métier, affectionne les produits frais et... se pique aussi de recettes nouvelles, mêlant par exemple foie gras et fruits ou pintadeau et écrevisses.

à Savigneux 2 km à l'Est par D 496 – ✉ 42600 – 3 186 hab.

Marytel sans rest

95 rte de Lyon – ☎ 04 77 58 72 00 – www.hotel-marytel.com
45 ch – †59/75 € ††69/85 € – ☕ 9 €
Ce vaste hôtel moderne en périphérie de la ville se révèle agréable : décor contemporain tout en sobriété, douches à l'italienne, double vitrage... Une belle étape pour la clientèle d'affaires.

Yves Thollot

93 rte de Lyon – ☎ 04 77 96 10 40 – www.yves-thollot.com
– Fermé 4-26 août, 5-12 janv., vacances de fév., dim. soir, mardi soir et lundi
Menu 24/62 € – Carte 37/57 €
Si la bâtisse est moderne, son décor est bien dans la tradition (armoires, rideaux fleuris). Même esprit dans la cuisine d'Yves Thollot, qui travaille en artisan : ainsi un désossé de grenouilles à la crème d'ail, un turbot meunière...

à St-Romain-le-Puy 8 km au Sud-Est par D 8 et D 107 – ✉ 42610 – 3 607 hab.

Sous le Pic-La Pérolière sans rest

20 av. Jean-Moulin – ☎ 04 77 76 97 10 – www.laperoliere.com – Fermé août et 15 déc.-15 mars
3 ch ☕ – †59/69 € ††74/84 €
Imaginez un havre de paix au pied d'un prieuré du 11e s. Telle est cette ferme forézienne (fin 19e s.), où mobilier chiné et fer forgé se mêlent. L'été, on prend son petit-déjeuner dans l'orangeraie. Il est des bons moments dont il faut savoir profiter !

MONTCEAU-LES-MINES

✉ 71300 (Saône-et-Loire) – 19 372 hab. – Agglo. 90 584 hab. – **Voir carte n°8-C3**
Paris 333 km – Autun 47 km – Chalon-sur-Saône 46 km – Mâcon 69 km
Carte Michelin 320-G9 – Guide Vert Michelin Bourgogne

Konine Ⓝ

av. Maréchal Leclerc – ☎ 03 85 57 49 49 – www.konine.fr Plan : BY**a**
50 ch – †72/99 € ††72/149 € – ☕ 7 €
Rest – Menu 14 € (semaine), 20/35 € – Carte 25/46 €
Un grand hall élégant et contemporain, des chambres aux teintes actuelles et reposantes, dont certaines donnent sur le canal ; un espace brasserie lumineux, où l'on déguste une cuisine dans l'air du temps... Ce Konine est une étape de choix !

Nota Bene

70 quai Jules-Chagot – ☎ 03 85 69 10 15 – www.notabene.fr Plan : AZ**b**
46 ch – †59/90 € ††85/100 € – ☕ 8,50 € – ½ P
Rest – Formule 14 € – Carte 24/50 €
Un hôtel convivial face au pont levant du canal. Les chambres sont confortables (quelques-unes familiales) et l'on profite d'une salle de squash et de musculation. Au restaurant, plats traditionnels, pâtes, pizzas, etc.

Le France (Jérôme Brochot) avec ch

7 pl. Beaubernard – ☎ 03 85 67 95 30 – www.jeromebrochot.com – Fermé 2-18 août, 5-19 janv., sam. midi, dim. soir et lundi Plan : AZ**k**
6 ch – †75/95 € ††120/150 € – ☕ 12 € – ½ P
Formule 30 € – Menu 48/110 € – Carte 55/80 €
Un lieu élégant, tout de beige et de blanc vêtu. En cuisine, Jérôme Brochot travaille de superbes produits (essentiellement bio) et revisite majestueusement ses classiques pour élaborer des mets raffinés et sagement inventifs. Jolies chambres contemporaines pour prolonger l'étape.
➜ Filet de bœuf confit aux aromates et fines tranches de comté. Pigeon farci au foie gras. Croustillant d'épeautre et sorbet au foin.

MONTCEAU-LES-MINES

André-Malraux (R.) . . . . AY 3
Barbès (R.) . . . . ABZ
Bel Air (R. de) . . . . BY 4
Carnot (R.) . . . . AZ 6
Champ du Moulin (R. du) . BYZ 7
Chausson (R. Henri) . . . . BZ 9
Emorine (R. Antoine) . . . . . . BZ 10
Gauthey (Quai) . . . . AZ 12
Génelard (R. de) . . . . BZ 13
Guesde (Quai Jules) . . . . AY 14
Hospice (R. de l') . . . . AZ 15
Jean-Jacques-Rousseau (R.) . . . . BZ 16
Jean-Jaurès (R.) . . . . AZ
Lamartine (R.) . . . . AZ 19
Merzet (R. Étienne) . . . . BY 21
Palinges (R. de) . . . . BZ 22
Paul-Bert (R.) . . . . AZ 24
Pépinière (R. de la) . . . . AY 25
République (R. de la) . . . . . . AY 26
Sablière (R. de la) . . . . ABY 27
St-Vallier (R. de) . . . . BZ 28
Semard (R. de) . . . . BZ 30
Strasbourg (R. de) . . . . BZ 31
Tournus (R. de) . . . . BZ 33
8-Mai-1945 (R. du) . . . . BY 34
11-Nov.-1918 (R. du) . . . . AY 36

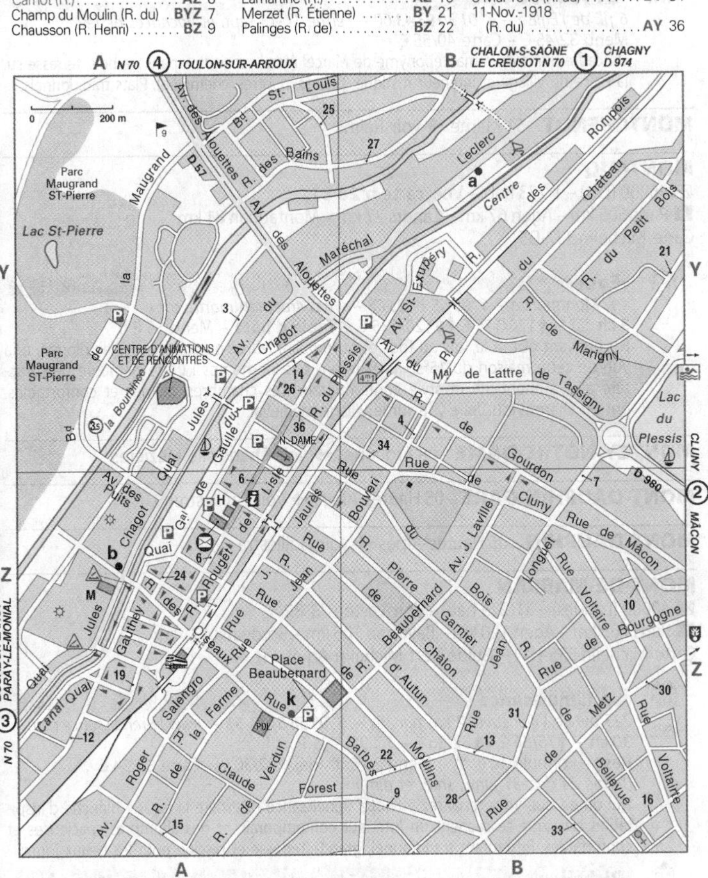

à Blanzy 2 km au Sud-Est par ② et D 980 – ✉ 71450 – 6 633 hab.

Le Plessis

33 rte de Mâcon – ✆ 03 85 57 46 08 – www.restaurant-le-plessis.com – Fermé 1 semaine en avril, 1 semaine en juil., 2 semaines en janv., dim. soir, lundi et mardi
Formule 19 € – Menu 27/55 € – Carte 32/52 €
Œufs en meurette, escargots de Bourgogne : on vient ici pour... la tradition. Le chef concocte une cuisine gourmande et goûteuse, qui met en valeur les produits régionaux. Et l'été, il fait bon paresser sur la terrasse en jetant un coup d'œil au plan d'eau, un peu plus loin en face.

MONTCENIS – 71 Saône-et-Loire ➜ voir Creusot

MONTCHAUVET

✉ 78790 (Yvelines) – 288 hab. – **Voir carte n°18-A2**
Paris 67 km – Dreux 33 km – Évreux 47 km – Mantes-la-Jolie 16 km
Carte Michelin 311-F2

XX **La Jument Verte**
6 pl. de l'Église – ✆ 01 30 93 43 60 – Fermé 1er-15 sept. et vacances de fév.
Menu 32/45 € – Carte 40/55 €
Un cadre digne du roman éponyme de Marcel Aymé : maison à pans de bois, terrasse sur la place du village et intérieur rustique (pierres, poutres, cheminée). Plats traditionnels.

MONTCHENOT – 51 Marne ➜ voir Reims

MONTCUQ

✉ 46800 (Lot) – 1 273 hab. – **Voir carte n°28-B1**
Paris 605 km – Agen 67 km – Cahors 27 km – Montauban 81 km
Carte Michelin 337-D5

Four
4 r. Montmartre – ✆ 05 65 21 23 08 – www.4ruemontmartre.com
3 ch – 120/175 € 120/175 € **Table d'hôte** – Menu 55 €
Ne pouvant être à la fois au four et au moulin, les amoureux de vieilles pierres, à la vue de cette maison du 15e s., n'hésiteront pas longtemps ! Cette demeure de caractère allie authenticité et style contemporain. Les chambres, calmes et confortables, ont un charme fou. Jolie vue sur le village médiéval.

MONTCY-NOTRE-DAME – 08 Ardennes ➜ voir Charleville-Mézières

MONT-DAUPHIN-GARE – 05 Hautes-Alpes ➜ voir Guillestre

MONT-DAUPHIN – 05 Hautes-Alpes ➜ voir Guillestre

MONT-DE-MARSAN

✉ 40000 (Landes) – 31 225 hab. – **Voir carte n°3-B2**
Paris 706 km – Agen 120 km – Bayonne 106 km – Bordeaux 131 km
Carte Michelin 335-H11 – Guide Vert Michelin Aquitaine

Le Renaissance
ch, ch,
225 av. de Villeneuve, 2 km par ② – ✆ 05 58 51 51 51 – www.le-renaissance.com
30 ch – 75/86 € 82/86 € – 9 € – ½ P
Rest – Formule 16 € – Menu 20 € (déj.), 22/30 € – Carte 36/54 €
(fermé 24 déc.-31 janv., sam. et dim.)
Nul doute que vous renaîtrez à l'hôtel Renaissance ! Derrière la façade blanche d'inspiration classique se cachent un intérieur contemporain et des chambres spacieuses et confortables. Restaurant traditionnel, grande terrasse et piscine pour les beaux jours.

Richelieu
3 r. Wlérick – ✆ 05 58 06 10 20 – www.hotel-richelieu-montdemarsan.com
24 ch – 60/74 € 68/88 € – 10 € – ½ P Plan : BY**h**
Rest *Richelieu* – voir les restaurants ci-après
L'histoire ne dit pas si Richelieu aurait apprécié les sculptures du musée Despiau-Wlérick tout proche ! Dans cet hôtel, au cœur de la vieille ville, les chambres sont petites mais très bien tenues. Idéal pour une escapade dans la capitale landaise.

XX **Les Clefs d'Argent** (Christophe Dupouy)
333 av. des Martyrs-de-la-Résistance, par ⑥ – ✆ 05 58 06 16 45 – www.clefs-dargent.com – Fermé vacances de Noël, 3 semaines en août, dim. soir et lundi
Menu 22 € (déj. en semaine), 49/98 € – Carte 68/82 € *(réservation conseillée)*
Les Clefs d'Argent ? Un restaurant en or, où décoration et cuisine rivalisent de goût. Épure contemporaine pour l'une ; couleurs et inventivité pour l'autre. Le chef signe des préparations originales et soignées, dont la clef est le beau produit landais...
➜ Saumon fumé et homard breton, royale de laitue aux accents ibériques. Rouget et alicot de magret, caviar d'aubergine fumée. Framboises à la crème d'Isigny et menthe.

MONT-DE-MARSAN

Alsace-Lorraine (R. d')	AZ	2
Auribeau (Bd d')	AZ	3
Bastiat (R. F.)	ABZ	
Bosquet (R. Mar.)	AZ	4
Briand (R. A.)	BY	5
Brouchet (Allées)	BZ	6
Carnot (Av. Sadi)	BZ	7
Delamarre (Bd)	BZ	8
Despiau (R. Ch.)	AZ	9
Farbos (Allées Raymond)	BZ	10
Gambetta (R. L.)	BZ	12
Gaulle (Pl. Ch.-de)	BY	13
Gourgues (R. D.-de)	BY	14
Landes (R. L.-des)	BZ	15
Lasserre (R. Gén.)	AZ	16
Lattre-de-Tassigny (Bd de)	BY	17
Leclerc (Pl. du Gén.)	BZ	18
Lesbazeilles (R. A.)	BZ	19
Martinon (R.)	BZ	20
Pancaut (Pl. J.)	AZ	21
Poincaré (Pl. R.)	AY	22
Président-Kennedy (Av. du)	BZ	23
Ruisseau (R. du)	AZ	24
St-Jean-d'Août (R.)	AY	25
St-Roch (Pl.)	BZ	26
Victor-Hugo (R.)	BY	27
8-Mai-1945 (R. du)	BY	28
34e-d'Inf. (Av. du)	BZ	29

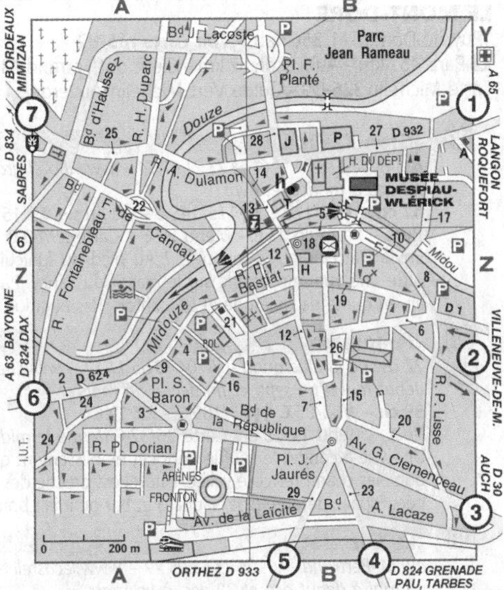

Richelieu – Hôtel Richelieu

3 r. Wlérick – ✆ 05 58 06 10 20 – www.hotel-richelieu-montdemarsan.com – Fermé 1er-10 janv., vend. soir du 26 juil. au 13 sept., dim. soir et sam. Plan : BY**h**

Formule 19 € – Menu 22 € (semaine), 32 € 🍷/46 € – Carte environ 53 €

Dans un hôtel au cœur de la vieille ville, une vaste salle aux airs de brasserie où l'on sert une agréable cuisine traditionnelle, mettant à l'honneur les produits du Sud-Ouest.

à Mazerolles 6,5 km à l'Est par D 1 et rte secondaire – ✉ 40090 – 698 hab.

Auberge de la Pouillique

656 chemin de la Pouillique – ✆ 05 58 75 22 97 – www.restaurant-auberge-lapouillique.com – Fermé 20 août-10 sept., mardi soir, merc. soir, dim. soir et lundi

Menu 20/36 €

En chemin pour une partie de pelote basque au trinquet, nombreux sont ceux à s'arrêter dans cette ancienne ferme du 19es. Ici, point de fronton mais des plats traditionnels qui ravissent les gourmands. En hiver, on s'installe près de la cheminée ; l'été, sur la terrasse face au jardin. Prix raisonnables.

MONTDIDIER

✉ 80500 (Somme) – 6 119 hab. – Voir carte n°**36**-B2

▶ Paris 108 km – Amiens 39 km – Beauvais 49 km – Compiègne 36 km

Carte Michelin 301-I10

Dijon

1 pl. du 10-Août-1918, rte de Breteuil – ✆ 03 22 78 01 35 – www.hotelledijon.com – Fermé 10-31 août, 24 déc.-2 janv.

19 ch – †51/53 € ††70/72 € – ☕ 8 € – ½ P

Rest – Formule 15 € – Menu 20 € (semaine), 22/34 € – Carte 29/53 € *(fermé dim. soir, lundi midi et sam.)*

Si vous arrivez par la gare dans la ville natale d'Antoine Auguste Parmentier – vulgarisateur de la pomme de terre au 18e s. –, vous n'aurez que quelques pas à faire pour trouver cette belle maison bourgeoise. Les chambres sont simples et bien tenues ; préférez celles, plus récentes, du 2e étage. Restaurant traditionnel.

MONT-DOL – 35 Ille-et-Vilaine ➜ voir Dol-de-Bretagne

LE MONT-DORE

(Puy-de-Dôme) – 1 356 hab. – **Voir carte n°5-B2**

Paris 462 km – Aubusson 87 km – Clermont-Ferrand 43 km – Issoire 49 km

Carte Michelin 326-D9 – Guide Vert Michelin Auvergne

Gran Carlina

6 r. René-Cassin – 04 73 21 67 14 – www.hotel-gran-carlina.com – Fermé de mi-oct. à mi-déc. et avril Plan : Z**b**

52 ch – 95/120 € 115/145 € – 2 suites – 15 € – ½ P

Rest – Formule 23 € – Menu 28 € – Carte 29/69 €

Envie d'atteindre les sommets ? Au pied du funiculaire du Capucin, le Gran Carlina offre une vue imprenable sur le massif du Sancy. Parfait pour les amateurs de grand air en quête de quiétude et de confort. Restauration traditionnelle.

Panorama

27 av. de la Libération – 04 73 65 11 12 – www.hotel-le-panorama.com – Ouvert début mai à fin sept. et fin déc. à fin mars Plan : Z**u**

39 ch – 63/85 € 75/109 € – 12 €

Rest – Menu 19/28 € – Carte 26/37 € *(fermé le midi)*

Une vue à couper le souffle pour cet établissement qui porte bien son nom ! Préférez donc les chambres côté vallée. L'hôtel est proche des pistes et des sentiers de randonnée. Espace détente (spa, sauna...) et bar où il fait bon siroter un cocktail.

Le Castelet

av. M.-Bertrand – 04 73 65 05 29 – www.lecastelet-montdore.com – Ouvert de mi-mai à début oct. et 20 déc. à fin mars Plan : Y**t**

35 ch – 63/76 € 63/76 € – 10 € – ½ P

Rest – Formule 19 € – Menu 24 € *(fermé le midi en hiver)*

En plein centre-ville, cet établissement permet de profiter de l'animation de la cité, avec un parking privé à la clé ! Un hôtel-restaurant fonctionnel et confortable ; autrement dit, parfait pour une étape dans le massif du Sancy.

Hôtel de Russie

3 r. Favart – 04 73 65 05 97 – www.lerussie.com Plan : Y**a**

32 ch – 59/77 € 59/77 € – 10 € – ½ P

Rest *Le 1050* – voir les restaurants ci-après

La décoration de l'hôtel de Russie est colorée et tout en bois, mais point de toundra ou de Volga ici ! Fondée en 1902, cette adresse était très prisée des Russes, friands de cures thermales. Ils sont aujourd'hui remplacés par une clientèle familiale.

Grand Hôtel sans rest

2 r. Meynadier – 04 73 65 02 64 – www.hotel-mont-dore.com – Fermé 11 nov.-18 déc. Plan : Y**d**

26 ch – 49/59 € 59/69 € – 8 €

Tourelles, toit en ardoise et volets bleus... Avec ses allures de petit château de la Belle au Bois dormant, le Grand Hôtel a gardé son charme d'antan ! À 20 m du casino, vous voici au cœur de la station thermale. Le plus : un grand salon tout en verrières et une salle de luminothérapie.

Parc

11 r. Meynadier – 04 73 65 02 92 – www.hotelduparc-montdore.com – Ouvert 28 avril-25 oct. et 21 déc.-19 mars Plan : Z**k**

61 ch – 53/58 € 68/75 € – 8,50 € – ½ P

Rest – Menu 17 € (déj.)/19 € – Carte environ 29 € *(résidents seult)*

Un immeuble centenaire au cœur de cette station thermale où déjà à l'Antiquité, on venait "prendre les eaux". Belle hauteur sous plafond, moulures, salle de jeux... Chambres fonctionnelles et bien tenues.

Les Charmettes sans rest

30 av. Georges-Clemenceau, par ② – 04 73 65 05 49 – www.hotellescharmettes.com – Fermé fin mars-début avril et 3 nov.-20 déc.

19 ch – 52/55 € 55/68 € – 7 €

Les propriétaires sont amoureux de leur hôtel, et cela se voit jusque dans le mobilier en bois... percé de cœurs ! À trois minutes du centre-ville, cette petite maison en pierre dispose d'un jardin et d'un parking. Un établissement agréable.

LE MONT-DORE

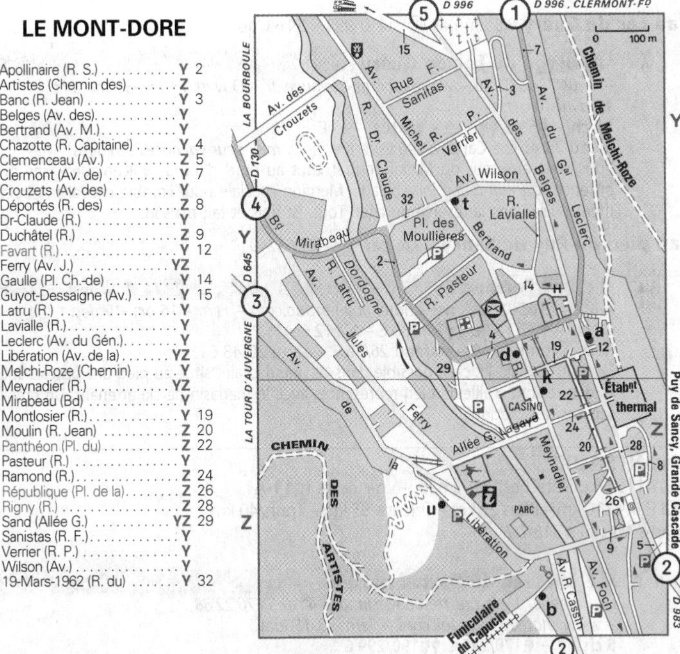

Apollinaire (R. S.)	Y	2
Artistes (Chemin des)	Z	
Banc (R. Jean)	Y	3
Belges (Av. des)	Y	
Bertrand (Av. M.)	Y	
Chazotte (R. Capitaine)	Y	4
Clemenceau (Av.)	Z	5
Clermont (Av. de)	Y	7
Crouzets (Av. des)	Y	
Déportés (R. des)	Z	8
Dr-Claude (R.)	Y	
Duchâtel (R.)	Z	9
Favart (R.)	Y	12
Ferry (Av. J.)	YZ	
Gaulle (Pl. Ch.-de)	Y	14
Guyot-Dessaigne (Av.)	Y	15
Latru (R.)	Y	
Lavialle (R.)	Y	
Leclerc (Av. du Gén.)	Y	
Libération (Av. de la)	YZ	
Melchi-Roze (Chemin)	Y	
Meynadier (R.)	YZ	
Mirabeau (Bd)	Y	
Montlosier (R.)	Y	19
Moulin (R. Jean)	Z	20
Panthéon (Pl. du)	Z	22
Pasteur (R.)	Y	
Ramond (R.)	Z	24
République (Pl. de la)	Z	26
Rigny (R.)	Z	28
Sand (Allée G.)	YZ	29
Sanistas (R. F.)	Y	
Verrier (R. P.)	Y	
Wilson (Av.)	Y	
19-Mars-1962 (R. du)	Y	32

La Closerie de Manou sans rest

Le Genestoux, 3 km par ⑤ et D 996 – ✆ 04 73 65 26 81 – www.lacloseriedemanou.com – Ouvert d'avril à mi-oct.

5 ch – 60/65 € 85/90 €

Cette maison auvergnate du 18e s. entourée de verdure est une petite merveille. Ses chambres cosy, assez vastes, ont du caractère, et l'accueil est tout à fait charmant !

Le Pitsounet

Le Genestoux, 3 km par ⑤ sur D 996 – ✆ 04 73 65 00 67 – www.lepitsounet.com – Fermé de nov. à mi-déc., dim. soir et lundi sauf juil.-août et fév.

Menu 16 € (semaine), 18/35 € – Carte 17/38 €

Un "pitsounet", c'est un pigeonnier en auvergnat... Mobilier rustique et cuivres ornent ce chalet de montagne bordant une route départementale. La cuisine cultive le même esprit : priorité au terroir.

La Golmotte

Le Barbier, 2,5 km par ② – ✆ 04 73 65 05 77 – www.aubergelagolmotte.com – Fermé 30 sept.-26 oct.

Menu 17/37 € – Carte 30/40 €

Authenticité garantie dans cette auberge postée sur la route de Clermont-Ferrand ! La salle est une ancienne étable : voyez notamment l'auge qui fait office de présentoir à vins. Au menu : des produits frais, bien cuisinés, et des assiettes copieuses. Le tout à petits prix...

Le 1050 – Hôtel de Russie

3 r. Favart – ✆ 04 73 65 05 97 – www.lerussie.com – Fermé 1er nov.-15 déc.

Menu 22/32 € – Carte 27/39 € Plan : Y**a**

La cuisine est à l'image du décor : chaleureuse, généreuse, montagnarde. Les spécialités régionales, parfois servies dans leur récipient de cuisson, sont à l'honneur : chou farci, potée auvergnate, viande de Salers...

au Lac de Guéry 8,5 km par ① sur D 983 – ✉ 63240

Auberge du Lac de Guéry avec ch
– ☎ *04 73 65 02 76 – www.auberge-lac-guery.fr – Ouvert 1er fév.-31 mars et 13 avril-10 oct.*
10 ch – 56 € 64 € – 10 € – ½ P
Menu 23/45 € – Carte 27/46 € *(fermé merc. midi sauf vacances scolaires)*
Vous voilà au cœur du Massif central, tout au bord d'un lac volcanique – ses rives offrent l'occasion d'une jolie balade. Mention spéciale pour l'omble chevalier, directement puisé dans la réserve du chef. Tout est frais et fait maison.

au pied du Puy de Sancy 3 km par ② – ✉ 63240

Le Puy Ferrand rest, P
– ☎ *04 73 65 18 99 – www.hotel-puy-ferrand.com – Fermé 16 oct.-19 déc.*
28 ch – 72/102 € 77/130 € – 12 € – ½ P
Rest – Formule 18 € – Menu 26/36 € – Carte 28/48 €
Skier au saut du lit, c'est possible dans ce grand chalet situé au pied des pistes ! Sport et nature sont d'ailleurs bien représentés avec le magasin de ski attenant. Un établissement très pratique.

MONTEAUX

✉ 41150 (Loir-et-Cher) – 792 hab. – **Voir carte n°11-A1**
Paris 210 km – Blois 25 km – Orléans 85 km – Tours 40 km
Carte Michelin 318-D7

Le Château du Portail sans rest P
La Besnerie, 1 km par rte de Mesland – ☎ 02 54 70 22 88 – www.chateauduportail.com – Fermé 3-15 janv.
5 ch – 170/225 € 190/299 €
Sa situation entre Blois et Amboise est idéale pour visiter les châteaux de la Loire. Luxueuse demeure (17e-18e s.) avec jardin à la française et chambres aux meubles anciens.

MONTEILS

MONTEILS – 82 Tarn-et-Garonne ➜ voir Caussade

MONTÉLIER

✉ 26120 (Drôme) – 3 528 hab. – **Voir carte n°43-E2**
Paris 567 km – Crest 27 km – Romans-sur-Isère 13 km – Valence 12 km
Carte Michelin 332-D4 – Guide Vert Michelin Ardèche Drôme

La Martinière P
ZA La Pimpie, rte de Chabeuil – ☎ 04 75 59 60 65 – www.a-lamartiniere.com
30 ch – 59 € 66 € – 9 € – ½ P
Rest – Menu 16 € (déj. en semaine), 22/54 € – Carte 22/69 €
Dans cet établissement familial aux allures d'hacienda (1990), les chambres sont petites mais confortables et, dès les premiers rayons de soleil, on profite de la piscine et du jardin. Restaurant traditionnel (beau choix de bordeaux).

MONTÉLIMAR

(Drôme) – 35 314 hab. – **Voir carte n°44-B3**
Paris 602 km – Avignon 83 km – Nîmes 108 km – Le Puy-en-Velay 132 km
Carte Michelin 332-B6 – Guide Vert Michelin Ardèche Drôme

Hôtel du Parc sans rest P
27 av. Charles-de-Gaulle – ☎ 04 75 01 00 73 – www.hotelduparc-montelimar.com
16 ch – 55/126 € 55/126 € – 9 € Plan : Y**a**
Cet hôtel a été construit dans les années 1860, en même temps que la gare toute proche. Il dispose de charmantes petites chambres, bien tenues. Aux beaux jours, on prend son petit-déjeuner en terrasse... non loin du parc de Montélimar.

MONTÉLIMAR

Adhémar (R.) . . . . Z 2
Aygu (Av.) . . . . Z 4
Baudina (R.) . . . . Y 5
Blanc (Pl. L.) . . . . Z 6
Bourgneuf (R.) . . . . Y 8
Carmes (Pl. des) . . . . Y 9
Chemin Neuf (R. du) . . . . Z 10
Clercs (Pl. des) . . . . Y 12
Corneroche (R.) . . . . Y 14
Cuiraterie (R.) . . . . Z 15
Desmarais (Bd Marre) . . . . Y 17
Dormoy (Pl. M.) . . . . Z 18
Espoulette (Av. d') . . . . Z 19
Europe (Pl. de l') . . . . Z 21
Fust (Pl. du) . . . . Y 23
Gaulle (Bd Gén.-de) . . . . Z 25
Juiverie (R.) . . . . Y 28
Julien (R. Pierre) . . . . YZ
Loubet (Pl. Émile) . . . . Z 29
Loubet (R. Émile) . . . . Z 30
Meyer (R. M.) . . . . Y 32
Monnaie-Vieille (R.) . . . . Y 34
Montant-au-Château (R.) . . . . . Y 35
Planel (Pl. A.) . . . . Z 37
Poitiers (R. Diane de) . . . . Z 38
Porte Neuve (R.) . . . . Z 39
Prado (Pl. du) . . . . Y 41
Puits Neuf (R. du) . . . . Y 42
Rochemaure (Av. de) . . . . Y 47
St-Martin (Montée) . . . . Y 50
St-Pierre (R.) . . . . Y 51
Villeneuve (Av. de) . . . . Y 54

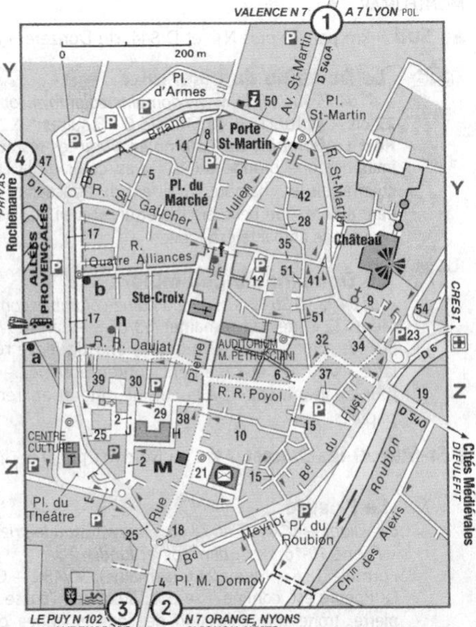

Sphinx sans rest

19 bd Marre-Desmarais – ☎ 04 75 01 86 64 – www.sphinx-hotel.fr – Fermé 28 déc.-5 janv. Plan : Y**b**

24 ch – †66/80 € ††77/98 € – ☕ 8,50 €

La jolie cour, la chaleur des parquets et boiseries confèrent un charme indéniable à cet hôtel particulier (17e s.) situé sur les allées provençales, au cœur de la vie montilienne, et à la fois assez tranquille. Bon niveau de confort.

Aux Gourmands

8 pl. du Marché – ☎ 04 75 01 16 21 – www.aux-gourmands.fr – Fermé 31 août-8 sept., dim. et lundi Plan : Y**f**

Formule 24 € – Menu 29/44 €

Sur la place du Marché, ce bistrot est bien connu des amateurs de vins ! La carte compte près de 400 références (grandes maisons et petits propriétaires), qui vont bien à la cuisine, d'esprit traditionnel. Le tout dans un décor au diapason : casiers à bouteilles contre les murs et tables collées serrées.

Petite France

34 imp. Raymond-Daujat – ☎ 04 75 46 07 94 – Fermé 14 juil.-20 août, 23 déc.-2 janv., dim. sauf le midi de nov. à avril et lundi Plan : Y**n**

Formule 15 € – Menu 23/35 € – Carte 38/67 €

À moins d'être initié, ce restaurant ne se trouve pas facilement : il faut aller le dénicher dans une impasse de la vieille ville. Dans la salle voûtée et chaleureuse, on déguste une cuisine traditionnelle... made in Petite France. Ambiance familiale.

par N 7 7,5 km par ②

Pavillon de l'Étang

N 7 ✉ 26780 Châteauneuf-du-Rhône – ☎ 04 75 90 76 82 – www.lepavillondeletang.fr – Fermé 28 oct.-14 nov., 2-17 janv., merc. soir, dim. soir et lundi

Formule 25 € 🍷 – Menu 38/75 € 🍷 – Carte 44/62 € *(réservation conseillée)*

À défaut d'être près d'un étang, cette maison, au bord de la N 7, se trouve en pleine campagne ! Les produits régionaux sont les stars de ce véritable restaurant à l'ancienne : pigeon, truffe, nougat maison... Vins à prix doux, accueil sympathique.

au Sud 9 km par ② puis N 7 et D 844, rte Donzère – ✉ 26780 Malataverne

Le Domaine du Colombier

– ✆ 04 75 90 86 86 – www.domaine-colombier.com
22 ch – †110/215 € ††110/215 € – 2 suites – ☕ 18 €
Rest ***Le Domaine du Colombier*** – voir les restaurants ci-après
Imaginez une bastide du 15e s. au cœur de la Drôme provençale. Une adresse de charme où les chambres rivalisent de douceur et d'authenticité. À cela s'ajoutent un parc arboré, une belle piscine et un accueil aux petits soins. Tout est si paisible, propice à une agréable échappée !

Le Domaine du Colombier

– ✆ 04 75 90 86 86 – www.domaine-colombier.com
Menu 32 € (déj. en semaine), 53/85 € – Carte 77/99 €
Sur les ruines d'un hermitage monastique, ce restaurant avec ses salles en enfilade – voûtées et sagement contemporaines – et sa délicieuse terrasse est des plus apaisant. Quant à la cuisine, fine et ancrée dans son époque, elle ravit les papilles.

à St-Marcel-lès-Sauzet 7 km au Nord-Est par D 6 - Y – ✉ 26740 – 1 147 hab.

Le Prieuré

au village – ✆ 04 75 46 78 68 – www.restau-le-prieure.com
– Fermé 10-16 mars, dim. soir et lundi
Formule 18 € – Menu 21 € (semaine), 36/48 € – Carte 38/60 €
Le Prieuré est, comme il se doit, à côté de l'église ! Dans la salle de cette maison en pierre, trône une collection de coqs et autres gallinacés. En leur compagnie, on déguste une généreuse cuisine régionale. Agréable terrasse ombragée.

MONTENACH – 57 Moselle → voir Sierck-les-Bains

MONTENDRE

✉ 17130 (Charente-Maritime) – 3 151 hab. – Voir carte n°**38**-B3
▶ Paris 522 km – Bordeaux 74 km – Poitiers 186 km – La Rochelle 138 km
Carte Michelin 324-H8 – Guide Vert Michelin Poitou-Charentes

La Quincaillerie

30 r. de l'Hôtel-de-Ville – ✆ 05 46 70 42 41 – www.restaurant-laquincaillerie.fr
– Fermé 1er-9 sept., 12-27 nov., 17-25 fév., dim. soir, lundi et mardi
Menu 18 € (déj. en semaine), 30/50 € – Carte 49/65 €
Un bel escalier et une galerie de style Eiffel, du parquet... Isabelle et Frédéric Milan ont eu un coup de cœur pour cette ancienne quincaillerie au cœur de Montendre. La carte est courte, car ce chef-artisan revendiqué travaille uniquement des produits frais et fait son marché chaque matin. Saveurs et générosité !

MONTESQUIEU-DES-ALBÈRES

✉ 66740 (Pyrénées-Orientales) – 1 168 hab. – Voir carte n°**22**-B3
▶ Paris 877 km – Barcelona 178 km – Montpellier 181 km – Perpignan 34 km
Carte Michelin 344-I7

Le Cabaret

Mas des Trompettes-Hautes – ✆ 04 68 83 34 57 – Fermé janv., mardi hors saison , dim., lundi et le midi
Menu 25/50 € *(réservation conseillée)*
Des œuvres d'artistes locaux, des objets anciens, un bassin de carpes koï, une jolie terrasse, des cuisines ouvertes sur la salle : un lieu atypique et convivial. Comme le dit le patron, il "chine puis cuisine", au gré du marché et de la criée. Suivez-le sans hésiter.

MONTESQUIOU

✉ 32320 (Gers) – 600 hab. – **Voir carte n°28-A2**
▶ Paris 783 km – Auch 33 km – Tarbes 60 km – Toulouse 112 km
Carte Michelin 336-D8

Maison de la Porte Fortifiée

r. Nationale, près de la porte fortifiée – ✆ 05 62 70 97 06 – www.porte-fortifiee.eu – Fermé 6 janv.-28 mars
4 ch ☕ – 🚹63/98 € 🚹🚹78/128 €
Table d'hôte – Menu 31 €
Deux belles maisons anciennes situées près de la porte fortifiée (13ᵉs.) du village. Les chambres, décorées de mobilier chiné, ont beaucoup de charme, et la journée commence avec l'odeur des croissants frais. Table d'hôte aux saveurs d'ici et d'ailleurs.

MONTEUX – 84 Vaucluse → voir Carpentras

MONTFAUCON – 25 Doubs → voir Besançon

MONTFORT-EN-CHALOSSE

✉ 40380 (Landes) – 1 157 hab. – **Voir carte n°3-B3**
▶ Paris 744 km – Aire-sur-l'Adour 57 km – Dax 19 km – Hagetmau 27 km
Carte Michelin 335-F12 – Guide Vert Michelin Aquitaine

Aux Tauzins

rte d'Hagetmau – ✆ 05 58 98 60 22 – www.auxtauzins.com – Fermé 26 sept.-13 oct., 10 fév.-10 mars, dim. soir et lundi sauf le soir en juil.-août
16 ch – 🚹65/75 € 🚹🚹82/92 € – ☕ 9 € – ½ P
Rest – Formule 22 € – Menu 25/45 € – Carte 40/59 €
Du nom d'un chêne des côtes aquitaines, cet hôtel est dans la même famille depuis quatre générations ! Dans les chambres, simples et confortables, on se réveille face à la vallée de la Chalosse. Au restaurant, on apprécie une cuisine 100 % landaise. Belle terrasse sous la glycine.

MONTFORT-L'AMAURY

✉ 78490 (Yvelines) – 3 138 hab. – **Voir carte n°18-A2**
▶ Paris 46 km – Dreux 36 km – Houdan 18 km – Mantes-la-Jolie 31 km
Carte Michelin 311-G3 – Guide Vert Michelin Île-de-France

St-Laurent sans rest

2 pl. Lebreton – ✆ 01 34 57 06 66 – www.hotelsaint-laurent.com – Fermé 3-18 août et 28 déc.-4 janv.
19 ch – 🚹105/220 € 🚹🚹105/220 € – ☕ 14 €
À vous de choisir votre décor : le superbe hôtel particulier du 17ᵉ s., les chambres plus récentes du pavillon situé dans le jardin, ou le grand luxe de la Résidence.

MONTGENEVRE

✉ 05100 (Hautes-Alpes) – 511 hab. – **Voir carte n°41-C1**
▶ Paris 757 km – Briançon 13 km – Gap 99 km – Marseille 274 km
Carte Michelin 334-I3 – Guide Vert Michelin Alpes du Sud

Le Chalet Blanc

Hameau de l'Obélisque – ✆ 04 92 44 27 02 – www.hotellechaletblanc.com – Ouvert fin juin à mi-sept. et mi-déc. à mi-avril
32 ch ☕ – 🚹149/560 € 🚹🚹149/560 € – ½ P
Rest *La Table Blanche* – Menu 40 € – Carte 45/65 € *(fermé le midi)*
Cet hôtel a tout du grand chalet... dernier cri : le bois est omniprésent, et plus encore l'esprit contemporain. Beaux espaces, atmosphère feutrée, espace bien-être et même quelques duplex. Le tout à proximité des pistes.

MONTGIBAUD

✉ 19210 (Corrèze) – 235 hab. – **Voir carte n°24-B2**
Paris 434 km – Arnac-Pompadour 15 km – Limoges 47 km – St-Yrieix-la-Perche 23 km
Carte Michelin 329-J2

Le Tilleul de Sully

– ☎ 05 55 98 01 96 – Fermé 1 semaine en juin, 1 semaine en sept., 23 déc.-16 janv., mardi soir hors saison, dim. soir et lundi sauf fériés
Formule 16 € – Menu 29/45 € – Carte 39/46 € *(réservation conseillée)*
C'est là, à l'ombre du vieux tilleul, que se trouve cette auberge de campagne. Fleurs de courgette, choux pommelés, groseilles, etc., abondent dans le potager et le chef sait les préparer ! Une savoureuse cuisine du terroir corrézien, gourmande et généreuse, à déguster devant la cheminée ou dehors, face aux arbres fruitiers.

MONTGRÉSIN – 60 Oise ➜ voir Chantilly

LES MONTHAIRONS – 55 Meuse ➜ voir Verdun

MONTHIEUX

✉ 01390 (Ain) – 599 hab. – **Voir carte n°43-E1**
Paris 443 km – Bourg-en-Bresse 38 km – Lyon 31 km – Meximieux 26 km
Carte Michelin 328-C5 – Guide Vert Michelin Lyon et sa région

Le Gouverneur

D 6 – ☎ 04 72 26 42 00 – www.golfgouverneur.com – Fermé 23 déc.-5 janv.
53 ch – 115/135 € 115/135 € – 13 € – ½ P
Rest – Formule 16 € – Menu 21/59 € – Carte 25/45 € *(fermé le midi et dim. de nov. à fév.)*
Cet hôtel en pleine campagne n'est autre que l'ancien domaine du gouverneur de la Dombes (14e s.). Parfait pour des activités de plein air comme le golf (9 et 18 trous) ou la pêche grâce aux nombreux étangs. Chambres fonctionnelles et confortables ; restaurant, club-house, etc.

MONTHION – 73 Savoie ➜ voir Albertville

MONTIGNAC

✉ 24290 (Dordogne) – 2 783 hab. – **Voir carte n°4-D1**
Paris 513 km – Brive-la-Gaillarde 39 km – Limoges 126 km – Périgueux 54 km
Carte Michelin 329-H5 – Guide Vert Michelin Périgord Quercy

Hostellerie la Roseraie sans rest

11 pl. d'Armes – ☎ 05 53 50 53 92 – www.laroseraie-hotel.com – Ouvert 30 mars-5 nov.
14 ch – 86/143 € 86/186 € – 14 €
Au cœur du village médiéval, une demeure du 19e s. sur les bords de la Vézère. Les chambres sont coquettes et portent des noms de roses. Et dans le jardin : une roseraie...

MONTIGNY-LA-RESLE

✉ 89230 (Yonne) – 601 hab. – **Voir carte n°7-B1**
Paris 170 km – Auxerre 14 km – St-Florentin 19 km – Tonnerre 32 km
Carte Michelin 319-F4

Le Soleil d'Or

N 77 – ☎ 03 86 41 81 21 – www.lesoleil-dor.com – Fermé dim. soir et lundi midi de nov. à fév.
18 ch – 65 € 78 € – 11 € – ½ P
Rest – Formule 12 € – Menu 18 € (déj. en semaine), 29/45 € – Carte 50/85 €
Ancien relais de poste situé en bordure de route nationale. Les chambres, fonctionnelles et climatisées, ont été aménagées dans les granges situées sur l'arrière. Il fait bon se détendre dans le petit salon orné de boiseries. Restaurant traditionnel.

MONTIGNY-LE-BRETONNEUX – 78 Yvelines ➜ voir Paris, Environs (St-Quentin-en-Yvelines)

MONTIGNY-LE-ROI

✉ 52140 (Haute-Marne) – 1 918 hab. – Voir carte n°**14**-C3
Paris 296 km – Bourbonne-les-Bains 21 km – Chaumont 35 km – Langres 23 km
Carte Michelin 313-M6

L'Arcombelle
AC rest, P
25 av. de Lierneux – ✆ 03 25 90 30 18 – www.hotel-arcombelle.com – Fermé vend. soir, sam. et dim. d'oct. à mars
23 ch – †71/84 € ††84/95 € – ☕ 10 € **Rest** – Menu 22/30 € – Carte 29/45 €
Sur un carrefour à l'entrée du village, un hôtel pratique pour le tourisme ou les affaires. Les chambres y sont confortables et bien insonorisées. Cuisine traditionnelle au restaurant.

MONTIGNY-LÈS-ARSURES

✉ 39600 (Jura) – 270 hab. – Voir carte n°**16**-B2
Paris 417 km – Besançon 46 km – Lons-le-Saunier 42 km – Pontarlier 55 km
Carte Michelin 321-E5

Château de Chavanes sans rest
P
r. St-Laurent – ✆ 03 84 37 47 95 – www.chateau-de-chavanes.com – Ouvert avril-15 nov.
5 ch ☕ – †135/145 € ††135/290 €
Au cœur d'un domaine viticole, cette charmante gentilhommière de 1708 marie avec goût le chic contemporain et la patine de l'ancien. Meubles chinés, touches design : la déco est vraiment très réussie ! Et il y a aussi le caveau de dégustation, la jolie terrasse donnant sur les vignes...

MONTIPOURET

✉ 36230 (Indre) – 569 hab. – Voir carte n°**12**-C3
Paris 295 km – Châteauroux 28 km – Issoudun 37 km – Orléans 169 km
Carte Michelin 323-H7

à La Brande 5 km au Nord-Est par D49 et rte secondaire – ✉ 36230

Maison Voilà
P
La Brande, 6 km au Nord-Est par rte secondaire – ✆ 02 54 31 17 91 – www.maisonvoila.com
4 ch ☕ – †50 € ††80 € **Table d'hôte** – Menu 20 €
En pleine campagne, cette ferme du 19e s. est tout simplement cosy. Un jardin planté d'arbres fruitiers, un repas pris en compagnie des propriétaires sur la terrasse ou près de la cheminée... Voilà, tout est dit.

MONTJEAN-SUR-LOIRE

✉ 49570 (Maine-et-Loire) – 2 939 hab. – Voir carte n°**34**-B2
Paris 324 km – Angers 28 km – Ancenis 30 km – Châteaubriant 64 km
Carte Michelin 317-D4 – Guide Vert Michelin Châteaux de la Loire

Le Fief des Cordeliers sans rest
P
lieu-dit Bellevue – ✆ 02 41 43 96 09 – http://logis.lefiefdescordeliers.com
4 ch – †59 € ††69/89 € – ☕ 8 €
Toute la douceur angevine imprègne cet ancien couvent du 15e s., qui domine la Loire et la vallée (belvédère dans le parc). Chambres de bon confort, au mobilier classique.

XX Auberge de la Loire avec ch
AC rest, P
2 quai des Mariniers – ✆ 02 41 39 80 20 – www.aubergedelaloire.com – Fermé 15 déc.-15 janv.
13 ch – †60/72 € ††70/92 € – ☕ 10 € – ½ P
Formule 15 € – Menu 23/72 € 🍷 – Carte 39/67 € *(fermé merc. soir et dim. soir de mars à oct. et merc. midi)*
Accueillante auberge familiale des bords de Loire. On y déguste une délicieuse cuisine traditionnelle à base de produits frais, provenant notamment de la pêche locale. Chambres simples et bien tenues, dont la moitié regardent le fleuve.

MONTLIARD – 45 Loiret → voir Bellegarde

MONTLIVAULT

✉ 41350 (Loir-et-Cher) – 1 339 hab. – **Voir carte n°11-B2**
Paris 180 km – Blois 13 km – Olivet 58 km – Orléans 56 km
Carte Michelin 318-F6

La Maison d'à Côté avec ch

25 r. de Chambord – ✆ 02 54 20 62 30 – www.lamaisondacote.fr – Fermé 17 nov.-4 déc., 2-17 janv., merc. sauf le soir en juil.-août et mardi
9 ch – †80/98 € ††80/98 € – ☕ 10 € – ½ P Formule 20 € – Menu 39/65 €
Une auberge de village à l'atmosphère feutrée et contemporaine... On y apprécie une cuisine du marché respectueuse des produits et des saisons. Pour prolonger l'étape, des chambres tout en sobriété et raffinement (bois sombre, couleurs chaudes).

MONT-LOUIS

✉ 66210 (Pyrénées-Orientales) – 247 hab. – **Voir carte n°22-A3**
Paris 867 km – Andorra-la-Vella 90 km – Font-Romeu-Odeillo-Via 10 km – Perpignan 81 km
Carte Michelin 344-D7

à la Llagonne 3 km au Nord par D 118 – ✉ 66210 – 242 hab.

Corrieu

Carrer de la Quillane – ✆ 04 68 04 22 04 – www.hotel-corrieu.com – Ouvert 15 juin-16 sept., 20 déc.-5 janv. et 10 janv.-24 mars
20 ch – †72/105 € ††80/115 € – 3 suites – ☕ 12 € – ½ P
Rest – Formule 20 € – Menu 24/34 € – Carte 32/53 € *(fermé le midi) (réservation conseillée)*
Cette grande bâtisse de style régional se révèle être l'hôtel familial par excellence, avec les Pyrénées en toile de fond ! Les chambres sont simples, certaines avec balcon. Mention spéciale pour les "lodges" mansardés. Nature, chevaux, restaurant traditionnel : une bouffée d'oxygène.

MONTLOUIS

✉ 18160 (Cher) – 114 hab. – **Voir carte n°12-C3**
Paris 277 km – Bourges 39 km – Châteauroux 56 km – Orléans 152 km
Carte Michelin 323-K4

Domaine de Varennes sans rest

D 940 – ✆ 02 48 60 11 86 – www.domaine-de-varennes.com – Fermé 5 janv.-1er mars
5 ch ☕ – †70/100 € ††75/105 €
Une ferme médiévale, un manoir du 18e s. et une annexe. Les chambres – un brin romantiques – invitent au rêve. Dans le parc, on profite de la piscine et du petit golf.

MONTLOUIS-SUR-LOIRE

✉ 37270 (Indre-et-Loire) – 10 487 hab. – **Voir carte n°11-B2**
Paris 235 km – Amboise 14 km – Blois 49 km – Château-Renault 32 km
Carte Michelin 317-N4 – Guide Vert Michelin Châteaux de la Loire

Château de la Bourdaisière

25 r. de la Bourdaisière – ✆ 02 47 45 16 31 – www.chateaulabourdaisiere.com – Fermé 1er-15 mars et 5 janv.-14 mars
29 ch – †170/285 € ††170/285 € – ☕ 16 €
Rest – Menu 32 € *(fermé le midi) (réservation conseillée)*
Ce superbe château des 14e-16e s. porte le cachet de l'histoire – il vit naître Gabrielle d'Estrées, la favorite d'Henri IV – mais il vit surtout au rythme de la nature : son parc de 55 ha abrite de superbes collections de végétaux, dont plus de 600 variétés de tomates (menu spécial au restaurant). Le temps passe autrement en ces lieux...

Le Montloire

4 bis pl. F.-Mitterrand – 02 47 50 84 84 – www.montloire.fr
23 ch – 65 € 65 € – 8 € – ½ P
Rest – Menu 21 € (déj. en semaine), 23/29 € *(fermé dim.)*
Montloire était autrefois le nom du village ; c'est désormais un hôtel bien pratique, aux chambres confortables, colorées et parfaitement tenues. Cuisine traditionnelle au restaurant.

Toque et Vins

47 quai Albert-Baillet – 02 47 52 34 58 – www.restaurant-toque-et-vins.fr – Fermé dim. soir et lundi
Formule 21 € – Menu 34/62 € – Carte 47/75 €
Sur la route longeant la Loire, faites une pause gourmande dans cette maison régionale et savourez un pressé de foie gras et ris de veau à la gelée de Montlouis, par exemple...

La Cave

69 quai Albert-Baillet – 02 47 45 05 05 – www.restaurant-la-cave.com – Fermé 3 semaines en janv., lundi soir et mardi soir de janv. à mars et dim. soir
Menu 23 € (déj. en semaine), 35/48 € – Carte 39/66 €
À la recherche d'un lieu atypique ? Ce restaurant troglodytique, sur les rives de la Loire, est tout indiqué ! En cuisine, le chef signe une cuisine dans l'air du temps qui valorise joliment le terroir. Ses plats sont généreux et goûteux à souhait. Vins du domaine ; ambiance chaleureuse.

MONTLUÇON

03100 (Allier) – 38 402 hab. – Voir carte n°**5**-B1
Paris 327 km – Bourges 97 km – Clermont-Ferrand 112 km – Limoges 155 km
Carte Michelin 326-C4 – Guide Vert Michelin Auvergne

Hôtel des Bourbons

rest, ch,

47 av. Marx-Dormoy – 04 70 05 28 93 – www.hotel-des-bourbons.com
42 ch – 64/69 € 67/72 € – 9 € – ½ P Plan : BZ**a**
Rest – Formule 16 € – Menu 19/44 € – Carte 35/48 € *(fermé 28 juil.-25 août, dim. soir et lundi)*
Rest *Brasserie Pub 47* 04 70 05 22 79 – – Formule 16 € – Menu 19 € – Carte 25/51 € *(fermé 28 juil.-25 août, dim. soir et lundi)*
Face à la gare et à deux pas du château des ducs de Bourbon, cet établissement à la belle façade fin 19e s. est idéal pour une étape dans la cité médiévale. Chambres de bon confort.

Grenier à Sel avec ch

pl. des Toiles – 04 70 05 53 79 – www.legrenierasel.com – Fermé 24 fév.-16 mars, 28 avril-7 mai, 3-11 nov., sam. midi, dim. soir et lundi sauf le soir en juil.-août
7 ch – 85/135 € 115/140 € – 12 € Plan : CZ**n**
Menu 24/74 € – Carte 58/90 €
Au cœur de Montluçon, voilà bien une charmante demeure : murs du 15es. recouverts de lierre, décor raffiné (parquet, moulures...). Les beaux produits sont travaillés avec soin. L'été, profitez de la terrasse, c'est un petit coin de paradis !

Safran d'Or

12 pl. des Toiles – 04 70 05 09 18 – Fermé sept., dim. soir, mardi soir et lundi
Formule 19 € – Menu 24/46 € – Carte 53/64 € Plan : CZ**u**
Ici, tout est fait maison, même le pain ! En cuisine, le chef concocte une agréable cuisine traditionnelle. Le tout avec un bon rapport qualité-prix, ce qui fait de ce restaurant une adresse... en or !

à St-Victor 7 km par ① – 03410 – 2 032 hab.

Le Jardin Délice

6 rte de Paris – 04 70 28 80 64 – www.jardindelice.fr – Fermé 1 semaine en juin, 2 semaines en juil., vacances de la Toussaint et vacances de fév.
24 ch – 50 € 65 € – 8,50 € – ½ P
Rest *Le Jardin Délice* – voir les restaurants ci-après
Au sud de Montluçon, un hôtel en bordure de route, dont les chambres donnent sur la campagne ou le jardin... Un endroit parfait pour qui recherche un peu de verdure !

MONTLUÇON

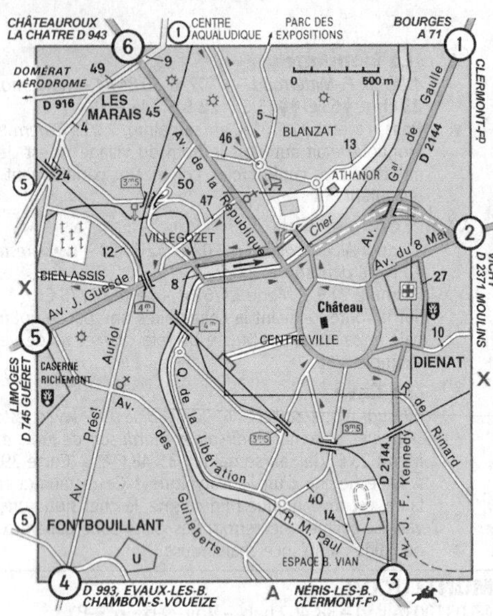

B C

ST-PAUL, CENTRE ST-JACQUES, ATHANOR, R. Pablo Picasso, Quai Forey, Av. de la République, Q. L. Blanc, R. D. Papin, Pont St-Jacques, Bd Président Allende, CITÉ ADMINISTRATIVE, R. P. Constans, CHER, Pont St-Pierre, R. des Usines, R. des Conches, Av. Général de Gaulle, Q. Rouget de Lisle, R. du Châtelet, Carnot, Av. du 8-Mai, R. J. Chantemille, Av. J. Ferry, R. des Rémouleurs, Jardin des Remparts Parc Wilson, St-Pierre, N.-Dame, POL., R. des Bernardines, Passage du Doyenné, Faubourg de la Gironde, MUSÉE DES MUSIQUES POPULAIRES, Chau des Ducs de Bourbon, Rue, Pl. de la Comédie, Bd de Courtais, Av. Marx Dormoy, R. A. Allier, Grande, R. de la Presle, R. de Bruxelles, Amaron, R. Mme-de-Staël, R. St. Jean, R. S. Servant, R. des Forges, 0 200 m

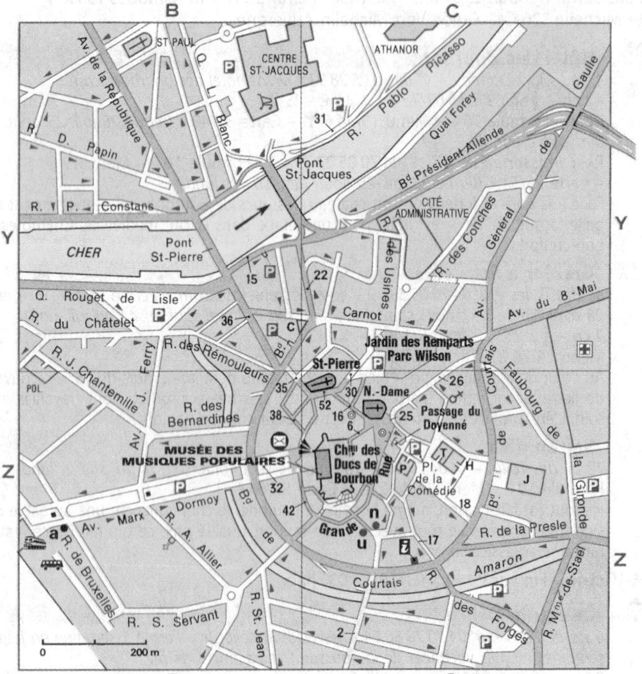

Le Jardin Délice

6 rte de Paris – ✆ 04 70 28 80 64 – www.jardindelice.fr – Fermé 1 semaine en juin, 2 semaines en juil., vacances de la Toussaint, vacances de fév., dim. soir, lundi midi et merc.

Menu 19 € (semaine), 27/54 € – Carte 48/70 €

Foie gras, veau poêlé à l'échalote, homard et Saint-Jacques à l'aneth... Les bons petits plats sont servis dans un décor des plus agréables : salle aux grandes baies vitrées et terrasse s'ouvrant sur le jardin.

à Estivareilles 10 km par ① – ✉ 03190 – 1 124 hab.

Le Lion d'Or

D 2144 – ✆ 04 70 06 00 35 – www.hotel-leliondor.net – Fermé 2-16 mars, 1er-15 sept., dim. soir et lundi

Formule 16 € – Menu 22 € (semaine), 34/60 € – Carte 40/64 €

Une bâtisse centenaire bordant la route nationale. De belles poutres font le caractère de la salle, tandis que la terrasse donne sur un parc arboré. Derrière les fourneaux, le chef signe une cuisine généreuse et goûteuse d'inspiration classique. Quelques chambres pour prolonger le séjour.

MONTLUEL

✉ 01120 (Ain) – 6 999 hab. – **Voir carte n°43-E1**

▶ Paris 472 km – Bourg-en-Bresse 59 km – Chalamont 20 km – Lyon 26 km

Carte Michelin 328-D5 – Guide Vert Michelin Lyon et sa région

Le Petit Casset sans rest

96 imp. du Petit Casset, à La Boisse, 2 km au Sud-Ouest – ✆ 04 78 06 21 33 – www.lepetitcasset.fr

17 ch – 80/87 € 86/91 € – 10 €

Un hôtel sous la vigne vierge, au calme dans un quartier résidentiel. Les chambres, pas très grandes, sont bien tenues et fraîches ; certaines avec terrasse. Et dans le jardin, piscine, transats et parasols vous tendent les bras !

à Ste-Croix 5 km au Nord par D 61 – ✉ 01120 – 534 hab.

Chez Nous

– ✆ 04 78 06 60 60 – www.hotel-restaurant-chez-nous.com

30 ch – 54/65 € 58/69 € – 10 €

Rest *Chez Nous* – voir les restaurants ci-après

"Chez Nous", il y a cette bâtisse à moitié vêtue de bois et de vigne vierge qui propose des chambres fonctionnelles et pratiques. Pour se détendre, le billard attend dans le salon...

Chez Nous

– ✆ 04 78 06 61 20 – www.hotel-restaurant-chez-nous.com – Fermé 2-23 janv., mardi midi, dim. soir et lundi

Menu 33/65 € – Carte 46/59 €

Au sud de la Dombes, ce n'est pas un décor "bien de chez nous" qui vous attend ici : une impressionnante "tranche" d'arbre exotique trône dans l'accueil, et la salle à manger s'habille de couleurs vives ! Mais l'assiette reste fidèle à la tradition (grenouilles fraîches, épaule d'agneau, cabillaud...) et aux bons produits frais.

MONTMARAULT

✉ 03390 (Allier) – 1 530 hab. – **Voir carte n°5-B1**

▶ Paris 346 km – Gannat 41 km – Montluçon 31 km – Moulins 47 km

Carte Michelin 326-E5

France avec ch

1 r. Marx Dormoy – ✆ 04 70 07 60 26 – www.hoteldefrance-montmarault.com – Fermé 9-17 mars, 10 nov.-7 déc., dim. soir et lundi sauf fériés

8 ch – 56/70 € 56/81 € – 9 € – ½ P

Menu 21 € (semaine), 30/57 € – Carte 32/78 €

Dans cet ancien couvent de 1850, la litanie des prières a laissé place à une toute autre musique... Derrière le piano, père et fils jouent, à quatre mains, une partition où la cuisine traditionnelle actualisée est à l'honneur. Chambres confortables, idéales pour l'étape.

MONTMÉLARD

✉ 71520 (Saône-et-Loire) – 322 hab. – **Voir carte n°8-C3**

▶ Paris 393 km – Mâcon 43 km – Montceau-les-Mines 56 km – Paray-le-Monial 34 km

Carte Michelin 320-G12

XX **Le St-Cyr** avec ch — rest, rest, P

Le Bourg – ✆ 03 85 50 20 76 – www.lesaintcyr.fr – Fermé 1er-12 mars, 2-8 janv., vend. soir du 1er nov. au 31 mars, lundi midi et mardi midi

7 ch – †52/58 € ††58/62 € – ☕ 8 € – ½ P

Menu 16 € (déj. en semaine), 22/41 € – Carte 27/39 €

La propriétaire est originaire de la Réunion et son mari rend hommage à ses origines par des menus spéciaux en hiver. Le reste de l'année, la tradition est à l'honneur : volaille à la crème, croustillant d'escargots, canard au miel... Le tout avec vue sur la campagne bourdonnaise. Chambres chaleureuses et reposantes.

MONTMÉLIAN

✉ 73800 (Savoie) – 4 039 hab. – **Voir carte n°46-F2**

▶ Paris 574 km – Albertville 35 km – Allevard 22 km – Chambéry 14 km

Carte Michelin 333-J4 – Guide Vert Michelin Alpes du Nord

George — P

11 quai de l'Isère, (D 1006) – ✆ 04 79 84 05 87 – www.hotelgeorge.fr – Fermé 2 semaines en juil., 2 semaines en nov.

11 ch – †46/55 € ††46/55 € – ☕ 7 € – ½ P

Rest – Menu 18 € *(fermé le midi) (résidents seult)*

Ancien grenier à sel du 18es. situé en bordure de route, idéal pour l'étape. Vous pourrez y admirer la collection de vieux outils et vous reposer dans des chambres simples et bien tenues. Préférez celles, plus calmes, à l'arrière du bâtiment. Restauration traditionnelle.

MONTMERLE-SUR-SAÔNE

✉ 01090 (Ain) – 3 823 hab. – **Voir carte n°43-E1**

▶ Paris 419 km – Bourg-en-Bresse 44 km – Lyon 48 km – Mâcon 34 km

Carte Michelin 328-B4

Émile Job 

12 r. du Pont – ✆ 04 74 69 33 92 – www.hotelemilejob.com – Fermé 4-20 mars, 27 oct.-19 nov., dim. soir d'oct. à mai, mardi midi et lundi

14 ch – †66/76 € ††76/86 € – ☕ 8,50 € – ½ P

Rest *Émile Job* – voir les restaurants ci-après

Sur les bords de Saône, il règne dans cette imposante maison régionale une atmosphère familiale et chaleureuse, depuis... trois générations ! Les chambres sont colorées, dans une veine contemporaine : une étape confortable.

XXX **Émile Job** — P

12 r. du Pont – ✆ 04 74 69 33 92 – www.hotelemilejob.com – Fermé 4-20 mars, 27 oct.-19 nov., dim. soir d'oct. à mai, mardi midi et lundi

Formule 20 € 🍷 – Menu 30 € (semaine), 34/60 € – Carte 45/107 €

Que vous soyez résident ou non de l'hôtel, il y a fort à parier que vous apprécierez les grands classiques qui valorisent le terroir : grenouilles, poissons de lac, poulette de Bresse, etc. Le tout à savourer dans un agréable cadre bourgeois. Aux beaux jours, on s'installe sur la terrasse qui donne sur la Saône.

MONTMIRAIL – 84 Vaucluse ➜ voir Vacqueyras

MONTMORENCY – 95 Val-d'Oise ➜ voir Paris, Environs

MONTMORILLON

✉ 86500 (Vienne) – 6 387 hab. – **Voir carte n°39-D2**

▶ Paris 354 km – Bellac 43 km – Châtellerault 56 km – Limoges 88 km

Carte Michelin 322-L6 – Guide Vert Michelin Poitou-Charentes

Hôtel de France

4 bd de Strasbourg – ✆ 05 49 84 09 09 – www.hoteldefrance-lelucullus.fr
36 ch – 🚹53 € 🚹🚹60/67 € – ☕ 8,50 € – ½ P
Rest *Le Lucullus* **Rest *Bistrot de Lucullus*** – voir les restaurants ci-après
Après une dizaine d'années passées au Cameroun, un jeune couple du métier a repris cette affaire en 2011. Un retour aux sources : les lieux respirent la tradition hôtelière française, des salles à manger aux chambres. Et les projets ne manquent pas...

Le Lucullus – Hôtel de France

4 bd de Strasbourg – ✆ 05 49 84 09 09 – www.hoteldefrance-lelucullus.fr – Fermé 24-30 déc., dim. soir, lundi et mardi
Menu 23/65 €
Général romain au 1er s. av. J.-C., Lucullus est passé à la postérité en raison du faste de sa table. Un heureux présage... Duo d'huîtres de Marennes-Oléron au jambon de Vendée et aux endives, parmentier de queue de bœuf au foie gras, tiramisu aux châtaignes, etc. Autant de classiques réinterprétés avec finesse !

Bistrot de Lucullus – Hôtel de France

4 bd de Strasbourg – ✆ 05 49 84 09 09 – www.hoteldefrance-lelucullus.fr – Fermé 24-30 déc., vend. soir, dim. midi et sam.
Menu 14 € – Carte 22/38 €
Ce bistrot joue la carte d'une déco seventies – symbole : le fauteuil pivotant – et c'est sympathique ! Tradition dans l'assiette : une cuisine bien tournée, où les saveurs n'ont rien de psychédélique.

MONTNER

✉ 66720 (Pyrénées-Orientales) – 316 hab. – **Voir carte n°22-B3**
Paris 860 km – Amélie-les-Bains-Palalda 60 km – Font-Romeu-Odeillo-Via 82 km – Perpignan 28 km
Carte Michelin 344-H6

Auberge du Cellier (Pierre-Louis Marin) avec ch

1 r. Ste-Eugénie – ✆ 04 68 29 09 78 – www.aubergeducellier.com – Fermé 25 oct.-29 nov., lundi d'oct. à avril, mardi et merc.
4 ch – 🚹63 € 🚹🚹75 € – ☕ 9 € – ½ P
Menu 22 € (déj. en semaine), 39/69 € – Carte 58/68 €
Dans cette charmante maison locale, Pierre-Louis Marin – un enfant du pays revenu aux sources – s'approvisionne surtout chez les petits producteurs locaux et concocte une cuisine délicate, sincère et éclatante de saveurs. Un régal pour les yeux et les papilles ! Quant aux chambres, elles sont simples mais agréables.
→ Œuf bio cuit à 66 °C, lard fin et purée d'amande façon picada. Selle d'agneau catalan, artichauts poivrade de la Salanque et fèves du pays. Schiste de Montner, chocolat-caramel-praliné.

MONTOIRE-SUR-LE-LOIR

✉ 41800 (Loir-et-Cher) – 4 058 hab. – **Voir carte n°11-B2**
Paris 186 km – Blois 52 km – La Flèche 81 km – Le Mans 70 km
Carte Michelin 318-C5 – Guide Vert Michelin Châteaux de la Loire

à Lavardin 2 km au Sud-Est par D 108 – ✉ 41800 – 208 hab.

Relais d'Antan

6 pl. du Capt.-du-Vigneau – ✆ 02 54 86 61 33 – www.relaisdantan.fr – Fermé en oct., en fév., dim. soir d'oct. à mai, lundi et mardi
Menu 31/42 € – Carte 36/47 €
Dans un pittoresque village blotti aux pieds d'un château, cette auberge rustique régale d'une appétissante cuisine du terroir. Préférez la salle ornée de fresques d'inspiration médiévale pour festoyer comme au temps des chevaliers. Agréable terrasse bordant la rive du Loir.

MONTPELLIER

⊠ 34000 (Hérault) – 257 351 hab. – Agglo. 384 165 hab. – Voir carte n°**23**-C2
▶ Paris 758 km – Marseille 173 km – Nice 330 km – Nîmes 55 km
Carte Michelin 339-I7

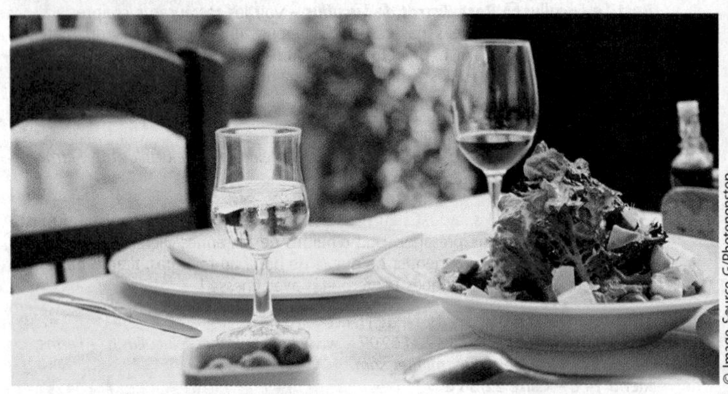
© Image Source C/Photononstop

Hôtels & maisons d'hôtes

Pullman Antigone

1 r. des Pertuisanes – ✆ 04 67 99 72 72 – www.pullmanhotels.com Plan : CU**t**
86 ch – 🕴140/310 € 🕴🕴140/310 € – 2 suites – ☕ 25 €
Rest – Formule 26 € – Menu 42 € (déj.)/48 € 🍷 – Carte environ 50 €
Au sein du quartier d'affaires dessiné par Ricardo Bofill, cet hôtel a été entièrement rénové en 2011. De belles prestations : confort contemporain, salles de séminaire, piscine chauffée et restaurant sur le toit, etc.

Crowne Plaza Corum

190 r. d'Argencourt – ✆ 04 67 72 22 22 – www.crowneplaza.com/montpellier
143 ch – 🕴115/250 € 🕴🕴135/270 € – 3 suites – ☕ 18 € Plan : CU**v**
Rest – Formule 16 € – Menu 35 € – Carte 32/50 € *(fermé le midi)*
Un hôtel d'affaires récent, face au centre des congrès. Les chambres se révèlent confortables et élégantes, avec des références originales – et colorées – à l'Asie, l'Afrique, etc. Réussi !

Mercure Antigone

285 bd Aéroport International – ✆ 04 67 20 63 63 – www.accorhotels.com
114 ch – 🕴99/170 € 🕴🕴99/170 € – 6 suites – ☕ 16 € Plan : DU**f**
Rest – Formule 22 € – Menu 31 € (semaine) – Carte environ 40 €
(fermé sam. et dim.)
Situation idéale dans le quartier Antigone. Chambres fonctionnelles, salles de séminaires et parking fermé raviront la clientèle d'affaires et touristique. Spécialités régionales au restaurant, avec un buffet de la mer le vendredi.

Courtyard by Marriott

105 pl. Georges-Frêche, (r. Chélia) – ✆ 04 99 54 74 00 – www.marriott.com/mplcy
120 ch – 🕴115/240 € 🕴🕴115/240 € – 3 suites – ☕ 16 € Plan : DV**b**
Rest – Formule 16 € – Menu 19 € (déj.) – Carte 29/51 €
À côté de la nouvelle mairie, dessinée par Jean Nouvel, cet hôtel très contemporain ne dépareille pas ! Les chambres y sont spacieuses, calmes et très bien tenues. Bel espace détente. Facilement accessible par le tramway, l'établissement est notamment idéal pour la clientèle d'affaires.

Aragon sans rest

10 r. Baudin – ✆ 04 67 10 70 00 – www.hotel-aragon.fr – Fermé 1er-18 janv.
12 ch – 🕴79/185 € 🕴🕴99/185 € – ☕ 14 € Plan : FY**a**
Dans une rue calme, un petit hôtel confortable, avec des détails charmants : meubles de style, cheminées, fenêtres à espagnolette... Le petit-déjeuner sous la verrière est agréable.

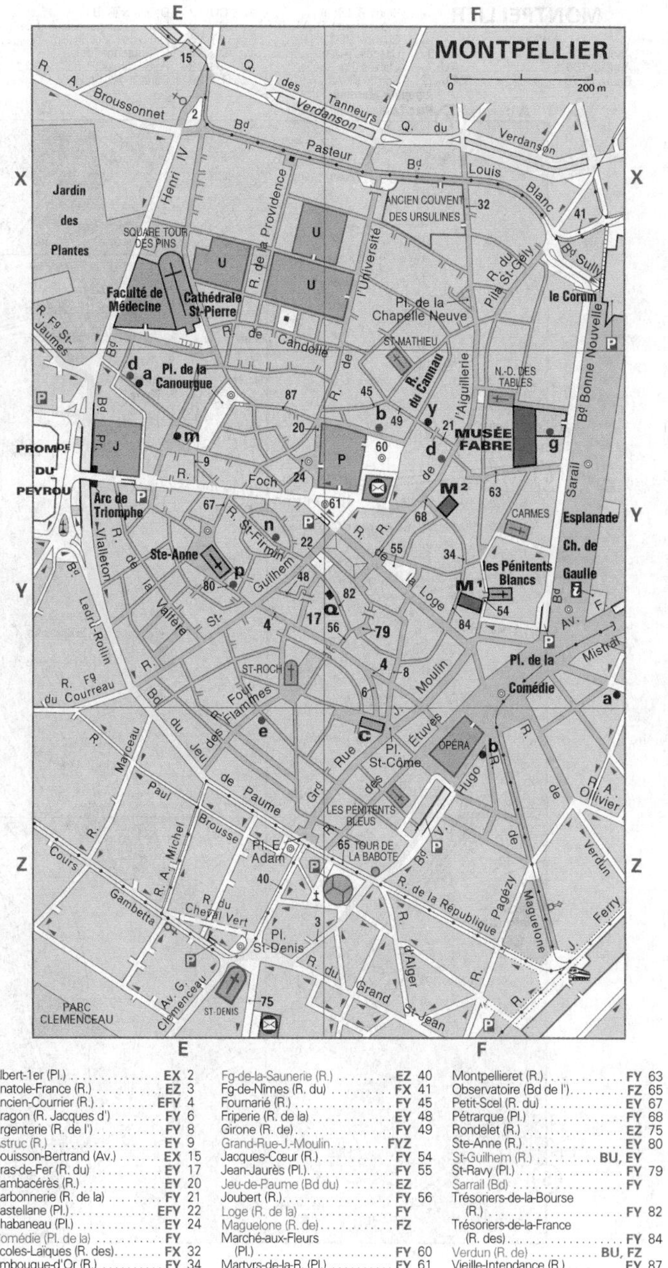

Albert-1er (Pl.) . . . . EX 2
Anatole-France (R.) . . . . EZ 3
Ancien-Courrier (R.) . . . . EFY 4
Aragon (R. Jacques d') . . . . FY 6
Argenterie (R. de l') . . . . FY 8
Astruc (R.) . . . . EY 9
Bouisson-Bertrand (Av.) . . . . EX 15
Bras-de-Fer (R. du) . . . . EY 17
Cambacérès (R.) . . . . EY 20
Carbonnerie (R. de la) . . . . FY 21
Castellane (Pl.) . . . . EFY 22
Chabaneau (Pl.) . . . . EY 24
Comédie (Pl. de la) . . . . FY
Écoles-Laïques (R. des) . . . . FX 32
Embouque-d'Or (R.) . . . . FY 34
Fg-de-la-Saunerie (R.) . . . . EZ 40
Fg-de-Nîmes (R. du) . . . . FX 41
Fournarié (R.) . . . . FY 45
Friperie (R. de la) . . . . EY 48
Girone (R. de) . . . . FY 49
Grand-Rue-J.-Moulin . . . . FYZ
Jacques-Cœur (R.) . . . . FY 54
Jean-Jaurès (Pl.) . . . . FY 55
Jeu-de-Paume (Bd du) . . . . EZ
Joubert (R.) . . . . FY 56
Loge (R. de la) . . . . FY
Maguelone (R. de) . . . . FZ
Marché-aux-Fleurs (Pl.) . . . . FY 60
Martyrs-de-la-R. (Pl.) . . . . FY 61
Montpellieret (R.) . . . . FY 63
Observatoire (Bd de l') . . . . FZ 65
Petit-Scel (R. du) . . . . EY 67
Pétrarque (Pl.) . . . . FY 68
Rondelet (R.) . . . . EZ 75
Ste-Anne (R.) . . . . EY 80
St-Guilhem (R.) . . . . BU, EY
St-Ravy (Pl.) . . . . FY 79
Sarrail (Bd) . . . . FY
Trésoriers-de-la-Bourse (R.) . . . . FY 82
Trésoriers-de-la-France (R. des) . . . . FY 84
Verdun (R. de) . . . . BU, FZ
Vieille-Intendance (R.) . . . . EY 87

MONTPELLIER

- Anatole-France (R.) . . . . **BU** 3
- Arceaux (Bd des) . . . . **AU** 7
- Bazille (R. F.) . . . . **BCV** 12
- Blum (R. Léon) . . . . **CU** 13
- Broussonnet (R. A.) . . . . **AT** 18
- Chancel (Av.) . . . . **AT** 25
- Citadelle (Allée) . . . . **CU** 26
- Clapiès (R.) . . . . **AU** 28
- Comte (R. A.) . . . . **AU** 29
- Délicieux (R. B.) . . . . **CT**
- États-du-Languedoc (Av.) . . . . . . **CU**
- Fabre-de-Morlhon (Bd) . . . . **BV**
- Fg-Boutonnet (R.) . . . . **BT**
- Fg-de-Nîmes (R. du) . . . . **CT**
- Flahault (Av. Ch.) . . . . **AT**

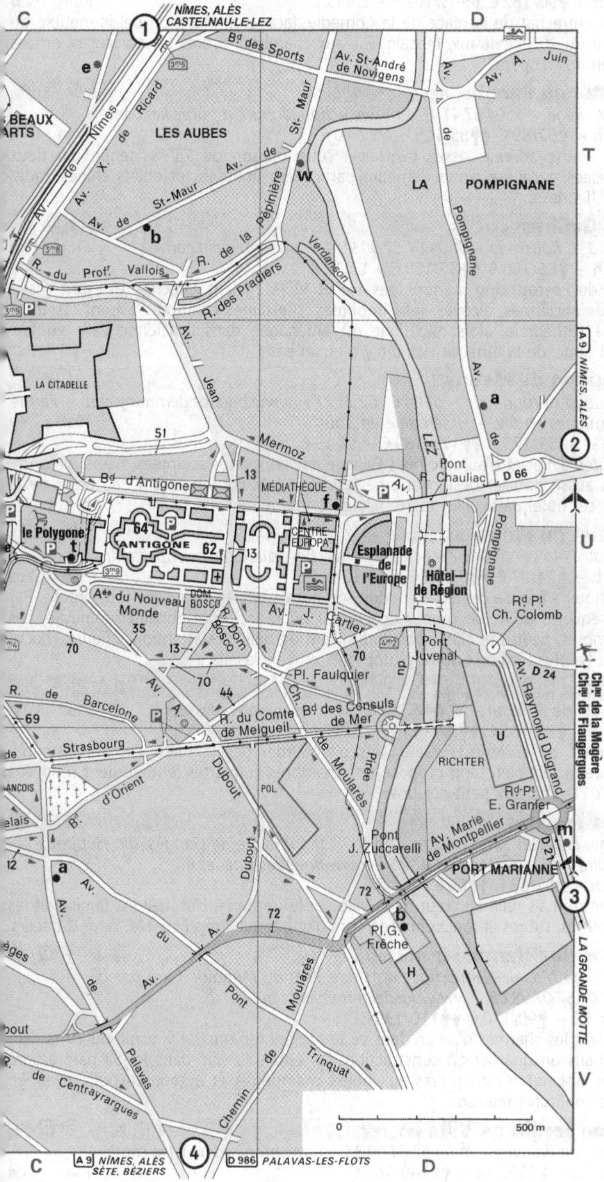

C
D
1
NÎMES, ALÈS
CASTELNAU-LE-LEZ
Bd des Sports
Av. St-André de Novigens
Av. A. Juin
BEAUX ARTS
LES AUBES
Av. de Nîmes
Av. X. de Ricard
Av. de St-Maur
St-Maur
R. de la Pépinière
Verdanson
LA POMPIGNANE
Av. de Pompignane
R. du Profr Vallois
R. des Pradiers
LA CITADELLE
Av. Jean Mermoz
A 9 NÎMES, ALÈS
2
Pont R. Chauliac
D 66
Bd d'Antigone
MÉDIATHÈQUE
le Polygone
ANTIGONE
CENTRE EUROPA
Esplanade de l'Europe
Hôtel de Région
LEZ
Rd Pt Ch. Colomb
Aée du Nouveau Monde
DOM BOSCO
R. Dom Bosco
Av. J. Cartier
Pont Juvénal
Av. du Pont Juvénal
D 24
Pl. Faulquier
R. de Barcelone
R. du Comte de Melgueil
Bd des Consuls de Mer
Strasbourg
Ch. de Moularès
Pirée
Av. Raymond Dugrand
RICHTER
Chau de la Mogère
Chau de Flaugergues
Bd d'Orient
Dubout
POL
Rd-Pt E. Granier
Pont J. Zuccarelli
Av. Marie de Montpellier
PORT MARIANNE
D 21
3
Pl. G. Frêche
Moularès
Av. du Pont
de Palavas
R. de Centrayrargues
Chemin de Trinquat
LA GRANDE MOTTE
T
U
V
0
500 m
4
A 9 NÎMES, ALÈS SÈTE, BÉZIERS
D 986 PALAVAS-LES-FLOTS

New Hôtel du Midi sans rest
22 bd Victor-Hugo – ✆ 04 67 92 69 61 – www.grandhoteldumidimontpellier.com
44 ch – 90/162 € 95/167 € – 12 € Plan : FZ**b**
À un entrechat de la place de la Comédie, face au théâtre, un bel immeuble du début du 20e s. (vitraux, mosaïques), aux chambres sobres et spacieuses, ornées de photos d'opéra.

Hôtel du Parc sans rest
8 r. A.-Bège – ✆ 04 67 41 16 49 – www.hotelduparc-montpellier.com
19 ch – 52/89 € 85/108 € – 10 € Plan : BT**k**
Une bonne adresse, assez centrale : cette maison du 18e s., tenue par deux associées, a l'allure d'une demeure particulière (meubles et objets chinés, tapis, cour fleurie...).

Le Guilhem sans rest
18 r. J.-J. Rousseau – ✆ 04 67 52 90 90 – www.leguilhem.com Plan : EY**a**
35 ch – 86/160 € 86/160 € – 12 €
Près du Peyrou, cinq maisons des 16e et 17e s. mêlant caractère et esprit cosy : portes anciennes, alcôves, jolis imprimés... Certaines chambres toisent les tours de la cathédrale, alors que l'une est aménagée dans l'ancienne cave voûtée. Ainsi donc, de la terre au ciel, il n'y a qu'un pas !

Baudon de Mauny sans rest
1 r. de la Carbonnerie – ✆ 04 67 02 21 77 – www.baudondemauny.com – Fermé 2 semaines en fév. et 1 semaine en août Plan : FY**y**
8 ch – 155/175 € 175/180 € – 15 €
Beautés d'hier et d'aujourd'hui... Dallage ancien, portes sculptées, hauts plafonds, mais aussi mobilier design et aménagement très contemporain : au cœur de la ville, cet hôtel particulier du 18e s. arbore une mine superbe !

Hôtel du Palais sans rest
3 r. du Palais – ✆ 04 67 60 47 38 – www.hoteldupalais-montpellier.fr
26 ch – 74/87 € 82/97 € – 12 € Plan : EY**m**
Cet hôtel – bâtisse centenaire – doit son nom au palais de justice tout proche. Par conséquent, point de procès en ce lieu où règne une ambiance familiale. Les chambres, petites et classiques, fourmillent de délicates attentions : fleurs, chocolats... Le plus : les prix doux, plutôt rares en centre-ville !

Ulysse sans rest
338 av. de St-Maur – ✆ 04 67 02 02 30 – www.hotel-ulysse.fr Plan : CT**b**
28 ch – 87/135 € 97/145 € – 12 €
Heureux qui comme Ulysse... Dans un quartier pavillonnaire, cet hôtel sympathique et fort bien tenu propose des chambres coquettes (entièrement rénovées en 2011). Copieux petit-déjeuner.

Les Troënes sans rest
17 av. É.-Bertin-Sans, par av. Charles-Flahaut et rte de Ganges, dir. Hôpitaux-Faculté - AT – ✆ 04 67 04 07 76 – www.hotel-les-troenes.fr
14 ch – 57/60 € 66 € – 7 €
Excentré mais relié au cœur de la ville par le tramway. L'accueil est familial et les chambres, sobres et fonctionnelles, sont d'une tenue irréprochable. Tarifs attractifs.

Clos de l'Herminier sans rest
201 r. du Mas-de-Nègre, (face au stade Yves du Manoir), 3 km par ⑤ – ✆ 04 67 07 98 88 – www.closdelherminier.com
4 ch – 90/110 € 110/130 €
Cultivez les charmes d'antan dans cette ancienne propriété vinicole du 19e s., isolée dans un quartier en construction. On oublie la ville dans le joli parc arboré (avec piscine), les chambres aux notes champêtres et autour du petit-déjeuner, avec confitures maison...

Mon Jardin en Ville sans rest
23 av. de Palavas – ✆ 04 67 64 00 35 – www.monjardinenville.com
3 ch – 120/140 € 140/160 € Plan : CV**a**
Joli métissage architectural pour cette bâtisse de 1892 et ses extensions contemporaines ! À 10mn de la place de Comédie, dans un parc boisé de 2500 m², cet élégant établissement – décor baroque et design – est parfait pour se reposer après une visite de la ville. Ne passez pas à côté du petit-déjeuner maison !

Restaurants

XXXX Le Jardin des Sens (Jacques et Laurent Pourcel) avec ch

11 av. St-Lazare – ✆ 04 99 58 38 38 – www.jardindessens.com Plan : CT**e**

15 ch – †175/240 € ††315/415 € – ☕ 22 €

Menu 49 € (déj. en semaine), 132/179 € – Carte 110/197 € *(fermé lundi midi, merc. midi et dim.)*

Un grand cube de verre, ouvert sur un jardin méditerranéen : en pénétrant chez les frères Pourcel, on reste saisi par ce cadre original, à la croisée du minéral et du végétal. Leur cuisine aussi est histoire de dialogues : entre le Sud et l'ailleurs, hier et aujourd'hui, etc. Chambres contemporaines très luxueuses.

→ Ravioles de foie gras aux cèpes et parmesan. Filet de loup et pommes de terre fondantes au fumé de truffe. Soufflé au chocolat, glace à la vanille Bourbon.

XXX Cellier Morel

27 r. Aiguillerie, (Maison de la Lozère) – ✆ 04 67 66 46 36 – www.celliermorel.com – Fermé 1er-15 août, lundi midi, merc. midi, sam. midi, dim. et fériés

Formule 32 € – Menu 57/67 € – Carte environ 85 € Plan : FY**d**

C'est l'histoire d'une amitié, celle de deux gourmets ! Dans la Maison de la Lozère, sous de superbes voûtes du 13e s., on déguste une cuisine créative, goûteuse, et des vins régionaux. Une valeur sûre, notamment côté desserts !

XXX La Réserve Rimbaud (Charles Fontes)

820 av. St-Maur – ✆ 04 67 72 52 53 – www.reserve-rimbaud.com – Fermé 2-12 janv., sam. midi, dim. soir et lundi Plan : DT**w**

Formule 28 € – Menu 35 € (déj. en semaine), 65/90 €

Des compositions judicieuses, centrées sur le produit, pleines de fraîcheur et gorgées de soleil ! Cette table rend hommage au Sud... et prend tout son sens sur la belle terrasse au bord du Lez, sous les platanes.

→ Croquette de volaille Rimbaud. Filet de pigeon rôti, la cuisse en pastilla, cerises et olives noires. Baba au vieux rhum, chantilly vanillée.

XX Castel Ronceray

130 r. Castel-Ronceray, par ⑤ – ✆ 04 67 42 46 30 – www.restaurant-le-castel-ronceray.fr – Fermé 15 août-5 sept, dim. et lundi

Formule 27 € – Menu 49/79 € – Carte 46/77 €

Dans un parc ombragé, une maison de maître d'esprit Napoléon III (boiseries, velours, etc.) pour savourer une agréable cuisine gastronomique concoctée avec des produits régionaux. Le plus : l'épouse du chef est une sommelière passionnée !

XX Prouhèze Saveurs

728 av. de la Pompignane – ✆ 04 67 79 43 34 – www.prouhezesaveurs.com – Fermé 25 juil.-25 août, 24 déc.-1er janv., merc. soir, sam. midi, dim. et lundi

Formule 19 € – Menu 30/47 € Plan : DU**a**

Saucisse-aligot, poulet aux écrevisses de mon grand-père, agneau... les Prouhèze sont originaires de l'Aubrac ! Plats de tradition mais aussi recettes méridionales s'apprécient dans un décor de style bistrot ou, l'été, dans le patio.

XX Le Petit Jardin

20 r. J.-J.-Rousseau – ✆ 04 67 60 78 78 – www.petit-jardin.com – Fermé 1 semaine vacances de la Toussaint, 2 semaines vacances de Noël, dim. et lundi de nov. à mars Plan : EY**d**

Menu 36/55 € – Carte 58/71 €

Est-ce le manque de soleil qui a poussé ce chef irlandais à s'installer dans la capitale languedocienne ? Peu importe : les amateurs de bonne chère, pour qui le goût n'a pas de frontière, aimeront sa cuisine où les produits frais ont la priorité !

X Tamarillos

2 pl. du Marché-aux-Fleurs – ✆ 04 67 60 06 00 – www.tamarillos.biz

Formule 18 € – Menu 44/90 € – Carte 54/70 € *(réservation conseillée)* Plan : FY**b**

Cet ancien chef pâtissier de Guy Savoy, sacré par deux fois champion de France des desserts, a dans les veines du sang de botaniste : il concocte une cuisine actuelle et inventive à base de fleurs comestibles et autres douceurs colorées... qui contrastent avec le décor de la salle, immaculé ! Une table originale.

Insensé

39 bd Bonne-Nouvelle – ✆ 04 67 58 97 78 – Fermé dim. soir et lundi soir
Formule 26 € – Menu 32 € Plan : FY**g**
Insensé... ce restaurant dans l'enceinte du restaurant Fabre ! Imaginé par les frères Pourcel, l'endroit – moderne et design – bouscule les habitudes, entre terroir et snacking.

L'Alliance des Plaisirs

8 b r. du Petit-Saint-Jean – ✆ 04 34 26 50 94 – www.lalliancedesplaisirs.fr – Fermé août, dim. et le midi Plan : EZ**e**
Menu 48 € – Carte 41/59 € *(réservation conseillée)*
Goûteuse cuisine que celle de ce jeune chef passé par les établissements des frères Pourcel ! Derrière les fourneaux, mais à la vue des clients, il travaille les produits frais avec un soin évident. Accueil sympathique.

Mia

609 av. Raymond-Dugrand – ✆ 04 67 73 14 26 – www.miarestaurant.fr – Fermé dim. et lundi Plan : DV**m**
Formule 26 € – Menu 31/49 €
Aux côtés de Pierre Gagnaire depuis 1996, Pascal Sanchez a décidé de se lancer en solo ! Ouvert en 2012, Mia – du prénom de sa fille – est vite devenu la coqueluche des Montpelliérains. Le chef s'inspire du Midi de la France, de l'Espagne et de l'Italie : un fort beau métissage méditerranéen... Cadre design.

Pastis Restaurant

3 r. Terral – ✆ 04 67 66 37 26 – www.pastis-restaurant.com – Fermé 1 semaine en avril, 3 semaines en août, dim. et lundi Plan : EY**p**
Formule 25 € – Menu 37/48 € *(réservation conseillée)*
À deux pas de la promenade du Peyrou, on se faufile dans l'étroite rue Terral pour accéder à ce restaurant de poche. Et pour peu que vous aimiez les surprises, vous allez être conquis par le menu "les yeux fermés", variant au gré du marché et de l'inspiration du chef. Jolie terrasse au pied de l'église.

L'Artichaut Ⓝ

15 bis r. St-Firmin – ✆ 04 67 67 91 86 – www.artichaut-restaurant.com – Fermé dim. et lundi Plan : EY**n**
Formule 24 € – Menu 31/35 €
Ouvert en 2013 par un chef à la passion communicative, voici le temple de la cuisine de saison. Les recettes du marché s'y déclinent sous forme d'un menu-carte renouvelé régulièrement. Produits frais, préparations maison, vins régionaux : un restaurant qui fera fondre les cœurs... d'Artichaut !

à Castries 8 km par ① et D 112e – ✉ 34160 – 5 752 hab.

Disini

1 r. des Carrières – ✆ 04 67 41 97 86 – www.disini-hotel.com
15 ch – †135/255 € ††135/255 € – 1 suite – ☕ 15 € – ½ P
Rest – Formule 19 € – Menu 25 € (déj. en semaine), 38/49 € – Carte 57/81 €
Disini ou "ici" en balinais... Dans une forêt de chênes verts, cet hôtel récent mêle touches ethniques (Asie et Afrique) et confort high-tech, dans une ambiance feutrée et reposante. Et l'esprit de Bali règne aussi sur la salle de restaurant (cuisine méridionale).

à Castelnau-le-Lez 7 km par ① et N 113 – ✉ 34170 – 14 948 hab.

Domaine de Verchant

1 bd Philippe-Lamour, par r. de la Vieille-Poste – ✆ 04 67 07 26 00 – www.domainedeverchant.com
26 ch – †230/800 € ††230/800 € – 5 suites – ☕ 26 € – ½ P
Rest *Domaine de Verchant* – voir les restaurants ci-après
Une allée de platanes mène à cette belle propriété viticole du 16e s., cernée par les vignes... Les chambres sont superbes (design italien, équipements high-tech, charpentes et vieilles pierres), le spa exquis.

Domaine de Verchant

1 bd Philippe-Lamour, par r. de la Vieille-Poste – ✆ 04 67 07 26 00 – www.domainedeverchant.com
Formule 26 € – Menu 55 € (déj.)/90 € – Carte 63/78 € *(réservation conseillée)*
Un lieu design et contemporain pour une cuisine fraîche et tout à fait dans l'air du temps... En prime, on sert les vins du domaine.

à Baillargues 8 km par ① et D 112e, D 613 puis N 113 – ✉ 34670 – 6 206 hab.

Golf Hôtel de Massane

au golf de Massane – ✆ 04 67 87 87 87 – www.massane.com
32 ch – 119/135 € 139/163 € – 12 €
Rest – Formule 20 € – Menu 26/36 € – Carte 28/53 € *(fermé dim. soir de nov. à fév.)*
Vaste complexe hôtelier doté de nombreux équipements pour les loisirs et la détente. Les chambres, spacieuses et colorées, regardent pour certaines la piscine. Salle à manger contemporaine tournée vers le golf ; cuisine actuelle et vins régionaux.

près échangeur A9-Montpellier-Sud 2 km par ④ – ✉ 34000 Montpellier

Novotel

125 bis av. Palavas – ✆ 04 99 52 34 34 – www.novotel.com
162 ch – 90/180 € 90/180 € – 15 €
Rest – Formule 13 € – Menu 17 € – Carte 23/46 €
Situation utile à proximité d'un échangeur sur l'A9. Le restaurant ouvre sur la piscine.

à Lattes 5 km par ④ – ✉ 34970 – 15 927 hab.

Domaine de Soriech

chemin de Soriech, face Z.A.C. Soriech – ✆ 04 67 15 19 15 – www.domaine-de-soriech.fr – Fermé 18 août-1er sept., 3-12 janv., dim. soir et lundi
Formule 32 € – Menu 42/78 € – Carte 52/74 €
Dans son parc avec palmiers et pins géants, cette belle villa évoque les modèles californiens des années 1950 et 1960. Décor design et œuvres contemporaines. Cuisine régionale.

Le Mazerand

Mas De Causse CD 172 – ✆ 04 67 64 82 10 – www.le-mazerand.com – Fermé vacances de fév., sam. midi, dim. soir et lundi
Formule 25 € – Menu 31/68 € – Carte 47/81 €
Cette propriété, dont l'origine remonte au 17e s., marie avantageusement vieilles pierres et décor moderne. Jolies terrasses. Cuisine régionale un brin créative.

Le Bistrot d'Ariane

5 r. des Chevaliers-de-Malte, à Port Ariane – ✆ 04 67 20 01 27 – www.bistrot-ariane.fr – Fermé 22 déc.-6 janv. et dim.
Formule 18 € – Menu 22 € (semaine), 32/42 € – Carte 32/49 €
Sur le port, un grand et chaleureux bistrot (comptoir en bois, luminaires anciens). Les patrons annotent – avec pertinence – la carte des vins, où dominent les crus régionaux.

Sensation

2 r. des Consuls, à Port Ariane – ✆ 04 67 50 39 31 – www.restaurantsensation.fr – Fermé dim. et lundi
Formule 20 € – Menu 37 € (semaine), 41/71 €
Sensation, impression, émotion... Tout ce que recherche ce jeune chef très créatif (pâtissier de formation – on le ressent), qui s'est lancé ici avec sa compagne. Décor contemporain.

à Juvignac 6 km par ⑥, rte de Millau – ✉ 34990 – 7 466 hab.

Golf Hôtel

38 av. des Hameaux-du-Golf, (au golf international) – ☎ 04 67 45 90 00
46 ch – †93/125 € ††93/125 € – 40 suites – ☕ 13 € – ½ P
Rest – Carte 38/46 €
Hôtel estimé des golfeurs qui testent leur swing à Juvignac. La majorité des chambres (certaines avec terrasse) ouvrent sur les greens. Pour les longs séjours, des suites avec cuisinette. Salle de restaurant contemporaine ; formule rapide au club-house.

à St-Gély-du-Fesc 13 km au Nord-Ouest par D 986 – ✉ 34980 – 8 821 hab.

Le Clos des Oliviers

53 r. de l'Aven – ☎ 04 67 84 36 36 – www.clos-des-oliviers.com – Fermé dim. soir et lundi
Formule 20 € – Menu 25 € (déj. en semaine), 36/89 € 🍷 – Carte 51/67 €
Du goût, de la simplicité, des produits de qualité bien travaillés : on apprécie ici une bonne cuisine, sans complications inutiles, et on se fait plaisir ! À noter : la carte des vins est réalisée avec le caviste voisin. L'été, on profite de la terrasse à l'ombre des canisses.

MONTPEZAT-DE-QUERCY

✉ 82270 (Tarn-et-Garonne) – 1 480 hab. – **Voir carte n°28-B1**
Paris 600 km – Cahors 29 km – Montauban 39 km – Toulouse 91 km
Carte Michelin 337-E6

Domaine de Lafon

Pech de Lafon, 4 km au Sud par rte de Mirabel, D 20 et D 69 – ☎ 05 63 02 05 09 – www.domainedelafon.com – Fermé 24-30 août, 2-30 nov. et 15 fév.-31 mars
3 ch ☕ – †68/74 € ††84/94 € **Table d'hôte** – Menu 27 € 🍷
Une jolie maison du 19e s. au cœur de la campagne vallonnée. Les chambres y sont accueillantes et décorées dans un esprit indien ou Provence chic (lits à baldaquin dans l'une d'entre elles). À noter, la belle bibliothèque aménagée dans le pigeonnier... pour lire au grand calme ! Cuisine du Sud-Ouest à la table d'hôte.

MONTPON-MÉNESTÉROL

✉ 24700 (Dordogne) – 5 465 hab. – **Voir carte n°4-C1**
Paris 532 km – Bergerac 40 km – Libourne 43 km – Périgueux 56 km
Carte Michelin 329-B5

à Ménestérol 1 km au Nord – ✉ 24700

Auberge de l'Eclade

17 r. Paul-Émile-Victor, rte de Coutras – ☎ 05 53 80 28 64 – www.auberge-de-leclade.com – Fermé vacances de la Toussaint, dim. soir, lundi soir, mardi soir et merc.
Menu 15 € 🍷 (déj. en semaine), 31/60 € – Carte 52/67 €
Au calme, près de la chapelle romane du village, cette maison de pays abrite une table bien connue des gourmands de la région. Dans un décor soigné, tout en tons clairs, ou sur la terrasse, on se régale d'une savoureuse cuisine dans l'air du temps. Bon choix de vins et de whiskys.

MONTRABÉ – 31 Haute-Garonne ➜ voir Toulouse

MONTRÉAL

✉ 32250 (Gers) – 1 231 hab. – **Voir carte n°28-A2**
Paris 725 km – Agen 57 km – Auch 59 km – Condom 16 km
Carte Michelin 336-D6

La Bombance

lieu-dit Bidon – ☎ 05 62 29 28 80 – www.labombance.fr
Menu 29/55 €
Une grande et belle maison dans la campagne. Beaucoup de goût et de saveurs ici, principalement à base de poisson... Plutôt original dans une région où le canard est roi !

Daubin

3 r. Aurensan, (face à l'église) – 05 62 29 44 40 – www.bernarddaubin.com – Fermé vacances de fév., dim. soir, lundi et mardi
Formule 20 € – Menu 28/60 € – Carte 46/82 €
Terrasse sous les platanes, cuisine du terroir pleine de goût, produits de première qualité, dégustation de vins régionaux... Côté bar, on mange à la bonne franquette, bien calé sur des tonneaux. Quant à l'accueil, il est sans pareil. Une adresse authentique où l'on vient non pas en client mais en ami !

MONTREDON – 11 Aude ➜ voir Carcassonne

MONTREUIL

62170 (Pas-de-Calais) – 2 282 hab. – **Voir carte n°30-A2**
Paris 232 km – Abbeville 49 km – Arras 86 km – Boulogne-sur-Mer 38 km
Carte Michelin 301-D5

Château de Montreuil

4 chaussée des Capucins – 03 21 81 53 04 – www.chateaudemontreuil.com – Fermé 15 déc.-31 janv. et lundi sauf juil.-août et fériés
12 ch – 150/220 € 235/250 € – 4 suites – 19 €
Rest *Château de Montreuil* – voir les restaurants ci-après
Dans la partie haute de la ville, une grande et élégante demeure toute blanche (années 1920) dans un jardin clos, à l'abri des remparts... et du monde extérieur. Beaucoup de calme et de raffinement en ces lieux, dans une veine "so British".

Hermitage

pl. Gambetta – 03 21 06 74 74 – www.hermitage-montreuil.com
57 ch – 79/199 € 79/199 € – 13 €
Rest *Le Jéroboam* – voir les restaurants ci-après
Cette belle bâtisse en brique rouge, construite sous Napoléon III, est désormais un hôtel tout ce qu'il y a de plus classique. Les chambres, assez sobres, offrent de beaux volumes : une étape prisée des amateurs de golf et de rallyes.

Coq Hôtel

ch,

2 pl. de la Poissonnerie – 03 21 81 05 61 – www.coqhotel.fr – Fermé 22 déc.-1er fév.
19 ch – 115/132 € 115/154 € – 15 € – ½ P
Rest *Le Coquempot* – Menu 18 € (déj. en semaine), 25/38 € – Carte 38/63 €
(fermé vend. midi, sam. midi et jeudi)
Cette maison bourgeoise dresse sa belle façade en brique rouge sur une placette du centre. Les chambres sont spacieuses et coquettes : parfait pour une étape dans cette petite ville médiévale.

Château de Montreuil (Christian Germain) – Hôtel Château de Montreuil

4 chaussée des Capucins – 03 21 81 53 04 – www.chateaudemontreuil.com – Fermé 15 déc.-31 janv., mardi midi, lundi sauf juil.-août et jeudi midi
Menu 37 € (déj.), 75/95 €
Les assiettes sont belles à regarder, plus encore à déguster... Joli moment de gastronomie au cœur de Montreuil, sous l'égide d'un chef amoureux du produit et précis dans son travail. Décor classique. ➜ Huîtres normandes de Saint-Vaast aux passe-pierres et oreilles de cochon. Côte de veau de lait élevé sous la mère, crème de laitue et petits pois. Millefeuille chocolat et framboise.

Le Jéroboam – Hôtel Hermitage

1 r. des Juifs, (Cours de l'Hermitage) – 03 21 86 65 80 – www.lejeroboam.com – Fermé janv., lundi sauf le soir en juil.-août et dim.
Menu 17 € (déj. en semaine), 25/32 € – Carte 32/55 €
Ce restaurant joue l'éclectisme : carte dans le vent (classiques de bistrot, spécialités régionales, cuisine fusion), vins de petits producteurs et déco design. Un esprit très "wine bar" !

à La Madelaine-sous-Montreuil 3 km à l'Ouest par D 139 et rte secondaire – ✉ 62170 – 176 hab.

La Grenouillère

19 r. de la Grenouillère – ✆ 03 21 06 07 22 – www.lagrenouillere.fr – Fermé janv., lundi midi et jeudi midi de sept. à juin, mardi sauf le soir en juil.-août, merc. midi sauf juil.-août et merc. soir de nov. à Pâques

12 ch – 140/255 € 140/255 € – 22 €

Rest ***La Grenouillère*** ✿ – voir les restaurants ci-après

De l'hôtel-restaurant familial – une ancienne ferme picarde dans les champs –, Alexandre Gauthier a fait... un lieu d'avant-garde. À l'image de sa cuisine tout en recherches, les chambres jouent une carte très contemporaine, notamment les "huttes" créées dans le jardin par l'architecte Patrick Bouchain, au luxe sauvage !

La Grenouillère (Alexandre Gauthier)

19 r. de la Grenouillère – ✆ 03 21 06 07 22 – www.lagrenouillere.fr – Fermé janv., lundi midi et jeudi midi de sept. à juin, mardi sauf le soir en juil.-août, merc. midi sauf juil.-août et merc. soir de nov. à Pâques

Formule 48 € – Menu 88/120 € – Carte 78/102 €

Très design, tout en matériaux bruts, la salle ouvre à la fois grand sur la nature et les fourneaux. Le spectacle est total ! Un superbe écrin pour la cuisine d'Alexandre Gauthier, connu pour bousculer les conventions. Ses assiettes sont autant d'instantanés de créativité, où le produit s'exprime en toute liberté... Expérience très contemporaine. → Asperges vertes et billes de vinaigre balsamique. Homard au genièvre. Bulle du marais.

à Inxent 9 km au Nord sur D 127 – ✉ 62170 – 165 hab.

Auberge d'Inxent avec ch

318 r. de la Vallée-de-la-Course – ✆ 03 21 90 71 19 – www.auberge-inxent.fr – Ouvert 13 fév.-16 nov. et fermé merc. sauf juil.-août et mardi

5 ch – 74/79 € 74/79 € – 10 € – ½ P Menu 18/35 € – Carte 26/53 €

Beaux meubles et chaleureuse atmosphère familiale en ce restaurant aménagé dans un ancien presbytère (18e s.). On y apprécie une cuisine régionale accompagnée d'une belle sélection de vins. Quelques chambres pour prolonger le séjour.

MONTREUIL – 93 Seine-Saint-Denis → voir Paris, Environs

MONTREVEL-EN-BRESSE

✉ 01340 (Ain) – 2 362 hab. – **Voir carte n°44-B1**

Paris 395 km – Bourg-en-Bresse 18 km – Mâcon 25 km – Pont-de-Vaux 22 km

Carte Michelin 328-D2 – Guide Vert Michelin Lyon et sa région

Léa (Louis Monnier)

10 rte d'Etrez – ✆ 04 74 30 80 84 – www.restaurant-lea.com – Fermé 4-19 juil., 20 déc.-15 janv., dim. soir et merc.

Menu 36 € (semaine), 55/80 € – Carte 67/102 € *(réservation conseillée)*

Quelle plaisir de déguster une vraie cuisine classique dans cette très accueillante maison bourgeoise ! Beaucoup de charme et le goût des produits nobles (homard, volaille de Bresse, belles viandes et poissons sauvages) : au-delà des modes, ici, on défend les saveurs intemporelles. → Fricassée d'escargots gros-gris, champignons sauvages et beurre persillé. Poularde de Bresse cuisinée à la crème et au savagnin. Parfait glacé aux pralines roses.

Le Comptoir

9 Grande-Rue – ✆ 04 74 25 45 53 – Fermé 2 semaines en juil., 22 déc.-13 janv., dim. soir, mardi soir et merc.

Menu 19 € (semaine), 21/34 € – Carte 24/39 €

Envie d'un verre au Comptoir ? Ce café de village joue la carte de la nostalgie, façon Gabin et Verneuil : banquettes, affiches, miroirs et... spécialités bistrotières, sans oublier quelques plats régionaux. Vous y reviendrez forcément !

rte de Bourg-en-Bresse 2 km au Sud sur D 975 – ✉ 01340 Montrevel-en-Bresse

Le Pillebois

– ✆ 04 74 25 48 44 – www.hotellepillebois.com – Fermé 10-18 août et 21 déc.-6 janv.

31 ch – †69/104 € ††74/109 € – 1 suite – ☕ 10 € – ½ P

Rest ***Les Vallons*** – voir les restaurants ci-après

Cette bâtisse moderne, de style bressan, abrite des chambres fonctionnelles et bien tenues, toutes dans un style contemporain. La piscine découverte et la terrasse sont propices au farniente, et l'espace fitness permet de garder la forme !

Les Vallons – Hôtel Pillebois

– ✆ 04 74 25 48 44 – www.hotellepillebois.com – Fermé 10-18 août, 21 déc.-10 janv., dim. soir et lundi midi

Formule 15 € – Menu 19 € (semaine), 23/55 € – Carte 29/65 €

Pourquoi ne pas se laisser tenter par le restaurant de l'hôtel Pillebois ? Au menu, des recettes traditionnelles réalisées avec une pointe d'originalité : poireaux vinaigrette, filet de limande accompagné de légumes, chèvre frais avec de la salade, etc. Aux beaux jours, on s'installe dans le patio !

MONTRICHARD

✉ 41400 (Loir-et-Cher) – 3 427 hab. – **Voir carte n°11-A1**

Paris 220 km – Blois 37 km – Châteauroux 85 km – Châtellerault 95 km

Carte Michelin 318-E7 – Guide Vert Michelin Châteaux de la Loire

Le Bellevue

24 quai de la République – ✆ 02 54 32 06 17 – www.hotel-le-bellevue41.com – Fermé vend., sam. et dim. du 24 nov. au 14 déc.

32 ch – †68/98 € ††78/120 € – 3 suites – ☕ 10 € – ½ P

Rest – Formule 20 € – Menu 26/42 € – Carte 33/52 € *(fermé 24 nov.-14 déc. et vend. de nov. à avril)*

Enseigne-vérité : la plupart des chambres offrent une vue panoramique sur le Cher. Quelques suites dans une villa toute proche. Au restaurant, baies vitrées sur la vallée et carte traditionnelle.

à Chissay-en-Touraine 4 km à l'Ouest par D 176 – ✉ 41400 – 1 143 hab.

Château de Chissay

– ✆ 02 54 32 32 01 – www.chateaudechissay.com – Ouvert 4 avril-1er nov.

26 ch – †135/240 € ††135/240 € – 9 suites – ☕ 17 € – ½ P

Rest – Formule 30 € – Menu 46/70 € – Carte 57/82 €

Louis XI, le général de Gaulle : ce château du 15es. a accueilli d'illustres personnages ! Chambres classiques ; la troglodytique et le duplex du donjon ne manquent pas d'originalité... Au restaurant : voûtes, boiseries, mobilier Louis XIII et... cuisine actuelle.

MONTRICOUX

✉ 82800 (Tarn-et-Garonne) – 1 091 hab. – **Voir carte n°29-C2**

Paris 618 km – Cahors 51 km – Gaillac 39 km – Montauban 25 km

Carte Michelin 337-F7

Les Gorges de l'Aveyron

Le Bugarel – ✆ 05 63 24 50 50 – www.gorges-aveyron.com – Fermé mars, 2-31 janv., mardi sauf du 15 juin au 15 sept. et lundi

Menu 15 € (déj. en semaine), 29/75 €

Au cœur d'un parc verdoyant baigné par l'Aveyron, cette villa cossue est une véritable invitation à savourer une cuisine de saison agréable et bien ficelée. La grande terrasse se révèle incontournable aux beaux jours.

Les Gorges de l'Aveyron

5 ch – †85/160 € ††85/160 € – ☕ 13 €

Ravissant ! Cet ancien moulin (1796) a beaucoup d'allure : les chambres y sont classiques et feutrées, le salon charmant (piano, cheminée en pierre de taille) et la piscine délicieuse...

MONTROND-LES-BAINS

✉ 42210 (Loire) – 4 785 hab. – **Voir carte n°44-A2**
▶ Paris 447 km – Lyon 69 km – Montbrison 15 km – Roanne 58 km
Carte Michelin 327-E6 – Guide Vert Michelin Lyon et sa région

La Poularde avec ch

2 r. de St-Étienne – ✆ 04 77 54 40 06 – www.la-poularde.com – Fermé 27 avril-6 mai, 2-21 janv., mardi midi, dim. soir et lundi
16 ch – 92/107 € 92/107 €
Menu 38/119 € – Carte 88/195 € *(réservation conseillée)*
Nouveau départ pour cet établissement bien connu dans la région, repris en 2012 par deux jeunes professionnels bien décidés à en rénover l'esprit de tradition… sans en dénaturer l'âme – nous sommes dans un relais de poste de 1732 ! D'ores et déjà, le décor comme la cuisine mêlent joliment classicisme et modernité...

Carré Sud

4 rte de Lyon – ✆ 04 77 54 42 71 – www.carre-sud.fr – Fermé 1 semaine en août, mardi soir, dim. et lundi
Menu 17 € (déj. en semaine), 27/51 € – Carte 30/50 €
Velouté de châtaigne aux copeaux de foie gras et pleurote en persillade, joues de bœuf confites au romarin à la pulpe de topinambour... De jolies présentations, des cuissons justes, des saveurs bien marquées : en dépit de son jeune âge, le chef cuisine franchement et sans complexe, pour notre plus grand plaisir !

MONTROUGE – 92 Hauts-de-Seine ➜ voir Paris, Environs

MONTS

✉ 37260 (Indre-et-Loire) – 6 962 hab. – **Voir carte n°11-B2**
▶ Paris 254 km – Azay-le-Rideau 13 km – Chenonceaux 48 km – Chinon 33 km
Carte Michelin 317-M5

Au Carrousel des Saveurs

2 r. Jean-Colin – ✆ 02 47 26 76 86 – www.aucarrouseldessaveurs.fr – Fermé 6-20 juil., 2 semaines en janv., dim. soir et lundi
Formule 14 € – Menu 24/49 €
Rouget grondin aux aromates, filet mignon aux morilles, pannacotta au lait de coco avec sa gelée au rhum, etc. Le jeune chef, après un parcours dans de belles maisons, a posé ses valises dans cette petite auberge familiale des bords de l'Indre pour en faire... un carrousel de jolies saveurs !

MONT-SAINT-JEAN

✉ 21320 (Côte-d'Or) – 248 hab. – **Voir carte n°8-C2**
▶ Paris 265 km – Dijon 62 km – Mâcon 146 km – Nevers 183 km
– Guide Vert Michelin Bourgogne

Les Roches

r. de Glanot – ✆ 03 80 84 32 71 – www.lesroches-burgundy.com
5 ch – 129/169 € 139/179 €
Table d'hôte – Menu 32 € – Carte 31/43 € *(fermé le midi, mardi et merc.)*
Lustres à pampilles, moulures, mobilier chiné : cette maison bourgeoise (1901) cultive son style châtelain avec une certaine élégance. Le jardin est charmant, tout comme la vue sur le Morvan et l'accueil des propriétaires. Le soir, les résidents – et les autres ! – dînent autour de petits plats de tradition.

LE MONT-ST-MICHEL

✉ 50170 (Manche) – 43 hab. – **Voir carte n°32-A3**
▶ Paris 359 km – Alençon 135 km – Avranches 23 km – Dinan 58 km
Carte Michelin 303-C8 – Guide Vert Michelin Normandie Cotentin, Bretagne

à la Digue 2 km au Sud sur D 976 – ✉ 50170 Le Mont-St-Michel

Le Relais Saint-Michel rest, P
– *✆ 02 33 89 32 00 – www.lemontsaintmichel.info*
32 ch – †270 € ††420 € – 7 suites – ☕ 28 € – ½ P
Rest – Menu 35 € (déj.), 45/55 € – Carte 46/68 €
Pour les touristes et les pélerins d'aujourd'hui, une étape confortable... face à la silhouette du Mont : dans ce relais contemporain (1995), la quasi totalité des chambres ouvrent par de grandes baies – et avec balcon ou terrasse – sur l'étendue des herbus et l'abbaye. Restaurant panoramique.

Mercure AC P
– *✆ 02 33 60 14 18 – www.le-mont-saint-michel.com – Fermé 7-11 janv.*
100 ch – †87/150 € ††92/160 € – ☕ 14 €
Rest *Le Pré Salé* – voir les restaurants ci-après
Tous les avantages de la chaîne Mercure juste à côté du Couesnon, à l'amorce de la voie d'accès au Mont. Un ensemble confortable et bien tenu.

Le Relais du Roy P
– *✆ 02 33 60 14 25 – www.le-relais-du-roy.com – Fermé 12-26 janv.*
27 ch – †84/121 € ††84/121 € – ☕ 11 € – ½ P
Rest – Formule 15 € – Menu 19/39 € – Carte 35/75 €
À l'entrée de la digue, une ancienne ferme de la fin du 18ᵉ s. toute en pierre, et son extension plus récente. Les chambres, fonctionnelles et bien tenues, ouvrent pour certaines (les plus calmes) sur le Couesnon.

Le Pré Salé – Hôtel Mercure AC P
– *✆ 02 33 60 24 17 – www.le-mont-saint-michel.com – Fermé 6-11 janv.*
Menu 21/58 € – Carte 28/72 €
Comme son nom l'indique, cette table fait la part belle aux produits de la région : l'agneau de pré-salé, bien sûr, mais aussi les poissons de St-Malo et les légumes des environs. La cuisine est traditionnelle et bien réalisée, la terrasse agréable, et les herbus – ces prés salés de la baie – sont si proches !

MONTSALVY

✉ 15120 (Cantal) – 875 hab. – **Voir carte n°5-B3**
Paris 586 km – Aurillac 31 km – Entraygues-sur-Truyère 14 km – Figeac 57 km
Carte Michelin 330-C6 – Guide Vert Michelin Auvergne

L'Auberge Fleurie avec ch AC rest,
pl. du Barry – ✆ 04 71 49 20 02 – www.auberge-fleurie.com
– Fermé 17-24 juin, 16-23 sept., 2 janv.-13 fév., dim. soir et lundi sauf juil.-août
7 ch – †50/80 € ††50/70 € – ☕ 9 € – ½ P
Menu 16 € (déj. en semaine), 25/45 € – Carte 34/57 €
Avis aux amateurs : ici, on a la passion du terroir et des bons vins ! Quenelle de saumon aux moules sur bisque de langoustine, côtelette de porc fermier "Lou Téchou" à la graine de moutarde... Dans cette auberge couverte de vigne vierge, le chef revisite joliment la tradition. Quelques chambres à l'étage.

MONT-SAXONNEX

✉ 74130 (Haute-Savoie) – 1 593 hab. – **Voir carte n°46-F1**
Paris 572 km – Annecy 57 km – Genève 38 km – Lyon 189 km
Carte Michelin 328-L4 – Guide Vert Michelin Alpes du Nord

Jalouvre 
45 rte Gorge-du-Cé – ✆ 04 50 96 90 67 – www.lejalouvre.com – Fermé 2 semaines début janv.
14 ch – †68 € ††83 € – ☕ 9 € – ½ P
Rest – Menu 15 € (déj. en semaine), 23/48 € – Carte 23/51 € *(fermé sam. midi et dim.)*
Bien au calme dans un village de montagne, un hôtel confortable et avenant avec des chambres décorées dans un bel esprit de chalet contemporain. Pour se sustenter, deux possibilités : un bistrot régional et un restaurant traditionnel dans un décor tout en bois.

MONTSÉGUR – 09 Ariège → voir Lavelanet

MONTSOREAU

✉ 49730 (Maine-et-Loire) – 480 hab. – **Voir carte n°35-C2**
Paris 292 km – Angers 75 km – Châtellerault 65 km – Chinon 18 km
Carte Michelin 317-J5 – Guide Vert Michelin Pays de la Loire

La Marine de Loire sans rest

9 av. de la Loire – ☎ 02 41 50 18 21 – www.hotel-lamarinedeloire.com
7 ch – 98 € 135/195 € – 4 suites – ☕ 14 €
Un hôtel de charme décoré avec goût : les chambres, aux noms poétiques, sont confortables et bien tenues. Il fait bon se promener dans le jardin d'agrément, avant d'aller se prélasser dans l'espace bien-être, avec hammam et cabines de soins...

Le Bussy sans rest
4 r. Jeanne d'Arc – ☎ 02 41 38 11 11 – www.hotel-lebussy.fr – Ouvert de mi-mars à mi-déc.
12 ch – 87/110 € 87/135 € – ☕ 12 €
La plupart des chambres de cette maison du 18e s. regardent le joli château de la Dame de Monsoreau, dont Bussy était l'amant. Salle des petits-déjeuners troglodytique.

Diane de Méridor
12 quai Philippe-de-Commines – ☎ 02 41 51 71 76 – www.restaurant-dianedemeridor.com – Fermé mardi hors saison et merc.
Formule 19 € – Menu 29/70 € – Carte environ 57 €
Une grande salle avec vue sur la Loire... Des murs en tuffeau et quelques touches contemporaines s'accordant parfaitement avec la cuisine dans l'air du temps du chef. Le tout ponctué de quelques recettes régionales. Voilà une adresse qui sait conjuguer passé et présent !

MOOSCH

✉ 68690 (Haut-Rhin) – 1 738 hab. – **Voir carte n°1-A3**
Paris 469 km – Colmar 53 km – Mulhouse 29 km – Strasbourg 128 km
Carte Michelin 315-G9

Aux Trois Rois

35 r. du Gén.-de-Gaulle – ☎ 03 89 82 34 66 – www.aux-trois-rois.com – Fermé 23 juin-9 juil., 27 déc.-8 janv., lundi et mardi
Menu 14 € (déj. en semaine), 35/56 € – Carte 40/68 €
Pâté en croûte, tête de veau... Ici, les éternels bistrotiers sont rois, mais ils partagent volontiers leur couronne avec les produits de la mer. À l'ardoise, des propositions sans cesse renouvelées et des vins qui sont de vraies petites trouvailles : un royaume du goût, de la qualité et de la convivialité !

MORANGIS – 91 Essonne → voir Paris, Environs

MOREILLES – 85 Vendée → voir Luçon

MORESTEL

✉ 38510 (Isère) – 4 201 hab. – **Voir carte n°45-C2**
Paris 506 km – Lyon 65 km – Vénissieux 63 km – Villeurbanne 64 km
Carte Michelin 333-F3 – Guide Vert Michelin Lyon et sa région

Auberge du Fouron

254 chemin de Malissole, RN 75, rte de Bourg – ☎ 04 74 80 28 69 – www.aubergedufouron.com – Fermé 1er-15 mai, 2 semaines en oct., sam. midi de sept. à mai, dim. soir et lundi
Formule 15 € – Menu 35/42 € – Carte environ 60 €
Des herbes aromatiques, des fleurs comestibles, des légumes du potager et des épices en tous genres : la recette du bonheur selon cette auberge. On se laisse donc facilement tenter par un pavé de merlu rôti au jus de viande et côtes de blettes, ou un jubilé de cerises et blanc-manger... Fameux !

MORET-SUR-LOING

✉ 77250 (Seine-et-Marne) – 4 330 hab. – Voir carte n°**19**-C3
Paris 74 km – Fontainebleau 11 km – Melun 28 km – Nemours 17 km
Carte Michelin 312-F5 – Guide Vert Michelin Île-de-France

Auberge de la Terrasse

40 r. Pêcherie – ✆ 01 60 70 51 03 – www.auberge-terrasse.com – Fermé 13 oct.-10 nov.
17 ch – †58/71 € ††76/89 € – ☐ 11 € – ½ P
Rest – Formule 19 € – Menu 23 € (semaine), 31/54 € *(fermé vend. soir, dim. soir et lundi)*
Cette bâtisse ancienne longe le Loing, tranquille rivière immortalisée par Sisley. Les petites chambres, insonorisées, sont simples mais très bien tenues. Bien pour une étape près de Fontainebleau ou un voyage d'affaires.

Le Relais de Pont-Loup

14 r. du Peintre Sisley – ✆ 01 60 70 43 05 – www.lerelaisdepontloup.com – Fermé 3-14 janv., dim. soir et lundi
Formule 14 € – Menu 17 € (déj. en semaine)/39 € – Carte 35/65 € *(réservation conseillée)*
Ici, on accède à la salle par la cuisine. Cadre rustique à souhait : briques, poutres, cheminée et rôtissoire. Terrasse tournée vers le jardin s'étendant jusqu'au Loing.

Hostellerie du Cheval Noir avec ch

rest, ch,

47 av. Jean Jaurès – ✆ 01 60 70 80 20 – www.chevalnoir.fr – Fermé 28 avril-6 mai, 28 juil.-12 août, 20 janv.-11 fév., lundi et mardi
11 ch – †90/175 € ††105/175 € – ☐ 12 € – ½ P
Formule 25 € 🍷 – Menu 28/58 € – Carte 65/80 €
Cet ex-relais postal du 18es., bâti face à l'une des portes de l'ancienne place forte, propose une cuisine inventive jouant sur les saveurs douces et épicées.

MOREY-ST-DENIS

✉ 21220 (Côte-d'Or) – 697 hab. – Voir carte n°**8**-D1
Paris 318 km – Beaune 30 km – Dijon 16 km
Carte Michelin 320-J6

Castel de Très Girard

7 r. de Très Girard – ✆ 03 80 34 33 09 – www.castel-tres-girard.com – Fermé de mi-fév. à mi-mars
8 ch – †140/240 € ††140/240 € – ☐ 14 € – ½ P
Rest *Castel de Très Girard* – voir les restaurants ci-après
Une très belle maison de maître du 18e s. au cœur de ce village typiquement bourguignon. Les chambres, cossues et spacieuses, sont idéales pour se prélasser, tout comme la belle terrasse, le jardin et la piscine...

Castel de Très Girard

7 r. de Très Girard – ✆ 03 80 34 33 09 – www.castel-tres-girard.com – Fermé de mi-fév. à mi-mars, dim. soir et lundi du 25 nov. à mi mars
Formule 15 € – Menu 42 € – Carte 32/44 €
Dans ce restaurant mêlant élégamment charme rustique et douceur contemporaine, le chef réalise une belle cuisine, faite de fraîcheur de saison, de saveurs du terroir et de modernité... L'art de la conjugaison !

MORGAT

✉ 29160 (Finistère) – 7 535 hab. – Voir carte n°**9**-A2
Paris 590 km – Brest 62 km – Châteaulin 38 km – Douarnenez 42 km
Carte Michelin 308-E5 – Guide Vert Michelin Bretagne Nord

Julia sans rest

43 r. de Tréflez – ✆ 02 98 27 05 89 – www.hoteljulia.fr – Ouvert d'avril à nov.
15 ch – †54/71 € ††59/78 € – 1 suite – ☐ 12 €
Dans un quartier calme, sur les hauteurs de Morgat, cet hôtel de tradition continue sa "mue" et se dote peu à peu de confortables installations contemporaines. Les chambres sont spacieuses, et la plupart d'entre elles offrent une jolie vue sur la mer.

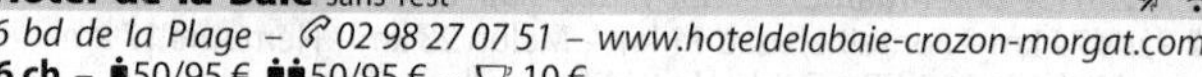

Hôtel de la Baie sans rest

46 bd de la Plage – ✆ 02 98 27 07 51 – www.hoteldelabaie-crozon-morgat.com
26 ch – †50/95 € ††50/95 € – ☕ 10 €
Au cœur de Morgat, l'établissement offre une vue imprenable sur la plage... Les chambres, d'esprit actuel, gaies et soignées, sont d'un bon rapport qualité-prix. On prend son petit-déjeuner dans le salon de thé. Une adresse où l'on se sent bien.

Saveurs et Marée

52 bd de la Plage – ✆ 02 98 26 23 18 – www.saveurs-et-maree.com – Fermé 20 janv.-25 fév. et lundi de fin sept. à avril
Formule 14 € – Menu 18 € (déj. en semaine), 30/49 € – Carte 27/52 €
Une cuisine "dans le vent" pour cette maison conviviale, au cœur de la station balnéaire. Marée et saveurs sont au rendez-vous avec des spécialités comme le poisson au beurre blanc, la marmite de homard, etc.

MORILLON – 74 Haute-Savoie ➜ voir Samoëns

MORLAIX

✉ 29600 (Finistère) – 15 421 hab. – **Voir carte n°9-B1**
▶ Paris 538 km – Brest 61 km – Quimper 78 km – St-Brieuc 86 km
Carte Michelin 308-H3 – Guide Vert Michelin Bretagne Nord

Cozy Hôtel sans rest

3 km par rte de Plouigneau Est sur D 712 - BZ – ✆ 02 98 88 08 68 – www.hotel-morlaix.com – Fermé 26 déc.-11 janv.
30 ch – †50/65 € ††56/70 € – ☕ 9 €
En léger retrait de la route, une construction cubique des années 1970, qui abrite des chambres fonctionnelles, plus "cosy" au rez-de-chaussée, plus classiques à l'étage. Pour la clientèle d'étape, restauration simple, le soir en semaine. Prix raisonnables.

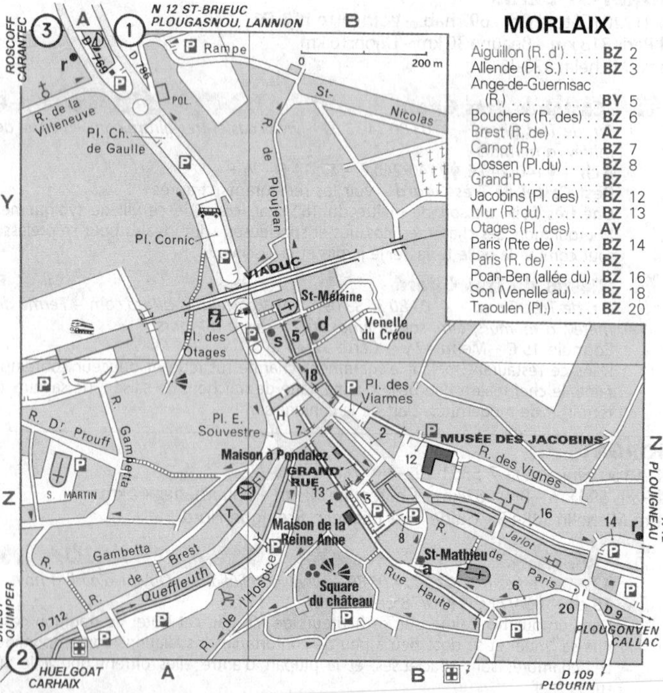

MORLAIX

Rue	Carré	N°
Aiguillon (R. d')	BZ	2
Allende (Pl. S.)	BZ	3
Ange-de-Guernisac (R.)	BY	5
Bouchers (R. des)	BZ	6
Brest (R. de)	AZ	
Carnot (R.)	BZ	7
Dossen (Pl.du)	BZ	8
Grand'R.	BZ	
Jacobins (Pl. des)	BZ	12
Mur (R. du)	BZ	13
Otages (Pl. des)	AY	
Paris (Rte de)	BZ	14
Paris (R. de)	BZ	
Poan-Ben (allée du)	BZ	16
Son (Venelle au)	BZ	18
Traoulen (Pl.)	BZ	20

Hôtel du Port sans rest

3 quai de Léon – ✆ 02 98 88 07 54 – www.lhotelduport.com – Fermé 21 déc.-5 janv. Plan : AY**r**

25 ch – 54/77 € 65/85 € – 9 €

Une bonne petite adresse que cette maison bretonne du 19e s. face au port de plaisance. Les chambres sont pratiques et bien insonorisées ; certaines avec vue sur les quais. Randonneurs, le GR 34 passe juste là !

Manoir de Coat Amour

ch,

rte de Paris – ✆ 02 98 88 57 02 – www.gites-morlaix.com – Fermé janv.

5 ch – 79/128 € 94/128 € **Table d'hôte** – Menu 35 € Plan : BZ**r**

Sur les hauteurs de la ville, cette maison de maître (19e s.) aux airs de malouinière a un charme fou. Entourées d'un grand parc fleuri d'essences rares, les chambres sont délicieusement reposantes, embellies de meubles chinés. La maîtresse des lieux, britannique, fait table d'hôte certains soirs... Belle cote d'amour !

Le Viaduc

3 rampe St-Mélaine – ✆ 02 98 63 24 21 – www.le-viaduc.com – Fermé 5-24 oct., dim. soir et lundi sauf juil.-août Plan : BY**s**

Formule 16 € – Menu 30 € – Carte 30/60 €

Cette maison compte parmi les plus vieilles du secteur de l'église St-Mélaine. Les spécialités du chef, dont le père était boucher : la viande, les abats et le célèbre kig-ha-farz, le pot-au-feu breton. Mais il y a aussi du poisson, bien sûr !

L'Estaminet

23 r. du Mur – ✆ 02 98 88 00 17 – www.restaurant-morlaix.com – Fermé dim. et lundi Plan : BZ**t**

Formule 16 € – Menu 29/46 € – Carte 35/55 €

Il est conseillé d'aller mordre à pleines dents dans les plats de ce sympathique bistrot, situé dans une rue semi-piétonne du vieux Morlaix. Le jeune chef privilégie les produits du terroir breton (oignons de Roscoff, andouille de Guémené, cocos de Paimpol), qu'il retravaille avec soin, dans le respect des saveurs.

L'Evidence (N)

4 r. Basse – ✆ 02 98 15 58 25 – www.levidence.eu – fermé 28 avril-6 mai, 1er-9 sept., dim. et lundi Plan : BZ**a**

Formule 15 € – Menu 20 € (déj.), 24/50 € – Carte environ 47 €

Un bistrot contemporain au cadre sobre et épuré, situé dans le vieux Morlaix, et qui s'impose... comme une Évidence ! On y déguste une cuisine dans l'air du temps, qui évolue au fil des saisons ; le chef propose une formule attractive pour déjeuner. Spécialité de la maison : le pigeonneau rôti au chou.

L'Hermine

35 r. Ange-de-Guernisac – ✆ 02 98 88 10 91 – www.restaurantmorlaix.com – Fermé 1er-15 mars et merc. en hiver Plan : BY**d**

Menu 12 € (déj.) – Carte 10/25 €

Poutres, tables en bois ciré, objets rustiques : une crêperie bien sympathique dans un pittoresque quartier piétonnier, avec une petite terrasse... On peut choisir parmi une cinquantaine de crêpes au sarrasin et au froment, avec une spécialité : la Godaille, une galette au thon, au beurre d'ail et aux algues.

MORLANNE

✉ 64370 (Pyrénées-Atlantiques) – 589 hab. – **Voir carte n°3-B3**

Paris 771 km – Bordeaux 193 km – Mont-de-Marsan 59 km – Pau 36 km

Carte Michelin 342-I1

Cap e Tot

10 Carrère du Château – ✆ 05 59 81 62 68 – Fermé 15-30 juin, 3 semaines en sept., 24 déc.-15 janv., merc. soir et jeudi midi sauf juil.-août, merc. midi, dim. soir, lundi et mardi

Menu 26/56 €

Biarnes cap e tot ! Traduisez : béarnais de pied en cap… Deux salles, deux formules : d'un côté, un restaurant gastronomique (menu unique) à l'ambiance cosy et contemporaine ; de l'autre, un bistrot béarnais et ses plats très généreux, avec vue sur un jeu de quilles de neuf !

MORNAC-SUR-SEUDRE

✉ 17113 (Charente-Maritime) – 839 hab. – **Voir carte n°38-A3**

Paris 510 km – Angoulême 109 km – Poitiers 177 km – La Rochelle 70 km

Carte Michelin 324-D5 – Guide Vert Michelin Poitou-Charentes

Les Basses Amarres

5 r. des Basses-Amarres, (au port) – ✆ 05 46 22 63 31 – www.lesbassesamarres.com – Fermé 2 semaines en nov., 2 semaines en janv., vacances de fév., lundi et mardi sauf juil.-août

Menu 28/33 € – Carte 42/56 €

Dans ce petit bourg typique de l'estuaire de la Seudre, marqué par la tradition ostréicole, ce bistrot marin transmet joyeusement la tradition : huîtres du cru et nombreux plats du large (raviole ouverte de coques et crevettes, maigre sauce bouillabaisse...) sont pleins de goût, pour le meilleur de la pêche locale.

MORSBRONN-LES-BAINS

✉ 67360 (Bas-Rhin) – 690 hab. – **Voir carte n°1-B1**

Paris 489 km – Haguenau 11 km – Sarreguemines 68 km – Strasbourg 44 km

Carte Michelin 315-K3

La Source des Sens

19 rte d'Haguenau – ✆ 03 88 09 30 53 – www.lasourcedessens.fr – Fermé 1 semaine en janv., 1 semaine en juil.

32 ch – 90/250 € 120/250 € – 18 € – ½ P

Rest *La Source des Sens* – voir les restaurants ci-après

Un hôtel-restaurant très agréable dans cette station thermale du nord de l'Alsace. Chambres tendance au design sobre – plus calmes sur l'arrière du bâtiment –, espace bien-être complet avec un superbe spa de 2 000 m^2 : tous les sens sont flattés.

La Source des Sens

19 rte d'Haguenau – ✆ 03 88 09 30 53 – www.lasourcedessens.fr – Fermé 1 semaine en janv., 1 semaine en juil., lundi midi et mardi midi

Formule 18 € – Menu 31/68 € – Carte 47/65 €

Le cadre est résolument contemporain – mobilier design et vue sur les cuisines via un écran plasma – et la carte se veut créative. Pour preuve, des langoustines accompagnées de chips de vitelotte, un sorbet à la coriandre...

MORTAGNE-AU-PERCHE

✉ 61400 (Orne) – 4 093 hab. – **Voir carte n°33-C3**

Paris 153 km – Alençon 39 km – Chartres 80 km – Lisieux 89 km

Carte Michelin 310-M3 – Guide Vert Michelin Normandie Vallée de la Seine

Hôtel du Tribunal

4 pl. du Palais – ✆ 02 33 25 04 77 – www.hotel-tribunal.fr

21 ch – 65/85 € 65/120 € – 11 € – ½ P

Rest *Restaurant du Tribunal* – voir les restaurants ci-après

Une ravissante maison fleurie (13e-18e s.), parfaite pour partir à la découverte de la cité et des collines du Perche. Classiques ou joliment contemporaines, les chambres allient fraîcheur et confort. Avec en prime un accueil très sympathique.

Restaurant du Tribunal

4 pl. du Palais – ✆ 02 33 25 04 77 – www.hotel-tribunal.fr

Formule 16 € – Menu 30/60 € – Carte 46/78 €

Le décor, élégant et cossu, ne manque pas d'attrait, mais c'est la cuisine du tout jeune chef qui interpelle : portés par son entrain et son inventivité, les produits du terroir épousent la tendance... Les spécialités régionales ne sont pas oubliées, tels le boudin noir (la grande spécialité de Mortagne) et la teurgoule !

au Pin-la-Garenne 9 km au Sud par rte Bellême sur D 938 – ✉ 61400 – 694 hab.

XX **La Croix d'Or**

6 r. de la Herse – ✆ 02 33 83 80 33 – http://lacroixdor.free.fr – Fermé 1 semaine vacances de la Toussaint et de fév., mardi et merc.

Formule 11 € – Menu 24/45 € – Carte 27/49 €

Une auberge accueillante comme une maison de famille... La demeure appartenait déjà à l'arrière-grand-mère du chef ! Après avoir fait ses classes dans de grands établissements, il est revenu au pays avec son épouse – originaire du Sud-Ouest comme l'indique son accent chantant – ; ensemble, ils ont créé un véritable repaire gourmand. La tradition a du bon !

MORTAGNE-SUR-GIRONDE

✉ 17120 (Charente-Maritime) – 1 023 hab. – Voir carte n°**38**-B3

▶ Paris 509 km – Blaye 59 km – Jonzac 30 km – Pons 26 km

Carte Michelin 324-F7 – Guide Vert Michelin Poitou-Charentes

La Maison du Meunier sans rest 

36 quai de l'Estuaire, (au port) – ✆ 05 46 97 75 10 – www.maisondumeunier.com

5 ch ☕ – 🚹70 € 🚹🚹70 €

Des meubles chinés, des photos anciennes, une moto datant de 1923 : la déco de cette maison de meunier du 19e s. est... insolite et charmante. Dans la salle de jeux, le propriétaire – un Hollandais fort accueillant – a constitué une superbe collection de flippers et organise des tournois. Avis aux amateurs !

MORTEAU

✉ 25500 (Doubs) – 6 700 hab. – Voir carte n°**17**-C2

▶ Paris 468 km – Basel 121 km – Belfort 88 km – Besançon 65 km

Carte Michelin 321-J4 – Guide Vert Michelin Franche-Comté Jura

 **La Guimbarde** sans rest

10 pl. Carnot – ✆ 03 81 67 14 12 – www.la-guimbarde.com

25 ch – 🚹60/100 € 🚹🚹60/100 € – ☕ 8 €

Un imposant édifice du 19e s. en plein centre-ville. Les chambres, de style contemporain, sont spacieuses et bien tenues. Le week-end, piano-bar au salon... sans guimbarde !

XX **Auberge de la Roche**

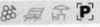

9 r. du Pont-de-la-Roche, 3 km au Sud-Ouest par D 437 ✉ 25570 – ✆ 03 81 68 80 05 – www.aubergedelaroche.com – Fermé 1 semaine en juil., 1 semaine en janv., mardi soir, dim. soir et lundi

Menu 27 € (semaine)/85 € – Carte 65/95 €

Une table de tradition, nichée dans la verte campagne du Haut-Doubs. Madame et Monsieur Feuvrier mettent tout leur cœur à satisfaire les clients, elle en salle, assurant un accueil très attentif ; lui aux fourneaux, jouant la carte du classicisme et des généreuses saveurs franc-comtoises...

X **Jacques Alexandre**

34 Grande-Rue – ✆ 03 81 43 14 19 – Fermé 2 semaines en janv., dim. et lundi

Formule 14 € – Menu 22/39 € – Carte 29/52 €

Un sympathique bistrot dans une maison de pays. Vue alléchante sur les cuisines depuis la salle "Comptoir" ; carte faisant honneur aux spécialités du genre et à la tradition.

MORZINE

✉ 74110 (Haute-Savoie) – 2 908 hab. – Voir carte n°**46**-F1

▶ Paris 586 km – Annecy 84 km – Cluses 26 km – Genève 58 km

Carte Michelin 328-N3 – Guide Vert Michelin Alpes du Nord

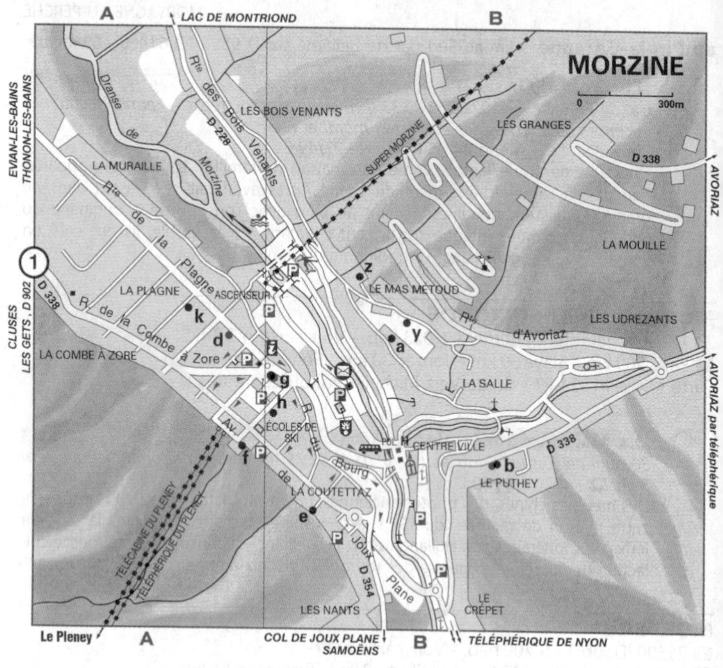

Le Samoyède

9 pl. de l'Office-du-Tourisme – 04 50 79 00 79 – *www.hotel-lesamoyede.com* – *Ouvert de mi-juin à mi-sept. et de mi-déc. à mi-avril*

Plan : B**g**

30 ch – 55/88 € 80/198 € – 1 suite – 13 € – ½ P

Rest *L'Atelier* – voir les restaurants ci-après

Au cœur de la station, un grand chalet plein de charme. Du skieur en solitaire à la famille nombreuse, tout le monde trouvera une chambre à son goût ; en bois blond ou contemporaines, elles donnent pour la plupart sur la montagne. Un cocon chic et chaleureux !

Le Dahu

rest,

293 chemin du Mas-Métout – 04 50 75 92 92 – *www.dahu.com* – *Ouvert 15 juin-15 sept. et mi déc.-mi avril*

Plan : B**z**

29 ch – 70/160 € 90/325 € – 8 suites – 18 €

Rest – Menu 44 € (dîner)/50 € – Carte 33/57 € *(fermé le midi en hiver et mardi soir)*

Contrairement au dahu, dont la légende a traversé les siècles (avec ses pattes plus courtes d'un côté), ce grand chalet n'a rien d'imaginaire ! Au calme sur la rive droite de la Dranse, l'hôtel domine la vallée. L'atmosphère est joliment montagnarde dans les chambres, et on profite d'un bel espace forme.

Champs Fleuris

rest,

247 rte du Téléphérique – 04 50 79 14 44 – *www.hotel-champs-fleuris.com* – *Ouvert 25 juin-5 sept. et 18 déc.-10 avril*

Plan : A**f**

47 ch – 100/200 € 100/350 € – 15 € – ½ P

Rest – Menu 24 €

Hôtel idéalement situé au pied du téléphérique du Pléney. Dans le salon crépite la cheminée et, après une journée de ski, on a plaisir à regagner sa chambre, si douillette ! Cuisine traditionnelle surtout destinée aux résidents.

La Bergerie sans rest

103 rte du Téléphérique – ✆ 04 50 79 13 69 – www.hotel-bergerie.com – Ouvert 28 juin-10 sept. et 20 déc.-1er avril
Plan : B**h**

27 ch – 80/260 € 150/300 € – 2 suites – 14 €

Un chalet sympathique où règne une ambiance familiale : chambres cosy et presque toutes équipées d'une kitchenette, jeux pour les enfants et piscine chauffée. À l'intérieur ou en terrasse, bon choix de fromages savoyards pour le petit-déjeuner.

Chalet Philibert

480 rte des Putheys – ✆ 04 50 79 25 18 – www.chalet-philibert.com – Ouvert 15 juin-15 sept. et 1er déc.-20 avril
Plan : B**b**

26 ch – 79/130 € 93/230 €

Rest *Le Restaurant du Chalet* – voir les restaurants ci-après

Chalet rénové dans le respect de l'authenticité savoyarde, avec de beaux matériaux anciens (bois, pierre) glanés dans les fermes voisines. Les chambres sont confortables et chaleureuses – avec un petit bémol pour celles de l'annexe.

La Clef des Champs

ch, rest,

av. Joux-Plane – ✆ 04 50 79 10 13 – www.clefdeschamps.com – Ouvert 1er juil.-1er sept. et 18 déc.-9 avril
Plan : B**e**

30 ch – 95/145 € 95/145 € – 12 € – ½ P

Rest – Formule 18 € – Menu 25/28 € *(résidents seult)*

Un chalet au pied des pistes, dont les balcons en bois semblent découpés dans une fine dentelle. Chambres de style montagnard, joliment arrangées et très bien tenues. Au restaurant, atmosphère tout bois – of course – et cuisine française aux accents du terroir.

Fleur des Neiges

rest,

227 Tdm de Nant-Crue – ✆ 04 50 79 01 23 – www.hotelfleurdesneigesmorzine.com – Ouvert 1er juil.-10 sept. et 22 déc.-15 avril
Plan : A**k**

31 ch – 60/120 € 80/200 € – ½ P

Rest – Menu 25 € *(fermé le midi) (résidents seult)*

La Fleur des Neiges ? Une jolie plante tenue par un couple franco-canadien accueillant et jovial. C'est chaleureux, typique et bien entretenu ! Côté sport et détente : fitness, sauna, tennis et piscine. Cuisine traditionnelle (menu unique).

L'Hermine Blanche

rest,

414 chemin du Mas-Metout – ✆ 04 50 75 76 55 – www.hermineblanche.com – Ouvert 28 juin-7 sept. et 20 déc.-11 avril
Plan : B**y**

25 ch – 62/78 € 75/140 € – 9 € – ½ P

Rest – Menu 26 € *(fermé le midi)*

Près de la route d'Avoriaz, un chalet dont les chambres sont fraîches et accueillantes (toutes avec balcon). L'été, on sort profiter de la piscine chauffée et de l'espace détente (jacuzzi, sauna), avant d'aller marcher sur les hauteurs de Morzine...

Les Côtes

265 chemin de la Salle – ✆ 04 50 79 09 96 – www.hotel-lescotes.com – Ouvert 5 juil.-1er sept. et 21 déc.-1er avril
Plan : B**a**

23 ch – 90/166 € 90/166 €

Rest – Menu 25/28 € – Carte 25/36 € *(fermé lundi et le midi) (résidents seult)*

Billard, flipper, baby-foot, minibowling : ici, les petits et grands enfants n'ont pas le temps de s'ennuyer. Chambres et studios sont sobres et bien tenus ; le soir, on propose un menu unique réservé aux résidents, sans chichis. Simple et familial !

L'Atelier – Hôtel Le Samoyède

9 pl. de l'Office-du-Tourisme – ✆ 04 50 79 00 79 – www.hotel-lesamoyede.com – Ouvert de mi-juin à mi-sept. et de mi-déc. à mi-avril et fermé le midi sauf dim.

Menu 46/75 € – Carte 51/64 €
Plan : B**g**

Au sein de l'hôtel Samoyède, un cadre montagnard chic, pour une cuisine au fait des tendances : truite fario marinée au saké et combava, dos de cabillaud rôti dans un bouillon de dashi, etc. Quand le Japon et l'Asie influencent la Savoie...

XX **Le Restaurant du Chalet** – Hôtel Chalet Philibert

480 rte des Putheys – ✆ 04 50 79 25 18 – www.chalet-philibert.com – Ouvert 15 juin-15 sept. et 1er déc.-20 avril et fermé le midi Plan : B**b**

Menu 39/54 € *(réservation conseillée)*

Une cuisine actuelle, réalisée à partir de bons produits : voilà ce que l'on peut déguster dans ce restaurant certes un peu excentré, mais où l'on se réfugie avec plaisir. Gravlax de bœuf au poivre de Sarawak, dos de cabillaud cuit au four et légumes d'hiver...

X **La Ferme de la Fruitière** N

337 rte de la Plagne – ✆ 04 50 79 77 70 – www.alpage-morzine.com – Ouvert 20 juin-15 sept. et 15 déc.-15 avril et fermé lundi midi sauf vacances scolaires Plan : A**d**

Carte 34/69 €

Dans cette salle boisée, une belle cheminée crépite sous vos yeux ; vous attendez l'arrivée de votre Berthoud, entre autres spécialités fromagères. Tournez la tête : à travers la vitre, la cave d'affinage de la fruitière voisine affiche ses meules d'Abondance, tommes et reblochons... Au cœur de la tradition !

MOSNAC – 17 Charente-Maritime → voir Pons

MOSNES

37530 (Indre-et-Loire) – 742 hab. – **Voir carte n°11-A1**

Paris 211 km – Blois 26 km – Orléans 86 km – Tours 37 km

Carte Michelin 317-P4

Domaine des Thômeaux

12 r. des Thômeaux – ✆ 02 47 30 40 14 – www.domainedesthomeaux.fr – Fermé dim. soir de début oct. à fin fév.

29 ch – †85/135 € ††85/135 € – ☕ 12 € – ½ P

Rest – Menu 20/35 € – Carte 37/50 € *(fermé dim., lundi et le midi de début oct. à fin fév.)*

Ce château tourangeau en brique et tuffeau abrite des chambres thématiques sur les villes du monde. Détente et loisirs garantis avec le spa et le parc Fantasy Forest. La salle à manger est vraiment grande ! On y sert une cuisine traditionnelle, teintée de saveurs du monde.

LA MOTHE-ACHARD

85150 (Vendée) – 2 631 hab. – **Voir carte n°34-B3**

Paris 446 km – Challans 40 km – Nantes 90 km – La Roche-sur-Yon 25 km

Carte Michelin 316-G8

Domaine de Brandois

La Forêt, proche du jardin extraordinaire – ✆ 02 51 06 24 24 – www.domainedebrandois.com

26 ch – †99/209 € ††99/209 € – ☕ 12 € – ½ P

Rest *Domaine de Brandois* – voir les restaurants ci-après

Au cœur d'un immense parc boisé, en pleine nature, ce petit château du 19e s. et ses dépendances cultivent l'art de la convivialité. Patine du temps, charme historique et... élégance résolument contemporaine et design. Du style !

XX **Domaine de Brandois**

La Forêt, proche du jardin extraordinaire – ✆ 02 51 06 24 24 – www.domainedebrandois.com – Fermé sam. midi et dim. soir

Formule 23 € – Menu 29/39 € – Carte 37/47 €

Moulures, parquet et mobilier design : on est immédiatement saisi par le charme châtelain et le raffinement contemporain de l'endroit. Dans l'assiette, on découvre une cuisine sobre, basée sur de bons produits, qui mêle habilement la tradition et l'air du temps... Un moment agréable !

LA MOTTE

83920 (Var) – 2 930 hab. – **Voir carte n°41-C3**

Paris 864 km – Cannes 54 km – Fréjus 25 km – Marseille 118 km

Carte Michelin 340-O5

Le Mas du Péré sans rest

280 chemin du Péré – ✆ 04 94 84 33 52 – www.lemasdupere.com

3 ch ☕ – †88/115 € ††88/115 €

Dans un village perché, ce mas provençal entouré de verdure abrite des chambres cosy, avec terrasses privatives. Jolie vue sur le massif des Maures depuis la piscine.

LA MOTTE-D'AIGUES

✉ 84240 (Vaucluse) – 1 350 hab. – **Voir carte n°40-B2**
▶ Paris 758 km – Avignon 80 km – Digne-les-Bains 104 km – Marseille 63 km
Carte Michelin 332-G11

Le Lac avec ch

lieu-dit Pied-Bernard, (Étang de la Bonde), 2 km au Sud-Ouest par D 27 – ✆ 04 90 09 14 10 – www.restaurantdulac.eu – Fermé 1 semaine vacances de la Toussaint, de Noël, de fév., merc. midi d'oct. à mai, mardi sauf le soir de juin à sept. et lundi

3 ch – 120/150 € 120/150 € Formule 26 € – Menu 31/65 €

Cadre d'une élégante sobriété, un rien British, où l'on savoure une cuisine mettant en avant les produits du terroir avec raffinement. Aux beaux jours, la terrasse au bord du lac invite à la rêverie. Et pour prolonger la magie, quelques chambres à l'étage, dans le même esprit...

MOTTEVILLE – 76 Seine-Maritime ➔ voir Yvetot

MOUANS-SARTOUX

✉ 06370 (Alpes-Maritimes) – 10 198 hab. – **Voir carte n°42-E2**
▶ Paris 904 km – Antibes 15 km – Cannes 9 km – Grasse 8 km
Carte Michelin 341-C6

Le Relais Gourmand

400 rte de Valbonne, (vers Plascassier, 4 km) – ✆ 04 93 60 10 57 – www.lerelais-gourmand.com – Fermé 22 fév.-10 mars

12 ch – 75/120 € 85/160 € – 13 € – ½ P

Rest – Menu 25/34 € – Carte 52/84 € *(fermé dim. et le midi)*

Un hôtel tout simple, qui propose de petites chambres bien tenues. Les plus : la belle piscine ou encore le restaurant qui propose une cuisine méridionale attrayante, à base de légumes bio.

MOUDEYRES

✉ 43150 (Haute-Loire) – 107 hab. – **Voir carte n°6-C3**
▶ Paris 565 km – Aubenas 64 km – Langogne 58 km – Le Puy-en-Velay 26 km
Carte Michelin 331-G4

Le Pré Bossu

– ✆ 04 71 05 10 70 – www.auberge-pre-bossu.com – Ouvert 1er mai-30 oct.

6 ch – 105 € 105 € – 15 €

Rest – Menu 45 € *(fermé le midi) (réservation conseillée)*

À l'entrée du village, une chaumière ravissante et cosy à souhait. La plupart des chambres disposent d'un salon et, au petit-déjeuner, on se régale devant la cheminée de gourmandises maison (gâteaux, yaourts, confitures). Quant au restaurant, surtout fréquenté par les résidents, il honore bons produits et grands vins !

MOUGINS

✉ 06250 (Alpes-Maritimes) – 18 917 hab. – **Voir carte n°42-E2**
▶ Paris 902 km – Antibes 13 km – Cannes 8 km – Grasse 12 km
Carte Michelin 341-C6 – Guide Vert Michelin Côte d'Azur

Le Mas Candille

bd C.-Rebuffel – ✆ 04 92 28 43 43 – www.lemascandille.com – Fermé janv.

38 ch – 310/1450 € 310/1450 € – 7 suites – 30 €

Rest *Le Candille* ✿ – voir les restaurants ci-après

Rest *La Pergola* – Formule 42 € – Menu 59 € (dîner)/75 € – Carte 64/77 €
(ouvert mai-sept. et fermé le soir sauf juil.-août)

Ce superbe mas du 18e s. et sa bastide récente ne sont que douceur et quiétude : chambres raffinées, suites mêlant élégamment le contemporain à l'esprit Sud, délicieux spa japonisant et parc immense aux doux effluves méridionaux...

Royal Mougins Golf Resort

424 av. du Roi – 04 92 92 49 69 – www.royalmougins.fr – Fermé début janv.-fin fév.

29 suites – 250/480 €

Rest – Formule 30 € – Menu 40 € (dîner) – Carte 45/65 €

Tout ici est dernier cri, et pour cause : l'établissement est surtout fréquenté par une clientèle privilégiée qui vient profiter du golf privé, l'un des plus exigeants et sélects au monde. Une ode au luxe contemporain, y compris sur la superbe terrasse du restaurant qui domine les greens.

Hôtel de Mougins

205 av. du Golf, 2,5 km par rte d'Antibes – 04 92 92 17 07 – www.hotel-de-mougins.com – Fermé 22 déc.-9 fév.

50 ch – 195/395 € 195/395 € – 1 suite – 22 € – ½ P

Rest *Le Jardin* – voir les restaurants ci-après

Le jardin fleure bon l'oranger, la lavande et le romarin... Au détour d'une senteur, on trouve refuge dans quatre charmantes bastides, dont une datant du 18e s. Les chambres affichent un style provençal chic – très apprécié de la clientèle étrangère – et la piscine est délicieuse !

Le Mas du Golf (N) sans rest

348 av. de la Valmasque, D 35D – 04 92 28 88 20 – www.lemasdugolf.com – Fermé 14-26 déc.

24 ch – 79/199 € 89/199 € – 12 €

Cet établissement flambant neuf, inauguré en 2012, joue à la fois la carte du confort et du minimalisme contemporain (murs clairs, peintures unies, mobilier design). À noter : certaines chambres bénéficient d'une terrasse privative. Un hôtel pratique et néanmoins agréable !

Le Moulin de Mougins avec ch

1028 av. Notre-Dame-de-Vie, 2,5 km au Sud-Est par D 3 – 04 93 75 78 24 – www.moulindemougins.com – Fermé lundi et mardi d'oct. à avril

8 ch – 150/250 € 150/250 € – 1 suite – 20 €

Formule 39 € – Menu 45 € (déj.), 85/120 € – Carte 82/116 €

Dans ce vénérable moulin du 16e s. – une institution de la Côte d'Azur –, la carte, provençale à souhait, associe grands classiques et produits nobles. On prend le repas face au beau jardin, orné d'œuvres d'art, puis on peut s'inscrire aux cours de cuisine... Et rester dormir dans une confortable chambre !

Paloma (N)

47 av. du Moulin-de-la-Croix – 04 92 28 10 73 – www.restaurant-paloma-mougins.com – fermé dim. sauf le midi en juil.-août et lundi

Menu 39 € (déj.) – Carte 75/120 €

Cette colombe – "paloma" en espagnol – s'est posée au pied du village de Mougins... pour le plus grand plaisir des gastronomes. Dans un étonnant cadre baroque, ou sur la belle terrasse, on se régale d'une savoureuse cuisine méridionale, qui fait montre de finesse aussi bien dans la tradition que dans la création.

→ Savarin à la truffe et aux girolles, bouillon de poule fumé. Turbot de ligne à la truffe d'Alba en brioche. Paris-brest garni d'une mousseline pralinée, crémeux au citron de Menton et noisettes caramélisées.

Le Candille – Hôtel Le Mas Candille

bd C. Rebuffel – 04 92 28 43 43 – www.lemascandille.com – Fermé janv., lundi et mardi sauf le soir de mai à sept.

Formule 48 € – Menu 62 € (déj.), 95/135 € – Carte 115/128 €

Une table élégante, avec une belle vue en terrasse... Ici, le chef et sa brigade réalisent une cuisine subtile, avec d'excellents produits du marché. Fraîcheur, finesse et précision : une belle expérience !

→ Tatin de foie gras façon Candille. Pavé de loup sauvage cuit à la plancha, marmite de haricots coco, coques et palourdes aux herbes odorantes. Soufflé Candille.

XXX **Le Jardin** – Hôtel de Mougins

205 av. du Golf, 2,5 km par rte d'Antibes – 04 92 92 17 07 – www.hotel-de-mougins.com – Fermé 22 déc.-9 fév., dim. et lundi d'oct. à mars

Formule 30 € – Menu 65 € (dîner)/80 € – Carte 68/77 €

Le chef signe une savoureuse cuisine provençale, plus simple au déjeuner, davantage gourmande au dîner. Dans l'assiette, c'est bien préparé et joliment présenté. Aux beaux jours, la terrasse est prise d'assaut ; pensez à réserver.

XX **La Place de Mougins**

41 pl. du Cdt-Lamy, (au vieux village) – 04 93 90 15 78 – www.laplacedemougins.com – Fermé 18 nov.-3 déc., 3-11 fév., lundi et mardi de sept. à juin

Formule 25 € – Menu 35 € (déj.), 55/130 € – Carte 60/129 €

Sur la place du village, évidemment ! Dans ce charmant restaurant règne une atmosphère chic et cosy, tandis qu'en cuisine, c'est l'ébullition autour d'un chef créatif et passionné ; chaque mois, il met en valeur un produit de saison, magnifiant la truffe, l'asperge, etc.

XX **Le Clos St-Basile**

351 av. St-Basile – 04 92 92 93 03 – Fermé 2 semaines en mars, 2 semaines en nov., le midi et le merc. soir en juil.-août, mardi et merc. de sept. à juin

Formule 19 € – Menu 24 € (déj. en semaine), 39/49 € – Carte 53/101 €

La propriétaire est décoratrice et cela se voit : la salle marie avec bonheur les styles bonbonnière et brocante chic – sans parler de la paisible et charmante terrasse sur l'arrière. Le chef, qui est passé par de grandes maisons, joue la carte de la tradition et des saisons.

XX **L'Amandier de Mougins**

48 av. Jean-Charles-Mallet, (au vieux village) – 04 93 90 00 91 – www.amandier.fr – Fermé merc. hors saison

Menu 29 € (déj.), 31/55 € – Carte 56/72 €

Aux portes de ce village cher à Picasso, cette maison cultive un charme provençal plein de fraîcheur et d'élégance. Au piano, un chef au beau parcours joue une savoureuse musique niçoise : artichauts à la barigoule, aïoli traditionnel, tarte au citron confit... Et la superbe terrasse domine Grasse et ses collines !

X **Brasserie de la Méditerranée**

32 pl. du Cdt-Lamy, (au vieux village) – 04 93 90 03 47 – www.brasserie-la-mediterranee.com

Formule 18 € – Menu 25 € (déj.), 34/55 € – Carte 35/100 €

Sur la pittoresque place centrale, un bistrot bien sympathique ! Soufflé aux escargots en persillade, couscous de lotte, tarte aux pommes... Ici, le chef trouve son inspiration dans la tradition et les belles saveurs du Sud. Aux beaux jours, on profite de la terrasse.

MOULIN-DE-MALFOURAT – 24 Dordogne → voir Bergerac

MOULINS

03000 (Allier) – 19 590 hab. – **Voir carte n°6-C1**

Paris 294 km – Bourges 101 km – Clermont-Ferrand 105 km – Nevers 56 km

Carte Michelin 326-H3 – Guide Vert Michelin Auvergne

Paris

21 r. de Paris – 04 70 44 00 58 – www.hoteldeparis-moulins.com Plan : DY**p**

30 ch – 100/250 € 119/380 € – 2 suites – 15 € – ½ P

Rest – Formule 20 € – Menu 29/59 € – Carte 36/60 €

À 100 m de la cathédrale, cet hôtel-restaurant, créé en 1834, fait figure d'institution ! Rénové en 2011, il se distingue par de très jolies chambres (mobilier de style, moulures...) et une salle de réception aménagée dans une superbe chapelle du 19e s. Bel endroit !

MOULINS

Allier (Pl. d')	CDZ	
Allier (R. d')	DYZ	
Alsace-Lorraine (Av. d')	BX	3
Ancien Palais (R.)	DY	4
Bourgogne (R. de)	BV, DY	6
Bréchimbault (R.)	DZ	7
Cerf-Volant (R. du)	BV	8
Clermont-Ferrand (Rte de)	AX	10
Desboutins (R. M.)	BX	16
Fausses Braies (R. des)	DY	19
Flèche (R. de la)	DZ	20
Grenier (R.)	DY	25
Horloge (R. de l')	DZ	26
Hôtel de Ville (Pl. de l')	DY	27
Jeu de Paume (R. du)	BV	28
Leclerc (Av. Général)	BX	30
Libération (Av. de la)	AX	31
Montilly (Rte de)	AX	32
Orfèvres (R. des)	DY	33
Pascal (R. Blaise-)	CZ	34
Péron (R. F.)	DY	35
République (Av. de la)	BX	36
Tanneries (R. des)	BV, DV	38
Tinland (R. M.)	CY	39
Vert Galant (R. du)	CDY	40
4 Septembre (R. du)	DZ	42

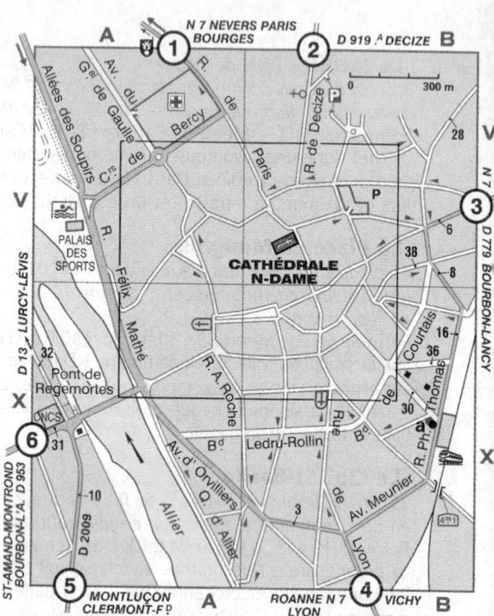

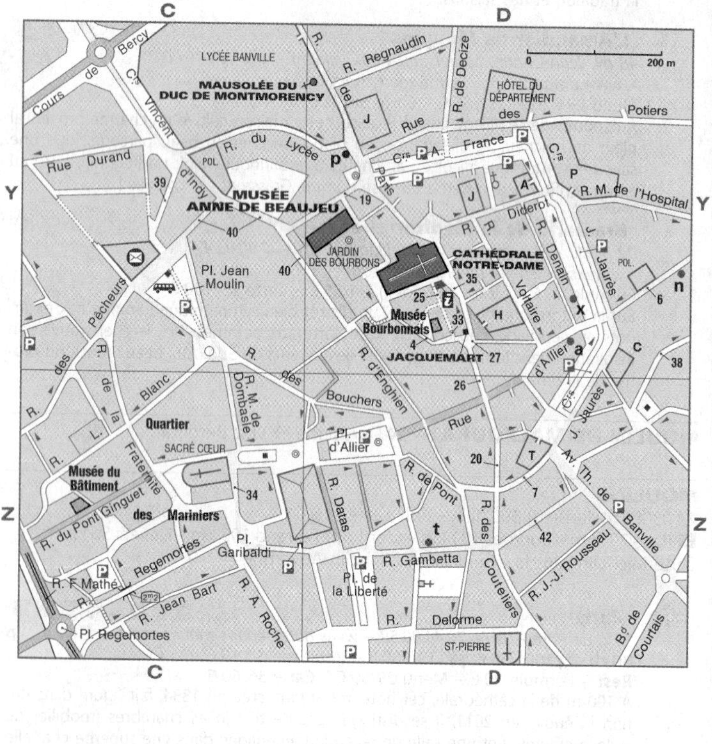

Le Parc
31 av. du Gén.-Leclerc – ✆ 04 70 44 12 25 – www.hotel-moulins.com – Fermé 22 déc.-4 janv.
Plan : BX**a**
25 ch – 🚹58/82 € 🚹🚹58/82 € – ☕ 9 € – ½ P
Rest *Le Parc* – voir les restaurants ci-après
Tout près de la gare et d'un petit parc, cet établissement est tenu par la même famille depuis plusieurs générations. Les chambres sont claires, les salles de bains très colorées.

Le Clos de Bourgogne avec ch
83 r. de Bourgogne – ✆ 04 70 44 03 00 – www.clos-de-bourgogne.com – Fermé 15 août-5 sept., vacances de fév., sam. midi, dim. soir et lundi
Plan : DY**n**
11 ch – 🚹80/170 € 🚹🚹80/170 € – ☕ 13 € – ½ P
Formule 16 € – Menu 45/80 € 🍷 – Carte 57/68 €
On resterait volontiers enfermé dans ce clos où défilent les bons petits plats ! Cuisine traditionnelle en salle, bistronomie au salon, les gourmands ont le choix ! Mais quel que soit l'endroit, on prend plaisir à déguster son repas dans le cadre cossu de cette gentilhommière du 18e s.

Restaurant des Cours
36 cours Jean-Jaurès – ✆ 04 70 44 25 66 – www.restaurant-des-cours.com – Fermé 2 semaines en sept., 2 semaines en mars, dim. soir, mardi soir sauf juil.-août et merc.
Plan : DY**x**
Menu 24/56 € – Carte 42/72 €
Il serait dommage de sécher les Cours ! Un restaurant traditionnel, vrai de vrai, dans le décor (vaisselle de Gien, lustre en cristal...) comme dans l'assiette.

Le Trait d'Union
16 r. Gambetta – ✆ 04 70 34 24 61 – www.traitdunion-restaurant.fr – Fermé 15-31 juil., 15-23 fév., dim. et lundi
Plan : DZ**t**
Menu 23 € (déj. en semaine), 42/60 € 🍷 – Carte 52/93 €
Trait d'union entre l'agréable cadre contemporain (fauteuils en rotin, tableaux modernes, fleurs et soliflores) et la cuisine du jeune chef (fraîche, sérieuse et bien présentée), ce restaurant est dans le ton !

Le Parc – Hôtel Le Parc
31 av. du Gén.-Leclerc – ✆ 04 70 44 12 25 – www.hotel-moulins.com – Fermé 1er-18 août, 22 déc.-4 janv., dim. soir et sam.
Plan : BX**a**
Menu 25 € (semaine), 35/41 € – Carte 40/58 €
Dans ce sympathique restaurant familial – bâtisse du 19e s. –, on sert une cuisine traditionnelle "aux petits oignons" : foie gras maison, filet de charolais aux morilles... Le chef ne ménage pas sa peine pour satisfaire ses clients.

9/7 Olivier Mazuelle
97 r. d'Allier – ✆ 04 70 35 01 60 – www.restaurant-9-7.com – Fermé 1 semaine en juil., 2 semaines en août, sam. midi, lundi soir et dim.
Plan : DY**a**
Formule 19 € – Menu 27/55 € – Carte 36/60 €
Au n° 97, le décor est zen et épuré (murs vert pastel, tables en bois, plantes…). Le jeune chef signe une cuisine soignée, à la mode des bistrots gourmands : de bons produits, de belles saveurs !

rte de Paris 8 km par ① – ✉ 03460 Trevol

Mercure
RN 7 – ✆ 04 70 46 84 84 – www.mercure.com
42 ch – 🚹68/120 € 🚹🚹78/130 € – ☕ 14 €
Rest – Carte 21/38 € *(fermé dim. soir du 1er nov. au 31 mars et le midi)*
L'hôtel borde un axe passant, mais les chambres tournent le dos à la route et font face au jardin et à la piscine. Le restaurant propose une cuisine traditionnelle. Aux premiers rayons de soleil, profitez de la terrasse !

à Coulandon 8 km par ⑥ et D 945 – ✉ 03000 – 702 hab.

Le Chalet

26 rte du Chalet, 2 km au Nord-Est – ✆ 04 70 46 00 66 – www.hotel-lechalet.fr – Fermé 20 déc.-4 janv.

28 ch – †62/72 € ††82/92 € – ☕ 11 € – ½ P

Rest *Montégut* – voir les restaurants ci-après

Faux air de chalet pour cette maison au cœur d'un joli parc avec étang où, comme en montagne, le calme est absolu ! Les chambres sont coquettes et bien tenues. Une adresse dépaysante et reposante.

La Grande Poterie

9 r. de la Grande-Poterie, 3 km au Sud-Ouest – ✆ 04 70 44 30 39 – www.lagrandepoterie.com – Ouvert 16 mars-29 oct.

4 ch ☕ – †70/75 € ††78/85 €

Table d'hôte – Menu 29 € 🍷

Dans cette ancienne auberge, la douceur de vivre se niche dans les moindres recoins ! On profite de la quiétude des chambres, décorées avec soin (coussins, boutis, jolies lampes, etc.), ou l'on se prélasse dans le parc fleuri, au bord de la piscine… La table d'hôte honore les spécialités auvergnates.

Montégut – Hôtel Le Chalet

26 rte du Chalet, 2 km au Nord-Est – ✆ 04 70 46 00 66 – www.hotel-lechalet.fr – Fermé 20 déc.- 4 janv.

Menu 20 € (semaine), 25/59 € – Carte 37/50 €

Même si l'orthographe est différente, Roméo – famille des Montaigu – et Juliette n'auraient certainement pas boudé ce restaurant ! Ici, les produits régionaux sont à l'honneur... Et l'été, on profite de la jolie terrasse pour manger au grand air !

MOULINS-LA-MARCHE

✉ 61380 (Orne) – 775 hab. – **Voir carte n°33-C3**

▶ Paris 156 km – L'Aigle 19 km – Alençon 50 km – Argentan 45 km

Carte Michelin 310-L3

Le Dauphin

66 Grande-Rue – ✆ 02 33 34 50 55 – www.hotel-ledauphin.fr

7 ch – †60 € ††65/75 € – ☕ 8,50 € – ½ P

Rest – Formule 13 € 🍷 – Menu 20/55 € – Carte 30/50 € *(fermé dim. soir, mardi soir et lundi sauf fériés)*

Tel un fils de roi, peut-être pas ; comme un poisson dans l'eau, certainement ! Dans ce relais de poste au goût d'autrefois, les chambres, plutôt spacieuses, bien tenues, sont d'une agréable simplicité. Côté restaurant, la carte s'enrichit d'influences antillaises, origines du chef obligent. Une adresse sympathique.

LE MOULLEAU – 33 Gironde ➜ voir Arcachon

MOULON

✉ 33420 (Gironde) – 968 hab. – **Voir carte n°4-C1**

▶ Paris 603 km – Agen 126 km – Bordeaux 41 km – Périgueux 108 km

Carte Michelin 335-J5

5 Lasserre sans rest

5 lieu-dit La Serre – ✆ 05 57 51 79 62 – www.5lasserre.com – Fermé nov.

3 ch ☕ – †130/145 € ††145/160 €

En pleine nature, cette ferme a été rénovée luxueusement dans un esprit contemporain chic... Les chambres sont grandes et très raffinées ; la piscine à débordement donne sur la Dordogne et il y a même une vraie salle de cinéma et une petite galerie d'art. Un lieu d'exception !

MOUMOUR

✉ 64400 (Pyrénées-Atlantiques) – 846 hab. – **Voir carte n°3-B3**
▶ Paris 834 km – Bordeaux 255 km – Pau 38 km – Tarbes 81 km
Carte Michelin 342-I3

Château de Lamothe sans rest
14 r. de l'Embarry – ✆ 06 88 28 38 61 – www.chateau-de-lamothe.eu
5 ch ☕ – 👤225/275 € 👥225/275 €
Cette ancienne résidence d'été des évêques d'Oloron, dont les origines remontent au 13e s., s'épanouit dans un grand jardin verdoyant, face aux Pyrénées... Un cadre historique et superbe : abondance d'antiquités et de tentures chatoyantes, salle de cinéma, fitness, etc. Et partout les œuvres des propriétaires, qui sont artistes !

MOURÈZE

✉ 34800 (Hérault) – 175 hab. – **Voir carte n°23-C2**
▶ Paris 717 km – Bédarieux 22 km – Clermont-l'Hérault 8 km – Montpellier 50 km
Carte Michelin 339-F7

Navas "Les Hauts de Mourèze" sans rest
Cirque dolomitique – ✆ 04 67 96 04 84 – www.hotelmoureze.fr
– Ouvert de mi-mars à mi-oct.
15 ch – 👤52/58 € 👥64/70 € – ☕ 8 €
À deux pas du superbe cirque de Mourèze, on trouve cette bâtisse des années 1970, d'inspiration régionale. Les chambres sont simples et rustiques, avec la TV et Internet, mais... sans téléphone, ce qui fait partie du charme de cette adresse à petit prix.

MOURIÈS

✉ 13890 (Bouches-du-Rhône) – 3 560 hab. – **Voir carte n°42-E1**
▶ Paris 713 km – Avignon 36 km – Arles 29 km – Marseille 75 km
Carte Michelin 340-E3

Terriciaë sans rest
rte de Maussane (D 17) – ✆ 04 90 97 06 70 – www.hotel-terriciae.fr
– Fermé 16 déc.-14 janv.
31 ch – 👤94/175 € 👥124/204 € – ☕ 11 €
Cet hôtel né en 2004 propose des chambres fonctionnelles et confortables – esprit provençal –, dont deux duplex et deux junior suites, donnant pour certaines sur la grande piscine. Jardin d'oliviers et terrasse.

Le Vallon du Gayet rest,
rte de Servannes – ✆ 04 90 47 50 63 – www.levallondegayet.com – Fermé 15 déc.-15 janv.
24 ch – 👤90/100 € 👥100/116 € – ☕ 11 €
Rest – Menu 25 € – Carte 42/75 € *(fermé 15 nov.-3 déc., 15 fév.-3 mars, mardi midi, merc. midi et lundi hors saison)*
Agréable auberge familiale dans un mas au pied des Alpilles. Les chambres, confortables, sont toutes de plain-pied et donnent sur le parc. Préférez celles – plus spacieuses – dans le pavillon. Au restaurant, on apprécie des grillades et pizzas cuites au feu de bois.

MOUSSEY – 10 Aube ➜ voir Troyes

MOUSSOULENS – 11 Aude ➜ voir Carcassonne

MOUSTIERS-STE-MARIE

✉ 04360 (Alpes-de-Haute-Provence) – 706 hab. – **Voir carte n°41-C2**
▶ Paris 783 km – Aix-en-Provence 90 km – Digne-les-Bains 47 km – Draguignan 61 km
Carte Michelin 334-F9 – Guide Vert Michelin Alpes du Sud

La Bastide de Moustiers

chemin de Quinson, au Sud du village, par D 952 et rte secondaire – ✆ 04 92 70 47 47 – www.bastide-moustiers.com – Fermé 2 janv.-28 fév., mardi et merc. du 14 oct. au 9 avril sauf fériés

11 ch – 215/410 € 215/410 € – 2 suites – 23 €

Rest *La Bastide de Moustiers* – voir les restaurants ci-après

Un petit chemin, une grille en fer forgé, des arbres fruitiers, des vieilles pierres, des faïences régionales, des draps en lin, un grand potager aromatique, un âne, des chevaux, un poney... Plus qu'un inventaire à la Prévert, le charme irrésistible d'une bastide du 17e s. !

Les Restanques de Moustiers sans rest

rte des Gorges-du-Verdon, à 500 m par rte de Castellane – ✆ 04 92 74 93 93 – www.hotel-les-restanques.com – Ouvert 15 mars-15 nov.

18 ch – 75/109 € 75/109 € – 2 suites – 9 €

Cette bâtisse domine la vallée. On s'y repose dans des chambres sobres et bien tenues ; celles du rez-de-chaussée disposent d'une terrasse. Le matin, on prend son petit-déjeuner dans la salle, ornée de faïences locales, ou sur la jolie terrasse.

La Ferme Rose sans rest

chemin de Peyrengue, au Sud du village, par rte Ste-Croix-du-Verdon – ✆ 04 92 75 75 75 – www.lafermerose.com – Ouvert 29 mars-15 nov.

12 ch – 85 € 85/155 € – 11 €

Sympathique ambiance guesthouse dans cette ancienne ferme située au pied du village. Meubles chinés, bibelots et collections diverses en font un petit musée vivant au charme incroyable ! Une adresse pour les chineurs... et les autres.

Le Colombier sans rest

à 500 m par rte de Castellane – ✆ 04 92 74 66 02 – www.le-colombier.com – Ouvert 5 avril-2 nov.

22 ch – 80/109 € 89/109 € – 1 suite – 10 €

Hôtel situé à 400 m du charmant village. Les chambres sont coquettes et colorées, la plupart avec terrasse. Beau jardin avec petite piscine et jacuzzi.

Le Clos des Iris sans rest

chemin de Quinson, au Sud du village, par D 952 et rte secondaire – ✆ 04 92 74 63 46 – www.closdesiris.fr – Fermé 1er déc.-28 fév.

9 ch – 70/78 € 70/78 € – 11 €

Un hôtel, au milieu des fleurs, où mère et fille œuvrent de concert ! Il fait bon poser ses valises dans les jolies chambres provençales et s'installer sur sa terrasse privative pour profiter du soleil. Le charme d'une maison à la campagne... Accueil au diapason.

La Bonne Auberge

rte de Castellane, (au village) – ✆ 04 92 74 66 18 – www.bonne-auberge-moustiers.com – Ouvert d'avril à oct.

19 ch – 55/70 € 65/90 € – 9 € – ½ P

Rest *La Bonne Auberge* – voir les restaurants ci-après

À l'entrée du village, cet hôtel familial dispose de chambres lumineuses et fonctionnelles. On apprécie l'agréable terrasse et la piscine à débordement. Restauration traditionnelle.

La Bastide de Moustiers – Hôtel La Bastide de Moustiers

chemin de Quinson, au Sud du village, par D 952 et rte secondaire – ✆ 04 92 70 47 47 – www.bastide-moustiers.com – Fermé 2 janv.- 28 fév., mardi et merc. du 14 oct. au 9 avril sauf fériés

Formule 42 € – Menu 62/79 € – Carte 60/73 € *(réservation conseillée)*

En cette belle bastide – propriété d'Alain Ducasse –, on déguste une cuisine méditerranéenne et légumière pleine des senteurs du marché et du potager (ne manquez pas le jardin des simples attenant !). Un joli résumé de la Provence... → Cocotte de primeurs des jardins de Provence à l'huile d'olive de Valensole. Poitrine de pigeon de Lurs et cuisse confite au jus. "Cookpot" de fruits de saison, sorbet au caillé de chèvre.

La Ferme Ste-Cécile

1,5 km par rte de Castellane – ✆ 04 92 74 64 18 – www.ferme-ste-cecile.com – Fermé 15 nov. à début mars, dim. soir sauf juil.-août et lundi

Formule 27 € – Menu 36 €

Poussez la grille et empruntez la belle allée pavée... au bout duquel cette ancienne ferme fait le bonheur des gourmands ! Derrière les fourneaux, le chef concocte avec délicatesse et subtilité une savoureuse cuisine du Sud. Belle carte des vins.

La Treille Muscate

pl. de l'Église – ✆ 04 92 74 64 31 – www.restaurant-latreillemuscate.com – Fermé 1er déc.-5 fév., merc. soir et jeudi sauf juil.-août

Formule 21 € – Menu 29/50 € – Carte 53/78 €

Au pied des falaises, voilà un sympathique bistrot provençal devant lequel le cœur des gourmands ne reste pas de pierre ! On s'y régale d'une savoureuse cuisine à l'accent du Sud et, aux beaux jours, on profite tout naturellement de la terrasse, à l'ombre d'un platane qui fêtera bientôt ses 200 ans.

Les Santons (N)

pl. Pomey, (près de l'église) – ✆ 04 92 74 66 48 – www.lessantons.com – Fermé mi-nov. à mi-fév., mardi sauf juil.-août et lundi

Menu 21 € (déj. en semaine), 31/65 € – Carte 50/60 € *(réservation conseillée)*

Claude Terrier et Sylvie De Backer ont voulu ce nouveau fief tout en contrastes : le moderne (chaises bariolées, tableaux contemporains) y côtoie l'ancien (poutres et plafonds boisés) ; la cuisine est traditionnelle, ancrée dans la région, mais ne recule pas devant quelques touches plus actuelles. Goûteux et charmant !

La Bonne Auberge – Hôtel La Bonne Auberge

rte de Castellane, (au village) – ✆ 04 92 74 66 18 – www.bonne-auberge-moustiers.com – Ouvert d' avril à oct. et fermé dim. soir et lundi hors saison, sam. midi, mardi midi et jeudi midi en saison

Menu 22/39 € – Carte 38/55 €

Toute la rusticité provençale dans un restaurant chaleureux : une Bonne Auberge ! Évidemment, la carte fait la part belle aux spécialités régionales, mais aussi aux petits plats de tradition.

MOUTHIER-HAUTE-PIERRE

✉ 25920 (Doubs) – 308 hab. – **Voir carte n°17-C2**

▶ Paris 442 km – Baume-les-Dames 55 km – Besançon 39 km – Pontarlier 23 km

Carte Michelin 321-H4 – Guide Vert Michelin Franche-Comté Jura

La Cascade

4 rte des Gorges de Noailles – ✆ 03 81 60 95 30 – www.hotel-lacascade.fr – Fermé 2 semaines en déc. et 2 semaines en janv.

18 ch – †65/68 € ††65/72 € – ☕ 10 € – ½ P

Rest – Formule 12 € – Menu 17 € (déj. en semaine), 30/42 € – Carte 36/56 €

Un hôtel agréable : jolie vue sur la vallée de la Loue ; chambres actuelles et bien tenues (la plupart avec balcon ou loggia). Au restaurant, on déguste une cuisine traditionnelle en admirant les gorges de Nouailles.

MOÛTIERS

✉ 73600 (Savoie) – 3 821 hab. – **Voir carte n°46-F2**

▶ Paris 607 km – Albertville 26 km – Chambéry 76 km – St-Jean-de-Maurienne 85 km

Carte Michelin 333-M5 – Guide Vert Michelin Alpes du Nord

Le Coq Rouge

115 pl. A. Briand – ✆ 04 79 24 11 33 – www.lecoqrouge.fr – Fermé 26 juin-30 juil., dim. et lundi

Menu 33/55 € – Carte 42/70 €

Inutile de se lever au chant du coq pour goûter à la cuisine traditionnelle de ce restaurant ! Derrière les fourneaux, le chef travaille les produits frais avant de retourner à ses pinceaux... Passionné de peinture, il a décoré la salle – cosy – avec ses toiles.

MOUTIERS-AU-PERCHE

✉ 61110 (Orne) – 436 hab. – **Voir carte n°33-C3**
▶ Paris 152 km – Alençon 73 km – Caen 178 km – Rouen 147 km
Carte Michelin 310-O4

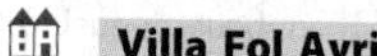

Villa Fol Avril

2 r. des Fers-Chauds – ✆ 02 33 83 22 67 – www.villafolavril.fr – Fermé 5 janv.-6 fév.
12 ch – 🚹85/180 € 🚹🚹100/180 € – ☕ 15 €
Rest – Formule 19 € – Menu 26 € (semaine)/37 € – Carte 37/62 € *(fermé mardi midi, merc. midi et lundi du 20 avril au 30 juin et de sept. à oct. sauf fériés, du dim. soir au jeudi midi du 1er nov. au 19 avril sauf fériés, lundi midi et mardi en juil.-août) (réservation conseillée)*
Un vrai hôtel de charme au cœur du parc naturel du Perche... Telle une maison de campagne cosy et feutrée, cet ancien relais de poste (19e s.) associe matériaux naturels (bois, chaux, terre cuite, lin), mobilier chiné et tons apaisants. Au restaurant, la tradition est à l'honneur. Idéal pour une échappée bucolique !

MOUTIERS-SOUS-CHANTEMERLE

✉ 79320 (Deux-Sèvres) – 609 hab. – **Voir carte n°38-B1**
▶ Paris 411 km – Poitiers 92 km – Nantes 114 km – Niort 51 km
Carte Michelin 322-C4

Le Domaine de Chantemerle sans rest

30 r. de la Vendée – ✆ 05 49 74 19 18 – www.hotel-chantemerle.com – Fermé janv.
7 ch – 🚹65/70 € 🚹🚹70/80 € – ☕ 8 €
Sur la route du Puy du Fou, arrêtez-vous dans cet ancien relais de chasse du 19e s., au cœur d'un parc de 2 ha. Les chambres sont confortables et spacieuses (quelques familiales), l'ambiance évoque une maison d'hôtes. Idéal pour se ressourcer au grand calme.

MUHLBACH-SUR-MUNSTER

✉ 68380 (Haut-Rhin) – 755 hab. – **Voir carte n°1-A2**
▶ Paris 462 km – Colmar 24 km – Gérardmer 37 km – Guebwiller 45 km
Carte Michelin 315-G8

Perle des Vosges

22 rte Gaschney – ✆ 03 89 77 61 34 – www.perledesvosges.net – Fermé 2 janv.-1er fév.
45 ch – 🚹59/130 € 🚹🚹59/130 € – ☕ 9 € – ½ P
Rest *Perle des Vosges* – voir les restaurants ci-après
Au pied du Hohneck, cet hôtel tenu en famille – les deux fils ont repris le flambeau, mais leur mère n'est jamais loin – est bien agréable : les chambres, spacieuses et pratiques, donnent très souvent sur les Vosges ; on se détend au fitness panoramique et... l'on se régale au restaurant !

XX Perle des Vosges

22 rte Gaschney – ✆ 03 89 77 61 34 – www.perledesvosges.net – Fermé 2 janv.-1er fév. et lundi midi
Formule 21 € – Menu 23/59 € – Carte 43/57 €
Le chef, formé dans de grandes maisons, est une perle ! Ses assiettes, gorgées de saveurs, copieuses et joliment présentées, honorent la région et les grands classiques de la gastronomie française. Et l'été, on file en terrasse...

MUIDES-SUR-LOIRE

✉ 41500 (Loir-et-Cher) – 1 365 hab. – **Voir carte n°11-B2**
▶ Paris 169 km – Blois 20 km – Châteauroux 109 km – Orléans 48 km
Carte Michelin 318-G5

Château de Colliers sans rest

rte de Blois, RD 951 – ✆ 02 54 87 50 75 – www.chateau-colliers.com
5 ch – 132 € 143/146 €
Au bout de l'allée bordée de tilleuls, de frênes et de marronniers... ce beau château de la Loire (18e s.). Peintures classées, mobilier de style dans les chambres : du cachet !

Auberge du Bon Terroir

20 r. du 8-Mai 1945 – ✆ 02 54 87 59 24 – Fermé 18 nov.-4 déc., 6-22 janv., dim. soir, lundi et mardi sauf juil.-août
Formule 20 € – Menu 30/39 € – Carte 41/58 €
Dans cette auberge de village, la patronne concocte une agréable cuisine traditionnelle, tandis que son mari vous accueille, tout sourire... Terrasse à l'ombre des tilleuls.

MULHOUSE

68100 (Haut-Rhin) – 109 588 hab. – Agglo. 243 618 hab. – **Voir carte n°1-A3**
Paris 465 km – Basel 34 km – Belfort 43 km – Freiburg-im-Breisgau 59 km
Carte Michelin 315-I10

Hôtel du Parc

26 r. Sinne – ✆ 03 89 66 12 22 – www.hotelduparc-mulhouse.com Plan : FZ**p**
75 ch – 99/120 € 120/210 € – 1 suite – 20 €
Rest – Menu 19 € (déj. en semaine), 29/65 € – Carte 26/59 € *(fermé le midi du 14 juil. au 15 août)*
Luxueux palace dans les années 1930, cet hôtel a conservé son charme rétro et son esprit Art déco. Un incontournable parmi les hôtels de la ville ! Et c'est un vrai lieu de vie également, en particulier avec son Charlie's Bar, où résonnent tous les soirs des mélodies jazzy...

Holiday Inn

34 r. P.-Cézanne – ✆ 03 89 60 44 44 – www.holidayinn-mulhouse.com
75 ch – 98/330 € 98/330 € – 5 suites – 16 € Plan : AV**c**
Rest *Brasserie Flo* – Formule 19 € – Menu 30 € – Carte 25/49 € *(fermé 1er janv.-1er mai)*
Dans une zone d'affaires aux portes de la ville, un complexe d'esprit contemporain et international : lounge bar, chambres confortables, agréable espace bien-être et, pour se restaurer, une brasserie du groupe Flo.

Bristol sans rest

18 av. de Colmar – ✆ 03 89 42 12 31 – www.hotelbristol.com Plan : FY**e**
85 ch – 65/160 € 75/160 € – 6 suites – 10 €
À deux pas du centre historique, cet hôtel bourgeois et cossu est une valeur sûre. Ses nombreuses salles de séminaire sont prisées : n'oublions pas que Mulhouse se trouve à la croisée de la France, de l'Allemagne et de la Suisse !

Mercure Centre

4 pl. du Gén.-de-Gaulle – ✆ 03 89 36 29 39 – www.mercure.com Plan : FZ**b**
92 ch – 144/183 € 144/183 € – 17 €
Rest – Menu 20 € – Carte 33/42 €
En face de la gare TGV, ce Mercure des années 1970 abrite des chambres confortables, rénovées pour la plupart dans un esprit épuré et contemporain. Parfait pour la clientèle de passage.

Kyriad Centre sans rest

15 r. Lambert, (zone piétonne, accès par le parking des Maréchaux) – ✆ 03 89 66 44 77 – www.kyriad-mulhouse-centre.fr Plan : FY**a**
70 ch – 75/135 € 75/135 € – 10 €
Une excellente situation au cœur de la ville, dans un quartier piéton, pour cet hôtel franchisé, aux chambres simples et accueillantes. Au petit-déjeuner, on déguste le pain fraîchement sorti du four du boulanger voisin. Cet ensemble récent dégage une certaine âme.

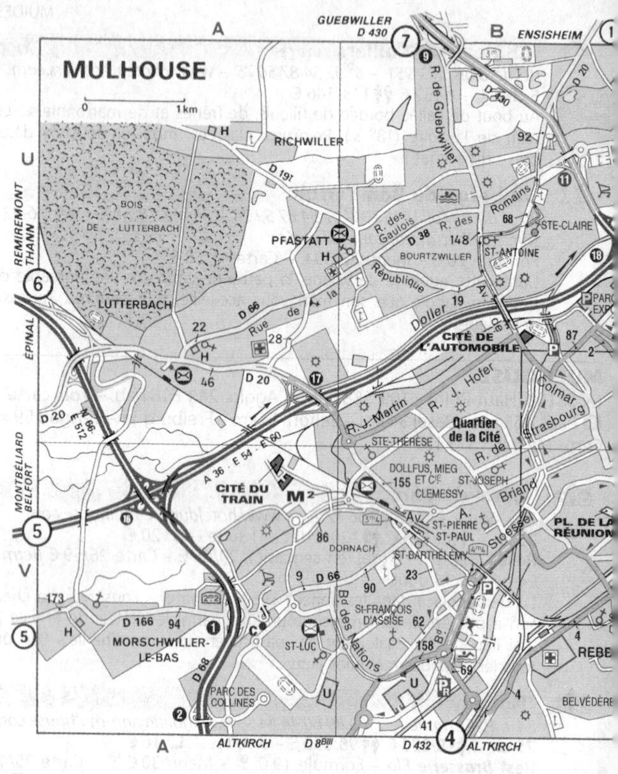

Agen (R. d') .... BU 2	Briand (R. Aristide) .... AU 22	Hardt (R. de la) .... CV 5
Altkrich (Av.) .... BV 4	Brunstatt (R. de) .... BV 23	Hollande (Av. de) .... CU 5
Bâle (Rte de) .... CU 7	Dollfus (Av. Gustave) ..... CV 27	Ile Napoléon (R. de l') ..... CU 5
Bartholdi (R.) .... CV 8	Dornach (R. de) .... AU 28	Illberg (R. de l') .... BV 6
Belfort (R. de) .... AV 9	Fabrique (R. de la) .... CU 36	Ilot (R. de l') .... DU 6
Belgique (Av. de) .... CU 12	Frères-Lumière (R. des) ... BV 41	Kingersheim (R. de) ...... BU 6
Bourtz (R. Sébastien) ..... BU 19	Gaulle (R. du Gén.-de) .... AU 46	Lagrange (R. Léo) .... BV 6

Villa Éden sans rest

99 av. de la 1ère-Division-Blindée – ☎ 03 89 44 50 72 – www.villa-eden.fr
4 ch – 150 € 165 € Plan : CV**n**

Sur les hauteurs de Mulhouse, cette belle villa bourgeoise ne manque pas de superbe : toit à la Mansart, beau jardin, superbes volumes, nombreuses œuvres d'art contemporain, etc. Les chambres, très confortables, déclinent chacune une thématique originale, de l'esprit chalet... aux notes rock ! Un nouvel Éden...

Il Cortile (Stefano D'Onghia)

11 r. des Franciscains – ☎ 03 89 66 39 79 – www.ilcortile-mulhouse.fr – Fermé 5-12 mai, 11-25 août, 13-27 janv., dim. et lundi Plan : EY**a**
Menu 31 € (déj. en semaine), 69/85 € – Carte 70/85 €

Autodidacte passionné par les saveurs de son pays natal, Stefano D'Onghia aura finalement créé... l'une des meilleures tables italiennes de France ! Aujourd'hui cosignées par son fils, les assiettes, vibrantes de couleurs et de parfums, livrent une superbe réinterprétation de la cuisine de la Botte. En outre, la carte de vins transalpins et la terrasse sont enchanteresses...

→ Chiffonnade de melon, culatello di Zibello et mozzarella di bufala. Thon aux saveurs de vitello tonnato, spaghettis de courgette aux tomates et zestes de citron. Tiramisu fraise-balsamique et sorbet fraise-basilic.

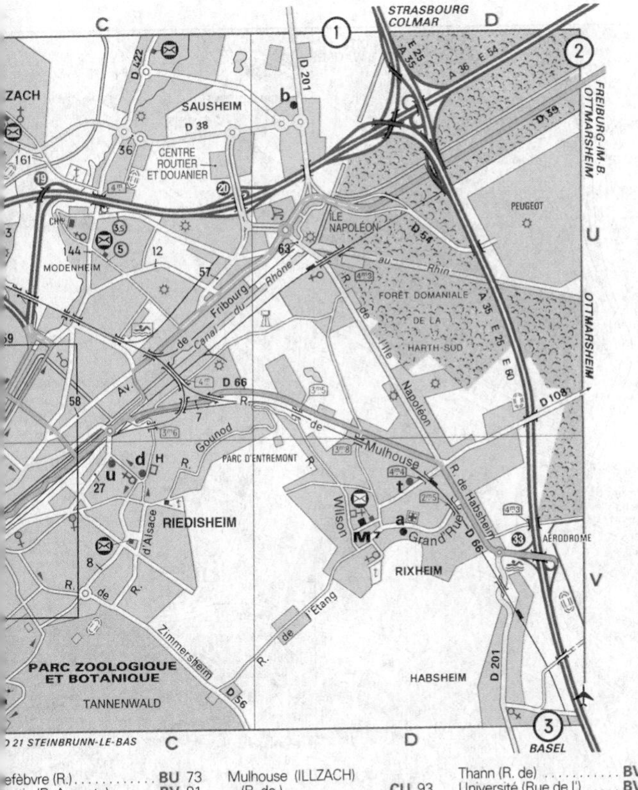

efèbvre (R.) . . . . **BU** 73
ustig (R. Auguste). . . . . . . **BV** 81
ıertzau (R. de la) . . . . **BU** 87
ıer-Rouge
(R. de la) . . . . **AV** 86
ıitterrand (Av. F.). . . . . **BV** 90
ıulhouse (Fg de) . . . . **BU** 92
Mulhouse (ILLZACH)
(R. de) . . . . **CU** 93
Mulhouse
(MORSCHWILLER-
LE-BAS) (R. de) . . . . **AV** 94
Nordfeld (R. du) . . . . **CV** 98
Soultz (R. de) . . . . **BU** 148
Thann (R. de) . . . . **BV** 155
Université (Rue de l') . . . . . **BV** 158
Vosges (R. des) . . . . **BCU** 161
1ère-Armée-Française
(R.) . . . . **AV** 173
9e-Div.-d'Infanterie-Col.
(R.) . . . . **CV** 175

XX L'Estérel

83 av. de la 1ère-Division-Blindée – ✆ 03 89 44 23 24
– Fermé 27 avril-3 mai, 2 semaines en août, vacances de la Toussaint, vacances de fév., dim. soir, merc. soir et lundi Plan : CV**t**
Formule 14 € – Menu 26 € (semaine)/52 €
– Carte 45/65 €

Et oui, Mulhouse aussi possède son Estérel... Dans ce restaurant posté sur la route qui monte au zoo, on savoure une agréable cuisine du marché 100 % maison, pile dans l'air du temps. L'été, la terrasse ombragée est prise d'assaut.

X La Table de Michèle

16 r. de Metz – ✆ 03 89 45 37 82 – www.latabledemichele.fr
– Fermé 19 août-3 sept., sam. midi, dim. et lundi Plan : FY**t**
Formule 19 € – Menu 24 € (déj.)
– Carte 50/65 €

Michèle Brouet est une figure de la gastronomie locale. Sa table est à son image, généreuse et enjouée, tout comme l'atmosphère de la maison, très chaleureuse avec son décor d'objets hétéroclites et de bouquets de fleurs. Gourmandise et plaisir sont au rendez-vous !

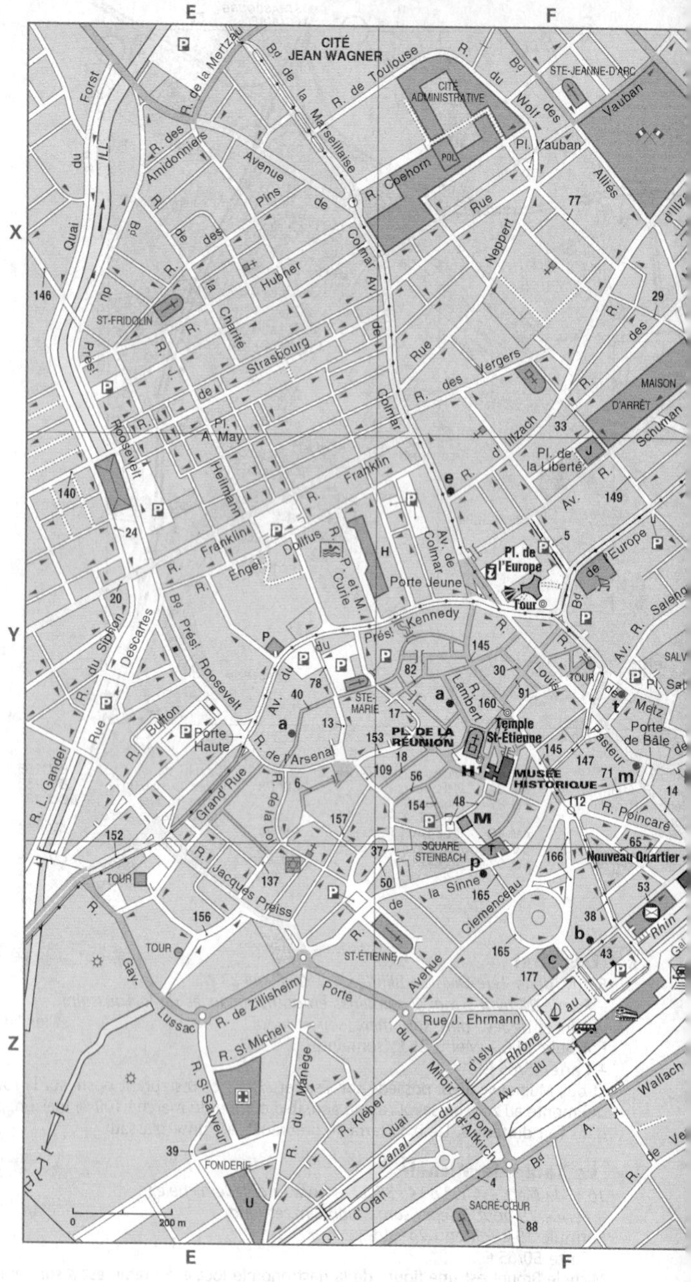
E
F
X
Y
Z
CITÉ JEAN WAGNER
CITÉ ADMINISTRATIVE
POL.
STE-JEANNE-D'ARC
Vauban
Pl. Vauban
R. de la Mertzau
Bd de la Marseillaise
R. de Toulouse
R. du Wolf
Bd des Alliés
Quai du Forst
R. des Amidonniers
Avenue de Colmar
R. des Pins
R. Coehorn
Rue Neppert
77
Bd de la Charité
R. de Hubner
Quai du Président
ILL
146
ST-FRIDOLIN
R. J.
R. de Strasbourg
Rue des Vergers
R. des
29
R. Schuman
MAISON D'ARRÊT
33
Pl. de la Liberté
R. d'Illzach
Pl. A. May
R. Roosevelt
Heilmann
R. Franklin
140
24
e
R. Engel Dolfus
R. P. et M. Curie
H
Av. de Colmar
Porte Jeune
Pl. de l'Europe
Tour
5
149
Av. R. Salengro
Bd de l'Europe
20
R. du Siphon
Descartes
Bd Président Roosevelt
Rue Buffon
R. L. Gander
Porte Haute
Av. du Président Kennedy
P
78
40
a
13
STE-MARIE
17
82
145
30
91
R. Lambert
160
R. Louis Pasteur
TOUR
t
R. de Metz
Porte de Bâle
Pl. Salvator
PL. DE LA RÉUNION
153
18
Temple St-Étienne
H
MUSÉE HISTORIQUE
145
147
71
m
R. de l'Arsenal
Grand'Rue
R. de la Loi
6
109
56
154
48
M
112
R. Poincaré
14
157
152
SQUARE STEINBACH
37
T
166
65
Nouveau Quartier
TOUR
R. Jacques Preiss
137
50
p
R. de la Sinne
165
Clemenceau
53
38
b
Rhin
156
TOUR
R. Gay-Lussac
ST-ÉTIENNE
Avenue
165
C
43
177
R. de Zillisheim
Porte du Miroir
Rue J. Ehrmann
au Rhône
R. St Michel
R. St Sauveur
R. du Manège
R. Kléber
Quai d'Isly
Av. du
Wallach
Canal du
Pont d'Altkirch
Bd A.
R. de Ve
39
FONDERIE
U
Quai d'Oran
4
SACRÉ-CŒUR
88
0
200 m

MULHOUSE

Altkrich (Av. d') .... **FZ** 4
Anvers (R. d') .... **FY** 5
Augustins (Passage des) **EY** 6
Bonbonnière (R.) .... **EY** 13
Bonnes-Gens (R. des) ..... **FY** 14
Bons-Enfants (R. des) .... **FY** 17
Boulangers (R. des) .... **FY** 18
Briand (Av. Aristide) ...... **EY** 20
Cloche (Quai de la) .... **EY** 24
Colmar (Av. de) .... **EFXY**
Dollfus (Av. Gustave) ..... **GY** 27
Dreyfus (R. du Capit.) ..... **FX** 29
Engelmann (R.) .... **FY** 30
Ensisheim (R. d') .... **FX** 33
Fleurs (R. des) .... **FYZ** 37
Foch (Av. du Mar.) .... **FZ** 38
Fonderie (R. de la) .... **EZ** 39
Franciscains (R. des) ...... **EY** 40
Gaulle (Pl. du Gén.-de) .... **FZ** 43
Guillaume-Tell (Pl. et R.) ... **FY** 48
Halles (R. des) .... **FZ** 50
Henner (R. J.-J.) .... **FZ** 53
Henriette (R.) .... **FY** 56
Jardin-Zoologique (R. du) . **GZ** 64
Joffre (Av. du Mar.) ...... **FYZ** 65
Lambert (R.) .... **FY**
Lattre-de-Tassigny
(Av. Mar.-de) .... **FY** 71
Loisy (R. du Lt de) .... **FX** 77
Lorraine (R. de la) .... **EY** 78
Maréchaux (R. des) .... **FY** 82
Montagne (R. de la) .... **FZ** 88
Moselle (R. de la) .... **FY** 91
Président-Kennedy
(Av. du) .... **EFY**
Raisin (R. du) .... **EFY** 109
République (Pl. de la) ..... **FY** 112
Riedisheim (Pont de) ...... **FZ** 119
Ste-Claire (R.) .... **EZ** 137
Ste-Thérèse (R.) .... **EY** 140
Sauvage (R. du) .... **FY** 145
Schoen (R. Anna) .... **EX** 146
Somme (R. de la) .... **FY** 147
Stalingrad (R. de) .... **FY** 149
Stoessel (Bd Charles) .... **EYZ** 152
Tanneurs (R. des) .... **EFY** 153
Teutonique (Passage) ...... **FY** 154
Tour-du-Diable (R.) .... **EZ** 156
Trois-Rois (R. des) .... **EY** 157
Victoires (Pl. des) .... **FZ** 160
Wicky (Av. Auguste) .... **FZ** 165
Wilson (R.) .... **FYZ** 166
Zuber (R.) .... **FY** 172
17-Novembre (R. du) ...... **FZ** 177

Poincaré II

6 porte Bâle – ✆ 03 89 46 00 24 – www.lepoincare2.com
– Fermé 5-11 août, sam. sauf le soir du 15 sept. au 15 juin et dim.
Formule 23 € – Menu 30/60 € – Carte 30/83 € Plan : FY**m**
Une vraie cuisine traditionnelle dans un authentique bistrot, tenu par un patron truculent et fana de gastronomie ! Les produits sont bien choisis, les assiettes ont du goût et l'on peut même savourer de jolis vins "nature"...

à Sausheim 3 km au Nord par D 38 – ✉ 68390 – 5 471 hab.

Golden Tulip

r. des Cévennes, (Ile Napoléon), RD 201 – ✆ 03 89 61 87 87
– www.goldentulipmulhousebasel.com Plan : DU**b**
99 ch – 85/135 € 95/250 € – 16 € – ½ P
Rest – Formule 16 € – Menu 20 €, 28/54 € – Carte 36/48 €
L'art du feng shui a inspiré l'aménagement de cet hôtel entièrement rénové en 2011. Le décor de chaque étage s'inspire d'un thème original : le métal, la terre, le feu, le bois... On l'aura compris : l'esprit des lieux est résolument zen et nature – et le confort est excellent.

à Baldersheim 8 km par ① – ✉ 68390 – 2 565 hab.

Au Cheval Blanc

27 r. Principale – ✆ 03 89 45 45 44 – www.hotel-cheval-blanc.com
– fermé 24 déc.- 2 janv.
82 ch – 78/91 € 126/143 € – 13 € – ½ P
Rest – Menu 23/58 € – Carte 35/65 € *(fermé dim. soir)*
La tradition est de mise dans cet établissement couvert de géraniums aux beaux jours, dans les mains de la même famille depuis 1879 ! Parfaitement tenues, les chambres dégagent fraîcheur et confort, et l'on peut profiter du restaurant alsacien et de l'espace bien-être. Une bonne adresse aux portes de Mulhouse.

Au Vieux Marronnier

à 300 m – ✆ 03 89 36 87 60 – www.hotel-cheval-blanc.com
– Fermé 24 déc.-2 janv.
8 ch – 95 € 95 € – 6 suites – 13 €
Cette annexe récente du Cheval Blanc abrite des studios et de petits appartements, particulièrement adaptés pour de longs séjours ou une étape en famille (cuisinettes bien équipées).

À la réservation, faites-vous bien préciser le prix et la catégorie de la chambre.

à Rixheim 3 km au Sud-Est par D 66 – ✉ 68170 – 12 996 hab.

La Grange à Élise sans rest

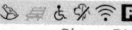

68 Grand-Rue – ✆ 03 89 54 20 71 – www.grange-elise.com Plan : DV**a**
5 ch – 79 € 105 €
Rose, Lys, Iris... Les chambres de cette charmante demeure – une ancienne grange – évoquent un joli jardin fleuri. Objets chinés, boutis, bibelots et confort douillet : cet esprit "maison de poupée" ravira les amateurs !

Le 7ème Continent

35 av. du Gén.-de-Gaulle – ✆ 03 89 64 24 85 – www.le7emecontinent.fr
– Fermé 1er-9 janv., sam. midi, dim. soir et lundi Plan : DV**t**
Formule 25 € – Menu 49/68 € – Carte environ 60 €
Sur ce Continent gastronomique, le chef est un vrai passionné ! Cours de cuisine, menus à thème... tout est bon pour partager l'amour de la bonne chère. Sa carte, "renouvelée tous les mois pour que les clients ne mangent jamais pareil", est une ode au marché et aux produits. Le cadre, atypique et charmant, séduit tout autant.

à Riedisheim 2 km au Sud-Est par D 56 et D 432 – ✉ 68400 – 12 301 hab.

La Poste (Jean-Marc Kieny)

7 r. du Gén.-de-Gaulle – ✆ 03 89 44 07 71 – www.restaurant-kieny.com – Fermé 3 semaines en août, dim. soir, mardi midi et lundi
Plan : CV**d**

Menu 29 € (semaine), 63/90 € – Carte 69/82 €

Dans ce chaleureux relais de poste (1850) se transmettent depuis six générations les secrets de la bonne cuisine ! Aujourd'hui aux commandes, Jean-Marc Kieny revisite la tradition alsacienne avec brio, inspiration et finesse... L'histoire de la maison s'écrit au présent, et le plaisir est de chaque instant.

→ Tapas d'Alsace en hommage à notre région. Veau de lait en bolognaise de homard. Millefeuille friand timidement citronné.

Auberge de la Tonnelle

61 r. du Mar.-Joffre – ✆ 03 89 54 25 77 – www.aubergedelatonnelle.fr – Fermé dim. soir
Plan : CV**u**

Menu 27 € (déj. en semaine), 40/62 € – Carte 53/70 € *(réservation conseillée)*

Dans un quartier résidentiel un peu excentré, cette auberge ravit ses habitués : ils y savourent une cuisine classique accompagnée de jolis crus (bourgognes et vins de petits producteurs) ; l'été, on les retrouve sur la terrasse.

à Hochstatt 7 km au Sud-Ouest par D 8III - BV – ✉ 68720 – 2 128 hab.

Au Cheval Blanc

55 Grande-Rue – ✆ 03 89 06 27 77 – www.auchevalblanc-hochstatt.fr – Fermé 9-17 août, 24 déc.-3 janv., dim. soir, lundi soir, mardi soir et merc.

Menu 24 € (déj. en semaine), 35/52 € – Carte 43/69 €

Cette maison de village semble d'abord quelconque, mais il n'en est rien ! La déco, contemporaine et épurée, se prête à un repas soigné et, de fait, la cuisine du chef, inspirée par le marché, se révèle fine et fraîche. Une adresse appétissante...

à Froeningen 9 km au Sud-Ouest par D 8BIII - BV – ✉ 68720 – 681 hab.

Auberge de Froeningen

2 rte d'Illfurth – ✆ 03 89 25 48 48 – www.aubergedefroeningen.com – Fermé 15-31 août, 3 semaines en janv., mardi de nov. à avril, dim. soir et lundi

7 ch – †67 € ††77 € – ☕ 11 € – ½ P

Rest – Menu 16 € (déj. en semaine), 25/55 € – Carte 25/76 €

Une auberge typiquement régionale, qui cultive le charme d'une autre époque. Les chambres (sans télévision) sont bien insonorisées et d'une tenue sans faille... Idéal pour se déconnecter du monde moderne. En complément, le restaurant propose une cuisine traditionnelle et alsacienne, dans une salle très couleur locale.

MUNSTER

✉ 68140 (Haut-Rhin) – 4 905 hab. – **Voir carte n°1-A2**

▶ Paris 458 km – Colmar 19 km – Guebwiller 40 km – Mulhouse 60 km

Carte Michelin 315-G8

Verte Vallée

10 r. A. Hartmann, (parc de la Fecht) – ✆ 03 89 77 15 15 – www.vertevallee.com – Fermé 5-30 janv.

100 ch – †70/140 € ††90/140 € – 8 suites – ☕ 16 € – ½ P

Rest *Verte Vallée* – voir les restaurants ci-après

Dans un grand jardin bordant la Fecht, cette bâtisse est un îlot de quiétude et de détente. Les chambres, classiques ou contemporaines, sont spacieuses et cosy... Et pour barboter sereinement dans la piscine à jets, il y a même une garderie d'enfants.

Deybach sans rest

4 r. du Badischhof, 1 km par rte de Colmar (D 417) – ✆ 03 89 77 32 71 – www.hotel-deybach.com

16 ch – †51/65 € ††58/73 € – ☕ 10 €

Accueil souriant, atmosphère chaleureuse et familiale, chambres agréables et bien tenues, copieux petit-déjeuner et... excellent rapport qualité-prix ! Un petit hôtel vivement recommandé.

XXX **Verte Vallée** – Hôtel Verte Vallée

10 r. A. Hartmann, (parc de la Fecht) – ✆ 03 89 77 15 15 – www.vertevallee.com – Fermé 5-30 janv.

Menu 15 € (déj. en semaine), 27/50 € – Carte 38/44 €

Crémeux de munster fermier, filet de canette et son croustillant aux châtaignes, meringue glacée revisitée... Le chef concocte une savoureuse cuisine d'aujourd'hui et le sommelier se fait un plaisir de vous parler de ses jolis crus.

XX **A l'Agneau d'Or**

2 r. St-Grégoire – ✆ 03 89 77 34 08 – www.martinfache.com – Fermé lundi et mardi

Menu 31 € (déj. en semaine), 37/49 € – Carte 43/62 € *(réservation conseillée)*

Quenelles de truite aux écrevisses et beurre blanc au riesling, choucroute... Dans cette chaleureuse maison régionale, le chef revisite à sa façon la tradition et le terroir. Gibier en saison.

à Wihr-au-Val 6 km à l'Est par D 417 – ✉ 68230 – 1 264 hab.

XX **La Nouvelle Auberge** (Bernard Leray)

9 rte Nationale – ✆ 03 89 71 07 70 – www.nauberge.com – Fermé 30 juin-15 juil., 22-26 déc., dim. soir, lundi et mardi

Menu 38/90 € – Carte 53/80 €

Dans cette Nouvelle Auberge, élégante et attachante, les propriétaires jouent un délicieux "double jeu" culinaire ! Gastronomie à l'étage, avec une fine cuisine classique parfaitement maîtrisée par le chef ; bistrot alsacien au rez-de-chaussée... et ses savoureuses spécialités régionales. ➜ Pannacotta mangue-passion, chair d'araignée de mer au parfum de vanille. Pigeonneau et escalope de foie gras chaud, les cuisses en fleischnakas. Meringue, mousses au chocolat, craquant de pralin et glace chicorée.

Bistrot Menu 12 € (semaine)/21 € – Carte 21/35 € *(fermé 30 juin-15 juil., 22-26 déc., dim., lundi, mardi et le soir)*

MURAT

✉ 15300 (Cantal) – 1 983 hab. – **Voir carte n°5-B3**

Paris 520 km – Aurillac 48 km – Brioude 59 km – Issoire 74 km

Carte Michelin 330-F4 – Guide Vert Michelin Auvergne

à l'Est 4 km par N 122, rte de Clermont-Ferrand – ✉ 15300 Murat

XXX **Le Jarrousset**

– ✆ 04 71 20 10 69 – www.restaurant-le-jarrousset.com – Fermé janv., dim. soir, mardi soir, merc. soir sauf juil.-août et lundi

Formule 13 € 🍷 – Menu 24/75 € 🍷 – Carte 45/54 €

Dans un environnement verdoyant, cette auberge traditionnelle cultive le goût des produits locaux : le chef s'approvisionne auprès d'un réseau de fermes sélectionnées avec soin. Quant à l'ambiance, chapeau : le décor est épuré et moderne, et le mobilier et la vaisselle ont été réalisés par des artisans locaux.

LA MURAZ

✉ 74560 (Haute-Savoie) – 1 005 hab. – **Voir carte n°46-F1**

Paris 545 km – Annecy 33 km – Annemasse 11 km – Thonon-les-Bains 41 km

Carte Michelin 328-K4

XX **L'Angélick** 

160 Centre-Village – ✆ 04 50 94 51 97 – www.angelick.fr – Fermé 11-27 août, 22 déc.-7 janv., dim. soir, lundi, mardi et le midi en semaine

Menu 40/80 € – Carte 56/71 €

Un restaurant gastronomique chaleureux et cossu, où le chef travaille de bons produits et ose des mariages créatifs et audacieux. Filet de bœuf et carotte fane rôtie à la coriandre, râble de lapin lardé et rôti, pressé de blettes et moelle de bœuf... On se régale dans une salle au décor épuré et design. À découvrir !

Et aussi ***La Brasserie*** – voir les restaurants ci-après

La Brasserie – Restaurant L'Angélick
160 Centre-Village – ✆ 04 50 94 51 97 – www.angelick.fr
– Fermé 11-27 août, 22 déc.-7 janv., sam., dim. et le soir
Formule 20 € – Menu 25 € (semaine) *(fermé sam., dim. et le soir)*
Le midi en semaine, la Brasserie ouvre ses portes aux gourmands de passage ; on y fait dans la simplicité, avec une bonne cuisine de bistrot et une carte des vins minimaliste, composée de coups de cœur des propriétaires.

MURBACH – 68 Haut-Rhin ➜ voir Guebwiller

MUR-DE-BARREZ

12600 (Aveyron) – 816 hab. – **Voir carte n°29-D1**
Paris 567 km – Aurillac 38 km – Rodez 73 km – St-Flour 56 km
Carte Michelin 338-H1

Auberge du Barrez
av. du Carladez – ✆ 05 65 66 00 76 – www.aubergedubarrez.com
– Fermé 2 janv.-28 fév.
18 ch – 56/72 € 69/104 € – 10 € – ½ P
Rest *Auberge du Barrez* – voir les restaurants ci-après
On est accueilli à bras ouverts dans cette maison située à l'écart du centre-ville, entourée d'un joli jardin et d'un potager. Les chambres sont fraîches et bien tenues (certaines avec terrasse) et, à l'heure du repas, la table réserve de jolis plaisirs...

Auberge du Barrez
av. du Carladez – ✆ 05 65 66 00 76 – www.aubergedubarrez.com – Fermé 2 janv.-28 fév., mardi midi sauf du 9 juil. au 3 sept., merc. midi sauf d'avril à sept. et lundi midi
Menu 15 € (déj. en semaine), 27/42 € – Carte 37/52 €
Tout un poème : "Une table précieuse, un endroit attachant, / Où règnent sympathie et générosité. / Madame, pâtissière, accueille les clients, / Pendant que son mari est aux fourneaux rivé. / Terroir aveyronnais, plats copieux, beaux produits, / On déguste cela dans un bel intérieur ; / On s'installe en terrasse quand le soleil luit, / Et l'on chérit l'instant... l'âme emplie de bonheur !"

MÛR-DE-BRETAGNE

22530 (Côtes-d'Armor) – 2 108 hab. – **Voir carte n°10-C2**
Paris 457 km – Carhaix-Plouguer 50 km – Guingamp 47 km – Loudéac 20 km
Carte Michelin 309-E5 – Guide Vert Michelin Bretagne Nord

Auberge Grand'Maison (Christophe Le Fur) avec ch
1 r. Léon-le-Cerf – ✆ 02 96 28 51 10 – www.auberge-grand-maison.com
– Fermé 1er-8 juil., 14-28 oct., 2-9 janv., 13-28 fév., mardi sauf le soir en saison, dim. soir et lundi
6 ch – 50/90 € 50/90 € – 13 € – ½ P
Menu 27 € (déj. en semaine), 51/80 € – Carte 54/67 €
Contemporaine et originale, la cuisine de Christophe Le Fur sait être créative sans perdre de vue les fondamentaux, car le chef est avant tout un habile technicien. Combinaisons de saveurs et de textures, exploration de toutes les possibilités offertes par l'Armor et l'Argoat : voilà qui séduit ! Et l'accueil est charmant...
➜ Panini de langoustines, carottes fanes et jus de carcasses. Pigeon en panure noire, chartreuse de légumes et de foie gras, pot-au-feu, wasabi et raifort. Dessert carrément breizh.

MURET-LE-CHÂTEAU

12330 (Aveyron) – 334 hab. – **Voir carte n°29-C1**
Paris 621 km – Aurillac 75 km – Rodez 19 km – Toulouse 166 km
Carte Michelin 338-H4

XX **L'Auberge du Château** avec ch

Le Bourg – ✆ 05 65 47 71 57 – www.laubergeduchateau.com – Fermé vacances de Noël et de fév.
7 ch – †72/87 € ††72/87 € – ☕ 11 € – ½ P
Formule 28 € – Menu 35/59 € *(fermé lundi midi et mardi midi de déc. à mi-mars, dim. soir, lundi soir, mardi soir et merc.)*
Dans ce village de l'Aveyron, face à la mairie, l'adresse est bien connue des gourmands, qui s'y régalent d'une cuisine dans l'air du temps où les herbes et les légumes bio ont la part belle. Dans l'assiette, couleurs et saveurs sont au rendez-vous. Terrasse joliment fleurie.

MURO – 2B Haute-Corse ➜ voir Corse

MUS

✉ 30121 (Gard) – 1 305 hab. – **Voir carte n°23-C2**
Paris 737 km – Arles 52 km – Montpellier 37 km – Nîmes 26 km
Carte Michelin 339-K6 – Guide Vert Michelin Provence

La Paillère

26 av. du Puits Vieux – ✆ 04 66 35 55 93 – www.paillere.com
5 ch ☕ – †80 € ††90 € – ½ P **Table d'hôte** – Menu 25 €
Cette maison du 17ᵉs., discrète et patinée par le temps, cultive un certain art de vivre : patio verdoyant, chambres originales (Provence, Mongolie, etc.). Pour l'anecdote, elle fut la propriété de Régine et Delon y a séjourné ! Recettes du Sud à la table d'hôte.

MUSSY-LA-FOSSE – 21 Côte-d'Or ➜ voir Venarey-les-Laumes

MUTIGNY – 51 Marne ➜ voir Épernay

MUTZIG

✉ 67190 (Bas-Rhin) – 5 664 hab. – **Voir carte n°1-A1**
Paris 479 km – Obernai 11 km – Saverne 30 km – Sélestat 38 km
Carte Michelin 315-I5

L'Ours de Mutzig

pl. Fontaine – ✆ 03 88 47 85 55 – www.lours-de-mutzig.fr – Fermé 1ᵉʳ-15 janv.
47 ch – †79/99 € ††89/99 € – ☕ 12 € – ½ P
Rest – Formule 24 € – Menu 30/42 € – Carte 27/49 € *(fermé jeudi)*
Dans cette maison à la jolie façade bleue (1900), les chambres sont plaisantes, décorées dans un style contemporain ou plus classique (bois) dans les mansardes du 3ᵉ étage. Carte traditionnelle ; çà et là, des ours en peluche peuplent la salle.

LE MUY

✉ 83490 (Var) – 9 050 hab. – **Voir carte n°41-C3**
Paris 861 km – Antibes 59 km – Marseille 132 km – Toulon 77 km
Carte Michelin 340-O5 – Guide Vert Michelin Côte d'Azur

L'Orée du Bois

rond-point Sainte-Roseline, 2469 rte de Draguignan, RD 1555 – ✆ 04 98 11 12 40 – www.oreedubois83.com
31 ch – †87/104 € ††95/120 € – ☕ 11 € – ½ P
Rest – Formule 18 € – Menu 29 € (semaine), 35/58 € – Carte 40/57 € *(fermé dim. soir, lundi hors saison et sam. midi)*
Ce bâtiment moderne d'esprit provençal (crépi ocre) aligne comme dans un motel de petites chambres simples et agréables, toutes avec terrasse face au jardin et à la piscine. En prime : sauna, hammam, jacuzzi et restaurant traditionnel. Un hôtel familial fort bien tenu sur les hauteurs de Fréjus.

au Nord 3 km par rte de Callas

Château des Demoiselles sans rest

2040 rte de Callas – ☏ 06 15 83 48 95 – www.chateaudesdemoiselles.com – Fermé nov. et janv.

5 ch – 130/150 € 130/150 €

Ce pourrait être un hôtel de charme d'un beau standing, et c'est une maison d'hôtes... De la majestueuse allée d'entrée bordée de platanes, jusqu'aux chambres de la demeure – une superbe bastide de 1830 –, s'incarne tout l'art de vivre de la Provence !

NACONNE – 42 Loire ➜ voir Feurs

NAINVILLE-LES-ROCHES

91750 (Essonne) – 454 hab. – Voir carte n°**19**-C2

Paris 49 km – Boulogne-Billancourt 49 km – Montreuil 50 km – Saint-Denis 62 km

Carte Michelin 312-D4

Le Clos des Fontaines sans rest

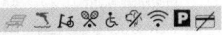

3 r. de l'Église – ☏ 01 64 98 40 56 – www.closdesfontaines.com

5 ch – 80/90 € 95/110 €

Un havre de paix entre Paris, Milly-la-Forêt et Fontainebleau. La propriété se cache derrière des murs en pierre : passé la grille, on découvre un grand et verdoyant jardin, réunissant d'anciennes fermettes du 18e s. Un joli ensemble, abritant des chambres au décor très soigné. Petit-déjeuner gourmand.

NAJAC

12270 (Aveyron) – 754 hab. – Voir carte n°**29**-C1

Paris 629 km – Albi 51 km – Cahors 85 km – Gaillac 51 km

Carte Michelin 338-D5

L' Oustal del Barry

2 pl. Sol de Barry – ☏ 05 65 29 74 32 – www.oustaldelbarry.com – Ouvert 20 mars-11 nov.

17 ch – 49/53 € 58/80 € – 10 € – ½ P

Rest ***L' Oustal del Barry*** – voir les restaurants ci-après

Nichée au cœur de ce magnifique village médiéval dominé par sa forteresse du 11e s., une maison accueillante avec des chambres sobres et douillettes, donnant sur le bourg ou la vallée.

Le Belle Rive rest, ch,

4 r. Roc du Pont, 3 km au Nord-Ouest par D 39 – ☏ 05 65 29 73 90 – www.lebellerive.com – Ouvert de Pâques à fin oct. et fermé dim. soir en oct.

20 ch – 55 € 55/64 € – 9 € – ½ P

Rest – Formule 12 € – Menu 26/41 € – Carte 30/48 € *(fermé dim. soir et lundi midi en oct.)*

Une histoire de famille... depuis cinq générations ! Cet hôtel-restaurant borde l'Aveyron et cache des chambres un brin rustiques, simples et propres. Grande terrasse fleurie et ombragée pour profiter de la cuisine régionale du chef.

L' Oustal del Barry

2 pl. Sol de Barry – ☏ 05 65 29 74 32 – www.oustaldelbarry.com – Ouvert 20 mars-11 nov. et le midi du 15 nov. au 31 déc.

Formule 18 € – Menu 20/56 € – Carte 58/66 €

Dans ce charmant restaurant rustique, le chef met à l'honneur la région et le terroir en travaillant de beaux produits... De l'une des salles, on peut même admirer son potager !

NALZEN – 09 Ariège ➜ voir Lavelanet

NANCY

54000 (Meurthe-et-Moselle) – 105 421 hab. – Agglo. 285 977 hab. – Voir carte n°**26**-B2

Paris 314 km – Dijon 216 km – Metz 57 km – Reims 209 km

Carte Michelin 307-I6

JARVILLE-LA-MALGRANGE

République (R. de la) . . . . **EX** 76

LAXOU

Europe (Av. de l') . . . . **DX** 32
Poincaré (R. R.) . . . . **DX** 71
Résistance (Av. de la) . . . . . . **CV** 78
Rhin (Av. du) . . . . **CV** 79

NANCY

Adam (R. Sigisbert) . . . . **BX** 2
Albert-1er (Bd) . . . . **DV** 3
Anatole-France (Av.) . . . . **DV** 6
Armée-Patton (R.) . . . . **DV** 7
Auxonne (R. d') . . . . **DV** 8
Barrès (R. Maurice) . . . . **CY** 10
Bazin (R. H.) . . . . **CY** 13
Benit (R.) . . . . **BY** 14
Blandan (R. du Sergent) . . . . **DX** 15
Braconnot (R.) . . . . **BX** 19
Carmes (R. des) . . . . **BY** 20
Chanoine-Jacob (R.) . . . . **AX** 23
Chanzy (R.) . . . . **AY** 24
Cheval-Blanc (R. du) . . . . **BY** 25
Clemenceau (Bd G.) . . . . **EX** 26
Craffe (R. de la) . . . . **AX** 27
Croix de Bourgogne (Espl.) . . **AZ** 28
Dominicains (R. des) . . . . **BY** 29
Erignac (R. C.) . . . . **BY** 31
La-Fayette (Pl. de) . . . . **BY** 47
Foch (Av.) . . . . **DV** 34
Gambetta (R.) . . . . **BY** 36
Gaulle (Pl. Gén.-de) . . . . **BX** 37
Grande-Rue . . . . **BXY**
Haussonville (Bd d') . . . . **DX** 38
Haut-Bourgeois (R.) . . . . **AX** 39
Héré (R.) . . . . **BY** 40
Ile de Corse (R. de l') . . . . **CY** 41
Jeanne-d'Arc (R.) . . . . **DEX** 44
Jean-Jaurès (Bd) . . . . **EX** 43
Keller (R. Ch.) . . . . **AX** 46
Linnois (R.) . . . . **EX** 49
Louis (R. Baron) . . . . **AXY** 50
Loups (R. des) . . . . **AX** 51
Majorelle (R. Louis) . . . . **DX** 52
Mazagran (R.) . . . . **AY** 54
Mengin (Pl. Henri) . . . . **BY** 55
Mgr-Ruch (Pl.) . . . . **CY** 63
Molitor (R.) . . . . **CZ** 60
Monnaie (R. de la) . . . . **BY** 62
Mon-Désert (R. de) . . . . **ABZ** 61
Mouja (R. du Pont) . . . . **BY** 64
Nabécor (R. de) . . . . **EX** 65
Oudinot (R. Maréchal) . . . . . **EX** 68
Poincaré (R. H.) . . . . **AY** 69
Poincaré (R. R.) . . . . **AY** 70
Point-Central . . . . **BY** 72
Ponts (R. des) . . . . **BYZ** 73
Primatiale (R. de la) . . . . **CY** 74

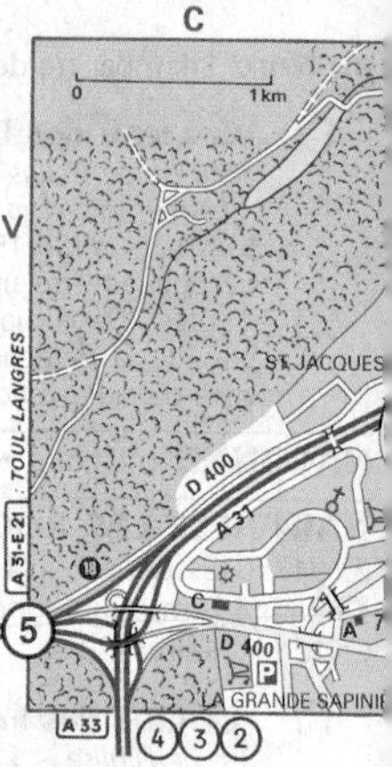

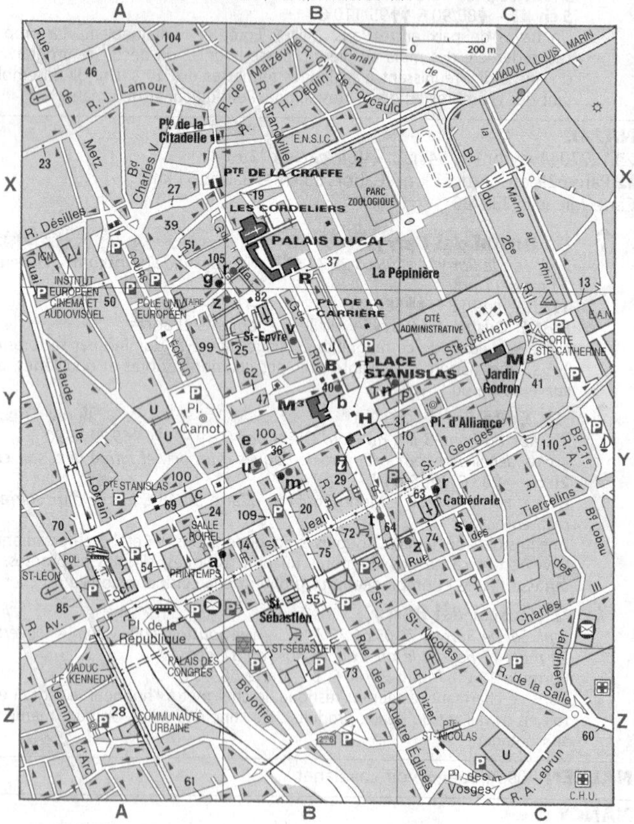

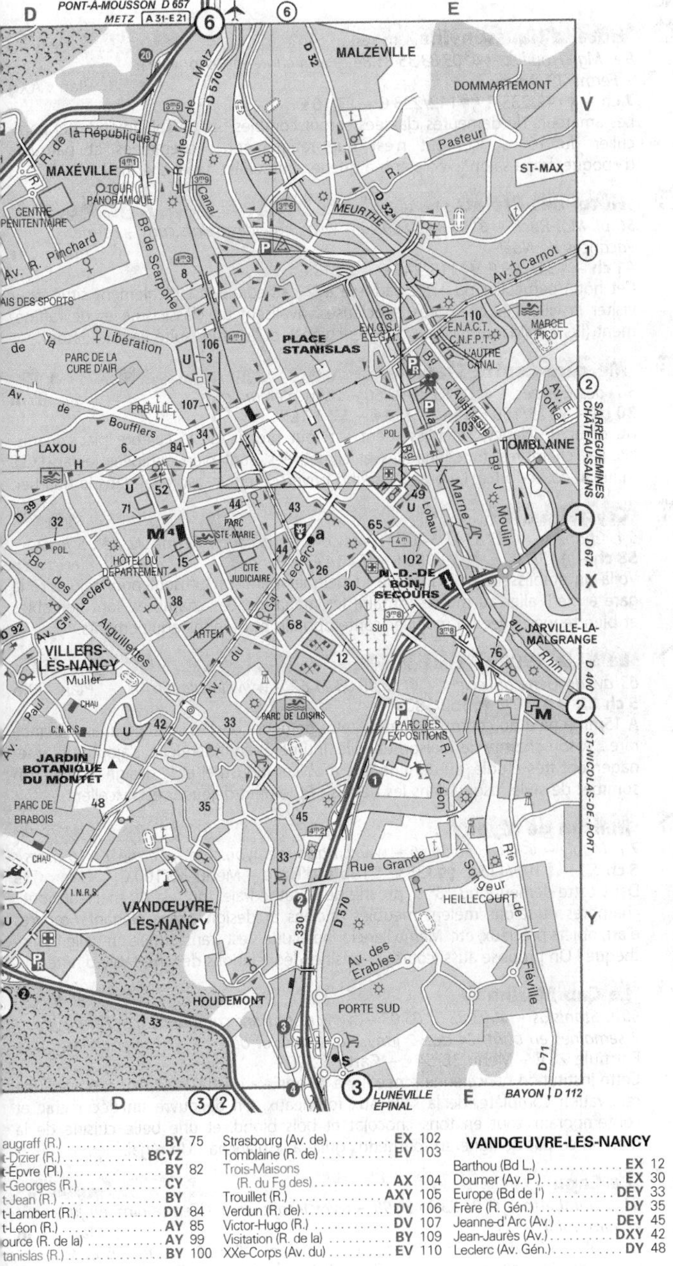

augraff (R.) . . . . BY 75
t-Dizier (R.) . . . . BCYZ
t-Épvre (Pl.) . . . . BY 82
t-Georges (R.) . . . . CY
t-Jean (R.) . . . . BY
t-Lambert (R.) . . . . DV 84
t-Léon (R.) . . . . AY 85
ource (R. de la) . . . . AY 99
tanislas (R.) . . . . BY 100

Strasbourg (Av. de) . . . . EX 102
Tomblaine (R. de) . . . . EV 103
Trois-Maisons
(R. du Fg des) . . . . AX 104
Trouillet (R.) . . . . AXY 105
Verdun (R. de) . . . . DV 106
Victor-Hugo (R.) . . . . DV 107
Visitation (R. de la) . . . . BY 109
XXe-Corps (Av. du) . . . . EV 110

VANDŒUVRE-LÈS-NANCY

Barthou (Bd L.) . . . . EX 12
Doumer (Av. P.) . . . . EX 30
Europe (Bd de l') . . . . DEY 33
Frère (R. Gén.) . . . . DY 35
Jeanne-d'Arc (Av.) . . . . DEY 45
Jean-Jaurès (Av.) . . . . DXY 42
Leclerc (Av. Gén.) . . . . DY 48

Hôtel d'Haussonville sans rest

9 r. Mgr-Trouillet – ✆ 03 83 35 85 84 – www.hotel-haussonville.fr – Fermé 1er-9 janv. Plan : AX**g**

7 ch – †142/233 € ††142/233 € – ☕ 16 €

Les amateurs de demeures classées seront comblés par ce splendide hôtel particulier du 16e s. Ici, tout n'est que raffinement : cheminées et parquets d'époque, beau salon avec piano à queue, antiquités... Quel charme !

Hôtel des Prélats sans rest

56 pl. Mgr-Ruch – ✆ 03 83 30 20 20 – www.hoteldesprelats.com – Fermé vacances de Noël Plan : CY**r**

41 ch – †95/249 € ††115/249 € – ☕ 13 €

Cet hôtel particulier du 17e s., adossé à la cathédrale, est idéalement situé pour visiter la ville. Les chambres, spacieuses, rivalisent de classicisme et de raffinement (lits à baldaquin, vitraux, objets chinés), et la junior suite vaut le détour...

Mercure Centre Stanislas sans rest

5 r. des Carmes – ✆ 03 83 30 92 60 – www.mercure.com Plan : BY**m**

80 ch – †125/159 € ††125/159 € – ☕ 17 €

Au cœur de Nancy, l'établissement est tout proche de la célèbre place Stanislas. Les chambres, fonctionnelles et climatisées, sont bien équipées (écran LCD, minibar, coffre-fort...). Le grand parking privé souterrain est idéal dans le quartier.

Crystal sans rest

5 r. Chanzy – ✆ 03 83 17 54 00 – www.bwcrystal.com – Fermé 22 déc.-5 janv.

58 ch – †49/180 € ††49/180 € – ☕ 14 € Plan : AY**a**

Voilà un établissement bien situé ! Quelques minutes suffisent pour rejoindre la gare à pied, aller au musée ou faire les magasins. Les chambres sont agréables et bien tenues, avec un mobilier contemporain et de bons équipements.

La Villa 1901 Ⓝ sans rest

63 av. du Général-Leclerc – ✆ 06 30 03 21 62 – www.lavilla1901.fr Plan : EX**a**

5 ch ☕ – †140 € ††160/180 €

À 15mn à pied du centre de Nancy, cette demeure de 1901 distille une ambiance rare... À son charme de maison de ville, intime et confidentielle, s'ajoute un aménagement très étudié, où dominent le mobilier industriel et le design vintage. Un sommet de style jusque dans les détails ! Et le petit-déjeuner est excellent...

Maison de Myon

7 r. Mably – ✆ 03 83 46 56 56 – www.maisondemyon.com – Fermé 1er-16 mars

5 ch ☕ – †100/115 € ††135 € **Table d'hôte** – Menu 30/100 € Plan : CY**s**

Dans cette demeure du 18e s., proche de la cathédrale, tout est du meilleur goût : chambres et salons mêlent meubles anciens et design, tissus élégants, œuvres d'art, objets précieux, etc. Même l'ancienne écurie s'est transformée en belle bibliothèque ! On propose aussi cours de cuisine, dégustations de vins, table d'hôte...

Le Cap Marine Ⓝ

60 r. Stanislas – ✆ 03 83 37 05 03 – www.restaurant-capmarine.fr – Fermé 2 semaines en août, 24 déc.-2 janv., sam. midi et dim. Plan : BY**e**

Formule 28 € – Menu 38/54 € – Carte 52/90 €

Cette institution nancéienne – née il y a 60 ans – a pris un nouveau cap avec une rénovation complète, de la salle aux fourneaux. On découvre un décor chic et contemporain, tout en tons chocolat et bois blond, et une belle cuisine de la mer, tel ce bar de ligne en tournedos grillé à la plancha... Un régal.

Le Capu

31 r. Gambetta – ✆ 03 83 35 26 98 – www.lecapu.com – Fermé dim. en juil.-août et sam. midi Plan : BY**m**

Formule 25 € – Menu 34 € 🍷 (déj. en semaine), 48/80 € – Carte 66/82 €

Une table très en vue dans la ville : d'abord en raison de son décor, au chic contemporain affirmé, rehaussé de notes baroques et de tons originaux ; du fait de son répertoire culinaire ensuite, inventif et qui n'hésite pas à lorgner vers le moléculaire... Et après un passage en semaine, on revient bruncher le dimanche !

La Maison dans le Parc (Françoise Mutel)

3 r. Ste-Catherine – 03 83 19 03 57 – www.lamaisondansleparc.com – Fermé 28 avril-8 mai, 10-19 août, 1er-19 janv., dim. soir , lundi et mardi Plan : BY**n**

Menu 33 € (déj. en semaine), 63/89 €

L'une des meilleures tables dans les parages. Le long corridor d'entrée, aux pierres savamment éclairées, instaure une ambiance solennelle ; la salle est chic. Pourtant, la cuisine de Françoise Mutel illumine par... sa simplicité. Car cette autodidacte passionnée sait cuisiner l'essentiel : le goût ! Belle terrasse face au parc. ➜ Tartare de bar aux huîtres. Filet de sole, mousseline chermoula, chou-fleur et ananas. Croquant citron vert, crémeux au yuzu et sorbet citron.

La Toq'

1 r. Mgr-Trouillet – 03 83 30 17 20 – www.latoqueblanche.fr – Fermé 1 semaine vacances de printemps, 28 juil.-18 août, 1 semaine vacances de fév., dim. soir et lundi Plan : ABY**z**

Formule 21 € – Menu 29 € (semaine), 39/75 € – Carte 59/75 €

Avec ou sans toque, le chef de cet élégant restaurant – aux voûtes en pierre séculaires rehaussées par un aménagement contemporain – est un sérieux professionnel, qui signe de savoureuses assiettes, fondées sur de beaux produits. Le tout accompagné d'une carte des vins de plus de 300 références, et toc !

Les Agaves

2 r. des Carmes – 03 83 32 14 14 – www.les-agaves-nancy.fr – Fermé 1er-15 août, lundi soir, merc. soir et dim. Plan : BY**u**

Formule 25 € – Menu 30 € – Carte 41/52 €

Cap au Sud pour ce restaurant élégant qui flirte avec l'esprit bistrot. Le chef mêle influences méditerranéennes, provençales et italiennes ; même la carte des vins fait la part belle aux crus transalpins. La Botte en Lorraine !

Les Petits Gobelins

18 r. de la Primatiale – 03 83 35 49 03 – www.lespetitsgobelins.fr – Fermé vacances de printemps, 1er-23 août, 2-6 janv., dim. et lundi

Formule 20 € – Menu 27 € (semaine), 39/70 € – Carte 41/66 € Plan : CY**z**

C'est dans une rue piétonne derrière la cathédrale, au pied d'une demeure du 18e s., qu'on déniche cet agréable restaurant familial. C'est le territoire de la famille Grosse : Patrice, chef, met l'accent sur le choix des produits et l'originalité des recettes, tandis que sa fille, sommelière, choisit les vins adéquats !

V Four

10 r. St-Michel – 03 83 32 49 48 – www.levfour.fr – Fermé 31 août-12 sept., 1er-11 fév., dim. soir et lundi Plan : BX**r**

Formule 20 € – Menu 31/65 € – Carte 65/75 € *(réservation conseillée)*

Disciple de Gérard Vessière, Bruno Faonio crée une cuisine actuelle et soignée, associant fraîcheur des produits, harmonie des saveurs, belles présentations... Sa compagne assure le service – à la fois attentif et souriant. Inutile de dire qu'on joue souvent à guichets fermés et qu'il vaut mieux réserver !

La Taverne du Roy (N)

17 r. Héré – 03 83 32 27 87 – Fermé 26 déc.-5 janv.,merc. soir sauf en saison, dim. soir et lundi Plan : BY**b**

Formule 16 € – Menu 19/36 € – Carte 25/44 €

Joël Roy, autrefois étoilé au Prieuré à Flavigny-sur-Moselle, a repris cette ancienne taverne à deux pas de la place Stanislas. La salle a gardé son cachet de toujours, rétro à souhait, et le chef met ici son expérience au service de la tradition, qu'il s'agisse d'un bar de ligne rôti ou d'une poire Belle-Hélène !

La Poule Ange (N)

74 r. Saint-Julien – 03 83 34 19 62 – www.lapouleange.fr – Fermé dim.

Menu 20 € (déj.), 25/35 € Plan : BY**t**

Quand on dit que la valeur n'attend pas le nombre des années... Le tout jeune Jérémy Grosdidier, "ancien" de l'Excelsior et du Jules Verne, à Paris, a créé ce restaurant qui a déjà tout d'une affaire bien huilée. Aux fourneaux, il connaît ses classiques, qu'il revisite sobrement. Une réussite !

Chez Tanésy Le Gastrolâtre

23 Grande-Rue – ☎ 03 83 35 51 94 – Fermé 14-30 juil. , vacances de la Toussaint, 1er-7 janv., mardi midi, dim. et lundi Plan : BY**v**
Menu 27/45 € – Carte 52/69 € *(réservation conseillée)*
Voici l'antre où s'affaire l'un des chefs emblématiques de la ville : Patrick Tanésy, provençal de naissance, nancéien d'adoption, et un cœur gros comme ça ! Authentiques et gourmands, ses plats canailles se succèdent : volaille en vessie, terrine du tripier, baeckeofe de foie gras... Et les sorbets sont maison !

à Dommartemont – ✉ 54130 – 645 hab.

La Ferme Ste Geneviève - Le Bistrot

2 chemin du Pain-de-Sucre – ☎ 03 83 29 13 49 – www.lafermesaintegenevieve.com – Fermé 22 déc.-6 janv., mardi soir, merc. soir et jeudi soir du 1er sept. au 30 mai, dim. soir et lundi
Formule 17 € – Menu 21 € (semaine)/29 €
Dans ce restaurant posté sur les hauteurs de la ville, on apprécie des plats régionaux et traditionnels (avec des propositions à l'ardoise) d'un bon rapport qualité-prix... et une belle sélection de vins – surtout en bordeaux et côtes-du-rhône. Aux beaux jours, profitez de la terrasse aux airs de guinguette...

à Houdemont – ✉ 54180 – 2 368 hab.

Ibis Styles Nancy Sud

8 allée de la Genelière, (près du centre commercial) – ☎ 03 83 56 10 25 – www.ibisstyles.com Plan : EY**s**
86 ch – 69/119 € 79/139 € **Rest** – Formule 17 € – Carte 21/40 €
À la croisée des autoroutes Nancy-Paris-Strasbourg, faire une halte dans cet hôtel peut s'avérer salutaire. La plupart des chambres, spacieuses, ont adopté un style épuré. Parfaite pour se détendre avant de reprendre la route, la terrasse du restaurant au bord de la piscine.

à Vandoeuvre-lès-Nancy – ✉ 54500 – 30 974 hab.

Cottage-Hôtel

rest,

– ☎ 03 83 44 69 00 – www.groupe-mengin.com – Fermé 2-17 août et 23-31 déc.
64 ch – 58/98 € 58/98 € – 11 € – ½ P
Rest – Formule 17 € – Menu 23/43 € – Carte 33/41 € *(fermé dim.)*
Nous voici au cœur du technopôle de Nancy-Brabois, près de l'hippodrome et à deux minutes de l'autoroute... Pratique ! Les chambres sont progressivement rénovées dans un style contemporain et se révèlent très fonctionnelles. On apprécie également le grand parking privé devant l'hôtel.

à Neuves-Maisons 14 km par ④ – ✉ 54230 – 7 162 hab.

L'Union

1 r. A.-Briand – ☎ 03 83 47 30 46 – www.restaurantlunion.com – Fermé 1er-14 août, 2-5 janv., mardi soir, merc. soir, jeudi soir et lundi
Formule 14 € – Menu 28/35 € – Carte 43/54 €
Cette jolie petite maison colorée, autrefois café du village, propose une cuisine traditionnelle bien sympathique : râble de lapin à la truffe, fricassée de volaille au champagne, tête de veau, etc. Et puis, il y a la terrasse ombragée...

NANS-LES-PINS

✉ 83860 (Var) – 4 132 hab. – **Voir carte n°40-B3**
Paris 794 km – Aix-en-Provence 44 km – Brignoles 26 km – Marseille 42 km
Carte Michelin 340-J5

Domaine de Châteauneuf

3 km au Nord par D 560 – ☎ 04 94 78 90 06 – www.domaine-de-chateauneuf.fr – Ouvert avril-oct.
29 ch – 153/399 € 179/399 € – 1 suite – 20 € – ½ P
Rest *Domaine de Châteauneuf* – voir les restaurants ci-après
Pas de luxe opulent, mais un raffinement discret et une certaine authenticité dans cette belle bastide du 18e s., nichée au cœur du golf de la Sainte-Baume. Persiennes en bois, mobilier provençal, salles de bains à l'ancienne...

XXX **Domaine de Châteauneuf**

3 km au Nord par D 560 – ✆ 04 94 78 90 06 – www.domaine-de-chateauneuf.fr – Ouvert avril-oct.

Menu 41/88 € – Carte 64/77 €

Un décor classique, en camaïeu de gris, et... une belle terrasse sous des platanes centenaires : le goût de la Provence ! La carte aussi est ancrée dans la région (mérou de Méditerranée cuit sur la peau, réduction de soupe, fenouil et oignons).

X **L'Éveil des Sens**

42 rte de Marseille – ✆ 04 94 04 41 65 – www.leveildessensrestaurant.fr – Fermé dim. soir de sept. à juin, mardi midi et merc. midi en juil.-août et lundi

Formule 14 € 🍷 – Menu 29/80 € – Carte 42/75 €

Une maison particulière devenue restaurant, à la sortie de Nans. La modernité du décor, la terrasse ensoleillée, mais surtout la cuisine, dont les associations de saveurs originales entendent promener nos papilles "côté mer et côté terre" : tout met les sens en éveil...

NANTES

✉ 44000 (Loire-Atlantique) – 284 970 hab. – Agglo. 584 306 hab. – Voir carte n°**34**-B2
▶ Paris 381 km – Angers 88 km – Bordeaux 325 km – Quimper 233 km
Carte Michelin 316-G4 – Guide Vert Michelin Bretagne Sud

Hôtels

Radisson Blu Ⓝ

rest, ch,

6 pl. Aristide-Briand – ✆ 02 72 00 10 00 – www.radissonblu.com/hotel-nantes
137 ch – †300/450 € ††300/450 € – 5 suites – ☕ 25 € Plan : 3FY**b**
Rest ***L'Assise*** – Formule 20 € – Menu 28 € (déj. en semaine)/49 € – Carte 44/52 € *(fermé 24-30 déc., dim. et fériés)*
Un beau bâtiment classique dont le fronton central reste sculpté des mots "Palais de Justice" : c'est bel et bien dans un ancien tribunal – en activité jusqu'en 2000 – qu'a été créé ce Radisson Blu ! Esprit contemporain, grand confort et belles prestations seront les juges de vos nuits.

Novotel Cité des Congrès

3 r. de Valmy – ✆ 02 51 82 00 00 – www.novotel.com Plan : 4HZ**t**
103 ch – †69/205 € ††69/205 € – 2 suites – ☕ 16 € – ½ P
Rest – Formule 13 € – Menu 17 € (semaine) – Carte 17/43 €
Créé en 1992, il jouxte la cité des congrès. Ses chambres se révèlent confortables et spacieuses, pour le bénéfice de la clientèle d'affaires comme des familles. Novotel Café pour se restaurer.

Novotel Centre Bord de Loire

1 bd Martyrs Nantais – ✆ 02 40 47 77 77 – www.novotel.com Plan : 4HZ**v**
108 ch – †99/169 € ††99/169 € – ☕ 16 €
Rest – Formule 18 € – Carte 17/39 € *(fermé sam. midi et dim. midi)*
Sur les rives de l'île de Nantes, desservi par le tramway, un hôtel jouissant d'une bonne situation et d'un décor contemporain. Novotel Café pour se restaurer.

Sozo Hotel sans rest

16 r. Frédéric-Cailliaud – ✆ 02 51 82 40 00 – www.sozohotel.fr Plan : 4HY**u**
27 ch – †129/347 € ††129/347 € – ☕ 14 €
Né en 2012 près de la gare, cet hôtel a été créé dans une ancienne chapelle du 19e s. ! Chambres dans les absidioles ou le chœur, vitraux pour fenêtre, clés de voûte en guise de tête de lit et, partout, un aménagement des plus design... Le cachet d'un monument historique associé à l'épure contemporaine : unique !

Mercure Gare Sud

ch,

50 quai Malakoff – ✆ 02 40 35 30 30 – www.mercure.com Plan : 4HY**m**
91 ch – †77/179 € ††77/179 € – ☕ 14 €
Rest – Formule 17 € – Menu 20 € – Carte 35/46 €
À la sortie de la gare (accès sud) et à deux pas du Lieu Unique, des chambres bien pensées, d'un esprit design revendiqué, donnant pour la moitié d'entre elles sur le canal St-Félix : séduisant pour un week-end urbain. Brasserie contemporaine.

L'Hôtel sans rest
6 r. Henri-IV – 02 40 29 30 31 – www.nanteshotel.com – Fermé 24 déc.-2 janv.
31 ch – 79/160 € 79/160 € – 12 € Plan : 4HY**z**
Accueil très aimable dans cet Hôtel où l'on prend facilement ses aises. Vue sur le château en façade, le jardin à l'arrière ; décor contemporain aux notes rétro (références aux fifties), salon feutré : une agréable villégiature au cœur de la ville.

La Pérouse sans rest
3 allée Duquesne – 02 40 89 75 00 – www.hotel-laperouse.fr Plan : 4GY**b**
46 ch – 69/195 € 69/195 € – 14 €
Un objet architectural d'avant-garde (1993) devenu familier au cœur de Nantes : la façade graphique annonce l'esprit des chambres, très originales et minimalistes. Une réussite : avis aux amateurs !

Graslin sans rest
1 r. Piron – 02 40 69 72 91 – www.hotel-graslin.com Plan : 3FZ**v**
47 ch – 59/89 € 69/115 € – 12 €
Près de l'opéra, cet hôtel propose deux catégories de chambres, décorées dans un esprit contemporain alliant fonctionnalité et notes Art déco.

Pommeraye sans rest
2 r. Boileau – 02 40 48 78 79 – www.hotel-pommeraye.com Plan : 4GZ**t**
50 ch – 54/169 € 59/169 € – 11 €
Une situation idéale en centre-ville – à côté du célèbre passage Pommeraye et des boutiques de la rue Crébillon – pour cet hôtel contemporain élégant et feutré, tenu avec soin. À noter : produits bio et locaux au petit-déjeuner.

Belfort sans rest
1 r. de Belfort – 02 40 47 05 57 – www.hotel-belfort-nantes.fr Plan : 4HZ**c**
50 ch – 68/85 € 68/91 € – 10 €
Non loin des quais de la Loire, cet établissement né en 2009 a tout du petit hôtel moderne d'aujourd'hui, à la fois fonctionnel et coloré. Au dernier étage, certaines chambres jouissent d'un balcon dominant la ville.

Ibis Styles Place Graslin sans rest
5 r. du Chapeau-Rouge – 02 40 48 79 76 – www.accor.com Plan : 4GYZ**w**
40 ch – 69/125 € 79/135 €
Dans une rue tranquille, cet hôtel rénové en 2012 cache de petites chambres toutes fraîches, repensées dans un esprit contemporain sans fioritures. Une bonne option au cœur de la ville.

Voltaire Opéra sans rest
10 r. Gresset, (quartier Graslin) – 02 40 73 31 04 – www.hotelvoltaireoperanantes.com Plan : 3FZ**t**
40 ch – 55/109 € 69/109 € – 10 €
Tout près de la place Graslin et du cours Cambronne, on découvre un hôtel résolument contemporain, au décor mâtiné de touches asiatiques. Les chambres sont confortables et bien tenues ; aux beaux jours, on prend son petit-déjeuner à ciel ouvert...

Restaurants

L'Atlantide (Jean-Yves Guého)
16 quai Ernest Renaud 44100 – 02 40 73 23 23 – www.restaurant-atlantide.net – Fermé 27 juil.-26 août, 24 déc.-2 janv., sam. midi, dim. et fériés Plan : 3EZ**a**
Menu 38 € (déj.), 68/98 € – Carte 78/105 €
Cette Atlantide-là n'est pas cachée au fond de l'océan, mais domine joliment les bords de Loire... Quant aux trésors de la mer, ils sont dans l'assiette : Jean-Yves Guého signe une cuisine très exacte et d'une belle finesse, qui fait la part belle au poisson. Intéressante carte de vins de Loire. → Sandwich de homard de pays, oignons doux et ketchup maison. Turbot sauvage, câpres à queue, citron et tomates confites. Mojito imaginé comme un dessert.

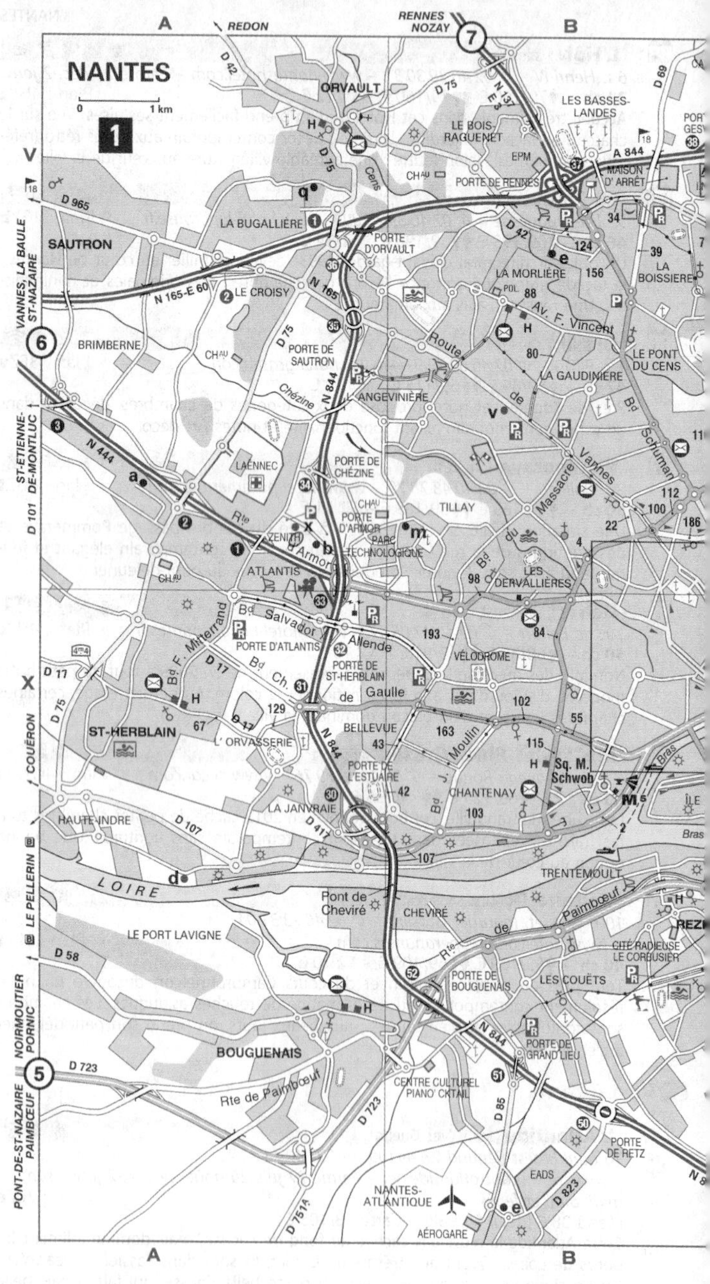
NANTES
1
0 1 km
A
B
V
X
REDON
RENNES
NOZAY
7
6
5
ORVAULT
SAUTRON
LA BUGALLIÈRE
PORTE D'ORVAULT
LE CROISY
BRIMBERNE
PORTE DE SAUTRON
L'ANGEVINIÈRE
LAENNEC
PORTE DE CHÉZINE
ZENITH
PORTE D'ARMOR
PARC TECHNOLOGIQUE
TILLAY
ATLANTIS
PORTE D'ATLANTIS
PORTE DE ST-HERBLAIN
ST-HERBLAIN
L' ORVASSERIE
BELLEVUE
PORTE DE L'ESTUAIRE
LA JANVRAIE
HAUTE-INDRE
LOIRE
Pont de Cheviré
CHEVIRÉ
LE PORT LAVIGNE
BOUGUENAIS
PORTE DE BOUGUENAIS
LES COUËTS
CITÉ RADIEUSE LE CORBUSIER
REZÉ
TRENTEMOULT
PORTE DE GRAND LIEU
CENTRE CULTUREL PIANO' CKTAIL
PORTE DE RETZ
EADS
NANTES-ATLANTIQUE
AÉROGARE
LES BASSES-LANDES
LE BOIS-RAGUENET
PORTE DE RENNES
MAISON D' ARRÊT
LA MORLIÈRE
LA BOISSIÈRE
LE PONT DU CENS
LA GAUDINIÈRE
LES DERVALLIÈRES
VÉLODROME
CHANTENAY
Sq. M. Schwob
Route de Vannes
Av. F. Vincent
Bd Schuman
Bd du Massacre
Bd Salvador Allende
Bd Ch. de Gaulle
Bd F. Mitterrand
Bd J. Moulin
Rte d'Armor
Rte de Paimbœuf
Chézine
Cens
N 165-E 60
N 165
N 844
N 444
N 137
A 844
D 965
D 75
D 42
D 17
D 107
D 411
D 58
D 723
D 751A
D 85
D 823
D 69
D 101
VANNES, LA BAULE ST-NAZAIRE
ST-ETIENNE-DE-MONTLUC
COUËRON
LE PELLERIN
NOIRMOUTIER PORNIC
PONT-DE-ST-NAZAIRE PAIMBŒUF

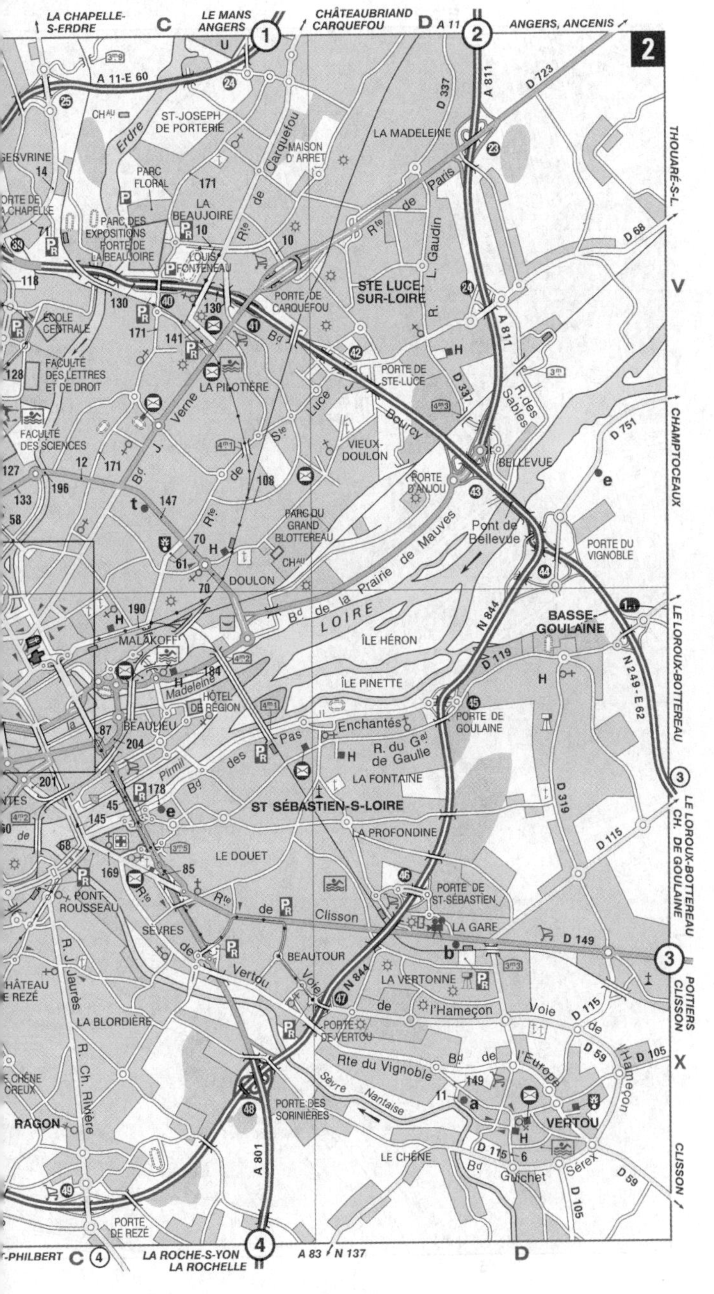
LA CHAPELLE-S-ERDRE
C
LE MANS ANGERS
1
CHÂTEAUBRIAND CARQUEFOU
D
A 11
2
ANGERS, ANCENIS
2
A 11-E 60
ST-JOSEPH DE PORTERIE
LA MADELEINE
MAISON D' ARRET
PARC FLORAL
LA BEAUJOIRE
PARC DES EXPOSITIONS PORTE DE LA BEAUJOIRE
LOUIS FONTENEAU
THOUARÉ-S-L.
STE LUCE-SUR-LOIRE
PORTE DE CARQUEFOU
ÉCOLE CENTRALE
FACULTÉ DES LETTRES ET DE DROIT
LA PILOTIÈRE
PORTE DE STE-LUCE
V
FACULTÉ DES SCIENCES
VIEUX-DOULON
PORTE D'ANJOU
BELLEVUE
CHAMPTOCEAUX
PARC DU GRAND BLOTTEREAU
Pont de Bellevue
PORTE DU VIGNOBLE
DOULON
LOIRE
BASSE-GOULAINE
MALAKOFF
ÎLE HÉRON
ÎLE PINETTE
LE LOROUX-BOTTEREAU
HÔTEL DE RÉGION
PORTE DE GOULAINE
BEAULIEU
LA FONTAINE
ST SÉBASTIEN-S-LOIRE
LA PROFONDINE
LE DOUET
LE LOROUX-BOTTEREAU CH. DE GOULAINE
PORTE DE ST-SÉBASTIEN
PONT ROUSSEAU
LA GARE
SÈVRES
BEAUTOUR
3
LA VERTONNE
POITIERS CLISSON
LA BLORDIÈRE
PORTE DE VERTOU
X
Rte du Vignoble
Sèvre Nantaise
PORTE DES SORINIÈRES
VERTOU
RAGON
LE CHÊNE
CLISSON
PORTE DE REZÉ
C
4
LA ROCHE-S-YON LA ROCHELLE
A 83
N 137
D

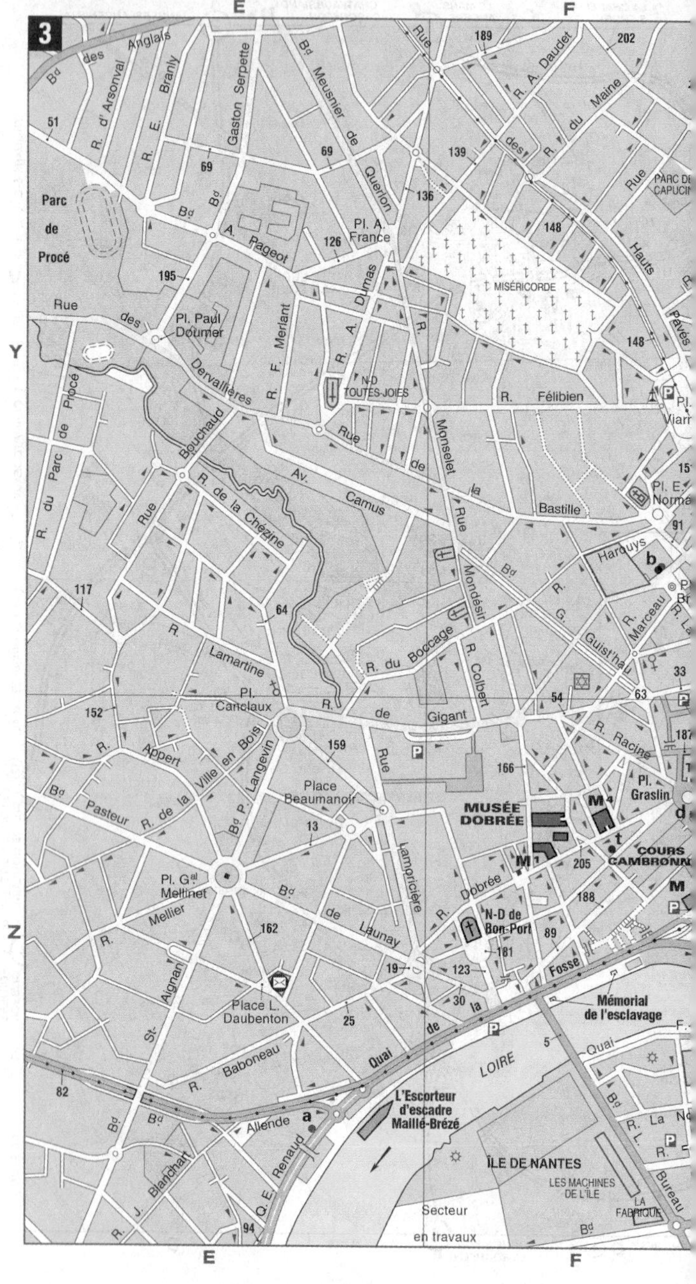

3
E
F
Y
Z
Parc de Procé
Rue des Dervallières
Pl. Paul Doumer
Bd A. Pageot
Pl. A. France
MISÉRICORDE
N-D TOUTES-JOIES
R. Félibien
Av. Camus
Rue de la Bastille
R. de la Chézine
R. Lamartine
Pl. Canclaux
R. de Gigant
R. du Boccage
Rue Mondésir
R. Colbert
Bd G. Guist'hau
R. Racine
Pl. Graslin
MUSÉE DOBRÉE
N-D de Bon-Port
COURS CAMBRONNE
Place Beaumanoir
Pl. Gal Mellinet
Bd de Launay
Bd Pasteur
R. de la Ville en Bois
R. Appert
Rue Lamoricière
Place L. Daubenton
R. Baboneau
Quai de la Fosse
LOIRE
Mémorial de l'esclavage
L'Escorteur d'escadre Maillé-Brézé
ÎLE DE NANTES
LES MACHINES DE L'ÎLE
LA FABRIQUE
Secteur en travaux
R. St-Aignan
R. Mellier
Bd Allende
R. J. Blanchart
Q. E. Renaud
R. Harouys
R. Marceau
PARC DES CAPUCINS
Rue des Hauts Pavés
R. du Maine
R. A. Daudet
R. A. Dumas
R. F. Merlant
Rue Bouchaud
R. du Parc de Procé
Bd des Anglais
R. d'Arsonval
R. E. Branly
Gaston Serpette
Bd Meusnier de Querlon
Rue Monselet
Bd P. Langevin
R. Dobrée

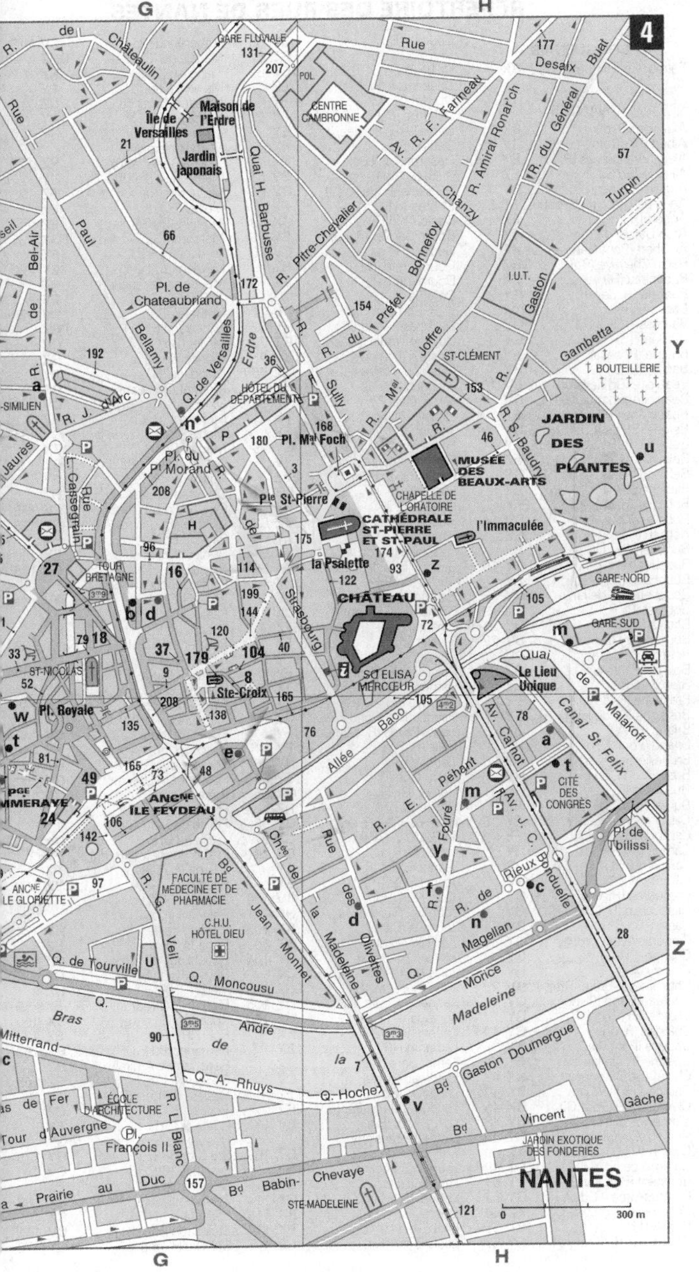
NANTES
4
CHÂTEAU
CATHÉDRALE ST-PIERRE ET ST-PAUL
MUSÉE DES BEAUX-ARTS
JARDIN DES PLANTES
Le Lieu Unique
Jardin japonais
Maison de l'Erdre
Île de Versailles
GARE-NORD
GARE-SUD
CENTRE CAMBRONNE
HÔTEL DU DÉPARTEMENT
Pl. Mal Foch
Pl. Royale
Ste-Croix
la Psalette
TOUR BRETAGNE
ANCNE ÎLE FEYDEAU
FACULTÉ DE MÉDECINE ET DE PHARMACIE
C.H.U. HÔTEL DIEU
ÉCOLE D'ARCHITECTURE
JARDIN EXOTIQUE DES FONDERIES
CITÉ DES CONGRÈS
Allée Baco
Canal St Felix
Quai de Malakoff
Pl. de Chateaubriand
Q. de Versailles
Quai H. Barbusse
Cours Gambetta
Bd Gaston Doumergue
Bd Babin-Chevaye
Q. de Tourville
Q. Moncousu
Q. André Rhuys
Q. Hoche
Madeleine
STE-MADELEINE
ST-CLÉMENT
I.U.T.
300 m

RÉPERTOIRE DES RUES DE NANTES

BOUGUENAIS

Paimbœuf (Rte de) **BX**

NANTES

Aiguillon (Q. d') **BX** 2
Albert (R. du Roi) **GY** 3
Alexandre-Dumas (R.) **EY**
Allende (Bd S.) **EZ**
Anglais (Bd des) **BV** 4
Anne-de-Bretagne (Pont) **FZ** 5
Appert (R.) **EZ**
Arsonval (R. d') **EY**
Audibert (Pont Gén.) **HZ** 7
Babin-Chevaye (Bd) **GHZ**
Baboneau (R.) **EZ**
Bâclerie (R. de la) **GY** 8
Baco (Allée) **HYZ**
Barbusse (Quai H.) **GY**
Barillerie (R. de la) **GY** 9
Bastille (R. de la) **EFY**
Baudry (R. S.) **HY**
Beaujoire (Bd de la) **CV** 10
Beaujoire (Pont de la) **CV**
Beaumanoir (Pl.) **EZ**
Belges (Bd des) **CV** 12
Bellamy (R. P.) **GY**
Belleville (R. de) **EZ** 13
Bel-Air (R. de) **GY**
Blanchart (R. J.) **EZ**
Boccage (R. du) **EFY**
Bocquerel (Bd H.) **CV** 14
Boileau (R.) **GZ** 15
Bonduel (Av. J. C.) **HZ**
Bossuet (R.) **GY** 16
Bouchaud (R.) **EY**
Boucherie (R. de la) **GY** 18
Bouhier (Pl. R.) **EZ** 19
Bouille (R. de) **GY** 21
Bouley Paty (Bd) **BV** 22
Bourcy (Bd Joseph) **CDV**
Bourse (Pl. de la) **GZ** 24
Branly (R. É.) **EY**
Brasserie (R. de la) **EZ** 25
Bretagne (Pl. de la) **GY** 27
Briand (Pl. A.) **FY**
Briand (Pont A.) **HZ** 28
Brunellière (R. Ch.) **FZ** 30
Buat (R. du Gén.) **HY**
Budapest (R. de) **GY** 31
Bureau (Bd L.) **FZ**
Calvaire (R. du) **FY** 33
Cambronne (Cours) **FZ**
Camus (Av.) **EY**
Canclaux (Pl.) **EZ**
Carnot (Av.) **HYZ**
Carquefou (Rte de) **CV**
Cassegrain (R. L.) **GY**
Cassin (Bd R.) **BV** 34
Ceineray (Quai) **GY** 36
Change (Pl. du) **GY** 37
Chanzy (Av.) **HY**
Chapelle-sur-Erdre (Rte) **BV** 39
Chateaubriand (Pl. de) **GY**
Châteaulin (R. de) **GY**
Château (R. du) **GY** 40
Cheviré (Pont de) **ABX**
Chézine (R. de la) **EY**
Cholet (Bd Bâtonnier) **BX** 42
Churchill (Bd W.) **BX** 43
Clemenceau (Pont G.) **CX** 45
Clemenceau (R. G.) **HY** 46
Clisson (Crs Olivier de) **GZ** 48
Colbert (R.) **FYZ**
Commerce (Pl. du) **GZ** 49
Constant (Bd Clovis) **EY** 51
Contrescarpe (R. de la) **GY** 52
Copernic (R.) **FZ** 54
Coty (Bd R.) **BX** 55
Coulmiers (R. de) **HY** 57
Courbet (Bd Amiral) **CV** 58
Crébillon (R.) **FGZ** 60
Dalby (Bd E.) **CV** 61
Daubenton (Pl. L.) **EZ**
Daudet (R. A.) **FY**
Delorme (Pl.) **FY** 63
Dervallières (R. des) **EY**
Desaix (R.) **HY**
Desgrées-du-Lou (R. du Col.) **EY** 64
Distillerie (R. de la) **GY** 66
Dobrée (R.) **FZ**
Dos-d'Ane (R.) **CX** 68
Douet Garnier (R. du) **EY** 69
Doulon (Bd de) **CV** 70
Doumergue (Bd G.) **HZ**
Doumer (Pl. P.) **EY**
Dreyfus (R. Commandant A.) **CV** 71
Duchesse-Anne (Pl.) **HY** 72
Duguay-Trouin (Allée) **GZ** 73
Einstein (Bd A.) **BV** 75
Estienne-d'Orves (Crs d') **HZ** 76
Farineau (R. F.) **HY**
Favre (Quai F.) **HYZ** 78
La-Fayette (R.) **FY**
Félibien (R.) **FY**
Feltre (R. de) **GY** 79
Foch (Pl. Mar.) **HY**
Fosse (Quai de la) **EFZ**
Fosse (R. de la) **GZ** 81
Fouré (R.) **HZ**
Frachon (Bd B.) **EZ** 82
France (Pl. A.) **EY**
Fraternité (Bd de la) **BX** 84
Gabory (Bd E.) **CX** 85
Gâche (Bd V.) **HZ**
Gambetta (R.) **HY**
Gaulle (Bd Gén.-de) **CX** 87
Gigant (R. de) **EFZ**
Graslin (Pl.) **FZ**
Guinaudeau (R.) **FZ** 89
Guist'hau (Bd G.) **FY**
Hameçon (Voie de l') **CDX**
Harouys (R.) **FY**
Haudaudine (Pont) **GZ** 90
Hauts-Pavés (R. des) **FY**
Hélie (R. F.) **FY** 91
Henri IV (R.) **HY** 93
Hermitage (R. de l') **EZ** 94
Herriot (R. É.) **GY** 95
Hoche (Q.) **HZ**
Hôtel-de-Ville (R. de l') **GY** 96
Ile Gloriette (Allée de l') **GZ** 97
Ingres (Bd J.) **BX** 98
Jeanne-d'Arc (R.) **GY**
Jean-Jaurès (R.) **FGY**
Jean XXIII (Bd) **BV** 100
Joffre (R. Mar.) **HY**
Jouhaux (Bd L.) **BX** 102
Juin (Bd Mar.) **BX** 103
Juiverie (R. de la) **GY** 104
Jules-Verne (Bd) **CV**
J.-J. Rousseau (R.) **FGZ** 99
Kennedy (Cours J.-F.) **HY** 105
Kervégan (R.) **GZ** 106
Koenig (Bd Gén.) **BX** 107
Lamartine (R.) **EY**
Lamoricière (R.) **EZ**
Landreau (R. du) **CV** 108
Langevin (Bd P.) **EZ**
Lanoue Bras-de-Fer (R.) **FGZ**
Le Lasseur (Bd) **BV** 112
Lattre-de-Tassigny (R. Mar.-de) **FGZ** 109
Launay (Bd de) **EZ**
Lauriol (Bd G.) **BV** 110
Leclerc (R. Mar.) **GY** 114
Liberté (Bd de la) **BX** 115
Littré (R.) **EY** 117
Louis-Blanc (R.) **GZ**
Luther-King (Bd M.) **CV** 118
Madeleine (Chée de la) **GHZ**
Magellan (Quai) **HZ**
Maine (R. du) **FY**
Malakoff (Quai de) **HZ**
Marceau (R.) **FY**
Marne (R. de la) **GY** 120
Martyrs-Nantais-de-la-Résist. (Bd) **HZ** 121
Mathelin-Rodier (R.) **HY** 122
Mazagran (R.) **FZ** 123
Mellier (R.) **EZ**
Mellinet (Pl. Gén.) **EZ**
Mercœur (R.) **FGY** 125
Merlant (R. F.) **EY**
Merson (Bd L.-O.) **EY** 126
Meusnier-de-Querlon (Bd) **EY**
Michelet (Bd) **CV** 127
Mitterrand (Q. F.) **FGZ**
Mollet (Bd G.) **CV** 128
Moncousu (Quai) **GZ**
Mondésir (R.) **FY**
Monnet (Bd Jean) **GZ**
Monod (Bd du Prof.-J.) **CV** 130
Monselet (R. Ch.) **EFY**
Motte Rouge (Q. de la) **GY** 131
Moulin (Bd J.) **BX**
Nations-Unies (Bd des) **GZ** 132
Normand (Pl. E.) **FY**
Olivettes (R. des) **HZ**
Orieux (Bd E.) **CV** 133
Orléans (R. d') **GZ** 135
Pageot (Bd A.) **EY**
Painlevé (R. Paul) **EY** 136
Paix (R. de la) **GZ** 138
Parc de Procé (R. du) **EY**
Paris (Rte de) **DV**
Pasteur (Bd) **EZ**
Péhant (R. E.) **HY**
Pelleterie (R. de la) **EFY** 139
Petite Baratte (R.) **CV** 141
Petite-Hollande (Pl.) **GZ** 142
Pilori (Pl. du) **GY** 144
Pirmil (Pont de) **CX** 145
Pitre-Chevalier (R.) **GHY**
Poilus (Bd des) **CV** 147
Poitou (R. du) **FY** 148
Pommeraye (Pas.) **GZ**
Pont-Morand (Pl. du) **GY**
Porte-Neuve (R.) **FGY** 151
Prairie-au-Duc (Bd) **FGZ**
Prairie de Mauves (Bd de la) **DV**
Préfet Bonnefoy (R. du) **HY**
Racine (R.) **FZ**
Raspail (R.) **EYZ** 152
Refoulais (R. L. de la) **HY** 153
Reine Margot (Allée de la) **HY** 154
Renaud (Quai E.) **EZ**
République (Pl. de la) **GZ** 157
Rhuys (Quai A.) **GZ**
Rieux (R. de) **HZ**
Riom (R. Alfred) **EZ** 159
Roch (Bd Gustave) **CX** 160
Rollin (R.) **EZ** 162
Romanet (Bd E.) **BX** 163
Ronar'ch (R. Amiral) **HY**
Roosevelt (Crs F.) **GZ** 165
Rosière d'Artois (R.) **FZ** 166
Royale (Pl.) **GZ**
Rue Noire (R.) **FY**
Russeil (R.) **FGY**
Ste-Croix (R.) **GY** 179
Ste-Luce (Rte de) **CV**
St-Aignan (Bd) **EZ**
St-André (Cours) **HY** 168
St-Jacques (R.) **CX** 169
St-Joseph (Rte de) **CV** 171
St-Mihiel (Pont) **GY** 172

St-Pierre (Cours) . . . . HY 174
St-Pierre (Pl.) . . . . GY 175
St-Rogatien (R.) . . . . HY 177
St-Sébastien (Côte) . . . . . . CX 178
Salengro (Pl. R.) . . . . GY 180
Sanitat (Pl. du) . . . . FZ 181
Santeuil (R.) . . . . GZ 183
Sarrebrück (Bd de) . . . . CX 184
Say (R. L.) . . . . BV 186
Schuman (Bd R.) . . . . BV
Scribe (R.) . . . . FZ 187
Serpette (Bd G.) . . . . EY
Sibille (R. M.) . . . . FZ 188
Simon (R. Jules) . . . . EY 189
Stalingrad (Bd de) . . . . CX 190
Strasbourg (R. de) . . . . GY
Sully (R.) . . . . HY
Talensac (R.) . . . . GY 192
Tbilissi (Pt de) . . . . ZH
Tertre (Bd du) . . . . BX 193
Thomas (Bd A.) . . . . EY 195
Tortière (Pont de la) . . . . . . CV 196
Tourville (Quai de) . . . . GZ
Turpin (R. Gaston) . . . . HY
Vannes (Rte de) . . . . BV
Veil (R. G.) . . . . GZ
Verdun (R. de) . . . . GY 199
Versailles (Quai de) . . . . GY
Vertou (Rte de) CX
Viarme (Pl.) . . . . FY
Victor-Hugo (Bd) . . . . CX 201
Villebois-Mareuil (R.) . . . . . . FY 202
Ville-en-Bois (R. de la) . . . . EZ
Viviani (R. René) . . . . CX 204
Voltaire (R.) . . . . FZ 205
Waldeck-Rousseau (Pl.) . GHY 207
50-Otages (Crs des) . . . . . GYZ 208

ORVAULT

Ferrière (Av. de la) . . . . BV 80
Goupil (Av. A.) . . . . BV 88
Mendès-France (Bd) . . . . . . BV 124
Rennes (Rte de) . . . . BV 156
Vannes (Rte de) . . . . BV
Vincent (Av. F.) . . . . BV

REZÉ

Gaulle (Bd Gén.-de) . . . . . . CX 87
Jean-Jaurès (R.) CX
Rivière (R. Ch.) CX

STE-LUCE-SUR-LOIRE

Bellevue (Pont de) . . . . DV
Gaudin (R. L.) . . . . DV
Sables (R. des) . . . . DV

ST-HERBLAIN

Allende (Bd S.) . . . . ABX
Armor (Rte d') . . . . AV
Dr-Boubée
(R. du) . . . . AX 67
Gaulle (Av. Ch.-de) . . . . AX
Massacre (Bd du) . . . . BV
Mitterrand (Bd F.) . . . . AX
Monnet (R. J.) . . . . AX 125

ST-SÉBASTIEN-SUR-LOIRE

Clisson (Rte de) . . . . CDX
Gaulle (R. du Gén.-de) . . . . DX
Pas-Enchantés (Bd des) . CDX

VERTOU

Arnaud (R. A.) . . . . DX 6
Beauséjour (R.) . . . . DX 11
Europe (Bd de l') . . . . DX
Guichet Sérex (Bd) . . . . DX
Pont de l'Arche (R. du) . . . . DX 149
Vignoble (Rte du) . . . . DX

XX **L'Abélia**

125 bd des Poilus – ✆ 02 40 35 40 00 – www.restaurantlabelia.com – Fermé 29 juil.-23 août, 29 déc.-6 janv., dim. et lundi Plan : 2CV**t**

Menu 34 € (semaine), 36/55 € – Carte 42/57 €

Décor élégant et chaleureux d'une demeure bourgeoise du début du 20e s. restaurée avec goût (parquet, tommettes, pierres apparentes). Cuisine actuelle.

XX **L'U.ni**

36 r. Fouré – ✆ 02 40 75 53 05 – Fermé lundi et mardi Plan : 4HZ**y**

Formule 18 € – Menu 22 € (semaine), 35/48 € – Carte 48/58 €

Histoires d'univers, d'unité, d'unicité... Son premier restaurant (ouvert fin 2011), Nicolas Guiet l'a voulu sur un mode singulier. Laissant libre cours à son imagination, lui qui fut le second d'Éric Guérin à la Mare aux Oiseaux cuisine autant qu'il cherche à surprendre. De belles découvertes en perspective.

XX **Le Rive Gauche**

10 Côte St-Sébastien – ✆ 02 40 34 38 52 – www.lerivegauche-restaurant.com – Fermé 28 avril-4 mai, 18-26 août, 26-30 déc., 2-5 janv., sam. midi, dim. soir et lundi Plan : 2CX**e**

Formule 22 € – Menu 34/81 € – Carte 64/72 €

Direction la rive gauche du fleuve, au sud de l'île Beaulieu. Ici, les bords de Loire prennent des accents champêtres... particulièrement en terrasse, face à la verdure du petit jardin ensoleillé. Côté assiette : une gastronomie d'aujourd'hui bien parfumée.

XX **L'Océanide**

2 r. Paul-Bellamy – ✆ 02 40 20 32 28 – www.restaurant-oceanide.com – Fermé 28 juil.-19 août, lundi soir et dim. Plan : 4GY**n**

Menu 21 € (semaine), 29/69 € – Carte 41/73 €

Filets cuits sur la peau ou coquilles dorées au beurre : cette Océanide-là est bien nymphe de la mer. C'est en voisin que le chef va faire ses achats au célèbre marché de Talensac, et la fraîcheur du poisson, parfaitement travaillé, ne trompe pas ! Cadre agréable au charme désuet.

XX **La Poissonnerie**

4 r. Léon-Maître – ✆ 02 40 47 79 50 – www.lapoissonnerie.fr – Fermé 11-26 août, 20-30 déc., lundi midi, sam. midi et dim. Plan : 4GZ**e**

Formule 16 € – Menu 30 € (dîner), 33/49 €

L'enseigne donne le ton : ici, on exalte les bienfaits de l'océan, dans les assiettes, simples et précises, comme dans le décor, marin autant que cosy. Bon choix de muscadets. Tout à fait plaisant.

Félix

1 r. Lefèvre-Utile – ✆ 02 40 34 15 93 – www.brasseriefelix.com Plan : 4HZ**a**

Formule 17 € – Menu 23 € (semaine), 28/32 € – Carte 29/48 €

Née en 2004 près de la cité des congrès, le type même de la grande brasserie contemporaine qui n'a pas oublié ses classiques : produits frais, tartares, huîtres, service 7j/7, ambiance... En prime, une jolie vue sur le canal St-Félix.

La Cigale

4 pl. Graslin – ✆ 02 51 84 94 94 – www.lacigale.com Plan : 3FZ**d**

Formule 15 € – Menu 18/28 € – Carte 30/54 €

Véritable institution que cette brasserie née en 1895, face à l'opéra : son décor classé (céramiques, miroirs) illustre toute l'ivresse ornementale du Modern Style. Pour un repas plein de superbe !

Le 1

1 r. Olympe-de-Gouges, (à l'angle du quai F.-Mitterrand) – ✆ 02 40 08 28 00 – www.leun.fr Plan : 4GZ**c**

Formule 17 € – Menu 26 € (semaine)/28 € – Carte 35/50 €

On peut être dans un nouveau quartier (celui de l'île de Nantes), arborer un décor très design, ludique et coloré, et faire honneur à la tradition : cabillaud sauce hollandaise, tartare de bœuf au couteau et frites maison, côte de bœuf sauce béarnaise... Une belle brasserie d'aujourd'hui !

Song, Saveurs & Sens

5 r. Santeuil – ✆ 02 40 20 88 07 – www.restaurant-song.fr – Fermé 1 semaine en mai, trois semaines en août, dim. et lundi Plan : 4GZ**h**

Menu 18 € (déj. en semaine)/29 € – Carte 36/50 €

Nhung Phung a changé de vie pour créer son restaurant. Autodidacte, certes, mais vraie cuisinière ! La faute à ses racines vietnamiennes ? À sa passion pour la gastronomie ? À sa sensibilité ? Sa table séduit, entre Asie du Sud-Est et France, tradition et modernité, épices subtiles et produits de qualité...

Maison Baron Lefèvre

33 r. de Rieux – ✆ 02 40 89 20 20 – www.baron-lefevre.com – Fermé 5-18 août, dim. et lundi Plan : 4HZ**n**

Formule 15 € – Menu 25 € – Carte 37/62 €

Le genre de maison qui a tout compris : décor à la pointe du goût d'aujourd'hui (un ancien entrepôt de maraîchers en brique, bois et métal), bons produits, cocottes en fonte et plats de tradition... Ce Baron-là achète même des bêtes entières (cochon, veau) pour préparer ses boudins, terrines, etc. Verdict : salle comble !

Lulu Rouget

1 r. du Cheval-Blanc – ✆ 02 40 47 47 98 – Fermé 3 semaines en août, 1 semaine à Noël, sam. midi, dim. et lundi Plan : 4GY**d**

Formule 18 € – Menu 21 € (déj.), 25 € 🍷/55 € 🍷 *(réservation conseillée)*

Parfumée et savoureuse, précise et incisive, originale et bien pensée : telle est la cuisine de Lulu Rouget, sympathique bistrot contemporain créé en 2012 par un jeune chef passé par quelques belles maisons. Très bon rapport plaisir-prix, en toute convivialité !

L'Atelier d'Alain

24 r. des Olivettes – ✆ 02 40 84 38 66 – www.atelieralain.fr – Fermé août, merc. soir, sam. midi et dim. Plan : 4HZ**d**

Carte 23/56 € *(réservation conseillée)*

Alain Ruffault a créé son Atelier dans l'ancienne boucherie de ses parents, aujourd'hui métamorphosée. Signes distinctifs des lieux : une bonne cuisine, à la fois gourmande et soignée, et de la décontraction ! Belle carte d'alcools.

Le Gressin

40 bis r. Fouré – ✆ 02 40 48 26 24 – Fermé 3 semaines en août, lundi soir, sam. midi et dim. Plan : 4HZ**f**

Menu 16 € (déj.), 24/30 €

Un vrai bon petit restaurant de quartier, tenu par deux frères sympathiques. La carte opte pour la tradition (spécialité : sandre au beurre blanc nantais), sans oublier des menus de saison.

Les Bouteilles

11 r. de Bel-Air – ✆ 02 40 08 27 65 – Fermé 3 semaines en août, 1 semaine en fév., sam. midi, dim. et lundi Plan : 4GY**a**
Carte 25/45 €
À côté du marché de Talensac, un bistrot à vins épatant : décor sympathique honorant Bacchus, belle cuisine de produits (charcuteries corses, plats canailles, poisson de la marée...) sans oublier – enseigne oblige – une mémorable carte des vins.

Environs

à Sucé-sur-Erdre 16 km au Nord, sortie n° 23 et D 37 - CV – ✉ 44240 – 6 258 hab.

Les Arbres Rouges

570 rte de Carquefou – ✆ 02 51 81 15 00 – www.lesarbresrouges.com
5 ch – 98/108 € 113/120 € **Table d'hôte** – Menu 39 €
Dans un quartier résidentiel, une grande maison d'architecte à la décoration pointue, véritable précis de savoir-vivre contemporain. Piscines intérieur-extérieur, matériaux de qualité, équipements high-tech... Un certain luxe, sans ostentation.

au Bord de l'Erdre 11 km par D 178 ou sortie n° 24 autoroute A 11 et rte de la Chantrerie - CV

La Régate

155 rte de Gachet ✉ 44300 Nantes – ✆ 02 40 50 22 22 – www.hotel-nantes-laregate.com
42 ch – 79/170 € 79/170 € – 13 €
Rest ***Manoir de la Régate*** – voir les restaurants ci-après
Près de l'Erdre, au calme, le bâtiment (2009) respecte les dernières normes environnementales. Toit végétalisé, panneaux solaires, structure de béton aux motifs de bambou... La planète est zen, les clients aussi !

Manoir de la Régate – Hôtel de la Régate

155 rte de Gachet ✉ 44300 Nantes – ✆ 02 40 18 02 97 – www.manoir-regate.com – Fermé dim. soir et fériés
Formule 25 € – Menu 35 € (semaine), 42/70 € – Carte 63/82 €
Une élégante demeure toute blanche et couverte de vigne vierge (19e s.), dans un cadre très bucolique. L'escapade charme aux portes de Nantes. Au menu, une gastronomie d'aujourd'hui, qui évolue au gré des saisons. Agréable terrasse.

Auberge du Vieux Gachet

rte de Gachet ✉ 44470 Carquefou – ✆ 02 40 25 10 92 – www.aubergeduvieuxgachet.com – Fermé 15-28 août, dim. soir et lundi
Menu 20 € (déj. en semaine), 28/55 € – Carte 50/92 €
Cette ancienne ferme rappelle la campagne d'antan, à deux pas de la ville : au bord de l'Erdre, face aux flots, la vue se révèle très nature... La carte a le parfum de la tradition : homard thermidor, brochette de ris de veau et légumes oubliés...

rte des Bords de Loire par D 751 DV, sortie 44 Porte du Vignoble

Clémence

à 15 km, à la Chebuette – ✆ 02 40 36 03 18 – www.restaurantclemence.fr – Fermé 2 semaines en août, 1 semaine vacances de fév., dim. soir, lundi et merc.
Formule 15 € – Menu 36/83 €
C'est en cette auberge ligérienne que Clémence Lefeuvre (1860-1932) créa le fameux beurre blanc ! Le chef lui rend un savoureux hommage, mêlant tradition, produits frais et invention. Une bonne étape sur la route des bords de Loire.

La Divate

28 Levée-de-la-Divate, à Boire-Courant, 11 km – ✆ 02 40 54 19 66 – Fermé 3 semaines en juil., vacances de fév., lundi soir en hiver, dim. soir, mardi et merc.
Formule 15 € – Menu 20/50 € – Carte 50/55 €
Alors qu'on flâne au fil de la Loire, cette ancienne maison de pêcheurs tombe à point nommé pour une pause repas : anguilles et grenouilles en persillade, sandre au beurre blanc... Le bon goût de la tradition ! Côté décor, pierres, poutres et vieux objets de pêche parfont le spectacle des flots paisibles...

XX **Villa Mon Rêve** Ⓝ

2 Levée-de-la-Divate, à 9 km – ✆ 02 40 03 55 50 – www.villa-mon-reve.com – Fermé dim. soir, lundi et mardi Plan : 2DV**e**

Menu 22 € (semaine), 36/41 € – Carte 48/71 €

Dans un grand jardin protégé par une levée de la Loire, une jolie maison bourgeoise de la fin du 19e s., au cadre élégant et feutré. Une nouvelle direction en a repris les rênes : le chef cale ses recettes sur les saisons et les produits frais ; une jolie suite...

à Haute-Goulaine 14 km par ③ et D 119 – ✉ 44115 – 5 530 hab.

XXX ✿✿ **Manoir de la Boulaie** (Laurent Saudeau)

33 r. de la Chapelle-St-Martin – ✆ 02 40 06 15 91 – www.manoir-de-la-boulaie.fr – Fermé 28 juil.-21 août, 22 déc.-8 janv., dim. soir, lundi et merc.

Menu 42 € (déj. en semaine), 85/145 € – Carte 91/110 €

À 15 km de Nantes, un beau domaine des années 1920 au cœur des vignobles du muscadet... Derrière les fourneaux, Laurent Saudeau signe une cuisine très inventive, toujours recherchée, parfois complexe, mêlant produits d'ici et épices d'ailleurs. Décor contemporain et coloré. → Spirale de spaghettis aux langoustines, ris de veau et cocos de Paimpol. Bar aux coquillages, ail noir d'Aomori, pak-choï et jus au galanga. Feuille de sucre à la betterave et réglisse.

à Vertou 10 km par D 59 sortie porte de Vertou – ✉ 44120 – 21 443 hab.

XX **Monte-Cristo**

11 quai Chaussée des Moines – ✆ 02 40 34 40 36 – www.monte-cristo.fr – Fermé 2 semaines en août, vacances de Noël, 1 semaine en fév., merc. soir, dim. soir et lundi Plan : 2DX**a**

Formule 16 € – Menu 19 € (déj. en semaine), 32/49 € – Carte 44/54 €

Dumas débuta ici l'écriture du Comte de Monte-Cristo ! Point de tragique vengeance en ce lieu agréable : décor contemporain, véranda et terrasse face à la Sèvre, cuisine actuelle.

XX **Le Laurier Fleuri** avec ch

460 rte de Clisson – ✆ 02 51 79 01 01 – www.lelaurierfleuri.fr – Fermé 2-26 août, 24 déc.-2 janv., dim. et lundi Plan : 2DX**b**

10 ch – †59 € ††69 € – ☕ 6,50 € – ½ P

Formule 16 € – Menu 19 € (semaine), 29/40 € – Carte 34/54 €

Un jeune couple fait souffler un vent de renouveau sur cet ancien relais de diligence d'aspect très traditionnel ! C'est après un solide parcours dans des maisons de renom que le chef a repris les rênes des fourneaux. On sent dans chaque assiette un réel travail et une vraie envie de surprendre et de faire plaisir...

à Château-Thébaud 18 km par ③ , D 149, D74 et D63 – ✉ 44690 – 2 862 hab.

XX **Auberge La Gaillotière**

La Gaillotière – ✆ 02 28 21 31 16 – www.auberge-la-gaillotiere.fr – Fermé 22 juil.-13 août, 24 fév.-26 mars, dim. soir de nov. à mars, mardi soir et merc.

Menu 14 € (déj. en semaine), 19/28 €

Pour un tête-à-tête avec le vignoble nantais… Les alignements de ceps viennent presque caresser les murs de cet ancien chai ! Anjou, muscadet, bourgueil, etc. : le Val de Loire est aussi à l'honneur à la carte. Quant à la cuisine, du terroir, généreuse et soignée, elle finit de convertir aux bienfaits de la région.

à St-Fiacre-sur-Maine 10 km au Sud-Est par D 59 – ✉ 44690 – 1 194 hab.

La Demeure de Saint-Fiacre sans rest 

Les Gras Moutons – ✆ 02 40 43 46 33 – www.lademeure.fr

3 ch ☕ – †99/120 € ††120 €

Cette Demeure est l'œuvre de Thomas, un jeune Allemand qui a entièrement rénové cette bâtisse ancienne, au cœur des vignes du muscadet sur lie. Espaces et volumes ne manquent pas de séduire, alliant vieilles pierres et aménagements très contemporains, tout en aplats de blanc et mobilier design. Avis aux amateurs !

à l'aéroport international Nantes-Atlantique sortie 51 porte de Grandlieu-Bouguenais – ✉ 44340

Océania
– ✆ *02 40 05 05 66 – www.oceaniahotels.com* Plan : 1BX**e**
85 ch – †99/159 € ††99/159 € – 2 suites – ☕ 15 €
Rest – Formule 18 € – Menu 24/29 € – Carte 28/41 € *(fermé sam. midi et dim. midi)*
Une navette relie directement l'hôtel à l'aéroport tout proche. Architecture moderne (1989), chambres fonctionnelles et très confortables, brasserie face à la piscine.

à Coueron 15 km par D 107, sortie porte de l'Estuaire – ✉ 44220 – 18 591 hab.

Le François II
5 pl. Aristide-Briand – ✆ 02 40 38 32 32 – www.francois2.com – Fermé 3-10 mars,28 avril-5 mai, 21 juil.-16 août, 1er-7 janv., merc. soir sauf juil.-août, dim. soir, mardi soir, jeudi soir et lundi
Formule 13 € – Menu 22/51 € – Carte 34/47 €
L'enseigne rend hommage au duc de Bretagne, père d'Anne, mort à Couëron. Ici, la tradition est reine, et le couple de propriétaires – d'origine bretonne – sait la faire vivre ! Le chef aime s'approvisionner dans la région et travaille en véritable artisan : tout est fait maison. Une adresse attachante.

à St-Herblain 8 km à l'Ouest – ✉ 44800 – 43 153 hab.

Le Colisée
rest,
29 r. Bobby Sands – ✆ 02 28 27 07 00 – www.hotel-lecolisee.com Plan : 1AV**a**
50 ch ☕ – †85/105 € ††85/105 €
Rest – Formule 13 € – Menu 17 € (déj. en semaine), 25/38 € – Carte 29/41 €
Ne vous arrêtez pas à l'environnement de cet hôtel-restaurant, créé en 2012 dans une zone industrielle à côté de la voie rapide menant à St-Nazaire ! Ce Colisée n'est certes pas à Rome, mais il dispose de chambres spacieuses et très fonctionnelles. Bel espace détente.

Kyriad Nantes Ouest sans rest
esplanade Ella-Fitzgérald, (face au parking P3 du Zénith) – ✆ 02 72 01 00 00 – www.kyriad-zenith-nantes.com Plan : 1AV**b**
70 ch – †79/115 € ††79/115 € – 2 suites – ☕ 12 €
Dans la zone commerciale Atlantis et à deux pas du Zénith, cet hôtel récent tombe à point nommé pour la clientèle d'affaires comme pour les amateurs de spectacles. Chambres très modernes et confortables, bien insonorisées.

La Marine
esplanade de la Bégraisière – ✆ 02 40 95 26 66 – www.hotel-marine.fr
24 ch – †68/88 € ††68/88 € – ☕ 8,50 € Plan : 1BV**m**
Rest – Formule 15 € – Menu 17/25 € – Carte 28/38 € *(fermé 4-17 août, 22 déc.-4 janv., vend. soir, sam. et dim.)*
Accueil charmant en cette demeure des années 1990, nichée au cœur d'un grand et paisible jardin. Vastes chambres, décorées dans une veine très classique. Restaurant traditionnel.

Les Caudalies
229 rte de Vannes – ✆ 02 40 94 35 35 – www.restaurant-lescaudalies.com – Fermé 26 juil.-28 août, 10-17 mars, merc. soir, dim. et lundi Plan : 1BV**v**
Menu 21 € (semaine), 28/48 € – Carte 29/47 €
Savez-vous que les caudalies mesurent la durée de persistance aromatique du vin en bouche ? Un véritable programme pour cette table gastronomique tenue par un couple complémentaire : lui chef, elle sommelière. Au menu : de beaux accords mets-vins, pour une cuisine elle-même inventive et soignée.

XX **Les Pellières**

esplanade Georges-Brassens, (parking P1 du Zénith) – ✆ 02 40 65 08 88 – www.baron-lefevre.com – Fermé lundi soir et dim. Plan : 1AV**x**

Formule 15 € – Menu 18 € (déj. en semaine)/25 € – Carte 35/46 €

Un petit coin de campagne dans une zone aujourd'hui urbanisée, tout près du Zénith... On remonte le temps dans cette ferme du 16ᵉ s. (avec une extension en bois et verre), où l'on déguste une cuisine de tradition très généreuse, valorisant produits du terroir, herbes et légumes du potager, au plus près des saisons.

à Orvault 6 km par N 137 sortie porte de Rennes – ✉ 44700 – 24 504 hab.

Quintessia

24 chemin des Marais-du-Cens – ✆ 02 40 76 84 02 – www.quintessia-resort.com

40 ch – †70/146 € ††70/146 € – ☕ 15 € – ½ P Plan : 1BV**e**

Rest – Formule 28 € – Menu 38/66 € – Carte 60/70 € *(fermé dim. soir sauf juil.-août et sam. midi)*

Original aux portes de Nantes : protégé par un large portail, dans un quartier résidentiel, un havre de tranquillité, comprenant un grand centre de balnéothérapie, un agréable jardin, des chambres spacieuses et contemporaines, ainsi qu'un restaurant. L'établissement était auparavant connu comme "Le Domaine d'Orvault".

Hôtel du Parc sans rest

92 r. de la Garenne – ✆ 02 40 63 04 79 – www.hotel-du-parc-nantes.com – Fermé 11-27 août et 24 déc.-2 janv. Plan : 1AV**q**

30 ch – †58/74 € ††58/74 € – ☕ 8 €

Parfait pour une étape, un petit hôtel familial fort bien tenu et sympathique, entouré d'un parc boisé qui invite à la promenade (ou, pourquoi pas, au jogging). Petite restauration proposée le soir.

NANTOUX

✉ 21190 (Côte-d'Or) – 180 hab. – **Voir carte n°7-A3**

Paris 326 km – Chalon-sur-Saône 37 km – Le Creusot 48 km – Dijon 55 km

Carte Michelin 320-I7

Domaine de la Combotte sans rest

r. de Pichot – ✆ 03 80 26 02 66 – www.lacombotte.com

5 ch ☕ – †92/97 € ††118/128 €

Au cœur d'un village viticole, plusieurs maisonnettes modernes au milieu des vignes. En saison, le propriétaire organise des séjours truffe ; on part en balade avec ses labradors, de fins limiers... Champêtre et accueillant !

NANTUA

✉ 01130 (Ain) – 3 713 hab. – **Voir carte n°45-C1**

Paris 476 km – Aix-les-Bains 79 km – Annecy 67 km – Bourg-en-Bresse 52 km

Carte Michelin 328-G4 – Guide Vert Michelin Franche-Comté Jura

L'Embarcadère

13 av.du Lac – ✆ 04 74 75 22 88 – www.hotelembarcadere.com – Fermé 19 déc.-5 janv.

47 ch – †64/79 € ††64/79 € – ☕ 10 € – ½ P

Rest ***L'Embarcadère*** – voir les restaurants ci-après

Un hôtel contemporain posé en bordure du lac de Nantua, tout environné de collines boisées. Le panorama offre une véritable bouffée d'air pur, mais on ne rechigne pas à regagner son lit : les chambres sont spacieuses, fonctionnelles et bien tenues.

XX **L'Embarcadère**

13 av.du Lac – ✆ 04 74 75 22 88 – www.hotelembarcadere.com – Fermé 19 déc.-5 janv.

Menu 25 € (semaine), 46/70 € – Carte 47/82 €

Les atouts de cet Embarcadère gourmand ? Sa situation près du lac bien entendu, sans oublier sa vue panoramique, mais surtout sa cuisine ! Entre spécialités du terroir bressan et quenelles de brochet de Nantua, on apprécie le travail propre et méticuleux du chef, ainsi que la fraîcheur des produits utilisés.

à Brion 5 km au Nord-Ouest par D 1084 et D 979 – ✉ 01460 – 517 hab.

XX **Bernard Charpy**

1 r. la Croix-Chalon – ☎ 04 74 76 24 15 – www.restaurant-bernard-charpy.fr – Fermé 26 mai-2 juin, 4 août-1er sept., 26 déc.-5 janv., sam. midi, dim. soir et lundi

Formule 19 € – Menu 22 € (déj. en semaine), 29/49 € – Carte 43/59 €

Une haute charpente, des tons gris et lavande, de grandes baies ouvrant sur la verdure... Le ton est contemporain, mais la cuisine cultive le meilleur de la tradition. Mention spéciale au choix de poissons, d'eau douce comme d'eau salée (carrelet, turbot, barbue, etc.). Une bonne adresse locale.

LA NAPOULE – 06 Alpes-Maritimes → voir Mandelieu

NARBONNE

✉ 11100 (Aude) – 51 039 hab. – **Voir carte n°22-B3**

Paris 787 km – Béziers 28 km – Carcassonne 61 km – Montpellier 96 km

Carte Michelin 344-J3

Clarion Suites Ⓝ sans rest

28 r. de l'Aude – ☎ 04 68 41 44 14 – www.moulindugua.com – Fermé janv. et fév.

54 ch – 100/160 € 115/223 € – 15 € Plan : AY**d**

Entendez-vous le clapotis de l'eau ? Sur les rives du canal de la Robine – classé au patrimoine mondial de l'Unesco –, cet hôtel né en 2013 associe architecture en bois, jardin aquatique et vue sur la verdure (toutes les chambres jouissent d'une terrasse). Idéal pour un séjour urbain-écolo !

La Résidence sans rest

6 r. du 1er-Mai – ☎ 04 68 32 19 41 – www.hotel-laresidence-narbonne.fr

26 ch – 88/135 € 88/135 € – 12 € Plan : AY**r**

Jean Marais, Louis de Funès, Georges Brassens, Michel Serrault... un prestigieux livre d'or ! Salons aux notes baroques, grand escalier en marbre : l'esprit de cet immeuble du 19e s. a été préservé, tout en actualisant peu à peu les chambres. Entre passé et présent, un établissement dans l'air du temps.

Hôtel de France sans rest

6 r. Rossini – ☎ 04 68 32 09 75 – www.hotelnarbonne.com – Fermé 10 janv.-15 fév. Plan : BZ**s**

15 ch – 64/82 € 64/82 € – 9 €

Dans une petite rue calme, près du centre-ville, un hôtel familial tout en sobriété. Les chambres, fonctionnelles et bien tenues, donnent sur la cour intérieure.

Le Clos des Chevaliers sans rest

21 imp. Hélène-Boucher, Les Hauts-de-Narbonne par ③ – ☎ 04 68 41 50 79 – www.leclosdeschevaliers.com

5 ch – 110/145 € 110/145 €

Belle surprise que cet îlot de quiétude et de verdure. Les propriétaires, artistes dans l'âme, ont créé de toutes pièces des chambres insolites : mobilier argenté dans l'une, œuvres en métal dans l'autre, etc. Toutes disposent d'un accès direct sur le jardin. Un Clos original et décalé !

XXX **La Table Saint-Crescent** (Lionel Giraud)

68 av. du Gén.-Leclerc, au Palais du Vin par ③ – ☎ 04 68 41 37 37 – www.la-table-saint-crescent.com – Fermé 24 mars-6 avril, 22 sept.-5 oct., sam. midi, dim. soir et lundi

Menu 30 € (déj. en semaine), 55/85 € – Carte 55/80 €

On oublie vite l'environnement peu guilleret, en bordure de route, pour se concentrer sur l'essentiel : un lieu plaisant, contemporain et raffiné, dans un ancien oratoire médiéval ; une cuisine inventive, passionnée, respectueuse de l'âme des produits et accompagnée de bons vins régionaux. Cette table séduit !

→ Œuf de poule cuit mollet et marbré, kadaïf croustillant au caviar. Langoustines en écrin de safran et zestes de cédrat, raviole de pinces au chorizo. Dacquoise au chocolat lacté et chocolat gianduja au riz soufflé.

NARBONNE

- Anatole-France (Av.) . . . . AYZ 2
- Ancienne Porte de Béziers (R. de l') . . . . BY 4
- Ancien Courrier (R. de l') . . . . BY 3
- Blum (Sq. Th.-Léon) . . . . BY 6
- Cabirol (R.) . . . . AZ 7
- Chennebier (R.) . . . . AY 9
- Concorde (Pont de la) . . . . . . AY 10
- Condorcet (Bd) . . . . BY 12
- Courier (R. P.-L.) . . . . BZ 13
- Crémieux (R. B.) . . . . BZ 15
- Deymes (R. du Lt.-Col.) . . . . BY 16
- Droite (R.) . . . . BY
- Escoute (Pont de l') . . . . AY 17
- Fabre (R. Gustave) . . . . AY 18
- Foch (Av. Mar.) . . . . BY 19
- Garibaldi (R.) . . . . BY 20
- Gaulle (Bd Gén.-de) . . . . BY 21
- Gauthier (R. Armand) . . . . . . BY 22
- Hôtel de Ville (Pl. de l') . . . . BYZ
- Jacobins (R. des) . . . . BZ 23
- Jean-Jaurès (R.) . . . . AY 24
- Joffre (Bd Mar.) . . . . AYZ 25
- Liberté (Pont de la) . . . . BZ 27
- Lion d'Or (R. du) . . . . AY 28
- Louis-Blanc (R.) . . . . BY 29
- Luxembourg (R. du) . . . . AZ 30
- Major (R. de la) . . . . BZ 31
- Maraussan (R.) . . . . AZ 32
- Marchands (Pont des) . . . . . BZ 36
- Michelet (R.) . . . . BY 33
- Mirabeau (Cours) . . . . BZ 35
- Pyrénées (Av. des) . . . . AY 37
- Pyrénées (Pl. des) . . . . AZ 39
- Rabelais (R.) . . . . AZ 40
- République (Crs de la) . . . . . BZ 41
- Salengro (Pl. R.) . . . . BY 43
- Sermet (Av. E.) . . . . BY 44
- Toulouse (Av. de) . . . . AZ 45
- Voltaire (Pont) . . . . AY 47

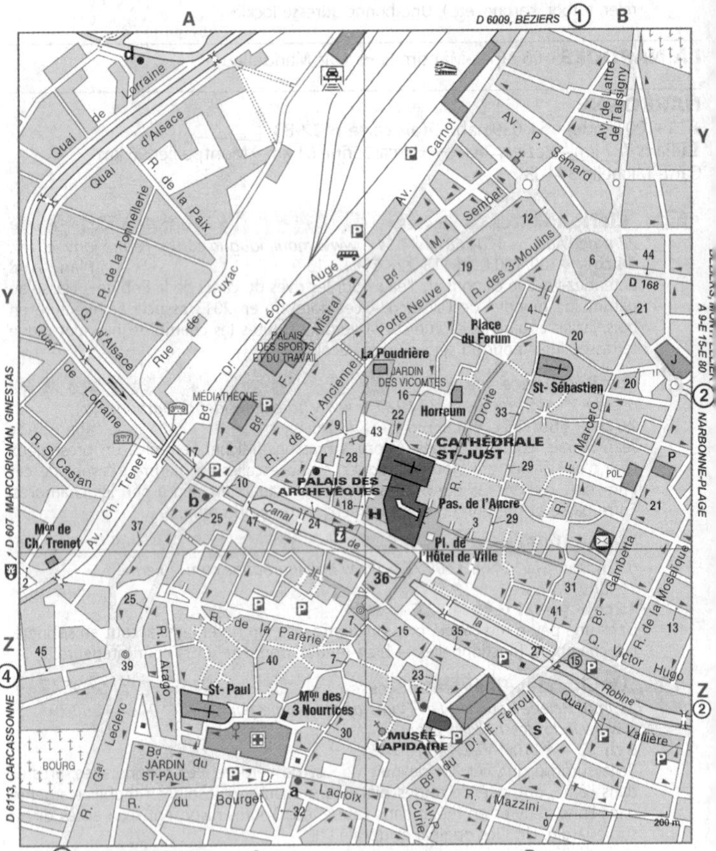

Le Petit Comptoir

4 bd Mar.-Joffre – ✆ 04 68 42 30 35 – www.petitcomptoir.com – Fermé 3 semaines en juil., 1 semaine en janv., dim. et lundi

Plan : AY**b**

Formule 16 € – Menu 28/38 € – Carte 36/60 €

Un bistrot au cachet 1930 qui honore le beau produit (la charcuterie, les poissons et les légumes, notamment, sont de première qualité) et la cuisine... bistrotière. Et si l'envie vous prenait d'acheter l'un des vins servis – 350 références, essentiellement régionales –, un détour par la cave s'impose !

La Table des Cuisiniers Cavistes

4 pl. Lamourguier – ✆ 04 68 32 96 45 – www.cuisiniers-cavistes.com – Fermé 4-18 mars, dim. et lundi
Plan : BZ**f**

Formule 19 € – Menu 21 € (déj. en semaine)/30 € – Carte 42/58 €

Cuisiniers et cavistes, même combat ! Dans une ambiance de bar à vins, avec quelques tables formées de tonneaux en bois, cette table privilégie le marché et les produits locaux labellisés, dans l'assiette comme dans le verre. Les saveurs sont mises en valeur, et la simplicité de l'exécution sublime le tout. Une réussite.

Le 26

8 bd Dr-Lacroix – ✆ 04 68 41 46 69 – www.restaurantle26.fr – Fermé dim. et lundi
Plan : AZ**a**

Formule 16 € – Menu 26/48 € – Carte 38/61 €

Le patron mitonne de bons plats traditionnels vraiment appétissants et les habitués ne s'y trompent pas, qui lui laissent carte blanche pour composer le menu. L'atmosphère est conviviale, cela va sans dire. Une cantine toute trouvée !

à l'Hospitalet 10 km par ② rte de Narbonne-Plage (D 168) – ✉ 11100

Château l'Hospitalet

rte de Narbonne Plage – ✆ 04 68 45 28 50 – www.chateau-lhospitalet.com – Fermé 2 semaines fin déc.-début janv.

30 ch – †90/185 € ††100/195 € – 8 suites – ☕ 14 € – ½ P

Rest – Formule 26 € – Menu 35 € (déj.)/95 € – Carte 46/67 € *(fermé sam. midi, dim. soir et lundi)*

En pleine garrigue et au cœur d'un domaine viticole, ce complexe hôtelier cultive l'art de l'hospitalité. Les chambres arborent un agréable style contemporain et tout invite à la détente : expos d'art, boutiques d'artisanat, bistrot gastronomique valorisant les vins du domaine... Un lieu qui bouge !

à Bages 8 km par ③, D 6009 et D 105 – ✉ 11100 – 840 hab.

Les Palombières d'Estarac

Prat de Cest – ✆ 04 68 42 45 56 – www.palombieres-estarac.com

4 ch ☕ – †67/120 € ††77/130 €

Table d'hôte – Menu 33 € 🍷

Imaginez les oliviers, le soleil et les cigales chantant dans la garrigue... C'est au cœur de cet écrin de verdure que vous pourrez vous reposer, au grand calme, dans de jolies chambres. Pour les hôtes, la table prend des accents méridionaux et, l'hiver, on profite de la cheminée !

Le Portanel

la Placette – ✆ 04 68 42 81 66 – www.leportanel.net – Fermé dim. soir et lundi

Menu 20 € 🍷 (déj. en semaine), 28/50 € – Carte 37/75 €

La Méditerranée et ses jolis poissons s'invitent à la table de cette ancienne maison de pêcheur perchée dans le vieux village : un comble ! Est-ce la jolie vue sur l'étang qui les appâte si bien ? Pour information, l'accès piéton se fait par un escalier.

à Ornaisons 14 km par ④, D 6113 et D 24 – ✉ 11200 – 1 233 hab.

Le Relais du Val d'Orbieu

par D 24 – ✆ 04 68 27 10 27 – www.relaisduvaldorbieu.com – Fermé 1er nov.-15 fév. et dim. en fév. et mars

18 ch – †70/145 € ††75/165 € – 2 suites – ☕ 17 € – ½ P

Rest – Menu 39 € – Carte 43/55 €

Un ancien moulin à plâtre au cœur du vignoble des Corbières... au calme ! Les chambres, sobres et pleines de fraîcheur, sont disposées autour d'un patio ; certaines jouissent d'une terrasse sur le jardin. L'esprit des lieux tient en trois mots : provençal, familial et convivial.

à Canet 14 km par ④, D 6 113, D 11 puis rte secondaire – ✉ 11200 – 1 384 hab.

Château des Fontaines sans rest

2 av. de la Distillerie – ✆ 04 68 49 72 48 – www.chateau-des-fontaines.com – Ouvert juin-sept.

5 ch – 95/140 € 105/150 €

Pour l'anecdote, le lustre en verre de Murano du grand escalier pèse plus de 400 kg et en dit long sur la magnificence de cette maison de maître, sertie par un superbe jardin ! Tentures, marbres et objets d'art trouvent tout naturellement leur place dans les salons et les chambres. Tout l'art de vivre à la française...

NARBONNE PLAGE

✉ 11100 (Aude) – Voir carte n°**22**-B3

Paris 799 km – Carcassonne 74 km – Montpellier 103 km – Perpignan 79 km

Carte Michelin 344-K4

Hôtel de la Clape ch, rest,

4 r. des Fleurs – ✆ 04 68 49 80 15 – www.hoteldelaclape.com – Ouvert 28 mars-2 janv.

21 ch – 57/77 € 57/77 € – 6 suites – 8 € – ½ P

Rest – Menu 18/34 € – Carte 25/49 € *(ouvert de début avril à mi-déc. et fermé le midi)*

Coloré, original, simple et chaleureux : tel est cet hôtel niché au cœur de la station, à 80 m de la plage. Terrasse, piscine, salon d'été... les vacances !

LA NARTELLE – 83 Var → voir Ste-Maxime

NASBINALS

✉ 48260 (Lozère) – 500 hab. – Voir carte n°**22**-B1

Paris 573 km – Aurillac 105 km – Aumont-Aubrac 24 km – Mende 57 km

Carte Michelin 330-G7

La Borie de l'Aubrac rest,

La Grange des Enfants, 4,5 km au Sud par D 900 et rte secondaire – ✆ 04 66 45 76 97 – www.borie-aubrac.com

5 ch – 75/115 € 95/135 € **Table d'hôte** – Menu 35 €

Il est aveyronnais, elle est espagnole et, après un joli parcours hôtelier, ils ont eu envie d'ouvrir leur maison d'hôtes de charme. Une ferme sur le plateau de l'Aubrac ? Le lieu était tout trouvé, et ils en ont fait un havre raffiné, mêlant habilement vieilles pierres et épure contemporaine. Une réussite !

NATZWILLER

✉ 67130 (Bas-Rhin) – 596 hab. – Voir carte n°**2**-C1

Paris 422 km – Barr 25 km – Molsheim 31 km – St-Dié 43 km

Carte Michelin 315-H6

Auberge Metzger

55 r. Principale – ✆ 03 88 97 02 42 – www.hotel-aubergemetzger.com – Fermé 1er-7 juil., 22-25 déc., 6-27 janv., dim. soir sauf juil.-août et lundi

15 ch – 77/87 € 77/87 € – 14 € – ½ P

Rest *Auberge Metzger* – voir les restaurants ci-après

Cette jolie maison fleurie fait l'unanimité et cela se comprend ! L'accueil est charmant, les chambres spacieuses et confortables, la tenue exemplaire, les prix mesurés. On quitte les lieux avec regret...

Auberge Metzger

55 r. Principale – ✆ 03 88 97 02 42 – www.hotel-aubergemetzger.com – Fermé 1er-7 juil., 22-25 déc., 6-27 janv., dim. soir sauf juil.-août et lundi

Formule 16 € – Menu 23/67 € – Carte 36/55 €

Cuissons précises, produits de qualité, accompagnements soignés : Yves Metzger mitonne ici une cuisine régionale tout simplement délicieuse... et vraiment bon marché ! Une raison de plus pour faire étape dans cette auberge accueillante de la vallée de la Bruche.

NÉAC

✉ 33500 (Gironde) – 389 hab. – **Voir carte n°4-C1**
▶ Paris 586 km – Agen 137 km – Bordeaux 42 km – Périgueux 94 km
Carte Michelin 335-J5

La Maison de Tournefeuille Ⓝ sans rest
24 r. de l'Église – ✆ 06 47 23 20 29 – www.chateau-tournefeuille.com
5 ch ☕ – †90/120 € ††90/120 €
Cette maison pleine de caractère surplombe les prestigieux vignobles de St-Émilion et Pomerol. Les chambres ne manquent ni de goût ni de raffinement, et les amateurs de grand air se laisseront tenter par une tournée en barque ou une partie de pêche... L'adresse de charme par excellence !

NEAUPHLE-LE-CHÂTEAU

✉ 78640 (Yvelines) – 3 011 hab. – **Voir carte n°18-A2**
▶ Paris 38 km – Dreux 42 km – Mantes-la-Jolie 32 km – Rambouillet 24 km
Carte Michelin 311-H3 – Guide Vert Michelin Île de France

Domaine du Verbois
38 av. de la République – ✆ 01 34 89 11 78 – www.hotelverbois.com – Fermé 2 semaines en août et vacances de Noël
22 ch – †105/130 € ††115/150 € – ☕ 12 € – ½ P
Rest – Menu 39/49 € – Carte environ 55 € *(fermé dim. soir)*
On ferait bien une halte romantique dans cette belle demeure bourgeoise de la fin du 19e s. : terrasse entourée de balustrades dominant la vallée de la Mauldre, jardin bien tenu, chambres cosy – préférez les plus récentes –, etc. Le classique a du bon. Restauration traditionnelle.

Le Clos St-Nicolas sans rest 
33 r. St-Nicolas – ✆ 01 34 89 76 10 – www.clos-saint-nicolas.com
5 ch ☕ – †94 € ††102 €
Atmosphère familiale dans cette belle et noble maison de 1830. Chambres d'esprit classique, aux teintes variées (jaune, vert, rouge). Agréable véranda pour le petit-déjeuner.

NÉGREVILLE

✉ 50260 (Manche) – 829 hab. – **Voir carte n°32-A1**
▶ Paris 342 km – Caen 22 km – Cherbourg 72 km – Saint-Lô 108 km
Carte Michelin 303-C3

au Nord-Est 5 km par D 146 et D 62 – ✉ 50260 Négreville

Château de Pont Rilly sans rest 
– ✆ 02 33 40 47 50 – www.chateau-pont-rilly.com
4 ch ☕ – †130 € ††150 €
C'est au bout d'une longue allée que se dévoilent ce superbe château du 18e s. et son grand jardin à la française... Boiseries, cheminée en pierre de Valognes, mobilier ancien et belle cuisine rustique où l'on prend le petit-déjeuner : un cadre plein de quiétude et de caractère !

NÉRIS-LES-BAINS

✉ 03310 (Allier) – 2 667 hab. – **Voir carte n°5-B1**
▶ Paris 336 km – Clermont-Ferrand 86 km – Montluçon 9 km – Moulins 73 km
Carte Michelin 326-C5 – Guide Vert Michelin Auvergne

Le Garden 
12 av. Marx-Dormoy – ✆ 04 70 03 21 16 – http://hotellegarden.monsite-orange.fr – Fermé 26 nov.-9 janv.
10 ch – †64/74 € ††64/74 € – ☕ 8 € – ½ P
Rest – Menu 17 € (semaine), 28/67 € – Carte environ 29 € *(fermé dim. soir et lundi de nov. à mars)*
À deux pas du centre de la station thermale, cette grande villa dispose d'un agréable jardin. Les chambres, tout en sobriété, sont bien tenues. Restauration traditionnelle.

NÉRONDES

✉ 18350 (Cher) – 1 560 hab. – Voir carte n°**12**-D3
Paris 240 km – Bourges 37 km – Montluçon 84 km – Nevers 33 km
Carte Michelin 323-M5

Le Lion d'Or avec ch — rest,
pl. de la Mairie – ☎ 02 48 74 87 81 – www.lion-dor.net – Fermé 24-31 août, 27 janv.-24 fév., dim. soir, merc. midi, lundi et fériés le soir
10 ch – †62 € ††62 € – ☕ 8,50 € – ½ P
Menu 21 € (semaine), 30/42 € – Carte 45/59 €
Sur une place du village, ce Lion d'Or se tient avenant et fier. Entrez donc : l'accueil est charmant, et le décor rustique et coquet. Aux odeurs qui s'échappent des cuisines, nos papilles s'affolent déjà : c'est que le chef cuisine la tradition avec finesse et goût. De quoi rugir de plaisir !

NESTIER

✉ 65150 (Hautes-Pyrénées) – 163 hab. – Voir carte n°**28**-A3
Paris 789 km – Auch 74 km – Bagnères-de-Luchon 45 km – Lannemezan 14 km
Carte Michelin 342-O6

Relais du Castéra avec ch
pl. du Calvaire – ☎ 05 62 39 77 37 – www.hotel-castera.com – Fermé 2-10 juin, 20-28 oct., 2-31 janv., dim. soir, mardi midi et lundi
6 ch – †62/80 € ††62/80 € – ☕ 12 € – ½ P
Menu 22 € (déj. en semaine), 30/55 € – Carte 45/60 €
Une auberge rustique, où l'on déguste une cuisine du terroir dans un cadre agréable. Chambres simples (la moitié rafraîchies dans un style actuel).

LE NEUBOURG

✉ 27110 (Eure) – 4 159 hab. – Voir carte n°**33**-C2
Paris 122 km – Évreux 26 km – Rouen 47 km – Versailles 112 km
Carte Michelin 304-F7 – Guide Vert Michelin Normandie Vallée de la Seine

Acadine Hôtel sans rest
11 rte de Conches – ☎ 02 32 36 00 36 – www.hotel-acadine-le-neubourg.com
46 ch – †65/75 € ††69/79 € – ☕ 8,50 €
Créé en 2010 à la sortie du Neubourg, cet hôtel propose des chambres très spacieuses, simples et contemporaines, à des prix fort compétitifs. Une bonne affaire.

NEUF-BRISACH

✉ 68600 (Haut-Rhin) – 2 017 hab. – Voir carte n°**2**-C2
Paris 475 km – Basel 63 km – Belfort 80 km – Colmar 17 km
Carte Michelin 315-J8

à Biesheim 3 km au Nord par D 468 – ✉ 68600 – 2 447 hab.

Aux Deux Clefs — rest,
50 Grand Rue – ☎ 03 89 30 30 60 – www.deux-clefs.com
25 ch – †65/85 € ††81/101 € – ☕ 11 € – ½ P
Rest – Formule 11 € – Menu 13 € (déj. en semaine), 18/45 € – Carte 28/49 €
(fermé dim. soir)
Cette belle maison régionale est presque aussi fleurie que son jardin ! Les chambres, assez spacieuses, sont fonctionnelles et bien tenues. Deux clefs pour les affamés, une brasserie traditionnelle et un restaurant d'esprit plus gastronomique.

La Clef des Champs N sans rest
19 Grand Rue – ☎ 03 89 72 08 18 – www.la-cle-deschamps.com
28 ch – †39/89 € ††55/107 € – ☕ 9 €
Des chambres fonctionnelles, confortables, bien tenues et à petits prix... Autrement dit, plus rien ne vous empêche de prendre La Clef des Champs !

NEUFCHÂTEAU

✉ 88300 (Vosges) – 6 881 hab. – Voir carte n°**26**-B3
Paris 321 km – Belfort 158 km – Chaumont 57 km – Épinal 75 km
Carte Michelin 314-C2

L'Eden

2 r. 1ère-Armée-Française – ✆ 03 29 95 61 30 – www.leden.fr
27 ch – 🕴66/110 € 🕴🕴75/120 € – ☕ 10 € – ½ P
Rest ***L'Eden*** – voir les restaurants ci-après
Ce grand bâtiment propose des chambres actuelles et confortables de tailles variables, aux couleurs chaleureuses. Celles du dernier étage sont équipées d'un bain à remous.

L'Eden

2 r. 1ère-Armée-Française – ✆ 03 29 95 61 30 – www.leden.fr – Fermé 2-15 janv., dim. soir et lundi midi
Formule 18 € – Menu 28/36 € – Carte 31/48 €
Après une promenade dans le centre-ville, reprenez donc des forces dans cet Éden ! Le jeune chef met un point d'honneur à bien choisir ses produits et signe de belles recettes appuyées sur la tradition. Cadre cossu.

Le Romain et H. Le Richevaux avec ch

rest,

74 av. Kennedy – ✆ 03 29 06 18 80 – www.hotelmotel-lerichevaux.fr
12 ch – 🕴49 € 🕴🕴50 € – ☕ 7 € – ½ P
Formule 10 € – Menu 17/31 € – Carte 25/43 €
Désormais, on peut choisir ici entre une salle classique et un espace brasserie. Au menu, cuisine régionale rustique (lapin, boudin, escargots, abats, etc.). Dans une construction de style motel, chambres tout confort, certaines avec mezzanine.

NEUFCHÂTEL-EN-BRAY

✉ 76270 (Seine-Maritime) – 4 827 hab. – **Voir carte n°33-D1**
Paris 133 km – Abbeville 57 km – Amiens 72 km – Rouen 50 km
Carte Michelin 304-I3 – Guide Vert Michelin Normandie Vallée de la Seine

Les Airelles avec ch

2 passage Michu, (près de l'église) – ✆ 02 35 93 14 60 – www.les-airelles-neufchatel.com – Fermé vacances de la Toussaint, fév., dim. soir, mardi midi et lundi sauf juil.-août et sauf hôtel
14 ch – 🕴60/70 € 🕴🕴60/70 € – ☕ 9 € – ½ P
Menu 17 € (semaine), 24/45 € – Carte 42/57 €
Dans cette avenante demeure traditionnelle du centre-ville, le registre culinaire est actuel, mais n'oublie pas le terroir : trou normand, croustillant de Neufchâtel, camembert... En été, on s'attarde sur la terrasse fleurie et, pour l'étape, il y a même quelques chambres d'une fraîcheur immaculée.

NEUFCHÂTEL-EN-SAOSNOIS

✉ 72600 (Sarthe) – 978 hab. – **Voir carte n°35-D1**
Paris 200 km – Alençon 15 km – Le Mans 56 km – Nantes 228 km
Carte Michelin 310-K4

Les Étangs de Guibert

2 km à l'Est par rte secondaire – ✆ 02 43 97 15 38 – www.lesetangsdeguibert.com – Fermé lundi hors saison et dim. soir
15 ch – 🕴70/110 € 🕴🕴70/110 € – ☕ 10 €
Rest ***Les Étangs de Guibert*** – voir les restaurants ci-après
En pleine campagne, on apprécie la quiétude de cette ancienne ferme et de son grand étang, où l'on peut même pêcher ! Les chambres sont évidemment très calmes, et avec leur déco ponctuée de détails originaux, elles se révèlent fraîches et coquettes. On profite également d'un bon petit-déjeuner au réveil.

Les Étangs de Guibert

2 km à l'Est par rte secondaire – ✆ 02 43 97 15 38 – www.lesetangsdeguibert.com – Fermé lundi hors saison et dim. soir
Menu 21 € (semaine), 35/70 € – Carte 31/57 €
Sur les rives d'un bel étang proche de la forêt de Perseigne, ce restaurant cultive une élégance classique, mêlée de touches rustiques (pierre et bois, grand feu de cheminée l'hiver), propice à la dégustation d'une cuisine traditionnelle rehaussée d'exotisme et accompagnée de jolis vins (bio et Val de Loire).

NEUFCHÂTEL-SUR-AISNE

✉ 02190 (Aisne) – 416 hab. – **Voir carte n°37-D2**
Paris 163 km – Laon 46 km – Reims 22 km – Rethel 33 km
Carte Michelin 306-G6

Le Jardin

22 r. Principale – ✆ 03 23 23 82 00 – www.restaurant-le-jardin.com – Fermé 1 semaine en avril, 2 semaines en sept., 2 semaines en janv., dim. soir, lundi et mardi

Formule 15 € – Menu 18 € (déj. en semaine), 28 € /62 € – Carte 53/69 €

Du vert et des fleurs partout ! Sol façon "gazon", murs fleuris, véranda... une atmosphère bucolique. Menus composés selon le marché.

NEUILLÉ-LE-LIERRE

✉ 37380 (Indre-et-Loire) – 765 hab. – **Voir carte n°11-B2**
Paris 217 km – Amboise 16 km – Château-Renault 10 km – Montrichard 34 km
Carte Michelin 317-O3

Auberge de la Brenne avec ch

19 r. de la République – ✆ 02 47 52 95 05 – www.auberge-brenne.com – Fermé dim. soir de mi-sept. à mi-juin, mardi et merc.

5 ch – 67/105 € 67/105 € – 12 € – ½ P

Formule 18 € – Menu 30/57 € – Carte 48/74 € *(réservation conseillée)*

Andouillette et sa tarte à l'échalote, lapin délicatement mijoté dans une sauce au sauvignon : la tradition et les bons produits ont trouvé leur repaire tourangeau. Accueil charmant. À 50 m du restaurant, maison des années 1900 disposant de chambres confortables.

NEUILLY-LE-REAL

✉ 03340 (Allier) – 1 434 hab. – **Voir carte n°6-C1**
Paris 313 km – Mâcon 128 km – Moulins 16 km – Roanne 82 km
Carte Michelin 326-H4

Logis Henri IV

13 r. du 14 Juillet – ✆ 04 70 43 87 64 – Fermé dim. soir et lundi

Formule 15 € – Menu 20 € (déj. en semaine), 31/53 € – Carte 35/52 €

Mon premier est une maison à colombages du 15e s., mon deuxième se situe dans un village tranquille de la Sologne bourbonnaise, mon troisième est une cuisine traditionnelle respectant les saisons et mettant en avant les viandes de pays. Mon tout est le Logis Henri IV !

NEUILLY-SUR-SEINE – 92 Hauts-de-Seine → voir Paris, Environs

NEUVES-MAISONS – 54 Meurthe-et-Moselle → voir Nancy

NEUVILLE-DE-POITOU

✉ 86170 (Vienne) – 5 119 hab. – **Voir carte n°39-C1**
Paris 335 km – Châtellerault 36 km – Parthenay 41 km – Poitiers 16 km
Carte Michelin 322-H4

La Roseraie

ch,

78 r. A. Caillard – ✆ 05 49 54 16 72 – www.laroseraiefrance.fr

5 ch – 70/90 € 75/95 € – ½ P

Table d'hôte – Menu 28 €

Le jardin est évidemment fleuri de roses et l'ensemble de cette maison de maître (19e s.) dégage un frais et élégant parfum, simple et soigné (mobilier ancien, tons clairs). Esprit international autour de la table d'hôte : les propriétaires sont originaires du Zimbabwe et d'Angleterre !

St-Fortunat (Fabien Dupont) 

4 r. Bangoura-Moridé – ✆ 05 49 54 56 74 – www.saintfortunat.com – Fermé 2 semaines en août, dim., lundi et fériés
Formule 16 € – Menu 45/59 €
Dans le centre de Neuville, un restaurant accueillant et intime, avec un paisible patio. Son jeune chef bouscule les habitudes à travers une cuisine originale, aux saveurs marquées, qui a trouvé un public fidèle !
➜ Vaporeux d'huîtres et quinoa de foie blond au caviar de hareng. Dos de maigre de ligne, lard de Colonnata et polenta à la truffe d'été. Tacos de dragées aux framboises et glace pistache.

NEUVILLE-LÈS-DIEPPE – 76 Seine-Maritime ➜ voir Dieppe

NEUVILLE-ST-AMAND – 02 Aisne ➜ voir St-Quentin

NÉVACHE

✉ 05100 (Hautes-Alpes) – 348 hab. – **Voir carte n°41-C1**
Paris 693 km – Briançon 21 km – Le Monêtier-les-Bains 35 km – Montgenèvre 25 km
Carte Michelin 334-H2 – Guide Vert Michelin Alpes du Sud

Le Chalet d'En Hô 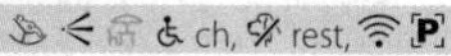

hameau des Chazals – ✆ 04 92 20 12 29 – www.chaletdenho.com – Ouvert 7 juin-21 sept. et 20 déc.-29 mars
14 ch – 102/158 € 140/158 € – 13 € – ½ P
Rest – Menu 29 € *(fermé le midi)*
Là-haut dans la montagne… Environnement naturel privilégié pour ce chalet, qui a tout d'un petit cocon d'altitude : quiétude, décor de bois très chaleureux, mais aussi sauna et jacuzzi pour récupérer après une balade au grand air. Restaurant traditionnel.

NEVERS

✉ 58000 (Nièvre) – 36 762 hab. – Agglo. 62 082 hab. – **Voir carte n°7-A2**
Paris 236 km – Bourges 70 km – Clermont-Ferrand 161 km – Orléans 167 km
Carte Michelin 319-B10 – Guide Vert Michelin Bourgogne

Mercure Pont de Loire 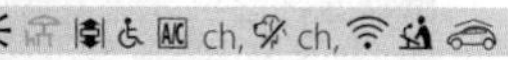

quai Médine – ✆ 03 86 93 93 86 – www.mercure.com Plan : Z**a**
59 ch – 90/130 € 108/135 € – 15 €
Rest – Formule 20 € – Menu 27/39 € – Carte 24/41 € *(fermé sam. midi)*
Hôtel bien situé au bord de la Loire. Chambres agréables, certaines offrant une belle perspective sur le fleuve. Repas dans la salle panoramique ou sur la vaste terrasse ; carte des vins inspirée par la région.

Diane 

38 r. du Midi – ✆ 03 86 57 28 10 – www.bestwesterndiane-nevers.com – Fermé 19 déc.-4 janv. Plan : Z**b**
30 ch – 87/96 € 102/111 € – 14 € – ½ P
Rest – Formule 15 € – Menu 22/28 € – Carte 34/51 € *(fermé vend. midi et dim.)*
Dans cette demeure ancienne, tout près de la gare, les chambres sont vastes, bien entretenues et meublées avec soin. La salle des petits-déjeuners occupe une tour du 14es. Au restaurant, décor tout en sobriété et cuisine classique.

Ibis ch, ch,

r. du Plateau-de-la-Bonne-Dame, par ④ – ✆ 03 86 37 56 00 – www.ibis.com
56 ch – 75/100 € 75/100 € – 10 €
Rest – Menu 21 € – Carte 23/36 € *(fermé le midi)*
Hôtel des années 1980 situé sur la rive gauche, tout près du pont de Loire. Les chambres, propres et bien tenues, sont avant tout fonctionnelles (plus calmes sur l'arrière). Restauration traditionnelle.

NEVERS

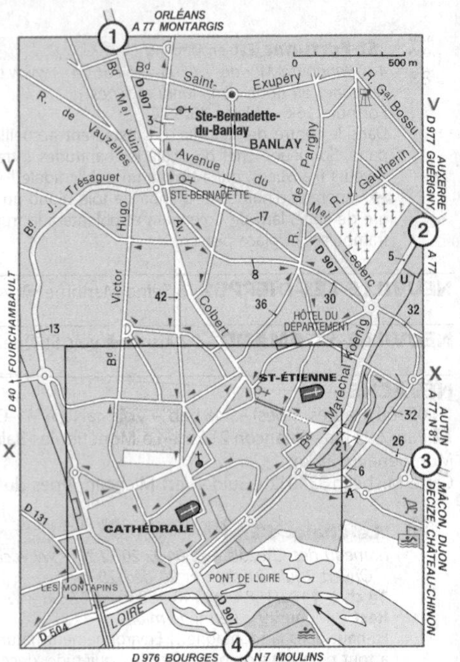

ORLÉANS
A 77 MONTARGIS
1
0
500 m
Bd Saint-Exupéry
R. Gal Bossu
V
D 977 AUXERRE GUÉRIGNY
R. de Vauzelles
Bd Mal Juin
D 907
Ste-Bernadette-du-Banlay
BANLAY
Avenue du Mal
R. de Parigny
R. J. Gautherin
R. J. Trésaguet
Bd Victor Hugo
STE-BERNADETTE
Av. Colbert
17
2
A 77
R. Leclerc
D 907
5
U
8
30
36
42
HÔTEL DU DÉPARTEMENT
32
13
D 40 FOURCHAMBAULT
Bd Maréchal Koenig
ST-ÉTIENNE
X
A 77, N 81 AUTUN
26
21
3
6
A
MÂCON, DIJON DECIZE, CHÂTEAU-CHINON
D 131
CATHÉDRALE
PONT DE LOIRE
LES MONTAPINS
LOIRE
D 504
4
D 976 BOURGES
N 7 MOULINS CLERMONT-FERRAND

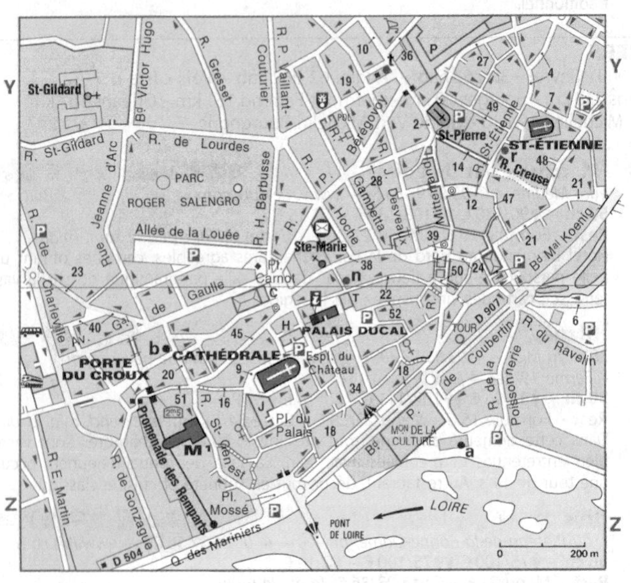

Y
St-Gildard
Bd Victor Hugo
R. Gresset
Couturier
R. P. Vaillant-
10
36
P
27
4
19
7
R. St-Gildard
R. de Lourdes
PARC ROGER SALENGRO
Bérégovoy
2
St-Pierre
49
St-Étienne
ST-ÉTIENNE
48
R. Creuse
R. de Charleville
Rue Jeanne d'Arc
Allée de la Louée
R. H. Barbusse
R. P. Hoche
R. Gambetta
R. J. Desveaux
Mitterrand
28
14
12
47
21
Bd Mal Koenig
Ste-Marie
39
23
Pl. Carnot
38
n
50
24
de Gaulle
C
22
T
D 907
40
Av. Gal
45
H
PALAIS DUCAL
52
TOUR
6
b
CATHÉDRALE
Espl. du Château
R. du Ravelin
PORTE DU CROUX
20
9
18
de Coubertin
51
16
34
R. de la Poissonnerie
Promenade des Remparts
J
Pl. du Palais
18
Mon DE LA CULTURE
M
R. St-Genest
a
R. E. Martin
R. de Gonzague
Z
Pl. Mossé
LOIRE
PONT DE LOIRE
Q. des Mariniers
D 504
0
200 m

XX **Jean-Michel Couron**

21 r. St-Étienne – ✆ 03 86 61 19 28 – www.jm-couron.com
– Fermé 21 juil.-12 août, 24 fév.-11 mars, dim. soir, lundi et mardi Plan : Y**r**
Menu 23 € (semaine), 35/56 € – Carte 60/75 € *(réservation conseillée)*
Une belle cuisine inventive dans une ruelle du vieux Nevers... L'intérieur a été entièrement repensé en 2013 dans une veine contemporaine, des murs au mobilier en passant par l'éclairage. Et on peut toujours dîner sous les voûtes (14e s.) de l'ancien cloître de l'église St-Étienne ! ➜ Langoustines saisies, orge perlé, fenouil croquant et bouillon vert aux épices. Faux-filet de bœuf charolais au poivron, aubergine et olives noires. Tarte aux carottes laquées à la badiane et sorbet persil.

XX **La Botte de Nevers**

r. du Petit-Château, (angle r. Saint-Martin) – ✆ 03 86 61 16 93
– www.labottedenevers.fr – Fermé 4-25 août, dim. soir, mardi midi et lundi
Formule 19 € – Menu 24/50 € – Carte 43/81 € Plan : Y**n**
La cuisine de tradition, le cadre d'inspiration médiévale et les quelques épées ornant l'escalier accentuent la référence à la célèbre estocade du duc de Nevers.

X **Au Bistro Gourmand**

pl. de la Résistance, (Porte de Paris) – ✆ 03 86 61 45 09
– www.au-bistro-gourmand.com – Fermé1 semaine en mars, 2 semaines fin août à début sept.,1 semaine en déc., lundi et dim. Plan : Y**t**
Menu 14 € (déj. en semaine), 18 € 🍷/39 € – Carte 36/50 €
Saint-Jacques juste saisies, aile de raie servie en cocotte, soupe de cerise... Pas de doute : dans ce bistro cosy (tons chocolat, tableaux zen), le chef ravit les gourmands !

rte d'Orléans par ① – ✉ 58640 Varennes-Vauzelles

XX **Le Bengy**

25 rte de Paris, à 4,5 km par D 907 – ✆ 03 86 38 02 84
– www.le-bengy-restaurant.com – Fermé 3-26 août, 23 fév.-11 mars, dim. et lundi
Menu 20 € (semaine), 23/33 € – Carte 32/47 €
À deux pas du circuit Nevers-Magny-Cours, on se rend dans ce restaurant sur les chapeaux de roues… mais pensez à réserver, l'adresse affiche souvent complet. De fait, le chef et son équipe concoctent une savoureuse cuisine : les produits sont de qualité, les cuissons bien maîtrisées, et les équilibres de saveurs séduisants.

au Nord-Est 4 km par ② et D 207

X **La Fontaine Cavalier** avec ch

Domaine Jeunot ✉ 58130 Urzy – ✆ 03 86 57 41 71 – www.fontaine-cavalier.com
– Fermé lundi soir, mardi soir et merc.
3 ch – 60/80 € 70/90 €
Menu 19 € (déj. en semaine), 28/39 € – Carte 27/53 €
Un ancien corps de ferme transformé en restaurant. On y déguste une savoureuse cuisine de produits. Ainsi, on ouvre le repas par une brioche au crottin de chavignol, suivie d'une volaille fermière en croûte, pour finir par une tarte au limoncello. Le tout à prix raisonnables. Belle terrasse ouverte sur la nature.

à Sauvigny-les-Bois 10 km par ③D 978 et D 18 – ✉ 58160 – 1 532 hab.

XX **Moulin de l'Étang** 

64 rte de l'Étang – ✆ 03 86 37 10 17 – www.moulindeletang.fr
– Fermé 28 juil.-18 août, 26-30 déc., vacances de fév., merc. soir, dim. soir et lundi
Menu 22/50 € – Carte 36/52 €
Dans cette ancienne ferme, tout près d'un étang cerné par les bois, le chef travaille les produits frais et réalise une bonne cuisine traditionnelle. Agréable terrasse face à la nature.

rte de Moulins 3 km par ④, sur N 7 – ✉ 58000 Challuy

XX **La Gabare**

171 rte de Lyon – ✆ 03 86 37 54 23 – www.restaurant-lagabare.fr – Fermé 15 juil.-8 août, dim. et merc.

Menu 19/28 € – Carte 32/50 €

Cette vieille ferme joliment restaurée abrite deux salles rustiques : poutres apparentes, grande cheminée... Le lieu idéal pour savourer une cuisine traditionnelle généreuse.

à Magny-Cours 12 km par ④, rte Moulins – ✉ 58470 – 1 447 hab.

Alliance

Ferme du domaine de Bardonnay – ✆ 03 86 21 22 33 – www.alliance-hotel-nevers.com

68 ch – 🚹110/140 € 🚹🚹110/225 € – 2 suites – ☕ 19 €

Rest – Formule 15 € – Menu 18 € – Carte 30/45 € *(fermé sam. et dim. du 15 nov. au 15 janv.)*

La ferme d'origine, qui appartenait à l'agriculteur concepteur du circuit automobile tout proche, est complétée par une aile moderne abritant les chambres ; certaines ont vue sur la piscine ou le golf. Au restaurant, cuisine traditionnelle.

à Varennes-Vauzelles 5 km au Nord-Ouest par D 167 – ✉ 58640

Château du Four de Vaux sans rest

65 r. Daniel-Bollon – ✆ 03 86 21 99 87 – www.chateaudufourdevaux.com – Fermé 26 déc.-31 janv.

5 ch ☕ – 🚹95/115 € 🚹🚹105/145 €

Non loin de la cité ducale de Nevers, un château des 18e-19e s. au cœur d'un parc de 4 ha. Dans les chambres, le confort le dispute au charme (mobilier chiné, parquet, etc.). Piscine, sauna, jacuzzi... Idéal pour un séjour au calme.

NÉVEZ

✉ 29920 (Finistère) – 2 739 hab. – **Voir carte n°9-B2**

▶ Paris 547 km – Lorient 51 km – Quimper 40 km – Rennes 196 km

Carte Michelin 308-I8

X **Le Bistrot de l'Écailler**

au port de Kerdruc, 3 km à l'Est par D 77 et rte secondaire – ✆ 02 98 06 78 60 – Ouvert mi-avril à fin sept. et fermé mardi et merc. sauf le soir en juil.-août

Menu 45 € – Carte 42/62 €

Un joli bistrot marin assis sur le petit port de Kerdruc, au bord de l'Aven. À la carte : pêche du jour et beaux fruits de mer – la propriétaire est la fille d'un célèbre ostréiculteur de la région. Autre spécialité, le homard-frites au kari gosse (le "curry breton"). Et en bonus, une belle terrasse bien abritée !

à Raguenès-Plage 4 km au Sud par rte secondaire – ✉ 29920

Ar Men Du 

47 r. des Îles – ✆ 02 98 06 84 22 – www.men-du.com – Fermé 3 nov.-18 déc. et 5 janv.-5 mars

14 ch – 🚹90/169 € 🚹🚹90/169 € – ☕ 14 €

Rest ***Ar Men Du*** ✿ – voir les restaurants ci-après

Sur une lande sauvage cernée par l'océan (site classé), cette maison néobretonne vibre avec les éléments : décor des chambres façon clipper, vue sur les flots et l'île Raguenès... Bol d'air et évasion garantis !

XX **Ar Men Du**

✿ *47 r. des Îles – ✆ 02 98 06 84 22 – www.men-du.com – Fermé 3 nov.-18 déc., 5 janv.-5 mars, mardi midi et merc. midi*

Menu 43/120 € – Carte 63/111 € *(réservation conseillée)*

À vos pieds, la lande sauvage est battue par l'océan, et à quelques encablures, les rochers de l'îlot de Raguenès brillent au soleil. Au calme, vous découvrez la belle cuisine de Patrick Le Guen, amoureux du terroir et de la mer : soin d'exécution, produits de qualité, et une pointe de créativité bien maîtrisée !

➜ Tartare de bar coupé minute et ses cinq saveurs. Turbot en croûte de pomme de terre et son jus de veau. Autour de la fraise bio de Concarneau.

NÉVILLE

✉ 76460 (Seine-Maritime) – 1 106 hab. – **Voir carte n°33-C1**
Paris 191 km – Caen 148 km – Évreux 120 km – Rouen 61 km
Carte Michelin 304-E3

Nature et Lin sans rest
9 r. de la Bergerie – ✆ 02 35 57 07 66 – www.nature-lin.com
4 ch – 130 € 140/150 €
Rosaline, Élise, Aurore, etc. : chaque chambre porte le nom d'une variété de lin. Hommage aux cultures environnantes mais aussi aux matériaux naturels, au blanc et à l'écru... Cette ancienne ferme respire le bien-être – et la piscine couverte est délicieuse ! Pour le petit-déjeuner, pain aux graines de lin, bien sûr.

NEXON

✉ 87800 (Haute-Vienne) – 2 474 hab. – **Voir carte n°24-B2**
Paris 416 km – Limoges 27 km – Panazol 27 km – St-Junien 56 km
Carte Michelin 325-E6 – Guide Vert Michelin Limousin Berry

XX **Les Chaumières de Nexon** avec ch
Domaine des Landes, à 2 km par D 11 – ✆ 05 55 58 25 26 – www.les-chaumieres.com – Fermé 18 août-9 sept., 1er-14 janv., dim. soir, lundi et mardi
2 ch – 80 € 80 € – 10 € Menu 41 € *(réservation conseillée)*
Un cottage couvert de chaume dans un parc peuplé d'arbres centenaires... Ce tableau bucolique se révèle charmant quand on en pousse la porte : la demeure allie élégance et ambiance feutrée. Joli décor pour apprécier une cuisine inspirée par les saisons. Chambres chaleureuses pour prolonger l'étape.

NEYRAC-LES-BAINS

✉ 07380 (Ardèche) – **Voir carte n°44-A3**
Paris 606 km – Alès 92 km – Aubenas 16 km – Montélimar 56 km
Carte Michelin 331-H5 – Guide Vert Michelin Ardèche Drôme

XX **Brioude**
Meyras – ✆ 04 75 36 41 07 – www.hotel-levant.com – Fermé 3-10 mars, 20 nov.-10 déc., mardi sauf le soir en juil.-août, dim. soir et lundi
Formule 19 € – Menu 27/65 €
Près des thermes, cette auberge familiale vous régale depuis 1887 d'une cuisine soignée à base de produits locaux : châtaigne, volaille, agneau... Terrasse sous les platanes.

NÉZIGNAN-L'ÉVÊQUE – 34 Hérault → voir Pézenas

NICE

✉ 06000 (Alpes-Maritimes) – 343 304 hab. – Agglo. 947 075 hab. – Voir carte n°**42**-E2
▶ Paris 927 km – Cannes 33 km – Genova 192 km – Lyon 471 km
Carte Michelin 341-E5 et 115-]26 – Guide Vert Michelin Côte d'Azur

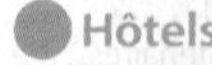

Hôtels

Negresco
37 promenade des Anglais – ✆ *04 93 16 64 00* – *www.hotel-negresco-nice.com*
96 ch – †145/1150 € ††145/1150 € – 21 suites – ☕ 30 € – ½ P Plan : 3FZ**k**
Rest ***Chantecler*** ✿✿ **Rest** ***La Rotonde*** – voir les restaurants ci-après
Bâti en 1912 par Henri Negresco, cet établissement mythique regorge d'œuvres d'art exceptionnelles et cultive la démesure dans un choc des styles qui n'appartient qu'à lui. De l'emphase, de la majesté et des restaurants tout aussi somptueux... Cet "hôtel-musée" est assurément unique !

Boscolo Exedra
12 bd Victor-Hugo – ✆ *04 97 03 89 89* – *www.nice.boscolohotels.com* Plan : 3FY**d**
110 ch – †180/970 € ††180/1000 € – 3 suites – ☕ 24 €
Rest ***La Pescheria*** – voir les restaurants ci-après
Une façade Belle Époque éclatante pour un vaisseau grandiose et immaculé, tout en luxe et sobriété... Comment résister au charme de ce design très italien, au spa, à la piscine ? Le Boscolo Exedra, ou l'art de vivre la Côte d'Azur à l'heure internationale et urbaine !

Hyatt Regency Palais de la Méditerranée
13 promenade des Anglais – ✆ *04 93 27 12 34* ch,
– *www.nice.regency.hyatt.com* Plan : 3FZ**g**
187 ch ☕ – †160/1050 € ††160/1050 € – 11 suites – ½ P
Rest ***Le 3e*** ✆ 04 92 14 76 00 – – Formule 26 € – Menu 36 € – Carte 42/80 €
Un véritable palais dédié à la Méditerranée... Derrière sa façade Art déco, grandiose face à la Grande Bleue, on découvre un ensemble éminemment contemporain, aussi stylé que luxueux. Les suites sont superbes, la vue sur les flots divine (au dernier étage), et le restaurant joue la carte du bistrot très chic. Toute l'allure d'une villégiature *made in* promenade des Anglais !

Radisson Blu
ch, rest,
223 promenade des Anglais – ✆ *04 97 17 71 77* – *www.radissonblu.fr/hotel-nice*
331 ch – †150/550 € ††150/550 € – 13 suites – ☕ 23 € Plan : 1AU**n**
Rest – Carte 44/59 €
Esprit international pour cet hôtel qui abrite notamment de nombreuses salles de séminaire. Le décor des chambres, sur les thèmes "Urban", "Chili" ou "Océan", est soigné et original. Mention spéciale pour celles côté plage, avec balcons face à la Méditerranée, et la piscine sur le toit. La baie des Anges est à vous...

Le Méridien

1 promenade des Anglais – 04 97 03 44 44 – www.lemeridiennice.com
316 ch – 160/950 € 160/950 € – 2 suites – 25 € Plan : 3FZ**d**
Rest *Le Colonial Café* 04 97 03 40 36 – – Carte 35/50 €
Rest *La Terrasse* 04 97 03 40 37 – – Menu 24 € (déj. en semaine)/30 € – Carte 30/40 € *(fermé le soir en hiver)*
Au 1, promenade des Anglais, depuis certaines chambres, c'est toute la baie des Anges qui s'offre à la vue... On peut aussi profiter du calme côté patio, et, dans tous les cas, de l'aménagement sobre et confortable des lieux. Sur le toit, la piscine et le restaurant La Terrasse font face à la Grande Bleue !

Boscolo Hôtel Plaza

12 av. de Verdun – 04 93 16 75 75 – www.boscolohotels.com Plan : 4GZ**u**
167 ch – 132/935 € 132/935 € – 5 suites – 20 €
Rest – Formule 22 € – Carte 45/80 € *(fermé le soir en hiver et dim. hors saison)*
Cette architecture Belle Époque se dresse au cœur de Nice. On profite du calme sur l'arrière ou, en façade, de la jolie vue sur l'avenue et la coulée verte. Sans parler, aux étages supérieurs, du panorama sur les toits de la cité, les hauteurs de l'arrière-pays et la mer ! Le sobre décor des lieux met d'autant mieux en valeur ce paysage...

La Pérouse

rest,

11 quai Rauba-Capéu 06300 – 04 93 62 34 63 – www.hotel-la-perouse.com Plan : 4HZ**k**
55 ch – 195/1300 € 195/1300 € – 2 suites – 24 €
Rest – Menu 39 € – Carte 44/58 € *(fermé 1er déc.-31 janv.)*
Une ligne d'horizon qui suit les courbes de la baie des Anges, des terrasses en surplomb de la Méditerranée, un beau jardin planté de citronniers... On est aux anges dans cette demeure un peu secrète, qui cultive une charmante simplicité, arrimée au rocher du château !

Goldstar Resort

45 r. du Maréchal-Joffre – 04 93 16 92 77 – www.hotel-goldstar-nice.com
49 suites – 120/800 € – 20 € Plan : 3FZ**e**
Rest – Carte 30/58 € *(résidents seult)*
Cinquante véritables petits appartements, modernes et chaleureux – dominantes de bois et granit –, particulièrement propices aux séjours en famille. Sur la terrasse, il fait bon profiter du fitness, de la piscine et du solarium...

AC by Marriott

59 promenade des Anglais – 04 93 97 90 90 – www.achotelnice.com
141 ch – 119/490 € 119/490 € – 2 suites – 21 € Plan : 3EZ**d**
Rest – Carte 30/56 €
Sobriété contemporaine : telle est la marque de ce grand hôtel, dont l'architecture moderne (lignes géométriques, verre fumé) cache des chambres d'une grande neutralité, tout en blanc et beige, entièrement rénovées en 2013. Plus qu'un style, un parti pris !

Mercure Promenade des Anglais sans rest

2 r. Halévy – 04 93 82 30 88 – www.mercure.com Plan : 3FZ**v**
124 ch – 109/409 € 109/409 € – 19 €
Très belle situation, sur la promenade des Anglais, pour ce Mercure qui a récemment bénéficié d'une complète rénovation. Les lieux sont agréables (esprit design, touches colorées), avec, de-ci de-là, de jolies échappées sur le front de mer...

Masséna sans rest

58 r. Gioffredo – 04 92 47 88 88 – www.hotel-massena-nice.com Plan : 4GZ**k**
109 ch – 199/339 € 199/339 € – 1 suite – 20 €
Tout près de la place Masséna, un hôtel à la jolie façade Belle Époque. Passé le hall, original avec ses fresques signées par la propriétaire, qui est aussi artiste, on découvre des chambres sobres et très bien tenues, certaines avec terrasse au 6e étage. Une confortable option pour résider au cœur même de Nice.

RÉPERTOIRE DES RUES DE NICE

Alberti (R.) **GHY** 2
Alphonse-Karr (R.) **FYZ**
Alsace-Lorraine (Jardin d') **EZ** 3
Anglais (Promenade des) **EFZ**
Arènes-de-Cimiez (Av. des) **HVX**
Arène (Av. P.) **DXY**
Armée-des-Alpes (Bd de l') **CT** 4
Armée-du-Rhin (Pl. de l') **JX** 5
Arson (Pl. et R.) **JY**
Auber (Av.) **FY**
Auriol (Pont Vincent) **JV** 7
Barberis (R.) **JXY**
Barel (Bd. V.) **CT**
Barel (Pl. Max) **JY**
Barla (R.) **JY**
Baumettes (Av. des) **DZ**
Bellanda (Av.) **HV** 10
Berlioz (R.) **FY** 12
Besset (Av. Cyrille) **EFV**
Bieckert (Av. Émile) **HX**
Binet (R. A.) **FX**
Bischoffsheim (Bd) **CT**
Bonaparte (R.) **JY** 13
Borriglione (Av.) **FV**
Bounin (R.P.) **FV**
Boyer (Square R.) **EV**
Brancolar (Av.) **FV**
Carabacel (Bd) **HXY**
Carlone (Bd) **AT** 14
Carnot (Bd) **CT** 15
Cassini (R.) **JY**
Cassin (Bd R.) **AU** 16
Cavell (Av. E.) **GV**
Cessole (Bd de) **EV**
Châteauneuf (R. de) **DEY**
Cimiez (Bd de) **GVX**
Clemenceau (Av. G.) **FY**
Comboul (Av. R.) **FX**
Congrès (R. du) **FZ**
Cyrnos (Av. de) **EV**
Dante (R.) **EZ**
Delfino (Bd Gén. L.) **JX**
Desambrois (Av.) **GHY** 18
Diables-Bleus (Av. des) **JX** 19
Dubouchage (Bd) **GHY**
Durante (Av.) **FY**
Estienne-d'Orves (Av. d') **DEY**
Estienne (Av. Gén.) **HV**
États-Unis (Quai) **GHZ**
Europe (Parvis de l') **JX** 21
Félix-Faure (Av.) **GZ** 22
Fleurie (Corniche) **AU** 23
Fleurs (Av. des) **DEZ**
Flirey (Av. de) **HV**
Flora (Av.) **GVX**
Foch (Av. Mar.) **GY**
France (R. de) **DFZ**
Gallieni (Av.) **HJX** 24
Gal (R. Auguste) **JXY**
Gambetta (Bd) **EXZ**
Garibaldi (Pl.) **HJY**
Garnier (Bd Joseph) **EFX**
Gaulle (Av. Gén.-de) **AU**
Gaulle (Pl. Ch.-de) **FX**
Gautier (Pl. P.) **HZ** 25
George-V (Av.) **GVX**
Gioffredo (R.) **HY**
Gorbella (Bd de) **EV**
Gounod (R.) **FY**
Grosso (Bd François) **DYZ**
Guisol (R. F.) **JY**
Guynemer (Pl.) **JZ**
Hôtel-des-Postes (R. de l') **HY** 30
Ile-de-Beauté (Pl. de l') **JZ** 31
Jean-Jaurès (Bd) **HYZ** 32
Joffre (R. du Mar.) **EFZ**
Joly (Corniche A.-de-) **CT**
Liberté (R. de la) **GZ** 35
Lunel (Quai) **JZ** 37
Lyautey (Quai Mar.) **JVX**
Madeleine (Bd) **AT**
Maeterlinck (Bd) **CU** 39
Malausséna (Av.) **FX**
Malraux (Tunnel et voie) **HX**
Marceau (R.) **FX**
Masséna (Pl. et Espace) **GZ**
Masséna (R.) **FGZ** 43
Médecin (Av. J.) **FGY** 44
Mercantour (Bd du) **AU**
Meyerbeer (R.) **FZ** 45

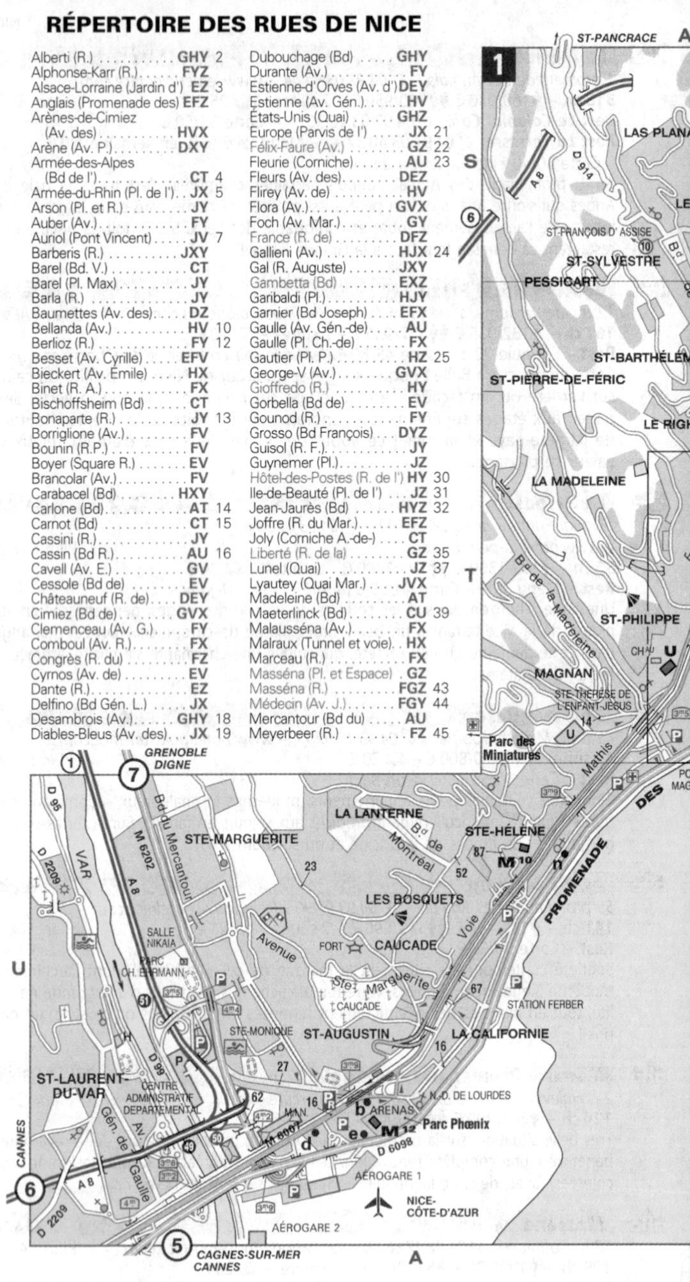

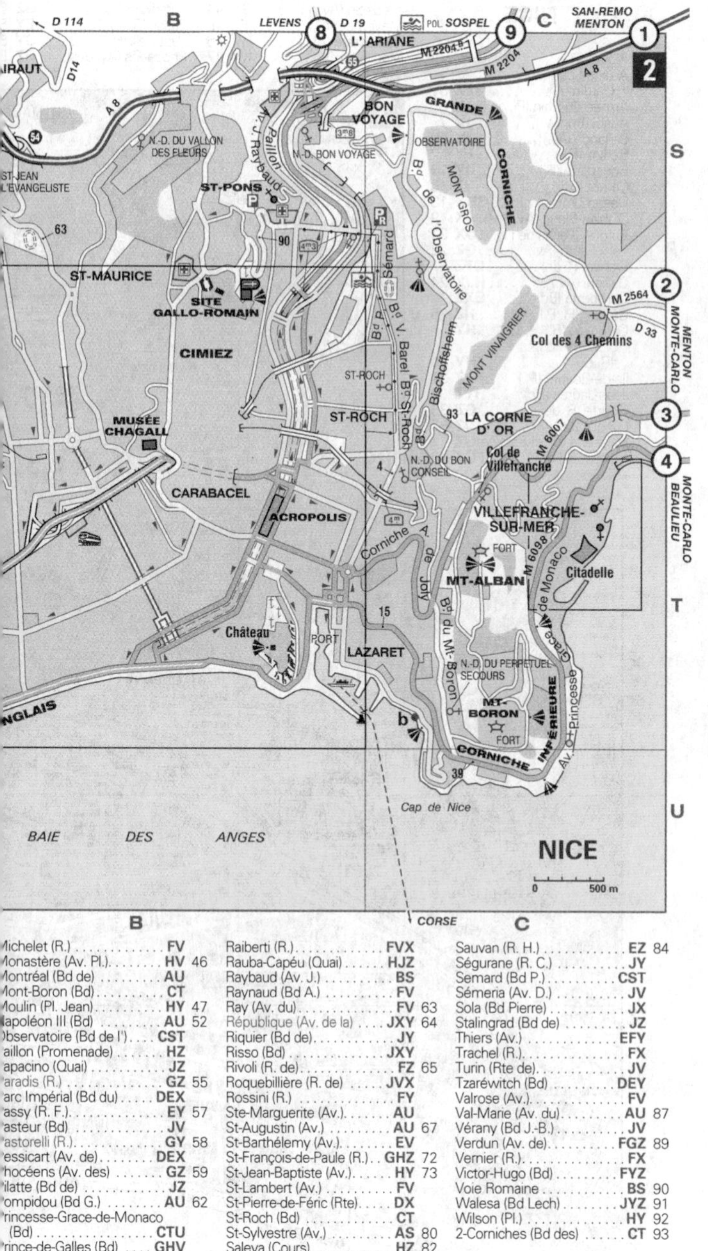
D 114
B
LEVENS
8
D 19
POL. SOSPEL
9
C
SAN-REMO
MENTON
1
2
L'ARIANE
M 2204B
M 2204
A 8
D14
A 8
54
N.-D. DU VALLON
DES FLEURS
BON
VOYAGE
GRANDE
CORNICHE
OBSERVATOIRE
N.-D. BON VOYAGE
MONT GROS
Bd de l'Observatoire
Av. J. Raybaud
Pallion
ST-PONS
ST-JEAN
L'EVANGELISTE
63
90
S
ST-MAURICE
SITE
GALLO-ROMAIN
Bd P. Semard
Bd V. Barel
Bd St-Roch
Bischoffsheim
MONT VINAIGRIER
Col des 4 Chemins
M 2564
D 33
MENTON
MONTE-CARLO
CIMIEZ
ST-ROCH
93
LA CORNE
D' OR
3
MUSÉE
CHAGALL
N.-D. DU BON
CONSEIL
Col de
Villefranche
M 6007
4
MONTE-CARLO
BEAULIEU
CARABACEL
ACROPOLIS
Corniche A. de Joly
VILLEFRANCHE-
SUR-MER
FORT
Citadelle
MT-ALBAN
M 6098
Bd du Mt-Boron
Grace de Monaco
T
15
Château
PORT
LAZARET
N.-D. DU PERPETUEL
SECOURS
Av. Princesse
ANGLAIS
MT-
BORON
FORT
INFÉRIEURE
CORNICHE
39
Cap de Nice
U
BAIE DES ANGES
NICE
0
500 m
B
CORSE
C

NICE

Alberti (R.) . . . . GHY 2
Alsace-Lorraine
(Jardin d') . . . . EZ 3
Armée-du-Rhin (Pl. de l') JX 5
Auriol (Pont V.). . . . . JV 7
Bellanda (Av.) . . . . HV 10
Berlioz (R.) . . . . FY 12
Bonaparte (R.) . . . . JY 13
Carnot (Bd) . . . . JZ 15
Desambrois (Av.). . . . GHX 18
Diables-Bleus (Av. des) . JX 19
Europe (Parvis de l') . . . JX 21
Félix-Faure (Av.). . . . . . . GZ 22
France (R. de) . . . . DFZ
Gallieni (Av.) . . . . HJX 24
Gambetta (Bd) . . . . . . EXZ
Gautier (Pl. P.) . . . . HZ 25
Gioffredo (R.) . . . . HY
Hôtel-des-Postes
(R. de l') . . . . HY 30
Ile-de-Beauté (Pl.) . . . . . JZ 31
Jean-Jaurès (Bd) . . . . HYZ 32
Liberté (R. de la) . . . . . . GZ 35
Lunel (Quai) . . . . JZ 37
Masséna (Pl. et Espace) GZ
Masséna (R.) . . . . FGZ 43

Médecin (Av. J.) . . . . . FGY 44
Meyerbeer (R.) . . . . FZ 45
Monastère (Av. Pl.). . . . HV 46
Moulin (Pl. J.) . . . . HY 47

Paradis (R.) . . . . GZ
Passy (R. F.). . . . . EY
Pastorelli (R.) . . . . GY
Phocéens (Av. des). . . . GZ

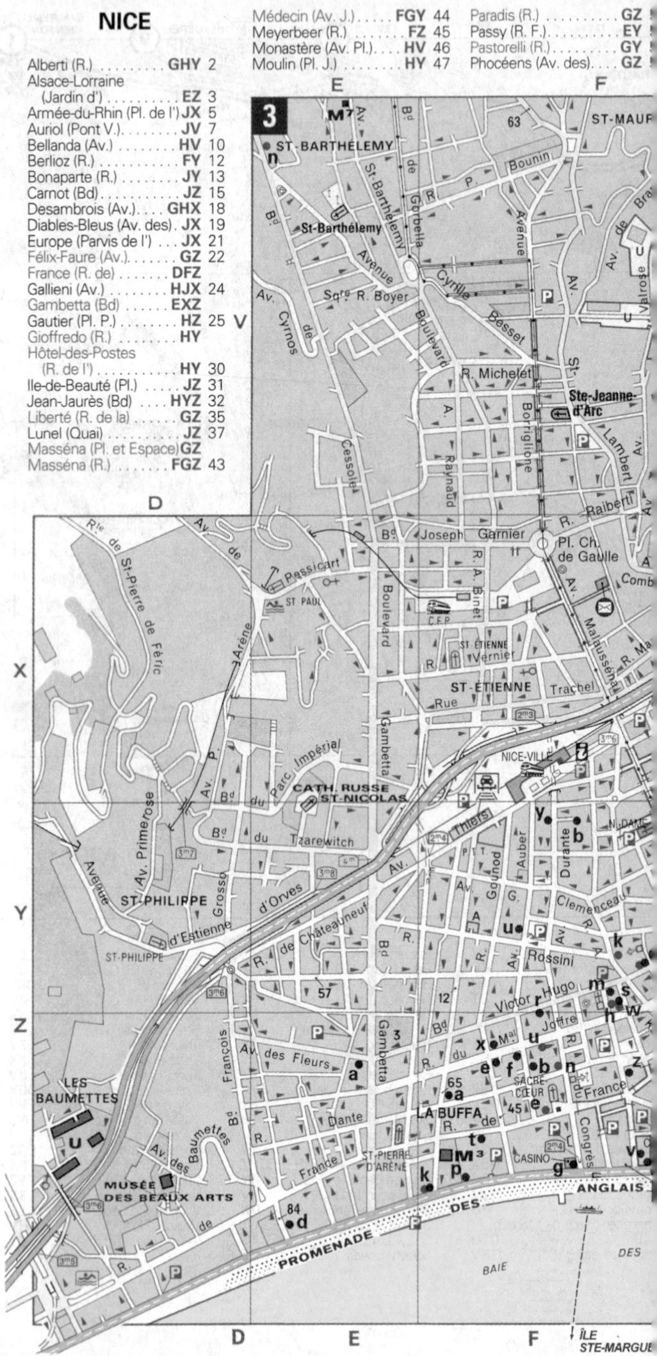

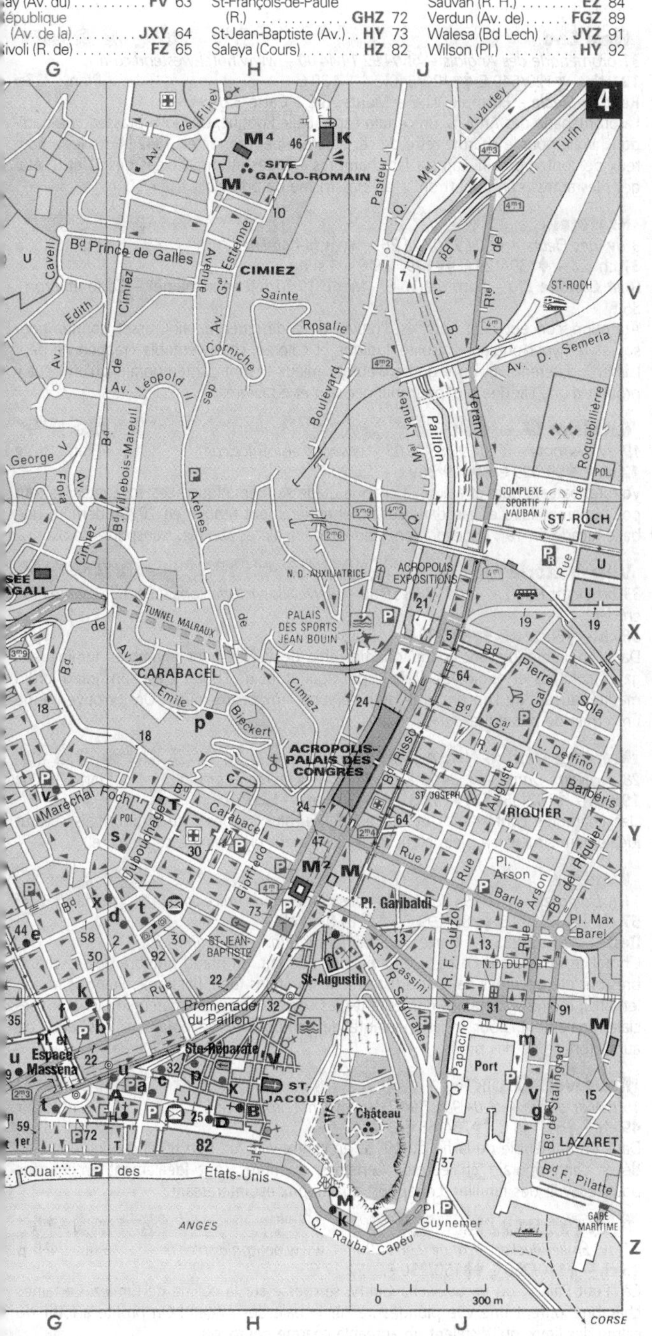

G
H
J
4
SITE GALLO-ROMAIN
CIMIEZ
Bd Prince de Galles
ST-ROCH
Av. D. Semeria
Paillon
COMPLEXE SPORTIF VAUBAN
TUNNEL MALRAUX
CARABACEL
N. D. AUXILIATRICE
ACROPOLIS EXPOSITIONS
PALAIS DES SPORTS JEAN BOUIN
ACROPOLIS-PALAIS DES CONGRÈS
RIQUIER
Pl. Garibaldi
St-Augustin
Promenade du Paillon
Ste-Réparate
ST-JACQUES
Château
Pl. et Espace Masséna
Port
LAZARET
Quai des États-Unis
ANGES
Q. Rauba-Capeu
Pl. Guynemer
GARE MARITIME
CORSE
V
X
Y
Z
0
300 m

West End

31 promenade des Anglais – ✆ 04 92 14 44 00 – www.hotel-westend.com
121 ch – 120/640 € 120/640 € – 20 € Plan : 3FZ**p**
Rest *Le Siècle* – Formule 21 € – Menu 28 € – Carte 32/93 €
La promenade des Anglais, un certain esprit Belle Époque, une jolie brasserie de tradition... Voilà pour le charme rétro de cet établissement fondé en 1842 ! Pour les amoureux de contemporain, cap sur les chambres épurées et immaculées des 5e et 6e étages ; les autres s'en remettront à un classicisme de bon aloi.

Hi Hotel

3 av. des Fleurs – ✆ 04 97 07 26 26 – www.hi-hotel.net Plan : 3EZ**a**
37 ch – 139/429 € 139/429 € – 1 suite
Rest *Cantine Bio* – Formule 16 € – Menu 19 € (déj. en semaine) – Carte environ 35 €
Attention, concept ! Cet hôtel est l'œuvre de la designer Matali Crasset, connue pour son style hyper original : insolite, ludique et colorée, cette véritable création ne peut laisser indifférent... Et on y goûte d'autant mieux l'esprit contemporain qu'on peut y profiter d'une cantine bio, pour manger sain et équilibré.

Excelsior sans rest

19 av. Durante – ✆ 04 93 88 18 05 – www.excelsiornice.com Plan : 3FY**y**
42 ch – 99/329 € 109/369 € – 20 €
Voiture, bateau, train et avion : à chaque étage sa thématique ! Les voyageurs de tout poil aimeront faire escale dans cet hôtel entièrement rénové en 2013 : derrière une belle façade fin 19e, la décoration, colorée, originale et aboutie, transporte de plaisir...

Villa Victoria sans rest

33 bd Victor-Hugo – ✆ 04 93 88 39 60 – www.villa-victoria.com – Fermé 2 semaines en déc. Plan : 3FZ**s**
38 ch – 80/210 € 80/230 € – 15 €
Dans un immeuble ancien du quartier chic de la ville, des chambres lumineuses, gaies, colorées et originales. Mais le principal atout de l'hôtel, c'est son grand jardin méditerranéen, où l'on prend le petit-déjeuner aux beaux jours ! On y trouve même un terrain de pétanque...

Mercure Centre Notre-Dame sans rest

28 av. Notre-Dame – ✆ 04 93 13 36 36 – www.mercure.com Plan : 3FXY**q**
198 ch – 132/359 € 132/359 € – 3 suites – 19 €
Des chambres confortables et fonctionnelles, plus calmes côté jardin, mais surtout idéalement situées en plein cœur de Nice – l'atout principal de ce Mercure.

Windsor

11 r. Dalpozzo – ✆ 04 93 88 59 35 – www.hotelwindsornice.com Plan : 3FZ**f**
57 ch – 87/199 € 87/199 € – 14 € – ½ P
Rest – Menu 29/35 € – Carte 37/50 € *(fermé dim. et le midi)*
L'hôtel se revendique "espace de création" : de fait, un grand nombre de ses chambres ont été décorées par des artistes contemporains (Ben, Basserole, François Morellet, etc.), même si certaines demeurent plus sobres. Avis aux amateurs ! Mention spéciale, également, pour le jardin planté de bambous et de bougainvillées, dont on aurait tort de ne pas profiter...

Roosevelt sans rest

16 r. Mar.-Joffre – ✆ 04 93 87 94 71 – www.hotelroosevelt.fr Plan : 3FY**r**
49 ch – 68/148 € 78/168 € – 12 €
Dans un immeuble de la fin du 19e s., en centre-ville, un bon hôtel d'aujourd'hui, au décor contemporain chaleureux. Certaines chambres sont idéalement aménagées pour recevoir des familles. Le rapport qualité-prix est intéressant.

Petit Palais sans rest

17 av. Émile-Bieckert – ✆ 04 93 62 19 11 – www.petitpalaisnice.fr Plan : 4HX**p**
25 ch – 110/230 € 150/230 € – 17 €
Ce "Petit Palais", où vécut Sacha Guitry, se dresse sur la colline de Cimiez. Certaines chambres offrent une vue plongeante sur la baie des Anges ! On profite à loisir du calme des lieux, qui distillent un agréable charme bourgeois...

Brice sans rest
44 r. Mar.-Joffre – ✆ 04 93 88 14 44 – www.nice-hotel-brice.com Plan : 3FZ**x**
57 ch – †63/140 € ††84/160 € – ☕ 14 €
Si vous êtes "cassé" après une journée de découverte de la ville, ce Brice de Nice saura vous faire surfer sur la vague du repos ! Très traditionnel, l'établissement a initié en 2012 d'importants travaux : les premières chambres rénovées se révèlent charmantes et originales (rayures, couleurs, plumes, etc.).

La Villa Nice Victor Hugo Ⓝ sans rest
19 bis bd Victor-Hugo – ✆ 04 93 87 15 00 – www.hotels-la-villa.com Plan : 3FY**m**
47 ch – †79/159 € ††89/249 € – ☕ 12 €
Le grand hall clair, mariant touches modernes et inspiration rococo, affirme déjà un certain style ; la suite de la visite – salle de petit-déjeuner entièrement blanche, chambres épurées oscillant entre mobilier moderne et chaises Louis XVI – confirme que cette Villa a du cachet !

Le Grimaldi sans rest
15 r. Grimaldi – ✆ 04 93 16 00 24 – www.le-grimaldi.com Plan : 3FY**s**
46 ch – †90/295 € ††90/295 € – ☕ 16 €
Mobilier provençal, fer forgé et beaux tissus Pierre Frey dans les chambres, petites terrasses au dernier étage : cet hôtel traditionnel se révèle cosy en plein cœur de Nice.

Durante sans rest
16 av. Durante – ✆ 04 93 88 84 40 – www.hotel-durante.com – Fermé janv.
28 ch – †85/105 € ††99/119 € – ☕ 10 € Plan : 3FY**b**
La gare est toute proche et, si le quartier manque de charme, la maison est pleine de couleurs : dans une impasse, sa façade jaune et bleue évoque le vieux Nice. Les chambres sont classiques (styles provençal, ethnique, etc.). À noter : on peut prendre le petit-déjeuner dans la cour, plantée de citronniers et d'orangers...

Aria sans rest
15 av. Auber – ✆ 04 93 88 30 69 – www.hotel-aria.fr Plan : 3FY**u**
30 ch – †54/101 € ††64/132 € – ☕ 11 €
Dans le quartier des Musiciens, face au square Mozart, l'hôtel Aria est aujourd'hui la propriété... d'une compositrice de musique ! Les chambres sont simples et très bien tenues, plus calmes sur l'arrière. Un intéressant point de chute.

Les Cigales sans rest
16 r. Dalpozzo – ✆ 04 97 03 10 70 – www.hotel-lescigales.com – Fermé 10-27 déc.
19 ch – †80/130 € ††89/139 € – ☕ 12 € Plan : 3FZ**b**
Derrière la façade raffinée de cet hôtel particulier niçois ? Des chambres colorées et fonctionnelles, mansardées au dernier étage. Et sur le toit ? Une jolie petite terrasse. L'ensemble impeccablement tenu.

Hôtel de la Fontaine sans rest
49 r. de France – ✆ 04 93 88 30 38 – www.hotel-fontaine.com – Fermé 9-23 janv.
29 ch – †79/165 € ††92/165 € – ☕ 12 € Plan : 3FZ**t**
La fontaine murmure dans le charmant patio fleuri, où l'on prend son petit-déjeuner en saison... Les chambres qui ouvrent sur cette cour sont les plus agréables, car plus calmes. Une bonne petite adresse, très centrale.

Crillon Centre Nice Ⓝ sans rest
44 r. Pastorelli – ✆ 04 93 85 43 59 – www.crillon-hotel-nice.com Plan : 4GY**e**
43 ch ☕ – †65/150 € ††75/165 €
À deux pas de l'avenue Jean-Médecin, de son tramway et de ses nombreux commerces, ce petit immeuble traditionnel niçois a été entièrement rénové en 2012, avec une déco contemporaine à la fois simple et soignée. Bon rapport qualité-prix.

Villa Rivoli sans rest
10 r. Rivoli – ✆ 04 93 88 80 25 – www.villa-rivoli.com Plan : 3FZ**a**
26 ch – †72/167 € ††83/189 € – ☕ 12 €
De cet hôtel particulier Belle Époque, devenu un temps pension de famille, la propriétaire a fait un hôtel charmant. Toile de Jouy, antiquités, boutis : un joli esprit bonbonnière règne sur les lieux... Agréable terrasse pour le petit-déjeuner.

Hôtel de Flore sans rest

2 r. Maccarani – ✆ 04 92 14 40 20 – www.hoteldeflore-nice.fr Plan : 3FZ**z**

63 ch – †80/230 € ††80/230 € – 1 suite – ☕ 14 €

Un hôtel tout simple et bien tenu, non loin de la promenade des Anglais : voilà qui est pratique ! Avis aux intéressés : l'établissement est entièrement non-fumeur.

Restaurants

Chantecler – Hôtel Negresco

37 promenade des Anglais – ✆ 04 93 16 64 00 – www.hotel-negresco-nice.com – Fermé 1er janv.-8 fév., lundi, mardi et le midi sauf dim. Plan : 3FZ**k**

Menu 65 € (déj.), 105/155 € – Carte 112/210 €

Boiseries, tapisserie d'Aubusson, rideaux en damas ou en lampas de soie : un magnifique décor Régence ! Les mets, fins et délicats, ne sont pas en reste : sélectionnant les meilleurs produits, Jean-Denis Rieubland fait montre d'une superbe ambition dans la création. Les sens sont à la fête... → Langoustines au piment d'Espelette et croustillants de tête de veau. Ris de veau au chorizo, fricassée de girolles et macaronis dorés. Soufflé au café flambé à l'amaretto et poêlée de pêche blanche.

L'Âne Rouge

7 quai Deux-Emmanuel ✉ 06300 – ✆ 04 93 89 49 63 – www.anerougenice.com – Fermé 15 fév.-15 mars, jeudi midi et merc. Plan : 4JZ**m**

Menu 26/68 € – Carte 58/73 €

C'est directement sur le port de Nice que Michel Devillers a décidé de s'installer : pour ce chef autant passionné par son métier que par le poisson, rendre hommage à la Méditerranée est un sacerdoce ! Les produits viennent en direct de petits pêcheurs et sont travaillés avec finesse... Cet Âne-là a le pied marin.

L'Univers - Christian Plumail

54 bd Jean-Jaurès ✉ 06300 – ✆ 04 93 62 32 22 – www.christian-plumail.com – Fermé lundi midi, sam. midi et dim. Plan : 4HZ**u**

Formule 22 € – Menu 46/75 € – Carte 60/75 € *(réservation conseillée)*

En guise d'univers, un décor d'une grande sobriété, qui met d'autant mieux en valeur les nombreuses œuvres d'artistes fameux de la région (Arman, César, Sosno, etc.). De fait, la Provence tout entière est au cœur de cette table, véritable institution de la cuisine niçoise et méridionale. → Salade d'aubergine à la brousse et herbes fraîches, tartine de poivron aux anchois. Rouget de roche au jus de tomate et pommes gaufrettes. Soufflé au citron du pays et compote de fruits à la badiane.

Le Rolancy's

22 r. A.-Karr – ✆ 04 93 16 00 48 – www.les-viviers-nice.com – Fermé 28 juil.-17 août, sam. midi, dim. et feriés Plan : 3FY**k**

Menu 29 € (déj.), 47/80 € – Carte 44/76 €

Atmosphère feutrée dans ce restaurant, idéal pour déguster une belle cuisine de la mer : menus autour du homard ou du turbot, grands classiques tels que la sole meunière... Si l'on ajoute que Jacques Rolancy, Meilleur Ouvrier de France, sélectionne de superbes poissons, on comprendra qu'on tient là une valeur sûre !

Le Bistrot des Viviers – voir les restaurants ci-après

La Réserve de Nice

60 bd Franck-Pilatte – ✆ 04 97 08 14 80 – www.lareservedenice.com – Fermé 1 semaine en nov., dim. soir de nov. à mars Plan : 2CT**b**

Formule 27 € – Menu 35 € (déj. en semaine), 48/95 € – Carte 70/92 €

À l'écart de la ville, cette belle demeure jouit d'une situation exceptionnelle, en surplomb de la mer, face à la baie des Anges et au ballet des ferries reliant la Corse. Avec ses accents Art déco, la salle a l'allure d'un paquebot... et l'on embarque pour une croisière gastronomique raffinée, ancrée en Méditerranée.

La Rotonde – Hôtel Negresco

37 promenade des Anglais – ✆ 04 93 16 64 00 – www.hotel-negresco-nice.com

Menu 34 € – Carte 32/69 € Plan : 3FZ**k**

Un décor unique : celui d'un véritable carrousel, orné de chevaux de bois et d'automates. Avec sa terrasse ouverte sur la promenade des Anglais, la brasserie chic du mythique Negresco fait tourner les têtes ! Au menu : une cuisine traditionnelle de bonne facture.

XX **Flaveur** (Gaël et Mickaël Tourteaux)
25 r. Gubernatis – ✆ 04 93 62 53 95 – www.flaveur.net – Fermé 15-31 août, sam. midi, dim. et lundi Plan : 4HY**x**
Formule 28 € – Menu 50/80 € *(réservation conseillée)*
Passion, fraîcheur et personnalité résument cette table créée par deux frères qui associent leurs talents en cuisine. Mariages d'ingrédients très étudiés, jeux sur les textures, recherche et finesse... On ne résiste pas à ces belles flaveurs, qui plus est orchestrées dans un décor très original. ➜ Saumon mi-cuit, gelée de rougail et cumbava. Géline de Touraine, condiment beurre de cacahouète, suprême rôti au lime et cuisse en boudin blanc à la citronnelle. Banane glacée au rhum vieux, coriandre et tapioca vert.

XX **L'Aromate** (Mickaël Gracieux)
20 av. du Mar.-Foch – ✆ 04 93 62 98 24 – www.laromate.fr – Fermé 1 semaine en août, 2 semaines en janv., dim., lundi et le midi Plan : 4GY**v**
Menu 60/80 € – Carte 74/96 € *(réservation conseillée)*
Une table tenue par un couple amoureux de la gastronomie... Préparations délicates, assiettes graphiques : Mickaël Gracieux se révèle perfectionniste – le fruit d'un joli parcours dans de grandes maisons, mais aussi d'un indéniable talent. Cadre intime. ➜ Tourteau, crémeux aux agrumes et fine gelée d'étrilles au gingembre. Ombrine de la Méditerranée aux feuilles de citronnier, sabayon soufflé poivre et lime. Framboises de pays à la vanille de Madagascar.

XX **Aphrodite**
10 bd Dubouchage – ✆ 04 93 85 63 53 – www.restaurant-aphrodite.com – Fermé dim. et lundi Plan : 4HY**s**
Formule 20 € – Menu 28 € (déj.), 40/99 € – Carte 57/100 €
S'il sait interpréter avec goût les classiques du répertoire niçois, David Faure aime aussi l'expérimentation, la cuisine moléculaire et toutes les dernières tendances. Certaines techniques sont aujourd'hui bien connues, mais l'étonnement est au rendez-vous... surtout à travers le menu à base d'insectes !

XX **La Pescheria** – Hôtel Boscolo Exedra
12 bd Victor-Hugo – ✆ 04 97 03 89 72 – www.nice.boscolohotels.com/restaurant-et-bars – Fermé dim. Plan : 3FY**d**
Formule 22 € 🍸 – Menu 48 € – Carte 53/71 €
Le nouveau chef, Giuseppe Mandaradoni, a imprimé sa patte dans cette Pescheria (du nom des anciennes poissonneries de Venise) nichée au sein de l'ultradesign hôtel Boscolo Exedra. La carte marie recettes italiennes de tradition et produits de la marée, comme ce carpaccio de la mer au loup, gambas et langoustines...

XX **Luc Salsedo**
14 r. Maccarani – ✆ 04 93 82 24 12 – www.restaurant-salsedo.com – Fermé le midi et merc. Plan : 3FY**h**
Menu 45/65 € – Carte 48/68 €
Aux commandes de ce restaurant convivial et cosy : un jeune couple fort sympathique. Luc Salsedo cultive une "cuisine coup de cœur, pensée au gré du marché et des petits producteurs, avec un bel accent du Sud". De fait, avec un menu-carte renouvelé tous les dix jours, l'assiette chante et respire le soleil !

XX **Le Bistro Gourmand**
3 r. Desboutin – ✆ 04 92 14 55 55 – www.lebistrogourmand.fr – Fermé 23 juin-6 juil., une semaine en déc., 26-31 janv., vacances de fév. et dim. Plan : 4GZ**t**
Menu 23 € (déj. en semaine), 35/69 € – Carte 60/85 € *(réservation conseillée)*
Une jolie adresse contemporaine, lumineuse avec son décor où le blanc domine... La cuisine n'en a que plus de couleur : pensée au gré du marché, elle mêle sans complexe bons produits et créativité.

XX **Le Séjour Café** N
11 r. Grimaldi – ✆ 04 93 27 37 84 – www.lesejourcafe.fr – Fermé 26 juil.-26 août, dim. et lundi Plan : 3FY**w**
Formule 13 € – Carte 30/53 € *(réservation conseillée)*
Des étagères garnies de livres, de bibelots et de plantes vertes, des tableaux et des photos aux murs... On se croirait dans la salle de séjour d'une jolie maison particulière ! Et que dire du charme exercé par la cuisine, inspirée par le marché et mitonnée avec soin ? On aimerait vivre ici...

XX **Les Deux Canailles**

6 r. Chauvain – ✆ 09 53 83 91 99 – www.lesdeuxcanailles.com – Fermé dim. et le midi Plan : 4GZ**b**

Menu 45/65 € – Carte 63/77 €

Les Deux Canailles ? Deux associés pleins d'allant ayant réuni une équipe franco-japonaise jeune, aguerrie et passionnée. La cuisine ? Méridionale et épurée, fraîche et d'une belle finesse, avec de jolies touches nippones. Bilan : un bon moment !

XX **Les Épicuriens**

6 pl. Wilson – ✆ 04 93 80 85 00 – Fermé août, dim. et lundi Plan : 4HY**t**

Formule 19 € – Menu 25 € (déj.), 30/37 € – Carte 33/57 €

Un digne représentant de la bistronomie ! Dans un cadre contemporain, on déguste des petits plats estampillés "retour du marché" et de jolis classiques (foie gras chaud aux cèpes, joue de bœuf braisée, etc.). Avec en prime un beau choix de vins au verre, tous les épicuriens seront satisfaits...

XX **Les Pêcheurs**

18 quai des Docks – ✆ 04 93 89 59 61 – www.lespecheurs.com – Fermé janv., mardi sauf le soir en juil.-août et lundi Plan : 4JZ**v**

Menu 30/40 € – Carte 40/86 € *(réservation conseillée)*

De grosses poutres en bois vieilli, des murs vert océan, une grande terrasse sur les quais... Voilà qui donne envie de partir sur les traces du capitaine Nemo ! D'autant que la carte aime voyager en Méditerranée : bouillabaisse, soupe de poisson, loup en croûte de sel, etc. Ces Pêcheurs-là ramènent à terre un bien beau butin.

XX **Les Brasseries Georges Nice** N

4 r. Sacha-Guitry – ✆ 04 92 00 90 40 Plan : 4GZ**f**

Formule 15 € – Menu 33 € – Carte 30/70 €

Les Niçois connaissent bien ce lieu qui fut un casino, un théâtre, un grand restaurant... avant de devenir cette belle brasserie-salon de thé. La salle étonne par ses proportions et surtout par ses cuisines... créées sur l'ancienne scène ! La représentation ne déçoit pas : des fruits de mer aux pâtisseries, tout est soigné.

XX **Keisuke Matsushima**

22 ter r. de France – ✆ 04 93 82 26 06 – www.keisukematsushima.com – Fermé lundi midi, sam. midi et dim. Plan : 3FZ**e**

Menu 28 € (déj.), 43/110 € – Carte 78/112 €

Le décor est minimaliste, à la japonaise, mais la cuisine est bien française ! Passionné par la gastronomie de l'Hexagone, Keisuke Matsushima la revisite avec la finesse de ses origines et l'inspiration de son époque. Jouée avec des produits de grande qualité (la plupart régionaux), l'interprétation séduit...

→ Gamberonis de la pêche de San Remo rôtis, haricots coco et minestrone. Mille-feuille de bœuf Simmental au wasabi et saveurs japonaises. Biscuit coulant au potimarron, chantilly à la vanille et glace caramel demi-sel.

X **Vino & Cucina** N

118 bis bd de Cessole – ✆ 04 93 52 28 08 – www.vinocucina.eu – Fermé 1 semaine à Pâques, 10-25 août, 22 déc.-2 janv., lundi midi, sam. midi et dim. Plan : 3EV**n**

Menu 39 € (dîner)/60 € – Carte 42/62 €

"Una cucina deliziosa", diraient les Italiens ! Fabio, originaire des Pouilles, a les saveurs de la Botte dans le sang et il justifie d'un sérieux parcours professionnel. Quand on découvre par exemple son lapin du Piémont façon porchetta, relevé d'herbes aromatiques, on dit "Bravo !", en italien comme en français.

X **Saison**

17 r. Gubernatis – ✆ 04 93 85 69 04 – www.saison-nice.com – Fermé dim. et lundi Plan : 4HY**d**

Menu 18 € (déj.), 35/70 € 🍷 – Carte 33/59 €

Nulle hésitation en découvrant le décor, d'une grande sobriété : Saison est bien un restaurant japonais... Sous l'égide du chef Keisuke Matsushima (du restaurant gastronomique éponyme), la carte décline les classiques de l'archipel, avec une intéressante formule au déjeuner, et un bon choix de vins et sakés.

Bistrot d'Antoine

27 r. de la Préfecture – ✆ 04 93 85 29 57 – Fermé vacances de Pâques, 3 semaines en août, vacances de Noël, dim. et lundi Plan : 4HZ**x**
Carte 26/45 € *(réservation conseillée)*
C'est l'accent du Sud qui chante dans ce bistrot de copains, où règne une ambiance très conviviale. En cuisine, c'est l'ébullition ! Cocotte de cochon à l'ancienne, langue de bœuf sauce raifort, tarte aux pommes : tout sent si bon, tout est si soigné... Bondé, vous avez dit bondé ? Antoine connaît un franc succès.

Comptoir du Marché (N)

8 r. du Marché – ✆ 04 93 13 45 01 – Fermé 1 semaine vacances de printemps, 3 semaines en août, 1 semaine vacances de Noël, dim. et lundi Plan : 4HZ**p**
Carte 26/36 € *(réservation conseillée)*
Armand Crespo a récidivé : son Bistrot d'Antoine rencontrait un tel succès qu'une seconde adresse relevait quasiment de l'intérêt général ! Le nom de ce joli bistrot rétro dit tout de la cuisine, pleine des couleurs et des parfums du marché. Ironie du sort : ce nouvel opus fait tout autant salle comble...

Carré Llorca (N)

3 r. de la Préfecture – ✆ 04 93 92 95 86 – www.carrellorca.com – Fermé dim.
Carte 25/43 € Plan : 4HZ**c**
Dans une ruelle du vieux Nice, une ancienne boulangerie transformée en restaurant. La carte, courte, est axée sur les recettes régionales : fleurs de courgettes à la niçoise, raviolis de veau à la ricotta et aux olives, poisson du jour au basilic et à la tapenade... Ici, pas de doute, le Sud est dans l'assiette !

Agua (N)

41 bd Stalingrad – ✆ 04 97 19 08 15 – www.restaurant-agua.fr – Fermé 1er-11 nov., dim. et lundi Plan : JZ**g**
Formule 16 € – Carte 40/60 €
Ce petit bistrot, près du port de Nice, est tenu par deux frères, Alexis et Serge. Le premier, en cuisine, réalise une appétissante cuisine de la mer où la pêche du jour a la part belle. Le résultat est à l'image de ce dos de cabillaud aux poivrons et risotto : frais, bien réalisé et parfumé ! Ambiance conviviale.

Le Bistrot des Viviers – Restaurant le Rolancy's

22 r. A.-Karr – ✆ 04 93 16 00 48 – www.les-viviers-nice.com – Fermé 28 juil.-17 août et fériés Plan : 3FY**k**
Formule 18 € – Menu 32 € (dîner) – Carte 41/76 €
Ce Bistrot est attaché au fameux restaurant de la mer, Le Rolancy's. On profite ici, avec plus de simplicité, de l'expertise de la maison mère et de la qualité de ses poissons et fruits de mer, venus directement de Vendée et de Bretagne... Air marin au menu !

La Merenda

4 r. Raoul-Bosio – www.lamerenda.net – Fermé 9-15 juin, 1er-15 déc., sam. et dim.
Carte 27/44 € *(réservation conseillée)* Plan : 4HZ**a**
Un petit restaurant "à l'ancienne", d'une charmante simplicité... Son chef n'est pas inconnu : Dominique Le Stanc, autrefois étoilé au Negresco, a voulu ici renouer avec la confection de bons petits plats de la région (sardines farcies, tarte de Menton, etc.). Il est totalement épanoui dans cet univers... et nous avec !

L'École de Nice (N)

16 r. de la Buffa – ✆ 04 93 81 39 30 Plan : 3FZ**n**
Formule 18 € – Menu 25 € – Carte 32/46 €
En association avec une célèbre galerie de la ville, des œuvres de l'École de Nice – fameux courant d'art moderne – ornent la salle du restaurant, par ailleurs très simple. Elle n'a décidemment rien de banal, cette cantine provençale, créée par le chef Keisuke Matsushima, bien connu dans la cité et... vrai gage de qualité.

Yuzu

35 r. du Mar.-Joffre – ✆ 04 93 85 79 87 – www.yuzu-sushi.com – Fermé dim. et lundi
Formule 16 € – Menu 35 € 🍷 (dîner) – Carte 21/55 € *(réservation conseillée)* Plan : 3FZ**u**
Un petit sushiya (on y sert principalement des sushis et des sashimis) simple et authentique. Le chef, très expérimenté, y respecte la tradition japonaise et fait son marché chaque jour, afin de dénicher le meilleur de la pêche locale... Savoir-faire et qualité !

à l'aéroport de Nice-Côte-d'Azur 7 km – ✉ 06200

Novotel Arenas
455 promenade des Anglais – ✆ 04 93 21 22 50 – www.novotel.com Plan : 1AU**e**
131 ch – †100/180 € ††100/180 € – ☕ 16 €
Rest – Formule 18 € – Carte 21/44 €
Ce Novotel fait face à l'aéroport. Avec sa bonne insonorisation et ses salles de séminaire, il est idéal pour la clientèle d'affaires ou un transit.

Park Inn Nice
179 bd René-Cassin – ✆ 04 93 18 34 00 – www.parkinn.com/airporthotel-nice
151 ch – †70/300 € ††70/300 € – ☕ 15 € Plan : 1AU**d**
Rest – Formule 18 € – Carte 28/76 €
Des chambres fonctionnelles, utiles en cas de déplacement : l'aéroport est tout proche (les horaires des vols sont d'ailleurs affichés dans le hall) et des navettes gratuites relient le terminal ou St-Laurent-du-Var.

Ibis Styles Nice Aéroport sans rest
127 bd René-Cassin – ✆ 04 92 29 44 30 – www.ibisstyles.com Plan : 1AU**b**
91 ch ☕ – †87/159 € ††87/159 €
Un ensemble bien conçu (2008) au sein du quartier d'affaires Arenas, proche de l'aéroport. Pratique et néanmoins sympathique.

à l'Aire St-Michel 9 km au Nord par bd. de Cimiez – BS

Au Rendez-vous des Amis
176 av. Rimiez ✉ 06100 Nice – ✆ 04 93 84 49 66 – www.rdvdesamis.fr – Fermé vacances de la Toussaint, de fév., mardi et merc.
Formule 21 € – Menu 27/40 € – Carte 32/47 €
Accueil chaleureux et ambiance amicale... évidemment ! Un couple très aimable vous donne ici rendez-vous : elle signe les entrées et les desserts, lui les plats chauds. L'ensemble donne un véritable amour de cuisine niçoise ! Et l'été, on profite de la terrasse à l'ombre d'un tilleul...

à St-Isidore 13 km par ⑦ – ✉ 06200

Servotel
30 av. A.-Verola – ✆ 04 93 29 99 00 – www.servotel-nice.fr
88 ch ☕ – †121/222 € ††136/237 € – 4 suites – ½ P
Rest – Formule 19 € – Menu 26/60 € 🍷 – Carte 41/60 € *(fermé sam. et dim.)*
Non loin de la sortie d'autoroute, dans une zone commerciale marquée en 2013 par l'inauguration du nouveau stade de foot de Nice – qui vaut le coup d'œil –, un hôtel moderne et bien équipé (en particulier pour les séjours d'affaires), aux chambres chaleureuses.

à St-Roman-de-Bellet 13 km au Nord par bd Carlone et rte de Canta Galet – ✉ 06200

Villa Kilauea Ⓝ sans rest
6 chemin du Candeu – ✆ 04 93 37 84 90 – www.villakilauea.com – Fermé vacances de Noël
3 ch ☕ – †120/150 € ††130/160 €
Sur les hauteurs de Nice, une charmante villa et son parc de 6000 m². Les chambres marient style provençal et touches plus actuelles ; elles disposent toutes d'une petite terrasse. Dehors, au calme, on profite de la vue sur la chapelle de Bellet, les collines de Gattières et le Mercantour... Un régal !

NIEDERBRONN-LES-BAINS

✉ 67110 (Bas-Rhin) – 4 366 hab. – **Voir carte n°1-B1**
Paris 460 km – Haguenau 23 km – Sarreguemines 55 km – Saverne 40 km
Carte Michelin 315-J3

Mercure sans rest
14 av. Foch – ✆ 03 88 80 84 48 – www.mercure.com
59 ch – †64/76 € ††71/137 € – ☕ 12 €
Non loin du casino, l'ancien Grand Hôtel, mué en Mercure, a conservé un peu de son esprit Belle Époque. Chambres spacieuses (trois niveaux de confort) ; agréable salon.

Le Bristol rest, ch,

4 pl. de l'Hôtel-de-Ville – ✆ 03 88 09 61 44 – www.lebristol.com
26 ch – †55/60 € ††65/75 € – 9 € – ½ P
Rest – Formule 10 € – Menu 16 € – Carte environ 33 €
Hôtel situé au cœur de la station thermale. Élégante réception de bois vêtue ; chambres colorées et coquettes, très chaleureuses (mobilier en bois clair). Cuisine traditionnelle à déguster dans une salle classique et cossue ou à la winstub.

Hôtel du Parc

r. de la République – ✆ 03 88 09 01 42 – www.parchotel.net
46 ch – †60/110 € ††70/120 €
Rest – Formule 10 € – Menu 16/39 € – Carte 28/52 €
Un hôtel plaisant à deux pas du centre-ville. Classiques (boiseries alsaciennes) ou plus actuelles, les chambres y sont coquettes et bien tenues. Charme traditionnel dans l'assiette comme en salle (bel esprit winstub, plafonds peints...).

L'Atelier du Sommelier

35 r. des Acacias, à 2 km vers complexe sportif – ✆ 03 88 09 06 25 – www.atelierdusommelier.com – Fermé 1er-21 janv., dim. soir, lundi et mardi
Menu 29/53 € – Carte 43/62 €
Sur les hauteurs de la ville, à l'orée de la forêt, ce restaurant au charme rustique est dédié à Bacchus : caisses de vin et crus exposés (en vente). Cuisine épurée.

NIEDERSCHAEFFOLSHEIM

67500 (Bas-Rhin) – 1 260 hab. – **Voir carte n°1-B1**
Paris 473 km – Haguenau 7 km – Saverne 35 km – Strasbourg 28 km
Carte Michelin 315-K4

Au Bœuf Rouge avec ch rest, rest,

39 r. du Gén. de Gaulle – ✆ 03 88 73 81 00 – www.boeufrouge.com – Fermé 14 juil.-6 août, vacances de fév.
13 ch – †86/92 € ††86/92 € – 13 € – ½ P
Menu 34 € (semaine), 44/78 € – Carte 59/79 € *(fermé dim. soir, mardi midi et lundi)*
Tout comme le bœuf est une viande rouge, il coule de source que ce restaurant, dans la même famille depuis 1880, est une institution. On y déguste une cuisine soignée reposant sur des bases classiques : selle de veau de lait, girolles et cosses truffées... Accueil chaleureux et chambres pour l'étape.

NIEDERSTEINBACH

67510 (Bas-Rhin) – 152 hab. – **Voir carte n°1-B1**
Paris 460 km – Bitche 24 km – Haguenau 33 km – Lembach 8 km
Carte Michelin 315-K2 – Guide Vert Michelin Alsace Lorraine

Au Cheval Blanc 

11 r. Principale – ✆ 03 88 09 55 31 – www.hotel-cheval-blanc.fr – Fermé 24 juin-10 juil., 24 nov.-4 déc. et 27 janv.-7 mars
28 ch – †52/78 € ††75/92 € – 1 suite – 13 € – ½ P
Rest *Au Cheval Blanc* – voir les restaurants ci-après
Toute une famille passionnée tient les rênes de ce Cheval Blanc posté sur l'axe principal du village. Derrière la façade à colombages, des chambres coquettes et confortables – une préférence pour celles qui conservent un décor alsacien typique... Une excellente adresse.

Au Cheval Blanc

11 r. Principale – ✆ 03 88 09 55 31 – www.hotel-cheval-blanc.fr – Fermé 24 juin-10 juil., 24 nov.-4 déc., 27 janv.-7 mars et jeudi
Menu 29/60 € – Carte 20/68 €
L'âme d'une winstub... et le goût du pays porté avec amour : quiche lorraine, truite du vivier au riesling, mousse au kirsch, etc. Même esprit côté décor, tout en boiseries et composé de plusieurs "stuben", ces salles rustiques typiquement régionales. Enfin, mention spéciale pour l'accueil, tout à fait exemplaire !

à Wengelsbach Nord-Ouest : 5 km par D 190 – ✉ 67510

Au Wasigenstein

32 r. Principale – ✆ 03 88 09 50 54 – www.wasigenstein-wengelsbach.com – Fermé de mi-janv. à mi-fév., merc. et jeudi de nov. à fév., lundi et mardi
Menu 12 € (déj. en semaine), 21/30 € – Carte 20/36 €
Une auberge de montagne toute simple, située dans un vallon de la forêt vosgienne. Gibier, atmosphère rustique (trophées de chasse), terrasse... un lieu prisé des randonneurs.

NIEUIL

✉ 16270 (Charente) – 920 hab. – **Voir carte n°39-C2**
Paris 434 km – Angoulême 42 km – Confolens 24 km – Limoges 66 km
Carte Michelin 324-N4

à l'Est 2 km par D 739 et rte secondaire - ✉ 16270 Nieuil

Château de Nieuil sans rest

– ✆ 05 45 71 36 38 – www.chateaunieuilhotel.com – Ouvert d'avril à oct.
8 ch – 130/260 € 145/275 € – 2 suites – 15 €
Cet ancien domaine de chasse royal appartient à la même famille depuis 1937 ; le château se dresse fièrement dans un vaste parc arboré, au grand calme. Piscine, tennis, jardin à la française, belles chambres de style Empire et Art déco... Détente et élégance !

La Grange aux Oies

dans le parc du château – ✆ 05 45 71 81 24 – www.grange-aux-oies.com – Fermé 24 mars-4 avril, 3-30 nov., dim. soir, lundi sauf le soir en juil.-août, mardi sauf juil.-août et sauf le soir de Pâques à la Toussaint
Formule 25 € – Menu 52 € – Carte 42/69 €
Dans les écuries du Château de Nieuil, ce restaurant associe avec bonheur déco tendance et vieilles pierres. Cuisine dans l'air du temps, à l'image des lieux.

NIEULLE-SUR-SEUDRE

✉ 17600 (Charente-Maritime) – 1 127 hab. – **Voir carte n°38-A2**
Paris 503 km – Poitiers 170 km – La Rochelle 60 km – Rochefort 30 km
Carte Michelin 324-D5

Le Logis de Port Paradis

12 rte de Port-Paradis – ✆ 05 46 85 37 38 – www.portparadis.com – Fermé janv.
5 ch – 69/75 € 69/75 € **Table d'hôte** – Menu 33 € *(fermé le midi)*
Dans un village ostréicole, cet ensemble de petites maisons typiquement charentaises formaient autrefois un hameau... Les lieux mêlent simplicité et "couleur locale", et l'on peut dîner avec les chaleureux propriétaires autour d'huîtres et de plats de poisson. Sans parler du copieux petit-déjeuner 100 % maison. Sympathique !

NÎMES

✉ 30000 (Gard) – 142 205 hab. – Agglo. 175 990 hab. – **Voir carte n°23-C3**
Paris 706 km – Lyon 251 km – Marseille 123 km – Montpellier 58 km
Carte Michelin 339-L5

Jardins Secrets sans rest

3 r. Gaston-Maruejols – ✆ 04 66 84 82 64 – www.jardinssecrets.net Plan : BY**m**
14 ch – 195/480 € 195/480 € – 4 suites – 25 €
Exquis et confidentiel... Au cœur de la ville, cet hôtel est une parenthèse : au sein d'un jardin semé de milles essences, le décor, œuvre d'un décorateur de talent, puise dans tous les raffinements du 18e s. Le spa est très beau.

NÎMES

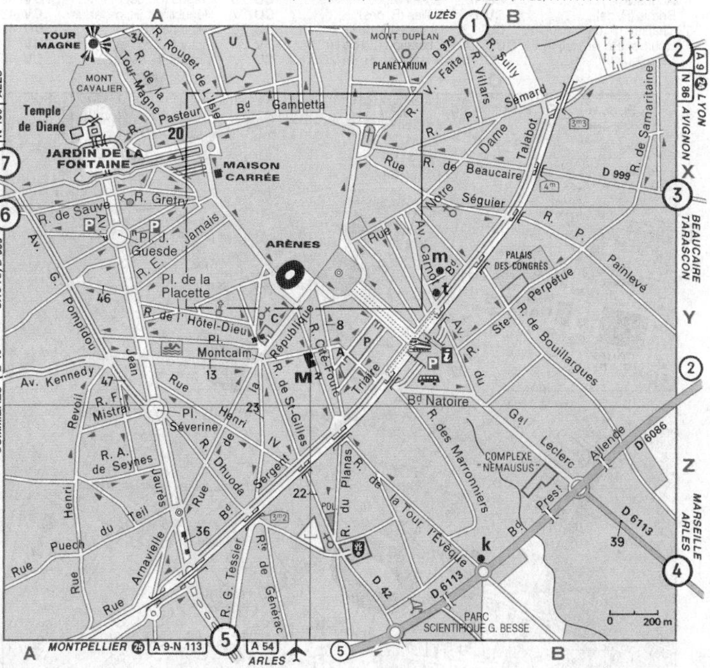

Vatel

140 r. Vatel, par av. Kennedy - AY – ✆ 04 66 62 57 57 – www.hotelvatel.com
42 ch – 🛉132/165 € 🛉🛉143/175 € – 4 suites – ☕ 15 €
Rest *Vatel* – Menu 34/62 € – Carte 45/64 € *(fermé de mi-juil. à fin août, dim. soir, lundi, mardi et le midi)*
Rest *Le Provençal* – Formule 24 € – Menu 27/30 €
Rien ne le laisse soupçonner, mais c'est ici que les élèves de l'école hôtelière voisine se forment ! Cet immeuble contemporain est très agréable pour jouer au client : ambiance feutrée, chambres rénovées en 2011, espace bien-être... et même deux restaurants : gastronomique et bistrot. Des bonnes notes en vue !

Novotel Atria Nîmes Centre

5 bd de Prague – ✆ 04 66 76 56 56 – www.accor-hotels.com Plan : DV**f**
112 ch – 🛉99/200 € 🛉🛉99/200 € – 7 suites – ☕ 16 €
Rest – Formule 14 € – Menu 18 € – Carte 20/43 €
Comme son nom l'indique, ce Novotel est au cœur de la ville ! Autres atouts : son garage privé et son centre de congrès très appréciés de la clientèle d'affaires. Entre deux réunions, montez au dernier étage, la vue sur Nîmes est magnifique !

La Maison de Sophie sans rest

31 av. Carnot – ✆ 04 66 70 96 10 – www.hotel-nimes-gard.com – Fermé 22 déc.-2 janv. et 15-23 fév. Plan : BY**t**
5 ch ☕ – 🛉165/325 € 🛉🛉225/345 €
Hall en marbre, bel escalier, vitraux d'époque, salons cosy, bibliothèques... Sophie vous accueille dans sa maison, une demeure bourgeoise imprégnée par l'esprit des années 1900 !

NÎMES

Arènes (Bd des) . . . . CV 2
Aspic (R. de l') . . . . CUV
Auguste (R.) . . . . CU 4
Bernis (R. de) . . . . CV 6
Chapitre (R. du) . . . . CU 12
Courbet (Bd Amiral) . . . . . DUV 14
Crémieux (R.) . . . . DU 16
Curaterie (R. de la) . . . . DU 17
Daudet (Bd Alphonse) . . . . . CU 18
Fontaine (Quai de la) . . . . . . CU 20
Gambetta (Bd) . . . . CDU
Grand'Rue . . . . DU 24
Guizot (R.) . . . . CU 26
Halles (R. des) . . . . CU 27
Horloge (R. de l') . . . . CU 28
Libération (Bd de la) . . . . . . DV 30
Madeleine (R. de la) . . . . CU 32
Maison Carrée (Pl. de la) . . . . CU 33
Marchands (R. des) . . . . CU 35
Nationale (R.) . . . . CDU
Perrier (R. Gén.) . . . . CU
Prague (Bd de) . . . . DV 42
République (R. de la) . . . . . . CV 43
Saintenac (Bd E.) . . . . DU 45
Victor-Hugo (Bd) . . . . CUV
Violette (R. de la) . . . . CV 49

L'Orangerie sans rest

755 r. Tour-de-l'Évêque – ✆ 04 66 84 50 57 – www.orangerie.fr Plan : BZ**k**

37 ch – †79/139 € ††79/139 € – ☕ 13 €

Un hôtel familial dans un quartier d'affaires, rien de tel pour se sentir comme à la maison lors d'un déplacement professionnel ! Dans cette maison des années 1980, avec jardin et piscine, le décor des chambres varie : provençal, contemporain, exotique...

Kyriad Plazza sans rest

10 r. Roussy – ✆ 04 66 76 16 20 – www.hotel-kyriad-nimes.com Plan : DU**n**

28 ch – †49/120 € ††59/135 € – ☕ 10 €

Près des arènes, un hôtel fonctionnel – et commode avec son garage en plein centre-ville. Chambres bien tenues, certaines avec terrasse et vue sur les toits. Accueil charmant.

Vincent Croizard

17 r. des Chassaintes – ✆ 04 66 67 04 99 – www.restaurantcroizard.com
– Fermé 24 déc.-7 janv., mardi midi sauf juil.-août, dim. sauf le midi de sept. à juin et lundi Plan : CU**p**

Formule 23 € – Menu 28 € (déj. en semaine), 48/70 € – Carte environ 60 €

Dans une rue étroite près du Carré d'Art, il faut d'abord sonner à la porte de cette discrète maison de ville. Surprise : celle-ci cache une salle lumineuse et contemporaine, ouverte sur un patio. Atmosphère feutrée et jolie cuisine créative, osant des mariages inédits.

Aux Plaisirs des Halles

4 r. Littré – ✆ 04 66 36 01 02 – www.auxplaisirsdeshalles.com
– Fermé 6-20 oct., 6-20 janv., 1 semaine en mai, dim. et lundi Plan : CU**r**
Formule 22 € – Menu 28/60 € – Carte 49/82 €
Pour l'hiver, une salle moderne habillée de bois ; pour l'été, un joli patio ; toute l'année, une cuisine du marché simple et bien tournée. Admirez la belle galerie de photos sur les murs : celles des vignerons languedociens qui composent l'impressionnante carte des vins !

Tendances Lisita

2 bd des Arènes – ✆ 04 66 67 29 15 – www.lelisita.com
– Fermé dim. et lundi Plan : CV**h**
Formule 27 € – Menu 31 € – Carte 47/55 €
Manger en terrasse face aux arènes de Nîmes et, la nuit venue, voir le monument s'illuminer... C'est tous les sens en éveil que l'on s'attable ici. Au menu, une cuisine régionale gorgée de soleil, soignée et généreuse, accompagnée d'un joli choix de vins. Plaisir des pupilles et des papilles !

Skab

7 r. de la République – ✆ 04 66 21 94 30 – www.restaurant-skab.fr
– Fermé 1 semaine en janv., 2 semaines en août, sam. midi, dim. soir et merc. Plan : CV**b**
Formule 22 € – Menu 26 € (déj. en semaine), 42/70 € – Carte 67/80 €
Skab ? C'est la contraction des initiales des jeunes patrons. L'affaire, comme la carte, leur ressemble : atmosphère sympathique, cuisine contemporaine et enlevée. Dès les premiers rayons de soleil, on s'installe dans le patio à l'ombre des mûriers.

L'Annexe

166 av. de la Bouvine, (face au stade des Costières), 2 km au Sud par ⑤
– ✆ 04 66 64 85 31 – www.brasserielannexe.com – Fermé dim.
Formule 22 € – Menu 27 € – Carte 40/54 €
Face au stade des Costières, une grande brasserie très contemporaine – mais où les banquettes conservent toute leur place. Mention spéciale pour le bœuf grillé et les huîtres Gillardeau... à déguster avec les crus locaux !

L'Imprévu

6 pl. d'Assas – ✆ 04 66 38 99 59 – www.l-imprevu.com
– Fermé vacances de Noël, vacances de fév., mardi en hiver et merc. Plan : CU**b**
Formule 17 € – Menu 20/23 € – Carte 30/40 €
Faites face à L'Imprévu et vous verrez que le hasard a du bon ! Une grande terrasse sur une jolie place à deux pas de la Maison Carrée, une salle colorée avec un patio intérieur, une bonne cuisine traditionnelle à l'accent du Sud : cette brasserie contemporaine a fait provision d'atouts.

Le Passage de Virginie

15 imp. Fresque – ✆ 04 66 38 29 26 – Fermé vacances scolaires de la Toussaint, de fév., 1 semaine en mai, mardi soir en hiver, dim. et lundi Plan : CV**a**
Menu 15 € – Carte 37/43 € *(réservation conseillée)*
Voilà un passage où l'on aime s'arrêter... Au cœur de la vieille ville, sa cuisine méridionale embaume de doux parfums. Au choix pour s'attabler : la salle voûtée, très cosy, ou la toute petite terrasse. Un bistrot du Sud typique et animé.

Le Bistrot Nîmois

22 r. de la Curaterie – ✆ 04 66 36 15 75 – www.lebistrotnimois.com
– Fermé 2 semaines en août, lundi hors saison et dim. Plan : DU**q**
Formule 15 € – Menu 17 € (déj.)/25 € – Carte 33/40 €
S'il a fait ses armes à Londres, c'est bien sous le soleil de Nîmes que le chef a finalement posé ses valises ! Dans son sympathique bistrot, au cœur de la ville, il concocte une savoureuse cuisine, fondée sur la tradition et des ingrédients de qualité. Terrasse ombragée pour les beaux jours.

à Garons par ⑤, D 42 et D 442 : 9 km – ✉ 30128 – 4 475 hab.

Alexandre (Michel Kayser)
2 r. Xavier-Tronc – ☏ 04 66 70 08 99 – www.michelkayser.com – Fermé 24 août-9 sept., 24 fév.-18 mars, mardi de sept. à juin, dim. sauf le midi de sept. à juin et lundi
Formule 48 € – Menu 76 € (semaine), 102/148 € – Carte 100/150 €
Dès le printemps, le jardin dévoile tous ses charmes, sous la lumière filtrée par des cèdres du Liban centenaires... Diaphane et émouvante : telle est aussi la cuisine de Michel Kayser, qui signe des assiettes à la fois créatives et très maîtrisées.
→ Îles flottantes aux truffes sur velouté de cèpes. Loup confit à l'huile d'olive, composition de radis roses à la fleur de sel de Camargue. Écrin des desserts.

rte de Générac 6 km au Sud par D 13 - ✉ 30000 Nîmes

Le Pré Galoffre sans rest
– ☏ 04 66 29 65 41 – www.lepregaloffre.com
27 ch – †67/140 € ††67/140 € – ☕ 10 €
Aux portes de la garrigue et de Nîmes, ce mas du 17e s. plaira aux rats des villes comme à ceux des champs ! Suivez la belle allée de platanes et entrez dans le grand hall aux murs de pierre pour prendre les clefs de l'une des chambres : claires et bien tenues. L'été, le petit-déjeuner se prend près de la piscine.

NIORT

✉ 79000 (Deux-Sèvres) – 57 325 hab. – **Voir carte n°38-B2**
▶ Paris 408 km – Bordeaux 184 km – Nantes 142 km – Poitiers 76 km
Carte Michelin 322-D7 – Guide Vert Michelin Poitou-Charentes

La Chamoiserie sans rest
10 r. de l'Espingole – ☏ 05 49 78 07 07 – www.hotelparticulierniort.com
16 ch – †79/130 € ††79/130 € – ☕ 12 € Plan : AZ**f**
Une très belle demeure de famille de la fin du 19e s. Joli parquet, moulures pleines de charme et ravissant jardin ; les chambres sont décorées dans le style contemporain en vogue.

Mercure rest,
80 bis av. de Paris – ☏ 05 49 24 29 29 – www.mercure.com Plan : BY**a**
99 ch – †80/150 € ††80/150 € – ☕ 14 €
Rest – Formule 21 € – Menu 25 € – Carte 30/54 € *(fermé sam. sauf le soir d'avril à oct.)*
Des chambres soignées et de bonne ampleur dans cet hôtel contemporain à deux pas du centre-ville. Jardin avec piscine. Restaurant sous une verrière, chaleureux et moderne. En été, on peut dîner à l'ombre des arbres.

Hôtel de la Brèche sans rest
9 av. Jacques Bujault – ☏ 05 49 35 11 11 – www.niorthoteldelabreche.com
49 ch – †69/121 € ††76/121 € – 2 suites – ☕ 11 € Plan : BZ**t**
Un hôtel entièrement rénové en 2012, à deux pas de l'office de tourisme. Les chambres arborent des tons apaisants et allient confort et fonctionnalité. Une bonne adresse, idéale pour découvrir la vieille ville ou la Coulée verte (sur les berges de la Sèvre Niortaise).

Ibis Styles sans rest
32 av. de Paris – ☏ 05 49 24 22 21 – www.ibis.fr Plan : BY**v**
39 ch ☕ – †69/107 € ††79/117 €
Un établissement central, pratique pour sillonner la ville. Les chambres sur rue sont spacieuses et cosy, d'autres donnent sur le petit jardin. Buffet au petit-déjeuner.

Sandrina sans rest
43 av. St-Jean-d'Angély, 200 m par ④ – ☏ 05 49 79 28 42 – www.hotel-sandrina.com – Fermé 27 déc.-5 janv.
18 ch – †63/71 € ††63/71 € – ☕ 8 €
Adresse familiale du centre proposant des chambres fonctionnelles, colorées et d'une tenue irréprochable. Parking fermé à disposition.

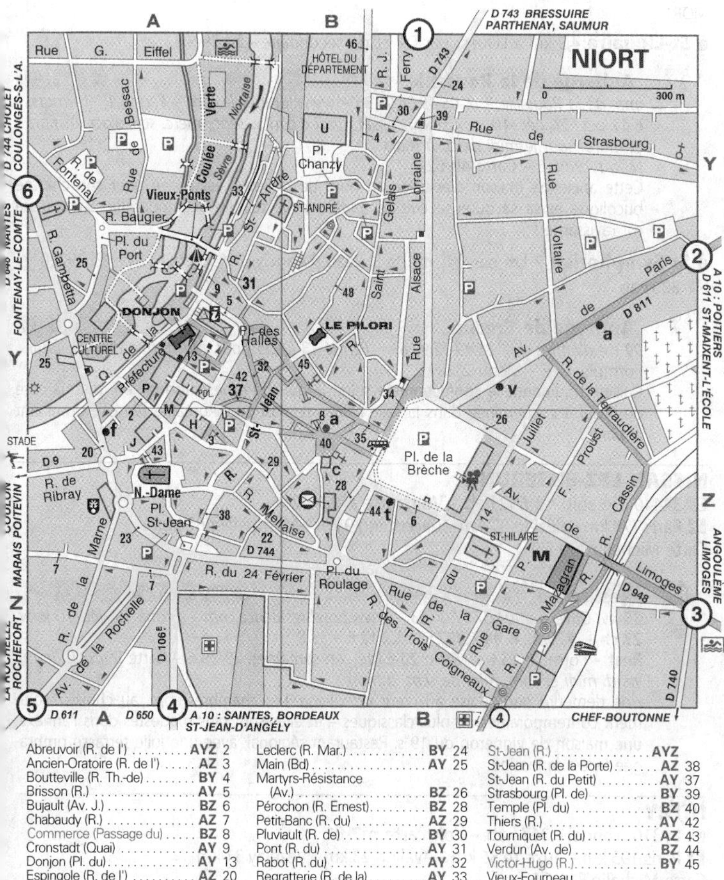

Abreuvoir (R. de l') .... AYZ 2
Ancien-Oratoire (R. de l') ..... AZ 3
Boutteville (R. Th.-de) .... BY 4
Brisson (R.) .... AY 5
Bujault (Av. J.) .... BZ 6
Chabaudy (R.) .... AZ 7
Commerce (Passage du) ..... BZ 8
Cronstadt (Quai) .... AY 9
Donjon (Pl. du) .... AY 13
Espingole (R. de l') .... AZ 20
Huilerie (R. de l') .... AZ 22
Largeau (R. Gén.) .... AZ 23
Leclerc (R. Mar.) .... BY 24
Main (Bd) .... AY 25
Martyrs-Résistance (Av.) .... BZ 26
Pérochon (R. Ernest) .... BZ 28
Petit-Banc (R. du) .... AZ 29
Pluviault (R. de) .... BY 30
Pont (R. du) .... AY 31
Rabot (R. du) .... AY 32
Regratterie (R. de la) .... AY 33
République (Av. de la) .... BY 34
Ricard (R.) .... BZ 35
St-Jean (R.) .... AYZ
St-Jean (R. de la Porte) .... AZ 38
St-Jean (R. du Petit) .... AY 37
Strasbourg (Pl. de) .... BY 39
Temple (Pl. du) .... BZ 40
Thiers (R.) .... AY 42
Tourniquet (R. du) .... AZ 43
Verdun (Av. de) .... BZ 44
Victor-Hugo (R.) .... BY 45
Vieux-Fourneau (R. du) .... BY 46
Yvers (R.) .... BY 48

XXX La Belle Étoile

115 quai Maurice Métayer, près du périphérique Ouest : 2,5 km - AY – ✆ 05 49 73 31 29 – www.la-belle-etoile.fr – Fermé 2 semaines en août, dim. soir, merc. soir et lundi

Formule 24 € – Menu 34/74 € – Carte environ 60 €

Au bord de la Sèvre, une élégante maison bourgeoise d'esprit cosy, avec une terrasse ombragée. Cuisine plutôt classique, accompagnée d'une jolie collection de vieux millésimes.

XX L'Adress...

247 av. de La Rochelle par ⑤ – ✆ 05 49 79 41 06 – Fermé 5-25 août, dim. et lundi

Formule 19 € – Menu 30 € (semaine), 41/60 € – Carte 45/70 €

Au sud de Niort, sur la route de La Rochelle, faites étape dans ce restaurant ! Ici, le décor est tonique, et l'on afflue pour goûter une cuisine inventive qui ne lésine pas sur les effets de style et les associations de saveurs.

X Mélane

1 pl. du Temple – ✆ 05 49 04 00 40 – www.lemelane.com – Fermé dim. et lundi

Formule 14 € – Menu 32 € – Carte 31/49 € Plan : BZ**a**

Cette adresse, bien connue des Niortais, propose une carte au plus près des saisons : la cuisine évolue au gré des arrivages du marché. La décoration, dans des tons gris et chocolat, crée une ambiance calme et apaisée qui permet de se concentrer sur l'assiette !

à St-Liguaire 4,5 km à l'Ouest par D9 et rte secondaire – ✉ 79000

XX **Auberge de la Roussille**

imp. de la Roussille – ☎ 05 49 06 98 38 – www.laroussille.com – Fermé 1er-14 mars, 6-17 oct., 26 déc.-10 janv., dim. soir et lundi d'avril à sept., merc. soir d'oct. à mars et mardi sauf le midi d'oct. à mars

Menu 29/60 € – Carte 48/62 €

Cette ancienne maison d'éclusier, au bord de la Sèvre, est prisée pour son charme bucolique et sa savoureuse cuisine traditionnelle teintée de modernité. La terrasse est ravissante !

à St-Symphorien 7 km par ④ rte de St-Jean-d'Angély, D 650 et D 174 – ✉ 79270 – 1 800 hab.

X **Auberge de Crespé**

99 rte d'Aiffres – ☎ 05 49 32 97 61 – Fermé 13 juil.-5 août, mardi soir, dim. et lundi

Formule 17 € – Menu 21/39 €

Cuisine traditionnelle confectionnée selon le marché et les saisons ; on grille la côte de bœuf à la cheminée dans la salle à manger rustique. Agréable terrasse dominant le parc.

NISSAN-LEZ-ENSERUNE

✉ 34440 (Hérault) – 3 652 hab. – **Voir carte n°22-B2**

Paris 774 km – Béziers 12 km – Capestang 9 km – Montpellier 82 km

Carte Michelin 339-D9

Résidence rest, ch,

35 av. Cave – ☎ 04 67 37 00 63 – www.hotel-residence.com – Fermé 19 déc.-10 janv.

23 ch – 70/82 € 70/82 € – 12 € – ½ P

Rest – Formule 15 € – Menu 20 € (déj. en semaine), 29/39 € – Carte 39/53 € *(fermé vend. midi et sam. midi de sept. à mai)*

Une demeure bourgeoise au cœur du village. Les chambres sont, au choix, résolument contemporaines ou plus classiques – et elles sont plus modestes dans l'annexe, une maison de vigneron du 19es. Restaurant régional, avec une jolie terrasse ombragée face à la piscine.

NITRY

✉ 89310 (Yonne) – 367 hab. – **Voir carte n°7-B1**

Paris 195 km – Auxerre 36 km – Avallon 23 km – Vézelay 31 km

Carte Michelin 319-G5

Auberge La Beursaudière ch,

9 chemin de Ronde – ☎ 03 86 33 69 69 – www.beursaudiere.com

11 ch – 82/122 € 82/122 € – 12 €

Rest – Formule 15 € – Menu 33/55 € – Carte 34/61 €

Les dépendances de ce prieuré du 12es. ne manquent pas de caractère : pierres apparentes, tomettes et poutres dans les chambres, pigeonnier médiéval... Authentique ! Cuisine du terroir servie en costume régional, dans un cadre joliment rustique. Belle cave.

NOAILHAC

✉ 81490 (Tarn) – 827 hab. – **Voir carte n°29-C2**

Paris 730 km – Albi 55 km – Béziers 99 km – Toulouse 90 km

Carte Michelin 338-G9

X **Hostellerie d'Oc**

av. Charles-Tailhades – ☎ 05 63 50 50 37 – www.hostelleriedoc.fr – Fermé 1er-18 sept., 6-30 janv., merc. soir et lundi

Menu 12 € (déj. en semaine), 18/35 € – Carte 24/47 €

Au cœur du village, un petit restaurant de campagne au charme rustique... Et dans l'assiette, une cuisine régionale simple et copieuse.

NOAILLY

✉ 42640 (Loire) – 776 hab. – **Voir carte n°44-A1**

▶ Paris 395 km – Lyon 98 km – Roanne 13 km – Vichy 68 km

Carte Michelin 327-D3

Château de la Motte

La Motte Nord, à 1,5 km – ✆ 04 77 66 64 60 – www.chateaudelamotte.net – Ouvert 1er mars-15 déc.

5 ch – 100/150 € 110/150 € **Table d'hôte** – Menu 28/35 €

Dans ce magnifique château du 18e et 19e s. on aime les belles lettres ! La preuve, chaque chambre porte le nom d'un écrivain : Apollinaire, Proust, Sand, etc. Celle dédiée à Lamartine, très originale, possède une baignoire ronde dans l'une des tours... La table d'hôte, traditionnelle, privilégie les légumes du potager.

NOCÉ – 61 Orne ➜ voir Bellême

NOEUX-LES-MINES

✉ 62290 (Pas-de-Calais) – 12 206 hab. – **Voir carte n°30-B2**

▶ Paris 208 km – Arras 28 km – Béthune 5 km – Bully-les-Mines 8 km

Carte Michelin 301-I5

La Maison Rouge

ch,

374 r. Nationale – ✆ 03 21 61 65 65 – www.hotel-lamaisonrouge.com

40 ch – 108/165 € 108/165 € – 12 €

Rest – Formule 20 € – Menu 28 € (semaine)/40 € – Carte 40/55 €

Bonne humeur assurée avec cette maison haute en couleur ! Derrière la façade en brique se cache un décor où domine... le rouge. Les chambres, contemporaines, sont agréables et bien tenues. Parfait pour visiter le musée de la Mine, à deux pas.

L'Atelier des Saveurs

94 rte Nationale – ✆ 03 21 26 74 74 – www.restaurant-traiteur-atelier-des-saveurs.fr – Fermé 3 semaines en août, 1 semaine en janv., dim. soir et lundi

Formule 16 € – Menu 19 € (déj. en semaine), 35/50 €

Un restaurant tenu par un jeune couple originaire de la région. La cuisine suit les saisons et le menu change souvent. On aime s'attabler dans la chaleureuse salle, aux murs en brique, pour déguster de bons petits plats.

NOGARO

✉ 32110 (Gers) – 1 980 hab. – **Voir carte n°28-A2**

▶ Paris 729 km – Agen 88 km – Auch 63 km – Mont-de-Marsan 45 km

Carte Michelin 336-B7

Solenca

rest,

rte d'Auch – ✆ 05 62 09 09 08 – www.solenca.com

48 ch – 71/79 € 71/79 € – 10 € – ½ P

Rest – Menu 13 € (déj. en semaine)/52 € – Carte 32/59 €

Une étape simple mais conviviale au cœur du pays gersois. Les chambres, toutes identiques, sont bien tenues et pratiques. Agréable piscine entourée d'un jardin arboré. Restaurant et terrasse champêtres pour une cuisine de terroir.

à Manciet 9 km au Nord-Est par N 124 – ✉ 32370 – 812 hab.

La Bonne Auberge avec ch

ch,

pl. du Pesquerot – ✆ 05 62 08 50 04 – Fermé vacances de Noël, dim. soir et lundi

14 ch – 42 € 52 € – 8 € – ½ P Menu 13/50 € – Carte 46/70 €

Maison centenaire chaleureuse avec ses deux salles à manger : l'une, en véranda, ouverte sur la terrasse ; l'autre décorée de boiseries. Belle collection d'armagnacs, idéale pour terminer un repas de tradition.

NOGENT

✉ 52800 (Haute-Marne) – 3 985 hab. – **Voir carte n°14-C3**

▶ Paris 289 km – Bourbonne-les-Bains 35 km – Chaumont 24 km – Langres 25 km

Carte Michelin 313-M5 – Guide Vert Michelin Champagne Ardenne

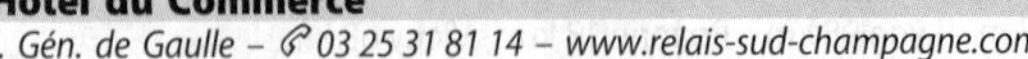

Hôtel du Commerce

pl. Gén. de Gaulle – ✆ 03 25 31 81 14 – www.relais-sud-champagne.com
– Fermé 22 déc.-2 janv., sam., dim. et fériés
18 ch – †77 € ††77 € – ☕ 11 € – ½ P
Rest – Menu 19 € (déj.), 24/36 € – Carte 37/71 €
Bonne étape sur la coquette place de la mairie, près du musée de la Coutellerie. Chambres fraîches, meublées simplement. Ambiance un brin bourgeoise au restaurant ou atmosphère plus décontractée à la brasserie... pour une cuisine régionale.

NOGENT-LE-ROI

✉ 28210 (Eure-et-Loir) – 4 158 hab. – **Voir carte n°11-B1**
▶ Paris 77 km – Ablis 35 km – Chartres 28 km – Dreux 19 km
Carte Michelin 311-F4 – Guide Vert Michelin Île-de-France

Le Relais des Remparts

2 r. du Marché-aux-Légumes – ✆ 02 37 51 40 47 – www.relais-des-remparts.com
– Fermé 5-30 août, 4-10 fév., mardi soir, dim. soir et lundi
Formule 17 € – Menu 29/37 € – Carte 30/46 €
Les clés du succès de ce restaurant ? Une cuisine traditionnelle et goûteuse, un service aimable et efficace, un cadre agréable et des tarifs abordables. Une adresse assurément sympathique !

NOGENT-LE-ROTROU

✉ 28400 (Eure-et-Loir) – 10 884 hab. – **Voir carte n°11-B1**
▶ Paris 146 km – Alençon 65 km – Chartres 54 km – Châteaudun 55 km
Carte Michelin 311-A6 – Guide Vert Michelin Normandie Vallée de la Seine

Hôtel du Perche sans rest

r. de la Bruyère – ✆ 02 37 53 43 60 – www.hotel-du-perche.com
40 ch – †58/66 € ††58/66 € – ☕ 8 €
En dehors de Nogent-le-Rotrou, desservi par la rocade, un hôtel moderne et plutôt agréable, avec des chambres confortables et parfaitement tenues. Petit-déjeuner sous forme de buffet.

Sully sans rest

51 r. des Viennes – ✆ 02 37 52 15 14 – www.hotelsullynogent.fr
– Fermé 26 déc.-4 janv.
42 ch – †60/85 € ††70/100 € – ☕ 9 €
Si vous ne le saviez pas, le duc de Sully repose à Nogent-le-Rotrou (son cénotaphe est visible dans l'Hôtel-Dieu). Pour faire étape, cet hôtel paisible du centre-ville propose des chambres fonctionnelles et bien tenues ; préférez les plus récentes. Pratique et abordable.

L' Alambic

20 av. de Paris, à Margon 1,5 km au Nord-Est – ✆ 02 37 52 19 03
– www.lalambic-margon.fr – Fermé 6-27 août, 14-28 fév., mardi soir, merc. soir, dim. soir et lundi
Menu 16 € (semaine), 26/46 € – Carte 49/72 €
Un restaurant tout simple, à l'entrée de la localité. Au menu, une cuisine traditionnelle avec, pour spécialités, le foie gras et surtout la tête de veau. Le chef, bon professionnel, passe souvent en salle, l'occasion de discuter gastronomie.

NOGENT-SUR-MARNE – 94 Val-de-Marne ➜ voir Paris, Environs

NOGENT-SUR-SEINE

✉ 10400 (Aube) – 6 064 hab. – **Voir carte n°13-A2**
▶ Paris 105 km – Épernay 83 km – Fontainebleau 66 km – Provins 19 km
Carte Michelin 313-B3 – Guide Vert Michelin Champagne Ardenne

Domaine des Graviers rest,

30 r. des Graviers – 03 25 21 81 90 – www.domaine-des-graviers.com – Fermé 20 déc.-12 janv.
26 ch – 99/169 € 119/179 €
Rest – Formule 26 € – Menu 29/49 € *(fermé dim. soir)*
Dans un parc de 17 ha au bord de la Seine, cette belle demeure de 1899 abrite un salon bourgeois et des chambres plaisantes, toutes différentes. Les dépendances, le minigolf et le tennis viennent compléter l'ensemble. Le restaurant donne sur de jolis arbres centenaires.

XXX **Beau Rivage** avec ch ch,

20 r. Villiers-aux-Choux, (près de la piscine) – 03 25 39 84 22 – www.hotel-beaurivage-nogentsurseine.com – Fermé 18 août-3 sept., 16 fév.-10 mars, dim. soir et lundi
10 ch – 74 € 78 € – 10 € – ½ P
Formule 19 € – Menu 25/46 € – Carte 49/61 €
Voilà un Beau Rivage où il serait dommage de ne pas accoster... Ses atouts : une salle lumineuse ouverte sur une terrasse bucolique bordant la Seine, une cuisine de saison embellie d'épices et d'herbes du jardin et, pour l'étape, des chambres fraîches et confortables.

NOIRLAC – 18 Cher ➜ voir St-Amand-Montrond

NOIRMOUTIER (ÎLE DE) – 85 Vendée ➜ voir Île de Noirmoutier

NOISY-LE-GRAND – 93 Seine-Saint-Denis ➜ voir Paris, Environs

NOIZAY

37210 (Indre-et-Loire) – 1 155 hab. – **Voir carte n°11-B2**
Paris 230 km – Amboise 11 km – Blois 44 km – Tours 21 km
Carte Michelin 317-O4

Château de Noizay

124 promenade de Waulsort – 02 47 52 11 01 – www.chateaudenoizay.com – Fermé 19 janv.-15 mars
19 ch – 180/375 € 180/375 € – 23 € – ½ P
Rest *Château de Noizay* – voir les restaurants ci-après
Grand escalier, vitraux, armures : ce château du 16e s., niché dans un parc, domine le village et son vignoble. Les chambres sont confortables et joliment meublées. Préférez celles, plus récentes, dans le Pavillon de l'Horloge. Idéal pour un séjour romantique.

XXX **Château de Noizay**

124 promenade de Waulsort – 02 47 52 11 01 – www.chateaudenoizay.com – Fermé 19 janv.-15 mars
Formule 28 € – Menu 58/85 € – Carte 74/98 €
Pour dîner au château, quoi de mieux que ses charmants salons bourgeois avec leurs boiseries d'époque ? Ici, la cuisine d'aujourd'hui épouse le terroir : langoustines bretonnes au beurre salé et carpaccio de chou-fleur au curry, pigeonneau de Racan rôti et polenta noisette... À savourer avec un vin de Loire.

NOLAY

21340 (Côte-d'Or) – 1 496 hab. – **Voir carte n°7-A3**
Paris 316 km – Autun 30 km – Beaune 20 km – Chalon-sur-Saône 34 km
Carte Michelin 320-H8 – Guide Vert Michelin Bourgogne

Hôtel de la Halle sans rest

pl. des Halles – 03 80 21 76 37 – www.hotel-la-halle-nolay.com
13 ch – 66/68 € 66/68 € – 7 €
Sur la place centrale, face aux halles et à l'église, deux maisons du 14e s. séparées par une cour intérieure. Les chambres, joliment champêtres, sont très bien tenues (plus spacieuses sur l'arrière).

NONANCOURT

✉ 27320 (Eure) – 2 247 hab. – Voir carte n°**33**-D2
Paris 97 km – Alençon 97 km – Chartres 51 km – Évreux 35 km
Carte Michelin 304-H9 – Guide Vert Michelin Normandie Vallée de la Seine

XX **Relais du Vieux Château**

39 av. Victor-Hugo – ✆ 02 32 58 00 74 – www.lervc.com – Fermé 1 semaine en sept., dim. soir et lundi
Formule 18 € – Menu 24/59 € – Carte 27/59 €
Une simple auberge traditionnelle, bien tranquille sur son bord de route normand ? Que nenni ! Un jeune chef fait ici souffler un vent de fraîcheur sur la tradition. Produits de qualité, cuissons et sauces dans les règles, recettes renouvelées avec tact : tout est mis en œuvre pour révéler un maximum de saveurs, à prix doux...

LES NONIÈRES

✉ 26410 (Drôme) – Voir carte n°**45**-C3
Paris 648 km – Die 25 km – Gap 84 km – Grenoble 73 km
Carte Michelin 332-G5

Le Mont-Barral

– ✆ 04 75 21 12 21 – www.hotelmontbarral-vercors.com – Ouvert 1er mars-11 nov. et fermé mardi soir et merc. hors vacances scolaires
19 ch – 59/82 € 59/82 € – 9 € – ½ P
Rest – Menu 20/35 € – Carte 21/45 €
Dans le parc du Vercors, cet établissement abrite des chambres calmes et confortables, où il fait bon se reposer après une randonnée. Au restaurant, on reprend des forces avec les plats régionaux. Une bonne adresse pour un séjour au vert.

NONTRON

✉ 24300 (Dordogne) – 3 351 hab. – Voir carte n°**4**-C1
Paris 454 km – Angoulême 45 km – Libourne 135 km – Limoges 68 km
Carte Michelin 329-E2 – Guide Vert Michelin Périgord Quercy

Grand Hôtel

3 pl. A. Agard – ✆ 05 53 56 11 22 – www.hotel-pelisson-nontron.com – Fermé dim. soir de sept. à juin
22 ch – 60 € 72 € – 8,50 € – ½ P
Rest *Grand Hôtel* – voir les restaurants ci-après
On cultive l'art de recevoir à l'ancienne dans cet ancien relais de poste où règne une atmosphère vieille France. Les chambres sont certes un peu datées, mais impeccablement tenues.

XX **Grand Hôtel**

3 pl. A. Agard – ✆ 05 53 56 11 22 – www.hotel-pelisson-nontron.com – Fermé dim. soir sauf en juil.-août
Formule 20 € – Menu 25 € (semaine), 33/48 € – Carte 28/51 €
Un restaurant comme autrefois, avec des plats régionaux servis dans un cadre rustique (poutres, cuivres, cheminée) ou en terrasse face à la piscine.

NONZA – 2B Haute-Corse → voir Corse

NOTRE-DAME-DE-BELLECOMBE

✉ 73590 (Savoie) – 512 hab. – Voir carte n°**46**-F1
Paris 585 km – Albertville 25 km – Annecy 54 km – Chambéry 76 km
Carte Michelin 333-M3 – Guide Vert Michelin Alpes du Nord

X **La Ferme de Victorine** 

Le Planay, 3 km à l'Est par rte des Saisies – ✆ 04 79 31 63 46 – www.la-ferme-de-victorine.com – Fermé 9 juin-3 juil., 11 nov.-19 déc., dim. soir et lundi sauf en juil.-août et en hiver
Formule 24 € – Menu 29/54 € – Carte 41/67 €
Une ferme plus vraie que nature ; l'hiver, depuis la jolie salle rustique, on aperçoit même les vaches dans l'étable... Le chef est un passionné du terroir savoyard, toujours à la recherche des meilleurs fromages et charcuteries. Une table éminemment sympathique et très gourmande !

NOTRE-DAME-DE-GRAVENCHON

✉ 76330 (Seine-Maritime) – 8 101 hab. – Voir carte n°**33**-C2
Paris 176 km – Bolbec 14 km – Le Havre 40 km – Rouen 51 km
Carte Michelin 304-D5 – Guide Vert Michelin Normandie Vallée de la Seine

Pascal Saunier

1 av. Amiral Grasset – ✆ 02 35 38 60 67 – www.hotelpascalsaunier.com
29 ch – 78/80 € 114/135 € – 12 € – ½ P
Rest – Carte environ 35 € *(fermé août, 23 déc.-3 janv., vend. , sam., dim. et le midi) (résidents seult)*
Une grande demeure à colombages (1937) dans un jardin paisible. Les chambres sont claires et impeccablement tenues, et les propriétaires vous réservent un accueil sympathique. Côté restaurant, une ardoise traditionnelle renouvelée chaque jour.

NOTRE-DAME-DE-LIVAYE

✉ 14340 (Calvados) – 130 hab. – Voir carte n°**33**-C2
Paris 185 km – Caen 36 km – Le Havre 86 km – Lisieux 16 km
Carte Michelin 303-M5

Aux Pommiers de Livaye

✆ 02 31 63 01 28 – http://bandb.normandy.free.fr – Ouvert de début mars à mi-nov.
5 ch – 85 € 92/100 € **Table d'hôte** – Menu 28 €
Une allée de pommiers conduit à cette paisible ferme du 18e s. Dans les chambres, des lits en fer forgé, des tissus fleuris, des armoires de famille... Ici, tout a ce petit côté dépareillé qui fait le charme des maisons authentiques. Petite production de cidre et cuisine régionale : pas de doute, on est bien en Normandie !

NOTRE-DAME-DU-GUILDO

✉ 22380 (Côtes-d'Armor) – 3 187 hab. – Voir carte n°**10**-C1
Paris 427 km – Rennes 94 km – Saint-Brieuc 49 km – Saint-Malo 32 km
Carte Michelin 309-I3

Château du Val d'Arguenon sans rest

1 km à l'Est par D 786 ✉ 22380 St-Cast – ✆ 02 96 41 07 03 – www.chateauduval.com – Ouvert de Pâques à fin sept.
5 ch – 95/150 € 105/170 €
Dans un jardin en pente douce jusqu'à la mer, cette noble demeure de famille (16e-18e s.) distille le charme de la Bretagne d'autrefois : murs de granit, mobilier ancien, tentures fleuries patinées par les ans... L'accueil est charmant et pour remonter encore davantage le temps, on peut louer une cabane dans les arbres !

NOTRE-DAME-DU-HAMEL

✉ 27390 (Eure) – 237 hab. – Voir carte n°**33**-C2
Paris 158 km – L'Aigle 21 km – Argentan 48 km – Bernay 28 km
Carte Michelin 304-D8

Le Moulin de la Marigotière

D 45 – ✆ 02 32 44 58 11 – www.moulin-marigotiere.com – Fermé vacances de fév., lundi soir sauf juil.-août, dim. soir, mardi soir et merc.
Menu 35 € (déj. en semaine), 45/78 € – Carte 55/80 €
Cet ancien moulin prête son atmosphère bourgeoise à des plats classiques ou plus dans l'air du temps : déclinaisons autour du homard, association fruits et foie gras, risotto aux escargots, etc. Les plus : l'accueil et le joli parc traversé par la Charentonne.

NOTRE-DAME-DU-PÉ

✉ 72300 (Sarthe) – 588 hab. – Voir carte n°**35**-C2
Paris 262 km – Angers 51 km – La Flèche 28 km – Nantes 140 km
Carte Michelin 310-H8

La Reboursière

1 km au Sud par D 134 et rte secondaire – ✆ 02 43 92 92 41 – www.lareboursiere.fr
4 ch – 80 € 94 € **Table d'hôte** – Menu 30 €
Une authentique longère du 19e s. en pleine nature... Beaux meubles anciens, poutres et pierres apparentes, joli jardin, etc. : une douce note campagnarde, qui s'incarne dans les produits du potager et du verger à l'heure du dîner. Nature !

au Sud 1 km par D 134 et rte secondaire

NOUAN-LE-FUZELIER

✉ 41600 (Loir-et-Cher) – 2 381 hab. – **Voir carte n°12-C2**
Paris 177 km – Blois 59 km – Cosne-Cours-sur-Loire 74 km – Gien 56 km
Carte Michelin 318-J6

Domaine des Fontaines sans rest

rte de Lamotte-Beuvron, 2 km au Nord par N 20 – ✆ 02 54 83 78 87 – www.hotel-domaine-des-fontaines.com
11 ch – †100/170 € ††120/170 € – ☕ 12 €
Belle maison bourgeoise en brique rouge, au charme typiquement solognot... Les chambres sont confortables, sobres, élégantes, et mansardées au dernier étage. Petit-déjeuner servi sous la véranda.

NOUILHAN

✉ 65500 (Hautes-Pyrénées) – 205 hab. – **Voir carte n°28-A2**
Paris 771 km – Pau 47 km – Tarbes 24 km – Toulouse 144 km
Carte Michelin 342-M4

Les 3B

ch, ch,
8 rte des Pyrénées, D 935 – ✆ 05 62 96 79 78 – www.hoteldes3b.com
7 ch – †57/70 € ††57/70 € – ☕ 7 € – ½ P
Rest – Formule 12 € – Menu 18 € (semaine), 25/32 € – Carte 28/58 € *(fermé jeudi)*
Corps de ferme typiquement bigourdan situé en bord de route ; les chambres y sont propres, jolies et bien équipées (plus calmes à l'arrière et disposant d'une terrasse). Recettes traditionnelles à base de produits frais dans une salle épurée et feutrée.

LE NOUVION-EN-THIÉRACHE

✉ 02170 (Aisne) – 2 807 hab. – **Voir carte n°37-D1**
Paris 198 km – Avesnes-sur-Helpe 20 km – Guise 21 km – Hirson 25 km
Carte Michelin 306-E2

Paix

37 r. J. Vimont-Vicary – ✆ 03 23 97 04 55 – www.hotel-la-paix.fr – Fermé 13-30 août, 23 déc.-3 janv., 14-28 fév. et dim. soir
16 ch – †68/78 € ††68/85 € – ☕ 10 € – ½ P
Rest *Paix* – voir les restaurants ci-après
Un hôtel familial parfaitement tenu, avec des chambres toutes différentes. Sympathique, pratique et économique !

Paix

37 r. J. Vimont-Vicary – ✆ 03 23 97 04 55 – www.hotel-la-paix.fr – Fermé 13-30 août, 23 déc.-3 janv., 14-28 fév., sam. midi, dim. soir et lundi
Formule 19 € – Menu 23/48 € – Carte 30/52 €
Briques, miroirs, tons pastel et bibelots : un décor agréable, au service d'une cuisine de tradition vraiment plaisante ! Les propositions du chef changent chaque semaine et l'on ne se lasse pas de ses petits plats...

NOUZERINES – 23 Creuse ➜ voir Boussac

NOVES

✉ 13550 (Bouches-du-Rhône) – 5 233 hab. – **Voir carte n°42-E1**
Paris 688 km – Arles 38 km – Avignon 14 km – Carpentras 33 km
Carte Michelin 340-E2 – Guide Vert Michelin Provence

Auberge de Noves

rte de Châteaurenard, 2 km par D 28 – ✆ 04 90 24 28 28 – www.aubergedenoves.com – Fermé 3 janv.-12 fév.
23 ch – †165/390 € ††165/390 € – 2 suites – ☕ 25 € – ½ P
Rest *Auberge de Noves* – voir les restaurants ci-après
Une noble demeure du 19e s. et son vaste parc : une certaine idée de l'art de vivre provençal, dans une veine classique... Les chambres sont élégantes ; certaines sont même nichées dans l'ancienne chapelle.

XXX **Auberge de Noves**

rte de Châteaurenard, 2 km par D 28 – ✆ 04 90 24 28 28 – www.aubergedenoves.com – Fermé 3 janv.-12 fév., lundi et mardi d'oct. à mai

Formule 50 € 🍷 – Menu 68/125 € – Carte 82/131 €

Cette auberge se révèle tout à fait charmante, et sa terrasse sous les arbres idyllique ! À l'image du lieu, la cuisine donne dans le beau classicisme : le chef vous régalera, par exemple, d'un foie gras, d'un tartare de bœuf au couteau, etc. Belle carte des vins de plus de 350 références.

NOYAL-MUZILLAC

✉ 56190 (Morbihan) – 2 480 hab. – **Voir carte n°10-C3**

Paris 456 km – La Baule 44 km – St-Nazaire 52 km – Vannes 30 km

Carte Michelin 308-Q9

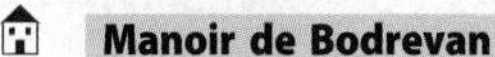

Manoir de Bodrevan

2 km au Nord-Est par D 153 et rte secondaire – ✆ 02 97 45 62 26 – www.manoir-bodrevan.com

6 ch – †86/147 € ††86/147 € – ☕ 14 € – ½ P

Rest – Menu 39 € *(réservation conseillée)*

Ce pavillon de chasse du 16ᵉs. en pierre est envahi de verdure. Les chambres tirent leur cachet de ce cadre rustique et élégant. Accueil cordial et calme assuré. Menu du jour, poissons et produits de la mer préparés par le maître des lieux selon le marché.

NOYALO

✉ 56450 (Morbihan) – 777 hab. – **Voir carte n°9-A3**

Paris 468 km – La Baule 75 km – Rennes 116 km – Vannes 15 km

Carte Michelin 308-O9

XX **L'Hortensia** avec ch

18 r. Ste-Brigitte – ✆ 02 97 43 02 00 – www.restaurantlhortensia.com

7 ch – †68/99 € ††68/99 € – ☕ 10 € – ½ P

Menu 20 € 🍷 (déj. en semaine), 30/95 € 🍷 *(fermé dim. soir et lundi)*

Ancienne ferme en pierre du 19ᵉs., habillée de toiles et de mobilier contemporains. Cuisine tendance faisant la part belle aux produits de la mer et au terroir breton. Chambres coquettes, décorées sur le thème de l'hortensia.

NOYAL-SUR-VILAINE – 35 Ille-et-Vilaine ➜ voir Rennes

NOYANT-DE-TOURAINE – 37 Indre-et-Loire ➜ voir Ste-Maure-de-Touraine

NOYERS

✉ 89310 (Yonne) – 676 hab. – **Voir carte n°7-B1**

Paris 211 km – Auxerre 46 km – Dijon 129 km – Troyes 82 km

Carte Michelin 319-G5 – Guide Vert Michelin Bourgogne

X **Les Millésimes**

14 pl. de l'Hôtel-de-Ville – ✆ 03 86 82 82 16 – www.maison-paillot.com – Ouvert de début mars à début déc. et fermé dim. soir et lundi sauf juil.-août

Menu 25/42 €

Ce restaurant champêtre et élégant se tient derrière la boucherie-charcuterie familiale. Le terroir et les vins bourguignons sont à l'honneur... ainsi que les produits maison !

NOYON

✉ 60400 (Oise) – 13 478 hab. – **Voir carte n°37-C2**

Paris 108 km – Amiens 67 km – Compiègne 29 km – Laon 53 km

Carte Michelin 305-J3

Saint Eloi ch, ch,

81 bd Carnot – ✆ 03 44 44 01 49 – www.hotelsainteloi.fr – Fermé dim. soir

29 ch – †64/77 € ††82/112 € – ☕ 12 € – ½ P

Rest – Menu 36/66 € 🍷 – Carte environ 52 € *(fermé dim. soir, vend. et le midi sauf dim.)*

Un élégant castel tout en briques, tourelles et colombages (1870), abritant des chambres classiques et confortables – plus sobres dans l'annexe. Restauration traditionnelle dans un décor de stucs, mobilier de style et lustres en cristal.

Le Cèdre sans rest

8 r. de l'Évêché – ✆ 03 44 44 23 24 – www.hotel-lecedre.com – Fermé 21 déc.-2 janv.
35 ch – †62/79 € ††67/90 € – ☐ 10 €
Construction récente en briques rouges, en harmonie avec la cité. Les chambres, chaleureuses et bien équipées, offrent pour la plupart une vue sur la cathédrale.

XX **Dame Journe**

2 bd Mony – ✆ 03 44 44 01 33 – www.damejourne.fr – Fermé 7-20 sept., 5-12 janv., dim. soir, mardi soir, merc. soir, jeudi soir et lundi
Menu 23 € (déj. en semaine), 32/43 € – Carte 42/58 €
Dans la capitale des fruits rouges, les gourmands ont rendez-vous avec Dame Journe. Qui est-ce ? Personne, juste une bonne adresse ! Dans un cadre chaleureux et soigné (fauteuils de style Louis XVI et boiseries), on propose une appétissante cuisine traditionnelle. De quoi rosir de plaisir...

NOZAY

✉ 44170 (Loire-Atlantique) – 3 835 hab. – **Voir carte n°34-B2**
Paris 410 km – Angers 124 km – Nantes 43 km – Rennes 68 km
Carte Michelin 316-G2

XX **La Pierre Bleue**

22 r. Alexis-Letourneau – ✆ 02 40 79 30 49 – www.restaurantlapierrebleue.com – Fermé 1er-18 juil., 1er-19 janv., dim. soir, lundi soir et merc.
Formule 14 € – Menu 16 € (déj. en semaine), 28/40 € – Carte environ 42 €
Vous cherchez Éric Meunier ? Il est dans sa cuisine, évidemment ! Travailleur infatigable, discret autant que passionné, voilà un chef qui aime son métier, et cela se sent dans ses assiettes. Créations de saison, plats mijotés en hiver, fumaisons maison... Cette Pierre Bleue est une pépite.

NUAILLÉ – 49 Maine-et-Loire → voir Cholet

NUEIL-LES-AUBIERS

✉ 79250 (Deux-Sèvres) – 5 444 hab. – **Voir carte n°38-B1**
Paris 364 km – Bressuire 15 km – Cholet 29 km – Poitiers 100 km
Carte Michelin 316-M6

Le Moulin de la Sorinière

2 km au Sud-Ouest par D 33, rte de Cerizay et C 3 – ✆ 05 49 72 39 20 – www.hotel-moulin-soriniere.com – Fermé 21 avril-4 mai, 1 semaine vacances de la Toussaint et 1er-6 janv.
8 ch – †63/68 € ††63/68 € – ☐ 9 € – ½ P
Rest *Le Moulin de la Sorinière* – voir les restaurants ci-après
Ce vieux moulin du 19e s. a conservé son charme bucolique ; la rivière traverse le jardin et le potager, et les chambres ont des noms de fleurs. Pour les effeuiller au grand calme...

XX **Le Moulin de la Sorinière**

2 km au Sud-Ouest par D 33, rte de Cerizay et C 3 – ✆ 05 49 72 39 20 – www.hotel-moulin-soriniere.com – Fermé 21 avril-4 mai, 1 semaine vacances de la Toussaint, 1er-6 janv., dim. soir et lundi
Formule 16 € – Menu 19 € (semaine), 29/35 €
Les grandes baies vitrées de cette ancienne grange donnent sur un jardin bien agréable, source d'inspiration pour un chef amoureux des produits de saison. Après le repas, une balade digestive près de la rivière s'impose.

NUITS-ST-GEORGES

✉ 21700 (Côte-d'Or) – 5 600 hab. – **Voir carte n°8-D1**
Paris 320 km – Beaune 22 km – Chalon-sur-Saône 45 km – Dijon 22 km
Carte Michelin 320-J7 – Guide Vert Michelin Bourgogne

La Gentilhommière

13 vallée de la Serrée, rte Concoeur-Meuilley, 2 km à l'Ouest – ☎ 03 80 61 12 06 – www.lagentilhommiere.fr – Fermé de mi-déc. à fin janv.
31 ch – †115 € ††115/200 € – ☕ 15 €
Rest ***Le Chef Coq*** – voir les restaurants ci-après
Vieilles pierres et toits de tuiles vernissées : un beau pavillon de chasse du 16e s., dans un écrin de verdure, non loin du fameux village viticole. Au choix : de jolies chambres contemporaines ou plus originales (Afrique, Oriental, Pop Art...) ; les plus spacieuses se situent dans l'annexe.

Hostellerie St-Vincent

r. du Gén.-de-Gaulle – ☎ 03 80 61 14 91 – www.hostellerie-st-vincent.com – Fermé 1 semaine vacances de Noël et dim. soir de nov. à mars
23 ch – †86/149 € ††86/149 € – ☕ 11 € – ½ P
Rest ***L'Alambic*** ☎ 03 80 61 35 00 – – Menu 23 € (déj. en semaine), 28/58 € – Carte 40/60 €
Dans cette grosse maison d'aspect traditionnel, les chambres sont pratiques et bien insonorisées... et pour faire le plein de gourmandises, il y a même une petite boutique de produits régionaux !

Le Chef Coq – Hôtel La Gentilhommière

13 vallée de la Serrée, rte Concoeur-Meuilley, 2 km à l'Ouest – ☎ 03 80 61 12 06 – www.lagentilhommiere.fr – Fermé de mi-déc. à fin janv., sam. midi et mardi soir
Menu 25 € (déj. en semaine), 31/59 € – Carte environ 64 € dîner
Des pierres et des poutres, mais aussi une déco tendance et chaleureuse : l'on se sent comme un coq en pâte au Chef Coq ! Évidemment, la carte des vins rend honneur à la Côte de Nuits, mais l'assiette n'est pas en reste, car le chef, René Pianetti, signe de savoureuses recettes, en prise sur les saisons...

La Cabotte

24 Grande-Rue – ☎ 03 80 61 20 77 – www.restaurantlacabotte.fr – Fermé dim. et lundi
Formule 19 € – Menu 29/55 € – Carte 40/60 € *(réservation conseillée)*
Une cuisine actuelle, fine et gourmande à prix doux, de la convivialité à revendre, un cadre rustique modernisé avec poutres, pierres apparentes et mobilier contemporain... Et même une carte de vins bourguignons courte et judicieuse : cette Cabotte en a dans la caboche, et l'on se régale !

à Curtil-Vergy 7 km au Nord-Ouest par D 25, D 35 et rte secondaire – ✉ 21220 – 116 hab.

Manassès sans rest

r. Guillaume-de-Tavanes – ☎ 03 80 61 43 81 – www.hotelmanasses.com – Ouvert de mars à nov.
12 ch – †80/105 € ††80/105 € – ☕ 13 €
Une maison vigneronne typique et... atypique. Évidemment il y a de jolies chambres (classiques ou rustiques), mais aussi un musée de la vigne, une salle de dégustation et un petit-déjeuner gargantuesque !

NYONS

✉ 26110 (Drôme) – 6 950 hab. – **Voir carte n°44-B3**
Paris 653 km – Alès 109 km – Gap 106 km – Orange 43 km
Carte Michelin 332-D7 – Guide Vert Michelin Ardèche Drôme

La Caravelle sans rest

8 r. Antignans, par prom. de la Digue – ☎ 04 75 26 07 44 – www.lacaravelle-nyons.com – Fermé 18 nov.-1er déc.
11 ch – †69/99 € ††69/99 € – ☕ 10 €
Au cœur de la Drôme provençale, cette villa des années 1930 et son jardin planté de catalpas sont propices à la détente. Et les chambres, décorées avec les hublots d'un ancien navire de guerre, n'en sont pas moins calmes. Un havre de paix !

Une Autre Maison

pl. de la République – ✆ 04 75 26 43 09 – www.uneautremaison.com – Fermé de mi-déc. à mi-janv.
10 ch – 80/160 € 80/160 € – 15 € – ½ P
Rest *Une Autre Maison* – voir les restaurants ci-après
Confort, bien-être et élégance : une Maison d'un Autre siècle (fin du 19e s.), vraiment charmante ! Les chambres sont ravissantes et toutes différentes ; la piscine et le jardin tout bonnement délicieux.

Une Autre Maison

pl. de la République – ✆ 04 75 26 43 09 – www.uneautremaison.com – Fermé de mi-déc. à mi-janv. et le midi
Menu 42 €
Dans cette belle maison ancienne au fond d'un divin jardin, le chef concocte une bonne cuisine du marché, et notamment de jolis plats de poisson. Les résidents de l'hôtel sont ravis et les autres aussi !

rte de Gap 7 km sur D 94 – 26110 Nyons

La Charrette Bleue

– ✆ 04 75 27 72 33 – www.lacharrettebleue.net – Fermé 2 janv.-7 fév., dim. soir d'oct. à mars, mardi de sept. à juin et merc.
Formule 20 € – Menu 30/49 € – Carte 37/52 €
Impossible de manquer ce relais de poste du 18e s. avec sa charrette bleue posée sur le toit ! Joli hommage à René Barjavel, dont l'œuvre du même nom racontait son enfance au pays. L'esprit de la région habite le décor (terrasse sous des canisses) comme la cuisine, soignée et gourmande. Une bonne adresse, aux prix doux.

rte d'Orange 4 km sur D 94 – 26110 Nyons

La Bastide des Monges sans rest

– ✆ 04 75 26 99 69 – www.bastidedesmonges.com – Ouvert 1er mars-10 nov.
9 ch – 78/135 € 78/135 € – 12 €
"Nyons me paraît être le paradis terrestre" disait Jean Giono. Voilà une phrase qui aurait trouvé écho chez les sœurs de cet ancien couvent du 18e s. Les chambres, de style provençal, donnent sur le jardin ou les vignes. Accueil charmant.

à Montaulieu 14 km à l'Est par D 94, D 64 et D 501 – 26110 – 74 hab.

Les Terrasses

au village – ✆ 04 75 27 42 91 – www.lesterrasses-montaulieu.fr – Ouvert 15 avril-15 nov.
3 ch – 160/250 € 180/250 € **Table d'hôte** – Menu 45 €
C'est l'histoire d'un village en ruine revenu à la vie grâce à une bande d'amis. Parmi eux, un couple a restauré cette bâtisse où le charme le dispute à l'authenticité : déco chinée, terrasses et jardins suspendus… Une adresse hors du temps où l'on met la cuisine régionale et les côtes-du-rhône à l'honneur.

OBERHASLACH

67280 (Bas-Rhin) – 1 780 hab. – **Voir carte n°1-A1**
Paris 482 km – Molsheim 16 km – Saverne 32 km – St-Dié 57 km
Carte Michelin 315-H5

Hostellerie St-Florent

28 r. Nideck – ✆ 03 88 50 94 10 – www.hostellerie-saint-florent.com – Fermé 7-16 juil. et 10-19 nov.
22 ch – 48 € 55 € – ½ P
Rest *Hostellerie St-Florent* – voir les restaurants ci-après
Il règne une ambiance très chaleureuse dans cette maison alsacienne, nichée entre les vignes, au cœur de ce village fleuri du Nideck. Les chambres sont à prix très doux et les jolis chemins aux alentours n'attendent que les randonneurs !

Hostellerie St-Florent

28 r. Nideck – ✆ 03 88 50 94 10 – www.hostellerie-saint-florent.com – Fermé 7-16 juil., 10-19 nov., sam. midi, dim. soir et lundi sauf le soir d'avril à oct.
Formule 12 € – Menu 26 € (semaine)/37 € – Carte 26/48 €
Il a vraiment du charme, ce restaurant, avec ses jolies boiseries et ses lampes rétro. Une bonne entrée en matière pour goûter à de vraies spécialités alsaciennes comme le cervelas grillé, la tarte à l'oignon ou la choucroute royale.

OBERNAI

✉ 67210 (Bas-Rhin) – 10 731 hab. – **Voir carte n°1-A2**
Paris 488 km – Colmar 50 km – Molsheim 12 km – Sélestat 27 km
Carte Michelin 315-I6

Le Parc

169 rte d'Ottrott, à l'Ouest par D 426 – ✆ 03 88 95 50 08 – www.hotel-du-parc.com – Fermé 1er-10 juil. et 20 déc.-10 janv.
54 ch – 140/250 € 240/350 € – 8 suites – 21 € – ½ P
Rest *La Table* Rest *La Stub* – voir les restaurants ci-après
Dans cette grande demeure à pans de bois, les chambres et suites adoptent un style régional ou contemporain. Superbe piscine intérieure dans l'espace bien-être ; toutes sortes de massages sont proposés, dont l'Alsacien aux essences des Vosges !

À la Cour d'Alsace

3 r. Gail – ✆ 03 88 95 07 00 – www.cour-alsace.com – Fermé 24 déc.-26 janv.
53 ch – 119/189 € 139/239 € – 5 suites – 20 € Plan : A**a**
Rest *Jardin des Remparts* Rest *Caveau de Gail* – voir les restaurants ci-après
On pénètre d'abord dans la cour intérieure, non loin du centre historique de la ville. Là, dans cette ancienne propriété des barons de Gail, confort, douceur de vivre et luxe sont au rendez-vous. Idéal pour une étape gastronomique ou culturelle.

Le Colombier sans rest

6 r. Dietrich – ✆ 03 88 47 63 33 – www.hotel-colombier.com Plan : A**n**
46 ch – 89/169 € 89/169 € – 8 suites – 13 €
Au cœur de la vieille ville, cette bâtisse régionale s'est parée de modernité. Spacieuses chambres avec vue sur les toits au 4e étage. Espace détente "zen".

OBERNAI

Chanoine Gyss (R. du) . . . . . . A 2
Chapelle (R. de la) . . . . A 3
Dietrich (R.) . . . . A 4
Étoile (Pl. de l') . . . . A 5
Fines Herbes (Pl. des) . . . . . AB 6
Juifs (Ruelle des) . . . . A 8
Marché (R. du) . . . . B 12
Sainte-Odile (R.) . . . . A 16

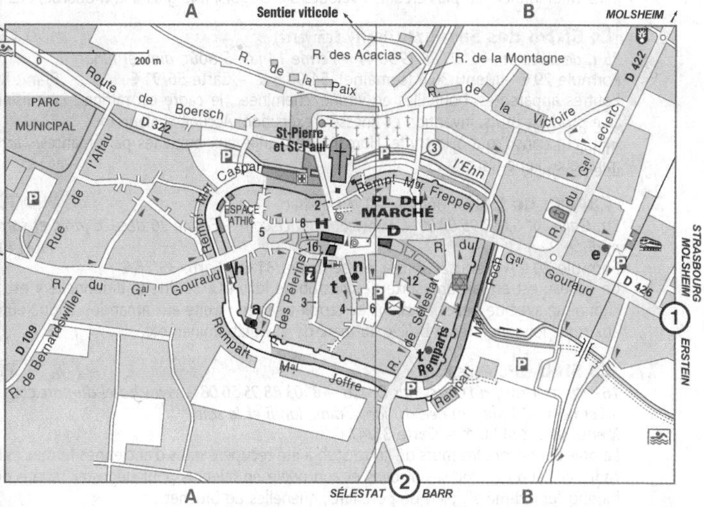

Les Jardins d'Adalric sans rest
19 r. du Mar.-Koenig, par ① – ✆ 03 88 47 64 47 – www.jardins-adalric.com
46 ch – †79/124 € ††79/124 € – 2 suites – ☕ 12 €
Dans cet hôtel récent, légèrement excentré, les chambres sont sobres et contemporaines. L'été, on prend son petit-déjeuner sur la terrasse et on profite du jardin.

Le Pavillon 7 sans rest
7 r. Dietrich – ✆ 03 88 47 63 33 – www.lepavillon7.com Plan : A**t**
6 ch – †89/200 € ††89/200 € – ☕ 13 €
Créé face à l'hôtel Le Colombier par la même équipe, cet établissement tient d'une maison d'hôtes, et modernité et confort s'y allient de la meilleure des façons... L'une des chambres dispose même d'une belle terrasse avec sauna. Voilà une adresse dont on ferait bien son pavillon !

La Fourchette des Ducs (Nicolas Stamm)
6 r. de la Gare – ✆ 03 88 48 33 38 – www.lafourchettedesducs.com – Fermé 28 juil.-12 août, 1er-10 janv., dim. soir, lundi et le midi sauf dim.
Menu 105/145 € – Carte 124/184 € *(réservation conseillée)* Plan : B**e**
L'hiver, atmosphère cosy (boiseries et poutres apparentes) ; l'été, fraîcheur contemporaine dans une salle ouverte sur la cour intérieure... Et en toute saison, une assiette classique – avec une pointe de créativité – pour de succulents coups de fourchette.
➜ Mérus de crabe royal, avocat et chair d'agrumes en aigre-doux. Suprême et cuisse de pigeonneau d'Alsace, chou farci. Crème au moka, ganache moelleuse aux épices et chocolat.

La Table – Hôtel Le Parc
169 rte d'Ottrott, à l'Ouest par D 426 – ✆ 03 88 95 50 08 – www.hotel-du-parc.com – Fermé 1er-10 juil., 20 déc.-10 janv., dim. soir, lundi et le midi
Menu 45 € (semaine), 55/75 € – Carte 64/81 €
Voilà une Table raffinée et typiquement alsacienne : lustres en cristal, bois couleur de miel et grande cheminée. Tournedos de biche au pinot noir, pressé de caille, ravioles aux lentins de chêne... une cuisine à la fois classique et soignée.

Jardin des Remparts – Hôtel À la Cour d'Alsace
3 r. Gail – ✆ 03 88 95 07 00 – www.cour-alsace.com – Fermé 30 juil.-2 sept., 26 déc.-28 fév., le soir sauf jeudi, vend. et sam. et le midi sauf dim. Plan : A**a**
Menu 39/79 € – Carte 50/74 €
Une adresse de caractère ! Décorée dans un style classique et luxeux, elle propose des plats traditionnels ou plus créatifs : velouté d'escargots, foie gras à la rhubarbe, etc.

Le Bistro des Saveurs (Thierry Schwartz)
35 r. de Sélestat – ✆ 03 88 49 90 41 – Fermé 14 juil.-5 août, dim. et lundi
Formule 29 € – Menu 36 € (semaine), 54/90 € 🍷 – Carte 56/91 € Plan : B**t**
Poutres apparentes, bouteilles en vitrine, cheminée : le cadre est raffiné... La cuisine allie produits bruts, invention et finesse d'exécution. Accueil chaleureux.
➜ L'œuf dans l'œuf à la truffe. Homard bleu grillé aux branches parfumantes. Tarte mirabelle "Pépé Oscar".

Caveau de Gail – Hôtel À la Cour d'Alsace
3 r. Gail – ✆ 03 88 95 07 00 – www.cour-alsace.com – Fermé 26 déc.-26 janv. et sam. midi Plan : A**a**
Formule 20 € – Menu 28 € (déj. en semaine)/31 € – Carte 39/56 €
Ce Caveau est en fait une sorte de winstub de luxe ! La cuisine traditionnelle y est à l'honneur, avec de belles allusions au terroir alsacien : truite aux amandes, choucroute aux trois poissons, crème brûlée au marc de gewurztraminer, etc.

La Stub – Hôtel Le Parc
169 rte d'Ottrott, à l'Ouest par D 426 – ✆ 03 88 95 50 08 – www.hotel-du-parc.com – Fermé 1er-10 juil., 20 déc.-10 janv., dim., lundi et le soir
Menu 38 € 🍷/48 € 🍷 – Carte 36/47 €
Le bois qui décore les murs de cette Stub a été récupéré dans d'anciennes fermes ; un cadre chaleureux avec ses alcôves et son poêle en faïence, pour déguster tartare de hareng "grand-mère", pied de porc farci, quenelles de brochet...

À l'Agneau d'Or

99 r. Gén.-Gouraud – ✆ 03 88 95 28 22 – www.agneaudor.eresto.net – Fermé sam. midi, dim. soir et lundi Plan : A**h**

Menu 25/33 € – Carte 30/51 €

Accueil familial dans cette maison à colombages située près des remparts. Sympathique petite salle alsacienne (banquettes en bois, plafond peint) et cuisine typique de la région.

à Ottrott 4 km à l'Ouest par D 426 – ✉ 67530 – 1 634 hab.

Hostellerie des Châteaux

11 r. des Châteaux, (Ottrott-le-Haut) – ✆ 03 88 48 14 14 – www.hostellerie-chateaux.fr – Fermé fév.

55 ch – 139/169 € 139/359 € – 11 suites – 21 € – ½ P

Rest *Hostellerie des Châteaux* – voir les restaurants ci-après

Rest *Le Comptoir du Château* – Menu 18/34 € – Carte 37/50 € *(fermé dim. et le soir)*

Cet imposant hôtel vous invite à un grand moment de détente : spa et soins très complets, superbe piscine intérieure. Dans les chambres, spacieuses, l'esprit contemporain se marie au style alsacien. Chic !

Le Clos des Délices

17 rte de Klingenthal, 1 km au Nord-Ouest par D 426 – ✆ 03 88 95 81 00 – www.leclosdesdelices.com

20 ch – 139/169 € 139/199 € – 1 suite – 18 € – ½ P

Rest *Le Clos des Délices* – voir les restaurants ci-après

Dans un grand parc, on remarque d'abord la jolie façade tapissée de verdure... puis on paresse agréablement dans une chambre raffinée, colorée et bien insonorisée. Petit spa.

À l'Ami Fritz

Ottrott-le-Haut – ✆ 03 88 95 80 81 – www.amifritz.com – Fermé 2 semaines en janv.

24 ch – 98/137 € 98/137 € – 2 suites – 16 € – ½ P

Rest *À l'Ami Fritz* – voir les restaurants ci-après

Cette maison régionale dégage beaucoup de charme... Le décor des chambres est très soigné, dans une veine contemporaine agréable à vivre. Un hôtel de qualité.

Beau Site

Ottrott-le-Haut – ✆ 03 88 48 14 30 – www.hotel-beau-site.fr – Fermé fév.

18 ch – 69/109 € 69/149 € – 15 € – ½ P

Rest – Menu 26 € (semaine)/41 € – Carte 30/56 € *(fermé dim. soir, mardi midi et lundi)*

Cette grande maison à oriels et colombages abrite des chambres confortables (certaines avec balcon). Le must : celles du dernier étage, spacieuses et contemporaines. Au restaurant – une luxueuse winstub ornée d'œuvres de Spindler –, carte axée terroir.

Aux Chants des Oiseaux sans rest

Ottrott-le-Haut – ✆ 03 88 95 87 39 – www.chantsdesoiseaux.com – Fermé 23 juin-6 juil., 3 semaines en janv., dim., lundi et mardi

14 ch – 90/117 € 90/117 € – 2 suites – 15 €

Dans un quartier résidentiel, cette maison des années 1980 dispose de chambres agréables et cosy. Sur la terrasse (côté piscine), chant des oiseaux et vue sur le mont Ste-Odile.

Domaine Le Moulin

32 rte de Klingenthal, 1 km au Nord-Ouest par D 426 – ✆ 03 88 95 87 33 – www.domaine-le-moulin.com – Fermé 27 juil.-8 août et 23 déc.-23 janv.

21 ch – 65 € 72/82 € – 2 suites – 12 € – ½ P

Rest – Menu 18 € (déj. en semaine), 30/57 € – Carte 30/56 € *(fermé sam. midi, dim. soir et lundi midi)*

Ce vaste hôtel entouré d'un parc (rivière, étang) impose sa présence sur la route des Vins. Chambres douillettes et, dans l'annexe, grands appartements (duplex) plus modernes. Au restaurant, carte régionale et terrasse face à la forêt.

À l'Ami Fritz – Hôtel À l'Ami Fritz
Ottrott-le-Haut – ✆ 03 88 95 80 81 – www.amifritz.com – Fermé 1er-10 juil., 2 semaines en janv. et merc.
Formule 24 € – Menu 31/68 € – Carte 38/61 €
M. Fritz, c'est le chef-patron, mais l'enseigne fait aussi référence au roman d'Erckmann et Chatrian (1854), dont le héros sacrifie tout à la bonne chère. Un sacré patronage pour une cuisine très savoureuse, dans un décor qui porte également haut le charme de la région !

Hostellerie des Châteaux – Hostellerie des Châteaux
11 r. des Châteaux, (Ottrott-le-Haut) – ✆ 03 88 48 14 14 – www.hostellerie-chateaux.fr – Fermé fév.
Menu 45 € (semaine), 69/92 € – Carte 61/90 €
Un cadre feutré et intime, pour une carte qui se veut sophistiquée : saumon mariné aux fleurs de câpres, feuilletage de ris de veau, caillé de munster à l'ail des ours...

Le Clos des Délices
17 rte de Klingenthal, 1 km au Nord-Ouest par D 426 – ✆ 03 88 95 81 00 – www.leclosdesdelices.com – Fermé le midi du lundi au jeudi
Menu 30/65 € – Carte 64/77 €
Un restaurant qui ouvre sur les bois... En terrasse ou dans la jolie salle, on savoure une bonne cuisine traditionnelle non dénuée de créativité. Idéal pour se restaurer au vert !

OBERSTEIGEN

67710 (Bas-Rhin) – **Voir carte n°1-A1**
Paris 466 km – Molsheim 27 km – Sarrebourg 32 km – Saverne 16 km
Carte Michelin 315-H5

Hostellerie Belle Vue rest, rest,
16 rte de Dabo – ✆ 03 88 87 32 39 – www.hostellerie-belle-vue.com – Fermé 4 janv.-12 avril, dim. soir et lundi hors saison et jours fériés
24 ch – 80/95 € 80/95 € – 1 suite – 10 € – ½ P
Rest – Menu 25/50 € – Carte 40/55 €
Au cœur d'une "station climatique" de la forêt vosgienne, une auberge accueillante et confortable : chambres spacieuses (aménagement classique), salon avec billard et cheminée, spa, jacuzzi, fitness... Esprit alsacien au restaurant, dans le décor et dans l'assiette.

OBERSTEINBACH

67510 (Bas-Rhin) – 236 hab. – **Voir carte n°1-B1**
Paris 458 km – Bitche 22 km – Haguenau 35 km – Strasbourg 68 km
Carte Michelin 315-K2

Anthon avec ch
40 r. Principale – ✆ 03 88 09 55 01 – www.restaurant-anthon.fr – Fermé janv., mardi et merc.
12 ch – 65 € 75 € – 12 € – ½ P Menu 25/50 € – Carte 38/64 €
Une élégante salle en rotonde dans une maison à colombages (1860) : l'endroit est idéal pour savourer une cuisine classique et de terroir. Chambres spacieuses, dont deux conservent des lits traditionnels en alcôve.

OBJAT

19130 (Corrèze) – 3 593 hab. – **Voir carte n°24-B3**
Paris 467 km – Brive-la-Gaillarde 21 km – Limoges 79 km – Tulle 45 km
Carte Michelin 329-J4 – Guide Vert Michelin Limousin Berry

La Tête de L'Art
53 av. J. Lascaux – ✆ 05 55 25 50 42 – www.tete-de-lart.fr – Fermé 20 juin-3 juil., 1 semaine en fév., mardi soir et merc.
Formule 15 € – Menu 18/42 €
Afin de marier l'art avec le goût, ce restaurant familial expose des toiles d'artistes locaux. En cuisine, le chef prépare des recettes traditionnelles rehaussées d'une pointe d'originalité. Une enseigne appréciée dans la région.

OFFENDORF

✉ 67850 (Bas-Rhin) – 2 169 hab. – **Voir carte n°1-B1**
Paris 494 km – Karlsruhe 70 km – Strasbourg 29 km – Karlsruhe 70 km

A la Forêt du Rhin

2 r. Principale – ✆ 03 88 96 54 04 – www.foret-du-rhin.com – Fermé 2 semaines en sept., mardi soir et merc. soir en janv.-fév. et lundi
Formule 10 € – Menu 27/38 € – Carte 25/49 €
Au piano, père et fils jouent une partition à quatre mains. Pendant ce temps, dans la salle, l'épouse du premier et mère du second veille à ce que la musique plaise aux gourmands. Ici, la cuisine du terroir est au répertoire. Une belle adresse familiale.

OFFRANVILLE – 76 Seine-Maritime ➜ voir Dieppe

OGNES – 02 Aisne ➜ voir Chauny

L'OIE

✉ 85140 (Vendée) – 1 143 hab. – **Voir carte n°34-B3**
Paris 394 km – Cholet 40 km – Nantes 62 km – Niort 94 km
Carte Michelin 316-J7

Le Grand Turc

33 r. Nationale – ✆ 02 51 66 08 74 – www.hotel-legrandturc.fr – Fermé 20 déc.-10 janv.
32 ch – 50/120 € 50/120 € – 11 €
Rest *Le Grand Turc* – voir les restaurants ci-après
L'enseigne évoque le mamelouk Amakuc, chef de la garde de Napoléon Ier lors du passage de ce dernier à l'auberge. Si celle-ci donne sur la nationale, les chambres – fraîches et agréables – se trouvent sur l'arrière, au calme.

Le Grand Turc

33 r. Nationale – ✆ 02 51 66 08 74 – www.hotel-legrandturc.fr – Fermé 20 déc.-10 janv., sam. soir hors saison et dim.
Formule 16 € – Menu 21/40 € – Carte 43/68 €
Cuisine traditionnelle côté "gastro" ; buffet et plat du jour à la brasserie... deux offres de restauration chez ce Grand Turc qu'on croque !

OINVILLE-SOUS-AUNEAU

✉ 28700 (Eure-et-Loir) – 340 hab. – **Voir carte n°12-C1**
Paris 77 km – Chartres 20 km – Montigny-le-Bretonneux 50 km – Orléans 88 km
Carte Michelin 311-G5

Moulin de Lonceux (N) sans rest

Hameau de Lonceux – ✆ 06 70 00 60 45 – www.moulin-de-lonceux.com
5 ch – 80 € 120 €
En pleine campagne, on vient se ressourcer dans la quiétude de cet ancien moulin du 18e s, dont les chambres sont à la fois élégantes et confortables. Au petit-déjeuner, ne passez pas à côté des gâteaux dont la farine est fabriquée sur place. Charmant !

OISLY

✉ 41700 (Loir-et-Cher) – 342 hab. – **Voir carte n°11-A1**
Paris 208 km – Blois 27 km – Châteauroux 80 km – Tours 61 km
Carte Michelin 318-F7

Saint-Vincent

1 rte de Monthou – ✆ 02 54 79 50 04 – Fermé 1er-15 oct., 24 déc.-22 janv., lundi d'oct. à Pâques, mardi et merc.
Formule 26 € – Menu 31/55 € – Carte 47/77 €
Voilà plusieurs années que Julien et Alice Bonnin ont repris cette enseigne célébrant le patron des vignerons. Lui en cuisine et elle en salle, le duo a su rapidement trouver son public, avec ses dégustations de vins du pays et sa cuisine soignée et savoureuse. Le chef a été formé dans les grandes maisons de la région !

OIZON

✉ 18700 (Cher) – 712 hab. – **Voir carte n°12-C2**
Paris 179 km – Bourges 54 km – Cosne-Cours-sur-Loire 35 km – Gien 29 km
Carte Michelin 323-L2

Les Rives de l'Oizenotte

à l'étang de Nohant, 1 km à l'Est – ✆ 02 48 58 06 20 – www.lesrivesdeloizenotte.fr – Fermé 22 déc.-22 janv., dim. soir de la Toussaint à Pâques, lundi et mardi
Formule 23 € 🍷 – Menu 34 € 🍷/39 € *(réservation conseillée)*
Rafraîchissant, ce restaurant au bord de l'étang de Nohant ! Sur la terrasse avec vue sur les flots ou dans la salle joliment décorée sur le thème de la pêche, on déguste une bonne cuisine traditionnelle : gâteau de foie de volaille et coulis de tomate, suprême de pintade aux écrevisses... De quoi mettre l'eau à la bouche !

OLEMPS – 12 Aveyron ➜ voir Rodez

OLÉRON (ÎLE D') – 17 Charente-Maritime ➜ voir Île d'Oléron

OLIVET – 45 Loiret ➜ voir Orléans

OLLIOULES

✉ 83190 (Var) – 12 774 hab. – **Voir carte n°40-B3**
Paris 829 km – Aix-en-Provence 80 km – Marseille 59 km – Toulon 8 km
Carte Michelin 340-K7 – Guide Vert Michelin Côte d'Azur

La Table de Terrebrune

724 chemin de la Tourelle, (domaine de Terrebrune), par rte de Gros-Cerveau – ✆ 04 94 88 36 19 – www.terrebrune.fr – Fermé 2 semaines en nov., 2 semaines en fév., dim. soir et lundi
Menu 45 € – Carte 44/64 € *(réservation conseillée)*
Une table raffinée, cosy et chaleureuse. Près de la cheminée, ou sur la terrasse, on savoure une cuisine provençale authentique et sincère : carré de veau en croûte et jus aux olives noires, chèvres du pays, figues rôties, que l'on accompagne d'une bonne bouteille du domaine... On se régale !

L'Atelier du Vigneron

348 av. de la Résistance – ✆ 04 94 62 42 34 – Fermé 15 fév.-10 mars, merc. midi, dim. soir et lundi
Formule 20 € – Menu 25/42 € – Carte 48/60 €
Un restaurant créé dans un ancien garage, voilà qui est original ! Pourtant, rien ne le laisse aujourd'hui deviner derrière son allure de véritable bonbonnière : meubles de famille, ancien cheval à bascule du propriétaire, tentures, tableaux... Un joli décor, pour une carte dans l'air du temps, cuisinée avec soin.

L'Auberge du Vigneron

2 pl. V.-Clément – ✆ 04 94 63 04 61 – www.auberge-du-vigneron.com – Fermé 15 fév.-8 mars, merc. soir, dim. soir et lundi
Formule 20 € 🍷 – Menu 25/35 €
Au cœur d'Ollioules, derrière l'église, une charmante maison à l'esprit baroque : objets anciens, tissus imprimés, etc. Aux fourneaux œuvre un chef passionné, qui donne la priorité à la fraîcheur et à la simplicité. La cuisine et les fromages sont goûteux – et le bandol...

OLMETO – 2A Corse-du-Sud ➜ voir Corse

OLMETO PLAGE – 2A Corse-du-Sud ➜ voir Corse, Olmeto

OLORON-STE-MARIE

✉ 64400 (Pyrénées-Atlantiques) – 10 800 hab. – **Voir carte n°3-B3**
Paris 809 km – Bayonne 105 km – Mont-de-Marsan 101 km – Pau 34 km
Carte Michelin 342-I5 – Guide Vert Michelin Aquitaine

Alysson

bd des Pyrénées – ✆ 05 59 39 70 70 – www.alysson-hotel.fr

47 ch – 🚹88/110 € 🚹🚹98/120 € – 1 suite – ☕ 12 € – ½ P

Rest – Formule 21 € – Menu 30/55 € – Carte 42/85 € *(fermé vacances de Noël et de fév., vend. soir d'oct. à avril et sam. midi)*

En bordure d'un axe passant, ce hôtel récent abrite des chambres spacieuses et fonctionnelles (certaines avec baignoire balnéo), rénovées de pied en cap ces dernières années. Le restaurant s'ouvre sur le jardin. Idéal pour la clientèle d'affaires.

Hôtel De La Paix sans rest

24 av. Sadi-Carnot – ✆ 05 59 39 02 63 – www.hotel-oloron.com – Fermé 22 déc.-6 janv.

24 ch – 🚹55/69 € 🚹🚹63/73 € – ☕ 8,50 €

Hôtel familial bien entretenu, situé dans le quartier de la gare. Chambres simples et claires, pratiques pour l'étape. Accueil convivial.

OMIÉCOURT

✉ 80320 (Somme) – 241 hab. – **Voir carte n°37-B2**

▶ Paris 128 km – Amiens 64 km – Compiègne 53 km – Saint-Quentin 39 km

Carte Michelin 301-K9

Château d'Omiécourt sans rest

4 r. du Bosquet – ✆ 03 22 83 01 75 – www.chateau-omiecourt.com

5 ch ☕ – 🚹95/125 € 🚹🚹135/155 €

Dans ce château de famille, entouré d'un parc de 16 ha, on est accueilli par la 5e génération ! Il fait bon se reposer dans les chambres ("1900", "Louis XVI", etc.) au beau mobilier chiné. À noter, le bel espace bien-être (sauna, hammam, jacuzzi...), parfait pour un week-end détente.

OMONVILLE-LA-PETITE

✉ 50440 (Manche) – 137 hab. – **Voir carte n°32-A1**

▶ Paris 380 km – Barneville-Carteret 45 km – Cherbourg 25 km – Nez de Jobourg 7 km

Carte Michelin 303-A1 – Guide Vert Michelin Normandie Cotentin

La Fossardière sans rest

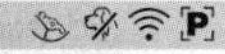

au hameau de la Fosse – ✆ 02 33 52 19 83 – www.lafossardiere.fr – Ouvert 15 mars-15 nov.

8 ch – 🚹70/85 € 🚹🚹70/85 € – ☕ 10 €

Dans un paisible hameau, en retrait du village où repose Jacques Prévert, un hôtel qui ne ressemble pas à un hôtel... Les chambres sont réparties dans des petites maisons de pays, toutes plus mignonnes les unes que les autres. Reposant !

ONZAIN

✉ 41150 (Loir-et-Cher) – 3 471 hab. – **Voir carte n°11-A1**

▶ Paris 201 km – Amboise 21 km – Blois 19 km – Château-Renault 24 km

Carte Michelin 318-E6

Domaine des Hauts de Loire

79 r. Gilbert Navard, rte de Mesland, 3 km au Nord-Ouest par D 1 et voie privée – ✆ 02 54 20 72 57 – www.domainehautsloire.com – Ouvert 14 fév.-23 nov.

19 ch – 🚹190/570 € 🚹🚹190/570 € – 12 suites – ☕ 22 € – ½ P

Rest ***Domaine des Hauts de Loire*** ✿✿ – voir les restaurants ci-après

Dans son parc forestier à mi-chemin entre Chenonceaux, Amboise et Blois, ce castel centenaire exprime l'âme noble de la région. Objets anciens, imprimés chatoyants, beaux volumes (certaines chambres sous la charpente apparente) : le savoir-vivre à la ligérienne...

Château des Tertres sans rest

11 bis r. de Meuves – ✆ 02 54 20 83 88 – www.chateau-tertres.com – Ouvert 1er avril-20 oct.

17 ch – 🚹80/99 € 🚹🚹89/140 € – ☕ 10 €

Gentilhommière du Second Empire ceinte d'un magnifique parc de 5 ha. Chambres de style Napoléon III ou Louis-Philippe, originales et contemporaines dans le cottage attenant.

Domaine des Hauts de Loire – Hôtel Domaine des Hauts de Loire

79 r. Gilbert Navard, rte de Mesland, 3 km au Nord-Ouest par D 1 et voie privée – ✆ 02 54 20 72 57 – www.domainehautsloire.com – Ouvert 14 fév.-23 nov. et fermé lundi et mardi sauf fériés

Formule 49 € – Menu 79/165 € – Carte 114/165 €

Dans cet élégant pavillon de chasse du 19e s., du gibier bien sûr (automne-hiver), mais aussi des poissons de la Loire, de beaux légumes et fruits de saison... D'excellents produits et une exécution très fine, avec comme but ultime : le goût. → Anguille poêlée, mie de pain dorée aux graines de céleri. Filet de bœuf poché, ravioli de queue de bœuf et jeunes légumes. Framboises fourrées au cassis, sorbet citron et basilic, coulis de framboise.

OPIO

✉ 06650 (Alpes-Maritimes) – 2 115 hab. – **Voir carte n°42-E2**

Paris 911 km – Cannes 17 km – Digne-les-Bains 125 km – Draguignan 74 km

Carte Michelin 341-C5

Le Mas des Géraniums

1 km à San Peyre, à l'Est sur D 7 – ✆ 04 93 77 23 23 – www.le-mas-des-geraniums.com – Fermé 12 nov.-18 déc., mardi et merc.

Formule 18 € – Menu 25 € (semaine), 38/50 € – Carte 42/76 €

Une belle auberge sur la colline d'Opio, avec un jardin fleuri et ouvert sur la campagne, où il est bien agréable de s'attabler... Comme au bon vieux temps, on déguste ici une authentique cuisine provençale, faite dans les règles, avec des ingrédients gorgés de fraîcheur. Comment se lasser de tels plaisirs ?

ORADOUR-SUR-GLANE

✉ 87520 (Haute-Vienne) – 2 246 hab. – **Voir carte n°24-B2**

Paris 408 km – Angoulême 85 km – Bellac 26 km – Confolens 33 km

Carte Michelin 325-D5 – Guide Vert Michelin Limousin Berry

Le Milord

10 av. du 10-Juin – ✆ 05 55 03 10 35 – www.restaurantlemilordtraiteur.fr – Fermé dim. soir

Formule 13 € – Menu 15 € (déj. en semaine), 20/37 € – Carte 25/50 €

Ici règne une atmosphère résolument familiale. Épaulée par ses parents, la jeune cuisinière concocte des plats traditionnels sans fioriture, mais généreux. Allez venez, Milord...

ORADOUR-SUR-VAYRES

✉ 87150 (Haute-Vienne) – 1 518 hab. – **Voir carte n°24-A2**

Paris 433 km – Limoges 40 km – Panazol 45 km – St-Junien 23 km

Carte Michelin 325-C6

La Bergerie des Chapelles

chemin de la Côte, 1 km au Sud par rte de Cussac – ✆ 05 55 78 29 91 – www.domainedeschapelles.com – Fermé en oct.

8 ch – †69/105 € ††69/140 € – ☕ 12 € – ½ P

Rest – Menu 29/33 € *(fermé dim., lundi et le midi) (résidents seult)*

Une ancienne bergerie dans un grand parc, en pleine nature... Avec son fort caractère rustique et ses belles touches contemporaines, elle a un sacré charme bucolique ! Petit plus : certaines chambres ont une terrasse côté piscine. Menu unique pour les résidents.

ORANGE

✉ 84100 (Vaucluse) – 29 135 hab. – **Voir carte n°42-E1**

Paris 655 km – Alès 84 km – Avignon 31 km – Carpentras 24 km

Carte Michelin 332-B9 – Guide Vert Michelin Provence

Arène Kulm

pl. Langes – ✆ 04 90 11 40 40 – www.hotel-arene.fr Plan : AY**a**

40 ch – †81/210 € ††81/210 € – ☕ 10 €

Rest – Formule 13 € – Menu 20 € (dîner)/26 € – Carte 27/43 € *(fermé dim. en été et le soir en hiver sauf merc. et jeudi)*

L'hôtel de référence à Orange, agréablement situé sur une place piétonne au cœur de la cité (le bâtiment date du 19e s.). Il offre un bon rapport qualité-prix compte tenu de ses prestations : chambres spacieuses et bien équipées, bassin de nage, piscine, etc.

ORANGE

Arc de Triomphe (Av. de l') **AY**
Artaud (Av. A.) . . . . **ABY**
Blanc (R. A.) . . . . **BZ**
Briand (Crs A.) . . . . **AYZ**
Caristie (R.) . . . . **BY** 2
Châteauneuf (R. de) . . . . . **BZ** 3
Clemenceau (Pl. G.) . . . . . **BY** 4
Concorde (R. de la) . . . . . . **BY**
Contrescarpe (R. de la) . . . **BY**
Daladier (Bd E.) . . . . **ABY**
Fabre (Av. H.) . . . . **BY**
Frères-Mounet (Pl. des) . . **BY** 5
Guillaume-le-Taciturne (Av.) . . . . **BY**
Herbes (Pl. aux) . . . . **BY** 7
Lacour (R.) . . . . **AY**
Leclerc (Av. Gén.) . . . . **BZ**
Levade (R. de la) . . . . **BY**
Mistral (Av. F.) . . . . **BY** 9
Noble (R. du) . . . . **ABY**
Pourtoules (Cours) . . . . **BZ**
Pourtoules (R.) . . . . **BZ** 12
Princes d'Orange-Nassau (Mtée des) . . . . **AZ**
République (Pl. de la) . . . . **BY** 14
République (R. de la) . . . . **BY** 16
Roch (R. Madeleine) . . . . . **BZ** 18
St-Clement (R.) . . . . **AZ**
St-Florent (R.) . . . . **BY** 20
St-Jean (R.) . . . . **AY**
St-Martin (R.) . . . . **AY** 22
Tanneurs (R. des) . . . . **AY** 24
Thermes (Av. des) . . . . **AZ**
Tourre (R. de) . . . . **AZ** 26
Victor-Hugo (R.) . . . . **AY**

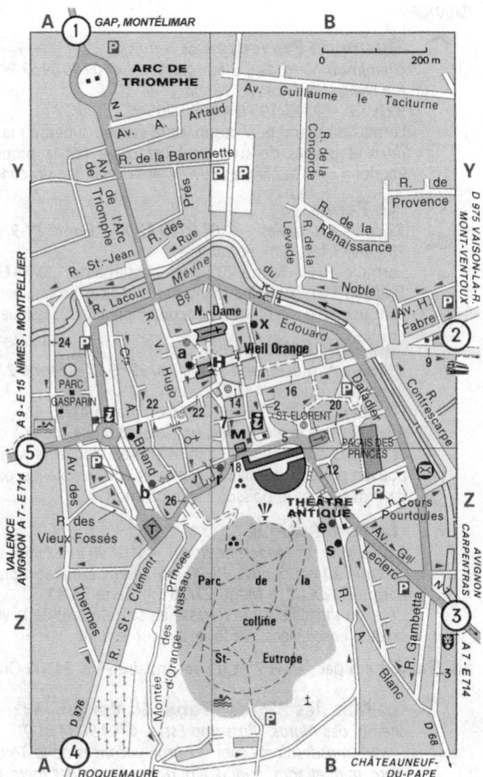

Lou Cigaloun sans rest

4 r. Caristie – ☎ 04 90 34 10 07 – www.hotel-loucigaloun.com Plan : BY**x**

24 ch – 50/147 € 75/147 € – 3 suites – 9 €

À deux pas du théâtre antique, cet établissement a bénéficié en 2011 d'une véritable cure de jouvence, adoptant un décor d'un classicisme de bon ton, à la fois sobre et plaisant. L'ambiance y est familiale.

Le Glacier sans rest

46 cours A. Briand – ☎ 04 90 34 02 01 – www.le-glacier.com – Fermé 20 déc.-4 janv., vend., sam. et dim. de nov. à fév. Plan : AY**r**

34 ch – 65/130 € 65/130 € – 9 €

Sur le boulevard de ceinture de la ville, derrière une façade rose, un hôtel tout simple, d'esprit provençal, tenu par la même famille depuis quatre générations. L'accueil se montre d'une grande gentillesse.

St-Jean sans rest

1 cours Pourtoules – ☎ 04 90 51 15 16 – www.hotelsaint-jean.com – Fermé 20 déc.-4 janv. Plan : BZ**s**

20 ch – 60/70 € 70/85 € – 8 €

Au pied de la colline St-Eutrope, non loin du théâtre antique, des petites chambres assez chaleureuses, dont l'une taillée dans la roche ! Ce relais de poste du 17e s. est une bonne option pour une étape à Orange.

Justin de Provence sans rest
chemin du Mercadier, 2 km par ② – ✆ 04 90 69 57 94
– www.justin-de-provence.com
5 ch – 125/195 € 130/205 €
Le mas du grand-père Justin, mué en une superbe maison de campagne... Chambres rétro et pleines de style, mobilier chiné par la propriétaire, décor de bistrot à la Pagnol – sans oublier les oliviers et la lavande : un concentré de Provence !

Le Parvis
55 cours Pourtoules – ✆ 04 90 34 82 00 – Fermé 1er-9 sept., 10 nov.-2 déc., 18 janv.-3 fév., dim. et lundi Plan : BZ**e**
Formule 16 € – Menu 20 € (déj. en semaine), 30/48 €
Tradition ! Ici, la cuisine marie terroir, épices et légumes régionaux. Le tout à savourer dans une salle alliant les styles contemporain et classique (beau plafond à la française).

Au Petit Patio
58 cours Aristide-Briand – ✆ 04 90 29 69 27 – Fermé 27 août-3 sept., 21 déc.-6 janv., merc. soir, jeudi soir et dim. Plan : AZ**b**
Formule 18 € – Menu 26/36 € – Carte 41/53 €
À la lisière de la vieille ville, une allée discrète mène à ce petit patio préservé du bruit et du passage. Quelques tables y prennent leurs aises aux beaux jours, mais vous pouvez préférer la salle, élégante et confortable. Le chef aime travailler les produits de Provence et le poisson : jolie palette !

La Rom'Antique
5 pl. Silvain, (r. Madeleine Roch) – ✆ 04 90 51 67 06 – www.la-romantique.com
– Fermé 20 oct.-3 nov., 1er-20 janv., dim., lundi et mardi de nov. à juin
Formule 13 € – Menu 22/28 € – Carte 33/43 € Plan : BZ**r**
L'été, on s'installe sur la terrasse en se délectant de la vue sur le théâtre antique et de saveurs ensoleillées... Ardoise du jour le midi.

au Nord 4 km par ①, N 7 et rte secondaire - ✉ 84100 Orange

Le Mas des Aigras - Table du Verger avec ch
chemin des Aigras, (Russamp Est) – ✆ 04 90 34 81 01
– www.masdesaigras.com – Fermé vacances de la Toussaint, de Noël, lundi midi, merc. midi et sam. midi d'avril à sept., mardi et merc. d'oct. à mars
9 ch – 85/120 € 85/120 € – 13 € – ½ P
Formule 22 € – Menu 30/55 € – Carte 45/75 €
Joli mas en pierre au milieu des vignes et des champs. Le chef réalise, en partie devant ses hôtes, une goûteuse cuisine à base de produits bio. Cadre soigné et agréable terrasse. Pour l'étape, chambres égayées de couleurs provençales.

à Sérignan-du-Comtat par ① N 7 et D 976 : 8 km – ✉ 84830 – 2 403 hab.

Le Pré du Moulin (Pascal Alonso) avec ch
Cours J.-Esteve, rte de Ste-Cécile-les-Vignes – ✆ 04 90 70 14 55 www.predumoulin.com
– Ouvert 15 avril-3 nov. et fermé dim. soir de sept. à juin et lundi.
12 ch – 110/310 € 110/310 € – 18 € – ½ P
Formule 49 € – Menu 69/119 € – Carte 69/134 €
D'abord moulin, puis école communale, cette maison de village en pierre séduit par son atmosphère bucolique... et plus encore par sa cuisine, qui cultive le classicisme avec un soin précieux. La terrasse ombragée par de vieux platanes fleure bon, elle aussi, la Provence. Et la demeure abrite des chambres aussi jolies que confortables...
→ Raviole ouverte de truffes et artichauts sautés à cru. Mitonnée de pigeon aux champignons. Soufflé chaud au Grand Marnier.
Les Tables de Campagne – voir les restaurants ci-après

Les Tables de Campagne – Restaurant Le Pré du Moulin
Cours J.-Esteve, rte de Ste-Cécile-les-Vignes – ✆ 04 90 70 14 55
– www.predumoulin.com – Fermé dim. soir de sept. à juin et lundi.
Menu 31 € – Carte 34/51 €
Sous l'égide du Pré du Moulin, un vrai bistrot de chef, où l'on profite du savoir-faire de la maison mère à travers de jolis plats pensés selon le marché. Le cadre, contemporain et baroque à la fois, ajoute au plaisir du moment.

à Caderousse 6 km au Sud-Ouest par ④ et D 17 – ✉ 84860 – 2 735 hab.

La Bastide des Princes

chemin de Bigonnet – ☎ 04 90 51 04 59 – www.bastide-princes.com – Ouvert 4 avril-11 nov.

5 ch – 130/145 € 135/145 € **Table d'hôte** – Menu 45/100 €

Une belle bastide du 17e s. au grand calme. Chambres au décor soigné et espace détente original côté grange (bar, cheminée, piscine intérieure...). À la table d'hôte, cuisine régionale avec les herbes et les légumes du potager.

ORBEC

✉ 14290 (Calvados) – 2 344 hab. – **Voir carte n°33-C2**

Paris 173 km – L'Aigle 38 km – Alençon 80 km – Argentan 53 km

Carte Michelin 303-O5 – Guide Vert Michelin Normandie Vallée de la Seine

Au Caneton

32 r. Grande – ☎ 02 31 32 73 32 – www.aucaneton.fr – Fermé 23 déc.-8 janv., dim. soir et lundi

Menu 27/54 € – Carte 65/78 € *(réservation conseillée)*

Huîtres, homard, foie gras... Pour une telle cuisine classique, cette charmante maison à colombages du 17e s., à la fois rustique et feutrée (poutres, cuivres, assiettes anciennes), est le cadre parfait. Accueil charmant.

ORBEY

✉ 68370 (Haut-Rhin) – 3 626 hab. – **Voir carte n°1-A2**

Paris 434 km – Colmar 23 km – Gérardmer 42 km – Munster 21 km

Carte Michelin 315-G8

Bois Le Sire et son Motel rest,

20 r. Ch.-de-Gaulle – ☎ 03 89 71 25 25 – www.bois-le-sire.fr – Fermé 5 janv.-6 fév.

36 ch – 64/106 € 64/106 € – 1 suite – 11 € – ½ P

Rest – Formule 12 € – Menu 24/54 € – Carte 30/53 €

Sur la route principale du village, une grande bâtisse colorée et son annexe aux airs de motel. Dans cette dernière, les chambres sont plus grandes et plus calmes, mais partout elles sont pratiques et agréables. Pour la détente, un espace forme (piscine, hammam...). Restaurant traditionnel.

aux Basses-Huttes 4 km au Sud par D 48 – ✉ 68370

Wetterer

– ☎ 03 89 71 20 28 – www.hotel-wetterer.com – Fermé 17 mars-11 avril, 4-27 nov. et 7 janv.-18 fév.

15 ch – 45/52 € 60/70 € – 9 € – ½ P

Rest – Formule 19 € – Menu 27/38 € – Carte 24/42 € *(fermé mardi midi et merc. midi)*

Entre montagne, pâturages et forêt – quiétude garantie ! –, cette grande maison rustique propose des chambres simples et bien tenues, ainsi qu'une cuisine traditionnelle bon marché. Idéal pour les familles et les amateurs de nature.

ORCET

✉ 63670 (Puy-de-Dôme) – 2 718 hab. – **Voir carte n°5-B2**

Paris 429 km – Aurillac 146 km – Clermont-Ferrand 13 km – Moulins 110 km

Carte Michelin 326-G8

Toît pour Toi

1 r. de la Narse – ☎ 04 73 78 17 24 – www.toit-pour-toi.fr – Fermé dim. soir, lundi, mardi et le midi sauf sam. et dim.

Menu 27/47 € – Carte environ 40 €

De vous à nous, à Toît pour toi, on se régale ! Ici, la cuisine se teinte de notes japonaises, thaïlandaises ou italiennes... Dépaysement garanti pour des gourmands en mal d'horizons lointains. Formule plus simple le midi. Une adresse originale, au cadre coloré.

ORCHIES

✉ 59310 (Nord) – 8 178 hab. – **Voir carte n°31-C2**

Paris 219 km – Denain 28 km – Douai 20 km – Lille 29 km

Carte Michelin 302-H5

Le Manoir

Hameau de Manneville, à l'Ouest par D 549, rte de Seclin – ☎ 03 20 64 68 68 – www.manoir.net – Fermé août
34 ch – †69/89 € ††69/89 € – ☐ 9 € – ½ P
Rest – Formule 17 € – Menu 23/32 € – Carte 25/46 € *(fermé 26-31 déc., vend. soir, sam. midi, dim. soir et fériés le soir)*
Cet établissement a beau se trouver à proximité immédiate de l'A 23, ses chambres n'en sont pas moins parfaitement insonorisées, en plus d'être fonctionnelles et très bien tenues ! Quant au restaurant, il propose une généreuse cuisine traditionnelle.

La Chaumière

685 r. Henri-Fiévet, 3 km au Sud par D 957, rte de Machiennes ✉ 59320 Beuvry-la-Fôret – ☎ 03 20 71 86 38 – www.restaurant-lachaumiere.com – Fermé 2-16 sept., fév., dim. soir et lundi
Formule 13 € – Menu 30/59 € – Carte 44/58 €
Une auberge, une vraie ! Le décor est rustique à souhait, l'accueil sympathique, et la carte honore la tradition. Amateurs de fromages, le plateau met en appétit et s'accompagne de jolis bordeaux...

ORCIÈRES

✉ 05170 (Hautes-Alpes) – 718 hab. – **Voir carte n°41-C1**
Paris 676 km – Briançon 109 km – Gap 32 km – Grenoble 113 km
Carte Michelin 334-F4 – Guide Vert Michelin Alpes du Sud

à Merlette 5 km au Nord par D 76 – ✉ 05170

Les Gardettes avec ch

– ☎ 04 92 55 71 11 – www.gardettes.com – Ouvert 15 déc.-fin avril et 20 juin-5 sept.
15 ch – †57/105 € ††57/105 € – ☐ 8 € – ½ P Menu 25/35 € – Carte 22/49 €
Dans cet hôtel-restaurant créé par ses parents dans la ferme familiale, le chef porte haut la continuité, autour de bonnes saveurs du terroir, telle cette "soupe d'orties d'Orcières comme faisait ma grand-mère". Côté chambres, beaucoup de simplicité et de savoureuses confitures maison au petit-déjeuner.

ORCINES – 63 Puy-de-Dôme → voir Clermont-Ferrand

ORCIVAL

✉ 63210 (Puy-de-Dôme) – 249 hab. – **Voir carte n°5-B2**
Paris 441 km – Aubusson 82 km – Clermont-Ferrand 27 km – Le Mont-Dore 17 km
Carte Michelin 326-E8 – Guide Vert Michelin Auvergne

Notre Dame

– ☎ 04 73 65 82 02 – Ouvert 1er fév.-10 nov.
7 ch – †48/55 € ††55/58 € – ☐ 10 € – ½ P
Rest – Menu 15/30 € – Carte 29/45 €
Vous apprécierez l'ambiance familiale qui règne dans cet établissement face à la basilique. Les chambres sont confortables et colorées. Cuisine régionale servie dans un décor de bistrot auvergnat. Une adresse sympathique.

ORGELET

✉ 39270 (Jura) – 1 685 hab. – **Voir carte n°16-B3**
Paris 434 km – Besançon 104 km – Bourg-en-Bresse 68 km – Lons-le-Saunier 20 km
Carte Michelin 321-D7 – Guide Vert Michelin Franche-Comté Jura

La Valouse

12 r. des Fossés, (face à l'église) – ☎ 03 84 25 54 80 – www.hotel-restaurant-jura.com – Fermé 20 déc.-20 janv. et dim. soir
14 ch – †74 € ††92 € – ☐ 10 € – ½ P
Rest ***La Valouse*** – voir les restaurants ci-après
Face à l'église classée (14e s.), cet hôtel familial propose des chambres sobres, pratiques et bien insonorisées, idéales pour une étape.

XX **La Valouse**
12 r. des Fossés, (face à l'église) – 03 84 25 54 80 – www.hotel-restaurant-jura.com – Fermé 20 déc.-20 janv. et dim. soir
Formule 14 € – Menu 18/40 € – Carte 41/51 €
Dans ce restaurant coquet et accueillant, le chef réalise une cuisine du terroir actualisée et propose aussi un plat du jour – agrémenté d'un buffet de hors d'oeuvres – servi dans l'atmosphère conviviale du bistrot... L'été, on file sur la terrasse ombragée.

ORGEVAL – 78 Yvelines → voir Paris, Environs

ORGON

13660 (Bouches-du-Rhône) – 3 118 hab. – Voir carte n°**42**-E1
Paris 712 km – Aix-en-Provence 58 km – Avignon 29 km – Marseille 72 km
Carte Michelin 340-F3 – Guide Vert Michelin Provence

Le Mas de la Rose
rte d'Eygalières, 4 km au Sud-Ouest par D 24b – 04 90 73 08 91 – www.mas-rose.com – Ouvert 15 mars-15 nov.
11 ch – 190/420 € 190/420 € – 3 suites – 23 € – ½ P
Rest ***Le Potager du Mas*** – voir les restaurants ci-après
Dans un site bucolique, d'anciennes bergeries (17e s.) joliment réaménagées en adresse de charme. Les chambres, décorées avec soin, ont l'accent de la Provence... Superbe jardin paysager avec piscine.

XX **Le Potager du Mas** – Hôtel Le Mas de la Rose
rte d'Eygalières, 4 km au Sud-Ouest par D 24b – 04 90 73 08 90 – www.lepotagerdumas.com – Ouvert 15 mars-15 nov. et fermé dim. soir, mardi midi et lundi
Formule 30 € – Menu 35 € (déj. en semaine)/58 € – Carte 68/80 €
Le potager, c'est le cœur de cette table ensoleillée : fruits et légumes sont cultivés sur la propriété (en bio), les autres ingrédients provenant de petits producteurs locaux. Toutes les saveurs de la Provence ! Décor élégant et superbe terrasse face au parc.

ORLÉANS

45000 (Loiret) – 114 167 hab. – Agglo. 268 468 hab. – Voir carte n°**12**-C2
Paris 132 km – Caen 311 km – Clermont-Ferrand 295 km – Le Mans 143 km
Carte Michelin 318-I4 – Guide Vert Michelin Châteaux de la Loire

Plans pages 1168, 1169, 1170

Mercure
44 quai Barentin – 02 38 62 17 39 – www.mercure-orleans-centre.com
110 ch – 109/149 € 139/179 € – 1 suite – 16 € Plan : DZ**t**
Rest – Formule 19 € – Carte 28/48 € *(fermé sam. midi, dim. midi et fériés le midi)*
À deux pas du centre-ville, cet hôtel-restaurant propose des chambres spacieuses et très confortables. Préférez celles avec vue sur la Loire, les toits de la cité ou la cathédrale.

Hôtel d'Arc sans rest
37 r. de la République – 02 38 53 10 94 – www.hoteldarc.fr Plan : EY**g**
35 ch – 109/149 € 124/192 € – 15 €
Sous le patronage de la pucelle d'Orléans, cet hôtel (1904) ne craint pas le mélange des genres avec sa façade Art nouveau et son mobilier de style Louis-Philippe ! Au cœur de la ville et près de la gare, l'établissement dispose de chambres de bon confort. L'ascenseur d'époque est digne d'un musée !

Hôtel des Cèdres sans rest
17 r. du Mar.-Foch – 02 38 62 22 92 – www.hotelcedresorleans.com – Fermé 24 déc.-4 janv. Plan : DY**b**
32 ch – 61/102 € 61/102 € – 9 €
À l'écart du centre, une maison de maître au calme, avec des chambres sobres et bien tenues. On peut prendre son petit-déjeuner face au jardin planté de... cèdres.

Marguerite sans rest
14 pl. du Vieux Marché – 02 38 53 74 32 – www.hotel-marguerite.fr – Fermé 21 déc.-6 janv. Plan : DZ**f**
25 ch – 59/90 € 69/95 € – 7 €
Insonorisation et entretien sans faille pour cet hôtel, au cœur d'Orléans et à 50 m des bords de Loire, meublé dans un style contemporain.

ORLÉANS

Antigna (R.) . . . . DY 4
Bannier (R.) . . . . DY
Bothereau (R. R.) . . . . FY 14
Bourgogne (Fg de) . . . . . . FZ 15
Bourgogne (R. de) . . . . . . EFZ
Brésil (R. du) . . . . FY 16
Bretonnerie (R. de la) . . . DEY 17
Briand (Bd A.) . . . . FY 19
Champ-de-Mars (Av.) . . . . DZ 25
Charpenterie (R. de la) . . . . EZ 34
Châtelet (Square du) . . . . EZ 32
Chollet (R. Théophile) . . . . EY 36
Claye (R. de la) . . . . FY 38
Coligny (R.) . . . . FZ 39
Croix-de-la-Pucelle (R.) . . . EZ 43
Dauphine (Av.) . . . . EZ 47
Dolet (R. Étienne) . . . . EZ 49
Ducerceau (R.) . . . . EZ 51
Dupanloup (R.) . . . . EFY 53
Escures (R. d') . . . . EY 55
Étape (Pl. de l') . . . . EY 56
Ételon (R. de l') . . . . FY 57
Folie (R. de la) . . . . FZ 58
Fort-des-Tourelles (Q.) . . . . EZ 60
Gaulle (Pl. du Gén.-de) . . . DZ 65
Hallebarde (R. de la) . . . . . DY 70
Hôtelleries (R. des) . . . . . . EZ 71
Jeanne d'Arc (R.) . . . . EY
Lin (R. au) . . . . EZ 81
Loire (Pl. de la) . . . . EZ 85
Madeleine (R. Fg) . . . . DZ 88
Manufacture (R. de la) . . . FY 89
Motte-Sanguin (Bd de la) . FZ 95
N.-D.-de-Recouvrance (R.) DZ 97
Oriflamme (R. de l') . . . . . . FZ 98
Parisie (R.) . . . . EZ 100
Poirier (R. du) . . . . EZ 106
Pothier (R.) . . . . EZ 112
Prague (Quai) . . . . DZ 113
Pressoir (R. du) . . . . FY 115
Pte-Madeleine (R.) . . . . . . DY 108
Pte-St-Jean (R.) . . . . DY 109
Rabier (R. F.) . . . . EY 117
République (Pl.) . . . . EZ 121
République (R. de la) . . . . . EY
Roquet (R.) . . . . EZ 124
Royale (R.) . . . . EZ 125
Ste-Catherine (R.) . . . . EZ 135
Ste-Croix (Pl.) . . . . EYZ 139
St-Euverte (Bd) . . . . FYZ 126
St-Euverte (R.) . . . . FY 127
Secrétain (Av. R.) . . . . DZ 140
Segellé (Bd P.) . . . . FY 141
Tabour (R. du) . . . . EZ 145
Tour Neuve (R. de la) . . . . . FZ 147
Verdun (Bd de) . . . . DY 152
Vieux-Marché (Pl.) . . . . DZ 159
Weiss (R. L.) . . . . FY 160
6-Juin 1944 (Pl. du) . . . . . . FY 162

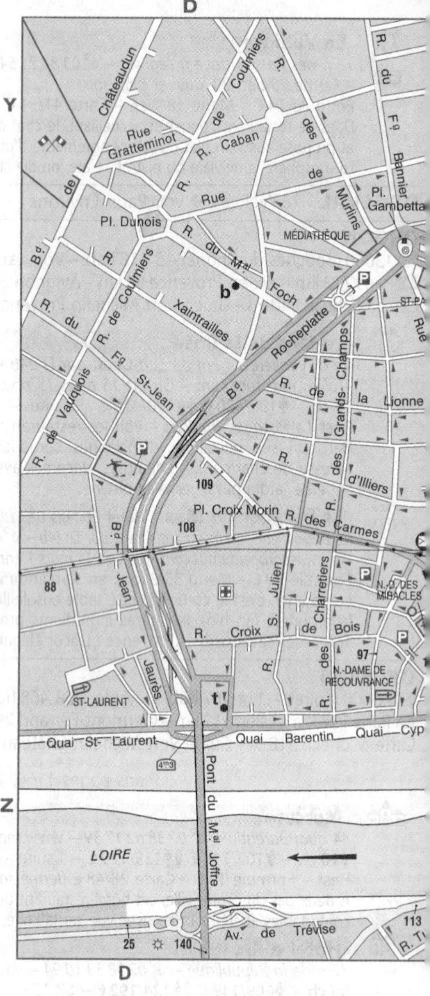

Hôtel de l'Abeille sans rest
64 r. d'Alsace-Lorraine – ✆ 02 38 53 54 87 – www.hoteldelabeille.com Plan : EY**k**
26 ch – †79/110 € ††89/130 € – ☕ 12 €
Voici une adresse où butiner un petit-déjeuner bio ! En outre, l'hôtel de l'Abeille, appartenant à la même famille depuis quatre générations, n'a pas pris une ride : jolis papiers peints anglais, meubles chinés... Agréable terrasse au dernier étage.

Saint-Martin sans rest
52 bd St-Martin – ✆ 02 38 53 02 28 – www.hotel-st-martin.fr Plan : EY**d**
21 ch – †69/80 € ††75/89 € – ☕ 8 €
Cet hôtel, entièrement rénové en 2011, se dresse aux portes du parc Louis-Pasteur. Déco chic et moderne : moquette épaisse, murs gris, têtes de lit matelassées, tentures mordorées ou avec des arabesques... Parfait pour la clientèle dans le vent !

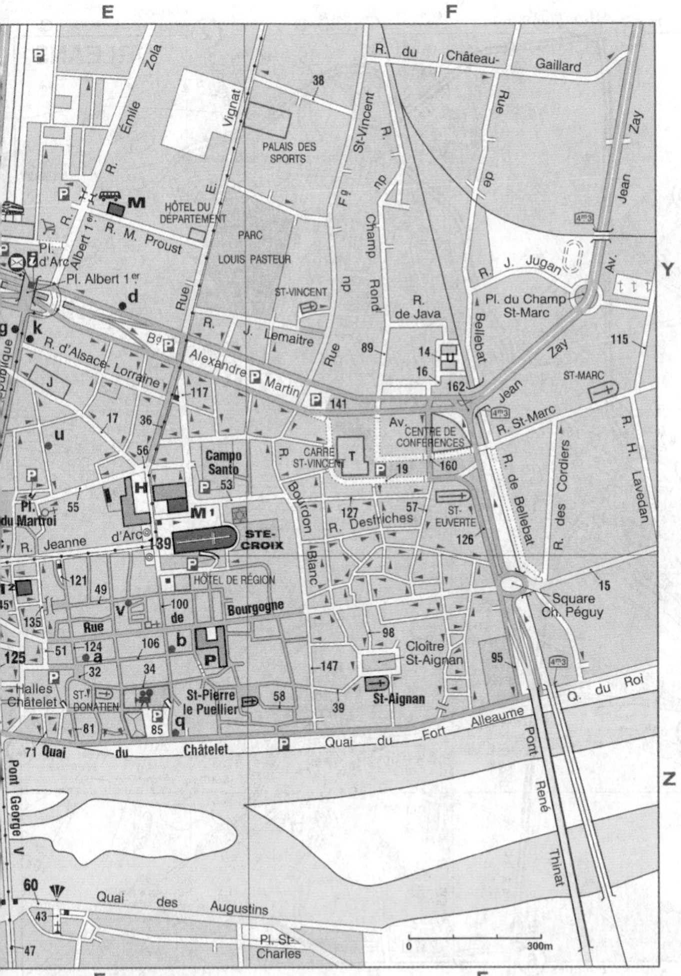

Le Lièvre Gourmand (William Page)

28 quai du Chatelet – ✆ 02 38 53 66 14 – www.lelievregourmand.com – Fermé 28 avril-12 mai, 8-22 sept. et mardi Plan : EZ**q**

Menu 35 € (déj.), 45/70 € *(réservation conseillée)*

Ce lièvre-là fait des bonds de kangourou ! Le chef, un Australien installé de longue date en France, signe de belles assiettes, bien pensées, inventives et très savoureuses. Cette maison du 19e s., en bord de Loire, vit avec son époque...

➜ Joues de lotte en tempura et radis vert. Pintade fermière, écrevisses et fèves. Boule croquante au chocolat et griottines.

Eugène

24 r. Ste-Anne – ✆ 02 38 53 82 64 – Fermé 1er-15 août, 24 déc.-2 janv., sam. et dim.

Formule 18 € – Menu 25/51 € – Carte 35/65 € Plan : EY**u**

Désormais, dans le Loiret, les cigales se font entendre ! Ici, les plus beaux produits de saison servent une cuisine aux saveurs méridionales. Au final : des plats soignés, goûteux et fins. Le cadre est cosy (mobilier chic, tons pastel...).

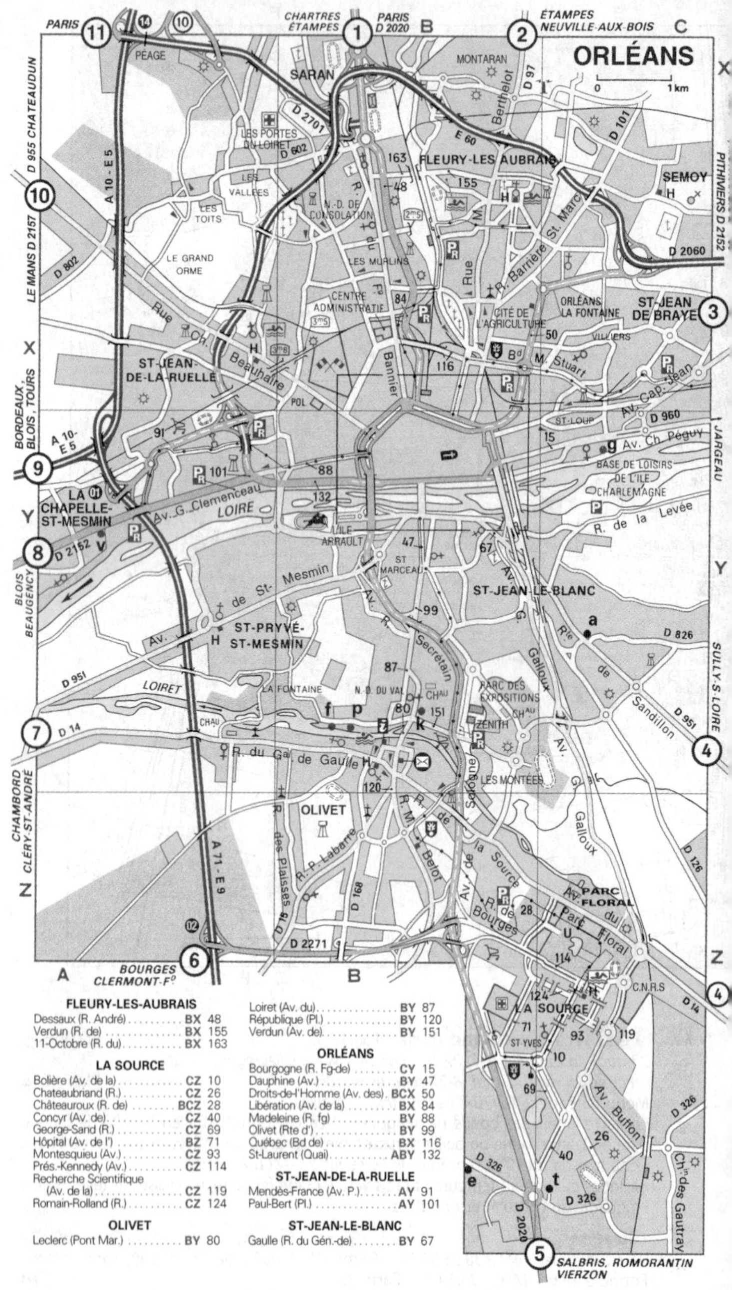

FLEURY-LES-AUBRAIS

Dessaux (R. André) .... BX 48
Verdun (R. de) .... BX 155
11-Octobre (R. du) .... BX 163

LA SOURCE

Bolière (Av. de la) .... CZ 10
Chateaubriand (R.) .... CZ 26
Châteauroux (R. de) .... BCZ 28
Concyr (Av. de) .... CZ 40
George-Sand (R.) .... CZ 69
Hôpital (Av. de l') .... BZ 71
Montesquieu (Av.) .... CZ 93
Prés.-Kennedy (Av.) .... CZ 114
Recherche Scientifique (Av. de la) .... CZ 119
Romain-Rolland (R.) .... CZ 124

OLIVET

Leclerc (Pont Mar.) .... BY 80
Loiret (Av. du) .... BY 87
République (Pl.) .... BY 120
Verdun (Av. de) .... BY 151

ORLÉANS

Bourgogne (R. Fg-de) .... CY 15
Dauphine (Av.) .... BY 47
Droits-de-l'Homme (Av. des) . BCX 50
Libération (Av. de la) .... BX 84
Madeleine (R. fg) .... BY 88
Olivet (Rte d') .... BY 99
Québec (Bd de) .... BX 116
St-Laurent (Quai) .... ABY 132

ST-JEAN-DE-LA-RUELLE

Mendès-France (Av. P.) .... AY 91
Paul-Bert (Pl.) .... AY 101

ST-JEAN-LE-BLANC

Gaulle (R. du Gén.-de) .... BY 67

La Parenthèse
26 pl. du Châtelet – 02 38 62 07 50 – www.restaurant-la-parenthese.com – Fermé 3-26 août, dim. et lundi Plan : EZ**a**
Formule 15 € – Menu 30/35 €
Avec sa façade à colombages rouges, cette bâtisse de 1597 fait de l'œil aux gourmands ! Assiettes copieuses, produits frais, jus et sauces bien cuisinés... Les saveurs sont au rendez-vous de cette jolie Parenthèse, portée par l'enthousiasme d'une jeune équipe.

La Dariole
25 r. Étienne-Dolet – 02 38 77 26 67 – Fermé 8-31 août, sam., dim. et le soir sauf mardi et vend. Plan : EZ**v**
Formule 21 € – Menu 26/38 € *(réservation conseillée)*
Une véritable bonbonnière que cette maison à colombages (15e s.) près de la cathédrale : tissus, fleurs, poutres, pierres apparentes... Le décor se prête à un bon repas et, de fait, le chef fait mouche à chaque plat : soin, tradition, pointe d'originalité. Une bonne adresse.

Hikari
28 r. Poterne – 02 38 62 28 00 – Fermé dim., lundi et le midi Plan : EZ**b**
Menu 30/42 € – Carte 40/50 € *(réservation conseillée)*
Avec Hikari ("lumière" en japonais), la cuisine du pays du Soleil-Levant brille à Orléans ! Les mets, de qualité, sont cuisinés dans les règles de l'art nippon : subtilité, saveurs au diapason... Une adresse où l'on prend le temps de la dégustation.

à St-Jean-de-Braye 4 km à l'Est - CXY – ✉ 45800 – 19 057 hab.

Novotel Orléans St-Jean-de-Braye
145 av. de Verdun, N 152 – 02 38 84 65 65 – www.novotel.com
107 ch – 79/170 € 79/170 € – 14 € **Rest** – Carte 25/45 €
Bien situé – près de l'autoroute et en lisière de forêt –, avec des chambres dernière génération et un joli jardin (terrasse donnant sur la piscine et jeux pour enfants).

Les Toqués
71 chemin du Halage – 02 38 86 50 20 – Fermé 11-24 août, dim. et lundi
Menu 22 € (déj. en semaine)/33 € – Carte 38/48 € Plan : CY**g**
Parmentier de bœuf au foie gras, papillote de crevettes, craquelin aux pommes et caramel au beurre salé... Pas de doute, le chef en a sous la toque ! Bon à savoir : l'été, la terrasse en bord de Loire est prise d'assaut.

à St-Jean-le-Blanc 3 km au Sud – ✉ 45650 – 8 185 hab.

Villa Marjane sans rest
121 rte de Sandillon, D 951 – 02 38 66 35 13 – www.villamarjane.com
19 ch – 69/77 € 69/94 € – 10 € Plan : CY**a**
Cette maison bourgeoise du 18e s., à 3 km d'Orléans, ne manque pas de charme : vieux parquet, mobilier chiné, chambres soigneusement décorées et ambiance familiale. Une halte agréable.

à La Source 11 km au Sud-Est - BCZ – ✉ 45100

Novotel Orléans La Source
r. H. de Balzac, (carrefour N20-D326, rte de Concyr) – 02 38 63 04 28 – www.novotel.com Plan : CZ**t**
119 ch – 79/207 € 79/207 € – 16 € **Rest** – Carte 17/44 €
Dans un parc de 3 ha, près de l'A 71, ce Novotel s'adapte à la clientèle familiale comme à celle d'affaires : chambres spacieuses et contemporaines, salles de séminaires, aire de jeux pour enfants, piscine...

au parc de Limère 13 km au Sud-Est par N 20 et D 326 – ✉ 45160

Domaine des Portes de Sologne
200 allée des 4 vents – 02 38 49 99 99 – www.portes-de-sologne.com ch, rest, Plan : BZ**e**
116 ch – 118/169 € 118/169 € – 15 €
Rest – Formule 20 € – Menu 29/57 € – Carte 46/60 €
Proche du golf Le Limère et du centre de balnéothérapie Les Balnéades, cet établissement propose des chambres mais aussi des petites résidences hôtelières et des salles de séminaires. Restauration traditionnelle. Une bonne option pour un week-end détente.

à Olivet 5 km au Sud par av. du Loiret et bords du Loiret – ✉ 45160 – 19 583 hab.

Le Rivage avec ch
635 r. Reine-Blanche – ✆ 02 38 66 02 93 – www.lerivage-olivet.com – Fermé 25 déc.-21 janv., dim. soir de la Toussaint à Pâques et sam. midi Plan : BY**f**
17 ch – †65/100 € ††85/100 € – ☕ 13 € – ½ P Menu 27/66 € – Carte 41/93 €
Belles villas, vieux moulins... Profitez pleinement du spectacle bucolique des rives du Loiret depuis la véranda ou la terrasse à fleur d'eau. Cuisine traditionnelle de qualité, très goûteuse, fine et visuelle.

La Laurendière
68 av. du Loiret – ✆ 02 38 51 06 78 – www.lalaurendiere.new.fr – Fermé 7-23 juil., lundi soir, mardi soir et merc. Plan : BY**k**
Menu 25/51 € – Carte 37/64 €
Nappes blanches, argenterie, vaisselle en faïence de Gien... Cet établissement cultive son petit côté vieille France ! Derrière les fourneaux, le chef met le terroir à l'honneur : cuisse de lapin farcie, cassoulet de faisan, etc. Assiettes généreuses, beaucoup de goût et... une carte des vins de plus de 1 300 références !

Le Pavillon Bleu avec ch
351 r. Reine-Blanche – ✆ 02 38 66 14 30 – www.lepavillonbleu-restaurant.com
5 ch – †65 € ††90 € – ☕ 10 € – ½ P Plan : BY**p**
Menu 28 € (déj. en semaine)/55 €
Esprit guinguette pour cette bâtisse des bords du Loiret, où il fait bon s'installer à l'ombre des vieux platanes... Pour l'anecdote, la salle est aménagée dans un ancien hangar à bateaux. Côté assiettes, les techniques sont maîtrisées, les assaisonnements équilibrés : c'est savoureux. Très bon choix de vins.

à la Chapelle-St-Mesmin 4 km à l'Ouest- AY – ✉ 45380 – 9 658 hab.

Côté Saveurs
55 rte d'Orléans – ✆ 02 38 72 29 51 – www.cotesaveurs.com – Fermé 2-10 mars, 3-18 août, 24 déc.-2 janv., dim. et lundi Plan : AY**v**
Formule 20 € – Menu 31/37 € – Carte 45/60 €
Lustre d'une maison bourgeoise du 19e s. et... peps de notre époque ! Ici, on déguste une belle cuisine, fine, franche et savoureuse. On se régale et les prix sont raisonnables.

ORLY (Aéroports de Paris) – 91 Essonne ➜ voir Paris, Environs

---

ORMOY-LA-RIVIÈRE – 91 Essonne ➜ voir Étampes

ORNAISONS – 11 Aude ➜ voir Narbonne

ORNANS

✉ 25290 (Doubs) – 4 188 hab. – Voir carte n°**16**-B2
Paris 428 km – Baume-les-Dames 42 km – Besançon 26 km – Morteau 48 km
Carte Michelin 321-G4 – Guide Vert Michelin Franche-Comté Jura

Le Jardin de Gustave
28 r. Édouard-Bastide – ✆ 03 81 62 21 47 – www.lejardindegustave.fr
4 ch ☕ – †75/98 € ††75/98 € **Table d'hôte** – Menu 28 €
Charme et authenticité ! Dans cette plaisante maison bordant la Loue, les chambres portent des noms qui annoncent la couleur et... le décor (Avec Vue, Champêtre, Gustavienne, etc.). Confitures maison au petit-déjeuner et agréable cuisine régionale autour de la table d'hôte.

Le Courbet
34 r. P. Vernier – ✆ 03 81 62 10 15 – www.restaurantlecourbet.com – Fermé 23 déc.-14 janv., 17 fév.-11 mars, mardi midi, dim. soir et lundi
Formule 13 € – Menu 27/40 € – Carte 41/57 €
Au cœur de la "Petite Venise" franc-comtoise, ne manquez pas cette ravissante maison surplombant la Loue. Deux salles s'offrent à vous (bistrot ou classique) – chacune avec sa terrasse au-dessus de l'eau – pour déguster une cuisine du marché délicieuse et pleine de fraîcheur !

à Saules 6 km au Nord-Est par D 492 – ✉ 25580 – 228 hab.

La Griotte

3 r. des Cerisiers – ✆ 03 81 57 17 71 – www.lagriotte.fr – Fermé 26 août-10 sept., vacances de Noël, de mi-janv. à mi-mars, mardi soir de sept. à mai, merc. soir, dim. soir et lundi
Menu 16 € (déj. en semaine), 19/33 € – Carte 29/47 € *(réservation conseillée)*
Un clocher et des champs alentour, une véranda plongeant sur un jardin verdoyant... cette ferme revêt de forts jolis atours ! Tradition, saveurs de saison et spécialités régionales : voilà bien une belle Griotte, tendre et goûteuse. Cerise sur le gâteau : l'accueil souriant et l'addition sans acidité.

ORPIERRE

✉ 05700 (Hautes-Alpes) – 328 hab. – **Voir carte n°40-B2**
Paris 689 km – Château-Arnoux 47 km – Digne-les-Bains 72 km – Gap 55 km
Carte Michelin 334-C7 – Guide Vert Michelin Alpes du Sud

aux Bégües 4,5 km au Sud-Ouest – ✉ 05700

Le Céans

rte des Princes d'Orange – ✆ 04 92 66 24 22 – www.le-ceans.fr.st – Ouvert 15 mars-31 oct. et fermé merc. du 1er oct. au 15 avril
19 ch – 50/54 € 56/104 € – 9 € – ½ P
Rest – Menu 17 € (déj.), 27/37 € – Carte 26/37 € *(fermé le midi sauf juil.-août)*
Au sein d'un hameau du massif des Baronnies, des petites chambres et des pavillons familiaux dispersés dans un parc agreste descendant jusqu'à la rivière, le Céans. À table, on apprécie une généreuse cuisine traditionnelle.

ORTHEVIELLE

✉ 40300 (Landes) – 904 hab. – **Voir carte n°3-B3**
Paris 764 km – Bordeaux 185 km – Mont-de-Marsan 90 km – Pau 82 km
Carte Michelin 335-E13

La Ferme d'Orthe

9 r. de la Fontaine – ✆ 05 58 73 01 03 – www.lafermedorthe.fr – Fermé 13-28 avril, 1er-15 sept., vacances de Noël, dim. soir et lundi
Formule 10 € – Menu 12 € (déj. en semaine)/24 € – Carte 35/45 €
Une grande cheminée pour griller la côte de bœuf, des poutres solides : un vrai restaurant de campagne. Plats simples et réjouissants : confit maison, parillada, foie gras...

ORTHEZ

✉ 64300 (Pyrénées-Atlantiques) – 10 982 hab. – **Voir carte n°3-B3**
Paris 765 km – Bayonne 74 km – Dax 39 km – Mont-de-Marsan 57 km
Carte Michelin 342-H4 – Guide Vert Michelin Aquitaine

Au Temps de la Reine Jeanne

44 r. Bourg-Vieux – ✆ 05 59 67 00 76 – www.reine-jeanne.fr
30 ch – 59/92 € 70/115 € – 10 € – ½ P
Rest – Formule 14 € – Menu 28/40 € *(fermé dim. soir en hiver)*
Face à la maison et au musée Jeanne-d'Albret, mère d'Henri IV, des maisons du 14es. organisées autour d'un joli patio. Chambres modestes (plus modernes, spacieuses et confortables dans l'un des bâtiments). Petit espace fitness. Recettes traditionnelles et du terroir servies au restaurant, rustique à souhait.

ORVAULT – 44 Loire-Atlantique ➜ voir Nantes

OSSÈS

✉ 64780 (Pyrénées-Atlantiques) – 855 hab. – **Voir carte n°3-B3**
Paris 811 km – Bordeaux 233 km – Pamplona 89 km – Pau 151 km
Carte Michelin 342-E3 – Guide Vert Michelin Aquitaine

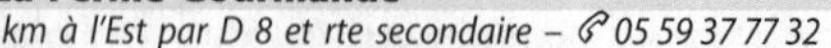

La Ferme Gourmande

3 km à l'Est par D 8 et rte secondaire – ✆ 05 59 37 77 32 – www.restaurant-fermegourmande.com – Fermé 1 semaine en nov., 3 semaines en fév., dim. soir, lundi et mardi

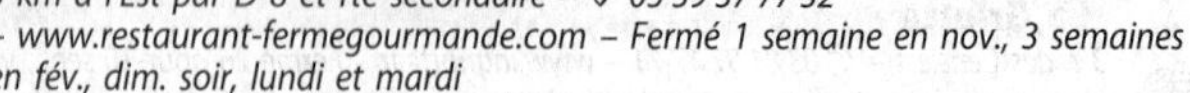

Menu 30/38 € – Carte environ 34 €

Verts pâturages et grelot chantant des vaches : cette ancienne ferme ressuscite le mythe paysan ! Le chef affectionne les produits régionaux et sait les mettre en valeur...

OSTHOUSE

✉ 67150 (Bas-Rhin) – 955 hab. – **Voir carte n°1-B2**

Paris 502 km – Obernai 17 km – Offenburg 35 km – Sélestat 23 km

Carte Michelin 315-J6

À la Ferme sans rest

10 r. du Château – ✆ 03 90 29 92 50 – www.hotelalaferme.com

15 ch – 89/92 € 145/154 € – 15 €

Calme et sérénité, dans cette ferme du 18e s. et ses séchoirs. Les chambres – vastes – arborent un décor rustique ou contemporain (dont une à la japonaise). Service soigné.

À l'Aigle d'Or

14 r. de Gerstheim – ✆ 03 88 98 06 82 – www.hotelalaferme.com – Fermé 3 semaines en août, vacances de Noël, vacances de fév., lundi et mardi

Menu 33 € (semaine), 42/78 € – Carte 38/69 €

Jolie maison de village arborant une magnifique enseigne en fer forgé. Cuisine classique servie dans un cadre alsacien bourgeois et chaleureux. À la Winstub, plats traditionnels, ambiance détendue et décor assez cossu.

Winstub Formule 10 € – Menu 33/42 € – Carte 22/54 €

OSTWALD – 67 Bas-Rhin ➜ voir Strasbourg

OTTROTT – 67 Bas-Rhin ➜ voir Obernai

OUCHAMPS

✉ 41120 (Loir-et-Cher) – 832 hab. – **Voir carte n°11-A1**

Paris 199 km – Blois 18 km – Montrichard 19 km – Romorantin-Lanthenay 40 km

Carte Michelin 318-E7

Relais des Landes

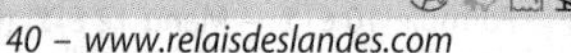

1,5 km au Nord sur D 7 – ✆ 02 54 44 40 40 – www.relaisdeslandes.com – Ouvert 16 mars-29 nov.

28 ch – 126/147 € 126/180 € – 15 € – ½ P

Rest – Menu 42/46 € *(fermé mardi et le midi)*

Dans cette belle gentilhommière du 17es. entourée d'un grand parc avec plan d'eau, des chambres spacieuses et confortables, et même des duplex avec terrasse privative... On est au calme ! Dîner dans la salle champêtre (cheminée, fresque) ou la véranda donnant sur le jardin.

OUCQUES

✉ 41290 (Loir-et-Cher) – 1 482 hab. – **Voir carte n°11-B2**

Paris 160 km – Beaugency 30 km – Blois 27 km – Châteaudun 30 km

Carte Michelin 318-E5

Le Commerce avec ch

9 r. de Beaugency – ✆ 02 54 23 20 41 – www.hotel-commerce-oucques.com – Fermé 1 semaine en mars, 22 déc.-5 janv., dim. soir et lundi soir sauf juil.-août et fériés et lundi midi

12 ch – 78 € 84/88 € – 12 € – ½ P

Formule 19 € – Menu 25/60 € – Carte 56/73 € *(réservation conseillée)*

Voilà un commerce qui tourne bien ! Le chef concocte des recettes bien ficelées avec de beaux produits, pour un résultat flatteur au palais et doux pour le porte-monnaie... Jolie salle au décor contemporain. Chambres confortables et colorées pour prolonger l'étape.

OUESSANT (ÎLE D') – 29 Finistère ➜ voir Île d'Ouessant

OUILLY-DU-HOULEY – 14 Calvados ➜ voir Lisieux

OUISTREHAM

14150 (Calvados) – 9 381 hab. – Voir carte n°**32**-B2
Paris 234 km – Arromanches-les-Bains 33 km – Bayeux 44 km – Cabourg 20 km
Carte Michelin 303-K4 – Guide Vert Michelin Normandie Cotentin

La Mare Ô Poissons

68 r. Emile-Herbline – 02 31 37 53 05 – www.lamareopoissons.fr
30 ch – 70/90 € 70/105 € – 13 € – ½ P
Rest ***La Mare Ô Poissons*** – voir les restaurants ci-après
La Mare, bien connue à l'entrée de Ouistreham, a fait des petits, avec 30 chambres inaugurées en 2010. Tout est contemporain et met l'art à l'honneur, avec des expositions de sculptures et de tableaux. Une adresse dynamique.

Hôtel du Phare

10 pl. Gén.-de-Gaulle – 02 31 97 13 13 – www.hotelduphare.fr – Fermé 9 déc.-3 janv.
19 ch – 57/70 € 57/70 € – 6 €
Rest – Formule 14 € – Menu 17/22 € – Carte 16/31 € *(fermé le soir d'oct. à mai et merc. de mi-sept. à mai)*
Emplacement stratégique (tout près du terminal du ferry) et tenue parfaite : deux atouts majeurs pour cet hôtel tout simple et très pratique, tenu par la même famille depuis cinq générations. Petite brasserie en complément.

Le Normandie

71 av. Michel-Cabieu, (au port d'Ouistreham) – 02 31 97 19 57 – www.lenormandie.com – Fermé 24 déc.-10 fév.
22 ch – 61/71 € 71/78 € – 10 € – ½ P
Rest – Menu 13 € (semaine), 24/30 € – Carte 30/43 €
En léger retrait du terminal du ferry et de la place du marché aux poissons, un hôtel-restaurant avenant, avec des chambres très sobres, fraîches et fonctionnelles.

La Mare Ô Poissons – Hôtel La Mare Ô Poissons

68 r. Emile-Herbline – 02 31 37 53 05 – www.lamareopoissons.fr – Fermé dim. soir et lundi midi de sept. à avril
Formule 15 € – Menu 25/36 € – Carte 36/61 €
Dans cette Mare plutôt design, c'est la mer qui est à l'honneur (une jolie soupe de poisson par exemple). Pas d'esbroufe mais une cuisine à la page qui utilise aussi à bon escient les beaux produits du terroir normand.

La Table d'Hôtes

10 av. du Gén.-Leclerc – 02 31 97 18 44 – www.latabledhotes-caen.com – Fermé 3-9 mars, 2-10 juil., mardi soir, dim. soir et merc.
Formule 20 € – Menu 31/45 € – Carte 41/53 € *(réservation conseillée)*
Le restaurant a été repris en 2012 par un jeune couple venu de belles maisons. Dorénavant maître de ses fourneaux, Yoann Lavalley fait preuve d'un habile savoir-faire à travers des assiettes délicatement composées et finement travaillées. Poisson du jour, viande locale, fromages normands... Les saveurs éclatent en bouche !

à Riva-Bella – 14150

Riva Bella

av. du Cdt-Kieffer – 02 31 96 40 40 – www.hotel-rivabella-ouistreham.com – Fermé 16-25 déc.
89 ch – 95/155 € 120/205 € – 5 suites – 16 € – ½ P
Rest ***Riva Bella*** – voir les restaurants ci-après
En bord de plage, à deux pas du casino, ce complexe hôtelier fait partie d'un grand centre de thalassothérapie. Il affiche un décor résolument contemporain et relaxant, surtout dans les chambres donnant sur la mer. Parfait pour les amateurs de séjour "detox".

Ibis Styles

37 r. des Dunes – 02 31 96 20 20 – www.ibisstyles.com
50 ch – 83/102 € 93/112 € **Rest** – Menu 17/24 € – Carte 18/40 €
Un bâtiment moderne, à quelques pas du port. Tout y évoque le large : le nom des couloirs menant aux chambres, leur décor "cabine de paquebot", les tableaux... Pour que le voyage soit complet, certaines chambres donnent sur le terminal du ferry.

Hôtel de la Plage sans rest
39 av. Pasteur – ✆ 02 31 96 85 16 – www.hotel-ouistreham.com
16 ch – 55/67 € 65/82 € – 10 €
On aime le charme presque suranné de cette villa anglo-normande de la fin du 19e s. Bien au calme, un peu en retrait, on s'y repose de l'agitation – toute relative – de Ouistreham. Les chambres sont délicieusement rétro et l'accueil, spontané !

St-Georges
51 av. Andry – ✆ 02 31 97 18 79 – www.Lesaintgeorges.fr – Fermé 3-24 janv., dim. soir et lundi midi d'oct. à mars
18 ch – 66/74 € 72/79 € – 10 € – ½ P
Rest – Formule 15 € – Menu 25/43 € – Carte 29/66 €
C'est vraiment l'hôtel typique de bord de mer, installé dans une bâtisse de la fin du 19e s., avec un jardin sur l'arrière. Les chambres sont agréables, classiques et bien tenues ; certaines ont vue sur la Manche.

Riva Bella – Hôtel Riva Bella
av. du Cdt-Kieffer – ✆ 02 31 96 40 40 – www.hotel-rivabella-ouistreham.com – Fermé 16-26 déc.
Formule 26 € – Menu 34 € – Carte 38/64 €
Entièrement vitré, le restaurant offre une jolie vue sur la plage, ses dunes et ses alignements de petites cabanes blanches. Dans l'assiette, un seul credo : des produits frais, rien que des produits frais, pour une cuisine traditionnelle de qualité.

LES OURSINIÈRES – 83 Var → voir Pradet

OUSSON-SUR-LOIRE

45250 (Loiret) – 743 hab. – Voir carte n°**12**-D2
Paris 165 km – Gien 19 km – Montargis 51 km – Orléans 96 km
Carte Michelin 318-N6

Le Clos du Vigneron
18 rte Nationale 7 – ✆ 02 38 31 43 11 – www.hotel-clos-du-vigneron.com – Fermé 20 août-8 sept. et 22 déc.-14 janv.
8 ch – 60 € 64 € – 10 € – ½ P
Rest *Le Clos du Vigneron* – voir les restaurants ci-après
Ses propriétaires choient ce Clos très fleuri et parfaitement tenu. Les chambres se trouvent dans un bâtiment au fond du jardin, toutes de plain-pied et assez indépendantes. Une bonne étape.

Le Clos du Vigneron
18 rte Nationale 7 – ✆ 02 38 31 43 11 – www.hotel-clos-du-vigneron.com – Fermé 20 août-10 sept., 22 déc.-14 janv., dim. soir, mardi soir et merc.
Formule 19 € – Menu 32/50 € – Carte 38/54 €
Tons pastel, nappes claires, tableaux colorés, etc. Il règne une élégance simple et champêtre dans cette maison à colombages. On y apprécie une cuisine de saison et surtout... de fraîcheur, faisant la part belle au poisson.

OUZOUER-SUR-LOIRE

45570 (Loiret) – 2 765 hab. – Voir carte n°**12**-C2
Paris 151 km – Gien 16 km – Montargis 45 km – Orléans 54 km
Carte Michelin 318-L5

L'Abricotier
106 r. Gien – ✆ 02 38 35 07 11 – Fermé 1er-15 août, dim. soir et lundi
Formule 17 € – Menu 25/42 € – Carte 38/47 € *(réservation conseillée)*
Ici, point d'abricotier mais un beau conifère sous lequel on se restaure à la belle saison ! Dans cette auberge familiale, le chef concocte une appétissante cuisine traditionnelle : croustillant de ris de veau, dos de sandre au beurre rouge et magret fumé, parmentier de canard au porto... Une bonne adresse.

OYONNAX

01100 (Ain) – 22 650 hab. – Voir carte n°**45**-C1
Paris 484 km – Bourg-en-Bresse 60 km – Nantua 19 km
Carte Michelin 328-G3 – Guide Vert Michelin Franche-Comté Jura

La Toque Blanche

11 pl. Émile Zola – ✆ 04 74 73 42 63 – www.latoqueblanche-oyonnax.com – Fermé 28 juil.-20 août, 2-10 janv., sam. midi, dim. soir et lundi
Formule 16 € – Menu 20/70 € – Carte 42/65 €
Il faut aller en centre-ville, en face de la grande église, pour découvrir ce restaurant chaleureux. Confluences géographiques obligent, la table marie la Bresse, le Jura et le Lyonnais avec un certain classicisme. Tout cela à prix doux !

au Lac Genin 10 km au Sud-Est par D 13 – ✉ 01130

Auberge du Lac Genin avec ch

– ✆ 04 74 75 52 50 – www.lac-genin.com – Fermé 20 oct.-5 déc., dim. soir et lundi
3 ch – †55/65 € ††55/65 € – ☕ 6,50 €
Formule 15 € – Menu 18 € (déj. en semaine)/30 € – Carte 24/39 €
Une charmante petite auberge, au bord d'un lac, au milieu de la forêt... Depuis plus de cinquante ans, la cheminée de la salle à manger sert pour les grillades au feu de bois : on y cuit saucisson au vin rouge, côtes de veau, de porc et autres entrecôtes... Et les trois jolies chambres cultivent l'esprit montagnard.

OZENAY – 71 Saône-et-Loire ➜ voir Tournus

OZOIR-LA-FERRIÈRE – 77 Seine-et-Marne ➜ voir Paris, Environs

PACY-SUR-EURE

✉ 27120 (Eure) – 4 637 hab. – **Voir carte n°33-D2**
▶ Paris 81 km – Dreux 38 km – Évreux 20 km – Louviers 33 km
Carte Michelin 304-I7 – Guide Vert Michelin Normandie Vallée de la Seine

L'Étape de la Vallée

– ✆ 02 32 36 12 77 – www.etapedelavallee.com
15 ch – †60/90 € ††70/100 € – ☕ 11 €
Rest – Formule 16 € – Menu 24 € (dîner)/32 € – Carte 35/55 € *(fermé jeudi soir, dim. soir et lundi)*
Dans cette grande maison blanche, les chambres sont douillettes, très chaleureuses et donnent sur le joli jardin, la terrasse ou l'Eure... Quel plaisir d'entendre bruire la rivière en se réveillant ! Bucolique et charmant.

à Cocherel 6,5 km au Nord-Ouest par D 836 – ✉ 27120

Le Bouchon de Cocherel

8 r. Aristide-Briand – ✆ 02 32 36 68 27 – www.lebouchondecocherel.fr – Fermé lundi soir, mardi et merc.
Menu 27 € *(réservation conseillée)*
Sur une route verdoyante, dans le hameau où repose Aristide Briand, cette maison normande est enracinée dans la tradition : entre poutres et cheminée, on y apprécie des recettes éprouvées, comme la charlotte de boudin ou l'andouillette à la chablisienne. Et pour passer la nuit, on peut louer deux sympathiques maisonnettes !

Pour bien utiliser votre guide, consultez son mode d'emploi situé en pages d'introduction : symboles, classements, abréviations et autres signes n'auront plus de mystère pour vous !

PAILHEROLS

✉ 15800 (Cantal) – 159 hab. – **Voir carte n°5-B3**
▶ Paris 558 km – Aurillac 32 km – Entraygues-sur-Truyère 45 km – Murat 39 km
Carte Michelin 330-E5

L'Auberge des Montagnes
Le Bourg – ✆ 04 71 47 57 01 – www.auberge-des-montagnes.com
– Fermé 20 mars-4 avril et 8 oct.-20 déc. hors vacances de la Toussaint
13 ch – 58/71 € 58/71 € – 12 € – ½ P
Rest *L'Auberge des Montagnes* – voir les restaurants ci-après
Ce qui frappe d'abord dans cette charmante adresse perdue en pleine montagne, c'est la gentillesse de l'accueil. On vous reçoit en famille et tout est prévu pour un séjour parfait : de jolies chambres, un spa avec piscine, des jeux...

Le Clos des Gentianes
– Fermé 20 mars-4 avril et 3 nov.-20 déc. hors vacances de la Toussaint
10 ch – 80/99 € 80/99 € – 12 €
Choisissez cette annexe si vous aimez marcher, elle est à 400 m de l'hôtel. L'environnement est superbe, c'est calme et un soin tout particulier a été apporté à la décoration. Une bouffée d'air pur !

L'Auberge des Montagnes
Le Bourg – ✆ 04 71 47 57 01 – www.auberge-des-montagnes.com
– Fermé 20 mars-4 avril, 8 oct.-20 déc. hors vacances de la Toussaint, mardi midi et lundi
Formule 20 € – Menu 27 € (semaine), 31/41 € – Carte 30/41 €
Dans cette ferme située au cœur de ce village isolé, le chef cuisine exclusivement des produits locaux finement choisis. Le terroir est à l'honneur, revisité avec grand soin ! En hiver, le paysage est féerique et invite à la promenade ; cela tombe bien, car la cuisine est très généreuse. Un véritable concentré de Cantal...

PAIMPOL

✉ 22500 (Côtes-d'Armor) – 7 634 hab. – **Voir carte n°10-C1**
Paris 494 km – Guingamp 29 km – Lannion 33 km – St-Brieuc 46 km
Carte Michelin 309-D2 – Guide Vert Michelin Bretagne Nord

K'Loys
21 quai Morand – ✆ 02 96 20 40 01 – www.hotel-kloys.com
17 ch – 65/180 € 90/220 € – 8 € **Rest** – Menu 19/30 € – Carte 24/45 €
Une ancienne demeure d'armateur, face au port, devenue hôtel de caractère. Les lieux semblent tout droit sortis d'un autre siècle : mobilier ancien, salon bourgeois, bistrot marin et petit-déjeuner sous la véranda. Du charme...

Le Goëlo sans rest
4 quai Duguay-Trouin – ✆ 02 96 20 82 74 – www.legoelo.com
32 ch – 58/84 € 58/84 € – 9 €
Ce bâtiment, amarré sur le port de plaisance, offre une jolie vue sur les mâts. On vous accueille avec beaucoup d'amabilité et les petites chambres constituent un joli point de chute pour découvrir la région (île de Bréhat, abbaye de Beauport, etc.).

La Vieille Tour
13 r. de l'Église – ✆ 02 96 20 83 18 – www.lavieilletour-paimpol.com
– Fermé 17 juin-2 juil., 18 nov.-3 déc., dim. soir et merc. soir sauf juil.-août et lundi
Formule 20 € – Menu 24 € (déj. en semaine), 27/46 € – Carte 54/80 €
Cette charmante auberge du vieux Paimpol est un bel exemple du rustique d'aujourd'hui. La cuisine joue elle aussi avec la tradition : huîtres chaudes aux herbes fraîches, cabillaud aux asperges et espuma d'andouille fumée, etc.

Restaurant de la Marne N avec ch — rest, rest, rest,
30 r. de la Marne – ✆ 02 96 16 33 41 – www.hoteldelamarne-paimpol.fr
– Fermé 30 juin-7 juil., 6-20 oct., 6-27 janv., sam. midi, dim. soir et lundi hors saison
9 ch – 50/95 € 50/95 € – 10 € – ½ P
Formule 21 € – Menu 29/69 € – Carte 60/95 €
En bordure du centre touristique de Paimpol, on trouve cette auberge en pierre datant du 19e s., reprise en 2011 par un jeune couple. Lui, en cuisine, élabore des recettes très inventives et pleines d'allant, où la recherche visuelle occupe une place importante ; elle, en salle, assure un service rapide et efficace !

La Cotriade

16 quai Armand-Dayot – ✆ 02 96 20 81 08 – www.la-cotriade.com – Fermé 23-29 déc., dim. soir sauf juil.-août, dim. midi, mardi soir et merc. soir de nov. à mars et lundi sauf le soir en juil.-août
Formule 19 € – Menu 25 € (déj. en semaine)/31 € – Carte 41/55 €
Sur le port de plaisance, on s'attable sur la petite terrasse de ce charmant bistrot pour déguster une cuisine pleine de saveurs et d'originalité, qui pioche dans les produits de la pêche locale et du marché : huîtres pochées au bouillon et quinoa, lieu jaune cuit à basse température... Attention : menu unique au déjeuner.

à Ploubazlanec 3,5 km au Nord par D 789 – ✉ 22620 – 3 263 hab.

Les Agapanthes sans rest

1 r. Adrien-Rebours – ✆ 02 96 55 89 06 – www.hotel-les-agapanthes.com – Fermé janv.
21 ch – †45/99 € ††45/99 € – ☕ 9 €
Au cœur d'un petit village sur les hauteurs de Paimpol, cette maison régionale (datant de 1768) accueillait autrefois une épicerie-café. On y propose des chambres cosy et bien tenues, dont certaines ont vue sur la mer, et l'accueil est charmant !

à la Pointe de l'Arcouest 6 km au Nord – ✉ 22620

Les Terrasses de Bréhat Ⓝ

– ✆ 02 96 55 77 92 – www.lesterrassesdebrehat.fr – Ouvert de mi-mars à mi-nov.
32 ch – †67/160 € ††97/160 € – 3 suites – ☕ 15 € – ½ P
Rest ***Le 360°*** – voir les restaurants ci-après
Cet établissement, fondé en 1892, jouxte l'embarcadère et fait face à l'île de Bréhat. Les chambres, confortables et accessibles par des coursives en bois, portent le nom de villes-escales : Gustavia, Le Cap, Bergen, Kayar... La garantie d'une nuit voyageuse !

Le 360° Ⓝ – Hôtel Les Terrasses de Bréhat

– ✆ 02 96 55 77 92 – www.lesterrassesdebrehat.fr – Ouvert de mi-mars à mi-nov.
Formule 16 € – Menu 25 € (déj.), 40/75 € – Carte 26/51 €
Un restaurant... panoramique, comme son nom le suggère ! Depuis la véranda et la terrasse, la vue sur Bréhat est tout simplement magnifique. Dans une atmosphère raffinée, on découvre une cuisine ambitieuse, teintée de quelques touches asiatiques. Et les fruits de mer sont aussi au rendez-vous...

PAIMPONT

✉ 35380 (Ille-et-Vilaine) – 1 631 hab. – **Voir carte n°10-C2**
▶ Paris 393 km – Bruz 37 km – Cesson-Sévigné 54 km – Rennes 42 km
Carte Michelin 309-I6 – Guide Vert Michelin Bretagne Nord

La Corne de Cerf sans rest

Le Cannée, 2 km au Sud par D 71 – ✆ 02 99 07 84 19 – www.corneducerf.bcld.net – Ouvert 1er mars-15 déc.
3 ch ☕ – †52 € ††60 €
Une longère décorée dans l'esprit d'une maison d'artistes, à deux pas de la forêt de Brocéliande. Les chambres sont lumineuses et printanières. Au petit-déjeuner, on apprécie les pains, brioches et confitures maison, le tout bio...

LE PALAIS – 56 Morbihan → voir Belle-Ile-en-Mer

PALAVAS-LES-FLOTS

✉ 34250 (Hérault) – 5 995 hab. – **Voir carte n°23-C2**
▶ Paris 763 km – Aigues-Mortes 26 km – Montpellier 17 km – Nîmes 60 km
Carte Michelin 339-I7

Brasilia sans rest

9 bd Joffre – ✆ 04 67 68 00 68 – www.brasilia-palavas.com – Fermé 23 déc.-3 janv.
22 ch – †80/125 € ††80/125 € – ☕ 9 €
Ambiance contemporaine pour cet hôtel à la jolie façade de mosaïque bleue, situé sur le front de mer. Chambres fonctionnelles, toutes avec balcon ou terrasse.

Amérique Hôtel sans rest

av. F.-Fabrège – ✆ 04 67 68 04 39 – www.hotelamerique.com
47 ch – †75/110 € ††75/110 € – ☕ 8 €
Cet hôtel se compose de deux bâtiments séparés par une avenue conduisant droit à la mer : la partie principale abrite des chambres rénovées, plus confortables ; l'autre la piscine.

XX **L'Escale**

5 bd Sarrail, (rive gauche) – ✆ 04 67 68 24 17 – www.restaurant-escale-palavas-les-flots.com – Fermé 2-8 janv., merc. de sept. à juin sauf fériés, merc. midi et jeudi midi en juil.-août

Formule 19 € – Menu 22 € (déj. en semaine), 30/65 € – Carte 43/79 €

L'élégante salle à manger et la véranda offrent une belle perspective sur la plage. Proximité de la mer oblige, la généreuse cuisine au goût du jour s'en inspire largement.

PALEYRAC – 24 Dordogne ➜ voir Buisson-de-Cadouin

LA PALUD-SUR-VERDON

✉ 04120 (Alpes-de-Haute-Provence) – 322 hab. – **Voir carte n°41-C2**

Paris 796 km – Castellane 25 km – Digne-les-Bains 65 km – Draguignan 60 km

Carte Michelin 334-G10 – Guide Vert Michelin Alpes du Sud

Hôtel des Gorges du Verdon

1 km par rte de la Maline Sud – ✆ 04 92 77 38 26 – www.hotel-des-gorges-du-verdon.fr – Ouvert 5 avril-11 oct.

27 ch ☕ – 🚹190/250 € 🚹🚹190/250 € – 3 suites

Rest – Menu 36 € (dîner), 39/45 € – Carte 40/63 €

Un rêve pour les randonneurs fatigués que cet hôtel de charme dominant les vallées... Chambres colorées (duplex, suites) et bons équipements pour les loisirs : hamman, jacuzzi, piscine. Au restaurant, cuisine régionale et ambiance chaleureuse.

PAMIERS

✉ 09100 (Ariège) – 15 372 hab. – **Voir carte n°29-C3**

Paris 745 km – Auch 147 km – Carcassonne 76 km – Castres 106 km

Carte Michelin 343-H6

Hôtel de France

5 cours Joseph-Rambaud – ✆ 05 61 60 20 88 – www.hotel-de-france-pamiers.com

31 ch – 🚹63/68 € 🚹🚹75/85 € – ☕ 9 € – ½ P

Rest ***Restaurant de France*** – voir les restaurants ci-après

Si vous êtes en route vers Andorre ou les stations de ski des Pyrénées, n'hésitez pas à vous arrêter dans cet hôtel proche du centre-ville. Ses chambres sont contemporaines, sobres et bien tenues. Une halte sympathique.

Hotel de la Paix sans rest

4 pl. A.-Tournier – ✆ 05 61 67 12 71 – www.hoteldelapaix-pamiers.com – Fermé 23 déc.-2 janv.

14 ch – 🚹51/72 € 🚹🚹51/72 € – ☕ 8,50 €

Petit tour de France : cet ancien relais de poste (assez central) est dirigé par un jeune patron originaire de Corse, qui a tenu une brasserie à Besançon ! Il y a un indéniable côté rétro dans les chambres de son hôtel, agréables et bien tenues.

XX **Deymier** Ⓝ

1 r. Bernard-Saisset – ✆ 05 61 60 08 11 – Fermé dim. et lundi

Formule 14 € – Menu 17 € (déj. en semaine), 26/49 € – Carte 38/52 €

Le personnel, dynamique, nous propose une table dans une salle chaleureuse et joliment décorée... Un début prometteur ! Asperges blanches à la mousse de chèvre, agneau des Pyrénées aux pommes de terre – une viande de première qualité... Harmonie des saveurs, exécution : le chef maîtrise parfaitement son sujet !

XX **Restaurant de France** – Hôtel De France

5 cours Joseph-Rambaud – ✆ 05 61 60 20 88 – www.hotel-de-france-pamiers.com – Fermé vend., sam. et dim.

Formule 15 € – Menu 18/34 €

Dans ce restaurant au cadre épuré, l'assiette, actuelle, respecte les saisons et met en avant les produits issus du bio et des petites productions. C'est simple et généreux, bref : l'étape idéale pour prendre un bon repas à prix raisonnable.

LE PARADOU – 13 Bouches-du-Rhône ➜ voir Maussane-les-Alpilles

---

PARAMÉ – 35 Ille-et-Vilaine ➜ voir St-Malo

PARAY-LE-MONIAL

✉ 71600 (Saône-et-Loire) – 9 107 hab. – **Voir carte n°7-B3**
Paris 360 km – Mâcon 67 km – Montceau-les-Mines 37 km – Moulins 67 km
Carte Michelin 320-E11 – Guide Vert Michelin Bourgogne

Terminus

27 av. de la Gare – 03 85 81 59 31 – www.terminus-paray.fr – Fermé vacances de la Toussaint et dim.
18 ch – 60/75 € 78/85 € – 8,50 € – ½ P
Rest – Menu 13 € (semaine), 18/24 € – Carte 31/43 € *(fermé le midi)*
Rose bonbon ! Cet hôtel de gare ne passe pas inaperçu... Dans un style assez classique, les chambres sont agréables et confortables. Et il y a aussi un restaurant traditionnel, avec sa terrasse dès les premiers beaux jours.

Grand Hôtel de la Basilique

rest,

18 r. de la Visitation – 03 85 81 11 13 – www.hotelbasilique.com – Ouvert de mi-mars à fin oct.
41 ch – 50/85 € 65/100 € – 8 € – ½ P
Rest – Formule 13 € – Menu 16/51 € – Carte 20/44 €
Depuis quatre générations, la même famille tient cet hôtel-restaurant situé à deux pas de la basilique ; certaines chambres donnent d'ailleurs sur cette merveille romane. Carte traditionnelle au restaurant.

L'Apostrophe

69 av. Charles-de-Gaulle – 03 85 25 45 07 – www.restaurantlapostrophe.fr – Fermé 22 avril-5 mai, 17 août-1er sept., dim. et lundi
Formule 18 € – Menu 24/46 € – Carte 34/53 €
La cité du Sacré-Cœur se laisse désormais apostropher par ce restaurant moderne et sympathique où le chef utilise les bases traditionnelles à bon escient. Un vrai coup de jeune sur la ville.

au Sud-Ouest 4 km sur N 79 – ✉ 71600 Paray-le-Monial

Le Charollais

Le Colayot – 03 85 81 03 35 – www.lecharollais.fr
20 ch – 58/75 € 68/75 € – 8,50 €
Rest – Formule 18 € – Menu 24 € – Carte 25/38 €
Un établissement pratique lorsque l'on fait de la route, de type motel, avec des chambres simples et bien tenues. Pour se restaurer : grillades (surtout de viande charolaise) et pizzas.

à Poisson 8 km au Sud sur D 34 – ✉ 71600 – 596 hab.

La Poste et Hôtel La Reconce avec ch

rest,

Le Bourg, (déménagement prévu à Paray-le-Monial) – 03 85 81 10 72 – Fermé 8 janv.-10 fév., lundi en juil.-août et le midi en semaine
7 ch – 60/84 € 60/84 € – 12 € Menu 28/70 € – Carte 54/79 €
Un vent nouveau souffle dans ce bel établissement du centre-ville. La cuisine est goûteuse et le chef privilégie les produits terre et mer, dont... le poisson ! L'accueil est charmant et les chambres coquettes donnent envie de s'arrêter pour la nuit.

PARC du FUTUROSCOPE – 86 Vienne → voir Poitiers

PARCEY – 39 Jura → voir Dole

PARENTIS-EN-BORN

✉ 40160 (Landes) – 5 304 hab. – **Voir carte n°3-B2**
Paris 658 km – Arcachon 43 km – Bordeaux 76 km – Mimizan 25 km
Carte Michelin 335-E8 – Guide Vert Michelin Aquitaine

Chez Flo avec ch

9 r. St-Barthélémy – 05 58 78 40 21 – Fermé 25 déc.-1er janv., dim. et lundi
6 ch – 38 € 46 € – 6 € Formule 13 € – Menu 21 €
Un restaurant convivial, avec des photos, des dessins, des objets personnels du patron... Dans l'esprit du lieu, la cuisine est généreuse : sous la houlette d'un jeune chef passionné, tout est fait maison, avec des produits régionaux. Quelques chambres toutes simples pour l'étape.

PARIS et ses environs

✉75000 (Paris) 2 243 833 hab. – Agglo. 11 533 000 hab. – Voir carte n° 21-D2
Carte Michelin 301-E7 et 101 – Guide Vert Michelin Paris et Île-de-France

A la carte...

Plans / Maps

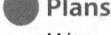

Liste alphabétique des hôtels
Index of hotels

Liste alphabétique des restaurants
Index of restaurants

PARIS

PARIS

PARIS

Q

R

S

Les tables étoilées
Starred establishments

✿✿✿ 2014		page
L'Ambroisie - 4e	XXXX	1247
Arpège - 7e	XXX	1269
Astrance - 16e	XXX	1329
Épicure au Bristol - 8e	XXXXX	1282
Guy Savoy - 17e	XXXX	1337
Ledoyen - 8e	XXXXX	1282
Le Meurice Alain Ducasse - 1er	XXXXX	1233
Pierre Gagnaire - 8e	XXXX	1283
Le Pré Catelan - 16e	XXXXX	1334

✿✿ 2014		page
L'Abeille - 16e	XXXX	1329
Akrame - 16e **N**	XX	1331
L'Atelier de Joël Robuchon - Étoile - 8e	X	1289
L'Atelier de Joël Robuchon - St-Germain - 7e	X	1271
Carré des Feuillants - 1er	XXXX	1233
Le Cinq - 8e	XXXXX	1282
Gordon Ramsay au Trianon - Versailles	XXXX	1385
Le Grand Véfour - 1er	XXXX	1233
Jean-François Piège - 7e	XX	1269
Lasserre - 8e	XXXXX	1282
Michel Rostang - 17e	XXXX	1337
Passage 53 - 2e	XX	1241
Relais Louis XIII - 6e	XXX	1259
Sur Mesure par Thierry Marx - 1er	XXX	1233
Taillevent - 8e	XXXXX	1282

Bib Gourmand

➔Repas soignés à prix modérés
➔Good food at moderate prices

Autour de Paris

Les hôtels les plus agréables
Most pleasant hotels

Autour de Paris page

Les restaurants les plus agréables
Most pleasant restaurants

Restaurant		Page
L'Abeille - 16e	XXXX ✿✿	1329
Aida - 7e	X ✿	1272
L'Ambroisie - 4e	XXXX ✿✿✿	1247
Apicius - 8e	XXXX ✿	1283
L'Atelier de Joël Robuchon - Étoile - 8e	X ✿✿	1289
L'Atelier de Joël Robuchon - St-Germain - 7e	X ✿✿	1271
Bon Kushikatsu - 11e	X	1304
Caïus - 17e	X	1340
Camélia - 1er	XX	1234
Les 110 de Taillevent - 8e	XX	1286
114, Faubourg - 8e	XX ✿	1285
Le Cinq - 8e	XXXXX ✿✿	1282
Les Climats - 7e	XX	1269
Cristal Room Baccarat - 16e	XX	1331
La Cuisine au Royal Monceau - 8e	XXX ✿	1283
Le Dali - 1er	XXX	1234
La Dame de Pic - 1er	XX ✿	1234
Épicure au Bristol - 8e	XXXXX ✿✿✿	1282
Gaya Rive Gauche par Pierre Gagnaire - 7e	X ✿	1271
La Grande Cascade - 16e	XXXX ✿	1335
Le Grand Véfour - 1er	XXXX ✿✿	1233
Gwon's Dining - 15e	X	1321
Il Carpaccio - 8e	XX ✿	1286
Il Vino d'Enrico Bernardo - 7e	XX ✿	1269
Jean-François Piège - 7e	XX ✿✿	1269
Jin - 1er	X ✿	1235
Le Jules Verne - 7e	XXX ✿	1268
Kinugawa - 1er	XX	1234
Lasserre - 8e	XXXXX ✿✿	1282
Ledoyen - 8e	XXXXX ✿✿✿	1282
Lucas Carton - 8e	XXX	1284
Mama Shelter - 20e	X	1347
Marignan - 8e	XX	1285
Le Meurice Alain Ducasse - 1er	XXXXX ✿✿✿	1233
1728 - 8e	XXX	1284
Mini Palais - 8e	XX	1286
Mori Venice Bar - 2e	XX	1241
Okuda - 8e	XX ✿	1286
Les Ombres - 7e	XX	1269
L'Opéra - 9e	XX	1295
Paris - 6e	XXX ✿	1259
Pavillon Elysée Lenôtre - 8e	X	1289
Pershing Hall - 8e	XX	1286
Le Pré Catelan - 16e	XXXXX ✿✿✿	1334
Prunier - 16e	XXX	1329
Pur' - 2e	XXX ✿	1240
Qui plume la Lune - 11e	X ✿	1304
Le Relais Plaza - 8e	XX	1286
Le Restaurant - 6e	XX ✿	1259
Restaurant de Sers - 8e	XX	1286
La Scène - 8e	XXX ✿	1283
Le Sergent Recruteur - 4e	XX ✿	1247
Shang Palace - 16e	XXX ✿	1330
La Société - 6e	XX	1259
Sola - 5e	X ✿	1252
St-James Paris - 16e	XXXX ✿	1329
Sur Mesure par Thierry Marx - 1er	XXX ✿✿	1233
Table - Bruno Verjus - 12e	X	1308
La Table du Lancaster - 8e	XXX ✿	1283
Taillevent - 8e	XXXXX ✿✿	1282
Timgad - 17e	XX	1338
La Tour d'Argent - 5e	XXXXX ✿	1251
Le 39V - 8e	XX ✿	1285

Autour de Paris

		page
Auvers-sur-Oise - Auberge Ravoux	X	1350
Corbeil-Essonnes - Aux Armes de France	XX	1359
Maisons-Laffitte - La Plancha	X	1366
Meudon- L'Escarbille	XX ✿	1368
Ozoir-la-Ferrière - La Gueulardière	XXX	1372
Saint-Germain-en-Laye-Cazaudehore	XXX	1378
Saint-Germain-en-Laye-Pavillon Henri IV	XXX	1376
Saint-Jean-de-Beauregard - L'Atelier Gourmand	XX	1378
Saint-Prix - Hostellerie du Prieuré	X	1379
Versailles- Gordon Ramsay au Trianon	XXXX ✿✿	1385
Ville-d'Avray - Le Café des Artistes	X ☺	1386

Menus à moins de 30 €
Menus for less than 30 €

Autour de Paris

Restaurants par type de cuisine
Restaurants by cuisine type

Marocaine

Moderne

PARIS

Poissons et fruits de mer page

Portugaise page

Russe page

Régionale et terroir page

Seychelloise page

Thaïlandaise page

Tibétaine

Traditionnelle

PARIS

Turque

Viandes et grillades

Vietnamienne

Le plat que vous recherchez...
Traditional dishes

Andouillette

Andouillette		page
Auberge Pyrénées Cévennes - 11e	X @	1306
Au Bourguignon du Marais - 4e	X	1248
Au Moulin à Vent - 5e	X	1253
Le Ballon des Ternes - 17e	XX	1340
Le Gorgeon - Boulogne-Billancourt	X	1354
La Marlotte - 6e	X @	1262
Moissonnier - 5e	X	1252
Les Trois Marmites - Courbevoie	X	1360
Variations - 13e	X	1311

Boudin

Boudin		page
L'A.O.C. - 5e	X	1252
Au Bascou - 3e	X	1245
L'Auberge Aveyronnaise - 12e	X @	1309
Au Pouilly Reuilly - Le Pré-Saint-Gervais	X	1372
D'Chez Eux - 7e	XX	1271
Fontaine de Mars - 7e	X	1273
Le Gorille Blanc - 4e	X	1248
La Marlotte - 6e	X @	1262
Moissonnier - 5e	X	1252
Terroir Parisien - Maison de la Mutualité - 5e	X @	1252
Les Trois Marmites - Courbevoie	X	1360

Bouillabaisse

Bouillabaisse		page
Antoine - 16e	XXX ✿	1330
Le Dôme - 14e	XXX	1314
Marius - 16e	XX	1331
La Méditerranée - 6e	XX	1260

Cassoulet

Cassoulet		page
L'Assiette - 14e	X	1315
Auberge Pyrénées Cévennes - 11e	X @	1306
Benoit - 4e	XX ✿	1247
D'Chez Eux - 7e	XX	1271
Fontaine de Mars - 7e	X	1273
Lescure - 1er	X	1238
Quincy - 12e	X	1308
Le St-Pierre - Longjumeau	XX	1365
La Table d'Antan - Sainte-Geneviève -des-Bois	XX @	1380
Le Violon d'Ingres - 7e	XX ✿	1270

Choucroute

Choucroute		page
Bofinger - 4e	XX	1247
La Coupole - 14e	XX	1314

Confit

Confit		page
L'Amourette - Montreuil	X @	1369
L'A.O.C. - 5e	X	1252
Auberge Pyrénées Cévennes - 11e	X @	1306
Le Canal - Évry	X	1363
D'Chez Eux - 7e	XX	1271
Fontaine de Mars - 7e	X	1273
Le Gorille Blanc - 4e	X	1248
Lescure - 1er	X	1238
Pierrot - 2e	X	1243
Le St-Pierre - Longjumeau	XX	1365
La Table d'Antan - Sainte-Geneviève -des-Bois	XX @	1380

Coq au vin

Coq au vin		page
Auberge Ravoux - Auvers-sur-Oise	X	1350
Le Coq de la Maison Blanche - Saint-Ouen	XX	1379

Escargots

Escargots		page
Allard - 6e	X	1262
Au Bourguignon du Marais - 4e	X	1248
Au Moulin à Vent - 5e	X	1253
Au Petit Riche - 9e	XX	1295

PARIS

PARIS

Tables en terrasse
Outside dining

Restaurant		Page
L'Absinthe - 1er	X	1236
A et M Restaurant - 16e	XX ☺	1331
Afaria - 15e	X	1322
Agapé Bis - 17e	X	1341
L'A.O.C. - 5e	X	1252
L'Apibo - 2e	X	1243
L'Assaggio - 1er	XX	1235
L'Atelier du Parc - 15e	XX ☺	1320
L'Auberge Aveyronnaise - 12e	X ☺	1309
Au Bourguignon du Marais - 4e	X	1248
Le Bistrot d'À Côté Flaubert - 17e	X	1340
Bistro Volnay - 2e	X	1242
Bon - 16e	XX	1331
Les Botanistes - 7e	X	1274
Café de l'Esplanade - 7e	XX	1270
Café des Concerts - 19e	X	1346
Caffé dei Cioppi - 11e	X ☺	1305
La Cagouille - 14e	X	1315
Camélia - 1er	XX	1234
La Cantine du Troquet Dupleix - 15e	X ☺	1322
Caves Petrissans - 17e	X	1340
Chamarré Montmartre - 18e	XX	1344
Chameleon - 10e	X	1301
Chaumette - 16e	X	1333
Le Cherche Midi - 6e	X	1263
Chez Casimir - 10e	X	1301
Les Climats - 7e	XX	1269
Le Comptoir du Relais - 6e	X	1264
La Contre Allée - 14e	X	1315
Copenhague - 8e	XXX	1285
Le Court-Bouillon - 15e	XX	1320
La Cuisine au Royal Monceau - 8e	XXX ✿	1283
Dar Lyakout - 7e	X	1274
D'Chez Eux - 7e	XX	1271
Les Délices d'Aphrodite - 5e	X	1253
Dessirier par Rostang Père et Filles - 17e	XXX	1338
Le Diane - 8e	XXX ✿	1284
Drouant - 2e	XXX	1240
Emporio Armani Caffé - 6e	XX	1261
Épicure au Bristol - 8e	XXXXX ✿✿✿	1282
L'Essentiel - 14e	X ☺	1316
Les Fables de La Fontaine - 7e	X ✿	1272
Fabrique 4 - 17e	X	1341
Le First - 1er	XX	1235
Fontanarosa - 15e	XX	1320
Fontaine de Mars - 7e	X	1273
La Fontaine Gaillon - 2e	XX	1241
Fouquet's - 8e	XXX	1285
La Gauloise - 15e	XX	1320
La Grande Cascade - 16e	XXXX ✿	1335
Il Carpaccio - 8e	XX ✿	1286
Il Piccolino - 8e	X	1290
Le Janissaire - 12e	XX	1308
Jeanne B - 18e	X	1344
Jodhpur Palace - 12e	XX	1308
Kura - 16e	X	1334
Laurent - 8e	XXXXX ✿	1283
Lescure - 1er	X	1238
Le Lotus - 13e	X	1312
Maison Blanche - 8e	XXX	1284
Maison Courtine - 14e	XX	1314
Maison Kaiseki - 15e	X	1323
Makassar - 17e	XX	1339
Mama Shelter - 20e	X	1347
Restaurant du Marché - 15e	X	1323
Marco Polo - 6e	X	1263
Marius - 16e	XX	1331
Marius et Janette - 8e	XX	1287
La Marlotte - 6e	X ☺	1262
Mavrommatis - 5e	XX	1252
Mini Palais - 8e	XX	1286
Monsieur Bleu - 16e	XX	1332
Mori Venice Bar - 2e	XX	1241
M64 - 8e	XX	1289
Ô Divin - 19e	X	1346
Les Ombres - 7e	XX	1269
L'Opéra - 9e	XX	1295
L'Oriental - 9e	X	1297
Palais Royal - 1er	XX	1235
Pavillon Elysée Lenôtre - 8e	X	1289
Pavillon Montsouris - 14e	XX	1314
La Petite Cour - 6e	XX	1260
Le Petit Marius - 8e	X	1290
Pétrus - 17e	XXX	1338
Philou - 10e	X	1300
Pierrot - 2e	X	1243
Pirouette - 1er	X	1237
Une Poule sur un Mur - 2e	X	1243
Prunier - 16e	XXX	1329
Le Quinzième - Cyril Lignac - 15e	XXX ✿	1319

Autour de Paris

Restaurants avec salons particuliers
Private dining rooms

Autour de Paris

Restaurants ouverts samedi & dimanche
Restaurants open on Saturday & Sunday

PARIS

Autour de Paris

Restaurants ouverts au mois d'août
Restaurants open in August

PARIS

Autour de Paris

PARIS

Restaurants ouverts tard le soir
Restaurants open late

➔Heure de la dernière commande signalée entre parenthèses
➔Time of last orders in brackets

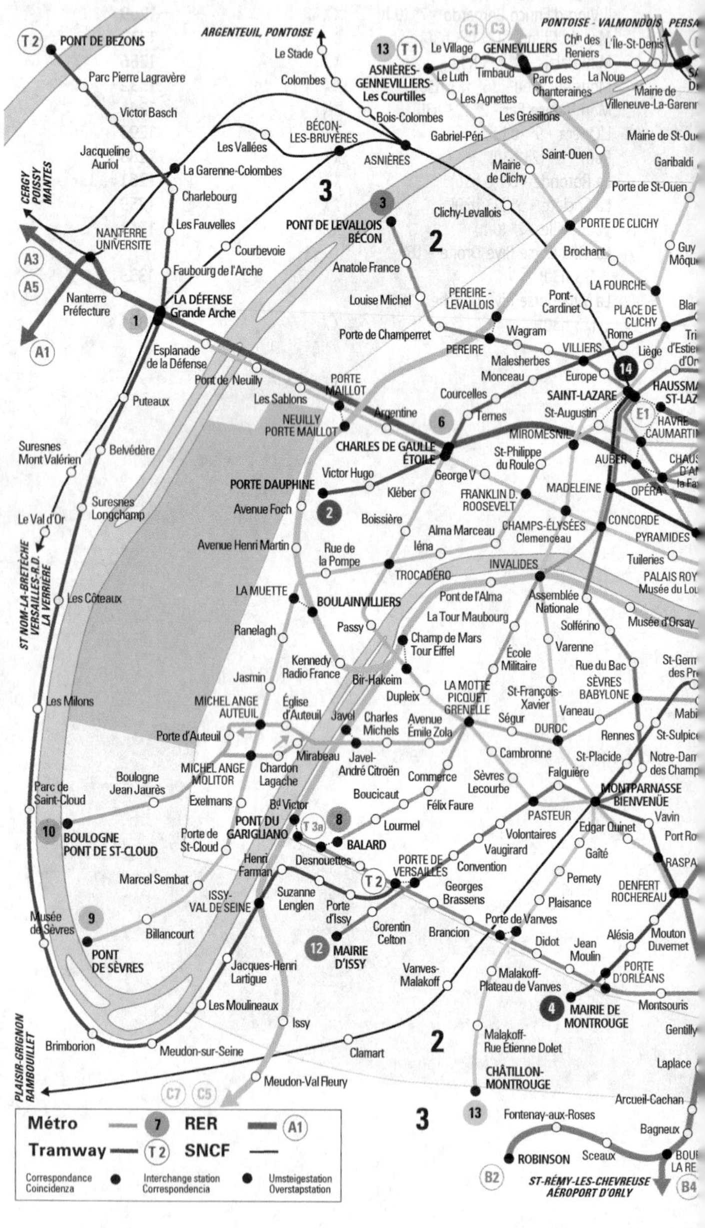

PONT DE BEZONS
Parc Pierre Lagravère
Victor Basch
Jacqueline Auriol
La Garenne-Colombes
Charlebourg
Les Fauvelles
NANTERRE UNIVERSITE
Courbevoie
Faubourg de l'Arche
Nanterre Préfecture
LA DÉFENSE Grande Arche
Esplanade de la Défense
Pont de Neuilly
Puteaux
Les Sablons
PORTE MAILLOT
NEUILLY PORTE MAILLOT
Argentine
CHARLES DE GAULLE ÉTOILE
Suresnes Mont Valérien
Belvédère
Suresnes Longchamp
Le Val d'Or
Les Côteaux
Les Milons
Parc de Saint-Cloud
BOULOGNE PONT DE ST-CLOUD
Musée de Sèvres
PONT DE SÈVRES
Billancourt
Marcel Sembat
Boulogne Jean Jaurès
Brimborion
Meudon-sur-Seine
Les Moulineaux
Issy
Meudon-Val Fleury
Clamart
ARGENTEUIL, PONTOISE
Le Stade
Colombes
Les Vallées
BÉCON-LES-BRUYÈRES
ASNIÈRES
ASNIÈRES-GENNEVILLIERS-Les Courtilles
Bois-Colombes
Le Village
GENNEVILLIERS
Le Luth
Les Agnettes
Timbaud
Chin des Reniers
Parc des Chanteraines
La Noue
L'Île-St-Denis
Mairie de Villeneuve-La-Garenne
PONTOISE - VALMONDOIS
Les Grésillons
Gabriel-Péri
Mairie de St-Ouen
Saint-Ouen
Garibaldi
Mairie de Clichy
Porte de St-Ouen
Clichy-Levallois
PORTE DE CLICHY
Guy Môquet
Brochant
LA FOURCHE
PONT DE LEVALLOIS BÉCON
Anatole France
Louise Michel
PEREIRE-LEVALLOIS
Pont-Cardinet
PLACE DE CLICHY
Porte de Champerret
Wagram
PEREIRE
Malesherbes
VILLIERS
Rome
Liège
Monceau
Europe
SAINT-LAZARE
HAUSSMANN ST-LAZARE
Courcelles
Ternes
St-Augustin
HAVRE CAUMARTIN
MIROMESNIL
St-Philippe du Roule
AUBER
George V
Victor Hugo
PORTE DAUPHINE
Kléber
FRANKLIN D. ROOSEVELT
MADELEINE
OPÉRA
Avenue Foch
Boissière
CONCORDE
Alma Marceau
CHAMPS-ÉLYSÉES Clemenceau
PYRAMIDES
Avenue Henri Martin
Rue de la Pompe
Iéna
Tuileries
TROCADÉRO
INVALIDES
LA MUETTE
BOULAINVILLIERS
Pont de l'Alma
Assemblée Nationale
Musée d'Orsay
Passy
La Tour Maubourg
Solférino
Ranelagh
Champ de Mars Tour Eiffel
Varenne
Kennedy Radio France
École Militaire
Rue du Bac
Jasmin
Bir-Hakeim
LA MOTTE PICQUET GRENELLE
SÈVRES BABYLONE
Dupleix
St-François-Xavier
Vaneau
MICHEL ANGE AUTEUIL
Église d'Auteuil
Javel
Charles Michels
Avenue Émile Zola
Ségur
DUROC
Rennes
St-Sulpice
Porte d'Auteuil
Mirabeau
Javel-André Citroën
Cambronne
St-Placide
MICHEL ANGE MOLITOR
Chardon Lagache
Commerce
Sèvres Lecourbe
Falguière
MONTPARNASSE BIENVENÜE
Exelmans
Boucicaut
Félix Faure
PASTEUR
Vavin
Bd Victor
PONT DU GARIGLIANO
Lourmel
Volontaires
Edgar Quinet
Porte de St-Cloud
BALARD
Vaugirard
Gaîté
Desnouettes
PORTE DE VERSAILLES
Convention
Pernety
Henri Farman
Georges Brassens
DENFERT ROCHEREAU
ISSY-VAL DE SEINE
Suzanne Lenglen
Porte d'Issy
Plaisance
Corentin Celton
Brancion
Porte de Vanves
Alésia
Mouton Duvernet
MAIRIE D'ISSY
Didot
Jean Moulin
PORTE D'ORLÉANS
Jacques-Henri Lartigue
Vanves-Malakoff
Malakoff-Plateau de Vanves
MAIRIE DE MONTROUGE
Montsouris
Gentilly
Malakoff-Rue Étienne Dolet
CHÂTILLON-MONTROUGE
Laplace
Arcueil-Cachan
Fontenay-aux-Roses
Bagneux
ROBINSON
Sceaux
ST-RÉMY-LES-CHEVREUSE AÉROPORT D'ORLY
CERGY POISSY MANTES
ST NOM-LA-BRETÈCHE VERSAILLES-R.D. LA VERRIÈRE
PLAISIR-GRIGNON RAMBOUILLET
Métro
RER
Tramway
SNCF
Correspondance Coincidenza
Interchange station Correspondencia
Umsteigestation Overstapstation

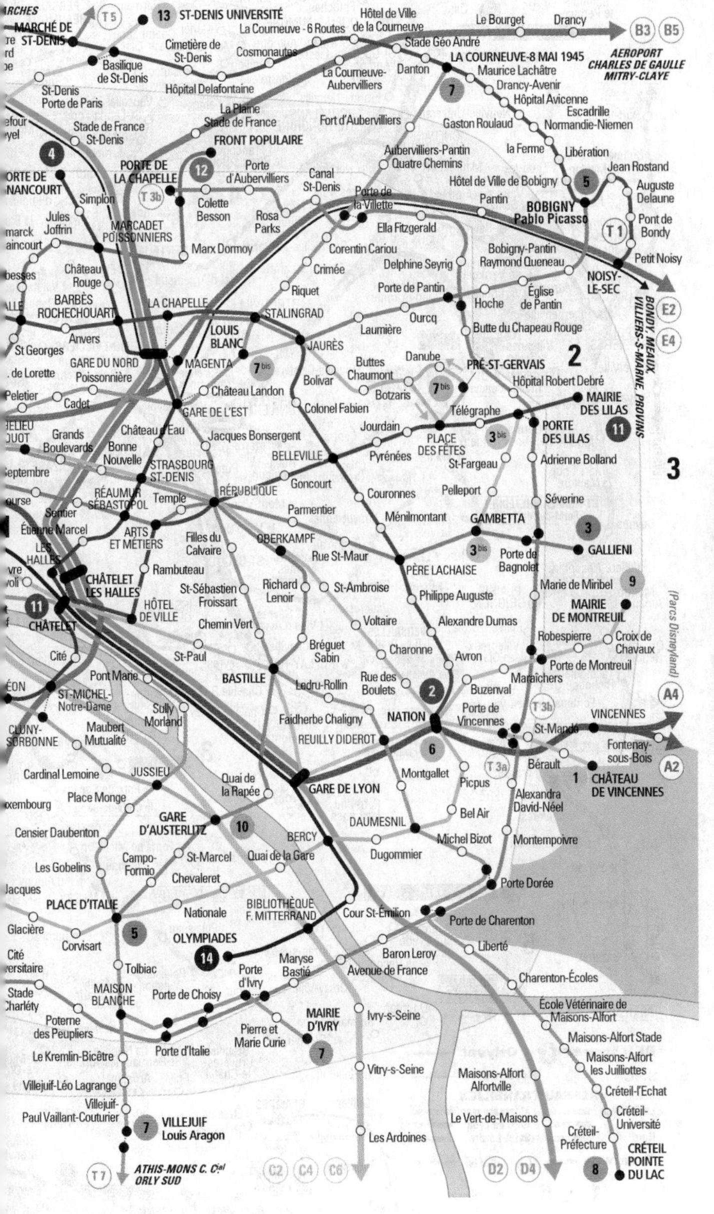

13 ST-DENIS UNIVERSITÉ
T5
MARCHÉ DE ST-DENIS
Basilique de St-Denis
Cimetière de St-Denis
Hôpital Delafontaine
La Courneuve - 6 Routes
Hôtel de Ville de la Courneuve
Cosmonautes
Stade Géo André
Le Bourget
Drancy
B3 B5
AEROPORT CHARLES DE GAULLE MITRY-CLAYE
LA COURNEUVE-8 MAI 1945
Maurice Lachâtre
Drancy-Avenir
Hôpital Avicenne
Escadrille Normandie-Niemen
Gaston Roulaud
La Courneuve-Aubervilliers
Danton
7
St-Denis Porte de Paris
Stade de France St-Denis
La Plaine Stade de France
Fort d'Aubervilliers
FRONT POPULAIRE
4
12
PORTE DE LA CHAPELLE
T 3b
Porte d'Aubervilliers
Canal St-Denis
Aubervilliers-Pantin Quatre Chemins
la Ferme
Libération
Jean Rostand
Auguste Delaune
Hôtel de Ville de Bobigny
5
Pantin
BOBIGNY Pablo Picasso
Pont de Bondy
T1
Petit Noisy
NOISY-LE-SEC
Porte de la Villette
PORTE DE CLIGNANCOURT
Simplon
Jules Joffrin
MARCADET POISSONNIERS
Colette Besson
Rosa Parks
Marx Dormoy
Ella Fitzgerald
Corentin Cariou
Crimée
Delphine Seyrig
Bobigny-Pantin Raymond Queneau
Château Rouge
BARBÈS ROCHECHOUART
LA CHAPELLE
STALINGRAD
Riquet
Porte de Pantin
Église de Pantin
Hoche
Ourcq
Butte du Chapeau Rouge
E2
E4
BONDY, MEAUX, VILLIERS-S-MARNE, PROVINS
Anvers
St Georges
LOUIS BLANC
JAURÈS
Laumière
GARE DU NORD
Poissonnière
MAGENTA
7 bis
Bolivar
Buttes Chaumont
Botzaris
Danube
PRÉ-ST-GERVAIS
2
Hôpital Robert Debré
MAIRIE DES LILAS
Cadet
Château Landon
GARE DE L'EST
Colonel Fabien
Télégraphe
PORTE DES LILAS
11
Château d'Eau
Jacques Bonsergent
Jourdain
PLACE DES FÊTES
3 bis
Grands Boulevards
Bonne Nouvelle
STRASBOURG ST-DENIS
BELLEVILLE
Pyrénées
St-Fargeau
Adrienne Bolland
3
RÉAUMUR SÉBASTOPOL
Temple
RÉPUBLIQUE
Goncourt
Couronnes
Pelleport
Séverine
Sentier
Étienne Marcel
ARTS ET MÉTIERS
Parmentier
Ménilmontant
GAMBETTA
LES HALLES
Filles du Calvaire
OBERKAMPF
Rue St-Maur
PÈRE LACHAISE
Porte de Bagnolet
GALLIENI
CHÂTELET LES HALLES
Rambuteau
St-Sébastien Froissart
Richard Lenoir
St-Ambroise
Philippe Auguste
Marie de Miribel
9
MAIRIE DE MONTREUIL
(Parcs Disneyland)
CHÂTELET
HÔTEL DE VILLE
Chemin Vert
Voltaire
Alexandre Dumas
Robespierre
Croix de Chavaux
Cité
St-Paul
Bréguet Sabin
Charonne
Avron
Porte de Montreuil
Pont Marie
BASTILLE
Ledru-Rollin
Rue des Boulets
Maraîchers
Buzenval
A4
ST-MICHEL-Notre-Dame
Sully Morland
2
Porte de Vincennes
T 3b
VINCENNES
CLUNY-SORBONNE
Maubert Mutualité
Faidherbe Chaligny
NATION
St-Mandé
Fontenay-sous-Bois
REUILLY DIDEROT
6
Bérault
A2
Cardinal Lemoine
JUSSIEU
Quai de la Rapée
GARE DE LYON
Montgallet
Picpus
T 3a
1
CHÂTEAU DE VINCENNES
Alexandra David-Néel
Place Monge
Bel Air
GARE D'AUSTERLITZ
10
DAUMESNIL
Censier Daubenton
BERCY
Michel Bizot
Montempoivre
Campo-Formio
St-Marcel
Quai de la Gare
Dugommier
Les Gobelins
Chevaleret
Porte Dorée
PLACE D'ITALIE
Nationale
BIBLIOTHÈQUE F. MITTERRAND
Cour St-Émilion
Porte de Charenton
Glacière
5
Corvisart
OLYMPIADES
14
Liberté
Baron Leroy
Tolbiac
Maryse Bastié
Avenue de France
Porte d'Ivry
Charenton-Écoles
Cité Universitaire
Stade Charléty
MAISON BLANCHE
Porte de Choisy
Poterne des Peupliers
Pierre et Marie Curie
MAIRIE D'IVRY
Ivry-s-Seine
École Vétérinaire de Maisons-Alfort
Maisons-Alfort Stade
Le Kremlin-Bicêtre
Porte d'Italie
7
Maisons-Alfort les Juilliottes
Vitry-s-Seine
Maisons-Alfort Alfortville
Créteil-l'Echat
Villejuif-Léo Lagrange
Créteil-Université
Villejuif-Paul Vaillant-Couturier
7
VILLEJUIF Louis Aragon
Le Vert-de-Maisons
Créteil-Préfecture
Les Ardoines
CRÉTEIL POINTE DU LAC
T7
ATHIS-MONS C. C[ial] ORLY SUD
C2 C4 C6
D2 D4
8
PARIS

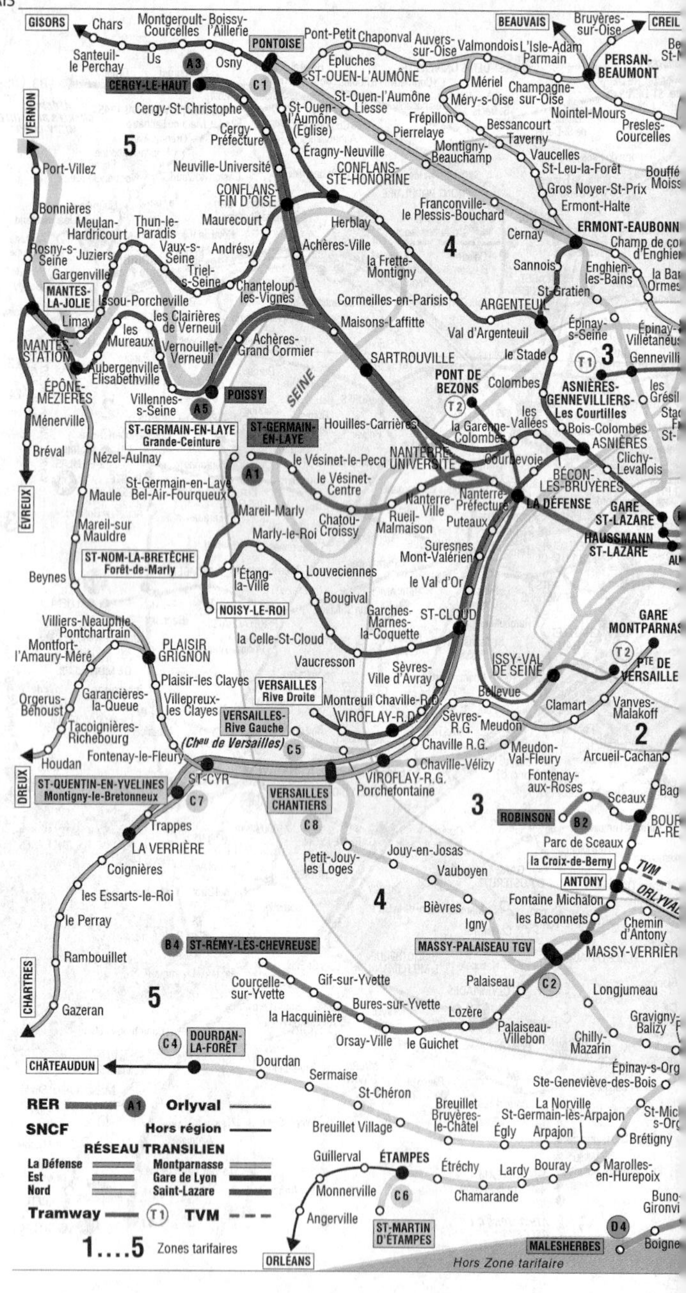
GISORS
VERNON
ÉVREUX
DREUX
CHARTRES
CHÂTEAUDUN
ORLÉANS
BEAUVAIS
CREIL
PONTOISE
CERGY-LE-HAUT
ST-OUEN-L'AUMÔNE
PERSAN-BEAUMONT
CONFLANS-FIN D'OISE
CONFLANS-STE-HONORINE
ERMONT-EAUBONNE
MANTES-LA-JOLIE
MANTES-STATION
POISSY
SARTROUVILLE
ARGENTEUIL
PONT DE BEZONS
ASNIÈRES-GENNEVILLIERS-Les Courtilles
ASNIÈRES
ST-GERMAIN-EN-LAYE Grande-Ceinture
ST-GERMAIN-EN-LAYE
NANTERRE-UNIVERSITÉ
BÉCON-LES-BRUYÈRES
LA DÉFENSE
GARE ST-LAZARE
HAUSSMANN ST-LAZARE
ST-NOM-LA-BRETÈCHE Forêt-de-Marly
NOISY-LE-ROI
ST-CLOUD
GARE MONTPARNASSE
ISSY-VAL DE SEINE
PTE DE VERSAILLES
PLAISIR GRIGNON
VERSAILLES Rive Droite
VERSAILLES-Rive Gauche
VIROFLAY-R.D.
VIROFLAY-R.G.
ST-CYR
ST-QUENTIN-EN-YVELINES Montigny-le-Bretonneux
VERSAILLES CHANTIERS
LA VERRIÈRE
ROBINSON
la Croix-de-Berny
ANTONY
MASSY-PALAISEAU TGV
MASSY-VERRIÈRES
ST-RÉMY-LÈS-CHEVREUSE
DOURDAN-LA-FORÊT
ÉTAMPES
ST-MARTIN D'ÉTAMPES
MALESHERBES
SEINE
TVM
ORLYVAL
Chars
Montgeroult-Courcelles
Boissy-l'Aillerie
Santeuil-le Perchay
Us
Osny
Cergy-St-Christophe
Cergy-Préfecture
Neuville-Université
St-Ouen-l'Aumône (Église)
Éragny-Neuville
Pont-Petit
Chaponval
Auvers-sur-Oise
Épluches
St-Ouen-l'Aumône-Liesse
Valmondois
L'Isle-Adam Parmain
Bruyères-sur-Oise
Mériel
Méry-s-Oise
Champagne-sur-Oise
Nointel-Mours
Presles-Courcelles
Frépillon
Pierrelaye
Bessancourt
Taverny
Montigny-Beauchamp
Vaucelles
St-Leu-la-Forêt
Gros Noyer-St-Prix
Ermont-Halte
Franconville-le Plessis-Bouchard
Cernay
Herblay
la Frette-Montigny
Sannois
Enghien-les-Bains
St-Gratien
Cormeilles-en-Parisis
Épinay-s-Seine
Épinay-Villetaneuse
Val d'Argenteuil
le Stade
Gennevilliers
Colombes
les Vallées
la Garenne-Colombes
Bois-Colombes
Courbevoie
Clichy-Levallois
Port-Villez
Bonnières
Rosny-s-Seine
Meulan-Hardricourt
Thun-le-Paradis
Juziers
Vaux-s-Seine
Gargenville
Triel-s-Seine
Andrésy
Maurecourt
Achères-Ville
Chanteloup-les-Vignes
Issou-Porcheville
Limay
les Mureaux
les Clairières de Verneuil
Vernouillet-Verneuil
Achères-Grand Cormier
Maisons-Laffitte
Aubergenville-Elisabethville
Épône-Mézières
Villennes-s-Seine
Houilles-Carrières
Ménerville
Bréval
Nézel-Aulnay
Maule
Mareil-sur Mauldre
le Vésinet-le-Pecq
le Vésinet-Centre
St-Germain-en-Laye Bel-Air-Fourqueux
Mareil-Marly
Marly-le-Roi
Chatou-Croissy
Rueil-Malmaison
Nanterre-Ville
Nanterre-Préfecture
Puteaux
Suresnes Mont-Valérien
l'Étang-la-Ville
Louveciennes
Bougival
le Val d'Or
Garches-Marnes-la-Coquette
la Celle-St-Cloud
Vaucresson
Beynes
Villiers-Neauphle Pontchartrain
Montfort-l'Amaury-Méré
Plaisir-les Clayes
Villepreux-les Clayes
Garancières-la-Queue
Orgerus-Béhoust
Tacoignières-Richebourg
Houdan
Fontenay-le-Fleury
(Chau de Versailles)
Sèvres-Ville d'Avray
Montreuil
Chaville-R.D.
Bellevue
Sèvres-R.G.
Meudon
Clamart
Vanves-Malakoff
Chaville R.G.
Chaville-Vélizy
Meudon-Val-Fleury
Porchefontaine
Fontenay-aux-Roses
Arcueil-Cachan
Sceaux
Parc de Sceaux
Trappes
Coignières
les Essarts-le-Roi
le Perray
Rambouillet
Gazeran
Petit-Jouy-les Loges
Jouy-en-Josas
Vauboyen
Bièvres
Igny
Fontaine Michalon
les Baconnets
Chemin d'Antony
Palaiseau
Longjumeau
Lozère
Palaiseau-Villebon
Chilly-Mazarin
Gravigny-Balizy
Courcelle-sur-Yvette
Gif-sur-Yvette
Bures-sur-Yvette
la Hacquinière
Orsay-Ville
le Guichet
Dourdan
Sermaise
St-Chéron
Breuillet Village
Breuillet Bruyères-le-Châtel
Égly
Arpajon
La Norville St-Germain-lès-Arpajon
Ste-Geneviève-des-Bois
Épinay-s-Orge
Brétigny
Guillerval
Monnerville
Angerville
Étréchy
Chamarande
Lardy
Bouray
Marolles-en-Hurepoix
Boigneville
Hors Zone tarifaire
A1
A3
A5
B2
B4
C1
C2
C4
C5
C6
C7
C8
D4
T1
T2
RER
SNCF
Orlyval
Hors région
RÉSEAU TRANSILIEN
La Défense
Est
Nord
Montparnasse
Gare de Lyon
Saint-Lazare
Tramway
TVM
1....5 Zones tarifaires

PARIS

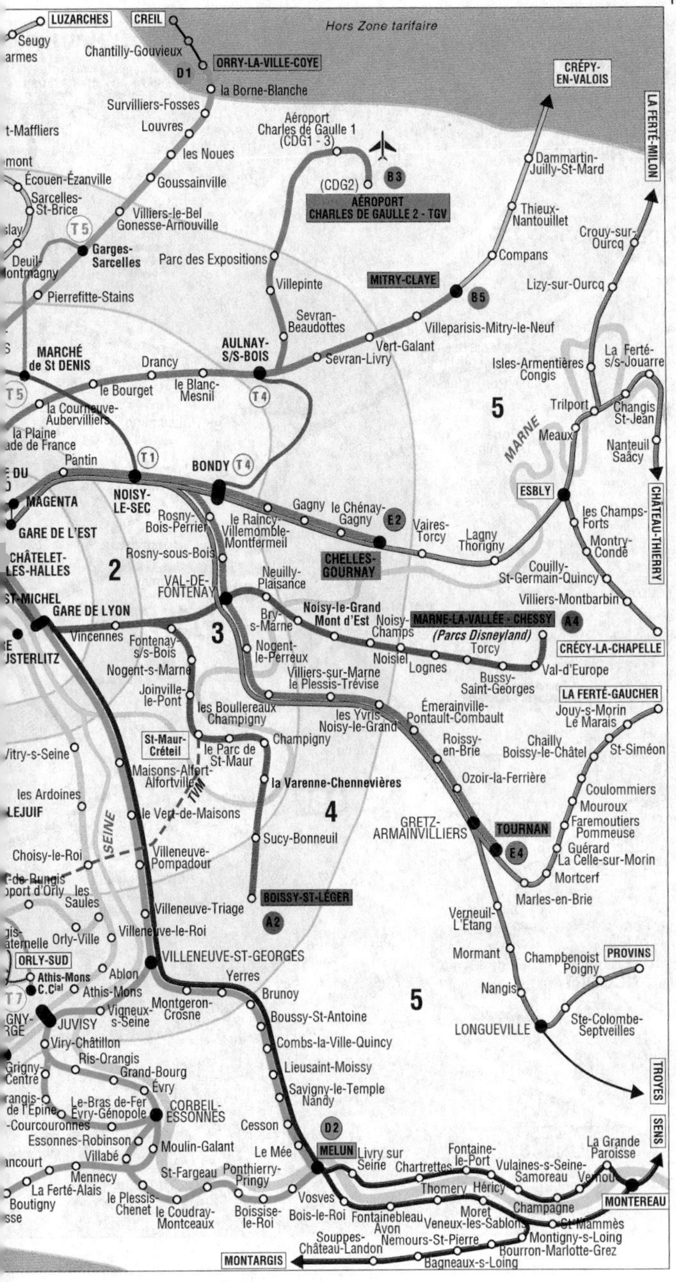
Hors Zone tarifaire
LUZARCHES
CREIL
Seugy
Chantilly-Gouvieux
ORRY-LA-VILLE-COYE
D1
la Borne-Blanche
Survilliers-Fosses
Louvres
les Noues
Goussainville
Écouen-Ézanville
Sarcelles-St-Brice
Villiers-le-Bel Gonesse-Arnouville
T5
Garges-Sarcelles
Deuil-Montmagny
Pierrefitte-Stains
Aéroport Charles de Gaulle 1 (CDG1 - 3)
(CDG2)
B3
AÉROPORT CHARLES DE GAULLE 2 - TGV
Parc des Expositions
Villepinte
Sevran-Beaudottes
MITRY-CLAYE
B5
Villeparisis-Mitry-le-Neuf
Vert-Galant
Sevran-Livry
AULNAY-S/S-BOIS
CRÉPY-EN-VALOIS
LA FERTÉ-MILON
Dammartin-Juilly-St-Mard
Thieux-Nantouillet
Compans
Crouy-sur-Ourcq
Lizy-sur-Ourcq
La Ferté-s/s-Jouarre
Isles-Armentières Congis
Trilport
Changis St-Jean
Meaux
Nanteuil Saâcy
MARNE
CHÂTEAU-THIERRY
5
MARCHÉ de St DENIS
Drancy
le Bourget
le Blanc-Mesnil
T4
la Courneuve-Aubervilliers
la Plaine Stade de France
Pantin
T1
BONDY
MAGENTA
GARE DE L'EST
NOISY-LE-SEC
Rosny-Bois-Perrier
le Raincy-Villemomble-Montfermeil
Gagny
le Chénay-Gagny
E2
Vaires-Torcy
Lagny Thorigny
ESBLY
les Champs-Forts
Montry-Condé
Couilly-St-Germain-Quincy
Villiers-Montbarbin
CHÂTELET-LES-HALLES
Rosny-sous-Bois
CHELLES-GOURNAY
2
VAL-DE-FONTENAY
Neuilly-Plaisance
ST-MICHEL
GARE DE LYON
Vincennes
Fontenay-s/s-Bois
3
Bry-s-Marne
Noisy-le-Grand Mont d'Est
Noisy-Champs
MARNE-LA-VALLÉE - CHESSY (Parcs Disneyland)
A4
CRÉCY-LA-CHAPELLE
AUSTERLITZ
Nogent-le-Perreux
Noisiel
Lognes
Torcy
Val-d'Europe
Bussy-Saint-Georges
Nogent-s-Marne
Villiers-sur-Marne le Plessis-Trévise
Joinville-le-Pont
les Boullereaux Champigny
les Yvris Noisy-le-Grand
Émerainville-Pontault-Combault
LA FERTÉ-GAUCHER
Jouy-s-Morin Le Marais
St-Maur-Créteil
le Parc de St-Maur
Champigny
Roissy-en-Brie
Chailly Boissy-le-Châtel
St-Siméon
Vitry-s-Seine
Maisons-Alfort-Alfortville
TVM
la Varenne-Chennevières
Ozoir-la-Ferrière
Coulommiers
les Ardoines
4
Mouroux
VILLEJUIF
le Vert-de-Maisons
GRETZ-ARMAINVILLIERS
TOURNAN
Faremoutiers Pommeuse
SEINE
Sucy-Bonneuil
E4
Guérard La Celle-sur-Morin
Choisy-le-Roi
Villeneuve-Pompadour
Mortcerf
Pont-de-Rungis Aéroport d'Orly
les Saules
BOISSY-ST-LÉGER
Marles-en-Brie
Villeneuve-Triage
A2
Verneuil-l'Étang
Orly-Ville
Villeneuve-le-Roi
Mormant
Champbenoist Poigny
PROVINS
ORLY-SUD
VILLENEUVE-ST-GEORGES
Ablon
Athis-Mons
C.Cial
Athis-Mons
Yerres
Nangis
Montgeron-Crosne
Brunoy
5
T7
Vigneux-s-Seine
JUVISY
Boussy-St-Antoine
LONGUEVILLE
Ste-Colombe-Septveilles
Viry-Châtillon
Combs-la-Ville-Quincy
Ris-Orangis
Grigny-Centre
Grand-Bourg
Lieusaint-Moissy
TROYES
Évry
Savigny-le-Temple Nandy
Le-Bras de-Fer Évry-Génopole
CORBEIL-ESSONNES
de l'Épine
Courcouronnes
Cesson
D2
SENS
Essonnes-Robinson
Moulin-Galant
Villabé
Le Mée
MELUN
Livry sur Seine
Fontaine-le-Port
La Grande Paroisse
Mennecy
St-Fargeau
Ponthierry-Pringy
Chartrettes
Vulaines-s-Seine-Samoreau
Vernou
La Ferté-Alais
Thomery
Héricy
MONTEREAU
Boutigny
le Plessis-Chenet
Vosves
Champagne
le Coudray-Montceaux
Boissise-le-Roi
Bois-le-Roi
Fontainebleau Avon
Moret Veneux-les-Sablons
St-Mammès
Souppes-Château-Landon
Nemours-St-Pierre
Montigny-s-Loing
Bourron-Marlotte-Grez
MONTARGIS
Bagneaux-s-Loing

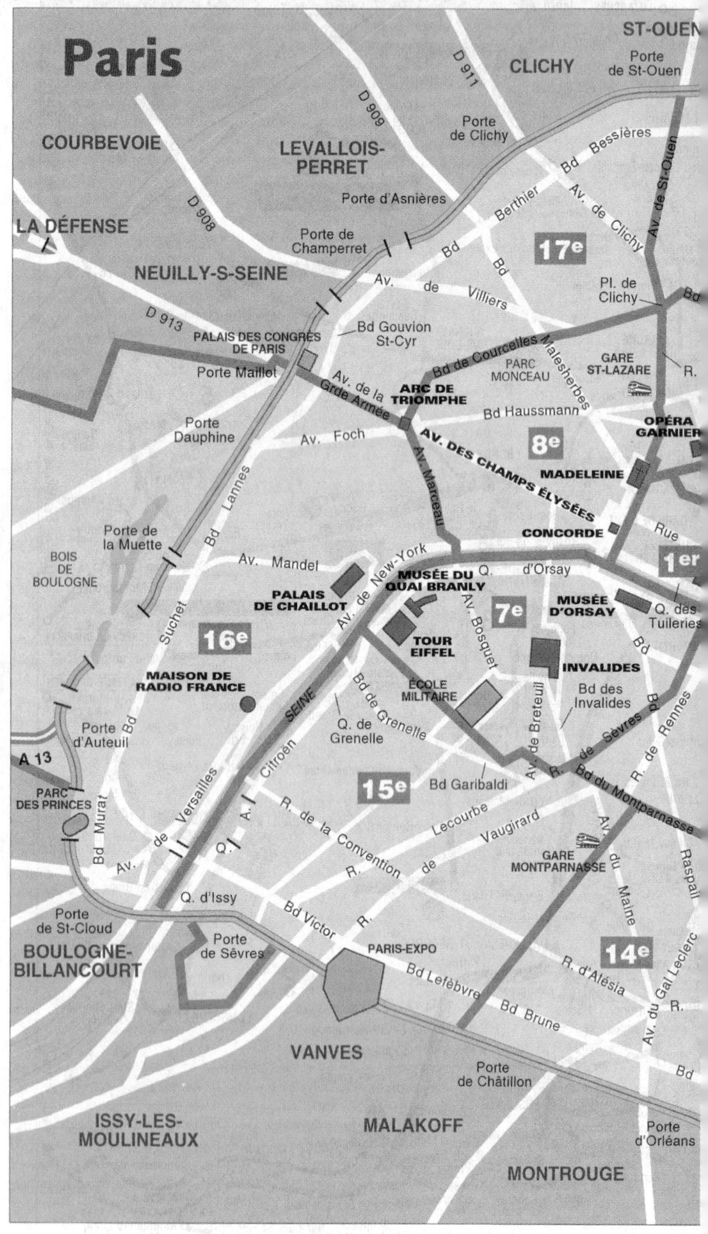
Paris
ST-OUEN
CLICHY
Porte de St-Ouen
D 911
D 909
Porte de Clichy
COURBEVOIE
LEVALLOIS-PERRET
Bd Bessières
Av. de St-Ouen
Porte d'Asnières
Bd Berthier
Av. de Clichy
D 908
LA DÉFENSE
Porte de Champerret
17e
Bd
NEUILLY-S-SEINE
Av. de Villiers
Pl. de Clichy
D 913
Bd Gouvion St-Cyr
PALAIS DES CONGRÈS DE PARIS
Bd de Courcelles
Malesherbes
PARC MONCEAU
GARE ST-LAZARE
R.
Porte Maillot
Av. de la Grde Armée
ARC DE TRIOMPHE
Bd Haussmann
Porte Dauphine
Av. Foch
8e
OPÉRA GARNIER
AV. DES CHAMPS ÉLYSÉES
Av. Marceau
MADELEINE
Bd Lannes
Porte de la Muette
CONCORDE
Rue
BOIS DE BOULOGNE
Av. Mandel
Av. de New-York
Q. d'Orsay
1er
MUSÉE DU QUAI BRANLY
PALAIS DE CHAILLOT
MUSÉE D'ORSAY
Q. des Tuileries
Av. Bosquet
7e
Suchet
16e
TOUR EIFFEL
Bd
INVALIDES
MAISON DE RADIO FRANCE
ÉCOLE MILITAIRE
Bd des Invalides
SEINE
Bd de Grenelle
Av. de Breteuil
R. de Sèvres
R. de Rennes
Bd
Porte d'Auteuil
Q. de Grenelle
Citroën
A 13
15e
Bd Garibaldi
Bd du Montparnasse
Av. de Versailles
PARC DES PRINCES
R. de la Convention
Lecourbe
Bd Murat
Q. A.
Vaugirard
GARE MONTPARNASSE
Av. du Maine
Raspail
R. de
Q. d'Issy
Porte de St-Cloud
Bd Victor
R.
Porte de Sèvres
BOULOGNE-BILLANCOURT
PARIS-EXPO
14e
R. d'Alésia
Bd Lefèbvre
Bd Brune
Av. du Gal Leclerc
R.
VANVES
Porte de Châtillon
Bd
ISSY-LES-MOULINEAUX
MALAKOFF
Porte d'Orléans
MONTROUGE

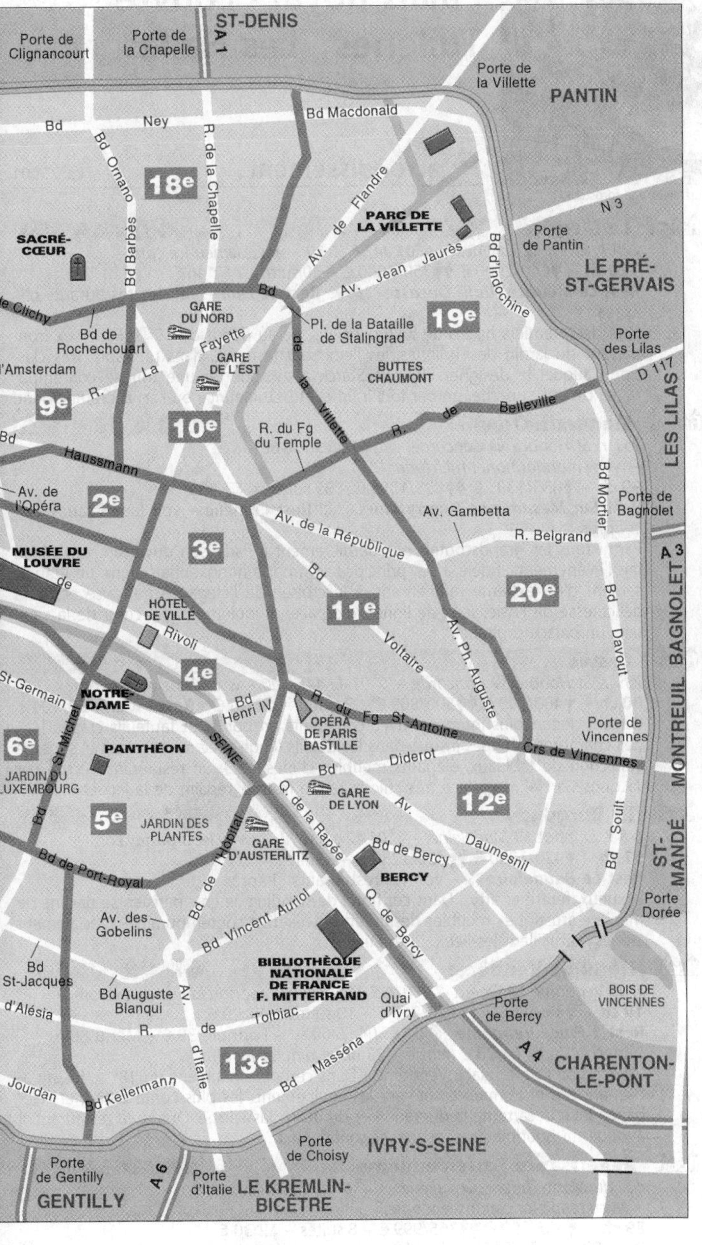
ST-DENIS
A 1
Porte de Clignancourt
Porte de la Chapelle
Porte de la Villette
PANTIN
Bd Macdonald
Bd Ney
Bd Ornano
R. de la Chapelle
18e
Av. de Flandre
PARC DE LA VILLETTE
N 3
Porte de Pantin
LE PRÉ-ST-GERVAIS
SACRÉ-CŒUR
Bd Barbès
Bd d'Indochine
Av. Jean Jaurès
de Clichy
GARE DU NORD
Bd
Pl. de la Bataille de Stalingrad
19e
Porte des Lilas
Bd de Rochechouart
R. La Fayette
GARE DE L'EST
BUTTES CHAUMONT
D 117
LES LILAS
d'Amsterdam
9e
10e
R. de la Villette
R. de Belleville
Bd Haussmann
R. du Fg du Temple
Av. de l'Opéra
2e
Av. Gambetta
Porte de Bagnolet
Bd Mortier
R. Belgrand
Av. de la République
MUSÉE DU LOUVRE
3e
A 3
Bd Voltaire
20e
BAGNOLET
HÔTEL DE VILLE
R. de Rivoli
11e
Bd Davout
Av. Ph. Auguste
4e
Bd St-Germain
NOTRE-DAME
Bd Henri IV
R. du Fg St-Antoine
Porte de Vincennes
6e
Bd St-Michel
OPÉRA DE PARIS BASTILLE
Crs de Vincennes
PANTHÉON
SEINE
Bd Diderot
MONTREUIL
JARDIN DU LUXEMBOURG
GARE DE LYON
Q. de la Rapée
12e
5e
JARDIN DES PLANTES
Av. Daumesnil
Bd Soult
GARE D'AUSTERLITZ
Bd de l'Hôpital
Bd de Bercy
ST-MANDÉ
Bd de Port-Royal
BERCY
Porte Dorée
Av. des Gobelins
Bd Vincent Auriol
Q. de Bercy
Bd St-Jacques
BIBLIOTHÈQUE NATIONALE DE FRANCE F. MITTERRAND
BOIS DE VINCENNES
Bd Auguste Blanqui
Quai d'Ivry
Porte de Bercy
d'Alésia
R. de Tolbiac
Av. d'Italie
A 4
CHARENTON-LE-PONT
13e
Bd Masséna
Jourdan
Bd Kellermann
Porte de Choisy
IVRY-S-SEINE
Porte de Gentilly
A 6
Porte d'Italie
LE KREMLIN-BICÊTRE
GENTILLY

PARIS

P. Dawes/age fotostock

Palais-Royal · Louvre · Tuileries · Les Halles

1er arrondissement ✉ 75001

Le Meurice

228 r. Rivoli Ⓜ *Tuileries – ✆ 01 44 58 10 10 – www.lemeurice.com*
120 ch – 640/2000 € 750/2000 € – 40 suites – 46 €
Rest *Le Meurice Alain Ducasse* ✿✿✿ **Rest *Le Dali*** – voir les restaurants ci-après
L'un des premiers hôtels de luxe parisiens, né au début du 19e s. Face aux frondaisons du jardin des Tuileries, les lieux sont fastueux, dans un esprit très classique auquel le designer Philippe Starck a su apporter une touche contemporaine. Un spa superbe, un bar très intime, etc. Le Meurice ou l'art du raffinement.

Mandarin Oriental

251 r. St-Honoré Ⓜ *Concorde – ✆ 01 70 98 78 88 – www.mandarinoriental.fr/paris/*
99 ch – 835/1395 € 835/1395 € – 39 suites – 45 €
Rest *Sur Mesure par Thierry Marx* ✿✿ **Rest *Camélia*** – voir les restaurants ci-après
Parmi tous les grands hôtels nés dernièrement à Paris, son ouverture mi-2011 a fait l'événement : fidèle à ses principes, le groupe hongkongais signe un établissement d'un extrême raffinement, à la croisée de l'élégance française et de la délicatesse de l'Asie. Jeux de lignes, d'espace, de quiétude... Au cœur de la capitale, un palace capital !

Costes

239 r. St-Honoré Ⓜ *Concorde – ✆ 01 42 44 50 00 – www.hotelcostes.com*
80 ch – 400/700 € 500/800 € – 2 suites – 35 € **Rest** – Carte 60/104 €
Partout des recoins intimes – avec confidents en poirier et fauteuils crapauds –, des chambres raffinées jusque dans les détails (linge avec monogramme, superbe collection de tableaux, élégants meubles chinés, etc.), un restaurant décoré par Jacques Garcia : ce palace très chic et feutré reste le repaire de la jet-set !

Le Burgundy

6-8 r. Duphot Ⓜ *Madeleine – ✆ 01 42 60 34 12 – www.leburgundy.com*
51 ch – 420/1250 € 420/1250 € – 8 suites – 30 €
Rest *Le Baudelaire* ✿ – voir les restaurants ci-après
Luxueux, feutré et arty... Dans cet hôtel de standing, le chic parisien se décline de manière artistique : meubles design et œuvres d'art contemporain – spécialement créées – émaillent les lieux. Une réussite...

Hôtel de Vendôme

1 pl. Vendôme Ⓜ *Opéra – ✆ 01 55 04 55 00 – www.hoteldevendome.com*
19 ch – 390/865 € 470/865 € – 10 suites – 29 €
Rest *1 Place Vendôme* ✆ 01 55 04 55 60 – – Formule 39 € – Menu 88 € (dîner) – Carte 64/78 € *(fermé 4-28 août, dim. et lundi)*
L'autre hôtel de la place Vendôme ! Dans ce noble bâtiment du 18e s., les meubles anciens et le marbre côtoient les équipements les plus confortables, et l'élégance joue la carte de la discrétion et du beau classicisme. Quant au restaurant, il évoque un boudoir parisien chic et confidentiel...

Renaissance Paris Vendôme

4 r. du Mont-Thabor Ⓜ *Tuileries – ✆ 01 40 20 20 00 – www.renaissanceparisvendome.fr*
89 ch – 365/999 € 365/999 € – 8 suites – 30 €
Rest *Pinxo - Tuileries* – voir les restaurants ci-après
Immeuble du 19e s. métamorphosé en boutique hôtel contemporain. Bois, tons miel et chocolat : les chambres sont élégantes et très confortables ! Et l'on paresse avec ravissement dans le joli bar chinois.

Castille Paris

33 r. Cambon Ⓜ *Madeleine – ✆ 01 44 58 44 58 – www.castille.com*
91 ch – 🚹250/600 € 🚹🚹350/700 € – 17 suites – ☕ 30 €
Rest *L'Assaggio* – voir les restaurants ci-après
Côté "Opéra", un précieux décor contemporain d'inspiration vénitienne ; côté "Rivoli", un cadre noir et blanc très graphique, en écho à la maison Chanel voisine. Dans les deux cas, un hôtel très haute couture !

The Westin Paris

3 r. Castiglione Ⓜ *Tuileries – ✆ 01 44 77 11 11 – www.thewestinparis.fr*
394 ch – 🚹325/1170 € 🚹🚹325/1170 € – 34 suites – ☕ 39 €
Rest *Le First* – voir les restaurants ci-après
Entre Tuileries et place Vendôme, cet hôtel haussmannien édifié en 1878 mêle charme historique (fastueux salons Napoléon III) et touches contemporaines... Et pour ne rien gâter, certaines chambres ont vue sur les Tuileries ! Agréable spa.

Regina

ch,

2 pl. des Pyramides Ⓜ *Tuileries – ✆ 01 42 60 31 10 – www.regina-hotel.com*
110 ch – 🚹220/875 € 🚹🚹290/875 € – 10 suites – ☕ 32 €
Rest – Carte 47/56 € *(fermé sam., dim. et le soir)*
Cet hôtel 1900 préserve son décor Art nouveau et sa belle atmosphère rétro... Superbe hall, mobilier ancien dans les chambres (plus calmes côté patio et certaines avec vue sur la tour Eiffel). Cuisine traditionnelle près de la jolie cheminée Majorelle ou dans la cour fleurie.

Grand Hôtel du Palais Royal Ⓝ

ch,

4 r. de Valois Ⓜ *Palais Royal – ✆ 01 42 96 15 35*
– www.grandhoteldupalaisroyal.com
64 ch – 🚹450/790 € 🚹🚹450/790 € – 4 suites – ☕ 35 €
Rest *Le Lulli* – Formule 35 € – Menu 42 € – Carte 47/66 €
Voisin du Palais-Royal, du ministère de la Culture et du Conseil d'État, cet immeuble du début du 18e s. est impeccablement situé ! À l'intérieur, de l'élégance mais point de faste : les chambres jouent la sobriété avec leurs meubles contemporains et leurs murs blancs. Et bien que très central, le quartier est calme...

Cambon sans rest

3 r. Cambon Ⓜ *Concorde – ✆ 01 44 58 93 93 – www.hotelcambon.com*
39 ch – 🚹310/390 € 🚹🚹390/850 € – 1 suite – ☕ 23 €
Entre le jardin des Tuileries et la rue St-Honoré, cet hôtel compte de nombreux fidèles : accueil charmant, plaisantes chambres mêlant mobilier contemporain et tableaux anciens...

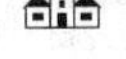

Royal St-Honoré sans rest

221 r. St-Honoré Ⓜ *Tuileries – ✆ 01 42 60 32 79*
– www.hotel-royal-st-honore.com
67 ch – 🚹200/490 € 🚹🚹200/490 € – 5 suites – ☕ 19 €
Sur la rue St-Honoré, fameuse pour ses boutiques de créateurs, un immeuble cossu du 19e s., aux chambres très confortables. On prend son petit-déjeuner dans un décor Louis XVI et, le soir venu, on profite du bar, cosy et accueillant...

Meliá Vendôme sans rest

8 r. Cambon Ⓜ *Concorde – ✆ 01 44 77 54 00 – www.melia.com*
82 ch – 🚹209/699 € 🚹🚹209/699 € – 1 suite – ☕ 28 €
Un hôtel élégant où règne une atmosphère feutrée. Esprit cosy dans les chambres, comme dans le salon niché sous une verrière Belle Époque... Le tout au cœur de la capitale.

Mayfair sans rest

3 r. Rouget-de-Lisle Ⓜ *Concorde – ✆ 01 42 60 38 14*
– www.hotelmayfairparis.com
46 ch – 🚹180/550 € 🚹🚹200/550 € – 1 suite – ☕ 25 €
Idéalement situé entre deux places royales – Concorde et Vendôme –, élégant hôtel au charme très classique : mobilier de style, toile de Jouy, lampes sur pied... L'ensemble est particulièrement bien tenu.

PARIS

Opéra Richepanse sans rest

14 r. Chevalier de St-George Ⓜ *Madeleine – ✆ 01 42 60 36 00 – www.richepanse.com*
35 ch – †350/680 € ††350/680 € – 3 suites – ☕ 22 €
Tchaïkovski avait ses habitudes dans ce bel hôtel Art déco. Point besoin d'être mélomane pour apprécier le confort des chambres, donnant pour certaines sur la Madeleine. Une adresse avec un certain cachet.

Novotel Paris Les Halles

8 pl. M.-de-Navarre Ⓜ *Châtelet – ✆ 01 42 21 31 31 – www.novotelparisleshalles.com*
285 ch – †159/540 € ††159/540 € – 5 suites – ☕ 19 €
Rest – Carte 22/44 € *(fermé sam. midi et dim. midi)*
Face au forum des Halles, ce Novotel jouit d'une situation très centrale ! Autres bons points : des chambres tout confort, des salles de séminaire très bien équipées, un espace restauration et un café ouvert jusqu'à 2h.

Thérèse sans rest

5 r. Thérèse Ⓜ *Pyramides – ✆ 01 42 96 10 01 – www.hoteltherese.com*
40 ch – †180/380 € ††180/380 € – ☕ 15 €
Une adresse charmante, nichée entre le Palais-Royal et l'avenue de l'Opéra. Son décor – entièrement rénové en 2012 – se révèle très cosy et chic, avec par exemple des pièces de mobilier inspirées des années 1950 et des références néo-industrielles... Une réussite !

Louvre St-Honoré sans rest

141 r. St-Honoré Ⓜ *Louvre Rivoli – ✆ 01 42 96 23 23 – www.paris-hotel-louvresainthonore.com*
37 ch – †150/780 € ††195/780 € – ☕ 19 €
À deux pas du Louvre, voici une jolie façade du 18e s. (classée) qui cache un hôtel aménagé dans une veine contemporaine colorée. Grand calme pour les chambres donnant sur la cour : très appréciable au cœur de la capitale.

Louvre Montana sans rest

12 r. St-Roch Ⓜ *Tuileries – ✆ 01 42 60 35 10 – www.hotels-emeraude.com*
25 ch – †280/470 € ††280/470 € – ☕ 16 €
Tout près du palais du Louvre et du jardin des Tuileries, l'établissement est on ne peut mieux situé. Les chambres y sont confortables et bien tenues, mais préférez celles – plus lumineuses et spacieuses – côté rue. Une adresse engageante, parfaite pour découvrir Paris.

Britannique sans rest

20 av. Victoria Ⓜ *Châtelet – ✆ 01 42 33 74 59 – www.hotel-britannique.fr*
39 ch – †155/194 € ††183/335 € – ☕ 14 €
Créé par une famille anglaise sous le règne de Victoria, cet hôtel à deux pas de la Seine superpose les influences impériales. Chambres au décor chaleureux ; charmant salon. So British !

Relais St-Honoré sans rest

308 r. St Honoré Ⓜ *Tuileries – ✆ 01 42 96 06 06 – www.relaissainthonore.com*
14 ch – †165/280 € ††165/280 € – 1 suite – ☕ 13 €
Dans cet hôtel (17e s.), le petit-déjeuner n'est servi que dans les chambres ! Le matin, on peut donc musarder tout à son aise, entre poutres (sauf au 1er étage) et meubles anciens.

Hôtel O sans rest

19 r. Hérold Ⓜ *Sentier – ✆ 01 42 36 04 02 – www.hotel-o-paris.com*
29 ch – †149/441 € ††149/441 € – ☕ 16 €
Un voyage dans l'espace tout en restant dans le quartier des Halles, voilà qui est original ! La décoration – signée Ora-Ïto – évoque un vaisseau spatial... et les chambres portent des noms évocateurs : "Cocoon", "Odyssey", "Galileo", etc. Les amateurs de design – et les autres – pousseront des "Oh !"

Le Crayon sans rest
25 r. du Bouloi Ⓜ Palais Royal – ✆ 01 42 36 54 19 – www.hotelcrayon.com
26 ch – †149/347 € ††149/347 € – ☕ 12 €
Un hôtel tout sauf banal ! À mi-chemin entre la demeure d'artiste et la maison de famille, il ose la couleur, le vintage et les contrastes détonants. La décoratrice a elle-même chiné tout le mobilier : chaque chambre est une création originale.

Relais du Louvre sans rest
19 r. Prêtres-St-Germain-l'Auxerrois Ⓜ Louvre Rivoli – ✆ 01 40 41 96 42 – www.relaisdulouvre.com
22 ch – †125/170 € ††155/290 € – ☕ 13 €
Derrière cette étroite façade du 18e s., un hôtel de caractère, paisible et bien tenu. Chambres raffinées et confortables ; belle suite au dernier étage, idéale en famille.

Aux Ducs de Bourgogne sans rest
19 r. du Pont-Neuf Ⓜ Châtelet – ✆ 01 42 33 95 64 – www.paris-hotel-bourgogne.com
50 ch – †95/450 € ††95/510 € – ☕ 17 €
Cet immeuble du 19e s. dispose de petites chambres très bien tenues et mansardées au dernier étage. Mobilier en bois massif, tissus tendus... Une ambiance feutrée pour cette adresse idéalement située au cœur de Paris.

Le Meurice Alain Ducasse – Hôtel Le Meurice
228 r. de Rivoli Ⓜ Tuileries – ✆ 01 44 58 10 55 – www.lemeurice.com – Fermé 1er-4 mars, 18 juil.-26 août, sam. et dim.
• CREATIVE • Menu 135 € (déj.)/380 € – Carte 220/295 €
Au cœur du célèbre palace, ce lieu incarne tout l'imaginaire du grand restaurant à la française avec son décor éminemment luxueux, inspiré des appartements royaux de Versailles, et son service parfaitement orchestré. Signée Alain Ducasse depuis l'automne 2013, l'assiette magnifie les plus beaux produits, cultive l'excellence et... réinvente le classicisme. Que de style !
➜ Pâté chaud de pintade. Volaille Albufera. Baba au rhum.

Le Grand Véfour (Guy Martin)
17 r. Beaujolais Ⓜ Palais Royal – ✆ 01 42 96 56 27 – www.grand-vefour.com – Fermé 29 juil.-26 août, sam. et dim.
• CREATIVE • Menu 98 € (déj.)/298 € – Carte 205/285 €
Bonaparte et Joséphine, Lamartine, Hugo, Sartre... Depuis plus de deux siècles, l'ancien Café de Chartres cultive la légende ! Guy Martin en entretient aujourd'hui l'aura : influencé par les voyages et la peinture – couleurs, formes, textures –, le chef "croque" ses plats comme un artiste, entre invention... et grande histoire.
➜ Ravioles de foie gras, crème foisonnée truffée. Parmentier de queue de bœuf aux truffes. Palet noisette et chocolat au lait, glace au caramel brun et sel de Guérande.

Carré des Feuillants (Alain Dutournier)
14 r. de Castiglione Ⓜ Tuileries – ✆ 01 42 86 82 82 – www.carredesfeuillants.fr – Fermé août, sam. midi et dim.
• MODERNE • Menu 60 € (déj.), 143/204 € – Carte 125/146 €
Atmosphère élégante et contemporaine, sur le site du couvent des Feuillants. Alain Dutournier signe une cuisine raffinée et bien dans son époque, aux jolis accents gascons – lui qui est originaire des Landes. Superbes vins et armagnacs.
➜ Pâté en croûte de caille des prés façon Rossini. Noix de ris de veau au sautoir, jus pointu aux huîtres. Fraises des bois en léger vacherin, sorbet à la rose de Grasse et gelée de litchi.

Sur Mesure par Thierry Marx – Hôtel Mandarin Oriental
251 r. St-Honoré Ⓜ Concorde – ✆ 01 70 98 73 00 – www.mandarinoriental.fr/paris/ – Fermé dim. et lundi
• CREATIVE • Menu 75 € (déj. en semaine), 165/195 €
Voilà bien un travail d'orfèvre, millimétré et "sur mesure" : Thierry Marx confirme son talent de grand faiseur ; chaque assiette révèle le geste d'un chercheur inlassable, parfois malicieux, toujours exact. Une expérience en soi, à laquelle contribue l'étonnant décor, immaculé et éthéré. ➜ Risotto de soja. Cochon, cornichon, moutarde, gelée de comté et croûtons soufflés. Sweet bento et ylang-ylang.

XXX **Le Dali** – Hôtel Le Meurice

228 r. Rivoli Ⓜ Tuileries – ✆ 01 44 58 10 44 – www.lemeurice.com

• MODERNE • Carte 91/140 €

Le "deuxième" restaurant du Meurice, situé au cœur de la vie du palace, à la fois point de passage, lieu de rendez-vous et... table soignée, façon cantine chic et mondaine. Le beau décor classique – pilastres et miroirs – est relevé d'une pointe de surréalisme, en hommage à Dalí.

XXX **Le Baudelaire** – Hôtel Le Burgundy

✿ *6-8 r. Duphot Ⓜ Madeleine – ✆ 01 42 60 34 12 – www.lebaudelaire.com – Fermé sam. midi et dim.*

• MODERNE • Formule 42 € – Menu 55 € (déj.)/145 € – Carte 80/140 €

Au sein du luxueux hôtel Burgundy – belle atmosphère autour du patio intérieur de l'établissement –, une table gastronomique de qualité, où la cuisine révèle finesse et légèreté... ➜ Saint-Jacques de plongée au sésame noir, mouron des oiseaux, marmelade de citron. Turbot de petit bateau poché, crumble avoine-citron, jus d'estragon. Calisson à l'orange, biscuit trocadéro, sorbet basilic.

XXX **Macéo**

15 r. Petits-Champs Ⓜ Bourse – ✆ 01 42 97 53 85 – www.maceorestaurant.com – Fermé 2-25 août, sam. midi, dim. et fériés

• MODERNE • Formule 30 € – Menu 39/60 € – Carte 45/77 €

Moulures, parquet, beaux miroirs : un cadre Second Empire pour une cuisine... de notre époque, autour des produits de saison. Menu végétarien et carte de vins du monde.

PARIS

XXX **Kei** (Kei Kobayashi)

✿ *5 r. du Coq-Héron Ⓜ Louvre Rivoli – ✆ 01 42 33 14 74 – www.restaurant-kei.fr – Fermé 5-26 août, vacances de Noël, jeudi midi, dim. et lundi*

• MODERNE • Menu 45 € (déj.), 100/125 €

Enfant au Japon, Kei Kobayashi découvre la gastronomie française à la télévision. Une révélation ! La majorité venue, il gagne l'Hexagone pour une formation dans les plus grandes maisons. Ce parcours s'incarne aujourd'hui chez lui, dans ses assiettes fines et métissées, bien dignes d'un passionné.

➜ Légumes de saison, saumon fumé au bois de hêtre. Pigeon rôti, laque de miso et caviar d'aubergine. Vacherin aux agrumes et au yuzu.

XX **Camélia** – Hôtel Mandarin Oriental

251 r. St-Honoré Ⓜ Concorde – ✆ 01 70 98 74 00 – www.mandarinoriental.fr/paris/

• MODERNE • Formule 48 € – Carte 63/116 €

Faire simple, se concentrer sur la saveur de très beaux produits, s'inspirer des classiques de la gastronomie française et les rehausser d'une touche d'Asie : tel est le credo de Thierry Marx pour ce Camélia, un lieu élégant, apaisant, zen...

XX **La Dame de Pic**

✿ *20 r. du Louvre Ⓜ Louvre Rivoli – ✆ 01 42 60 40 40 – www.ladamedepic.fr – Fermé 28 juil.-24 août et dim.*

• CREATIVE • Menu 50 € (déj. en semaine), 80/125 €

Le restaurant parisien d'Anne-Sophie Pic, créé en 2012 à deux pas du Louvre. On reconnaît bien le sens des saveurs de la chef valentinoise, l'exactitude de ses créations, sa capacité à associer des ingrédients inédits – décliné ici autour du leitmotiv des arômes et des parfums...

➜ Petites tomates de pays, mozzarella et vanille de Tahiti. Sardine de Méditerranée, poireau et thé matcha. Figue, chocolat tanariva et safran.

XX **Kinugawa** soir,

9 r. du Mont-Thabor Ⓜ Tuileries – ✆ 01 42 60 65 07 – www.kinugawa.fr – Fermé 11-25 août

• JAPONAISE • Formule 42 € – Menu 62/85 € – Carte 46/110 €

Cette table japonaise bien connue s'est métamorphosée en 2012, sous l'égide de nouveaux propriétaires. Le tandem Gilles & Boissier a repensé le décor, mêlant esprit contemporain et esthétique nippone : une élégante réussite. Au menu : de belles spécialités, tout en fraîcheur et maîtrise. Comptoir à sushis à l'étage.

XX **Palais Royal**

110 Galerie de Valois - Jardin du Palais Royal Ⓜ Bourse – ✆ 01 40 20 00 27 – www.restaurantdupalaisroyal.com
• TRADITIONNELLE • Carte 51/98 €
Sous les fenêtres de l'appartement de Colette, on déguste une belle cuisine traditionnelle, tels ce filet de bar de ligne et tomates confites ou ce millefeuille vanille et fruits de saison. Mention spéciale pour la terrasse... dans l'intimité des jardins du Palais-Royal.

XX **L'Assaggio** – Hôtel Castille Paris

37 r. Cambon Ⓜ Madeleine – ✆ 01 44 58 45 67 – www.castille.com – Fermé août, 24-30 déc., sam. et dim.
• ITALIENNE • Formule 37 € – Menu 45 € (déj.) – Carte 60/90 €
L'Assaggio ou "la dégustation" en italien. Grand ouvert sur un patio peint de fresques et orné d'une fontaine, le cadre évoque la villa d'Este près de Rome. Les saveurs, elles, sont italiennes sans trompe-l'œil : antipasti, pasta, risottos, etc.

XX **Goumard**

9 r. Duphot Ⓜ Madeleine – ✆ 01 42 60 36 07 – www.goumard.com
• POISSONS ET FRUITS DE MER • Formule 34 € – Menu 44/54 € 🍷 – Carte 51/88 €
Cette maison plus que centenaire a pris un tournant : décor contemporain, choix de viandes en plus des spécialités de la mer (dégustation d'huîtres au bar). Ouvert de midi à minuit.

XX **Le First** – Hôtel The Westin Paris

234 r. de Rivoli Ⓜ Tuileries – ✆ 01 44 77 10 40 – www.lefirstrestaurant.com/fr/
• MODERNE • Formule 30 € – Menu 36 € (semaine), 49/95 € 🍷 – Carte 54/69 €
À deux pas des Tuileries, au sein du Westin, un véritable boudoir aux éclairages veloutés – la griffe Jacques Garcia –, où la cuisine revisite la tradition avec respect. L'été, direction la terrasse dressée dans la cour, si paisible...

XX **Pierre au Palais Royal**

10 r. Richelieu Ⓜ Palais Royal – ✆ 01 42 96 09 17 – www.pierreaupalaisroyal.com – Fermé août, sam. midi et dim. midi
• MODERNE • Formule 38 € – Menu 49 € (dîner)/79 €
À quelques pas de la Comédie-Française, Pierre au Palais Royal est une belle institution, totalement en prise avec l'époque : murs anciens transfigurés sous un décor contemporain noir et blanc, joli choix de vins, cuisine savoureuse et originale...

XX **Saudade**

34 r. des Bourdonnais Ⓜ Pont Neuf – ✆ 01 42 36 03 65 – www.restaurantsaudade.com – Fermé août et dim.
• PORTUGAISE • Menu 23 € 🍷 (déj. en semaine) – Carte 31/52 €
Pour un repas au Portugal... en plein Paris, rendez-vous dans ce restaurant décoré d'azulejos. Plats typiques et vins lusitaniens à déguster au son du fado.

X ✿ **Jin** Ⓝ

6 r. de la Sourdière Ⓜ Tuileries – ✆ 01 42 61 60 71 – www.secret-flavor.com/jin – Fermé 2 semaines en août, une semaine à Noël, lundi midi, mardi midi et dim.
• JAPONAISE • Menu 65 € (déj.)/135 € *(réservation conseillée)*
Un nouvel écrin pour la gastronomie japonaise, en plein cœur de Paris ! Jin, c'est d'abord – et surtout – le savoir-faire de Takuya Watanabe, chef originaire de Sapporo ; il réalise sous vos yeux de délicieux sushis et sashimis, avec des poissons venus de Bretagne, d'Oléron et d'Espagne... Toute la carte est un régal.
➜ Cuisine du marché.

X ✿ **Yam'Tcha** (Adeline Grattard)

4 r. Sauval Ⓜ Louvre Rivoli – ✆ 01 40 26 08 07 – www.yamtcha.com – Fermé août, vacances de la Toussaint et de Noël, mardi midi, dim. et lundi
• CREATIVE • Menu 60 € (déj. en semaine)/100 € *(réservation conseillée)*
La table étonnante d'une jeune chef formée à l'Astrance et à Hong Kong. Sens du produit remarquable, associations simples et saisissantes – entre France et Asie – pensées en accord avec une sélection d'excellents thés : tout est limpide. Vingt couverts seulement ! ➜ Cuisine du marché.

Spring

6 r. Bailleul Ⓜ Louvre Rivoli – ✆ 01 45 96 05 72 – www.springparis.fr – Fermé 1 semaine en août, le midi, dim. et lundi
• CREATIVE • Menu 79 € *(réservation conseillée)*
Daniel Rose, originaire de Chicago, est un chef décontracté, épicurien et inspiré... Il a créé un lieu à son image ! Sa cuisine, cosmopolite et libérée, abolit les conventions sans jamais dérouter, car elle est toujours guidée par le souci des saveurs. Le printemps... en toute saison.

Les Bistronomes

34 r. de Richelieu Ⓜ Palais Royal – ✆ 01 42 60 59 66 – www.lesbistronomes.fr – Fermé 3 semaines en août, 1 semaine vacances de Noël, sam. midi, dim. et lundi
• MODERNE • Formule 26 € – Menu 35 € (déj.)/65 € – Carte 50/77 €
Les gastronomes, ou bistronomes, ont eu vite fait de repérer cette adresse pourtant discrète, née début 2011. La qualité de sa cuisine ne pouvait rester inaperçue, mélange de registre bourgeois, tendance et... bistrotier : pâté en croûte de canard et ses pickles, lotte au chou pak-choï étuvé à l'huile de sésame, etc.

PARIS

Kunitoraya

5 r. Villedo Ⓜ Pyramides – ✆ 01 47 03 07 74 – www.kunitoraya.com – Fermé 2 semaines en août, vacances de fév., dim. soir et lundi
• JAPONAISE • Menu 35 € (déj. en semaine), 45/80 € – Carte 40/150 €
Vieux zinc, miroirs et faïence métro : le Paris des soupers 1900... pour une cuisine nippone soignée à base d'udon, pâtes maison réalisées avec une farine de blé importée du Japon !

Franck Enée Ⓝ

17 r. Molière Ⓜ Pyramides – ✆ 01 42 96 22 19 – www.franck-enee-restaurant.com – Fermé 3 semaines en août, dim. et lundi
• MODERNE • Formule 26 € – Menu 35 € – Carte 57/69 €
Dans une rue assez calme, à la place de l'ancien restaurant Au Gourmand, se cache cette table moderne et sympathique. Calamars sautés et légumes verts, filet de bœuf aux anchois : le chef, Franck Énée, propose une cuisine actuelle de qualité, faite avec des produits soigneusement choisis.

Chez La Vieille Adrienne

1 r. Bailleul Ⓜ Louvre Rivoli – ✆ 01 42 60 15 78 – Fermé sam. midi et dim.
• TRADITIONNELLE • Formule 28 € – Menu 38 € *(réservation conseillée)*
Autrefois tenue par une certaine Adrienne (ses photos parsèment les murs), cette demeure du 16e s., au cadre très patiné, a le sens de l'hospitalité et de la convivialité ! Et les fondamentaux y ont toujours la cote : terrine de canard, coq au vin, boudin noir, tartelette au chocolat amer...

Pinxo - Tuileries – Hôtel Renaissance Paris Vendôme

9 r. d'Alger Ⓜ Tuileries – ✆ 01 40 20 72 00 – www.pinxo.fr – Fermé août, sam. midi et dim.
• MODERNE • Menu 29 € 🍷 (déj.) – Carte 45/60 €
Mobilier épuré, tons noir et blanc, vue sur les cuisines : un décor sobre et moderne pour "pinxer" (picorer avec les doigts) des petits plats à la mode Dutournier. Une déclinaison très originale du savoir-faire du Carré des Feuillants !

Les Cartes Postales

7 r. Gomboust Ⓜ Pyramides – ✆ 01 42 61 02 93 – Fermé 3 semaines en août, vacances de Noël, lundi soir, sam. midi et dim.
• TRADITIONNELLE • Formule 30 € – Menu 70 € (dîner) – Carte 40/75 €
Savoureuse cuisine française relevée de notes nippones, signée par un chef japonais. Intéressante formule et demi-portions à la carte, pour deux fois plus de plaisir.

L'Absinthe

24 pl. Marché-St-Honoré Ⓜ Pyramides – ✆ 01 49 26 90 04 – www.restaurantabsinthe.com – Fermé 22 déc.-2 janv., sam. midi et dim.
• TRADITIONNELLE • Formule 25 € – Carte 43/51 €
Un bistrot néorétro plein d'allure, qui rappelle l'époque où la "fée verte" était en vogue (zinc, carrelage ancien, horloge monumentale). Plats traditionnels de saison.

Pirouette

5 r. Mondétour Ⓜ Châtelet-Les Halles – ✆ 01 40 26 47 81 – www.restaurantpirouette.com – Fermé août et dim.

• TRADITIONNELLE • Formule 18 € – Menu 38 € – Carte 36/59 €

"Il était un petit homme, Pirouette..." Ce restaurant – ouvert en 2012 – propose une cuisine aussi enjouée que la comptine ! À l'image de ces recettes traditionnelles revisitées avec espièglerie comme, par exemple, ce baba au rhum au citron vert. Cadre contemporain.

L'Ardoise

28 r. du Mont-Thabor Ⓜ Concorde – ✆ 01 42 96 28 18 – www.lardoise-paris.com – Fermé dim. midi

• TRADITIONNELLE • Formule 32 € – Menu 36 €

Avec ses murs recouverts d'ardoise, ce restaurant porte bien son nom. Voilà un sympathique hommage rendu à l'esprit bistrotier, hommage qui prévaut également dans l'assiette, à l'instar de ces raviolis de girolles et foie gras dans une sauce à la citronnelle. Générosité et parfums : on se régale !

La Régalade St-Honoré

123 r. St-Honoré Ⓜ Louvre Rivoli – ✆ 01 42 21 92 40 – Fermé août, 24 déc.-4 janv., sam. et dim.

• TRADITIONNELLE • Menu 35 €

Après le succès de la mythique Régalade du 14e arrondissement, Bruno Doucet récidive dans le quartier des Halles. La formule est la même – priorité au terroir et au marché – et... l'on se régale toujours autant.

Louvre Bouteille

150 r. St-Honoré Ⓜ Louvre Rivoli – ✆ 01 73 54 44 44 – www.louvrebouteille.fr – fermé 1 semaine en août, sam. midi et dim.

• TRADITIONNELLE • Formule 20 € – Menu 24 € (déj.)/38 € – Carte environ 43 €

Imaginez, à deux pas du Louvre, un bistrot moderne orné çà et là de bouteilles... Tel est ce drôle de Louvre Bouteille, qui n'est autre que l'antre de Cyril Rouquet, chef "vu à la télé" (il a été finaliste de Masterchef en 2010). On reconnaît le travail de l'autodidacte passionné : sa cuisine a du cœur... et du goût !

Au Rendez-vous des Camionneurs

72 quai des Orfèvres Ⓜ Cité – ✆ 01 43 29 78 81 – www.aurdvdescamionneurs.com – Fermé 2 semaines en août

• TRADITIONNELLE • Formule 24 € – Menu 32 € – Carte 40/60 €

Banquette bleu électrique, tables en formica orange... Ce restaurant situé sur les quais de l'île de la Cité cultive la nostalgie des années 1950 ! On y savoure une cuisine de bistrot qui va à l'essentiel, tels ce risotto de girolles, parfumé à souhait, ou cette jolie crème brûlée à la pistache. Ambiance décontractée.

Bistrot Mavrommatis

18 r. Duphot, (1er étage) Ⓜ Madeleine – ✆ 01 42 97 53 04 – www.mavrommatis.com – Fermé août, sam., dim., fériés et le soir

• GRECQUE • Formule 22 € – Carte 30/50 €

Un petit temple grec à deux pas de l'église de la Madeleine : épicerie au rez-de-chaussée, taverne à l'étage (photos du pays), nombreuses spécialités pour se restaurer à bon compte.

Crudus

21 r. St-Roch Ⓜ Pyramides – ✆ 01 42 60 90 29 – Fermé août, vacances de Noël, sam., dim. et fériés

• ITALIENNE • Formule 28 € – Menu 35 € (déj.)/45 € – Carte 48/70 € *(réservation conseillée)*

Dans ce petit restaurant italien, priorité aux produits bio... Des saveurs naturelles à déguster dans un décor simple et avenant (parquet, murs blancs, tables en plexiglas).

Cibus

5 r. Molière Ⓜ Palais Royal – ✆ 01 42 61 50 19 – Fermé 1 semaine en mai, 3 semaines en août, 1 semaine vacances de Noël, lundi midi, sam. midi et dim.
• ITALIENNE • Formule 28 € – Menu 35 € (déj.) – Carte 48/67 € *(réservation conseillée)*
Cibus : "nourriture", en latin. Auspices millénaires pour ce restaurant italien qui porte haut la gastronomie transalpine (produits bio). Décor très simple et accueil convivial.

Baan Boran

43 r. Montpensier Ⓜ Palais Royal – ✆ 01 40 15 90 45 – www.baan-boran.com – Fermé sam. midi et dim.
• THAÏLANDAISE • Menu 16 € (déj.)/40 € – Carte 30/45 €
Escale asiatique face au théâtre du Palais-Royal : spécialités thaïlandaises préparées au wok et servies dans un cadre contemporain épuré (bois exotique, cuir, tons beige et gris).

Nodaïwa

272 r. St-Honoré Ⓜ Palais Royal – ✆ 01 42 86 03 42 – www.nodaiwa.com – Fermé 1er-20 août, 30 déc.-10 janv. et dim.
• JAPONAISE • Formule 20 € – Menu 23 € (déj.), 31/68 € – Carte 35/45 €
Table japonaise dont la grande spécialité est l'anguille, préparée avec un soin méticuleux. Salle tout en longueur et minimaliste, bien à l'image d'une… anguille.

Zen

8 r. de L'Échelle Ⓜ Palais Royal – ✆ 01 42 61 93 99 – Fermé 10-20 août
• JAPONAISE • Carte 21/47 €
Table japonaise traditionnelle par sa carte (étoffée), et contemporaine par son décor : lignes épurées tout en rondeur, omniprésence du blanc et du vert acidulé.

Sanukiya

9 r. d'Argenteuil Ⓜ Pyramides – ✆ 01 42 60 52 61 – Fermé 10-20 août
• JAPONAISE • Carte 15/28 €
Savez-vous ce que sont les udon ? Pour le découvrir, rendez-vous chez Sanukiya : ces nouilles japonaises à base de farine de blé sont la spécialité de cette petite table nippone ! Elles s'accompagnent de galettes de légumes et de crevettes, d'algues, de beignets nature... Simple et authentique.

Lescure

7 r. Mondovi Ⓜ Concorde – ✆ 01 42 60 18 91 – www.lescure1919.fr – Fermé août, 23 déc.-3 janv., sam. et dim.
• TRADITIONNELLE • Menu 25 € 🍷 (semaine) – Carte 23/46 €
Une auberge familiale et conviviale tout près de la grandiose place de la Concorde, voilà qui est original ! On trouve ici de quoi se rasséréner, en dégustant, au coude-à-coude à la table commune, de copieuses recettes traditionnelles : pâté en croûte, canard confit, poule au pot farcie...

Gwadar

39 r. St-Roch Ⓜ Pyramides – ✆ 01 42 96 28 24 – Fermé dim.
• INDIENNE • Menu 15 € (déj.), 20/25 € – Carte 25/40 €
Niché sur une banquette en velours, dans un cadre cosy et sobre, on voit défiler de beaux petits plats indo-pakistanais... Et l'on salive en attendant son poulet tandoori...

J.-C. Amiel/hemis.fr

Bourse · Sentier

2e arrondissement ✉ 75002

Park Hyatt

5 r. de la Paix Ⓜ *Opéra – ✆ 01 58 71 12 34 – www.paris.vendome.hyatt.fr*
153 ch – 800/990 € 800/990 € – 43 suites – 37 €
Rest *Pur'* – voir les restaurants ci-après
Rest *Les Orchidées* ✆ 01 58 71 10 60 – Carte 82/179 € *(fermé le soir)*
Ed Tuttle a conçu un hôtel conforme à ses rêves, sur la célèbre rue de la Paix : collection d'art contemporain et classicisme à la française, mobilier mêlant avec subtilité le style Louis XVI et les années 1930, spa et équipements high-tech, restaurants pour toutes les envies... Un authentique palace.

Westminster

13 r. de la Paix Ⓜ *Opéra – ✆ 01 42 61 57 46 – www.hotelwestminster.com*
85 ch – 230/550 € 230/550 € – 17 suites – 30 €
Rest *Le Céladon* – voir les restaurants ci-après
Rest *Le Petit Céladon* ✆ 01 47 03 40 42 – Menu 59 € *(ouvert le week-end et fermé en août et vacances de Noël)*
Né en 1809 et aujourd'hui bicentenaire, c'est en 1846 qu'il prit le nom de son plus fidèle client, le duc de Westminster. Ce dernier avait le goût du raffinement à la française ! À noter, le week-end, Céladon devient Petit Céladon : carte plus simple et service décontracté.

Édouard VII

39 av. de l'Opéra Ⓜ *Opéra – ✆ 01 42 61 56 90 – www.edouard7hotel.com*
69 ch – 329/460 € 329/460 € – 12 suites – 28 €
Rest *Cuisine L'E 7* ✆ 01 42 61 86 11 – Formule 32 € – Carte 43/57 €
(fermé août et fériés)
Chatoiement des tissus et raffinement dans les chambres "Couture", tandis que les "Edouard VII" se veulent plus sobres... Partout règne une véritable élégance et les suites sont superbes. Bar cosy et petite restauration dans un cadre contemporain très plaisant.

L'Horset Opéra sans rest

18 r. d'Antin Ⓜ *Opéra – ✆ 01 44 71 87 00 – www.hotelhorsetopera.com*
54 ch – 190/285 € 205/320 €
Dans cet hôtel à deux pas du palais Garnier, l'atmosphère est très feutrée ; dans les chambres, classicisme de bon goût (tentures et tissus assortis, boiseries chaleureuses).

Hôtel de Noailles sans rest

9 r. de la Michodière Ⓜ *Quatre Septembre – ✆ 01 47 42 92 90 – www.hotelnoailles.com*
56 ch – 201/335 € 201/335 € – 5 suites – 18 €
Élégance très contemporaine et design derrière une jolie façade 1900. Chambres zen et épurées, ouvertes pour la plupart sur le patio (avec balcon aux 5e et 6e étages).

La Maison Favart sans rest

5 r. Marivaux Ⓜ *Richelieu Drouot – ✆ 01 42 97 59 83 – www.lamaisonfavart.com*
36 ch – 250/1100 € 250/1100 € – 1 suite – 24 €
Il règne une atmosphère intemporelle dans cet hôtel (1824) où séjourna le peintre Francisco de Goya. Les chambres – certaines tournées vers l'Opéra-Comique – sont des plus agréables. Une adresse de charme où romantisme et poésie se sont donné rendez-vous.

Malte Opéra sans rest

63 r. de Richelieu Ⓜ Quatre Septembre – ✆ 01 44 58 94 94 – www.astotel.com
64 ch – †209/400 € ††209/400 € – ☕ 18 €
Une bâtisse du 17e s. face à la Bibliothèque nationale. Chambres de facture classique – plus calmes côté cour – et petit-déjeuner servi dans un joli patio, près d'un olivier !

Victoires Opéra sans rest

56 r. Montorgueil Ⓜ Etienne Marcel – ✆ 01 42 36 41 08 – www.victoiresopera.com
24 ch – †195/245 € ††215/275 € – ☕ 15 €
Montorgueil : un quartier piéton et animé... C'est ici que se trouve cet hôtel contemporain, dans un immeuble du 17e s. Tons chauds, mobilier actuel : les chambres ont du style !

Gramont Opéra sans rest

22 r. Gramont Ⓜ Richelieu Drouot – ✆ 01 42 96 85 90 – www.hotel-gramont-opera.com
25 ch – †115/163 € ††128/239 € – ☕ 13 €
Un charmant hôtel près de l'Opéra-Comique... Imprimés floraux, teintes mauve et chocolat : frais, harmonieux et vraiment joli. Duplex avec terrasse donnant sur les toits.

Pur' – Hôtel Park Hyatt

5 r. de la Paix Ⓜ Opéra – ✆ 01 58 71 10 60 – http://paris-restaurant-pur.fr – Fermé août et le midi
• CREATIVE • Menu 115/180 € – Carte 93/225 €
Pure réjouissance à l'heure du dîner : décor contemporain très élégant et mets créatifs concoctés par le chef qui accorde avec soin d'excellents produits. Beau, savoureux et raffiné !
➜ Vapeur d'escargots sauvages petit-gris, bouillon moussé aux aromates et radis. Agneau allaiton aux épices chimichurri, salade de quinoa et pulpe de piquillos. Le "Paquin" version 2012, grand cru de chocolat du Ghana.

Le Céladon – Hôtel Westminster

15 r. Daunou Ⓜ Opéra – ✆ 01 42 61 77 42 – www.leceladon.com – Fermé août, sam. et dim.
• MODERNE • Menu 49 € (déj.)/64 € – Carte 80/120 €
Décor très raffiné au Céladon, entre style Régence, tableaux anciens et notes orientales (vases en céladon : porcelaine chinoise vert pâle). Sur de belles bases classiques, le chef concocte une cuisine dans l'air du temps.
➜ Girolles et cochon ibérique, pluma grillé et jambon en copeaux. Turbot sauvage cuit sur l'arête, gelée aux crevettes grises et thym citron. Pêche rôtie, chutney au romarin et brioche tiède.

Drouant

16 pl. Gaillon Ⓜ Quatre Septembre – ✆ 01 42 65 15 16 – www.drouant.com
• MODERNE • Menu 44 € (déj. en semaine) – Carte 41/95 €
Un lieu mythique : on y décerne le prix Goncourt depuis 1914 ! Sous la houlette d'Antoine Westermann, les plats de tradition se parent de modernité. Élégant décor cossu.

Le Versance

16 r. Feydeau Ⓜ Bourse – ✆ 01 45 08 00 08 – www.leversance.fr – Fermé 22 juil.-20 août, 24 déc.-2 janv., sam. midi, dim. et lundi
• MODERNE • Formule 33 € 🍷 – Menu 39 € 🍷 (déj.) – Carte 66/96 €
Un cadre épuré où poutres, vitraux et mobilier design font des étincelles. La cuisine du chef globe-trotter n'est pas en reste : homard au curry, ris de veau et poires aux épices...

Un symbole passé en rouge désigne une maison particulièrement charmante : 🏠 XXX.

Goust

10 r. Volney Opéra – 01 40 15 20 30 – www.enricobernardo.com – Fermé 2 semaines en août, sam. et dim.

• MODERNE • Formule 35 € – Menu 45 € (déj.), 75/110 € – Carte 69/84 €

Au sein d'Éléphant Paname, centre d'art et de danse créé dans un bel hôtel particulier voisin de l'Opéra, cette table cultive l'élégance... Enrico Bernardo, Meilleur Sommelier du Monde, mène la danse, et le chef, d'origine espagnole, rehausse la cuisine française d'influences méditerranéennes. Mets et vins exécutent un suave duo ! ➜ Légumes de saison et sabayon aux truffes. Jarret de veau confit, jus de veau et topinambour. Millefeuille aux noisettes et chocolat.

Mori Venice Bar

2 r. du Quatre-Septembre Bourse – 01 44 55 51 55 – www.mori-venicebar.com

• ITALIENNE • Menu 40 € (déj. en semaine) – Carte 66/141 €

La gastronomie vénitienne est méconnue, et le chef, passionné, la défend avec goût ! Starck a signé le décor, évoquant le raffinement et le secret propres à Venise... Véranda face à la Bourse et comptoir pour prendre un verre autour de quelques antipasti.

La Fontaine Gaillon

pl. Gaillon Quatre Septembre – 01 47 42 63 22 – www.restaurant-la-fontaine-gaillon.com – Fermé 3 semaines en août, sam. et dim.

• POISSONS ET FRUITS DE MER • Formule 47 € – Menu 52/110 € – Carte 65/79 €

Bel hôtel particulier du 17e s., supervisé par Gérard Depardieu : cadre feutré, terrasse au pied de la fontaine, cuisine valorisant la mer et plaisante sélection de vins.

Passage 53 (Shinichi Sato)

53 passage des Panoramas Grands Boulevards – 01 42 33 04 35 – www.passage53.com – Fermé 2 semaines en août, dim. et lundi

• CREATIVE • Menu 60 € (déj. en semaine)/130 € *(réservation conseillée)*

Dans un passage couvert resté dans son jus, un décor minimal et un très beau panorama de cuisine contemporaine : au gré du marché, le jeune chef japonais – formé à l'Astrance – délivre des compositions d'une netteté imparable, à la cuisson millimétrée.

➜ Assiette blanche de calamars et chou-fleur. Turbot et légumes de saison. Crème brûlée, crème de sureau, crème anglaise à la fleur d'acacia et sorbet au miel.

Brasserie Gallopin

40 r. N.-D.-des-Victoires Bourse – 01 42 36 45 38 – www.brasseriegallopin.com

• TRADITIONNELLE • Formule 20 € – Menu 35 € – Carte 35/82 €

Face au palais Brongniart, une véritable institution, créée en 1876 par un certain... Gallopin. Après Arletty et Raimu, Parisiens et touristes s'y pressent pour son beau décor victorien (boiseries en acajou, verrière Belle Époque, etc.) et ses grands classiques pleins de goût : tartare, baba au rhum, paris-brest...

Vaudeville

29 r. Vivienne Bourse – 01 40 20 04 62 – www.vaudevilleparis.com

• TRADITIONNELLE • Formule 28 € – Menu 34 € – Carte 44/74 €

Grande brasserie Art déco, dans la pure tradition parisienne. Le jour, "cantine" de nombreux journalistes et le soir, "relâche" des sorties de théâtres !

Saturne

17 r. N.-D.-des-Victoires Bourse – 01 42 60 31 90 – www.saturne-paris.fr – Fermé août, vacances de Noël, sam. et dim.

• MODERNE • Menu 37 € (déj.), 60/69 €

Saturne : dieu de l'agriculture et anagramme de "natures". Le credo du jeune chef : de très bons produits, des vins naturels et un menu unique, dans une ambiance loft très parisienne. Et pour l'anecdote, le pain est tout bonnement... divin !

PARIS

Les Jalles - Bistrot Bordelais

14 r. des Capucines Ⓜ *Opéra – ✆ 01 42 61 66 71 – Fermé sam. midi et dim. midi*
• BORDELAISE • Menu 42 €

Les deux jeunes femmes qui ont ressuscité le Bistro Volnay ont récidivé à deux pas avec ces Jalles – dont s'occupe Magali, sommelière de formation. La cuisine bordelaise est à l'honneur : tartine croquante au grenier médocain et moutarde au tanin, lamproie à la bordelaise... Avec du gibier en saison !

Zinc Opéra

8 r. de Hanovre Ⓜ *Opéra – ✆ 01 42 65 58 95 – www.restaurant-zinc.com – Fermé août, sam. et dim.*
• MODERNE • Formule 25 € – Menu 30 € (déj. en semaine)/35 € – Carte 36/62 €

Les saveurs mènent la danse dans ce Zinc Opéra ! Aux commandes de ce jeune bistrot chic et cosy, une équipe très solide signe des recettes à la fois simples et soignées, centrées sur les produits. Confit de canard et pommes de terre sautées, clafoutis aux cerises, etc. : des classiques pleins de parfums.

Terroir Parisien - Palais Brongniart Ⓝ

28 pl. de la Bourse Ⓜ *Bourse – ✆ 01 83 92 20 30 – www.yannick-alleno.com – Fermé dim.*
• TRADITIONNELLE • Carte 35/57 €

Après le succès de son Terroir Parisien dans le 5e arrondissement, Yannick Alléno a créé ce second opus au sein du palais Brongniart, ancien siège de la bourse de Paris. Décor chaleureux, recettes franciliennes retrouvées et... superbes charcuteries (préparées par un Meilleur Ouvrier de France) : fort indice de satisfaction !

Café Moderne

40 r. N.-D.-des-Victoires Ⓜ *Bourse – ✆ 01 53 40 84 10 – Fermé 1er-24 août, sam. et dim.*
• MODERNE • Menu 28/45 €

À deux pas du palais Brongniart aujourd'hui déserté par les boursicoteurs, ce Café Moderne permet de se replonger dans l'ambiance toujours affairée du quartier : le midi, l'endroit est bondé, et le soir venu, il se fait intime… Au menu : de beaux produits frais, cuisinés avec goût. Recettes et vins français sont bien cotés !

Bistro Volnay

8 r. Volney Ⓜ *Opéra – ✆ 01 42 61 06 65 – Fermé 3 semaines en août, sam. et dim.*
• TRADITIONNELLE • Menu 38 € (semaine)/55 €

On y redécouvre avec plaisir les classiques bistrotiers, aux délicats parfums. Décor élégant revisitant tout l'esprit des années 1930 (miroirs, banquettes…).

Liza

14 r. de la Banque Ⓜ *Bourse – ✆ 01 55 35 00 66 – www.restaurant-liza.com – Fermé sam. midi et dim. soir*
• LIBANAISE • Formule 21 € – Menu 42 € (dîner) – Carte 36/63 €

Loin des clichés, cette table libanaise, mise en scène par des designers du pays (ambiance lounge et orientale), réinterprète les recettes traditionnelles ; c'est fin et parfumé !

Bi Zan

56 r. Ste-Anne Ⓜ *Quatre Septembre – ✆ 01 42 96 67 76 – Fermé dim., lundi et fériés*
• JAPONAISE • Formule 40 € – Menu 70 € 🍷/120 € 🍷 – Carte 68/135 € dîner

Bi Zan désigne une région montagneuse du Japon. L'adresse – zen, voire minimaliste – est connue des amateurs de cuisine nippone. Comptoir et salle à l'étage ; belle carte de sakés.

Chez Georges

1 r. du Mail Ⓜ *Bourse – ✆ 01 42 60 07 11 – Fermé août, vacances de Noël, sam. et dim.*
• TRADITIONNELLE • Carte 38/73 €

À deux pas de la place des Victoires, un vrai bistrot parisien dans son jus rétro ! Au menu : une solide cuisine traditionnelle et des vins bien choisis, à savourer au coude-à-coude.

Aux Lyonnais

32 r. St-Marc Ⓜ Richelieu Drouot – ✆ 01 42 96 65 04 – www.auxlyonnais.com – Fermé août, sam. midi, dim. et lundi

• LYONNAISE • Menu 32 € (déj.)/35 € – Carte 43/55 € *(réservation conseillée)*

Dans ce bistrot fondé en 1890, on se régale d'une savoureuse cuisine qui explore la gastronomie lyonnaise. Cadre délicieusement rétro : zinc, banquettes, miroirs biseautés, moulures...

Silk & Spice

6 r. Mandar Ⓜ Sentier – ✆ 01 44 88 21 91 – www.silkandspice.fr – Fermé sam. midi et dim. midi

• THAÏLANDAISE • Menu 24 € (déj.), 38/50 € – Carte 33/50 €

Atmosphère feutrée et belles saveurs d'inspiration thaïe. Gambas et crevettes dans une réduction à la citronnelle, bœuf mijoté au curry vert : les grands classiques de la maison !

Pierrot

soir,

18 r. Étienne Marcel Ⓜ Etienne Marcel – ✆ 01 45 08 00 10 – Fermé dim.

• TRADITIONNELLE • Carte 40/55 €

Dans ce bistrot convivial, tenu par deux jeunes Aveyronnais, viandes de l'Aubrac, foie gras maison et carré d'agneau aux herbes réjouissent les habitués... et les autres !

PARIS

Frenchie

5 r. du Nil Ⓜ Sentier – ✆ 01 40 39 96 19 – www.frenchie-restaurant.com – Fermé 2 semaines en août, vacances de Noël, le midi, sam. et dim.

• MODERNE • Menu 45 € *(réservation conseillée)*

Drôlement *Frenchy*, le jeune chef Grégory Marchand, lui qui a fait ses classes dans plusieurs grandes tables anglo-saxonnes, avant de prendre ses quartiers dans le Sentier, où son petit restaurant ne désemplit pas. La "faute" à sa cuisine, très contemporaine et... drôlement *savoury* !

Le Dorcia Ⓝ

24 r. Feydeau Ⓜ Bourse – ✆ 01 42 36 09 95 – www.ledorcia.com

• MODERNE • Formule 27 € – Menu 37 €

À un jet de lingot du palais Brongniart – qui n'abrite plus la Bourse depuis belle lurette ! –, ce restaurant nous replonge dans l'ambiance rétro du Palm Springs des années 1950. Gravlax de saumon mariné, effiloché d'agneau aux girolles : le chef utilise de bons produits et respecte les saisons. Une bonne adresse !

Une Poule sur un Mur

5 r. Marie-Stuart Ⓜ Etienne Marcel – ✆ 01 42 33 05 89 – www.unepoulesurunmur.fr – Fermé 6-25 août, 23 déc.-2 janv., sam. midi, dim. et lundi

• MODERNE • Formule 16 € – Menu 19 € (déj. en semaine) – Carte 35/47 €

Point d'inquiétude : ici, les poules ne picorent pas que du pain dur ! Mais bien plutôt, au gré des saisons, un artichaut barigoule au magret fumé, un lieu jaune relevé de tapenade... Un vrai nid gourmand, à deux pas des Halles.

L'Apibo

31 r. Tiquetonne Ⓜ Etienne Marcel – ✆ 01 55 34 94 50 – www.restaurant-lapibo.fr – Fermé lundi midi et dim.

• MODERNE • Formule 22 € – Menu 26 € (déj. en semaine), 32/55 € – Carte 41/54 €

L'ancien chef de Jean – une bonne table du 9e – s'est lancé dans une nouvelle aventure : ouvrir sa propre adresse ! Dans son petit bistrot du quartier Montorgueil, il signe une belle cuisine de produits, originale et délicate, telles ces ravioles de volaille et artichauts sautés. Et l'accueil est charmant...

Pascade Ⓝ

14 r. Daunou Ⓜ Opéra – ✆ 01 42 60 11 00 – www.alexandre-bourdas.com – Fermé dim. et lundi

• TRADITIONNELLE • Menu 30 € – Carte 35/45 €

Alexandre Bourdas, chef fameux installé à Honfleur, rend hommage dans cette "cantine-auberge" à sa région d'origine, l'Aveyron, à travers l'une de ses spécialités : la pascade, une délicieuse crêpe déclinée tout au long du menu en salé et sucré, et garnie de bons produits, version gastronomique. Un régal !

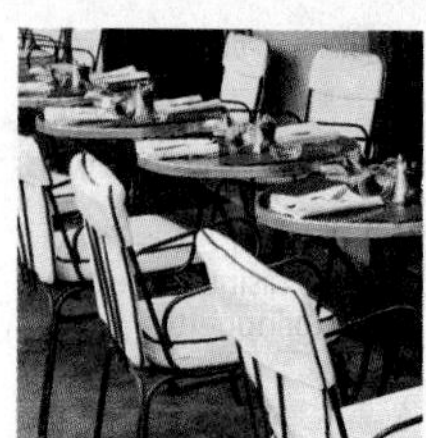

ilolab/Fotolia.com

Le Haut Marais · Temple

3e arrondissement ✉ 75003

PARIS

Pavillon de la Reine sans rest

28 pl. des Vosges Ⓜ *Bastille – ✆ 01 40 29 19 19 – www.pavillon-de-la-reine.com*
52 ch – 390/710 € 390/710 € – 2 suites – 35 €
Élégance et luxe du Paris historique, tout en noble discrétion. Passé les voûtes de la place des Vosges, première illumination à la vision de la belle cour verdoyante. Et le ravissement ne cesse pas : les chambres sont raffinées et feutrées ; le petit spa couronne le tout !

Le Petit Moulin sans rest

29 r. du Poitou Ⓜ *St-Sébastien Froissart – ✆ 01 42 74 10 10 – www.hoteldupetitmoulin.com*
17 ch – 215/430 € 215/430 € – 15 €
Christian Lacroix a imaginé le décor "couleur du temps" de cet hôtel du Marais. C'est inédit, raffiné... entre tradition et modernité. Baignoires à pieds, tons flashy : chaque chambre est un bijou !

Jules et Jim sans rest

11 r. des Gravilliers Ⓜ *Arts et Métiers – ✆ 01 44 54 13 13 – www.hoteljulesetjim.com*
23 ch – 200/310 € 200/310 € – 18 €
Ne cherchez pas de lien avec le film de François Truffaut... sinon un affichage branché, voire hipster ! Cette ancienne usine du Marais, transformée en hôtel, est l'un des derniers repaires urbains à la mode. Atypiques et confortables, les chambres sont une belle démonstration du goût contemporain, version jeune et épicurienne...

Little Palace sans rest

4 r. Salomon-de-Caus Ⓜ *Réaumur Sébastopol – ✆ 01 42 72 08 15 – www.littlepalacehotel.com*
49 ch – 178/290 € 178/290 € – 4 suites – 15 €
Un Little Palace "so charming", mêlant avec bonheur styles Belle Époque et contemporain. Chambres chaleureuses, à choisir de préférence aux 6e et 7e étages (balcon et vue sur Paris).

Austin's Arts et Métiers sans rest

6 r. Montgolfier Ⓜ *Arts et Métiers – ✆ 01 42 77 17 61 – www.austinsamhotel.com*
29 ch – 99/160 € 120/190 € – 10 €
Pas de mystère dans les chambres jaunes, rouges ou bleues de ce petit hôtel faisant face au musée des Arts et Métiers : elles sont sobres, chaleureuses et bien tenues.

Hôtel du Vieux Saule sans rest

6 r. de Picardie Ⓜ *Filles du Calvaire – ✆ 01 42 72 01 14 – www.hotelvieuxsaule.com*
27 ch – 125/195 € 165/250 € – 12 €
Cet hôtel entièrement rénové en 2012 se cache dans une petite rue au cœur du Marais. Les chambres y sont petites mais joliment décorées. Il fait bon se détendre au sauna ou dans le salon donnant sur la cour. Idéal pour se rendre place des Vosges ou au musée Carnavalet.

Jacques de Molay sans rest

94 r. des Archives Ⓜ *République – ✆ 01 42 72 68 22 – www.hotelmolay.fr*
23 ch – 185/205 € 205/255 € – 15 €
On découvre d'abord cette façade originale, en bois peint, et le nom de l'hôtel : Jacques de Molay, qui fut au 13e s. le dernier maître de l'ordre des Templiers. Chaque étage a son thème (bleu, rose, jaune...), et les chambres sont impeccablement tenues.

Hôtel des Archives sans rest

87 r. des Archives Ⓜ Temple – ✆ 01 44 78 08 00 – www.hoteldesarchives.com
19 ch – †150/180 € ††150/180 € – 4 suites – ☕ 12 €
Près de la mairie du 3e arrondissement. Les chambres sont sobres ; les quatre suites – de véritables petits appartements – se révèlent idéales pour un séjour en famille.

Ambassade d'Auvergne

22 r. du Grenier-St-Lazare Ⓜ Rambuteau – ✆ 01 42 72 31 22 – www.ambassade-auvergne.com
• REGIONALE ET TERROIR • Formule 22 € 🍷 – Menu 32 € – Carte 33/49 €
Les classiques d'une province riche de traditions et de saveurs : saucisse sèche, lentilles vertes du Puy et l'incontournable aligot... le tout arrosé de vins d'Auvergne.

Le Carré des Vosges

15 r. St-Gilles Ⓜ Chemin Vert – ✆ 01 42 71 22 21 – www.lecarredesvosges.fr – Fermé 2 semaines en août, sam. midi, dim. et lundi
• MODERNE • Formule 17 € – Menu 39 € – Carte 41/60 €
À deux pas de la rue des Francs-Bourgeois et de ses boutiques branchées, ce bistrot de quartier au décor soigné propose une cuisine du marché ancrée sur les saisons. Un mélange de simplicité étudiée et de classiques réalisés dans les règles de l'art.

Pramil

9 r. Vertbois Ⓜ Temple – ✆ 01 42 72 03 60 – www.pramilrestaurant.fr – Fermé 29 avril-4 mai, 19-31août, 23-29 déc., dim. midi et lundi
• MODERNE • Formule 22 € – Menu 33 € – Carte 38/48 €
Le décor a l'élégance de se faire oublier : tout en sobriété, il met en valeur la belle générosité de la cuisine du marché d'Alain Pramil, un autodidacte passionné qui, dans une autre vie, était professeur de physique !

Glou

101 r. Vieille-du-Temple Ⓜ St-Sébastien Froissart – ✆ 01 42 74 44 32 – www.glou-resto.com
• MODERNE • Formule 16 € – Menu 21 € (déj. en semaine) – Carte 31/51 €
Près du musée Picasso, un bistrot d'esprit loft – décontraction comprise –, où la cuisine du marché se pense avec un joli cru. Beau choix de vins au verre et ardoise du jour très intéressante !

Au Bascou

38 r. Réaumur Ⓜ Arts et Métiers – ✆ 01 42 72 69 25 – www.au-bascou.fr – Fermé août, 23-29 déc., sam. et dim.
• REGIONALE ET TERROIR • Formule 19 € – Menu 25 € (déj.) – Carte 36/70 €
Dans ce bistrot, véritable institution parisienne, la cuisine chante avec les chauds accents de la terre basque. Les produits viennent du "pays", et les spécialités du terroir fraternisent avec les préparations canailles. Chaleureux !

Café des Musées

49 r. de Turenne Ⓜ Chemin Vert – ✆ 01 42 72 96 17 – www.cafedesmusees.fr – Fermé 10-25 août et 2-8 janv.
• TRADITIONNELLE • Formule 15 € – Menu 25 € (dîner) – Carte 24/50 €
Entre les musées Picasso et Carnavalet, un bistrot typiquement parisien : convivialité, cuisine maison dans l'esprit du lieu, plats canailles et du marché.

J.-C. Amiel/hemis.fr

Île de la Cité · Île St-Louis · Le Marais · Beaubourg

4e arrondissement ✉ 75004

 **Jeu de Paume** sans rest

54 r. St-Louis-en-l'Ile Ⓜ Pont Marie – ✆ 01 43 26 14 18 – www.jeudepaumehotel.com

28 ch – †185/315 € ††285/360 € – 2 suites – ☕ 18 €

Au cœur de l'île St-Louis, cette halle du 17e s., jadis vouée au jeu de paume, s'est muée en hôtel de caractère. Poutres apparentes, belle hauteur sous plafond : une sobre élégance contemporaine dans des chambres entièrement rénovées en 2010.

 **Bourg Tibourg** sans rest 

19 r. Bourg Tibourg Ⓜ Hôtel de Ville – ✆ 01 42 78 47 39 – www.bourgtibourg.com/fr/

30 ch – †160/200 € ††216/300 € – ☕ 18 €

Un hôtel entièrement décoré par Jacques Garcia. Néogothique, baroque, oriental... chaque chambre a son propre univers, tout en luxe et raffinement. Une petite perle en plein Marais.

 **Duo** sans rest 

11 r. Temple Ⓜ Hôtel de Ville – ✆ 01 42 72 72 22 – www.duoparis.com

56 ch – †140/420 € ††235/420 € – 2 suites – ☕ 15 €

Un passé préservé (escalier classé, cave voûtée du 16e s.) et une atmosphère résolument contemporaine, douce et design : un beau Duo gagnant tenu par la même famille depuis 1918.

 **Deux Îles** sans rest 

59 r. St-Louis-en-l'Ile Ⓜ Pont Marie – ✆ 01 43 26 13 35 – www.hoteldesdeuxiles.com

17 ch – †195 € ††225 € – ☕ 13 €

Cet hôtel a été entièrement rénové : du beige et du brun, du rotin, des poutres apparentes... Certes les chambres sont petites, mais elles offrent beaucoup de confort.

 **Villa Mazarin** sans rest 

6 r. des Archives Ⓜ Hôtel de Ville – ✆ 01 53 01 90 90 – www.villamazarin.com

29 ch – †180/380 € ††180/380 € – ☕ 14 €

Parfait pour rejoindre Notre-Dame, la place des Vosges ou Beaubourg. Un hôtel central qui revisite le style Second Empire sous l'angle contemporain. Quelques duplex.

 **Caron de Beaumarchais** sans rest 

12 r. Vieille-du-Temple Ⓜ Hôtel de Ville – ✆ 01 42 72 34 12 – www.carondebeaumarchais.com

19 ch – †145/195 € ††145/195 € – ☕ 13 €

Un voyage qui vous transporte au 18e s. Les chambres révèlent un univers raffiné : jolis imprimés, gravures évoquant Le Mariage de Figaro, antiquités...

 **Beaubourg** sans rest 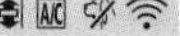

11 r. Simon Le Franc Ⓜ Rambuteau – ✆ 01 42 74 34 24 – www.hotelbeaubourg.com

28 ch – †95/230 € ††95/230 € – ☕ 10 €

Juste derrière le Centre Pompidou ! Cet hôtel dispose de chambres accueillantes et bien insonorisées, plus grandes et souvent dotées de poutres dans le bâtiment donnant sur la rue.

Lutèce sans rest
65 r. St-Louis-en-l'Ile Ⓜ Pont Marie – ✆ 01 43 26 23 52 – www.hoteldelutece.com
23 ch – †190 € ††225 € – ☕ 13 €
Un emplacement idéal sur l'île St-Louis, pour les amoureux du Paris historique. Boiseries, poutres et tomettes au salon ; petites chambres fonctionnelles, tout en sobriété.

Castex sans rest
5 r. Castex Ⓜ Bastille – ✆ 01 42 72 31 52 – www.castexhotel.com
30 ch – †169 € ††199 € – ☕ 11 €
La clientèle américaine, entre autres, apprécie la mise en scène Grand Siècle de cette demeure. Petites chambres soignées (tomettes, mobilier Louis XIII et rustique).

L'Ambroisie (Bernard et Mathieu Pacaud)
9 pl. des Vosges Ⓜ St-Paul – ✆ 01 42 78 51 45 – www.ambroisie-paris.com – Fermé 2 août-2 sept., 15 fév.-4 mars, dim. et lundi
• CLASSIQUE • Carte 205/345 €
L'ambroisie n'est-elle pas la nourriture des dieux de l'Olympe ? Sans conteste, la cuisine de Bernard et Mathieu Pacaud – deux générations de concert – touche à l'absolu : éclat des saveurs, science des produits, perfection d'exécution. Un classicisme imparable ! Le tout dans l'écrin royal d'un hôtel particulier de la place des Vosges (17e s.). Nourritures immortelles…
➜ Feuillantine de langoustines, sauce curry. Navarin de homard et de pommes de terre confites au romarin. Tarte fine sablée au chocolat, glace à la vanille Bourbon.

Le Sergent Recruteur
41 r. St-Louis Ⓜ Pont Marie – ✆ 01 43 54 75 42 – www.lesergentrecruteur.fr – Fermé 1er-16 août, 23-30 déc., vacances de fév., dim. et lundi
• CREATIVE • Menu 75 € (déj.), 95/145 €
Sur l'île St-Louis, dans une maison ancienne, un restaurant très élégant et feutré. La cuisine, signée par un chef au beau parcours, se révèle vive et créative, au fil d'un menu imposé ciselé avec finesse. Une table née en 2012 et déjà une valeur sûre... ➜ Cuisine du marché.

Benoit
20 r. St-Martin Ⓜ Châtelet-Les Halles – ✆ 01 42 72 25 76 – www.benoit-paris.com – Fermé août
• CLASSIQUE • Menu 38 € (déj.) – Carte 60/120 €
Alain Ducasse supervise ce bistrot chic et animé, l'un des plus anciens de Paris : Benoit a fêté en 2012 son centième anniversaire ! La cuisine, réalisée dans les règles de l'art, célèbre les trésors de la cuisine française ; on se régale dans une ambiance animée et chaleureuse. Une authentique et belle maison.
➜ Pâté en croûte, cœur de laitue à l'huile de noix et chapons aillés. Filet de sole Nantua, épinards à peine crémés. Profiteroles Benoit, sauce chocolat chaud.

Bofinger soir,
5 r. Bastille Ⓜ Bastille – ✆ 01 42 72 87 82 – www.bofingerparis.com
• TRADITIONNELLE • Formule 29 € – Menu 36/59 € – Carte 36/109 €
Institution de la vie parisienne au remarquable décor alsacien : coupole, marqueteries, miroirs, peintures signées Hansi. Le charme de cette brasserie créée en 1864 opère toujours.

Claude Colliot
40 r. des Blancs Manteaux Ⓜ Rambuteau – ✆ 01 42 71 55 45 – www.claudecolliot.com – Fermé août, dim. et lundi
• MODERNE • Formule 24 € – Menu 29 € (déj. en semaine)/59 € – Carte environ 45 €
Chez Claude Colliot, point d'énoncés pompeux, mais une cuisine de saison qui traite les excellents produits avec tous les égards... Léger, sain et savoureux. Le soir, réservez !

PARIS

Mon Vieil Ami

69 r. St-Louis-en-l'Île Ⓜ Pont Marie – ✆ 01 40 46 01 35 – www.mon-vieil-ami.com
• TRADITIONNELLE • Menu 38/46 €
Vieilles poutres et décor contemporain... Une auberge tendance, où savourer de goûteuses recettes traditionnelles, joliment modernisées et ponctuées de clins d'œil à l'Alsace.

Au Bourguignon du Marais

52 r. François-Miron Ⓜ St-Paul – ✆ 01 48 87 15 40 – Fermé 2 semaines en fév., 3 semaines en août, dim. et lundi
• TRADITIONNELLE • Formule 20 € – Menu 25 € (déj.) – Carte 32/74 €
Dans le quartier du Marais, une enseigne qui dit vrai : on savoure ici de bons petits plats régionaux, tout en générosité. Incontournable bœuf bourguignon, escargots à l'ail et au persil... et jolie carte de vins 100 % bourguignonne !

L'Osteria

10 r. Sévigné Ⓜ St-Paul – ✆ 01 42 71 37 08 – Fermé 2 semaines en août, dim., lundi et fériés
• ITALIENNE • Formule 19 € – Menu 23 € (déj. en semaine) – Carte 32/63 € *(réservation conseillée)*
Une discrète trattoria appréciée par une clientèle fidèle et... quelques célébrités, comme le prouvent les autographes et dessins sur les murs. La maison est surtout l'une des tables de gastronomie italienne – en particulier vénitienne – les plus authentiques de la capitale : gnocchis, risottos et autres carpaccios...

Suan Thaï

35 r. Temple Ⓜ Rambuteau – ✆ 01 42 77 10 20 – www.suanthai.fr
• THAÏLANDAISE • Formule 15 € – Menu 18 € (déj.), 25/38 € – Carte 33/56 €
Plus grand, plus beau, plus confortable : fin 2011, Suan Thaï a déménagé à 100 m de son ancienne adresse, mais ses nombreux habitués y ont vite repris des habitudes. Au menu : d'authentiques recettes thaïes, concoctées par des cuisiniers recrutés directement en Thaïlande.

Les Fous de l'Île

33 r. des Deux-Ponts Ⓜ Pont Marie – ✆ 01 43 25 76 67 – www.lesfousdelile.com
• TRADITIONNELLE • Formule 19 € – Menu 25 € (déj. en semaine), 28/33 € – Carte 37/43 €
Au cœur de l'île St-Louis, un néobistrot qui fait rimer saveurs et bonne humeur. Chapeau aussi à la déco, entre casiers en bois et collection de poules. Régalé, mais pas plumé !

Le Gorille Blanc

4 impasse Guéménée ✉ 75004 Ⓜ Bastille – ✆ 01 42 72 08 45 – Fermé dim.
• TRADITIONNELLE • Formule 17 € – Carte 33/59 €
Gare au Gorille Blanc, il est si gourmand ! Heureusement, dans ce bistrot rétro, le chef concocte une généreuse cuisine bistrotière et ménagère : terrine de champignons à la crème d'ail, chipirons sautés, fricassée de lapin aux oignons...

Isami

4 quai d'Orléans Ⓜ Pont Marie – ✆ 01 40 46 06 97 – Fermé août, vacances de Noël, dim. et lundi
• JAPONAISE • Carte 49/82 € *(réservation conseillée)*
Quelques tables, un comptoir... une sobriété toute nippone. Sushis, sashimis et autres makis : la maison fait la part belle au poisson extrafrais, livré quotidiennement.

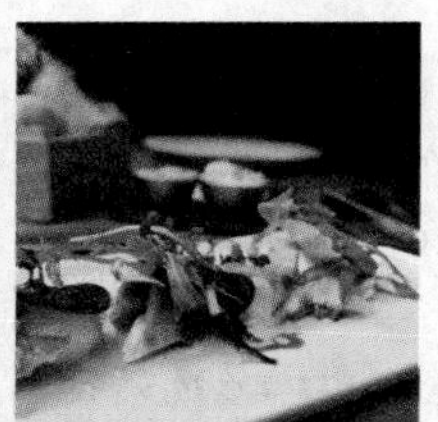
Delphimages/Fotolia.com

Quartier Latin · Jardin des Plantes · Mouffetard

5e arrondissement

✉ 75005

Hôtel du Panthéon Ⓝ sans rest

19 pl. du Panthéon Ⓜ *Luxembourg – ✆ 01 43 54 32 95 – www.hoteldupantheon.com*

35 ch – †150/370 € ††150/370 € – ☕ 18 €

Le Panthéon, la Sorbonne, le jardin du Luxembourg : pas de doute, nous sommes en plein cœur du Quartier latin ! Face au "temple des grands hommes", le décor des chambres s'inspire... de femmes françaises ayant marqué l'histoire : Duras, Gréco, Sand ou encore Piaf. Un hôtel romanesque et raffiné.

Atmosphères Ⓝ sans rest

31 r. des Écoles Ⓜ *Maubert Mutualité – ✆ 01 43 26 56 02 – www.hotelatmospheres.com*

56 ch – †180/320 € ††200/340 € – ☕ 16 €

Un hôtel flambant neuf, tout en lignes épurées et mobilier design dernier cri. Dès le hall, on découvre une belle exposition de photos de Thierry des Ouches ; du salon à l'espace détente (avec sauna et hammam), en passant par les chambres, le confort est total. Une réussite.

PARIS

Seven sans rest

20 r. Berthollet Ⓜ *Les Gobelins – ✆ 01 43 31 47 52 – www.sevenhotelparis.com*

35 ch – †157/797 € ††157/797 € – ☕ 18 €

Surprise ! Une fois franchie la porte de ce bâtiment très parisien, on découvre un hôtel ultradesign et presque fantasmagorique. Lumières bleutées, plafonds figurant un ciel nuageux, lits en lévitation, transparences : une expérience ultime.

Hôtel des Grands Hommes sans rest

17 pl. du Panthéon Ⓜ *Luxembourg – ✆ 01 46 34 19 60 – www.hoteldesgrandshommes.com*

30 ch – †190/340 € ††200/340 € – ☕ 13 €

Bel emplacement près du Panthéon pour cet hôtel plein de charme. Les chambres, très bien tenues et aménagées dans un style Directoire, ont beaucoup de caractère. De même la vue des balcons et terrasses des 5e et 6e étages !

Select sans rest

1 pl. de la Sorbonne Ⓜ *Cluny La Sorbonne – ✆ 01 46 34 14 80 – www.selecthotel.fr*

66 ch – †178/450 € ††218/450 € – ☕ 15 €

Lorsque l'on pénètre dans le hall de cet hôtel très... sélect, on est saisi par son design contemporain. Les chambres, en revanche, marient avec habileté pierres et poutres historiques avec un mobilier tendance. Une adresse de qualité.

Relais St-Jacques sans rest

3 r. Abbé-de-l'Épée Ⓜ *Luxembourg – ✆ 01 53 73 26 00 – www.relais-saint-jacques.com*

22 ch – †190/500 € ††190/500 € – ☕ 17 €

Un hôtel très parisien, dans une rue plutôt tranquille. Inspirées par les châteaux de la Loire, les chambres affichent des styles variés (Directoire, Louis-Philippe, etc.). Un ensemble intime, idéal pour découvrir le quartier.

Jardin de Cluny sans rest

9 r. du Sommerard Ⓜ *Maubert Mutualité – ✆ 01 43 54 22 66 – www.hoteljardindecluny.com*

40 ch – †120/250 € ††120/370 € – ☕ 15 €

Les voyageurs soucieux de leur environnement apprécieront cet hôtel certifié Écolabel. L'élégance et le confort des chambres ne sont en rien sacrifiés ; la salle voûtée où l'on sert le petit-déjeuner a beaucoup de charme.

Hôtel du Levant sans rest
18 r. de la Harpe Ⓜ St-Michel – ✆ 01 46 34 11 00 – www.hoteldulevant.com
46 ch ☕ – 🚹85/160 € 🚹🚹180/210 €
Les chambres de cet hôtel bâti en 1875 sont hautes en couleurs : rouge, jaune, rose vifs... Les bons points : un salon reposant, un bon emplacement pour découvrir la capitale et des prix raisonnables.

Grand Hôtel St-Michel sans rest
19 r. Cujas Ⓜ Luxembourg – ✆ 01 46 33 33 02 – www.grand-hotel-st-michel.com
46 ch – 🚹180/360 € 🚹🚹180/440 € – 1 suite – ☕ 15 €
À quelques pas du trépidant boulevard St-Michel, cet hôtel a fait le pari – réussi – du design et du confort : formes épurées, détails originaux et teintes apaisantes. Fitness et hammam permettent de se délasser avant une bonne nuit de sommeil.

Royal St-Michel sans rest
3 bd St-Michel Ⓜ St-Michel – ✆ 01 44 07 06 06 – www.hotelroyalsaintmichel.com
39 ch – 🚹160/300 € 🚹🚹180/330 € – ☕ 16 €
Juste en face de la fontaine St-Michel, aux portes du Quartier latin, un hôtel contemporain et chaleureux. Les chambres sont bien insonorisées – boulevard oblige – et dotées d'une literie (avec surmatelas) particulièrement confortable.

Grandes Écoles sans rest
75 r. Cardinal-Lemoine Ⓜ Cardinal Lemoine – ✆ 01 43 26 79 23 – www.hotel-grandes-ecoles.com
51 ch – 🚹125/155 € 🚹🚹125/155 € – ☕ 9 €
Un hôtel charmant, isolé au fond d'un petit passage pavé ; on s'installe dans le calme de chambres au charme suranné, sans télévision, avec papier-peint à fleurs et couvre-lits en dentelle... L'été, on prend le petit-déjeuner au jardin.

Albe sans rest
1 r. de la Harpe Ⓜ St-Michel – ✆ 01 46 34 09 70 – www.albehotel.fr
43 ch – 🚹140/230 € 🚹🚹170/360 € – ☕ 13 €
Notre-Dame, le Quartier latin, l'île St-Louis... Paris est à vous ! Outre ces atouts géographiques, cet hôtel se révèle très agréable avec son style clair et design. Les chambres ne sont pas très grandes mais on s'y sent vraiment bien.

Agora St-Germain sans rest
42 r. des Bernardins Ⓜ Maubert Mutualité – ✆ 01 46 34 13 00 – www.hotelagorasaintgermain.com
39 ch – 🚹195/245 € 🚹🚹225/265 € – ☕ 11 €
Voisin de l'église St-Nicolas-du-Chardonnet, cet hôtel propose des chambres fonctionnelles et classiques, plus calmes côté cour. La réception, chaleureuse et colorée, et la salle des petits-déjeuners sont très plaisantes. Accueillant !

Minerve sans rest
13 r. des Écoles Ⓜ Maubert Mutualité – ✆ 01 43 26 26 04 – www.parishotelminerve.com
54 ch – 🚹125/202 € 🚹🚹146/202 € – ☕ 9 €
Derrière sa façade fleurie, cet hôtel révèle un certain cachet. Toile de Jouy aux murs, poutres apparentes et mobilier rustique dans les chambres : l'ensemble a un style cossu. Réconfortant après une journée à arpenter les rues de Paris.

Le Petit Paris sans rest
214 r. St-Jacques Ⓜ Luxembourg – ✆ 01 53 10 29 29 – www.hotelpetitparis.com
20 ch – 🚹250/370 € 🚹🚹250/370 € – ☕ 15 €
Design et ludique, pop et noble à la fois... Les chambres épousent avec raffinement l'époque médiévale, les seventies, les années 1920, les styles Louis XV ou Napoléon III, le tout en technicolor !

Sorbonne sans rest
6 r. Victor-Cousin Ⓜ Cluny La Sorbonne – ✆ 01 43 54 58 08 – www.hotelsorbonne.com
38 ch – 🚹120/390 € 🚹🚹120/390 € – ☕ 13 €
Couleurs très vives ou aplats de noir profond, mobilier design ou fauteuils Louis XVI habillés d'imprimés flashy, hall gris brillant : le Sorbonne est entré dans le 21e s. Pour une autre approche de la rive gauche.

The Five sans rest
3 r. Flatters Ⓜ Gobelins – ✆ 01 43 31 74 21 – www.thefivehotel.com
24 ch – 119/350 € 189/350 € – 1 suite – 15 €
Five, comme le 5e et les cinq sens, au fondement du concept de ce petit hôtel résolument design. Avec leur éclairage en fibre optique et leur mobilier contemporain, les chambres sont très originales. On peut choisir jusqu'à leur ambiance parfumée !

Résidence Henri IV sans rest
50 r. des Bernardins Ⓜ Maubert Mutualité – ✆ 01 44 41 31 81 – www.residencehenri4.com
13 ch – 100/365 € 100/365 € – 8 €
Le souvenir du bon roi Henri plane sur cet hôtel entièrement rénové ces dernières années. Avec leurs ciels de lits, leurs boiseries claires et leurs tissus fleuris, les chambres sont à la fois classiques et contemporaines. Et le quartier est si beau...

St-Jacques sans rest
35 r. des Écoles Ⓜ Maubert Mutualité – ✆ 01 44 07 45 45 – www.paris-hotel-stjacques.com
36 ch – 118/168 € 137/305 € – 15 €
Ce petit hôtel familial propose des chambres classiques, avec moulures au plafond et fresques romantiques ; les "deluxe" ont été joliment rénovées dans une veine plus cossue. Un style "so French" qui ravit les touristes de passage.

Tour Notre-Dame sans rest
20 r. Sommerard Ⓜ Cluny La Sorbonne – ✆ 01 43 54 47 60 – www.tour-notre-dame.com
47 ch – 120/250 € 130/290 € – 14 €
Un hôtel totalement rénové et fort bien situé, juste à côté du musée de Cluny : l'occasion de découvrir les superbes tapisseries de la Dame à la licorne. Si vous avez besoin de plus de calme, choisissez les chambres donnant sur l'arrière.

St-Christophe sans rest
17 r. Lacépède Ⓜ Place Monge – ✆ 01 43 31 81 54 – www.saint-christophe-hotel.com
31 ch – 118/160 € 133/185 € – 9 €
Le naturaliste Lacépède a donné son nom à la rue ; le Jardin des Plantes est proche. Dans ce petit hôtel familial, les chambres ne sont pas très grandes mais elles ont ce caractère rustique si typiquement français...

La Tour d'Argent
15 quai de la Tournelle Ⓜ Maubert Mutualité – ✆ 01 43 54 23 31 – www.latourdargent.com – Fermé août, dim. et lundi
• CLASSIQUE • Menu 75 € (déj.), 180/200 € – Carte 150/350 €
Un panorama inoubliable – le chevet de Notre-Dame serti dans Paris ! – et une table de grande tradition, dont les classiques valent un musée de la gastronomie ; ainsi le mythique caneton de Challans... Service formel et élégant, à l'ancienne. Cave exceptionnelle !
→ Quenelles de brochet André Terrail. Caneton "Tour d'Argent". Crêpes Belle Époque.

La Truffière
4 r. Blainville Ⓜ Place Monge – ✆ 01 46 33 29 82 – www.latruffiere.com – Fermé 21-29 déc., mardi midi en juil.-août, dim. et lundi
• MODERNE • Formule 32 € – Menu 35 € (déj.), 85/145 € – Carte 108/158 €
Une valeur sûre que cette belle maison du 17e s., où l'on déguste des recettes pleines de finesse et révélant les produits du terroir, rehaussées, en saison, par les suaves parfums de la truffe blanche ou noire... La carte des vins, riche de crus du monde entier, est remarquable.
→ Œuf cuit à basse température, légumes croquants, mayonnaise truffée. Parmentier de queue de bœuf à la truffe noire, fine purée de pomme de terre. Pêche blanche et menthe sauvage en papillote sur un biscuit thé vert.

PARIS

XX **Atelier Maître Albert**

1 r. Maître Albert Ⓜ Maubert Mutualité – ✆ 01 56 81 30 01 – www.ateliermaitrealbert.com – Fermé sam. midi et dim. midi

• TRADITIONNELLE • Formule 26 € – Menu 31 € (déj.)/36 € – Carte 42/63 €

Une cheminée médiévale et des rôtissoires cohabitent avec un bel intérieur design signé J.-M. Wilmotte. Guy Savoy a imaginé la carte, avec des produits d'une qualité indéniable. Imaginez une volaille à la peau croustillante, son jus parfumé...

XX **Mavrommatis**

42 r. Daubenton Ⓜ Censier Daubenton – ✆ 01 43 31 17 17 – www.mavrommatis.fr – Fermé août, dim. soir, mardi midi, merc. midi, jeudi midi et lundi

• GRECQUE • Menu 38/68 € – Carte 46/62 €

Une autre vision de la gastronomie grecque à Paris ! Si les recettes prennent certaines libertés avec la tradition hellénique, en s'appuyant notamment sur de solides bases de cuisine française, elles se révèlent toujours soignées et parfumées. Un vrai plaisir de dégustation, de surcroît dans un cadre élégant.

XX **Itinéraires** (Sylvain Sendra)

5 r. de Pontoise Ⓜ Maubert Mutualité – ✆ 01 46 33 60 11 – www.restaurant-itineraires.com – Fermé 4-25 août, 20-29 déc., sam. midi, dim. et lundi

• MODERNE • Formule 32 € – Menu 38 € (déj.), 55/85 € – Carte 45/75 € *(réservation conseillée)*

La cuisine est-elle histoire d'itinéraires ? Sylvain Sendra n'aura pas attendu le nombre des années pour installer son joli restaurant – très clair et lumineux – parmi les bonnes tables de la capitale. Finesse, saveurs, originalité et produits de qualité : l'itinéraire de clients gâtés. → Tarte à l'oignon doux, foie gras poêlé, champignons de Paris et noix de muscade. Homard breton en cocotte, girolles et ventrèche. Cassata citron vert et basilic, pannacotta huile d'olive et vanille.

X **Sola**

12 r. de l' Hôtel-Colbert Ⓜ Maubert Mutualité – ✆ 01 43 29 59 04 – www.restaurant-sola.com – Fermé août, 30 déc.-7 janv., dim. et lundi

• MODERNE • Menu 48 € (déj.)/98 €

Tout près des quais donnant sur Notre-Dame et... déjà au Japon ! Le jeune chef, originaire du pays du Soleil-Levant, confirme que les gastronomies française et nippone peuvent fusionner en d'harmonieuses créations. Les produits d'ici sont rehaussés de saveurs originales et présentés avec grâce. → Truite mi-cuite, prune, radis, tomate sur une crème mascarpone. Bar, purée de carotte, girolles poêlées et vinaigrette de citron. Noisettes caramélisées, cookies sur crème chocolat et glace vanille.

X **Terroir Parisien - Maison de la Mutualité**

20 r. St-Victor Ⓜ Maubert Mutualité – ✆ 01 44 31 54 54 – www.yannick-alleno.com – Fermé 3 semaines en août

• TRADITIONNELLE • Carte 32/57 €

"Ma cuisine est comme ma ville, et ma ville, c'est Paris." Chef parisien s'il en est, Yannick Alléno entend cultiver le terroir francilien, ses produits, ses recettes oubliées. Ouvrir un tel bistrot était une évidence ! Pâtés chauds, matelote de Bougival... le goût réinventé de l'Île-de-France.

X **Moissonnier**

28 r. des Fossés-St-Bernard Ⓜ Jussieu – ✆ 01 43 29 87 65 – Fermé août, 25 déc.-2 janv., dim. et lundi

• LYONNAISE • Carte 32/65 €

Le décor de ce bistrot a résisté à toutes les modes : zinc rutilant, murs patinés, banquettes... Chaussons de ris de veau et autre terrine de queue de bœuf ne sont que quelques exemples parmi les spécialités du chef, qui a un joli tour de main !

X **L'A.O.C.**

14 r. des Fossés-St-Bernard Ⓜ Maubert Mutualité – ✆ 01 43 54 22 52 – www.restoaoc.com – Fermé 28 juil.-19 août, dim. et lundi

• VIANDES ET GRILLADES • Formule 21 € – Menu 29 € (déj.) – Carte 37/64 €

Une adresse pour les carnassiers ! Les viandes sont toutes d'origine contrôlée et portées à maturation par le propriétaire lui-même. La rôtissoire dans l'entrée donne le ton : entrecôte, os à moelle, etc. Le tout dans une ambiance conviviale.

Au Moulin à Vent

20 r. des Fossés-St-Bernard Ⓜ Jussieu – ✆ 01 43 54 99 37 – www.au-moulinavent.com – Fermé août, sam. midi, dim. et lundi
• TRADITIONNELLE • Formule 25 € – Menu 29 € (déj.) – Carte 40/66 €
Depuis 1946, rien n'a changé dans ce bistrot parisien... ou si peu. Le joli décor rétro s'est patiné avec les ans et la cuisine traditionnelle s'est enrichie de spécialités de viandes : steack au couteau, côte de bœuf, etc. Bien sympathique.

Les Papilles

30 r. Gay-Lussac Ⓜ Luxembourg – ✆ 01 43 25 20 79 – www.lespapillesparis.com – Fermé 20-30 mars, 20 juil.-20 août, vacances de Noël, dim. et lundi
• TRADITIONNELLE • Formule 28 € – Menu 35 € – Carte environ 50 €
Bistrot, cave et épicerie : une adresse attachante, où l'on fait pitance entre casiers à vins et étagères garnies de conserves. Le soir, on vous propose un menu unique où les suggestions gourmandes affolent les papilles.

Ribouldingue

10 r. St-Julien-le-Pauvre Ⓜ Maubert Mutualité – ✆ 01 46 33 98 80 – Fermé 8-31 août, dim. et lundi
• TRADITIONNELLE • Formule 28 € – Menu 34 €
Osé, ce sympathique bistrot d'abats ravit les amateurs de "canailleries" (groin, tétines, cervelle, langue, etc.), mais pense aussi aux autres (nombreux plats classiques). Une institution de la triperie ! Et ne passez pas à côté des conseils de la patronne pour choisir un bon petit vin en accompagnement...

Les Délices d'Aphrodite

4 r. Candolle Ⓜ Censier Daubenton – ✆ 01 43 31 40 39 – www.mavrommatis.fr
• GRECQUE • Formule 22 € – Carte 33/50 €
Dans ce sympathique restaurant aux allures de taverne, on se croirait presque en Grèce ! Poulpe mariné, caviar d'aubergines, moussaka, etc. Cette cuisine fraîche et ensoleillée tire le meilleur parti de produits de qualité.

Coco de Mer

34 bd St-Marcel Ⓜ St-Marcel – ✆ 01 47 07 06 64 – www.cocodemer.fr – Fermé 2 semaines en août, lundi midi et dim.
• SEYCHELLOISE • Formule 14 € – Menu 23 € – Carte 33/44 €
Lassé par la grisaille ? Direction les Seychelles pour un ti-punch pieds nus dans le sable fin de la véranda et des recettes qui ont le parfum des îles. En attendant de réserver un billet d'avion, savourez donc un cari d'espadon bien relevé.

Officina Schenatti Ⓝ

15 r. Frédéric-Sauton Ⓜ Maubert Mutualité – ✆ 01 46 34 08 91 – www.officinaschenatti.com – Fermé 3 semaines en août, 22-26 déc., lundi midi et dim.
• ITALIENNE • Formule 19 € – Menu 25 € (déj. en semaine) – Carte 42/58 €
Ivan Schenatti, originaire de Lombardie, a choisi cette rue proche de la Seine pour y installer son "officina" – son atelier –, au décor mêlant pierre et mobilier design. Il concocte une savoureuse cuisine des régions italiennes, tels ces raviolis maison farcis aux girolles... Le tout accompagné de bons vins transalpins !

Ciasa Mia

19 r. Laplace Ⓜ Maubert Mutualité – ✆ 01 43 29 19 77 – www.ciasamia.com – Fermé 2 semaines en sept., 2 semaines en janv., sam. midi et dim.
• ITALIENNE • Formule 25 € – Menu 48/71 € – Carte 62/80 € *(réservation conseillée)*
Le jeune chef est originaire de l'Italie et réalise une cuisine à son image, généreuse, authentique et sincère. Bien installé devant la cheminée, on profite pleinement de ses créations originales. Tout est fait maison, du pain jusqu'aux desserts.

Lengué

31 r. Parcheminerie Ⓜ St-Michel – ✆ 01 46 33 75 10 – http://lengue.fr – Fermé 3 semaines en août, dim. midi et lundi
• JAPONAISE • Formule 18 € – Carte 15/33 €
Ce Lengué (une fleur que l'on trouve dans les rizières) est un charmant restaurant japonais, plus exactement un izakaya, spécialisé dans la cuisine en petites portions. Il excelle dans ce domaine : les préparations sont aussi délicates que délicieuses, accompagnées de bons vins bourguignons. Service attentionné.

Bistro des Gastronomes

10 r. du Cardinal-Lemoine Ⓜ Cardinal Lemoine – ✆ 01 43 54 62 40 – Fermé lundi midi, sam. midi et dim.

• TRADITIONNELLE • Formule 22 € – Menu 28 € – Carte 40/66 €

Avis aux gastronomes : voici une bonne cantine au cœur du 5e, sous l'égide d'un jeune chef partageur ! Céleri rémoulade, onglet poêlé aux pommes grenaille : les classiques du bistrot, reproduits dans la fraîcheur du dernier marché, et servis dans un décor élégant, avec boiseries et... bocaux de condiments.

L'Agrume

15 r. des Fossés-St-Marcel Ⓜ St-Marcel – ✆ 01 43 31 86 48 – Fermé 13-28 avril, août, 22 déc.-6 janv., dim. et lundi

• MODERNE • Formule 22 € – Menu 25 € (déj.)/45 € – Carte 45/90 €

Ici, on mise sur les saisons, la fraîcheur des produits (le poisson vient de Bretagne et les primeurs des meilleures adresses) et une exécution pleine de finesse. L'assiette pétille de saveurs. Un bon bistrot de chef !

Lhassa

13 r. Montagne-Ste-Geneviève Ⓜ Maubert Mutualité – ✆ 01 43 26 22 19 – Fermé lundi

• TIBETAINE • Formule 12 € – Menu 20/26 € – Carte 23/29 €

Une belle occasion de découvrir la cuisine tibétaine. Accroché au murs orangés, le dalaï-lama observe avec bienveillance le repas : raviolis grillés, sauté de bœuf mariné, yaourt maison... Le nirvana ?

Bibimbap

32 bd de l'Hôpital Ⓜ Gare d'Austerlitz – ✆ 01 43 31 27 42 – www.bibimbap.fr

• COREENNE • Formule 13 € – Menu 18 € – Carte environ 40 €

Êtes-vous plutôt ssambap ou bap ? Pour en décider, courez vite au Bibimbap, petit restaurant typiquement coréen. Vive, très fraîche, soignée, diététique (pour les initiés : fondée sur l'énergie), sa cuisine est un vrai plaisir ! Côté surprise, ces petites sonnettes, sur chaque table, permettant d'appeler le serveur...

Aux Verres de Contact

33 r. de Bièvre, angle du bd St-Germain Ⓜ Maubert Mutualité – ✆ 01 46 34 58 02 – www.auxverresdecontact.com – Fermé dim.

• MODERNE • Formule 17 € – Menu 34 € – Carte 48/59 €

L'équipe du Jadis – dans le 15e – gère ce sympathique bistrot contemporain et coloré, dont le nom emprunte à l'écrivain et journaliste Antoine Blondin (qui mentionnait "verres de contact" sur ses notes de frais...). On y déguste une bonne et généreuse cuisine du marché, en levant haut son verre. À la vôtre !

Mirama

17 r. St Jacques Ⓜ Cluny La Sorbonne – ✆ 01 43 54 71 77

• CHINOISE • Carte 20/30 €

À deux pas du boulevard St-Michel, juste derrière l'église St-Séverin, le Mirama est un véritable repaire pour les amateurs d'une authentique cuisine chinoise. Ne passez pas à côté des soupes et des canards laqués, spécialités de la maison.

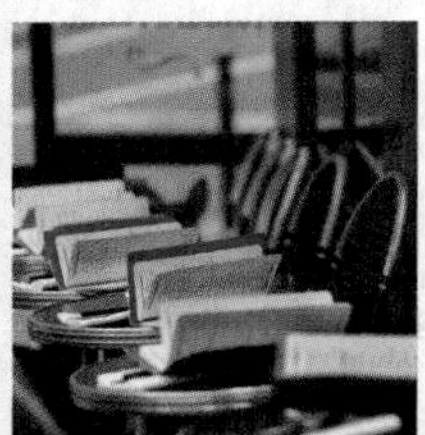
J.-C. Amiel/hemis.fr

St-Germain-des-Prés · Odéon · Jardin du Luxembourg

6e arrondissement

✉ 75006

Lutetia

45 bd Raspail, (fermeture prévue pour travaux au deuxième semestre 2014)
Ⓜ Sèvres Babylone – ✆ 01 49 54 46 46 – www.lutetia.concorde-hotels.com
206 ch – †220/750 € ††250/750 € – 25 suites – ☕25 €
Rest *Paris* ✿ **Rest *Brasserie Lutetia*** – voir les restaurants ci-après
Témoin de l'histoire et des arts, ce grand hôtel de la rive gauche édifié en 1910 conjugue style Art déco et références contemporaines (sculptures de César, Arman, etc.). Un style que l'on retrouve dans les chambres, plus ou moins récentes.

Victoria Palace sans rest

PARIS

6 r. Blaise-Desgoffe Ⓜ St-Placide – ✆ 01 45 49 70 00 – www.victoriapalace.com
58 ch ☕ – †311/390 € ††311/390 € – 4 suites
Désormais centenaire, cet hôtel célèbre fièrement la tradition : tissus choisis, mobilier Louis XVI et salles de bains en marbre dans les chambres ; les junior suites offrent de beaux volumes, propices à la détente. Tout aussi séduisant, le salon, très victorien. Une certaine idée de l'hôtellerie française.

L'Hôtel

13 r. des Beaux-Arts Ⓜ St-Germain des Prés – ✆ 01 44 41 99 00 – www.l-hotel.com
20 ch – †225/680 € ††225/680 € – 4 suites – ☕ 18 €
Rest *Le Restaurant* ✿ – voir les restaurants ci-après
C'est à "L'Hôtel" que mourut en 1900 le grand Oscar Wilde. Le décor, signé Jacques Garcia, n'est pas sans rappeler les fastes de l'art pour l'art, avec des allusions aux styles baroque, Empire, oriental... Esthétique et atypique.

Relais Christine sans rest

3 r. Christine Ⓜ St-Michel – ✆ 01 40 51 60 80 – www.relais-christine.com
46 ch – †335/1000 € ††335/1000 € – 3 suites – ☕ 30 €
Une demeure historique ! Les salons feutrés, les chambres joliment décorées, dégagent un charme très particulier, et l'on prend son petit-déjeuner sous des voûtes du 13e s. Très plaisants : le petit espace détente et le prêt de vélos.

Relais St-Germain

9 carr. de l'Odéon Ⓜ Odéon – ✆ 01 44 27 07 97 – www.hotelrsg.com
22 ch ☕ – †220/440 € ††285/440 €
Rest *Le Comptoir du Relais* – voir les restaurants ci-après
Au carrefour de l'Odéon, l'animation ne cesse jamais. Raison de plus pour trouver refuge dans cet hôtel raffiné. Poutres patinées, étoffes chatoyantes et meubles anciens lui donnent un réel cachet. De vraies chambres d'écrivains...

L'Abbaye sans rest

10 r. Cassette Ⓜ St-Sulpice – ✆ 01 45 44 38 11 – www.hotel-abbaye.com
40 ch ☕ – †265/605 € ††265/605 € – 4 suites
Un hôtel d'un charme rare. Installé dans un ancien couvent du 17e s., il propose des chambres très raffinées, à la fois classiques et lumineuses. Dans la cour verdoyante coule une fontaine, tout est si calme... Personnel attentif et prévenant.

Esprit St-Germain sans rest

22 r. St-Sulpice Ⓜ Mabillon – ✆ 01 53 10 55 55 – www.espritsaintgermain.com
23 ch – †350/620 € ††350/620 € – 5 suites – ☕28 €
Dans le salon-bibliothèque, les tableaux orientalistes et la moquette léopard donnent le ton : élégance et confort pour un style très lounge. Les chambres sont plus sobres mais une réelle attention est portée à votre bien-être.

Hôtel d'Aubusson sans rest

33 r. Dauphine Ⓜ Odéon – ✆ 01 43 29 43 43 – www.hoteldaubusson.com
49 ch – †335/665 € ††335/665 € – ☕ 25 €
Cet hôtel particulier conserve ce raffinement propre au 17e s. avec son salon, ses beaux parquets, ses tapisseries d'Aubusson... Paradoxalement, les chambres sont d'une sobre modernité. Et selon les jours, on organise des soirées chanson française, jazz ou philo !

Le Six sans rest

14 r. Stanislas Ⓜ Notre-Dame des Champs – ✆ 01 42 22 00 75 – www.hotel-le-six.com
37 ch – †209/450 € ††209/450 € – 4 suites – ☕ 22 €
Un hôtel contemporain parfaitement situé, entre le jardin du Luxembourg, St-Germain-des-Prés et Montparnasse. Les chambres, sobres et bien agencées, rendent hommage en photo aux légendes du quartier ; petit spa bien aménagé.

Bel Ami St-Germain des Prés sans rest

7 r. St-Benoit Ⓜ St-Germain des Prés – ✆ 01 42 61 53 53 – www.hotel-bel-ami.com
108 ch – †290/710 € ††290/710 € – 5 suites – ☕ 27 €
Rien à voir avec le roman de Maupassant même si nous sommes à St-Germain, quartier littéraire s'il en est. Une adresse pour urbains chic, avec un bar tendance et des chambres sobres et contemporaines, rénovées pour certaines. Bel espace détente.

Ste-Beuve sans rest

9 r. Ste-Beuve Ⓜ Notre-Dame des Champs – ✆ 01 45 48 20 07 – www.hotelsaintebeuve.com
22 ch – †179/332 € ††179/332 € – ☕ 16 €
Cosy et chaleureux : deux adjectifs qui correspondent bien à cet hôtel du meilleur goût. Dans les chambres, les meubles chinés tranchent sur des teintes raffinées et l'on se rafraîchit dans des salles de bains en noir et blanc. Bien agréable.

Buci sans rest

22 r. Buci Ⓜ Mabillon – ✆ 01 55 42 74 74 – www.buci-hotel.com
19 ch – †200/360 € ††200/650 € – 5 suites – ☕ 20 €
Une bien belle situation au cœur d'une rue commerçante et animée pour cet hôtel intime. Les chambres, entièrement rénovées, s'essayent à tous les styles, du contemporain en passant par les tentures à la Pompadour ou le style boudoir.

Madison sans rest

143 bd St-Germain Ⓜ St-Germain des Prés – ✆ 01 40 51 60 00 – www.hotel-madison.com
47 ch – †190/740 € ††250/740 € – 3 suites – ☕ 15 €
Camus aimait fréquenter cet établissement, probablement à cause de son emplacement idéal, au cœur de St-Germain-des-Prés. Les chambres ont toutes été rénovées dans un style contemporain assez composite ; certaines ont vue sur l'église.

Relais Médicis sans rest

5 pl. de l'Odéon Ⓜ Odéon – ✆ 01 43 26 00 60 – www.relaismedicis.com
17 ch ☕ – †150/180 € ††180/270 €
C'est derrière une façade discrète, juste en face du théâtre de l'Odéon, que se dissimule ce ravissant établissement. Couleurs ensoleillées, meubles chinés : les chambres sont de style provençal et l'on s'y sent comme chez soi.

La Villa St-Germain sans rest

29 r. Jacob Ⓜ St-Germain des Prés – ✆ 01 43 26 60 00 – www.villa-saintgermain.com
31 ch – †225/560 € ††250/560 € – ☕ 22 €
L'atmosphère de cet hôtel évoque les demeures de famille, version moderne. En effet, le décor épuré ravira les amateurs de chic contemporain : mobilier en wengé, étoffes précieuses et lumières douces. Demandez les chambres rénovées.

Left Bank St-Germain sans rest

9 r. de l'Ancienne-Comédie Ⓜ *Odéon – ✆ 01 43 54 01 70 – www.paris-hotels-charm.com*

30 ch – 140/400 € 140/400 € – 1 suite – ☕ 12 €

Les amateurs de style rustique seront comblés ! Cet hôtel regorge de meubles massifs de style Louis XIII, de tapisseries d'Aubusson, de damas et colombages... Quelques chambres offrent un beau panorama sur les toits de Paris et ses monuments.

Au Manoir St-Germain-des-Prés sans rest

153 bd St-Germain Ⓜ *St-Germain des Prés – ✆ 01 42 22 21 65 – www.hotelaumanoir.com*

28 ch – 210/380 € 210/380 € – ☕ 15 €

Un manoir juste en face du Café de Flore ? Pas tout à fait, mais une belle adresse néanmoins, à la fois douillette et cosy. Dans les chambres, les tissus chatoyants flattent l'œil et certaines ont vue sur l'église. Charmant, le jardin d'hiver.

Luxembourg Parc sans rest

42 r. Vaugirard Ⓜ *St-Sulpice – ✆ 01 53 10 36 50 – www.hotelluxparc.com*

23 ch – 330/350 € 370/410 € – ☕ 15 €

Nul besoin d'être parisien pour apprécier la poésie du jardin du Luxembourg. L'hôtel est juste en face ! Délicieusement bourgeois, son décor classique ravira les amateurs d'élégance feutrée. Détente assurée dans le salon, près de la cheminée.

Pas de Calais sans rest

59 r. des Saints-Pères Ⓜ *St-Germain des Prés – ✆ 01 45 48 78 74 – www.hotelpasdecalais.com*

38 ch – 180/350 € 180/350 € – ☕ 15 €

La légende dit que Sartre et Beauvoir auraient séjourné ici, peut-être appréciaient-ils cette rue tranquille ? Les chambres sont toutes différentes : très grandes ou plus petites, traditionnelles ou rénovées dans un style moderne. N'hésitez pas à préciser votre choix lors de la réservation.

Le Sénat sans rest

10 r. de Vaugirard Ⓜ *Luxembourg – ✆ 01 43 54 54 54 – www.hotelsenat.com*

35 ch – 170/410 € 170/410 € – 6 suites – ☕ 17 €

La devanture sombre annonce la couleur : voici un hôtel contemporain aux chambres confortables et feutrées (plus calmes sur cour). Parmi ses atouts : la proximité du palais du Sénat et un petit-déjeuner buffet de qualité.

La Villa d'Estrées et Résidence des Arts sans rest

17 r. Gît-le-Coeur Ⓜ *St-Michel – ✆ 01 55 42 71 11 – www.villadestrees.com*

21 ch – 205/305 € 205/305 € – ☕ 12 €

Un établissement qui donne sa propre version, actuelle, du style Napoléon III. Côté Villa, les détails précieux foisonnent et les chambres sont feutrées et confortables. Plus fonctionnelle, la Résidence permet de longs séjours (cuisinettes).

Récamier sans rest

3 bis pl. St-Sulpice Ⓜ *St-Sulpice – ✆ 0143 26 04 89 – www.hotelrecamier.com*

24 ch – 275/490 € 275/490 € – ☕ 20 €

En 2009, une rénovation remarquable a fait de cette ancienne pension de famille un véritable hôtel de charme : décors soignés (différents styles 20e s.), équipements high-tech… Chic et exclusif, place St-Sulpice.

Odéon St-Germain sans rest

13 r. St-Sulpice Ⓜ *Odéon – ✆ 01 43 25 70 11 – www.hotelosg.com*

27 ch – 141/210 € 169/350 € – ☕ 14 €

Un hôtel très bien situé derrière l'Odéon. Les murs sont du 16e s. mais le style, intemporel, est signé Jacques Garcia : tentures en soie, mobilier opulent, ciels de lit damassés... Un confort et un charme indéniables.

La Belle Juliette sans rest

92 r. du Cherche-Midi Ⓜ *Vaneau – ✆ 01 42 22 97 40 – www.labellejuliette.com*

32 ch – 200/600 € 200/600 € – 2 suites – ☕ 20 €

Chaque étage de l'hôtel est décoré selon un thème différent : Madame Récamier au 1er (la fameuse Juliette), l'Italie au 2e, Chateaubriand au 3e, etc. Un cadre qui marie l'ancien au moderne en restant toujours chaleureux. Un endroit de caractère !

Hôtel des Académies et des Arts sans rest

Vavin – 01 43 26 66 44 – www.hoteldesacademies.com
20 ch – 189/332 € 189/332 € – 16 €
Les corps blancs de Jérôme Mesnager et les sculptures de Sophie de Watrigant se déclinent partout dans cet hôtel dédié à la création. Les chambres, bien que relativement petites, sont chaleureuses. Espace bien-être et salon de thé.

Hôtel de Sèvres sans rest

22 r. Abbé-Grégoire St-Placide – 01 45 48 84 07 – www.hoteldesevres.com
32 ch – 114/225 € 124/235 € – 1 suite – 13 €
Amoureux du shopping, cet hôtel se trouve juste à côté du Bon Marché ! L'ensemble est chaleureux, dominé par des teintes beige et marron. La salle des petits-déjeuners donne sur une courette fleurie. Espace bien-être.

Villa Madame sans rest

44 r. Madame St-Sulpice – 01 45 48 02 81 – www.villa-madame.com
28 ch – 275/390 € 275/390 € – 18 €
Madame est très rive gauche ! À la fois élégant et chaleureux, ce petit hôtel de caractère mise sur les détails raffinés, les harmonies de couleurs apaisantes et les installations high-tech. Près de la cheminée, on feuillette un livre d'art...

Régent sans rest

61 r. Dauphine Odéon – 01 46 34 59 80 – www.hotelleregent.com
25 ch – 180/270 € 190/270 € – 14 €
Cet hôtel de tradition jouit d'une situation très centrale, à deux pas du café des Deux Magots. Les chambres sont petites, colorées et reposantes, certaines avec un balcon pour profiter un peu plus de Paris.

Hôtel de Fleurie sans rest

32 r. Grégoire-de-Tours Odéon – 01 53 73 70 00 – www.hotel-de-fleurie.fr
29 ch – 119/239 € 139/259 € – 13 €
Cet hôtel à la façade ornée de statues jouit d'un bon emplacement : les chambres, sobres et simplement agencées, sont calmes, qu'elles donnent sur la cour ou sur la rue, peu passante.

Legend sans rest

151 bis r. de Rennes Montparnasse – 01 45 48 97 38 – www.legendhotelparis.com
38 ch – 109/369 € 109/369 € – 15 €
Un hôtel entièrement rénové en 2012, entre la gare Montparnasse et St-Germain-des-Près. Ici, la décoration est résolument design et les chambres des plus confortables. Un pied-à-terre idéal pour les personnes arrivant du Grand Ouest... et les autres.

Apostrophe sans rest

3 r. Chevreuse Vavin – 01 56 54 31 31 – www.apostrophe-hotel.com
16 ch – 149/353 € 149/353 € – 13 €
Osant un design singulier, toutes les chambres de cet hôtel hors normes racontent une histoire : ici des voilages imprimés de photographies, là un papier peint insolite... À noter : les mini-chaînes adaptées aux iPods.

Mayet sans rest

3 r. Mayet Duroc – 01 47 83 21 35 – www.mayet.com
23 ch – 100/120 € 150/175 € – 10 €
Dépaysement garanti dans ce petit hôtel avenant proche du métro Duroc. Entre tags d'artistes contemporains et déco orientalisante, l'endroit distille un charme très particulier. Les 1 001 nuits du 21e s. en quelque sorte.

Chaplain Rive Gauche sans rest

11 bis r. Jules-Chaplain Vavin – 01 43 26 47 64 – www.hotelchaplain.com
25 ch – 119/250 € 129/340 € – 14 €
Mystérieux sourires... Ceux de Marylin Monroe, Bardot ou la Joconde se sont transformés en têtes de lits design. Dans sa rue tranquille, ce petit hôtel continue son bonhomme de chemin, à la fois coquet et contemporain. Bien agréable, le patio.

Le Clément sans rest

6 r. Clément Ⓜ Mabillon – ✆ 01 43 26 53 60 – www.hotel-clement.fr

28 ch – 132/185 € 132/185 € – 13 €

Depuis trois générations, la même famille tient cet hôtel face au marché St-Germain. Les chambres sont simples et très bien tenues ; celles donnant sur la cour sont un peu sombres. Un bon rapport qualité-prix pour le quartier.

Hôtel de St-Germain sans rest

50 r. du Four Ⓜ Sèvres Babylone – ✆ 01 45 48 91 64 – www.hotel-de-saint-germain.fr

30 ch – 89/169 € 99/179 € – 12 €

Les atouts majeurs de ce modeste hôtel familial ? Son emplacement, entre Mabillon et Sèvres-Babylone, sa propreté méticuleuse et ses tarifs, assez raisonnables. Parfait pour un court séjour parisien.

Paris – Hôtel Lutetia

45 bd Raspail, (fermeture prévue pour travaux au deuxième semestre 2014) Ⓜ Sèvres Babylone – ✆ 01 49 54 46 90 – www.lutetia.concorde-hotels.com – Fermé vacances scolaires, août, sam., dim. et fériés

• MODERNE • Menu 50 € (déj.), 97 € /145 € – Carte 72/172 €

Fidèle au style du Lutetia qui l'abrite, la salle d'esprit Art déco, signée Sonia Rykiel, reproduit l'un des salons du paquebot Normandie. C'est dans ce décor feutré que l'on déguste de beaux produits de saison préparés avec maîtrise.

→ Araignée de mer au pamplemousse rose, pêche jaune et avocat, jus émulsionné à la moutarde au chablis. Ris de veau doré à la pistache et au pain d'épice, fondue d'échalotes à la tétragone. Le "tout chocolat" d'un gourmand de cacao.

Hélène Darroze

4 r. d'Assas Ⓜ Sèvres Babylone – ✆ 01 42 22 00 11 – www.helenedarroze.com – Fermé dim. et lundi

• MODERNE • Formule 38 € – Menu 56 € (déj. en semaine), 138/175 €

Héritière d'une famille de cuisiniers du Sud-Ouest, Hélène Darroze allie talent et intuition. Elle dit "dévoiler ses émotions" en s'inspirant aussi bien de son terroir landais, de ses maîtres (dont Alain Ducasse) que de sa curiosité. Une cuisine de cœur... à laquelle sied bien le décor des lieux, feutrés et tamisés. → Chipiron de ligne, chorizo, tomate confite et parmesan. Poulet jaune des Landes, girolles, foie gras, févettes et vin jaune d'Arbois. Baba signature au bas-armagnac.

Relais Louis XIII (Manuel Martinez)

8 r. des Grands-Augustins Ⓜ Odéon – ✆ 01 43 26 75 96 – www.relaislouis13.com – Fermé 1 semaine en mai, 2-27 août, 1 semaine en janv., dim., lundi et fériés

• CLASSIQUE • Menu 55 € (déj.), 85/140 € – Carte environ 120 €

Dans cette maison du 16e s., les trois salles à manger de style Louis XIII ont beaucoup de caractère : vitraux, pierres apparentes, colombages... Fine cuisine classique, à découvrir notamment à travers l'intéressante formule déjeuner.

→ Ravioli de homard breton, foie gras et crème de cèpes. Caneton challandais cuisiné au gré de la saison. Millefeuille à la vanille de Tahiti.

Le Restaurant – Hôtel L'Hôtel

13 r. des Beaux-Arts Ⓜ St-Germain des Prés – ✆ 01 44 41 99 01 – www.l-hotel.com – Fermé août, 23-28 déc., dim. et lundi

• MODERNE • Formule 45 € – Menu 55 € (déj.), 110/180 € – Carte 98/139 €

Le "Restaurant" de "L'Hôtel", dont le décor est lui aussi signé Jacques Garcia. Le chef y revisite les classiques de la gastronomie française à travers des créations parfumées, basées sur d'excellents produits. Une belle table.

→ Bonite marinée à l'huile parfumée, gel de pastèque et soja. Ris de veau, jus aux herbes, crousti-moelleux, girolles et aubergine fumée. Muscovado, caramel laitier, parfait glacé au citron, crème montée noisette.

La Société

4 pl. St-Germain-des-Prés Ⓜ St-Germain des Prés – ✆ 01 53 63 60 60 – www.restaurantlasociete.com

• MODERNE • Carte 50/100 €

Une adresse stylée et glamour, dont la terrasse, en face de l'église St-Germain-des-Prés, est idéale pour voir et être vu ! Le cadre est à la fois dépouillé et très chic (pierre et bois précieux), et la carte est à l'avenant, entre tradition française et influences internationales. Toute la société germanopratine d'aujourd'hui !

XX **Un Dimanche à Paris**

4 cours du Commerce-St-André Ⓜ *Odéon – ✆ 01 56 81 18 18 – www.un-dimanche-a-paris.com – Fermé 28 juil.-18 août, mardi midi, dim. soir et lundi*

• MODERNE • Formule 25 € – Menu 32 € (semaine), 39/62 € – Carte 38/63 €

Un petit passage pavé accueille ce "concept store", où le cacao est roi ! Au restaurant, il relève viandes et poissons de notes épicées, leur donnant un supplément d'élégance et de style. Ensuite, n'hésitez pas à faire un détour par la boutique, dans les locaux qui abritaient autrefois l'imprimerie de Marat...

XX **Caméléon d'Arabian**

6 r. Chevreuse Ⓜ *Vavin – ✆ 01 43 27 43 27 – www.cameleonjeanpaularabianparis.com – Fermé 3-25 août, sam. midi, dim. et lundi*

• CLASSIQUE • Formule 29 € – Menu 35 € (déj.)/45 € – Carte 62/105 €

Un restaurant chaleureux et confortable (banquettes en velours, vue sur les fourneaux). On apprécie ici une cuisine bourgeoise revisitée dont le véritable "must" est le châteaubriant de foie de veau – délicieux. Un Caméléon aux couleurs du temps !

PARIS

XX **La Méditerranée**

2 pl. Odéon Ⓜ *Odéon – ✆ 01 43 26 02 30 – www.la-mediterranee.com – Fermé 24-31 déc.*

• POISSONS ET FRUITS DE MER • Formule 28 € – Menu 35 € – Carte 40/65 €

Dans ce restaurant face au théâtre de l'Odéon, des fresques évoquent la Méditerranée et la cuisine de la mer chante avec l'accent du Sud. Un soin tout particulier est apporté au choix des produits. Bergère d'azur infinie...

XX **Fogón** soir,

45 quai des Grands-Augustins Ⓜ *St-Michel – ✆ 01 43 54 31 33 – www.fogon.fr – Fermé 3 semaines en août et lundi*

• ESPAGNOLE • Menu 35/48 € – Carte 42/73 €

L'Espagne s'invite sur les quais de la Seine. Charcuteries de Guijuelo, préparations de riz en paëlla – aux légumes, valenciana, aux seiches et calamars, aux langoustines, au jambon... De fort belles spécialités ibériques qui se mettent en scène dans un cadre design chic des plus tendance !

XX **Yugaraj**

14 r. Dauphine Ⓜ *Odéon – ✆ 01 43 26 44 91 – Fermé août et lundi*

• INDIENNE • Formule 22 € – Menu 30/39 € – Carte 36/58 €

Dépaysement assuré dans ce haut lieu de la gastronomie indienne (boiseries, objets anciens, etc.). Les amateurs auront l'embarras du choix entre butter chicken, assortiment de viandes grillées, curry de poisson au lait de coco, etc.

XX **La Petite Cour**

8 r. Mabillon Ⓜ *Mabillon – ✆ 01 43 26 52 26 – www.lapetitecour.fr – Fermé sam. midi*

• MODERNE • Formule 29 € – Menu 38 € – Carte 45/90 €

Il faut descendre quelques marches en face du marché St-Germain pour découvrir l'étonnante terrasse en contrebas. Un cadre doucement fané pour une cuisine qui ne l'est pas ! C'est fin, franc, intelligent : l'œuvre d'un chef au beau parcours.

XX **Guy Martin Italia**

19 r. Bréa Ⓜ *Vavin – ✆ 01 43 27 08 80 – www.guymartinitalia.com – Fermé 3 semaines en août, lundi midi et dim.*

• ITALIENNE • Menu 34 € (déj. en semaine), 75 € 🍷/100 € 🍷 – Carte 46/58 €

L'ancien Sensing a fait peau neuve ! Toujours piloté par Guy Martin, ce restaurant fait désormais honneur à la cuisine italienne. On déguste ici de bonnes recettes gourmandes et généreuses, à l'image de ces linguines aux palourdes, moules, gambas et poutargue... Le tout dans une ambiance chic et naturelle.

Les Bouquinistes

53 quai des Grands-Augustins Ⓜ *St-Michel – ✆ 01 43 25 45 94 – www.guysavoy.com*

• MODERNE • Formule 31 € 🍷 – Menu 35 € 🍷 (déj.) – Carte 70/85 €

À l'angle d'une rue, face aux bouquinistes alignés sur les quais de la Seine, un restaurant entièrement rénové en 2013 ; l'intérieur est joliment contemporain, et l'on y sert une bonne cuisine qui évolue selon le marché et les saisons. Agréable et typiquement parisien !

Brasserie Lutetia – Hôtel Lutetia

45 bd Raspail, (fermeture prévue pour travaux au deuxième semestre 2014) Ⓜ *Sèvres Babylone – ✆ 01 49 54 46 76 – www.lutetia.concorde-hotels.com*

• TRADITIONNELLE • Formule 39 € – Menu 55 € (dîner) – Carte 61/78 €

Le Lutetia, c'est aussi cette brasserie à l'ambiance inimitable. Parmi les chromes et les miroirs, on déguste de beaux plateaux de fruits de mer et des grands classiques comme la sole meunière, la bouillabaisse ou le baba au rhum.

La Rotonde

105 bd Montparnasse Ⓜ *Vavin – ✆ 01 43 26 68 84 – www.rotondemontparnasse.com – Fermé 1er mars -13 avril*

• TRADITIONNELLE • Formule 21 € 🍷 – Menu 42 € – Carte 41/76 €

À deux pas des théâtres de la rue de la Gaîté, cette Rotonde incarne depuis plus d'un siècle l'essence même de la brasserie parisienne. Un décor typique – très 1930 – avec cuivre et banquettes rouges, et des plats classiques du genre : bœuf de Salers, plateaux d'huîtres... Et l'on vous accueille jusqu'à 2h du matin !

Alcazar

62 r. Mazarine Ⓜ *Odéon – ✆ 01 53 10 19 99 – www.alcazar.fr*

• MODERNE • Formule 30 € 🍷 – Menu 38 € 🍷 (déj.)/43 € – Carte 44/60 €

L'adresse de Sir Conran attire les adeptes d'électro chic, d'expositions photographiques et de soirées lyriques. Côté cuisine, le répertoire classique côtoie les recettes d'ailleurs. Alors, fish and chips ou cailles farcies au foie gras ?

Emporio Armani Caffé

149 bd St-Germain Ⓜ *St-Germain des Prés – ✆ 01 45 48 62 15 – www.massimomori.com*

• ITALIENNE • Menu 38 € (déj. en semaine) – Carte 51/93 €

Au 1er étage de la boutique, ce Caffé à l'italienne "molto elegante" draine une clientèle très rive gauche. C'est une valeur sûre de la cuisine transalpine à Paris, avec de beaux produits en provenance directe de la péninsule.

Ze Kitchen Galerie (William Ledeuil)

4 r. des Grands-Augustins Ⓜ *St-Michel – ✆ 01 44 32 00 32 – www.zekitchengalerie.fr – Fermé 2 semaines en août, 1 semaine fin déc., sam. midi et dim.*

• CREATIVE • Formule 40 € – Menu 46 € (déj.), 70/82 € – Carte environ 80 €

Séduisante carte fusion influencée par l'Asie, cadre épuré aux airs de loft, tableaux contemporains, vue sur les cuisines. Depuis plus de dix ans, Ze Kitchen reste l'un des incontournables de la rive gauche.

→ Moules de bouchot, girolles, jus thaï de coquillages. Cochon de lait, condiment mostarda-mirabelle. Figue confite, citronnelle, verveine et jus de mûre.

Toyo

17 r. Jules-Chaplain Ⓜ *Vavin – ✆ 01 43 54 28 03 – Fermé août, 23-29 déc., lundi midi et dim.*

• CREATIVE • Menu 39 € (déj.), 89/120 €

Dans une autre vie, Toyomitsu Nakayama était le chef privé du couturier Kenzo ; aujourd'hui, il excelle dans l'art d'assembler les saveurs et les textures, entre France et Asie – salade de calamars aux légumes, tiramisu au thé vert... Une cuisine fraîche et parfumée, servie par une équipe attentive et discrète : impeccable !

La Marlotte

55 r. du Cherche-Midi Ⓜ *St-Placide – ✆ 01 45 48 86 79 – www.lamarlotte.com – Fermé 10-21 août*

• TRADITIONNELLE • Formule 23 € – Menu 28 € (déj.)/32 € – Carte 35/60 €

Une "auberge d'aujourd'hui", non loin du Bon Marché, où l'on croise éditeurs et hommes politiques. L'ambiance y est chaleureuse et conviviale, et la cuisine honore la tradition : harengs pommes à l'huile, terrine de foies de volaille, raie à la grenobloise, boudin noir et andouillette, etc. Généreux et de saison.

Allard

1 r. de l'Éperon Ⓜ *St-Michel – ✆ 01 43 26 48 23*

• TRADITIONNELLE • Menu 34 € (déj.) – Carte 42/90 €

On pénètre par la cuisine dans cette véritable institution, qui fait désormais partie du groupe Ducasse. Servis dans un décor 1900 pur jus, les plats hésitent entre registre bistrotier et plats canaille : cocotte de cervelas, blanquette de veau – succulente ! –, savarin au rhum en dessert... On se régale.

Agapé Substance

66 r. Mazarine Ⓜ *Odéon – ✆ 01 43 29 33 83 – www.agapesubstance.com – Fermé 15 juil.-21 août, dim. et lundi*

• CREATIVE • Menu 65 € (déj. en semaine), 99/129 € *(réservation conseillée)*

Agapes atypiques dans ce lieu né mi-2011, véritable laboratoire des dernières tendances culinaires. On prend place au milieu du chef et de son équipe ; point de frontière entre création et dégustation ! Expérience de la "substance" de la cuisine, au fil d'une succession d'assiettes très inventives.

Le Chardenoux des Prés

27 r. du Dragon Ⓜ *St-Germain des Prés – ✆ 01 45 48 29 68 – www.restaurantlechardenouxdespres.com*

• MODERNE • Menu 27 € (déj. en semaine) – Carte 47/69 €

La version bis du Chardenoux de Cyril Lignac, dans un lieu autrefois mythique. L'ardoise du jour propose un petit menu, tandis qu'à la carte, les recettes de bistrot et autres plats en cocotte cohabitent avec les influences actuelles. Le bonheur est dans le Chardenoux des Prés...

Casa Bini

36 r. Grégoire-de-Tours Ⓜ *Odéon – ✆ 01 46 34 05 60 – www.casabini.fr*

• ITALIENNE • Formule 25 € – Menu 29 € (déj. en semaine) – Carte 39/57 €

Une trattoria chaleureuse dans une rue calme de St-Germain-des-Prés. Dans une salle aux couleurs de la Toscane, on déguste des plats pleins de saveurs, tels ces pappardelles à la saucisse ou ce tiramisu moelleux à souhait. Et soudain le quartier des éditeurs prend des airs de *dolce vita*...

KGB

25 r. des Grands-Augustins Ⓜ *St-Michel – ✆ 01 46 33 00 85 – www.kitchengaleriebis.com – Fermé 1er-20 août, dim. et lundi*

• CREATIVE • Formule 28 € – Menu 35 € (déj. en semaine)/62 € – Carte 50/58 €

KGB pour Kitchen Galerie Bis. Il y règne le même esprit qu'à la maison mère, à mi-chemin entre galerie d'art et restaurant peu conventionnel. La cuisine est originale et explore des associations sucré-salé aux épices mâtinées d'Asie.

L'Épi Dupin

11 r. Dupin Ⓜ *Sèvres Babylone – ✆ 01 42 22 64 56 – www.epidupin.com – Fermé 1er-24 août, lundi midi, sam. et dim.*

• MODERNE • Formule 27 € – Menu 38 € *(réservation conseillée)*

Pierres, colombages et poutres : un cadre convivial, pour une délicieuse cuisine qui revisite la tradition. Pressé de queue de bœuf au sorbet à la moutarde de Meaux, rognons de veau poêlés, baba au rhum crème vanillée... Ce restaurant de poche a conquis le quartier du Bon Marché – et a même créé une annexe, version bar à vins !

Et aussi ***L'Epi Malin*** – 4 r. Dupin – Formule 15 € 🍷 – Menu 18 € – Carte environ 19 €

La Maison du Jardin

27 r. Vaugirard Ⓜ Rennes – ✆ 01 45 48 22 31 – Fermé 1er-22 août, sam. midi et dim.

• TRADITIONNELLE • Formule 27 € 🍷 – Menu 33 € *(réservation conseillée)*

À deux pas du Luxembourg, ce bistrot explore la tradition avec bonté et simplicité : terrine maison, soupe de saison, cabillaud juste salé et sa purée à l'huile d'olive, pièce de bœuf grillée au pistou, mousse au chocolat... et bouteilles à prix sages.

La Ferrandaise

8 r. de Vaugirard Ⓜ Odéon – ✆ 01 43 26 36 36 – www.laferrandaise.com – Fermé 3 semaines en août, lundi midi, sam. midi et dim.

• TRADITIONNELLE • Menu 16 € (déj.), 35/41 € – Carte 42/56 €

Dans ce joli restaurant près du Luxembourg, on honore le Puy-de-Dôme. Le patron a même imaginé un partenariat avec des éleveurs de vaches ferrandaises ! Le chef, qui lui est breton, concocte une cuisine franche et savoureuse. Une belle association.

Le Cherche Midi

22 r. du Cherche-Midi Ⓜ Sèvres Babylone – ✆ 01 45 48 27 44 – www.lecherchemidi.fr – Fermé 24 déc.-1er janv.

• ITALIENNE • Carte 35/50 € *(réservation conseillée)*

Un authentique bistrot italien ! Pâtes fraîches maison et superbes charcuteries : jambon de Parme (affiné au moins 24 mois), mortadelle, bresaola... Quant à la mozzarella, bien crémeuse, elle arrive par avion deux à trois fois par semaine !

Semilla

54 r. de Seine Ⓜ Odéon – ✆ 01 43 54 34 50 – Fermé 1 semaine en août et 23 déc.-8 janv.

• MODERNE • Formule 23 € – Carte 35/63 €

Une bonne "graine" (*semilla* en espagnol) que ce bistrot né en 2012 à l'initiative des patrons de Fish La Boissonnerie, juste en face. Ambiance conviviale, déco branchée et, dans la cuisine ouverte sur la salle, une équipe jeune et passionnée, qui travaille avec des fournisseurs triés sur le volet. Gourmand et bien ficelé !

Yen

22 r. St-Benoît Ⓜ St-Germain-des-Prés – ✆ 01 45 44 11 18 – Fermé 2 semaines en août et dim.

• JAPONAISE • Formule 39 € – Menu 68 € (dîner) – Carte 40/68 €

Un restaurant au décor japonais très épuré pour amateurs de minimalisme zen. La carte fait la part belle à la spécialité du chef : le soba, des nouilles de sarrasin chaudes ou froides, préparées sous vos yeux.

Shu

8 r. Suger Ⓜ St-Michel – ✆ 01 46 34 25 88 – www.restaurant-shu.com – Fermé vacances de printemps, 3 semaines en août, dim. et le midi

• JAPONAISE • Menu 38/63 € *(réservation conseillée)*

Il faut se baisser pour passer par la porte qui mène à cette cave du 17e s. Dans un décor minimaliste, on découvre une cuisine japonaise authentique et bien maîtrisée, où la fraîcheur des produits met en valeur kushiage, sushis et sashimis.

Marco Polo

8 r. de Condé Ⓜ Odéon – ✆ 01 43 26 79 63

• ITALIENNE • Formule 21 € – Menu 37 € – Carte 40/60 € *(réservation conseillée)*

Les habitués apprécient l'ambiance à la fois feutrée et conviviale du Marco Polo ; comme ils sont nombreux, mieux vaut réserver. Il faut dire que les antipasti, raviolis aux cèpes et autres risottos du jour sont préparés avec soin.

Fish La Boissonnerie

69 r. de Seine Ⓜ Odéon – ✆ 01 43 54 34 69 – Fermé 1 semaine en août et 20 déc.-2 janv.

• TRADITIONNELLE • Formule 15 € – Menu 27 € (déj.)/35 €

La façade en mosaïque de cette ancienne poissonnerie (avec un p !) est un must du quartier. Voilà une dizaine d'années que ce restaurant honore Bacchus et les produits de la mer : vichyssoise aux huîtres, Saint-Jacques aux cocos de Paimpol, dorade aux artichauts barigoule. Convivial !

Mangetout

82 r. Mazarine Ⓜ Odéon – ✆ 01 43 54 02 11 – www.mangetout.fr – Fermé 2 semaines en août, dim. et lundi

• MODERNE • Formule 23 € – Carte 32/50 €

Pinxo est devenu Mangetout, mais pas de panique : les habitués retrouveront leurs marques ! Alain Dutournier est toujours le maître d'œuvre de ce concept original, celui de tapas à la française. Et c'est ainsi que l'on peut picorer crabe royal, chipirons, mais aussi boudin et tourtière béarnaise...

La Cuisine de Philippe

25 r. Servandoni Ⓜ St-Sulpice – ✆ 01 43 29 76 37 – Fermé 2 semaines en août, 1 semaine à Noël, dim. et lundi

• TRADITIONNELLE • Formule 23 € – Menu 32 € (dîner)/38 €

Dans ce petit bistrot rétro qui fait face au jardin du Luxembourg, on savoure de généreuses recettes traditionnelles. Avis aux amateurs : la spécialité de la maison, ce sont les soufflés, salés ou sucrés (guacamole et saumon fumé ; noisettes ; etc.). Bon rapport qualité-prix.

Invictus Ⓝ

5 r. St-Beuve Ⓜ Notre-Dame des Champs – ✆ 01 45 48 07 22 – Fermé 3 semaines en août, 1 semaine vacances de Noël, lundi midi, sam. midi et dim.

• TRADITIONNELLE • Menu 34 €

De retour à Paris après six ans passés en Afrique du Sud, Christophe Chabanel n'a pas tardé à retrouver les suffrages de la capitale : son nouveau bistrot, à deux pas du jardin du Luxembourg, fait salle comble ! À la carte, tarte sablée au pied de porc, jarret de veau, millefeuille ; une cuisine sobre et parfumée, un régal...

L'Altro

16 r. du Dragon Ⓜ St-Germain des Prés – ✆ 01 45 48 49 49 – Fermé 1 semaine en août

• ITALIENNE • Formule 17 € – Menu 22 € (déj. en semaine) – Carte 30/60 €

L'Italie à la carte, dans un décor qui hésite entre loft et bistrot new-yorkais (banquettes noires, carrelage blanc aux murs, cuisines vitrées). L'ambiance est décontractée : idéal pour savourer de bonnes pasta et des antipasti.

Le Timbre

3 r. Ste-Beuve Ⓜ Notre-Dame des Champs – ✆ 01 45 49 10 40 – www.restaurantletimbre.com – Fermé 29 avril-6 mai, 19 juil.-19 août, dim. et lundi

• TRADITIONNELLE • Formule 22 € – Menu 26 € (déj.)/32 € – Carte 32/40 € *(réservation conseillée)*

On se bouscule dans ce sympathique petit bistrot, grand comme un timbre-poste. L'ardoise affiche les propositions du jour, réalisées sous vos yeux par un jeune chef britannique. Tartines d'anchois, boudin béarnais... Il concocte une cuisine française d'une belle finesse, dans le respect de la tradition !

Azabu

3 r. André-Mazet Ⓜ Odéon – ✆ 01 46 33 72 05 – www.azabu.fr – Fermé 2 semaines en août, dim. midi et lundi

• JAPONAISE • Menu 43/62 € – Carte 40/60 € *(réservation conseillée)*

Une bonne adresse japonaise au décor sobre et contemporain. On mange à table ou au comptoir, face au teppanyaki. Parmi les spécialités, le zensai bento (un assortiment d'entrées), le bar grillé ou le bœuf Wagyu au radis râpé.

Le Comptoir du Relais – Hôtel Relais St-Germain

5 carr. de l'Odéon Ⓜ Odéon – ✆ 01 44 27 07 50 – www.hotelrsg.com

• TRADITIONNELLE • Menu 60 € (dîner en semaine) – Carte 23/86 € *(réservation conseillée)*

Dans ce sympathique bistrot de poche des années 1930, Yves Camdeborde régale ses clients d'une généreuse cuisine traditionnelle. Le midi, on sert des plats de brasserie tandis que le soir, un menu unique plus raffiné vous est proposé.

PARIS

Wadja
10 r. Grande-Chaumière Ⓜ Vavin – ✆ 01 46 33 02 02 – Fermé 3 semaines en août, 1 semaine en fév., sam. midi, dim. et fériés
• TRADITIONNELLE • Formule 18 € – Menu 20 € (déj.)/36 €
Tables serrées, vieux zinc, miroirs, lithographies années 1930 : pas de doute, c'est un bistrot. Un seul menu le midi, d'un bon rapport qualité-prix ; le soir, l'ardoise s'épanouit entre ris de veau poêlés et crêpes fourrées aubergine-cardamome.

Tsukizi
2 bis r. des Ciseaux Ⓜ St-Germain des Prés – ✆ 01 43 54 65 19 – Fermé 1er-22 août, 26 déc.-9 janv., dim. midi et lundi
• JAPONAISE • Formule 17 € – Carte 30/60 €
Dans la petite salle de ce restaurant tout simple, on a l'impression d'être au Japon. Le chef prépare sous vos yeux sushis, makis et sashimis à partir de poissons d'une bonne fraîcheur. Oursins et Saint-Jacques en saison.

Taokan Ⓝ
8 r. du Sabot Ⓜ St-Germain des Prés – ✆ 01 42 84 18 36 – www.taokan.fr – Fermé 4-17 août et dim.
• CHINOISE • Menu 22 € (déj.), 29/37 € – Carte 35/55 €
Au cœur de St-Germain-des-Prés, on pousse la porte de ce joli restaurant pour célébrer la cuisine chinoise, et particulièrement cantonaise : incontournables dim-sum, poisson à la vapeur, magret de canard au miel, émincé de poulet caramélisé... De belles présentations, de bons produits : une vraie ambassade !

Pavel Losevsky/Fotolia.com

Tour Eiffel · École Militaire · Invalides

7e arrondissement ✉ 75007

Duc de St-Simon sans rest
14 r. St-Simon Ⓜ Rue du Bac – ✆ 01 44 39 20 20 – www.hotelducdesaintsimon.com
29 ch – 275/335 € 275/335 € – 5 suites – 19 €
Passé le petit porche apparaît la courette pavée, puis c'est l'émerveillement devant ce bel hôtel particulier du 18e s. Tentures, boiseries, gravures, mobilier d'antiquaire : une vraie demeure bourgeoise d'autrefois, où le charme le dispute à la quiétude !

K+K Hotel Cayré sans rest
4 bd Raspail Ⓜ Rue du Bac – ✆ 01 45 44 38 88 – www.kkhotels.com/cayre
125 ch – 260/450 € 300/560 € – 30 €
Une jolie façade haussmannienne qui contraste avec les salons et les chambres d'esprit contemporain : joli mariage de styles... et grand confort ! Au sous-sol, on profite d'un petit espace de remise en forme, avec sauna et salle de massage.

Montalembert
3 r. Montalembert Ⓜ Rue du Bac – ✆ 01 45 49 68 68 – www.montalembert.com
49 ch – 280/824 € 280/824 € – 5 suites – 25 € **Rest** – Carte 50/80 €
Un noble bâtiment Belle Époque (1926) dont les chambres ont été redécorées par Christian Liaigre dans un esprit contemporain chic. Sa situation est idéale, entre la Seine, le musée d'Orsay et St-Germain-des-Prés – la terrasse du restaurant, côté rue, voisine d'ailleurs les éditions Gallimard...

Pont Royal sans rest

7 r. Montalembert Ⓜ Rue du Bac – ☎ 01 42 84 70 00 – www.hotel-pont-royal.com

65 ch – 420/590 € 420/590 € – 10 suites – 25 €

Dans cet hôtel très rive gauche résonnent encore les voix de Francis Scott Fitzgerald et de sa femme Zelda, des habitués dans les années 1920. Au dernier étage, les chambres offrent une jolie vue sur Paris ; le chaleureux bar permet de se retrouver autour d'un verre...

Le Bellechasse sans rest

8 r. de Bellechasse Ⓜ Musée d'Orsay – ☎ 01 45 50 22 31 – www.lebellechasse.com

33 ch – 179/450 € 179/450 € – 21 €

Un bel hôtel entièrement décoré par Christian Lacroix. Le créateur a signé des chambres design aux touches colorées, résolument contemporaines, souvent oniriques : un "voyage dans le voyage" très mode et plein de caractère !

Thoumieux

79 r. St-Dominique Ⓜ La Tour Maubourg – ☎ 01 47 05 79 00 – www.thoumieux.fr

14 ch – 200/430 € 200/430 € – 25 €

Rest *Jean-François Piège* ✿✿ **Rest *Brasserie Thoumieux*** – voir les restaurants ci-après

La salle à manger du restaurant de Jean-François Piège fait office de salle de petit-déjeuner pour la clientèle de l'hôtel : voilà qui est de bon augure ! La décoratrice, India Mahdavi, a imaginé des chambres décalées, tout en imprimés chatoyants. Un style unique, à voir et à vivre...

St-Vincent sans rest

5 r. Pré-aux-Clercs Ⓜ Rue du Bac – ☎ 01 42 61 01 51 – www.hotelsaintvincentparis.com

22 ch – 165/320 € 165/320 € – 15 €

Un bel hôtel particulier au cœur du Carré Rive gauche, pour un boutique-hôtel chic et feutré qui compte de nombreux habitués. Les chambres, soignées et chaleureuses, revisitent l'esprit Napoléon III avec élégance.

Université Ⓝ sans rest

22 r. de l'Université Ⓜ St-Germain des Prés – ☎ 01 42 61 09 39 – www.universitehotel.com

27 ch – 160/270 € 205/370 € – 15 €

Dans un immeuble datant du 17e s., près du musée d'Orsay, cet hôtel a joui d'une véritable cure de jouvence : les chambres sont décorées à la mode contemporaine, dans des couleurs bien choisies (taupe, gris, beige), et l'ensemble est moderne et élégant... Une métamorphose !

Hôtel d'Orsay sans rest

93 r. de Lille Ⓜ Solférino – ☎ 01 47 05 85 54 – www.espritdefrance.com

40 ch – 165/330 € 165/420 € – 1 suite – 18 €

Un agréable hôtel dans deux immeubles de la fin du 18e s. Les chambres, d'esprit classique, sont chaleureuses et assez spacieuses... Quant au salon, idéal pour faire une pause après une journée passée au musée, il donne sur un petit patio verdoyant.

St-Germain sans rest

88 r. du Bac Ⓜ Rue du Bac – ☎ 01 49 54 70 00 – www.hotel-saint-germain.fr

29 ch – 119/350 € 119/350 €

Papiers peints dans l'esprit de la toile de Jouy, lustres à pendeloques, mobilier ancien... Cet hôtel dégage une atmosphère douce et cosy, à deux pas du Bon Marché, des ministères et de St-Germain-des-Prés. Confortable et plaisant.

Le Tourville sans rest

16 av. de Tourville Ⓜ École Militaire – ☎ 01 47 05 62 62 – www.hoteltourville.com

30 ch – 209/599 € 209/599 € – 16 €

Après avoir traversé un hall cosy, à l'ambiance de salon bourgeois, on accède à des chambres modernes et feutrées, plutôt coquettes avec leurs murs gris et parme et leurs jolies têtes de lit en bois. Un hôtel plaisant.

Empereur sans rest
2 r. Chevert Ⓜ *La Tour Maubourg – ✆ 01 45 55 88 02 – www.hotelempereurparis.com*
31 ch – 150/240 € 150/240 € – 13 €
Un hôtel qui a une âme. Mobilier d'inspiration Empire et, côté façade (avec balcon au 5e étage), vue parfaite sur les ors du dôme des Invalides, sous lequel repose l'empereur Napoléon Ier. Pour plus de calme, choisir les chambres sur l'arrière.

7 Eiffel sans rest
17 bis r. Amélie Ⓜ *La Tour Maubourg – ✆ 01 45 55 10 01 – www.7eiffel.com*
32 ch – 335/430 € 335/430 € – 19 €
Une déco design pile dans l'air du temps, avec ses effets de matière et de transparence ; un accueil aux petits soins ; une grande terrasse sur le toit... Une adresse confortable et qui sort de l'ordinaire !

Bourgogne et Montana sans rest
3 r. de Bourgogne Ⓜ *Assemblée Nationale – ✆ 01 45 51 20 22 – www.bourgogne-montana.com*
29 ch – 300/450 € 300/450 € – 3 suites – 18 €
Raffinement et esthétisme dans cet hôtel du 18e s., qui mêle l'ancien et le contemporain. Les chambres du dernier étage ménagent une belle vue sur le Palais-Bourbon... Un lieu plein de cachet.

PARIS

Muguet sans rest
11 r. Chevert Ⓜ *École Militaire – ✆ 01 47 05 05 93 – www.hotelmuguet.com*
43 ch – 120/225 € 155/225 € – 13 €
Dans une rue peu passante, à deux pas des Invalides, un hôtel chaleureux, classique et très bien tenu, où règne une sympathique atmosphère familiale. Le plus : certaines chambres donnent sur un jardinet fleuri, au calme.

Relais Bosquet sans rest
19 r. du Champ-de-Mars Ⓜ *École Militaire – ✆ 01 47 05 25 45 – www.hotelrelaisbosquet.com*
40 ch – 160/315 € 160/315 € – 15 €
On pose avec plaisir ses valises dans cet hôtel bien situé, proposant des chambres tout en sobriété – la moitié d'entre elles ont été entièrement rénovées. Au petit-déjeuner, on vous propose le choix entre trois formules, selon votre appétit !

Verneuil sans rest
8 r. de Verneuil Ⓜ *Rue du Bac – ✆ 01 42 60 82 14 – www.hotel-verneuil-saint-germain.com*
26 ch – 179/230 € 199/285 € – 16 €
Un immeuble du 17e s. idéalement situé au cœur du Carré Rive gauche. Les chambres y sont petites mais cosy, et l'on ne résiste pas à s'installer dans le salon, au coin de la cheminée. Une adresse parfaite pour faire le tour des antiquaires et galeries d'art… à deux pas de la maison où vécut Serge Gainsbourg.

Les Jardins d'Eiffel Ⓝ sans rest
8 r. Amélie Ⓜ *La Tour Maubourg – ✆ 01 47 05 46 21 – www.hoteljardinseiffel.com*
81 ch – 120/290 € 140/320 € – 15 €
Un hôtel en forme de U, situé dans une rue plutôt calme du quartier du Gros-Caillou. Mobilier d'inspiration scandinave et couleurs douces (gris et beige) dans les parties communes et les chambres, patio sur l'arrière : une adresse de qualité.

Duquesne Eiffel sans rest
23 av. Duquesne Ⓜ *École Militaire – ✆ 01 44 42 09 09 – www.hde.fr*
40 ch – 130/280 € 140/320 € – 13 €
Non loin des Invalides, un hôtel avenant avec des chambres cosy, actuelles et confortables. Aux étages supérieurs, on profite d'une vue superbe sur la tour Eiffel et l'École militaire.

Hôtel de Suède St-Germain sans rest

31 r. Vaneau Ⓜ Vaneau – ✆ 01 47 05 00 08 – www.hoteldesuede.com

38 ch – †93/259 € ††129/259 € – 1 suite – ☕ 14 €

Dans une rue calme, un hôtel traditionnel dont l'ambiance se révèle familiale… Les chambres sont classiques et sept d'entre elles offrent une jolie vue sur les jardins de Matignon, résidence du Premier ministre ; la tenue de l'ensemble est irréprochable.

Hôtel de Varenne sans rest

44 r. de Bourgogne Ⓜ Varenne – ✆ 01 45 51 45 55 – www.hoteldevarenne.com

24 ch – †149/199 € ††199/299 € – ☕ 12 €

Entre le musée Rodin et l'Assemblée nationale, un hôtel niché dans une jolie courette, en toute quiétude. L'esprit des lieux ? Très classique (style Louis XVI ou Empire), mais avec des équipements modernes : de quoi séduire les amateurs de charme "made in Paris".

Londres Eiffel sans rest

1 r. Augereau Ⓜ École Militaire – ✆ 01 45 51 63 02 – www.londres-eiffel.com

30 ch – †140/215 € ††155/280 € – ☕ 14 €

Ce petit hôtel est si douillet avec ses beaux tissus choisis (Liberty, toile de Jouy, etc.), et il y règne un sympathique esprit familial ! Autre atout de taille : le calme, tout près de la très vivante rue St-Dominique…

Lindbergh Ⓝ sans rest

5 r. Chomel Ⓜ Sèvres Babylone – ✆ 01 45 48 35 53 – www.hotellindbergh.com

26 ch – †170/230 € ††210/350 € – ☕ 12 €

Un hôtel idéalement situé, à deux pas du Bon Marché et des autres prestigieuses boutiques de la rue de Sèvres. Les chambres arborent des lignes modernes et personnalisées, avec du mobilier contemporain inspiré des années 1950 : un ensemble chic !

Cadran sans rest

10 r. du Champ-de-Mars Ⓜ École Militaire – ✆ 01 40 62 67 00 – www.cadranhotel.com

41 ch – †165/265 € ††165/265 € – ☕ 13 €

Horloges, réveils… Le thème du cadran est à l'honneur jusque dans le décor contemporain et minimaliste de cet agréable hôtel. Son annexe, le Valadon Colors, propose une vingtaine de chambres plus récentes – mais tout aussi compactes.

Champ de Mars sans rest

7 r. du Champ-de-Mars Ⓜ École Militaire – ✆ 01 45 51 52 30 – www.hotelduchampdemars.com

25 ch – †105/130 € ††130 € – ☕ 9 €

Entre le Champ-de-Mars et les Invalides, à deux pas de l'agréable marché de la rue Clerc, un hôtel familial aux chambres charmantes et assez romantiques, avec leur joli décor "Liberty". Les prix restent mesurés, ce qui ne gâte rien.

Le Jules Verne

2ème étage Tour Eiffel, ascenseur privé pilier sud Ⓜ Bir-Hakeim – ✆ 01 45 55 61 44 – www.lejulesverne-paris.com

• MODERNE • Menu 90 € (déj. en semaine), 210/310 € 🍷 – Carte 160/230 €

Au 2e étage de la tour Eiffel, son décor design atteint des hauteurs, vue magique sur Paris en prime ! Le patrimoine français est à l'honneur : grands plats et vins d'excellence paraissent ici autant de symboles… À noter : les réservations se font uniquement par Internet.

→ Daurade marinée à cru, citron et basilic. Tournedos de bœuf et foie gras de canard, pommes soufflées et sauce Périgueux. Baba à l'armagnac de votre choix, crème peu fouettée.

PARIS

XXX **Arpège** (Alain Passard)
✿✿✿ *84 r. de Varenne Ⓜ Varenne – ✆ 01 45 51 47 33 – www.alain-passard.com – Fermé sam. et dim.*
• CREATIVE • Menu 135 € (déj.)/365 € – Carte 220/310 €
Bois précieux, décor de verre signé Lalique : préférez l'élégante salle contemporaine au caveau, et dégustez l'éblouissante cuisine "légumière" d'un chef-poète du terroir, amoureux des produits et cultivant son beau jardin – en l'occurrence, ses trois potagers spécialement créés dans l'Ouest de la France !
➜ Robes des champs arlequin à l'huile d'argan. Aiguillettes de homard bleu nuit au vin des Côtes du Jura. Tarte aux pommes "bouquet de roses".

XXX **Pétrossian**
144 r. de l'Université Ⓜ Invalides – ✆ 01 44 11 32 32 – www.petrossian.fr – Fermé août, dim. et lundi
• POISSONS ET FRUITS DE MER • Formule 35 € – Menu 90/250 € – Carte 64/120 €
Les Pétrossian régalent les Parisiens du caviar de la Caspienne depuis 1920. À l'étage de la boutique, on est accueilli dans une élégante salle à manger aux larges fenêtres ; on choisit son plat dans une carte traditionnelle, surtout orientée vers les caviars, bien sûr, mais aussi les saumons et les produits de la mer.

XX **Jean-François Piège** – Hôtel Thoumieux
✿✿ *79 r. St-Dominique, (1er étage) Ⓜ La Tour Maubourg – ✆ 01 47 05 79 79 – www.thoumieux.fr – Fermé août, sam. et dim.*
• MODERNE • Menu 99 € 🍷 (déj.), 129/249 € 🍷 *(réservation conseillée)*
À l'étage de la brasserie Thoumieux, un élégant salon particulier où Jean-François Piège vous reçoit... comme à la maison ! On dresse la table devant vous, puis les mets se succèdent (déclinés notamment en nombreux hors-d'œuvre) et créent la surprise comme l'éblouissement : une leçon de sincérité.
➜ Sélection des plus beaux produits de saison.

XX **Les Ombres**
27 quai Branly, (musée du Quai Branly - 5ème étage) Ⓜ Alma Marceau – ✆ 01 47 53 68 00 – www.lesombres-restaurant.com
• MODERNE • Formule 28 € – Menu 38 € (déj.), 65/95 € – Carte 70/100 €
Sur le toit du musée du Quai-Branly, ce restaurant entièrement vitré – c'est Jean Nouvel qui a signé l'architecture intérieure et extérieure – fait un clin d'œil à la tour Eiffel toute proche. La cuisine, subtile et fine, épouse l'air du temps, à l'image de ces raviolis d'escargots de Bourgogne au jus de cressonade...

XX **Les Climats** Ⓝ soir,
41 r. de Lille Ⓜ Rue du Bac – ✆ 01 58 62 10 08 – www.lesclimats.fr – Fermé 1er-10 janv., août, dim. et lundi
• MODERNE • Formule 36 € – Menu 45 € (déj.)/75 € – Carte 55/95 €
Un restaurant installé dans le cadre atypique de l'ancienne Maison des Dames des Postes, qui hébergea à partir de 1905 les opératrices des PTT. Mosaïques au sol, luminaires d'époque en laiton, marbres verts d'Estours : le lieu a du cachet, et la cuisine française n'y a rien de téléphoné avec ses touches modernes !

XX **Il Vino d'Enrico Bernardo**
✿ *13 bd La Tour-Maubourg Ⓜ Invalides – ✆ 01 44 11 72 00 – www.enricobernardo.com – Fermé 2 semaines en août, sam. midi, dim. et lundi*
• MODERNE • Formule 29 € – Menu 38 € (déj.), 75 € 🍷/95 € 🍷 – Carte 36/48 € déjeuner
"Sur les routes du monde", "Sur les routes de France et d'Italie" : ces menus à thème permettent à Enrico Bernardo, éminent sommelier, de faire découvrir ses coups de cœur du moment, en accompagnement de délicieuses assiettes. Et le décor, avec sarments de vigne peints aux murs et armoire à vins, est tout à fait dans le ton ! ➜ Menu découverte du monde. Menu découverte de la France et de l'Italie.

PARIS

Le Violon d'Ingres (Christian Constant)

135 r. St-Dominique Ⓜ École Militaire – ✆ 01 45 55 15 05 – www.maisonconstant.com

• TRADITIONNELLE • Formule 39 € 🍷 – Menu 45 € 🍷 (déj. en semaine)/90 € – Carte 66/85 €

On se bouscule toujours chez Christian Constant, pour qui l'art du restaurant est bien loin d'être un simple violon d'Ingres ! Ses recettes révèlent l'âme d'un authentique cuisinier, dans la droite ligne de la belle tradition, et leur mise en œuvre le savoir-faire d'une équipe de talent. Le tout dans un nouveau décor (2013) : l'occasion de redécouvrir cette table...

➜ Œufs de poule mollets roulés à la mie de pain, toasts de beurre truffé. Filet de bœuf cuisiné comme un steak au poivre, pommes de terre soufflées. Traditionnel millefeuille.

ES Ⓝ (Takayuki Honjo)

91 r. de Grenelle Ⓜ Solférino – ✆ 01 45 51 25 74 – Fermé 3 semaines en août, mardi midi, dim. et lundi

• MODERNE • Menu 45 € (déj.), 75/105 € *(réservation conseillée)*

Une adresse créée en 2013 par Takayuki Honjo, jeune chef japonais adepte de cuisine française. Dès les premières bouchées, son talent saute aux papilles ! Foie gras et oursins, pigeon et cacao : toutes les associations fonctionnent sans fausse note, il dompte les saveurs et n'oublie jamais l'harmonie de l'ensemble. Limpide.

➜ Cuisine du marché.

Café de l'Esplanade

52 r. Fabert Ⓜ La Tour Maubourg – ✆ 01 47 05 38 80

• MODERNE • Carte 45/90 €

Un Café des frères Costes ? Forcément tendance ! Décor signé Jacques Garcia – en phase avec l'hôtel des Invalides tout proche – et carte d'esprit brasserie chic, savoureuse quoiqu'un peu chère. Oubliez les horaires contraignants : on ouvre sans interruption entre 8h et 2h !

Chez les Anges

54 bd de la Tour-Maubourg Ⓜ La Tour Maubourg – ✆ 01 47 05 89 86 – www.chezlesanges.com – Fermé 3 semaines en août, sam. et dim.

• TRADITIONNELLE • Menu 35/55 € – Carte 35/67 €

Une salle élégante pour une cuisine goûteuse et sincère, entre tradition et modernité : assiette de légumes de Joël Thiébault au coulis de citron jaune, foie de veau en tranche épaisse et sa fricassée de champignons, ou encore tarte au chocolat noir Venezuela 72 %... Et en accompagnement, une belle carte de vins et whiskys.

Vin sur Vin

20 r. de Monttessuy Ⓜ Pont de l'Alma – ✆ 01 47 05 14 20 – Fermé 4-28 août, 22 déc.-8 janv., lundi sauf le soir de sept. à mars, sam. midi et dim.

• CLASSIQUE • Carte 82/116 € *(réservation conseillée)*

Une carte des vins de plus de 600 références : un bijou pour ce Vin sur Vin aux allures d'élégante maison particulière, porté par la passion des beaux nectars comme de la cuisine de tradition. Des produits remarquablement frais, des saveurs franches et bien pensées – à l'image de cette délicieuse sole meunière...

Garance Ⓝ

34 r. St-Dominique Ⓜ Invalides – ✆ 01 45 55 27 56 – www.garance-saintdominique.fr – Fermé sam. et dim.

• CREATIVE • Menu 34 € (déj.)/65 € – Carte 58/72 € *(réservation conseillée)*

Deux Guillaume (Muller et Iskandar), anciens de l'Arpège, se sont associés pour créer ce bistrot contemporain dans une bâtisse ancienne proche des Invalides. Céleri cuit au foin et lard italien, agneau en deux services : les recettes sont bien dans leur époque et mettent toujours en avant le produit. Succès garanti !

XX **Auguste** (Gaël Orieux) A/C

54 r. de Bourgogne Ⓜ *Varenne – ✆ 01 45 51 61 09 – www.restaurantauguste.fr – Fermé 1er-22 août, sam. et dim.*

• MODERNE • Menu 35 € (déj.), 85/150 € – Carte 76/102 € *(réservation conseillée)*

Design, coloré, élégant : Auguste sied bien à la cuisine de Gaël Orieux, un chef passionné et amoureux des produits... Ses plats ? Une quête d'harmonie et d'inventivité, mêlant finement la terre et la mer. Prix étudiés le midi, grand jeu le soir. ➜ Croustillants de langoustine à la verveine. Ris de veau, pralin de cacahouètes caramélisées, pleurotes aux abricots secs et vin du Jura. Soufflé au chocolat, glace miel et pollen.

XX **D'Chez Eux** A/C

2 av. Lowendal Ⓜ *École Militaire – ✆ 01 47 05 52 55 – www.chezeux.com – Fermé 2 semaines en août*

• DU SUD-OUEST • Formule 29 € – Menu 34 € (déj. en semaine) – Carte 48/116 €

Tête de veau sauce gribiche, confit de canard, cassoulet, gibiers à l'automne... De copieuses assiettes inspirées du Sud-Ouest et concoctées avec de beaux produits, dans une ambiance d'auberge provinciale avec serveurs en tablier de bougnat. La recette séduit depuis plus de 50 ans et n'a pas pris une ride !

XX **Au Bon Accueil** A/C

14 r. Monttessuy Ⓜ *Pont de l'Alma – ✆ 01 47 05 46 11 – www.aubonaccueilparis.com – Fermé 3 semaines en août, sam. et dim.*

• MODERNE • Formule 28 € – Menu 32 € – Carte 40/65 €

À l'ombre de la tour Eiffel, dans une rue calme, un bistrot au chic discret où l'on sert une appétissante cuisine du marché, sensible au rythme des saisons. Saumon français mariné puis fumé, écrasé de pommes de terre au beurre noisette ; brioche perdue au caramel, sauce mangue et passion... À prix doux !

XX **Brasserie Thoumieux** – Hôtel Thoumieux A/C

79 r. St-Dominique Ⓜ *La Tour Maubourg – ✆ 01 47 05 79 00 – www.thoumieux.fr*

• MODERNE • Formule 29 € – Carte 40/77 €

Banquettes rouges et miroirs, actrices et hommes du monde : cette brasserie de 1923 marie Belle Époque et actualité ! Salade de homard bleu au mesclun d'herbes, "big burger", volaille jaune des Landes rôtie : la carte, composée par Jean-François Piège, est originale et fait de jolies œillades à l'esprit des lieux.

X **L'Atelier de Joël Robuchon - St-Germain** A/C

5 r. de Montalembert Ⓜ *Rue du Bac – ✆ 01 42 22 56 56 – www.joel-robuchon.net – Accueil de 11h30 à 15h30 et de 18h30 à minuit. Réservations uniquement pour certains services : se renseigner.*

• CREATIVE • Menu 169 € – Carte 75/165 €

Un long comptoir flanqué de hauts tabourets, une petite salle confidentielle, des tons rouge et noir, une semi-pénombre étudiée… et toute la lumière portée sur de brillantes assiettes, ciselées avec une précision d'orfèvre. Cet Atelier contemporain signé Joël Robuchon – le premier d'une longue série – est un must du genre ! ➜ Langoustine en raviole truffée à l'étuvée de chou vert. Merlan frit Colbert, beurre aux herbes. Fruit de la passion en soufflé chaud, sorbet exotique.

X **Gaya Rive Gauche par Pierre Gagnaire** A/C

44 r. du Bac Ⓜ *Rue du Bac – ✆ 01 45 44 73 73 – www.pierre-gagnaire.com – Fermé 10-17 août, vacances de Noël et dim.*

• POISSONS ET FRUITS DE MER • Menu 60 € (déj.) – Carte 62/103 €

Avec son décor signé Violaine Jeantet, cette adresse – la seconde de Pierre Gagnaire à Paris – se révèle cosy et raffinée : boiseries en sapelli, mur en écailles de métal... Quant à la cuisine, elle met à l'honneur les produits de la mer avec originalité, mais sans exubérance. Délicieux !

➜ Chair de tourteau et concombre, haricots verts liés d'une mayonnaise au plancton. Turbot poêlé, pomme de terre Marguerite. Ganache chocolat d'Équateur, sorbet chocolat et sablé cheesecake aux amandes fraîches.

Aida (Koji Aida)
1 r. Pierre-Leroux Ⓜ Vaneau – ✆ 01 43 06 14 18 – www.aidaparis.com – Fermé 1 semaine en mars, 3 semaines en août, le midi et lundi
• JAPONAISE • Menu 160 € *(réservation conseillée)*
Le cadre, typiquement japonais, est sobre et élégant : on s'assied au comptoir (neuf places !) ou dans la petite salle privée, avec tatami. Cuissons, assaisonnements, découpes, températures : tout est précis et sublime l'expression du produit ; sushis, huîtres et homard sont préparés sous vos yeux par un chef virtuose...
➜ Sashimi. Teppanyaki. Wagashi.

L'Affable
10 r. de St-Simon Ⓜ Rue du Bac – ✆ 01 42 22 01 60 – www.laffable.fr – Fermé 3 semaines en août, 25 déc.-1er janv., sam. et dim.
• MODERNE • Formule 28 € – Carte 48/74 €
L'Affable, forcément, vous accueille avec amabilité ! L'ambiance est conviviale dans ce bistrot des quartiers chic, qui joue une jolie carte rétro et régale avec savoir-faire : ravioles de tourteau, pomme et céleri ; ris de veau croustillant aux légumes du moment... Un conseil : réservez, c'est souvent complet.

Les Fables de La Fontaine
131 r. St-Dominique Ⓜ École Militaire – ✆ 01 44 18 37 55 – www.lesfablesdelafontaine.net – Fermé 23-27 déc.
• POISSONS ET FRUITS DE MER • Formule 30 € 🍷 – Menu 35 € 🍷 (déj. en semaine)/120 € – Carte 85/102 € *(réservation conseillée)*
Une fable gourmande et subtile, où le poisson joue le tout premier rôle. La carte est courte, inspirée et bien pensée ; elle s'accompagne d'une belle sélection de vins au verre... Ce bistrot de poche est un vrai poème !
➜ Œuf cocotte aux écrevisses, émulsion de crustacés et poireau confit au xérès. Homard et coques rôtis, champignons des bois et sauce au foie gras. Figues crues et cuites, perles du Japon et glace à l'amande amère.

Café Max Ⓝ
7 av. de la Motte-Picquet Ⓜ École Militaire – ✆ 01 47 05 57 66 – Fermé 3 semaines en août, Noël au Nouvel An, sam. et dim.
• TRADITIONNELLE • Carte 35/68 €
Un restaurant discret à l'atmosphère rococo, où se pressent les habitués, dont de nombreux hommes politiques. La carte est résolument traditionnelle : oreilles de cochon sur salade de lentilles, rognon de veau grillé à la sauce moutarde, andouillette et boudin ; une ode aux – véritables – nourritures terrestres !

Le Clos des Gourmets
16 av. Rapp Ⓜ Alma Marceau – ✆ 01 45 51 75 61 – www.closdesgourmets.com – Fermé 1er-25 août, dim. et lundi
• MODERNE • Menu 30 € (déj.), 34/56 € – Carte 39/57 €
Dans ce néobistrot épuré et chaleureux, le chef, en véritable amateur de bonne chère, a le souci de bien faire. Persillé de lapin en gelée parfumée à l'estragon, poulette du Gers rôtie et ses pommes grenaille, tête de cochon croustillante à la vinaigrette d'herbes... Une cuisine franche et pleine de jolies saveurs !

La Table du Vietnam Ⓝ
6 av. Bosquet Ⓜ Pont de l'Alma – ✆ 01 45 56 97 26 – Fermé août, sam. midi et dim.
• VIETNAMIENNE • Formule 32 € – Menu 39 € – Carte 38/59 €
Tout est dans le nom du restaurant ! Noix de Saint-Jacques à la mode de la baie d'Along, banh cuon (raviolis de pâte de riz fourrés aux crevettes), "Saigon ardent" (filet de bœuf grillé à la citronnelle)... Une avalanche de bons plats vietnamiens soignés et parfumés, réalisés avec de beaux produits.

Bistrot Belhara Ⓝ
23 r. Duvivier Ⓜ École Militaire – ✆ 01 45 51 41 77 – www.bistrotbelhara.com – Fermé 5-25 août, 24-30 déc., dim. et lundi
• TRADITIONNELLE • Formule 22 € – Menu 30 € (déj.), 35/50 €
Belhara ? Un site célèbre pour ses vagues superbes sur la côte basque. C'est par ce clin d'œil que le chef de ce bistrot rend hommage à ses origines... mais on ne saurait leur résumer son impressionnant parcours (Guérard, Loiseau, Ducasse, etc.) : converti à la mode bistrot, Thierry Dufroux fait des merveilles en revisitant les classiques. En haut de la vague !

35° Ouest

35 r. de Verneuil Ⓜ Rue du Bac – ✆ 01 42 86 98 88 – Fermé 27 juil.-25 août, dim. et lundi

• POISSONS ET FRUITS DE MER • Formule 38 € 🍷 – Carte 50/104 € *(réservation conseillée)*

Discret et tout petit, ce restaurant fait l'éloge des mets iodés. Le chef privilégie la simplicité, la fraîcheur et la saveur de produits bien choisis... Résultat : une cuisine sans fioritures, qui met résolument le cap à l'Ouest !

Le 122

122 r. de Grenelle Ⓜ Solférino – ✆ 01 45 56 07 42 – www.le122.fr – Fermé 25 juil.-25 août, sam. et dim.

• MODERNE • Formule 20 € – Menu 27 € (déj.) – Carte 45/55 €

À deux pas de la mairie du 7e, cette table sympathique attire à chaque repas de nombreux hommes et femmes politiques. Le chef réalise une cuisine savoureuse et bien maîtrisée : assiette de légumes printaniers, volaille marinée au masala, turbot au beurre noisette et son émulsion de crustacés au vin d'Arbois...

Fontaine de Mars

129 r. St-Dominique Ⓜ École Militaire – ✆ 01 47 05 46 44 – www.fontainedemars.com

• TRADITIONNELLE • Carte 35/77 €

Un parfait bistrot des années 1930 (restauré à l'identique), rétro et convivial... Presque une image d'Épinal, ce qui n'est pas pour déplaire aux touristes ! La carte donne dans la vraie tradition : boudin, andouillette, filet de bœuf sauce béarnaise, magret de canard, cassoulet, etc. En un mot : à l'ancienne !

Pottoka

4 r. de l'Exposition Ⓜ École Militaire – ✆ 01 45 51 88 38 – www.pottoka.fr – Fermé 3 semaines en août et 24-26 déc.

• BASQUE • Formule 22 € – Menu 27 € (déj. en semaine), 35/60 € – Carte 47/55 €

Un bistrot convivial, où il fait bon boire et se régaler, en toute simplicité. Sébastien Gravé, le chef-patron, est originaire du Sud-Ouest et vénère le rugby et les bons produits... Il concocte une cuisine d'inspiration basque, avec de jolies touches contemporaines. Gourmand et généreux !

Les Cocottes

135 r. St-Dominique Ⓜ École Militaire – www.maisonconstant.com

• TRADITIONNELLE • Carte 29/55 €

Une création gourmande de Christian Constant, juste à côté de sa maison mère, Le Violon d'Ingres. Le concept ? Il propose ici une cuisine de bistrot joliment revisitée et servie... dans des cocottes : velouté de légumes d'autrefois, terrine de campagne, côte de veau rôtie, etc. Très convivial, mais l'on ne peut pas réserver !

Kinnari

8 r. Malar Ⓜ La Tour Maubourg – ✆ 01 47 05 18 18 – Fermé dim.

• THAïLANDAISE • Formule 19 € – Menu 22 € (déj.), 30/39 € – Carte 32/47 €

Tenu par le frère du patron du Suan Thaï (4e), Kinnari s'inspire largement de son aîné : au mur, un grand tableau représente le Wat Arun, magnifique temple bouddhiste de Bangkok. Et dans l'assiette, on retrouve croustillants de crevettes frits à la thaï, côte d'agneau au curry massaman et lait de coco... Sympathique !

Le P'tit Troquet Ⓝ

28 r. de l'Exposition Ⓜ École Militaire – ✆ 01 47 05 80 39 – Fermé 3 semaines en août, 2 semaines en janv., sam. midi, lundi midi et dim.

• TRADITIONNELLE • Formule 16 € – Menu 23 € (déj.)/33 € – Carte 39/49 €

Ce P'tit Troquet, niché dans une ruelle commerçante du 7e arrondissement, est absolument charmant : salle de bistrot rétro, comptoir en zinc avec percolateur, luminaires du début du 20e s., bibelots et banquettes... Parfait pour déguster tatin d'endives, bœuf bourguignon ou crème brûlée dans une ambiance conviviale !

PARIS

L'Affriolé

17 r. Malar Ⓜ Invalides – ✆ 01 44 18 31 33 – Fermé 2-22 août, dim. et lundi
• MODERNE • Formule 26 € – Menu 30/35 €
Ardoise du jour, menu du mois... Le chef suit de près les arrivages du marché. Le décor, contemporain et chaleureux, ne manque pas d'attirer l'œil ! Et il y a même une formule "bento", pour les hommes (et les femmes) pressés.

Dar Lyakout

94 bd de la Tour-Maubourg Ⓜ École Militaire – ✆ 01 45 50 16 16 – www.darlyakout.com
• MAROCAINE • Menu 38 € – Carte 34/54 €
Couscous, tajines, pâtisseries orientales... Née en 2010, une table marocaine gourmande et fine, dans un décor qui réconcilie le style lounge et l'artisanat marocain.

Florimond

19 av. de La Motte-Picquet Ⓜ École Militaire – ✆ 01 45 55 40 38 – www.leflorimond.com – Fermé 6-11 mai, 29 juil.-18 août, 1er-6 janv., sam. midi et dim.
• TRADITIONNELLE • Formule 20 € – Menu 24 € (déj.), 37/48 €
Florimond – du nom du jardinier de Monet à Giverny – a l'esprit bistrotier et convivial... Pour faire honneur à ce prénom chantant, le chef agrémente sa cuisine du terroir (nombreux produits de Corrèze, sa région d'origine) de beaux légumes. Et ce fils de charcutier fait lui-même ses saucisses, boudins et conserves !

PARIS

La Laiterie Sainte Clotilde

64 r. de Bellechasse Ⓜ Solférino – ✆ 01 45 51 74 61 – Fermé 1er-24 août, vacances de Noël, sam. midi et dim.
• TRADITIONNELLE • Formule 20 € – Menu 24 € (déj.) – Carte 31/42 €
(réservation conseillée)
Une ancienne laiterie (fin du 19e s.) où l'on cultive un esprit bobo-nostalgique : chaises en formica dépareillées, grande banquette rouge, et une cuisine mi-bistrot, mi-ménagère. Au menu : soupe du jour, onglet de bœuf grillé et ses pommes grenaille sautées, merlu rôti à la sauce à l'oseille... À déguster d'une traite !

Café Constant

139 r. St-Dominique Ⓜ École Militaire – ✆ 01 47 53 73 34 – www.maisonconstant.com
• TRADITIONNELLE • Formule 16 € – Menu 23 € (déj. en semaine) – Carte 34/47 €
Cette annexe de Christian Constant conjugue recettes bistrotières et prix doux : œufs mimosa, tartare de saumon, huîtres et bar au gingembre, parmentier de cuisse de canard croisé au vin rouge, pommes gaufrettes, etc. Simple, gourmand, convivial... et sans réservation : premier arrivé, premier servi !

Les Botanistes

11 bis r. Chomel Ⓜ Sèvres-Babylone – ✆ 01 45 49 04 54 – Fermé 3 semaines en août, dim. et fériés
• TRADITIONNELLE • Formule 18 € – Carte 33/58 €
Foie gras de canard mi-cuit au torchon, chipirons au piment d'Espelette et leur risotto d'épeautre au chorizo, harengs pommes à l'huile, gâteau de foies de volaille... De beaux spécimens de cuisine bistrotière, dans leur environnement naturel : banquettes, tables en bois, vieux carrelage, etc. Bon et sans prétention !

Wakaba Ⓝ

20 r. de l'Exposition Ⓜ École Militaire – ✆ 01 45 51 90 81 – Fermé sam. midi, dim. midi et lundi
• JAPONAISE • Menu 20 € (déj.), 45/80 €
Une enseigne dont le nom pourrait se traduire par "jeune pousse" : un signe d'humilité de la part de M. Yamada, le patron, entré dans la restauration sur le tard. Il s'appuie sur le savoir-faire d'un chef originaire de Kyoto, dont la cuisine est simple et authentique ; sakés, vins français et thé vert complètent ce bon repas.

Chez Graff

62 r. de Bellechasse Ⓜ Solférino – 𝒞 01 45 51 33 42 – Fermé dim. et fériés
• TRADITIONNELLE • Formule 21 € – Menu 25 € (déj. en semaine) – Carte environ 40 €
Tables en bois massif, grand miroir et vieilles photos : un bistrot dans l'esprit des années 1960, relooké façon 2013 ! On y propose une bonne cuisine française – salade d'endives aux pommes, suprême de volaille du Gers, mousse au chocolat... – et des assiettes de charcuterie et fromage. Ambiance conviviale garantie !

Oudino

17 r. Oudinot Ⓜ Vaneau – 𝒞 01 45 66 05 09 – www.oudino.fr – Fermé 5-20 août, 24 déc.-1er janv., sam. et dim.
• TRADITIONNELLE • Formule 20 € – Carte 32/48 €
Croustillant d'épaule d'agneau, parmentier de canard, œuf à la neige... On propose ici une bonne cuisine bistrotière, et les tarifs sont raisonnables (plus encore au déjeuner), ce qui fait de cette table un vrai bon plan dans le quartier !

PARIS

J.-C. Amiel/hemis.fr

Champs-Élysées • Concorde • Madeleine

8e arrondissement

✉ 75008

Plaza Athénée

25 av. Montaigne Ⓜ Alma Marceau – 𝒞 01 53 67 66 65 – www.plaza-athenee-paris.com – (réouverture en juin 2014 après travaux)
208 ch – 🚹660/785 € 🚹🚹825/1065 € – 53 suites – ☕ 84 €
Rest *Le Relais Plaza* – voir les restaurants ci-après
Rest *La Cour Jardin* 𝒞 01 53 67 66 02 – – Carte 95/150 €
(ouvert 1er juin- 1er sept.)
Le palace parisien par excellence, ouvert en 1911 ! Styles classique ou Art déco dans les chambres, luxueux institut de beauté Dior, dorures, marbre... Le confort absolu ! À la belle saison, mets classiques à savourer sur la charmante terrasse de la Cour Jardin.

Le Bristol

112 r. Fg St-Honoré Ⓜ Miromesnil – 𝒞 01 53 43 43 00 – www.lebristolparis.com
152 ch – 🚹1000/2200 € 🚹🚹1000/2200 € – 36 suites – ☕ 42 €
Rest *Épicure* ✿✿✿ **Rest *114, Faubourg*** ✿ – voir les restaurants ci-après
Ce palace de 1925, agencé autour d'un magnifique jardin, a conservé toute sa superbe. Les luxueuses chambres de style Louis XV ou Louis XVI cohabitent avec des suites (Lune de miel, Impériale, etc.) aux impressionnantes proportions. Non moins exceptionnelle, la piscine dominant Paris...

Four Seasons George V

ch, rest,

31 av. George-V Ⓜ George V – 𝒞 01 49 52 70 00 – www.fourseasons.com/paris
185 ch – 🚹990/1650 € 🚹🚹990/1650 € – 59 suites – ☕ 55 €
Rest *Le Cinq* ✿✿ – voir les restaurants ci-après
Rest *La Galerie* 𝒞 01 49 52 70 06 – – Carte 88/157 €
Ce palace mythique, né en 1928, s'est paré des splendeurs et raffinements du 18e s. Chambres luxueuses et spacieuses, belles collections d'œuvres d'art et spa superbe. Mets de tradition à la Galerie ; l'été, les tables sont dressées dans la belle cour intérieure.

PARIS

Le Royal Monceau

37 av. Hoche Ⓜ *Charles de Gaulle-Etoile – ✆ 01 42 99 88 00 – www.leroyalmonceau.com*

108 ch – 🚹680/950 € 🚹🚹780/1095 € – 41 suites – ☕ 53 €

Rest *La Cuisine* ✿

Rest *Il Carpaccio* ✿ – voir les restaurants ci-après

Rest *Le Grand Salon* – Carte 72/107 €

L'hôtel a fait peau neuve en 2010 pour se transformer en palace du 21e s. Décoré par Philippe Starck, il se joue des codes en vigueur : galerie d'art, librairie, salle de cinéma high-tech, spa superbe... À la pointe de l'art de vivre contemporain !

Prince de Galles Ⓝ

Ⓜ *George V – ✆ 01 53 23 77 77 – www.hotelprincedegalles.fr*

115 ch – 🚹670/1020 € 🚹🚹670/1020 € – 44 suites – ☕ 39 €

Rest *La Scène* ✿ – voir les restaurants ci-après

Rest *Les Heures* – Menu 45 € 🍷 (déj. en semaine)/98 € – Carte 62/93 €

Après deux années de rénovation, ce fleuron légendaire de l'Art déco parisien, trônant sur l'avenue George-V, a rouvert ses portes en mai 2013. Nimbé d'une nouvelle fraîcheur, le charme des lieux reste entier, notamment dans les chambres, luxueuses et raffinées. Le goût intemporel de la Belle Époque !

Fouquet's Barrière

46 av. George-V Ⓜ *George V – ✆ 01 40 69 60 00 – www.fouquets-barriere.com*

48 ch – 🚹590/1800 € 🚹🚹590/1800 € – 33 suites – ☕ 46 €

Rest *Le Diane* ✿ – voir les restaurants ci-après

Né en 2006 dans le sillage de la mythique brasserie, ce luxueux hôtel a été décoré par Jacques Garcia : styles Empire et Art déco, foisonnement d'acajou, de soie, de velours... associés à des équipements high-tech et un spa superbe !

Champs-Élysées Plaza

ch, ch, rest,

35 r. de Berri Ⓜ *George V – ✆ 01 53 53 20 20 – www.champselyseesplaza.com*

25 ch – 🚹380/890 € 🚹🚹380/890 € – 10 suites – ☕ 32 €

Rest *Le Keller* – Menu 39 € (déj. en semaine), 46/108 € – Carte 58/97 €

Élégance et espace, harmonie des couleurs, mélange des styles, service attentionné, fitness... Cet hôtel est un concentré de luxe feutré et cossu.

Lancaster

7 r. de Berri Ⓜ *George V – ✆ 01 40 76 40 76 – www.hotel-lancaster.com*

57 ch – 🚹290/1070 € 🚹🚹450/1070 € – 14 suites – ☕ 40 €

Rest *La Table du Lancaster* ✿ – voir les restaurants ci-après

Marlène Dietrich appréciait le luxe discret de cet hôtel particulier, construit en 1889 à deux pas des Champs-Élysées. Parquets d'époque et cheminées, mobilier des 18e et 19e s., œuvres d'art, etc. Le charme le dispute à l'authenticité, dans une veine infiniment parisienne...

Buddha-Bar Hotel Ⓝ

4 r. d'Anjou Ⓜ *Madeleine – ✆ 01 83 96 88 88 – www.buddhabarhotelparis.com*

51 ch – 🚹420/1100 € 🚹🚹420/1100 € – 5 suites – ☕ 29 €

Rest *Le Vraymonde* – voir les restaurants ci-après

On connaissait le Buddha-Bar, adresse parisienne très branchée ; voici le Buddha-Bar Hotel, créé dans un hôtel particulier du 18e s. Entre boiseries anciennes et décor néo-asiatique, l'ensemble se révèle très glamour et raffiné ! Inédit et exclusif.

Sofitel le Faubourg

15 r. Boissy-d'Anglas Ⓜ *Concorde – ✆ 01 44 94 14 14 – www.sofitel.com*

122 ch – 🚹390/750 € 🚹🚹390/750 € – 25 suites – ☕ 34 €

Rest *Les Collections* – voir les restaurants ci-après

Élégant hôtel dans deux demeures des 18e et 19e s. Belles suites rénovées en 2010 dans un style contemporain ; chambres joliment feutrées, salon sous verrière, fitness et hammam.

La Trémoille

14 r. Trémoille Ⓜ *Alma Marceau – ✆ 01 56 52 14 00 – www.hotel-tremoille.com*
88 ch – †330/720 € ††330/720 € – 5 suites – ☕ 29 €
Rest *Louis²* – Formule 37 € – Menu 48 € (déj. en semaine) – Carte 51/65 €
(fermé sam., dim. et fériés)
Moulures, jolis tissus tendus, marbre noir et blanc dans les salles de bains : un bel esprit néo-rétro règne dans les chambres ! Atmosphère lounge au Louis2 et... cuisine actuelle.

San Régis

12 r. J. Goujon Ⓜ *Champs-Elysées Clemenceau – ✆ 01 44 95 16 16*
– www.hotel-sanregis.fr
40 ch – †440/815 € ††610/815 € – 3 suites – ☕ 32 €
Rest – Formule 38 € – Carte 47/70 € *(fermé dim. (sauf résidents))*
Hôtel particulier de 1857 remanié avec goût : un bel escalier (vitraux et statues) conduit aux chambres, ravissantes et résolument classiques. Le restaurant occupe un luxueux salon feutré – une vraie bonbonnière – et cultive la tradition.

Balzac sans rest

6 r. Balzac Ⓜ *George V – ✆ 01 44 35 18 00 – www.hotelbalzac.com*
60 ch – †320/990 € ††320/990 € – 10 suites – ☕ 35 €
À quelques pas des Champs-Élysées, cet hôtel arbore un décor néoclassique, tout en opulence et chatoiement (mobilier de style Louis XVI, dorures, marbre).

Napoléon

40 av. Friedland Ⓜ *Charles de Gaulle-Etoile – ✆ 01 56 68 43 21*
– www.hotelnapoleonparis.com
65 ch – †265/365 € ††265/365 € – 37 suites – ☕ 28 €
Rest – Carte 51/64 € *(fermé le midi, sam. et dim.)*
À deux pas de l'Étoile chère à Napoléon, un hôtel rendant hommage à cette figure de l'Histoire (autographes, figurines, tableaux d'époque). Chambres feutrées de style Directoire ou Empire. Carte traditionnelle au restaurant dans un décor de boiseries.

Marriott Champs-Élysées

70 av. des Champs-Élysées Ⓜ *Franklin D. Roosevelt – ✆ 01 53 93 55 00*
– www.marriottchampselysees.com
173 ch – †429/999 € ††429/999 € – 19 suites – ☕ 39 €
Rest *Le Restaurant* ✆ 01 53 93 55 44 – Formule 39 € – Menu 45 € (déj.)
– Carte 50/82 € *(fermé sam. midi, lundi soir et dim.)*
Un bel immeuble hausmannien sur les Champs-Élysées... Les chambres, spacieuses, sont d'une sobre élégance contemporaine ; certaines donnent sur la mythique avenue, d'autres sur l'atrium ou la cour intérieure. Plats traditionnels et grillades au Restaurant ; terrasse paisible.

Bedford

17 r. de l'Arcade Ⓜ *Madeleine – ✆ 01 44 94 77 77 – www.hotel-bedford.com*
135 ch – †190/230 € ††241/290 € – 10 suites – ☕ 21 € – ½ P
Rest *Le Victoria* – Formule 38 € – Menu 45 € (semaine) – Carte 63/76 €
(fermé août, sam., dim. et le soir)
Cet hôtel fondé en 1848 perpétue avec élégance une certaine idée de la tradition hôtelière. Les chambres, agréables, sont d'un raffinement discret. Une adresse à la fois confortable et d'un bon rapport qualité-prix pour le quartier.

L'Hôtel du Collectionneur

51 r. de Courcelles Ⓜ *Courcelles – ✆ 01 58 36 67 00*
– www.hotelducollectionneur.com
478 ch – †299/789 € ††299/789 € – 52 suites – ☕ 35 €
Rest *Safran* ✆ 01 58 36 67 96 – Formule 32 € – Menu 49 € (dîner en semaine)
– Carte 44/87 €
Inspiré des paquebots des années 1930, cet hôtel en restitue tout l'esprit, luxueux et raffiné : élégantes chambres Art déco signées Jacques Garcia – très calmes côté patio –, spa, fitness...

Vernet

25 r. Vernet Ⓜ Charles de Gaulle-Etoile – ✆ 01 44 31 98 00 – www.hotelvernet.com – (réouverture après travaux au printemps 2014)
41 ch – †270/450 € ††290/490 € – 9 suites – ☕ 33 €
Rest *Le Vernet* – voir les restaurants ci-après
Bel immeuble des Années folles dans une petite rue près des Champs-Élysées. Les chambres sont raffinées, dans la grande tradition, certaines décorées dans un style plus contemporain. Il se dégage de ces lieux un je-ne-sais-quoi de très parisien !

Intercontinental Avenue Marceau

64 av. Marceau Ⓜ George V – ✆ 01 44 43 36 36 – www.ic-marceau.com
55 ch ☕ – †350/1600 € ††550/1600 €
Rest *M64* – voir les restaurants ci-après
Luxueux hôtel design à deux pas de la place de l'Étoile. Le décor marie haute technologie, meubles contemporains et répliques de fresques et de croquis de la Renaissance italienne.

Marignan Ⓝ

12 r. de Marignan Ⓜ Franklin D. Roosevelt – ✆ 01 40 76 34 56 – www.hotelmarignanelyseesparis.com
40 ch ☕ – †580/780 € ††580/780 € – 10 suites
Rest *Marignan* – voir les restaurants ci-après
Un luxe discret : voilà le parti pris de cet ancien hôtel particulier, voisin des Champs-Élysées. Toutes les chambres révèlent une décoration élégante et épurée, avec parquet en chêne, mobilier chic des années 1950 et 1960, grandes literies... Du style et de la subtilité !

Hôtel de Sers

41 av. Pierre 1er de Serbie Ⓜ George V – ✆ 01 53 23 75 75 – www.hoteldesers.com
45 ch – †450/650 € ††500/750 € – 7 suites – ☕ 29 € – ½ P
Rest *Restaurant de Sers* – voir les restaurants ci-après
Le marquis de Sers ne reconnaîtrait pas son hôtel particulier de la fin du 19e s. Il faut dire qu'il mélange les styles avec succès : si le hall a conservé son caractère d'origine, les chambres, elles, sont résolument contemporaines et tendance. Un "baby palace" élégant...

La Maison Champs-Élysées

ch, rest,

8 r. J.-Goujon Ⓜ Franklin D Roosevelt – ✆ 01 40 74 64 64 – www.lamaisonchampselysees.com
51 ch – †350/760 € ††350/760 € – 6 suites – ☕ 26 €
Rest – Formule 39 € – Menu 48 € – Carte 54/71 € *(fermé 1 semaine en août, sam. midi et dim. soir)*
Un hôtel très particulier, où le faste du Second Empire côtoie les lignes épurées d'un design contemporain dû à Martin Margiela. Salon blanc, fumoir noir, équipements dernier cri, restaurant très graphique : une signature.

New Hotel Roblin

6 r. Chauveau-Lagarde Ⓜ Madeleine – ✆ 01 44 71 20 80 – www.new-hotel.com
77 ch – †360/610 € ††360/610 € – ☕ 22 €
Rest – Formule 30 € – Menu 39 €
Préférez-vous l'esprit bourgeois du 16e arrondissement, le côté trendy du Marais, les ateliers d'artistes du canal St-Martin ou l'ambiance rive gauche de St-Germain ? Tels sont les thèmes déclinés par les chambres de cet hôtel... qui met tout Paris à deux pas de la place de la Madeleine. Un ensemble très réussi.

Chateaubriand sans rest

6 r. Chateaubriand Ⓜ George V – ✆ 01 40 76 00 50 – www.hotelchateaubriand.com
28 ch – †220/400 € ††230/420 € – ☕ 22 €
Des peintures, des bibelots et de beaux meubles d'antiquaire dans les chambres : le charme d'une maison particulière ! On prend son petit-déjeuner face au petit patio.

Bradford Élysées sans rest

10 r. St-Philippe-du-Roule Ⓜ *St-Philippe du Roule – ✆ 01 45 63 20 20 – www.astotel.com*

50 ch – 209/430 € 209/430 € – 18 €

Cheminées en marbre, moulures, parquet, petit-déjeuner sous une jolie verrière, décor rétro et ascenseur d'époque : un conservatoire du charme parisien... la modernité en plus.

Opéra Diamond sans rest

4 r. de la Pépinière Ⓜ *St-Lazare – ✆ 01 44 70 02 00 – www.paris-hotel-diamond.com*

37 ch – 390/750 € 390/750 € – 23 €

Hôtel ouvert en 2009, tout de noir et de cristal vêtu. Le concept : rendre hommage à la féminité et aux diamants. Esprit baroque dans les chambres ; patio avec fontaine et brin de verdure.

Royal sans rest

33 av. de Friedland Ⓜ *Charles de Gaulle-Etoile – ✆ 01 43 59 08 14 – www.royal-hotel.com*

57 ch – 179/525 € 189/525 € – 18 €

Atmosphère feutrée dans les chambres : décor sobre, bonne insonorisation et, pour certaines, vue sur l'Arc de Triomphe ! Après une journée de balade, le salon est très reposant.

PARIS

Daniel ch,

8 r. Frédéric-Bastiat Ⓜ *St-Philippe du Roule – ✆ 01 42 56 17 00 – www.hoteldanielparis.com*

22 ch – 280/350 € 350/590 € – 4 suites – 24 €

Rest – Formule 39 € – Menu 49 € (semaine)/79 € – Carte 50/82 € *(fermé en août, sam. et dim.)*

Cet hôtel a le goût du voyage ! Toiles de Jouy, meubles et objets du monde entier campent un décor raffiné et chaleureux... pour globe-trotters parisiens. Cuisine influencée par la Méditerranée et suggestions du marché.

Marquis Faubourg Saint-Honoré Ⓝ sans rest

8 r. d'Anjou Ⓜ *Madeleine – ✆ 01 44 80 00 00 – www.marquisfaubourgsainthonore.com*

10 suites – 1050/1340 € – 5 ch – 29 €

Inauguré en 2013, ce boutique-hôtel doit son nom au marquis de La Fayette, le "héros des deux mondes", qui vécut dans cet hôtel particulier du 18e s. De vastes chambres, une décoration chic et sobre, de luxueuses salles de bains : l'adresse ne manque ni de charme ni de panache !

Hôtel du Ministère sans rest

31 r. de Surène Ⓜ *Madeleine – ✆ 01 42 66 21 43 – www.ministerehotel.com*

24 ch – 245/410 € 280/410 €

Un hôtel à deux pas du ministère de l'Intérieur, du palais de l'Élysée et du faubourg St-Honoré. Les chambres – confortables et très fonctionnelles – rendent hommage aux années 1970, ce qui ne manquera pas de plaire aux amateurs... ou aux nostalgiques. Accueil charmant.

Pershing Hall

49 r. Pierre Charron Ⓜ *George V – ✆ 01 58 36 58 00 – www.pershinghall.com*

20 ch – 324/890 € 324/890 € – 6 suites

Rest ***Pershing Hall*** – voir les restaurants ci-après

Hôtel particulier, demeure du général Pershing pendant la Grande Guerre, club de vétérans et depuis 2001, établissement de standing, scénographié par la designer Andrée Putman. Une véritable page de la vie parisienne, au chic discret.

François 1er sans rest

7 r. Magellan Ⓜ *George V – ✆ 01 47 23 44 04 – www.hotelfrancoispremier.com*

38 ch – 300/370 € 350/490 € – 2 suites – 22 €

Marbre de Carrare, moulures, objets chinés, meubles anciens et tableaux à foison : Pierre-Yves Rochon a créé un cadre luxueux et raffiné. Copieux petit-déjeuner (buffet).

Le 123 sans rest
123 r. du Faubourg-St-Honoré Ⓜ St-Philippe du Roule – ☎ 01 53 89 01 23 – www.astotel.com
41 ch – †209/430 € ††209/430 € – ☕ 18 €
Mélange des genres, des couleurs et des matières, croquis de stylistes : les chambres de cet hôtel sont vraiment "haute couture". Parfait pour un séjour shopping dans un faubourg très... mode.

Le A sans rest
4 r. d' Artois Ⓜ St-Philippe du Roule – ☎ 01 42 56 99 99 – www.paris-hotel-a.com
25 ch – †250/525 € ††250/525 € – 1 suite – ☕ 24 €
Le plasticien Hyber et l'architecte Méchiche ont imaginé cet hôtel design en noir et blanc. Les chambres, comme les salons, jouent l'épure... avec un "e" majuscule !

Chambiges Élysées sans rest
8 r. Chambiges Ⓜ Alma Marceau – ☎ 01 44 31 83 83 – www.hotelchambiges.com
26 ch ☕ – †290/410 € ††290/410 € – 8 suites
Le mot "cosy" semble avoir été inventé pour cet hôtel installé dans un immeuble hausmmannien. Tout y est : boiseries, tentures et tissus chaleureux, meubles chinés, jardin fleuri. Une atmosphère romantique et feutrée, tout près des Champs-Élysées.

PARIS

Le Mathurin sans rest
43 r. des Mathurins Ⓜ Havre Caumartin – ☎ 01 44 94 20 94 – www.le-mathurin.com
52 ch – †250/500 € ††280/700 € – 2 suites – ☕ 27 €
La devise de la maison : "Le luxe d'être chez soi." Et l'on aimerait faire de cet hôtel, garni de livres, feutré, élégant et apaisant, son home sweet home !

Cristal sans rest
9 r. Washington Ⓜ George V – ☎ 01 45 63 27 33 – www.hotel-le-cristal.com
25 ch – †179/319 € ††289/319 € – 1 suite – ☕ 18 €
Un hôtel minéral, une explosion de couleurs, et pour cause... Toute la déco se décline autour du cristal de roche ! Effets d'optique, mobilier de designer : urbain et chic.

Opal sans rest
19 r. Tronchet Ⓜ Havre Caumartin – ☎ 01 42 65 77 97 – www.paris-hotel-opal.com
33 ch – †150/530 € ††150/530 € – 1 suite – ☕ 19 €
Entre les grands magasins et la Madeleine, cet hôtel propose des chambres modernes, bien conçues et chaleureuses (tissus rayés, couleurs vives). Esprit design au salon, agréable avec sa cheminée !

Relais Monceau sans rest
85 r. Rocher Ⓜ Villiers – ☎ 01 45 22 75 11 – www.relais-monceau.com
51 ch – †129/225 € ††129/225 € – ☕ 15 €
Entre le parc Monceau et la gare St-Lazare, cet établissement dispose de chambres confortables et accueillantes. Pour se détendre, un joli salon et un agréable bar.

Élysées Mermoz sans rest
30 r. J. Mermoz Ⓜ Franklin D. Roosevelt – ☎ 01 42 25 75 30 – www.hotel-elyseesmermoz.com
22 ch – †184/350 € ††184/350 € – 5 suites – ☕ 18 €
Rénové en 2010, cet hôtel affiche un style contemporain très cosy. Expos d'art, chambres raffinées – les vertes sont charmantes ! – et salle des petits-déjeuners vraiment plaisante.

West-End sans rest
7 r. Clément-Marot Ⓜ Alma Marceau – ☎ 01 47 20 30 78 – www.hotel-west-end.com
49 ch ☕ – †230/300 € ††260/320 €
Lithographies anciennes, copies de tableaux de maîtres et équipements dernier cri vous attendent dans ces chambres classiques, souvent très colorées. Agréable salon.

Arcade sans rest
9 r. de l'Arcade Ⓜ Madeleine – ✆ 01 53 30 60 00 – www.hotel-arcade.com
48 ch – †187/220 € ††225/235 € – 7 suites – ☕ 15 €
Depuis quatre générations, la même famille dirige cet hôtel situé tout près de la Madeleine. Chambres sobrement décorées, égayées de gravures et de tableaux.

Le Vignon sans rest
23 r. Vignon Ⓜ Madeleine – ✆ 01 47 42 93 00 – www.levignon.com
28 ch – †180/300 € ††180/320 € – ☕ 15 €
Hôtel chaleureux à deux pas de la Madeleine. Dans les chambres, le mobilier, très coloré et presque pop, contraste avec les murs blancs. Au 6e étage, charme des mansardes !

WO' sans rest
10 r. de Stockholm Ⓜ St-Lazare – ✆ 01 45 22 10 85 – www.hotelwo.com
30 ch – †101/410 € ††110/410 € – ☕ 14 €
WO' pour Wilson-Opéra ! Dans une rue calme, proche de la gare St-Lazare et des grands magasins, cet hôtel abrite des chambres certes petites, mais design et cosy, certaines avec un balcon offrant une vue dégagée. En plein cœur de Paris, on se sent ainsi comme dans un cocon.

Arioso sans rest
7 r. d'Argenson Ⓜ Miromesnil – ✆ 01 53 05 95 00 – www.arioso-hotel.com
28 ch – †145/285 € ††155/285 € – ☕ 15 €
Bien situé, ce bel immeuble haussmannien dispose de chambres décorées avec goût, certaines avec de charmants balcons. Les salons sont agréables, de même le patio fleuri.

Atlantic sans rest
44 r. de Londres Ⓜ St-Lazare – ✆ 01 43 87 45 40 – www.atlanticparis.fr
81 ch – †130/240 € ††185/240 € – ☕ 16 €
Aquarelles, maquettes de bateaux... Quelques notes marines évoquent le voyage dans cet hôtel Atlantic voisin de la gare St-Lazare, dont toutes les chambres ont été récemment rénovées.

Le Lavoisier sans rest
21 r. Lavoisier Ⓜ St-Augustin – ✆ 01 53 30 06 06 – www.hotellavoisier.com
27 ch – †230/270 € ††230/270 € – 3 suites – ☕ 15 €
Chambres cosy, petit salon-bibliothèque intime faisant office de bar et salle voûtée pour les petits-déjeuners, tout près de l'église St-Augustin.

Astoria Opéra sans rest
42 r. de Moscou Ⓜ Rome – ✆ 01 42 93 63 53 – www.astotel.com
86 ch – †146/310 € ††146/310 € – ☕ 14 €
La clientèle d'affaires apprécie cet hôtel entièrement rénové – fin 2011 – dans le quartier de l'Europe. Au programme : lignes épurées et tons clairs. Petits-déjeuners servis sous une jolie verrière.

Mercure Opéra Garnier sans rest
4 r. de l'Isly Ⓜ St-Lazare – ✆ 01 43 87 35 50
– www.mercure.com/fr/hotel-1913-mercure-paris-opera-garnier/index
140 ch – †150/265 € ††179/300 € – ☕ 19 €
Un hôtel de chaîne pratique, entre la gare St-Lazare et les grands magasins. Les chambres sont fonctionnelles et, l'été, on prend son petit-déjeuner (buffet) dans un jardinet.

Le Pavillon des Lettres sans rest
12 r. des Saussaies Ⓜ Miromesnil – ✆ 01 49 24 26 26
– www.pavillondeslettres.com
26 ch ☕ – †300/510 € ††300/510 €
Un hôtel littéraire en plein cœur de Paris ? Vingt-six chambres pour les vingt-six lettres de l'alphabet, chacune portant le nom d'un écrivain et déclinant son œuvre dans leur décoration. Élégant et subtil : parfait pour réviser ses classiques et découvrir la ville autrement.

PARIS

Alison sans rest
21 r. de Surène Ⓜ Madeleine – ✆ 01 42 65 54 00 – www.hotelalison.com
34 ch – †105/185 € ††129/205 € – ☕ 12 €
Près de la Madeleine, ce petit hôtel familial offre un bon rapport qualité-prix. Chambres fonctionnelles et de bon confort. Simple et sympathique.

Le Cinq – Hôtel Four Seasons George V
31 av. George V Ⓜ George V – ✆ 01 49 52 71 54 – www.fourseasons.com/paris
• CREATIVE • Menu 95 € (déj.), 160/260 € – Carte 166/263 €
Dans un décor majestueux – à la gloire du Grand Trianon –, les serveurs en costume jouent un ballet parfaitement orchestré et la succession des mets étourdit les sens. Une prestation de haute volée, sous l'égide du chef Éric Briffard. Superbe carte des vins.
➜ Araignée de mer des côtes bretonnes. Homard pêche au casier des îles de Chausey et Bréhat. Lingot chocolat noir "After Eight".

Ledoyen
8 av. Dutuit (carré Champs-Élysées) Ⓜ Champs-Elysées Clemenceau – ✆ 01 53 05 10 01 – Fermé 4-24 août, sam. midi, dim. et fériés
• CREATIVE • Menu 128 € (déj.), 250/350 € 🍷 – Carte 170/265 €
Un pavillon néoclassique posé dans les jardins des Champs-Élysées... Le site est privilégié, le décor luxueux, la table remarquable ! Christian Le Squer revendique "une cuisine sans mise en scène, mais vraiment cuisinée". Le plaisir est tout simplement... imparable et intense.
➜ Grosses langoustines bretonnes, émulsion d'agrumes. Blanc de turbot braisé, pommes de terre ratte truffées. Croquant de pamplemousse cru et cuit au citron vert.

PARIS

Épicure – Hôtel Bristol
112 r. Fg St-Honoré Ⓜ Miromesnil – ✆ 01 53 43 43 40 – www.lebristolparis.com
• MODERNE • Menu 130 € (déj.)/290 € – Carte 160/310 €
Moment d'exception au sein du Bristol. Face au jardin, on découvre une salle lumineuse, d'une élégance sobre et racée, où brillent l'art de vivre à la française et... la cuisine d'Éric Frechon, toute de classicisme et de fraîcheur. Ce technicien virtuose fait preuve d'une liberté exigeante à l'égard de la grande tradition, pour les plus belles saveurs !
➜ Macaronis à la truffe noire, artichaut et foie gras de canard gratinés au vieux parmesan. Poularde de Bresse cuite en vessie, suprême au vin jaune, sauté d'écrevisses et bonbons d'abats. Précieux chocolat nyangbo, fine tuile croustillante.

Taillevent
15 r. Lamennais Ⓜ Charles de Gaulle-Etoile – ✆ 01 44 95 15 01 – www.taillevent.com – Fermé 26 juil.-25 août, sam., dim. et fériés
• CLASSIQUE • Menu 104 € 🍷 (déj.), 218/360 € – Carte 150/290 € *(réservation conseillée)*
Son nom évoque l'élégance, la discrétion, l'exigence, le style... Depuis 1946, Taillevent est incontournable dans le paysage de la haute gastronomie française, cultivant un classicisme brillant – et nullement figé.
➜ Rémoulade de tourteau à l'aneth. Noix de ris de veau croustillante, jus à l'oseille. Marquise au chocolat et pistache "tradition Taillevent".

Lasserre
17 av. F.-D.-Roosevelt Ⓜ Franklin D. Roosevelt – ✆ 01 43 59 53 43 – www.restaurant-lasserre.com – Fermé août, mardi midi, merc. midi, sam. midi, dim. et lundi
• CLASSIQUE • Menu 90 € (déj.)/220 € – Carte 210/280 €
L'un des temples de la gastronomie parisienne... Colonnes, tentures, cristal : le décor ignore résolument l'époque et, sous l'égide du chef Christophe Moret, l'assiette relève le défi d'exalter le classicisme dans la fraîcheur ! Ce qui est bien cuisiné semble indémodable...
➜ Légumes de nos maraîchers, croquants et fondants, jus Crécy acidulé. Homard bleu et pêches rôties au sautoir, sucs savoureux. Figues rôties au fruit de la passion et à l'amande.

Laurent

41 av. Gabriel Ⓜ Champs Elysées Clemenceau – ✆ 01 42 25 00 39 – www.le-laurent.com – Fermé 23 déc.-2 janv., sam. midi, dim. et fériés

• CLASSIQUE • Menu 95 € (déj.)/180 € – Carte 160/240 €

Classique, la cuisine d'Alain Pégouret cultive les codes de la tradition bleu-blanc-rouge et séduit une clientèle d'habitués – et de célébrités – de longue date ! Décor néoclassique : pilastres, colonnes, frontons, chapiteaux antiques...

➜ Araignée de mer dans ses sucs en gelée, crème de fenouil. Friands de pied de porc croustillants, purée de pomme de terre. Glace vanille minute.

Apicius (Jean-Pierre Vigato)

20 r. d'Artois Ⓜ St-Philippe du Roule – ✆ 01 43 80 19 66 – www.restaurant-apicius.com – Fermé août, sam. et dim.

• CLASSIQUE • Menu 160/200 € – Carte 110/210 €

Dans un hôtel particulier classé (18e s.), un cadre élégant – à la fois contemporain, baroque et rococo – sans être guindé… Jean-Pierre Vigato y signe une "cuisine vérité" guidée par le beau produit. Superbe cave. ➜ Langoustines bretonnes cuites en coques, thé fumé de crustacés comme une soupe miso. Tourte de canard "façon grande cuisine bourgeoise". Bergamote acidulée et sorbet pamplemousse.

Pierre Gagnaire

6 r. Balzac Ⓜ George V – ✆ 01 58 36 12 50 – www.pierregagnaire.com – Fermé août, vacances de Noël, sam. et dim.

• CREATIVE • Menu 115 € (déj.)/280 € – Carte 280/350 €

Le cadre contemporain, chic et feutré, s'efface devant l'avalanche de mets, d'inventivité, de curiosité, d'ouverture d'esprit... Grand amateur de jazz et d'art, Pierre Gagnaire fait chanter saveurs, couleurs et textures ! Une fête pour les sens. ➜ Fondant de poularde de Bresse et de foie gras d'oie marbré de figue sèche à l'amontillado. Rouget de roche, livèche et bulagna, jus de rhubarbe au curcuma. Le grand dessert de Pierre Gagnaire.

La Scène Ⓝ – Hôtel Prince de Galles

33 av. George-V Ⓜ George V – ✆ 01 53 23 78 50 – www.hotelprincedegalles.fr – Fermé 3 semaines en août, sam. midi et dim.

• MODERNE • Menu 60 € (déj.), 135/180 € – Carte 103/165 €

Au cœur de l'élégant hôtel Prince de Galles, cette Scène braque les projecteurs sur les cuisines, séparées de la salle par un simple comptoir de marbre blanc. Elles sont le domaine de Stéphanie Le Quellec, habituée des feux de la rampe car victorieuse de l'émission Top Chef en 2011. Imaginatives, harmonieuses et précises, ses recettes crèvent l'écran...

➜ Langoustines pochées minute, verveine, avocat fumé et gelée de crevette grise. Turbot sauvage cuit sur l'os, caviar de Sologne, courgette-fleur, citron et oignon doux. Vanille en cinq feuilles, crème onctueuse.

La Table du Lancaster – Hôtel Lancaster

7 r. de Berri Ⓜ George V – ✆ 01 40 76 40 18 – www.hotel-lancaster.fr – Fermé sam. midi

• MODERNE • Menu 45 € (déj. en semaine)/135 € – Carte 85/150 €

"Couleurs et saveurs de pleine terre", "De la rivière à l'étang", "Au gré des vents et marées"... Le jeune chef, Julien Roucheteau, revisite la gastronomie française et décline sa carte en fonction de l'origine des produits. Ses assiettes, subtiles et bien composées, redessinent toute une géographie des saveurs. ➜ Cuisses de grenouilles en tempura, tomate fumée et basilic. Rouget en deux couleurs au yuzukosho. Biscuit Sacher à la menthe extrafraîche.

La Cuisine – Hôtel Le Royal Monceau

37 av. Hoche Ⓜ Charles De Gaulle-Etoile – ✆ 01 42 99 88 00 – www.leroyalmonceau.com

• MODERNE • Formule 55 € – Menu 95 € (dîner)/128 € – Carte 82/130 €

Toute l'atmosphère exclusive d'un restaurant de palace, mais dans une veine intime et artiste (photos originales, lithographies, etc.) : la "Cuisine" du Royal Monceau évoque un salon particulier et défend la gastronomie française avec une finesse... toute particulière.

➜ Gnocchis de pâte à choux à la parisienne, escargots de Bourgogne. Bar de ligne poché, perles de caviar, saumon et huile d'olive. Ispahan.

XXX **1728**

8 r. d'Anjou Ⓜ Madeleine – ✆ 01 40 17 04 77 – www.1728-paris.com – Fermé 3 semaines en août, sam. midi, dim. et fériés
• CREATIVE • Formule 35 € – Menu 60 € (dîner) – Carte 65/97 €
Ambiance romantique dans les salons de cet hôtel particulier du 18e s. La cuisine marie volontiers les saveurs de l'Orient et de l'Occident. Voyage dans le temps et par le monde...

XXX **Lucas Carton**

9 pl. de la Madeleine Ⓜ Madeleine – ✆ 01 42 65 22 90 – www.senderens.fr – Fermé 3-26 août et fériés
• MODERNE • Menu 116/160 € – Carte 90/120 €
Lucas Carton renaît... Symbolisant son prestigieux passé, le décor de boiseries Art nouveau exerce une séduction intacte, tout en cohabitant avec un mobilier futuriste. Cette fameuse enseigne de la place de la Madeleine écrit une nouvelle page de son histoire gastronomique.
Et aussi ***Bar le Passage*** ✆ 01 42 65 56 66 – Menu 36 € (déj.)/41 € – Carte 50/72 €

PARIS

XXX ✿ **Le Chiberta**

3 r. Arsène-Houssaye Ⓜ Charles de Gaulle-Etoile – ✆ 01 53 53 42 00 – www.lechiberta.com – Fermé 2 semaines en août, sam. midi et dim.
• CREATIVE • Menu 100/155 € – Carte 90/130 €
Lumière tamisée, décor feutré et dépouillé conçu par J.-M. Wilmotte (tons sombres, insolites "murs à bouteilles") : l'écrin chic d'une cuisine inventive supervisée par Guy Savoy. ➜ Marbré de foie gras de canard et volaille au pain d'épice en gelée de framboise. Homard bleu rôti à la truffe d'été, spaghettis frais de petits pois à l'amande et bisque de crustacés. Terrine d'orange et pamplemousse, tuile au thé earl grey.

XXX **Maison Blanche**

15 av. Montaigne Ⓜ Alma Marceau – ✆ 01 47 23 55 99 – www.maison-blanche.fr – Fermé 2 semaines mi-août, sam. midi et dim. midi
• MODERNE • Formule 48 € – Menu 69 € (dîner)/110 € – Carte 76/119 €
Prenez vos quartiers sur le toit du théâtre des Champs-Élysées, dans ce loft design qui domine Paris ! Cuisine contemporaine : saveurs méditerranéennes, d'Asie...

XXX **Le Vraymonde** Ⓝ – Buddha-Bar Hotel

4 r. d'Anjou Ⓜ Madeleine – ✆ 01 83 96 88 88 – www.buddhabarhotelparis.com
• INTERNATIONALE • Formule 29 € – Menu 39 € (déj.)/68 € – Carte 50/80 €
Au sein du très branché Buddha-Bar Hotel, un décor rare, chic et feutré, dont l'esthétique semble puiser à la source de la Chine éternelle... Utilisation d'épices, accords sucrés-salés : à l'unisson du cadre, la cuisine est une ode au métissage, et nous invite au voyage, à la rencontre des saveurs !

XXX **Citrus Étoile**

6 r. Arsène-Houssaye Ⓜ Charles de Gaulle-Étoile – ✆ 01 42 89 15 51 – www.citrusetoile.com – Fermé vacances de Noël, sam., dim. et fériés
• MODERNE • Menu 52 € (déj.)/80 € – Carte 62/93 €
Gilles Épié signe une cuisine originale, à la croisée d'une solide formation classique et de belles expériences à l'étranger (Californie). Déco élégante, accueil délicieux.

XXX ✿ **Le Diane** – Hôtel Fouquet's Barrière

46 av. George-V Ⓜ George V – ✆ 01 40 69 60 60 – www.fouquets-barriere.com – Fermé 28 juil.-26 août, 1er-7 janv., sam. midi, dim. et lundi
• MODERNE • Formule 68 € – Menu 88 € (déj.), 118/168 € – Carte 110/150 €
Confidentiel au sein de l'hôtel Fouquet's Barrière, le Diane offre élégance et discrétion : sa salle en rotonde, tout en tons mordorés, ouvre sur un agréable patio. On y déguste une cuisine gastronomique de belle facture, au classicisme soigné. ➜ Tarte fine de tomates de collection, burrata et eau de tomate parfumée au thym citron. Ris de veau braisé, écrasé de chou-fleur, girolles persillées. Floralie de fruits frais, crème glacée au basilic, tuile croquante.

XXX **Helen**

3 r. Berryer Ⓜ George V – ✆ 01 40 76 01 40 – www.helenrestaurant.com – Fermé 3 semaines en août, sam. midi, dim. et lundi
• POISSONS ET FRUITS DE MER • Menu 48 € (déj.)/120 € – Carte 78/160 €
Créé en 2012, Helen est déjà une valeur sûre parmi les restaurants de poisson des beaux quartiers. La qualité des produits (uniquement des pièces sauvages issues de la pêche quotidienne de petits bateaux) comme le soin apporté aux recettes : tout séduira les amateurs. Décor sobre et élégant.

XXX **Fouquet's**

99 av. Champs-Élysées Ⓜ George V – ✆ 01 40 69 60 50 – www.lucienbarriere.com
• CLASSIQUE • Menu 88 € – Carte 90/150 €
Le rendez-vous du Tout-Paris depuis 1899... On va au Fouquet's comme on visite la tour Eiffel, pour son décor classé et sa terrasse sur les Champs. Mets classiques et plats de brasserie.

XXX **Le Vernet** – Hôtel Vernet

25 r. Vernet, (réouverture après travaux au printemps 2014)
Ⓜ Charles de Gaulle-Etoile – ✆ 01 44 31 98 00 – www.hotelvernet.com – (réouverture après travaux au printemps 2014) Fermé sam. et dim.
• MODERNE • Carte 80/100 €
Au cœur de l'hôtel Vernet, la salle vaut le coup d'œil pour sa grande verrière zénithale très ouvragée, signée Eiffel. Dans ce cadre immuable, la cuisine joue la carte du beau classicisme, avec quelques variations plus originales.

XXX **Copenhague**

142 av. des Champs-Élysées, (Maison du Danemark - 1er étage) Ⓜ George V – ✆ 01 44 13 86 26 – www.restaurants-maisondudanemark.com – Fermé 4-24 août, sam., dim. et fériés
• DANOISE • Menu 52 € (déj.), 75/100 € – Carte 75/150 €
Dans la Maison du Danemark, avec le portrait de la reine ! Les saveurs danoises ne font pas vitrine : blinis, aquavit, saumon, renne fumé... Vue sur les Champs, terrasse à l'arrière.

XX ✿ **Le 39V** (Frédéric Vardon) — soir,

39 av. George-V, (6ème étage - entrée par le 17 r. Quentin-Bauchart) Ⓜ George V – ✆ 01 56 62 39 05 – www.le39v.com – Fermé août, sam. et dim.
• MODERNE • Formule 40 € – Menu 50 € (déj.), 95/125 € 🍷 – Carte 69/135 €
La température monte au 39 de l'avenue George-V ! Au 6e étage de ce bel immeuble haussmannien – sur les toits de Paris –, dans un décor épuré, on s'enfièvre pour les belles saveurs : le chef signe une cuisine raffinée, sur de solides bases classiques, avec pour clef de voûte d'excellents produits...
➜ Œuf fermier cuit mollet, royale et émulsion de champignons. Homard bleu de casier, mousserons et pommes de terre de Noirmoutier. Soufflé classique à la framboise, glace à l'angélique.

XX **Marignan** Ⓝ – Hôtel Marignan

12 r. de Marignan Ⓜ Franklin D. Roosevelt – ✆ 01 40 76 34 56 – www.hotelmarignanelyseesparis.com
• INTERNATIONALE • Carte 50/90 €
Très contemporain et à la fois rétro avec son inspiration fifties, élégant mais sans luxe ostentatoire... Au sein de l'hôtel Marignan, l'endroit est fort agréable pour un repas marqué par les saveurs du monde (soupe chinoise, burger au foie gras, sole meunière, etc.). Le chef ne manque ni d'inspiration ni de savoir-faire !

XX ✿ **114, Faubourg** – Hôtel Bristol

114 r. Fg St-Honoré Ⓜ Miromesnil – ✆ 01 53 43 44 44 – www.lebristolparis.com – Fermé 27 juil.-17 août, sam. midi et dim. midi
• MODERNE • Formule 52 € – Carte 66/139 €
Au sein du Bristol, une brasserie *so chic*, au décor chatoyant (colonnes dorées, motifs floraux, grand escalier, etc.), pour une prestation dans les règles de l'art : on retrouve à la carte les beaux classiques du genre, cuisinés avec soin et beaucoup de goût.
➜ Pâté de canard en croûte, légumes au vinaigre. Entrecôte Black Angus bio d'Irlande, sauce béarnaise. Millefeuille à la vanille Bourbon, caramel au beurre demi-sel.

XX **Il Carpaccio** – Hôtel Le Royal Monceau

37 av. Hoche Ⓜ Charles de Gaulle-Etoile – ✆ 01 42 99 88 00 – www.leroyalmonceau.com – Fermé août, dim. et lundi

• ITALIENNE • Formule 65 € – Menu 145/200 € – Carte 85/150 €

On y accède par un couloir orné de milliers de coquillages, qui évoque les nymphées du baroque italien... Même ravissement dans la salle, qui a tout d'un élégant jardin d'hiver. Un bel écrin, donc, pour apprécier une cuisine où resplendit le soleil de l'Italie : beaux produits et saveurs affirmées au menu.

➜ Salade de poulpe de roche. Farfalle à l'encre de seiche. Pannacotta aux fruits rouges, granité au chocolat blanc.

XX **Le Relais Plaza** – Hôtel Plaza Athénée

25 av. Montaigne, (réouverture en juin 2014 après travaux) Ⓜ Alma Marceau – ✆ 01 53 67 64 00 – www.plaza-athenee-paris.com – (réouverture après travaux en juin 2014) Fermé août

• TRADITIONNELLE • Menu 54 € – Carte 85/165 €

La cantine chic et feutrée des maisons de couture voisines. Très beau décor des années 1930 inspiré du paquebot Normandie ; cuisine actuelle sur de sérieuses bases classiques.

PARIS

XX **Les 110 de Taillevent**

195 r. du Faubourg-St-Honoré Ⓜ Charles de Gaulle-Etoile – ✆ 01 40 74 20 20 – www.taillevent.com/les-110 – Fermé 4-25 août et 25 déc.-1er janv.

• TRADITIONNELLE • Menu 41 € – Carte 45/100 €

Sous l'égide de la prestigieuse maison Taillevent, une brasserie très chic, qui joue la carte des associations mets et vins. Une réussite, aussi bien le choix remarquable de 110 vins au verre, que la cuisine, traditionnelle et bien tournée (pâté en croûte, bavette sauce au poivre, etc.). Cadre élégant et chaleureux.

XX **Restaurant de Sers** – Hôtel de Sers

41 av. Pierre 1er de Serbie Ⓜ George V – ✆ 01 53 23 75 13 – www.hoteldesers.com – Fermé en août et dim. soir

• MODERNE • Formule 39 € – Menu 80/125 € – Carte 66/104 €

Élégance minimaliste et cadre design pour ce restaurant qui privilégie les produits bio. Certaines recettes sont basses calories, détail utile si l'on est au régime. Agréable terrasse et salon privé pour les déjeuners d'affaires.

XX **Pershing Hall** – Hôtel Pershing Hall

49 r. Pierre Charron Ⓜ George V – ✆ 01 58 36 58 36 – www.pershinghall.com

• MODERNE • Formule 39 € – Menu 45 € (déj. en semaine) – Carte 53/85 €

Atmosphère contemporaine et cuisine "in" – mélange d'influences françaises, italiennes et asiatiques – pour ce restaurant au décor branché. La cour face au mur végétal impressionne ; beau choix de champagnes.

XX **Okuda** Ⓝ (Toru Okuda)

7 r. de la Trémoille Ⓜ Alma Marceau – ✆ 01 40 70 19 19 – www.okuda.fr – Fermé 1 semaine en août, mardi midi et lundi

• JAPONAISE • Menu 185 € (déj.)/260 € *(réservation conseillée)*

Vingt-trois couverts, un décor sobre et élégant, des hôtesses en kimono traditionnel et un silence d'or : c'est dans cet écrin que l'on déguste depuis 2013 les créations "kaiseki" du célèbre chef japonais Toru Okuda, couronné d'étoiles à Tokyo. Harmonie des saveurs, subtilité des sauces, délicatesse des textures... du grand art. ➜ Menu kaiseki.

XX **Mini Palais**

Au Grand Palais - 3 av. Winston Churchill Ⓜ Champs-Elysées Clemenceau – ✆ 01 42 56 42 42 – www.minipalais.com

• MODERNE • Formule 28 € – Carte 33/71 €

Au Grand Palais se cache ce Mini Palais, dédié aux plaisirs... du palais ! Honneur aux beaux produits, à la générosité et à la simplicité ; en complément, carte d'en-cas pour grignoter de midi à minuit et salon de thé. La terrasse est exquise.

XX **L'Instant d'Or**

36 av. George-V Ⓜ *George V – ✆ 01 47 23 46 78 – www.linstantdor.com – Fermé 30 juil.-27 août, dim. et lundi*

• MODERNE • Formule 30 € – Menu 80/100 € – Carte 75/90 €

Sur l'avenue George-V, au cœur du "triangle d'or" parisien, cette table promet des instants de belle gastronomie, telles ces langoustines cuites à la nacre, royale de potimarron, chanterelles et châtaignes. Quant au décor, avec ses murs de laque blanche, il dessine un havre chic et glamour, bien à l'image du quartier…

XX **Marius et Janette**

4 av. George V Ⓜ *Alma Marceau – ✆ 01 47 23 41 88 – www.mariusjanette.com*

• POISSONS ET FRUITS DE MER • Menu 48 € (déj. en semaine) – Carte 85/130 €

Un élégant décor façon yacht, des filets de pêche, etc. Ici, les produits de la mer sont évidemment à l'honneur ; la carte est renouvelée chaque jour, au gré des arrivages...

XX **L'Arôme**

3 r. St-Philippe-du-Roule Ⓜ *St-Philippe-du-Roule – ✆ 01 42 25 55 98 – www.larome.fr – Fermé 4-24 août, 21-29 déc., sam. et dim.*

• MODERNE • Formule 69 € – Carte 93/109 €

En salle, Éric Martins vous conseille des vins en parfaite harmonie avec les plats de Thomas Boullault. Ce dernier réalise une cuisine française raffinée et inventive, accordant la toute première place aux produits de saison. Chic, chaleureux et... plein d'arômes !

➜ Foie gras de canard poêlé, cacao amer, févettes au citron de Menton et confit de sureau. Veau de lait aux cèpes de Corrèze et noix de macadamia. Soufflé chaud aux fruits rouges et crème glacée à l'eau de rose.

XX **Hanawa**

26 r. Bayard Ⓜ *Franklin D. Roosevelt – ✆ 01 56 62 70 70 – www.hanawa.fr – Fermé 4-17 août, dim. et fériés*

• JAPONAISE • Menu 45 € (déj. en semaine), 54/120 € – Carte 41/81 €

Grand restaurant japonais raffiné et zen (bois, fleurs) sur 1 100 m². Sushi-bar à l'étage et, au sous-sol, teppanyaki aux influences françaises.

XX **Les Collections** – Hôtel Sofitel le Faubourg

15 r. Boissy-d'Anglas Ⓜ *Concorde – ✆ 01 44 94 14 24 – www.sofitel.com – Fermé sam. midi et dim.*

• MODERNE • Carte 56/73 €

Des Collections au cadre très "mode" ! Le chef, d'origine japonaise et passé par de belles maisons, signe une cuisine inventive, esthétique et savoureuse, telle cette queue de lotte pochée, bouillon au safran et riz sauvage.

XX **Maxan**

3 r. Quentin-Bauchart Ⓜ *George V – ✆ 01 40 70 04 78 – www.rest-maxan.com – Fermé 1er-23 août, 24 déc.-3 janv., sam. midi et dim.*

• MODERNE • Formule 32 € – Menu 40 € – Carte 40/60 €

C'est donc ici, à deux pas de l'avenue Georges-V, que l'on retrouve Maxan, autrefois installé près de Miromesnil. On découvre un décor élégant et discret, tout en camaïeu de gris, et on renoue non sans plaisir avec cette cuisine du marché bien parfumée. La formule déjeuner est très intéressante !

XX **Nolita**

1 av. Matignon, (Motor Village - 2ème étage) Ⓜ *Franklin D. Roosevelt – ✆ 01 53 75 78 78 – www.nolita-ristorante.fr*

• ITALIENNE • Formule 39 € – Menu 49 € (dîner) – Carte 42/79 €

Un restaurant chic, au sein du MotorVillage (showroom d'un grand groupe auto italien). La cuisine joue la carte de l'authenticité transalpine et les saveurs démarrent au quart de tour !

Lazare

parvis de la gare St-Lazare, r. Intérieure Ⓜ St-Lazare – ✆ 01 44 90 80 80 – www.lazare-paris.fr

• TRADITIONNELLE • Carte 30/75 €

Le nouveau repaire d'Éric Frechon, au cœur de la fameuse gare St-Lazare. Cette élégante brasserie "ferroviaire", version 2013, respecte tous les canons du genre : œufs mimosa ou maquereaux au vin blanc, la belle tradition française est sur les rails ! Et les voyageurs pressés profiteront des sandwichs, non moins délicieux...

Caffè Burlot

9 r. du Colisée Ⓜ Franklin D. Roosevelt – ✆ 01 53 75 42 00 – Fermé sam. midi et dim.

• ITALIENNE • Formule 29 € – Carte 42/78 €

Dessiné par des architectes milanais, ce Caffè Burlot est feutré, glamour et délicieusement rétro avec ses banquettes vertes et ses tables en marbre... Dans l'assiette, c'est l'Italie : gambas de Sicile façon tartare, penne au lard de Colonnata, etc. De beaux produits finement travaillés : savoureux !

Market

15 av. Matignon Ⓜ Franklin D. Roosevelt – ✆ 01 56 43 40 90 – www.restaurant-market.fr

• CREATIVE • Formule 38 € – Carte 44/97 €

Béton ciré, lin, bois et touches ethniques : un bistrot chic et "in" au service d'une belle cuisine fusion placée sous les auspices new-yorkais de Jean-Georges Vongerichten.

Dominique Bouchet

11 r. Treilhard Ⓜ Miromesnil – ✆ 01 45 61 09 46 – www.dominique-bouchet.com – Fermé 3 semaines en août, sam. et dim.

• MODERNE • Formule 55 € – Menu 105 € (dîner) – Carte 66/103 € *(réservation conseillée)*

C'est le genre d'adresse que l'on a envie de recommander à tous ses proches : atmosphère contemporaine et intime, service alerte, cuisine du marché savoureuse et bien troussée... ➜ Œuf poché, foie gras poêlé, fricassée de girolles et jus de veau au fumet de truffe. Gigot d'agneau de sept heures à la cuillère, sauce au vin et pomme purée. Millefeuille à la vanille Bourbon.

Ratn

9 r. de la Trémoille Ⓜ Alma Marceau – ✆ 01 40 70 01 09 – www.restaurantratn.com

• INDIENNE • Carte 50/75 €

Une authentique adresse indienne, dont le nom signifie... joyau. Le cadre très soigné et feutré (tentures dorées, panneaux de bois sculptés, statues hindoues, etc.), l'accueil délicat, et surtout la cuisine qui offre un bel aperçu du répertoire moghol et indien : de beaux parfums d'ailleurs !

Tante Louise

41 r. Boissy-d'Anglas Ⓜ Madeleine – ✆ 01 42 65 06 85 – www.bernard-loiseau.com – Fermé août, sam., dim. et fériés

• TRADITIONNELLE • Formule 29 € – Menu 39/61 € – Carte 53/75 €

L'enseigne évoque la "Mère" parisienne à l'origine de ce restaurant Art déco. À la carte, des recettes traditionnelles et des allusions au terroir bourguignon : escargots au beurre persillé, rognons de veau, etc. Un grand classique.

Bistrot du Sommelier

97 bd Haussmann Ⓜ St-Augustin – ✆ 01 42 65 24 85 – www.bistrotdusommelier.com – Fermé 28 juil.-24 août, 24 déc.-4 janv., sam. et dim.

• TRADITIONNELLE • Formule 33 € – Menu 39 € (déj.), 54/115 € 🍷 – Carte 53/77 €

On vient dans ce bistrot de Philippe Faure-Brac, meilleur sommelier du monde en 1992, pour sa cuisine du marché, son joli caveau de dégustation et ses "vendredis du vigneron".

XX **Diep**

55 r. Pierre-Charon Ⓜ George V – ✆ 01 45 63 52 76 – www.diep.fr

• CHINOISE • Carte 40/80 €

Du rouge, du noir, des alcôves et des panneaux sculptés : l'Asie dans le décor, tout comme dans l'assiette. Plats chinois et thaïlandais ; poissons et crustacés à l'honneur.

XX **M64** – Hôtel Intercontinental Avenue Marceau

64 av. Marceau Ⓜ George V – ✆ 01 44 43 36 50 – www.ic-marceau.com – Fermé dim. soir

• MODERNE • Formule 42 € – Menu 49 € (déj.)/99 € 🍷 – Carte 64/80 €

Un cadre lounge pour une cuisine du marché volontairement "nature", qui privilégie la spontanéité et, évidemment, la fraîcheur. Les cuisines ouvertes permettent de suivre en direct le joli travail du chef. Mention spéciale pour l'agréable terrasse.

X **L'Atelier de Joël Robuchon - Étoile**

✿✿ *133 av. des Champs-Élysées, (Publicis Drugstore niveau -1)*

Ⓜ Charles de Gaulle-Étoile – ✆ 01 47 23 75 75 – www.joel-robuchon.net

• CREATIVE • Menu 42 € (déj.), 62/174 € – Carte 72/168 €

Paris, Londres, Las Vegas, Tokyo, Taipei, Hong Kong, Singapour et encore une fois Paris… Destin franco-international pour ces Ateliers qui collent à l'époque ! Le grand chef signe là un beau concept : long comptoir avec tabourets, tons rouge et noir… et recettes millimétrées, entre France, Espagne et Asie.

➜ Langoustine en ravioli truffé à l'étuvée de chou vert. Caille caramélisée au foie gras avec pomme purée. Chocolat tendance, crémeux onctueux au chocolat araguani, sorbet cacao, biscuit Oréo.

X **Pavillon Elysée Lenôtre**

10 av. des Champs-Elysées Ⓜ Champs Elysées Clemenceau – ✆ 01 42 65 85 10 – www.lenotre.fr – Fermé 3 semaines en août, 15 fév.-2 mars, dim. sauf le midi d'avril à oct. et lundi de nov. à mars

• MODERNE • Formule 35 € – Carte 46/65 €

Ce pavillon, bâti pour l'Exposition universelle de 1900, distille une sobre élégance. Au déjeuner, la formule est attractive et, sous le soleil, la terrasse est très courue... Boutique dédiée aux arts de la table et école de cuisine.

X **Marloe** Ⓝ

12 r. du Cdt.-Rivière Ⓜ St-Philippe-du-Roule – ✆ 01 53 76 44 44 – www.marloe.fr – Fermé 1er-21 août, 21-29 déc., sam. et dim.

• MODERNE • Carte 36/68 €

Ce restaurant, repris par l'équipe de l'Arôme voisin, a des allures de bistrot chic et cosy (tons rouge, blanc et noir, miroirs anciens, etc.). La cuisine ne déçoit pas : cœur de saumon fumé impérial et beurre aux algues, bœuf Black Angus au jus de cassis... Des plats sans esbroufe, nets et précis !

X **Royal Madeleine**

11 r. Chevalier-St-George Ⓜ Madeleine – ✆ 01 42 60 14 36 – www.royalmadeleine.com – Fermé 1 semaine en janv. et week-ends en juil.-août

• TRADITIONNELLE • Carte 46/86 €

Un bistrot des années 1940 (ancien café-charbon) avec ses miroirs d'époque et ses gravures rétro. Au menu : une cuisine bistrotière très soignée et un beau choix de vins à prix raisonnable. Voilà qui est... royal.

X **Pomze**

109 bd Haussmann, (1er étage) Ⓜ St -Augustin – ✆ 01 42 65 65 83 – www.pomze.com – Fermé 22 déc.-2 janv., sam. sauf le soir de sept. à juin et dim.

• MODERNE • Formule 29 € – Menu 34 € – Carte 45/64 €

Adresse originale que cette Pomze, qui invite à un "voyage autour de la pomme" ! De l'épicerie (où l'on trouve cidre et calvados) au restaurant, le "fruit défendu" est le fil rouge de la maison. La cuisine se révèle créative et voyageuse, avec d'originaux accords mets-cidres... et un excellent rapport qualité-prix.

Crom'Exquis

22 r. d'Astorg Ⓜ *St-Augustin – ✆ 01 42 65 10 74 – www.cromexquis.com – Fermé 3 semaines en août, 24 déc.-1er janv., sam. et dim.*

• MODERNE • Formule 29 € – Menu 39 € (déj.)/65 € – Carte 59/102 €

Ce Crom'Exquis paraît un simple petit restaurant de quartier, mais on ne peut taire sa filiation : à sa tête œuvre Pierre Meneau, fils de Marc – chef fameux de L'Espérance, près de Vézelay. Au menu : une cuisine au goût du jour, réalisée avec des produits de bonne qualité.

Le Boudoir

25 r. du Colisée Ⓜ *Franklin D. Roosevelt – ✆ 01 43 59 25 29 – www.boudoirparis.fr – Fermé 2-17 août, sam. midi et dim.*

• MODERNE • Formule 28 € – Menu 30 € (déj.), 50/55 € – Carte 45/66 €

Meilleur Ouvrier de France en charcuterie, le jeune chef a travaillé dans de belles maisons et exprime aujourd'hui dans ce Boudoir son amour du... boudin. Oui, la charcuterie peut être un art : voyez le pâté en croûte de volaille et foie gras ! Terrines et autres saucisses sont créées sur place. Décor sobre et élégant.

Aoki Makoto

19 r. Jean Mermoz Ⓜ *Mirosmenil – ✆ 01 43 59 29 24 – Fermé août, 23 déc.-7 janv., lundi soir, dim. et jours feriés*

• MODERNE • Formule 22 € – Menu 35 € (dîner)/65 € – Carte 65/80 €

Aoki Makoto, chef japonais, réalise une cuisine on ne peut plus française – et de belle tenue ! Assiette aux treize légumes, mosaïque de foie gras, côte de porc rôtie...

Le Petit Marius

6 av. George V Ⓜ *Alma Marceau – ✆ 01 40 70 11 76*

• POISSONS ET FRUITS DE MER • Menu 29 € (déj. en semaine)/49 € – Carte 48/80 €

Le digne fils de la maison mère Marius et Janette : petites tables serrées et simplement dressées, décoration provençale colorée et cuisine de la mer bien iodée.

Chez Cécile - La Ferme des Mathurins

17 r. Vignon Ⓜ *Madeleine – ✆ 01 42 66 46 39 – www.chezcecile.com – Fermé sam. sauf le soir de sept. à juin et dim.*

• MODERNE • Menu 35 €

Simenon avait ses habitudes dans cette petite institution de la Madeleine, aujourd'hui tenue par une jeune femme dynamique. Vent de fraîcheur sur le décor et sur une cuisine du marché, goûteuse et bien ficelée. Un vrai bon plan côté prix.

Il Piccolino

10 r. de Constantinople Ⓜ *Europe – ✆ 01 42 93 73 33 – http://ilpiccolino.fr – Fermé 30 avril-11 mai, 14-17 août, dim. et fériés*

• ITALIENNE • Carte 36/64 €

C'est vrai qu'il est *piccolino* ("tout petit" en italien) ce restaurant, mais il en a sous la Botte ! Charcuterie transalpine à la coupe, pecorino et parmesan présentés entiers, légumes grillés, risotto, osso-buco... Les produits sont de qualité, les recettes maîtrisées et les vins de la péninsule bien représentés.

Café Sud

12 r. de Castellane Ⓜ *Madeleine – ✆ 01 42 65 90 52 – www.cafesud.com – Fermé 14-19 août, sam. midi et dim.*

• MODERNE • Formule 35 € – Menu 50 € – Carte 48/71 €

On se sent bien dans sa petite salle simple et chic (petites tables, murs chaulés, bibliothèque garnie de livres anciens, etc.). Une atmosphère reposante... La carte marie tradition, épices et influences du Sud : voilà qui ne manque pas de parfums.

Daru

soir,

19 r. Daru Ⓜ *Courcelles – ✆ 01 42 27 23 60 – www.daru.fr – Fermé août, sam. midi et dim.*

• RUSSE • Formule 29 € – Carte 50/150 €

Fondée en 1918, la maison Daru fut la première épicerie russe de Paris. La tradition slave s'y perpétue et l'on retrouve la Russie d'autrefois : taramas, bœuf stroganoff, blinis...

Le Percolateur

20 r. de Turin Ⓜ *Rome – ✆ 01 43 87 97 59 – www.lepercolateur.fr – Fermé 2 semaines en août, sam. midi et dim.*

• TRADITIONNELLE • Formule 16 € – Menu 30 € – Carte 33/54 €

Cette ancienne gargote s'est muée en bistrot où brille une collection de... percolateurs. Cuisine à l'image du lieu : terrine maison, macaronis aux olives, poulet saté, etc.

Shin Jung

7 r. Clapeyron Ⓜ *Rome – ✆ 01 45 22 21 06 – www.shinjung.fr – Fermé dim. midi*

• COREENNE • Formule 14 € – Menu 37/45 € 🍷 – Carte 25/40 €

Une modeste adresse de quartier, simple, moderne et conviviale. Spécialités sud-coréennes : bibimbap, kimchi, barbecue, poissons crus...

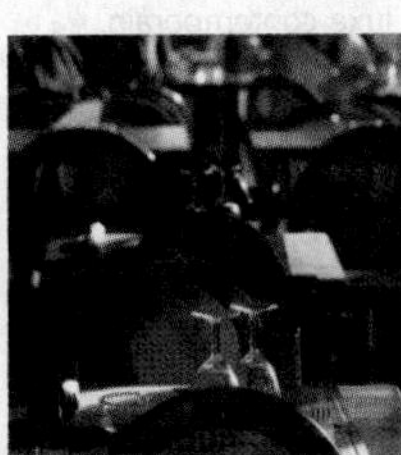

J. Loic/Photononstop

Opéra · Grands Boulevards

9e arrondissement

✉ 75009

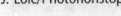

Intercontinental Le Grand

2 r. Scribe Ⓜ *Opéra – ✆ 01 40 07 32 32 – www.paris.intercontinental.com*

442 ch – 380/950 € 380/950 € – 28 suites – 39 €

Rest *Café de la Paix* – 12 bd des Capucines, ✆ 01 40 07 36 36 – Formule 39 € – Menu 49 € (déj.)/79 € – Carte 67/128 €

Né en 1862, il a fêté son 150e anniversaire en 2012. Voilà bien un Grand Hôtel, exemplaire du 19e s., sur la place même de l'Opéra, au cœur du Paris d'Haussmann ! Son Café de la Paix au sublime décor, sa cour intérieure à l'ambiance proustienne, ses chambres de style Second Empire... Un monument parisien.

Scribe

1 r. Scribe Ⓜ *Opéra – ✆ 01 44 71 24 24 – www.hotel-scribe.com*

200 ch – 330/830 € 360/830 € – 13 suites – 35 €

Rest *Le Lumière* – voir les restaurants ci-après

Chic, très feutré et tellement parisien... On tombe sous le charme du Scribe, presque confidentiel dans son immeuble haussmannien proche de l'Opéra. En 1895, le public y découvrait en première mondiale le cinématographe des frères Lumière. L'élégance discrète des lieux n'a rien d'un mirage.

Marriott Opéra Ambassador

16 bd Haussmann Ⓜ *Richelieu Drouot – ✆ 01 44 83 40 40 – www.marriott.com/paroa*

290 ch – 300/850 € 300/850 € – 8 suites – 29 €

Rest *16 Haussmann* ✆ 01 48 00 06 38 – – Formule 45 € 🍷 – Menu 50 € 🍷 – Carte 60/90 € *(fermé sam. midi et dim.)*

Panneaux de bois peints, lustres en cristal et objets anciens : cet hôtel préserve toute l'élégance du style Art déco, dont le charme rétro est encore rehaussé par d'élégants ajouts contemporains. Une belle manière de vivre le mythe des Grands Boulevards... Esprit brasserie au 16 Haussmann.

W Paris Opéra

4 r. Meyerbeer Ⓜ *Chaussée d'Antin – ✆ 01 77 48 94 94 – www.wparisopera.fr*
89 ch – 🚹340/3200 € 🚹🚹340/3200 € – 2 suites – ☕ 38 €
Rest *Arola* – voir les restaurants ci-après
Comment être plus au cœur du Paris d'Haussmann, que dans ce bel immeuble de 1870 jouxtant l'Opéra ? Si cet hôtel inauguré en 2012 joue la carte du chic parisien, c'est dans une veine résolument design, alliant luxe et décontraction. Ou comment associer lit circulaire et vue sur le palais Garnier... Très branché, très séduisant.

Hôtel de Nell Ⓝ

7-9 r. du Conservatoire Ⓜ *Bonne Nouvelle – ✆ 01 44 83 83 60 – www.hoteldenell.com*
33 ch – 🚹250/1200 € 🚹🚹250/1200 € – ☕ 20 €
Rest *La Régalade Conservatoire* – voir les restaurants ci-après
Un fort bel établissement, créé dans un immeuble haussmannien voisin du Conservatoire national supérieur d'Art dramatique. Ferait bien de la comédie qui se plaindrait de ses aménagements, au style affirmé – signé Jean-Michel Wilmotte. Bois brut, tons clairs, lignes épurées... ou tout l'esprit du luxe contemporain.

PARIS

Banke

ch,

20 r. Lafayette Ⓜ *Chaussée d'Antin – ✆ 01 55 33 22 22 – www.derbyhotels.com*
94 ch – 🚹200/530 € 🚹🚹215/705 € – ☕ 29 €
Rest *Josefin* – Menu 29 € (déj. en semaine) – Carte 41/70 €
Reconversion originale : au cœur du quartier des affaires de la Belle Époque, entre Bourse et Opéra, cet ancien siège bancaire est devenu hôtel de luxe en 2009. Le hall opulent, sous une immense verrière opaline, mérite le coup d'œil ; quant aux chambres, elles se révèlent aussi confortables que chaleureuses...

Jules sans rest

49 r. La Fayette Ⓜ *Le Peletier – ✆ 01 42 85 05 44 – www.opera-faubourg.com*
103 ch – 🚹150/500 € 🚹🚹220/725 € – ☕ 19 €
Ludique et chic, cet hôtel s'inspire du design des années 1950 et 1960 ; ses chambres jouent la carte rétro ou contemporaine, toujours avec élégance et peps... Vitaminé et coloré, Jules a du style !

St-Pétersbourg sans rest

33 r. Caumartin Ⓜ *Havre Caumartin – ✆ 01 42 66 60 38 – www.hotelsaintpetersbourg.com*
98 ch ☕ – 🚹177/243 € 🚹🚹177/243 €
À deux pas des grands magasins, dans un immeuble typiquement haussmannien, cet hôtel bourgeois a récemment bénéficié d'une cure de jouvence : la grande majorité des chambres arborent un décor cosy, tout en tons sobres et matériaux de qualité. À noter : la gestion familiale de l'établissement, de plus en plus rare à Paris.

Athénée sans rest

19 r. Caumartin Ⓜ *Havre Caumartin – ✆ 01 40 17 99 29 – www.hotel-athenee.com*
20 ch – 🚹180/300 € 🚹🚹200/430 € – ☕ 18 €
Non loin du théâtre de l'Athénée, cet hôtel chic assume un style néobaroque très "opéra"... signé Jacques Garcia. Draperies, velours pourpre, boiseries, chambres décorées sur un thème lyrique ("Traviata", "Faust"...), bar à cocktails et fumoir. Chamarré et précieux !

Secret de Paris sans rest

2 r. de Parme Ⓜ *Place de Clichy – ✆ 01 53 16 33 33 – www.hotelsecretdeparis.com*
29 ch – 🚹186/500 € 🚹🚹186/500 € – ☕ 18 €
Son concept ? Placer chaque client au cœur d'un monument parisien. Du Moulin Rouge à l'Opéra Garnier. Le maître-mot est : "Chut !" Un secret confort et high-tech à divulguer sans tarder.

Le Grey sans rest
12 r. de Parme Liège – 01 55 31 93 93 – www.legrey-hotel.com
32 ch – 150/280 € 170/360 € – 1 suite – 15 €
On dit que le gris (*grey* en anglais) est une couleur particulière à Paris, entre toits de zinc et ciel brumeux... En en déclinant toutes les nuances du blanc au noir, ce boutique-hôtel est dans le ton de la capitale, jusque dans sa "suite des toits de Paris" ! Confort et esprit arty à deux pas de la place de Clichy.

Holiday Inn Opéra Grands Boulevards sans rest
32 bd Poissonnière Grands Boulevards – 01 47 70 25 55 – www.holidayinn.com
118 ch – 130/450 € 130/600 € – 18 €
Non loin de l'hôtel Drouot, des chambres contemporaines, bien insonorisées et feutrées – les "Executive" étant plus spacieuses. Idéal pour se reposer avant d'assister à une vente aux enchères... ou d'aller baguenauder sur les grands boulevards ! Buffet complet pour le petit-déjeuner.

Triangle d'Or sans rest
6 r. Godot-de-Mauroy Havre Caumartin – 01 47 42 25 05 – www.hoteldutriangledor.com
45 ch – 189/229 € 249/369 € – 16 €
Derrière l'Olympia, son décor ne pouvait qu'être musical. Pour repenser les chambres, ses propriétaires ont fait appel à MC Solaar, Manu Katché, Higelin... Textes de chansons et photos, djembés en guise de têtes de lit, etc. Good Vibrations !

Pulitzer sans rest
23 r. du Faubourg-Montmartre Grands Boulevards – 01 53 34 98 10 – www.hotelpulitzer.com
44 ch – 140/320 € 150/330 €
Le charme d'une bibliothèque so British (fauteuils Chesterfield très confortables) et l'élégance contemporaine du style industriel, le tout au cœur du Paris des théâtres et des grands magasins... Ce Pulitzer mérite le prix de l'originalité.

Joyce sans rest
29 r. La Bruyère St-Georges – 01 55 07 00 01 – www.astotel.com
44 ch – 173/350 € 173/350 € – 16 €
Têtes de lit, bibliothèques, luminaires et boiseries sont dessinés sur les murs, tel un croquis d'architecte. Du style dans ce boutique-hôtel plein de caractère ! Petit-déjeuner sous une jolie verrière.

Palm sans rest
30 r. de Maubeuge Cadet – 01 42 85 07 61 – www.astotel.com
38 ch – 146/310 € 146/310 € – 14 €
Entièrement rénové et rouvert en 2011, cet hôtel remporte une palme : mobilier coloré revisitant de manière décalée les années 1950, esprit bio et nature dans les chambres, wifi gratuit... Et il y a même un grand palmier au sous-sol !

Opéra Pavillon sans rest
7 r. de Parme Liège – 01 55 31 60 00 – www.pavillonparis.com
30 ch – 135/230 € 200/330 €
Dans une rue tranquille, un hôtel sobre et élégant, où règne une atmosphère feutrée (chambres petites mais intimes, avec du bois, des tons chauds...). Le plus : la formule "tout inclus" comprenant notamment le petit-déjeuner et le goûter.

Anjou Lafayette sans rest
4 r. Riboutté Cadet – 01 42 46 83 44 – www.hotelanjoulafayette.com
39 ch – 115/190 € 125/210 € – 12 €
Dans une rue calme, un hôtel d'esprit familial et cosy, avec des chambres confortables, très bien tenues et décorées dans un esprit chaleureux.

Opéra d'Antin sans rest
75 r. de Provence Chaussée d'Antin – 01 48 74 12 99 – www.operadantin.com
30 ch – 105/225 € 115/280 € – 13 €
Tout près des grands magasins et de l'Opéra, un petit hôtel dont les chambres, classiques, se révèlent agréables et chaleureuses. Atouts charme : le hall Art déco et la salle des petits-déjeuners, aménagée sous une verrière.

Langlois sans rest

63 r. St-Lazare Ⓜ Trinité – ✆ 01 48 74 78 24 – www.hotel-langlois.com

27 ch – †150/160 € ††180/190 € – 3 suites – ☕ 13 €

Un établissement né en 1896, qui ravira les amateurs d'hôtels authentiques. Art nouveau ou Art déco, les chambres des 5e et 6e étages donnent sur Paris et ont un caractère bien marqué ; les autres sont plus sobres, dans un esprit fifties.

Les Trois Poussins sans rest

15 r. Clauzel Ⓜ St-Georges – ✆ 01 53 32 81 81 – www.les3poussins.com

40 ch – †120/250 € ††130/390 € – ☕ 14 €

Dans une rue calme, un nid douillet que ces Trois Poussins, entièrement rénovés en 2013. Les chambres allient esprit contemporain et fonctionnalité : un bon point de chute au cœur du joli quartier de la Nouvelle-Athènes. Au dernier étage, on profite en prime de la vue sur Paris.

Lorette Opéra sans rest

36 r. Notre-Dame de Lorette Ⓜ St-Georges – ✆ 01 42 85 18 81 – www.astotel.com

84 ch – †146/310 € ††146/310 € – ☕ 14 €

Pierres apparentes et parquet en bois exotique : avec son espace salon, le hall de cet hôtel est très agréable et l'on s'y attarde avec plaisir. Bien tenues et contemporaines, les chambres sont confortables bien que peu spacieuses.

Acadia Opéra sans rest

4 r. Geoffroy-Marie Ⓜ Grands Boulevards – ✆ 01 40 22 99 99 – www.astotel.com

36 ch – †146/310 € ††146/310 € – ☕ 14 €

Des chambres décorées sobrement dans un esprit minimaliste, au cœur d'un quartier animé : près des Folies Bergère, un petit hôtel assez simple et pratique...

Caumartin Opéra sans rest

27 r. Caumartin Ⓜ Havre Caumartin – ✆ 01 47 42 95 95 – www.astotel.com

40 ch – †173/350 € ††173/350 € – ☕ 16 €

Tendance, coloré et un brin pop : cet hôtel est tout cela à la fois... et il a le mérite de se trouver au cœur du Paris commerçant, à quelques pas des grands magasins et de l'Opéra.

Relais Madeleine sans rest

11 bis r. Godot-de-Mauroy Ⓜ Havre Caumartin – ✆ 01 47 42 22 40 – www.relaismadeleine.fr

23 ch – †260/310 € ††260/310 € – ☕ 15 €

Un peu comme dans une maison de famille, mais en plein centre de Paris ! Indéniablement, ce petit hôtel a du charme, avec son mobilier chiné, ses teintes chatoyantes et ses tissus choisis... Sans parler de l'accueil attentionné.

Monterosa sans rest

30 r. La Bruyère Ⓜ St-Georges – ✆ 01 48 74 87 90 – www.astotel.com

36 ch – †146/300 € ††146/300 € – ☕ 14 €

Urbain, sobre et fonctionnel : cet établissement rénové en 2010 est le petit frère du Joyce et cultive le même esprit frais et lumineux.

9 Hotel sans rest

14 r. Papillon Ⓜ Cadet – ✆ 01 47 70 78 34 – www.le9hotel.com

48 ch – †110/220 € ††115/230 € – ☕ 15 €

Non loin de la gare du Nord, dans une rue assez calme, un hôtel contemporain et pratique : les chambres, très épurées (parquet noir, murs blancs), sont petites et néanmoins agréables.

Hôtel du Pré sans rest

10 r. Pierre-Sémard Ⓜ Poissonnière – ✆ 01 42 81 37 11 – www.leshotelsdupre.com

40 ch – †98/118 € ††120/150 € – ☕ 12 €

L'esprit familial est dans le Pré, entre les Grands Boulevards et la gare du Nord ! Dans ce petit hôtel règne une atmosphère simple et sympathique ; les chambres sont fonctionnelles, très bien tenues et colorées.

Arola – Hôtel W Paris Opéra

4 r. Meyerbeer, (1er étage) Ⓜ Chaussée d'Antin – ✆ 01 77 48 94 44 – www.restaurant-arola.fr

• ESPAGNOLE • Menu 38 € (déj.) – Carte 40/65 €

Pour son restaurant, l'hôtel W Paris Opéra, né en 2012, en a appelé au chef Sergi Arola – une figure de la cuisine espagnole, à Madrid – qui signe ici une carte "pica pica" : une déclinaison de tapas aussi inventives que ludiques. Un concept parfaitement dans le ton de cette adresse très VIP...

L'Opéra

pl. Jacques-Rouché - Palais Garnier Ⓜ Opéra – ✆ 01 42 68 86 80 – www.opera-restaurant.fr

• MODERNE • Formule 36 € 🍷 – Carte 41/77 €

Fantôme ? Petit rat ? Non, gourmet de l'Opéra ! Au sein du monument de Charles Garnier, dans la rotonde qui accueillait autrefois les fiacres, le décor fait un incroyable entrechat entre le 19e s. et l'avant-garde : mondain au sol, intime sur la mezzanine "autoportante"... Partition contemporaine dans l'assiette.

Le Lumière – Hôtel Scribe

1 r. Scribe Ⓜ Opéra – ✆ 01 44 71 74 20 – www.hotel-scribe.com/fr/le-lumiere.html

• MODERNE • Formule 48 € 🍷 – Menu 95 € 🍷 (semaine) – Carte 54/77 €

Les frères Lumière firent en ces lieux leur première projection publique. La salle, sous sa grande verrière, leur rend hommage... Quant au chef, il met habilement en scène des produits de qualité. Cadrage, scénario : les assiettes se révèlent savoureuses.

Jean

8 r. St-Lazare Ⓜ Notre-Dame de Lorette – ✆ 01 48 78 62 73 – www.restaurantjean.fr

• CREATIVE • Menu 50 € (déj.), 75/138 € 🍷 – Carte 76/98 €

Poutres peintes, tentures fleuries, etc. Au cœur du 9e arrondissement, Jean donne l'illusion d'une charmante escapade en dehors du Paris contemporain. L'occasion d'oublier le temps qui passe, autour de mets empreints de raffinement et marqués par le sens de l'épure et des saveurs... Brunch le week-end.

➜ Cannelloni de tourteau, brunoise de légumes à l'estragon. Cabillaud confit, courgette farcie et parfumée à la marjolaine. Biscuit moelleux au chocolat noir, croustillant praliné et noix de pécan, sorbet citron vert.

Prémices Ⓝ

24 r. Rodier Ⓜ Cadet – ✆ 01 45 26 86 26 – www.facebook.com/restaurantpremices – Fermé août, 1 semaine vacances de Noël, lundi midi, sam. et dim.

• MODERNE • Formule 24 € – Menu 48/53 € – Carte 52/60 € *(réservation conseillée)*

Financier dans une banque d'affaires, Alexandre Weill est reparti de zéro... pour se livrer à sa passion de la gastronomie et apprendre la cuisine. Bien lui en a pris ! Sa table – au cadre de bon goût – se révèle savoureuse, ses recettes limpides et sans esbroufe, les produits de choix. Et ce ne sont que les prémices...

Au Petit Riche

25 r. Le Peletier Ⓜ Richelieu Drouot – ✆ 01 47 70 68 68 – www.aupetitriche.com – Fermé week-ends de mi-juil. à fin août et fériés

• TRADITIONNELLE • Formule 26 € – Menu 31/37 € 🍷 – Carte 33/65 €

Salles en enfilade, banquettes en velours rouge, tables élégantes : le charme préservé d'un authentique bistrot du 19e s. et... d'une véritable institution de la vie parisienne. Cuisine d'inspiration tourangelle et beau choix de vins de Loire.

La Régalade Conservatoire Ⓝ – Hôtel de Nell

7-9 r. du Conservatoire Ⓜ Bonne Nouvelle – ✆ 01 44 83 83 60 – www.hoteldenell.com – Fermé 1er-18 août, sam. midi et dim.

• MODERNE • Menu 35 € *(réservation conseillée)*

Et de trois ! Après ses Régalades des 14e et 1er arrondissements, Bruno Doucet réplique à deux pas des Grands Boulevards, au sein du luxueux hôtel de Nell. L'esprit bistrot se fait chic, et la cuisine du chef toujours aussi enlevée, généreuse et savoureuse. Vivement le nouvel opus !

Atelier Rodier

17 r. Rodier Ⓜ Notre-Dame de Lorette – ✆ 01 53 20 94 90 – www.latelier-rodier.com – Fermé août, 1 semaine à Noël, mardi midi, merc. midi, sam. midi, dim. et lundi

• MODERNE • Formule 29 € – Menu 39/59 € – Carte 36/50 €

Une vitre d'atelier ouvre sur les cuisines et montre que l'on n'a rien à cacher... et même que l'on a un certain brio dans l'art de cuisiner : ici œuvrent deux jeunes chefs passés par de bonnes maisons et convertis à la bistronomie. Leurs recettes, créatives et inspirées, réservent de savoureuses surprises...

La Petite Sirène de Copenhague

47 r. Notre-Dame-de-Lorette Ⓜ St-Georges – ✆ 01 45 26 66 66 – www.lapetitesireneparis.com – Fermé août, 23 déc.-2 janv., sam. midi, dim. et lundi

• DANOISE • Menu 35 € (déj.)/41 € – Carte 55/77 € *(réservation conseillée)*

Au-dessus de la devanture flotte un drapeau danois... qui annonce tout de suite la couleur gourmande de cet antre ! Menu du jour sur ardoise et carte plus étoffée (mais plus chère)... pour se régaler de harengs à la danoise, entre autres.

PARIS

Le Pré Cadet

A/C

10 r. Saulnier Ⓜ Cadet – ✆ 01 48 24 99 64 – http://restaurant-leprecadet.e-monsite.com – Fermé 1 semaine en mai, 3 semaines en août, 1 semaine en déc., sam. midi, dim. et lundi

• TRADITIONNELLE • Menu 30 € – Carte 34/62 € *(réservation conseillée)*

Sympathie, convivialité et plats canailles... dont la tête de veau, orgueil de la maison ! Cette petite adresse voisine des Folies Bergère joue à fond la carte traditionnelle. L'herbe est toujours verte au Pré Cadet, et la salle bien remplie.

Les Diables au Thym

A/C

35 r. Bergère Ⓜ Grands Boulevards – ✆ 01 47 70 77 09 – www.lesdiablesauthym.com – Fermé 3 semaines en août, sam. midi et dim.

• MODERNE • Formule 28 € – Menu 35 € – Carte 45/60 €

Près des Grands Boulevards, un bistrot contemporain où savourer une appétissante cuisine du marché, tout en produits frais et de saison... On se laissera par exemple tenter par un pavé de maigre et sa ratatouille à la fleur de thym, accompagné d'un vin nature. Nul diablotin en ces lieux !

Encore

43 r. Richer Ⓜ Le Peletier – ✆ 01 72 60 97 72 – Fermé 1 semaine en août, 1er-11 nov., 2 semaines à Noël, sam. et dim.

• MODERNE • Formule 25 € – Menu 30 € (déj.), 48/75 €

Encore un bistrot branché, rétro et gastro comme il se doit ? Que nenni, l'affaire n'a rien d'une simple copie, car c'est un vrai chef, avec un style bien à lui, qui œuvre aux fourneaux. Ainsi cette entrée originale, tout en amertume : bulots, poireaux et noix de muscade dans un jus d'herbes. Encore et toujours plus !

Mamou

42 r. Taitbout Ⓜ Chaussée d'Antin – ✆ 01 44 63 09 25 – Fermé 3 semaines en août, 1 semaine à Noël, lundi soir, mardi soir, sam. midi et dim.

• TRADITIONNELLE • Formule 19 € – Carte 35/52 €

À deux pas des grands magasins, ce restaurant de quartier est tout indiqué pour ponctuer ou conclure une journée de shopping. Comment ne pas reprendre des forces en dégustant un menu aussi généreux : crème de cèpes, quasi de veau rôti et pêche de vigne pochée à la verveine ? Un amour de cuisine du marché.

Le Pantruche

3 r. Victor-Massé Ⓜ Pigalle – ✆ 01 48 78 55 60 – www.lepantruche.com – Fermé 3 semaines en août, 20-28 déc., sam. et dim.

• MODERNE • Formule 18 € – Menu 35/40 € – Carte 41/47 € *(réservation conseillée)*

Pantruche, c'est Paris en argot... Un nom tout trouvé pour ce bistrot au décor rétrochic, qui cultive volontiers l'atmosphère gouailleuse et canaille des années 1940-1950. Côté papillles, le chef et sa petite équipe concoctent de jolis plats de saison, pile dans la tendance bistronomique.

Carte Blanche

6 r. Lamartine Ⓜ Cadet – ✆ 01 48 78 12 20 – www.restaurantcarteblanche.com – Fermé 29 juil.-20 août, sam. midi, dim., lundi et fériés
• MODERNE • Formule 28 € – Menu 35/49 €
Dans ce néobistrot, le chef concocte une cuisine du marché rehaussée de touches inventives : garbure du Béarn en gelée, mousse de saucisse de Toulouse ; quasi de veau, chou rouge et jus de griottes ; tarte à la pastèque ; etc. On lui laisse carte blanche !

Hotaru

18 r. Rodier Ⓜ Notre-Dame de Lorette – ✆ 01 48 78 33 74 – Fermé dim. et lundi
• JAPONAISE • Formule 22 € – Carte 21/50 €
Un restaurant japonais accueillant, dont le jeune chef concocte une cuisine traditionnelle et familiale qui fait la part belle au poisson. Sushis, makis, sashimis, mais aussi quelques plats mijotés, ou encore des fritures.

Braisenville Ⓝ

36 r. Condorcet Ⓜ Anvers – ✆ 09 50 91 21 74 – Fermé 1 semaine en août, sam. midi et dim. soir
• MODERNE • Formule 16 € – Menu 19 € (déj. en semaine)/35 € – Carte 28/50 € dîner *(réservation conseillée)*
Jeu de mot canaille pour l'enseigne de ce repaire très contemporain, dont la cuisine tourne notamment autour d'un four à braise très affûté. Menu du marché au déjeuner, succession de petits plats façon *raciones* espagnoles le soir... Inventive et pétillante, la formule fait mouche – avec des vins nature qui lui vont bien.

Kiku Ⓝ

56 r. Richer Ⓜ Cadet – ✆ 01 44 83 02 30 – Fermé 1 semaine en août, 1 semaine en déc., sam. midi et dim.
• JAPONAISE • Formule 27 € – Menu 35 € (déj.)/55 €
Au Japon, on les appelle les "izakaya", des bars à saké proposant à la dégustation des petits plats. À deux coups de baguettes des Folies Bergère, le concept est original et totalement convaincant : limpide et très parfumée, cette cuisine fait rimer nippon et très bon.

I Golosi

6 r. de la Grange-Batelière Ⓜ Richelieu Drouot – ✆ 01 48 24 18 63 – Fermé 2 semaines en août, sam. soir et dim.
• ITALIENNE • Carte 25/49 €
Un décor coloré et sans âge pour cette authentique trattoria proche de la salle des ventes Drouot. La carte varie chaque semaine et s'accompagne d'une superbe sélection de vins en accord avec les mets du moment... Et le café est excellent, Italie oblige ! On peut aussi faire des provisions à l'épicerie fine.

L'Oriental

47 av. Trudaine Ⓜ Pigalle – ✆ 01 42 64 39 80 – www.loriental-restaurant.com
• MAROCAINE • Menu 38 € – Carte 34/54 €
Comme dans la chanson, on l'appelle l'Oriental et on apprécie sa compagnie ! Voyage express pour le Maroc autour de petits plats parfumés, dont les incontournables tajines et couscous...

Georgette

29 r. St-Georges Ⓜ Notre-Dame de Lorette – ✆ 01 42 80 39 13 – Fermé vacances de Pâques, août, vacances de la Toussaint, vacances de fév., sam., dim., lundi et fériés
• TRADITIONNELLE • Carte 32/42 €
Avec ses tables multicolores en formica et ses chaises en skaï, ce restaurant cultive un sympathique cachet rétro. Cuisine traditionnelle et recettes familiales réalisées avec de bons produits : harengs et oignons doux, pâté en croûte...

Momoka au n°24

24 r. Jean-Baptiste-Pigalle Ⓜ Trinité d'Estienne d'Orves – ✆ 09 67 29 47 54 – Fermé août, sam. midi, dim. et lundi

• JAPONAISE • Formule 29 € – Menu 39 € (déj.), 45/68 € *(réservation conseillée)*

Même nom, même rue, même formule : regardez bien le numéro de l'immeuble avant de pousser la porte de ce Momoka-là ! Voilà déjà plusieurs années que Masayo Hashimoto œuvre au n° 5 ; avec ce deuxième opus au n° 24, on a deux fois plus de raisons de découvrir ses fines préparations japonaises, où les légumes sont rois...

Les Canailles

25 r. La Bruyère Ⓜ St-Georges – ✆ 01 48 74 10 48 – www.restaurantlescanailles.fr – Fermé 3 semaines en août, sam. et dim.

• MODERNE • Formule 25 € – Menu 33 € *(réservation conseillée)*

Parfaite pour s'encanailler, cette sympathique adresse a été créée en 2012 par deux Bretons formés à bonne école. Ici, ils jouent la carte de la bistronomie et des recettes de saison. Spécialités : le carpaccio de langue de bœuf et sauce ravigote, et le baba au rhum avec sa chantilly à la vanille... On se régale !

Les Saisons

52 r. Lamartine Ⓜ Notre-Dame de Lorette – ✆ 01 48 78 15 18 – www.restaurant-les-saisons.com – Fermé 3 semaines en août, dim. et lundi

• TRADITIONNELLE • Formule 17 € – Menu 22 € (déj. en semaine) – Carte 32/47 €

Comme les années, les bistrots parisiens ont leurs saisons. L'heure du printemps est revenue pour cette adresse au cachet d'antan (bois, moleskine, etc.) sur lequel un jeune chef fait aujourd'hui souffler un vent de fraîcheur, revisitant avec doigté les classiques du genre. Au plus près de toutes les saisons.

L'Office

3 r. Richer Ⓜ Poissonnière – ✆ 01 47 70 67 31 – Fermé 27 juil.-27 août, 23 déc.-4 janv., sam. et dim.

• MODERNE • Formule 21 € – Menu 26 € (déj.)/33 € *(réservation conseillée)*

Un bistrot de poche, à deux pas des Folies Bergère… Assis au coude-à-coude, on se régale d'une cuisine qui change au rythme des saisons. Des préparations justes et savoureuses signées par un chef japonais (qui a fait un beau parcours en France), accompagnées d'un judicieux choix de vins. Le tout à prix serrés.

Les Coulisses Vintage

19 r. Notre-Dame-de-Lorette Ⓜ St-Georges – ✆ 01 45 26 46 46 – www.lescoulissesvintage.com – Fermé 3 semaines en août, sam. midi et dim.

• CLASSIQUE • Formule 16 € – Menu 40 € – Carte 75/100 €

Vintage : la cuisine classique française l'est dorénavant devenue, après ces années de renouveau et d'expérimentations ! Pourquoi bouder son plaisir quand on (re-) découvre d'aussi savoureux pieds de veau sauce homardine ou joues de bœuf à la royale ? Le tout cuisiné dans les règles et même... dans des casseroles en cuivre !

Momoka au n°5

5 r. Jean-Baptiste-Pigalle Ⓜ Trinité d'Estienne d'Orves – ✆ 01 40 16 19 09 – Fermé août, sam. midi, dim. et lundi

• JAPONAISE • Formule 29 € – Menu 39 € (déj.), 49/68 € – Carte 32/42 € *(réservation conseillée)*

Masayo Hashimoto a passé neuf ans dans une pâtisserie française à Osaka, avant de s'installer à Paris... en emportant avec elle les saveurs raffinées de son pays. Ses créations évoluent au gré du marché, privilégiant salades, légumes et poissons. Bon à savoir : son minirestaurant possède dorénavant une succursale au n° 24 !

Les Affranchis

5 r. Henri-Monnier Ⓜ St-Georges – ✆ 01 45 26 26 30 – www.restaurantlesaffranchis.fr – Fermé 24 juil.- 23 août, dim. et lundi

• MODERNE • Formule 26 € – Menu 35 € – Carte 40/62 €

Deux jeunes associés se sont "affranchis" des (bonnes) maisons où ils travaillaient pour créer ce restaurant. Est-ce l'effet de leur liberté nouvelle, mais l'adresse est séduisante, avec sa déco vintage et son ardoise qui se joue joliment des classiques. Une adresse qui va bien à ce 9e aussi bourgeois que bohème.

A. Pistolesi/Tips/Photononstop

Gare de l'Est · Gare du Nord · Canal St-Martin

10e arrondissement

✉ 75010

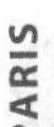

Windsor Opéra sans rest

10 r. G.-Laumain Ⓜ *Bonne Nouvelle – ✆ 01 48 00 98 98 – www.hotelwindsor.com*

24 ch – 185/280 € 200/320 € – 15 €

Dès que l'on passe le hall d'entrée, on est conquis par la décoration design et l'exceptionnelle collection de pièces d'aéronautique. Hélices d'avion, hublots, moteurs... vous incitent à embarquer pour des chambres modernes et élégantes.

Faubourg Saint-Martin sans rest

6 r. Gustave-Goublier Ⓜ *Strasbourg St-Denis – ✆ 01 40 40 02 02 – www.hotel-faubourg-saint-martin.com*

42 ch – 109/239 € 139/289 € – 12 €

Une bonne situation pour cet hôtel entièrement rénové en 2011, à mi-chemin entre les gares et le très animé faubourg St-Martin. Les chambres, bien aménagées, déclinent des thèmes aériens : nature, plumes, pois, etc. Confortable et chaleureux.

Eurostars Panorama sans rest

9 r. des Messageries Ⓜ *Poissonnière – ✆ 01 47 70 44 02 – www.eurostarshotels.com*

43 ch – 95/550 € 95/550 € – 10 €

Cet hôtel récent a élu domicile dans une rue tranquille, à proximité des gares du Nord et de l'Est. Si la façade est typique du 19e s., les chambres sont contemporaines, sobres, presque épurées, avec des clins d'œil à la culture parisienne.

Hor sans rest

160 r. La Fayette Ⓜ *Gare du Nord – ✆ 01 40 05 18 05 – www.hotel-hor.com*

47 ch – 289/399 € 289/399 € – 15 €

Cet hôtel a ouvert ses portes en 2012 entre les gares du Nord et de l'Est. Les chambres y sont contemporaines et fonctionnelles ; certaines disposent même d'une terrasse privative. Et le matin, on prend le petit-déjeuner dans une jolie salle ouverte sur un patio.

Albert 1er sans rest

162 r. La Fayette Ⓜ *Gare du Nord – ✆ 01 40 36 82 40 – www.albert1erhotel.com*

55 ch – 127/176 € 151/209 € – 17 €

On ne peut le nier, la rue Lafayette est très passante mais les chambres – pour certaines rénovées – sont bien isolées par un double vitrage efficace. Un ensemble bien tenu, à proximité des gares, pratique lorsque l'on est en transit.

Hôtel du Nord sans rest

47 r. Albert-Thomas Ⓜ *Jacques Bonsergent – ✆ 01 42 01 66 00 – www.hoteldunord-leparivelo.com*

23 ch – 72/110 € 72/110 € – 8 €

Dans une rue tranquille, cet hôtel propose des chambres très simples à prix modéré. Hall décoré d'objets chinés et de bibelots rétro, confitures maison au petit-déjeuner, vélo à disposition : une adresse atypique et sympathique.

Café Panique

12 r. des Messageries Ⓜ *Poissonnière – ✆ 01 47 70 06 84 – www.cafepanique.com – Fermé août,1 semaine en fév., dim. et fériés*

• MODERNE • Formule 25 € – Menu 35/45 € – Carte 36/51 €

Dans la cuisine de ce loft contemporain, pas de panique mais une saine ébullition... Depuis 1992, Odile Guyader réalise ici de bons petits plats d'auteur : filet de bœuf poêlé et son émulsion de foie gras, tiramisu au Carambar, etc.

Chez Michel
10 r. Belzunce Ⓜ Gare du Nord – ✆ 01 44 53 06 20 – Fermé 3 semaines en août, lundi midi, sam. et dim.
• TRADITIONNELLE • Formule 28 € – Menu 34/100 €
Breizh ! Cette table traditionnelle propose de bons petits plats du terroir breton : bisque de homard, kouign "miam miam" – version personnelle du kouign amann –, paris-brest-paris, etc. Le décor met le bleu et le blanc à l'honneur, et le chef se nomme... Thierry Breton !

Playtime
5 r. des Petits-Hôtels Ⓜ Gare du Nord – ✆ 01 44 79 03 98 – Fermé août, 23 déc.-2 janv., lundi soir, sam. et dim.
• MODERNE • Formule 20 € – Menu 28 € (déj.), 36/45 €
Monsieur Hulot aurait certainement apprécié cette cuisine ludique et le cadre très 1950. Harengs en saumure sauce scandinave, tataki de veau aux épices, filet mignon de porc au manchego sauce prune rouge : on voyage...

La Grille
80 r. du Faubourg-Poissonnière Ⓜ Poissonnière – ✆ 01 47 70 89 73 – Fermé 3 semaines en août, sam. et dim.
• TRADITIONNELLE • Carte 32/55 €
Dans ce bistrot pur jus, la cuisine a l'âme généreuse. Terrine de canard aux noisettes, bœuf bourguignon, tête de veau sauce gribiche, baba au rhum... Les suggestions du jour sont tout aussi copieuses. Vintage !

Chez Marie-Louise
11 r. Marie-et-Louise Ⓜ Goncourt – ✆ 01 53 19 02 04 – www.chezmarielouise.com – Fermé août, 24 déc.-2 janv., sam. et dim.
• TRADITIONNELLE • Formule 14 € – Menu 18 € (déj.) – Carte 28/43 €
À deux pas du canal St-Martin, ce néobistrot mené par un jeune duo a conquis le cœur des bobos. Banquettes en moleskine, moulures, etc. : l'ambiance joue la carte rétro, et l'ardoise annonce des plaisirs indémodables. Terrine de lapin en gelée et aromates, magret de canard rôti et jus aux griottines, millefeuille à la vanille…

Philou
12 av. Richerand Ⓜ Gouncourt – ✆ 01 42 38 00 13 – Fermé août, dim. et lundi
• TRADITIONNELLE • Formule 27 € – Menu 34 €
Près du canal St-Martin, de grandes et alléchantes ardoises, des miroirs, une affiche d'un film de Marcel Carné... voilà une sympathique adresse bistronomique. Pour déguster crème de navet au jambon, pigeon rôti, fondant au chocolat, etc.

Le Galopin
34 r. Sainte-Marthe Ⓜ Belleville – ✆ 01 42 06 05 03 – www.le-galopin.com – Fermé 2 semaines en août, 1 semaine vacances de Noël, le midi, dim. et lundi
• MODERNE • Menu 48 € *(réservation conseillée)*
Vainqueur de l'émission Top Chef en 2010, Romain Tischenko a choisi la discrétion en créant ce bistrot sur la jolie place Ste-Marthe. Il cuisine ici comme à des amis, avec l'envie palpable de faire découvrir et partager : jeux sur les saveurs, les herbes, les températures... Belle illustration de cuisine contemporaine !

Zerda 
15 r. René-Boulanger Ⓜ Strasbourg-St-Denis – ✆ 01 42 00 25 15 – Fermé 15-29 août, lundi midi, sam. midi et dim.
• MAROCAINE • Carte 30/43 € *(réservation conseillée)*
À la tête de cette institution née dans les années 1940, Jaffar Achour est un spécialiste, voire un démiurge du couscous, toujours à la recherche de combinaisons inédites et très parfumées. Décor arabisant et ambiance partageuse... Une belle graine !

Chameleon ⓝ

70 r. René-Boulanger Ⓜ Strasbourg-St-Denis – ✆ 01 42 08 99 41 – www.chameleonrestaurant.fr – Fermé 2 semaines en août, vacances de fév., sam. midi, lundi soir et dim.

• TRADITIONNELLE • Formule 17 € – Menu 21 € (déj.) – Carte 30/48 €

Mobilier chiné, luminaires post-industriels, cuisine bistronomique et terrasse colorée... Cette nouvelle adresse s'inscrit tout droit dans la tendance urbaine et contemporaine (qui a dit bobo ?). Les deux associés, Valérie et Arnaud, sont passionnés de restauration et amoureux des bons produits. Et cela se sent !

Albion

80 r. du Faubourg-Poissonnière Ⓜ Poissonnière – ✆ 01 42 46 02 44 – Fermé 3 semaines en août, vacances de Noël, sam. et dim.

• MODERNE • Carte 40/52 €

Nulle perfidie en cette Albion où œuvre un chef... britannique ! De bons produits, des recettes bien maîtrisées et originales, des saveurs marquées, une jolie sélection de vins de propriétaire et des tarifs raisonnables : on peut s'entraîner à prononcer : *"This bistro is very friendly"*.

Chez Casimir

6 r. Belzunce Ⓜ Gare du Nord – ✆ 01 48 78 28 80

• TRADITIONNELLE • Formule 24 € – Menu 28 € (déj. en semaine)/32 €

Une sympathique adresse 100 % bistrot, pour une cuisine simple et franche. Les samedi et dimanche midi, c'est traou tad ("bonnes choses" en breton), un brunch renversant de générosité avec vin à prix coûtant. Un conseil, réservez !

Youpi & Voilà

8 r. Vicq-d'Azir Ⓜ Colonel-Fabien – ✆ 01 83 89 12 63 – www.youpietvoila.fr – Fermé 3 semaines en août, dim. et lundi

• MODERNE • Formule 20 € – Menu 25 € (déj.)/39 €

Youpi, voilà de la bistronomie à l'état pur ! Un décor tout simple, un service décontracté et, côté assiettes, une savoureuse tranche de cuisine d'aujourd'hui, franche et bien tournée. Une adresse parfaite pour un repas entre amis.

Abri

92 r. du Faubourg-Poissonnière Ⓜ Poissonnière – ✆ 01 83 97 00 00 – Fermé août, sam. midi, dim. et lundi

• MODERNE • Menu 25 € (déj.)/40 € *(réservation conseillée)*

Un Abri minuscule... où l'on se réfugie avec plaisir ! Dans la lignée de tous ces jeunes chefs japonais qui s'installent aujourd'hui à Paris après y avoir travaillé dans de grandes maisons, Katsuaki rend un bel hommage à la cuisine française, avec une sensibilité toute nippone. Très bon rapport qualité-prix !

Ch. Sarramon/hemis.fr

Nation · Voltaire · République

11e arrondissement ✉ 75011

Gabriel sans rest

25 r. du Grand-Prieuré Ⓜ *Oberkampf – ✆ 01 47 00 13 38 – www.hotel-gabriel-paris.com*

41 ch ☕ – 🚹150/230 € 🚹🚹180/400 €

Cet hôtel ultramoderne joue la carte du haut de gamme dans une atmosphère zen : esprit design, belles finitions, ambiance feutrée, etc. À noter : les chambres sont équipées du système NightCove, ces jeux de lumière avec musique qui accompagnent l'endormissement et préparent à un réveil tout en douceur...

PARIS

Fabric Ⓝ sans rest

31 r. de la Folie-Méricourt Ⓜ *Saint-Ambroise – ✆ 01 43 57 27 00 – www.hotelfabric.com*

33 ch – 🚹180/360 € 🚹🚹180/360 € – ☕ 14 €

Dans une ancienne fabrique de textiles, à mi-chemin de République et de Bastille, un bel hôtel qui a gardé un peu de son héritage industriel : poutres et luminaires en fer, mobilier ancien, nuances de gris... Et des chambres design et élégantes, pour les amateurs !

Le Général sans rest

5 r. Rampon Ⓜ *République – ✆ 01 47 00 41 57 – www.legeneralhotel.com*

43 ch – 🚹185/205 € 🚹🚹200/250 € – 3 suites – ☕ 18 €

Nulle rigueur militaire chez ce Général-là ! Cet agréable hôtel, proche de la place de la République, abrite des chambres chaleureuses, aménagées avec soin et goût de la couleur. L'enseigne fait référence au général Rampon, qui a donné son nom à la rue.

Le Standard Design sans rest

29 r. des Taillandiers Ⓜ *Bastille – ✆ 01 48 05 30 97 – www.standard-design-hotel-paris.com*

36 ch – 🚹130/400 € 🚹🚹130/400 € – ☕ 15 €

Design en effet, mais pas standard : du style, des tissus aux motifs osés, aussi bien dans les chambres que dans le hall. Même la salle de petit-déjeuner est sous les toits...

Auberge Flora

44 bd Richard Lenoir Ⓜ *Bréguet Sabin – ✆ 01 47 00 52 77 – www.aubergeflora.com*

21 ch – 🚹99/350 € 🚹🚹99/350 € – ☕ 14 €

Rest *Auberge Flora* – voir les restaurants ci-après

Voilà une auberge où l'on se sent bien ! C'est la dernière création de Flora Mikula, cuisinière généreuse qui a décidé d'associer le couvert et le gîte. Les chambres sont joliment décorées, certaines très colorées, et bien confortables. Mention spéciale pour la "chambre gourmande" avec champagne et foie gras...

Marais Bastille sans rest

36 bd Richard-Lenoir Ⓜ *Bréguet Sabin – ✆ 01 48 05 75 00 – www.maraisbastille.com*

37 ch – 🚹130/230 € 🚹🚹140/240 € – ☕ 15 €

Ambiance cosy dans cet hôtel bordant le boulevard Richard-Lenoir, dont le terre-plein couvrant une partie du canal St-Martin accueille une agréable promenade. Décoration sobre dans les chambres, confortables et élégantes (plus calmes sur l'arrière).

Le Patio St-Antoine sans rest

289 bis r. du Faubourg-St-Antoine Ⓜ *Nation – ✆ 01 40 09 40 00 – www.lepatiosaintantoine.com*

88 ch – †130/230 € ††150/250 € – ☕ 18 €

Le point fort de cet hôtel aux chambres fonctionnelles (équipées d'une cuisinette) : le calme et la verdure de ses patios fleuris. Petit-déjeuner servi dans une salle agréable.

Original sans rest

8 bd Beaumarchais Ⓜ *Bastille – ✆ 01 47 00 91 50 – www.hoteloriginalparis.com*

38 ch – †220/310 € ††300/350 € – ☕ 12 €

Niché entre la place des Vosges et la Bastille, cet hôtel est on ne peut plus... original ! Les chambres, signées Stella Cadente, multiplient les références malicieuses à l'univers des contes de fées... Une adresse magique, donc, pour des nuits enchantées et décalées au cœur du Paris historique.

Angely sans rest

22 r. du Grand-Prieuré Ⓜ *Oberkampf – ✆ 01 48 07 55 25 – www.angelyhotelparis.com*

22 ch ☕ – †129/239 € ††159/259 €

Éclairage au sol, lit suspendu, esprit baroque ou arty... Près de la place de la République, cet hôtel est des plus tendance : quoi de plus normal puisque les chambres sont signées par différents designers ? Une adresse atypique, où l'accueil se montre de surcroît charmant.

Le 20 Prieuré Hôtel sans rest

20 r. Grand Prieuré Ⓜ *Oberkampf – ✆ 01 47 00 74 14 – www.hotel20prieure.com*

32 ch – †109/169 € ††109/195 € – ☕ 13 €

Un hôtel sympathique, qui s'aligne sur le style citadin contemporain et propose de petites chambres agréables : nuances de blancs, mobilier design, immenses photos évoquant Paris...

Grand Hôtel Français sans rest

223 bd Voltaire Ⓜ *Nation – ✆ 01 43 71 27 57 – www.grand-hotel-francais.fr*

36 ch – †160/300 € ††160/300 € – ☕ 12 €

Cet hôtel a été entièrement rénové avec de beaux matériaux et le résultat est vraiment plaisant. Ses atouts : bonne situation, literie de qualité et chambres joliment meublées.

Nord et Est sans rest

49 r. Malte Ⓜ *Oberkampf – ✆ 01 47 00 71 70 – www.paris-hotel-nordest.com*

45 ch – †99/155 € ††99/180 € – ☕ 12 €

Proche de la République, cet hôtel a su fidéliser ses clients grâce à son ambiance familiale et ses tarifs raisonnables. Préférez les chambres rénovées, plus contemporaines.

Mansouria

11 r. Faidherbe Ⓜ *Faidherbe Chaligny – ✆ 01 43 71 00 16 – www.mansouria.fr – Fermé lundi midi et dim.*

• MAROCAINE • Menu 28/36 € – Carte 33/59 € *(réservation conseillée)*

Tajines, couscous, crème à la fleur d'oranger... Des spécialités très parfumées, préparées par d'habiles cuisinières marocaines, sous la houlette de Fatema Hal, ethnologue, écrivain et véritable figure de la gastronomie nord-africaine.

Chardenoux

1 r. Jules-Vallès Ⓜ *Charonne – ✆ 01 43 71 49 52 – www.restaurantlechardenoux.com*

• TRADITIONNELLE • Formule 22 € – Menu 27 € (déj. en semaine)/39 € – Carte 50/64 €

Rouvert pour ses 100 ans (en 2008) sous l'impulsion de Cyril Lignac, ce charmant bistrot remet à la mode la tradition : pâté en croûte, œuf cocotte aux cèpes, saumon mariné, hachis parmentier de canard, paris-brest...

Qui plume la Lune (Jacky Ribault)

50 r. Amelot Ⓜ Chemin Vert – ✆ 01 48 07 45 48 – Fermé août, 1er-9 janv., dim., lundi, mardi et fériés

• MODERNE • Formule 45 € – Menu 60/110 € *(réservation conseillée)*

C'est d'abord un joli endroit, chaleureux et romantique. Et c'est aussi, et surtout, une cuisine signée par un passionné, pleine de vitalité et de fraîcheur, inventive, avec des produits triés sur le volet (bio, beaux légumes, etc.). Savoureux moment sous la clarté de cette table aussi lunaire que terrestre...

➜ Cuisine du marché.

Bon Kushikatsu

24 r. Jean-Pierre Timbaud Ⓜ Oberkampf – ✆ 01 43 38 82 27 – Fermé le midi et dim.

• JAPONAISE • Menu 58 € *(réservation conseillée)*

Pour un voyage express à Osaka, à la découverte de la spécialité culinaire de la ville : les kushikatsu (des minibrochettes panées et frites à la minute). Bœuf au sansho, foie gras poivré, champignon shiitaké : les préparations se succèdent et révèlent de belles saveurs. Et l'accueil délicat finit de transporter au Japon…

Septime (Bertrand Grébaut)

80 r. de Charonne Ⓜ Charonne – ✆ 01 43 67 38 29 – www.septime-charonne.fr – Fermé 3 semaines en août, lundi midi, sam. et dim.

• MODERNE • Menu 28 € (déj.)/55 €

Des fournisseurs triés sur le volet, beaucoup de fraîcheur et d'aisance, de la passion et même un peu de malice, mais toujours de la précision et de la justesse : mené par le jeune Bertrand Grébaut, Septime symbolise le meilleur de cette nouvelle génération de tables parisiennes à la fois très branchées et... très épicuriennes ! ➜ Cuisine du marché.

Tintilou

37 bis r. de Montreuil Ⓜ Faidherbe-Chaligny – ✆ 01 43 72 42 32 – www.letintilou.fr – Fermé 3 semaines en août, 1 semaine en fév., sam. midi et dim.

• MODERNE • Formule 12 € – Menu 35 € – Carte 47/63 €

Cet ancien relais de mousquetaires du 16e s. est désormais un lieu contemporain et original. Le cadre idéal pour une cuisine voyageuse et soignée, qui mise sur de très beaux produits.

Astier

44 r. J.-P.-Timbaud Ⓜ Parmentier – ✆ 01 43 57 16 35 – www.restaurant-astier.com – Fermé 1er-5 janv., dim. en août, lundi midi et sam.

• TRADITIONNELLE • Formule 23 € – Menu 39 € – Carte environ 40 € *(réservation conseillée)*

Une ambiance décontractée règne dans ce bistrot traditionnel très animé. Suggestions à l'ardoise et grand choix de vins au classement original : vins de soif, de méditation...

Pierre Sang in Oberkampf

55 r. Oberkampf Ⓜ Parmentier – www.pierresangboyer.com – Fermé 2 semaines en août, 30 déc.-8 janv., dim. et lundi

• MODERNE • Formule 15 € – Menu 20 € (déj.)/39 €

Qui est adepte de l'émission Top Chef connaît forcément Pierre Sang, finaliste de l'édition 2011. On retrouve toute la gentillesse du jeune homme, qui délivre, ici chez lui, une cuisine sensible et partageuse. Les produits viennent des commerçants voisins, on passe en ami (pas de réservation) : un sympathique endroit !

Bistrot Paul Bert

18 r. Paul-Bert Ⓜ Faidherbe Chaligny – ✆ 01 43 72 24 01 – Fermé août, dim. et lundi

• TRADITIONNELLE • Menu 19 € (déj. en semaine)/38 € – Carte 35/59 € *(réservation conseillée)*

Sur la façade de ce sympathique bistrot s'affiche "Cuisine familiale". Traduisez : entrecôte, parmentier de joue de bœuf, etc. Gardez de la place pour le baba au rhum !

L'Écailler du Bistrot

22 r. Paul-Bert Ⓜ *Faidherbe Chaligny – ✆ 01 43 72 76 77 – Fermé août, dim. et lundi*

• POISSONS ET FRUITS DE MER • Menu 18 € (déj. en semaine) – Carte 39/63 €

Le point fort de la maison ? Des produits de la mer très frais, et des huîtres ! Ambiance 100 % marine, ardoise du jour iodée, menu homard toute l'année et belle carte des vins.

Sassotondo

40 r. J.-P. Timbaud Ⓜ *Parmentier – ✆ 01 43 55 57 00 – www.sassotondo.com – Fermé 3 semaines en août, 25 déc.-1er janv., mardi et merc.*

• ITALIENNE • Formule 16 € – Carte 36/65 €

Cette trattoria contemporaine porte le nom d'un domaine viticole. L'ambiance est sympathique et décontractée, idéale pour se régaler de spécialités italiennes traditionnelles : acquacotta, crespelle alla fiorentina, zuppa inglese, etc. Va bene !

Rino

46 r. Trousseau Ⓜ *Ledru-Rollin – ✆ 01 48 06 95 85 – www.rino-restaurant.com – Fermé mi-août à mi-sept., vacances de Noël, dim., lundi et le midi sauf vend. et sam.*

• ITALIENNE • Formule 23 € – Menu 28 € (déj.), 41/58 € *(réservation conseillée)*

Dans cette adresse discrète du square Trousseau, le décor joue la carte de la simplicité et met d'autant mieux en valeur la cuisine, fraîche et savoureuse, d'inspiration latine (pâtes fraîches maison). Réservez, les places sont comptées.

Auberge Flora

44 bd Richard-Lenoir Ⓜ *Bréguet Sabin – ✆ 01 47 00 52 77 – www.aubergeflora.com*

• MODERNE • Formule 18 € – Menu 22 € (déj.), 45/55 € – Carte 30/60 €

Un vrai lieu de vie que cette auberge d'aujourd'hui, créée par la chef Flora Mikula : que l'on réside à l'hôtel ou non, on a l'impression d'être reçu comme à la maison ! La cuisine, pétillante et débordante de soleil et de saveurs, invite à la convivialité. Et l'on peut passer simplement pour grignoter quelques tapas...

Le Temps au Temps

13 r. Paul-Bert Ⓜ *Faidherbe Chaligny – ✆ 01 43 79 63 40 – Fermé 9-24 août, 20-29 déc., mardi midi, dim. et lundi*

• TRADITIONNELLE • Menu 19 € (déj. en semaine)/30 €

Prenez donc le temps de découvrir cette charmante petite adresse. L'ardoise énumère de belles suggestions bistrotières : tartine de maquereaux et rillettes, carré de veau et caviar d'aubergines, baba au rhum et pêches au sirop, etc.

Caffé dei Cioppi

159 r. du Faubourg-St-Antoine Ⓜ *Ledru Rollin – ✆ 01 43 46 10 14 – Fermé 3 semaines en août, vacances de Noël, sam., dim. et lundi*

• ITALIENNE • Carte 26/41 € *(réservation conseillée)*

Un restaurant minuscule – avec seulement cinq tables – et spartiate, mais épatant. Elle vient de Milan, lui de Sicile, leurs assiettes ont le charme de l'Italie : charcuteries, risottos, linguini aux palourdes... Un défilé de belles saveurs italiennes, incontournables ou plus inattendues.

La Pulpéria

11 r. Richard-Lenoir Ⓜ *Voltaire – ✆ 01 40 09 03 70 – Fermé août, 31 déc.-6 janv., sam. midi et dim.*

• TRADITIONNELLE • Formule 18 € – Menu 22 € (déj.) – Carte 35/57 € *(réservation conseillée)*

Elle se situe à Charonne, cette Pulpéria – du nom de ces épiceries qu'on trouve en Amérique latine –, mais elle porte bien cette appellation : c'est l'affaire d'un jeune chef argentin, formé dans de fameuses maisons parisiennes, qui revisite ici les recettes de son pays – dont de belles viandes – et de l'Hexagone. *Es bueno !*

Au Vieux Chêne

7 r. du Dahomey Ⓜ Faidherbe Chaligny – ✆ 01 43 71 67 69 – www.vieux-chene.fr – Fermé 19-27 avril, 27 juil.-17 août, 24 déc.-1er janv., sam. et dim.

• TRADITIONNELLE • Formule 15 € – Menu 19 € (déj.)/33 € – Carte 40/50 €

Ce bistrot de quartier ne désemplit pas. Sa cuisine bistrotière et son cadre authentique y sont pour beaucoup, de même sa carte des vins qui propose des crus à prix très sages.

Le Sot l'y Laisse

70 r. Alexandre-Dumas Ⓜ Alexandre Dumas – ✆ 01 40 09 79 20 – Fermé 3 semaines en août, 1 semaine en déc., sam. midi, lundi midi et dim.

• MODERNE • Formule 18 € – Menu 24 € (déj.) – Carte 42/70 €

Bien sot qui laisserait de côté ce beau bistrot ! Aux fourneaux, Eiji Doihara, originaire d'Osaka, rend un bel hommage à cette gastronomie française qui le passionne : généreuses et gourmandes, ou légères et délicates, ses recettes font mouche à chaque fois. L'adresse remporte un succès mérité.

Le Chateaubriand

129 av. Parmentier Ⓜ Goncourt – ✆ 01 43 57 45 95 – www.lechateaubriand.net – Fermé 25 déc.-1er janv., dim., lundi et le midi

• MODERNE • Menu 60/120 €

Le Chateaubriand, c'est un peu le temple de la mouvance bistronomique, placé sous le feu des projecteurs médiatiques depuis de longues années maintenant. Une institution en somme, qui cultive une formule éprouvée : celle d'un menu unique qui joue sur des associations de saveurs originales. Créativité rime avec branché...

Manger Ⓝ

24 r. Keller Ⓜ Bréguet-Sabin – ✆ 01 43 38 69 15 – http://manger-leresto.com – Fermé dim. soir

• MODERNE • Formule 25 € – Menu 32/55 € – Carte 45/60 €

Cette table, qui prolonge l'action de l'association Toques et Partage, fait rimer gastronomie avec solidarité : un tiers de l'équipe est composée de chômeurs en réinsertion. Les recettes du chef, modernes et en prise sur le marché et les saisons, vont bien à la salle, épurée et lumineuse. Un grand bravo !

Auberge Pyrénées Cévennes

106 r. de la Folie-Méricourt Ⓜ République – ✆ 01 43 57 33 78 – Fermé 1er-21 août, sam. midi, dim. et fériés

• REGIONALE ET TERROIR • Menu 31 € – Carte 30/70 €

Les plaisanteries fusent, la patronne prodigue un accueil inégalable et les assiettes – un véritable tour de France gourmand – débordent de générosité... L'adresse pour bons vivants !

Villaret

soir,

13 r. Ternaux Ⓜ Parmentier – ✆ 01 43 57 75 56 – Fermé 2 semaines en août, sam. midi et dim.

• TRADITIONNELLE • Formule 20 € – Menu 25 € (déj.), 32/55 € – Carte 40/60 €

Dès la porte d'entrée, cela sent bon ! Ce bistrot convivial propose des plats de saison attrayants : œuf cocotte au foie gras, lotte au petit salé, croustillant chocolat... Beau choix de vins.

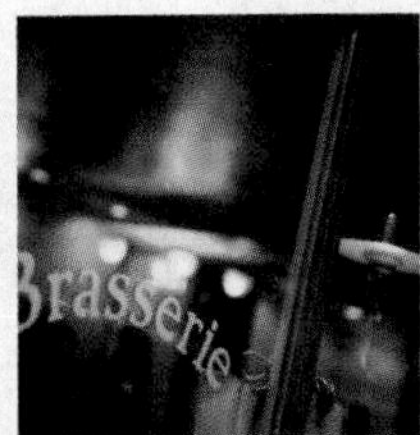
J. Palut/Fotolia.com

Bastille · Bercy · Gare de Lyon

12e arrondissement ✉ 75012

Pullman Paris Bercy

1 r. de Libourne Ⓜ *Cour St-Émilion – ✆ 01 44 67 34 00 – www.pullmanhotels.com*
386 ch – 200/420 € 200/420 € – 11 suites – 25 €
Rest *Café Ké* ✆ 01 44 67 34 71 – Formule 29 € – Menu 35 € (semaine) – Carte 38/68 € *(fermé 3 semaines en août et 1 semaine fin déc.)*
Un immeuble reconnaissable à son imposante façade en verre. Les chambres, dont certaines offrent une belle vue sur Paris, sont de style contemporain. Au Café Ké, règne l'ambiance sympathique du "village" de Bercy ; brunch le dimanche.

Novotel Gare de Lyon

2 r. Hector-Malot Ⓜ *Gare de Lyon – ✆ 01 44 67 60 00 – www.accorhotels.com*
253 ch – 135/600 € 135/600 € – 2 suites – 17 €
Rest – Formule 19 € – Carte 25/44 €
Bâtiment récent donnant sur une place calme. Chambres conformes aux dernières normes de la chaîne, avec des terrasses au 6e étage. Piscine, fitness et espace enfant bien aménagé. Décor contemporain au Novotel Café.

Novotel Bercy

85 r. de Bercy Ⓜ *Bercy – ✆ 01 43 42 30 00 – www.novotel.com*
151 ch – 165/317 € 165/317 € – 16 €
Rest – Formule 19 € – Carte 19/44 €
Des chambres contemporaines et lumineuses avec balcon, près du parc de Bercy, pour un bon rapport qualité-prix. À la belle saison, la terrasse du restaurant est prisée pour son calme. Carte traditionnelle et recettes à la plancha.

Mercure Gare de Lyon sans rest

2 pl. Louis-Armand Ⓜ *Gare de Lyon – ✆ 01 43 44 84 84 – www.mercure.com*
315 ch – 124/395 € 124/395 € – 18 €
L'architecture récente de cet hôtel contraste avec le beffroi de la gare de Lyon tout proche. Les chambres sont de taille moyenne, résolument tendance et bien équipées.

Paris Bastille sans rest

67 r. de Lyon Ⓜ *Bastille – ✆ 01 40 01 07 17 – www.hotelparisbastille.com*
37 ch – 200/311 € 214/311 € – 14 €
Beaux tissus, bois exotique et teintes choisies caractérisent les chambres et la salle des petits-déjeuners de cet hôtel moderne et confortable, situé face à l'Opéra Bastille.

Claret

44 bd de Bercy Ⓜ *Bercy – ✆ 01 46 28 41 31 – www.hotel-claret.com*
52 ch – 120/140 € 140/185 € – 12 € – ½ P
Rest – Formule 15 € – Menu 20/32 € *(fermé sam., dim. et fériés)*
Cet ancien relais de poste est l'un des derniers vestiges du Bercy d'antan. Les chambres ont du caractère grâce à un savant mélange d'ancien et de moderne. Cadre et carte façon bistrot, avec quelques recettes lyonnaises.

Color Design sans rest

35 r. de Citeaux Ⓜ *Faidherbe Chaligny – ✆ 01 43 07 77 28 – www.colordesign-hotel-paris.com*
46 ch – 120/235 € 120/290 € – 12 €
L'enseigne dit tout ! Chaque chambre arbore un mobilier en plexiglas de couleur différente (jaune, vert, bleu, violet...). Belle salle voûtée pour les petits-déjeuners.

Terminus Lyon sans rest

19 bd Diderot Ⓜ Gare de Lyon – ✆ 01 56 95 00 00 – www.hotelterminuslyon.com
60 ch – †70/295 € ††85/295 € – ☕ 11 €
Face à la gare de Lyon, une adresse familiale bien tenue. Les chambres sont sobres, plus grandes côté boulevard et plus calmes côté cour.

Quartier Hotel Bercy Square sans rest

33 bd de Reuilly Ⓜ Daumesnil – ✆ 01 44 87 09 09 – www.lequartierhotelbs.com
57 ch – †115/135 € ††135/170 € – ☕ 13 €
Atout majeur de cet hôtel : son emplacement au calme et sa courette typiquement parisienne. Les chambres et les parties communes sont décorées dans un esprit design.

Au Trou Gascon

40 r. Taine Ⓜ Daumesnil – ✆ 01 43 44 34 26 – www.autrougascon.fr – Fermé août, 1er-7 janv., sam. et dim.
• DU SUD-OUEST • Menu 42 € (déj.)/62 € – Carte 63/79 €
Une adresse bien connue des amateurs du Sud-Ouest ! De l'Adour et de l'Océan, plus précisément, à commencer par le cassoulet – incontournable –, les gibiers ou le vieux jambon "au couteau". Mais la carte sait aussi se faire créative et contemporaine... ➜ Daurade royale marinée, caviar d'aubergine, roquette et avocat. Tendron de bœuf de Chalosse cuit à l'étouffée, macaronis aux cèpes. Russe pistachée et baies rouges macérées au guignolet.

Jodhpur Palace

42 allée Vivaldi Ⓜ Daumesnil – ✆ 01 43 40 72 46 – www.jodhpurpalace.com
• INDIENNE • Formule 14 € – Menu 25/29 € – Carte 23/54 €
L'Inde du Nord et ses saveurs parfumées s'invitent à la table de ce "palace" oriental au décor exotique (fresques, bois ouvragé). Calme terrasse ; accueil aimable et prix sages.

Le Janissaire soir,

22 allée Vivaldi Ⓜ Daumesnil – ✆ 01 43 40 37 37 – www.lejanissaire.fr – Fermé sam. midi et dim.
• TURQUE • Formule 15 € – Menu 23 € 🍷/46 € – Carte 25/47 €
Ambiance et cuisine sous le signe de la Turquie, comme l'indique l'enseigne. Profitez de la terrasse ou franchissez la "Sublime Porte" pour déguster mezze, aubergines farcies, köfte...

Table - Bruno Verjus Ⓝ

3 r. de Prague Ⓜ Ledru Rollin – ✆ 01 43 43 12 26 – www.tablerestaurant.fr – Fermé 3 semaines en août, vacances de Noël, sam. et dim.
• MODERNE • Carte 40/89 € *(réservation conseillée)*
Choisir les plus beaux produits, les cuisiner avec humilité : tel est le credo de Bruno Verjus, étonnant personnage, entrepreneur, blogueur et critique gastronomique... devenu chef ! Dans ses recettes, pleines d'énergie et de saveurs, tout en jeux de textures, l'on devine une passion sincère et... communicative !

Quincy

28 av. Ledru-Rollin Ⓜ Gare de Lyon – ✆ 01 46 28 46 76 – www.lequincy.fr – Fermé 10 août-10 sept., sam., dim. et lundi
• TRADITIONNELLE • Carte 45/80 €
Une ambiance chaleureuse règne dans ce lieu où l'on sert une des dernières vraies cuisines de bistrot parisien qui, comme "Boboss", le patron, ne manque pas de caractère !

À La Biche au Bois

45 av. Ledru-Rollin Ⓜ Gare de Lyon – ✆ 01 43 43 34 38 – Fermé 25 juil.-25 août, 23 déc.-2 janv., lundi midi, sam. et dim.
• TRADITIONNELLE • Formule 19 € – Menu 25 € 🍷 (déj.)/30 € – Carte 30/42 €
On mange au coude-à-coude dans ce discret restaurant car les habitués sont nombreux et l'ambiance animée. Cuisine traditionnelle et gibier en saison... de la biche bien entendu.

La Gazzetta

29 r. de Cotte Ⓜ *Ledru Rollin – ✆ 01 43 47 47 05 – www.lagazzetta.fr – Fermé août, dim. et lundi*
• MODERNE • Formule 19 € – Menu 45/65 € – Carte environ 50 € dîner
Adresse dédiée à la Méditerranée. Son concept "tout en un" – restaurant, bar à vins, café (presse étrangère à disposition) – en fait un repaire branché. Belle cuisine du Sud.

L'Auberge Aveyronnaise

40 r. Gabriel-Lamé Ⓜ *Cour St-Émilion – ✆ 01 43 40 12 24 – Fermé 1er-15 août*
• REGIONALE ET TERROIR • Formule 20 € – Menu 26/32 € – Carte 35/48 €
Nappes à carreaux, décoration un peu rustique : on célèbre ici, à deux pas du Bercy Village, le terroir rouergat et les spécialités aveyronnaises, tripoux et aligot compris.

Le Cotte Rôti

1 r. de Cotte Ⓜ *Ledru-Rollin – ✆ 01 43 45 06 37 – Fermé 3 semaines en août, 24 déc.-2 janv., sam. midi, dim. et lundi*
• MODERNE • Formule 19 € – Menu 39 €
Un restaurant à l'image de son chef, convivial et bon vivant, dans un quartier jeune et animé. La cuisine de bistrot gagne ici en finesse et en simplicité, évoluant au gré du marché et de l'humeur du jour. Focus sur les crus bourguignons.

Le Lys d'Or

5 pl. Col-Bourgoin Ⓜ *Reuilly Diderot – ✆ 01 44 68 98 88 – www.lysdor.com*
• CHINOISE • Formule 15 € 🍷 – Menu 25/33 € – Carte 26/41 €
Beaucoup de plantes vertes, des fontaines... comme en Asie ! Le propriétaire cultive l'art culinaire chinois à travers ses régions phare : Sichuan, Shanghai, Canton, Pékin.

Assaporare

7 r. St-Nicolas Ⓜ *Ledru-Rollin – ✆ 01 44 67 75 77 – Fermé août, vacances de Noël, sam. midi, lundi soir, mardi soir et dim.*
• ITALIENNE • Formule 15 € – Menu 25 € (dîner)/30 € – Carte 30/47 €
(réservation conseillée)
Dans un cadre charmant tout en poutres et pierres apparentes, on vient "assaporare" (savourer) des spécialités napolitaines ; carte de vins français et italiens.

Il Goto Ⓝ

212 bis r. de Charenton Ⓜ *Dugommier – ✆ 01 43 46 30 02 – www.ilgoto.fr – Fermé 3 semaines en août, vacances de Noël, dim. et lundi*
• ITALIENNE • Formule 16 € 🍷 – Menu 20 € 🍷 (déj. en semaine) – Carte 30/43 €
Sympathique, ce restaurant tenu par Marzia et Simone, un couple d'Italiens passionnés. Carpaccio de bœuf mariné au gros sel, romarin, genièvre et crème d'aubergine ; gnocchis de pain aux saucisses et crème de grana padano... Des créations goûteuses et soignées, que l'on accompagne d'un bon petit rouge transalpin !

PARIS

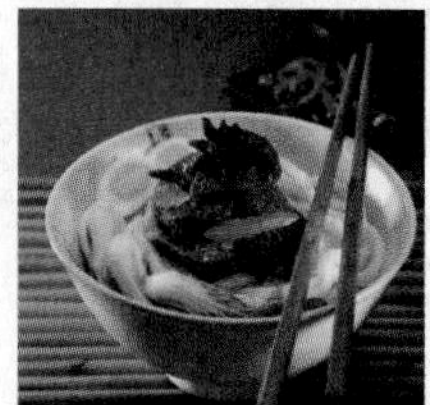
Food Collection/hemis.fr

Place d'Italie · Gare d'Austerlitz · Bibliothèque nationale de France

13e arrondissement

✉ 75013

Mercure Place d'Italie sans rest

25 bd Auguste-Blanqui Ⓜ *Place d'Italie – ✆ 01 45 80 82 23 – www.mercure-paris-italie.com*

50 ch – †110/400 € ††110/400 € – ☕ 16 €

À proximité de la place d'Italie, un hôtel plutôt intime, décoré de photos du vieux Paris. Les chambres sont fonctionnelles, chaleureuses et bien insonorisées.

La Demeure sans rest

51 bd St-Marcel Ⓜ *Les Gobelins – ✆ 01 43 37 81 25 – www.hotel-paris-lademeure.com*

37 ch – †120/180 € ††130/220 € – 6 suites – ☕ 13 €

Un bel immeuble haussmannien où l'on saura faciliter votre séjour ! Chambres pratiques et colorées, salon cosy, petit-déjeuner buffet. Belle collection de photos du Paris d'autrefois.

Ibis Styles Tolbiac Bibliothèque sans rest

21 r. Tolbiac Ⓜ *Bibliothèque F. Mitterrand – ✆ 01 45 84 61 61 – http://ibisstyles.com*

69 ch ☕ – †85/195 € ††95/205 €

À quelques pas des berges de la Seine et de la bibliothèque François-Mitterrand, un établissement fonctionnel, dont les chambres et le bar ont été décorés avec goût et sobriété.

La Manufacture sans rest

8 r. Philippe-de-Champagne Ⓜ *Place d'Italie – ✆ 01 45 35 45 25 – www.hotel-la-manufacture.com*

56 ch – †70/210 € ††80/230 € – ☕ 13 €

À deux pas de la place d'Italie, un hôtel chaleureux décoré avec élégance, où l'on cultive le sens de l'accueil. Les chambres sont plutôt petites mais impeccablement tenues.

Jack's Hôtel sans rest

19 r. Pichon Ⓜ *Place d'Italie – ✆ 01 45 85 17 34 – www.jacks-hotel.com*

30 ch – †94/147 € ††105/168 € – ☕ 10 €

Près de la place d'Italie mais en retrait de l'agitation, cet hôtel dispose de chambres fonctionnelles et colorées. Pour l'anecdote, l'une d'elles fut celle où l'écrivain Jean Genet passa les derniers moments de sa vie. Prix raisonnables. Une adresse idéale pour la clientèle d'affaires.

Le Vert Galant sans rest

43 r. Croulebarbe Ⓜ *Les Gobelins – ✆ 01 44 08 83 50 – www.vertgalant.com*

16 ch – †90/150 € ††95/150 € – ☕ 10 €

Un luxe à Paris : un hôtel familial aux chambres coquettes et calmes, qui donnent presque toutes sur un jardin privé et fleuri à la belle saison.

L'Auberge du 15

15 r. de la Santé Ⓜ *Glacière – ✆ 01 47 07 07 45 – www.laubergedu15.com – Fermé août, vacances de Noël, dim. et lundi*

• CLASSIQUE • Menu 30 € (déj.), 68/120 € – Carte 59/166 €

Fruits, légumes, viandes tendres à cœur : tout, ou presque, vient de l'Aubrac ! Le jeune chef est passé par de belles maisons et cela se sent ; il voulait son propre restaurant, se tenir loin des tendances... Classique et hautement recommandable.

Au Petit Marguery

9 bd de Port-Royal Ⓜ *Les Gobelins – ✆ 01 43 31 58 59 – www.petitmarguery.fr*
• TRADITIONNELLE • Formule 24 € – Menu 27 € (déj.), 31/75 € 🍷
– Carte 36/56 €

Un décor Belle Époque authentique, plaisant et convivial. La carte est dans la grande tradition : terrines maison, tête de veau ravigote, gibier en saison... Juste à côté, le Comptoir Marguery se la joue canaille, façon bistrot à sensation. Une adresse qui a une âme !

Et aussi ***Le Comptoir Marguery*** ✆ 01 42 17 43 43 – Formule 17 €
– Menu 21/33 € 🍷

L'Avant Goût

26 r. Bobillot Ⓜ *Place d'Italie – ✆ 01 53 80 24 00 – www.lavangout.com*
– Fermé dim. et lundi
• MODERNE • Formule 15 € 🍷 – Menu 33 € – Carte 33/45 € *(réservation conseillée)*

Non loin de la place d'Italie, on déguste au coude-à-coude une cuisine du marché assez originale (le pot-au-feu de cochon aux épices !), dans une ambiance décontractée.

Les Cailloux

58 r. des Cinq-Diamants Ⓜ *Corvisart – ✆ 01 45 80 15 08 – www.lescailloux.fr*
– Fermé 1 semaine en août et 1 semaine vacances de Noël
• ITALIENNE • Formule 14 € – Menu 18 € (déj. en semaine) – Carte 34/49 €

Parmi les nombreuses tables de la Butte-aux-Cailles, il y a ce bistrot italien à l'ambiance décontractée, où l'on se régale sans se ruiner d'une belle cuisine ensoleillée.

Impérial Choisy

32 av. de Choisy Ⓜ *Porte de Choisy – ✆ 01 45 86 42 40*
• CHINOISE • Carte 17/51 €

Authentique restaurant chinois apprécié par de nombreux Asiatiques qui en ont fait leur cantine. Logique, à en juger par les délicieuses spécialités cantonaises qu'on y sert !

Lao Lane Xang 2

102 av. d'Ivry Ⓜ *Tolbiac – ✆ 01 58 89 00 00 – www.restolaolanexang.com*
– Fermé jeudi midi et merc.
• VIETNAMIENNE • Formule 11 € 🍷 – Carte 19/35 €

Ce restaurant familial du Chinatown parisien exalte les saveurs du Laos, du Vietnam et de la Thaïlande. Le cadre, sobre et contemporain, change des "cantines" du quartier.

L'Ourcine

92 r. Broca Ⓜ *Les Gobelins – ✆ 01 47 07 13 65 – Fermé 3 semaines en août, dim. et lundi*
• TRADITIONNELLE • Formule 26 € – Menu 34 €

Qualité et modestie résument bien l'esprit de l'Ourcine, un sympathique petit bistrot – rénové en 2013 – qui propose une cuisine inspirée et liée aux saisons. Menu du jour et ardoise "coups de cœur" regorgent de belles propositions...

Variations

18 r. des Wallons Ⓜ *Saint-Marcel – ✆ 01 43 31 36 04*
– www.restaurantvariations.com – Fermé août, sam. midi et dim.
• TRADITIONNELLE • Formule 17 € – Menu 19 € (déj.), 37/48 € – Carte 36/64 €

Au menu de ce charmant bistrot : une cuisine traditionnelle osant... les variations au gré du marché et des saisons. Le chef (un ancien pilote de chasse !) est un amoureux du beau produit.

Basilic & Spice Ⓝ

88 av. de Choisy Ⓜ *Porte de Choisy – ✆ 01 45 85 19 30 – www.basilicspice.com*
– Fermé 3 semaines en juil.
• THAÏLANDAISE • Formule 13 € – Menu 19 € (déj. en semaine)/36 €
– Carte 25/40 €

Au cœur du Chinatown parisien, ce restaurant propose une carte essentiellement thaïlandaise, où s'invitent quelques recettes du Cambodge voisin. Salade de papaye aux crevettes, poulet sauté au curry rouge, ou encore bar entier grillé dans une feuille de bananier à la façon khmère... Le plaisir est au rendez-vous !

Mer de Chine
159 r. Château-des-Rentiers Ⓜ Place d'Italie – ✆ 01 45 84 22 49 – fermé juil.
• CHINOISE • Menu 15 € (déj. en semaine)/25 € – Carte 20/80 €
Dans ce restaurant près de la place d'Italie, on prépare de la cuisine teochew, traduisez : du sud de Canton. Goûteux et accueillant, le tout sur une bande-son bien chinoise !

Le Lotus Ⓝ
121 av. d'Ivry Ⓜ Tolbiac – ✆ 01 53 61 00 61 – www.lelotus13.com – Fermé 1er-15 sept. et lundi
• VIETNAMIENNE • Carte 16/36 €
Face au succès de leur restaurant Bambou, Madeleine N'Guyen et son mari ont créé cette bouture non moins savoureuse, Le Lotus. Même recette : cette "cantine" mise tout sur une cuisine 100 % vietnamienne sachant mettre l'eau à la bouche : salade d'ananas aux fruits de mer, bœuf sauté au basilic... Parfums et générosité !

Bambou
70 r. Baudricourt Ⓜ Les Olympiades – ✆ 01 45 70 91 75 – Fermé 1er-15 sept. et lundi
• VIETNAMIENNE • Carte 16/33 €
Une vraie cantine vietnamienne, qui attire les foules... si bien que l'on est conduit à ne pas rester attablé bien longtemps ! Les raisons de ce succès : les parfums authentiques des spécialités proposées, en particulier un large choix de soupes aux fumets très aromatiques...

Sukhothaï
12 r. Père-Guérin Ⓜ Place d'Italie – ✆ 01 45 81 55 88 – Fermé 5-24 août, lundi midi et dim.
• THAÏLANDAISE • Formule 13 € – Menu 24/27 € – Carte 26/35 €
Dans une ruelle calme à deux pas de la place d'Italie, une savoureuse cuisine thaïe servie dans un décor adéquat... où l'on joue des coudes. Accueil tout sourire.

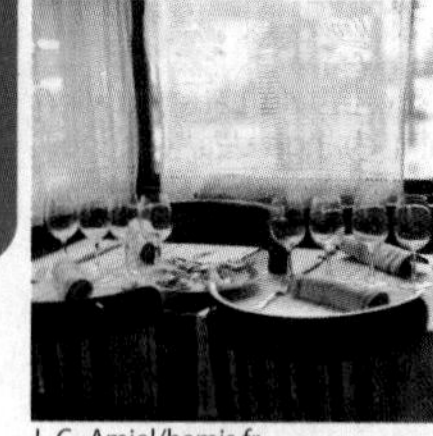
J.-C. Amiel/hemis.fr

Montparnasse · Denfert Rochereau · Parc Montsouris

14e arrondissement ✉ 75014

Pullman Montparnasse
19 r. du Cdt-Mouchotte Ⓜ Montparnasse Bienvenüe – ✆ 01 44 36 44 36 – www.pullmanhotels.com
918 ch – 🛉159/517 € 🛉🛉159/517 € – 35 suites – ☕ 25 €
Rest – Formule 41 € – Menu 43 € – Carte 55/70 €
Avec ses 900 chambres et sa cinquantaine de salles de réunion, c'est l'un des plus importants hôtels d'affaires de la capitale. Près de la moitié des chambres offrent une vue panoramique sur Paris ; toutes sont très confortables.

Concorde Montparnasse
40 r. du Cdt-Mouchotte Ⓜ Gaîté – ✆ 01 56 54 84 00 – http://montparnasse.concorde-hotels.fr
354 ch – 🛉125/550 € 🛉🛉125/550 € – ☕ 19 €
Rest – Formule 18 € – Carte 31/43 € *(fermé sam. et dim.)*
Sur la place de Catalogne, dessinée par Ricardo Bofill, cet hôtel contemporain, aux chambres spacieuses et fonctionnelles, est particulièrement adapté aux voyages d'affaires. Parmi ses prestations : un bar lounge, un restaurant (avec formules buffet) et un patio aménagé en terrasse.

Aiglon sans rest
232 bd Raspail Ⓜ Raspail – ✆ 01 43 20 82 42 – www.aiglon.com
36 ch – 🚹137/310 € 🚹🚹137/310 € – 10 suites – ☕ 16 €
L'immeuble est né pendant les Années folles et a accueilli Giacometti et Buñuel. En accord avec la façade, l'esprit des années 1920 a inspiré la nouvelle décoration des chambres (motifs rétro, mosaïques des salles de bains, etc.), très chaleureuses et confortables. À noter : une petite partie reste encore à rénover.

Mercure Raspail Montparnasse sans rest
207 bd Raspail Ⓜ Vavin – ✆ 01 43 20 62 94 – www.mercure.com
63 ch – 🚹145/230 € 🚹🚹145/230 € – ☕ 14 €
Tout près des brasseries légendaires du boulevard du Montparnasse, l'établissement propose des chambres confortables, colorées et bien aménagées. Une bonne option pour un séjour d'affaires comme pour un week-end dans la capitale.

Delambre sans rest
35 r. Delambre Ⓜ Edgar Quinet – ✆ 01 43 20 66 31 – www.hoteldelambreparis.com
30 ch – 🚹95/160 € 🚹🚹115/160 € – ☕ 13 €
Dans cet hôtel proche de la gare Montparnasse, le souvenir d'André Breton et de Paul Gauguin plâne encore... On pourra donc relire Nadja ou méditer sur l'école de Pont-Aven dans une chambre sobre et fonctionnelle, avant une belle promenade.

PARIS

Le M Ⓝ sans rest
20 bis r. de la Gaité Ⓜ Gaieté – ✆ 01 40 47 48 49 – www.hotelmparis.com
59 ch – 🚹129/350 € 🚹🚹129/410 € – ☕ 19 €
Sur l'animée rue de la Gaité, où s'est forgé le mythe du Montparnasse festif, cet hôtel a joui d'une cure de jouvence en 2013 : bonne insonorisation, confort sûr et esprit contemporain... avec même dans quelques chambres des détails canailles, tels une moquette léopard et un escarpin en tableau. Les Montparnos auraient aimé !

Le Fabe sans rest
113 bis r. de l'Ouest Ⓜ Pernety – ✆ 01 40 44 09 63 – www.lefabehotel.fr
17 ch – 🚹110/200 € 🚹🚹110/200 € – ☕ 10 €
De grandes photographies colorées veillent sur votre sommeil, donnant à chaque chambre sa personnalité. Un style très moderne et volontiers élégant, proposé à prix sage dans ce petit hôtel du quartier Pernety. Pour rester zen...

Lenox Montparnasse sans rest
15 r. Delambre Ⓜ Vavin – ✆ 01 43 35 34 50 – www.lenoxmontparnasse.com
52 ch – 🚹109/400 € 🚹🚹129/400 € – ☕ 17 €
Une certaine atmosphère... Bar et salons dégagent un charme feutré et les chambres ont du style avec leurs meubles anciens, leurs teintes chaleureuses et leurs beaux tissus. Pour plus d'espace, préférez les junior suites.

Hôtel du Midi sans rest
4 av. René-Coty Ⓜ Denfert Rochereau – ✆ 01 43 27 23 25 – www.midi-hotel-paris.com
45 ch – 🚹113/145 € 🚹🚹135/185 € – ☕ 10 €
Proximité de la place Denfert-Rochereau, chambres insonorisées et propres, petit-déjeuner biologique... Pour séjourner dans le quartier, ne cherchez plus Midi... à quatorze heures !

Châtillon Paris Montparnasse sans rest
11 square Châtillon Ⓜ Porte d'Orléans – ✆ 01 45 42 31 17 – www.hotelchatillon.fr
31 ch – 🚹100/160 € 🚹🚹100/160 € – ☕ 10 €
Les habitués de cet hôtel apprécient son calme, il faut dire que les chambres donnent sur un square au fond d'une impasse. Un certain charme donc pour une adresse impeccablement tenue, qui permet de bien se reposer à prix raisonnable. Mais chut...

Hôtel de la Paix sans rest

225 bd Raspail Ⓜ Raspail – ✆ 01 43 20 35 82 – www.paris-montparnasse-hotel.com

39 ch – 🚹99/255 € 🚹🚹108/255 € – ☕ 10 €

Une maison de charme, que ses propriétaires décorent avec passion : les lieux regorgent d'objets chinés et de mobilier ancien ! Les chambres affichent un style sage, clair et coquet.

Apollon Montparnasse sans rest

91 r. de l'Ouest Ⓜ Pernety – ✆ 01 43 95 62 00 – www.apollon-montparnasse.com

33 ch – 🚹90/140 € 🚹🚹100/160 € – ☕ 12 €

Dans ce quartier parisien préservé au sud de la gare Montparnasse, ce petit hôtel familial, entièrement rénové, allie fraîcheur et classicisme : papiers peints à rayures, rideaux fleuris, etc. Un sympathique point de chute à prix doux pour un court séjour dans la capitale.

Le Dôme

108 bd Montparnasse Ⓜ Vavin – ✆ 01 43 35 25 81

• POISSONS ET FRUITS DE MER • Carte 75/130 €

L'un des temples de la bohème littéraire et artistique des Années folles, dont le cadre Art déco est resté mythique. Poissons et fruits de mer sont d'une grande fraîcheur et préparés dans les règles de l'art.

Cobéa (Philippe Bélissent)

11 r. Raymond-Losserand Ⓜ Gaité – ✆ 01 43 20 21 39 – www.cobea.fr – Fermé 15-21 avril, août, 22-29 déc., dim. et lundi

• MODERNE • Menu 48 € (déj.), 75/110 € *(réservation conseillée)*

Co comme Jérôme Cobou en salle, Bé comme Philippe Bélissent aux fourneaux et A comme Associés : Cobéa est l'affaire de deux jeunes professionnels passionnés, qui ont signé un lieu à leur image, c'est-à-dire guidé par le goût du bon ! Sens du produit, harmonie et force des saveurs, finesse... Une table délicieuse.

→ Coquillages, fenouil et gingembre. Saint-pierre de ligne, gnocchis à l'encre de seiche et chou-fleur. Chocolat en déclinaison.

Le Duc

243 bd Raspail Ⓜ Raspail – ✆ 01 43 20 96 30 – Fermé 2 juil.-25 août, 23 déc.-3 janv., sam. midi, dim. et lundi

• POISSONS ET FRUITS DE MER • Menu 55 € (déj.) – Carte 62/140 €

On s'y croirait dans une cabine de yacht, à l'ambiance très surannée... Une large clientèle d'habitués de longue date affectionne l'adresse pour ses produits de la mer cuisinés avec soin et simplicité – un beurre émulsionné, une huile d'olive bien choisie, etc. – afin d'en révéler toute la fraîcheur. Un classique.

Pavillon Montsouris

20 r. Gazan Ⓜ Cité Universitaire – ✆ 01 43 13 29 00 – www.pavillon-montsouris.fr – Fermé vacances de fév. et dim. soir de mi-sept. à Pâques

• MODERNE • Menu 49 € – Carte 58/97 €

Le charme de la campagne à Paris ! Ce pavillon créé à la Belle Époque dans le parc Montsouris est entouré de verdure ; et que dire de sa terrasse fleurie ? La cuisine suit les saisons et flirte avec l'air du temps...

La Coupole

102 bd Montparnasse Ⓜ Vavin – ✆ 01 43 20 14 20 – www.lacoupole-paris.com

• TRADITIONNELLE • Formule 30 € – Menu 36/59 € – Carte 40/77 €

Faut-il encore présenter cette brasserie mythique, emblème du Montparnasse des Années folles ? Née en 1927, elle eut pour habitués Kessel, Picasso, Man Ray, Sartre... Son splendide cadre Art déco, le ballet de ses serveurs, les incontournables de sa carte (banc d'écailler, curry d'agneau, etc.) : tout est intemporel.

Maison Courtine

157 av. du Maine Ⓜ Mouton Duvernet – ✆ 01 45 43 08 04 – www.lamaisoncourtine.com – Fermé 3 semaines en août, 1 semaine en fév., lundi midi, sam. midi et dim.

• MODERNE • Menu 26 € 🍷 (déj.), 39/49 €

Jadis bastion de la cuisine du Sud-Ouest bien connu entre Montparnasse et Alésia, la Maison Courtine est désormais un restaurant contemporain et intime. On y savoure une cuisine d'aujourd'hui rehaussée de touches méridionales.

L'Assiette

181 r. du Château Ⓜ *Mouton Duvernet – ✆ 01 43 22 64 86 – www.restaurant-lassiette.com – Fermé août, 1 semaine à Noël, lundi et mardi*
• CLASSIQUE • Formule 23 € – Menu 35 € (déj. en semaine) – Carte 44/70 € *(réservation conseillée)*
Une adresse franche et généreuse où l'on peut voir ce qui se trame en cuisine. Cassoulet maison, crevettes bleues obsiblue façon tartare, crème caramel au beurre salé, soufflé au chocolat... La cuisine de tradition prend l'accent bistrot chic.

La Régalade

49 av. Jean-Moulin Ⓜ *Porte d'Orléans – ✆ 01 45 45 68 58 – Fermé 25 juil.-20 août, 1er-10 janv., lundi midi, sam. et dim.*
• TRADITIONNELLE • Menu 35 € *(réservation conseillée)*
Un bistrot convivial, pour une cuisine du marché bien ficelée et généreuse, accompagnée de vins bien choisis. La Régalade ne désemplit pas et l'on sait pourquoi... Réservez !

La Cagouille

10 pl. Constantin-Brancusi Ⓜ *Gaîté – ✆ 01 43 22 09 01 – www.la-cagouille.fr*
• POISSONS ET FRUITS DE MER • Formule 26 € – Menu 42 € – Carte 40/70 €
Accord parfait entre le cadre d'inspiration marine et de beaux produits de la mer. Des crevettes grises par exemple, sautées minute, du cabillaud à la crème d'ail ou un pot-au-feu de lieu à la coriandre... Belle collection de cognacs.

La Contre Allée

83 av. Denfert-Rochereau Ⓜ *Denfert Rochereau – ✆ 01 43 54 99 86 – www.restaurant-contreallee.com – Fermé 3 semaines en août, 24-30 déc., sam. et dim.*
• MODERNE • Formule 31 € – Menu 37/70 € – Carte 50/65 €
Sur une discrète contre-allée, l'adresse a tout du restaurant parisien traditionnel... Et pourtant ! On y découvre une vraie cuisine de cuisinier, joliment travaillée – par un chef japonais – et qui fait résonner l'époque avec goût. Ambiance conviviale en prime. À découvrir sans contre-indications.

Le Cornichon

34 r. Gassendi Ⓜ *Denfert Rochereau – ✆ 01 43 20 40 19 – www.lecornichon.fr – Fermé août, 1 semaine vacances de Noël, sam. et dim.*
• MODERNE • Menu 33 € (déj.)/35 € – Carte 41/66 €
L'affaire de deux passionnés : le premier, ingénieur informatique depuis toujours épris de restauration ; le second, jeune chef formé à bonne école. Ensemble, ils ont créé ce bistrot bien d'aujourd'hui. Beaux produits, jolies recettes, riches saveurs, etc. : ce Cornichon est plein de croquant et de peps !

Le Cette Ⓝ

7 r. Campagne-Première Ⓜ *Raspail – ✆ 01 43 21 05 47 – Fermé 3 semaines en août, sam. et dim.*
• TRADITIONNELLE • Formule 18 € – Menu 22 € (déj.) – Carte 40/60 €
"Cette", c'est l'ancienne graphie de Sète et... l'hommage du patron à sa ville d'origine. Après avoir œuvré dans plusieurs bistrots parisiens, il a redonné vie à ce troquet de quartier, avec tables en formica et lustres boules. Un endroit chaleureux, où les bons produits du marché sont à l'honneur... Très savoureux !

Les Petits Plats

39 r. des Plantes Ⓜ *Alésia – ✆ 01 45 42 50 52 – Fermé 4- 25 août et dim.*
• TRADITIONNELLE • Formule 17 € – Carte 36/72 € *(réservation conseillée)*
Moulures, miroirs, comptoir en bois, grande ardoise présentant les mets du moment : un petit bistrot élégant, dans son jus 1910, pour une cuisine canaille et familiale, où les belles viandes de l'Aubrac sont notamment à l'honneur. Formule originale : la possibilité de choisir des demi-portions. Joli choix de vins.

Kigawa

186 r. du Château Ⓜ *Mouton Duvernet – ✆ 01 43 35 31 61 – www.kigawa.fr – Fermé lundi midi et mardi*

• TRADITIONNELLE • Formule 22 € – Menu 35 € – Carte 42/62 € *(réservation conseillée)*

Kigawa comme Michihiro Kigawa, le chef de cet établissement tout simple. Fort de son expérience dans un restaurant français à Osaka, le voilà à Paris pour vous régaler de pâté en croûte, pigeon rôti et autres beaux classiques de l'Hexagone, revisités avec tact.

L'Essentiel Ⓝ

168 r. d'Alesia Ⓜ *Plaisance – ✆ 01 45 42 64 80*

• TRADITIONNELLE • Formule 14 € – Menu 17 € (déj. en semaine) – Carte 24/35 € *(réservation conseillée)*

Vous aimez les ambiances animées ? Ce café-bistrot est pour vous : dans sa petite salle souvent archi-comble, on mange... serrés comme des sardines ! La cuisine aussi invite à la convivialité, entre plats canailles et jolies recettes de saison. Le tout avec une belle sélection de vins. Oui, l'adresse sait cultiver l'Essentiel.

PARIS

L'Ordonnance

51 r. Hallé Ⓜ *Mouton Duvernet – ✆ 01 43 27 55 85 – Fermé 1er-15 août, sam. sauf le soir en hiver et dim.*

• TRADITIONNELLE • Menu 18 € 🍷 (déj.), 25/34 €

À quelques pas de la place Michel-Audiard, un bistrot nouvelle vague mené par un patron chaleureux. Carré d'agneau rôti au thym, œuf poché, foie gras poêlé, etc. : franc et précis.

Les Fils de la Ferme

5 r. Mouton-Duvernet Ⓜ *Mouton Duvernet – ✆ 01 45 39 39 61 – www.filsdelaferme.com – Fermé 3 semaines en août, 2 semaines début janv., dim. et lundi*

• TRADITIONNELLE • Formule 23 € – Menu 33 €

Deux frères travaillent ici à quatre mains de bons produits de saison, dans un esprit bistrot contemporain. Médaillons de foies de volaille au chutney, filet mignon de cochon rôti, pannacotta au chocolat blanc : appétissant !

La Cantine du Troquet

101 r. de l'Ouest Ⓜ *Pernety – Fermé 2 semaines en août, dim. et lundi*

• TRADITIONNELLE • Menu 32 € – Carte 29/38 €

Banquettes rouges, tables en bois et ardoise du jour : cette cantine respire la convivialité, et l'on se régale, par exemple, d'une terrine maison, d'oreilles de cochon grillées, de couteaux à la plancha, etc. Pas de téléphone, pas de réservation.

La Grande Ourse

9 r. Georges-Saché Ⓜ *Mouton Duvernet – ✆ 01 40 44 67 85 – www.restaurantlagrandeourse.fr – Fermé août, sam. midi, dim. et lundi*

• MODERNE • Formule 18 € – Menu 21 € (déj.)/37 €

À la fois simple et élégant, ce bistrot où le gris le dispute au prune et à l'orange. Tartare d'huîtres à la crème de beaufort, croustillant de bœuf au panais, etc. Le soir, les propositions se font plus étoffées pour le plaisir des gourmets.

Le Jeu de Quilles

45 r. Boulard Ⓜ *Mouton Duvernet – ✆ 01 53 90 76 22 – www.jdequilles.fr – Fermé 3 semaines en août, 22 déc.-2 janv., sam. soir, dim. et lundi*

• TRADITIONNELLE • Carte 32/65 € *(réservation conseillée)*

Une adresse minuscule, conviviale et sans prétention... car l'essentiel se joue autour des produits ! On s'y fournit auprès des meilleurs commerçants du quartier, et cela fait la différence : tartare de chinchard, poitrine de veau caramélisée, sablé breton façon Tatin... L'ardoise est courte et savoureuse.

Aux Enfants Gâtés

4 r. Danville Ⓜ Denfert Rochereau – ☎ 01 40 47 56 81 – www.auxenfantsgates.fr – Fermé 3 semaines en août, vacances de Noël, de fév., dim. et lundi
• MODERNE • Formule 25 € – Menu 34 € – Carte environ 37 €
Aux murs, des citations de grands chefs et quelques recettes montrent que le patron est allé à bonne école... De fait, sa cuisine est bien troussée, avec des jus et bouillons aux saveurs percutantes, et de bons produits du marché qui rafraîchissent les recettes, même les plus traditionnelles. Une jolie petite maison !

La Cerisaie

70 bd Edgard-Quinet Ⓜ Edgar Quinet – ☎ 01 43 20 98 98 – www.restaurantlacerisaie.com – Fermé 14 juil.-15 août, 25 déc.-1er janv., sam. et dim.
• DU SUD-OUEST • Formule 25 € – Carte 34/42 € *(réservation conseillée)*
Une belle ambassade du Sud-Ouest... en plein quartier breton ! Parmi les classiques de ce restaurant de poche : terrines de saison, magret d'oie aux poires rôties et aux épices, tarte fondante au chocolat... Accueil charmant.

Severo

8 r. des Plantes Ⓜ Mouton Duvernet – ☎ 01 45 40 40 91 – Fermé vacances de Paques, de Noël, 25 juil.-25 août, sam. et dim.
• VIANDES ET GRILLADES • Carte 31/105 € *(réservation conseillée)*
La qualité de la viande – rassise sur place – et de la charcuterie est l'atout majeur de ce chaleureux bistrot, tenu par un ancien boucher. Les carnivores apprécieront également la belle carte des vins, ses bourgognes et ses côtes-du-rhône.

J. Palut/Fotolia.com

Porte de Versailles · Vaugirard · Beaugrenelle

15e arrondissement ✉ 75015

Novotel Tour Eiffel

61 quai de Grenelle Ⓜ Charles Michels – ☎ 01 40 58 20 00 – www.novotel.com
758 ch – 🛉189/429 € 🛉🛉189/429 € – 6 suites – ☕ 20 €
Rest *Benkay* – voir les restaurants ci-après
Rest *Novotel Café* ☎ 01 40 58 20 75 – – Formule 15 € – Carte 19/42 €
Le front de Seine et ses tours des années 1970, parmi lesquelles ce Novotel de facture contemporaine disposant d'un centre de conférence high-tech. Le plus : les chambres donnent presque toutes sur le fleuve.

Le Marquis sans rest

15 r. Dupleix Ⓜ Dupleix – ☎ 01 43 06 31 50 – www.lemarquisparis.com
36 ch – 🛉151/459 € 🛉🛉151/459 € – ☕ 20 €
Joli titre de noblesse pour cet hôtel raffiné, mais sans accointances avec l'Ancien Régime... Et pour cause, son décor joue résolument la carte du confort tendance, à deux pas de la rue du Commerce et du Champ-de-Mars.

Mercure Suffren Tour Eiffel

20 r. Jean-Rey Ⓜ Bir-Hakeim – ☎ 01 45 78 50 00 – www.mercure.com
405 ch – 🛉185/500 € 🛉🛉185/500 € – ☕ 20 €
Rest – Formule 24 € – Menu 32 € – Carte 36/55 €
Un vaste Mercure rénové dans un esprit d'aujourd'hui, avec un restaurant, des salles de réunion, un fitness ouvert 24h/24... Atout typiquement parisien : les chambres des étages supérieurs offrent une jolie vue sur la tour Eiffel.

Océania sans rest

52 r. Oradour-sur-Glane Ⓜ *Porte de Versailles – ☏ 01 56 09 09 09 – www.oceaniahotels.com/hotel-oceania-paris*

232 ch – 129/357 € 129/357 € – 18 suites – ☕ 17 €

À deux pas du parc des expositions, un hôtel élégant et actuel, avec des chambres agréables (parquet, bois wengé...), un espace détente complet (jacuzzi, hammam, piscine...) et un jardin exotique où l'on sert le petit-déjeuner aux beaux jours.

Novotel Gare Montparnasse

17 r. Cotentin Ⓜ *Montparnasse Bienvenüe – ☏ 01 53 91 23 75 – www.novotel.com*

199 ch – 125/365 € 125/365 € – 2 suites – ☕ 17 €

Rest – Formule 15 € – Carte 21/46 €

Tout près de la gare Montparnasse (mais dans une rue calme), un Novotel contemporain. Les chambres, d'esprit zen, sont accueillantes et bien insonorisées ; on sert le petit-déjeuner sous forme de copieux buffet.

Vice Versa sans rest

213 r. de la Croix-Nivert Ⓜ *Porte de Versailles – ☏ 01 55 76 55 55 – www.viceversahotel.com*

37 ch – 149/315 € 149/315 € – ☕ 15 €

Avarice, gourmandise, orgueil, luxure, colère, paresse et envie : les chambres de cet hôtel décoré par Chantal Thomas illustrent les sept péchés capitaux ! Pour y accéder, traversez le hall aux airs de paradis. En revanche, si vous descendez au sous-sol pour profiter du hammam, vous voilà en enfer... Diablement inspiré !

Ares sans rest

7 r. Général Larminat Ⓜ *La Motte-Piquet-Grenelle – ☏ 01 47 34 74 04 – www.ares-paris-hotel.com*

40 ch – 197/490 € 197/490 € – ☕ 18 €

Un soupçon de baroque, une touche de cachet parisien, un bel esprit feutré... pour un hôtel chic et cossu, tout près de la tour Eiffel – certaines chambres donnent d'ailleurs sur la Grande Dame ! Au petit-déjeuner, on se régale des viennoiseries de la maison Kayser.

Platine sans rest

20 r. de l'Ingénieur-Robert-Keller Ⓜ *Charles Michels – ☏ 01 45 71 15 15 – www.platinehotel.fr*

46 ch – 149/445 € 149/445 € – ☕ 15 €

Blonde... Platine comme Marilyn Monroe à laquelle cet hôtel rend hommage. Les chambres sont confortables et bien tenues ; préférez celles avec un lit rond... Glamour à souhait ! Agréable espace détente au sous-sol. Une bonne adresse pour cultiver la "poupoupidou" attitude.

First sans rest

2 bd Garibaldi Ⓜ *Cambronne – ☏ 01 43 06 93 26 – www.firsthotelparis.com*

42 ch – 99/249 € 109/289 € – ☕ 15 €

Face au métro aérien, un décor "black and white" tout en contraste pour cet hôtel à l'esprit résolument design. Les chambres ont du style, c'est indéniable, et certaines (dès le 3e étage) ont vue sur la tour Eiffel...

Bailli de Suffren sans rest

149 av. de Suffren Ⓜ *Ségur – ☏ 01 56 58 64 64 – www.fr.lebailliparis.com*

25 ch – 95/275 € 100/280 € – ☕ 13 €

Idéalement situé entre la tour Eiffel, les Invalides et le quartier Montparnasse, le Bailli de Suffren a été entièrement rénové dans un style épuré, tout en conservant son charme parisien... Les chambres sont confortables, lumineuses et très bien insonorisées.

Holiday Inn Montparnasse Pasteur sans rest

10 r. Gager-Gabillot Ⓜ *Vaugirard – ☏ 01 44 19 29 29 – www.holidayinn.fr/paris-mountain*

60 ch – 139/309 € 139/349 € – ☕ 17 €

Dans une rue tranquille, une bâtisse moderne disposant de chambres fonctionnelles et agréables (douche à l'italienne, esprit épuré), quelques-unes avec balcon. Le must : la junior suite et sa superbe terrasse donnant sur la tour Eiffel.

Eiffel Cambronne sans rest

46 r. Croix-Nivert Ⓜ Avenue Emile Zola – ✆ 01 56 58 56 78 – www.eiffel-cambronne.fr

30 ch – †109/209 € ††109/209 € – 1 suite – ☕ 13 €

Un hôtel sympathique avec des chambres classiques et bien tenues (plus calmes sur l'arrière), et un salon douillet qui invite à la lecture de son journal... Le plus : le copieux petit-déjeuner servi sous une jolie verrière.

Le Relais St-Charles sans rest

72 bd de Grenelle Ⓜ Dupleix – ✆ 01 40 58 00 57 – www.relais-saint-charles.com

38 ch – †99/225 € ††109/265 € – ☕ 13 €

Non loin de la tour Eiffel et du Champ-de-Mars, un hôtel fonctionnel, confortable et doté d'une bonne isolation phonique. Autres atouts : le métro est à proximité immédiate et les prix sont des plus raisonnables pour le quartier.

Mercure Paris XV sans rest

6 r. St-Lambert Ⓜ Boucicaut – ✆ 01 45 58 61 00 – www.mercure.com

54 ch – †95/350 € ††95/350 € – 2 suites – ☕ 16 €

Tout près de la porte de Versailles, mais au calme, un Mercure récent et accueillant, avec des chambres confortables. On prend son petit-déjeuner dans une véranda qui donne sur un jardinet fleuri... Plutôt agréable avant une réunion !

PARIS

Aberotel sans rest

24 r. Blomet Ⓜ Volontaires – ✆ 01 40 61 70 50 – www.aberotel.com

28 ch – †80/162 € ††90/173 € – ☕ 12 €

Un petit d'hôtel d'esprit familial, tenu par un couple sympathique. Déco zen, objets balinais et ethniques, chambres impeccables, cour intérieure verdoyante où l'on prend son petit-déjeuner aux beaux jours... Une étape attachante.

Ibis Styles Lecourbe sans rest

192 r. de la Croix-Nivert Ⓜ Boucicaut – ✆ 01 45 58 16 08

49 ch ☕ – †95/195 € ††105/220 €

Un hôtel traditionnel relooké dans un esprit tendance... Touche d'originalité : dans chaque chambre, un plafond en tissu tendu sur le thème de la forêt, de la voie lactée, etc. Petit-déjeuner et wifi inclus, selon le concept de la chaîne.

Le Quinzième - Cyril Lignac

14 r. Cauchy Ⓜ Javel – ✆ 01 45 54 43 43 – www.restaurantlequinzieme.com – Fermé sam. et dim.

• MODERNE • Menu 65 € (déj.), 100/140 €

Un décor chic et contemporain, trendy en diable, et – surtout – une cuisine d'aujourd'hui qui flatte l'œil et le palais. Le médiatique Cyril Lignac se donne les moyens du meilleur : harmonieuses et bien pensées, ses assiettes pourraient passer à la télé ! → Foie gras de canard poêlé aux baies de sansho, bouillon de langoustines à la citronnelle. Veau de lait de Corrèze fumé au foin, mousseline de cèpes. Fine meringue croquante aux pommes, mousse légère aux marrons.

Benkay – Novotel Tour Eiffel

61 quai de Grenelle Ⓜ Bir-Hakeim – ✆ 01 40 58 21 26 – www.restaurant-benkay.com – Fermé août

• JAPONAISE • Menu 39 € (déj.), 86/179 € – Carte 45/125 €

Sur le front de Seine – avec une vue plongeante sur le fleuve –, l'élégant Benkay honore la gastronomie japonaise avec art ! On opte au choix pour le teppanyaki (cette plaque chauffante où les mets sont cuisinés minute) ou la formule "washoku" (service à table). Sans parler du comptoir à sushis, tout simplement divin...

Le Quinze - Lionel Flury

8 r. Nicolas-Charlet Ⓜ Pasteur – ✆ 01 42 19 08 59 – www.lequinzelionelflury.fr – Fermé 1 semaine en avril, 3-25 août, 21-29 déc., lundi soir et dim.

• MODERNE • Menu 39 € (déj.), 48/80 € – Carte 60/77 €

Originaire d'Alsace, Lionel Flury a fait un joli parcours avant de poser ses valises dans le 15e, en cette adresse élégante et raffinée. Sa cuisine est pile dans la tendance, savoureuse et sincère, et s'accompagne d'une belle carte des vins. Avec une jolie formule côté bistrot au déjeuner.

XX **La Gauloise**

59 av. La Motte-Picquet Ⓜ *La Motte Picquet Grenelle – ✆ 01 47 34 11 64*
• TRADITIONNELLE • Formule 24 € – Menu 29 € – Carte 36/73 €
Une brasserie Belle Époque au doux parfum de vie parisienne d'autrefois. Au menu, œuf mollet et légumes de pot-au-feu, crépinette de cochon, turbot béarnaise, soupe à l'oignon, etc. Un lieu qu'on apprécie aussi pour sa jolie terrasse.

XX **L'Atelier du Parc**

35 bd Lefèbvre Ⓜ *Porte de Versailles – ✆ 01 42 50 68 85 – www.atelierduparc.fr – Fermé 2 semaines en août, lundi midi et dim.*
• MODERNE • Formule 20 € – Menu 25 € (déj. en semaine), 35/78 €
Cet Atelier impose son style contemporain chic et sa belle cuisine inventive dans un quartier inattendu, face au parc des expositions. Suprême de volaille thym-citron, tartare de dorade au jus de gingembre et mélisse, etc. : tout est fait maison !

XX **L'Inattendu**

99 r. Blomet Ⓜ *Vaugirard – ✆ 01 55 76 93 12 – www.restaurant-inattendu.fr – Fermé 4 semaines en août, 4-11 janv., dim. et lundi*
• MODERNE • Formule 20 € – Menu 25 € (déj. en semaine)/36 €
Dans ce restaurant à la fois feutré et élégant œuvrent deux associés expérimentés et férus de qualité. Au menu : ravioles de langoustine à la crème d'estragon, tartare de magret de canard, carpaccio d'ossau-iraty, etc. Des propositions canailles, bien ficelées et parfois... inattendues.

PARIS

XX **Le Pario** Ⓝ

54 av. Émile-Zola Ⓜ *Charles Michels – ✆ 01 45 77 28 82 – www.lepario.com – Fermé dim.*
• MODERNE • Formule 17 € – Menu 22 € (déj. en semaine)/32 € – Carte 32/53 €
Eduardo Jacinto, jeune chef brésilien formé chez Constant, a imaginé ce Pario, une table à égale distance de Paris et Rio. Comment définir son talent ? En parcourant la carte : tartelette aux pointes de girolles et parmesan, tartare mi-cuit de langoustines et bar relevé à la citronnelle et légumes croquants... Fin et équilibré !

XX **Chen Soleil d'Est**

15 r. du Théâtre Ⓜ *Dupleix – ✆ 01 45 79 34 34 – Fermé août et dim.*
• CHINOISE • Menu 40 € (déj. en semaine)/75 € – Carte 65/95 €
Avec les deux lions qui encadrent son entrée, ce restaurant chinois montre d'emblée qu'il a du caractère... et de la finesse. Façon yin et yang, la cuisine de madame Chen révèle des saveurs à la fois affirmées et délicates ; ainsi le demi-canard pékinois en trois services qui a fait la réputation de la maison.

XX **Le Caroubier**

82 bd Lefèbvre Ⓜ *Porte de Vanves – ✆ 01 40 43 16 12 – www.restaurant-lecaroubier.com – Fermé le lundi en août*
• MAROCAINE • Menu 18 € (déj. en semaine), 28/55 € – Carte 33/49 €
Couscous délicats, tajines aux saveurs subtiles et franches, pastillas gorgées du soleil de l'Atlas... Une véritable oasis de douceur, tout près de la porte de Versailles !

XX **Fontanarosa**

28 bd Garibaldi Ⓜ *Cambronne – ✆ 01 45 66 97 84*
• ITALIENNE • Menu 19 € (déj. en semaine)/30 € – Carte 35/78 €
Oubliés le métro aérien et l'agitation urbaine, cap sur l'Italie ! Ici, le soleil s'invite dans l'assiette : honneur aux plats transalpins et aux spécialités sardes... Aux beaux jours, on profite aussi de ses doux rayons sur la terrasse.

XX **Le Court-Bouillon**

51 r. du Théâtre Ⓜ *Avenue Émile Zola – ✆ 01 45 77 08 18 – www.lecourtbouillon.com – Fermé 9-26 août, vacances de Noël, sam. midi, dim. et lundi*
• MODERNE • Formule 39 € – Menu 45 € – Carte 54/62 €
Foie gras de canard maison au sel de Guérande, feuilleté aux asperges, onglet de bœuf aux échalotes, tiramisu aux framboises... Dans ce petit restaurant élégant, on se régale de bons plats réalisés avec des produits extrafrais.

La Dînée

85 r. Leblanc Ⓜ Balard – ✆ 01 45 54 20 49 – www.restaurant-ladinee.com – Fermé août, sam. et dim.

• MODERNE • Formule 41 € – Menu 49 €

La Dînée, dans le Littré, c'est une auberge où l'on s'arrête pour le repas... Cette Dînée-là ne fait pas mentir le dictionnaire et l'on y savoure une sympathique cuisine de tradition. Côté bistrot, on sert des plats à la plancha.

Erawan

76 r. de la Fédération Ⓜ La Motte Picquet Grenelle – ✆ 01 47 83 55 67 – Fermé 3 semaines en août, lundi midi et dim.

• THAÏLANDAISE • Formule 14 € – Carte 20/45 €

Une cuisine thaïlandaise authentique, généreuse et très parfumée ; un accueil des plus charmants : on se sent bien chez Erawan, dont le décor évoque l'esprit mystique et épuré de l'Asie du Sud-Est.

La Villa Corse Rive Gauche

164 bd Grenelle Ⓜ La Motte Picquet Grenelle – ✆ 01 53 86 70 81 – www.lavillacorse.com – Fermé dim.

• CORSE • Menu 30 € – Carte 50/63 €

Produits insulaires, bonnes charcuteries, plats mijotés dès les premiers frimas... La cuisine de l'île de Beauté s'invite à la table de cette jolie Villa feutrée, nichée à deux pas de l'École militaire.

PARIS

L'Épopée

89 av. Émile-Zola Ⓜ Charles Michels – ✆ 01 45 77 71 37 – www.lepopee.fr – Fermé 9-17 août, 24 déc.-2 janv., sam. midi et dim. soir

• TRADITIONNELLE • Formule 20 € – Menu 25 € (déj. en semaine), 33/39 €

Fricassée d'escargots de Bourgogne au bleu, terrine de campagne aux morilles, tagliatelles fraîches à l'encre de seiche et bons vins de propriétaire : une Épopée traditionnelle qui fait le bonheur des nombreux habitués.

Gwon's Dining

51 r. Cambronne Ⓜ Cambronne – ✆ 01 47 34 53 17 – Fermé le midi

• COREENNE • Formule 21 € – Menu 33 € – Carte 42/51 € dîner

Le propriétaire est philosophe, sa femme sociologue : en ouvrant cet établissement élégant, ils ont souhaité faire connaître les saveurs les plus fines de leur pays. Ici, la gastronomie coréenne enchante la diaspora... et les novices !

Stéphane Martin

67 r. des Entrepreneurs Ⓜ Charles Michels – ✆ 01 45 79 03 31 – www.stephanemartin.com – Fermé 20-28 avril, 3-25 août, 22 déc.-1er janv., dim. et lundi

• MODERNE • Formule 19 € – Menu 24 € (déj. en semaine)/35 € – Carte 47/58 €

Une adresse bien connue des gourmets de la rive gauche. Cadre cosy et de bon goût, appétissantes recettes canailles revisitées : c'est un vrai plaisir d'y déguster un foie de veau meunière ou un jarret de porc braisé au miel d'épices !

Le Cristal de Sel

13 r. Mademoiselle Ⓜ Commerce – ✆ 01 42 50 35 29 – www.lecristaldesel.fr – Fermé 22-26 avril, 5-26 août, 23-30 déc., dim. et lundi

• MODERNE • Formule 18 € – Carte 38/47 €

Un restaurant convivial tenu par une équipe jeune, sympathique et pleine d'allant. Selon la saison, on vous proposera une sole meunière au beurre d'algue, une côte de veau rôtie et ses asperges blanches, une crème brûlée à la pistache...

Yanasé

75 r. Vasco-de-Gama Ⓜ Lourmel – ✆ 01 42 50 07 20 – www.yanase.fr – Fermé 2 semaines en août, dim. et lundi

• JAPONAISE • Formule 18 € – Menu 38/80 € – Carte 34/75 €

Yanasé ? C'est un cèdre du sud de l'archipel nippon. Dans ce restaurant épuré et serein, on concocte sous vos yeux des grillades au "robata" (un barbecue au charbon de bois) et l'on propose aussi les traditionnels sushis et makis.

Afaria

15 r. Desnouettes Ⓜ Convention – ✆ 01 48 42 95 90 – www.afaria.fr – Fermé 3-26 août, dim. et lundi

• CREATIVE • Formule 22 € – Menu 26 € (déj. en semaine)/45 € – Carte 36/52 €

Un chaleureux bistrot qui honore le terroir basque : on s'installe au comptoir autour de belles tapas, avant de se régaler de plats gourmands et créatifs, qui n'hésitent pas à faire des détours par les saveurs du monde. Afaria signifie "À table" en basque, le message est clair !

Beurre Noisette

68 r. Vasco-de-Gama Ⓜ Lourmel – ✆ 01 48 56 82 49 – www.lebeurrenoisette.com – Fermé 3 semaines en août, dim. et lundi

• MODERNE • Formule 22 € – Menu 30 € (déj. en semaine), 35/55 € – Carte 35/43 €

Un bistrot chaleureux… et délicieux ! Thierry Blanqui puise son inspiration au marché : tourte feuilletée au canard et foie gras, lièvre à la royale, etc. Même les produits canailles (tels les pieds de cochon) se révèlent dans des recettes finement tournées. Un pied dans la tradition, l'autre dans la nouveauté : on se régale...

Le Concert de Cuisine

14 r. Nélaton Ⓜ Bir-Hakeim – ✆ 01 40 58 10 15 – Fermé 7-28 août, lundi midi, sam. midi et dim.

• CREATIVE • Formule 27 € – Menu 33 € (déj.), 56/63 € *(réservation conseillée)*

La salle de concert ? Très simple, sans chichi ni folklore japonisant. Et le chef d'orchestre ? Sous vos yeux, il réalise une belle cuisine fusion, créant des recettes très personnelles basées sur la technique du teppanyaki. Jolie mélodie !

Le Grand Pan

20 r. Rosenwald Ⓜ Plaisance – ✆ 01 42 50 02 50 – www.legrandpan.fr – Fermé 1 semaine en mai, 10-30 août, vacances de Noël, sam. et dim.

• VIANDES ET GRILLADES • Formule 21 € – Menu 29 € (déj.) – Carte 29/56 €

Un bistrot de quartier qu'aurait pu fréquenter Georges Brassens, qui habita tout près. À l'ardoise, de belles viandes accompagnées de mesclun ou de frites maison, du homard, des Saint-Jacques... des produits d'une indéniable qualité.

Le Troquet

21 r. François-Bonvin Ⓜ Cambronne – ✆ 01 45 66 89 00 – Fermé 1 semaine en mai, 3 semaines en août, 1 semaine en déc., dim. et lundi

• TRADITIONNELLE • Formule 26 € – Menu 31/42 €

Le "troquet" dans toute sa splendeur : décor bistrotier usé par les ans, banquettes en moleskine, ardoises, miroirs, petites tables invitant à la convivialité, etc. On vient ici autant pour l'atmosphère que pour la cuisine. Une cuisine délicieuse, concoctée avec des produits ultrafrais… et l'accent du Sud-Ouest !

Le Mûrier

42 r. Olivier-de-Serres Ⓜ Convention – ✆ 01 45 32 81 88 – Fermé 3 semaines en août, 24 déc.-2 janv., sam. et dim.

• TRADITIONNELLE • Formule 20 € – Menu 24 € (déj.)/27 €

Le Mûrier séduit avec ses petits airs de chaleureux troquet de quartier, tout simplement convivial... On y sert une cuisine d'esprit traditionnel, goûteuse et soignée, et l'accueil est charmant.

La Cantine du Troquet Dupleix

53 bd de Grenelle Ⓜ Dupleix – ✆ 01 45 75 98 00

• TRADITIONNELLE • Carte 26/46 €

Création de Christian Etchebest, cette Cantine du Troquet version Dupleix surfe sur une recette éprouvée : pourquoi s'en plaindre ? Comme dans le 14e, la carte joue sur un registre mi-brasserie mi-bistrot qui mise tout sur des recettes bien tournées... où transparaissent les origines basques du patron. En toute convivialité.

L'Épicuriste

41 bd Pasteur Ⓜ *Pasteur – ✆ 01 47 34 15 50 – Fermé 3 semaines en août, dim. et lundi*

• MODERNE • Formule 25 € – Menu 29 € (déj.)/37 €

Après l'Épigramme, Aymeric Kräml et Stéphane Marcuzzi ont imaginé ce bistrot faussement nostalgique. Couteaux en persillade, cochon basque rôti et crémeux au mascarpone flattent résolument les sens. Une bonne adresse près de Montparnasse.

Bernard du 15

62 r. des Entrepreneurs Ⓜ *Charles Michels – ✆ 01 40 59 09 27 – Fermé août, sam. midi et dim.*

• MODERNE • Menu 19/33 € – Carte 36/55 €

Bernard du 15, c'est Bernard Sellin, un chef qui mêle les influences de sa Bretagne natale et de ses nombreux voyages dans les Caraïbes pour concocter de bons petits plats mettant le poisson à l'honneur. Prix doux, pour ne rien gâcher !

Jadis

208 r. de la Croix-Nivert Ⓜ *Convention – ✆ 01 45 57 73 20 – www.bistrot-jadis.com – Fermé sam. et dim.*

• MODERNE • Formule 23 € – Menu 26 € (déj.), 38/57 € – Carte 45/65 €

"Jadis" et pourtant tellement d'aujourd'hui ! Ce bistrot est à l'image de son jeune chef, sympathique et plein d'entrain. Pavé de sandre rôti au bouillon d'oseille, porc basque à la laitue braisée : le menu-carte change au fil des saisons.

Schmidt - L'Os à Moelle

3 r. Vasco-de-Gama Ⓜ *Lourmel – ✆ 01 45 57 27 27 – Fermé 2 semaines en août, dim. et lundi*

• TRADITIONNELLE • Formule 25 € – Menu 29 € (déj.), 38/43 € – Carte 45/55 €

Pâté en croûte de mon enfance, bar aux cèpes et pommes grenaille, coings rôtis au miel et aux épices… Un jeune chef alsacien a repris en 2011 cette table bien connue. Sa cuisine du marché, fraîche et savoureuse, honore la mémoire des lieux.

Le Casse Noix

56 r. de la Fédération Ⓜ *Bir Hakeim – ✆ 01 45 66 09 01 – www.le-cassenoix.fr – Fermé 2-25 août, sam. et dim.*

• TRADITIONNELLE • Formule 21 € – Menu 26 € (déj.), 33/50 € – Carte 37/58 €

Vieilles affiches, pendules et meubles vintage : le décor est planté. Côté petits plats, l'authenticité prime aussi : charcuteries et boudin en provenance directe de chez le papa du chef, Meilleur Ouvrier de France à Orléans ; délicieuse cuisine canaille, bons vins... Ce Casse Noix casse des briques !

Axuria

51 av. Félix-Faure Ⓜ *Boucicaut – ✆ 01 45 54 13 91 – www.axuria-restaurant.fr*

• MODERNE • Formule 22 € – Menu 35 € – Carte 43/54 €

Axuria, c'est "agneau" en basque... Et le Pays basque, c'est justement la région du chef ! Dans son restaurant contemporain, il vous proposera peut-être un filet de rouget barbet et son wok de légumes croquants, un soufflé au Grand Marnier... Autrement dit : des plats de tradition joliment revisités.

Restaurant du Marché

59 r. Dantzig Ⓜ *Porte de Versailles – ✆ 01 48 28 31 55 – www.restaurantdumarche.fr – Fermé août, dim. et lundi*

• TRADITIONNELLE • Formule 28 € – Menu 34 €

Près du parc Georges-Brassens, ce bistrot ressuscite l'atmosphère rétro des années 1950... On y savoure une cuisine évidemment bistrotière, goûteuse et généreuse : parmentier de canard, poêlée de girolles, pain perdu, etc.

Maison Kaiseki

7 r. André-Lefebvre Ⓜ *Javel André Citroën – ✆ 01 45 54 48 60 – www.kaiseki.com – Fermé 14-30 avril, 4-20 août, dim. et lundi*

• JAPONAISE • Formule 25 € – Menu 40/170 € – Carte 65/107 € *(réservation conseillée)*

La Maison Kaiseki ? Une expérience insolite pour initiés. Ce resto-labo minimaliste se révèle très atypique, tant la cuisine japonaise du chef étonne. Et ce dernier n'a qu'un désir : faire découvrir les beaux produits du pays du Soleil-Levant...

L'Ardoise du XV

70 r. Sébastien-Mercier Ⓜ Charles Michels – ✆ 01 45 78 91 38 – www.lardoiseduxv.fr – fermé 1 semaine en mai, août, dim. soir et lundi
• MODERNE • Formule 18 € – Menu 23 € (déj.) – Carte 31/55 €
Pâté en croûte de veau au foie gras, joue de lotte et sa ratatouille, canette aux abricots et au romarin, baba au rhum... Des intitulés bien représentatifs de cette Ardoise nichée à l'ouest du 15e arrondissement, et qui se révèlent dans les assiettes frais et savoureux ! Décor bistrotier tout en sobriété.

Bistro 121

121 r. de la Convention Ⓜ Boucicaut – ✆ 01 45 57 52 90 – www.bistro121.fr
• MODERNE • Formule 30 € – Menu 36 €
Œuf cocotte aux champignons et au foie gras, tartare de dorade au citron vert, gratin de pomme de terre aux vieux comté... Une cuisine parfumée et savoureuse à prix doux, dans un néobistrot animé et charmant.

Intuition Gourmande Ⓝ

4 r. Pétel Ⓜ Vaugirard – ✆ 01 45 32 58 76 – www.intuition-gourmande.com – Fermé 2 semaines en août, dim. et lundi
• MODERNE • Formule 18 € – Menu 34 €
Le savoir-faire d'un chef passé par la case Gagnaire, la qualité de ses produits : cela compte bien sûr, mais que seraient ses recettes si elles n'étaient inspirées... par la gourmandise ? Telle est la leçon de ce sympathique bistrot : aile de raie au pamplemousse, poitrine de cochon aux girolles, parfait au gingembre, etc.

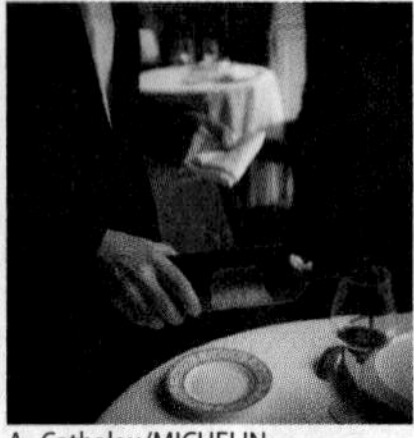
A. Cathalau/MICHELIN

Trocadéro · Étoile · Passy · Bois de Boulogne

16e arrondissement

✉ 75016

Shangri-La

10 av. d'Iéna ✉ 75116 Ⓜ Iéna – ✆ 01 53 67 19 98 – www.shangri-la.com
65 ch – †700/1600 € ††700/1600 € – 36 suites – ☕ 52 €
Rest *L'Abeille* ✿✿
Rest *Shang Palace* ✿ – voir les restaurants ci-après
Rest *La Bauhinia* – Menu 48 € (déj. en semaine)/58 € – Carte 48/124 €
L'Empire mâtiné d'Asie... La signature de ce palace créé dans l'ancien hôtel du prince Roland Bonaparte (1896). Architectures classiques, salons grandioses, luxe opulent, tables pour toutes les envies, etc. Sentiment d'exclusivité !

St-James Paris

43 av. Bugeaud ✉ 75116 Ⓜ Porte Dauphine – ✆ 01 44 05 81 81 – www.saint-james-paris.com
33 suites – ††665/1630 € – 15 ch – ☕ 35 €
Rest *St-James Paris* ✿ – voir les restaurants ci-après
Ce superbe hôtel particulier de la fin du 19e s. s'est offert un nouveau look signé Bambi Sloan. De superbes matières, des imprimés chatoyants : le style Napoléon III flirte avec une originalité toute british ! La délicieuse bibliothèque, le majestueux escalier, les volumes harmonieux : l'empreinte d'un lieu unique...

Raphael

17 av. Kléber ✉ 75116 Ⓜ Kléber – ✆ 01 53 64 32 00 – www.raphael-hotel.com
83 ch – 650/950 € 650/950 € – 37 suites – 40 €
Rest *Raphael le Restaurant* – voir les restaurants ci-après
Une magnifique galerie d'entrée tout en boiseries, des chambres très raffinées (certaines avec vue sur Paris), un restaurant gastronomique de belle tenue et un bar anglais à l'élégance indéniable : tels sont les trésors du Raphael... Né en 1925 à deux pas de l'Arc de Triomphe, l'un des mythes de la grande hôtellerie parisienne.

Renaissance Le Parc Trocadéro

ch, ch,

55-57 av. Raymond-Poincaré ✉ 75116 Ⓜ Victor Hugo – ✆ 01 44 05 66 66 – www.renaissanceleparctrocadero.com
122 ch – 299/899 € 439/1199 € – 4 suites – 29 €
Rest *Le Relais du Parc* ✆ 01 44 05 66 10 – – Formule 29 € – Menu 35 € (déj. en semaine)/75 € – Carte 46/72 € *(fermé 3 semaines en août, sam. midi et dim.)*
L'année 2011 fut celle de la "renaissance" pour cet établissement, qui bénéficia alors d'une véritable cure de jouvence. L'idée du jardin à la française a servi d'inspiration pour la décoration contemporaine des chambres. Un ensemble en harmonie avec l'architecture parisienne.

Baltimore

88 bis av. Kléber ✉ 75116 Ⓜ Boissière – ✆ 01 44 34 54 54 – www.hotel-baltimore-paris.com
102 ch – 235/530 € 235/530 € – 1 suite – 30 €
Rest *La Table du Baltimore* – voir les restaurants ci-après
Mobilier épuré, tissus tendance : le décor contemporain des chambres contraste avec l'architecture haussmannienne du 19e s. L'ensemble est chaleureux – mention spéciale pour le bar – et apprécié des hommes d'affaires.

Villa & Hôtel Majestic

rest,

30 r. Lapérouse ✉ 75016 Ⓜ Kléber – ✆ 01 45 00 83 70 – www.majestic-hotel.com
48 ch – 450/1200 € 450/1200 € – 23 suites – 28 €
Rest – Formule 31 € – Menu 42 € – Carte environ 50 €
Luxueuse sans ostentation, très confortable et stylée, cette Villa du 19e s. porte bien son nom. Du cachet, des chambres spacieuses, un spa offrant les meilleures prestations : le bien-être à deux pas des Champs-Élysées !

Square

3 r. Boulainvilliers ✉ 75016 Ⓜ Mirabeau – ✆ 01 44 14 91 90 – www.hotelsquare.com
18 ch – 300/600 € 300/600 € – 4 suites – 25 €
Rest *Zébra Square* – voir les restaurants ci-après
Un hôtel contemporain, juste en face de la Maison de la Radio. Les chambres sont à la fois spacieuses, feutrées et bien insonorisées. L'équipement high-tech et la collection d'art contemporain soulignent son style, très "boutique-hôtel".

Keppler sans rest

10 r. Keppler ✉ 75116 Ⓜ George V – ✆ 01 47 20 65 05 – www.keppler.fr
34 ch – 280/500 € 280/500 € – 5 suites – 22 €
Le décor, tout en luxe et raffinement, est signé Pierre-Yves Rochon. Que ce soit dans les salons, la bibliothèque ou les chambres, la magie opère... Hammam, sauna et fitness complètent cet ensemble des plus élégants.

Dokhan's Radisson Blu sans rest

117 r. Lauriston ✉ 75116 Ⓜ Trocadéro – ✆ 01 53 65 66 99 – www.radissonblu.com/dokhanhotel-paristrocadero
42 ch – 240/550 € 240/550 € – 3 suites – 20 €
Dans ce bel hôtel particulier de style haussmannien, le décor néoclassique est bien loin du fonctionnalisme contemporain. Le salon aux boiseries céladon (18e s.), le bar à champagne et les chambres richement parées ont, au contraire, un charme fou.

Sezz sans rest
6 av. Frémiet ✉ 75016 Ⓜ Passy – ✆ 01 56 75 26 26 – www.paris.hotelsezz.com
19 ch – †282/470 € ††282/1200 € – 7 suites – ☕ 30 €
Cet immeuble à la belle façade ouvragée (1913) a adopté un style ultradesign (pierre grise, mobilier original, équipements high-tech et sauna). À noter : chaque client se voit attribuer un assistant particulier pour la durée de son séjour.

La Villa Maillot sans rest
143 av. Malakoff ✉ 75116 Ⓜ Porte Maillot – ✆ 01 53 64 52 52 – www.lavillamaillot.fr
40 ch – †229/480 € ††229/480 € – 2 suites – ☕ 28 €
À proximité de la porte Maillot, l'établissement a récemment bénéficié d'une complète cure de jouvence. L'architecte Patrick Ribes en a signé le décor, d'un élégant classicisme contemporain. La qualité du service et l'espace bien-être (sauna et hammam) ajoutent encore au confort des lieux.

Pergolèse sans rest
3 r. Pergolèse ✉ 75116 Ⓜ Argentine – ✆ 01 53 64 04 04 – www.pergolese.com
40 ch – †149/348 € ††149/540 € – ☕ 18 €
Derrière une sage façade de ce quartier chic, se cache un intérieur design et apaisant (murs blancs, mobilier en bois clair). Écrans plats, branchements pour iPods : rien ne manque. Les chambres sont calmes et très bien tenues. Bar cosy.

PARIS

Élysées Régencia sans rest
41 av. Marceau ✉ 75116 Ⓜ George V – ✆ 01 47 20 42 65 – www.regencia.com
43 ch – †195/495 € ††215/515 € – ☕ 19 €
Un hôtel aux chambres spacieuses, déclinant des teintes toniques et acidulées (bleu, fuschia ou anis), dont deux juniors suites provençales plutôt dépaysantes. Après un shopping avenue Montaigne, décontraction assurée dans le salon d'un rouge profond.

Le Metropolitan Radisson Blu
10 pl. de Mexico ✉ 75116 Ⓜ Trocadéro – ✆ 01 56 90 40 04 – www.radissonblu.com/hotel-pariseiffel
38 ch – †260/650 € ††260/650 € – 10 suites – ☕ 30 €
Rest *Le Metropolitan* – voir les restaurants ci-après
Au sein d'un immeuble haussmannien dont la façade en pointe se dresse sur la place de Mexico, un havre apaisant : dominantes de blanc, parquet brut, sobre élégance... Certaines chambres offrent une petite vue sur la tour Eiffel, tout comme le bar qui est parfait pour apprécier un cocktail. Un ensemble très "métropolitain" !

Garden Élysée sans rest
12 r. St-Didier ✉ 75116 Ⓜ Boissière – ✆ 01 47 55 01 11 – www.paris-hotel-gardenelysee.com
46 ch – †200/440 € ††250/440 € – ☕ 22 €
Le principal atout de cet hôtel ? Le calme ! Bien qu'à deux pas du Trocadéro, il est situé dans une cour verdoyante, délicieuse en été. Avec sa véranda et ses chambres sobrement contemporaines, l'endroit se révèle très chaleureux.

Mon Hôtel sans rest
1 r. d'Argentine ✉ 75016 Ⓜ Argentine – ✆ 01 45 02 76 76 – www.monhotel.fr
36 ch – †199/590 € ††199/590 € – ☕ 22 €
Un hôtel rien que pour soi ? Un rêve... Pourtant cette adresse dégage un je-ne-sais-quoi de confidentiel bien appréciable dans pareil quartier ! Chambres très design et confortables ; room service de midi à minuit et petit espace bien-être.

Plaza Tour Eiffel sans rest
32 r. Greuze ✉ 75016 – ✆ 01 47 27 10 00 – www.plazatoureiffel.com
41 ch – †185/570 € ††185/570 € – ☕ 22 €
Le Trocadéro, la tour Eiffel... Toutes ces merveilles sont juste à côté de cet hôtel contemporain. Élégant et confortable, il propose trois catégories de chambres, claires et épurées. Insonorisation de qualité et fitness bien équipé.

Bassano

15 r. Bassano ✉ 75116 Ⓜ George V – ✆ 01 47 23 78 23 – www.hotel-bassano.com – Fermé août

33 ch – †195/445 € ††215/525 € – 1 suite – ☕ 19 €

Rest *Kambodgia* ✆ 01 47 20 03 50 – – Formule 19 € – Menu 24 € (déj. en semaine) – Carte 31/41 €

Entièrement rénové en 2008, cet hôtel situé en retrait des avenues passantes arbore un décor ancré dans le 21e s. : chambres élégantes et fonctionnelles, aux tons bleu et gris. Un bon point de chute entre le Trocadéro et les Champs-Élysées.

Duret sans rest

30 r. Duret ✉ 75116 Ⓜ Argentine – ✆ 01 45 00 42 60 – www.hotelduret.com

25 ch – †150/310 € ††150/310 € – 2 suites – ☕ 18 €

Atmosphère lounge dans le hall, bar cosy, chambres contemporaines spacieuses et colorées (beige, prune, anis...) : cet hôtel proche de la porte Maillot a du caractère. Chaleureux.

Passy Eiffel sans rest

10 r. de Passy Ⓜ Passy – ✆ 01 45 25 55 66 – www.passyeiffel.com

49 ch – †98/235 € ††98/235 € – ☕ 14 €

La rue est animée, commerçante. Un emplacement sympathique pour cet hôtel familial aux chambres fonctionnelles. Décorées dans des styles neutre, chatoyant ou plus design, elles sont toutes bien tenues ; certaines avec vue sur la tour Eiffel.

Trocadéro La Tour sans rest

5 bis r. Massenet ✉ 75016 Ⓜ Passy – ✆ 01 45 24 43 03 – www.trocaderolatour.com

41 ch – †169/345 € ††199/395 € – ☕ 19 €

Il règne dans cet hôtel une atmosphère qui n'est pas sans évoquer un club anglais : fauteuils en cuir, lambris d'acajou... Avec leur mobilier d'inspiration Louis XVI et leurs gravures anciennes, les chambres ont un certain cachet.

Étoile Résidence Impériale sans rest

155 av. de Malakoff ✉ 75116 Ⓜ Porte Maillot – ✆ 01 45 00 23 45 – www.residenceimperiale.com

37 ch – †115/230 € ††115/230 € – ☕ 16 €

À deux pas du palais des congrès, cet hôtel propose des chambres d'un agréable style contemporain. Toutes sont bien insonorisées, pour un maximum de repos.

Résidence Foch sans rest

10 r. Marbeau ✉ 75116 Ⓜ Porte Maillot – ✆ 01 45 00 46 50 – www.residencefoch.com

25 ch – †165/280 € ††190/325 € – ☕ 14 €

Entre la porte Maillot et l'avenue Foch, ce petit hôtel familial bien entretenu cultive un sage classicisme. Un charme hors du temps, dans un environnement tranquille.

Nicolo sans rest 

3 r. Nicolo ✉ 75116 Ⓜ Passy – ✆ 01 42 88 83 40 – www.hotel-nicolo.fr

27 ch ☕ – †154/172 € ††173/187 €

Nuits calmes assurées dans cet hôtel décoré avec goût. Dans les jolies chambres de caractère, les meubles chinés (indonésiens, africains...) et les bibelots asiatiques dépaysent en douceur. Accueil sympathique.

Hôtel du Bois sans rest

11 r. du Dôme ✉ 75116 Ⓜ Charles De Gaulle-Etoile – ✆ 01 45 00 31 96 – www.hoteldubois.com

39 ch – †129/290 € ††129/290 € – ☕ 15 €

Son nom rappelle que les Champs-Élysées tout proches étaient à la Belle Époque la voie d'accès au bois de Boulogne, le rendez-vous incontournable de la bonne société. L'esprit bourgeois imprègne l'établissement, mais totalement revisité dans un esprit moderne. On préférera loger côté rue piétonne, plus au calme.

Marceau Champs Élysées sans rest
37 av. Marceau ✉ 75016 Ⓜ George V – ✆ 01 47 20 43 37 – www.hotelmarceau.com
35 ch – 148/288 € 158/308 €
Sur une avenue passante, cet immeuble haussmannien a terminé sa cure de jouvence en 2011. Avec leur bois clair, leurs teintes apaisantes, les chambres offrent un vrai confort contemporain. On prend son petit-déjeuner face à l'avenue Marceau.

Victor Hugo sans rest
19 r. Copernic ✉ 75116 Ⓜ Victor Hugo – ✆ 01 45 53 76 01 – www.victorhugohotel.com
75 ch – 206/450 € 206/450 € – 19 €
Dans un quartier calme, face aux réservoirs de Passy, cet hôtel abrite des chambres traditionnelles, certaines avec balcon (vue dégagée aux étages supérieurs). Un ensemble à la fois propre, fonctionnel et pratique, non loin de la place Victor-Hugo.

Chambellan Morgane sans rest 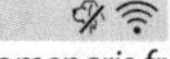
6 r. Keppler Ⓜ George V – ✆ 01 47 20 35 72 – www.hotelchambellanmorgane.fr
20 ch – 90/270 € 110/290 € – 13 €
Petit hôtel situé dans une rue calme, à deux pas des Champs-Élysées. Les chambres, intimes et confortables, ont toutes été rénovées en 2010. Esprit trendy dans les parties communes !

PARIS

Windsor Home sans rest
3 r. Vital ✉ 75016 Ⓜ La Muette – ✆ 01 45 04 49 49 – www.windsorhomeparis.fr
8 ch – 135/180 € 150/210 € – 15 €
"Une maison pour ceux qui n'aiment pas l'hôtel", c'est ainsi que la décrivent certains clients. Meubles anciens, moulures, couleurs originales, petit nombre de chambres, notes baroques : beaucoup de charme.

Queen's sans rest
4 r. Bastien-Lepage Ⓜ Michel Ange Auteuil – ✆ 01 42 88 89 85 – www.hotel-queens-hotel.com – fermé 25 juil.-25 août
17 ch – 119/179 € 159/199 € – 10 €
Des tableaux d'artistes contemporains ornent le joli hall ainsi que la plupart des chambres. Certaines, plus spacieuses, ont été décorées dans un style chic et agréable. Cette adresse tombe à point dans le quartier d'Auteuil.

Le Hameau de Passy sans rest
48 r. de Passy ✉ 75016 Ⓜ La Muette – ✆ 01 42 88 47 55 – www.hameaudepassy.com
32 ch – 80/160 € 90/170 €
Une impasse mène à ce discret hameau et à sa charmante cour intérieure envahie de verdure. Un calme fort appréciable, à savourer dans des chambres bien rénovées, aux couleurs pop et sucrées.

Gavarni sans rest
5 r. Gavarni ✉ 75116 Ⓜ Passy – ✆ 01 45 24 52 82 – www.gavarni.com
25 ch – 120/250 € 180/250 € – 15 €
Compensation carbone, énergies renouvelables, etc. : cet hôtel a reçu l'Ecolabel européen. Au 4e étage, les chambres ont adopté un design immaculé. Produits bio au petit-déjeuner.

Au Palais de Chaillot sans rest
35 av. Raymond-Poincaré ✉ 75116 Ⓜ Trocadéro – ✆ 01 53 70 09 09 – www.hotelpalaisdechaillot.com
31 ch – 139/259 € 169/259 € – 14 €
Bien situé près du Trocadéro, cet hôtel familial a fait entièrement peau neuve en 2010. Gaies et colorées, les chambres sont fonctionnelles, bien agencées et jouissent d'une bonne isolation phonique. Accueil sympathique.

XXXX ✿✿ **L'Abeille** – Hôtel Shangri-La

10 av. d'Iéna ✉ 75116 Ⓜ Iéna – ✆ 01 53 67 19 90 – www.shangri-la.com – Fermé août, 22-30 déc., 1 semaine en fév., le midi, dim. et lundi

• MODERNE • Menu 210 € – Carte 135/285 €

Le "restaurant français" du Shangri-La, baptisé ainsi en hommage à l'emblème napoléonien. Dans ce décor extrêmement cossu, le chef Philippe Labbé signe une cuisine classique des plus subtiles, teintée de créativité et mettant en valeur des produits d'exception. ➜ Vieilles variétés de tomates de plein champ. Cochon de lait ibérique en quatre services. Millefeuille à la vanille Bourbon.

XXXX ✿ **St-James Paris** – Hôtel St-James Paris

43 av. Bugeaud ✉ 75116 Ⓜ Porte Dauphine – ✆ 01 44 05 81 81 – www.saint-james-paris.com – Fermé le midi, dim. soir et fériés

• MODERNE • Menu 95 € – Carte 76/135 €

Un établissement exclusif, à l'atmosphère de club privé anglais... Le cadre est superbe, aussi chic qu'élégant avec ses boiseries, ses tissus mordorés, son haut plafond en trompe l'œil et son jardin très secret. La cuisine est à l'avenant, délicate, précise et bien construite. Un lieu qui ne manque pas de goût !

➜ Saumon de Cherbourg à la parisienne, macédoine de légumes au saumon fumé. Civet de lièvre, garniture grand-mère, ravioles au raifort. Café moka d'Éthiopie en crème légère, feuilles de chocolat et glace à la fève tonka.

PARIS

XXXX ✿ **Hiramatsu** soir,

52 r. Longchamp ✉ 75116 Ⓜ Trocadéro – ✆ 01 56 81 08 80 – www.hiramatsu.co.jp/fr/ – Fermé août, 24 déc.-2 janv., sam. et dim.

• MODERNE • Menu 48 € (déj.)/115 € *(réservation conseillée)*

Sous son enseigne japonaise, Hiramatsu honore la cuisine française avec inventivité et talent. Dans un cadre très élégant, la haute gastronomie s'exprime à travers un menu unique ("carte blanche" le soir), qui change chaque mois au gré du marché. ➜ Cuisine du marché.

XXX **Prunier**

16 av. Victor-Hugo ✉ 75116 Ⓜ Charles de Gaulle-Etoile – ✆ 01 44 17 35 85 – www.prunier.com – Fermé août, sam. midi, dim. et fériés

• POISSONS ET FRUITS DE MER • Menu 45 € (déj.), 65/165 € – Carte 64/173 €

Institution créée en 1925 par l'architecte Boileau, au superbe décor Art déco classé (marbre noir, mosaïques, vitraux). Outre d'excellents produits de la mer, c'est l'occasion de découvrir le caviar maison du Sud-Ouest.

XXX ✿ **Relais d'Auteuil** (Patrick Pignol)

31 bd Murat ✉ 75016 Ⓜ Michel Ange Molitor – ✆ 01 46 51 09 54 – www.relaisdauteuil-pignol.fr – Fermé août, vacances de Noël, sam. midi, dim. et lundi

• MODERNE • Menu 70 € (déj.), 100/149 € – Carte 105/172 €

Le cadre intimiste met en valeur de nombreuses peintures et sculptures contemporaines. La belle cuisine au goût du jour s'inspire de produits de qualité (gibier en saison). Superbe livre de cave et beau choix de champagnes. ➜ Amandine de foie gras de canard des Landes et son lobe poêlé, petite salade d'herbes. Bar en croûte de poivre. Madeleines cuites minute au miel de bruyère, glace miel et noix.

XXX ✿✿✿ **Astrance** (Pascal Barbot)

4 r. Beethoven ✉ 75016 Ⓜ Passy – ✆ 01 40 50 84 40 – Fermé 1er-5 mai, 25 juil.-26 août, vacances de Noël, sam., dim., lundi et fériés

• CREATIVE • Menu 70 € (déj.), 120/210 € *(réservation conseillée)*

La dira-t-on "à la Barbot", cette formule qu'il a consacrée et qui fait tant d'émules ? À chaque service, le chef-artiste réinvente la cuisine pour une représentation unique : sans carte ni menu, on se laisse surprendre par des créations qui subjuguent les sens, et les produits livrent leurs plus belles confidences.

➜ Millefeuille de champignons de Paris, foie gras mariné au verjus, pâte de citron confit. Canard de Challans cuit au sautoir, aubergine laquée au miso, curry noir. Tartelette figue et groseille, mousse au jasmin.

XXX **Tsé Yang**

25 av. Pierre-1er-de-Serbie ✉ 75016 Ⓜ Iéna – ✆ 01 47 20 70 22

• CHINOISE • Menu 43/53 € – Carte 50/100 €

D'élégantes salles à manger (dominantes de noir, plafond doré) en forme d'écrin pour une cuisine traditionnelle chinoise de Pékin, de Shanghai et du Sichuan. Un lieu dépaysant, où l'on apprécie également un service attentif et stylé.

XXX **Les Tablettes de Jean-Louis Nomicos**

✿ *16 av. Bugeaud ✉ 75116 Ⓜ Victor Hugo – ✆ 01 56 28 16 16 – www.lestablettesjeanlouisnomicos.com*

• MODERNE • Menu 42 € (déj.), 80 € 🍷/145 € – Carte 100/175 €

Après avoir œuvré chez Lasserre, Jean-Louis Nomicos poursuit son aventure en solo, en lieu et place de Joël Robuchon qui avait ici sa Table. C'est dans un décor contemporain et original que s'épanouit sa belle cuisine aux accents méditerranéens.

➜ Macaronis aux truffes noires et foie gras. Dos de saint-pierre rôti , sauce vierge au citron caviar. Chocolat croustillant et sorbet au cacao en émulsion de mascarpone.

XXX **Antoine**

✿ *10 av. de New-York ✉ 75116 Ⓜ Alma Marceau – ✆ 01 40 70 19 28 – www.antoine-paris.fr – Fermé 2-17 août*

• POISSONS ET FRUITS DE MER • Formule 38 € – Menu 78 € (dîner)/120 € – Carte 85/150 €

Une valeur sûre de la cuisine de la mer à Paris. Au gré d'arrivages directs des ports bretons, basques ou méditerranéens, des produits de qualité sont travaillés avec savoir-faire et inspiration. Élégant décor contemporain. ➜ Carpaccio de poissons minute. Poissons de ligne grillés. Soufflé chaud à la mirabelle.

XXX **Le Pergolèse** (Stéphane Gaborieau)

✿ *40 r. Pergolèse ✉ 75116 Ⓜ Porte Maillot – ✆ 01 45 00 21 40 – www.lepergolese.com – Fermé 3 semaines en août, sam. midi et dim.*

• MODERNE • Menu 48 € (déj.), 98/115 € – Carte 85/120 €

Une cuisine du soleil joliment revisitée par un chef Meilleur Ouvrier de France qui ne dédaigne pas y apporter quelques notes japonisantes. Le tout dans un décor à la fois sobre et élégant.

➜ Moelleux de sardine à la basquaise et sorbet à la tomate. Sole meunière farcie d'une duxelles de champignons. Soufflé aux fruits de saison.

XXX **Raphael le Restaurant** – Hôtel Raphael

17 av. Kléber ✉ 75116 Ⓜ Kléber – ✆ 01 53 64 32 00 – www.raphael-hotel.com – Fermé juil., août, sam. et dim.

• MODERNE • Formule 60 € 🍷 – Carte 70/135 €

Au sein du Raphael, un cadre élégant et empreint de classicisme (hauts plafonds, boiseries, lustres à pampilles, drapés colorés, etc.) pour une cuisine... qui sait jouer la carte de la nouveauté ! La jeune chef, Amandine Chaignot, a fait parler d'elle ; son style ne manque ni de sensibilité ni de tact.

XXX **Shang Palace** – Hôtel Shangri-La

✿ *10 av. d'Iéna ✉ 75116 Ⓜ Iéna – ✆ 01 53 67 19 92 – www.shangri-la.com – Fermé 15 juil.-21 août, mardi et merc.*

• CHINOISE • Menu 52 € (déj. en semaine), 98/128 € – Carte 60/120 €

Situé au niveau inférieur du Shangri-La, ce Shang Palace recrée avec grâce le décor d'un luxueux restaurant chinois : colonnes de jade, paravents sculptés, lustres en cristal... La carte fait honneur à la gastronomie cantonaise, authentique et parfumée.

➜ Saumon "Lo Hei". Cabillaud braisé, cébette, ail et gingembre. Crème de mangue, pomélo et perles de sagou.

XXX **La Table du Baltimore** – Hôtel Baltimore

1 r. Léo-Delibes ✉ 75016 Ⓜ Boissière – ✆ 01 44 34 54 34 – www.hotel-baltimore-paris.com – Fermé août, sam., dim. et fériés

• MODERNE • Formule 40 € 🍷 – Menu 72/95 € 🍷 – Carte 75/100 €

L'hôtel Baltimore, c'est aussi cette Table chic qui associe boiseries anciennes, mobilier contemporain et dessins d'art. Un cadre élégant pour une cuisine qui cultive l'air du temps.

PARIS

XX Cristal Room Baccarat

11 pl. des Etats-Unis - Maison Baccarat, (1er étage) ✉ 75116 Ⓜ Boissière – ✆ 01 40 22 11 10 – www.cristalroom.fr – Fermé dim. et fériés
• MODERNE • Formule 36 € – Menu 55 € (déj.), 109/159 € 🍷 – Carte 74/93 €
Depuis 2003, l'ancien hôtel particulier de Mme de Noailles sert d'écrin à la célèbre maison Baccarat. La salle du restaurant (fresque peinte, lustres en cristal) a été relookée par Philippe Starck. Un cadre superbe pour une cuisine actuelle.

XX Bon

25 r. de la Pompe ✉ 75116 Ⓜ La Muette – ✆ 01 40 72 70 00 – www.restaurantbon.fr
• CREATIVE • Formule 26 € 🍷 – Menu 31 € 🍷 (déj. en semaine) – Carte 37/67 €
Trois salles à manger originales aux ambiances très différentes, imaginées par Philippe Starck : la vinothèque, la cheminée et la bibliothèque. La carte, courte et appétissante, joue la fusion et vagabonde à travers le Sud-Est asiatique.

XX Marius

82 bd Murat ✉ 75016 Ⓜ Porte de St-Cloud – ✆ 01 46 51 67 80 – www.restaurantmarius.fr – Fermé août, sam. midi et dim.
• POISSONS ET FRUITS DE MER • Carte 43/79 €
Près du Parc des Princes, une adresse dédiée aux produits de la mer. L'influence méditerranéenne se fait sentir avec des incontournables comme la bouillabaisse. Dans la salle toute blanche, égayée de vieux gréements, on prend le large...

PARIS

XX Akrame (Akrame Benallal)

✿✿ *19 r. Lauriston ✉ 75016 Ⓜ Kléber – ✆ 01 40 67 11 16 – www.akrame.com – Fermé 18-27 avril, 2-24 août, 21 déc.-5 janv., sam. et dim.*
• CREATIVE • Menu 40 € (déj.), 75/95 € *(réservation conseillée)*
Passé notamment chez Gagnaire et Adrià, le jeune et sémillant Akrame Benallal déploie aujourd'hui tout son talent : sa cuisine se montre aussi personnelle que décomplexée, et si elle ose des recettes inédites, c'est avec grande finesse et sagacité. Le cadre, très tendance, sied à ces menus uniques qui changent chaque mois... ➔ Cuisine du marché.

XX 6 New York

6 av. de New-York ✉ 75016 Ⓜ Alma Marceau – ✆ 01 40 70 03 30 – www.6newyork.fr – Fermé août, sam. midi et dim.
• MODERNE • Formule 35 € – Menu 40 € (déj.), 75/90 € 🍷 – Carte 55/73 €
L'enseigne vous dit tout sur l'adresse... avenue de New York, loin d'une table nord-américaine ! Saveurs franches et bien marquées, respect des saisons : une cuisine en parfaite harmonie avec le cadre contemporain et élégant.

XX A et M Restaurant

136 bd Murat ✉ 75016 Ⓜ Porte de St-Cloud – ✆ 01 45 27 39 60 – www.am-restaurant.com – Fermé août, sam. midi et dim.
• MODERNE • Menu 35 € – Carte 35/42 €
Un vrai bistrot de chef, au décor chic et chaleureux. Aux fourneaux, on trouve Tsukasa Fukuyama, qui s'approprie avec aisance les grands classiques de la gastronomie de l'Hexagone : pressé de tête de veau tiède et sa sauce ravigote, gigot d'agneau au cumin et jus d'olives noires : on passe un bon moment !

XX Terrasse Mirabeau

5 pl. de Barcelone ✉ 75016 Ⓜ Mirabeau – ✆ 01 42 24 41 51 – www.terrasse-mirabeau.com – Fermé 3 semaines en août, 1 semaine fin déc., sam. et dim.
• MODERNE • Menu 39/89 € – Carte 60/84 €
Sa terrasse à l'ombre des platanes est bien agréable, tout comme sa cuisine bourgeoise qui varie au fil des saisons. Le chef élabore lui-même ses cuvées (languedoc, côtes-du-rhône, bordeaux) ; servies au verre, elles ont un franc succès.

etc...

2 r. La Pérouse ✉ 75016 Ⓜ Kléber – ✆ 01 49 52 10 10 – Fermé 29 juil.-25 août, sam. midi et dim.

• MODERNE • Formule 50 € – Menu 90 € (dîner) – Carte environ 77 €

Cette table menée par Christian Le Squer – chef du célèbre Ledoyen – a pris la forme d'un bistrot chic épuré, à la fois contemporain et convivial. Cuisine actuelle de qualité, courte carte misant sur la saisonnalité, etc... ➜ Fantaisie voyageuse. Boudin maison version contemporaine. Caramel au goût de caramel glacé.

Chez Géraud Ⓝ

31 r. Vital ✉ 75016 Ⓜ La Muette – ✆ 01 45 20 33 00 – Fermé août, 20-28 déc., sam. et dim.

• MODERNE • Formule 30 € – Carte 45/75 €

L'heure du renouveau a sonné pour cette petite institution de La Muette, reprise fin 2013 par deux jeunes associés venus du Royal Monceau. La carte, sûre de ses fondamentaux, est aussi carrée que gourmande, et le cadre allie joliment lustre d'antan et esprit contemporain. À (re-)découvrir très vite !

PARIS

Le Vinci

23 r. Paul-Valéry ✉ 75116 Ⓜ Victor Hugo – ✆ 01 45 01 68 18 – Fermé 1er-21 août, sam. et dim.

• ITALIENNE • Menu 35 € (semaine) – Carte 54/76 €

La décoration intérieure sympathique et l'amabilité du service font du Vinci un établissement très prisé, à deux pas de l'avenue Victor-Hugo. Le beau choix de pâtes et de risottos, les viandes et poissons à la carte, varient selon le marché.

Conti

72 r. Lauriston ✉ 75116 Ⓜ Boissière – ✆ 01 47 27 74 67 – www.leconti.fr – Fermé 4-25 août, 25 déc.-1er janv., sam., dim. et fériés

• ITALIENNE • Menu 35 € (déj.) – Carte 55/74 €

Velours rouge, miroirs et lustres en cristal : le décor intimiste hésite entre club privé et théâtre à l'italienne. La cuisine de la Botte, généreuse et classique, a su séduire de nombreux habitués.

Le Metropolitan – Hôtel Metropolitan Radisson Blu

10 pl. de Mexico ✉ 75116 Ⓜ Trocadéro – ✆ 01 56 90 40 04 – www.radissonblu.com/hotel-pariseiffel – Fermé 3 semaines en août, dim. et lundi

• MODERNE • Menu 31 € (déj.), 41/51 € 🍷 – Carte 46/61 €

Chic, moderne et chaleureux : tel est le restaurant de l'hôtel Metropolitan. Au menu : des recettes internationales – rehaussées de notes japonisantes – concoctées avec un souci de qualité évident (choix des produits, soin d'exécution). Une table propice à une urbanité toute contemporaine.

Monsieur Bleu Ⓝ

20 av. de New-York, (Palais de Tokyo) ✉ 75016 Ⓜ Iéna – ✆ 01 47 20 90 47 – www.monsieurbleu.com

• MODERNE • Carte 45/75 €

L'adresse a alimenté la chronique mondaine dès son inauguration au printemps 2013... Il faut dire qu'au sein du palais de Tokyo, elle est superbe avec sa salle Art déco tout en gris, vert et or, et sa terrasse regardant la Seine et la tour Eiffel. L'assiette n'est pas en reste, sophistiquée et savoureuse. Un endroit très en vue !

Jamin Ⓝ

32 r. de Longchamp ✉ 75116 Ⓜ Iéna – ✆ 01 45 53 00 07 – www.restaurant-jamin.com – Fermé août, sam. midi et dim.

• MODERNE • Formule 28 € – Menu 35 € – Carte 37/57 €

Atmosphère chic et feutrée pour cette table tout en camaïeu de crème et de beige. On y apprécie une cuisine savoureuse et bien troussée, à l'image de ce tartare d'écrevisses aux zestes de citron vert. Pour l'anecdote, les gastronomes avertis se rappelleront que Joël Robuchon fit la célébrité de Jamin dans les années 1980...

Zébra Square – Hôtel Square

3 r. Boulainvilliers ✉ 75016 Ⓜ Mirabeau – ✆ 01 44 14 91 91 – www.zebrasquare.com

• MODERNE • Formule 27 € 🍷 – Carte 35/65 €

Jaune, vert, bleu : le Zébra Square n'est pas zébré, mais il ne manque pas de couleurs ! Voilà qui crée une belle ambiance, chaleureuse et branchée, et qui a son supplément d'âme : une cuisine internationale qui voit large (des nems au pain perdu) et est concoctée avec soin. Les assiettes aussi sont colorées !

Chaumette

7 r. Gros ✉ 75016 Ⓜ Mirabeau – ✆ 01 42 88 29 27 – www.restaurant-chaumette.com – Fermé 8-20 août, 23 déc.-3 janv., sam. midi, dim. et fériés

• TRADITIONNELLE • Formule 21 € – Menu 24 € (déj.) – Carte 35/55 €

Un beau bistrot à l'ancienne, tel qu'on se l'imagine : boiseries sombres, tables alignées, comptoir. La clientèle chic du quartier vient y manger au coude-à-coude pot-au-feu et millefeuilles tout à fait recommandables. Canaille et convivial.

Le Petit Pergolèse

38 r. Pergolèse ✉ 75016 Ⓜ Porte Maillot – ✆ 01 45 00 23 66 – Fermé août, sam. et dim.

• TRADITIONNELLE • Carte 40/71 €

Entre bistrot chic et galerie d'art contemporain, cette adresse très animée ose une déco branchée, à mi-chemin entre l'univers de David LaChapelle et le pop art. L'alléchante ardoise suggère une cuisine de tradition joliment revisitée.

Mets Gusto

79 r. de la Tour ✉ 75116 Ⓜ Rue de la Pompe – ✆ 01 40 72 84 46 – www.metsgusto.com – Fermé 3 semaines en août, 22 déc.-2 janv., sam. midi, dim. et lundi

• MODERNE • Formule 27 € – Carte 36/65 €

Cette ancienne boulangerie honore désormais la Méditerranée, entre Provence, Espagne et Italie ; une "cuisine du Latium" limpide, centrée sur des produits choisis. Précisez à la réservation si vous préférez une table haute ou plus classique.

La Villa Corse Rive Droite

141 av. de Malakoff Ⓜ Porte Maillot – ✆ 01 40 67 18 44 – www.lavillacorse.com – Fermé dim.

• CORSE • Formule 29 € 🍷 – Carte 35/59 €

Cette Villa de la rive droite, petite sœur de celle du 15e, transpose le terroir corse dans une ambiance lounge branchée et décontractée (fauteuils club, lustres en Murano). Produits et vins de qualité, en provenance directe de l'île de Beauté.

Il Gusto Sardo

18 r. Chaillot ✉ 75016 Ⓜ Alma Marceau – ✆ 01 47 20 08 90 – www.restaurant-ilgustosardo.com – Fermé vacances de printemps, août, vacances de Noël, sam. midi, dim. et fériés

• ITALIENNE • Carte 45/84 €

Ici, c'est tout le goût de la Sardaigne qui s'exprime ! Aidée de ses fils, Nicoletta œuvre en cuisine. Les habitués apprécient l'ambiance familiale et des classiques comme la saucisse sarde ou les antipastis de thon. Une authentique trattoria.

Juan

144 r. de la Pompe ✉ 75016 Ⓜ Victor Hugo – ✆ 01 47 27 43 51 – Fermé 2 semaines en août, dim., lundi et fériés

• JAPONAISE • Menu 35 € (déj.), 65/70 €

Une devanture noire, des vitres fumées et une salle minuscule, typiquement nippone. Le soir, on se laisse tenter par le menu shabu-shabu (de fines tranches de bœuf trempées dans un bouillon de légumes), sukiyaki ou omakasé. Le goût du Japon...

Kura

56 r. de Boulainvilliers Ⓜ La Muette – ✆ 01 45 20 18 32 – www.kuraparis.com – Fermé 15-19 août et lundi

• JAPONAISE • Menu 55/95 €

Au cœur de Passy, à deux pas du métro La Muette, une vraie auberge japonaise d'aujourd'hui (mobilier en bois sombre, petit sushi-bar, accueil prévenant, etc.). Réalisée dans les règles de l'art, la cuisine ravit par sa finesse et ses parfums – et l'inventivité des menus du soir. Autre atout : la terrasse ensoleillée.

Atelier Vivanda

18 r. Lauriston Ⓜ Kléber – ✆ 01 40 67 10 00 – www.ateliervivanda.com – Fermé août, sam. et dim.

• VIANDES ET GRILLADES • Menu 35 € – Carte environ 50 € *(réservation conseillée)*

Joli néologisme que ce "Vivanda" qui célèbre aussi bien la vie que la viande... Au menu : bœuf Black Angus, poulet fermier, etc. – le tout servi sur de petites tables façon billot de boucher –, au gré du marché et des saisons. La deuxième adresse du jeune chef Akrame Benallal, dont le gastro se trouve en face.

La Table Lauriston

129 r. Lauriston ✉ 75016 Ⓜ Trocadéro – ✆ 01 47 27 00 07 – www.restaurantlatablelauriston.com – Fermé août, 24 déc.-2 janv., sam. midi et dim.

• TRADITIONNELLE • Formule 26 € – Carte 42/93 €

Cette table des quartiers chic mise sur la simplicité et la qualité d'une belle cuisine de bistrot. L'ardoise est alléchante et la carte n'oublie pas les classiques (tripes maison, canard à l'orange, baba au rhum). Sympathique.

La Marée Passy

71 av. P. Doumer ✉ 75016 Ⓜ La Muette – ✆ 01 45 04 12 81 – www.lamareepassy.com

• POISSONS ET FRUITS DE MER • Carte 45/56 €

Boiseries, tons rouges et allusions à la navigation : le décor sied parfaitement aux recettes iodées de cette adresse vouée à la mer. L'ardoise change en fonction des arrivages en provenance de la côte atlantique. Beaucoup de fraîcheur !

Rosimar

26 r. Poussin ✉ 75016 Ⓜ Michel Ange Auteuil – ✆ 01 45 27 74 91 – www.restaurant-rosimar.com – Fermé août, 24-31 déc., lundi soir, mardi soir, sam. midi, dim. et fériés

• ESPAGNOLE • Menu 40 € – Carte 34/62 €

Au Rosimar, la cuisine espagnole s'exprime dans toute sa générosité : charcuterie, zarzuela de poisson, escalivada, riz noir, etc. Une sympathique petite affaire familiale !

au Bois de Boulogne

Le Pré Catelan

rte de Suresnes ✉ 75016 – ✆ 01 44 14 41 14 – www.precatelanparis.com – Fermé 3-25 août, 26 oct.-3 nov., 16 fév.-3 mars, dim. et lundi

• CREATIVE • Menu 110 € (déj.), 220/280 € – Carte 235/305 €

Œil vif, geste sûr : impossible de distinguer, dans les créations de Frédéric Anton, la technique exigeante de l'intuition fulgurante. Si chaque assiette est un chef-d'œuvre, toutes s'érigent en monuments de plaisir – plaisir sensible et communicatif – à déguster, au cœur du bois, dans un décor de fête blanc et argent.

→ Langoustine en ravioli, bouillon à l'huile d'olive. Turbot aux algues, beurre aux zestes de citron vert, pouces-pieds et crevettes grises façon dieppoise. Pomme soufflée, crème glacée caramel, cidre et sucre pétillant.

La Grande Cascade

allée de Longchamp ✉ 75016 – ✆ 01 45 27 33 51 – www.restaurantsparisiens.com – Fermé vacances de Noël

• MODERNE • Menu 75/185 € – Carte 140/190 €

Un charmant pavillon 1850, à quelques pas de la Grande Cascade du bois de Boulogne. Déguster une cuisine raffinée sous sa majestueuse rotonde ou sur sa ravissante terrasse est un plaisir d'une élégance rare...

→ Émietté de tourteau au naturel, crémeux de chou-fleur en fine gelée. Carré d'agneau de Lozère rôti au thym citron, courgettes ivres d'artichaut et de feta. Texture tout chocolat grand cru de République dominicaine, sorbet cacao.

J.-C. Amiel/hemis.fr

Palais des Congrès · Wagram · Ternes · Batignolles

17e arrondissement ✉ 75017

Renaissance Arc de Triomphe

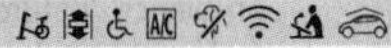

39 av. Wagram Ⓜ Ternes – ✆ 01 55 37 55 37 – www.renaissancearcdetriomphe.fr

118 ch – 329/1200 € 329/1200 € – 22 suites – 22 €

Rest *Makassar* – voir les restaurants ci-après

En 2009, le théâtre de l'Empire a laissé place à cet hôtel dessiné par Christian de Portzamparc. Les chambres revisitent la décoration des années 1970 ! Équipements high-tech, belles prestations.

Regent's Garden sans rest

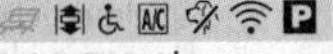

6 r. P.-Demours Ⓜ Ternes – ✆ 01 45 74 07 30 – www.hotel-regents-paris.com

39 ch – 189/520 € 189/520 € – 1 suite – 22 €

Savant mélange d'ancien (cheminée, mobilier de style) et de moderne (teintes sombres, motifs originaux) dans cet hôtel particulier. Avec un délicieux petit jardin japonisant...

Mac Mahon sans rest

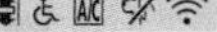

3 av. Mac-Mahon Ⓜ Charles de Gaulle-Etoile – ✆ 01 43 80 23 00 – www.champselyseesmm.com

40 ch – 219/750 € 219/750 € – 25 €

Un immeuble haussmannien à deux pas de l'Arc de Triomphe. Entièrement rénové en 2012, cet établissement mêle habilement le style Empire et la décoration contemporaine. Un pied-à-terre parfait pour partir aux quatre coins de Paris.

Splendid Étoile

1bis av. Carnot Ⓜ Charles de Gaulle-Etoile – ✆ 01 45 72 72 00 – www.hsplendid.com

55 ch – 220/400 € 230/410 € – 2 suites

Rest *Le Pré Carré* – voir les restaurants ci-après

On reconnaît cet hôtel à sa belle façade ouvragée. Les chambres sont d'inspiration Louis XV ou contemporaines ; certaines ont vue sur l'Arc de Triomphe. Un style feutré très plaisant.

Ampère sans rest

102 av. de Villiers Ⓜ Pereire – ✆ 01 44 29 17 17 – www.hotel-ampere-paris.com

97 ch – 160/330 € 180/430 € – 1 suite – 20 €

Les chambres, décorées dans un style contemporain, donnent sur la cour intérieure. Avec son bar feutré, son jardin au calme de l'agitation extérieure, cet hôtel possède un certain cachet.

PARIS

Les Jardins de la Villa sans rest

5 r. Bélidor Ⓜ *Porte Maillot – 01 53 81 01 10 – www.jardinsdelavilla.com*

33 ch – ♦113/300 € ♦♦128/450 € – ☕ 22 €

Les "fashion addicts" vont raffoler de ce petit hôtel très couture. Noir, rose shocking, gris... Les références à l'univers de la mode sont nombreuses. Original, chic et confortable !

Hôtel de Banville sans rest

166 bd Berthier Ⓜ *Porte de Champerret – 01 42 67 70 16 – www.hotelbanville.fr*

38 ch – ♦159/410 € ♦♦159/410 € – ☕ 20 €

Un véritable hôtel de charme, décoré avec goût. Les chambres (bois patiné, détails précieux) sont séduisantes, certaines avec une vue magique !

L'Edmond sans rest

22 av. de Villiers Ⓜ *Villiers – 01 44 01 09 40 – www.edmond-hotel.com*

17 suites – ♦♦350/1000 € – 6 ch – ☕ 18 €

Edmond, comme Edmond Rostand, l'auteur de Cyrano de Bergerac, qui vécut dans cette maison, devenue hôtel contemporain, élégant et feutré. Certaines suites, avec balcon, offrent une vue sur le Sacré-Cœur et la tour Eiffel. Très parisien.

PARIS

Hidden sans rest

28 r. de l'Arc-de-Triomphe Ⓜ *Charles de Gaulle-Etoile – 01 40 55 03 57 – www.hidden-hotel.com*

35 ch – ♦149/849 € ♦♦169/849 € – ☕ 17 €

Ambiance "nature" revendiquée pour cet hôtel créé en 2009 et agrandi en 2012 : matériaux nobles comme le bois et l'ardoise, literie en fibres de coco, etc. Un lieu apaisant et très dépaysant, pour vivre un peu caché...

Beauséjour Montmartre Ⓝ sans rest

6 r. Lécluse Ⓜ *Place de Clichy – 01 42 93 35 77 – www.beausejour-montmartre.com*

36 ch – ♦125/248 € ♦♦149/550 € – ☕ 15 €

Quelques clichés de David LaChapelle, des photos dédicacées de Brigitte Bardot... Un esprit glamour qui fait écho à la place de Clichy voisine, mais auquel on ne saurait résumer cette ancienne pension de famille, transformée en hôtel par un propriétaire issu de la haute couture. Un ensemble très chic et très parisien !

Mercedes sans rest

128 av. de Wagram Ⓜ *Wagram – 01 42 27 77 82 – www.bestwestern-hotelmercedes.com*

36 ch – ♦100/510 € ♦♦100/510 € – 1 suite – ☕ 14 €

Non loin du ravissant parc Monceau, les amoureux des années 1920 apprécieront cet immeuble Art déco. Les chambres y sont joliment décorées et feutrées à souhait. Mention spéciale pour la salle de petit-déjeuner et ses superbes vitraux signés du maître verrier Jacques Grüber. Une belle adresse.

Magellan sans rest

17 r. J.-B. Dumas Ⓜ *Porte de Champerret – 01 45 72 44 51 – www.hotelmagellan.com*

72 ch – ♦90/178 € ♦♦112/208 € – ☕ 18 €

Dans un bel immeuble 1900, un hôtel aux chambres sobres et fonctionnelles. Atout maître, toujours appréciable à Paris : le jardin où l'on prend son petit-déjeuner en été ! Accueil très aimable.

Régence Etoile sans rest

24 av. Carnot Ⓜ *Charles de Gaulle-Etoile – 01 58 05 42 42 – www.hotelregenceetoile.com*

38 ch – ♦125/245 € ♦♦195/245 € – ☕ 13 €

À deux pas de l'Arc de Triomphe et des Champs-Élysées, cet établissement bénéficie d'un emplacement de choix pour apprécier les charmes de la Ville Lumière. Les chambres y sont confortables et bien tenues, l'accueil des plus charmants.

Champerret Élysées sans rest

129 av. Villiers Ⓜ Porte de Champerret – ✆ 01 47 64 44 00 – www.champerret-elysees.fr

45 ch – †85/195 € ††115/195 € – ☕ 15 €

Près de la porte de Champerret, un hôtel confortable et bien tenu, fort pratique pour résider à l'ouest de Paris. Pour plus de calme, préférez les chambres côté cour.

Le Pierre sans rest

25 r. Th.-de-Banville Ⓜ Pereire – ✆ 01 47 63 76 69 – www.hotel-lepierreparis.com

50 ch – †150/400 € ††170/500 € – ☕ 20 €

Cet hôtel bien situé, dont les chambres coquettes s'inspirent du style Directoire – préférez celles donnant sur l'arrière du bâtiment –, s'adapte aussi bien à la clientèle d'affaires que touristique.

West Side sans rest

36 r. Pierre-Demours Ⓜ Ternes – ✆ 01 47 64 67 67 – www.hotelswaldorfparis.com

44 ch – †335/475 € ††355/475 € – ☕ 20 €

Une façade élégante, un décor sobre et moderne, une atmosphère reposante et un espace de relaxation avec petite piscine : détente assurée dès que l'on franchit la porte...

Star Champs Élysées sans rest

18 r. de l'Arc-de-Triomphe Ⓜ Charles de Gaulle-Etoile – ✆ 01 43 80 27 69 – www.hotelstarchampselysees.com

62 ch – †100/300 € ††110/300 € – ☕ 13 €

Dans une rue calme près de la place de l'Étoile, cet établissement dispose de chambres certes petites, mais fonctionnelles et bien tenues. Original : la réception avec sa décoration médiévale ! Une bonne adresse qui s'adapte aussi bien à la clientèle d'affaires que touristique.

Doisy sans rest

55 av. des Ternes Ⓜ Ternes – ✆ 01 45 74 21 86 – www.doisy.com

33 ch – †140/395 € ††160/395 € – ☕ 14 €

Sur l'avenue des Ternes, cet immeuble abrite des chambres fonctionnelles et bien tenues. Préférez celles – plus calmes – qui donnent côté cour. Idéal pour la clientèle d'affaires, notamment, souhaitant se rendre au palais des congrès tout proche.

Arc de Triomphe Étoile sans rest

3 r. de l'Etoile Ⓜ Charles de Gaulle-Etoile – ✆ 01 56 68 90 00 – www.hotelarcdetriompheetoile.com

27 ch – †90/300 € ††110/320 € – ☕ 13 €

Son nom dit tout de son emplacement privilégié. L'établissement a été entièrement rénové en 2012 : ses petites chambres, bien aménagées et plutôt design, s'agrémentent pour certaines de fresques abstraites évoquant les monuments de Paris... Une forme de "street art" bien inspiré !

Michel Rostang

20 r. Rennequin Ⓜ Ternes – ✆ 01 47 63 40 77 – www.michelrostang.com – Fermé 3 semaines en août, lundi sauf le soir de sept. à juin, sam. midi et dim.

• CLASSIQUE • Menu 80 € (déj.), 169/198 € – Carte 140/213 €

Boiseries, figurines de Robj, œuvres de Lalique et vitrail Art déco composent le décor, à la fois luxueux et insolite. La cuisine est fine, superbement classique, embellie d'une magnifique carte des vins.

➜ Sandwich tiède à la truffe. Noix de ris de veau croustillante aux écrevisses. Tarte moelleuse au chocolat amer, sauce au café et sorbet chocolat.

Guy Savoy

18 r. Troyon Ⓜ Charles de Gaulle-Etoile – ✆ 01 43 80 40 61 – www.guysavoy.com – Fermé vacances de Noël, sam. midi, dim. et lundi

• CREATIVE • Menu 330/360 € – Carte 185/315 €

Simplicité et sophistication, souvenirs d'enfance et invention, gourmandise assumée et rigueur d'exécution... Tout le paysage mental de Guy Savoy, chef généreux et esthète, qui définit la cuisine comme "l'art de transformer en joie des produits chargés d'histoire" ! Attention, l'établissement devrait déménager en 2014 au sein de l'Hôtel de la Monnaie, au cœur de Paris.

➜ Huîtres en nage glacée et deux nouvelles préparations. Saumon figé sur la glace, consommé brûlant et perles de citron. Boule noire.

Rech

62 av. des Ternes Ⓜ Ternes – ✆ 01 45 72 29 47 – www.restaurant-rech.fr – Fermé août, dim. et lundi

• POISSONS ET FRUITS DE MER • Menu 36 € (déj.), 54/68 € – Carte 75/117 €

Cette institution née en 1925, toujours élégante avec son décor repensé dans un esprit épuré (préférez la salle de l'étage), est bien l'un des meilleurs restaurants de poisson de Paris. La grande qualité et la fraîcheur des pièces proposées, la finesse et la rigueur des préparations : tout ravira les amateurs de saveurs iodées...

→ Carpaccio de mulet aux oursins de pleine mer. Sole de ligne épaisse dorée au beurre, pommes ratte rissolées. Éclair "XL" au chocolat ou au café.

Sormani

4 r. Gén.-Lanrezac Ⓜ Charles de Gaulle-Etoile – ✆ 01 43 80 13 91 – www.restaurantsormani.fr – Fermé août, sam., dim. et fériés

• ITALIENNE • Carte 62/145 €

Près de la place de l'Étoile, un joli restaurant habillé de rouge, un peu baroque avec ses lustres en Murano. Charme latin, ambiance "dolce vita" et cuisine italienne.

Dessirier par Rostang Père et Filles

9 pl. Mar.-Juin Ⓜ Pereire – ✆ 01 42 27 82 14 – www.restaurantdessirier.com – Fermé sam. et dim. en juil.-août

• POISSONS ET FRUITS DE MER • Formule 38 € – Menu 46 € – Carte 53/90 €

Contemporain, arty et chic : le Dessirier, par Michel Rostang... et ses filles Caroline et Sophie. On y fait toujours la part belle aux produits de la mer, avec finesse.

Pétrus

12 pl. du Mar.-Juin Ⓜ Pereire – ✆ 01 43 80 15 95 – Fermé 8-26 août et sam. midi

• MODERNE • Carte 58/94 €

L'élégance de la façade se retrouve tant dans le cadre, contemporain, que dans l'assiette : on se régale ici d'une cuisine actuelle et soignée. Une belle halte gourmande.

Timgad

21 r. Brunel Ⓜ Argentine – ✆ 01 45 74 23 70 – www.timgad.fr

• MAROCAINE • Carte 45/85 €

Retrouvez la splendeur passée de la cité de Timgad dans ce cadre mauresque raffiné, tout en mobilier traditionnel et stucs finement sculptés ! La carte est au diapason : riche sélection de couscous (la semoule est d'une rare finesse) et tajines et pastillas appréciés pour leurs mille et un parfums...

Frédéric Simonin

25 r. Bayen Ⓜ Ternes – ✆ 01 45 74 74 74 – www.fredericsimonin.com – Fermé 2-28 août, dim. et lundi

• MODERNE • Formule 39 € – Menu 39 € (déj. en semaine), 55 € 🍷/145 € – Carte 81/153 €

Dans ce restaurant proche de la place des Ternes, le décor est très chic, tout de noir et de blanc. Il sied à la cuisine fine et délicate d'un chef au beau parcours... Voilà bel et bien une table raffinée !

→ Gros macaroni farci aux racines et truffes, nappé d'un beurre de foie gras. Ris de veau à la fregola au goût d'une carbonara, jus au vin d'Arbois. Soufflé chaud au yuzu, glace au sucre d'Okinawa.

Agapé

51 r. Jouffroy-d'Abbans Ⓜ Wagram – ✆ 01 42 27 20 18 – www.agape-paris.fr – Fermé 25 juil.-18 août, sam. et dim.

• MODERNE • Formule 35 € – Menu 90/120 € – Carte 86/146 €

Un nom grec célébrant l'amour, un lieu chic au décor minimaliste en teintes douces, une carte courte et alléchante. Cette table contemporaine ravit les gourmets.

→ Noix de veau crue, fumée au bois de hêtre et burrata-citron. Pêche des côtes de Noirmoutier et légumes de saison. Chocolat Samana, passion-poivre.

Le Dodin de Mark Singer

42 r. des Acacias Ⓜ Charles de Gaulle-Etoile – ✆ 01 43 80 28 54 – www.ledodin.com – Fermé 2 semaines en août, sam. midi, dim. et lundi

• MODERNE • Formule 29 € – Menu 35/85 € – Carte 43/74 €

Américain travaillant en France depuis de longues années, Mark Singer est surtout un chef sans frontière : sa patte, c'est celle d'une technique classique assurée, mise au service de recettes originales. À la tête de ce Dodin depuis fin 2011, il associe ainsi un ceviche de pétoncles et une limonade de kéfir... *Savoury !*

Le Pré Carré – Hôtel Splendid Étoile

1 bis av. Carnot Ⓜ Charles de Gaulle-Etoile – ✆ 01 46 22 57 35 – www.restaurant-le-pre-carre.com – Fermé 3 semaines en août, 1 semaine vacances de Noël, sam. midi et dim.

• TRADITIONNELLE • Menu 35 € (dîner) – Carte 40/73 €

Dans la salle, deux miroirs face à face reflètent à l'infini l'élégant et chaleureux décor. À la carte, des classiques comme la sole meunière, le tartare ou l'entrecôte de salers. Les produits sont bien choisis... et le plaisir des papilles garanti !

Jacques Faussat - La Braisière

54 r. Cardinet Ⓜ Malesherbes – ✆ 01 47 63 40 37 – www.jacquesfaussat.com – Fermé août, 24 déc.-2 janv., sam. sauf le soir d'oct. à avril, dim. et fériés

• TRADITIONNELLE • Menu 38 € (déj.)/110 € – Carte 62/74 €

Dans un quartier tranquille, un restaurant chaleureux et confortable. La carte, qui évolue au gré du marché et selon l'inspiration du chef, gersois d'origine, associe avantageusement savoir-faire traditionnel et registre actuel.

➜ Foie gras de canard cuit au torchon aux fruits de saison et fève tonka. Calamar et pied de cochon sur un tempo forestier. Symphonie opéra chocolat-épices.

Makassar – Hôtel Renaissance Arc de Triomphe

39 av. Wagram Ⓜ Ternes – ✆ 01 55 37 55 57 – www.renaissancearcdetriomphe.fr

• CREATIVE • Formule 23 € – Menu 38 € – Carte 45/65 €

Makassar… Le nom de ce port indonésien évoque le bois précieux et les îles lointaines. C'est par de discrets détails que le restaurant de l'hôtel Renaissance rappelle cette inspiration. La cuisine n'est pas en reste, avec de belles spécialités exotiques – mais aussi de grands classiques français.

Graindorge

15 r. Arc-de-Triomphe Ⓜ Charles de Gaulle-Étoile – ✆ 01 47 54 00 28 – www.le-graindorge.fr – Fermé sam. midi et dim.

• FLAMANDE • Formule 24 € – Menu 28 € (déj. en semaine), 35/55 € – Carte 45/60 €

Potjevlesch, bintje farcie, waterzoï aux crevettes grises d'Ostende, kippers de Boulogne... Ici, on se régale d'une généreuse cuisine flamande accompagnée de belles bières artisanales ! Joli cadre Art déco.

Samesa

13 r. Brey Ⓜ Charles De Gaulle-Etoile – ✆ 01 43 80 69 34 – www.samesa.fr – Fermé 3 semaines en août, sam. midi et dim.

• ITALIENNE • Menu 19 € (déj.)/30 € – Carte 37/52 €

La cuisine transalpine se porte bien dans ce restaurant proche de la place de l'Étoile. Belle sélection de vins italiens et service tout sourire : la vita è bella !

La Maison de Charly

97 bd Gouvion-St-Cyr Ⓜ Porte Maillot – ✆ 01 45 74 34 62 – www.lamaisondecharly.fr – Fermé 3 semaines en août et lundi

• MAROCAINE • Formule 35 € – Carte 34/49 €

L'entrée est encadrée d'oliviers ! Élégant décor mauresque, palmier sous verrière et trio couscous-tajines-pastillas sérieusement exécuté : une sympathique parenthèse orientale.

Le Ballon des Ternes

103 av. Ternes Ⓜ Porte Maillot – ✆ 01 45 74 17 98
– www.restaurantsparisiens.com/restaurant-le-ballon-des-ternes/
• TRADITIONNELLE • Formule 32 € 🍷 – Carte 45/80 €

Non, vous n'avez pas bu trop de ballons ! La table dressée à l'envers au plafond fait partie du plaisant décor 1900 de cette brasserie voisine du palais des congrès. À la carte, produits de la mer et plats traditionnels sont à l'honneur : sole meunière, steak tartare et pommes allumettes, crème brûlée, etc.

Caïus

6 r. d'Armaillé Ⓜ Charles de Gaulle-Etoile – ✆ 01 42 27 19 20
– www.caius-restaurant.fr – Fermé 3 semaines en août, sam. et dim.
• CREATIVE • Formule 33 € – Menu 42 € – Carte environ 55 €

Chaque saison, le chef particulièrement inventif de ce restaurant chic et feutré concocte une cuisine ludique et parfumée, rehaussée d'épices et de produits "oubliés".

MBC - Gilles Choukroun

4 r. du Débarcadère Ⓜ Porte Maillot – ✆ 01 45 72 22 55
– www.gilleschoukroun.com – Fermé août, sam. et dim.
• MODERNE • Formule 19 € – Menu 29 € (déj.)/49 € – Carte environ 55 €

M pour menthe, B pour basilic et C pour coriandre : trois produits pris comme symbole d'une cuisine créative et métissée (France, Asie, Afrique du Nord, etc.). Cadre contemporain, bien dans l'air du temps. Formule plus simple au déjeuner.

Caves Petrissans

30 bis av. Niel Ⓜ Pereire – ✆ 01 42 27 52 03 – www.cavespetrissans.fr
– Fermé août, sam., dim. et fériés
• TRADITIONNELLE • Menu 37 € – Carte 53/82 € *(réservation conseillée)*

Céline, Abel Gance, Roland Dorgelès aimaient fréquenter ces caves plus que centenaires, à la fois boutique de vins et restaurant. Cuisine bistrotière bien ficelée.

L'Escient

28 r. Poncelet Ⓜ Ternes – ✆ 09 66 92 49 13 – www.restaurantescient.fr
– fermé 1er-17 août, dim. et fériés
• MODERNE • Formule 27 € – Menu 36/45 € – Carte environ 48 €

Gambas, tarama, daïkon, citron vert et gingembre ; morue fraîche, croûte de figues sèches, chorizo et citron confit ; etc. À la carte de cet Escient, les associations originales ne manquent pas, et elles sont toujours réalisées... à bon escient ! Un métissage très savoureux, dans un décor qui joue la carte de la simplicité.

Karl & Erick

20 r. de Tocqueville Ⓜ Villiers – ✆ 01 42 27 03 71 – Fermé août, sam. midi et dim.
• MODERNE • Formule 28 € – Menu 35 € (déj.) – Carte 42/65 €

Des jumeaux, l'un en salle, l'autre en cuisine, dirigent ce bistrot aux airs de loft contemporain. À l'ardoise : terrine de lapin à l'estragon, merlan accompagné de ratatouille et d'olives noires, carré d'agneau avec son jus parfumé au romarin...

Le Bistrot d'À Côté Flaubert

10 r. Gustave-Flaubert Ⓜ Ternes – ✆ 01 42 67 05 81 – www.bistrotflaubert.com
– Fermé 2 semaines en août, sam. midi, dim. et lundi
• TRADITIONNELLE • Formule 29 € – Menu 36 € (déj. en semaine)
– Carte 47/65 €

Un bistrot sympathique, sous l'égide de Michel Rostang dont le restaurant gastronomique se trouve juste à côté. Cuisine bistrotière valorisant de beaux produits.

L'Entredgeu

83 r. Laugier Ⓜ Porte de Champerret – ✆ 01 40 54 97 24 – Fermé 1 semaine début mai, 3 semaines en août, 1 semaine à Noël, dim. et lundi
• TRADITIONNELLE • Formule 25 € – Menu 35/55 €

Accueil souriant, décor de bistrot, ambiance animée et savoureuse cuisine du marché : entraînez-vous à prononcer son nom, l'Entredgeu en vaut la peine ! L'un des meilleurs rapports qualité-prix de la capitale.

Le Clou de Fourchette

121 r. de Rome Ⓜ Rome – ✆ 01 48 88 09 97 – www.lecloudefourchette.fr – Fermé 1 semaine en août, 1 semaine fin déc., dim. et lundi

• MODERNE • Formule 18 € – Menu 24 € (déj. en semaine) – Carte 28/48 €

Voilà un restaurant qui plante fièrement le nom de son propriétaire ! Avec ses associés, Christian Leclou invite à un bon "coup de fourchette" autour de recettes bien mitonnées, à l'instar d'une épaule d'agneau confite aux agrumes et ses navets au miel de romarin. On se régale et l'ambiance est conviviale.

La Fourchette du Printemps (Nicolas Mouton)

30 r. du Printemps Ⓜ Wagram – ✆ 01 42 27 26 97 – www.lafourchetteduprintemps.com – Fermé août, 1er-15 août, 24 déc.-1er janv., dim. et lundi

• MODERNE • Menu 49/75 € – Carte environ 60 € *(réservation conseillée)*

Le printemps en toute saison ! Ce bistrot contemporain sort du lot : aux commandes, le jeune chef, passé par de belles maisons, cultive le goût du produit sans fard ni détours, pour révéler de jolies saveurs. Le tout dans un décor et avec un service sans chichis. Le goût dans la simplicité... ➜ Cuisine du marché.

Chez Léon

32 r. Legendre Ⓜ Villiers – ✆ 01 42 27 06 82 – Fermé 8-31 août, 24 déc.-1er janv., sam. midi et dim.

• MODERNE • Formule 28 € – Menu 34/72 € 🍷 – Carte 39/57 €

Un vieux zinc, un mobilier coloré... ce restaurant a pris le meilleur de la tradition et de la modernité. Résultat : une ambiance sympathique et une cuisine gourmande.

Bistro Sormani

4 r. Gén.-Lanzerac Ⓜ Charles de Gaulle-Etoile – ✆ 01 40 55 90 00 – fermé août, sam. et dim.

• ITALIENNE • Carte 30/55 €

Une déclinaison dans la simplicité de la trattoria chic Sormani, où la gourmandise reste chose sérieuse – comme toujours en Italie ! La carte se divise en deux grands chapitres : les pizzas (garnies de produits de premier choix) et les pâtes (penne aux olives noires, par exemple), entre autres beaux classiques.

Cap

42 bd Pereire Ⓜ Wagram – ✆ 01 44 40 04 15 – fermé août, mardi soir, sam. midi, dim. et lundi

• MODERNE • Formule 26 € – Menu 32 € (déj.), 36 €

L'enseigne rend hommage au Cap, en Afrique du Sud, ville d'origine du jeune chef qui a repris cet élégant petit restaurant avec son épouse. On s'en doute, la cuisine est métissée, mariant techniques d'ici, souvenirs sud-africains et même notes d'Asie (fil rouge : le salé-sucré). Des recettes bien tournées !

Agapé Bis

75 av. Niel Ⓜ Pereire – ✆ 01 42 27 88 44 – www.agape-bis.com

• MODERNE • Formule 24 € – Menu 26 € (déj.), 63/77 € – Carte environ 62 €

Dans le sillage du restaurant Agapé (près de Wagram), une version Bis pensée à la manière d'un bistrot contemporain : murs rouges, carreaux de ciment, etc. Le menu revisite les classiques bistrotiers avec goût, à l'image de ces maquereaux marinés au citron vert et à la rhubarbe.

Fabrique 4

17 r. Brochant Ⓜ Brochant – ✆ 01 58 59 06 47 – www.fabrique4.com – fermé 3 semaines en août, vacances de Noël, dim. et lundi

• MODERNE • Formule 24 € 🍷 – Carte 41/51 €

Ce fut une fabrique de bouchons, puis une brocante, avant de devenir... cette fabrique de saveurs. L'adresse a été créée par un jeune couple de Belges amoureux de la cuisine française. Les recettes se parent de subtiles influences d'Asie (avec des herbes fraîches par exemple) et les assiettes de belles couleurs.

Le Petit Verdot du 17ème

9 r. Fourcroy Ⓜ Ternes – ☎ 01 42 27 47 42 – Fermé 3 semaines en août, vacances de Noël, sam. midi et dim.
• TRADITIONNELLE • Carte 26/56 €
Deux jeunes trentenaires se sont associés pour donner un coup de fouet à cette antique adresse du quartier des Ternes. Ils déclinent ici une cuisine de bistrot généreuse et sincère, fraîche et goûteuse : terrine de lapin maison, fricassée de rognons de veau à la moutarde... À dévorer en toute convivialité !

Le Bouchon et l'Assiette

127 r. Cardinet Ⓜ Malesherbes – ☎ 01 42 27 83 93 – Fermé 26-31 mai, 3 semaines en août, 1 semaine en janv., dim. et lundi
• TRADITIONNELLE • Menu 25 € (déj. en semaine)/35 € *(réservation conseillée)*
Au déjeuner, l'ardoise du jour propose un joli panaché de petits plats gourmands. Le soir, place à des plaisirs plus subtils, autour d'une cuisine du marché avide de jolies saveurs. Quant à la carte des vins, elle met en avant d'intéressants petits producteurs. Le bouchon et l'assiette sont bien présents rue Cardinet !

PARIS

Comme Chez Maman

5 r. des Moines Ⓜ Brochant – ☎ 01 42 28 89 53 – www.comme-chez-maman.com
• TRADITIONNELLE • Formule 18 € – Carte 34/65 €
Oui, on se sent comme chez maman dans ce bistrot du cœur des Batignolles ! Le jeune chef, Wim Van Gorp, joue la carte des jolies recettes ménagères : rognon de veau grillé aux aromates, gnocchis maison au beurre et à la sauge, gaufre – un délicieux hommage à ses origines flamandes... Généreux et goûteux !

Le Café d'Angel

16 r. Brey Ⓜ Charles de Gaulle-Etoile – ☎ 01 47 54 03 33 – www.lecafedangel.com – Fermé août, 24 déc.-2 janv., sam., dim. et fériés
• TRADITIONNELLE • Formule 28 € – Menu 34 € – Carte 50/58 €
Cette petite adresse a la nostalgie des bistrots parisiens d'antan : banquettes en skaï, faïences aux murs, plats traditionnels à l'ardoise et cuisine visible derrière le comptoir.

Kifuné

44 r. St-Ferdinand Ⓜ Porte Maillot – ☎ 01 45 72 11 19 – Fermé 1 semaine en mai, 3 semaines en août, vacances de Noël, dim., lundi et jours fériés
• JAPONAISE • Menu 32 € (déj.) – Carte 30/100 €
Sushis, sashimis, tempura, yakimono (grillades) et agemono (fritures) sont à la carte de ce restaurant japonais où règne une ambiance familiale. Cuisine ouverte sur la salle.

Le Palanquin

4 pl. Boulnois Ⓜ Ternes – ☎ 01 43 80 46 90 – Fermé août, sam. et dim.
• VIETNAMIENNE • Carte 32/47 € *(réservation conseillée)*
Un petit restaurant – à peine 20 couverts – très convivial, tenu par toute une famille. On y déguste une authentique cuisine vietnamienne. Beaucoup de parfums !

M. Carassale/Sime/Photononstop

Montmartre · Pigalle

18e arrondissement ✉ 75018

PARIS

Kube
1-5 passage Ruelle Ⓜ La Chapelle – ✆ 01 42 05 20 00 – www.kubehotel.com
41 ch – 189/900 € 189/900 € – 18 € **Rest** – Carte 40/100 €
Ce n'est pas le quartier le plus séduisant de Paris, mais cet hôtel du 21e s., design et high-tech, ravira les amateurs du genre. Jeux sur la transparence et la blancheur, chambres d'esprit loft, livrent une interprétation "on the rocks" de l'hôtellerie. Restaurant et bars, dont le glacial Ice Kube (- 10° C, tenue fournie) à l'étage.

Terrass' Hôtel sans rest
12 r. J.-de-Maistre Ⓜ Place de Clichy – ✆ 01 46 06 72 85 – www.terrass-hotel.com
93 ch – 185/455 € 185/455 € – 6 suites – 22 €
En montant vers Montmartre, un hôtel cosy avec un beau salon, un piano-bar et une cheminée pour se réchauffer en hiver après une longue promenade. Les chambres sont de tailles variables, modernes et colorées. Et dans les étages élevés, certaines dominent Paris veillé par la tour Eiffel...

Mercure Montmartre sans rest
3 r. Caulaincourt Ⓜ Place de Clichy – ✆ 01 44 69 70 70 – www.mercure.com
305 ch – 109/330 € 109/330 € – 19 €
L'atout majeur de cet hôtel réside dans sa situation : près de la place Clichy, du Moulin Rouge et du cimetière Montmartre. Les chambres, toutes rénovées en 2013, affichent désormais un style contemporain et soigné, dans des tons de rouge, gris et blanc.

L'Hôtel Particulier Montmartre
23 av. Junot Ⓜ Lamarck Caulaincourt – ✆ 01 53 41 81 40 – www.hotel-particulier-montmartre.com
4 ch – 290/490 € 490/590 € – 2 suites – 19 € **Rest** – Carte 43/77 €
Un hôtel très... particulier. À l'issue d'un étroit passage montmartrois, on découvre une demeure Directoire au cœur d'un jardin luxuriant. Salons raffinés, chambres décorées dans un style contemporain aussi séduisant que surprenant, ravissante terrasse : so chic.

Holiday Inn Paris Montmartre sans rest
23 r. Damrémont Ⓜ Lamarck Caulaincourt – ✆ 01 44 92 33 40 – www.ihg.com/holidayinn.com/hotel/fr/fr/paris/parmm/hoteldetail
54 ch – 129/279 € 129/279 € – 15 €
Il est parfois difficile de se loger entre Montmartre et la place Clichy : cet hôtel est une bonne option. Le décor se révèle moderne et chaleureux (tons bruns), les chambres fonctionnelles et bien tenues. Du sérieux.

Relais Montmartre sans rest
6 r. Constance Ⓜ Abbesses – ✆ 01 70 64 25 25 – www.relaismontmartre.fr
26 ch – 199/259 € 199/259 € – 15 €
Non loin des commerces de la rue Lepic, ce petit hôtel de caractère – inattendu dans un quartier aussi vivant – a le charme d'une maison bourgeoise. Avec leur mobilier de style, les chambres sont bien coquettes. Et quel calme...

Le Chat Noir sans rest
68 bd de Clichy Ⓜ Blanche – ✆ 01 42 64 15 26 – www.hotel-chatnoir-paris.com
39 ch – 138/350 € 138/350 € – 15 €
L'enseigne fait référence au célèbre cabaret du bas de la Butte ; on retrouve partout le célèbre félin dessiné par Steinlen. Rouge, noir, blanc, graphique et malicieux... le décor joue la carte de l'épure. Apaisant à Pigalle, quartier "noctambule".

Lumières sans rest

110 r. Damrémont Ⓜ *Jules Joffrin – ✆ 01 42 64 25 75 – www.hotel-lumieres.com*
36 ch – 89/240 € 99/240 € – 10 €
Au nord de l'arrondissement, la butte Montmartre fait écran et préserve le quartier de l'agitation du centre de Paris. Le style de l'hôtel, au design épuré et aux aménagements de qualité, prête également à la tranquillité. Un lieu de séjour séduisant, bien qu'excentré.

Chamarré Montmartre

52 r. Lamarck Ⓜ *Lamarck Caulaincourt – ✆ 01 42 55 05 42 – www.chamarre-montmartre.com*
• CREATIVE • Menu 32 € (déj. en semaine), 55/70 € – Carte 75/85 €
Sur la butte Montmartre, ce restaurant contemporain ose la créativité et le métissage culinaire : filet de bar à la seychelloise, homard au jus de kalamantsi, savarin punché... Une invitation au voyage qui commence dès la jolie terrasse.

La Table d'Eugène

18 r. Eugène-Sue Ⓜ *Jules Joffrin – ✆ 01 42 55 61 64 – Fermé 1er-25 août, 24 déc.-3 janv., dim. et lundi*
• MODERNE • Formule 30 € – Menu 35 € (déj. en semaine), 52/100 € *(réservation conseillée)*
Déjà loué pour la qualité de sa Table, le chef, Geoffroy Maillard – passé notamment par la case Éric Frechon –, ne se repose pas sur ses lauriers : il a entièrement repensé l'intérieur de son restaurant, désormais moderne et épuré. Et il signe une cuisine toujours aussi sincère et inspirée, très forte en goût : on se régale !

Le Coq Rico

98 r. Lepic Ⓜ *Lamarck Caulaincourt – ✆ 01 42 59 82 89 – www.lecoqrico.com*
• TRADITIONNELLE • Carte 39/85 €
Cocorico ! La volaille française a trouvé son ambassade à Paris, en cette adresse chic et discrète créée par le fameux chef strasbourgeois, Antoine Westermann. Poulet fermier de Challans, géline de Touraine, volaille de Bresse, etc. Les pièces sont rôties avec art et dégagent de succulents parfums. Les amateurs sont comblés.

Jeanne B

61 r. Lepic Ⓜ *Lamarck Caulincourt – ✆ 01 42 51 17 53 – www.jeanne-b-comestibles.com*
• MODERNE • Formule 19 € – Menu 23 € (déj. en semaine)/27 €
Ce charmant néobistrot est installé à mi-hauteur de la rue Lepic, cauchemar des cyclistes de la butte Montmartre... Décor chaleureux, parfois onirique (ces bouleaux sur fond bleu !), bonne cuisine du marché, colorée et goûteuse ; et surtout, un plat incontournable dont bruisse le tout-Paris... le Croq'Homard !

Bistro Poulbot

39 r. Lamarck Ⓜ *Lamarck Caulaincourt – ✆ 01 46 06 86 00 – www.bistropoulbot.com – Fermé août, dim. et lundi*
• TRADITIONNELLE • Formule 17 € – Menu 20 € (déj. en semaine)/39 € – Carte environ 50 €
Le chef, d'origine italienne, revisite la gastronomie française en y incorporant des produits venus de l'autre côté des Alpes. Il en résulte une cuisine généreuse et ensoleillée : carpaccio de courgettes, croquant de parmesan, saumon rôti aux lentilles, etc. Une belle petite adresse pour les gamins de Paris... et les autres !

La Rallonge

16 r. Eugène-Sue Ⓜ *Jules Joffrin – ✆ 01 42 59 43 24 – www.larallonge.fr – Fermé 3-24 août, 21-29 déc., vacances de fév., dim. et le midi*
• MODERNE • Carte 21/38 €
La Rallonge de la fameuse Table d'Eugène, plus haut dans la rue ! Le chef décline ici sa cuisine en version tapas, dans un joli décor de bistrot. Risotto de coquillettes à la truffe ou suprêmes de caille et mousseline de potiron sont servis en petites portions et font merveille... Attention : on ne réserve pas, arrivez tôt !

Miroir 

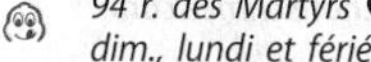

94 r. des Martyrs Ⓜ Abbesses – ✆ 01 46 06 50 73 – Fermé 3 semaines en août, dim., lundi et fériés
• TRADITIONNELLE • Formule 19 € 🍷 – Menu 26/42 €
Vieux carrelage et comptoir à l'ancienne : un bistrot typique et... branché, comme il se doit aux Abbesses ! Pour le jeune chef, Sébastien Guénard, la qualité du produit est un impératif : légumes bio, poisson sauvage, viande d'origine France... Sa cuisine du marché régale, comme le choix de belles bouteilles.

Le Café qui Parle

24 r. Caulaincourt Ⓜ Lamarck Caulaincourt – ✆ 01 46 06 06 88 – Fermé 28 juil.-10 août et dim. soir
• MODERNE • Formule 13 € – Carte 36/50 €
Une adresse volontiers lounge, où un jeune chef au beau parcours concocte une "popotte gourmande et saisonnière". Bien installé dans un fauteuil en cuir brun, on apprécie par exemple un crousti-fondant de veau aux gnocchis de carotte...

La Cantine de la Cigale Ⓝ

124 bd Rochechouart Ⓜ Pigalle – ✆ 01 55 79 10 10 – www.cafelacigale.com – Fermé dim.
• MODERNE • Carte 30/41 €
Accolée à la Cigale, mythique salle de spectacle du boulevard de Rochechouart, cette Cantine attire l'œil grâce à sa façade attrayante et sa terrasse colorée. Au menu, une cuisine de bistrot pleine de couleurs, avec notamment d'excellentes charcuteries du Pays basque... À dévorer avant d'aller au concert !

J. Loic/Photononstop

Parc de la Villette • Parc des Buttes Chaumont

19e arrondissement

✉ 75019

Holiday Inn Express Canal de la Villette sans rest

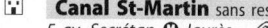

68 quai de Seine Ⓜ Crimée – ✆ 01 44 65 01 01 – www.hiexpress.com/paris-canal
144 ch ☕ – 🧍110/360 € 🧍🧍110/360 €
Les promeneurs du bassin de la Villette connaissent bien cet édifice : son jumeau (un entrepôt de 1853) se dresse toujours sur l'autre rive ; lui, reconstruit en 2008, a été habillé d'une originale gaine métallique. Il abrite cet hôtel chaleureux, aux chambres spacieuses, dont certaines tutoient les flots !

Canal St-Martin sans rest

5 av. Secrétan Ⓜ Jaurès – ✆ 01 42 06 62 00 – www.hotel-canal-saint-martin.com
69 ch – 🧍75/190 € 🧍🧍75/190 € – ☕ 10 €
Entre le canal St-Martin et le bassin de la Villette, cet hôtel propose plusieurs catégories de chambres dont les "Confort" et "Privilège", modernes et épurées. Une courette fleurie relie les bâtiments entre eux. Le métro est tout proche.

Laumière sans rest

4 r. Petit Ⓜ Laumière – ✆ 01 42 06 10 77 – www.hotel-lelaumiere.com
54 ch – 🧍80/108 € 🧍🧍91/115 € – ☕ 9 €
Envie de verdure ? Cet hôtel, simple et bien tenu, vous invite à profiter de son agréable jardinet ; quelques chambres ont d'ailleurs un petit balcon de son côté, au calme. Une promenade au parc des Buttes-Chaumont, tout proche, s'impose.

Crimée sans rest

188 r. de Crimée Ⓜ Crimée – ✆ 01 40 36 75 29 – www.hotelcrimee.com
31 ch – 65/95 € 70/105 € – 9 €
À 300 m du canal de l'Ourcq, une adresse toute simple avec des chambres fonctionnelles et bien tenues. En été, vous pourrez profiter de la courette pour préparer vos escapades. Idéal pour les budgets modérés ou un court séjour.

La Table de Botzaris

10 r. du Gén.-Brunet Ⓜ Botzaris – ✆ 01 40 40 03 30 – www.latabledebotzaris.fr – Fermé 27 juil.-18 août, dim. soir et lundi
• MODERNE • Formule 35 € – Menu 41 € – Carte 50/70 €
Le parc des Buttes-Chaumont est à deux pas de cette table contemporaine où la cuisine épouse l'air du temps. Pour un épigramme de saumon aux agrumes ou une brioche façon pain perdu, arrêtez-vous à Botzaris !

Café des Concerts Ⓝ

211 av. Jean-Jaurès Ⓜ Porte de Pantin – ✆ 01 42 49 74 74 – www.cafedesconcerts.com
• TRADITIONNELLE • Formule 19 € – Carte 29/45 €
À l'entrée de la Cité de la musique, une vaste brasserie moderne au décor épuré, avec un espace lounge orné de marbre de Carrare et une belle terrasse face à la Halle de la Villette. On retrouve de bons classiques à la carte : steak tartare, fish and chips, saumon rôti, cheeseburger au comté... Jusqu'à 2h du matin !

Que du bon

22 r. du Plateau Ⓜ Buttes-Chaumont – ✆ 01 42 38 18 65 – Fermé 29 déc.-6 janv., sam. midi, dim. et lundi
• TRADITIONNELLE • Formule 15 € – Carte 35/55 €
Un patron gouailleur, une collection de tire-bouchons, une grande ardoise proposant des vins de petits producteurs : voilà bien un bistrot contemporain ! Et comme il se doit, les plats changent au gré du marché et des saisons... Chaleureux.

Ô Divin Ⓝ

35 r. des Annelets Ⓜ Botzaris – ✆ 01 40 40 79 41 – Fermé 10 août-2 sept., 24 déc.-1er janv., sam. midi, lundi midi et dim.
• MODERNE • Menu 20 € (déj.)/48 € – Carte 28/50 € *(réservation conseillée)*
Près des Buttes-Chaumont, un restaurant à l'ambiance décalée et intime, qui sied bien au quartier. Les deux associés (dont l'un est propriétaire du studio d'enregistrement attenant) ont fait appel à un jeune chef expérimenté, et le résultat est là : une cuisine du marché fraîche et savoureuse, pour un moment réjouissant !

La Violette

11 av. Corentin-Cariou Ⓜ Corentin Cariou – ✆ 01 40 35 20 45 – www.restaurant-laviolette.com – Fermé 3-23 août, sam. midi, dim. et fériés
• MODERNE • Formule 23 € – Carte 45/59 € *(réservation conseillée)*
Non loin de la Villette, ce restaurant contemporain n'a de violette... que sa banquette. Nems de gambas sauce thaïe, foie de veau poêlé au vinaigre balsamique, tout Ô chocolat, etc. Gourmands, ne soyez pas modestes !

J.-C. Amiel/hemis.fr

Cimetière du Père Lachaise · Gambetta · Belleville

20e arrondissement ✉ 75020

Mama Shelter

109 r. de Bagnolet Ⓜ Gambetta – ✆ 01 43 48 48 48 – www.mamashelter.com
171 ch – 🚹79/199 € 🚹🚹89/279 € – 1 suite – ☕ 15 €
Rest *Mama Shelter* – voir les restaurants ci-après
Philippe Starck a signé le décor, à la fois épuré, design et fantaisiste, de ce vaste hôtel à la pointe de la modernité. Une ambiance jeune, lounge et un rien décalée, à l'image de ce quartier en plein renouveau.

Palma sans rest

77 av. Gambetta Ⓜ Gambetta – ✆ 01 46 36 13 65 – www.hotelpalma.com
32 ch – 🚹89/98 € 🚹🚹96/110 € – ☕ 10 €
Voisin de la place Gambetta et du cimetière du Père-Lachaise, cet hôtel dispose de petites chambres fraîches correctement insonorisées et bien tenues. Une adresse à prix sage dans un quartier animé.

Mama Shelter – Hôtel Mama Shelter

109 r. de Bagnolet Ⓜ Gambetta – ✆ 01 43 48 45 45 – www.mamashelter.com
• MODERNE • Carte 30/54 €
Les propositions simples et efficaces de ce restaurant très branché sont signées Alain Senderens. La terrasse et l'immense table d'hôte de l'espace pizzeria (ouvert non-stop) ajoutent encore à la convivialité du lieu.

Roseval

1 r. d'Eupatoria Ⓜ Ménilmontant – ✆ 09 53 56 24 14 – Fermé le midi, août, 2 semaine fin déc.-début janv., sam. et dim.
• MODERNE • Menu 50/77 € *(réservation conseillée)*
Quand la Sardaigne et l'Angleterre se retrouvent en cuisine... cela donne un sympathique bistrot contemporain ! Telles sont les origines des deux jeunes chefs qui se sont ici associés : leur binôme fait des étincelles, autour de recettes aussi savoureuses qu'originales. Ambiance conviviale.

Le Baratin

3 r. Jouye-Rouve Ⓜ Pyrénées – ✆ 01 43 49 39 70 – Fermé 1 semaine en mai, août, 1 semaine en fév., sam. midi, dim. et lundi
• TRADITIONNELLE • Menu 19 € (déj.) – Carte 34/50 € dîner *(réservation conseillée)*
Pas question de faire du baratin ! L'ardoise est plaisante à lire, les prix sont sages et les vins séduisants. Joue de bœuf à la tomate, ris de veau braisés, etc. : la chef argentine Raquel Carena propose au déjeuner un menu assez simple et, le soir, un choix plus élaboré qui ravit les habitués.

Chatomat

6 r. Victor-Letalle Ⓜ Ménilmontant – ✆ 01 47 97 25 77 – Fermé vacances de Noël, le midi, lundi et les trois derniers dim.s du mois
• MODERNE • Carte 33/45 € *(réservation conseillée)*
Petite par la taille, mais grande par la qualité ! Nichée dans une ruelle improbable, cette table discrète compte nombre d'aficionados. À sa tête, un couple de talent, qui signe une courte carte aussi vive que savoureuse... Les jeunes gourmets de l'Est parisien en sont "fans" sur les réseaux sociaux, à juste titre.

Le Tablier Rouge

40 r. de la Chine Ⓜ Gambetta – ✆ 01 46 36 18 30 – www.letablierrouge.com – Fermé 1 semaine début mai, 3 semaines en août, sam. midi, lundi soir et dim.
• TRADITIONNELLE • Formule 16 € – Menu 19 € (déj.)/34 € – Carte 36/42 €
(réservation conseillée)

Un sympathique bistrot à vins, tenu par un couple franco-britannique. La carte mêle joliment tradition française et inspirations d'outre-Manche (terrine de lapin et son chutney, fish and chips – un impeccable cabillaud pané –, épaule d'agneau confite, pudding...) et s'accompagne d'un beau choix de vins nature à prix doux !

Le Petit Vingtième

381 r. des Pyrénées Ⓜ Jourdain – ✆ 01 43 49 34 50 – http://petit20.com – Fermé août, dim. et le midi
• TRADITIONNELLE • Carte 25/39 €

Un ancien professeur de français, reconverti dans la cuisine, a réhabilité cet atelier textile du quartier Jourdain : parquet et carrelage bleuté au sol, poutres apparentes, mobilier de bistrot... Charmant ! À la carte, une savoureuse cuisine de tradition, qui privilégie le bio et les artisans du quartier (fromager, boucher).

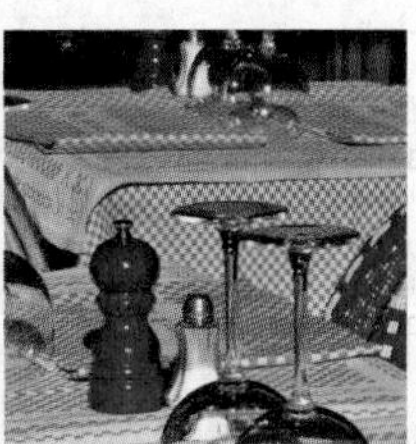
dutourdumonde/Fotolia.com

Autour de Paris

40 km autour de Paris

cartes 18 à 21

ANTONY

✉ 92160 (Hauts-de-Seine) – 61 793 hab. – **Voir carte n°20-B3**

▶ Paris 13 km – Bagneux 6 km – Corbeil-Essonnes 28 km – Nanterre 23 km

Carte Michelin 311-J3 et 101-25

Hôtel de Berny sans rest

129 av. A.-Briand – ✆ 01 46 11 43 90 – www.hotel-berny.com

40 ch – †84/170 € ††84/180 € – 4 suites – ☕ 12 €

Près de la Croix de Berny, hôtel récent avec d'agréables chambres contemporaines (tons chauds, parquet et mobilier en teck...) et quelques suites. Garage bien pratique et salle de séminaire.

X **La Tour de Marrakech**

72 av. Division Leclerc – ✆ 01 46 66 00 54 – www.latourdemarrakech.com – Fermé août et lundi

Menu 22 € (déj. en semaine), 34 € 🍷/58 € 🍷 – Carte 25/48 €

Un Paris-Marrakech par voie express ! Décor délicieusement mauresque, plats du pays joliment mitonnés, desserts faits maison, sans oublier l'accueil et le service prévenants.

ARGENTEUIL

✉ 95100 (Val-d'Oise) – 103 125 hab. – **Voir carte n°20-B1**

▶ Paris 16 km – Chantilly 38 km – Pontoise 20 km – St-Germain-en-Laye 19 km

Carte Michelin 305-E7 et 101-14 – Guide Vert Michelin Île de France

XXX **La Ferme d'Argenteuil**

2 bis r. Verte – ✆ 01 39 61 00 62 – www.lafermedargenteuil.com – Fermé 1er-8 mai, 1er-22 août, lundi soir, mardi soir, merc. soir, sam. midi et dim.

Menu 35/70 € – Carte 55/70 €

Il n'y a rien d'agricole dans cette jolie ferme ! Tout est feutré, douillet, mignon... Aux commandes, deux sœurs soucieuses de bien faire. Amélia vous reçoit, tandis que Marie, aux fourneaux, concocte une sympathique cuisine d'aujourd'hui.

ASNIÈRES-SUR-SEINE

✉ 92600 (Hauts-de-Seine) – 82 327 hab. – **Voir carte n°20-B1**

▶ Paris 10 km – Argenteuil 6 km – Nanterre 8 km – Pontoise 26 km

Carte Michelin 311-J2 et 101-15 – Guide Vert Michelin Île de France

XXX **Le Van Gogh** 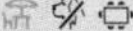

1 Port Van Gogh, (accès par le Pont de Clichy) – ✆ 01 47 91 05 10 – www.levangogh.com – Fermé 10-18 août, 21-29 déc., lundi en août, sam. midi et dim. soir

Formule 32 € – Menu 39 € – Carte 51/82 €

Sur les bords de Seine immortalisés par Van Gogh, presque les pieds dans l'eau ! Sur la jolie terrasse, on voit passer les péniches en se délectant d'une cuisine d'aujourd'hui honorant les poissons de l'Atlantique... Et dans la salle à la déco très "bateau", on apprécie la vue sur les cuisines.

XX **La Petite Auberge**

118 r. Colombes – ✆ 01 47 93 33 94 – Fermé 1 semaine en mai, 11-28 août, dim. soir et lundi

Menu 30 €

Une petite auberge rustique au charme un brin suranné, mais tellement sympathique... Objets anciens, collection d'assiettes, tout y est ! Côté papilles, la carte respecte la tradition et les saisons, à l'image de ce délicieux filet de rouget au basilic posé sur des tranches d'aubergines poêlées. Ambiance familiale.

AULNAY-SOUS-BOIS

✉ 93600 (Seine-Saint-Denis) – 82 120 hab. – **Voir carte n°21-D1**
Paris 19 km – Bobigny 9 km – Lagny-sur-Marne 23 km – Meaux 30 km
Carte Michelin 305-F7 et 101-18

Auberge des Saints Pères (Jean-Claude Cahagnet)

212 av. de Nonneville – 01 48 66 62 11 – www.auberge-des-saints-peres.fr – Fermé 3 semaines en août, merc. soir, sam. et dim.
Menu 43/90 € – Carte 56/81 €
Des assiettes sophistiquées, originales et techniques, où dialoguent de nombreux ingrédients, accompagnés des épices et herbes du propre jardin aromatique du chef : telle est la savoureuse signature de ces Saints Pères, au cadre épuré et élégant. ➜ Tartare de gambas, veau à la coriandre et crème glacée à la livèche. Rouget poêlé, polenta crémeuse, poudre de magret fumé et citron vert. Profiteroles au chocolat blanc et glace poivre de Sechuan.

AUVERS-SUR-OISE

✉ 95430 (Val-d'Oise) – 6 792 hab. – **Voir carte n°18-B1**
Paris 36 km – Beauvais 52 km – Chantilly 35 km – Compiègne 84 km
Carte Michelin 305-E6 et 106-6 – Guide Vert Michelin Île de France

Hostellerie du Nord avec ch

6 r. Gén.-de-Gaulle – 01 30 36 70 74 – www.hostelleriedunord.fr – Fermé sam. midi, dim. soir et lundi
8 ch – 99/129 € 129/189 € – 15 € – ½ P
Formule 55 € – Menu 65 € (déj. en semaine), 75/85 €
Ancien relais de poste (17[e]s.), proche de la célèbre église. Salle à manger sobre, aux tons clairs ; même classicisme dans la cuisine du chef, qui démontre un savoir-faire certain. Chambres traditionnelles, arborant le nom de grands peintres ayant fréquenté la région.

Auberge Ravoux

52 r. du Gén.-de-Gaulle, (face à la mairie) – 01 30 36 60 60 – www.maisondevangogh.fr – Ouvert début mars à nov. et fermé dim. soir, merc. soir, jeudi soir, lundi et mardi
Formule 29 € – Menu 34/38 € – Carte 51/61 € *(réservation conseillée)*
Bienvenue en terre artiste… Non loin de l'église qu'il a rendue célèbre et du cimetière où il repose, l'âme de Van Gogh plane encore sur "sa" dernière auberge. Ici, la cuisine cultive les recettes d'antan, entre tradition populaire et manières familiales... À noter : la petite chambre du peintre se visite.

BAGNOLET

✉ 93170 (Seine-Saint-Denis) – 33 883 hab. – **Voir carte n°21-C2**
Paris 8 km – Bobigny 6 km – Lagny-sur-Marne 32 km – Meaux 39 km
Carte Michelin 305-F7 et 101-17

Novotel Paris Est

1 av. de la République, (échangeur porte de Bagnolet) Ⓜ Galliéni – 01 49 93 63 00 – www.novotel.com
609 ch – 99/219 € 99/219 € – 7 suites – 17 €
Rest – Formule 19 € – Carte 22/44 €
En bordure du périphérique, l'un des premiers hôtels de la chaîne (construit en 1973), et l'un des plus fréquentés (plus de 600 chambres). Hommes d'affaires, groupes et touristes du monde entier ne cessent de s'y croiser.

BOIS-COLOMBES

✉ 92270 (Hauts-de-Seine) – 29 284 hab. – **Voir carte n°20-B1**
Paris 12 km – Nanterre 6 km – Pontoise 25 km – St-Denis 11 km
Carte Michelin 311-J2 et 101-15

Le Chefson

17 r. Ch.-Chefson – 01 42 42 12 05 – Fermé août, 1 semaine aux vacances de fév., lundi soir, sam. et dim.
Formule 24 € – Menu 29/38 € *(réservation conseillée)*
Le Chefson ? Tout le quartier en parle ! Si vous ne connaissez pas, imaginez une cuisine traditionnelle simple et généreuse, une atmosphère bistrotière (ou plus cossue dans la deuxième salle), sans oublier de jolies suggestions du marché à l'ardoise. Plutôt rare dans une banlieue résidentielle très paisible.

BOUGIVAL

✉ 78380 (Yvelines) – 8 447 hab. – Voir carte n°**20**-A2
Paris 21 km – Rueil-Malmaison 5 km – St-Germain-en-Laye 6 km – Versailles 8 km
Carte Michelin 311-I2 et 101-13 – Guide Vert Michelin Île de France

Holiday Inn

10-12 r. Yvan-Tourgueneff, D 113 – ✆ 01 30 08 18 28 – www.hotels-res.com
219 ch – 140/300 € 140/300 € – 18 €
Rest – Formule 25 € – Menu 31 € – Carte 34/51 €
Un bâtiment des années 1970 doublé d'une aile toute récente. Deux types de chambres : très contemporaines ou plus classiques, certaines étant tournées vers la Seine. Restaurant d'esprit méditerranéen.

La Vasconia sans rest

7 r. de la Butte-de-la-Celle, (allée St-Michel) – ✆ 01 39 69 03 93 – www.la-vasconia.com
3 ch – 68/78 € 78/88 €
Au cœur d'un paisible quartier pavillonnaire, on pénètre dans cette maison par un grand jardin arboré et fleuri. Chambres personnalisées et soignées (meubles anciens ou chinés).

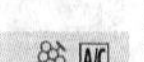

Le Camélia (Thierry Conte)

7 quai Georges Clemenceau – ✆ 01 39 18 36 06 – www.lecamelia.com – Fermé 1 semaine vacances de printemps, 3 semaines en août, 1 semaine vacances de Noël, dim. et lundi
Formule 35 € – Menu 48/78 € – Carte 77/116 €
L'enseigne évoque le passé artistique de cette charmante auberge, récemment transformée dans l'esprit d'un bistrot chic et feutré, avec cuisines ouvertes sur la salle : une métamorphose réussie. On apprécie d'autant mieux l'œuvre du chef : des recettes inventives, suaves et délicates, réalisées au gré du marché. → Royale de foie gras aux champignons du moment. Lièvre à la royale. Millefeuille aux fruits de saison.

BOULOGNE-BILLANCOURT

✉ 92100 (Hauts-de-Seine) – 114 205 hab. – Voir carte n°**20**-B2
Paris 10 km – Nanterre 9 km – Versailles 11 km
Carte Michelin 311-J2 et 101-24 – Guide Vert Michelin Île de France

Radisson Blu

33 av. E.-Vaillant – ✆ 01 46 08 85 00 – www.radissonblu.com/hotel-parisboulogne
170 ch – 160/450 € 160/450 € – 10 suites – 24 € Plan : BZ**a**
Rest *A O C* – Formule 25 € – Menu 32/69 € – Carte 34/70 € *(fermé août, vacances de Noël, sam. et dim.)*
Matériaux naturels et démarche écologique : tel est le credo de ce Radisson contemporain certifié "vert". Le restaurant ouvre sur une grande terrasse plantée de vignes... Nature toujours !

Courtyard Ⓝ

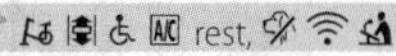

46 r. de Billancourt Ⓜ Jean-Jaurès – ✆ 01 81 89 06 80 – www.courtyardparisboulogne.fr Plan : AY**g**
113 ch – 119/299 € 119/299 € – 18 €
Rest – Formule 25 € – Menu 29 € (déj. en semaine) – Carte 36/56 €
Dans une ancienne agence de la Banque de France, voilà une adresse en or ! Cet établissement ouvert en 2013 dispose de salons avec une belle hauteur sous plafond, de chambres de style contemporain assez spacieuses ; certaines ont même de grandes terrasses privées.

Mercure Porte de St-Cloud

37 pl. René-Clair – ✆ 01 49 10 49 10 – www.mercure.com Plan : BZ**b**
180 ch – 235/380 € 235/380 € – 20 €
Rest *Croisette Café* ✆ 01 49 10 49 50 – – Formule 24 € – Carte 27/43 € *(fermé le soir en août et fériés)*
Derrière une large façade en verre réfléchissant, des prestations de qualité, particulièrement adaptées à la clientèle d'affaires : business-center complet, chambres fonctionnelles et confortables, etc. Fil rouge des décors : le cinéma, à travers des photos des studios Harcourt.

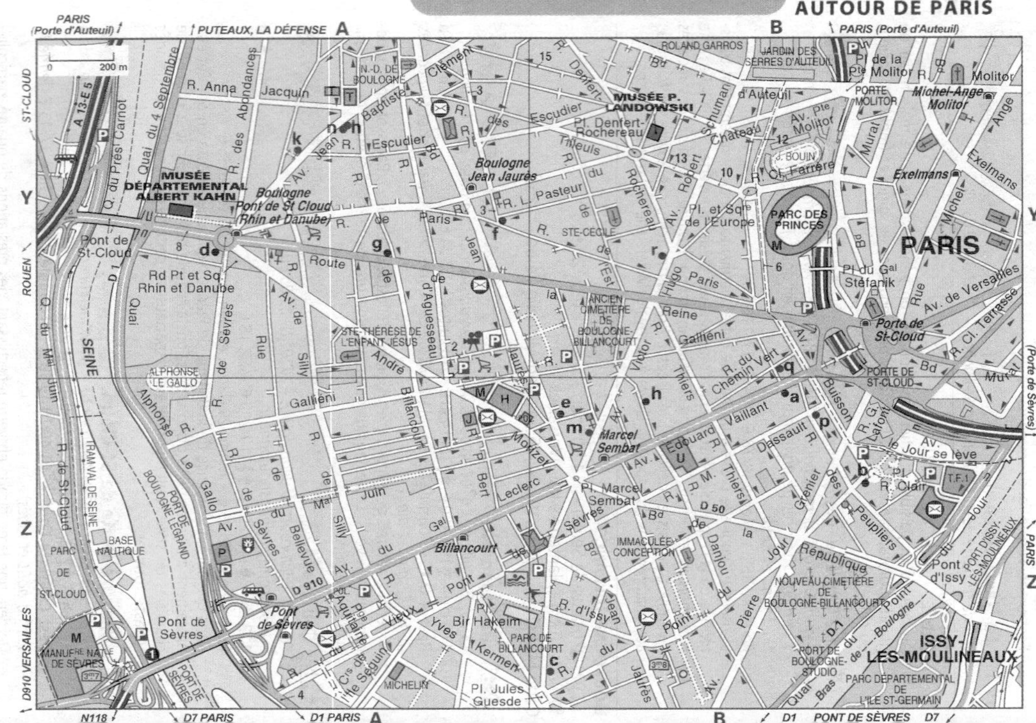

BOULOGNE-BILLANCOURT

Le Corbusier (R.)	**AY**	2
Fessart (R)	**AY**	3
Gorse (Q. G.)	**AZ**	4
Guilbaud (R. du Cdt)	**BY**	6
Gutenberg (R.)	**BY**	7
Lattre-de-Tassigny (Av. du Mar.-de)	**AY**	8
Loyau (R. M.)	**BY**	10
Nungesser-et-Coli (R.)	**BY**	12
Reinach (R. S.)	**BY**	13
La-Rochefoucauld (R. de)	**BY**	15

Acanthe sans rest

9 rd-pt Rhin-et-Danube Ⓜ Boulogne Pont de Saint-Cloud – ✆ 01 46 99 10 40 – www.hotelacanthe.com Plan : AY**d**

68 ch – †209/239 € ††209/239 € – 1 suite – ☕ 16 €

Près des studios de Boulogne et des beaux jardins du musée Albert-Kahn, voici un hôtel agréable, aux chambres spacieuses, douillettes et bien insonorisées. Joli patio fleuri et buffet au petit-déjeuner.

Alpha Eiffel Ⓝ sans rest

26 r. Émile-Landrin Ⓜ Marcel Sembat – ✆ 0146 05 80 51 – www.alpha-paris-hotel.com Plan : BZ**h**

34 ch – †89/169 € ††89/169 € – ☕ 13 €

Un établissement dans une petite rue à l'écart de l'agitation. Comme son nom l'indique, la décoration – entièrement refaite en 2012 – a pour thème la tour Eiffel ; les chambres, joliment décorées dans un style contemporain, sont confortables et bien tenues.

Villa Sorel sans rest

20 r. Georges-Sorel Ⓜ Marcel Sembat – ✆ 01 46 04 91 58 – www.villasorel.com – Fermé août Plan : BZ**e**

20 ch – †75/106 € ††85/116 € – ☕ 10 €

Dans une rue calme, un petit hôtel très central où l'on se sent comme chez soi. Les chambres sont fraîches et colorées ; aux beaux jours, on prend le petit-déjeuner dans la cour intérieure où, l'après-midi, on peut également boire le thé. L'hiver, on préfèrera la véranda.

Paris sans rest

104 bis r. de Paris Ⓜ Boulogne Jean Jaurès – ✆ 01 46 05 13 82 – www.hotel-paris-boulogne.com Plan : AY**f**

31 ch – †79/87 € ††96 € – ☕ 9 €

Dans un secteur calme, non loin du métro, un hôtel familial simple et très accueillant. Les chambres sont certes petites, mais fonctionnelles et tranquilles.

XXX ✿ **Au Comte de Gascogne** (Benoit Charvet)

89 av. J.-B.-Clément Ⓜ Boulogne Pont de St-Cloud – ✆ 01 46 03 47 27 – www.aucomte.fr – Fermé dim. et lundi Plan : AY**h**

Menu 69/92 € – Carte 95/125 €

Une table élégante, sous la lumière d'une belle verrière... Saveur, fraîcheur, simplicité : le sens du produit est un héritage chez les Charvet et, dorénavant, le fils réinterprète joliment les classiques de la maison. → Dégustation de foie gras de canard. Homard entier en bisque. Glace vanille Bourbon turbinée à la minute.

Le Bistrot – voir les restaurants ci-après

XX ✿ **MaSa** (Hervé Rodriguez)

112 av. Victor-Hugo Ⓜ Marcel Sembat – ✆ 01 48 25 49 20 – www.masa-paris.fr – Fermé 3 semaines en août, sam. et dim. Plan : BZ**m**

Formule 36 € – Menu 42 € (déj.), 60/102 €

Œuf de Marans, bœuf de Coutancie, canette de Challans... Les meilleurs produits pour une cuisine volontiers ludique et créative. Ici, le chef joue avec les formes, les textures, les couleurs, sans jamais dénaturer les saveurs. Original et percutant !

→ Œuf de Marans, burrata, citron, café et champignons de Paris. Quasi de veau cuit lentement, socca et olives taggiasche. Chocolat comme un Snickers, caramel beurre salé et sorbet banane.

XX **L'Auberge**

86 av. J.-B.-Clément Ⓜ Boulogne Pont de St-Cloud – ✆ 01 46 05 67 19 – www.restaurant-boulogne-billancourt.com – Fermé 1er-25 août, sam. midi, dim. soir et lundi Plan : AY**k**

Formule 24 € – Menu 29 € (déj. en semaine)/42 € – Carte 48/73 €

Une auberge d'aujourd'hui, mêlant les pierres apparentes et l'épure contemporaine avec grâce... Le jeune chef aime travailler de beaux produits nobles et de saison ; sa cuisine se montre fine et savoureuse, à l'instar de cette escalope de foie gras poêlée accompagnée d'une fricassée de girolles.

Le Bistrot – Rest. Au Comte de Gasgogne

89 av. J.-B.-Clément Ⓜ *Boulogne Pont de St-Cloud – ✆ 01 46 03 47 27 – www.aucomte.fr – Fermé dim. et lundi* Plan : AY**n**

Formule 29 € – Menu 35 € – Carte 50/60 €

Sous l'égide d'une table bien connue, un bistrot élégant, avec une agréable terrasse. La cuisine y est soignée, concoctée à partir de beaux produits frais de saison. Outre les classiques (foie gras et saumon fumé maison, etc.), le menu change régulièrement. Une bonne adresse.

La Table de Cybèle Ⓝ

38 r. de Meudon Ⓜ *Billancourt – ✆ 01 46 21 75 90 – www.latabledecybele.com – Fermé dim. et lundi* Plan : BZ**c**

Formule 22 € – Menu 27 € (déj. en semaine) – Carte 27/48 € dîner

À la tête de ce néobistrot né à Billancourt en 2013 œuvre un couple franco-américain, et c'est Cybèle, née à San Francisco, qui officie en cuisine, signant des recettes originales, axées sur les bons produits. Intéressant menu au déjeuner, esprit "finger food" le soir : la Table de Cybèle est si jolie...

Mon Bistrot

33 r. Marcel-Dassault Ⓜ *Porte de St-Cloud – ✆ 01 47 61 90 10 – www.mon-bistrot.fr – Fermé 3 semaines en août, 1 semaine en fév., sam., dim. et fériés* Plan : BZ**p**

Formule 29 € – Carte 34/51 €

Rouleaux de concombre à la ricotta, baba au rhum et caramel au beurre salé et, tous les jeudis, viande d'Argentine cuite à la plancha... Un néobistrot convivial et plutôt cosy pour une cuisine bistrotière d'aujourd'hui, fraîche et bien ficelée.

Chez Michel

4 r. Henri-Martin Ⓜ *Porte de St-Cloud – ✆ 01 46 09 08 10 – Fermé août, 24 déc.-2 janv., sam. midi et dim.* Plan : BY**q**

Formule 13 € – Menu 30 € – Carte environ 30 €

Lasagnes d'asperges vertes, turbot aux girolles, meringue aux fruits rouges... Dans le bistrot de Michel, les plats varient avec le marché : fraîcheur et simplicité. Une adresse sympathique, appréciée par la clientèle d'affaires au déjeuner.

Le Gorgeon

42 av. Victor-Hugo Ⓜ *Porte de St-Cloud – ✆ 01 46 05 11 27 – Fermé 2-31 août, sam. et dim.* Plan : BY**r**

Carte 26/60 €

Un bistrot comme on les aime, avec un comptoir millésimé 1925 et une ambiance bon enfant. Sur l'ardoise, rien que de grands classiques bien troussés : œuf (bio) mayo, andouillettes AAAAA et frites maison, harengs pommes à l'huile, etc. Avec une petite carte de vins de propriétaires très judicieuse.

BRIE-COMTE-ROBERT

77170 (Seine-et-Marne) – 16 251 hab. – **Voir carte n°19-C2**

Paris 30 km – Brunoy 10 km – Évry 20 km – Melun 18 km

Carte Michelin 312-E3 et 101-39 – Guide Vert Michelin Île de France

À la Grâce de Dieu

79 r. du Gén.-Leclerc, (D 619) – ✆ 01 64 05 00 76 – www.gracededieu.com

16 ch – †60/62 € ††60/82 € – 9 € – ½ P

Rest – Menu 22 € (semaine), 28/42 € – Carte 31/54 € *(fermé vend. soir et dim. soir)*

Imaginez qu'au 17e s., ce relais de poste constituait une halte au cœur d'une route tenue par les bandits de grand chemin... d'où son nom ! Désormais, plus de risque ; les chambres sont simples, certes, mais l'on y dort bien.

La Fabrique

1 bis r. du Coq-Gaulois – ✆ 01 60 02 10 10 – www.restaurantlafabrique.fr – Fermé 1 semaine en mars, août, 24 déc.-2 janv., mardi soir, merc. soir, sam. midi, dim. et lundi

Formule 26 € – Menu 33 € (déj.), 59/72 €

Ce loft d'esprit industriel est bien caché au bout d'une petite allée, et il fait bon s'y régaler dans une belle atmosphère conviviale... Une adresse d'aujourd'hui, qui décline les nouveaux codes de la gastronomie bistrotière et gourmande !

BRY-SUR-MARNE

✉ 94360 (Val-de-Marne) – 15 625 hab. – **Voir carte n°21-D2**
▶ Paris 16 km – Créteil 12 km – Joinville-le-Pont 5 km – Nogent-sur-Marne 3 km
Carte Michelin 312-E2 et 101-18

XX Auberge du Pont de Bry - La Grappille

3 av. du Gén.-Leclerc – ✆ 01 48 82 27 70 – Fermé 21 juil.-20 août, lundi et mardi
Menu 33/60 € – Carte 41/63 €
Aux commandes de cette auberge, un chef de métier qui fait preuve de savoir-faire pour sélectionner des ingrédients de qualité et rehausser les saveurs des recettes – même les plus traditionnelles. Faites fi du décor, la table est appétissante !

CERGY-PONTOISE

(Val-d'Oise) – 190 486 hab. – **Voir carte n°18-B1**
▶ Paris 35 km – Mantes-la-Jolie 40 km – Pontoise 3 km – Rambouillet 60 km
Carte Michelin 305-D6 et 106-5 – Guide Vert Michelin Île de France

Cergy – ✉ 95800 – 56 988 hab.

Mercure sans rest

3 r. Chênes Émeraude, par bd de l'Oise – ✆ 01 34 24 94 94 – www.mercure.com
56 ch – †95/160 € ††95/160 € – ☕ 15 € Plan : Y**a**
Pour une étape ou un voyage d'affaires dans la ville nouvelle de Cergy-Pontoise, ce Mercure, né en 1991, de bon confort et parfaitement tenu, se révèlera une bonne option. Produits bio au petit-déjeuner.

CERGY-PONTOISE

Bougara (Av. Rédouane) . . . BV 4
Bouticourt (Bd Ch.) . . . . BV 6
Constellation (Av. de la) . . . . AV 13
Delarue (Av. du Gén.-G.) . . . BV 15
Genottes (Av. des) . . . . AV 28
Lavoye (R. Pierre) . . . . BV 40
Mendès-France (Mail) . . . . . AX 44
Mitterrand (Av. Fr.) . . . . BVX 45
Moulin à Vent (Bd du) . . . . . AV 47
Petit Albi (R. du) . . . . AV 55
Verdun (Av. de) . . . . BX 76
Viosne (Bd de la) . . . . BVX 83

CERGY-PRÉFECTURE

Arts (Pl. des) Z 2
Boucle (R. de la) Y 3
Bourgognes (R. des) Z 5
Chênes Émeraude Y 13
Columbia (Square) Y 14
Diapason (Square du) Y 17
Écureuil (R. de l') Y 19
Étoile (Allée de l') Y 21
Galeries (R. des) Y 24
Gare (R. de la) Z 25
Grouettes (Av. des) Z 33
Herbes (R. aux) Y 34
Italiens (R. des) Y 39
Marché Neuf (R. du) Y 43
Pays de France (R. des) Y 52
Pergola (Pl. de la) Z 53
Platanes (Allée des) Z 59
Préfecture (Parvis de la) Z 63
Préfecture (R. de la) Z 64
Prieuré (R. du) Z 66
Théâtre (Allée du) Z 71
Traversière (R.) Y 74
Verger (R. du) Z 77
Villarceaux (R. de) Z 81

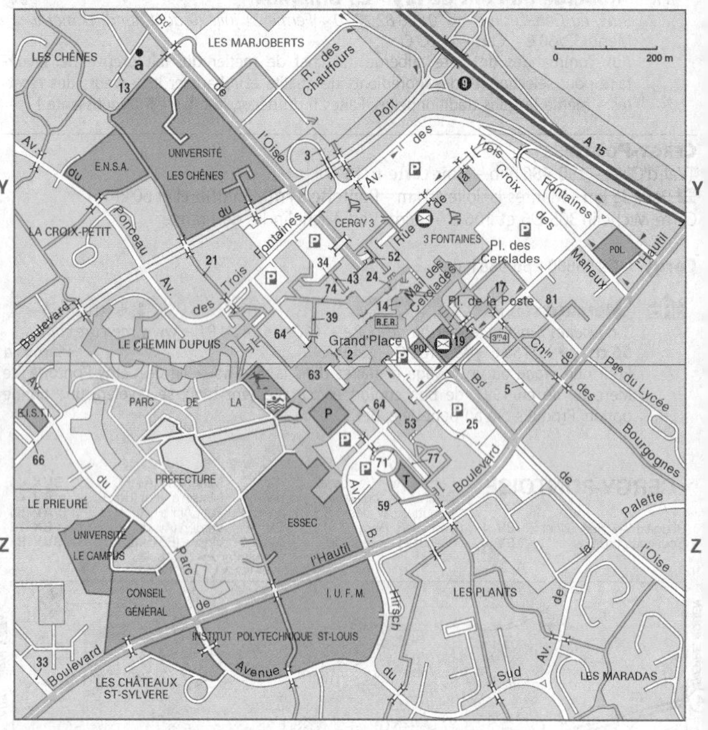

Hérouville 8 km au Nord-Est par D 927 – ✉ 95300 – 610 hab.

Les Vignes Rouges

3 pl. de l'Église – ✆ 01 34 66 54 73 – www.vignesrouges.fr – Fermé 5-13 mai, 3 semaines en août, 2-13 janv., dim. soir, lundi et mardi

Menu 38 € – Carte 49/69 €

La tradition est de mise dans cette maison surannée, au cœur de ce village proche d'Auvers-sur-Oise (l'enseigne fait d'ailleurs référence à une œuvre de Van Gogh). De bonnes saveurs au menu : foie gras poêlé, andouillette braisée au chablis...

Méry-sur-Oise – ✉ 95540 – 9 260 hab.

Château de Méry

rest,

9 bis r. de L'Isle-Adam – ✆ 01 30 36 00 82 – www.chateaudemery.fr

68 ch – †119/239 € ††119/239 € – 2 suites – ☕ 20 €

Rest – Menu 38 € (déj.), 52/78 € – Carte 48/75 €

Construction moderne bien intégrée dans le superbe parc de 23 ha du château (18e s.). Grandes chambres contemporaines avec balcon. Au restaurant, belle cheminée, immense terrasse tournée vers la nature et cuisine du monde.

PONTOISE

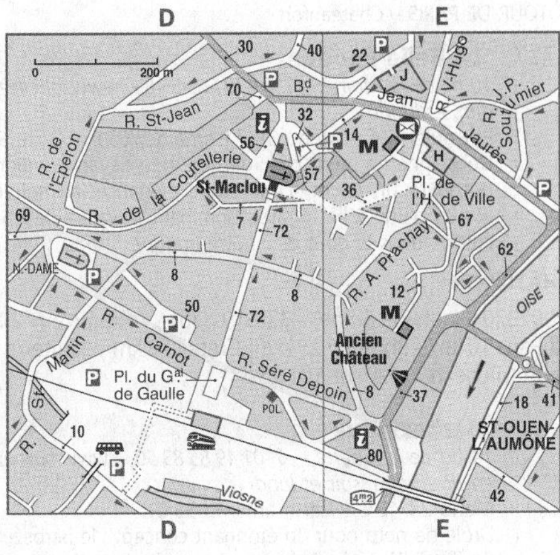

XXX **Le Chiquito** (Alain Mihura)
3 r. de l'Oise, La Bonneville, 1,5 km par D 922, rte de Pontoise – ✆ 01 30 36 40 23 – www.lechiquito.fr – Fermé dim. et lundi
Menu 60/75 € – Carte environ 60 €
Une maison francilienne du 17e s., cachant un joli jardin. Le chef concocte une cuisine classique tout en finesse et simplicité, avec des produits de belle qualité. Agréable véranda. ➜ Foie gras poêlé, melon laqué au sirop d'érable et gelée de citron. Turbot rôti, écrasé de pomme de terre à l'huile d'olive. Palet feuilleté au chocolat, biscuit au grué de cacao et glace à la fève tonka.

Pontoise – ✉ 95000 – 29 548 hab.

XX **Auberge du Cheval Blanc**
47 r. Gisors – ✆ 01 30 32 25 05 – www.chevalblanc95.net – Fermé 1er-25 août, sam. midi, dim. et lundi
Plan : BVt
Formule 30 € – Menu 43 € – Carte 43/66 €
L'Auberge du Cheval Blanc, c'est surtout la personnalité de Laurence Ravail, chef truculente et passionnée, intarissable sur les produits et les vignerons qu'elle adore (belle sélection de vins). Ses assiettes ne mentent pas : colorées et savoureuses, elles mêlent recettes nouvelles et ingrédients bio.

CERNAY-LA-VILLE

✉ 78720 (Yvelines) – 1 643 hab. – Voir carte n°18-B2
Paris 45 km – Chartres 52 km – Longjumeau 31 km – Rambouillet 12 km
Carte Michelin 311-H3 et 106-29

Abbaye des Vaux de Cernay ch, rest,
2,5 km à l'Ouest par D 24 – ✆ 01 34 85 23 00 – www.abbayedecernay.com
54 ch – 130/350 € 130/350 € – 3 suites – 20 € – ½ P
Rest – Formule 32 € – Menu 55/85 € – Carte 71/118 €
On accède par un grand parc à cette abbaye cistercienne, magnifique ensemble architectural du 12es. Salons gothiques, vastes chambres au mobilier ancien ou plus actuel. Cuisine traditionnelle servie dans l'étonnante salle à manger coiffée de superbes voûtes.

CHÂTEAUFORT

✉ 78117 (Yvelines) – 1 429 hab. – Voir carte n°20-A3
Paris 28 km – Arpajon 28 km – Chartres 75 km – Versailles 15 km
Carte Michelin 311-I3 et 101-22

La Belle Époque

10 pl. de la Mairie – 01 39 56 95 48 – www.labelleepoque78.fr – Fermé 1er-20 août, dim. et lundi
Formule 27 € – Menu 38 € (semaine)/65 € – Carte 57/76 €
L'enseigne ne ment pas : derrière une devanture digne d'une auberge d'autrefois, on découvre un décor d'une sobre élégance, au noir et blanc très "début de siècle", assorti d'une jolie terrasse dominant la vallée de Chevreuse. Mais le chef signe une cuisine dans le goût de... notre époque.

CHÂTILLON

92320 (Hauts-de-Seine) – 32 619 hab. – **Voir carte n°20-B2**
Paris 10 km – Bobigny 25 km – Créteil 19 km – Nanterre 23 km
Carte Michelin 311-J3 et 101-25

Barbezingue

14 bd de la Liberté – 01 49 85 83 50 – www.barbezingue.com – Fermé 3 semaines en août, dim. soir et lundi
Menu 23/42 € – Carte environ 35 €
Drôle de nom pour un étonnant concept : le Barbezingue fait restaurant, table d'hôte (buffet à l'étage) et... barbier le vendredi matin ! On y déguste une généreuse cuisine canaille, avec, en prime, une terrasse pour l'apéritif et un terrain de pétanque. Plus qu'un concept, un lieu de vie plein de gourmandise.

CHENNEVIÈRES-SUR-MARNE

94430 (Val-de-Marne) – 18 049 hab. – **Voir carte n°21-D2**
Paris 18 km – Créteil 14 km – Melun 35 km – Nogent-sur-Marne 8 km
Carte Michelin 312-E3 et 101-28

L'Écu de France

31 r. de Champigny – 01 45 76 00 03 – www.ecudefrance.com – Fermé dim. soir et lundi sauf en juin, juil. et août
Formule 35 € – Menu 50/120 € – Carte 80/119 €
Sur les rives de la Marne, dans un site bucolique, une bâtisse de 1717 tout en colombages et toits de tuiles : un ensemble très pittoresque, même les salles intérieures au cachet vieille France assumé. Dans un tel décor, la cuisine surprend par... son inventivité ! Superbes millésimes à la carte des vins.

CLAMART

92140 (Hauts-de-Seine) – 52 546 hab. – **Voir carte n°20-B2**
Paris 10 km – Boulogne-Billancourt 7 km – Issy-les-Moulineaux 4 km – Nanterre 15 km
Carte Michelin 311-J3 et 101-25

La Brèche du Bois sans rest

7 pl. Jules-Hunebelle – 01 46 42 29 06 – www.hotel-brechedubois.com – Fermé 2-17 août
30 ch – 72/75 € 82/90 € – 9 €
Dans un quartier verdoyant, un hôtel familial – une ancienne guinguette ! – avec des chambres pratiques et très propres. De jolis tableaux décorent la maison et, à deux pas, les sentiers du bois de Clamart invitent à la promenade.

CLICHY

92110 (Hauts-de-Seine) – 58 916 hab. – **Voir carte n°20-B1**
Paris 9 km – Argenteuil 8 km – Nanterre 9 km – Pontoise 26 km
Carte Michelin 311-J2 et 101-15

Résidence Europe sans rest

52 bd Gén.-Leclerc Mairie de Clichy – 01 47 37 13 10 – www.hotel-residence-europe.com
83 ch – 130/170 € 140/190 € – 10 €
Sur une avenue fréquentée, un immeuble en brique (1920) avec des chambres confortables et fonctionnelles. Points forts : les salles de réunion, la piscine et le sauna en sous-sol.

XXX **La Romantica** Ⓝ

73 bd Jean-Jaurès – ✆ 01 47 37 29 71 – www.laromantica.fr – Fermé sam. midi et dim.
Menu 45 € (déj.)/80 € – Carte 60/90 €
Derrière une porte cochère, une étonnante cour intérieure (avec une terrasse pavée de marbre blanc) et une salle d'une belle élégance, pour un festival de saveurs italiennes. Fraîcheur des produits, qualité des recettes (pâtes maison ou propositions plus inventives, telle la tomate mozzarella revisitée...) : *gustoso !*

XX **La Barrière de Clichy**

1 r. de Paris Ⓜ Mairie de Clichy – ✆ 01 47 37 05 18 – Fermé août, sam., dim. et fériés
Menu 35/44 € – Carte 60/93 €
Nappes blanches, argenterie, décor feutré, menu dégustation qui change avec les saisons : un bon restaurant traditionnel, tenu par un couple avenant et animé par le désir de bien faire.

Colombes

✉ 92700 (Hauts-de-Seine) – 85 398 hab. – **Voir carte n°20-B1**
▶ Paris 19 km – Boulogne-Billancourt 19 km – Montreuil 23 km – Nanterre 9 km
Carte Michelin 312-C2 et 101-14

Courtyard by Marriott

91 bd Charles-de-Gaulle – ✆ 01 47 69 59 49 – www.courtyardcolombes.com
150 ch – 🚹99/319 € 🚹🚹99/319 € – ☕ 19 €
Rest – Formule 18 € – Carte 22/42 € *(fermé sam. midi et dim. midi)*
Un bâtiment récent, doté de chambres fonctionnelles. Hall-salon moderne, réchauffé par une cheminée et accueillant un "market" (boutique self-service). Cuisine méditerranéenne au restaurant (formule buffet au déjeuner).

Conflans-Ste-Honorine

✉ 78700 (Yvelines) – 35 380 hab. – **Voir carte n°18-B1**
▶ Paris 38 km – Mantes-la-Jolie 39 km – Poissy 10 km – Pontoise 8 km
Carte Michelin 311-I2 et 101-3 – Guide Vert Michelin Île de France

X **Au Bord de l'Eau**

15 quai Martyrs-de-la-Résistance – ✆ 01 39 72 86 51 – Fermé 4-27 août, lundi sauf fériés et le soir sauf sam.
Menu 31 € (déj. en semaine), 45/67 €
Cet ancien bistrot de bateliers des bords de Seine abrite un sympathique restaurant familial. Le décor intérieur rend hommage à la batellerie conflanaise. Cuisine traditionnelle.

Corbeil-Essonnes

✉ 91100 (Essonne) – 43 086 hab. – **Voir carte n°18-B2**
▶ Paris 36 km – Créteil 27 km – Évry 6 km – Fontainebleau 37 km
Carte Michelin 312-D4 et 101-37

XX **Aux Armes de France**

1 bd Jean-Jaurès – ✆ 01 60 89 27 10 – www.aux-armes-de-france.fr – Fermé 28 juil.-20 août, dim. et lundi
Formule 34 € 🍷 – Menu 46/69 €
Il souffle comme un vent de fraîcheur sur cet ancien relais de poste repris en 2011 par un jeune chef passé par plusieurs maisons étoilées. Au menu : des recettes généreuses en saveurs, à l'image de ces macaronis farcis au foie gras et céleri-rave, gratinés au parmesan. Ambiance feutrée, accueil charmant.

au Coudray-Montceaux 6 km au Sud-Est par N 7 – ✉ 91830 – 4 708 hab.

Mercure

rte de Milly-la-Forêt – ✆ 01 64 99 00 00 – www.mercure.com
125 ch – 🚹92/175 € 🚹🚹92/175 € – ☕ 18 €
Rest – Formule 25 € – Menu 32 € – Carte 24/50 €
Au cœur d'un parc, un Mercure agréable : complexe sportif apprécié de la clientèle d'affaires et familiale (tennis, practice de golf, piscine...), restaurant traditionnel et chambres décorées avec soin.

Courbevoie

✉ 92400 (Hauts-de-Seine) – 87 469 hab. – **Voir carte n°20-B1**

Paris 10 km – Asnières-sur-Seine 4 km – Levallois-Perret 4 km – Nanterre 5 km

Carte Michelin 311-J2 et 101-15 – Guide Vert Michelin Île de France

George Sand sans rest

18 av. Marceau – ✆ 01 43 33 57 04 – www.georgesandhotel.com

32 ch – †76/139 € ††82/159 € – ☕ 12 €

Une jolie façade Art déco, un intérieur bonbonnière évoquant l'univers de George Sand (mobilier du 19e s., salon romantique où l'on prend le petit-déjeuner, tissus muraux dans les chambres) : pour faire revivre (un peu) la baronne Dudevant...

Quartier Charras

Mercure La Défense 5

18 r. Baudin – ✆ 01 49 04 75 00 – www.mercure.com

502 ch – †109/325 € ††109/325 € – 5 suites – ☕ 18 €

Rest ***Le Bistrot de l'Echanson*** ✆ 01 49 04 75 85 – – Formule 12 € – Carte 22/35 €

(fermé fin juil., 3 semaines en août, vend. soir, dim. midi et sam.)

Un hôtel de chaîne dédié à la clientèle d'affaires internationale de la Défense, avec des chambres fonctionnelles et contemporaines. Bistrot, fitness, hammam, solarium, etc.

au Parc de Bécon

Les Trois Marmites

215 bd St-Denis – ✆ 01 43 33 25 35 – Fermé août, le soir, sam., dim. et fériés

Formule 37 € – Menu 42 €

Face au parc de Bécon et tout près des quais, un petit restaurant de quartier tenu en couple – monsieur aux fourneaux, madame en salle. À la carte, honneur à la tradition et aux plats bistrotiers : andouillette, boudin noir, etc.

Créteil

✉ 94000 (Val-de-Marne) – 89 985 hab. – **Voir carte n°21-C2**

Paris 14 km – Bobigny 22 km – Évry 32 km – Lagny-sur-Marne 29 km

Carte Michelin 312-D3 et 101-27 – Guide Vert Michelin Île de France

Novotel

r. Jean-Gabin - Le Lac – ✆ 01 56 72 56 72 – www.novotel.com

110 ch – †99/179 € ††99/179 € – 5 suites – ☕ 16 €

Rest – Formule 14 € – Menu 17/23 € – Carte 26/40 €

L'atout majeur de ce Novotel : sa situation face au lac de Créteil (plus de 50 ha d'étendue, avec base de loisirs, école de voile, parcours de jogging sur les rives, etc.). Le calme à la ville... surtout si l'on réserve une chambre côté lac.

Crosne

✉ 91560 (Essonne) – 9 143 hab. – **Voir carte n°21-C_D3**

Paris 23 km – Bobigny 28 km – Créteil 10 km – Évry 20 km

Carte Michelin 312-D3 et 101-37

La Maison du Pressoir

34 av. Jean-Jaurès – ✆ 01 69 06 49 83 – www.lamaisondupressoir.fr

– Fermé 2 semaines en août, dim. soir, lundi et mardi

Formule 19 € – Menu 24 € (déj. en semaine), 35/50 €

Pause gourmande non loin de l'aéroport d'Orly, dans cette ancienne auberge traditionnelle dont le décor a été modernisé – les poutres ont été repeintes en taupe, mais la cheminée demeure ! Le chef signe de jolies recettes, qui ne manquent ni d'idées ni de saveurs... Terrasse au calme.

Dampierre-en-Yvelines

✉ 78720 (Yvelines) – 1 113 hab. – **Voir carte n°18-B2**

Paris 38 km – Chartres 57 km – Longjumeau 32 km – Rambouillet 16 km

Carte Michelin 311-H3 et 101-31

La Table des Blot - Auberge du Château (Christophe Blot) avec ch
1 Grande-Rue – 01 30 47 56 56 – www.latabledesblot.com rest,
– Fermé en août, en déc., en fév., dim. soir, lundi et mardi
9 ch – 80/120 € 90/120 € – 12 € Menu 45/70 € – Carte 57/72 €
Une belle et élégante auberge du 17e s., où le talent du chef et les saisons rythment la créativité des recettes. L'accueil se révèle chaleureux et, pour prolonger l'étape, on peut réserver une jolie chambre façon maison de campagne. → Tête de veau pressée, servie tiède au gingembre et ravigote. Homard poêlé décortiqué et fumé minute à la livèche. Soufflé au chocolat, l'autre mi-cuit et le dernier glacé.

Les Écuries du Château
2 Grande Rue, (au château) – 01 30 52 52 99 – www.lesecuriesduchateau.com
– Fermé 1er-22 août, 20 fév.-5 mars, mardi et merc.
Formule 30 € – Menu 45/55 € – Carte environ 47 €
Lieu magique pour ce restaurant installé dans la sellerie du château de Dampierre. Vous apprécierez une cuisine classique dans un décor rustique et cosy avec vue sur le parc.

La Défense

92400 (Hauts-de-Seine) – **Voir carte n°20-B1**
Paris 10 km – Courbevoie 1 km – Nanterre 4 km – Puteaux 2 km
Carte Michelin 311-J2 et 101-14 – Guide Vert Michelin Paris

Pullman La Défense rest,
11 av. Arche, sortie La Défense 6 92081 La Défense – 01 47 17 50 00
– www.pullmanhotels.com
382 ch – 175/575 € 175/575 € – 31 suites – 26 €
Rest *Quinte&Sens* 01 47 17 50 99 – Formule 29 € – Menu 35 € (déj.)/38 €
– Carte 37/74 €
Belle architecture en proue de navire, toute de verre et de pierre ocre. Chambres spacieuses et élégantes, salons et auditorium très bien équipés (avec cabines de traduction). Décor design et cuisine à la broche au restaurant.

Renaissance ch, ch,
60 Jardin de Valmy, par bd circulaire, sortie La Défense 7 92918 La Défense
– 01 41 97 50 50 – www.renaissanceladefense.fr
324 ch – 250/500 € 290/620 € – 3 suites – 29 €
Rest – Formule 30 € – Menu 39 € (déj.) – Carte 45/77 € *(fermé dim. midi et sam.)*
Luxe et raffinement caractérisent cet immeuble contemporain posé au pied de la Grande Arche : matériaux nobles, confort absolu, chambres chaleureuses parfaitement équipées. Vue sur les jardins de Valmy, plats classiques et suggestions saisonnières à la brasserie.

Hilton La Défense
2 pl. de la Défense 92053 La Défense – 01 46 92 10 10 – www.hilton.com
149 ch – 199/440 € 199/440 € – 4 suites – 26 €
Rest *Côté Parvis* – Formule 45 € – Menu 55 € (déj.) – Carte 45/75 € *(fermé sam. midi et dim. midi)*
Hôtel situé dans l'enceinte du Cnit. Certaines chambres ont été pensées pour le bien-être de la clientèle d'affaires : espaces travail, repos, relaxation et salle de bains-jacuzzi. Côté Parvis, cuisine dans l'air du temps et jolie vue sur l'Arche.

Sofitel Paris La Défense ch,
34 cours Michelet, par bd circulaire sortie La Défense 4 92060 Puteaux
Esplanade de la Défense – 01 47 76 44 43 – www.sofitel-paris-ladefense.com
151 ch – 140/615 € 140/615 €
Rest *L'Italian Lounge* 01 47 76 72 40 – Formule 36 € – Menu 51 €
– Carte 64/83 €
Un hôtel d'affaires parfaitement intégré au paysage des tours de la Défense, non loin de la Grande Arche. Chambres spacieuses et bien équipées, restaurant (carte méditerranéenne), petit fitness, etc.

Novotel La Défense

2 bd Neuilly, sortie La Défense 1 ✉ 92081 Ⓜ Esplanade de la Défense – ✆ 01 41 45 23 23 – www.novotel.com
280 ch – 🚹139/519 € 🚹🚹139/519 € – ☕ 17 €
Rest – Formule 18 € – Carte 25/40 €
Au pied de la Défense, côté Seine (en voiture, ne manquez pas la sortie sur le boulevard circulaire). Une trentaine de chambres a été relookée dans un esprit résolument contemporain, tout comme le Novotel Café. Espace fitness au 14e étage.

Deuil-la-Barre

✉ 95170 (Val-d'Oise) – 21 509 hab.
▶ Paris 19 km – Amiens 121 km – Bobigny 16 km – Pontoise 24 km
Carte Michelin 305-E7 et 101-5

Verre Chez Moi

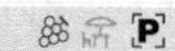

75 av. de la Division-Leclerc – ✆ 01 39 64 04 34 – www.verre-chez-moi.com – Fermé 3 semaines en août, vacances de fév., lundi soir, sam. midi et dim.
Formule 26 € – Carte 38/66 €
Une belle surprise que cette discrète maison de ville, tenue par un jeune sommelier passionné : à l'unisson de ses vins "coup de cœur" – surtout de petits propriétaires –, on déguste une cuisine très appétissante, fine et parfumée. L'été venu, profitez de la jolie cour sur l'arrière. Arrêt recommandé Verre Chez Moi !

Enghien-les-Bains

✉ 95880 (Val-d'Oise) – 11 809 hab. – **Voir carte n°20-B1**
▶ Paris 17 km – Argenteuil 7 km – Chantilly 34 km – Pontoise 22 km
Carte Michelin 305-E7 et 101-5 – Guide Vert Michelin Île de France

Grand Hôtel Barrière

85 r. du Gén.-de-Gaulle – ✆ 01 39 34 10 00 – www.lucienbarriere.com
43 ch – 🚹130/400 € 🚹🚹130/400 € – 6 suites – ☕ 20 €
Rest ***Le 85*** – Carte 30/45 € *(fermé dim. et lundi)*
Face au lac d'Enghien, ce "grand hôtel" joue la carte d'un classicisme chic et feutré. L'établissement offre un accès direct à un superbe ensemble spa et fitness. Idéal pour une villégiature aux portes de la région parisienne.

Hôtel du Lac

89 r. du Gén.-de-Gaulle – ✆ 01 39 34 11 13 – www.hotel-du-lac-enghien.com
141 ch – 🚹109/354 € 🚹🚹109/354 € – 8 suites – ☕ 20 € – ½ P
Rest – Carte 31/56 € *(fermé mardi, merc. et le midi)*
Associé au Grand Hôtel Barrière, il offre accès au même spa, l'un des plus grands de France. À deux pas du casino, face au lac, l'adresse est propice à un week-end détente, mais elle satisfait aussi la clientèle d'affaires en semaine, avec son espace séminaires et ses chambres classiques et fonctionnelles.

Il fait beau ? Repérez le symbole ⛱ et attablez-vous en terrasse…

Évry

✉ 91000 (Essonne) – 52 135 hab. – **Voir carte n°18-B2**
▶ Paris 32 km – Chartres 80 km – Créteil 30 km – Étampes 36 km
Carte Michelin 312-D4 et 101-37 – Guide Vert Michelin Île de France

Ibis Styles

52 bd de Coquibus, (face à la cathédrale) – ✆ 01 69 47 30 00 – www.ibistyles.com – Fermé 25 juil.-17 août et 24 déc.-5 janv.
110 ch ☕ – 🚹85/135 € 🚹🚹95/145 €
Rest – Formule 20 € – Carte 31/38 € *(fermé vend. soir, sam., dim. et fériés)*
Au cœur d'Évry, face à la cathédrale de la Résurrection, un hôtel contemporain design et coloré. Les chambres sont assez spacieuses et bien confortables.

à Courcouronnes – ✉ 91080 – 13 812 hab.

Le Canal
31 r. du Pont Amar, (près de l'hôpital) – ✆ 01 60 78 34 72 – Fermé août, 24-31 déc., vend. soir, sam. et dim.
Menu 25/38 € 🍷 – Carte 29/52 €
Une adresse d'esprit brasserie un brin rétro. On y sert une cuisine du marché, franche et simple, dont l'incontournable spécialité du patron : le pied de cochon farci.

à Lisses – ✉ 91090 – 7 173 hab.

Mercure
8 r. du Bois Chaland, ZAC du Bois Chaland – ✆ 01 60 86 90 00 – www.mercure.com
53 ch – 🚹82/125 € 🚹🚹82/125 € – ☕ 14 €
Rest – Formule 12 € – Menu 24 € (semaine) – Carte 31/37 € *(fermé 20 juil.-20 août, 24 déc.-2 janv., vend. soir, sam. et dim.)*
Un Mercure au calme, préservé de l'activité environnante par un écran de verdure. Les chambres, confortables et chaleureuses, affichent une décoration actuelle. Carte traditionnelle au restaurant.

Gagny
✉ 93220 (Seine-Saint-Denis) – 39 056 hab. – Voir carte n°21-D1
▶ Paris 17 km – Bobigny 11 km – Raincy 3 km – St-Denis 18 km
Carte Michelin 305-G7 et 101-18

Le Vilgacy
45 av. H. Barbusse – ✆ 01 43 81 23 33 – www.vilgacy.com – Fermé 28 juil.-22 août, 15-25 fév., dim. soir, mardi soir et lundi sauf fériés
Formule 22 € – Menu 27/37 € – Carte 53/67 €
Marbré de canard et foie gras, filet de bœuf au ragoût d'escargots, tarte fine aux pommes, etc. : le goût de la tradition dans cet établissement au cadre bourgeois, situé dans un quartier pavillonnaire de Gagny. Tables en extérieur aux beaux jours.

La Garenne-Colombes
✉ 92250 (Hauts-de-Seine) – 27 628 hab. – Voir carte n°20-B1
▶ Paris 13 km – Argenteuil 7 km – Asnières-sur-Seine 5 km – Courbevoie 2 km
Carte Michelin 311-J2 et 101-14

L'Instinct
1 r. Voltaire – ✆ 01 56 83 82 82 – www.linstinct.fr – Fermé 9-25 août, lundi soir, sam. midi et dim.
Menu 17 € (déj.)/21 € – Carte 30/49 € *(réservation conseillée)*
Le quartier du marché : idéal pour se retrouver entre amis autour d'une bonne cuisine dans l'air du temps, concoctée avec des produits de saison ! La sélection de vins sort des sentiers battus, tout comme ce lieu contemporain.

Le Saint-Joseph
100 bd de la République – ✆ 01 42 42 64 49 – Fermé 2 semaines en mai, 3 semaines en août, sam. midi, dim. et le soir du lundi au jeudi
Menu 30 € – Carte 32/48 €
Ce bistrot de quartier ne paie pas de mine, pourtant c'est une pépite. La salle est toute simple, le service sans chichi, mais l'assiette... est à tomber ! Le chef concocte une belle cuisine bistrotière, avec les meilleurs produits de saison. Quant à la sélection de vins, elle est tout à fait judicieuse.

Gif-sur-Yvette
✉ 91190 (Essonne) – 20 654 hab. – Voir carte n°20-A3
▶ Paris 34 km – Boulogne-Billancourt 23 km – Évry 37 km – Montreuil 41 km
Carte Michelin 312-B3 et 101-33

Les Saveurs Sauvages

4 r. Croix-Grignon, (face à la gare RER) – ✆ 01 69 07 01 16 – Fermé 5-25 août, 25 déc.-2 janv., dim. et lundi
Formule 21 € – Menu 28/40 € – Carte environ 44 €
Un bistrot gastro moderne où la cuisine, inventive avec quelques touches asiatiques, est réalisée à quatre mains. Carte saisonnière assortie d'un menu changeant tous les jours.

GRESSY

✉ 77410 (Seine-et-Marne) – 912 hab. – **Voir carte n°19-C1**
Paris 32 km – Meaux 20 km – Melun 56 km – Senlis 35 km
Carte Michelin 312-F2 et 101-10

Le Manoir de Gressy

ch, rest,

chemin des Carosses – ✆ 01 60 26 68 00 – www.manoirdegressy.com – Fermé 20 juil.-17 août et 23 déc.-5 janv.
85 ch – †210/290 € ††210/290 € – ☕ 19 €
Rest *Le Cellier du Manoir* – Menu 49 € – Carte 38/65 € *(fermé sam. midi)*
Ce manoir, édifié sur le site d'une ferme fortifiée du 18e s., marie joliment les styles. Les chambres, toutes différentes, ont un charme rétro et donnent sur le jardin et la piscine. On peine à croire que l'on est si près de Paris !

ISSY-LES-MOULINEAUX

✉ 92130 (Hauts-de-Seine) – 64 355 hab. – **Voir carte n°20-B2**
Paris 8 km – Boulogne-Billancourt 3 km – Clamart 4 km – Nanterre 11 km
Carte Michelin 311-J3 et 101-25 – Guide Vert Michelin Île de France

Manufacture

20 espl. Manufacture, (face au 30 r. E. Renan) Ⓜ Corentin-Celton – ✆ 01 40 93 08 98 – www.restaurantmanufacture.com – Fermé 3 semaines en août, sam. et dim.
Formule 29 € – Menu 37 €
Cette manufacture de tabac (1904) est devenue un sympathique restaurant design. Petit comptoir, cuisines ouvertes sur la salle, jolie terrasse, carte classique et propositions de saison : reconversion réussie !

Le 7 à Issy

7 rond-point Victor-Hugo Ⓜ Corentin-Celton – ✆ 01 46 45 22 12 – www.7aissy.fr – Fermé 2-25 août, 22 déc.-1er janv., lundi soir, sam. midi et dim.
Formule 30 € – Menu 35 € – Carte 41/61 €
Terrine de chevreuil maison, selle d'agneau aux épices en papillotte... Ici, on savoure une cuisine traditionnelle copieuse et bien ficelée ; oui oui, on a bien dit ici, à Issy ! Habitués et hommes d'affaires ne boudent pas leur plaisir.

JANVRY

✉ 91640 (Essonne) – 584 hab. – **Voir carte n°18-B2**
Paris 35 km – Briis s/s Forges 4 km – Dourdan 20 km – Palaiseau 19 km
Carte Michelin 312-B4 et 101-33

Bonne Franquette

1 r. du Marchais – ✆ 01 64 90 72 06 – www.bonnefranquette.fr – Fermé 22 avril-6 mai, 7-24 sept., 21 déc.-5 janv., sam. midi, dim. et lundi
Menu 38 €
Ex-relais de poste situé face au château (17e s.) d'un joli village francilien. Deux grandes ardoises annoncent la cuisine du jour servie dans un cadre de bistrot chaleureux. Spécialité : cervelle de veau meunière aux câpres.

LE KREMLIN-BICÊTRE

✉ 94270 (Val-de-Marne) – 26 046 hab. – **Voir carte n°21-C2**
Paris 5 km – Boulogne-Billancourt 11 km – Évry 28 km – Versailles 23 km
Carte Michelin 312-D3 et 101-26

Novotel Porte d'Italie

22 r. Voltaire Ⓜ *Porte d'Italie – ✆ 01 45 21 19 09 – www.novotel.com*
168 ch – 🚹101/228 € 🚹🚹101/228 € – ☕ 17 €
Rest – Carte 22/45 € *(fermé vend. soir, sam., dim. et fériés)*
Ce Novotel ne saurait être plus près de Paris, puisqu'il borde le périphérique. Même du côté du boulevard, les chambres sont calmes, car parfaitement insonorisées. Tout est confortable et moderne dans cet établissement créé en 2004.

Levallois-Perret

✉ 92300 (Hauts-de-Seine) – 64 253 hab. – **Voir carte n°20-B1**
▶ Paris 9 km – Argenteuil 8 km – Nanterre 8 km – Pontoise 27 km
Carte Michelin 311-J2 et 101-15

Espace Champerret sans rest

26 r. Louise-Michel Ⓜ *Louise Michel – ✆ 01 47 57 20 71 – www.hotel-espace-champerret.com*
39 ch – 🚹69/127 € 🚹🚹79/136 € – ☕ 10 €
Les chambres de cet hôtel proche des quartiers d'affaires ont été entièrement rénovées dans un esprit actuel, sobre et chic. Aux beaux jours, on prend son petit-déjeuner dans une agréable cour intérieure.

Le Bistrot d'Oscar Ⓝ

1 pl. du Maréchal-de-Tassigny Ⓜ *Louise Michel – ✆ 01 47 59 00 82 – Fermé 2 semaines en août, sam. et dim.*
Formule 21 € – Menu 29 € (déj.) – Carte 35/40 €
Ici, on joue la carte bistrot ! Tomate farcie aux légumes et chèvre frais, suprême de volaille au jambon serrano... Les plats sont généreux et bien ficelés, parfumés à souhait, et surfent entre les saveurs d'hier et d'aujourd'hui. Et pour ceux qui veulent profiter du grand air, direction la terrasse !

L'Audacieux

51 r. Danton Ⓜ *Anatole France – ✆ 01 47 59 94 17 – www.laudacieux.com – Fermé 3 semaines en août, 1 semaine en fév., sam. midi, lundi soir et dim.*
Formule 28 € – Menu 35/48 €
"De l'audace, encore de l'audace, toujours de l'audace", disait Danton. De cela, Pierre Lambert, le chef de ce restaurant de poche, n'en manque pas, signant une cuisine inspirée et originale, où les saveurs asiatiques surprennent et la technique sublime le produit. Essayez le menu-surprise, c'est un bol d'air frais !

Livry-Gargan

✉ 93190 (Seine-Saint-Denis) – 41 808 hab. – **Voir carte n°21-D1**
▶ Paris 19 km – Aubervilliers 14 km – Aulnay-sous-Bois 4 km – Bobigny 8 km
Carte Michelin 305-G7 et 101-18

La Petite Marmite

8 bd de la République – ✆ 01 43 81 29 15 – Fermé 8-31 août, vacances de fév., dim. soir et merc.
Menu 35 € – Carte 44/72 €
Un auvent couvert de chaume, une salle tout en bois, des banquettes douillettes... Cette Petite Marmite réchauffe les cœurs ! Aux commandes œuvre un duo complémentaire ; monsieur au marché et madame en cuisine : saumon fumé au bois de hêtre, tatin, profiteroles, etc., le tout accompagné de bons bordeaux.

Longjumeau

✉ 91160 (Essonne) – 21 361 hab. – **Voir carte n°20-B3**
▶ Paris 20 km – Chartres 70 km – Dreux 84 km – Évry 15 km
Carte Michelin 312-C3 et 101-35

Le St-Pierre

42 r. François-Mitterrand – ✆ 01 64 48 81 99 – www.lesaintpierre.com – Fermé 2-26 août, lundi soir, merc. soir, sam. midi et dim.
Formule 25 € – Menu 33 € – Carte 42/63 €
Les patrons aiment à faire partager leur amour des produits du Gers : canard et foie gras en tête, les plats du Sud-Ouest défilent dans un chaleureux cadre d'esprit rustique.

à Saulx-les-Chartreux 2,5 km au Sud-Ouest par D 118 – ✉ 91160 – 5 048 hab.

L'Orée

rte de Montlhéry, par N 20, sortie "La Ville du Bois" – ✆ 01 64 48 38 38 – www.loree.fr – Fermé 2-17 août

60 ch – †115/170 € ††115/170 € – ☕ 14 €

Rest *La Parenthèse* – Formule 24 € – Menu 33/39 € – Carte 34/47 € *(fermé sam. midi)*

À 20 km au sud de Paris, un établissement tout indiqué pour un séjour au vert ! Dans un parc de 6 ha à l'orée de la forêt du Rocher-de-Saulx, le calme est complet et les occasions de se détendre nombreuses : chambres confortables, courts de tennis, terrains de volley, spa, restaurant face à la nature... Le tout certifié Écolabel !

MAISONS-ALFORT

✉ 94700 (Val-de-Marne) – 52 943 hab. – **Voir carte n°21-C2**

Paris 10 km – Créteil 4 km – Évry 34 km – Melun 39 km

Carte Michelin 312-D3 et 101-27 – Guide Vert Michelin Île de France

XX **La Bourgogne**

164 r. Jean-Jaurès – ✆ 01 43 75 12 75 – www.restaurant-labourgogne.com – Fermé 8-25 août, 24 déc.-1er janv., sam. midi et dim.

Menu 34/49 € 🍷 – Carte 49/78 €

La bonne table de Maisons-Alfort et au-delà. Ses atouts : un cadre très moderne, chaleureux et intime, et surtout de belles saveurs. La cuisine est ici une chose sérieuse, fondée sur les meilleurs produits et savoir-faire... sans craindre la nouveauté !

MAISONS-LAFFITTE

✉ 78600 (Yvelines) – 22 817 hab. – **Voir carte n°20-A1**

Paris 21 km – Mantes-la-Jolie 38 km – Poissy 9 km – Pontoise 17 km

Carte Michelin 311-I2 et 101-13 – Guide Vert Michelin Île de France

XXX **Tastevin** (Michel Blanchet) 

✿ *9 av. Eglé – ✆ 01 39 62 11 67 – www.letastevin-restaurant.fr – Fermé 28 juil.-22 août, 18 fév.-7 mars, lundi et mardi*

Formule 38 € – Menu 46 € (déj. en semaine)/95 € – Carte 82/101 €

À l'orée du parc, une maison de maître à l'intérieur cossu. On y cultive une certaine idée de l'art de vivre à la française et l'amour des beaux produits. Jolie carte des vins. ➜ Foie gras chaud, frite de polenta aux fruits secs. Saint-Jacques sous toutes ses formes. Sanciaux aux pommes.

X **La Plancha**

5 av. de St-Germain – ✆ 01 39 12 03 75 – Fermé 1er-11 mars, 20 juil.-22 août, dim. soir, mardi soir et merc.

Menu 33 € – Carte 61/78 €

Ambiance "voyage" dans ce restaurant à deux pas de la gare du RER A. La carte, assez originale, propose des recettes combinant avec succès les produits français, espagnols et japonais.

MARLY-LE-ROI

✉ 78160 (Yvelines) – 16 614 hab. – **Voir carte n°20-A2**

Paris 24 km – Bougival 5 km – St-Germain-en-Laye 5 km – Versailles 9 km

Carte Michelin 312-B2 et 101-12

XX **Le Village** (Uido Tomohiro)

✿ *3 Grande-Rue – ✆ 01 39 16 28 14 – www.restaurant-levillage.fr – Fermé 3 semaines en août, sam. midi, dim. soir et lundi*

Formule 37 € – Menu 46/86 € – Carte 111/160 € *(réservation conseillée)*

Une jolie auberge dans une ruelle pittoresque du vieux Marly. Le chef, né au Japon, signe une cuisine très maîtrisée, avec de jolis accords de textures et de saveurs. La France inspire l'Asie, et réciproquement... ➜ Goï cuôn de homard breton au foie gras en terrine au calvados. Pigeonneau impérial en croûte de sel de Guérande. Soufflé chaud au yuzu de Kôchi.

MARNE-LA-VALLÉE

(Île-de-France) – 288 029 hab. – Voir carte n°**19**-C2

Paris 27 km – Meaux 29 km – Melun 40 km

Carte Michelin 312-E2 et 101-19 – Guide Vert Michelin Île de France

à Bussy-St-Georges – ✉ 77600 – 23 341 hab.

Tulip Inn Marne la Vallée ch,

44 bd A. Giroust – *✆ 01 64 66 11 11* – *www.goldentulipmarnelavallee.com*

87 ch – †100/150 € ††100/150 € – ☕ 14 € **x**

Rest – Carte 25/34 € *(fermé sam. et dim.)*

Intégré à un grand ensemble immobilier, face à la station RER, hôtel doté de chambres fonctionnelles, bien insonorisées, et d'un bar décoré façon "Louisiane". Carte traditionnelle rehaussée de notes italiennes, dans la salle à manger aux tons pastel.

à Collégien – ✉ 77090 – 3 145 hab.

Novotel ch, rest,

2 allée des portes de la forêt, (sortie 12) – *✆ 01 64 80 53 53* – *www.novotel.com/0385*

193 ch – †78/225 € ††78/225 € – ☕ 16 € **s**

Rest – Formule 14 € – Menu 25 € – Carte 25/46 €

Hôtel adapté à la clientèle d'affaires et aux séminaires. Chambres au décor actuel (mobilier en bois, belles teintes). Hall et bar "tendance". Restauration traditionnelle dans un cadre design ou en terrasse, autour de la piscine. Plats simples au Novotel Café.

à Magny-le-Hongre – ✉ 77700 – 5 918 hab.

Radisson Blu at Disneyland

allée de la Mare-Houleuse, (près du golf) – *✆ 01 60 43 64 00* – *www.radissonblu.com/golfresort-paris*

232 ch – †106/390 € ††106/390 € – 18 suites – ☕ 23 € **r**

Rest – Formule 18 € – Carte 35/65 €

On peut venir à Disneyland Paris pour profiter des attractions, mais aussi pour jouer au golf... la preuve avec cet hôtel très design. Chambres et suites ont vue sur les greens : un bon compromis entre hôtel d'affaires et de loisirs.

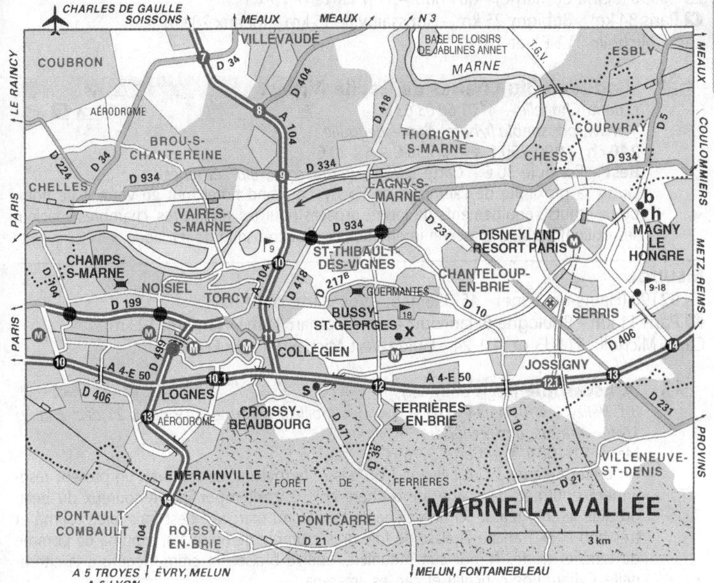

Magic Circus

20 av. de la Fosse-des-Pressoirs, (Val de France) – *01 64 63 37 37 – www.vi-hotels.com* **h**

391 ch – 84/300 € 84/300 € – 5 suites – ½ P

Rest – Menu 34 € *(fermé le midi)*

Attention, le spectacle va commencer ! Le monde du cirque inspire le décor haut en couleur de cet hôtel proche de Disneyland. Piscine couverte. Le soir, entrez en piste sous le chapiteau du restaurant (formule buffet traditionnel).

Dream Castle

40 av. de la Fosse-des-Pressoirs, (Val de France) – *01 64 17 90 00 – www.vi-hotels.com/dream-castle* **b**

397 ch – 126/280 € 126/280 € – 14 suites

Rest *The Musketeer's* – Menu 27 € *(fermé le midi)*

Rest *Bar Excalibur* – Carte 33/46 €

L'architecture et la décoration de cet hôtel font référence à l'univers des châteaux forts. Chambres élégantes et spacieuses, jolie piscine et jardin à la française. Le restaurant The Musketeer's propose le soir des buffets à thème. À midi, carte internationale au bar Excalibur.

MASSY

91300 (Essonne) – 42 258 hab. – Voir carte n°**20**-B3

Paris 19 km – Arpajon 19 km – Évry 20 km – Palaiseau 4 km

Carte Michelin 312-C3 et 101-25

Mercure

21 av. Carnot, (gare T.G.V) – *01 69 32 80 20 – www.mercure.com*

116 ch – 139/275 € 139/275 € – 18 €

Rest – Formule 21 € – Menu 26 € (semaine) – Carte 25/50 € *(fermé dim. midi et sam.)*

Face à la gare TGV, des chambres fonctionnelles et confortables, décorées dans un style contemporain agréable. Carte traditionnelle au restaurant ; lounge-bar.

LE MESNIL-AMELOT

77990 (Seine-et-Marne) – 861 hab. – Voir carte n°**19**-C1

Paris 34 km – Bobigny 25 km – Goussainville 15 km – Meaux 28 km

Carte Michelin 312-E1 et 101-9

Radisson Blu Charles de Gaulle Airport

ch,

r. de la Chapelle – *01 60 03 63 00 – www.radissonblu.fr/hotel-charlesdegaulle*

240 ch – 90/250 € 90/250 € – 20 €

Rest – Formule 30 € – Carte 33/56 € *(fermé sam., dim. et fériés)*

Outre sa proximité de l'aéroport de Roissy, ce grand hôtel tout en verre a de nombreux atouts : équipements de loisirs, espaces pour les séminaires, chambres spacieuses et confortables, brasserie internationale. Aucun risque de jet lag !

MEUDON

92190 (Hauts-de-Seine) – 45 058 hab. – Voir carte n°**20**-B2

Paris 11 km – Boulogne-Billancourt 4 km – Clamart 4 km – Nanterre 12 km

Carte Michelin 311-J3 et 101-24 – Guide Vert Michelin Île de France

L'Escarbille (Régis Douysset)

8 r. Vélizy – *01 45 34 12 03 – www.lescarbille.fr – Fermé 3-19 août, 21 déc.-2 janv., 16 fév.-4 mars, dim. et lundi*

Menu 51/102 € – Carte 57/69 €

Un buffet de gare ? Oui... et non ! Un passé "ferroviaire" certes, mais un présent résolument gourmet, dans une atmosphère chic et contemporaine. Amoureux du beau produit, le chef réalise ici une élégante cuisine du marché : c'est frais, bien tourné et très bon ! → Tranche épaisse de foie gras, crumble de noisettes, espuma de pomme de terre et truffe. Turbot cuit meunière, endive braisée et crème légère à la citronnelle. Cylindre de chocolat et cerises amarena.

Montmorency

✉ 95160 (Val-d'Oise) – 21 194 hab. – Voir carte n°**18**-B1
▶ Paris 19 km – Enghien-les-Bains 4 km – Pontoise 24 km – St-Denis 9 km
Carte Michelin 305-E7 et 101-5 – Guide Vert Michelin Île de France

XX **Au Cœur de la Forêt**

av. Repos de Diane, et accès par chemin forestier – ✆ 01 39 64 99 19 – www.aucoeurdelaforet.com – Fermé août, 15-25 fév., jeudi soir, dim. soir et lundi
Menu 47 €
À l'issue d'un chemin cahotant, vous voilà bien au cœur de la forêt... Si le dépaysement est garanti, la cuisine suit sans détour la voie de la tradition : au menu, rien que des valeurs sûres, au gré du marché ! Cadre champêtre, comme il se doit, avec une jolie terrasse face aux frondaisons.

Montreuil

✉ 93100 (Seine-Saint-Denis) – 102 770 hab. – Voir carte n°**21**-C2
▶ Paris 11 km – Argenteuil 28 km – Bobigny 10 km – Boulogne-Billancourt 18 km
Carte Michelin 311-K2 et 101-17 – Guide Vert Michelin Île de France

Franklin sans rest

15 r. Franklin Ⓜ Mairie de Montreuil – ✆ 01 48 59 00 03 – www.hotel-franklin.fr
96 ch – 135/190 € 145/190 € – ☕ 15 €
Moderne, fonctionnel et chaleureux, cet établissement est bien apprécié de la clientèle d'affaires (bureau dans chaque chambre). L'accueil sympathique ajoute à la qualité de l'adresse.

XX **Villa9Trois**

28 r. Colbert Ⓜ Mairie de Montreuil – ✆ 01 48 58 17 37 – www.villa9trois.com – Fermé dim. soir
Menu 39/46 € – Carte 46/58 €
Une jolie demeure ancienne, un décor bourgeois et design, une grande terrasse sous les arbres, une cuisine en prise sur les dernières tendances... Cette Villa du "9Trois" est un havre pour une clientèle, disons-le, dorée. Dress code : chic et décontracté.

X **L'Amourette**

54 r. Robespierre Ⓜ Robespierre – ✆ 01 48 59 99 94 – www.lamourette.fr
Formule 15 € – Menu 19 € (déj. en semaine)/30 € – Carte 30/55 €
Il se dit que les Parisiens n'aiment pas passer le périph'... Et si les "banlieusards" avaient de bonnes raisons de snober la capitale ? C'est le cas à Montreuil avec cet amour de bistrot contemporain. Au menu, point de parigots, mais une superbe tête de veau !

Montrouge

✉ 92120 (Hauts-de-Seine) – 48 597 hab. – Voir carte n°**20**-B2
▶ Paris 5 km – Boulogne-Billancourt 8 km – Longjumeau 18 km – Nanterre 16 km
Carte Michelin 311-J3 et 101-25

Mercure

13 r. François Ory Ⓜ Porte d'Orléans – ✆ 01 58 07 11 11 – www.mercure.com/0374
188 ch – 107/267 € 107/267 € – 7 suites – ☕ 18 €
Rest – Formule 21 € – Menu 25 € – Carte 31/48 € *(fermé dim. midi, vend. soir et sam.)*
En léger retrait du périphérique, un Mercure dédié à la clientèle d'affaires avec ses chambres contemporaines bien insonorisées et ses nombreuses salles de réunion.

Morangis

✉ 91420 (Essonne) – 12 136 hab. – Voir carte n°**21**-C3
▶ Paris 21 km – Évry 14 km – Longjumeau 5 km – Versailles 23 km
Carte Michelin 312-D3 et 101-35

XXX **Le Sabayon**

15 r. Lavoisier – ✆ 01 69 09 43 80 – www.restaurantlesabayon.com – Fermé août, mardi soir, sam. midi, dim. et lundi
Carte 53/79 €
Ce restaurant chaleureux est un vrai rayon de soleil dans cette zone industrielle un peu grise... Au menu, une cuisine dans l'air du temps appuyée sur de solides bases traditionnelles (spécialité : le gratin d'huîtres aux moules). Service prévenant.

NEUILLY-SUR-SEINE

✉ 92200 (Hauts-de-Seine) – 61 754 hab. – **Voir carte n°20-B1**
Paris 9 km – Argenteuil 10 km – Nanterre 6 km – Pontoise 29 km
Carte Michelin 311-J2 et 101-15 – Guide Vert Michelin Île de France

Jardin de Neuilly sans rest

5 r. P.-Déroulède Ⓜ Porte Maillot – ✆ 01 46 24 22 77 – www.hoteljardindeneuilly.com
28 ch – †125/195 € ††143/210 € – ☕ 18 €
Autour d'un joli jardin fleuri, un bel ensemble de trois bâtiments : un hôtel particulier du 19e s. à l'esprit classique, un cottage très Belle Époque et un édifice des années 1950. Calme, confort et cachet, à 300 m de la porte Maillot.

Hôtel de la Jatte sans rest

4 bd du Parc – ✆ 01 46 24 32 62 – www.hoteldelajatte.com
68 ch – †104/175 € ††104/175 € – 3 suites – ☕ 12 €
Charme, douceur et quiétude dans cette élégante maison (1927) de l'île de la Jatte, aujourd'hui très prisée des Parisiens. Les chambres, la véranda, le salon... tout est feutré, chaleureux et plaisant.

Neuilly Park sans rest

23 r. M.-Michelis Ⓜ Porte Maillot – ✆ 01 46 40 11 15 – www.hotelneuillypark.com
30 ch – †165/170 € ††170/190 € – ☕ 12 €
Dans une rue commerçante du quartier des Sablons, un petit hôtel qui ne manque pas de personnalité : chaque chambre est décorée selon un terme différent, mis en scène sans détour et avec couleur (flamenco, Japon, abécédaire, toile de Jouy, etc.).

Foc Ly

79 av. Ch.-de-Gaulle Ⓜ Les Sablons – ✆ 01 46 24 43 36 – www.focly.fr – Fermé 3 semaines en août et dim.
Formule 24 € – Carte 37/73 €
Deux lions encadrent l'entrée de ce restaurant qui dévoile un intérieur contemporain orné de bois clair et de lithographies. Cuisine goûteuse thaï et chinoise.

Jarrasse L'Écailler de Paris

4 av. de Madrid Ⓜ Pont de Neuilly – ✆ 01 46 24 07 56 – www.jarrasse.com – Fermé sam. et dim. en juil.-août
Menu 40/55 € – Carte 57/83 € *(réservation conseillée)*
Un restaurant au décor intimiste et original où les luminaires ont, par exemple, la forme d'oursins. Dans l'assiette, on se régale de produits de la mer en provenance directe des petits bateaux de pêche bretons. Fraîcheur garantie !

À la Coupole

3 r. de Chartres Ⓜ Porte Maillot – ✆ 01 46 24 82 90 – Fermé vacances de Pâques, août, sam., dim. et fériés
Formule 31 € – Menu 40 € – Carte 45/59 €
Un lieu chic et sobre, d'esprit feutré (boiseries sombres, tons crème et chocolat), où l'on savoure une bonne cuisine traditionnelle. Parmi les spécialités de la maison : le foie gras et les huîtres en saison.

NOGENT-SUR-MARNE

✉ 94130 (Val-de-Marne) – 31 637 hab. – **Voir carte n°21-D2**
Paris 14 km – Créteil 10 km – Montreuil 6 km – Vincennes 6 km
Carte Michelin 312-D2 et 101-27 – Guide Vert Michelin Île de France

Nogentel sans rest

8 r. du Port – ✆ 01 48 72 70 00 – www.nogentel-hotel.com
60 ch – †130/145 € ††130/145 € – ☕ 15 €
Des chambres d'esprit traditionnel, fonctionnelles, au bord de la Marne. Une agréable situation : l'esprit de Nogent flotte encore un peu sur la berge, le long de la promenade fleurie, et les équipements sportifs sont nombreux (piscine olympique municipale, tennis-club, etc.). Bel espace pour les séminaires.

Noisy-le-Grand

93160 (Seine-Saint-Denis) – 62 964 hab. – Voir carte n°**21**-D2
Paris 19 km – Bobigny 17 km – Lagny-sur-Marne 14 km – Meaux 38 km
Carte Michelin 305-G7 et 101-18 – Guide Vert Michelin Île de France

Novotel

rest,

2 allée Bienvenue - quartier Horizon – 01 48 15 60 60 – www.accorhotels.com
144 ch – 99/270 € 99/270 €
Rest – Formule 13 € – Menu 21 € – Carte 19/43 €
À proximité du RER A et de l'autoroute A 4, à mi-chemin entre la capitale et Disneyland, un Novotel (bâtiment des années 1990) fonctionnel, très bien tenu et plutôt au calme. Une étape utile à l'est de Paris.

Orgeval

78630 (Yvelines) – 5 855 hab. – Voir carte n°**18**-B1
Paris 32 km – Mantes-la-Jolie 28 km – Pontoise 22 km – St-Germain-en-Laye 11 km
Carte Michelin 311-H2 et 101-11

Moulin d'Orgeval

200 r. de l'Abbaye, 1,5 km au Sud – 01 39 75 85 74 – www.moulindorgeval.com – Fermé 22 déc.-6 janv.
14 ch – 140 € 160 € – 16 €
Rest *Moulin d'Orgeval* – voir les restaurants ci-après
Au cœur d'un grand parc arboré, où les cygnes glissent silencieusement sur le plan d'eau, cet ancien moulin invite à la détente. Les chambres sont classiques, avant tout fonctionnelles ; on organise ici beaucoup de mariages et de séminaires.

XX

Moulin d'Orgeval

200 r. de l'Abbaye, 1,5 km au Sud – 01 39 75 85 74 – www.moulindorgeval.com – Fermé 22 déc.-6 janv. et dim. soir
Formule 30 € – Menu 39 € (déj. en semaine), 49/73 € – Carte 48/69 €
La grande salle de restaurant donnant sur la pièce d'eau, le mobilier en rotin, les tentures... Tout ici a un petit côté rétro. Plusieurs menus sont proposés (cuisine du monde, de la mer, de saison ; beau chariot de desserts...) et l'on vient là comme à la campagne.

Orly (Aéroports de Paris)

94390 (Essonne) – 21 646 hab. – Voir carte n°**21**-C3
Paris 16 km – Corbeil-Essonnes 24 km – Créteil 14 km – Longjumeau 15 km
Carte Michelin 312-D3 et 101-26

Hilton Orly

rest,

près de l'aérogare, Orly Sud 95544 – 01 45 12 45 12 – www.hilton.fr
340 ch – 99/450 € 99/450 € – 20 € **Rest** – Formule 30 € – Carte 45/110 €
Cet hôtel des années 1960 est le plus proche des terminaux de l'aéroport (navettes régulières). Intérieur design, chambres sobres et élégantes, équipements de pointe pour les réunions et services liés au standing de la clientèle d'affaires. Carte traditionnelle au restaurant.

Mercure

ch,

allée Cdt Mouchotte, sortie Orlytech 94547 – 01 49 75 15 50 – www.mercure.com
192 ch – 105/250 € 105/250 € – 17 €
Rest – Formule 24 € – Carte 33/42 € *(fermé sam. midi et dim. midi)*
Ce Mercure s'avère être une adresse très pratique entre deux vols : accueil souriant, cadre agréable (îlot de verdure), et chambres relookées dans les tons actuels. Restauration de bar ou cuisine plus traditionnelle adaptées aux horaires des voyageurs en transit.

Ozoir-la-Ferrière

77330 (Seine-et-Marne) – 20 268 hab. – Voir carte n°**19**-C2
Paris 34 km – Coulommiers 42 km – Lagny-sur-Marne 22 km – Melun 29 km
Carte Michelin 312-F3 et 106-33

XXX La Gueulardière 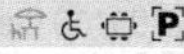

66 av. du Gén.-de-Gaulle – ✆ 01 60 02 94 56 – www.la-gueulardiere.com – Fermé dim. soir
Formule 27 € – Menu 39 € (semaine), 52/78 € – Carte 64/117 €
Cette ancienne maison de village, dotée de salles élégantes et feutrées aux tons pastel, propose une cuisine actuelle soignée. Belle terrasse d'été, dressée sous une pergola.

LE PERREUX-SUR-MARNE

✉ 94170 (Val-de-Marne) – 32 520 hab. – **Voir carte n°21-D2**
Paris 16 km – Créteil 12 km – Lagny-sur-Marne 23 km – Villemomble 6 km
Carte Michelin 312-E2 et 101-18

XXX Les Magnolias (Jean Chauvel)

48 av. de Bry – ✆ 01 48 72 47 43 – www.lesmagnolias.com – Fermé 1er -25 août, sam. midi, dim. et lundi
Formule 41 € – Menu 58/95 €
Beau travail que celui de Jean Chauvel, qui propose une cuisine fort joliment composée, inspirée et très habile, même quand elle se fait ludique et inventive. On passe ici un savoureux moment, de surcroît dans un décor d'une sobre élégance.
→ Lotte cuite au four aux parfums d'agrumes, salade croquante aux algues et saté. Agneau rôti, pomme, fenouil et safran du Quercy. Tarte au chocolat Samana envoûtée de thym.

X L' Ardoise

22 bd de la Liberté – ✆ 01 43 24 18 31 – Fermé août, dim., lundi et fériés
Formule 18 € – Carte 29/45 €
Le credo du patron : "je ne fais que ce que je maîtrise bien." Son baron d'agneau aux herbes, son parmentier de boudin basque ou encore son riz au lait lui donnent raison ! Son petit bistrot – avec le mobilier patiné et les murs couleur beurre frais qui vont bien – est épatant.

LE PLESSIS-ROBINSON

Paris 13 km – Bobigny 25 km – Créteil 21 km – Nanterre 24 km
Carte Michelin 312-E3 et 101-E5

Le Plessis Grand Hôtel (N)

51 av. Aristide-Briand – ✆ 01 41 28 16 16 – www.grandhotel-plessis92.com
50 ch – †92/190 € ††92/190 € – 5 suites – ☕ 15 €
Rest – Menu 30 € – Carte 30/40 €
En plein centre-ville, cet établissement propose des chambres fonctionnelles et assez spacieuses. Pour vous détendre, faites donc une halte au salon, cosy et un rien british ! Au restaurant, cuisine traditionnelle suivant le rythme des saisons.

LE PRÉ ST-GERVAIS

✉ 93310 (Seine-Saint-Denis) – 18 045 hab. – **Voir carte n°21-C1**
Paris 8 km – Bobigny 6 km – Lagny-sur-Marne 33 km – Meaux 38 km
Carte Michelin 305-F7 et 101-16

X Au Pouilly Reuilly

68 r. A. Joineau – ✆ 01 48 45 14 59 – Fermé sam. midi, lundi soir et dim.
Formule 23 € – Menu 30 € – Carte 34/79 €
Un bistrot dans son jus, pour une cuisine qui ne l'est pas moins : ris de veau aux morilles, rognons émincés sauce moutarde, boudin noir grillé, côte de bœuf... Le respect de la tradition, avec des produits de qualité.

PUTEAUX

✉ 92800 (Hauts-de-Seine) – 44 753 hab. – **Voir carte n°20-B1**
Paris 11 km – Nanterre 4 km – Pontoise 30 km – St-Germain-en-Laye 17 km
Carte Michelin 311-J2 et 101-14

Vivaldi sans rest

5 r. Roque de Fillol – 01 47 76 36 01 – www.hotelvivaldi.com
30 ch – 75/208 € 82/232 €
Oubliez Les Quatres Saisons... dans une rue tranquille menant au quartier d'affaires de la Défense, ce joli immeuble en brique propose des chambres fonctionnelles, propres et bien insonorisées. L'été, petit-déjeuner servi dans le patio.

L'Escargot 1903

18 r. Charles-Lorilleux – 01 47 75 03 66 – www.lescargot1903.com – Fermé août, 24 déc.-2 janv., sam. midi, lundi soir et dim.
Menu 35/44 € – Carte 36/71 €
Pourquoi se dépêcher ? On le sait, les modes vont et reviennent : il suffisait de moderniser ce bistrot estampillé 1903 pour être pile dans la tendance. Souci du produit, recettes traditionnelles joliment tournées, service sympathique et prix mesurés : on ne change pas des recettes qui marchent... même à pas d'escargot !

ROISSY-EN-FRANCE (AÉROPORTS DE PARIS)

95700 (Val-d'Oise) – 2 750 hab. – **Voir carte n°19-C1**
Paris 26 km – Chantilly 28 km – Meaux 38 km – Pontoise 39 km
Carte Michelin 305-G6 et 101-8

à l'aérogare n° 2

Sheraton

– 01 49 19 70 70 – www.sheraton.com/parisairport
252 ch – 189/650 € 189/650 € – 33 €
Rest ***Les Étoiles*** – voir les restaurants ci-après
Rest ***Les Saisons*** – Formule 31 € – Menu 41 € (déj. en semaine) – Carte 47/81 €
Le seul hôtel de Roissy qui soit en contact direct avec l'aérogare n° 2, face à la gare TGV. L'escale est séduisante dans ce bâtiment aux lignes futuristes, qui joue la carte du plus grand confort. Dans les chambres, ambiance feutrée et vue sur les pistes !

Les Étoiles – Hôtel Sheraton

– 01 49 19 70 70 – www.sheraton.com/parisairport – Fermé août, 20 déc.-5 janv., sam., dim. et fériés
Formule 49 € – Menu 58/68 € – Carte environ 78 €
Le restaurant "gastronomique" de l'hôtel Sheraton, au bout de l'aérogare n° 2. Atmosphère feutrée, cuisine française : parfait pour un repas d'affaires... et les hommes pressés, avec son menu servi "en 1h chrono" (menu végétarien également).

à Roissypole

Hilton

– 01 49 19 77 77 – www3.hilton.com
387 ch – 179/809 € 179/809 € – 25 €
Rest ***Le Skylight*** 01 49 19 77 95 – – Formule 23 € – Menu 29 € – Carte 35/67 €
Un hall immense sous une verrière vertigineuse, des chambres particulièrement spacieuses, de nombreux équipements (restaurants, piscine, salles de réunion, etc.) : il règne une certaine démesure dans cet établissement de grand confort, véritable ville moderne au cœur de la zone aéroportuaire.

Pullman

Zone centrale Ouest – 01 49 19 29 29 – www.pullmanhotels.com
339 ch – 135/570 € 135/570 € – 5 suites – 22 €
Rest ***L'Escale*** – Formule 23 € – Carte 40/60 €
Premier hôtel construit sur le site, entre les deux aérogares, ce vaste building a bénéficié d'une véritable cure de jouvence : une nouvelle page s'écrit, toujours avec le même souci de satisfaire les clients (salles de séminaire, piscine couverte, fitness, etc.).

à Roissy-Ville

Marriott

allée du Verger – ✆ 01 34 38 53 53 – www.parismarriottcharlesdegaulle.fr
300 ch – †205/405 € ††205/405 € – 3 suites – ☕ 24 €
Rest – Formule 17 € – Menu 35 € – Carte 38/64 €
Parfait pour une clientèle d'affaires transitant par Paris et soucieuse d'un certain standing : cet établissement cultive une forme de classicisme (colonnades, meubles de style) et un grand confort. Fitness, sauna, brasserie, etc.

Relais Spa

allée du Verger – ✆ 01 39 94 70 70 – www.relais-spa.com
463 ch – †122/455 € ††122/455 € – 52 suites – ☕ 21 €
Rest ***Brasserie Flo*** – voir les restaurants ci-après
Cet établissement inauguré en 2011 se révèle des plus plaisants : à la fois design et classiques, ses espaces expriment un bel art de vivre, en particulier son spa de 800 m^2 (piscine, sauna et fitness), unique sur toute la zone de l'aéroport.

Novotel Convention et Wellness

allée du Verger – ✆ 01 30 18 20 00 – www.novotel.com
295 ch – †125/240 € ††125/240 € – 7 suites – ☕ 19 € **Rest** – Carte 23/48 €
Fonctionnement parfaitement huilé dans cet hôtel habitué à recevoir voyageurs et clientèle d'affaires. Ses services sont à la pointe pour l'organisation de séminaires (vaste espace avec régie intégrée) comme pour la détente (spa, Novotel Café, etc.).

Mercure

3 allée du Verger – ✆ 01 34 29 40 00
– www.mercure-paris-roissy-charles-de-gaulle.com
202 ch – †68/360 € ††68/360 € – 8 suites – ☕ 18 €
Rest – Formule 20 € – Menu 24 € – Carte 28/47 €
Le fait mérite d'être souligné : cet établissement privilégie la clientèle individuelle à l'accueil de séminaires et de groupes. On découvre des chambres spacieuses, aux tons apaisants. Le restaurant mérite également attention avec sa carte traditionnelle et ses prix raisonnables.

Brasserie Flo – Hôtel Relais Spa

allée du Verger – ✆ 01 34 04 16 11
Formule 27 € – Menu 31 € – Carte 34/74 €
Dans un décor contemporain et lumineux, la carte reprend les classiques de brasserie avec une fraîcheur et un savoir-faire certains (tartare, choucroute de la mer...). Une bonne option pour un repas sur le site de Roissy.

RUEIL-MALMAISON

✉ 92500 (Hauts-de-Seine) – 79 426 hab. – **Voir carte n°20-A1**
Paris 16 km – Argenteuil 12 km – Nanterre 3 km – St-Germain-en-Laye 9 km
Carte Michelin 311-J2 et 101-14 – Guide Vert Michelin Île de France

Le Relais de la Malmaison

93 bd Franklin-Roosevelt – ✆ 01 47 32 01 33 – www.relaismalmaison.fr
– Fermé 2-24 août et 23 déc.-1er janv.
60 ch – †160/350 € ††160/350 € – ☕ 19 €
Rest – Formule 30 € 🍷 – Menu 38 € 🍷 – Carte environ 45 € *(fermé sam. midi)*
Dans un grand parc et juste à côté du golf, un établissement élégant, avec des chambres contemporaines et de nombreux salons pour les réceptions et séminaires : idéal pour la clientèle d'affaires. Spa avec hammam, sauna, piscine couverte, restaurant... Tout est pensé pour la détente.

Novotel

21 av. Edouard-Belin – ✆ 01 47 16 60 60 – www.novotel.com

118 ch – †75/275 € ††75/275 € – ☕ 15 €
Rest – Menu 13 € (déj. en semaine), 17/25 € – Carte 18/42 €
Au sein du quartier d'affaires Rueil 2000 et à deux pas de la gare RER, un Novotel de facture contemporaine particulièrement adapté à la clientèle business.

Les Écuries de Richelieu

21 r. du Dr-Zamenhof – ✆ 01 47 08 63 54 – www.ecuries-richelieu.com – Fermé août, sam. midi et lundi

Menu 29 €

Un neveu et son oncle sont aux commandes de ce restaurant. Dans une salle voûtée et fraîche, on propose une jolie cuisine traditionnelle autour d'un court menu. Bon rapport qualité-prix.

Les Terrasses de l'Impératrice

25 bd Marcel-Pourtout, (au golf) – ✆ 01 76 21 54 68 – Fermé le soir

Formule 23 € – Carte 34/62 €

Dans le cadre du golf de Rueil, une cuisine délicate et parfumée avec quelques clins d'œil adressés aux spécialistes du swing : ainsi le "gazon" (des spaghettis aux saveurs de plein air) et la balle "green apple" (une boule en sucre garnie de chocolat blanc). Sympathique !

Le Patte Noire Ⓝ

56 r. du Gué – ✆ 09 81 20 81 69 – www.lepattenoire.com – Fermé 16 août-15 sept., 1er-7 janv., dim. soir et lundi

Formule 29 € – Menu 35/60 € – Carte 54/69 €

Inutile de montrer patte blanche pour espérer manger dans ce restaurant du centre-ville ! Derrière les fourneaux, le chef réalise une cuisine bien dans l'air du temps avec de beaux produits. Dans l'assiette, les assaisonnements sont bons, les cuissons réussies. Accueil et service tout sourire.

RUNGIS

✉ 94150 (Val-de-Marne) – 5 662 hab. – **Voir carte n°21-C3**

▶ Paris 14 km – Antony 5 km – Corbeil-Essonnes 30 km – Créteil 13 km

Carte Michelin 312-D3 et 101-26

La Grange

28 r. Notre-Dame – ✆ 01 46 87 08 91 – www.restaurant-lagrange-rungis.com – Fermé 2 semaines en août, lundi soir, sam. midi et dim.

Formule 35 € – Menu 41/68 €

Rungis, ce n'est pas seulement le célèbre marché connu de tous les chefs, mais aussi un vieux bourg, où se trouve cette Grange atypique, au décor sophistiqué (béton brut, couleurs vives, etc.). La cuisine est calée sur les saisons et... évidemment le marché. Une bonne adresse.

SACLAY

✉ 91400 (Essonne) – 3 241 hab. – **Voir carte n°20-A3**

▶ Paris 27 km – Antony 14 km – Chevreuse 13 km – Montlhéry 16 km

Carte Michelin 312-C3 et 101-24

Novotel

r. Charles Thomassin – ✆ 01 69 35 66 00 – www.novotel.com/0392

140 ch – 🚹75/220 € 🚹🚹75/220 € – ☕ 16 € **Rest** – Formule 18 € – Carte 19/43 €

Dans un ancien corps de ferme dont subsistent la cour pavée et la maison de maître (19e s.), un Novotel conforme aux standards de la chaîne, avec de bons équipements sportifs et un restaurant ouvert sur la piscine.

ST-CLOUD

✉ 92210 (Hauts-de-Seine) – 29 873 hab. – **Voir carte n°20-B2**

▶ Paris 12 km – Nanterre 7 km – Rueil-Malmaison 6 km – St-Germain 16 km

Carte Michelin 311-J2 et 101-14 – Guide Vert Michelin Île de France

Quorum

ch,

2 bd de la République – ✆ 01 47 71 22 33 – www.hotel-quorum-paris.com

59 ch – 🚹130/165 € 🚹🚹140/175 € – ☕ 12 €

Rest – Carte environ 32 € *(fermé août, sam., dim. et le midi)*

Un hôtel-restaurant à deux pas du parc de Saint-Cloud, avec des chambres contemporaines (objets signés Starck...) et toutes identiques. Parfait pour la clientèle d'affaires.

Le Garde-Manger

21 r. d'Orléans – ✆ 01 46 02 03 66 – www.legardemanger.com – Fermé dim.
Formule 17 € – Carte environ 37 €
Dans son garde-manger, le chef stocke de beaux produits et concocte une jolie cuisine bistrotière, pile dans la tendance. Et tendance, son restaurant l'est aussi, avec ses grandes ardoises, ses lampes indus' et son comptoir très... néobistrot !

L'Heureux Père

47 bis bd Sénard – ✆ 01 46 02 09 43 – www.lheureuxpere.com – Fermé 3 semaines en août, 24 déc.-1er janv., sam. midi, dim. soir et fériés
Formule 19 € – Menu 24 € (déj. en semaine) – Carte 42/54 €
Un repaire chaleureux et gourmand ! Le chef réalise une bonne cuisine traditionnelle et aime surprendre par de jolies associations d'épices et de saveurs créoles. À noter sa collection de vieux rhums bruns qui en ravira plus d'un...

St-Denis

✉ 93200 (Seine-Saint-Denis) – 106 785 hab. – **Voir carte n°21-C1**
Paris 11 km – Argenteuil 12 km – Beauvais 70 km – Chantilly 31 km
Carte Michelin 305-F7 et 101-16 – Guide Vert Michelin Île de France

Courtyard Paris St-Denis

34 bd de la Libération, (ZAC Pleyel) Ⓜ Carrefour Pleyel – ✆ 01 58 34 91 10 – www.courtyardsaintdenis.com
150 ch – 🚹109/360 € 🚹🚹109/360 € – ☕ 19 €
Rest – Menu 20 € (déj. en semaine), 24/30 € – Carte 31/44 €
Un bon hôtel dans une zone où ils sont rares. Inauguré en 2009, non loin du Carrefour Pleyel et du Stade de France, il abrite des chambres confortables et bien insonorisées, colorées et chaleureuses. Parking, restaurant.

St-Germain-en-Laye

✉ 78100 (Yvelines) – 40 481 hab. – **Voir carte n°20-A1**
Paris 25 km – Beauvais 81 km – Dreux 66 km – Mantes-la-Jolie 36 km
Carte Michelin 311-I2 et 101-13 – Guide Vert Michelin Île de France

Pavillon Henri IV

21 r. Thiers – ✆ 01 39 10 15 15 – www.pavillonhenri4.fr Plan : BYZ**t**
42 ch – 🚹139/320 € 🚹🚹139/320 € – ☕ 19 € – ½ P
Rest *Pavillon Henri IV* – voir les restaurants ci-après
Achevée en 1604 sous Henri IV, à la lisière du parc du château, cette demeure vit naître Louis XIV. Le décor des chambres fait preuve d'un classicisme de belle fraîcheur, tout comme les salons et la grande galerie (parquet, lustres en cristal). Royal !

Ermitage des Loges

11 av. des Loges – ✆ 01 39 21 50 90 – www.ermitagedesloges.com Plan : AY**x**
56 ch – 🚹95/143 € 🚹🚹107/160 € – ☕ 14 €
Rest – Formule 20 € – Menu 35 € – Carte 35/60 € *(fermé 3 semaines en août, sam. et dim.)*
En lisière de la forêt de St-Germain, hôtel composé de deux bâtiments dont le principal date du 19es. Les chambres sont plus actuelles à l'annexe et ont vue sur le jardin. Grande salle de restaurant décorée sur le thème de l'aéronautique.

Pavillon Henri IV – Hôtel Pavillon Henri IV

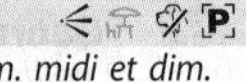

21 r. Thiers – ✆ 01 39 10 15 15 – www.pavillonhenri4.fr – Fermé sam. midi et dim. soir Plan : BYZ**t**
Formule 35 € – Menu 49/55 € – Carte 65/86 €
L'un des atouts de ce restaurant est sans conteste son superbe panorama sur la vallée de la Seine. Un cadre exceptionnel où l'on vient savourer une cuisine classique et de beaux produits ; on y inventa les pommes soufflées et la béarnaise !

ST-GERMAIN-EN-LAYE

Bonnenfant (R. A.) . . . . **AZ** 3
Coches (R. des) . . . . **AZ** 4
Denis (R. M.). . . . . **AZ** 5
Detaille (Pl. É.) . . . . **AY** 6
Gde-Fontaine (R. de la). . . . . **AZ** 10
Giraud-Teulon (R.) . . . . **BZ** 9
Loges (Av. des) . . . . **AY** 14
Malraux (Pl. A.) . . . . **BZ** 16
Marché-Neuf (Pl. du) . . . . . . **AZ**
Mareil (Pl.). . . . . **AZ** 19
Pain (R. au) . . . . **AZ** 20
Paris (R. de). . . . . **AZ**
Poissy (R. de) . . . . **AZ** 22
Pologne (R. de) . . . . **AY** 23
Surintendance
(R. de la). . . . . **AY** 28
Victoire (Pl. de la). . . . . **AY** 30
Vieil-Abreuvoir (R. du) . . . . . **AZ** 32
Vieux-Marché (R. du) . . . . . . **AZ** 33

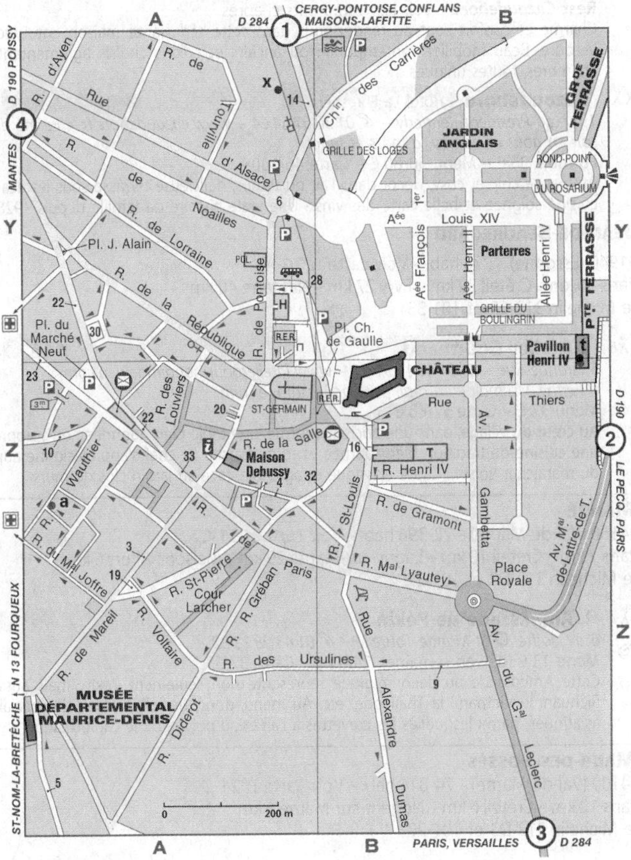

Le Wauthier by Cagna

31 r. Wauthier – ✆ 01 39 73 10 84 – www.restaurant-wauthier-by-cagna.fr – Fermé 3 semaines en août, 1 semaine en janv., dim. et lundi Plan : AZ**a**

Menu 20 € (déj. en semaine), 27/64 € – Carte environ 53 €

Murs en pierre et mobilier contemporain... Tel est le cadre de ce restaurant où l'on savoure une cuisine du marché axée sur les beaux produits. À l'image de ce médaillon de lotte accompagné de pointes d'asperges sautées à l'huile d'olive. Savoureux ! Accueil et service aux petits soins.

Le symbole vous garantit des nuits au calme. En rouge ? Encore plus de tranquillité : juste le chant des oiseaux au petit matin…

au Nord 2,5 km par ① et D 284 – ✉ 78100

La Forestière

1 av. du Président-Kennedy – ✆ 01 39 10 38 38 – www.cazaudehore.fr
27 ch – 🚹169/249 € 🚹🚹169/249 € – 3 suites – ☕ 20 €
Rest ***Cazaudehore*** – voir les restaurants ci-après
Charme et confort sont au rendez-vous dans cette séduisante maison entourée de verdure. Beau mobilier contemporain ou ancien, et coloris choisis agrémentent les chambres, toutes uniques.

XXX

Cazaudehore – Hôtel La Forestière

1 av. du Président-Kennedy – ✆ 01 30 61 64 64 – www.cazaudehore.fr – Fermé dim. soir en août et de nov. à mars et lundi
Formule 35 € – Menu 50/80 € – Carte 46/100 €
Ambiance chic et cosy, décor dans l'air du temps, délicieuse terrasse sous les acacias, cuisine soignée et belle carte des vins... Une vraie histoire de famille depuis 1928.

St-Jean-de-Beauregard

✉ 91940 (Essonne) – 278 hab. – Voir carte n°**20**-A3
Paris 35 km – Créteil 32 km – Évry 27 km – Nanterre 40 km
Carte Michelin 312-C3 et 101-33

XX

L'Atelier Gourmand

5 Grande-Rue – ✆ 01 60 12 31 01 – www.lateliergourmandjmdelrieu.com – Fermé 1 semaine en mai, 4-24 août, sam. et dim.
Menu 37 € – Carte 57/63 €
Au cœur du village, dans une ancienne ferme, une table bien nommée : on y apprécie une cuisine de tradition bien tournée et toute fraîche (le chef s'approvisionne auprès du maraîcher voisin). Cadre classique et agréable, face au jardin clos de murs.

St-Mandé

✉ 94160 (Val-de-Marne) – 22 396 hab. – Voir carte n°**21**-C2
Paris 7 km – Créteil 10 km – Lagny-sur-Marne 29 km – Maisons-Alfort 6 km
Carte Michelin 312-D2 et 101-27

XX

L'Ambassade de Pékin

6 av. Joffre Ⓜ St-Mandé-Tourelle – ✆ 01 43 98 13 82
Menu 13 € (déj. en semaine), 24/41 € – Carte 37/55 €
Cette Ambassade au décor typique représente non seulement Pékin, mais aussi le Sichuan, le Vietnam, la Thaïlande, etc. Au menu, donc, un joli éventail de spécialités asiatiques, parmi lesquelles les crevettes à l'ail et au poivre, ou le canard laqué.

St-Maur-des-Fossés

✉ 94100 (Val-de-Marne) – 74 816 hab. – Voir carte n°**21**-D2
Paris 12 km – Créteil 6 km – Nogent-sur-Marne 6 km
Carte Michelin 312-D3 et 101-27

à La Varenne-St-Hilaire – ✉ 94210

XX

Château des Iles avec ch

rest,

85 quai Winston-Churchill – ✆ 01 48 89 65 65 – www.chateau-des-iles.com – Fermé lundi en août et dim. soir
12 ch – 🚹85 € 🚹🚹95 € – ☕ 12 € Menu 42/75 € – Carte 62/90 €
Un restaurant élégant en bord de Marne. On y apprécie une cuisine de saison avec de bons produits, à l'image de ces langoustines préparées en carpaccio ou de ce filet de saint-pierre accompagné d'une mousseline de chou-fleur légèrement vanillée... Aux beaux jours, on profite de la terrasse. Ambiance conviviale.

X

Faim et Soif

28 r. St-Hilaire – ✆ 01 48 86 55 76 – www.faimetsoif.com – Fermé 2 semaines en août, dim. et lundi
Carte 52/74 €
Imaginez une bonbonnière version très contemporaine : alors vous aurez une petite idée de Faim et Soif. Chaleureuse, cette petite table l'est assurément. On s'y retrouve pour déguster des mets appétissants, ceux d'une vraie cuisine de produits.

St-Ouen

✉ 93400 (Seine-Saint-Denis) – 47 189 hab. – **Voir carte n°21-C1**
▶ Paris 9 km – Bobigny 12 km – Chantilly 46 km – Meaux 49 km
Carte Michelin 305-F7 et 101-16

XX Le Coq de la Maison Blanche

37 bd Jean Jaurès Ⓜ Mairie de St-Ouen – ✆ 01 40 11 01 23 – www.lecoqdelamaisonblanche.com – Fermé sam. en juil.-août et dim.
Menu 31 € – Carte 36/94 €
Une cuisine très traditionnelle (tête de veau sauce ravigote, coq au vin, etc.), un authentique décor estampillé 1950, des serveurs efficaces et de nombreux habitués de longue date : cette adresse, incontournable à St-Ouen, ressuscite un film d'Audiard !

X Ma Cocotte

106 r. des Rosiers Ⓜ Porte de Clignancourt – ✆ 01 49 51 70 00 – www.macocotte-lespuces.fr
Formule 24 € 🍷 – Carte 29/52 €
Nichée dans les puces de St-Ouen, où elle a ouvert fin 2012, une cantine chic signée "by Philippe Starck". La déco joue la carte du loft contemporain chaleureux, la cuisine celle des classiques – bien troussés – dont on ne se lasse pas : poulet fermier à la broche, tarte Tatin, etc. Cette cocotte a la cote !

X La Puce

17 r. Ernest-Renan Ⓜ Mairie de St-Ouen – ✆ 01 40 12 63 75 – Fermé 3 semaines en août, 2 semaines en fév., dim. et lundi
Formule 17 € 🍷 – Menu 35 € – Carte 33/40 €
À un saut de puce des puces de St-Ouen, cette Puce-là ne fait pas faux bond à la qualité : dans ce bistrot coloré, on apprécie ravioles au foie gras et lentilles à la crème de porto blanc, ch'tiramisu aux spéculos, etc. Des plats bien tournés, aux prix raisonnables, comme les vins. De quoi mettre la puce à l'oreille !

St-Prix

✉ 95390 (Val-d'Oise) – 7 308 hab. – **Voir carte n°18-B1**
▶ Paris 26 km – Cergy 22 km
Carte Michelin 305-E6 et 101-5

Hostellerie du Prieuré

74 r. A.-Rey – ✆ 01 34 27 51 51 – www.hosteldouprieure.com – Fermé 9-24 août et 29 déc.-5 janv.
7 ch – †118/148 € ††118/148 € – 1 suite – ☕ 15 € – ½ P
Rest *Hostellerie du Prieuré* – voir les restaurants ci-après
Sa façade du 17e s. pourrait servir de décor pour un film... Jolie carte postale que cet ancien café de village, qui cache des chambres originales et soignées ("Romance", "Aladin", "Pompadour", etc.). Et St-Prix est idéal pour découvrir le Vexin et la forêt de Montmorency... après un petit-déjeuner bien copieux !

X Hostellerie du Prieuré

74 r. A.-Rey – ✆ 01 34 27 51 51 – www.restaurantduprieure.com – Fermé 9-24 août, 29 déc.-5 janv., sam. midi, lundi midi et dim.
Formule 22 € – Menu 25 € (déj.) – Carte 45/65 €
Banquettes, nappes à carreaux, objets anciens... Dans ce village pittoresque, cette jolie auberge ravit les amoureux d'autrefois – et la salle avec sa cheminée, les romantiques ! À la carte, pas de nostalgie : foie gras poêlé aux girolles, fricassée d'écrevisses et ris de veau, macaron glacé au caramel...

St-Quentin-en-Yvelines

(Yvelines) – 144 716 hab. – **Voir carte n°18-B2**
▶ Paris 33 km – Houdan 33 km – Palaiseau 28 km – Rambouillet 21 km
Carte Michelin 311-H3 et 101-21 – Guide Vert Michelin Île de France

Montigny-le-Bretonneux – ✉ 78180 – 33 337 hab.

Mercure

9 pl. Choiseul – ✆ 01 39 30 18 00 – www.mercure.com
74 ch – †99/205 € ††99/205 € – ☕ 19 €
Rest – Formule 18 € – Menu 29 € – Carte 29/42 €
(fermé 31 juil.-19 août, 19 déc.-4 janv., vend. soir, sam., dim. et fériés)
En centre-ville (gare RER à proximité), hôtel récent dont les chambres affichent un style épuré. Cuisine traditionnelle au restaurant (buffets de hors-d'œuvre et desserts).

Voisins-le-Bretonneux – ✉ 78960 – 11 730 hab.

Novotel St-Quentin Golf National

au Golf National, 2 km à l'Est par D 36 ✉ 78114 – ✆ 01 30 57 65 65 – www.novotel.com
130 ch – †99/250 € ††99/250 € – 1 suite – ☕ 15 €
Rest – Formule 18 € – Carte 22/47 €
Idéalement situé sur le golf, au grand calme, hôtel créé en 1990 : chambres "Novation" et équipements de détente (piscine, solarium, tennis). Ambiance branchée au Novotel café. Le Club House propose à midi des formules rapides.

STE-GENEVIÈVE-DES-BOIS

✉ 91700 (Essonne) – 34 195 hab. – **Voir carte n°18-B2**
Paris 27 km – Arpajon 10 km – Corbeil-Essonnes 18 km – Étampes 30 km
Carte Michelin 312-C4 et 101-35 – Guide Vert Michelin Île de France

La Table d'Antan

38 av. Grande-Charmille-du-Parc, (près de l'hôtel de ville) – ✆ 01 60 15 71 53 – www.latabledantan.fr – Fermé 4-25 août, mardi soir, merc. soir, dim. soir et lundi sauf fériés
Menu 32/49 € – Carte 45/68 €
Vous serez d'abord séduit par un accueil prévenant en ce restaurant d'un quartier résidentiel. On y savoure une cuisine classique et des spécialités du Sud-Ouest de qualité.

SÉNART

✉ 77127 (Seine-et-Marne) – 10 577 hab. – **Voir carte n°19-C2**
Carte Michelin 312-E4 et 101-39 – Guide Vert Michelin Île de France

Lieusaint – ✉ 77127 – 10 577 hab.

Clarion Suites

12 allée du Trait-d'Union, Carré Sénart – ✆ 01 64 13 72 00 – www.clarionsenart-paris.com
144 ch – †135/260 € ††135/260 € – 21 suites – ☕ 16 €
Rest – Menu 25 € – Carte environ 45 € *(fermé dim.)*
Les atouts de cette solide construction cubique ? Tout d'abord, sa proximité d'Orly. Par ailleurs, les chambres sont grandes, de style contemporain, et les équipements très complets (spa, salle de fitness). Parfait pour le business.

Le Plessis-Picard – ✉ 77550

La Mare au Diable

– ✆ 01 64 10 20 90 – www.lamareaudiable.fr – Fermé dim. soir et lundi
Formule 25 € – Menu 35 € 🍷 (semaine)/45 € – Carte 53/77 €
Amateurs de vieilles pierres, vous apprécierez cette demeure du 15e s. tapissée de vigne vierge et de glycine, ses poutres, sa grande cheminée, son parc bucolique… Un décor qui charma en son temps George Sand ! Le classicisme est de mise dans l'assiette, mais aussi quelques spécialités italiennes, origines du chef obligent.

SUCY-EN-BRIE

✉ 94370 (Val-de-Marne) – 25 820 hab. – **Voir carte n°21-D2**
Paris 21 km – Créteil 6 km – Chennevières-sur-Marne 4 km
Carte Michelin 312-E3 et 101-28

Le Clos de Sucy
17 r. de la Porte – ✆ 01 45 90 29 29 – www.leclosdesucy.fr – Fermé 27 juil.-27 août, 24-31 déc., sam. midi, dim. soir et lundi
Formule 20 € – Menu 36/46 € – Carte 43/67 €
Joli cachet dans cette maison du 16e s. tout en poutres et colombages... À l'unisson du décor, la carte s'appuie sur la tradition : parmi les spécialités, pigeonneau rôti au jus et champignons, et soufflé au chocolat.

quartier les Bruyères 3 km au Sud-Est - ✉ 94370 Sucy-en-Brie

Le Tartarin
carrefour de la Patte d'Oie – ✆ 01 45 90 42 61 – www.auberge-tartarin.com – Fermé 21-27 avril et août
11 ch – 60/75 € 60/75 € – 9 €
Rest – Menu 22 € (semaine), 27/34 € – Carte 41/60 € *(fermé mardi soir, merc. soir, jeudi soir, dim. soir et lundi)*
Cet ancien rendez-vous de chasse posté à l'orée de la forêt est tenu par la même famille depuis trois générations ! Esprit rustique au salon (avec cheminée), allure classique dans les chambres, plutôt spacieuses, et carte résolument traditionnelle au restaurant.

Suresnes

✉ 92150 (Hauts-de-Seine) – 46 723 hab. – **Voir carte n°20-B2**
Paris 12 km – Nanterre 4 km – Pontoise 32 km – St-Germain-en-Laye 13 km
Carte Michelin 311-J2 et 101-14 – Guide Vert Michelin Île de France

Les Jardins de Camille avec ch
70 av. Franklin-Roosevelt – ✆ 01 45 06 22 66 – www.les-jardins-de-camille.fr – Fermé dim. soir et fériés
5 ch – 115/160 € 115/160 €
Formule 25 € – Menu 42/80 € – Carte 55/62 €
Aux abords du mont Valérien, les Jardins de Camille offrent une vue magnifique sur Paris et la Défense, en terrasse comme en salle. On y apprécie une cuisine classique, accompagnée d'un beau choix de bourgognes et de vins du monde. Pour passer la nuit, réservez l'une des chambres d'hôtes, calmes et jolies.

Au Père Lapin Ⓝ
10 r. du Calvaire – ✆ 01 45 06 72 89 – www.auperelapin.com – Fermé dim. soir
Formule 25 € – Menu 30 € – Carte 37/48 €
Dîner face à la tour Eiffel, ça vous dit ? Dans ce cas, installez-vous sur la terrasse du Père Lapin, pour savourer une bonne cuisine de bistrot sans prétention. Un conseil : ne passez pas à côté des glaces artisanales. Par mauvais temps, on prend place dans une salle au décor contemporain... et l'on n'est pas malheureux !

Tremblay-en-France

✉ 93290 (Seine-Saint-Denis) – 34 493 hab. – **Voir carte n°21-D1**
Paris 24 km – Aulnay-sous-Bois 7 km – Bobigny 13 km – Villepinte 4 km
Carte Michelin 305-G7 et 101-18

à Tremblay-Vieux-Pays – ✉ 93290

Le Cénacle
1 r. de la Mairie – ✆ 01 48 61 32 91 – www.restaurantcenacle.com – Fermé sam. midi et dim. soir
Menu 30 € (déj. en semaine), 45/90 € – Carte 55/140 €
Rien de confidentiel dans ce Cénacle, mais la tradition dans toute sa générosité – menu homard – et un décor qui joue une carte très classique (poutres peintes, chaises de style, etc.).

La Jument Verte
43 rte de Roissy – ✆ 01 48 60 69 90 – www.aubergelajumentverte.fr – Fermé août, sam., dim. et fériés
Formule 25 € – Menu 29/59 € – Carte 49/71 €
Dans un hameau qui semble tranquille... et pourtant stratégiquement situé, tout près du parc des expositions de Villepinte et de l'aéroport de Roissy, voici une escale gourmande toute trouvée. On y déguste une belle cuisine tout en fraîcheur et saveurs, recherchée juste comme il faut. Décor à la fois simple et avenant.

Triel-sur-Seine

✉ 78510 (Yvelines) – 11 598 hab. – **Voir carte n°18-B1**
▶ Paris 39 km – Mantes-la-Jolie 27 km – Pontoise 18 km – Rambouillet 55 km
Carte Michelin 311-I2 et 101-10 – Guide Vert Michelin Île de France

St-Martin

2 r. Galande, (face à la poste) – ✆ 01 39 70 32 00 – www.restaurantsaintmartin.com – Fermé 1er-20 août, vacances de Noël, merc. et dim.
Formule 18 € – Menu 33 € (déj. en semaine), 40/130 € *(réservation conseillée)*
Proche d'une jolie église gothique du 13e s. et des bords de Seine, un restaurant à l'atmosphère familiale. Au menu, des recettes de tradition ou plus actuelles, et des suggestions qui varient selon le marché. Simple et bien tourné.

Vanves

✉ 92170 (Hauts-de-Seine) – 27 002 hab. – **Voir carte n°20-B2**
▶ Paris 7 km – Boulogne-Billancourt 5 km – Nanterre 13 km
Carte Michelin 311-J3 et 101-25

Mercure Paris Porte de Versailles Expo

ch,

36 r. du Moulin – ✆ 01 46 48 55 55 – www.mercure.com
388 ch – 135/310 € 135/310 € – 4 suites – 19 €
Rest – Formule 25 € – Menu 29 € – Carte 30/53 €
Derrière le parc des Expositions, un Mercure imposant, avec un mur végétal dans l'atrium, des chambres de facture contemporaine et de nombreuses salles de séminaire : idéal pour la clientèle business.

Pavillon de la Tourelle

10 r. Larmeroux – ✆ 01 46 42 15 59 – www.lepavillondelatourelle.com – Fermé 12-18 avril, 28 juil.-27 août, 2-6 janv. et le soir du dim. au merc.
Formule 27 € – Menu 44/66 €
Un ancien pavillon de chasse bordant un joli parc, n'est-ce pas bucolique ? En tout cas, c'est élégant ! Le chef, d'origine japonaise, réalise une cuisine française très traditionnelle, parfois parsemée de quelques touches nipponnes.

Vélizy-Villacoublay

✉ 78140 (Yvelines) – 20 089 hab. – **Voir carte n°20-B2**
▶ Paris 19 km – Antony 12 km – Chartres 81 km – Meudon 8 km
Carte Michelin 311-J3 et 101-24

Mercure Paris-Vélizy

rest,

22 av. de l'Europe, (près du centre commercial Vélizy II) – ✆ 01 39 46 96 98 – www.mercure.com/8817
182 ch – 260/400 € 260/400 € – 18 € **Rest** – Menu 29 € – Carte 28/55 €
Les chambres de cet hôtel, pour moitié rénovées dans un style plus moderne, sont spacieuses, confortables et bien insonorisées. Préférez celles tournant le dos à l'autoroute. Salle de restaurant coiffée de poutres apparentes ; cuisine traditionnelle.

Versailles

✉ 78000 (Yvelines) – 86 110 hab. – **Voir carte n°20-A2**
▶ Paris 22 km – Beauvais 94 km – Dreux 59 km – Évreux 90 km
Carte Michelin 311-I3 et 101-23 – Guide Vert Michelin Île de France

Trianon Palace

1 bd de la Reine – ✆ 01 30 84 50 00 – www.trianonpalace.com Plan : X**r**
166 ch – 209/719 € 209/719 € – 23 suites – 37 € – ½ P
Rest *Gordon Ramsay au Trianon* ✿✿ – voir les restaurants ci-après
Rest *La Véranda* ✆ 01 30 84 55 55 – Formule 53 € – Menu 65/73 €
Tout le monde, ou presque, a entendu parler de cet hôtel luxueux, à la lisière du parc du château. Avec ses très belles chambres, mariant avec aisance l'élégance du design contemporain et le classicisme du lieu, il n'usurpe pas sa réputation !

VERSAILLES

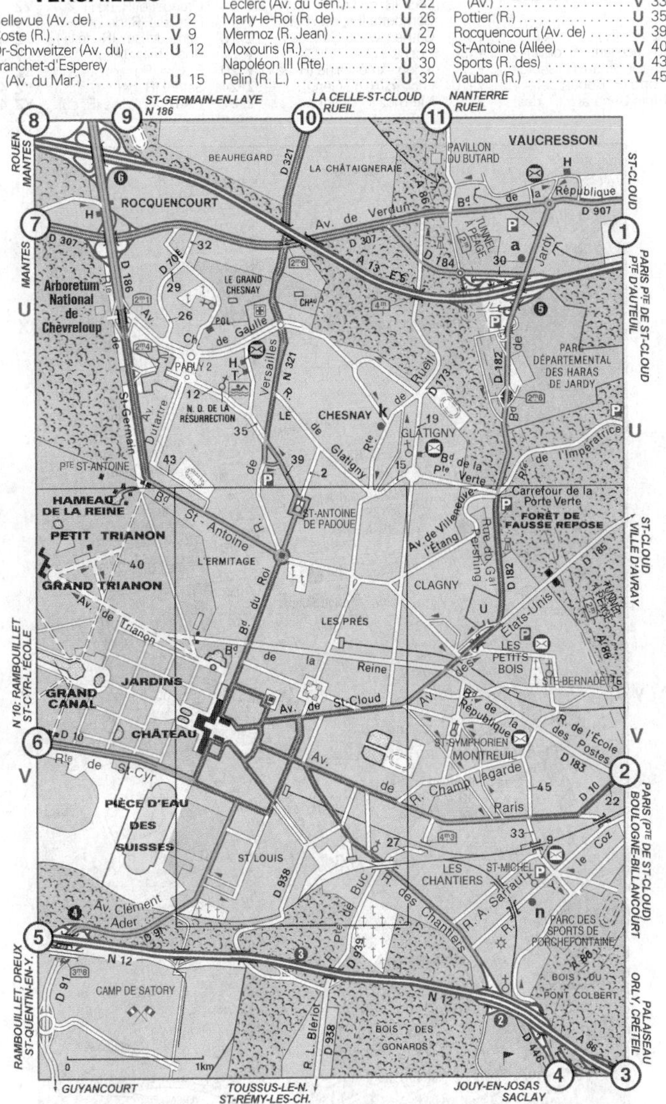

Pullman

2 bis av. de Paris – ✆ *01 39 07 46 46* – *www.pullmanhotels.com* Plan : Y**a**

147 ch – †135/378 € ††135/378 € – 5 suites – ☕ 26 €

Rest – Formule 24 € – Carte 38/55 €

Protégé par son portail d'époque, cet hôtel élégant et design est un havre de paix à proximité du château. Si les chambres ont conservé un style que l'on pourrait qualifier de "versaillais", les suites sont plus contemporaines.

VERSAILLES

Carnot (R.) . . . . **Y**
Chancellerie (R. de la) . . . . **Y** 3
Clemenceau (R. Georges) . **Y** 7
Cotte (R. Robert de) . . . . . . **Y** 10
États-Généraux (R. des) . . . **Z**
Europe (Av. de l') . . . . **Y** 14
Foch (R. du Mar.) . . . . **XY**
Gambetta (Pl.) . . . . **Y** 17
Gaulle (Av. du Gén.-de-) . . **YZ** 18
Hoche (R.) . . . . **Y**
Indép.-Américaine (R. de l') **Y** 20
Leclerc (R. du Gén.) . . . . . . **Z** 24
Mermoz (R. Jean) . . . . **Z** 27
Nolhac (R. Pierre-de-) . . . . **Y** 31
Orangerie (R. de l') . . . . . . **YZ**
Paroisse (R. de la) . . . . **Y**
Porte-de-Buc (R. de la) . . . . **Z** 34
Rockefeller (Av.) . . . . **Y** 37
Royale (R.) . . . . **Z**
Satory (R. de) . . . . **YZ** 42
Vieux-Versailles (R. du) . . . **YZ** 47

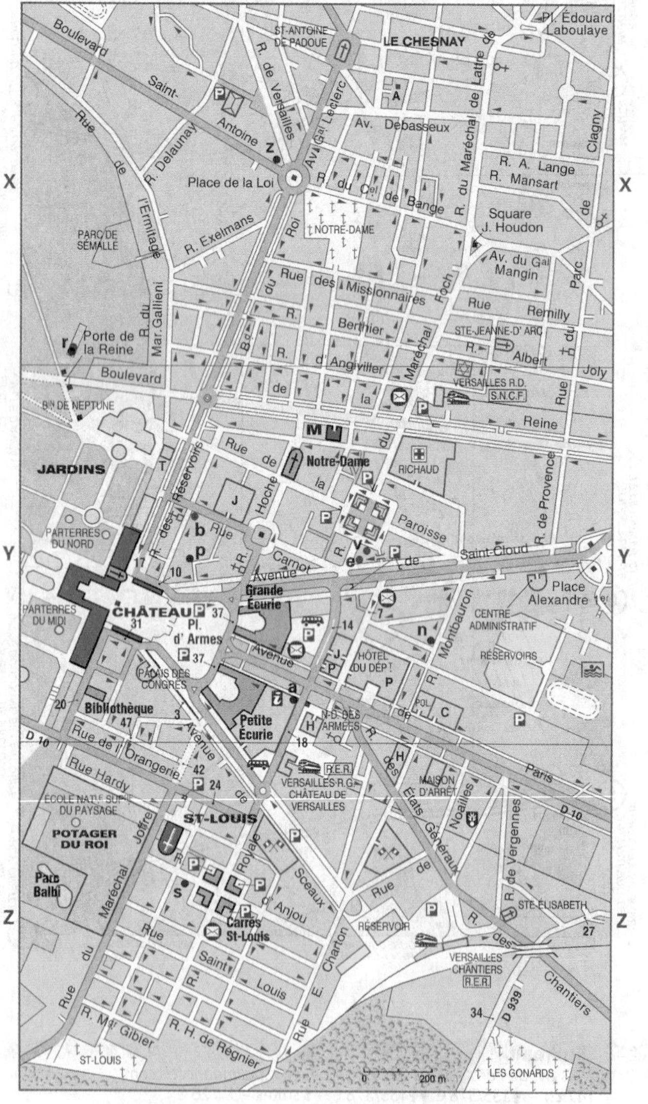

Le Versailles sans rest
7 r. Ste-Anne – ✆ 01 39 50 64 65 – www.hotel-le-versailles.fr Plan : Y**p**
45 ch – 160/197 € 170/207 € – 15 €
Près du château et au calme, établissement entièrement rénové. Chambres de style Art déco ou plus contemporaines, décorées selon une thématique : voyage, rêve, amour...

La Résidence du Berry sans rest
14 r. d'Anjou – ✆ 01 39 49 07 07 – www.hotel-berry.com Plan : Z**s**
38 ch – 110/175 € 120/175 € – 14 €
Entre carrés St-Louis et potager du Roi, ce bel immeuble du 18e s. abrite des chambres intimes et décorées avec soin. Espace bar-billard cosy, petit patio.

Mercure Versailles Château sans rest
19 r. Ph. de Dangeau – ✆ 01 39 50 44 10 – www.mercure.com/1909 Plan : Y**n**
60 ch – 79/169 € 79/169 € – 13 €
Dans un quartier paisible du centre-ville, cet établissement a bénéficié d'une cure de jouvence. Lignes épurées et décor contemporain habillent les chambres, fonctionnelles.

Gordon Ramsay au Trianon – Hôtel Trianon Palace
1 bd de la Reine – ✆ 01 30 84 50 18 – www.trianonpalace.com – Fermé 23 fév.-3 mars, 28 juil.-26 août, 1er-13 janv., le midi du mardi au jeudi, dim. et lundi Plan : X**r**
Menu 87 € (déj.), 135/193 € – Carte 140/185 €
À la lisière du parc du château, un cadre raffiné, d'une élégance sans ostentation. Cuisine remarquable par sa fraîcheur et son inventivité, valorisant de beaux produits (langoustines d'Écosse, pigeon de Bresse). Excellent choix de bourgognes.
➜ Raviolo de langoustines à la vapeur de riesling, carpaccio et marmelade au citron vert. Saint-Jacques de plongée de l'île de Skye, concombre, girolles et consommé de cœur de bœuf. Croustillant chocolat et fève tonka.

L'Angélique (Régis Douysset)
27 av. de St-Cloud – ✆ 01 30 84 98 85 – www.langelique.fr – Fermé 3-19 août, 21 déc.-2 janv., 16 fév.-4 mars, dim. et lundi Plan : Y**e**
Menu 51/102 € – Carte 57/69 €
Le propriétaire de l'Escarbille à Meudon fait coup double. Régis Douysset a placé ici des fidèles au service et au piano. Ambiance sympathique. Cuisine généreuse et bien travaillée. ➜ Langoustines poêlées, gnocchis, pousses d'épinards et émulsion de crustacés au gingembre. Ris de veau cuit meunière, légumes du moment et jus d'un bœuf-carottes. Macaron chocolat blanc et sorbet romarin.

Zin's à l'Étape Gourmande
125 r. Yves-Le-Coz – ✆ 01 30 21 01 63 – www.arti-zins.fr – Fermé 3 semaines en août, sam. midi, dim. et lundi Plan : V**n**
Formule 30 € – Menu 36 € (semaine), 44/54 € – Carte 51/64 € *(réservation conseillée)*
Voici une étape idéale, dans le quartier de Porchefontaine, pour apprécier une cuisine élaborée selon les produits du jour. Belle carte de vins de toutes les régions.

La Tour
6 r. Carnot – ✆ 01 39 50 58 46 – www.restaurant-yvelines.com – Fermé 3 semaines en août, dim. et lundi Plan : Y**b**
Formule 22 € – Carte 30/63 €
Avis aux amateurs de viande ! Ici, on est expert en la matière : choix des morceaux, maturation, etc. Dans la salle, on a même accroché les plaques émaillées remportées par des éleveurs de bovins. Le cadre est celui d'un bistrot pur jus : tables serrées, comptoir... Ambiance conviviale.

au Chesnay – ✉ 78150 – 28 975 hab.

L'Armoise
41 rte de Rueil – ✆ 01 39 55 63 07 – www.restaurant-larmoise.fr – Fermé août, sam. midi, dim. soir et lundi Plan : U**k**
Formule 28 € – Menu 46 €
Le jeune chef délivre une cuisine du marché rythmée par les saisons, mêlant subtilement les bons produits frais et les saveurs. Décor contemporain épuré, relevé de couleurs vives.

Ville-d'Avray

⊠ 92410 (Hauts-de-Seine) – 10 828 hab. – **Voir carte n°20-B2**

Paris 14 km – Antony 16 km – Boulogne-Billancourt 5 km – Neuilly-sur-Seine 10 km

Carte Michelin 311-J3 et 101-24

Les Étangs de Corot

55 r. de Versailles – ✆ 01 41 15 37 00 – www.etangs-corot.com

41 ch – 205/260 € 260/290 € – 2 suites – 20 € – ½ P

Rest *Le Corot*

Rest *Le Café des Artistes* – voir les restaurants ci-après

Rest *Les Paillotes* – Carte 49/78 € *(ouvert d'avril à oct. et fermé dim. soir, jeudi midi, lundi, mardi et merc.)*

Ce ravissant hameau bâti au bord des étangs de Ville-d'Avray inspira le peintre Camille Corot. Il abrite aujourd'hui un hôtel de charme (élégantes chambres au décor soigné) et ses différents restaurants. Le spa est divin... vinothérapie oblige. Un charme bucolique unique aux portes de la capitale !

Le Corot – Hôtel Les Étangs de Corot

55 r. de Versailles – ✆ 01 41 15 37 00 – www.etangs-corot.com
– Fermé 28 juil.-27 août, 5-13 janv., dim. soir, merc. midi, lundi et mardi

Menu 42 € (déj. en semaine), 85/145 € – Carte 74/96 € *(réservation conseillée)*

Le jeune chef, excellent technicien, cultive un beau classicisme tout en l'inscrivant pleinement dans l'époque : fraîcheur, légèreté et esthétisme distinguent les assiettes. Joli moment de gastronomie en ces lieux qui préservent avec élégance le souvenir de Camille Corot, qui immortalisa les étangs voisins...

➜ Homard bleu, girolles, noix et oignons de Roscoff. Saint-pierre, blettes, gnocchis et consommé gingembre-citron caviar. Soufflé au Grand Marnier, sorbet orange-safran.

Le Café des Artistes – Hôtel Les Étangs de Corot

55 r. de Versailles – ✆ 01 41 15 37 00 – www.etangs-corot.com

Formule 26 € – Menu 32 € – Carte environ 42 €

Gaspacho poivrons tomates et glace basilic, œuf parfait aux girolles et velouté de foie gras, échine de cochon confite au curry... Une cuisine contemporaine goûteuse et inspirée, réalisée avec de beaux produits, que l'on ira volontiers déguster en terrasse, en contemplant distraitement le charmant jardin. Bucolique !

Villeneuve-la-Garenne

⊠ 92390 (Hauts-de-Seine) – 25 183 hab. – **Voir carte n°21-C1**

Paris 13 km – Nanterre 14 km – Pontoise 23 km – St-Denis 3 km

Carte Michelin 311-J2 et 101-15

Les Chanteraines

av. 8 Mai 1945 – ✆ 01 47 99 31 31 – www.les-chanteraines.net – Fermé 3 semaines en août, sam. et dim.

Menu 37/110 € – Carte 46/75 €

Tout près et... très loin de la zone d'activités. Un restaurant agréable et accueillant, avec une véranda et une terrasse donnant sur le lac artificiel du parc des Chanteraines. Le chef concocte une sympathique cuisine traditionnelle...

Vincennes

⊠ 94300 (Val-de-Marne) – 48 471 hab. – **Voir carte n°21-C2**

Paris 7 km – Créteil 11 km – Lagny-sur-Marne 26 km – Meaux 47 km

Carte Michelin 312-D2 et 101-17

St-Louis sans rest

2 bis r. R. Giraudineau Ⓜ Château de Vincennes – ✆ 01 43 74 16 78 – www.hotel-paris-saintlouis.com

25 ch – 120/190 € 140/230 € – 13 €

Au cœur de Vincennes, près du château cher à Saint Louis, un hôtel au charme bourgeois (meubles de style, tentures, etc.), parfait pour une clientèle soucieuse de calme et de confort, à deux pas de Paris (le métro est à 100 m).

Daumesnil Vincennes sans rest

50 av. Paris Ⓜ Bérault – ✆ 01 48 08 44 10 – www.hotel-daumesnil.com

49 ch – 99/162 € 115/240 € – 14 €

Amoureuse de son établissement, la propriétaire a soigné le décor de chaque chambre, inspiré par la Provence, son charme et sa fraîcheur. Avis aux amateurs ! À noter : le parking, très utile à Vincennes. Accueil charmant.

La Rigadelle

23 r. de Montreuil Ⓜ Château de Vincennes – ✆ 01 43 28 04 23 – Fermé 3 semaines en juil.-août, dim. et lundi

Formule 26 € – Menu 28/55 € – Carte 45/63 € *(réservation conseillée)*

Spécialité du lieu : le poisson, d'une grande fraîcheur (arrivages de Bretagne) et préparé dans les règles. Le chef fait tout lui-même et travaille comme un artisan (il s'investit aussi dans la formation des jeunes). Une adresse pleine de mérite !

VIRY-CHÂTILLON

✉ 91170 (Essonne) – 32 045 hab. – **Voir carte n°21-C3**

Paris 26 km – Corbeil-Essonnes 15 km – Évry 8 km – Longjumeau 10 km

Carte Michelin 312-D3 et 101-36

Le Marcigny

27 r. Danielle-Casanova – ✆ 01 69 44 04 09 – www.lemarcigny.fr – Fermé sam. midi, dim. soir et lundi

Menu 27/37 €

La Bourgogne mise à l'honneur ! Ce petit restaurant à succès porte le nom du village dont est originaire l'épouse du chef. Plats traditionnels, pain maison et vins régionaux.

WISSOUS

✉ 91320 (Essonne) – 5 805 hab.

Paris 22 km – Créteil 17 km – Évry 19 km – Nanterre 32 km

Carte Michelin 312-C3 et 101-25

La Grange aux Dîmes

3 r. André-Dolimier – ✆ 01 69 81 70 08 – www.grangeauxdimes.com – Fermé 3 semaines en août, sam., dim. et jours fériés

Menu 35 € – Carte 59/76 €

Vieilles pierres, cheminée monumentale, haute charpente en bois... Cette belle grange aux dîmes du 13e s. transporte dans l'Île-de-France d'hier ! Pour autant, la cuisine joue la carte de la gastronomie d'aujourd'hui, sous l'égide d'un chef venu de grandes maisons parisiennes. Saveurs flatteuses et accueil aimable.

YERRES

✉ 91330 (Essonne) – 29 050 hab. – **Voir carte n°21-D3**

Paris 25 km – Bobigny 31 km – Créteil 12 km – Évry 20 km

Carte Michelin 312-D3 et 101-38

Chalet du Parc

2 r. de Concy – ✆ 01 69 06 86 29 – www.chaletduparc.fr – Fermé 2 semaines en août, lundi et mardi

Formule 32 € – Menu 39 € (semaine), 45/69 € – Carte 56/69 €

Ce parc qui fut la propriété du peintre Gustave Caillebotte (musée) accueille depuis 2009 un agréable restaurant dont le décor marie joliment l'ancien et le contemporain. Cuisine actuelle à base de bons produits, dont les herbes aromatiques du potager.

PARTHENAY

✉ 79200 (Deux-Sèvres) – 10 478 hab. – Voir carte n°**38**-B1

Paris 377 km – Bressuire 32 km – Niort 42 km – Poitiers 50 km

Carte Michelin 322-E5 – Guide Vert Michelin Poitou-Charentes

St-Jacques sans rest

13 av. du 114e R.I. – ✆ 05 49 64 33 33 – www.hotel-parthenay.com

45 ch – 55/98 € 55/98 € – 9 €

En contrebas de la citadelle, un immeuble des années 1980 de bonne tenue. Chambres très sobres, à préférer sur l'arrière pour plus d'espace.

au Nord 8 km par N 149 et D 127

Château de Tennessus sans rest

– ✆ 05 49 95 50 60 – www.chateau-medieval.com

3 ch – 105/150 € 110/155 €

Ce château médiéval, une forteresse du 14e s. bien rénovée, est un vrai rêve de princesse et de chevalier : pont-levis, machicoulis et douves ! Du caractère, beaucoup d'âme.

PASSENANS – 39 Jura → voir Poligny

PATRIMONIO – 2B Haute-Corse → voir Corse

PAU

✉ 64000 (Pyrénées-Atlantiques) – 81 166 hab. – Agglo. 199 199 hab. – Voir carte n°**3**-B3

Paris 773 km – Bayonne 112 km – Bordeaux 198 km – Toulouse 198 km

Carte Michelin 342-J5 – Guide Vert Michelin Aquitaine

Parc Beaumont

1 av. Edouard-VII – ✆ 05 59 11 84 00 – www.hotel-parc-beaumont.com

69 ch – 270/350 € 270/350 € – 11 suites – 24 € – ½ P Plan : FZ**b**

Rest *Le Jeu de Paume* – voir les restaurants ci-après

Ce bâtiment de style contemporain est proche du parc et du palais des congrès ; ses chambres sont confortables, élégantes et design. Un bel hôtel polyvalent où rien n'a été oublié pour la détente (piscine, jacuzzi, spa) et les affaires.

Villa Navarre

59 av. Trespoey – ✆ 05 59 14 65 65 – www.villanavarre.fr Plan : BX**a**

30 ch – 149/349 € 149/349 € – 4 suites – 19 €

Rest *Villa Navarre* – voir les restaurants ci-après

Atmosphère délicieusement bourgeoise dans cette maison de maître de 1865 et son aile récente, nichées dans un parc de 2 ha. Les chambres sont vastes et lumineuses ; préférez celles dans le bâtiment le plus ancien. Les lecteurs apprécieront le salon-bibliothèque habillé de boiseries. Une belle parenthèse "made in Sud-Ouest".

La Palmeraie

1 passage de l'Europe – ✆ 05 59 14 14 14 – www.paupalmeraie.com

36 ch – 99/145 € 109/145 € – 15 € Plan : BV**f**

Rest – Formule 16 € – Menu 21 € (déj.) – Carte 29/44 € *(fermé sam. et dim.)*

Cette grande bâtisse blanche (1991), habillée de lierre, abrite des chambres confortables et spacieuses. Préférez les plus récentes. Plats traditionnels au restaurant. Idéal pour la clientèle d'affaires.

Hôtel de Gramont sans rest

3 pl. Gramont – ✆ 05 59 27 84 04 – www.hotelgramont.com Plan : DZ**t**

35 ch – 60/86 € 88/126 € – 3 suites – 11 €

Ce relais de poste du 18e s. abriterait le plus vieil hôtel de la ville. Entre le château où naquit Henri IV et le musée Bernadotte, voilà une bonne adresse pour découvrir Pau ! Les chambres – bien insonorisées – sont peu à peu rénovées ; quelques suites contemporaines. Copieux buffet au petit-déjeuner.

Bristol sans rest

3 r. Gambetta – ✆ 05 59 27 72 98 – www.hotelbristol-pau.com Plan : EZ**a**

21 ch – 🚹77/97 € 🚹🚹87/110 € – ☕ 12 €

Ouvrez le portail en fer forgé et traversez la cour... Au cœur de Pau, cette belle bâtisse du 19e s. abrite des chambres spacieuses et lumineuses, certaines avec cheminée. Et sachez qu'au 4e étage, elles offrent une belle vue sur la ville ! En été, petit-déjeuner sur la terrasse.

Bosquet sans rest

11 r. Valéry Meunier – ✆ 05 59 11 50 11 – www.hotel-bosquet.com Plan : EZ**e**

30 ch – 🚹62/75 € 🚹🚹67/80 € – ☕ 8,50 €

Point de bosquet à l'horizon mais une rue calme du centre-ville ! Cet hôtel abrite des chambres fonctionnelles et bien tenues. Buffet au petit-déjeuner.

Le Bourbon sans rest

12 pl. Clemenceau – ✆ 05 59 27 53 12 – www.hotel-lebourbon.com

31 ch – 🚹67 € 🚹🚹72 € – ☕ 8 € Plan : EZ**d**

Dans un quartier animé du centre-ville, des chambres modernes et très bien tenues. La plupart d'entre elles donnent sur la place avec ses nombreux cafés où déguster, pourquoi pas, un verre de bourbon !

Central sans rest

15 r. L.-Daran – ✆ 05 59 27 72 75 – www.hotelcentralpau.com
– Fermé 20 déc.-5 janv. Plan : EZ**t**

23 ch – 🚹54/62 € 🚹🚹60/67 € – ☕ 8 €

Central, cet hôtel l'est en effet ! Chaque chambre, simple et fonctionnelle, décline une thématique qui lui est propre (mer, montagne, etc.), à l'exception des plus récentes à la décoration contemporaine. Préférez celles à l'arrière du bâtiment.

Au Fin Gourmet

24 av. Gaston-Lacoste, (face à la gare) – ✆ 05 59 27 47 71
– www.restaurant-aufingourmet.com – Fermé 28 juil.-12 août, 1 semaine en fév., mardi midi, dim. soir et lundi Plan : EZ**v**

Menu 28 € (semaine), 39/76 € 🍷 – Carte 50/60 €

Au pied du funiculaire, voilà un endroit prisé des amoureux ! La verrière aux allures de jardin d'hiver offre un cadre romantique pour savourer une cuisine de... fin gourmet. Après quoi, vous pourrez vous rendre sur les hauteurs de la ville et admirer la chaîne des Pyrénées.

Café Anaïak – voir les restaurants ci-après

Le Jeu de Paume – Hôtel Parc Beaumont

1 av. Edouard-VII – ✆ 05 59 11 84 00 – www.hotel-parc-beaumont.com

Formule 33 € – Menu 43/85 € – Carte 68/87 € Plan : FZ**b**

Bois exotique et meubles design, ce restaurant d'hôtel joue la carte de l'élégance. La cuisine valorise les produits de saison et du terroir avec une certaine recherche : ravioles de homard, feuille à feuille de bar sauvage, pigeonneau rôti...

Villa Navarre – Hôtel Villa Navarre

59 av. Trespoey – ✆ 05 59 14 65 65 – www.villanavarre.fr Plan : BX**a**

Formule 22 € 🍷 – Menu 48/80 € – Carte environ 57 €

La table est à l'image de l'hôtel Villa Navarre qui l'abrite : raffinée et chaleureuse. Derrière les fourneaux, le chef revisite la cuisine béarnaise en faisant la part belle aux produits du terroir. Belle vue sur le parc.

Les Papilles Insolites

5 r. Alexander-Taylor – ✆ 05 59 71 43 79 – www.lespapillesinsolites.blogspot.com
– Fermé 1 semaine en mai, août, vacances de fév., dim., lundi et mardi

Formule 16 € – Carte 36/45 € *(réservation conseillée)* Plan : EZ**z**

Objets insolites et rétro, petites tables en bois : voilà un bistrot-cave atypique et raffiné ! Ici, on choisit sa bouteille directement sur l'étal. Courte carte du marché, japonisante, et belle sélection de vins naturels.

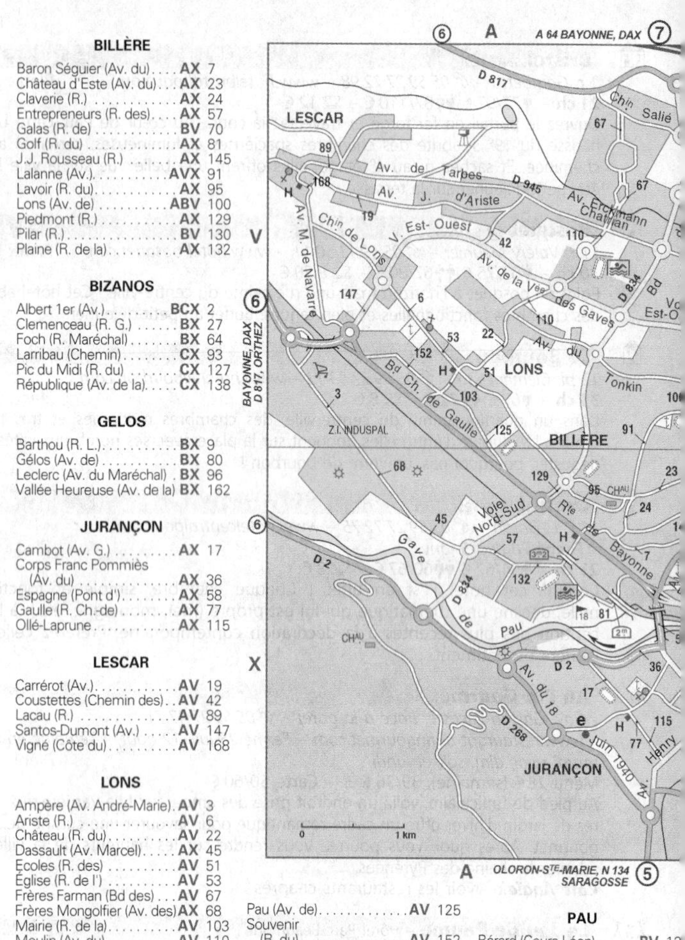

BILLÈRE

Baron Séguier (Av. du) .... **AX** 7
Château d'Este (Av. du) ... **AX** 23
Claverie (R.) .... **AX** 24
Entrepreneurs (R. des) .... **AX** 57
Galas (R. de) .... **BV** 70
Golf (R. du) .... **AX** 81
J.J. Rousseau (R.) .... **AX** 145
Lalanne (Av.) .... **AVX** 91
Lavoir (R. du) .... **AX** 95
Lons (Av. de) .... **ABV** 100
Piedmont (R.) .... **AX** 129
Pilar (R.) .... **BV** 130
Plaine (R. de la) .... **AX** 132

BIZANOS

Albert 1er (Av.) .... **BCX** 2
Clemenceau (R. G.) ...... **BX** 27
Foch (R. Maréchal) .... **BX** 64
Larribau (Chemin) .... **CX** 93
Pic du Midi (R. du) .... **CX** 127
République (Av. de la) ..... **CX** 138

GELOS

Barthou (R. L.) .... **BX** 9
Gélos (Av. de) .... **BX** 80
Leclerc (Av. du Maréchal) . **BX** 96
Vallée Heureuse (Av. de la) **BX** 162

JURANÇON

Cambot (Av. G.) .... **AX** 17
Corps Franc Pommiès (Av. du) .... **AX** 36
Espagne (Pont d') .... **AX** 58
Gaulle (R. Ch.-de) .... **AX** 77
Ollé-Laprune .... **AX** 115

LESCAR

Carrérot (Av.) .... **AV** 19
Coustettes (Chemin des) .. **AV** 42
Lacau (R.) .... **AV** 89
Santos-Dumont (Av.) ..... **AV** 147
Vigné (Côte du) .... **AV** 168

LONS

Ampère (Av. André-Marie) . **AV** 3
Ariste (R.) .... **AV** 6
Château (R. du) .... **AV** 22
Dassault (Av. Marcel) ..... **AV** 45
Écoles (R. des) .... **AV** 51
Église (R. de l') .... **AV** 53
Frères Farman (Bd des) ... **AV** 67
Frères Mongolfier (Av. des) **AX** 68
Mairie (R. de la) .... **AV** 103
Moulin (Av. du) .... **AV** 110
Pau (Av. de) .... **AV** 125
Souvenir (R. du) .... **AV** 152

PAU

Bérard (Cours Léon) ...... **BV** 12

Marc Destrade

30 r. Pasteur – ✆ 05 59 27 62 60 – Fermé août, dim. soir, merc. soir et lundi
Formule 15 € 🍷 – Menu 31 € (déj.) – Carte 33/46 € Plan : EY**s**
Poussez la porte de cette ancienne ferme paloise et installez-vous devant la cheminée pour déguster une appétissante cuisine traditionnelle. Accueil tout sourire.

La Table d'Hôte

1 r. du Hédas – ✆ 05 59 27 56 06 – Fermé vacances de Noël, lundi sauf le soir en juil.-août et dim. Plan : EZ**k**
Formule 27 € – Menu 23/32 €
Dans une impasse du quartier du Hédas, une adresse connue des seuls initiés... Ou comment une ancienne tannerie du 17es. est devenue le repaire des gourmands ! Dans un cadre authentique – briques, poutres, galets –, on apprécie une cuisine dans l'air du temps et les produits frais qui vont avec.

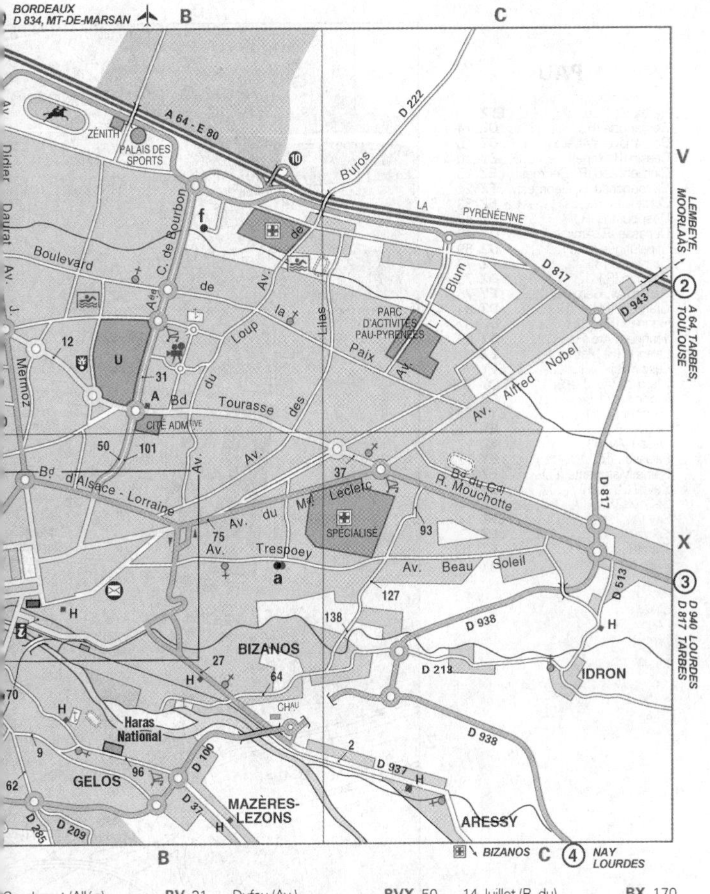

Condorcet (Allée) . . . . **BV** 31
Corps Franc Pommiès et du 49e R.I. (Bd) . . . . . **CX** 37
Dufau (Av.) . . . . **BVX** 50
Gaulle (Av. Gén.-de) . . . . . . **BV** 75
Lyautey (Cours) . . . . **BVX** 101
14 Juillet (R. du) . . . . **BX** 170

Ze bistrot

13 r. Henri-IV – ✆ 05 59 27 44 44 – www.zebistrot.com – Fermé dim. et lundi
Formule 16 € – Carte 32/46 € *(réservation conseillée)* Plan : DZ**a**
Artichaut farci, jarret de veau braisé, tarte aux fraises... La cuisine du chef est comme son bistrot : sans chichis et pleine de saveurs, conviviale, simple et authentique. À découvrir aussi, les jolis vins inscrits à l'ardoise. Ze place to be !

Café Anaïak - Restaurant Au Fin Gourmet

24 av. Gaston-Lacoste, (face à la gare) – ✆ 05 59 27 47 71 – www.restaurant-aufingourmet.com – Fermé 28 juil.-12 août, 1 semaine en fév., dim., lundi et le soir Plan : EZ**t**
Formule 16 € – Menu 22 € – Carte 29/45 €
Voilà une adresse qui fleure bon l'esprit de famille ! Anaïak, c'est "frère" en basque : un nom tout trouvé pour ce bistrot tenu par une fratrie. Sur le mur, on aperçoit même une photo des parents. Ici, la cuisine honore le Sud-Ouest : poule au pot, confit de canard... Terrasse pour les beaux jours.

PAU

Barthou (R. Louis)	EFZ	
Bernadotte (R.)	DZ	14
Bordenave-d'Abère (R.)	DZ	15
Cassin (R. René)	EY	20
Clemenceau (Pl. Georges)	EZ	25
Clemenceau (R. Georges)	FZ	28
Cordeliers (R. des)	EZ	33
Despourrins (R.)	EY	47
Ducasse (R. Amiral)	DY	48
Espalungue (R. d')	DZ	59
Gambetta (R.)	EZ	72
Gassion (R.)	DZ	73
Gaulle (Av. Gén.-de)	FY	75
Gramont (Pl.)	DZ	84
Henri-IV (R.)	DZ	87
Jeanne-d'Arc (R.)	DY	88
Lalanne (R. Mathieu)	EZ	92
Lespy (R.)	EFY	98
Mermoz (Av. Jean)	DY	105
Monnaie (Pl. de la)	DZ	106
Monnet (R. J.)	EYZ	108
Nogue (R.)	EY	113
Ossau (Av. d')	EZ	121
Palassou (R.)	EY	123
Reine-Marguerite (Pl.)	EZ	135
Réveil (R. Jean)	EY	140
St-Louis (R.)	EZ	146
Say (Av. L.)	EFZ	149
Serviez (R.)	EZ	
Tran (R.)	EZ	158
218e-R.I. (R. du)	DY	172

à Lons 2 km au Nord – ✉ 64140 – 12 147 hab.

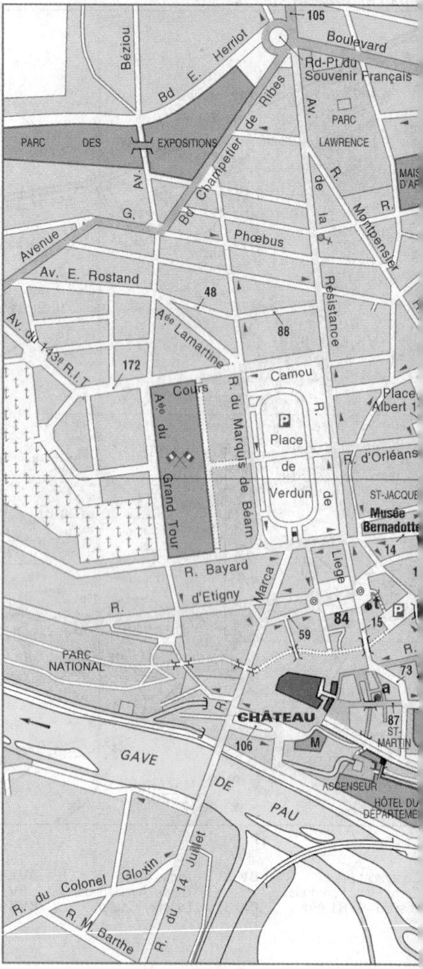

Le Fer à Cheval

1 av. des Martyrs-du-Pont-Long – ☎ 05 59 32 17 40 – www.hotel-leferacheval.com

10 ch – †56/66 € ††66/76 € – ☕ 9 € – ½ P Plan : BV**a**

Rest – Formule 25 € 🍷 – Menu 38 € – Carte 48/56 € *(fermé dim. soir et vend.)*

Ce relais de poste vit avec son temps : les chambres marient le contemporain et l'ancien avec simplicité et sont bien insonorisées. Au restaurant, cuisine actuelle sans prétention. L'été, on profite de la terrasse : glycine, tilleul, camélias...

À la réservation, faites-vous bien préciser le prix et la catégorie de la chambre.

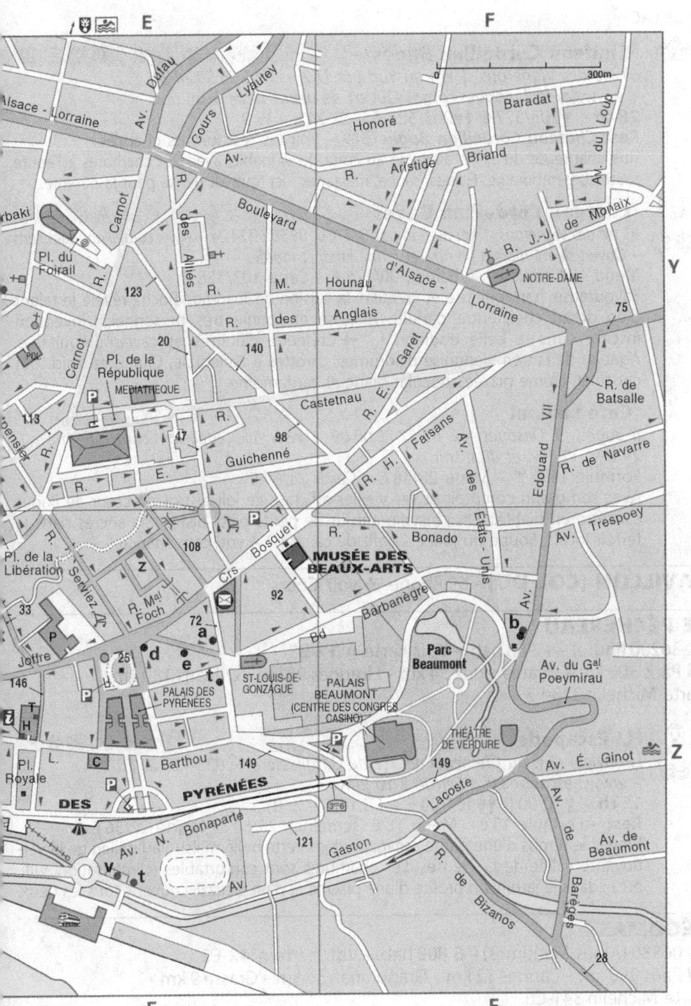

à Bizanos 2 km à l'Est – ✉ 64320 – 4 779 hab.

Eden Park sans rest

2 r. de l'Aubisque – ✆ 05 59 40 64 64 – www.hotel-pau.fr

26 ch – †80/115 € ††90/125 € – ☕ 10 €

Ne cherchez pas ici la copie conforme du terrain de rugby d'Auckland ! À la place, vous trouverez un ensemble de bâtiments blancs, aux lignes épurées, dans un esprit californien. Les chambres sont spacieuses et agréables : coin salon, cuisinette... Préférez celles donnant sur la piscine.

PAUILLAC

✉ 33250 (Gironde) – 5 075 hab. – **Voir carte n°3-B1**

▶ Paris 625 km – Arcachon 113 km – Blaye 16 km – Bordeaux 54 km

Carte Michelin 335-G3 – Guide Vert Michelin Aquitaine

Château Cordeillan Bages

61 rte des Vignerons, 1 km au Sud par D 2 – 05 56 59 24 24 – www.cordeillanbages.com – Ouvert de début mars à mi-nov.

28 ch – 203/527 € 203/527 € – 24 € – ½ P

Rest *Château Cordeillan Bages* ✿✿ – voir les restaurants ci-après

Une chartreuse du 17e s. alanguie au cœur du vignoble, avec des chambres à l'épure toute contemporaine. Fitness, sauna, massages : ici tout est pensé pour la détente...

Château Cordeillan Bages

✿✿

61 rte des Vignerons, 1 km au Sud par D 2 – 05 56 59 24 24 – www.cordeillanbages.com – Ouvert de mi-mars à mi-nov. et fermé lundi et mardi

Menu 45 € (déj. en semaine), 90/175 € – Carte 103/158 €

Savoureuse, harmonieuse et créative, la cuisine de Jean-Luc Rocha révèle le talent d'un grand chef, entre parfaite maîtrise et souffle très personnel. L'invention inscrite dans la belle tradition ! ➜ Crémeux d'huîtres et caviar d'Aquitaine. Agneau de lait en viennoise d'agrumes, carottes à l'orientale. Chaud et froid tout chocolat, crème glacée chocolat blanc et cardamome.

Café Lavinal

à Bages, pl. Desquet – 05 57 75 00 09 – www.villagedebages.com – Fermé 24 déc.-1er fév. et dim. soir

Formule 14 € – Menu 28/38 € – Carte 23/64 €

Avec son grand comptoir et ses vieilles affiches, ce joli bistrot du cœur de Bages est rétro en diable... On s'installe autour de petits plats bistrotiers ancrés dans le terroir local... Soupe du jour ? Confit de canard ? À vot' convenance !

PAVILLON (COL DU) – 69 Rhône ➜ voir Cours

LE PÊCHEREAU

36200 (Indre) – 1 968 hab. – **Voir carte n°11-B3**

Paris 306 km – Châteauroux 34 km – Limoges 96 km – Orléans 180 km

Carte Michelin 323-F7

L' Escapade

Le Vivier - 2 r. du Chêne, D 48, rte de Gargilesse – 02 54 24 26 10 – www.l-escapade.fr – Fermé 2-10 janv.

15 ch – 80/90 € 90/100 € – 10 € – ½ P

Rest – Formule 15 € – Menu 18 € (semaine), 25/60 € – Carte 27/56 €

Prenez le temps d'une petite escapade dans cette belle maison au milieu de la verdoyante vallée de la Creuse... Les chambres sont confortables (climatisation, wifi, etc.) ; dans le jardin, on profite d'une piscine et d'un jacuzzi, couverts tous les deux.

PÉGOMAS

06580 (Alpes-Maritimes) – 6 809 hab. – **Voir carte n°42-E2**

Paris 896 km – Cannes 12 km – Draguignan 59 km – Grasse 9 km

Carte Michelin 341-C6

Le Bosquet sans rest

chemin des Périssols, rte de Mouans-Sartoux – 04 92 60 21 20 – www.hoteldubosquet.com – Fermé 15 janv.-1er fév.

22 ch – 70/80 € 75/85 € – 8 €

On est au calme dans cet hôtel simple, fonctionnel et très bien tenu. À l'intérieur, le décor est moderne ; dans le parc, oliviers et lauriers roses entourent la piscine et contribuent largement au sentiment de détente. Un bon plan aux prix sages.

De Felice

1 prom. des Prés-Vergers, (route de Grasse par D9) – 04 93 36 08 27 – Fermé 10-18 août, dim. et lundi sauf fériés

Menu 35 € – Carte 45/58 €

Ici, tout respire l'Italie... Les spécialités – tagliatelles au homard, tagliata de bœuf, ou encore pannacotta aux oranges et citrons confits – sont concoctées par un chef haut en couleurs, originaire de Bologne et qui fait régulièrement le trajet pour rapporter ses matières premières de la Botte !

PEILLON

✉ 06440 (Alpes-Maritimes) – 1 382 hab. – Voir carte n°**42**-E2
Paris 947 km – Contes 14 km – L'Escarène 14 km – Menton 38 km
Carte Michelin 341-F5 – Guide Vert Michelin Côte d'Azur

Auberge de la Madone

3 pl. Auguste-Arnulf – ✆ 04 93 79 91 17 – www.auberge-madone-peillon.com – Fermé 12 nov.-24 déc., 14 janv.-5 fév. et merc.
15 ch – 98/183 € 98/183 € – 2 suites – 13 € – ½ P
Rest *Auberge de la Madone* – voir les restaurants ci-après
Peillon, village médiéval perché sur son rocher de l'arrière-pays niçois, est délicieux, et, à ses pieds, cette auberge de caractère semble l'admirer ! Dans les chambres, tomettes anciennes et murs colorés expriment l'esprit de la Provence ; au jardin, les odeurs du Sud, les cigales, le calme...

Auberge de la Madone

3 pl. Auguste-Arnulf – ✆ 04 93 79 91 17 – www.auberge-madone-peillon.com – Fermé 12 nov.-24 déc., 14 janv.-5 fév. et merc.
Menu 30/65 € – Carte 56/116 €
Cette auberge de tradition semble vivre en symbiose avec l'arrière-pays de Nice... En terrasse, la vue sur le village perché de Peillon est exquise, et les assiettes cultivent le goût du répertoire niçois et des beaux produits locaux.

PEISEY-NANCROIX

✉ 73210 (Savoie) – 651 hab. – Voir carte n°**45**-D2
Paris 635 km – Albertville 55 km – Bourg-St-Maurice 13 km
Carte Michelin 333-N4 – Guide Vert Michelin Alpes du Nord

à Plan-Peisey 4 km à l'Est – ✉ 73210

La Vanoise

– ✆ 04 79 07 92 19 – www.hotel-la-vanoise.com – Ouvert 1er juil.-31 août et 16 déc.-27 avril
32 ch – 120/150 € 120/150 € – ½ P
Rest – Menu 21/37 € – Carte 28/43 €
Au bord des pistes, à l'écart des habitations, ce grand chalet alpin offre une jolie vue sur le dôme de Bellecôte... Sachez que les chambres au sud disposent d'un balcon, parfait pour prendre le soleil entre deux descentes à ski. Restauration traditionnelle (formule rapide au déjeuner).

PENHORS – 29 Finistère → voir Pouldreuzic

PENNEDEPIE – 14 Calvados → voir Honfleur

PENVÉNAN

✉ 22710 (Côtes-d'Armor) – 2 620 hab. – Voir carte n°**9**-B1
Paris 521 km – Guingamp 34 km – Lannion 16 km – St-Brieuc 70 km
Carte Michelin 309-C2

Le Crustacé

2 r. de la Poste – ✆ 02 96 92 67 46 – Fermé mardi soir de sept. à juin, dim. soir et merc.
Menu 17/37 € – Carte 24/48 €
En face de l'église, ce petit restaurant familial a beau jouer la partition d'un registre classique, il peut réserver quelques surprises comme ces Saint-Jacques aux fraises et au beurre salé ! Le tout reste cependant très traditionnel, en particulier le décor, résolument rustique.

PENVINS – 56 Morbihan → voir Sarzeau

PERI – 2A Corse-du-Sud → voir Corse

PÉRIGNAC – 17 Charente-Maritime → voir Pons

PÉRIGNAT-LÈS-SARLIÈVE – 63 Puy-de-Dôme → voir Clermont-Ferrand

PÉRIGUEUX

✉ 24000 (Dordogne) – 29 573 hab. – **Voir carte n°4-C1**
▶ Paris 482 km – Agen 138 km – Bordeaux 128 km – Limoges 96 km
Carte Michelin 329-F4 – Guide Vert Michelin Périgord Quercy

Mercure sans rest
7 pl. Francheville – ✆ 05 53 06 65 00 – www.mercure.com Plan : BZ**e**
66 ch – 90/160 € 102/180 € – 16 €
Cet hôtel à la façade – en pierre de taille – classée bénéficie d'une situation idéale, près d'un jardin et d'un multiplex. Agréables chambres contemporaines.

Bristol sans rest
37 r. A.-Gadaud – ✆ 05 53 08 75 90 – www.bristolfrance.com
– Fermé 19 déc.-4 janv. Plan : BY**u**
29 ch – 69/78 € 80/90 € – 10 €
Les Anglais, nombreux à s'être installés dans la région, apprécieront la référence à l'une des villes de leur pays ! D'autant que cet hôtel familial est idéalement situé pour visiter la vieille ville. Les chambres, parfaitement tenues, sont bien insonorisées. Une bonne adresse.

PÉRIGUEUX

Abreuvoir (R. de l') .... CY 2
Amphithéâtre (R. de l') .... AZ 3
Arènes (Bd des) .... AZ 6
Aubergerie (R.) .... BZ 9
Barbecane (R.) .... CY 12
Barbusse (Av. Henri)..... AY 13
Bride (R. de la) .... BZ 15
Bugeaud (Pl.) .... BZ
Calvaire (R. du) .... BZ 16
Cavaignac (Av.) .... AZ 18
Cité (R. de la) .... ABZ 23
Clarté (R. de la) .... BZ 24
Clautre (Pl. de la) .... BZ 26
Clos-Chassaing .... BY 27
Coderc (Pl. du) .... BYZ 28
Condé (R.) .... BZ 29
Constitution (R. de la) ..... CY 30
Daumesnil (Av. et Pl.).... BCZ 32
Daumesnil (Galerie) ..... BYZ 31
Durand (Rd-Pt Charles)..... AZ 34
Eguillerie (R.) .... BY 35
Fénelon (Cours) .... BZ
Goudeau (Pl. Émile) ...... CY 36
Hôtel de Ville (Pl. de l') .... BZ 37
Lammary (R.) .... BY 38
Limogeanne (R.) .... BY
Maurois (Pl. André) .... BY 39
Miséricorde (R. de la) ..... BY 40
Mobiles-de-Coulmiers (R.) . AY 41
Montaigne (Bd M.) .... BYZ
Montaigne (Cours et Pl. M.) ...... BYZ
Notre-Dame (R.) .... CY 42
Port-de-Graule (R. du) ... CYZ 44
Port (Allée du) .... AY 43
Président-Wilson (R. du)... AY
République (R. de la) .... BYZ 45
Sagesse (R. de la) .... BY 46
Ste-Marthe (R.) .... CZ 50
St-Pierre-ès-Liens (R.) ... ABZ 47
St-Roch (R.) .... BZ 48
St-Silain (Pl.) .... BY 49
Sully (R.) .... BZ 53
Taillefer (R.) .... BZ
Talleyrand-Périgord (R.).... CZ 54
Théâtre (Espl. du) .... BY 55
Turenne (R. de) .... AZ 60
15e-Régt-de-Tirailleurs-Algériens (R. du) .... AZ 61
50e-Régt-d'Infanterie (Av. du) .... AZ 62

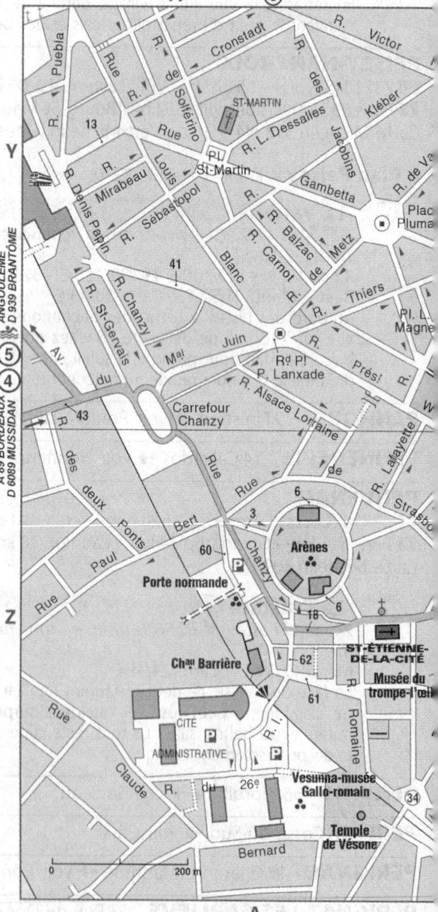

Le Clos St-Front

5-7 r. de la Vertu – ✆ 05 53 46 78 58 – www.leclossaintfront.com
– Fermé vacances de fév., dim. soir et lundi sauf de juin à sept. Plan : CY**r**
Formule 23 € – Menu 29 € (semaine), 40/63 €
– Carte environ 48 €
Dans la cour à l'abri des regards, ou dans la salle avec sa cheminée monumentale et ses candélabres, cette maison du 16ᵉs., au cœur de Périgueux, offre un cadre des plus intimes... On s'y régale d'une cuisine mêlant exotisme et saveurs du terroir. À noter aussi, le menu vigneron autour d'une sélection de vins.

Hercule Poireau

2 r. de la Nation – ✆ 05 53 08 90 76 – Fermé mardi sauf août et merc.
Formule 17 € – Menu 25/39 € – Carte 38/56 € Plan : CZ**r**
Sur les traces d'Hercule Poireau, on mène l'enquête à deux pas de la cathédrale. Dans la belle salle voûtée du 16ᵉs., les suspects sont attablés. Dans l'assiette, l'objet du crime est une cuisine dans l'air du temps aux accents du terroir... car s'il est un péché commis ici, c'est bien celui de la gourmandise !

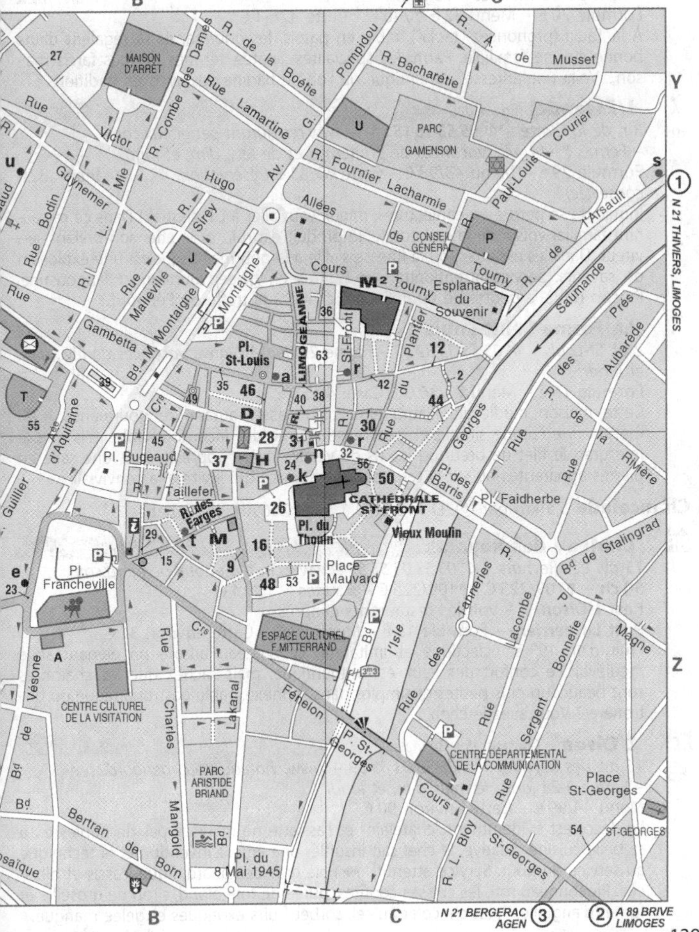

Le Rocher de l'Arsault

15 r. L'Arsault – ✆ 05 53 53 54 06 – www.rocher-arsault.com – Fermé dim. soir et lundi Plan : CY**s**

Formule 16 € – Menu 20 € (déj. en semaine), 32/48 € – Carte 38/48 €

Quelles couleurs préférez-vous : blanc et vert ou rouge et noir ? Votre préférence déterminera le choix de la salle, à moins que vous ne vous installiez dans la mezzanine... Au menu : une bonne cuisine de saison.

Le Grain de Sel

7 r. des Farges – ✆ 05 53 53 45 22 – Fermé 22 juin-15 juil., 21 déc.-6 janv., dim. et lundi Plan : BZ**t**

Formule 23 € – Menu 31/70 € – Carte 50/77 €

Après St-Émilion, le chef a décidé de mettre son Grain de Sel dans la vieille ville de Périgueux ! Au menu : une cuisine du marché gourmande, spontanée et vibrante de saveurs, où les produits de la mer sont à l'honneur. Pour une addition tout sauf salée...

La Taula

3 r. Denfert-Rochereau – ✆ 05 53 35 40 02 – www.restaurantlataula.com – Fermé 7-13 mars et 4-10 juil. Plan : BZ**k**

Formule 20 € – Menu 32 € 🍷/40 € – Carte 42/51 €

À la Taula (prononcez "taola"), table en patois, les gourmands se régalent d'une bonne cuisine familiale. Parmi les spécialités : pâtés, terrines et cous farcis maison... Voilà une adresse authentique où l'on ne badine pas avec les traditions !

L'Essentiel (Eric Vidal)

8 r. de la Clarté – ✆ 05 53 35 15 15 – www.restaurant-perigueux.com – Fermé 1er-14 juil., vacances de printemps et de fév., dim. et lundi

Formule 29 € – Menu 43/98 € – Carte 63/83 € *(réservation conseillée)* Plan : BZ**n**

Inutile de se perdre en conjectures, mieux vaut aller à L'Essentiel ! Dans ce restaurant familial voisin de la cathédrale, le produit est roi... et le chef son brillant serviteur. Dans les assiettes, où la finesse s'allie à la gourmandise, c'est une explosion de saveurs. Service attentionné. ➜ Huîtres en gelée, tourteau et langoustine. Pigeon rôti à la goutte de sang. Soufflé chaud à la truffe du Périgord.

La Ferme Saint-Louis

2 pl. St-Louis – ✆ 05 53 53 82 77 – Fermé 23 déc.-15 janv., vacances de fév., dim. et lundi Plan : BY**a**

Formule 16 € – Menu 27/36 € – Carte 48/58 €

Cette maison médiévale n'aura jamais vu passer autant de gourmands ! Au menu : une cuisine simple et généreuse – avec des incontournables tels que le foie gras, le filet de bœuf ou les ris de veau – qu'on apprécie dans une salle en pierres apparentes ou sur la terrasse. Une adresse qui invite à la convivialité.

à Chancelade 5,5 km par ⑤, D 710 et D 1 – ✉ 24650 – 4 227 hab.

Château des Reynats

15 av. des Reynats – ✆ 05 53 03 53 59 – www.chateau-hotel-perigord.com

50 ch – †109/225 € ††109/225 € – 5 suites – ☕ 14 €

Rest *L'Oison* ✿ – voir les restaurants ci-après

Rest *La Verrière* – Formule 18 € – Menu 22 € – Carte environ 31 €

Fruit d'un 19e s. éclectique et imitateur, ce château arbore un élégant style médiéval. Le confort des lieux est authentique, mais sachez que les chambres sont beaucoup plus petites et simples dans l'annexe. Table gastronomique ou bistrotière ? Vous avez le choix !

L'Oison – Château des Reynats

15 av. des Reynats – ✆ 05 53 03 53 59 – www.chateau-hotel-perigord.com – Fermé 2-28 janv., le midi, dim. et lundi

Menu 44/99 € – Carte environ 90 €

Le décor est évidemment "châtelain" et l'assiette ne manque pas de noblesse : à sa belle cuisine créative, le chef sait insuffler une âme. L'invention et la technique au service du goût. Service attentif. ➜ Foie gras de canard, figue, cassis et hibiscus. Pigeonneau rôti, les cuisses confites, purée de foie blond, sirop de groseille et fumet d'anguille. Palet chocolat au sel, sorbet fruits exotiques et gelée mangue.

à Champcevinel 5 km au Nord par av. G. Pompidou CY – ✉ 24750 – 2 630 hab.

XX ✿ **La Table du Pouyaud** (Gilles Gourvat)
rte de Paris, D 8 – ✆ 05 53 09 53 32 – www.table-pouyaud.fr – Fermé 2 semaines en juil., dim. soir et lundi
Menu 26/48 € – Carte 58/64 €
Dans cette ferme joliment rénovée, à l'ambiance feutrée, le chef honore les classiques. Au gré de ses trouvailles, il réalise une partition maîtrisée, dont les variations contemporaines réveillent, avec subtilité et générosité, la belle tradition... Que de parfums !
➜ Foie gras de canard rôti aux truffes. Bouillabaisse de homard bleu et langoustine. Puits d'amour aux reines-claude, crème chiboust à l'eau-de-vie de prune.

à Annesse-et-Beaulieu 15 km à l'Ouest par D 3, rte de Périgueux – ✉ 24430 – 1 486 hab.

Château de Lalande ch,
57 rte de St-Astier – ✆ 05 53 54 52 30 – www.chateau-lalande-perigord.com – Fermé 17 fév.-4 mars
17 ch – 🛉115/158 € 🛉🛉115/158 € – 2 suites – ☕ 15 € – ½ P
Rest – Menu 39 € – Carte 45/56 €
À 12 km de Périgueux, dans un écrin de verdure, cette noble demeure du 18e s. a conservé son cachet d'antan. On s'y repose dans des chambres empreintes de classicisme : mobilier de style, parquet, tentures, etc. L'été, on profite de la belle piscine. Beaucoup de charme et de personnalité en ces lieux...

PERNAND-VERGELESSES – 21 Côte-d'Or ➜ voir Beaune

PERNAY

✉ 37230 (Indre-et-Loire) – 1 055 hab. – **Voir carte n°11-B2**
▶ Paris 256 km – Joué-lès-Tours 26 km – Orléans 132 km – Tours 21 km
Carte Michelin 317-L4

Domaine de l'Hérissaudière sans rest
3 km au Nord-Est par D 48 – ✆ 06 03 22 34 45 – www.herissaudiere.com – Ouvert d'avril à mi-nov.
5 ch ☕ – 🛉120/130 € 🛉🛉130/150 €
Maison de maître bâtie en 1640, blottie dans un parc aux essences rares. Mobilier d'époque et chambres aux noms gouleyants (Vouvray, Chinon...). Bon petit-déjeuner maison.

LA PERNELLE

✉ 50630 (Manche) – 249 hab. – **Voir carte n°32-A1**
▶ Paris 348 km – Caen 115 km – St-Lô 71 km
Carte Michelin 303-E2

XX **Le Panoramique** Ⓝ
– ✆ 02 33 54 13 79 – www.le-panoramique.fr – Fermé 2 semaines en mars, 2 semaines en oct., 3 semaines en janv. et lundi sauf fériés
Formule 17 € – Menu 22 € (semaine), 32/42 € – Carte 29/49 €
À côté de l'église du village, sur une colline surplombant la mer et l'île de Tatihou, un restaurant tenu par la même famille depuis... 1966. À l'origine bar, puis crêperie, c'est désormais un agréable restaurant gastronomique, où la cuisine met joliment en avant le terroir normand, au rythme des saisons !

PERNES-LES-FONTAINES

✉ 84210 (Vaucluse) – 10 405 hab. – **Voir carte n°42-E1**
▶ Paris 685 km – Apt 43 km – Avignon 23 km – Carpentras 6 km
Carte Michelin 332-D10 – Guide Vert Michelin Provence

L'Hermitage sans rest
614 Grande-Route-de-Carpentras – ✆ 04 90 66 51 41 – www.hotel-lhermitage.com – Ouvert 1er mars-15 nov.
20 ch – †71/88 € ††74/88 € – ☕ 12 €
Une belle demeure bourgeoise (1890) au milieu d'un parc. Fontaines, platanes centenaires, orangerie et piscine : c'est charmant, coloré et méditerranéen à souhait !

Au Fil du Temps
51 pl. Louis-Giraud, (face au centre culturel) – ✆ 04 90 30 09 48 – www.aufildutemps84.com – Fermé 1 semaine en août, 15 nov.-7 déc., 1 semaine fin fév., dim. soir, merc. de déc. à fév., lundi et mardi
Formule 25 € – Menu 29 € (déj. en semaine), 39/59 € *(réservation conseillée)*
Un lieu séduisant, sur une petite place où chante une fontaine, face à l'église. La déco joue la carte "vintage", et la cuisine est pleine de fraîcheur : savoureuse et raffinée, elle valorise de beaux produits du terroir.

au Nord-Est 4 km par D 1 et rte secondaire – ✉ 84210 Pernes-les-Fontaines

Mas de la Bonoty avec ch
chemin de la Bonoty – ✆ 04 90 61 61 09 – www.bonoty.com – Fermé lundi
5 ch ☕ – †74/99 € ††74/99 € – ½ P
Menu 18 € (déj. en semaine), 32/65 € – Carte environ 53 €
Une jolie bergerie du 17es., en pleine campagne. Lové près de la cheminée, on est séduit par le charme rustique de la salle autant que par la cuisine locale, concoctée avec de beaux produits de saison. Chambres de style provençal.

PÉRONNAS – 01 Ain ➔ voir Bourg-en-Bresse

PÉRONNE

✉ 80200 (Somme) – 7 887 hab. – **Voir carte n°37-C1**
Paris 141 km – Amiens 58 km – Arras 48 km – Doullens 54 km
Carte Michelin 301-K8

Le St-Claude
42 pl. du Cdt-L.-Daudré – ✆ 03 22 79 49 49 – www.hotelsaintclaude.com – Fermé 21 déc.-5 janv.
40 ch – †65/86 € ††86 € – ☕ 11 € – ½ P
Rest – Menu 18/34 € – Carte 18/44 € *(fermé 4-24 août, 21 déc.-5 janv. et le midi)*
Cet ancien relais de poste de la fin du 19e s. se trouve sur une grande place commerçante. Les chambres sont plutôt spacieuses, bien tenues et confortables. Au restaurant, on propose une carte traditionnelle. Parfait pour faire étape.

à Rancourt 10 km au Nord par ND 1017 – ✉ 80360 – 185 hab.

Le Prieuré
24 rte Nationale – ✆ 03 22 85 04 43 – www.hotel-le-prieure.fr
27 ch – †73/79 € ††76/82 € – ☕ 8,50 € – ½ P
Rest – Menu 17 € (semaine), 29/46 € – Carte 26/53 €
De prieuré, cette grande construction en pierre blanche n'en a que le nom ! Les chambres, de style classique, sont confortables. Préférez celles, plus spacieuses, sur l'arrière. Un établissement bien situé pour visiter les mémoriaux de la région.

PÉROUGES

✉ 01800 (Ain) – 1 204 hab. – **Voir carte n°44-B1**
Paris 460 km – Bourg-en-Bresse 39 km – Lyon 37 km – Villefranche-sur-Saône 58 km
Carte Michelin 328-E5 – Guide Vert Michelin Lyon et sa région

Ostellerie du Vieux Pérouges

pl. du Tilleul – ✆ 04 74 61 00 88 – www.hostelleriedeperouges.com – Fermé 1er-15 mars
15 ch – 🚹147/216 € 🚹🚹237/257 € – 2 suites – ☕ 17 € – ½ P
Rest *Ostellerie du Vieux Pérouges* – voir les restaurants ci-après
Au cœur de ce charmant village médiéval, plusieurs admirables bâtisses évidemment... moyenâgeuses, réparties dans toute la cité. Lits à baldaquin, poutres et tomettes y côtoient le meilleur confort moderne. De quoi chanter l'amour courtois...

Le Pavillon

13 ch – 🚹98 € 🚹🚹169 € – ☕ 17 €
Les chambres y sont plus simplement meublées qu'à l'Ostellerie, et avant tout pratiques ; celles de la seconde annexe contiguë, Les Saisons, offrent un meilleur niveau de confort.

Ostellerie du Vieux Pérouges

pl. du Tilleul – ✆ 04 74 61 00 88 – www.hostelleriedeperouges.com – Fermé 1er-15 mars
Menu 38/68 € – Carte 47/84 €
Avis aux amoureux du Moyen Âge : le décor, patiné par les siècles, comme le service, assuré en costume, vous séduiront ! Au menu, toutes les spécialités de la Bresse, de la Dombes et du Bugey (morilles, écrevisses, volailles...), sans oublier la galette "pérougienne" au beurre et aux zestes d'agrumes, une recette familiale.

PERPIGNAN

✉ 66000 (Pyrénées-Orientales) – 117 419 hab. – Agglo. 187 569 hab.
– Voir carte n°**22**-B3
Paris 848 km – Andorra-la-Vella 170 km – Béziers 94 km – Montpellier 156 km
Carte Michelin 344-I6

Villa Duflot

rd-pt Albert-Donnezan, 3 km par ④, dir. autoroute – ✆ 04 68 56 67 67 – www.villa-duflot.com
24 ch – 🚹150/175 € 🚹🚹165/190 € – 1 suite – ☕ 15 €
Rest – Formule 25 € – Menu 30 € (déj. en semaine), 32 € – Carte 38/55 €
Certes, cette villa se trouve en bordure d 'une zone commerciale, mais le très beau parc arboré, la piscine, la déco contemporaine et les grandes chambres de style Art déco nous le font bien vite oublier ! L'hôtel le plus confortable de la ville.

Centre del Mon sans rest

35 bd St-Assiscle – ✆ 04 11 64 71 00 – www.hotels-centredelmon.com
101 ch – 🚹80/150 € 🚹🚹80/150 € – ☕ 8 € Plan : AZ**y**
Pour Dalí, la gare de Perpignan était le centre du monde... Reste à savoir ce qu'il aurait pensé de cet hôtel concept, véritable patchwork de verre à la déco design, tout en noir et blanc. Très tendance, très confortable.

Suite Novotel sans rest

34 av. du Général-Leclec – ✆ 04 68 92 72 72 – www.accor.com Plan : BY**d**
50 ch – 🚹85/145 € 🚹🚹85/145 € – ☕ 15 €
Voilà le genre d'hôtel qui plaît aussi bien à la clientèle d'affaires qu'aux touristes de passage amateurs de déco très contemporaine. Les chambres sont spacieuses – 30 m^2 –, avec un vrai coin salon. Aux beaux jours, on prend le petit-déjeuner en terrasse.

La Fauceille

860 chemin de la Fauceille, rocade Sud par ③CZ – ✆ 04 68 21 09 10 – www.lafauceille.com
35 ch – 🚹113/150 € 🚹🚹113/150 € – 1 suite – ☕ 15 € – ½ P
Rest *Le 860* – voir les restaurants ci-après
L'art du contraste : près d'une rocade et d'une ZAC, cet hôtel contemporain se révèle élégant, épuré et coloré... Le patio, la piscine, les chambres, le restaurant où il fait bon dîner : un lieu vraiment plaisant, qui respire la sérénité !

PERPIGNAN

Alsace-Lorraine (R.) . . . . . BY 2
Anciens-Combattants-d'Indochine (Pl. des) . . BY 3
Ange (R. de l') . . . . BZ 4
Arago (Pl.) . . . . BZ 5
Argenterie (R. de l') . . . . BY 6
Barre (R. de la) . . . . BY 7
Bartissol (R. E.) . . . . BY 8
Batllo (Quai F.) . . . . BY 9
Castillet (R. du) . . . . BY 21
Clemenceau (Bd G.) . . . . BY
Cloche d'Or (R. de la) . . BYZ 22
Côte des Carmes (R.) . . . CZ 23
Fabriques d'En Nabot (R. des) . . . . BY 24
Fabriques d'En Nadal (R. des) . . . . BY 25
Fontaine-Neuve (R.) . . . . CZ 26
Fontfroide (R.) . . . . BY 27
Gambetta (Pl.) . . . . BY 28
Grande la Monnaie (R.) . . BZ 31
Lattre-de-Tassigny (Quai de) . . . . BZ 32
Loge (R. et Pl. de la) . . . . BY 33
Louis-Blanc (R.) . . . . . . ABY 34
Marchands (R. des) . . . . BY 35
Mermoz (Av. J.) . . . . CZ 36
Mirabeau (R.) . . . . BY 37
Payra (R. J.) . . . . BY 38
Péri (Pl. Gabriel) . . . . . . BZ 39
Petite la Monnaie (R.) . . . BZ 40
Porte d'Assaut (R.) . . . . . BZ 41
Porte de Canet (R.) . . . . . CZ 42
Remparts la Réal (R. des) BZ 43
République (Pl. de la) . . . BZ 44
Résistance (Pl. de la) . . . BY 45
Révolution Française (R. de la) . . . . CY 46
Rigaud (Pl.) . . . . BZ 47
Sadi-Carnot (Quai) . . . . . . BY 50
St-Jean (R.) . . . . BY 52
Théâtre (R. du) . . . . BZ 55
Trois-Journées (R. des) . BY 58
Vauban (Quai) . . . . BY 60
Verdun (Pl. de) . . . . BY 64
Victoire (Pl. de la) . . . . . . BY 67
Vielledent (R. J.) . . . . . . CZ 69
Waldeck-Rousseau (R.) . . CZ 72

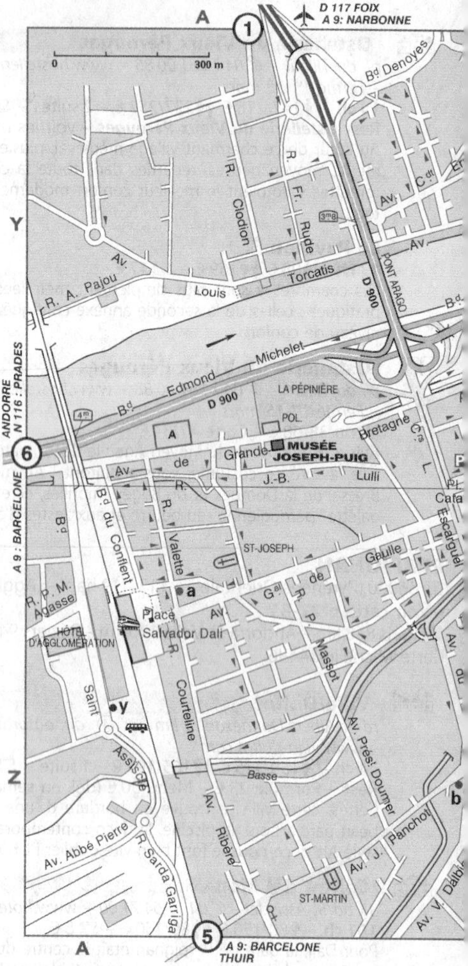

Le Mas des Arcades

ch,

840 av. d'Espagne, 2 km sur N 9 par ④ ✉ 66100 – ✆ 04 68 85 11 11 – www.hotel-mas-des-arcades.fr

60 ch – 89/140 € 89/140 € – 3 suites – ☕ 11 € – ½ P

Rest – Formule 17 € – Menu 23/35 € – Carte 38/50 € *(fermé sam. midi et dim. soir)*

Sur un axe passant, un hôtel des années 1970 rénové à la fin des années 2000 dans un style contemporain. Les chambres y sont confortables ; certaines avec balcon donnent sur la piscine. Cuisine traditionnelle au restaurant.

New Christina

ch,

51 cours Lassus – ✆ 04 68 35 12 21 – www.hotel-newchristina.com – Fermé 18 déc.-8 janv.

Plan : CY**w**

25 ch – 75/95 € 79/99 € – 3 suites – ☕ 10 € – ½ P

Rest – Menu 22/39 € *(fermé sam., dim. et le midi)*

Un petit hôtel proche du palais des congrès, avec des chambres fonctionnelles et bien tenues. Pour se détendre, on fera quelques brasses dans la petite piscine sur le toit, à moins d'opter pour le jacuzzi ou le hammam...

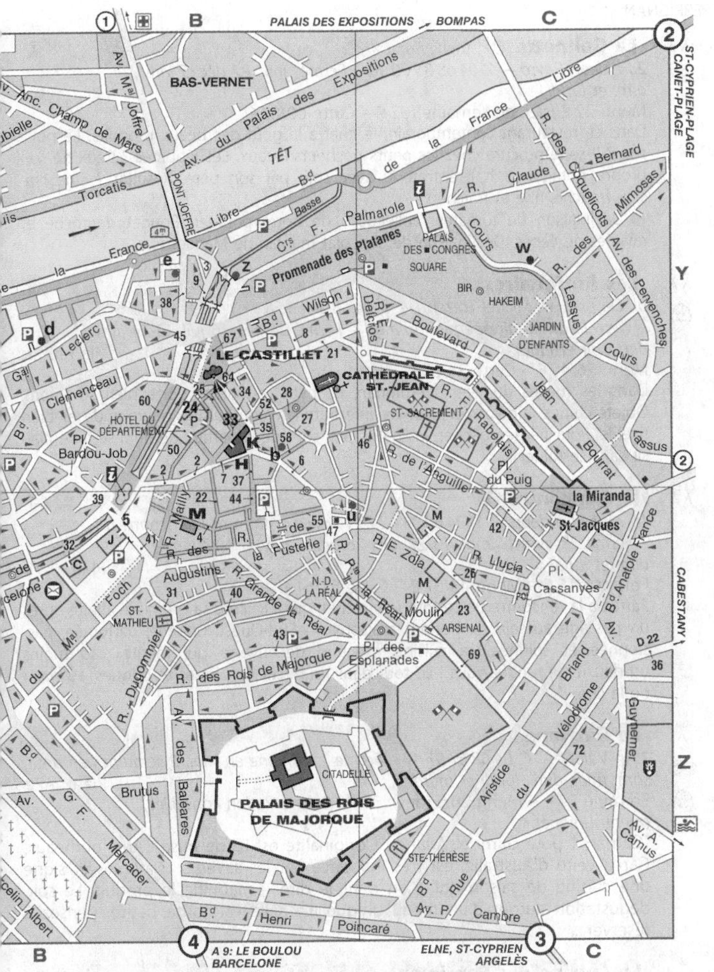

Le 860 – Hôtel La Fauceille

860 chemin de la Fauceille, rocade Sud par ③CZ – ✆ 04 68 21 09 10 – www.lafauceille.com – Fermé dim. soir de mi-sept. à juin, dim. midi en juil.-août et sam. midi

Formule 25 € – Menu 31/82 € – Carte 58/73 €

Cette table élégante jouit d'une belle notoriété dans la ville, à juste titre : on y déguste une savoureuse cuisine de produits, soignée et bien maîtrisée. Les amateurs de vin apprécieront aussi la cave et ses crus d'exception. Tout est réuni pour un agréable repas.

La Passerelle

1 cours Palmarole – ✆ 04 68 51 30 65 – www.restaurant-perpignan-lapasserelle.com – Fermé 1 semaine début mai, 11-18 août, 21 déc.-6 janv., lundi midi et dim.

Menu 22 € (déj. en semaine), 35/55 € – Carte 48/60 € Plan : BY**z**

Au bord de la rivière, une table sympathique et raffinée... En salle, la femme du chef vous conseille de jolis crus régionaux tandis qu'aux fourneaux son mari réalise une cuisine soignée, 100 % maison, où domine le poisson. Une Passerelle vers les saveurs.

La Galinette (Christophe Comes)

23 r. Jean-Payra – ✆ 04 68 35 00 90 – Fermé juil., 22 déc.-5 janv., dim. et lundi Plan : BY**e**

Menu 22 € (déj. en semaine)/62 € – Carte 60/82 €

Dans ce restaurant contemporain, le chef a le goût des beaux produits. Le poisson ? Il se le procure chez les petits pêcheurs locaux. Les légumes ? Ceux de son propre potager (3 ha), entretenu avec soin par son père. Résultat ? Une cuisine franche, fine et fraîche !

➜ Déclinaison de tomates "collection" de notre potager. Rouget de roche et ravioles de cèpes. Déclinaison de chocolat manjari de Madagascar.

Les Antiquaires

pl. Desprès, (r. Michel-Torrent) – ✆ 04 68 34 06 58 – www.lesantiquairesperpignan.fr.gd – Fermé 24 juin-16 juil.,13-24 janv., dim. soir et lundi Plan : BZ**u**

Menu 26/45 € – Carte 34/57 €

Dans les ruelles du vieux Perpignan, ce petit restaurant porte bien son nom. Objets chinés, bibelots et... convivialité autour d'une cuisine gourmande et bien ficelée. Pour ne rien gâcher, les petits prix sont de la partie : de quoi se faire plaisir sans se ruiner !

La Rencontre Ⓝ

16 r. des Cardeurs – ✆ 04 68 34 42 73 – www.restaurant-larencontre.fr – Fermé 28 avril-11 mai, 13-27 juil., 26 oct.-2 nov., 1er-13 janv., dim. et lundi Plan : BY**b**

Formule 15 € – Menu 43/57 € – Carte 53/61 €

Partez à la rencontre de ce tout jeune chef, qui a ici créé sa première affaire après un passage au sein de bonnes maisons du Sud-Ouest. Colorée, parfumée, passionnée et soignée, sa cuisine est une découverte qui mérite... au moins un deuxième rendez-vous ! Le tout dans un décor de pierres et briques, au cœur de la cité.

Le Garriane

15 r. Valette – ✆ 04 68 67 07 44 – Fermé 1 semaine en mai, 2 semaines en août, sam. midi, dim., lundi et mardi Plan : AZ**a**

Formule 17 € – Menu 20 € (déj.), 30/40 € *(réservation conseillée) (menu unique)*

"Garriane" pour Garry et Ariane... L'originalité est ici de mise ! Aux fourneaux, Garry, venu d'Australie, est très influencé par les saveurs asiatiques et signe une cuisine de saison qui – on peut le dire – magnifie le produit. Le soir, dégustation autour d'un menu unique. La salle est toute petite, pensez à réserver...

La Cuisine des Sentiments Ⓝ

9 av. Julien-Panchot – ✆ 04 68 54 16 86 – www.la-cuisine-des-sentiments.com – Fermé sam. midi, dim. midi et mardi Plan : AZ**b**

Formule 10 € – Menu 13 € (déj.), 26/35 €

Assurément, le chef de ce restaurant sait faire preuve de sentiment lorsqu'il concocte ses recettes, et cuisine la tradition tout en faisant la part belle aux producteurs locaux. Le rapport qualité-prix est excellent ! Sans surprise, le bouche-à-oreille marche à plein : n'oubliez pas de réserver.

au Nord 10 km par ① près échangeur Perpignan-Nord – ✉ 66600 Rivesaltes

Novotel

7 r. Alfred-Sauvy – ✆ 04 68 64 02 22 – www.novotel.com

57 ch – 🚹115/150 € 🚹🚹115/150 € – ☕ 15 €

Rest – Formule 18 € – Carte environ 30 €

Non loin de l'autoroute et tout près de l'aéroport, un Novotel de facture zen et contemporaine. Piscine, terrasse – barbecue en été –, parking sécurisé, etc., pour joindre l'utile à l'agréable.

à Cabestany 5 km par ③ et D22C – ✉ 66330 – 9 074 hab.

Les Deux Mas
1 r. Madeleine-Brès, (face à Médipôle) – ✆ 04 68 50 08 08 – www.les2mas.com
32 ch – †72/99 € ††92/119 € – 1 suite – ☕ 10 € – ½ P
Rest *Les Deux Mas* – voir les restaurants ci-après
Dans un environnement industriel et commercial, cet hôtel contraste par sa belle atmosphère marocaine... Touches mauresques, patio digne d'un riad sur lequel donnent les chambres, jacuzzi... Ça y est, vous êtes de l'autre côté de la Méditerranée !

Les Deux Mas
1 r. Madeleine-Brès, (face à Médipôle) – ✆ 04 68 50 08 08 – www.les2mas.com
Formule 20 € – Menu 28/50 € – Carte 30/43 € *(fermé sam. midi et dim.)*
Un vent de nouveauté souffle sur ce restaurant dont la décoration a été refaite début 2013. En cuisine, un jeune chef propose de jolies recettes, au goût du jour, avec de beaux produits qu'il prend soin de sélectionner lui-même sur les étals du marché. Pourquoi s'en priver ?

LE PERREUX-SUR-MARNE – 94 Val-de-Marne ➜ voir Paris, Environs

PERRIER – 63 Puy-de-Dôme ➜ voir Issoire

PERROS-GUIREC

✉ 22700 (Côtes-d'Armor) – 7 511 hab. – **Voir carte n°9-B1**
Paris 527 km – Lannion 12 km – St-Brieuc 76 km – Tréguier 19 km
Carte Michelin 309-B2 – Guide Vert Michelin Bretagne Nord

L'Agapa
12 r. des Bons-Enfants – ✆ 02 96 49 01 10 – www.lagapa.com – Fermé 14-25 déc.
Plan : A**y**
44 ch – †180/470 € ††180/470 € – 1 suite – ☕ 25 €
Rest *Le Bélouga* – voir les restaurants ci-après
Une impression de luxe zen se dégage de cet hôtel tout de verre, granit et acier. Offrant pour la plupart une magnifique vue sur la mer, les chambres, modernes, au design épuré, invitent à la détente ; un confort que l'on retrouve au spa.

Le Manoir du Sphinx
67 chemin de la Messe – ✆ 02 96 23 25 42 – www.lemanoirdusphinx.com – Fermé 16 nov.-3 déc. et 12 janv.-20 fév.
Plan : B**e**
20 ch – †100/115 € ††120/135 € – ☕ 11 € – ½ P
Rest *Le Manoir du Sphinx* – voir les restaurants ci-après
Cette ravissante villa 1900 surplombant la mer n'a rien d'une énigme... Ses chambres, décorées dans un style classique plutôt cosy, contemplent à loisir la magnifique baie et les îles ; son charmant jardin dégringole jusqu'à la mer.

Ker Mor Ⓝ
rest,
38 r. du Mar.-Foch – ✆ 02 96 23 14 19 – www.hotel-ker-mor.com – Fermé 15-27 déc.
Plan : A**x**
30 ch – †68/180 € ††68/180 € – ☕ 10 € – ½ P
Rest – Formule 19 € 🍷 – Menu 25/35 € – Carte 29/47 € *(fermé dim. soir et lundi)*
Ces deux charmantes villas de 1905, typiques de la station et entièrement rénovées en 2013, dominent la plage du Trestraou. Les chambres, sobres et épurées, sont parfaitement équipées ; de certaines d'entre elles, on contemple l'archipel des Sept-Îles, au large...

Les Feux des Îles
53 bd Clemenceau – ✆ 02 96 23 22 94 – www.feux-des-iles.com – Fermé 10-20 oct. et 20 déc.-5 janv.
Plan : B**n**
18 ch – †77/105 € ††105/140 € – ☕ 12 € – ½ P
Rest – Formule 24 € 🍷 – Menu 29/49 € – Carte 40/55 € *(fermé dim. soir et vend. d'oct. à mai et lundi midi)*
Le vent du large fait pousser les fleurs du joli jardin de cet hôtel familial. Pour plus d'espace, on demande les chambres de l'annexe, plus actuelles et qui ont vue sur la mer. Du restaurant, on contemple les "feux" (phares) des îles, éclairage poétique pour une cuisine traditionnelle aux notes marines.

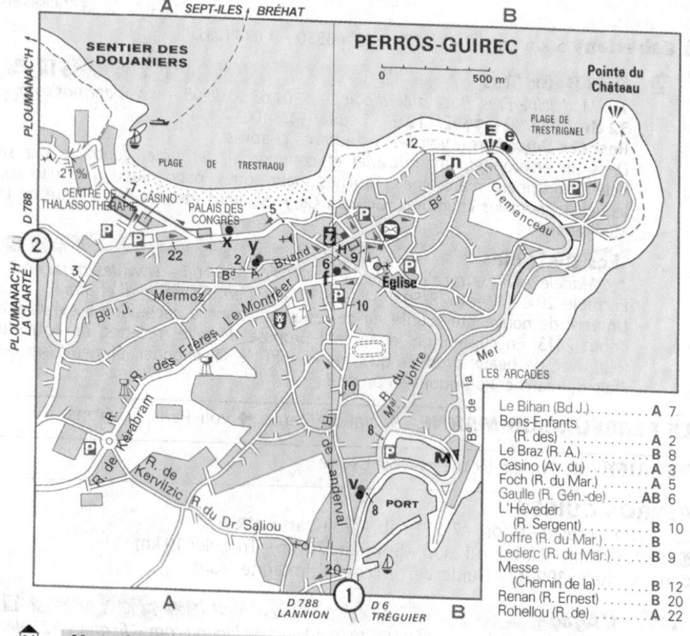

Hermitage

rest, P

20 r. Frères-Le-Montréer – ☎ 02 96 23 21 22 – www.hotelhermitage-22.com – Ouvert 1er avril-2 nov.

Plan : B**f**

16 ch – †54/61 € ††60/73 € – ☕ 8 € – ½ P

Rest – Menu 23 € *(ouvert 15 mai-15 sept. et fermé sam. et le midi) (résidents seult)*

Une grande bâtisse d'esprit balnéaire, au cœur d'un jardin arboré en centre-ville. Les chambres, qui jouent la carte de la fraîcheur et de la simplicité, se révèlent agréables. Et les nombreux habitués apprécient l'ambiance familiale des lieux...

Au Bon Accueil

11 r. de Landerval – ☎ 02 96 23 24 11 – www.au-bon-accueil.com

Plan : B**v**

21 ch – †65/72 € ††65/72 € – ☕ 9 € – ½ P

Rest *Au Bon Accueil* – voir les restaurants ci-après

Dans ce bâtiment rappelant les années 1970, douze chambres offrent une vue sur la mer. On note le contraste entre le mobilier rétro et l'équipement moderne (couettes avec jeté de lit en cuir, écran plat, etc.), et la parfaite tenue de l'ensemble.

Le Bélouga – Hôtel L'Agapa

12 r. des Bons-Enfants – ☎ 02 96 49 01 10 – www.lagapa.com – Fermé 14-25 déc., lundi et mardi sauf vacances scolaires

Plan : A**y**

Formule 25 € – Menu 48/90 € – Carte 61/88 €

Un décor raffiné et épuré, face au spectacle de la côte et de l'archipel des Sept-Îles. Voilà bien un cadre séduisant pour un repas ancré dans la mer et le terroir bretons. Et la qualité du service ajoute au plaisir de l'instant...

La Clarté (Daniel Jaguin)

24 r. Gabriel-Vicaire, à La Clarté par ② – ☎ 02 96 49 05 96 – www.la-clarte.com – Fermé 19 déc.-7 fév., dim. soir, lundi et mardi

Formule 34 € – Menu 45/76 € *(réservation conseillée)*

En 2005, Daniel Jaguin se lançait dans une aventure en solitaire après avoir quitté la maison familiale ; depuis, il ne cesse de réinventer la tradition bretonne, en s'appuyant sur ses produits : Saint-Jacques des Côtes-d'Armor, huîtres de Lanmodez, etc. Les préparations sont soignées, et les saveurs tiennent le cap. → Salade de homard breton aux artichauts du pays, vinaigrette corail. Ormeaux de Landrellec, foie gras de canard poêlé et pommes de terre écrasées. Pêche blanche, glace verveine et marmelade de prune.

XX **Le Manoir du Sphinx** – Hôtel Le Manoir du Sphinx

67 chemin de la Messe – ✆ 02 96 23 25 42 – www.lemanoirdusphinx.com – Fermé 16 nov.-3 déc., 12 janv.-20 fév. , dim. soir d'oct. à mars sauf fériés et vacances scolaires, lundi midi et vend. midi Plan : B**e**

Formule 23 € – Menu 30/50 € – Carte 47/89 €

De la salle à manger de cette belle maison, élégante et feutrée, on surplombe le jardin et la côte rocheuse. Une vue panoramique à couper le souffle, qui ne donne que plus de relief à des plats privilégiant producteurs et pêcheurs locaux...

XX **Au Bon Accueil** – Hôtel Au Bon Accueil

11 r. de Landerval – ✆ 02 96 23 24 11 – www.au-bon-accueil.com – Fermé dim. soir et lundi sauf juil.-août Plan : B**v**

Menu 20 € (semaine), 29/44 € – Carte 31/54 €

Les amateurs de gréements se réjouiront de l'emplacement de ce restaurant, installé directement devant le port. La marée est à l'honneur, comme il se doit : dos de cabillaud au tartare d'andouille, soupe de poisson maison... que l'on déguste en regardant partir les équipages, en murmurant : un jour, peut-être !

à Ploumanach 6 km par ② – ✉ 22700

Castel Beau Site

plage de St-Guirec – ✆ 02 96 91 40 87 – www.castelbeausite.com

32 ch – †129/420 € ††129/420 € – ☕ 17 € – ½ P

Rest *La Table de mon Père* – voir les restaurants ci-après

Cette grande bâtisse en granit rose des années 1930 a presque les pieds dans l'eau ! À l'intérieur, un décor très design et réussi : couleurs tranchées, toiles contemporaines, douches à l'italienne, etc. Pour découvrir le Trégor autrement...

Hôtel du Parc rest, rest,

174 pl. St-Guirec – ✆ 02 96 91 40 80 – www.hotel-duparc-perros.com – Ouvert 15 fév.-11 nov.

10 ch – †68/91 € ††68/91 € – ☕ 11 € – ½ P

Rest *La Cotriade* – voir les restaurants ci-après

Rest *La Crêperie* – Menu 13/18 € – Carte 19/30 €

Au centre du village, non loin de la plage et de ses célèbres rochers, une maison familiale avec de petites chambres bien agencées et fonctionnelles ; pour se restaurer, on trouve deux restaurants, dont une crêperie ouverte d'avril à septembre.

Hôtel des Rochers

70 chemin de la Pointe, (au port de Ploumanach) – ✆ 02 96 91 67 54 – www.hotel-desrochers-perros.com – Fermé 6 janv.-13 fév.

20 ch – †59/129 € ††59/129 € – ☕ 10 € – ½ P

Rest *Restaurant des Rochers* – voir les restaurants ci-après

Face au joli petit port de Ploumanach, cette maison cultive un bel esprit... marin. Les chambres, actuelles et cosy, sont bien insonorisées et affichent clairement la couleur : du bleu et du blanc. Enfin, l'accueil est comme le reste : charmant !

XX **La Table de mon Père** – Hôtel Castel Beau Site

plage de St-Guirec – ✆ 02 96 91 40 87 – www.castelbeausite.com

Menu 38/55 € *(fermé le midi)*

Profiter, sur la plage de St-Guirec, des dernières lueurs du couchant, bien au chaud dans une salle design, en dégustant un menu dédié à un produit de saison (Saint-Jacques, homard, etc.)... Une cuisine au goût du jour, présentée avec soin, où l'on sent du sérieux et de l'application.

XX **Restaurant des Rochers** – Hôtel des Rochers

70 chemin de la Pointe, (au port de Ploumanach) – ✆ 02 96 46 50 08 – www.hotel-desrochers-perros.com – Fermé de mi-nov. à mi-déc., 6 janv.-13 fév. et lundi

Formule 16 € – Menu 28/58 € – Carte 36/78 €

Cadre chaleureux, baies vitrées offrant une vue imprenable sur le port, boiseries aux murs et lambris au plafond : cet intérieur rappelle furieusement celui... d'un bateau ! La cuisine, au goût du jour, est aussi dans cet esprit : elle privilégie les produits de la mer, agrémentés de quelques notes créatives.

La Cotriade – Hôtel du Parc

174 pl. St-Guirec – ✆ 02 96 91 40 80 – www.hotel-duparc-perros.com – Ouvert 15 fév.-11 nov. et fermé sam. midi et mardi

Formule 16 € – Menu 23/99 € – Carte 33/62 €

L'été, on se presse en terrasse pour déguster une cuisine traditionnelle, tournée vers les produits de la mer : poissons, plateaux de fruits de mer avec huîtres, homard et, bien sûr, de la cotriade ! Il ne faut pas hésiter, d'autant que le chef fait tout lui-même : terrines, foie gras, desserts...

PERTUIS

✉ 84120 (Vaucluse) – 18 931 hab. – **Voir carte n°40-B2**

Paris 747 km – Aix-en-Provence 23 km – Apt 36 km – Avignon 76 km

Carte Michelin 332-G11 – Guide Vert Michelin Provence

Sévan Parc Hôtel

1862 rte de la Bastidonne, 1,5 km à l'Est – ✆ 04 90 79 19 30 – www.sevanparchotel.com

41 ch – 85/120 € 95/165 € – 13 € – ½ P

Rest *L'Olivier* ✆ 04 90 79 08 19 – – Formule 19 € – Menu 35/56 € *(fermé dim. soir et lundi soir de sept. à juin, lundi midi et merc. midi en juil.-août)*

Rest *La Paillote* ✆ 04 90 09 63 67 – – Formule 11 € – Carte 28/40 € *(fermé de mi-déc. à mi-janv. et mardi)*

Au pied du Luberon, dans un parc fleuri, cet hôtel profite d'un environnement calme et verdoyant. Chambres ensoleillées d'inspiration provençale. Cuisine régionale à L'Olivier (agréable salle contemporaine). À La Paillote, ambiance décontractée, cuisine traditionnelle et terrasse au bord de la piscine.

Château Grand Callamand sans rest

rte de la Loubière, 2 km par r. Léon-Arnoux – ✆ 04 90 09 61 00 – www.chateaugrandcallamand.fr

3 ch – 140/200 € 140/200 €

Superbe bastide du 16e s. posée au cœur d'un domaine viticole. Accueil charmant, quiétude, piscine, terrasse face à la montagne Ste-Victoire et déco de bon goût dans les chambres.

PETIT-ATTICHES – 59 Nord → voir Attiches

PETIT-BERSAC

✉ 24600 (Dordogne) – 171 hab. – **Voir carte n°39-C3**

Paris 501 km – Angoulême 49 km – Bordeaux 121 km – Périgueux 50 km

Carte Michelin 329-C4

Château Le Mas de Montet

– ✆ 05 53 90 08 71 – www.lemasdemontet.com – Ouvert 16 mars-31 oct.

10 ch – 118/340 € 118/340 € – 16 € – ½ P

Rest – Menu 22 € (déj.), 32/47 € – Carte 34/61 €

Abords très soignés pour ce superbe château Renaissance. On profite ainsi du parc fleuri, de la piscine, du potager ou encore de la terrasse. L'intérieur, romantique et raffiné, séduit tout autant. Restauration traditionnelle.

PETITE-HETTANGE – 57 Moselle → voir Malling

LA PETITE-PIERRE

✉ 67290 (Bas-Rhin) – 615 hab. – **Voir carte n°1-A1**

Paris 433 km – Haguenau 41 km – Sarreguemines 48 km – Sarre-Union 24 km

Carte Michelin 315-H3

La Clairière

63 rte d'Ingwiller, 1,5 km par D 7 – ✆ 03 88 71 75 00 – www.la-clairiere.com – Fermé 2 semaines en janv.

50 ch – 145/195 € 210/310 € – ½ P

Rest – Menu 24/62 € – Carte 32/55 €

Lové au cœur de la forêt, cet hôtel moderne est dédié au bien-être : spa de 1 200 m², piscine ouverte sur la terrasse en teck, salles de séminaire avec possibilité d'épreuves sportives... Chambres spacieuses. Un restaurant feutré ; une cuisine saine et des vins bio.

Au Lion d'Or

15 r. Principale – ✆ 03 88 01 47 57 – www.liondor.com
38 ch – †58/103 € ††80/170 € – ☕ 15 € – ½ P
Rest *Au Lion d'Or* – voir les restaurants ci-après
Parfaite adresse pour se ressourcer ! En pleine nature, cet établissement dispose d'un centre d'arbrothérapie (traduire : utiliser la forêt pour se sentir mieux). Les chambres "arbro" justement, actuelles et épurées, sont bien plaisantes.

Hôtel des Vosges

ch, rest,

30 r. Principale – ✆ 03 88 70 45 05 – www.hotel-des-vosges.com
– Fermé 15-26 juil. et 17 fév.-8 mars
34 ch – †65/77 € ††77/90 € – ☕ 11 € – ½ P
Rest – Formule 20 € – Menu 30 € 🍷/58 € – Carte 34/64 €
Chambres douillettes et bien tenues, à la décoration soignée (certaines typiquement alsaciennes) ; agréable espace bien-être. Salle à manger bourgeoise ouverte sur la vallée, spécialités régionales (truite au bleu) et vins choisis (vieux millésimes).

Au Lion d'Or – Hôtel Au Lion d'Or

15 r. Principale – ✆ 03 88 01 47 57 – www.liondor.com
Formule 12 € – Menu 39/76 € – Carte 29/59 €
Le credo de l'hôtel, "être en communion avec la forêt", s'applique également au restaurant, avec sa décoration élégante, ses boiseries et sa vue panoramique sur la vallée. Au menu, de bonnes recettes régionales, très "nature".

à Graufthal 11 km au Sud-Ouest par D 178 et D 122 – ✉ 67320

Au Vieux Moulin

ch,

7 r. du Vieux-Moulin – ✆ 03 88 70 17 28 – www.auvieuxmoulin.eu
– Fermé 1 semaine fin juin-début juil. et vacances de fév.
15 ch – †69/74 € ††69/74 € – 1 suite – ☕ 10 € – ½ P
Rest – Formule 12 € – Menu 20/43 € – Carte 38/51 € *(fermé lundi sauf résidents)*
Dans ce hameau dont Erckmann et Chatrian ont vanté la sérénité, cette maison vous réserve un accueil chaleureux. Chambres de style actuel, simples et fraîches. Au restaurant, on déguste une cuisine familiale aux accents alsaciens.

Au Cheval Blanc

19 r. Principale – ✆ 03 88 70 17 11 – www.auchevalblanc.net
– Fermé 25 août-14 sept., 2-21 janv., lundi soir, merc. soir et mardi
Formule 25 € – Menu 28 € (semaine), 31/49 € – Carte 37/58 €
Une sympathique auberge, chaleureuse et familiale, nichée au cœur du tranquille village troglodyte de Graufthal. Derrière les fourneaux, le chef, Gilles Stutzmann, concocte à sa façon une cuisine traditionnelle, soignée et savoureuse. En prime : un décor rustique à souhait.

LE PETIT-PRESSIGNY

✉ 37350 (Indre-et-Loire) – 322 hab. – Voir carte n°**11**-B3
Paris 290 km – Le Blanc 38 km – Châtellerault 36 km – Châteauroux 68 km
Carte Michelin 317-O7

La Promenade (Fabrice et Jacky Dallais)

11 r. du Savoureulx – ✆ 02 47 94 93 52 – www.restaurantdallaislapromenade.com
– Fermé 14 sept.-3 oct., 4 janv.-6 fév., mardi sauf le soir en juil.-août, dim. soir et lundi
Menu 41/87 € – Carte 63/115 €
Ce restaurant invite à une jolie promenade ! Derrière les fourneaux, père et fils jouent, à quatre mains, une partition aux notes actuelles, à la fois savoureuse et gourmande. À déguster, au choix, dans un cadre bourgeois ou contemporain. Une des meilleures tables de la région.
→ Bouillon de carottes aux fèves, sarriette et lard. Géline de Touraine rôtie au citron, beurre d'écrevisse et royale de foie blond. Paris-brest en éclair.

LE PETIT QUEVILLY – 76 Seine-Maritime → voir Rouen

PEYREHORADE

✉ 40300 (Landes) – 3 467 hab. – Voir carte n°**3**-B3

Paris 808 km – Bordeaux 229 km – Mont-de-Marsan 96 km – Pau 80 km

Carte Michelin 335-E13 – Guide Vert Michelin Aquitaine

Le Central

rest,

pl. Aristide-Briand – ✆ 05 58 73 01 44 – www.hotel-le-central.fr – Fermé 18 fév.-5 mars et 19 déc.-8 janv.

14 ch – 59/89 € 72/125 € – 8,50 € – ½ P

Rest – Menu 16/38 € – Carte 43/66 € *(fermé vend. soir, dim. soir et lundi sauf en été)*

Cet ancien relais de poste du 18es. est vraiment... central ! Les chambres sont simples et spacieuses, et l'accueil prévenant. Cuisine traditionnelle réalisée à partir de produits frais : poulet des Landes rôti, terrine de foie gras maison, poêlée de cèpes...

PEYRUIS

✉ 04310 (Alpes-de-Haute-Provence) – 2 689 hab. – Voir carte n°**40**-B2

Paris 735 km – Avignon 165 km – Digne-les-Bains 27 km – Marseille 117 km

Carte Michelin 334-D8 – Guide Vert Michelin Alpes du Sud

Auberge les Galets

quartier Pont-Bernard – ✆ 04 92 35 27 68 – www.auberge-les-galets.fr – Fermé 3-20 janv.

13 ch – 65/110 € 65/110 € – 12 € – ½ P

Rest – Formule 21 € – Menu 25/27 € *(fermé sam. midi, dim. soir et lundi midi)*

Impossible de ne pas remarquer la façade couleur framboise de cette charmante auberge ! On s'y repose dans de jolies chambres thématiques : Bambou, Acajou, Ébène... Et on apprécie l'ambiance familiale. Restauration traditionnelle.

PÉZENAS

✉ 34120 (Hérault) – 8 251 hab. – Voir carte n°**23**-C2

Paris 734 km – Agde 22 km – Béziers 24 km – Lodève 39 km

Carte Michelin 339-F8

Distillerie de Pézenas

rest,

6 r. Calquières-Hautes – ✆ 04 67 11 51 10 – www.garrigae-resorts.fr

50 ch – 118/211 € 118/211 € – 27 suites – 15 €

Rest – Formule 15 € – Menu 23 € (dîner) – Carte environ 33 € *(fermé dim. et lundi)*

Enivrante, cette ancienne distillerie transformée en hôtel ? Les amateurs apprécieront son décor résolument contemporain et ses chambres, dont la plupart disposent d'une terrasse ou d'un jardin privatif ; certaines ont même un coin cuisine.

Vigniamont sans rest

5 r. Massillon – ✆ 04 67 35 14 88 – www.hoteldevigniamont.com

5 ch – 95/130 € 120/140 € – 9 €

Dans ce village qu'appréciait tant Molière, cet hôtel particulier du 17e s. abrite de jolies chambres, calmes et décorées avec soin – certaines avec un ciel de lit un rien théâtral. Ne passez pas à côté du petit-déjeuner maison ! Accueil chaleureux.

L'Entre Pots

8 av. Louis-Montagne – ✆ 04 67 90 00 00 – www.restaurantentrepots.com – Fermé 2 semaines en janv., dim. et lundi

Formule 22 € – Menu 27 € (déj.)/29 € – Carte 44/50 €

Voilà un jeu de mots justifié pour cet ancien entrepôt de vins dédié aux plaisirs du palais ! En cuisine, le chef mêle saveurs du terroir et touches créatives. En salle, les gourmands s'installent dans un cadre branché à la lumière tamisée. Belle sélection de crus régionaux. Le tout à prix doux.

Le Pré St-Jean

18 av. Mar.-Leclerc – ✆ 04 67 98 15 31 – http://restaurant-leprestjean.fr – Fermé 2 semaines en juin, 2 semaines en nov., dim. soir, jeudi soir et lundi
Formule 20 € – Menu 27/55 € – Carte 43/70 €
Sur le boulevard circulaire, un bon restaurant traditionnel : classiques bistrotiers (tête de veau sauce gribiche, pâté de Pézenas) et belle sélection de vins languedociens.

L'Amphitryon

5 r. du Mar.-Plantavit – ✆ 04 67 90 11 84 – Fermé fév., dim. et lundi
Formule 14 € – Menu 29/45 € – Carte environ 52 €
Difficile d'imaginer qu'on se trouve ici dans une ancienne caserne de pompiers ! Aux commandes, un jeune chef qui a été meilleur apprenti d'Europe et sa compagne ex-prof de gym... pour un service tout en souplesse. Extrait de la carte : fleurs de courgettes farcies et émulsion au vin blanc. Une bonne adresse.

à Nézignan-l'Évêque 5 km au Sud par D 609 et D 13 – ✉ 34120 – 1 520 hab.

Hostellerie de St-Alban

31 rte d'Agde – ✆ 04 67 98 11 38 – www.saintalban.com – Fermé 1er déc.-3 janv.
13 ch – 63/113 € 79/129 € – 9 € – ½ P
Rest – Menu 27/42 € – Carte 23/45 € *(fermé dim. et lundi du 15 oct. au 14 avril et le midi sauf dim.)*
Jolie maison de maître du 19e s., nichée dans un coquet jardin fleuri. Espace, couleur et mobilier en fer forgé caractérisent les chambres, parfois très originales. Cuisine traditionnelle au restaurant.

PEZENS – 11 Aude ➜ voir Carcassonne

PÉZILLA-LA-RIVIÈRE

✉ 66370 (Pyrénées-Orientales) – 3 167 hab. – **Voir carte n°22-B3**
Paris 857 km – Argelès-sur-Mer 35 km – Le Boulou 25 km – Perpignan 12 km
Carte Michelin 344-H6

L'Aramon Gourmand

127 av. du Canigou, rte Baho, D 614 – ✆ 04 68 92 43 59 – www.aramongourmand.fr – Fermé 2 semaines en sept., 1 semaine en fév., dim. soir, lundi et mardi
Formule 17 € – Menu 31/47 €
Le chef connaît son métier et cela se sent. Cet enfant du pays concocte une jolie cuisine traditionnelle et quelques plats du terroir. Et de la salle principale, on aperçoit la cave à vin. Rustique... mais sympathique !

PFAFFENHEIM

✉ 68250 (Haut-Rhin) – 1 327 hab. – **Voir carte n°1-A2**
Paris 497 km – Basel 67 km – Colmar 15 km – Strasbourg 94 km
Carte Michelin 315-H9 – Guide Vert Michelin Alsace Vosges

La Maison d'Émilie (N)

3 r. du Moulin – ✆ 03 69 34 06 96 – www.maisondemilie.com
3 ch – 80/110 € 90/120 € **Table d'hôte** – Menu 35 €
Émilie et Guillaume ont rénové l'ancienne demeure de la grand-mère de ce dernier, pour en faire leur maison de famille... et l'ouvrir aux hôtes de passage. Alliance de poutres anciennes et de grand confort, salle de jeux pour enfants, joli jardin et bonne table d'hôte (Guillaume est chef de profession) : un vrai nid alsacien !

PFAFFENHOFFEN

✉ 67350 (Bas-Rhin) – 2 735 hab. – **Voir carte n°1-B1**
Paris 457 km – Haguenau 16 km – Sarrebourg 55 km – Sarre-Union 50 km
Carte Michelin 315-J3

A l'Agneau avec ch
3 r. de Saverne – 03 88 07 72 38 – www.hotel-restaurant-delagneau.com – Fermé 9-17 mars, 16-22 juin, 8-26 sept., lundi et mardi
11 ch – 65/77 € 67/78 € – 9 € – ½ P
Formule 13 € – Menu 20 € (déj. en semaine), 28/70 € – Carte 47/66 €
Dans cette auberge alsacienne (1769), la restauration est une affaire de famille ! Deux sœurs (7e génération) sont désormais à la tête de ce restaurant, où l'on sert une cuisine traditionnelle, accompagnée d'une belle carte des vins. Une adresse historique.

PFULGRIESHEIM – 67 Bas-Rhin → voir Strasbourg

PHALSBOURG

57370 (Moselle) – 4 736 hab. – **Voir carte n°27-D2**
Paris 435 km – Metz 110 km – Sarrebourg 17 km – Sarreguemines 50 km
Carte Michelin 307-O6

Erckmann-Chatrian
pl. d'Armes – 03 87 24 31 33 – www.erckmann-chatrian.net
16 ch – 68/82 € 68/82 € – 12 € – ½ P
Rest *Erckmann-Chatrian* – voir les restaurants ci-après
Une maison typique de la région dont la façade fleurie ne manque pas de cachet. Les chambres sont relativement spacieuses, plutôt fonctionnelles, et adoptent un style classique. Parfait pour visiter l'ancienne cité fortifiée par Vauban ou pour se rendre, l'été venu, au festival littéraire Erckmann-Chatrian.

Au Soldat de l'An II (Georges Schmitt) avec ch
1 rte de Saverne – 03 87 24 16 16 – www.soldatan2.com – Fermé 1er-14 mars, 27 oct.-14 nov., lundi midi et mardi midi
7 ch – 160/210 € 160/210 € – 26 € – ½ P
Menu 40 € (semaine), 79/158 € – Carte 80/121 €
Un Soldat distingué : cette ancienne grange affiche une élégance subtilement baroque (pierres, poutres, tableaux). Produits nobles, recettes innovantes fondées sur des bases classiques, crus d'exception : les saveurs sont au garde-à-vous ! Et l'on peut profiter des quelques chambres, spacieuses et au luxe discret...
→ Le célèbre foie gras de l'An II. Côtes et médaillons de chevreuil, pomme de terre truffée à la sicilienne. Pavlova de fruits rouges, nuage de crème chiboust et crème glacée à la violette.

Erckmann-Chatrian – Hôtel Erckmann-Chatrian
pl. d'Armes – 03 87 24 31 33 – www.erckmann-chatrian.net
Menu 23/45 € – Carte 30/60 € *(fermé dim. soir, mardi midi et lundi)*
La table de l'hôtel Erckmann-Chatrian met les recettes traditionnelles à l'honneur. Ici, on privilégie les produits frais et le "fait maison"... pour le plus grand bonheur des gourmands ! Côté déco, le classicisme de l'établissement se retrouve dans l'une des salles, l'autre étant plus moderne.

à Bonne-Fontaine 4 km à l'Est par D 604 et rte secondaire – 57370

Notre-Dame de Bonne Fontaine
212 rte Bonne-Fontaine – 03 87 24 34 33 – www.hotel-restaurant-ndbonnefontaine.com – Fermé 1 semaine en fév., vend. soir, dim. soir et sam. en janv.-fév.
34 ch – 63/73 € 76/88 € – 11 € – ½ P
Rest – Formule 12 € – Menu 20/56 € – Carte 24/48 € *(fermé vend. soir, dim. soir et sam. en janv. et fév. et dim. soir en nov.)*
La même famille tient depuis plusieurs générations cet hôtel en pleine forêt, non loin de la source miraculeuse. De belles promenades en perspective avant de prendre un repos bien mérité dans des chambres toutes simples.

PHILIPPSBOURG

✉ 57230 (Moselle) – 596 hab. – **Voir carte n°27-D1**
Paris 450 km – Haguenau 29 km – Strasbourg 58 km – Wissembourg 42 km
Carte Michelin 307-Q5

Au Tilleul

24 rte de Niederbronn – ☎ 03 87 06 50 10 – www.resto.fr/autilleul – Fermé 12 janv.-6 fév., le soir en nov. sauf week-ends, lundi soir, mardi soir et merc.
Formule 12 € – Menu 17 € (semaine), 29/40 € – Carte 28/53 €
Deux espaces dans cette auberge familiale : d'abord un bar où l'on sert des plats du jour, puis une agréable salle dédiée à la cuisine traditionnelle. Parmi les spécialités de la maison, la truite au bleu.

à l'Étang de Hanau 5 km au Nord-Ouest par D 662 et rte secondaire – ✉ 57230

Beau Rivage sans rest

1 r. de l'Étang – ☎ 03 87 06 50 32 – www.hotel-beau-rivage-fr.com – Fermé fév.
22 ch – 43/52 € 63/91 € – 9 €
Des arbres partout... Pas de doute, nous sommes bien au cœur de la forêt. Sur les rives de l'étang de Hanau, cette auberge familiale est nichée dans un véritable nid de verdure. Idéalement, on choisira une chambre avec un balcon donnant sur l'eau. Apaisant !

PIANA – 2A Corse-du-Sud ➜ voir Corse

LE PIAN-MÉDOC

✉ 33290 (Gironde) – 5 570 hab. – **Voir carte n°3-B1**
Paris 578 km – Bordeaux 20 km – Mérignac 18 km – Pessac 24 km
Carte Michelin 335-H5

Golf du Médoc Hôtel & Spa

chemin de Courmanteau, à Louens – ☎ 05 56 70 31 31 – www.hotelgolfdumedoc.com
79 ch – 110/315 € 120/335 € – 19 €
Rest – Formule 21 € – Menu 24 € (déj.), 40/46 € – Carte 39/52 €
Sur le site du golf du Médoc (320 ha), cet ensemble récent s'intègre parfaitement dans le paysage. Chambres spacieuses, fonctionnelles et chaleureuses ; agréable spa (soins esthétiques et modelages) ; club house et restaurant... Tout pour la détente !

Le Pont Bernet (N)

ch, ch,

1160 rte de Soulac – ☎ 05 56 70 20 19 – www.pont-bernet.fr – Fermé 20 déc.-4 janv.
18 ch – 75/89 € 75/89 € – 11 € – ½ P
Rest – Formule 13 € – Menu 28 € – Carte 36/62 €
En bordure de la route menant à Bordeaux, cet hôtel d'une excellente tenue est l'un des plus anciens établissements de la région ! On s'y repose dans des chambres confortables et bien équipées ; préférez celles donnant sur l'arrière, plus calmes.

PIERRE-BUFFIÈRE

✉ 87260 (Haute-Vienne) – 1 150 hab. – **Voir carte n°24-B2**
Paris 415 km – Brantôme 84 km – Guéret 107 km – Limoges 22 km
Carte Michelin 325-F6

La Providence

pl. Adeline – ☎ 05 55 00 60 16 – www.hotel-limoges.net – Ouvert 11 mars-11 nov.
14 ch – 65/99 € 65/125 € – 10 € **Rest** – Menu 20/85 € – Carte 38/74 €
Vous êtes fatigué de rouler ? Heureusement, la providence a mis cette auberge de village sur votre chemin ! Les chambres y sont très bien tenues et, côté restaurant, on propose des recettes traditionnelles à base de produits régionaux.

PIERRE-DE-BRESSE

✉ 71270 (Saône-et-Loire) – 1 965 hab. – **Voir carte n°8-D2**
▶ Paris 354 km – Beaune 47 km – Chalon-sur-Saône 42 km – Dole 36 km
Carte Michelin 320-L8 – Guide Vert Michelin Bourgogne

La Poste

9 pl. Comte-André-d'Estampes, (face au château) – ✆ 03 85 76 24 47 – www.hoteldelaposte.free.fr – Fermé vend. soir d'oct. à avril
Formule 12 € – Menu 23/39 € – Carte 34/55 €
Face au château du 17e s., cette auberge joue la carte de l'authenticité : poutres apparentes, déco champêtre, mais aussi et surtout de bons produits du terroir cuisinés avec soin, pour des assiettes généreuses et goûteuses !

PIERREFITTE-EN-AUGE – 14 Calvados ➜ voir Pont-L'Évêque

PIERREFITTE-SUR-SAULDRE

✉ 41300 (Loir-et-Cher) – 842 hab. – **Voir carte n°12-C2**
▶ Paris 185 km – Aubigny-sur-Nère 23 km – Blois 73 km – Orléans 52 km
Carte Michelin 318-J6 – Guide Vert Michelin Châteaux de la Loire

Le Lion d'Or

1 pl. de l'Église – ✆ 02 54 88 62 14 – www.liondor-sologne.com – Fermé 7-25 sept., 4-15 janv., merc. soir et jeudi soir hors saison, lundi et mardi sauf fériés
Menu 32 € (semaine)/38 € – Carte environ 47 €
Solognote dans l'âme, cette maison dégage un charme indéniable. Tout comme les plats qui y sont concoctés, résolument traditionnels : andouillette de gésiers confits, saumon fumé maison, lièvre à la royale... Amateur de recettes régionales et de gibier ? Cette adresse est faite pour vous !

PIERREFONDS

✉ 60350 (Oise) – 1 930 hab. – **Voir carte n°37-C2**
▶ Paris 82 km – Beauvais 78 km – Compiègne 15 km – Soissons 31 km
Carte Michelin 305-I4

à Chelles 4,5 km à l'Est par D 85 – ✉ 60350 – 473 hab.

Relais Brunehaut avec ch

3 r. de l'Église – ✆ 03 44 42 85 05 – www.lerelaisbrunehaut.fr – Fermé lundi midi, mardi midi, merc. midi et jeudi midi
11 ch – †65/120 € ††65/120 € – ☕ 9 € – ½ P
Menu 25 € (semaine), 40 € – Carte 40/60 €
Dans un parc où coule une rivière, il est une adresse bien connue des gourmands ! On y savoure une belle cuisine traditionnelle, aux accents du terroir, dans un cadre rustique. Quelques chambres pour prolonger le séjour.

à St-Jean-aux-Bois 6 km par D 85 – ✉ 60350 – 285 hab.

Auberge à la Bonne Idée avec ch

3 r. des Meuniers – ✆ 03 44 42 84 09 – www.a-la-bonne-idee.fr – Fermé 6-30 janv., dim. soir et lundi
23 ch – †110/170 € ††110/170 € – ☕ 14 € – ½ P
Menu 35 € (semaine), 52/85 € – Carte 87/95 €
Plus qu'une bonne, une excellente idée qu'un repas en cette jolie auberge (pierres, poutres, cheminée…). La cuisine est raffinée et harmonieuse, portée par une équipe animée par le désir de bien faire. Chambres agréables, au charme suranné ou plus contemporaines. ➜ Ravioles de foie gras de canard, bouillon de poule crémé et jus de truffe. Croustillant de ris de veau, fleurette de céleri et champignons à l'huile de noisette. Crêpe de l'auberge flambée au kirsch.

PIERREFORT

✉ 15230 (Cantal) – 900 hab. – **Voir carte n°5-B3**
▶ Paris 540 km – Aurillac 64 km – Entraygues-sur-Truyère 55 km – Espalion 62 km
Carte Michelin 330-F5 – Guide Vert Michelin Auvergne

Hôtel du Midi ♿ rest, ch.

5 av. Georges-Pompidou – ✆ 04 71 23 30 20 – www.hoteldumidi-pierrefort.com – Fermé 22 déc.-18 janv.
13 ch – †61/63 € ††63/67 € – ☕ 9 € – ½ P
Rest – Formule 11 € – Menu 16 € (semaine), 29/44 € – Carte 29/55 €
Une adresse facile à repérer au centre du village. Des chambres fonctionnelles, un espace réunion, une nurserie, un restaurant (dans une ancienne maison de vigneron adjacente, pleine de caractère) : elle convient aussi bien aux familles qu'à la clientèle d'affaires.

PIERRE-PERTHUIS – 89 Yonne ➜ voir Vézelay

PIETRANERA – 2B Haute-Corse ➜ voir Corse (Bastia)

PIGNA – 2B Haute-Corse ➜ voir Corse (Ile-Rousse)

LE PIN-AU-HARAS

✉ 61310 (Orne) – 347 hab. – **Voir carte n°33-C2**
▶ Paris 183 km – Alençon 47 km – Caen 78 km – Lisieux 68 km
Carte Michelin 310-J2 – Guide Vert Michelin Normandie Cotentin

La Tête au Loup P

– ✆ 02 33 35 57 69 – www.lateteauloup.fr – Fermé 16 déc.-30 janv., dim. soir, lundi et mardi
Menu 29/48 € – Carte 46/61 € *(réservation conseillée)*
La faim chasse le loup du bois... Si l'animal peuplait encore la région, on pourrait le pister – à pas de loup – pour découvrir cette auberge traditionnelle, voisine du célèbre haras du Pin. Tel un vieux loup de mer, le chef est un tenant du "fait maison" et du terroir local. Il n'y a point de loup ici, mais que du bon !

LE PIN-LA-GARENNE – 61 Orne ➜ voir Mortagne-au-Perche

PINSAGUEL – 31 Haute-Garonne ➜ voir Toulouse

PINSOT – 38 Isère ➜ voir Allevard

PIOGGIOLA – 2B Haute-Corse ➜ voir Corse

PISCIATELLO – 2A Corse-du-Sud ➜ voir Corse (Ajaccio)

PITHIVIERS

✉ 45300 (Loiret) – 8 804 hab. – **Voir carte n°12-C1**
▶ Paris 82 km – Chartres 74 km – Fontainebleau 46 km – Montargis 46 km
Carte Michelin 318-K2 – Guide Vert Michelin Châteaux de la Loire

Le Relais de la Poste ♿ ch.

10 Mail Ouest – ✆ 02 38 30 40 30 – www.hotel-pithiviers.com
41 ch – †60 € ††70 € – ☕ 8 € – ½ P
Rest – Formule 12 € – Menu 18/35 € – Carte 27/46 € *(fermé dim. soir)*
Dans une grande bâtisse du centre-ville, autrefois relais de poste (19e s.), des chambres spacieuses et bien tenues (rénovation récente), avec poutres et mansardes aux étages supérieurs.

Aux Saveurs Lointaines ♿

1 pl. Martroi – ✆ 02 38 30 18 18 – www.auxsaveurslointaines.com – Fermé sept., 15 déc.-15 janv., dim. soir et lundi
Formule 14 € – Carte 16/40 €
Envie de goûter aux spécialités vietnamiennes sans subir les cinq heures de décalage horaire ? Si oui, rendez-vous dans ce restaurant où la cuisine évoque les saveurs lointaines. Dans un cadre au diapason, les assiettes sont colorées, parfumées et bien maîtrisées. Une invitation au voyage...

PIZAY – 69 Rhône ➜ voir Belleville

PLAGE DE CALALONGA – 2A Corse-du-Sud ➜ voir Corse (Bonifacio)

LA PLAGNE

✉ 73210 (Savoie) – **Voir carte n°45-D2**
Paris 678 km – Bourg-St-Maurice 32 km – Grenoble 140 km – Lyon 219 km
Carte Michelin 333-N4 – Guide Vert Michelin Alpes du Nord

à Plagne-Bellecôte 4 km à l'Est – ✉ 73210

Carlina

rest,

à Belle-Plagne : 2 km – 04 79 09 78 46 – www.carlina-belleplagne.com – Ouvert 14 déc.-25 avril
46 ch – 310/512 € 310/512 € – ½ P
Rest – Menu 50 € (dîner) – Carte 36/51 €
Attention, ce grand chalet se trouve sur les hauteurs, à Belle-Plagne et non à La Plagne ! La vue depuis la terrasse n'en est que plus belle, sans parler de l'accès direct aux pistes... Les chambres se déclinent dans un esprit montagnard ou dans un style plus épuré. Une adresse bien sympathique.

PLAGNE-BELLECÔTE – 73 Savoie ➜ voir la Plagne

PLAILLY

✉ 60128 (Oise) – 1 671 hab. – **Voir carte n°19-C2**
Paris 40 km – Beauvais 69 km – Chantilly 16 km – Compiègne 46 km
Carte Michelin 305-G6

La Gentilhommière

25 r. Georges Bouchard, (derrière l'église) – 03 44 54 30 20 – www.lagentilhommiere-plailly.perso.neuf.fr – Fermé 4-20 août, 16 fév.-2 mars, dim. soir, lundi et mardi
Menu 24 € (déj. en semaine), 34/44 €
Cette table prend ses aises dans l'ancienne étable d'un relais de poste du 17e s. ! Ambiance feutrée, carte traditionnelle et suggestions du jour selon le marché.

PLAIMPIED-GIVAUDINS

✉ 18340 (Cher) – 1 744 hab. – **Voir carte n°12-C3**
Paris 254 km – Bourges 14 km – Châteauroux 74 km – Orléans 128 km
Carte Michelin 323-K5 – Guide Vert Michelin Limousin Berry

Aux Marais

12 r. des Marais – 02 48 25 54 45 – Fermé 3 semaines en juil.-août, vacances de fév., dim. soir, lundi et merc.
Formule 23 € – Menu 27/37 €
Une cuisine réalisée à quatre mains… à Plaimpied ! Formés dans de belles maisons, Amandine et Stéphane Pasquier signent une carte fraîche et plutôt audacieuse, renouvelée tous les deux mois : mariage terre-mer, sucré-salé, etc. Du plaisir à prix doux. Cadre rustique (tomettes, poutres, cheminée, etc.).

PLAINE-DE-WALSCH

✉ 57870 (Moselle) – 618 hab. – **Voir carte n°27-D2**
Paris 454 km – Épinal 150 km – Metz 130 km – Nancy 94 km
Carte Michelin 307-N6

Étable Gourmande avec ch

3 rte du Stossberg, rte de Vallerysthal – 03 87 25 66 34 – www.aubergedeletable.com – Fermé 2 semaines en janv., 2 semaines en août, lundi midi, mardi midi, sam. midi et dim. soir
10 ch – 67 € 67 € – 8 € – ½ P
Menu 22 € (déj. en semaine), 48/65 € – Carte 57/69 €
Élégant et rustique, le cadre surprend d'abord agréablement. Puis viennent les délices du saumon fumé maison, de la belle charcuterie de cochon fermier, d'une cuisine généreuse et bien réalisée. Une étable – ou étape – effectivement gourmande ! Les chambres, agencées dans un esprit chalet, ne sont pas mal non plus...

LA PLAINE-SUR-MER

✉ 44770 (Loire-Atlantique) – 3 835 hab. – Voir carte n°**34**-A2
▶ Paris 438 km – Nantes 58 km – Pornic 9 km – St-Michel-Chef-Chef 7 km
Carte Michelin 316-C5

Anne de Bretagne

au Port de la Gravette, 3 km au Nord-Ouest – ✆ 02 40 21 54 72 – www.annedebretagne.com – Fermé de janv. à mi-fév.
20 ch – †147/246 € ††147/246 € – ☕ 24 € – ½ P
Rest *Anne de Bretagne* ✿✿ – voir les restaurants ci-après
Une grande bâtisse contemporaine, toute blanche, posée sur une dune. À l'horizon : le petit port de la Gravette et... rien que la mer ! Idéal pour une escale marine rassérénante, d'autant que le décor – au beau design épuré – repose les sens...

Anne de Bretagne (Philippe Vételé)

✿✿
au Port de la Gravette, 3 km au Nord-Ouest – ✆ 02 40 21 54 72 – www.annedebretagne.com – Fermé de janv. à mi-fév., dim. soir et merc. midi d'oct. à juin, mardi midi et lundi
Formule 36 € – Menu 43 € (déj. en semaine), 68/155 € – Carte 95/144 €
Une grande salle ouverte sur la mer : le cœur d'un sujet superbement illustré. Philippe Vételé témoigne d'une grande adresse en s'appropriant recettes classiques et meilleurs produits (pêche locale, mais aussi terroir) – en accord avec des vins parfaitement choisis par son épouse, sommelière. → Palourdes sauvages, sifflets de poireau, sorbet vinaigrette de muscat blanc. Turbot sauvage à la plancha, coquillages de la côte. Chocolat et cassis en crémeux de bourgeon, nougatine de grué de cacao.

PLAISIANS

✉ 26170 (Drôme) – 175 hab. – Voir carte n°**44**-B3
▶ Paris 690 km – Carpentras 44 km – Nyons 33 km – Vaison-la-Romaine 27 km
Carte Michelin 332-E8

Auberge de la Clue

pl. de l'Église – ✆ 04 75 28 01 17 – Ouvert 1er avril-26 oct., week-ends et fériés de nov. à mars sauf fév. et fermé dim. soir et lundi
Formule 20 € – Menu 28/34 € – Carte 35/50 €
En montant vers ce village montagnard, arrêtez-vous devant la jolie Clue, goulet d'étranglement où les cours d'eau s'emballent. On vient parfois de loin pour savourer cette alléchante cuisine du terroir face au mont Ventoux : caillette aux herbes, blanquette de chevreau, lapin à la tapenade... Sympathique !

LES PLANCHES-PRÈS-ARBOIS – 39 Jura → voir Arbois

PLANCOËT

✉ 22130 (Côtes-d'Armor) – 3 082 hab. – Voir carte n°**10**-C2
▶ Paris 417 km – Dinan 17 km – Dinard 20 km – St-Brieuc 46 km
Carte Michelin 309-I3

Maison Crouzil et Hôtel L'Écrin (Maxime Crouzil) avec ch

✿
20 les Quais – ✆ 02 96 84 10 24 – www.crouzil.com – Fermé 2-17 mars, 12-20 oct., mardi soir sauf juil.-août, dim. soir et lundi — rest, rest,
7 ch – †75/100 € ††100/135 € – ☕ 15 € – ½ P
Menu 30 € (déj. en semaine), 60/120 € – Carte 80/100 € *(réservation conseillée)*
L'occasion d'une bien agréable étape entre Dinard et le cap Fréhel : à la suite de son père, Maxime Crouzil signe une cuisine fine et savoureuse, où le savoir-faire le dispute à l'originalité ! À noter : également un petit bistrot et, pour passer la nuit, des chambres classiques et agréables. → Bonbon de grosse langoustine, croustillant aux herbes folles et cœur fenouil fondant. Blanc de turbot en vapeur douce et crème de cocos de Paimpol. Moelleux tiède au chocolat noir, glace spéculos.
Côté Bistrot Formule 13 € 🍷 – Menu 30 € – Carte 18/29 € *(fermé le soir, dim. et lundi)*

PLAN-DE-LA-TOUR

✉ 83120 (Var) – 2 875 hab. – Voir carte n°**41**-C3
▶ Paris 859 km – Cannes 68 km – Draguignan 36 km – Fréjus 28 km
Carte Michelin 340-O5

 **Mas des Brugassières** sans rest 
1,5 km au Sud par rte de Grimaud – ✆ 04 94 55 50 55 – www.mas-des-brugassieres.com – Ouvert de Pâques à mi-oct.
11 ch – †99/115 € ††115/135 € – ☕ 12 €
Joli mas au cœur des Maures. Chambres coquettes, bien rénovées dans un esprit zen et nature. Certaines disposent d'une terrasse ; d'autres ouvrent sur le jardin.

PLAN-DU-VAR

✉ 06670 (Alpes-Maritimes) – **Voir carte n°41-D2**
▶ Paris 941 km – Antibes 38 km – Cannes 48 km – Nice 32 km
Carte Michelin 341-E4 – Guide Vert Michelin Côte d'Azur

XX **Cassini** 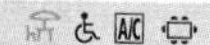
231 av. Porte des Alpes, D 6202 – ✆ 04 93 08 91 03 – www.restaurantcassini.com – Fermé 5-25 août, 26-30 déc., mardi soir, merc. soir, jeudi soir, dim. soir et lundi
Menu 36/72 € 🍷 – Carte 45/60 €
Sur la rue principale du village, cette table a été créée par la famille Cassini il y a plus de 80 ans ! La maison a su évoluer avec son temps, avec un décor soigné aux touches contemporaines et une carte qui revisite la tradition régionale au gré des saisons.

PLANGUENOUAL

✉ 22400 (Côtes-d'Armor) – 2 001 hab. – **Voir carte n°10-C2**
▶ Paris 449 km – Rennes 96 km – Saint-Brieuc 19 km – Saint-Malo 89 km
Carte Michelin 309-G3

Manoir de la Hazaie 
r. de Lamballe, 2,5 km au Sud-Est par D 59 – ✆ 02 96 32 73 71 – www.manoir-hazaie.com
5 ch – †135/152 € ††152/272 € – ☕ 16 € **Table d'hôte** – Menu 49 €
En pleine campagne, ce beau manoir en granit du 16e s. trône au milieu d'un parc verdoyant, avec un plan d'eau et un petit jardin d'herbes médiévales. Quant aux chambres, elles ont belle allure (mobilier ancien, baldaquin ou ciel de lit...), sans rien négliger du confort douillet du 21e s. De quoi traverser les époques !

PLAN-PEISEY – 73 Savoie ➜ voir Peisey-Nancroix

PLAPPEVILLE – 57 Moselle ➜ voir Metz

PLAZAC

✉ 24580 (Dordogne) – 714 hab. – **Voir carte n°4-D1**
▶ Paris 530 km – Bordeaux 170 km – Brive-la-Gaillarde 60 km – Périgueux 38 km
Carte Michelin 329-H5 – Guide Vert Michelin Périgord Quercy

 **Béchanou** 
4 km au Nord par D 6 et rte secondaire – ✆ 05 53 50 39 52 – www.bechanou.com
5 ch ☕ – †85/95 € ††95/100 € **Table d'hôte** – Menu 30 € 🍷
Vieille demeure en pierre située au bout d'un chemin pentu, qui offre tranquillité et vue imprenable sur la vallée. Les chambres sont sobres, fidèles à l'âme du lieu. Jolie piscine. À la table d'hôte, on se régale d'une alléchante cuisine familiale.

PLÉLO

✉ 22170 (Côtes-d'Armor) – 3 275 hab. – **Voir carte n°10-C1**
▶ Paris 470 km – Lannion 54 km – Rennes 118 km – Saint-Brieuc 22 km
Carte Michelin 309-E3

X **Au Char à Bancs** avec ch
Moulin de la Ville Geffroy, 1 km au Nord par D 84 – ✆ 02 96 74 13 63 – www.aucharabanc.com – Fermé janv. et en semaine sauf juil.-août
5 ch ☕ – †68/108 € ††78/118 € Carte 12/32 € *(réservation conseillée)*
Une ferme-auberge de charme, véritable paradis du tourisme vert. On vient d'abord pour les crêpes et les galettes, et pour la bonne potée mijotée à la cheminée. Légumes, cidre, cochon ; tout est cultivé, élevé ou transformé sur place ! Les chambres, dans un style brocante et rétro chic, sont adorables...

PLÉNEUF-VAL-ANDRÉ

22370 (Côtes-d'Armor) – 4 054 hab. – Voir carte n°**10**-C1
Paris 446 km – Dinan 43 km – Erquy 9 km – Lamballe 16 km
Carte Michelin 309-G3 – Guide Vert Michelin Bretagne Nord

au Val-André 2 km à l'Ouest – 22370

Au Biniou

121 r. Clemenceau – 02 96 72 24 35 – www.restaurant-au-biniou.com – Fermé vacances de fév., mardi et merc. sauf du 10 juil. au 25 août
Formule 17 € – Menu 27/37 € – Carte environ 47 €
Ce Biniou résonne du vent du large... Dans cette petite maison blanche proche de la plage du Val-André, les produits de la mer et les saveurs fraîches et iodées ont la cote, pour le plaisir des amateurs.

Le Sub

28 quai des Terres-Neuvas, 2 km au Sud-Ouest – 02 96 61 53 18 – Fermé merc. midi et mardi
Menu 26 €
Face au port de Dahouët, la déco (grande voile de bateau, maquettes de vieux gréements, etc.) nous ancre en Bretagne ! Un symbole pour le chef, revenu dans sa région d'origine après une belle carrière dans le Sud. Sa cuisine reflète le meilleur de la mer et du terroir breton : excellent rapport qualité-prix.

LE PLESSIS-PICARD – 77 Seine-et-Marne ➜ voir Paris, Environs (Sénart)

LE PLESSIS-ROBINSON – 92 Hauts-de-Seine ➜ voir Paris, Environs

PLOBSHEIM – 67 Bas-Rhin ➜ voir Strasbourg

PLOEMEUR

56270 (Morbihan) – 17 805 hab. – Voir carte n°**9**-B2
Paris 509 km – Concarneau 51 km – Lorient 6 km – Quimper 68 km
Carte Michelin 308-K8

à Lomener 4 km au Sud par D 163 – 56270

Le Vivier

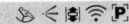

9 r. de Beg-Er-Vir – 02 97 82 99 60 – www.levivier-lomener.com – Fermé 23 déc.-7 janv.
14 ch – 104/130 € 110/140 € – 15 € – ½ P
Rest *Le Vivier* – voir les restaurants ci-après
Imaginez tout l'océan, l'île de Groix, et encore tout l'océan, à perte de vue... Tel est le panorama unique offert par cette maison moderne ancrée sur un rocher ! On n'y entend que le bruit des vagues...

Le Vivier

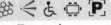

9 r. de Beg-Er-Vir – 02 97 82 99 60 – www.levivier-lomener.com – Fermé 23 déc.-7 janv., 2-10 mars et dim. soir de mi-sept. à Pâques
Formule 26 € – Menu 31/85 € – Carte 52/75 €
Dans cet établissement posé face au large, la cuisine est évidemment vouée à Neptune : les pieds presque dans l'eau, on fait le plein d'iode avec de très beaux produits de la pêche (entre autres). Le menu enfant ravit les petits gourmands.

PLOËRMEL

56800 (Morbihan) – 9 067 hab. – Voir carte n°**10**-C2
Paris 417 km – Lorient 88 km – Loudéac 47 km – Rennes 68 km
Carte Michelin 308-Q7 – Guide Vert Michelin Bretagne Sud

Le Roi Arthur

au lac au Duc : 1,5 km par D 8 – 02 97 73 64 64 – www.hotelroiarthur.com – Fermé 2-15 mars
46 ch – 94/176 € 128/254 € – 16 € – ½ P
Rest *Le Roi Arthur* – voir les restaurants ci-après
En quête du Graal ? Il se cache peut-être ici, entre le lac au Duc et le golf... Les chambres sont confortables et d'esprit actuel.

Le Cobh

10 r. des Forges – ✆ 02 97 74 00 49 – www.hotel-lecobh.com – Fermé 21 déc.-5 janv.
12 ch – 63/85 € 73/85 € – 10 € – ½ P
Rest ***Le Cobh*** – voir les restaurants ci-après
Cet ancien relais de poste (1845) propose des chambres fonctionnelles décorées sur le thème des légendes de Brocéliande ; il faut dire que cette forêt magique n'est pas très loin ! Le salon-bar est bien agréable entre deux randonnées.

Le Roi Arthur – Hôtel Le Roi Arthur

au lac au Duc : 1,5 km par D 8 – ✆ 02 97 73 64 64 – www.hotelroiarthur.com – Fermé 2-15 mars
Menu 38/95 € – Carte 40/58 €
Les chevaliers non pas de la Table ronde mais des Temps modernes se sentiront comme des rois dans ce restaurant baigné de lumière. Par les baies vitrées, on peut même contempler les flots. Au menu, cuisine classique et service sans fausse note. Une bonne adresse.

Le Cobh – Hôtel Le Cobh

10 r. des Forges – ✆ 02 97 74 00 49 – www.hotel-lecobh.com – Fermé 21 déc.-5 janv., lundi midi, merc. midi, sam. midi et dim.
Formule 13 € – Menu 17 € (déj. en semaine), 27/43 € – Carte 38/52 €
Cet agréable restaurant, un ancien relais de chasse de 1845, se veut à la fois classique et intime. Derrière les fourneaux, le jeune chef utilise des produits locaux (coquillages, crustacés, poissons, viandes de Bretagne) qu'il associe parfois à des saveurs exotiques. Dépaysant tout en restant les pieds sur terre !

PLOGOFF

29770 (Finistère) – 1 335 hab. – **Voir carte n°9-A2**
Paris 610 km – Audierne 11 km – Douarnenez 32 km – Pont-l'Abbé 43 km
Carte Michelin 308-D6

Kermoor

plage du Loch, 2,5 km rte d'Audierne – ✆ 02 98 70 62 06 – www.kermoor-audierne.com – Fermé 5 janv.-11 fév.
12 ch – 75/125 € 75/125 € – 11 € – ½ P
Rest – Menu 19 € (semaine), 30/42 € – Carte 28/88 € *(fermé 1er-22 déc., dim. soir, mardi midi et lundi midi du 1er avril au 17 sept., lundi, mardi, merc. et jeudi du 12 au 30 nov.)*
Cette maison néobretonne domine la baie d'Audierne, la plage et le petit port... Les chambres ont vue sur la mer, et on profite d'un agréable espace bien-être (bassin de nage à contre-courant, jacuzzi, etc.). Côté restaurant, priorité aux produits bio !

PLOMBIÈRES-LES-BAINS

88370 (Vosges) – 1 824 hab. – **Voir carte n°27-C3**
Paris 378 km – Belfort 79 km – Épinal 38 km – Gérardmer 43 km
Carte Michelin 314-G5

Le Grand Hôtel

av. des Etats-Unis – ✆ 03 29 30 07 07 – www.plombieres-les-bains.com
78 ch – 68/80 € 75/200 € – 2 suites – 12 € – ½ P
Rest – Formule 14 € – Menu 24/59 € – Carte 41/50 €
On entre dans cet hôtel Napoléon III – relié aux thermes de la ville – par un hall lumineux, sous une verrière. Vastes chambres d'esprit Art déco. Au restaurant, immense salle à manger Belle Époque et cuisine au goût du jour.

PLOMODIERN

29550 (Finistère) – 2 212 hab. – **Voir carte n°9-A2**
Paris 559 km – Brest 60 km – Châteaulin 12 km – Crozon 25 km
Carte Michelin 308-F5

L'Auberge des Glazicks (Olivier Bellin) avec ch

7 r. de la Plage – ✆ 02 98 81 52 32 – www.aubergedesglazick.com – Fermé 2 semaines en mars, 2 semaines en nov., lundi et mardi

8 ch – †160/305 € ††160/305 € – ☕ 15 €

Menu 55 € (déj. en semaine), 78/165 € – Carte 110/155 €

Inventif et touche-à-tout, Olivier Bellin n'a qu'une passion : cultiver le meilleur de la pêche locale et du terroir breton. Chaque assiette est un hymne aux saveurs de la région, réinventées et toujours aussi... vivifiantes ! Et pour découvrir ce travail, pourquoi ne pas profiter des chambres, élégantes et confortables ?

➜ Langoustines, girolles et framboises, sucs de carcasse. Homard bleu façon kig-ha-farz. Plaquette coulante au chocolat bitter chaud.

PLOUBALAY

✉ 22650 (Côtes-d'Armor) – 2 769 hab. – **Voir carte n°10-C1**

▶ Paris 412 km – Dinan 18 km – Dol-de-Bretagne 35 km – Lamballe 36 km

Carte Michelin 309-J3 – Guide Vert Michelin Bretagne Nord

Restaurant de la Gare

4 r. des Ormelets – ✆ 02 96 27 25 16 – www.restaurant-la-gare-ploubalay.com – Fermé 24-30 juin, 23-29 sept., 21 fév.-12 mars, lundi et mardi sauf le midi de sept. à juin et merc. sauf juil.-août

Formule 15 € – Menu 27/60 € – Carte 38/62 €

Si vous parcourez les stations de la Côte d'Émeraude, faites donc un arrêt dans cette Gare gourmande ! À travers une cuisine personnelle et savoureuse, Thomas Mureau joue sans excès avec la tradition régionale, la mer et la terre bretonnes. Évidemment, les menus s'adaptent aux opportunités du marché... qualité oblige.

PLOUBAZLANEC – 22 Côtes-d'Armor ➜ voir Paimpol

PLOUER-SUR-RANCE

✉ 22490 (Côtes-d'Armor) – 3 361 hab. – **Voir carte n°10-D2**

▶ Paris 397 km – Dinan 13 km – Dol-de-Bretagne 20 km – Lamballe 53 km

Carte Michelin 309-J3 – Guide Vert Michelin Bretagne Nord

Manoir de Rigourdaine sans rest

à Rigourdaine, 3 km par rte de Langrolay puis rte secondaire – ✆ 02 96 86 89 96 – www.hotel-rigourdaine.fr – Ouvert de début avril à mi-nov.

19 ch – †89/105 € ††97/105 € – ☕ 10 €

Dominant l'estuaire de la Rance, cette ancienne ferme a été restaurée avec goût. Poutres ancestrales, cheminée et mobilier campagnard... Un décor de caractère, au grand calme !

PLOUESCAT

✉ 29430 (Finistère) – 3 609 hab. – **Voir carte n°9-B1**

▶ Paris 570 km – Brest 49 km – Brignogan-Plages 16 km – Morlaix 34 km

Carte Michelin 308-F3 – Guide Vert Michelin Bretagne Nord

Cap Ouest

r. de Brest, (derrière le casino) – ✆ 02 98 19 19 19 – www.hotelcapouest.fr

41 ch – †80/140 € ††80/140 € – 1 suite – ☕ 12 € – ½ P

Rest – Menu 17 € (déj. en semaine), 26/32 € – Carte 23/43 € *(fermé sam. midi, dim. soir et lundi midi hors saison)*

Derrière le casino, cet hôtel né en 2010 – un simple parallélépipède tout en longueur – abrite des chambres confortables et fonctionnelles, utiles pour le travail comme pour les vacances. Pour se détendre, on fera un passage à l'espace balnéo.

PLOUFRAGAN – 22 Côtes-d'Armor ➜ voir St-Brieuc

PLOUGASNOU

✉ 29630 (Finistère) – 3 212 hab. – **Voir carte n°9-B1**

▶ Paris 550 km – Rennes 198 km – Quimper 100 km – Lannion 34 km

Carte Michelin 308-I2 – Guide Vert Michelin Bretagne Nord

La Maison de Kerdiès

5 rte de Perherel, (lieu dit St-Samson) – 02 98 72 40 66 – www.maisonkerdies.com – Fermé janv., dim. soir de nov. à mars et lundi
Formule 15 € – Menu 22/30 € – Carte 27/40 €
Cette maison de la pointe du Trégor fut à l'origine un sémaphore, avant d'être transformée en colonie de vacances, puis en restaurant. De la salle, on profite d'une vue panoramique sur Roscoff et l'île de Batz... Mais on se recentre vite sur l'assiette, et sur cette généreuse cuisine de tradition, servie avec le sourire !

PLOUGONVEN

29640 (Finistère) – 3 293 hab. – Voir carte n°**9**-B1
Paris 535 km – Lannion 38 km – Morlaix 12 km – Rennes 183 km
Carte Michelin 308-I3 – Guide Vert Michelin Bretagne Nord

La Grange de Coatélan

Coatélan, 4 km à l'Ouest par D 109 – 02 98 72 60 16 – www.les-gites-en-bretagne.fr – Fermé vacances de Noël
5 ch – 46/56 € 49/59 € – 7 € **Table d'hôte** – Menu 23 €
En pleine campagne, cette ferme bretonne du 16e s. couverte de vigne vierge invite au calme le plus absolu... Les chambres sont aménagées dans les dépendances, dont elles partagent le caractère rustique. Quant à la table d'hôte, elle s'épanouit dans une ancienne grange et joue la carte du terroir (sur réservation).

PLOUGRESCANT

22820 (Côtes-d'Armor) – 1 349 hab. – Voir carte n°**9**-B1
Paris 514 km – Guingamp 38 km – Lannion 23 km – Rennes 162 km
Carte Michelin 309-C1 – Guide Vert Michelin Bretagne Nord

Manoir de Kergrec'h sans rest

– 02 96 92 59 13 – www.manoirdekergrech.com – Fermé 12 nov.-6 déc. et 5 janv.-13 fév.
11 ch – 120/170 € 120/170 € – 15 €
Un superbe manoir épiscopal (17e s.) trônant au milieu d'un parc majestueux qui descend jusqu'à la mer... L'année 2012 a été pour lui celle de la renaissance, avec une complète et belle rénovation. Confort total et calme absolu.

PLOUHARNEL

56340 (Morbihan) – 2 038 hab. – Voir carte n°**9**-B3
Paris 492 km – Lorient 50 km – Rennes 141 km – Vannes 32 km
Carte Michelin 308-M9 – Guide Vert Michelin Bretagne Sud

Carnac Lodge sans rest

Kerhueno – 02 97 58 30 30 – www.carnaclodge.com – Fermé de mi-nov. à Noël
20 ch – 82/135 € 82/135 € – 13 €
Entre Carnac et Plouharnel, cet hôtel dispose de chambres au décor soigné, un brin branché (plexiglas, touches néobaroques, etc.). Agréable piscine ; jardin calme et verdoyant.

PLOUIDER

29260 (Finistère) – 1 965 hab. – Voir carte n°**9**-A1
Paris 582 km – Brest 36 km – Landerneau 21 km – Morlaix 46 km
Carte Michelin 308-F3

La Butte

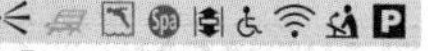

10 r. de la Mer – 02 98 25 40 54 – www.labutte.fr – Fermé 1er-15 janv.
21 ch – 92/148 € 92/148 € – 18 € – ½ P
Rest *La Butte* – voir les restaurants ci-après
Une saga familiale débutée en 1952... et qui n'est pas prête de se terminer ! Les chambres, contemporaines et épurées, donnent toutes sur la mer, et un spa est à disposition. Idéal pour se ressourcer au grand air...

XXX **La Butte** (Nicolas Conraux)
10 r. de la Mer – ✆ 02 98 25 40 54 – www.labutte.fr – Fermé 1er-15 janv. et lundi midi
Menu 25 € (déj. en semaine), 46/92 € – Carte 58/122 €
Fraîcheur, précision, parfums : c'est un véritable hommage aux produits de Bretagne que rend le jeune chef, Nicolas Conraux, qui sait allier maîtrise technique et créativité. La sympathie du service, comme la vue sur la baie, ajoutent au plaisir du repas. Une Butte ? Un roc... un pic... un cap ! ➜ Tartare de Saint-Jacques, pomme, céleri et sablé parmigiano reggiano. Filet et ris de veau croustillants, macaronis au comté et jus réduit. Sablé breton, myrtilles acidulées et figue poêlée.

PLOUIGNEAU

29610 (Finistère) – 4 753 hab. – **Voir carte n°9-B1**
Paris 530 km – Lannion 32 km – Quimper 96 km – Rennes 177 km
Carte Michelin 308-I3 – Guide Vert Michelin Bretagne Nord

Manoir de Lanleya sans rest
4 km au Nord par D 64 et rte secondaire – ✆ 02 98 79 94 15 – www.manoir-lanleya.com
5 ch – 76 € 81 €
Dans ce pittoresque hameau, de superbes maisons bretonnes. Parmi elles, ce manoir du 16e s. magnifiquement restauré par des Compagnons. Tout est délicieux, les jolies chambres meublées d'ancien, le jardin, la rivière... Accueil plein de gentillesse.

PLOUMANACH – 22 Côtes-d'Armor ➜ voir Perros-Guirec

PLOUMILLIAU

22300 (Côtes-d'Armor) – 2 550 hab. – **Voir carte n°9-B1**
Paris 520 km – Quimper 113 km – Rennes 169 km – St-Brieuc 73 km
Carte Michelin 309-A2 – Guide Vert Michelin Bretagne Nord

Manoir de l'Isle (N) sans rest
Lieu-dit L'Isle – ✆ 02 96 35 39 90 – www.manoirdelisle.com
4 ch – 90/109 € 115/155 €
Un ancien manoir du 18e s. entièrement restauré, à une poignée de kilomètres de la mer. L'atmosphère est cosy, tout en conservant le côté rustique des lieux (pierres et poutres apparentes, parquet ou tomettes au sol...). Parfait pour une escapade amoureuse en Bretagne !

PLUGUFFAN – 29 Finistère ➜ voir Quimper

PLUVIGNER

56330 (Morbihan) – 7 006 hab. – **Voir carte n°10-C2**
Paris 482 km – Lorient 38 km – Rennes 131 km – Vannes 36 km
Carte Michelin 308-M8

Domaine de Kerbarh
r. de Kerbarh, par rte de Ste-Anne – ✆ 02 97 59 40 15 – www.domaine-dekerbarh.com
5 ch – 100 € 100 € **Table d'hôte** – Menu 28 €
Cette ferme rénovée propose des chambres personnalisées (tons vifs, mobilier oriental, équipements high-tech, poêle à bois). Pour la détente : sauna, hammam, jacuzzi, piscine. Petit-déjeuner copieux à la manière d'un brunch et table d'hôte traditionnelle le soir.

LE POËT-LAVAL – 26 Drôme ➜ voir Dieulefit

POINTE DE MOUSTERLIN – 29 Finistère ➜ voir Fouesnant

POINTE DE ST-MATHIEU – 29 Finistère ➜ voir Conquet

POINTE DU GROUIN – 35 Ille-et-Vilaine ➜ voir Cancale

POINTE-DU-RAZ

✉ 29770 (Finistère) – Voir carte n°**9**-A2
▶ Paris 614 km – Douarnenez 37 km – Pont-l'Abbé 48 km – Quimper 53 km
Carte Michelin 308-C6 – Guide Vert Michelin Bretagne Sud

à La Baie des Trépassés 3,5 km par D 784 et rte secondaire – ✉ 29770

Hôtel de la Baie des Trépassés

– ✆ 02 98 70 61 34 – www.baiedestrepasses.com
– Ouvert de mi-fév. à mi-nov.
25 ch – 60/170 € 60/170 € – 13 € – ½ P
Rest – Formule 22 € – Menu 28/62 € – Carte 26/118 € *(fermé lundi sauf vacances scolaires)*
Cette bâtisse semble avoir été déposée devant la plage de la baie des Trépassés, qu'encadrent les pointes du Raz et du Van. Pour se reposer d'un environnement aussi sauvage, mieux vaut choisir les chambres donnant sur la mer ou celles mansardées du 2e étage...

POINT-SUBLIME

✉ 04120 (Alpes-de-Haute-Provence) – Voir carte n°**41**-C2
▶ Paris 803 km – Castellane 18 km – Digne-les-Bains 71 km – Draguignan 53 km
Carte Michelin 334-G10 – Guide Vert Michelin Alpes du Sud

Auberge du Point Sublime avec ch

D 952 – ✆ 04 92 83 60 35 – www.auberge-pointsublime.com
– Ouvert 26 avril-6 oct.
13 ch – 67/75 € 67/75 € – 9 € – ½ P
Formule 18 € – Menu 26/36 € – Carte environ 44 € *(fermé jeudi midi sauf du 14 juil. au 15 août et merc.)*
Un point de vue... sublime, au cœur des gorges du Verdon ! Cette sympathique auberge familiale propose une cuisine qui fleure bon le terroir (bonne viande et frites maison), dans un cadre à l'ancienne. Pratique : les petites chambres pour l'étape.

POISSON – 71 Saône-et-Loire ➜ voir Paray-le-Monial

POITIERS

✉ 86000 (Vienne) – 87 697 hab. – Agglo. 128 991 hab. – Voir carte n°**39**-C1
▶ Paris 335 km – Angers 134 km – Limoges 126 km – Nantes 215 km
Carte Michelin 322-H5 – Guide Vert Michelin Poitou-Charentes

Mercure Centre

14 r. Édouard-Grimaux – ✆ 05 49 50 50 60 – www.hotelmercurepoitiers.com
48 ch – 138/280 € 138/280 € – 2 suites – 15 € Plan : DY**t**
Rest *Les Archives* – voir les restaurants ci-après
Au cœur de la ville, cet établissement prend ses aises dans une ancienne chapelle jésuite de 1854. Dans les chambres, confortables et fonctionnelles, le mobilier contemporain se marie aux chapiteaux et voûtes néogothiques ! Le restaurant, lui, a été créé dans la nef. Original et réussi.

Le Grand Hôtel sans rest

28 r. Carnot – ✆ 05 49 60 90 60 – www.grandhotelpoitiers.fr Plan : CZ**k**
41 ch – 69/115 € 79/135 € – 6 suites – 12 €
Dans une rue très animée du centre-ville, mais au calme sur une cour intérieure... Un établissement très bien tenu, aux chambres assez spacieuses et confortables – même si leur décor n'est pas de la dernière actualité. Agréable terrasse pour le petit-déjeuner.

POITIERS

Aérospatiale (R. de l') ...... **AV** 3
Allende (R. Salvador) ...... **BX** 7
Blaiserie (R. de la) .... **AV** 9
Ceuille-Mirebalaise (R.) .... **AV** 19
Coligny (Bd) .... **BX** 23
Demi-Lune (Carr. de la) .... **AV** 27
Fg-Ceuille-Mirebalaise (R. du) .... **AV** 29
Fg-du-Pont-Neuf (R. du) .... **BX** 30
Fg-St-Cyprien (R. du) ...... **AX** 31
Fief-de-Grimoire (R.) .... **AX** 33
Gibauderie (R. de la) .... **BX** 39
Guynemer (R.) .... **AX** 43
Maillochon (R. de) .... **AX** 54
Miletrie (R. de la) .... **BX** 57
Montbernage (R. de) .... **BV** 58
Montmidi (R. de) .... **AX** 62
Pierre-Levée (R.) .... **BX** 69
Rataudes (R. des) .... **AX** 70
Schuman (Av. R.) .... **BV** 88
Vasles (Rte de) .... **AX** 93

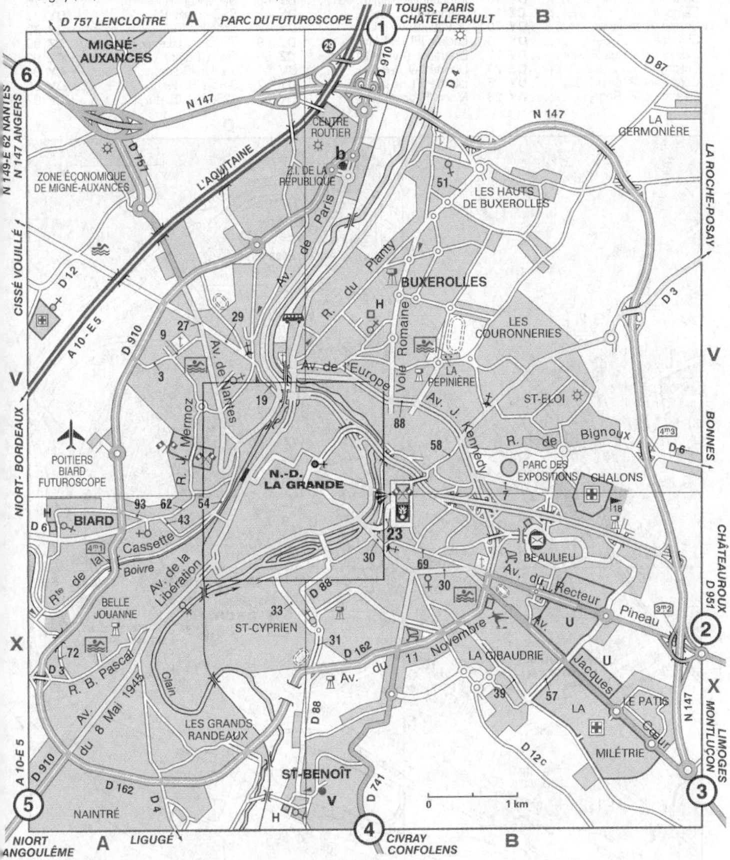

Hôtel de France

215 av. de Paris – ✆ 05 49 01 74 74 – www.hotel-poitiers.fr Plan : BV**b**
58 ch – †78/156 € ††78/156 € – ☕ 12 € – ½ P
Rest – Formule 19 € – Menu 24 € *(fermé sam. midi et dim. soir)*
Au croisement des principaux axes autoroutiers du nord de la ville, en direction du Futuroscope, un hôtel des années 1970, rénové dans un esprit contemporain. Restaurant face à la piscine.

Hôtel de l'Europe sans rest

39 r. Carnot – ✆ 05 49 88 12 00 – www.hotel-europe-poitiers.com – Fermé 19 déc.-4 janv. Plan : CZ**n**
88 ch – †64/98 € ††71/103 € – ☕ 10 €
Au cœur de la ville, un large porche ouvre sur ce relais de poste du 19e s., encadré par deux ailes contemporaines. De bonnes prestations : l'ensemble a été entièrement rénové ces dernières années. Jardin arboré sur l'arrière.

POITIERS

Rue	Plan	N°
Abbé-Frémont (Bd)	**DY**	2
Alexandre (R. J.)	**DZ**	4
Blossac (R. de)	**CZ**	10
Boncenne (R.)	**CDY**	12
Bouchet (R. Jean)	**DY**	14
Bretonnerie (R. de la)	**DY**	16
Carnot (R.)	**CZ**	17
Chaine (R. de la)	**DY**	20
Champagne (R. de)	**DY**	21
Clos-des-Carmes (Pl. du)	**DY**	22
Coligny (Bd)	**DZ**	23
Cordeliers (R. des)	**DY**	25
Descartes (R. René)	**DY**	28
Fg-du-Pont-Neuf	**DZ**	30
Gabillet (R. H.)	**DY**	34
Gambetta (R.)	**DY**	35
Gaulle (Pl. Ch.-de)	**DY**	36
Grand-Rue	**DY**	
Grignon-de-Montfort (R.)	**DY**	40
Hôtel-Dieu (R. de l')	**DY**	45
Intendant-le-Nain (R. de l')	**DY**	46
Jeanne-d'Arc (Bd)	**DY**	48
Jean-de-Berry (Pl.)	**DY**	47
Leclerc (Pl. du Mar.)	**DZ**	49
Libération (Av. de la)	**CZ**	50
Liberté (Av. de la)	**BV**	51
Liberté (Pl. de la)	**DY**	52
Macé (R. Jean)	**DY**	53
Marché-Notre-Dame (R. du)	**DYZ**	55
Marne (R. de la)	**CY**	56
Mouton (R. du)	**DY**	63
Oudin (R. H.)	**DY**	67
Puygarreau (R. du)	**DZ**	70
Rat (R. Pierre)	**DY**	71
Riffault (R.)	**DY**	74
St-Cyprien (R.)	**DZ**	76
St-Germain (R.)	**DY**	77
Solférino (Bd)	**CY**	89
Thezard (R. Léopold)	**CZ**	90
Tison (Bd de)	**CZ**	92
Verdun (Bd de)	**CY**	94
3-Rois (R. des)	**DY**	95
125e-R.-I. (R. du)	**CZ**	97

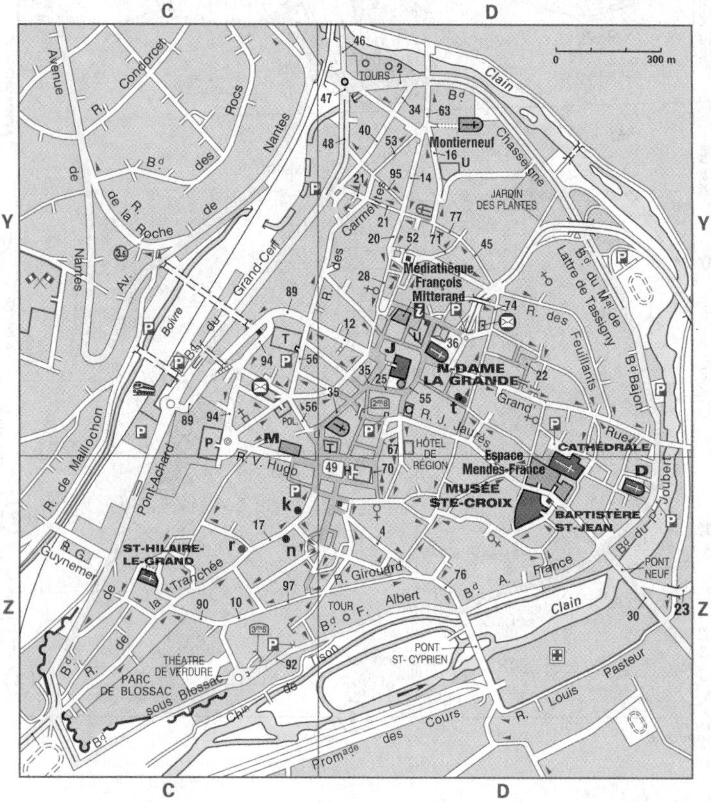

XX **Le Poitevin**

76 r. Carnot – ✆ 05 49 88 35 04 – www.le-poitevin.fr – Fermé 20 avril-5 mai, 3 semaines en juil., 23 déc.-4 janv., dim. soir et lundi Plan : CZ**r**

Formule 11 € – Menu 24/36 € – Carte 44/64 €

Des tons clairs, un décor dans l'air du temps et, dans l'une des trois salles, une cheminée qui crépite dès les premiers frimas : simplicité et chaleur autour de plats traditionnels élaborés avec de beaux produits régionaux.

X **Les Archives** – Hôtel Mercure Centre

14 r. Édouard-Grimaux – ✆ 05 49 30 53 00 – www.lesarchives.fr – Fermé dim. soir

Formule 19 € – Menu 25 € (déj. en semaine), 46/65 € – Carte 52/58 € Plan : DY**t**

Premièrement, il faut planter le décor : une chapelle du 19e s. dont la nef, tout en colonnes et arcs, a été transfigurée par un aménagement contemporain saisissant ! Depuis la salle, on observe l'équipe s'affairer en cuisine. Les assiettes se distinguent par leur créativité, à l'aune des lieux...

POLLIAT

✉ 01310 (Ain) – 2 403 hab. – Voir carte n°**44**-B1
▶ Paris 415 km – Bourg-en-Bresse 12 km – Lyon 74 km – Mâcon 26 km
Carte Michelin 328-D3

Téjérina-Hôtel de la Place avec ch
rest, rest,
51 pl. de la Mairie – ✆ 04 74 30 40 19 – www.restaurant-tejerina-logis.fr – Fermé 22 juil.-12 août, 26 déc.-8 janv., jeudi soir, dim. soir et lundi
7 ch – †54/59 € ††57/65 € – ☕ 9 € – ½ P
Menu 20 € (semaine), 30/63 € – Carte 29/52 €
L'auberge familiale par excellence, où l'on vous sert avec le sourire une goûteuse et généreuse cuisine du terroir. Tête de veau, poulet à la crème, soufflé aux foies de volaille et grenouilles sont à l'honneur ! Chambres bien tenues pour prolonger l'étape.

POLMINHAC

✉ 15800 (Cantal) – 1 092 hab. – Voir carte n°**5**-B3
▶ Paris 553 km – Aurillac 15 km – Murat 34 km – Vic-sur-Cère 5 km
Carte Michelin 330-D5 – Guide Vert Michelin Auvergne

Au Bon Accueil
rest,
9 allée des Monts d'Auvergne – ✆ 04 71 47 40 21 – www.hotel-bon-accueil.com – Fermé 15 oct.-1er déc., dim. soir et lundi
22 ch – †48/54 € ††50/59 € – ☕ 9 € – ½ P
Rest – Menu 13 € (déj. en semaine), 18/28 €
Il y a toute la bonne humeur du pays dans cette grande bâtisse blanche plantée au milieu des champs. Les chambres sont simples et fonctionnelles (certaines avec vue sur la vallée de la Cère) l'ambiance est familiale, et le restaurant met à l'honneur les légumes du potager.

LA POMARÈDE

✉ 11400 (Aude) – 162 hab. – Voir carte n°**22**-A2
▶ Paris 728 km – Auterive 49 km – Carcassonne 49 km – Castres 38 km
Carte Michelin 344-C2

Hostellerie de la Pomarède (Gérald Garcia) avec ch
Château de la Pomarède – ✆ 04 68 60 49 69
rest, rest,
– www.hostellerie-lapomarede.fr
7 ch – †110/200 € ††110/200 € – ☕ 18 € – ½ P
Formule 25 € – Menu 29 € (déj. en semaine), 35/99 € – Carte 68/105 €
Dans l'élégante dépendance d'un château cathare du 11e s. S'il est inventif, Gérald Garcia n'oublie pas la tradition régionale : foie gras, boudin noir, agneau du Lauragais, vins locaux... Les produits sont beaux, les associations de saveurs et de textures étudiées. Plusieurs possibilités d'hébergement, dont des chambres "au château". ➜ Macaronade au parmesan et truffe. Pigeonneau en deux cuissons, melon et boudin snackés, jus à la réglisse. Cube sphère, noisette et cacao.

Le Presbytère
6 ch – †150/250 € ††200/300 € – 1 suite – ☕ 18 €
Résolument contemporaines, les chambres de cet ancien presbytère osent le béton ciré, les matériaux bruts, les salles de bains ouvertes. Design, vous avez dit design ?

POMMARD – 21 Côte-d'Or ➜ voir Beaune

POMMEUSE – 77 Seine-et-Marne ➜ voir Coulommiers

POMMIERS

✉ 69480 (Rhône) – 2 254 hab. – Voir carte n°**43**-E1
▶ Paris 442 km – Lyon 32 km – Villeurbanne 45 km – Vénissieux 45 km
Carte Michelin 327-H4 – Guide Vert Michelin Lyon et sa région

XX **Les Terrasses de Pommiers**

706 montée de Buisante – ✆ 04 74 65 05 27 – www.terrasses-de-pommiers.com – Fermé vacances de la Toussaint et de fév., mardi et merc.
Formule 18 € – Menu 32/52 € – Carte 45/61 €
Un beau travail d'architecte : entièrement vitrée, tout en lignes épurées et en tons bleu-gris – écho au ciel sur laquelle elle ouvre en grand ? –, la salle domine les monts du Lyonnais et la vallée... Côté papilles, on savoure des plats dans l'air du temps fort alléchants.

PONS

✉ 17800 (Charente-Maritime) – 4 333 hab. – **Voir carte n°38-B3**
Paris 493 km – Blaye 64 km – Bordeaux 97 km – Cognac 24 km
Carte Michelin 324-G6 – Guide Vert Michelin Poitou-Charentes

XX **Bordeaux** avec ch

ch,

1 av. Gambetta – ✆ 05 46 91 31 12 – www.hotel-de-bordeaux.com – Fermé vacances de Noël, sam. midi et dim. d'oct. à avril
16 ch – †52 € ††68 € – ☕ 9 € – ½ P
Formule 13 € – Menu 18/49 € – Carte 33/68 €
Crêpe de pied de porc et sa sauce aux champignons ; noix de veau et julienne de citron ; tarte au chocolat amer et glace au lait... Une cuisine fort soignée, à la rencontre du marché et de l'inspiration du chef, pour un rapport plaisir-prix excellent. Cadre cosy avec un joli patio fleuri et des chambres pour prolonger l'étape.

à Pérignac 8 km au Nord-Est par rte de Cognac – ✉ 17800 – 976 hab.

XX **La Gourmandière**

42 av. de Cognac – ✆ 05 46 96 36 01 – www.la-gourmandiere-perignac.com – Fermé mardi soir et merc. sauf juil.-août et dim. soir
Formule 16 € – Menu 28/51 € – Carte 33/54 €
Une cuisine savoureuse avec des produits tout droit sortis de la mer, à l'image de ces Saint-Jacques rôties et leur délicate tortilla aux poivrons... Les ingrédients, majoritairement bio (comme les vins), changent selon les saisons et le marché ! Et pour ne rien gâcher, le cadre se révèle charmant.

à Mosnac 11 km au Sud par rte de Bordeaux et D 134 – ✉ 17240 – 480 hab.

Moulin du Val de Seugne

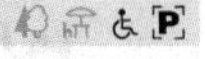

– ✆ 05 46 70 46 16 – www.valdeseugne.com – Fermé 2 janv.-13 fév.
14 ch – †119/139 € ††119/139 € – ☕ 15 € – ½ P
Rest *Moulin du Val de Seugne* – voir les restaurants ci-après
Un élégant moulin tout en pierre (16e s.), au bord de la Seugne, en pleine nature. Sur l'île voisine vivent en liberté lapins, oies, chèvres, poneys... Les chambres, spacieuses et raffinées, sont décorées dans un bel esprit maison d'hôtes. Charme champêtre !

XXX **Moulin du Val de Seugne**

– ✆ 05 46 70 46 16 – www.valdeseugne.com – Fermé 2 janv.-13 fév.
Formule 23 € – Menu 30/80 € – Carte 54/99 €
Comment résister à un cadre si bucolique ? Ce moulin au bord de l'eau, cerné par la verdure, est tout simplement délicieux... Et la carte proposée – une cuisine d'aujourd'hui aux doux accents du terroir local, inspirée par le marché et les saisons – lui va si bien !

PONTAILLAC – 17 Charente-Maritime ➜ voir Royan

PONT-A-MOUSSON

✉ 54700 (Meurthe-et-Moselle) – 14 505 hab. – **Voir carte n°26-B2**
Paris 325 km – Metz 31 km – Nancy 30 km – Toul 48 km
Carte Michelin 307-H5

Le Fourneau d'Alain

64 pl. Duroc, (1er étage) – ☏ 03 83 82 95 09 – www.lefourneaudalain.com – Fermé 1er-15 mai, 2 semaines en août, merc. soir, dim. soir et lundi
Menu 29/53 € – Carte 33/62 €
Ce restaurant sagement contemporain s'est installé sur la place principale, dans l'une des maisons à arcades du 16e s. Parmi les spécialités traditionnelles du lieu, le foie gras poêlé aux griottes et le pigeon fermier au beurre rouge.

PONTARLIER

25300 (Doubs) – 18 456 hab. – **Voir carte n°17-C2**
Paris 462 km – Besançon 60 km – Dole 88 km – Lausanne 67 km
Carte Michelin 321-I5 – Guide Vert Michelin Franche-Comté Jura

L'Alchimie

1 av. de l'Armée-de-l'Est – ☏ 03 81 46 65 89 – www.l-alchimie.com – Fermé 22 avril-3 mai, 15 juil.-2 août, 1er-12 janv., mardi soir, dim. et merc.
Formule 14 € – Menu 19 € (déj. en semaine), 44/79 € – Carte 53/65 €
Le chef-alchimiste prépare des plats inventifs bien pensés en "transmutant" produits régionaux, épices et saveurs exotiques. Cadre tendance, en adéquation avec la cuisine.

PONTAUBERT – 89 Yonne ➜ voir Avallon

PONT-AUDEMER

27500 (Eure) – 8 838 hab. – **Voir carte n°32-B3**
Paris 164 km – Caen 74 km – Évreux 68 km – Le Havre 44 km
Carte Michelin 304-D5 – Guide Vert Michelin Normandie Vallée de la Seine

Belle Isle sur Risle 

112 rte de Rouen, à l'Est par D 810 – ☏ 02 32 56 96 22 – www.bellile.com – Ouvert 15 mars-15 nov.
24 ch – †120/309 € ††126/309 € – ☕ 18 €
Rest ***Belle Isle sur Risle*** – voir les restaurants ci-après
Un environnement privilégié, digne d'un tableau impressionniste : cette maison de maître du 19e s., noyée sous la vigne vierge, se dresse sur une île de la Risle, transformée en un superbe jardin. Avec leurs mobilier de style, tentures et tapis, les lieux cultivent un classicisme intemporel...

Belle Isle sur Risle 

112 rte de Rouen, à l'Est par D 810 – ☏ 02 32 56 96 22 – www.bellile.com – Ouvert 15 mars-15 nov. et fermé lundi midi, mardi midi et merc. midi
Menu 39/68 € – Carte 58/90 €
Au sein de son parc arboré, ce manoir dévoile un décor on ne peut plus classique (moulures, miroirs, lustres à pendeloques – avec une rotonde de style victorien, etc.), propice à un repas gastronomique dans le droit fil de la tradition bourgeoise. Pastilla de lapin, dos d'espadon en croûte de pignons de pin, etc.

Erawan

4 r. Sëule – ☏ 02 32 41 12 03 – www.erawanrestaurant.com – Fermé 8-30 janv. et dim.
Formule 12 € – Menu 20/24 € – Carte 23/44 €
Carte 100 % thaïlandaise et cadre authentiquement normand : étonnant contraste dans cette maison à colombages du 17e s. voisine de la Risle ! Au menu : brochettes de poulet à la citronnelle, travers de porc grillés et riz cantonnais, beignets à la banane, etc. Un amusant mariage des cultures.

à Campigny 6 km au Sud-Est par D 810 et D 29 – ✉ 27500 – 1 018 hab.

XXX **Le Petit Coq aux Champs** avec ch

400 chemin du Petit-Coq – ☎ 02 32 41 04 19 – www.lepetitcoqauxchamps.fr – Fermé 20 déc.-20 janv., dim. soir et lundi d'oct. à mars

16 ch – †160/200 € ††160/200 € – ☕ 15 € – ½ P

Formule 29 € – Menu 33 € (déj. en semaine), 43 € 🍷/71 € – Carte 50/91 €

Des toits de chaume, des colombages, un écrin de verdure : voilà bien une élégante chaumière normande ! À l'unisson de ce cadre, la carte fait profession de classicisme et joue le répertoire régional. On ne se privera pas des chambres, décorées avec goût, les unes contemporaines, les autres rustiques et romantiques...

PONT-AVEN

✉ 29930 (Finistère) – 2 844 hab. – **Voir carte n°9-B2**

Paris 536 km – Carhaix-Plouguer 65 km – Concarneau 15 km – Quimper 36 km

Carte Michelin 308-I7 – Guide Vert Michelin Bretagne Nord

Les Ajoncs d'Or

1 pl. de l'Hôtel de Ville – ☎ 02 98 06 02 06 – www.ajoncsdor-pontaven.com – Fermé 18-28 oct., vacances de fév., dim. soir et lundi hors saison

14 ch – †66/70 € ††66/70 € – ☕ 10 € – ½ P

Rest – Formule 20 € – Menu 30/50 € – Carte 30/60 €

Gauguin aurait logé dans cette accueillante maison bretonne, juste sur la place du marché (attention où vous vous garez !). Simples et colorées, les chambres portent des noms de peintres... Sympathiques, le restaurant et ses spécialités terre et mer.

Hôtel des Mimosas

22 square Théodore-Botrel – ☎ 02 98 06 00 30 – www.hotels-pont-aven.com – Fermé de mi-nov. à mi-déc.

10 ch – †70/84 € ††70/84 € – ☕ 8 €

Rest – Formule 16 € – Menu 20 € (déj. en semaine), 25/41 € – Carte 30/50 € *(fermé mardi soir et merc. hors saison)*

Sur les quais de Pont-Aven, une maison de pays toute mignonne. Les chambres, classiques et bien tenues, offrent une vue imprenable sur les bateaux. Aux beaux jours, on se régale de fruits de mer sur la terrasse face au port.

XXX **Le Moulin de Rosmadec** (Frédéric Sebilleau) avec ch

près du pont, centre ville – ☎ 02 98 06 00 22 – www.moulinderosmadec.com – Fermé 10 nov.-10 déc. ch,

4 ch – †98 € ††98 € – ☕ 14 €

Formule 32 € – Menu 41/79 € – Carte 78/89 € *(fermé dim. soir et lundi)*

On se sent bien dans ce pittoresque moulin du 15ᵉ s. La rivière, l'exubérance des frondaisons, tout concourt au beau moment gastronomique. La cuisine est logiquement orientée mer, et soignée, goûteuse, ne retenant que les meilleurs produits. Pour prolonger ce bon moment, des chambres d'hôte décorées avec goût et sobriété.

→ Langoustines marinées, en kadaïf, croquantes, purée de fenouil et sauce vierge de tomate. Ormeaux de l'île de Groix au beurre d'algues, pommes de terre fondantes et ventrèche de porc noir de Bigorre. Crêpes soufflées au citron.

X **Sur le Pont ...**

11 pl. Paul Gauguin – ☎ 02 98 06 16 16 – www.surlepont-pontaven.fr – Fermé 4-20 oct., 7-22 janv., mardi soir et dim. soir hors saison et merc.

Menu 25 € (déj. en semaine)/31 € – Carte 44/52 €

Cette maison ancienne s'appuie en partie sur le vieux pont qui enjambe l'Aven... Un lieu plein de charme, au service d'une cuisine créative mais tout en maîtrise, concentrée sur le poisson : le chef l'accommode à toutes les sauces, avec ce qu'il faut d'originalité, sans jamais dénaturer le produit. Tous sur le pont !

rte de Concarneau 4 km à l'Ouest par D 783 - ✉ 29930 Pont-Aven

XXX **La Taupinière**

Croissant St-André – ✆ 02 98 06 03 12 – www.la-taupiniere.fr – Fermé 17-23 mars, 22 sept.-15 oct., lundi et mardi
Menu 53/88 € – Carte 58/78 €
Cette chaumière à la campagne est, depuis plusieurs décennies, une institution pour de nombreux habitués, qui ne se lassent pas de sa cuisine très iodée, soignée et de première fraîcheur (le chef fait son marché à Concarneau chaque matin). La "demoiselle des mers" – la langoustine – est l'une des vedettes de la carte...

PONTCHARTRAIN

✉ 78760 (Yvelines) – 5 267 hab. – **Voir carte n°18-A2**
Paris 37 km – Dreux 42 km – Mantes-la-Jolie 32 km – Montfort-l'Amaury 10 km
Carte Michelin 311-H3

XX **Bistro Gourmand**

7 rte du Pontel, (N 12) – ✆ 01 34 89 25 36 – www.bistrogourmand.fr – Fermé dim. soir, merc. soir et lundi
Menu 30 € (dîner en semaine)/40 € – Carte environ 46 €
Au menu, cuisine traditionnelle teintée de touches actuelles et suggestions à l'ardoise. Salle classique (bordeaux et grise) et terrasse au calme pour les beaux jours.

à Ste-Apolline 3 km à l'Est par N 12 et D 134 – ✉ 78370

XXX **La Maison des Bois**

av. d'Armorique – ✆ 01 30 54 23 17 – www.lamaisondesbois.fr – Fermé 4-25 août, dim. soir, merc. soir et jeudi
Menu 45 € – Carte 55/82 €
Dans la même famille depuis 1926, cette auberge typique, couverte de vigne vierge, affiche un décor des plus classiques. Même esprit à la carte, avec des recettes traditionnelles et des suggestions du marché. Terrasse ombragée sous un vieux marronnier.

PONTCHÂTEAU

✉ 44160 (Loire-Atlantique) – 9 683 hab. – **Voir carte n°34-A2**
Paris 430 km – Nantes 55 km – Rennes 118 km – Vannes 61 km
– Guide Vert Michelin Pays de la Loire

X **Le 11**

11 r. de Verdun – ✆ 02 40 42 23 28 – www.restaurant-le11.fr – Fermé 20 juil.-10 août, merc. soir et dim.
Formule 19 € – Menu 26 € (déj.)/32 €
Au cœur de Pontchâteau, ce bistrot minimaliste fait saliver la région depuis 2011. À sa tête, un chef qui a, comme on dit, du métier et qui revient ici à plus de simplicité, avec des plats ancrés dans une jolie tradition gourmande (navarin d'agneau, filets de rouget en tempura, tarte Tatin, etc.).

PONT-CROIX

✉ 29790 (Finistère) – 1 766 hab. – **Voir carte n°9-A2**
Paris 602 km – Brest 105 km – Quimper 40 km – Rennes 251 km
Carte Michelin 308-E6 – Guide Vert Michelin Bretagne Sud

L'Orée du Cap sans rest

29 r. du Goyen – ✆ 02 98 70 47 10 – www.oreeducapsizun.com – Ouvert 1er mars-1er oct.
4 ch – 60/70 € 60/70 €
Dès que l'on passe la porte, on est ébloui par le soin apporté à l'entretien des lieux, l'escalier ciré, les meubles rutilants... Voilà un vrai petit bijou avec des chambres ravissantes, dans un esprit très "maison de famille". C'est paisible, fleuri, pittoresque : on voudrait habiter là, tout simplement !

Villa les Hortensias sans rest 

rte de Lochrist – ✆ 02 98 70 56 85 – www.villa-leshortensias.com

5 ch – 65/75 € 65/75 €

Dans son grand jardin, cette villa bretonne des années 1970, entourée d'hortensias, abrite cinq chambres à thème (Louis XV, chinois, romantique, charme ou familial). Une adresse que l'on apprécie notamment pour son accueil, à la fois sympathique et sincère.

PONT-DE-BRIQUES – 62 Pas-de-Calais → voir Boulogne-sur-Mer

PONT-DE-CHAZEY-VILLIEU – 01 Ain → voir Meximieux

PONT-DE-DORE – 63 Puy-de-Dôme → voir Thiers

PONT-DE-FILLINGES – 74 Haute-Savoie → voir Bonne

PONT-DE-L'ARCHE

✉ 27340 (Eure) – 4 117 hab. – **Voir carte n°33-D2**

Paris 114 km – Les Andelys 30 km – Elbeuf 15 km – Évreux 36 km

Carte Michelin 304-G6 – Guide Vert Michelin Normandie Vallée de la Seine

Hôtel de la Tour sans rest 

41 quai Foch – ✆ 02 35 23 00 99 – www.hoteldelatour.org – Fermé 4-25 août

18 ch – 69/78 € 69/78 € – 9 €

À deux pas des bords de Seine, cet hôtel – créé dans deux maisons de pays accolées – se révèle simple et accueillant. Ambiance familiale, chambres soigneusement tenues : une étape sympathique.

Aux Damps 2km à l'Est, au bord de l'Eure – ✉ 27340 – 1 264 hab.

L'Auberge de la Pomme (William Boquelet) 

aux Damps, 1,5 km au bord de l'Eure – ✆ 02 35 23 00 46 – www.laubergedelapomme.com – Fermé 12-26 août, 23-29 déc., dim. soir, mardi midi et lundi

Menu 30 € (déj. en semaine), 48/85 € – Carte 48/66 €

Un nom hautement normand, une façade à colombages typique de la région... mais l'image d'Épinal s'arrête là ! La maison cache un décor très contemporain, bien à l'image de la cuisine du chef, William Boquelet, aussi inventif que passionné. Ses assiettes, pleines de relief, mettent bien en valeur les producteurs locaux... → Carpaccio de thon, cerise acidulée, foie gras et sorbet cassis-moutarde. Ris de veau croustillant, embeurrée de chou blanc et émulsion de pomme de terre. Déclinaison de petits desserts autour de la tomate.

PONT-DE-L'ISÈRE – 26 Drôme → voir Valence

PONT-DE-ROIDE

✉ 25150 (Doubs) – 4 468 hab. – **Voir carte n°17-C2**

Paris 478 km – Belfort 36 km – Besançon 77 km – La Chaux-de-Fonds 55 km

Carte Michelin 321-K2 – Guide Vert Michelin Franche-Comté Jura

Au Lion de Belfort 

72 r. François-Mitterrand, r. de Besançon – ✆ 03 81 92 48 20 – www.hotelrestaurantleliondeberfort.fr

10 ch – 44 € 51/55 € – 8 € – ½ P

Rest – Formule 10 € – Menu 21/38 € – Carte 32/47 € *(fermé sam. midi, dim. soir et lundi)*

Très bon rapport qualité-prix dans cet hôtel-restaurant sympathique, bien tenu et plutôt confortable. Une bonne étape entre Besançon et Belfort (Pont-de-Roide se situe à 10 km de l'A 36).

La Tannerie

1 pl. Gén. de Gaulle – ✆ 03 81 92 48 21 – www.restaurant-latannerie.com – Fermé dim. soir, jeudi soir et merc.
Formule 12 € – Menu 20 € (semaine), 25/26 € – Carte 25/47 €
Au menu de cette maison toute simple qui borde le Doubs, une cuisine traditionnelle bien tournée, où les produits locaux sont privilégiés. Aux beaux jours, profitez de la terrasse au-dessus de la rivière.

PONT-DES-SABLES – 47 Lot-et-Garonne ➜ voir Marmande

PONT-DE-VAUX

✉ 01190 (Ain) – 2 205 hab. – **Voir carte n°44-B1**
Paris 380 km – Bourg-en-Bresse 40 km – Lons-le-Saunier 69 km – Mâcon 24 km
Carte Michelin 328-C2 – Guide Vert Michelin Lyon et sa région

Les Platanes 

aux Quatre-Vents – ✆ 03 85 30 32 84 – www.hotelplatanes.com – Fermé 25 fév.-20 mars, vend. midi et jeudi
8 ch – 60/76 € 60/76 € – 10 € – ½ P
Rest *Les Platanes* – voir les restaurants ci-après
À l'entrée de la ville, cette auberge est tenue par la même famille depuis quatre générations ! Les chambres y sont fonctionnelles, confortables et assez calmes. Parfait pour une étape ou un séjour de quelques jours.

Le Raisin 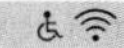

2 pl. M.-Poisat – ✆ 03 85 30 30 97 – www.leraisin.com – Fermé janv., dim. soir sauf juil.-août, mardi midi, vend. midi et lundi
18 ch – 68 € 68 € – 10 €
Rest *Le Raisin* – voir les restaurants ci-après
Dans cet ancien relais de poste, les enfants ont pris la suite de leurs parents. Pour les chambres, vous avez deux options : authenticité dans le bâtiment principal, spacieuses dans l'aile plus récente. Une bonne adresse pour profiter des bienfaits – notamment culinaires ! – de la Bresse.

Le Raisin – Hôtel Le Raisin 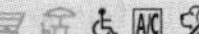

2 pl. M.-Poisat – ✆ 03 85 30 30 97 – www.leraisin.com – Fermé janv., dim. soir sauf juil.-août, mardi midi, vend. midi et lundi
Menu 27/67 € – Carte 44/66 €
Dès l'entrée de cette authentique maison bressane, le vieux fourneau et les ustensiles de cuivre donnent le ton : ici, le terroir et la tradition sont mis à l'honneur. Sous les jolies poutres, on déguste une cuisine régionale fine et goûteuse où pointe une certaine originalité. Beau choix de bourgognes.

Les Platanes – Hôtel Les Platanes

aux Quatre-Vents – ✆ 03 85 30 32 84 – www.hotelplatanes.com – Fermé 25 fév.-20 mars, vend. midi et jeudi
Formule 14 € – Menu 28/68 € – Carte 40/59 €
L'enseigne de cette auberge régionale ne ment pas : elle jouit d'une terrasse... sous les platanes ! La cuisine est bressane, évidemment, mais le chef propose aussi quelques plats dans l'air du temps. Dans un cas comme dans l'autre, la générosité est là !

à St-Bénigne 2 km au Nord-Est par D 2 – ✉ 01190 – 1 161 hab.

St-Bénigne 

– ✆ 03 85 30 96 48 – www.restaurant-le-saint-benigne.fr – Fermé 22 déc.-20 janv., lundi et le soir sauf sam.
Menu 14 € (déj. en semaine), 22/40 € – Carte 26/41 €
Un vrai restaurant de campagne, où l'on trouve même un bar pour les habitués ! On vient ici pour les grenouilles au beurre et à la persillade, la spécialité de la maison, mais pas seulement : le chef, en bon artisan, travaille les produits locaux et maîtrise de nombreuses recettes de la région...

PONT-D'OUILLY

✉ 14690 (Calvados) – 1 016 hab. – **Voir carte n°32-B2**
Paris 230 km – Briouze 24 km – Caen 41 km – Falaise 20 km
Carte Michelin 303-J6 – Guide Vert Michelin Normandie Cotentin

Relais du Commerce
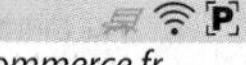

8 r. de la Vème-République – ✆ 02 31 69 80 16 – www.relaisducommerce.fr – Fermé janv.
12 ch – †60/90 € ††77/90 € – ☕ 8 € – ½ P
Rest ***Relais du Commerce*** – voir les restaurants ci-après
Dans un charmant village de la Suisse normande, cet hôtel-restaurant, entièrement rénové il y a quelques années, vit une seconde jeunesse. Les chambres y sont confortables et bien tenues ; préférez celles donnant sur le jardin. Idéal pour une escapade.

Relais du Commerce

8 r. de la Vème-République – ✆ 02 31 69 80 16 – www.relaisducommerce.fr – Fermé janv.
Formule 16 € – Menu 28/53 € – Carte 33/65 €
On se lèche les babines en voyant arriver cette tête de veau... L'une des spécialités de la maison. En cuisine, le chef concocte des recettes traditionnelles, sans oublier les amateurs de saveurs iodées, qui se précipiteront sur ses plateaux de fruits de mer. Une bonne adresse.

PONT-DU-BOUCHET

✉ 63380 (Puy-de-Dôme) – **Voir carte n°5-B2**
Paris 390 km – Clermont-Ferrand 39 km – Pontaumur 13 km – Riom 36 km
Carte Michelin 326-D7

La Crémaillère

– ✆ 04 73 86 80 07 – www.hotel-restaurant-cremaillere.com – Fermé 25-30 août, 13 déc.-12 janv., vend. soir, dim. soir et sam. hors saison
16 ch – †48/50 € ††50/53 € – ☕ 8 € – ½ P
Rest – Formule 14 € – Menu 23/42 € – Carte 29/51 €
Vous n'êtes pas adepte des pendaisons de crémaillère ? Cela pourrait changer… Cette auberge de village, au-dessus du lac de Mirepont, propose des chambres simples et confortables. Le restaurant, lui, cultive cuisine traditionnelle et décor campagnard. Une adresse authentique.

PONT-DU-CASSE – 47 Lot-et-Garonne ➜ voir Agen

PONT-DU-CHAMBON – 19 Corrèze ➜ voir Marcillac-la-Croisille

PONT-DU-CHÂTEAU

✉ 63430 (Puy-de-Dôme) – 10 612 hab. – **Voir carte n°5-B2**
Paris 418 km – Billom 13 km – Clermont-Ferrand 16 km – Riom 21 km
Carte Michelin 326-G8 – Guide Vert Michelin Auvergne

L'Estredelle
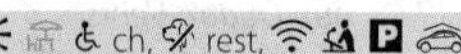

24 r. du Pont – ✆ 04 73 83 28 18 – www.hotel-estredelle.com – Fermé 4-24 août, 22 déc.-5 janv., dim. soir et soirs fériés
44 ch – †52 € ††56 € – ☕ 8 € – ½ P
Rest – Formule 13 € 🍷 – Menu 18/35 € – Carte 22/43 €
Dans l'ancien quartier de la Batellerie, ces trois pavillons modernes dominent l'Allier. On ne vient pas ici pour le charme et la déco, mais pour les qualités fonctionnelles du lieu, impeccablement tenu. À noter, certaines chambres ont une jolie vue sur la rivière.

Auberge du Pont

70 av. Dr.-Besserve – ✆ 04 73 83 00 36 – www.auberge-du-pont.com – Fermé 15 août-6 sept., 1er-15 janv., dim. soir, lundi et merc.
Formule 21 € – Menu 26 € (déj. en semaine), 34/80 € – Carte 57/90 €
Rodolphe Regnauld possède la fougue du vent breton (il a grandi dans la péninsule) comme le souci du détail et de la finesse : de là, des assiettes joliment travaillées, à la fois savoureuses et ludiques. Le cadre de cet ancien relais de batellerie (19e s.) séduit tout autant, comme la terrasse bordant l'Allier...

Le Calliope

6 r. de la Poste – 04 73 83 50 03 – www.restaurant-calliope.com – Fermé 1er-15 août, 2-15 janv., dim. soir, lundi et merc.
Formule 13 € – Menu 18 € (déj. en semaine), 31/44 € – Carte environ 38 €
Du nom du premier bateau sur lequel le chef travailla… Ce restaurant au cœur de Pont-du-Château propose une cuisine mariant tradition et saveurs actuelles, tout en privilégiant les produits frais. De quoi partir à l'abordage des assiettes !

PONT-DU-GARD

30210 (Gard) – Voir carte n°**23**-D2
Paris 688 km – Alès 48 km – Arles 40 km – Avignon 26 km
Carte Michelin 339-M5

à Castillon-du-Gard 4 km au Nord-Est par D 19 et D 228 – 30210 – 1 453 hab.

Le Vieux Castillon

r. Turion-Sabatier – 04 66 37 61 61 – www.vieuxcastillon.com – Fermé 2 janv.-14 fév.
30 ch – 155/355 € 155/355 € – 3 suites – 30 € – ½ P
Rest *Le Vieux Castillon* – voir les restaurants ci-après
Au cœur de ce beau village médiéval, surplombant la région, un havre au luxe discret : vieilles pierres, patios, terrasses, décor provençal, grand confort... Le charme intemporel du Sud, à quelques encablures du pont du Gard.

Le Vieux Castillon

r. Turion-Sabatier – 04 66 37 61 61 – www.vieuxcastillon.com – Fermé 2 janv.-14 fév., lundi midi et mardi midi
Menu 42 € (déj.), 55/96 €
Tout autour ce ne sont que ruelles médiévales et champs de lavande... Dans ce coin de Provence inondé de lumière, cette table élégante – aux couleurs du Sud – vit au rythme des saisons et des produits gorgés de soleil.

L'Amphitryon

pl. 8 Mai 1945 – 04 66 37 05 04 – Fermé 2 semaines en déc., mardi sauf juil.-août et merc.
Menu 45/65 € – Carte 70/76 €
Voûtes, pierre brute et touches modernes composent le cadre de cette demeure ancienne. Joli patio pour l'été. Cuisine régionale actualisée, ambiance à la fois chic et conviviale.

à Collias 7 km à l'Ouest par D 981, D 112 et D 3 – 30210 – 1 015 hab.

Hostellerie Le Castellas

30 Grand'rue – 04 66 22 88 88 – www.lecastellas.fr – Fermé 6 janv.-6 fév.
13 ch – 80/235 € 90/235 € – 2 suites – 20 € – ½ P
Rest *Hostellerie Le Castellas* – voir les restaurants ci-après
Au sein de ce village des bords du Gard – franchi par le célèbre pont romain à quelques kilomètres –, une hostellerie en pierre du pays du 17e s., avec son jardin verdoyant, ses petits coins salon et ses chambres confortables, aux styles variés (simplicité provençale, moderne chic, ethnique, etc.). Une adresse de charme !

Le Gardon sans rest

Campchestève – 04 66 22 80 54 – www.hotel-le-gardon.com – Ouvert 1er avril-1er nov.
26 ch – 74 € 74 € – 11 €
Agréable refuge dans la garrigue, cet hôtel bordé par une oliveraie respire la sérénité. Les chambres y sont confortables et bien tenues, et aux beaux jours il fait bon se promener dans le jardin et profiter de la piscine. Accueil familial.

Hostellerie Le Castellas

30 Grand'rue – 04 66 22 88 88 – www.lecastellas.fr – Fermé 6 janv.-6 fév., mardi et merc.
Menu 45 € (déj. en semaine), 75/150 € – Carte environ 145 €
Toute l'élégance de la Provence dans cette demeure nichée au cœur de ce village pittoresque. Voûtes anciennes, agréable terrasse entre verdure et vieilles pierres, tables bien dressées... Un cadre des plus agréables pour un repas dédié à la noble gastronomie.

PONT-EN-ROYANS

✉ 38680 (Isère) – 835 hab. – Voir carte n°**43**-E2
Paris 604 km – Grenoble 63 km – Lyon 143 km – Valence 45 km
Carte Michelin 333-F7 – Guide Vert Michelin Alpes du Nord

Le Musée de l'Eau

pl. Breuil – ✆ 04 76 36 15 53 – www.musee-eau.com – Fermé 6-19 janv.
31 ch – 43/45 € 54/64 € – 8 € – ½ P
Rest – Formule 13 € – Menu 16/36 € – Carte 24/45 € *(fermé dim. soir de nov. à mars)*
Au sein même du musée de l'Eau et surplombant la Bourne, au pied de cet étonnant village accroché à la falaise, des chambres propres et fonctionnelles ; certaines ont vue sur la montagne. Thématique aquatique oblige, on trouve un bar à eaux et une terrasse équipée de brumisateurs.

LE PONTET – 84 Vaucluse → voir Avignon

PONTGIBAUD

✉ 63230 (Puy-de-Dôme) – 731 hab. – Voir carte n°**5**-B2
Paris 432 km – Aubusson 68 km – Clermont-Ferrand 23 km – Le Mont-Dore 37 km
Carte Michelin 326-E8 – Guide Vert Michelin Auvergne

Poste avec ch

rest,

pl. de la République – ✆ 04 73 88 70 02 – www.hoteldelaposte-pontgibaud.com – Fermé vacances de fév., dim. soir, lundi et mardi d'oct. à mai
11 ch – 46/77 € 46/77 € – 7 € – ½ P Menu 22/52 € – Carte 32/65 €
Les gourmands, au régime par exemple, pourront toujours cacher leur forfait en disant qu'ils vont à La Poste.... Dans cette maison de pays, au cœur d'un bourg tranquille, on se régale de recettes régionales à l'abri des regards. Chambres pour l'étape.

à La Courteix 4 km à l'Est par D 941^{B} – ✉ 63230

L'Ours des Roches

– ✆ 04 73 88 92 80 – www.oursdesroches.com – Fermé 2-22 janv., 1 semaine en sept., dim. soir, lundi et mardi sauf fériés
Formule 22 € – Menu 31/74 € – Carte 52/70 €
Non loin de Vulcania, sous les voûtes d'une ancienne bergerie : un cadre de pierre pour une cuisine de douceur, signée par un chef amoureux du produit. Dans l'assiette, le terroir n'est jamais très loin et le rythme des saisons respecté. Une éruption de saveurs !

PONTIVY

✉ 56300 (Morbihan) – 13 765 hab. – Voir carte n°**10**-C2
Paris 460 km – Lorient 59 km – Rennes 110 km – St-Brieuc 58 km
Carte Michelin 308-N6 – Guide Vert Michelin Bretagne Sud

Le Rohan sans rest

90 r. Nationale – ✆ 02 97 25 02 01 – www.hotelpontivy.com – Fermé 20 déc.-2 janv.
Plan : Z**u**
16 ch – 64/76 € 74/86 € – 12 €
Belle demeure fin 19e sur la rue principale de Pontivy. Orientale, marine, romantique, BD ou cinéma : chaque chambre est unique ; toutes sont coquettes...

L'Europe sans rest

12 r. François Mitterrand – ✆ 02 97 25 11 14 – www.hotellerieurope.com – Fermé 27 déc.-6 janv.
Plan : Z**t**
17 ch – 65/120 € 78/140 € – 10 €
Dans cette maison Napoléon III datant de 1850, les chambres sont classiques, et l'on prend son petit-déjeuner dans un salon à l'élégance bourgeoise (parquet et boiseries) ou sous une jolie véranda.

PONTIVY

Anne-de-Bretagne (Pl.) . . . . . . Y 2
Caïnain (R.) . . . . Z 3
Couvent (Q. du) . . . . Y 4
Dr-Guépin (R. du) . . . . Y 5
Fil (R. du) . . . . Y 6
Friedland (R. de) . . . . Y 8
Gaulle (R. du Gén.-de) . . . . Y 9
Le Goff (R.) . . . . Z 16
Jean-Jaurès (R.) . . . . Z 10
Lamennais (R. J.-M. de) . . . . . . Z 13
Lorois (R.) . . . . Y 17
Marengo (R.) . . . . Z 19
Martray (Pl. du) . . . . Y 20
Mitterrand (R. François) . . . . . . Z 24
Nationale (R.) . . . . YZ
Niémen (Q.) . . . . Y 27
Plessis (Q. du) . . . . YZ 29
Pont (R. du) . . . . Y 28
Presbourg (Q.) . . . . Y 32
Récollets (Q. des) . . . . Y 33
Viollard (Bd) . . . . Z 38

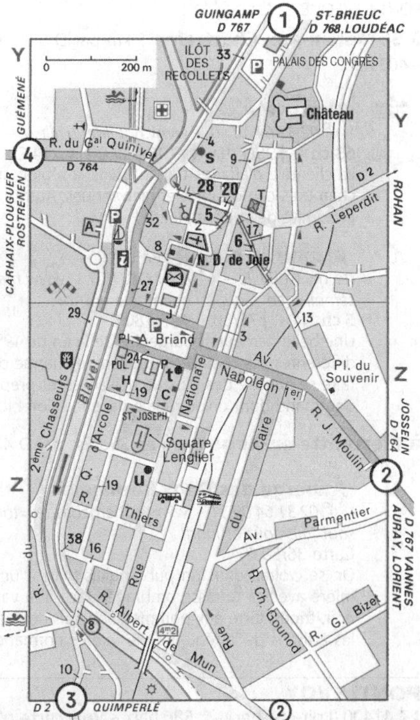

La Pommeraie

17 quai du Couvent – ✆ 02 97 25 60 09 – Fermé 4-12 mai, 17 août-4 sept., 26 déc.-4 janv., dim. et lundi Plan : Y**s**

Formule 16 € – Menu 28/58 € – Carte environ 42 €

Cette Pommeraie à la façade framboise et citron ne manque pas de piquant ! Ici, point de pommier mais des plats tout en simplicité et finement cuisinés avec de bons produits du terroir. Une bonne adresse.

PONT-L'ÉVÊQUE

14130 (Calvados) – 4 347 hab. – **Voir carte n°32-A3**

Paris 190 km – Caen 49 km – Le Havre 43 km – Rouen 78 km

Carte Michelin 303-N4 – Guide Vert Michelin Normandie Vallée de la Seine

Le Lion d'Or sans rest

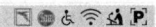

8 pl. du Calvaire – ✆ 02 31 65 01 55 – www.leliondorhotel.com

25 ch – †84/140 € ††108/180 € – 1 suite – ☕ 12 €

Cet ancien relais de poste du 17e s. abrite des chambres fort confortables, au sobre décor (mobilier en fer forgé), la plupart en duplex, ainsi qu'un superbe centre de soins (piscine couverte, hammam, sauna, etc.). Dans le salon, quelques objets chinés donnent un supplément d'âme au moment du petit-déjeuner.

Eden Park

rest,

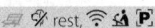

av. de la Libération, RD 48 – ✆ 02 31 64 64 00 – www.edenparkhotel.com

50 ch – †70/98 € ††70/98 € – ☕ 12 € – ½ P

Rest – Menu 27/50 € – Carte 27/43 € *(fermé le midi)*

Un agréable ensemble de bâtiments situé sur les rives du lac de Pont-l'Évêque, en face de la base de loisirs. Les chambres sont confortables, décorées avec des meubles en bois patiné, et l'ensemble est plutôt cosy. Et côté restaurant, la carte change chaque semaine !

à St-Martin-aux-Chartrains 3 km par D 677, direction Deauville – ✉ 14130 – 405 hab.

Mercure

– ✆ 02 31 64 40 40 – *www.hoteldeauville.fr* – *Fermé 1er-27 janv.*
63 ch – †95/119 € ††106/132 € – ☕ 14 € **Rest** – Menu 25 € *(fermé le midi)*
La clientèle d'affaires traitant dans la région apprécie cet hôtel contemporain aux chambres confortables et bien tenues. Autres atouts : la piscine, le restaurant et la proximité de la Côte Fleurie.

Manoir le Mesnil sans rest

rte de Trouville – ✆ 02 31 64 71 01 – *www.manoirlemesnil.com* – *Fermé 1 semaine en mars et 1 semaine en nov.*
5 ch ☕ – †75/80 € ††75/80 €
Une belle demeure bourgeoise de la fin du 19e s., au cœur du pays d'Auge. Toutes différentes, les chambres distillent le charme d'une maison de famille... La propriétaire se montre des plus accueillantes, et prépare chaque matin un petit-déjeuner gourmand dont on se régale dans le salon-bibliothèque. Les hôtes sont ravis !

à Pierrefitte-en-Auge 5 km au Sud-Est par D 48 et D 280A – ✉ 14130 – 155 hab.

Auberge des Deux Tonneaux

– ✆ 02 31 64 09 31 – *www.aubergedesdeuxtonneaux.com* – *Fermé mardi sauf juil. août et lundi*
Carte 36/53 €
On se croirait dans un pub anglais ! Elle a un charme fou, cette ravissante chaumière avec sa terrasse ombragée face à la vallée. Croustillant de cochon, boudin noir, tripes, tarte aux pommes... on cuisine avec des produits locaux, achetés chez les artisans de la région. Et les cidres normands ont leur propre carte !

PONTLEVOY

✉ 41400 (Loir-et-Cher) – 1 586 hab. – **Voir carte n°11-A1**
Paris 211 km – Amboise 25 km – Blois 27 km – Montrichard 9 km
Carte Michelin 318-E7 – Guide Vert Michelin Châteaux de la Loire

Auberge de l'École avec ch

12 rte Montrichard – ✆ 02 54 32 50 30 – *www.hotelrestaurantdelecole.com* – *Fermé 1 semaine en oct., 2 semaines en déc., 2 semaines en fév., dim. soir, lundi midi et merc. sauf fériés*
11 ch – †65/95 € ††65/95 € – ☕ 10 € – ½ P
Formule 21 € – Menu 26/59 € – Carte 36/75 € *(réservation conseillée)*
Cuisine traditionnelle dans une jolie maison ligérienne abritant deux salles rustiques, dont l'une avec cheminée. En été, on s'installe dans le jardin fleuri où murmure une fontaine... Chambres peu à peu rénovées ; copieux petit-déjeuner.

PONTOISE – 95 Val-d'Oise ➜ voir Paris, Environs (Cergy-Pontoise)

PONT-RÉAN

✉ 35580 (Ille-et-Vilaine) – **Voir carte n°10-D2**
Paris 361 km – Châteaubriant 57 km – Fougères 67 km – Nozay 60 km
Carte Michelin 309-L6

Auberge de Réan

86 rte de Redon – ✆ 02 99 42 24 80 – *www.auberge-de-rean.com* – *Fermé 2-7 janv., dim. soir et lundi*
Formule 15 € – Menu 25/55 € – Carte 32/51 €
Impossible de manquer cette maison en granit et brique rouge, postée à côté du pont du 18es. qui enjambe la Vilaine ! Dans les coquettes salles ou sur la jolie terrasse tournée vers la rivière, on déguste une cuisine actuelle.

PONT-ST-PIERRE

✉ 27360 (Eure) – 1 137 hab. – Voir carte n°**33**-D2
▶ Paris 106 km – Les Andelys 20 km – Évreux 47 km – Louviers 23 km
Carte Michelin 304-H5 – Guide Vert Michelin Normandie Vallée de la Seine

Auberge de l'Andelle

27 Grande-Rue – ✆ 02 32 49 70 18 – www.aubergedelandelle.fr – Fermé 23 déc.-2 janv. et mardi soir
Formule 20 € – Menu 27/66 € – Carte 36/86 €
Une maison à colombages chaleureuse et charmante, dont la belle cheminée ravit les habitués. Dans l'entrée, le patron a installé un vivier, faisant du homard la star d'un menu... qui vient compléter une sympathique carte traditionnelle.

PONT-STE-MARIE – 10 Aube → voir Troyes

PONT-SCORFF

✉ 56620 (Morbihan) – 3 211 hab. – Voir carte n°**9**-B2
▶ Paris 503 km – Lanester 13 km – Lorient 13 km – Rennes 152 km
Carte Michelin 308-K8 – Guide Vert Michelin Bretagne Sud

Laurent Le Berrigaud

Le Moulin des Princes par la rue du Pont-Romain – ✆ 02 97 32 42 07 – www.laurentleberrigaud.com
Menu 25 € (déj. en semaine), 46/59 € – Carte 62/87 €
Un vieux moulin et sa terrasse sur pilotis donnant sur un riant cours d'eau... ce lieu est charmant ! Les gourmands y savourent une cuisine inventive et ludique dans deux salles à manger hautes en couleurs, ou sur l'agréable terrasse. Et en semaine, la formule de midi permettra aux plus pressés de manger sur le pouce !

L'Art Gourmand

14 pl. de la Maison-des-Princes – ✆ 02 97 32 65 08 – www.lartgourmand.com – Fermé 1 semaine en juin, vacances de la Toussaint et de fév., mardi soir et merc.
Formule 13 € – Menu 16 € (déj. en semaine), 19/32 € – Carte 33/39 €
(réservation conseillée)
La maison célèbre l'art sous toutes ses formes. Les artistes locaux sont à l'honneur sur les murs et, en cuisine, le chef s'exprime à travers les bons produits, en particulier le poisson. Beaucoup de simplicité, presque de la modestie, mais également un certain sens du détail, ce qui est loin d'être l'enfance de l'art…

LES PONTS-NEUFS

✉ 22400 (Côtes-d'Armor) – Voir carte n°**10**-C2
▶ Paris 441 km – Dinan 51 km – Dinard 52 km – Lamballe 9 km
Carte Michelin 309-G3

La Cascade

4 r. des Ponts-Neufs, sur D 786 – ✆ 02 96 32 82 20 – www.restaurant-lacascade-22.fr – Fermé mardi soir, merc. soir et jeudi soir du 16 sept. au 14 juin, dim. soir et lundi
Menu 24 € (déj. en semaine), 35/55 € – Carte 38/63 €
En jetant un coup d'œil par les larges baies vitrées de ce restaurant cosy et feutré, on peut se laisser captiver par l'étang des Ponts-Neufs et la verdure qui l'entoure... En cuisine, le chef sait capter l'air du temps et privilégie le meilleur de la pêche de la baie, qu'il associe aux produits du terroir breton.

PORNIC

✉ 44210 (Loire-Atlantique) – 14 101 hab. – Voir carte n°**34**-A2
▶ Paris 429 km – Nantes 49 km – La Roche-s-Yon 89 km – Les Sables-d'Olonne 93 km
Carte Michelin 316-D5 – Guide Vert Michelin Pays de la Loire

Alliance rest,

plage de la Source, 1 km au Sud – ✆ 02 40 82 21 21 – www.thalassopornic.com – Fermé 7-20 déc.
118 ch – 119/299 € 165/349 € – 2 suites – 16 €
Rest *La Source* – Formule 22 € – Menu 33 € – Carte 51/69 €
Rest *La Terrasse* – Menu 33 €
Beau programme dans ce complexe hôtelier dressé dans une crique bordée de rochers et de pins : centre de thalasso (large palette de soins), vue sur la mer, calme, lumière et espace... Différentes options pour se restaurer : cuisine traditionnelle à La Source ou menu détox à La Terrasse.

Auberge La Fontaine aux Bretons

chemin des Noëlles, 3 km au Sud-Est par rte de la Bernerie – ✆ 02 51 74 07 07 – www.auberge-la-fontaine.com
32 ch – 93/140 € 93/140 € – 14 € – ½ P
Rest *Auberge La Fontaine aux Bretons* – voir les restaurants ci-après
Entre mer et campagne, cette ancienne ferme (1867) conserve un grand potager et des enclos avec animaux... Idéal avec des enfants ! Les chambres sont rustiques et cosy, le petit-déjeuner excellent.

Pornic

12 r. Jean-Monnet – ✆ 02 40 82 55 55 – www.bestwesternhotelpornic.com
59 ch – 85/145 € 85/145 € – 13 €
Rest – Formule 13 € – Menu 15 € (déj. en semaine)/25 € – Carte 25/40 €
(fermé le dim. hors saison)
Certes, sa situation n'est pas des plus idylliques (une zone commerciale et industrielle), mais le golf de Pornic se trouve à 500 m et ses infrastructures se révèlent agréables : des chambres confortables et spacieuses, une ambiance feutrée, avec espace fitness, jacuzzi et hammam. Spécialités de grillades au restaurant.

Beau Soleil sans rest

70 quai Leray – ✆ 02 40 82 34 58 – www.hotel-beausoleil-pornic.com
17 ch – 69/130 € 69/130 € – 11 €
Bâtiment des années 1980 face au port et au château : la plupart des chambres offrent une jolie vue. Décor contemporain, simple et avenant. Faïence de Pornic pour le petit-déjeuner.

Maison Solveig ch,

4 r. Charles-Babin – ✆ 02 40 82 53 62 – www.solveig-pornic.com – Fermé d'oct. à déc.
4 ch – 90/100 € **Table d'hôte** – Menu 25 €
Non loin du chemin des douaniers, une demeure originale, construite à la manière d'une maison coloniale entourée de coursives de bois. Chaque chambre possède une identité très marquée : "Val d'Isère" façon chalet, "Victorine" d'esprit Louis XV, etc. Accueil sympathique.

XX **Beau Rivage**

plage de la Birochère, 2,5 km au Sud-Est – ✆ 02 40 82 03 08 – www.restaurant-beaurivage.com – Fermé 15 déc.-31 janv., mardi sauf juil.-août et lundi
Formule 27 € – Menu 41/86 € – Carte 56/121 €
Quel beau rivage ! Sur le chemin côtier, au faîte de la falaise, cette petite maison semble grande ouverte sur l'océan. Elle cache une salle élégante et raffinée, et la carte y décline les produits de la mer à travers des influences méditerranéennes et... nippones. Belles escales !

XX **Auberge La Fontaine aux Bretons** – Hôtel Auberge La Fontaine aux Bretons

chemin des Noëlles, 3 km au Sud-Est par rte de la Bernerie – ✆ 02 51 74 07 07 – www.auberge-la-fontaine.com – Fermé dim. soir et lundi d'oct. à mars sauf fériés et vacances scolaires
Formule 15 € – Menu 20 € (semaine), 32/50 € – Carte 38/54 €
Une superbe salle à manger à la mode d'autrefois, pour une cuisine du terroir saine et savoureuse, concoctée avec de bons produits et les légumes bio du jardin. Pot-au-feu, filet de sandre façon grand-mère, ganache vendéenne comme un pain perdu...

La Poissonnerie du Môle

30 r. de la Marine – ✆ 02 40 21 04 86 – www.la-poissonnerie-du-mole.fr – Fermé lundi midi en juil.-août, jeudi hors vacances scolaires et merc. de sept. à juin
Formule 17 € – Menu 29/60 € – Carte 35/50 €
Derrière le port de pêche, un restaurant installé dans l'ancienne poissonnerie des grands-parents de son actuel propriétaire. On y déguste des recettes où, évidemment, le poisson a la part belle. Les amateurs apprécieront la fraîcheur des produits, cuisinés avec un soupçon d'originalité. Cadre épuré.

PORNICHET

44380 (Loire-Atlantique) – 10 451 hab. – **Voir carte n°34-A2**
Paris 444 km – La Baule 6 km – Nantes 70 km – St-Nazaire 11 km
Carte Michelin 316-B4 – Guide Vert Michelin Pays de la Loire

Sud Bretagne

42 bd de la République – ✆ 02 40 11 65 00 – www.hotelsudbretagne.com
30 ch – 120/250 € 120/250 € – 14 € – ½ P
Rest – Menu 29/75 € – Carte 45/95 € *(fermé dim. hors saison)*
Entre port, commerces et plages, hôtel d'un certain cachet : chaque chambre a une vraie personnalité (design, classique, baroque, etc.) ; la moitié ouvre sur le grand jardin avec piscine. Salle à manger soignée, coquette terrasse et cuisine iodée.

Villa Flornoy

7 av. Flornoy, (près de l'hôtel de ville) – ✆ 02 40 11 60 00 – www.villa-flornoy.com – Fermé 15 déc.-6 janv.
30 ch – 99/159 € 99/159 € – 12 € – ½ P
Rest *Secret* – Formule 16 € – Menu 28 € – Carte 37/56 € *(fermé dim. soir et lundi hors saison)*
Dans un quartier résidentiel proche de l'hôtel de ville, une grande villa de style anglo-normand. Chambres assez spacieuses, colorées ou plus classiques (toile de Jouy), d'un bon rapport confort-prix. Piscine, restaurant.

Escale Océania sans rest

50 av. de la plage – ✆ 02 40 11 26 26 – www.oceaniahotels.com
95 ch – 85/145 € 85/145 € – 11 €
Un hôtel né en 2010, très bien situé, entre la place du marché et la plage des Libraires. Au choix : chambres ou appartements, tous bien équipés et confortables.

Le Régent

150 bd des Océanides – ✆ 02 40 61 04 04 – www.le-regent.fr
23 ch – 99/179 € 99/179 € – 12 € – ½ P
Rest *Grain de Folie* – voir les restaurants ci-après
Un hôtel-restaurant centenaire, tenu en famille, et un lieu plein de vie ! Les chambres sont chaleureuses, plutôt modernes, certaines avec une terrasse embrassant l'Atlantique... Espace bien-être.

Grain de Folie – Hôtel Le Régent

150 bd des Océanides – ✆ 02 40 61 04 04 – www.grain2folie.fr – Fermé dim. soir
Formule 17 € – Menu 27/48 € – Carte 46/64 €
Un grain de folie souffle du côté des fourneaux : le chef concocte une cuisine inventive et originale, très visuelle – à l'unisson du décor de la salle, résolument branché. Une escapade en bord de mer appréciée de la jeunesse bauloise.

PORQUEROLLES (ÎLE DE) – 83 Var → voir Île de Porquerolles

PORSPODER

29840 (Finistère) – 1 738 hab. – **Voir carte n°9-A1**
Paris 618 km – Quimper 103 km – Rennes 266 km

Le Château de Sable

38 r. de l'Europe – ☎ 02 29 00 31 32 – www.lechateaudesablehotel.fr
26 ch – †70/102 € ††74/108 € – 1 suite – ☕ 12 € – ½ P
Rest *Le Château de Sable* – voir les restaurants ci-après
Face à la presqu'île St-Laurent – un lieu hors du temps –, un établissement à la pointe de la réglementation environnementale (bois, verre, etc.). Les chambres sont lumineuses, aux teintes douces et tournées en grande partie vers la côte sauvage et l'océan... Idéal pour se reposer entre deux châteaux de sable !

Le Château de Sable

38 r. de l'Europe – ☎ 02 29 00 31 32 – www.lechateaudesablehotel.fr – Fermé sam. midi, dim. soir et lundi
Formule 17 € – Menu 23 € (déj. en semaine), 38/95 €
Julien Marseault, jeune chef revenu sur ses terres après un beau parcours en Corse, a rapidement trouvé ses marques : il sait mettre en avant les meilleurs produits du terroir breton et de la pêche locale, avec quelques mariages originaux... telle sa "bouillabreizh". Formule bistrot au déjeuner, esprit gastronomique le soir.

PORT-CAMARGUE – 30 Gard → voir Grau-du-Roi

PORT-CROS (ÎLE DE) – 83 Var → voir Île de Port-Cros

PORT-DE-GAGNAC – 46 Lot → voir Bretenoux

PORT-DE-SALLES – 86 Vienne → voir l'Isle-Jourdain

PORT-DE-SECHEX – 74 Haute-Savoie → voir Thonon-les-Bains

PORT-EN-BESSIN

✉ 14520 (Calvados) – 2 116 hab. – **Voir carte n°32-B2**
Paris 275 km – Bayeux 10 km – Caen 41 km – Cherbourg 92 km
Carte Michelin 303-H3 – Guide Vert Michelin Normandie Cotentin

La Chenevière

1,5 km au Sud par D 6 – ☎ 02 31 51 25 25 – www.lacheneviere.fr – Ouvert mars-nov.
26 ch – †220/325 € ††220/325 € – 3 suites – ☕ 25 €
Rest *La Chenevière* – voir les restaurants ci-après
Un havre de paix... Cette demeure normande du 18e s. et ses dépendances entourées d'un parc – lequel mérite une promenade ! – allient grâce et grand confort. Entre tissus imprimés et mobilier de style, il règne même l'esprit d'un manoir anglais...

Mercure

chemin du Colombier, (sur le golf), 2 km à l'Ouest par D 514 – ☎ 02 31 22 44 44 – www.mercure.com – Fermé 22 déc.-13 janv.
70 ch – †110/205 € ††120/205 € – ☕ 16 €
Rest – Formule 18 € – Carte 25/52 €
Un complexe parfait pour les golfeurs, directement situé sur les greens du golf d'Omaha Beach. Chambres spacieuses au style contemporain, espace bien-être, esprit brasserie au restaurant.

La Chenevière – Hôtel La Chenevière

1,5 km au Sud par D 6 – ☎ 02 31 51 25 25 – www.lacheneviere.fr – Ouvert mars-nov. et fermé le midi
Menu 35 € (semaine), 55/95 € – Carte 56/90 €
Panneaux de bois sculptés, superbe parquet, mobilier du 18e s. : un cadre plein de noblesse. La cuisine est aussi délicate, avec de jolies variations autour du terroir normand et d'agréables mariages de saveurs.

Fleur de Sel

6 quai Félix Faure – ✆ 02 31 21 73 01 – www.fleudesel-restaurant.fr – Fermé 6 janv.-14 fév., mardi et merc. sauf de mai à sept.
Menu 18 € (semaine), 27/45 € – Carte 24/59 €
Un sympathique restaurant sur le port. À la carte, des propositions simples, des fruits de mer, un menu homard : les must de la côte normande. Belle vue sur la tour Vauban de la salle à l'étage.

PORT-GOULPHAR – 56 Morbihan ➜ voir Belle-Ile-en-Mer

PORT-GRIMAUD

83310 (Var) – **Voir carte n°41-C3**
Paris 867 km – Brignoles 63 km – Fréjus 27 km – Hyères 47 km
Carte Michelin 340-O6 – Guide Vert Michelin Côte d'Azur

Giraglia rest,

pl. du 14-Juin – ✆ 04 94 56 31 33 – www.hotelgiraglia.com – Ouvert mi-mai à fin sept.
48 ch – 320/475 € 320/475 € – 1 suite – 25 € **Rest** – Carte 46/144 €
Face à St-Tropez, un bâtiment imposant en bout de jetée, avec des chambres confortables et lumineuses – d'esprit très Sud –, dont la plupart donnent sur la mer. Pour se détendre, on profite de la plage privée... ou on se restaure devant la Grande Bleue.

Suffren sans rest

16 pl. du Marché – ✆ 04 94 55 15 05 – www.hotel.suffren.com – Ouvert 11 avril-1er nov.
19 ch – 95/195 € 95/280 € – 13 €
Un hôtel moderne au cœur de la "Venise provençale", dans un secteur semi-piéton. Patines à l'ancienne et couleurs vives égayent les chambres, la plupart avec balcon.

PORTICCIO – 2A Corse-du-Sud ➜ voir Corse

PORTIRAGNES

34420 (Hérault) – 3 160 hab. – **Voir carte n°23-C2**
Paris 762 km – Agde 13 km – Béziers 13 km – Montpellier 72 km
Carte Michelin 339-F9

Mirador ch,

4 bd Front-de-Mer, à Portiragnes-Plage – ✆ 04 67 90 91 33 – www.hotel-le-mirador.com – Fermé 1er nov.-13 fév.
16 ch – 55/143 € 55/143 € – 9 € – ½ P
Rest *Saveurs du Sud* ✆ 04 67 90 97 67 – – Formule 17 € – Menu 21/36 € – Carte 29/59 € *(fermé lundi midi, mardi midi, merc. midi et jeudi midi)*
Près du rivage, un hôtel familial aux chambres fonctionnelles et bien tenues. Certaines disposent de terrasses orientées vers les flots.

PORTIVY – 56 Morbihan ➜ voir Quiberon

PORT-JOINVILLE – 85 Vendée ➜ voir Île d'Yeu

PORT-LA-NOUVELLE

11210 (Aude) – 5 713 hab. – **Voir carte n°22-B3**
Paris 813 km – Carcassonne 81 km – Montpellier 120 km – Perpignan 49 km
Carte Michelin 344-J4

Méditerranée rest,

bd Front-de-Mer – ✆ 04 68 48 03 08 – www.hotelmediterranee.com – Fermé 2 semaines en nov. et janv.
29 ch – 66/92 € 66/92 € – 9 € – ½ P
Rest – Menu 15 € (semaine), 25/45 € – Carte 27/63 € *(fermé dim. soir et mardi midi du 28 oct. au 1er avril)*
Un hôtel familial idéalement situé face à la plage... Les chambres sont très simples mais bien pratiques et certaines ont même un balcon donnant sur la mer.

PORT-LESNEY

✉ 39330 (Jura) – 553 hab. – Voir carte n°**16**-B2

▶ Paris 401 km – Arbois 12 km – Besançon 36 km – Dole 39 km

Carte Michelin 321-E4 – Guide Vert Michelin Franche-Comté Jura

Château de Germigney

r. Edgar-Faure – ✆ 03 84 73 85 85 – www.chateaudegermigney.com – Fermé vacances de fév. et de la Toussaint

19 ch – †150/270 € ††150/270 € – 1 suite – ☕ 19 €

Rest *Château de Germigney* ✿ – voir les restaurants ci-après

Bucolique ! Un parc superbe, une piscine écologique (l'eau d'un étang filtrée naturellement) et ce joli manoir, avec ses grandes chambres élégantes et pleines de charme. Tissus choisis, raffinement romantique, fumoir avec une cheminée monumentale... Tout cela pour vous donner une petite idée de la vie de château.

Château de Germigney

r. Edgar-Faure – ✆ 03 84 73 85 85 – www.chateaudegermigney.com – fermé vacances de fév., de la Toussaint, lundi midi et mardi midi

Menu 35 € (déj.), 72/110 € – Carte 49/91 €

Dans cet élégant Château, cossu et chic comme il se doit, la Provence et le Jura se sont unis pour le meilleur... Dans la salle voûtée, à l'orangerie ou sur la terrasse, on savoure une cuisine fine et harmonieuse, toute en simplicité, autour de produits régionaux et méditerranéens. Et le service est impeccable !

➜ Raviole de langoustine au beurre de vin jaune, fenouil, pomme verte et caramel salé. Volaille de Bresse cuite en terrine lutée, pomme de terre boulangère au vin jaune. Croquant chocolat-noisette et sorbet framboise.

Le Bistrot Pontarlier

pl. du 8-Mai-1945 – ✆ 03 84 37 83 27 – www.bistrotdeportlesney.com – Fermé 2 semaines en nov., vacances de fév., lundi soir, mardi soir, merc. et jeudi sauf juil.-août

Menu 28 € – Carte 33/39 €

Au bord de la Loue, un grand bistrot foisonnant de bibelots chinés, une terrasse digne d'une guinguette et... une ode au terroir : comté, truite de rivière, etc. Évidemment, c'est sur une nappe à carreaux que l'on savoure le repas, généreux et canaille à souhait !

PORT-LEUCATE – 11 Aude ➜ voir Leucate

PORT-LOUIS

✉ 56290 (Morbihan) – 2 718 hab. – Voir carte n°**9**-B2

▶ Paris 505 km – Lorient 19 km – Pontivy 61 km – Vannes 50 km

Carte Michelin 308-K8 – Guide Vert Michelin Bretagne Sud

Avel Vor (Patrice Gahinet) avec ch

rest, rest, ch,

25 r. de Locmalo – ✆ 02 97 82 47 59 – www.restaurant-avel-vor.com – Fermé 1 semaine en juin, 28 sept.-14 oct., 2 semaines en janv., mardi sauf juil.-août, dim. soir et lundi

3 ch ☕ – †110/140 € ††110/140 €

Menu 31 € (semaine), 53/90 € – Carte 75/117 €

Un Avel Vor ("vent de mer" en breton) souffle sur cette table au cadre contemporain et raffiné. Cet air iodé sied visiblement à la cuisine, pleine de finesse et sublimant, entre autres, les poissons fraîchement pêchés... Belle carte des vins.

➜ Homard bleu servi tiède, bouillon de petits pois aux aromates. Turbot sauvage poché, crémeux acidulé et asperges vertes. Fraises, framboises, groseilles et glace vanille aux noix de pécan caramélisées.

PORT-MANECH

✉ 29920 (Finistère) – Voir carte n°**9**-B2

▶ Paris 545 km – Carhaix-Plouguer 73 km – Concarneau 18 km – Quimper 44 km

Carte Michelin 308-I8 – Guide Vert Michelin Bretagne Sud

Manoir Dalmore

7 corniche de Pouldon - plage de Port-Manec'h – ✆ 02 98 06 82 43 – www.manoirdalmore.com – Fermé 13-31 janv.

10 ch – †100/160 € ††100/220 € – ☕ 14 €

Rest – Menu 26 € – Carte 40/50 € *(fermé le midi du lundi au jeudi d'oct. à mai sauf vacances scolaires, vend. midi, sam. midi et dim. midi) (réservation conseillée)*

Un ravissant manoir de 1926, isolé au-dessus de la plage de Port-Manec'h... Une situation idyllique, avec un chemin d'accès direct à la mer ! Les chambres mêlent avec goût l'ancien (cheminées, mobilier de famille) et des notes plus actuelles et épurées. Quant à l'accueil, il est digne d'une maison d'hôtes...

Hôtel du Port et de l'Aven

30 r. de l'Aven – ✆ 02 98 06 82 17 – www.hotelduport.com – Ouvert 7avril-28 sept.

31 ch – †50/75 € ††50/75 € – ☕ 9 € – ½ P

Rest – Menu 21/45 € – Carte 28/98 € *(fermé le midi sauf dim. d'avril à mi-juin et en sept., sam. midi et merc. du 15 juin au 30 août)*

Près du port, une adresse familiale sympathique et bien tenue. Le genre d'adresse où l'on se sent toujours en vacances dans des chambres simples et gaies, au calme face à la mer. Bienvenue également, la cuisine traditionnelle et iodée du restaurant.

PORT-MORT

✉ 27940 (Eure) – 970 hab. – **Voir carte n°33-D2**

Paris 89 km – Les Andelys 11 km – Évreux 33 km – Rouen 55 km

Carte Michelin 304-I6

Auberge des Pêcheurs

122 Grande Rue – ✆ 02 32 52 60 43 – Fermé 28 juil.-22 août, fin fév.-début mars, dim. soir, mardi soir et merc.

Menu 16 € (déj. en semaine), 26/36 € – Carte 35/52 €

Depuis trente ans, la passion du couple Bicot pour le métier ne se dément pas : toujours de nouveaux projets en tête, et la même envie de satisfaire les clients ! Dans ce petit village proche de la Seine, leur sympathique auberge cultive la tradition avec goût et simplicité, à l'image de cette compotée de lapin en gelée de cidre...

PORT-NAVALO – 56 Morbihan ➜ voir Arzon

PORTO – 2A Corse-du-Sud ➜ voir Corse

PORTO-POLLO – 2A Corse-du-Sud ➜ voir Corse

PORTO-VECCHIO – 2A Corse-du-Sud ➜ voir Corse

PORT-ST-PÈRE

✉ 44710 (Loire-Atlantique) – 2 724 hab. – **Voir carte n°34-B2**

Paris 409 km – Angers 114 km – Nantes 22 km – La Roche-sur-Yon 86 km

Carte Michelin 316-F5

Demeure Les Arabesques sans rest

La Bogetterie, 3 km au Nord-Ouest par D 103, rte du Pellerin – ✆ 02 40 47 80 42 – www.demeure-arabesques.com

3 ch ☕ – †89/99 € ††125 €

Roland Petit, Maurice Béjart et Patrick Dupont : ainsi se prénomment les chambres de ces Arabesques, créées par une ancienne professeur de danse. Entre ces murs du 16e s., l'ambiance est à la grâce et à la douceur... Un beau refuge parmi les bois et les étangs, à mi-chemin entre Nantes et Pornic.

PORTSALL

✉ 29830 (Finistère) – **Voir carte n°9-A1**
▶ Paris 616 km – Brest 29 km – Quimper 98 km – Rennes 263 km
Carte Michelin 308-C3 – Guide Vert Michelin Bretagne Nord

La Demeure Océane sans rest

20 r. Bar Al Lan – ☎ 02 98 48 77 42 – www.demeure-oceane.fr – Fermé 6 nov.-10 janv.
5 ch – 65/75 € 68/80 €
Une agréable maison bourgeoise datant de la fin du 19e s., au-dessus du port. Les chambres sont fraîches et romantiques, un peu rêveuses (Violette, Jeanne et Victor, Napoléon, etc.). Une bonne adresse pour les amoureux de paysages sauvages et naturels.

Les Littorines

8 square de l'Aberic – ☎ 02 98 48 61 85 – www.les-littorines.fr – Ouvert de fév. à nov. et fermé 1er-18 mars, dim. soir, lundi et mardi hors saison
Formule 15 € – Menu 20 € (semaine), 24/34 € – Carte 31/44 €
À deux pas du joli port de Portsall, cette charmante maison familiale (19e s.) dégage incontestablement un air marin... La cuisine est tournée vers le large, avec pour spécialités le saumon fumé, l'aile de raie aux câpres et le "Pesked a Farz" !

PORT-SUR-SAÔNE

✉ 70170 (Haute-Saône) – 2 990 hab. – **Voir carte n°16-B1**
▶ Paris 347 km – Besançon 61 km – Bourbonne-les-Bains 46 km – Épinal 75 km
Carte Michelin 314-E6

à Vauchoux 3 km au Sud par D 6 – ✉ 70170 – 126 hab.

Château de Vauchoux (Jean-Michel Turin)

rte de la vallée de la Saône – ☎ 03 84 91 53 55 – Fermé 20-27 fév., lundi et mardi
Menu 75/125 € *(réservation conseillée)*
Étonnant destin pour ce château, ancien relais de chasse de Louis XV devenu l'une des meilleures tables de la région ! La salle allie mobilier de style et pièces design. Dans l'assiette, en revanche, pas de mélange des genres avec une cuisine de tradition centrée sur le produit. Très belle sélection de vins.
→ Kougelhopf grillé et ballottine de foie gras. Pigeonneau rôti "Edwige Feuillère". Carolines glacées, excellence de chocolat noir et sorbet menthe fraîche.

PORT-VENDRES

✉ 66660 (Pyrénées-Orientales) – 4 290 hab. – **Voir carte n°22-B3**
▶ Paris 881 km – Montpellier 192 km – Perpignan 32 km
Carte Michelin 344-J7

Les Jardins du Cèdre

29 rte de Banyuls – ☎ 04 68 82 01 05 – www.lesjardinsducedre.com – Fermé 6 janv.-13 fév.
18 ch – 70/126 € 70/126 € – 1 suite – ☕ 11 € – ½ P
Rest *Les Jardins du Cèdre* – voir les restaurants ci-après
Jolie piscine, palmiers, chambres simples mais fraîches dont certaines donnent sur la mer et... vieux cèdre du Liban : un hôtel agréable, malgré la route toute proche. En haute saison, la demi-pension est obligatoire.

Les Jardins du Cèdre – Hôtel Les Jardins du Cèdre

29 rte de Banyuls – ☎ 04 68 82 62 20 – www.lesjardinsducedre.com – Fermé 6 janv.-13 fév., lundi du 15 nov. au 15 mars et mardi
Formule 15 € – Menu 19 € (déj. en semaine), 38/54 € – Carte 52/61 €
Une terrasse ombragée par un beau cèdre du Liban, offrant une vue superbe sur le port et la mer, des tables espacées et une jolie mise en place, invitant à découvrir une cuisine au goût du jour et bien réalisée. Ces jardins vous tendent les bras !

XX **Côte Vermeille**

quai du Fanal, (en direction de la criée) – ✆ 04 68 82 05 71 – www.restaurantlacotevermeille.com – Fermé 15 fév.- 15 mars, 1 semaine en nov., dim. sauf juil.-août et lundi

Formule 29 € – Menu 38/54 € – Carte 52/64 €

Sous l'égide de deux frères, une belle table marine ancrée sur le port. Homard en salade à la sauce truffée, filet de saint-pierre aux asperges vertes et cèpes... Achetés à la criée voisine, tous les poissons sont sauvages et cuisinés avec goût. Grillades au Côté Terrasse.

Côté Terrasse – 1er étage, ✆ 04 68 88 85 05 – Formule 22 € – Menu 28 € – Carte 43/58 € *(Ouvert avril-oct., fermé le soir en avril et oct., dim. et lundi sauf juil.-août)*

LA POTERIE – 22 Côtes-d'Armor ➜ voir Lamballe

POUANÇAY

✉ 86120 (Vienne) – 241 hab. – **Voir carte n°39-C1**

Paris 348 km – Bressuire 56 km – Poitiers 75 km – Saumur 29 km

Carte Michelin 322-F2

XX **Trésor Belge**

1 allée du Jardin Secret – ✆ 05 49 98 72 25 – www.tresorbelge.com – Fermé 1er-8 juil., 1er-9 sept., 23-26 déc., 1er-21 janv., lundi et mardi

Formule 20 € – Menu 29/59 € – Carte 39/52 € *(réservation conseillée)*

Une "ambassade" de la cuisine flamande où l'on déguste en toute convivialité de belles spécialités belges arrosées d'une très belle sélection d'incontournables bières du "plat pays". Une adresse bien gourmande !

POUGUES-LES-EAUX

✉ 58320 (Nièvre) – 2 459 hab. – **Voir carte n°7-A2**

Paris 225 km – Auxerre 123 km – Bourges 65 km – Nevers 12 km

Carte Michelin 319-B9 – Guide Vert Michelin Bourgogne

Hôtel des Sources

r. Mignarderie – ✆ 03 86 90 11 90 – www.hoteldessources.fr

29 ch – †68 € ††68 € – ☕ 10 € – ½ P

Rest – Formule 13 € 🍷 – Menu 16 € 🍷 (semaine), 19 € 🍷/22 € 🍷

Un hôtel familial entouré de verdure. Chambres fonctionnelles et impeccablement tenues, atmosphère conviviale et bons petits-déjeuners... non loin du casino. Esprit "cuisine ménagère" au restaurant.

POUILLON

✉ 40350 (Landes) – 2 870 hab. – **Voir carte n°3-B3**

Paris 742 km – Dax 16 km – Mont-de-Marsan 69 km – Orthez 28 km

Carte Michelin 335-F13

XX **L'Auberge du Pas de Vent**

281 av. du Pas-de-Vent – ✆ 05 58 98 34 65 – www.auberge-dupasdevent.com – Fermé vacances de la Toussaint, de fév., dim. soir, lundi soir, mardi soir et merc.

Formule 13 € – Menu 25/48 € – Carte 39/54 €

Une chose est sûre, on ne va pas à l'Auberge du Pas de Vent à reculons ! Au cœur des Landes, le cadre champêtre n'a d'égal que la généreuse cuisine du terroir. Le chef, Frédéric Dubern, sélectionne les meilleurs produits locaux – dont un magnifique jambon cru. Une savoureuse adresse, très authentique.

POUILLY-EN-AUXOIS

✉ 21320 (Côte-d'Or) – 1 555 hab. – **Voir carte n°8-C2**

Paris 270 km – Avallon 66 km – Beaune 42 km – Dijon 44 km

Carte Michelin 320-H6 – Guide Vert Michelin Bourgogne

X **Restaurant de la Poste** avec ch

pl. de la Libération – ✆ 03 80 90 86 44 – www.hoteldelaposte-pouilly.fr – Fermé 1er-11 mars, 11-29 nov., dim. soir et lundi

4 ch – †53/60 € ††59/66 € – ☕ 8 € – ½ P

Formule 15 € – Menu 19 € (semaine), 25/45 € – Carte 32/48 €

Sur la place centrale de cette petite localité bourguignonne, cette auberge est tenue par la même famille depuis 1947. Il y règne une sympathique atmosphère champêtre et l'on déguste une cuisine traditionnelle aux accents régionaux. Chambres pratiques pour l'étape.

à Ste-Sabine 8 km au Sud-Est par D 981, D 977bis et D 970 – ✉ 21320 – 190 hab.

Château Sainte Sabine

– ✆ 03 80 49 22 01 – www.saintesabine.com – Fermé 21-25 déc., 4-22 janv. et vacances de fév.

22 ch – †105/210 € ††105/210 € – ☕ 14 € – ½ P

Rest *Château Sainte Sabine* – voir les restaurants ci-après

L'art de vivre à la française imprègne ce beau château du 17e s., d'architecture classique. Chic et impeccables, les chambres jouent la carte d'une élégance intemporelle, dans une version plus "châtelaine" pour celles de la tour. Et l'on ne se lasse pas des belles échappées sur le parc environnant, où vagabondent des animaux en liberté...

XXX **Château Sainte Sabine**

– ✆ 03 80 49 22 01 – www.saintesabine.com – Ouvert 15 mars-21 déc. et fermé mardi sauf le soir de mai à mi oct. et merc.

Formule 19 € – Menu 26 € (déj. en semaine), 42/73 € – Carte 50/65 €

Dans le cadre historique du château Sainte-Sabine, né au Grand Siècle, face au parc et à son plan d'eau, une table élégante et raffinée. Le chef a le souci du détail : ses plats se révèlent fins, soignés et parfumés. Excellent rapport plaisir-prix.

à Chailly-sur-Armançon 6,5 km à l'Ouest par D 977bis – ✉ 21320 – 264 hab.

Château de Chailly

– ✆ 03 80 90 30 30 – www.chailly.com – Ouvert 10 mars-15 déc.

42 ch – †165/529 € ††165/529 € – 3 suites – ☕ 20 €

Rest *L'Armançon* – voir les restaurants ci-après

Rest *Le Rubillon* – Formule 21 € – Menu 26 € – Carte 25/34 € *(fermé le soir)*

Une riche façade Renaissance, une autre grandiose et médiévale : ce château a du style ! Ses hôtes pourront musarder dans le superbe parc, s'adonner aux joies du golf ou de la natation, profiter des deux restaurants... Vous avez dit "vie de château" ?

XXX **L'Armançon** – Hôtel Château de Chailly

– ✆ 03 80 90 30 30 – www.chailly.com – Ouvert 10 mars-15 déc. et fermé le midi, mardi de nov. à mars, dim. et lundi

Menu 53/86 € – Carte 64/88 €

En ce beau château des 15e-16e s., dames et damoiseaux viennent déguter de bons plats traditionnels : foie gras de canard au cassis, filet de bœuf charolais avec des pommes savonnettes parfumées à la truffe, etc. Le tout dans un cadre pour le moins... distingué !

POUILLY-LE-FORT

✉ 77240 (Seine-et-Marne) – **Voir carte n°19-C2**

▶ Paris 57 km – Créteil 35 km – Évry 23 km – Melun 7 km

Carte Michelin 312-E4

XX **Le Pouilly**

1 r. de la Fontaine – ✆ 01 64 09 56 64 – www.lepouilly.fr – Fermé 12 août-10 sept., 23-28 déc., dim. soir et lundi

Menu 28 € (déj. en semaine), 49/87 € – Carte 75/95 €

On se sent bien, dans l'ancienne grange de cette vieille ferme briarde... Le décor est charmant (pierres apparentes, poutres, etc.) et l'on savoure une agréable cuisine d'aujourd'hui. ➜ Foie gras de canard poêlé, poireau au jus, agastache, rau ram et sucre mélasse. Cochon noir de Bigorre caramélisé et canneloni de pomme de terre fumée. Tarte au chocolat noir, crème glacée aux noix de pécan caramélisées.

POUILLY-SOUS-CHARLIEU

✉ 42720 (Loire) – 2 544 hab. – Voir carte n°**44**-A1
Paris 393 km – Charlieu 5 km – Digoin 43 km – Roanne 15 km
Carte Michelin 327-D3

XX **Loire**

r. de la Berge – ✆ 04 77 60 81 36 – www.restaurant-loire.fr – Fermé. 6-17 oct., 7-25 janv., dim. soir, lundi et mardi
Formule 16 € – Menu 21 € (semaine), 31/70 € – Carte 36/77 €
Cette auberge, en bord de Loire, servait jadis de la friture... Aujourd'hui, c'est un joli restaurant, avec une terrasse côté jardin. On y apprécie une cuisine traditionnelle et soignée, qui privilégie les produits frais.

POUILLY-SUR-LOIRE

✉ 58150 (Nièvre) – 1 732 hab. – Voir carte n°**7**-A2
Paris 200 km – Bourges 58 km – Clamecy 54 km – Cosne-Cours-sur-Loire 18 km
Carte Michelin 319-A8 – Guide Vert Michelin Bourgogne

Relais de Pouilly

ch, ch, ch, P

rte de Mesves-sur-Loire, 3 km au Sud par D 28^A – ✆ 03 86 39 03 00 – www.relaisdepouilly.com
23 ch – †58/74 € ††77/87 € – ☕ 10 € – ½ P
Rest – Menu 15/37 € – Carte 27/47 €
Pour l'étape, un hôtel proche de la cité vigneronne et d'une aire d'autoroute (accès piétonnier). Chambres insonorisées tournées vers la réserve naturelle de la Loire ; jardin et aire de jeux. Cuisine traditionnelle, buffets, grillades et sélection de pouillys.

XX **Le Coq Hardi-Relais Fleuri** avec ch

ch, rest, ch, P

42 av. de la Tuilerie – ✆ 03 86 39 12 99 – www.lecoqhardi.fr – Fermé 22-29 déc., 6-21 janv., 27 janv.-12 fév., 17-25 fév., lundi et mardi sauf le soir de mai à sept.
9 ch – †81/98 € ††81/98 € – ☕ 11 € – ½ P
Formule 20 € – Menu 26 € (semaine), 40/65 € – Carte 54/71 €
Dans cette vénérable hostellerie, on s'installe dans une salle donnant sur le jardin qui borde la Loire... Le chef concocte une cuisine traditionnelle pleine de saveur. Certaines des chambres ouvrent sur la verdure.

POULDREUZIC

✉ 29710 (Finistère) – 1 980 hab. – Voir carte n°**9**-A2
Paris 587 km – Audierne 17 km – Douarnenez 17 km – Pont-l'Abbé 15 km
Carte Michelin 308-E7 – Guide Vert Michelin Bretagne Sud

à Penhors 4 km à l'Ouest par D 40 – ✉ 29710

Breiz Armor

rest, P

à la plage – ✆ 02 98 51 52 53 – www.breiz-armor.fr – Ouvert 29 mars-12 oct. et 25-31 déc.
36 ch – †84/100 € ††84/100 € – ☕ 11 € – ½ P
Rest – Menu 17 € (déj. en semaine), 25/62 € – Carte 35/60 € *(fermé lundi sauf en juil.-août)*
Ce grand bâtiment est idéalement situé près de la plage, face au large. Les chambres, assez spacieuses, disposent d'un équipement complet (écran plat, minibar, coffre-fort), et l'on profite aussi d'un espace bien-être et d'une salle de jeux.

LE POULDU

✉ 29360 (Finistère) – Voir carte n°**9**-B2
Paris 521 km – Concarneau 37 km – Lorient 25 km – Moëlan-sur-Mer 10 km
Carte Michelin 308-J8 – Guide Vert Michelin Bretagne Sud

Le Panoramique sans rest

P

2 r. du Kerou, au Kerou-plage – ✆ 02 98 39 93 49 – www.hotel-panoramique.fr – Ouvert 1er avril-2 nov.
25 ch – †61/77 € ††61/77 € – ☕ 9 €
Un hôtel tout simple, parfait pour profiter de la plage et du littoral. Les installations sont de qualité, tout est très propre et l'on vous accueille avec un grand sourire. À noter : certaines chambres offrent une petite vue sur la mer.

POULIGNY-NOTRE-DAME – 36 Indre ➜ voir La Châtre

POURVILLE-SUR-MER – 76 Seine-Maritime ➜ voir Dieppe

POUZAY – 37 Indre-et-Loire ➜ voir Ste-Maure-de-Touraine

LE POUZIN

✉ 07250 (Ardèche) – 2 828 hab. – **Voir carte n°44-B3**
Paris 590 km – Lyon 127 km – Privas 16 km – Valence 28 km
Carte Michelin 331-K5

La Cardinale

quartier Serre-Petou – ✆ 04 75 41 20 39 – www.hotellacardinale.com – Ouvert d'avril à oct.
8 ch – 120/195 € 155/195 € – 15 €
Rest – Carte 32/50 € *(fermé lundi, mardi, merc. sauf résidents et le midi) (réservation conseillée)*
Un beau mas, un parc aux essences choisies, un élégant restaurant, une jolie piscine, des kiosques... c'est charmant ! Les chambres sont raffinées (salles de bains rétro), certaines de plain-pied dans l'annexe récente (avec terrasse). Un établissement de qualité.

PRADES

✉ 66500 (Pyrénées-Orientales) – 6 081 hab. – **Voir carte n°22-B3**
Paris 892 km – Mont-Louis 36 km – Olette 16 km – Perpignan 46 km
Carte Michelin 344-F7

Pradotel

rest,
av. Festival, sur la rocade – ✆ 04 68 05 22 66 – www.hotel-prades.com
39 ch – 53/67 € 58/77 € – 9 € – ½ P
Rest – Formule 13 € – Menu 16/39 € – Carte 26/42 € *(fermé janv.)*
En bordure de nationale, un hôtel récent, pratique, familial... et économique. Abri pour les vélos, terrain de pétanque, grande piscine, parking, etc. : parfait pour une étape.

à Clara 5 km au Sud par D 35 – ✉ 66500 – 240 hab.

Les Loges du Jardin d'Aymeric avec ch

ch,
7 r. du Canigou – ✆ 04 68 96 08 72 – www.logesaymeric.com – Fermé janv., mardi soir et merc. sauf juil.-août
3 ch – 65/75 € 75/85 € – ½ P **Rest** Menu 38/58 € *(réservation conseillée)*
Au sein de ce village perché, il fait bon s'attabler dans cette maison typique de la région, lumineuse et élégante ! Le chef concocte une belle cuisine du marché avec de bons produits locaux et les légumes de son potager – son autre passion. Et s'il vous prend l'envie de rester, les chambres sont pleines de cachet...

LE PRADET

✉ 83220 (Var) – 11 506 hab. – **Voir carte n°41-C3**
Paris 842 km – Draguignan 76 km – Hyères 11 km – Toulon 10 km
Carte Michelin 340-L7 – Guide Vert Michelin Côte d'Azur

aux Oursinières 3 km au Sud par D 86 – ✉ 83220

L'Escapade sans rest

1 r. de la Tartane – ✆ 04 94 08 39 39 – www.hotel-escapade.com – Ouvert 12 mars-4 nov.
9 ch – 128/169 € 128/309 € – 1 suite – 15 €
À 100 m de la mer, un petit nid au calme, idéal pour une escapade sous le soleil... Atmosphère douillette dans les chambres, disséminées à travers le beau jardin.

La Chanterelle

50 r. de la Tartane – ✆ 04 94 08 52 60 – www.hotel-escapade.com – Fermé nov., janv., fév., lundi et mardi de sept. à avril
Menu 42/52 € – Carte environ 60 €
Une cuisine provençale délicate et pleine d'arômes, que l'on déguste avec plaisir dans une jolie maison en pierre (plafond en bois sculpté, vitraux colorés, jardin fleuri).

PRALOGNAN-LA-VANOISE

✉ 73710 (Savoie) – 754 hab. – Voir carte n°**45**-D2

▶ Paris 634 km – Albertville 53 km – Chambéry 103 km – Moûtiers 28 km

Carte Michelin 333-N5 – Guide Vert Michelin Alpes du Nord

Les Airelles

les Darbelays, 1 km au Nord – ✆ 04 79 08 70 32 – www.hotel-les-airelles.fr – Ouvert 7 juin-14 sept. et 20 déc.-18 avril

21 ch – 67/92 € 82/105 € – ☕ 9 € – ½ P

Rest – Menu 22/25 € – Carte 27/35 €

Pralognan est très apprécié par les randonneurs et ces Airelles sont idéales pour un séjour nature ! Dans un hameau à l'orée de la forêt des Granges, on se sent comme chez soi dans ce beau chalet des années 1980, qui allie ambiance familiale, calme et vue sur les montagnes. Restaurant savoyard.

Hôtel de la Vanoise

chemin du Dou-des-Ponts – ✆ 04 79 08 70 34 – www.hoteldelavanoise.fr – Ouvert de mi-juin à mi-sept. et 15 déc.-15 avril

32 ch – 75/110 € 75/110 € – ☕ 10 € – ½ P

Rest – Formule 19 € – Menu 23 € – Carte 25/40 €

L'aîné des hôtels de cette sympathique station de montagne, au cœur de la Vanoise. Derrière une façade traditionnelle, on découvre des chambres simples et chaleureuses, la plupart avec balcon face aux sommets... Avis aux skieurs : les remontées mécaniques sont toutes proches.

Hôtel du Grand Bec

✆ 04 79 08 71 10 – www.hoteldugrandbec.fr – Ouvert 2 juin-6 sept. et 21 déc.-13 avril

39 ch – 52/98 € 60/125 € – ☕ 11 € – ½ P

Rest – Menu 18 € 🍷 (déj. en semaine), 22/50 € – Carte 26/48 €

La crête du Grand Bec veille sur ce chalet des années 1930, posté à l'entrée de Pralognan. Les chambres se révèlent toutes simples, avec un décor d'esprit montagnard. Autres atouts : une très belle piscine couverte et un restaurant traditionnel dont la terrasse regarde les sommets...

LE PRARION – 74 Haute-Savoie ➜ voir Les Houches

PRATS-DE-MOLLO-LA-PRESTE

✉ 66230 (Pyrénées-Orientales) – 1 101 hab. – Voir carte n°**22**-B3

▶ Paris 905 km – Céret 32 km – Perpignan 64 km

Carte Michelin 344-F8

Bellevue

pl. du Foiral – ✆ 04 68 39 72 48 – www.hotel-le-bellevue.fr – Ouvert 12 fév.-30 nov. et fermé mardi et merc. de nov. à mars

16 ch – 44/65 € 55/80 € – ☕ 10 € – ½ P

Rest *Bellevue* – voir les restaurants ci-après

Cet hôtel trône sur la place du village, au pied des remparts médiévaux. Les chambres, fonctionnelles et modernes, sont soigneusement tenues. Parfait pour une étape dans cette pittoresque cité frontalière.

Bellevue

pl. du Foiral – ✆ 04 68 39 72 48 – www.hotel-le-bellevue.fr – Ouvert 12 fév.-30 nov. et fermé mardi et merc. de nov. à mars

Formule 20 € – Menu 31/50 € – Carte 45/56 €

Voilà une délicieuse découverte ! La carte fleure bon le terroir régional, et pour cause : le chef met en valeur les petits producteurs locaux, qui viennent dans la cité uniquement pour le livrer. Agneau catalan, fromage des Pyrénées... Les assiettes forment de véritables bouquets de saveurs.

à La Preste 8 km – ✉ 66230

Ribes rest, P
– ✆ *04 68 39 71 04 – www.hotel-ribes.com – Ouvert 20 avril -19 oct.*
16 ch – †50/53 € ††50/59 € – ☕ 7 € – ½ P
Rest – Formule 12 € – Menu 19/31 € – Carte 31/45 €
Isolée en pleine montagne, cette ancienne ferme jouit d'un calme absolu... L'ambiance familiale, la déco plutôt surannée : tout évoque un hôtel-restaurant d'une autre époque, idéal pour se couper du monde !

Le Val du Tech Ⓝ
– ✆ *04 68 39 71 12 – www.hotel-levaldutech.com – Ouvert 1er Mai-25 oct.*
18 ch – †36/44 € ††58/70 € – ☕ 10 € – ½ P
Rest – Formule 13 € – Menu 17/23 € – Carte 23/31 €
Curistes et randonneurs apprécient ce petit hôtel traditionnel situé à flanc de colline, à deux pas des thermes. Les chambres y sont fonctionnelles et bien tenues. Le petit plus : la salle du restaurant offre une vue superbe sur le val.

PRATZ

✉ 39170 (Jura) – 576 hab. – **Voir carte n°16-B3**
Paris 460 km – Besançon 130 km – Genève 113 km – Lons-le-Saunier 47 km
Carte Michelin 321-E8

Les Louvières P
– ✆ *03 84 42 09 24 – www.leslouvieres.com – Ouvert 2 avril-22 déc. et fermé dim. soir, lundi et mardi*
Formule 36 € – Menu 44 €
Cette ferme de pays a été rénovée dans un esprit chic et contemporain, sans rien renier de son cachet montagnard. Un endroit vraiment sympathique, où l'on savoure une cuisine créative alléchante et de bons vins du monde.

LE PRAZ – 73 Savoie → voir Courchevel

LES PRAZ-DE-CHAMONIX – 74 Haute-Savoie → voir Chamonix-Mont-Blanc

PRAZ-SUR-ARLY

✉ 74120 (Haute-Savoie) – 1 334 hab. – **Voir carte n°46-F1**
Paris 602 km – Albertville 28 km – Chambéry 79 km – Chamonix-Mont-Blanc 37 km
Carte Michelin 328-M5

La Griyotire P
50 rte La Tonnaz – ✆ 04 50 21 86 36 – www.griyotire.com – Ouvert 8 juin-15 sept. et 20 déc.-10 avril
16 ch – †90/136 € ††90/136 € – 5 suites – ☕ 15 € – ½ P
Rest – Menu 29/45 € – Carte 31/47 € *(fermé le midi et lundi sauf le soir du 20 déc. à fin mars)*
Un élégant chalet savoyard, à la fois central et paisible, avec des chambres charmantes et cosy. Hammam, sauna et massages, restaurant montagnard (spécialités traditionnelles et régionales) : les vacances version alpine, tout simplement !

PRÉCHACQ-LES-BAINS

✉ 40465 (Landes) – 676 hab. – **Voir carte n°3-B2**
Paris 746 km – Bordeaux 167 km – Mont-de-Marsan 44 km – Pau 128 km

Hostellerie du Clos Pité ch, P
1348 av. des Sources – ✆ 05 58 57 99 15 – www.hotel-clos-pite.com – Fermé 19 déc.-5 janv.
12 ch – †59/89 € ††59/89 € – ☕ 8 € – ½ P
Rest – Menu 20/50 € – Carte 41/60 € *(Fermé le midi sauf sam. et dim.)*
En pleine campagne, sur la route du domaine thermal de Préchacq, une maison blanche où règne une jolie simplicité, un peu comme dans une maison de vacances : vieux mobilier chiné dans les chambres, sympathique salon où l'on peut se documenter sur la région, restaurant digne d'une table familiale...

PREIGNAC – 33 Gironde → voir Langon

PRÉNERON – 32 Gers ➔ voir Vic-Fezensac

PRENOIS – 21 Côte-d'Or ➔ voir Dijon

LE PRÉ-ST-GERVAIS – 93 Seine-Saint-Denis ➔ voir Paris, Environs

LA PRESTE – 66 Pyrénées-Orientales ➔ voir Prats-de-Mollo

PRINGY

✉ 77310 (Seine-et-Marne) – 2 498 hab. – **Voir carte n°19-C2**
Paris 50 km – Évry 17 km – Melun 11 km – Orléans 140 km
Carte Michelin 312-E4

L'Inédit (Eddy Creuzé)

20 av. de Fontainebleau, D 607 – ✆ 01 60 65 57 75 – www.linedit.fr – Fermé août, vacances de Noël, dim. soir, mardi et merc.
Formule 29 € – Menu 42/135 € – Carte 78/101 €
Une image de l'Inédit ? Cette entrée : un capuccino de pommes de terre de Noirmoutier bien crémeux, avec un foie gras savamment poêlé et un jus à la truffe noire parfumé. Une belle association, qui illustre l'esprit de création du chef et son goût pour les produits nobles. Élégant décor tout de blanc et de brun. ➔ Cappuccino de pomme de terre, foie gras de canard poêlé et jus à la truffe noire. Lièvre à la royale. Tarte au citron revisitée.

PRIVAS

✉ 07000 (Ardèche) – 8 369 hab. – **Voir carte n°44-B3**
Paris 596 km – Montélimar 34 km – Le Puy-en-Velay 91 km – Valence 41 km
Carte Michelin 331-J5 – Guide Vert Michelin Ardèche Drôme

La Chaumette

av. du Vanel – ✆ 04 75 64 30 66 – www.hotelchaumette.fr – Fermé vacances de la Toussaint
36 ch – 55/70 € 59/80 € – 13 € – ½ P
Rest – Formule 18 € – Menu 23 € (déj. en semaine), 39/56 € – Carte 60/77 €
(fermé mardi soir, sam. midi, dim. soir et lundi)
Cet hôtel moderne a l'âme voyageuse : les chambres évoquent le Midi, l'Afrique, la Chine... Moins loin, il fait bon lézarder au bord de la piscine ou au Bar des Suds. Agréable terrasse au restaurant, où le chef s'inpire du terroir.

à Rochessauve 11km au Sud-Est par D2 et D 299 – ✉ 07210 – 397 hab.

Château de Rochessauve

– ✆ 04 75 65 07 06 – www.chateau-de-rochessauve.com – Ouvert Pâques à nov.
5 ch – 120/130 € 130/150 € – ½ P
Table d'hôte – Menu 40 € *(fermé jeudi)*
Un château du 13[e]s. perché sur un piton rocheux... Protégé du mistral par la falaise, on contemple la chaîne des Alpes dans un calme absolu. Les propriétaires sont d'anciens antiquaires (que de beaux objets !) et... de bons cuisiniers (volailles et légumes maison).

PROISSANS

✉ 24200 (Dordogne) – 918 hab. – **Voir carte n°4-D3**
Paris 524 km – Bordeaux 198 km – Limoges 135 km – Périgueux 75 km
Carte Michelin 329-I6

Au Puits Gourmand

– ✆ 05 53 29 52 71 – www.aupuitsgourmand.net – Fermé 1er-10 juil., vacances de Noël, sam. midi et merc.
Formule 14 € – Menu 26/39 € – Carte 35/51 €
Le chef, normand d'origine, puise son inspiration dans les produits frais et cherche à proposer le meilleur rapport qualité-prix : pari réussi, en toute simplicité ! Côté décor : une petite maison de pays, aux murs vert flashy, et une sympathique terrasse.

PROJAN

✉ 32400 (Gers) – 156 hab. – Voir carte n°**28**-A2
Paris 742 km – Pau 42 km – Tarbes 60 km – Toulouse 169 km
Carte Michelin 336-A8

Le Château de Projan

– *✆ 05 62 09 46 21 – www.chateau-de-projan.com – Fermé 1 semaines vacances de la Toussaint, 19-26 déc., début janv.-début mars, dim. soir et lundi*
7 ch – †110/180 € ††130/200 € – ☐ 14 € – ½ P
Rest – Menu 38/80 € *(fermé le midi)*
Ambiance de maison d'hôtes dans ce château blotti dans un parc au sommet d'une colline. Beau mobilier ancien et tableaux contemporains ornent chambres et salons. Lumineuse salle à manger prolongée d'une terrasse où l'on sert des plats régionaux. Cours de cuisine.

PROPRIANO – 2A Corse-du-Sud ➜ voir Corse

PROVINS

Alips (R. Guy) . . . . **AX**
Anatole-France (Av.) . . . . **AV** 2
Arnoul (R. Victor) . . . . **BX** 3
Balzac (Pl. Honoré-de) . . . . **BVX** 4
Bellevue (Rampe de) . . . . **BX**
Bordes (R. des) . . . . **BX** 7
Bourquelot (R. Félix) . . . . **BV** 8
Bray (Rte de) . . . . **AX**
Briand (R. Aristide) . . . . **BX**
Canal (R. du) . . . . **AX**
Carnot (Bd) . . . . **BX**
Champbenoist (Rte de) . . . . **BX** 13
Changis (R. de) . . . . **BX** 14
Châtel (Pl. du) . . . . **AV** 18
Chomton (Bd Gilbert) . . . . **AX** 19
Collège (R. du) . . . . **ABV** 23
Cordonnerie (R. de la) . . . . **BV** 24
Courloison (R.) . . . . **BV** 27
Couverte (R.) . . . . **AV** 28
Delort (Rue du Gén.) . . . . **BVX** 29
Desmarets (R. Jean) . . . . **AV** 30
Dromigny (R. Georges) . . . . **AX**
Esternay (R. d') . . . . **BX**
Ferté (Av. de la) . . . . **BV** 33
Fourtier-Masson (R.) . . . . **BX** 35
Friperie (R. de la) . . . . **BV** 37
Garnier (R. Victor) . . . . **BX** 39
Gd-Quartier-Gén. (Bd du) . . . . **BX** 42
Hugues-le-Grand (R.) . . . . **BX** 43
Jacobins (R. des) . . . . **BV** 44
Jean-Jaurès (Av.) . . . . **BX**
Leclerc (Pl. du Mar.) . . . . **BV** 47
Malraux (Av. André) . . . . **AVY**
Michelin (R. Maximilien) . . . . **AX**
Nanteuil (Rte de) . . . . **BV**
Nocard (R. Edmond) . . . . **BVX** 54
Opoix (R. Christophe) . . . . **BV** 57
Palais (R. du) . . . . **AV** 59
Pasteur (Bd) . . . . **BV**
Plessier (Bd du Gén.) . . . . **BVX** 64
Pompidou (Av. G.) . . . . **BV** 67
Pont-Pigy (R. du) . . . . **BV** 68
Prés (R. des) . . . . **BV** 69
Rebais (R.) . . . . **BV**
Remparts (Allée des) . . . . **AV** 72
Ste-Croix (R.) . . . . **BV**
St-Ayoul (Pl.) . . . . **BV** 73
St-Jean (R.) . . . . **AV** 74
St-Quiriace (Pl.) . . . . **AV** 77
St-Syllas (Rampe) . . . . **BV**
Val (R. du) . . . . **BV** 79
Voulzie (Av. de la) . . . . **BX** 85
29e-Dragons (Pl. du) . . . . **BV** 84

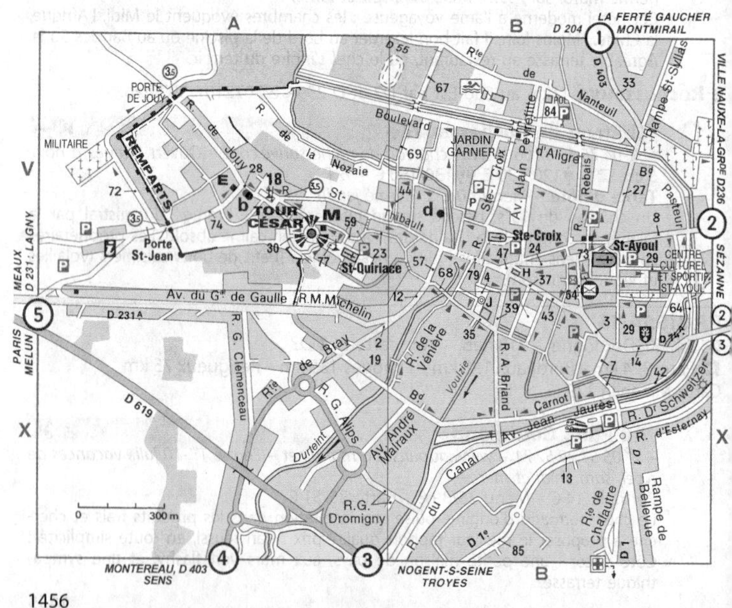

PROVINS

✉ 77160 (Seine-et-Marne) – 12 301 hab. – **Voir carte n°19-D2**
Paris 88 km – Châlons-en-Champagne 98 km – Fontainebleau 55 km – Sens 47 km
Carte Michelin 312-I4 – Guide Vert Michelin Île-de-France

Aux Vieux Remparts

3 r. Couverte - ville haute, Cité Médiévale – ✆ 01 64 08 94 00 – www.auxvieuxremparts.com
40 ch – 129/219 € 149/249 € – 18 € – ½ P Plan : AV**b**
Rest – Formule 32 € – Menu 37/49 € – Carte 53/67 €
Rest *L'Esquisse* ✆ 01 64 08 95 90 – – Menu 68/118 € *(ouvert vend. soir et sam. soir sauf juil.-août) (réservation conseillée)*
Ces Vieux Remparts évoquent tout le charme de la cité médiévale : dans trois maisons attenantes, les chambres se révèlent raffinées et cosy, certaines dans un esprit contemporain bien agréable. Après la visite de la ville, on apprécie l'espace détente (piscine intérieure, sauna, hammam...).

Demeure des Vieux Bains sans rest

7 r. du Moulin-de-la-Ruelle, (au pied de la cité médiévale) – ✆ 06 74 64 54 00 – www.demeure-des-vieux-bains.com Plan : BV**d**
5 ch – 170/295 €
Une belle demeure seigneuriale (12e-17e s.) à flanc de colline. Le nom de chaque chambre évoque son élégant décor : Hortensia, Pleyel (avec hammam), Flamande (avec balnéo)…

PRUNETE – 2B Haute-Corse → voir Corse (Cervione)

PUGET-SUR-ARGENS

✉ 83480 (Var) – 6 587 hab. – **Voir carte n°41-C3**
Paris 871 km – Marseille 143 km – Monaco 88 km – Toulon 86 km
Carte Michelin 340-P5

Le Clos des Escapades

2323 bd Gén.-Leclerc – ✆ 04 94 45 89 88 – www.leclosdesescapades.com – Fermé 5 nov.-1er fév.
5 ch – 110/190 € 110/190 € **Table d'hôte** – Menu 30 €
Au grand calme, sur les premiers contreforts de l'Esterel, ce grand mas provençal ouvre sur un horizon de mimosas et d'oliviers... "Lune de Miel", "Rêverie", "Perle de Rose" : le nom des chambres dit beaucoup de leur esprit ! Autres atouts : une belle piscine et un espace bien-être pour parfaire la détente.

PUJAUDRAN – 32 Gers → voir L'Isle-Jourdain

PUJAUT

✉ 30131 (Gard) – 4 004 hab. – **Voir carte n°23-D2**
Paris 683 km – Marseille 117 km – Montpellier 95 km – Orange 23 km
Carte Michelin 339-N4

Entre Vigne et Garrigue (Serge Chenet) avec ch

rte de St-Bruno, 2 km au Sud-Ouest – ✆ 04 90 95 20 29 rest,
– www.vigne-et-garrigue.com – Fermé 10-19 mars, 1er-9 sept., 11 janv.-4 fév., dim. soir de mai à sept., mardi d'oct. à avril et lundi
5 ch – 125/135 € 125/165 €
Formule 33 € – Menu 45/115 € *(réservation conseillée)*
Un cadre authentique – une ferme provençale isolée, entre falaises et vignobles – et une savoureuse cuisine du marché, bien dans son époque. Produits nobles, légumes et fruits de saison ont les faveurs du chef... Chambres au décor soigné, dans l'esprit d'une maison d'hôtes. → Nage mousseuse de homard à la réglisse. Poitrine de pigeonneau rôtie aux épices, sésame grillé et lait d'amande. Duo de fraises et olives noires, madeleine à la tapenade et glace à l'huile d'olive.

PUJOLS – 47 Lot-et-Garonne → voir Villeneuve-sur-Lot

PUJOLS

✉ 33350 (Gironde) – 574 hab. – **Voir carte n°4-C2**
Paris 560 km – Bordeaux 51 km – Mérignac 68 km – Pessac 63 km
Carte Michelin 335-K6 – Guide Vert Michelin Aquitaine

Les Gués Rivières
rest,

5 pl. du Gén. de Gaulle – ✆ 05 57 40 74 73 – http://margotte.olivier.pagesperso-orange.fr – Fermé 20 déc.-5 janv.
4 ch – 70/80 € 75/80 €
Table d'hôte – Menu 20/30 € *(dîner pour résidents seult)*
Sur la place du village, une maison locale (1854) avec des chambres mignonnes et bien tenues... L'atout charme des lieux ? Une superbe terrasse surplombant les vignes et St-Émilion, sur laquelle on peut prendre le petit-déjeuner – gargantuesque ! – et se restaurer d'une agréable cuisine du Sud-Ouest.

La Poudette
La Rivière, par D 17 – ✆ 05 57 40 71 52 – www.lapoudette.com – Fermé janv.-fév., dim. soir de nov. à mai, mardi sauf le soir de mai à sept. et lundi
Menu 22 € (déj. en semaine), 39/42 € – Carte environ 54 €
Dans le jardin courent poules et oies... Quoi de plus naturel dans une ancienne ferme ? Ici, on est vraiment à la campagne et l'on se régale d'une jolie cuisine de produits, fraîche et fine. Et pour se mettre au vert, il y a aussi deux confortables chambres.

PULIGNY-MONTRACHET
21190 (Côte-d'Or) – 411 hab. – Voir carte n°7-A3
Paris 329 km – Dijon 59 km – Lons-le-Saulnier 121 km – Mâcon 82 km
Carte Michelin 320-I8 – Guide Vert Michelin Bourgogne

La Maison d'Olivier Leflaive
10 pl. du Monument – ✆ 03 80 21 95 27 – www.maison-olivierleflaive.fr – Fermé 22 déc.-30 janv.
13 ch – 115/235 € 115/235 € – 15 €
Rest *La Table d'Olivier Leflaive* – voir les restaurants ci-après
Authentique bâtisse du 17e s. avec de belles chambres d'esprit baroque. Les vins du domaine sont bien sûr à l'honneur : visite des caves et vignes, dégustation dans le beau salon contemporain... Idéal pour la clientèle d'affaires.

Le Montrachet
10 pl. des Marronniers – ✆ 03 80 21 30 06 – www.le-montrachet.com – Fermé 25 nov.-13 janv.
29 ch – 135/160 € 135/160 € – 4 suites – 17 € – ½ P
Rest *Le Montrachet* ✿ – voir les restaurants ci-après
Sur une place tranquille, une belle bâtisse en pierre de pays et ses dépendances ; en fait l'auberge du village peu à peu métamorphosée en hôtel cossu. Les chambres, spacieuses et classiques (plafonds à la française...), sont bien agréables.

La Chouette sans rest
3 bis r. des Creux-de-Chagny – ✆ 03 80 21 95 60 – www.la-chouette.fr – Fermé 1er déc.-3 janv.
6 ch – 130/140 € 145/155 €
Une maison paisible et chaleureuse, un jardin donnant sur les vignes, de grandes chambres au décor soigné : chouette ! Et le petit-déjeuner est délicieux, avec ses gâteaux et confitures maison, ses charcuteries et ses fromages...

Domaine des Anges

pl. des Marronniers – ✆ 03 80 21 38 28 – www.domainedesangespuligny.com – Fermé 20 déc.-4 janv.
4 ch – 85/140 € 85/140 € **Table d'hôte** – Menu 40 €
D'une propriété viticole au cœur du village, ce couple de la bonne société anglaise a fait un lieu very charming... Meubles d'antiquaire, poutres, moulures, cuisine bourgeoise à la table d'hôte : pittoresque et so french ! Quant au breakfast et à l'afternoon tea, ils séduisent par leur majesté toute britannique.

XXX **Le Montrachet** – Hôtel Le Montrachet
10 pl. des Marronniers – ✆ 03 80 21 30 06 – www.le-montrachet.com – Fermé 25 nov.-13 janv.
Menu 29 € (déj.), 57/85 € – Carte 72/89 €
Classique et raffiné : voilà qui qualifie à merveille ce restaurant – tout en poutres et pierres apparentes – et la cuisine de saison que l'on y sert... À noter également, la très belle cave de 1000 références dont plus de 200 grands crus.
➜ Escargots de Bourgogne en coquilles, beurre émulsionné au vin blanc. Filet de bœuf charolais poêlé et en tartare au couteau. Soufflé chaud à la cerise.

X **La Table d'Olivier Leflaive** – Hôtel La Maison d'Olivier Leflaive
10 pl. du Monument – ✆ 03 80 21 95 27 – www.maison-olivierleflaive.fr – Fermé 22 déc.-30 janv. et dim.
Menu 25 €
La Table d'Olivier a des airs de bistrot de campagne, avenant, chaleureux... On y savoure une cuisine ménagère simple et attrayante, autour d'une belle dégustation de vins.

PUPILLIN – 39 Jura ➜ voir Arbois

PUTEAUX – 92 Hauts-de-Seine ➜ voir Paris, Environs

PUYCELCI

✉ 81140 (Tarn) – 474 hab. – Voir carte n°**29**-C2
▶ Paris 637 km – Albi 44 km – Gaillac 25 km – Montauban 40 km
Carte Michelin 338-C7

L'Ancienne Auberge
pl. de l'Eglise – ✆ 05 63 33 65 90 – www.ancienne-auberge.com – Fermé fév.
8 ch – 80/125 € 80/125 € – 9 € – ½ P
Rest – Menu 26/46 € – Carte 28/45 € *(fermé lundi et mardi)*
Au cœur d'un village fortifié authentique et charmant, ce presbytère du 13e s. s'est mué en une auberge de caractère. Dans les chambres cohabitent meubles anciens et confort d'aujourd'hui et, au bistrot, la cheminée médiévale fait son petit effet : du style, c'est certain !

LE PUY-EN-VELAY

✉ 43000 (Haute-Loire) – 18 521 hab. – Voir carte n°**6**-C3
▶ Paris 539 km – Clermont-Ferrand 129 km – Mende 87 km – St-Étienne 76 km
Carte Michelin 331-F3 – Guide Vert Michelin Ardèche Drôme

Hôtel du Parc
4 av. C.-Charbonnier – ✆ 04 71 02 40 40 – www.hotel-du-parc-le-puy.com Plan : AZ**s**
15 ch – 81/210 € 81/210 € – 14 €
Rest *François Gagnaire* – voir les restaurants ci-après
Près du beau jardin Vinay, un hôtel très design ! Mobilier aux lignes géométriques, ambiance zen, sens du confort : les chambres respirent le goût contemporain. Le meilleur établissement de la ville, qui abrite de surcroît une table de qualité.

Regina ch, rest,
34 bd Mar.-Fayolle – ✆ 04 71 09 14 71 – www.hotelrestregina.com Plan : BZ**d**
25 ch – 78/102 € 78/102 € – 11 € – ½ P
Rest – Menu 21 € (semaine), 33/41 € – Carte 41/61 € *(fermé dim. soir du 15 nov. au 15 mars)*
Ce bel immeuble (1905) flanqué d'une tourelle possède un indéniable cachet. Ses chambres, fonctionnelles et généralement spacieuses, sont décorées avec goût dans un style contemporain. Au restaurant, cuisine de tradition et plats méditerranéens.

Ibis Styles sans rest
47 bd du Mar.-Fayolle – ✆ 04 71 09 32 36 – www.lepuy-hotels.com Plan : BZ**a**
50 ch – 89/111 € 99/121 €
Très central, un hôtel de chaîne décoré dans un style contemporain et plutôt vitaminé, avec des chambres bien équipées. Le bon plan : les chambres familiales à prix doux.

LE PUY-EN-VELAY

Aiguières (R. Porte) .... **AZ** 2
Becdelièvre (R.)........... **AY** 3
Bouillon (R. du) .... **BY** 5
Card.-de-Polignac (R.)...... **BY** 8
Chamarlenc (R. du)......... **AY** 10
Charbonnier (Av. C.)........ **AZ** 12
Chaussade (R.).............. **BZ**
Chênebouterie (R.) .... **AY** 13
Clair (Bd A.)............... **AZ** 14
Collège (R. du)............. **BZ** 17
Consulat (R. du) .... **AY** 19
Courrerie (R.).............. **AZ** 20
Crozatier (R.).............. **BZ** 23
Dr-Chantemesse (Bd)......... **AY** 24
Fayolle (Bd Mar.)........... **BZ**
Foch (Av. Mar.)............. **BZ**
For (Pl. du)................ **BY** 27
Gambetta (Bd) .... **AY** 29
Gaulle (Av. Gén.-de)........ **ABZ** 30
Gouteyron (R.).............. **AY** 31
Grangevieille (R.).......... **AY** 32
Martouret (Pl. du).......... **ABZ** 34
Monteil (R. A.-de) .... **AY** 35
Pannessac (R.).............. **AY**
Philibert (R.).............. **AY** 36
Pierret (R.)................ **BZ** 37
Plot (Pl. du) .... **AZ** 38
Raphaël (R.)................ **AY** 39
République (Bd de la)....... **BY** 40
Roche-Taillade (R.)......... **AY** 42
Saint-François-Régis (R.)... **BY** 43
Saint-Georges (R.) .... **BY** 45
Saint-Gilles (R.)........... **AZ**
Saint-Jean (R. du Fg) ...... **BY** 46
Saint-Louis (Bd)............ **AZ**
Saint-Maurice (Pl.)......... **AY** 47
Séguret (R.)................ **AY** 48
Tables (Pl. des) .... **AY** 49
Tables (R. des)............. **AY** 52
Vallès (R. J.).............. **BY** 54
Vaneau (R.)................. **AY** 55
Verdun (R.)................. **BY** 58

François Gagnaire - Hôtel du Parc

4 av. C.-Charbonnier – 04 71 02 75 55 – www.francoisgagnaire.com – Fermé 1er-17 mars, 23 juin-4 juil., 3-11 nov., dim. soir, mardi midi et lundi

Menu 35 € (déj. en semaine), 65/102 € – Carte 78/87 € Plan : AZ**a**

Une salle un peu confidentielle, au premier étage de l'hôtel du Parc. Contemporaine et raffinée, elle est ornée de lithographies de Raoul Dufy. Jolies couleurs dans l'assiette également : la cuisine de François Gagnaire, de belle facture, marie terroir et saveurs d'ailleurs... → Caviar du Velay, blinis et bavaroise de lentilles, terre des volcans. Souris d'agneau noir du Velay confite aux écorces d'orange et coriandre. Perles rouges et crémeux à la verveine verte du Velay.

Tournayre

12 r. Chênebouterie – 04 71 09 58 94 – www.restaurant-tournayre.com – Fermé 1er-10 sept., 21 déc.-31 janv., mardi sauf juil.-août, dim. soir et lundi

Menu 27/76 € – Carte 55/81 € Plan : AY**f**

Croisées d'ogives, boiseries, fresques... Le cadre rare et charmant d'une ancienne chapelle du 16e s. ! La cuisine y est gardienne d'une certaine tradition, pour le meilleur (lentilles, veau du Velay, jambon cru d'Auvergne, fromages, etc.).

Le Poivrier

69 r. Pannessac – 04 71 02 41 30 – www.lepoivrier.fr – Fermé dim. soir et lundi

Formule 18 € – Menu 22 € (semaine)/36 € – Carte 38/51 € Plan : AY**v**

Un design épuré, du skaï, des expositions de photographies, de la musique jazzy : un lieu branché et chaleureux. Agréable paradoxe, on sert de la cuisine du terroir et des spécialités de viande de bœuf de Haute-Loire.

Comme à la Maison

7 r. Séguret – 04 71 02 94 73 – www.restaurant-43.com – Fermé 19-26 avril, 20-30 sept., 13-20 janv., merc. midi, sam. midi et dim. Plan : AY**u**

Formule 25 € – Menu 35/45 € – Carte 38/46 €

Déclinaison autour de la tomate, magret et écrasé de pomme de terre, crème brûlée, etc. Le jeune chef de ce bistrot contemporain – niché dans la vieille ville, au pied de la cathédrale – joue la carte "cuisine du marché". La terrasse dans le patio s'avère être un petit havre de paix... et l'on se sent comme à la maison.

Bambou et Basilic

18 r. Grangevieille – 04 71 09 25 59 – www.bambou-basilic.com – Fermé lundi et mardi Plan : AY**b**

Menu 21 € (déj. en semaine), 26/59 € – Carte 41/56 €

Cette petite maison du centre historique mise tout sur la fraîcheur ! S'inspirer des bons produits du terroir : tel est le credo de ses jeunes et sympathiques propriétaires, qui aiment aussi apporter cette touche de modernité qui fait la différence. Et côté prix, on est loin du coup de bambou...

à Espaly-St-Marcel 3 km par ③ – ✉ 43000 – 3 548 hab.

L'Ermitage

73 av. de l'Ermitage, rte de Clermont-Ferrand – 04 71 04 08 99 – Fermé 25 août-8 sept., 5-26 janv., dim. soir et lundi

Formule 20 € – Menu 27 € (semaine), 37/60 € – Carte 35/60 € *(réservation conseillée)*

Cette ancienne grange joliment restaurée a conservé son cachet rustique et le petit côté nature de ses origines. La terrasse est sympathique et l'on s'attable avec plaisir pour apprécier une cuisine de tradition. Et en hiver, il y a la cheminée...

PUYLAURENS

✉ 81700 (Tarn) – 3 191 hab. – **Voir carte n°29-C2**

Paris 726 km – Albi 62 km – Carcassonne 72 km – Toulouse 51 km

Carte Michelin 338-E9 – Guide Vert Michelin Midi Toulousain

Cap de Castel

36 r. Cap-de-Castel – 05 63 70 21 76 – www.capdecastel.com – Fermé janv.

11 ch – 70/120 € 100/156 € – 15 € – ½ P

Rest *Cap de Castel* – voir les restaurants ci-après

Ici, tout est beau dans sa simplicité : l'accueil souriant, le charme d'une maison du pays, les chambres décorées avec un soin extrême sur le thème du cinéma, de la mer, du Maroc... Sans oublier la jolie piscine et sa vue sur la campagne !

Cap de Castel

36 r. Cap-de-Castel – ✆ 05 63 70 21 76 – www.capdecastel.com – Fermé janv., dim. et le midi
Menu 29/56 € – Carte environ 65 €
Tournedos de filet de bœuf du coin, saumon aux olives noires... Sur l'agréable terrasse, toisant les Pyrénées lointaines et la Montagne noire toute proche, on déguste la délicate cuisine de Xavier Monnier. Saveurs et textures sont au rendez-vous, comme les bons produits locaux. Un avant-goût du paradis !

PUY-L'ÉVÊQUE

✉ 46700 (Lot) – 2 106 hab. – Voir carte n°**28**-B1
Paris 601 km – Agen 71 km – Cahors 31 km – Gourdon 41 km
Carte Michelin 337-C4

Côté Lot et Bellevue avec ch

pl. de la Truffière – ✆ 05 65 36 06 60 – www.hotelbellevue-puyleveque.com – Fermé 18 nov.-2 déc., 5 janv.-4 fév., mardi soir hors saison, dim. et lundi
11 ch – †68/96 € ††76/96 € – ☕ 10 € – ½ P
Menu 20 € (déj. en semaine), 26/36 € – Carte environ 45 € dîner
Cet établissement mérite bien son nom ! Depuis la salle surplombant le Lot, la vue est à couper le souffle. Côté cuisine, le chef travaille les beaux produits du terroir. Côté hôtel, les chambres sont claires et confortables... et le panorama toujours aussi admirable.

à Mauroux 12 km au Sud-Ouest par D 8 et D 5 – ✉ 46700 – 539 hab.

Hostellerie le Vert

Lieu dit "Le Vert" – ✆ 05 65 36 51 36 – www.hotellevert.com – Ouvert avril- oct.
6 ch – †85/130 € ††85/130 € – ☕ 10 € – ½ P
Rest – Menu 32 € *(fermé jeudi hors saison et le midi)*
Ambiance chaleureuse dans cette ferme quercynoise du 14ᵉs. perdue en pleine nature. Dans les chambres, le mobilier de style cohabite avec les meubles campagnards. Cuisine réalisée à quatre mains à partir de produits frais et bio, au gré de l'inspiration.

à Anglars-Juillac 8 km à l'Est par D 811 et D 67 – ✉ 46140 – 349 hab.

Clau del Loup avec ch

Métairie Haute, D 8 – ✆ 05 65 36 76 20 – www.claudelloup.com – Fermé lundi
5 ch – †75/135 € ††75/135 € – ☕ 13 € – ½ P
Formule 13 € – Menu 29/52 € – Carte 39/53 €
Une belle demeure en pierre (1818), un univers feutré et une cuisine gastronomique aux accents du Sud, juste et savoureuse, signée par un enfant du pays. Conquis ? Si oui, des chambres agréables et soignées permettent de ne pas refermer trop vite cette douce parenthèse.

PUYLOUBIER

✉ 13114 (Bouches-du-Rhône) – 1 821 hab. – Voir carte n°**40**-B3
Paris 783 km – Avignon 110 km – Digne-les-Bains 133 km – Marseille 55 km
Carte Michelin 340-J4

Les Sarments

4 r. Qui Monte – ✆ 04 42 66 31 58 – www.restaurant-sarments.com – Fermé 19 déc.-10 fév., mardi sauf le soir de juin à sept. et lundi
Menu 34 €
Une ancienne bergerie, une terrasse, des figuiers, le tout dans un village pittoresque au pied de la Ste-Victoire : voilà le cadre idéal pour se régaler d'une cuisine du marché savoureuse et inventive, des produits du soleil et des vins du cru...

PUYMIROL

✉ 47270 (Lot-et-Garonne) – 965 hab. – Voir carte n°**4**-C2
Paris 649 km – Agen 17 km – Moissac 35 km – Villeneuve-sur-Lot 30 km
Carte Michelin 336-G4 – Guide Vert Michelin Aquitaine

Michel Trama

52 r. Royale – ✆ 05 53 95 31 46 – www.aubergade.com – Fermé 3 semaines en nov., dim. soir et lundi soir d'oct. à juin, lundi midi et mardi midi
9 ch – 220/420 € 220/420 € – 1 suite – 27 € – ½ P
Rest *Michel Trama* – **Rest *La Poule d'Or*** – voir les restaurants ci-après
Drapés de soie, baldaquins, mobilier 19e s., tons cramoisi et pourpre, etc. Au cœur de la campagne agenaise, ce décor opulent et théâtral est signé Jacques Garcia. Étape luxueuse et onirique entre ces murs superbes des 13e-17e s. !

Michel Trama

52 r. Royale – ✆ 05 53 95 31 46 – www.aubergade.com – Fermé 3 semaines en nov., dim. soir et lundi soir d'oct. à juin, lundi midi et mardi midi
Formule 60 € – Menu 72 € (semaine), 110 € /145 € – Carte 107/177 €
Le hamburger de foie gras - un classique - résume l'esprit du style Michel Trama : entre terroir et invention, artifice et vérité... Sous des voûtes du 13e s., le décor ne laisse pas indifférent : fastueux, dandy, énigmatique !
→ Papillote de pomme de terre à la truffe. Hamburger de foie gras chaud aux cèpes, jus de canard corsé. Cristalline de pomme verte.

La Poule d'Or

52 r. Royale – ✆ 05 53 95 29 00 – www.aubergade.com – Fermé 3 semaines en nov., dim. soir et lundi soir d'oct. à juin, lundi midi et mardi midi
Menu 29 € (déj.), 31/39 €
Au sein de sa maison mère – le fameux restaurant de Michel Trama –, cette Poule d'Or a tout d'une auberge chic. Au menu : du grand classique de bistrot, dans le droit fil de la (belle) tradition française : pâté pantin, parmentier de queue de bœuf... Tout est maîtrisé, savoureux et gourmand. Une adresse en or !

PUY-ST-PIERRE – 05 Hautes-Alpes → voir Briançon

PUY-ST-VINCENT

05290 (Hautes-Alpes) – 299 hab. – **Voir carte n°41-C1**
Paris 700 km – L'Argentière-la-Bessée 10 km – Briançon 21 km – Gap 83 km
Carte Michelin 334-G4 – Guide Vert Michelin Alpes du Sud

La Pendine

aux Prés, 1 km à l'Est par D 404 – ✆ 04 92 23 32 62 – www.lapendine.com – Ouvert 26 juin-30 août et 16 déc.-5 avril
25 ch – 58/75 € 78/110 € – ½ P
Rest *La Pendine* – voir les restaurants ci-après
Perché sur les hauteurs, ce beau chalet en bois abrite des chambres agréables, d'esprit montagnard, certaines avec balcon. Espace détente (sauna, jacuzzi). La référence de la station.

La Pendine

aux Prés, 1 km à l'Est par D 404 – ✆ 04 92 23 32 62 – www.lapendine.com – Ouvert juil.-août, 15 déc.-6 avril et fermé lundi midi, mardi midi et merc. midi en été et hors vacances scolaires en hiver
Menu 29 € – Carte 30/48 €
Le panorama sur la Vallouise et les Écrins est magnifique, en terrasse comme en salle ! On y déguste une cuisine plutôt traditionnelle, tel le pot-au-feu, goûteux et parfumé, servi dans une petite marmite en fonte. Authentique et de qualité.

PYLA-SUR-MER

33115 (Gironde) – **Voir carte n°3-B2**
Paris 648 km – Arcachon 8 km – Biscarrosse 34 km – Bordeaux 66 km
Carte Michelin 335-D7 – Guide Vert Michelin Aquitaine

Voir plan d'Arcachon agglomération.

La Co(o)rniche

ch,

46 bd Louis-Gaume – ✆ 05 56 22 72 11 – www.lacoorniche-pyla.com – Ouvert 1er avril-7 oct.

29 ch – 360/795 € 380/795 € **Rest** – Menu 48 € – Carte 50/90 €

Sur les hauteurs – entre sable et pinède – cette villa néobasque des années 1930 a été entièrement rénovée par Philippe Starck. Chambres d'une blancheur immaculée, échappées superbes sur le bassin ou les dunes, brasserie avec une magnifique terrasse panoramique extrêmement animée. Un endroit très en vue !

L'Authentic d'Éric Thore

35 bd de l'Océan – ✆ 05 56 54 07 94 – www.ericthore-authentic.com – Fermé vacances de la Toussaint, dim. soir et merc. sauf juil.-août Plan : AY**e**

Menu 22 € (déj. en semaine), 32/65 € – Carte 60/90 €

Une table chaleureuse et élégante, avec un petit salon privé et une jolie pergola. La cuisine privilégie les produits du terroir (caviar d'Aquitaine, viande du Sud-Ouest) et suit les saisons ; le petit menu offre un bon rapport qualité-prix.

QUARRÉ-LES-TOMBES

✉ 89630 (Yonne) – 723 hab. – **Voir carte n°7-B2**

Paris 233 km – Auxerre 73 km – Avallon 18 km – Château-Chinon 49 km

Carte Michelin 319-G7 – Guide Vert Michelin Bourgogne

Hôtel du Nord

25 pl. de l'Église – ✆ 03 86 32 29 30 – www.hoteldunord-morvan.com – Ouvert 16 fév.-3 nov. et fermé lundi et jeudi

8 ch – 48/55 € 58/75 € – 9 € – ½ P

Rest – Menu 16 € (déj. en semaine), 30/39 € – Carte 32/46 €

Face à la célèbre église St-Georges, cet ancien relais de poste a été restauré avec goût. Les chambres y sont pratiques et bien tenues. Restauration traditionnelle dans une salle d'esprit bistrot rustique.

Le Morvan avec ch

ch, ch,

6 r. des Écoles, face au Parc Municipal – ✆ 03 86 32 29 29 – www.le-morvan.fr – Fermé 15 déc.-27 fév., merc. midi, lundi et mardi

8 ch – 54/75 € 61/81 € – 10 € – ½ P **Rest** Menu 24/52 € – Carte 37/59 €

Un petit salon feutré et une salle cosy, des poutres apparentes, une belle horloge comtoise... Ici, tout invite à la découverte du terroir, joliment revisité par le chef, à l'instar d'un délicieux gâteau d'escargots de Bourgogne. L'été, attablez-vous dans le jardin fleuri et musardez au soleil !

aux Lavaults 5 km au Sud-Est par D 10

Auberge de l'Âtre avec ch

– ✆ 03 86 32 20 79 – www.auberge-de-latre.com – Fermé 25 juin-10 juil., 18 fév.-14 mars, mardi et merc.

7 ch – 60/70 € 92/105 € – 10 € – ½ P

Formule 30 € – Menu 35 € (semaine), 54/63 € – Carte 51/78 € *(réservation conseillée)*

Au bord d'une route de campagne, cette ferme distille un charme rustique et authentique... Pour ne rien gâter, la carte célèbre le terroir (spécialité de champignons) et les bons vins. Chambres très bien tenues, agréables pour l'étape.

QUÉDILLAC

✉ 35290 (Ille-et-Vilaine) – 1 132 hab. – **Voir carte n°10-C2**

Paris 389 km – Dinan 30 km – Lamballe 45 km – Loudéac 57 km

Carte Michelin 309-J5

Le Relais de la Rance avec ch

6 r. de Rennes – ✆ 02 99 06 20 20 – Fermé 20 déc.-20 janv., vend. soir et dim. soir

13 ch – 59/80 € 59/80 € – 10 € – ½ P

Formule 18 € – Menu 21/70 € – Carte 45/85 €

Dès le printemps, cette maison de granit (1880) croule sous les géraniums. Derrière ce rideau de fleurs se cache un cadre très classique, à l'unisson de la cuisine qui joue la carte de la tradition. Chambres bien tenues aux prix raisonnables. Accueil familial et sympathique.

LES QUELLES - 67 Bas-Rhin → voir Schirmeck

QUEND

✉ 80120 (Somme) – 1 381 hab. – **Voir carte n°36-A1**
Paris 209 km – Abbeville 35 km – Amiens 91 km – Boulogne-sur-Mer 58 km
Carte Michelin 301-C6

Les Augustines sans rest

18 rte de la plage Monchaux – ☎ 03 22 23 54 26 – www.hotel-augustines.com – Fermé déc.-janv.
15 ch – †78/89 € ††78/89 € – ☕ 10 €
Ces Augustines-là disposent de chambres confortables, fonctionnelles et de plain-pied. Une adresse bien sympathique pour un séjour dans ce beau coin de nature.

QUESTEMBERT

✉ 56230 (Morbihan) – 7 391 hab. – **Voir carte n°10-C3**
Paris 445 km – Ploërmel 32 km – Redon 34 km – Rennes 96 km
Carte Michelin 308-Q9 – Guide Vert Michelin Bretagne Sud

Le Bretagne et sa Résidence avec ch

ch,

r. St-Michel – ☎ 02 97 26 11 12 – www.residence-le-bretagne.com – Fermé 2-31 janv. et lundi
9 ch – †70/120 € ††90/120 € – ☕ 15 € – ½ P
Formule 14 € 🍷 – Menu 25 € 🍷 (déj. en semaine), 38 € 🍷/145 € 🍷 – Carte 75/95 € *(réservation conseillée)*
Cet ancien relais de poste est né en 1875 et il est devenu une institution locale. Boiseries, jardin d'hiver, etc. : le cadre est élégant et classique. Quant à la cuisine, elle joue la carte de la générosité... et des vins du Val de Loire. Côté annexe, des chambres cossues, un brin rétro.

QUETTEHOU

✉ 50630 (Manche) – 1 586 hab. – **Voir carte n°32-A1**
Paris 345 km – Barfleur 10 km – Cherbourg 29 km – St-Lô 66 km
Carte Michelin 303-E2 – Guide Vert Michelin Normandie Cotentin

Demeure du Perron sans rest

rte de St-Vaast – ☎ 02 33 54 56 09 – www.demeureduperron.com – Fermé dim. soir du 15 nov. au 31 mars
20 ch – †54/86 € ††54/86 € – ☕ 6 €
À la sortie du village, en direction de St-Vaast, des pavillons dans un agréable jardin, avec des chambres simples et propres. Préférez-les dans les deux bâtiments reliés : elles y sont plus récentes et agréables.

LA QUEUE-EN-BRIE - 94 Val-de-Marne → voir Paris, Environs

QUIBERON

✉ 56170 (Morbihan) – 5 058 hab. – **Voir carte n°9-B3**
Paris 505 km – Auray 28 km – Concarneau 98 km – Lorient 47 km
Carte Michelin 308-M10 – Guide Vert Michelin Bretagne Sud

Sofitel Thalassa

rest,

pointe de Goulvars – ☎ 02 97 50 20 00 – www.sofitel.com – Fermé 2 semaines en déc.
Plan : B**a**
110 ch – †120/497 € ††120/497 € – 19 suites – ☕ 25 € – ½ P
Rest *La Presqu'île* – Formule 39 € 🍷 – Menu 59 € 🍷/75 € – Carte 54/117 €
Rest *L'Océan* – Carte 32/44 € *(ouvert d'avril à oct. et fermé le soir)*
Pour un séjour iodé et tonique, ce complexe hôtelier fait face à la plage et communique avec l'institut de thalassothérapie. Il a été entièrement rénové en 2011 : décor résolument contemporain et grand confort. Certaines chambres donnent sur les flots, tout comme les deux restaurants (produits de la mer).

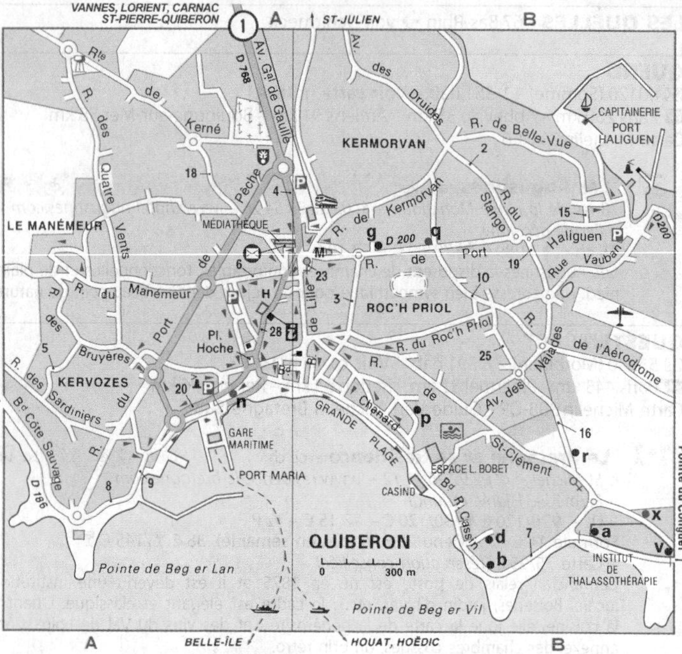

Corsaires (R. des)	B	2	Hoëdic (Bd d')	A	8	Peupliers (R. des)	B	19
France (Bd A.)	B	3	Houat (Quai de)	A	9	Port Maria (R. de)	A	20
Gare (R. de la)	AB	4	Korrigans (R. des)	B	10	Repos (Pl. du)	B	23
Genêts (R. des)	A	5	Mané (R. du)	B	15	Sirènes (R. des)	B	25
Golvan (R. V.)	A	6	Marronniers (Av. des)	B	16	Verdun (R. de)	A	28
Goviro (Bd du)	B	7	Petit Pont d'Eau (R. du)	A	18			

Sofitel Diététique

pointe de Goulvars – ✆ 02 97 50 20 00 – www.sofitel.com
– Fermé 2 semaines en déc. Plan : B**v**
74 ch ☕ – 🚹266/531 € 🚹🚹266/531 € – 2 suites – ½ P
Rest – Menu 59 €
Un hôtel parfait pour retrouver la ligne ! Les chambres, sur le thème de l'eau, sont spacieuses et très confortables. On accède directement au spa de 1 000 m² et le restaurant propose des menus diététiques. Pas une goutte d'alcool, même au bar ! L'établissement a bénéficié d'une rénovation totale en 2011.

Bellevue sans rest

r. de Tiviec – ✆ 02 97 50 16 28 – www.hotel-bellevuequiberon.com
– Ouvert d'avril à oct. Plan : B**d**
38 ch – 🚹60/109 € 🚹🚹60/125 € – ☕ 10 €
L'architecture est passe-partout, mais les chambres sont accueillantes ; certaines ouvrent sur l'océan, tandis que d'autres ont un accès direct à la piscine. De quoi se réveiller avec une Bellevue !

Ker Noyal sans rest

43 chemin des Dunes – ✆ 02 97 50 33 31 – www.ker-noyal.com
– Ouvert 15 mars-15 nov. Plan : B**p**
17 ch – 🚹68/127 € 🚹🚹68/127 € – ☕ 10 €
Un hôtel tout blanc, typique du bord de mer, au calme dans un quartier résidentiel situé près du casino. Les chambres sont décorées avec goût dans un style contemporain.

Ibis Styles sans rest

43 r. du Port-Haliguen – ✆ 02 97 58 35 80 – Fermé déc. et janv. Plan : B**g**

57 ch – 🛉79/159 € 🛉🛉89/169 €

À deux pas du port de plaisance d'Haliguen, animé l'été par des régates, cet hôtel récent accueille les amateurs d'air marin. Les chambres y sont confortables et bien tenues, et il fait bon se détendre à l'espace bien-être...

Ibis

av. des Marronniers, (pointe de Goulvars) – ✆ 02 97 30 47 72 – www.hotelibis-quiberon.com Plan : B**r**

95 ch – 🛉79/129 € 🛉🛉79/129 € – ☕ 11 € – ½ P

Rest – Formule 17 € – Menu 22 € – Carte 19/31 €

Non loin de la côte sauvage, cet hôtel de chaîne propose des chambres fonctionnelles et bien tenues ; certaines sont en duplex... Idéal pour les familles. Agréable espace bien-être. Cuisine traditionnelle sans prétention, également servie en terrasse.

Villa Margot

7 r. de Port Maria – ✆ 02 97 50 33 89 – www.villamargot.fr – Ouvert 2 avril-14 nov. et fermé mardi sauf juil.-août, vacances scolaires et merc. Plan : A**n**

Formule 26 € – Menu 31/43 € – Carte 45/75 €

Une jolie demeure en pierre (1872) face à la plage... Aux fourneaux, le chef signe une savoureuse cuisine de la mer où les producteurs locaux ont la part belle. Les amateurs de poissons et autres crustacés prennent place sur la terrasse, quasiment les pieds dans le sable, ou dans l'une des salles sobres et élégantes.

La Chaumine

79 r. de Port-Haliguen – ✆ 02 97 50 17 67 – www.restaurant-lachaumine.com – Ouvert de mi-mars à mi-nov. et fermé dim. soir sauf juil.-août, mardi midi et lundi Plan : B**q**

Formule 21 € – Menu 29/43 € – Carte 30/56 € *(réservation conseillée)*

Sur la route du port, c'est dans leur ancienne maison de famille qu'officient le chef et sa sœur – qui assure l'accueil. Une demeure lumineuse qui a l'esprit large (mouettes en bois, coque de bateau, etc.), comme la cuisine, très iodée et gourmande... Un refuge idéal après une balade sur la Côte Sauvage !

Le Verger de la Mer

bd Goulvars – ✆ 02 97 50 29 12 – www.le-verger-de-la-mer.com – Fermé janv., fév., mardi sauf le midi en juil.-août et merc. Plan : B**x**

Formule 20 € – Menu 25/38 € – Carte 29/63 €

Dans ce Verger de la Mer, point d'arbres fruitiers mais de bons produits ! On s'y régale d'une cuisine traditionnelle soignée : spécialités de pieds de porc aux langoustines, terrine de foie gras au homard, etc. Le plus : face au centre de thalassothérapie, l'adresse est facile à trouver.

La sélection des hôtels et des restaurants change tous les ans.
Chaque année, changez de guide MICHELIN !

à St-Pierre-Quiberon 5 km au Nord par D 768 – ✉ 56510 – 2 158 hab.

Hôtel de la Plage

25 quai d'Orange – ✆ 02 97 30 92 10 – www.hotel-plage-quiberon.com – Ouvert début avril-fin sept.

30 ch – 🛉62/134 € 🛉🛉62/134 € – 6 suites – ☕ 12 €

Rest – Formule 26 € – Menu 36 € – Carte 39/59 € *(fermé le midi sauf week-ends)*

L'enseigne de cet hôtel familial dit la vérité : la plage est à vos pieds ! Chambres fonctionnelles et bien tenues, avec balcon côté baie. Cartes et menus typiques de la région ; saveurs iodées et vue superbe sur le large.

à Portivy 6 km au Nord par D 768 et rte secondaire – ✉ 56510

Le Petit Hôtel du Grand Large (Hervé Bourdon) avec ch
11 quai St-Ivy – ✆ 02 97 30 91 61 – rest,
– www.lepetithoteldugrandlarge.fr – Fermé 1er-16 mars, 1er-26 déc., dim. soir et merc. hors saison et mardi
6 ch – 90/130 € 90/130 € – 12 €
Menu 29 € (déj. en semaine), 48/70 € – Carte 53/71 €
Un étonnant bistrot marin, tenu par un chef autodidacte amoureux de la mer et approvisionné chaque jour par un ami pêcheur ! Le poisson est remarquable de qualité et de fraîcheur, et il est parfaitement cuisiné, non sans originalité. Les chambres, joliment décorées, donnent sur le petit port... ➜ Pouces-pieds cuits à la demande. Poisson selon la pêche du jour. Dessert selon la saison.

QUILINEN – 29 Finistère ➜ voir Quimper

QUILLAN

✉ 11500 (Aude) – 3 301 hab. – **Voir carte n°22-A3**
Paris 797 km – Andorra la Vella 113 km – Carcassonne 52 km – Foix 64 km
Carte Michelin 344-E5

La Chaumière ch, ch,
25 bd Ch. de Gaulle – ✆ 04 68 20 02 00 – www.pyren.fr
26 ch – 59/140 € 59/140 € – 11 € – ½ P
Rest – Formule 19 € – Menu 24 € /33 € – Carte 29/55 € *(fermé lundi midi, vend. midi et dim. soir en hiver)*
Sur le boulevard qui ceinture la ville, une "chaumière" d'allure rustique – poutres et cheminée dans la salle de restaurant – pour des chambres... contemporaines, fonctionnelles et bien insonorisées. Un heureux contraste !

Cartier
31 bd Ch. de Gaulle – ✆ 04 68 20 05 14 – www.hotelcartier.com – Ouvert 25 mars-15 déc.
27 ch – 61/80 € 61/80 € – 9 € – ½ P
Rest – Formule 16 € – Menu 22/29 € – Carte 24/59 €
Derrière cette jolie façade des années 1950 de style "paquebot", un hôtel bien sympathique pour prendre ses quartiers d'été en famille ! Les chambres y sont sobres et bien tenues ; préférez celles plus grandes et calmes sur l'arrière. Recettes traditionnelles au restaurant.

QUIMPER

✉ 29000 (Finistère) – 63 550 hab. – Agglo. 78 803 hab. – **Voir carte n°9-B2**
Paris 564 km – Brest 73 km – Lorient 67 km – Rennes 215 km
Carte Michelin 308-G7 – Guide Vert Michelin Bretagne Sud

Océania
17 r. du Poher, zone de Kerdrézec – ✆ 02 98 90 46 26 – www.oceaniahotels.com
92 ch – 88/138 € 88/138 € – 15 € Plan : AX**b**
Rest – Formule 22 € – Carte 30/40 € *(fermé vacances de Noël, sam. et dim. du 15 sept. au 15 mai et le midi)*
À proximité du centre-ville et juste derrière un centre commercial, cet hôtel est niché dans un îlot de verdure et propose des chambres spacieuses, dont les "Océane", joliment design et bien équipées. Petits plus : la cuisine traditionnelle du restaurant et la piscine.

Manoir-Hôtel des Indes sans rest
1 allée de Prad-ar-C'hras, 4 km par ⑦ et D 765 – ✆ 02 98 55 48 40 – www.manoir-hoteldesindes.com
14 ch – 99/192 € 133/222 € – 14 €
Les Indes, où voyagea René Madec, aventurier quimpérois et ancien maître de ce manoir... C'est en souvenir de lui que les propriétaires ont décoré les chambres sur le thème de l'exotisme. Parc, piscine, traiteur : original et dépaysant.

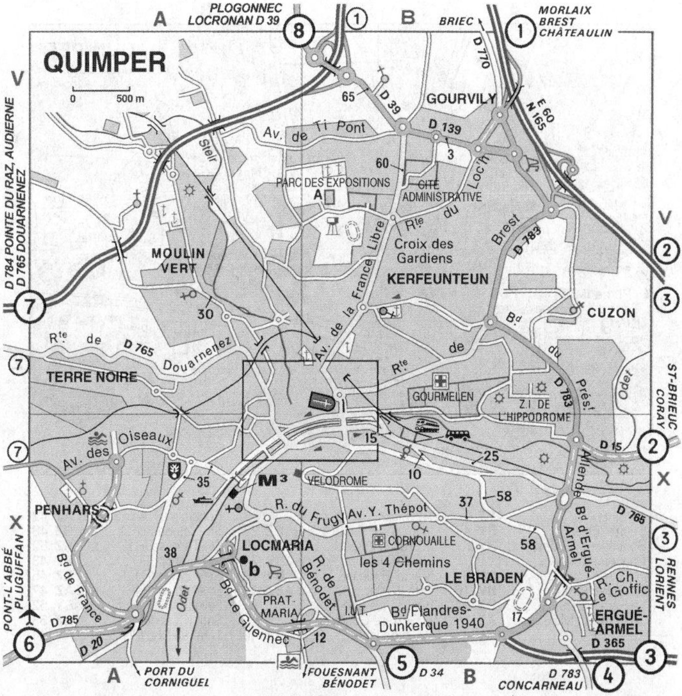

QUIMPER

Rue	Plan	N°
Bécharles (Av. de)	BV	3
Concarneau (R. de)	BX	10
Créac'h Gwen (Bd de)	BX	12
Gare (Av. de la)	BX	15
Gutenberg (Bd)	BX	17
Libération (Av. de la)	BX	25
Moulin-Vert (R. du)	AV	30
Plogonnec (Rte de)	BV	65
Pont-l'Abbé (R. de)	AX	35
Potiers (Ch. des)	BX	37
Poulguinan (Bd de)	AX	38
Tour-d'Auvergne (R. de la)	BX	58
Ty-Nay (Rte de)	BV	60

Kregenn sans rest

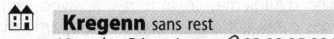

13 r. des Réguaires – ✆ 02 98 95 08 70 – www.hotel-kregenn.fr Plan : BZ**t**

32 ch – 🚹87/137 € 🚹🚹102/215 € – ☕ 13 €

Kregenn, pour "coquillage" en breton : un joli nom pour cet hôtel contemporain décoré avec goût. Dès la réception, on se sent bien ; impression qui perdure dans les chambres, à l'ambiance feutrée, ou dans la cour, près de la pièce d'eau. Bon accueil !

Gradlon sans rest

30 r. de Brest – ✆ 02 98 95 04 39 – www.hotel-gradlon.com Plan : BY**a**

20 ch – 🚹78/150 € 🚹🚹78/150 € – ☕ 12 €

On n'imagine pas, en voyant cette façade banale, qu'elle dissimule des chambres au style "very british", fleuri et cosy à souhait. Un soin tout particulier est accordé aux détails, des rosiers du jardin à l'agréable véranda. Charming !

Le Logis du Stang sans rest

allée de Stang-Youen , r. Ch-Le-Goffic et chemin de Linéostic, 4 km à l'Est du plan : BX – ✆ 02 98 52 00 55 – www.logis-du-stang.com

4 ch ☕ – 🚹68/78 € 🚹🚹75/85 €

Il a de l'allure, ce manoir du 19e s., avec son ravissant jardin. Les trois chambres sont réellement délicieuses, et pour s'isoler au calme en pleine campagne, il n'y a pas mieux. Romantique et bucolique !

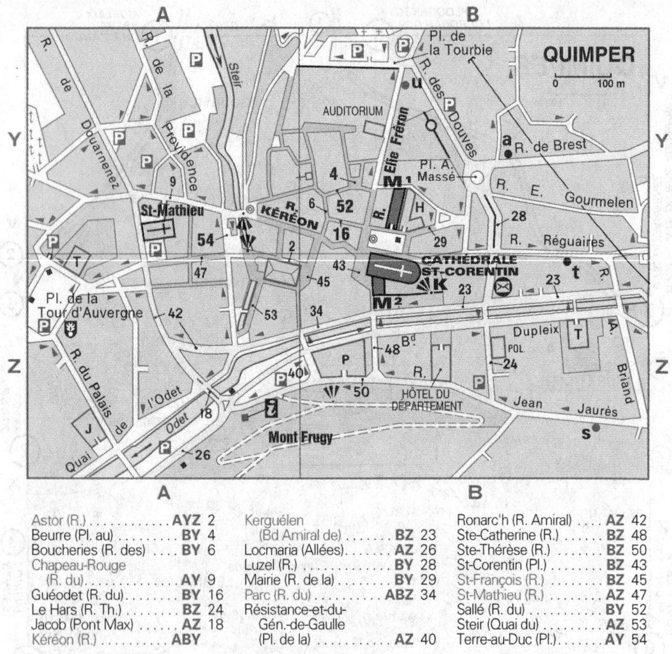

L'Ambroisie (Gilbert Guyon)

49 r. Elie-Fréron – ✆ 02 98 95 00 02 – www.ambroisie-quimper.com – Fermé mardi d'oct. à mars, dim. soir et lundi Plan : BY**u**

Menu 29 € (déj. en semaine), 43/85 € – Carte 69/76 € *(réservation conseillée)*

L'ambroisie coule à flots dans ce restaurant de poche à la fois sobre et original. Dès les amuse-bouches, les papilles frémissent. Voilà une cuisine bretonne ancrée dans l'époque, centrée sur des produits locaux de première fraîcheur, des Saint-Jacques fraîches au turbot de la baie d'Audierne. Le tout réalisé avec soin ! ➜ Déclinaison de poissons bleus de nos côtes. Lotte en croûte d'épices, artichaut, courgette, tomate confite et safran. Fraise de Plomelin dans tous ses états.

L'Assiette

5 bis r. Jean-Jaurès – ✆ 02 98 53 03 65 – Fermé 22 août-1er sept., lundi soir, jeudi soir et dim. Plan : BZ**s**

Formule 16 € – Menu 21 € (déj.), 23/28 €

En famille ! Voilà ce qui frappe d'abord dans cette sympathique Assiette proche de la gare, où père et fils cuisinent de concert, tandis que madame assure l'accueil avec gentillesse et simplicité. On découvre une cuisine artisanale et des recettes simples et fraîches... telles de bonnes frites maison !

à Ty-Sanquer 7 km au Nord par D 770 – ✉ 29000

Auberge de Ti-Coz

4 Hent-Coz – ✆ 02 98 94 50 02 – www.restaurantticoz.com – Fermé dim. soir et lundi sauf fériés

Formule 22 € – Menu 29 € (semaine), 31/60 € – Carte 46/65 €

Comme un rêve de Bretagne : une charmante auberge en pierre, à la fois rustique, moderne et élégante. Le chef y prépare une savoureuse cuisine, qui fait la part belle aux meilleurs produits du terroir breton. En ancien sommelier passionné, il accompagne ses recettes d'une belle carte des vins (plus de 450 références).

à Quilinen 11 km par ① et D 770 – ✉ 29510

Auberge de Quilinen

– ✆ 02 98 57 93 63 – www.aubergequilinen.com – Fermé 20 août- 2 sept., mardi soir, merc. soir, dim. soir et lundi
Menu 20 € (déj. en semaine), 28/38 € – Carte 32/47 €
Une coquette maison bretonne, dans un hameau avec une belle chapelle du 15e s. Le genre d'adresse où déguster d'appétissantes recettes du terroir, un kouign amann par exemple, beurré, croustillant, avec de la glace à la vanille parfumée !

à Pluguffan 7 km par ⑥ et D 40 – ✉ 29700 – 3 540 hab.

La Coudraie sans rest

7 r. du Stade – ✆ 02 98 94 31 26 – www.lacoudraie.fr – Fermé 3 semaines en nov. et dim. hors saison
11 ch – 57/72 € 68/82 € – ☕ 8,50 €
Dans une localité calme et tranquille de la périphérie quimpéroise, ce petit hôtel réserve un accueil charmant aux voyageurs de passage. En hiver, au petit-déjeuner, c'est à la chaleur d'un feu de cheminée que l'on déguste crêpes et far breton maison !

QUIMPERLÉ

✉ 29300 (Finistère) – 11 776 hab. – Voir carte n°**9**-B2
Paris 517 km – Carhaix-Plouguer 57 km – Concarneau 32 km – Pontivy 76 km
Carte Michelin 308-J7 – Guide Vert Michelin Bretagne Sud

Le Vintage sans rest

20 r. Bremond-d'Ars – ✆ 02 98 35 09 10 – www.hotelvintage.fr – Fermé 1er-7juil.
10 ch – 61/92 € 92/124 € – ☕ 12 €
Au cœur de la vieille ville, on jette un œil admiratif sur la façade de cet ancien hôtel particulier de 1907, autrefois agence bancaire... Tableaux, sculptures, escalier en bois et grandes chambres : chaleureux et fonctionnel !

Le Bistro de la Tour

2 r. Dom-Morice – ✆ 02 98 39 29 58 – www.bistrodelatour.fr – Fermé 28 juin-12 juil., 6-12 oct., 1er-7 janv., lundi sauf le soir en juil.-août, sam. midi et dim.
Formule 26 € – Menu 37/57 € 🍷 – Carte environ 51 €
Un charmant bistrot de la vieille ville, dont l'intérieur volontiers 1930 est décoré de nombreux bibelots, tableaux et autres appareils photo anciens… La cuisine, actuelle, n'oublie pas la tradition (viande à la broche tous les jours), et l'on peut compter sur l'équipe pour nous aider à choisir le vin adéquat !

La Cigale Egarée

Villeneuve-Braouic par rte de Lorient – ✆ 02 98 39 15 53 – www.lacigaleegaree.com – Fermé 2 semaines en oct. et en fév., dim. et lundi
Formule 19 € – Menu 23 € (déj.), 39/85 € – Carte 55/65 €
Une cigale égarée en Bretagne, qui n'en finit pas de chanter dans son décor néo-provençal atypique : original ! À la carte : frivolités de demoiselle langoustine, la cloche de fumée, le black sandwich, etc. On l'aura compris, l'insecte est créatif.

au Nord-Est 6 km par rte d'Arzano et D 22 – ✉ 29300 Arzano

Château de Kerlarec

rte d'Arzano – ✆ 02 98 71 75 06 – www.chateau-de-kerlarec.com – Fermé 21-27 déc.
5 ch ☕ – 115/155 € 120/160 € – ½ P **Table d'hôte** – Menu 35/50 €
La quintessence du romantisme : ce petit château de 1834, blotti dans un parc ombragé et fleuri, regorge d'antiquités, d'objets délicats, de décors d'époque, etc. Les amateurs seront comblés. Sur demande, on peut dîner aux chandelles...

QUINCIÉ-EN-BEAUJOLAIS

✉ 69430 (Rhône) – 1 199 hab. – Voir carte n°**43**-E1
▶ Paris 428 km – Beaujeu 6 km – Bourg-en-Bresse 55 km – Lyon 57 km
Carte Michelin 327-G3

Le Mont-Brouilly

rest, rest, P

Le Pont des Samsons, 2,5 km à l'Est par D 37 – ✆ 04 74 04 33 73 – www.hotelbrouilly.com – Fermé 21-27 déc., 2 semaines en fév., dim. soir d'oct. à avril, lundi sauf le soir de mai à sept. et mardi midi
28 ch – †66 € ††71/74 € – ☕ 9 € – ½ P
Rest – Formule 17 € – Menu 23/46 € – Carte 37/55 €
Au pied du mont Brouilly, un petit hôtel-restaurant entouré de vignes, pratique, propre et accueillant. Dans le grand jardin, on profite de la piscine et il y a même une aire de jeux pour les enfants.

QUINÉVILLE

✉ 50310 (Manche) – 298 hab. – Voir carte n°**32**-A1
▶ Paris 338 km – Barfleur 21 km – Carentan 31 km – Cherbourg 37 km
Carte Michelin 303-E2 – Guide Vert Michelin Normandie Cotentin

Château de Quinéville

ch, rest, P

18 r. de l'Église – ✆ 02 33 21 42 67 – www.chateau-de-quineville.com – Ouvert 1er avril-20 déc.
30 ch – †80/175 € ††80/175 € – ☕ 12 € – ½ P
Rest – Menu 35 € – Carte 29/52 € *(fermé le midi)*
Un beau petit château du 18e s. et son restaurant de tradition, au cœur d'un parc et d'un jardin à la française. Les chambres ont un petit côté bonbonnière et vieille France qui séduira les amateurs du genre ; à l'abri des regards, on fait un saut dans la piscine...

QUINSON

✉ 04500 (Alpes-de-Haute-Provence) – 447 hab. – Voir carte n°**41**-C2
▶ Paris 804 km – Aix-en-Provence 76 km – Brignoles 44 km – Castellane 72 km
Carte Michelin 334-E10 – Guide Vert Michelin Alpes du Sud

Relais Notre-Dame

P

– ✆ 04 92 74 40 01 – www.relaisnotredame-04.com – Ouvert 30 mars-15 nov. et fermé lundi et mardi hors saison
13 ch – †65/99 € ††83/102 € – ☕ 11 € – ½ P
Rest ***Relais Notre-Dame*** – voir les restaurants ci-après
Sur la route des gorges du Verdon, près du musée de la Préhistoire, un hôtel familial avec jardin et piscine. Les chambres sont décorées dans un style provençal actuel et plaisant.

Relais Notre-Dame

P

– ✆ 04 92 74 40 01 – www.relaisnotredame-04.com – Fermé 15 déc.-15 fév. et le soir du 15 nov. au 30 mars
Formule 22 € – Menu 25/42 € – Carte 27/38 €
Une jolie salle champêtre et beaucoup de générosité... Ici, on savoure une cuisine régionale copieuse et bien faite. Sur la carte, les végétariens ne sont pas laissés pour compte et, en saison, on se régale de truffe. Que dire enfin de la ravissante terrasse sous les platanes ? C'est le Sud tout entier !

QUINT-FONSEGRIVES – 31 Haute-Garonne → voir Toulouse

QUINTIN

✉ 22800 (Côtes-d'Armor) – 2 834 hab. – Voir carte n°**10**-C2
▶ Paris 463 km – Lamballe 35 km – Loudéac 31 km – St-Brieuc 18 km
Carte Michelin 309-E4 – Guide Vert Michelin Bretagne Nord

Hôtel du Commerce rest,
2 r. Rochonen – ✆ 02 96 74 94 67 – www.hotelducommerce-quintin.com – Fermé 25-31 août et 22 déc.-7 janv.
11 ch – 62/67 € 76/86 € **Rest** – Menu 18 € *(fermé sam. et dim.)*
Cette maison de granit, ancien relais de diligence du village, date probablement du 18e s. et a conservé le charme et la simplicité des vieilles pierres. Les chambres, particulièrement bien tenues, portent toutes un nom d'épice exotique...

RABAT-LES-TROIS-SEIGNEURS – 09 Ariège ➜ voir Tarascon-sur-Ariège

RAGUENÈS-PLAGE – 29 Finistère ➜ voir Névez

RAISMES – 59 Nord ➜ voir Valenciennes

RAMATUELLE

83350 (Var) – 2 183 hab. – **Voir carte n°41-C3**
Paris 873 km – Fréjus 35 km – Le Lavandou 34 km – St-Tropez 10 km
Carte Michelin 340-O6 – Guide Vert Michelin Côte d'Azur

La Réserve Ramatuelle
chemin de la Quessine, au Sud-Est, direction Plage de l'Escalet et rte secondaire – ✆ 04 94 44 94 44 – www.lareserve.ch – Ouvert avril-oct.
16 suites – 900/4000 € – 12 ch
Rest ***La Réserve Ramatuelle*** – voir les restaurants ci-après
Un lieu caché, rare... Dès l'arrivée, le bâtiment éblouit : tout en transparence, comme suspendu au-dessus de la mer, avec la flore méditerranéenne pour écrin. Chaque chambre, au minimalisme racé, est un balcon sur la Grande Bleue ! Un sommet de luxe contemporain, qui capte l'essence de cette côte si azurée...

Le Baou ch, rest,
av. Gustave-Etienne – ✆ 04 98 12 94 20 – www.hostellerielebaou.com – Ouvert de mi-mai à début oct.
41 ch – 230/420 € 230/420 € – 25 €
Rest ***La Terrasse*** – Menu 64 € (dîner) – Carte 66/110 €
Le Baou ("sommet" en provençal) porte bien son nom : cet hôtel-restaurant domine l'anse de Pampelonne à flanc de colline. Cascade de lauriers et d'oliviers, de murets en pierre et de chemins en lacets, de balcons ouverts sur la mer... Pour tutoyer la Méditerranée !

La Vigne de Ramatuelle sans rest
rte de La Croix Valmer sur D93, à 3 km – ✆ 04 94 79 12 50 – www.lavignederamatuelle.com – Ouvert 1er avril- 1er nov.
14 ch – 200/380 € 200/380 € – 18 €
Presque une maison d'amis, au milieu des vignes... Cette villa concilie charme, atmosphère contemporaine et tranquillité. Chambres raffinées, avec terrasse. Piscine dans la verdure.

La Bastide de Ramatuelle ch, ch,
La Rouillière Sud, RD 61 – ✆ 04 94 55 23 40 – www.labastideramatuelle.com – Ouvert de mi-avril à mi-oct.
9 ch – 330/510 € 330/510 € – 1 suite
Rest – Carte 56/124 € *(ouvert de mai à sept.)*
Entre les vignobles et la plage de Pampelonne, cet hôtel-restaurant dispose de chambres contemporaines et confortables. Il fait bon se promener dans le joli jardin ou faire quelques brasses dans la piscine. Un point de chute idéal pour profiter du soleil du Midi !

La Réserve Ramatuelle – Hôtel La Réserve Ramatuelle
chemin de la Quessine, au Sud-Est, direction Plage de l'Escalet et rte secondaire – ✆ 04 94 44 94 44 – www.lareserve.ch – Ouvert avril-oct.
Menu 116 € (dîner) – Carte 93/144 €
La lumière, la nature, la mer... Dans cette Réserve si pétrie d'essentiel, le restaurant ne déroge pas à la règle du raffinement et de la tempérance : produits bio, légumes et herbes du potager, recettes légères... et pureté du plaisir.

XX **L'Écurie du Castellas** avec ch
rte du Moulins-de-Paillas – ✆ 04 94 79 11 59 – www.lecurieducastellas.com – Fermé 24 nov.-18 déc., 11-29 janv., lundi et mardi en hiver
14 ch – 76/150 € 80/230 € – 15 € – ½ P
Menu 33/95 € – Carte 59/72 €
Belle adresse, où l'on se régale d'une fine cuisine régionale, en profitant d'un superbe panorama : la terrasse domine le village, les pinèdes et, au loin, la Grande Bleue. Décor chic et contemporain. Côté hôtel, chambres apprêtées avec soin.

à la Bonne Terrasse 5 km à l'Est par D 93 et rte de Camarat – ✉ 83350

X **Chez Camille**
quartier de Bonne Terrasse – ✆ 04 98 12 68 98 – www.chezcamille.fr – Ouvert 12 avril-5 oct. et fermé vend. midi et mardi
Menu 45/80 € *(réservation conseillée)*
Depuis 1913, pères et fils se succèdent en cuisine. On vient ici pour déguster la "vraie" bouillabaisse et la pêche locale, les pieds dans l'eau... Authentique !

RAMBERVILLERS

✉ 88700 (Vosges) – 5 595 hab. – **Voir carte n°27-C3**
Paris 407 km – Epinal 27 km – Lunéville 36 km – Nancy 68 km
Carte Michelin 314-H2

XX **Mirabelle**
6 r. de l'Église – ✆ 03 29 65 37 37 – www.mirabelle.fr – Fermé 15 août-15 sept., 23 déc.-15 janv. et merc.
Formule 19 € – Menu 38 € – Carte 38/75 €
Chaleureux accueil familial dans ce restaurant intimiste aux couleurs de la Lorraine. Vous aurez droit aux grands classiques, comme la tête de veau qui fait la fierté du chef.

RAMBOUILLET

✉ 78120 (Yvelines) – 26 159 hab. – **Voir carte n°18-A2**
Paris 53 km – Chartres 42 km – Mantes-la-Jolie 50 km – Orléans 93 km
Carte Michelin 311-G4 – Guide Vert Michelin Île-de-France

Mercure Relays du Château sans rest
1 pl. de la Libération – ✆ 01 34 57 30 00 – www.mercure-rambouillet.com
83 ch – 105/150 € 105/150 € – 14 € Plan : Z**b**
Face au château, ancien relais de poste du 17e s. superbement rénové : l'intérieur mêle avec raffinement l'ancien et le moderne. Chambres bien équipées et d'un grand confort.

X **L'Orangerie des Trois Roys**
4 r. Raymond-Poincarré – ✆ 01 30 88 69 95 – www.lorangeriedestroisroys.fr – Fermé dim. soir et lundi Plan : Y**a**
Carte 47/78 €
Face aux grilles du château, on savoure aussi bien une cuisine traditionnelle que des recettes plus actuelles : acras de morue à la créole ; blanquette de veau au citron confit et basilic ; etc. On se régale... sous la lumière d'une jolie verrière. Brunch copieux le dimanche.

à Gazeran 5 km par ④ – ✉ 78125 – 1 238 hab.

XXX **Villa Marinette**
20 av. du Gén.-de-Gaulle – ✆ 01 34 83 19 01 – www.villamarinette.fr – Fermé dim. soir, lundi et mardi
Menu 31 € (déj. en semaine)/63 € – Carte 60/65 €
Cette ancienne auberge cache un intérieur cossu, au décor soigné, et, l'été, une agréable terrasse dressée dans le joli jardin clos. Au menu, une cuisine actuelle signée par un jeune chef qui sait faire simple, sans faire simpliste. Accueil souriant.

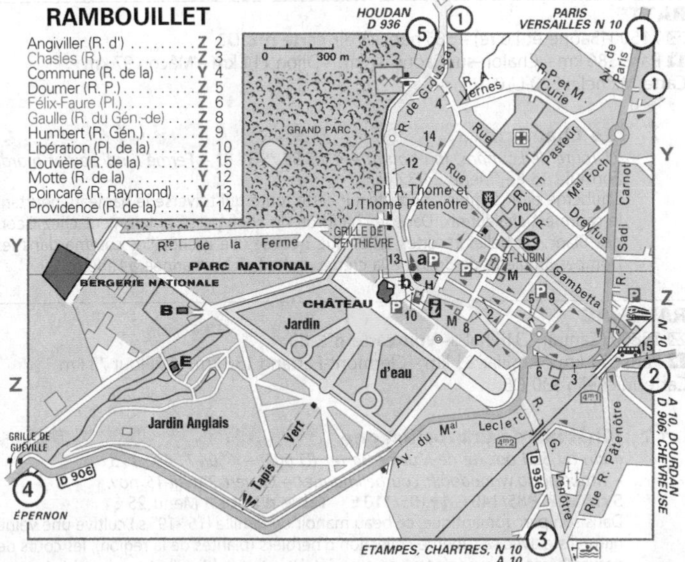

RANCÉ

✉ 01390 (Ain) – 641 hab. – **Voir carte n°43-E1**
Paris 437 km – Bourg-en-Bresse 44 km – Lyon 32 km – Villefranche-sur-Saône 13 km
Carte Michelin 328-C5

Restaurant de Rancé

10 rte de St-Jean – ✆ 04 74 00 81 83 – www.restaurantderance.com – Fermé 1 semaine en mars, 1 semaine en août, 1 semaine en janv., lundi et le soir sauf vend. et sam.

Formule 15 € – Menu 19 € (déj. en semaine), 28/65 € – Carte 31/80 €

Face à la petite église du village, on vient ici pour apprécier une cuisine dombiste généreuse et pleine de fraîcheur (grenouilles, carpe, poulet...). Le salle est lumineuse et l'accueil chaleureux, que demander de mieux ?

RANCOURT – 80 Somme ➜ voir Péronne

RANG-DU-FLIERS – 62 Pas-de-Calais ➜ voir Berck-sur-Mer

RANGUEIL – 31 Haute-Garonne ➜ voir Toulouse

RASIGUÈRES

✉ 66720 (Pyrénées-Orientales) – 152 hab. – **Voir carte n°22-B3**
Paris 874 km – Carcassonne 140 km – Montpellier 178 km – Perpignan 34 km
Carte Michelin 344-G6

Le Relais de Sceaury

1bis r. du Centre – ✆ 04 68 63 33 42 – Fermé vacances de la Toussaint, de fév., mardi soir et merc.

Menu 24/32 €

En plein cœur des Fenouillèdes, on a la bonne surprise de découvrir ce restaurant où chantent, et enchantent, les produits frais (légumes du soleil, fines herbes, fromage de chèvre, etc.). Les présentations sont soignées et les saveurs bien mises en valeur ; une cuisine légère et aromatique comme on les aime !

RASTEAU – 84 Vaucluse ➜ voir Vaison-la-Romaine

RATHSAMHAUSEN – 67 Bas-Rhin ➜ voir Sélestat

RATTE

✉ 71500 (Saône-et-Loire) – 385 hab. – Voir carte n°**8**-D3
▶ Paris 386 km – Chalon-sur-Saône 47 km – Dijon 111 km – Mâcon 97 km
Carte Michelin 320-L10

Le Chaudron

71 route de Louhans, (au bourg) – ✆ 03 85 75 57 81 – Fermé lundi soir et mardi
Formule 15 € – Menu 24/32 €
L'auberge peut sembler modeste sur cette route qui traverse le hameau, pourtant le cadre est chaleureux. Dans le chaudron du chef, passé notamment chez Georges Blanc, de belles recettes telles que : cuisses de grenouilles comme dans les Dombes, poulette de Bresse à la crème, truite fraîche marinée à l'aneth...

RAULHAC

✉ 15800 (Cantal) – 314 hab. – Voir carte n°**5**-B3
▶ Paris 571 km – Aurillac 31 km – Clermont-Ferrand 156 km – St-Flour 73 km
Carte Michelin 330-D5

Château de Courbelimagne

4 km au Sud par rte de Mur-de-Barrez (D 600) – ✆ 04 71 49 58 25 – http://perso.wanadoo.fr/courbelimagne/ – Ouvert 2 avril-15 nov.
5 ch – 85/140 € 105/110 € **Table d'hôte** – Menu 25 €
Dans son parc romantique, ce beau manoir de famille (16e-19e s.) cultive une veine naturaliste avec sa superbe collection d'herbiers (plantes de la région), les cours de naturothérapie proposés par sa propriétaire, et sa table d'hôte qui mêle champignons de la forêt, mûres des haies alentour, herbes et fleurs... Quel charme !

RAYOL-CANADEL-SUR-MER

✉ 83820 (Var) – 727 hab. – Voir carte n°**41**-C3
▶ Paris 886 km – Fréjus 49 km – Hyères 35 km – Le Lavandou 13 km
Carte Michelin 340-N7

Le Bailli de Suffren

rest,

av. des Américains – ✆ 04 98 04 47 00 – www.lebaillidesuffren.com – Ouvert de début avril à début nov.
55 ch – 220/440 € 260/520 € – 25 € – ½ P
Rest *La Praya* – voir les restaurants ci-après
Rest *L'Escale* – Carte 40/80 € *(ouvert de juin à oct. et fermé le soir)*
Superbe vue sur les îles d'Hyères depuis ce bel hôtel les pieds dans l'eau. Plage privée, balcons et terrasses face aux flots, restaurants panoramiques... Ou comment vivre en intimité avec la mer !

La Praya – Hôtel Le Bailli de Suffren

– ✆ 04 98 04 47 00 – www.lebaillidesuffren.com – Ouvert de début avril à début nov. et fermé le midi en juil.-août
Menu 80 € (dîner) – Carte 67/90 €
Dans ce restaurant cossu, d'esprit provençal, et sur sa terrasse sous les palmiers, face à la Méditerranée, on déguste une fine cuisine, à l'image de ces blancs de bar, purée de carottes curry, céleris en rémoulade au basilic, émulsion coco.

Le Relais des Maures avec ch

av. Ch.-Koeklin, Le Canadel – ✆ 04 94 05 61 27 – www.lerelaisdesmaures.fr – Ouvert 4 mars-31 oct. et fermé le midi en juil.-août, dim. soir et lundi hors saison
10 ch – 100/110 € 100/110 € – 10 € Menu 31/45 € – Carte 45/66 €
Cette grande auberge, décorée dans un style rétro plutôt chic, cultive le goût du Sud. Le chef y réalise une cuisine fine et délicate, calée sur le marché. Les petites chambres sont sobres et rustiques ; vue sur la mer au deuxième étage.

RÉ (ÎLE DE) – 17 Charente-Maritime ➜ voir Île de Ré

RÉALMONT

✉ 81120 (Tarn) – 3 294 hab. – Voir carte n°**29**-C2
▶ Paris 704 km – Albi 21 km – Castres 24 km – Graulhet 18 km
Carte Michelin 338-F8

XX **Les Secrets Gourmands**
72 av. Général-de-Gaulle, D 612 – ✆ 05 63 79 07 67 – www.les-secrets-gourmands.fr – Fermé 25-31 août, 10-31 janv., dim. soir et mardi
Menu 23 € (semaine), 32/54 € – Carte 42/64 €
On est accueilli avec le sourire dans cette maison cossue et chaleureuse, où l'on nous indique gentiment une table. Dans l'assiette, aiguillettes de canard, mitonnée de navets et escalopes de foie gras, croustillant de fraises et sorbet : le chef prépare des petits plats gourmands et savoureux, en toute simplicité.

REDON

✉ 35600 (Ille-et-Vilaine) – 9 592 hab. – Voir carte n°**10**-C3
▶ Paris 410 km – Nantes 78 km – Rennes 65 km – St-Nazaire 53 km
Carte Michelin 309-J9 – Guide Vert Michelin Bretagne Sud

XX **La Bogue**
3 r. des Etats – ✆ 02 99 71 12 95 – Fermé dim. soir et lundi
Formule 17 € – Menu 23/62 € – Carte 33/55 €
Vous pensez avoir l'étoffe d'un parlementaire ? C'est l'occasion ou jamais de le vérifier : ce restaurant prend ses aises dans l'ancien parlement de Redon (18e s.). Installé dans un cadre classique (boiseries, moulures, etc.), on apprécie une cuisine du marché évoluant au fil des saisons.

rte de La Gacilly 3 km au Nord par D 873 – ✉ 35600 Redon

XX **Moulin de Via**

– ✆ 02 99 71 05 16 – www.lemoulindevia.fr – Fermé 18-29 mars, merc. soir et jeudi soir de sept. à juin, dim. soir, lundi et mardi
Formule 25 € 🍷 – Menu 38/65 €
Au nord de Redon, à l'issue d'un petit sentier, cet ancien moulin à eau du 16e s. apparaît niché dans un écrin de verdure... En cuisine, le chef prépare de bonnes recettes traditionnelles, que l'on déguste dans la salle rustique à souhait ou sur la terrasse ouverte sur le jardin.

REHAUPAL

✉ 88640 (Vosges) – 195 hab. – Voir carte n°**27**-C3
▶ Paris 424 km – Épinal 27 km – Metz 151 km – Strasbourg 132 km
Carte Michelin 314-I4

Auberge du Haut-Jardin
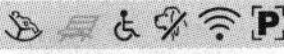
43 bis Le Village – ✆ 03 29 66 37 06 – www.hautjardin.com – Fermé 1 semaine en mars, 1 semaine en nov. et 1 semaine en janv.
15 ch – †60/199 € ††60/199 € – ½ P
Rest *Auberge du Haut-Jardin* – voir les restaurants ci-après
Dans ce petit village de la campagne vosgienne, cette maison de pays est tenue par un couple accueillant ; les chambres associent esprit rustique et confort, avec un soin notable. Une adresse idéale pour les amateurs d'authenticité et de calme...

X **Auberge du Haut-Jardin**
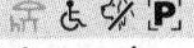
43 bis Le Village – ✆ 03 29 66 37 06 – www.hautjardin.com – Fermé 1 semaine en mars, 1 semaine en nov., 1 semaine en janv., lundi midi et merc. midi hors vacances scolaires
Menu 20/42 € – Carte 29/50 €
Poutres, cheminée (difficile de la quitter l'hiver...) et saveurs du terroir : un vrai concentré des Vosges dans cette auberge, dont le chef privilégie au maximum les produits locaux.

REICHSTETT – 67 Bas-Rhin ➜ voir Strasbourg

REILHAC – 43 Haute-Loire ➜ voir Langeac

REILHANETTE

✉ 26570 (Drôme) – 145 hab. – Voir carte n°**45**-C3

▶ Paris 710 km – Avignon 78 km – Lyon 247 km – Valence 149 km

Carte Michelin 332-F8

L'Oustau de la Font avec ch

Le Village – ✆ *04 75 28 83 77* – *www.oustaudelafont.com* – *Fermé déc. et janv.*

6 ch – †75/110 € ††75/110 € – ☕ 9 € – ½ P

Carte 24/45 € *(réservation conseillée)*

Ce restaurant, perché sur les hauteurs, offre une jolie vue sur le mont Ventoux. En cuisine, le chef fait la part belle aux produits locaux. À noter, la belle sélection de vins de la vallée du Rhône. Cinq chambres et une maisonnette permettent de prolonger l'étape.

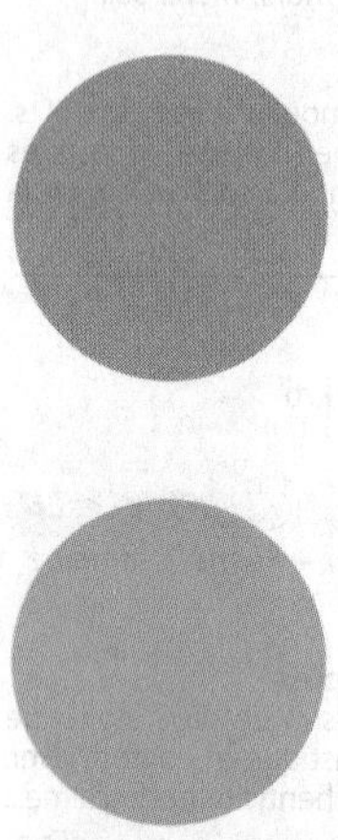

REIMS

✉ 51100 (Marne) – 179 992 hab. – Agglo. 211 966 hab. – Voir carte n°13-B2
▶ Paris 144 km – Bruxelles 218 km – Châlons-en-Champagne 48 km – Lille 208 km
Carte Michelin 306-G7 – Guide Vert Michelin Champagne Ardenne

© Gavin-Jones / Photononstop

Hôtels

Château Les Crayères

64 bd Henry-Vasnier – ☎ 03 26 24 90 00 – *www.lescrayeres.com* – *Fermé de mi-déc. à début janv.* Plan : CZ**a**

20 ch – †370/735 € ††370/735 € – ☕ 28 €

Rest *Le Parc Les Crayères* ✿✿ **Rest *Le Jardin Les Crayères*** – voir les restaurants ci-après

Dans un grand parc, un décor brillant comme… du champagne. Faut-il préciser que cette superbe demeure est entourée des caves les plus renommées ? Un vrai symbole du luxe à la française que cet établissement, tout en raffinement, tentures épaisses, mobilier bourgeois...

L'Assiette Champenoise

40 av. Paul-Vaillant-Couturier, à Tinqueux ✉ *51430* – ☎ *03 26 84 64 64 – www.assiettechampenoise.com – Fermé 16 fév.-6 mars* Plan : V**e**

27 ch – †195/620 € ††195/620 € – 8 suites – ☕ 29 €

Rest *L'Assiette Champenoise* ✿✿✿ – voir les restaurants ci-après

Une élégante maison de maître de la fin du 19e s., dans un grand parc clos. Les chambres, très spacieuses, jouent la carte du goût contemporain avec beaucoup de réussite. On les regagne avec plaisir après avoir profité des délices de la table... La satisfaction est complète.

Hôtel de la Paix

9 r. Buirette – ☎ *03 26 40 04 08 – www.hotel-lapaix.fr* Plan : AY**q**

164 ch – †130/230 € ††130/230 € – 1 suite – ☕ 14 €

Rest *Café de la Paix* ☎ 03 26 47 00 45 – – Formule 15 € – Menu 20 € 🍷 (semaine)/35 € 🍷 – Carte 31/58 €

Cet hôtel, tenu par la même famille depuis 1912, vit avec son temps : jolies chambres contemporaines (tableaux d'artistes rémois, meubles Starck), bar pop et très tendance, et cadre design à la brasserie Au Café de la Paix, qui propose fruits de mer, tartares, choucroutes... Le tout à proximité de la cathédrale.

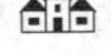

Mercure - Cathédrale

31 bd Paul Doumer – ☎ *03 26 84 49 49 – www.mercure-reims-centre-cathedrale.com* Plan : AY**v**

126 ch – †109/280 € ††109/280 € – ☕ 18 €

Rest – Formule 22 € – Menu 28 € – Carte environ 36 € *(fermé le midi du 15 juil. au 25 août et du 22 déc. au 5 janv., sam. midi, dim. midi et fériés le midi)*

Nuits calmes garanties dans ce grand bâtiment des années 1970 bordant un boulevard mais totalement insonorisé, aux chambres fonctionnelles et bien équipées, très confortables. Du restaurant, à l'étage, on a une belle vue panoramique sur le canal et les péniches.

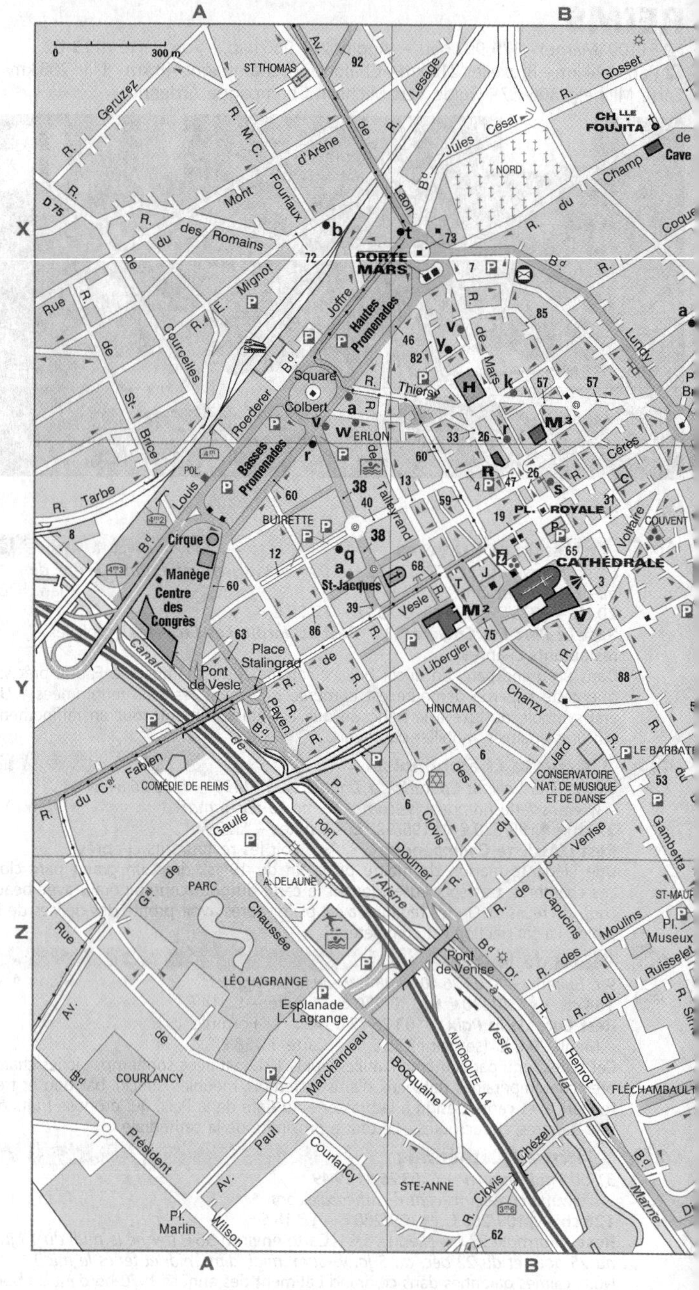

A
B
X
Y
Z
PORTE MARS
CATHÉDRALE
Hautes Promenades
Basses Promenades
Square Colbert
PL. ROYALE
Cirque
Manège
Centre des Congrès
Place Stalingrad
Pont de Vesle
COMÉDIE DE REIMS
LÉO LAGRANGE
Esplanade L. Lagrange
COURLANCY
STE-ANNE
FLÉCHAMBAULT
CONSERVATOIRE NAT. DE MUSIQUE ET DE DANSE
HINCMAR
BUIRETTE
St-Jacques
ST THOMAS
Pont de Venise
AUTOROUTE A4
Pl. Marlin
A. DELAUNE
COUVENT
LE BARBATRE
ST-MAURICE
Pl. Museux
FOUJITA

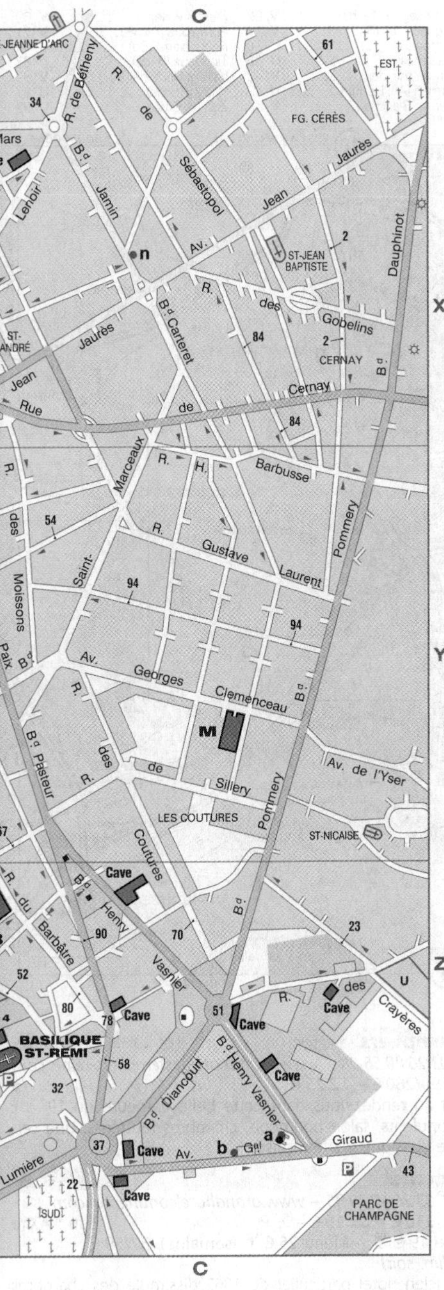

REIMS

Alsace-Lorraine (R. d') . . . **CX** 2
Anatole-France (Cours) . . . **BY** 3
Arbalète (R. de l') . . . . **BY** 4
Boulard (R.) . . . . **BY** 6
Boulingrin (Pl. du) . . . . **BX** 7
Brébant (Av.) . . . . **AY** 8
Buirette (R.) . . . . **AY** 12
Cadran St-Pierre (R.) . . . . . **BY** 13
Carmes (R. des) . . . . **BZ** 16
Carnégie (Pl.) . . . . **BY** 17
Carnot (R.) . . . . **BY** 19
Champagne (Av. de) . . . . . **CZ** 22
Chemin Vert (R. du) . . . . . **CZ** 23
Colbert (R.) . . . . **BXY** 26
Desteuque (R. E.) . . . . **BY** 31
Dieu-Lumière (R.) . . . . **CZ** 32
Dr-Jacquin (R.) . . . . **BXY** 33
Dr-Knoéri (Pl. du) . . . . **CX** 34
Dr-Lemoine (R.) . . . . **BX** 35
Droits-de-l'Homme
(Pl. des) . . . . **CZ** 37
Drouet d'Erlon (Pl.) . . . . . . **AY** 38
Dubois (R. Th.) . . . . **AY** 39
Étape (R. de l') . . . . **AY** 40
Farman (Av. H.) . . . . **CZ** 43
Foch (Bd) . . . . **ABX** 46
Forum (Pl.) . . . . **BY** 47
Gerbert (R.) . . . . **BCY** 50
Gouraud (Pl. Gén.) . . . . . . **CZ** 51
Grand-Cerf (R. du) . . . . . . **CZ** 52
Herduin (R. Lt) . . . . **BY** 53
Houzeau-Muiron (R.) . . . . **CY** 54
Jamot (R. Paul) . . . . **BY** 56
Jean-Jaurès (Av.) . . . . . . **BCX**
J.-J.-Rousseau (R.) . . . . . . **BX** 57
Lambert (Bd Victor) . . . . . . **CZ** 58
Langlet (Crs J.-B.) . . . . **BY** 59
Laon (Av. de) . . . . **ABX**
Leclerc (Bd Général) . . . . **AX** 60
Lefèbvre (R. E.) . . . . **CX** 61
Louvois (R. de) . . . . **BZ** 62
Magdeleine (R.) . . . . **AY** 63
Martyrs-de-la-Résistance
(Pl. des) . . . . **BY** 65
Montlaurent (R.) . . . . **CY** 67
Myron-Herrick (Pl.) . . . . . . **BY** 68
Philipe (R. Gérard) . . . . . . **CZ** 70
Prés.-F.-Roosevelt (R.) . . . **AX** 72
République (Pl. de la) . . . . **BX** 73
Rockefeller (R.) . . . . **BY** 75
St-Nicaise (Pl.) . . . . **CZ** 78
Salines (R. des) . . . . **CZ** 80
Sarrail (R. Gén.) . . . . **BX** 82
Strasbourg (R. de) . . . . . . **CX** 84
Talleyrand (R. de) . . . . . . **ABY**
Temple (R. du) . . . . **BX** 85
Thillois (R. de) . . . . **AY** 86
Université (R. de l') . . . . . . **BY** 88
Vesle (R. de) . . . . **ABY**
Victor-Hugo (Bd) . . . . **CZ** 90
Zola (R. Émile) . . . . **AX** 92
16e-et-22e-Dragons
(R. des) . . . . **CY** 94

REIMS

Berthelot (Bd M.) .... U 5
Brébant (Av.) .... U 8
Brimontel (R. de) .... U 10
Carré (R. du Gén.) .... UV 20
Champagne (Av. de) .... V 22
Cognacq-Jay (R.) .... V 25
Danton (R.) .... U 30
Dr-Lemoine (R.) .... U 35
Europe (Av. de l') .... V 42
Farman (Av. Henri) .... V 43
Maison-Blanche (R.) .... V 64
Paris (Av. de) .... V 69
Pompidou (Av. G.) .... V 71
Robespierre (Bd) .... U 74
Tinqueux (R. de) .... V 87
Vaillant-Couturier (Av.) .. V 89
Witry (Rte de) .... U 91
Zola (R. Émile) .... U 92

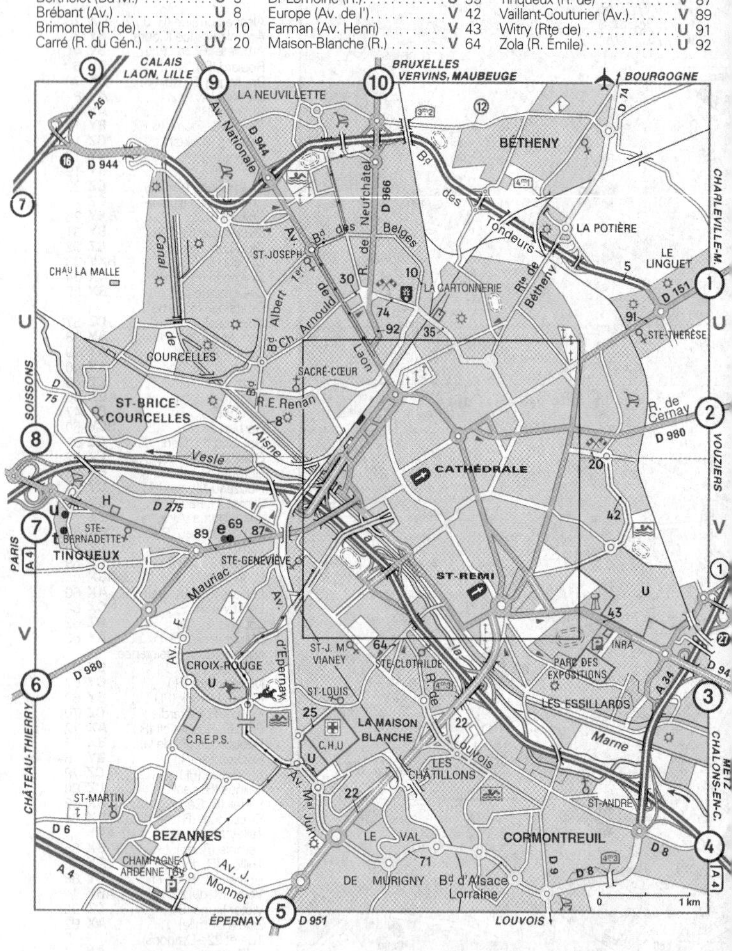

Grand Hôtel des Templiers sans rest

22 r. des Templiers – ✆ 03 26 88 55 08 – www.grandhoteldestempliers-reims.com
18 ch – †190/280 € ††190/280 € – ☐ 25 € Plan : BX**a**
Luxe et raffinement sont au rendez-vous dans cette belle demeure du 19e s. : mobilier de style, tissus opulents, salon bourgeois, chambres feutrées... Une certaine image de l'hôtellerie classique à la française.

Grand Hôtel Continental

93 pl. Drouet-d'Erlon – ✆ 03 26 40 39 35 – www.grandhotelcontinental.com
63 ch – †75/210 € ††90/210 € – ☐ 16 € – ½ P Plan : AXY**r**
Rest *Au Conti* – Formule 19 € 🍷 – Menu 25 € 🍷 (semaine), 37/59 € – Carte 38/67 € *(fermé dim. soir)*
La belle façade de cet ancien hôtel particulier de 1862 dissimule des chambres confortables, calmes et décorées dans des styles variés (classique, ancien, actuel, etc.). Un ensemble bourgeois bien adapté au tourisme comme aux voyages d'affaires. Cuisine traditionnelle au Conti.

Suite Novotel sans rest
1 r. Édouard-Mignot – ✆ 03 26 89 52 00 – www.suitenovotel.com Plan : AX**b**
80 ch – 100/170 € 100/170 € – 15 €
Un hôtel bien situé, dans le nouveau quartier d'affaires créé juste derrière la gare. Conformément aux normes de la chaîne, les chambres sont modernes et spacieuses, bien insonorisées et équipées. Idéal pour un déplacement professionnel.

Porte Mars sans rest
2 pl. de la République – ✆ 03 26 40 28 35 – www.hotelportemars.com
24 ch – 75/95 € 85/105 € – 13 € Plan : BX**t**
Cet hôtel a beau être situé sur une avenue passante, il est parfaitement insonorisé... et climatisé. Les chambres y sont confortables et bien tenues. Le petit-déjeuner, gourmand, s'apprécie dans un cadre agréable, sous une verrière.

Azur sans rest
9 r. des Ecrevées – ✆ 03 26 47 43 39 – www.hotel-azur-reims.com – Fermé dim. soir en janv. et fév. Plan : BX**y**
19 ch – 51/79 € 79/89 € – 9 €
Quelques minutes suffisent pour rejoindre la gare ou l'hôtel de ville : une bonne situation pour ce petit hôtel familial, aux chambres simples et particulièrement bien tenues, aux prix sages. Agréable : en été, on sert le petit-déjeuner dans un jolie courette.

Restaurants

Le Parc Les Crayères – Hôtel Château Les Crayères
64 bd Henry-Vasnier – ✆ 03 26 24 90 00 – www.lescrayeres.com – Fermé 21 déc.-14 janv., lundi et mardi Plan : CZ**a**
Menu 69 € (déj. en semaine), 120/170 € – Carte 154/208 € *(réservation conseillée)*
Un décor magnifique (boiseries, stucs, tapisseries, etc.) pour une cuisine qui ne l'est pas moins. La présentation des plats, la maîtrise dans l'exécution, les produits... tout semble ciselé avec art. Un beau moment de gastronomie, porté également par un service d'une qualité rare ! → Asperges vertes à la citronnelle, gamberonis à la plancha, sabayon aux champignons. Petites pâtes de mon enfance et filets de grouse farcis à l'ancienne. Poire pochée, crème renversée et sorbet poire williams.

L'Assiette Champenoise (Arnaud Lallement) – Hôtel L'Assiette Champenoise
40 av. Paul-Vaillant-Couturier, à Tinqueux
✉ 51430 – ✆ 03 26 84 64 64 – www.assiettechampenoise.com – Fermé 16 fév.-6 mars, merc. midi et mardi Plan : V**e**
Menu 68 € (déj. en semaine), 138/198 € – Carte 130/160 €
À quoi reconnaît-on un grand cuisinier ? Au caractère de ses recettes, à sa capacité à apprivoiser même la simplicité, et bien sûr à révéler les saveurs… Ces qualités, Arnaud Lallement les possède toutes. Sans artifice, ses assiettes, rehaussées notamment de sauces magnifiques, réservent des émotions rares ! Le tout dans un cadre chic et moderne des plus agréables. → Langoustine royale et nage réduite. Homard bleu, hommage à mon papa. Framboise.

Le Millénaire (Laurent Laplaige)
4 r. Bertin – ✆ 03 26 08 26 62 – www.lemillenaire.com – Fermé sam. midi et dim. Plan : BY**s**
Menu 34 € (déj.), 52/92 € – Carte 80/120 €
Non loin de la place Royale, une table d'une prestance toute contemporaine, associant tons crème, chêne clair et lignes élégantes. Une véritable invitation à découvrir cette cuisine bien ancrée dans le siècle... et dans le Millénaire !
→ Langoustines sautées, réduction de tomate au thym et cristallin de parmesan. Turbot à la plancha, pommes grenaille et oignon confit, sauce aux épices douces. L'intercalé aux trois chocolats, glace équatoriale.

Le Pavillon CG
7 r. Noël – ✆ 03 26 03 15 15 – www.le-pavillon-cg.com – Fermé 21-27 avril, 23 juil.-6 août, 26-30 déc., dim. soir et merc. Plan : AX**w**
Formule 25 € – Menu 31/83 € – Carte 51/63 €
Cette maison bourgeoise (1850) abritait une banque avant d'être transformée en restaurant ! C'est une valeur sûre pour apprécier une cuisine gastronomique réalisée avec de beaux produits. On appréciera également l'amabilité du service et l'élégance de la salle, en rotonde.

XXX **Le Foch** (Jacky Louazé)

37 bd Foch – ✆ 03 26 47 48 22 – www.lefoch.com – Fermé 27 juil.-26 août, 23 fév.-10 mars, sam. midi, dim. soir et lundi

Menu 33 € (déj. en semaine), 49/85 € – Carte 71/116 € Plan : AX**a**

Le restaurant borde les Promenades, ces cours ombragés dessinés au 18e s. Le cadre, à la fois classique et contemporain, sied à la cuisine volontiers inventive du chef, où les produits de qualité sont rois (homard, beaux poissons, etc.). ➜ Cannelloni de petits pois et homard bleu. Bar cuit en terre d'argile de Vallauris. Banana split revisité.

XXX **La Vigneraie**

14 r. Thillois – ✆ 03 26 88 67 27 – www.vigneraie.com – Fermé 28 juil.-18 août, 24 fév.-10 mars, merc. midi, dim. soir et lundi

Formule 17 € – Menu 26 € (déj. en semaine), 34/71 € – Carte 63/76 € Plan : AY**a**

Charmant restaurant qui, comme son nom l'indique, rend hommage à la vigne. Les murs s'égayent de toiles d'artistes locaux, tandis que les assiettes déclinent pigeon en deux façons, ficelle champenoise aux escargots, etc. Beau choix de vins et de champagnes.

XX **Le Pré Champenois**

1 r. Jean-Jacques-Rousseau – ✆ 03 26 24 27 15 – www.leprechampenois.fr – Fermé 3 semaines en août, 1 semaine en fév., dim. et lundi Plan : BX**k**

Formule 18 € – Menu 22 € (déj.), 33/70 € – Carte 46/60 €

Pré carré des gourmets à deux pas de l'hôtel de ville, ce restaurant se révèle intime et feutré. C'est un endroit où l'on se sent bien, sans compter que l'on s'y régale de plats savoureux, dans l'air du temps ou plus classiques (calamars à la carbonara, soufflé au Grand Marnier, etc.).

X **Le Jardin Les Crayères** – Hôtel Château Les Crayères

7 av. du Gén.-Giraud – ✆ 03 26 24 90 90 – www.lescrayeres.com – Fermé 21 déc.-14 janv. Plan : CZ**b**

Formule 31 € – Menu 47 € – Carte 40/68 €

La "petite adresse" du Château Les Crayères est située dans une dépendance du parc : une brasserie chic, très contemporaine, avec sa jolie véranda et sa terrasse juste en face du jardin d'herbes aromatiques. On y apprécie une savoureuse cuisine de saison réalisée avec de beaux produits.

X **Éveil des Sens** Ⓝ

8 r. Colbert – ✆ 03 26 35 16 95 – www.eveildessens-reims.com – Fermé 2-8 mars, 2-15 août, dim. et merc. Plan : BXY**r**

Menu 30/35 € *(réservation conseillée)*

Comptez sur ce restaurant pour éveiller vos sens ! Derrière les fourneaux, Nicolas Lefèvre, un jeune chef passé par de belles maisons, réalise une savoureuse cuisine du marché avec des produits de grande qualité. Le tout s'appréciant dans un cadre à l'épure toute contemporaine et avec un accueil aux petits soins.

X **Le Jamin**

18 bd Jamin – ✆ 03 26 07 37 30 – www.lejamin.com – Fermé 21-25 avril, 17 août-2 sept., 15-29 janv., dim. et lundi Plan : CX**n**

Formule 15 € 🍷 – Menu 24 € 🍷/35 € – Carte 29/46 €

Un petit restaurant de quartier simple et généreux. On vient là pour la cuisine traditionnelle (cuisses de grenouille à la provençale, rognons aux girolles, etc.) et les suggestions à l'ardoise, aux prix doux. Service aimable et efficace.

X **Le Bocal** Ⓝ

27 r. de Mars – ✆ 03 26 47 02 51 – www.restaurantlebocal.fr – Fermé 20 déc.-7 janv., dim. et lundi Plan : BX**v**

Carte 19/44 € *(réservation conseillée)*

Une adresse insolite et confidentielle... À l'arrière de la Poissonnerie des Halles, on découvre une petite salle toute simple, où l'on célèbre sans chichis les saveurs de la mer : huîtres, saumon fumé maison, tartares, poisson du jour, etc. On surnomme les habitués les "agités du bocal" : attention à la contagion !

à Rilly-la-Montagne 14 km par ⑤ et D 26 – ✉ 51500 – 1 039 hab.

Château de Rilly Ⓝ

38 r. de Reims – ☎ 03 26 07 53 21 – www.lechateauderilly.com – Fermé 23 fév.-6 mars

15 ch – †175/195 € ††175/195 € – ☕ 18 €

Rest – Formule 28 € – Menu 36/55 € – Carte 45/65 € *(fermé dim. soir et lundi)*

Au centre de ce village de vignerons de la vallée de Reims, cette belle maison bourgeoise datant du 19e s. a été transformée en un hôtel charmant et intime, avec son élégant cadre classique (moulures, lustres à pampilles, mobilier de style), son jardin à la française, son spa, son restaurant où le champagne est roi...

à Sillery 11 km par ③ et D 8E – ✉ 51500 – 1 614 hab.

Le Relais de Sillery

3 r. de la Gare – ☎ 03 26 49 10 11 – www.relaisdesillery.fr – Fermé 11 août-2 sept., 2-9 janv., 3-11 mars, dim. soir, lundi et mardi

Menu 21 € (semaine), 41/68 € – Carte 49/76 €

Une auberge élégante dont la terrasse domine la Vesle. Le cadre est bucolique, la gastronomie classique : langoustines en risotto crémeux, gratin de cuisses de grenouille... La cave – aux prix étudiés – impressionne !

à Montchenot 11 km par ⑤ – ✉ 51500

Le Grand Cerf (Dominique Giraudeau et Pascal Champion)

50 rte Nationale – ☎ 03 26 97 60 07 – www.le-grand-cerf.fr – Fermé août, vacances de fév., dim. soir, mardi soir et merc.

Menu 37 € (déj. en semaine), 80/94 € – Carte 86/128 €

Au pied de la montagne de Reims, cette auberge affiche un style cossu... Un écrin élégant pour une belle cuisine classique concoctée à quatre mains. Les deux chefs, Pascal Champion et Dominique Giraudeau, aiment travailler les produits nobles, avec par exemple un menu dédié aux morilles ! → Foie gras rôti entier au pain d'épice. Bar de ligne aux huîtres, sauce champagne. Dacquoise à la noisette.

à l'Ouest 6 km par ⑦, autoroute A 4 sortie Tinqueux – ✉ 51430 Tinqueux

Novotel

– ☎ 03 26 08 11 61 – www.novotel.com Plan : V**u**

127 ch – †138/165 € ††138/165 € – ☕ 16 € **Rest** – Carte 20/45 €

Dans une zone commerciale et d'affaires, cet hôtel des années 1970 vit avec son temps : style épuré et concept Novation dans toutes les chambres, impeccables. Même tendance au restaurant avec des plats réalisés à la plancha.

Qualys sans rest

1 av. d'A.F.N. – ☎ 03 26 83 84 85 – www.hotel-reims-tinqueux.com Plan : V**t**

66 ch – †77/92 € ††77/92 € – ☕ 10 €

Près de l'autoroute, un hôtel fonctionnel et bien tenu, pratiquant des tarifs très raisonnables. Dans les chambres, on met les photographes locaux à l'honneur avec des clichés du vignoble champenois. Parfait pour une étape ou un voyage d'affaires.

REIPERTSWILLER

✉ 67340 (Bas-Rhin) – 934 hab. – **Voir carte n°1-A1**

▶ Paris 450 km – Bitche 19 km – Haguenau 33 km – Sarreguemines 48 km

Carte Michelin 315-I3

La Couronne

13 r. Wimmenau – ☎ 03 88 89 96 21 – www.hotel-la-couronne67.com – Fermé 16 juin-3 juil., 24 nov.-5 déc. et 17 fév.-6 mars

16 ch – †49/61 € ††50/70 € – ☕ 12 € – ½ P

Rest *La Couronne* – voir les restaurants ci-après

Dans un paisible village du parc naturel des Vosges du Nord, un hôtel confortable aménagé dans un esprit contemporain. Les chambres y sont spacieuses. Accueil familial. Une bonne adresse.

XX **La Couronne**

13 r. Wimmenau – ✆ 03 88 89 96 21 – www.hotel-la-couronne.com – Fermé 16 juin-3 juil., 24 nov.-5 déc., 17 fév.-6 mars, merc. midi et jeudi en janv.-fév., dim. soir, merc. soir, lundi et mardi

Menu 22 € (déj. en semaine), 35/51 € – Carte 40/62 €

Pour sûr, le chef mérite une couronne de laurier – voire tout un bouquet garni – pour sa cuisine classique et raffinée, qui régale (presskopf, tarte chaude aux quetsches...). Le décor est grand ouvert sur la nature – la vraie reine de cette table.

LA REMIGEASSE – 17 Charente-Maritime ➜ voir Île d'Oléron

REMIGNY

✉ 71150 (Saône-et-Loire) – 440 hab. – **Voir carte n°7-A3**

Paris 335 km – Dijon 65 km – Lons-le-Saunier 127 km – Mâcon 82 km

Carte Michelin 320-I8

X **L'Escale**

2 rte de Chassey-le-Camp – ✆ 03 85 87 07 03 – www.restaurant-lescale-remigny.com – Fermé 15-30 sept., 2-20 janv., mardi soir, dim. soir et merc.

Formule 14 € – Menu 19 € (semaine), 24/35 € – Carte 37/53 €

Sur la route du vignoble, au bord du canal, cette auberge semble sourire. Une escale simple et animée, où l'accueil est charmant et où l'on cultive la tradition : foie gras maison, croustillant d'escargots, coq au chardonnay, pintade aux pruneaux... Petits prix au menu !

REMIREMONT

✉ 88200 (Vosges) – 8 024 hab. – **Voir carte n°27-C3**

Paris 413 km – Belfort 70 km – Colmar 80 km – Épinal 28 km

Carte Michelin 314-H4

Hôtel du Cheval de Bronze sans rest

59 r. Charles-de-Gaulle – ✆ 03 29 62 52 24 – www.hotechevalbronze.com

32 ch – 42/72 € 42/79 € – 8 €

Hôtel aménagé dans un ancien relais de poste, sous les jolies arcades du centre-ville. Chambres un brin désuètes mais en cours de rénovation et bien tenues. Accueil chaleureux.

XX **Le Clos Heurtebise**

13 chemin des Capucins, par r. Capit.-Flayelle – ✆ 03 29 62 08 04 – www.leclosheurtebise.com – Fermé 18 août-1er sept., jeudi soir, dim. soir et lundi

Menu 18 € (semaine), 28/65 € – Carte environ 50 €

Sur les hauteurs de la ville, cette engageante maison bourgeoise propose une bonne cuisine classique. De l'agréable terrasse, on aperçoit les Vosges.

X **La Quarterelle**

3 r. de la Carterelle – ✆ 03 29 23 98 69 – Fermé 1 semaine fin mars-début avril, 2 semaines fin juin-début juil., une semaine fin sept.-début oct., 2 semaines fin déc.-début janv., dim. soir, lundi soir, mardi soir et merc.

Formule 20 € – Menu 23/33 € *(réservation conseillée)*

C'est en couple qu'on préside à la destinée de cette Quarterelle. Monsieur concocte une cuisine mâtinée d'épices et madame vous accueille avec le sourire. Pensez à réserver !

à Girmont-Val-d'Ajol 9 km au Sud-Est par D 23, D 57 et rte secondaire – ✉ 88340 – 231 hab.

La Vigotte rest,

131 lieu-dit la Vigotte – ✆ 03 29 24 01 82 – www.vigotte.com – Fermé 6-31 janv. et lundi midi

23 ch – 36/76 € 45/95 € – 8 € – ½ P

Rest – Menu 18/32 € – Carte 24/43 €

Entourée de forêt vosgienne, de prairies et d'étangs, cette ferme de 1750 ravira les amoureux de la nature. Chambres simples et sympathiques. Cuisine de tradition et de terroir servie dans la grande salle rustique ; chaleureuse ambiance montagnarde.

RENAISON

✉ 42370 (Loire) – 2 866 hab. – **Voir carte n°44-A1**
▶ Paris 385 km – Chauffailles 43 km – Lapalisse 39 km – Roanne 11 km
Carte Michelin 327-C3 – Guide Vert Michelin Lyon et sa région

XX **Jacques Cœur**
15 r. Roanne – ✆ 04 77 64 25 34 – www.restaurant-jacques-coeur.fr – Fermé 12 nov.-3 déc., dim. soir, lundi et mardi
Formule 22 € 🍷 – Menu 28/55 € – Carte 36/47 €
"À cœur vaillant, rien d'impossible !" La devise de Jacques Cœur accompagne le chef, qui ne manque pas d'allant lorsqu'il s'agit de mitonner de bons petits plats de tradition : tête de veau sauce gribiche, terrine de langoustines, etc.

St-Haon-le-Vieux 3 km au Nord par D 8 – ✉ 42370 – 907 hab.

XX **Auberge du Bon Accueil**
La Croix Lucas – ✆ 04 77 64 40 72 – www.restaurant-lebonaccueil.fr – Fermé vacances de printemps, 24 août-11 sept., vacances de la Toussaint, 7-14 janv., dim. soir, lundi et mardi
Formule 13 € – Menu 30/42 € – Carte 40/50 €
En bordure de route, une agréable auberge avec un petit jardin et une terrasse ombragée. Le chef y concocte une cuisine dans l'air du temps avec des produits de saison. Et ici, le bon accueil n'est pas qu'un simple nom...

RENNES

✉ 35000 (Ille-et-Vilaine) – 207 178 hab. – Agglo. 304 729 hab. – **Voir carte n°10-D2**
▶ Paris 349 km – Angers 129 km – Brest 246 km – Caen 185 km
Carte Michelin 309-L6 – Guide Vert Michelin Bretagne Nord

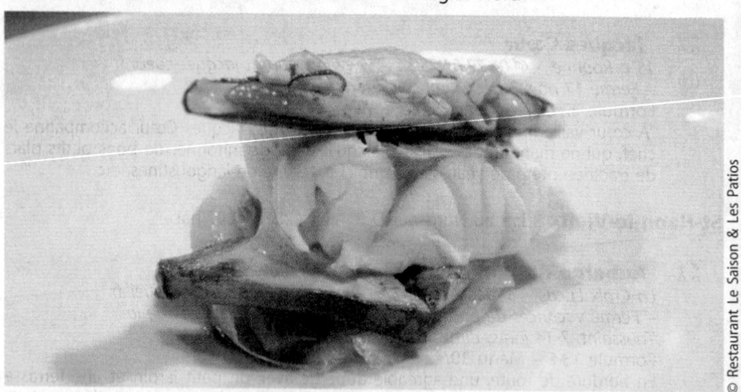

© Restaurant Le Saison & Les Patios

Hôtels

Novotel Centre Gare

22 av. Janvier – ✆ 02 99 84 08 08 – www.hotel-rennes-spa.com Plan : BZ**t**
89 ch – 99/350 € 99/350 € – 14 suites – 16 €
Rest – Formule 18 € – Carte environ 25 € *(fermé vend. soir, sam. et dim.)*
À 2mn à pied de la gare, ce Novotel créé en 2011 allie esprit contemporain et caractère fonctionnel. Très pratique en centre-ville : le parking dans le sous-sol de l'établissement. Restauration traditionnelle.

Mercure Centre Gare sans rest

1 r. du Cap.-Maignan – ✆ 02 99 29 73 73 – www.mercure.com Plan : ABZ**m**
142 ch – 90/280 € 90/280 € – 18 €
Entre la gare et le centre-ville, ce Mercure des années 1970 est à deux pas des Champs Libres, lieu d'exposition abritant le musée de Bretagne. L'établissement dispose de chambres fonctionnelles. Restauration de type "snacking" pour les résidents.

Le Coq-Gadby

156 r. d'Antrain – ✆ 02 99 38 05 55 – www.lecoq-gadby.com – Fermé 2 semaines en août Plan : DU**x**
24 ch – 117/280 € 130/350 € – 2 suites – 18 € – ½ P
Rest ***La Coquerie*** ✿ – voir les restaurants ci-après
Au 156 rue d'Antrain, on voit la vie en vert ! Dans un jardin, une maison du 17e s. doublée d'une bâtisse en bois conçue selon les dernières normes environnementales. Au choix, chambres cosy et feutrées, ou plus spacieuses et contemporaines. Spa écologique et soins bio.

Anne de Bretagne sans rest

12 r. Tronjolly – ✆ 02 99 31 49 49 – www.hotel-rennes.com – Fermé 22 déc.-3 janv. Plan : AZ**q**
42 ch – 99/165 € 109/185 € – 12 €
Hôtel entièrement rénové, au bord d'une rue passante, entre le centre historique et la gare. Les chambres, assez spacieuses, sont bien équipées et parfaitement tenues. Préférez celles – plus calmes – situées sur l'arrière du bâtiment.

Hôtel des Lices sans rest

7 pl. des Lices – ✆ 02 99 79 14 81 – www.hotel-des-lices.com Plan : AY**b**
48 ch – 79/94 € 82/99 € – 9 €
Jadis, la place des Lices et ses maisons à colombages étaient le théâtre des tournois de chevaliers. Un balcon sur l'histoire, voilà ce que proposent les chambres, modernes et colorées, au cœur du vieux Rennes. Le samedi matin, ne manquez pas le marché, l'un des plus grands de France !

RENNES

Rue	Carré	N°
Bourgeois (Bd L.)	DV	3
Canada (Av. du)	CV	6
Churchill (Av. Sir W.)	CU	13
Combes (Bd E.)	DV	14
Duchesse-Anne (Bd de la)	DU	15
Guilloux (R. L.)	CU	23
Laennec (Bd)	DU	31
Leroux (Bd Oscar)	DV	36
Lorient (R. de)	CU	38
Maginot (Av. du Sergent)	DU	39
Mitterrand (Mail Fr.)	CU	43
Pompidou (Bd G.)	CV	55
St-Brieuc (R. du)	CU	64
St-Jean-Baptiste de la Salle (Bd)	CU	70
Strasbourg (Bd de)	DU	83
Ukraine (Allée d')	CV	84
Vitré (Bd de)	DU	87
Yser (Bd de l')	CV	88
3-Croix (Bd des)	CU	89

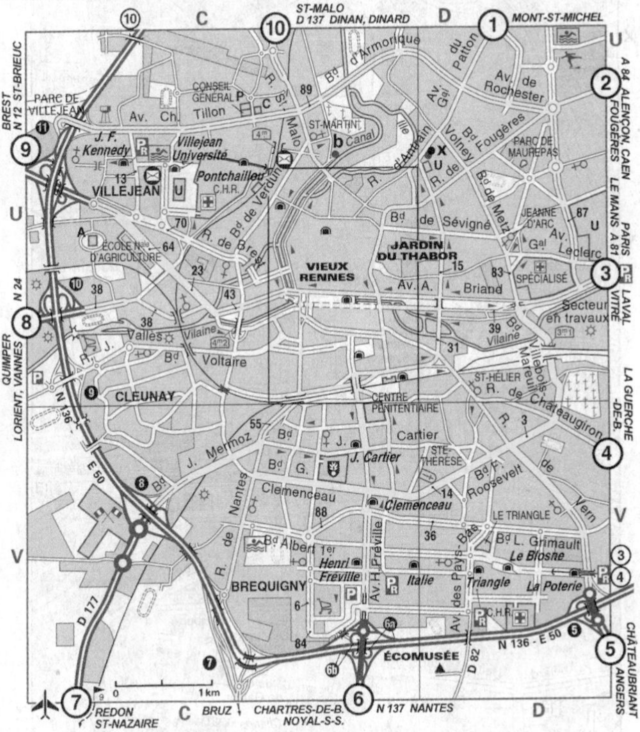

Hôtel de Nemours sans rest

5 r. de Nemours – ✆ 02 99 78 26 26 – www.hotelnemours.com Plan : AZ**f**

29 ch – †63/84 € ††73/94 € – ☕ 10 €

Non loin de la Vilaine et du centre historique, cet hôtel à la façade noire annonce la couleur. Ici, point d'extravagance mais un intérieur tout en sobriété et élégance : chambres confortables et épurées où domine le mobilier cérusé.

Restaurants

La Fontaine aux Perles

96 r. de la Poterie, (quartier de la Poterie), par ④ – ✆ 02 99 53 90 90 – www.lafontaineauxperles.com – Fermé dim. sauf le midi de sept. à juil. et lundi

Menu 25 € (déj. en semaine), 39/90 € – Carte 60/95 €

Au calme d'un jardin arboré, ce petit manoir du 19e s. laisse échapper de savoureux fumets... En cuisine, beaux produits et maîtrise des cuissons sont de mise. Côté décor, les gourmands ont le choix entre trois salles, trois thèmes : le champagne, le vin ou le Stade rennais, dont le chef est un fervent supporter !

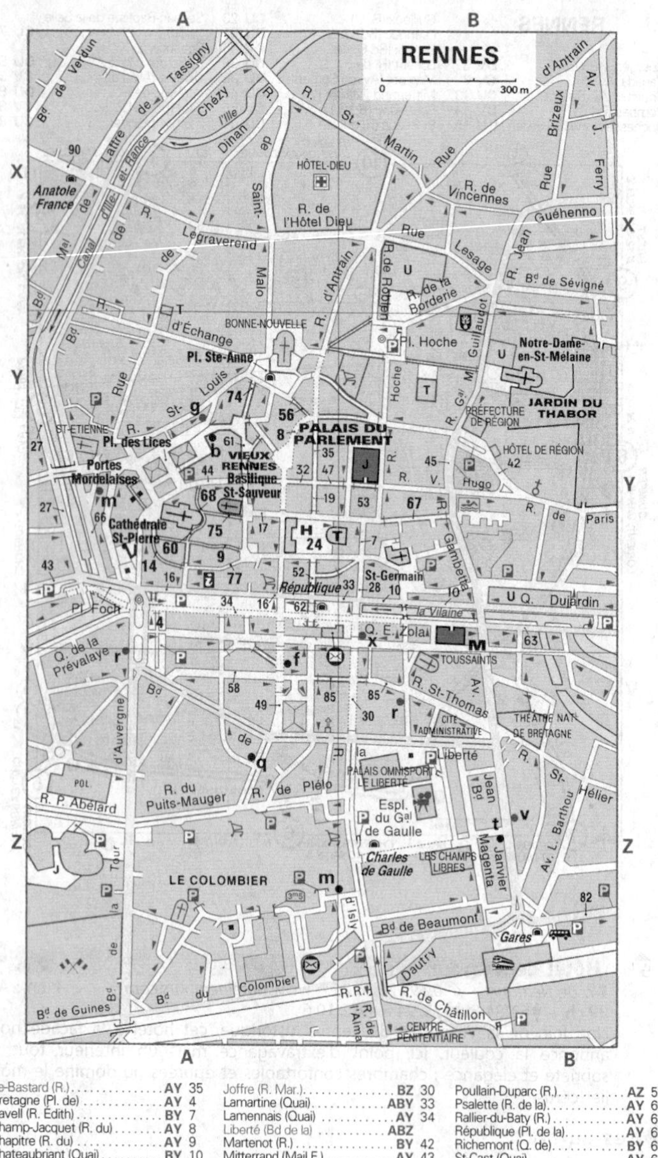

RENNES
0
300 m
A
B
X
Y
Z
Bd de Verdun
Tassigny
Chézy
l'Ille
Dinan
Lattre de
et-Rance
Anatole France
Mail de
Canal d'Ille
R. de Legraverend
Rue de St-Malo
HÔTEL-DIEU
R. de l'Hôtel Dieu
R. St-Martin
Rue d'Antrain
R. de Vincennes
Rue Brizeux
Av. J. Ferry
Rue Guéhenno
Rue Lesage
R. Jean
Bd de Sévigné
R. de Robien
R. de la Borderie
R. d'Antrain
R. d'Échange
BONNE-NOUVELLE
Pl. Ste-Anne
Pl. Hoche
Hoche
Notre-Dame-en-St-Melaine
JARDIN DU THABOR
PRÉFECTURE DE RÉGION
HÔTEL DE RÉGION
R. Gal M. Guillaudot
St-Louis
Rue St-
ST-ETIENNE
Pl. des Lices
PALAIS DU PARLEMENT
VIEUX RENNES
Basilique St-Sauveur
Portes Mordelaises
Cathédrale St-Pierre
R. V. Hugo
R. de Paris
R. Gambetta
République
St-Germain
Q. Dujardin
la Vilaine
Pl. Foch
Q. E. Zola
TOUSSAINTS
Q. de la Prévalaye
R. St-Thomas
CITÉ ADMINISTRATIVE
THÉÂTRE NAT. DE BRETAGNE
Bd de la Liberté
PALAIS OMNISPORT LE LIBERTÉ
R. St-Hélier
R. d'Auvergne
POL.
R. P. Abélard
R. du Puits-Mauger
R. de Plélo
Espl. du Gal de Gaulle
Charles de Gaulle
LES CHAMPS LIBRES
Bd Jean Janvier
Magenta
Av. L. Barthou
Bd de la Tour d'Auvergne
LE COLOMBIER
Bd du Colombier
R. d'Isly
Bd de Beaumont
Gares
Dautry
R. de Châtillon
R. de l'Alma
CENTRE PÉNITENTIAIRE
Bd de Guines

La Coquerie - Hôtel Le Coq-Gadby

156 r. d'Antrain – ✆ 02 99 38 05 55 – www.lecoq-gadby.com
– Fermé 28 juil.-25 août, 1 semaine vacances de la Toussaint, 1 semaine vacances de Noël, 1 semaine en fév., merc. midi, dim. et lundi Plan : DU**x**
Menu 29 € (déj. en semaine), 49/90 €
Cette institution rennaise a vu un nouveau chef reprendre les rênes de ses cuisines en 2012. Un chef jeune mais talentueux, dont le savoir-faire ne demande qu'à s'épanouir... En cette table qui a pour emblème le coq, symbole national, la gastronomie française d'aujourd'hui reste bien défendue !
➜ Saint-Jacques snackées, brocoli et câpres. Dos de bar grillé, racines de saison et dashi acidulé. Fuseau croustillant aux fraises mara des bois et rhubarbe.

Le Guehennec

33 r. Nantaise – ✆ 02 99 65 51 30 – Fermé 2 semaines en août, sam. midi, lundi soir, dim. et fériés Plan : AY**m**
Menu 25 € (déj. en semaine), 36/58 €
Près de la place des Lices, ce petit restaurant intime propose une cuisine soignée, rythmée par les saisons et les produits du marché. Décor contemporain.

Le Galopin

21 av. Janvier – ✆ 02 99 31 55 96 – www.legalopin.fr
– Fermé 2 semaines en août, sam. midi, dim. et fériés Plan : BZ**v**
Formule 15 € – Menu 23/49 € – Carte 31/68 €
Une jolie brasserie à la façade rétro, avec banquettes, vivier, tables serrées, toiles contemporaines... Carte à l'unisson, entre terre et mer, avec notamment un menu homard. Service voiturier.

Les Carmes

2 r. des Carmes – ✆ 02 99 79 28 95 – www.lescarmes-rennes.com
– Fermé 11-17 août, 24-30 déc., dim. et lundi Plan : BZ**r**
Formule 15 € – Menu 19 € (déj. en semaine), 32/60 € – Carte environ 37 €
(réservation conseillée)
Derrière la façade de ce bistrot se cache une salle contemporaine. Le chef travaille avec les petits producteurs locaux et propose une cuisine d'aujourd'hui, attentive aux saisons.

Le Cours des Lices

18 pl. des Lices – ✆ 02 99 30 25 25 – www.lecoursdeslices.fr
– Fermé 6-20 août, dim. et lundi Plan : AY**g**
Formule 18 € – Menu 20 € (déj. en semaine), 29/41 € – Carte 36/59 €
Voilà un chef qui ne manquerait le marché de la place des Lices pour rien au monde ! Pourquoi s'en priver ? Son restaurant – dans une maison de 1629 – est installé à deux pas. De retour en cuisine, il revisite les plats classiques avec les beaux produits de saison tout juste achetés.

Le Quatre B

4 pl. de Bretagne – ✆ 02 99 30 42 01 – www.quatreb.fr
– Fermé sam. midi et dim. Plan : AYZ**r**
Formule 12 € – Menu 16 € (déj. en semaine), 24/29 € – Carte 34/51 €
Tout le monde à Rennes connaît Le Quatre B ! Il faut dire que son concept est une réussite, alliance d'un décor élégant et d'une cuisine à la fois soignée et gourmande. Beaucoup d'invention, beaucoup de succès.

Autre Sens

11 r. Armand Rebillon – ✆ 02 99 14 25 14 – www.autre-sens.fr
– Fermé 1er-12 mai, 28 juil.-15 août, 1er-6 janv., sam. midi et dim. Plan : CU**b**
Menu 20 € (déj. en semaine), 29/37 € – Carte 31/40 €
Sur le pittoresque canal d'Ille-et-Rance, un bâtiment original, tout en verre, avec terrasse sur deux niveaux. La déco, aux tons pastel, est épurée. Quant à la carte, elle propose un alléchant menu contemporain à déguster tout en regardant passer les bateaux.

Léon le Cochon

1 r. du Mar.-Joffre – 02 99 79 37 54 – www.leonlecochon.com
– Fermé dim. en juil.-août Plan : BY**x**
Menu 15 € (déj.), 22/25 € – Carte 23/53 €
Ambiance conviviale et animée dans ce bistrot branché du centre-ville. Ici, le décor est décalé : arbre lumineux, colombages vert pomme... Côté assiette, il y en a pour tous les goûts : cochonnailles, poisson à la plancha et menu du marché !

à St-Grégoire 3 km au Nord par D82 - CU – ✉ 35760 – 8 549 hab.

Les Patios

1 imp. du Vieux-Bourg, (près de l'église) – 02 99 68 79 35
– www.le-saison.com
5 ch – 175/195 € 190/210 €
Rest *Le Saison* – voir les restaurants ci-après
Lassé par l'agitation de la ville ? Faites une pause dans cet hôtel situé à 6 km au nord de Rennes. Avec son joli jardin, cette belle construction contemporaine, au décor zen et épuré, respire la sérénité. Évidemment, toutes les chambres s'ouvrent sur... un patio.

Le Saison (David Etcheverry) – Hôtel les Patios

1 imp. du Vieux-Bourg, (près de l'église) – 02 99 68 79 35 – www.le-saison.com
– Fermé dim. soir et lundi
Formule 33 € – Menu 49/95 € – Carte 73/112 €
Ce pourrait être une simple longère aux portes de Rennes, c'est un petit havre de design contemporain, élégant et lumineux... Le repas n'en est que plus agréable. Car le chef signe une cuisine de saison très soignée, centrée sur le produit et subtile dans ses effets !
→ Jeunes navets en émulsion de lard de Colonnata et homard breton au rhum. Turbot sauvage au cœur de celtuce, basilic, cannelle et main de bouddha. Hibiscus glacé, avocat et framboises remontantes à la coriandre.

à Cesson-Sévigné 6 km par ③ – ✉ 35510 – 15 219 hab.

Le Germinal

9 cours de la Vilaine, au bourg – 02 99 83 11 01 – www.legerminal.com
– Fermé 27 juil.-18 août et 22 déc.-7 janv.
17 ch – 85/115 € 100/160 € – 14 € – ½ P
Rest *Le Germinal* – voir les restaurants ci-après
Ne cherchez pas le lien avec l'œuvre éponyme d'Émile Zola. Ici, pas de bassin minier mais un ancien moulin posé sur un îlot de la Vilaine. Les chambres – entièrement refaites en 2012 – sont cosy et parfaitement tenues. Un lieu bucolique à souhait !

Le Germinal – Hôtel Le Germinal

9 cours de la Vilaine, au bourg – 02 99 83 11 01 – www.legerminal.com
– Fermé 27 juil.-18 août et 22 déc.-7 janv.
Menu 20 € (déj. en semaine), 30/40 € – Carte 41/60 € *(fermé dim.)*
Une terrasse aux airs de pont de bateau avec vue plongeante sur la rivière... Ah, la douceur champêtre d'un moulin sur la Vilaine ! Dans ce très sympathique restaurant, on savoure une cuisine bien tournée et pleine de fraîcheur, mâtinée de touches inventives.

L'Adresse

32 cours de la Vilaine – 02 99 83 82 06 – www.restaurant-ladresse.com
– Fermé 1 semaine en mars, 2 semaines en août, 1 semaine en oct., sam. midi, dim. soir, mardi soir et lundi
Formule 15 € – Menu 18 € (déj. en semaine), 23/45 € – Carte 32/48 €
Cette maison en granit, bordant la Vilaine, dispose de salles contemporaines, dont une très feutrée. L'été, préférez la terrasse avec sa pergola où grimpe une superbe glycine. Cuisine qui suit la tendance.

à Noyal-sur-Vilaine 12 km par ③ – ✉ 35530 – 5 441 hab.

XXX **Auberge du Pont d'Acigné** (Sylvain Guillemot)

3 km au Nord par rte d'Acigné – ✆ 02 99 62 52 55 – www.auberge-du-pont-dacigne.com – Fermé 28 avril-8 mai, 4-21 août, vacances de la Toussaint, 2-8 janv., dim. soir, lundi et mardi

Menu 35 € (déj. en semaine), 49/150 €

Voilà ce qu'on appelle une cuisine du terroir maîtrisée et inventive ! Les assiettes se révèlent subtiles, très soignées et parfumées... Le cadre, élégant et lumineux, la terrasse en bord de la Vilaine, comme le service, très agréable, ajoutent au plaisir de cette parenthèse gastronomique. Très beau choix de vins. → Ravioles de foie gras et bouillon à la citronnelle thaïe. Agneau de pré-salé de la baie du Mont-Saint-Michel. Crumble aux fraises, émulsion de fenouil et sorbet rhubarbe.

XX **Les Forges** avec ch rest, ch,

22 av. du Gén.-de-Gaulle – ✆ 02 99 00 51 08 – Fermé 3 semaines en août, vacances de fév., vend. soir, sam. midi, dim. soir et soirs fériés

12 ch – 44/50 € 44/65 € – 7 € – ½ P

Menu 15 € (déj. en semaine), 21/37 € – Carte 25/40 €

Engageante auberge en bord de route, sur le site d'anciennes forges. Deux salles, l'une contemporaine et épurée, l'autre plus classique. Restauration traditionnelle teintée d'une touche de modernité. Les chambres sont sobres et bien tenues.

rte de St-Nazaire 8 km par ⑦ – ✉35170 Bruz

Kerlann rest,

– ✆ 02 99 05 95 80 – www.hotel-kerlann.com – Fermé vacances de Noël

49 ch – 82/143 € 82/143 € – 3 suites – 13 € – ½ P

Rest – Formule 20 € – Menu 26 € – Carte environ 30 € *(fermé 1 semaine en août, vacances de Noël, sam. et dim.)*

Entre Rennes et St-Nazaire, non loin de l'aéroport et du golf de Cicé, cet hôtel bénéficie d'une excellente situation. Les chambres, réparties autour d'un patio, sont confortables et bien tenues. Restaurant traditionnel.

Le Rheu 8 km par ⑧ et D 129 – ✉ 35650 – 7 669 hab.

Château d'Apigné

rte de Chavagne – ✆ 02 99 14 80 66 – www.chateau-apigne.fr

16 ch – 120/250 € 150/300 € – 18 € – ½ P

Rest *Les Tourelles* – voir les restaurants ci-après

Envie de jouer les aristocrates le temps d'une escapade en Bretagne ? Dans ce cas, cet élégant château néo-Renaissance (1833), au cœur d'un parc immense, est fait pour vous ! Vous apprécierez les chambres alliant classicisme et raffinement : boiseries, moulures, parquet d'époque... Très classe, of course !

XXX **Les Tourelles** – Hôtel Château d'Apigné

rte de Chavagne – ✆ 02 99 14 80 66 – www.chateau-apigne.fr – Fermé 3-9 mars, 27 oct.-21 nov., 1er-5 janv., mardi midi, merc. midi, sam. midi, dim. soir et lundi

Formule 20 € – Menu 27 € (semaine), 39/59 € – Carte 66/79 €

Le plafond en ogive, les boiseries, les tentures... Il règne ici une atmosphère raffinée, romantique et si châtelaine ! Un décor superbe qui sert à merveille la cuisine gastronomique du chef, créative mêlant sucré et salé.

rte de Lorient 6 km par ⑧, N 24 – ✉ 35650 Le Rheu

XXX **Manoir du Plessis** avec ch rest,

– ✆ 02 99 14 79 79 – www.manoirduplessis.fr – Fermé 11-18 août, 29 déc.-5 janv., 25 fév.-11 mars, sam. midi, dim. soir et lundi

6 ch – 100/280 € 105/280 € – 12 €

Menu 19 € (déj. en semaine), 25/42 € – Carte 48/55 €

Charmante demeure du 18e s., entourée d'un parc, sur la route de Lorient. Dans les salles en enfilade, on savoure une cuisine classique, avec quelques incursions sur le terrain de la création. Si vous avez quelques jours devant vous, profitez des jolies chambres, dignes d'une maison de famille.

LA RÉOLE

✉ 33190 (Gironde) – 4 230 hab. – **Voir carte n°4-C2**
▶ Paris 649 km – Bordeaux 74 km – Casteljaloux 42 km – Duras 25 km
Carte Michelin 335-K7 – Guide Vert Michelin Aquitaine

XX **Aux Fontaines**
8 r. de Verdun – ✆ 05 56 61 15 25 – www.restaurant-aux-fontaines.com – Fermé 2 semaines en nov., vacances de fév., merc. soir hors saison, dim. soir et lundi
Formule 19 € – Menu 24/36 € – Carte 32/62 € *(réservation conseillée)*
Adossée à une colline, cette grande demeure du centre-ville abrite un restaurant où l'on déjeune l'été sur la terrasse, dressée dans un joli jardin. Cuisine traditionnelle.

LA RÉPARA-AURIPLES – 26 Drôme ➜ voir Crest

REPLONGES

✉ 01750 (Ain) – 3 500 hab. – **Voir carte n°44-B1**
▶ Paris 400 km – Bourg-en-Bresse 33 km – Lyon 78 km – Mâcon 6 km
Carte Michelin 328-C3

X **Entre-Nous** Ⓝ
11 rte de Pont-de-Veyle – ✆ 03 85 31 00 08 – www.resto-entrenous.com – fermé le soir sauf vend. et sam.
Formule 12 € – Menu 14 € (déj. en semaine), 21/31 € – Carte 30/47 €
Que cela ne reste pas entre nous, voici une bonne adresse ! Dans ce restaurant, au cœur du village, le chef réalise une cuisine où les spécialités bressanes et dombistes ont la part belle : gâteau de foie de volaille, grenouilles poêlées au beurre, etc. Le tout à apprécier dans un cadre contemporain.

RESTONICA (GORGES DE LA) – 2B Haute-Corse ➜ voir Corse (Corte)

RETHONDES – 60 Oise ➜ rattaché à Compiègne

REUGNY

✉ 03190 (Allier) – 264 hab. – **Voir carte n°5-B1**
▶ Paris 312 km – Bourbon-l'Archambault 43 km – Montluçon 15 km – Montmarault 45 km
Carte Michelin 326-C4

XX **La Table de Reugny**
25 rte de Paris – ✆ 04 70 06 70 06 – www.restaurant-reugny.com – Fermé 18 août-9 sept., 2-14 janv., dim. soir, lundi et mardi
Formule 17 € – Menu 23/52 € – Carte environ 39 €
C'est une maison rose aux volets blancs... Façade sage qui contraste avec les couleurs chatoyantes de la salle (rouge, orange, jaune) et nous laisse présager une cuisine tout feu tout flamme ! De fait, le chef signe des plats du terroir très savoureux.

REUILLY-SAUVIGNY

✉ 02850 (Aisne) – 229 hab. – **Voir carte n°37-C3**
▶ Paris 109 km – Château-Thierry 16 km – Épernay 34 km – Reims 50 km
Carte Michelin 306-D8

XXX **Auberge Le Relais** (Martial Berthuit) avec ch
2 r. de Paris – ✆ 03 23 70 35 36 – www.relaisreuilly.com – Fermé 17 août-4 sept., fév., mardi et merc.
7 ch – †87/108 € ††92/110 € – ☕ 17 €
Menu 35 € (semaine), 57/92 € – Carte 85/110 €
Cette coquette auberge cumule de nombreux atouts : intérieur actuel et élégant, belle véranda entourée de verdure et fine cuisine mariant habilement tradition et modernité. Décor contemporain dans les chambres.
➜ Terrine de foie gras au jambon de canard et poire confite. Turbot à l'avocat, risotto au chorizo et piment d'Espelette. Millefeuille à la vanille.

REVEL

✉ 31250 (Haute-Garonne) – 9 361 hab. – Voir carte n°**29**-C2
Paris 727 km – Carcassonne 46 km – Castelnaudary 21 km – Castres 28 km
Carte Michelin 343-K4

Hôtel du Midi

34 bd Gambetta – ✆ 05 61 83 50 50 – www.hotelrestaurantdumidi.com – Fermé 21-30 nov.

17 ch – 53/75 € 53/75 € – 9 € – ½ P

Rest – Formule 12 € – Menu 25/50 € – Carte 38/48 € *(fermé 23-30 mars, 12 nov.-6 déc., dim. soir et lundi midi d'oct. à juin sauf fériés)*

Un relais de poste du 19e s. en centre-ville, dont le patron a pris la suite de ses parents il y a plus de trente ans ! Les chambres sont bien tenues. Restaurant traditionnel.

Le Comptoir de l'Horte

chemin de l'Horte – ✆ 05 34 66 50 08 – www.comptoir-horte.com – Fermé mardi soir et merc.

Formule 13 € – Menu 17 € (déj. en semaine)/29 € – Carte 31/55 €

Si la courte carte s'en tient à une description très minimaliste des mets, c'est parce qu'ici, on aime discuter, présenter les produits et susciter l'envie ! Ainsi, derrière ce "pressé de légumes" ou ce "foie gras et mangue" se cachent des petits plats d'aujourd'hui, bien ficelés et savoureux.

REVIGNY-SUR-ORNAIN

✉ 55800 (Meuse) – 3 098 hab. – Voir carte n°**26**-A2
Paris 239 km – Bar-le-Duc 18 km – St-Dizier 30 km – Vitry-le-François 36 km
Carte Michelin 307-A6

La Maison Forte sans rest

6 pl. Henriot-du-Coudray – ✆ 03 29 70 78 94 – www.lamaisonforte.fr – Fermé 15 déc.-15 janv.

5 ch – 85/135 € 85/135 €

Cette demeure du 18e s. fut jadis la propriété du duc de Bar, puis du duc de Lorraine. Les chambres ont été personnalisées dans des tons doux, avec de jolis matériaux (pierre, tomettes) ; au petit-déjeuner, on se régale de confitures et tartes maison.

RÉVILLE

✉ 50760 (Manche) – 1 179 hab. – Voir carte n°**32**-A1
Paris 351 km – Carentan 44 km – Cherbourg 30 km – St-Lô 72 km
Carte Michelin 303-E2

La Villa Gervaiserie sans rest

17 rte des Monts – ✆ 02 33 54 54 64 – www.lagervaiserie.com – Ouvert avril-sept.

10 ch – 89/132 € 89/132 € – 10 €

À la sortie de Réville, un hôtel assez récent (2002) avec un jardin verdoyant. Les chambres, spacieuses et jolies (mobilier chiné, tissus choisis) sont impeccablement tenues et ont toutes un balcon ou une terrasse donnant sur l'île de Tatihou.

Au Moyne de Saire

ch,

15 r. du Gén.-de-Gaulle – ✆ 02 33 54 46 06 – www.au-moyne-de-saire.com

11 ch – 55/70 € 57/90 € – 9 € – ½ P

Rest – Formule 14 € – Menu 19 € (semaine), 25/34 € – Carte 26/47 €

En bordure de route, au cœur de ce village, se trouve cette auberge entièrement rénovée en 2012. Des chambres bien tenues, dans un style actuel et fonctionnel ; une cuisine traditionnelle, servie dans une salle claire et confortable... Plaisant !

REY – 30 Gard ➔ voir Vigan

REZÉ – 44 Loire-Atlantique ➔ voir Nantes

LE RHEU – 35 Ille-et-Vilaine ➔ voir Rennes

LE RHIEN – 70 Haute-Saône ➔ voir Ronchamp

RHINAU

✉ 67860 (Bas-Rhin) – 2 696 hab. – **Voir carte n°1-B2**
▶ Paris 525 km – Marckolsheim 26 km – Molsheim 38 km – Obernai 28 km
Carte Michelin 315-K7

Au Vieux Couvent (Alexis Albrecht)

6 r. des Chanoines – ✆ 03 88 74 61 15 – www.vieuxcouvent.fr – Fermé lundi soir, mardi et merc.
Menu 37 € (semaine), 75 € 🍷/140 € 🍷 – Carte 74/126 €
Dans cette engageante maison à colombages, dont la salle est baignée de lumière, le chef utilise les herbes et les fleurs qu'il cultive avec son père ; sa cuisine, pleine d'inventivité, honore la gastronomie ! ➜ Carpaccio d'espadon, dés de tomate séchée, valse d'herbes et fleurs sauvages. Turbot sauvage, légumes du potager et vinaigrette blanche à l'huile de tagète. Festival de desserts.

RIANS

✉ 83560 (Var) – 4 197 hab. – **Voir carte n°40-B3**
▶ Paris 770 km – Aix-en-Provence 40 km – Avignon 100 km – Manosque 33 km
Carte Michelin 340-J4

La Roquette

1 km par rte de Manosque – ✆ 04 94 80 32 58 – www.laroquette-rians.com – Fermé 25-31 août, 2-19 janv., le soir en hiver sauf vend. et sam., dim. soir et merc.
Formule 22 € – Menu 28/51 € – Carte 39/57 €
Demeure familiale où l'on déguste une cuisine régionale évoluant au fil des saisons. Trois salles en enfilade, discrètement provençales, et une agréable terrasse ombragée.

RIANTEC

✉ 56670 (Morbihan) – 5 097 hab. – **Voir carte n°9-B2**
▶ Paris 503 km – Lorient 16 km – Rennes 152 km – Vannes 59 km
Carte Michelin 308-L8 – Guide Vert Michelin Bretagne Sud

La Chaumière de Kervassal "Ty Maya" sans rest

3 km au Nord rte de Kervassal – ✆ 02 97 33 58 66 – www.tymaya.com – Ouvert mai-sept.
3 ch ☕ – 👤90/120 € 👥90/120 €
Cette "chaumière du vassal" date du 17e s. ; elle n'a rien perdu de son authenticité (pierres, poutres) et cultive un style champêtre et cosy, ainsi qu'un joli jardin !

RIBEAUVILLÉ

✉ 68150 (Haut-Rhin) – 4 843 hab. – **Voir carte n°2-C2**
▶ Paris 439 km – Colmar 16 km – Mulhouse 60 km – St-Dié 42 km
Carte Michelin 315-H7

Le Clos St-Vincent

rest,

chemin Osterbergweg, 1,5 km au Nord-Est par rte secondaire – ✆ 03 89 73 67 65 – www.leclossaintvincent.com – Ouvert 21 mars-14 déc. Plan : B**u**
19 ch – 👤110/250 € 👥150/250 € – 5 suites – ☕ 18 €
Rest – Menu 50/65 € *(fermé le soir et mardi)*
Quelle vue sur la plaine d'Alsace ! Des vignes, des montagnes... Devant cette grande et belle maison, elles se déroulent à perte de vue. Les chambres y sont spacieuses, toutes personnalisées et confortables. Et pour se détendre, on file à l'espace fitness pour profiter du sauna et du jacuzzi.

Le Ménestrel sans rest

27 av. Gén.-de-Gaulle, par ④ – ✆ 03 89 73 80 52 – www.hotel-menestrel.com – Fermé fév.
31 ch – 👤72/91 € 👥81/101 € – ☕ 12 €
Un établissement proche du centre-ville. Le genre d'hôtel fonctionnel et pratique, décoré dans un style contemporain, qui permet de rayonner aux alentours. D'autant plus que l'on est sur la route des vins !

RIBEAUVILLÉ

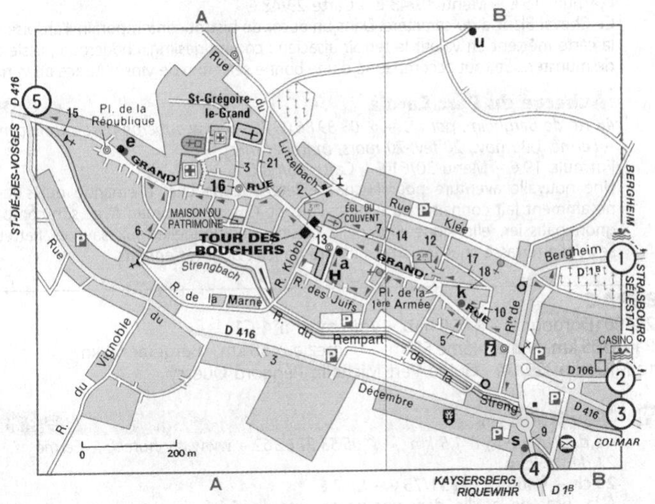

La Tour sans rest

1 r. de la Mairie – ✆ 03 89 73 72 73 – www.hotel-la-tour.com – Ouvert 14 mars-31 déc. Plan : A**a**

31 ch – 🚹76/100 € 🚹🚹82/109 € – ☕ 10 €

Face à la tour des Bouchers, sur la place du village, cet hôtel porte bien son nom ! Et on se sent bien dans cette confortable maison à colombages – une ancienne propriété viticole – au décor d'inspiration alsacienne.

Cheval Blanc

122 Grand'Rue – ✆ 03 89 73 61 38 – www.cheval-blanc-alsace.fr – Fermé 12-22 nov. et 6 janv.-12 fév. Plan : A**e**

18 ch – 🚹65 € 🚹🚹73/85 € – ☕ 8 € – ½ P

Rest *Cheval Blanc* – voir les restaurants ci-après

Une façade qui se couvre de fleurs en saison, des chambres fonctionnelles et confortables, une ambiance familiale, voilà qui n'est déjà pas si mal. Et si, en plus, vous ajoutez un très bon rapport qualité-prix, vous pouvez être sûr d'avoir mis la main sur une bonne affaire !

Au Relais des Ménétriers

10 av. du Gén.-de-Gaulle – ✆ 03 89 73 64 52 – www.restaurant-menetriers.com – Fermé 14-28 juil., 3-17 mars, jeudi soir, dim. soir et lundi Plan : B**s**

Menu 13 € (déj. en semaine), 28/39 € – Carte 39/61 €

Le temps est loin où les ménétriers, ces violonistes itinérants, allaient d'auberge en auberge... mais l'hospitalité est toujours la règle en ce relais, comme les bons plats ! Le chef concocte une vraie cuisine traditionnelle, achetant par exemple ses légumes chez les paysans du coin. Le résultat est là : générosité et goût.

Wistub Zum Pfifferhüs

14 Grand'Rue – ✆ 03 89 73 62 28 – Fermé vacances de fév., merc. et jeudi

Menu 26 € – Carte 32/54 € *(réservation conseillée)* Plan : B**k**

Cette charmante winstub est un modèle du genre (boiseries, vieilles poutres, fresques) ; la convivialité règne, surtout lors du Pfifferdaj (fête des ménétriers). Le chef tient à ce que tout soit fait maison et défend avec amour la cuisine du terroir.

Cheval Blanc – Hôtel Cheval Blanc
122 Grand'Rue – ✆ 03 89 73 61 38 – www.cheval-blanc-alsace.fr – Fermé 12-22 nov. et 6 janv.-12 fév., mardi midi et merc. Plan : A**e**
Formule 15 € – Menu 19/43 € – Carte 29/48 €
Ce Cheval Blanc a du caractère. Dans un décor de bistrot contemporain, l'ardoise et la carte mettent en valeur le terroir alsacien : coq au riesling, choucroute, assiette de munster... Le tout accompagné d'une bonne sélection de vins d'Alsace au verre.

Auberge du Parc Carola
48 rte de Bergheim, par ① – ✆ 03 89 86 05 75 – www.auberge-parc-carola.com – Fermé 3-20 nov., 20 fév.-20 mars, mardi et merc.
Formule 19 € – Menu 30/61 € – Carte 46/68 €
Une nouvelle aventure pour Michaela Peters, jeune chef allemande qui s'était notamment fait connaître au Rendez-vous de Chasse à Colmar. Avec son compagnon pâtissier, elle signe une belle cuisine traditionnelle, aux saveurs flatteuses. Jolie terrasse sous les arbres et aire de jeux pour les enfants.

RIBÉRAC

✉ 24600 (Dordogne) – 4 090 hab. – **Voir carte n°4-C1**
▶ Paris 505 km – Angoulême 58 km – Barbezieux 58 km – Bergerac 52 km
Carte Michelin 329-D4 – Guide Vert Michelin Périgord Quercy

Rêv'Hôtel sans rest
rte de Périgueux, à 1,5 km – ✆ 05 53 91 62 62 – www.rev-hotel.fr – Fermé 22 déc.-5 janv.
29 ch – 46/68 € 51/75 € – 7 €
À la sortie de la ville, dans une petite zone d'activité, des chambres bien tenues et joliment arrangées, toutes en rez-de-jardin. Préférez celles avec mezzanine et équipées de la climatisation. Bon accueil et tarifs raisonnables.

LES RICEYS

✉ 10340 (Aube) – 1 349 hab. – **Voir carte n°13-B3**
▶ Paris 210 km – Bar-sur-Aube 48 km – St-Florentin 58 km – Tonnerre 37 km
Carte Michelin 313-G6 – Guide Vert Michelin Champagne Ardenne

Le Marius
2 pl. de l'Église, Ricey-Bas – ✆ 03 25 29 31 65 – www.hotel-le-marius.com – Fermé 20 oct.-10 nov., 16 déc.-14 janv.
11 ch – 65/160 € 65/160 € – 10 € – ½ P
Rest *Le Marius* – voir les restaurants ci-après
Ces quatre belles maisons du 16e s. ont appartenu à Marius, le grand-père de l'actuelle propriétaire. Poutres, cheminées et pierres apparentes donnent un vrai charme aux onze chambres dont les noms sont très... champenois. Une adresse où l'on se sent bien.

Le Magny
rte de Tonnerre, D 452 – ✆ 03 25 29 38 39 – www.hotel-lemagny.com
12 ch – 65/82 € 65/82 € – 9 € – ½ P
Rest *Le Magny* – voir les restaurants ci-après
Sur le site d'une ancienne ferme, une belle maison en pierre à la sortie du village, avec plusieurs corps de bâtiment. Les chambres, classiques, se révèlent plutôt spacieuses et tenues avec grand soin. Autre atout : on peut profiter de la piscine chauffée...

Le Magny – Hôtel Le Magny 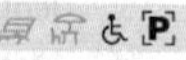
rte de Tonnerre, D 452 – ✆ 03 25 29 38 39 – www.hotel-lemagny.com – Fermé 25-30 août, 21 janv.-2 mars, mardi et merc.
Formule 18 € – Menu 16/45 € – Carte 30/56 €
Une auberge au cadre champêtre, dont le chef concocte une cuisine traditionnelle inspirée par les produits du terroir, accompagnée d'une carte des vins où les champagnes de l'Aube ont la part belle. Une sympathique adresse.

XX **Le Marius** – Hôtel Le Marius
2 pl. de l'Église, Ricey-Bas – 03 25 29 31 65 – www.hotel-le-marius.com – Fermé 20 oct.-10 nov., 16 déc.-14 janv., 2-21 janv., dim. soir et lundi
Menu 14 € (déj. en semaine), 26/50 € – Carte 28/51 €
Ce Marius-là est à la fois un hôtel et un restaurant. Dans de belles caves, les spécialités régionales (salade au chaource, andouillette de Troyes) cohabitent avec des plats plus tendance, à base de kangourou ou de requin par exemple !

RICHELIEU

37120 (Indre-et-Loire) – 1 941 hab. – **Voir carte n°11-A3**
Paris 299 km – Joué-lès-Tours 60 km – Orléans 175 km – Poitiers 66 km
Carte Michelin 317-K6 – Guide Vert Michelin Châteaux de la Loire

Le Puits Doré ch, rest,
24 pl. du Marché – 02 47 58 16 02 – www.lepuitsdore.fr
25 ch – 68/99 € 68/99 € – 9 € – ½ P
Rest – Menu 14 € (déj. en semaine), 25/30 € – Carte 30/40 €
Au cœur de la "ville nouvelle" due au cardinal de Richelieu, ce bel hôtel particulier date de la création même de la cité (1642). Charme historique de l'escalier classé, des chambres avec pierres et poutres – mais on pourra préférer celles récemment créées dans un esprit chic et cosy ! Restaurant traditionnel.

RICHERENCHES

84600 (Vaucluse) – 696 hab. – **Voir carte n°40-A2**
Paris 646 km – Avignon 66 km – Marseille 154 km – Valence 85 km
Carte Michelin 332-C7

X **L'Escapade**
av. de la Rabasse – 04 90 28 01 46 – www.escapade-resto.blogspot.com – Fermé 2 semaines en avril, 2 semaines en oct., le midi en été, lundi et mardi
Menu 31/90 € – Carte 40/68 €
Dans un village mondialement connu pour son marché aux truffes noires (tuber melanosporum, pour les intimes), on s'installe sur la terrasse ombragée de cette maison familiale. Le jeune chef concocte de généreuses recettes traditionnelles : terrine de campagne, jarret de bœuf au vin rouge et... menu truffe en saison !

RIEC-SUR-BELON

29340 (Finistère) – 4 131 hab. – **Voir carte n°9-B2**
Paris 529 km – Carhaix-Plouguer 61 km – Concarneau 20 km – Quimper 43 km
Carte Michelin 308-I7

au Port de Belon 4 km au Sud par C 3 et C 5 – 29340 Riec-sur-Belon

X **Chez Jacky**
au port du Belon – 02 98 06 90 32 – www.chez-jacky.com – Ouvert Pâques à fin sept. et fermé dim. soir et lundi sauf fériés
Menu 25/87 € – Carte 30/85 € *(réservation conseillée)*
La fraîcheur à l'état brut. On ne sert que des produits de la mer dans cette avenante maison d'ostréiculteur située au bord du Belon ; le bassin d'affinage d'huîtres est juste à côté ! Une adresse bien connue dans la région.

RIEDISHEIM – 68 Haut-Rhin → voir Mulhouse

RIEUMES

31370 (Haute-Garonne) – 3 384 hab. – **Voir carte n°28-B2**
Paris 712 km – Auch 56 km – Foix 75 km – Toulouse 39 km
Carte Michelin 343-E4

Auberge les Palmiers 

13 pl. du Foirail – ✆ 05 61 91 81 01 – www.auberge-lespalmiers.com
– Fermé 22 août-4 sept. et vacances de Noël
12 ch – ♦70 € ♦♦70 € – ☕ 9 € – ½ P
Rest *Auberge les Palmiers* – voir les restaurants ci-après
Une grande maison couverte de vigne vierge, très chaleureuse, tout comme sa propriétaire. L'ancien et le contemporain se mêlent avec douceur ; les chambres sont simples mais décorées avec de jolies champêtres...

XX

Auberge les Palmiers

13 pl. du Foirail – ✆ 05 61 91 81 01 – www.auberge-lespalmiers.com
– Fermé 22 août-4 sept., vacances de Noël dim. soir et lundi
Formule 12 € – Menu 25 € (semaine), 29/35 € – Carte 37/50 €
À quatre mains, le patron et son fidèle second réalisent une cuisine traditionnelle fondée sur le beau produit. Des recettes qui vont bien à l'esprit classique des lieux, d'une fraîcheur toute provinciale... Et l'été, on déjeune sur la terrasse, bordée de quelques palmiers !

RIEUPEYROUX

✉ 12240 (Aveyron) – 2 084 hab. – **Voir carte n°29-C1**
▶ Paris 632 km – Albi 54 km – Carmaux 38 km – Millau 94 km
Carte Michelin 338-F5

Hôtel du Commerce

60 r. l'Hom – ✆ 05 65 65 53 06 – www.hotel-commerce-aveyron.com – Fermé 1 semaine en oct., 21 déc.-21 janv., vend. soir de mi-sept. à fin mai et dim. soir
22 ch – ♦55/77 € ♦♦55/77 € – ☕ 9 € – ½ P
Rest – Menu 13 € (déj.), 22/34 € – Carte 29/59 €
Un hôtel-restaurant familial au cœur du bourg. Les chambres, fonctionnelles et bien tenues, arborent pour la plupart un style contemporain très frais, voire zen et naturel pour certaines. Cuisine traditionnelle au restaurant.

RIGNY – 70 Haute-Saône ➜ voir Gray

RILLIEUX-LA-PAPE – 69 Rhône ➜ voir Lyon

RILLY-LA-MONTAGNE – 51 Marne ➜ voir Reims

RIMBACH-PRÈS-GUEBWILLER – 68 Haut-Rhin ➜ voir Guebwiller

RIMONT

✉ 09420 (Ariège) – 584 hab. – **Voir carte n°28-B3**
▶ Paris 765 km – Auch 136 km – Foix 32 km – St-Gaudens 56 km
Carte Michelin 343-F7

Domaine de Terrac 

4 km à l'Est par D 117 et rte secondaire – ✆ 05 61 96 39 60
– www.chambresdhotesariege.fr – Fermé 7 nov.-1er mars
5 ch ☕ – ♦75/95 € ♦♦75/95 € **Table d'hôte** – Menu 29 € *(ouvert sam. soir)*
Située dans un petit hameau, cette ferme merveilleusement restaurée n'aura aucun mal à vous séduire. Les chambres sont personnalisées, et disposent d'un couchage en mezzanine – idéal pour les familles ! Par beau temps, les enfants se rueront au jardin, face aux Pyrénées...

RIOM

✉ 63200 (Puy-de-Dôme) – 17 941 hab. – **Voir carte n°5-B2**
▶ Paris 407 km – Clermont-Ferrand 15 km – Montluçon 102 km – Thiers 45 km
Carte Michelin 326-F7 – Guide Vert Michelin Auvergne

Le Pacifique sans rest 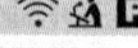

52 av. de Paris, par ① – ✆ 04 73 38 15 65 – www.hotel-lepacifique-riom.com
– Fermé 20 déc.-10 janv.
16 ch – ♦59/70 € ♦♦68/76 € – ☕ 8,50 €
On est bien loin du Pacifique et pourtant... À la périphérie du centre-ville, cette adresse de style motel présente plusieurs atouts : accueil tout sourire, chambres bien tenues, parking, etc. Parfait pour la clientèle d'affaires.

RIOM

Bade (Fg de la)	2
Chabrol (R.)	3
Châtelguyon (Av. de)	4
Commerce (R. du)	
Croisier (R.)	6
Daurat (R.)	7
Delille (R.)	8
Fédération (Pl. de la)	9
Hellénie (R.)	10
Horloge (R. de l')	
Hôtel des Monnaies (R. de l')	12
Hôtel de Ville (R. de l')	13
Laurent (Pl. J.-B.)	14
Layat (Fg)	15
Libération (Av. de la)	16
Madeline (Av. du Cdt)	17
Marthuret (R. du)	18
Martyrs de la Résistance (Pl. des)	19
Menut (Pl. Marinette)	20
Pré Madame (Promenade du)	21
République (Bd de la)	22
Reynouard (Av. J.)	23
Romme (R. G.)	26
St-Amable (R.)	27
St-Louis (R.)	29
Soanen (Pl. Jean)	32
Soubrany (R.)	34
Taules (Coin des)	36

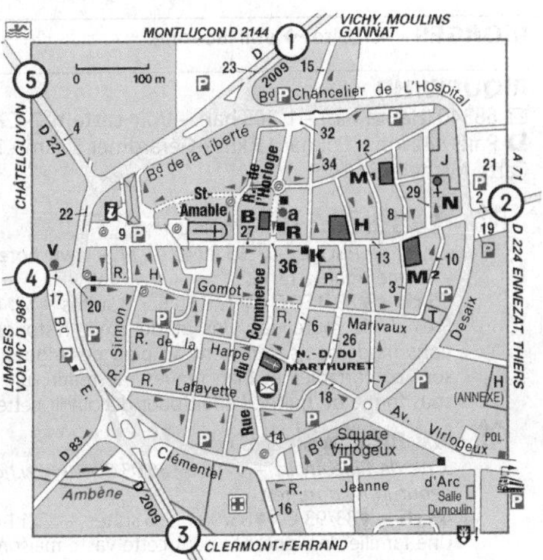

XX **Le Moulin de Villeroze**

144 rte de Marsat, Sud-Ouest du plan par D 83 – ✆ 04 73 38 62 23 – www.le-moulin-de-villeroze.fr – Fermé 16 août-5 sept., dim. soir, merc. soir et lundi

Menu 29/57 € – Carte 70/85 €

Le meunier a fait place au chef dans ce moulin bâti à la fin du 19e s. Dans une salle des plus sobres ou sur la terrasse, les gourmands apprécient des recettes dans l'air du temps. Et après le repas, il fait bon se promener dans le jardin, au bord du ruisseau de la Palle.

XX **Le Flamboyant**

21 bis r. de l'Horloge – ✆ 04 73 63 07 97 – www.restaurant-le-flamboyant.com – Fermé 10 jours en juil., 1 semaine en fév., merc. midi, dim. soir et lundi

Formule 16 € – Menu 22/80 € 🍷 – Carte 78/90 € Plan : **a**

Ce restaurant a été créé dans une ancienne école de filles. Que les gourmands se détendent, les interrogations écrites n'y ont plus cours depuis longtemps ! À présent, installé dans un décor zen, on apprécie une cuisine... aux notes actuelles.

XX **Le Magnolia**

11 av. Cdt-Madeline – ✆ 04 73 38 08 25 – www.lemagnolia.fr – Fermé 2-11 mars, 27 juil.-15 août, dim. soir, sam. midi et lundi Plan : **v**

Formule 16 € 🍷 – Menu 23 € 🍷 (semaine), 33/43 € – Carte environ 34 €

Ici, point de "magnolias par centaines" comme le chantait Claude François mais un restaurant résolument moderne : ciment brossé, boiseries exotiques et mise en place originale. Cuisine dans l'air du temps.

RIOM-ÈS-MONTAGNES

✉ 15400 (Cantal) – 2 698 hab. – **Voir carte n°5-B3**

Paris 506 km – Aurillac 80 km – Clermont-Ferrand 91 km – Ussel 46 km

Carte Michelin 330-D3 – Guide Vert Michelin Auvergne

St-Georges ch,

5 r. Cap. Chevalier – ✆ 04 71 78 00 15 – www.hotel-saint-georges.com – Fermé 6-31 janv.

14 ch – 🚹35/46 € 🚹🚹50/54 € – ☕ 8 € – ½ P

Rest – Formule 10 € – Menu 14/26 € – Carte 17/34 € *(fermé vend. soir, dim. soir et lundi midi sauf juil.-août)*

Amateurs de randonnées parmi les volcans et les gentianes, arrêtez-vous au centre du village dans cette maison en pierre de la fin du 19e s. Les chambres ne sont pas bien grandes mais elles sont fraîches, bien équipées et parfaitement tenues. Restaurant traditionnel.

RIORGES – 42 Loire → voir Roanne

RIQUEWIHR

✉ 68340 (Haut-Rhin) – 1 203 hab. – **Voir carte n°2-C2**
Paris 442 km – Colmar 15 km – Gérardmer 52 km – Ribeauvillé 5 km
Carte Michelin 315-H8

Le Schoenenbourg sans rest

2 r. de la Piscine – ✆ 03 89 49 01 11 – www.hotel-schoenenbourg.fr – Fermé 5 janv.-13 fév.
Plan : B**r**

55 ch – †89/150 € ††89/150 € – 3 suites – ☕ 13 €

Près de la route des vins et du cœur historique de Riquewihr, ces constructions modernes se dressent au pied des vignes, au grand calme. Les chambres sont confortables et bien tenues ; le matin, un copieux petit-déjeuner est servi sous forme de buffet. Parfait pour découvrir cette riche région.

Le Riquewihr sans rest

3 rte de Ribeauvillé – ✆ 03 89 86 03 00 – www.hotel-riquewihr.fr – Fermé de début janv. à mi-fév.

43 ch – †83/93 € ††88/98 € – 6 suites – ☕ 11 €

Une famille de vignerons tient cette vaste maison de style alsacien au bord d'une route traversant les parcelles de vignobles. Les chambres sont méticuleusement tenues et le petit-déjeuner, copieux, ne déçoit pas. En prime, un petit espace fitness permet de se détendre.

À l'Oriel sans rest

3 r. des Ecuries-Seigneuriales – ✆ 03 89 49 03 13 – www.hotel-oriel.com – Fermé 20 janv.-2 fév.
Plan : B**a**

21 ch – †76/110 € ††76/137 € – 1 suite – ☕ 13 €

Il faut se perdre dans les ruelles du village pour trouver cette jolie façade du 16e s. et son... oriel. L'adresse est familiale, avec des chambres au charme rustique. À la belle saison, on prend le petit-déjeuner dans un agréable patio.

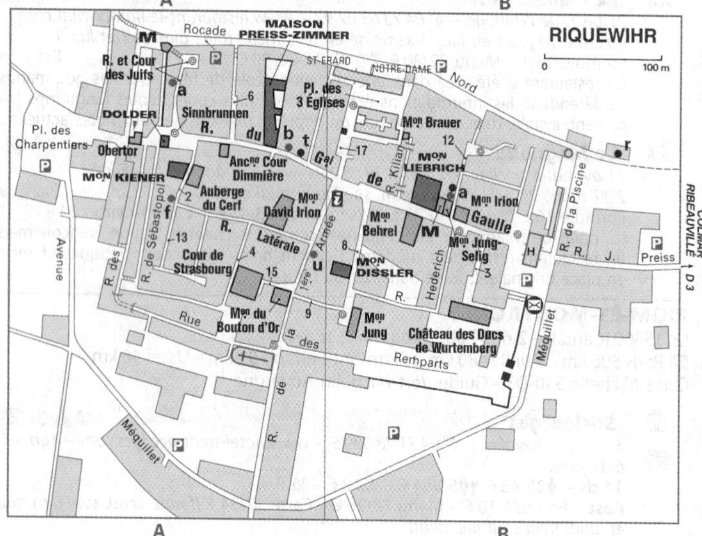

Cerf (R. du)	A 2	Couronne (R. de la)	B 8	St-Nicolas (R.)	A 13
Château (Cour du)	B 3	Dinzheim (R. de)	A 9	Strasbourg (Cour de)	A 15
Cheval (R. du)	A 4	Écuries (R. des)	B 12	3-Églises (R. des)	B 17
Cordiers (R. des)	A 6				

Le B. Espace Suites sans rest

48 r. Gén.-de-Gaulle – ✆ 03 89 86 54 55 – www.jlbrendel.com Plan : A**t**
5 ch – †109/285 € ††109/285 € – ☕ 17 €
Cette magnifique maison au cœur du village date de la Renaissance... mais cultive avec art le luxe contemporain ! Design, racé et confortable : un ensemble très réussi. Les familles et les amoureux de charme bucolique préféreront le B. Cottage, à l'écart dans le luxuriant jardin où s'épanouissent herbes et légumes oubliés...

La Table du Gourmet (Jean-Luc Brendel)

5 r. de la 1ère-Armée – ✆ 03 89 49 09 09 – www.jlbrendel.com – Fermé 4 janv.-13 fév., merc. sauf le soir d'avril à mi-nov., jeudi midi et mardi
Menu 55 € 🍷 (déj. en semaine), 69/99 € Plan : A**u**
Cette maison a du caractère – poutres et murs rouge vif – comme la cuisine de son chef, Jean-Luc Brendel. Inventif, il met en valeur des produits de qualité, souvent bio et même de son propre potager. De l'originalité et du tempérament.
→ Paysage de mon jardin : la carotte. Pigeon d'Alsace au chou, genièvre et sauce rouge. Pêche plate sous pression et caramel mou salé.

Le Sarment d'Or avec ch

4 r. du Cerf – ✆ 03 89 86 02 86 – www.riquewihr-sarment-dor.fr – Fermé 3 semaines en mars, 1 semaine en juil.,1 semaine en nov., mardi midi, vend. midi, dim. soir et lundi Plan : A**f**
9 ch – †70/85 € ††70/85 € – ☕ 9 € – ½ P
Formule 20 € – Menu 26/38 € – Carte 43/72 €
Dans cette demeure du 17e s. (poutres apparentes, cheminée), on déguste une savoureuse cuisine classique qui rend hommage au terroir. Que dire d'une entrecôte de veau au pinot noir, à accompagner d'un bon vin alsacien ? On peut profiter ensuite des chambres de l'hôtel, douillettes à souhait.

Au Trotthus

9 r. des Juifs – ✆ 03 89 47 96 47 – www.trotthus.com – Fermé 2 semaines en juil., 2 semaines en nov., mardi soir, dim. soir et merc. Plan : A**a**
Formule 18 € – Menu 26/37 € – Carte 51/63 €
Le chef a vécu plus de 20 ans à Kyoto, où il tenait un restaurant français. De là l'originalité de sa cuisine, qui mêle bons produits locaux et esprit japonisant. Les accords des vins alsaciens se révèlent également intéressants avec ces plats épicés ! Service agréable, joli cadre rustique et coloré.

La Grappe d'Or

1 r. des Ecuries-Seigneuriales – ✆ 03 89 47 89 52 – www.restaurant-grappedor.com – Fermé 18-28 juin, 14 janv.-13 fév., merc. sauf le soir d'avril à sept. et jeudi Plan : B**a**
Menu 21/37 € – Carte 30/47 €
Cette maison de 1554, toute fleurie, semble vous inviter à entrer. À l'intérieur, la décoration typique a tout le charme d'autrefois. Viennent ensuite les délices du terroir : choucroute, baeckeofe, jambonneau, paupiettes de truite...

d'Brendelstub

48 r. Gén.-de-Gaulle – ✆ 03 89 86 54 54 – www.jlbrendel.com – Fermé 12 janv.-7 fév., merc. sauf le soir en saison et mardi Plan : A**b**
Menu 20/40 € – Carte 23/58 €
Dans la rue principale de cette jolie cité, on reconnaît cette maison vigneronne (14e s.) à sa façade lie-de-vin. Surprise à l'intérieur : le décor est très tendance... et l'on propose aussi bien des recettes ouvertes sur le monde que des spécialités cuites au feu de bois ou à la rôtissoire !

Envie de partir à la dernière minute ?
Visitez les sites Internet des hôtels pour bénéficier de promotions tarifaires.

à Zellenberg 1 km à l'Est par D 3 – ✉ 68340 – 369 hab.

XXX **Maximilien** (Jean-Michel Eblin)

19a rte d'Ostheim – ✆ 03 89 47 99 69 – www.le-maximilien.com – Fermé 26 août-11 sept., 23 déc.-10 janv., vend. midi, dim. soir et lundi

Formule 34 € – Menu 51/98 € – Carte 74/97 €

Nul doute : Jean-Michel Eblin sait travailler les bons produits, et signe une cuisine fine et savoureuse, rehaussée d'une belle carte des vins. De plus, cette grande maison adossée à la colline, en bordure de vignoble, se révèle élégante avec ses boiseries claires. Tous les ingrédients pour passer un très bon moment.

➜ Foie gras d'oie poêlé, rhubarbe confite et fraises aigres-douces. Bar rôti, effiloché de légumes, langoustine et tartare de crustacés. Symphonie au fromage blanc, citron et framboises, sorbet fruits rouges.

XX **Auberge du Froehn**

5 rte d'Ostheim – ✆ 03 89 47 81 57 – www.auberge-du-froehn.com – Fermé 28 juin-7 juil., 15-24 nov., 1er-15 janv., mardi et merc.

Menu 13 € (déj. en semaine), 24/46 € – Carte 31/47 €

Le nom de cet ancien caveau (19e s.) évoque le vignoble qui surplombe le village. Au menu, plats régionaux et cuisine du marché : foie gras, sandre rôti, agneau en croûte d'herbes... Avec en prime un accueil charmant.

RISOUL

✉ 05600 (Hautes-Alpes) – 644 hab. – **Voir carte n°41-C1**

Paris 716 km – Briançon 37 km – Gap 61 km – Guillestre 4 km

Carte Michelin 334-H5 – Guide Vert Michelin Alpes du Sud

La Bonne Auberge rest,

au village – ✆ 04 92 45 02 40 – www.labonneauberge-risoul.com – Fermé de début nov. à mi-déc.

25 ch – †65/75 € ††65/75 € – 9 € – ½ P

Rest – Formule 15 € – Menu 18/25 €

Auberge familiale en léger retrait du village. Les chambres, bien tenues, offrent une jolie perspective sur la place forte de Mont-Dauphin, créée par Vauban. Quant au restaurant, où l'on apprécie autant la cuisine thaïlandaise que traditionnelle, il offre une jolie vue sur le Guillestrois.

RIVA-BELLA

RIVA-BELLA – 14 Calvados ➜ voir Ouistreham-Riva-Bella

RIVE-DE-GIER

✉ 42800 (Loire) – 14 996 hab. – **Voir carte n°44-B2**

Paris 494 km – Lyon 38 km – Montbrison 65 km – Roanne 105 km

Carte Michelin 327-G6 – Guide Vert Michelin Lyon Drôme Ardèche

XXX **Hostellerie La Renaissance** avec ch

41 r. Antoine Marrel – ✆ 04 77 75 04 31 – www.hotellerie-la-renaissance.com – Fermé 2 semaines en août, 2-7 janv., dim. soir, merc. soir et lundi

5 ch – †50/60 € ††50/60 € – 12 € – ½ P Menu 29/75 € – Carte 52/91 €

Une table élégante, où l'on déguste une cuisine de belle tenue, soignée et savoureuse : dos de cabillaud étuvé, viennoise aux champignons secs et compression de poireau ; nougat glacé et tartare de fruits, etc. Quelques chambres pour l'étape.

RIVEDOUX-PLAGE

RIVEDOUX-PLAGE – 17 Charente-Maritime ➜ voir Île de Ré

RIVESALTES

✉ 66600 (Pyrénées-Orientales) – 8 169 hab. – **Voir carte n°22-B3**

Paris 842 km – Carcassonne 108 km – Montpellier 146 km – Perpignan 11 km

Carte Michelin 344-I6

X **La Table d'Aimé**

4 r. Fransisco-Ferrer – ✆ 04 68 34 35 77 – www.cazes-rivesaltes.com – Fermé 24 déc.-10 janv., dim. et lundi d'oct. à avril

Formule 20 € – Menu 23 € (déj. en semaine), 37/49 € 🍷

La terrasse a des airs de place de village, la salle a été aménagée dans un pigeonnier... l'adresse est très bucolique ! Idéale, donc, pour savourer une cuisine du marché réalisée avec de bons produits bio et accompagnée d'un bon choix de vins (également proposés au verre).

LA RIVIÈRE – 33 Gironde ➜ voir Libourne

LA RIVIÈRE-ST-SAUVEUR – 14 Calvados ➜ voir Honfleur

LA RIVIÈRE-THIBOUVILLE

✉ 27550 (Eure) – **Voir carte n°33-C2**

Paris 140 km – Bernay 15 km – Évreux 34 km – Lisieux 39 km

Carte Michelin 304-E7

XX **Le Manoir du Soleil d'Or**

23 Côte-de-Paris – ✆ 02 32 44 90 31 – www.manoirdusoleildor.com – Fermé dim. soir et merc.

Formule 23 € 🍷 – Menu 28/55 € – Carte 45/55 €

À l'issue d'une longue allée forestière, un élégant castel anglo-normand (années 1930) dominant la vallée de la Risle et le village... Cet environnement privilégié est l'atout principal du repas, plutôt ancré dans la tradition (mention spéciale pour les légumes du potager). Deux chambres confortables pour la nuit.

RIXHEIM – 68 Haut-Rhin ➜ voir Mulhouse

ROAIX – 84 Vaucluse ➜ voir Vaison-la-Romaine

ROANNE

✉ 42300 (Loire) – 36 806 hab. – Agglo. 80 678 hab. – **Voir carte n°44-A1**

Paris 395 km – Clermont-Ferrand 115 km – Lyon 84 km – St-Étienne 85 km

Carte Michelin 327-D3 – Guide Vert Michelin Lyon et sa région

Troisgros

pl. Jean-Troisgros – ✆ 04 77 71 66 97 – www.troisgros.com – Fermé 5-20 août, 4-19 fév., mardi et merc. Plan : CX**r**

9 ch – 330/390 € 330/440 € – 5 suites – 30 €

Rest *Troisgros* ✿✿✿ – voir les restaurants ci-après

De grandes signatures du design, des œuvres d'art contemporain, un confort pensé dans les moindres détails, etc., sans compter une table qui "vaut le voyage"... L'hôtel de gare créé par la famille Troisgros en 1930 est aujourd'hui un modèle pour la nouvelle hôtellerie française, tout au service de ses hôtes.

Le Grand Hôtel sans rest

54 cours de la République, (face à la gare) – ✆ 04 77 71 48 82 – www.grand-hotel-roanne.com – Fermé 3-17 août Plan : CX**f**

31 ch – 68/84 € 75/95 € – 10 €

Face à la gare, cet hôtel traditionnel (début du 20e s.) est apprécié des voyageurs comme de la clientèle d'affaires. Cossu – avec un salon à l'accent british au rez-de-chaussée – et bien tenu, il abrite aussi quelques chambres très design.

XXXX ✿✿✿ **Troisgros** (Michel Troisgros) – Hôtel Troisgros

pl. Jean-Troisgros – ✆ 04 77 71 66 97 – www.troisgros.com – Fermé 5-20 août, 4-19 fév., lundi midi d'oct. à fév., mardi et merc. Plan : CX**r**

Menu 105 € (déj. en semaine)/175 € – Carte 180/230 €

(réservation conseillée)

Petit-fils... et grand chef ! Michel Troisgros aura résolument mis Roanne du centre de la France au centre du monde. Dans ce village dialoguent la canette de Challans, le wasabi, la ricotta, le jasmin... tous les terroirs sublimés par l'amour du goût. L'héritage Troisgros – trois étoiles en 1968 – porté avec audace !
➜ Escargots à l'artichaut et à la menthe. Langoustines aux fleurs de cerisier. Ali-baba à la prune.

ROANNE

Alsace-Lor. (R.)	CY	2
Anatole-France (R.)	CY	3
Benoît (Bd C.)	AV	5
Cadore (R. de)	CX	7
Carnot (Av.)	BV	8
Clemenceau (Pl. G.)	DX	10
Clermont (R. de)	CY	12
Dourdein (R. A.)	AV	14
Edgar-Quinet (Bd)	BV	15
Foch (R. Mar.)	CDY	
Gaulle (Av. Ch.-de)	AV	16
Gaulle (R. Ch.-de)	CY	18
Hoche (R.)	AV	19
Hôtel de Ville (Pl.)	DY	20
Jean Jaurès (R.)	CDY	
Joffre (Bd Mar.)	BV	21
Lattre-de-T. (Pl. de)	CX	22
Leclerc (Quai Mar.)	DY	24
Libération (Av. de la)	DY	23
Marne (Av. de la)	BV	26
Renaison (Levée du)	DY	28
République (Cours de la)	CXY	32
Roche (R. A.)	DX	34
Semard (Q. P.)	BV	35
Thiers (Bd de)	AV	36
Thomas (R. A.)	AV	38
Vachet (R. J.)	AV	40
Villemontais (R. de)	AV	42

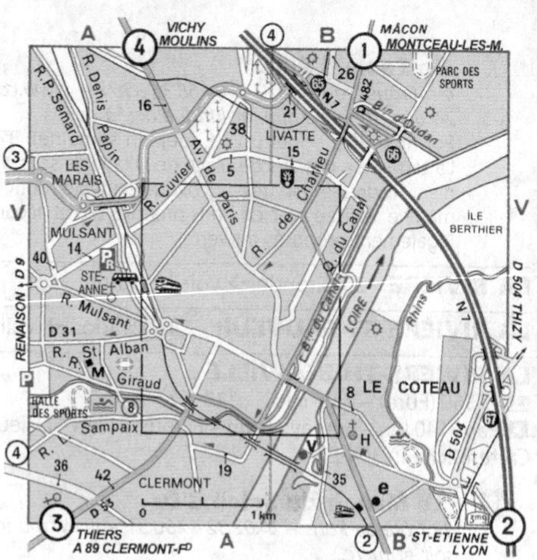

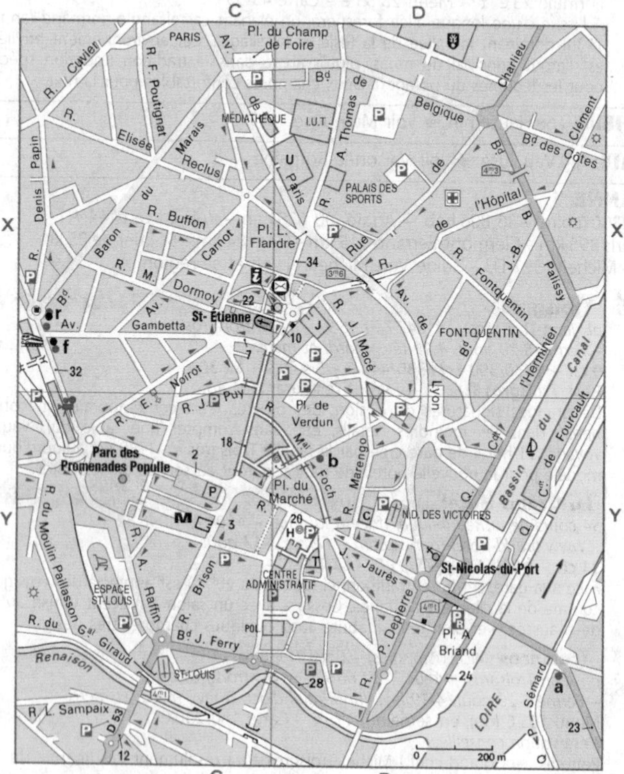

XXX **L'Astrée**

52 cours de la République, (face à la gare) – ✆ 04 77 72 74 22 – Fermé 27 juil.-19 août, 26 janv.-10 fév., dim. et lundi Plan : CX**f**

Formule 29 € – Menu 38/89 € – Carte 50/85 €

Boiseries blondes, beaux tissus, couleurs et élégance : le décor n'est pas sans évoquer une salle de théâtre. Ni drame ni comédie dans l'assiette, mais une jolie leçon de choses, où la tradition tient le premier rôle. La carte des vins sait mettre en valeur toutes les régions viticoles françaises.

XX **Le Relais Fleuri**

1 allée Claude-Barge – ✆ 04 77 67 18 52 – lerelaisfleuri.pagesperso-orange.fr – Fermé dim. soir, mardi et merc. Plan : BV**v**

Menu 19/46 € – Carte 31/44 €

Dans ce restaurant des bords de Loire, la tradition domine dans le décor, comme dans l'assiette. Foie gras de canard maison et râble de lapin farci aux ris de veau ravissent une clientèle d'habitués depuis longtemps acquis.

XX **Le Tourdion**

17 r. de Sully – ✆ 04 77 70 84 58 – www.restaurant-letourdion.fr – Fermé merc. soir et dim. Plan : DY**b**

Formule 18 € – Menu 28/50 € – Carte 38/53 €

Une déco contemporaine et épurée, bien en phase avec une cuisine qui fait la part belle aux produits, aux saveurs, aux couleurs... Les assiettes sont aussi jolies que bonnes, avec une pointe de raffinement qui achève de séduire. Très recommandable !

X **Le Central**

58 cours de la République, (face à la gare) – ✆ 04 77 67 72 72 – www.troisgros.com – Fermé 2-22 août, dim. et lundi Plan : CX**r**

Formule 24 € – Menu 28 € (déj.)/33 € – Carte 51/70 € *(réservation conseillée)*

L'annexe de la Maison Troisgros, en forme de "bistrot-épicerie" ! Comme une échoppe d'autrefois – de longs rayonnages garnis de bons produits –, avec des portraits en noir et blanc de producteurs de la région, le décor est parfait pour déguster une cuisine très gourmande. Une belle affaire qui ne désemplit pas.

au Coteau (rive droite de la Loire) – ✉ 42120 – 6 905 hab.

Hôtel des Lys

133 av. de la Libération – ✆ 04 77 68 46 44 – www.hotel-des-lys.com – Fermé 31 juil.-25 août et 23 déc.-6 janv. Plan : BV**e**

17 ch – †58/88 € ††58/88 € – ☕ 8 € – ½ P

Rest – Menu 22 € – Carte environ 24 € *(fermé vend., sam., dim. et le midi)*

Dans cette localité séparée de Roanne par la Loire, un hôtel traditionnel bien tenu et fonctionnel, aux chambres spacieuses. Pratique pour une étape.

Ibis ch, rest,

53 bd Ch.-de-Gaulle, ZI Le Coteau - BV – ✆ 04 77 68 36 22 – www.ibishotel.com

72 ch – †62/79 € ††62/79 € – ☕ 10 €

Rest – Formule 10 € – Menu 15 € – Carte 24/31 €

En périphérie de l'agglomération roannaise, un Ibis conforme aux normes de la chaîne, coloré, propre et très fonctionnel.

XXX **L'Auberge Costelloise**

2 av. de la Libération – ✆ 04 77 68 12 71 – www.auberge-costelloise.fr – Fermé 3 semaines en août, 1 semaine début janv., dim. soir, lundi et mardi Plan : DY**a**

Formule 17 € – Menu 28/50 € – Carte 39/55 €

Une déco originale – moderne et très colorée – pour ce restaurant gastronomique qui borde la Loire. La carte, elle aussi, épouse l'air du temps, avec une prédilection pour le poisson.

à Riorges 3 km à l'Ouest par D 31 - AV – ✉ 42153 – 10 714 hab.

XXX **Le Marcassin** avec ch

rte de St-Alban-les-Eaux – ✆ 04 77 71 30 18 – Fermé 25 août-8 sept., vend. soir et sam.

9 ch – †63 € ††63 € – ☕ 8 € – ½ P

Formule 18 € – Menu 20 € (semaine), 28/50 € – Carte 30/50 €

Quel sympathique Marcassin ! Par une terrasse ombragée, on accède à la salle, qui se révèle chaleureuse et élégante. La cuisine, traditionnelle, est bien celle d'un chef qui a du métier. Chambres simples et pratiques.

à Villerest 6 km par ③ – ✉ 42300 – 4 641 hab.

XXX **Château de Champlong** avec ch

100 chemin de la Chapelle, (près du golf) – ✆ 04 77 69 69 69 – www.chateau-de-champlong.com – Fermé 23 fév.-18 mars, 27 oct.-11 nov., dim. soir, mardi midi et lundi

12 ch – †125/200 € ††125/200 € – ☕ 16 € – ½ P

Menu 28 € (semaine), 39/98 € – Carte 62/87 €

Moments charmants dans cette demeure du 18es. nichée dans la verdure. Admirez par exemple la "salle des peintures" : tableaux d'époque, joli parquet et grande cheminée... Les chambres se révèlent aussi d'une belle élégance. Menu gastronomique.

ROCAMADOUR

✉ 46500 (Lot) – 675 hab. – Voir carte n°**29**-C1

Paris 531 km – Brive-la-Gaillarde 54 km – Cahors 60 km – Figeac 47 km

Carte Michelin 337-F3

au château

Château

rte du Château – ✆ 05 65 33 62 22 – www.hotelchateaurocamadour.com – Ouvert 28 mars-9 nov. Plan : AZ**r**

56 ch – †85/114 € ††85/114 € – ☕ 10 € – ½ P

Rest *Château* – voir les restaurants ci-après

Loin de l'agitation touristique, cet hôtel dispose de chambres spacieuses et fonctionnelles, avec piscine, tennis et jardin. Parfait pour visiter Rocamadour... et ses grottes !

Relais Amadourien

– ✆ 05 65 33 62 22 – www.hotelchateaurocamadour.com – Ouvert 1er avril-15 oct. Plan : AZ**r**

19 ch – †50/52 € ††57/59 € – ☕ 7 €

L'annexe de l'hôtel du Château, de style motel, abrite de belles chambres confortables et bien tenues.

XX **Château** – Hôtel Château

rte du Château – ✆ 05 65 33 62 22 – www.hotelchateaurocamadour.com – Ouvert 28 mars-9 nov. Plan : AZ**r**

Formule 18 € – Menu 27 € (déj.), 39/52 € – Carte 40/72 € *(fermé lundi midi en avril et oct.)*

Au Château, la cuisine régionale et les saveurs des Causses se sont donné rendez-vous. Déclinaison de foie gras, agneau façon marcayou et rocamadour... À déguster aussi en terrasse sous les chênes truffiers.

dans la cité

Beau Site

– ✆ 05 65 33 63 08 – www.bestwestern-beausite.com – Ouvert 14 fév.-10 nov.

37 ch – †77/160 € ††87/160 € – ☕ 13 € Plan : BZ**a**

Rest *Jehan de Valon* – voir les restaurants ci-après

Au cœur de la cité, cette maison du 15e s. abrite une réception d'inspiration médiévale et des chambres de caractère. À l'annexe, le décor est plus actuel et a peut-être un peu moins de charme.

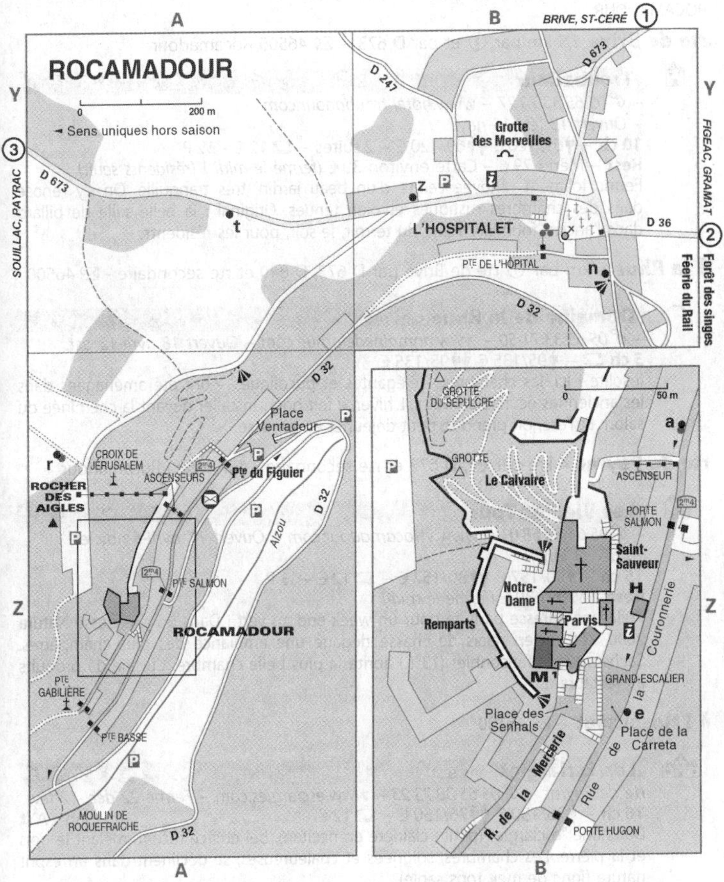

Le Terminus des Pèlerins

pl. de la Carretta – ✆ 05 65 33 62 14 – www.terminus-des-pelerins.com – Ouvert 12 avril-1er nov. Plan : BZ**e**

12 ch – †55/65 € ††59/79 € – ☕ 8 € – ½ P

Rest – Menu 18/35 € – Carte 35/60 €

Au pied d'une falaise escarpée, terminus dans ce petit hôtel, familial et chaleureux. Chambres sobres et confortables. De la terrasse, la vallée se donne en spectacle. Au restaurant, on sert des plats du terroir.

Jehan de Valon – Hôtel Beau Site

– ✆ 05 65 33 63 08 – www.bestwestern-beausite.com – Ouvert 14 fév.-10 nov. Plan : BZ**a**

Menu 19 € (déj. en semaine), 28/60 € – Carte 45/110 €

Dans cet agréable restaurant, que l'on choisisse une croustade de truffes ou un magret rôti, il conviendra de l'arroser de vins du Sud-Ouest. En outre, les lieux offrent une jolie vue sur la vallée de l'Alzou.

Se régaler sans se ruiner ? Repérez les Bib Gourmand ☺. Ils vous aideront à dénicher les bonnes tables sachant marier cuisine de qualité et prix ajustés !

rte de Brive 2,5 km par ① et par D 673 – ✉ 46500 Rocamadour

Troubadour rest, ch, P
– ✆ 05 65 33 70 27 – www.hotel-troubadour.com
– Ouvert 13 fév.-15 nov.
10 ch – 69/120 € 69/120 € – 2 suites – 12 € – ½ P
Rest – Menu 29 € – Carte environ 39 € *(fermé le midi) (résidents seult)*
Ferme joliment rénovée ceinte d'un beau jardin, très tranquille. On s'y repose dans des chambres rustiques et bien tenues. Original : la belle salle de billard dans l'ancien fournil. Cuisine du terroir, le soir, pour les résidents.

à la Rhue 6 km par ① rte de Brive par D 673, D 840 et rte secondaire – ✉ 46500

Domaine de la Rhue sans rest P
– ✆ 05 65 33 71 50 – www.domainedelarhue.com – Ouvert 18 avril-12 oct.
5 ch – 95/135 € 95/135 €
Insolite ! Ici, les chambres – élégantes et bucoliques – ont été aménagées dans les anciennes écuries du 19e s. L'hiver, il fait bon s'installer devant la cheminée du salon. Et l'été, on prend le petit-déjeuner en terrasse.

rte de Payrac 4 km par ③, D 673 et rte secondaire – ✉ 46500 Rocamadour

Les Vieilles Tours P
– ✆ 05 65 33 68 01 – www.vtrocamadour.com – Ouvert 1er avril-5 nov. et 26 déc.-8 janv.
15 ch – 80/157 € 80/157 € – 12 € – ½ P
Rest – Menu 39 € *(fermé le midi)*
Voilà une adresse parfaite pour un week-end au vert ! Dans un site classé Natura 2000, cet ancien relais de chasse dégage une ambiance des plus champêtres. Sachez que le fauconnier (13es.) abrite la plus belle chambre. Cuisine de produits au restaurant.

à l'Hospitalet – ✉ 46100

Les Esclargies sans rest P
rte de Payrac – ✆ 05 65 38 73 23 – www.esclargies.com – Fermé 22 déc.-12 fév.
16 ch – 76/130 € 76/150 € – 12 € Plan : AY**t**
Dans une "esclargie" (petite clairière en occitan), bel édifice récent, mêlant le bois et la pierre. Les chambres, soignées et chaleureuses, se déclinent dans un esprit nature (jonc de mer, tons sable).

Le Belvédère P
– ✆ 05 65 33 63 25 – www.hotel-le-belvedere.fr – Fermé 5 janv.-3 fév. Plan : BY**n**
17 ch – 57/78 € 57/78 € – 8,50 € – ½ P
Rest – Menu 18/34 € – Carte 26/47 €
Un hôtel d'esprit familial, frais et sympathique. Les chambres bénéficient presque toutes d'une splendide vue panoramique sur la cité.

Le Bellaroc ch, P
rte de la Corniche – ✆ 05 65 33 63 06 – www.hotel-bellaroc.com – Ouvert 15 mars-15 oct. Plan : BY**z**
12 ch – 50/75 € 55/75 € – 9 € – ½ P
Rest – Menu 19/25 € – Carte 20/40 €
On l'appelait autrefois le Panoramic. Cet hôtel-restaurant a changé de nom, mais la vue est toujours impressionnante ! Les chambres sont lumineuses et fonctionnelles. Agréable jardin avec piscine et bar (réservé aux clients).

ROCBARON

✉ 83136 (Var) – 3 595 hab. – Voir carte n°**41**-C3
Paris 832 km – Marseille 79 km – La Seyne-sur-Mer 43 km – Toulon 35 km
Carte Michelin 340-L6

 **La Maison de Rocbaron** 

3 r. St-Sauveur, (face à la mairie) – ✆ 04 94 04 24 03 – www.maisonderocbaron.com – Fermé 1er déc.-28 fév.

5 ch – 80/128 € 80/128 €

Table d'hôte – Menu 40 €

Atmosphère chaleureuse dans cette ancienne bergerie entourée de verdure. Boutis fleuris, mobilier chiné, parquet... Ici on cultive l'esprit "maison de famille" ; piscine et calme jardin. Cuisine du marché à la table d'hôte.

LA ROCHE-BERNARD

56130 (Morbihan) – 761 hab. – Voir carte n°**10**-C3

Paris 444 km – Nantes 70 km – Ploërmel 55 km – Redon 28 km

Carte Michelin 308-R9 – Guide Vert Michelin Bretagne Sud

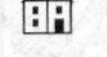 **Le Manoir du Rodoir**

rte de Nantes – ✆ 02 99 90 82 68 – www.lemanoirdurodoir.com – Fermé 12 déc.- 1er fév.

24 ch – 85/130 € 85/130 € – 12 € – ½ P

Rest – Menu 16 € (déj. en semaine), 22/34 € – Carte 33/45 € *(fermé le midi en juil.-août, sam. midi et dim.)*

Cette ancienne fonderie de 1870 est entourée d'un parc aux chênes centenaires. Les chambres sont spacieuses et confortables, décorées dans un style cosy. Au restaurant, on apprécie la cuisine du terroir.

 **Le Domaine de Bodeuc** 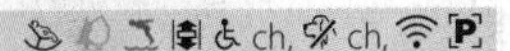

rte de St-Dolay, 6 km au Nord-Est par D 34 et rte secondaire – ✆ 02 99 90 89 63 – www.hotel-bodeuc.com – Fermé janv.

14 ch – 80/110 € 86/130 € – 2 suites – 13 € – ½ P

Rest – Menu 30 € *(dîner seult)*

Près de La Roche-Bernard, ce petit manoir du 19es. et ses dépendances se nichent dans un parc aux arbres centenaires, avec piscine ! Piano et cheminée confèrent aux salons un charme intime. Chambres plus spacieuses dans l'annexe. Restauration traditionnelle.

XXX **L'Auberge Bretonne** avec ch

2 pl. Duguesclin – ✆ 02 99 90 60 28 – www.auberge-bretonne.com – Fermé 4-17 mars, 2-8 déc., 21-26 déc. et 28 janv.-10 fév.

11 ch – 70/140 € 70/90 € – 15 € – ½ P

Formule 17 € – Menu 25/75 € – Carte 45/65 € *(fermé dim. soir, mardi midi et lundi)*

Ne vous fiez pas aux apparences... Cette maison de granit n'a pas un cœur de pierre ! À l'image de la cuisine du chef, dans l'air du temps et respectant les saisons, qui console bien des gourmands. À cela s'ajoute le joli décor de la salle, donnant sur un petit jardin où poussent des herbes aromatiques. Attrayant !

LA ROCHE-CLERMAULT

37500 (Indre-et-Loire) – 487 hab. – Voir carte n°**11**-A3

Paris 296 km – Nantes 178 km – Orléans 172 km – Tours 54 km

Carte Michelin 317-K6

 **Château de Chargé** 

2 r. Chargé – ✆ 02 47 95 89 81 – www.loirevalleyretreat.com – Fermé nov. à Pâques

4 ch – 150 € 150/200 €

Table d'hôte – Menu 26 € *(Fermé merc.)*

Dépaysement garanti dans ce petit manoir de 1429 entouré de douves ! On s'y repose dans des chambres spacieuses et confortables. Le jour venu, on se promène dans le jardin où s'ébattent poules et moutons. Et s'il fait trop froid, on s'installe au coin de la cheminée. Idéal pour un week-end au vert.

ROCHECORBON – 37 Indre-et-Loire → voir Tours

ROCHEFORT

✉ 17300 (Charente-Maritime) – 25 140 hab. – **Voir carte n°38-B2**

▶ Paris 475 km – Limoges 221 km – Niort 62 km – La Rochelle 38 km

Carte Michelin 324-E4 – Guide Vert Michelin Poitou-Charentes

ROCHEFORT

Audry-de-Puyravault (R.) . . **ABZ**
Combes (R. Émile) . . . . **ABZ** 5
Courbet (R. Amiral) . . . . **BZ** 2
La-Fayette (Av.) . . . . **ABZ**
Fosse-aux-Mâts (Av. de la) . . **BZ** 8
Galliéni (R.) . . . . **BY** 9
Gaulle (Av. Ch.-de) . . . . **ABZ**
Grimaux (R. Édouard) . . . . **ABZ** 10
Laborit (R. Henri) . . . . **AY** 15
Lesson (R.) . . . . **BZ** 18
République (R. de la) . . . . . **ABZ**
Résistance (Bd de la) . . . . **AZ**
Rochambeau (Av.) . . . . **AZ** 23
11-Novembre-1918 (Av. du) . **BZ** 28
14-Juillet (R. du) . . . . **AZ** 29

La Corderie Royale

r. Audebert – ✆ 05 46 99 35 35 – www.corderieroyale.com – Fermé de mi-déc. à mi-janv. et dim. soir de nov. à mars Plan : BY**h**

43 ch – 89/203 € 89/203 € – 2 suites – 12 € – ½ P

Rest *La Corderie Royale* – voir les restaurants ci-après

Dormir dans une artillerie royale du 17e s. et plonger dans l'histoire... ou la piscine ! Côté repos : les chambres affichent un classicisme de bon aloi. Le tout à deux pas de la Charente sur laquelle donne la terrasse où l'on regarde passer les bateaux. Une invitation au voyage.

Les Remparts ch, rest,

43 av. C.-Pelletan, (aux Thermes) – ✆ 05 46 87 12 44 – www.hotel-remparts.com Plan : BY**s**

71 ch – 55/72 € 57/74 € – 8,50 € – ½ P

Rest – Formule 13 € – Menu 18 € – Carte 20/37 €

Un hôtel des années 1980, rénové en 2011, qui dispose de grandes chambres bien tenues et fonctionnelles. Le petit plus ? L'accès direct aux thermes et à la source de l'Empereur.

Roca Fortis sans rest

14 r. de la République – ✆ 05 46 99 26 32 – www.hotel-rochefort.fr Plan : BY**t**

15 ch – 59/104 € 59/104 € – 10 €

Deux maisons régionales datant du 18e s., autour d'un petit patio... pour un même hôtel, tenu par un couple charmant. Le petit-déjeuner est copieux et réserve une surprise bien fraîche : de délicieux smoothies concoctés par le patron.

Ibis sans rest

1 r. Bégon – ✆ 05 46 99 31 31 – www.accorhotels.com Plan : BY**a**

66 ch – 70/91 € 70/91 € – 10 €

Un Ibis agréable et bien tenu, avec des chambres de bonne taille.

La Corderie Royale – Hôtel La Corderie Royale

r. Audebert – ✆ 05 46 99 35 35 – www.corderieroyale.com – Fermé de mi-déc. à mi-janv., sam. midi, dim. soir et lundi de nov. à mars Plan : BY**h**

Formule 24 € – Menu 36 € (déj. en semaine), 55/66 € – Carte 45/74 €

Une belle bâtisse au bord du fleuve ; installé sur la terrasse, on profite pleinement de la vue sur la Charente. À la carte, huîtres, brochette de cailles aux senteurs des sous-bois, bar en croûte de sel, etc. – l'expression d'un nouveau classicisme.

par ② 3 km rte de Royan avant pont de Martrou – ✉ 17300 Rochefort

La Belle Poule

102 av. du 11-nov.-1918 – ✆ 05 46 99 71 87 – www.hotel-labellepoule.com – Fermé 1er-22 nov. et 1er-6 janv.

21 ch – 60/68 € 62/79 € – 9 € – ½ P

Rest *La Belle Poule* – voir les restaurants ci-après

Près du pont transbordeur de Martrou, une imposante bâtisse des années 1980 avec des chambres confortables, bien tenues, et un agréable restaurant. Les belles maquettes navales (dont celle de La Belle Poule) contribuent à créer une atmosphère marine.

La Belle Poule

102 av. du 11-nov.-1918 – ✆ 05 46 99 71 87 – www.hotel-labellepoule.com – Fermé 1er-22 nov., 1er-6 janv., vend. sauf le soir en juil.-août et dim. soir de sept. à juin

Formule 15 € – Menu 28/47 € – Carte 44/60 €

Sous une belle charpente en bois, face à une imposante cheminée, on se laisse séduire par la chaleur des lieux... À la carte : huîtres, foie gras poêlé, agneau de lait à la compotée d'abricots secs, fromages rochefortais, etc. Le chef est un sérieux professionnel – membre des Compagnons – qui sait repenser les classiques !

ROCHEFORT-EN-TERRE

✉ 56220 (Morbihan) – 660 hab. – Voir carte n°**10**-C2
▶ Paris 431 km – Ploërmel 34 km – Redon 26 km – Rennes 82 km
Carte Michelin 308-Q8 – Guide Vert Michelin Bretagne Sud

L'Ancolie

12 r. St-Michel – ✆ 02 97 43 33 09 – Fermé mardi soir
Menu 28/39 € – Carte 35/57 € *(réservation conseillée)*
Voilà une maison à l'âme musicale ! Accord de vieilles pierres (tour du 14e s.) et de mobilier moderne où les gourmands s'installent pour apprécier une cuisine d'aujourd'hui, bien interprétée. En prime, le maître des lieux, pianiste dans une autre vie, y joue quelques morceaux.

Le Pélican avec ch

pl. des Halles – ✆ 02 97 43 38 48 – www.hotel-pelican-rochefort.com – Fermé 1er-10 mars, dim. soir, merc. soir et lundi
6 ch – 134/148 € 134/148 € – ½ P   Menu 19 € (semaine), 26/42 €
Ce pélican-là ne manque pas de piquant ! Dans une salle rustique à souhait (poutres apparentes, cheminée monumentale et meubles en bois sculpté), les gourmands savourent une cuisine traditionnelle revisitée et saupoudrée d'épices. Quelques chambres parfaitement tenues à l'étage.

ROCHEFORT-EN-YVELINES

✉ 78730 (Yvelines) – 960 hab. – Voir carte n°**18**-B2
▶ Paris 50 km – Chartres 43 km – Dourdan 9 km – Étampes 26 km
Carte Michelin 311-H4 – Guide Vert Michelin Île-de-France

L'Escu de Rohan

15 r. Guy-le-Rouge – ✆ 01 30 41 31 33 – www.lescuderohan.com – Fermé août, vacances de fév., merc. soir, dim. soir et lundi
Formule 29 € – Menu 37 €
Dans les murs d'un relais de poste du 16e s., un charmant restaurant d'esprit rustique : charpente apparente, cheminée monumentale... Au menu, une bonne cuisine traditionnelle, avec pour spécialités la tête de veau sauce gribiche, le gibier en saison et les profiteroles au chocolat. Une adresse sympathique.

ROCHEFORT-SUR-NENON – 39 Jura ➜ voir Dôle

ROCHEGUDE

✉ 26790 (Drôme) – 1 470 hab. – Voir carte n°**44**-B3
▶ Paris 641 km – Avignon 46 km – Bollène 8 km – Carpentras 34 km
Carte Michelin 332-B8

Château de Rochegude

– ✆ 04 75 97 21 10 – www.chateauderochegude.com – Fermé 3-26 nov. , dim. soir, mardi midi et lundi de nov. à mars
25 ch – 170/430 € 170/430 € – 20 €
Rest *Château de Rochegude* – voir les restaurants ci-après
Pierre blonde et verdure... Ce superbe château du 11e s. – remanié au 18e – domine les vignobles des Côtes-du-Rhône. Daims et biches vagabondent dans l'immense parc et l'on se repose en toute quiétude, dans des chambres de grand caractère !

Château de Rochegude

– ✆ 04 75 97 21 10 – www.chateauderochegude.com – Fermé 3-26 nov., dim. soir, mardi midi et lundi de nov. à mars
Menu 49 € (dîner), 75/95 € – Carte 78/105 €
Châtelain, classique, élégant... Un cadre plaisant, au service d'une agréable cuisine gastronomique. La carte fait la part belle aux saveurs du Sud et aux bons crus.

LA ROCHE-L'ABEILLE

✉ 87800 (Haute-Vienne) – 607 hab. – Voir carte n°**24**-B2
▶ Paris 423 km – Limoges 34 km – Panazol 34 km – St-Junien 63 km
Carte Michelin 325-E7

XXX ✿ **Le Moulin de la Gorce** (Pierre Bertranet) avec ch
– ✆ 05 55 00 70 66 – www.moulindelagorce.com – Ouvert avril à nov. et fermé lundi et merc. sauf le soir en juil.-août et mardi — AC ch, P
10 ch – 🚹95/235 € 🚹🚹95/235 € – ☕ 18 € Menu 41/145 € 🍷
Une institution dans le département... Dans ce moulin du 16e s., le chef réalise une cuisine classique revisitée, d'une belle finesse et respectueuse des produits. Pour prolonger l'étape en profitant du cadre bucolique – étang, parc romantique –, il y a les chambres cosy à souhait !
➜ Pied de cochon farci, tartine d'artichaut, céleri-rave et vinaigrette truffée à l'huile de noix. Carré de veau fermier du Limousin poêlé aux girolles. Puits d'amour aux framboises de Juillac, crème à la vanille.

X **La Table du Moulin** — ♿ AC
3 r. du 8-mai-1945 – ✆ 05 55 00 22 03 – www.moulindelagorce.com – Fermé 22 déc.-7 janv., dim. soir et lundi sauf fériés
Formule 22 € – Menu 30/40 € 🍷
Repris par le chef du Moulin de la Gorce, ce café de village s'est métamorphosé en un charmant bistrot, mêlant patine rustique et élégance contemporaine. On s'y régale de petits plats traditionnels et canailles qui fleurent bon le terroir. Pas de doute, la gourmandise est au rendez-vous !

ROCHE-LEZ-BEAUPRÉ – 25 Doubs ➜ voir Besançon

LA ROCHELLE

✉ 17000 (Charente-Maritime) – 75 170 hab. – Agglo. 127 033 hab.
– **Voir carte n°38-A2**
▶ Paris 472 km – Angoulême 150 km – Bordeaux 183 km – Nantes 141 km
Carte Michelin 324-D3 – Guide Vert Michelin Poitou-Charentes

Le Champlain sans rest — AC
30 r. Rambaud – ✆ 05 46 41 34 66 – www.hotelchamplain.com — Plan : CY**b**
32 ch – 🚹79/165 € 🚹🚹95/165 € – 4 suites – ☕ 12 €
Un bel hôtel particulier du 19e s. avec son jardin bucolique, où plane l'odeur douce et entêtante des roses. Les salons sont superbes, les chambres délicates et pleines de cachet... Pour un séjour romantique à souhait !

Masqhôtel sans rest — ♿ AC
17 r. de l'Ouvrage-à-Cornes, (par av. de Mulhouse) – ✆ 05 46 41 83 83 – www.masqhotel.com — Plan : DZ**t**
76 ch – 🚹99/175 € 🚹🚹99/175 € – ☕ 12 €
Design, coloré, raffiné, minimaliste et chic tout à la fois : un hôtel très contemporain, d'esprit urbain. Pour l'anecdote, le totem du lieu n'est autre qu'un masque néoguinéen célébrant la fertilité.

Novotel — ♿ AC P
av. de la Porte-Neuve – ✆ 05 46 34 24 24 – www.novotel.com — Plan : CY**t**
94 ch – 🚹90/200 € 🚹🚹90/200 € – ☕ 16 €
Rest – Formule 18 € – Carte 25/49 € *(fermé sam. midi et dim. midi hors saison)*
Un Novotel contemporain dans un quartier calme et agréable, près d'un cours d'eau et d'un jardin public. Grand confort et bonnes prestations (piscine).

La Monnaie sans rest — Spa ♿ AC P
3 r. de la Monnaie – ✆ 05 46 50 65 65 – www.hotelmonnaie.com — Plan : CZ**z**
36 ch – 🚹184/224 € 🚹🚹184/224 € – 2 suites – ☕ 18 €
Près de la tour de la Lanterne, un hôtel particulier du 17e s., où l'on frappait jadis la monnaie, d'où son nom. Il arbore aujourd'hui un décor très contemporain : design épuré, beaucoup de noir et blanc, des douches à l'italienne, un spa, une cour intérieure où l'on prend le petit-déjeuner l'été... Un bel ensemble !

Mercure Océanide — ♿ ch, AC P
quai Louis-Prunier – ✆ 05 46 50 61 50 – www.mercure-la-rochelle-vieux-port.com — Plan : DZ**e**
123 ch – 🚹110/147 € 🚹🚹120/157 € – ☕ 15 €
Rest *Le Nautile* – Menu 23/57 € – Carte 27/40 € *(fermé sam. et dim. du 1er déc. au 10 mars)*
Un hôtel idéal pour la clientèle d'affaires, notamment à l'occasion de séminaires. Les chambres – bois brun et tissus bleus – sont très fonctionnelles et font penser à des cabines de bateaux. D'ailleurs, la mer et l'aquarium sont tout proches.

LA ROCHELLE

Briand (Av. Aristide) . . . . **AV** 13
Cognehors (Bd de) . . . . **BV** 23
Coligny (Av.) . . . . **AVX** 25
Crépeau (Av. Michel) . . . . . **ABX** 29
Denfert-Rochereau (Av.) . . . **AV** 33
Fétilly (Av. de) . . . . **BV** 47
Joffre (Bd du Mar.) . . . . **BV** 61
Juin (Av. Mar.) . . . . **AV** 62
Lysiack (Av. Cdt.) . . . . **BX** 63
Mail (Allées du) . . . . **AX** 64
Marillac (Av.) . . . . **AX** 65
Moulin (Av. Jean) . . . . **BX** 74
République (Bd de la) . . . . . **BX** 90
Robinet (Av. L.) . . . . **BV** 92
Saintonge (R. A.-de) . . . . . . **AV** 103
Salengro (Av. Roger) . . . . . . **BX** 106
Sartre (Av. Jean-Paul) . . . . . **BX** 109
8-Mai-1945 (Av. du) . . . . . . **BV** 118
11-Novembre-1918 (Av. du) . . . . **BV** 121

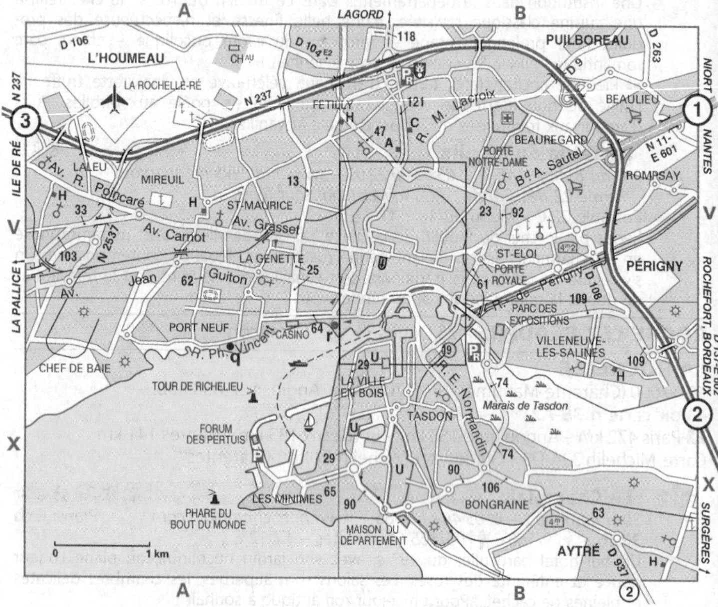

St-Nicolas sans rest
13 r. Sardinerie – ✆ 05 46 41 71 55 – www.hotel-saint-nicolas.com Plan : DZ**a**
86 ch – †98/135 € ††98/135 € – ☕ 11 €
Cette bâtisse de la vieille ville, doublée d'une extension récente, abrite un hôtel bien agréable. Chambres fonctionnelles et design, entretien soigné et... petit-déjeuner gourmand. Autre point fort : le parking privé.

Les Brises sans rest
r. Philippe-Vincent, (chemin de la digue Richelieu) – ✆ 05 46 43 89 37 – www.hotellesbrises.com Plan : AX**q**
48 ch – †80/135 € ††80/139 € – ☕ 13 €
Sentez-vous cette légère brise ? Les chambres de cet hôtel moderne, bordant le littoral dans un secteur résidentiel, évoquent des cabines de bateau et toisent, pour certaines, l'Océan... Quant à la jolie terrasse au-dessus des flots, elle est bien agréable pour prendre son petit-déjeuner dès les premiers beaux jours !

Christopher Coutanceau
plage de la Concurrence – ✆ 05 46 41 48 19 – www.coutanceaularochelle.com – Fermé 1 semaine en mars, 2 semaines en janv., lundi sauf le soir de juil. à sept. et dim. Plan : AX**r**
Menu 58/120 € – Carte 125/244 €
Une salle en rotonde, raffinée et contemporaine, grande ouverte sur l'Océan : cet écrin vient sublimer la belle et généreuse cuisine de la mer des Coutanceau (le fils à la suite du père), portée par un sens éclatant du produit et des saveurs ; à déguster avec un cru de la belle carte de vins de Loire et de Bourgogne. ➜ Déclinaison de céphalopodes en différentes cuissons et encornets frits sauce gribiche. Civet de homard breton, beurre de crustacés et petits légumes de saison. Superposition moelleuse et croquante framboise-pistache.

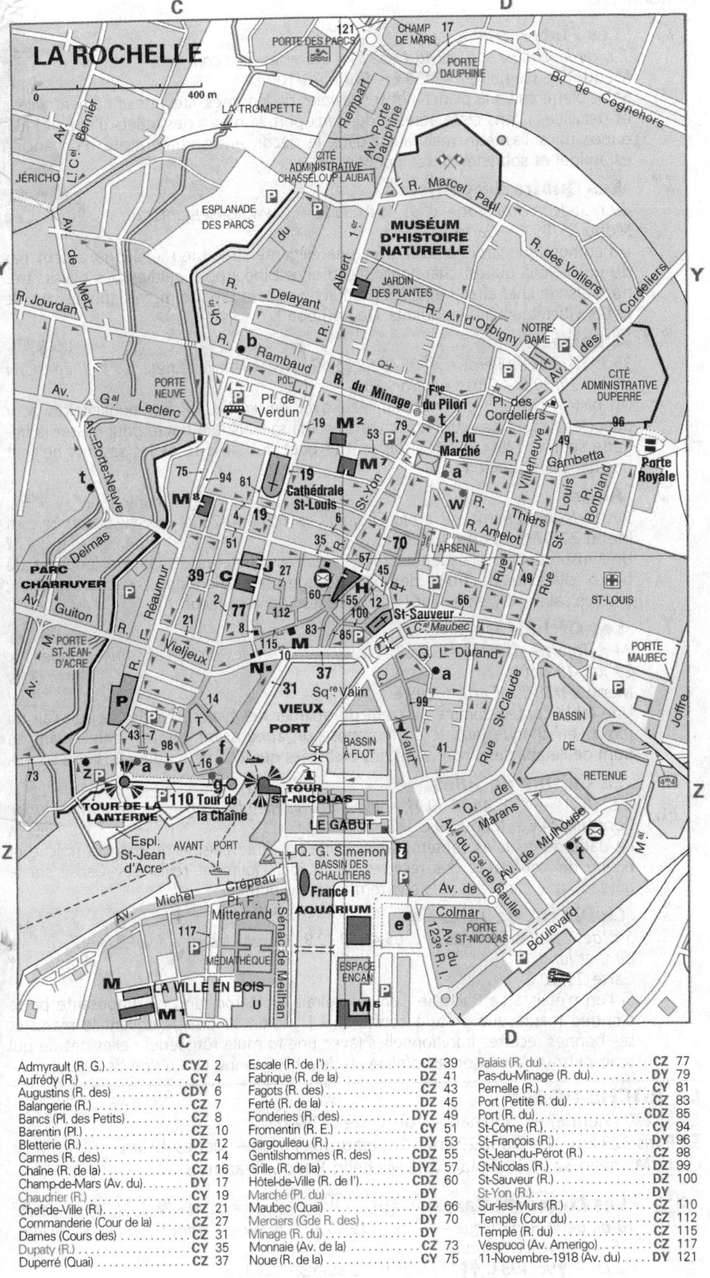

- Admyrault (R. G.) . . . . . **CYZ** 2
- Aufrédy (R.) . . . . . **CY** 4
- Augustins (R. des) . . . . . **CDY** 6
- Balangerie (R.) . . . . . **CZ** 7
- Bancs (Pl. des Petits) . . . . . **CZ** 8
- Barentin (Pl.) . . . . . **CZ** 10
- Bletterie (R.) . . . . . **DZ** 12
- Carmes (R. des) . . . . . **CZ** 14
- Chaîne (R. de la) . . . . . **CZ** 16
- Champ-de-Mars (Av. du) . . . . . **DY** 17
- Chaudrier (R.) . . . . . **CY** 19
- Chef-de-Ville (R.) . . . . . **CZ** 21
- Commanderie (Cour de la) . . . . . **CZ** 27
- Dames (Cours des) . . . . . **CZ** 31
- Dupaty (R.) . . . . . **CY** 35
- Duperré (Quai) . . . . . **CZ** 37
- Escale (R. de l') . . . . . **CZ** 39
- Fabrique (R. de la) . . . . . **DZ** 41
- Fagots (R. des) . . . . . **CZ** 43
- Ferté (R. de la) . . . . . **DZ** 45
- Fonderies (R. des) . . . . . **DYZ** 49
- Fromentin (R. E.) . . . . . **CY** 51
- Gargoulleau (R.) . . . . . **DY** 53
- Gentilshommes (R. des) . . . . . **CDZ** 55
- Grille (R. de la) . . . . . **DYZ** 57
- Hôtel-de-Ville (R. de l') . . . . . **CDZ** 60
- Marché (Pl. du) . . . . . **DY**
- Maubec (Quai) . . . . . **DZ** 66
- Merciers (Gde R. des) . . . . . **DY** 70
- Minage (R. du) . . . . . **DY**
- Monnaie (Av. de la) . . . . . **CZ** 73
- Noue (R. de la) . . . . . **CY** 75
- Palais (R. du) . . . . . **CZ** 77
- Pas-du-Minage (R. du) . . . . . **DY** 79
- Pernelle (R.) . . . . . **CY** 81
- Port (Petite R. du) . . . . . **CZ** 83
- Port (R. du) . . . . . **CDZ** 85
- St-Côme (R.) . . . . . **CY** 94
- St-François (R.) . . . . . **DY** 96
- St-Jean-du-Pérot (R.) . . . . . **CZ** 98
- St-Nicolas (R.) . . . . . **DZ** 99
- St-Sauveur (R.) . . . . . **DZ** 100
- St-Yon (R.) . . . . . **DY**
- Sur-les-Murs (R.) . . . . . **CZ** 110
- Temple (Cour du) . . . . . **CZ** 112
- Temple (R. du) . . . . . **CZ** 115
- Vespucci (Av. Amerigo) . . . . . **CZ** 117
- 11-Novembre-1918 (Av. du) . . . . . **DY** 121

XX **Les Flots**

1 r. de la Chaîne – ✆ 05 46 41 32 51 – www.les-flots.com Plan : CZ**g**

Menu 30 € (semaine), 43/86 € – Carte 70/100 €

Saint-pierre cuit à la plancha et ses ravioles de légumes, crevettes finement aillées et persillées : dans cette adresse du vieux port, la mer a des reflets d'argent ! Élégance dans l'assiette mais aussi dans le décor, entre authenticité d'un ancien estaminet et sobriété contemporaine.

XX **Les Quatre Sergents**

49 r. St-Jean-du-Pérot – ✆ 05 46 41 35 80 – www.les4sergents.com Plan : CZ**a**

Menu 25/89 € – Carte 53/116 €

Un authentique jardin d'hiver, avec une élégante structure métallique, à deux pas du port : voilà qui est charmant... L'endroit est idéal pour cultiver des plaisirs très naturels : le chef affectionne les produits locaux et bio, de même que les vins de petits viticulteurs indépendants. Que du bon !

X **L'Entracte**

35 r. St-Jean-du-Pérot – ✆ 05 46 52 26 69 – www.lentracte.net Plan : CZ**v**

Menu 22/30 € – Carte environ 50 €

Un bistrot chic du "clan" Coutanceau, avec de vieilles affiches publicitaires pour décor et surtout des cuisines ouvertes sur la salle. Nul entracte pour laisser la brigade souffler : les assiettes cultivent le goût des saisons, et les saveurs ne font pas dans la figuration !

X **André**

5 r. St-Jean du Pérot, (pl. de la Chaîne) – ✆ 05 46 41 28 24 – www.barandre.com

Menu 22/37 € – Carte 40/73 € Plan : CZ**f**

Une institution locale, depuis 1947, pour les amateurs de cuisine iodée et de beaux plateaux de fruits de mer. Voyages transatlantiques, pêche, voiliers : chaque salle – il y en a sept ! – célèbre les flots à sa façon.

X **Les Orchidées**

24 r. Thiers – ✆ 05 46 41 07 63 – www.restaurant-les-orchidees.com – Fermé 29 juil.-10 août Plan : DY**w**

Menu 29/38 € – Carte 62/89 €

Une table contemporaine au cœur du quartier des halles... La cuisine suit l'air du temps et, chaque jour, le chef propose un appétissant poisson frais. Quant au nom de l'établissement, il vient des orchidées que l'on peut admirer dans l'entrée.

X **La Cuisine de Jules**

5 r. Thiers – ✆ 05 46 41 50 91 – www.lacuisinedejules.com – Fermé dim. et lundi

Formule 24 € – Menu 29 € – Carte 37/63 € Plan : DY**a**

Le dada de ce Jules contemporain ? Une agréable cuisine du marché fraîche et pleine de goût, avec des recettes de toujours joliment revisitées. Cerise sur le gâteau : une carte des vins courte mais bien tournée.

X **Le Bistrot de Jules** Ⓝ

5 r. des Bonnes-Femmes – ✆ 05 46 52 19 91 – www.lebistrotdejules.fr – Fermé dim. et lundi Plan : DY**t**

Carte 25/50 €

Si l'on n'était à La Rochelle, l'on se croirait au Maroc tant son imposante porte d'entrée mauresque prête à confusion ! L'illusion se dissipe devant le menu et ses bonnes recettes traditionnelles (avec une formule rôtisserie) ; elles ont de qui tenir puisque la maison est affiliée au déjà bien connu La Cuisine de Jules.

LA ROCHE-POSAY

✉ 86270 (Vienne) – 1 559 hab. – Voir carte n°**39**-D1

Paris 325 km – Le Blanc 29 km – Châteauroux 76 km – Loches 49 km

Carte Michelin 322-K4 – Guide Vert Michelin Poitou-Charentes

Les Loges du Parc sans rest

10 pl. de la République – ✆ 05 49 19 40 50 – www.resorthotel-larocheposay.info – Fermé 21 déc.-17 janv.

42 ch – †96/193 € ††117/193 € – 2 suites – ☕ 15 €

Au cœur de la station thermale, un bel hôtel 1900, d'esprit classique. Escalier d'époque, deux élégantes suites sur les thèmes du jazz et de l'Égypte, billard, piscine, etc. Formule résidence à la semaine, idéale pour les curistes.

St-Roch
4 cours Pasteur – ✆ 05 49 19 49 00 – www.resorthotel-larocheposay.fr – Fermé 14-31 déc.
37 ch – 55/89 € 76/108 € – 12 € – ½ P
Rest *St-Roch* – voir les restaurants ci-après
Cet établissement central est apprécié pour son accès direct aux thermes St-Roch. Les chambres y sont avant tout fonctionnelles et très bien tenues, les plus agréables donnant sur le jardin.

St-Roch
4 cours Pasteur – ✆ 05 49 19 49 45 – www.resorthotel-larocheposay.fr – Fermé 14 déc.-10 janv.
Formule 19 € – Menu 30/42 € – Carte 36/57 €
Croustillant de chèvre, joue de bœuf et ses petits légumes... Le chef réalise une cuisine fine et goûteuse, ainsi que de bons petits plats diététiques adaptés aux curistes. Le tout à apprécier dans un cadre contemporain ou, aux beaux jours, sur l'agréable terrasse.

LE ROCHER – 07 Ardèche ➜ voir Largentière

LES ROCHES-DE-CONDRIEU
38370 (Isère) – 1 957 hab. – Voir carte n°**44**-B2
Paris 506 km – Grenoble 134 km – Lyon 43 km – Saint-Étienne 63 km
Carte Michelin 333-B5

Le Bellevue
1 pl. Carcan, (quai du Rhône) – ✆ 04 74 56 41 42 – www.le-bellevue.net – Fermé 2-15 janv.
16 ch – 85/90 € 85/90 € – 1 suite – 14 € – ½ P
Rest – Formule 25 € – Menu 38/78 € – Carte 52/85 € *(fermé dim. soir et lundi)*
Une belle bâtisse de couleur ocre, posée sur les rives du Rhône, dont une partie des chambres offrent une vue dégagée sur les flots. Entretien soigné, bons équipements, et même un restaurant proposant une cuisine traditionnelle !

ROCHESERVIÈRE
85620 (Vendée) – 2 970 hab. – Voir carte n°**34**-B3
Paris 415 km – Nantes 34 km – La Roche-sur-Yon 34 km – Saint-Herblain 42 km
Carte Michelin 316-G6

Le Château du Pavillon sans rest
r. Gué-Baron – ✆ 06 72 92 37 23 – www.chateau-week-end-vendee.com – Ouvert 4 mai-14 sept.
3 ch – 90/140 € 110/160 € – 10 €
N'est-il pas charmant et romantique, ce joli château du 19e s. ? Le grand parc et son étang ; les chambres si raffinées et élégantes auxquelles on a donné des noms illustres tels que David, Balzac ou Mozart. Et que dire de la piscine... Ici, tout invite au repos !

ROCHESSAUVE – 07 Ardèche ➜ voir Privas

LA ROCHE-SUR-FORON
74800 (Haute-Savoie) – 10 446 hab. – Voir carte n°**46**-F1
Paris 553 km – Annecy 34 km – Bonneville 8 km – Genève 26 km
Carte Michelin 328-K4 – Guide Vert Michelin Alpes du Nord

Le Foron sans rest
imp. de l'Étang, (Z.I. du Dragiez), D 1203 – ✆ 04 50 25 82 76 – www.hotel-le-foron.com – Fermé 26 déc.-3 janv. et dim.
26 ch – 62/64 € 68/70 € – 8 €
Un petit hôtel dans la zone industrielle de la Roche-sur-Foron, pour une étape avant tout pratique. Chambres fonctionnelles, insonorisées et bien tenues, terrasse et piscine.

LA ROCHE-SUR-YON

✉ 85000 (Vendée) – 52 664 hab. – **Voir carte n°34-B3**
▶ Paris 418 km – Cholet 69 km – Nantes 68 km – Niort 91 km
Carte Michelin 316-H7 – Guide Vert Michelin Pays de la Loire

Mercure

117 bd A.-Briand – ✆ 02 51 46 28 00 – *www.mercure-la-roche-sur-yon.com*
67 ch – †74/125 € ††74/125 € – ☕ 15 € Plan : AZu
Rest *Bistro Yonnais* – voir les restaurants ci-après
Idéalement situé entre la gare et la place Napoléon, un Mercure de facture contemporaine avec des chambres spacieuses et bien insonorisées.

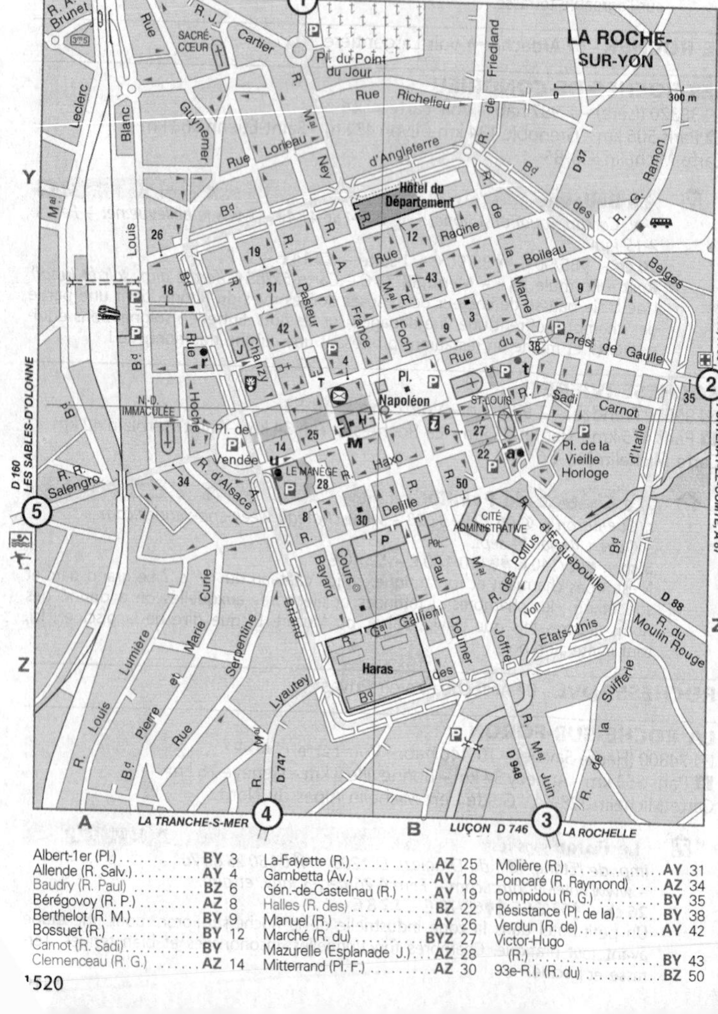

Albert-1er (Pl.) . . . . . **BY** 3
Allende (R. Salv.) . . . . . **AY** 4
Baudry (R. Paul) . . . . . **BZ** 6
Bérégovoy (R. P.) . . . . . **AZ** 8
Berthelot (R. M.) . . . . . **BY** 9
Bossuet (R.) . . . . . **BY** 12
Carnot (R. Sadi) . . . . . **BY**
Clemenceau (R. G.) . . . . . **AZ** 14
La-Fayette (R.) . . . . . **AZ** 25
Gambetta (Av.) . . . . . **AY** 18
Gén.-de-Castelnau (R.) . . . . . **AY** 19
Halles (R. des) . . . . . **BZ** 22
Manuel (R.) . . . . . **AY** 26
Marché (R. du) . . . . . **BYZ** 27
Mazurelle (Esplanade J.) . . . **AZ** 28
Mitterrand (Pl. F.) . . . . . **AZ** 30
Molière (R.) . . . . . **AY** 31
Poincaré (R. Raymond) . . . . **AZ** 34
Pompidou (R. G.) . . . . . **BY** 35
Résistance (Pl. de la) . . . . . **BY** 38
Verdun (R. de) . . . . . **AY** 42
Victor-Hugo (R.) . . . . . **BY** 43
93e-R.I. (R. du) . . . . . **BZ** 50

Napoléon sans rest

50 bd A.-Briand – ✆ 02 51 05 33 56 – www.hotel-le-napoleon.com Plan : AY**r**

29 ch – 75/99 € 89/110 € – 10 €

Sur un grand boulevard du centre-ville, mais au calme ! Les chambres, d'esprit contemporain, sont cosy et impeccablement tenues... Un lieu avenant, idéal pour la clientèle d'affaires.

Hôtel de la Vendée sans rest

4 r. Malesherbes – ✆ 02 51 37 28 67 – www.hotel-vendee.com Plan : BZ**a**

32 ch – 60/74 € 65/79 € – 8 €

Au cœur du quartier des Halles, cet hôtel propose des chambres assez petites, mais très fonctionnelles et adaptées à la clientèle business.

Le Saint-Charles Ⓝ

38 r. du Prés.-de-Gaulle – ✆ 02 51 47 71 37 – Fermé 9-16 mars, 27 juil.-17 août, dim. et lundi Plan : BY**t**

Formule 17 € – Menu 20/40 € – Carte environ 32 €

Derrière une discrète façade, on s'attable avec plaisir dans une jolie salle de facture classique, sobrement décorée, avant de découvrir une cuisine actuelle réalisée avec des produits de qualité, à l'image de ces ris de veau aux morilles braisés au four, tendres et parfumés... Un délice !

Bistro Yonnais – Hôtel Mercure

117 bd A.-Briand – ✆ 02 51 06 94 26 – www.bistro-yonnais.fr – Fermé dim. soir

Formule 14 € – Menu 19/24 € – Carte 29/44 € Plan : AZ**u**

Un "bistro" utile pour un repas dans la ville, au sein de l'hôtel Mercure. La carte privilégie les recettes traditionnelles et les produits de saison. Mention spéciale pour le cadre contemporain, réussi, et la terrasse verdoyante aux beaux jours.

ROCHETAILLÉE – 42 Loire ➜ voir St-Étienne

ROCHETOIRIN – 38 Isère ➜ voir La Tour-du-Pin

LA ROCHETTE

✉ 73110 (Savoie) – 3 488 hab. – **Voir carte n°46-F2**

Paris 588 km – Albertville 41 km – Allevard 9 km – Chambéry 28 km

Carte Michelin 333-J5 – Guide Vert Michelin Alpes du Nord

Hôtel du Parc

64 r. de la Neuve – ✆ 04 79 25 53 37 – www.hotelduparcrochette.com

10 ch – 80/89 € 87/95 € – 12 € – ½ P

Rest – Formule 18 € – Menu 24/42 € – Carte 37/56 € *(fermé vend. soir, sam. hors saison et dim. soir)*

Dans ce village situé aux portes des parcs naturels régionaux de Chartreuse et du massif des Bauges, un hôtel tout simple et accueillant, tenu avec soin et aux tarifs mesurés. Au restaurant, cuisine traditionnelle, terrasse et vue magnifique sur la chaîne de Belledonne.

RODEZ

✉ 12000 (Aveyron) – 23 917 hab. – **Voir carte n°29-C1**

Paris 623 km – Albi 76 km – Aurillac 87 km – Clermont-Ferrand 213 km

Carte Michelin 338-H4

La Ferme de Bourran sans rest

r. de Berlin, à Bourran 1,5 km par ③ – ✆ 05 65 73 62 62 – www.fermedebourran.com

7 ch – 85/159 € 85/159 € – 13 €

Perchée sur la colline, cette ancienne ferme a tout d'une maison de maître du 21e s. : le jardin vit au rythme des expositions, la déco se révèle contemporaine, épurée et très raffinée... Voilà qui invite à la quiétude ! Au petit-déjeuner, on se régale de produits régionaux.

RODEZ

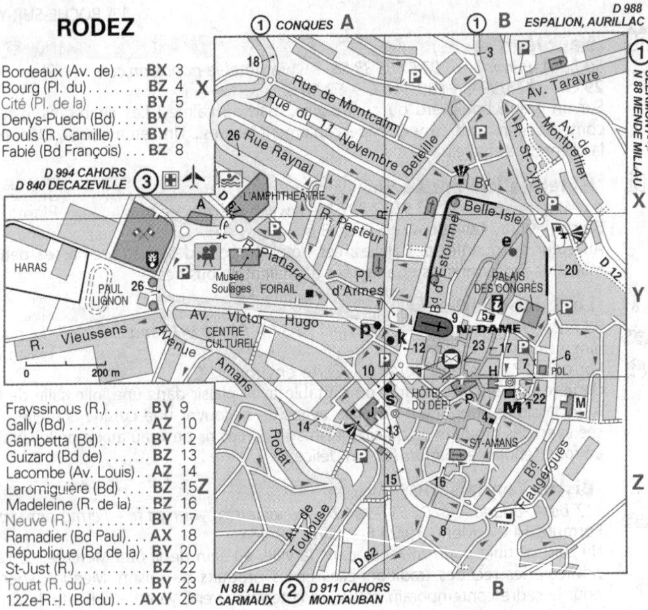

Mercure Cathédrale sans rest

1 av. Victor-Hugo – ✆ 05 65 68 55 19
– www.mercure-rodez-cathedrale.com Plan : ABY**p**

34 ch – 🚹85/155 € 🚹🚹85/155 € – ☕ 14 €

À deux pas de la cathédrale, un hôtel 1930 dont on a conservé les parties classées : mosaïques Art déco en façade et sur le sol de l'entrée, grand escalier en bois massif, peintures de Maurice Bompard. Les chambres sont agréables et contemporaines.

La Tour Maje sans rest

1 bd Gally – ✆ 05 65 68 34 68 – www.hoteltourmaje.fr
– Fermé vacances de Noël Plan : BZ**s**

40 ch – 🚹60/78 € 🚹🚹70/99 € – ☕ 12 €

Cet hôtel des années 1970, adossé à une tour du 15e s., abrite des chambres confortables et bien tenues, toutes rénovées en 2011 ; préférez celles du 1er étage, plus spacieuses. Au réveil, de bons produits vous attendent au petit-déjeuner !

Biney sans rest

r. Victoire-Massol – ✆ 05 65 68 01 24 – www.hotel-biney.com Plan : BY**k**

27 ch – 🚹72 € 🚹🚹82/112 € – 1 suite – ☕ 12 €

Un hôtel en plein centre-ville. Les chambres, certes parfois un peu petites, sont mignonnes et soignées : literie confortable, tissus colorés... À noter : joli patio fleuri et sauna.

Deltour sans rest

6 r. de Bruxelles, à Bourran, 1,5 km par ③ – ✆ 05 65 73 03 03
– www.rodez-bourran.deltourhotel.com
– Fermé vacances de Noël

39 ch – 🚹49/53 € 🚹🚹51/56 € – ☕ 8 €

Cet hôtel récent répond aux attentes de la clientèle business : chambres fonctionnelles, confortables et bien insonorisées ; bon rapport qualité-prix.

Goûts et Couleurs (Jean-Luc Fau)
38 r. Bonald – ✆ 05 65 42 75 10 – www.goutsetcouleurs.com – Fermé 11 mars-2 avril, 1er-17 sept., mardi midi hors saison, dim. et lundi
Menu 31 € (déj. en semaine), 41/81 € – Carte 54/67 € Plan : BY**e**
Goûts et Couleurs : on ne saurait mieux dire ! Dans l'assiette, de belles saveurs mâtinées d'épices et mises en valeur par un chef vraiment passionné... et peintre à ses heures : ses toiles, inspirées par la nature, égayent l'intérieur du restaurant. Une adresse voyageuse, dont l'attrait ne se discute pas ! ➜ Langoustines marinées, chou rouge et dés de fraises acidulées. Filet de veau bio au jambon de pays, crème de champignons. Endive caramélisée, agrumes, écume jasmin et crème glacée au pain d'épice.

Les Jardins de l'Acropolis
r. d'Athènes , à Bourran, 1,5 km par ③ – ✆ 05 65 68 40 07 – www.restaurant-acropolis.com – Fermé 1er-15 août, lundi soir et dim.
Formule 18 € – Menu 21 € (déj. en semaine), 24/50 € – Carte environ 47 €
Les gourmands se donnent régulièrement rendez-vous dans ce restaurant contemporain, dont le chef concocte une cuisine du marché savoureuse, moderne et bien ficelée. Jarret de veau de lait confit, guimauve maison grillée au thé d'Aubrac... De bons produits, des assaisonnements bien marqués : c'est frais et bon !

à Olemps 3 km à l'Ouest par ② – ✉ 12510 – 3 182 hab.

Les Peyrières
22 r. Peyrières – ✆ 05 65 68 20 52 – www.hotel-les-peyrieres.com – Fermé le dim. soir hors saison
60 ch – †70 € ††80/150 € – ☕ 10 € – ½ P
Rest ***Les Peyrières*** – voir les restaurants ci-après
Dans la banlieue résidentielle de Rodez, une grande villa avec des chambres simples et bien tenues ; celles du dernier étage sont plus chaleureuses et contemporaines (parquet). Une adresse professionnelle et sérieuse !

Les Peyrières
22 r. Peyrières – ✆ 05 65 68 20 52 – www.hotel-les-peyrieres.com – Fermé le dim. soir hors saison
Formule 12 € – Menu 15 € (semaine), 20/45 € – Carte 37/49 €
Pour une étape gastronomique aux portes de la cité ruthénoise, voilà un restaurant qui réconcilie produits du terroir et modernité. D'un chausson de cèpes persillés et filets de caille, à un carré d'agneau de pays en croûte d'herbes, il n'y a qu'un pas... que l'on peut franchir les yeux fermés !

rte de Conques au Nord par D 901 AX

Hostellerie de Fontanges
rte de Conques, à 4 km – ✆ 05 65 77 76 00 – www.hostellerie-fontanges.com
43 ch – †62/79 € ††72/92 € – 5 suites – ☕ 13 € – ½ P
Rest – Formule 21 € – Menu 29/58 € – Carte 92/102 € *(fermé sam. midi et dim. soir de nov. à Pâques)*
Une belle et vaste demeure des 16e et 17e s. blottie dans un parc attenant à un golf. Les chambres jouent la carte de la sobriété, quand les suites se révèlent très raffinées (mobilier de style). Quant au restaurant, il distille un esprit très châtelain...

Château de Labro
Onet-Village, à 7 km par D 901 et D 568 – ✆ 05 65 67 90 62 – www.chateaulabro.fr
17 ch – †90/130 € ††130/160 € – ☕ 10 € – ½ P
Rest – Menu 25/39 € *(fermé dim. et merc. hors saison et le midi) (résidents seult)*
Un château ravissant, avec des chambres romantiques (beaux meubles chinés) ou, pour les baroudeurs chics, une cabane dans un arbre. Le petit-déjeuner est servi au milieu des objets de brocante, il y a aussi une piscine dans les vignes, un petit spa, un restaurant aux airs de table d'hôte... Un lieu délicieux !

ROISSY-EN-FRANCE – 95 Val-d'Oise ➜ voir Paris, Environs

ROLLEBOISE

✉ 78270 (Yvelines) – 412 hab. – **Voir carte n°18-A1**

▶ Paris 65 km – Dreux 45 km – Mantes-la-Jolie 9 km – Rouen 72 km

Carte Michelin 311-F1

Le Domaine de la Corniche

5 rte de la Corniche – ✆ 01 30 93 20 00 – www.domainedelacorniche.com

44 ch – †90/306 € ††90/306 € – ☕ 16 € – ½ P

Rest *Le Domaine de la Corniche* – voir les restaurants ci-après

Quelle "folie" Léopold II de Belgique ne fit-il pas pour son dernier amour ! Le résultat est cette jolie demeure dominant la Seine. Les amoureux d'aujourd'hui apprécieront son intérieur design, les chambres avec vue et la piscine... panoramique.

Le Domaine de la Corniche

5 rte de la Corniche – ✆ 01 30 93 20 00 – www.domainedelacorniche.com

Formule 32 € – Menu 39 € (déj.), 45/78 € – Carte 60/80 €

Pas besoin de résider au Domaine de la Corniche pour apprécier ce restaurant contemporain et son belvédère. Plats classiques et préparations plus inventives, tel le vacherin "nouvelle vague", se succèdent face aux méandres de la Seine.

ROMAGNIEU

✉ 38480 (Isère) – 1 433 hab. – **Voir carte n°45-C2**

▶ Paris 539 km – Chambéry 35 km – Grenoble 57 km – Lyon 109 km

Carte Michelin 333-G4

Auberge les Forges de la Massotte

655 chemin des Forges, 2 km à l'Ouest, sortie ⑩ sur l'A 43 – ✆ 04 76 31 53 00 – www.aubergemassotte.com – Fermé 1 semaine en mai, 3 semaines en oct. et dim.

5 ch – †67/75 € ††75 € – ☕ 10 € – ½ P

Rest – Menu 33 € *(fermé le midi) (résidents seult)*

Cette ancienne forge transformée en auberge comblera les amoureux de nature et de calme. Les chambres coquettes affirment sans complexe un réconfortant style savoyard. Accueil charmant et petit-déjeuner copieux : on ne veut plus repartir !

ROMANÈCHE-THORINS

✉ 71570 (Saône-et-Loire) – 1 869 hab. – **Voir carte n°8-C3**

▶ Paris 406 km – Chauffailles 46 km – Lyon 55 km – Mâcon 17 km

Carte Michelin 320-I12 – Guide Vert Michelin Bourgogne

Parc et Vignoble

513 rte de Fleurie, (près de la gare) – ✆ 03 85 35 51 70 – www.lespritblanc.com – Fermé janv.

21 ch – †75/200 € ††75/200 € – 2 suites – ☕ 19 €

Rest *Rouge et Blanc* – voir les restaurants ci-après

Dans ce fameux village viticole, une escale toute trouvée pour les amateurs d'œnotourisme... et les autres. Le parc verdoyant et fleuri, la piscine, l'imposante maison avec ses chambres contemporaines, confortables et agréables, le beau buffet au petit-déjeuner : une douce villégiature bourguignonne...

Rouge et Blanc

rte de Fleurie, (près de la gare) – ✆ 03 85 35 51 70 – www.lespritblanc.com – Fermé janv.

Formule 22 € – Menu 27/55 € – Carte 39/58 €

Rouge et (Georges) Blanc : le célèbre chef bressan est propriétaire de cet établissement où la tradition régionale est évidemment reine, de même que les vins locaux et le célèbre cru du village, le moulin-à-vent. Au cœur de la tradition de la bonne chère bourguignonne !

ROMANS-SUR-ISÈRE

✉ 26100 (Drôme) – 33 536 hab. – **Voir carte n°43-E2**

▶ Paris 558 km – Die 78 km – Grenoble 81 km – St-Étienne 121 km

Carte Michelin 332-D3 – Guide Vert Michelin Ardèche Drôme

L'Orée du Parc sans rest

6 av. Gambetta – ✆ 04 75 70 26 12 – www.hotel-oreeparc.com – Fermé 27 déc.-6 janv.

10 ch – †84/114 € ††105/125 € – ☕ 12 €

À l'entrée de l'ancienne capitale du soulier, cette belle maison bourgeoise (début 20e s.) est entourée d'un joli jardin avec piscine. Les chambres, de bon confort, sont décorées avec soin. De quoi trouver chaussure à son pied !

L'Instant Ⓝ

10 r. de Delay – ✆ 04 75 45 40 72 – www.restaurant-instant.com – fermé 23 juil.-15 août, 24 déc.-2 janv.,dim. et lundi

Formule 23 € – Menu 26 € (déj. en semaine), 40/65 €

Excentrée dans un quartier résidentiel proche de la gare, cette belle maison bourgeoise – datant des années 1930 – vous accueille dans un joli décor contemporain ; on vous sert une délicieuse cuisine du marché, réalisée à partir de bons produits frais. Des assiettes qui s'avalent... en un Instant !

Mandrin

70 r. St-Nicolas – ✆ 04 75 02 93 55 – www.lemandrin.fr – Fermé 27 juil.-18 août, 24-29 déc., dim. soir et lundi

Formule 17 € – Menu 24/42 € – Carte 26/37 €

Du nom du célèbre contrebandier qui y aurait séjourné, cette maison classée (15e s.) a le charme de l'authenticité : murs en galets roulés, bois, tomettes... Le chef y concocte une cuisine traditionnelle aux prix mesurés.

La Romance des Saisons

pl. du Puits-du-Cheval – ✆ 04 75 05 01 29 – www.laromancedessaisons.fr – Fermé 12-18 août, 23-26 déc., 13 janv.-13 fév., merc. soir, dim. soir et lundi

Formule 22 € – Menu 38/51 € *(réservation conseillée)*

Un sympathique bistrot contemporain, au cœur de la vieille ville. Il est tenu par un jeune couple franco-japonais : lui en cuisine, elle en salle (ancienne designer, elle a aussi signé la déco). La carte change tous les mois pour... mieux flirter avec les saisons ! Belle sélection de vins au verre.

Nature Gourmande

37 pl. Jacquemart – ✆ 04 75 05 30 46 – www.restaurant-naturegourmande.com – Fermé 27 juil.-11 août, dim. et lundi

Formule 18 € – Menu 22 € (déj. en semaine), 32/58 € – Carte environ 44 € *(réservation conseillée)*

Entrez donc dans ce restaurant de poche et faites preuve d'une Nature Gourmande ! Madame reçoit avant de rejoindre monsieur, en cuisine, pour préparer les pâtisseries. Dans l'assiette, les bons produits du marché sont à l'honneur. Un régal...

à Granges-lès-Beaumont 6 km à l'Ouest – ✉ 26600 – 936 hab.

Les Cèdres (Jacques Bertrand)

25 r. Henri-Machon – ✆ 04 75 71 50 67 – www.restaurantlescedres.fr – Fermé 28 avril-8 mai, 18 août-2 sept., 22 déc.-6 janv., dim. soir sauf de juin à août, lundi et mardi

Menu 42 € (déj. en semaine), 80/130 € – Carte 80/100 € *(réservation conseillée)*

Les cèdres dressent leurs ramures aériennes au-dessus de cette demeure éminemment bourgeoise. On y déguste une cuisine pleine de classicisme, à base de très beaux produits travaillés sans fausse note. La carte des vins honore les Côtes du Rhône. → Bar cuit à basse température, fondue de poireau et râpé de truffe blanche. Homard grillé, poêlée de légumes d'été à l'huile d'olive. Sabayon au chocolat guanaja, dacquoise noisette et caramel au lait.

à St-Paul-lès-Romans 8 km à l'Est – ✉ 26750 – 1 760 hab.

La Malle Poste

Le village – ✆ 04 75 45 35 43 – Fermé 8-25 août, 2-25 janv., dim. soir, lundi et mardi

Menu 37/65 €

Dans l'ancien café du village, on respecte le terroir et les saisons. Des plats à déguster avec l'un des crus de la belle carte des vins (plus de 350 références). Voilà une Malle Poste dans laquelle on apprécie de faire un bout de chemin...

à Châtillon-St-Jean 11 km au Nord-Est – ✉ 26750 – 1 178 hab.

 **Maison Forte de Clérivaux** sans rest 

540 Montée de Clérivaux, 2,5 km au Nord par D 123 direction Parnans et D 184 direction St-Michel-sur-Savasse – ✆ 04 75 45 32 53 – www.clerivaux.fr
– Fermé 3 janv.-3 mars
4 ch – **†**60/70 € **††**65/75 €
Au milieu des champs, cette maison forte du 13e s. a bien traversé les siècles ! Les chambres – mobilier chiné et linge de famille – se trouvent dans de jolies dépendances (16e-17e s.). Tout le cachet, simple et évocateur, des vieilles pierres...

ROMILLY-SUR-SEINE

✉ 10100 (Aube) – 13 526 hab. – **Voir carte n°13-B2**
Paris 124 km – Châlons-en-Champagne 76 km – Nogent-sur-Seine 18 km – Sens 65 km
Carte Michelin 313-C2

 **Auberge de Nicey** 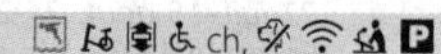

24 r. Carnot – ✆ 03 25 24 10 07 – www.denicey.com
– Fermé 19 déc.-5 janv.
23 ch – **†**102/118 € **††**132/148 € – 13 € – ½ P
Rest – Formule 20 € – Menu 28 € (semaine), 39/48 € – Carte 46/71 €
(fermé lundi midi en août, sam. midi et dim.)
À deux pas de la gare, cet établissement propose des chambres confortables, joliment meublées et bien insonorisées. Autres atouts : un espace détente avec piscine et fitness, et un restaurant traditionnel.

ROMORANTIN-LANTHENAY

✉ 41200 (Loir-et-Cher) – 17 027 hab. – **Voir carte n°12-C2**
Paris 202 km – Blois 42 km – Bourges 74 km – Orléans 67 km
Carte Michelin 318-H7 – Guide Vert Michelin Châteaux de la Loire

Grand Hôtel du Lion d'Or 

69 r. Clemenceau – ✆ 02 54 94 15 15 – www.hotel-liondor.fr
– Fermé 16 fév.-28 mars
13 ch – **†**160/390 € **††**160/390 € – 3 suites – 24 €
Rest *Grand Hôtel du Lion d'Or* ✿ – voir les restaurants ci-après
Cette belle demeure Renaissance (avec des encadrements de pierre caractéristiques en façade) est un hôtel depuis 1774 ! Confort exquis, cour intérieure, espace et... sens de l'accueil peaufiné par les siècles.

La Pyramide 

r. de la Pyramide – ✆ 02 54 76 26 34 – www.hotellapyramide.com
66 ch – **†**60/90 € **††**70/90 € – 9 € – ½ P
Rest – Formule 18 € – Menu 24/48 € – Carte 42/60 € *(fermé 22 déc.-7 janv.)*
Pour l'étape, un hôtel moderne voisin d'un complexe culturel. Chambres fonctionnelles et bien tenues ; grand parking. Cuisine traditionnelle.

✿ **Grand Hôtel du Lion d'Or** (Didier Clément) 

69 r. Clemenceau – ✆ 02 54 94 15 15 – www.hotel-liondor.fr
– Fermé 16 fév.-28 mars et mardi midi
Formule 49 € – Menu 64 € (déj. en semaine), 105/140 € – Carte 123/175 €
(réservation conseillée)
Une cuisine très joliment ciselée, pleine de saveurs et de subtilité ; un vrai travail au service du produit – mention spéciale pour le pigeon –, toujours très frais et relevé de quelques notes d'ailleurs (épices, condiments...) ; une superbe carte de vins de Loire... Une belle table dans la capitale de la Sologne !
→ Variation d'asperges blanches de Sologne. Pigeon farci façon babylonienne. Millefeuille de pommes caramélisées, crème glacée au coing.

RONCE-LES-BAINS

✉ 17390 (Charente-Maritime) – **Voir carte n°38-A2**
▶ Paris 505 km – Marennes 9 km – Rochefort 31 km – La Rochelle 68 km
Carte Michelin 324-D5 – Guide Vert Michelin Poitou-Charentes

Le Grand Chalet

2 av. La Cèpe – ✆ 05 46 36 06 41 – www.legrandchalet.net – Fermé 25 nov.-12 fév.
26 ch – †59/110 € ††59/110 € – ☕ 10 € – ½ P
Rest *Le Brise-Lames* – voir les restaurants ci-après
Ne vous fiez pas à ses airs de chalet tranquille, le lieu fut jadis un casino... surplombant la mer, avec un accès direct à la plage. Les chambres, au décor un brin suranné, sont simples et propres. Alors, faites vos jeux mais préférez celles côté Oléron, pour la vue !

Le Brise-Lames – Le Grand Chalet

2 av. La Cèpe – ✆ 05 46 36 06 41 – www.legrandchalet.net – Fermé 25 nov.-12 fév.
Formule 19 € – Menu 29/55 € – Carte 37/71 €
Queues de langoustine rôties au four et leur sauce au homard, noix de Saint-Jacques poêlées et risotto... Dans ce restaurant de bord de mer, la cuisine – traditionnelle et respectueuse des saisons – se révèle parfumée, bien faite et tout simplement bonne. Le cadre est classique, et la vue sur les flots imprenable !

RONCHAMP

✉ 70250 (Haute-Saône) – 2 919 hab. – **Voir carte n°17-C1**
▶ Paris 399 km – Belfort 22 km – Besançon 88 km – Lure 12 km
Carte Michelin 314-H6 – Guide Vert Michelin Franche-Comté Jura

au Rhien 3 km au Nord – ✉ 70250

Rhien Carrer

14 r. d'Orière – ✆ 03 84 20 62 32 – www.ronchamp.com
19 ch – †54/62 € ††70/76 € – ☕ 9 € – ½ P
Rest – Formule 8 € – Menu 13 € (semaine), 20/45 € – Carte 26/62 € *(fermé vend. soir et dim. soir d'oct. à mars)*
En pleine nature ! Dans cet agréable hôtel familial, préférez les chambres récemment rénovées dans un plaisant esprit contemporain. À table, le terroir et les spécialités franc-comtoises sont à l'honneur. Terrasse dans un écrin... de verdure.

à Champagney 4,5 km à l'Est par D 4 – ✉ 70290 – 3 770 hab.

Le Pré Serroux

4 av. Gén.-Brosset – ✆ 03 84 23 13 24 – www.lepreserroux.com – Fermé 24 déc.-15 janv.
25 ch – †85/100 € ††85/100 € – ☕ 12 € – ½ P
Rest *Le Pré Serroux* – voir les restaurants ci-après
À deux pas de la Maison de la négritude et des Droits de l'homme – à laquelle Léopold Senghor accorda son patronage –, cet hôtel propose des chambres simples mais bien tenues. Les amateurs de brocante apprécieront la décoration, fruit d'un long travail de chine. Agréable piscine couverte.

Le Pré Serroux

4 av. Gén.-Brosset – ✆ 03 84 23 13 24 – www.lepreserroux.com – Fermé 24 déc.-15 janv., sam. midi et dim.
Formule 15 € – Menu 17/55 € – Carte 34/52 €
Le Pré Serroux, c'est aussi un restaurant avec sa salle d'inspiration Art nouveau. Les gourmands y apprécient une cuisine à l'accent régional, accompagnée d'une belle sélection de vins. Aux beaux jours, profitez de la terrasse !

ROOST-WARENDIN – 59 Nord ➜ voir Douai

ROPPENHEIM

✉ 67480 (Bas-Rhin) – 941 hab. – **Voir carte n°1-B1**
▶ Paris 503 km – Haguenau 25 km – Karlsruhe 41 km – Strasbourg 48 km
Carte Michelin 315-M3

À l'Agneau

11 r. Principale – ✆ 03 88 86 40 08 – www.auberge-agneau.com – Fermé 27 avril-4 mai, 20 juil.-17 août, 21 déc.-6 janv., dim., lundi et le midi sauf sam.
Carte 30/62 €
Généreuse table que celle de cette maison alsacienne du 18e s. En cuisine, les petits plats mijotent sous l'œil attentif du chef, amoureux de sa région. Dans l'assiette, on apprécie les spécialités du pays et de viandes. Simple et authentique !

ROQUEBRUNE-CAP-MARTIN

✉ 06190 (Alpes-Maritimes) – **Voir carte n°42-E2**
▶ Paris 953 km – Menton 3 km – Monaco 9 km – Monte-Carlo 7 km
Carte Michelin 341-F5 – Guide Vert Michelin Côte d'Azur

Plans : voir à Menton.

Victoria sans rest

7 promenade du Cap – ✆ 04 93 35 65 90 – www.hotel-victoria.fr Plan : AV**k**
32 ch – 89/310 € 89/310 € – 12 €
Un décor tout en bleu et blanc : telle est la signature de cet hôtel balnéaire, idéalement situé sur le front de mer. On appréciera le confort contemporain des chambres, leurs grands balcons face aux flots, et la situation, idéale pour découvrir la côte, de Monaco à Menton.

Le Roquebrune

rest,

100 av. J. Jaurès, par ③ et rte de Monaco (D 6098) par basse corniche – ✆ 04 93 35 00 16 – www.le-roquebrune.com – Fermé 20 nov.-05 déc.
6 ch – 100/150 € 120/150 € – 12 €
Rest – Carte 59/85 € *(fermé 20 nov.-5 déc., mardi et le midi) (réservation conseillée)*
L'azur est à vous ! Perchée sur la route de Monaco, au-dessus de la plage du Golfe bleu, cette villa tutoie les flots... Chaque chambre dispose d'une terrasse – parfois digne d'un petit jardin méditerranéen – délicieuse pour profiter du panorama. Et la table fait honneur aux poissons et légumes de la région.

Les Deux Frères avec ch

ch, ch,

pl. des Deux Frères, au village, 3,5 km par ③ – ✆ 04 93 28 99 00 – www.lesdeuxfreres.com – Fermé 1 semaine en mars et nov.
9 ch – 75/110 € 75/110 € – 9 € – ½ P
Formule 28 € – Menu 48 € – Carte environ 64 € *(fermé dim. soir, mardi midi et lundi)*
La falaise plonge dans la mer, les flots ondoient au soleil, Monaco se dessine à l'horizon... Quelle terrasse, quel panorama ! Le repas, ancré dans le Sud, n'en est que plus agréable. Et l'on peut profiter de l'une des chambres de cette élégante villa ("Afrique", "1 001 nuits", "Nuit de noce", etc.).

L'Hippocampe

44 av. W.-Churchill – ✆ 04 93 35 81 91 – www.hippocampe-restaurant.com – Fermé 12 nov.-27 déc., le soir d'oct. à juin sauf vend. et sam. en oct., avril, mai, juin et lundi Plan : AV**h**
Menu 28/48 € – Carte 35/77 € *(réservation conseillée)*
Un emplacement superbe, avec la baie de Menton pour horizon et une terrasse les pieds dans l'eau... L'adresse est idéale pour se retremper dans la tradition locale : le filet de sole en brioche est le grand classique de la maison, mais aussi la bouillabaisse et le coq au vin. Esprit de famille avant tout !

LA ROQUE-D'ANTHÉRON

✉ 13640 (Bouches-du-Rhône) – 5 186 hab. – **Voir carte n°42-E1**
Paris 726 km – Aix-en-Provence 29 km – Cavaillon 34 km – Manosque 60 km
Carte Michelin 340-G3 – Guide Vert Michelin Provence

Mas de Jossyl

av. du Parc – ✆ 04 42 50 71 00 – www.masdejossyl.com – Fermé 19-31 août
28 ch – †88/165 € ††90/165 € – ☕ 10 € – ½ P
Rest – Formule 12 € – Menu 15 € (déj. en semaine), 20/32 € – Carte 27/55 €
(fermé le midi sauf de juin à août et dim. soir)
Face au parc du château de Florans (17e s.), un hôtel récent, fonctionnel et bien tenu, pratique pour assister au Festival international de piano. Cuisine régionale au restaurant.

ROQUEFORT

✉ 40120 (Landes) – 1 896 hab. – **Voir carte n°3-B2**
Paris 667 km – Bordeaux 107 km – Mont-de-Marsan 23 km – Saint-Pierre-du-Mont 31 km
Carte Michelin 335-J10 – Guide Vert Michelin Aquitaine

Le St-Vincent

76 r. Laubaner – ✆ 05 58 45 75 36 – www.lestvincent.com
7 ch – †70/95 € ††70/95 € – ☕ 11 €
Rest *Le St-Vincent* – voir les restaurants ci-après
Cette maison de maître du 19es. possède un indéniable cachet : beaux volumes, carrelages et parquets d'origine, murs en pierre, etc., le tout aménagé dans une veine classique. À noter : les salles de bains sont équipées uniquement d'une douche.

Le St-Vincent – Hôtel Le St-Vincent

76 r. Laubaner – ✆ 05 58 45 75 36 – www.lestvincent.com – Fermé jeudi
Formule 18 € – Menu 22/40 € *(réservation conseillée)*
Originaire du Lot-et-Garonne, le jeune chef a voulu fêter son retour dans le Sud-Ouest en renouant avec la clientèle locale. Il a donc pris le parti d'une cuisine simple et efficace, accessible à toutes les bourses, mais... nullement oublieuse de la qualité des produits. Tout en saveurs, le pari est réussi !

ROQUEFORT-LES-PINS

✉ 06330 (Alpes-Maritimes) – 6 355 hab. – **Voir carte n°42-E2**
Paris 912 km – Cannes 18 km – Grasse 14 km – Nice 25 km
Carte Michelin 341-D6

Auberge du Colombier

au Colombier, rte de Nice, sur D 2085 – ✆ 04 92 60 33 00 – www.auberge-du-colombier.com – Ouvert 21 mars à fin oct.
18 ch – †65/110 € ††80/130 € – 1 suite – ☕ 12 € – ½ P
Rest – Formule 23 € – Menu 30/39 € – Carte 37/76 € *(fermé merc. midi et mardi)*
Devant cette grande maison jaune, un superbe chêne plusieurs fois centenaire, au cœur d'un très joli parc dominant la vallée... Les amateurs de nature seront comblés ! Autres atouts : des chambres d'esprit rustique et une agréable piscine. À noter : les soirées grillades du vendredi soir (en saison) rencontrent un vif succès.

LA ROQUE-GAGEAC

✉ 24250 (Dordogne) – 418 hab. – **Voir carte n°4-D3**
Paris 535 km – Brive-la-Gaillarde 71 km – Cahors 53 km – Périgueux 71 km
Carte Michelin 329-I7 – Guide Vert Michelin Périgord Quercy

La Belle Étoile avec ch

Le Bourg – ✆ 05 53 29 51 44 – www.belleetoile.fr – Ouvert 1er avril-1er nov. et fermé merc. midi et lundi
14 ch – 55/75 € 55/75 € – 11 € – ½ P Formule 28 € – Menu 31/52 €
Manger à La Belle Étoile en plein jour, c'est possible ! Rendez-vous donc dans cette demeure tournée vers la Dordogne... La cuisine réserve de belles surprises : savoureuse et gourmande, elle sait mettre le terroir en valeur et régale ! Et de petites chambres permettent de prolonger son séjour dans ce joli village.

rte de Vitrac au Sud-Est par D 703 – ✉ 24250 La-Roque-Gageac

Le Périgord rest,

à 3 km – ✆ 05 53 28 36 55 – www.hotelleperigord.eu – Fermé janv. et fév.
39 ch – 65/85 € 65/85 € – 10 € – ½ P
Rest – Formule 20 € – Menu 25/49 € – Carte 47/71 € *(fermé lundi et mardi d'oct. à fin avril)*
Au pied de la bastide de Domme, cette maison d'allure régionale est entourée d'un grand jardin. Chambres confortables et bien tenues ; préférez les plus récentes. Au restaurant : spécialités périgourdines – enseigne oblige !

LA ROQUE-SUR-PERNES

✉ 84210 (Vaucluse) – 431 hab. – **Voir carte n°42-E1**
Paris 697 km – Avignon 34 km – Marseille 99 km – Salon-de-Provence 49 km
Carte Michelin 332-D10

Château La Roque

263 chemin du Château – ✆ 04 90 61 68 77 – www.chateaularoque.com – Fermé 17 nov.-12 fév.
5 ch – 180/220 € 180/220 € – 20 € – ½ P
Table d'hôte – Menu 38/72 € *(fermé dim., lundi et mardi)*
Ce château du 11es. a été magnifiquement restauré. Chambres raffinées et spacieuses ; terrasses en restanques et belle piscine dans la roche. Vue provençale époustouflante ! Repas concoctés par le maître des lieux et pris dans la salle templière ou le jardin.

ROSAY – 78 Yvelines → voir Mantes-la-Jolie

ROSBRUCK – 57 Moselle → voir Forbach

ROSCOFF

✉ 29680 (Finistère) – 3 626 hab. – **Voir carte n°9-B1**
Paris 563 km – Brest 66 km – Landivisiau 27 km – Morlaix 27 km
Carte Michelin 308-H2 – Guide Vert Michelin Bretagne Nord

Le Brittany

bd Ste-Barbe – ✆ 02 98 69 70 78 – www.hotel-brittany.com – Ouvert 14 mars-9 nov. Plan : Z**a**
20 ch – 170/560 € 170/560 € – 3 suites – 23 € – ½ P
Rest *Le Brittany* ✿ – voir les restaurants ci-après
Ce beau manoir du 17e s. fut démonté puis reconstruit à l'identique sur le port de la petite cité corsaire ! Chambres au charme discret, salons cossus, spa avec piscine, sens de l'accueil : tout est mis en œuvre pour que l'on se sente bien.

Le Temps de Vivre sans rest

19 pl. Lacaze-Duthiers – ✆ 02 98 19 33 19 – www.letempsdevivre.net – Fermé 3 semaines début déc., 3 semaines début fév., dim. et lundi en hiver Plan : Y**e**
15 ch – 110/315 € 110/315 € – 15 €
Plusieurs maisons corsaires, pétries du charme âpre de la pierre, pour de grandes chambres épurées. Extrêmement raffinées dans leur dépouillement (pierre, wengé, chêne), elles s'enroulent autour d'un patio fleuri ; le confort est au rendez-vous.

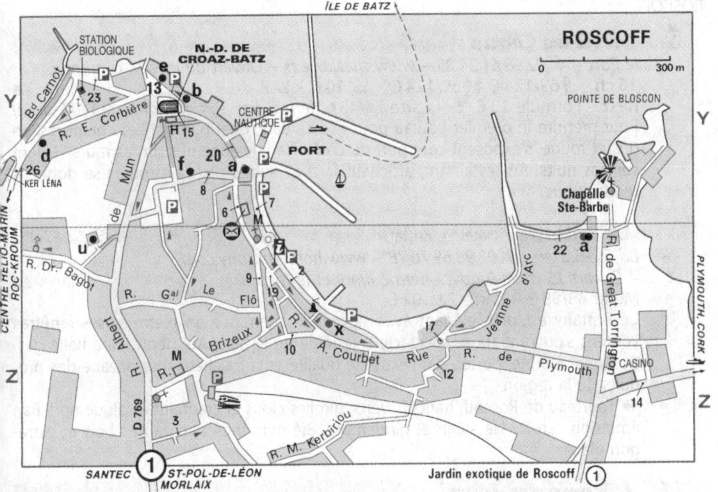

Auxerre (Quai d') . . . . Z 2
Capucins (R. des) . . . . Z 3
Gambetta (R.) . . . . Y 6
Gaulle (Q. Ch.-de) . . . . Y 7
Johnies (R. des) . . . . Y 8
Jules-Ferry (R.) . . . . Z 9
Keranveyer (R. de) . . . . Z 10
Kléber (R.) . . . . Z 12
Lacaze-Duthiers (Pl.) . . . . Y 13
Lannurien (R. G.-de) . . . . Z 14
Pasteur (R. L.) . . . . Y 15
Pen al Leur (Pl. de) . . . . Z 17
République (Pl. de la) . . . . Z 19
Reveillère (R. Amiral) . . . . Y 20
Ste-Barbe (Bd) . . . . Z 22
Tessier (Pl. G.) . . . . Y 23
Victor-Hugo (R.) . . . . Y 26

Talabardon

27 pl. Lacaze-Duthiers, (près de l'église) – ✆ 02 98 61 24 95 – www.hotel-talabardon.com – Ouvert de mi-fév. à mi-nov. Plan : Y**b**

37 ch – 85/165 € 100/180 € – 13 € – ½ P

Rest – Formule 18 € – Menu 22/50 € – Carte 41/68 € *(fermé dim. soir et jeudi)*

Bien que situé dans une des rues pittoresques de Roscoff, juste à côté de la superbe église, cet hôtel est un exemple de confort moderne. Bien sûr, les chambres les plus prisées ont vue sur la mer et la jetée. Le restaurant aussi, et c'est un vrai plaisir d'y déguster coquillages, poissons et crustacés.

La Résidence sans rest

14 r. des Johnnies – ✆ 02 98 69 74 85 – www.hotelroscoff-laresidence.fr – Ouvert 10 fév.-15 déc. Plan : Y**f**

28 ch – 69/99 € 69/99 € – 11 €

Dans un quartier calme près du port et de l'église. L'hôtel abrite des chambres élégantes et cosy, toutes rénovées avec goût. La tenue de l'ensemble est irréprochable et l'accueil toujours aussi aimable.

Armen Le Triton sans rest

r. du Dr.-Bagot – ✆ 02 98 61 24 44 – www.hotel-letriton.com Plan : Z**u**

44 ch – 54/99 € 54/99 € – 9 €

Repos garanti dans cet établissement situé à deux pas du centre-ville et des plages. Une adresse à choisir également pour ses chambres colorées, aux styles divers, proposées à un prix raisonnable, et pour son parking privé !

Aux Tamaris sans rest

49 r. Édouard-Corbière – ✆ 02 98 61 22 99 – www.hotel-aux-tamaris.com – Fermé 5-19 janv. Plan : Y**d**

25 ch – 59/109 € 59/109 € – 10 €

Calme et confortable, un hôtel un peu excentré, juste en face de la mer. Les chambres déclinent elles aussi la panoplie du charme marin (voiles, phares, plancher en bois, etc). Et l'on prend son petit-déjeuner devant l'île de Batz...

Hôtel du Centre

le Port – 02 98 61 24 25 – www.chezjanie.fr – Ouvert de mi-fév. à mi-nov.
16 ch – 69/124 € 69/124 € – 10 € – ½ P Plan : Y**a**
Rest – Formule 13 € – Carte 24/43 € *(fermé dim. soir et mardi sauf juil.-août)*
Pour prendre le premier bateau pour l'île de Batz, c'est parfait ! Les chambres, en gris et rouge, s'exposent côté port ou côté ville ; des poèmes sur les murs veillent sur vos nuits. Au restaurant, artichaut farci et autres plats bistrotiers se donnent rendez-vous.

Le Brittany – Hôtel Le Brittany

bd Ste-Barbe – 02 98 69 70 78 – www.hotel-brittany.com – Ouvert 15 mars-9 nov. , fermé lundi et le midi Plan : Z**a**
Menu 48/98 € – Carte 72/102 €
Ce Brittany est bien élégant avec sa grande cheminée en pierre et ses fenêtres voûtées s'ouvrant sur le spectacle splendide de la baie. Au menu : une belle gastronomie marine, portée par l'extrême qualité et la fraîcheur tout océane des produits de la région.
→ Tourteau de Roscoff, haricots verts, girolles clous et craquant à l'algue nori. Bar, émulsion carotte de sable et gingembre. Blé noir, fraises mara des bois et estragon glacé.

L'Écume des Jours

quai d'Auxerre – 02 98 61 22 83 – www.ecume-roscoff.fr – Fermé 15 déc.-31 janv., mardi et merc. sauf juil.-août Plan : Z**x**
Formule 21 € – Menu 33/57 € – Carte 44/62 €
Il faut marcher un peu vers le phare, face au port, pour trouver cette maison d'armateur datant du 16e s. Murs de granit, petite tourelle : elle n'a rien perdu de son charme d'antan ! On y déguste une cuisine généreuse, qui justifie sa très bonne cote dans les environs.

ROSENAU

68128 (Haut-Rhin) – 2 130 hab. – **Voir carte n°1-B3**
Paris 492 km – Altkirch 25 km – Basel 15 km – Belfort 70 km
Carte Michelin 315-J11

Au Lion d'Or

5 r. Village-Neuf – 03 89 68 21 97 – www.auliondor-rosenau.com – Fermé 21 juil.-3 août, 1 semaine en fév., lundi et mardi
Menu 19 € (déj. en semaine), 30/44 € – Carte 28/58 €
Une auberge sympathique et élégante, tenue par la même famille depuis 1928. Le chef mêle avec brio saveurs d'aujourd'hui et richesses du terroir, sans exclure les spécialités des autres régions de France ! La sélection de vins au verre est courte, mais bien ficelée. Et l'été, on profite de la jolie terrasse.

ROSHEIM

67560 (Bas-Rhin) – 4 834 hab. – **Voir carte n°1-A2**
Paris 485 km – Erstein 20 km – Molsheim 9 km – Obernai 6 km
Carte Michelin 315-I6

Hostellerie du Rosenmeer

45 av. de la Gare, 2 km au Nord-Est sur D 35 – 03 88 50 43 29 – www.le-rosenmeer.com – Fermé 21 juil.-7 août et 17 fév.-12 mars
20 ch – 59/109 € 59/109 € – 11 € – ½ P
Rest *Hostellerie du Rosenmeer* **Rest *Winstub d'Rosemer*** – voir les restaurants ci-après
Cet hôtel d'inspiration alsacienne borde le ruisseau qui lui a donné son nom. Les chambres sont de facture classique ou plus contemporaine. Et l'étape gastronomique est tentante...

Hostellerie du Rosenmeer (Hubert Maetz)

45 av. de la Gare, 2 km au Nord-Est sur D 35 – 03 88 50 43 29 – www.le-rosenmeer.com – Fermé 21 juil.-7 août et 17 fév.-12 mars, dim. soir, lundi et merc.
Formule 35 € – Menu 49 € /80 € – Carte 58/88 €
Il fallait un décor sobre et contemporain pour mettre en valeur la cuisine volontiers inventive d'Hubert Maetz. La carte privilégie des produits d'une extrême fraîcheur, travaillés avec finesse, et la terre d'Alsace, y compris sa flore (coulis d'orties, jus de racine de primevère, ail des ours...). ➜ Assiette terre et mer au carré de porc séché et pinot noir. Dorade aux olives noires à l'hysope et quinoa. Feuilleté croustillant aux framboises, glace au sureau.

Auberge du Cerf

120 r. du Gén.-de-Gaulle – 03 88 50 40 14 – www.aubergeducerf-rosheim.com – Fermé mardi soir et merc.
Menu 14 € (semaine), 18/45 € – Carte 33/52 €
Au cœur de la cité vigneronne, dégustez une cuisine traditionnelle et régionale dans une auberge à colombages, joliment fleurie.

La Petite Auberge

41 r. du Gén.-de-Gaulle – 03 88 50 40 60 – www.petiteauberge.fr – Fermé jeudi soir et merc.
Menu 21/40 € – Carte 24/57 €
Dans la rue principale, cette maison alsacienne typique cache une salle aux allures de bistrot chic. Nombreux menus traditionnels et, chaque jour, suggestions du marché.

Winstub d'Rosemer – Hostellerie du Rosenmeer

45 av. de la Gare, 2 km au Nord-Est sur D 35 – 03 88 50 43 29 – www.le-rosenmeer.com – Fermé 21 juil.-7 août et 17 fév.-12 mars, dim. soir et lundi
Menu 38 € – Carte 26/49 €
Qui dit winstub dit tradition ! Celle-ci ne déroge pas à la règle... Pâté en croûte et foie gras maison, hareng frais accompagné de munster et d'un verre de gewurztraminer : tout cela attire les gourmands.

LA ROSIÈRE – 14 Calvados ➜ voir Arromanches-les-Bains

LA ROSIÈRE 1850

73700 (Savoie) – Voir carte n°**45**-D2
Paris 657 km – Albertville 76 km – Bourg-St-Maurice 22 km – Chambéry 125 km
Carte Michelin 333-O4 – Guide Vert Michelin Alpes du Nord

Relais du Petit St-Bernard

– 06 60 69 80 48 – www.petit-saint-bernard.com – Ouvert 21 juin-7 sept. et 13 déc.-19 avril
20 ch – 37/69 € 50/73 € – 8,50 € – ½ P
Rest – Formule 15 € – Menu 18 € (déj. en semaine), 22/31 € – Carte 22/49 €
De retour du col du Petit-St-Bernard (2 188 m), vous pourrez reprendre des forces dans cet hôtel rustique à souhait et fort bien tenu. Préférez les chambres avec balcon : le panorama vaut le coup d'œil... Les fondues et autres raclettes servies au restaurant finiront de vous remettre sur pied !

LES ROSIERS-SUR-LOIRE

49350 (Maine-et-Loire) – 2 357 hab. – Voir carte n°**35**-C2
Paris 304 km – Angers 32 km – Baugé 27 km – Bressuire 66 km
Carte Michelin 317-H4 – Guide Vert Michelin Châteaux de la Loire

Au Val de Loire avec ch

rest,

pl. de l'Église – 02 41 51 80 30 – www.au-val-de-loire.com – Fermé 15 fév.-15 mars, jeudi soir, dim. soir et lundi
8 ch – 55/65 € 55/65 € – 8 € – ½ P
Menu 16 € (semaine), 26/44 € – Carte 45/51 €
Plantes aromatiques et fleurs apportent un zeste d'originalité à la cuisine traditionnelle, souvent à base de poisson, de cette hostellerie familiale. Les chambres, elles aussi, portent des noms de fleurs et méritent que l'on s'y arrête pour la nuit.

XX **La Toque Blanche**

2 r. Quarte, rte d'Angers – ✆ 02 41 51 80 75 – www.restaurantlatoqueblanche.fr – Fermé 3 semaines en janv., merc. de sept. à avril et mardi

Formule 20 € – Menu 25/55 € – Carte 43/55 €

Un nouveau couple de propriétaires a repris cette adresse en 2012 : le décor a été rafraîchi – mais la vue sur le fleuve demeure – et la carte renouvelle l'esprit de tradition de la maison – en conservant néanmoins à la carte le sandre au beurre blanc et la matelote d'anguille !

ROSPEZ – 22 Côtes-d'Armor ➜ voir Lannion

ROSTRENEN

22110 (Côtes-d'Armor) – 3 307 hab. – **Voir carte n°9-B2**

Paris 485 km – Carhaix-Plouguer 22 km – Quimper 71 km – St-Brieuc 58 km

Carte Michelin 309-C5 – Guide Vert Michelin Bretagne Nord

XX **L'Éventail des Saveurs** (Laurent Bacquer)

3 pl. du Bourg-Coz – ✆ 02 96 29 10 71 – www.restaurant-eventail-des-saveurs.com – Fermé 1er-14 juil., mardi soir, merc. soir, dim. et lundi

Formule 15 € – Menu 18 € (déj. en semaine), 43/67 €

Un véritable éventail de saveurs, de fait, où s'épanouissent avec largesse les arômes de beaux produits de la mer et du terroir régional. Le travail du chef – un passionné – révèle beaucoup de finesse, pour le plaisir des convives. Formule bistrot au déjeuner.

➜ Langoustine et boudin noir fermier, jus de cochon, pomme crue et cuite. Veau en cuisson douce, girolles et gnocchis de pomme de terre fumée. Cigare au chocolat, mousse de vanille et ganache cacahouète.

ROUBAIX

59100 (Nord) – 94 713 hab. – **Voir carte n°31-C2**

Paris 232 km – Kortrijk 23 km – Lille 15 km – Tournai 20 km

Carte Michelin 302-H3

Accès et sorties : voir plan de Lille

X **Le Beau Jardin**

av. Le Nôtre, (Le Parc Barbieux) – ✆ 03 20 20 61 85 – www.lebeaujardin.fr – Fermé le soir sauf vend. et sam. Plan : 3HS**w**

Formule 16 € – Menu 21 € (semaine)/32 € – Carte 45/60 €

Au cœur du magnifique parc de Barbieux. La vue sur le plan d'eau est très agréable ; on se régale de salades et de petits plats dans lesquels les saveurs sont de saison. Côté brasserie (déjeuner en semaine), honneur aux spécialités régionales.

ROUEN

✉ 76000 (Seine-Maritime) - 110 933 hab. - Agglo. 463 681 hab. - **Voir carte n°33-D2**
▶ Paris 134 km - Amiens 122 km - Caen 124 km - Le Havre 87 km
Carte Michelin 304-G5 - Guide Vert Michelin Normandie Vallée de la Seine

Hôtels

Hôtel de Bourgtheroulde

rest,

15 pl. de la Pucelle - ✆ 02 35 14 50 50 - www.hotelsparouen.com Plan : AY**m**
78 ch - 240/320 € 240/320 € - 24 €
Rest *L'Aumale* - Menu 55/65 € - Carte 65/118 € *(fermé 15 juil.-15 août et le midi sauf vend. et sam.)*
Rest *La Brasserie des 2 Rois* - Carte 23/55 €
Tourelle gothique, meneaux, galerie Renaissance : ce véritable monument historique (16e s.) est un joyau... Avec ses chambres qui associent au mieux ancien et contemporain, son spa superbe, ses deux restaurants (dont une brasserie dédiée à la viande) et son bar qui impressionne avec son plancher de verre surplombant la piscine, voilà bien un ensemble d'exception !

Mercure Champ-de-Mars

12 av. A.-Briand - ✆ 02 35 52 42 32 - www.rouen-hotel.fr Plan : CZ**j**
121 ch - 80/170 € 95/185 € - 18 €
Rest - Formule 23 € - Menu 28 € - Carte 32/43 € *(fermé le midi, sam. et dim.)*
À la limite du centre-ville, au bord de la Seine (de laquelle il est séparé - il faut le préciser - par un boulevard très passant), ce Mercure est idéal pour la clientèle de passage soucieuse de confort.

Mercure Centre sans rest

7 r. de la Croix-de-Fer - ✆ 02 35 52 69 52 - www.mercure.com Plan : BZ**f**
124 ch - 109/149 € 124/164 € - 1 suite - 18 €
Dans le quartier piétonnier du vieux Rouen, ce bâtiment moderne s'insère plutôt bien entre les maisons à colombages environnantes. Certaines chambres donnent sur la cathédrale et leur déco met à l'honneur les grands écrivains de la région (Flaubert, Maupassant...) : un ensemble réussi et confortable.

Hôtel du Vieux Marché sans rest

15 r. de la Pie - ✆ 02 35 71 00 88
- www.bestwestern-hotel-vieuxmarche.com Plan : AY**h**
48 ch - 180/300 € 210/300 € - 15 €
À deux pas de la place du Vieux-Marché, où périt Jeanne d'Arc, cet ensemble de maisons médiévales, tout en colombages, abrite des chambres très... modernes, sobres et feutrées. Le calme des lieux est étonnant vu la situation en centre-ville !

ROUEN

Alliés (Av. des) . . . . **DX** 4
Ango (R. Jean) . . . . **EV** 7
Béthencourt (Bd) . . . . **EV** 14
Bicheray (Av. du Cdt) . . . . **DV** 15
Boisguilbert (Quai de) . . . . **EV** 18
Bois-des-Dames (Av. du) . . . . . . **EV** 17
Bonsecours (Rte de) . . . . **EX** 160
Briand (R. Aristide) . . . . **DX** 33
Brossolette (Bd) . . . . **DX** 34
Bruyères (Rond-Point des) . . . . . **EX** 36
Caen (Av. de) . . . . **EV** 37
Canteleu (Rte de) . . . . **DV** 39
Carnot (Av.) . . . . **DV** 40
Carrel (R. Armand) . . . . **EV** 21
Chasselièvre (R.) . . . . **EV** 52
Clères (Chemin de) . . . . **EV** 54
Coquelicots (R. des) . . . . **EX** 55
Corneille (Quai Pierre) . . . . **EX** 58
Corniche (Rte de la) . . . . **FV** 60
Darnétal (Rte de) . . . . **FV** 64
Duclair (R. de) . . . . **DV** 69
Elbeuf (R. d') . . . . **EX** 75
Europe (Av. de l') . . . . **EV** 78
Europe (Bd de l') . . . . **EVX** 79
La-Fayette (R.) . . . . **EV** 103
Felling (Av. de) . . . . **EX** 82
Flaubert (Pt) . . . . **EV** 83
Fond-du-Val (Allée du) . . . . **EV** 85
France (Quai de) . . . . **DV** 87
Gaulle (Bd Charles-de) . . . . **DX** 88
Grand'Mare (Av. de la) . . . . **FV** 92
Grand-Cours (Av. du) . . . . **EX** 91
Jean-Jaurès (Av.) . . . . **DX** 97
Jean-Jaurès (Bd) . . . . **DV** 99
Leclerc-de-Hauteclocque
(Av. du Gén.) . . . . **DX** 106
Leclerc (Av. Général) . . . . **DV** 105
Lesseps (Bd Ferdinand-de) . . . . **EV** 107
Maréchal-Juin (Av. du) . . . . **FV** 109
Martyrs-de-la-Résistance
(R. des) . . . . **DV** 110
Mont-Riboudet (Av. du) . . . . **EV** 112
Nansen (R.) . . . . **DV** 114
Paris (Rte de) . . . . **FX** 158
Pène (R. Annie-de) . . . . **FV** 118
Quatre-Mares (Grande R. de) . . . **EX** 122
Renard (R. du) . . . . **EV** 125
République (R. de la) . . . . **FV** 126
Rondeaux (Av. Jean) . . . . **EV** 131
Roosevelt (Bd Franklin) . . . . **DX** 132
Ste-Lucie (Rond-Point) . . . . **DX** 135
Siegfried (Bd André) . . . . **EV** 142
Sotteville (R. de) . . . . **EX** 145
Verdun (Bd de) . . . . **EV** 150
Verdun
(Bd de GRAND-QUEVILLY) . . **DX** 165
11-Novembre (Bd du) . . . . **EX** 157

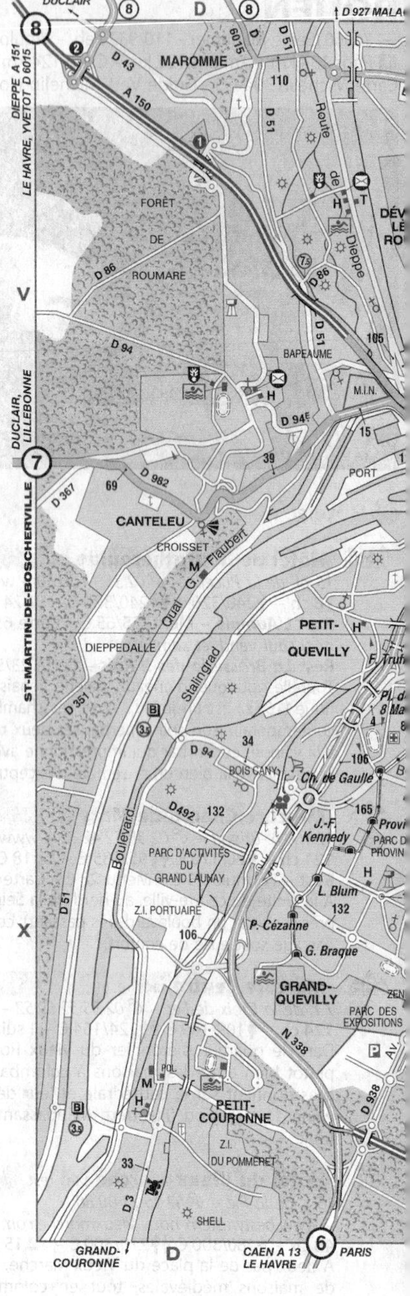

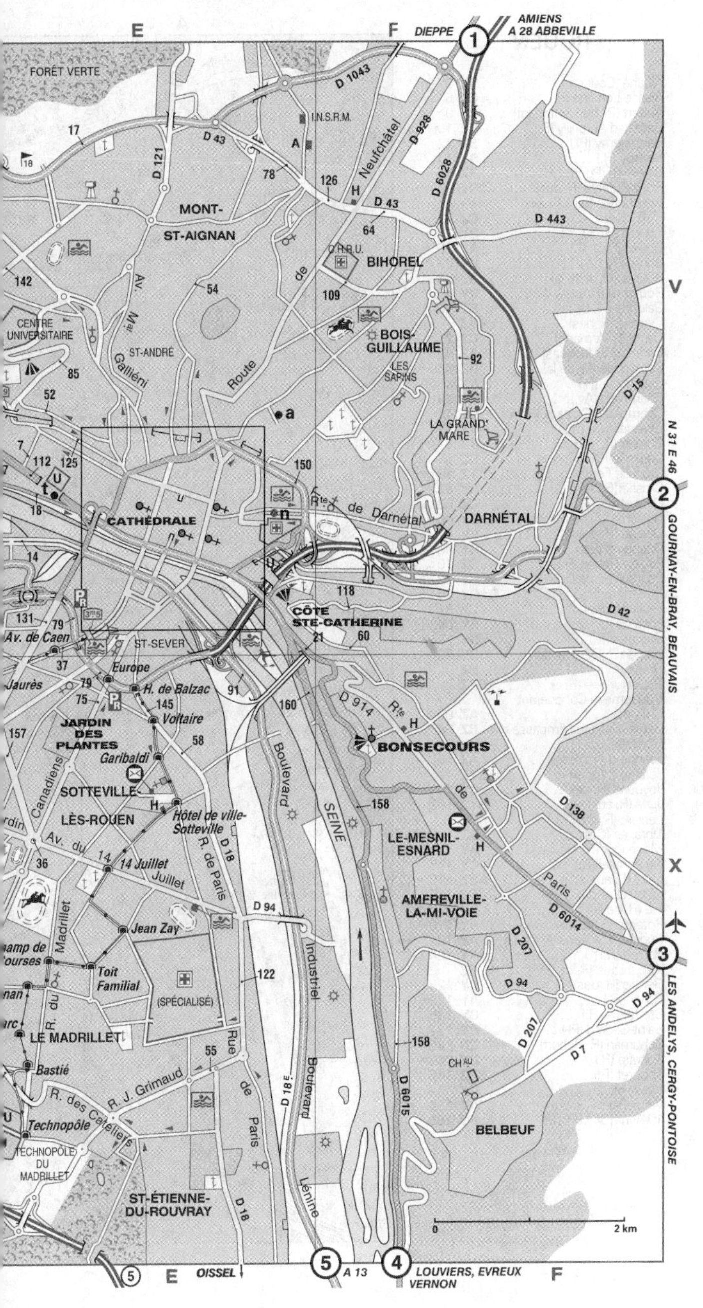

DIEPPE
AMIENS
A 28 ABBEVILLE
FORÊT VERTE
MONT-
ST-AIGNAN
BIHOREL
BOIS-
GUILLAUME
LES SARINS
LA GRAND' MARE
DARNÉTAL
CENTRE UNIVERSITAIRE
ST-ANDRÉ
CATHÉDRALE
CÔTE
STE-CATHERINE
ST-SEVER
JARDIN DES PLANTES
SOTTEVILLE-
LÈS-ROUEN
BONSECOURS
LE-MESNIL-
ESNARD
AMFREVILLE-
LA-MI-VOIE
LE MADRILLET
TECHNOPÔLE DU MADRILLET
ST-ÉTIENNE-
DU-ROUVRAY
BELBEUF
SEINE
N 31 E 46
GOURNAY-EN-BRAY, BEAUVAIS
LES ANDELYS, CERGY-PONTOISE
OISSEL
A 13
LOUVIERS, EVREUX
VERNON
2 km

ROUEN

Albane (Cour d') . . . . **BZ** 3
Alsace-Lorraine (R.) . . . . **CZ** 6
Aubert (Pl. du Lieutenant) . . . . **CZ** 9
Barbey-d'Aurevilly (R.) . . . . **AZ** 10
Barthélemy (Pl.) . . . . **BZ** 12
Beffroy (R.) . . . . **BY** 13
Boieldieu (Pont) . . . . **BZ** 16
Bons-Enfants (R. des) . . . . . . **ABY** 19
Boucheries-Saint-Ouen
(R. des) . . . . **CZ** 22
Boudin (R. E.) . . . . **BY** 24
Boulet (Quai G.) . . . . **AY** 25
Bourg-l'Abbé (R.) . . . . **CY** 27
Bourse (Quai de la) . . . . **BZ** 28
Bouvreuil (R.) . . . . **BY** 30
Calende (Pl. de la) . . . . **BZ** 35
Carmes (R. des) . . . . **BYZ**
Carrel (R. Armand) . . . . **CZ** 21
Cartier (Av. Jacques) . . . . **AZ** 43
Cathédrale (Pl. de la) . . . . **BZ** 45
Cauchoise (R.) . . . . **AY** 46
Champlain (Av.) . . . . **BZ** 49
Champ-des-Oiseaux (R. du) . . . **BY** 48
Chasselièvre (R.) . . . . **AY** 52
Cordier (R. du) . . . . **BY** 57
Corneille (Quai Pierre) . . . . **BZ** 58
Croix-de-Fer (R. de la) . . . . . . **BYZ** 59
Crosne (R. de) . . . . **AY** 61
Damiette (R.) . . . . **CZ** 63
Delacroix (Allée Eugène) . . . . . **BY** 66
Donjon (R. du) . . . . **BY** 67
Duchamp (Espl. M.) . . . . **BY** 68
Eau-de-Robec (R.) . . . . **CZ** 70
Écureuil (R. de l') . . . . **BY** 72
Ernemont (R. d') . . . . **CY** 76
Faulx (R. des) . . . . **CZ** 81
Foch (Pl.) . . . . **BY** 84
Ganterie (R.) . . . . **BY**
Gaulle (Pl. Général-de) . . . . **CY** 89
Grand-Pont (R.) . . . . **BZ**
Gros-Horloge (R. du) . . . . . . **ABYZ**
Guillaume-le-Conquérant
(Pont) . . . . **AZ** 93
Hauts-Mariages (Impasse des) **CZ** 94
Hôpital (R. de l') . . . . **BY** 96
Jeanne-d'Arc (Pont) . . . . **AZ** 100
Jeanne-d'Arc (R.) . . . . **BYZ**
Joyeuse (R. de) . . . . **CY** 101
Juifs (R. aux) . . . . **BYZ** 102
Leclerc (R. du Gén.) . . . . **BZ**
Libraires (Cour des) . . . . **BZ** 108
Mesnager (R. Nicolas) . . . . **AY** 111
Neufchatel (Rte de) . . . . **CY** 115
Ours (R. aux) . . . . **ABZ** 116
Paris (Quai de) . . . . **BZ** 117
Pie (R. de la) . . . . **AY** 119
Poterne (R. de la) . . . . **BY** 120
Pucelle-d'Orléans (Pl. de la) . . . **AZ** 121
Racine (R.) . . . . **AY** 124
République (R. de la) . . . . **BZ**
Requis (R. des) . . . . **CY** 128
Rollon (R.) . . . . **AY** 129
Ste-Marie (R.) . . . . **CY** 138
Saint-Godard (Pl.) . . . . **BY** 137
Schuman (R. Robert) . . . . **CS** 140
Socrate (R.) . . . . **BY** 143
Thouret (R.) . . . . **BYZ** 147
Vieux-Marché (Pl. du) . . . . **AY**
Vieux-Palais (R. du) . . . . **AY** 152
19-Avril-1944 (Pl. du) . . . . **BY** 155

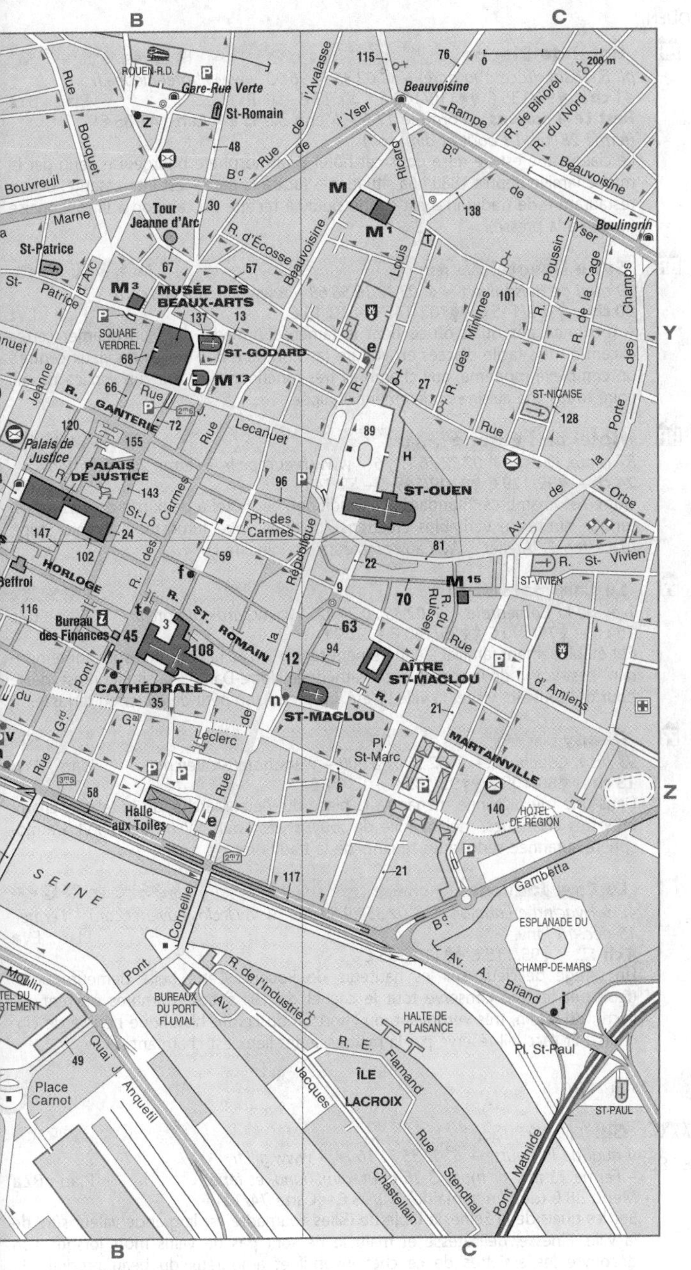

B
C
Y
Z
ROUEN-R.D.
Gare-Rue Verte
St-Romain
Beauvoisine
Boulingrin
Tour
Jeanne d'Arc
St-Patrice
MUSÉE DES
BEAUX-ARTS
SQUARE
VERDREL
ST-GODARD
Palais de
Justice
PALAIS
DE JUSTICE
ST-OUEN
Pl. des
Carmes
ST-NICAISE
ST-VIVIEN
Beffroi
Bureau
des Finances
CATHÉDRALE
AÎTRE
ST-MACLOU
ST-MACLOU
Pl.
St-Marc
HÔTEL
DE RÉGION
Halle
aux Toiles
SEINE
ESPLANADE DU
CHAMP-DE-MARS
BUREAUX
DU PORT
FLUVIAL
HALTE DE
PLAISANCE
ÎLE
LACROIX
Pl. St-Paul
ST-PAUL
Place
Carnot

Hôtel de Dieppe rest, rest,

pl. B.-Tissot, (face à la gare) – ✆ 02 35 71 96 00 – www.hotel-dieppe.fr
41 ch – †95/135 € ††110/160 € – ☕ 13 € – ½ P Plan : BY**z**
Rest *Le 4 Saisons* – Formule 17 € – Menu 32/55 € – Carte 42/85 €
(fermé 28 juil.-18 août et dim. soir)
Le classicisme est de mise dans cet hôtel à l'atmosphère bourgeoise, tenu par la même famille depuis 1880 ! Sa situation – face à la gare – est intéressante, et son restaurant – de tradition – est connu pour sa recette du caneton à la rouennaise (réalisé à la presse).

Suite Novotel sans rest

10 quai de Boisguibert – ✆ 02 32 10 58 68 – www.suitenovotel.com
80 ch – †102/145 € ††102/145 € – ☕ 15 € Plan : EV**t**
À proximité des quais où se tient la fameuse Armada, dans un quartier certes excentré mais facile d'accès en voiture (au contraire des ruelles du vieux centre), un complexe moderne, aux chambres très fonctionnelles, avec un espace travail, voire toute une cuisine entièrement équipée.

Hôtel de l'Europe sans rest

87 r. aux Ours – ✆ 02 32 76 17 76 – www.h-europe.fr – Fermé 20 déc.-5 janv.
24 ch – †99/129 € ††129/149 € – ☕ 14 € Plan : AZ**e**
Outre ses chambres "Standard" et "Tradition", cet hôtel à deux pas du centre historique abrite de véritables créations, ludiques voire futuristes : "Comic Strip", "Backstage", "Atelier"... Avis aux amateurs d'originalité !

Le Cardinal sans rest

1 pl. de la Cathédrale – ✆ 02 35 70 24 42 – www.cardinal-hotel.fr Plan : BZ**r**
15 ch – †75/140 € ††85/180 € – ☕ 9 €
Cet établissement familial – entièrement rénové en 2012 dans un esprit contemporain – est voisin de la somptueuse cathédrale Notre-Dame : sa situation est idéale pour qui souhaite visiter la ville ! L'été, on prend son petit-déjeuner en terrasse.

Dandy sans rest

93 bis r. Cauchoise – ✆ 02 35 07 32 00 – www.hotels-rouen.net Plan : AY**p**
18 ch – †80/105 € ††92/135 € – ☕ 11 €
Dans une rue piétonne menant à la place du Vieux-Marché, un hôtel aux chambres très classiques, mêlant toile de Jouy, styles Louis XV ou Louis XVI. L'atmosphère surannée séduira les tenants de la tradition...

Le Clos Jouvenet sans rest

42 r. Hyacinthe-Langlois – ✆ 02 35 89 80 66 – www.leclosjouvenet.com – Fermé 15 déc.-15 janv. Plan : EV**a**
4 ch ☕ – †95/115 € ††110/125 €
Un refuge délicieux sur les hauteurs de Rouen... Cette belle demeure bourgeoise et feutrée conserve tout le cachet du 19e s. Les chambres ouvrent sur l'écrin du jardin, très verdoyant, ou l'horizon du centre historique hérissé de clochers... Et l'accueil réservé par la maîtresse des lieux est charmant !

Restaurants

Gill (Gilles Tournadre)

9 quai de la Bourse – ✆ 02 35 71 16 14 – www.gill.fr – Fermé 23 fév.-11 mars, 3-26 août, dim., lundi et fériés Plan : BZ**a**
Menu 38 € (déj. en semaine), 70/98 € – Carte 74/121 €
Sur les quais de la Seine, la table de Gilles Tournadre est la grande valeur sûre de la ville. Finesse, délicatesse et maîtrise ne sont pas de vains mots lorsque l'on découvre les assiettes de ce chef inventif et amoureux du beau produit. Un moment d'élégance, en harmonie avec le terroir normand.
→ Huîtres snackées, vinaigrette aux condiments, espuma de jus d'huîtres et tuile au seigle. Pigeon à la rouennaise, cuisses confites et laquées, sauce au sang. Soufflé au calvados et sorbet pomme verte.

XXX **Les Nymphéas**

9 r. de la Pie – ✆ 02 35 89 26 69 – www.lesnympheas-rouen.com – Fermé 3 semaines fin août début sept., dim. soir et lundi sauf fériés

Formule 25 € – Menu 42/74 € – Carte 57/111 € Plan : AY**h**

Cette table bien connue des Rouennais a récemment tourné une page de son histoire : Patrice Kukurudz a passé la main à son ancien second, lequel n'aura pas attendu le nombre des années (il est né en 1989 !) pour savoir exécuter les classiques de la maison avec brio... L'avenir est ouvert pour cette institution.

XXX **Les P'tits Parapluies**

pl. de la Rougemare – ✆ 02 35 88 55 26 – www.lesptits-parapluies.com – Fermé 10-25 août, sam. midi, dim. soir et lundi Plan : CY**e**

Menu 34 € (semaine), 44/64 €

Quelle que soit la météo, on se réfugie avec plaisir dans cette ancienne fabrique de parapluies ! Car c'est une vraie table de qualité, menée par un couple de sérieux professionnels – Marc et Gisèle Andrieu. Si le classicisme est de mise côté décor, la cuisine cultive l'air du temps... sans intempéries.

XXX **La Couronne**

31 pl. du Vieux-Marché – ✆ 02 35 71 40 90 – www.lacouronne.com.fr

Formule 25 € – Menu 35/49 € – Carte 53/87 € Plan : AY**d**

Superbement préservée, cette maison normande de 1345 serait "la plus vieille auberge de France". C'est évidemment une grande institution rouennaise, pleine d'âme, idéale pour savourer une cuisine empreinte de classicisme... Quel exemple de longévité !

XXX **Le Réverbère**

5 pl. de la République – ✆ 02 35 07 03 14 – www.le-reverbere-rouen.fr – Fermé une semaine en avril, 3 semaines en août et dim. Plan : BZ**e**

Menu 44 € 🍷/60 € – Carte 30/62 €

Près de la Seine, ce Réverbère illumine les papilles ! Nous sommes dans le repaire de José Rato, chef entier s'il en est, qui signe une cuisine à la fois généreuse et délicate. Côté décor, des lignes très modernes, des dominantes de rouge et de noir, et des chaises Starck : le ton est donné. Beau choix de bordeaux.

XX ✿ **Origine** (Benjamin Lechevallier)

26 rampe Cauchoise – ✆ 02 35 70 95 52 – www.restaurant-origine.com – Fermé 3 semaines en août, sam., dim. et fériés Plan : AY**g**

Formule 28 € – Menu 42/79 € – Carte 51/90 €

Mariages de saveurs judicieux, belle maîtrise, fraîcheur et finesse : le jeune chef, Benjamin Lechevallier, a fait ses classes chez les plus grands... La force des origines ? Il signe en tout cas une cuisine du marché très personnelle, qui ravit. Menus sans choix. → Foie gras en deux services, pâte de citron et marjolaine, et poché dans une soupe miso. Homard breton, artichaut violet à la bergamote, tomate et laurier. Pêche jaune en melba revisitée, kéfir lacté et céréales.

XX **Le Saint-Hilaire** Ⓝ

110 r. St-Hilaire – ✆ 02 35 98 74 55 – www.le-saint-hilaire.com – Fermé 3 semaines en juil.-aout, sam. midi, dim. et lundi Plan : EV**n**

Formule 19 € – Menu 22 € (semaine)/44 € – Carte environ 48 €

Arrêt vivement recommandé rue St-Hilaire : au n° 110, les assiettes font des étincelles ! Générosité, exigence, inspiration (la carte change toutes les semaines au gré du marché) : le jeune chef, Thomas Lemelle, a du talent, et ses réalisations sont pleines de parfum...

X **L'Odas** Ⓝ

4 passage Maurice-Lenfant – ✆ 02 35 73 83 24 – www.lodas.fr – Fermé dim. et lundi Plan : BZ**t**

Formule 25 € – Menu 28 € (déj.), 45/60 € – Carte 50/70 €

"Odas" pour Olivier Da Silva... mais aussi parce que ce jeune chef n'a pas manqué d'audace en s'installant fin 2013 dans ce bel hôtel particulier gothique du 16e s., où il propose une cuisine créative. Ses inspirations ? Les produits locaux et de saison. Son savoir-faire, déjà remarqué par le passé, fait le reste !

Minute et Mijoté

58 r. de Fontenelle, (angle r. Cauchoise) – ✆ 02 32 08 40 00 – www.minutemijote.canalblog.com – Fermé 2 semaines en août, dim. et lundi
Formule 16 € – Menu 20 € (déj.), 25/30 € – Carte environ 41 € Plan : AY**b**
Des réclames rétro, des photos en noir et blanc, des pochettes de disques, des bibelots : ce bistrot regorge d'objets anciens et joue la carte de la plus chaleureuse nostalgie ! Dans le même esprit, le credo du chef est : faire simple mais bon. On en redemande...

Le 37

37 r. St-Étienne-des-Tonneliers – ✆ 02 35 70 56 65 – www.le37.fr – Fermé 27avril-9 mai, 27 juil.-19 août, dim., lundi et feriés Plan : BZ**v**
Formule 20 € – Carte 36/46 €
Bistrot tendance, ambiance décontractée et, au piano, un chef qui prépare une cuisine très fraîche et pétillante, avec des suggestions à l'ardoise renouvelées chaque jour. Le 37 ? Un numéro gagnant !

La Place

26 pl. du Vieux-Marché – ✆ 02 35 71 97 06 – Fermé dim. et lundi Plan : AY**s**
Formule 19 € – Menu 25 € – Carte 24/35 €
Un concept signé Gilles Tournadre, du restaurant gastronomique Gill : un lieu chic et épuré ; une carte traditionnelle mâtinée d'Asie servie sous forme de petits plats à grignoter. Touche finale : le bar à cocktails. La formule est séduisante.

Gill Côté Bistro (N)

14 pl. du Vieux-Marché – ✆ 02 35 89 88 72 Plan : AY**x**
Formule 22 € – Carte environ 30 €
Le "côté bistro" du restaurant gastronomique de Gilles Tournadre. Sur la place du Vieux-Marché, les produits frais sont à l'honneur, comme la générosité. Et c'est ainsi qu'un simple gratin de chou-fleur annonce des plaisirs francs et sincères !

Le Parvis (N)

7 pl. Barthélémy – ✆ 02 35 15 28 80 – www.le-parvis-rouen.fr – Fermé dim. soir et lundi Plan : BZ**n**
Formule 15 € – Menu 19 € (dîner), 25/29 € – Carte 28/45 €
Une maison en colombages au pied des superbes dentelles de pierre de l'église St-Maclou : une vraie carte postale ancienne de la Normandie... Aux commandes, Laure clame : "pas de congélateur chez nous !" Elle fait tout maison et ne manque pas d'idées : voyez sa bouillabaisse à la normande. Sa petite adresse est épatante.

à Martainville-Épreville 13 km à l'Est par D 13, D 43 et rte secondaire – ✉ 76116 – 734 hab.

Sweet Home

534 r. des Marronniers, accès par imp. Coquetier – ✆ 02 35 23 76 05
4 ch – 54/101 € 58/105 € **Table d'hôte** – Menu 27/47 €
Au calme de la campagne, dans un petit hameau aux portes de Rouen, cette belle maison des années 1970 a des airs de gentilhommière... L'écrin de verdure du jardin, l'accueil chaleureux des propriétaires, le confort des chambres, comme le bon petit-déjeuner : tout séduit.

au Petit-Quevilly 3 km au Sud-Ouest – ✉ 76140 – 21 898 hab.

Les Capucines

16 r. Jean-Macé – ✆ 02 35 72 62 34 – www.les-capucines.fr – Fermé 3 semaines en août, 1 semaine en janv., sam. midi, dim. soir et lundi Plan : DX**s**
Menu 28 €, 36/55 € – Carte 54/79 € *(réservation conseillée)*
Une maison rouennaise dans laquelle la famille Demoget cultive l'art de recevoir depuis trois générations ! Décor élégant et cuisine généreuse, ancrée dans notre époque.

ROUFFACH

✉ 68250 (Haut-Rhin) – 4 574 hab. – **Voir carte n°1-A3**
Paris 479 km – Basel 61 km – Belfort 57 km – Colmar 16 km
Carte Michelin 315-H9

Château d'Isenbourg

rte de Plaffenheim – ✆ 03 89 78 58 50 – www.isenbourg.com
40 ch – 155/475 € 155/475 € – 1 suite – 25 € – ½ P
Rest – Formule 26 € – Menu 31 € (déj. en semaine), 46 € /74 € – Carte 63/86 €
Ce château du 18e s., bordé de vignes, domine la vieille ville. Les chambres sont spacieuses et cossues, mais un peu anciennes. Pour se détendre sereinement, on profite de la piscine, du sauna et du restaurant...

Philippe Bohrer

r. Poincaré – ✆ 03 89 49 62 49 – www.philippe-bohrer.fr – Fermé 10-23 mars et 21 juil.-3 août
Formule 31 € – Menu 45/99 € – Carte 55/84 € *(fermé lundi midi, merc. midi et dim.)*
Une belle demeure régionale à l'élégance bourgeoise et champêtre, pour une cuisine gastronomique associée à un judicieux choix de vins, notamment régionaux. Ambiance conviviale à la Brasserie Chez Julien, aménagée dans un ancien cinéma.
Brasserie Chez Julien ✆ 03 89 49 69 80 – Formule 11 € – Menu 21/29 € – Carte 29/55 €

à Bollenberg 6 km au Sud-Ouest par D 83 et rte secondaire – ✉ 68250

Auberge au Vieux Pressoir

– ✆ 03 89 49 60 04 – www.bollenberg.com – Fermé 23-27 déc., 6-20 janv., dim. soir de mi-nov. à mi-mars et lundi
Menu 28 € (semaine), 40/79 € – Carte 32/91 €
Plus qu'une maison de vigneron, un véritable petit musée : armes et objets anciens, trophées de chasse... pour une belle atmosphère d'autrefois, attachante et pleine de cachet. Cuisine du terroir et dégustations de vins de la propriété.

ROUFFIAC-TOLOSAN – 31 Haute-Garonne → voir Toulouse

ROUFFIGNAC

✉ 24580 (Dordogne) – 1 557 hab. – **Voir carte n°4-D1**
Paris 532 km – Bordeaux 156 km – Limoges 143 km – Périgueux 32 km
Carte Michelin 329-G5 – Guide Vert Michelin Périgord Quercy

Manoir des Cèdres sans rest

Tourtel – ✆ 05 53 35 01 60 – www.manoirdescedres.com – Ouvert avril à nov.
23 ch – 50/60 € 70/80 € – 10 €
On se sent comme chez soi dans cette ancienne maison de famille transformée en hôtel ! Les chambres – réparties dans le manoir et ses dépendances – sont confortables et bien tenues ; préférez celles du bâtiment principal. Il fait bon se promener dans le parc ou profiter de la belle piscine. Une bonne adresse.

LE ROUGET

✉ 15290 (Cantal) – 981 hab. – **Voir carte n°5-A3**
Paris 549 km – Aurillac 25 km – Figeac 41 km – Laroquebrou 15 km
Carte Michelin 330-B5

Hôtel des Voyageurs

20 av. du 15-Septembre-1945 – ✆ 04 71 46 10 14 – www.hotel-des-voyageurs.com – Fermé 15 fév.-15 mars
23 ch – 65/81 € 65/81 € – 8,50 € – ½ P
Rest *Restaurant des Voyageurs* – voir les restaurants ci-après
Cet hôtel sympathique, proche de la voie ferrée, perpétue la tradition de l'hospitalité. Simples et cosy, les chambres adoptent plusieurs styles (campagne, moderne ou british). Ne manquez pas l'espace bien-être avec sa douche à chromothérapie : idéal pour se détendre !

Restaurant des Voyageurs

20 av. du 15-Septembre-1945 – ✆ 04 71 46 10 14 – www.hotel-des-voyageurs.com – Fermé 15 fév.-15 mars et dim. soir d'oct. à avril

Menu 14 € (déj. en semaine), 28/40 € – Carte 25/47 €

À l'arrière de l'hôtel du même nom, un restaurant à l'atmosphère fraîche et lumineuse. Attablé non loin de la piscine, on déguste une cuisine traditionnelle faisant la part belle au terroir : cuisses de grenouilles persillées, rôti de sandre et jambon croustillant avec risotto crémeux à la tomme... Un bon moment.

ROULLET – 16 Charente ➜ voir Angoulême

ROURE

✉ 06420 (Alpes-Maritimes) – 212 hab. – **Voir carte n°41-D2**

Paris 892 km – Digne-les-Bains 145 km – Marseille 260 km – Nice 70 km

Carte Michelin 341-D3

Auberge le Robur (Christophe Billau) avec ch

r. Centrale, (accès piétonnier) – ✆ 04 93 02 03 57 – www.aubergelerobur.fr – Fermé janv., mardi et merc. sauf juil.-août

7 ch – 64 € 64 € – 10 € – ½ P

Menu 29/39 € – Carte 37/49 € *(réservation conseillée)*

Cette auberge nichée dans un joli village vaut bien l'ascension à 1 100 m ! Loin du luxe de la côte, on est époustouflé par la vue sur la vallée de la Tinée... et la qualité de la cuisine du chef : de beaux produits de saison, une technique sans faille et d'harmonieux accords de saveurs ; une divine surprise...

➜ Œuf bio en coquille de pain, émulsion au parmesan et crème de maïs. Chartreuse de pigeon liée au foie gras et trompettes-de-la-mort. Mystère aux marrons.

LE ROURET

✉ 06650 (Alpes-Maritimes) – 3 857 hab. – **Voir carte n°42-E2**

Paris 913 km – Cannes 19 km – Grasse 10 km – Nice 28 km

Carte Michelin 341-D5

Hôtel du Clos sans rest

3 chemin des Écoles – ✆ 04 93 40 78 85 – www.hotel-du-clos.com

11 ch – 129/169 € 129/189 € – 15 €

Dans le haut du village, voilà bien un hôtel de charme... Un grand jardin planté d'oliviers centenaires et d'arbres fruitiers, des murs en pierre, des toits de tuiles, de jolies chambres toutes différentes, etc. : l'ensemble est résolument orienté côté Provence.

Le Clos St-Pierre (Daniel Ettlinger)

pl. de la Mairie, (quartier St-Pons) – ✆ 04 93 77 39 18 – Fermé 17-28 déc., 10 fév.-13 mars, mardi et merc.

Menu 36 € (déj. en semaine), 51/62 € *(réservation conseillée)*

Face à l'église de ce village dédié aux parfums, cette charmante auberge... embaume ! Le chef, Daniel Ettlinger, a su imposer son style, que l'on découvre à travers des menus imposés (sans choix) imaginés avec les beaux produits du marché. Parfums de Provence...

➜ Tartare de dorade, pousses de salade et vinaigrette à l'estragon. Pigeonneau fermier rôti, pomme de terre fondante et légumes de saison. Figues pochées au vin rouge et au porto, mascarpone et brisures de meringue.

Bistro du Clos Ⓝ

9 rte d'Opio, (La Maison du Terroir) – ✆ 04 97 05 08 34 – www.hotel-du-clos.com/le-bistro-du-clos – Fermé janv., dim. soir et lundi

Menu 23 € – Carte 26/33 €

Bel intérieur épuré, terrasse à l'ombre des micocouliers... Ce bistro a du charme ! Sous l'égide de son grand frère Le Clos St-Pierre, on y mitonne une délicieuse cuisine méditerranéenne, dans laquelle la salade niçoise et les pâtes aux pérugines côtoient les pieds-paquets et le steak de veau à l'ail...

LES ROUSSES

✉ 39220 (Jura) – 3 108 hab. – **Voir carte n°16-B3**
▶ Paris 461 km – Genève 45 km – Gex 29 km – Lons-le-Saunier 64 km
Carte Michelin 321-G8 – Guide Vert Michelin Franche-Comté Jura

Le Lodge sans rest

309 r. Pasteur – ✆ 03 84 60 50 64 – www.hotellelodge.com
10 ch – †96/141 € ††96/141 € – ☕ 11 €
En plein centre-ville, ce relais de poste sur la voie Paris-Genève est né en 1850, mais il a su rester jeune. Des pierres, du bois : un vrai chalet chic – douillet et chaleureux –, et des chambres très confortables (excellente literie).

Le Chamois

230 montée du Noirmont – ✆ 03 84 60 01 48 – www.lechamois.org – (réouverture après travaux en juin 2014)
12 ch – †64/180 € ††64/180 € – ☕ 11 € – ½ P
Rest – Menu 28/59 € 🍷 – Carte 31/61 €
En retrait de la station et tout près des téléskis... en pleine nature ! Ce grand chalet dissimule des chambres vastes, modernes, chaleureuses et bien équipées.

Hôtel du Village sans rest

344 r. Pasteur – ✆ 03 84 34 12 75 – www.hotelvillage.fr – Fermé 1 semaine en juil.
10 ch – †52/70 € ††54/70 € – ☕ 7 €
Dans la rue principale du village, petit hôtel pratique avec des chambres simples et très bien tenues. Possibilité d'accueillir les familles.

La Ferme du Père François

214 r. Pasteur – ✆ 03 84 60 34 62 – www.perefrancois.fr – Ouvert juin-sept. et déc.-mars
7 ch – †89/129 € ††89/129 € – ☕ 12 € – ½ P
Rest – Menu 25/39 € – Carte environ 35 €
Au cœur de la station, tenu par un couple sympathique, ce petit hôtel-restaurant a été entièrement rénové en 2011 dans un esprit alpin sobre et élégant. Tenue impeccable, atmosphère conviviale, bon petit-déjeuner et cuisine du terroir (fondues, tartiflettes, etc.) : un lieu attachant.

Les prix indiqués devant le symbole † correspondent au prix le plus bas en basse saison puis au prix le plus élevé en haute saison, pour une chambre single. Même principe avec le symbole ††, cette fois pour une chambre double.

ROUSSILLON

✉ 84220 (Vaucluse) – 1 305 hab. – **Voir carte n°42-E1**
▶ Paris 720 km – Apt 11 km – Avignon 46 km – Bonnieux 12 km
Carte Michelin 332-E10 – Guide Vert Michelin Provence

Le Clos de la Glycine

pl. de la Poste – ✆ 04 90 05 60 13 – www.luberon-hotel.com
8 ch – †115/190 € ††115/190 € – 1 suite – ☕ 14 € – ½ P
Rest *David* – voir les restaurants ci-après
Un hôtel-restaurant plein de charme, avec des chambres confortables et une vue magnifique sur la chaussée des Géants et le Ventoux. Très bon petit-déjeuner (fruits frais, yaourts fermiers).

Les Sables d'Ocre sans rest

rte d'Apt – ✆ 04 90 05 55 55 – www.sablesdocre.com – Ouvert mi-mars à mi-nov.
22 ch – †108/148 € ††108/148 € – ☕ 13 €
Au cœur du pays de l'Ocre, ce mas récent à l'aspect engageant allie confort moderne et décoration d'inspiration provençale. Restauration prévue pour les résidents.

David - Hôtel Le Clos de la Glycine
pl. de la Poste – 04 90 05 60 13 – www.luberon-hotel.com
– Fermé 16 nov.-16 déc., jeudi midi, dim. soir et merc. en basse saison
Menu 31/50 € – Carte 48/72 € *(réservation conseillée)*
Dans cette belle maison de village, il fait bon se mettre à table ! On y propose en effet une appétissante cuisine provençale, à déguster sous la glycine dès que le temps le permet.

ROUSSILLON

38150 (Isère) – 7 964 hab. – **Voir carte n°44-B2**
Paris 505 km – Annonay 24 km – Grenoble 92 km – St-Étienne 68 km
Carte Michelin 333-B5 – Guide Vert Michelin Lyon et sa région

Médicis sans rest
16 r. Fernand Léger – 04 74 86 22 47 – www.hotelmedicis.fr
15 ch – 59/65 € 70/78 € – 8,50 €
Dans un quartier pavillonnaire assez calme, un hôtel moderne aux chambres confortables et joliment colorées, avec de bons équipements. La qualité de l'accueil et de l'entretien montre l'importance que la direction accorde au bien-être des clients.

ROUTOT

27350 (Eure) – 1 384 hab. – **Voir carte n°33-C2**
Paris 148 km – Bernay 45 km – Évreux 68 km – Le Havre 57 km
Carte Michelin 304-E5 – Guide Vert Michelin Normandie Vallée de la Seine

Auberge de l'Écurie
pl. de la Mairie – 02 32 57 30 30 – Fermé dim. soir, mardi soir, merc. soir, jeudi soir et lundi
Menu 14 € (déj. en semaine), 20/45 € – Carte 44/59 €
Sur la place de la mairie, face aux jolies halles, cet ancien relais de poste cultive tout simplement le goût de la tradition. Et c'est ainsi que l'on apprécie des rillettes de canard au vin blanc, une terrine de foie gras, une salade de Saint-Jacques, ou encore un millefeuille à la pomme...

ROUVRES-EN-XAINTOIS

88500 (Vosges) – 289 hab. – **Voir carte n°26-B3**
Paris 357 km – Épinal 42 km – Lunéville 58 km – Mirecourt 9 km
Carte Michelin 314-E3

Burnel
22 r. Jeanne-d'Arc – 03 29 65 64 10 – www.burnel.fr – Fermé 15-31 déc. et dim. soir sauf du 13 juil. au 21 sept.
21 ch – 59/65 € 70/95 € – 2 suites – 11 € – ½ P
Rest *Burnel* – voir les restaurants ci-après
Certaines chambres, façon chalet, donnent sur le jardin. Les autres, plus contemporaines, adoptent l'esprit "savane" ; enfin, le salon est paré de tissus originaux. Au cœur d'un petit village, une auberge familiale et nullement vieillotte.

Burnel
22 r. Jeanne-d'Arc – 03 29 65 64 10 – www.burnel.fr
– Fermé 15-31 déc., dim. soir sauf du 13 juil. au 21 sept., sam. midi et lundi midi
Formule 11 € – Menu 15 € (semaine), 20/50 € – Carte 40/70 €
Au bonheur du marché, une cuisine du terroir mêlant civets, foie gras, poissons de lac, andouillette, gibier en saison... Des saveurs classiques, donc, dans un décor néorustique ou en terrasse, face au jardin fleuri.

ROUVROIS-SUR-OTHAIN – 55 Meuse → voir Longuyon (Meurthe-et-Moselle)

ROYAN

✉ 17200 (Charente-Maritime) – 17 946 hab. – Voir carte n°**38**-A3
Paris 504 km – Bordeaux 121 km – Périgueux 183 km – Rochefort 40 km
Carte Michelin 324-D6 – Guide Vert Michelin Poitou-Charentes

Cordouan

6 allée des Rochers, (Conche du Chay) – ✆ 05 46 39 46 39 – www.hotel-cordouan-royan.com – Fermé 2 semaines en janv. Plan : A**b**
83 ch – †109/264 € ††109/264 € – ☕ 18 € – ½ P
Rest – Formule 24 € – Menu 34 € – Carte 32/63 €
Un hôtel surplombant la plage avec un beau centre de thalasso. Les chambres, spacieuses et contemporaines, ont toutes un balcon donnant sur la mer... Une belle idée de l'océan et du confort !

Family Golf Hôtel sans rest

28 bd Garnier – ✆ 05 46 05 14 66 – www.family-golf-hotel.com – Ouvert 29 mars-30 nov. Plan : C**m**
30 ch – †78/135 € ††78/135 € – ☕ 12 €
Un agréable hôtel sur le front de mer, avec des chambres colorées et impeccablement tenues, donnant pour moitié sur les flots. L'été, on prend son petit-déjeuner sur la terrasse, avant de filer à la plage.

Rêve de Sable sans rest

10 pl. Foch – ✆ 05 46 06 52 25 – www.revedesable.com – Fermé oct. Plan : C**z**
11 ch – †70/110 € ††70/110 € – ☕ 10 €
Hôtel familial près de la plage et du centre-ville. Les chambres sont lumineuses, pratiques et donnent en partie sur la mer... Et les touches de déco 100 % marines, certes un peu kitsch, jouent la carte océanique avec fraîcheur. Un bon plan !

Les Filets Bleus

14 r. Notre-Dame – ✆ 05 46 05 74 00 – Fermé 23 juin-7 juil., vacances de Toussaint, 1 semaine aux vacances de fév., dim. et lundi
Formule 16 € – Menu 19 € (déj. en semaine), 29/58 € – Carte 32/84 € Plan : B**s**
En léger retrait du front de mer, ce restaurant se tourne logiquement vers les richesses de l'Atlantique pour composer sa carte. Le chef veille à n'y inscrire que des produits frais et de saison pour concocter des plats 100 % maison. Résultat ? Une cuisine traditionnelle agréable et bien iodée.

à Pontaillac – ✉ 17640

Belle-Vue sans rest

122 av. Pontaillac – ✆ 05 46 39 06 75 – www.bellevue-pontaillac.com – Ouvert d'avril à nov. Plan : A**f**
22 ch – †57/87 € ††57/87 € – ☕ 8 €
Bordant le front de mer, une grande villa balnéaire typique des années 1950. Les chambres sont agréables et très bien tenues ; côté plage, elles offrent une bien belle vue sur les flots.

rte de St-Palais 3,5 km par ④ – ✉ 17640 Vaux-sur-Mer

Résidence de Rohan sans rest

7 av. de Rohan – ✆ 05 46 39 00 75 – www.residence-rohan.com – Ouvert 23 mars-12 nov.
44 ch – †85/125 € ††105/165 € – ☕ 12 €
Jadis résidence d'été de la famille de Rohan, cette jolie demeure à l'architecture typique de la fin du 19e s. est douce et résolument feutrée : mobilier de style, chambres cosy... Même atmosphère dans les deux annexes au cœur du beau parc dominant la plage. Un vrai lieu de villégiature !

ROYAN

Alsace-Lorraine (R.) . . . . B 3
Briand (Bd A.) . . . . B 5
Conche-du-Chay (Av. de la). A 6
Desplats (R. du Colonel) . . . B 7
Dr-Audouin (Bd du) . . . . B 8
Dr-Gantier (Pl. du) . . . . C 9
Dugua (R. P.) . . . . B 10
Europe (Cours de l') C
Façade de Foncillon . . . . . . B 12
Foch (Pl. Mar.) . . . . C 15
Foncillon (R. de) . . . . B 16
Font-de-Cherves (R.) . . . . . . B 17
Gambetta (R.) . . . . B
Gaulle (Pl. Ch.-de) . . . . B 19
Germaine-de-la-Falaise (Bd) . . . . AB 20
Grandière (Bd de la) . . . . C 21
Leclerc (Av. Mar.) . . . . C 26
Libération (Av. de la) . . . . . . C 28
Loti (R. Pierre) . . . . B
Notre-Dame (R.) . . . . B 32
Parc (Av. du) . . . . C 35
République (Bd de la) . . . . . B 40
Rochefort (Av. de) . . . . B 42
Schuman (Pl. R.) . . . . B 45
Semis (Av. des) . . . . C 46
Thibeaudeau (Rd-Pt du Cdt.) B 48
5-Janvier-1945 (Bd du) . . . . B 52

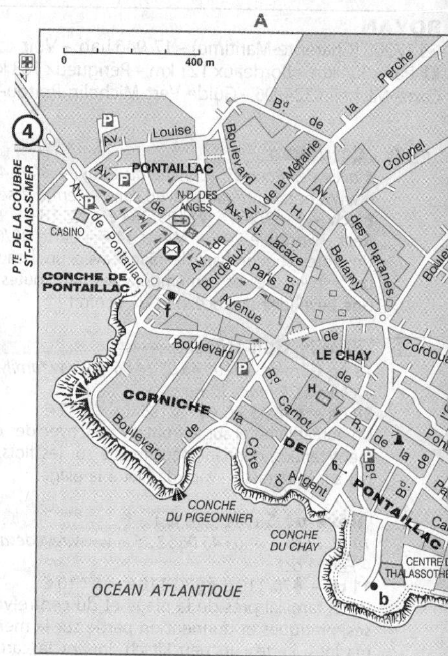

ROYAT

✉ 63130 (Puy-de-Dôme) – 4 473 hab. – **Voir carte n°5-B2**
Paris 423 km – Aubusson 89 km – La Bourboule 47 km – Clermont-Ferrand 5 km
Carte Michelin 326-F8 – Guide Vert Michelin Auvergne

Accès et sorties : voir plan de Clermont-Ferrand agglomération.

Plan page 1550

Princesse Flore

5 pl. Allard – *✆ 04 73 35 63 63* – *www.princesse-flore-hotel.com* Plan : B**e**
33 ch – †160/200 € ††200/300 € – 10 suites – ☕ 16 € – ½ P
Rest *La Table d' Isidore* – voir les restaurants ci-après
Pour un séjour haut de gamme aux portes de Clermont-Ferrand, ce superbe immeuble (1883) évoque les fastes de la cité thermale à la Belle Époque : marbres et décors anciens... mais aussi installations dernier cri, design contemporain et un accès direct au centre thermoludique Royatonic.

Royal St-Mart

av. de la Gare – *✆ 04 73 35 80 01* – *www.hotel-auvergne.com* Plan : B**n**
50 ch – †69/130 € ††69/140 € – ☕ 12 € – ½ P
Rest – Menu 29/45 € – Carte 30/60 €
Depuis 1853, la même famille vous accueille dans cette demeure bourgeoise du Second Empire. Les chambres sont assez simples ; préférez-les côté jardin. Avec ses grands arbres et ses transats, ce dernier séduira curistes et nostalgiques.

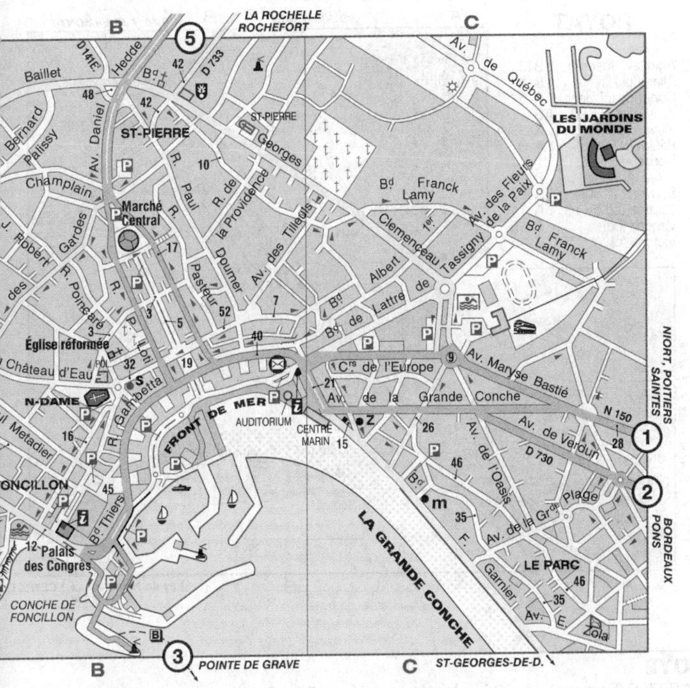

Château de Charade sans rest

5 km au Sud-Ouest par D 941 et D 5 – 04 73 35 91 67 – www.chateau-de-charade.com – Ouvert 30 mars-3 nov.

5 ch – 86/94 € 92/100 €

Mon premier est un château du 17e s. Mon second est à la lisière du golf de Royat, avec des chambres face au parc et un beau billard dans le salon. Mon tout est cette Charade !

La Belle Meunière avec ch

rest, ch,

25 av. Vallée – 04 73 35 80 17 – www.la-belle-meuniere.com – Fermé 1 semaine en août, 1 semaine en fév., sam. midi, dim. soir et lundi

Plan : A**r**

3 ch – 130/250 € 130/250 € – 1 suite – 15 € – ½ P

Formule 19 € – Menu 27/85 € – Carte 41/88 €

En bord de Tiretaine, table où fusionnent produits de saison et touches asiatiques, dans un cadre – parquet, moulures, lustres – magnifié par des vitraux contemporains. L'idylle entre la Belle Meunière et le général Boulanger inspire le décor (19e s.) de certaines chambres.

La Table d' Isidore – Hôtel Princesse Flore

5 pl. Allard – 04 73 35 63 63 – www.princesse-flore-hotel.com

Plan : B**e**

Formule 23 € – Menu 39/50 € – Carte 46/70 €

La belle image d'un restaurant de grand hôtel façon Belle Époque : moulures, grandes verrières, rideaux bouillonnés... Dans ce décor intemporel, on déguste une cuisine dans l'air du temps, réalisée avec le souci du beau et du bon.

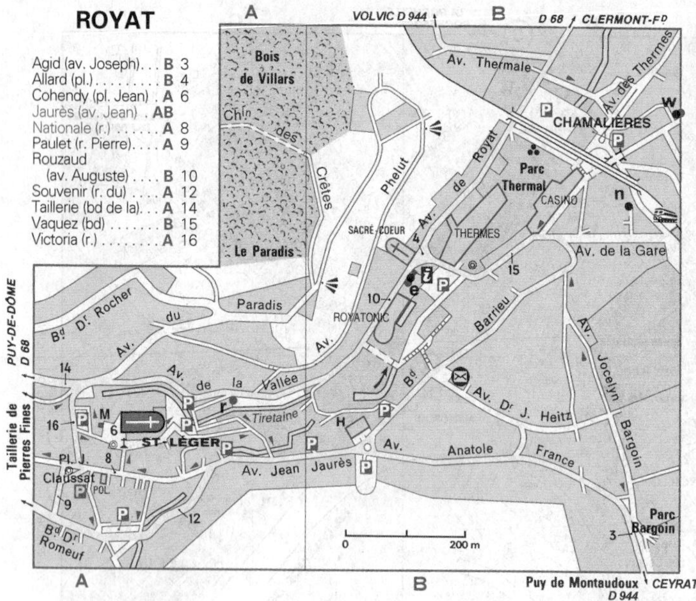

ROYE

✉ 80700 (Somme) – 6 326 hab. – Voir carte n°**36**-B2
▶ Paris 113 km – Amiens 44 km – Arras 75 km – Compiègne 42 km
Carte Michelin 301-J9

XXX La Flamiche

20 pl. de l'Hôtel-de-Ville – ✆ 03 22 87 00 56 – www.laflamiche.fr
– Fermé 4-26 août, dim. soir, mardi midi et lundi
Formule 28 € – Menu 33/110 € 🍷 – Carte 67/114 €
Rien d'étonnant à ce que ce restaurant, du nom de la fameuse spécialité locale, propose une cuisine gastronomique à l'accent régional ! Les salles distillent une ambiance bourgeoise et classique, et sont meublées dans le style picard... forcément.

XX Le Florentin Hôtel Central avec ch

A/C rest, ch, wifi
36 r. d'Amiens – ✆ 03 22 87 11 05 – www.leflorentin.com – Fermé 10-30 août, dim. soir et lundi
8 ch – †52/54 € ††52/54 € – ☕ 7 € Menu 16/40 € – Carte 36/51 €
Ne vous fiez pas à la façade en brique rouge ! Celle-ci cache une salle d'inspiration italienne : colonnes, moulures, marbres et fresques. Dans ce décor pour le moins déroutant, on sert une cuisine de tradition : fricassée d'escargots, tête de veau sauce gribiche, etc.

XX Le Roye Gourmet

1 pl. de la République – ✆ 03 22 87 10 87 – www.restaurant-leroyegourmet.fr
– Fermé 2 semaines en août, merc. soir, dim. soir et lundi
Formule 20 € – Menu 24/36 € – Carte 34/60 €
Sur une place sympathique, cette enseigne célèbre le terroir avec une cuisine dans l'air du temps. Deux salles, deux atmosphères : tendance ou plus rustique. Pas étonnant que les gourmets de Roye aient fait de cette adresse leur QG !

ROYE – 70 Haute-Saône → voir Lure

LE ROZIER

✉ 48150 (Lozère) – 150 hab. – Voir carte n°**22**-B1
▶ Paris 632 km – Florac 57 km – Mende 63 km – Millau 23 km
Carte Michelin 330-H9

Grand Hôtel de la Muse et du Rozier

rte des Gorges, (D 907), à La Muse (D 907) rive droite du Tarn
✉ 12720 Peyreleau (Aveyron) – ✆ 05 65 62 60 01 – www.hotel-delamuse.fr
– Ouvert 11 avril-31 oct. et fermé lundi et mardi en avril et oct.
35 ch – †95/170 € ††95/170 € – ☕ 15 € – ½ P
Rest *Grand Hôtel de la Muse et du Rozier* – voir les restaurants ci-après
Dans le jardin de ce grand hôtel centenaire, une plage privée au bord du Tarn ! L'esprit des lieux ? Contemporain, sobre et zen, en harmonie avec les sublimes paysages environnants. Une certaine idée de l'élégance...

Doussière

Route de Meyrueis – ✆ 05 65 62 60 25 – www.hotel-doussiere.com – Ouvert 15 mars-11 nov.
19 ch – †50/60 € ††50/60 € – ☕ 8 € – ½ P
Rest – Formule 18 € – Menu 24/32 € *(fermé lundi midi)*
Une affaire de famille (reprise en 2011 par la fille et le gendre des anciens patrons), qui, pour l'anecdote, n'est autre que l'ex-auberge de jeunesse du village. Préférez les chambres de la bâtisse principale, plus récentes qu'à l'annexe ; au restaurant, cap sur le terroir et vue sur la Jonte.

Grand Hôtel de la Muse et du Rozier

rte des Gorges, (D 907), à La Muse (D 907) rive droite du Tarn
✉ 12720 Peyreleau (Aveyron) – ✆ 05 65 62 60 01 – www.hotel-delamuse.fr
– Ouvert 11 avril-31 oct. et fermé lundi et mardi en avril et oct. et le midi sauf dim.
Menu 35/53 € – Carte 49/59 €
Honneur à la fraîcheur, aux saisons et au terroir, à travers une cuisine dans l'air du temps qui s'accorde à merveille avec le décor. Aux beaux jours, on savoure aussi la superbe terrasse donnant sur le Tarn...

RUE

✉ 80120 (Somme) – 3 145 hab. – Voir carte n°**36**-A1
▶ Paris 212 km – Abbeville 28 km – Amiens 77 km – Berck-Plage 22 km
Carte Michelin 301-D6

Au Petit Chaudron

390 rte d'Abbeville – ✆ 03 22 25 80 16 – www.petit-chaudron.com – Fermé fin nov.-début déc. et lundi sauf fériés
Formule 20 € – Menu 28/32 € – Carte 28/35 €
Tel Obélix tombé petit dans la potion magique, les gourmands ont toujours envie de revenir au Petit Chaudron ! Foie gras mi-cuit à la nougatine et sa tatin d'oignons, côtes d'agneau au thym... Ici, on se régale d'une cuisine bien en prise avec son époque. Cadre champêtre.

à St-Firmin 3 km à l'Ouest par D 4 – ✉ 80550

Auberge de la Dune

1352 r. de la Dune – ✆ 03 22 25 01 88 – www.auberge-de-la-dune.com
11 ch – †75/78 € ††75/78 € – ☕ 12 € – ½ P
Rest – Formule 15 € – Menu 19 € (semaine), 26/36 € – Carte 22/46 €
Cette grande maison typiquement picarde, toute proche du parc ornithologique, s'est transformée en auberge champêtre. Labellisée "clef verte", elle propose des chambres très bien tenues, parfaites pour des randos écolos dans le Marquenterre.

RUEIL-MALMAISON – 92 Hauts-de-Seine ➜ voir Paris, Environs

RUNGIS – 94 Val-de-Marne ➜ voir Paris, Environs

RUPT-SUR-MOSELLE

✉ 88360 (Vosges) – 3 543 hab. – **Voir carte n°27-C3**
Paris 423 km – Belfort 58 km – Colmar 80 km – Épinal 38 km
Carte Michelin 314-H5

Centre
rest, rest,

30 r. de l'Église – ✆ 03 29 24 34 73 – www.valerieetcedric.com – Fermé vacances de Noël, sam. midi et dim. soir
8 ch – 48/60 € 59/76 € – 8,50 € – ½ P
Rest – Formule 14 € – Menu 14 € (semaine), 20/46 € – Carte 36/49 €
Aux portes du parc régional des ballons des Vosges, cette maison mosellane, proche de l'église du village, abrite des chambres bien entretenues et confortables. Carte traditionnelle de saison et salle à manger toute simple, où trône une rôtissoire décorative.

Relais Benelux-Bâle

69 r. de Lorraine – ✆ 03 29 24 35 40 – www.benelux-bale.com – Fermé 1 semaine en août, 23 déc.-10 janv. et dim. soir
9 ch – 52/59 € 55/64 € – 9 € – ½ P
Rest – Formule 13 € – Menu 24/36 € – Carte 24/52 € *(fermé sam. midi)*
À l'entrée du village, chalet assez avenant, tenu par la même famille depuis 1921. Chambres sobres, lumineuses et bien équipées. Salon bourgeois. Au restaurant, cuisine traditionnelle et régionale servie dans un cadre moderne ou sur l'agréable terrasse.

LES SABLES-D'OLONNE

✉ 85100 (Vendée) – 14 603 hab. – **Voir carte n°34-A3**
Paris 456 km – Cholet 107 km – Nantes 102 km – Niort 115 km
Carte Michelin 316-F8 – Guide Vert Michelin Pays de la Loire

Mercure Côte Ouest

au Lac de Tanchet, 2,5 km par la corniche – ✆ 02 51 21 77 77 – www.thalasso-lessables.com
Plan : CY**f**
97 ch – 95/280 € 115/530 € – 16 € – ½ P
Rest – Formule 18 € – Menu 25/45 € – Carte 40/60 €
Situé en retrait de la mer, dominant le lac de Tanchet, cet établissement nous plonge dans l'atmosphère élégante et feutrée des paquebots des années 1930, avec leurs belles malles et le mobilier d'époque... Et les chambres, spacieuses et impeccablement tenues, prolongent cette expérience.

Atlantic Hôtel

5 promenade Georges Godet – ✆ 02 51 95 37 71 – www.atlantichotel.fr
34 ch – 85/165 € 105/210 € – 13 € – ½ P
Plan : BY**e**
Rest *Le Sloop* – Menu 37 € (dîner)/40 € – Carte 38/58 € *(fermé 20 déc.-2 janv., vend. et dim. d'oct. à mars et le midi hors saison)*
Sur le front de mer, un hôtel des années 1970 avec des chambres pratiques et très bien tenues, dont certaines donnent sur les flots. Et pour les amateurs d'eau douce, la piscine couverte est idéale !

Arundel sans rest

8 bd F.-Roosevelt – ✆ 02 51 32 03 77 – www.arundel-hotel.fr
Plan : AZ**k**
42 ch – 89/159 € 89/159 € – 12 €
Un hôtel récent en face du casino, idéalement situé entre plage et ports. Les chambres sont fonctionnelles, confortables et soignées, avec balcon côté mer.

Arc en Ciel sans rest

13 r. Chanzy – ✆ 02 51 96 92 50 – www.arcencielhotel.com – Ouvert 1er avril-30 sept.
Plan : BZ**t**
39 ch – 49/82 € 49/140 € – 10 €
Urban green ? Blue opera ? Glamour ? À deux pas de la plage, choisissez votre ambiance dans ce petit hôtel avenant, proposant des chambres très colorées et originales... dont le plafond est digne d'un vrai ciel étoilé !

LES SABLES D'OLONNE

Arago (Bd) . . . . BY 4
Baudry (R. P.) . . . . BY 5
Beauséjour (R.) . . . . BY 7
Briand (Av. A.) . . . . CY 9
Castelnau (Bd de) . . . . BY 12
Château-d'Olonne (Rte du) . . . . CY 13
Dr-Canteteau (R. du) . . . . AY 19
Dr-Schweitzer (R. du) . . . . CY 22
Doumer (Av. P.) . . . . CY 23
Estienne-d'Orves (Rd-Pt H. d')AY 25
Fricaud (R. D.) . . . . BY 26
Gabaret (Av. A.) . . . . BY 27
Godet (Prom. G.) . . . . BY 29
Ile Vertine (Bd de l') . . . . AY 32
Nouch (Corniche du) . . . . AY 43
Président-Kennedy (Prom.) . . . . CY 48
Rhin-et-Danube (Av.) . . . . CY 50
St-Nicolas (R.) . . . . AY 55
Sauniers (R. des) . . . . AY 57
Souvenir Français (Bd du) . . . AY 58

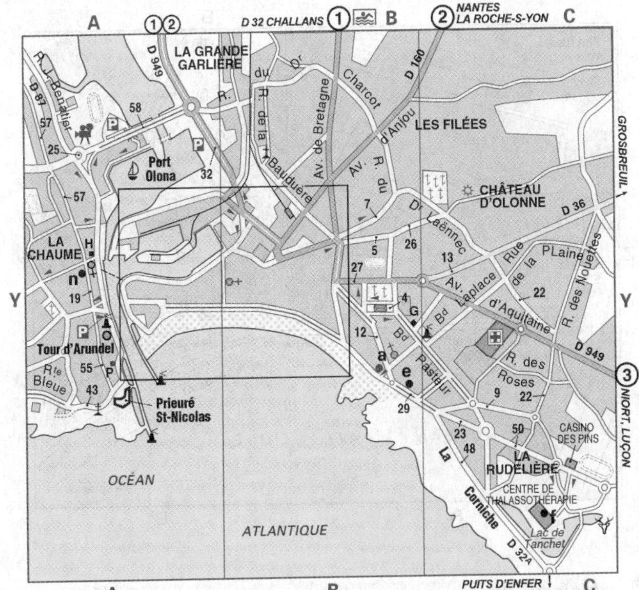

Antoine

60 r. Napoléon – ✆ 02 51 95 08 36 – www.antoinehotel.com – *Ouvert de mi-mars à mi-oct.*

Plan : AZ**a**

20 ch – 60/85 € 60/85 € – 8 € – ½ P

Rest – Menu 24 € *(fermé le midi) (résidents seult)*

Entre le vieux port et la plage, une ancienne propriété d'armateur (18e s.) dans laquelle règne une atmosphère résolument familiale. Les chambres sont simples, mais spacieuses et très bien tenues.

Les Embruns sans rest

33 r. Lt-Anger – ✆ 02 51 95 25 99 – www.hotel-lesembruns.com – *Ouvert 1er mars-2 nov.*

Plan : AY**n**

20 ch – 52/66 € 55/72 € – 9 €

Dans le quartier pittoresque de la Chaume, une maison avenante et familiale avec des chambres toutes différentes, fraîches et colorées... pour se loger à bon compte.

Les Hirondelles sans rest

44 r. de la Corderie – ✆ 02 51 95 10 50 – www.hotelhirondelles.com – *Ouvert 11 avril-5 oct.*

Plan : BZ**p**

31 ch – 60/66 € 68/80 € – 8,50 €

Non loin d'une longue plage de sable fin, un hôtel pratique avec des chambres fonctionnelles, claires et très bien tenues. Agréable petit patio fleuri ; copieux buffet au petit-déjeuner.

LES SABLES D'OLONNE

Bauduère (R. de la) . . . . BZ 6
Bisson (R.) . . . . AZ 8
Caisse-d'Épargne (R. de la) . . AZ 10
Collineau (Pl. du Gén.) . . . . . . BZ 14
Commerce (Pl. du) . . . . AZ 15
Digue (Pl. de la) . . . . BZ 17
Dingler (Quai) . . . . AZ 18
Église (Pl. de l') . . . . AZ 24
Gabaret (Av. A.) . . . . BZ 27
Gaulle (Av. Gén.-de) . . . . BZ
Guynemer (R.) . . . . BZ
Halles (R. des) . . . . AZ 30
Hôtel-de-Ville (R. de l') . . . . . . AZ
Leclerc (R. Mar.) . . . . ABZ 33
Liberté (Pl. de la) . . . . BZ 35
Louis-XI (Pl.) . . . . BZ 36
Nationale (R.) . . . . BZ
Navarin (Pl.) . . . . AZ 40
Palais-de-Justice (Pl.) . . . . AZ 46
Roosevelt (Bd F.) . . . . AZ 53
Travot (R.) . . . . BZ 60

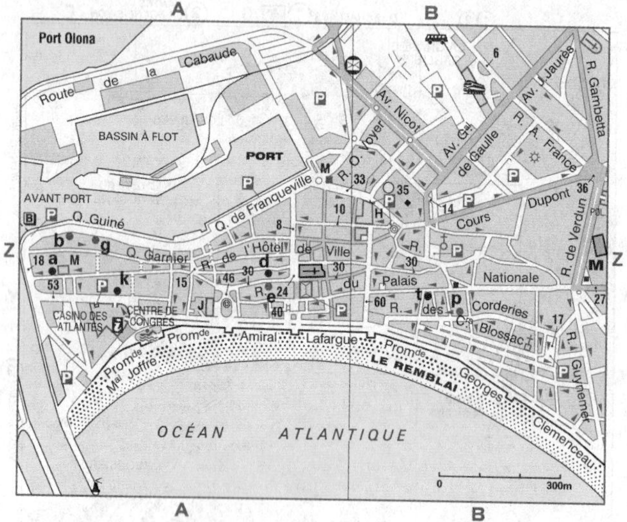

Maison Richet sans rest

25 r. de la Patrie – ✆ 02 51 32 04 12 – www.maison-richet.fr – Fermé janv.
17 ch – †51/78 € ††61/78 € – ☕ 9 € Plan : AZ**d**

Il règne ici une agréable et chaleureuse atmosphère de maison d'hôtes. Les chambres sont petites mais douillettes (jonc de mer, tons gris perle et beige...) et il y a même un joli patio, où l'on prend le petit-déjeuner aux beaux jours.

XX Loulou Côte Sauvage

19 rte Bleue, à La Chaume AY – ✆ 02 51 21 32 32 – www.louloucotesauvage.com – Fermé 21 nov.-17 janv., dim. soir, lundi et mardi sauf juil.-août et fériés
Formule 24 € – Menu 31/65 € – Carte 48/84 €

Ce Loulou-là a accroché sa jolie maison aux rochers de la côte sauvage, face à la mer : la vue est imprenable ! Ici, les produits iodés – extrafrais – sont évidemment à l'honneur : homards tirés du vivier, poissons achetés directement à la criée des Sables... pour des plats savoureux et bien tournés.

XX Le Quai des Saveurs (N)

10 quai Guiné – ✆ 02 51 23 84 91 – www.lequaidessaveurs.net – Fermé fin juin début juil., 1 semaine en oct., 10-25 janv., dim. soir, lundi et merc. Plan : AZ**g**
Formule 20 € – Menu 25 € (déj.), 45/60 € – Carte 51/59 €

Sur le port de pêche, cette façade n'attire pas forcément l'œil, et pourtant ! Purée d'héliantis aromatisée aux truffes de la région, turbot sauvage au four et asperges violettes : on y sert une cuisine créative et soignée, réalisée avec des produits de grande qualité... Ce Quai des Saveurs n'a pas volé son nom.

XX La Flambée

81 r. des Halles – ✆ 02 51 96 92 35 – Fermé dim. et lundi Plan : AZ**e**
Formule 20 € – Menu 40/53 € – Carte environ 49 €

Un néobistrot épuré du quartier des halles, où saveur rime avec fraîcheur. Crème de poivron, gambas et glace à l'anis ; noix de ris de veau et émulsion de beurre noisette : le chef se donne du mal pour faire plaisir à ses hôtes... qui apprécient !

XX **Le Clipper**

19 bis quai Guiné – ✆ 02 51 32 03 61 – www.le-clipper.com – Fermé 20-28 mars, 2-20 déc., jeudi midi en juil.-août, mardi et merc. de sept. à juin

Plan : AZ**b**

Menu 17 € (semaine), 28/37 € – Carte 39/81 €

Homard bleu à la chair très fine, filet de bar de ligne rôti, risotto crémeux de crevettes et légumes : dans ce restaurant du port au décor très marin, les beaux produits... de la mer sont à l'honneur !

X **La Pilotine**

7 et 8 prom. Clemenceau – ✆ 02 51 22 25 25 – Fermé dim. soir, mardi sauf en juil.-août et lundi

Plan : BY**a**

Menu 17/57 € – Carte 48/89 € *(réservation conseillée)*

Saumon, palourdes, turbot, crevettes ou homard ? Dans ce restaurant du front de mer, on déguste une cuisine généreuse et soignée, axée sur les produits de la pêche. L'accueil est charmant et les prix doux ; prenez le large sans hésiter à bord de cette Pilotine, mais n'oubliez pas de réserver !

à l'anse de Cayola 7 km au Sud-Est par la Corniche – CY ✉ 85180 Château-d'Olonne

XXX **Cayola**

76 promenade Cayola – ✆ 02 51 22 01 01 – www.le-cayola.com – Fermé 23 déc.-22 janv., dim. soir et lundi sauf fériés et mardi de sept. à mai

Menu 40/85 € – Carte 59/83 €

Dans la salle ou sur la terrasse, la vue sur l'Atlantique est superbe et l'on se prend à rêver de croisières au long cours. Mais l'évasion est déjà dans l'assiette, raffinée et iodée : les produits de la mer sont rois en ce royaume...

→ Langoustines rôties à l'huile vanillée aux saveurs de framboise de Vendée. Saint-pierre mariné à l'huile d'olive noire puis rôti. Pêche infusée, meringue, crémeux de ras-el-hanout et sorbet citron.

à Château-d'Olonne 3 km à l'Est – ✉ 85180 – 13 353 hab.

X **La Ferme de Villeneuve** Ⓝ

28 r. du Pré-Etienne, 5 km au Nord-Est par D 36 (CY) et rte secondaire – ✆ 02 51 33 41 83 – www.lafermedevilleneuve.com – Fermé janv., mardi sauf juil.-août et lundi

Formule 15 € – Menu 19 € (semaine), 31/47 €

Ceux qui apprécient tout autant la cuisine japonaise que la tradition française seront aux anges : cette "Ferme" marie les deux avec brio ! Tête de veau croustillante à la sauce gribiche ou maki de sole (parfumé et goûteux) : chaque plat démontre la maîtrise du chef, ainsi que le plaisir qu'il prend derrière les fourneaux...

SABLES-D'OR-LES-PINS

✉ 22240 (Côtes-d'Armor) – Voir carte n°**10-C1**

Paris 437 km – Dinan 42 km – Dol-de-Bretagne 60 km – Lamballe 26 km

Carte Michelin 309-H3 – Guide Vert Michelin Bretagne Nord

Hôtel de Diane — rest,

12 allée des Acacias – ✆ 02 96 41 42 07 – www.hoteldiane.fr

46 ch – †94/155 € ††94/155 € – ☕ 13 € – ½ P

Rest – Formule 15 € – Menu 23/54 € 🍷 – Carte 29/53 €

Au cœur de la station, à deux pas de la mer, l'Hôtel de Diane est né en 1921 comme l'atteste son architecture anglo-normande. Nulle nostalgie dans les chambres, au décor moderne de bon ton – certaines aux teintes ensoleillées, d'autres résolument contemporaines –, toutes parfaitement tenues. Restaurant traditionnel.

Le Manoir Saint-Michel sans rest

38 r. de la Carquois, 1,5 km à l'Est par D 34 – ✆ 02 96 41 48 87 – www.hotel-bretagne.de – Ouvert 2 mars-2 nov.

20 ch – †53/89 € ††53/116 € – ☕ 9 €

Ce beau manoir du 16e s. domine la plage et l'on s'y sent vraiment bien : vaste parc avec plan d'eau (pêche autorisée), chambres douillettes au charme d'antan (mobilier rustique et breton), petit-déjeuner servi près de la cheminée ou dans l'orangerie... Au rythme des marées !

SABLÉ-SUR-SARTHE

✉ 72300 (Sarthe) – 12 466 hab. – **Voir carte n°35-C1**
Paris 252 km – Angers 64 km – La Flèche 27 km – Laval 44 km
Carte Michelin 310-G7 – Guide Vert Michelin Pays de la Loire

XX **Parfum d'Épices**
rte de Laval (D 306) – ✆ 02 43 92 94 14 – www.parfumdepices.com – Fermé 19 août-1er sept. et lundi sauf fériés
Formule 19 € – Menu 23/42 € – Carte 34/51 €
Une étape agréable sur la route de Laval, pour déguster une bonne cuisine traditionnelle. Le restaurant est marqué par le souvenir des Antilles, où le chef vivait avant de rentrer en métropole : de la décoration – mobilier en rotin tressé, couleurs – à ce menu créole proposant acras de morue et boudin antillais.

à Solesmes 3 km au Nord-Est par D 22 – ✉ 72300 – 1 372 hab.

Grand Hôtel de Solesmes
16 pl. Dom-Guéranger – ✆ 02 43 95 45 10 – www.grandhotelsolesmes.com – Fermé 26 déc.-6 janv.
26 ch – †92/115 € ††108/145 € – ☕ 13 € – ½ P
Rest ***Grand Hôtel de Solesmes*** – voir les restaurants ci-après
Face à la belle abbaye St-Pierre, d'où l'on entend parfois s'échapper les chants grégoriens des moines, cet hôtel est assurément propice au repos : très confortable, avec des chambres personnalisées et un entretien sans faille. Louange au Grand Hôtel de Solesmes !

XXX **Grand Hôtel de Solesmes**
16 pl. Dom-Guéranger – ✆ 02 43 95 45 10 – www.grandhotelsolesmes.com – Fermé 26 déc.-6 janv., sam. midi et dim. soir de sept. à mars
Formule 22 € – Menu 28/68 € – Carte 45/92 €
Langoustines poêlées au jus de réglisse et fenouil, suprême de poulet de Loué en croûte d'épices douces, soufflé chaud au cointreau... Une délicate cuisine classique qui séduit d'emblée ; on ne triche pas sur la qualité des produits. De plus, l'accueil et le service sont charmants !

SABLET

✉ 84110 (Vaucluse) – 1 219 hab. – **Voir carte n°40-A2**
Paris 670 km – Avignon 41 km – Marseille 127 km – Montélimar 67 km
Carte Michelin 332-D8

XX **Les Abeilles** avec ch
4 rte de Vaison – ✆ 04 90 12 38 96 – www.abeilles-sablet.com – Fermé 1er nov.-2 janv., dim. soir, lundi et mardi du 15 oct. au 15 avril
5 ch – †49/54 € ††70/80 € – ☕ 9 € – ½ P
Menu 22 € (déj. en semaine), 39/70 € – Carte 70/85 €
Une façade ocre, des volets verts et une charmante terrasse sous les platanes... de jolies Abeilles, piquantes et savoureuses ! Carte traditionnelle privilégiant les produits frais du marché (truffe en saison). Chambres coquettes et bien équipées.

SABRES

✉ 40630 (Landes) – 1 220 hab. – **Voir carte n°3-B2**
Paris 676 km – Arcachon 92 km – Bayonne 111 km – Bordeaux 94 km
Carte Michelin 335-G10 – Guide Vert Michelin Aquitaine

 **Auberge des Pins**
r. de la piscine – ✆ 05 58 08 30 00 – www.aubergedespins.fr – Fermé 3 semaines en janv.
21 ch – †65/68 € ††75/95 € – ☕ 12 € – ½ P
Rest ***Auberge des Pins*** – voir les restaurants ci-après
Un bel esprit maison de famille dans cette grande demeure landaise à colombages : joli parc arboré, chambres au décor soigné (meubles rustiques, bois peint...) et salon cosy.

Auberge des Pins

r. de la piscine – ✆ 05 58 08 30 00 – www.aubergedespins.fr – Fermé 3 semaines en janv., lundi sauf le soir en juil.-août et dim. soir
Menu 19 € (déj. en semaine), 36/75 € – Carte 46/71 €
Des boiseries, des poutres, une cheminée... Un endroit authentique et chaleureux, idéal pour savourer une cuisine classique qui fait de jolis clins d'œil au terroir.

SACHÉ – 37 Indre-et-Loire ➜ voir Azay-le-Rideau

SACLAY – 91 Essonne ➜ voir Paris, Environs

SAGELAT – 24 Dordogne ➜ voir Belves

SAIGNON – 84 Vaucluse ➜ voir Apt

SAILLAGOUSE

✉ 66800 (Pyrénées-Orientales) – 1 035 hab. – **Voir carte n°22-A3**
Paris 855 km – Bourg-Madame 10 km – Font-Romeu-Odeillo-Via 12 km – Mont-Louis 12 km
Carte Michelin 344-D8

Les Planes rest,

6 pl. Cerdagne – ✆ 04 68 04 72 08 – www.planotel.fr
19 ch – 70/80 € 70/80 € – 8 € – ½ P
Rest – Formule 13 € – Menu 24/48 € – Carte 30/56 € *(fermé 12 nov.-20 déc., dim. soir, lundi hors saison et fériés)*
Avis aux amateurs de rusticité montagnarde : sur l'axe principal du village, cette maison locale tenue de père en fils est une institution. Les chambres, pratiques et impeccables, sont peu à peu rénovées. Un bon plan ! Cuisine régionale au restaurant.

Planotel

5 r. Torrent – ✆ 04 68 04 72 08 – www.planotel.fr – Ouvert 1er juin-30 sept. et vacances scolaires
18 ch – 65/82 € 65/82 € – 8 €
En retrait du village, cet hôtel des années 1980 est ouvert uniquement en saison. Les chambres, bien pratiques et un brin rétro, ont toutes un balcon. Et pour la détente : sauna, piscine chauffée, etc.

à Llo 3 km à l'Est par D 33 – ✉ 66800 – 157 hab.

L'Atalaya sans rest

– ✆ 04 68 04 70 04 – www.atalaya66.com – Fermé hors vacances scolaires
5 ch – 95/115 € 115/145 €
Que dire du jardinet fleuri, des chambres romantiques et de tous ces objets chinés par la propriétaire ? Qu'ils ont du charme, tout simplement ! Cette bergerie perchée sur la montagne cerdane a tout le cachet des belles maisons d'hôtes, et l'accueil réservé est délicieux...

SAINGHIN-EN-MÉLANTOIS – 59 Nord ➜ voir Lille

STE (Sainte) voir après la nomenclature des Saints

ST-ADJUTORY

✉ 16310 (Charente) – 414 hab. – **Voir carte n°39-C3**
Paris 472 km – Angoulême 33 km – Poitiers 48 km – Saint-Junien 47 km
Carte Michelin 324-M5

Château du Mesnieux ch,

Le Mesnieux au Sud par rte secondaire : 4 km – ✆ 05 45 70 40 18 – www.chateaudumesnieux.com
4 ch – 100 € 110 € **Table d'hôte** – Menu 30 €
Dans un domaine vallonné propice à la promenade, ce petit château datant du 15e s. a le charme des gentilhommières chic : mobilier chiné, atmosphère douillette et parquet ancien dans les chambres ; pierres et poutres au salon ; repas de tradition à la table d'hôte. Les amoureux de calme et de nature seront comblés !

ST-AFFRIQUE

✉ 12400 (Aveyron) – 8 288 hab. – **Voir carte n°29-D2**
▶ Paris 662 km – Albi 81 km – Castres 92 km – Lodève 66 km
Carte Michelin 338-J7

Le Moderne

54 av. Alphonse Pezet – ✆ 05 65 49 20 44 – www.lemoderne.net – Fermé 17-24 oct. et 19 déc.-20 janv.
Formule 16 € – Menu 21/35 € – Carte 36/68 €
Un restaurant rustique où il fait bon se régaler d'une cuisine du terroir authentique : tripoux et truites, pieds et jarrets de porc désossés... De plus, les amateurs de fromage seront ravis : à la carte, un plateau avec une douzaine de roqueforts issus des différentes caves régionales. Généreux !

ST-AFFRIQUE-LES-MONTAGNES

✉ 81290 (Tarn) – 744 hab. – **Voir carte n°29-C2**
▶ Paris 741 km – Albi 55 km – Carcassonne 53 km – Castres 12 km
Carte Michelin 338-F9

Domaine de Rasigous

ch, [P]

2 km au Sud par D 85 – ✆ 05 63 73 30 50 – www.domainederasigous.com – Ouvert 15 mars-15 nov.
6 ch – 130/170 € 130/170 € – 2 suites – 12 € – ½ P
Rest – Menu 29 € *(fermé merc. et le midi) (résidents seult)*
Au cœur d'un parc jalonné d'œuvres d'art – le propriétaire est un passionné –, cette demeure du 19e s. cultive un bel esprit maison d'hôtes. Parquet ancien, mobilier chiné, les chambres ont beaucoup de caractère ; à l'extérieur, l'espace bien-être vous tend les bras.

ST-AGNAN

✉ 58230 (Nièvre) – 159 hab. – **Voir carte n°7-B2**
▶ Paris 242 km – Autun 53 km – Avallon 33 km – Clamecy 63 km
Carte Michelin 319-H8 – Guide Vert Michelin Bourgogne

La Vieille Auberge sans rest

[P]

– ✆ 03 86 78 71 36 – www.vieilleauberge.com – Fermé janv.
8 ch – 50/55 € 60/65 € – 9 €
Cette vieille auberge de campagne, autrefois café-épicerie, est située près d'un lac. Les chambres, mignonnes et colorées, sont parfaitement tenues, et quel calme ! Le restaurant – réservé aux résidents – revisite la tradition culinaire bourguignonne.

ST-AGRÈVE

✉ 07320 (Ardèche) – 2 534 hab. – **Voir carte n°44-A2**
▶ Paris 582 km – Aubenas 68 km – Lamastre 21 km – Privas 64 km
Carte Michelin 331-I3 – Guide Vert Michelin Ardèche Drôme

Domaine de Rilhac avec ch

[P]

2 km au Sud-Est par D 120, D 21 et rte secondaire – ✆ 04 75 30 20 20 – www.domaine-de-rilhac.com – Fermé 20 déc. à mi-mars, mardi soir, jeudi midi et merc.
7 ch – 95/132 € 95/132 € – 14 € – ½ P
Formule 20 € – Menu 29/56 € – Carte 50/68 €
Calme assuré dans cette ancienne ferme ardéchoise perdue dans la campagne, où l'on savoure une goûteuse cuisine de saison face au mont Gerbier-de-Jonc. Idéal pour se régaler tout en écoutant le chant des oiseaux ! Quelques chambres, dont certaines mansardées.

Les Cévennes avec ch

rest,

10 pl. de la République – ✆ 04 75 30 10 22 – Fermé 6-30 nov. et vend.
6 ch – 60 € 67 € – 11 € – ½ P
Formule 16 € – Menu 27/34 € – Carte 41/51 €
Ambiance conviviale dans ce petit hôtel-restaurant familial au cœur du village. Au menu, de copieux plats du terroir, et, pour passer la nuit, des chambres simples mais bien arrangées.

ST-AIGNAN

✉ 41110 (Loir-et-Cher) – 3 166 hab. – Voir carte n°**11**-A2

Paris 221 km – Blois 41 km – Châteauroux 65 km – Romorantin-Lanthenay 36 km

Carte Michelin 318-F8 – Guide Vert Michelin Châteaux de la Loire

Les Jardins de Beauval

(au zoo), parc de Beauval, 4 km par D 675 – ✆ 02 54 75 60 00 – www.lesjardinsdebeauval.com

112 ch – †108/148 € ††108/148 € – ☕ 12 € – ½ P

Rest – Formule 25 € – Menu 38 € – Carte 37/47 €

Cinq pavillons dans un jardin paysagé, au pied du magnifique parc animalier de Beauval. Source d'inspiration affichée : l'Indonésie... et les chambres – classiques – s'habillent de mobilier en bois exotique. Un lieu atypique et avec un certain cachet.

ST-ALBAN-DE-MONTBEL – 73 Savoie ➜ voir Aiguebelette-le-Lac

ST-ALBAN-LES-EAUX

✉ 42370 (Loire) – 920 hab. – Voir carte n°**44**-A1

Paris 390 km – Lapalisse 45 km – Montbrison 56 km – Roanne 12 km

Carte Michelin 327-C3 – Guide Vert Michelin Lyon et sa région

Le Petit Prince

Le bourg – ✆ 04 77 65 87 13 – www.restaurant-lepetitprince.fr – Fermé mardi de sept. à mai, dim. soir en juil.-août et lundi

Menu 22 € (déj. en semaine), 31/85 €

Ce charmant restaurant n'est pas tombé d'un astéroïde : il a été fondé en 1805 par les arrière-grand-tantes de l'actuel patron ! Sa cuisine, fraîche, colorée et inventive, combine légèreté et gourmandise. Ce Petit Prince saura vous apprivoiser...

ST-ALBAN-LEYSSE – 73 Savoie ➜ voir Chambéry

ST-ALBAN-SUR-LIMAGNOLE

✉ 48120 (Lozère) – 1 505 hab. – Voir carte n°**23**-C1

Paris 552 km – Espalion 72 km – Mende 40 km – Le Puy-en-Velay 75 km

Carte Michelin 330-I6

Relais St-Roch

chemin du Carreirou – ✆ 04 66 31 55 48 – www.relais-saint-roch.fr – Ouvert de mi-avril à la Toussaint

9 ch – †98/270 € ††98/270 € – ☕ 19 € – ½ P

Rest *La Petite Maison* – voir les restaurants ci-après

"Verveine", "Violette", "Narcisse"... Dans cette gentilhommière du 19ᵉ s. en granit rose, les chambres honorent la nature dans un esprit d'antan (lambris vernissés, tissus tendus) qui a fidélisé de nombreux habitués. Agréable piscine dans le beau jardin.

La Petite Maison – Hôtel Relais St-Roch

av. de Mende – ✆ 04 66 31 56 00 – www.la-petite-maison.fr – Ouvert de mi-avril à la Toussaint et fermé lundi midi, mardi midi et merc. midi

Formule 25 € – Menu 29 € (déj. en semaine), 48/74 € – Carte 57/94 €

Une table régionale où règne une atmosphère chaleureuse et rustique. Les spécialités de la maison ? La viande de bison américain (depuis 1992 !), la friture de truitelle, le whisky (400 références) et les vins du Languedoc-Roussillon. Enfin, les propriétaires sont aux petits soins : on se sent comme un coq en pâte...

ST-AMAND-MONTROND

✉ 18200 (Cher) – 10 761 hab. – Voir carte n°**12**-C3

Paris 282 km – Bourges 52 km – Châteauroux 65 km – Montluçon 56 km

Carte Michelin 323-L6 – Guide Vert Michelin Limousin Berry

L'Amandois rest,

7 r. H. Barbusse, (face pl. de la République) – ✆ 02 48 63 72 00 – www.hotelamandois.fr

43 ch – 70/90 € 83/110 € – 12 € – ½ P

Rest – Formule 13 € – Menu 18/30 € – Carte 20/43 €

Une adresse fonctionnelle et pratique, où les chambres, modernes et fort bien équipées, sont réparties dans deux bâtiments. Restaurant traditionnel.

à **Noirlac** 4 km au Nord-Ouest par D 2144 (rte de Bourges) et D 35 – ✉ 18200

Auberge de l'Abbaye de Noirlac

– ✆ 02 48 96 22 58 – www.aubergeabbayenoirlac.free.fr – Ouvert 25 fév.-30 nov. et fermé mardi soir et merc. sauf juil.-août

Menu 23 € (semaine), 29/38 € – Carte 43/65 €

Face à l'abbaye de Noirlac, cette auberge créée dans une chapelle du 12e s. rend hommage à la cuisine du terroir. En digne enfant du pays, le chef orchestre la cérémonie avec les produits de la région : fromage berrichon, pigeonneau fermier de Sologne… et côté vins : châteaumeillant, st-pourçain, sancerre, etc.

à **Bruère-Allichamps** 8,5 km au Nord-Ouest par rte de Bourges (D 2144) – ✉ 18200 – 629 hab.

Les Tilleuls avec ch

45 rte de Noirlac – ✆ 02 48 61 02 75 – www.hotel-restaurant-tilleuls.com – Fermé 1 semaine en mars, vacances de la Toussaint, de Noël, dim. soir de nov. à avril, mardi midi de mai à oct., merc. midi et lundi

9 ch – 58 € 60 € – 9 € – ½ P Menu 26/66 €

Sur la route touristique longeant le Cher, une construction des années 1960 derrière un rideau de... tilleuls. Au menu : une cuisine dans l'air du temps, avec quelques recettes très originales. Quelques chambres fonctionnelles à l'étage.

ST-AMARIN

✉ 68550 (Haut-Rhin) – 2 387 hab. – **Voir carte n°1-A3**

Paris 461 km – Belfort 52 km – Colmar 53 km – Épinal 76 km

Carte Michelin 315-G9

Auberge du Mehrbächel rest, ch,

4 km à l'Est par rte du Mehrbächel – ✆ 03 89 82 60 68 – www.auberge-mehrbachel.com – Fermé 31 oct.-11 nov.

23 ch – 60/75 € 65/75 € – 10 € – ½ P

Rest – Formule 11 € – Menu 20/40 € – Carte 21/48 € *(fermé lundi soir, jeudi soir et vend.)*

En pleine montagne et sur le passage d'un GR, cette auberge (qui est aussi une vraie ferme !) a des airs de refuge rustique et douillet... Au restaurant, on partage quelques spécialités alsaciennes avec des randonneurs affamés et ravis.

ST-AMBROIX

✉ 30500 (Gard) – 3 389 hab. – **Voir carte n°23-C1**

Paris 686 km – Alès 20 km – Aubenas 56 km – Mende 111 km

Carte Michelin 339-K3

à **St-Victor-de-Malcap** 2 km au Sud-Est par D 51 – ✉ 30500 – 726 hab.

La Bastide des Senteurs avec ch ch,

5 r. de la Traverse – ✆ 04 66 60 24 45 – www.bastide-senteurs.com – Ouvert d'avril à oct.

14 ch – 83 € 83/106 € – 12 € – ½ P

Formule 19 € – Menu 36/85 € – Carte 56/82 € *(fermé lundi midi et sam. midi)*

Dans cette ancienne magnanerie, quel plaisir de s'installer sur la terrasse dominant le vallon ! Les yeux sur l'horizon, on savoure une cuisine empreinte de classicisme et qui porte haut les couleurs de la Méditerranée. Spécialité : la poularde en vessie. Chambres aux noms de cépages, confortables et soignées.

à Larnac 3,5 km au Sud-Ouest par rte d'Alès – ✉ 30960

Le Clos des Arts sans rest

Domaine Villaret – ✆ 04 66 25 40 91 – www.closdesarts.com

15 ch – 🚹58/64 € 🚹🚹58/64 € – ☕ 8 €

Dans une ancienne filature de soie du 17e s., des chambres spacieuses, déclinées en deux thématiques : Inde et design. De nombreuses œuvres d'art donnent du charme à ce clos bien nommé.

ST-AMOUR-BELLEVUE

✉ 71570 (Saône-et-Loire) – 570 hab. – **Voir carte n°8-C3**

Paris 402 km – Bourg-en-Bresse 48 km – Lyon 63 km – Mâcon 13 km

Carte Michelin 320-I12

Auberge du Paradis

Le Plâtre Durand – ✆ 03 85 37 10 26 – www.aubergeduparadis.fr – Fermé vacances de la Toussaint et janv.

6 ch – 🚹135/200 € 🚹🚹135/245 € – 2 suites – ☕ 21 €

Rest *Auberge du Paradis* ✿ – voir les restaurants ci-après

Un petit paradis en effet, aux chambres originales et contemporaines, décorées avec goût comme l'ensemble de l'établissement. Autres motifs de détente : le couloir de nage, le salon de lecture et un petit-déjeuner assez exceptionnel.

Au 14 Février Ⓝ (Masafumi Hamano)

Le Plâtre-Durand – ✆ 03 85 37 11 45 – www.au14fevrier.com – Fermé 1 semaine en mai, vacances de Noël, dim. soir en hiver, vend. midi, merc. et jeudi

Menu 35 € (déj. en semaine), 58/72 € *(réservation conseillée)*

Après St-Valentin et Lyon, au tour de... St-Amour-Bellevue d'accueillir son 14 Février ! Dans une ancienne auberge, le décor se décline en cuir rouge et bois wengé ; une fois encore, on est séduit par cette savoureuse cuisine franco-japonaise, délicate et variée, qui est la marque de cette équipe si féconde en bonnes tables...

→ Mi-cuit de saumon de Norvège mariné aux agrumes, sorbet tomate verte. Poitrine de canard de Challans, légumes bio, Tatin de pomme et boudin noir. Compote de poire en trois façons.

Auberge du Paradis (Cyril Laugier)

Le Plâtre Durand – ✆ 03 85 37 10 26 – www.aubergeduparadis.fr – Fermé vacances de la Toussaint, janv., lundi, mardi et le midi sauf dim.

Menu 65 € *(réservation conseillée)*

Dans un cadre cosy, une cuisine voyageuse, inspirée et soignée, qui exprime toute sa créativité à travers de belles notes d'épices rehaussant de superbes produits. Le chef se livre à un véritable travail d'équilibriste, et le repas a évidemment un petit goût... de paradis.

→ Raviole chinoise au potiron, pistaches grillées et bouillon de légumes à l'anis vert. Filet de bœuf mariné à l'ail rôti et persil, crème renversée au piment d'Espelette. Riz au lait au safran, sorbet ananas.

ST-ANDRÉ

✉ 66690 (Pyrénées-Orientales) – 3 120 hab. – **Voir carte n°22-B3**

Paris 880 km – Girona 87 km – Montpellier 184 km – Perpignan 25 km

Carte Michelin 344-I7

La Table de Cuisine

8a r. de Taxo – ✆ 04 68 95 42 06 – www.latabledecuisine.com – Fermé sam. midi et merc.

Formule 22 € – Menu 25 € (déj. en semaine), 29/34 €

En reprenant cette maison de village, les propriétaires n'avaient qu'une idée en tête : travailler avec les meilleurs producteurs locaux. Anchois de Collioure au vinaigre, lapin à l'ail et au banyuls blanc... Pari tenu avec authenticité et générosité ! Un conseil : pensez à réserver, c'est souvent complet.

ST-ANDRÉ-DE-NAJAC

✉ 12270 (Aveyron) – 418 hab. – Voir carte n°**29**-C2
Paris 664 km – Albi 46 km – Rodez 74 km – Toulouse 103 km
Carte Michelin 338-E5

Relais Mont le Viaur avec ch

La Croix-Grande – ✆ 05 65 65 08 68 – www.montleviaur.fr – Fermé de mi-déc. à mi-janv.
7 ch – †55/60 € ††60/65 € – ☕ 8,50 € – ½ P
Formule 14 € 🍷 – Menu 21/40 € – Carte 33/57 € *(fermé dim. soir, lundi soir et mardi soir)*
Le chef de cette jolie ferme régionale, chaleureuse et conviviale, a été auparavant sommelier dans plusieurs tables étoilées. Une chose le guide : la passion ! Il réalise ici une savoureuse cuisine du terroir : terrine de jarret de porc, foie gras maison, veau du Ségala... Pour l'étape, des chambres agréables.

ST-ANDRÉ-DE-ROQUELONGUE

✉ 11200 (Aude) – 1 130 hab. – Voir carte n°**22**-B3
Paris 821 km – Béziers 53 km – Montpellier 112 km – Perpignan 71 km
Carte Michelin 344-I4

Demeure de Roquelongue

53 av. de Narbonne – ✆ 04 68 45 63 57 – www.demeure-de-roquelongue.com – Ouvert 15 mars-15 nov.
5 ch ☕ – †100/135 € ††100/135 € **Table d'hôte** – Menu 25 €
En plein cœur du village, cette belle demeure de vigneron (1885) a le charme des maisons de famille : mobilier chiné, patio verdoyant, salles de bains rétro, cuisine traditionnelle à la table d'hôte... De l'âme et du style !

ST-ANDRÉ-LEZ-LILLE – 59 Nord ➔ voir Lille

ST-ANDRÉ-LES-VERGERS – 10 Aube ➔ voir Troyes

ST-ANTOINE-L'ABBAYE

✉ 38160 (Isère) – 1 016 hab. – Voir carte n°**43**-E2
Paris 553 km – Grenoble 66 km – Romans-sur-Isère 26 km – St-Marcellin 12 km
Carte Michelin 333-E6 – Guide Vert Michelin Lyon et sa région

Auberge de l'Abbaye

Mail de l'Abbaye – ✆ 04 76 36 42 83 – www.auberge-abbaye.com – Fermé 8 janv.-9 fév., lundi et mardi sauf le midi de juil. à sept. et dim. soir d'oct. à juin
Formule 20 € – Menu 23/56 € 🍷 – Carte 31/76 €
Au cœur du village médiéval, une maison ancienne datant du 14ᵉ s., agréable et chaleureuse avec son décor d'inspiration Louis XIII. Au menu, une cuisine actuelle valorisant le terroir : filet de truite aux petits légumes et sauce aux noix, superposition de paleron de veau et bœuf à l'infusion d'arabica...

ST-ANTONIN-NOBLE-VAL

✉ 82140 (Tarn-et-Garonne) – 1 864 hab. – Voir carte n°**29**-C2
Paris 628 km – Cahors 56 km – Montauban 45 km – Toulouse 98 km

Le Carré des Gourmets Ⓝ

13 bd des Thermes – ✆ 05 63 30 65 49 – www.carredesgourmets.fr – Fermé 15 déc.-1er mars et merc. du 1er sept. au 10 juil.
Formule 18 € – Menu 22 € (déj. en semaine), 28/57 € 🍷 – Carte 46/54 €
Sur les bords de l'Aveyron, un restaurant au cadre contemporain, tout en nuances de gris. Derrière les fourneaux, le chef concocte une cuisine dans l'air du temps avec des produits du terroir : terrine de rouget et de légumes, ballotine de volaille fermière avec sa purée, etc. Terrasse face à la rivière.

ST-AUBIN – 22 Côtes-d'Armor ➔ voir Erquy

ST-AUBIN-DE-LANQUAIS

✉ 24560 (Dordogne) – 295 hab. – **Voir carte n°4-C1**
Paris 548 km – Bergerac 13 km – Bordeaux 101 km – Périgueux 56 km
Carte Michelin 329-E7

L'Agrybella sans rest

pl. de l'Église – ✆ 05 53 58 10 76 – www.agrybella.fr.st – Fermé janv. et fév.
5 ch – 90/95 € 90/95 €
Au cœur d'un village tranquille, une belle demeure (18e s.) dans un jardin clos de murs... Choisissez votre chambre : Coloniale, Rétro, Marine, Périgourdine ou Cirque ! Une réussite, sous l'égide d'un couple charmant.

ST-AUBIN-DE-MÉDOC

✉ 33160 (Gironde) – 6 186 hab. – **Voir carte n°3-B1**
Paris 592 km – Angoulême 132 km – Bayonne 193 km – Bordeaux 19 km
Carte Michelin 335-G5

Le Pavillon de St-Aubin-Thierry Arbeau avec ch

Le Hiou, rte de Picot – ✆ 05 56 95 98 68 – www.thierry-arbeau.com
12 ch – 75/85 € 85/90 € – 10 € – ½ P
Menu 28 € (semaine), 42/58 € – Carte 60/78 € *(fermé sam. midi, dim. soir et lundi)*
Makis de thon rouge, pigeonneau aux épices douces... Une carte bien dans son époque alliée à une très belle sélection de bordeaux, pour un moment gourmand dans un lieu chaleureux – tons ensoleillés, cheminée et tables bien dressées. Pour l'étape, les chambres sont fonctionnelles et bien tenues.

ST-AUBIN-SUR-GAILLON – 27 Eure → voir Gaillon

ST-AVÉ – 56 Morbihan → voir Vannes

ST-AVIT-DE-TARDES

✉ 23200 (Creuse) – 188 hab. – **Voir carte n°25-C2**
Paris 415 km – Guéret 55 km – Limoges 151 km – Ussel 67 km
Carte Michelin 325-K5

Le Moulin de Teiteix

– ✆ 05 55 67 34 18 – http://moulin-de-teiteix.pagesperso-orange.fr
4 ch – 59 € 79 € **Table d'hôte** – Menu 27 €
Au pied d'une petite rivière poissonneuse et au grand calme, un moulin du 19e s. rustique et bucolique à souhait, où priment la simplicité et la convivialité. Les chambres, toutes différentes, sont spacieuses et agréables ; à l'heure du repas, la propriétaire concocte même une cuisine traditionnelle et familiale.

ST-AVOLD

✉ 57500 (Moselle) – 16 273 hab. – **Voir carte n°27-C1**
Paris 372 km – Metz 46 km – Saarbrücken 33 km – Sarreguemines 29 km
Carte Michelin 307-L4

au Nord 2,5 km sur D 633 (près échangeur A 4) – ✉ 57500 St-Avold

Novotel

RN 33 – ✆ 03 87 92 25 93 – www.novotel.com
61 ch – 69/139 € 69/139 € – 15 €
Rest – Formule 14 € – Carte 18/40 €
Dans ce Novotel entre forêt et autoroute (heureusement très calme), l'idéal est de choisir une chambre face à la piscine. Au restaurant, l'étape est pratique et sans surprise, mais la terrasse a vue sur les bois.

ST-AY

✉ 45130 (Loiret) – 3 161 hab. – Voir carte n°**12**-C2
▶ Paris 140 km – Blois 48 km – Châteaudun 52 km – Orléans 13 km
Carte Michelin 318-H4

XX **La Grande Tour**

21 rte Nationale – ✆ 02 38 88 83 70 – www.lagrandetour.com – Fermé 11-31 août, 11-19 janv., merc. soir, dim. soir et lundi
Formule 17 € – Menu 28/66 € – Carte 48/69 €
La Pompadour séjourna dans cet ancien et chaleureux relais de poste, situé sur la route des châteaux de la Loire. Cuisine traditionnelle (tête de veau, canette rôtie, sandre au beurre blanc, soufflés en dessert...), servie en terrasse l'été venu.

ST-AYGULF

✉ 83370 (Var) – Voir carte n°**41**-C3
▶ Paris 872 km – Brignoles 69 km – Draguignan 35 km – Fréjus 6 km
Carte Michelin 340-P5 – Guide Vert Michelin Côte d'Azur

Cap Riviera sans rest

21 r. de Claviers, (Plage du Grand Boucharel) – ✆ 04 94 81 21 42 – www.frejus-hotel.com – Ouvert 21 mars-15 oct.
18 ch – †65/125 € ††65/160 € – 1 suite – ☕ 8,50 €
Petit hôtel familial, sur la route côtière, face à la mer. Chambres coquettes et colorées, plus calmes côté patio ; accueil aimable (petite restauration en saison).

ST-BAZILE-DE-MEYSSAC

✉ 19500 (Corrèze) – 151 hab. – Voir carte n°**25**-C3
▶ Paris 514 km – Brive-la-Gaillarde 28 km – Limoges 125 km – Tulle 37 km
Carte Michelin 329-L5

Le Manoir de la Brunie sans rest 

La Brunie – ✆ 05 55 84 23 07 – www.manoirlabrunie.com
3 ch ☕ – †90/110 € ††90/110 €
Pour un week-end au calme, ce manoir du 18e s. chargé d'histoire – le propriétaire ne manque pas d'anecdotes sur le sujet – a conservé tout son cachet. Poutres et tomettes, mobilier chiné, joli jardin arboré... le tout aménagé avec goût. Belle escapade au programme !

ST-BEAUZEIL

✉ 82150 (Tarn-et-Garonne) – 124 hab. – Voir carte n°**28**-B1
▶ Paris 631 km – Agen 32 km – Cahors 55 km – Montauban 64 km
Carte Michelin 337-B5

Château de l'Hoste

rte d'Agen, D 656 – ✆ 05 63 95 25 61 – www.chateaudelhoste.com – Ouvert Pâques-mi nov.
22 ch – †100/160 € ††100/160 € – ☕ 15 €
Rest *Château de l'Hoste* – voir les restaurants ci-après
Au cœur de la campagne quercynoise, dans un superbe jardin, une gentilhommière du 17e s. pleine de caractère et de confort. Que dire de la bibliothèque, du bar ou encore de la piscine ? Le temps d'un week-end ou d'un séjour plus long, on se rêve lady et gentleman-farmer...

XX **Château de l'Hoste** 

rte d'Agen, D 656 – ✆ 05 63 95 25 61 – www.chateaudelhoste.com – Ouvert de Pâques à mi-nov.
Menu 29 € (dîner)/39 € – Carte 39/54 € *(fermé le midi sauf dim.)*
La table du Château de l'Hoste est à l'image de l'établissement : élégante et authentique. Ainsi, le chef privilégie les légumes du potager bio – ici, la tendance est au locavorisme – pour ses recettes qui osent les accords sucrés-salés. L'été, on profite de la terrasse et l'hiver, on s'installe devant la cheminée.

ST-BÉNIGNE – 01 Ain → voir Pont-de-Vaux

ST-BENOIT – 86 Vienne → voir Poitiers

ST-BENOÎT-SUR-LOIRE

✉ 45730 (Loiret) – 2 057 hab. – **Voir carte n°12-C2**

Paris 166 km – Bourges 92 km – Châteauneuf-sur-Loire 10 km – Gien 32 km

Carte Michelin 318-K5 – Guide Vert Michelin Châteaux de la Loire

Grand St-Benoît

7 pl. St-André – ☎ 02 38 35 11 92 – www.hoteldulabrador.fr – Fermé 18 août-3 sept., 21 déc.-7 janv., dim. et lundi

Formule 20 € – Menu 30/61 € – Carte environ 53 € *(réservation conseillée)*

Une maison chaleureuse, avec une jolie terrasse, au cœur de ce village où repose le poète Max Jacob. Au menu, de délicieux petits plats joliment cuisinés, avec de subtils mariages de saveurs. De quoi trouver l'inspiration !

ST-BERNARD

✉ 01600 (Ain) – 1 375 hab. – **Voir carte n°43-E1**

Paris 443 km – Bourg-en-Bresse 57 km – Lyon 29 km – Villeurbanne 37 km

Carte Michelin 328-B5

Le Clos du Chêne

370 chemin du Carré – ☎ 04 74 00 45 39 – www.leclosduchene.com – Fermé 22 déc.-4 janv.

8 ch – †150/168 € ††150/168 € – ☕ 14 €

Rest – Menu 34 € *(fermé vend., sam. et le midi) (résidents seult)*

En bordure de Saône, de superbes chambres romantiques et cosy dans une vaste propriété, alliant esprit de maison de famille, équipements modernes et thématique équestre. Raffiné !

ST-BÔMER-LES-FORGES

✉ 61700 (Orne) – 1 040 hab. – **Voir carte n°32-B3**

Paris 261 km – Alençon 73 km – Caen 88 km – Flers 16 km

Carte Michelin 310-F3

Château de la Maigraire (N) sans rest

2 km au Sud-Est par D 260 – ☎ 02 33 38 09 52 – www.la-maigraire.fr – Fermé 1er nov.-15 mars

3 ch ☕ – †100 € ††105 €

En pleine campagne, un château normand qui date du 1860 avec son parc, sa forêt et son plan d'eau, bref : tout ce qu'il faut pour venir se ressourcer au vert le temps d'un week-end... Les salons sont d'époque et les chambres portent des noms évocateurs, telle la "Marie-Antoinette". Un cachet certain !

ST-BONNET-LE-CHÂTEAU

✉ 42380 (Loire) – 1 562 hab. – **Voir carte n°44-A2**

Paris 484 km – Ambert 48 km – Montbrison 31 km – Le Puy-en-Velay 66 km

Carte Michelin 327-D7 – Guide Vert Michelin Lyon et sa région

Le Béfranc

7 rte d'Augel – ☎ 04 77 50 54 54 – www.hotel-lebefranc.com – Fermé 1 semaine fin oct.,17 fév.- 17 mars, dim. soir et lundi sauf juil.-août

17 ch – †50 € ††60 € – ☕ 8 € – ½ P

Rest – Menu 13 € 🍷 (déj. en semaine), 20/38 € – Carte 25/38 €

Nul besoin d'être l'auteur d'une infraction pour dormir dans cette ancienne gendarmerie ! Aux portes de l'Auvergne, cet établissement familial propose des chambres fonctionnelles et bien tenues. Restauration traditionnelle.

La Calèche

2 pl. Cdt-Marey – ☎ 04 77 50 15 58 – www.restaurantlacaleche.fr – Fermé dim. soir, mardi et merc.

Formule 17 € – Menu 20 € (déj. en semaine), 30/56 € – Carte 44/54 €

Dans cet hôtel particulier du 17e s., au pimpant décor, Jean-Marie Tatier propose une cuisine dans l'air du temps où chaque assiette est travaillée avec justesse. Couleurs et parfums sont au rendez-vous, avec juste ce qu'il faut de sophistication. Cette Calèche convie à une jolie promenade gourmande !

ST-BONNET-LE-FROID

✉ 43290 (Haute-Loire) – 231 hab. – Voir carte n°**6**-D3
Paris 555 km – Annonay 27 km – Le Puy-en-Velay 58 km – St-Étienne 51 km
Carte Michelin 331-I3

Le Clos des Cimes

le village – ✆ 04 71 59 93 72 – www.regismarcon.fr – Fermé 21 déc.-4 avril, jeudi soir de nov. à juin, lundi et mardi
12 ch – †175 € ††175 € – ☕ 22 €
Rest *Bistrot la Coulemelle* – voir les restaurants ci-après
C'est ici que tout a commencé pour la famille Marcon ! Une maison de pays au cœur du village, des chambres aujourd'hui colorées et confortables, avec vue sur la vallée et... les cimes. Mention spéciale pour le copieux petit-déjeuner (viennoiseries, charcuterie locale, etc.).

Le Fort du Pré

rte du Puy – ✆ 04 71 59 91 83 – www.le-fort-du-pre.fr – Fermé 31 août-5 sept., 1er déc.-6 mars, dim. soir de sept. à juin et lundi sauf le soir en juil.-août
29 ch – †82/119 € ††92/139 € – ☕ 12 € – ½ P
Rest *Le Fort du Pré* – voir les restaurants ci-après
Un peu en dehors du village, cette maison de maître abrite des chambres impeccablement tenues et fonctionnelles, fruit d'une rénovation en 2012. N'hésitez pas à profiter des nombreux loisirs proposés (piscine, fitness, cours de cuisine...).

Régis et Jacques Marcon avec ch

rest, soir,

Larsiallas, sur les hauteurs du village – ✆ 04 71 59 93 72 – www.regismarcon.fr – Ouvert 5 avril-20 déc. et fermé lundi midi de juin à août, lundi soir de nov. à mai, mardi et merc.
10 ch – †365 € ††365 € – ☕ 25 €
Menu 125/195 € – Carte 170/200 € *(réservation conseillée)*
Viandes du plateau, lentilles vertes du Puy, fromages locaux, etc. : la cuisine des Marcon magnifie le terroir et l'automne est leur saison de prédilection. C'est là, dans l'intimité des sous-bois aux feuilles rougissantes, qu'ils cueillent ces champignons dont ils ont fait... un art ! Le bâtiment, ceint de verre, rend également un superbe hommage à la nature. ➜ Asperges gratinées au pralin de cèpes. Cassoulet de homard aux lentilles vertes du Puy. Millefeuille à la chicorée.

André Chatelard avec ch

rest,

pl. aux Champignons – ✆ 04 71 59 96 09 – www.restaurant-chatelard.com – Fermé 8-11 sept., janv., fév., mardi sauf en août, dim. soir et lundi
4 ch ☕ – †130 € ††130 € Menu 22 € (semaine), 31/78 € – Carte 29/63 €
Des truites du Lignon, de la bonne charcuterie, des champignons aux parfums de sous-bois, des fromages nobles et fleuris, des bons vins à petits prix... et un beau chariot de desserts (le chef est ancien pâtissier) : cette cuisine régionale invite à la joie de vivre ! Atmosphère conviviale et jolies chambres en prime.

Le Fort du Pré – Hôtel Le Fort du Pré

rte du Puy – ✆ 04 71 59 91 83 – www.le-fort-du-pre.fr – Fermé 31 août-5 sept., 1er déc.-6 mars, dim. soir de sept. à juin et lundi sauf le soir en juil.-août
Formule 20 € – Menu 28/71 € – Carte 40/65 €
St-Bonnet-le-Froid peut bien se targuer du titre de "village gourmand" ! Jolie démonstration avec ce Fort du Pré, qui propose une savoureuse cuisine d'aujourd'hui, mettant admirablement en valeur le travail des producteurs de la région. Le tout dans un environnement verdoyant... Une valeur sûre.

Bistrot la Coulemelle – Hôtel Le Clos des Cimes

le village – ✆ 04 71 65 63 62 – www.regismarcon.fr – Fermé 21 déc.-4 avril, jeudi soir de nov. à juin, mardi et merc.
Menu 27/42 €
Au cœur du village, voici la délicieuse "annexe bistrotière" du grand restaurant de Régis Marcon. Feuilleté gourmand de champignons, composé de lapin, beau choix de pâtisseries maison : rien à dire, tout est généreux et diablement bon. Et les cuisines ouvertes ajoutent un côté chaleureux à l'ensemble...

au Nord-Ouest 6 km par D 44

La Maison d'en Haut sans rest

Malatray – ✆ 04 71 61 96 20 – www.maison-den-haut.com – Ouvert d'avril à déc.
3 ch – 75/90 € 75/90 €
Tout est si calme dans ce hameau de quelques âmes, au bout d'une route étroite et sinueuse ! Cette jolie ferme en pierre (18e s.), avec ses chambres meublées telle une maison de famille, est comme un refuge contre le temps qui passe. Ô cachet rustique...

ST-BREVIN-LES-PINS

44250 (Loire-Atlantique) – 12 248 hab. – **Voir carte n°34-A2**
Paris 442 km – Nantes 57 km – Saint-Herblain 62 km – Saint-Nazaire 15 km
Carte Michelin 316-C4 – Guide Vert Michelin Pays de la Loire

Hôtel du Beryl

55 bd de l'Océan – ✆ 02 28 53 20 00 – www.hotel-stbrevinlocean.com
99 ch – 79/209 € 79/209 € – 12 €
Rest ***Le Cap*** – Formule 16 € – Menu 19/34 € – Carte 32/46 €
Dans cette petite station proche de Pornic, un bel établissement aux chambres spacieuses et lumineuses, ouvrant sur l'océan en façade et les pins à l'arrière... En plus des plaisirs du bord de mer : spa, casino, restaurant face aux flots, etc.

ST-BRICE

53290 (Mayenne) – 536 hab. – **Voir carte n°35-C1**
Paris 271 km – Laval 43 km – Le Mans 70 km – Nantes 147 km
Carte Michelin 310-G7

Au Manoir des Forges

0,5 km à l'Est par D 212 – ✆ 02 43 70 84 40 – www.manoirdesforges.fr – Ouvert 1er mai- 30 nov. et fermé mardi, merc. et jeudi
5 ch – 138/188 € 138/188 €
Table d'hôte – Menu 28 € /35 €
Sur les hauteurs du village, petit manoir de 1550 au charme authentique : parc, plan d'eau où nagent des cygnes noirs... Chambres rustiques et cosy (tomettes, poutres, cheminée). Cuisine provençale et spécialités corses au coin du feu ou sous la tonnelle.

ST-BRICE-EN-COGLÈS

35460 (Ille-et-Vilaine) – 2 752 hab. – **Voir carte n°10-D2**
Paris 343 km – Avranches 34 km – Fougères 17 km – Rennes 57 km
Carte Michelin 309-N4

Le Lion d'Or

ch, rest,

6-8 r. Chateaubriand – ✆ 02 99 98 61 44 – www.hotel-leliondor.fr – Fermé dim. soir de sept. à juin
36 ch – 55/115 € 55/115 € – 9 € – ½ P
Rest – Formule 15 € – Menu 19 € (semaine), 27/35 € – Carte 28/45 €
Dans la rue principale du village, cet ancien relais de diligence en granit abrite des chambres au confort simple, régulièrement rénovées. Restaurant traditionnel et, au déjeuner, espace brasserie.

Manoir de la Branche sans rest

lieu-dit la Branche, 1 km au Nord par D 102 – ✆ 02 99 97 77 95 – www.manoirdelabranche.com – Fermé 20 déc.-6 janv.
5 ch – 120/180 € 120/180 €
Robuste manoir datant de 1412, en bordure de forêt. Vieilles pierres, poutres de chêne, tomettes, murs à la chaux, mobilier de style : le décor fait remonter le temps !

ST-BRIEUC

✉ 22000 (Côtes-d'Armor) – 46 209 hab. – Agglo. 93 313 hab. – **Voir carte n°10-C2**
▶ Paris 451 km – Brest 144 km – Quimper 127 km – Rennes 101 km
Carte Michelin 309-F3 – Guide Vert Michelin Bretagne Nord

Edgar

15 r. Jouallan – ✆ 02 96 60 27 27 – www.hotel-edgar.fr Plan : AY**g**
28 ch – †65/130 € ††70/130 € – ☕ 10 € – ½ P
Rest – Formule 14 € – Carte 26/55 € *(fermé 3-18 août, sam. et dim.)*
Une belle maison ancienne en pierre du pays... qui fut la résidence d'un armateur avant de devenir l'hôtel de police. Aujourd'hui, on y fait surtout délit de confort : les chambres sont bien équipées et fonctionnelles, dans un esprit cosy.

Hôtel de Clisson sans rest

36 r. de Gouët – ✆ 02 96 62 19 29 – www.hoteldeclisson.com Plan : AY**e**
25 ch – †64/125 € ††82/125 € – ☕ 9 €
Cette bâtisse blanche, près du cœur historique de St-Brieuc, réserve à ses visiteurs un accueil charmant. Les chambres sont diversement meublées, et celles avec baignoire balnéo sont plus spacieuses. Il y a aussi un joli jardin !

Ker Izel sans rest

20 r. de Gouët – ✆ 02 96 33 46 29 – www.hotel-kerizel.com – Fermé 24 déc.-2 janv. Plan : AY**a**
22 ch – †47/52 € ††59/65 € – ☕ 8 €
Dans le cœur historique de St-Brieuc, c'est vraisemblablement le plus vieil hôtel de la ville. Les chambres sont plutôt petites, mansardées au 2e étage, et bien tenues. Avec son jardinet et sa piscine, l'adresse est d'un bon rapport qualité-prix.

Champ de Mars sans rest

13 r. du Gén.-Leclerc – ✆ 02 96 33 60 99 – www.hotel-saint-brieuc.fr – Fermé vacances de Noël Plan : BZ**s**
21 ch – †54/58 € ††59/63 € – ☕ 8 €
Un emplacement pratique pour cet hôtel situé en cœur de ville. Les chambres, sobres et fonctionnelles, sont parfaitement tenues et proposées à des tarifs raisonnables.

Aux Pesked (Mathieu Aumont)

59 r. du Légué – ✆ 02 96 33 34 65 – www.auxpesked.com – Fermé 28 avril-5 mai, 20 août-8 sept., 2-16 janv., sam. midi, dim. soir et lundi
Formule 25 € – Menu 29 € (déj. en semaine), 49/85 € – Carte environ 76 € Plan : AV**a**
En ville... et déjà à la campagne : cette ancienne auberge, transformée dans un style résolument contemporain, offre une vue plongeante sur les rives verdoyantes du Gouët. Logiquement, les *pesked* ("poissons" en breton) sont à l'honneur : de superbe fraîcheur, cuisinés avec soin, au gré du marché. La mer à la campagne ! → Ormeaux rôtis, couteaux, carottes jaunes, jus d'orange, de carotte et de citron. Rouget et artichaut, jus réduit de betterave au vinaigre balsamique. Tarte fine au citron.

Ô Saveurs

10 r. Jules Ferry – ✆ 02 96 94 05 34 – www.osaveurs-restaurant.com – Fermé 2 semaines en août, 2 semaines en fév., merc. soir, dim. et lundi Plan : AX**n**
Formule 15 € – Menu 28/51 € – Carte 38/50 €
Difficile d'indiquer quelques-unes des spécialités du chef, car la carte, courte et de saison, change très souvent. Aujourd'hui un chou-fleur en velouté Dubarry, demain un filet de daurade rôti sur peau à la crème de fenouil... Mais ce qui ne change pas, c'est la recherche des saveurs, et c'est bien l'essentiel !

Youpala Bistrot (Jean-Marie Baudic)

5 r. Palasne-de-Champeaux, au Sud-Ouest par bd Charner – ✆ 02 96 94 50 74 – www.youpala-bistrot.com – Fermé vacances de fév., 1er-15 juil., vacances de la Toussaint, dim. et lundi
Formule 23 € – Menu 29 € (déj. en semaine), 53/78 € 🍷 *(réservation conseillée)*
Envie de nouveauté ? Le Youpala Bistrot est là. Chaque jour au gré du marché, Jean-Marie Baudic improvise un menu unique qui met à l'honneur les légumes et la marée bretonne. Inspiration et respect des techniques, harmonie et vivacité des saveurs, jeux de textures : plus qu'une cuisine d'auteur, un régal !
→ Produits de saison autour de la mer et des légumes.

ST-BRIEUC

Rue	Carré	N°
Abbé-Garnier (R.)	AX	2
Armor (Av. d')	BZ	3
Chapitre (R. du)	AZ	4
Charbonnerie (R.)	AY	5
Corderie (R. de la)	AX	13
Ferry (R. Jules)	AV	16
Gambetta (Bd)	AV	17
Gaulle (Pl. Gén.-de)	AY	18
Glais-Bizoin (R.)	ABY	20
Le Gorrec (R. P.)	AZ	28
Hérault (Bd)	AV	23
Jouallan (R.)	AY	26
Libération (Av. de la)	BZ	29
Lycéens-Martyrs (R.)	AZ	32
Martray (Pl. du)	AY	33
Quinquaine (R.)	AY	38
Résistance (Pl. de la)	AY	39
Rohan (R. de)	AYZ	40
St-Gilles (R.)	AY	43
St-Gouéno (R.)	AY	44
St-Guillaume (R.)	BZ	46
Victor-Hugo (R.)	BX	50
3-Frères-Le-Goff (R.)	AY	52
3-Frères-Merlin (R.)	AY	53

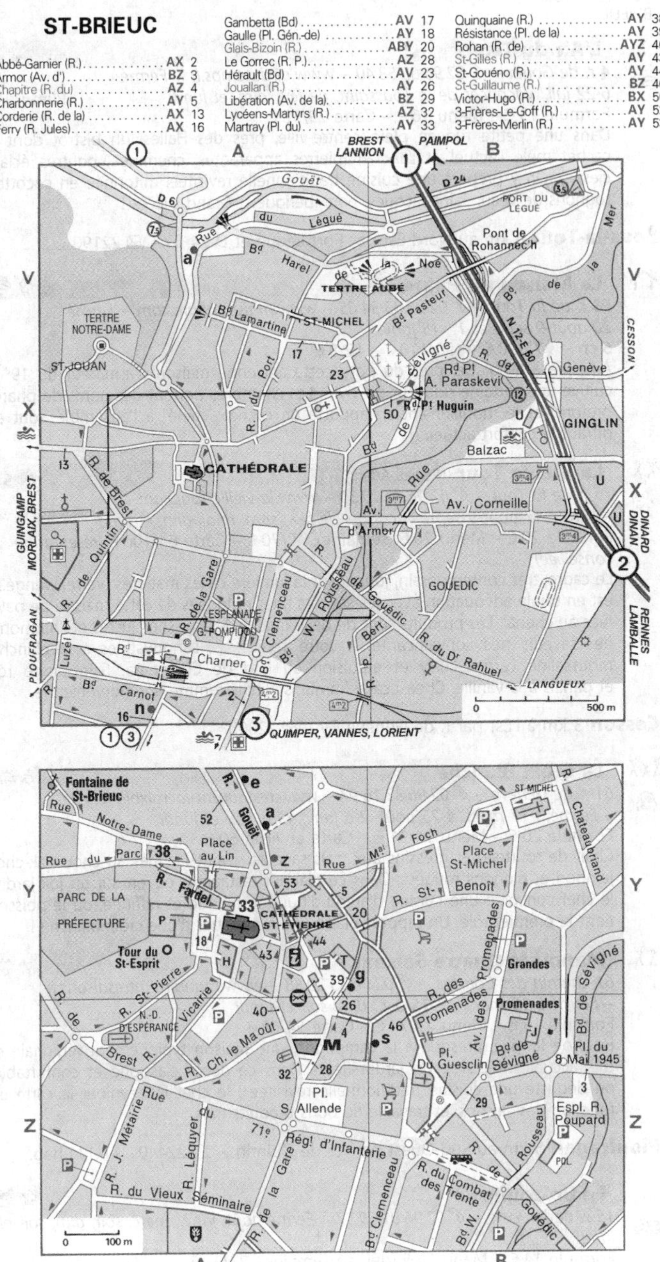

L'Air du Temps

4 r. de Gouët – ✆ 02 96 68 58 40 – www.airdutemps.fr – Fermé 6-22 juil., vacances de la Toussaint, de fév., dim. et lundi Plan : AY**z**

Formule 13 € – Menu 16 € – Carte 29/50 €

Dans une petite rue en plein centre-ville, près des Halles, un bistrot dont le cachet mêle l'actuel et l'ancien (pierres apparentes, cheminée, poutres éclaircies...). On y prépare une cuisine traditionnelle revisitée, mitonnée en cocotte : rognons de veau, Saint-Jacques, porc ibérique... Grand succès !

à Sous-la-Tour 3 km au Nord-Est par Port Légué et D 24 BV – ✉ 22190

La Maison du Phare sans rest

93 r. de la Tour – ✆ 02 96 33 34 65 – www.maisonphare.com – Fermé 20 août-9 sept. et 1er-15 janv.

5 ch – 75/90 € 90/110 € – 8 €

Adossée à la falaise, près du port, cette ancienne maison d'armateur du 19e s. cultive une certaine douceur de vivre. Les chambres portent des noms de phares bretons, et le mobilier ancien apporte un cachet "chiné" à l'ensemble, tout en offrant le confort actuel.

La Vieille Tour (Nicolas Adam)

75 r. de la Tour – ✆ 02 96 33 10 30 – www.la-vieille-tour.com – Fermé 17 août-9 sept., vacances de fév., sam. midi, dim. et lundi

Formule 20 € – Menu 28 € (semaine), 40/70 € – Carte 64/106 € *(réservation conseillée)*

Le cadre, très contemporain, jouant sur la lumière et les matières (verre, wengé...), est en totale adéquation avec les saveurs fines et iodées de cette maison de pays, face au chenal. Les produits sont de belle qualité, les cuissons justes et l'harmonie des saveurs très convaincante. À votre Tour ! → Langoustines à la plancha, mousseline carotte-curry et émulsion au lard de Colonnata. Saint-pierre rôti et panais à la vanille. Cheesecake framboise-litchi comme une norvégienne.

à Cesson 3 km à l'Est par r. de Genève BV – ✉ 22000

La Croix Blanche

61 r. de Genève – ✆ 02 96 33 16 97 – www.restaurant-lacroixblanche.fr – Fermé 3-17 mars, 4-25 août, 2-6 janv., dim. soir et lundi

Formule 20 € – Menu 24/91 € – Carte environ 60 €

Chair de tourteau et gressins aux trois saveurs ; Saint-Jacques au chou pak-choï, jambon et oignons rouges... Dans ce plaisant restaurant ouvert sur un joli jardin, le chef concocte une cuisine d'aujourd'hui gourmande et raffinée, où le poisson tient le premier rôle. Un rapport plaisir-prix à marquer d'une croix blanche !

Manoir le Quatre Saisons

61 chemin des Courses – ✆ 02 96 33 20 38 – www.manoirquatresaisons.fr – Fermé 5-19 mars, 1er-15 oct., dim. soir et lundi

Formule 19 € – Menu 27/74 € – Carte 54/68 €

Hors de la ville, presque à la campagne, une maison typiquement régionale et très accueillante, avec un jardin fleuri. Dans ce décor classique et confortable, on déguste une cuisine traditionnelle revisitée ; le chef fait évoluer la carte en fonction des saisons, et travaille de bons produits frais.

à Ploufragan 5 km au Sud-Ouest par rte de Quintin – ✉ 22440 – 11 111 hab.

Le Brézoune

15 r. de la Poste – ✆ 02 96 01 59 37 – Fermé août, janv., merc. soir, dim. soir et lundi

Formule 14 € – Menu 16 € (déj. en semaine), 23/45 €

Un jeune couple formé à bonne école a repris cette adresse traditionnelle : si les pierres et poutres demeurent, la déco a pris un virage contemporain, comme la carte, où les produits du terroir breton se marient à des notes d'Asie. Originalité, fraîcheur et accueil charmant au menu !

ST-CALAIS

✉ 72120 (Sarthe) – 3 419 hab. – Voir carte n°**35**-D1
Paris 188 km – La Ferté-Bernard 33 km – Le Mans 47 km – Tours 66 km
Carte Michelin 310-N7 – Guide Vert Michelin Pays de la Loire

Rte de la Ferté-Bernard 3 km au Nord par D 1

Château de la Barre

– *✆ 02 43 35 00 17 – www.chateaudelabarre.com – Fermé 10 janv.-1er mars*
5 ch – 🚹150 € 🚹🚹250/380 € – ☕ 18 € **Table d'hôte** – Menu 65/125 €
Le comte et la comtesse de Vanssay, vingtièmes du nom, vous accueillent dans leur château des 15e-18e s. Un bijou d'élégance à la française... Portraits ancestraux, meubles d'époque, imprimés foisonnants et, dans le parc, des jardins à thème (japonais, italien, inca, etc.). Une villégiature rêvée pour les amateurs !

ST-CANADET

✉ 13610 (Bouches-du-Rhône) – Voir carte n°**40**-B3
Paris 765 km – Marseille 46 km – Aix-en-Provence 18 km – Avignon 93 km
Carte Michelin 340-H4

Campagne le Bec sans rest

1,2 km par le chemin St-Pierre – ✆ 04 42 61 97 05 – www.campagnelebec.com
4 ch ☕ – 🚹140/180 € 🚹🚹140/180 €
En pleine campagne, cette ancienne bergerie mêle avec brio profusion baroque et élégance classique. "Lin", "Portugaise", "Grise", etc. : chaque chambre revêt un charme particulier. Table d'hôte sur demande. Bassin de nage.

ST-CANNAT

✉ 13760 (Bouches-du-Rhône) – 5 523 hab. – Voir carte n°**40**-B3
Paris 731 km – Aix-en-Provence 17 km – Cavaillon 39 km – Manosque 65 km
Carte Michelin 340-G4 – Guide Vert Michelin Provence

au Sud 2 km par rte d'Éguilles et rte secondaire – ✉ 13760 St-Cannat

Mas de Fauchon

1666 chemin de Berre – ✆ 04 42 50 61 77 – www.mas-de-fauchon.fr – Fermé 17 fév.-4 mars et 11-26 nov.
16 ch – 🚹120/190 € 🚹🚹120/240 € – 2 suites – ☕ 15 € – ½ P
Rest – Menu 25 € (déj. en semaine), 38/60 € – Carte 50/75 €
Le calme à l'état pur avec pour seule musique le chant des cigales... En pleine campagne, autour d'une bergerie du 17e s., on découvre de grandes chambres d'un élégant style provençal, de plain-pied avec le jardin. Agréable piscine et espace détente. Restaurant traditionnel dans la bâtisse principale.

ST-CÉRÉ

✉ 46400 (Lot) – 3 545 hab. – Voir carte n°**29**-C1
Paris 531 km – Aurillac 62 km – Brive-la-Gaillarde 51 km – Cahors 80 km
Carte Michelin 337-H2

Les Trois Soleils de Montal

rte de Gramat, 2 km par D 673 – ✆ 05 65 10 16 16 – www.3soleils.fr – Fermé 1 semaine en mars, 1 semaine en oct., déc. et janv.
25 ch – 🚹95/125 € 🚹🚹95/125 € – 4 suites – ☕ 14 € – ½ P
Rest *Les Trois Soleils de Montal* ✿ – voir les restaurants ci-après
Dans cette campagne lotoise si bucolique, qui plus est dans un parc charmant, à deux pas du château de Montal : l'adresse est idéale pour voir la vie en vert ! Chambres spacieuses et confortables, dans une veine plutôt moderne.

Hôtel de France

av. François-de-Maynard, rte d'Aurillac – ✆ 05 65 38 02 16 – www.lefrance-hotel.com – Fermé 19 déc.-20 janv. et vend. soir de sept. à juin
20 ch – 50/57 € 58/64 € – 10 € – ½ P
Rest – Formule 22 € – Menu 28/44 € – Carte 36/56 € *(fermé le lundi midi, vend. midi et sam. midi)*
À l'entrée de St-Céré, un hôtel aux chambres fonctionnelles, sobres et rustiques ; préférez celles donnant sur le jardin. Au restaurant, plats traditionnels et saveurs du Quercy. Terrasse ombragée.

Villa Ric

rte Leyme, 2,5 km par D 48 – ✆ 05 65 38 04 08 – www.villaric.com – Ouvert 4 avril-11 nov.
5 ch – 79/99 € 79/109 € – 11 € – ½ P
Rest – Menu 36/52 € *(fermé le midi) (résidents seult)*
Des chambres cosy dans cette maison accrochée à flanc de colline... On apprécie son cadre reposant et son ambiance guesthouse. Au restaurant, cuisine dans l'air du temps et vue panoramique sur la vallée.

Les Trois Soleils de Montal (Frédérik Bizat)

rte de Gramat, 2 km par D 673 – ✆ 05 65 10 16 16 – www.3soleils.fr – Fermé 1 semaine en mars, 1 semaine en oct., déc., janv., dim. soir et mardi midi d'oct. à mars et lundi sauf le soir d'avril à sept.
Menu 30 € (déj. en semaine), 52/78 €
Un, deux, trois... soleil ! Le décor élégant d'abord, la qualité des produits ensuite, la finesse d'exécution en clap de fin : vous pouvez faire un mouvement et déguster sans craindre, le rapport qualité-plaisir est excellent.
→ Ravioles de langoustines dans un bouillon d'herbes et d'épices. Porcelet noir de Bigorre, purée de pomme de terre ratte, gelée au piment d'Espelette. Gourmandise chocolatée et glace à la fève tonka.

ST-CHAMAS

✉ 13250 (Bouches-du-Rhône) – 7 778 hab. – **Voir carte n°40-A3**
Paris 738 km – Arles 43 km – Marseille 50 km – Martigues 26 km
Carte Michelin 340-F4 – Guide Vert Michelin Provence

Le Rabelais avec ch

8 r. Auguste Fabre, (centre ville) – ✆ 04 90 50 84 40 – www.restaurant-le-rabelais.com – Fermé merc. soir de sept. à juin, dim. sauf le midi de sept. à juin et lundi
2 ch – 80 € 90 € – 10 €
Formule 22 € – Menu 27 € (déj.), 41/65 € – Carte environ 50 €
Installé dans la jolie salle voûtée du 17ᵉs. d'un vieux moulin à blé, un restaurant que n'aurait pas renié le héros de Rabelais, Gargantua, même si on y sert une cuisine du moment, ancrée dans les saisons et osant des associations originales. Pour l'étape, deux jolies chambres à l'étage.

ST-CHAMOND

✉ 42400 (Loire) – 35 793 hab. – **Voir carte n°44-B2**
Paris 505 km – Feurs 55 km – Lyon 50 km – Montbrison 53 km
Carte Michelin 327-G7 – Guide Vert Michelin Lyon et sa région

Les Ambassadeurs

28 av. de la Libération, (près de la gare) – ✆ 04 77 22 85 80 – www.hotel-ambassadeurs.fr – Fermé 4-25 août et 25-30 déc.
16 ch – 58/62 € 74/88 € – ½ P
Rest *Les Ambassadeurs* – voir les restaurants ci-après
Près de la gare de Saint-Chamond, cet hôtel propose des chambres fonctionnelles, claires et bien tenues, parfaites pour une étape entre Lyon et Saint-Étienne – d'autant qu'il abrite une très bonne table !

Les Ambassadeurs (Julien Thomasson)

28 av. de la Libération, (près de la gare) – ✆ 04 77 22 85 80 – www.hotel-ambassadeurs.fr – Fermé 4-25 août, 25-30 déc., sam. midi, dim. soir et lundi

Menu 26 € (déj. en semaine), 35/67 € – Carte environ 63 €

Ces Ambassadeurs-là délivrent aux papilles un joli message : une cuisine fraîche et fine, où les arômes s'épanouissent avec justesse, pour le plaisir de tous. Le choix est limité, mais les menus sont renouvelés régulièrement. Prix mesurés.

→ Tourteau de Bretagne en marinière de légumes, mousseline et pousses aromatiques. Pigeon fermier, raviole de petits pois et trompettes-de-la-mort. Rhubarbe pochée, jus aux fraises et sorbet rhubarbe.

ST-CHÉLY-D'APCHER

48200 (Lozère) – 4 323 hab. – **Voir carte n°22-B1**

Paris 540 km – Aurillac 106 km – Mende 45 km – Le Puy-en-Velay 85 km

Carte Michelin 330-H6

Les Portes d'Apcher

rte de St-Flour, 1,5 km au Nord sur D 809 – ✆ 04 66 31 00 46 – www.hotels-brunel.com

17 ch – 64/86 € 64/86 € – 8,50 € – ½ P

Rest – Menu 14 € (déj. en semaine), 23/36 € – Carte 36/54 € *(fermé dim. soir et lundi midi sauf juil.-août)*

Non loin de l'autoroute, un hôtel-restaurant très pratique, avec des chambres entièrement rénovées en 2011 dans un esprit contemporain et cosy (du bois, de la pierre et parfois une douche à l'italienne). Poussez ces Portes !

à La Garde 9 km au Nord par D 809 – 48200

Château d'Orfeuillette

échangeur A 75 sortie 32 puis sur D 809, suivre la Garde – ✆ 04 66 42 65 65 – www.chateauorfeuillette.com – Ouvert d'avril à nov.

9 ch – 150/195 € 150/195 € – 2 suites – 16 € – ½ P

Rest *Château d'Orfeuillette* – voir les restaurants ci-après

Dans le parc paressent des ânes et des chevaux... Au cœur du Gévaudan, voilà bien un lieu paisible et raffiné : ce château de la fin du 19e s. mêle charme de l'ancien, mobilier design et touches baroques avec un caractère certain !

L'Orangerie

7 ch – 85/100 € 85/100 € – 16 €

L'Orangerie du château ? Une annexe confortable, avec des chambres fonctionnelles et sobres, où dominent les tons clairs.

Le Rocher Blanc

– ✆ 04 66 31 90 09 – www.lerocherblanc.com

19 ch – 62/89 € 62/89 € – 9 € – ½ P

Rest *Le Rocher Blanc* – voir les restaurants ci-après

"Mille et une nuits", "Temps modernes", "Masaï", "Campagnarde", etc. La plupart des chambres de cet hôtel déclinent un thème différent, parfaitement mis en scène. Un voyage dans le voyage… et une bonne étape, aux prestations variées et agréables.

Château d'Orfeuillette – Hôtel Château d'Orfeuillette

échangeur A 75 sortie 32 puis sur D 809, suivre la Garde – ✆ 04 66 42 65 65 – www.chateauorfeuillette.com – Fermé le midi sauf dim. et lundi

Menu 35/68 € – Carte 67/79 €

Atmosphère châtelaine, feutrée et romantique pour une table associant élégance des vieilles pierres et esprit très contemporain. Avec de bons produits locaux, le chef concocte une cuisine d'aujourd'hui, fine et plaisante.

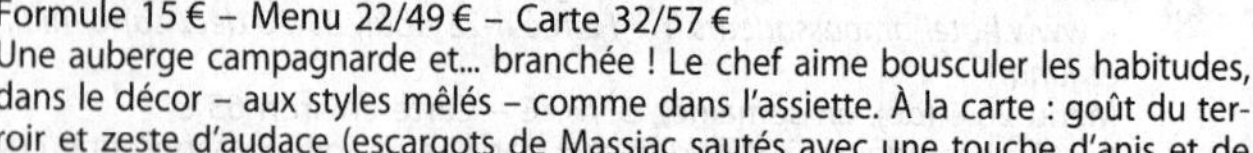

Le Rocher Blanc – Hôtel Le Rocher Blanc

– ✆ *04 66 31 90 09 – www.lerocherblanc.com*
Formule 15 € – Menu 22/49 € – Carte 32/57 €
Une auberge campagnarde et... branchée ! Le chef aime bousculer les habitudes, dans le décor – aux styles mêlés – comme dans l'assiette. À la carte : goût du terroir et zeste d'audace (escargots de Massiac sautés avec une touche d'anis et de parmesan, pavés de lotte rôtis au vinaigre de Xérès...). Une réussite !

ST-CHÉLY-D'AUBRAC

✉ 12470 (Aveyron) – 554 hab. – **Voir carte n°29-D1**
▶ Paris 589 km – Espalion 20 km – Mende 74 km – Rodez 50 km
Carte Michelin 338-J3

Hôtel des Voyageurs avec ch

av. d'Aubrac – ✆ 05 65 44 27 05 – www.hotel-conserverie-aubrac.com – Ouvert 11 avril-29 sept. et fermé merc. sauf le soir en juil.-août
7 ch – 51/54 € 51/54 € – 8 € – ½ P Menu 14/26 € – Carte 24/39 €
Les villages perdus dans la campagne réservent de belles surprises ! Ici, on déguste une bonne cuisine familiale à l'accent aveyronnais (tripoux, chou farci, foie gras...) et l'on peut même faire des provisions, car le chef a ouvert une conserverie artisanale. Pour l'étape, des chambres simples et impeccables.

ST-CHRISTOPHE-LA-GROTTE – 73 Savoie ➜ voir Échelles

ST-CIERS-DE-CANESSE

✉ 33710 (Gironde) – 789 hab. – **Voir carte n°3-B1**
▶ Paris 548 km – Blaye 10 km – Bordeaux 45 km – Jonzac 54 km
Carte Michelin 335-H4

La Closerie des Vignes ch,

village Les Arnauds, 2 km au Nord par D 250 et D 135 – ✆ 05 57 64 81 90 – www.hotel-restaurant-gironde.com – Ouvert 11 avril-28 oct.
7 ch – 92/98 € 92/98 € – 11 € – ½ P
Rest – Menu 35 € *(fermé mardi et le midi)*
Au milieu des vignes de Blaye, ce pavillon est si paisible. Chambres pratiques et fraîches, cuisine familiale simple (confit, tarte maison, etc.), jardin... Pour une retraite au vert !

ST-CIRQ-LAPOPIE

✉ 46330 (Lot) – 217 hab. – **Voir carte n°29-C1**
▶ Paris 574 km – Cahors 26 km – Figeac 44 km – Villefranche-de-Rouergue 37 km
Carte Michelin 337-G5

Auberge du Sombral - Les Bonnes Choses avec ch

– ✆ 05 65 31 26 08 – www.lesombral.com – Ouvert 1er avril-30 nov. et fermé jeudi sauf vacances scolaires, sept. et le soir sauf vend. et sam.
8 ch – 55/70 € 55/80 € – 9 €
Formule 16 € – Menu 24 € (déj.)/30 € – Carte 32/44 €
Dans cette maison, au pied du château des Lapopie, on sait ce que sont Les Bonnes Choses ! La preuve : on y savoure une sympathique cuisine du terroir où les produits locaux ont la part belle (agneau, foie gras, fromages...). Quelques jolies chambres pour prolonger la visite de ce village dominant le Lot.

Le Gourmet Quercynois

r. de la Peyrolerie – ✆ 05 65 31 21 20 – www.restaurant-legourmetquercynois.com – Fermé de mi-nov. à mi-déc. et janv.
Formule 16 € – Menu 20/28 € – Carte 30/66 €
Une charmante maison du 17e s., adossée au musée du Vin, voilà une bonne entrée en matière ! Une fois en haut du bel escalier en pierre, on entre dans la jolie salle rustique pour s'installer au coin de la cheminée ou sur la terrasse. Côté cuisine, on déguste des recettes du terroir mettant le canard à l'honneur.

à Tour-de-Faure 2 km à l'Est par D 8 – ✉ 46330 – 400 hab.

Le Saint Cirq sans rest
– ✆ *05 65 30 30 30 – www.hotel-lesaintcirq.com – Fermé de mi-nov. à mi-déc. et janv.*
25 ch – ♦78/148 € ♦♦78/148 € – ☕ 13 €
Face au cirque de Lapopie, cet hôtel récent s'inspire d'un hameau quercynois : accueil dans un ancien séchoir à tabac, matériaux nobles et parc planté d'arbres fruitiers. Authentique !

Les Gabarres sans rest
– ✆ *05 65 30 24 57 – www.hotellesgabarres.com – Ouvert 15 avril-15 oct.*
28 ch – ♦60/70 € ♦♦60/70 € – ☕ 10 €
L'édifice, niché près du Lot, au pied de ce magnifique village perché, invite à une halte touristique. Chambres fonctionnelles et bien tenues. Aux beaux jours, profitez de la piscine.

ST-CLAIR – 83 Var → voir Le Lavandou

ST-CLAR

✉ 32380 (Gers) – 1 003 hab. – **Voir carte n°28-B2**
▶ Paris 706 km – Agen 49 km – Auch 37 km – Toulouse 79 km
Carte Michelin 336-G6

La Garlande sans rest
12 pl. de la Mairie – ✆ 05 62 66 47 31 – www.lagarlande.com – Ouvert 28 mars-12 nov.
3 ch ☕ – ♦60/72 € ♦♦69/78 €
Maison du 18e s. pleine de cachet : on accède aux chambres cosy par un escalier ouvert sur un puits de lumière. Moulures, parquet et cheminée ajoutent au charme des lieux.

ST-CLAUD

✉ 16450 (Charente) – 1 070 hab. – **Voir carte n°39-C2**
▶ Paris 437 km – Angoulême 44 km – Poitiers 111 km – Saint-Junien 38 km
Carte Michelin 324-M4

Logis de la Broue
r. Abbé-Rousselot – ✆ 05 45 71 43 96 – www.logisdelabroue.com
3 ch ☕ – ♦100 € ♦♦120 € – ½ P **Table d'hôte** – Menu 34 € 🍷
Joliment restaurée, cette propriété viticole est désormais un lieu de villégiature charmant, bucolique et paisible. Salon bourgeois orné d'authentiques tapisseries d'Aubusson, chambres classiques d'esprit maison de famille, piscine, billard et plats du terroir à la table d'hôte : plaisirs intemporels...

ST-CLAUDE

✉ 39200 (Jura) – 11 026 hab. – **Voir carte n°16-B3**
▶ Paris 465 km – Annecy 88 km – Genève 60 km – Lons-le-Saunier 59 km
Carte Michelin 321-F8 – Guide Vert Michelin Franche-Comté Jura

Jura rest, ch,
40 av. de la Gare – ✆ 03 84 45 24 04 – www.jurahotel.com
35 ch – ♦50/65 € ♦♦52/70 € – ☕ 9 € – ½ P
Rest – Formule 13 € – Menu 16/29 € – Carte 24/54 € *(fermé 21 déc.-5 janv., sam. et dim.)*
Face à la gare, un hôtel qui ne paie pas de mine, mais dispose de chambres pratiques, dont les plus confortables et spacieuses ont vue sur la rivière et la montagne. Au restaurant, cuisine traditionnelle.

ST-CLÉMENT-DES-BALEINES – 17 Charente-Maritime → voir Île de Ré

ST-CLÉMENT-LES-PLACES

✉ 69930 (Rhône) – 655 hab. – **Voir carte n°44-A1**
▶ Paris 458 km – Lyon 54 km – Saint-Étienne 69 km – Villeurbanne 63 km
Carte Michelin 327-F5

L'Auberge de Saint-Clément 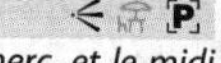

Le bourg – 04 74 26 03 83 – Fermé 13-31 août, 23 déc.-2 janv., merc. et le midi
Menu 20 € *(réservation conseillée)*
Dans les monts du Lyonnais, cette paisible auberge offre, depuis la terrasse, une jolie vue sur la campagne. Dans une ambiance très conviviale, on y sert une cuisine de bistrot préparée en toute simplicité, avec la complicité des producteurs locaux.

ST-CLOUD – 92 Hauts-de-Seine ➜ voir Paris, Environs

ST-CRÉPIN

✉ 05600 (Hautes-Alpes) – 624 hab. – **Voir carte n°41-C1**
Paris 759 km – Briançon 26 km – Digne-les-Bains 140 km – Gap 60 km
Carte Michelin 334-H4 – Guide Vert Michelin Alpes du Sud

Les Tables de Gaspard avec ch 

r. Principale – 04 92 24 85 28 – www.lestablesdegaspard.com – Fermé 3 semaines en déc., mardi hors saison et merc.
3 ch – 46/52 € 46/52 €
Formule 18 € – Menu 25 € (déj. en semaine), 31/55 € *(réservation conseillée)*
Bienvenue chez Gaspard de Rame, châtelain de St-Crépin ! Dans la salle voûtée du 16e s., ne vous attendez pas à un festin digne de la Renaissance. Ici, on apprécie une savoureuse cuisine dans l'air du temps, qui met en valeur les produits du terroir. À l'étage, agréables chambres d'hôtes pour l'étape.

ST-CRÉPIN-ET-CARLUCET

✉ 24590 (Dordogne) – 497 hab. – **Voir carte n°4-D3**
Paris 519 km – Bordeaux 196 km – Brive-la-Gaillarde 40 km – Sarlat-la-Canéda 12 km
Carte Michelin 329-I6 – Guide Vert Michelin Périgord Quercy

Les Charmes de Carlucet sans rest 

Carlucet – 05 53 31 22 60 – www.carlucet.com – Ouvert 1er mars-12 nov.
4 ch – 84/119 € 84/119 € – 5 €
Cette tranquille propriété périgourdine dispose de chambres coquettes et spacieuses, dont deux mansardées. Pour le petit-déjeuner, on s'installe sous la belle véranda. Accueil attentionné.

ST-CYPRIEN

✉ 66750 (Pyrénées-Orientales) – 10 476 hab. – **Voir carte n°22-B3**
Paris 859 km – Céret 31 km – Perpignan 17 km – Port-Vendres 20 km
Carte Michelin 344-J7

L'Atelier 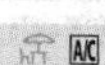

quai Rimbaud – 04 68 68 06 51 – Fermé lundi et mardi d'oct. à mai
Menu 24/42 € – Carte 39/75 €
Une terrasse plantée de platanes et cette jolie maison blanche donnant sur le port. Ici, le chef ne transige pas sur la qualité : tomates bio d'un petit producteur voisin, asperges de Narbonne, thon de Barcelone... Dans l'assiette, une cuisine fraîche, franche et goûteuse. Un Atelier où il fait bon aller !

à St-Cyprien-Plage 3 km au Nord-Est par D 22 – ✉ 66750

Mas d'Huston

r. Jouy-d'Arnaud, (au golf) – 04 68 37 63 63 – www.golf-saint-cyprien.com – Fermé 23 nov.-18 déc. et 5-30 janv.
46 ch – 120/340 € 120/340 € – 2 suites – 16 € – ½ P
Rest *Le Mas* – Menu 37/49 € – Carte 50/62 € *(fermé le midi sauf dim.)*
Rest *L'Eagle* – Formule 16 € – Menu 22 € – Carte 26/45 € *(fermé le soir)*
À l'entrée du golf, un hôtel récent niché dans la verdure, au calme. La moitié des chambres, sobres et contemporaines, donnent de plain-pied sur le parc et les greens ; sur place, un restaurant gastronomique et une brasserie de type "club-house".

à St-Cyprien-Sud 3 km – ✉ 66750 St-Cyprien

L'Île de la Lagune

bd de l'Almandin, (par av. Armand-Lanoux) – ☎ 04 68 21 01 02 – www.hotel-ile-lagune.com
18 ch – 🚹170/390 € 🚹🚹170/390 € – 6 suites – ☕ 22 € – ½ P
Rest ***L'Almandin*** – voir les restaurants ci-après
Rest ***Aquarama*** – Carte 36/64 € *(fermé le soir)*
Au bout d'une petite route, sur une marina artificielle et... au grand calme ! Le bâtiment, entièrement rénové en 2012, se dresse sur les rives. Au programme : thalasso, piscine sur le toit et plage... L'été, un bateau y conduit même les clients.

La Lagune

28 av. Armand Lanoux – ☎ 04 68 21 24 24 – www.hotel-lalagune.com – Ouvert 12 avril-11 nov.
49 ch – 🚹99/199 € 🚹🚹99/199 € – ☕ 14 € – ½ P
Rest – Formule 19 € – Menu 29/34 € 🍷
Sur la plage, un hôtel intégré à un vaste complexe résidentiel, idéal pour les familles et les groupes. Les chambres, fonctionnelles et bien tenues, donnent sur la piscine ou la lagune. Les adeptes de l'esprit club apprécieront les animations musicales en saison et les formules buffet, ainsi que le joli spa.

L'Almandin – Hôtel L'Ile de Lagune

bd de l'Almandin, (par av. Armand-Lanoux) – ☎ 04 68 21 01 02 – www.hotel-ile-lagune.com
Formule 30 € – Menu 49/98 € – Carte 72/90 €
Au bord de la Méditerranée, dans un cadre contemporain, une cuisine gastronomique qui joue la carte de la créativité – ainsi cette "truffe virtuelle" : une mousse d'aubergine emprisonnée dans une coque de cacao et d'encre de seiche. Des recettes plaisantes et savoureuses. Accueil et service tout sourire.

ST-CYR-AU-MONT-D'OR – 69 Rhône ➜ voir Lyon

ST-CYR-DU-GAULT

✉ 41190 (Loir-et-Cher) – 179 hab. – **Voir carte n°11-A1**
▶ Paris 222 km – Blois 28 km – Orléans 98 km – Tours 43 km
Carte Michelin 318-D6

Château Le Parc sans rest

Le Bourg – ☎ 02 54 46 19 58 – www.chateau-leparc.com – Fermé déc. et janv.
3 ch ☕ – 🚹130 € 🚹🚹160 €
Un château de 1870 construit sur des ruines du 15e s. Les chambres y sont très spacieuses et joliment décorées de meubles anciens ou contemporains. Mais l'atout majeur de l'adresse est sans aucun doute son superbe parc de 21 ha où il n'est pas rare d'apercevoir une biche ou un chevreuil.

ST-CYR-EN-TALMONDAIS

✉ 85540 (Vendée) – 349 hab. – **Voir carte n°34-B3**
▶ Paris 444 km – Luçon 14 km – La Rochelle 57 km – La Roche-sur-Yon 30 km
Carte Michelin 316-H9 – Guide Vert Michelin Pays de la Loire

Auberge de la Court d'Aron avec ch

1 allée des Tilleuls – ☎ 02 51 30 81 80 – www.court-d-aron.com – Fermé 24 nov.-15 déc., 20 janv.-3 fév., dim. soir et mardi soir hors saison et lundi
4 ch – 🚹64/84 € 🚹🚹64/84 € – ☕ 11 € – ½ P
Formule 16 € – Menu 20 € (semaine), 26/40 € – Carte 28/48 €
Seconde vie pour les écuries du château... transformées en une charmante auberge rustique ! On y apprécie une cuisine traditionnelle simple dans son esprit, mais bien faite et concoctée avec de bons produits. Et pour rester pour la nuit, quatre très jolies chambres mêlant épure, esprit nature et chaleur du bois.

ST-CYR-SUR-MER

83270 (Var) – 11 819 hab. – **Voir carte n°40-B3**
Paris 810 km – Bandol 8 km – Le Beausset 10 km – Brignoles 70 km
Carte Michelin 340-J6 – Guide Vert Michelin Côte d'Azur

Les Lecques – 83270

Grand Hôtel Les Lecques rest,
24 av. du Port – 04 94 26 23 01 – www.grand-hotel-les-lecques.com – Fermé 1er janv.-10 fév.
60 ch – 92/232 € 119/259 € – ½ P
Rest – Menu 35/49 € – Carte 32/55 € *(fermé le midi en fév., mars, avril, juin, juil., août et sept.)*
Élégante demeure Belle Époque au milieu d'un luxuriant parc fleuri. Préférez les chambres situées côté pinède, plus actuelles. Cuisine traditionnelle servie dans une salle aux airs de jardin d'hiver ou sur la belle terrasse.

rte de Bandol 4 km par D 559 – 83270

Dolce Frégate Provence rest,
– 04 94 29 39 39 – www.dolcefregate.com
99 ch – 150/809 € 150/809 € – 34 suites – 23 € – ½ P
Rest ***Le Mas des Vignes*** – Formule 41 € – Menu 49 € *(fermé le midi)*
Rest ***La Restanque*** 04 94 29 38 18 – – Carte 32/62 € *(fermé le soir)*
Calme et verdure dans cet établissement d'esprit resort. Superbe vue sur la mer, chambres de style provençal et espace séminaires. Au Mas des Vignes, cuisine gastronomique et cadre cosy. Repas plus décontracté à la Restanque. Agréable terrasse.

ST-DALMAS-DE-TENDE – 06 Alpes-Maritimes ➜ voir Tende

ST-DENIS-LE-VÊTU

50210 (Manche) – 608 hab. – **Voir carte n°32-A2**
Paris 327 km – Caen 95 km – St-Lô 32 km
Carte Michelin 303-D6

La Baratte N
Le Bourg – 02 33 45 45 49 – www.restaurant-labaratte.fr – Fermé vacances de la Toussaint, de fév., dim. soir d'oct. à juin, mardi soir et merc.
Formule 16 € – Menu 25 € (déj. en semaine), 32/37 €
Au cœur de la petite bourgade, cette maison en pierre du pays – ancien bar-épicerie – est devenue une coquette auberge familiale... Le cadre est délicieusement rustique, avec une agréable terrasse pour les beaux jours ; la cuisine, dans l'air du temps, s'ancre sur de solides bases traditionnelles et les producteurs locaux.

ST-DIDIER – 35 Ille-et-Vilaine ➜ voir Châteaubourg

ST-DIDIER-DE-FORMANS

01600 (Ain) – 1 792 hab. – **Voir carte n°43-E1**
Paris 443 km – Bourg-en-Bresse 49 km – Lyon 33 km – St-Etienne 92 km
Carte Michelin 328-B5

Château de Tanay N sans rest 
chemin de Tanay – 06 63 94 70 27 – www.chateau-tanay.com – Fermé 29 déc.-1er janv.
5 ch – 85/100 € 95/130 €
Un château du 11e s. avec son beau parc à la française. Certains profiteront de la piscine chauffée tandis que d'autres préfèreront se promener dans le verger. Quant aux chambres, dont la plupart sont situées dans l'annexe, elles sont confortables et ultracontemporaines. Parfait pour un séjour au grand calme !

ST-DIDIER-DE-LA-TOUR – 38 Isère ➜ voir La Tour-du-Pin

ST-DIDIER-EN-VELAY

✉ 43140 (Haute-Loire) – 3 367 hab. – Voir carte n°**6**-D3
Paris 538 km – Le Puy-en-Velay 55 km – St-Étienne 25 km – St-Agrève 45 km
Carte Michelin 331-H2

Auberge du Velay

Grand'place – ✆ 04 71 61 01 54 – www.aubergeduvelay.com – Fermé 1 semaine en sept., 1 semaine en janv., dim. soir, mardi soir et lundi
Menu 19 € (semaine), 26/37 € – Carte 34/51 €
Au cœur du village, une ancienne auberge entièrement rénovée : couleurs tendance, mise en espace conceptuelle, etc. Côté assiettes, on met en avant les produits du terroir et du marché, le tout présenté sur des matières brutes (bois, galets, ardoise) et dans des tubes à essai. Original !

ST-DIÉ-DES-VOSGES

✉ 88100 (Vosges) – 21 447 hab. – Voir carte n°**27**-C3
Paris 397 km – Colmar 53 km – Épinal 53 km – Mulhouse 108 km
Carte Michelin 314-J3

Ibis

5 quai Jeanne d'Arc – ✆ 03 29 42 24 22 – www.ibishotel.com
58 ch – 🚹67/90 € 🚹🚹67/90 € – ☕ 10 €
Rest – Formule 10 € – Menu 15 € – Carte 21/33 € *(fermé le midi)*
Une adresse utile en centre-ville, sur un boulevard bordant la Meurthe.

Les Voyageurs

22 r. Hellieule – ✆ 03 29 56 21 56 – www.restaurant-des-voyageurs.fr – Fermé 29 juil.-13 août, 1er-7 janv., dim. soir et lundi
Formule 20 € – Menu 25/38 € – Carte 39/52 €
On y apprécie une cuisine traditionnelle concoctée avec des produits frais scrupuleusement choisis. Sur la carte des vins, l'Alsace figure en tête.

ST-DISDIER

✉ 05250 (Hautes-Alpes) – 136 hab. – Voir carte n°**40**-B1
Paris 643 km – Gap 46 km – Grenoble 81 km – La Mure 41 km
Carte Michelin 334-D4 – Guide Vert Michelin Alpes du Nord

La Neyrette

– ✆ 04 92 58 81 17 – www.la-neyrette.com – Fermé 1er-18 avril et 15 oct.-15 déc.
11 ch – 🚹64/77 € 🚹🚹78/91 € – ☕ 10 €
Rest – Formule 22 € – Menu 29/41 € – Carte 36/50 € *(fermé le midi en hiver)*
Une sympathique petite auberge, bordée par un plan d'eau où l'on peut ferrer sa truite pour le dîner ! Les chambres, bien tenues, sont peu à peu rénovées. Beaucoup de calme.

ST-DONAT-SUR-L'HERBASSE

✉ 26260 (Drôme) – 3 854 hab. – Voir carte n°**43**-E2
Paris 545 km – Grenoble 92 km – Hauterives 20 km – Romans-sur-Isère 13 km
Carte Michelin 332-C3 – Guide Vert Michelin Ardèche Drôme

Chartron (Bruno Chartron) avec ch

1 av. Gambetta – ✆ 04 75 45 11 82 – www.restaurant-chartron.com – Fermé 29 avril-7 mai, 8-26 sept., 2-9 janv., mardi et merc.
8 ch – 🚹80/98 € 🚹🚹98/140 € – ☕ 14 € – ½ P Menu 38/145 € 🍷
Une institution locale au sein de ce village célèbre pour son festival Jean-Sébastien-Bach (juillet). Est-ce l'inspiration musicale ? Le fait est que la cuisine de cette table élégante se révèle harmonieuse et raffinée, tout en touches délicates. Une belle partition, jouée avec de très bons produits.
→ Escalopes de foie gras de canard poêlées, sauce framboisine. Pigeonneau fermier rôti aux épices de cacao. Gratin de fraises des bois.

La Mousse de Brochet

pl. de la Marne – ✆ 04 75 45 10 47 – www.lamoussedebrochet.com – Fermé 25 juin-15 juil., 2-8 janv., le soir en semaine de sept. à mai, dim. soir et lundi

Formule 17 € – Menu 19/35 € – Carte 31/44 €

Après avoir admiré les orgues de la collégiale, faites une halte dans ce petit restaurant aux airs de bistrot de campagne. Le chef privilégie les produits frais, souvent de la région. Mention spéciale pour... la mousse de brochet, évidemment.

ST-DYÉ-SUR-LOIRE

41500 (Loir-et-Cher) – 1 114 hab. – **Voir carte n°11-B2**

Paris 173 km – Beaugency 21 km – Blois 17 km – Orléans 52 km

Carte Michelin 318-F6 – Guide Vert Michelin Châteaux de la Loire

Manoir Bel Air

ch, rest,

1 rte d'Orléans – ✆ 02 54 81 60 10 – www.manoirbelair.com – Fermé 27 janv.-6 mars

43 ch – 84/104 € 96/104 € – 12 € – ½ P

Rest – Formule 26 € – Menu 34/58 € – Carte 44/58 €

Cette maison de maître (17es.) et son jardin sont agréablement posés sur les bords de Loire. Les chambres, de facture classique, sont spacieuses. Au restaurant, on savoure des plats traditionnels et de vieux bordeaux millésimés en regardant couler le fleuve...

ST-ÉMILION

33330 (Gironde) – 1 984 hab. – **Voir carte n°4-C1**

Paris 584 km – Bergerac 58 km – Bordeaux 40 km – Langon 49 km

Carte Michelin 335-K5 – Guide Vert Michelin Aquitaine

Hostellerie de Plaisance

5 pl. du Clocher – ✆ 05 57 55 07 55 – www.hostellerie-plaisance.com – Fermé 21 déc.-12 fév.

17 ch – 390/590 € 390/590 € – 3 suites – 32 €

Rest ***Hostellerie de Plaisance*** – voir les restaurants ci-après

Au cœur de la cité, cette belle demeure du 14e s. mêle luxe et douceur de vivre. Jardins élégants, vignes alentour : tout est si verdoyant et calme...

Au Logis des Remparts sans rest

18 r. Guadet – ✆ 05 57 24 70 43 – www.logisdesremparts.com – Fermé 15 déc.-31 janv.

20 ch – 88/200 € 88/200 € – 3 suites – 16 €

Le charme des vieilles pierres – l'hôtel se compose de deux maisons des 14e et 17e s. –, la luxuriance d'un beau jardin à la lisière des vignes... Chambres sobres et agréables, dont trois suites contemporaines et luxueuses.

Palais Cardinal

ch,

pl. 11-novembre-1918 – ✆ 05 57 24 72 39 – www.palais-cardinal.com – Ouvert d'avril à nov.

27 ch – 75/151 € 94/180 € – 15 € – ½ P

Rest – Formule 20 € – Menu 32/49 € – Carte 42/54 € *(ouvert de mai à nov. et fermé mardi et merc.)*

Au 14e s., un cardinal vécut dans cette maison... comme un pape. Les chambres sont sympathiques (préférez celles de l'annexe, plus spacieuses et confortables) ; quant au jardin et à la piscine, ils sont vraiment plaisants.

Auberge de la Commanderie sans rest

r. des Cordeliers – ✆ 05 57 24 70 19 – www.aubergedelacommanderie.com – Fermé 20 déc.-20 fév.

17 ch – 82/125 € 82/125 € – 11 €

Commanderie du 17e s. avec des chambres fonctionnelles et bien tenues ; celles de l'annexe, plus grandes, conviennent bien aux familles. Et en prime, l'adresse est en plein centre-ville.

Clos de la Barbanne

à 5 km, rte de St-Christophe-des-Bardes puis rte de Parsac
33570 Montagne – 06 27 05 27 13 – www.closdelabarbanne.com
– Fermé 23-26 déc.
4 ch – 150/180 € 150/180 € – ½ P
Table d'hôte – Menu 45/80 €
Une maison girondine au milieu des vignes... et des propriétaires vignerons, qui produisent chaque année 3 000 bouteilles de leur nectar. Les chambres sont spacieuses et épurées ; sur demande, la maîtresse des lieux vous régalera de ses petits plats du terroir. Agréable et bucolique.

Hostellerie de Plaisance – Hostellerie de Plaisance

5 pl. du Clocher – 05 57 55 07 55 – www.hostellerie-plaisance.com
– Fermé 21 déc.-12 fév., dim., lundi et le midi sauf sam.
Menu 120/170 € – Carte 125/160 €
La découverte du village de St-Émilion est toujours un ravissement ; prolongez le plaisir dans cette belle demeure, au cadre aussi classique que confortable. Le repas honore les produits locaux et, comme on l'imagine, le vignoble bordelais.

Le Tertre

5 r. Tertre-de-la-Tente – 05 57 74 46 33 – www.restaurant-le-tertre.com
– Ouvert 11 fév.-11 nov. et fermé merc. en fév.-mars et jeudi
Formule 24 € – Menu 32/75 € – Carte 59/85 €
Un lieu champêtre et intime, avec un vivier à crustacés et une petite salle creusée dans la roche... Idéal pour déguster une agréable cuisine de tradition accompagnée de bons vins (400 références, dont beaucoup de saint-émilion).

Huitrier Pie

11 r. de la Porte-Bouqueyre – 05 57 24 69 71 – www.lhuitrier-pie.net
– Fermé 25 déc.-12 fév., mardi et merc.
Formule 20 € – Menu 23 €/52 €
– Carte 35/66 €
En bas de la cité médiévale, un restaurant avec une jolie terrasse où l'on s'installe aux beaux jours... À moins de préférer la salle avec sa cheminée. On goûte ensuite aux bonnes recettes du chef, dans lesquelles le poisson est roi : pain de lotte et aïoli, barbu avec son beurre noisette, etc. Service aux petits soins.

à l'Est 2 km par D 243 direction St-Christophe-des-Bardes et St-Émilion Sud

Les Belles Perdrix de Troplong-Mondot sans rest

Château Troplong Mondot 33330 St-Émilion
– 05 57 55 32 05 – www.chateau-troplong-mondot.com
– Fermé 22 déc.-29 janv.
3 ch – 160/310 € 160/310 € – 2 suites
Au cœur du fameux domaine de Troplong-Mondot, face au village de St-Émilion, voilà une adresse idéale pour les amoureux de tourisme viticole... et tous les amateurs de charme et de grand confort. On y trouve même une chambre dans une petite maison au milieu des vignes. Vin sur vin !

Les Belles Perdrix de Troplong-Mondot

lieu dit Troplong-Mondot 33330 St-Emilion – 06 47 08 80 49
– www.chateau-troplong-mondot.com – Fermé 17 nov.-3 déc., 23 déc.-28 janv., merc. d'avril à oct., dim. soir, lundi et mardi de nov. à mars
Menu 35 € (déj. en semaine), 50/70 €
C'est dans le vignoble, au sein même du château d'un 1er grand cru classé, que s'épanouit ce restaurant tout en pierre blonde, avec une superbe terrasse face aux coteaux. Aux commandes : un chef émérite, qui revisite avec art la gastronomie du terroir... ce qui sied divinement bien aux vins du domaine !

rte de Libourne 4 km au Nord-Ouest par D 243

Château Grand Barrail ch, rest,

33330 St-Émilion – 05 57 55 37 00
– *www.grand-barrail.com – Fermé 14 déc.-10 fév.*
43 ch – 185/480 € 185/480 € – 3 suites – 24 €
Rest – Menu 55/85 € – Carte 53/82 €
Au milieu du vignoble, ce château du 19e s. d'allure si romantique. Le parc verdoyant ; le spa et la piscine pour se prélasser ; les chambres – douillettes, raffinées et pleines de caractère dans la bâtisse principale ; le restaurant gastronomique... tout ici a du cachet !

ST-ÉTIENNE

42000 (Loire) – 171 260 hab. – Agglo. 372 967 hab. – **Voir carte n°44-A2**
Paris 517 km – Clermont-Ferrand 147 km – Grenoble 154 km – Lyon 61 km
Carte Michelin 327-F7 – Guide Vert Michelin Lyon et sa région

Hôtel du Golf

67 r. St-Simon, face au golf par r. Revollier T – 04 77 41 41 00
– www.hoteldugolf42.com
48 ch – 120/160 € 135/190 € – 4 suites
Rest – Formule 19 € – Menu 24/39 € – Carte 39/54 €
L'hôtel le plus confortable de St-Étienne, sur les hauteurs de la ville, domine le golf municipal et la plaine du Forez. En ces lieux, un goût avéré de la modernité : mobilier design, couleurs vives, piscine face à la verdure, etc. Un établissement très trendy.

Hôtel du Midi sans rest

19 bd Pasteur – 04 77 57 32 55 – www.hotelmidi.fr – Fermé 27 juil.-25 août et 26 déc.-5 janv. Plan : V**e**
33 ch – 67/96 € 67/103 € – 11 €
Un hôtel aussi joli dedans que dehors ! Derrière sa façade du début du 20e s., on découvre un décor charmant, qui revisite l'esprit chic et indémodable des années 1930. Cosy et original, en toute simplicité.

Astoria sans rest

r. Henri Déchaud – 04 77 25 09 56 – www.hotel-astoria.fr – Fermé 4-25 août
33 ch – 69/89 € 69/89 € – 9 € Plan : V**n**
Bon rapport qualité-prix dans cet hôtel proche du centre de congrès, très fonctionnel et bien tenu. Parfait pour la clientèle d'affaires.

A la Table des Lys

5 cours Fauriel – 04 77 25 48 55 – www.latabledeslys.fr – Fermé 1er-11 mai, 2-24 août, 2-4 janv., sam. et dim. Plan : CZ**q**
Menu 28/95 € – Carte 38/85 €
Une table élégante et intime, idéale pour un dîner en ville. Vous aurez le choix entre trois salles évoquant de petits salons feutrés, pour déguster une cuisine éprise de fraîcheur, de légèreté et de finesse.

André Barcet

19 bis cours V. Hugo – 04 77 32 43 63 – www.restaurantbarcet.com
– Fermé 14 juil.-11 août, dim. soir et merc. Plan : BZ**u**
Formule 23 € – Menu 38 € (déj. en semaine), 49/70 € – Carte 59/77 €
Non loin des halles, un restaurant empreint de classicisme. La cuisine maison a fait ses preuves : André Barcet compte à St-Étienne une clientèle nombreuse d'habitués de longue date !

Régency

17 bd J. Janin – 04 77 74 27 06 – Fermé août, sam. et dim. Plan : BX**r**
Menu 37/45 € – Carte 39/56 €
À la fois contemporain et intime, design et chaleureux, le décor du Régency séduit. Sa cuisine également, centrée sur des valeurs sûres du registre bistrotier – avec, au gré des approvisionnements, des suggestions proposées de vive voix par le chef, qui connaît bien les goûts de ses clients.

ST-ÉTIENNE

Street	Grid	No.
Aciéries (R. des)	T	2
Barrouin (R.)	T	13
Crozet-Boussingault (R.)	V	22
Daguerre (Bd)	UV	24
Déchaud (R. H.)	V	25
Dr-F.-Merlin (R. du)	T	30
Drs-Charcot (R. des)	V	31
Drs-H.-et-B.-Muller (R. des)	T	32
Dunkerque (R. de)	V	36
Fraissinette (Bd A.-de)	V	45
Franchet-d'Esperey (Bd Mar.)	U	46
Gauthier-Dumont (R.)	U	48
Grignard (R. V.)	T	55
Marx (Bd Karl)	UV	67
Oddé (R. C.)	T	78
Ogier (R. J.-B.)	U	79
Paré (R. A.)	V	131
Passementiers (R. des)	V	82
Pasteur (Bd)	V	83
Péri (R. G.)	V	84
Pompidou (Bd G.)	T	88
Revollier (R. J.-F.)	T	92
Robespierre (R.)	V	95
Rochetaillée (Av. de)	V	98
Scheurer-Kestner (R.)	T	104
Terrenoire (R. de)	U	110
Valbenoite (Bd)	UV	119
Verdun (Av. de)	T	120
Vivaraize (R. de la)	V	125
8-Mai-1945 (Bd du)	T	127
11-Novembre (R. du)	V	128
38e-R.-I. (Bd du)	U	130

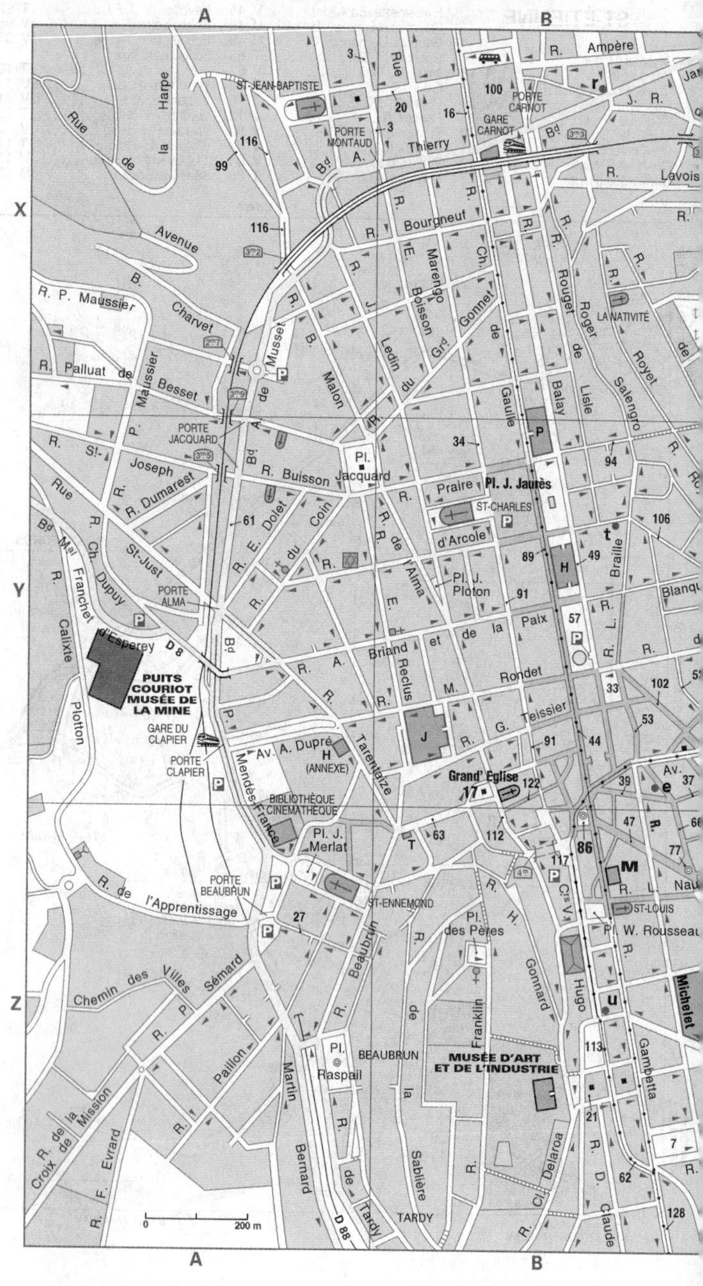

A
B
X
Y
Z
ST-JEAN-BAPTISTE
PORTE MONTAUD
PORTE CARNOT
GARE CARNOT
Thierry
Bourgneuf
Rue de la Harpe
Avenue
B. Charvet
R. P. Maussier
R. Palluat de Besset
PORTE JACQUARD
R. St-Joseph
R. Dumarest
Rue Ch. Dupuy
St-Just
PORTE ALMA
Bd Mal Franchet d'Esperey
R. Calixte Plotton
PUITS COURIOT MUSÉE DE LA MINE
GARE DU CLAPIER
PORTE CLAPIER
R. de l'Apprentissage
PORTE BEAUBRUN
Chemin des Villes
R. P. Sémard
R. Paillon
R. de la Croix de la Mission
R. F. Evrard
R. Martin Bernard
Pl. Raspail
BEAUBRUN
R. de Tardy
TARDY
R. de la Sablière
Franklin
MUSÉE D'ART ET DE L'INDUSTRIE
R. Delaroa
R. D. Claude
Gambetta
Michelet
Pl. W. Rousseau
ST-LOUIS
Crs V. Hugo
R. H. Gonnard
Pl. des Pères
ST-ENNEMOND
Pl. J. Merlat
BIBLIOTHÈQUE CINÉMATHÈQUE
Av. A. Dupré
H (ANNEXE)
P. Mendès France
R. Tarentaize
Grand' Église
R. G. Teissier
R. M. Rondet
R. E. Reclus
R. A. Briand et de la Paix
Pl. J. Ploton
R. de l'Alma
R. d'Arcole
ST-CHARLES
Pl. J. Jaurès
R. Praire
Pl. Jacquard
R. Buisson
R. E. Dolet
R. du Coin
Bd A. de Musset
R. B. Malon
R. J. Ledin
R. E. Boisson
R. Marengo
Grd Gonnet
R. Ch. de Gaulle
R. Balay
R. Rouget de Lisle
R. Roger Salengro
R. Royet
LA NATIVITÉ
R. Ampère
R. Lavoisier
R. L. Braille
Blanqui
R. L. Nautin
0
200 m
D 8
D 88

ST-ÉTIENNE

Albert-1er (Bd) .... **ABX** 3
Anatole-France (Pl.) .... **BZ** 7
Badouillère (R. de la) .... **CZ** 9
Barbusse (R. H.) .... **CZ** 12
Bérard (R. P.) .... **BCY** 14
Bergson (R.) .... **BX** 16
Boivin (Pl.) .... **BY** 17
Chavanelle (Pl.) .... **CZ** 18
Clovis-Hugues (R.) .... **BX** 20
Comte (Pl. Louis) .... **BZ** 21
Denfert-Rochereau (Av.) .... **CY** 26
Descours (R.) .... **AZ** 27
Dorian (Pl.) .... **BY** 33
Dormoy (R. M.) .... **BXY** 34
Dupré (R. G.) .... **BY** 37
Durafour (R. A.) .... **CZ** 38
Escoffier (R. D.) .... **BY** 39
Fougerolle (R.) .... **CZ** 41
Fourneyron (Pl.) .... **CY** 42
Foy (R. Gén.) .... **BY** 44
Frappa (R. J.) .... **BZ** 47
Gambetta (R.) .... **BZ**
Gaulle (R. Ch.-de) .... **BXY**
Gérentet (R.) .... **BY** 49
Gervais (R. E.) .... **CY** 50
Gillet (R. F.) .... **BY** 52
Grand Moulin (R. du) .... **BY** 53
Gris de lin (R. du) .... **CY** 54
Guesde (Pl. J.) .... **BY** 56
Hôtel-de-Ville (Pl. de l') ...... **BY** 57
Jacob (R.) .... **CX** 58
Krumnow (Bd F.) .... **AY** 61
Leclerc (R. du Gén.) .... **BZ** 62
Libération (Av. de la) .... **BCY**
Loubet (Av. du Président E.) .. **BZ** 63
Martyrs-de-Vingré (R. des) ... **BYZ** 66
Michelet (R.) .... **BYZ**
Moine (Pl. Antonin) .... **CYZ** 68
Moulin (Pl. J.) .... **CY** 72
Mulatière (R. de la) .... **CZ** 75
Neuve (Pl.) .... **BZ** 77
Peuple (Pl. du) .... **BZ** 86
Pointe-Cadet (R.) .... **BCZ** 87
Président-Wilson (R.) .... **BY** 89
République (R. de la) .... **BCY**
Résistance (R. de la) .... **BY** 91
Rivière (R. du Sergent) .... **CX** 93
Robert (R.) .... **BY** 94
Ruel (R. A.) .... **AX** 99
Sadi-Carnot (Pl.) .... **BX** 100
St-Jean (R.) .... **BY** 102
Sauzéa (Cours H.) .... **CY** 103
Servet (R. M.) .... **BY** 106
Stalingrad (Square de) .... **CY** 109
Théâtre (R. du) .... **BYZ** 112
Thomas (Pl. A.) .... **BZ** 113
Tilleuls (R. des) .... **AX** 116
Ursules (Pl. des) .... **BZ** 117
Valbenoite (Bd) .... **CZ** 119
Villeboeuf (Pl.) .... **CZ** 123
Ville (R. de la) .... **BY** 122
11-Novembre (R. du) .... **BZ** 128

Insens

10 r. de Lodi – ✆ 04 77 32 34 34 – Fermé août, vacances de Noël, dim. et lundi Plan : BY**t**
Formule 14 € – Menu 26/42 € – Carte 26/46 €
Un joli restaurant, tout simple, dont le nom évoque à la fois les cinq sens et le goût de l'insensé... Son jeune chef signe une cuisine pétillante, savoureuse, colorée et ludique – fondée sur un vrai tour de main. Sans doute le meilleur rapport plaisir-prix de St-Étienne !

Nado

38 r. des Martyrs-de-Vingré – ✆ 04 77 37 49 95 – www.nadoapebar.com – Fermé dim. Plan : BY**e**
Menu 20/45 € – Carte 42/53 €
Au cœur de la ville, un restaurant à la fois sobre et contemporain, où l'on se retrouve autour d'une cuisine de produits franche et plaisante. Une sympathique option pour une soirée stéphanoise.

à Sorbiers 10 km au Nord par D 106, N 82 et D 3 – ✉ 42290 – 7 717 hab.

Le Valjoly

9 r. de l'Onzon – ✆ 04 77 53 60 35 – http://levaljoly.free.fr – Fermé 1er-15 mars, 22 juil.-14 août, lundi et le soir sauf vend. et sam.
Menu 17 € (déj. en semaine), 20/44 € – Carte 25/43 €
Aux portes de St-Étienne, ce restaurant repris par un jeune couple en 2011 cultive la tradition avec fraîcheur : terrine de canard aux noisettes et pistaches, Saint-Jacques et ris de veau aux morilles, cocotte de la mer au fumet de crustacés, etc. Simple et plaisant !

à Rochetaillée 8 km au Sud-Est par D 8 – ✉ 42100

Yves Genaille

3 r. du Parc – ✆ 04 77 32 88 48 – www.restaurant-genaille.fr – Fermé 2 semaines en avril, août, dim. soir, lundi et mardi
Menu 25 € (déj. en semaine), 33/65 € – Carte 50/60 € *(réservation conseillée)*
Au pied du château de ce village médiéval, un restaurant résolument ancré dans... notre époque ! Le décor est design, la cuisine non moins contemporaine, mais elle n'en oublie pas le terroir et ses produits (vins de petits producteurs). De surcroît, la salle offre un panorama superbe sur la campagne alentour.

à St-Priest-en-Jarez 4 km au Nord-Ouest – ✉ 42270 – 6 177 hab.

Restaurant du Musée

musée d'Art moderne la Terrasse – ✆ 04 77 79 24 52 – www.restaurantdumusee.fr – Fermé le soir Plan : T**s**
Carte 34/40 €
Nourritures terrestres au sein du musée d'Art moderne de St-Étienne Métropole (l'un des plus importants de France) avec une cuisine épousant les tendances... et nourritures célestes dans les salles d'exposition, à deux pas !

à La Fouillouse 10 km au Nord-Ouest par A 72, D 201 puis D 1082 – ✉ 42480 – 4 393 hab.

Le 3ème Acte

7 r. des Grandes-Maisons – ✆ 04 77 30 24 81 – www.le3emeacte.sitew.com – Fermé 16 août-3 sept., 2-16 janv., mardi soir, merc. soir, dim. soir et lundi
Formule 16 € – Menu 23/72 € – Carte 43/68 €
Le "3ème acte", car il s'agit de la troisième affaire des patrons, un couple dynamique qui met ici à profit son expérience. Les lieux se révèlent chaleureux, et la cuisine pleine de sincérité (galantine de biche maison, savarin vanille, etc.).

ST-ÉTIENNE-DE-BAÏGORRY

✉ 64430 (Pyrénées-Atlantiques) – 1 601 hab. – **Voir carte n°3-A3**
Paris 813 km – Biarritz 51 km – Cambo-les-Bains 31 km – Pau 116 km
Carte Michelin 342-D5 – Guide Vert Michelin Pays Basque et Navarre

Arcé

rte du col d'Ispéguy – ✆ 05 59 37 40 14 – www.hotel-arce.com – Ouvert de mi-avril à mi-nov.
20 ch – †100/180 € ††100/180 € – 2 suites – ☕ 16 € – ½ P
Rest *Arcé* – voir les restaurants ci-après
Une authentique maison basque au pied du col d'Ispéguy et de la Nive. Atout charme : la passerelle métallique au-dessus de la rivière, permettant d'accéder à la piscine.

Arcé – Hôtel Arcé

rte du col d'Ispéguy – ✆ 05 59 37 40 14 – www.hotel-arce.com – Ouvert de mi-avril à mi-nov. et fermé dim. soir, lundi midi et merc. midi sauf du 15 juil. au 15 sept. et fériés
Menu 31/55 € – Carte 37/58 € *(réservation conseillée)*
Faites donc une halte gourmande au pied du col d'Ispéguy ! Dans ce restaurant – un ancien trinquet (salle de pelote basque) –, on savoure une cuisine du marché bien ancrée dans sa région : tournedos de cochon de lait, boudin noir... L'été, on s'installe sur l'agréable terrasse bordée de platanes.

ST-ÉTIENNE-DE-FURSAC – 23 Creuse ➜ voir La Souterraine

ST-ÉTIENNE-DU-VAUVRAY – 27 Eure ➜ voir Louviers

ST-ÉTIENNE-LÈS-REMIREMONT – 88 Vosges ➜ voir Remiremont

ST-EUTROPE-DE-BORN – 47 Lot-et-Garonne ➜ voir Cancon

ST-EVROULT-NOTRE-DAME-DU-BOIS

✉ 61550 (Orne) – 455 hab. – **Voir carte n°33-C2**
Paris 155 km – Argentan 42 km – Caen 91 km – Lisieux 52 km
Carte Michelin 310-L2 – Guide Vert Michelin Normandie Vallée de la Seine

Le Relais de l'Abbaye

r. Principale – ✆ 02 33 84 19 00 – www.abbaye-restaurant61.fr
11 ch – †45/60 € ††55/60 € – ☕ 8 €
Rest – Menu 13 € (déj. en semaine), 24/43 € – Carte 32/61 € *(fermé dim. soir et vend.)*
De l'abbaye – l'un des plus grands centres intellectuels anglo-normands (11-12e s.) – ne subsistent que des ruines... mais le village reste empreint de quiétude. Un hôtel-restaurant tout simple pour une étape loin des sentiers battus.

ST-FARGEAU

✉ 89170 (Yonne) – 1 793 hab. – **Voir carte n°7-A2**
Paris 180 km – Auxerre 45 km – Clamecy 48 km – Gien 41 km
Carte Michelin 319-B6 – Guide Vert Michelin Bourgogne

Les Grands Chênes sans rest

Les Berthes-Bailly, 4,5 km au Sud par D 18 – ✆ 03 86 74 04 05 – www.hotellesgrandschenes.com – Fermé 15 déc.-10 janv. et 15 fév.-4 mars
13 ch – †89/98 € ††89/98 € – ☕ 10 €
En pleine Puisaye, cette jolie demeure bourgeoise est en fait un hôtel, niché dans un grand parc. Le salon avec cheminée et les chambres colorées ont beaucoup de charme.

ST-FÉLIX-LAURAGAIS

✉ 31540 (Haute-Garonne) – 1 336 hab. – **Voir carte n°29-C2**
Paris 716 km – Auterive 46 km – Carcassonne 58 km – Castres 38 km
Carte Michelin 343-J4

XXX **Auberge du Poids Public** avec ch rest,

rte de Toulouse, fg. St Roch – ✆ 05 62 18 85 00 – www.auberge-du-poids-public.fr – Fermé dim. soir d' oct. à mai

11 ch – †65/75 € ††85/110 € – 1 suite – ☕ 11 € – ½ P

Menu 25 € (déj. en semaine), 45/77 € – Carte 55/95 €

Vous serez accueillis dans un cadre agréable ouvrant sur la plaine du Lauragais (terrasse panoramique) ; décor mi-rustique, mi-contemporain et cuisine de terroir revisitée. Chambres confortables et fraîches.

ST-FIRMIN – 80 Somme ➜ voir Rue

ST-FLORENT – 2B Haute-Corse ➜ voir Corse

ST-FLORENTIN

✉ 89600 (Yonne) – 4 771 hab. – **Voir carte n°7-B1**

▶ Paris 169 km – Auxerre 32 km – Chaumont 145 km – Dijon 172 km

Carte Michelin 319-F3 – Guide Vert Michelin Bourgogne

 **Les Tilleuls** 

3 r. Descourtive – ✆ 03 86 35 09 09 – www.hotel-les-tilleuls.com – Fermé 22 fév.-23 mars, 1er-12 oct. et 21 déc.-3 janv.

9 ch – †62/67 € ††70/80 € – ☕ 11 €

Rest *Les Tilleuls* – voir les restaurants ci-après

On pousse la grille et, derrière le jardinet fleuri, on découvre cet ancien couvent de capucins (1635). Le calme règne ! Petites chambres traditionnelles et très bien tenues, donnant pour certaines sur... les tilleuls.

X **Les Tilleuls** 

3 r. Descourtive – ✆ 03 86 35 09 09 – www.hotel-les-tilleuls.com – Fermé 22 fév.-23 mars, 1er-12 oct. et 21 déc.-3 janv.

Menu 18 € (déj. en semaine), 32/50 € – Carte 50/70 € *(réservation conseillée)*

Un décor classique (boiseries peintes, nappes) ouvert sur un joli tableau de verdure – dont on profite en terrasse. Un cadre soigné pour une vraie cuisine de tradition : terrine de biche aux champignons, sole meunière, fromages de Bourgogne...

ST-FLOUR

✉ 15100 (Cantal) – 6 711 hab. – **Voir carte n°5-B3**

▶ Paris 513 km – Aurillac 70 km – Issoire 67 km – Le Puy-en-Velay 94 km

Carte Michelin 330-G4 – Guide Vert Michelin Auvergne

Ville basse

 **Grand Hôtel de l'Étape** 

18 av. de la République – ✆ 04 71 60 13 03 – www.hotel-etape.com – Fermé dim. soir sauf juil.-août

23 ch – †60/80 € ††70/85 € – ☕ 11 € – ½ P

Rest *Grand Hôtel de l'Étape* – voir les restaurants ci-après

Rien n'a vraiment changé dans cet hôtel familial construit dans les années 1970. Un établissement sérieux, avec des chambres plutôt grandes et bien pratiques ; préférez celles avec vue sur la montagne.

 **L'Ander** 

6 av. du Cdt Delorme – ✆ 04 71 60 21 63 – www.hotel-ander.com – Fermé 25 janv.-20 mars et dim. soir d'oct. à mars

20 ch – †54/85 € ††54/85 € – ☕ 9 € – ½ P

Rest *L'Ander* – voir les restaurants ci-après

Au pied de la ville haute juchée sur sa colline, cet hôtel a retrouvé une nouvelle jeunesse, avec des chambres pimpantes et douillettes, parfois ponctuées d'allusions naturelles (des troncs de bouleau, par exemple).

Auberge de la Providence

1 r. Château d'Alleuze, par D 40 (au sud) – ✆ 04 71 60 12 05 – www.auberge-providence.com – Fermé 15 nov.-5 janv.
12 ch – 68/80 € 70/85 € – 10 € – ½ P
Rest – Menu 20/30 € *(fermé le midi) (résidents seult)*
Serait-ce effectivement la Providence ? On est accueilli avec un grand sourire dans cette maison typique de la ville, aux chambres simples et très bien tenues. Ambiance terroir au restaurant avec le menu du patron.

Grand Hôtel de l'Étape

18 av. de la République – ✆ 04 71 60 13 03 – www.hotel-etape.com – Fermé dim. soir et lundi sauf juil.-août
Formule 18 € – Menu 27/35 € – Carte 38/57 €
Ne vous fiez pas à l'allure un peu "vintage" du restaurant. Il dissimule une authentique table régionale, emmenée par une nouvelle génération ! Croustillant de cantal, tripoux, entrecôte au bleu : une cuisine tout en simplicité et franchise, sous l'œil bienveillant de la grande tradition auvergnate.

L'Ander – Hôtel L'Ander

6 av. du Cdt Delorme – ✆ 04 71 60 21 63 – www.hotel-ander.com – Fermé 25 janv.-20 mars et dim. soir d'oct. à mars
Menu 19/47 € – Carte 23/44 €
Pourquoi ne pas faire un tour dans la ville basse ? Ce sera l'occasion de découvrir ce restaurant chaleureux et coloré, où l'on sert une cuisine du terroir repensée, qui ne manque pas d'originalité. Pour le dessert, un soufflé chaud à la mandarine ne devrait pas faire retomber votre plaisir...

à St-Georges 5 km à l'Est par D 909 et rte secondaire – ✉ 15100 – 1 083 hab.

Le Château de Varillettes

dir. Vabre – ✆ 04 71 60 45 05 – www.chateaudevarillettes.com – Ouvert 2 mai-27 sept.
12 ch – 135/210 € 135/210 € – 1 suite – 17 € – ½ P
Rest – Formule 25 € – Menu 32 € (semaine), 36/56 € – Carte 50/69 €
Ce beau château du 15e s. servit de résidence aux évêques de St-Flour. Depuis certaines des jolies chambres (mobilier de style), on contemple le jardin médiéval et son carré des simples ; parfait pour un tourisme vert en quelque sorte.

ST-FORGEUX-LESPINASSE

✉ 42640 (Loire) – 538 hab. – Voir carte n°**44**-A1
Paris 387 km – Clermont-Ferrand 139 km – Lyon 100 km – St-Étienne 99 km
Carte Michelin 327-C3

L'Assiette Roannaise

pl. de Verdun – ✆ 04 77 65 65 99 – www.restaurant-assiette-roannaise.fr – Fermé 18 août-3 sept., 30 oct.-10 nov., 24 fév.-10 mars, mardi soir et merc.
Menu 19 € (déj. en semaine), 25/55 € – Carte 36/91 €
Voilà une table qui joue la carte de l'originalité ! À l'unisson de la déco, très contemporaine, le chef est à l'affût des nouvelles tendances et techniques : ses assiettes se révèlent très esthétiques, privilégiant créativité et fraîcheur.

ST-FORT-SUR-GIRONDE

✉ 17240 (Charente-Maritime) – 854 hab. – Voir carte n°**38**-B3
Paris 518 km – Poitiers 186 km – La Rochelle 115 km – Saintes 45 km
Carte Michelin 324-F7

Château des Salles

61 r. du Gros-Chêne, 1,5 km au Nord-Est par D 125 – ✆ 05 46 49 95 10 – www.chateaudessalles.com – Ouvert 1er avril-1er nov.
5 ch – 119/128 € 128/153 € **Table d'hôte** – Menu 30/39 €
Au cœur du vignoble de Cognac, un joli château du 15e s. Les chambres, feutrées et meublées avec style, portent de doux noms (Myosotis, Aubépine, Églantine, etc.), et on s'installe au salon (piano et livres à disposition) comme dans une maison de famille... Produits du terroir, du potager et vins du domaine à la table d'hôte.

ST-FRONT

✉ 43550 (Haute-Loire) – 458 hab. – **Voir carte n°6-C3**
▶ Paris 570 km – Clermont-Ferrand 156 km – Firminy 69 km – Le Puy-en-Velay 27 km – Carte Michelin 331-G4

La Vidalle d'Eyglet sans rest

Vidalle, 7 km au Sud par D 39, D 500 et rte secondaire – ✆ 04 71 59 55 58 – www.vidalle.fr – Ouvert 17 avril-20 oct.
5 ch ☕ – 🚹100/120 € 🚻105/135 €
Au cœur du plateau du Mézenc, une jolie ferme restaurée par un couple d'enseignants amoureux de la nature. Les chambres sont coquettes et rustiques, offrant une superbe vue sur les bêtes qui paissent aux alentours ; au salon, on s'assied au coin du feu, près de la bibliothèque... Confort garanti !

ST-FRONT-DE-PRADOUX

✉ 24400 (Dordogne) – 1 117 hab. – **Voir carte n°4-C1**
▶ Paris 582 km – Angoulême 83 km – Bordeaux 104 km – Périgueux 40 km
Carte Michelin 329-D5

Château la Thuilière

La Thuilière – ✆ 06 45 35 36 82 – www.lathuiliere.net – Fermé 10 janv.-28 fév.
5 ch ☕ – 🚹165/265 € 🚻165/265 € – ½ P
Table d'hôte – Menu 39 €
Dans son parc arboré, cet élégant châtelet dévoile de belles ambiances : très 19ᵉs. (boiseries, stucs) ou résolument contemporaines (lignes épurées, grand confort) – tout en grâce et équilibre. Table d'hôte privilégiant les produits locaux.

ST-GALMIER

✉ 42330 (Loire) – 5 588 hab. – **Voir carte n°44-A2**
▶ Paris 457 km – Lyon 82 km – Montbrison 25 km – Montrond-les-Bains 11 km
Carte Michelin 327-E6 – Guide Vert Michelin Lyon et sa région

La Charpinière

lieu-dit La Charpinière – ✆ 04 77 52 75 00 – www.lacharpiniere.com
46 ch – 🚹95/135 € 🚻105/151 € – ☕ 14 € – ½ P
Rest – Menu 38/55 € – Carte 47/59 € *(fermé dim. soir)*
Rest *La Brasserie* – Formule 18 € – Menu 27 € – Carte 31/55 €
Agréable étape, au calme, dans un environnement verdoyant : cette gentilhommière tapissée de vigne vierge se cache dans un grand parc, avec piscine, tennis et espace détente. Diverses formules aux restaurants : menus gastronomique, du marché ou brasserie.

Hostellerie du Forez

6 r. Didier Guetton – ✆ 04 77 54 00 23 – www.hostelleriedu forez.com
24 ch – 🚹75 € 🚻75 € – ☕ 10 € – ½ P
Rest *Hostellerie du Forez* – voir les restaurants ci-après
Près de l'hôtel de ville, ce relais de poste du 19ᵉ s. arbore une façade bien avenante... De fait, les lieux se révèlent agréables pour une étape : les chambres ont été entièrement rénovées en 2012.

Le Bougainvillier avec ch

2 av. de la Coise – ✆ 04 77 54 03 31 – www.restaurant-bougainvillier.com – Fermé 3-25 août, 24 déc.-1ᵉʳ janv., merc. soir, dim. et lundi
4 ch – 🚹85/95 € 🚻90/100 € – ☕ 12 € – ½ P
Formule 26 € – Menu 44/69 € – Carte environ 63 € *(réservation conseillée)*
Une jolie demeure couverte de vigne vierge, à deux pas d'une rivière... Ce site verdoyant charme, et le décor très contemporain de la salle ne le dénature en rien, au contraire. Pas plus la cuisine, gastronomique, fraîche et bien travaillée. Esprit design dans les chambres, qui offrent calme et espace.

Hostellerie du Forez – Hostellerie du Forez
6 r. Didier Guetton – ✆ 04 77 54 00 23 – www.hostelleriedurforez.com – Fermé 4-24 août, 24 déc.-4 janv., lundi midi et dim.
Formule 10 € – Menu 22/29 € – Carte 33/52 €
Un restaurant chaleureux, aux allures de bistrot contemporain, dont le chef affectionne les produits frais et les légumes bio. À noter : trois belles salles voûtées – les anciennes écuries de ce relais de poste – pour les réceptions et cocktails.

ST-GATIEN-DES-BOIS

✉ 14130 (Calvados) – 1 363 hab. – **Voir carte n°32-A3**
Paris 195 km – Caen 58 km – Deauville 10 km – Le Havre 36 km
Carte Michelin 303-N3

Le Clos Deauville St-Gatien
4 r. des Brioleurs – ✆ 02 31 65 16 08 – www.clos-st-gatien.fr
55 ch – 79/219 € 79/219 € – 14 € – ½ P
Rest *Le Michels* – voir les restaurants ci-après
Entre Deauville et Honfleur, au cœur d'un jardin arboré, cette ancienne ferme et ses dépendances ont été transformées en complexe hôtelier de bon standing, particulièrement adapté pour les séminaires mais aussi propice à la détente avec plusieurs piscines, un espace bien-être, etc. Le tout à proximité de l'aéroport !

Le Michels – Hôtel Le Clos Deauville St-Gatien
4 r. des Brioleurs – ✆ 02 31 65 16 08 – www.clos-st-gatien.fr
Formule 16 € – Menu 22 € (déj. en semaine), 33/62 € – Carte 28/49 €
Ce restaurant a su préserver son cachet régional (poutres, colombages) pour mieux faire apprécier les classiques de la cuisine traditionnelle : fruits de mer, pintade au cidre, foie gras poêlé, etc.

ST-GAUDENS

✉ 31800 (Haute-Garonne) – 11 248 hab. – **Voir carte n°28-B3**
Paris 766 km – Bagnères-de-Luchon 48 km – Tarbes 68 km – Toulouse 94 km
Carte Michelin 343-C6

Hôtel du Commerce
2 av. de Boulogne – ✆ 05 62 00 97 00 – www.commerce31.com – Fermé 19 déc.-12 janv.
48 ch – 64/85 € 64/85 € – 10 € – ½ P
Rest – Menu 22 € (semaine), 29/39 € – Carte 32/56 €
À deux pas du centre-ville, un hôtel moderne avec des chambres agréables et fonctionnelles (toutes climatisées). Pour se relaxer, on file à l'espace bien-être. Au restaurant, large choix de plats dans un registre traditionnel.

ST-GÉLY-DU-FESC – 34 Hérault → voir Montpellier

ST-GENIÈS

✉ 24590 (Dordogne) – 960 hab. – **Voir carte n°4-D1**
Paris 527 km – Bordeaux 200 km – Cahors 94 km – Périgueux 71 km
Carte Michelin 329-I6 – Guide Vert Michelin Périgord Quercy

Le Château avec ch
Le Bourg – ✆ 05 53 28 36 77 – www.restaurantduchateau.com – Ouvert de mai à oct. et fermé lundi et mardi sauf le soir en juil.-août et merc. midi
3 ch – 115 € 115 € Formule 19 € – Menu 25/34 € – Carte 35/60 €
Envie de festoyer ? Comme au Moyen Âge, ce robuste castel au toit de lauzes (13e-16e s.) satisfait l'appétit des preux chevaliers et des gentes dames ! La cuisine fait évidemment la part belle aux saveurs périgourdines, mais aussi... italiennes. Le tout avec soin et saveurs. Quelques jolies chambres.

ST-GENIEZ-D'OLT

✉ 12130 (Aveyron) – 2 042 hab. – Voir carte n°**29**-D1
▶ Paris 612 km – Espalion 28 km – Florac 80 km – Mende 68 km
Carte Michelin 338-J4 – Guide Vert Michelin Midi-Pyrénées

Château de la Falque sans rest

rte de Prades – ✆ 05 65 62 45 60 – www.chateau-la-falque.fr – Fermé 3 janv.-10 fév.
7 ch – 90/100 € 90/120 € – 3 suites – 14 €
Cet ancien couvent (17e s.), composé de plusieurs bâtisses en pierre, a été admirablement réhabilité. Les chambres, bien équipées, sont décorées avec goût (tableaux, sculptures, objets) et nous transportent du Maroc en Chine... Un hôtel plein de charme !

ST-GENIX-SUR-GUIERS

✉ 73240 (Savoie) – 2 247 hab. – Voir carte n°**45**-C2
▶ Paris 513 km – Belley 22 km – Chambéry 34 km – Grenoble 58 km
Carte Michelin 333-G4 – Guide Vert Michelin Alpes du Nord

à Champagneux 4 km au Nord-Ouest par D 1516 – ✉ 73240 – 594 hab.

Les Bergeronnettes

ch,

Le Bourg, près de l'église – ✆ 04 76 31 50 30 – www.hotel-bergeronnettes.com – Fermé 26 déc.-1er fév.
18 ch – 78 € 78/125 € – 10 € – ½ P
Rest – Menu 14/37 € – Carte 19/37 € *(fermé dim. soir)*
Un cadre verdoyant et champêtre pour cet hôtel alangui abritant des chambres spacieuses et fonctionnelles. Petit-déjeuner sous forme de buffet. Au restaurant, on apprécie la cuisine régionale (spécialités de cuisses de grenouilles). Terrasse sous un chapiteau.

ST-GEOIRE-EN-VALDAINE

✉ 38620 (Isère) – 2 402 hab. – Voir carte n°**45**-C2
▶ Paris 549 km – Chambéry 42 km – Grenoble 42 km – Lyon 90 km
Carte Michelin 333-G5 – Guide Vert Michelin Alpes du Nord

Auberge du Val d'Ainan avec ch

rest,

pl. André-Bonin – ✆ 04 76 06 54 14 – www.auberge-val-ainan.fr – Fermé lundi
5 ch – 40 € 65 € – 6 € – ½ P
Menu 13 € (déj. en semaine), 18/26 € – Carte 25/40 €
En bordure du parc naturel de Chartreuse, une maison de pays à l'allure engageante... Dans une ambiance franchement conviviale, on déguste une cuisine actuelle et canaille, généreuse et soignée. Et les chambres sont là pour prolonger l'étape !

ST-GEORGES – 15 Cantal → voir St-Flour

ST-GEORGES-DES-SEPT-VOIES

✉ 49350 (Maine-et-Loire) – 695 hab. – Voir carte n°**35**-C2
▶ Paris 314 km – Angers 30 km – Nantes 127 km – Saumur 27 km
Carte Michelin 317-H4

Auberge de la Sansonnière avec ch

rest,

La Sansonnière, (près de la mairie) – ✆ 02 41 57 57 70 – www.auberge-sansonniere.com – Fermé 24 fév.-20 mars, 12 nov.-11 déc., dim. soir, mardi midi et lundi
7 ch – 75/90 € 80/150 € – 11 € – ½ P
Formule 12 € – Menu 19/44 € – Carte 39/58 €
La vie s'écoule paisiblement dans cette charmante auberge de campagne, installée dans un ancien prieuré du 17e s. On y savoure une cuisine enlevée et percutante, où les produits de saison ont la part belle. Chambres bien tenues pour l'étape.

ST-GEORGES-SUR-CHER

41400 (Loir-et-Cher) – 2 448 hab. – **Voir carte n°11-A1**

Paris 225 km – Blois 40 km – Orléans 102 km – Tours 40 km

Carte Michelin 318-D8

Prieuré de la Chaise sans rest

8 r. Prieuré – 06 07 06 61 65 – www.prieuredelachaise.com

5 ch – 80/150 € 90/150 €

Un charmant prieuré du 16e s. niché dans un parc... au calme. Tomettes et meubles anciens dans les chambres. L'hiver venu, belles flambées dans la cheminée de la salle à manger.

ST-GERMAIN-DE-BELVÈS

24170 (Dordogne) – 154 hab. – **Voir carte n°4-D1**

Paris 598 km – Bordeaux 197 km – Cahors 71 km – Périgueux 66 km

Carte Michelin 329-H7

Les Boudines sans rest

Les Boudines – 05 53 29 15 03 – www.lesboudines.com – Fermé mars et déc.

5 ch – 69/105 € 69/105 €

En lisière de forêt, une ancienne ferme périgourdine en pierres sèches. Les chambres, décorées avec des matières naturelles, ont toutes une terrasse. Piscine à débordement avec vue imprenable sur la campagne.

ST-GERMAIN-DE-JOUX

01130 (Ain) – 480 hab. – **Voir carte n°45-C1**

Paris 487 km – Bellegarde-sur-Valserine 13 km – Belley 61 km – Bourg-en-Bresse 63 km

Carte Michelin 328-H3

Reygrobellet avec ch

D 1084 – 04 50 59 81 13 – www.hotel-reygrobellet.com – Fermé 4-12 mars, 1er-16 juil., 20 oct.-5 nov., jeudi soir, dim. soir et lundi hors saison

8 ch – 60/70 € 60/70 € – 10 € – ½ P

Menu 22 € (semaine), 33/68 € – Carte 39/70 €

Outre son confortable intérieur campagnard, cette maison a pour elle une généreuse cuisine traditionnelle basée sur des produits frais (volaille de Bresse, grenouilles, écrevisses et asperges en saison). Les chambres sont simples et agréables.

ST-GERMAIN-DES-VAUX

50440 (Manche) – 414 hab. – **Voir carte n°32-A1**

Paris 383 km – Barneville-Carteret 48 km – Cherbourg 28 km – Nez de Jobourg 7 km

Carte Michelin 303-A1

L'Erguillère sans rest

Port Racine, 1,8 km à l'Est par D 45 – 02 33 52 75 31 – www.hotel-lerguillere.com – Fermé 1er-16 mars

10 ch – 57/152 € 57/152 € – 16 €

Direction le bout du monde... À la pointe de la Hague, au-dessus de la mer et de Port-Racine, un hôtel très cosy où se réfugier à la suite de Jacques Prévert, qui le fréquenta ; tout y respire le calme et la sérénité, jusqu'au charmant accueil des propriétaires.

Le Moulin à Vent 

10 rte de Port Racine, (Hameau Danneville), 1,5 km à l'Est par D 45 – 02 33 52 75 20 – www.le-moulin-a-vent.fr – Fermé 18 déc.-5 janv., 1er-17 mars, merc. et jeudi sauf en juil.-août

Menu 24/65 € – Carte 42/69 € *(réservation conseillée)*

Sur une route qui domine la mer, on se réfugie avec plaisir dans cette ancienne auberge de pays : d'abord le bar, façon pub anglais très chaleureux ; puis la salle, toute blanche et élégante. Le jeune chef se fournit auprès des pêcheurs locaux – produits extrafrais – et signe une cuisine assez inventive.

ST-GERMAIN-DU-BOIS

✉ 71330 (Saône-et-Loire) – 1 931 hab. – **Voir carte n°8-D3**
Paris 367 km – Chalon-sur-Saône 33 km – Dole 58 km – Lons-le-Saunier 29 km
Carte Michelin 320-L9 – Guide Vert Michelin Bourgogne

Hostellerie Bressane

2 rte de Sens – ✆ 03 85 72 04 69 – www.giot-hostelleriebressane.fr – Fermé dim. soir sauf du 6 juil. au 17 août et lundi
9 ch – 55/62 € 55/62 € – 10 € – ½ P
Rest *Hostellerie Bressane* – voir les restaurants ci-après
Cette bâtisse du 18e s. en briques rouges est un bel exemple du style régional : faïences et tomettes, parquets massifs, plafonds à la française, etc. Les chambres, confortables et bien tenues, ne manquent pas de caractère. Bienvenue en Bresse bourguignonne !

Hostellerie Bressane

2 rte de Sens – ✆ 03 85 72 04 69 – www.giot-hostelleriebressane.fr – Fermé dim. soir sauf du 6 juil. au 17 août et lundi
Formule 16 € – Menu 25/52 € – Carte 39/50 €
Pâté en croûte et son confit d'oignons rouges, pavé de bar sur lit de fenouil et soupe de poisson, tartelette au chocolat... Le chef de cette auberge régionale aime la tradition tout comme les beaux produits, et exprime sa personnalité avec une gourmandise et une générosité clairement affichées !

ST-GERMAIN-EN-LAYE – 78 Yvelines ➜ voir Paris, Environs

ST-GERMAIN-LÈS-ARLAY

✉ 39210 (Jura) – 502 hab. – **Voir carte n°16-B3**
Paris 398 km – Besançon 74 km – Chalon-sur-Saône 58 km – Dole 46 km
Carte Michelin 321-D6

Hostellerie St-Germain avec ch

rest,

635 Grande-Rue – ✆ 03 84 44 60 91 – www.hostelleriesaintgermain.com
12 ch – 78/108 € 78/108 € – 12 € – ½ P
Formule 20 € – Menu 28/72 € – Carte 44/77 €
Face à l'église, ce sympathique relais de poste du 17e s. a été entièrement rénové en 2013, dans un style sobre et lumineux. Le chef travaille des produits du terroir – souvent bio – et concocte une cuisine gourmande, accompagnée de bons vins du Jura. Pour l'étape, des chambres confortables, plus calmes côté terrasse.

ST-GERMAIN-SUR-AY

✉ 50430 (Manche) – 897 hab. – **Voir carte n°32-A2**
Paris 344 km – Caen 111 km – St-Lô 44 km
Carte Michelin 303-C4

La Ferme des Mares

rest,

26 r. des Mares – ✆ 02 33 17 01 02 – www.la-ferme-des-mares.com – Fermé janv.
10 ch – 88/102 € 88/102 € – 10 € – ½ P
Rest – Menu 26/46 € *(fermé dim. soir, merc. soir et le midi sauf dim.)*
Isolé du reste du village, un ancien corps de ferme du 17e s. au cœur d'un parc de deux hectares... Les chambres, assez spacieuses et lumineuses, ont été rénovées dans un style contemporain, voire un brin design ; certaines sont plus cosy et feutrées.

ST-GERVAIS-D'AUVERGNE

✉ 63390 (Puy-de-Dôme) – 1 300 hab. – **Voir carte n°5-B2**
Paris 377 km – Aubusson 72 km – Clermont-Ferrand 55 km – Gannat 41 km
Carte Michelin 326-D6 – Guide Vert Michelin Auvergne

Castel Hôtel 1904
r. du Castel – ✆ 04 73 85 70 42 – www.castel-hotel-1904.com – Fermé janv.
15 ch – 69/99 € 69/99 € – 11 € – ½ P
Rest – Menu 36/69 € *(fermé lundi, mardi et merc.)*
Rest *Le Comptoir à Moustaches* – Formule 15 € – Menu 19 € – Carte 30/46 €
Cette demeure du 17e s. a du caractère avec sa déco à l'ancienne et son jardin planté de beaux arbres. Un petit creux ? Vous avez le choix entre le bistrot et le gastro.

ST-GERVAIS-EN-VALLIÈRE

71350 (Saône-et-Loire) – 420 hab. – **Voir carte n°7-A3**
Paris 324 km – Beaune 16 km – Chalon-sur-Saône 24 km – Dijon 57 km
Carte Michelin 320-J8

à Chaublanc 3 km au Nord-Est par D 94 et D 183 – 71350

Le Moulin d'Hauterive
8 r. du Moulin – ✆ 03 85 91 55 56 – www.moulinhauterive.com – Fermé 22 déc.-13 fév., mardi et merc.
10 ch – 70/139 € 119/139 € – 10 suites – 16 € – ½ P
Rest – Formule 20 € – Menu 29/69 € – Carte 58/85 € *(fermé le midi)*
Isolé en pleine nature, cet ancien moulin à farine bordant la Dheune, bâti au 12e s. par les moines de Cîteaux, distille un charme certain. Les chambres sont cosy et décorées avec soin ; pour se détendre, on profite de l'espace bien-être, et l'on peut manger au restaurant pour profiter de la terrasse au bord de l'eau...

ST-GERVAIS-LES-BAINS

74170 (Haute-Savoie) – 5 694 hab. – **Voir carte n°46-F1**
Paris 597 km – Annecy 84 km – Bonneville 42 km – Chamonix-Mont-Blanc 25 km
Carte Michelin 328-N5 – Guide Vert Michelin Alpes du Nord

Le Sérac (Raphaël le Mancq)
22 r. de la Comtesse – ✆ 04 50 93 80 50 – Fermé 15-30 mai, 12-23 nov., merc. hors saison, lundi soir sauf vacances scolaires et lundi midi
Menu 52 € – Carte 70/87 €
Aucune chance que ce Sérac-là se dérobe sous vos pieds ! Bien installé dans une grande salle lumineuse et épurée, on se laisse séduire par la cuisine du chef, dont l'inspiration toute personnelle varie au gré des saisons. Un exemple ? Son pigeon de Bresse au gingembre, tendre et parfumé, laisse un souvenir délicieux...
→ Croustillant d'escargots de Magland. Pigeon de Bresse au gingembre. Orange sanguine et sablé croustillant.

au Fayet 4 km au Nord-Ouest par D 902 – 74190

Hôtel des Deux Gares
50 imp. des Deux-Gares – ✆ 04 50 78 24 75 – www.hotel2gares.com – Fermé 28 juin-5 juil., 27 sept.-4 oct. et 8 nov.-18 déc.
29 ch – 46/54 € 60/67 € – 8 € – ½ P
Rest – Menu 14 € *(fermé le midi) (résidents seult)*
Juste en face de la gare de départ du fameux tramway du Mont-Blanc, un chalet familial très sympathique, avec des chambres douillettes, une piscine couverte, un bar, une salle de jeux (billard, babyfoot...), etc. Excellent rapport qualité-prix.

ST-GERVAIS-SUR-MARE

34610 (Hérault) – 861 hab. – **Voir carte n°22-B2**
Paris 734 km – Albi 100 km – Montpellier 91 km – Rodez 158 km
Carte Michelin 339-D7

L'Ortensia N avec ch
2 r. du Château – ✆ 04 67 97 69 88 – www.restaurant-ortensia.com
5 ch – 50/85 € 69/114 € – 1 suite – 9 € Formule 22 € – Menu 29/59 €
Lui manque-t-il un "h" ? Non : c'est ainsi que l'on orthographie cette plante en occitan ! Créé dans une ancienne pépinière, le restaurant – au cadre intime – laisse s'épanouir de bien jolis bouquets de saveurs, tout à l'honneur des viandes et légumes issus des fermes environnantes. Une fleur très séduisante !

ST-GILLES

✉ 30800 (Gard) – 13 564 hab. – **Voir carte n°23-D2**
Paris 724 km – Arles 18 km – Beaucaire 27 km – Lunel 31 km
Carte Michelin 339-L6

Domaine de la Fosse

rte de Sylvéréal, 7 km au Sud par D 179, croisement D 202 – ✆ 04 66 87 05 05 – www.domainedelafosse.com
5 ch – 100/115 € 115/145 € **Table d'hôte** – Menu 35 €
Camargue ! Au cœur d'un immense domaine rizicole, cette ancienne commanderie des Templiers (17[e]s.) abrite des chambres de caractère (mansardes, mobilier chiné). Sauna, hammam, jacuzzi.

ST-GILLES-CROIX-DE-VIE

✉ 85800 (Vendée) – 7 250 hab. – **Voir carte n°34-A3**
Paris 462 km – Cholet 112 km – Nantes 79 km – La Roche-sur-Yon 44 km
Carte Michelin 316-E7 – Guide Vert Michelin Pays de la Loire

Edena sans rest

39 bd de Lattre-de-Tassigny – ✆ 02 51 55 30 44 – www.hoteledena.com – Ouvert 4 avril-2 nov.
24 ch – 85/124 € 85/124 € – 10 €
Dans un quartier pavillonnaire, ce complexe hôtelier propose des chambres agréables et spacieuses – certaines ont même une terrasse privative –, mais aussi deux piscines, une aire de jeux pour enfants et des appartements familiaux, bref : de quoi plaire à tout le monde !

Boisvinet

2 r. Louis-Cristau – ✆ 02 51 55 51 77 – www.boisvinet.com – Fermé dim. soir, mardi soir et merc.
Menu 20 € (déj. en semaine), 25/53 €
Une villa de bord de mer à la déco contemporaine et épurée... Un lieu avenant pour une cuisine fort appétissante : homard et risotto au lait de coco, cuisse de lapin aux agrumes, tiramisu au Nutella, etc. Vive les recettes dans l'air du temps !

La Cotriade

8 r. Louis-Cristau – ✆ 02 51 55 09 62 – www.la-cotriade-85.com – Fermé 21 déc.-31 janv., dim. soir et lundi
Menu 20/35 € – Carte 26/52 €
En retrait de l'agitation touristique, un restaurant au cadre contemporain, où l'on déguste une séduisante cuisine du moment et quelques spécialités plus traditionnelles. Ajoutez à cela du poisson local extrafrais et un service au petits oignons, vous obtenez une charmante petite adresse !

Le Casier

pl. du Vieux Port – ✆ 02 51 55 01 08 – www.lecasier.com – Fermé 15 déc.-1er mars, lundi en mars, nov. et déc.
Menu 15 € (déj. en semaine)/19 € – Carte 26/45 €
À deux pas des quais, un bistrot marin très convivial dans... une ancienne charcuterie ! Le chef, jadis propriétaire de la boutique, a donc troqué le tablier de charcutier pour la toque. Derrière les fourneaux, il concocte désormais des petits plats bien iodés. Accueil et service tout sourire.

à Coëx 14 km à l' Est par D 6 – ✉ 85220 – 3 025 hab.

Le Balata

Golf des Fontenelles, 2 km à l'Ouest par D 6 – ✆ 02 28 10 63 96 – www.lebalata.com – Fermé 23 déc.-14 janv., dim. soir et lundi
Formule 15 € – Menu 27/40 € – Carte 35/55 €
La tomate se décline en gaspacho, tartare ou sorbet ; la fraise s'allie au romarin... Une cuisine raffinée et recherchée, dans une atmosphère contemporaine feutrée avec vue sur le green. Idéal pour faire une pause gourmande entre deux swings !

à Sion-sur-l'Océan 5 km à l'Ouest par la Corniche Vendéenne – ✉ 85270

Frédéric sans rest

25 r. des Estivants – ✆ 02 51 54 30 20 – www.hotel-frederic.com
13 ch – †69/137 € ††69/137 € – ☕ 10 €
Dans les années 1930, cette jolie villa était un hôtel chic et dans le vent... Modernisée, elle n'a rien perdu de son charme d'antan ! Il y règne une vraie atmosphère rétro et cosy, surtout dans les chambres donnant sur la mer, et l'on profite même d'un bar à huîtres.

ST-GINGOLPH

✉ 74500 (Haute-Savoie) – 759 hab. – **Voir carte n°46-F1**
Paris 560 km – Annecy 102 km – Évian-les-Bains 19 km – Montreux 21 km
Carte Michelin 328-N2 – Guide Vert Michelin Alpes du Nord

Aux Ducs de Savoie

r. du 23 Juillet 44 – ✆ 04 50 76 73 09 – www.ducsdesavoie.net – Fermé 23-31 oct., 12-27 janv., mardi sauf juil.-août et lundi
Formule 20 € – Menu 24 € (semaine), 41/75 € – Carte 40/75 €
Sur les hauteurs de ce village face au Léman, un agréable chalet, cossu et bourgeois : le chef concocte une goûteuse cuisine classique (appétissant chariot de desserts) et l'on profite de la terrasse ombragée face au lac, pendant les beaux jours. Accueil très sympathique.

ST-GIRONS

✉ 09200 (Ariège) – 6 500 hab. – **Voir carte n°28-B3**
Paris 774 km – Auch 123 km – Foix 45 km – St-Gaudens 43 km
Carte Michelin 343-E7

Château de Beauregard

av. de la Résistance – ✆ 05 61 66 66 64 – www.chateaubeauregard.net
6 ch – †60/120 € ††60/120 € – 4 suites – ☕ 13 € – ½ P
Rest *Auberge d'Antan* – voir les restaurants ci-après
Au cœur d'un parc paisible, un petit château et ses dépendances (19e s.) avec des chambres patinées par les ans, entre rustique et tradition, et des suites de caractère. Et dans les anciennes granges, un espace bien-être avec jacuzzi et sauna...

Auberge d'Antan – Hôtel Château de Beauregard

av. de la Résistance – ✆ 05 61 64 11 02 – www.chateaubeauregard.net – Fermé sam. midi, dim. soir et lundi
Formule 15 € – Menu 29/45 € – Carte 30/37 €
Dans l'ancienne grange du château, cette salle en impose par sa hauteur sous charpente ; jambons suspendus, pierres et poutres dégagent une belle atmosphère campagnarde. On retrousse ses manches au moment de s'attabler face à l'immense cheminée, où sont préparés grillades, plats traditionnels et cochons de lait…

à Lorp-Sentaraille 4 km au Nord-Ouest par D 117 – ✉ 09190 – 1 324 hab.

La Petite Maison

rte de Toulouse – ✆ 05 61 66 54 49 – www.lapetitemaison.pro – Fermé janv., lundi et mardi
Formule 18 € – Menu 27/50 € – Carte 50/65 €
Dans un cadre frais et ensoleillé, le jeune chef, Pao Magny, distille l'essentiel avec beaucoup de générosité. Il réalise des plats de saison aux saveurs fines et franches, imaginés avec justesse et toujours joliment présentés, dans l'esprit du temps. Avec une mention spéciale pour les pâtisseries !

ST-GRÉGOIRE – 35 Ille-et-Vilaine → voir Rennes

ST-GUÉNOLÉ

✉ 29760 (Finistère) – **Voir carte n°9-A2**

Paris 587 km – Douarnenez 47 km – Guilvinec 8 km – Pont-l'Abbé 14 km

Carte Michelin 308-E8 – Guide Vert Michelin Bretagne Sud

Sterenn

plage de la Joie – ✆ 02 98 58 60 36 – www.hotel-sterenn.com – Fermé janv.

16 ch – †62/113 € ††62/113 € – ☕ 11 € – ½ P

Rest ***Sterenn*** – voir les restaurants ci-après

Face à la plage, cette construction néobretonne des années 1970 a le charme des établissements familiaux. Les chambres sont simples, colorées et nettes ; la plupart donnent sur la mer. Pour une grande bouffée d'air iodé !

Les Ondines

90 r. Pasteur, rte du phare d'Eckmühl – ✆ 02 98 58 74 95 – www.hotel-lesondines.net – Ouvert 8 avril-11 nov. et fermé mardi sauf le soir en juil.-août

14 ch – †60/75 € ††60/75 € – ☕ 10 € – ½ P

Rest – Menu 19/47 € – Carte 26/68 €

À l'extrême pointe du pays bigouden et à deux pas de la mer, un hôtel pour les enfants des ondes. On a parfois l'impression d'être dans un bateau, que ce soit dans les chambres ou sous la véranda, où l'océan préside aux repas : choucroute de la mer et sole meunière sont au menu...

Sterenn – Hôtel Sterenn

plage de la Joie – ✆ 02 98 58 60 36 – www.hotel-sterenn.com – Fermé janv. et lundi

Formule 19 € 🍷 – Menu 27/47 € – Carte 31/68 €

Dans ce restaurant typiquement breton, posé sur la pointe de Penmarch, on travaille en famille : le chef compose avec son gendre une partition culinaire à quatre mains. Les produits de la mer dominent, avec des poissons issus de la pêche côtière locale, préparés avec attention et joliment présentés dans l'assiette.

ST-GUILHEM-LE-DESERT

✉ 34150 (Hérault) – 269 hab. – **Voir carte n°23-C2**

Paris 726 km – Lodève 31 km – Millau 90 km – Montpellier 41 km

Carte Michelin 339-G6

Le Guilhaume d'Orange

2 av. Guillaume d'Orange – ✆ 04 67 57 24 53 – www.guilhaumedorange.com – Fermé 22 déc.-18 janv. et merc. hors saison

11 ch – †71/91 € ††91/102 € – ☕ 8,50 € – ½ P

Rest – Formule 19 € – Carte 42/54 €

Face aux gorges de l'Hérault, cette bâtisse restaurée avec goût a su conserver son cachet d'origine. Les chambres sont coquettes et romantiques à souhait. En salle ou sur la belle terrasse, vous apprécierez la cuisine du terroir.

ST-HAON

✉ 43340 (Haute-Loire) – 347 hab. – **Voir carte n°6-C3**

Paris 559 km – Langogne 25 km – Mende 68 km – Le Puy-en-Velay 29 km

Carte Michelin 331-E4 – Guide Vert Michelin Auvergne

Auberge de la Vallée avec ch

– ✆ 04 71 08 20 73 – www.auberge-de-la-vallee43.fr – Fermé 20 déc.-30 mars, dim. soir et lundi d'oct. à avril

10 ch – †39 € ††49 € – ☕ 8 € – ½ P Menu 19/42 € – Carte 26/51 €

Une auberge familiale modeste, au cœur d'un village d'altitude. Dans la grande salle, les tables sont simplement dressées et les nombreux randonneurs apprécient la cuisine du terroir. Les chambres proprettes permettent de faire le plein d'air pur.

ST-HAON-LE-VIEUX – 42 Loire ➜ voir Renaison

ST-HERBLAIN – 44 Loire-Atlantique ➜ voir Nantes

ST-HILAIRE-DE-BRETHMAS – 30 Gard ➜ voir Alès

ST-HILAIRE-LE-CHÂTEAU

✉ 23250 (Creuse) – 259 hab. – Voir carte n°**25**-C1
▶ Paris 385 km – Guéret 27 km – Limoges 64 km – Le Palais-sur-Vienne 56 km
Carte Michelin 325-I5

à l 'Est 3 km par D 941 (rte Aubenas), D10 et rte secondaire ✉
23250 St-Hilaire-le-Château

Château de la Chassagne

La Chassagne – ✆ 05 55 64 79 48 – www.chateau-lachassagne.com – Ouvert Pâques-11 nov.
4 ch – 100/130 € 120/140 € **Table d'hôte** – Menu 30 €
Imposant château (15e et 17e s.) isolé dans un parc ravissant, où paissent des chevaux. Un escalier à vis dessert des chambres raffinées, dont une nichée sous une superbe charpente ; on est reçu avec gentillesse et simplicité et, à la table d'hôte, on vous concocte une cuisine traditionnelle et familiale.

ST-HILAIRE-ST-FLORENT – 49 Maine-et-Loire ➜ voir Saumur

ST-HIPPOLYTE

✉ 25190 (Doubs) – 911 hab. – Voir carte n°**17**-C2
▶ Paris 490 km – Basel 93 km – Belfort 48 km – Besançon 89 km
Carte Michelin 321-K3 – Guide Vert Michelin Franche-Comté Jura

Le Bellevue

28 Grande Rue – ✆ 03 81 96 51 53 – www.lebellevue-hotel.fr – Fermé 2-8 janv., dim. soir et vend. soir de sept. à avril
16 ch – 63/79 € 65/84 € – 12 € – ½ P
Rest *Le Bellevue* – voir les restaurants ci-après
À la sortie du village, dominant le Dessoubre, cette sympathique hostellerie familiale propose des chambres fort bien tenues et cosy, bienvenues pour une étape. Accueil aimable.

Le Bellevue

28 Grande Rue – ✆ 03 81 96 51 53 – www.hotel.bellevue.free.fr – Fermé 2-8 janv., dim. soir et vend. soir de sept. à avril
Formule 14 € – Menu 27 € /38 € – Carte 31/61 €
Filets de perche, ris de veau, pommes de terre en robe des champs... Une agréable cuisine traditionnelle concoctée à quatre mains par un père et son fils. On la déguste dans un cadre rustique ou sur la terrasse.

ST-HIPPOLYTE

✉ 68590 (Haut-Rhin) – 1 043 hab. – Voir carte n°**2**-C1
▶ Paris 439 km – Colmar 21 km – Ribeauvillé 8 km – St-Dié 42 km
Carte Michelin 315-I7

Le Parc

6 r. du Parc – ✆ 03 89 73 00 06 – www.le-parc.com – Fermé 6-30 janv.
29 ch – 90 € 100/155 € – 3 suites – 15 € – ½ P
Rest *Winstub Rabseppi-Stebel* **Rest *Joséphine*** – voir les restaurants ci-après
Un hôtel cosy où les chambres sont à la fois tendance et raffinées. Pour décompresser, on profite de l'espace détente et de la piscine avant de se régaler au restaurant ou à la winstub. Un programme des plus plaisants !

Hostellerie Munsch Aux Ducs de Lorraine

ch, rest, ch,
16 rte du Vin – ✆ 03 89 73 00 09 – www.hotel-munsch.com – Fermé 11-29 nov. et 13 janv.-7 mars
40 ch – 50/70 € 85/130 € – 12 € – ½ P
Rest – Menu 16 € (déj. en semaine), 23/59 € – Carte 25/66 € *(fermé 7-18 juil., 11-29 nov., 13 janv.-7 mars, mardi et merc.)*
Cette imposante auberge d'esprit régional est une institution locale... qui perpétue la tradition depuis quatre générations ! Certes les chambres se révèlent un brin désuettes, dans l'esprit des années 1970, mais elles sont d'une tenue irréprochable et donnent sur le château du Haut-Koenigsbourg ou sur les vignes.

XXX **Joséphine** – Hôtel Le Parc

6 r. du Parc – ✆ 03 89 73 00 06 – www.le-parc.com – Fermé 6-30 janv., lundi et mardi
Menu 38 € (semaine), 48/70 € – Carte 58/69 €
Pressé de foie gras de canard en croûte de pain d'épice ; mignon rôti de veau, aigre-doux de citron vert et polenta de petits pois ; pêche pochée à la verveine et sablé breton au safran : raffinée, moderne sans extravagance, cette élégante Joséphine saura vous séduire...

X **Winstub Rabseppi-Stebel** – Hôtel Le Parc

6 r. du Parc – ✆ 03 89 73 00 06 – www.le-parc.com – Fermé 6-30 janv., lundi midi et mardi midi
Menu 26/31 € – Carte 38/57 €
Une winstub conviviale, au sein de l'hôtel Le Parc. On s'y régale d'une cuisine authentique, généreuse et respectueuse des saisons, qui fait la part belle aux produits du terroir. Et pour parfaire le tout, on accompagne les recettes du chef de bons nectars du cru. Gourmand !

ST-HUBERT

✉ 57640 (Moselle) – 214 hab. – **Voir carte n°27-C1**
Paris 336 km – Luxembourg 63 km – Metz 21 km – Saarbrücken 69 km
Carte Michelin 307-I3

La Ferme de Godchure sans rest

r. Principale – ✆ 03 87 77 03 96 – www.godchure.com
4 ch – 95/125 € 95/125 €
Aux portes d'un petit village, en pleine campagne, cette maison d'hôtes n'est autre que la grange d'une ancienne ferme cistercienne. Les chambres – indépendantes de la résidence des propriétaires – sont décorées dans un style plutôt zen que l'on retrouve aussi au spa. Apaisant à souhait !

ST-ISIDORE – 06 Alpes-Maritimes → voir Nice

ST-JACQUES-DES-BLATS

✉ 15800 (Cantal) – 322 hab. – **Voir carte n°5-B3**
Paris 536 km – Aurillac 32 km – Brioude 76 km – Issoire 91 km
Carte Michelin 330-E4 – Guide Vert Michelin Auvergne

L'Escoundillou

rte de la gare – ✆ 04 71 47 06 42 – www.hotel-escoundillou.com – Fermé 16 nov.-25 déc. et vend. soir de mi-oct. à mi-nov.
12 ch – 47/50 € 57/64 € – 8 € – ½ P
Rest – Formule 13 € – Menu 16/28 €
Au bord d'une pittoresque route de campagne, cette petite cachette ("escoundillou" en patois) est idéale pour les amoureux de la nature. On vient s'y reposer dans des chambres claires et fonctionnelles, et respirer l'air pur des monts du Cantal.

ST-JEAN – 06 Alpes-Maritimes → voir Pégomas

ST-JEAN-AUX-AMOGNES

✉ 58270 (Nièvre) – 474 hab. – **Voir carte n°7-B2**
Paris 252 km – Bourges 81 km – Château-Chinon 51 km – Clamecy 61 km
Carte Michelin 319-D9

XX **Le Relais de Bourgogne**

– ✆ 03 86 58 61 44 – Fermé 1er-21 janv., dim. soir, lundi et merc. sauf juil.-août et fériés
Menu 27/45 € – Carte 44/56 €
Dans cette maison de village, le décor est champêtre et chaleureux, la véranda ouvre sur un sympathique jardin et les plats respirent la générosité et la tradition.

ST-JEAN-AUX-BOIS – 60 Oise → voir Pierrefonds

ST-JEAN-CAP-FERRAT

✉ 06230 (Alpes-Maritimes) – 2 030 hab. – Voir carte n°**42-E2**
▶ Paris 935 km – Menton 25 km – Nice 8 km
Carte Michelin 341-E5 – Guide Vert Michelin Côte d'Azur

Grand Hôtel du Cap Ferrat

71 bd du Gén.-de-Gaulle, au Cap-Ferrat – ✆ *04 93 76 50 50* – *www.ghcf.fr* – *Fermé 1er janv.-18 mars*
Plan : **a**
49 ch – 285/1800 € 285/1800 € – 24 suites – 45 €
Rest ***Le Cap*** ✿ **Rest** ***La Véranda*** **Rest** ***Club Dauphin*** – voir les restaurants ci-après
Époustouflant ! Le parc divin et ses superbes pins parasols, la vue sur la côte tout simplement sublime, le délicieux bassin à débordement, la gourmandise des restaurants, les suites avec leur piscine privée... L'élégance luxueuse d'un grand hôtel mythique, né en 1908. Tout ici est une invitation au farniente !

Royal Riviera

3 av. Jean-Monnet – ✆ *04 93 76 31 00* – *www.royal-riveria.com* – *Fermé de fin-nov. à mi-janv.*
Plan : **m**
91 ch – 290/1105 € 290/1620 € – 3 suites – 37 € – ½ P
Rest ***La Table du Royal*** **Rest** ***La Pergola*** – voir les restaurants ci-après
Une bâtisse construite en 1904 et son beau jardin au bord de l'eau. La plupart des chambres – contemporaines et raffinées – donnent sur la Grande Bleue et, dans l'Orangerie, elles ont adopté un style atypique, provençal et branché... Le charme haut en couleur de la French Riviera !

ST-JEAN-CAP-FERRAT

Albert-1er (Av.) 2
Gaulle (Bd Gén.-de) 6
Grasseuil (Av.). 7
Libération (Bd) 9
Mermoz (Av. J.) 12
Passable (Ch. de) 13
Phare (Av. du) 14
Prince-Rainier III de Monaco (Av.) 3
Puncia (Av. de la) 15
Sabatier (Av. Marie-Louise) . . 5
St-Jean (Pont) 16
Sauvan (Bd H.) 17
Semeria (Av. D.) 18
Verdun (Av. de) 20
Vignon (Av. C.) 21

Les flèches noires indiquent les sens uniques supplémentaires l'été

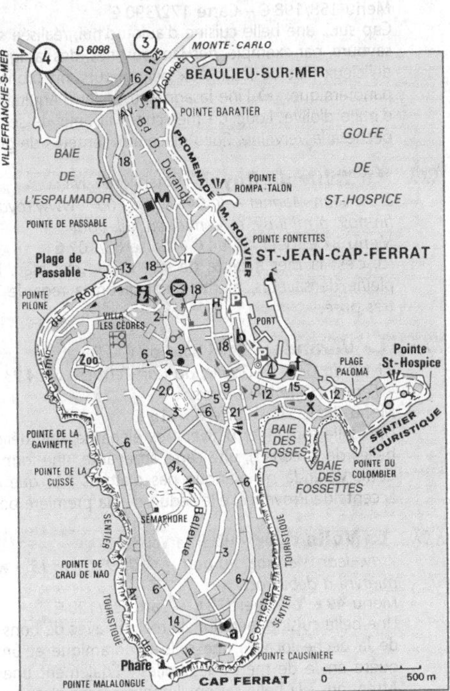

La Voile d'Or

7 av. Jean-Mermoz, au port – 04 93 01 13 13 – www.lavoiledor.fr – Ouvert de mi-avril à début oct.
Plan : **f**

45 ch – 350/910 € 390/910 €

Rest *La Voile d'Or* – voir les restaurants ci-après

Ancré sur son rocher, face au port de plaisance, ce superbe hôtel est une ode à la Méditerranée : chambres au décor d'inspiration florentine, piscine d'eau de mer, plage... Agréable !

Brise Marine sans rest

58 av. Jean-Mermoz – 04 93 76 04 36 – www.hotel-brisemarine.com – Ouvert de mars à oct.
Plan : **x**

16 ch – 160/203 € 178/203 € – 16 €

Surplombant une rue calme, cette jolie villa de style italien (1878), chaleureuse et familiale, possède ce supplément d'âme propre aux maisons d'hôtes. Les chambres sont sobres et donnent sur Beaulieu et Èze ; on prend son petit-déjeuner sur la terrasse, en admirant le jardin en espaliers.

Le Panoramic sans rest

3 av. Albert-1er – 04 93 76 00 37 – www.hotel-lepanoramic.com – Fermé 15 nov.-25 déc.
Plan : **s**

20 ch – 150/180 € 150/180 € – 12 €

Le Panoramic porte bien son nom : la vue sur le village et la pointe St-Hospice y est exceptionnelle. Mobilier des années 1950, balcon dans toutes les chambres... Un brin désuet, mais familial et sympathique !

Le Cap – Grand Hôtel du Cap Ferrat

71 bd du Gén.-de-Gaulle, au Cap-Ferrat – 04 93 76 50 26 – www.ghcf.fr – Ouvert 28 avril-14 sept. et fermé le midi
Plan : **a**

Menu 158/198 € – Carte 172/390 €

Cap sur... une belle cuisine d'aujourd'hui, réalisée sur des bases classiques ! On y savoure, par exemple, des langoustines, des lasagnes au caviar d'Aquitaine ou un délicieux filet de loup. Aux beaux jours, on profite de la vue depuis la terrasse panoramique. → Fine lasagne au caviar d'Aquitaine, jeunes poireaux à la goutte d'huile d'olive. Loup de mer cuit à la fleur de sel et parfumé à l'anis, fenouil et pêche à la verveine. Coco glacé aux senteurs de gingembre.

La Table du Royal – Hôtel Royal Riviera

3 av. Jean-Monnet – 04 93 76 31 00 – www.royal-riveria.com – Fermé de fin-nov. à mi-janv. et le midi en juil.-août
Plan : **m**

Menu 37 € (déj.), 61/94 € – Carte 63/102 €

Ici, c'est la mer à perte de vue et... le ciel bleu. L'assiette, méditerranéenne et pleine de saveurs, mérite aussi qu'on la regarde ! Le dimanche, le brunch est très prisé.

La Véranda – Grand Hôtel du Cap Ferrat

71 bd du Gén.-de-Gaulle, au Cap-Ferrat – 04 93 76 50 27 – www.ghcf.fr – Fermé 1er janv.-18 mars
Plan : **a**

Menu 78/135 € – Carte 85/115 €

Une salle à manger d'hiver très élégante, une délicieuse terrasse (l'une des plus belles de la côte ?), une carte attrayante, une formule salon de thé l'après-midi... Cette Véranda ne manque pas d'atouts ! Et que dire de la cuisine ? Avec ses accents de Provence, elle séduit dès la première bouchée...

La Voile d'Or – Hôtel La Voile d'Or

7 av. Jean-Mermoz, au port – 04 93 01 13 13 – www.lavoiledor.fr – Ouvert de mi-avril à début oct.
Plan : **f**

Menu 49 € (dîner)/78 € – Carte 37/128 €

Une belle cuisine méridionale réalisée avec de bons produits et des poissons issus de la pêche locale ; une salle panoramique et une terrasse délicieuse... On n'a guère envie de mettre les voiles ! Également une petite restauration de plage. Attention, à la belle saison, l'établissement n'est ouvert que le soir.

XX **Club Dauphin** – Grand Hôtel du Cap Ferrat
71 bd du Gén.-de-Gaulle, au Cap-Ferrat – ✆ 04 93 76 50 21 – www.ghcf.fr – Ouvert 28 mars-2 nov. et fermé le soir Plan : **a**
Formule 59 € – Carte 120/150 €
Viandes et poissons grillés, saveurs méridionales, vue superbe sur la Grande Bleue et magnifique terrasse face à la piscine... Détail qui a son importance : on accède à ce restaurant par un funiculaire privé !

X **La Pergola** – Hôtel Royal Riviera
3 av. Jean-Monnet – ✆ 04 93 76 31 00 – www.royal-riveria.com – Ouvert le midi de mi-avril à mi-oct. Plan : **m**
Formule 58 € – Carte 40/123 €
Tout près des flots, au bord de la piscine et presque les pieds dans l'eau... Cette pergola a de quoi séduire ! Les gourmands trouvent leur bonheur parmi les classiques de la brasserie et les grillades. Belle terrasse.

X **La Semplicità** Ⓝ
2 av. Denis-Séméria – ✆ 04 93 76 03 97 – www.la-semplicita.fr – Fermé nov., déc., le soir hors saison et lundi Plan : **b**
Carte 35/99 €
Deux associés sont aux commandes : Xavier Malandran (finaliste de l'émission Masterchef 2012) et Florent Dupuis. Ce duo de choc propose une cuisine volontiers sudiste, bien parfumée, et le lieu respire la convivialité et la *semplicità*, la simplicité à l'italienne !

ST-JEAN-D'ALCAS

✉ 12250 (Aveyron) – **Voir carte n°29-D2**
▶ Paris 677 km – Millau 35 km – Rodez 118 km – Toulouse 170 km
Carte Michelin 338-K7

Le Moulin de Gauty sans rest
– ✆ 05 65 97 51 90 – www.moulindegauty.com – Fermé janv.
4 ch – †75/87 € ††85/97 €
Au fond d'une vallée encaissée – on ne peut aller plus loin –, on quitte sa voiture pour enjamber le cours d'eau par une passerelle et rejoindre cet ancien moulin. Les chambres (dont une familiale) arborant une déco épurée, le petit-déjeuner avec de bons produits régionaux, le joli jardin : tout invite à la quiétude !

ST-JEAN-D'ANGÉLY

✉ 17400 (Charente-Maritime) – 7 669 hab. – **Voir carte n°38-B2**
▶ Paris 444 km – Niort 48 km – Royan 69 km – Saintes 36 km
Carte Michelin 324-G4 – Guide Vert Michelin Poitou-Charentes

XX **Le Scorlion**
5 r. de l'Abbaye – ✆ 05 46 32 52 61 – www.restaurant-le-scorlion.fr – Fermé 2 semaines fin avril-début mai, 2 semaines en oct., 2 semaines début janv., merc. soir d'oct. à mai, dim. soir et lundi
Formule 15 € – Menu 17 € (déj. en semaine), 25/37 € – Carte 32/49 €
Après un détour par l'Irlande, les États-Unis et l'Australie, le chef a posé ses bagages dans la région natale de son épouse... Ensemble, ils ont repris le Scorlion et vous proposent une jolie cuisine d'aujourd'hui. Des saveurs bien maîtrisées, un soupçon de créativité : un bon moment gastronomique.

ST-JEAN-DE-BEAUREGARD – 91 Essonne ➜ voir Paris, Environs

ST-JEAN-DE-BLAIGNAC

✉ 33420 (Gironde) – 404 hab. – **Voir carte n°4-C1**
▶ Paris 592 km – Bergerac 56 km – Bordeaux 40 km – Libourne 17 km
Carte Michelin 335-K6

XX **Auberge St-Jean** (Thomas L'Hérisson)

8 r. du Pont – ✆ 05 57 74 95 50 – www.aubergesaintjean.com – Fermé 24 fév.-19 mars, dim. soir, mardi sauf le midi de mars à oct. et merc.
Formule 31 € – Menu 43/52 €

Un jeune couple plein d'allant – et justifiant de solides antécédents – préside aux destinées de cette auberge nichée au bord de la Dordogne... et par lui placée sur l'orbite des belles saveurs ! Au programme : un court menu qui varie au fil du marché et des saisons, des recettes inspirées, de l'habileté et de la finesse...

➜ Anguille et foie gras poêlés, jus d'anguille au porto, pulpe d'oignon. Mitonnée de ratte, palourde et ail des ours, citron au sel et caviar. Banane au lait de coco, crème passion, gelée de café et sorbet coco.

ST-JEAN-DE-BRAYE – 45 Loiret ➜ voir Orléans

ST-JEAN-DE-LINIERES – 49 Maine-et-Loire ➜ voir Angers

ST-JEAN-DE-LUZ

64500 (Pyrénées-Atlantiques) – 12 969 hab. – **Voir carte n°3-A3**
Paris 785 km – Bayonne 24 km – Biarritz 18 km – Pau 129 km
Carte Michelin 342-C4 – Guide Vert Michelin Pays Basque et Navarre

Grand Hôtel Loreamar Thalasso & Spa

43 bd Thiers, (fermeture prévue en octobre pour travaux) – ✆ 05 59 26 35 36 – www.luzgrandhotel.fr
Plan : BY**d**

52 ch – 165/660 € 165/660 € – 3 suites – 27 €
Rest *Le Rosewood* – Formule 39 € – Carte environ 63 €

Élevé en 1909 face à la baie, cet hôtel balnéaire de la Belle Époque séduit par ses chambres raffinées, son mobilier de style, ses équipements modernes et son spa haut de gamme. Superbe vue sur l'Océan depuis la rotonde du Rosewood, où le terroir basque est à l'honneur (formule bistrot au déjeuner).

Parc Victoria

5 r. Cépé, par bd Thiers et rte du Quartier du Lac BY – ✆ 05 59 26 78 78 – www.parcvictoria.com – Ouvert 15 mars-14 nov.

14 ch – 185/370 € 185/370 € – 6 suites – 21 € – ½ P
Rest *Les Lierres* – voir les restaurants ci-après

Cette villa fin 19ᵉs. et ses annexes nichent dans un parc luxuriant et très fleuri. Les chambres cultivent un superbe esprit Art déco ou, plus classiques, Napoléon III : ce charme historique séduit et la piscine est superbe !

Hélianthal rest,

pl. Maurice-Ravel – ✆ 05 59 51 51 51 – www.helianthal.fr – Fermé 29 nov.-19 déc.
Plan : BY**v**

100 ch – 93/260 € 128/260 € – 18 € – ½ P
Rest – Formule 26 € – Menu 40 € – Carte environ 48 €

Hôtel associé à un beau centre de thalassothérapie. L'esprit des années 1930 imprègne les chambres, fonctionnelles et conçues à l'identique. Cuisine au goût du jour dans une salle à manger ornée de fresques représentant un paquebot. Terrasse donnant sur le large.

La Devinière sans rest

5 r. Loquin – ✆ 05 59 26 05 51 – www.hotel-la-deviniere.com
Plan : BY**f**

8 ch – 120/160 € 120/160 € – 12 €

Tableaux, bibelots, photos, tentures et livres anciens participent au charme de cette maison basque. Côté jardin – lequel est très fleuri – les chambres ouvrent sur un balcon... idéal pour conter fleurette. Salon de thé à l'anglaise.

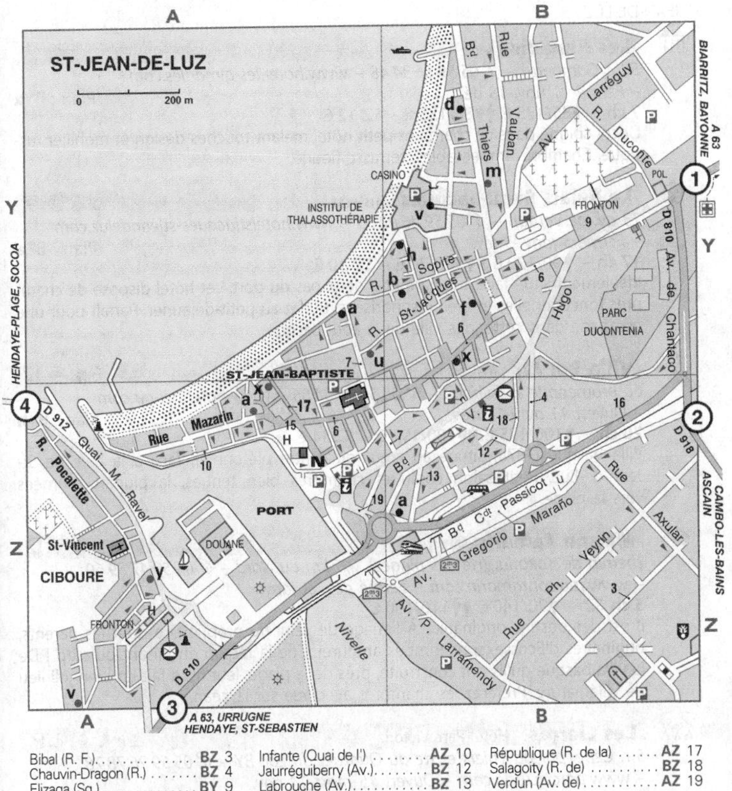

Bibal (R. F.) . . . . BZ 3
Chauvin-Dragon (R.) . . . . BZ 4
Elizaga (Sq.) . . . . BY 9
Gambetta (R.) . . . . AZ, BY 6
Garat (R.) . . . . AYZ 7
Infante (Quai de l') . . . . AZ 10
Jaurréguiberry (Av.) . . . . . . BZ 12
Labrouche (Av.) . . . . BZ 13
Louis-XIV (Pl.) . . . . AZ 15
Pyrénées (Av. des) . . . . BZ 16
République (R. de la) . . . . . . AZ 17
Salagoity (R. de) . . . . BZ 18
Verdun (Av. de) . . . . AZ 19
Victor-Hugo (Bd) . . . . BYZ

La Réserve

ch,

1 av. Gaëtan-de-Bernoville, (rd-pt Ste-Barbe), 2 km au Nord par bd Thiers BY – 05 59 51 32 00 – www.hotel-lareserve.com – Ouvert 1er mars-12 nov.

37 ch – 110/275 € 110/275 € – 4 suites – 17 € – ½ P

Rest *Ilura* – Formule 25 € – Carte 49/71 € *(fermé dim. soir et lundi sauf du 15 juin au 15 sept.)*

Au sommet des falaises, le site de cette Réserve est idyllique : parc, jardin fleuri ponctué de sculptures, piscine à débordement face à l'Océan... Chambres pimpantes et fonctionnelles. Restaurant panoramique avec terrasse ; recettes basques actualisées.

La Marisa sans rest

16 r. Sopite – 05 59 26 95 46 – www.hotel-lamarisa.com – Fermé 3 janv.-1er mars

16 ch – 105/178 € 120/178 € – 12 € Plan : BY**b**

Invitation au voyage dans cet hôtel à la décoration soignée : meubles chinés ou rapportés d'Asie. Délicieux petit-déjeuner, pris dans le patio à la belle saison.

Hôtel de la Plage

ch, ch, ch,

48 promenade J.-Thibaud – 05 59 51 03 44 – www.hoteldelaplage.com – Ouvert 14 fév.-11 nov. et 19 déc.-4 janv. Plan : AY**a**

22 ch – 89/179 € 89/179 € – 11 €

Rest *Le Brouillarta* 05 59 51 29 51 – – Formule 19 € – Menu 24 € (déj. en semaine)/49 € – Carte 44/56 €

Comme son nom l'indique, cette grande bâtisse de style régional borde l'Océan. Cadre actuel et fonctionnel dans les chambres ouvrant en majorité sur la plage. Restaurant avec accès indépendant. Cuisine traditionnelle et jolie vue sur la baie de St-Jean-de-Luz.

Les Almadies sans rest

58 r. Gambetta – ✆ 05 59 85 34 48 – www.hotel-les-almadies.com – Fermé 11 nov.-18 déc. Plan : BY**x**

7 ch – †85/135 € ††85/135 € – ☕ 12 €

Décor soigné dans ce charmant petit hôtel mêlant touches design et mobilier rustique. Chambres impeccables, terrasse fleurie.

Le Relais Saint-Jacques sans rest

13 av. de Verdun – ✆ 05 59 26 02 55 – www.hotelstjacques-stjeandeluz.com – Fermé 5 janv.-3 fév. Plan : BZ**a**

17 ch – †90/170 € ††90/170 € – ☕ 10 €

Idéalement situé face à la gare et à deux pas du port, cet hôtel dispose de chambres fonctionnelles et bien insonorisées. Buffet au petit-déjeuner. Parfait pour une escapade dans cette jolie ville de la côte basque.

Villa Bel Air sans rest

60 promenade J.-Thibaud – ✆ 05 59 26 04 86 – www.hotel-bel-air.com – Ouvert 11 avril-11 nov. Plan : BY**h**

20 ch – †100/175 € ††100/195 € – ☕ 11 €

Villa basque (1875) située au cœur du centre piétonnier, face à la baie de St-Jean-de-Luz. Petit salon cossu et chambres bien tenues, la plupart tournées vers la plage.

Maison Tamarin sans rest

chemin de Kokotia, (rte des plages), 2,5 km au Nord – ✆ 05 59 47 59 60 – www.maisontamarin.com – Fermé déc. et janv.

5 ch ☕ – †90/140 € ††110/160 €

Il est des destins originaux... À l'image de celui du propriétaire dont les parents, originaires d'Écosse, sont tombés amoureux de la région en faisant du stop ! De la villa basque qu'ils ont construite, près de la plage, leur fils a fait un bien joli lieu de villégiature. Préférez les chambres avec vue sur l'Océan.

Les Lierres – Hôtel Parc Victoria

5 r. Cépé, par bd Thiers et rte du Quartier du Lac BY – ✆ 05 59 26 78 78 – www.parcvictoria.com – Ouvert 15 mars-14 nov.

Formule 35 € – Menu 49/98 € – Carte 82/98 €

La table de l'hôtel Parc Victoria est à l'image de l'établissement : raffinée et élégante. Dans la salle Art déco ou au bord de la piscine, on savoure une cuisine bien en prise avec son époque. Carte plus simple le midi (grillades, salades).

Le Kaïku

17 r. de la République – ✆ 05 59 26 13 20 – www.kaiku.fr – Fermé mardi et merc. sauf juil.-août Plan : AZ**x**

Menu 25 € (déj. en semaine)/55 € – Carte 53/64 €

Dans une rue touristique du centre, on se réfugie avec plaisir dans ce restaurant cosy et élégant, qui s'abrite notamment dans une maison du 16e s. – elle serait la plus vieille de la cité. Rien d'ancien cependant à la carte : le chef signe des recettes originales et soignées, qui valorisent les produits régionaux.

Zoko Moko

6 r. Mazarin – ✆ 05 59 08 01 23 – www.zoko-moko.com – Fermé 3 semaines en mars, 1 semaine en déc. et lundi Plan : AZ**a**

Formule 19 € – Menu 25 € (déj. en semaine), 44/70 € 🍷

Zoko moko, c'est un "coin tranquille" en basque... et pourtant, un tout jeune chef – de retour dans sa ville natale après de belles expériences parisiennes – bouscule ici les papilles. Bien pensées, centrées sur de bons produits locaux travaillés avec soin et relevés par des associations originales, ses assiettes régalent !

➜ Langoustine rôtie, pince en croquette et émulsion de bisque au gingembre. Cœur de ris de veau, champignon de Paris, salade d'herbes et pomme de terre en gratin. Txuri beltz de chocolat, feuillantine et praliné.

Petit Grill Basque - Chez Maya
2 r. St-Jacques – ✆ 05 59 26 80 76 – Fermé 20 déc.-25 janv., lundi midi, jeudi midi et merc. Plan : AY**u**
Menu 21/30 € – Carte 28/47 €
Incontournable, cette auberge basque ! Fresques et assiettes de Louis Floutier, cuivres, amusant système de ventilation manuelle et... plats régionaux dans toute leur authenticité.

Olatua
30 bd Thiers – ✆ 05 59 51 05 22 – www.olatua.fr – Fermé de mi-nov. à mi-déc., lundi et mardi de sept. à juin Plan : BY**m**
Formule 19 € – Menu 25 € – Carte 33/49 €
Olatua, c'est la "houle" en basque... et voilà bien, en effet, une adresse toujours en mouvement, largement fréquentée par les Luziens qui apprécient son bon rapport qualité-prix. La carte revisite les classiques de la cuisine basque avec simplicité et goût.

à Urrugne 4 km par ③ – ✉ 64122 – 8 673 hab.

Château d'Urtubie sans rest
1 r. B.-de-Coral – ✆ 05 59 54 31 15 – www.chateaudurtubie.fr – Ouvert d'avril à oct.
10 ch – 80/165 € 90/165 € – 12 €
Sur la route de l'Espagne, ce château fort du 14e – remanié au cours des siècles – est la propriété de la même famille depuis 24 générations ! Aujourd'hui musée et hôtel, il abrite des chambres de caractère, garnies de mobilier ancien.

Ferme Lizarraga
chemin de Lizarraga – ✆ 05 59 47 03 76 – www.lizarraga.fr – Fermé janv., fév., le midi en juil.-août et lundi hors saison
Menu 28 € – Carte 32/49 €
Dans un environnement champêtre, ferme du 17e s. joliment restaurée. Sans esbroufe, le chef réalise une cuisine du marché qui honore la tradition et le terroir.

à Ciboure 1 km par ④ – ✉ 64500 – 6 824 hab.

L'Ephémère
15 quai M.-Ravel – ✆ 05 59 47 29 16 – www.lephemere-ciboure.fr – Fermé 12-28 nov., lundi midi, merc. midi et vend. midi du 1er juil. au 15 sept., jeudi midi, mardi et merc. du 15 sept. au 30 juin Plan : AZ**y**
Menu 28 € (déj. en semaine), 45/90 € – Carte 50/80 €
Voiles d'acier, murs gris métallisé, vaisselle design : la version moderniste du style nautique. La cuisine est tendance, foisonnante de saveurs et de contrastes – avec par exemple un très original dessert sans sucre.

Chez Mattin
63 r. E. Baignol – ✆ 05 59 47 19 52 – Fermé 1 semaine en juin et en oct., fév., dim. et lundi Plan : AZ**v**
Carte 28/50 €
Ambiance très familiale dans cette maison de pays rustique à souhait (poutres, cuivres...). Spécialités basques et suggestions au gré du marché ; le poisson est à l'honneur.

à Socoa 3 km par ④ – ✉ 64122

Pantxua
au port de Socoa – ✆ 05 59 47 13 73 – www.chez-pantxua.fr – Fermé 2 semaines en nov., janv. et mardi hors saison
Menu 25 € (semaine) – Carte 35/100 €
Tableaux basques et tresses de piments dans la salle ; agréable vue sur la baie dans la véranda ou sur la terrasse. Dans l'assiette, les poissons frais ont le beau rôle.

ST-JEAN-DE-MAURIENNE

✉ 73300 (Savoie) – 8 242 hab. – **Voir carte n°46-F2**
Paris 635 km – Albertville 62 km – Chambéry 75 km – Grenoble 105 km
Carte Michelin 333-L6 – Guide Vert Michelin Alpes du Nord

St-Georges sans rest

334 r. de la République – ✆ 04 79 64 01 06 – www.hotel-saintgeorges.com

30 ch – †64/67 € ††74/79 € – ☕ 12 €

Sur la route de la Croix-de-Fer, cet ancien relais de poste (1866) présente l'avantage d'être au calme et à la fois proche du centre-ville. Il abrite des chambres simples et fonctionnelles, parfaites pour une étape. Un conseil : au petit-déjeuner, goûtez les confitures maison !

Nord rest,

pl. Champ de Foire – ✆ 04 79 64 02 08 – www.hoteldunord.net – Fermé 26 avril-12 mai, 27 oct.-12 nov., dim. soir sauf juil.-août et lundi midi

19 ch – †46/50 € ††65/67 € – ☕ 10 € – ½ P

Rest – Formule 16 € – Menu 21 € (déj. en semaine), 27/52 € – Carte 35/61 €

Au cœur de la cité, à côté de la cathédrale et du musée Opinel, des chambres toutes simples et bien tenues, aux tarifs mesurés : pratique pour séjourner dans la vallée. On peut également profiter du restaurant, où se mêlent recettes actuelles et produits du terroir.

Le Gavroche

pl. du Marché – ✆ 04 79 20 49 30 – www.restaurant-le-gavroche.com – Fermé 2-12 mai, 12-22 nov., 2-12 janv., dim. soir et lundi sauf fériés

Formule 16 € – Menu 19 € (déj. en semaine), 29/49 € – Carte 37/51 €

Un Gavroche bien sympathique, ce restaurant, à l'image du personnage de Victor Hugo. Derrière les fourneaux, le chef signe une cuisine d'esprit créatif, très appréciée dans la région. L'hiver, dans la salle sous véranda, on regarde la neige tomber, et l'été, on apprécie la fraîcheur de la terrasse ombragée.

ST-JEAN-DE-MONTS

✉ 85160 (Vendée) – 8 192 hab. – **Voir carte n°34-A3**

Paris 451 km – Cholet 123 km – Nantes 73 km – La Roche-sur-Yon 61 km

Carte Michelin 316-D7 – Guide Vert Michelin Pays de la Loire

Atlantic Thalasso ch,

16 av. des Pays-de-Monts – ✆ 02 51 59 15 15 – www.atlantic-thalasso-hotel.com – Fermé fin nov. à mi-déc.

50 ch – †75/170 € ††75/170 € – ☕ 13 €

Rest – Formule 14 € – Menu 17 € (déj. en semaine), 22/46 € – Carte 31/50 €

Confort et douceur dans cet hôtel qui a fait peau neuve il y a seulement quelques années. Les chambres disposent toutes d'un balcon. Le tout à deux pas de la plage, du golf et du centre de thalasso, voilà ce que l'on appelle une situation de rêve !

Le Robinson

28 bd du Gén.-Leclerc – ✆ 02 51 59 20 20 – www.hotel-lerobinson.com – Ouvert 8 fév.-30 nov.

58 ch – †63/92 € ††63/92 € – ☕ 11 € – ½ P

Rest *Le Robinson* – voir les restaurants ci-après

En retrait des plages, cet hôtel permet de se loger confortablement et à bon prix. Les chambres, entièrement rénovées il y a quelques années, sont agréables voire, pour certaines, assez tendance. Et si l'on veut faire un peu de sport il y a la piscine intérieure ou la petite salle de musculation.

L'Espadon ch,

8 av. de la forêt – ✆ 02 51 58 03 18 – www.hotel-espadon.com

27 ch – †60/101 € ††60/101 € – ☕ 10 € – ½ P

Rest – Formule 14 € – Menu 19 € (déj. en semaine)/31 € – Carte 28/51 €

(fermé déc. et janv.)

Sur une avenue reliant la plage au bourg, un hôtel des années 1970 où règne un esprit familial. Ici, les chambres sont fonctionnelles, confortables, climatisées... et, cerise sur le gâteau, elles disposent d'un balcon. Cuisine traditionnelle au restaurant.

Hôtel de la Forêt sans rest
13 r. Pouvreau – ✆ 02 51 58 00 36 – www.hotel-de-la-foret.fr – Ouvert 15 mars-15 déc.
16 ch – †63/108 € ††63/108 € – ☕ 10 €
Un hôtel en lisière de forêt, aux airs de paisible maison de vacances. Les chambres, plaisantes avec leur mobilier rustique vendéen et bien insonorisées, se répartissent dans trois petites bâtisses entourant la piscine. Une invitation au repos.

Le Robinson – Hôtel Le Robinson
28 bd du Gén.-Leclerc – ✆ 02 51 59 20 20 – www.hotel-lerobinson.com – Ouvert 8 fév.-30 nov.
Formule 17 € – Menu 19/55 € – Carte 31/49 €
Saumon fumé maison, gigot d'agneau, plateau de fruits de mer... Dans l'assiette de ce Robinson, on découvre une sympathique cuisine traditionnelle, un brin actualisée, qui privilégie les produits iodés ; le tout à apprécier dans un cadre contemporain. Pas sûr que l'on trouve tout cela sur une île déserte !

Le Petit St-Jean
128 rte Notre-Dame-de-Monts – ✆ 02 51 59 78 50 – Fermé dim. soir et lundi
Formule 15 € – Menu 20 € 🍷 (déj. en semaine), 25/48 € – Carte 30/48 €
(réservation conseillée)
Pierres, poutres et meubles anciens... Voilà une auberge vendéenne aussi sympathique que ses propriétaires ! L'endroit est idéal pour déguster une cuisine traditionnelle actualisée et bien gourmande, qui prend de jolis accents régionaux et suit le cours des saisons. Une bonne adresse.

ST-JEAN-DU-BRUEL

✉ 12230 (Aveyron) – 682 hab. – **Voir carte n°29-D2**
▶ Paris 676 km – Lodève 43 km – Millau 40 km – Montpellier 97 km
Carte Michelin 338-M6

Midi-Papillon
pl. du Manège – ✆ 05 65 62 26 04 – Ouvert 12 avril-11 nov.
18 ch – †40/72 € ††40/72 € – ☕ 6,50 € – ½ P
Rest ***Midi-Papillon*** – voir les restaurants ci-après
Au bord de la Dourbie, cet ancien relais de poste allie le charme du bien recevoir au confort de chambres jolies et toutes différentes. Romantique et douillet...

Midi-Papillon
pl. du Manège – ✆ 05 65 62 26 04 – Ouvert 12 avril-11 nov.
Formule 16 € – Menu 25 € (semaine), 30/45 € – Carte 21/39 €
Au bord de la Dourbie, une maison romantique où la famille Papillon choie ses hôtes depuis 1850... On produit presque tout sur place : légumes, fruits, lapins, volailles – sans oublier les cochons de la ferme voisine (délicieuses charcuteries) et les cèpes des bois alentour. Conclusion : une savoureuse cuisine du terroir !

ST-JEAN-EN-ROYANS

✉ 26190 (Drôme) – 2 979 hab. – **Voir carte n°43-E2**
▶ Paris 584 km – Die 62 km – Grenoble 71 km – Romans-sur-Isère 28 km
Carte Michelin 332-E3 – Guide Vert Michelin Alpes du Nord

au col de la Machine 11 km au Sud-Est par D 76 – ✉ 26190

Hôtel du Col de la Machine rest,
– ✆ 04 75 48 26 36 – www.hotel-coldelamachine.com – Fermé 17 avril-6 mai, 23 nov.-27 déc., mardi soir et merc. sauf vacances scolaires
11 ch – †64/67 € ††70/72 € – ☕ 7 € – ½ P
Rest – Menu 20/44 € – Carte 32/56 €
Grande bâtisse tenue par la même famille depuis 1848. Esprit chalet et confort douillet dans les chambres (mobilier en bois brut, lambris...) ; jardin en lisière de forêt. Au restaurant, bonne cuisine traditionnelle dans un cadre montagnard.

ST-JEAN-LE-BLANC – 45 Loiret ➜ voir Orléans

ST-JEAN-LE-CENTENIER

✉ 07580 (Ardèche) – 673 hab. – **Voir carte n°44-B3**
▶ Paris 632 km – Lyon 169 km – Le Puy-en-Velay 109 km – Valence 71 km
Carte Michelin 331-J6

Le Mas de Mon Père

quartier Argence, RN 102 – ✆ 04 75 36 71 23 – www.lemasdemonpere.com
13 ch – 🚹64/99 € 🚹🚹69/129 € – ☕ 10 € – ½ P
Rest – Menu 18/47 € – Carte 31/46 € *(fermé 1 semaine à Noël)*
En bord de route, une bâtisse en pierre idéale pour faire étape : parking, chambres sobres et bien équipées (plus calmes côté jardin), balançoire et piscine. Au restaurant, cuisine traditionnelle sous une belle charpente en bois.

ST-JEAN-LE-COMTAL – 32 Gers

➜ voir Auch

ST-JEAN-PIED-DE-PORT

✉ 64220 (Pyrénées-Atlantiques) – 1 471 hab. – **Voir carte n°3-B3**
▶ Paris 817 km – Bayonne 54 km – Biarritz 55 km – Pau 106 km
Carte Michelin 342-E6 – Guide Vert Michelin Pays Basque et Navarre

Les Pyrénées

19 pl. Ch.-de-Gaulle – ✆ 05 59 37 01 01 – www.hotel-les-pyrenees.com – Fermé 11-30 nov., 5 janv.-2 fév., lundi soir de nov. à mars et mardi du 20 sept. au 30 juin sauf fériés
14 ch – 🚹105/165 € 🚹🚹165/255 € – 4 suites – ☕ 17 € – ½ P
Rest *Les Pyrénées* ✿ – voir les restaurants ci-après
Au cœur de ce joli village – dernière étape française pour les pèlerins de Compostelle –, ce relais de poste jouit d'un jardin luxuriant (avec piscine) et abrite des chambres sobres et modernes, bien confortables. Une bonne étape avant l'Espagne !

Les Pyrénées (Philippe Arrambide)

19 pl. Ch.-de-Gaulle – ✆ 05 59 37 01 01 – www.hotel-les-pyrenees.com – Fermé 11-30 nov., 5 janv.-2 fév., lundi soir de nov. à mars et mardi du 20 sept. au 30 juin sauf fériés
Menu 42/110 € – Carte 77/115 € *(réservation conseillée)*
De père en fils, une institution à St-Jean-Pied-de-Port. Dans le décor comme dans l'assiette, ces Pyrénées cultivent le classicisme et le goût du Pays basque, le tout avec des produits de grande qualité. ➜ Huîtres chaudes aux champignons, épinards et caviar de saumon. Lasagne de foie gras aux truffes, pomme de terre et jus émulsionné. Crêpes chaudes, salade d'oranges et sorbet au pain d'épice.

Iratze Ostatua

11 r. de la Citadelle – ✆ 05 59 49 17 09 – http://iratzeostatua.blogspot.fr – Fermé janv.- fév. et mardi
Menu 27 € – Carte 33/58 €
"L'auberge des fougères" en basque ! Pour retrouver les saveurs d'antan et la belle simplicité de la cuisine paysanne : gazpatxo, axoa, chipirons à l'encre ou encore etxeko bixkoxka (gâteau basque à la figue – une spécialité maison), etc.

ST-JEAN-SUR-VEYLE

✉ 01290 (Ain) – 1 082 hab. – **Voir carte n°44-B1**
▶ Paris 402 km – Bourg-en-Bresse 32 km – Mâcon 12 km – Villefranche-sur-Saône 45 km
Carte Michelin 328-C3

La Petite Auberge

Le bourg – ✆ 03 85 31 53 92 – www.lapetiteaubergeenbresse.fr – Fermé 2 semaines fin août-début sept., 2 semaines fin déc.-début janv., mardi soir, merc. soir, dim. soir et lundi
Formule 14 € 🍷 – Menu 19 € (déj. en semaine), 24/44 € – Carte 44/53 €
Cette maison à colombages du 18e s., avec ses briquettes rouges et ses poutres, a vraiment du charme. Dans une salle des plus lumineuses, on déguste les spécialités régionales. L'été, on profite de la terrasse.

Le Grand Saint Jean Baptiste

38 r. Chavagnat, (Le Bourg) – ✆ 03 85 36 26 14 – www.lgsjb.com – Fermé 1 semaine en janv., 2 semaines en août, dim. soir, mardi et merc.
Menu 21 € (déj. en semaine), 31/55 € – Carte 36/53 €
Cet ancien relais de diligences du 18e s. a été repris par un jeune couple passé par de grandes maisons. Produits du terroir, goûteuses recettes traditionnelles, vins de petits producteurs, accueil tout sourire... Bref, tous les ingrédients sont réunis pour faire de ce lieu une bonne adresse.

ST-JOACHIM

✉ 44720 (Loire-Atlantique) – 4 046 hab. – **Voir carte n°34-A2**
Paris 435 km – Nantes 61 km – Redon 40 km – St-Nazaire 14 km
Carte Michelin 316-C3 – Guide Vert Michelin Pays de la Loire

La Mare aux Oiseaux (Eric Guérin) avec ch

223 r. du chef de l'Île Fedrun – ✆ 02 40 88 53 01 – www.mareauxoiseaux.fr – Fermé lundi midi
13 ch – †160/290 € ††160/290 € – 2 suites – ☕ 18 € – ½ P
Menu 45/98 € – Carte environ 85 €
Moment de poésie au cœur de la Brière, parmi les oiseaux en liberté... Éric Guérin signe une cuisine ludique et inventive, à base de beaux produits régionaux. Pour prolonger la magie, des chambres luxueuses (certaines dans des bungalows) et un espace bien-être. Une grue viendra peut-être toquer à votre porte...
→ Ail noir d'Aomori, gésier confit, langoustine, petits pois et lait d'amande. Homard bleu rôti en coque, poireau, chorizo et condiment d'aubergine épicé. La "Bigouden", pomme, passion, sarrasin et caramel au beurre salé.

ST-JOSSE

✉ 62170 (Pas-de-Calais) – 1 188 hab. – **Voir carte n°30-A2**
Paris 223 km – Arras 94 km – Boulogne-sur-Mer 39 km – Lille 144 km
Carte Michelin 301-C5

au Moulinel 2 km au Nord-Est par D 145 – ✉ 62170 St-Josse

Auberge du Moulinel

116 chaussée de l'Avant-Pays – ✆ 03 21 94 79 03 – www.aubergedumoulinel.com – Fermé 3 semaines en janv., lundi et mardi sauf juil.-août et dim. soir
Formule 20 € – Menu 30 € (semaine), 44/59 € – Carte 60/77 €
Un petit air de campagne chic, non loin du Touquet. Entrez donc dans la salle, un brin rustique avec sa collection de cuivres anciens. Escalope de foie gras chaud, turbot rôti, vacherin, paris-brest... Le chef réalise une alléchante cuisine traditionnelle. Tout est fait maison, y compris le pain et les glaces !

ST-JOUAN-DES-GUÉRETS

✉ 35430 (Ille-et-Vilaine) – 2 672 hab. – **Voir carte n°10-D1**
Paris 398 km – Granville 89 km – Rennes 65 km – Saint-Malo 10 km
Carte Michelin 309-K3

La Malouinière des Longchamps sans rest

1,5 km à l'Est par D 204 – ✆ 02 99 82 74 00 – www.malouiniere.com – Fermé 5 janv.-13 fév.
9 ch – †79/198 € ††99/198 € – ☕ 13 €
Idéal pour un séjour reposant et champêtre ! Cette ancienne ferme et ses dépendances disposent de chambres confortables et bien tenues. Jardin fleuri, piscine, espace beauté et bien-être.

ST-JOUIN-BRUNEVAL

✉ 76280 (Seine-Maritime) – 1 836 hab. – **Voir carte n°33-C1**
Paris 202 km – Fécamp 25 km – Le Havre 20 km – Rouen 92 km
Carte Michelin 304-A4

Le Belvédère

rte du Belvédère – ✆ 02 35 20 13 76 – www.restaurant-lebelvedere.com – Fermé 10 janv.-10 fév., dim. soir, lundi soir et mardi soir d'oct. à avril, merc. soir et jeudi sauf fériés
Menu 23 € (semaine), 31/43 € – Carte 41/64 € *(réservation conseillée)*
Délicieux croustillant de camembert fermier chaud, ou encore chou farci à la mousse de haddock... C'est original, raffiné, et l'on sent la patte très sûre d'un chef qui travaille comme un vrai artisan respectueux des produits. Le tout avec une vue à couper le souffle sur les falaises et le grand large. Mer à l'horizon !

ST-JULIEN-AUX-BOIS

✉ 19220 (Corrèze) – 492 hab. – **Voir carte n°25-C3**
Paris 524 km – Aurillac 53 km – Brive-la-Gaillarde 66 km – Mauriac 29 km
Carte Michelin 329-N5 – Guide Vert Michelin Limousin Berry

Auberge de St-Julien-aux-Bois avec ch

1 rte des Pierres Blanches – ✆ 05 55 28 41 94 – www.auberge-saint-julien.com – Fermé vacances de fév. et 22 déc.-2 janv.
6 ch – †49/57 € ††57/65 € – ☕ 8 € – ½ P
Formule 17 € – Menu 21/37 € – Carte 23/40 € *(fermé sam. midi, dim. soir et vend. sauf juil.-août)*
Une maison de village à la terrasse fleurie... et à l'âme "verte" : la patronne, d'origine allemande, réalise une cuisine saine et originale, où les produits bio des fermes environnantes sont à l'honneur ! L'intérieur est coquet, avec des tableaux aux murs et une jolie cheminée. Pour l'étape, des chambres bien tenues.

ST-JULIEN-CHAPTEUIL

✉ 43260 (Haute-Loire) – 1 870 hab. – **Voir carte n°6-C3**
Paris 559 km – Lamastre 52 km – Privas 88 km – Le Puy-en-Velay 20 km
Carte Michelin 331-G3 – Guide Vert Michelin Lyon Drôme Ardèche

Vidal

18 pl. du Marché – ✆ 04 71 08 70 50 – www.restaurant-vidal.com – Fermé 1er-4 juil., 2-5 sept., mi-janv. à mi-fév., mardi soir hors saison, dim. soir et lundi
Formule 18 € 🍷 – Menu 31/80 € – Carte 60/77 €
Dans une élégante salle au style contemporain, on profite d'une très savoureuse cuisine actuelle tournée vers le terroir local et son célèbre bœuf "Fin Gras du Mézenc". Un style rustique mais contemporain que l'on retrouve au Bistrot de Justin, avec un menu différent chaque semaine.
Bistrot de Justin Formule 18 € 🍷 – Menu 23 € – Carte environ 31 € *(fermé le soir, dim. et lundi)*

ST-JULIEN-DE-LAMPON

✉ 24370 (Dordogne) – 619 hab. – **Voir carte n°4-D1**
Paris 530 km – Bordeaux 253 km – Limoges 141 km – Périgueux 124 km
Carte Michelin 329-J6

La Gabarre

Le Mondou – ✆ 05 53 29 61 43 – www.restaurantlagabarre.com – Fermé de mi-janv. à mi-mars, lundi et mardi de mi-nov. à janv., sam. midi, dim. soir et merc.
Formule 15 € – Menu 27/36 €
En surplomb de la Dordogne, cette maison du 12e s. a vu passer bien des gabarres... Désormais, elle assiste à un tout autre défilé : celui de bonnes recettes du terroir teintées d'inventivité. Aux premiers rayons de soleil, à la salle rustique à souhait, on préfère la belle terrasse. Accueil tout sourire.

ST-JULIEN-DU-SAULT

✉ 89330 (Yonne) – 2 364 hab. – **Voir carte n°7-A1**
Paris 137 km – Auxerre 40 km – Dijon 187 km – Sens 25 km
Carte Michelin 319-C3 – Guide Vert Michelin Bourgogne

XX **Les Bons Enfants**

4 pl. de l'Hôtel de Ville – ✆ 03 86 91 17 38 – Fermé dim. soir
Formule 23 € – Menu 29 € (déj. en semaine), 32/58 € – Carte environ 39 €
Une auberge datant de 1823 avec un bistrot chic d'un côté, une salle cosy et raffinée de l'autre. Dans un cas comme dans l'autre, la carte joue sur plusieurs registres : canaille, terroir et fine gastronomie – le tout signé par un chef d'origine japonaise et... à prix bon enfant !

ST-JULIEN-EN-CHAMPSAUR

✉ 05500 (Hautes-Alpes) – 306 hab. – **Voir carte n°41-C1**
Paris 658 km – Gap 17 km – Grenoble 95 km – La Mure 55 km
Carte Michelin 334-E5

XX **Les Chenets** avec ch — rest

Le village – ✆ 04 92 50 03 15 – www.les-chenets.com – Fermé avril, 11 nov.-26 déc., dim. soir et jeudi
16 ch – 36/48 € 50/62 € – 8 € – ½ P Menu 23/39 € – Carte 34/53 €
Épatant, ce restaurant d'un petit village du Champsaur ! Aux commandes, un chef adepte du fait maison, dans le droit fil de la tradition et des spécialités du terroir. Bons points aussi pour l'accueil et le service, sympathiques et attentionnés. Sans oublier le cadre, avenant et soigné.

ST-JULIEN-EN-GENEVOIS

✉ 74160 (Haute-Savoie) – 11 836 hab. – Agglo. 145 507 hab. – **Voir carte n°46-F1**
Paris 525 km – Annecy 35 km – Bonneville 36 km – Genève 11 km
Carte Michelin 328-J4

à Archamps 5 km à l'Est par A 40, sortie 13.1 – ✉ 74160 – 2 079 hab.

Porte Sud de Genève

parc d'affaires international, (site d'Archamps) – ✆ 04 50 31 16 06 – www.bestwesterngeneve.com et www.longitudehotels.com
90 ch – 102/123 € 123/143 € – 16 €
Rest – Formule 19 € – Menu 26 € (déj. en semaine) – Carte 38/54 €
Au cœur de la technopole franco-suisse d'Archamps, un hôtel moderne, aux chambres contemporaines, reposantes et idéalement pensées pour la clientèle d'affaires, tout comme le restaurant et sa terrasse dressée dans le jardin.

à Bossey 7 km à l'Est par D 1206 – ✉ 74160 – 736 hab.

XXX **La Ferme de l'Hospital** (Jean-Jacques Noguier)

rte du golf – ✆ 04 50 43 61 43 – www.ferme-hospital.com – Fermé 2-20 mars, 1er-20 août, vacances de fév., dim. et lundi
Formule 40 € – Menu 58/90 € – Carte 80/100 € *(réservation conseillée)*
Ne vous fiez pas au caractère imposant de cette ferme (ancienne propriété de l'hôpital de Genève), l'intérieur est vraiment chaleureux. Le chef ne travaille que de beaux produits, sur des bases traditionnelles, mais il sait y apporter une note d'exotisme culinaire. On en sort comblé !
→ Raviolis de poularde, foie gras, truffe et cappuccino des bois. Omble chevalier du lac Léman, déclinaison de carottes et jus au carvi. Soufflé au Grand Marnier.

ST-JULIEN-EN-VERCORS

✉ 26420 (Drôme) – 226 hab. – **Voir carte n°45-C2**
Paris 623 km – Gap 173 km – Grenoble 49 km – Valence 69 km
Carte Michelin 332-F3

X **Café Brochier** avec ch

pl. du village – ✆ 04 75 48 20 84 – www.cafebrochier.com – Fermé janv., lundi soir, mardi et merc.
2 ch – 55/60 € 55/60 € Carte 31/46 €
Une institution locale menée par un jeune chef... Sa cuisine, ancrée dans la région, s'aventure aussi du côté de la mer et de l'originalité. Du bio, du beau et de l'inédit ! Pour prolonger cette étape sympathique, deux chambres sobres et confortables.

ST-JULIEN-LE-FAUCON

✉ 14140 (Calvados) – 719 hab. – **Voir carte n°33-C2**
▶ Paris 192 km – Caen 41 km – Falaise 32 km – Lisieux 14 km
Carte Michelin 303-M5

Auberge de la Levrette

48 r. Lisieux – ✆ 02 31 63 81 20 – Fermé 10-16 mars, 15-21 juil., 3-9 nov., 22-31 déc., lundi sauf fériés le midi, dim. soir et le soir du mardi au vend. de nov. à fin mars
Menu 22/29 € – Carte 25/41 €
Cette maison à colombages de 1550, typique du pays d'Auge, abrite un petit musée dédié à la musique mécanique : juke-box, orgues de Barbarie, phonographes, etc. Un cadre atypique pour une cuisine de tradition. Gourmandise et flonflons !

ST-JULIEN-SUR-CHER

✉ 41320 (Loir-et-Cher) – 747 hab. – **Voir carte n°12-C2**
▶ Paris 227 km – Blois 51 km – Bourges 66 km – Châteauroux 62 km
Carte Michelin 318-H8

Les Deux Pierrots

9 r. Nationale – ✆ 02 54 96 40 07 – Fermé août, lundi et mardi
Menu 30/42 € – Carte 34/44 €
Feuilleté d'escargots à la crème d'ail, terrine de foies de volaille, rognons de veau à la moutarde... Dans cette auberge de village, rustique à souhait, on ne plaisante pas avec la tradition. Ici, tout est fait maison et les légumes proviennent du potager. Difficile de faire plus authentique !

ST-JUNIEN

✉ 87200 (Haute-Vienne) – 11 455 hab. – **Voir carte n°24-A2**
▶ Paris 416 km – Angoulême 73 km – Bellac 34 km – Confolens 27 km
Carte Michelin 325-C5 – Guide Vert Michelin Limousin Berry

Le Relais de Comodoliac

22 av. Sadi-Carnot – ✆ 05 55 02 27 26 – www.comodoliac.fr – Fermé 21 fév.-2 mars
29 ch – 68/78 € 72/85 € – ☕ 11 € – ½ P
Rest ***Le Relais de Comodoliac*** – voir les restaurants ci-après
Un hôtel bien situé, tout près de la route mais néanmoins au calme, dans un joli jardin. Les chambres, d'esprit contemporain, sont agréables et impeccablement tenues.

Le Relais de Comodoliac – Hôtel Le Relais de Comodoliac

22 av. Sadi-Carnot – ✆ 05 55 02 27 26 – www.comodoliac.fr – Fermé 21 fév.-2 mars et dim. soir
Menu 17 € (semaine), 30/41 € – Carte 36/56 €
Un croustillant de tête de veau joliment revisité et accompagné de cèpes poêlés, une blanquette de veau avec une viande bien tendre et de bons petits légumes, etc. Tout l'esprit d'une cuisine généreuse et savoureuse, réalisée avec un savoir-faire certain. Le cadre, contemporain et de bon goût, ajoute au plaisir du repas !

Le Glanon (N)

Le Pavillon – ✆ 05 55 01 32 79 – www.restaurant-le-glanon.com – Fermé 17-31 août, sam. midi, dim. soir et lundi
Menu 18 € (déj. en semaine), 31/45 € – Carte 46/60 €
Étonnante situation que celle de cette ferme du 15e s. au beau milieu d'une zone industrielle... On y apprécie une cuisine traditionnelle légèrement revue à la mode contemporaine ; les produits sont de qualité, les cuissons et assaisonnements sont précis. Et aux beaux jours, direction la terrasse !

au Sud 2 km par rte de Rochechouart, D 675 et rte secondaire – ✉ 87200 St-Junien

XX **Lauryvan**
200 allée du Bois-au-Bœuf – ✆ 05 55 02 26 04 – www.lauryvan.fr
– Fermé 2-12 janv., dim. soir, merc. soir, lundi et fériés le soir
Formule 33 € – Menu 44/80 € 🍷 – Carte 41/56 €
Bistrot côté Auberge ou "gastro" classique ? Le Lauryvan répond à l'appétit et à l'envie du moment. L'été, on s'installe sur la jolie terrasse pour profiter de la vue sur l'étang.
L' Auberge Formule 15 € – Menu 24/27 € 🍷 – Carte 22/35 €

ST-JUST-ET-VACQUIÈRES

✉ 30580 (Gard) – 299 hab. – **Voir carte n°23-C1**
▶ Paris 699 km – Alès 18 km – Montpellier 104 km – Nîmes 54 km
Carte Michelin 339-K4

Mas Vacquières sans rest
hameau de Vacquières – ✆ 04 66 83 70 75 – www.masvac.com
5 ch ☕ – 🚹90/135 € 🚹🚹90/135 €
Dans une ruelle du hameau, maison typique blottie dans un jardin fleuri bien au calme. Chambres fraîches et impeccablement tenues. Copieux petit-déjeuner servi en terrasse.

ST-JUSTIN

✉ 40240 (Landes) – 929 hab. – **Voir carte n°3-B2**
▶ Paris 694 km – Aire-sur-l'Adour 38 km – Casteljaloux 49 km – Dax 84 km
Carte Michelin 335-J11 – Guide Vert Michelin Aquitaine

X **France** avec ch
pl. des Tilleuls – ✆ 05 58 44 83 61 – www.hotelrestaurant-landes.com
– Fermé 16 déc.-8 janv., lundi sauf en août et dim. soir
8 ch – 🚹48/58 € 🚹🚹48/58 € – ☕ 8 € Formule 25 € – Menu 36/46 €
Une belle maison gasconne s'ouvrant sur les arcades de la place médiévale, où l'on installe la terrasse en saison. Deux salles et deux formules : bistrot avec des suggestions à l'ardoise, ou cadre plus cosy avec une carte campagnarde. Le tout dans un registre traditionnel qui respecte les saisons.

ST-JUST-ST-RAMBERT

✉ 42170 (Loire) – 14 172 hab. – **Voir carte n°44-A2**
▶ Paris 542 km – Lyon 81 km – Montbrison 18 km – St Etienne 17 km
Carte Michelin 327-E7 – Guide Vert Michelin Lyon et sa région

XXX ✿✿ **Le Neuvième Art** (Christophe Roure)
pl. du 19 Mars 1962, (déménagement prévu en avril 2014, nouvelle adresse : 173 r. Cuvier, 69006 Lyon) – ✆ 04 77 55 87 15 – www.leneuviemeart.com
– Fermé 2-17 mars, 10 août-2 sept., dim. et lundi
Menu 80/140 € *(réservation conseillée)*
Silence, on tourne ! Christophe Roure met littéralement en scène les saveurs. Chef ou réalisateur ? Cet amoureux du produit signe une cuisine créative et très travaillée, excellente dès la première prise : précision des cuissons, finesse des préparations... Un grand moment de gastronomie, sans cinéma aucun. Attention, déménagement prévu au printemps 2014.
→ Transformation d'un foie gras de canard comme un fraisier, Flanby vanille-fraise. Bar cuit à basse température, émulsion d'un lait d'amande. Lingot d'or aux cerises fraîches, petit pot glacé et cerise géante.

ST-LARY

✉ 09800 (Ariège) – 148 hab. – **Voir carte n°28-B3**
▶ Paris 786 km – Bagnères-de-Luchon 48 km – St-Gaudens 36 km – St-Girons 24 km
Carte Michelin 343-D7

Auberge de l'Isard

r. des Bains – ✆ 05 61 96 72 83 – www.hotel-logis-ariege.com – Fermé 1er fév.-16 mars
8 ch – 45/50 € 50/55 € – 8 € – ½ P
Rest – Menu 19/31 € – Carte 29/48 € *(ouvert de mi-mars à nov.)*
L'authentique auberge de village ! Bar, maison de la presse, boutique de produits du terroir, agréable restaurant traditionnel – auquel on accède en traversant la rivière –, sans compter les chambres fraîches et fonctionnelles et l'accueil charmant... Un vrai poumon pour ce hameau de moyenne montagne.

ST-LARY-SOULAN

65170 (Hautes-Pyrénées) – 885 hab. – **Voir carte n°28-A3**
Paris 830 km – Arreau 12 km – Auch 103 km – Bagnères-de-Luchon 44 km
Carte Michelin 342-N8

La Pergola

ch, ch,
25 r. Vincent-Mir – ✆ 05 62 39 40 46 – www.hotellapergola.fr
25 ch – 60/100 € 66/142 € – 11 € – ½ P
Rest – Formule 12 € – Menu 16 € (déj.), 20/49 € – Carte 22/45 €
Paisible maison dans un jardin, avec de grandes chambres orientées au sud et ouvertes sur les cimes. Décor traditionnel au restaurant (cuisine actuelle).

Neste de Jade sans rest

lieu-dit Graouès – ✆ 05 62 39 42 79 – www.hotelnestedejade.com – Ouvert 15 juin-15 sept. et 3 déc.-3 avril
19 ch – 49/109 € 49/109 € – 9 €
Authentique et chaleureux : lambris, parquet, tissus chatoyants... Certaines chambres sont mansardées. En bordure de rivière et proche de la télécabine.

Les Arches sans rest

15 av. des Thermes, (près de l'église) – ✆ 05 62 49 10 10 – www.hotel-les-arches.com – Fermé 2 semaines en nov.
30 ch – 50/90 € 50/90 € – 9 €
Bâtisse moderne (2000) à deux pas de la télécabine, abritant de petites chambres fonctionnelles et bien tenues. Agréable salon avec cheminée et vue sur la terrasse et la piscine.

Aurélia

rest,
à Vielle-Aure, par D 116 et D 19 – ✆ 05 62 39 56 90 – www.hotel-aurelia.com – Ouvert 13 déc.-28 sept.
20 ch – 45/49 € 55/58 € – 8 € – ½ P
Rest – Menu 22/25 € *(fermé le midi) (résidents seult)*
Près des thermes, un hôtel familial prisé pour ses activités de loisirs, sa piscine et son fitness. Chambres simples et bien tenues, mansardées au 3e étage. Au restaurant, cuisine traditionnelle modernisée.

ST-LATTIER

38840 (Isère) – 1 265 hab. – **Voir carte n°43-E2**
Paris 571 km – Grenoble 67 km – Romans-sur-Isère 13 km – St-Marcellin 15 km
Carte Michelin 333-E7

Le Lièvre Amoureux

La Gare – ✆ 04 76 64 50 67 – www.lelievreamoureux.com – Fermé 12-27 août et 10-20 fév.
5 ch – 70 € 80 € – 11 € **Table d'hôte** – Menu 35/65 €
Cet ancien relais de chasse propose des chambres et duplex spacieux, au style simple et classique, parfaits pour profiter du calme et de la verdure. Une grande cheminée veille sur la table d'hôte où l'on déguste de savoureux produits du terroir dauphinois préparés par le propriétaire, enfant du pays.

Auberge du Viaduc avec ch

D 1092 (hameau de la rivière) – ✆ 04 76 64 51 65 – www.auberge-du-viaduc.new.fr – Ouvert 13 fév.-28 nov. et fermé dim. soir de nov. à avril, merc. midi de juin à sept., lundi et mardi

6 ch – 98/105 € 98/105 € – 12 € – ½ P

Formule 20 € – Menu 32/62 € – Carte 43/66 € *(réservation conseillée)*

Non loin d'un viaduc ferroviaire, cette demeure ancienne en pierre abrite un agréable petit restaurant (cuisine traditionnelle) et des chambres fort commodes pour l'étape. Accueillant également, le jardin fleuri avec piscine.

Brun avec ch

ch,

Les Fauries, D 1092 – ✆ 04 76 64 54 08 – www.hotel-brun.com – Fermé 13-30 oct., 10-27 fév. et dim. soir

11 ch – 55 € 65 € – 8,50 € – ½ P

Formule 14 € – Menu 25/36 € – Carte 35/43 €

Couleurs vives et style contemporain se sont donné rendez-vous au sein de cette table tenue en famille, où l'on déguste une bonne cuisine traditionnelle remise au goût du jour. À la belle saison, on profite de la terrasse sous les tilleuls, au bord de l'Isère...

ST-LAURENT-DE-CERDANS

66260 (Pyrénées-Orientales) – 1 275 hab. – **Voir carte n°22-B3**

Paris 901 km – Céret 28 km – Perpignan 60 km

Carte Michelin 344-G8

au Sud-Ouest 6,5 km par D 3 et rte secondaire – 66260 St-Laurent-de-Cerdans

Domaine de Falgos

rest,

– ✆ 04 68 39 51 42 – www.falgos.com – Ouvert de mi-mars à mi-nov.

25 ch – 141/183 € 224/308 € – 7 suites – ½ P

Rest – Menu 30 € – Carte 33/44 €

Sur la frontière espagnole, une ancienne ferme à plus de 1 000 m d'altitude ! Les chambres y sont spacieuses, cosy, bien équipées et... au grand calme. Les plus : le parcours de golf et le bel espace de remise en forme. Au restaurant, spécialités de brasserie et recettes traditionnelles. Terrasse face aux greens.

ST-LAURENT-DE-LA-SALANQUE

66250 (Pyrénées-Orientales) – 8 674 hab. – **Voir carte n°22-B3**

Paris 845 km – Elne 26 km – Narbonne 62 km – Perpignan 19 km

Carte Michelin 344-I6

Le Commerce avec ch

rest,

2 bd de la Révolution – ✆ 04 68 28 02 21 – www.lecommerce66.com – Fermé 15 oct.-20 nov., dim. de sept. à mi-juil. et lundi sauf le soir de mi-juil. à fin août

10 ch – 55/64 € – ½ P

Formule 14 € – Menu 19 € (semaine), 30/40 € – Carte 40/65 €

Ce Commerce fleure bon le Sud ! Aux fourneaux œuvre un enfant du pays, qui signe une savoureuse cuisine du marché, des plats du terroir catalan et les spécialités de la maison que sont la bouillabaisse et la paella. Pour prolonger l'étape, les petites chambres rustiques sont bien pratiques.

ST-LAURENT-DE-MURE

69720 (Rhône) – 5 100 hab. – **Voir carte n°43-E1**

Paris 478 km – Lyon 19 km – Pont-de-Chéruy 16 km – La Tour-du-Pin 38 km

Carte Michelin 327-J5

Hostellerie Le St-Laurent

8 r. Croix-Blanche – ✆ 04 78 40 91 44 – www.lesaintlaurent.fr – Fermé 28 avril-11 mai, 4-24 août, 24 déc.-4 janv., vend. soir, sam., dim. et fériés

30 ch – 85/130 € 85/130 € – 10 €

Rest *Christian Lavault* – voir les restaurants ci-après

Au cœur d'un joli parc arboré, cette demeure dauphinoise (18e s.) a de l'allure. Les chambres sont agréables et très bien tenues, dans un style frais et contemporain... Une bonne adresse, sans parler de l'accueil souriant des propriétaires.

XX **Christian Lavault** – Hostellerie Le St-Laurent

8 r. Croix-Blanche – ✆ 04 78 40 91 44 – www.lesaintlaurent.fr – Fermé 28 avril-11 mai, 4-24 août, 24 déc.-4 janv., vend. soir, sam., dim. et fériés

Formule 20 € – Menu 25 € (déj. en semaine), 30/63 € – Carte 45/62 €

Filet de féra à la badiane, foie gras et son pain aux figues... Le chef est un passionné et aime cuisiner la tradition ! On passe un bon moment dans ce cadre chaleureux, ou sur la terrasse, à l'ombre d'un superbe tilleul plusieurs fois centenaire...

ST-LAURENT-DES-ARBRES

✉ 30126 (Gard) – 2 511 hab. – Voir carte n°**23**-D2

Paris 673 km – Alès 70 km – Avignon 20 km – Nîmes 47 km

Carte Michelin 339-N4

Le Saint-Laurent sans rest

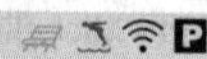

pl. de l'Arbre – ✆ 04 66 50 14 14 – www.lesaintlaurent.biz

7 ch – 99/175 € 99/175 € – 3 suites

Sur les hauteurs du village, cette ancienne maison de viticulteur est charmante : meubles anciens, chambres-bonbonnières (Liberty, toile de Jouy...), poutres, piscine et solarium.

Felisa sans rest

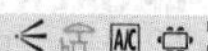

6 r. Barris – ✆ 04 66 39 99 84 – www.maison-felisa.com – Fermé 1er janv.-9 fév.

5 ch – 125/165 € 125/165 €

Une ancienne maison de vigneron (1830) très zen d'esprit ! Massages, yoga, joli jardin, piscine et déco tendance (béton ciré, carreaux de ciment, fauteuils club, etc.). Table d'hôte en fin de semaine.

ST-LAURENT-DES-COMBES

✉ 33330 (Gironde) – 279 hab. – Voir carte n°**4**-C1

Paris 592 km – Agen 127 km – Bordeaux 43 km – Périgueux 103 km

Carte Michelin 335-K5

X **L'Atelier de Candale** Ⓝ

allée des Grandes-Plantes, (Château de Candale) – ✆ 05 57 24 15 45 – www.chateaudecandale.fr – Fermé 31 déc.-15 janv., lundi et dim.

Formule 14 € – Menu 18 € (déj.)/30 € – Carte environ 30 €

Un restaurant au cœur du vignoble St-Émilionnais... Noblesse oblige, on aime les jolis crus locaux, qui accompagnent les bons petits plats du chef : mille feuilles aux noix de pétoncles, morceau de porc bien fondant avec une sauce au miel, coriandre et gingembre, etc. Agréable terrasse pour les beaux jours.

ST-LAURENT-DES-VIGNES – 24 Dordogne → voir Bergerac

ST-LAURENT-DU-PONT

✉ 38380 (Isère) – 4 484 hab. – Voir carte n°**45**-C2

Paris 560 km – Chambéry 29 km – Grenoble 34 km – La Tour-du-Pin 42 km

Carte Michelin 333-H5 – Guide Vert Michelin Alpes du Nord

XX **La Blache**

2 pl. du 10ème Groupement – ✆ 04 76 55 29 57 – Fermé 1 semaine en mars, 1 semaine en juin, 1 semaine en sept., 1 semaine en nov., 2 semaines en janv., dim. soir, lundi et mardi

Formule 19 € – Menu 30/65 € – Carte 35/80 €

Dans ce restaurant proche des gorges du Guiers-Mort, on ne badine pas avec la tradition et les produits frais : terrine de pigeon, sot-l'y-laisse aux morilles, gibier (en saison de chasse) et pâtes fraîches maison, vacherin à la Chartreuse, etc. Des mets de qualité, fruits de la longue carrière du chef !

ST-LAURENT-DU-VAR

✉ 06700 (Alpes-Maritimes) – 29 963 hab. – **Voir carte n°42-E2**
▶ Paris 919 km – Antibes 16 km – Cagnes-sur-Mer 5 km – Cannes 26 km
Carte Michelin 341-E5 – Guide Vert Michelin Côte d'Azur

Voir plan de Nice Agglomération

au Cap 3000

Novotel
40 av. de Verdun - AU – ✆ 04 93 19 55 55 – www.novotel.com
103 ch – 🚹95/294 € 🚹🚹95/294 € – ☕ 15 €
Rest – Formule 18 € – Menu 22 € – Carte 25/45 €
Dans une zone commerciale proche de l'aéroport de Nice, un hôtel dédié à la clientèle d'affaires, mais qui compte quelques agréments : le front de mer est proche et l'on peut profiter du jardin avec sa piscine.

au Port St-Laurent

Holiday Inn Resort sans rest
167 promenade des Flots-Bleus - AU – ✆ 04 93 14 80 00 – www.holinice.com
124 ch – 🚹140/250 € 🚹🚹180/250 € – ☕ 19 €
Cet hôtel moderne joint l'utile à l'agréable avec ses chambres confortables et son bon emplacement en bord de mer. On peut d'ailleurs profiter de la plage privée et de la belle terrasse les pieds dans le sable !

La Mousson
167 promenade des Flots Bleus - AU – ✆ 04 93 31 13 30 – Fermé vacances scolaires et le soir
Menu 48 € – Carte 40/55 €
Un restaurant atypique et séduisant, habité par la passion de la cuisine thaïlandaise ! C'est auprès de grands chefs du royaume de Siam que la chef, française, a appris les secrets des recettes les plus authentiques. Subtilement épicées, très parfumées et raffinées, ses assiettes font voyager...

ST-LAURENT-DU-VERDON

✉ 04500 (Alpes-de-Haute-Provence) – 92 hab. – **Voir carte n°41-C2**
▶ Paris 806 km – Brignoles 49 km – Castellane 70 km – Digne-les-Bains 59 km
Carte Michelin 334-E10

Le Moulin du Château ch, rest,
99 chemin d'Albiosc – ✆ 04 92 74 02 47 – www.moulin-du-chateau.com – Ouvert 22 mars-2 nov.
10 ch – 🚹82/119 € 🚹🚹105/127 € – 1 suite – ☕ 10 € – ½ P
Rest – Menu 31 € *(fermé lundi, jeudi et le midi) (résidents seult)*
Dans ce charmant moulin à huile du 17[e]s., l'ancienne meule a toujours sa place dans le décor très soigné ! Farniente au jardin et éthique écologique (citerne d'eau de pluie, produits bio...). Table d'hôte à la provençale (menu unique pour les résidents).

ST-LAURENT-EN-GRANDVAUX

✉ 39150 (Jura) – 1 800 hab. – **Voir carte n°16-B3**
▶ Paris 442 km – Champagnole 22 km – Lons-le-Saunier 45 km – Morez 11 km
Carte Michelin 321-F7 – Guide Vert Michelin Franche-Comté Jura

Au Moulin des Truites Bleues rest,
4 km au Nord par N5 – ✆ 03 84 60 83 03 – www.truites-bleues.com – Fermé oct., dim. soir et lundi midi hors saison
17 ch – 🚹69/83 € 🚹🚹69/87 € – ☕ 10 € – ½ P
Rest – Formule 11 € – Menu 15 € (déj. en semaine), 24/42 € – Carte 31/56 €
En bord de nationale, cette grande bâtisse régionale est en fait un ancien moulin. Les chambres, grandes et pratiques, cultivent un certain esprit montagne qui ne manque pas de charme ; au restaurant, rusticité de bon aloi, truites du vivier, spécialités régionales et jolie terrasse dominant la Lemme.

ST-LAURENT-LA-GÂTINE

✉ 28210 (Eure-et-Loir) – 445 hab. – **Voir carte n°11-B1**
Paris 77 km – Évreux 66 km – Orléans 121 km – Versailles 57 km
Carte Michelin 311-F3

Clos St-Laurent sans rest

6 r. de l'Église – ✆ 02 37 38 24 02 – www.clos-saint-laurent.com – Fermé 22 déc.-5 janv.
4 ch – 77 € 87 €
Un ancien corps de ferme (19e s.) ravissant et authentique, avec de grandes chambres décorées avec goût dans un style champêtre clair et chic. On prend le petit-déjeuner au coin du feu ou dans le jardin d'hiver. Parfait pour un séjour très campagne !

ST-LAURENT-SUR-SAÔNE

– 01 Ain → voir Mâcon

ST-LÉON

✉ 47160 (Lot-et-Garonne) – 298 hab. – **Voir carte n°4-C2**
Paris 667 km – Agen 43 km – Bordeaux 107 km – Villeneuve-sur-Lot 44 km
Carte Michelin 336-D4

Le Hameau des Coquelicots

Lieu dit Goutte-d'Or, 2 km au Sud par D 285 – ✆ 05 53 84 06 13 – www.lehameaudescoquelicots.com – Ouvert d'avril à mi-oct.
5 ch – 65/125 € 85/145 € **Table d'hôte** – Menu 25 €
En pleine campagne, ces trois maisons ont tout misé sur la quiétude et l'élégance très nature des matériaux bruts. Déco épurée, piscine "verte", légumes du potager à la table d'hôte, massages californiens dans une jolie roulotte et... accueil charmant : un endroit zen et plaisant !

ST-LÉONARD-DE-NOBLAT

✉ 87400 (Haute-Vienne) – 4 640 hab. – **Voir carte n°24-B2**
Paris 407 km – Aubusson 68 km – Brive-la-Gaillarde 99 km – Guéret 62 km
Carte Michelin 325-F5 – Guide Vert Michelin Limousin Berry

Le Relais St-Jacques

6 bd A.-Pressemane – ✆ 05 55 56 00 25 – www.lerelaissaintjacques.com – Fermé 20 déc.-6 janv., 20 fév.-10 mars et dim. soir de nov. à fév.
9 ch – 65 € 65 € – 9 € – ½ P
Rest ***Le Relais St-Jacques*** – voir les restaurants ci-après
Non loin de la collégiale des 11e et 12e s., fameuse étape sur la route de St-Jacques-de-Compostelle, ce relais plutôt simple en apparence cache de jolies chambres contemporaines, sobres et confortables (mobilier en wengé, bonne literie, etc.). Pour les pèlerins... et les autres.

Le Relais St-Jacques

6 bd A.-Pressemane – ✆ 05 55 56 00 25 – www.lerelaissaintjacques.com – Fermé 20 déc.-6 janv., 20 fév.-10 mars et dim. soir de nov. à fév.
Formule 13 € – Menu 20 € (semaine), 28/45 € – Carte 32/49 €
Les suaves odeurs qui s'échappent des cuisines ne laissent planer aucun doute : ce restaurant – tenu par un couple charmant – honore la bonne cuisine. En "locavore" convaincu, le chef favorise les produits de la région, dont la viande limousine bien sûr. En prime, un bon choix de vins au verre, et une déco moderne de bon ton.

ST-LIEUX-LÈS-LAVAUR

✉ 81500 (Tarn) – 878 hab. – **Voir carte n°29-C2**
Paris 713 km – Albi 44 km – Montauban 90 km – Toulouse 44 km
Carte Michelin 338-C8

Le Colvert

En Boyer – ✆ 05 63 41 32 47 – www.restaurantlecolvert.com – Fermé 1er-17 janv., sam. midi, dim. soir et lundi

Formule 11 € – Menu 13 € (déj. en semaine), 24/60 € – Carte 29/48 €

Longtemps, cette charmante maison ancienne, baignée de verdure, a été une boulangerie-épicerie ; aujourd'hui, c'est toujours un repaire gourmand, mais on y savoure un risotto aux agrumes, un poisson à la plancha aux petits légumes, ou encore une douce crème brûlée à la banane... Frais, simple et bon !

ST-LIGUAIRE – 79 Deux-Sèvres ➜ voir Niort

ST-LIZIER

✉ 09190 (Ariège) – 1 453 hab. – **Voir carte n°28-B3**

Paris 774 km – Foix 46 km – Ordino 151 km – Toulouse 99 km

Carte Michelin 343-E7

Le Carré de l'Ange

Palais des Evêques – ✆ 05 61 65 65 65 – www.lecarredelange.com – Ouvert 9 avril-1er janv. et fermé dim. soir et lundi sauf 9 juil.- 24 août

Formule 19 € – Menu 25 € (déj. en semaine), 29/69 €

On doit laisser sa voiture pour accéder aux caves voûtées du palais épiscopal. Un cadre exceptionnel pour une cuisine tournée vers de beaux produits, souvent régionaux.

ST-LÔ

✉ 50000 (Manche) – 18 718 hab. – **Voir carte n°32-A2**

Paris 296 km – Caen 62 km – Cherbourg 80 km – Laval 154 km

Carte Michelin 303-F5 – Guide Vert Michelin Normandie Cotentin

Mercure

1 av. Briovère – ✆ 02 33 05 10 84 – www.mercure-saint-lo.com Plan : A**v**

67 ch – 100/150 € 100/150 € – 15 €

Rest – Formule 17 € – Menu 24/32 € – Carte 23/41 € *(fermé sam. et dim.)*

À côté de la gare, ce grand bâtiment moderne propose des chambres fonctionnelles et bien tenues ; pour être au calme, préférez celles situées côté remparts. Cuisine traditionnelle au restaurant.

ST-LÔ

Alsace-Lorraine (R.) . . . . A 2
Baltimore (R. de) . . . . A 3
Beaucoudray (R. de) . . . . A 5
Belle (R. du) . . . . A 7
Briovère (Av. de) . . . . A 8
Champ-de-Mars (Pl.) . . . . B 9
Feuillet (R. Octave) . . . . A 12
Gaulle (Pl. Gén.-de) . . . . A 13
Gerhardt (R. Gén.) . . . . B 14
Grimouville (R. de) . . . . A 16
Havin (R.) . . . . A 17
Houssin-Dumanoir (R.) . . . . A 18
Lattre-de-T. (R. Mar.-de) . . . . B 19
Leclerc (R. Mar.) . . . . B
Mesnilcroc (R. du) . . . . B 22
Neufbourg (R. du) . . . . B 23
Notre-Dame (Parvis) . . . . A 24
Noyers (R. des) . . . . A 27
Poterne (R. de la) . . . . A 28
Ste-Croix (Pl.) . . . . B 30
St-Thomas (R.) . . . . A
Torteron (R.) . . . . A
Vieillard-de-Boismartin (R.) . . . B 31
80e-et-136e-Territorial (R. des) A 33

XX **Intuition** Ⓝ

1 r. Alsace-Lorraine, (1er étage) – ✆ 02 33 05 14 91 – www.restaurant-intuition.com – Fermé 2 semaines en août, vacances de fév., sam. midi, dim. soir et lundi Plan : A**b**

Menu 25 € (déj. en semaine), 46/60 € *(réservation conseillée)*

À l'étage de la Brasserie Les Capucines, une table intime et feutrée, au décor sobre et épuré. Le chef laisse aller sa créativité, et fait mouche : il marie avec subtilité d'excellents produits du terroir normand et des saveurs exotiques (pak-choï, satay, basilic thaï...). Une table qui ne laisse pas indifférent !

Brasserie Les Capucines – voir les restaurants ci-après

X **Le Péché Mignon**

84 r. du Mar.-Juin – ✆ 02 33 72 23 77 – www.peche-mignon-saint-lo.fr – Fermé 14 juil.-1er août, 16-22 fév., dim. soir et lundi Plan : B**e**

Formule 13 € – Menu 18/60 € – Carte 40/59 €

L'adresse se trouve à proximité du haras national. On sert une cuisine traditionnelle qui met en avant les produits du terroir normand. À noter aussi quelques accords terre-mer.

X **Brasserie Les Capucines** Ⓝ

1 r. Alsace-Lorraine – ✆ 02 33 05 15 36 – www.brasserie-les-capucines.com – Fermé dim. soir Plan : A**b**

Formule 15 € – Menu 19 € (déj. en semaine)/28 € – Carte 25/55 €

Une salle de brasserie relookée à la mode contemporaine avec son long comptoir, ses mange-debout, ses couleurs actuelles – chocolat, crème et orange... Les plats sont à l'avenant : tartare, huîtres, salades, ou encore le pied de cochon grillé sauce béarnaise ou le paris-brest. Sans prétention, simplement bon !

à Agneaux 3 km par ⑥ – ✉ 50180 – 4 020 hab.

Château d'Agneaux & rest,

av. Ste-Marie – ✆ 02 33 57 65 88 – www.chateau-agneaux.com – Fermé 21-26 déc. et dim. soir de nov. à avril

11 ch – †80/212 € ††80/212 € – ☕ 12 € – ½ P

Rest *La Tour Carrée* – Menu 32/69 € *(ouvert dim. sauf le soir de nov. à avril, vend. soir et sam. soir) (réservation conseillée)*

Rest *La Table de Louis* – Menu 21/36 € *(fermé dim. soir de nov. à avril, lundi midi et sam. midi)*

Escalier en pierre de taille, tomettes, poutres apparentes, mobilier médiéval ou rustique : ce petit château du 13e s. a un certain cachet, et ses abords arborés, non loin du centre de St-Lô, sont appréciables. Dans les dépendances se nichent deux jolis restaurants, l'un gastronomique, l'autre bistrot, au choix !

ST-LOUIS

✉ 68300 (Haut-Rhin) – 20 127 hab. – **Voir carte n°1-B3**

Paris 498 km – Altkirch 29 km – Basel 5 km – Belfort 76 km

Carte Michelin 315-J11

La Villa K sans rest

10 av. de Bâle – ✆ 03 89 70 93 40 – www.lavillak.com

41 ch ☕ – †99/159 € ††109/169 €

Cette belle demeure de maître fut l'élégante "maison Katz", dont le claquant K de la raison sociale perpétue le souvenir. Aujourd'hui, place à un décor mêlant très subtilement l'ancien et le contemporain, dans un esprit zen et design.

Ibis ch,

17 r. du Gén.-de-Gaulle – ✆ 03 89 69 06 58 – www.ibishotels.com

65 ch – †59/105 € ††59/105 € – ☕ 10 €

Rest – Formule 10 € 🍷 – Menu 16 € 🍷 (déj.) – Carte environ 20 € *(fermé dim.)*

Une bâtisse en brique rouge à deux pas des cinémas. Les chambres sont pratiques et impeccables. Et il y a tous ces petits plus qui font la différence : pains et viennoiseries du boulanger voisin, navette gratuite pour l'aéroport, etc.

Berlioz sans rest

r. Henner, (près de la gare) – ✆ 03 89 69 74 44 – www.hotelberlioz.com – Fermé 22 déc.-2 janv.

20 ch – †77/89 € ††77/89 € – ☕ 10 €

Près de la gare, un petit immeuble des années 1930 avec des chambres fonctionnelles et d'une tenue sans faille. Le personnel se montre disponible et prévenant et, au petit-déjeuner, le buffet est copieux.

XXX **Le Trianon**

46 r. de Mulhouse – ✆ 03 89 67 03 03 – Fermé dim. soir, merc. soir et lundi

Menu 22 € (semaine), 29/68 € – Carte 37/56 €

Un ancien centre des impôts devenu restaurant... Ici, tout est finesse et élégance ; quant à la cuisine du chef, qui mêle terroir et saveurs d'aujourd'hui, elle se révèle goûteuse et soignée.

à Huningue 2 km à l'Est par D 469 – ✉ 68330 – 6 664 hab.

Tivoli

15 av. de Bâle – ✆ 03 89 69 73 05 – www.tivoli.fr – Fermé 19 juil.-11 août

39 ch – †89/120 € ††94/120 € – ☕ 10 €

Rest *Philippe Schneider* – voir les restaurants ci-après

À deux pas des frontières suisse et allemande, un hôtel confortable avec des chambres d'esprit fonctionnel (dans un style classique ou plus contemporain) et un restaurant élégant (cuisine actuelle, beaux choix de vins).

XXX **Philippe Schneider**

– ✆ 03 89 69 73 05 – www.tivoli.fr – Fermé 29 juil.-11 août, 21 déc.-6 janv., sam. et dim.

Menu 32/59 € – Carte 42/74 €

Envie d'un repas dans un cadre feutré ? Optez pour ce restaurant ! Dans une salle élégante et confortable, on apprécie de belles recettes dans l'air du temps. Essayez par exemple ce tartare de daurade, servi avec des tuiles de pain de mie à l'encre de seiche et des quenelles de ratatouille... Fameux !

à Hésingue 4 km à l'Ouest par D 419 – ✉ 68220 – 2 471 hab.

XXX **Au Bœuf Noir**

2 r. de Folgensbourg – ✆ 03 89 69 76 40 – www.auboeufnoir.fr
– Fermé 18-25 mars, 18-31 août, sam. midi, dim. et lundi

Formule 29 € – Menu 35/40 € – Carte 59/80 €

Une bien jolie maison, où règne la douce atmosphère familiale des lieux qui ont leurs habitués. On suit les conseils glissés par le chef entre deux sauts en salle ; on s'émerveille à l'arrivée d'un poisson découpé entier sous les yeux des gourmands... Classique, plein de vie et réconfortant !

ST-LOUP-DE-VARENNES – 71 Saône-et-Loire ➜ voir Chalon-sur-Saône

---

ST-LUNAIRE – 35 Ille-et-Vilaine ➜ voir Dinard

ST-LUPERCE – 28 Eure-et-Loir ➜ voir Chartres

ST-LYPHARD

✉ 44410 (Loire-Atlantique) – 4 326 hab. – **Voir carte n°34-A2**

▶ Paris 447 km – La Baule 17 km – Nantes 73 km – Redon 43 km

Carte Michelin 316-C3 – Guide Vert Michelin Pays de la Loire

Les Chaumières du Lac et Auberge Les Typhas

rte d'Herbignac – ✆ 02 40 91 32 32 ♿ rest, rest, P
– www.leschaumieresdulac.com – Fermé 23 déc.-12 janv.
20 ch – 69/80 € 110/140 € – 11 € – ½ P
Rest – Formule 17 € – Menu 21 € (semaine), 30/65 € – Carte 36/68 € *(fermé mardi et merc. sauf le soir en saison)*
Sur l'une des routes principales de la Brière, plusieurs petits bâtiments construits en 1990 dans un esprit traditionnel (toits de chaume). Chambres simples et classiques. Avis aux courageux : on peut se baigner dans le lac contigu.

rte de St-Nazaire 3 km au Sud par D 47 – ✉ 44410 St-Lyphard

Auberge le Nézil

rte de St-Nazaire – ✆ 02 40 91 41 41 – www.aubergelenezil.com
– Fermé vacances de la Toussaint, 23-27 déc., merc. soir sauf juil.-août, dim. soir et lundi
Formule 20 € – Menu 32/39 €
Une façade blanche percée de petites fenêtres et coiffée d'un lourd toit de chaume : voilà une auberge typique de la Brière ! Rien de passéiste cependant entre ses murs, dans le décor comme dans l'assiette, laquelle met en valeur des recettes originales et de bons produits (dont les inévitables anguilles et grenouilles).

à Bréca 6 km au Sud par D 47 et rte secondaire – ✉ 44410

Auberge de Bréca

D 47 – ✆ 02 40 91 41 42 – www.auberge-breca.com – Fermé merc. soir et mardi de nov. à mars, dim. soir et lundi sauf août
Formule 20 € – Menu 30/61 € – Carte environ 50 €
Une auberge traditionnelle pleine de chaleur. Comment choisir entre la salle restée dans son jus (cheminée) et la grande véranda sur le jardin ? Anguilles, cuisses de grenouille...

ST-MACAIRE – 33 Gironde ➜ voir Langon

ST-MACLOU

✉ 27210 (Eure) – 563 hab. – **Voir carte n°32-A3**
Paris 179 km – Le Grand-Quevilly 67 km – Le Havre 35 km – Rouen 73 km
Carte Michelin 304-C5

Château de Saint-Maclou-la-Campagne sans rest

352 r. Émile-Desson – ✆ 02 32 57 26 62 – www.chateaudesaintmaclou.com
4 ch – 170/220 € 170/220 € – 13 €
Un élégant appareillage de pierres et de briques, des toits à la Mansart : une belle illustration de l'architecture française du 17e s. et... une élégance so British ! Sous l'égide d'un sujet de Sa Majesté – ancien antiquaire –, ce château a retrouvé tout son lustre, mêlant meubles d'époque, portraits d'ancêtres... *Magnificent !*

La Crémaillère

70 rte de Foulbec – ✆ 02 32 41 17 75 – www.la-cremaillere.fr
– Fermé 4-9 août, 12-21 nov., 21 fév.-1er mars, mardi soir et merc.
Menu 14 € (semaine), 22/45 € – Carte 30/56 €
Au cœur du village, cette charmante petite auberge fleurie se révèle pimpante avec ses boiseries et ses couleurs gaies. Un côté chaleureux que l'on retrouve dans la cuisine traditionnelle. Poissons et produits du terroir sont à la fête, le tout à prix doux !

ST-MAIXENT-L'ÉCOLE

✉ 79400 (Deux-Sèvres) – 7 483 hab. – Voir carte n°**38**-B2
Paris 383 km – Angoulême 106 km – Niort 24 km – Parthenay 30 km
Carte Michelin 322-E6 – Guide Vert Michelin Poitou-Charentes

Le Logis St-Martin

chemin de Pissot – ✆ 05 49 05 58 68 – www.logis-saint-martin.com
13 ch – 🚹95/145 € 🚹🚹95/175 € – ☕ 16 €
Rest *Le Logis St-Martin* – voir les restaurants ci-après
Au cœur d'un parc bordé par la Sèvre, voilà une gentilhommière du 17e s. bien agréable. Les chambres sont chaleureuses ; la literie de qualité conjuguée au calme garantissent une bonne nuit de repos. Le copieux petit-déjeuner ne gâte rien !

Le Logis St-Martin

chemin de Pissot – ✆ 05 49 05 58 68 – www.logis-saint-martin.com – Fermé lundi hors saison et sam. midi
Formule 18 € 🍷 – Menu 37 € (dîner), 48/79 € – Carte 45/79 €
La jeune chef élabore une cuisine saine qui redonne de la vigueur au terroir régional. Le soir, la lueur des chandelles et la belle cheminée ajoutent au caractère intime du lieu. Formule bistrot au déjeuner.

ST-MALO

⊠ 35400 (Ille-et-Vilaine) – 46 342 hab. – Voir carte n°**10**-D1
▶ Paris 404 km – Avranches 68 km – Dinan 32 km – Rennes 70 km
Carte Michelin 309-J3 – Guide Vert Michelin Bretagne Nord

© J.C. Valienne/Thermes Marins de Saint-Malo

Intra muros

La Maison des Armateurs sans rest 

6 Grand-Rue – ☎ 02 99 40 87 70 – www.maisondesarmateurs.com Plan : DZ**g**

45 ch – 95/170 € 108/180 € – 7 suites – 15 €

Inutile d'avoir le pied marin pour apprécier les charmes de La Maison des Armateurs ! Au cœur de St-Malo, les chambres sont baptisées – selon leur taille – Matelot, Major ou Amiral, et les étages portent les noms de personnalités locales : Surcouf, Cartier... Ici, on ne badine pas avec le patrimoine.

Ajoncs d'Or sans rest 

10 r. des Forgeurs – ☎ 02 99 40 85 03 – www.st-malo-hotel-ajoncs-dor.com – Fermé en janv. Plan : DZ**a**

23 ch – 49/115 € 69/145 € – 12 €

Un hôtel situé dans une rue tranquille de la vieille ville. Les chambres, confortables et bien tenues, distillent une atmosphère feutrée. De quoi se prendre pour un véritable Malouin !

Hôtel du Louvre sans rest 

2 r. des Marins – ☎ 02 99 40 86 62 – www.hoteldulouvre-saintmalo.com

50 ch – 82/137 € 92/151 € – 12 € Plan : DZ**b**

Au cœur de la cité corsaire, cet hôtel dispose de chambres sobres et fonctionnelles. Copieux petit-déjeuner proposé dans une salle ornée de toiles d'un artiste local.

Quic en Groigne sans rest 

8 r. d'Estrées – ☎ 02 99 20 22 20 – www.quic-en-groigne.com – Fermé 22-26 déc. et 5-30 janv. Plan : DZ**u**

15 ch – 64/79 € 71/109 € – 11 €

Quic-en-Groigne ? Le nom de la tour accolée au château... et de cet hôtel abritant des chambres actuelles et de bonne tenue. Petit-déjeuner sous la véranda ; accueil souriant.

Le Nautilus sans rest 

9 r. de la Corne-de-Cerf – ☎ 02 99 40 42 27 – www.hotel-lenautilus-saint-malo.com – Ouvert 12 fév.-10 nov. Plan : DZ**q**

15 ch – 49/62 € 64/78 € – 9 €

Dans une ruelle typique, cette maison érigée en 1692 (classée) abrite de petites chambres colorées, bien tenues et cosy. Décor marin au bar et bon accueil de l'équipage.

San Pedro sans rest

1 r. Ste-Anne – ✆ 02 99 40 88 57 – www.sanpedro-hotel.com – Ouvert 1er fév.-30 nov. Plan : DZ**f**

12 ch – †50/62 € ††69/81 € – ☕ 9 €

À deux pas de la plage de Bon-Secours, un hôtel de poche dont l'accueil est incomparable. Petites chambres impeccablement tenues et petit-déjeuner très soigné.

À la Duchesse Anne

5 pl. Guy-La-Chambre – ✆ 02 99 40 85 33 – www.restaurant-duchesse-anne.com – Fermé janv., mardi soir et merc. Plan : DZ**e**

Formule 18 € – Menu 27/79 € – Carte 41/71 €

Dans cette institution (1945) de la cité corsaire, le temps semble s'être arrêté ! Dans la salle, rétro à souhait, la valse des serveurs en veste blanche et nœud papillon bat son plein. À table, la cuisine fait la part belle aux produits de la mer. Pas de doute, la duchesse Anne est dignement représentée.

Le Chalut (Jean-Philippe Foucat)

8 r. de la Corne-de-Cerf – ✆ 02 99 56 71 58 – Fermé mardi sauf le soir en juil.-août et lundi Plan : DZ**d**

Formule 23 € – Menu 29 € (déj. en semaine), 43/74 € – Carte 45/102 € *(réservation conseillée)*

En direct... du chalut ! Derrière cette façade bleu océan, on se régale de produits de la mer au top de leur fraîcheur. Le chef signe des préparations raffinées et savoureuses, dont un menu "tout homard" qui ravira les amateurs. ➜ Saint-Jacques en vinaigrette au jus de truffe. Filet de saint-pierre à la coriandre fraîche. Délice glacé au whisky.

L'Éveil des Sens

6 r. Sainte-Barbe – ✆ 02 99 40 92 46 – www.leveildessens.fr – Fermé 3 semaines en janv., dim. soir de sept. à mai et lundi Plan : DZ**x**

Formule 20 € – Menu 25/35 € – Carte 39/82 €

Un jeune couple fait souffler un vent de nouveauté sur ce restaurant ! Le chef propose notamment un menu du marché qui change tous les jours. On se régale ainsi d'un savoureux millefeuille de sardines et de poivrons, et d'un merlu rôti et artichauts. Bon rapport qualité-prix.

Gilles

2 r. de la Pie-qui-Boit – ✆ 02 99 40 97 25 – www.restaurant-gilles-saint-malo.com – Fermé 15 déc.-20 janv., jeudi d'oct. à mi-juin sauf vacances scolaires et merc.

Formule 18 € – Menu 21 € (déj. en semaine), 28/42 € *(réservation conseillée)* Plan : DZ**t**

La superbe promenade sur les remparts vous a ouvert l'appétit ? Dans ce cas, savourez l'agréable cuisine de saison du chef... qui ne s'appelle pas Gilles ! Et entre les plats, contemplez les belles lithographies marines qui ornent les murs. Ambiance conviviale.

L'Ancrage

7 r. Jacques-Cartier – ✆ 02 99 40 15 97 – Fermé 7 janv.-8 fév., merc. hors saison et mardi Plan : DZ**r**

Menu 18 € (déj.), 22/40 € – Carte 34/63 €

Jetez l'ancre dans ce restaurant digne d'une cabine de bateau (boiseries sombres, lampes en laiton) ou dans sa salle voûtée ! Le chef prépare des recettes résolument tournées vers la mer. Une bonne adresse pour faire le plein d'iode sur les remparts.

St-Malo Est et Paramé – ✉ 35400 St-Malo

Grand Hôtel des Thermes ch, rest,

100 bd Hébert – ✆ 02 99 40 75 75 – www.le-grand-hotel-des-thermes.fr – Fermé 6-19 janv. Plan : BX**n**

167 ch – †108/140 € ††176/255 € – 7 suites – ☕ 23 €

Rest *Le Cap Horn* – voir les restaurants ci-après

Rest *La Verrière* – Formule 26 € – Menu 36 € – Carte 38/51 €

Sur le front de mer, le palace de Saint-Malo a le charme rétro des villégiatures bourgeoises du 19e s. Ses chambres et suites sont très douillettes (classiques ou contemporaines) ; quant à son centre de thalasso (six piscines à l'eau de mer, soins de qualité), il est superbe !

ST-MALO
PARAMÉ-ST-SERVAN

 **Le Nouveau Monde**

64 chaussée du Sillon – ✆ *02 99 40 40 00* – *www.hotel-le-nouveau-monde.fr*
83 ch – 🚹120/650 € 🚹🚹120/650 € – ☕ 18 € – ½ P Plan : BX**v**
Rest *Les 7 Mers* – voir les restaurants ci-après
Face à l'Océan, cet établissement créé en 2012 conjugue beaux espaces, confort et élégance contemporaine. Pour tenter d'apercevoir le Nouveau Monde, préférez une chambre avec vue sur le large ! Bel espace bien-être.

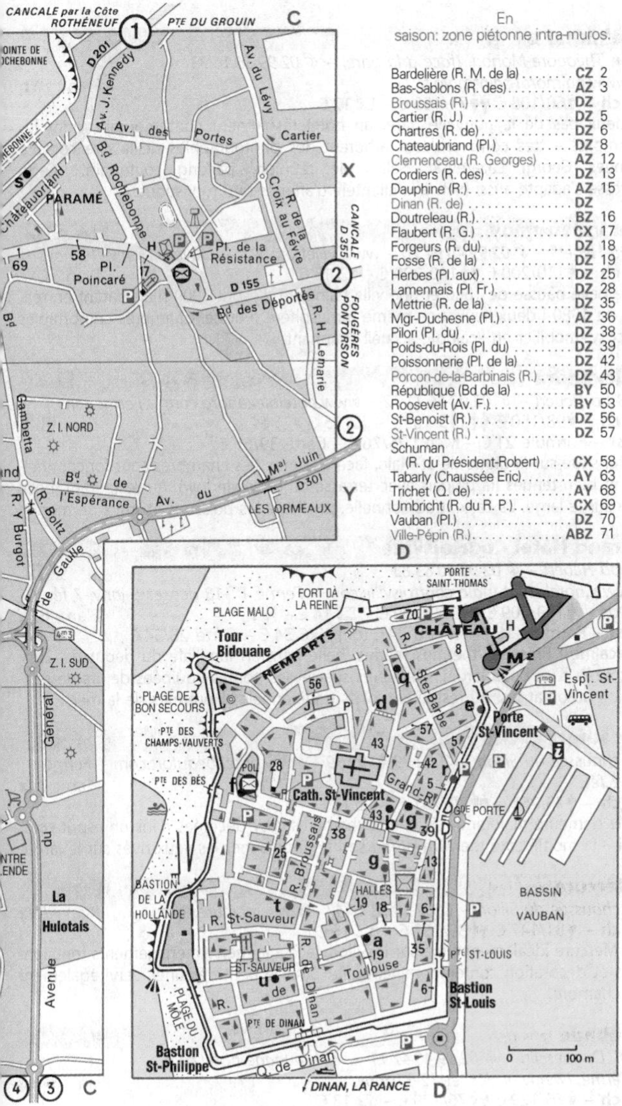

En saison: zone piétonne intra-muros.

Rue	Carré	N°
Bardelière (R. M. de la)	CZ	2
Bas-Sablons (R. des)	AZ	3
Broussais (R.)	DZ	
Cartier (R. J.)	DZ	5
Chartres (R. de)	DZ	6
Chateaubriand (Pl.)	DZ	8
Clemenceau (R. Georges)	AZ	12
Cordiers (R. des)	DZ	13
Dauphine (R.)	AZ	15
Dinan (R. de)	DZ	
Doutreleau (R.)	BZ	16
Flaubert (R. G.)	CX	17
Forgeurs (R. du)	DZ	18
Fosse (R. de la)	DZ	19
Herbes (Pl. aux)	DZ	25
Lamennais (Pl. Fr.)	DZ	28
Mettrie (R. de la)	DZ	35
Mgr-Duchesne (Pl.)	AZ	36
Pilori (Pl. du)	DZ	38
Poids-du-Rois (Pl. du)	DZ	39
Poissonnerie (Pl. de la)	DZ	42
Porcon-de-la-Barbinais (R.)	DZ	43
République (Bd de la)	BY	50
Roosevelt (Av. F.)	BY	53
St-Benoist (R.)	DZ	56
St-Vincent (R.)	DZ	57
Schuman (R. du Président-Robert)	CX	58
Tabarly (Chaussée Eric)	AY	63
Trichet (Q. de)	AY	68
Umbricht (R. du R. P.)	CX	69
Vauban (Pl.)	DZ	70
Ville-Pépin (R.)	ABZ	71

Océania sans rest

2 r. Joseph-Loth – ✆ 02 99 56 84 84 – www.oceaniahotels.com Plan : AY**b**

78 ch – †99/369 € ††99/369 € – ☕ 15 €

Situé aux portes de la vieille ville, cet hôtel rénové en 2008 jouxte le palais du Grand Large et le casino. Chambres sobres et épurées, avec vue sur la mer ou le port.

Balmoral sans rest
24 r. Théodore-Monod, (face à la gare) – 02 99 56 16 73 – www.balmoral-saintmalo.fr Plan : BY**q**
77 ch – 60/108 € 71/159 € – 12 €
À deux pas de la nouvelle gare, un hôtel résolument contemporain, dont les chambres – très confortables – arborent des photographies de la cité corsaire signées Georgi Lazarevski. Salles de réunion, parking souterrain... Cette adresse s'adapte aussi bien à la clientèle d'affaires que touristique.

La Villefromoy sans rest
7 bd Hébert – 02 99 40 92 20 – www.villefromoy.fr – Ouvert 15 fév.-10 nov.
26 ch – 110/200 € 110/200 € – 15 € Plan : CX**s**
Une belle bâtisse de 1880 et une villa balnéaire d'esprit 1900 mais datant en réalité de 1980 : deux lieux, une même atmosphère feutrée. Chambres confortables et cosy (mobilier en acajou) ; accueil charmant.

Alexandra
138 bd Hébert – 02 99 56 11 12 – www.hotelalexandra.com – Fermé janv.
33 ch – 98/160 € 115/185 € – 15 € – ½ P Plan : BX**h**
Rest – Formule 21 € – Menu 25/76 € – Carte 39/65 €
Hôtel situé sur la digue de St-Malo, face à la mer. Les chambres sont fonctionnelles et bien tenues (la plupart avec terrasse ou bow-window). Au restaurant, belle vue sur le large. La carte, traditionnelle, privilégie les poissons et fruits de mer.

Grand Hôtel Courtoisville
69 bd Hébert – 02 99 40 83 83 – www.hotel-saint-malo-courtoisville.com – Fermé 1er-18 déc. et 5 janv.-7 fév.
46 ch – 109/209 € 109/209 € – 14 € – ½ P Plan : BX**a**
Rest – Formule 18 € – Menu 24 € (déj.), 26/34 € – Carte 28/54 €
Au calme ! Près des thermes marins, belle pension familiale du début du 20e s. entourée d'un beau jardin. Chambres spacieuses, toutes équipées de lits de relaxation automatisés. Au restaurant, plats traditionnels et produits de la mer.

Beaufort sans rest
25 chaussée du Sillon – 02 99 40 99 99 – www.hotel-beaufort.com – Fermé 2-12 fév. Plan : BX**x**
22 ch – 79/251 € 79/251 € – 13 €
Belle demeure malouine (1860) aux chambres cosy décorées dans un esprit colonial – la moitié côté mer. On prend son petit-déjeuner les yeux rivés sur le large.

Mercure sans rest
36 chaussée du Sillon – 02 23 18 47 47 – www.mercure.com Plan : AY**z**
51 ch – 81/147 € 89/153 € – 15 €
Un Mercure idéalement situé sur le Sillon, face à la mer. Aménagements fonctionnels et décoration contemporaine. Buffet pour le petit-déjeuner, servi également en chambre.

Aubade sans rest
8 pl. Duguesclin – 02 99 40 47 11 – www.aubade-hotel.com – Fermé 17 nov.-4 déc. et 12-31 janv. Plan : BXY**g**
20 ch – 76/129 € 76/129 € – 13 €
Ce bâtiment de 1910, en pierre de pays, fait face à l'ancien port industriel. Style design épuré ; chambres feutrées. Petite bibliothèque dédiée à St-Malo et au Québec.

Les 7 Mers – Hôtel Le Nouveau Monde
64 chaussée du Sillon – 02 99 40 40 00 – www.hotel-le-nouveau-monde.fr
Formule 22 € – Menu 42/89 € – Carte 52/98 € Plan : BX**v**
Sur la plage du Sillon, face à la baie de St-Malo, la salle panoramique donne envie de parcourir les mers... C'est chose faite au cours du repas, où le terroir marin – mais aussi terrestre – est subtilement mis en valeur. Fraîcheur, soin, saveurs : une jolie échappée gastronomique.

XX **Le Cap Horn** – Grand Hôtel des Thermes

100 bd Hébert – ✆ 02 99 40 75 40 – www.restaurant-caphorn.fr – Fermé 6-19 janv. Plan : BX**n**

Menu 35/63 € – Carte 54/121 €

Au sein du Grand Hôtel des Thermes, un Cap Horn cossu, avec une jolie vue sur la mer, très loin des quarantièmes rugissants ! L'endroit idéal pour savourer une cuisine dans l'air du temps ou des recettes plus traditionnelles. Belle carte de bordeaux.

à St-Servan-sur-Mer – ✉ 35400

Manoir du Cunningham sans rest

9 pl. Mgr-Duchesne – ✆ 02 99 21 33 33 – www.st-malo-hotel-cunningham.com – Ouvert de mi-fév. à début déc. Plan : AZ**a**

12 ch – †69/210 € ††69/210 € – ☕ 13 €

Belle demeure du 17e s., aux allures de manoir anglo-normand, face à l'anse des Sablons. Grandes chambres cosy aux charmants noms d'îles paradisiaques, la plupart donnant sur la mer...

Malouinière Le Valmarin sans rest

7 r. Jean-XXIII – ✆ 02 99 81 94 76 – www.levalmarin.com Plan : AZ**n**

12 ch – †95/165 € ††100/165 € – ☕ 12 €

Parquet d'origine, trumeaux, moulures : une authentique malouinière de la fin du 17e s., au charme raffiné. Les plus belles chambres s'ouvrent sur le paisible parc arboré.

L'Ascott sans rest

35 r. du Chapitre – ✆ 02 99 81 89 93 – www.ascotthotel.com Plan : BZ**s**

10 ch – †70/125 € ††90/155 € – ☕ 13 €

Heureux mariage de meubles contemporains et d'objets chinés (lustres à pendeloques, trumeaux) en cette demeure bourgeoise de 1890. Les chambres sont petites mais confortables. Et l'été, on prend le petit-déjeuner au jardin.

XX **Le St-Placide** (Luc Mobihan)

6 pl. du Poncel – ✆ 02 99 81 70 73 – www.st-placide.com – Fermé mardi sauf le soir en juil.-août et lundi Plan : BZ**a**

Menu 26 € (déj. en semaine), 44/95 € – Carte 75/100 €

Si vous errez le ventre en peine, fiez-vous à saint Placide, patron des naufragés ! Dans le décor contemporain de ce restaurant de poche, le chef laisse libre cours à son imagination, concoctant une jolie cuisine en prise avec son époque. Accueil prévenant et belle carte des vins (Loire et Bourgogne). → Homard à la coque, safran de Bretagne et agrumes. Turbot rôti, beurre fumé et pommes de terre grenaille de Cancale. L'ananas, la route du rhum.

X **Bistrot Le Poncel**

3 pl. du Poncel – ✆ 02 99 19 57 26 – Fermé 22 déc.-5 janv., lundi soir, mardi soir et dim. Plan : BZ**v**

Formule 18 € – Menu 23 € (déj. en semaine)/28 € – Carte 33/50 € *(réservation conseillée)*

Ce restaurant bien connu des Malouins affiche souvent complet ! Il faut dire qu'au menu (le midi) comme à l'ardoise (le soir), fraîcheur des produits, simplicité et saveurs sont au rendez-vous. Le tout à savourer dans un décor résolument bistrot. Un bon moment en perspective...

rte de Rennes 3 km par ③ et av. Gén. de Gaulle – ✉ 35400 St-Malo

La Grassinais

12 allée de la Grassinais – ✆ 02 99 81 33 00 – www.saint-malo-hebergement.com – Fermé de fin déc. à fin janv.

29 ch – †62/97 € ††62/97 € – ☕ 9 € – ½ P

Rest ***La Grassinais*** – voir les restaurants ci-après

En périphérie de St-Malo, au cœur d'une zone artisanale, on ne s'attend pas à trouver cette jolie ferme en pierre du pays du 17e s., restaurée avec soin. Les chambres sont simples, mais très bien tenues... Une bonne étape !

XX **La Grassinais**

12 allée de la Grassinais – ✆ 02 99 81 33 00 – www.saint-malo-hebergement.com – Fermé de fin déc. à fin janv., dim. soir hors saison, mardi midi de mi-juil. à fin août, sam. midi et lundi
Formule 25 € – Menu 28/39 € – Carte 36/53 €
Agneau de sept heures, queue de lotte accompagnée d'une crème de courgette... Une cuisine traditionnelle sympathique, dans un cadre mêlant charme rustique (poutres, boiseries) et touches plus contemporaines. Accueil et service aux petits soins.

ST-MANDÉ – 94 Val-de-Marne ➜ voir Paris, Environs

ST-MARC – 44 Loire-Atlantique ➜ voir St-Nazaire

ST-MARCEL-DU-PÉRIGORD

✉ 24510 (Dordogne) – 152 hab. – **Voir carte n°4-C1**
▶ Paris 538 km – Bergerac 26 km – Périgueux 58 km – Bordeaux 144 km
Carte Michelin 329-F6

X **Auberge Lou Peyrol** avec ch

au bourg – ✆ 05 53 24 09 71 – www.loupeyrol.com – Fermé 1 semaine en mars, 3 semaines en nov., 1 semaine en janv., merc. en hiver, lundi et mardi
3 ch – †75/98 € ††90/98 € – ☕ 8 € – ½ P Menu 38 € – Carte 39/54 €
Une auberge périgourdine au charme on ne peut plus rustique, avec sa terrasse à l'ombre d'un vénérable tilleul. On y déguste une cuisine régionale de saison avec de beaux produits du terroir. Sous les toits, les chambres, spacieuses et confortables, sont des plus romantiques. Accueil sympathique.

ST-MARCEL-LÈS-ANNONAY – 07 Ardèche ➜ voir Annonay

ST-MARCEL-LÈS-SAUZET – 26 Drôme ➜ voir Montélimar

ST-MARCELLIN

✉ 38160 (Isère) – 8 062 hab. – **Voir carte n°43-E2**
▶ Paris 570 km – Die 76 km – Grenoble 55 km – Valence 46 km
Carte Michelin 333-E7 – Guide Vert Michelin Lyon et sa région

XX **La Tivollière** 

Château du Mollard – ✆ 04 76 38 21 17 – www.lativolliere.com – Fermé 3-17 août, 2-20 janv., mardi soir, merc. soir, dim. soir et lundi
Formule 17 € – Menu 23 € (semaine), 36/58 € – Carte 32/62 €
Aménagé dans un château du 15e s. dominant la ville, ce restaurant dispose d'une belle terrasse donnant sur le Vercors. Au menu, une sympathique cuisine d'aujourd'hui : gaspacho de tomate, filets de féra du Léman et galette de pommes de terre, chorizo et oignons... C'est fin, goûteux et servi avec attention !

ST-MARTIAL-DE-NABIRAT

✉ 24250 (Dordogne) – 670 hab. – **Voir carte n°4-D2**
▶ Paris 556 km – Cahors 43 km – Périgueux 82 km – Bordeaux 213 km
Carte Michelin 329-I7

XX **Le St-Martial** 

au bourg – ✆ 05 53 29 18 34 – www.lesaintmartial.com – Fermé vacances de fév., 8-20 juil., merc. midi en juil.-août, lundi et mardi sauf le soir en juil. -août
Menu 35/85 € – Carte 55/90 €
Une belle maison périgourdine à la décoration contemporaine. Ou comment un zeste de modernité magnifie l'authenticité des vieilles pierres ! Derrière les fourneaux, le chef réalise une cuisine en prise avec son époque, appuyée sur de bons produits.

ST-MARTIN-AUX-BOIS

✉ 60420 (Oise) – 291 hab. – Voir carte n°**36**-B2
Paris 108 km – Amiens 85 km – Beauvais 50 km – Pontoise 114 km
Carte Michelin 305-G3

Clos de l'Abbaye sans rest

520 r. de l'Abbaye – ✆ 06 80 68 09 53 – www.chambres-hotes-picardie.com
3 ch – 90/110 € 90/110 €
Voilà une adresse qui fleure bon le terroir ! À côté de l'abbaye du 12e s., une belle maison de caractère et son jardin, tenus par un agriculteur. On s'y repose dans de jolies chambres au charme champêtre ; l'une d'entre elle est aménagée dans l'ancien pigeonnier. Idéal pour un séjour au grand calme.

ST-MARTIN-AUX-CHARTRAINS – 14 Calvados ➜ voir Pont-L'Évêque

ST-MARTIN-DE-BELLEVILLE

✉ 73440 (Savoie) – 2 543 hab. – Voir carte n°**46**-F2
Paris 624 km – Albertville 44 km – Chambéry 93 km – Moûtiers 20 km
Carte Michelin 333-M5 – Guide Vert Michelin Alpes du Nord

Saint-Martin

ch, ch,

r. des Grangeraies – ✆ 04 79 00 88 00 – www.hotel-stmartin.com
– Ouvert 14 déc.-12 avril
27 ch – ½ P seult 125/205 € – 4 suites
Rest *Le Grenier* – voir les restaurants ci-après
Rest – Menu 45 € *(fermé le midi)*
Sur les hauteurs de ce village de montagne, un plaisant chalet au toit de lauzes, à deux pas des pistes. Les chambres, d'esprit savoyard, jouissent toutes d'un balcon. Restauration traditionnelle.

Le Grenier – Hôtel Saint-Martin

r. des Grangeraies – ✆ 04 79 00 88 00 – www.hotel-stmartin.com – Ouvert 14 déc.-12 avril
Formule 21 € – Menu 29 € – Carte 33/53 €
Voilà une adresse qui n'est pas à remiser au grenier ! Dans la salle sous charpente, le décor, un brin rustique, colle à merveille avec les recettes savoyardes et autres spécialités fromagères du chef. Terrasse en front de neige.

L'Edelweiss sans rest

r. St-François – ✆ 04 79 08 96 67 – www.hotel-edelweiss73.com – Ouvert 10 juil.-31 août et 20 déc.-26 avril
16 ch – 95/115 € 140/220 €
L'esprit montagnard fleurit à l'Edelweiss : logique, le maître des lieux est un enfant du pays. Les chambres, petites et au décor alpestre, sont bien tenues. Possibilité de demi-pension avec l'Étoile des Neiges. Navettes gratuites pour la télécabine.

La Bouitte (René et Maxime Meilleur) avec ch

à St-Marcel, 2 km au Sud-Est – ✆ 04 79 08 96 77 – www.la-bouitte.com
– Ouvert de fin juin à début sept. et de début déc. à fin avril
10 ch – 199/359 € 199/359 € – 7 suites – 29 € – ½ P
Menu 99/219 € – Carte 146/300 € *(fermé lundi du 15 au 30 avril, en été et du 1er au 15 déc.)*
À la croisée des générations – René et Maxime Meilleur sont père et fils –, une fort belle table, où l'art d'inventer et l'amour de la Savoie constituent une histoire d'échanges... avec tous les hôtes. Produits de choix, herbes des alpages, exécution très fine, etc. : une montagne d'émotion ! Charmante étape côté hôtel également : ce chalet est un vrai cocon.
➜ Perche cuite meunière, tagliatelles de céleri-rave et bouillon cristallin. Ris de veau glacé, tarialinis au vrai jus, graissins au raifort et fumée de chêne. Le lait dans tous ses états : coulis, meringue, sorbet et biscuit.

XX **Étoile des Neiges**

r. St-Martin – ✆ 04 79 08 92 80 – www.hotel-edelweiss73.com – Ouvert 15 déc.-30 avril

Menu 26 € (dîner), 35/55 € – Carte 61/87 €

Si vous aimez le foie de veau persillé, cette table – dont c'est la spécialité – est faite pour vous ! Dans la salle, de style montagnard, on savoure des plats traditionnels devant la cheminée. Ambiance familiale.

X **Le Montagnard**

– ✆ 04 79 01 08 40 – www.le-montagnard.com – Ouvert 1er juil.-31 août et 10 déc.-1er mai et fermé le mardi en juil.-août

Carte 30/65 €

Murs chaulés, mobilier en pin, vieux skis et photos des aïeux composent le sympathique décor de cette ancienne étable. Le chef concocte une cuisine traditionnelle avec les produits du marché, sans oublier les spécialités fromagères.

ST-MARTIN-DE-LONDRES

✉ 34380 (Hérault) – 2 370 hab. – **Voir carte n°23-C2**

Paris 744 km – Montpellier 25 km – Le Vigan 37 km

Carte Michelin 339-H6

au Sud 12 km par D 32, D 127 et D 127E6 – ✉ 34380 Argelliers

XX **Auberge de Saugras** avec ch

Domaine de Saugras – ✆ 04 67 55 08 71 – www.aubergedesaugras.fr – Fermé 11-27 août, 22 déc.-10 janv., lundi midi en juil.-août, mardi sauf le soir en juil.-août et merc.

7 ch – †47/89 € ††47/89 € – ☕ 11 € – ½ P

Formule 19 € – Menu 23/70 € – Carte 44/135 € *(réservation conseillée)*

N'hésitez pas à braver la garrigue sauvage ! Avec à la clé, la découverte de ce mas en pierre du 12es. Généreuse cuisine du terroir, jolie terrasse et chambres fonctionnelles.

ST-MARTIN-DE-LA-PLACE

✉ 49160 (Maine-et-Loire) – 1 156 hab. – **Voir carte n°35-C2**

Paris 314 km – Nantes 147 km – Angers 60 km – Saumur 11 km

Carte Michelin 317-I5

Domaine de la Blairie

5 r. de la Mairie – ✆ 02 41 38 42 98 – www.hotel-blairie.com – Fermé 15 déc.-1er fév. et dim. soir de nov. à mars

44 ch – †61/91 € ††61/91 € – ☕ 10 € – ½ P

Rest – Formule 12 € – Menu 16/24 € – Carte 31/37 €

Rien ne vaut le calme de cette demeure du Saumurois (18e s.) et de ses dépendances, dans leur grand jardin avec piscine, au cœur de ce village des bords de Loire. Chambres fonctionnelles et confortables. Restaurant traditionnel au cadre chaleureux.

ST-MARTIN-DE-RÉ – 17 Charente-Maritime ➜ voir Île de Ré

ST-MARTIN-DE-VALGALGUES – 30 Gard ➜ voir Alès

ST-MARTIN-DU-FAULT – 87 Haute-Vienne ➜ voir Limoges

ST-MARTIN-DU-TOUCH – 31 Haute-Garonne ➜ voir Toulouse

ST-MARTIN-EN-BRESSE

✉ 71620 (Saône-et-Loire) – 1 866 hab. – **Voir carte n°8-C3**

Paris 353 km – Beaune 48 km – Chalon-sur-Saône 18 km – Dijon 86 km

Carte Michelin 320-K9 – Guide Vert Michelin Bourgogne

XX **Au Puits Enchanté** avec ch

1 pl. René-Cassin – ✆ 03 85 47 71 96 – www.aupuitsenchante.com – Fermé 2-11 mars, 21-30 sept., 23 nov.-2 déc., 2-21 janv., dim. soir, lundi et mardi

11 ch – †61/72 € ††61/72 € – ☕ 10 € – ½ P

Formule 16 € – Menu 22/52 € – Carte 30/49 €

Au cœur de ce bourg de la Bresse bourguignonne, une maison de pays joliment modernisée. Le chef est passionné par son métier : sa cuisine, concoctée avec de bons produits du terroir, est généreuse, fine, et ses prix sont doux. En prime : de jolis crus de la côte chalonnaise. On passe un délicieux moment !

ST-MARTIN-LA-MÉANNE

✉ 19320 (Corrèze) – 363 hab. – Voir carte n°**25**-C3

▶ Paris 510 km – Aurillac 67 km – Brive-la-Gaillarde 54 km – Mauriac 48 km

Carte Michelin 329-M4

X **Les Voyageurs** avec ch

pl. de la Mairie – ✆ 05 55 29 11 53 – www.hotellesvoyageurs.com – Ouvert 1er avril-15 nov. et fermé dim. soir et lundi sauf de mai à sept.

4 ch – †65/70 € ††65/75 € – ☕ 8 € – ½ P

Formule 17 € – Menu 24/37 € – Carte environ 48 €

Vous ne connaissez pas la Corrèze ? On ne peut que vous conseiller de franchir le seuil de cette maison datant de 1853, bâtie en pierre du pays. Le chef vous régalera de plats généreux et goûteux, typiquement corréziens : hure de porc au foie gras, cuisses de grenouilles persillées... Un havre pour les voyageurs !

ST-MARTIN-LESTRA

✉ 42110 (Loire) – 910 hab. – Voir carte n°**44**-A2

▶ Paris 450 km – Clermont 118 km – Lyon 53 km – St-Étienne 60 km

Carte Michelin 327-F5

X **L'École**

Bouchala – ✆ 04 77 27 25 87 – www.lecoledebouchala.com

Menu 18/26 €

Sortez vos stylos, on retourne à l'école ! Ce bistrot/bouchon joue la thématique jusqu'au bout : ancien préau, marelle, cahiers, équerres... Au menu, nulle punition, mais des petits plats bien mijotés et des spécialités : museau vinaigrette, jambon persillé, tête de veau, etc. Une sympathique leçon !

ST-MARTIN-VÉSUBIE

✉ 06450 (Alpes-Maritimes) – 1 324 hab. – Voir carte n°**41**-D2

▶ Paris 845 km – Antibes 73 km – Barcelonnette 111 km – Cannes 83 km

Carte Michelin 341-E3 – Guide Vert Michelin Côte d'Azur

La Bonne Auberge Ⓝ

98 allée de Verdun – ✆ 04 93 03 20 49 – www.labonneauberge06.fr – Ouvert 16 fév.-14 nov.

12 ch – †46/59 € ††59/63 € – ☕ 9 € **Rest** – Menu 25/35 € – Carte 29/53 €

Cette auberge, construite au 19e s. dans ce joli village de la Suisse niçoise, est gérée par la même famille depuis 1946. L'endroit possède un charme rustique certain, avec ses cuivres et sa grande cheminée, et ses chambres fraîches et colorées !

ST-MAUR-DES-FOSSÉS – 94 Val-de-Marne ➜ voir Paris, Environs

ST-MAURICE-DE-SATONNAY

✉ 71260 (Saône-et-Loire) – 416 hab. – Voir carte n°**8**-C3

▶ Paris 400 km – Chalon-sur-Saône 61 km – Mâcon 17 km – Dijon 129 km

Carte Michelin 320-I11

Auberge des Grenouillats

Le Bourg – ✆ 03 85 33 40 50 – Fermé 27 août-5 sept., vacances de Noël, mardi soir et merc.
Menu 22/32 € – Carte environ 35 € *(réservation conseillée)*
Un petit bistrot avenant et un brin rétro tenu par un couple sympathique. Le chef travaille de beaux produits frais et concocte de jolis plats faisant honneur à la région : bœuf charolais, grenouilles, jambon persillé à la bourguignonne...

ST-MÉDARD

✉ 46150 (Lot) – 164 hab. – **Voir carte n°28-B1**
Paris 571 km – Cahors 17 km – Gourdon 34 km – Villeneuve-sur-Lot 59 km
Carte Michelin 337-D4

Gindreau (Pascal Bardet)

– ✆ 05 65 36 22 27 – www.legindreau.com – Fermé 9-26 mars, 26 oct.-16 nov., merc. midi de janv. à mars, dim. soir d'oct. à mars, lundi et mardi
Menu 40 € (semaine), 55/125 € *(réservation conseillée)*
Une ancienne école de village transformée en restaurant. Derrière les fourneaux, Pascal Bardet – qui a notamment travaillé avec Alain Ducasse pendant 18 ans – réalise une goûteuse cuisine contemporaine qui met en valeur les produits du terroir. Salles aux couleurs pastel et terrasse sous les marronniers. ➜ Raviolis garnis de jaune d'œuf. Barbue piquée de sauge et de lard. Soufflé à la vanille de Madagascar.

ST-MICHEL-D'EUZET

✉ 30200 (Gard) – 583 hab. – **Voir carte n°23-D1**
Paris 667 km – Avignon 43 km – Montpellier 113 km – Nîmes 64 km
Carte Michelin 339-M3

La Table de Marine

7 pl. Jean-Jaurès – ✆ 04 66 33 13 89 – Fermé 1 semaine vacances de Pâques et de la Toussaint, 1 semaine en janv., sam. midi, dim. et lundi
Menu 26 € (déj.), 38/56 € – Carte environ 48 €
Un bon rapport qualité-prix dans ce restaurant traditionnel à l'ambiance rustique : saucisson lyonnais et salade de lentilles, pintade fermière et sauce au homard (association terre-mer), etc. Une adresse qui met en appétit.

ST-MICHEL-EN-L'HERM

✉ 85580 (Vendée) – 2 186 hab. – **Voir carte n°34-B3**
Paris 453 km – Luçon 15 km – La Rochelle 46 km – La Roche sur Yon 47 km
Carte Michelin 316-I9 – Guide Vert Michelin Pays de la Loire

La Rose Trémière

4 r. de l'Église – ✆ 02 51 30 25 69 – www.maitresrestaurateurs.com/rosetremiere – Fermé 2 semaines en oct., mardi sauf juil.-août, dim. soir et lundi
Menu 28/56 € – Carte 38/60 €
Deux en un : côté gastronomique, une table pleine de cachet (pierres, poutres, parquet) au service d'une jolie cuisine traditionnelle ; côté bistrot L'Atelier, déco contemporaine, convivialité et bons petits plats... pour les gourmets pressés qui peuvent en prime observer la brigade s'activer en cuisine.
L' Atelier Carte 18/32 € *(fermé le soir de sept. à juin, dim. sauf le midi en juil.-août et lundi)*

ST-MICHEL-ESCALUS

✉ 40550 (Landes) – 291 hab. – **Voir carte n°3-B2**
Paris 721 km – Bayonne 67 km – Bordeaux 135 km – Dax 30 km
Carte Michelin 335-D11

La Bergerie-St-Michel sans rest

50 chemin du Plomb, à St-Michel le Bourg, par D 142, rte de Castets – ✆ 05 58 48 74 04 – www.bergeriestmichel.fr
4 ch – 95/105 € 105/160 €
La forêt landaise entoure cette ancienne ferme à colombages magnifiquement restaurée. Chambres de grand confort mariant meubles anciens et contemporains. Copieux petits-déjeuners.

ST-MICHEL-MONT-MERCURE

✉ 85700 (Vendée) – 1 984 hab. – Voir carte n°**34**-B3
▶ Paris 383 km – Bressuire 36 km – Cholet 35 km – Nantes 85 km
Carte Michelin 316-K7 – Guide Vert Michelin Pays de la Loire

Château de la Flocellière

La Flocellière, 2 km à l'Est par D 64 – ✆ 02 51 57 22 03 – www.chateaudelaflocelliere.com – Fermé janv.-fév.
5 ch – 195 € 215/235 €
Table d'hôte – Menu 55 €
Un superbe château, mêlant les styles et les siècles (12e, 15e, 17e et 19e s.) : de quoi se rêver preux chevalier ou gente dame ! Les chambres, raffinées, donnent sur le parc ; dans le donjon, la "Médiévale" est splendide. Et pour festoyer, les propriétaires organisent des dîners thématiques dans une salle du 16e s.

Auberge du Mont Mercure

8 r. l'Orbrie, (près de l'église) – ✆ 02 51 57 20 26 – www.aubergemontmercure.com – Fermé vacances de fév., lundi soir, mardi soir et merc. sauf juil.-août
Formule 12 € – Menu 18 € (semaine), 28/40 € – Carte 31/47 €
Au sommet du village le plus haut de Vendée, cette auberge rustique et familiale réserve deux surprises : une vue superbe sur le bocage... et une plongée gourmande dans la cuisine classique. Ici, les plats, copieux et bien faits, sont tout simplement bons !

ST-MIHIEL

✉ 55300 (Meuse) – 4 620 hab. – Voir carte n°**26**-B2
▶ Paris 287 km – Bar-le-Duc 35 km – Nancy 66 km – Metz 63 km
Carte Michelin 307-E5

à Heudicourt-sous-les-Côtes 15 km au Nord-Est par D 901 et D 133 – ✉ 55210 – 182 hab.

Lac de Madine

22 r. Charles-de-Gaulle – ✆ 03 29 89 34 80 – www.hotel-lac-madine.com – Fermé 20 déc.-20 janv.
44 ch – 59/99 € 59/99 € – 11 € – ½ P
Rest – Formule 20 € – Menu 29/42 € – Carte 40/61 € *(fermé dim. soir du 12 nov. au 31 mars et lundi midi)*
Près du lac, une auberge familiale avec des chambres fonctionnelles et bien tenues, dont la plupart se trouvent dans une annexe aux airs de motel. Pratique aussi, le restaurant de tradition sous une belle charpente en bois.

ST-MONT

✉ 32400 (Gers) – 303 hab. – Voir carte n°**28**-A2
▶ Paris 719 km – Auch 84 km – Bordeaux 160 km – Mont-de-Marsan 47 km
Carte Michelin 336-B8

Château Monastère de Saint-Mont sans rest

(près de l'église) – ✆ 05 62 09 53 01 – www.chateau-monastere-de-saint-mont.com – Ouvert 14 mars-11 nov.
5 ch – 90/130 € 90/130 €
Sur les hauteurs du village, cet ancien monastère du 11e s. assure d'un séjour au calme dans ses chambres pleines de charme (cheminée, tommettes). Grand parc, piscine, billard...

ST-NAZAIRE

✉ 44600 (Loire-Atlantique) – 67 031 hab. – Agglo. 148 578 hab. – Voir carte n°**34**-A2
▶ Paris 435 km – La Baule 19 km – Nantes 61 km – Vannes 79 km
Carte Michelin 316-C4 – Guide Vert Michelin Pays de la Loire

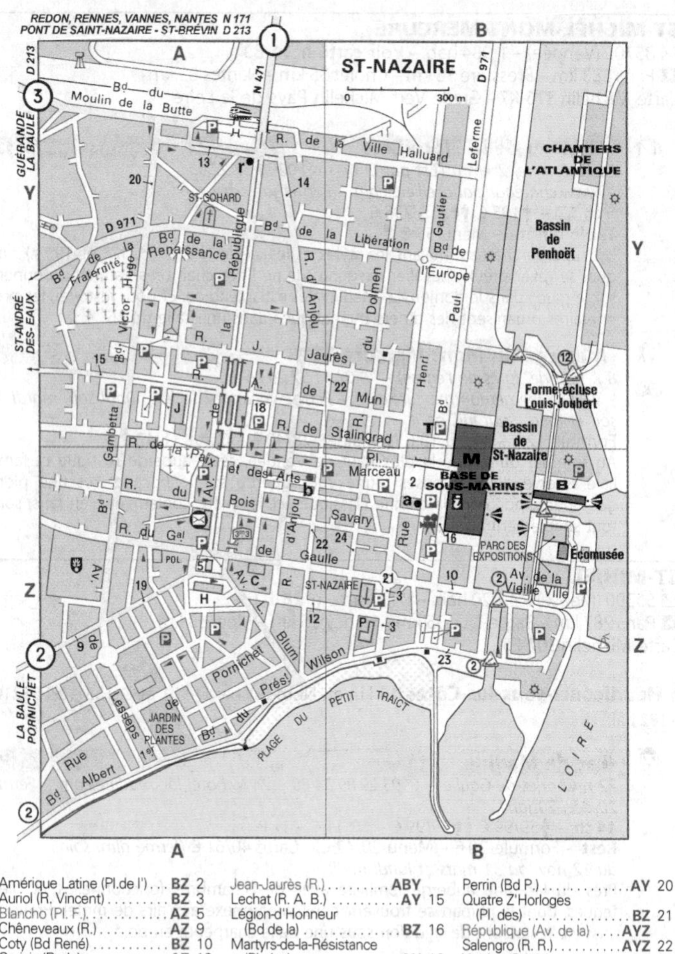

Le Berry

1 pl. Pierre Semard – ✆ 02 40 22 42 61 – www.hotel-du-berry.fr – Fermé 24 déc.-2 janv. Plan : AY**r**

27 ch – 🛉87/139 € 🛉🛉97/149 € – ☕ 12 €

Rest – Formule 16 € – Menu 18 € (déj.)/27 € – Carte 30/54 € *(fermé dim. midi et sam.)*

Accueil chaleureux dans cet hôtel installé dans un bâtiment de l'après-guerre, face à la gare. Autres atouts : un entretien sans défaut et une bonne insonorisation. Au choix, des chambres très modernes ou plus classiques. Restaurant traditionnel.

Holiday Inn Express sans rest

1 r. de la Floride – ✆ 02 40 19 01 01 – www.hotelsaintnazaire.com Plan : BZ**a**

75 ch ☕ – 🛉89/150 € 🛉🛉89/150 €

Un établissement moderne créé en 2008 dans le nouveau cœur de la ville, face à l'ancienne base sous-marine transformée en centre culturel. Une bonne option pour une étape à St-Nazaire.

Le Sabayon

7 r. de la Paix – ✆ 02 40 01 88 21 – Fermé 1er- 11 mars, 3 semaines en août, dim. et lundi Plan : AZ**b**

Menu 20/48 € – Carte 31/60 €

Sur une rue semi-piétonne, cette petite adresse familiale propose, dans un décor tout simple, une cuisine respectueuse de la tradition (préparations maison, produits frais).

à St-Marc 5 km à l'Ouest par ② – ✉ 44600

Hôtel de la Plage

37 r. du Cdt-Charcot, (plage de Monsieur Hulot) – ✆ 02 40 91 99 01 – www.hotel-delaplage.fr

30 ch – 79/240 € 79/240 € – 12 € – ½ P

Rest – Formule 15 € – Menu 18 € (déj. en semaine) – Carte 21/66 €

Jacques Tati filma *Les Vacances de Monsieur Hulot* dans cette grande bâtisse blanche posée sur la plage ! Une certaine poésie se poursuit aujourd'hui : les chambres, séduisantes, cultivent un esprit "bord de mer" contemporain et discret (avec terrasse au 1er étage, en mansarde au 3e). Belle terrasse également à la brasserie.

ST-NECTAIRE

✉ 63710 (Puy-de-Dôme) – 725 hab. – **Voir carte n°5-B2**

Paris 453 km – Clermont-Ferrand 43 km – Issoire 27 km – Le Mont-Dore 24 km

Carte Michelin 326-E9 – Guide Vert Michelin Auvergne

Mercure

Les Bains Romains – ✆ 04 73 88 57 00 – www.hotel-bains-romains.com

71 ch – 75/180 € 75/180 € – 14 € – ½ P

Rest – Formule 16 € – Menu 23/45 € – Carte 29/47 €

Installé dans les anciens thermes de la cité, cet hôtel créé en 1850 offre de belles prestations. Grande hauteur sous plafond, parquet, chambres spacieuses, espace détente, restaurant...

ST-NEXANS – 24 Dordogne ➜ voir Bergerac

ST-NIZIER-SOUS-CHARLIEU – 42 Loire ➜ voir Charlieu

ST-OMER

✉ 62500 (Pas-de-Calais) – 14 506 hab. – **Voir carte n°30-B2**

Paris 257 km – Arras 77 km – Boulogne-sur-Mer 52 km – Calais 43 km

Carte Michelin 301-G3

St-Louis

25 r. d'Arras – ✆ 03 21 38 35 21 – www.hotel-saintlouis.com – Fermé 21 déc.-12 janv. Plan : BZ**s**

30 ch – 66/79 € 79/84 € – 10 € – ½ P

Rest – Menu 19/30 € – Carte 30/40 € *(fermé le midi du 14 juil. au 31 août, sam. midi et dim.)*

À proximité de la cathédrale, dans un ancien relais de poste, un hôtel simple, typique de la région. Les chambres sont propres et bien entretenues, plus récentes dans l'annexe. Pratique pour découvrir le pays de Saint-Omer.

Le Bretagne

2 pl. du Vainquai – ✆ 03 21 38 25 78 – www.hotellebretagne.com Plan : BY**r**

78 ch – 72/120 € 82/120 € – 10 €

Rest – Formule 16 € – Menu 29/36 € – Carte 35/45 € *(fermé sam. midi et dim.)*

La Bretagne dans le Nord-Pas-de-Calais ? Il y a de quoi en perdre son accent ch'ti ! Cette grande maison abrite des chambres confortables et des appartements pour les longs séjours. Intéressant pour visiter la "ville aux briques jaunes" à petits prix.

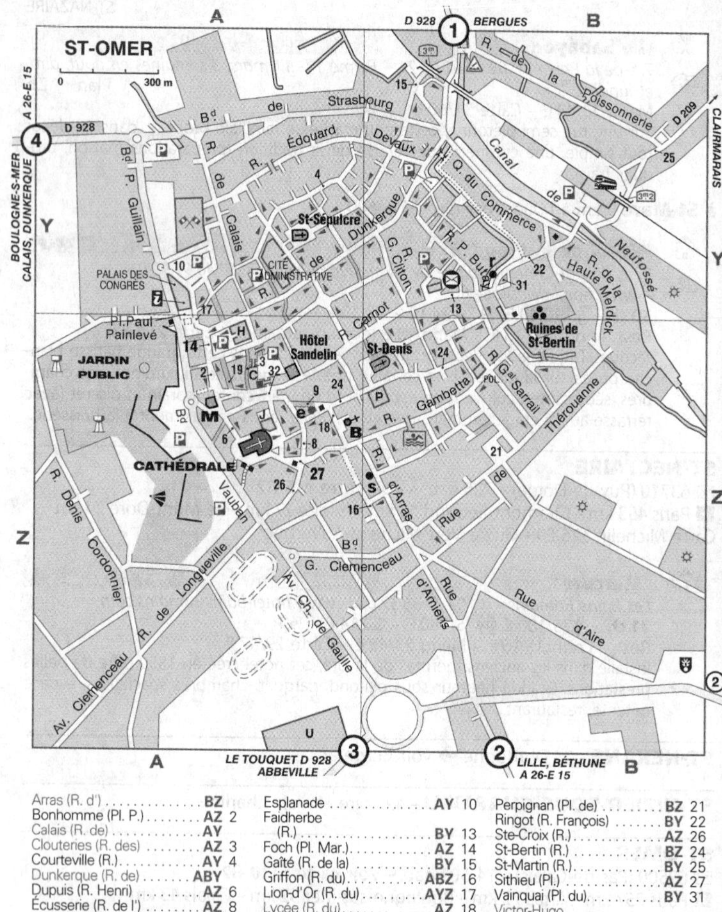

Arras (R. d')	**BZ**	Esplanade	**AY** 10	Perpignan (Pl. de)	**BZ** 21
Bonhomme (Pl. P.)	**AZ** 2	Faidherbe (R.)	**BY** 13	Ringot (R. François)	**BY** 22
Calais (R. de)	**AY**	Foch (Pl. Mar.)	**AZ** 14	Ste-Croix (R.)	**AZ** 26
Clouteries (R. des)	**AZ** 3	Gaîté (R. de la)	**BY** 15	St-Bertin (R.)	**BZ** 24
Courteville (R.)	**AY** 4	Griffon (R. du)	**ABZ** 16	St-Martin (R.)	**BY** 25
Dunkerque (R. de)	**ABY**	Lion-d'Or (R. du)	**AYZ** 17	Sithieu (Pl.)	**AZ** 27
Dupuis (R. Henri)	**AZ** 6	Lycée (R. du)	**AZ** 18	Vainquai (Pl. du)	**BY** 31
Écusserie (R. de l')	**AZ** 8	Martel (R. Louis)	**AZ** 19	Victor-Hugo (Pl.)	**AZ** 32
Epeers (R. des)	**AZ** 9				

XXX **Le Cygne**

8 r. Caventou – ✆ 03 21 98 20 52 – www.restaurantlecygne.fr – Fermé 3 semaines en août, 2 semaines en fév., dim. soir et lundi sauf fériés Plan : AZ**e**

Formule 17 € – Menu 20 € (semaine), 29/57 € – Carte 36/60 €

C'est la meilleure table de la ville ! Dans un cadre agréablement bourgeois, on apprécie une cuisine de saison qui fait des clins d'œil aux différentes régions, dont le Nord... évidemment.

à Blendecques 4 km par ② et D 211 – ✉ 62575 – 5 184 hab.

X **Le St-Sébastien** avec ch

2 pl. de la Libération – ✆ 03 21 38 13 05 – www.lesaintsebastien.fr – Fermé 11-17 août, 20-30 déc., dim. soir et fériés le soir

7 ch – †55 € ††67/75 € – ☕ 8,50 € – ½ P

Formule 16 € – Menu 19/38 € – Carte 39/48 €

Une sympathique auberge de l'agglomération audomaroise, dans une jolie maison de pays : accueil familial, coquet décor rustique et bonnes recettes traditionnelles. Quelques chambres à l'étage, décorées avec goût et simplicité, parfaites pour se reposer.

à Tilques 6 km par ④, D 943 et rte secondaire – ✉ 62500 – 1 107 hab.

Château Tilques
– ✆ 03 21 88 99 99 – *www.tilques.najeti.fr*
53 ch – 185/350 € 185/350 € – 15 € – ½ P
Rest *Château Tilques* – voir les restaurants ci-après
Ne soyez pas surpris de voir des paons se promener dans le parc de ce château du 19e s. ! Quiétude et nature sont les maîtres mots de cette adresse à deux pas du parc naturel des Caps et Marais d'Opale. Tentures fleuries et meubles de style dans les chambres ; décoration plus contemporaine dans l'annexe.

Château Tilques
– ✆ 03 21 88 99 99 – *www.tilques.najeti.fr*
Formule 18 € – Menu 37/53 € – Carte 42/61 €
Les anciennes écuries du château de Tilques se sont transformées en un beau restaurant cossu. L'établissement propose des formules attractives avec un service rapide au déjeuner. Un conseil : goûtez les pâtisseries maison !

ST-OUEN – 93 Seine-Saint-Denis ➜ voir Paris, Environs

ST-OUEN – 41 Loir-et-Cher ➜ voir Vendôme

ST-OUEN-LES-VIGNES – 37 Indre-et-Loire ➜ voir Amboise

ST-OUEN-SUR-MORIN

✉ 77750 (Seine-et-Marne) – 559 hab. – **Voir carte n°19-D1**
Paris 76 km – Amiens 170 km – Bobigny 74 km – Melun 77 km
Carte Michelin 312-I2

Auberge de la Source avec ch — rest,
8 pl. St-Barthélémy – ✆ 01 60 24 80 61 – www.aubergedelasource.fr – Fermé 15-30 janv., mardi midi et lundi
12 ch – 79/99 € 89/109 € – 14 € Menu 30/42 € – Carte 39/58 €
Les gourmands s'abreuvent à la source de cette auberge depuis 1763 ! Mais point de nostalgie du 18e siècle : le cadre se révèle sobre et élégant, dans un esprit contemporain, et la cuisine invite à un véritable voyage des saveurs, tout en fraîcheur et métissage. Les joies du 21e siècle... à prix doux.

ST-OUTRILLE

✉ 18310 (Cher) – 215 hab. – **Voir carte n°12-C3**
Paris 233 km – Blois 71 km – Bourges 46 km – Châteaudun 39 km
Carte Michelin 323-H4 – Guide Vert Michelin Limousin Berry

La Grange aux Dîmes
2 pl. de l'église – ✆ 02 48 71 84 93 – www.lagrangeauxdimes.com – Fermé 16-30 sept., lundi soir, mardi et merc.
Formule 16 € – Menu 26 € (semaine), 32/39 €
Une ancienne grange sur la place de la collégiale du 11e s. Le lieu a du cachet, sinon du charme. En cuisine, le jeune chef concocte des recettes dans l'air du temps, bien ficelées. Les beaux produits sont là, les saveurs aussi. Ainsi ne rechigne-t-on pas à verser la dîme à la fin du repas !

ST-PALAIS

✉ 64120 (Pyrénées-Atlantiques) – 1 862 hab. – **Voir carte n°3-B3**
Paris 788 km – Bayonne 52 km – Biarritz 63 km – Dax 60 km
Carte Michelin 342-F5 – Guide Vert Michelin Pays Basque et Navarre

La Maison d'Arthezenea
42 r. du Palais de Justice – ✆ 06 15 85 68 64 – www.gites64.com/maison-darthezenea
4 ch – 70/75 € 75/80 € **Table d'hôte** – Menu 28 €
Dans cette demeure en pierre et son jardin verdoyant, on se sent comme chez soi. Élégante atmosphère "maison de famille" : parquet, gravures et mobilier ancien... À la table d'hôte, belles spécialités (foie gras maison, ris d'agneau et palombe flambée en saison).

ST-PALAIS-SUR-MER

✉ 17420 (Charente-Maritime) – 3 958 hab. – **Voir carte n°38-A3**
Paris 512 km – La Rochelle 82 km – Royan 6 km
Carte Michelin 324-D6 – Guide Vert Michelin Poitou-Charentes

Hôtel de la Plage

1 pl. de l'Océan – ✆ 05 46 23 10 32 – www.hoteldelaplage-stpalais.fr – Ouvert 15 fév.-1er nov.
29 ch – 64/122 € 64/122 € – 10 € – ½ P
Rest ***Restaurant de la Plage*** – voir les restaurants ci-après
Un hôtel familial dans le centre-ville avec des chambres fonctionnelles, certes petites mais très bien tenues. Dans la courette, une piscine très sympathique... Esprit vacances !

Les Agapes

8 r. M.-Vallet – ✆ 05 46 23 10 23 – www.les-agapes.fr – Fermé vacances de la Toussaint, janv., mardi et merc. de nov. à mars, dim. soir sauf juil.-août et lundi
Formule 18 € – Menu 27/51 € – Carte 54/66 €
Dans cette maison face au marché, le chef concocte des plats traditionnels bien tournés, avec une pointe d'invention : ragoût d'agneau avec sa purée de pomme de terre, de petits pois et de fèves façon parmentier, filet de bar en croûte d'épices... De belles agapes dans un cadre accueillant !

Restaurant de la Plage – Hôtel de la Plage

1 pl. de l'Océan – ✆ 05 46 23 10 32 – www.hoteldelaplage-stpalais.fr – Ouvert 10 mars-15 oct. et fermé dim. soir et lundi sauf de juin à mi-sept.
Formule 20 € – Menu 29/39 € – Carte 30/50 €
Aile de raie cuite à la perfection et ses pommes de terre et tomates confites, délicieux financier aux cerises et glace au nougat... Le chef concocte une cuisine simple et juste, où fraîcheur rime avec saveur. Un vrai rendez-vous gourmand, avec vue sur la mer !

Le Flandre

av. Tamaris, par rte de la Palmyre : 2 km – ✆ 05 46 23 36 16 – www.leflandre.com – Fermé 6-31 janv., dim. soir, lundi, mardi et merc. de nov. à mars
Formule 18 € – Menu 31/41 € – Carte 38/61 €
Plafond façon coque de bateau renversée, vivier à homards et produits de la mer dans l'assiette : ce restaurant niché dans une forêt de pins affirme un bel ancrage maritime. Sans compter que cette escale gourmande est idéalement située sur la route du zoo de la Palmyre !

ST-PAL-DE-MONS

✉ 43620 (Haute-Loire) – 2 069 hab. – **Voir carte n°6-D3**
Paris 516 km – Clermont-Ferrand 177 km – Le Puy-en-Velay 57 km – Saint-Étienne 35 km
Carte Michelin 331-H2

Les Feuillantines

La Vialatte – ✆ 04 71 75 63 25 – www.lesfeuillantines.com – Fermé 25 avril-11 mai, août et 31 déc.-10 janv.
16 ch – 67/73 € 67/73 € – 9 € – ½ P
Rest – Formule 19 € – Menu 22 € (semaine), 30/51 € – Carte 36/62 € *(fermé dim. soir et vend.)*
Sur les hauteurs du village, un établissement contemporain au cœur d'un superbe environnement. Les chambres, spacieuses et confortables – certaines avec terrasse –, donnent majoritairement sur la vallée et les massifs : quelle vue !

ST-PARDOUX-L'ORTIGIER

✉ 19270 (Corrèze) – 476 hab. – **Voir carte n°24-B3**
Paris 465 km – Limoges 76 km – Périgueux 88 km – Tulle 21 km
Carte Michelin 329-K4

Les Coquelicots

La Croix de Fer – ✆ 05 55 84 51 02 – www.hotel-coquelicots.fr – Fermé 19 avril-5 mai, 20 oct.-5 nov. et 18 déc.-9 janv.

22 ch – †78/105 € ††78/105 € – ☕ 11 € – ½ P

Rest ***Les Coquelicots*** – voir les restaurants ci-après

En bordure de l'ancienne N 20, un hôtel aux allures d'auberge, dont la bâtisse principale et les deux ailes encadrent un sympathique jardin avec piscine. On apprécie la sobriété des chambres, ainsi que leurs équipements (wifi, écran plat, etc.).

Les Coquelicots

La Croix de Fer – ✆ 05 55 84 51 02 – www.hotel-coquelicots.fr – Fermé 19 avril-5 mai, 20 oct.-5 nov. et 18 déc.-9 janv.

Menu 28/38 € – Carte 46/72 € *(fermé le midi sauf dim.)*

À l'origine autodidacte et passionnée de cuisine, la jeune patronne revisite la tradition avec de beaux produits frais : foie gras poêlé aux fruits, tête et langue de veau sauce ravigote, filet d'agneau du Quercy, râble de lapereau au thym... Et tout cela ne serait rien sans la très belle carte des vins !

ST-PATERNE – 72 Sarthe ➜ voir Alençon

ST-PATRICE – 37 Indre-et-Loire ➜ voir Langeais

ST-PAUL

✉ 06570 (Alpes-Maritimes) – 3 486 hab. – Voir carte n°**42**-E2

▶ Paris 922 km – Antibes 18 km – Cagnes-sur-Mer 7 km – Cannes 28 km

Carte Michelin 341-D5 – Guide Vert Michelin Côte d'Azur

Le Mas de Pierre

2320 rte des Serres, 2 km au Sud – ✆ 04 93 59 00 10 – www.lemasdepierre.com

54 ch – †210/867 € ††210/867 € – 4 suites – ☕ 29 €

Rest ***La Table de Pierre*** – voir les restaurants ci-après

Au cœur d'un jardin méridional enchanteur, de superbes bastides avec des chambres au luxe raffiné : beau décor de maison bourgeoise, tableaux et tapis, baldaquin ou ciel de lit... et dehors, une agréable piscine. Pourquoi ne pas juste musarder en laissant le temps filer ?

Le Saint-Paul

86 r. Grande, (au village) – ✆ 04 93 32 65 25 – www.lesaintpaul.com – Ouvert d'avril à oct.

15 ch – †230/290 € ††230/680 € – 2 suites – ☕ 28 €

Rest – Carte 55/200 € *(fermé lundi hors saison)*

Belles pierres, fresques champêtres, fontaine, chambres au charme feutré... Voilà le décor élégant de cette demeure du 16e s. perchée dans le village médiéval.

La Vague de St-Paul

chemin des Salettes, 2 km par rte de la Fondation Maeght ✉ 06570 Saint-Paul – ✆ 04 92 11 20 00 – www.vaguesaintpaul.com – Fermé janv.

46 ch – †120/220 € ††120/220 € – 4 suites – ☕ 18 €

Rest – Formule 22 € – Menu 29 € (déj. en semaine)/39 € – Carte 30/50 €

Cette construction en forme de vague, conçue par André Minangoy dans les années 1970, laisse d'abord perplexe, puis séduit. À l'intérieur, grand hall lumineux très "seventies" ; belles chambres épurées et rehaussées de couleurs vives. Plaisant !

La Colombe d'Or

pl. Charles-de-Gaulle – ✆ 04 93 32 80 02 – www.la-colombe-dor.com – Fermé 29 oct.-21 déc. et 5-17 janv.

13 ch – †315 € ††315 € – 12 suites – ☕ 17 € – ½ P **Rest** – Carte 50/94 €

Cet hôtel-restaurant est un vrai musée ! Il abrite une superbe collection de peintures et de sculptures d'artistes ayant séjourné ici, tels Braque, Léger, Ben... Cadre "vieille Provence" et chambres au décor rustique ; terrasse ombragée.

Le Hameau sans rest

528 rte de la Colle – 04 93 32 80 24 – www.le-hameau.com – Ouvert 14 fév.-15 nov.

15 ch – 105/280 € 105/280 € – 2 suites – 15 €

Dans un jardin planté d'orangers et de cédrats, ce Hameau tout blanc a le charme de l'authenticité. Tomettes, murs à la chaux, faïence locale : rien ne manque ! Sans parler des bonnes confitures maison dont on se régale au petit-déjeuner...

La Grande Bastide sans rest

1350 rte de la Colle – 04 93 32 50 30 – www.la-grande-bastide.com – Fermé 20 nov.-24 déc. et 13 janv.-20 fév.

12 ch – 145/305 € 160/315 € – 2 suites – 22 €

Ce mas du 18e s. a été rénové avec goût. Avec leurs tissus élégants, leur charme romantique et méridional, les chambres ne manquent pas de caractère ! Certaines d'entre elles ont même un balcon donnant sur le village et la mer...

Hostellerie des Messugues sans rest

allée des Lavandes, 1 km, quartier Gardettes par rte de la Fondation Maeght – 04 93 32 53 32 – www.hotelmessugues.com – Ouvert 1er avril-30 oct.

15 ch – 100/170 € 100/170 € – 15 €

Une villa provençale dans une pinède... au calme. Parmi les curiosités du lieu, il y a la jolie piscine circulaire et les portes des chambres, qui proviennent d'une prison du 19e s. ! L'ensemble est plaisant et bien tenu. Très bon rapport qualité-prix.

Les Vergers de St Paul sans rest

940 rte de la Colle – 04 93 32 94 24 – www.vergersdesaintpaul.com

17 ch – 125/160 € 135/170 € – 14 €

À l'entrée du village, un hôtel niché dans un petit jardin. Du blanc, des moulures, des rayures pour un esprit assez cosy : les chambres (avec terrasse ou balcon) sont agréables et certaines donnent de plain-pied sur la piscine.

La Table de Pierre – Hôtel Le Mas de Pierre

2320 rte des Serres, 2 km au Sud – 04 93 59 00 10 – www.lemasdepierre.com

Formule 45 € – Menu 60/85 € – Carte 57/78 €

Tourteau au gingembre, petits farcis niçois, rouget recouvert d'une tapenade et accompagné d'un tian de légumes... Une jolie cuisine de la Méditerranée à déguster dans un élégant mas ! Jolie terrasse ouverte sur le jardin et la piscine.

Toile Blanche avec ch

826 chemin Pounchounière – 04 93 32 74 21 – www.toileblanche.com – Ouvert 15 juin-15 sept. et fermé le midi

6 ch – 165/350 € 165/350 € – 17 €

Menu 55 € – Carte 55/80 € *(réservation conseillée)*

En contrebas du village, dans le vallon, cette Toile Blanche ne manque ni de couleur ni de piquant ! Dans l'assiette, la cuisine se fait inventive ; la piscine est ravissante, le jardin verdoyant et calme... Quant aux chambres, elles cultivent un style contemporain "trendy".

Le Tilleul

pl. du Tilleul – 04 93 32 80 36 – www.restaurant-letilleul.com

Menu 29 € (déj. en semaine) – Carte 36/64 €

Un joli bistrot provençal à l'entrée du vieux village. Entouré de nombreux habitués, on se réjouit de goûter cette jolie cuisine traditionnelle aux parfums de Provence, parsemée de petites touches personnalisées. La grande terrasse, abritée par un tilleul et un érable, est un havre pour les gourmands !

Le Vieux Moulin

rte de Vence – 04 93 58 36 76 – www.levieuxmoulinsaintpaul.fr – Fermé 1er janv.-28 fév., dim. soir et lundi de nov. à avril

Carte 39/58 €

Dans cet ancien moulin à huile du 17e s. – dont on peut encore admirer la meule et le pressoir –, on découvre les créations du chef : salade d'artichauts crus avec roquette et parmesan, magret de canard du Gers et sa sauce au miel, millefeuille à la vanille ou aux framboises... Région et tradition sont au menu !

ST-PAUL-DOUEIL – 31 Haute-Garonne → voir Bagnères-de-Luchon

ST-PAUL-LÈS-DAX - 40 Landes ➜ voir Dax

ST-PAUL-LÈS-ROMANS - 26 Drôme ➜ voir Romans-sur-Isère

ST-PAUL-TROIS-CHATEAUX

26130 (Drôme) – 8 691 hab. – **Voir carte n°44-B3**
Paris 628 km – Montélimar 28 km – Nyons 39 km – Orange 33 km
Carte Michelin 332-B7 – Guide Vert Michelin Ardèche Drôme

Villa Augusta

14 r. Serre-Blanc – 04 75 97 29 29 – www.villaaugusta.fr – Fermé 2-23 janv.
21 ch – 120/360 € 120/360 € – 2 suites – 18 € – ½ P
Rest *David Mollicone* – voir les restaurants ci-après
Au pays des oliviers et de la lavande, cette jolie villa du 19e s., avec son jardin arboré, est parfaite pour une escapade provençale. Côté déco, couleurs vives, esprit méridional et style contemporain se succèdent dans les chambres cosy...

David Mollicone - Hôtel Villa Augusta

14 r. Serre-Blanc – 04 75 97 29 29 – www.villaaugusta.fr – Fermé 2-23 janv., dim. soir sauf juil.-août, sam. midi et lundi
Menu 28 € (déj. en semaine), 49/82 € – Carte environ 72 €
Du blanc, du gris : un lieu lumineux, élégant et reposant, au service d'une cuisine fine. Le chef n'est jamais à court d'idées lorsqu'il s'agit de faire preuve d'inventivité et de marier de beaux produits...

L et Lui

2 r. Charles-Chaussy – 04 75 46 61 14 – www.letlui.com – Fermé merc. soir hors saison, dim. et lundi
Menu 22 € (déj. en semaine), 27/52 €
L jardine et Lui cuisine... les produits de son potager bio, à travers des menus "Improvisations" ! Chaque mois, la cave met à l'honneur un vigneron. Décor acidulé, comme le concept.

ST-PÉE-SUR-NIVELLE

64310 (Pyrénées-Atlantiques) – 5 707 hab. – **Voir carte n°3-A3**
Paris 785 km – Bayonne 22 km – Biarritz 17 km – Cambo-les-Bains 17 km
Carte Michelin 342-C4 – Guide Vert Michelin Pays Basque et Navarre

L'Auberge Basque (Cédric Béchade) avec ch

quartier Helbarron, D 307 (ancienne rte de St-Pée à St-Jean-de-Luz) – 05 59 51 70 00 – www.aubergebasque.com – Fermé 3-24 janv.
12 ch – 96/196 € 96/196 € – 16 € – ½ P
Menu 59/139 € – Carte 41/70 € *(fermé lundi sauf le soir en saison, vend. midi en saison, sam. midi et mardi midi)*
Cette ferme du 17es. cache une aile très contemporaine, ouverte sur la Rhune et la campagne... Même alliage en cuisine : le chef signe des mets très inventifs, dont les racines plongent dans le terroir. Assiettes pleines de saveurs et de couleurs ! Chambres confortables ; "grand" petit-déjeuner tout en gourmandises...
➜ Piperade, copeaux d'épaule de jambon ibérique. Merlu de ligne, salsa verde. Fraises, fromage frais meringué et sorbet céleri.

Ttotta

quartier Ibarron, (Espace Ibarrondoan), rte de St-Jean-de-Luz, 1 km à l'Ouest par D918 – 05 59 47 03 55 – www.ttotta.fr – Fermé 3-20 nov., mardi soir hors saison et merc.
Formule 13 € – Menu 19 € (semaine)/26 € – Carte 30/44 €
Sur la route de St-Jean-de-Luz, ce sympathique restaurant fait honneur au Pays basque ! Dans un décor contemporain, on déguste une cuisine du terroir avec de beaux produits du marché. Mention spéciale pour la viande et la charcuterie locales. Le tout accompagné de vins du Sud-Ouest. Une bonne adresse.

Le Fronton

quartier Ibarron, rte de St-Jean-de-Luz – ✆ 05 59 54 10 12 – Fermé 1er fév.-12 mars, dim. soir, lundi, mardi, merc. et jeudi
Menu 39/45 € – Carte 44/58 €
Un jardin d'hiver tout droit sorti des années 1970 : la déco de cette jolie maison basque ne manque pas de surprendre ! Côté cuisine, le chef vous concocte des plats traditionnels goûteux et copieux avec de beaux produits du marché.

ST-PÉRAY

✉ 07130 (Ardèche) – 7 294 hab. – **Voir carte n°43-E2**
Paris 562 km – Lamastre 35 km – Privas 39 km – Tournon-sur-Rhône 15 km
Carte Michelin 331-L4

à Soyons 7 km au Sud par D 86 – ✉ 07130 – 1 921 hab.

Domaine de Soyons

rest,

D 86, 670 rte de Nîmes – ✆ 04 75 60 83 55 – www.ledomainedesoyons.com – Fermé 21 oct.-3 nov.
28 ch – 96/118 € 112/146 € – 19 € – ½ P
Rest – Menu 28 € (déj.), 35/69 € – Carte 56/69 €
Une chaleureuse atmosphère règne dans cette belle demeure du 19es. entourée d'un parc verdoyant (cèdre tricentenaire). Chambres de style Empire ou d'esprit provençal. Goûteuses recettes actuelles servies dans une salle à manger bourgeoise prolongée d'une véranda.

ST-PÈRE – 89 Yonne → voir Vézelay

ST-PHILBERT-DE-GRAND-LIEU

✉ 44310 (Loire-Atlantique) – 8 061 hab. – **Voir carte n°34-B2**
Paris 405 km – Nantes 27 km – Niort 150 km – Rennes 138 km
Carte Michelin 316-G5 – Guide Vert Michelin Pays de la Loire

La Bosselle

rest, ch,

8 r. du Port – ✆ 02 40 78 73 47 – www.la-bosselle.fr
14 ch – 60 € 64 € – 8 € – ½ P
Rest – Formule 14 € – Menu 19/29 € – Carte 26/41 € *(fermé dim. soir)*
Étape utile que cet hôtel créé en 2001 à deux pas de l'abbatiale de St-Philbert (9e s.), au sud de la réserve naturelle du lac de Grand-Lieu. Chambres toutes simples et bien tenues, plus calmes sur l'arrière. Au restaurant, poissons du lac et grillades au feu de bois.

ST-PHILIBERT

✉ 56470 (Morbihan) – 1 564 hab. – **Voir carte n°9-A3**
Paris 489 km – Lorient 50 km – Rennes 137 km – Vannes 29 km
Carte Michelin 308-N9

Le Galet sans rest

rte de la Trinité-sur-Mer, 1,2 km au Nord par D 28 et D 781 – ✆ 02 97 55 00 56 – www.legalet.fr
19 ch – 98/130 € 98/130 € – 2 suites – 13 €
Pour une escale tranquille à deux minutes de la Trinité-sur-Mer : un hôtel design entouré d'un joli jardin. Espace bien-être parfaitement conçu (soins du corps, sauna, jacuzzi).

ST-PIERRE-CANIVET – 14 Calvados → voir Falaise

ST-PIERRE-D'ALBIGNY

✉ 73250 (Savoie) – 3 714 hab. – **Voir carte n°46-F2**
Paris 596 km – Annecy 77 km – Chambéry 29 km – Lyon 137 km
Carte Michelin 333-J4 – Guide Vert Michelin Alpes du Nord

Château des Allues rest,

Lieu-dit les Allues – ✆ 06 75 38 61 56 – www.chateaudesallues.com – Fermé 1er nov.-15 déc.

5 ch – 110 € 140/165 € **Table d'hôte** – Menu 48 €

Ce manoir du 19e s. a été rénové avec goût, dans un esprit mêlant subtilement ancien et contemporain : superbes boiseries, mobilier chiné, tissus raffinés... À la table d'hôte, on déguste les légumes du superbe potager bio – lequel est à découvrir.

ST-PIERRE-DE-JARDS

36260 (Indre) – 117 hab. – **Voir carte n°12-C3**

Paris 232 km – Bourges 35 km – Issoudun 22 km – Romorantin-Lanthenay 40 km

Carte Michelin 323-H4

Les Saisons Gourmandes

pl. des Tilleuls – ✆ 02 54 49 37 67 – www.lessaisonsgourmandes.fr – Fermé 21 oct.-7 nov., 2-23 janv., lundi soir, mardi soir et merc. de sept. à juin, dim. soir et lundi en juil.-août

Menu 23 € (semaine), 38/49 € – Carte 31/48 €

Une terrasse fleurie, des poutres peintes en "bleu berrichon" : l'endroit est bien sympathique ! Qu'il s'agisse d'une gibelotte de lapin sauce camembert et reuilly ou d'une mousse coco, gourmandise et convivialité sont au rendez-vous. Aux beaux jours, réservez une table en terrasse...

ST-PIERRE-DE-MANNEVILLE

76113 (Seine-Maritime) – 745 hab. – **Voir carte n°33-C2**

Paris 150 km – Évreux 72 km – Rouen 18 km – Sotteville-lès-Rouen 20 km

Carte Michelin 304-F5 – Guide Vert Michelin Normandie Vallée de la Seine

Manoir de Villers sans rest 

30 rte de Sahurs – ✆ 02 35 32 07 02 – www.manoirdevillers.com

4 ch – 150/160 € 160/170 € – 10 €

Ce fabuleux manoir normand (16e-19e s.) appartient à la même famille depuis le 18e s. Parquets, toiles de Jouy et meubles anciens donnent l'impression d'être dans un vrai musée... ce qui ne manquera pas de ravir les amateurs d'Histoire. Et que dire du grand parc, sinon qu'il est idéal pour une balade bucolique !

ST-PIERRE-DES-CHAMPS

11220 (Aude) – 172 hab. – **Voir carte n°22-B3**

Paris 808 km – Carcassonne 41 km – Narbonne 41 km – Perpignan 84 km

Carte Michelin 344-G4

La Fargo ch, ch, ch,

– ✆ 04 68 43 12 78 – www.lafargo.fr – Ouvert de mi-mars à mi-nov.

12 ch – 90/160 € 90/160 € – 12 € – ½ P

Rest – Menu 32/45 € – Carte 40/60 € *(fermé lundi sauf résidents et le midi sauf week-ends)*

En pleine garrigue, cette jolie maison en pierre est un havre de paix... La terrasse ombragée, les chambres, élégantes et personnalisées (matériaux bruts, mobilier ancien ou indonésien) : tout est apaisant. Cuisine du marché au restaurant.

ST-PIERRE-D'OLÉRON – 17 Charente-Maritime ➜ voir Île d'Oléron

ST-PIERRE-DU-MONT

14450 (Calvados) – 74 hab. – **Voir carte n°32-B2**

Paris 291 km – Bayeux 29 km – Caen 58 km – St-Lô 58 km

Carte Michelin 303-G3

 **Le Château Saint Pierre** sans rest 
1 km à l'Ouest par D 514 – ☎ 02 31 22 63 79 – www.chambresdhotes-bayeuxarromanchesgrancamp.com
5 ch ☕ – †55/60 € ††70/85 €
L'adresse idéale pour visiter les plages du Débarquement tout en profitant des charmes d'une demeure normande du 16e s., classique et de bon goût. Au petit-déjeuner, on vous sert confitures maison et lait de ferme tout frais !

ST-PIERRE-LA-NOAILLE – 42 Loire ➜ voir Charlieu

ST-PIERREMONT

✉ 88700 (Vosges) – 158 hab. – **Voir carte n°27-C2**
▶ Paris 366 km – Lunéville 24 km – Nancy 56 km – St-Dié 43 km
Carte Michelin 314-H2

 **Le Relais Vosgien** 
9 Grande Rue – ☎ 03 29 65 02 46 – www.relais-vosgien.fr – Fermé 22 déc.-10 janv.
16 ch – †78/120 € ††95/140 € – 1 suite – ☕ 14 € – ½ P
Rest *Le Relais Vosgien* – voir les restaurants ci-après
Une grande maison – ancienne ferme – au cœur du bourg, tenue à ce jour par la quatrième génération Thénot, famille d'hôteliers dévoués ! Chambres confortables, au décor sobre et soigné, et petit espace bien-être.

Le Relais Vosgien 
9 Grande Rue – ☎ 03 29 65 02 46 – www.relais-vosgien.fr – Fermé 22 déc.-10 janv. et dim. soir
Menu 18 € (déj. en semaine), 33/64 € – Carte 36/68 €
Nage de Saint-Jacques, tournedos Rossini, magret de canard aux mirabelles, assiette de ris de veau... La carte égrène les classiques, mais l'atmosphère n'est nullement compassée, avec un décor bourgeois relevé d'une pointe de baroque.

ST-PIERRE-QUIBERON – 56 Morbihan ➜ voir Quiberon

ST-PIERRE-SUR-DIVES

✉ 14170 (Calvados) – 3 654 hab. – **Voir carte n°33-C2**
▶ Paris 194 km – Caen 35 km – Hérouville-Saint-Clair 34 km – Lisieux 27 km
Carte Michelin 303-L5 – Guide Vert Michelin Normandie Cotentin

Auberge de la Dives 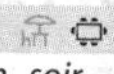
27 bd Collas – ☎ 02 31 20 50 50 – Fermé 15 nov.-2 déc., 16-30 mars, dim. soir, lundi soir et mardi
Formule 15 € – Menu 20/36 € – Carte 38/56 €
Cette auberge champêtre, dont la terrasse borde la Dives, propose des recettes traditionnelles bien tournées qui font la part belle aux produits du terroir. Les plats mijotent sur le feu, ça sent si bon !

ST-POL-DE-LÉON

✉ 29250 (Finistère) – 6 904 hab. – **Voir carte n°9-B1**
▶ Paris 557 km – Brest 62 km – Brignogan-Plages 31 km – Morlaix 21 km
Carte Michelin 308-H2 – Guide Vert Michelin Bretagne Nord

 **Hôtel de France** sans rest 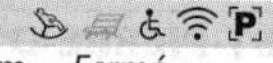
29 r. des Minimes – ☎ 02 98 29 14 14 – www.hotel-saint-pol.com – Fermé 6-26 janv.
22 ch – †50/60 € ††62/70 € – ☕ 6,50 €
Presque confidentielle, cette élégante demeure régionale des années 1930 est vraiment au calme ! Les chambres sont fonctionnelles et bien tenues ; optez pour celles ouvrant sur le Kreisker ou le jardin. Petit plus appréciable : le parking.

Auberge La Pomme d'Api (Jérémie Le Calvez)
49 r. Verderel – ✆ 02 98 69 04 36 – www.aubergelapommedapi.com – Fermé 2 semaines en mars, dim. soir et lundi soir de sept. à juin et lundi midi
Formule 25 € – Menu 40/70 € – Carte 52/66 €
Si la maison conserve tout le cachet de ses murs anciens (1535) et de sa cheminée, la cuisine joue résolument la carte des recettes d'aujourd'hui et de la fraîcheur. La jeune équipe qui a récemment repris l'affaire aura su la hisser d'emblée en valeur sûre... pour le bonheur du terroir breton ! ➜ Cannelloni de radis daïkon et tourteau de Roscoff. Turbot gratiné au sésame et parmesan, sabayon d'agrumes. Riz à l'impératrice à la mangue.

ST-PONS

07580 (Ardèche) – 264 hab. – **Voir carte n°44-B3**
Paris 621 km – Aubenas 24 km – Montélimar 21 km – Privas 24 km
Carte Michelin 331-J6

Hostellerie Gourmande Mère Biquette
Les Allignols, 4 km au Nord par rte secondaire – ✆ 04 75 36 72 61 – www.merebiquette.fr – Fermé 17 nov.-10 fév.
15 ch – 69/118 € 69/118 € – 12 € – ½ P
Rest ***Hostellerie Gourmande Mère Biquette*** – voir les restaurants ci-après
Les amoureux de nature et de grand calme apprécieront cette ferme ardéchoise nichée entre vignes et châtaigniers. Chambres pratiques, plus spacieuses dans l'aile récente.

Hostellerie Gourmande Mère Biquette
Les Allignols, 4 km au Nord par rte secondaire – ✆ 04 75 36 72 61 – www.merebiquette.fr – Fermé 17 nov.-10 fév., dim. soir d'oct. à mars, lundi midi, mardi midi et merc. midi
Menu 26/45 € – Carte 36/50 €
Rustique et chaleureux : aucun doute, il fait bon s'installer chez cette Mère Biquette et savourer ses petits plats régionaux et traditionnels. L'hiver, on trouve refuge près de la cheminée...

ST-PONS – 04 Alpes-de-Haute-Provence ➜ voir Barcelonnette

ST-PORCHAIRE

17250 (Charente-Maritime) – 1 644 hab. – **Voir carte n°38-B2**
Paris 474 km – Niort 77 km – Rochefort 27 km – La Rochelle 56 km
Carte Michelin 324-E5

Le Bruant avec ch
76 r. Nationale – ✆ 05 46 94 65 36 – www.lebruant.com – Fermé dim. soir et lundi
4 ch – 55/75 € 60/85 € Formule 15 € – Menu 20/38 € – Carte 28/42 €
Une maison de pays au cœur du village, son beau jardin à l'ombre des mûriers-platanes, ses airs de maison de vacances chic et cosy, son charme bucolique et... son agréable cuisine traditionnelle ! Comme si cela ne suffisait pas, les chambres sont de vrais petits nids douillets.

ST-PORQUIER

82700 (Tarn-et-Garonne) – 1 375 hab. – **Voir carte n°28-B2**
Paris 651 km – Colomiers 60 km – Montauban 18 km – Toulouse 55 km
Carte Michelin 337-D7

Les Hortensias sans rest
18 r. Ste-Catherine – ✆ 06 77 46 88 98 – www.chambres-hotes-leshortensias.com
3 ch – 65/90 € 65/90 €
Dans cette jolie maison en brique rose avec son grand jardin et son potager, les propriétaires sont aux petits soins pour leurs hôtes. Monsieur est ancien pâtissier et prépare souvent des douceurs sucrées... Les chambres sont simples et coquettes, dans un esprit champêtre.

ST-PÔTAN

✉ 22550 (Côtes-d'Armor) – 808 hab. – **Voir carte n°10-C1**
Paris 429 km – Rennes 79 km – Saint-Brieuc 46 km – Saint-Malo 35 km
Carte Michelin 309-I3

Auberge du Manoir

31 r. du 19 mars 1962 – ✆ 02 96 83 72 58 – www.auberge-du-manoir.pays-de-matignon.net – Fermé 2 semaines en nov., 2 semaines en fév., mardi soir, dim. soir et merc.
Menu 14 € (déj. en semaine), 30/49 € – Carte 30/52 €
Une auberge de village non loin de la Côte d'Émeraude... Le chef joue la carte de la tradition (tête de veau, rognons sauce Porto, pièce de bœuf sauce bordelaise), rehaussée d'une pointe de nouveauté. Bon à savoir : au déjeuner, son menu du jour se révèle fort attrayant !

ST-POURÇAIN-SUR-SIOULE

✉ 03500 (Allier) – 4 987 hab. – **Voir carte n°5-B1**
Paris 325 km – Montluçon 66 km – Moulins 33 km – Riom 61 km
Carte Michelin 326-G5 – Guide Vert Michelin Auvergne

Le Chêne Vert

35 bd Ledru-Rollin – ✆ 04 70 47 77 00 – www.hotelchenevert.fr
29 ch – 65 € 70/74 € – 8 € – ½ P
Rest – Menu 19/31 € – Carte 39/53 €
À deux pas du centre historique, un hôtel de tradition, formé de deux maisons séparées par la rue. Préférez les chambres rénovées. Cet établissement s'adapte aussi bien à la clientèle d'affaires que touristique. Cuisine traditionnelle au restaurant et terrasse ombragée.

ST-PRIEST – 69 Rhône

➜ voir Lyon

ST-PRIEST-BRAMEFANT

✉ 63310 (Puy-de-Dôme) – 884 hab. – **Voir carte n°6-C2**
Paris 365 km – Clermont-Ferrand 49 km – Riom 34 km – Thiers 26 km
Carte Michelin 326-H6

Château de Maulmont

ch, rest,

1,5 km au Sud sur D 59 – ✆ 04 70 59 14 95 – www.chateau-maulmont.com – Ouvert de mi-avril à mi-oct.
18 ch – 145/160 € 145/160 € – 1 suite – 16 €
Rest – Menu 38/98 € – Carte 50/68 € *(fermé le midi en semaine)*
On goûte la tranquillité de ce château en faisant un saut dans le 19es., époque où Madame Adélaïde, sœur de Louis-Philippe, le redécora. Meubles de style, boiseries, jardin à la française...

ST-PRIEST-EN-JAREZ – 42 Loire

➜ voir St-Étienne

ST-PRIEST-TAURION

✉ 87480 (Haute-Vienne) – 2 784 hab. – **Voir carte n°24-B2**
Paris 387 km – Bellac 47 km – Bourganeuf 33 km – Limoges 15 km
Carte Michelin 325-F5 – Guide Vert Michelin Limousin Berry

Relais du Taurion

2 chemin des Contamines – ✆ 05 55 39 70 14 – www.relais-taurion.fr – Fermé 7-22 oct., 16-27 déc., 21 janv.-5 fév., dim. soir, mardi midi et lundi
Menu 25 € (semaine), 31/42 € – Carte 36/52 €
Non loin de la rivière, ce restaurant – un ancien relais de poste – a été repris par un jeune couple il y a quelques années. On y apprécie une généreuse cuisine traditionnelle, en toute simplicité.

ST-PRIVAT

✉ 19220 (Corrèze) – 1 118 hab. – **Voir carte n°25-C3**
▶ Paris 526 km – Aurillac 50 km – Limoges 137 km – Tulle 47 km
Carte Michelin 329-N5

Auberge de la Xaintrie Ⓝ

25 r. de la Xaintrie – ✆ 05 55 28 49 80 – www.aubergedelaxaintrie.fr – Fermé 6 janv.-9 fév.
28 ch – 75/105 € 90/165 € – 9 € – ½ P
Rest – Formule 13 € – Menu 22/35 € – Carte 23/51 €
Un hôtel flambant neuf, en plein centre de cette agréable bourgade. Les chambres sont spacieuses, bien équipées et décorées dans un esprit contemporain ; pour vous requinquer, l'espace bien-être (sauna, hammam et jacuzzi) et le généreux restaurant traditionnel vous tendent les bras !

ST-PRIVAT-DES-VIEUX – 30 Gard → voir Alès

ST-PRIX

✉ 71990 (Saône-et-Loire) – 211 hab. – **Voir carte n°7-B2**
▶ Paris 308 km – Le Creusot 41 km – Dijon 107 km – Montceau-les-Mines 54 km
Carte Michelin 320-E8

Chez Franck et Francine

Le bourg – ✆ 03 85 82 45 12 – www.chez-franck-et-francine.fr.st – Fermé janv., dim. soir et lundi
Menu 45/53 € *(réservation conseillée)*
Ici, tout est fait maison, de l'amuse-bouche au dessert ! Les légumes viennent du jardin, volailles et lapins de la ferme familiale. Parmi les spécialités du chef, le filet de bœuf Rossini.

ST-PRIX – 95 Val-d'Oise → voir Paris, Environs

ST-PUY

✉ 32310 (Gers) – 586 hab. – **Voir carte n°28-A2**
▶ Paris 731 km – Agen 52 km – Auch 32 km – Toulouse 107 km
Carte Michelin 336-E6

La Lumiane

Grande rue – ✆ 05 62 28 95 95 – www.lalumiane.com
5 ch – 46/57 € 60/71 € **Table d'hôte** – Menu 24 €
Cette maison de notable du 17e s., voisine de l'église du 12e s., abrite de belles chambres rustiques (poutres, tomettes), un salon de lecture empreint de sérénité et un agréable jardin fleuri.

ST-QUAY-PORTRIEUX

✉ 22410 (Côtes-d'Armor) – 3 093 hab. – **Voir carte n°10-C1**
▶ Paris 470 km – Étables-sur-Mer 3 km – Guingamp 29 km – Lannion 54 km
Carte Michelin 309-F3 – Guide Vert Michelin Bretagne Nord

Ker Moor sans rest

13 r. du Prés.-Le-Sénécal – ✆ 02 96 70 52 22 – www.ker-moor.com
30 ch – 89/169 € 89/179 € – 14 €
Dans l'extension moderne d'une belle villa d'inspiration mauresque, le long du chemin des douaniers, des chambres élégantes et confortables, au grand calme. Depuis leur terrasse, on dispose d'une vue sur toute la baie de St-Brieuc. Superbe situation !

ST-QUENTIN

✉ 02100 (Aisne) – 55 978 hab. – Agglo. 65 175 hab. – **Voir carte n°37-C2**
▶ Paris 165 km – Amiens 81 km – Charleroi 161 km – Lille 113 km
Carte Michelin 306-B3

ST-QUENTIN

Rue	Carré	N°
Aumale (R. d')	AZ	2
Basch (R. Victor)	AYZ	3
Basilique (Pl. de la)	ABY	4
Campions (Pl. des)	AZ	5
Croix-Belle-Porte (R.)	AY	6
Dufour-Denelle (Pl.)	AZ	7
États-Généraux (R. des)	AY	8
Foy (R. du Gén.)	AZ	10
Gaulle (Av. du Gén.-de)	BZ	13
Gouvernement (R. du)	BY	15
Héros-du-2-Septembre-1945 (Pl. des)	BZ	16
Herriot (R. Édouard)	BZ	17
Hôtel-de-Ville (Pl. de l')	AZ	18
Isle (R. d')	BZ	
Leclerc (R. Gén.)	BZ	21
Lyon (R. de)	BZ	24
Mulhouse (Pl.)	BY	25
Ovres (R. E.)	BY	26
Paringault (R.)	ABY	27
Pompidou (R. G.)	AY	28
Prés.-J.-F.-Kennedy (R. du)	AY	29
Raspail (R.)	AY	
Rémicourt (Av. de)	BY	31
St-André (R.)	AY	32
Sellerie (R. de la)	BZ	33
Le Sérurier (R.)	AY	23
Sous-Préfecture (R. de la)	BZ	34
Thomas (R. A.)	AY	36
Toiles (R. des)	BZ	37
Verdun (Bd)	AZ	38
Zola (R. Émile)	AZ	
8-Octobre (Pl. du)	BZ	41

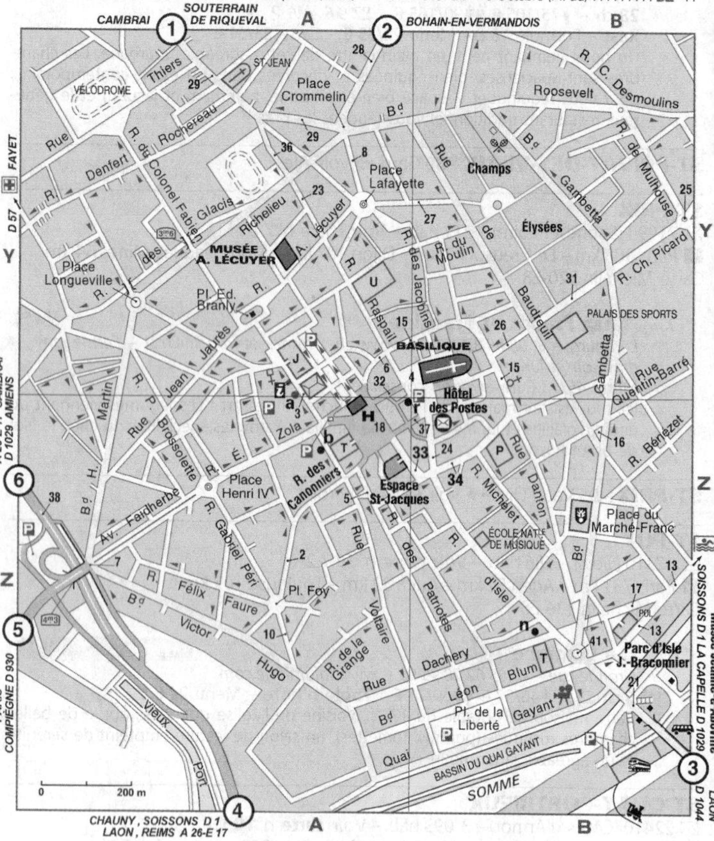

Le Grand Hôtel sans rest

6 r. Dachery – ✆ 03 23 62 69 77 – www.hotel-saint-quentin-aisne.com – Fermé 3 semaines en août, 1 semaine en déc. et 1 semaine en janv. Plan : BZ**n**

24 ch – †125/134 € ††135/144 € – ☕ 13 €

Cette grande bâtisse construite au pied de la colline propose des chambres de tailles variées, fonctionnelles et desservies par un ascenseur panoramique. Parking privé gratuit.

Mémorial sans rest

8 r. Comédie – ✆ 03 23 67 90 09 – www.hotel-memorial.com Plan : AZ**b**

18 ch – †49/83 € ††49/83 € – ☕ 9 €

Cet ancien hôtel particulier jouit d'une grande cour intérieure arborée. Chaque chambre a été rénovée avec goût : mobilier rustique, de style ou plus actuel.

Ibis sans rest
14 pl. Basilique – ✆ 03 23 67 40 40 – www.ibishotels.com Plan : ABZ**r**
76 ch – †62/81 € ††62/81 € – ☕ 10 €
Des chambres simples et bien tenues, derrière une élégante façade en briques rouges. Situation idéale pour une visite de la ville, face à la basilique.

Auberge de l'Ermitage
331 rte de Paris, 3 km par ⑤ – ✆ 03 23 62 42 80 – Fermé 3 semaines en août, 1 semaine en fév., sam. midi, dim. soir, lundi soir, mardi soir et merc.
Formule 24 € – Menu 28/62 €
Cette auberge a fière allure avec sa façade, sa terrasse et ses extérieurs joliment rénovés. Plaisante salle de style contemporain, petits plats traditionnels.

Le Rouget Noir
19 r. Victor-Basch – ✆ 03 23 62 44 44 – www.lerougetnoir.com – Fermé dim. soir
Formule 16 € 🍷 – Menu 28/35 € – Carte 31/47 € Plan : AYZ**a**
Face aux halles de la ville, un restaurant contemporain tout en... "rouge et noir". Cuisine traditionnelle concoctée avec de bons produits.

à Neuville-St-Amand 3 km par ③ et D 12 – ✉ 02100 – 893 hab.

Château
11 r. de la Fontaine – ✆ 03 23 68 41 82 – www.chateauneuvillestamand.com – Fermé 27 juil.-19 août, 21 déc.-6 janv., dim. soir, lundi et fériés
15 ch – †85 € ††97 € – ☕ 13 €
Rest *Château* – voir les restaurants ci-après
Quel calme... Le grand parc pour flâner et cette jolie maison de maître, accueillante et chaleureuse. Les chambres sont rustiques et propres, avec de grandes salles de bains.

Château
11 r. de la Fontaine – ✆ 03 23 68 41 82 – www.chateauneuvillestamand.com – Fermé 27 juil.-19 août, 21 déc.-6 janv., sam. midi, dim. soir, lundi et fériés
Menu 34 € (déj. en semaine), 64/72 € – Carte 44/76 €
Une demeure bourgeoise en pleine verdure : le lieu idéal pour savourer une cuisine traditionnelle de qualité. Tête de veau, rognons cuits dans leur graisse... Immuable certes, mais goûteux !

à Holnon 6 km par ⑥ et D 1029 – ✉ 02760 – 1 433 hab.

Le Pot d'Étain
D 1029 – ✆ 03 23 09 34 35 – www.lepotdetain.fr
30 ch – †63/110 € ††85/110 € – ☕ 10 € – ½ P
Rest – Formule 18 € 🍷 – Menu 22 € 🍷/42 € – Carte 40/65 € *(fermé dim. soir)*
À l'entrée du bourg, un hôtel-restaurant traditionnel fort bien tenu. Les chambres, toutes de plain-pied, donnent sur le jardin, au calme.

ST-QUENTIN-DE-CAPLONG

✉ 33220 (Gironde) – 248 hab. – **Voir carte n°4-C1**
Paris 571 km – Agen 106 km – Bordeaux 70 km – Périgueux 90 km
Carte Michelin 335-L6

La Girarde Ⓝ
Lieu-dit la Girarde, 4,5 km au Nord-Ouest par D 128 et D 18 rte de Gensac – ✆ 05 57 41 02 68 – www.lagirarde.com – Fermé 20 déc.-6 janv.
4 ch ☕ – †100/115 € ††105/120 € **Table d'hôte** – Menu 27 €
Une belle maison en pierre ayant jadis appartenu à Jean Carrive, l'un des fondateurs du mouvement surréaliste. Nous sommes ici en pleine nature, entre vignobles et forêt ; les chambres, spacieuses et cosy, donnent envie de ne plus repartir... d'autant que la table d'hôte met à l'honneur les petits producteurs de la région !

ST-QUENTIN-EN-YVELINES – 78 Yvelines ➜ voir Paris, Environs

ST-QUENTIN-LA-POTERIE – 30 Gard ➜ voir Uzès

ST-QUENTIN-SUR-LE-HOMME – 50 Manche ➜ voir Avranches

ST-QUIRIN

✉ 57560 (Moselle) – 783 hab. – **Voir carte n°27-D2**
▶ Paris 433 km – Baccarat 40 km – Lunéville 56 km – Phalsbourg 34 km
Carte Michelin 307-N7

Hostellerie du Prieuré avec ch

163 r. du Gén.-de-Gaulle – ✆ 03 87 08 66 52 – www.saint-quirin.com – Fermé vacances de la Toussaint et de fév., 1 semaine en août, sam. midi, mardi soir et merc.
8 ch – 57/60 € 62/70 € – ☕ 9 € – ½ P
Formule 14 € – Menu 30/68 € – Carte 38/66 €
Les randonneurs du GR 5 apprécient cet ancien couvent du 18e s. où ils ne viennent plus faire pénitence... mais bombance ! Le chef s'en donne à cœur joie avec les produits du terroir (mirabelles, perche de Hampont, etc.) ; les portions sont généreuses. Et les chambres sont bien pratiques.

ST-RAMBERT-D'ALBON

✉ 26140 (Drôme) – 5 961 hab. – **Voir carte n°43-E2**
▶ Paris 522 km – Grenoble 93 km – Lyon 59 km – Valence 53 km
Carte Michelin 332-B2

Golf d'Albon

au golf d'Albon-Senaud, 4 km au Sud par N 7 et D 122 A – ✆ 04 75 03 03 90 – www.golf-albon.com – Fermé dim. soir
30 ch ☕ – 109/124 € 118/134 € – ½ P
Rest – Formule 17 € – Menu 20/32 € – Carte 21/54 €
À proximité immédiate du golf, cet hôtel est parfait pour ceux dont la main est greffée à un club ! Les chambres sont spacieuses ; certaines disposent même de lits king size. Au restaurant, cuisine traditionnelle face au green.

Domaine des Buis

5 km au Sud par N 7 et D 132, rte de St-Martin-des-Rosiers – ✆ 04 75 03 14 14 – www.domaine-des-buis.com – Fermé en nov., en déc. et en fév.
8 ch – 99/126 € 99/126 € – ☕ 12 € – ½ P **Table d'hôte** – Menu 30 €
Une demeure du 18e s. au milieu des collines... La nuit venue, le calme est absolu. Fenêtres ouvertes sur le parc, l'odeur des magnolias pénètre dans les chambres, spacieuses et confortables. Dans le salon, le billard américain promet de beaux moments – tout comme les repas, concoctés par la maîtresse de maison.

ST-RAPHAËL

✉ 83700 (Var) – 33 603 hab. – **Voir carte n°41-C3**
▶ Paris 870 km – Aix-en-Provence 121 km – Cannes 42 km – Fréjus 4 km
Carte Michelin 340-P5 – Guide Vert Michelin Côte d'Azur

Accès et sorties : voir plan de Fréjus.

Continental sans rest

100 promenade René-Coty – ✆ 04 94 83 87 87 – www.hotels-continental.com – Ouvert de mars à début nov. Plan : Ze
44 ch – 99/145 € 122/269 € – ☕ 16 €
Pour poser ses valises face à la plage, au cœur de l'animation de la station, l'établissement est tout indiqué. Spacieuses, lumineuses et d'un bel esprit contemporain, les chambres se prêtent à de douces nuits... surtout côté mer !

Santa Lucia sans rest

418 Corniche-D'Or, par ① – ✆ 04 94 95 23 00 – www.hotelsantalucia.fr – Ouvert 15 mars-25 oct.
12 ch – 54/134 € 69/149 € – ☕ 8 €
Un établissement charmant, non seulement "tiré à quatre épingles" (l'entretien est très soigné) mais aussi décoré avec goût : chaque chambre évoque l'atmosphère d'un pays lointain, de la Chine au Kenya, en passant par Bali... Une réussite, qui ravira les âmes voyageuses !

ST-RAPHAËL

La Marina

port Santa-Lucia, (Palais des Congrès), par ① – ✆ 04 94 95 31 31 – www.hotel-lamarina.fr

100 ch – 🚹99/250 € 🚹🚹99/250 € – ☕ 15 €

Rest – Menu 21 € (semaine), 28/34 € – Carte 29/40 € *(fermé sam. et dim. de nov. à mars)*

Bel emplacement sur le port pour cet établissement, dont la plupart des chambres ouvrent sur le bassin de plaisance et sa myriade de mâts... L'hébergement est à la fois fonctionnel et confortable : un bon point de chute, qui donne envie de prendre le large !

Excelsior

193 bd Félix-Martin, (prom. René-Coty) – ✆ 04 94 95 02 42 – www.excelsior-hotel.com

Plan : Z**h**

34 ch – 🚹75/211 € 🚹🚹139/211 € – ☕ 13 €

Rest – Formule 25 € – Menu 33 € (déj. en semaine), 37/45 € – Carte 41/67 €

L'esprit de villégiature règne sur cette grande bâtisse blanche, née à la fin du 19e s. face à la plage... Très "classique contemporain", les chambres allient caractère et confort, et l'on peut profiter du bar de l'hôtel – une belle illustration du genre – et de la terrasse du restaurant, face à la Grande Bleue.

Le 21 sans rest
21 pl. Gallieni – ✆ 04 94 19 21 21 – www.le21-hotel.com Plan : Y**d**
28 ch – †78/145 € ††78/145 € – ☕ 10 €
Au n° 21 de la place Gallieni, un hôtel tout simple, fonctionnel et fort bien tenu : une bonne option, peu onéreuse, pour séjourner au cœur de la ville, non loin du port et des plages.

Elly's
54 r. de la Liberté – ✆ 04 94 83 63 39 – www.elly-s.com – Fermé en juin, 3 semaines en janv., le midi en juil.-août, dim. et lundi de sept. à juin
Formule 24 € – Menu 33/70 € – Carte environ 63 € Plan : Y**b**
Elly a grandi dans un restaurant en Bourgogne ; Franck a appris la cuisine dans sa Franche-Comté natale. Elle est pleine d'énergie, lui plus posé : le duo s'est parfaitement trouvé. Ils donnent un autre visage au "restaurant gastronomique" : à la fois confortable et pétillant, rigoureux, jeune et libre... On se sent bien ici !

La Brasserie Tradition & Gourmandise
6 av. de Valescure – ✆ 04 94 95 25 00 – www.labrasserietg.fr – Fermé 29 déc.-22 janv., dim. et fériés Plan : Y**r**
Formule 17 € – Menu 20 € (déj. en semaine) – Carte 26/42 €
Une brasserie à la mode contemporaine, avec une terrasse très fleurie – un havre de paix en centre-ville ! On y déguste une vraie cuisine canaille, bien ficelée et parfaitement dans l'esprit "tradition et gourmandise"... Le repaire des gourmands dans la station.

La Cave
23 r. Thiers – ✆ 04 94 95 79 62 – www.annuaire-saintraphael.com/restauration – Fermé dim. et lundi hors saison Plan : Y**t**
Formule 16 € – Menu 26 € (déj. en semaine), 36 € – Carte 35/53 €
Dans cette Cave, il est évidemment question de vins – en particulier de vins de la région, exposés à l'entrée –, mais plus largement de gourmandise : pile dans la mouvance (bon) bistrot contemporain, la carte fait profession de fraîcheur et met en appétit. Une petite adresse à dénicher à deux pas du front de mer.

Les Voiles Ⓝ
Port Santa-Lucia, par ① – ✆ 04 94 40 39 15 – www.facebook.com/les.voiles.saint.raphael – Fermé janv., mardi sauf le soir en juil.-août et lundi
Formule 16 € – Menu 29 € – Carte 40/50 €
Sur le port de plaisance, vous aurez envie de tout... sauf de mettre les voiles ! De fait, dans ce restaurant au décor marin, on admire à loisir les bateaux... tout en s'offrant une jolie traversée gourmande : au menu, une cuisine du marché soignée et parfumée, à l'image de cette savoureuse terrine aux légumes et à la brousse.

à Valescure 5 km au Nord-Est – ✉ 83700

Golf Hôtel de Valescure
55 av. Paul-L'Hermite, (au golf) – ✆ 04 94 52 85 00 – www.valescure.najeti.fr
62 ch – †110/215 € ††110/215 € – 8 suites – ☕ 15 € – ½ P
Rest *Les Pins Parasols* – voir les restaurants ci-après
Rest *Club House* ✆ 04 94 52 85 03 – – Menu 18 € 🍷/27 € – Carte 32/53 € *(fermé le soir)*
Pour un séjour golf – mais pas seulement –, ce complexe hôtelier moderne, tout près des greens, propose de belles prestations : chambres spacieuses, décor contemporain, grande piscine... et deux restaurants, dont le Club House établi dans l'ancien pavillon de la Norvège pour l'Exposition universelle de 1900 !

La Chêneraie sans rest
167 av. des Gondins – ✆ 04 94 44 48 84 – www.lacheneraie.com – Ouvert de début mars à mi-nov.
10 ch – †100/190 € ††100/190 € – ☕ 15 €
Cette demeure de 1890 aurait presque des allures de maison d'hôtes. Décorées avec goût, les chambres mêlent ancien, moderne et tons reposants. Piscine et beau jardin au calme.

XX **Le Jardin de Sébastien**

599 av. des Golfs – ✆ 04 94 44 66 56 – Fermé 3 semaines en nov., mardi midi et sam. midi en juil.-août, dim. soir et merc. midi de sept. à juin et lundi
Formule 23 € – Menu 30/51 € – Carte 41/60 €
Près des golfs de Valescure, une villa méditerranéenne cernée par les pins et les mimosas… Un couple charmant préside à ses destinées, madame en salle, monsieur aux fourneaux, avec le souci de la qualité chevillé au corps : sa cuisine exhale les doux et frais parfums de la Provence...

XX **Les Pins Parasols** – Golf Hôtel de Valescure

55 av. Paul-L'Hermite, (au golf) – ✆ 04 94 52 85 00 – www.valescure.najeti.fr – Fermé le midi
Formule 18 € – Menu 39/58 € – Carte 58/82 €
Une terrasse sous les pins, face à la piscine, et une salle qui réinvente le répertoire provençal dans un camaïeu de gris et d'aubergine... Un peu à l'image de la carte, qui mêle tradition et invention, tel un foie gras en escalope pressée aux pépites de chocolat, caramel au beurre salé.

X **La Table d'Emi**

rte des Golfs, (angle r. Jean-Rostand) – ✆ 04 94 44 63 44 – www.latabledemi.fr – Fermé 31 déc.-23 janv., merc. soir et dim. soir de sept. à juin et lundi
Formule 20 € – Menu 26 € (déj. en semaine), 34/50 € – Carte 40/53 €
Dans un quartier résidentiel, au bord d'une route bordée de mimosas, le nom de cette ancienne maison particulière rend hommage à Emilia, la fille des propriétaires. En retour de cette belle attention, celle-ci a notamment signé les grands tableaux colorés qui ornent les murs. La cuisine, elle, rend hommage au Sud...

ST-RÈGLE – 37 Indre-et-Loire ➜ voir Amboise

ST-RÉMY – 71 Saône-et-Loire ➜ voir Chalon-sur-Saône

ST-RÉMY – 21 Côte-d'Or ➜ voir Montbard

ST-RÉMY-DE-CHARGNAT – 63 Puy-de-Dôme ➜ voir Issoire

ST-RÉMY-DE-PROVENCE

✉ 13210 (Bouches-du-Rhône) – 10 617 hab. – **Voir carte n°42-E1**
▶ Paris 702 km – Arles 25 km – Avignon 20 km – Marseille 89 km
Carte Michelin 340-D3 – Guide Vert Michelin Provence

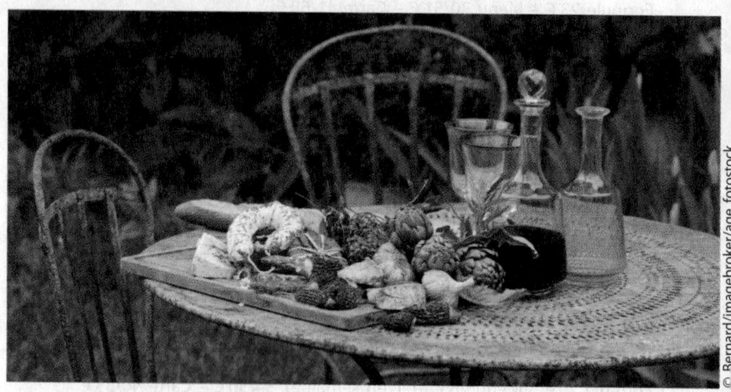

© Bernard/imagebroker/age fotostock

Hôtels

Le Château des Alpilles

2 km à l'Ouest par D 31 – ✆ 04 90 92 03 33 – www.chateaudesalpilles.com – Fermé 3 janv.-13 mars
18 ch – 🚹210/630 € 🚹🚹210/630 € – 3 suites – ☕ 24 €
Rest *Le Château des Alpilles* – voir les restaurants ci-après
Superbe demeure du 19e s. décorée avec goût, dans un parc aux platanes centenaires. Chambres classiques au château, contemporaines dans les annexes : mas, lavoir, chapelle... Impossible de ne pas trouver son bonheur !

Château de Roussan

rte de Tarascon, 3 km par D 99 – ✆ 04 90 90 79 00 – www.chateauderoussan.com
16 ch – 🚹185/305 € 🚹🚹185/305 € – 4 suites – ☕ 20 € – ½ P
Rest *La Table de Roussan* – voir les restaurants ci-après
Les cactus prennent le soleil dans la magnifique serre du 19e s., tandis que les carpes ondoient dans le bassin... Raffinement, élégance et douceur de vivre dans ce beau château des 17e et 18e s. !

Le Vallon de Valrugues & Spa

chemin Canto Cigalo, 1 km par ② – ✆ 04 90 92 04 40 – www.vallondevalrugues.com
A/C ch,
48 ch – 🚹220/1400 € 🚹🚹220/1400 € – 1 suite – ☕ 23 € – ½ P
Rest *Marc de Passorio* – voir les restaurants ci-après
Rest *Le "V"* – Formule 29 € – Menu 34 € – Carte 50/73 €
Dans un quartier résidentiel, une grande villa entourée d'un beau jardin arboré avec piscine. Les chambres, provençales ou contemporaines, le spa et les restaurants participent au sentiment d'exclusivité...

Hôtel de l'Image

36 bd Victor-Hugo – ✆ 04 90 92 51 50 – www.hoteldelimage.com – Ouvert de fin mars à début nov.
Plan : Z**x**
25 ch – 🚹200/350 € 🚹🚹200/350 € – 7 suites – ☕ 22 € – ½ P
Rest *Les Terrasses de l'Image* – Formule 29 € – Menu 34 € – Carte 53/70 €
Drôle de destin que celui de cet ancien cinéma et music-hall devenu un hôtel design ! Les chambres, aux lignes épurées, disposent pour la moitié d'une terrasse. À noter : une originale suite-cabane dans un arbre et un amusant labyrinthe dans le parc. Cuisine locavore au restaurant.

Gounod sans rest

18 pl. de la République – ✆ 04 90 92 06 14 – www.hotel-gounod.com
– Ouvert d'avril à oct. Plan : Z**a**

29 ch – 110/205 € 145/205 €

Charles Gounod composa ici son opéra Mireille. Décor d'inspiration baroque, exubérant et haut en couleurs. Jardin, piscine et bon petit-déjeuner servi dans le salon de thé cosy.

Le Mas des Carassins ch, ch,

1 chemin Gaulois, 1 km par ③ – ✆ 04 90 92 15 48 – www.masdescarassins.com
– Fermé 30 nov.-19 déc. et 4 janv.-28 fév.

19 ch – 99/148 € 139/219 € – 3 suites

Rest – Menu 35 € *(fermé le midi)*

Lavandes, citronniers, oliviers, fontaines et bassins, piscines... Dans un beau jardin se dressent ce mas du 19^{e}s. aménagé avec goût – jolies chambres provençales – et son annexe contemporaine, très confortable ("La Résidence"). Menu unique le soir au restaurant.

Mas Valentine (N)

44 rte de Noves, 3 km par ② – ✆ 04 90 90 14 91 – www.mas-valentine.com

12 ch – 230/430 € 230/430 €

Rest *Mas Valentine* – voir les restaurants ci-après

Sur la route de Noves, cette ancienne ferme – entièrement rénovée en 2012 – a un sacré cachet ! Les chambres sont joliment meublées et dotées, pour certaines, de petites terrasses. Aux beaux jours, on profite de la grande piscine. Parfait pour se ressourcer et tout oublier !

Sous les Figuiers sans rest

3 av. Taillandier – ✆ 04 32 60 15 40 – www.hotel-charme-provence.com
– Fermé 6 janv.-18 mars Plan : Y**b**

14 ch – 72/180 € 92/180 € – 14 €

Un petit hôtel de charme aux chambres raffinées (boutis, meubles chinés – le tout sans télévision), certaines avec terrasse... sous les figuiers. Le petit-déjeuner est délicieux ! À noter : la piscine est petite. Cours de peinture.

ST-RÉMY-DE-PROVENCE

Commune (R.) . . . . **Z** 2
Estrine (R.) . . . . **YZ** 3
La-Fayette (R.) . . . . **Z** 6
Hoche (R.) . . . . **Z** 4
Libération (Av. de la) . . . . **Y** 7
Mauron (Av. Ch.) . . . . **Y** 8
Mirabeau (Bd) . . . . **YZ** 9
Nostradamus (R.) . . . . **Y** 10
Parage (R.) . . . . **Y** 12
Pelletan (R. C.) . . . . **YZ** 14
Résistance (Av.) . . . . **Z** 15
Roux (R.) . . . . **Z** 16
Salengro (R. R.) . . . . **Y** 18
8 Mai 1945 (R. du) . . . . **Z** 20

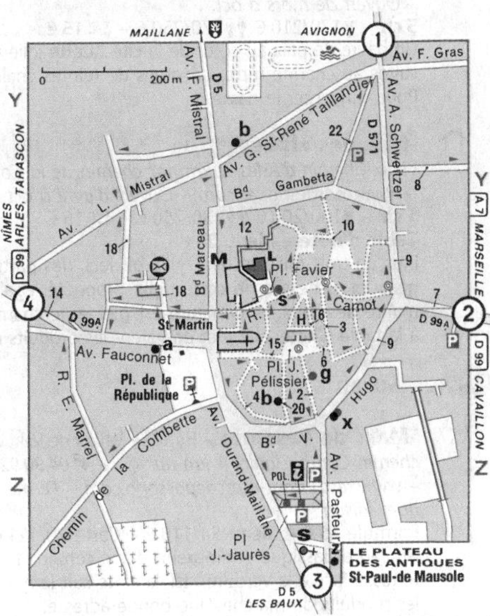

Hôtel du Soleil sans rest
35 av. Pasteur – ✆ 04 90 92 00 63 – www.hotelsoleil.com Plan : Z**z**
24 ch – 89/93 € 109/129 € – 3 suites – 10 €
Du soleil, du calme, des toits de tuiles, quelques murs en pierre... et l'esprit de la Provence. L'établissement s'organise autour d'une vaste cour, arborée et avec piscine. Chambres coquettes et confortables.

Canto Cigalo sans rest
8 chemin Canto-Cigalo, 1 km par ② – ✆ 04 90 92 14 28 – www.cantocigalo.com – Ouvert de mi-fév. à début nov.
20 ch – 68/97 € 68/97 € – 9 €
Dans un quartier résidentiel calme, un petit hôtel à la tenue irréprochable. Il fait bon profiter de la piscine et de la terrasse face aux Alpilles. Une adresse idéale pour entendre... le chant des cigales.

L'Amandière sans rest
av. Théodore-Aubanel, (dite plaisance du Touch), 1 km par ① puis rte Noves – ✆ 04 90 92 41 00 – www.hotel-amandiere.com
26 ch – 76/95 € 76/95 € – 9 €
Villa moderne de style provençal dans un agréable jardin arboré et fleuri. Chambres paisibles et pimpantes avec balcon ou terrasse. Petit-déjeuner servi dans le jardin d'hiver.

Le Mas St-Joseph sans rest
271 rte de Maillane, par D 5 – ✆ 04 90 92 13 43 – www.hotel-mas-saint-joseph.com
11 ch – 79/150 € 79/150 € – 2 suites – 10 €
Ne vous arrêtez pas à l'environnement – à côté d'un supermarché – de cet hôtel, une fois à l'intérieur vous aurez tôt fait de l'oublier ! L'établissement, entièrement rénové ces dernières années, dispose de chambres charmantes et bien insonorisées. Et pour se détendre, rien de mieux qu'un plongeon dans la piscine.

La Maison du Village sans rest
10 r. du 8-mai-1945 – ✆ 04 32 60 68 20 – www.lamaisonduvillage.com – Ouvert de mars à oct. Plan : Z**b**
5 ch – 170/210 € 170/250 € – 15 €
Un havre de paix au cœur de la cité... Cette jolie maison du 18e s. abrite de belles suites au charme rétro, décorées de teintes chaleureuses (écru, parme, pourpre). Pour réinventer le passé...

Mas des Figues
Vieux-Chemin-d'Arles, 3 km par chemin de la Combette – ✆ 04 32 60 00 98 – www.masdesfigues.com – Ouvert d'avril à oct.
5 ch – 100/200 € 130/250 € – 15 €
Table d'hôte – Menu 29 €
Plus de trois mille rosiers, mille oliviers, des parterres de lavande, un vaste potager... les richesses de cette belle propriété, également ornée des sculptures du maître des lieux. La demeure est pleine de charme et regarde les Alpilles. Quant à la table d'hôte, elle met en valeur les produits maison !

Restaurants

Marc de Passorio – Hôtel Le Vallon de Valrugues & Spa
chemin Canto Cigalo, 1 km par ② – ✆ 04 90 92 04 40 – www.restaurant-marcdepassorio.com – Fermé dim. soir, mardi midi et lundi hors saison
Formule 35 € – Menu 54/118 € – Carte 70/121 € *(réservation conseillée)*
Un cadre classique et empreint d'une certaine fraîcheur, en particulier sur la belle terrasse face à la verdure... Ici, la carte suit le rythme des saisons et met en valeur les produits du marché. Une bonne adresse.

XX **Le Château des Alpilles** – Hôtel Le Château des Alpilles

2 km à l'Ouest par D 31 – ✆ 04 90 92 03 33 – www.chateaudesalpilles.com – Fermé 3 janv. au 13 mars, jeudi midi hors saison et merc.

Formule 25 € – Menu 48 € (déj. en semaine) – Carte 50/65 €

Entre chic bourgeois et design seventies, la table du Château des Alpilles mêle les styles ! Sur la carte, recettes classiques et inspiration méridionale font bon ménage. L'été, on mange au bord de la piscine.

XX **Mas de l'Amarine** Ⓝ avec ch — rest, ch, ch,

ancienne voie Aurélia, 2 km par ③ et av. Folco de Baroncelli – ✆ 04 90 94 47 82 – www.mas-amarine.com – Fermé 17 nov.-3 déc., 13 janv.-6 mars, lundi et mardi sauf le soir de fin juin à début sept.

5 ch – †180/360 € ††180/360 € – ☐ 20 €

Formule 29 € – Menu 35 € – Carte 57/75 €

Ancienne ferme du 18e s., maison de l'artiste Roger Bezombes au 20e s., puis restaurant... Au Mas de l'Amarine, on propose une savoureuse cuisine de saison, à l'instar de ces savoureuses fleurs de courgettes farcies à la chair de tourteau et accompagnées d'une émulsion à la citronnelle. Cadre design.

XX **La Table de Roussan** – Hôtel Château de Roussan

rte de Tarascon, 3 km par D 99 – ✆ 04 90 90 79 03 – www.chateauderoussan.com – Fermé 1 semaine en nov., le midi, dim. soir et lundi hors saison

Menu 39/60 € – Carte 40/60 €

Gaspacho de petits pois, carré d'agneau en croûte de cacahuète, homard bleu rôti à la vanille... Dans cet élégant restaurant au cadre intime, on fait une plongée gourmande dans l'air du temps !

XX **La Maison Jaune** (François Perraud)

✿ *15 r. Carnot – ✆ 04 90 92 56 14 – www.lamaisonjaune.info – Ouvert 1er mars-31 oct. et fermé lundi sauf le soir en juil.-août, dim. de sept. à juin et mardi midi*

Plan : Y**s**

Menu 32 € (déj. en semaine), 42/72 € – Carte 58/86 €

Une cuisine provençale lumineuse et précise, les beaux parfums des produits de la région, des desserts délicats... François Perraud est un chef passionné, guidé par le souci de satisfaire les clients ! Joli décor et agréable terrasse à l'ombre d'un toit de tuiles du pays. ➜ Pistou de légumes et cocos, tomme de brebis. Poisson sauvage de Méditerranée en escabèche tiède. Tranches de chocolat amer, pomélo confit et parfait glacé à la noisette.

XX **Mas Valentine** Ⓝ – Hôtel Mas Valentine

44 rte de Noves, 3 km par ② – ✆ 04 90 90 14 91 – www.mas-valentine.com

Formule 28 € – Menu 32 € (déj.), 45/110 €

Dans cette ancienne ferme entièrement rénovée, on apprécie les saveurs provençales en y ajoutant une pointe de nouveauté. Ravioles de langoustine au gingembre, selle d'agneau farcie de tapenade noire... Ici, on fait la part belle aux produits de saison. Agréable terrasse à l'ombre des platanes.

X **L'Aile ou la Cuisse**

5 r. de la Commune – ✆ 04 32 62 00 25 – Fermé dim. soir et lundi de nov. à mi-fév.

Plan : Z**g**

Formule 19 € – Menu 25 € (déj.), 30/37 € – Carte 42/60 €

Hier réfectoire d'un couvent, aujourd'hui bistrot avec comptoir en bois, mobilier ciré et joli petit patio. Une grande affiche de*L'Aile ou la Cuisse*trône sur l'un des murs de la salle... mais point de cuisine à la Tricatel dans l'assiette !

à Eyragues 6,5 km par ① , D 571 – ✉ 13630 – 4 170 hab.

XX **Le Pré Gourmand**

175 av. Marx-Dormoy – ✆ 04 90 94 52 63 – www.restaurant-lepregourmand.com – Fermé vacances de la Toussaint, dim. soir et lundi soir de sept. à juin, sam. midi et lundi midi

Formule 25 € 🍷 – Menu 27 € (semaine), 45/70 € – Carte 63/74 €

De la terrasse, on aperçoit un pré fleuri, tandis que la carte, alléchante, rend gourmand ! Cuisine soignée, à base de produits de saison, relevée d'herbes et de fleurs.

au Domaine de Bournissac 11 km par ②, D 30 et D 29 – ✉ 13550 Paluds-des-Noves

La Maison de Bournissac

montée d'Eyragues – ✆ 04 90 90 25 25 – www.lamaison-a-bournissac.com – Fermé 2-22 janv.

10 ch – 145/165 € 145/165 € – 3 suites – 17 €

Rest *La Maison de Bournissac* – voir les restaurants ci-après

Un long chemin serpentant parmi vignes et oliviers... et tout en haut, ce mas du 14e s. qui domine le Luberon, les Alpilles et le Ventoux. Un ravissement ! Les chambres offrent le charme simple – et si séduisant – de la Provence.

La Maison de Bournissac (Christian Peyre)

montée d'Eyragues – ✆ 04 90 90 25 25 – www.lamaison-a-bournissac.com – Fermé 2-23 janv., lundi et mardi d'oct. à avril

Formule 33 € – Menu 47 € (dîner), 72/87 € – Carte 77/106 €

Pour déguster une belle cuisine du Sud dans le calme de la campagne provençale, loin de tout... Les sens en éveil – sous les figuiers l'été –, on se grise de saveurs méridionales raffinées et de produits de grande qualité. Décor élégant. ➜ Langoustine croustillante au basilic. Pigeon fermier rôti sur coffre, la cuisse en pastilla. Macaron framboise et rhubarbe.

à Verquières 11 km par ②, D 30 et D 29 – ✉ 13670 – 803 hab.

Le Croque Chou - La Table de Verquières

pl. de l'Église – ✆ 04 90 95 18 55 – www.le-croque-chou.fr – Fermé 28 sept.-9 oct., 17 fév.-8 mars, mardi midi du 22 juin au 6 sept., dim. soir et merc. soir du 6 sept. au 22 juin et lundi

Formule 26 € – Menu 31 € (semaine), 41/60 € – Carte 50/83 € *(réservation conseillée)*

On vous reçoit en famille, avec le sourire, dans cette ancienne bergerie transformée en auberge. Ici, on vient pour la cuisine du Sud, les produits bio et la belle carte de vins qui met en avant des domaines méconnus.

à Maillane 7 km au Nord-Ouest par D 5 – ✉ 13910 – 2 318 hab.

L'Oustalet Maïanen

16 av. Lamartine – ✆ 04 90 95 74 60 – Ouvert de début mars à fin nov. et fermé 6-9 juil., sam. midi et dim. soir sauf juil.-août, mardi midi en juil.-août et lundi

Formule 21 € – Menu 31/52 € – Carte 41/58 €

Face à la maison de Frédéric Mistral, un restaurant discret et agréable. Sous la tonnelle de vigne vierge ou dans le patio, les Mireille d'aujourd'hui savourent une cuisine gorgée de soleil, qui fait la part belle aux produits régionaux !

ST-RÉMY-DU-PLAIN

✉ 35560 (Ille-et-Vilaine) – 789 hab. – **Voir carte n°10-D2**

Paris 383 km – Fougères 40 km – Rennes 38 km – Saint-Malo 58 km

Carte Michelin 309-M4

La Haye d'Irée

1,5 km au Sud par D 90 puis D 12 – ✆ 02 99 73 62 07 – www.chateaubreton.com – Ouvert d'avril à oct.

4 ch – 100 € 120/140 €

Table d'hôte – Menu 25 €

Dans un grand parc (étang, piscine, roseraie), ce manoir en granit vous plonge dans une atmosphère typique : salon avec cheminée, pierres, poutres, chambres au mobilier ancien. Repas traditionnel (sur réservation) servi dans une salle rustique.

ST-RIQUIER – 80 Somme ➜ voir Abbeville

ST-ROMAIN

✉ 21190 (Côte-d'Or) – 234 hab. – **Voir carte n°7-A3**
Paris 330 km – Dijon 59 km – Chalon-sur-Saône 41 km – Le Creusot 50 km
Carte Michelin 320-I8 – Guide Vert Michelin Bourgogne

Domaine Corgette sans rest
r. de la Perrière – ✆ 03 80 21 68 08 – www.domainecorgette.com
5 ch – 🚹90/98 € 🚹🚹90/98 €
Au cœur de ce village typique, au cachet préservé, une maison de vigneron rénovée avec goût. Les chambres sont charmantes et claires : jolis tissus, mobilier patiné... Au petit-déjeuner, on se régale de confitures maison, puis on peut se faire masser (sur rendez-vous).

Les Roches avec ch
rest,
pl. de la Mairie – ✆ 03 80 21 21 63 – www.les-roches.fr – Fermé 17-27 août, 21 déc.-8 janv., 22 fév.-5 mars, mardi et merc.
8 ch – 🚹50 € 🚹🚹69 € – 12 € Menu 29 € – Carte 28/39 €
Un bistrot simple et accueillant, pour savourer une cuisine du terroir bien copieuse et des plats canailles soignés, le tout à l'ardoise. La signature de la maison ? La tatin d'oreilles de cochon à la sauge ! Ici, on mange bien et il y a même quelques chambres sobres et pratiques pour l'étape.

ST-ROMAIN-LE-PUY – 42 Loire → voir Montbrison

ST-ROMAN-DE-BELLET – 06 Alpes-Maritimes → voir Nice

ST-ROME-DE-TARN

✉ 12490 (Aveyron) – 861 hab. – **Voir carte n°29-D2**
Paris 660 km – Millau 21 km – Rodez 68 km – Toulouse 170 km
Carte Michelin 338-J6

Les Raspes
ch,
av. Denis Affre – ✆ 05 65 58 11 44 – www.les raspes-12.com – Fermé 2 janv.-2 fév., sam. et dim. de nov. à mars
16 ch – 🚹68/92 € 🚹🚹68/92 € – 10 € – ½ P
Rest – Menu 26/38 € – Carte 27/64 € *(fermé le midi)*
Derrière une façade en pierre, dans ce village perché au-dessus de la rivière, se cache cette petite auberge chaleureuse ; on s'y repose dans des chambres douillettes, sobres et soignées, et on profite du restaurant traditionnel, avant d'aller marcher dans le charmant jardin... le calme absolu !

ST-SATUR – 18 Cher → voir Sancerre

ST-SATURNIN

✉ 63450 (Puy-de-Dôme) – 1 024 hab. – **Voir carte n°5-B2**
Paris 438 km – Clermont-Ferrand 24 km – Cournon-d'Auvergne 18 km – Riom 37 km
Carte Michelin 326-F9 – Guide Vert Michelin Auvergne

Château Royal de Saint-Saturnin sans rest
pl. de l'Ormeau – ✆ 04 73 39 39 64 – www.chateaudesaintsaturnin.com – Ouvert 21 mars-11 nov.
5 ch – 🚹170/210 € 🚹🚹170/210 € – 15 €
L'histoire reste bien vivante dans ce noble château du 13e s. qui domine le village et la campagne auvergnate. Point de mœurs guerrières aujourd'hui, mais un cadre propice à chanter l'amour courtois : vieilles pierres, mobilier ancien, art contemporain...

ST-SATURNIN – 72 Sarthe → voir Mans

ST-SATURNIN-LÈS-APT

✉ 84490 (Vaucluse) – 2 658 hab. – **Voir carte n°42-E1**
Paris 728 km – Apt 9 km – Avignon 55 km – Carpentras 44 km
Carte Michelin 332-F10 – Guide Vert Michelin Provence

Domaine des Andéols avec ch
D2 – ✆ 04 90 75 50 63 – www.andeols.com – Ouvert 1er avril-15 nov.
10 ch – 184/950 € 184/950 € – 25 € – ½ P
Formule 25 € – Menu 35 € (déj.), 45/75 € – Carte 55/90 €
Un lieu magique au cœur du Luberon : cadre ultrachic et belles saveurs italiennes réinventées avec maestria. Appartements-maisons spectaculaires (œuvres d'art et mobilier design), certaines avec piscine privative. Espace détente haut de gamme.

ST-SAUD-LACOUSSIÈRE

✉ 24470 (Dordogne) – 868 hab. – **Voir carte n°4-C1**
Paris 443 km – Brive-la-Gaillarde 105 km – Châlus 23 km – Limoges 57 km
Carte Michelin 329-F2

Hostellerie St-Jacques
10 rte du Grand Etang – ✆ 05 53 56 97 21 – www.hostellerie-saint-jacques.com – Ouvert 26 fév.-28 nov. et 25 déc.-1er janv.
12 ch – 80/160 € 80/160 € – 1 suite – 14 € – ½ P
Rest *Hostellerie St-Jacques* – voir les restaurants ci-après
Ancienne halte des pèlerins de Compostelle, cette maison tapissée de lierre n'est en rien austère : chambres au décor précieux, piscine et jardin fleuri... Du caractère !

Hostellerie St-Jacques
10 rte du Grand Etang – ✆ 05 53 56 97 21 – hostellerie-saint-jacques.com – fermé 30 nov.-25 déc., 1er janv.-28 fév., dim. soir, lundi et mardi midi sauf fériés et saison d'été
Menu 27 € (semaine), 39 € /68 € – Carte environ 61 €
Carpaccio de veau, cubisme de coq au vin, espuma de choux fleurs, etc. Le chef réalise une cuisine du moment parfois un peu complexe, mais pleine de saveur... et accompagnée de bien jolis nectars. Aux beaux jours, direction la terrasse ombragée.

ST-SAUVANT – 17 Charente-Maritime ➜ voir Saintes

ST-SAVIN

✉ 38300 (Isère) – 3 566 hab. – **Voir carte n°44-B2**
Paris 514 km – Bourg-en-Bresse 81 km – Grenoble 77 km – Lyon 47 km
Carte Michelin 333-E4

Les 3 Faisans Ⓝ
100 r. des Auberges – ✆ 04 74 28 92 57 – www.les3faisans.fr – Fermé 15-25 juil., 19-30 oct., dim. soir, mardi et merc.
Menu 24/48 € – Carte 42/53 €
Aux pieds des vignes du côteau de la Rémonde, une coquette auberge abritant deux petites salles chaleureuses à la décoration moderne ; on peut aussi s'installer sur la jolie terrasse ombragée, pendant que mijotent en cuisine de délicieux plats au goût du jour, soignés, pleins de saveurs... et servis avec le sourire !

ST-SAVIN – 65 Hautes-Pyrénées ➜ voir Argelès-Gazost

ST-SEINE-L'ABBAYE

✉ 21440 (Côte-d'Or) – 360 hab. – **Voir carte n°8-C2**
Paris 289 km – Autun 78 km – Châtillon-sur-Seine 57 km – Dijon 28 km
Carte Michelin 320-I5 – Guide Vert Michelin Bourgogne

Hôtel de La Poste

17 r. Carnot – 03 80 35 00 35 – www.postesoleildor.fr – Fermé 22 déc.-5 janv. et 17 fév.-9 mars
15 ch – 59/79 € 68/90 € – 10 € – ½ P
Rest – Formule 17 € – Menu 27/42 € – Carte 31/49 € *(fermé lundi midi d'oct. à juin, sam. midi et dim. sauf fériés)*
Louis XIV aurait séjourné dans ce paisible relais de poste ; apprécierait-il aujourd'hui l'agréable piscine chauffée, les chambres décorées dans un joli style contemporain (à préférer aux plus anciennes, un peu vieille France) et le restaurant traditionnel au vrai cachet bourguignon ?

ST-SERNIN-SUR-RANCE

12380 (Aveyron) – 694 hab. – **Voir carte n°29-D2**
Paris 694 km – Albi 50 km – Castres 69 km – Lacaune 29 km
Carte Michelin 338-H7

Carayon

pl. du Fort – 05 65 98 19 19 – www.hotel-carayon.fr
55 ch – 45/55 € 45/55 € – 8 € – ½ P
Rest – Menu 14 € (déj.), 25/79 € – Carte 26/85 € *(fermé dim. soir, mardi midi et lundi sauf juil.-août et fériés)*
Sports, loisirs, cuisine du terroir ; tout est prévu dans cet hôtel familial. On a le choix entre les chambres simples et fonctionnelles du bâtiment principal ou les annexes du parc, plus originales (pigeonnier, maison de pêcheur, chalet et pavillon). Une bonne adresse pour un séjour prolongé dans la région.

ST-SERVAN-SUR-MER – 35 Ille-et-Vilaine ➜ voir St-Malo

ST-SILVAIN-BELLEGARDE

23190 (Creuse) – 210 hab. – **Voir carte n°25-D1**
Paris 413 km – Guéret 53 km – Limoges 148 km – Montluçon 75 km
Carte Michelin 325-K5

Les Trois Ponts

D 9 – 05 55 67 12 14 – www.lestroisponts.nl
5 ch – 65 € 90 € – ½ P **Table d'hôte** – Menu 29 €
Les propriétaires ? De sympathiques Hollandais qui ont eu un vrai coup de foudre pour ce moulin des bords de la Tardes... Ils l'ont rénové avec goût et souci de l'authenticité, pour en faire un lieu douillet et charmant. Atmosphère conviviale garantie autour de la superbe table d'hôte (légumes du potager).

ST-SORNIN

17600 (Charente-Maritime) – 296 hab. – **Voir carte n°38-B2**
Paris 500 km – Poitiers 167 km – Rochefort 26 km – La Rochelle 56 km
Carte Michelin 324-E5 – Guide Vert Michelin Poitou-Charentes

La Caussolière sans rest

10 r. du Petit Moulin – 05 46 85 44 62 – www.caussoliere.com – Ouvert d'avril à oct.
4 ch – 63/77 € 70/89 €
Cette belle maison en pierre – une ferme du 19e s. typiquement charentaise – s'ouvre sur un superbe jardin avec piscine ; les chambres sont chaleureuses (poutres, parquet ou terre cuite) et disposent toutes d'une entrée indépendante. Charme !

ST-SOZY

46200 (Lot) – 503 hab. – **Voir carte n°29-C1**
Paris 519 km – Cahors 75 km – Limoges 130 km – Toulouse 178 km
Carte Michelin 337-F2

Grangier

– 05 65 32 20 14 – www.hotel-grangier.com – Fermé en fév.
12 ch – 61/120 € 61/120 € – 8,50 € – ½ P
Rest – Menu 20/33 € – Carte 23/39 € *(fermé le midi, lundi et mardi)*
Une belle maison en pierre flanquée d'une tour, abritant des chambres bien tenues et confortables... L'été, on profite de la jolie piscine. Restaurant traditionnel.

ST-SULIAC

✉ 35430 (Ille-et-Vilaine) – 940 hab. – **Voir carte n°10-D1**
▶ Paris 396 km – Granville 87 km – Rennes 62 km – Saint-Malo 14 km
Carte Michelin 309-K3 – Guide Vert Michelin Bretagne Nord

La Ferme du Boucanier

2 r. de l'Hôpital – ✆ 02 23 15 06 35 – www.boucanier-et-cie.fr – Fermé fin déc. à début fév., merc. soir hors saison et mardi
Formule 16 € – Menu 30/46 € – Carte 36/55 € dîner *(réservation conseillée)*
Étonnante adresse que cette auberge de pays au décor de brocante. Dans sa cuisine ouverte sur la salle, le chef d'origine belge revisite les plats du terroir grâce aux épices et autres marinades, sans pour autant oublier quelques spécialités de son pays. Voilà un digne boucanier, non pas des mers mais des saveurs !

ST-SULPICE

✉ 81370 (Tarn) – 8 091 hab. – **Voir carte n°29-C2**
▶ Paris 666 km – Albi 46 km – Castres 54 km – Montauban 44 km
Carte Michelin 338-C8

Auberge de la Pointe

108 rte de Toulouse, D 988 – ✆ 05 63 41 80 14 – www.aubergedelapointe.fr – Fermé 1 semaine en mars, 1er-15 sept., 1er-15 déc., jeudi midi en juil.-août, mardi soir de sept. à juin, dim. soir et merc.
Formule 19 € – Menu 29/59 € – Carte 36/58 €
Une grande bâtisse blanche entre Albi et Toulouse : briques, poutres, carrelages anciens, et une immense cheminée... mais aussi une jolie terrasse qui paresse au bord du Tarn. Le cadre idéal pour découvrir une cuisine respectueuse du produit, savoureuse et légère, dont la présentation se révèle soignée et épurée.

ST-SULPICE-LE-VERDON

✉ 85260 (Vendée) – 901 hab. – **Voir carte n°34-B3**
▶ Paris 430 km – Cholet 51 km – Nantes 45 km – La Roche-sur-Yon 31 km
Carte Michelin 316-H6 – Guide Vert Michelin Poitou Vendée Charentes

Thierry Drapeau (N)

Le Logis de la Chabotterie, 3 km au Sud-Est par D 18 – ✆ 02 51 40 00 03 – www.thierry-drapeau.com
14 ch – †175/265 € ††175/265 € – 3 suites – ☕ 24 €
Rest ***Thierry Drapeau*** ✿✿ – voir les restaurants ci-après
En pleine campagne, cette bâtisse toute de bois vêtue semble ne vouloir faire qu'un avec la nature. Les chambres sont confortables et toutes climatisées ; pour se détendre, on se rend au sauna ou à la salle de massage. Un parfait complément à la table gastronomique de Thierry Drapeau.

Thierry Drapeau

✿✿

Le Logis de la Chabotterie, 3 km au Sud-Est par D 18 – ✆ 02 51 09 59 31 – www.thierry-drapeau.com – Fermé 1er-18 mars, 1er-16 juil., dim. soir, lundi et mardi
Menu 39 € 🍷 (déj. en semaine), 80/115 € – Carte 118/130 €
En mars 1796, Charette était arrêté dans cette commune par les troupes républicaines, ce qui marqua la fin du soulèvement de la Vendée. Point de heurts aujourd'hui en ces lieux, qui conjuguent même révolution et aristocratie : Thierry Drapeau met son sens de l'invention au service de saveurs… royales !
→ Artichaut de Macau. Cabillaud façon grenobloise. Millefeuille chocolat.

ST-SULPICE-SUR-LÈZE

✉ 31410 (Haute-Garonne) – 1 845 hab. – **Voir carte n°28-B2**
▶ Paris 709 km – Auterive 14 km – Foix 53 km – St-Gaudens 66 km
Carte Michelin 343-F5

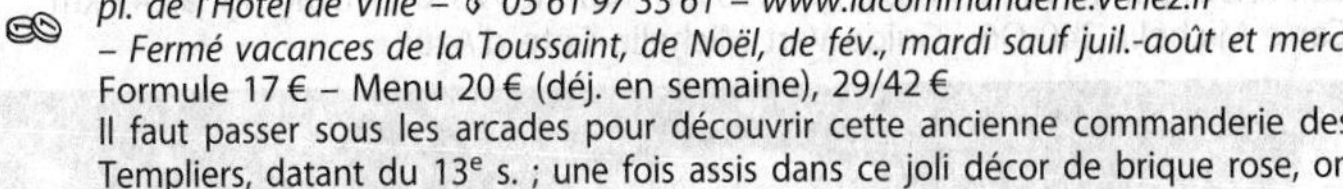

La Commanderie

pl. de l'Hôtel de Ville – ✆ 05 61 97 33 61 – www.lacommanderie.venez.fr
– Fermé vacances de la Toussaint, de Noël, de fév., mardi sauf juil.-août et merc.
Formule 17 € – Menu 20 € (déj. en semaine), 29/42 €
Il faut passer sous les arcades pour découvrir cette ancienne commanderie des Templiers, datant du 13e s. ; une fois assis dans ce joli décor de brique rose, on s'imprègne des splendeurs du passé en savourant une agréable cuisine d'aujourd'hui. Aux beaux jours, cap sur le jardin !

ST-THÉGONNEC

✉ 29410 (Finistère) – 2 648 hab. – **Voir carte n°9-B1**
▶ Paris 549 km – Brest 50 km – Châteaulin 50 km – Morlaix 13 km
Carte Michelin 308-H3 – Guide Vert Michelin Bretagne Nord

Auberge Saint-Thégonnec 

6 pl. de la Mairie – ✆ 02 98 79 61 18 – www.aubergesaintthegonnec.com
– Fermé 25-31 août, 21 déc.-5 janv. et dim. de sept. à mars
19 ch – 65/85 € 78/98 € – 10 € – ½ P
Rest *Auberge Saint-Thégonnec* – voir les restaurants ci-après
Presque en face de l'église et de son célèbre enclos paroissial, véritables bijoux du patrimoine régional, cette bâtisse en pierres apparentes est bien située ! On apprécie les chambres, fonctionnelles, la plupart côté jardin, ainsi que le parking privé.

Auberge Saint-Thégonnec 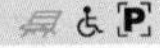

6 pl. de la Mairie – ✆ 02 98 79 61 18 – www.aubergesaintthegonnec.com
– Fermé 25-31 août, 21 déc.-5 janv., dim. midi de sept. à mars, lundi soir d'avril à août, sam. midi, dim. soir et lundi midi
Formule 25 € – Menu 30/47 € – Carte 33/56 €
Fleuron du patrimoine breton, le magnifique calvaire sculpté de St-Thégonnec (1610) vaut assurément le détour... Et la visite du village est d'autant plus agréable qu'une adresse s'impose à l'heure du repas : cette auberge où la tradition, la simplicité et la fraîcheur sont de mise. La cuisine aussi est patrimoine !

ST-THIBAULT – 18 Cher → voir Sancerre

ST-THOMÉ

✉ 07220 (Ardèche) – 400 hab. – **Voir carte n°44-B3**
▶ Paris 628 km – Lyon 165 km – Montélimar 19 km – Privas 46 km
Carte Michelin 331-J6

Bastide Saint Thomé sans rest 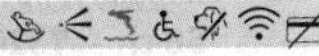

à Chasser, 1,5 km au Sud-Est par D 107 – ✆ 06 34 65 45 02
– www.bastide-saint-thome.com – Ouvert avril-sept.
4 ch – 95 € 95 €
Maison perchée sur une colline, avec une belle vue sur Saint-Thomé. Chambres claires, spacieuses et bien tenues. Petit-déjeuner en terrasse, piscine avec transats...

ST-TROJAN-LES-BAINS – 17 Charente-Maritime → voir Île d'Oléron

ST-TROPEZ

✉ 83990 (Var) – 4 532 hab. – **Voir carte n°41-C3**

▶ Paris 872 km – Aix-en-Provence 123 km – Cannes 73 km – Draguignan 47 km
Carte Michelin 340-O6 – Guide Vert Michelin Côte d'Azur

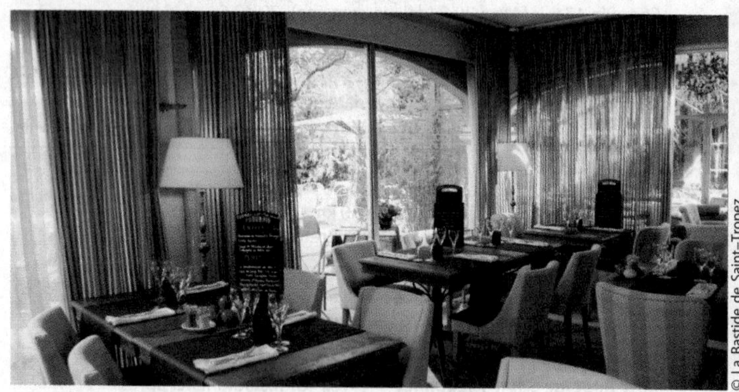

© La Bastide de Saint-Tropez

Hôtels

Byblos

av. Paul-Signac – ✆ 04 94 56 68 00 – www.byblos.com – Ouvert d'avril à oct.
91 ch – 🚹340/570 € 🚹🚹440/850 € – 45 suites – ☕ 35 € Plan : Z**d**
Rest *Rivea* – voir les restaurants ci-après
Rest *Le B.* ✆ 04 94 56 68 19 – – Menu 29 € (dîner)/72 € – Carte 62/96 €
Maisons colorées entrelacées de jardins et de patios : un village dans le village, un mythe à St-Tropez. Le spa est superbe, la boîte de nuit incontournable ; on peut "snacker" ou s'offrir un beau dîner. L'alliance du luxe et de la convivialité !

Résidence de la Pinède

plage de la Bouillabaisse, par ① – ✆ 04 94 55 91 00 – www.residencepinede.com – Ouvert 17 avril-18 oct.
35 ch – 🚹395/1400 € 🚹🚹395/1400 € – 4 suites – ☕ 40 €
Rest *La Vague d'Or* ✿✿✿ – voir les restaurants ci-après
Un beau bouquet de pins maritimes bien sûr, mais aussi une vue superbe sur le golfe, une plage privée avec son ponton, des chambres d'un très grand confort, etc. Tous les délices de la Côte d'Azur, vécus dans la plus douce intimité qui soit... pour des séjours inoubliables !

Hôtel de Paris Saint-Tropez Ⓝ

1 Traverse de la Gendarmerie – ✆ 04 83 09 60 00 – www.hoteldeparis-sainttropez.com – Fermé 9 janv.-26 fév. Plan : Z**b**
58 ch – 🚹320/640 € 🚹🚹320/640 € – 32 suites – ☕ 32 €
Rest *Café Suffren by Georges* – voir les restaurants ci-après
Rest *Le Roof* – Carte 62/102 € *(fermé le midi)*
Situé sur la place de l'ancienne gendarmerie, le dernier-né des palaces tropéziens n'a rien à envier à ses aînés. Ici, on joue la carte du design et, détail original, le patio est surmonté d'une piscine donnant sur le toit. Reste les chambres, spacieuses, qui ont toutes une thématique : Paris, les arts, St-Tropez, etc. Déjà culte !

La Bastide de St-Tropez

rte de Carles : 1 km par av. P. Roussel - Z – ✆ 04 94 55 82 55 – www.bastidesaint-tropez.com – Fermé 21 janv.-13 fév.
16 ch – 🚹307/840 € 🚹🚹307/840 € – 10 suites – ☕ 29 € – ½ P
Rest *L'Olivier* – voir les restaurants ci-après
Rest *Le Bistr'o* – Formule 33 € – Menu 39 € *(fermé 1er janv.-12 fév.)*
Atmosphère chic et feutrée dans cette maison tropézienne et ses quatre mas : mobilier chiné, pointe de baroque et soupçon provençal relevés d'un luxuriant jardin méditerranéen. Un havre de paix et de charme à l'écart du centre-ville.

Pan Deï Palais

52 r. Gambetta – ✆ 04 94 17 71 71 – www.pandei.com – Fermé 3 nov.-18 déc.
10 ch – 🚹200/1265 € 🚹🚹200/1265 € – 2 suites – ☕ 32 € Plan : Z**v**
Rest *Pan Deï Palais* – voir les restaurants ci-après
Une demeure construite en 1835, présent d'un général napoléonien à son épouse indienne. Ici règne un élégant parfum d'exotisme : tissus chamarrés, bois précieux, hammam... Sérénité !

Le Yaca

1 bd Aumale – ✆ 04 94 55 81 00 – www.hotel-le-yaca.fr – Ouvert 17 avril-5 oct.
32 ch – 🚹255/345 € 🚹🚹295/795 € – 2 suites – ☕ 28 € Plan : Y**e**
Rest – Carte 60/82 € *(fermé lundi sauf de juil. à sept. et le midi)*
Cet hôtel de charme (18ᵉs.), le premier de St-Tropez, fut et demeure le refuge des artistes (P. Signac, Colette, B. Bardot, etc.). Chambres soignées : tomettes, meubles anciens... Inventive cuisine italienne servie sur une terrasse intime, autour de la piscine.

Villa Cosy sans rest

22 chemin de la Belle-Isnarde, par r. de la Résistance Z – ✆ 04 94 97 57 18 – www.villacosy.com
11 ch – 🚹190/800 € 🚹🚹190/800 € – 1 suite – ☕ 25 €
Sur les hauteurs, un hôtel d'esprit maison d'hôte, dont les chambres, minimalistes (béton ciré, tons beige et chocolat), ouvrent sur la piscine. Petite restauration au bar.

La Ponche

5 r. des Remparts, (pl. Revelin) – ✆ 04 94 97 02 53 – www.laponche.com – Ouvert 14 fév.- 1ᵉʳ nov. Plan : Y**v**
15 ch – 🚹180/350 € 🚹🚹210/410 € – 3 suites – ☕ 22 €
Rest *La Ponche* – voir les restaurants ci-après
Ces anciennes maisons de pêcheurs, dans le pittoresque quartier de la Ponche, firent le bonheur de Romy Schneider, entre autres personnalités. Mobilier, tissus, vue sur les toits de tuiles... l'esprit de la région s'exprime dans chaque chambre.

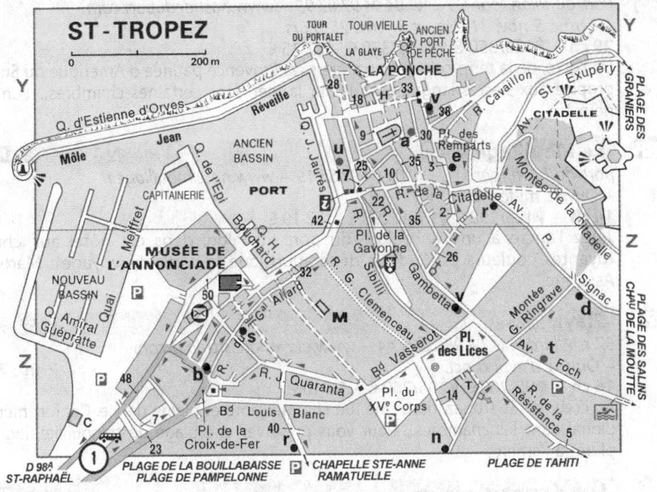

En saison: zone piétonne dans la vieille ville.

Aire du Chemin (R.)	Y 2	Herbes (Pl. aux)	Y 17	Péri (Quai Gabriel)	Z 32
Aumale (Bd d')	Y 3	Hôtel de ville (Pl. de l')	Y 18	Ponche (R. de la)	Y 33
Belle Isnarde (Rte de la)	Z 5	Laugier (R. V.)	Y 22	Portail Neuf (R. du)	YZ 35
Blanqui (Pl. Auguste)	Z 7	Leclerc (Av. Général)	Z 23	Remparts (R. des)	Y 38
Clocher (R. du)	Y 9	Marché (R. du)	Y 25	Roussel (Av. Paul)	Z 40
Commerçants (R. des)	Y 10	Miséricorde (R.)	Z 26	Suffren (Quai)	Y 42
Grangeon (Av.)	Z 14	Mistral (Quai Frédéric)	Y 28	8-Mai-1945 (Av. du)	Z 48
Guichard (R. du Cdt)	Y 15	Ormeau (Pl. de l')	Y 30	11-Novembre (Av. du)	Z 50

Y sans rest

2 av. Paul-Signac – ✆ 04 94 55 55 15 – www.hotel-le-yaca.fr
– Ouvert 22 mai-5 oct. Plan : Y**z**
11 ch – 🚹275/385 € 🚹🚹375/565 € – 2 suites – ☕ 28 €
Jolie bâtisse ocre postée au pied de la citadelle... Chambres contemporaines très confortables (meubles d'inspiration années 1960 du designer italien Gio Ponti).

Pastis sans rest

75 av. Gén.-Leclerc, par ① – ✆ 04 98 12 56 50 – www.pastis-st-tropez.com
– Ouvert 1er avril-2 nov.
9 ch – 🚹175/750 € 🚹🚹175/750 € – ☕ 20 €
Chaque pièce de cet hôtel est superbe : mobilier ancien, provençal, contemporain, tableaux, objets d'art. Chambres plus calmes côté piscine et jardin avec palmiers centenaires.

Le Mandala sans rest

av. Paul-Signac , (angle av. Foch) – ✆ 04 94 97 68 22 – www.lemandala.net
12 ch – 🚹190/850 € 🚹🚹190/850 € – 1 suite – ☕ 20 €
Design contemporain aux lignes épurées, tons blanc et gris, terrasse paysagère et petit bassin de nage : un Mandala très zen, propice au repos et à la médidation.

Hôtel des Lices sans rest

av. Augustin-Grangeon – ✆ 04 94 97 28 28 – www.hoteldeslices.com
– Ouvert 7 avril-2 nov. Plan : Z**n**
40 ch – 🚹145/375 € 🚹🚹145/375 € – 1 suite – ☕ 17 €
Près de la place des Lices, cette adresse familiale distille une atmosphère délicieusement provençale, pleine de cachet et de vie. Sous le soleil exactement.

La Bastide du Port sans rest

Port du Pilon, par ① – ✆ 04 94 97 87 95 – www.bastideduport.com
– Fermé 5 nov.-31 déc. et 5 janv.-25 mars
29 ch – 🚹135/350 € 🚹🚹135/350 € – ☕ 15 €
De l'ocre, de la terre cuite, des palmiers : la Provence patinée d'Amérique du Sud, propice aux siestes languides. Vue sur la mer dans certaines chambres... Lumineux !

Le Mouillage sans rest

port du Pilon, par ① – ✆ 04 94 97 53 19 – www.hotelmouillage.fr
– Ouvert mi-fév. à mi-nov.
14 ch – 🚹125/298 € 🚹🚹125/298 € – ☕ 19 €
Jetez l'ancre à une encablure du port du Pilon, dans cet hôtel aux chatoyantes couleurs du Sud. La décoration joue la carte du voyage : Maroc, Asie, etc.

Playa sans rest

57 r. Allard – ✆ 04 98 12 94 44 – www.playahotelsttropez.com
– Ouvert d'avril à oct. Plan : Z**s**
16 ch – 🚹95/260 € 🚹🚹95/260 € – ☕ 10 €
Au cœur de St-Tropez, dans une rue commerçante et pleine de vie. Confort méridional dans les chambres... Pour vous préserver une plage de tranquillité, logez plutôt à l'arrière.

Lou Cagnard sans rest 

18 av. P.-Roussel – ✆ 04 94 97 04 24 – www.hotel-lou-cagnard.com
– Fermé 1er nov.-27 déc. Plan : Z**r**
19 ch – 🚹79/166 € 🚹🚹79/166 € – ☕ 11 €
Cette maison ancienne s'est dorée sous le cagnard et a pris de belles couleurs provençales. L'été, on prend le petit-déjeuner à l'ombre des mûriers et figuiers, à la fraîche.

Restaurants

La Vague d'Or – Hôtel Résidence de la Pinède
plage de la Bouillabaisse, par ① – ✆ 04 94 55 91 00 – www.residencepinede.com – Ouvert 17 avril-18 oct. et fermé le midi
Menu 245 € – Carte 200/300 €
Parcours fulgurant que celui d'Arnaud Donckele ! Ce jeune Normand rend aujourd'hui l'un des plus beaux hommages qui soient à… la Méditerranée. Comment rester insensible devant tant d'inspiration et d'exigence ? Des accords de saveurs enivrants, des produits rares qui sont la quintessence de la région, un service remarquable... La table d'un chef passionné par son art !
➜ Le "Chopin" de liche flanquée de riquette, tomates de plein champ et grenailles grillées à l'âtre. Agneau de Sisteron en deux services. Fines feuilles de fraises des étals varois et citron vert glacé.

Pan Deï Palais – Hôtel Pan Deï Palais
52 r. Gambetta – ✆ 04 94 17 71 71 – www.pandei.com – Fermé 3 nov.-18 déc., le midi (sauf résidents), lundi et mardi de janv. à mars Plan : Z**v**
Menu 59 € (dîner en semaine), 115/135 € – Carte 73/110 €
Dans ce palais placé sous le vocable de l'Asie, la cuisine se teinte d'exotisme et cultive un raffinement non dénué de grâce. Même inspiration côté décor, qui emprunte l'élégance de ses lignes à l'esthétique indienne.

Café Suffren by Georges Ⓝ – Hôtel de Paris Saint-Tropez
1 Traverse de la Gendarmerie – ✆ 04 83 09 60 00 – www.hoteldeparis-sainttropez.com – Fermé 9 janv.-26 fév. Plan : Z**b**
Carte 58/99 €
Un restaurant supervisé par Georges Blanc, qui passe ici tous les mois. Le midi, la carte est composée de salades et de grillades, tandis que celle du soir propose une cuisine dans l'air du temps... À apprécier dans une salle à la déco très design ou, l'été, sur la terrasse !

La Ponche – Hôtel La Ponche
3 r. des Remparts, (pl. Revelin) – ✆ 04 94 97 09 29 – www.laponche.com – Ouvert 14 fév.-1er nov. Plan : Y**v**
Menu 31/42 € – Carte 54/85 €
Soupe de poissons frais du bateau ; moules sauce provençale ; poêlée de ris de veau aux pleurotes ; tarte aux fruits de saison... On célèbre la tradition dans ce bel établissement qui cultive l'esprit provençal sans nostalgie.

L'Olivier – Hôtel La Bastide de St-Tropez
rte de Carles : 1 km par av. P. Roussel - Z – ✆ 04 94 55 82 55 – www.bastidesaint-tropez.com – Fermé 1er janv.-12 fév.
Menu 64 € – Carte 51/66 €
Cabillaud à l'huile d'olive et artichaut à la noisette et à la truffe, petits sablés à la framboise accompagnés d'une glace à la pistache… De belles saveurs dans le cadre feutré de l'hôtel La Bastide. Dans son genre très classique, la véranda est superbe, et la terrasse idéale pour les beaux jours.

Rivea – Hôtel Byblos
27 av. du Mar.-Foch – ✆ 04 94 56 68 20 – www.byblos.com – Ouvert d'avril à oct.
Carte 46/124 € *(dîner seult)* Plan : Z**t**
Au sein du Byblos, palace capital pour la chronique tropézienne, une table griffée Alain Ducasse, instigateur d'une cuisine ludique et contemporaine qui, ici, fait la part belle au terroir de la Riviera française sans oublier quelques saveurs italiennes. Cadre design, éclairage tamisé et terrasse sous les platanes...

Le Girelier
quai Jean-Jaurès – ✆ 04 94 97 03 87 – www.legirelier.fr – Ouvert 20 mars-30 oct. et 18 déc.-2 janv. Plan : Y**u**
Formule 27 € – Menu 34 € (déj.)/39 € – Carte 60/115 €
Sur le port, ce restaurant récemment rénové a atteint sa vitesse de croisière : poissons et crustacés ultrafrais simplement cuisinés à la plancha, bouillabaisse. Une bonne adresse.

X **Le Banh Hoï**

12 r. Petit-St-Jean – ✆ 04 94 97 36 29 – www.banhhoi.fr
– Ouvert 11 avril-5 oct. et fermé le midi Plan : Y**a**
Carte 51/65 €
Feutré... Lumière tamisée, murs et plafonds laqués de noir, bouddhas stylisés servent d'écrin à une sympathique cuisine parfumée, vietnamienne et thaïlandaise.

au Sud-Est par av. Foch - Z – ✉ 83990 St-Tropez

Sezz

151 rte des Salins, à 2 km – ✆ 04 94 55 31 55 – www.saint-tropez.hotelsezz.com
– Ouvert 18 avril-5 oct.
35 ch – †260/700 € ††360/900 € – 2 suites – ☕ 38 € – ½ P
Rest *Colette* – voir les restaurants ci-après
Le Sezz parisien s'exporte à St-Tropez : ultramoderne, design et ouvert au maximum sur l'extérieur pour profiter du climat... Dans chaque chambre : matériaux naturels et terrasse (avec douche extérieure). Un art de vivre très tendance !

La Tartane Saint-Amour ch, rest,

rte des Salins – ✆ 04 94 97 21 23 – www.saintamour-hotel.com
– Ouvert de mai à début oct.
24 ch – †320/600 € ††460/840 € – 4 suites – ☕ 31 € – ½ P
Rest – Formule 29 € – Carte 56/100 € *(fermé le midi)*
Chic, précieux, raffiné : un lieu idéal pour se ressourcer... Tons chauds, chambres thématiques (Afrique, Provence...) et beau hammam en mosaïque. Au restaurant, l'Asie se déguste dans un esprit lounge et baroque. Carte actuelle en terrasse ; bar à sushi le soir.

Benkiraï ch,

11 chemin du Pinet, à 3 km – ✆ 04 94 97 04 37 – www.charmandmore.com
– Ouvert de Pâques à mi-oct.
38 ch – †180/990 € ††180/990 € – 1 suite – ☕ 23 € – ½ P
Rest – Menu 45 € – Carte 46/66 €
Le designer Patrick Jouin a signé la déco du Benkiraï, mêlant lignes pures, blancheur immaculée, béton ciré et jeux de lumière... Même cadre minimaliste au restaurant, face à la piscine.

Le Pré de la Mer sans rest

rte des Salins, à 2 km – ✆ 04 94 97 12 23 – www.lepredelamer.fr
– Ouvert de Pâques à mi-oct.
13 ch – †230/410 € ††265/440 € – 1 suite – ☕ 22 €
Il y a le ciel, le soleil et le Pré de la Mer. Un endroit nature et cosy, où se ressourcer. Galets, boiseries, terrasses privatives, jardin fleuri, belle piscine et hammam : zen !

La Bastide des Salins sans rest

chemin des Salins, à 4 km – ✆ 04 94 97 24 57 – www.bastidedessalins.com
– Ouvert 1er mai-15 sept.
14 ch – †220/370 € ††280/510 € – ☕ 18 €
Un jardin et ses senteurs du Sud, le bleu saisissant de la piscine, la fraîcheur reposante du lin quand on regagne sa chambre... Les vacances rêvées dans une bien belle bastide.

XX **Colette** – Hôtel Sezz

151 rte des Salins, à 2 km – ✆ 04 94 44 53 11 – www.saint-tropez.hotelsezz.com
– Ouvert 18 avril-5 oct.
Menu 69/96 € – Carte 66/106 € *(fermé lundi et mardi de sept. à juin et le midi sauf dim.)*
Colette, qui avait une propriété à St-Tropez, aurait sans doute aimé cette table. Produits méditerranéens, épices lointaines, notes d'Asie : un panaché très subtil, dans un élégant décor contemporain (charmante terrasse).

au Sud-Est par av. Paul Roussel et rte de Tahiti - ✉ 83990 St-Tropez

Château de la Messardière
rte de Tahiti, à 2 km – ✆ 04 94 56 76 00 – www.messardiere.com – Ouvert 18 avril-26 oct.
65 ch – 300/1100 € 300/1100 € – 53 suites
Rest *Les Trois Saisons* – voir les restaurants ci-après
Rest *La Terrasse* – Menu 65 € – Carte 64/174 € *(fermé le midi)*
Niché dans un parc de 10 ha dominant la baie, un château de conte de fées (1890) aux teintes ensoleillées. Tout y est si brillant et impeccable, que l'on voudrait y pénétrer avec des patins de feutre ! Mention spéciale au magnifique spa.

La Ferme d'Augustin sans rest
plage de Tahiti, à 4 km ✉ 83350 Ramatuelle – ✆ 04 94 55 97 00 – www.fermeaugustin.com – Ouvert 20 mars-20 oct.
44 ch – 225/430 € 225/430 € – 2 suites – 20 €
Bien-être et authenticité provençale à 100 m de la plage de Tahiti. Chambres au décor soigné (boutis, mobilier chiné) et pleines de cachet. Jardin ombragé, petite restauration.

St-Vincent
ch, ch, rest,
à 4 km ✉ 83350 Ramatuelle – ✆ 04 94 97 36 90 – www.hotelsaintvincent.com – Ouvert 20 avril-12 oct.
20 ch – 120/315 € 120/315 € **Rest** – Carte 35/65 € *(résidents seult)*
Quatre maisons provençales au milieu des vignes et des lauriers-roses ! Quiétude, convivialité et touche de rusticité : un petit paradis bucolique... Saveurs ensoleillées, grillades et salades à déguster au bord de la piscine.

Mas Bellevue
ch, ch,
à 2 km – ✆ 04 94 97 07 21 – www.masbellevue.com – Ouvert 20 avril-15 oct.
46 ch – 165/360 € 165/360 € – 7 suites – ½ P
Rest – Menu 35 € – Carte 40/58 €
Mas Bellevue... Peut-on être plus explicite ? Sur les hauteurs de la baie de Pampelonne, quiétude provençale dans de grandes chambres (balcon) ou des roulottes. Minicarte à l'heure du déjeuner et choix plus étoffé le soir. Terrasse au bord de la piscine.

Les Trois Saisons – Hôtel Château de la Messardière
rte de Tahiti, à 2 km – ✆ 04 94 56 76 00 – www.messardiere.com – Ouvert 18 avril-26 oct. et fermé le midi
Menu 65/118 € – Carte 96/134 €
Moment de gastronomie dans le cadre très chic du château de la Messardière, en surplomb de la pinède et de la baie de Pampelonne... Un décor très "Riviera" pour une cuisine qui exalte les belles saveurs du Sud, dans la générosité du produit et des saisons.

rte de Ramatuelle par ① et D 93le – ✉ 83350 Ramatuelle

Villa Marie
ch,
chemin Val Rian – ✆ 04 94 97 40 22 – www.villamarie.fr – Ouvert début mai-début oct.
42 ch – 320/750 € 320/750 € – 2 suites – 32 € – ½ P
Rest – Carte 77/122 €
Raffinement, luxe et charme réunis sous le même toit en cette villa enchanteresse nichée dans une pinède dominant la baie de Pampelonne. Au séduisant restaurant : camaïeu de beige, touche baroque, vue sur les cuisines, terrasse ombragée et plats ensoleillés.

Muse
ch,
rte des Marres – ✆ 04 94 43 04 40 – www.muse-hotels.com – Ouvert avril à oct.
12 suites – 370/3600 € – 2 ch – 32 €
Rest *M* – Carte 50/120 €
Les Muses pourraient élire domicile dans ce domaine au charme infini ! Architecture en pierres sèches, jardin au naturel, aménagements ultradesign : un sommet d'élégance contemporaine et la dernière enclave... exclusive, aux portes de St-Tropez.

à l'Ouest par ① – ✉ 83580 Gassin

Villa Belrose

bd des Crêtes, à 3 km – ✆ 04 94 55 97 97 – www.villabelrose.com – Ouvert 24 avril-14 oct.
34 ch – †320/930 € ††420/1150 € – 3 suites – ☕ 35 € – ½ P
Rest *Villa Belrose* ✿ – voir les restaurants ci-après
Cette grande villa contemporaine embrasse la baie de St-Tropez ! Colorée et lumineuse, elle semble tutoyer le soleil... Les prestations sont superbes, soignées jusqu'au moindre détail (marbre italien, mobilier de style, grand confort, etc.).

Kube

rte de Saint-Tropez, à 2 km – ✆ 04 94 97 20 00 – www.kubehotel.com – Fermé de mi-nov. à fin janv.
39 ch – †265/975 € ††265/975 € – 2 suites – ☕ 30 € **Rest** – Carte 40/60 €
Face au golfe de St-Tropez, un hôtel design (mobilier en forme de cube) réservé à une clientèle ultrabranchée ! Enseigne lumineuse de trois mètres dans le jardin, piscine à débordement, DJ... Deux restaurants et quatre bars, dont le "Ice Kube" à - 7° C.

Mas de Chastelas

quartier Bertaud, à 4 km – ✆ 04 94 56 71 71 – www.chastelas.com – Ouvert avril-oct.
14 ch – †290/820 € ††290/820 € – 9 suites – ☕ 30 € – ½ P
Rest *La Table du Mas* – Carte 55/80 €
Voilà un endroit où il fait bon apprécier l'art de vivre provençal ! Dans un parc de 3 ha aux senteurs d'arbousiers, la bastide (18e s.) et ses deux villas abritent des chambres calmes et très cosy. Piscine, restaurant... Parfait pour une escapade romantique.

Domaine de l'Astragale

chemin de la Gassine, à 1,5 km – ✆ 04 94 97 48 98 – www.lastragale.com – Ouvert 16 mai-7 oct.
34 ch – †330/490 € ††330/490 € – 16 suites – ☕ 25 € **Rest** – Carte 52/112 €
Dans cette jolie villa colorée et ses annexes, on peut paresser au bord de trois piscines ! Chambres vastes, avec balcon ou terrasse. Agréables suites, certaines avec jacuzzi. Cuisine traditionnelle servie dans une salle bourgeoise ou sous un pavillon ouvert.

Villa Belrose – Hôtel Villa Belrose

✿ *bd des Crêtes, à 3 km – ✆ 04 94 55 97 97 – www.villabelrose.com – Ouvert 24 avril-14 oct. et fermé le midi*
Menu 105/125 € – Carte 105/195 €
Dans un décor classique d'esprit italien, face à la mer... Le cadre est très agréable pour déguster une belle cuisine méditerranéenne, aux fines associations niçoises, transalpines et provençales. ➜ Langoustines royales rôties, pralin aux amandes et huile d'argan. Bar de ligne et huîtres Gillardeau, pomme fondante, poireau et girolles. Biscuit chocolat noir au cœur coulant, sauce caramel et sorbet noix de coco.

ST-UZE – 26 Drôme ➜ voir St-Vallier

ST-VAAST-LA-HOUGUE

✉ 50550 (Manche) – 2 028 hab. – **Voir carte n°32-A1**
Paris 347 km – Carentan 41 km – Cherbourg 31 km – St-Lô 68 km
Carte Michelin 303-E2 – Guide Vert Michelin Normandie Cotentin

La Granitière sans rest

74 r. du Mar.-Foch – ✆ 02 33 54 58 99 – www.hotel-la-granitiere.com
9 ch – †83/99 € ††83/121 € – ☕ 10 €
Station balnéaire et port de pêche, "St-Va" abrite cette belle demeure en granit gris, légèrement en retrait de la rue. L'entretien est impeccable, et les chambres ont un petit côté vieille France qui séduira les nostalgiques du feutre d'antan.

France et Fuchsias

20 r. du Mar.-Foch – ✆ 02 33 54 40 41 – www.france-fuchsias.com
– Fermé 4 janv.-21 fév., lundi d'oct. à mai, dim. soir et mardi midi de nov. à mars
35 ch – 59/135 € 59/135 € – 11 € – ½ P
Rest *France et Fuchsias* – voir les restaurants ci-après
Fuchsias, palmiers, mimosas et eucalyptus : un bien joli jardin ! Dans ce petit hôtel tenu en famille, les chambres, au confort simple, sont plus spacieuses dans l'annexe.

France et Fuchsias – Hôtel France et Fuchsias

20 r. du Mar.-Foch – ✆ 02 33 54 40 41 – www.france-fuchsias.com
– Fermé 4 janv.-21 fév., lundi sauf le soir en juil.-août, mardi midi de sept. à avril et dim. soir de nov. à mars
Formule 19 € – Menu 30/60 € – Carte 57/81 €
Dans cet accueillant restaurant, le chef concocte une cuisine actuelle inspirée par le terroir normand... Et l'été, on profite de la terrasse, très généreusement fleurie.

Le Chasse Marée

8 pl. du Gén.-de-Gaulle – ✆ 02 33 23 14 08 – www.chassemaree.com
– Fermé janv. à mi-fév., lundi et mardi hors saison
Menu 18 € (déj. en semaine), 24/37 € – Carte 27/70 €
Photos de bateaux, fanions laissés par les clients navigateurs, terrasse sur le port et bons produits de la pêche locale : un charmant petit bistrot marin où l'on se sent bien, tout simplement.

ST-VALENTIN – 36 Indre ➜ voir Issoudun

ST-VALERY-EN-CAUX

76460 (Seine-Maritime) – 4 434 hab. – **Voir carte n°33-C1**
Paris 190 km – Bolbec 46 km – Dieppe 35 km – Fécamp 33 km
Carte Michelin 304-E2 – Guide Vert Michelin Normandie Vallée de la Seine

Hôtel du Casino

14 av. Clemenceau – ✆ 02 35 57 88 00 – www.hotel-casino-saintvalery.com
76 ch – 78/132 € 85/148 € – 12 € – ½ P
Rest – Formule 15 € – Menu 21/33 € – Carte 26/41 € *(fermé dim. soir de nov. à mars)*
Face au port de plaisance, cet hôtel impressionne par ses grands volumes, depuis le grand hall d'entrée jusqu'aux chambres, contemporaines et fonctionnelles. Une adresse très appréciée des clientèles d'affaires et touristique.

Le Port

18 quai d'Amont – ✆ 02 35 97 08 93 – Fermé dim. soir, jeudi soir et lundi
Menu 26/46 € – Carte 45/76 €
Ce restaurant n'a pas volé son nom : il domine le quai, où oscillent les bateaux. La salle est charmante, avec ses photos noir et blanc des falaises du pays de Caux ; quant à la cuisine de la mer, elle est réalisée avec de bons produits – cabillaud, sole, turbot – achetés exclusivement auprès des pêcheurs locaux.

ST-VALERY-SUR-SOMME

80230 (Somme) – 2 818 hab. – **Voir carte n°36-A1**
Paris 206 km – Abbeville 18 km – Amiens 71 km – Blangy-sur-Bresle 45 km
Carte Michelin 301-C6

Les Corderies

ch, ch,

214 r. des Moulins – ✆ 03 22 61 30 61 – www.lescorderies.com
18 ch – 160/250 € 160/250 € – 15 € – ½ P
Rest – Formule 33 € – Menu 42 € – Carte environ 43 €
Un hôtel récent, d'inspiration régionale. Sobriété, design et confort : quel plaisir de regagner sa chambre après un passage à l'espace bien-être ou une balade sur la plage... surtout si l'on a opté pour la vue sur la baie !

Les Pilotes
62 r. de la Ferté – 03 22 60 80 39 – www.lespilotes.fr
25 ch – 140/220 € 140/220 € – 11 €
Rest *Bistrot des Pilotes* – voir les restaurants ci-après
Un hôtel entièrement rénové en 2012. Les chambres, petites mais bien aménagées, sont rétro à souhait avec leurs références aux années 1930 et 1960. Préférez celles côté baie : la vue y est superbe. Métamorphose réussie !

Hôtel du Cap Hornu ch, rest,
Au Cap Hornu, 2 km au Nord – 03 22 60 24 24 – www.baiedesomme.fr/cap-hornu-hotel-restaurant – Fermé du dim. soir au merc. midi de nov. à fév. sauf vacances scolaires
91 ch – 80/151 € 90/164 € – ½ P
Rest – Menu 20 € (déj. en semaine), 26/38 € – Carte 30/38 €
On a parfois besoin de calme et de dépaysement et c'est ce qu'offre cet immense parc surplombant la baie de Somme. L'hôtel est constitué de maisons de style régional, respectueuses de l'environnement. De bien belles balades en perspective !

Picardia sans rest
41 quai Romerel – 03 22 60 32 30 – www.picardia.fr
18 ch – 80/100 € 100/115 € – 14 €
Sympathique maison de pays à deux pas du petit quartier médiéval et des quais. Chambres spacieuses et cosy ; certaines, avec mezzanine, accueillent volontiers les familles.

Le Relais Guillaume de Normandy
46 quai Romerel – 03 22 60 82 36 – www.relais-guillaume-de-normandy.com – Fermé de mi-déc. à mi-janv. et mardi sauf de mi-juil. à fin août
14 ch – 62/65 € 73/90 € – 11 € – ½ P
Rest *Le Relais Guillaume de Normandy* – voir les restaurants ci-après
C'est du port valéricain que Guillaume partit conquérir l'Angleterre. Face à la baie, ce joli manoir en brique semble attendre le retour du Conquérant. Ses chambres, claires et apaisantes, elles, vous attendent.

Le Castel sans rest
r. du Castel – 03 22 60 45 79 – www.castel-baie-de-somme.com – Ouvert 19 mars-16 nov.
5 ch – 175/195 € 175/195 €
À deux pas de la ville haute, cette magnifique propriété est un ravissement... Son parc de 2 ha s'abrite derrière les anciens remparts du château médiéval, d'où l'on jouit d'une vue superbe sur la baie de Somme. La demeure (19e s.) a un charme fou : parquet à chevrons, cheminées, moulures, etc. Et l'accueil est charmant !

Bistrot des Pilotes – Hôtel Les Pilotes
37 quai Blavet – 03 22 60 38 95 – www.lespilotes.fr – Fermé 22 déc.-11 janv., dim. soir, lundi et mardi
Menu 18 € (déj. en semaine) – Carte 27/44 €
Il y a bien un pilote dans l'avion... ou plutôt le bistrot ! Derrière les fourneaux, le chef signe une belle cuisine du marché, travaillant de beaux produits frais : rognons de veau, crevettes grises, poisson en fonction de la marée... Et l'on se régale les yeux tournés vers la baie.

Le Relais Guillaume de Normandy – Hôtel Le Relais Guillaume de Normandy
46 quai Romerel – 03 22 60 82 36 – www.relais-guillaume-de-normandy.com – Fermé de mi-déc. à mi-janv. et mardi sauf de mi-juil. à fin août
Menu 20/48 € – Carte 30/68 €
De la salle ou de la terrasse de ce manoir, on contemple le doux clapotis des vagues. Une bonne mise en appétit avant de savourer poulet au camembert, pâté aux salicornes, parmentier d'agneau de pré-salé, etc. Terroir et tradition !

ST-VALLIER

26240 (Drôme) – 4 008 hab. – **Voir carte n°43-E2**
Paris 526 km – Annonay 21 km – St-Étienne 61 km – Tournon-sur-Rhône 16 km
Carte Michelin 332-B2 – Guide Vert Michelin Ardèche Drôme

Le Bistrot d'Albert

116 av. Jean-Jaurès, rte de Lyon – ✆ 04 75 23 01 12 – Fermé 2 semaines en août, 2 semaines en fév., sam. et dim.

Formule 17 € – Menu 22 €

Dans ce bistrot voisin de la gare, on mange au coude-à-coude sur de petites tables nappées de blanc. L'ambiance est conviviale, et pour cause, les habitués viennent en nombre, attirés par la cuisine du marché du chef, accompagnée de crus locaux. Petits prix en prime.

à St-Uze 6 km à l'Est par D 51 – ✉ 26240 – 1 949 hab.

Philip Liversain

23 r. Pierre-Sémard – ✆ 04 75 03 52 58 – www.philip-liversain.com – Fermé 20 juil.-11 août, 2-15 janv., merc. soir d'oct. à mai, dim. soir et lundi

Formule 13 € – Menu 17 € (déj. en semaine), 22/45 €

Le soleil et la fraîcheur se donnent rendez-vous dans cet ancien relais de poste (19e s.). Fer forgé, nappes colorées et... carte inspirée du marché. En salle, les plats traditionnels swinguent sur fond de musique jazz.

ST-VIANCE

✉ 19240 (Corrèze) – 1 676 hab. – **Voir carte n°24-B3**

Paris 479 km – Brive-la-Gaillarde 12 km – Limoges 90 km – Tulle 45 km

Carte Michelin 329-J4 – Guide Vert Michelin Périgord Quercy

Auberge sur Vézère

rest,

23 r. du Pontel – ✆ 05 55 84 28 23 – www.aubergesurvezere.com – Fermé vacances de la Toussaint, de fév., dim. soir hors saison et lundi midi

10 ch – 74/84 € 74/84 € – 8,50 €

Rest – Formule 18 € – Menu 22/31 € – Carte 45/58 € *(réservation conseillée)*

À l'entrée du village, on remarque sa jolie terrasse à l'ombre des platanes... Une auberge de pays gérée sereinement, où l'on est accueilli avec un grand sourire ; les chambres, fonctionnelles et bien équipées, sont impeccablement tenues. Une adresse sympathique !

ST-VIATRE

✉ 41210 (Loir-et-Cher) – 1 269 hab. – **Voir carte n°12-C2**

Paris 179 km – Blois 106 km – Orléans 53 km – Vierzon 53 km

Carte Michelin 318-I6 – Guide Vert Michelin Châteaux de la Loire

Villepalay sans rest

Lieu-dit Villepalay, 2 km par rte de Nouan le Fuzelier – ✆ 02 54 88 22 35 – www.villepalay.com – Fermé mars sauf vacances scolaires

3 ch – 75/85 € 75/85 €

Cette ferme solognote au charme bucolique – étang pour la pêche et le canotage – vous réserve le meilleur accueil. Les chambres y sont confortables et bien tenues. Petit-déjeuner bio avec confitures maison.

ST-VICTOR – 03 Allier ➜ voir Montluçon

ST-VICTOR-DE-MALCAP – 30 Gard ➜ voir St-Ambroix

ST-VINCENT

✉ 43800 (Haute-Loire) – 978 hab. – **Voir carte n°6-C3**

Paris 543 km – La Chaise-Dieu 37 km – Le Puy-en-Velay 18 km – St-Étienne 76 km

Carte Michelin 331-F3

La Renouée

à Cheyrac, 2 km au Nord par D 103 – ✆ 04 71 08 55 94 – www.auberge-larenouee.com – Fermé 1 semaine vacances de la Toussaint, janv.- fév., mardi soir, merc. soir et jeudi soir du 15 oct. au 31 mars, dim. soir et lundi

Formule 12 € – Menu 27/45 € *(réservation conseillée)*

Cette maison familiale est bien sympathique, avec sa grande cheminée en pierre, son joli vaisselier et son atmosphère rustique. On y savoure une cuisine assez actuelle, qui fait la part belle au terroir.

ST-VINCENT-DE-TYROSSE

✉ 40230 (Landes) – 7 585 hab. – **Voir carte n°3-B3**
Paris 743 km – Anglet 32 km – Bayonne 29 km – Bordeaux 157 km
Carte Michelin 335-D13

Le Hittau

1 r. du Nouaou – ✆ 05 58 77 11 85 – Fermé 1er-7 juil., vacances de la Toussaint, de fév., mardi sauf de mi-juil. à fin août et merc.
Formule 22 € – Menu 36/75 € – Carte 46/61 €
Cette ancienne bergerie ne manque pas de cachet avec sa charpente apparente et sa cheminée monumentale, et sa terrasse se révèle agréable. Au menu, une cuisine d'aujourd'hui qui fait la part belle aux bons produits de saison, aux recettes landaises et surtout au poisson de la criée de Capbreton.

ST-WITZ

✉ 95470 (Val-d'Oise) – 2 566 hab. – **Voir carte n°19-C1**
Paris 41 km – Amiens 123 km – Bobigny 28 km – Pontoise 48 km
Carte Michelin 305-G6

Villa 1865

3 r. C.-Peguy – ✆ 01 34 68 30 98 – www.villa1865.com – Fermé 2 semaines en août
3 ch – 90/120 € 99/130 € – ½ P **Table d'hôte** – Menu 38/44 €
C'est en 1865 bien sûr que naquit cette villa toute blanche, nichée en lisière de forêt. Ses chambres, claires et spacieuses, sont d'une élégance simple. Autour de sa table d'hôte, on profite de la patte ensoleillée du propriétaire, d'origine italienne. Une agréable halte tout au nord de l'Île-de-France.

ST-YBARD – 19 Corrèze → voir Uzerche

STE-ANNE-D'AURAY

✉ 56400 (Morbihan) – 2 433 hab. – **Voir carte n°9-A3**
Paris 475 km – Auray 7 km – Hennebont 33 km – Locminé 27 km
Carte Michelin 308-N8 – Guide Vert Michelin Bretagne Sud

L'Auberge

56 r. de Vannes – ✆ 02 97 57 61 55 – www.auberge-sainte-anne.com – Fermé 3-20 mars, 31 oct.-19 nov. et 5-23 janv.
14 ch – 60/95 € 60/95 € – 2 suites – 10 € – ½ P
Rest *L'Auberge* – voir les restaurants ci-après
L'hôtel joue la carte Art nouveau : palissandre, loupe d'orme, reproductions de Mucha, pâtes de verre Lalique. Les chambres sont douillettes, avec de spacieuses salles de bains en marbre.

L'Auberge

56 r. de Vannes – ✆ 02 97 57 61 55 – www.auberge-sainte-anne.com – Fermé 3-20 mars, 31 oct.-19 nov., 5-23 janv. et lundi
Menu 28/85 € – Carte 48/94 €
Ste-Anne-d'Auray est une ville pieuse et Jean-Paul II se serait arrêté au restaurant de l'Auberge en 1996. Contentons-nous d'un pèlerinage devant ses assiettes joliment présentées et ses produits de la mer de qualité...

STE-ANNE-LA-PALUD (Chapelle de)

✉ 29550 (Finistère) – **Voir carte n°9-A2**
Paris 584 km – Brest 68 km – Châteaulin 20 km – Crozon 27 km
Carte Michelin 308-F6 – Guide Vert Michelin Bretagne Sud

La Plage

– ✆ 02 98 92 50 12 – www.plage.com – Ouvert 5 avril-3 nov.
21 ch – 192/380 € 192/380 € – 22 € – ½ P
Rest *La Plage* – voir les restaurants ci-après
Un emplacement superbe, directement sur la plage, au pied de la chapelle ! Les chambres, cossues comme toute la demeure, donnent sur la baie ou sur le jardin fleuri. Mobilier de famille, antiquités, esprit contemporain... Comment mieux profiter de la plage ?

La Plage

– ✆ 02 98 92 50 12 – www.plage.com – *Ouvert 5 avril-3 nov. et fermé lundi midi, mardi midi, merc. midi et vend. midi*
Menu 56/102 € – Carte 75/93 €
La salle, panoramique, ouvre grand sur la plage et le va-et-vient des marées... Un cadre séduisant pour apprécier une cuisine mettant à l'honneur de beaux produits – en particulier de la mer – et exécutée avec attention. Le tout dans une veine classique.

STE-CÉCILE-LES-VIGNES

84290 (Vaucluse) – 2 295 hab. – **Voir carte n°40-A2**
Paris 646 km – Avignon 47 km – Bollène 13 km – Nyons 26 km
Carte Michelin 332-C8

Campagne, Vignes et Gourmandises

rte de Suze-la-Rousse – ✆ 04 90 63 40 11 – www.restaurant-cvg.com – *Fermé 1 semaine en mars, vacances de la Toussaint et de Noël, dim. soir d'oct. à avril, mardi sauf juil.-août et lundi*
Formule 17 € – Menu 23/41 € – Carte 44/54 € *(réservation conseillée)*
Dans un paisible quartier résidentiel, ce petit mas respire l'air des vignes. Salle champêtre complétée par une jolie terrasse ; cuisine goûteuse aux accents du Sud.

STE-COLOMBE – 84 Vaucluse → voir Bédoin

STE-CROIX – 01 Ain → voir Montluel

STE-CROIX-EN-PLAINE – 68 Haut-Rhin → voir Colmar

STE-ÉNIMIE

48210 (Lozère) – 527 hab. – **Voir carte n°23-C1**
Paris 612 km – Florac 27 km – Mende 28 km – Meyrueis 30 km
Carte Michelin 330-I8

Auberge du Moulin

ch,

r. Combe – ✆ 04 66 48 53 08 – www.aubergedumoulin.free.fr – *Ouvert début avril à mi-nov. et fermé dim. soir sauf août*
10 ch – 55/70 € 60/75 € – 9 € – ½ P
Rest – Formule 14 € – Menu 19/37 € – Carte 39/67 € *(fermé dim. soir et lundi sauf août)*
Un hôtel-restaurant de tradition dans une jolie demeure en pierre, au cœur de l'un des plus beaux villages de France. Chambres sobres, dont la moitié avec terrasse donnant sur le Tarn.

STE-EULALIE

07510 (Ardèche) – 233 hab. – **Voir carte n°44-A3**
Paris 587 km – Aubenas 47 km – Langogne 47 km – Privas 51 km
Carte Michelin 331-H5 – Guide Vert Michelin Ardèche Drôme

Hôtel du Nord

rest,

– ✆ 04 75 38 80 09 – www.hoteldunord-ardeche.com – *Ouvert 15 mars-11 nov.*
15 ch – 62/71 € 62/71 € – 10 € – ½ P
Rest – Formule 20 € – Menu 25 € (semaine), 30/44 € – Carte 35/44 € *(fermé mardi soir et merc.)*
Sympathique hostellerie appréciée des pêcheurs qui viennent ferrer le poisson dans la Loire, qui prend sa source à 5 km ! Chambres sobres, régulièrement rénovées. Cuisine du terroir au restaurant.

STE-FLORINE

43250 (Haute-Loire) – 3 145 hab. – **Voir carte n°6-C2**
Paris 465 km – Brioude 16 km – Clermont-Fd 55 km – Issoire 19 km
Carte Michelin 331-B1

Le Florina

pl. Hôtel de Ville – ✆ 04 73 54 04 45 – www.hotel-leflorina.com – Fermé 21 déc.-12 janv.
14 ch – †52/88 € ††52/88 € – ☕ 8 € – ½ P
Rest – Formule 11 € – Menu 18/30 € – Carte 20/45 € *(fermé dim. soir)*
En plein centre-ville, cette adresse familiale propose des chambres fonctionnelles, pratiques et bien tenues ; celles du deuxième étage étant mieux équipées (bain bouillonnant, douche à jets, etc.) mais plus chères. Restaurant traditionnel.

STE-FOY-LA-GRANDE
✉ 33220 (Gironde) – 2 474 hab. – **Voir carte n°4-C1**
▶ Paris 555 km – Bordeaux 71 km – Langon 59 km – Marmande 44 km
Carte Michelin 335-M5 – Guide Vert Michelin Aquitaine

Côté Bastide

4 r. de l'Abattoir, (près hôpital) – ✆ 05 57 46 14 02 – Fermé lundi soir d'oct. à mai, dim., merc. et fériés
Formule 17 € 🍷 – Menu 25/42 € – Carte 38/50 €
Dans cette agréable maison, madame est aux fourneaux et monsieur en salle. Sommelier, ce dernier propose de délicats accords mets-vins et met en valeur les bons petits plats de sa compagne, fins et légers. L'été, jolie terrasse sous la tonnelle.

STE-FOY-TARENTAISE
✉ 73640 (Savoie) – 767 hab. – **Voir carte n°45-D2**
▶ Paris 647 km – Albertville 66 km – Chambéry 116 km – Moûtiers 40 km
Carte Michelin 333-O4 – Guide Vert Michelin Alpes du Nord

Le Monal
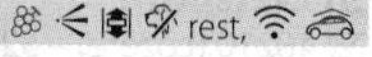

– ✆ 04 79 06 90 07 – www.le-monal.com
19 ch – †70/90 € ††90/110 € – ☕ 10 € – ½ P
Rest – Formule 17 € – Menu 35/40 € – Carte 45/65 €
Ce relais de poste appartient à la même famille depuis 1888 ! Cependant, il n'a cessé d'évoluer avec son temps ; résultat : les lieux mêlent modernité et authenticité, confort et fraîcheur. Restaurant traditionnel.

L'Épicerie

6 ch – †70/120 € ††80/160 € – ☕ 10 €
Plus question de conserves ni de paquets de pâtes ! Devenue hôtel, cette ancienne épicerie allie esprit contemporain et charme alpin. Pratique : chaque chambre est équipée d'une petite cuisine. Local à skis.

STE-GEMME-MORONVAL – 28 Eure-et-Loir ➜ voir Dreux

STE-GENEVIÈVE-DES-BOIS – 91 Essonne ➜ voir Paris, Environs

STE-HERMINE
✉ 85210 (Vendée) – 2 612 hab. – **Voir carte n°34-B3**
▶ Paris 433 km – Nantes 93 km – La Rochelle 59 km – La Roche-sur-Yon 35 km
Carte Michelin 316-J8

Clem'otel

parc Atlantique-Vendée, 2 km au Sud sur D 137 – ✆ 02 51 28 46 94 – www.clemotel.com – Fermé 24 déc.-6 janv.
49 ch ☕ – †55/70 € ††55/70 € – ½ P
Rest – Formule 12 € – Menu 15 € (déj. en semaine), 19/22 € – Carte 15/33 € *(fermé dim. d' oct. à mars)*
À la sortie de l'autoroute, hôtel récent au cœur d'une zone artisanale, avec des chambres fonctionnelles, agréables et bien insonorisées... Pratique, économique et confortable !

STE-LIVRADE-SUR-LOT

✉ 47110 (Lot-et-Garonne) – 6 290 hab. – **Voir carte n°4-C2**
Paris 647 km – Agen 35 km – Bordeaux 135 km – Montauban 121 km
Carte Michelin 336-F3

Au Bord de la Source (N)

rte de Bordeaux, 1,5 km à l'Ouest par D 911 – ✆ 05 53 01 36 84 – www.auborddelasource.com – Fermé 13-28 oct., 6-21 janv., lundi et mardi
Formule 17 € – Menu 22/46 € – Carte 40/56 €
Sur les bords du Lot, une jolie maison typique de la région. On y déguste une cuisine dans l'air du temps, qui oscille entre créativité et tradition. Ambiance décontractée et vue imprenable sur la rivière.

STE-LUCIE-DE-PORTO-VECCHIO – 2A Corse-du-Sud ➜ voir Corse

STE-MAGNANCE

✉ 89420 (Yonne) – 443 hab. – **Voir carte n°7-B2**
Paris 224 km – Auxerre 65 km – Avallon 15 km – Dijon 68 km
Carte Michelin 319-H7 – Guide Vert Michelin Bourgogne

Auberge des Cordois

D 606 – ✆ 03 86 33 11 79 – www.lescordois.fr – Fermé 29 juin-9 juil., 2-31 janv., lundi soir, mardi et merc.
Formule 17 € – Menu 30/37 € – Carte 23/47 €
En bord de route, cette auberge du 18es. ne passe pas inaperçue avec sa façade jaune ! Et dans cet établissement tenu par la même famille depuis 1910, la tradition est sacrée, même si elle est joliment revisitée. Formule bistrot dans l'ancien bar.

STE-MARGUERITE (ÎLE) – 06 Alpes-Maritimes ➜ voir Île Sainte-Marguerite

STE-MARIE-DE-RÉ – 17 Charente-Maritime ➜ voir Île de Ré

STE-MARIE-DE-VARS – 05 Hautes-Alpes ➜ voir Vars

STES-MARIES-DE-LA-MER ➜ voir après Saintes

STE-MARIE-SICCHÉ – 2A Corse-du-Sud ➜ voir Corse

STE-MARINE – 29 Finistère ➜ voir Bénodet

STE-MAURE – 10 Aube ➜ voir Troyes

STE-MAURE-DE-TOURAINE

✉ 37800 (Indre-et-Loire) – 4 096 hab. – **Voir carte n°11-B3**
Paris 273 km – Le Blanc 71 km – Châtellerault 39 km – Chinon 32 km
Carte Michelin 317-M6 – Guide Vert Michelin Châteaux de la Loire

Hostellerie les Hauts de Sainte Maure

4 av. Gén.-de-Gaulle – ✆ 02 47 65 50 65 – www.hostelleriehautsdestemaure.fr – Fermé janv. et dim. d'oct. à mai
11 ch – †140/350 € ††140/350 € – ☕ 21 €
Rest ***La Poste*** – voir les restaurants ci-après
Ce relais de poste du 16e s., organisé autour d'une paisible cour, abrite des chambres confortables et joliment décorées avec du mobilier ancien. Pour l'agrément : jardin et piscine intérieure avec balnéo.

Le Grand Menasson sans rest

lieu dit Le Grand Menasson, 2 km par r. de Loches et rte secondaire – ✆ 06 11 08 51 80 – www.augrandmenasson.fr
5 ch ☕ – †75/100 € ††75/100 €
Pour les amoureux du calme et de la nature, une ferme et sa tour couverte de vigne vierge, avec parc et étang, où l'on vous accueille avec chaleur. Les chambres sont avenantes.

XX **La Poste** – Hostellerie Les Hauts de Sainte Maure

2 av. Gén.-de-Gaulle – ✆ 02 47 65 50 93 – Fermé janv., lundi midi et dim. d'oct. à mai
Menu 60/110 € – Carte 74/94 €
À la carte de ce restaurant rustique, peu de choix, mais un menu unique qui varie selon l'inspiration du chef et qui naît de bons produits, dont une partie issue du potager. Une cuisine gourmande et soignée, accompagnée d'une belle carte des vins.

à Pouzay 8 km au Sud-Ouest – ✉ 37800 – 828 hab.

X **Au Gardon Frit**

16 pl. de l'Église – ✆ 02 47 65 21 81 – www.au-gardon-frit.com – Fermé 1 semaine vacances de Pâques, 15-30 sept., 17-30 janv., mardi et merc. sauf jours fériés
Menu 14 € (déj. en semaine)/40 € – Carte 27/74 €
Point de "gardon frit" sur la carte de ce restaurant familial, mais des produits de la mer tout juste pêchés (moules, saumon à l'aneth, lotte, rougets à la provençale...) et un décor ad hoc. Terrasse sous un préau.

rte de Chinon 2,5 km à l'Ouest par D 760 - ✉ 37800 Noyant-de-Touraine

XX **La Ciboulette**

78 rte de Chinon, face à l'échangeur A 10, sortie n° 25 – ✆ 02 47 65 84 64 – www.laciboulette.fr – Fermé le soir d'oct. à mars sauf vend., sam., dim. et fériés
Formule 24 € – Menu 30/60 € – Carte 33/53 €
L'attrait de cette grande maison couverte de vigne vierge ? Ses formules et ses menus à prix plutôt sages ! Les gourmands y viennent pour les bonnes recettes servies dans un intérieur chaleureux ou sur la terrasse bordée d'un jardinet où vous trouverez peut-être... de la ciboulette.

STE-MAXIME

✉ 83120 (Var) – 12 938 hab. – **Voir carte n°41-C3**
Paris 872 km – Cannes 59 km – Draguignan 34 km – Fréjus 20 km
Carte Michelin 340-O6 – Guide Vert Michelin Côte d'Azur

Hostellerie la Belle Aurore

5 bd Jean-Moulin, par ③ – ✆ 04 94 96 02 45 – www.belleaurore.com – Ouvert 5 avril-12 oct.
16 ch – 145/335 € 145/335 € – 1 suite – 20 €
Rest *Hostellerie la Belle Aurore* – voir les restaurants ci-après
La Grande Bleue vient caresser ses murs, face à St-Tropez, et chaque chambre dispose d'une terrasse ou d'un balcon. L'impression d'avoir la mer pour soi ! Teintes chaleureuses, grand confort, ambiance paisible : une Belle Aurore...

Villa les Rosiers

4 chemin de Guerrevieille Beauvallon-Grimaud, 5 km par ③ – ✆ 04 94 55 55 20 – www.villa-les-rosiers.com – Ouvert 29 mars-2 nov. et 20 déc.-5 janv.
12 ch – 190/425 € 190/425 € – 24 €
Rest – Menu 62 € (dîner) – Carte 62/90 € *(ouvert 1er avril-31 oct.)*
Une villa provençale aux murs roses, dans un jardin fleuri de... rosiers. De quoi embaumer la vue superbe sur le golfe de St-Tropez ! Sculptures et tableaux contemporains, tons clairs : beaucoup de raffinement. Élégant décor immaculé au restaurant ; cuisine actuelle.

Martinengo sans rest

34 bd Jean-Moulin, par ③ – ✆ 04 94 55 09 09 – www.hotel-martinengo.com – Ouvert 2 avril-5 oct.
9 ch – 85/183 € 85/183 € – 1 suite – 8 €
Face à la mer, dans un jardin planté d'imposants pins parasols... Son architecture ne manque pas de cachet ; ses chambres offrent simplicité et chaleur. Accueil familial.

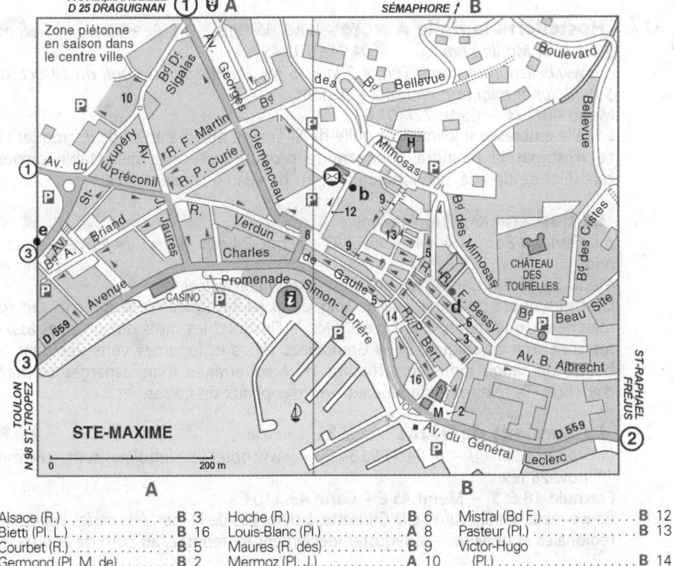

Alsace (R.)	B 3	Hoche (R.)	B 6	Mistral (Bd F.)	B 12
Bietti (Pl. L.)	B 16	Louis-Blanc (Pl.)	A 8	Pasteur (Pl.)	B 13
Courbet (R.)	B 5	Maures (R. des)	B 9	Victor-Hugo (Pl.)	B 14
Germond (Pl. M. de)	B 2	Mermoz (Pl. J.)	A 10		

Les Santolines

la Croisette par ③ – ✆ 04 94 96 31 34 – www.hotel-les-santolines.com

13 ch – ♦60/161 € ♦♦60/161 € – 1 suite – ☕ 12 €

Rest ***Le Sarment de Vigne*** – voir les restaurants ci-après

D'un côté la route, assez passante... mais de l'autre, les eaux azurées de la Méditerranée ! Heureusement bien isolé, ce mas provençal est résolument tourné vers la mer. Chambres d'esprit provençal, avec balcon face aux flots à l'étage.

Montfleuri

3 av. Montfleuri, par ② – ✆ 04 94 55 75 10 – www.montfleuri.com – Ouvert 1er mars-2 nov.

32 ch – ♦65/145 € ♦♦80/285 € – ☕ 13 € – ½ P

Rest – Menu 29/37 € – Carte 37/60 € *(fermé le midi sauf de juin à sept.)*

Dans un quartier résidentiel, adresse familiale abritant des chambres confortables, certaines avec balcon côté mer. Petit jardin aux essences méditerranéennes. Repas traditionnel servi dans une salle aux notes coloniales ou en plein air.

Le Mas des Oliviers sans rest

quartier de la Croisette, 1 km par ③ – ✆ 04 94 96 13 31 – www.hotellemasdesoliviers.com – Ouvert de mars à nov.

20 ch – ♦75/205 € ♦♦75/205 € – ☕ 12 €

Au calme sur une colline de pins parasols, hôtel familial aux couleurs du Sud proposant des chambres spacieuses, avec loggias tournées sur le golfe ou sur le jardin.

Le Petit Prince sans rest

11 av. St-Exupéry – ✆ 04 94 96 44 47 – www.hotellepetitprince.com

31 ch – ♦72/210 € ♦♦72/210 € – ☕10 € Plan : A**e**

Chambres actuelles et bien insonorisées, avec balcons (sauf deux), donnant sur une avenue passante proche des plages et du centre. Solarium et terrasse pour les petits-déjeuners.

Matisse Hôtel sans rest

11 bd F. Mistral – ✆ 04 94 96 18 33 – www.hotel-matisse.com Plan : B**b**

28 ch – ♦65/170 € ♦♦75/260 € – ☕ 12 €

Un hôtel idéalement situé en centre-ville. Le décor, contemporain, multiplie les clins d'œil à Matisse : le célèbre peintre était un habitué de la région. Les chambres sont chaleureuses et plus calmes sur l'arrière. Petit patio avec piscine.

XXX **Hostellerie la Belle Aurore** – Hôtel Hostellerie la Belle Aurore

5 bd Jean Moulin, par ③ – ✆ 04 94 96 02 45 – www.belleaurore.com – Fermé 2 janv.-5 fév., lundi soir et mardi du 12 oct. au 5 avril, lundi midi et merc. sauf juil.-août

Menu 40/90 € – Carte 72/101 €

La salle embrasse si joliment le golfe de St-Tropez qu'on a envie de le croquer ! Et ce n'est pas la moindre gourmandise promise par cette belle table provençale (filet de dorade, poivron confit et jus de veau à l'huile d'olive).

XX **La Badiane** (Geoffrey Poësson)

6 r. Fernand-Bessy – ✆ 04 94 96 53 93 – Fermé 24 nov.-8 déc., 14 janv.-3 fév. et le midi Plan : B**d**

Menu 50/85 € – Carte 72/114 € *(réservation conseillée)*

Un cadre épuré pour une cuisine soignée et sophistiquée : le jeune chef fait son marché chaque matin, avant d'élaborer "à l'instinct" les mets du soir... Les assiettes sont très graphiques ! ➜ Grenouilles rôties et légumes verts liés dans un beurre de sauge mousseux. Thonine de Méditerranée rôtie, asperges et purée d'anchois. Tartelette meringuée au citron, copeaux de fraises.

X **Le Sarment de Vigne** – Hôtel Les Santolines

la Croisette par ③ – ✆ 04 94 96 34 99 – www.hotel-les-santolines.com – Fermé 1er nov.-28 fév.

Formule 18 € – Menu 45 € – Carte 43/110 €

Pause repas sur la route de la Croisette, à deux pas de la mer. À la carte : spécialités régionales et grillades – à déguster idéalement en terrasse, au bord de la piscine.

au Nord-Est par ①, av. Clemenceau et rte du Débarquement – ✉ 83120 Ste-Maxime

Jas Neuf sans rest

112 av. du Débarquement – ✆ 04 94 55 07 30 – www.hotel-jasneuf.com – Fermé 1er-18 déc. et 2-30 janv.

24 ch – 72/175 € 72/175 € – 11 €

Un ensemble de jolies petites maisons méridionales en retrait de la ville. Chambres fraîches et coquettes aux couleurs de la Provence, la plupart avec terrasse et balcon.

à la Nartelle 4 km par ② – ✉ 83100 Ste-Maxime

La Plage sans rest

36 av. Gén.-Touzet-du-Vigier – ✆ 04 94 96 14 01 – www.hotel-plage-ste-maxime.com

18 ch – 59/175 € 59/175 € – 11 €

Agréable hôtel rénové, bordant la route et la plage. Agréable esprit contemporain, bons équipements. Toutes les chambres offrent un balcon face au large...

à Val d'Esquières 6 km au Nord-Ouest par ② et rte des Issambres – ✉ 83120 Ste-Maxime

La Villa sans rest

122 av. Croiseur-Léger-Le-Malin, à la Garonnette, D 559 – ✆ 04 94 49 40 90 – www.hotellavilla.fr – Ouvert 11 avril-27 sept.

12 ch – 90/145 € 99/180 € – 4 suites – 10 €

Face à la plage (il faut simplement traverser la route), cet établissement familial abrite de charmantes chambres d'esprit provençal ; certaines donnent sur la mer.

STE-MENÉHOULD

✉ 51800 (Marne) – 4 464 hab. – **Voir carte n°14-C2**

Paris 221 km – Bar-le-Duc 50 km – Châlons-en-Champagne 48 km – Reims 80 km

Carte Michelin 306-L8 – Guide Vert Michelin Champagne Ardenne

Le Cheval Rouge

1 r. Chanzy – ✆ 03 26 60 81 04 – www.lechevalrouge.com – Fermé 1er-7 janv.
24 ch – 55/65 € 60/65 € – 7 € – ½ P
Rest *Le Cheval Rouge* – voir les restaurants ci-après
Rest *Brasserie* – Menu 14 € (semaine) – Carte 22/35 €
À deux pas de l'hôtel de ville, on découvre les chambres fonctionnelles et bien tenues de cette auberge, où vous dormirez comme un loir ; préférez les plus récentes. Pour un repas express et sans prétention, la Brasserie vous tend les bras !

Le Cheval Rouge

1 r. Chanzy – ✆ 03 26 60 81 04 – www.lechevalrouge.com – Fermé 1er-7 janv., dim. soir et lundi
Menu 23/60 € – Carte 53/62 €
Connaissez-vous le pied de cochon "à la Sainte-Ménehould" ? C'est en tout cas le moment de découvrir LA spécialité culinaire de cette auberge ouverte en 1873. Une véritable institution !

à Futeau 13 km à l'Est par D 603 et D 2 – ✉ 55120 – 162 hab.

L'Orée du Bois

1 km au Sud – ✆ 03 29 88 28 41 – www.aloreedubois.fr – Fermé 24 nov.-24 janv.
14 ch – 100/125 € 100/160 € – 14 € – ½ P
Rest *L'Orée du Bois* – voir les restaurants ci-après
Voilà une auberge accueillante, délicieusement isolée à la lisière de la grande forêt d'Argonne. Ici, parler de "tranquillité" est un euphémisme : dans les chambres, le calme n'est rompu que par le chant des oiseaux ! L'endroit idéal pour se mettre au vert.

L'Orée du Bois

1 km au Sud – ✆ 03 29 88 28 41 – www.aloreedubois.fr – Fermé 24 nov.-24 janv., lundi midi et mardi midi de Pâques à fin sept., lundi et mardi sauf fériés d'oct. à nov. et de fin janv. à Pâques
Formule 20 € – Menu 30 € (déj. en semaine), 47/75 € – Carte 53/82 €
Ambiance rustique et familiale dans cette auberge entre Marne et Meuse. Avec des produits frais et de saison, le chef concocte des spécialités traditionnelles : écrevisses venues de Bretagne, pigeonneau aux champignons sauvages, foie gras poêlé... Quant au pain et au chocolat, ils sont faits maison !

STE-NATHALÈNE

✉ 24200 (Dordogne) – 574 hab. – **Voir carte n°4-D3**
Paris 538 km – Bordeaux 205 km – Brive-la-Gaillarde 63 km – Périgueux 74 km
Carte Michelin 329-I6

La Roche d'Esteil

La Croix d'Esteil – ✆ 05 53 29 14 42 – www.larochedesteil.com
5 ch – 70/105 € 70/105 € – 7 € **Table d'hôte** – Menu 25 €
Un domaine restauré avec goût par des propriétaires passionnés, dans le respect de la tradition périgourdine. Les chambres, au charme rustique, sont installées dans les anciennes granges. Le soir, décor plus contemporain et ambiance conviviale à la table d'hôte.

STE-PREUVE

✉ 02350 (Aisne) – 84 hab. – **Voir carte n°37-D2**
Paris 188 km – Laon 29 km – Reims 49 km – Saint-Quentin 69 km
Carte Michelin 306-F5

Domaine du Château de Barive

3 km au Sud-Ouest – ✆ 03 23 22 15 15 – www.domainedebarive.com
22 ch – 120/250 € 120/250 € – 8 suites – 18 € – ½ P
Rest *Les Epicuriens* – voir les restaurants ci-après
Une superbe bâtisse du 19e s. dans un immense parc : calme champêtre... Les chambres sont cosy (mansardées au 2e étage) et décorées avec soin, dans une veine contemporaine ou classique, les suites très jolies et l'accueil prévenant.

Le Prieuré sans rest 
– ✆ *03 23 22 15 15 – www.ferme-du-prieure.com – Fermé 11 nov.-11 déc., dim. et lundi de déc. à mars*
5 ch – 135/155 € 135/155 €
Calme et détente assurés en cette ancienne ferme qui allie beaux volumes, éléments rustiques et confort contemporain. Les chambres, joliment décorées, sont toutes mansardées et donnent sur la nature environnante. Idéal pour un week-end au vert.

Les Epicuriens – Hôtel Domaine du Château de Barive
3 km au Sud-Ouest – ✆ 03 23 22 15 15 – www.domainedebarive.com
Formule 30 € – Menu 40/95 € – Carte 74/98 €
Voilà bien une table destinée aux épicuriens ! Sérieux professionnel, le chef signe une cuisine raffinée, mêlant inspiration traditionnelle et méridionale : les assiettes ravissent l'œil comme le palais... Quant au cadre, il est élégant et ouvre sur la verdure. Service attentif.

SAINTES

17100 (Charente-Maritime) – 26 011 hab. – **Voir carte n°38-B3**
Paris 469 km – Bordeaux 117 km – Poitiers 138 km – Rochefort 42 km
Carte Michelin 324-G5 – Guide Vert Michelin Poitou-Charentes

Relais du Bois St-Georges ch,
132 cours Genet, (Le Pinier-Parc Atlantique) – ✆ 05 46 93 50 99 – www.relaisdubois.com Plan : Y**d**
30 ch – 120/195 € 120/370 € – 21 €
Rest – Carte 64/98 €
Rest *La Table du Bois* – Formule 25 € – Menu 32/49 €
Banquise, Tombouctou, Monte-Cristo, Cerisaie, Clef des champs... des chambres toutes originales pour se reposer et rêver. Si vous avez le temps, promenez-vous dans le parc, le long des étangs. Côté papilles, on peut opter pour un vrai moment gastronomique, ou un repas plus bistrotier à La Table du Bois.

Hôtel des Messageries sans rest
r. des Messageries – ✆ 05 46 93 64 99 – www.hotel-des-messageries.com – Fermé vacances de Noël Plan : AZ**r**
32 ch – 70/96 € 76/96 € – 2 suites – 9 €
Dans cet ancien relais de poste (1792) du quartier historique règne une quiétude très "maison de famille". Les chambres sont confortables, dans une veine romantique. Et au petit-déjeuner, on se régale de bons produits charentais.

L'Avenue sans rest
114 av. Gambetta – ✆ 05 46 74 05 91 – www.hoteldelavenue.com – Fermé 1er-9 mars et 21 déc.-5 janv. Plan : BZ**s**
15 ch – 50/72 € 52/76 € – 8 €
Cet hôtel des années 1970 a beau être en bord de route, ses chambres n'en sont pas moins calmes, impeccables, chaleureuses et colorées – certes parfois un peu kitsch. Pratique et sympathique !

Le Parvis
12-12 bis quai de l'Yser, (Petite-Rue-du-Bois-d'Amour) – ✆ 05 46 97 78 12 – www.restaurant-le-parvis.fr – Fermé dim. soir et lundi Plan : AZ**t**
Formule 23 € – Menu 27 € (déj. en semaine), 39/55 €
Cabillaud en croûte de tandoori et son risotto de potiron, figues rôties au beurre salé... De beaux produits pour une cuisine pleine de charme, dans une maison de ville qui n'en manque pas. Pour un moment élégant.

Saveurs de l'Abbaye avec ch rest,
1 pl. St-Pallais – ✆ 05 46 94 17 91 – www.saveurs-abbaye.com – Fermé dim. et lundi Plan : BZ**t**
8 ch – 56/61 € 59/66 € – 8 € – ½ P Menu 17 € (déj.), 28/46 €
À deux pas de l'abbaye aux Dames, devenue "cité musicale", un restaurant dans l'air du temps, tant par son décor épuré et chaleureux que par sa carte mêlant épices et terroir. Pour la nuit, les chambres, sobres et agréables, cultivent un certain esprit maison d'hôtes.

SAINTES

Allende (Av. Salvador) . . . . Y 2
Alsace-Lorraine (R.) . . . . AZ 3
Arc-de-Triomphe (R.) . . . . BZ 4
Bassompierre (Pl.) . . . . BZ 5
Berthonnière (R.) . . . . AZ 7
Blair (Pl.) . . . . AZ 9
Bois d'Amour (R.) . . . . AZ 10
Bourignon (R.) . . . . Y 12
Brunaud (R. A.) . . . . AZ 13
Clemenceau (R.) . . . . AZ 15
Denfert-Rochereau (R.) . . . . . BZ 16
Dufaure (Av. J.) . . . . Y 18
Foch (Pl. Mar.) . . . . AZ 20
Gambetta (Av.) . . . . BZ
Jacobins (R. des) . . . . AZ 25
Jean (R. du Dr) . . . . Y 27
Kennedy (Av. J.-F.) . . . . Y 31
Lacurie (R.) . . . . Y 33
Leclerc (Crs Mar.) . . . . Y 34
Lemercier (Cours) . . . . AZ 35
Marne (Av. de la) . . . . BZ 37
Mestreau (R. F.) . . . . BZ 38
Monconseil (R.) . . . . AZ 39
National (Cours) . . . . AZ
République (Quai) . . . . AZ 41
St-Eutrope (R.) . . . . AZ 42
St-François (R.) . . . . AZ 43
St-Macoult (R.) . . . . AZ 45
St-Pierre (R.) . . . . AZ 46
St-Vivien (Pl.) . . . . AZ 47
Victor-Hugo (R.) . . . . AZ 49

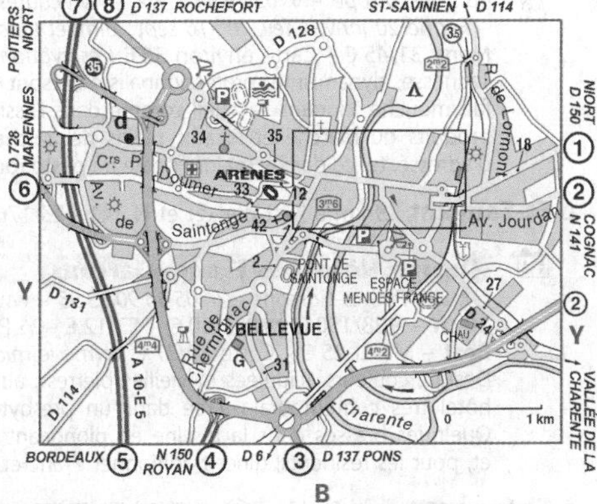

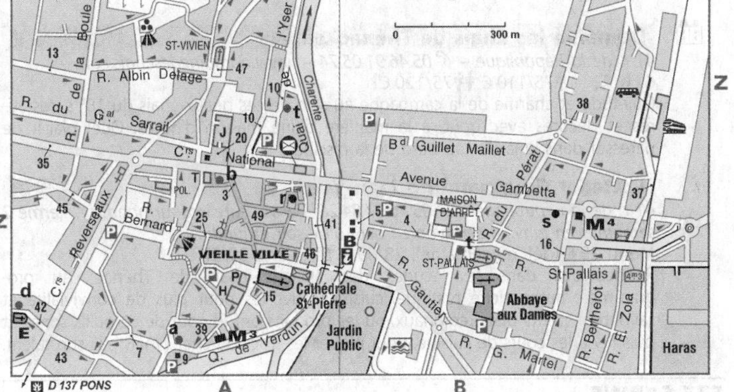

La Table de Marion (Marion Monnier)

10 pl. Blair – ✆ 05 46 74 16 38 – www.latabledemarion.unblog.fr
– Fermé mardi et merc. Plan : AZ**a**

Formule 31 € – Menu 39/60 € *(réservation conseillée)*

Comme son prénom ne l'indique pas, le jeune chef est un homme. Au gré du marché, il concocte une cuisine savoureuse et raffinée, jouant sur les textures, les parfums... pour le bonheur du produit. Créativité et délicatesse ! Service charmant.

➜ Fraîcheur de tourteau, velours de tomate à l'aigre-doux et pickles. Saint-pierre de la Cotinière, vinaigrette à l'huile de truffe. Carotte-cake à l'huile d'amandon et sorbet coco.

Clos des Cours

2 pl. du Théâtre – ✆ 05 46 74 62 62 – www.closdescours.com
– Fermé 3-11 nov., 5-12 janv. et dim. Plan : AZ**b**

Menu 15 € (déj. en semaine), 29/44 € – Carte 35/41 €

Quand on a travaillé plus de quinze ans en Australie et en Nouvelle-Zélande, on crée une cuisine métissée ! Du marché de Saintes (où le chef s'approvisionne) aux mers du Sud, il n'y a ici qu'un pas... Une pointe d'exotisme à savourer sur une terrasse ombragée de palmiers ou dans un cadre contemporain et agréable.

L'Adresse

48 r. St-Eutrope – ✆ 05 46 94 51 62 – www.adresserestosaintes.fr
– Fermé 20 janv.-4 fév., 1er-16 sept., dim. et lundi Plan : AZ**d**
Menu 31/45 € – Carte environ 36 € *(réservation conseillée)*
Jeunesse, dynamisme, professionnalisme, esprit contemporain : une recette qui fait mouche ici, dans l'accueil comme dans l'assiette. Au menu, un maximum de produits du marché et locaux, pleins de fraîcheur et cuisinés avec beaucoup... d'adresse, tel ce dos de maigre poêlé au pesto rouge et sa printanière de légumes.

à St-Sauvant 13 km à l'Est par ② et N 141 – ✉ 17610 – 512 hab.

Design Hôtel des Francs Garçons

1 r. des Francs-Garçons – ✆ 05 46 90 33 93 – www.francsgarcons.com
10 ch – 88/150 € 88/150 € – 12 € – ½ P
Rest – Menu 25 € – Carte 30/37 € *(fermé le midi) (résidents seult)*
Design, couleurs acidulées et vieilles pierres : au cœur d'un village médiéval, cet hôtel très contemporain, créé dans un presbytère du 12e s., est une réussite. Quelques brasses dans la piscine en plongeant son regard sur la vieille église... et, pour les résidents, dîner traditionnel. Franc et... beau !

à Thénac 10 km au Sud par ③ et D 6 – ✉ 17460 – 1 630 hab.

Domaine les Chais de Thénac sans rest

41 r. de la République – ✆ 05 46 91 05 74 – www.domainedeschais.com
6 ch – 75/110 € 75/120 €
Quiétude et charme de la campagne au sein de ces beaux chais du 18e s. restaurés et décorés avec goût, à la manière d'une maison d'hôtes. Quel plaisir de paresser dans le jardin, au bord de la piscine...

L'Atelier Gourmand de Jean-Yves

41 r. de la République – ✆ 05 46 97 84 26 – www.l-ateliergourmand.fr – Fermé 2 semaines en janv., 1 semaine en oct., dim. soir et lundi
Menu 25 € (déj. en semaine), 28/69 € – Carte 39/57 €
Rendez-vous dans les écuries des anciens chais de Thénac. Au programme : authenticité rustique, cuisines ouvertes pour plus de convivialité et savoureux petits plats régionaux, où les produits ont le goût de ce qu'ils sont ! Et puis il y a les cours de cuisine, pour piquer les trucs du chef... mais pas son talent.

STE-SABINE

✉ 24440 (Dordogne) – 381 hab. – **Voir carte n°4-C2**
Paris 565 km – Bergerac 32 km – Bordeaux 130 km – Périgueux 79 km
Carte Michelin 329-F7

Étincelles-La Gentilhommière (Vincent Lucas) avec ch

rest,
– ✆ 05 53 74 08 79 – www.gentilhommiere-etincelles.com
– Fermé vacances de printemps, 1er-8 juil., 20-30 sept., vacances de la Toussaint, vacances de fév., mardi sauf le soir en juil.-août, vend. midi et merc. sauf juil.-août, dim. soir, lundi midi, jeudi midi et sam. midi
4 ch – 101/115 € 101/115 €
Formule 29 € – Menu 49 € (dîner), 66/101 € *(réservation conseillée)*
Une chaleureuse maison périgourdine, dans un jardin aux arbres majestueux. Le concept : on réserve au plus tard la veille, car le chef ne travaille que des produits frais. Il propose un menu unique et sa créativité fait des étincelles ! Chambres thématiques (romantique, orientale, montagnarde...). → Foie gras grillé, salade de haddock et tomates anciennes à la coriandre. Bœuf de Coutancie, bouillon épicé, salicornes, laitue braisée et yuzu confit. Ratatouille (dessert).

STES-MARIES-DE-LA-MER

✉ 13460 (Bouches-du-Rhône) – 2 296 hab. – **Voir carte n°40-A3**
Paris 778 km – Arles 39 km – Marseille 129 km – Nîmes 67 km
Carte Michelin 340-B5 – Guide Vert Michelin Provence

STES-MARIES -DE-LA-MER

- Aubanel (R. Théodore) . . . . . . **A** 2
- Bizet (R. Georges) . . . . **A** 6
- Carrière (R. Marcel) . . . . **B** 8
- Châteaubriand (R.) . . . . **A** 10
- Château d'eau (R. du) . . . . **A** 12
- Crin Blanc (R.) . . . . **A** 15
- Eglise (Pl. de l') . . . . **A** 17
- Espelly (R.) . . . . **A** 18
- Etang (R. de l') . . . . **A** 20
- Ferrade (R. de la) . . . . **B** 22
- Fouque (R. du Capitaine) . . . . **A** 23
- Gambetta (Av. Léon) . . . . . . **AB** 25
- Lamartine (Pl.) . . . . **A** 27
- Marquis-de-Baroncelli (Pl.) . . . . **A** 28
- Médina (R. François) . . . . **B** 29
- Pénitents Blancs (R. des) . . . . **A** 30
- Portalet (Pl.) . . . . **A** 32
- Razeteurs (R. des) . . . . **A** 34

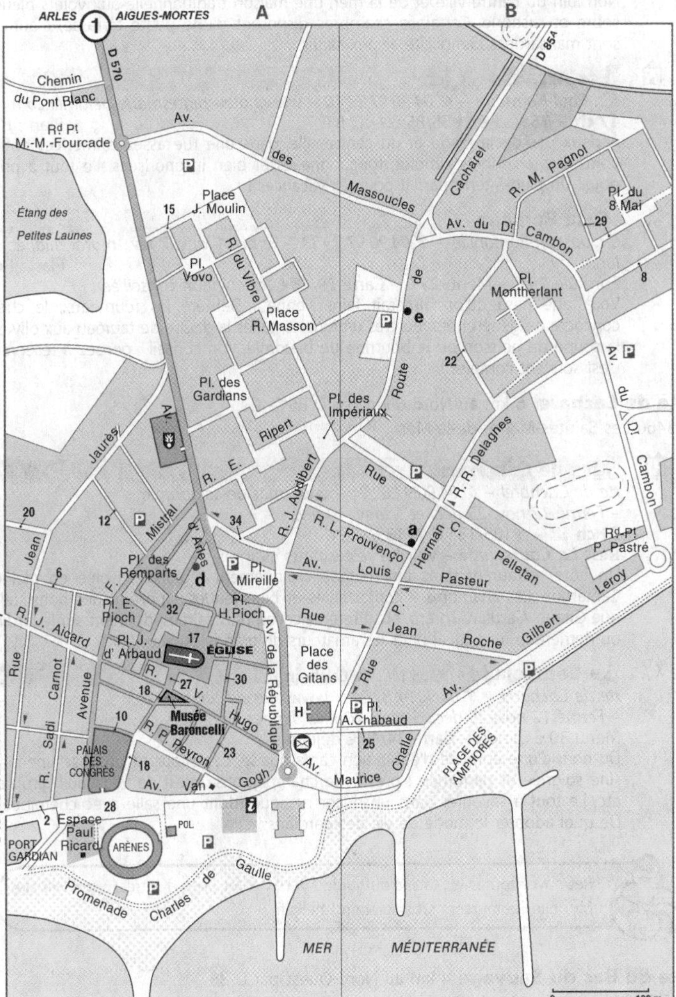

Mas de Cocagne sans rest

rte d'Arles – ☎ 04 90 97 96 17 – www.mas-cocagne.com – Ouvert 26 mars-12 nov.

18 ch – †109/195 € ††129/195 € – ☕ 18 €

Sur la route d'Arles, cet hôtel de standing moderne propose des chambres fort bien tenues, au décor contemporain et coloré, avec terrasse privative. Agréable piscine. Des prestations de qualité.

Le Fangassier sans rest

12 rte de Cacharel – ✆ 04 90 97 85 02 – www.fangassier.camargue.fr – Ouvert 1er mars-17 nov. Plan : B**e**

22 ch – 50/62 € 56/68 € – 8 €

Non loin du centre-ville et de la mer, une maison traditionnelle aux volets bleus, sobre et rustique. Certaines chambres disposent d'une petite terrasse, d'autres sont mansardées. Simplicité et prix sages.

Les Arcades sans rest

5 r. Paul-Hermann – ✆ 04 90 97 73 10 – www.hotel-saintesmariesdelamer.com

17 ch – 55/85 € 55/85 € – 8 € Plan : B**a**

À deux pas de la plage et du centre-ville, dans une rue assez calme, cet hôtel abrite des chambres simples, fonctionnelles et bien insonorisées. Le tout à prix doux. Un pied-à-terre parfait pour les vacances !

Casa Romàna

6 r. Joseph-Romanille – ✆ 04 90 97 83 33 – Fermé 4 janv.-7 fév., mardi midi et lundi Plan : B**d**

Formule 20 € – Menu 25 € – Carte 29/48 € *(réservation conseillée)*

Voilà une Casa qu'on aimerait faire sienne ! Derrière les fourneaux, le chef concocte de généreuses recettes régionales, telles la daube de taureau aux olives, la soupe de poisson ou la bourride de baudroie... Un conseil : pensez à réserver, c'est souvent complet !

rte de Cacharel 6 km au Nord 6 km par D 85A - ✉ 13460 Les Saintes-Maries-de-la-Mer

Mas de Calabrun

rte de Cacharel – ✆ 04 90 97 82 21 – www.mas-de-calabrun.fr – Fermé 12 nov.-25 déc. et 5 janv.-10 fév.

31 ch – 105/135 € 135/185 €

Rest ***La Coursejade*** – voir les restaurants ci-après

Un hôtel-restaurant dans une bâtisse typiquement régionale, isolée en pleine Camargue. Les chambres – confortables et bien tenues – portent des noms tels que Gitane, Gardian, Torero, etc. Préférez celles, plus calmes, donnant sur le jardin ou derrière le mas. Idéal pour les amateurs de grands espaces !

La Coursejade – Hôtel Mas de Calabrun

rte de Cacharel – ✆ 04 90 97 82 21 – www.mas-de-calabrun.fr – Fermé 12 nov.-25 déc., 5 janv.-10 fév., dim. et lundi hors saison

Menu 30 € (dîner) – Carte 34/40 € déjeuner

Du nom d'une épreuve d'équitation camarguaise, ce restaurant propose une cuisine soignée et parfumée : pressé de champignons, quasi de veau aux girolles, etc. Le tout à savourer dans un décor rustique (dont une salle avec cheminée). De quoi adopter le mode de vie des gardians !

Retrouvez toutes les tables du guide MICHELIN (et plein d'autres) sur notre site Michelin Restaurants : restaurant.michelin.fr

rte du Bac du Sauvage 4 km au Nord-Ouest par D 38 – ✉ 13460 Les Stes-Maries-de-la-Mer

Mas de la Fouque

rte du Petit-Rhône – ✆ 04 90 97 81 02 – www.masdelafouque.com – Fermé 5 janv.-13 fév.

20 ch – 290/490 € 330/590 € – 6 suites

Rest ***Mas de la Fouque*** – voir les restaurants ci-après

Des étangs, des chevaux, des flamants roses... Une Camargue enchanteresse tout autour de ce domaine qui joue, à l'écart de tout, la carte de la décontraction chic pour une clientèle discrète. On s'installe ici comme dans une très belle maison de vacances, et il n'est qu'à profiter de la douceur de vivre des lieux !

L'Estelle

rte du Petit-Rhône, D 38 – ✆ 04 90 97 89 01 – www.hotelestelle.com – Ouvert 12 avril-11 nov. et 23 déc.-4 janv.

19 ch – 270/320 € 290/490 € – 1 suite

Rest – Menu 29 € (déj. en semaine), 45/95 € – Carte 53/103 € *(fermé mardi midi et lundi sauf juil.-août)*

Un hôtel-restaurant plein de charme, au bord du Petit-Rhône, avec la Camargue pour horizon. Les chambres, de style provençal, ont vue sur l'étang ou le jardin ; préférez les plus récentes. Belle terrasse face à la piscine.

Mas de la Fouque – Hôtel Mas de la Fouque

rte du Petit-Rhône – ✆ 04 90 97 81 02 – www.masdelafouque.com – Fermé 5 janv.-13 fév.

Menu 55 € (dîner) – Carte 53/78 €

Le soir, dans cette magnifique Camargue sauvage, on se croirait à Bali. Dîner les pieds dans l'eau sous un gazebo en se régalant d'une cuisine fine et inventive, n'est-ce pas déjà le paradis ?

rte d'Arles Nord-Ouest par D 570 – ✉ 13460 Les Stes-Maries-de-la-Mer

Les Rizières sans rest

rte d'Arles, à 3 km – ✆ 04 90 97 91 91 – www.lesrizieres-camargue.com – Ouvert 16 fév.-11 nov.

27 ch – 75/115 € 75/115 € – 10 €

Dans une ancienne manade (élevage camarguais) près d'un charmant étang. Les chambres, simples et nettes, s'organisent autour d'un patio ; certaines, avec mezzanine, sont parfaites pour les familles.

STE-VERGE – 79 Deux-Sèvres ➜ voir Thouars

LES SAISIES

✉ 73620 (Savoie) – **Voir carte n°45-D1**

Paris 597 km – Albertville 29 km – Annecy 61 km – Bourg-St-Maurice 53 km

Carte Michelin 333-M3 – Guide Vert Michelin Alpes du Nord

Le Calgary

73 r. des Periots – ✆ 04 79 38 98 38 – www.hotelcalgary.com – Ouvert 14 juin-5 sept. et 15 déc.-26 avril

39 ch – 68/145 € 88/210 € – 1 suite – 14 € – ½ P

Rest – Menu 18/39 € – Carte environ 47 € *(fermé le midi)*

Son nom rappelle les exploits de Franck Piccard, originaire de la station et médaillé d'or aux Jeux olympiques de Calgary en 1988 : de fait, le skieur est propriétaire des lieux ! Évidemment, ce beau chalet, très confortable, est idéal pour profiter des joies de la montagne, que l'on soit sportif... ou non.

SALBRIS

✉ 41300 (Loir-et-Cher) – 5 704 hab. – **Voir carte n°12-C2**

Paris 187 km – Blois 65 km – Bourges 62 km – Montargis 102 km

Carte Michelin 318-J7 – Guide Vert Michelin Châteaux de la Loire

Le Parc

8 av. d'Orléans – ✆ 02 54 97 18 53 – www.leparcsalbris.com – Fermé 21 déc.-6 janv.

26 ch – 80/105 € 94/130 € – 10 € – ½ P

Rest – Menu 26 € (semaine), 36/40 € – Carte 41/68 € *(fermé le midi sauf dim. d'avril à oct.)*

Grande demeure bourgeoise dans un beau jardin arboré. Les chambres, sobres et élégantes, sont bien tenues. Au restaurant, ambiance rustique, cuisine traditionnelle et vaste cheminée pour réchauffer les rudes journées d'hiver de la Sologne...

 **Domaine de Valaudran** 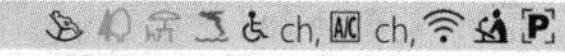
av. de Romoratin, 1,5 km au Sud-Ouest par rte de Romorantin (proche sortie ④ A71) – ✆ 02 54 97 20 00 – www.hotelvalaudran.com – Fermé 23-30 déc.
31 ch – 🛉78/95 € 🛉🛉95/115 € – ☕ 12 € – ½ P
Rest – Menu 23 € (semaine), 35/50 € – Carte 44/67 €
Au cœur de la Sologne, laissez-vous charmer par cette gentilhommière du 19e s. avec son parc de 2 ha et sa piscine. Les chambres y sont confortables et très bien tenues ; certaines mansardées. Le soir, il fait bon prendre un cocktail au salon assis dans un fauteuil club. Restaurant traditionnel.

SALERS

✉ 15140 (Cantal) – 358 hab. – **Voir carte n°5-B3**
▶ Paris 509 km – Aurillac 43 km – Brive-la-Gaillarde 100 km – Mauriac 20 km
Carte Michelin 330-C4 – Guide Vert Michelin Auvergne

 **Le Bailliage** 
r. Notre-Dame – ✆ 04 71 40 71 95 – www.salers-hotel-bailliage.com – Fermé 15 nov.-6 fév.
24 ch – 🛉75/80 € 🛉🛉75/110 € – 2 suites – ☕ 13 € – ½ P
Rest ***Le Bailliage*** – voir les restaurants ci-après
Cette grande demeure régionale constitue un point de chute plein de vie pour découvrir le village, si pittoresque. Les chambres, spacieuses et décorées avec goût, donnent sur le jardin ou la campagne ; certaines arborent un style plus moderne.

 **Les Remparts** Ⓝ 
1 av. Barrouze – ✆ 04 71 40 70 33 – www.salers-hotel-remparts.com
15 ch – 🛉76/102 € 🛉🛉76/102 € – ☕ 11 € – ½ P
Rest – Formule 11 € – Menu 16/29 € – Carte 19/36 €
Une affaire familiale, que l'on se transmet de... mère en fille ! Ce bel hôtel est parfait pour découvrir ce fleuron du Cantal qu'est le village de Salers. D'autant que les chambres, chaleureuses et modernes, offrent un beau panorama sur la vallée de Fontanges...

 **Saluces** sans rest 
r. Martille – ✆ 04 71 40 70 82 – www.hotel-salers.fr – Fermé 12 nov.-20 déc. et 2 janv.-5 fév.
8 ch – 🛉69/78 € 🛉🛉70/80 € – ☕ 12 €
Cette propriété appartenait au marquis de Lur Saluces, gouverneur de la cité au 16e s. Aujourd'hui, la maison affiche un style épuré, avec mobilier chiné et matériaux naturels (bois, marbre, ardoise). On appréciera également le petit-déjeuner sous le vieux marronnier !

XX **Le Bailliage** – Hôtel Le Bailliage 
r. Notre-Dame – ✆ 04 71 40 71 95 – www.salers-hotel-bailliage.com – Fermé 15 nov.-6 fév. et lundi midi
Menu 23/49 € – Carte 26/52 €
Dans la région, tout le monde connaît ce Bailliage gourmand ! Les meilleurs éleveurs fournissent le restaurant en viande... de salers, et l'on se presse pour goûter pounti, truffade, tripoux, etc., et de délicieux fromages auvergnats, dont... le salers. Une cuisine du terroir généreuse et débordante de saveurs !

à Fontanges 5 km au Sud par D 35 – ✉ 15140 – 214 hab.

 **Auberge de l'Aspre** 
Le Bourg – ✆ 04 71 40 75 76 – www.auberge-aspre.fr – Ouvert 16 avril-24 nov. et fermé dim. soir et lundi d'oct. à mai
8 ch – 🛉60 € 🛉🛉60 € – ☕ 9 € – ½ P
Rest – Formule 18 € – Menu 22/34 € – Carte 28/38 €
En pleine nature, cette ancienne ferme abrite des chambres simples et fonctionnelles (salles de bains en mezzanine). Avec vue sur le verger, la piscine ou bien la chapelle monolithe, elles permettent de se ressourcer en pleine campagne.

au Theil 6 km au Sud-Ouest par D 35 et D 37 – ✉ 15140

Hostellerie de la Maronne
rest, P

– ✆ 04 71 69 20 33 – www.maronne.com – Ouvert 11 avril-5 nov.
15 ch – 80/160 € 80/160 € – 4 suites – 12 € – ½ P
Rest – Menu 28/45 € *(fermé le midi, lundi et mardi sauf juil.-août)*
Quelle vue ! Les pâturages se déroulent à perte de vue devant cette belle maison de maître (19e s.) en pierres et lauzes. Chambres et salons élégants, piscine, tennis : un ensemble très confortable et un bon point de départ pour de superbes randonnées.

SALIES-DE-BÉARN

✉ 64270 (Pyrénées-Atlantiques) – 5 020 hab. – **Voir carte n°3-B3**
Paris 762 km – Bayonne 60 km – Dax 36 km – Orthez 17 km
Carte Michelin 342-G4 – Guide Vert Michelin Aquitaine

Hôtel du Parc

bd Saint-Guily – ✆ 05 59 38 31 27 – www.hotelsalies.com
51 ch – 79 € 89 € – 10 € – ½ P
Rest – Formule 17 € – Menu 22/29 € – Carte 22/36 €
L'entrée impressionne, avec ses galeries à l'italienne et sa verrière... sans oublier le casino ! Heureusement, l'isolation est parfaite, y compris dans les chambres, modernes et bien agencées. Restauration traditionnelle.

Hôtel du Golf Le Lodge
P

chemin de Labarthe – ✆ 05 59 67 75 23 – www.le-lodge-salies.com
– Fermé 22 déc.-6 janv.
29 ch – 79/89 € 88/98 € – 10 €
Rest – Formule 16 € – Menu 27 € (déj. en semaine)/32 € – Carte 37/50 €
(fermé dim. soir et sam.)
La construction peut sembler somme toute banale, mais ses propriétaires en ont soigné la décoration, dans un style lodge : plantes exotiques, bambou, portraits d'animaux africains... Certaines chambres donnent sur le golf. Cuisine régionale au restaurant.

Maison Léchémia
ch, P

quartier du Bois, 3 km au Nord-Ouest par rte de Caresse et rte secondaire
– ✆ 05 59 38 08 55 – www.chambresdhoteslechemia.com
3 ch – 46/50 € 60/70 € **Table d'hôte** – Menu 17/30 €
Cette ferme isolée dans la campagne conjugue accueil chaleureux et confort. Petites chambres décorées avec goût, dont une familiale, disposant d'une mezzanine. À table, produits du potager servis sur la terrasse ou devant la cheminée. Bon petit-déjeuner.

à Castagnède 8 km au Sud-Ouest par D 17, D 27 et D 384 – ✉ 64270 – 195 hab.

La Belle Auberge avec ch
rest, ch, P

– ✆ 05 59 38 15 28 – Fermé 2 semaines en juin, mi-déc. à fin janv., dim. soir et lundi soir sauf en juil.-août
14 ch – 49/56 € 49/56 € – 8 € – ½ P Menu 13/26 € – Carte 16/44 €
Dans ce paisible hameau du Béarn, impossible de ne pas remarquer cette auberge aux volets rouges ! On y savoure une cuisine où les spécialités régionales ont la part belle. Aux beaux jours, profitez de la terrasse sous les tilleuls. Chambres fonctionnelles pour prolonger le séjour.

SALINS-LES-BAINS

✉ 39110 (Jura) – 2 926 hab. – **Voir carte n°16-B2**
Paris 419 km – Besançon 41 km – Dole 43 km – Lons-le-Saunier 52 km
Carte Michelin 321-F5 – Guide Vert Michelin Franche-Comté Jura

Grand Hôtel des Bains
rest,

– ✆ 03 84 37 90 50 – Fermé 2 semaines en janv.
30 ch – †79/102 € ††79/102 € – ☕ 11 € – ½ P
Rest – Formule 13 € – Menu 24/54 € 🍷 – Carte 29/66 € *(fermé dim. soir et lundi sauf le midi d'avril à oct.)*
Il est des records qui méritent d'être soulignés tel cet établissement dans le guide rouge depuis plus d'un siècle ! Cet hôtel de 1860 a revêtu des atours contemporains, mais conserve un salon classé. Les chambres sont agréables, tout comme la piscine des thermes accessible aux hôtes.

Charles Sander sans rest

26 r. de la République – ✆ 03 84 73 36 40 – www.residencesander.com – Fermé 1er-12 janv.
12 ch – †94/150 € ††94/150 € – ☕ 10 €
Dans cette maison vigneronne – qui porte le nom du grand-père des propriétaires –, les chambres sont chaleureuses et fonctionnelles ; la plupart disposent même d'une kitchenette. Et pour les amateurs de produits régionaux, une halte à l'épicerie fine s'impose !

Hôtel des Deux Forts
ch,

5 pl. du Vigneron – ✆ 03 84 73 70 40 – www.hoteldesdeuxforts.com – Fermé 1er-12 janv.
23 ch – †70/95 € ††83/118 € – ☕ 10 € – ½ P
Rest – Menu 23 € (semaine), 35/40 € – Carte 37/48 € *(fermé dim. soir et lundi midi en hiver)*
Face aux Salines, cette jolie maison traditionnelle se distingue par sa jolie façade blanche avec des volets vert pâle ; on y dort dans des chambres spacieuses et confortables. Au restaurant, on apprécie une bonne cuisine de tradition.

SALLANCHES
✉ 74700 (Haute-Savoie) – 15 531 hab. – **Voir carte n°46-F1**
Paris 585 km – Annecy 72 km – Bonneville 29 km – Chamonix-Mont-Blanc 28 km
Carte Michelin 328-M5 – Guide Vert Michelin Alpes du Nord

Les Prés du Rosay
rest,

285 rte de Rosay – ✆ 04 50 58 06 15 – www.lespresdurosay.fr
15 ch – †85/88 € ††96/99 € – ☕ 10 € – ½ P
Rest – Formule 14 € – Menu 18 € (déj.)/21 € – Carte 30/43 € *(fermé sam. midi et dim.)*
Cet hôtel traditionnel situé dans un quartier résidentiel a tous les atouts pour un séjour à la montagne : des chambres simples et fonctionnelles (écran plat, wifi) avec vue sur les sommets, un restaurant traditionnel et un espace forme complet. Le patron est un ancien rugbyman : voyez les photos qui ornent le bar !

Auberge de l'Orangerie

carrefour de la Charlotte, 2,5 km par rte Passy (D 13) – ✆ 04 50 58 49 16 – www.orangeriemontblanc.fr – Fermé 23 juin-7 juil.
18 ch – †65/79 € ††81/95 € – ☕ 11 €
Rest *Auberge de l'Orangerie* – voir les restaurants ci-après
Dans cette maison coquette, l'accueil est charmant et dans les chambres, douillettes et lambrissées, on se repose en regardant le mont Blanc. Un petit tour au hammam et la détente est totale.

Auberge de l'Orangerie

carrefour de la Charlotte, 2,5 km par rte Passy (D 13) – ✆ 04 50 58 49 16 – www.orangeriemontblanc.fr – Fermé 23 juin-7 juil., 5-26 janv., dim. soir et le midi du lundi au sam.
Menu 36/56 € – Carte 39/66 €
Le cadre est lumineux, rustique et sans prétention ; le chef prépare une cuisine de saison, pleine de personnalité, fondée sur les produits du terroir. On se lèche les babines à la lecture de la carte ! Avis aux amateurs : la maison a le chic pour sortir de bons petits vins de derrière les fagots...

SALLELES-D'AUDE

✉ 11590 (Aude) – 2 580 hab. – **Voir carte n°22-B2**

▶ Paris 794 km – Carcassonne 73 km – Montpellier 98 km – Perpignan 77 km

Carte Michelin 344-I3

Les Écluses

20 Grand'Rue – ✆ 04 68 46 94 47 – Fermé 2 semaines en nov., fév., merc., dim. soir, le soir de nov. à avril sauf vend. et sam.

Menu 15/33 € – Carte 32/45 €

Dans cette maison au bord du canal, le chef, un vrai passionné de gastronomie et de vins (priorité aux petits producteurs de la région), réalise une cuisine de produits sans chichis, sincère et vraiment bonne : quasi de veau à la chair fondante, glace au nougat garnie de copeaux de chocolat, etc. On en redemande !

SALLES-LA-SOURCE

✉ 12330 (Aveyron) – 2 076 hab. – **Voir carte n°29-C1**

▶ Paris 670 km – Rodez 13 km – Toulouse 160 km – Villefranche-de-Rouergue 71 km

Carte Michelin 338-H4

Gîtes de Cougousse sans rest

r. du Père-Colombier, à Cougousse, 4 km au Nord Ouest par D 901 – ✆ 05 65 71 85 52 – www.gites-cougousse.com – Ouvert 1er avril-15 oct.

4 ch – 55 € 60 €

Une imposante demeure du 15e s., rustique à souhait, au sein d'un jardin avec potager baigné par une rivière et bordé par le vignoble du marcillac : un cadre bucolique... Ciels de lit, linge brodé à l'ancienne et mobilier chiné : les chambres sont douillettes et cultivent aussi le charme aveyronnais !

LES SALLES-SUR-VERDON

✉ 83630 (Var) – 228 hab. – **Voir carte n°41-C2**

▶ Paris 790 km – Brignoles 57 km – Digne-les-Bains 60 km – Draguignan 49 km

Carte Michelin 340-M3 – Guide Vert Michelin Alpes du Sud

Auberge des Salles sans rest

18 r. Ste-Catherine – ✆ 04 94 70 20 04 – www.aubergedessalles.com – Ouvert 1er avril-1er oct.

30 ch – 60/80 € 60/80 € – 8 €

Paisible hôtel surplombant les rives du lac de Ste-Croix. Mobilier rustique dans les chambres, lumineuses et presque toutes avec balcon. Agréable salon avec cheminée.

SALON-DE-PROVENCE

✉ 13300 (Bouches-du-Rhône) – 43 152 hab. – **Voir carte n°40-B3**

▶ Paris 720 km – Aix-en-Provence 37 km – Arles 46 km – Avignon 50 km

Carte Michelin 340-F4 – Guide Vert Michelin Provence

Angleterre sans rest

98 cours Carnot – ✆ 04 90 56 01 10 – www.hotel-dangleterre.biz – Fermé 15 déc.-3 janv.

26 ch – 59/70 € 59/70 € – 8 €

Un hôtel familial et tout simple, en centre-ville. Les chambres sont quelque peu désuètes, mais parfaitement tenues. Pratique pour une étape.

Le Mas du Soleil avec ch

38 chemin St-Côme, Est par D 17 – ✆ 04 90 56 06 53 – www.lemasdusoleil.com

10 ch – 130/260 € 145/320 € – 18 € – ½ P

Formule 35 € – Menu 49/87 € – Carte 75/119 € *(fermé dim. soir et lundi sauf fériés)*

Villa méridionale où l'on goûte des plats aux saveurs du Sud dans un cadre lumineux et élégant, face au jardin. Chambres vastes et confortables, donnant pour certaines sur la piscine.

au Nord-Est 5 km par D 17 puis D 16 (direction Aurons) – ✉ 13300 Salon-de-Provence

Abbaye de Sainte-Croix

rte du Val de Cuech – ✆ 04 90 56 24 55 – www.hotels-provence.com – Fermé 2 nov.-début avril
21 ch – 135/525 € 135/525 € – 4 suites – 20 € – ½ P
Rest ***La Table de l'Abbaye*** – voir les restaurants ci-après
Dans un parc isolé sur les hauteurs de Salon, parmi les cyprès et les pieds de lavande, cette abbaye du 12e s. n'a rien d'ascétique ! Chambres confortables, certaines dans d'anciennes cellules...

La Table de l'Abbaye – Hôtel Abbaye de Sainte-Croix

rte du Val de Cuech – ✆ 04 90 56 24 55 – www.hotels-provence.com – Fermé 2 nov.-début avril et le midi
Menu 52/90 € – Carte 72/90 €
Il règne une belle atmosphère provençale dans ce restaurant, et la cuisine n'y est pas pour rien ! Classique et régionale, elle privilégie les producteurs locaux et met en appétit. Également une formule bistrot. Terrasse panoramique.

au Sud 5 km par N 538, N 113 et D 19 (direction Grans) – ✉ 13250 Cornillon-Confoux

Devem de Mirapier sans rest

rte de Grans, D 19 – ✆ 04 90 55 99 22 – www.mirapier.com – Fermé 20 déc.- 20 janv.
15 ch – 82/98 € 102/128 € – 2 suites – 10 €
Au milieu des pins et de la garrigue, une adresse parfaite pour se reposer et sillonner la région. Accueil sympathique, chambres douillettes au décor soigné, terrasse autour de la piscine...

SALT-EN-DONZY – 42 Loire ➜ voir Feurs

LES SALVAGES – 81 Tarn ➜ voir Castres

SALVAGNAC

✉ 81630 (Tarn) – 1 078 hab. – **Voir carte n°29-C2**
Paris 657 km – Albi 44 km – Montauban 33 km – Toulouse 49 km
Carte Michelin 338-C7

Le Relais des Deux Vallées

Grand'rue – ✆ 05 63 33 61 90 – www.hotel-tarn.com – Fermé 29 août-13 sept. et 3-10 janv.
10 ch – 52 € 52 € – 8 € – ½ P
Rest – Formule 10 € – Menu 12 € (semaine), 19/39 € – Carte 24/52 € *(fermé lundi)*
Sur la place du village, un petit hôtel-restaurant tenu par deux frères, avec des chambres simples et fonctionnelles (certaines avec une terrasse commune) et une cuisine traditionnelle sans chichi. Une étape pratique et économique.

SALZUIT

✉ 43230 (Haute-Loire) – 361 hab. – **Voir carte n°6-C3**
Paris 500 km – Aurillac 129 km – Clermont-Ferrand 85 km – Le Puy-en-Velay 47 km
Carte Michelin 331-C2

Domaine St Roch sans rest

Le Château – ✆ 04 71 74 04 23 – www.hotel-auvergne-saintroch.com – Fermé en janv.
21 ch – 90/115 € 90/115 € – 11 €
Cette église du 12e s. et ce château du 19e s. dominent le village, en lisière de forêt. Les chambres sont décorées avec goût et simplicité dans un style un peu rétro. Pour se détendre, direction le spa et ses soins à base d'argile !

SAMATAN

⊠ 32130 (Gers) – 2 324 hab. – Voir carte n°**28**-B2
▶ Paris 703 km – Auch 37 km – Gimont 18 km – L'Isle-Jourdain 21 km
Carte Michelin 336-H9

Au Canard Gourmand avec ch
rest, ch,

La Rente, par D 632 – ✆ 05 62 62 49 81 – www.aucanardgourmand.com
6 ch – 86 € 96 € – 10 € – ½ P
Menu 15 € (déj. en semaine), 35/45 € – Carte 40/55 € dîner *(fermé lundi soir et mardi) (réservation conseillée)*
Le cadre, design et ultravitaminé, accompagne bien la cuisine gasconne – véritable ode au canard – ainsi qu'une carte un peu plus tendance. Les chambres jouent leurs thèmes et variations (Sienne, Lolypop, Voyage...) avec raffinement ; une invitation au cocooning.

SAMAZAN – 47 Lot-et-Garonne ➜ voir Marmande

LE SAMBUC

⊠ 13200 (Bouches-du-Rhône) – Voir carte n°**40**-A3
▶ Paris 742 km – Arles 25 km – Marseille 117 km – Stes-Marie-de-la-Mer 50 km
Carte Michelin 340-D4

Le Mas de Peint

2,5 km par rte de Salins – ✆ 04 90 97 20 62 – www.masdepeint.com – Ouvert 28 mars-11 nov. et 19 déc.-4 janv.
13 ch – 245/465 € 245/465 € – 22 €
Rest ***Le Mas de Peint*** – voir les restaurants ci-après
Dans un vaste domaine, ce superbe mas du 17e s. cultive la tradition camarguaise (promenades à cheval, arènes privées). La décoration est réussie, les chambres raffinées... Beaucoup d'élégance !

Le Mas de Peint

2,5 km par rte de Salins – ✆ 04 90 97 20 62 – www.masdepeint.com – Ouvert 28 mars-11 nov. et 19 déc.-4 janv. et fermé le midi en semaine hors saison et jeudi
Menu 59 € (dîner), 66/97 € – Carte 43/56 € déjeuner *(réservation conseillée)*
Avec de bons produits, les légumes du potager ou même le riz de la propriété, le chef concocte une belle cuisine du marché (menu unique le soir). La terrasse sous la glycine est ravissante et ce Mas tellement charmant... Une bonne adresse !

SAMER

⊠ 62830 (Pas-de-Calais) – 3 633 hab. – Voir carte n°**30**-A2
▶ Paris 244 km – Arras 112 km – Calais 50 km – Lille 132 km
Carte Michelin 301-D4

Le Clos des Trois Tonneaux

73 r. de Montreuil – ✆ 03 21 92 33 33 – www.leclosdes3tonneaux.com – Fermé 16 sept.-11 oct., dim. soir, lundi, mardi et merc.
Formule 17 € – Menu 19 € (déj. en semaine), 29/49 € – Carte 40/49 €
Revue à la mode contemporaine, cette ancienne distillerie du 18e s. n'a rien perdu de sa superbe ! On y savoure une cuisine bien en prise avec son époque, mais qui n'oublie pas le terroir. Et après le repas, on se rend dans la belle cave voûtée pour le digestif. Également une "taverne" pour un repas plus simple mais aussi sympathique.

SAMOËNS

⊠ 74340 (Haute-Savoie) – 2 305 hab. – Voir carte n°**46**-F1
▶ Paris 581 km – Annecy 75 km – Chamonix-Mont-Blanc 60 km – Genève 53 km
Carte Michelin 328-N4 – Guide Vert Michelin Alpes du Nord

Neige et Roc rest,

rte de Taninges – ✆ 04 50 34 40 72 – www.neigeetroc.com – Ouvert 15 juin-15 sept. et 15 déc.-6 avril
48 ch – 90/172 € 90/172 € – 15 € – ½ P
Rest – Menu 40/60 € – Carte 55/72 € *(fermé le midi)*
Légèrement excentré, un imposant chalet à la mode des années 1970, chaleureux et accueillant. Les chambres, spacieuses, jolies et montagnardes comme il se doit, ont toutes un balcon ; à l'annexe, on propose des studios avec cuisinette. En outre : piscines, espace bien-être, restaurant régional, etc.

Gai Soleil rest,

26 rte de Taninges – ✆ 04 50 34 40 74 – www.hotel-samoens.com – Ouvert 30 mai-20 sept. et 20 déc.-18 avril
28 ch – 69/169 € 69/169 € – 12 € – ½ P
Rest – Menu 23/41 € – Carte 27/52 € *(fermé le midi et merc.)*
À l'entrée du village, un petit chalet tenu en famille. Accueil aimable, chambres d'esprit savoyard – sobres et impeccables –, bar au coin du feu, spécialités régionales au restaurant, salle de jeux, sauna et piscine... Chaleureux et gai !

Edelweiss

La Piaz, 1,5 km au Nord-Ouest par rte de Plampraz – ✆ 04 50 34 41 32 – www.edelweiss-samoens.com – Fermé 26 avril-24 mai et 11 oct.-20 déc.
20 ch – 65/85 € 75/95 € – 10 €
Rest – Menu 25/38 € – Carte 36/45 € *(fermé le midi)*
Edelweiss, l'éternelle des neiges et... ce joli chalet, convivial, bien tenu et au grand calme. Les chambres sont simples mais ont un certain cachet montagnard ; au restaurant, on sert une cuisine classique, préparée avec des produits frais.

à Morillon 4,5 km à l'Ouest – ✉ 74440 – 563 hab.

Grand Massif sans rest

Le Caton – ✆ 04 50 18 08 78 – www.residence-morillon.fr
46 ch – 53/169 € 53/169 € – 12 €
Un grand chalet récent, en sortie de village, aux pieds du domaine du Grand Massif. Les chambres (doubles ou quadruples) sont sobres et fonctionnelles, et équipées de kitchenettes. Quant à la grande piscine, elle est sympathique !

Le Morillon rest,

– ✆ 04 50 90 10 32 – www.hotellemorillon.com – Ouvert 10 juin-15 sept. et 20 déc.-15 avril
22 ch – 85/140 € 95/155 € – 14 € – ½ P
Rest – Carte 40/60 € *(fermé le midi)*
Il règne une douce atmosphère familiale dans ce chalet... Les chambres sont sobres, petites mais bien tenues, ou (catégorie supérieure) très cosy, dans un bel esprit montagnard d'aujourd'hui. Pour la détente, charmant espace balnéo.

SAMOUSSY – 02 Aisne → voir Laon

SAMPANS – 39 Jura → voir Dole

SANARY-SUR-MER

✉ 83110 (Var) – 16 429 hab. – **Voir carte n°40-B3**
Paris 824 km – Aix-en-Provence 75 km – La Ciotat 23 km – Marseille 55 km
Carte Michelin 340-J7 – Guide Vert Michelin Côte d'Azur

Hostellerie La Farandole

140 chemin de la Plage de la Gorguette – ✆ 04 94 90 30 20 – www.hostellerielafarandole.com
27 ch – 189/320 € 219/385 € – 5 suites – ½ P
Rest *La Gorguette* – Formule 29 € – Carte 34/59 € *(fermé lundi et mardi d'oct. à mai)*
Face aux rondeurs de la baie, sur la plage de la Gorguette (entre Sanary et Bandol), un bâtiment géométrique, tout en pierre, bois et verre. Inaugurée en 2011, cette luxueuse hostellerie associe esprit Côte d'Azur et art de vivre contemporain, entre plage et spa. Restaurant gastronomique.

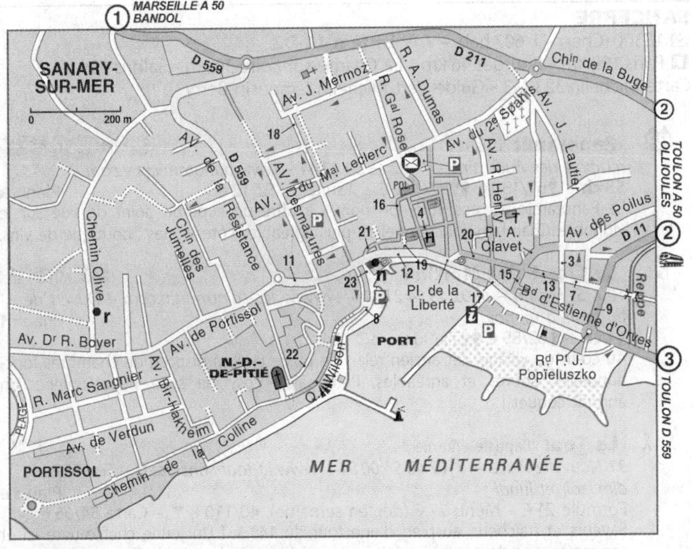

Avenir (Bd de l')	3	Gaulle (Quai Charles-de)	12	Pacha (Pl. Michel)	19
Blanc (R. Louis)	4	Giboin (R.)	13	Péri (R. Gabriel)	20
Clemenceau (Av. G.)	7	Granet (R.)	15	Prudhomie (R. de la)	21
Esménard (Quai M.)	8	Gueirard (R. L.)	16	Sœur-Vincent (Montée)	22
Europe-Unie (Av. de l')	9	Jean-Jaurès (R.)	17	Tour (Pl. de la)	23
Galliéni (Av. du Mar.)	11	Lyautey (Av. Mar.)	18		

Soleil et Jardin sans rest

445 av. Europe-Unie, par ② – ✆ 04 94 25 80 08
– www.sanary-hotel-soleiljardin.com

36 ch – 85/150 € 110/250 € – 4 suites – 15 €

Non loin de la plage, bâtiment régional et son extension récente abritant des chambres de qualité et bien équipées. Excellente insonorisation. Accueil tout sourire.

Hôtel de la Tour

quai Gén. de Gaulle – ✆ 04 94 74 10 10 – www.sanary-hoteldelatour.com
– Fermé 1er-15 déc. Plan : **n**

24 ch – 71/120 € 80/140 € – ½ P

Rest *Restaurant de la Tour* – voir les restaurants ci-après

Au cœur de Sanary, un charmant hôtel tenu par toute une famille très accueillante ! La plupart des chambres arborent un style chaleureux (mobilier chiné, boutis) et donnent sur le port. Tout en haut : toit-terrasse panoramique.

Synaya sans rest

92 chemin Olive – ✆ 04 94 74 10 50 – www.hotelsynaya.fr
– Ouvert 28 fév.-17 nov. Plan : **r**

11 ch – 99/138 € 99/138 € – 12 €

Dans un quartier résidentiel, ce petit hôtel est agrémenté d'un jardin planté de palmiers. Chambres sobres et fonctionnelles ; belles salles de bains.

Restaurant de la Tour – Hôtel de la Tour

quai Gén. de Gaulle – ✆ 04 94 74 10 10 – www.sanary-hoteldelatour.com
– Fermé 25 fév.-12 mars, 14-22 oct., 15 nov.-15 déc., merc. sauf le soir en juil.-août et mardi Plan : **n**

Menu 39/52 € – Carte 46/81 €

Sur les quais : une situation idéale pour observer les bateaux... La carte elle-même varie au gré des marées – et des saisons. Bourride ou bouillabaisse : l'adresse respire l'esprit des ports de la région !

SANCERRE

✉ 18300 (Cher) – 1 607 hab. – Voir carte n°**12**-D2

▶ Paris 198 km – Bourges 46 km – La Charité-sur-Loire 30 km – Salbris 69 km

Carte Michelin 323-M3 – Guide Vert Michelin Limousin Berry

Panoramic sans rest

rempart des Augustins – ✆ 02 48 54 22 44 – www.panoramicotel.com

55 ch – †67/130 € ††77/142 € – 2 suites – ☕ 12 € Plan : **a**

Le Panoramic n'a pas volé son nom ! Il offre un superbe point de vue sur le vignoble. Chambres fonctionnelles, plus agréables côté vignes ; boutique de vins.

Le Clos Saint-Martin sans rest

10 r. St Martin – ✆ 02 48 54 21 11 – www.leclos-saintmartin.com – Ouvert de fin mars à mi-nov. Plan : **f**

41 ch – †62/89 € ††72/96 € – ☕ 11 €

Au cœur du village, cet ancien relais de poste (19e s.) dispose de chambres fonctionnelles, sobres et agréables. Petit salon cosy de style napoléonien... Un endroit coquet !

La Tour (Baptiste Fournier)

31 Nouvelle Place – ✆ 02 48 54 00 81 – www.la-tour-sancerre.fr – Fermé janv., dim. soir et lundi Plan : **e**

Formule 21 € – Menu 27 € (déj. en semaine), 40/110 € 🍷 – Carte 54/65 €

Saveurs et fraîcheur, au pied d'une tour du 14e s. ! Un jeune chef œuvre ici et concocte, avec de beaux produits, une cuisine non dénuée de finesse, de goût et de caractère… Deux ambiances : chaleur des colombages en bas ; cadre contemporain et vue sur les vignobles en haut.

➜ Œuf bio et petits pois, sauce au sancerre. Agneau, ravioles de céleri, oseille et ail des ours. Île flottante, cerise et verveine.

SANCERRE

Abreuvoirs (Remp. des) 2
Marché-aux-Porcs (R. du) 5
Nouvelle Place 6
Paix (R. de la) 8
Panneterie (R. de la) 9
Pavé-Noir (R. du) 12
Porte-César (R.) 13
Porte-Serrure (R.) 15
Puits-des-Fins (R. du) 16
St-André (R.) 18
St-Jean (R.) 20
St-Père (R.) 22
Trois-Piliers (R. des) 23

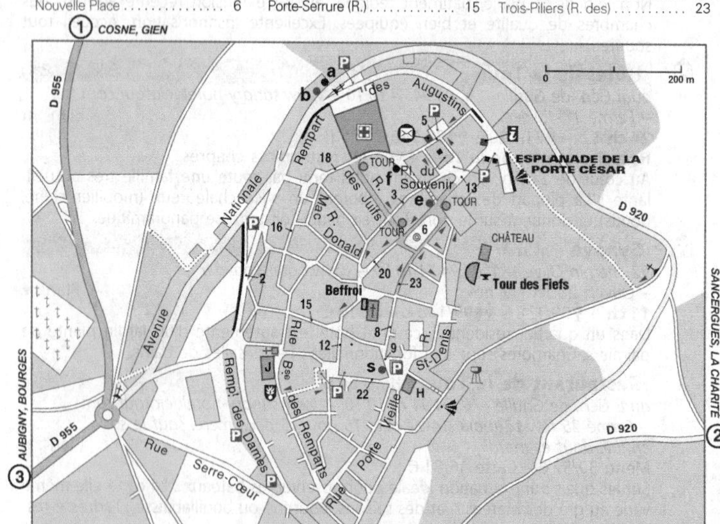

La Pomme d'Or

r. de la Panneterie – ✆ 02 48 54 13 30 – Fermé vacances de Noël, dim. soir d'oct. à mars, mardi et merc. Plan : **s**

Menu 20 € (déj. en semaine), 31/46 € *(réservation conseillée)*

N'hésitez pas à croquer dans cette pomme ! Ici, le chef joue la carte de la tradition pour le plus grand bonheur des gourmands. Dans l'assiette, c'est parfumé et coloré. Le tout accompagné, cela va de soi, d'un verre de sancerre blanc, rosé ou rouge... selon votre envie.

Les Augustins

113 rempart des Augustins – ✆ 02 48 54 01 44 – www.restaurant-traiteur-lesaugustins.com – Fermé 1 semaine en déc., 1 semaine en janv. et merc. Plan : **b**

Menu 25/54 € – Carte 30/60 €

Quelle vue ! Dans la salle de ce restaurant, on est aux premières loges pour admirer le vignoble de Sancerre. Trinquez donc à tant de beauté en savourant les bonnes recettes traditionnelles du chef... Une sympathique adresse familiale.

à St-Satur 3 km par ① et D 955 – ✉ 18300 – 1 603 hab.

La Chancelière sans rest

5 r. Hilaire-Amagat – ✆ 02 48 54 01 57 – www.la-chanceliere.com

5 ch ☕ – 🚹120 € 🚹🚹160 €

La terrasse de cette maison de maître (18e s.) jouit du panorama sur Sancerre et son vignoble. Tomettes, poutres apparentes et meubles anciens donnent du caractère aux chambres.

à Chavignol 4 km par ① et D 183 – ✉ 18300

La Côte des Monts Damnés

– ✆ 02 48 54 01 72 – www.montsdamnes.com

12 ch – 🚹85/115 € 🚹🚹105/135 € – 2 suites – ☕ 14 €

Rest *Le Bistrot de Damnés* Rest *La Côte des Monts Damnés* – voir les restaurants ci-après

Un charmant hôtel au cœur de Chavignol, village vénéré pour son fameux "crottin". Les chambres, spacieuses et chaleureuses, adoptent une déco résolument contemporaine... Une adresse de caractère !

La Côte des Monts Damnés

– ✆ 02 48 54 01 72 – www.montsdamnes.com – Fermé 1 semaine début juil., 17 fév.-9 mars, mardi et merc.

Menu 37/65 € 🍷 *(réservation conseillée)*

Filet de lapereau, magret de canard et sa purée de panais... Ces Damnés-là – chaleureux, élégants et actuels – vous régalent d'une cuisine traditionnelle et régionale qui donne dans la belle générosité.

Le Bistrot de Damnés – Hôtel La Côte des Monts Damnés

– ✆ 02 48 54 01 72 – www.montsdamnes.com

Formule 10 € – Menu 19/33 € – Carte 26/38 €

Honneur au célébrissime chavignol et aux belles viandes. Ici, on savoure moult plats du terroir dans une atmosphère conviviale et il y a aussi le petit menu du jour à l'ardoise, comme dans tout bistrot qui se respecte. Des Damnés... élus !

à St-Thibault 4 km par ① et D 4 – ✉ 18300

Hôtel de la Loire sans rest

2 quai de Loire – ✆ 02 48 78 22 22 – www.hotel-de-la-loire.fr

11 ch – 🚹77/100 € 🚹🚹77/100 € – ☕ 11 €

Original et confortable ! Des chambres décorées sur le thème du voyage, en bord de Loire... Ici, Georges Simenon écrivit deux romans. Grand choix de pains et confitures maison.

SANCOINS

✉ 18600 (Cher) – 3 309 hab. – **Voir carte n°12-D3**
▶ Paris 284 km – Bourges 51 km – Nevers 46 km – Orléans 172 km
Carte Michelin 323-N6

Le St-Joseph
pl. de la Libération – ✆ *02 48 74 61 21*
16 ch – 50 € 50/60 € – 8 € – ½ P
Rest – Formule 14 € – Menu 17 € (semaine), 27/34 € – Carte 20/46 € *(fermé 2 semaines en mars, 2 semaines en oct., dim. soir et vend.)*
Sur la place principale du village, cette grande maison propose des chambres fonctionnelles et confortables. Au restaurant, cuisine traditionnelle et crêperie. Une adresse sympathique.

SANCY

✉ 77580 (Seine-et-Marne) – 384 hab. – **Voir carte n°19-C2**
▶ Paris 55 km – Château-Thierry 48 km – Coulommiers 14 km – Meaux 13 km
Carte Michelin 312-G2

Château de Sancy
1 pl. de l'Église – ✆ *01 60 25 77 77* – *www.chateaudesancy.com*
21 ch – 155/216 € 155/237 € – 16 € – ½ P
Rest *La Catounière* – Formule 29 € – Menu 39/42 €
Cette gentilhommière du 18e s. invite à la détente, avec son grand parc, ses deux catégories de chambres (les plus luxueuses "au château") et de nombreuses activités proposées : équitation, tennis, piscine, etc.

SAND

✉ 67230 (Bas-Rhin) – 1 139 hab. – **Voir carte n°1-B2**
▶ Paris 501 km – Barr 15 km – Erstein 7 km – Molsheim 26 km
Carte Michelin 315-J6

La Charrue
rest,
4 r. du 1er-Décembre – ✆ *03 88 74 42 66* – *www.lacharrue.com* – *Fermé 3-17 août et 24-28 déc.*
21 ch – 65/90 € 75/110 € – 12 € – ½ P
Rest – Menu 29/55 € – Carte 33/46 € *(fermé dim. soir, lundi et le midi sauf dim.)*
Une auberge familiale et conviviale, en lieu et place d'un ancien relais de charretiers (d'où l'enseigne). Les chambres sont bien tenues, dans des styles variés : moderne, classique ou plus rustique. Sympathique bar-winstub ; cuisine régionale au restaurant, d'esprit bistrot chic.

SANDARVILLE

✉ 28120 (Eure-et-Loir) – 391 hab. – **Voir carte n°11-B1**
▶ Paris 105 km – Brou 23 km – Chartres 16 km – Châteaudun 36 km
Carte Michelin 311-E5

Auberge de Sandarville
14 r. Sente-aux-Prêtres, (près de l'église) – ✆ *02 37 25 33 18* – *Fermé 29 juil.-9 août, 21 janv.-9 fév., mardi soir en hiver, dim. soir et lundi*
Formule 31 € – Menu 35 € (semaine)/60 € – Carte 55/65 €
Poutres, cheminée, meubles chinés et tableaux composent le cadre de cette ferme beauceronne (1850), au charme bucolique. Aux beaux jours, on profite de la terrasse fleurie et on se dit que la tradition a du bon !

SANDILLON

✉ 45640 (Loiret) – 3 865 hab. – **Voir carte n°12-C2**
▶ Paris 148 km – Châteaudun 65 km – Châteauneuf-sur-Loire 16 km – Orléans 13 km
Carte Michelin 318-J4

à l'Est 2 km par D 951 et rte secondaire

Château de Champvallins sans rest

1079 r. de Champvallins – ✆ 02 38 41 16 53 – www.chateaudechampvallins.com – Fermé fév.

5 ch – †130/195 € ††160/220 € – ☕ 14 €

Êtes-vous prêt à remonter le temps ? Si oui, passez le portail sécurisé de ce superbe château du 18e s., environné d'un parc de 10 ha. Dans les chambres, classicisme rime avec raffinement. Douceur et charme bucolique...

SANILHAC – 07 Ardèche ➜ voir Largentière

SAN-MARTINO-DI-LOTA – 2B Haute-Corse ➜ voir Corse (Bastia)

SAN-PEIRE-SUR-MER – 83 Var ➜ voir Issambres

SANTA-GIULIA (GOLFE DE) – 2A Corse-du-Sud ➜ voir Corse (Porto-Vecchio)

SANT'ANTONINO – 2B Haute-Corse ➜ voir Corse

SANTENAY

✉ 21590 (Côte-d'Or) – 838 hab. – **Voir carte n°7-A3**

Paris 330 km – Autun 39 km – Beaune 18 km – Chalon-sur-Saône 25 km

Carte Michelin 320-I8 – Guide Vert Michelin Bourgogne

Prosper Maufoux Ⓝ sans rest

1pl. du Jet-d'Eau – ✆ 03 80 20 68 71 – www.maufoux.com – Fermé 2 semaines en janv.

3 ch ☕ – †120 € ††130 €

Cette imposante maison de maître, sur la place principale de Santenay, a été construite en 1860 par le notaire Prosper Maufoux. Les chambres, décorées avec raffinement, préservent l'esprit de l'époque : parquet à chevrons, mobilier de style, cheminées... Et le caveau de dégustation accueillera les amateurs de bons vins !

Le Terroir

pl. du Jet-d'Eau – ✆ 03 80 20 63 47 – www.restaurantleterroir.com – Fermé 1er-7 sept., 8 déc.-11 janv., merc. soir de nov. à avril, dim. soir et jeudi

Formule 21 € – Menu 26/56 € – Carte 39/57 €

Au cœur du village, une maison pimpante et chaleureuse au service d'une cuisine régionale appétissante. Joli choix de vins au verre.

LE SAPPEY-EN-CHARTREUSE

✉ 38700 (Isère) – 1 072 hab. – **Voir carte n°45-C2**

Paris 577 km – Chambéry 61 km – Grenoble 14 km – St-Pierre-de-Chartreuse 14 km

Carte Michelin 333-H6 – Guide Vert Michelin Alpes du Nord

Les Skieurs avec ch

– ✆ 04 76 88 82 76 – www.lesskieurs.com – Fermé vacances de Pâques, de la Toussaint, de Noël, mardi midi, dim. soir et lundi

11 ch – †87 € ††87 € – ☕ 12 € – ½ P

Formule 20 € – Menu 31 € (semaine)/38 € – Carte 49/72 €

Une bonne auberge pour les skieurs certes, mais aussi pour les marmottes – le feu de cheminée crépite tout l'hiver – et plus encore pour les gourmands. Dans un décor tout en bois, on déguste de solides assiettes pétries des saveurs du terroir... avant de voir arriver un beau chariot de fromages et de desserts maison !

SARE

✉ 64310 (Pyrénées-Atlantiques) – 2 508 hab. – **Voir carte n°3-A3**
Paris 794 km – Biarritz 26 km – Cambo-les-Bains 19 km – Pau 138 km
Carte Michelin 342-C5 – Guide Vert Michelin Pays Basque et Navarre

Arraya ch,
pl. du village – ✆ 05 59 54 20 46 – www.arraya.com
– Ouvert 28 mars-2 nov.
20 ch – †94/150 € ††94/150 € – ☕ 11 € – ½ P
Rest – Formule 19 € – Menu 25/36 € – Carte 42/51 € *(fermé lundi midi, jeudi midi et dim. soir sauf du 6 juil. au 18 sept. et fériés)*
Cet ancien relais de Compostelle, d'architecture traditionnelle, abrite des chambres coquettes (mobilier en bois, tissus cousus main), certaines ouvrant sur le jardin classé. Décor basque au restaurant, avec terrasse ombragée : plats régionaux et boutique gourmande.

Lastiry ch, ch,
pl. du village – ✆ 05 59 54 20 07 – www.hotel-lastiry.com
– Ouvert 15 mars-15 nov.
11 ch ☕ – †80/100 € ††95/135 €
Rest – Menu 19/36 € – Carte 40/55 € *(fermé mardi et merc. sauf de mi-juil. à fin août)*
Derrière une façade typiquement basque, un hôtel chaleureux et familial. Les chambres sont confortables et soignées, certaines avec un petit cachet ancien. Au restaurant, recettes du terroir et ambiance rustique.

Pikassaria rest,
à Lehenbiscay 2 km au Sud par D 409 – ✆ 05 59 54 21 51
– www.hotel-pikassaria.com – Ouvert 15 mars-11 nov.
17 ch – †48/50 € ††55/60 € – ☕ 8 €
Rest – Menu 16/25 € *(fermé le midi sauf dim.)*
Bâtisse d'aspect régional située dans la campagne, sur la route de l'Espagne. Chambres propres et fonctionnelles, mais anciennes pour la plupart. Au restaurant, décor rustique et cuisine traditionnelle. Une adresse appréciée notamment des randonneurs.

Olhabidea rest, ch,
quartier Sainte-Catherine, 2 km à l'Est par D 4 – ✆ 05 59 54 21 85
– www.olhabidea.com
5 ch ☕ – †80 € ††90 €
Table d'hôte – Formule 25 € – Menu 42 € – Carte 38/48 €
Un charme fou... Cette ferme basque du 16e s., dans un parc de 4 ha, est une vraie maison de famille, regorgeant d'objets personnels et de souvenirs. Le menu du jour (choix unique) est réalisé selon le marché et le potager. Superbe esprit champêtre !

Une bonne table sans se ruiner ? Repérez les Bib Gourmand.

SARLAT-LA-CANÉDA

✉ 24200 (Dordogne) – 9 739 hab. – **Voir carte n°4-D3**
Paris 526 km – Bergerac 74 km – Brive-la-Gaillarde 52 km – Cahors 60 km
Carte Michelin 329-I6 – Guide Vert Michelin Périgord Quercy

Clos La Boëtie sans rest
97 av. de Selves – ✆ 05 53 29 44 18 – www.closlaboetie-sarlat.com
– Ouvert 29 mars-16 nov. Plan : V**b**
8 ch – †235/360 € ††235/360 € – 3 suites – ☕ 20 €
Cette belle demeure bourgeoise, superbement conçue, associe l'ancien et le contemporain. Chambres très confortables à l'ambiance romantique et raffinée.

SARLAT-LA-CANÉDA

Albusse (R. d') . . . . YZ 2
Allende (Pl. Salvador) . . . . . . Y 3
Arlet (Bd Henri) . . . . YZ
La Boétie (R. de) . . . . Z 21
Bouquerie (Pl. de la) . . . . Y
Breuil (R. du) X
Brossard (Av.) . . . . V 4
Cahors (R. de) X
Cahuet (R. Alberic) . . . . YZ
Chanoines (Cour des) . . . . . . Z 6
Consuls (R. des) . . . . Y 7
Cordil (R. du) . . . . Z 8
Delpeyrat (R. J.-Baptiste) . . . . X 10
Desmouret (Chemin de) V
Escande (R. J.-Joseph) . . . . . Z
Faure (R. Émile) . . . . X, Z 12
Fénelon (R.) . . . . Y
Fontaines (Cour des) . . . . . . Z 13
Frères Chambon (R. des) . . . . Z 16
Gabin (R. Jean) . . . . V 17
Gallière (R.) X
Gambetta (Av.) . . . . V 18
Gaubert (R.) V
Gaulle (Av. du Gén.-de) . . . . . Y 20
Grande Rigaudie (Pl. de la) . . . Z
Jean-Jaurès (R.) V
J.-J.-Rousseau (R.) . . . . Y
Lakanal (R.) . . . . Z 22
Landry (R.) . . . . Y 25
Leclerc (Av. du Gén.) . . . . . X, Z 26
Leroy (Bd Eugène) . . . . Y
Libération (Pl. de la) X
Liberté (Pl. de la) . . . . Y 27
Liberté (R. de la) . . . . YZ 30
Marché aux Oies (Pl. du) . . . . Y
Monges (Chemin des) V
Montaigne (R.) . . . . Z
Montfort (R. Sylvia) . . . . V 31
Moulin (R. Jean) . . . . V 32
Nessmann (Bd Victor) . . . . . . Y
Papucie (R.) . . . . Y 34
Pasteur (Pl.) X
Peyrou (Pl. du) . . . . Y 35
Plantier (Chemin du) X
Présidial (R. du) . . . . Y 36
République (R. de la) . . . . . . YZ
Rossignol (R. Pierre) . . . . X 38
Rousset (R.) . . . . Z 39
Salamandre (R. de la) . . . . . . Y 40
Ségogne (Pass. Henri-de) . . . . Z 42
Selves (Av. de) . . . . V 43
Siège (R. du) . . . . Z
Thiers (Av.) X
Tourny (R.) . . . . Z 44
Trappe (R. de la) . . . . X 46
Trois Conils (R. des) . . . . Z 47
Troubadour Cayrels (R. du) . . . V 48
Tunnel (R. du) . . . . X 50
Turenne (R. de) . . . . Z 51
Victor-Hugo (R.) . . . . Y 52
Voltaire (Bd) . . . . X, Z
8-Mai-1945 (Square du) . . . . . Y
11-Novembre (Pl. du) . . . . Y
14-Juillet (Pl. du) . . . . Z
19-Mars-1962 (Pl. du) . . . . . . V 54
26-Juin-1944 (R. du) . . . . V 55

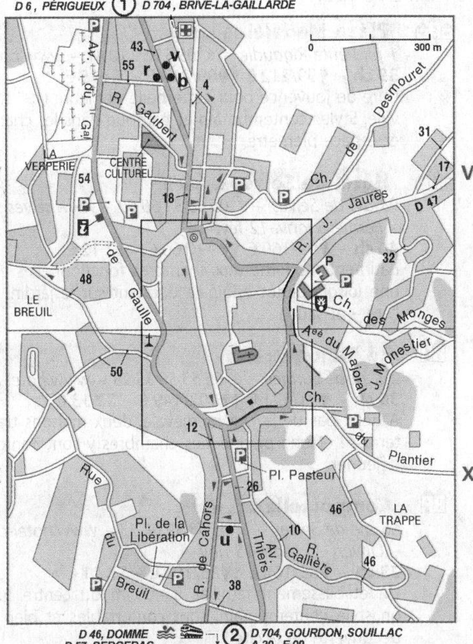

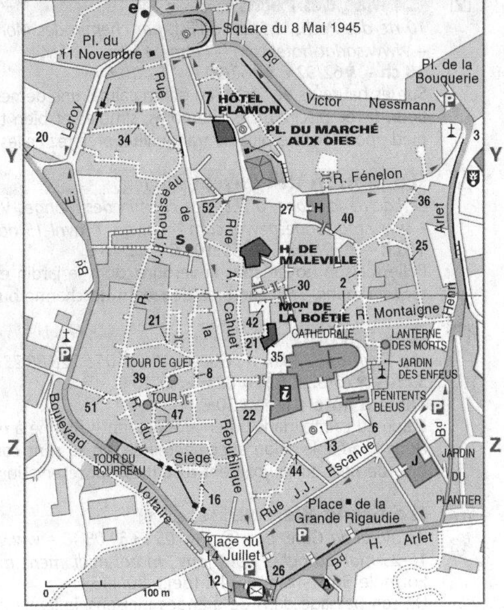

Plaza Madeleine sans rest

1 pl. Petite-Rigaudie – 05 53 59 10 41 – www.hoteldelamadeleine-sarlat.com

39 ch – 99/212 € 99/212 € – 15 € Plan : Y**e**

Cure de jouvence pour cette belle demeure (19e s.) située aux portes de la vieille ville. Styles contemporain et baroque dans les chambres ; piscine à débordement et espace bien-être.

Hôtel de Selves sans rest

93 av. de Selves – 05 53 31 50 00 – www.selves-sarlat.com – Fermé 6 janv.-12 fév. Plan : V**v**

40 ch – 99/160 € 99/160 € – 12 €

Bâtiment moderne aux chambres fonctionnelles et bien tenues ; certaines avec une loggia plutôt originale donnant sur le jardin. Piscine chauffée – découverte l'été – et sauna.

Le Renoir sans rest

2 r. Abbé-Surgier – 05 53 59 35 98 – www.hotel-renoir-sarlat.com

36 ch – 91/121 € 102/149 € – 13 € Plan : X**u**

À deux pas de la cité médiévale, deux maisons traditionnelles, séparées par une terrasse et une piscine. Les chambres y sont confortables. Grande salle de petit-déjeuner.

Compostelle sans rest

66 av. de Selves – 05 53 59 08 53 – www.hotel-compostelle-sarlat.com – Ouvert 30 mars-15 nov. Plan : V**r**

23 ch – 85/105 € 85/105 € – 11 €

Un établissement familial, à 400 m du centre historique. Les chambres, dans un style contemporain, sont confortables et bien tenues. Idéal pour partir à la découverte de la cité !

Le Mas del Pechs sans rest

10 rte des Pechs, 1,5 km à l'Est, par chemin des Monges -VX – 05 53 31 12 11 – www.sarlat-hotel.com – Fermé 4 janv.-28 fév.

18 ch – 62/92 € 62/92 € – 10 €

Sur les hauteurs de Sarlat, au grand calme, une demeure entourée d'un jardin très fleuri (avec piscine). Les chambres, simples et bien tenues, sont toutes de plain-pied ; pour encore plus de tranquillité, préférez celles avec un accès indépendant.

La Maison des Peyrat sans rest

Le Lac de la Plane, à l'Est par chemin des Monges-VX – 05 53 59 00 32 – www.maisondespeyrat.com – Ouvert 1er avril-15 nov.

10 ch – 59/108 € 59/108 € – 10 €

Belle maison noyée sous la verdure, dont le jardin et la piscine d'eau salée invitent au repos. Les chambres dégagent un charme bucolique.

Les Peyrouses ch, ch,

aux Peyrouses, 2 km à l'Ouest - V – 05 53 28 89 25 – www.lespeyrouses-24.com

5 ch – 76/82 € 76/82 € – 10 € – ½ P

Table d'hôte – Menu 30 €

Étape au calme, dans un environnement vallonné à deux pas du centre de Sarlat. Dans l'agréable salon avec cheminée, on se sent comme chez des amis. Chambres de belle taille, joliment rustiques. Sur réservation, table d'hôte le soir.

Le Grand Bleu (Maxime Lebrun)

43 av. de la Gare, par ② – 05 53 31 08 48 – www.legrandbleu.eu – Fermé 19-25 mai, 20 oct.-3 nov., janv., mardi midi, merc. midi, dim. soir et lundi

Formule 36 € – Menu 54 € (déj.), 70/115 €

De son passage dans de grandes maisons, le jeune chef a retenu l'amour du travail bien fait, un vrai sens de la générosité et l'esprit d'invention. Une cuisine de l'instant, en phase avec les saisons et très fine. → Roulé de bœuf, langoustine marinée et foie gras poêlé. Homard rôti et risotto au caviar d'aubergine fumée, sauce Périgueux. Soufflé au Grand Marnier, glace coriandre.

XX **Le Quatre Saisons**

2 Côte de Toulouse – ✆ 05 53 29 48 59 – Ouvert 28 mars-15 nov. et fermé mardi et merc. sauf juil.-août Plan : Y**s**

Formule 15 € – Menu 33/41 €

Cette ancienne maison de pays cache bien son jeu ! À l'image de sa salle résolument contemporaine, dans laquelle les gourmands s'attablent pour savourer de bons petits plats du terroir. À la belle saison, on s'installe sur la terrasse entre de vieux murs.

au Sud 5 km rte de Gourdon puis rte de la Canéda et rte secondaire - ✉ 24200 Sarlat-la-Canéda

Le Mas de Castel sans rest

Le Sudalissant – ✆ 05 53 59 02 59 – www.hotel-lemasdecastel.com – Ouvert Pâques-11 nov.

13 ch – 70/95 € 70/105 € – 10 €

À la campagne, un ancien corps de ferme devenu sympathique hostellerie. Dans les chambres, simplement mais joliment arrangées (certaines en rez-de-jardin), les nuits sont paisibles.

au Sud 3 km par ② rte de Bergerac et rte secondaire – ✉ 24200 Sarlat-la-Canéda

Relais de Moussidière sans rest

Moussidière Basse – ✆ 05 53 28 28 74 – www.hotel-moussidiere.com – Ouvert d'avril à oct.

35 ch – 135/185 € 147/197 €

Calme absolu dans cette maison de caractère bâtie à flanc de rocher. Les chambres, avec leurs notes exotiques, invitent au voyage. Dans la journée ou le soir venu, on se promène dans le parc en terrasse qui descend jusqu'à un étang. Un établissement idéal pour visiter les joyaux du Périgord noir !

SARPOIL – 63 Puy-de-Dôme ➜ voir Issoire

SARRAS

✉ 07370 (Ardèche) – 2 067 hab. – Voir carte n°**43**-E2

Paris 527 km – Annonay 20 km – Lyon 72 km – St-Étienne 60 km

Carte Michelin 331-K2

XX **Le Vivarais** avec ch

AC rest, P

– ✆ 04 75 23 01 88 – Fermé 1er-25 août, vacances de fév., dim. soir, lundi soir et mardi

6 ch – 56/65 € 65/80 € – 8 €

Menu 19 € (semaine), 30/61 € – Carte 43/59 €

Dans cette auberge familiale, on déguste une généreuse cuisine classique dans une élégante salle à manger aux couleurs vives. Le chariot de desserts est très appétissant ! Chambres pratiques pour une étape sur la route des vacances...

SARREGUEMINES

✉ 57200 (Moselle) – 21 540 hab. – Voir carte n°**27**-D1

Paris 396 km – Metz 70 km – Nancy 96 km – Saarbrücken 18 km

Carte Michelin 307-N4

Auberge St-Walfrid

58 r. de Grosbliederstroff, 2 km par ③ et rte de Grosbliederstroff – ✆ 03 87 98 43 75 – www.stwalfrid.com – Fermé 28 juil.-10 août et vacances de fév.

11 ch – 108/158 € 108/158 € – 15 €

Rest ***Auberge St-Walfrid*** ✿ – voir les restaurants ci-après

À la sortie de la ville, une belle maison en pierre où, depuis cinq générations, la même famille cultive l'art de recevoir. Dans les grandes chambres au parquet de chêne, on respire le charme discret de la bourgeoisie.

SARREGUEMINES

- Chamborand (R. du Marquis-de) . . . . . . **BZ** 2
- Chapelle (R. de la). . . . . **BZ** 3
- Cremer (R. des Généraux) **ABZ** 6
- Faïenceries (Bd des) . . . . **BZ** 7
- France (R. de) . . . . **AZ** 8
- Gare (Av. de la) . . . . **BZ** 12
- Louvain (Chaussée de) . . . **BYZ** 15
- Marché (Pl. du) . . . . **AZ** 17
- Nationale (R.) . . . . **ABZ** 20
- Or (R. d') . . . . **AZ** 22
- Paix (R. de la). . . . . **AY** 23
- Pasteur (R. L.) . . . . **BZ** 24
- Ste-Croix (R.) . . . . **BZ** 27
- St-Nicolas (R.) . . . . **AZ** 26
- Sibille (Pl. du Gén.) . . . . **BZ** 28
- Utzschneider (R.) . . . . **BZ** 30
- Verdun (R. de) . . . . **AZ** 33

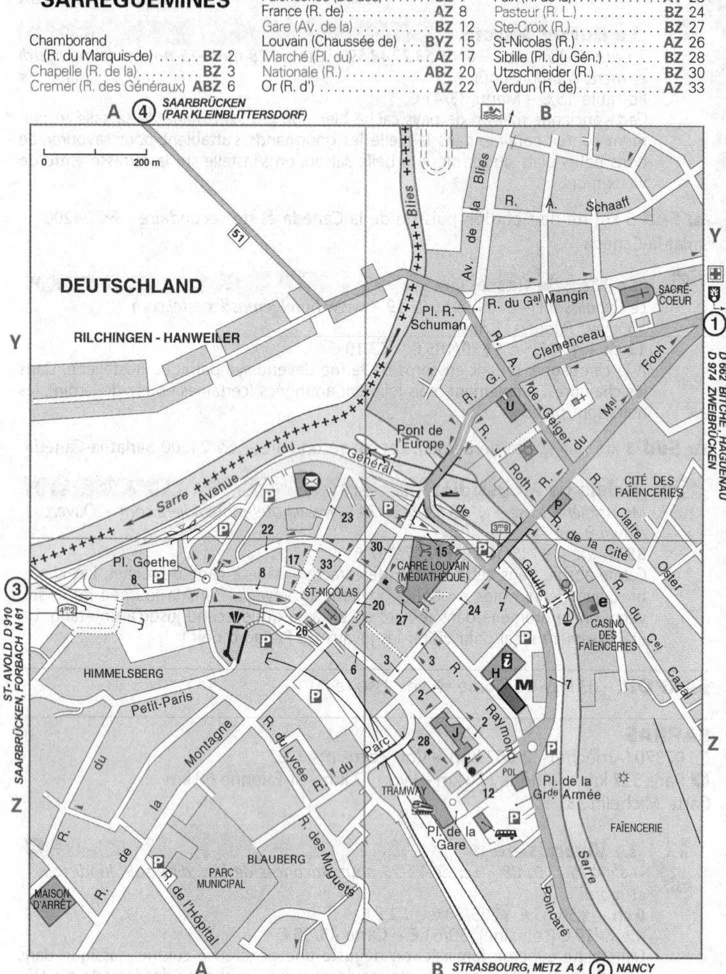

Amadeus sans rest

7 av. de la Gare – ✆ 03 87 98 55 46 – www.amadeus-hotel.fr – Fermé vacances de Noël Plan : BZ**r**

39 ch – 🛉62 € 🛉🛉72 € – ☕9 €

Un immeuble des années 1930 près de la gare. Les chambres sont avant tout fonctionnelles, équipées de bonnes literies. Une adresse adaptée à la clientèle d'affaires ou de passage.

Les Chalands sans rest

8 r. des Chalands, 1,5 km par ③ – ✆ 03 87 26 34 10 – www.les-chalands.com

5 ch ☕ – 🛉55/75 € 🛉🛉70/90 €

Un ancien presbytère du 19e s. au cachet d'autrefois. De ses grandes chambres au parquet de bois blond, on contemple la Sarre et le canal, espérant de mystérieux chalands... Le charme se prolonge au jardin et sur la terrasse sur pilotis pour un copieux petit-déjeuner.

XXX **Auberge St-Walfrid** (Stephan Schneider)

58 r. de Grosbliederstroff, 2 km par ③ et rte de Grosbliederstroff – ✆ 03 87 98 43 75 – www.stwalfrid.com – Fermé 28 juil.-10 août, vacances de fév., lundi midi, sam. midi et dim.

Menu 35 € (semaine), 62/98 € – Carte 61/97 €

Une bien jolie auberge, où l'on s'attable parmi les vitrines où brille la faïence de Sarreguemines. Le chef, Stephan Schneider, est un défenseur de la belle tradition ! Il aime travailler avec les maraîchers de la région et acheter des bêtes entières, pour les préparer lui-même. À la force du goût.

➜ Foie gras de canard poêlé aux mirabelles. Fricassée de volaille aux girolles et à l'échalote confite. Sabayon à la crème de cassis, financier pistache et sorbet vin chaud.

X **Le Petit Thierry**

135 r. de France, 1,5 km par ③ – ✆ 03 87 98 22 59 – Fermé 2 semaines en sept., merc. soir et jeudi

Formule 25 € – Menu 37 € – Carte 30/40 €

Cet ancien moulin, face à la Sarre, arbore le look d'un bistrot contemporain... mais conserve son imposant poêle en faïence ! On y apprécie une cuisine du marché à travers un menu-carte qui change régulièrement. Frais et coloré.

X **Brasserie du Casino**

4 r. Col.-Édouard-Cazal, (casino des Faïenciers) – ✆ 03 87 09 59 78 – www.brasserie-du-casino.com – Fermé lundi et mardi du 15 oct. au 1er avril

Formule 17 € 🍷 – Menu 20/32 € – Carte 24/49 € Plan : BZ**e**

Sur les bords de la Sarre, l'ancienne faïencerie de Sarreguemines transformée en restaurant ! On y savoure des recettes régionales concoctées avec des produits de qualité. Et confortablement installé dans la salle, on peut admirer la belle collection de... faïences. En prime, les prix sont raisonnables.

rte de Bitche 11 km par ① sur D 662 – ✉ 57200 Sarreguemines

XX **Pascal Dimofski**

rte de Bitche, (2 Quartier de la Gare) – ✆ 03 87 02 38 21 – Fermé 3 semaines en août, 2 semaines en fév., sam. midi, dim. soir, lundi et mardi

Menu 29 € (déj. en semaine)/86 € – Carte 61/95 €

Il serait dommage de ne pas s'arrêter dans cet ancien relais routier. Tout y a changé depuis longtemps... Le cadre est plutôt original et on y mange fort bien (tartare de dorade aux saveurs iodées, Saint-Jacques et chips de vitelotte, etc.) : le chef a notamment travaillé avec Antoine Westermann ; sa cuisine ravit !

SARRE-UNION

✉ 67260 (Bas-Rhin) – 3 072 hab. – **Voir carte n°1-A1**

Paris 407 km – Metz 81 km – Nancy 84 km – St-Avold 37 km

Carte Michelin 315-G3

rte de Strasbourg 10 km au Sud-Est par N 61 – ✉ 67260 Burbach

XXX **Windhof**

lieu-dit Windhof – ✆ 03 88 01 72 35 – www.windhof.fr – Fermé 3 semaines en août, 2 semaines début janv., dim. soir, mardi soir et lundi

Formule 23 € – Menu 26 € (semaine), 37/57 € – Carte 40/65 €

Escargots d'Hirschland, crème de panais et sablé au parmesan ; filet de sandre et choucroute nouvelle... Cette adresse familiale joue la carte de la gastronomie d'aujourd'hui ; soin et saveurs sont au rendez-vous. Bon à savoir : l'établissement est facilement accessible depuis l'autoroute A 4 (sortie 43).

SARTÈNE – 2A Corse-du-Sud ➜ voir Corse

SARZEAU

✉ 56370 (Morbihan) – 7 682 hab. – **Voir carte n°9-A3**
▶ Paris 478 km – Nantes 111 km – Redon 62 km – Vannes 23 km
Carte Michelin 308-O9 – Guide Vert Michelin Bretagne Sud

à Penvins 7 km au Sud-Est par D 198 – ✉ 56370

XX **Le Mur du Roy** avec ch — rest,

43 chemin du Mur du Roy Penvins – ✆ 02 97 67 34 08 – www.lemurduroy.com – Fermé 16 déc.-31 janv., vend. midi, dim. soir et jeudi
10 ch – †63/95 € ††63/95 € – ☕ 11 € – ½ P Menu 27/47 € – Carte 40/71 €
Les yeux dans le bleu... On savoure une cuisine iodée servie dans l'une des deux vérandas au décor marin ou sur la terrasse face à l'océan. Pas de fausse note, tout est raccord ! Petites chambres fonctionnelles pour prolonger l'étape.

SASSENAY – 71 Saône-et-Loire ➜ voir Chalon-sur-Saône

SASSETOT-LE-MAUCONDUIT

✉ 76540 (Seine-Maritime) – 1 013 hab. – **Voir carte n°33-C1**
▶ Paris 198 km – Bolbec 29 km – Fécamp 16 km – Le Havre 55 km
Carte Michelin 304-D3

Château de Sissi — rest,

r. Elisabeth d'Autriche – ✆ 02 35 28 00 11 – www.chateau-de-sassetot.com – Fermé 3 janv.-12 fév.
28 ch – †75/325 € ††75/325 € – 3 suites – ☕ 15 € – ½ P
Rest – Formule 20 € – Menu 29/59 € – Carte 45/60 €
Point de cinéma, mais une réalité historique : l'impératrice Sissi séjourna trois mois dans ce beau château du 18ᵉ s. Photos et tableaux permettent de se confronter à la vérité du mythe, tout en cultivant l'art de vivre... à la viennoise !

XX **Le Relais des Dalles** avec ch

6 r. Élisabeth-d'Autriche, (près du château) – ✆ 02 35 27 41 83 – www.relais-des-dalles.fr – Fermé 22 déc.-8 janv., lundi et mardi sauf le soir du 14 juil. au 24 août, merc. midi et jeudi midi
5 ch – †80/145 € ††80/149 € – ☕ 13 € – ½ P Menu 31/56 € – Carte 49/73 €
Un Relais qui fleure bon la Normandie... La maison est rustique à souhait, mais notre préférence va au jardin, charmant (terrasse). La carte cultive la tradition, avec un beau choix de vins de Loire et de bordeaux. Quelques jolies chambres dans la maison attenante.

SAUBUSSE

✉ 40180 (Landes) – 818 hab. – **Voir carte n°3-B3**
▶ Paris 736 km – Bayonne 43 km – Biarritz 50 km – Dax 19 km
Carte Michelin 335-D13

XX **Villa Stings**

9 r. du Port – ✆ 05 58 57 70 18 – Fermé 2 semaines en nov., 2 semaines en janv., merc. soir d'oct. à avril, dim. soir sauf en août, sam. midi et lundi
Menu 35/80 €
Non, il n'y a pas de "s" en trop et, non, le chanteur Sting n'est jamais venu dans cette demeure du 19ᵉ s. au bord de l'Adour ! Derrière les fourneaux, le chef signe une cuisine mêlant répertoire classique et créativité. À déguster dans la vaste salle ou en terrasse, sur le perron.

SAUGUES

✉ 43170 (Haute-Loire) – 1 873 hab. – **Voir carte n°6-C3**
▶ Paris 529 km – Brioude 51 km – Mende 72 km – Le Puy-en-Velay 43 km
Carte Michelin 331-D4 – Guide Vert Michelin Auvergne

La Terrasse

cours du Dr-Gervais – ✆ 04 71 77 83 10 – www.hotellaterrasse-saugues.com – Ouvert 16 mars-14 nov. et fermé dim. soir et lundi hors saison
9 ch – 67/75 € 67/75 € – 13 € – ½ P
Rest *La Terrasse* – voir les restaurants ci-après
Au centre du village dominé par la tour des Anglais, maison ancienne tenue par la même famille depuis 1795. Chambres d'esprit contemporain, fraîches et bien équipées.

La Terrasse

cours du Dr-Gervais – ✆ 04 71 77 83 10 – www.hotellaterrasse-saugues.com – Fermé 15 nov.-15 mars, dim. soir, lundi et mardi hors saison
Formule 23 € – Menu 29 € (semaine), 31/60 €
Rassurez-vous : la bête du Gévaudan n'est plus ! En revanche, si vous avez conservé un appétit de loup, cette adresse est pour vous : le chef, Cyril Tardy, livre une interprétation actuelle de la cuisine du terroir, en utilisant de bons produits locaux pleins de fraîcheur.

SAUJON

17600 (Charente-Maritime) – 6 796 hab. – **Voir carte n°38-B3**
Paris 499 km – Poitiers 165 km – La Rochelle 71 km – Saintes 28 km
Carte Michelin 324-E5 – Guide Vert Michelin Poitou-Charentes

Le Richelieu

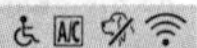

pl. Richelieu – ✆ 05 46 02 82 43 – www.hotel-lerichelieu-saujon.com – Fermé 4-19 janv.
20 ch – 59/79 € 59/79 € – 10 € – ½ P
Rest *Le Ménestrel* – voir les restaurants ci-après
Sur la place du village, une belle maison en pierre (18e s.) avec des chambres fonctionnelles, engageantes et parfaitement tenues. Un bon plan !

Le Ménestrel – Hôtel Le Richelieu

pl. Richelieu – ✆ 05 46 06 92 35 – www.restaurant-lemenestrel.com – Fermé 12-22 mai, 6-19 oct., 4-19 janv., mardi midi, dim. soir sauf août et lundi
Formule 16 € – Menu 19 € (déj. en semaine), 30/85 € – Carte 39/63 €
Sans verser dans la chanson épique, David Ménestrel laisse aller son imagination pour créer des plats actuels, forts en goût ; la meilleure preuve en est ce risotto de la mer, agrémenté de langoustines, où finesse et saveur se partagent la vedette. L'été, on déguste tout cela en terrasse, sous les arbres !

SAULES – 25 Doubs → voir Ornans

SAULGES

53340 (Mayenne) – 303 hab. – **Voir carte n°35-C1**
Paris 249 km – Château-Gontier 37 km – La Flèche 48 km – Laval 33 km
Carte Michelin 310-G7 – Guide Vert Michelin Pays de la Loire

L'Ermitage

3 pl. St-Pierre – ✆ 02 43 64 66 00 – www.hotel-ermitage.fr – Fermé 24 oct.-2 nov., 20 déc.-12 janv., 28 fév.-9 mars , vend. soir, sam. midi et dim. soir d'oct. à avril
34 ch – 79/114 € 79/114 € – 11 € – ½ P
Rest – Formule 13 € – Menu 26/63 € – Carte environ 50 €
Cette maison ancienne se trouve dans un petit village connu pour ses grottes et son canyon. Les chambres sont coquettes et donnent sur la campagne ou le village ; celles du "Relais" sont plus actuelles. Piscine, minigolf, jardin.

SAULIEU

✉ 21210 (Côte-d'Or) – 2 564 hab. – **Voir carte n°8-C2**
Paris 248 km – Autun 40 km – Avallon 39 km – Beaune 65 km
Carte Michelin 320-F6 – Guide Vert Michelin Bourgogne

Le Relais Bernard Loiseau

2 r. d'Argentine – ✆ 03 80 90 53 53 – www.bernard-loiseau.com
– Fermé 20 janv.-26 fév., mardi et merc. sauf fériés Plan : **e**
19 ch – 148/375 € 148/375 € – 13 suites – 30 €
Rest *Le Relais Bernard Loiseau* – voir les restaurants ci-après
Un Relais dans la grande tradition française, qui fait honneur à l'hospitalité bourguignonne. Murs du 18e s., poutres et colombages patinés par les ans, sols en terre cuite, mobilier ancien... mais aussi spa et piscine idyllique. Intemporel et furieusement chic !

Hostellerie de la Tour d'Auxois

square Alexandre-Dumaine – ✆ 03 80 64 36 19 – www.tourdauxois.com
– Fermé 23 nov.-9 déc., 12 janv.-12 fév. Plan : **r**
31 ch – 85/119 € 85/119 € – 13 € – ½ P
Rest – Formule 17 € – Menu 25/38 € – Carte 30/57 € *(fermé mardi midi, sam. midi et lundi)*
Un couvent ? Oui... et non ! Il y a bien longtemps que les cellules ont fait place à des chambres cosy et à de jolis duplex, mais le charme bucolique du lieu est demeuré intact. Jardin paysager, piscine, restaurant bourguignon : une halte sympathique.

Le Relais Bernard Loiseau – Hôtel Le Relais Bernard Loiseau

2 r. d'Argentine – ✆ 03 80 90 53 53 – www.bernard-loiseau.com
– Fermé 20 janv.-26 fév., mardi et merc. sauf fériés Plan : **e**
Menu 70 € (déj.), 150/215 € – Carte 135/230 €
Durant vingt ans, Patrick Bertron fut le second de Bernard Loiseau... Aujourd'hui, il interprète avec une sensibilité toute personnelle les classiques du "maître de Saulieu" et réinvente chaque jour la "grande" cuisine française. Une bouchée, une gorgée, un instant... toute la magie de la belle gastronomie. ➜ Jambonnettes de grenouilles à la purée d'ail et au jus de persil. Blanc de volaille fermière et foie gras de canard poêlé à la purée de pomme de terre truffée. Rose des sables, glace chocolat et coulis d'orange confite.

SAULIEU

Argentine (R. d') 3
Bertin (R. J.) 4
Collège (R. du) 6
Courtépée (R.) 7
Foire (R. de la) 8
Fours (R. des) 9
Gambetta (R.) 10
Gare (Av. de la) 12
Gaulle (Pl. Ch.-de) 14
Grillot (R.) 15
Marché (R. du) 17
Parc des Sports (R. du) 18
Sallier (R.) 19
Tanneries (R. des) 20
Vauban (R.) 21

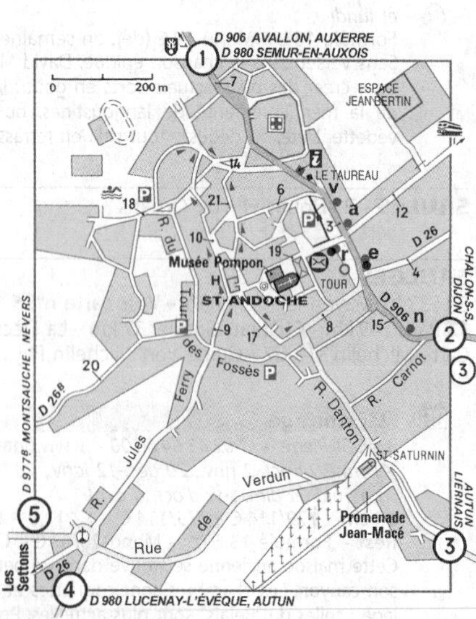

XX **La Borne Impériale** avec ch

16 r. d'Argentine – ✆ 03 80 64 19 76 – www.borne-imperiale.com – Fermé 10 janv.-10 fév., lundi sauf juil.-août et mardi Plan : **v**

6 ch – †39/62 € ††65/85 € – ☕ 10 €

Formule 19 € 🍷 – Menu 26 € – Carte 44/70 €

Il règne ici une atmosphère délicieusement rétro ; le chef vous régale d'une cuisine copieuse et soignée, parée de jolies teintes régionales. Pour prolonger l'étape, on trouve des chambres agréables (préférez les plus récentes).

SAULON-LA-RUE

✉ 21910 (Côte-d'Or) – 650 hab. – **Voir carte n°8-D1**

▶ Paris 324 km – Beaune 43 km – Dijon 12 km – Gevrey-Chambertin 9 km

Carte Michelin 320-K6

Château de Saulon ch, P

67 r de Dijon, (rte de Seurre) – ✆ 03 80 79 25 25 – www.chateau-saulon.com – Fermé 16 fév.-9 mars

32 ch – †95/175 € ††95/175 € – ☕ 15 € – ½ P

Rest – Formule 19 € – Menu 23 € 🍷 (déj. en semaine), 33/57 € – Carte 51/71 € *(fermé dim. soir d'oct. à mai)*

Dans son parc arboré où rien ne manque (piscine, étang...), ce joli petit château du 17e s. joue les dandys du 21e s. Mariages et séminaires trouveront ici un écrin de valeur, avec quatre espaces dédiés. Côté chambres, sobriété et classicisme sont de mise.

SAULT

✉ 84390 (Vaucluse) – 1 362 hab. – **Voir carte n°42-E1**

▶ Paris 718 km – Aix-en-Provence 86 km – Apt 31 km – Avignon 69 km

Carte Michelin 332-F9 – Guide Vert Michelin Provence

Hostellerie du Val de Sault rest, P

2 km, rte St-Trinit et rte secondaire – ✆ 04 90 64 01 41 – www.valdesault.com – Ouvert 27 avril-3 nov.

14 suites – ††135/320 € – 6 ch – ☕ 18 € – ½ P

Rest – Menu 39/99 € – Carte 42/57 € *(femé le midi sauf dim. et fériés) (réservation conseillée)*

Original : à la manière d'un hameau dans la pinède, les chambres se répartissent dans plusieurs bungalows. Spacieuses, avec coin salon et terrasse, certaines en duplex avec des salles de bains panoramiques ! Symbiose avec la Provence...

SAULT-DE-NAVAILLES

✉ 64300 (Pyrénées-Atlantiques) – 830 hab. – **Voir carte n°3-B3**

▶ Paris 756 km – Bordeaux 177 km – Mont-de-Marsan 44 km – Pau 58 km

Carte Michelin 342-H1

X **La Tour Galante**

699 r. de France, (à côté de l'Église) – ✆ 05 59 67 55 29 – www.latourgalante.com – Fermé 14-30 oct., 11-27 fév., lundi soir, mardi soir et merc.

Menu 13 € 🍷 (déj. en semaine), 25/38 € – Carte 28/50 €

La façade pimpante de ce restaurant donne sur la tour de Gaston Fébus. Ici, tout est frais et fait maison : garbure, foie gras, salade landaise et volaille basquaise. Voilà une adresse où l'on cultive l'art de vivre made in Sud-Ouest !

SAULX-LES-CHARTREUX – 91 Essonne ➜ voir Paris, Environs (Longjumeau)

SAULXURES

✉ 67420 (Bas-Rhin) – 538 hab. – **Voir carte n°1-A2**

▶ Paris 407 km – Épinal 71 km – Lunéville 65 km – Strasbourg 67 km

Carte Michelin 315-G6

La Belle Vue

36 r. Principale – ☏ 03 88 97 60 23 – www.la-belle-vue.com – Fermé 3 semaines en janv.
9 ch – †96/127 € ††96/127 € – 2 suites – ☕ 13 € – ½ P
Rest *La Belle Vue* – voir les restaurants ci-après
La même famille tient cette auberge depuis quatre générations. Point trop de tradition cependant : dans ce village vosgien, l'adresse surprend par son décor contemporain, tout en beaux matériaux ! Suites et duplex sont très agréables à vivre.

La Belle Vue

36 r. Principale – ☏ 03 88 97 60 23 – www.la-belle-vue.com – Fermé 3 semaines en janv., mardi et merc. de sept. à juin
Formule 15 € – Menu 36 € (déj. en semaine), 48/63 € – Carte 40/58 €
Lambris et plancher blond le disputent aux paravents peints ; la terrasse domine la forêt des Vosges... Un bel endroit, pour sûr ! Et comme un souvenir de la bonne cuisine d'antan, la carte fait œuvre de simplicité, avec une pointe d'exotisme.

SAUMUR

✉ 49400 (Maine-et-Loire) – 27 283 hab. – **Voir carte n°35-C2**
▶ Paris 300 km – Angers 67 km – Le Mans 124 km – Poitiers 97 km
Carte Michelin 317-I5 – Guide Vert Michelin Châteaux de la Loire

Château de Verrières sans rest

53 r. d'Alsace – ☏ 02 41 38 05 15 – www.chateau-verrieres.com Plan : AY**v**
10 ch – †170/260 € ††170/260 € – ☕ 17 €
Un lieu idéal pour un séjour romantique : un bel édifice Napoléon III, des boiseries aux teintes chaudes, un décor Belle Époque et un grand parc... Accueil amical des châtelains.

Anne d'Anjou sans rest

32 quai Mayaud – ☏ 02 41 67 30 30 – www.hotel-anneanjou.com Plan : BY**k**
42 ch – †99/142 € ††127/205 € – ☕ 15 €
Un bel édifice classé (escalier en pierre), comme un lys dans la vallée... Les chambres, de style Empire ou plus fonctionnelles, donnent sur la Loire ou le château.

St-Pierre sans rest

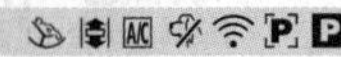

8 r. Haute-St-Pierre – ☏ 02 41 50 33 00 – www.saintpierresaumur.com
14 ch – †110/190 € ††125/210 € – ☕ 14 € Plan : BY**b**
Poutres massives, colombages, hautes cheminées en tuffeau, escalier à vis et meubles de style : un bien charmant hôtel installé dans des maisons du 17e s. joliment restaurées.

Adagio sans rest

94 av. du Gén.-de-Gaulle – ☏ 02 41 67 45 30 – www.hoteladagio.com – Fermé 23 déc.-2 janv. Plan : BX**t**
39 ch – †67/87 € ††77/109 € – ☕ 13 €
Au cœur de l'île d'Offard, des chambres contemporaines et feutrées, tenues avec soin. Beau buffet au petit-déjeuner (produits bio et régionaux). Une bonne option pour découvrir la ville.

Mercure Bord de Loire sans rest

r. du vieux-Pont – ☏ 02 41 67 22 42 – www.mercure.com Plan : BY**g**
45 ch – †75/190 € ††75/190 € – 3 suites – ☕ 15 €
Sur l'île d'Offard, un hôtel moderne aux chambres fonctionnelles bien équipées. Atout de choix : certaines offrent un beau panorama sur la Loire et le centre historique.

Kyriad sans rest

23 r. Daillé – ☏ 02 41 51 05 78 – www.central-kyriad.com Plan : BY**d**
29 ch – †62/112 € ††72/132 € – ☕ 10 €
Situation centrale et calme assuré en cet établissement abritant de petites chambres confortables. Le décor est agréable : meubles de style ancien et teintes claires pour certaines ; épure contemporaine pour les autres...

SAUMUR

Anjou (R. d') . . . . **BZ** 2
Beaurepaire (R.) . . . . **AY** 3
Bilange (Pl. de la) . . . . **BY** 4
Cadets (Ponts des) . . . . **BX** 5
Dr-Bouchard (R. du) . . . . **AZ** 6
Dupetit-Thouars (Pl.) . . . . **BZ** 7
Fardeau (R.) . . . . **AZ** 9
Gaulle (Av. Général-de) . . . . **BX**
Leclerc (R. du Mar.) . . . . **AZ**
Nantilly (R. de) . . . . **BZ** 10
Orléans (R. d') . . . . **ABY**
Poitiers (R. de) . . . . **AZ** 12
Portail-Louis (R. du) . . . . **BY** 13
République (Pl. de la) . . . . **BY** 15
Roosevelt (R. Fr.) . . . . **BY** 16
St-Jean (R.) . . . . **BY** 18
St-Pierre (Pl.) . . . . **BY** 19
Tonnelle (R. de la) . . . . **BY** 20
Vieux-Pont (R. du) . . . . **BY** 22

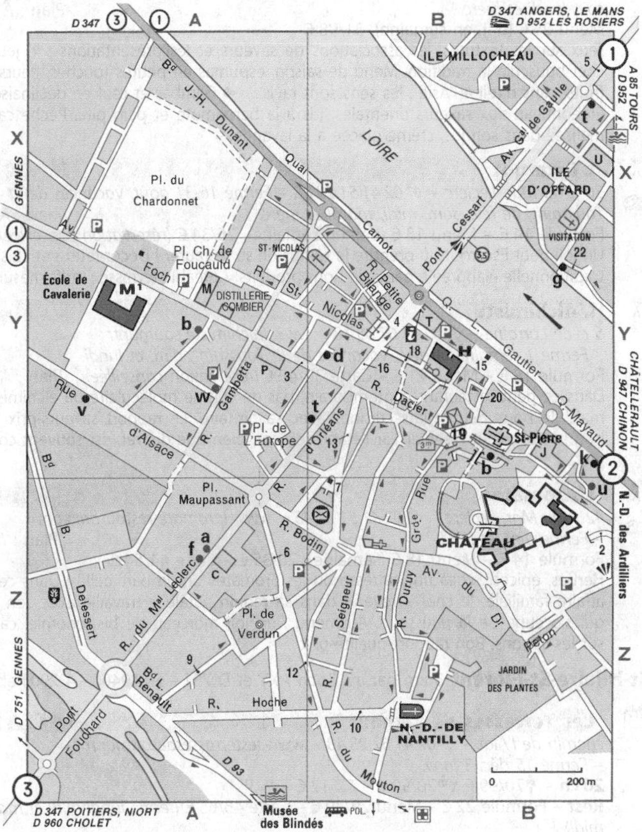

Le Londres sans rest

48 r. d'Orléans – ✆ 02 41 51 23 98 – www.lelondres.com Plan : BY**t**

27 ch – †55/90 € ††64/100 € – ☕ 9 €

Depuis quelques années, ses propriétaires ont su donner de la personnalité et un véritable coup de jeune à cet hôtel de 1837. Deux appartements (avec kitchenettes) conviendront particulièrement aux familles.

Les Ménestrels

11 r. Raspail – ✆ 02 41 67 71 10 – www.restaurant-les-menestrels.com – Fermé 1 semaine en mars, 1 semaine en déc., lundi sauf le soir de Pâques au 30 nov. et dim. Plan : BZ**u**

Formule 17 € – Menu 35/66 €

Près du château, troubadours de passage et autres trouvères apprécieront le raffinement de cette demeure ancienne. De beaux vins de Loire accompagnent la carte – une savoureuse cuisine de saison – ou la formule rapide.

Le Gambetta (Mickael Pihours)

12 r. Gambetta – 02 41 67 66 66 – www.restaurantlegambetta.com – Fermé 1 semaine en mars, 28 juil.-13 août, 1 semaine en nov., 22-29 déc., dim. soir, lundi et merc. Plan : AY**w**

Menu 25 € (déj. en semaine), 31/98 €

Jeux sur les textures, les associations de saveurs et les présentations ; le jeune chef bouscule la tradition. Menu de saison, espumas en petites touches, fleurs et fruits, clins d'œil à l'Asie : les sens sont ravis... ➜ Gambas et œuf en déclinaison. Pigeonneau aux saveurs orientales, jus à la bergamote et pain pita. Pêche caramélisée dans son jus, crème glacée à la lavande.

L'Escargot

30 r. du Mar.-Leclerc – 02 41 51 20 88 – Fermé 16-31 août, vacances de la Toussaint, de fév., sam. midi, mardi et merc. Plan : AZ**a**

Formule 14 € – Menu 18 € (déj. en semaine), 26/34 € *(réservation conseillée)*

Un joli petit Escargot où prendre le temps de se restaurer ! Décor feutré et cuisine traditionnelle élaborée à partir de bons produits. Agréable terrasse ; tarifs mesurés.

L'Alchimiste

6 r. de Lorraine – 02 41 67 65 18 – www.lalchimiste-saumur.fr – Fermé 1 semaine en fév., vacances de la Toussaint, dim. et lundi

Formule 18 € – Menu 21 € – Carte 30/49 € *(réservation conseillée)* Plan : AY**b**

Dans ce petit restaurant contemporain, pas de cuisine moléculaire ou alchimiste, mais de bons petits plats cuisinés avec savoir-faire. Le rapport saveurs-prix est bon ! Mieux vaut réserver car l'établissement, bien que discret, est souvent complet...

L'Aromate

42 r. du Mar.-Leclerc – 02 41 51 31 45 – www.laromate-restaurant.com – Fermé dim. et lundi Plan : AZ**f**

Formule 14 € – Menu 18 € (semaine), 28/35 € – Carte 44/54 €

Herbes, épices... voilà une adresse où les aromates ont la part belle ! Dans cette affaire familiale, le chef – revenu dans sa région natale – travaille avec son fils qui s'occupe de la pâtisserie. Au menu : un joli morceau de bistronomie, calée sur les saisons. Bon rapport qualité-prix.

à St-Hilaire-St-Florent 3 km par av. Foch AXY et D 751 – ✉ 49400 – 4 200 hab.

Les Terrasses de Saumur

ch, rest,

chemin de l'Alat – 02 41 67 28 48 – www.lesterrassesdesaumur.fr – Fermé 15 déc.-3 janv.

20 ch – †70/99 € ††70/99 € – 12 € – ½ P

Rest – Formule 22 € – Menu 29/49 € – Carte 46/65 € *(fermé lundi midi et mardi midi)*

Tout près du Cadre noir, cet hôtel joue la carte des tendances : couleurs tranchées, lumière travaillée, espace bien-être… sans oublier la piscine et la terrasse en bois exotique ! Le restaurant propose une cuisine classique, avec une vue superbe sur la ville.

à Chênehutte-les-Tuffeaux 8 km par av. Foch AXY et D 751 – ✉ 49350 – 1 038 hab.

Le Prieuré

– 02 41 67 90 14 – www.prieure.com

17 ch – †155/370 € ††155/370 € – 3 suites – 22 € – ½ P

Rest *Le Prieuré* – voir les restaurants ci-après

La quiétude reste entière dans ce prieuré du 12e s. d'un grand charme ; les chambres, pleines de cachet, ouvrent sur la Loire. Pour ceux qui souhaitent allier à la paix de l'âme l'exercice du corps : tennis, grande piscine et parcours santé.

Les Résidences du Prieuré

15 ch – †116/145 € ††116/145 € – 22 €

Chambres avec terrasse et jardinet privé, nichées dans six bungalows disséminés dans un immense parc boisé.

XXX **Le Prieuré**

– ✆ 02 41 67 90 14 – www.prieure.com
Menu 28 € (déj. en semaine), 35/75 € – Carte 41/65 €
Dans cet ancien édifice ecclésiastique dominant la Loire (superbe salle panoramique), on apprécie une cuisine traditionnelle rehaussée d'épices. Ode aux saveurs et aux vins du cru...

SAUSHEIM – 68 Haut-Rhin ➔ voir Mulhouse

LA SAUSSAYE

✉ 27370 (Eure) – 1 909 hab. – **Voir carte n°33-D2**
Paris 130 km – Évreux 40 km – Louviers 20 km – Pont-Audemer 49 km
Carte Michelin 304-F6 – Guide Vert Michelin Normandie Vallée de la Seine

Manoir des Saules

2 pl. St-Martin – ✆ 02 35 87 25 65 – www.manoirdessaules.com
– Fermé 3 semaines en nov., 15 fév.-4 mars, dim. soir, lundi et mardi
6 ch – 210/350 € 230/350 € – 25 €
Rest *Manoir des Saules* – voir les restaurants ci-après
Ferronneries, cheminées, meubles anciens (dont quelques belles armoires normandes) : cet authentique manoir allie cachet et élégance, et l'on y fait étape comme dans une jolie gravure ancienne... Parfaitement tenu et charmant !

XXX **Manoir des Saules**

2 pl. St-Martin – ✆ 02 35 87 25 65 – www.manoirdessaules.com
– Fermé 3 semaines en nov., 15 fév.-4 mars, merc. midi d'oct. à mars, dim. soir, lundi et mardi
Menu 65/85 € *(réservation conseillée)*
Les lieux évoquent à la fois une bonbonnière et un musée, mêlant œuvres d'art, objets décoratifs, recoins et poutres anciennes... Un cachet intemporel au service d'une cuisine qui joue elle aussi une partition classique : le goût de la tradition.

SAUSSET-LES-PINS

✉ 13960 (Bouches-du-Rhône) – 7 606 hab. – **Voir carte n°40-B3**
Paris 768 km – Aix-en-Provence 41 km – Marseille 37 km – Martigues 13 km
Carte Michelin 340-F6 – Guide Vert Michelin Provence

XX **Les Girelles**

r. Frédéric-Mistral – ✆ 04 42 45 26 16 – www.restaurant-les-girelles.com
– Fermé janv., dim. soir, merc. midi et lundi
Formule 25 € – Menu 35/65 € – Carte 49/94 €
Simplement séparé de la Méditerranée par la route, un restaurant de bord de mer des plus classiques et de qualité. Crustacés et poissons – homard, loup, dorade – sont ses spécialités, sans oublier la bourride et la bouillabaisse (sur commande).

SAUTERNES

✉ 33210 (Gironde) – 732 hab. – **Voir carte n°3-B2**
Paris 624 km – Bazas 24 km – Bordeaux 49 km – Langon 11 km
Carte Michelin 335-I7 – Guide Vert Michelin Aquitaine

Relais du Château d'Arche sans rest

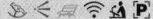

0,5 km au Nord, rte de Bommes – ✆ 05 56 76 67 67
– www.chateaudarche-sauternes.com
9 ch – 120/140 € 120/140 € – 10 €
Une charmante chartreuse du 17e s. au cœur d'un domaine viticole, dont on peut déguster les crus après une visite. Chambres classiques et cosy, avec une vue superbe sur les vignes alentour.

XX **Saprien**

14 r. Principale – ✆ 05 56 76 60 87 – www.restaurantlesaprien.fr – Fermé 28 janv.-10 fév., dim. soir et lundi
Menu 29/90 € – Carte 40/58 €
Un village réputé, une maison typique de vigneron, une terrasse pavée au pied des vignes du château Guiraud, des recettes créatives, savoureuses et bien tournées, pensées autour du célèbre vin liquoreux... Au Saprien, on est au cœur du sujet !

SAUVETERRE

✉ 30150 (Gard) – 1 779 hab. – **Voir carte n°23-D2**
Paris 669 km – Alès 77 km – Avignon 15 km – Nîmes 49 km
Carte Michelin 339-N4

Château de Varenne sans rest

pl. St-Jean – ✆ 04 66 82 59 45 – www.chateaudevarenne.com – Ouvert avril-oct.
13 ch – 98/198 € 108/268 € – 19 €
Le parc à la française, où trône un superbe cèdre du Liban, ajoute au charme de cette élégante demeure du 18e s. Chambres raffinées, décorées de riches tissus et objets anciens.

SAUVETERRE-DE-COMMINGES

✉ 31510 (Haute-Garonne) – 724 hab. – **Voir carte n°28-B3**
Paris 777 km – Bagnères-de-Luchon 36 km – Lannemezan 31 km – Tarbes 71 km
Carte Michelin 343-C6

Hostellerie des 7 Molles

à Gesset – ✆ 05 61 88 30 87 – www.hotel7molles.com – Fermé 15 fév.-15 mars, mardi et merc. d'oct. à juin
18 ch – 92/146 € 118/146 € – 14 € – ½ P
Rest – Menu 29/47 € – Carte 48/68 €
Une grande maison dans une vallée calme, en pleine nature. Tranquillité, atmosphère familiale, restaurant traditionnel et... confort douillet ! Certaines chambres ont même un balcon donnant sur les citronniers et les orangers du jardin.

SAUVETERRE-DE-ROUERGUE

✉ 12800 (Aveyron) – 799 hab. – **Voir carte n°29-C1**
Paris 652 km – Albi 52 km – Millau 88 km – Rodez 30 km
Carte Michelin 338-F5

Le Sénéchal

Le bourg – ✆ 05 65 71 29 00 – www.hotel-senechal.fr – Fermé 1er janv.-15 mars, dim. soir, lundi soir et mardi midi sauf juil.-août et lundi midi
8 ch – 150 € 150 € – 3 suites – 17 € – ½ P
Rest *Le Sénéchal* ✿ – voir les restaurants ci-après
Une auberge reconstruite dans le style du pays aux portes de cette bastide royale du 13e s. Les chambres sont spacieuses et confortables, certaines jouissant de belles terrasses. Un ensemble cossu et parfaitement tenu ; un beau représentant de la tradition hôtelière.

XXX ✿ **Le Sénéchal** (Michel Truchon)

Le bourg – ✆ 05 65 71 29 00 – www.hotel-senechal.fr – Fermé 1er janv.-15 mars, dim. soir, lundi soir et mardi midi sauf juil.-août et lundi midi
Menu 30 € (semaine), 50/125 € – Carte 86/178 € *(réservation conseillée)*
Un poisson rouge en bocal sur chaque table, des œuvres d'art : le cadre sert à merveille la cuisine fine et délicate du chef, Michel Truchon. Il joue judicieusement sur les textures et les saveurs, proposant de beaux visuels, le tout avec des produits soigneusement choisis... Une cuisine généreuse et attentionnée !
→ Foie gras de canard, jus de canard et chutney de fruits. Veau de l'Aveyron. Desserts aux fruits de saison.

SAUVIAT-SUR-VIGE

✉ 87400 (Haute-Vienne) – 935 hab. – **Voir carte n°24-B2**
Paris 404 km – Guéret 49 km – Limoges 34 km – Panazol 30 km
Carte Michelin 325-G5

Auberge de la Poste

141 r. Emile Dourdet – ✆ 05 55 75 30 12 – www.aubergedelaposte.fr – Fermé 11 déc.-11 janv.
10 ch – 47/58 € 58/70 € – 8 € – ½ P
Rest – Formule 15 € – Menu 19/38 € – Carte 29/51 € *(fermé dim. soir et lundi)*
Une auberge chaleureuse sur l'axe principal du village. Les chambres sont pratiques, impeccablement tenues et se trouvent à l'écart des nuisances de la route ; quant au restaurant, il a un vrai cachet rustique et l'on y déguste des petits plats traditionnels.

SAUVIGNY-LES-BOIS – 58 Nièvre ➜ voir Nevers

SAUXILLANGES

✉ 63490 (Puy-de-Dôme) – 1 171 hab. – **Voir carte n°6-C2**
Paris 455 km – Ambert 46 km – Clermont-Ferrand 45 km – Issoire 14 km
Carte Michelin 326-H9 – Guide Vert Michelin Auvergne

Restaurant de la Mairie

11-17 pl. St-Martin – ✆ 04 73 96 80 32 – www.fontbonne.fr – Fermé 16-27 juin, 22 sept.-3 oct., 5-21 janv., merc. sauf juil.-août, dim. soir et lundi
Formule 16 € – Menu 20 € (semaine), 31/68 € – Carte 28/65 €
Face à la mairie de Sauxillanges, la cuisine est une affaire de femmes. Mère et fille œuvrent ensemble au piano, concoctant une belle cuisine régionale, authentique et savoureuse. C'est ce que l'on appelle un "travail bien fait" !

LE SAUZE – 04 Alpes-de-Haute-Provence ➜ voir Barcelonnette

SAUZON – 56 Morbihan ➜ voir Belle-Ile-en-Mer

SAVERNE

✉ 67700 (Bas-Rhin) – 12 087 hab. – **Voir carte n°1-A1**
Paris 450 km – Lunéville 88 km – St-Avold 89 km – Sarreguemines 65 km
Carte Michelin 315-I4

Chez Jean

3 r. de la Gare – ✆ 03 88 91 10 19 – www.chez-jean.com – Fermé 23-26 déc.
40 ch – 70/87 € 88/110 € – 10 € – ½ P Plan : A**v**
Rest – Formule 13 € – Menu 15 € (déj. en semaine), 30/44 € – Carte 33/53 € *(fermé 22 déc.-8 janv., dim. soir et lundi)*
Rest *Winstub s'Rosestiebel* – Formule 13 € – Menu 15 € (déj. en semaine), 30/44 € – Carte 33/53 € *(fermé 22 déc.-8 janv., dim. soir et lundi)*
Entre le château et la roseraie, des chambres très confortables et spacieuses, décorées dans un style alsacien ou contemporain. Bel espace détente (hammam, jacuzzi, salle de soins, etc.). Carte traditionnelle au restaurant, spécialités régionales à la Winstub s'Rosestiebel.

Le Clos de la Garenne

88 rte du Haut-Barr, 1,5 km par rte de Haut-Barr – ✆ 03 88 71 20 41 – www.closgarenne.unblog.fr
14 ch – 45/75 € 55/100 € – 12 € – ½ P
Rest *Le Clos de la Garenne* – voir les restaurants ci-après
Au pied des Vosges, cet hôtel abrite des chambres cosy à souhait. Bois, petits cœurs rouges, le charme est résolument montagnard... Une bonne adresse, chaleureuse comme on les aime !

SAVERNE

Bouxwiller (R. de) .... B 2
Clés (R. des) .... B 3
Côte (R. de la) .... B 5
Dettwiller (R. de) .... B 6
Églises (R. des) .... B 8
Foch (R. Mar.) .... A 12
Gare (R. de la) .... A 13
Gaulle (Pl. Gén.-de) .... B 14
Grand'Rue .... AB
Joffre (R. Mar.) .... B 15
Murs (R. des) .... AB 16
Pères (R. des) .... B 17
Poincaré (R.) .... A 20
Poste (R. de la) .... B 22
Tribunal (R. du) .... B 24
19-Novembre (R. du) .... A 26

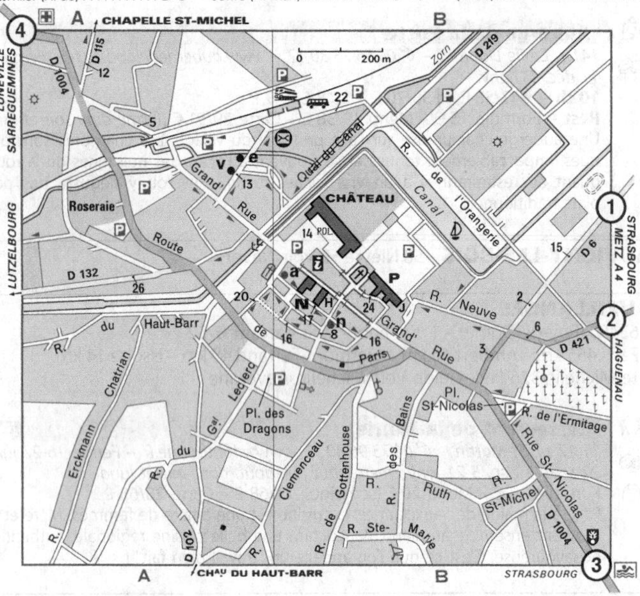

Europe sans rest

7 r. de la Gare – ✆ 03 88 71 12 07 – www.hotel-europe-fr.com
– Fermé 23 déc.-5 janv. Plan : A**e**

28 ch – †68 € ††83/101 € – ☕ 11 €

Derrière une belle façade en brique du début du 20e s., à deux pas du château des Rohan, un hôtel cossu et confortable, tenu avec soin et qui sait vivre avec son temps : voyez le décor de la réception et le salon attenant, très design !

Le Clos de la Garenne – Hôtel le Clos de la Garenne

88 rte du Haut-Barr, 1,5 km par rte de Haut-Barr – ✆ 03 88 71 20 41
– www.closgarenne.unblog.fr – Fermé 18-24 août, 3-9 mars, merc. sauf déc., sam. midi et dim. soir

Menu 19 € (déj. en semaine), 31/85 € – Carte 39/80 €

Il suffit parfois de prendre de la hauteur pour se croire à la montagne ! À l'image de ce restaurant, dominant la ville, avec sa salle à la décoration alpine. On y déguste de beaux produits travaillés dans un esprit gastronomique ou winstub (deux cartes distinctes). Accueil et service aux petits soins.

Zum Staeffele

1 r. Poincaré – ✆ 03 88 91 63 94 – www.strasnet.com/staeffele.htm
– Fermé 29 juil.-21 août, 23 déc.-3 janv., dim. soir, merc. et jeudi Plan : B**a**

Menu 25 € (déj. en semaine), 33/56 € – Carte 51/70 €

St-Pierre braisé à la crème, fraises marinées à la vanille meringue et menthe, tartelette de morilles et ris de veau... Une cuisine dans l'air du temps, proposée dans un cadre contemporain. Louis XV, Louis XVI ou encore Goethe – hôtes du château tout proche – auraient sans doute apprécié !

Taverne Katz
80 Grand'Rue – ✆ 03 88 71 16 56 – www.tavernekatz.com
– Fermé vacances scolaire de fév. et mardi Plan : B**n**
Menu 17 € (déj. en semaine), 36/54 € – Carte 34/63 €
Pour trouver ce restaurant, rien de plus simple : rendez-vous à l'hôtel de ville, c'est juste à côté ! Dans cette superbe maison à colombages (1605), on défend la cuisine locale dans une atmosphère conviviale.

à l'Est par ② 3 km sur D 421 – ✉ 67700 Monswiller

Kasbür (Yves Kieffer)
8 r. de Dettwiller – ✆ 03 88 02 14 20 – www.restaurant-kasbur.fr
– Fermé 23 juil.-13 août, vacances de fév., dim. soir, merc. soir et lundi
Menu 22 € (déj. en semaine), 48/80 € – Carte 60/76 €
Né en 1932, le Kasbür est lié à la famille Kieffer depuis trois générations. Force de l'héritage ou fruit d'une exigence jamais démentie ? Yves Kieffer écrit aujourd'hui une nouvelle page de son histoire : produits de qualité, sauces pleines de parfums, pointe d'inédit... Une valeur sûre.
➜ Foie gras de canard brûlé au sucre muscovado. Pigeon d'Anjou en crapaudine. Dualité de chocolat et sorbet au piment d'Espelette.

SAVIGNEUX – 42 Loire ➜ voir Montbrison

SAVIGNÉ-L'ÉVÊQUE – 72 Sarthe ➜ voir Le Mans

SAVIGNY-LÈS-BEAUNE – 21 Côte-d'Or ➜ voir Beaune

SAVONNIÈRES

✉ 37510 (Indre-et-Loire) – 3 118 hab. – **Voir carte n°11-B2**
Paris 263 km – Blois 88 km – Orléans 139 km – Tours 17 km
Carte Michelin 317-M4 – Guide Vert Michelin Châteaux de la Loire

La Maison Tourangelle
9 rte des Grottes-Pétrifiantes – ✆ 02 47 50 30 05 – www.lamaisontourangelle.com
– Fermé 18 août-3 sept., 17 fév.-11 mars, dim. soir, lundi et merc.
Menu 29/72 €
Le rustique marié au moderne, une délicieuse terrasse sur le Cher et une belle cuisine de produits, gourmande et précise : voilà les atouts – et non des moindres – de cette maison tourangelle du 18e s.

SAZILLY – 37 Indre-et-Loire ➜ voir L'Île-Bouchard

SCEAUX-SUR-HUISNE

✉ 72160 (Sarthe) – 584 hab. – **Voir carte n°35-D1**
Paris 173 km – Châteaudun 75 km – La Ferté-Bernard 12 km – Mamers 41 km
Carte Michelin 310-M6

Le Panier Fleuri
1 av. de Bretagne – ✆ 02 43 93 40 08
– www.restaurant-le-panier-fleuri-sceaux-sur-huisne.fr
– Fermé 7-23 juil., 2-8 janv., dim. soir, lundi soir, mardi soir et merc.
Formule 15 € – Menu 20/40 € – Carte 25/50 €
Au cœur de ce village à mi-chemin entre Le Mans et Nogent-le-Rotrou, une adresse rustique et champêtre. Aux commandes, un vrai chef qui respecte la tradition culinaire et utilise de bons produits. Appétissant !

SCHERWILLER

✉ 67750 (Bas-Rhin) – 3 069 hab. – **Voir carte n°2-C1**
Paris 439 km – Barr 21 km – Colmar 27 km – St-Dié 42 km
Carte Michelin 315-I7

Auberge Ramstein

1 r. Riesling, (direction Dambach-la-Ville) – ✆ 03 88 82 17 00
– www.hotelramstein.fr – Fermé 23 déc.-15 janv.
21 ch – 66/82 € 76/92 € – 11 € – ½ P
Rest *Auberge Ramstein* – voir les restaurants ci-après
"L'Alsace m'a adoptée !" affirme avec le sourire la patronne autrichienne... Cette demeure régionale, ouverte sur le vignoble, est très accueillante. Les chambres y sont spacieuses et soignées.

XX Auberge Ramstein

1 r. Riesling, (direction Dambach-la-Ville) – ✆ 03 88 82 17 00
– www.hotelramstein.fr – Fermé 23 déc.-15 janv., le midi sauf dim. de mi-nov. à mi-avril, dim. soir et lundi
Menu 31/49 €
Priorité à la tradition ! Foie gras et son chutney de prunes d'Alsace, filet de sandre au riesling : dans cette auberge au goût d'antan, les produits sont frais et de saison. Quant à la carte des vins, elle se montre digne de ce village vinicole.

SCHILTIGHEIM – 67 Bas-Rhin → voir Strasbourg

SCHIRMECK

✉ 67130 (Bas-Rhin) – 2 429 hab. – **Voir carte n°1-A2**
Paris 412 km – Nancy 101 km – St-Dié 41 km – Saverne 48 km
Carte Michelin 315-H6

aux Quelles 7,5 km au Sud-Ouest par D 1420, D 261 et rte forestière – ✉ 67130

Neuhauser

rest,

– ✆ 03 88 97 06 81 – www.hotel-neuhauser.com – Fermé 2 semaines fin nov. et 22 fév.-12 mars
17 ch – 87/95 € 95/108 € – 14 € – ½ P
Rest – Formule 13 € – Menu 23/49 € – Carte 35/55 €
Calme garanti dans cette auberge tapie dans un vallon de la forêt vosgienne. Chambres confortables (mobilier en bois clair) ; quelques chalets individuels sur le terrain. Au restaurant, cuisine régionale et... eau-de-vie de la distillerie familiale en digestif !

LA SCHLUCHT (COL DE) – 88 Vosges → voir Col de la Schlucht

SCHNELLENBUHL – 67 Bas-Rhin → voir Sélestat

SECLIN

✉ 59113 (Nord) – 12 295 hab. – **Voir carte n°31-C2**
Paris 212 km – Lens 26 km – Lille 17 km – Tournai 33 km
Carte Michelin 302-G4

XXX Auberge du Forgeron avec ch

rest,

17 r. Roger-Bouvry – ✆ 03 20 90 09 52 – www.aubergeduforgeron.com – Fermé 2-18 août et 24-30 déc., sam. midi et dim.
16 ch – 79/94 € 84/94 € – 13 €
Formule 29 € – Menu 37 € (semaine), 44/82 € – Carte 59/119 € *(fermé sam. midi et dim.)*
Une auberge familiale pleine de charme. Côté restaurant gastronomique, la carte épouse l'air du temps ; côté bistrot, honneur au terroir et à la tradition. Et à l'heure du repos, on profite de chambres confortables et bien tenues.
Le Bistro Formule 14 € – Menu 29 € – Carte 35/49 €

SEDAN

✉ 08200 (Ardennes) – 18 577 hab. – **Voir carte n°14-C1**
Paris 246 km – Charleville-Mézières 25 km – Metz 134 km – Reims 101 km
Carte Michelin 306-L4 – Guide Vert Michelin Champagne Ardenne

Hôtellerie le Château Fort

dans le château fort, accès Porte-des-Princes – ✆ 03 24 26 11 00 – www.chateaufort-sedan.fr Plan : BY**a**
44 ch – †89/139 € ††89/139 € – 10 suites – ☕ 13 € – ½ P
Rest – Formule 25 € – Menu 30/40 € *(fermé lundi midi)*
Cet impressionnant château fort du 15e s., aujourd'hui classé, surplombe la ville. Son ancien magasin à poudre s'est transformé en hôtel ! Dans les élégantes chambres et suites, de discrètes allusions médiévales évoquent le temps jadis. Quant aux repas, ils se déroulent dans l'ex-logis du lieutenant du roi.

Au Bon Vieux Temps

3 pl. de la Halle – ✆ 03 24 29 03 70 – www.restaurant-aubonvieuxtemps.com – Fermé 25 août-8 sept., 16 fév.-11 mars, dim. soir, merc. soir et lundi
Menu 28/49 € – Carte 31/64 € Plan : BYZ**r**
Une maison du 17e s. avec, comme au bon vieux temps, des murs ornés de fresques représentant Sedan dans les années 1900. Foie gras maison, suprême de turbot béarnaise : les amateurs de registre classique ne seront pas déçus. Ambiance plus décontractée, façon bistrot de terroir, au Marmiton.
Marmiton Menu 16 € (déj.)/19 € – Carte 18/25 €

SEDAN

Alsace-Lorraine (Pl. d') .... BZ 2
Armes (Pl. d') .... BY 3
Bayle (R. de) .... BY 4
Berchet (R.) .... BY 5
Blanpain (R.) .... BY 6
Capucins (Rampe) .... BY 7
Carnot (R.) .... BY 8
Crussy (Pl.) .... BY 9
Fleuranges (R. de) .... AY 10
Francs-Bourgeois (R. des) .... BY 12
Gambetta (R.) .... BY 13
Goulden (Pl.) .... BY 14
Halle (Pl. de la) .... BY 15
Horloge (R. de l') .... BY 17
Jardin (Bd du Gd) .... BY 18
Lattre-de-Tassigny (Bd Mar.-de) .... AZ 21
Leclerc (Av. du Mar.) .... BY 24
Margueritte (Av. du G.) .... ABY 26
Martyrs-de-la-Résistance (Av. des) .... AY 27
Mesnil (R. du) .... BY
Nassau (Pl.) .... BZ 31
Promenoir-des-Prêtres .... BY 33
Rivage (R. du) .... BY 34
La Rochefoucauld (R. de) .... BY 20
Rochette (Bd de la) .... BY 35
Rovigo (R.) .... BY 36
Strasbourg (R. de) .... BZ 39
Turenne (Pl.) .... BY 41
Vesseron-Lejay (R.) .... AY 42
Wuildet-Bizot (R.) .... BZ 44

à Donchery 10 km par ② puis D 334 – ✉ 08350 – 2 369 hab.

Domaine Château du Faucon

rte de Vrigne-aux-Bois – ✆ 03 24 41 87 83 – www.domaine-chateaufaucon.com
8 ch – †85/220 € ††143/330 € – 5 suites – ☕ 15 €
Rest *La Cotterie* – Formule 25 € – Menu 37/70 € – Carte 56/76 € *(fermé sam. midi)*
Ce joli château du 17e s, entouré d'un beau parc de 28 ha, a entièrement fait peau neuve en 2011 ; un cadre feutré, où les chambres, élégantes, n'hésitent pas à mêler classique et contemporain. On peut même aller voir les chevaux dans les écuries voisines ! Cuisine actuelle et ambiance lounge à La Cotterie.

SÉES

✉ 61500 (Orne) – 4 446 hab. – **Voir carte n°33-C3**
Paris 183 km – L'Aigle 42 km – Alençon 22 km – Argentan 24 km
Carte Michelin 310-K3 – Guide Vert Michelin Normandie Cotentin

à Macé 5,5 km par rte d'Argentan, D 303 et D 747 – ✉ 61500 – 483 hab.

Île de Sées

Vandel – ✆ 02 33 27 98 65 – www.ile-sees.fr – Ouvert de mars à nov. et fermé dim. soir
16 ch – †60 € ††65/72 € – ☕ 9 € – ½ P
Rest *Île de Sées* – voir les restaurants ci-après
Dans la campagne aux portes de Sées – et de sa belle cathédrale –, au cœur d'un parc arboré, cette maison de pays, couverte de vigne vierge, jouit du plus grand calme. Les chambres, sobres et épurées, sont bienvenues pour se ressourcer et découvrir la région.

Île de Sées

Vandel – ✆ 02 33 27 98 65 – www.ile-sees.fr – Ouvert 1er mars-30 nov. et fermé dim. soir, lundi midi, mardi midi et merc. midi
Formule 22 € – Menu 28 €
Blanquette de lapin au cidre, ris de veau au pommeau, aumônière d'andouille de Vire et camembert, baba au calvados... Telles sont les spécialités de cette table normande attachée à la tradition et aux produits locaux. Quant au décor, il joue lui aussi la carte du classicisme.

SEGONZAC

✉ 19310 (Corrèze) – 233 hab. – **Voir carte n°24-B3**
Paris 506 km – Brive-la-Gaillarde 31 km – Limoges 117 km – Tulle 58 km
Carte Michelin 329-I4 – Guide Vert Michelin Périgord Quercy

Pré Laminon

Laurégie – ✆ 05 55 84 17 39 – www.prelaminon.com – Ouvert avril-sept.
3 ch ☕ – †50 € ††60 € **Table d'hôte** – Menu 20 €
Beaucoup de charme dans cette ancienne grange au milieu des collines, à la croisée du Périgord et du Limousin. L'endroit est chaleureux, avec des chambres douillettes habillées de bois blond, à l'image d'un chalet savoyard. La table d'hôte propose une bonne cuisine du terroir (confits maison). Et la tranquillité est assurée...

SÉGOS – 32 Gers ➜ voir Aire-sur-l'Adour

SEGRÉ

✉ 49500 (Maine-et-Loire) – 6 801 hab. – **Voir carte n°34-B2**
Paris 334 km – Angers 44 km – Laval 55 km – Nantes 83 km
Carte Michelin 317-D2 – Guide Vert Michelin Pays de la Loire

Ibis Styles

r. Gustave-Eiffel – ✆ 02 41 94 81 81 – www.accorhotels.com
48 ch ☕ – †85/115 € ††95/115 € – ½ P
Rest – Menu 16 € (déj. en semaine)/38 € – Carte 25/37 € *(fermé dim.)*
À côté d'une zone artisanale à la sortie de la ville, un complexe moderne abritant des chambres confortables, dans un esprit contemporain. Buffet et grillades sont proposés au restaurant.

SÉGURET – 84 Vaucluse ➜ voir Vaison-la-Romaine

SEIGNOSSE

✉ 40510 (Landes) – 3 310 hab. – **Voir carte n°3-A3**
▶ Paris 747 km – Biarritz 36 km – Dax 32 km – Mont-de-Marsan 85 km
Carte Michelin 335-C12

Villa de l'Étang Blanc

2265 rte de l'Étang Blanc, 2,5 Km au Nord par D 185 et D 432 – ✆ 05 58 72 80 15 – www.villaetangblanc.fr – Fermé oct. et janv.
7 ch – †80/140 € ††80/140 € – ☕ 12 €
Rest *Villa de l'Étang Blanc* – voir les restaurants ci-après
Dans la forêt, à deux pas de l'Étang Blanc, une jolie villa landaise idéale pour une escapade romantique : dans ce site naturel privilégié, d'une grande quiétude, la demeure joue la carte d'un esprit contemporain empreint de douceur... Un bel endroit !

Villa de l'Étang Blanc

2265 rte de l'Étang Blanc, 2,5 Km au Nord par D 185 et D 432 – ✆ 05 58 72 80 15 – www.villaetangblanc.fr – Fermé oct., janv., dim. soir, lundi et mardi de sept. à juin
Menu 28 € (déj. en semaine) – Carte 41/54 €
Une salle grande ouverte sur l'étang, une jolie terrasse... Les joies de la nature autour d'une belle cuisine du moment – ravioles de foie gras fumé aux sarments de vigne, filet de bœuf à la plancha, poisson du jour, etc. Priorité est donnée aux produits du terroir landais et au bio.

SEILH – 31 Haute-Garonne ➜ voir Toulouse

SEILLANS

✉ 83440 (Var) – 2 530 hab. – **Voir carte n°41-C3**
▶ Paris 890 km – Antibes 54 km – Marseille 142 km – Toulon 106 km
Carte Michelin 340-O4 – Guide Vert Michelin Côte d'Azur

Hôtel des Deux Rocs 

1 pl. Font-d'Amont – ✆ 04 94 76 87 32 – www.hoteldeuxrocs.com – Fermé 2 janv.-13 fév.
15 ch – †68/73 € ††75/145 € – ☕ 15 € – ½ P
Rest *Restaurant des Deux Rocs* – voir les restaurants ci-après
Il règne dans cette belle bastide du 18e s. postée sur les hauteurs du bourg l'atmosphère et le charme des maisons d'antan : mobilier ancien, jolis objets chinés, salles de bains rétro... Pour une escapade dans la Provence d'autrefois !

La Gloire de mon Père

pl. du Thouron – ✆ 04 94 76 98 68 – www.lagloiredemonpere.fr – Fermé merc.
Formule 24 € 🍷 – Menu 30/40 € – Carte 30/57 €
L'atout de ce restaurant : sa terrasse dressée sur la place du village, entourant la belle fontaine et le lavoir. Au frais sous les vieux platanes, les plats traditionnels n'en ont que plus de relief...

Restaurant des Deux Rocs – Hôtel Des Deux Rocs

1 pl. Font-d'Amont – ✆ 04 94 76 87 32 – www.hoteldeuxrocs.com – Fermé 2 janv.-13 fév., dim. soir et mardi midi d'oct. à mai et lundi en juil.-août
Formule 29 € – Menu 35 € (déj. en semaine), 51/73 € – Carte 65/82 €
La salle a le charme de la région, la terrasse prend ses aises sur les pavés et... sous les platanes, et la cuisine honore la gastronomie provençale. Ces Deux Rocs cultivent une vraie douceur de vivre, avec une pointe de raffinement.

SEIN (ÎLE DE) – 29 Finistère ➜ voir Île de Sein

SÉLESTAT

✉ 67600 (Bas-Rhin) – 19 197 hab. – **Voir carte n°2-C1**

Paris 441 km – Colmar 24 km – Gérardmer 65 km – St-Dié 44 km

Carte Michelin 315-I7

Hostellerie Abbaye de la Pommeraie

8 bd du Mar.-Foch – ✆ 03 88 92 07 84 – www.relaischateaux.com/pommeraie

12 ch – †165/268 € ††165/268 € – 2 suites – ☕ 18 € – ½ P Plan : BY**a**

Rest ***Le Prieuré*** **Rest** ***S'Apfelstuebel*** – voir les restaurants ci-après

Au cœur de la vieille ville, cette noble demeure du 17ᵉ s. distille une atmosphère feutrée et élégante... Dans une veine classique, les chambres sont spacieuses, toutes différentes et décorées avec du beau mobilier ancien ou de style.

Vaillant

rest,

7 r. Ignace-Spiess – ✆ 03 88 92 09 46 – www.hotel-vaillant.com Plan : AZ**e**

47 ch – †85/105 € ††105/125 € – ☕ 10 € – ½ P

Rest – Formule 16 € – Carte 30/50 € *(fermé 21 déc.-4 janv., sam. midi et dim. soir)*

De nombreuses œuvres d'artistes locaux sont exposées dans cet hôtel moderne bordant une placette ombragée. Spacieuses chambres d'esprit actuel, très soignées. Salles design ou classique, proposant plats de brasserie et spécialités régionales.

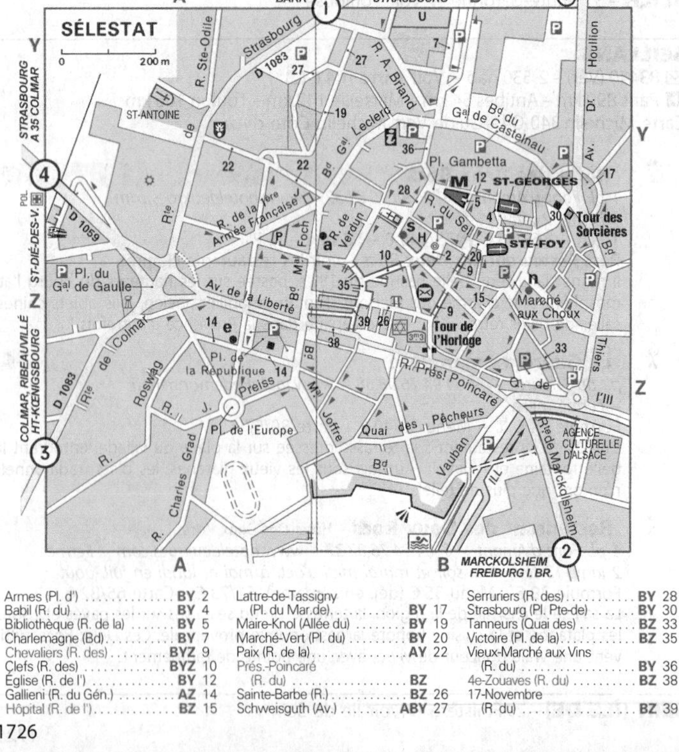

Armes (Pl. d') .... BY 2
Babil (R. du) .... BY 4
Bibliothèque (R. de la) .... BY 5
Charlemagne (Bd) .... BY 7
Chevaliers (R. des) .... BYZ 9
Clefs (R. des) .... BYZ 10
Église (R. de l') .... BY 12
Gallieni (R. du Gén.) .... AZ 14
Hôpital (R. de l') .... BZ 15
Lattre-de-Tassigny (Pl. du Mar.de) .... BY 17
Maire-Knol (Allée du) .... BY 19
Marché-Vert (Pl. du) .... BY 20
Paix (R. de la) .... AY 22
Prés.-Poincaré (R. du) .... BZ
Sainte-Barbe (R.) .... BZ 26
Schweisguth (Av.) .... ABY 27
Serruriers (R. des) .... BY 28
Strasbourg (Pl. Pte-de) .... BY 30
Tanneurs (Quai des) .... BZ 33
Victoire (Pl. de la) .... BZ 35
Vieux-Marché aux Vins (R. du) .... BY 36
4e-Zouaves (R. du) .... BZ 38
17-Novembre (R. du) .... BZ 39

XXX **Le Prieuré** - Hostellerie Abbaye de la Pommeraie

8 bd du Mar.-Foch – ✆ 03 88 92 07 84 – www.relaischateaux.com/pommeraie – Fermé dim. soir et lundi Plan : BY**a**

Formule 29 € – Menu 54 € 🍷/70 € – Carte 67/82 €

Une vraie table gastronomique, où règne un esprit bourgeois et raffiné. Le jeune chef compose une cuisine d'aujourd'hui, réalisée avec des produits nobles, tels le foie gras, le bar sauvage, les Saint-Jacques, etc.

XX **La Vieille Tour**

8 r. de la Jauge – ✆ 03 88 92 15 02 – www.vieille-tour.com – Fermé 13 juil.-4 août, 23 fév.-10 mars, dim. soir et lundi Plan : BY**s**

Menu 13 € (déj. en semaine), 20/45 € – Carte 39/59 € *(réservation conseillée)*

Au cœur du vieux Sélestat, dans cette chaleureuse maison alsacienne flanquée d'une tour (13e-15es.), deux frères exécutent à quatre mains une partition généreuse, qui dévoile de jolis accords : tradition et notes plus actuelles, produits simples – mais de qualité – et prix raisonnables. Une adresse prisée !

XX **S'Apfelstuebel** - Hostellerie Abbaye de la Pommeraie

8 bd du Mar.-Foch – ✆ 03 88 92 07 84 – www.relaischateaux.com/pommeraie

Formule 29 € – Menu 54 € 🍷 – Carte 38/55 € Plan : BY**a**

Tradition ! Au S'Apfelstuebel, la carte fleure bon le terroir alsacien et cultive une ambiance "brasserie" à la fois chic et conviviale...

X **Au Bon Pichet**

pl. du Marché-aux-Choux – ✆ 03 88 82 96 65 – Fermé 5-15 juil., 25 déc.-5 janv., dim. et lundi Plan : BZ**n**

Menu 23 € (déj. en semaine)/29 € – Carte 40/60 €

Il fait bon se restaurer dans cette maison tenue par la même famille depuis quatre générations ! Comme hier, le chef concocte de bonnes recettes traditionnelles : jarret de porc fumé en choucroute de pommes de terre, quenelles de sandre et sauce matelote... L'accueil convivial et le décor de winstub confirment que les règles du bien vivre sont indémodables !

à Rathsamhausen 5 km à l'Est par D 21 et D 209 – ✉ 67600

Les Prés d'Ondine

5 rte Baldenheim – ✆ 03 88 58 04 60 – www.presdondine.com – Fermé fév. à mi-mars

12 ch – †73/142 € ††73/142 € – ☕ 12 € – ½ P

Rest – Menu 35 € 🍷 *(fermé le midi, dim. soir et merc. soir) (réservation conseillée) (résidents seult)*

Atmosphère bucolique et cosy dans cette ancienne maison forestière transformée en hôtel de caractère : salon feutré, bibliothèque et chambres raffinées (mobilier chiné). À la table d'hôte, vue sur l'Ill – qui borde le jardin – et plats inspirés du marché.

Le Schnellenbuhl 8 km par ②, D 159 et D 424 – ✉ 67600

Hôtel de l'Illwald

– ✆ 03 90 56 11 40 – www.illwald.fr – Fermé 24 juin-9 juil. et 23 déc.-15 janv.

16 ch – †90/150 € ††110/150 € – ☕ 16 €

Rest ***Auberge de l'Illwald*** – voir les restaurants ci-après

Ces jolies bâtisses régionales se trouvent en pleine forêt de l'Illwald, réserve naturelle depuis 1995. Les chambres, très confortables, sont décorées avec goût, mélange de boiseries et de meubles design. Authentique !

XX **Auberge de l'Illwald** - Hôtel de l'Illwald

– ✆ 03 90 56 11 40 – www.illwald.fr – Fermé 24 juin-9 juil. et 23 déc.-15 janv., mardi et merc.

Formule 13 € – Menu 38/48 € – Carte 31/57 €

Il règne ici une atmosphère de pavillon de chasse ; des bois de cerf servent de plafonnier et des scènes de chasse naïves et fantastiques ornent les murs. La cuisine honore le terroir (civet de daim, terrines, etc.) et ose la modernité.

SELONNET – 04 Alpes-de-Haute-Provence ➜ voir Seyne

SEMBLANÇAY

✉ 37360 (Indre-et-Loire) – 2 082 hab. – **Voir carte n°11-B2**
Paris 248 km – Angers 96 km – Blois 77 km – Le Mans 70 km
Carte Michelin 317-M4

La Mère Hamard avec ch
pl. de l'Église – ✆ 02 47 56 62 04 – www.lamerehamard.com – Fermé 2 janv.-13 fév., 1er-8 juil., dim. soir, mardi midi et lundi
11 ch – 87/110 € 93/119 € – 14 € – ½ P
Menu 21 € (semaine), 30/62 € – Carte 62/76 €
Une petite auberge chaleureuse, une terrasse charmante, un accueil des plus attentionnés, une cuisine généreuse, pleine de saveurs, sûre de ses classiques et aux prix doux : cette institution née en 1903 connaît la recette du bonheur !

SEMÈNE – 43 Haute-Loire → voir Aurec-sur-Loire

SEMNOZ (MONTAGNE DU) – 74 Haute-Savoie → voir Montagne du Semnoz

SEMUR-EN-AUXOIS

✉ 21140 (Côte-d'Or) – 4 195 hab. – **Voir carte n°8-C2**
Paris 246 km – Auxerre 87 km – Avallon 42 km – Beaune 78 km
Carte Michelin 320-G5 – Guide Vert Michelin Bourgogne

La Côte d'Or sans rest
1 r. de la Liberté – ✆ 03 80 97 24 54 – www.auxois.fr
17 ch – 75/115 € 95/127 € – 1 suite – 12 €
Cette maison de caractère fut jadis le relais de poste de Semur. Entièrement rénovée, elle arbore un style frais, soigné et plaisant, mêlant avec un goût sûr le contemporain et les beaux matériaux anciens. Charme et tranquillité à prix doux...

Hostellerie d'Aussois
rte de Saulieu – ✆ 03 80 97 28 28 – www.hostellerie.fr
42 ch – 75/100 € 85/120 € – 13 € – ½ P
Rest ***La Table de l'Hostellerie*** – voir les restaurants ci-après
À la sortie de Semur, capitale de l'Auxois, ne vous fiez pas à l'extérieur de cet établissement, qui a été entièrement rénové : les chambres, contemporaines, pratiques et bien insonorisées, sont très reposantes... Un lieu propice au travail (bel espace séminaire) comme à la détente (piscine, bar, restaurant).

La Table de l'Hostellerie – Hostellerie d'Aussois
rte de Saulieu – ✆ 03 80 97 28 28 – www.hostellerie.fr – Fermé sam. midi et vend.
Formule 20 € – Menu 25/32 € – Carte 29/44 €
Cet hôtel-restaurant moderne vit sa vie à l'orée d'une campagne bourguignonne prisée pour les randonnées pédestres. Les plats, entre tradition et terroir, rivalisent de saveurs et de touches personnelles originales, dans un décor entièrement rénové à la mode contemporaine.

SÉNART – 77 Île-de-France → voir Paris, Environs

SENLIS

✉ 60300 (Oise) – 16 170 hab. – **Voir carte n°36-B3**
Paris 52 km – Amiens 102 km – Beauvais 56 km – Compiègne 33 km
Carte Michelin 305-G5 – Guide Vert Michelin Île-de-France

Le Julianon
5 pl. G.-de-Nerval – ✆ 03 44 32 12 05 – www.le-julianon.fr – Fermé fin juil.-mi août, sam. midi, dim. et lundi Plan : AY**d**
Formule 15 € – Menu 25 € (déj.)/55 € – Carte 45/60 € *(réservation conseillée)*
Crème de marron aux coques ; turbot cuit à basse température, câpres et noisettes ; sabayon aux poires... Une cuisine inventive, en prise sur les saisons, en cette maison du 17e s.

SENLIS

Apport-au-Pain (R.) . . . . **AY** 2	Heaume (R. du) . . . . **AZ** 13	Poulaillerie (R. de la) . . . . . . **AY** 31
Boutteville (Cours) . . . . **BY** 5	Leclerc (Av. Gén.) . . . . **BY** 15	Puits-Tiphaine (R. du) . . . . . . **AY** 27
Bretonnerie (R. de la) . . . . . . **AZ** 6	Montagne St-Aignan (R. de la) . . . . **AY** 17	Ste-Geneviève (R.) . . . . **BZ** 40
Clemenceau (Av. G.) . . . . **BY** 7	Montauban (Rempart du) . . **AY** 19	St-Vincent (Rempart) . . . . . . **BZ** 36
Cordeliers (R. des) . . . . **AZ** 9	Moulin St-Rieul (R. du) . . . . . **BY** 21	St-Yves-à-l'Argent (R.) . . . . . . **BZ** 38
Halle (Pl. de la) . . . . **BY** 12	Odent (R.) . . . . **BY** 24	Treille (R. de la) . . . . **AY** 42
	Parvis (Pl. du) . . . . **BY** 26	Vernois (Av. F.) . . . . **AY** 47
	Poterne (R. de la) . . . . **BZ** 29	Vignes (R. des) . . . . **BZ** 49
		Villevert (R. de) . . . . **BY** 52

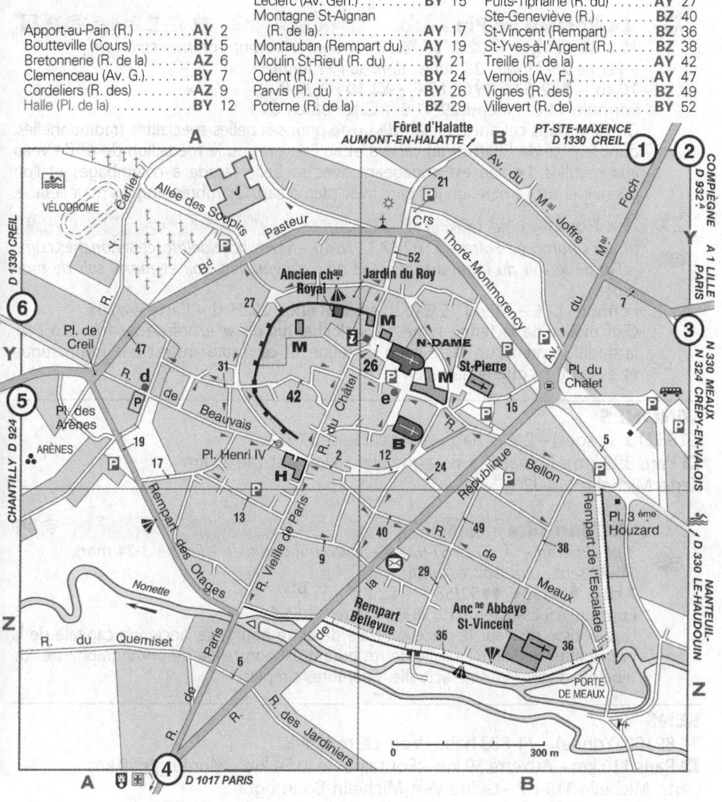

Le Scaramouche

4 pl. Notre-Dame – ✆ 03 44 53 01 26 – www.le-scaramouche.fr
– Fermé 27 juil.-18 août, dim. et lundi Plan : BY**e**

Formule 18 € – Menu 22/30 € – Carte 27/59 €

Du nom du personnage de la Commedia dell'arte... À chaque repas, il se joue ici une sympathique pièce ! Au programme de ce "bistrot gourmand" revendiqué : bruschetta aux légumes et jambon cru, joue de porc confite et haricots coco, mousse au chocolat, etc. Accueil et service tout sourire.

SENNECÉ-LÈS-MÂCON – 71 Saône-et-Loire ➜ voir Mâcon

SENONCHES

✉ 28250 (Eure-et-Loir) – 3 148 hab. – **Voir carte n°11-B1**

Paris 115 km – Chartres 38 km – Dreux 38 km – Mortagne-au-Perche 42 km

Carte Michelin 311-C4 – Guide Vert Michelin Normandie Vallée de la Seine

La Forêt

pl. du Champ-de-Foire – ✆ 02 37 37 78 50 – www.hoteldelaforet-senonches.com

13 ch – 52/97 € 57/97 € – 8,50 € – ½ P

Rest *La Forêt* – voir les restaurants ci-après

Résurrection réussie pour cette jolie maison à colombages. Déco de bon goût dans les chambres, restaurant qui fait monter l'eau à la bouche : le Perche comme on l'aime.

La Pomme de Pin avec ch

15 r. M. Cauty – 02 37 37 76 62 – www.restaurant-pommedepin.com – Fermé 26-31 juil., 2-7 janv., dim. soir et lundi

10 ch – 52/63 € 65/82 € – 10 € – ½ P

Formule 14 € – Menu 29/41 € – Carte 38/64 €

On vient dans cet ancien relais de poste pour ses belles spécialités traditionnelles, dont le pâté de Chartres au canard et au foie gras ou le médaillon de ris de veau aux morilles. Le lieu est engageant avec sa belle façade à colombages et l'on découvre, sur l'arrière, un joli parc avec plan d'eau. Chambres simples pour l'étape.

La Forêt – Hôtel La Forêt

pl. du Champ-de-Foire – 02 37 37 78 50 – www.hoteldelaforet-senonches.com – Fermé le soir du lundi au merc. de nov. à avril, dim. soir et mardi soir de mai à oct.

Formule 12 € – Menu 15 € (déj. en semaine), 29/59 € – Carte 44/70 €

Œuf mollet de la ferme fumé sous cloche, jus de veau infusé au foin bio... Ici, la tradition prend un sacré coup de jeune. Et ce restaurant est à la fois rustique et élégant, ce qui ne gâte rien !

SENONES

88210 (Vosges) – 2 627 hab. – **Voir carte n°27-C2**

Paris 392 km – Épinal 57 km – Lunéville 50 km – St-Dié 23 km

Carte Michelin 314-J2

Au Bon Gîte avec ch

3 pl. Vaultrin – 03 29 57 92 46 – www.aubongite.fr – Fermé 3-24 mars, 1er-22 sept., dim. soir et lundi

7 ch – 52/58 € 52/58 € – 7 € – ½ P

Formule 15 € – Menu 19/38 € – Carte 33/55 €

Une bâtisse rose sur la place centrale de cette bourgade, ancienne capitale de la principauté de Salm. La salle de restaurant est constellée de photographies et de bibelots divers ; cuisine actuelle. Chambres simples.

SENS

89100 (Yonne) – 24 883 hab. – **Voir carte n°7-B1**

Paris 116 km – Auxerre 59 km – Fontainebleau 54 km – Montargis 50 km

Carte Michelin 319-C2 – Guide Vert Michelin Bourgogne

La Madeleine (Patrick Gauthier)

1 r. Alsace-Lorraine, (1er étage) – 03 86 65 09 31 – www.restaurant-lamadeleine.fr – Fermé 2 semaines en juin, 2 semaines en août, 2 semaines en déc., mardi midi, dim. et lundi Plan : **d**

Formule 38 € – Menu 51 € (déj. en semaine), 65/114 € *(réservation conseillée)*

Dans le vestibule, un ancien fourneau et des rayonnages d'épicerie réveillent tous nos souvenirs de gourmandise... Produits de qualité, compositions originales : le chef signe une vraie cuisine d'aujourd'hui, parfumée sans nostalgie ! → Foie gras poêlé. Bar de ligne à l'huile d'olive des Baux-de-Provence. Mousseline au chocolat.

Le Clos des Jacobins

49 Gde-Rue – 03 86 95 29 70 – www.restaurantlesjacobins.com – Fermé 9 juil.-1er août, 24 déc.-8 janv., dim. soir, mardi soir et merc.

Formule 22 € – Menu 30/43 € – Carte 36/66 € Plan : **t**

Croustillant de camembert au caramel poivré, joues de porc façon tajine... De bons petits plats à savourer dans un cadre cosy, à deux pas de l'Yonne et de la cathédrale.

Miyabi

1 r. Alsace-Lorraine – 03 86 95 00 70 – www.patrickgauthier.fr – Fermé 2 semaines en juin, 2 semaines en août, 22 déc.-8 janv., dim. soir et lundi

Menu 26 € (déj. en semaine), 40/79 € *(réservation conseillée)* Plan : **d**

Beau mariage des cultures culinaires japonaise et française dans un cadre zen : comptoir occupant une étroite salle tout en épure, musique nippone... Dépaysant.

SENS

- Alsace-Lorraine (R. d') 2
- Beaurepaire (R.) 3
- Chambonas (Cours) 8
- Cornet (Av. Lucien) 9
- Cousin (Square J.) 10
- Déportés-et-de-la-Résistance (R. des) 12
- Foch (Bd Mar.) 12
- Garibaldi (Bd des) 13
- Gateau (R. A.) 15
- Grande-R. 16
- Leclerc (R. du Gén.) 19
- Maupéou (Bd de) 21
- Moulin (Quai J.) 23
- République (Pl. de la) 27
- République (R. de la) 28

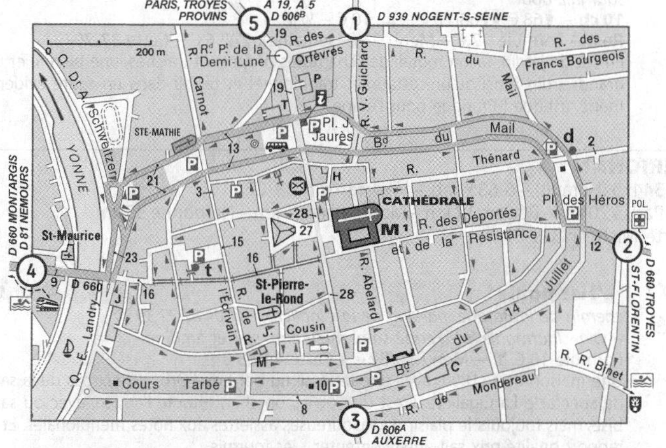

Au Crieur de Vin

1 r. Alsace-Lorraine – ✆ 03 86 65 92 80 – www.patrickgauthier.fr – Fermé 2 semaines en juin, 2 semaines en août, 22 déc.-8 janv., mardi midi, dim., lundi et fériés
Plan : **d**

Menu 26/42 € – Carte 46/52 €

Un bistrot typique, où tradition et convivialité sont de mise. La carte fait honneur aux viandes à la broche ; petite sélection de vins proposée à l'ardoise.

à Subligny 7 km par ④ et D 660 – ✉ 89100 – 491 hab.

La Haie Fleurie

30 rte de Courtenay, 2 km au Sud-Ouest – ✆ 03 86 88 84 44 – Fermé fin juil. début août, 25 déc.-2 janv., dim. soir, merc. soir et jeudi

Menu 19 € (déj. en semaine), 29/44 € – Carte 50/70 €

La cuisine traditionnelle s'est invitée dans cette auberge de campagne nichée au cœur du hameau ; on la déguste dans la salle rustique ou sur la terrasse... fleurie.

à Villeroy 7 km par ④ et D 81 – ✉ 89100 – 337 hab.

Relais de Villeroy avec ch

rte de Nemours – ✆ 03 86 88 81 77 – www.relais-de-villeroy.com – Fermé 6-16 juil., 21 déc.-8 janv., 16 fév.-5 mars, dim. soir, lundi et mardi

8 ch – †52/62 € ††52/62 € – ☕ 9 €

Menu 32/65 € – Carte 33/75 €

Coquette maison régionale aux petites chambres confortables. Dans la véranda, on apprécie des plats ancrés dans la tradition et le classicisme, les yeux rivés sur l'agréable jardin fleuri. Chez Clément, cuisine de bistrot, cadre rustique et ambiance conviviale.

Bistro Chez Clément ✆ 03 86 88 86 73 – Formule 19 € – Menu 20/22 € *(fermé sam., dim., lundi et mardi)*

SÉREILHAC

✉ 87620 (Haute-Vienne) – 1 836 hab. – **Voir carte n°24-B2**

Paris 405 km – Confolens 50 km – Limoges 19 km – Périgueux 77 km

Carte Michelin 325-D6

 **Le Relais des Tuileries** 

aux Betoulles, 2 km au Nord-Est sur N 21 – ✆ 05 55 39 10 27 – www.relais-tuileries.fr – Fermé 17 nov.-2 déc., 7-30 janv., dim. soir et lundi sauf juil.-août

10 ch – 68 € 68/78 € – 10 € – ½ P

Rest – Formule 17 € – Menu 23 € (semaine), 27/56 € – Carte 37/70 €

En rez-de-jardin, façon motel, des chambres propres et fraîches, une piscine et un grand jardin, ainsi qu'un restaurant traditionnel et terroir dans un cadre évidemment rustique ! Pratique pour l'étape.

SÉRIGNAN

✉ 34410 (Hérault) – 6 685 hab. – Voir carte n°**23**-C2

Paris 770 km – Béziers 12 km – Montpellier 70 km – Narbonne 39 km

Carte Michelin 339-E9

XX **L'Harmonie** 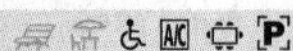

chemin de la Barque, parking de la Cigalière – ✆ 04 67 32 39 30 – www.lharmonie.fr – Fermé sam. midi, dim. soir et lundi

Formule 18 € – Menu 30/82 € – Carte 44/88 €

Une maison ocre (1800) avec une terrasse au bord de l'Orb, à deux pas de la salle de spectacle La Cigalière. C'est dire qu'ici, on chante toute l'année, avec ou sans bise, mais toujours le plaisir de savoureuses assiettes aux notes méridionales. Et le rapport qualité-prix sait aussi contenter... les fourmis.

SÉRIGNAN-DU-COMTAT – 84 Vaucluse → voir Orange

SERMERSHEIM

✉ 67230 (Bas-Rhin) – 791 hab. – Voir carte n°**2**-C1

Paris 506 km – Lahr/Schwarzwald 41 km – Obernai 21 km – Sélestat 14 km

Carte Michelin 315-J6

Au Relais de l'Ill sans rest 

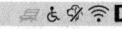

11 r. des Remparts – ✆ 03 88 74 31 28 – www.hotel-au-relais-de-lill.fr – Fermé 23 déc.-2 janv.

22 ch – 60/80 € 70/96 € – 7 €

À l'entrée du village et non loin de la voie rapide (qui se fait vite oublier), cet hôtel familial aux abords fleuris dispose de chambres spacieuses et bien tenues. Accueil chaleureux.

SERPAIZE – 38 Isère → voir Vienne

SERRE-CHEVALIER

✉ 05330 (Hautes-Alpes) – Voir carte n°**41**-C1

Paris 678 km – Briançon 7 km – Gap 95 km – Grenoble 110 km

Carte Michelin 334-H3 – Guide Vert Michelin Alpes du Sud

à Chantemerle – ✉ 05330

 **Les Marmottes** 

22 r. du Centre – ✆ 04 92 24 11 17 – www.chalet-marmottes.com

5 ch – 81/137 € 81/137 € – ½ P **Table d'hôte** – Menu 24 €

Une maison d'hôtes dans une station de montagne, ce n'est pas si courant ! Il fait bon hiberner dans cette ancienne ferme au cœur du vieux village : un salon au coin du feu, une grande table d'hôte en bois, de jolies chambres dans l'esprit de la région... Pourquoi skier ou randonner ?

à Villeneuve-la-Salle - ✉ 05240

Christiania
rest,

23 rte de Briançon – ✆ 04 92 24 76 33 – www.le-christiania.com – Ouvert de juin à début sept. et de mi-déc. à mi-avril

26 ch – 125/180 € 135/190 € – ½ P

Rest – Menu 25/33 € – Carte 40/59 € *(fermé le midi)*

L'un de ces hôtels familiaux (3e génération aux commandes) qui ont une âme et savent recevoir ! L'établissement est confortable, mais surtout accueillant, avec ses chambres au joli esprit montagnard, son restaurant à l'âme rustique, son espace bien-être, etc.

Le Mont Thabor sans rest

1 bis chemin Envers – ✆ 04 92 24 74 41 – www.mont-thabor.com – Ouvert 2 déc.-14 mai et 6 juin-30 sept.

27 ch – 130/165 € 160/200 € – 12 €

Sur la route principale du village, un hôtel récent et fonctionnel, au décor sobre, d'inspiration montagnarde : on ne vient pas ici pour jouir du charme de l'ancien, mais d'un bon niveau de confort.

au Monêtier-les-Bains - ✉ 05220 – 1 035 hab.

L'Auberge du Choucas

17 r. de la Fruitière – ✆ 04 92 24 42 73 – www.aubergeduchoucas.com – Fermé 4-28 mai et 2 nov.-5 déc.

8 ch – 80/220 € 100/280 € – 4 suites – 18 €

Rest ***L'Auberge du Choucas*** – voir les restaurants ci-après

Authentique et rustique, cette maison du milieu du 17e s. ne manque pas de caractère, mêlant charme typiquement alpin et esprit douillet. On y accède, derrière la vieille église du village, par des ruelles étroites : seuls les choucas arrivent par les airs !

Alliey

11 r. de l'École – ✆ 04 92 24 40 02 – www.alliey.com – Ouvert de mi-juin à mi-sept. et de mi-déc. à fin avril

21 ch – 99/139 € 109/159 € – 17 € – ½ P

Rest ***Maison Alliey*** – voir les restaurants ci-après

Une simple maison de village ? Un véritable refuge, charmant et très chaleureux, tout en bois blond... En termes d'agrément, l'espace balnéo n'est pas en reste. Une adresse très recommandable pour un séjour dans cette belle station des Alpes du Sud !

XXX L'Auberge du Choucas

17 r. de la Fruitière – ✆ 04 92 24 42 73 – www.aubergeduchoucas.com – Fermé 21 avril-29 mai, 13 oct.-18 déc. et le midi en semaine sauf juil.-août

Formule 19 € – Menu 32/79 € – Carte 56/78 €

Une belle salle voûtée où crépite un feu, un cadre élégant... Cette table a bien du cachet ! Et l'on s'y régale d'une jolie cuisine traditionnelle concoctée avec de bons produits, ainsi que de plats plus sophistiqués, dans l'air du temps.

XX La Table du Chazal

Les Guibertes, 2,5 km au Sud-Est par rte de Briançon – ✆ 04 92 24 45 54 – Fermé 2 semaines en juin, 15 nov.-15 déc., le midi sauf dim., dim. soir, mardi hors saison et lundi

Menu 29/49 € *(réservation conseillée)*

Une table chaleureuse dont le décor mêle épure et zen avec élégance. Saint-Jacques et leur réduction de bière d'hiver, croustillant de lapin à la tapenade, soufflé à l'orange... le chef aime son métier et cela se sent !

X Maison Alliey - Hôtel Alliey

11 r. de l'École – ✆ 04 92 24 40 02 – www.alliey.com – Ouvert de fin juin à début sept. et de mi-déc. à fin avril

Menu 37 € – Carte 37/57 € *(fermé le midi)*

Soupe glacée, fumaisons maison, marmite de cochon, clafoutis de légumes de saison... Une cuisine du moment, pleine de parfums, dans un joli restaurant tout en bois. De plus, l'accueil est sympathique : le repas est agréable !

SERRIÈRES

✉ 07340 (Ardèche) – 1 132 hab. – **Voir carte n°43-E2**

▶ Paris 514 km – Annonay 16 km – Privas 91 km – St-Étienne 55 km

Carte Michelin 331-K2 – Guide Vert Michelin Ardèche Drôme

XXX **Schaeffer** avec ch ch,

D 86 – ☏ 04 75 34 00 07 – www.hotel-schaeffer.com – Fermé 4-11 mai, 4-18 août, 2-17 janv., sam. midi, dim. soir et lundi

15 ch – †65/100 € ††75/120 € – ☕ 10 €

Formule 25 € – Menu 38/95 € 🍷 – Carte 57/82 €

Une bonne table face au pont à haubans qui enjambe le Rhône : dans un élégant décor d'inspiration contemporaine, on déguste des recettes réalisées avec savoir-faire, accompagnées d'une magnifique sélection de côtes-du-rhône. Chambres confortables pour l'étape.

SERVON

✉ 50170 (Manche) – 255 hab. – **Voir carte n°32-A3**

▶ Paris 352 km – Avranches 15 km – Dol-de-Bretagne 30 km – St-Lô 72 km

Carte Michelin 303-D8

XX **Auberge du Terroir** avec ch ch, rest,

Le Bourg – ☏ 02 33 60 17 92 – www.aubergeduterroirservon.fr – Fermé 25-30 juin, 18 nov.-10 déc., 1er-14 mars, jeudi midi, sam. midi et merc.

6 ch – †65/72 € ††72/74 € – ☕ 10 € – ½ P

Menu 20/45 € – Carte 33/74 € *(réservation conseillée)*

L'ancienne école de filles et l'ex-presbytère de Servon (fin 18e s.) prêtent désormais leurs murs à cette charmante auberge champêtre, où l'on se régale d'une cuisine traditionnelle bien gourmande. Pour l'étape, des chambres coquettes et champêtres.

SERVOZ

✉ 74310 (Haute-Savoie) – 926 hab. – **Voir carte n°46-F1**

▶ Paris 598 km – Annecy 85 km – Bonneville 43 km – Chamonix-Mont-Blanc 14 km

Carte Michelin 328-N5 – Guide Vert Michelin Alpes du Nord

X **Les Gorges de la Diosaz** avec ch

Le Bouchet, (Sous le Roc) – ☏ 04 50 47 20 97 – www.hoteldesgorges.com – Fermé 1er-10 juin, 12 nov.-14 déc., dim. soir et lundi

6 ch – †85/95 € ††85/95 € – ☕ 11 € – ½ P

Formule 21 € – Menu 25 € (déj. en semaine), 29/39 € – Carte 40/57 €

Sur la route menant aux célèbres gorges de la Diosaz, un chalet typique avec ses belles boiseries montagnardes. On vient ici pour la généreuse cuisine du chef, Marc Serres, respectueuse des saisons et inscrite dans la région : ou comment allier originalité et authenticité ! Quelques chambres pour une étape.

SESSENHEIM

✉ 67770 (Bas-Rhin) – 2 133 hab. – **Voir carte n°1-B1**

▶ Paris 497 km – Haguenau 18 km – Strasbourg 39 km – Wissembourg 44 km

Carte Michelin 315-L4

XX **L'Auberge au Boeuf**

1 r. de l'Église – ☏ 03 88 86 97 14 – www.auberge-au-boeuf.com – Fermé lundi et mardi

Formule 18 € 🍷 – Menu 29 € (semaine), 48/63 € – Carte 59/67 €

Un musée dans un restaurant, voilà qui n'a rien de commun ! Côté assiette, on se régale d'une agréable cuisine aux accents du terroir. Et après le repas, on se rend dans une pièce dédiée à Goethe... Une adresse surprenante.

SÈTE

✉ 34200 (Hérault) – 42 774 hab. – **Voir carte n°23-C2**

▶ Paris 787 km – Béziers 48 km – Lodève 63 km – Montpellier 35 km

Carte Michelin 339-H8

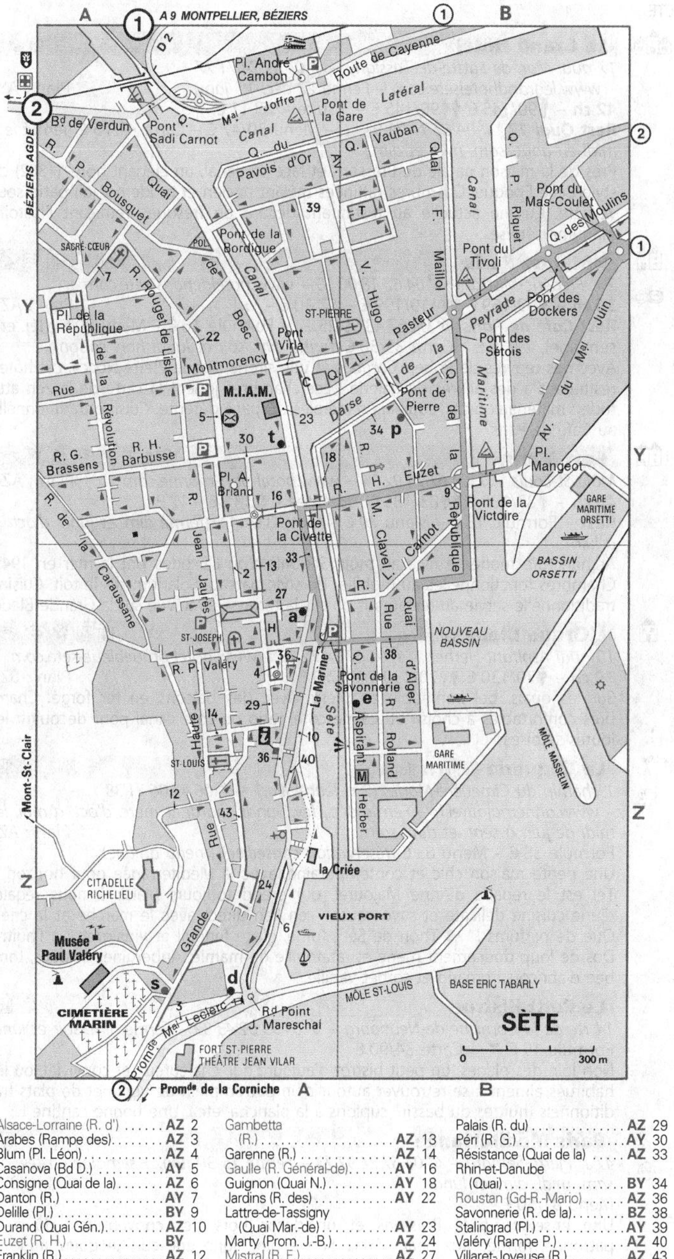

Alsace-Lorraine (R. d') . . . . . . AZ 2
Arabes (Rampe des). . . . . . . AZ 3
Blum (Pl. Léon) . . . . AZ 4
Casanova (Bd D.) . . . . AY 5
Consigne (Quai de la). . . . . . . AZ 6
Danton (R.) . . . . AY 7
Delille (Pl.) . . . . BY 9
Durand (Quai Gén.). . . . . AZ 10
Euzet (R. H.) . . . . BY
Franklin (R.) . . . . AZ 12
Gambetta (R.) . . . . AZ 13
Garenne (R.) . . . . AZ 14
Gaulle (R. Général-de). . . . . . AY 16
Guignon (Quai N.). . . . . AY 18
Jardins (R. des) . . . . AY 22
Lattre-de-Tassigny (Quai Mar.-de) . . . . AY 23
Marty (Prom. J.-B.) . . . . AZ 24
Mistral (R. F.). . . . . AZ 27
Palais (R. du) . . . . AZ 29
Péri (R. G.) . . . . AY 30
Résistance (Quai de la) . . . . . AZ 33
Rhin-et-Danube (Quai) . . . . BY 34
Roustan (Gd-R.-Mario) . . . . . . AZ 36
Savonnerie (R. de la). . . . . . . BZ 38
Stalingrad (Pl.) . . . . AY 39
Valéry (Rampe P.). . . . . AZ 40
Villaret-Joyeuse (R.) . . . . AZ 43

Le Grand Hôtel

17 quai Mar.-de-Lattre-de-Tassigny – 04 67 74 71 77 – www.legrandhotelsete.com – Fermé 22 déc.-1er janv. Plan : AY**t**

42 ch – 90/145 € 90/145 € – 1 suite – 11 €

Rest *Quai 17* 04 67 74 71 91 – – Menu 30/47 € – Carte 41/75 € *(fermé le midi en août, sam. midi et dim.)*

Près de la maison natale de Brassens et face au canal, un élégant hôtel (1882) de style Belle Époque. Chambres raffinées mêlant ancien et moderne, joli patio sous verrière. Cuisine actuelle au restaurant décoré de fresques retraçant l'histoire maritime sétoise.

Hôtel de Paris

2 r. Frédéric-Mistral – 04 67 18 00 18 – www.hoteldeparis-sete.com

36 ch – 99/169 € 119/199 € – 10 € – ½ P Plan : AZ**a**

Rest *Café de Paris* 04 67 43 59 25 – – Formule 16 € – Menu 20 € (déj. en semaine), 29/39 € – Carte 35/50 € *(fermé dim. soir et lundi hors saison)*

Avec des œuvres de Robert Combas et une sirène signée Pierre Nocca, cet hôtel-restaurant a des allures de galerie ! Les chambres jouent la carte de la zen attitude : matériaux bruts, couleurs minérales... Espace détente. Cuisine traditionnelle au Café de Paris.

Port Marine

Môle St-Louis – 04 67 74 92 34 – www.hotel-port-marine.com Plan : AZ**d**

46 ch – 83/185 € 83/185 € – 6 suites – 11 € – ½ P

Rest – Formule 15 € – Menu 29 € – Carte 31/44 € *(fermé dim. et lundi d'oct. à juin)*

Architecture moderne face au môle St-Louis d'où L'Exodus prit la mer en 1947. Chambres fonctionnelles au mobilier de style bateau. Solarium sur le toit. Cuisine traditionnelle servie au restaurant ou sur la terrasse avec vue sur la Grande Bleue.

L'Orque Bleue sans rest

10 quai Aspirant-Herber – 04 67 74 72 13 – www.hotel-orquebleue-sete.com

30 ch – 70/130 € 70/130 € – 9 € Plan : BZ**e**

Sur les quais, bel immeuble en pierre avec des balcons en fer forgé. Chambres confortables à choisir au calme côté patio ou côté canal pour découvrir les joutes sétoises !

La Coquerie (Anne Majourel)

1 chemin du Cimetière-Marin, (2 r. Jean-Villar) – 06 47 06 71 38 – www.annemajourel.fr – Fermé déc., fév., lundi, mardi et merc. d'oct. à mai, le midi de juin à sept. et dim. soir Plan : AZ**s**

Formule 38 € – Menu 63 € *(réservation conseillée) (menu unique)*

Une petite maison chic et contemporaine, avec la Méditerranée pour horizon... Tel est le repaire d'Anne Majourel, qui prend toujours plaisir à nous régaler d'une cuisine délicate et savoureuse – en lien direct avec le marché et la criée. Que de parfums ! → Thon de Sète fumé, glace fenouil et vinaigrette à l'huître. Dos de loup doucement mené et ratatouille de mamie. Aubergines sucrées, tombée d'abricots, romarin et sorbet vanille.

Le Petit Bistrot

14 rte de la Corniche-de-Neubourg – 04 99 02 43 89 – Fermé dim. soir et lundi

Formule 19 € – Carte 34/90 €

Non loin des plages, un petit bistrot d'aujourd'hui, chaleureux et convivial, où les habitués aiment à se retrouver autour d'un patron plein de verve et de plats traditionnels (huîtres du bassin, supions à la plancha, etc.). Une bonne cantine !

Paris Méditerranée

47 r. Pierre-Semard – 04 67 74 97 73 – Fermé 15-30 juin, 1 semaine en fév., sam. midi, dim. et lundi Plan : BY**p**

Menu 31/50 €

Une enseigne à la Brassens et un décor hors des conventions, dû à la patronne, formée aux Beaux-Arts... Son époux signe une cuisine gourmande et inventive ! Décalé et séduisant.

SEUILLY – 37 Indre-et-Loire → voir Chinon

SEVENANS – 90 Territoire de Belfort → voir Belfort

SÉVRIER – 74 Haute-Savoie ➜ voir Annecy

SEYNE

✉ 04140 (Alpes-de-Haute-Provence) – 1 439 hab. – **Voir carte n°41-C2**
▶ Paris 719 km – Barcelonnette 43 km – Digne-les-Bains 43 km – Gap 54 km
Carte Michelin 334-G6 – Guide Vert Michelin Alpes du Sud

à Selonnet 4 km au Nord-Ouest par D 900 – ✉ 04140 – 432 hab.

Relais de la Forge

– *✆ 04 92 35 16 98 – www.relaisdelaforge.fr – Fermé 11 nov.-20 déc., dim. soir et lundi hors vacances scolaires*
14 ch – 🚹45/60 € 🚹🚹52/66 € – ☕ 9 € – ½ P **Rest** – Menu 17/30 €
Bâti sur le site d'une ancienne forge, cet hôtel familial, aux chambres simples et bien tenues, comprend un espace sauna et une piscine couverte (toit amovible). Restaurant de style rustique, avec une cheminée ; le chef concocte une généreuse cuisine traditionnelle.

LA SEYNE-SUR-MER

✉ 83500 (Var) – 62 082 hab. – **Voir carte n°40-B3**
▶ Paris 830 km – Aix-en-Provence 81 km – La Ciotat 32 km – Marseille 60 km
Carte Michelin 340-K7 – Guide Vert Michelin Côte d'Azur

Voir plan de Toulon

Kyriad Prestige sans rest

1 quai du 19-Mars-1962 – ✆ 04 94 05 34 00
– www.hotel-kyriad-prestige-toulon-lssm.com Plan : AV**k**
93 ch – 🚹80/140 € 🚹🚹99/280 € – 1 suite – ☕ 14 €
Parfait pour un séjour professionnel ou un week-end en dehors d'une grande ville, cet hôtel contemporain (2010), ancré sur le port, mêle verre et bois. Inspirés par les anciens chantiers navals de la cité, ses décors se révèlent chaleureux, mais son principal atout, c'est la vue sur la rade de Toulon !

à Fabrégas 4 km au Sud par rte de St-Mandrier et rte secondaire – ✉ 83500

Chez Daniel et Julia - Restaurant du Rivage

– *✆ 04 94 94 85 13 – Fermé nov., dim. soir et lundi sauf juil.-août*
Formule 28 € – Menu 42/85 € – Carte 47/62 €
Au bout du monde... et au cœur du Midi ! Dans une crique isolée, cette table familiale digne de Pagnol propose une savoureuse cuisine axée sur la marée et, en saison, sur la truffe. Une institution dans la région.

SEYSSINS – 38 Isère ➜ voir Grenoble

SÉZANNE

✉ 51120 (Marne) – 5 264 hab. – **Voir carte n°13-B2**
▶ Paris 116 km – Châlons-en-Champagne 59 km – Meaux 78 km – Melun 89 km
Carte Michelin 306-E10 – Guide Vert Michelin Champagne Ardenne

Le Relais Champenois

157 r. Notre-Dame – ✆ 03 26 80 58 03 – www.relaischampenois.com – Fermé 21 juil.-10 août, 5-12 oct., 22 déc.-4 janv., 22 fév.-2 mars et dim. soir
19 ch – 🚹46/110 € 🚹🚹65/140 € – ☕ 12 € – ½ P
Rest ***Le Relais Champenois*** – voir les restaurants ci-après
De relais de poste, cet établissement est devenu une auberge de campagne joliment fleurie. Les chambres sont confortables et bien tenues ; pour ceux qui ont besoin d'espace, direction la suite familiale sous les combles... avec la climatisation !

XX **Le Relais Champenois**

157 r. Notre-Dame – ✆ 03 26 80 58 03 – www.relaischampenois.com – Fermé 21 juil.-10 août, 5-12 oct., 22 déc.-4 janv., 22 fév.-2 mars et dim. soir
Formule 20 € – Menu 25/65 € – Carte 34/53 €
Gourmande et rustique, c'est ainsi que ce Relais conçoit la tradition régionale. Fricassée d'escargots aux orties sauvages, andouillette de Troyes à la moutarde, gratin de fruits au sabayon de champagne... Une cuisine généreuse, ancrée dans le terroir local, à déguster sans modération.

à Mondement-Montgivroux 12 km par D 951 et D 439 – ✉ 51120 – 44 hab.

Domaine de Montgivroux sans rest

– ✆ 03 26 42 06 93 – www.audomainedemontgivroux.com
21 ch – †70/100 € ††80/110 € – 3 suites – ☕ 11 €
Une ancienne ferme champenoise du 17e s. transformée en hôtel. Sa cour pavée, sa jolie piscine, ses jardins, ses chambres spacieuses et confortables... Ce lieu est une invitation au repos et à la détente. Le tout à proximité des domaines viticoles.

SIERCK-LES-BAINS

✉ 57480 (Moselle) – 1 707 hab. – **Voir carte n°27-C1**
Paris 355 km – Luxembourg 40 km – Metz 46 km – Thionville 17 km
Carte Michelin 307-J2

à Montenach 3,5 km au Sud-Est sur D 956 – ✉ 57480 – 431 hab.

XX **Auberge de la Klauss**

1 rte de Kirschnaumen – ✆ 03 82 83 72 38 – www.auberge-de-la-klauss.com – Fermé 24 déc.-7 janv. et lundi
Menu 17/55 € – Carte 31/67 €
Un délicieux petit coin de campagne ! Dans cette ferme du 19e s., palmipèdes et cochons s'ébattent en plein air... avant de finir en cochonnailles, foie gras, magret, etc. Une cuisine du terroir à déguster dans un décor rustique et que l'on retrouve dans la boutique attenante.

à Manderen 7 km à l'Est par D 654 et D 64 – ✉ 57480 – 421 hab.

Relais du Château Mensberg rest,

15 r. du Château – ✆ 03 82 83 73 16 – www.relais-mensberg.com – Fermé 27 déc.-11 janv.
16 ch – †54 € ††64 € – ☕ 9 € – ½ P
Rest – Formule 17 € – Menu 28/60 € – Carte 28/65 €
Cette ancienne ferme monte la garde au pied du château fort de Malbrouck (15e s.). Pour une visite à la découverte de la Lorraine, ses petites chambres s'avèrent bien pratiques. Spécialités du terroir au restaurant.

SIERENTZ

✉ 68510 (Haut-Rhin) – 3 009 hab. – **Voir carte n°1-A3**
Paris 487 km – Altkirch 19 km – Basel 18 km – Belfort 65 km
Carte Michelin 315-I11

XXX **Auberge St-Laurent** (Laurent Arbeit) avec ch

1 r. Fontaine – ✆ 03 89 81 52 81 – www.auberge-saintlaurent.fr – Fermé 3-18 mars, 7-22 juil., 15-23 sept., lundi et mardi
10 ch – †100 € ††120 € – ☕ 15 €
Formule 25 € – Menu 32 € (déj. en semaine), 39/85 € – Carte 64/83 €
Ce relais de poste du 18e s. est une institution locale, authentique et élégante. Aux fourneaux, Laurent Arbeit compose une cuisine harmonieuse et fine, aux saveurs bien équilibrées. Du travail d'orfèvre... Et pour prolonger l'étape, les chambres sont mignonnes et douillettes. → Foie gras de canard laqué à la bière de Sierentz, marmelade de mirabelle et noisettes fraîches. Sandre et écrevisses, fleur de courgette farcie et râpé de truffe d'été. Soufflé chaud au whisky et glace au café.

SIGNY-L'ABBAYE

✉ 08460 (Ardennes) – 1 358 hab. – Voir carte n°**13**-B1
▶ Paris 208 km – Charleville-Mézières 31 km – Hirson 41 km – Laon 74 km
Carte Michelin 306-I4 – Guide Vert Michelin Champagne Ardenne

Auberge de l'Abbaye avec ch
2 pl. Aristide Briand – ☏ 03 24 52 81 27 – www.auberge-de-labbaye.com – Fermé 27 janv.-12 mars
13 ch – †49/69 € ††59/69 € – ☕ 9 € – ½ P
Formule 13 € – Menu 17/32 € – Carte 20/38 € *(fermé merc. midi)*
Dans cet ancien relais de poste, la même famille cultive la tradition depuis 1803. Viandes et légumes bio viennent directement de la ferme, de quoi se régaler de fondue vigneronne, tartine au maroilles, tripes au jus de pommes... Les chambres, simples et agréables, permettent de profiter de la campagne.

SIGNY-LE-PETIT

✉ 08380 (Ardennes) – 1 302 hab. – Voir carte n°**13**-B1
▶ Paris 228 km – Châlons-en-Champagne 168 km – Charleville-Mézières 37 km – Hirson 15 km
Carte Michelin 306-H3 – Guide Vert Michelin Champagne Ardenne

Au Lion d'Or
pl. de l'Église – ☏ 03 24 53 51 76 – www.lahulotte-auliondor.fr – Fermé 1er-17 août, 20 déc.-12 janv.
18 ch – †71/85 € ††71/85 € – ☕ 10 € – ½ P
Rest – Formule 15 € – Menu 20/45 € – Carte 24/49 € *(fermé mardi midi, merc. midi, sam. midi et dim. soir) (réservation conseillée)*
Un ancien relais de poste, face à l'église de Signy. Les chambres, réparties entre la bâtisse principale et une dépendance, sont classiques et bien tenues, avec un petit côté rustique que l'on retrouve aussi au restaurant. Chouette (l'emblème de la maison), on est tout près de la forêt !

SILLÉ-LE-GUILLAUME

✉ 72140 (Sarthe) – 2 364 hab. – Voir carte n°**35**-C1
▶ Paris 230 km – Alençon 39 km – Laval 55 km – Le Mans 35 km
Carte Michelin 310-I5 – Guide Vert Michelin Pays de la Loire

Le Bretagne
pl. de la Croix-d'Or – ☏ 02 43 20 10 10 – www.hotelsarthe.com – Fermé 26 juil.-12 août, vend. soir, sam. midi et dim. soir
15 ch – †69/80 € ††74/87 € – ☕ 9 € – ½ P
Rest ***Le Bretagne*** – voir les restaurants ci-après
Un couple d'aubergistes tient cette maison avec beaucoup de soin, tant dans la propreté de l'ensemble que dans l'accueil de la clientèle. Les chambres sont agréables, bien équipées (écran plat, wifi), et diversement meublées : rotin, rustique, années 1950...

Le Bretagne – Hôtel Le Bretagne
pl. de la Croix-d'Or – ☏ 02 43 20 10 10 – www.hotelsarthe.com – Fermé 22 juil.-12 août, vend. soir, sam. midi et dim. soir
Menu 19 € (déj. en semaine), 31/52 € – Carte 53/64 €
Entre Normandie, Maine et Bretagne, ce relais de diligences du 19e s. perpétue une longue tradition d'étape. Il faut s'arrêter pour découvrir les assiettes du chef, tout en fraîcheur et saveurs, dans une belle veine traditionnelle ! Pour les plus pressés, une intéressante formule bistrot est proposée au déjeuner en semaine.

SILLERY – 51 Marne ➜ voir Reims

SIMORRE

✉ 32420 (Gers) – 690 hab. – Voir carte n°**28**-B2
▶ Paris 749 km – Auch 34 km – Tarbes 76 km – Toulouse 77 km
Carte Michelin 336-G9

Les Rendez-vous d'Eole

lieu-dit Burgelles, 2,5 km à l'Est par D 129 et rte secondaire – ✆ 05 62 06 28 24 – www.rendezvousdeole.canalblog.com – Fermé 10-19 sept., sam. midi, dim. soir, merc. et jeudi du 15 oct. au 1er avril, lundi et mardi
Formule 18 € – Menu 31/62 € 🍷 – Carte environ 45 €
Une jolie propriété en pleine nature, sous l'égide des vents. Ambiance champêtre et produits de qualité (canard, foie gras, brebis fermier), mis en valeur avec générosité.

SION-SUR-L'OCÉAN – 85 Vendée ➜ voir St-Gilles-Croix-de-Vie

SIORAC-EN-PÉRIGORD

✉ 24170 (Dordogne) – 1 026 hab. – **Voir carte n°4-C3**
▶ Paris 548 km – Bergerac 45 km – Brive-la-Gaillarde 73 km – Sarlat-la-Canéda 29 km
Carte Michelin 329-G7 – Guide Vert Michelin Périgord Quercy

Relais du Périgord Noir

rest,

pl. de la Poste – ✆ 05 53 31 60 02 – www.relais-perigord-noir.fr – Ouvert 30 avril-30 sept.
42 ch – 🚹78/98 € 🚹🚹78/108 € – ☕ 11 € – ½ P
Rest – Menu 23/29 € – Carte 34/53 € *(fermé le midi) (résidents seult)*
Ce beau relais de poste du 19es. dispose de chambres fonctionnelles. Côté loisirs, le choix est cornélien : jouer au billard, se détendre à l'espace bien-être ou aller nager ? Au restaurant, les résidents découvrent les recettes périgourdines.

SISTERON

✉ 04200 (Alpes-de-Haute-Provence) – 7 450 hab. – **Voir carte n°40-B2**
▶ Paris 704 km – Barcelonnette 100 km – Digne-les-Bains 40 km – Gap 52 km
Carte Michelin 334-D7 – Guide Vert Michelin Alpes du Sud

Grand Hôtel du Cours

rest,

pl. de l'Église – ✆ 04 92 61 04 51 – www.hotel-lecours.com – Ouvert 10 mars-5 nov.
45 ch – 🚹71/82 € 🚹🚹81/97 € – 5 suites – ☕ 12 € – ½ P
Rest – Formule 15 € – Menu 25/35 € – Carte 35/46 €
Tenu par la même famille depuis 1900, cet hôtel se trouve en plein centre historique, entre deux tours d'enceinte du 14e s. ! Préférez les chambres, plus calmes et spacieuses, sur l'arrière du bâtiment. Au restaurant, on apprécie la cuisine traditionnelle.

SIXT-FER-À-CHEVAL

✉ 74740 (Haute-Savoie) – 796 hab. – **Voir carte n°46-F1**
▶ Paris 595 km – Annecy 85 km – Genève 60 km – Lyon 203 km
Carte Michelin 328-03

Le 27 Ⓝ

Chef-Lieu – ✆ 04 50 89 87 95 – www.restaurantle27.fr – Fermé 21 avril-15 mai, vacances de la Toussaint, jeudi hors vacances scolaires et merc.
Menu 31/33 € – Carte 24/39 €
Voici une maison dans laquelle on sent l'envie de bien faire. Le jeune chef propose un menu savoyard, mais aussi un menu mettant à l'honneur l'une des... 27 régions françaises (en rotation chaque trimestre). De terroir en terroir, on découvre des recettes inspirées, fondées sur de beaux produits frais. Simple et goûteux !

SIZUN

✉ 29450 (Finistère) – 2 227 hab. – **Voir carte n°9-B2**
▶ Paris 572 km – Brest 37 km – Châteaulin 36 km – Landerneau 16 km
Carte Michelin 308-G4 – Guide Vert Michelin Bretagne Nord

Les Voyageurs ♿ rest, ch, 📶 P

2 r. Argoat – ✆ 02 98 68 80 35 – www.hotelvoyageur.fr – Fermé 12 sept.-6 oct., vend. soir, dim. soir et sam. d'oct. à juin
22 ch – †57/59 € ††60/62 € – ☕ 8,50 € – ½ P
Rest – Menu 14/28 € – Carte 30/40 €
Dans cet hôtel familial tenu par deux frères, le mot "accueil" veut encore dire beaucoup ! La simplicité est de mise dans les chambres, tenues avec grand soin et aux tarifs mesurés. Cuisine traditionnelle au restaurant.

SOCCIA – 2A Corse-du-Sud ➜ voir Corse

SOCHAUX

✉ 25600 (Doubs) – 4 060 hab. – Voir carte n°**17**-C1
Paris 478 km – Audincourt 5 km – Belfort 18 km – Besançon 77 km
Carte Michelin 321-L1 – Guide Vert Michelin Franche-Comté Jura

Voir plan de Montbéliard agglomération.

Arianis ♿ AC 📶 P

11 av. du Gén. Leclerc – ✆ 03 81 32 17 17 – www.arianis.fr Plan : X**u**
68 ch – †62/88 € ††72/97 € – ☕ 10 € – ½ P
Rest – Formule 18 € 🍷 – Menu 32/48 € – Carte 38/62 € *(fermé dim. soir et sam.)*
À deux pas du musée Peugeot, cet établissement a été entièrement rénové en 2013. Il abrite des chambres relativement spacieuses et bien équipées. Cuisine classique au restaurant.

à Étupes 3 km par ③ et D 463 – ✉ 25460 – 3 564 hab.

XX **Au Fil des Saisons**

3 r. de la Libération – ✆ 03 81 94 17 12 – www.aufildessaisons.eu – Fermé 1er-21 août, 24 déc.-13 janv., sam. midi, dim. soir et lundi
Menu 25 € (semaine), 28/38 € – Carte 34/50 €
Le fil des saisons est bien sûr le leitmotiv de la carte, qui fait aussi la part belle aux crustacés et au poisson. Surprise côté décor : derrière une façade traditionnelle, on découvre une salle très moderne, alliant verre et bois clair.

SOCOA – 64 Pyrénées-Atlantiques ➜ voir St-Jean-de-Luz

SOCX

✉ 59380 (Nord) – 964 hab. – Voir carte n°**30**-B1
Paris 287 km – Calais 52 km – Dunkerque 20 km – Lille 64 km
Carte Michelin 302-C2

XX **Au Steger** ♿ AC P

27 rte de St-Omer – ✆ 03 28 68 20 49 – www.restaurant-lesteger.com – Fermé 1er-20 août et le soir sauf sam.
Formule 15 € – Menu 18 € (déj. en semaine), 26/37 € – Carte 33/53 €
De génération en génération, cette table traditionnelle s'est forgée une belle réputation dans la région. Le chef est passionné par le vin et les terroirs, et il aime partager ses découvertes... Le tout s'apprécie dans un cadre résolument contemporain et une ambiance conviviale. Une adresse pleine de dynamisme !

SOISSONS

✉ 02200 (Aisne) – 28 646 hab. – Voir carte n°**37**-C2
Paris 102 km – Compiègne 39 km – Laon 37 km – Reims 59 km
Carte Michelin 306-B6

Hôtel des Francs ♿ 📶 P

62 bd Jeanne-d'Arc – ✆ 03 60 71 40 00 – www.hoteldesfrancs.fr Plan : AZ**a**
70 ch – †100/160 € ††100/160 € – ☕ 14 € – ½ P
Rest ***Relais des Vignes*** – voir les restaurants ci-après
Inauguré fin 2010 sur les hauteurs de Soissons, face à l'ancienne abbaye de St-Jean-des-Vignes, il allie démarche écologique (normes HQE), décor contemporain et bons équipements. Une nouvelle étape originale et tout à fait séduisante.

SOISSONS

Arquebuse (R. de l')	BZ	2
Château-Thierry (Av.)	BZ	4
Collège (R. du)	AY	5
Commerce (R. du)	BY	6
Compiègne (Av.)	AY	8
Desmoulins (Bd C.)	ABZ	12
Gambetta (Bd L.)	BY	14
Intendance (R. de l')	BY	15
Leclerc (Av. Gén.)	BZ	22
Marquigny (Pl. F.)	BY	23
Paix (R. de la)	BY	24
Panleu (R. de)	AY	25
Prés.-Kennedy (Av.)	AZ	26
Quinquet (R.)	ABY	28
Racine (R.)	BZ	29
République (Pl. de la)	BZ	30
St-Antoine (R.)	BY	31
St-Christophe (Pl.)	AY	32
St-Christophe (R.)	AY	33
St-Jean (R.)	AZ	34
St-Martin (R.)	BY	35
St-Quentin (R.)	BY	36
St-Rémy (R.)	AY	37
Strasbourg (Bd de)	BY	38
Villeneuve (R. de)	BZ	39

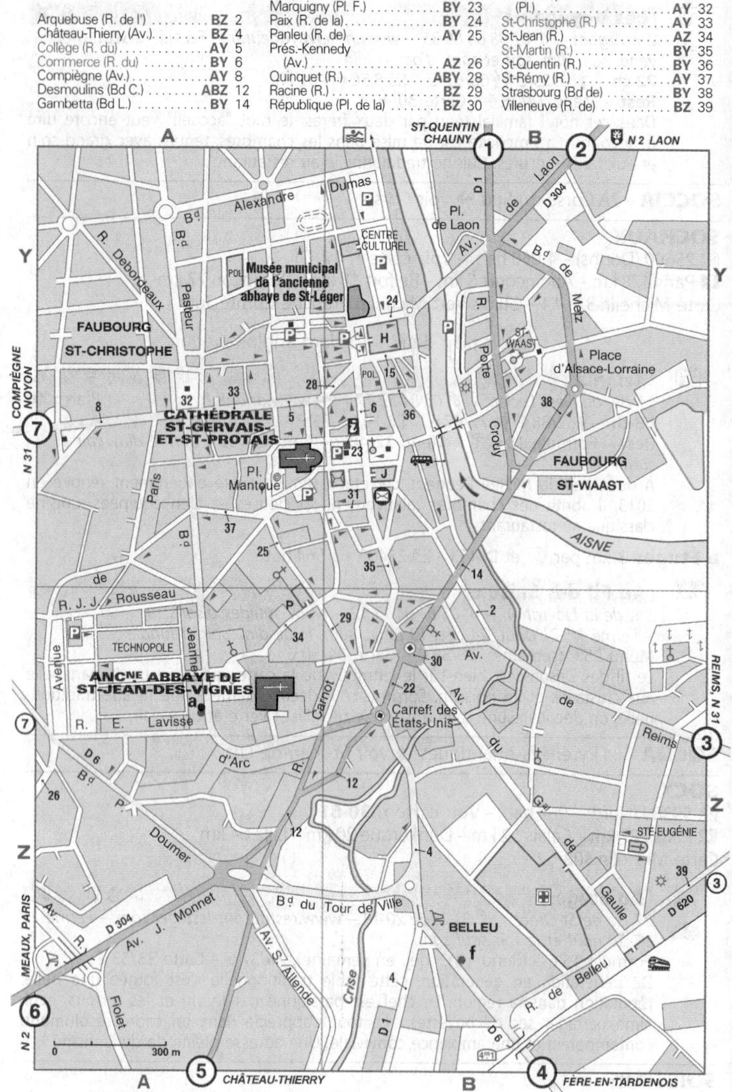

Relais des Vignes – Hôtel des Francs

62 bd Jeanne-d'Arc – ✆ 03 60 71 40 00 – www.hoteldesfrancs.fr – Fermé sam. midi et dim. midi en août Plan : AZ**a**

Formule 19 € – Menu 25 € (déj.), 29/45 € – Carte 40/50 €

Dans un agréable décor façon brasserie chic, on apprécie une bonne cuisine de saison avec, par exemple, un menu du marché et des spécialités bistrotières concoctés avec des produits frais.

à Belleu 3 km au Sud par D 1 et D 690 – ✉ 02200 – 3 881 hab.

Le Grenadin
19 rte de Fère-en-Tardenois – ✆ 03 23 73 20 57 – Fermé en juil., en janv., dim. soir, lundi et fériés Plan : BZ**f**
Formule 17 € – Menu 25/42 € – Carte 30/51 €
Perché sur la façade, un angelot veille sur cette sympathique maison régionale. Cuisine traditionnelle soignée variant avec les saisons. L'été, on se régale au jardin.

SOLAIZE

✉ 69360 (Rhône) – 2 777 hab. – Voir carte n°**44**-B2
Paris 472 km – Lyon 17 km – Rive-de-Gier 25 km – La Tour-du-Pin 58 km
Carte Michelin 327-I6

Soleil et Jardin
44 r. de la République – ✆ 04 78 02 44 90 – www.soleiletjardin.fr
22 ch – 110/140 € 130/180 € – 10 €
Rest – Menu 26/34 € – Carte 32/42 € *(fermé 23 déc.-2 janv., sam. et dim.)*
Sur la place centrale de ce village tout proche de Lyon, cette maison abrite des chambres spacieuses et colorées ; trois d'entre elles ont une terrasse. Un ensemble fonctionnel et bien tenu, avec un restaurant traditionnel où l'on sert des formules grenouilles-frites !

SOLENZARA – 2A Corse-du-Sud ➜ voir Corse

SOLESMES – 72 Sarthe ➜ voir Sablé-sur-Sarthe

SOLIGNAC

✉ 87110 (Haute-Vienne) – 1 506 hab. – Voir carte n°**24**-B2
Paris 400 km – Bourganeuf 55 km – Limoges 10 km – Nontron 70 km
Carte Michelin 325-E6 – Guide Vert Michelin Limousin Berry

St-Éloi
66 av. St-Éloi – ✆ 05 55 00 44 52 – www.lesainteloi.fr – Fermé 9-16 juin, 7-21 sept., 20 déc.-13 janv.
15 ch – 65/70 € 70/76 € – 11 € – ½ P
Rest – Formule 15 € – Menu 18 € (semaine), 25/45 € – Carte 34/57 €
(fermé sam. midi, dim. midi et lundi midi)
À côté de l'abbaye du village, une maison ancienne fort avenante... Du caractère, des chambres aux teintes ensoleillées (deux avec terrasse et bain balnéo) et une atmosphère familiale : très sympathique !

SOLUTRÉ-POUILLY

✉ 71960 (Saône-et-Loire) – 370 hab. – Voir carte n°**8**-C3
Paris 409 km – Dijon 139 km – Lyon 76 km – Mâcon 10 km
Carte Michelin 320-I12

La Courtille de Solutré
Le bourg – ✆ 03 85 35 80 73 – www.lacourtilledesolutre.fr – Fermé 18-24 août, 18-24 nov. et 2 semaines en janv.
6 ch – 85/110 € 85/110 € – 10 €
Rest ***La Courtille de Solutré*** – voir les restaurants ci-après
Au pied de la Roche de Solutré, cette demeure tout en pierre distille le charme d'une maison de village. Entre esprit rétro, objets chinés et notes contemporaines, la déco des chambres est une réussite ; on y fait escale avec plaisir, avec vue sur les vignes.

La Courtille de Solutré
Le bourg – ✆ 03 85 35 80 73 – www.lacourtilledesolutre.fr – Fermé 18-24 août, 18-24 nov., 2 semaines en janv., merc. midi de mi-nov à fin fév., mardi sauf le soir en juil.-août, dim. soir de sept. à juin et lundi
Menu 23 € (déj.)/38 € – Carte 30/55 €
Une jolie maison de pays, sa charmante terrasse à l'ombre d'un vieux marronnier... et ce jeune chef basque dynamique, qui travaille avec passion de fort bons produits. Ris de veau en émulsion de foie gras, dos de cabillaud sauvage et velouté de crevettes... Le tout accompagné d'une belle sélection de pouilly-fuissé !

SOMMIÈRES

✉ 30250 (Gard) – 4 479 hab. – **Voir carte n°23-C2**
Paris 734 km – Montpellier 35 km – Nîmes 29 km
Carte Michelin 339-J6

Auberge du Pont Romain

2 av. Emile-Jamais – ☎ 04 66 80 00 58 – www.aubergedupontromain.com – Ouvert 23 mars-19 oct. et 29 nov.-12 janv.
15 ch – †85/135 € ††85/135 € – ☕ 14 € – ½ P
Rest *Auberge du Pont Romain* – voir les restaurants ci-après
Au 19e s., cette belle demeure en pierre du Gard était... une fabrique de draps de laine. Aujourd'hui, il règne dans les chambres une belle atmosphère provençale, cosy et sobre. Aucun doute, on est dans de beaux draps !

Auberge du Pont Romain – Hôtel Auberge du Pont Romain

2 av. Emile-Jamais – ☎ 04 66 80 00 58 – www.aubergedupontromain.com – Ouvert 23 mars-19 oct. et 29 nov.-12 janv. et fermé merc. sauf le soir en saison et mardi
Formule 29 € – Menu 39/60 € – Carte 60/75 €
Soupe froide d'asperges, épaule de lapin confite et sa polenta aux olives noires... Dans cette charmante auberge, chic et champêtre, le chef privilégie les produits du terroir et les légumes bio. Résultat : une cuisine fraîche et sympathique.

Chez Tibère

1 r. Compane, (parking du Vidourle) – ☎ 04 66 51 32 72 – Fermé vacances de la Toussaint, dim. et lundi
Formule 15 € – Menu 32/36 € – Carte 30/45 €
Machines à coudre, tables de tailleur... Ce bistrot contemporain joue la carte post-industrielle version textile ! Point de cuisine cousue de fil blanc pour autant ; au contraire, des spécialités de brasserie concoctées à grand renfort de produits frais. Un conseil : ne passez pas à côté des pâtisseries maison.

SONDERNACH

✉ 68380 (Haut-Rhin) – 656 hab. – **Voir carte n°1-A2**
Paris 466 km – Colmar 27 km – Gérardmer 41 km – Guebwiller 39 km
Carte Michelin 315-G9

À l'Orée du Bois avec ch

4 rte du Schnepfenried – ☎ 03 89 77 70 21 – www.oredubois.com – Fermé 22-31 juin et 6 janv.-7 fév.
7 ch ☕ – †60 € ††78 € – ½ P
Formule 10 € – Menu 13 € (déj. en semaine)/39 € – Carte 24/39 € *(fermé merc. midi et mardi)*
Au-dessus du village, ce restaurant rustique (boiseries, poêle en faïence) vaut pour sa cuisine traditionnelle simple (tartes flambées, fondues...) et sa grande terrasse donnant sur la vallée. Pour l'étape, on propose des chambres d'esprit chalet, un peu vieillottes mais très bon marché.

SONNAZ – 73 Savoie → voir Chambéry

SOPHIA-ANTIPOLIS – 06 Alpes-Maritimes → voir Valbonne

SORBIERS – 42 Loire → voir St-Étienne

SORGES

✉ 24420 (Dordogne) – 1 332 hab. – **Voir carte n°4-C1**
Paris 463 km – Brantôme 24 km – Limoges 77 km – Nontron 36 km
Carte Michelin 329-G4 – Guide Vert Michelin Périgord Quercy

Auberge de la Truffe

par N 21 – ☎ 05 53 05 02 05 – www.auberge-de-la-truffe.com
20 ch – †60/72 € ††66/82 € – 7 suites – ☕ 12 € – ½ P
Rest *Auberge de la Truffe* – voir les restaurants ci-après
À proximité de la Maison de la Truffe, une auberge villageoise accueillante, aux chambres confortables, grandes et classiques. À noter : certaines ouvrent de plain-pied sur le jardin.

XX **Auberge de la Truffe**

par N 21 – ✆ 05 53 05 02 05 – www.auberge-de-la-truffe.com – Fermé dim. soir du 3 nov. au 13 avril
Formule 15 € – Menu 20 € (semaine), 26/110 € – Carte 26/96 €
Le "diamant noir" est roi en Périgord blanc, et plus encore ici où il bénéficie même d'un menu qui lui est entièrement dédié ! Plus largement, le terroir est à l'honneur dans ce restaurant confortable, avec une jolie salle et une terrasse.

SORGUES

✉ 84700 (Vaucluse) – 18 046 hab. – **Voir carte n°42-E1**
▶ Paris 672 km – Avignon 12 km – Carpentras 20 km – Cavaillon 34 km
Carte Michelin 332-C9

XXX **La Table de Sorgues**

12 r. du 19-Mars-1962, (pl. de l'Hôtel-de-Ville) – ✆ 04 90 39 11 02 – www.latabledesorgues.fr – Fermé 17 août-1er sept., 22 déc.-3 janv., dim. et lundi
Menu 36/51 € *(réservation conseillée)*
Au cœur de la localité, une belle maison de maître (1891) avec une jolie terrasse dans une cour ombragée par deux grands pins... L'endroit idéal pour savourer une cuisine de saison savoureuse et pleine de fraîcheur, qui se réinvente sans cesse au gré de l'inspiration du chef.

SOTTEVILLE-SUR-MER

✉ 76740 (Seine-Maritime) – 357 hab. – **Voir carte n°33-C1**
▶ Paris 191 km – Dieppe 26 km – Fontaine-le-Dun 11 km – Rouen 60 km
Carte Michelin 304-E2

XX **Les Embruns**

4 pl. de la Libération, (près de l'église) – ✆ 02 35 97 77 99 – www.restaurantlesembruns.fr – Fermé 18 fév.-8 mars, 8-30 oct., mardi d'oct. à mars, dim. soir et lundi
Menu 31/48 €
Lorsqu'il y a trop d'embruns, partez vous réfugier dans cette petite maison typique de la région, juste à côté de l'église. Dans un cadre rustique – poutres apparentes, cheminée en brique, etc. – on apprécie la bonne cuisine traditionnelle du chef. Ici, indéniablement, le terroir a la part belle !

SOUILLAC

✉ 46200 (Lot) – 3 817 hab. – **Voir carte n°28-B1**
▶ Paris 516 km – Brive-la-Gaillarde 39 km – Cahors 68 km – Figeac 74 km
Carte Michelin 337-E2

Le Pavillon St-Martin sans rest

5 pl. St-Martin – ✆ 05 65 32 63 45 – www.hotel-saint-martin-souillac.com
10 ch – †79/110 € ††79/110 € – ☕ 12 €
Une maison de caractère (16e s.) face au beffroi. Dans les chambres, style classique et touches actuelles se côtoient. Belle salle voûtée pour le petit-déjeuner.

Le Quercy sans rest

1 r. Récège – ✆ 05 65 37 83 56 – www.le-quercy.fr – Ouvert 1er mars-12 nov.
25 ch – †55/59 € ††69/77 € – ☕ 12 €
Accueil familial dans cet hôtel confortable, à l'écart du centre. Les chambres y sont confortables et bien tenues. Préférez celles avec balcon.

SOULAC-SUR-MER

✉ 33780 (Gironde) – 2 645 hab. – **Voir carte n°3-B1**
▶ Paris 515 km – Bordeaux 99 km – Lesparre-Médoc 31 km – Royan 12 km
Carte Michelin 335-E1 – Guide Vert Michelin Aquitaine

XX **La Table Corto** Ⓝ avec ch 

4 r. Périer-de-Larsan – ✆ 05 56 09 81 34 – www.ecumedesjours.fr – Ouvert 1er mai-30 sept. et fermé le midi

10 ch – †78 € ††78 € – ☕ 9 € Menu 28/38 €

La Table Corto... Maltese, bien sûr ! Le célèbre héros de bande-dessinée au caban, imaginé par Hugo Pratt, est omniprésent dans le décor de ce restaurant, entre autres tableaux de bateaux et objets marins. La cuisine est dans la même veine : au goût du jour, elle met en avant de délicieux poissons et fruits de mer.

à l'Amélie-sur-Mer 5 km au Sud-Ouest par D 101E – ✉ 33780

Hôtel des Pins 

92 bd de l'Amélie – ✆ 05 56 73 27 27 – www.hotel-des-pins.com – Ouvert 29 mars-2 nov.

29 ch – †60/129 € ††60/135 € – ☕ 11 € – ½ P

Rest *Restaurant des Pins* – voir les restaurants ci-après

À 100 m de la plage – sable fin à perte de vue – et en lisière des pins, un hôtel balnéaire au milieu d'un grand jardin, avec des chambres accueillantes et cosy. Et ici, les propriétaires sont aux petits soins !

XX **Restaurant des Pins** 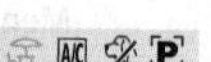

92 bd de l'Amélie – ✆ 05 56 73 27 27 – www.hotel-des-pins.com – Ouvert 30 mars-2 nov. et fermé lundi midi, mardi midi et vend. midi sauf du 15 juin au 15 sept.

Formule 18 € – Menu 29/45 € – Carte 38/69 €

De beaux produits au service d'une carte qui privilégie le terroir et la région... Un restaurant traditionnel sympathique et bon. Les nombreux fidèles (de toutes nationalités) ne laisseraient leur place pour rien au monde !

SOULAGES-BONNEVAL – 12 Aveyron ➜ voir Laguiole

LA SOURCE – 45 Loiret ➜ voir Orléans

SOUSCEYRAC

✉ 46190 (Lot) – 907 hab. – **Voir carte n°29-C1**

▶ Paris 548 km – Aurillac 47 km – Cahors 96 km – Figeac 41 km

Carte Michelin 337-I2

XX ✿ **Au Déjeuner de Sousceyrac** (Patrick Lagnès) avec ch 

Le Bourg – ✆ 05 65 33 00 56 – www.au-dejeuner-de-sousceyrac.com – Ouvert 1ermars-30 nov. et fermé dim. soir et lundi

10 ch – †50 € ††60 € – ☕ 10 € – ½ P Menu 30/70 € *(réservation conseillée)*

Beaucoup de générosité, des produits qui honorent le terroir, des assiettes pleines de saveurs, un excellent rapport qualité-prix... Décidément, on quitte cette maison avec l'envie d'y revenir très vite ! À moins de prolonger le séjour dans l'une des chambres, bien tenues et abordables.

➜ Foie gras de canard poêlé aux coques. Caneton mariné et laqué au miel de châtaignier. Crémeux aux abricots et chocolat croustillant.

SOUS-LA-TOUR – 22 Côtes-d'Armor ➜ voir St-Brieuc

SOUSTONS

✉ 40140 (Landes) – 7 294 hab. – **Voir carte n°3-B2**

▶ Paris 736 km – Anglet 51 km – Bayonne 47 km – Bordeaux 150 km

Carte Michelin 335-D12 – Guide Vert Michelin Aquitaine

Domaine de Bellegarde 

23 av. Ch. de Gaulle, dir. N 10 – ✆ 05 58 41 24 06 – www.qsun.co.uk – Ouvert de Pâques à nov.

5 ch – †70/120 € ††100/140 € – ☕ 12 € – ½ P **Table d'hôte** – Menu 35 € 🍷

Dans un parc aux arbres centenaires, cette grande villa 1900 propose des chambres décorées avec goût (sol en coco, lit en fer forgé, couettes blanches…). L'une d'elles possède une terrasse, une autre un sauna privatif. Cuisine familiale au gré du marché.

XX **Auberge Batby** avec ch

63 av. Galleben – ✆ 05 58 41 18 80 – www.aubergebatby.fr – Fermé 23-26 déc., dim. soir et lundi hors saison

6 ch – †85/150 € ††85/150 € – ☕ 12 € – ½ P

Formule 25 € – Menu 39 € (déj. en semaine)/57 € – Carte 48/73 €

Cette ancienne pension de famille, située au bord du lac, propose une plaisante cuisine du terroir, telle cette pintade fermière farcie à l'ancienne... Quelques chambres agréables permettent de prolonger l'étape.

LA SOUTERRAINE

✉ 23300 (Creuse) – 5 522 hab. – **Voir carte n°24-B1**

▶ Paris 344 km – Bellac 41 km – Châteauroux 79 km – Guéret 35 km

Carte Michelin 325-F3 – Guide Vert Michelin Limousin Berry

Alexia

19 ZA la Prade – ✆ 05 55 63 01 01 – www.hotelalexia.com

45 ch – †62/88 € ††62/88 € – ☕ 9 € – ½ P

Rest – Formule 13 € – Menu 20/30 € – Carte 27/49 €

Ouvert il y a quelques années, cet établissement de prime abord assez impersonnel affiche un style chaleureux : chambres douillettes et bien conçues décorées sur le thème du voyage, petite restauration... Une étape pour le moins pratique !

à l'Est 7 km par N 145, D 74 et rte secondaire – ✉ 23300 La Souterraine

Château de la Cazine

Domaine de la Fôt – ✆ 05 55 63 97 10 – www.chateaudelacazine.fr – Fermé 1er janv.-12 fév.

18 ch – †95/350 € ††100/350 € – 1 suite – ☕ 15 €

Rest *Château de la Cazine* ✿ – voir les restaurants ci-après

Une certaine image de l'art de vivre à la française... Ce beau château du 18e s. trône dans une superbe vallée, entre arbres centenaires et étangs bucoliques. Peintures classées, grand escalier et mobilier de style manifestent le caractère des lieux... où même le silence se fait élégance.

XXX **Château de la Cazine**

✿

Domaine de la Fôt – ✆ 05 55 63 97 10 – www.chateaudelacazine.fr – Fermé 1er-15 janv., lundi midi, mardi midi et merc. midi

Menu 25 € (déj. en semaine), 39/70 € – Carte 75/90 €

Au cœur de son immense parc, cette architecture du 18e s. semble cultiver le goût du siècle des Lumières pour la nature et l'élégance... Dans ses salles d'un beau classicisme, ou en terrasse, face à la verdure, on découvre une cuisine ambitieuse, où brillent les produits du terroir local. Nature et raffinement vont de pair !

→ Tartare de maigre au yuzu et betterave Chioggia, sorbet betterave rouge. Filet de bœuf de race limousine, pomme Anna, sauce à l'armagnac. Mousse châtaigne, marmelade et sorbet coing.

à St-Étienne-de-Fursac 11 km au Sud par rte de Fursac (D 1) – ✉ 23290 – 847 hab.

XX **Nougier** avec ch

2 pl. de l'Église – ✆ 05 55 63 60 56 – www.hotelnougier.fr – Ouvert mi-mars à mi-déc. ; fermé dim. soir de sept. à juin, lundi sauf le soir en été et mardi midi

12 ch – †60/65 € ††70/93 € – ☕ 10 € – ½ P

Formule 16 € – Menu 26/56 € – Carte 45/66 €

Dans cette auberge de village, on cultive l'art du bon accueil et du bien manger depuis trois générations. Le chef concocte des plats gourmands et soignés, qui honorent le terroir tout en sortant des sentiers battus. Alors, attablez-vous dans la jolie salle, au décor sobre et contemporain, et commandez en confiance !

SOUVIGNY

✉ 03210 (Allier) – 1 989 hab. – **Voir carte n°5-B1**
Paris 301 km – Bourbon-l'Archambault 16 km – Montluçon 70 km – Moulins 13 km
Carte Michelin 326-G3 – Guide Vert Michelin Auvergne

XX **Auberge des Tilleuls**
pl. St-Éloi – ✆ 04 70 43 60 70 – www.auberge-tilleuls.com – Fermé 25 août-5 sept., 30 déc.-5 janv., vacances de fév., mardi soir et merc. soir de sept. à mars, dim. soir et lundi
Formule 14 € – Menu 19 € (semaine), 24/53 € – Carte 33/55 €
Non loin du célèbre prieuré St-Pierre (11e-15e s.), cette auberge traditionnelle joue la carte du terroir avec beaucoup de goût : aiguillettes de canard aux figues, terrine de pot-au-feu au foie gras, dessert émotion au chocolat blanc et passion...

SOYAUX – 16 Charente ➜ voir Angoulême

SOYONS – 07 Ardèche ➜ voir St-Péray

STELLA-PLAGE – 62 Pas-de-Calais ➜ voir Touquet

STIRING-WENDEL – 57 Moselle ➜ voir Forbach

STRASBOURG

✉ 67000 (Bas-Rhin) – 271 782 hab. – Agglo. 449 798 hab. – **Voir carte n°1-B1**
Paris 489 km – Basel 141 km – Karlsruhe 81 km – Stuttgart 149 km
Carte Michelin 315-K5 – Guide Vert Michelin Alsace Vosges

Hôtels & maisons d'hôtes

Régent Petite France
rest,

5 r. des Moulins – ✆ 03 88 76 43 43 – www.regent-petite-france.com
72 ch – 🚹165/370 € 🚹🚹165/370 € – 8 suites – ☕ 24 € Plan : 5JZ**f**
Rest – Carte 49/59 € *(fermé le midi, dim. et lundi)*
Dans la Petite France, une grande et belle adresse, aménagée dans les ex-glacières des bords de l'Ill. Intérieurs confortables, modernes et chic, sans ostentation ; chambres agréablement feutrées. Carte actuelle au restaurant, bar lounge et terrasse sur la rivière.

Hilton
ch, rest,

1 av. Herrenschmidt – ✆ 03 88 37 10 10 – www.strasbourg.hilton.fr Plan : 3EU**e**
245 ch – 🚹99/335 € 🚹🚹99/335 € – 6 suites – ☕ 24 €
Rest ***Carvi*** ✆ 03 88 37 41 42 – – Formule 29 € – Carte 35/62 €
Face au palais des congrès, bâtiment de verre et d'acier parfaitement conçu, idéal pour la clientèle d'affaires internationale : chambres très confortables, salles de séminaire, nombreux services, bars et restaurant, etc.

Sofitel

4 pl. St-Pierre-le-Jeune – ✆ 03 88 15 49 00 – www.sofitel-strasbourg.com
146 ch – 🚹128/465 € 🚹🚹128/465 € – 4 suites – ☕ 24 € Plan : 5JY**s**
Rest ***Goh*** – voir les restaurants ci-après
Dans un quartier calme, au nord de la cathédrale, cet établissement moderne conjugue espace, esprit contemporain et tenue impeccable. À quinze minutes de la gare, ses chambres agréables à vivre invitent à faire une étape reposante.

Cour du Corbeau sans rest

6 r. des Couples – ✆ 03 90 00 26 26 – www.cour-corbeau.com Plan : 6KZ**h**
57 ch – 🚹165/535 € 🚹🚹165/535 € – 8 suites – ☕ 24 €
Près du pont du Corbeau, l'alliance du confort le plus contemporain et du charme des vieilles pierres : cet hôtel s'épanouit dans plusieurs superbes maisons anciennes (16e-19e s.).

Le Bouclier d'Or sans rest

1 r. du Bouclier – ✆ 03 88 13 73 55 – www.lebouclierdor.com Plan : 5JZ**n**
21 ch ☕ – 🚹160/250 € 🚹🚹180/295 € – 1 suite
Ouvert en 2012, cet établissement prend ses aises dans un ancien hôtel particulier dont la partie la plus ancienne remonte au 16e s. Dans les chambres, le luxe le dispute au raffinement. Et ne passez pas à côté du spa – de 150 m² – aménagé dans une superbe cave voûtée.

BISCHHEIM

- Marais (R. du) . . . . **CS** 121
- Périgueux (Av. de) . . . . **BS** 159
- Robertsau (R. de la) . . . . **BS** 179
- Triage (R. du) . . . . **BS** 219

ECKBOLSHEIM

- Gaulle (Av. du Gén.-de) . . . . **BS** 67
- Wasselonne (Rte de) . . . . **BS** 237

HŒNHEIM

- Fontaine (R. de la) . . . . **BR** 55
- République (R. de la) . . . . **BR** 174

ILLKIRCH-GRAFFENSTADEN

- Bürkell (Rte) . . . . **BT** 24
- Ceinture (R. de la) . . . . **BT** 27
- Faisanderie (R. de la) . . . . **BT** 48
- Industrie (R. de l') . . . . **BT** 97
- Kastler (R. Alfred) . . . . **BT** 99
- Lixenbühl (R.) . . . . **BT** 115
- Messmer (Av.) . . . . **BT** 138
- Neuhof (Rte de) . . . . **BT** 144
- Strasbourg (Rte de) . . . . **BT** 207
- Vignes (R. des) . . . . **BT** 233

LINGOLSHEIM

- Eckbolsheim (R. d') . . . . **BS** 44
- Ostwald (R. d') . . . . **BT** 152
- Près (R. des) . . . . **BS** 168

OBERHAUSBERGEN

- Mittelhausbergen (Rte de) . . . . . **BS** 139
- Oberhausbergen (Rte de) . . . . . . **BS** 149

OSTWALD

- Foch (R. du Maréchal) . . . . **BT** 50
- Gelspolsheim (R. de) . . . . **BT** 73
- Leclerc (R. du Gén.) . . . . **BT** 112
- Vosges (R. des) . . . . **BT** 232
- 23-Novembre (R. du) . . . . **BT** 246

SCHILTIGHEIM

- Bischwiller (Rte de) . . . . **BS** 18
- Gaulle (Rte du Gén.-de) . . . . **BS** 70
- Hausbergen (Rte de) . . . . **BS** 81
- Mendès-France (Av. P.) . . . . **BS** 132
- Pompiers (R. des) . . . . **BS** 164

STRASBOURG

- Atenheim (Rte d') . . . . **CT** 8
- Austerlitz (Pont d') . . . . **BS** 9
- Bauerngrund (R. de) . . . . **CT** 15
- Ganzau (R. de la) . . . . **BT** 66
- Holtzheim (R. de) . . . . **AS** 88
- Ill (R. de l') . . . . **CS** 96
- Neuhof (Rte de) . . . . **CT** 144
- Plaine des Bouchers (R. de la) . . **BS** 163
- Polygone (Rte du) . . . . **BS** 165
- Pont (R. du) . . . . **BT** 166
- Ribeauvillé (R. de) . . . . **CS** 177
- Romains (Rte des) . . . . **BS** 180
- Schirmeck (Rte de) . . . . **BS** 198

WOLFISHEIM

- Oberhausbergen (R. d') . . . . **AS** 148
- Seigneurs (R. des) . . . . **AS** 204

STRASBOURG AGGLOMÉRATION

0 — 2 km

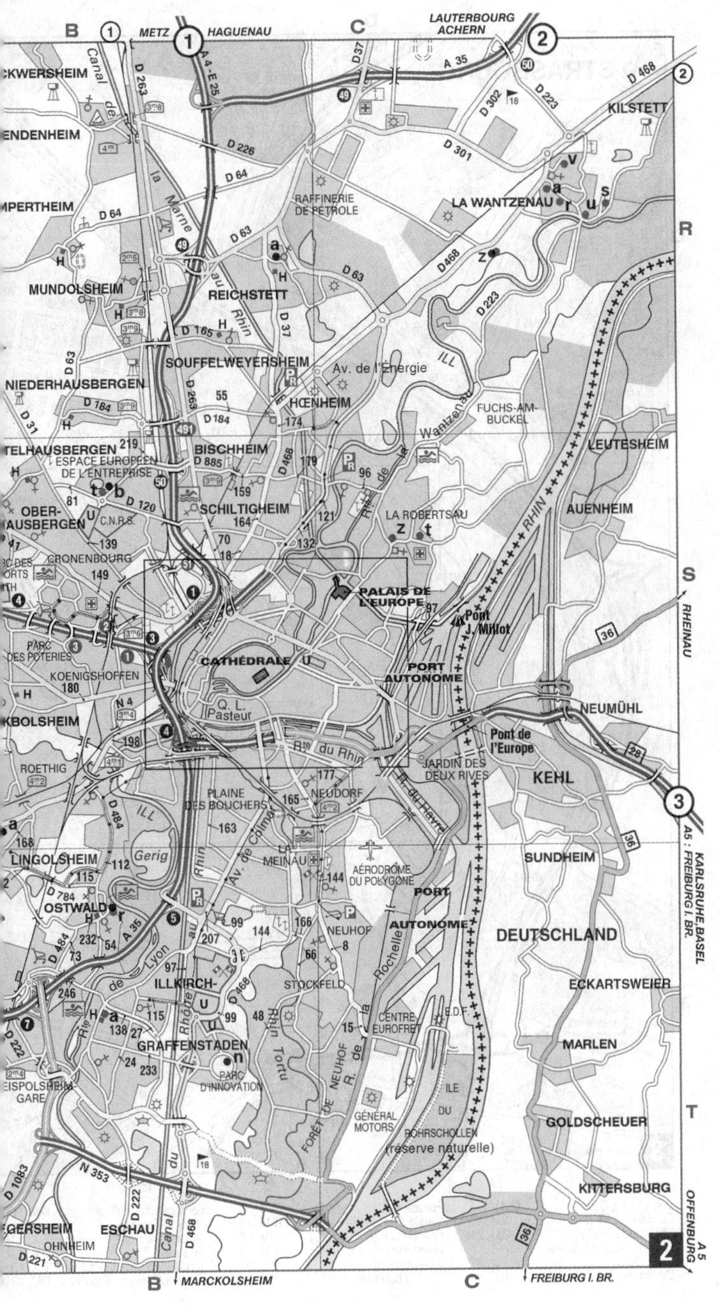
B
C
METZ
HAGUENAU
LAUTERBOURG
ACHERN
A 4-E 25
A 35
D 468
KILSTETT
D 223
D 302
D 226
D 301
D 64
D 63
D 37
D 263
RAFFINERIE DE PÉTROLE
LA WANTZENAU
Canal de la Marne au Rhin
REICHSTETT
MUNDOLSHEIM
SOUFFELWEYERSHEIM
NIEDERHAUSBERGEN
Av. de l'Énergie
ILL
HŒNHEIM
FUCHS-AM-BUCKEL
BISCHHEIM
ESPACE EUROPÉEN DE L'ENTREPRISE
LEUTESHEIM
SCHILTIGHEIM
LA ROBERTSAU
AUENHEIM
OBER-HAUSBERGEN
C.N.R.S.
CRONENBOURG
RHIN
PALAIS DE L'EUROPE
Pont J. Millot
RHEINAU
PARC DES POTERIES
CATHÉDRALE
PORT AUTONOME
KOENIGSHOFFEN
Q. L. Pasteur
NEUMÜHL
N 4
Pont de l'Europe
Rte du Rhin
ROETHIG
JARDIN DES DEUX RIVES
KEHL
PLAINE DES BOUCHERS
NEUDORF
R. du Havre
Av. de Colmar
LINGOLSHEIM
Gerig
LA MEINAU
AÉRODROME DU POLYGONE
SUNDHEIM
OSTWALD
PORT AUTONOME
NEUHOF
DEUTSCHLAND
Rte de Lyon
ILLKIRCH-GRAFFENSTADEN
STOCKFELD
R. de la Rochelle
CENTRE EUROFRET
E.D.F.
ECKARTSWEIER
Rhin Tortu
PARC D'INNOVATION
FORÊT DE NEUHOF
MARLEN
ILE DU ROHRSCHOLLEN (réserve naturelle)
GÉNÉRAL MOTORS
GOLDSCHEUER
N 353
Canal du Rhône au Rhin
KITTERSBURG
ESCHAU
OHNHEIM
D 222
D 468
D 1083
D 221
MARCKOLSHEIM
FREIBURG I. BR.
A5 : FREIBURG I. BR.
KARLSRUHE, BASEL
A 5 OFFENBURG
R
S
T
2

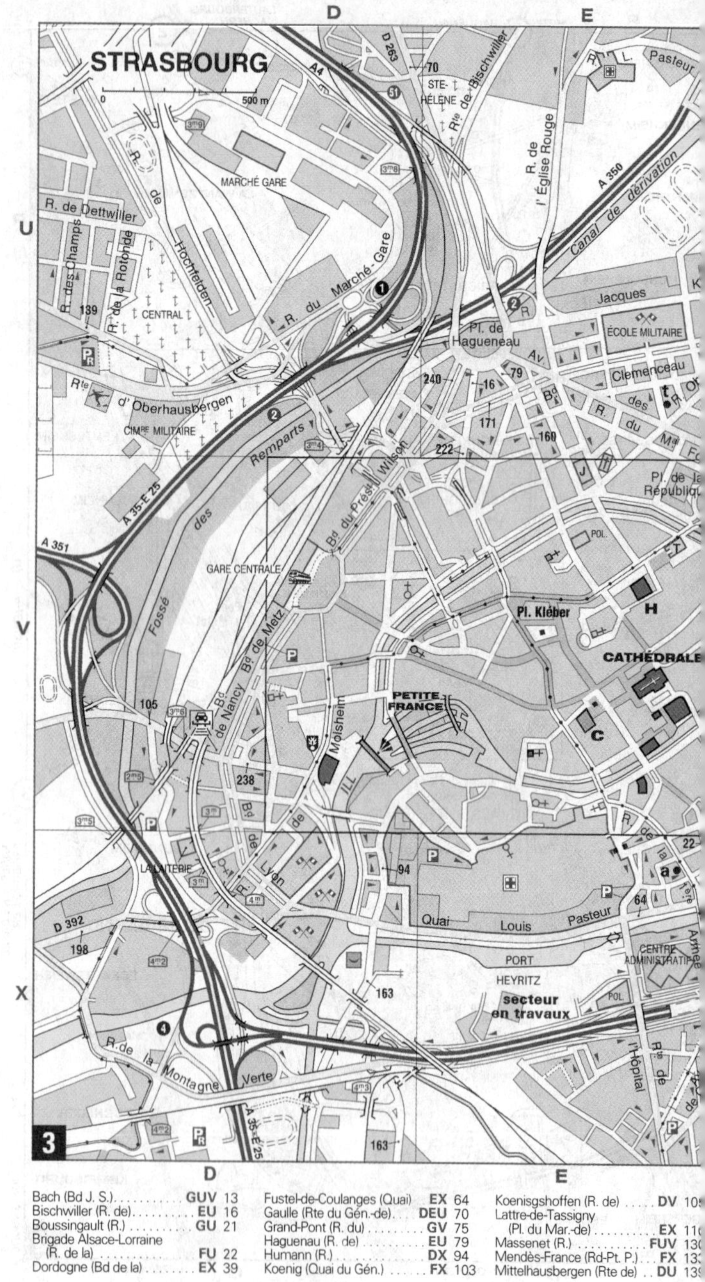

D
E
STRASBOURG
0
500 m
D 263
70
STE-HÉLENE
Rte de Bischwiller
R. de l'Église Rouge
A 350
Canal de dérivation
R. L. Pasteur
MARCHÉ GARE
R. de Dettwiller
R. de Hochfelden
R. des Champs
R. de la Rotonde
CENTRAL
139
R. du Marché-Gare
Pl. de Haguenau
Jacques
ÉCOLE MILITAIRE
Av. Clemenceau
Bd des R. du Mal Fo
240
16
79
171
160
222
Rte d'Oberhausbergen
CIMRE MILITAIRE
Remparts
A 35-E 25
Fossé des
A 351
Bd du Prést Wilson
Pl. de la République
POL.
GARE CENTRALE
Pl. Kléber
H
CATHÉDRALE
Bd de Metz
Bd de Nancy
105
PETITE FRANCE
Molsheim
ILL
C
238
Bd de Lyon
R. de la Tere Armée
22
a
LA LAITERIE
94
Quai Louis Pasteur
64
D 392
198
PORT HEYRITZ
CENTRE ADMINISTRATIF
secteur en travaux
POL.
163
R. de la Montagne Verte
Rte de l'Hôpital
A 35-E 25
163
3

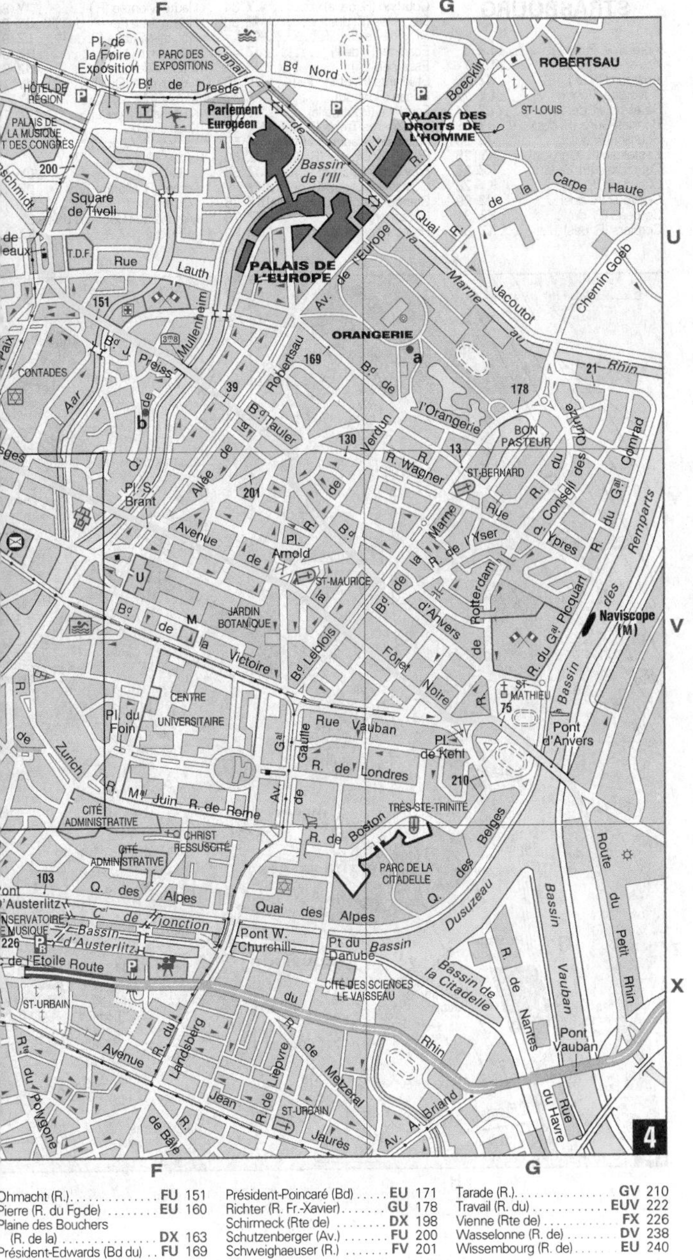

Ohmacht (R.)	FU	151	Président-Poincaré (Bd)	EU	171	Tarade (R.)	GV	210
Pierre (R. du Fg-de)	EU	160	Richter (R. Fr.-Xavier)	GU	178	Travail (R. du)	EUV	222
Plaine des Bouchers (R. de la)	DX	163	Schirmeck (Rte de)	DX	198	Vienne (Rte de)	FX	226
Président-Edwards (Bd du)	FU	169	Schutzenberger (Av.)	FU	200	Wasselonne (R. de)	DV	238
			Schweighaeuser (R.)	FV	201	Wissembourg (R. de)	EU	240

STRASBOURG

Abreuvoir (R. de l') . . . . **LZ** 3
Arc-en-Ciel (R. de l') . . . . . **KLY** 7
Austerlitz (R. d') . . . . **KZ** 10
Auvergne (Pont d') . . . . **LY** 12
Bateliers (R. des) . . . . **LZ** 14
Bonnes-Gens (R. des) . . . . . **JY** 19
Bouclier (R. du) . . . . **JZ** 20
Castelnau (R. Gén.-de) . . . . **KY** 25
Cathédrale (Pl. de la) . . . . . . **KZ** 26
Chaudron (R. du) . . . . **KY** 28
Cheveux (R. des) . . . . **JZ** 29
Corbeau (Pl. du) . . . . **KZ** 31
Cordiers (R. des) . . . . **KZ** 32
Courtine (R. de la) . . . . **LY** 34
Dentelles (R. des) . . . . **JZ** 36
Division-Leclerc (R.) . . . . . **JKZ**
Écarlate (R. de l') . . . . **JZ** 43
Escarpée (R.) . . . . **JZ** 45
Étudiants (R. et Pl. des) . . . **KY** 46
Faisan (Pont du) . . . . **JZ** 47
Fonderie (Pont de la) . . . . . **KY** 52
Fossés-des-Treize (R. du) . . **KY** 58
Fossé-des-Tanneurs (R. du) **JZ** 57
Francs-Bourgeois (R. des) . **JZ** 60
Frey (Quai Charles) . . . . **JZ** 63
Grandes-Arcades (R. des) **JKY**
Grande-Boucherie (Pl. de la) **KZ** 76
Gutenberg (R.) . . . . **JKZ** 78
Hallebardes (R. des) . . . . . . **KZ** 80
Haute-Montée (R.) . . . . **JY** 8
Homme de Fer (Pl. de l') . . **JY** 9
Hôpital-Militaire (R. de l') . . . **LZ** 9
Humann (R.) . . . . **HZ** 9
Ill (Quai de l') . . . . **HZ** 9
Kellermann (Quai) . . . . **JY** 1
Kléber (Pl.) . . . . **JY**
Krutenau (R. de la) . . . . **LZ** 1
Kuss (Pont) . . . . **HY** 1
Lamey (R. Auguste) . . . . . . **LY** 1
Lezay-Marnésia
(Quai) . . . . **LY** 1
Luther (R. Martin) . . . . **JZ** 1
Maire Kuss (R. du) . . . . **HY** 1
Marché-aux-Cochons-de-Lait
(Pl. du) . . . . **KZ** 1

Marché-aux-Poissons (Pl. du) ... KZ 125
Marché-Gayot (Pl. du) ... KYZ 126
Marché-Neuf (Pl. du) ... KYZ 127
Maroquin (R. du) ... KZ 129
Mercière (R.) ... KZ 135
Mésange (R. de la) ... JKY 136
Monnaie (R. de la) ... JZ 141
Munch (R. Ernest) ... LZ 142
Noyer (R. du) ... JY 147
Nuée-Bleue (R. de la) ... KY
Obernai (R. d') ... HZ 150
Outre (R. de l') ... KY 153
Paix (Av. de la) ... KLY 154
Parchemin (R. du) ... KY 156
Pierre (R. du Fg-de) ... JY 160
Pontonniers (R. des) ... LY 167
Récollets (R. des) ... KLY 172
Ste-Madeleine (Pont et R.) ... KLZ 192
St-Étienne (Quai) ... LY 183
St-Michel (R.) ... HZ 187
St-Nicolas (Pont) ... KZ 189
St-Pierre-le-Jeune (Pl.) ... JKY 190
Salzmann (R.) ... JZ 193
Sanglier (R. du) ... KY 194
Saverne (Pont de) ... HY 195
Schoelcher (Av. Victor) ... LY 199
Sébastopol (R. de) ... JY 202
Serruriers (R. des) ... JKZ 205
Temple-Neuf (Pl. du) ... KY 213
Temple-Neuf (R. du) ... KY 214
Théâtre (Pont du) ... KY 216
Thomann (R. des) ... JY 217
Tonneliers (R. des) ... KZ 220
Turckheim (Quai) ... HZ 225
Vieil-Hôpital (R. du) ... KZ 228
Vieux-Marché-aux-Poissons (R. du) ... KZ 229
Vieux-Marché-aux-Vins (R. et Pl. du) ... JY 230
Vieux-Seigle (R. du) ... JZ 231
Wasselonne (R.) ... HZ 238
Wodli (R. Georges) ... HY 242
22-Novembre (R. du) ... HJYZ

Régent Contades sans rest
8 av. de la Liberté – ✆ 03 88 15 05 05 – www.regent-contades.com Plan : 6LY**f**
48 ch – †110/285 € ††110/285 € – 2 suites – ☕ 21 €
Derrière la belle façade de cet hôtel particulier du 19e s., on évolue dans un décor empreint de raffinement et de classicisme (boiseries, tableaux). Les chambres du 5e étage ont été rénovées dans un esprit Art déco. Prestations à l'unisson.

Beaucour sans rest
5 r. des Bouchers – ✆ 03 88 76 72 00 – www.hotel-beaucour.com Plan : 6KZ**k**
49 ch – †86/123 € ††153/186 € – ☕ 14 €
Deux maisons alsaciennes du 18e s. autour d'une charmante cour fleurie. Les lieux dégagent un réel cachet, en revisitant notamment le style alsacien traditionnel (notez cependant que certaines chambres sont plus classiques). Chaleur et confort.

Maison Rouge sans rest
4 r. des Francs-Bourgeois – ✆ 03 88 32 08 60 – www.maison-rouge.com
139 ch – †88/205 € ††88/205 € – 3 suites – ☕ 15 € Plan : 5JZ**g**
Au cœur de la ville, à deux pas de la place Kléber, cet hôtel de tradition associe confort et service de standing. Chambres spacieuses et soignées (tissus griffés, mobilier de qualité), desservies par des paliers ornés d'objets d'art.

Monopole-Métropole sans rest
16 r. Kuhn – ✆ 03 88 14 39 14 – www.bw-monopole.com Plan : 5HY**p**
81 ch ☕ – †87/260 € ††97/260 €
Entre gare et Petite France, immeuble bourgeois dégageant un certain charme : antiquités alsaciennes, tableaux de maîtres régionaux... Chambres classiques ou plus contemporaines.

Hannong sans rest
15 r. du 22-Novembre – ✆ 03 88 32 16 22 – www.hotel-hannong.com – Fermé 1er-5 janv. Plan : 5JY**a**
72 ch – ††99/239 € – ☕ 16 €
Sur le site de la faïencerie Hannong (18e s.), un hôtel qui a une âme : objets d'art et agencement contemporain, matériaux de qualité, tenue méticuleuse. Agréable espace terrasse.

Le Grand Hôtel sans rest
12 pl. de la Gare – ✆ 03 88 52 84 84 – www.le-grand-hotel.com Plan : 5HY**a**
90 ch ☕ – †75/245 € ††75/245 €
Face à la gare TGV, cet hôtel n'a pas raté le train de la modernité : décor design, ambiance zen, mobilier à la fois sobre et cossu, tenue minutieuse. Le centre-ville est à 5mn.

Novotel Centre Halles
4 quai Kléber – ✆ 03 88 21 50 50 – www.novotel.com Plan : 5JY**k**
96 ch – †92/247 € ††92/247 € – ☕ 15 € – ½ P
Rest – Formule 18 € – Carte 21/41 € *(fermé dim. midi)*
Dans le centre commercial des Halles, hôtel moderne proposant des chambres claires et spacieuses. Fitness avec vue sur la cathédrale au dernier étage.

Les Haras Ⓝ sans rest
23 r. des Glacières – ✆ 03 90 20 50 00 – www.les-haras-hotel.com Plan : 5HZ**e**
55 ch – †150/505 € ††150/505 € – ☕ 24 €
Au cœur de Strasbourg, l'établissement, inauguré en 2013, a été créé dans les anciens haras nationaux du 18e s. ! Un cadre exceptionnel pour une adresse qui l'est tout autant. Les chambres, au décor minimaliste, sont assez voire très spacieuses (17 à 35 m²), et le moindre détail est soigné...

Royal Lutetia sans rest
2 bis r. du Gén.-Rapp – ✆ 03 88 35 20 45 – www.royal-lutetia.fr Plan : 3EU**t**
39 ch – †75/145 € ††75/180 € – ☕ 10 €
Cette façade évoquant le style Art déco cache de plaisantes chambres contemporaines, garnies de mobilier clair ou foncé et très bien tenues. Confortable bar-salon anglais.

Gutenberg sans rest

31 r. des Serruriers – ✆ 03 88 32 17 15 – www.hotel-gutenberg.com

42 ch – †89/190 € ††89/190 € – ☕ 12 € Plan : 6KZ**f**

Rénové en 2011, l'hôtel Gutenberg écrit une nouvelle page de son histoire. Dans ce bâtiment qui date de 1745, au cœur du vieux Strasbourg, les chambres affichent dorénavant un bel esprit contemporain, osant même les touches design. Cure de jouvence réussie !

Diana Dauphine sans rest

30 r. de la 1ère-Armée – ✆ 03 88 36 26 61 – www.hotel-diana-dauphine.com – Fermé 23 déc.-2 janv. Plan : 3EX**a**

45 ch – †79/169 € ††79/169 € – ☕ 12 €

Au pied du tramway menant à la vieille ville. Hall-salon moderne, chambres d'esprit contemporain (et donc sobres), pour la plupart spacieuses. Garage fermé accessible 24h/24.

Mercure St-Jean sans rest

3 r. du Maire-Kuss – ✆ 03 88 32 80 80 – www.mercure.com Plan : 5HY**e**

63 ch – †79/230 € ††79/230 € – ☕ 17 €

Entre gare et vieille ville, hôtel moderne aux chambres agréables (confort actuel). À tenter, la "chambre 2030", avec tous les équipements du futur, parfois très... imaginatifs !

Dragon sans rest

12 r. du Dragon – ✆ 03 88 35 79 80 – www.dragon.fr Plan : 5JZ**d**

32 ch – †79/125 € ††94/125 € – ☕ 13 €

Dans un quartier calme à deux pas du centre-ville, deux demeures du 17e s. autour d'un patio fleuri (où le petit-déjeuner est servi l'été). Chambres confortables et actuelles, mansardées au dernier étage.

Mercure Centre sans rest

25 r. Thomann – ✆ 03 90 22 70 70 – www.mercure-strasbourg-centre.com

98 ch – †92/240 € ††92/240 € – ☕ 18 € Plan : 5JY**q**

Situation centrale pour cet établissement rénové avec des tons vifs et un mobilier design. Au 7e étage, la salle des petits-déjeuners jouit d'une petite vue sur la cathédrale.

Comfort Athéna sans rest

10 r. Thomas-Mann, 5 km au Nord-Ouest par A35 direction Nancy par RN puis Haute-Pierre sortie CHU et Athéna – ✆ 03 88 30 10 30 – www.athenaspahotel.com

69 ch – †75/149 € ††75/149 € – ☕ 13 €

Athéna a beau être la déesse de la guerre, vous dormirez ici en paix ! L'établissement a été récemment créé dans d'anciens locaux de France Télécom. Les chambres sont décorées dans un esprit design et coloré. Bel espace détente.

Chut - Au Bain aux Plantes ch,

4 r. Bain-aux-Plantes – ✆ 03 88 32 05 06 – www.hote-strasbourg.fr Plan : 5HZ**v**

8 ch – †95/160 € ††95/160 € – 1 suite – ☕ 12 € – ½ P

Rest – Formule 15 € – Menu 38 € – Carte 31/57 € *(fermé 27 avril-6 mai, 3-12 août, 26 oct.-4 nov., 24-27 déc., 19 janv.-3 fév., dim. et lundi)*

Dans une rue pittoresque près de la Petite France, hôtel digne d'une maison d'hôtes, charme compris : objets et mobilier design ou chinés, ambiance zen... La cuisine, mâtinée d'épices, fuit la routine et change chaque jour ; salle intime, avec cour-terrasse.

Le Kléber sans rest

29 pl. Kléber – ✆ 03 88 32 09 53 – www.hotel-kleber.com Plan : 5JY**p**

37 ch – †60/90 € ††65/100 € – ☕ 8,50 €

"Meringue", "Fraise", "Cannelle", etc. : ici, toutes les chambres se prêtent à une thématique sucrée-salée, richement colorée. Situation imparable sur la célèbre place Kléber.

Couvent du Franciscain sans rest

18 r. du Fg-de-Pierre – ✆ 03 88 32 93 93 – www.hotel-franciscain.com

42 ch – †62/106 € ††66/110 € – ☕10 € Plan : 5JY**e**

Au fond d'une impasse, ce "Couvent" propose des chambres simples et nettes, à des tarifs compétitifs. Petits-déjeuners dans un caveau aux airs de winstub (fresque amusante).

Aux Trois Roses sans rest

7 r. de Zürich – ✆ 03 88 36 56 95 – www.hotel3roses-strasbourg.com

32 ch – †62/93 € ††81/93 € – ☕ 10 € Plan : 6LZ**y**

Immeuble classique engageant, proche de l'Ill : salon bourgeois près de l'accueil, chambres simples (mobilier en pin) et d'une propreté méticuleuse, à prix doux. Sauna.

Restaurants

Au Crocodile (Philippe Bohrer)

10 r. de l'Outre – ✆ 03 88 32 13 02 – www.au-crocodile.com – Fermé dim. et lundi Plan : 6KY**x**

Formule 39 € – Menu 67 € (semaine), 92/129 € – Carte 86/187 €

Élégance feutrée et harmonie règnent dans cette institution strasbourgeoise, chantre d'un certain classicisme. La table est à l'unisson : beaux produits de saison, préparations flatteuses et pleines de justesse. ➜ Jambonnettes de cuisses de grenouilles et chlorophylle d'ortie. Pigeon fermier mijoté au foin et cuisses farcies de béatilles. Forêt-noire revisitée.

1741

22 quai des Bateliers – ✆ 03 88 35 50 50 – www.1741.fr Plan : 6KZ**p**

Menu 38 € (déj. en semaine) 57/97 € – Carte 61/111 €

Face au palais Rohan, chef-d'œuvre du classicisme achevé en 1741, cette table cultive un esprit boudoir aussi intime qu'élégant. Un cadre très séduisant pour une cuisine tout en finesse, savoureuse et parfumée, et accompagnée d'une belle sélection de vins d'Alsace (grands crus, bio, etc.). On quitte l'endroit à regret... ➜ Foie gras d'oie, légumes du pot. Ris de veau à la Rohan. Profiteroles "1741".

Buerehiesel (Eric Westermann)

dans le parc de l'Orangerie – ✆ 03 88 45 56 65 – www.buerehiesel.com – Fermé 27 juil.-19 août, 28 déc.-8 janv., 22 fév.-5 mars, dim. et lundi Plan : 4GU**a**

Menu 35 € (déj. en semaine), 68/90 € – Carte 70/94 €

Adresse exquise, sise dans une belle ferme à colombages du 17e s., remontée dans le parc de l'Orangerie (vue bucolique de la salle en verrière et de la terrasse). Cuisine très fine et sûre, ancrée dans la région ; superbe choix de vins alsaciens. Service agréable. ➜ Schniederspaetzle et cuisses de grenouilles poêlées au cerfeuil. Poulette pattes noires cuite entière comme un baeckeofe. Soufflé chaud au chocolat manjari, crème anglaise à la vanille Bourbon, sorbet à l'orange.

Maison des Tanneurs dite Gerwerstub

42 r. Bain-aux-Plantes – ✆ 03 88 32 79 70 – www.maison-des-tanneurs.com – Fermé 29 juil.-13 août, 29 déc.-22 janv., dim. et lundi Plan : 5JZ**t**

Formule 18 € – Menu 20 € (déj. en semaine) – Carte 40/60 €

Au bord de l'Ill, dans la Petite France, cette maison alsacienne pleine de caractère (1572) est une institution de la choucroute, parmi d'autres célèbres spécialités régionales.

Goh – Hôtel Sofitel

4 pl. St-Pierre-le-Jeune – ✆ 03 88 15 49 10 – www.sofitel-strasbourg.com – Fermé 3 semaines en août, 1 semaine en janv., sam. midi, dim. et fériés Plan : 5JY**s**

Menu 35/89 € 🍷 – Carte 50/70 €

C'est l'un des atouts majeurs de l'hôtel Sofitel ! Le cadre est contemporain et élégant, parfaitement en accord avec une cuisine réconciliant terroir et modernité. Et ce avec beaucoup de goût.

La Cambuse (Elisabeth Lefebvre)

1 r. des Dentelles – 03 88 22 10 22 – Fermé 27 avril-5 mai, 3-25 août, 21 déc.-5 janv., dim. et lundi Plan : 5JZ**a**

Carte 50/59 € *(réservation conseillée)*

La salle, intime, évoque une cabine de yacht… On y déguste une cuisine de la mer qui marie avec finesse et simplicité saveurs françaises et notes d'Asie (épices, cuissons courtes). ➜ Deux poissons crus aux herbes. Lotte aux shiitakés et coriandre. Tarte au chocolat amer et crème à la noix de coco.

Girardin - La Casserole (Eric Girardin)

24 r. des Juifs – 03 88 36 49 68 – www.restaurantlacasserole.fr – Fermé vacances de fév., 4-18 août, mardi midi, dim. et lundi Plan : 6KY**b**

Menu 39 € (déj.)/110 € – Carte 77/87 € *(réservation conseillée)*

Derrière la cathédrale, un cadre contemporain et feutré, qui se prête à un moment délicieux et délicat. Éric Girardin crée des plats nobles et harmonieux, avec une dextérité saisissante. Et l'accueil est charmant... ➜ Tartare de bœuf, basilic, coriandre et menthe. Poisson selon la pêche, pommes de terre fondantes et sauce citronnée. Ganache au chocolat guanaja, sphère chocolatée et crème glacée au café.

Le Violon d'Ingres

1 r. Chevalier-Robert, à La Robertsau – 03 88 31 39 50 – www.violondingres.com – Fermé sam. midi, dim. soir et lundi Plan : 2CS**z**

Menu 32/55 € – Carte 54/68 €

Cuisine actuelle fort soignée en cette vieille maison alsacienne du quartier de la Robertsau, par-delà le Parlement Européen. Élégante salle à manger et terrasse ombragée.

Maison Kammerzell et Hôtel Baumann avec ch rest,

16 pl. de la Cathédrale – 03 88 32 42 14 – www.maison-kammerzell.com Plan : 6KZ**e**

9 ch – †110/135 € ††110/135 € – ☐ 10 € Menu 29/45 € – Carte 32/53 €

À côté de la cathédrale, maison strasbourgeoise du 16ᵉs. dégageant une authentique ambiance moyenâgeuse : vitraux, peintures, bois sculpté, voûtes gothiques. Cuisine du terroir et carte de brasserie, avec en spécialité la choucroute. Chambres sobres.

Gavroche (Benoit Fuchs)

4 r. Klein – 03 88 36 82 89 – www.restaurant-gavroche.com – Fermé 28 juil.-17 août, 22 déc.-2 janv., sam. et dim. Plan : 6KZ**g**

Formule 32 € – Menu 48/68 € – Carte 68/75 €

On sent ici le souci de satisfaire les clients, en salle comme en cuisine... Le moment est agréable au fil du repas, qui ne manque ni de finesse ni de caractère. Les assiettes se concentrent sur de bons produits et on se régale ! ➜ Nem croustillant de tourteau et gambas grillée, émulsion à la citronnelle. Dos de maigre cuit meunière, barigoule d'artichaut et gnocchis aux herbes. Gâteau coulant au chocolat, glace à la vanille de Tahiti.

Umami (René Fieger)

8 r. des Dentelles – 03 88 32 80 53 – www.restaurant-umami.com – Fermé 2-15 mai , 29 août-18 sept., 1er-15 janv., lundi midi, mardi midi, vend. midi, merc. et jeudi Plan : 5JZ**b**

Menu 50/70 € *(réservation conseillée)*

Sucré, salé, acide, amer… et *umami*, la 5ᵉ saveur dans la gastronomie japonaise. Une signature pour une cuisine qui croise les goûts d'ici et d'ailleurs. Séduisant cadre moderne. ➜ Menu du marché.

Le Pont aux Chats

42 r. de la Krutenau – 03 88 24 08 77 – Fermé vacances de printemps, 3 semaines en août, sam. midi et dim. Plan : 6LZ**t**

Formule 18 € – Menu 20 € – Carte 48/60 €

Mariage de colombages anciens et de mobilier contemporain, terrasse sur cour, produits de saison cuisinés dans l'air du temps : une petite adresse qui fait ronronner de plaisir.

XX **Pont des Vosges**

15 quai Koch – ✆ 03 88 36 47 75 – www.lepont-des-vosges.fr
– Fermé dim. Plan : 6LY**h**
Carte 39/59 €
À l'angle d'un immeuble ancien, cette brasserie, dont la réputation n'est plus à faire, régale de bons plats généreux. Vieilles affiches publicitaires et miroirs en décor. Accueil et service agréables.

XX **L'Amuse Bouche**

3a r. de Turenne – ✆ 03 88 35 72 82 – www.lamuse-bouche.fr
– Fermé 1 semaine en mars, 15-31 août, dim. et lundi Plan : 6LY**t**
Formule 15 € – Menu 38/75 € – Carte 46/55 €
Restaurant discret hors de l'animation du centre-ville. Salle classique aux tons pastel, pour une cuisine dans l'air du temps, fraîche et sans fausse note.

XX **Villa Casella**

5 r. du Paon – ✆ 03 88 32 50 50 – Fermé 1 semaine en avril, 1 semaine en août, sam. midi, dim. et fériés Plan : 6KZ**a**
Menu 20 € (déj.), 35 € – Carte environ 45 €
Fermez les yeux, vous voilà en Italie ! Derrière les fourneaux, le chef, venu du sud de la Botte, met beaucoup de cœur à défendre la cuisine de ses origines. Pour preuve, il réalise lui-même ses pâtes... À déguster dans une salle aux murs en pierres apparentes ou en terrasse. Ambiance conviviale.

XX **Ysehuet** N

21 quai Mullenheim – ✆ 03 88 35 68 62 – www.zuem-ysehuet.com
– Fermé 3 semaines en août, 2 semaines en janv., lundi midi de nov. à mars, sam. sauf le soir d'avril à oct. et dim. Plan : 4FU**b**
Menu 30 € (déj. en semaine), 38/80 € – Carte environ 42 €
Un restaurant recouvert de vigne vierge et situé au bord d'un cours d'eau. À l'intérieur, le cadre est résolument contemporain ; quant aux recettes, elles font la part belle aux produits de saison, que l'on accompagne de l'une des 600 références présentes sur la carte des vins. Belle terrasse.

X **Les Haras Brasserie** N

23 r. des Glacières – ✆ 03 88 24 00 00 – www.les-haras-brasserie.com
– Fermé dim. soir et lundi Plan : 5HZ**e**
Formule 25 € – Menu 34/71 € – Carte 34/59 €
Sous la tutelle du grand chef Marc Haeberlin, une table élégante et raffinée, au sein des anciens haras nationaux construits sous Louis XV. On y apprécie de belles recettes traditionnelles, sans oublier quelques plats du terroir local. Et le superbe décor contemporain, avec cuisines ouvertes, vaut le coup d'œil !

X **La Cuiller à Pot**

18b r. Finkwiller – ✆ 03 88 35 56 30 – www.lacuillerapot.fr
– Fermé sam. midi, dim. et lundi Plan : 5JZ**v**
Carte 32/45 €
À deux pas de la Petite France, plongez allégrement votre cuiller dans ce Pot tout simple et gourmand : le jeune chef concocte une cuisine généreuse et soignée, qui a la fraîcheur de l'instant. Une carte courte, peu de tables : la formule du plaisir.

X **La Table de Christophe**

28 r. des Juifs – ✆ 03 88 24 63 27 – www.tabledechristophe.com
– Fermé 29 avril-5 mai, 29 juil.-19 août, 28 janv.-3 fév., dim., lundi et fériés
Formule 13 € – Carte 31/49 € *(réservation conseillée)* Plan : 6KY**a**
À deux pas de la cathédrale de Strasbourg, on s'invite à La Table de Christophe ! En cuisine, le chef signe de savoureuses recettes traditionnelles avec de bons produits du marché. Mention spéciale pour les rognons de veau… une pure merveille. Autre avantage : les prix sont très raisonnables.

La Vignette

29 r. Mélanie, à la Robertsau – ✆ 03 88 31 38 10 – www.lavignette-strasbourg-robertsau.com – Fermé 1er-15 août, 27 déc.-6 janv., sam. midi, dim. et fériés Plan : 2CS**t**

Formule 15 € – Menu 30 € – Carte 30/44 €

Il flotte comme un air de guinguette dans cette charmante maison à l'esprit rétro. En cuisine, le chef concocte de généreuses recettes bistrot aux saveurs bien marquées. Accueil sympathique et prix raisonnables : voilà une vignette à coller dans votre carnet d'adresses gourmandes !

La Vieille Tour

1 r. Adolphe-Seyboth – ✆ 03 88 32 54 30 – Fermé dim. sauf le midi en déc., lundi et fériés Plan : 5HZ**e**

Formule 19 € – Menu 40 € – Carte 41/63 € *(réservation conseillée)*

Cette adresse, toute proche de la Petite France, cultive le goût de la tradition, au gré du marché (ardoise). Décor simple, relevé d'affiches humoristiques sur l'Alsace.

Kobus

7 r. des Tonneliers – ✆ 03 88 32 59 71 – www.restaurantkobus.com – Fermé 24 juin-15 juil., 10-16 nov., dim. et lundi Plan : 6KZ**z**

Formule 21 € 🍷 – Menu 26 € 🍷 (déj. en semaine)/45 € – Carte 45/73 €

Dans une rue piétonne du centre, sympathique restaurant contemporain : la salle, tout en longueur et claire, mêle bois et pierre ; les produits du marché inspirent la cuisine.

Lucullus

15 r. Jacques-Peirotes – ✆ 03 88 37 11 07 – Fermé sam. et dim. Plan : 4FX**e**

Menu 17 € (déj. en semaine) – Carte 34/51 €

Dans ce restaurant de poche, on s'assoit au coude-à-coude avant de faire son choix parmi les suggestions de l'ardoise. Que choisir ? Derrière les fourneaux, le chef réalise une appétissante cuisine du marché axée sur les beaux produits frais. Accueil sympathique.

Le Bistrot du Boulanger

42 r. de Zürich – ✆ 03 88 37 95 95 – www.aupaindemongrandpere.com – Fermé 4-26 août, 24 déc.-1er janv., dim. soir et lundi Plan : 6LZ**n**

Formule 12 € – Menu 15 € (déj. en semaine)/29 € – Carte 30/46 €

Dans le quartier de la Krutenau, un maître-boulanger s'est associé à un chef de métier pour revisiter la cuisine bistrotière. Objectif atteint ! Les recettes proposées sont enlevées, généreuses, savoureuses… et le pain digne des plus grandes maisons. Une belle interprétation du genre.

LES WINSTUBS :

dégustation de vins et cuisine du pays, ambiance typiquement alsacienne

L'Ami Schutz

1 r. des Ponts-Couverts – ✆ 03 88 32 76 98 – www.ami-schutz.com – Fermé 24 déc.-12 janv. Plan : 5HZ**r**

Formule 16 € – Menu 31/47 € – Carte 40/62 €

Dans le décor intemporel de la Petite France, au bord de l'Ill, une délicieuse terrasse ombragée et deux salles typiques (l'une rustique, l'autre plus raffinée). Carte à l'unisson.

Le Clou

3 r. du Chaudron – ✆ 03 88 32 11 67 – www.le-clou.com – Fermé dim.

Formule 15 € – Carte 24/54 € *(réservation conseillée)* Plan : 6KY**n**

À deux pas de la cathédrale, une winstub pleine d'authenticité, regorgeant d'objets d'antan et de scènes d'autrefois (belles marqueteries). Cuisine généreuse. L'Alsace éternelle !

Le Tire-Bouchon

5 r. des Tailleurs-de-Pierre – ✆ 03 88 22 16 32 – www.letirebouchon.fr
Formule 10 € – Menu 14 € (déj. en semaine), 23/28 € – Carte 24/47 € Plan : 6KZ**t**
Dans une ruelle pittoresque à deux pas de la cathédrale, ne passez pas à côté de cette winstub représentative de l'art de vivre alsacien ! Un cadre chaleureux (boiseries, lumière tamisée...), une jolie cuisine du pays, des crus locaux : rien ne manque.

Fink'Stuebel avec ch

26 r. Finkwiller – ✆ 03 88 25 07 57 – www.restaurant-finkstuebel.com – Fermé 9-30 août, dim. et lundi Plan : 5JZ**x**
5 ch – 79 € 99 € Formule 18 € – Carte 35/60 €
Colombages, parquet brut, bois peints, mobilier régional et nappes fleuries : cet endroit a tout de l'image d'Épinal. Cuisine du terroir évidemment, foie gras à l'honneur. Quelques chambres au-dessus de la winstub (une par étage !), décorées à l'alsacienne.

Au Pont du Corbeau

21 quai St-Nicolas – ✆ 03 88 35 60 68 – Fermé août, vacances de fév., dim. midi et sam. sauf en déc. Plan : 6KZ**b**
Formule 13 € – Carte 28/45 €
À côté du Musée Alsacien dédié à l'art populaire, une savoureuse manière de passer à la pratique : spécialités du terroir et décor traditionnel (éléments Renaissance, affiches).

S'Muensterstuewel

8 pl. du Marché-aux-Cochons-de-Lait – ✆ 03 88 32 17 63 – www.muensterstuewel.fr – Fermé dim. et lundi Plan : 6KZ**n**
Formule 14 € – Menu 25/45 € – Carte 28/53 €
Dans le vieux Strasbourg, avec une terrasse sur la pittoresque place du Marché-aux-Cochons-de-Lait, cette winstub chaleureuse propose une carte séduisante, fidèle au genre. Dans l'assiette, c'est généreux, soigné et sans fausses notes. Accueil tout sourire.

S'Burjerstuewel - Chez Yvonne

10 r. du Sanglier – ✆ 03 88 32 84 15 – www.chez-yvonne.net Plan : 6KYZ**e**
Carte 27/59 €
Atmosphère chic dans cette winstub qui fait figure d'institution (photos et dédicaces de stars à l'appui). On y mange au coude à coude et la carte respecte la plus pure tradition alsacienne. Ne passez pas à côté de l'une des spécialités maison : le coq au riesling. Une belle adresse.

Environs

à Schiltigheim 4 km au Nord – ✉ 67300 – 30 952 hab.

Kyriad Prestige sans rest

2 av. de l'Europe, Espace Européen de l'Entreprise – ✆ 03 90 22 60 60 – www.kyriad-prestige-strasbourg-nord-schiltigheim.fr/ Plan : 2BS**b**
66 ch – 72/132 € 72/132 € – 15 €
En périphérie, dans l'Espace Européen de l'Entreprise (accès facile de l'autoroute), hôtel né en 2006, associant fonctionnalité et confort. Salle de petit-déjeuner avec terrasse.

La Carambole

14 av. Pierre-Mendes-France – ✆ 03 88 47 44 44 – www.restaurant-lacarambole.com – Fermé 14-26 avril, 24 déc.-1er janv., sam. et dim.
Formule 25 € – Menu 56 € (semaine)/69 € – Carte 58/71 €
Dans ce quartier d'affaires, l'établissement est tout indiqué pour reprendre des forces entre deux réunions – et en bien d'autres occasions. Le chef, passé notamment par le restaurant Le Cerf à Marlenheim, signe des recettes dans l'air du temps, avec des produits de qualité. Cadre contemporain.

XX Côté Lac

2 pl. de Paris, Espace Européen de l'Entreprise – ✆ 03 88 83 82 81 – www.cote-lac.com – Fermé vacances de Noël, sam. midi, lundi soir, dim. et fériés Plan : 2BS**t**

Formule 27 € – Menu 32 € (déj.), 45/65 €

En dehors du centre, dans une zone d'activité plutôt avenante, une table au cadre tendance, avec de grandes baies vitrées ouvrant côté lac (terrasse). Cuisine actuelle soignée.

à Reichstett 7 km au Nord – ✉ 67116 – 4 397 hab.

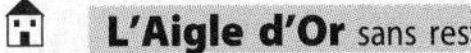

L'Aigle d'Or sans rest

5 r. de la Wantzenau, (près de l'église) – ✆ 03 88 20 07 87 – www.aigledor.com – Fermé 1-17 août et 24 déc.-4 janv. Plan : 2BR**a**

17 ch – †62/99 € ††62/99 € – ☕ 11 €

Belle façade à colombages au cœur d'un village pittoresque. Chambres sans ampleur mais assez coquettes, aux tons chaleureux. Salle des petits-déjeuners façon jardin d'hiver.

à La Wantzenau 12 km au Nord-Est – ✉ 67610 – 5 902 hab.

Relais de la Poste

21 r. du Gén.-de-Gaulle – ✆ 03 88 59 24 80 – www.relais-poste.com – Fermé 1er-10 août Plan : 2CR**a**

18 ch – †80/110 € ††90/155 € – ☕ 15 € – ½ P

Rest *Relais de la Poste* ✿ – voir les restaurants ci-après

Une imposante et belle maison alsacienne dans cette localité du nord de Strasbourg. Les chambres sont cosy, d'esprit rustique ou moderne ; préférez les plus récentes. Buffet au petit-déjeuner, sous la véranda. Un établissement tenu avec soin.

Le Moulin de la Wantzenau

3 impasse du Moulin, 1,5 km au Sud par D 468 – ✆ 03 88 59 22 22 – www.moulin-wantzenau.com – Fermé 24 déc.-6 janv. Plan : 2CR**z**

20 ch – †79/105 € ††95/121 € – ☕ 14 € – ½ P

Rest *Au Moulin* – voir les restaurants ci-après

Ancien moulin isolé dans la campagne, sur une rive de l'Ill. La bâtisse, d'apparence robuste, abrite des chambres colorées et design, pleines de fraîcheur. Original et sympathique dans un tel environnement !

XXX Relais de la Poste – Hôtel Relais de la Poste

✿ *21 r. du Gén.-de-Gaulle – ✆ 03 88 59 24 80 – www.relais-poste.com – Fermé 1er-10 août, sam. midi, dim. soir* Plan : 2CR**a**

Formule 28 € – Menu 32 € (déj. en semaine), 49/95 € – Carte 63/108 €

Une partition classique fort bien exécutée, fine et flatteuse : cette maison alsacienne, tout en colombages et toits de tuile, honore la tradition du goût – et aussi de l'accueil. Décor élégant : boiseries, véranda face à la verdure.

➜ Foie de canard poêlé, carottes fondantes aux épices, caramel acidulé. Noix de ris de veau glacée, haricots roussis à la cecina, mousseux à la citronnelle.Voyages autour des grands crus de cacao aromatiques.

XXX Zimmer

23 r. Héros – ✆ 03 88 96 62 08 – www.restaurant-zimmer.fr – Fermé 25 juil.-12 août, 2-17 mars, dim. soir et lundi sauf fériés Plan : 2CR**r**

Formule 22 € – Menu 26 € (semaine), 30/64 € – Carte 40/65 €

Trois salons élégants, agrémentés de lambris blanc et de poutres colorées, où l'on sert une cuisine conjuguant terroir et notes actuelles (menus d'un bon rapport qualité-prix).

Petit déjeuner compris ? La tasse ☕ suit directement le nombre de chambres.

XX **Les Semailles**

10 r. Petit-Magmod – ✆ 03 88 96 38 38 – www.semailles.fr
– Fermé 15 août-1er sept., dim. soir, merc. et jeudi Plan : 2CR**s**
Formule 28 € – Menu 40 € (dîner), 51/66 € – Carte 47/54 €
Jolie graine que cette maison alsacienne chatoyante, dressée dans une petite rue calme. Aux beaux jours, profitez de la terrasse ombragée sous une glycine centenaire... Au menu : des produits au-dessus de tout soupçon, parfaitement cuisinés, avec personnalité.

XX **Au Moulin** – Hôtel Le Moulin de la Wantzenau

2 impasse du Moulin, 1,5 km au Sud par D 468 – ✆ 03 88 96 20 01
– www.restaurant-moulin-wantzenau.fr
– Fermé 10 juil.-1er août, 24 déc.-6 janv., 22 fév.-5 mars, dim. soir et fériés le soir
Formule 19 € – Menu 24 € (semaine), 29/67 € – Carte 43/78 € Plan : 2CR**z**
Un cadre élégant et lumineux, dans les dépendances d'un ancien moulin posté au bord de l'Ill. La terrasse profite du calme de la campagne environnante. Cuisine classique.

X **Le Jardin Secret**

32 r. de la Gare – ✆ 03 88 96 63 44 – www.restaurant-jardinsecret.fr
– Fermé 9-19 mars, 12-19 août, 26 déc.-5 janv., sam. midi, dim. soir et lundi
Formule 21 € – Menu 39/75 € 🍷 – Carte 45/54 € Plan : 2CR**v**
Face à la petite gare, accueillant restaurant tenu par une jeune équipe. Le cadre est contemporain (tons blanc et taupe, tableaux), la cuisine... bien d'aujourd'hui et ambitieuse. Et pour jardin secret, une terrasse sur l'arrière de la maison.

X **Au Pont de l'Ill**

2 r. du Gén.-Leclerc – ✆ 03 88 96 29 44 – www.aupontdelill.com – Fermé août et sam. midi Plan : 2CR**u**
Menu 25/40 € – Carte 29/65 €
Fruits de mer et poissons jouent les vedettes sur la carte de cette brasserie très fréquentée, abritant pas moins de cinq salles (au choix : style marin, Art nouveau, etc.). À deux pas de Strasbourg, vous voilà au bord de la mer ! Le tout à prix doux.

à Illkirch-Graffenstaden 5 km au Sud – ✉ 67400 – 26 805 hab.

XXX **À l'Agneau**

185 rte de Lyon – ✆ 03 88 66 06 58 – www.agneau-illkirch.fr
– Fermé 4-25 août, 25 déc.-2 janv., sam. midi, dim. soir et lundi Plan : 2BT**a**
Formule 16 € – Carte 28/43 €
Derrière une jolie façade peinte, deux salles contemporaines (écran diffusant des recettes) et un petit salon baroque, plus intime. La carte mêle recettes créatives et spécialités bistrotières d'antan – celles qui ont fait la réputation de la maison.

à Fegersheim 14 km au Sud – ✉ 67640 – 5 367 hab.

X **Auberge du Bruchrhein**

24 r. de Lyon – ✆ 03 88 64 17 77 – Fermé dim. soir, lundi soir et jeudi soir
Formule 12 € – Menu 16 € (déj. en semaine), 25/30 € Plan : 1AT**x**
– Carte 31/48 €
Maison alsacienne colorée, simple et conviviale. Salle d'esprit contemporain, où est servie une cuisine sans chichis, teintée d'influences régionales.

à Entzheim 12 km par A 35 (sortie n° 8), D 400 et D 392 – ✉ 67960 – 1 752 hab.

Père Benoit

34 rte de Strasbourg – ✆ 03 88 68 98 00 – www.hotel-perebenoit.com
– Fermé 27 juil.-17 août et 23 déc.-4 janv. Plan : 1AT**h**
60 ch – †65/85 € ††71/91 € – ☕ 9 €
Rest *Steinkeller* – voir les restaurants ci-après
Le village est coquet et cette ferme à colombages du 18e s. est alsacienne dans l'âme ! Après le porche, on découvre d'une part le restaurant, d'autre part l'hôtel avec ses chambres simples et chaleureuses. Le petit-déjeuner est un pur régal.

Steinkeller – Hôtel Père Benoit
34 rte de Strasbourg – ✆ 03 88 68 91 65 – www.hotel-perebenoit.com – Fermé 27 juil.-17 août et 23 déc.-4 janv., sam. midi, lundi midi et dim.
Formule 19 € – Menu 24 € – Carte 24/44 € Plan : 1AT**h**
Une salle voûtée en pierre, une belle winstub, une grande véranda, etc. : un vrai univers alsacien, regorgeant de bois sculpté, de vitraux, de mobilier traditionnel... Flammekueche, presskopf et autres recettes traditionnelles portent aussi haut les couleurs de la région ! Prix mesurés.

à Ostwald 7 km au Sud-Ouest – ✉ 67540 – 11 310 hab.

Château de l'Ile
4 quai Heydt – ✆ 03 88 66 85 00 – www.chateau-ile.com Plan : 2BT**r**
60 ch – 245/560 € 245/560 € – 2 suites – ☕ 24 € – ½ P
Rest *Winstub de l'Ile* – voir les restaurants ci-après
Rest – Menu 56/99 € – Carte 64/78 € *(fermé dim. soir, lundi, mardi et merc. et le midi sauf dim.)*
Dans un parc baigné par l'Ill, ce petit château à l'architecture éclectique (19e s.) entouré de grandes dépendances à colombages (construction moderne). Ils abritent des chambres spacieuses, tout en tissus imprimés et mobilier de style : excellent confort. À l'heure du repas, restaurant classique ou winstub.

Winstub de l'Ile – Hôtel Château de l'Ile
4 quai Heydt – ✆ 03 88 66 85 00 – www.restaurants-chateau-ile.com – Fermé dim. midi Plan : 2BT**r**
Formule 26 € – Menu 31 € (déj.)/43 € – Carte 34/51 €
Son décor revisite l'imaginaire d'Hansi : tables et chaises en bois, panneaux marquetés, détails coquets... Le célèbre illustrateur aurait-il aimé la carte, où dominent les spécialités alsaciennes, de la salade de munster au kougelhopf ?

à Lingolsheim 5 km au Sud-Ouest – ✉ 67380 – 16 441 hab.

Kyriad sans rest
59 r. Mar.-Foch – ✆ 03 88 76 11 00 – www.kyriad-strasbourg-sud-lingolsheim.fr
37 ch – 63/102 € 63/102 € – ☕ 11 € Plan : 2BS**a**
Hôtel intégré à un ensemble résidentiel et commercial, à mi-chemin de l'aéroport et du centre de Strasbourg. Chambres confortables, fonctionnelles et bien équipées.

à Pfulgriesheim 10 km au Nord-Ouest – ✉ 67370 – 1 256 hab.

Bürestubel
8 r. Lampertheim – ✆ 03 88 20 01 92 – www.burestubel.com – Fermé 1er-8 mars, 4-17 août, dim. et lundi Plan : 1AR**a**
Menu 15 € (semaine)/32 € – Carte 26/45 €
Cette ferme à colombages respire l'Alsace ! Joli décor régional et spécialités (très) locales : flammekueche, tartes flambées, sirops et sorbets réalisés avec les fruits du verger...

à Plobsheim 17 km au Sud par A35 (sortie n° 7) N 283, N 353 et D 468 – ✉ 67115 – 3 936 hab.

Le Kempferhof
351 r. du Moulin, au golf – ✆ 03 88 98 72 72 – www.kempferhofresort.net – Fermé 22 déc.-15 mars
26 ch – 145/450 € 145/450 € – 7 suites – ☕ 16 € – ½ P
Rest *Le Kempf* Rest *Le Bistrot* – voir les restaurants ci-après
Une demeure d'exception (19e s.) dans un domaine boisé de 85 ha, incluant un golf 18 trous : la nature à perte de vue ! Dans les chambres (plus simples à l'annexe), épure contemporaine de bon ton et... sérénité.

XXX **Le Kempf** – Hôtel Le Kempferhof
351 r. du Moulin, au golf – ✆ 03 88 98 72 72 – www.kempferhofresort.net – Fermé 22 déc.-15 mars et le midi
Menu 45 € – Carte 50/65 €
Le Kempf ? Un restaurant élégant pour une cuisine d'une belle créativité, placée sous la houlette du chef colmarien Jean-Yves Schillinger. La carte suit les saisons et ravit les gourmets.

XX **Le Bistrot** – Hôtel Le Kempferhof
351 r. du Moulin, au golf – ✆ 03 88 98 72 72 – www.kempferhofresort.net – Fermé 22 déc.-15 mars et le soir
Formule 19 € – Menu 25 € – Carte 28/62 €
Un élégant Bistrot sous la véranda du Kempferhof, avec une terrasse donnant sur les greens : une jolie façon de faire une pause entre deux parties de golf.

STURZELBRONN

✉ 57230 (Moselle) – 187 hab. – **Voir carte n°27-D1**
Paris 449 km – Bitche 13 km – Haguenau 39 km – Strasbourg 68 km
Carte Michelin 307-Q4

X **Au Relais des Bois**
13 r. Principale – ✆ 03 87 06 20 30 – www.aurelaisdesbois.fr – Fermé janv.-fév. sauf week-ends, lundi et mardi
Formule 12 € – Menu 20 € (semaine)/30 € – Carte 30/40 €
Une petite adresse familiale nichée au cœur d'un village du parc naturel régional des Vosges du Nord. À la carte : poulet au gris de Toul, ragoût de gibier à l'ancienne, rognons aux girolles... De quoi réjouir les adeptes de cuisine traditionnelle et autres amoureux des produits du terroir !

SUBLIGNY – 89 Yonne ➜ voir Sens

SUCÉ-SUR-ERDRE – 44 Loire-Atlantique ➜ voir Nantes

SUCY-EN-BRIE – 94 Val-de-Marne ➜ voir Paris, Environs

SULLY-SUR-LOIRE

✉ 45600 (Loiret) – 5 443 hab. – **Voir carte n°12-C2**
Paris 149 km – Bourges 84 km – Gien 25 km – Montargis 40 km
Carte Michelin 318-L5 – Guide Vert Michelin Châteaux de la Loire

Burgevin sans rest
r. du Faubourg-Saint-Germain – ✆ 02 38 38 13 12 – www.hotelburgevin.com – Fermé dim. de nov. à mars
16 ch – †96/160 € ††110/160 € – 2 suites – ☕ 14 €
À 200 m du château de Sully-sur-Loire, cet hôtel familial existe depuis 1898 ! Pas de quoi concurrencer le monument historique, mais idéal pour poser ses bagages, d'autant que l'ensemble a été rénové en 2011 dans une veine cosy et confortable. Très bon petit-déjeuner.

Hostellerie du Château
4 rte de Paris, à St-Père-sur-Loire, Nord 1 km par D 948 – ✆ 02 38 36 24 44 – www.hostellerie-du-chateau.fr
42 ch – †54/77 € ††54/77 € – ☕ 9 € – ½ P
Rest – Menu 33/58 € – Carte 46/59 € *(fermé dim. soir)*
Grand bâtiment récent abritant des chambres fonctionnelles et très bien tenues, dont la moitié donne sur le château de Sully. Espace loisirs avec bowling, billard, etc. Cuisine traditionnelle actualisée.

La Closeraie sans rest

14 r. Porte-Berry – ✆ 02 38 05 10 90 – www.hotel-la-closeraie.com

9 ch – 🚹70/80 € 🚹🚹70/80 € – ☕ 10 €

Dans cette maison du 19e s., on peut jouer sur le vieux piano ou bouquiner dans la bibliothèque en attendant le soir. Les chambres, romantiques à souhait, sont décorées avec goût et simplicité. Parfait pour un week-end en amoureux.

aux Bordes Nord-Est 6 km par D 948 et D 961 – ✉ 45460 – 1 777 hab.

La Bonne Étoile

D 952 – ✆ 02 38 35 52 15 – www.restaurant-labonneetoile.fr – Fermé dim. soir et lundi

Menu 17 € (semaine), 28/39 € – Carte 24/38 €

Votre bonne étoile vous conduira peut-être dans cette engageante petite auberge. Les gourmands y savourent une cuisine traditionnelle faisant la part belle aux produits du marché, lesquels sont sélectionnés avec le plus grand soin. Une fois votre repas terminé, promenez-vous dans la forêt d'Orléans toute proche.

SURESNES – 92 Hauts-de-Seine → voir Paris, Environs

SUZE-LA-ROUSSE

✉ 26790 (Drôme) – 1 905 hab. – **Voir carte n°44-B3**

▶ Paris 641 km – Avignon 59 km – Bollène 7 km – Nyons 28 km

Carte Michelin 332-C8 – Guide Vert Michelin Ardèche Drôme

La Bastide Saint Bach

rte de Bollène, 2 km à l'Ouest par D 94 – ✆ 04 75 04 85 67 – www.saint-bach.com

13 ch – 🚹57 € 🚹🚹66 € – ☕ 8 € – ½ P

Rest – Formule 16 € – Menu 23 € *(fermé lundi midi)*

À la sortie de la ville, cette bastide du 18e s., au cœur des vignes, regarde le mont Ventoux. Les chambres, simples et spacieuses, s'ouvrent sur la piscine... Idéal pour un plongeon au saut du lit ou un bain de minuit !

Les Aiguières

80 r. de la Fontaine-d'Argent – ✆ 04 75 98 40 80 – www.les-aiguieres.com

5 ch ☕ – 🚹75 € 🚹🚹85 € **Table d'hôte** – Menu 25 € 🍷

À deux pas du château et de son université du vin, une maison du 18es. avec jardin, piscine, grand salon (feu de cheminée en hiver) et chambres d'esprit provençal. Table d'hôte sur réservation (spécialités du Sud).

TAILLECOURT – 25 Doubs → voir Audincourt

TAIN-L'HERMITAGE

✉ 26600 (Drôme) – 5 853 hab. – **Voir carte n°43-E2**

▶ Paris 545 km – Grenoble 97 km – Le Puy-en-Velay 105 km – St-Étienne 76 km

Carte Michelin 332-C3 – Guide Vert Michelin Ardèche Drôme

Les 2 Coteaux sans rest

18 r. J.-Péala – ✆ 04 75 08 33 01 – www.hotel-les-2-coteaux-26.com – Fermé 27 déc.-15 janv.

18 ch – 🚹65/67 € 🚹🚹67/75 € – ☕ 10 €

Dans cet hôtel familial, vous pourrez admirer le Rhône ! Les chambres sont sobres, calmes et lumineuses ; préférez celles avec vue sur le fleuve.

Le Castel sans rest

16 r. Paul-Durand – ✆ 04 75 08 04 53 – www.hotel-le-castel.fr

14 ch – 🚹65 € 🚹🚹65 € – ☕ 8 €

À deux pas de la gare, cet hôtel a pris ses quartiers – en 2009 – dans une ancienne école ! Révisez vos leçons en dormant, dans des chambres petites mais fonctionnelles. Décor sobre et contemporain.

Umia

2 r. de la Petite-Pierrelle, rte de Chantemerle-les-Blés – ✆ 04 75 09 19 85 – www.umia.fr – Fermé 10 août-10 sept., 25 déc.-1er janv., dim. et lundi
Formule 21 € – Menu 26 € (déj. en semaine), 41/75 € – Carte 44/85 €
Umia, c'est "délicieux" en japonais... Cette table gastronomique, tenue par un couple franco-nippon, allie délicatesse et finesse en un subtil métissage. Frédéric Bau est aussi l'inspirateur de l'École du Grand Chocolat. Ses desserts au chocolat sont incontournables !

Le Quai

17 r. J.-Péala – ✆ 04 75 07 05 90 – www.michelchabran.fr – Fermé dim. soir de nov. à mars
Formule 18 € – Menu 23/30 € – Carte 38/52 €
On pourrait rester à quai pendant des heures, à admirer le Rhône et les vignobles... En terrasse ou dans la salle, très lumineuse, on se croirait presque sur un paquebot ! Et dans ce bistrot des temps modernes, les assiettes sont généreuses et soignées. Une bonne adresse.

Le Mangevins

6 av. du Dr.-Paul-Durand – ✆ 04 75 08 00 76 – Fermé 2 semaines en avril, 2 semaines en août, 1er-7 janv., sam. et dim.
Formule 25 € – Menu 30 € *(réservation conseillée)*
Il n'est pas vain de s'arrêter au Mangevins... Ce petit bistrot contemporain, tenu par un jeune couple franco-japonais, propose une cuisine du marché très soignée ! On y mange au coude-à-coude, servi par monsieur – et parfois madame qui quitte son "piano" pour voir si la musique vous plaît. Belle carte des vins.

TALANT – 21 Côte-d'Or ➜ voir Dijon

TALLOIRES

✉ 74290 (Haute-Savoie) – 1 690 hab. – **Voir carte n°46-F1**
▶ Paris 551 km – Albertville 34 km – Annecy 13 km – Megève 49 km
Carte Michelin 328-K5 – Guide Vert Michelin Alpes du Nord

L'Auberge du Père Bise

303 rte du Port – ✆ 04 50 60 72 01 – www.perebise.com – Fermé mi-déc. à mi-fév.
19 ch – 🚹195/320 € 🚹🚹195/320 € – 4 suites – ☕ 22 €
Rest *L'Auberge du Père Bise* ✿ – voir les restaurants ci-après
Un environnement féerique, au pied du lac... Depuis plus d'un siècle, cette belle maison accueille les grands de ce monde. Tout y est feutré, et les chambres – classiques ou plus contemporaines – sont d'un luxe sobre et de bon ton.

Le Cottage

Le Port – ✆ 04 50 60 71 10 – www.cottagebise.com – Ouvert fin avril-début oct.
28 ch – 🚹140/260 € 🚹🚹140/260 € – 6 suites – ☕ 20 € – ½ P
Rest *Le Cottage* – voir les restaurants ci-après
Face à l'embarcadère, ces maisons des années 1930 ont des airs de... cottage chic. Vue sur le lac, le jardin ou la montagne ; décor soigné et frais : les chambres, cosy et dans l'air du temps, ont toutes ce petit quelque chose qu'on nomme le charme !

L'Abbaye

rest,

chemin des Moines – ✆ 04 50 60 77 33 – www.abbaye-talloires.com – Ouvert mi-fév. à mi-nov.
32 ch – 🚹190/720 € 🚹🚹190/720 € – 1 suite – ☕ 25 € – ½ P
Rest *Aux Jardins des Délices* – Menu 50/90 € – Carte 56/86 € *(fermé le midi)*
Cette abbaye bénédictine du 17e s. aurait accueilli Cézanne... Et pour cause, tout y est si calme et la vue sur le lac est un vrai tableau ! Chambres d'un classicisme raffiné, jardin face aux flots avec ponton privé et... dépaysement.

La Charpenterie
72 r. A.-Theuriet – ✆ 04 50 60 70 47 – www.la-charpenterie.com – Ouvert 6 avril-4 nov.
18 ch – †82/127 € ††82/127 € – ☕ 11 € – ½ P
Rest – Formule 17 € – Menu 26 € (déj. en semaine), 32/45 € – Carte 42/59 € *(ouvert 1er mai-6 oct.)*
Dans ce charmant chalet récent (jolis balcons ouvragés) règne une sympathique atmosphère familiale. Intérieur chaleureux et confortable, où le bois s'impose partout ; nombreuses chambres avec terrasse et restaurant ancré dans la tradition... Un lieu bien charpenté !

Golf et Montagne sans rest
151 chemin des Sablons, à Echarvines – ✆ 04 50 05 35 35 – www.hotel-golf-montagne.fr
15 ch – †88/128 € ††88/128 € – ☕ 13 €
Un joli lodge de montagne, créé il y a maintenant quelques années à l'entrée du golf. Les chambres sont sobres, fraîches et très pratiques, et toutes ont une terrasse (certaines donnant sur le lac) ; le petit-déjeuner se révèle copieux et bon.

Chalet Christine Ⓝ
181 Le Thoron – ✆ 04 50 02 03 03 – www.chaletchristine.com
5 ch ☕ – †155/265 € ††180/312 € – ½ P
Table d'hôte – Menu 48 € – Carte 55/76 € *(fermé merc.)*
Cette jolie maison surplombant le lac propose des chambres contemporaines, confortables et bien tenues. Pour une détente optimale, on profite de la piscine couverte, du sauna ou du hammam... À la table d'hôte, on se régale de plats traditionnels réalisés avec de beaux produits locaux. Terrasse donnant sur le potager.

L'Auberge du Père Bise (Sophie Bise)
303 rte du Port – ✆ 04 50 60 72 01 – www.perebise.com – Fermé mi-déc. à mi-fév., mardi et merc. d'oct. à mai, mardi midi de juin à sept.
Menu 79/179 € – Carte 106/148 €
Plus qu'une maison de tradition au charme fou, une institution ! Aux fourneaux, la brigade fourmille, s'activant autour de mille superbes produits... Et dans l'assiette, le grand classicisme le dispute à la modernité avec finesse, saveur et justesse. Sans parler de l'idyllique terrasse tournée vers les flots. → Féra du lac d'Annecy légèrement fumée, en duo de foie gras de canard. Écrevisses "pattes rouges" en gratin, façon Marguerite Bise. Soufflé chaud Marguerite, sorbet griotte.

Le Cottage – Hôtel Le Cottage
Le Port – ✆ 04 50 60 71 10 – www.cottagebise.com – Ouvert fin avril-début oct.
Formule 31 € – Menu 49/78 € – Carte 66/78 €
Un restaurant cossu et bourgeois, une terrasse avec le lac pour horizon et de belles saveurs classiques, préparées avec d'excellents produits... On passe ici un moment gastronomique bien sympathique !

Villa des Fleurs avec ch
119 rte du Port – ✆ 04 50 60 71 14 – www.hotel-lavilladesfleurs74.com – Fermé 15 nov.-15 fév., dim. soir, lundi et mardi
7 ch – †88/98 € ††98/145 € – ☕ 10 € – ½ P
Menu 28/44 € – Carte environ 61 €
Dans le bourg mais entourée de verdure, cette confortable auberge savoyarde est idéale pour savourer une cuisine régionale tout en générosité (poissons du lac d'Annecy, entre autres). Chambres très calmes et deux appartements dans l'annexe.

à Angon 2 km au Sud par D 909a – ✉ 74290

Les Grillons
1199 rte d'Angon – ✆ 04 50 60 70 31 – www.hotel-grillons.com – Ouvert 29 avril-18 oct.
32 ch – ½ P seult 60/93 €
Rest – Menu 30/48 € – Carte 28/48 € *(ouvert 1er mai-10 oct.)*
Un hôtel-restaurant traditionnel tenu par la même famille depuis trois générations. Accueil charmant, belle piscine et chambres fraîches donnant presque toutes sur le lac : aucun doute, ces Grillons portent bonheur !

TALUYERS

✉ 69440 (Rhône) – 2 006 hab. – Voir carte n°**44**-B2
▶ Paris 485 km – Bourg-en-Bresse 102 km – Lyon 22 km – St-Étienne 41 km
Carte Michelin 327-H6

Château Talluy
144 r. du Pensionnat – ✆ 04 78 19 19 00 – www.chateautalluy.com
10 ch – †95/190 € ††95/190 € – ☕ 8 €
Rest – Formule 18 € – Menu 27 € (déj. en semaine), 38/50 € – Carte 44/66 €
(fermé dim. soir et lundi)
Flambant neuf : tel est cet hôtel confortable créé en 2011 dans un ancien château du 18e s. transformé un temps en orphelinat. Les chambres, originales, sont toutes décorées sur le thème d'un art : cinéma, théâtre, peinture, sculpture, etc. Cuisine de tradition au restaurant.

TAMNIÈS

✉ 24620 (Dordogne) – 351 hab. – Voir carte n°**4**-D3
▶ Paris 522 km – Brive-la-Gaillarde 47 km – Périgueux 60 km – Sarlat-la-Canéda 14 km
Carte Michelin 329-H6 – Guide Vert Michelin Périgord Quercy

Laborderie
Le Bourg – ✆ 05 53 29 68 59 – www.hotel-laborderie.com – Ouvert 5 avril-2 nov.
44 ch – †50/105 € ††50/108 € – ☕ 10 € – ½ P
Rest – Menu 26/50 € *(fermé lundi midi, mardi midi et merc. midi)*
Dans cette maison périgourdine, tout est paisible ! Vaste parc tourné vers la vallée et chambres d'esprit rustique ou plus moderne. Au restaurant, on apprécie une cuisine régionale à l'ancienne dans une atmosphère campagnarde. Et à la belle saison, on profite de la terrasse.

TANCARVILLE

✉ 76430 (Seine-Maritime) – 1 346 hab. – Voir carte n°**33**-C2
▶ Paris 175 km – Caen 86 km – Le Havre 32 km – Pont-Audemer 24 km
Carte Michelin 304-C5 – Guide Vert Michelin Normandie Vallée de la Seine

La Marine avec ch
10 rte du Havre, au pied du pont (D 982) – ✆ 02 35 39 77 15 – www.lamarine-tancarville.com – Fermé sam. midi, dim. soir et lundi
9 ch – †75/90 € ††75/90 € – ☕ 10 € – ½ P
Menu 15 € (semaine), 22/50 € – Carte 47/71 €
Premier atout : une vue immanquable sur la Seine et le célèbre pont de Tancarville. Deuxième atout : une cuisine traditionnelle bien tournée, faisant la part belle aux produits de la mer. Troisième atout : des chambres évoquant les mythiques paquebots transatlantiques ("France", "Normandie", etc.). On embarque sur cette Marine...

LA TANIA – 73 Savoie → voir Courchevel

TANNERON

✉ 83440 (Var) – 1 468 hab. – Voir carte n°**42**-E2
▶ Paris 903 km – Cannes 20 km – Draguignan 53 km – Grasse 20 km
Carte Michelin 340-Q4 – Guide Vert Michelin Côte d'Azur

Le Champfagou avec ch
au Village – ✆ 04 93 60 68 30 – www.lechampfagou.fr – Fermé 22 oct.-13 nov., mardi soir et merc.
9 ch – †55 € ††55 € – ☕ 9 € – ½ P
Formule 22 € 🍷 – Menu 29/43 € – Carte 35/58 €
Un restaurant niché au milieu des mimosas... Ici, le chef réinterprète les classiques provençaux. L'été, on s'installe sur la terrasse fleurie. Petites chambres simples.

TANUS

✉ 81190 (Tarn) – 526 hab. – Voir carte n°**29**-C2
▶ Paris 668 km – Albi 33 km – Rodez 46 km – St-Affrique 62 km
Carte Michelin 338-F6

Hôtel des Voyageurs
11 av. Paul Bodin – 05 63 76 30 06 – www.hoteldesvoyageurs-tarn.com – Fermé dim. soir et lundi sauf juil.-août
15 ch – 45/56 € 45/56 € – 8 € – ½ P
Rest – Formule 17 € – Menu 26/31 € – Carte 24/46 €
Près de l'église, un endroit tout simple, avec un petit jardin ombragé par un saule pleureur et des chambres tout en sobriété. Atmosphère familiale, restaurant traditionnel sans prétention : l'hôtel de village par excellence.

TARARE

69170 (Rhône) – 10 333 hab. – **Voir carte n°44-A1**
Paris 463 km – Lyon 45 km – Montbrison 60 km – Roanne 40 km
Carte Michelin 327-F4 – Guide Vert Michelin Lyon et sa région

Burnichon
1,5 km à l'Est par D 307 – 04 74 63 44 01 – www.hotel-burnichon.com – Fermé 22 déc.-4 janv.
34 ch – 49/57 € 58/67 € – 8 € – ½ P
Rest – Menu 17/28 € – Carte 23/38 € *(fermé sam. soir et dim.)*
À l'entrée de la ville, une grosse bâtisse avec de belles chambres aux couleurs vives, fraîches et pimpantes ; le restaurant est plutôt traditionnel, et il y a même une piscine entourée de verdure ! Une adresse sympathique et bon marché.

Jean Brouilly (Eric Lambolez)
3 ter r. de Paris – 04 74 63 24 56 – www.restaurant-brouilly.com – Fermé 17-31 mars, 28 juil.-11 août, dim. soir, lundi et soirs fériés
Menu 28 € (semaine), 28/75 € – Carte 47/87 €
Dans un grand parc arboré bordant la route de Roanne, une belle maison bourgeoise datant de 1906 : un décor tout indiqué pour honorer la tradition ! Le classicisme culinaire est ici de mise, comme la générosité et la gentillesse. Une valeur sûre pour tous les amateurs... → Salade tiède de homard. Filet de bœuf au foie gras. Soufflé léger au chocolat et cœur coulant.

TARASCON

13150 (Bouches-du-Rhône) – 13 297 hab. – **Voir carte n°42-E1**
Paris 702 km – Arles 20 km – Avignon 24 km – Marseille 102 km
Carte Michelin 340-C3 – Guide Vert Michelin Provence

Méo (Johan Thyriot)
1 pl. du Colonel-Berrurier, (face à la gare) – 04 90 91 47 74 – www.meo-tarascon.fr – Fermé 2 semaines en oct., 2 semaines en janv., dim. soir, lundi et mardi
Menu 32 € (déj. en semaine), 42/75 € – Carte 64/71 € *(réservation conseillée)*
"Méo" pour Moment, Émotion et Osmose... Le nom ne ment pas ! Après avoir œuvré dans de belles maisons – dont une expérience au Japon –, ce jeune couple a posé ses valises dans cet ancien café proche de la gare. Leurs réalisations sont originales, soignées, inventives et... à prix doux ! → Gambas de Méditerranée au rau ram, crème du corail. Selle d'agneau snackée, jus au poivre de Tellichery. Chocolat noir lichu du Vietnam sur un biscuit sacher, compotée de prunes.

TARASCON-SUR-ARIÈGE

09400 (Ariège) – 3 468 hab. – **Voir carte n°29-C3**
Paris 777 km – Ax-les-Thermes 27 km – Foix 18 km – Lavelanet 30 km
Carte Michelin 343-H7

Le Manoir d'Agnès
2 r. St-Roch – 05 61 02 32 81 – www.manoiragnes.com
15 ch – 102/127 € 102/127 € – 10 € – ½ P
Rest *Saveurs du Manoir* – voir les restaurants ci-après
Un beau manoir du 19e s., situé le long de la route menant en Andorre. Les chambres, de facture sobre et contemporaine, séduisent avec leurs quelques touches de couleur, et l'ensemble est entretenu avec la plus grande attention !

Saveurs du Manoir – Hôtel Le Manoir d'Agnès

2 r. St-Roch – ✆ 05 61 64 76 93 – www.manoiragnes.com – Fermé 2 semaines en janv. et 2 semaines en nov., dim. soir et lundi

Formule 15 € – Menu 19 € (déj. en semaine), 29/50 € – Carte 31/60 €

Du relief, des textures affirmées et des produits de bonne qualité : voilà qui définit bien le travail du chef, Jean Cazorla. Croustillant d'asperge et son velouté, filets de rouget au roulé d'aubergine... C'est léger, coloré ; bref : ce n'est rien de moins qu'une nouvelle approche de la gastronomie ariégeoise.

à Rabat-les-Trois-Seigneurs 5,5 km au Nord-Ouest par D 618 et D 223 – ✉ 09400 – 323 hab.

La Table de la Ramade

r. des Écoles – ✆ 05 61 64 94 32 – www.latabledelaramade.com – Fermé janv., mardi sauf juil.-août et merc.

Menu 19/36 € – Carte 29/49 €

Ce restaurant, niché au cœur d'un village ariégeois, est l'antre d'un jeune chef, Grégory Rodriguez. Symphonie de chèvre bio de Pleychou, tomate et courgette ; filet de canette laqué et wok de légumes croquants... Il concocte une cuisine du marché colorée et goûteuse, avec quelques épices et une pointe d'originalité !

TARBES

✉ 65000 (Hautes-Pyrénées) – 43 034 hab. – Agglo. 77 305 hab. – **Voir carte n°28**-A3

Paris 831 km – Bordeaux 218 km – Lourdes 19 km – Pau 44 km

Carte Michelin 342-M5

Le Rex Hôtel sans rest

10 cours Gambetta – ✆ 05 62 54 44 44 – www.lerexhotel.com Plan : AZ**b**

86 ch – †135/380 € ††135/380 € – ☕ 18 €

Envie d'une nuit très branchée ? L'adresse est toute trouvée avec cette audacieuse architecture en verre qui s'anime de jeux de lumière la nuit. Dans les chambres cohabitent créations design et confort dernier cri. Une réussite.

Ibis sans rest

61 av. de Lourdes, par ④ – ✆ 05 62 93 51 18 – www.ibishotel.com

76 ch – †61/79 € ††61/79 € – ☕ 10 €

Hôtel situé aux portes de la ville. Chambres confortables (avec balcon donnant sur la piscine côté sud) et salon-bar lumineux (mobilier en bois clair).

Foch sans rest

18 pl. de Verdun – ✆ 05 62 93 71 58 – www.hotel-foch.eu – Fermé vacances de Noël Plan : AYZ**e**

29 ch – †62/114 € ††72/114 € – 1 suite – ☕ 8 €

En plein centre-ville, établissement bordant une place animée. Chambres simples et bien insonorisées, plus spacieuses et dotées d'agréables balcons aux deux derniers étages.

La Renaissance de l'Ambroisie

48 r. de l'Abbé-Torné – ✆ 05 62 93 09 34 – www.restaurant-lambroisie.com – Fermé 25-31 août, 23-30 déc., sam. midi, dim. soir et lundi Plan : AY**n**

Formule 18 € – Menu 25 € (déj. en semaine), 30/70 € – Carte 67/80 €

Cet ancien presbytère de 1882 abrite une salle à manger au décor classique, assortie d'une agréable terrasse face au jardin pour les beaux jours. Gastronomie française.

Le Petit Gourmand

62 av. B.-Barère – ✆ 05 62 34 26 86 – Fermé 2 semaines en août, début janv., sam. midi, dim. soir et lundi Plan : AY**b**

Menu 20 € – Carte environ 37 €

Sur une avenue proche du centre-ville de Tarbes, ce restaurant porte bien son nom. Derrière les fourneaux, le chef réalise une savoureuse cuisine du marché avec de beaux produits du terroir. On se régale du début à la fin !

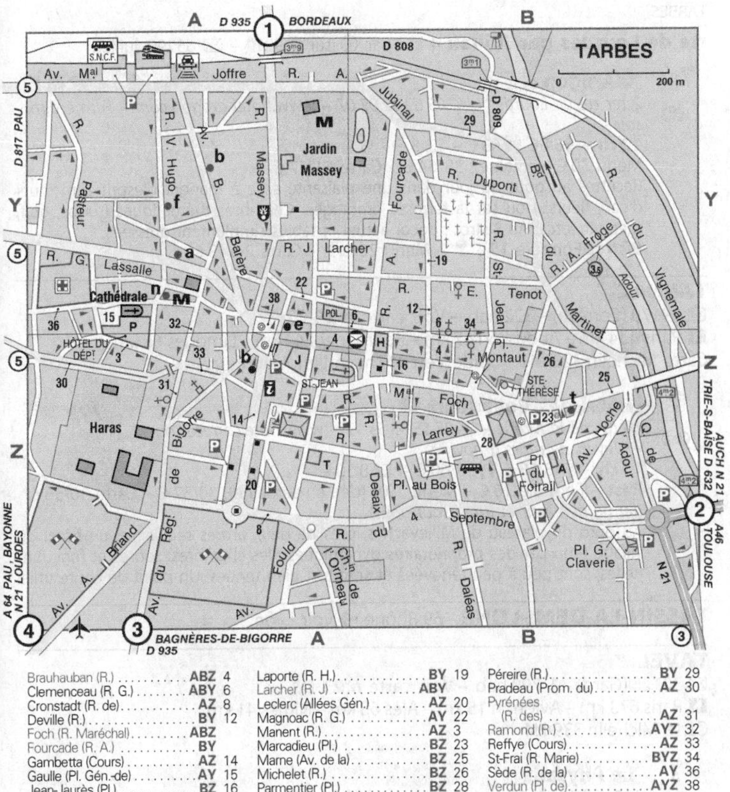

Le Fil à la Patte

30 r. Georges-Lassalle – ✆ 05 62 93 39 23 – Fermé 2 semaines en août, 25 déc.-1er janv., dim. et lundi Plan : AY**a**

Formule 14 € – Menu 18 € (déj. en semaine)/35 €

L'atmosphère est conviviale et sans chichis dans ce restaurant où l'on s'attable coude à coude autour de plats du marché et de saveurs qui fleurent bon le terroir. Le chef puise son inspiration dans les produits de qualité.

Trait Blanc

9 r. Victor-Hugo – ✆ 05 62 38 11 87 – Fermé 1er-20 août, 2-20 janv., dim. soir et lundi Plan : AY**f**

Formule 19 € – Menu 24 € (déj. en semaine), 32/46 € – Carte 63/76 €

Une salle immaculée et tout en longueur : un Trait Blanc original et sympathique, signé par deux jeunes amis d'enfance. Cuisine du marché haute en… couleurs et sans ratures !

L'Étoile

1 av. de la Marne – ✆ 05 62 93 09 30 – Fermé 24 juil.-14 août, mardi soir, merc. soir, dim. et lundi Plan : BZ**t**

Menu 20/38 € – Carte 40/70 €

Quartier animé, intérieur et accueil pleins de simplicité... et pour l'assiette, un chef qui aime mêler saveurs du Sud, herbes et épices. Ce petit restaurant est tenu par un frère et sa sœur – lui aux fourneaux, elle en salle.

rte de Lourdes par Juillan 4 km par ④ sur D 921^{A} – ✉ 65290 Juillan

XXX **L'Aragon** avec ch — rest, rest, P

2 ter rte de Lourdes – ✆ 05 62 32 07 07 – www.hotel-aragon.com – Fermé dim. soir

12 ch – †54 € ††63 € – ☕ 8 € – ½ P

Menu 30 € (semaine), 38/64 € – Carte 51/77 €

Recettes au goût du jour dans une plaisante salle à manger d'esprit zen (murs d'eau, fleurs...) ou sur la terrasse ombragée. Chambres thématiques (rugby, golf, mer, vin, etc.). Au Bistrot : décor actuel et tables simplement dressées.

Bistrot Formule 15 € – Menu 20 € – Carte 24/48 €

TARNAC

✉ 19170 (Corrèze) – 322 hab. – **Voir carte n°25-C2**

Paris 434 km – Aubusson 47 km – Bourganeuf 44 km – Limoges 68 km

Carte Michelin 329-M1 – Guide Vert Michelin Limousin Berry

Hôtel des Voyageurs Ⓝ — rest,

18 av. de la Mairie – ✆ 05 55 95 53 12 – www.hotelcorreze.com – Ouvert de mars à nov.

15 ch – †48/58 € ††55/60 € – ☕ 8,50 € – ½ P

Rest – Formule 16 € – Menu 19 € (déj. en semaine), 30/37 € – Carte 30/56 € *(fermé dim. soir et lundi sauf août)*

Au bord du plateau de Millevaches, près de deux arbres séculaires, un hôtel de village tenu par des propriétaires dynamiques : les chambres, sobres et fonctionnelles, sont peu à peu rénovées et sont fort bien tenues. Un point de chute utile.

TASSIN-LA-DEMI-LUNE – 69 Rhône ➜ voir Lyon

TAVEL

✉ 30126 (Gard) – 1 790 hab. – **Voir carte n°23-D2**

Paris 673 km – Avignon 15 km – Alès 68 km – Nîmes 41 km

Carte Michelin 339-N4

X **Le Physalis**

127 r. Frédéric-Mistral – ✆ 04 66 50 29 53 – www.lephysalisrestaurant.com – Fermé 2-31 janv., mardi et merc. de sept. à Pâques

Formule 11 € – Menu 20/28 € – Carte 33/40 €

De bons produits frais du marché pour une agréable cuisine provençale... Cette auberge de village est toute simple et l'accueil très sympathique !

TAVERS – 45 Loiret ➜ voir Beaugency

TENCIN

✉ 38570 (Isère) – 1 222 hab. – **Voir carte n°46-F2**

Paris 604 km – Chambéry 38 km – Grenoble 25 km – Lyon 137 km

Carte Michelin 333-I6

XX **La Tour des Sens** — P

La Tour, 1 km rte de Theys – ✆ 04 76 04 79 67 – www.latourdessens.fr – Fermé 27 avril- 5 mai, 16 août-4 sept., 23 déc.-6 janv., dim., lundi et fériés

Menu 25 € (déj. en semaine), 31/73 € – Carte 39/75 €

Sur les hauteurs de Tencin, cette Tour saura combler vos cinq sens ! Pour la vue, ce sera la terrasse face au massif de la Chartreuse. Pour le goût, l'odorat et le toucher, la cuisine inventive du chef, féru de produits nobles, d'herbes et d'épices. Quant à l'ouïe... convivialité ou mots doux ?

TENDE

✉ 06430 (Alpes-Maritimes) – 2 084 hab. – **Voir carte n°41-D2**

Paris 888 km – Cuneo 47 km – Menton 56 km – Nice 78 km

Carte Michelin 341-G3 – Guide Vert Michelin Côte d'Azur

à St-Dalmas-de-Tende 4 km au Sud par D 6204 – ✉ 06430

Le Prieuré
r. J. Médecin – ✆ 04 93 04 75 70 – www.leprieure.org – Fermé 20-28 déc.
24 ch – †49/66 € ††57/76 € – ☕ 8 € – ½ P
Rest – Formule 13 € – Menu 16 € – Carte 23/33 €
Le hameau est célèbre pour sa gare monumentale bâtie sur les ordres de Mussolini. Original, cet ancien prieuré est aussi un ESAT, qui œuvre à l'insertion des personnes handicapées par le travail. Chambres simples, préférez les plus récentes ; restaurant traditionnel, avec une agréable terrasse sous la treille.

à Casterino 15 km au Nord-Ouest par D 91 – ✉ 06430

Chamois d'Or
– ✆ 04 93 04 66 66 – www.hotelchamoisdor.net – Ouvert mai-oct.
22 ch – †80/95 € ††90/125 € – ☕ 13 € – ½ P
Rest – Menu 25/30 € – Carte 29/48 €
Près de la vallée des Merveilles, ce chalet fait face à la montagne et au torrent. Intérieur élégant avec des chambres bien équipées et spacieuses pour certaines ; pour se restaurer, plats italiens et locaux.

Les Mélèzes avec ch
– ✆ 04 93 04 95 95 – www.hotelrestaurant-lesmelezes.fr – Fermé 18 nov.-27 déc., mardi soir et merc. hors saison
10 ch ☕ – †68 € ††68 € – ½ P Menu 24/34 € – Carte 35/54 €
Retiré au bout d'une petite route sinueuse – idéal pour aller randonner dans la vallée des Merveilles ! –, on trouve ce petit chalet au décor montagnard... On y déguste une bonne cuisine du terroir, à prix doux. L'accueil est charmant et, pour l'étape, de petites chambres sont à disposition.

TERRASSON-LAVILLEDIEU

✉ 24120 (Dordogne) – 6 225 hab. – **Voir carte n°4-D1**
▶ Paris 497 km – Brive-la-Gaillarde 22 km – Lanouaille 44 km – Périgueux 53 km
Carte Michelin 329-I5 – Guide Vert Michelin Périgord Quercy

L'Imaginaire (Vincent Laval) avec ch
pl. du Foirail, (direction église St-Sour) – ✆ 05 53 51 37 27 – www.l-imaginaire.fr – Fermé dim. soir, mardi et merc. hors saison et lundi en saison
7 ch – †85/125 € ††85/125 € – ☕ 13 € – ½ P
Formule 25 € – Menu 31 € (déj. en semaine), 48/72 € – Carte 60/82 €
Où sont les portes de L'Imaginaire ? À l'entrée de la vallée de la Vézère, dans cet ancien hospice du 17e s. qui cache une jolie salle voûtée en pierre... Le chef, Vincent Laval, signe une cuisine inspirée et fine ; original et malin : le menu dégustation composé de plusieurs plats à la carte. → Foie gras de canard aux saveurs de la saison. Lièvre à la royale. Carré passionnément chocolat, glace à la fève tonka.

TERRAUBE

✉ 32700 (Gers) – 393 hab. – **Voir carte n°28-B2**
▶ Paris 721 km – Agen 48 km – Auch 43 km – Toulouse 114 km
Carte Michelin 336-F6

Maison Ardure
2 km par D 42 rte de Lectoure – ✆ 05 62 68 59 56 – www.ardure.fr – Ouvert 1er avril-30 sept. , vacances de la Toussaint et vacances de Noël
5 ch ☕ – †85/90 € ††90/95 € **Table d'hôte** – Menu 25 €
Superbe manoir gascon du 17es. entouré d'un joli parc planté d'arbres fruitiers. Chambres décorées avec goût selon des thèmes régionaux ou voyageurs. Beaux espaces de détente. Le soir, découvrez à la table d'hôte une cuisine créative inspirée du terroir.

TERTENOZ – 74 Haute-Savoie → voir Faverges

TÉTEGHEM – 59 Nord → voir Dunkerque

TEYSSODE

✉ 81220 (Tarn) – 373 hab. – **Voir carte n°29-C2**

▶ Paris 699 km – Albi 54 km – Castres 27 km – Toulouse 51 km

Carte Michelin 338-D9

Domaine d'En Naudet sans rest

D 43 – ✆ 05 63 70 50 59 – www.domainenaudet.com – Fermé 1 semaine en mars et 1 semaine en oct.

5 ch ☕ – 🚹85/97 € 🚹🚹97/107 €

Perchée sur sa colline, cette propriété de caractère domine la campagne environnante... Les chambres distillent charme champêtre et confort, de nombreuses activités sont proposées pour les enfants, et, au petit-déjeuner, on se régale des œufs de la ferme... Quiétude bucolique et bel accueil en prime !

THANN

✉ 68800 (Haut-Rhin) – 7 929 hab. – **Voir carte n°1-A3**

▶ Paris 464 km – Belfort 42 km – Colmar 44 km – Épinal 87 km

Carte Michelin 315-G10

Le Parc

ch,

23 r. Kléber – ✆ 03 89 37 37 47 – www.alsacehotel.com

21 ch – 🚹69/149 € 🚹🚹109/189 € – ☕ 16 € – ½ P

Rest – Formule 19 € – Menu 28/49 € – Carte 40/61 €

Dans un parc arboré, une belle maison bourgeoise du 19e s. aux allures de petit palais : salon noble et raffiné ; fresques, statues, lustres italiens ; jolies chambres cossues (toutes différentes) et restaurant classique.

Aux Sapins

ch,

3 r. Jeanne d'Arc – ✆ 03 89 37 10 96 – www.auxsapinshotel.fr – Fermé 24 déc.-8 janv.

17 ch – 🚹49/61 € 🚹🚹58/61 € – ☕ 8,50 € – ½ P

Rest – Formule 11 € – Menu 19/35 € – Carte 26/50 €

Un endroit simple, mais joli et accueillant ! Les chambres sont pimpantes et, en cas de fringale, l'on se restaure d'une cuisine traditionnelle sans chichis, ainsi que de tartes flambées (salle contemporaine et coquet bistrot façon winstub).

THANNENKIRCH

✉ 68590 (Haut-Rhin) – 476 hab. – **Voir carte n°2-C2**

▶ Paris 436 km – Colmar 25 km – St-Dié 40 km – Sélestat 17 km

Carte Michelin 315-H7

Le Clos des Sources

rest,

2 rte du Haut Koenigsbourg – ✆ 03 89 73 10 01 – www.leclosdessources.com – Fermé 6 janv.-25 mars

35 ch – 🚹60/122 € 🚹🚹60/154 € – ☕ 13 € – ½ P

Rest – Menu 19/38 € – Carte 22/51 € *(fermé merc. midi, lundi et mardi)*

Le nom de l'hôtel, quelque peu impersonnel, ne reflète en rien l'esprit chaleureux des lieux. Imaginez du lambris, de beaux tissus : bref, un vrai chalet douillet et tranquille, au pied du massif du Taennchel... Quant à l'espace balnéo, il est superbe. Un vrai coup de cœur !

Auberge La Meunière

30 r. Ste-Anne – ✆ 03 89 73 10 47 – www.aubergelameuniere.com – Ouvert 25 mars-22 déc.

25 ch ☕ – 🚹58/70 € 🚹🚹82/130 € – ½ P

Rest – Formule 14 € – Menu 18 € (semaine), 20/39 € – Carte 37/60 €

Une auberge ravissante, avec de jolies chambres offrant de belles échappées sur la campagne. Pour mieux contempler le paysage, préférez celles avec un balcon ! Accueil charmant.

LE THEIL – 15 Cantal → voir Salers

LE THEIL

✉ 03240 (Allier) – 411 hab. – **Voir carte n°5-B1**
Paris 343 km – Clermont-Ferrand 92 km – Montluçon 46 km – Vichy 43 km
Carte Michelin 326-F4

Château du Max

2 km au Nord-Ouest par D 129 – ✆ 04 70 42 35 23 – www.chateaudumax.com
4 ch – 🚹80/100 € 🚹🚹90/130 € **Table d'hôte** – Menu 28 €
Château des 13e et 15e s. entouré de douves. Les chambres et suites ont été aménagées avec goût par la propriétaire, ancienne décoratrice de théâtre. À table, plats du terroir servis dans un cadre médiéval.

THÉNAC – 17 Charente-Maritime → voir Saintes

THENAY

✉ 36800 (Indre) – 888 hab. – **Voir carte n°11-B3**
Paris 299 km – Le Blanc 30 km – Châteauroux 33 km – Limoges 104 km
Carte Michelin 323-E7

Auberge de Thenay avec ch

ch, ch,

23 r. R.-d'Helbingue – ✆ 02 54 47 99 00 – www.auberge-de-thenay.fr – Fermé 1er-17 sept., 21 janv.-5 fév., mardi midi, dim. soir et lundi
3 ch – 🚹75 € 🚹🚹75/85 € – 6 €
Menu 13 € (déj. en semaine), 28/39 € *(réservation conseillée)*
Une véritable auberge, accueillante et chaleureuse, où l'on se régale notamment de viandes rôties à la broche. Le propriétaire a vécu en Grande-Bretagne et organise des soirées irlandaises et écossaises (jolie carte de whiskys). Les chambres sont agréables et originales : leur thème commande celui... du petit-déjeuner !

THÉOULE-SUR-MER

✉ 06590 (Alpes-Maritimes) – 1 551 hab. – **Voir carte n°42-E2**
Paris 895 km – Cannes 11 km – Draguignan 58 km – Nice 42 km
Carte Michelin 341-C6 – Guide Vert Michelin Côte d'Azur

à Miramar 5 km par D 6098 - rte de St-Raphaël – ✉ 06590

Tiara Yaktsa

ch,

6 bd de l'Esquillon – ✆ 04 92 28 60 30 – www.tiara-hotels.com – Ouvert avril-oct.
20 ch – 🚹180/850 € 🚹🚹180/850 € – 1 suite – 32 €
Rest – Menu 69 € – Carte environ 70 €
Accrochée à la falaise, cette demeure abrite des chambres élégantes qui marient l'Orient et la Méditerranée. Un cadre sublime avec, notamment, une piscine à débordement... Au restaurant, cuisine inspirée par les saveurs du monde et jolie vue sur l'Esterel en terrasse.

Jilali B

16 av. du Trayas – ✆ 04 93 75 19 03 – www.jilalib.com – Fermé de mi-nov. à début fév., mardi sauf le soir de juin à août et lundi
Formule 29 € – Menu 39/120 € – Carte 44/67 €
Face à la mer, avec une grande terrasse verdoyante et très méditerranéenne. De bien jolis poissons issus de la pêche locale s'invitent à la carte, cuisinés sans chichis et avec beaucoup de fraîcheur – une simplicité appréciable dans la région.

THÉRONDELS

✉ 12600 (Aveyron) – 444 hab. – **Voir carte n°29-D1**
Paris 561 km – Aurillac 44 km – Chaudes-Aigues 48 km – Murat 43 km
Carte Michelin 338-I1

Miquel

le bourg – ✆ 05 65 66 02 72 – www.hotel-miquel.com – Fermé sam. et dim. du 1er avril au 30 sept.
17 ch – 🚹65/80 € 🚹🚹65/80 € – 8 €
Rest – Menu 18 € (déj. en semaine), 28 €
Au cœur du village, sur la place bordée de tilleuls, une bâtisse régionale avec des chambres reposantes et confortables, dans un esprit assez nature (lambris peints, tons doux) ; certaines donnent sur le jardin et la piscine.

THIBIVILLERS

✉ 60240 (Oise) – 206 hab. – **Voir carte n°36-A3**
▶ Paris 78 km – Amiens 87 km – Beauvais 26 km – Rouen 77 km
Carte Michelin 305-C5

Le Puits d'Angle

2 r. des Tilleuls – ✆ 03 44 84 31 10 – www.lepuitsdangle.com
5 ch – 70 € 90 € – ½ P **Table d'hôte** – Menu 30 €
Profitez d'un séjour au calme dans cette belle ferme picarde du 18e s. La décoration des chambres marie avec goût mobiliers ancien et contemporain. Piscine couverte et hammam.

THIERS

✉ 63300 (Puy-de-Dôme) – 11 250 hab. – **Voir carte n°6-C2**
▶ Paris 388 km – Clermont-Ferrand 43 km – Lyon 133 km – St-Étienne 108 km
Carte Michelin 326-I7 – Guide Vert Michelin Auvergne

L'Aigle d'Or

8 r. de Lyon – ✆ 04 73 80 00 50 – www.aigle-dor.com – Fermé 22 oct.-14 nov., 26 fév.-14 mars, lundi midi, sam. midi et dim.
19 ch – 59/80 € 59/80 € – 8 € – ½ P
Rest – Formule 11 € – Menu 13 € (déj.), 20/29 € – Carte 30/43 €
Établissement fondé en 1836, au cœur de la cité dédiée à la coutellerie... Empruntez le bel escalier en bois : à l'étage, les chambres sont simples et confortables. Parfait pour les collectionneurs de belles lames... et les autres. Restaurant traditionnel.

à Pont-de-Dore Sud-Ouest 6 km par D 2089 – ✉ 63920

Eliotel

rte de Maringues – ✆ 04 73 80 10 14 – www.eliotel.fr – Fermé 3-17 août et 20 déc.-14 janv.
15 ch – 62/88 € 62/88 € – 9 € – ½ P
Rest – Formule 17 € – Menu 19 € (déj. en semaine), 24/42 € – Carte 37/48 €
Voyez la vie en rose ! À l'image de la façade de cet hôtel-restaurant où les chambres sont spacieuses et bien tenues (préférez les plus récentes). Côté restaurant, le chef mitonne recettes auvergnates et... spécialités bretonnes.

LE THILLOT

✉ 88160 (Vosges) – 3 664 hab. – **Voir carte n°27-C3**
▶ Paris 434 km – Belfort 46 km – Colmar 72 km – Épinal 49 km
Carte Michelin 314-I5 – Guide Vert Michelin Alsace Lorraine

au Ménil 3,5 km au Nord-Est par D 486 – ✉ 88160 – 1 149 hab.

Les Sapins

60 Gde-Rue – ✆ 03 29 25 02 46 – www.hotel-les-sapins.fr – Fermé 23 juin-6 juil., 24 nov.-14 déc., dim. soir et lundi midi
22 ch – 55/65 € 55/79 € – 10 €
Rest ***Les Sapins*** – voir les restaurants ci-après
Il n'est pas rare de surprendre la propriétaire en train de mettre ses confitures en pot : sa boutique artisanale remporte un vif succès ! Accueil souriant, chambres aux notes exotiques, bonne literie... une adresse sucrée.

Les Sapins

60 Gde-Rue – ✆ 03 29 25 02 46 – www.hotel-les-sapins.fr – Fermé 23 juin-6 juil., 24 nov.-14 déc., dim. soir et lundi midi
Formule 14 € – Menu 23/47 € – Carte 33/58 €
Bois, plantes vertes, tons clairs et de grandes baies vitrées : un cadre très lumineux et assez nature, pour une cuisine qui explore le terroir avec une prédilection pour la truite (vapeur, meunière, en écailles de pomme de terre, etc.). Générosité et gourmandise au menu !

THIONNE

✉ 03220 (Allier) – 326 hab. – **Voir carte n°6-C1**
▶ Paris 333 km – Clermont-Ferrand 101 km – Moulins 36 km – Nevers 89 km
Carte Michelin 326-I4

La Maison du Lac

Les Clayeux, 4 km au Nord par D 161, rte de Chapeau – ✆ 04 70 34 74 23 – www.hotel-maisondulac.com – Fermé 23 déc.-13 fév. et dim.

7 ch – 65/73 € 65/73 € – 7 €

Rest – Menu 18 € (semaine), 28/48 € *(fermé vend. d'oct. à fév., dim. soir sauf juil.-août et lundi) (réservation conseillée)*

Du calme et de la verdure en cette bien nommée Maison du Lac, une jolie bâtisse aux allures de fermette. Chambres sobres, fonctionnelles et lumineuses. Au restaurant, le patron concocte une sympathique cuisine traditionnelle... Agréable terrasse face à l'étang.

THIONVILLE

57100 (Moselle) – 41 015 hab. – Agglo. 130 922 hab. – **Voir carte n°26-B1**

Paris 339 km – Luxembourg 32 km – Metz 30 km – Nancy 84 km

Carte Michelin 307-I2

Kyriad Prestige sans rest

9 allée Raymond-Poincaré – ✆ 03 82 50 34 67 – www.kyriad-prestige-thionville.com

Plan : CZ**t**

60 ch – 69/140 € 69/140 € – 12 €

En plein centre-ville, un hôtel récent qui propose des chambres contemporaines et fonctionnelles (couettes, grandes douches), ainsi que deux salles de réunion, dont une avec terrasse panoramique. Et le parking public est juste en bas !

THIONVILLE

Rue	Carré	N°
Afrique (Chaussée d')	AV	3
Amérique (Chaussée d')	BV	4
Asie (Chaussée d')	AV	6
Bel Air (Allée)	AV	7
Comte-de-Bertier (Av.)	BV	10
Europe (Chaussée d')	AV	13
Guentrange (Rte de)	AV	15
Longwy (R. de)	AV	18
Océanie (Chaussée d')	BV	25
Paul-Albert (R.)	AV	28
Pyramides (R. des)	BV	29
Romains (R. des)	AV	31
Terrasse (Allée de la)	AV	34
14-Juillet (Av. du)	AV	37

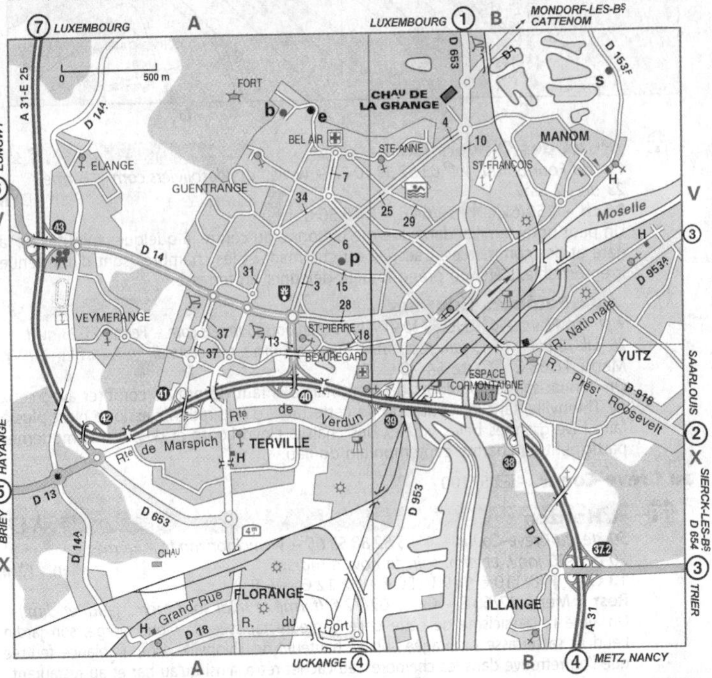

THIONVILLE

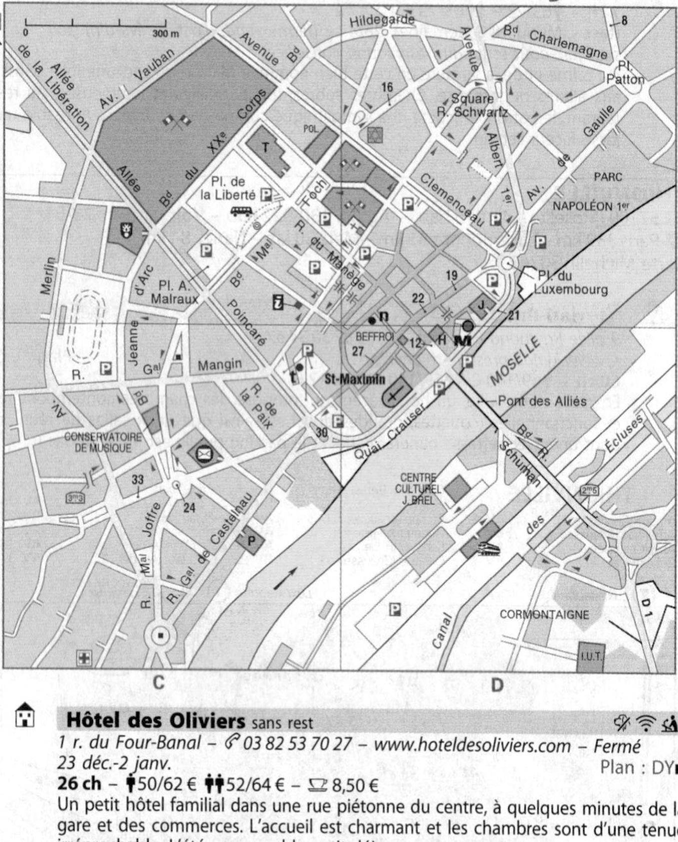

Hôtel des Oliviers sans rest

1 r. du Four-Banal – ✆ 03 82 53 70 27 – www.hoteldesoliviers.com – Fermé 23 déc.-2 janv. Plan : DY**n**

26 ch – 50/62 € 52/64 € – 8,50 €

Un petit hôtel familial dans une rue piétonne du centre, à quelques minutes de la gare et des commerces. L'accueil est charmant et les chambres sont d'une tenue irréprochable. L'été, on prend le petit-déjeuner en terrasse.

Aux Poulbots Gourmets

9 pl. aux Fleurs – ✆ 03 82 88 10 91 – www.poulbotsgourmets.com – Fermé 21-28 avril, 28 juil.-18 août, 1er-15 janv., sam. midi, dim. soir, merc. soir et lundi Plan : AV**p**

Menu 47/68 € – Carte 54/78 €

On connaissait les poulbots de Montmartre, il faut désormais compter avec ceux de Thionville, tant la réputation de cette table d'inspiration classique n'est plus à faire ! De grandes baies vitrées, des chaises Lloyd Loom et des lustres modernes participent au charme contemporain du lieu.

au Crève-Coeur – ✉ 57100

L'Horizon

50 rte du Crève-Coeur – ✆ 03 82 88 53 65 – www.lhorizon.fr – Fermé 20 déc.-20 janv. et dim. soir de nov. à mars Plan : AV**e**

13 ch – 78/110 € 98/150 € – 12 € – ½ P

Rest – Menu 42/68 € – Carte 62/72 € *(fermé le midi sauf merc., jeudi et dim.)*

On aime le classicisme de cette belle demeure tapissée de vigne vierge, son jardin fleuri et sa terrasse ombragée sur les hauteurs de Thionville. Une ambiance feutrée que l'on retrouve dans les chambres, au cachet rétro, ainsi qu'au bar et au restaurant.

XX **Auberge du Crève-Cœur**

9 Le Crève-Coeur – ✆ 03 82 88 50 52 – www.aubergeducrevecoeur.com – Fermé dim. soir, lundi soir et merc. soir Plan : AV**b**

Menu 28/52 € – Carte 44/80 €

Il y a fort à parier que vous ne ressortirez pas le cœur brisé de cette auberge familiale. Bacchus préside à la décoration (tonneaux fixés au mur, pressoir) et la cuisine du terroir se fait généreuse : pâté d'oie à la mode lorraine, lapin à la moutarde... Que l'on peut déguster en terrasse, en admirant la vue sur Thionville !

à Manom 4 km au Nord-Est – ✉ 57100 – 2 642 hab.

XX **Les Étangs**

rte de Garche – ✆ 03 82 53 26 92 – www.restaurantlesetangs.com – Fermé dim. soir, lundi et merc. Plan : BV**5**

Formule 29 € – Menu 36/65 € – Carte 47/68 €

À la sortie de Manom, prenez donc la route de Garche, vous tomberez sur cette bâtisse des années 1970, sa terrasse au bord de l'eau, et sa salle aux faux-airs de club-house de golf. La cuisine, soignée et précise, explore les nouvelles tendances à travers des préparations fines et très goûteuses. Étang mieux !

THIRON-GARDAIS

✉ 28480 (Eure-et-Loir) – 1 100 hab. – **Voir carte n°11-B1**

Paris 148 km – Chartres 48 km – Lucé 46 km – Orléans 95 km

Carte Michelin 311-C6 – Guide Vert Michelin Normandie Vallée de la Seine

X **La Forge**

1 r. Alfred Chasseriaud – ✆ 02 37 49 42 30 – www.a-la-forge.com – Fermé lundi et le soir sauf vend. et sam.

Menu 13 € (déj. en semaine), 25/33 € – Carte 35/48 €

Les habitués ne s'y trompent pas : on se régale à prix doux dans cette ancienne forge... très chaleureuse. Le décor est coquet dans sa simplicité, pendant agréable d'une cuisine généreuse. À noter : une délicieuse tarte aux quetsches.

THIVIERS

✉ 24800 (Dordogne) – 3 095 hab. – **Voir carte n°4-C1**

Paris 449 km – Brive-la-Gaillarde 81 km – Limoges 62 km – Périgueux 34 km

Carte Michelin 329-G3 – Guide Vert Michelin Périgord Quercy

Hôtel de France et de Russie sans rest

51 r. du Gén.-Lamy – ✆ 05 53 55 17 80 – www.thiviers-hotel.com

12 ch – †62/82 € ††62/82 € – ☕ 8 €

Le foie gras de Thiviers faisait jadis la joie des tsars... Aujourd'hui, on cultive ce souvenir dans cette jolie maison où flotte comme un parfum d'antan. Les chambres y sont bien tenues. Accueil pour les pèlerins en route vers St-Jacques-de-Compostelle. Une adresse à la croisée des chemins et de l'histoire.

THIZY

✉ 69240 (Rhône) – 2 393 hab. – **Voir carte n°44-A1**

Paris 414 km – Lyon 65 km – Montbrison 74 km – Roanne 22 km

Carte Michelin 327-E3

La Terrasse

Le bourg Marnand, 2 km au Nord-Est par D 94 – ✆ 04 74 64 19 22 – www.laterrasse-marnand.com – Fermé vacances de la Toussaint, de fév. et dim. soir

10 ch – †59 € ††59 € – ☕ 7 € – ½ P

Rest – Menu 15 € (semaine), 20/43 € – Carte 27/59 € *(fermé lundi)*

Une ancienne usine textile dans un village perché, cela donne parfois un bien agréable hôtel, avec de jolies chambres décorées – et parfumées – sur le thème des plantes aromatiques et ouvertes sur le jardin. Frais, coloré et chaleureux !

THOIRY

✉ 01710 (Ain) – 5 205 hab. – **Voir carte n°45-C1**

Paris 523 km – Bellegarde-sur-Valserine 27 km – Bourg-en-Bresse 99 km – Gex 13 km

Carte Michelin 328-I3

Holiday Inn

67 av. du Mont-Blanc – ✆ 04 50 99 19 99 – www.holiday-inn.com/thoiryfrance

93 ch – †102/350 € ††102/350 € – 2 suites – ☕ 17 €

Rest – Formule 18 € – Menu 25 € (déj. en semaine)/38 € – Carte 35/66 € dîner *(fermé sam. midi)*

Jouxtant la frontière suisse et l'aéroport de Genève, cet hôtel de chaîne dispose de chambres spacieuses et confortables. Préférez celles plus calmes, et avec vue sur le Jura, sur l'arrière. Une bonne étape pour la clientèle d'affaires.

Les Cépages (Jean-Pierre Delesderrier)

465 r. Briand-Stresemann – ✆ 04 50 20 83 85 – www.lescepages.com – Fermé 2 semaines en oct., 1 semaine en janv., dim. soir, lundi et mardi

Menu 39 € (déj. en semaine), 59/138 € – Carte 86/116 € *(réservation conseillée)*

Dans cette maison bourgeoise des années 1830, le chef élabore une cuisine de facture classique, en accord avec des crus choisis – 1 200 références en cave ! Un conseil : ne manquez pas la formule incluant trois verres de vin. Enfin, reste le cadre élégant et le service tout sourire. → Foie gras aux figues et fruits secs. Canette fermière au banyuls. Palette des petits desserts.

LE THOLONET – 13 → voir Aix-en-Provence

THONES

✉ 74230 (Haute-Savoie) – 5 960 hab. – **Voir carte n°46-F1**

Paris 560 km – Annecy 21 km – Genève 59 km – Lyon 171 km

Carte Michelin 328-K5 – Guide Vert Michelin Alpes du Nord

Le Clos Zénon

rte de Bellossier – ✆ 04 50 02 10 86 – www.thones-chalet-gite.com – Ouvert fin avril-début déc.

5 ch ☕ – †60/80 € ††75/110 € – ½ P **Table d'hôte** – Menu 32 €

Une bonne adresse pour les amoureux de la nature ! Dans ce chalet récent au milieu d'un joli jardin avec piscine, les chambres sont douillettes et l'accueil chaleureux... Côté gourmandises : confitures maison au petit-déjeuner et table d'hôte d'inspiration régionale dans un décor savoyard (sur réservation).

THONON-LES-BAINS

✉ 74200 (Haute-Savoie) – 33 925 hab. – **Voir carte n°46-F1**

Paris 568 km – Annecy 75 km – Chamonix-Mont-Blanc 99 km – Genève 34 km

Carte Michelin 328-L2 – Guide Vert Michelin Alpes du Nord

Savoie Léman

40 bd Carnot – ✆ 04 50 81 13 50 – www.hotel-savoieleman.eu – Fermé vacances scolaires, sam. et dim.

Plan : AY**a**

30 ch – †65/90 € ††80/90 € – 2 suites – ☕ 9 €

Rest *Savoie Léman* – voir les restaurants ci-après

Cet hôtel d'application de l'École hôtelière de Thonon a beau être né en 1935, il n'a pas pris une ride. Les chambres y sont spacieuses, confortables et bien équipées ; préférez celles côté Léman. À conseiller aux amateurs d'institutions locales !

Arc en Ciel sans rest

18 pl. de Crête – ✆ 04 50 71 90 63 – www.hotelarcencielthonon.com – Fermé 21 déc.-6 janv.

Plan : BZ**k**

37 ch – †63/80 € ††67/85 € – ☕ 9 €

Près du centre-ville, cet établissement propose des chambres fonctionnelles, spacieuses et bien équipées (kitchenette pour certaines) ; toutes disposent d'un balcon ou d'une terrasse. Pour l'agrément, il y a même une petite piscine dans le jardinet.

THONON-LES-BAINS

Allobroges (Av. des) . . . . BZ 2
Arts (R. des) . . . . BZ 3
Bordeaux (Pl. Henry) . . . . AY 4
Grande-Rue . . . . AYZ
Granges (R. des) . . . . BY 5
Léman (Av. du) . . . . BY 6
Michaud (R.) . . . . AY 10
Moulin (Pl. Jean) . . . . AY 12
Paix (R. de la) . . . . AY 20
Ratte (Ch.de la) . . . . BZ 13
Trolliettes (Bd des) . . . . AZ 15
Ursules (R. des) . . . . BY 16
Vallées (Av. des) . . . . BZ 18

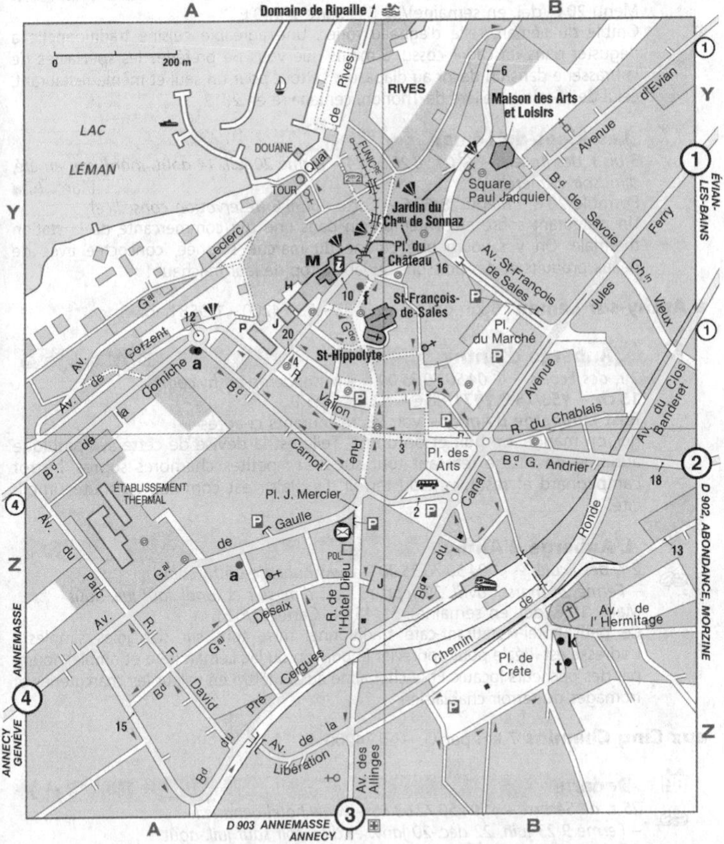

À l'Ombre des Marronniers

17 pl. de la Crête – ✆ 04 50 71 26 18 – www.hotellesmarronniers.com – Fermé 26 avril-6 mai et 20 déc.-5 janv. Plan : BZ**t**

16 ch – †53/65 € ††59/68 € – ☕ 8 € – ½ P

Rest – Menu 14/35 € – Carte 34/56 € *(fermé dim. soir du 15 nov. au 21 mai)*

Un hôtel des années 1960 aux airs de chalet, avec des chambres un peu désuètes mais propres, fonctionnelles et bon marché. Au restaurant, cuisine traditionnelle et spécialités montagnardes.

Le Prieuré (Charles Plumex)

68 Grande-Rue – ✆ 04 50 71 31 89 – www.plumex-le-prieure.com – Fermé 21 avril-6 mai, 3-18 nov., dim. soir, lundi et mardi Plan : AY**f**

Menu 47 € 🍷 (déj. en semaine)/85 € – Carte 85/108 €

Le chef, travailleur passionné, réalise une bonne cuisine du moment, et met un point d'honneur à choisir ses produits avec beaucoup d'attention. Son Prieuré est resté fidèle à lui-même, cossu et feutré : un véritable havre de paix pour les gourmands. ➜ Foie gras en fausse poire masqué de pistaches. Pièce de veau fondante, jus crémé et légumes de saison. Soufflé chaud à l'eau-de-vie de framboise, cœur coulant au chocolat et sorbet fruits rouges.

XX **Savoie Léman** – Hôtel Savoie Léman

40 bd Carnot – ✆ 04 50 81 13 50 – www.hotel-savoieleman.eu
– Fermé vacances scolaires, sam. soir et dim. Plan : AY**n**
Menu 20 € (déj. en semaine)/32 € – Carte 20/40 €
Omble du Léman, selle d'agneau rôtie... Une agréable cuisine traditionnelle à déguster dans un cadre cossu, à moins que vous ne préfériez les spécialités de la brasserie dans un décor au diapason. Le tout pour un seul et même restaurant, celui de l'École hôtelière de Thonon, centenaire en 2012.

XX **Les Alpes du Léman**

3 bis r. des Italiens – ✆ 04 50 26 51 24 – Fermé 20 juil.-14 août, mardi soir en été, dim. soir et merc. Plan : AZ**a**
Formule 20 € – Menu 28/65 € – Carte 46/55 € *(réservation conseillée)*
Un restaurant sobre et contemporain dans une rue commerçante de la station thermale. On y savoure une cuisine du marché soignée, concoctée avec de beaux produits et des poissons du lac au top de leur fraîcheur !

à Anthy-sur-Léman 6 km par ④ et D 33 – ✉ 74200 – 1 958 hab.

L'Auberge d'Anthy

2 r. des Écoles – ✆ 04 50 70 35 00 – www.auberge-anthy.com
13 ch – †58/75 € ††71/88 € – ☕ 9 € – ½ P
Rest ***L'Auberge d'Anthy*** – voir les restaurants ci-après
"Ici, on mange, on boit et on dort !" Telle est la devise de cette sympathique auberge de village refusant tout superflu : petites chambres sobres, bistrot campagnard et restaurant du terroir. Le plaisir est complet, en toute simplicité.

X **L'Auberge d'Anthy**

2 r. des Écoles – ✆ 04 50 70 35 00 – www.auberge-anthy.com
– Fermé 24 mars-7 avril, 29 sept.-13 oct., dim. soir et lundi sauf juil.-août
Menu 19 € (déj. en semaine), 31/45 € – Carte 33/61 €
Ce petit hôtel-restaurant-café traditionnel mise tout sur des joies simples ! L'adresse est idéale pour apprécier le poisson du lac Léman (féra et omble), fourni par des pêcheurs locaux. Et le chef aime aussi mettre en valeur les charcuteries et fromages du terroir chablaisien.

aux Cinq Chemins 7 km par ④ – ✉ 74200

Denarié ch,

25 r. de Séchex – ✆ 04 50 72 63 45 – www.hotel-denarie.fr
– Fermé 9-23 juin, 22 déc.-20 janv. et dim. soir sauf juil.-août
14 ch – †85/110 € ††85/110 € – ☕ 10 € – ½ P
Rest ***Les Cinq Chemins*** – Formule 16 € – Menu 19 € (déj. en semaine), 28/48 € – Carte 37/55 € *(fermé dim. soir et lundi sauf juil.-août)*
Près de la route mais néanmoins au calme, cet hôtel-restaurant distille un charme savoyard simple et chaleureux. Les chambres sont décorées avec goût et l'on peut se restaurer d'une cuisine régionale copieuse.

au Port-de-Séchex 7 km par ④ – ✉ 74200

XX **Le Clos du Lac** avec ch rest,

Port de Séchex – ✆ 04 50 72 48 81 – www.restaurant-leclosdulac.com
– Fermé 1er-10 juil., vacances de la Toussaint, 2-24 janv., dim. soir, lundi et mardi
3 ch – †73 € ††73 € – ☕ 12 € Formule 24 € – Menu 32/64 € – Carte 44/77 €
Dans cette vieille ferme restaurée, on a certes conservé les mangeoires en pierre, mais tout est feutré et élégant. Le chef réalise une cuisine soignée et bien sentie, mettant en avant ses trouvailles du marché et les beaux produits régionaux. Quant aux chambres, récemment rénovées dans un style contemporain, elles sont bien agréables.

à Bonnatrait 9 km par ④ – ✉ 74140

Hôtellerie du Château de Coudrée

– ✆ *04 50 72 62 33 – www.coudree.fr – Fermé nov.*
17 ch – †120/330 € ††120/330 € – ☕ 15 € – ½ P
Rest *Hôtellerie du Château de Coudrée* – voir les restaurants ci-après
Au bord du lac et dans un beau parc, ce château est un majestueux témoignage architectural du Moyen Âge. Baldaquins, commodes antiques... Les chambres ont du caractère et invitent à une douce rêverie – celle du donjon se révèle d'ailleurs tout particulièrement insolite !

Hôtellerie du Château de Coudrée

– ✆ *04 50 72 62 33 – www.coudree.fr – Fermé nov., merc. sauf le soir en saison et mardi*
Formule 32 € 🍷 – Menu 42/92 € – Carte 56/68 €
Boiseries, tapisseries et splendeurs médiévales : voilà pour le décor de la salle et... pour le passé. Car l'assiette, d'une belle finesse, est bien de notre temps ! Légumes bio du potager, poissons du lac et saveurs sont ici au rendez-vous. L'été, on profite de la grande terrasse.

LE THOR

✉ 84250 (Vaucluse) – 8 281 hab. – **Voir carte n°42-E1**
Paris 696 km – Arles 84 km – Avignon 21 km – Marseille 89 km
Carte Michelin 332-C10 – Guide Vert Michelin Provence

La Bastide Rose

99 chemin des Croupières – ✆ *04 90 02 14 33 – www.bastiderose.com – Fermé de mi-janv. à mi-mars*
5 ch – †150/220 € ††150/230 € – 2 suites – ☕ 18 € – ½ P
Rest – Formule 25 € – Menu 30 € (déj.), 34/42 € *(fermé merc. sauf en été) (réservation conseillée)*
Cette belle bastide est un vrai lieu culturel – musée à la mémoire du journaliste Pierre Salinger, expos – avec le charme d'une maison de famille : élégance, confort, vue sur le parc. Sous la verrière ou en terrasse, cuisine provençale inspirée par le terroir.

THORÉ-LA-ROCHETTE

✉ 41100 (Loir-et-Cher) – 886 hab. – **Voir carte n°11-B2**
Paris 176 km – Blois 42 km – La Flèche 94 km – Le Mans 72 km
Carte Michelin 318-C5 – Guide Vert Michelin Châteaux de la Loire

Restaurant du Pont

15 r. du Mar.-de-Rochambeau – ✆ *02 54 72 80 62 – Fermé 16 août-3 sept., 24-31 déc., 19 janv.-12 fév., mardi soir, dim. soir et lundi*
Menu 22/52 € – Carte 40/58 €
Sur le trajet du train touristique de la vallée du Loir, arrêtez-vous dans ce coquet petit restaurant. On y déguste une appétissante cuisine traditionnelle où le terroir a la part belle. Mais gare ensuite à ne pas manquer le départ !

THORIGNÉ-SUR-DUÉ

✉ 72160 (Sarthe) – 1 594 hab. – **Voir carte n°35-D1**
Paris 178 km – Châteaudun 80 km – Mamers 44 km – Le Mans 30 km
Carte Michelin 310-M6

Le Saint-Jacques

pl. du Monument – ✆ *02 43 89 95 50 – www.hotel-sarthe.fr – Fermé 2 semaines en août et 1 semaine en nov.*
15 ch – †55/65 € ††65/98 € – ☕ 10 € – ½ P
Rest *Le Saint-Jacques* – voir les restaurants ci-après
À l'entrée du village, cet hôtel-restaurant dispose de chambres simples et bien tenues ; le grand jardin à l'arrière est agréable. Une sympathique petite étape !

Le Saint-Jacques

pl. du Monument – ☎ 02 43 89 95 50 – www.hotel-sarthe.fr – Fermé 2 semaines en août, 1 semaine en nov., dim. soir, mardi midi et lundi
Menu 15 € (déj. en semaine), 26/52 € – Carte 41/50 €
Un jeune couple fait souffler un vent de fraîcheur sur ce restaurant classique : nappes blanches et tables bien dressées côtoient des touches actuelles dans la décoration. Le jeune chef est passionné et cela se sent : sa cuisine est rythmée par les saisons et privilégie les produits du terroir local.

LE THORONET

83340 (Var) – 2 293 hab. – Voir carte n°41-C3
Paris 831 km – Brignoles 24 km – Draguignan 21 km – St-Raphaël 51 km
Carte Michelin 340-M5

Hostellerie de l'Abbaye

r. Claudius-Camail – ☎ 04 94 73 88 81 – www.hotel-thoronet.com – Fermé 1er janv.-1er fév.
23 ch – 67/95 € 67/95 € – 10 € – ½ P
Rest *Les Restanques de Thoronet* – Formule 22 € – Menu 30/41 € – Carte 38/52 € *(fermé dim. soir de nov. à mars)*
Pour une étape à deux pas de la magnifique abbaye cistercienne du Thoronet (12e-13e s.), une grande bâtisse d'esprit méridional, aux chambres sobres et bien tenues, avec une piscine où il fait bon se rafraîchir. Recettes provençales au restaurant.

THOUARCÉ

49380 (Maine-et-Loire) – 1 838 hab. – Voir carte n°35-C2
Paris 318 km – Angers 29 km – Cholet 43 km – Saumur 38 km
Carte Michelin 317-G5

Le Relais de Bonnezeaux

1 km par rte d'Angers – ☎ 02 41 54 08 33 – www.lerelaisdebonnezeaux-49.com – Fermé janv., lundi et mardi
Formule 15 € – Menu 21 € (déj. en semaine), 35/60 €
En plein cœur du vignoble de Bonnezeaux, ce restaurant a été aménagé dans une ancienne... gare de campagne. Original ! Le chef utilise de bons produits pour créer une cuisine au goût du jour autour de menus de saison (pas de carte) ; les cuissons sont justes, et les saveurs au rendez-vous.

THOUARS

79100 (Deux-Sèvres) – 9 822 hab. – Voir carte n°38-B1
Paris 336 km – Angers 71 km – Bressuire 31 km – Châtellerault 72 km
Carte Michelin 322-E3 – Guide Vert Michelin Poitou-Charentes

Hôtellerie St-Jean

25 rte de Parthenay – ☎ 05 49 96 12 60 – www.hotellerie-st-jean.com – Fermé 25 fév.-9 mars, lundi en juil.-août et dim. soir
18 ch – 52 € 52 € – 8 € – ½ P
Rest *Hôtellerie St-Jean* – voir les restaurants ci-après
Cette bâtisse des années 1970 n'a rien de remarquable, mais elle offre une jolie vue sur la vieille ville. Les chambres, fonctionnelles et impeccablement tenues, sont aussi plus calmes sur l'arrière.

Hôtellerie St-Jean

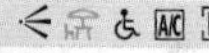

25 rte de Parthenay – ☎ 05 49 96 12 60 – www.hotellerie-st-jean.com – Fermé 25 fév.-9 mars , lundi en juil.-août et dim. soir
Formule 15 € – Menu 19/38 € – Carte 40/60 €
Comment imaginer que cet hôtel traditionnel cache une table très gourmande ? Le mérite en revient au chef, homme passionné, soucieux de dénicher les meilleurs produits et de les cuisiner avec soin. Son père cultive un grand potager dans les environs et lui fournit fruits et légumes. Excellent rapport tradition-prix !

à Ste-Verge 4 km au nord – ✉ 79100 – 1 438 hab.

XX **Le Logis de Pompois**

13 r. de la Gosselinière – ✆ 05 49 96 27 84 – www.logis-de-pompois.com – Fermé de fin juil. à mi-août, de fin déc. à mi-janv., dim. soir, lundi et mardi
Menu 22/49 €
Domaine viticole des 18e-19e s. abritant un centre d'aide par le travail où l'on réalise et sert une sérieuse cuisine traditionnelle. Salle chaleureuse aménagée dans l'ancien chai.

THOURON

✉ 87140 (Haute-Vienne) – 510 hab. – **Voir carte n°24-B1**
Paris 380 km – Bellac 23 km – Guéret 79 km – Limoges 28 km
Carte Michelin 325-E5

La Pomme de Pin rest, ch,

Étang de Tricherie, 2,5 km au Nord-Est par D 225 – ✆ 05 55 53 43 43 – Fermé sept., janv. et lundi
6 ch – 59/79 € 59/79 € – 7 € – ½ P
Rest – Menu 19/30 € – Carte 34/68 € *(fermé mardi midi)*
Champêtre et rustique à souhait ! Au bord d'un étang où l'on peut pêcher la carpe, cet ancien moulin en pierre est avenant... Les chambres sont chaleureuses et bien tenues, et l'on peut se restaurer de plats du terroir et de grillades.

THUIR

✉ 66300 (Pyrénées-Orientales) – 7 267 hab. – **Voir carte n°22-B3**
Paris 897 km – Figueres 56 km – Montpellier 168 km – Perpignan 16 km
Carte Michelin 344-H7

XX **Le Patio Catalan**

4 pl. du Gén.-de-Gaulle – ✆ 04 68 53 57 28 – Fermé vacances de la Toussaint, 22 déc.-14 janv., merc. et jeudi
Menu 15 € (déj. en semaine), 23/45 € – Carte 24/45 €
De la tradition, de la simplicité, des produits bien choisis : voilà la recette du chef. Les habitués ont investi ce charmant restaurant rustique (juste en face des caves Byrrh et leurs énormes cuves) et ne le quittent plus !

X **La Casa Dalie**

21 r. de la République – ✆ 04 68 53 03 92 – www.casa-dalie.fr – Fermé vacances de la Toussaint, de Noël, lundi soir, mardi, merc. d'oct. à mai, mardi et merc. de mai à sept.
Formule 14 € – Menu 16 € (déj. en semaine), 22/29 € – Carte 36/50 €
Côté déco, beaucoup de clins d'œil à Salvador Dalí et, dans l'assiette, une cuisine du terroir revue et corrigée par un chef inventif, qui décline un même ingrédient en cinq préparations, réalise de jolies tapas sucrées et salées, etc. Et les produits locaux sont sélectionnés avec exigence !

THURET

✉ 63260 (Puy-de-Dôme) – 802 hab. – **Voir carte n°5-B2**
Paris 379 km – Clermont-Ferrand 32 km – Cournon-d'Auvergne 35 km – Vichy 24 km
Carte Michelin 326-G7 – Guide Vert Michelin Auvergne

Château la Canière

r. de la Croix Blanche, 2 km au Nord par D 212 et D 12 – ✆ 04 73 97 98 44 – www.chateau-la-caniere.com – Ouvert de fin avril à début nov.
26 ch – 120/250 € 140/250 € – 1 suite – 21 € – ½ P
Rest *Le Lavoisier* – Menu 48/79 € – Carte 61/73 € *(fermé lundi, mardi, le midi sauf sam., dim. et fériés)*
Entouré d'un parc, ce château du 19e s. aux chambres spacieuses ose le mélange des styles et c'est réussi ! Au dernier étage, on profite de l'ambiance raffinée de la bibliothèque et, le soir venu, dîner au restaurant se révèle très romantique...

THURY

✉ 21340 (Côte-d'Or) – 293 hab. – **Voir carte n°8-C2**
▶ Paris 303 km – Autun 25 km – Avallon 80 km – Beaune 33 km
Carte Michelin 320-H7

Manoir Bonpassage

ch,

5 r. du Moulin, 1 km au Sud par D 36 et rte secondaire – ✆ 03 80 20 26 16 – www.bonpassage.com – Ouvert 7 avril- 2 nov.
9 ch – 62/88 € 62/88 € – 10 €
Rest – Menu 26 € *(fermé dim., mardi , jeudi et le midi) (résidents seult)*
Une ferme en pleine campagne tenue par un couple hollandais très accueillant. De vrais airs de maison d'hôtes (dîner sans chichis pour les résidents), une jolie piscine et des chambres d'une tenue parfaite... Sympathique !

THURY-HARCOURT

✉ 14220 (Calvados) – 2 022 hab. – **Voir carte n°32-B2**
▶ Paris 257 km – Caen 28 km – Condé-sur-Noireau 20 km – Falaise 27 km
Carte Michelin 303-J6 – Guide Vert Michelin Normandie Cotentin

Le Relais de la Poste avec ch

7 r. de Caen – ✆ 02 31 79 72 12 – www.hotel-relaisdelaposte.com – Fermé 7 déc.-5 janv., vend. soir et dim. soir d' oct. à mai, vend. midi et sam. midi
10 ch – 65/100 € 65/120 € – 11 € – ½ P   Carte 26/51 €
Au cœur de la Suisse normande, cet ancien relais de poste transformé en restaurant fait tout de suite bonne impression avec sa cour intérieure, sa salle donnant sur le jardin, etc. On y déguste de bonnes recettes traditionnelles, et l'on y trouve même quelques chambres pour prolonger l'étape.

TIERCÉ

✉ 49125 (Maine-et-Loire) – 4 254 hab. – **Voir carte n°35-C2**
▶ Paris 278 km – Angers 22 km – Château-Gontier 34 km – La Flèche 34 km
Carte Michelin 317-G3

La Table d'Anjou Ⓝ

AC

16 r. d'Anjou – ✆ 02 41 87 99 63 – www.latabledanjou.com – Fermé 20 août-15 sept., 10-20 janv., dim. soir, mardi soir et merc.
Menu 27 € (semaine), 35/58 € – Carte 45/60 €
Une table d'une douceur tout angevine, reprise par un jeune couple de professionnels de retour dans la région après un parcours dans des établissements de renom, elle en tant que sommelière, lui en tant que chef. La gastronomie d'aujourd'hui et les crus du val de Loire sont à l'honneur !

TIGNES

✉ 73320 (Savoie) – 2 178 hab. – **Voir carte n°45-D2**
▶ Paris 665 km – Albertville 85 km – Bourg-St-Maurice 31 km – Chambéry 134 km
Carte Michelin 333-O5 – Guide Vert Michelin Alpes du Nord

Les Suites du Montana

Les Almes – ✆ 04 79 40 01 44 – www.vmontana.com – Ouvert mi-déc. à mi-avril
27 suites – ½ P seult 230/330 € – 1 ch
Rest *Les Suites du Montana* – voir les restaurants ci-après
Sur les hauteurs de la station, ce "hameau" de cinq chalets allie tranquillité et proximité des pistes du fameux Espace Killy. De grandes suites – de style savoyard, tyrolien ou provençal – vous y attendent, avec balcon et même sauna ou jacuzzi ! Le plus bel hôtel de Tignes.

Village Montana

Les Almes – ✆ 04 79 40 01 44 – www.vmontana.com – Ouvert fin juin à fin août et fin nov. à début mai
78 ch – ½ P seult 115/210 € – 4 suites
Rest – Menu 35 € – Carte 38/58 € *(fermé le midi)*
Rest *La Chaumière* – Carte 30/47 €
Ces splendides chalets conjuguent tradition, calme et confort. Les chambres, spacieuses et familiales, disposent d'un balcon ouvert sur les pistes. Autre atout : pendant les vacances scolaires, des activités sont proposées aux enfants. Carte de brasserie et spécialités savoyardes à La Chaumière.

Les Campanules

– ✆ 04 79 06 34 36 – www.campanules.com – Ouvert 8 juil.-26 août et 28 nov.-5 mai
25 ch – 110/220 € 140/360 € – 14 suites – ½ P
Rest – Formule 28 € – Menu 31 € (dîner), 43/55 € – Carte 47/75 €
Ce chalet propose des chambres spacieuses et très confortables. Le must : se baigner dans la piscine extérieure – chauffée à 32° – en regardant les pistes ! Au restaurant, où l'on sert des plats traditionnels, une fresque évoque l'ancien village englouti sous les eaux lors de la création du barrage (1952).

Le Paquis

Le Rosset – ✆ 04 79 06 37 33 – www.hotel-lepaquis.fr – Ouvert 2 juil.-30 août et 16 nov.-2 mai
30 ch – 95/135 € 95/135 € – 1 suite – ½ P
Rest – Formule 18 € – Menu 28 € (déj.), 30/35 € – Carte 40/53 €
Dans ce chalet des années 1960, où domine l'esprit savoyard, des chambres bien tenues, et surtout une douceur de vivre omniprésente. À l'image de son bar chaleureux, en bois et lauze, et de son restaurant qui propose une cuisine traditionnelle et régionale.

Le Lévanna

Le Rosset – ✆ 04 79 06 32 94 – www.levanna.com – Ouvert d'oct. à mai
40 ch – 79/222 € 118/292 € **Rest** – Menu 37/60 € – Carte 34/70 €
Du nom d'un sommet à la frontière franco-italienne, ce chalet récent abrite des chambres cosy, dont certaines aménagées en duplex. Au restaurant, la carte, traditionnelle, s'agrémente de spécialités fromagères. Agréable terrasse côté pistes.

L'Arbina

Le Rosset – ✆ 04 79 06 34 78 – www.hotel-arbina.com – Ouvert 1er juil.-31 août et 28 oct.-10 mai
22 ch – 45/110 € 50/160 € – 12 € – ½ P
Rest – Menu 32 € – Carte 42/70 €
L'arbina désigne la perdrix des Alpes. À deux pas des télécabines et face au glacier de la Grande-Motte, cet hôtel familial dispose de chambres à la fois simples et chaleureuses : mobilier en bois, tissus coordonnés... Au restaurant, une fois n'est pas coutume en montagne, le poisson est à l'honneur !

Les Suites du Montana – Hôtel Les Suites du Montana

Les Almes – ✆ 04 79 40 01 44 – www.vmontana.com – Ouvert de mi-déc. à mi-avril et fermé le midi
Menu 48 € – Carte 59/78 €
Pas besoin d'être résident des Suites du Montana pour profiter de cet élégant restaurant, où les produits nobles sont à l'honneur : homard, turbot, bœuf charolais, belles volailles... En prime, les viandes rôtissent sous vos yeux !

La Ferme des 3 Capucines

– ✆ 04 79 06 35 10 – www.lafermedes3capucines.com – Ouvert juil.- août et déc.-avril
Menu 29 € – Carte 30/39 € *(réservation conseillée)*
Cette ferme-laiterie atypique mérite qu'on s'y attarde... même s'il n'est pas possible d'admirer les vaches en hiver, car elles sont alors en fermage du côté d'Albertville. Au menu : une copieuse cuisine du terroir. Et bien sûr, l'on peut acheter le fromage maison !

au Val Claret 2 km au Sud-Ouest – ✉ 73320

Les Suites du Nevada

Le Val Claret – ✆ 04 79 41 68 30 – www.les-suites-du-nevada.com – Ouvert 21 déc.-4 mai

25 suites – 368/940 €

Rest ***La Table en Montagne*** – voir les restaurants ci-après

Original, cet hôtel donne à voir l'univers montagnard dans le plus pur style contemporain : tronçons de bois massif, blocs de pierre, béton, tons sombres, etc. Le luxe à l'état brut, pour amateurs avertis.

Le Ski d'Or

rest,

r. du Val Claret – ✆ 04 79 06 51 60 – www.hotel-skidor.com – Ouvert 2 déc.-4 mai

27 ch – 143/280 € 220/430 € – ½ P

Rest – Menu 40/49 € *(ouvert 16 déc.-18 avril et fermé le midi)*

Cet hôtel, au décor sobre et contemporain, respire la douceur de vivre. Les chambres, toutes avec balcon, sont confortables et raffinées. Cuisine du marché au restaurant, ouvert sur la Grande Motte et les pistes.

La Table en Montagne – Hôtel Les Suites du Nevada

– ✆ 04 79 41 68 30 – www.les-suites-du-nevada.com – Ouvert 21 déc.-4 mai

Carte 80/160 € *(fermé le midi)*

Chaleur du bois, tons dorés et verts, comme autant d'emprunts à l'univers de la forêt. Ici, la décoration est élégante et feutrée. Dans l'assiette, les produits du terroir et de brasserie – telles les huîtres Gillardeau – ont la part belle.

Comment choisir, dans une localité, entre deux adresses de même catégorie (nombre de ou de)? Sachez que les établissements sont classés par ordre de préférence au sein de chaque catégorie : les meilleures adresses d'abord.

TILQUES – 62 Pas-de-Calais ➜ voir St-Omer

LES TINES – 74 Haute-Savoie ➜ voir Chamonix-Mont-Blanc

TONNEINS

✉ 47400 (Lot-et-Garonne) – 8 965 hab. – **Voir carte n°4-C2**

Paris 683 km – Agen 44 km – Nérac 38 km – Villeneuve-sur-Lot 37 km

Carte Michelin 336-D3 – Guide Vert Michelin Aquitaine

Hôtel des Fleurs sans rest

66 r. Colisson, rte de Bordeaux – ✆ 05 53 79 10 47 – www.hoteldesfleurs47.com – Fermé 1 semaine vacances de Noël, 1 semaine vacances de fév., vend. et sam. de mi-nov. à fin mars

26 ch – 44/75 € 44/78 € – 8,50 €

Sur l'axe principal de la ville, sur la route de Bordeaux, un hôtel pratique et bon marché. Les chambres sont certes petites, quoique plus grande dans l'annexe, mais bien aménagées et d'une tenue irréprochable ; certaines sont très colorées... comme un parterre de fleurs ! Une étape fort commode.

Quai 36

36 cours de l'Yser – ✆ 05 53 94 36 38 – www.quai36.fr – Fermé 3 semaines en août, 1er-8 janv., sam. midi, dim. soir, mardi soir, merc. soir et lundi

Formule 17 € – Menu 19 € (déj. en semaine), 27/60 € – Carte 40/60 €

L'enseigne fait référence à l'adresse, au bord de la Garonne. L'établissement est mené par une équipe jeune et dynamique ; on y apprécie une cuisine bien dans son temps, dans une salle où se mêle le baroque et le contemporain, tout en profitant de la jolie vue.

TONNERRE

✉ 89700 (Yonne) – 5 243 hab. – **Voir carte n°7-B1**
Paris 199 km – Auxerre 38 km – Châtillon-sur-Seine 49 km – Montbard 45 km
Carte Michelin 319-G4 – Guide Vert Michelin Bourgogne

L'Auberge de Bourgogne

rest,

D 905, 2 km par rte de Dijon – ✆ 03 86 54 41 41 – www.aubergedebourgogne.com – Fermé 15 déc.-15 janv.
40 ch – 72 € 85 € – ½ P
Rest – Formule 12 € – Menu 20/32 € – Carte 29/41 € *(fermé lundi midi, sam. midi et dim.)*
Tout près des vignobles d'Épineuil, un hôtel des années 1990 disposant de chambres simples et mignonnes. Préférez-les sur l'arrière, pour la jolie vue champêtre. Cuisine régionale au restaurant.

TORCY – 71 Saône-et-Loire → voir Creusot

TORNAC – 30 Gard → voir Anduze

TOUL

✉ 54200 (Meurthe-et-Moselle) – 15 693 hab. – **Voir carte n°26-B2**
Paris 291 km – Bar-le-Duc 62 km – Metz 75 km – Nancy 23 km
Carte Michelin 307-G6

La Villa Lorraine sans rest

15 r. Gambetta – ✆ 03 83 43 08 95 – www.hotel-la-villa-lorraine.com – Fermé vacances de fév. et de la Toussaint Plan : AZ**a**
21 ch – 53 € 59 € – 7 €
Surprenant, ce petit hôtel du cœur de la cité était autrefois un théâtre. Derrière sa belle façade sur laquelle on peut encore lire "La Comédie", des chambres très simples, fonctionnelles et propres. Une adresse familiale qui se révèle sympathique !

Brasserie K

980 av. de l'Europe, (ZI Croix de Metz), rte de Pont-à-Mousson-2 km par ① – ✆ 03 83 62 46 95 – Fermé dim. soir
Formule 14 € – Menu 25/45 € – Carte 32/54 €
Dans l'enceinte de l'ancienne usine Kléber, une brasserie au cadre contemporain : banquettes en velours, espace lounge-bar, et une agréable terrasse... Dans l'assiette, des charcuteries ibériques tranchées devant le client à l'andouillette de Troyes, que des bons produits !

Le Commerce

10 pl. de la République – ✆ 03 83 43 00 41 – Fermé merc. soir de sept. à juin, lundi midi en juil.-août, dim. soir et lundi soir Plan : BZ**b**
Formule 18 € – Menu 21/30 € – Carte 24/38 €
Juste devant la place de la République, cette brasserie née en 1895 a su conserver son esprit Belle Époque : superbes faïences murales, jolies banquettes en velours et... cuisine traditionnelle d'inspiration lyonnaise, dont les incontournables tête de veau et langue à la sauce ravigote !

à Lucey 5 km par ⑤ et D 908 – ✉ 54200 – 580 hab.

Auberge du Pressoir

7 r. des Pachenottes – ✆ 03 83 63 81 91 – www.aubergedupressoir.com – Fermé 16-30 août, dim. soir, merc. soir et lundi
Menu 15 € (déj. en semaine), 19/45 € – Carte 32/56 € *(réservation conseillée)*
L'ancienne gare du village est devenue un restaurant simple et moderne, bien en phase avec la cuisine du chef. Les menus ("Vigneron", "Pressoir", "Vendange") déclinent une cuisine résolument actuelle. En été, on se presse en terrasse pour profiter du soleil !

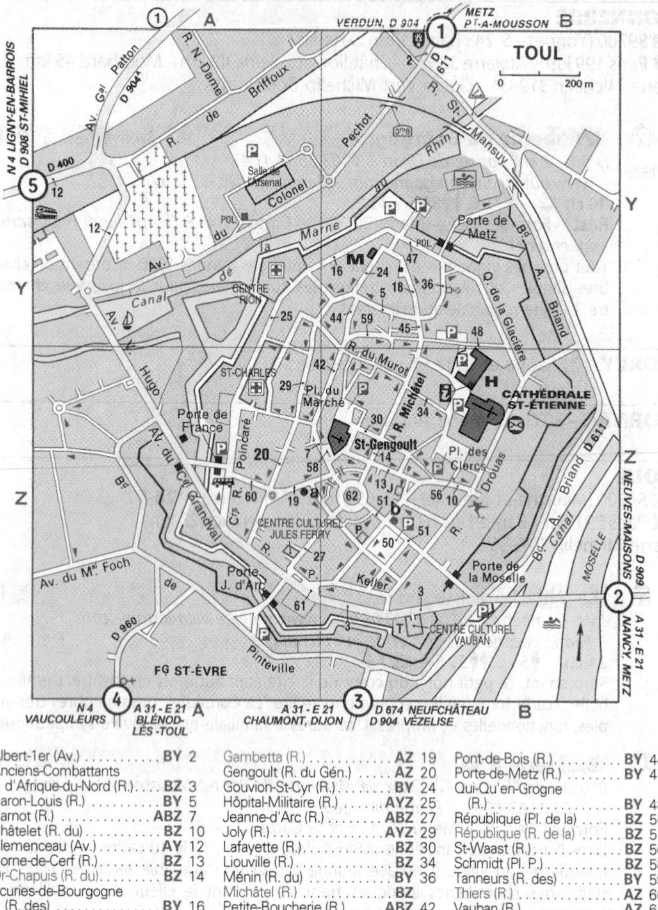

Albert-1er (Av.) .... **BY** 2
Anciens-Combattants d'Afrique-du-Nord (R.) .... **BZ** 3
Baron-Louis (R.) .... **BY** 5
Carnot (R.) .... **ABZ** 7
Châtelet (R. du) .... **BZ** 10
Clemenceau (Av.) .... **AY** 12
Corne-de-Cerf (R.) .... **BZ** 13
Dr-Chapuis (R. du) .... **BZ** 14
Écuries-de-Bourgogne (R. des) .... **BY** 16
Foy (R. du Gén.) .... **BY** 18
Gambetta (R.) .... **AZ** 19
Gengoult (R. du Gén.) .... **AZ** 20
Gouvion-St-Cyr (R.) .... **BY** 24
Hôpital-Militaire (R.) .... **AYZ** 25
Jeanne-d'Arc (R.) .... **ABZ** 27
Joly (R.) .... **AYZ** 29
Lafayette (R.) .... **BZ** 30
Liouville (R.) .... **BZ** 34
Ménin (R. du) .... **BY** 36
Michâtel (R.) .... **BZ**
Petite-Boucherie (R.) .... **ABZ** 42
Pont-des-Cordeliers (R.) .... **BY** 45
Pont-de-Bois (R.) .... **BY** 44
Porte-de-Metz (R.) .... **BY** 47
Qui-Qu'en-Grogne (R.) .... **BY** 48
République (Pl. de la) .... **BZ** 50
République (R. de la) .... **BZ** 51
St-Waast (R.) .... **BZ** 56
Schmidt (Pl. P.) .... **BZ** 58
Tanneurs (R. des) .... **BY** 59
Thiers (R.) .... **AZ** 60
Vauban (R.) .... **AZ** 61
3-Évêchés (Pl. des) .... **BZ** 62

TOULON

✉ 83000 (Var) – 164 532 hab. – Agglo. 556 538 hab. – **Voir carte n°41**-C3
Paris 835 km – Aix-en-Provence 86 km – Marseille 66 km
Carte Michelin 340-K7 – Guide Vert Michelin Côte d'Azur

Ibis Styles

pl. Besagne – ☎ 04 98 00 81 00 – *www.ibis.com* Plan : GZ**r**
139 ch – 72/122 € 82/132 €
Rest – Carte 28/39 € *(fermé sam. et dim. sauf juil.-août et le midi)*
Un emplacement idéal, à proximité du port, du palais des congrès, de la vieille ville et même du stade Mayol, célèbre enceinte rugbystique. Le confort et l'entretien de l'établissement sont très satisfaisants, et l'on a le choix entre deux types de chambres : les unes plutôt sobres, les autres très colorées, voire psychédéliques !

RÉPERTOIRE DES RUES DE TOULON

LA SEYNE-SUR-MER

Alsace (R. d') . . . . **AV** 4
Corse Résistante
(Av. de la) . . . . **ABV** 40
Esprit Armando (Av.) . . . . . **AV** 50
Estienne-d'Orves (Av. d') . . **AV** 53
Fabre (Quai Saturnin) . . . . . **AV** 57
Faidherbe (Av.) . . . . **AV** 58
Gagarine (Av. Y.) . . . . **AV** 64
Garibaldi (Av.) . . . . **AV** 66
Giovannini (Corniche Ph.) **ABV**
Juin (Bd Maréchal A.) . . . . . **AV** 86
Merle (Bd Toussaint) . . . . . **AV**
1ère Armée Française
Rhin et Danube (Av.
de la) . . . . **AV** 184
8 Mai 1945
(Rond Point du) . . . . **AV** 186

LA VALETTE-DU-VAR

Anatole-France (Av.) . . . . . . **DU** 4
Char Verdun (Av. du) . . . . . **DU** 33
Mirasouleou (Av.) . . . . **DU** 104
Nice (R. de) . . . . **DU** 116
Terres Rouges
(Chemin des) . . . . **DU** 160

TOULON

Abel (Bd Jean-Baptiste) . . . **DV**
Albert-1er (Pl.) . . . . **FX**
Alger (R. d') . . . . **GY**
Amiral Senès (Pl.) . . . . **GY**
Anatole-France (R.) . . . . **FY**
Armand (Pont L.) . . . . **EX**
Armaris (Bd des) . . . . **DUV**
Armes (Pl. d') . . . . **FY**
Barre (Chemin de la) . . . . . **DV**
Barthou (Av. Louis) . . . . **DV** 7
Baudin (R.) . . . . **GY**
Bazeilles (Bd de) . . . . **CV** 8
Le Bellegou (Av. E.) . . . . **HZ**
Belle Visto (Chemin) . . . . . . **AU**
Berthelot (R.) . . . . **GY** 12
Bert (Bd Paul) . . . . **HZ**
Besagne (Av. de) . . . . **GZ**
Bir-Hakeim (Rond-Point) . . . **HY**
Blache (Pl. Noël) . . . . **HY**
Blondel (R. André) . . . . **DV** 15
Blum (R. Léon) . . . . **EY**
Bois Sacré (Corniche du) **ABV**
Bonaparte (Rond-Point) . . **GHZ**
Bonnes Herbes
(Chemin des) . . . . **AU** 18
Bonnet (R. A.) . . . . **EX**
Bony (R. A.) . . . . **EX**
Boucheries (R. des) . . . . . . **GY** 20
Bozzo (Av. L.) . . . . **HX** 22
Brasserie (Bd de la) . . . . . . **DV**
Briand (Av. Aristide) . . . . . **ABV**
Brunetière (R. F.) . . . . **GYZ** 25
Camus (Av. Albert) . . . . **AU**
Carnot (Av. L.) . . . . **EXY**
Cartier (Av. Jacques) . . . . . **CV** 28
Cassin (Av. René) . . . . **DU** 30
Cathédrale (Traverse) . . . . **GYZ** 32
Centrale (R.) . . . . **HX**
Chalucet (R.) . . . . **FXY**
Le Chatelier (Av. André) . **ABU** 90
Churchill (Av. W.) . . . . **EY** 36
Clamour (Bd) . . . . **DV** 38
Clappier (R. Victor) . . . . . . **GY**
Claret (Av. de) . . . . **EX**
Clemenceau (Av. G.) . . . . . . **HY**
Colbert (Av.) . . . . **GY**
Collet (Av. Amiral) . . . . **EX**
Corderie (R. de la) . . . . **EFY**
Cronstadt (Quai) . . . . **FGZ**
Cuzin (Av. François) . . . **CV, HY**
Dardanelles (Av. des) . . . . **EXY**
Daudet (R. Alphonse) . . . . . **HY** 43
David (R.) . . . . **AU**
Delpech (R.) . . . . **HX**
Démocratie (Bd de la) . . . . **HY**
Dr. Barnier (R.) . . . . **FX**
Dr. Barrois (R.) . . . . **CU**
Dr. Bourgarel (Bd) . . . . **DV** 46
Dr. Cunéo (Bd) . . . . **CV** 47
Dr. Fontan (R. du) . . . . **EX**
Escaillon (Bd de l') . . . . **AV** 49
Escartefigue
(Corniche Marius) . . . . **CDU**
Estienne-d'Orves (Av. d') . . **BV**
Fabié (R. François) . . . . . . **GHY**
Fabre (Corniche Émile) . . . **BU** 56
Faron (Bd du) . . . . **BU**
Faron (Rte de) . . . . **BCU** 59
Foch (Av. Maréchal) . . . . . . **EY**
Font Pré (Av. de) . . . . **DUV** 60
Forgentier (Chemin de) . . . **AU**
Fort Rouge (Bd du) . . . . **BU** 62
Fraize (Impasse) . . . . **HX**
Gambetta (Pl.) . . . . **GYZ** 65
Garibaldi (R.) . . . . **GY** 68
Gasquet (Av. Joseph) . . . . . **DV**
Gaulle
(Corniche du Gén.-de) . **CDV**
Glacière (R. de la) . . . . **GY** 70
Globe (Pl. du) . . . . **GY** 72
Gouraud (Av. Général) . . . . **BU** 75
Granval (R.) . . . . **HX**
Groignard (R. Antoine) . . **ABU** 78
Guillemard (R. G.) . . . . **EY**
Hoche (R.) . . . . **GY**
Huile (Pl. à l') . . . . **GZ** 80
Infanterie de Marine
(Av. de l') . . . . **CV, GZ** 82
Italie (Porte d') . . . . **HYZ**
Jacquemin (Bd) . . . . **BU** 85
Jaujard (R. Amiral) . . . . **HZ**
Jean-Jaurès (R.) . . . . **FGY**
Joffre (Bd Maréchal) . . . . . . **CV**
Juin (Av. A.) . . . . **CV, HY**
Kléber (R.) . . . . **CUV**
Lafayette (Cours) . . . . **GYZ**
Lambert (Pl. Gustave) . . . . **GY** 87
Landrin (Cours) . . . . **GY**
Landrin (R. P.) . . . . **GY**
Lattre-de-Tassigny
(Av. Mar.-de) . . . . **CV, HZ** 88
Lebon (R. Philippe) . . . . **HY**
Leclerc (Bd. du Mar.) . . . . **EFY**
Lesseps
(Bd Ferdinand de) . . . . **HXY**
Liberté (Pl. de la) . . . . **GY**
Lices (Av. des) . . . . **GHX**
Lices (Chemin des) . . . . **HX**
Lorgues (R. de) . . . . **GY**
Loti (Av. Pierre) . . . . **CV**
Loubière (Chemin de la) . . . **HY**
Louis-Blanc (Pl.) . . . . **GZ** 92
Louvois (Bd) . . . . **FGX**
Lyautey (Av. Maréchal) . . **EXY**
Magnan (Av. Gén.) . . . . **FY** 94
Marceau (Av.) . . . . **CV**
Marchand
(Av. Commandant) . . . . . . **HY**
Méridienne (R.) . . . . **GZ** 97
Michelet (Bd Jules) . . . . **CV** 100
Micholet (Av. V.) . . . . **FY** 102
Mistral (Littoral Frédéric) . **CV** 106
Monsenergue
(Pl. Ingénieur-Gén.) . . . . . **FY** 108
Montserrat (R. de) . . . . **AU** 110
Mon Paradis
(Chemin de) . . . . **AU**
Moulins (Av. des) . . . . **BU** 112
Moulin (Av. Jean) . . . . **FY**
Muraire (R.) . . . . **GY** 114
Murier (R. du) . . . . **GYZ**
Nardi (Av. François) . . . . . **CDV**
Nicolas
(Bd Commandant) . . . . **FGX**
Noguès (Av. Gén.) . . . . **EX**
Notre Dame (R.) . . . . **GY** 118
Noyer (R. du) . . . . **GY** 120
Oliviers (Av. des) . . . . **DU** 122
Orfèvres (Pl. des) . . . . **GYZ** 124
Ortolan
(Av. Joseph-
Louis) . . . . **CDU**
Pagnol (Quai Marcel) . . . . . **CV** 126
Pasteur (Pl.) . . . . **HZ**
Pastoureau (R. H.) . . . . **GY** 128
Péri (Pl. Gabriel) . . . . **EY**
Perrichi (R. Edouard) . . . . . **CU** 129
Peyresc (R.) . . . . **FY**
Picon (Bd Louis) . . . . **BU** 130
Picot (Av. Colonel) . . . . **DU**
Poincaré (R. H.) . . . . **HZ**
Poisssonnerie (Pl. de la) . . . **GZ** 132
Pont de Bois
(Chemin du) . . . . **BU** 133
Pressencé (R. F. de) . . . . . . **GZ** 134
Pruneau (Av. Gén.) . . . . **CV** 136
Puget (Pl.) . . . . **GY**
Rageot-de-la-Touche
(Av.) . . . . **EXY**
Raimu (Pl.) . . . . **GY** 140
Raynouard (Bd) . . . . **HY**
Rebufat (R.) . . . . **HX**
République (Av. de la) . . . **FGZ**
Résistance (Av. de la) . . . . . **DV**
Riaux (R. des) . . . . **GY** 142
Richard (Bd G.) . . . . **HX**
Rigoumel (R. de) . . . . **BU** 144
Rivière
(Av. Commandant) . . . . . **BU**
Roosevelt (Av. Franklin) . . . **HZ**
Routes (Av. des) . . . . **BU** 145
Sainte-Anne (Bd) . . . . . **CU, GX** 146
Sainte-Claire-Deville (R.) . **DUV** 150
Saint-Bernard (R.) . . . . **HY**
Saint-Roch (Av.) . . . . **EX**
Seillon (R. H.) . . . . **GZ** 152
Semard (R. Pierre) . . . . **GY**
Siblas (Av. des) . . . . **HX**
Sinse (Quai de la) . . . . **GZ**
Souvenir Français (Pl. du) . . **HY**
Strasbourg (Bd de) . . . . **GY**
Temple (Chemin) . . . . **BU** 158
Tessé (Bd de) . . . . **GXY**
Thorez (Av. Maurice) . . . . . **AV** 162
Tirailleurs Sénégalais
(Av. des) . . . . **CV** 166
Toesca (Bd P.) . . . . **EFX**
Trois Dauphins (Pl. des) . . **GY** 168
Trucy (Bd) . . . . **BU** 170
Valbourdin (Av. de) . . . . . . **BU** 172
Vallée (Pl. A.) . . . . **HY**
Vauban (Av.) . . . . **FXY**
Vert Coteau (Av.) . . . . **HY** 175
Vezzani (Pl. César) . . . . **GY** 178
Victoire (Av. de la) . . . . . . **FGX**
Victor-Hugo (Pl.) . . . . **GY**
Vienne (R. Henri) . . . . **EX**
Vincent (Av. E.) . . . . **EFX**
Visitation (Pl. de la) . . . . . **GHY** 180
1er Bataillon de Choc
(Av. du) . . . . **BU** 182
9e D.I.C.
(Rond-Point de la) . . . . . . **HZ** 188
15e Corps (Av. du) . . . . **BU** 190
112e Régt d'Infanterie
(Bd du) . . . . **GXY**

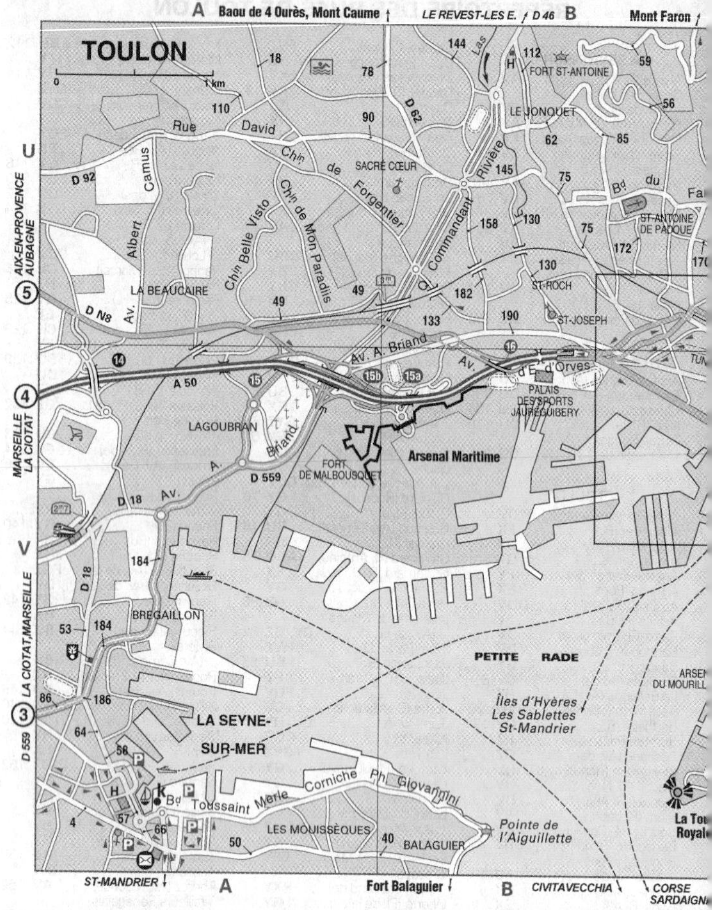

Grand Hôtel de la Gare sans rest

14 bd Tessé – 04 94 24 10 00 – www.grandhotelgare.com Plan : FX**a**

39 ch – 65/88 € 69/88 € – 9 €

Un bon hôtel, face à la gare – on ne peut plus commode si l'on voyage en train – et non dénué d'agrément pour un séjour à deux pas du centre-ville, car le décor des chambres évite le simplisme (mobilier cérusé, tons clairs, etc.).

Dauphiné sans rest

10 r. Berthelot – 04 94 92 20 28 – www.grandhoteldauphine.com

55 ch – 61/79 € 61/83 € – 9 € Plan : GY**s**

Dans le centre piétonnier, non loin du port, cet établissement respire le sérieux : entretien de qualité, bons équipements... Un point de chute tout trouvé pour qui souhaite sillonner les ruelles enchevêtrées de la vieille ville.

Bonaparte sans rest

16 r. Anatole-France – 04 94 93 07 51 – www.hotel-bonaparte.com

22 ch – 55/70 € 65/90 € – 3 suites – 9 € Plan : FY**f**

Rien de design ou de contemporain dans cet établissement proche du port, mais un esprit provençal coloré et chaleureux. Près du parking municipal et du port, l'adresse est parfaite pour passer la nuit avant d'embarquer, pourquoi pas, pour l'île de Beauté, berceau de Bonaparte. Petit-déjeuner très copieux.

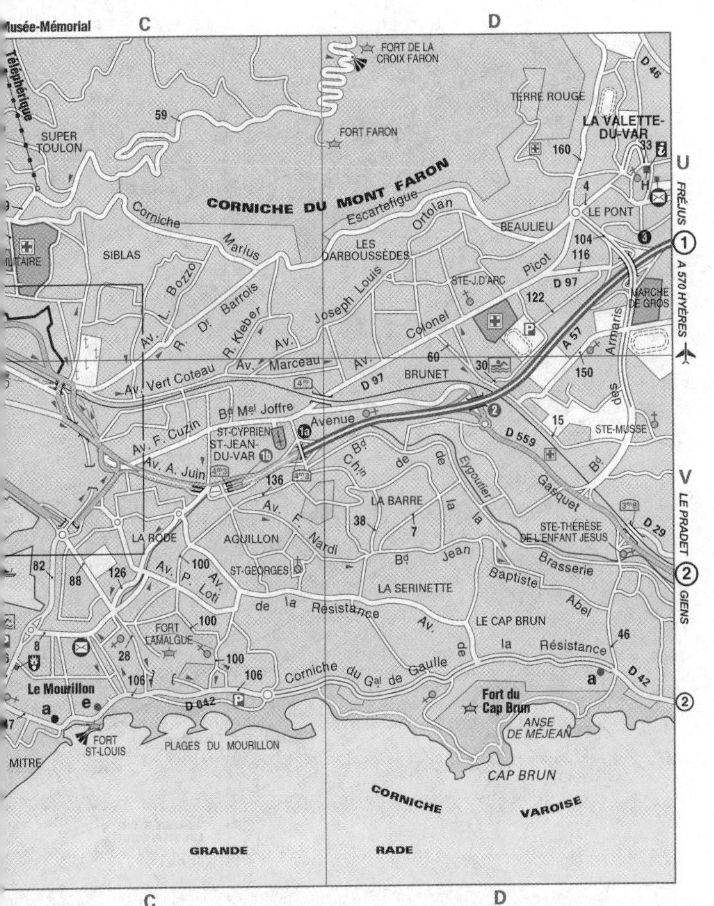

La Promesse

250 r. Jean-Jaurès – ✆ 04 94 98 79 39 – www.restaurant-lapromesse.fr – Fermé 15 juil.-15 août, 3 semaines en janv., dim. et lundi Plan : FY**b**

Formule 25 € – Menu 29 € (déj. en semaine), 42/69 € – Carte 59/73 €

La Promesse... d'un joli moment ! Aux commandes de ce petit restaurant qui sort du lot à Toulon : Valérie Costa, chef passionnée par les produits, le vin... et les voyages – d'où sa carte métissée de notes provençales et asiatiques (gyozas au porc et aux herbes, filet de loup à la bouillabaisse, etc.). Accueil charmant.

Carré 2 Vigne

14 r. du Pomet – ✆ 04 94 92 98 21 – www.carre2vigne.com – Fermé dim. et lundi Plan : GY**x**

Menu 27/36 € – Carte 38/48 €

L'adresse passe presque inaperçue dans la vieille ville, mais une fois la porte franchie, on est conquis par son esprit accueillant... Aux commandes : un jeune couple voyageur, installé ici après avoir notamment travaillé en Italie. L'Italie : c'est elle qui inspire la carte, éprise également de fraîcheur et des saisons !

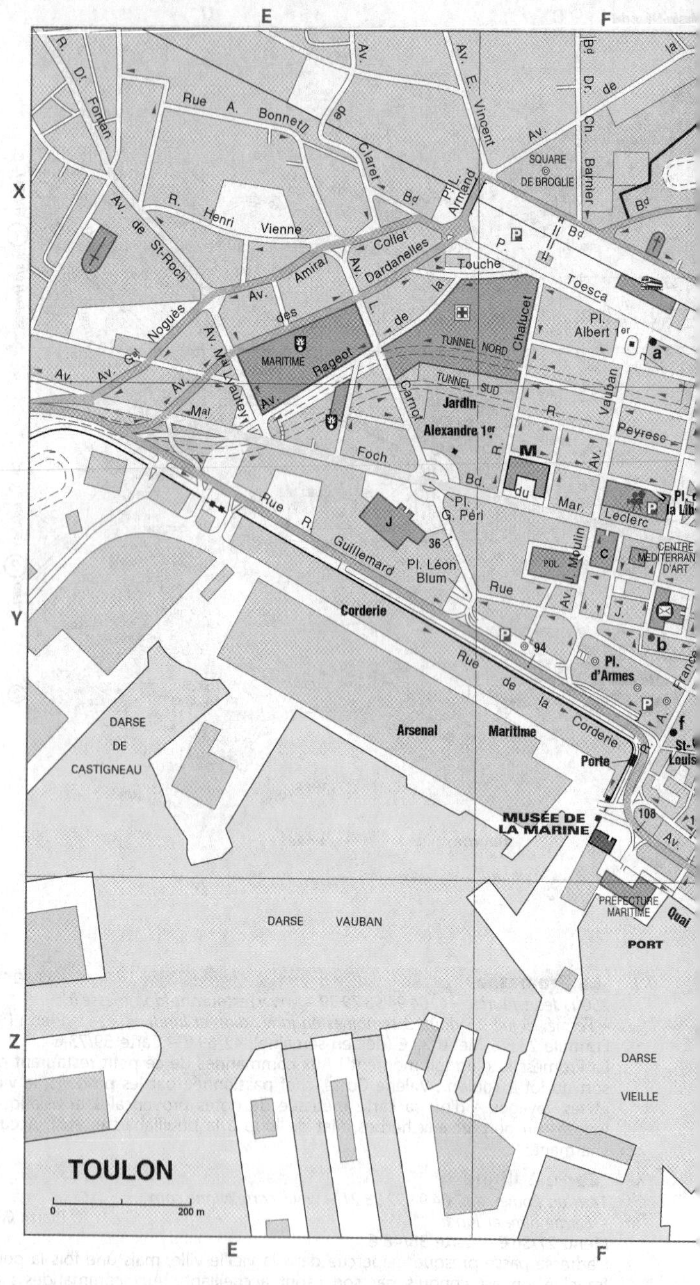

E
F
X
Y
Z
R. Dr. Fontan
Rue A. Bonnet
Av. de Claret
Av. E. Vincent
Bd Dr. Ch. Barnier
Av. de la
SQUARE DE BROGLIE
Pt L. Armand
R. Henri Vienne
Av. de St-Roch
Bd Collet
Av. Amiral
Av. des Dardanelles
Av. L. de la Touche
P. Toesca
Bd
Pl. Albert 1er
a
Av. Gal Noguès
Av. Mal Lyautey
MARITIME
Rageot
de la
Chalucet
TUNNEL NORD
TUNNEL SUD
Carnot
Jardin
Alexandre 1er
Vauban
R. Peyresc
Av. Mal
Foch
Bd. du
M
R.
Av.
Mar. Leclerc
Pl. G. Péri
J
36
Rue R. Guillemard
Pl. Léon Blum
Av. J. Moulin
POL.
C
CENTRE MEDITERRAN D'ART
Rue
J.
Corderie
94
Pl. d'Armes
b
Rue de la Corderie
DARSE DE CASTIGNEAU
Arsenal
Maritime
Porte
f
St-Louis
108
Av.
MUSÉE DE LA MARINE
PRÉFECTURE MARITIME
Quai
PORT
DARSE VAUBAN
DARSE VIEILLE
TOULON
0
200 m
E
F

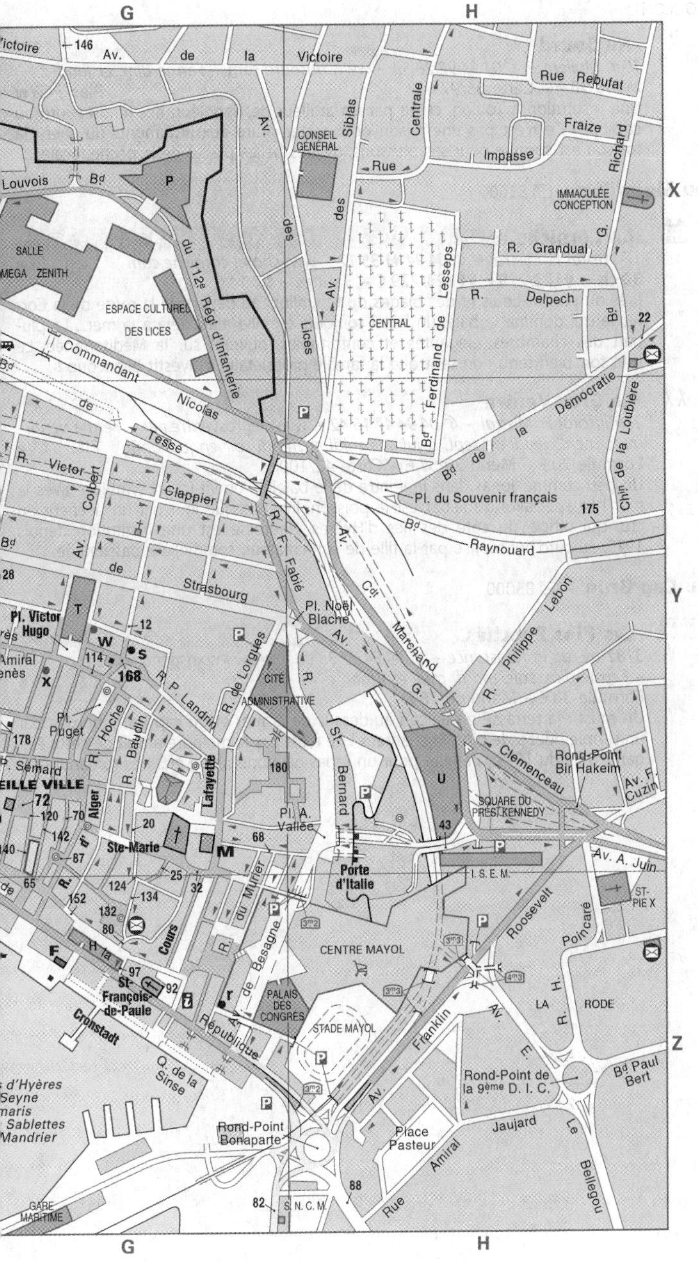

G
H
Av. de la Victoire
Rue Rebufat
CONSEIL GÉNÉRAL
Fraize
Impasse
IMMACULÉE CONCEPTION
X
SALLE MEGA ZENITH
ESPACE CULTUREL DES LICES
Av. des Lices
Bd du 112e Régt d'Infanterie
CENTRAL
R. Grandual
R. Delpech
Bd Ferdinand de Lesseps
Bd de la Démocratie
Commandant Nicolas
Pl. du Souvenir français
Bd Raynouard
R. Victor Clappier
Av. de Strasbourg
R. F. Fabié
Pl. Noël Blache
Av. Cdt Marchand
R. Philippe Lebon
Y
Pl. Victor Hugo
CITÉ ADMINISTRATIVE
R. de Lorgues
R. P. Landrin
Pl. Puget
R. Hoche
R. Baudin
R. Lafayette
R. St-Bernard
Pl. A. Vallée
Porte d'Italie
Clemenceau
Rond-Point Bir Hakeim
SQUARE DU PRÉST KENNEDY
Av. F. Cuzin
Av. A. Juin
ST-PIE X
I. S. E. M.
Ste-Marie
R. d'Alger
Av. Roosevelt
Poincaré
CENTRE MAYOL
PALAIS DES CONGRÈS
STADE MAYOL
LA RODE
St-François-de-Paule
Cronstadt
République
Q. de la Sinse
Av. Franklin
Rond-Point de la 9ème D. I. C.
Bd Paul Bert
Z
Rond-Point Bonaparte
Place Pasteur
Rue Amiral Jaujard
Le Bellegou
GARE MARITIME
S. N. C. M.
G
H

Au Sourd

10 r. Molière – ✆ 04 94 92 28 52 – www.ausourd.com – Fermé dim. et lundi
Menu 28 € – Carte 66/97 € Plan : GY**w**
Une institution à Toulon, créée par un artilleur de Napoléon III... rendu sourd au combat ! Ce n'est pas une raison pour rester sourd aux arguments du chef : la maison est connue pour ses poissons, de très belles pièces de la pêche locale.

au Mourillon – ✉ 83000

La Corniche sans rest

17 littoral F. Mistral – ✆ 04 94 41 35 12 – www.hotel-corniche.com Plan : CV**a**
30 ch – 123/229 € 123/229 € – 3 suites – 14 €
Près du port St-Louis et des plages du Mourillon, au départ de la route de la Corniche qui domine la baie, un hôtel toujours en ville mais déjà à la mer... La plupart des chambres, élégantes et confortables, ouvrent sur la Méditerranée. Le tout fort bien tenu : on sent que la famille propriétaire s'investit beaucoup !

Le Gros Ventre

279 littoral F. Mistral – ✆ 04 94 42 15 42 – www.legrosventre.net – Fermé vend. midi, merc., jeudi de sept. à juin, le midi et mardi soir en juil.-août Plan : CV**e**
Formule 20 € – Menu 29/57 € – Carte 42/100 €
Un peu comme Jonas dans le ventre de la baleine, on vit ici en symbiose avec la mer ! La spécialité du lieu, c'est le poisson, livré chaque jour par un pêcheur du cru, qui officie du côté des îles d'Hyères. L'adresse est une institution depuis 1975, aujourd'hui reprise par la fille de son créateur, sommelière passionnée.

au Cap Brun – ✉ 83000

Les Pins Penchés

3182 av. de la Résistance – ✆ 04 94 27 98 98 – www.lespinspenches.com – Fermé dim. soir, mardi midi et lundi Plan : DV**a**
Formule 38 € – Menu 68/78 €
Un must : la terrasse en balcon au-dessus de la mer et du cap Brun, bordée par un simple rideau de pins. Enchanteur ! Ce n'est pas le moindre attrait de cette élégante villa du 19e s., parfaite pour un repas gastronomique et... très romantique.

TOULOUSE

✉ 31000 (Haute-Garonne) – 441 802 hab. – Agglo. 859 338 hab. – **Voir carte n°28-B2**
Paris 677 km – Barcelona 320 km – Bordeaux 244 km – Lyon 535 km
Carte Michelin 343-G3

© J.-D. Sudres/hemis.fr

Hôtels & maisons d'hôtes

Pullman Centre

84 allées Jean-Jaurès – 05 61 10 23 10 – www.pullmanhotels.com
119 ch – 155/350 € 155/350 € – 6 suites – 25 € Plan : 4FX**v**
Rest *SW* 05 61 10 23 40 – – Formule 19 € – Menu 29 € – Carte 32/49 €
(fermé sam. midi et dim. midi)
Attaché-case en main, vous vous dirigez vivement vers l'immeuble en briques roses. Vous traversez le grand hall d'entrée en observant la mosaïque, à vos pieds ; le décor, spacieux, aux lignes épurées, vous apaise. Direction la salle de séminaire... Et plus tard, le confort d'une chambre bien équipée !

Crowne Plaza

7 pl. du Capitole – 05 61 61 19 19 – www.crowneplaza.com/toulouse
162 ch – 129/390 € 144/415 € – 3 suites – 25 € Plan : 4EY**t**
Rest – Formule 20 € – Menu 28/48 € – Carte 45/60 € *(fermé août)*
Idéalement situé sur la place du Capitole, ce vaste hôtel répond parfaitement aux besoins de la clientèle d'affaires : centre business très complet ; chambres de facture classique ou plus contemporaine. Le restaurant donne sur un superbe patio.

Grand Hôtel de l'Opéra sans rest

1 pl. du Capitole – 05 61 21 82 66 – www.grand-hotel-opera.com
48 ch – 115/490 € 135/490 € – 6 suites – 19 € Plan : 4EY**a**
En sortant d'une représentation de Verdi au Théâtre du Capitole, vous traverserez la place pour découvrir ce couvent du 17e s. plein de charme, qui regorge d'éléments historiques ! Dans les chambres, le mobilier acajou côtoie des tentures en velours rouge ou jaune... Un classicisme délicieux.

Hôtel de Brienne sans rest

20 bd du Mar.-Leclerc – 05 61 23 60 60 – www.hoteldebrienne.com
77 ch – 90/140 € 90/140 € – 13 € Plan : 3DV**n**
À deux pas du canal du même nom, l'établissement a été entièrement rénové dans un style contemporain, avec un vrai travail de mise en valeur par les éclairages. Dans les chambres, le mobilier est pensé pour optimiser l'espace. Et on s'y sent bien !

Mercure

8 espl. Compans-Caffarelli – 05 61 11 09 09 – www.mercure-toulouse-compans-caffarelli.com
134 ch – 85/202 € 85/202 € – 2 suites – 17 € Plan : 3DV**k**
Rest – Menu 20 € (déj. en semaine) – Carte 26/50 € *(fermé 22 juil.-17 août, dim. soir et sam.)*
Ce Mercure ménage un accès direct au centre des congrès. Après une dure journée, on apprécie le calme des chambres, qui donnent toutes sur le patio ou le jardin. Pour la clientèle d'affaires, un bel espace séminaire est disponible.

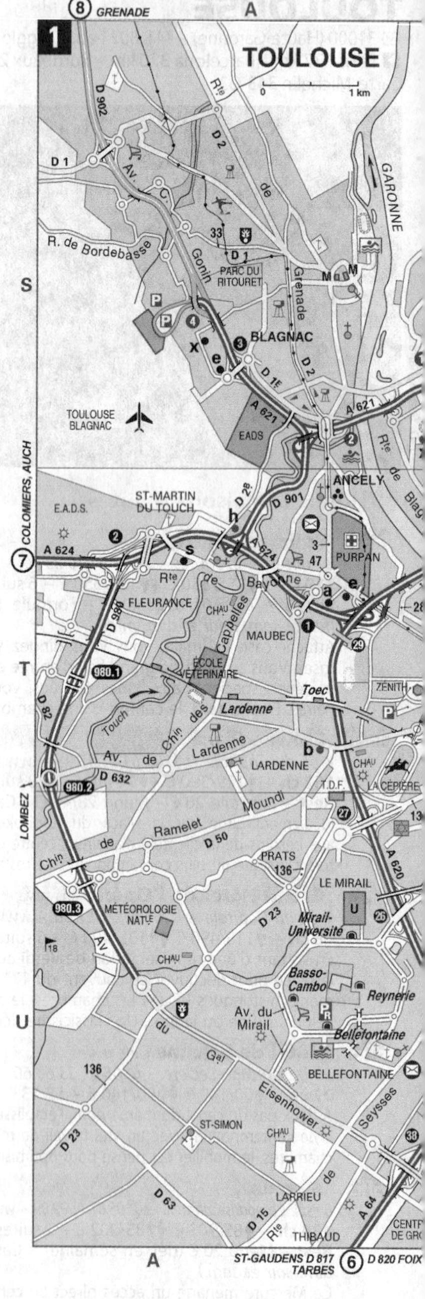
TOULOUSE
1
A
8 GRENADE
0
1 km
S
T
U
7 COLOMIERS, AUCH
LOMBEZ
D 902
D 1
D 2
Rte de Grenade
Av. C. Gonin
R. de Bordebasse
PARC DU RITOURET
BLAGNAC
TOULOUSE BLAGNAC
A 621
EADS
GARONNE
ANCELY
E.A.D.S.
ST-MARTIN DU TOUCH
A 624
D 901
PURPAN
Rte de Bayonne
FLEURANCE
MAUBEC
ÉCOLE VÉTÉRINAIRE
Cappelles
D 980
980.1
D 82
Touch
Chin des Lardenne
Toec
Lardenne
ZÉNITH
LARDENNE
Av. de
D 632
980.2
T.D.F.
LA CÉPIÈRE
Chin de Ramelet Moundi
D 50
PRATS
136
LE MIRAIL
A 620
980.3
MÉTÉOROLOGIE NATLE
D 23
Mirail-Université
Basso-Cambo
Reynerie
Av. du Mirail
Bellefontaine
BELLEFONTAINE
Av. du Gal Eisenhower
Seysses
ST-SIMON
LARRIEU
D 63
D 15
A 64
THIBAUD
ST-GAUDENS D 817 TARBES
6 D 820 FOIX
A

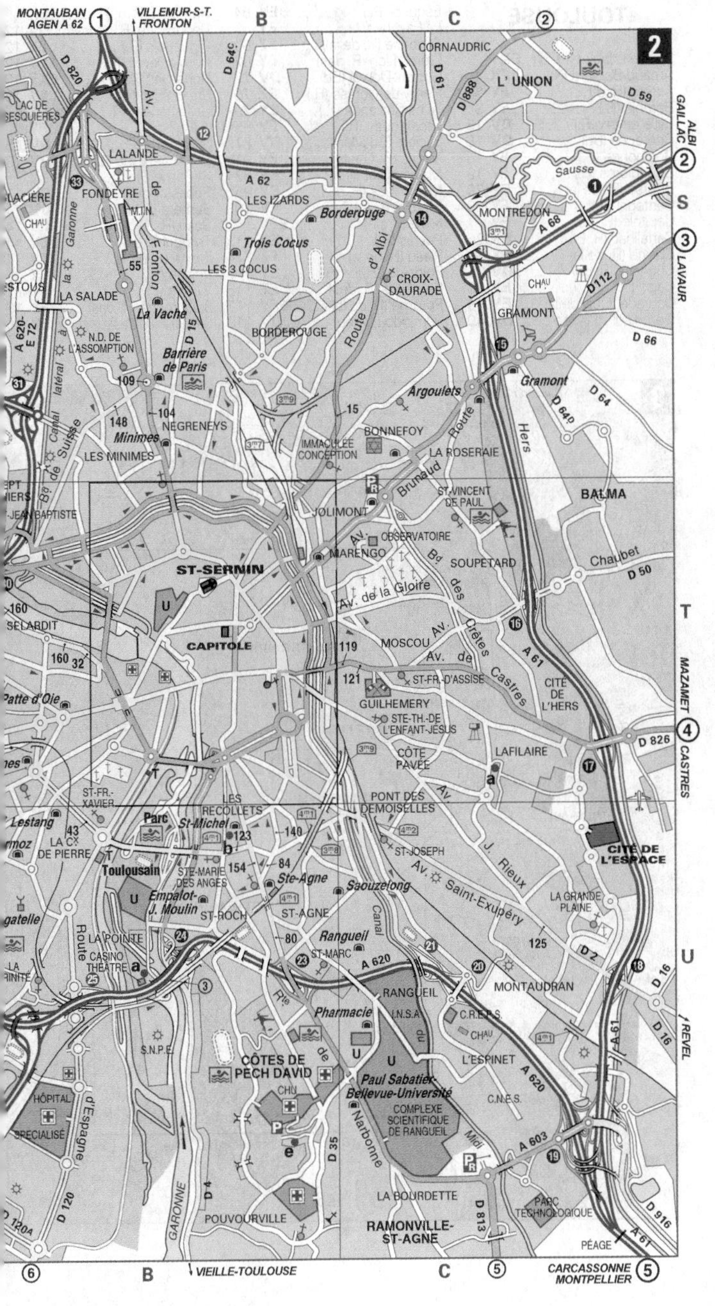
MONTAUBAN AGEN A 62
VILLEMUR-S-T. FRONTON
CORNAUDRIC
L' UNION
LALANDE
A 62
FONDEYRE
LES IZARDS
Borderouge
MONTREDON
Trois Cocus
LES 3 COCUS
CROIX-DAURADE
LA SALADE
La Vache
GRAMONT
BORDEROUGE
Barrière de Paris
Gramont
Argoulets
NEGRENEYS
Minimes
LES MINIMES
BONNEFOY
IMMACULEE CONCEPTION
LA ROSERAIE
BALMA
JOLIMONT
OBSERVATOIRE
MARENGO
SOUPETARD
ST-SERNIN
CAPITOLE
MOSCOU
GUILHEMERY
CITÉ DE L'HERS
LAFILAIRE
CÔTE PAVÉE
PONT DES DEMOISELLES
ST-MICHEL
ST-AGNE
CITÉ DE L'ESPACE
Rangueil
MONTAUDRAN
RANGUEIL
CÔTES DE PECH DAVID
Paul Sabatier-Bellevue-Université
COMPLEXE SCIENTIFIQUE DE RANGUEIL
LA BOURDETTE
PARC TECHNOLOGIQUE
POUVOURVILLE
RAMONVILLE-ST-AGNE
VIEILLE-TOULOUSE
CARCASSONNE MONTPELLIER

TOULOUSE

Alsace-Lorraine (R. d') . EXY
Arnaud-Bernard (R.) . . . . EX 4
Astorg (R. d') . . . . FY 5
Baronie (R.) . . . . EY 9
Billières (Av. E.). . . . . DV 13
Bonrepos (Bd) . . . . DV 16
Boulbonne (R.) . . . . FY 18
Bouquières (R.) . . . . FZ 19
Bourse (Pl. de la). . . . . . . EY 20
Cantegril (R.) . . . . FY 23
Capitole (Pl. du). . . . . EY
Cartailhac (R. E.) . . . . EX 26
Chaîne (R. de la) . . . . EX 31
Cugnaux (R. de) . . . . DV 35
Cujas (R.). . . . . EY 36
Daurade (Quai de la). . . . EY 38
Demoiselles (Allée des). DV 40
Esquirol (Pl.) . . . . EY 54
La-Fayette (R.) . . . . EY
Fonderie (R. de la). . . . . . EZ 60
Frères-Lion (R. des) . . . . FY 62
Griffoul-Dorval (Bd) . . . . DV 72
Henry-de-Gorsse (R.) . . . EZ 76
Jules-Chalande (R.). . . . . EY 79
Lapeyrouse (R.). . . . . FY 85
Leclerc (Bd Mar.) . . . . . . DV 87
Magre (R. Genty) . . . . . . EY 91
Malcousinat (R.) . . . . EY 92
Marchands (R. des) . . . . EY 95
Mercié (R. A.) . . . . EY 103
Metz (R. de) . . . . EFY
Peyras (R.). . . . . EY 113
Pleau (R. de la) . . . . FZ 114
Poids-de-l'Huile (R.) . . . . EY 115
Polinaires (R. des) . . . . . EZ 116
Pomme (R. de la) . . . . . EFY 117
Pompidou (Allée) . . . . . . DV 118
Rémusat (R. de) . . . . EX
République (R. de la) . . . DV 12
Riguepels (R.) . . . . FY 12
Romiguières (R.). . . . . . . EY 12
Roosevelt (Allées) . . . . FXY 13
Ste-Ursule (R.). . . . . EY 13
St-Antoine-du-T. (R.) . . . . FY
St-Etienne (Port). . . . . . . DV 13
St-Michel (Gde-R.) . . . . . DV 13
St-Rome (R.). . . . . EY
Sébastopol (R. de) . . . . . DV 13
Semard (Bd P.). . . . . DV 14
Suau (R. J.) . . . . EY 14
Temponières (R.) . . . . EY 14
Trinité (R. de la). . . . . EY 14
Vélane (R.) . . . . FZ 15
Wilson (Pl. Prés.). . . . . FY
3-Journées (R. des) . . . . FY 16
3-Piliers (R. des) . . . . EX 16

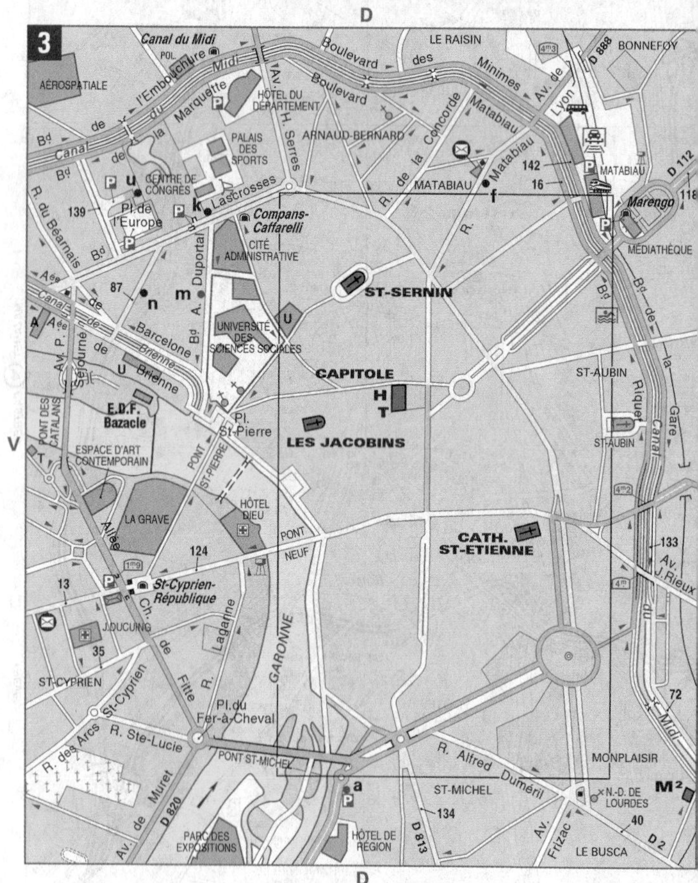

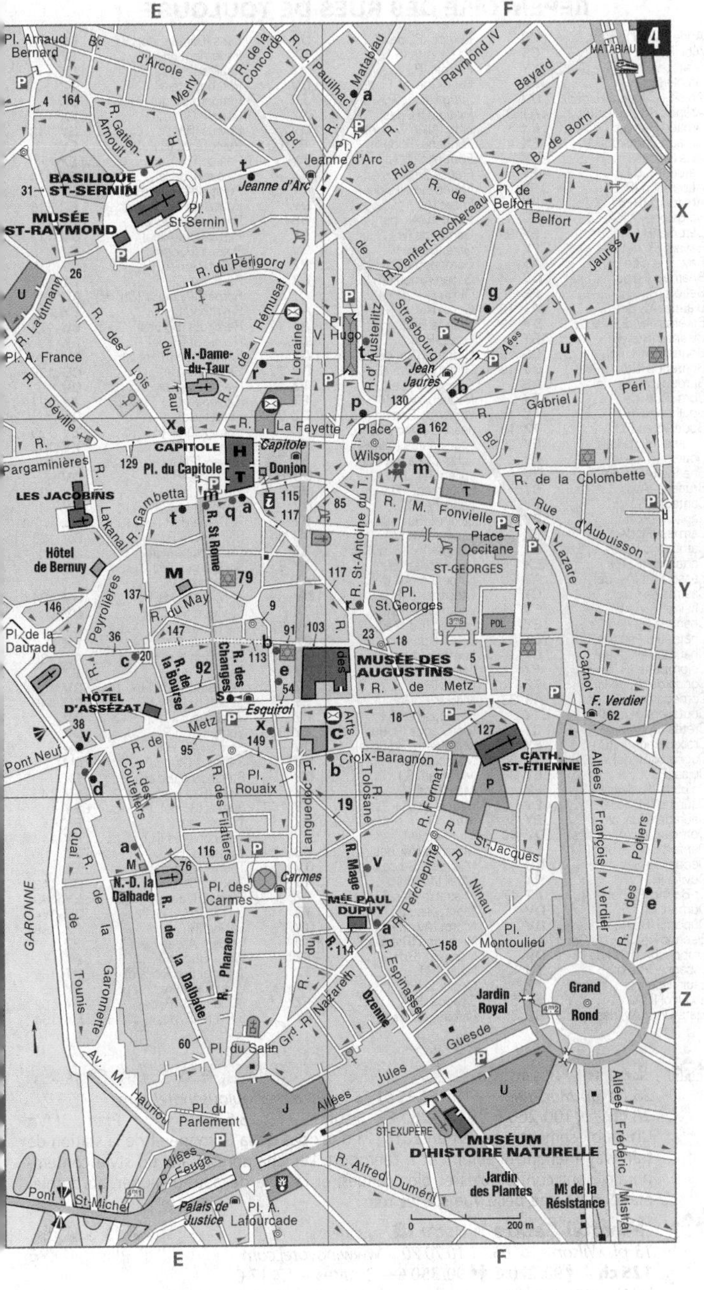
E
F
4
X
Y
Z
Pl. Arnaud Bernard
Bd d'Arcole
R. de la Concorde
R. C. Pauilhac
Matabiau
MATABIAU
Raymond IV
Bayard
R. Gatien-Arnoult
Merly
Bd
Pl. Jeanne d'Arc
Jeanne d'Arc
Rue
R. B. de Born
BASILIQUE ST-SERNIN
MUSÉE ST-RAYMOND
Pl. St-Sernin
R. de Belfort
Pl. de Belfort
Belfort
R. Denfert-Rochereau
Jaurès
R. du Périgord
R. de Rémusat
Lorraine
Pl. V. Hugo
R. d'Austerlitz
Strasbourg
Aées J. Jaurès
Jean Jaurès
R. Lautmann
R. des Lois
R. du Taur
N.-Dame-du-Taur
Pl. A. France
Déville
R. Pargaminières
R. La Fayette
Place Wilson
Gabriel
Péri
CAPITOLE
Capitole
Pl. du Capitole
Donjon
LES JACOBINS
R. Lakanal
R. Gambetta
R. St Rome
R. de la Colombette
R. M. Fonvielle
Rue d'Aubuisson
Place Occitane
ST-GEORGES
Lazare
Hôtel de Bernuy
R. St-Antoine du T.
Pl. St.Georges
POL
R. du May
Peyrolières
Pl. de la Daurade
R. des Changes
R. de la Bourse
MUSÉE DES AUGUSTINS
R. de Metz
Carnot
F. Verdier
HÔTEL D'ASSÉZAT
Esquirol
Arts
Metz
CATH. ST-ÉTIENNE
Pont Neuf
R. des Couteliers
R. des Filatiers
Pl. Rouaix
Croix-Baragnon
R. Tolosane
R. Fermat
Allées François Verdier
R. des Potiers
Quai de la Daurade
Languedoc
R. Mage
R. St-Jacques
R. Perchepinte
R. Ninau
GARONNE
N.-D. la Dalbade
Pl. des Carmes
Carmes
Mée PAUL DUPUY
R. de la Dalbade
R. Pharaon
R. du
R. Espinasse
Pl. Montoulieu
Grand Rond
Jardin Royal
Quai de Tounis
R. de la Garonnette
R. Nazareth
Grd-R
Ozenne
Guesde
Pl. du Salin
Av. M. Hauriou
Allées Jules
Pl. du Parlement
ST-EXUPERE
MUSÉUM D'HISTOIRE NATURELLE
Allées Frédéric Mistral
Allées P. Feuga
R. Alfred Duméril
Jardin des Plantes
Mt de la Résistance
Pont St-Michel
Palais de Justice
Pl. A. Lafourcade
0
200 m

RÉPERTOIRE DES RUES DE TOULOUSE

Agde (Rte d') . . . . **CS**
Albi (Rte d') . . . . **CS**
Alsace-Lorraine (R. d') . . . **EXY**
Arcole (Bd) . . . . **EX**
Arcs-St-Cyprien (R. des) . . . **DV**
Arènes-Romaines (Av.) . . . . **AT** 3
Arnaud-Bernard (Pl.) . . . . . . **EX**
Arnaud-Bernard (R.) . . . . . . **EX** 4
Arts (R. des) . . . . **FY**
Astorg (R. d') . . . . **FY** 5
Aubuisson (R. d') . . . . **FY**
Austerlitz (R. d') . . . . **FX**
Barcelone (Allée) . . . . **DV**
Baronie (R.) . . . . **EY** 9
Bayard (R. de) . . . . **FX**
Bayonne (Rte de) . . . . **AT**
Béarnais (R. du) . . . . **DV**
Belfort (R.) . . . . **FX**
Biarritz (Av. de) . . . . **AT** 12
Billières (Av. E.) . . . . **DV** 13
Blagnac (Rte de) . . . . **AST**
Bonnefoy (R. Fg) . . . . **CS** 15
Bonrepos (Bd) . . . . **DV** 16
Bordebasse (R. de) . . . . **AS**
Born (R. B. de) . . . . **FX**
Boulbonne (R.) . . . . **FY** 18
Bouquières (R.) . . . . **FZ** 19
Bourse (Pl. de la) . . . . **EY** 20
Bourse (R. de la) . . . . **EY**
Brienne (Allée de) . . . . **DV**
Brunaud (Av.) . . . . **CT**
Cantegril (R.) . . . . **FY** 23
Capitole (Pl. du) . . . . **EY**
Carmes (Pl. des) . . . . **EZ**
Carnot (Bd L.) . . . . **FY**
Cartailhac (R. E.) . . . . **EX** 26
Casselardit (Av. de) . . . . **AT** 28
Castres (Av. de) . . . . **CT**
Chaîne (R. de la) . . . . **EX** 31
Changes (R. des) . . . . **EY**
Château d'Eau (Av. du) . . . . **BT** 32
Chaubet (Av. Jean) . . . . **CT**
Colombette (R. de la) . . . . . **FZ**
Concorde (R. de la) . . . . **FZ**
Cornebarrieu (Av. de) . . . . . **AS** 33
Couteliers (R. des) . . . . . . **EYZ**
Crêtes (Bd des) . . . . **CT**
Croix-Baragnon (R.) . . . . **FY**
Cugnaux (R. de) . . . . **DV** 35
Cujas (R.) . . . . **EY** 36
Dalbade (R. de la) . . . . **EZ**
Daurade (Pl. de la) . . . . **EY**
Daurade (Quai de la) . . . . . . **EY** 38
Demoiselles (Allée des) . . . **DV** 40
Denfert-Rochereau (R.) . . . . **FX**
Déodat-de-Sév. (Bd) . . . . . . **BU** 43
Déville (R.) . . . . **EX**
Dr-Baylac (Pl. du) . . . . **AT** 47
Duméril (R. A.) . . . . **DV**
Duportal (Bd A.) . . . . **DV**
Eisenhower (Av. du Gén.) . **AU**
Embouchure (Bd de l') . . . . **DV**
Espagne (Rte d') . . . . **BU**
Espinasse (R.) . . . . **FZ**
Esquirol (Pl.) . . . . **EY** 54
Etats-Unis (Av. des) . . . . **BS** 55
Europe (Pl. de l') . . . . **DV**
La-Fayette (R.) . . . . **EY**
Fermat (R.) . . . . **FYZ**
Fer-à-Cheval (Pl. du) . . . . . . **DV**
Feuga (Allée P.) . . . . **EZ**
Filatiers (R. des) . . . . **EYZ**
Fitte (Allée Ch.-de) . . . . **DV**
Fonderie (R. de la) . . . . **EZ** 60
Fonvielle (R. M.) . . . . **FY**
France (Pl. A.) . . . . **EX**
Frères-Lion (R. des) . . . . **FY** 62
Frizac (Av.) . . . . **DV**
Fronton (Av. de) . . . . **BS**
Gambetta (R.) . . . . **EY**
Gare (Bd de la) . . . . **DV**
Garonnette (R. de la) . . . . . . **EZ**
Gatien-Arnoult (R.) . . . . **EX**
Gloire (Av. de la) . . . . **CT**
Gonin (Av. Cl.) . . . . **AS**
Grande-Bretagne (Av. de) . . **AT** 67
Grand-Rond . . . . **FZ**
Grenade (Rte de) . . . . **AS**
Griffoul-Dorval (Bd) . . . . **DV** 72
Guesde (Allée J.) . . . . **FZ**
Hauriou (Av. M.) . . . . **EZ**
Henry-de-Gorsse (R.) . . . . . **EZ** 76
Jeanne-d'Arc (Pl.) . . . . **FX**
Jean-Jaurès (Allées) . . . . . . **FX**
Jules-Chalande (R.) . . . . **EY** 79
Julien (Av. J.) . . . . **BU** 80
Lafourcade (Pl. A.) . . . . **EZ**
Laganne (R.) . . . . **DV**
Lakanal (R.) . . . . **EY**
Langer (Av. M.) . . . . **BU** 84
Languedoc (R. du) . . . . **EZ**
Lapeyrouse (R.) . . . . **FY** 85
Lardenne (Av. de) . . . . **AT**
Lascrosses (Bd) . . . . **DV**
Lautmann (R.) . . . . **EX**
Leclerc (Bd Mar.) . . . . **DV** 87
Lois (R. des) . . . . **EX**
Lombez (Av. de) . . . . **AT** 88
Lyon (Av. de) . . . . **DV**
Mage (R.) . . . . **FZ**
Magre (R. Genty) . . . . **EY** 91
Malcousinat (R.) . . . . **EY** 92
Marchands (R. des) . . . . **EY** 95
Marquette (Bd de la) . . . . . . **DV**
Matabiau (Bd) . . . . **DV**
Matabiau (R.) . . . . **DV**
May (R. du) . . . . **EY**
Mercié (R. A.) . . . . **EY** 103
Merly (R.) . . . . **FZ**
Metz (R. de) . . . . **EFY**
Minimes (Av. des) . . . . **BS** 104
Minimes (Bd des) . . . . **DV**
Mirail (Av. du) . . . . **AU**
Mistral (Allées-F.) . . . . **FZ**
Montoulieu (Pl.) . . . . **FZ**
Muret (Av. de) . . . . **DV**
Narbonne (Rte de) . . . . **BCU**
Nazareth (Gde-R.) . . . . **EFZ**
Ninau (R.) . . . . **FZ**
Occitane (Pl.) . . . . **FY**
Ozenne (R.) . . . . **FZ**
Pargaminières (R.) . . . . **EY**
Paris (Barrière de) . . . . **BS** 109
Parlement (Pl. du) . . . . **EZ**
Pauilhac (R. C.) . . . . **EFX**
Perchepinte (R.) . . . . **FZ**
Périgord (R. du) . . . . **EX**
Péri (R. G.) . . . . **FX**
Peyras (R.) . . . . **EY** 113
Peyrolières (R.) . . . . **EY**
Pharaon (R.) . . . . **EZ**
Pleau (R. de la) . . . . **FZ** 114
Poids-de-l'Huile (R.) . . . . . . **EY** 115
Polinaires (R. des) . . . . **EZ** 116
Pomme (R. de la) . . . . **EFY** 117
Pompidou (Allée) . . . . **DV** 118
Potiers (R. des) . . . . **FZ**
Pt-Guilheméry (R.) . . . . **CT** 119
Pujol (Av. C.) . . . . **CT** 121
Ramelet-Moundi (Ch. de) . **AU**
Raymond IV (R.) . . . . **FX**
Récollets (Bd des) . . . . **BU** 123
Rémusat (R. de) . . . . **EX**
République (R. de la) . . . . . . **DV** 124
Revel (Rte de) . . . . **CU** 125
Rieux (Av. J.) . . . . **DV**
Riguepels (R.) . . . . **FY** 127
Riquet (Bd) . . . . **DV**
Romiguières (R.) . . . . **EY** 129
Roosevelt (Allées) . . . . . . **FXY** 130
Rouaix (Pl.) . . . . **EY**
Ste-Lucie (R.) . . . . **DV**
Ste-Ursule (R.) . . . . **EY** 137
St-Antoine-du-T. (R.) . . . . . . **FY**
St-Bernard (R.) . . . . **EX**
St-Etienne (Port) . . . . **DV** 133
Saint-Exupéry (Av.) . . . . **CU**
St-Georges (Pl.) . . . . **FY**
St-Jacques (R.) . . . . **FZ**
St-Michel (Gde-R.) . . . . **DV** 134
St-Pierre (Pl.) . . . . **DV**
St-Rome (R.) . . . . **EY**
St-Sernin (Pl.) . . . . **EX**
St-Simon (Rte de) . . . . **AU** 136
Salin (Pl. du) . . . . **EZ**
Sébastopol (R. de) . . . . **DV** 139
Ségoffin (Av. V.) . . . . **BU** 140
Séjourné (Av. P.) . . . . **DV**
Semard (Bd P.) . . . . **DV** 142
Serres (Av. H.) . . . . **DV**
Seysses (Rte de) . . . . **AU**
Strasbourg (Bd de) . . . . **FX**
Suau (R. J.) . . . . **EY** 146
Suisse (Bd de) . . . . **BST**
Taur (R. du) . . . . **EX**
Temponières (R.) . . . . **EY** 147
Tolosane (R.) . . . . **FYZ**
Tounis (Quai de) . . . . **EZ**
Trentin (Bd S.) . . . . **BS** 148
Trinité (R. de la) . . . . **EY** 149
U.R.S.S. (Av. de l') . . . . **BU** 154
Vélane (R.) . . . . **FZ** 158
Verdier (Allées F.) . . . . **FZ**
Victor-Hugo (Pl.) . . . . **FX**
Wagner (Bd Richard) . . . . . **BT** 160
Wilson (Pl. Prés.) . . . . **FY**
3-Journées (R. des) . . . . **FY** 162
3-Piliers (R. des) . . . . **EX** 164

Le Pier (N) sans rest

26 bd du Mar.-Juin – ✆ 05 61 75 61 75 – www.piertoulousehotel.com

28 ch – †100/260 € ††100/260 € – 5 suites – ☕ 18 € Plan : 3DV**a**

Un établissement – ouvert en 2013 – à deux pas de la Garonne et de la station de tramway menant directement à l'aéroport. Les chambres, dans un style contemporain, sont confortables et bien tenues, et la salle de petit-déjeuner, au dernier étage, offre une belle vue sur les toits.

Novotel Centre Wilson (N) sans rest

13 pl. Wilson – ✆ 05 61 10 70 70 – www.novotel.com Plan : 4FXY**p**

125 ch – †90/270 € ††90/350 € – 8 suites – ☕ 17 €

Idéalement situé au cœur du centre-ville, cet établissement d'architecture régionale a été entièrement rénové il y a quelques années. Le plus : on prend son petit-déjeuner sous une belle verrière.

Novotel Centre

5 pl. A.-Jourdain – ✆ 05 61 21 74 74 – www.novotel.com Plan : 3DV**u**
135 ch – 78/192 € 78/192 € – 2 suites – 15 €
Rest – Formule 18 € – Carte 19/43 €
Des chambres très confortables, fonctionnelles et parfaitement équipées, idéales pour la clientèle d'affaires. La salle de restaurant, décorée dans un style contemporain, ouvre sur la piscine et le jardin japonais.

Le Grand Balcon sans rest

10 r. Romiguière – ✆ 05 34 25 44 09 – www.grandbalconhotel.com Plan : 4EY**x**
47 ch – 180/410 € 180/410 € – 18 €
Il accueillit les plus grandes légendes de l'Aéropostale. La déco – design et créative – leur rend hommage, et la chambre n° 32 reproduit fidèlement celle qu'occupait Saint-Exupéry dans les années 1930. Une adresse mythique !

Garonne sans rest

22 descente de la Halle-aux-Poissons – ✆ 05 34 31 94 80 – www.hotelgaronne.net Plan : 4EY**d**
14 ch – 95/260 € 95/260 € – 15 €
Cet hôtel de caractère est niché dans une venelle du vieux Toulouse. Très contemporain (du bois, de la couleur, des touches chinoises...), il propose de jolies chambres, meublées en wengé. Élégant et chaleureux, tout simplement !

Citiz sans rest

18 allées Jean-Jaurès – ✆ 05 61 11 18 18 – www.citizhotel.com Plan : 4FX**b**
56 ch – 100/210 € 115/225 € – 18 €
En plein centre (près de la place Wilson), un hôtel urbain et très design – inauguré en 2010 –, avec un salon de thé pour grignoter. Dans les chambres, le décor est épuré et très contemporain, parfait pour un voyage d'affaires ou un week-end citadin.

Hôtel des Beaux Arts sans rest

1 pl. du Pont-Neuf – ✆ 05 34 45 42 42 – www.hoteldesbeauxarts.com
19 ch – 115/255 € 115/255 € – 14 € Plan : 4EY**v**
De la toile de Jouy d'esprit bonbonnière, ou de le paille de riz pour l'exotisme... Quel que soit l'esprit des chambres, leur décor est soigné, et la plupart d'entre elles offrent une jolie vue sur la Garonne. En outre, l'accueil est charmant !

Les Capitouls sans rest

29 allées Jean-Jaurès – ✆ 05 34 41 31 21 – www.bestwestern-capitouls.com
53 ch – 95/220 € 95/220 € – 2 suites – 16 € Plan : 4FX**g**
Au cœur de la Ville rose, non loin de la gare, on découvre cet ancien hôtel particulier plein de charme et de caractère. Les chambres, classiques, sont fonctionnelles et très bien insonorisées, et l'entretien de l'ensemble est irréprochable.

Mercure Wilson sans rest

7 r. Labéda – ✆ 05 34 45 40 60 – www.mercure-toulouse-wilson.com
95 ch – 91/196 € 91/196 € – 4 suites – 17 € Plan : 4FY**m**
À deux pas de la place Wilson, l'hôtel se dévoile par sa façade en brique rouge, typiquement toulousaine ! Au confort des chambres s'ajoute le plaisir, quand viennent les beaux jours, de prendre le petit-déjeuner sur la terrasse intérieure.

Mermoz sans rest

50 r. Matabiau – ✆ 05 61 63 04 04 – www.privilegetoulouse.com Plan : 3DV**f**
51 ch – 110/235 € 110/235 € – 15 €
Mermoz, héros de l'Aéropostale... Dans cet hôtel bien situé (entre gare et centre-ville), la décoration, actuelle et épurée, évoque par touches cette aventure du 20e s. Et côté cour, on découvre un îlot de verdure avec une piscine à débordement.

Athénée sans rest

13 bis r. Matabiau – ✆ 05 61 63 10 63 – www.hotel-toulouse-athenee.com
35 ch – 79/167 € 79/177 € Plan : 4FX**a**
À deux pas de la gare routière et du centre-ville. Les chambres sont avant tout pratiques et bien insonorisées. Pour l'agrément, le petit salon est vraiment joli.

Le Père Léon Ⓝ sans rest

2 pl. Esquirol – ✆ 05 61 21 70 39 – www.pere-leon.com Plan : 4EY**s**
41 ch – †75/150 € ††90/150 € – ☕ 10 €
Dans le centre historique, cet hôtel – rénové en 2013 – propose des chambres confortables et bien tenues. Idéal pour les touristes ou la clientèle d'affaires qui ne souhaitent pas prendre leur voiture... Ici, tout est accessible à pied !

Le Clos des Potiers sans rest

12 r. des Potiers – ✆ 05 61 47 15 15 – www.le-clos-des-potiers.com Plan : 4FZ**e**
10 ch – †105/150 € ††105/150 € – ☕ 14 €
Près du centre-ville, cette demeure bourgeoise cultive avec bonheur un certain esprit maison d'hôtes. Classicisme de bon ton et atmosphère très cosy : les amateurs du genre posent ici leurs valises avec plaisir...

St-Claire sans rest

29 pl. Nicolas-Bachelier – ✆ 05 34 40 58 88 – www.stclairehotel.fr Plan : 4FX**u**
16 ch – †52/77 € ††72/132 € – ☕ 12 €
La première chose qui frappe en entrant dans cet hôtel, c'est son intérieur lumineux et les teintes très claires utilisées dans la décoration. Quant aux chambres, elles séduisent par leur mobilier en bois peint, réalisé par un artisan local. Un ensemble sympathique.

Albert 1er sans rest

8 r. Rivals – ✆ 05 61 21 17 91 – www.hotel-albert1.com Plan : 4EX**r**
47 ch – †65/125 € ††65/145 € – ☕ 11 €
Une jolie façade classique, différentes salles de réunions... mais surtout des chambres soignées, d'esprit rustique, avec un mobilier en bois massif et des sanitaires parfaitement entretenus. Voilà un bon point de chute à deux pas du Capitole !

Les Loges de St-Sernin sans rest

12 r. St-Bernard – ✆ 05 61 24 44 44 – www.leslogesdesaintsernin.com – Fermé 23 oct.- 2 nov. Plan : 4EX**t**
4 ch ☕ – †115/140 € ††115/140 €
Sylviane Tatin a le sens de l'accueil... Ses chambres, situées au 2e étage d'un bel immeuble bourgeois, évoquent la Ville rose avec élégance et raffinement, et ont chacune une couleur de prédilection... Au petit-déjeuner, on se régale de confitures et gâteaux maison. Tatin, comme les sœurs Tatin ?

Restaurants

Michel Sarran

21 bd A.-Duportal – ✆ 05 61 12 32 32 – www.michel-sarran.com – Fermé août, vacances de Noël, merc. midi, sam. et dim. Plan : 3DV**m**
Menu 50 € 🍷 (déj.), 98/172 € 🍷 – Carte 105/139 € *(réservation conseillée)*
En léger retrait du centre-ville, la table de Michel Sarran est la référence à Toulouse : comment ne pas saluer une cuisine aussi bien exécutée, marquée pleinement par la personnalité de son chef, et valorisant des produits d'exception ? Le décor des salles, repensé en 2013, rend également un bel hommage à la région ! ➜ Tartare de homard bleu rafraîchi à la bisque froide et zestes d'orange. Porc noir de Bigorre en cocotte au thym, girolles et gras de jambon. Pommes sur un sablé breton, pomme rôtie et sorbet aux herbes.

Stéphane Tournié Les Jardins de l'Opéra

1 pl. du Capitole – ✆ 05 61 23 07 76 – www.lesjardinsdelopera.com – Fermé 11-18 août, 1er-10 janv., midi fériés, dim. et lundi Plan : 4EY**q**
Menu 30 € (semaine), 56/99 € – Carte 80/87 €
Stéphane Tournié va à l'essentiel et le fait bien : de beaux produits (bio de préférence), des cuissons maîtrisées, de la finesse et du goût... À deux pas de la place du Capitole – dans une belle cour intérieure coiffée d'une verrière –, sa table est une valeur sûre. ➜ Foie gras de canard poché dans un bouillon onctueux à la citronnelle et huître. Pigeon mariné au vin rouge et rôti aux poivres de Madagascar. Craquant au chocolat, caramel au beurre salé et framboises.

Anges et Démons

1 r. Perchepinte – ✆ 05 61 52 66 69 – www.restaurant-angesetdemons.com – Fermé 1er-15 juil., 5-20 janv., dim. soir, lundi et le midi sauf dim. Plan : 4FZ**a**
Menu 39/75 €
De beaux murs en brique apparente et de superbes voûtes du 16es. au sous-sol : nous ne sommes ni au paradis ni en enfer, mais au cœur de Toulouse, à laquelle le rose va si bien ! Au menu, une cuisine recherchée, qui prête au péché de gourmandise...

PY-R

19 descente de la Hall-aux-Poissons – ✆ 05 61 25 51 52 – www.py-r.com – Fermé 3 semaines en août, dim. et lundi Plan : 4EY**f**
Menu 26 € (semaine), 42/62 €
Dans une ruelle du vieux Toulouse, un superbe restaurant contemporain dans lequel le blanc domine... Aux fourneaux, le jeune chef réalise une cuisine du marché inventive et savamment composée. Œuf mollet, petits légumes, jarret de cochon et brisure de sable ; pluma de bellota rôti, polenta au parmesan... Un délice !

Metropolitan

2 pl. Auguste-Albert – ✆ 05 61 34 63 11 – www.metropolitan-restaurant.fr – Fermé 1er-15 août, 1er-10 janv., dim. et lundi Plan : 2CT**a**
Menu 32 € (déj. en semaine), 45/110 € – Carte 84/111 €
De la passion et du professionnalisme : voilà qui caractérise le jeune chef et son équipe. Dans les cuisines, en partie ouvertes sur la salle, ce joli monde mitonne des assiettes fines et inventives, au profit de beaux produits. Dans un décor très contemporain, entre orange et chocolat, on apprécie...
→ Poêlée de ris de veau et anguille fumée, chou-fleur et pomme verte. Homard rôti façon osso-buco, poudrée de gremolata et risotto crémeux au safran. Barre glacée au chocolat ivoire et violette.

Le Bibent

5 pl. du Capitole – ✆ 05 34 30 18 37 – www.maisonconstant.com Plan : 4EY**m**
Menu 29 € – Carte 35/54 €
Un emplacement privilégié, au cœur de la Ville rose, et un superbe décor Belle Époque : en 2011, Christian Constant (originaire de Montauban) a rendu à l'établissement tout son lustre de brasserie historique. On s'y presse pour ses grands classiques : haricots montalbanais, œufs mimosa...

Les Quatre Petits Cochons (N)

99 av. de Lardenne – ✆ 05 61 49 40 40 – Fermé vacances de Noël Plan : 1AT**b**
Menu 16 € (déj. en semaine), 35 € 🍷/45 € 🍷 – Carte 36/58 €
Ces Quatre Petits Cochons ont trouvé refuge dans une vraie maison de ville. On y déguste des plats joliment présentés, colorés et goûteux, au gré d'une carte qui suit les saisons. La cheminée est allumée tout l'hiver, et quand reviennent les beaux jours, on s'installe dans le jardin, parmi les arbres... sans craindre le loup !

Le Fouquet's

18 chemin de la Loge – ✆ 05 61 33 37 77 – www.lucienbarriere.com
Formule 24 € 🍷 – Menu 36 € – Carte 38/110 € Plan : 2BU**a**
Dans cet immeuble de verre et d'acier, un casino, un théâtre et... le Fouquet's ! Feuilles d'or, acajou, cuir et photos de stars : dans un cadre opulent, on savoure une cuisine au goût du jour, dans l'esprit brasserie haut de gamme. Et l'accueil est plein d'attention !

Le L

24 pl. de la Bourse – ✆ 05 61 21 69 05 – www.restaurantlel.com – Fermé dim. et lundi Plan : 4EY**c**
Formule 18 € – Carte 35/70 €
Que vous inspire ce L mystérieux ? Sur la place de la Bourse, au cœur de la vieille ville, cette ancienne bonneterie est devenue un lieu contemporain et design : tons chauds, bois sombre, belle table d'hôte près de la cave à vins. Une carte inventive et une atmosphère inimitable... qui vous donnent des ailes !

7 Place St-Sernin

7 pl. St-Sernin – 05 62 30 05 30 – www.7placesaintsernin.com – Fermé 3-18 août, lundi midi, sam. midi et dim. Plan : 4EX**v**

Formule 19 € – Menu 23 € (déj.), 28/58 € – Carte 52/74 €

Une belle toulousaine, colorée et chaleureuse, dont la terrasse donne sur la basilique chère à Nougaro. Pour les papilles : tradition et terroir revus et corrigés. Et pour le portefeuille, un bon rapport qualité-prix !

Émile

13 pl. St-Georges – 05 61 21 05 56 – www.restaurant-emile.com – Fermé vacances de Noël, lundi sauf le soir de mai à sept. et dim. Plan : 4FY**r**

Menu 22 € (déj.), 37/57 € – Carte 46/63 €

Belle carte des vins, solide cuisine traditionnelle 100 % maison – produits frais et producteurs locaux sont à l'honneur – et, cerise sur le gâteau, jolie terrasse sur une agréable place. Quant à la vedette des lieux, c'est le cassoulet, évidemment !

La Cendrée (N)

11 r. des Tourneurs – 05 61 25 76 97 – www.lacendree.com – Fermé dim. soir

Formule 9 € – Menu 16 € (déj. en semaine), 29/46 € – Carte 36/58 € Plan : 4EY**x**

Des murs de briques, des tables drapées de blanc, une cheminée du 15e s. attisée par un ancien soufflet de forge, des poutres apparentes... La Cendrée a du cachet ! Un décor auquel répond une cuisine légère et goûteuse, à l'image de ce saumon poché et son délicieux risotto aux légumes verts. Service tout sourire.

Colmado (N)

1 r. des Trois-Journées – 05 61 42 52 82 – www.colmado.fr – Fermé dim. midi

Formule 15 € – Menu 18 € (déj. en semaine) – Carte 38/51 € Plan : 4FY**a**

À deux pas de la place Wilson, ce restaurant tendance n'hésite pas à piocher des saveurs aux quatre coins du monde, et à faire évoluer sa carte au fil des saisons... Une invitation au voyage comme, par exemple, cet effiloché de bœuf façon sukiyaki et croquant de légumes thaï. Accueil et service tout sourire.

L'Empereur de Huê

17 r. des Couteliers – 05 61 53 55 72 – www.empereurdehue.com – Fermé le midi, dim. et lundi Plan : 4EZ**a**

Menu 39 € (semaine) – Carte 50/62 € *(réservation conseillée)*

Une adresse à conseiller aux adeptes de mariages réussis : dans ce petit restaurant contemporain, la cuisine vietnamienne rencontre la culture culinaire française... pour le meilleur ! Et la décoration, épurée et chaleureuse, rend ce moment encore plus précieux.

Chez Fifi

17 r. Croix-Baragnon – 05 61 53 34 24 – www.chez-fifi.fr – Fermé 12 juil.-21 août, dim. et lundi Plan : FY**b**

Menu 21 € (déj.), 46 €

Poussez la porte de ce sympathique restaurant du vieux Toulouse : un chef plein de métier y officie, signant une cuisine du marché savoureuse et joliment maîtrisée. La devise ? "Cuisine familiale et un peu plus..." Ainsi ce cabillaud à la tomate épicée sur un risotto à l'huile d'olive, ou cette joue de porc braisée.

Le Pic Saint Loup

7 r. St-Léon – 05 61 53 81 51 – www.restaurantlepicsaintloup.com – Fermé 2 semaines en mai, 3 semaines en août, dim. et lundi Plan : 2BU**b**

Formule 14 € – Menu 17 € (déj. en semaine)/55 € – Carte 34/56 €

Le cadre est volontairement dépouillé, car ici c'est l'assiette qui est reine. Le chef aime faire son marché avec ses amis cuisiniers et cela se sent : de bons produits travaillés dans les règles de l'art et... du goût !

La Folie d'en Marge

8 r. Mage – 05 61 25 77 01 – www.lafoliedenmarge.com – Fermé août, dim. et lundi Plan : 4FZ**v**

Menu 16 € (déj.)/29 € – Carte 32/54 € *(réservation conseillée)*

La table gastronomique de Frank Renimel (En Marge) a déménagé en 2012 en périphérie de Toulouse, mais le jeune chef a conservé ce grain de folie au cœur de la ville. Au menu, une cuisine toujours audacieuse, goûteuse et colorée, mais désormais plus simple, parfaite pour un petit dîner en ville.

L'Air de Famille

20 pl. Victor-Hugo – ✆ 05 61 21 93 29 – www.lairdefamille-restaurant.com – Fermé 3 semaines en août, 1 semaine à Noël, mardi soir, merc. soir, dim. et lundi Plan : 4FX**t**

Formule 18 € – Menu 21 € (déj. en semaine)/30 € – Carte 35/50 € dîner

C'est vrai, il y a ici comme un air de bistrot de famille avec ces tables serrées, ces vieilles affiches, ces vins à l'ardoise... Et dans l'assiette, on sent la patte du vrai cuisinier qui respecte les produits (du Sud jusqu'à la Loire !), en toute simplicité. Une adresse très sympathique.

Lo Specchio

60 r. des Tourneurs – ✆ 05 61 38 19 40 – www.restaurant-lospecchio-toulouse.fr – Fermé 4-25 août, dim. et lundi Plan : 4EY**e**

Formule 15 € – Menu 19 € (déj. en semaine) – Carte 24/39 €

N'hésitez pas à venir contempler le reflet de ce Specchio ("miroir" en italien), situé dans une petite ruelle du centre de la ville rose. Dans une atmosphère conviviale, on déguste une cuisine fraîche et colorée, respectant parfaitement les saisons et... réalisée avec passion. Bref : un condensé d'Italie !

Genty Magre

3 r. Genty-Magre – ✆ 05 61 21 38 60 – www.legentymagre.com – Fermé 31 juil.-25 août, 1er-7 janv., dim. et lundi Plan : 4EY**b**

Formule 16 € – Menu 20 € (déj.), 34/60 € – Carte 41/57 €

Dans une petite rue du centre, ce restaurant lorgne vers l'esprit bistrot, et mêle le neuf (la déco contemporaine) avec l'ancien (les poutres apparentes, les murs en brique...). Côté cuisine, on revisite joyeusement le terroir avec de beaux produits et de bons vins. Chaleur au déjeuner, raffinement au dîner !

Brasserie du Stade

114 r. des Troënes ✉ 31200 – ✆ 05 34 42 24 20 – www.stadetoulousain.fr – Fermé mi-juil. à mi-août, 20 déc.-1er janv., lundi soir, mardi soir, sam. et dim. Plan : 1AS**x**

Menu 23 € (déj.)/29 € – Carte 38/51 €

Une vaste brasserie à la gloire du ballon ovale, dans l'enceinte même du stade. Entre maillots et trophées, on savoure une cuisine du marché simple et plaisante : essai transformé.

à Gratentour 15 km au Nord par D 4 et D 14 - BS – ✉ 31150 – 3 545 hab.

Le Barry

47 r. Barry – ✆ 05 61 82 22 10 – www.lebarry.fr – Fermé 19 déc.-4 janv., vend., sam. et dim. d'oct. à mars

22 ch – †78/124 € ††83/124 € – ☕ 9 € – ½ P

Rest – Formule 20 € – Menu 25 € – Carte 20/43 € *(fermé 26 juil.-17 août, vend. soir sauf de mai à sept., sam. et dim.)*

Une ferme de brique rose et son extension, dans un village de la grande banlieue toulousaine. Les chambres sont simples et propres, l'accueil familial, et le restaurant joue la carte rustique, avec murs en briques et vieille cheminée. Un ensemble paisible...

à l'Union 7 km au Nord-Est - CS – ✉ 31240 – 11 868 hab.

La Bonne Auberge

2 bis r. Autan-Blanc, N 88 – ✆ 05 61 09 32 26 – www.bonneauberge31.fr – Fermé 9-30 août, 21 déc.-7 janv., dim. et lundi

Menu 20 € (déj. en semaine), 29/56 € – Carte 39/56 €

Rénovée avec juste ce qu'il faut de touches contemporaines (tons rouge orangé, tableaux figuratifs), cette auberge conserve une âme rustique et chaleureuse... Le chef et sa brigade ont le souci du beau produit, maîtrisent les cuissons et délivrent une cuisine colorée, généreuse et savoureuse. Une bonne auberge !

à Rouffiac-Tolosan 12 km par ② – ✉ 31180 – 1 732 hab.

Ô Saveurs (Daniel Gonzalez et David Biasibetti)

8 pl. des Ormeaux, (au village) – ✆ 05 34 27 10 11 – www.o-saveurs.com – Fermé 1 semaine en mai, 15-31 août, 1 semaine en sept., en fév., sam. midi, dim. soir et lundi

Menu 28 € (déj. en semaine), 46/98 € – Carte 80/94 €

Daniel Gonzalez (ancien chef de la regrettée Frégate, à Toulouse) et David Biasibetti, c'est l'expérience et la fougue au service d'un même idéal : une cuisine éprise de la Méditerranée, à l'image de ce pavé de bar rôti, aux pommes de terre truffées et champignons des bois, qui vaut mieux qu'un discours... Généreux et audacieux ! ➜ Fricassée de langoustines au foie gras, pleurotes et coulis de corail. Filet de bar rôti, poêlée et émulsion de cèpes, pommes croustillantes. Soufflé au Grand Marnier.

à Montrabé 9 km par ③ et D 112 – ✉ 31850 – 3 585 hab.

L'Instant...

chemin du Logis-Vieux – ✆ 05 61 48 25 24 – www.restaurant-linstant.fr – Fermé lundi soir, mardi soir et dim.

Formule 14 € – Menu 18 € (déj. en semaine), 30 € – Carte 39/63 €

L'Instant... d'une parenthèse gourmande non loin de Toulouse ! Dans un décor zen et épuré, on s'installe à l'une des tables d'un blanc immaculé pour manger au coude-à-coude. Derrière les fourneaux, le chef signe une cuisine dans l'air du temps avec quelques touches méridionales et asiatiques. Une bonne adresse.

à Rangueil 5 km au Sud-Est – ✉ 31400

Mas de Dardagna

1 chemin de Dardagna , (près de l'hôpital Rangueil) – ✆ 05 61 14 09 80 – www.masdedardagna.com – Fermé 3 semaines en août, 26-31 déc., sam., dim. et fériés Plan : 2BU**e**

Formule 19 € – Menu 21 € (déj.), 30/51 € *(réservation conseillée)*

Voilà une cuisine respectueuse des produits, simple et bien faite... Aucun doute, cette ancienne ferme – typiquement toulousaine – est un joli repaire gourmand ! Et aux beaux jours, on peut même s'installer sous les canisses...

à Castanet-Tolosan 12 km par ⑤ et N 113 – ✉ 31320 – 11 033 hab.

La Table des Merville

3 pl. Pierre-Richard – ✆ 05 62 71 24 25 – www.table-des-merville.fr – Fermé 9-23 août, 21-28 déc., dim. et lundi

Formule 18 € – Menu 31/45 € – Carte 42/110 €

Ce sympathique bistrot contemporain, plutôt animé sur cette placette centrale, attire du monde... C'est que les gourmets viennent voir le chef à l'œuvre dans sa cuisine ouverte, préparant un filet de lieu jaune aux oranges sanguines, ou encore un risotto de noix de Saint-Jacques au basilic. Un parfum de "mervilleux" !

à Pinsaguel 13km par ⑥ et D 120 – ✉ 31120 – 2 611 hab.

Le Gentiane

7 r. du Cagire – ✆ 05 62 20 55 00 – www.legentiane.fr – Fermé 12-20 août, 31 déc.-6 janv., dim. soir, lundi et mardi

Formule 14 € – Menu 25 € (déj. en semaine)/48 € – Carte 55/62 €

Entre autres vertus, la gentiane est connue pour stimuler l'appétit... Comme cet endroit ! Après avoir tenu une épicerie fine à Toulouse, le couple Bachon a réalisé son rêve : ouvrir un restaurant aux airs de maison privée, où l'on se rend "comme chez des amis". À un détail près : ici, on est sûr de bien manger.

à Vigoulet-Auzil 13 km au Sud par D4 et D35^{e} - BU – ✉ 31320 – 944 hab.

Château d'Arquier sans rest

17 av. des Pyrénées – ✆ 05 61 75 80 76 – www.arquier.com

3 ch – 95/100 € 100/105 €

Sur un coteau arboré, cette bâtisse typiquement toulousaine recèle le charme bourgeois des maisons de famille (mobilier de style, peintures murales de Marc Saint-Saëns...). Sur l'arrière, on profite d'une belle vue sur le vaste parc. Quel calme !

à Aureville 16 km au Sud par D 4 et D 4 c- BU – ✉ 31320 – 731 hab.

XX **En Marge** (Frank Renimel) avec ch
1204 rte de la Croix-Falgarde, (lieu-dit Birol) – ✆ 05 61 53 07 24
– www.restaurantenmarge.com – Fermé dim. et lundi
6 ch – 170/350 € 170/350 € – 19 €
Menu 30 € (déj. en semaine), 49/95 € – Carte 110/135 €
Cette ferme du 19e s., transformée en élégant hôtel-restaurant, est le repaire du jeune chef Franck Renimel. Dans ce coin de campagne "En Marge" de la ville, il montre qu'il a toujours la même envie de surprendre : avec talent et audace, il jongle avec les saveurs et les textures... et fait mouche, sans dérouter !
→ Cappuccino de champignons et foie gras à la truffe noire. Cochon de lait longuement cuit et fumé au foin. Tarte Tatin exotique.

à Lacroix-Falgarde 13 km au Sud par D 4 - BU – ✉ 31120 – 2 028 hab.

XX **Le Bellevue**
1 av. des Pyrénées – ✆ 05 61 76 94 97 – http://restolebellevue.free.fr – Fermé 15 oct.-15 nov., 28 fév.-9 mars, merc. de sept. à avril et mardi
Formule 18 € – Menu 28/42 € – Carte 46/60 €
Quand on s'promène au bord de l'eau... Le Gabin de la "Belle Équipe" n'aurait pas renié cette ancienne guinguette et sa terrasse ombragée, perchée au bord de l'Ariège. En cuisine, le sympathique chef mitonne des plats traditionnels qui mettent le terroir à l'honneur.

à Villeneuve-Tolosane 12 km au Sud-Ouest par D 15 – ✉ 31270 – 8 637 hab.

X **D'Cadei**
8 pl. de l'Hôtel-de-Ville – ✆ 05 61 92 72 68 – www.dcadei.fr – Fermé dim. et lundi
Formule 15 € – Menu 23 € (déj. en semaine), 29/48 € – Carte 43/60 €
Des produits frais, du fait maison, tel est le credo du jeune chef, Damien Cadei. Sa cuisine, il la veut méditerranéenne, colorée, parfumée d'herbes aromatiques, d'ail, de légumes du soleil. Sans oublier la tradition régionale : foie gras, cassoulet...

à Tournefeuille 10 km à l'Ouest par D 632 AT – ✉ 31170 – 25 340 hab.

XX **L'Art de Vivre**
279 chemin Ramelet-Moundi – ✆ 05 61 07 52 52 – www.lartdevivre.fr – Fermé vacances de Pâques, 3 semaines en août, vacances de Noël, dim. soir, lundi et mardi
Formule 20 € – Menu 25 € (déj. en semaine), 39/62 € – Carte environ 53 €
Une maison noyée dans la verdure, une terrasse donnant sur un petit cours d'eau... Bucolique, n'est-ce pas ? Quant à la carte, elle révèle un Art de Vivre dans l'air du temps, des plats plaisants et bien réalisés, et une cave de près de 400 références !

à Purpan 6 km à l'Ouest par N 124 – ✉ 31300

Palladia
271 av. de Grande-Bretagne – ✆ 05 62 12 01 20 – www.hotelpalladia.com
89 ch – 118/480 € 118/480 € – 1 suite Plan : 1AT**e**
Rest – Formule 25 € – Menu 30/77 € – Carte 44/56 € *(fermé dim. et fériés)*
Hôtel d'affaires tout de verre et béton, situé entre l'aéroport et le centre-ville. Les chambres sont douillettes, spacieuses et bien insonorisées, et l'on peut profiter du spa après une réunion dans l'amphithéâtre ! Carte actuelle au restaurant.

Novotel Aéroport
23 impasse Maubec – ✆ 05 61 15 00 00 – www.novotel.com/0445 Plan : 1AT**a**
123 ch – 85/192 € 85/192 € – 16 €
Rest – Formule 18 € – Carte 23/50 € *(fermé sam. midi et dim. midi)*
Idéal pour la clientèle d'affaires, mais aussi pour les familles : l'intérieur est coloré, dans un style actuel, et les chambres sont fonctionnelles et parfaitement équipées. Dehors, des jeux pour enfants et... un terrain de pétanque pour tous.

à St-Martin-du-Touch vers ⑦ – ✉ 31300

Airport Hôtel sans rest
176 rte de Bayonne – ✆ 05 61 49 68 78 – www.airport-hotel-toulouse.com
45 ch – †75/110 € ††88/129 € – 3 suites – ☕ 10 € Plan : 1AT**s**
À proximité de l'aéroport de Toulouse-Blagnac, un petit hôtel des années 1980, très pratique, où règne une atmosphère familiale. Les chambres sont fonctionnelles, propres et bien insonorisées... Simple et efficace !

Le Cantou
98 r. Velasquez, D 2B – ✆ 05 61 49 20 21 – www.cantou.fr
– Fermé 15 août-3 sept., 21 déc.-7 janv., sam. et dim. Plan : 1AT**h**
Menu 33/68 € – Carte 38/56 €
On se croirait à la campagne et l'on est pourtant à deux pas de la ville et des pistes de l'aéroport. Découvrez donc cette ferme et son immense jardin, ainsi que la brique et le bois qui habillent chaleureusement son intérieur. Au menu : une cuisine calée sur le marché et une sélection de vins de 1 300 références !

à Colomiers 10 km par ⑦, sortie n° 3 puis direction Cornebarrieu par D 63 – ✉ 31770 – 35 186 hab.

L'Amphitryon (Yannick Delpech)
chemin de Gramont – ✆ 05 61 15 55 55 – www.lamphitryon.com – Fermé 2 semaines en août,1 semaine vacances de la Toussaint, 1 semaine en janv. et sam. midi
Menu 36 € (déj. en semaine), 78/128 € – Carte 105/148 €
Près du site aéronautique, un bel endroit cerné par la verdure, lumineux et au chic très contemporain... C'est ici qu'exerce Yannick Delpech, jeune chef dont le talent n'a pas attendu le nombre des années : très fines et soignées, ses assiettes sont à la fois inventives et solidement ancrées dans le classicisme et le Sud-Ouest. Un travail de haut vol ! → Caviar bio des Pyrénées, sardine taillée au couteau, crème de morue, raifort et balsamique. Cœur de filet de morue, gaspacho, amandes, raisins et truffe d'été. Œuf coque, crème brûlée au thé vert et mangue fraîche.

à Pibrac 12 km par ⑦, sortie n° 6 – ✉ 31820 – 8 091 hab.

Le Pavillon St-Jean
1 chemin Beauregard – ✆ 05 61 06 71 71 – www.lepavillonstjean.fr – Fermé 3-17 mars, 3 semaines en août, sam. midi, dim. soir et lundi
Menu 20 € (déj. en semaine), 26/52 €
Légèrement excentré, un restaurant au décor coloré et facétieux... Une passoire ? Non, un abat-jour ! Et la cuisine est à l'avenant : dans l'air du temps, fraîche et de saison.

à Blagnac 7 km au Nord-Ouest – ✉ 31700 – 21 710 hab.

Radisson Blu
2 r. Dieudonné-Costes – ✆ 05 61 16 18 00
– www.radissonblu.com/hotel-toulouseairport Plan : 1AS**x**
197 ch ☕ – †90/250 € ††120/300 € – 3 suites
Rest – Menu 27 € (déj. en semaine) – Carte 34/52 €
Tout près de l'aéroport, cet hôtel a l'âme résolument urbaine... Les chambres sont colorées, spacieuses et très tendance, et leur équipement dernier cri ravira la clientèle d'affaires ; on apprécie aussi le superbe patio planté de ceps de vigne et de lauriers roses.

Pullman
2 av. Didier-Daurat, dir. aéroport (sortie n° 3) – ✆ 05 34 56 11 11
– www.pullmanhotels.com Plan : 1AS**e**
100 ch – †120/220 € ††120/220 € – ☕ 25 €
Rest *Le Corridor* – Menu 25 € 🍷 – Carte 46/56 € *(fermé 27 juil.-18 août, vend. soir, sam., dim. et fériés)*
Dans cet hôtel d'affaires, des espaces communs cosy, une vingtaine de chambres d'esprit contemporain (les autres classiques), ainsi que de bons équipements, dont une belle piscine dans l'espace bien-être. Restaurant traditionnel et carte de tapas au bar.

Jin Ji
23 r. des Mines – ✆ 05 61 15 71 00 – www.jinjiresto.com – Fermé en août, sam. midi, dim. et lundi
Formule 15 € – Menu 24 € (déj.), 32/42 €
Venez déguster un "jin ji" (repas) coréen, préparé par une jeune chef... coréenne. Ici, honneur à la tradition en toute simplicité : le chou mariné (kimchi) est affiné sur place, et on n'utilise pas d'exhausteurs de goût ! Une adresse bien appréciée dans ce quartier résidentiel.

à Seilh 15 km par ⑧ – ✉ 31840 – 3 065 hab.

Mercure Golf de Seilh
rte de Grenade – ✆ 05 62 13 14 15 – www.mercure-toulouse-golf-de-seilh.com – Fermé 21 déc.-5 janv.
170 ch – 70/180 € 70/180 € – 2 suites – 18 € – ½ P
Rest – Formule 15 € – Menu 19/21 € – Carte 38/52 € *(fermé vend. soir, sam. et dim. du 1er janv. au 14 avril)*
Un resort propice aux affaires comme aux loisirs, au milieu de deux parcours de golf 18 trous. Chambres actuelles et fonctionnelles, aux teintes claires ; studios et appartements sont parfaits pour les longs séjours. Au restaurant, carte d'esprit méridional.

à Quint-Fonsegrives 12 km par ④ et D 826 – ✉ 31130 – 4 850 hab.

En Pleine Nature (Sylvain Joffre)
6 pl. de la Mairie – ✆ 05 61 45 42 12 – www.en-pleine-nature.com – Fermé 1 semaine en mai, août, sam. midi, dim., lundi et fériés
Formule 23 € – Menu 28 € (déj.), 42/57 €
Ici, pas de menu : le jeune chef, Sylvain Joffre, se laisse la liberté de cuisiner selon ses envies, puisant dans la nature, invitant à une balade sur terre ou en mer... Le voyage séduit. De la finesse, du goût, de l'enthousiasme ! Un plaisir pour les papilles et les pupilles. ➜ Cuisine du marché.

TOUQUES – 14 Calvados ➜ voir Deauville

LE TOUQUET-PARIS-PLAGE

✉ 62520 (Pas-de-Calais) – 4 495 hab. – **Voir carte n°30-A2**
Paris 242 km – Abbeville 58 km – Arras 99 km – Boulogne-sur-Mer 30 km
Carte Michelin 301-C4

Westminster
av. du Verger – ✆ 03 21 05 48 48 – www.westminster.fr Plan : BZ**a**
115 ch – 170/400 € 260/400 € – 1 suite – 21 € – ½ P
Rest *Le Pavillon* ✿ **Rest *Les Cimaises*** – voir les restaurants ci-après
Ce séduisant palace de style anglo-normand est posté entre la mer et la pinède. L'intérieur est du même acabit : superbes ascenseurs dans le hall ; chambres de style Art déco et bar rétro chic. Sans oublier le très beau spa !

Holiday Inn
av. Mar.-Foch – ✆ 03 21 06 85 85 – www.holidayinnletouquet.com Plan : BZ**n**
88 ch – 129/269 € 129/269 € – 2 suites – 17 €
Rest *Le Picardy* – Menu 32 € – Carte 31/54 € *(fermé le midi)*
À deux pas du casino, ce bel établissement dispose de chambres fonctionnelles, desservies par une galerie fleurie. Une adresse pratique pour profiter de la plage ou flâner devant les boutiques de la rue Saint-Jean.

Le Manoir Hôtel
av. du Golf, 2,5 km par ② – ✆ 03 21 06 28 28 – www.manoirhotel.com – Fermé janv.
40 ch – 120/170 € 140/245 € – 1 suite – 15 €
Rest – Menu 36 € – Carte 56/70 €
Beaucoup de golfeurs aiment à séjourner dans ce beau manoir du début du 20e s. entouré d'un jardin fleuri. La raison de cet engouement ? La proximité immédiate de la forêt et des greens, mais aussi les chambres coquettes et le bar cultivant sa petite touche "british".

LE TOUQUET-PARIS-PLAGE

Aboudaram (Av. L.) . . . . BZ 2
Atlantique (Av. de l') . . . . . . ABZ 4
Bardol (R. E.) . . . . BY 6
Bourdonnais (Av. de la) . . . ABY 10
Bruxelles (R. de) . . . . AYZ 12
Calais (R. de) . . . . BY 15
Desvres (R. de) . . . . ABY 18
Docteur-J.-Pouget
(Bd du) . . . . AYZ 19
Dorothée (R.) . . . . AZ 21
Duboc (Av. et R. J.) . . . . ABY 23
Garet (Av. et R. L.) . . . . ABY 26
Genets (Av. des) . . . . ABZ 27
Hubert (Av. L.) . . . . ABY 29
Londres (R. de) . . . . AYZ 31
Metz (R. de) . . . . AYZ 33
Monnet (R. J.) . . . . AZ 34
Moscou
(R. de) . . . . AYZ 35
Oyats (Av. et R. des) . . . . . . ABZ 37
Paix (Av. et R. de la) . . . . . . ABZ 38
Paris (R. de) . . . . AYZ 39
Pins (Av. des) . . . . BZ 40
Recoussine
(Av. F.) . . . . BZ 42
Reine-May (Av. de la) . . . . . ABZ 43
St-Amand (R.) . . . . AZ 45
St-Jean (Av. et R.) . . . . ABZ 46
St-Louis (R.) . . . . AZ 47
Tourville (Av. de l'Amiral) . . ABY 50
Troènes (Av. des) . . . . BZ 52
Verger (Av. du) . . . . BZ 54
Whitley (Av. J.) . . . . BZ 56

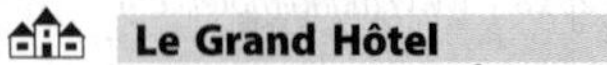

Le Grand Hôtel

rest, rest,

4 bd de la Canche – 03 21 06 88 88 – www.legrandhotel-letouquet.com
124 ch – 110/275 € 110/275 € – 6 suites – 17 € Plan : BY**a**
Rest – Carte 25/65 €
Face à la baie de la Canche, ce Mercure a été entièrement rénové en 2012 : espace et confort au programme – avec un espace détente et un restaurant traditionnel. Un conseil : préférez une chambre avec vue sur la rivière.

Bristol sans rest
17 r. Jean-Monnet – ✆ 03 21 05 49 95 – www.hotelbristol.fr Plan : AZ**x**
47 ch – 🚹90/140 € 🚹🚹125/190 € – ☕ 12 €
Entre plage et centre-ville, une coquette villa des années 1920 aux chambres petit à petit redécorées dans un style contemporain ; préférez donc les plus récentes. Bar feutré et agréable patio intérieur.

Castel Victoria sans rest
11 r. de Paris – ✆ 03 21 90 01 00 – www.castel-victoria.com Plan : AY**m**
25 ch – 🚹85/185 € 🚹🚹85/185 € – ☕ 12 €
Non loin du front de mer, un bel hôtel du début du 20e s. Dans les chambres, jolies et contemporaines, les petits feront des rêves de châteaux de sable et les grands de bains de soleil sur la plage. Agréable bar lounge.

Jules sans rest
73 r. de Moscou – ✆ 03 21 05 09 88 – www.hoteljules.eu Plan : AZ**f**
11 ch – 🚹50/160 € 🚹🚹50/160 € – ☕ 10 €
Voilà un Jules qui a toutes les qualités ! À deux pas du centre-ville et de la plage, ce petit établissement a connu une véritable cure de jouvence en 2012, version look moderne. Ajoutez à cela un accueil charmant par ses jeunes propriétaires et des prix attractifs... Impossible de lui résister.

Flavio
1 av. du Verger – ✆ 03 21 05 10 22 – www.flavio.fr – Fermé 10 janv.-10 fév. et lundi sauf juil.-août Plan : BZ**r**
Menu 69 € (semaine), 89/99 € – Carte 60/100 €
Une institution du Touquet, connue pour ses beaux produits (langoustine royale, turbot, foie gras, soupe de truffe). Le poisson reste la spécialité du chef, les amateurs sont donc prévenus ! Piano, lustres et meubles de style pour le décor.

Le Pavillon – Hôtel Westminster
av. du Verger – ✆ 03 21 05 48 48 – www.westminster.fr – Ouvert 31 mars-2 janv. et fermé merc. sauf juil.-août, mardi et le midi
Menu 60 € (semaine), 95/145 € 🍷 – Carte 83/115 € Plan : BZ**a**
Dans le cadre chic et classique de l'hôtel Westminster, beau palace des années 1930, on déguste une cuisine volontiers inventive, mettant en valeur des produits de qualité. La carte des vins, remarquable, est bien digne d'une bonne table.
➜ Huître, oseille sauvage, oignon des Cévennes et condiment citron confit. Calamar de petit bâteau, croustillant pied de porc et huile d'argan. Mousse, sablé ivoire et sorbet hibiscus.

Le Village Suisse
52 av. St-Jean – ✆ 03 21 05 69 93 – www.levillagesuisse.fr – Fermé 2 semaines fin nov., dim. soir d'oct. à avril, mardi midi et lundi
Menu 28/69 € 🍷 – Carte 43/72 € Plan : BZ**e**
Cette jolie villa, construite en 1905, surplombe des boutiques d'antiquités (terrasse sur les toits de ces dernières)... On y savoure une cuisine traditionnelle réalisée avec de beaux produits frais. C'est goûteux et soigné. L'adresse idéale pour les gourmands chineurs !

Le Paris
88 r. de Metz – ✆ 03 21 05 79 33 – Fermé 1 semaine fin juin, 1 semaine mi-déc., dim. soir hors saison, mardi et merc. Plan : AZ**p**
Formule 18 € – Menu 20 € (semaine)/33 € – Carte 41/53 €
En prise sur le marché et les saisons, une table bien appréciée dans la station. Décor contemporain, en rouge et chocolat, à quelques rues du bord de mer.

Côté Sud
187 bd du Dr-Pouget – ✆ 03 21 05 41 24 – www.le-touquet-cote-sud.com – Fermé 24 fév.-12 mars, 23 juin-2 juil., 24 nov.-10 déc., lundi midi et merc.
Formule 17 € – Menu 22 € (semaine), 31/55 € – Carte 43/63 € Plan : AZ**n**
On a beau être au Nord, on n'en a pas moins le soleil dans le cœur : la preuve avec Côté Sud ! Accueil sympathique dans ce restaurant situé le long de la digue du Touquet, face à la mer. Les gourmands y savourent une cuisine dans l'air du temps, honorant le poisson, dans un cadre balnéaire, tout de blanc vêtu.

Les Cimaises – Hôtel Westminster

av. du Verger – ✆ 03 21 06 74 95 – www.westminster.com Plan : BZ**a**

Formule 34 € – Menu 41 € – Carte 42/71 €

Cette brasserie a été décorée dans l'esprit des années 1930. On y vient pour les buffets d'entrées et de desserts, les plats de poisson et la cuisine d'inspiration régionale.

TOURCOING

✉ 59200 (Nord) – 91 923 hab. – **Voir carte n°31-C2**

Paris 234 km – Kortrijk 19 km – Gent 61 km – Lille 17 km

Carte Michelin 302-G3

Accès et sorties : voir plan de Lille

Villa Paula sans rest

44 r. Ma Campagne – ✆ 06 12 95 97 97 – www.villapaula.fr – Fermé 3 semaines en août plan de Lille 3HR**e**

4 ch – 120/190 € 140/210 €

Dans les faubourgs de la ville, cette maison en brique rouge, datant de 1929, a fière allure... et ne connaît pas la crise. De belles chambres au mobilier design, une excellente literie et des équipements dernier cri : un ensemble fort séduisant, avec même un jacuzzi dans le jardin !

La Baratte

395 r. du Clinquet – ✆ 03 20 94 45 63 – www.la-baratte.com plan de Lille 3HR**d**

Formule 18 € – Menu 31/67 € – Carte 47/70 €

Une petite maison en briques dans un quartier résidentiel de Tourcoing. Surprise à l'intérieur : on découvre une salle résolument contemporaine et élégante, avec une agréable vue sur le jardin et sa terrasse en teck. Côté cuisine, le chef fait montre d'inventivité... pour le bonheur du produit frais !

LA TOUR-D'AIGUES

✉ 84240 (Vaucluse) – 3 947 hab. – **Voir carte n°40-B2**

Paris 752 km – Aix-en-Provence 29 km – Apt 35 km – Avignon 81 km

Carte Michelin 332-G11 – Guide Vert Michelin Provence

Le Petit Mas de Marie

quartier Revol – ✆ 04 90 07 48 22 – www.lepetitmasdemarie.com – Fermé vacances de la Toussaint, de fév., vend., sam. et dim. du 15 oct. au 15 avril

15 ch – 66/93 € 82/105 € – 12 € – ½ P **Rest** – Menu 15 € (déj.)/28 €

Cette accueillante maison du pays d'Aigues est ceinte d'un jardin fleuri. Les chambres, provençales, sont impeccablement tenues. Cuisine aux accents du Sud au restaurant.

TOUR-DE-FAURE – 46 Lot → voir St-Cirq-Lapopie

LA TOUR-DU-PIN

✉ 38110 (Isère) – 7 975 hab. – **Voir carte n°45-C2**

Paris 516 km – Aix-les-Bains 57 km – Chambéry 51 km – Grenoble 67 km

Carte Michelin 333-F4 – Guide Vert Michelin Lyon et sa région

Le Bec Fin

1 pl. Alfred-Boucher – ✆ 04 74 97 58 79 – www.le-bec-fin-restaurant.com – Fermé 4-26 août, dim. soir et lundi

Menu 19 € (déj. en semaine), 30/50 €

Cette ancienne maison de négociant, jaune et pimpante, semble vous attendre en souriant. Les menus mettent l'eau à la bouche : filet de pintade en croûte de sésame, chou frisé au beurre de cardamome, etc. Dans l'assiette, c'est fin et soigné, et il y a de la justesse dans les saveurs... Vive la tradition !

à St-Didier-de-la-Tour 3 km à l'Est par N 6 – ✉ 38110 – 1 813 hab.

XXX **Ambroisie**

64 rte du Lac – ✆ 04 74 97 25 53 – www.restaurant-ambroisie.com – Fermé 1 semaine en août, vacances de fév., dim. soir, mardi et merc.
Menu 29 € (semaine), 50/80 € – Carte environ 60 € *(réservation conseillée)*
Une vue sur le lac, une ambiance feutrée (salle aux tons grège et chocolat), une terrasse entourée de beaux platanes... Quoi de plus apaisant ? Ce cadre convient à merveille à la cuisine proposée, fine et délicate : chaque plat a été mûrement réfléchi, soigné, pour en faire ressortir les multiples parfums.

à Montagnieu 5 km au Sud par D 17 – ✉ 38110 – 896 hab.

X **Le Petit Dauphinois**

1 rte de Virieu – ✆ 04 74 97 27 23 – www.lepetitdauphinois.com – Fermé 7-30 août, 15-31 déc. et merc.
Menu 19/34 € – Carte 24/38 € *(réservation conseillée)*
Dans cette maison traditionnelle, la cuisine est délicate, féminine, avec un penchant pour les jolis produits. Le cadre, quant à lui, est délicieusement rétro, avec deux grandes ardoises détaillant d'alléchantes propositions culinaires. La formule brasserie met de bonne humeur avec des plats efficaces à prix doux.

à Rochetoirin 4 km au Nord-Ouest par N 6 et D 92 – ✉ 38110 – 1 034 hab.

XX **Le Rochetoirin**

10 rte de la Tour-du-Pin, (au village) – ✆ 04 74 97 60 38 – www.lerochetoirin.fr – Fermé 18-31 août, 22 déc.-11 janv., merc. soir, sam. midi, dim. soir et lundi
Formule 16 € – Menu 20/60 €
Non pas un, mais deux restaurants : bistrot (le "Tradi") et table de chef (le "Gastro"). Deux faces d'une même envie pour cette équipe jeune et décomplexée ! Cuisses de grenouille – le dada du chef – ; carré d'agneau, ail confit et ratatouille ; version contemporaine du vacherin chartreuse... Fraîcheur, couleur et mouvement.

TOURNEFEUILLE – 31 Haute-Garonne ➜ voir Toulouse

TOURNEMIRE

✉ 12250 (Aveyron) – 393 hab. – **Voir carte n°29-D2**
Paris 671 km – Albi 94 km – Montpellier 115 km – Toulouse 171 km
Carte Michelin 338-K7

X **Auberge des Orchidées** Ⓝ

av. Hippolyte-Puech – ✆ 05 65 62 80 42 – Fermé en fév.
Formule 14 € – Menu 20/40 € – Carte 32/44 €
Une auberge charmante, située dans l'ancien hôtel de la gare, où l'on déguste de délicieux plats du terroir (agneau, bœuf de l'Aubrac), qui jouent sur les couleurs, les saveurs et les textures. De plus, on est à deux kilomètres à peine de Roquefort et de son fromage... que l'on retrouve évidemment à la carte !

TOURNON-SUR-RHÔNE

✉ 07300 (Ardèche) – 10 676 hab. – **Voir carte n°43-E2**
Paris 545 km – Grenoble 98 km – Le Puy-en-Velay 104 km – St-Étienne 77 km
Carte Michelin 332-B3 – Guide Vert Michelin Ardèche Drôme

Plan : voir à Tain-l'Hermitage

Les Amandiers sans rest

13 av. de Nîmes – ✆ 04 75 07 24 10 – www.hotel-amandiers.com – Fermé vacances de Noël Plan : C**n**
25 ch – †68 € ††78 € – ☕ 9 €
Bâtisse moderne fréquentée par la clientèle d'affaires en semaine. Les chambres y sont climatisées et bien insonorisées, avec de grandes salles de bains. Une adresse pratique à prix doux.

Azalées

6 av. de la Gare – ✆ 04 75 08 05 23 – www.hotel-azalees.com – Fermé 15 déc.-6 janv. Plan : B**s**

39 ch – †67/90 € ††67/90 € – ☕ 8,50 € – ½ P

Rest *Azalées* – voir les restaurants ci-après

Entre la gare et le centre-ville, deux bâtiments autour d'une cour, avec de petites chambres propres et bien conçues.

Le Tournesol

44 av. du Mar.-Foch, par ④ – ✆ 04 75 07 08 26 – www.letournesol.net – Fermé 1 semaine vacances de Pâques, 3 semaines en août, 1 semaine vacances de la Toussaint, 1 semaine en fév., dim. soir, mardi et merc.

Formule 19 € – Menu 28/37 € – Carte 30/42 €

Un restaurant chaleureux, aux murs habillés de pierre ou de bois. Comme le tournesol, ici, la carte suit le soleil et les saisons. Les amateurs de vins apprécieront la belle sélection de côtes-du-rhône exposés dans une cave vitrée. Prix attractifs.

Azalées – Hôtel Azalées

6 av. de la Gare – ✆ 04 75 08 05 23 – www.hotel-azalees.com – Fermé 15 déc.-6 janv. et dim. soir du 15 oct. au 15 mars Plan : B**s**

Formule 10 € 🍷 – Menu 23/34 € – Carte 25/35 €

Tomates, poireaux, haricots vert, pommes de terre... Ici, les gourmands se régalent d'une cuisine traditionnelle faisant la part belle aux légumes du potager familial. Prix raisonnables.

Le Chaudron

7 r. St-Antoine – ✆ 04 75 08 17 90 – Fermé 2 semaines en août, 24 déc.-2 janv., mardi soir, jeudi soir et dim. Plan : B**r**

Formule 14 € 🍷 – Menu 22/38 € – Carte 34/55 €

Un petit bistrot sympathique, dans une ruelle du centre-ville. Boiseries, banquettes... et dans le chaudron du chef, les produits du marché. Joli choix de vins du Rhône. Aux beaux jours, on profite de la terrasse ombragée.

TOURNUS

✉ 71700 (Saône-et-Loire) – 5 849 hab. – **Voir carte n°8-C3**

Paris 360 km – Bourg-en-Bresse 70 km – Chalon-sur-Saône 28 km – Mâcon 37 km

Carte Michelin 320-J10 – Guide Vert Michelin Bourgogne

Greuze

5 pl. de l'Abbaye – ✆ 03 85 51 77 77 – www.hotelgreuze.fr Plan : **e**

19 ch – †115/225 € ††145/325 € – 2 suites – ☕ 12 €

Rest *Greuze* ✿ – voir les restaurants ci-après

Entre l'abbaye St-Philibert (10e-11e s.) et le centre-ville, une belle demeure bressane avec une agréable terrasse où l'on prend son petit-déjeuner aux beaux jours. Les chambres se révèlent spacieuses et raffinées, d'esprit Louis XVI, Directoire, Empire...

Le Rempart

2 av. Gambetta – ✆ 03 85 51 10 56 – www.lerempart.com Plan : **x**

29 ch – †119/249 € ††139/249 € – 4 suites – ☕ 16 € – ½ P

Rest *Quartier Gourmand* ✿ – voir les restaurants ci-après

Rest *Le Bistrot* – Menu 20/30 € – Carte 26/47 €

En 1956, lorsque le père du propriétaire a fondé cet hôtel sur les anciens remparts de Tournus, ce n'était qu'une affaire familiale toute simple... qui a crû et embelli au fil des ans. Aujourd'hui, cette maison du 15e s. affiche un bel esprit contemporain (excepté pour quelques chambres). Entre tradition et modernité !

Aux Terrasses

18 av. du 23-Janvier – ✆ 03 85 51 01 74 – www.aux-terrasses.com – Fermé 1 semaine en juin, vacances de la Toussaint, 5-19 janv., dim. et lundi Plan : **d**

25 ch – †75/180 € ††75/180 € – ☕ 17 €

Rest *Aux Terrasses* ✿ – voir les restaurants ci-après

Un hôtel familial qui prend du galon ! Ici, c'est simple et efficace : on prend ses quartiers dans des chambres fonctionnelles, bien tenues, et les tarifs sont raisonnables. Pour un confort supérieur, on peut dormir "sous les toits", dans de magnifiques chambres contemporaines.

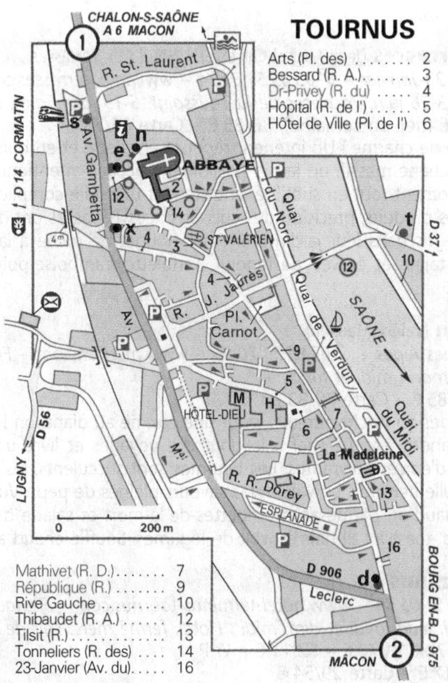

La Tour du Trésorier

ch, ch,

9 pl. de l'Abbaye – 03 85 27 00 47 – www.tour-du-tresorier.com – Fermé 11-30 nov. Plan : **n**

5 ch – 150/190 € 150/190 € **Table d'hôte** – Menu 35 €

Dans cette belle maison médiévale, flanquée d'une superbe tour, le charme historique le dispute à l'épure contemporaine et au raffinement... Autres atouts : un accueil charmant, un magnifique jardin dominant la Saône et, à l'heure des gourmandises, une cuisine du marché et des dégustations de vins !

Greuze (Yohann Chapuis) – Hôtel Greuze

1 r. Albert Thibaudet – 03 85 51 13 52 – www.hotelgreuze.fr – Fermé 18 nov.-4 déc., 21 janv.-6 fév., mardi et merc. Plan : **e**

Menu 39/95 € – Carte 90/130 €

Cette jolie maison fut d'abord un orphelinat fréquenté par Jean Ducloux. Ce dernier s'était promis d'en faire un restaurant et il a tenu son pari avec le succès que l'on sait... Aujourd'hui, le jeune Yohann Chapuis porte l'emblème en signant une cuisine fine et délicate, inventive et aux visuels remarquables. L'histoire n'est pas finie ! ➜ Quenelle de sandre en viennoise de cèpes secs. Cuisses de grenouilles en deux façons. Soufflé chaud au Grand Marnier.

Quartier Gourmand – Hôtel Le Rempart

2 av. Gambetta – 03 85 51 10 56 – www.lerempart.com – Fermé 24 mars-10 avril, 17 nov.-11 déc., lundi et mardi Plan : **x**

Menu 39/88 € – Carte 70/95 €

Un décor cossu pour une belle table gastronomique. Le chef a le souci du travail bien fait : il signe une cuisine de qualité, au classicisme soigné, où transparaît le souci de faire plaisir... Voilà bien un Quartier Gourmand !

➜ Escargots de Bourgogne en vinaigrette, cromesquis béarnaise et fenouil aux agrumes. Poularde de Bresse en deux façons : suprême cuit moelleux, tourte de cuisse et foie gras. Moelleux chocolat et myrtille, parfait glacé.

XX ✿ **Aux Terrasses** (Jean-Michel Carrette) – Hôtel Aux Terrasses

18 av. du 23-Janvier – ✆ 03 85 51 01 74 – www.aux-terrasses.com – Fermé 13-26 juin, vacances de la Toussaint, 5-19 janv., dim. et lundi

Menu 25 € (déj. en semaine), 36/85 € – Carte 66/78 € Plan : **d**

Une étape de charme ! Un intérieur repensé en pierre et en bois avec de grandes tables en chêne massif, un jardin paisible, un accueil attentionné... pour une cuisine du moment tout en subtilité, entretenant une jolie complicité avec le terroir. Qualité des produits, précision des cuissons : ces Terrasses ont du bon ! ➜ Escargots petit-gris dans leur jardin bioriginal. Rouget de roche à la pâte de chorizo, viennoise tajine et étuvée de fenouil. Tartelette framboise-poivron rouge, glace au chèvre.

XX ✿ **Meulien** (Valéry Meulien)

1 bis av. des Alpes – ✆ 03 85 51 20 86 – www.meulien.com – Fermé 1er-10 mars, dim. soir, mardi midi et lundi Plan : **t**

Menu 35/85 € – Carte 70/83 €

Un cadre design et chaleureux... pour une cuisine au diapason ! Gingembre, combava, coriandre, etc. Le chef a le goût des voyages et livre une cuisine subtile, parfumée d'épices enivrantes. Les légumes sont succulents, les produits bourguignons habilement mis en valeur, les saveurs pleines de peps. Voilà qui enchante... ➜ Flan chaud au parmesan, trompettes-de-la-mort et salade d'herbes. Pluma de pata negra, toast à l'ail noir et wok de légumes. Soufflé chaud au Grand Marnier

XX **Le Terminus** avec ch

– ✆ 03 85 51 05 54 – www.hotel-terminus-tournus.com – Restaurant : fermé merc. midi, jeudi midi et dim. midi , Hotel: fermé merc. soir de sept. à avril

11 ch – †70 € ††70 € – ☕ 11 € – ½ P Plan : **s**

Formule 17 € – Carte 29/54 €

À la carte de cet ancien buffet de gare 1900 : une cuisine au goût du jour, fondée sur la fraîcheur... Le midi, on déjeune côté brasserie ; le soir, on dîne dans une salle plus intime et cosy. À l'étage, quelques chambres agréables et bien équipées.

à Jugy 5 km au Nord par D 182 – ✉ 71240 – 301 hab.

⌂ **Le Crot Foulot**

– ✆ 03 85 94 81 07 – www.crotfoulot.com – Ouvert 15 fév.-5 nov.

5 ch ☕ – †105/120 € ††105/120 € – ½ P **Table d'hôte** – Menu 35 €

Cette maison de vigneron a été joliment restaurée par ses propriétaires, un couple de Belges tombés amoureux de la région. Résultat : des pierres, des poutres et une décoration contemporaine raffinée, entre épure et nature. Monsieur, ancien chef amoureux du poisson et des vins locaux, règne sur la table d'hôte.

à Le Villars 4 km au Sud par N 6 et D 210 – ✉ 71700 – 261 hab.

XX **L'Auberge des Gourmets**

9 pl. de l'Église – ✆ 03 85 32 58 80 – www.laubergedesgourmets.com – Fermé 17-25 juin, 4-12 nov., 6-28 janv., dim. soir, mardi et merc.

Menu 26 € (semaine), 31/60 € – Carte 44/69 €

Une jolie petite auberge jaune aux volets bleus, cosy avec ses pierres et ses poutres apparentes. Par la lucarne, on peut observer le chef s'affairer aux fourneaux... avant d'apprécier ses recettes classiques et bien tournées !

à Ozenay 6 km au Sud-Ouest par D 14 – ✉ 71700 – 219 hab.

XX **Le Relais d'Ozenay**

Le Bourg – ✆ 03 85 32 17 93 – www.le-relais-dozenay.com – Fermé 21-30 oct., 1er-23 janv., mardi hors saison et merc.

Menu 21 € (déj. en semaine), 31/52 € – Carte 48/74 €

Un restaurant feutré et son agréable terrasse, dans un village pittoresque. Le chef, passé par de bien belles maisons dont celle de Bernard Loiseau, travaille de beaux produits, souvent bio et locaux. Résultat : une cuisine savoureuse, accompagnée de bons vins du Mâconnais. Le tout à prix sage !

à Mancey 5 km à l'Ouest par D 215 – ✉ 71240 – 389 hab.

X **Auberge du Col des Chèvres**

Dulphey – ✆ 03 85 51 06 38 – www.auberge-coldeschevres.fr – Fermé 2-9 juil., 1 semaine en fév., dim. soir d'oct. à juin, mardi et merc.

Menu 19 € (déj. en semaine)/27 € – Carte environ 33 €

Le goût du terroir, le sens des produits et le charme de la campagne... Il y a un peu de cela dans ce restaurant, et plus encore. De son joli parcours, le chef, Laurent-Paul Para, a gardé le sens des produits et la maîtrise des cuissons. Ici, il concocte des plats généreux, savoureux et sans chichi. On se régale !

à Brancion 14 km à l'Ouest par D 14 - ✉71700 Martailly-les-Brancion

La Montagne de Brancion

au col de Brancion – ✆ 03 85 51 12 40 – www.brancion.com – Fermé janv. et fév.

12 ch – †90/240 € ††100/240 € – 4 suites – ☕ 18 € – ½ P

Rest *La Montagne de Brancion* – voir les restaurants ci-après

Les vignes et les monts du Mâconnais à perte de vue : cette charmante demeure est si paisible... Côté déco, l'esprit zen et contemporain domine pour des chambres aussi exquises que le petit-déjeuner. Un peu trop calme à votre goût ? Qu'à cela ne tienne, le propriétaire, pilote d'ULM, organise des baptêmes de l'air !

XX **La Montagne de Brancion**

au col de Brancion – ✆ 03 85 51 12 40 – www.brancion.com – Fermé janv.-fév. et le midi en semaine

Menu 35/65 € – Carte 59/86 €

Sa superbe salle, à l'élégance toute contemporaine, s'effacerait presque devant le paysage : on admire à loisir le vignoble environnant, tout en profitant du service attentionné et des mets alliant tradition et modernité. Repos et plaisir des sens...

TOURRETTES

✉ 83440 (Var) – 2 743 hab. – **Voir carte n°41-C3**

▶ Paris 884 km – Castellane 56 km – Draguignan 31 km – Fréjus 35 km

Carte Michelin 340-P4 – Guide Vert Michelin Côte d'Azur

au Sud 6 km sur D 56 – ✉ 83440 Tourrettes

Terre Blanche

3100 rte de Bagnols-en-Forêt, (Domaine de Terre Blanche) – ✆ 04 94 39 90 00 – www.terre-blanche.com

115 suites – ††295/1585 € – ☕ 46 €

Rest *Faventia* – voir les restaurants ci-après

Rest *Gaudina Lounge* – Formule 39 € – Carte 55/78 € *(fermé le midi en saison estivale)*

Rest *Les Caroubiers* – Formule 32 € – Carte 45/55 € *(fermé le soir)*

Sentiment d'exclusivité sur les hauteurs de l'arrière-pays, entre St-Raphaël et Cannes... Tout semble idyllique dans ce domaine de 265 ha, dédié au repos des sens : luxe sans ostentation (beaux matériaux naturels), espace (vastes suites disséminées dans 45 villas), piscines, golf 18 trous, plusieurs restaurants... Mention spéciale au spa, sommet du genre !

XXXX **Faventia** – Hôtel Terre Blanche

3100 rte de Bagnols-en-Forêt, (Domaine de Terre Blanche) – ✆ 04 94 39 90 00 – www.terre-blanche.com – Ouvert mars-oct. et fermé dim., lundi et le midi

Menu 95/170 € – Carte 150/180 €

Au sein du luxueux domaine hôtelier de Terre Blanche, qui semble si protégé du monde extérieur, on dîne en tête-à-tête avec la Provence : en terrasse, le panorama est superbe et les assiettes, jolies, embaument les parfums de la région...

TOURRETTES-SUR-LOUP

⊠ 06140 (Alpes-Maritimes) – 4 007 hab. – **Voir carte n°42-E2**
Paris 929 km – Grasse 18 km – Nice 29 km – Vence 6 km
Carte Michelin 341-D5 – Guide Vert Michelin Côte d'Azur

Résidence des Chevaliers sans rest

521 rte du Caire – ☎ 04 93 59 31 97
– www.hoteldeschevaliers06.monsite.wanadoo.fr – Ouvert 1er avril-1er oct.
12 ch – 100/210 € 130/210 € – 14 €
Vue splendide sur la côte et le village, grande quiétude, jardin, jolie piscine : l'endroit idéal pour se reposer. Dans une veine rustique et provençale, cet hôtel ne manque pas de cachet ; les chambres sont simples et bien tenues.

Histoires de Bastide sans rest

chemin du Moulin-à-Farine, (2 km) – ☎ 04 93 59 08 46
– www.histoiresdebastide.com
5 ch – 120/210 € 120/210 €
Au bout d'un petit chemin, une belle bastide du 18e s. typiquement méridionale... La preuve ? Les chambres, au style provençal raffiné, rendent hommage à Pagnol ("Château de ma mère", etc.) et, dans le superbe jardin, on peut faire la sieste à l'ombre des oliviers... Joli hammam, massages sur réservation.

Clovis (Julien Bousseau)

21 Grand-Rue, (accès piéton) – ☎ 04 93 58 87 04 – www.clovisgourmand.fr
– Fermé 24 nov.-14 déc., 26 janv.-8 fév., lundi et mardi
Formule 22 € – Menu 43/92 € *(réservation conseillée)*
Dans ce bistrot contemporain plutôt intime, le jeune chef maîtrise... l'art de la simplicité ! Respectueux des saisons, il aime décliner un même produit (fenouil, veau, etc.) autour d'une entrée et d'un plat. Originalité, fraîcheur, soin : la formule du plaisir.
➜ Émincé d'aubergine aux tomates, ricotta et basilic. Jarret de veau aux cèpes et girolles, mousse de pomme de terre à la truffe. Fraises mara des bois, chantilly à la rose, glace à l'eau de rose et safran.

Le Médiéval

6 Grand-Rue, (accès piéton) – ☎ 04 93 59 31 63 – Fermé 5-20 déc., 5-15 janv., merc. soir et jeudi
Menu 20/35 €
Un restaurant tout simple tenu par deux frères avenants... Son atmosphère rustique, sa jolie terrasse ombragée le rendent bien sympathique ! On y savoure une cuisine traditionnelle copieuse et sans chichis, parfaite pour une étape.

TOURS

⊠ 37000 (Indre-et-Loire) - 134 817 hab. - Agglo. 344 739 hab. - Voir carte n°**11**-B2
Paris 237 km - Angers 124 km - Bordeaux 346 km - Le Mans 84 km
Carte Michelin 317-N4 - Guide Vert Michelin Châteaux de la Loire

© Le Barju

Hôtels

L'Univers
ch,

5 bd Heurteloup - ✆ 02 47 05 37 12 - www.oceaniahotels.com Plan : CZ**u**
91 ch - 200/300 € 200/300 € - 3 suites - 15 €
Rest - Formule 22 € - Menu 28 € - Carte 33/48 € *(fermé le midi du 14 juil. au 22 août, sam. et dim.)*
Accueil en grande pompe, dans le hall, avec une fresque représentant les plus célèbres clients de l'hôtel : Churchill, Hemingway... Depuis 1846, le meilleur établissement de Tours reçoit dans un esprit "petit palace" : marbre, boiseries, etc. Le must : siroter un cocktail au bar qui propose, en outre, une belle carte de whiskys.

Château Belmont
rest,

57 r. Groison - ✆ 02 47 46 65 00 - www.chateaubelmont.com Plan : U**v**
56 ch - 205/355 € 205/355 € - 9 suites - 19 € - ½ P
Rest - Formule 20 € - Menu 24 € (déj.)/39 € - Carte environ 35 €
Se croire à la campagne tout en étant en ville ! Cet hôtel, abrité dans un parc de 2,5 ha, est un véritable havre de paix. De surcroît, l'établissement - entièrement rénové en 2011 - offre un cadre épuré et chic.

Central Hôtel sans rest

21 r. Berthelot - ✆ 02 47 05 46 44 - www.bestwesterncentralhoteltours.com - Fermé 24 déc.-5 janv. Plan : CY**r**
35 ch - 110/130 € 133/170 € - 2 suites - 16 €
Central, tel est le moins que l'on puisse dire pour cet hôtel - bâtisse du 19e s. - proche du musée du Compagnonnage, du Grand Théâtre, etc. Chambres classiques, bien tenues. Aux beaux jours, le petit-déjeuner se prend en terrasse !

Mercure Centre sans rest

29 r. Edouard-Vaillant - ✆ 02 47 60 40 60 - www.mercure.com Plan : DZ**f**
92 ch - 79/175 € 79/175 € - 14 €
Parfait pour une étape, ce Mercure récemment rénové a l'avantage d'être situé à deux pas de la gare. Les chambres donnent sur la rue ou la voie ferrée, mais l'insonorisation est excellente.

Kyriad sans rest

65 av. de Grammont - ✆ 02 47 64 71 78 - www.kyriad-tours-centre.fr
50 ch - 88/98 € 95/108 € - 10 € Plan : V**s**
Ici, aucun problème pour se garer ! Situé sur un grand boulevard, cet hôtel proche du centre-ville dispose d'un parking souterrain. Les chambres sont fonctionnelles, le buffet du petit-déjeuner copieux.

TOURS

Amandiers (R. des) . . . . **CY** 4
Berthelot (R.) . . . . **BCY** 7
Bons Enfants (R. des) . . . . **BY** 8
Bordeaux (R. de) . . . . **CZ**
Boyer (R. Léon) . . . . **AZ** 10
Briçonnet (R.) . . . . **AY** 13

Carmes (Pl. des) . . . . **BY** 16
Châteauneuf (Pl. de) . . . . . . **BY** 17
Châteaunuef (R. de) . . . . . . **AY** 18
Coeur-Navré (Passage du) . **CY** 21
Commerce (R. du) . . . . **BY**
Constantine (R. de) . . . . **BY** 24
Corneille (R.) . . . . **CY** 25
Courier (R. Paul-Louis) . . . . **BY** 27
Courteline (R. G.) . . . . **AY** 28

Cygne (R. du) . . . . **CY** 2
Descartes (R.) . . . . **BZ** 3
Dolve (R. de la) . . . . **BZ** 3
Favre (R. Jules) . . . . **BY** 3
Fusillés (R. des) . . . . **BY** 4
Gambetta (R.) . . . . **BZ** 4
Giraudeau (R.) . . . . **AZ** 4
Grammont (Av. de) . . . . **CZ**
Grand-Marché (Pl. du) . . . . **AY** 4

A B

Y

Z

Pont Napoléon
ÎLE SIMON
0 300 m
Pont Wilson
BIBLIOTHÈ
Gabares
Promenade des
Quai du Pont Neuf
Rue des Tanneurs
Pl. A. France
MUSÉE DU COMPAGNONNA
Jardin François 1er
HÔTEL GOUIN
St-Julien
Rue du Commerce
R. Cerisiers
R. Bretonneau
PL. PLUMEREAU
R. du Grd Marché
N. D. LA RICHE
Rue de la Victoire
Rue M^{al} Foch
Pl. de la Résistance
R. des Halles
R. des Déportés
Basilique St-Martin
Pl. Rouget de l'Isle
Pl. des Halles
R. Rouget de l'Isle
Rue Néricault Destouches
Rue Clocheville
Nationale
Pl. du 14 Juillet
Rue de la Bourde
Pl. G. Paillhou
Rue H. Barbusse
Charpentier
Pl. J. Meunier
CLOCHEVILLE
R. de Courset
Rue Chanoineau
R. de la Grandière
Rue Marceau
Rue E. Pallu
Boulevard Béranger
Pl. N. Frumeau
R. de la Cité A. Marne
Rue G. Delperier
Rue J. Delperier
Pl. St Éloi
Rue Victor-Hugo
R. Jehan Fouquet
Rue Georget
Rue Sébastopol
Rue Simier
Rue G. d'Entraigu

A B

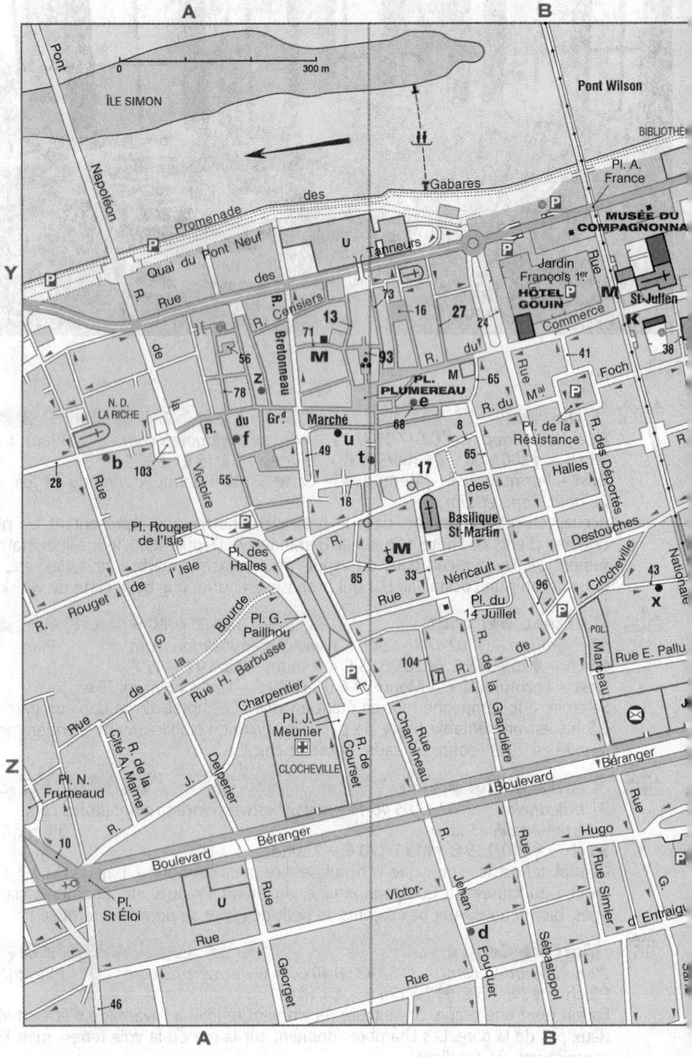

Grand Passage . . . . **CZ** 50
Grégoire-de-Tours (Pl.) . . . . **DY** 52
Grosse-Tour (R. de la) . . . . . **AY** 55
Halles (Pl. des) . . . . **AZ**
Halles (R. des) . . . . **BY**
Herbes (Carroi aux) . . . . . . **AY** 56
Lavoisier (R.) . . . . **CY** 60
Manceau (R.) . . . . **DY** 61
Marceau (R.) . . . . **BYZ**
Merville (R. du Prés.) . . . . . **BY** 65
Meusnier (R. Gén.) . . . . **DY** 66
Monnaie (R. de la) . . . . **BY** 68
Mûrier (R. du) . . . . **AY** 71
Nationale (R.) . . . . **BYZ**
Paix (R. de la) . . . . **BY** 73
Petites-Boucheries
(Pl. des) . . . . **DY** 80
Petit-Cupidon (R. du) . . . . . **DY** 77
Petit-St-Martin (R. du) . . . . . **AY** 78
Racine (R.) . . . . **DY** 84
Rapin (R.) . . . . **AZ** 85
St-Pierre-le-Puellier
(Pl.) . . . . **ABY** 93
Scellerie (R. de la) . . . . . . **BCY**
Sully (R. de) . . . . **BZ** 96
Victoire (Pl. de la) . . . . **AY** 103
Vinci (R. Léonard de) . . . . . . **BZ** 104

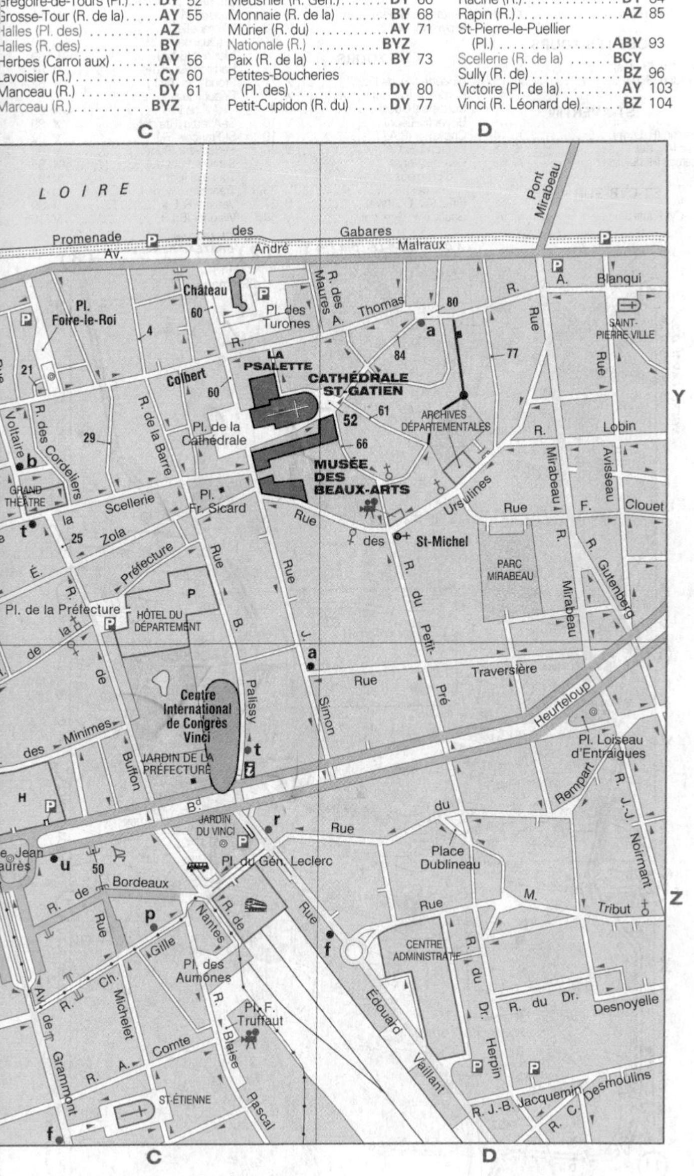

CHAMBRAY-LÈS-TOURS

République (Av. de la) .... X 88

JOUÉ-LÈS-TOURS

Martyrs (R. des) .... X 64
Verdun (R. de) .... X 102

ST-AVERTIN

Brulon (R. Léon) .... X 14
Lac (Av. du) .... X 58
Larçay (R. de) .... X 59

ST-CYR-SUR -LOIRE

St-Cyr (Quai de) .... V 91

ST-PIERRE-DES-CORPS

Jaurès (Boulevard Jean) .... V 57
Moulin (R. Jean) .... V 70

TOURS

Alouette (Av. de l') .... X 2
Bordeaux (Av. de) .... X 51
Bordiers (R. des) .... U 9
Boyer (R. Léon) .... V 10
Chevallier (R.A.) .... V 19
Churchill (Bd W.) .... V 20
Compagnons d'Emmaüs (Av. des) .... U 23
Eiffel (Av. Gustave) .... U 37
Gaulle (Av. Gén.-de) .... V 44
Giraudeau (R.) .... V 46
Grammont (Av. de) .... V 47
Groison (R.) .... U 54
Marmoutier (Quai de) .... U 63
Monnet (Bd J.) .... V 69
Portillon (Quai de) .... U 81
Proud'hon (Av.) .... V 82
République (Av. de la) .... X 88
St-Avertin (Rte de) .... X 89
St-François (R.) .... V 92
St-Sauveur (Pont) .... V 94
Sanitas (Pont du) .... VX 95
Tonnellé (Bd) .... V 97
Tranchée (Av. de la) .... U 98
Vaillant (R. E.) .... V 99
Wagner (Bd R.) .... V 105

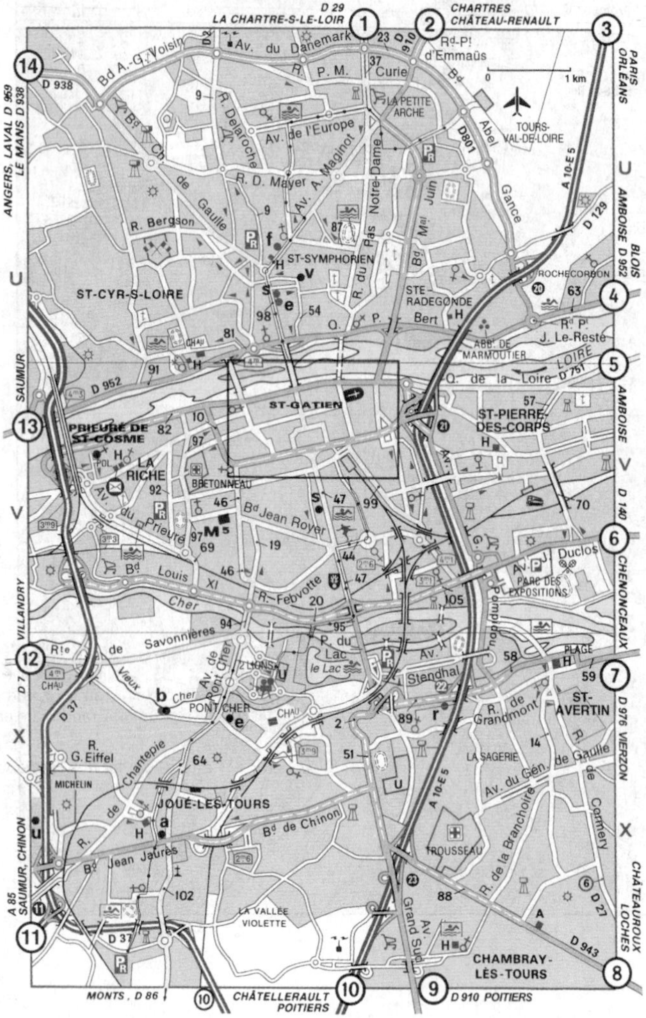

Hôtel du Manoir sans rest

2 r. Traversière – ✆ 02 47 05 37 37 – http://site.voila.fr/hotel.manoir.tours
20 ch – 60/68 € 66/76 € – 10 € Plan : CZ**a**
Pour accéder à l'hôtel, poussez la grille verte et traversez la petite cour... Cette demeure du 19e s., proche de la cathédrale, propose des chambres confortables dont certaines sont mansardées. Produits bio et locaux composent le petit-déjeuner. Ambiance familiale.

L'Adresse sans rest

12 r. de la Rôtisserie – ✆ 02 47 20 85 76 – www.hotel-ladresse.com Plan : AY**u**
17 ch – 55 € 75/100 € – 9 €
Dans le quartier historique du Plumereau, l'adresse est incontournable ! Ses chambres cosy (dessus-de-lit en boutis, tons pastel, fauteuils en rotin, poutres apparentes...) en font un lieu parfait pour une escapade.

Ronsard sans rest

2 r. Pimbert – ✆ 02 47 05 25 36 – www.hotel-ronsard.com Plan : CY**b**
20 ch – 63/78 € 79/85 € – 9 €
L'histoire ne dit pas si l'auteur des Sonnets pour Hélène aurait aimé l'endroit, lui qui vécut et mourut tout près, au Prieuré de St-Cosme. Quoi qu'il en soit, cet hôtel – entièrement rénové en 2009 – est parfait pour découvrir la ville. Accueil très aimable.

Hôtel du Théâtre sans rest

57 r. de la Scellerie – ✆ 02 47 05 31 29 – www.hotel-du-theatre37.com
14 ch – 67/84 € 72/92 € – 8 € Plan : CY**t**
Dans cette maison du 15e s., face au Grand Théâtre, les trois coups du brigadier se font peut-être entendre ! Le cadre est intime. Rue animée, préférez les chambres – plus calmes – côté cour.

Châteaux de la Loire sans rest

12 r. Gambetta – ✆ 02 47 05 10 05 – www.hoteldeschateaux.fr
– Ouvert 17 mars-19 déc. Plan : BZ**x**
30 ch – 53/74 € 53/84 € – 9 €
Cet hôtel, entre la gare et le vieux Tours, dispose de chambres fonctionnelles assez confortables et d'un parking à proximité. Accueil sympathique et familial.

Restaurants

La Roche Le Roy (Alain Couturier)

55 rte St-Avertin – ✆ 02 47 27 22 00 – www.rocheleroy.com
– Fermé 2-25 août, vacances de fév., dim. et lundi Plan : X**r**
Menu 35 € (déj.), 56/75 € – Carte 65/85 €
À deux minutes du centre-ville, dans cette charmante gentilhommière tourangelle, on met un point d'honneur à réaliser une belle cuisine classique, avec maîtrise et soin. Accueil et service sont des plus charmants. ➜ Asperges à l'œuf cassé, dentelle de parmesan et lard paysan. Poitrine de pigeonneau de Racan rôti "Apicius", tartine de foie et pastilla de légumes. Soufflé chaud au Grand Marnier.

Charles Barrier (Hervé Lussault)

101 av. de la Tranchée – ✆ 02 47 54 20 39 – www.charles-barrier.fr – Fermé sam. midi et dim. sauf fériés Plan : U**e**
Menu 35 € (semaine), 57/105 € – Carte 69/143 €
De très beaux produits pour cette cuisine classique que le chef revisite avec succès ! Les cuissons, sauces et jus sont parfaitement maîtrisés. Dans les assiettes, gourmandes et savoureuses, c'est un festival pour les papilles... ➜ Langoustines croustillantes aux épices douces et légumes confits. Ris de veau braisé au vin jaune et fricassée de champignons. Soufflé chaud au Grand Marnier et sorbet pamplemousse.

Le Thélème

30 r. Charles-Gille – ✆ 02 47 61 28 40 – www.letheleme.com – Fermé 2 semaines en août, sam. midi et dim. Plan : CZ**p**
Formule 16 € – Menu 22 € (semaine), 27/37 € – Carte 37/58 €
À deux pas du centre des congrès, ce restaurant dispose de trois niveaux façon mezzanine. La carte, elle, varie au rythme des saisons. Une cuisine aux saveurs marquées, gourmande et parfumée.

La Chope

25 bis av. de Grammont – ✆ 02 47 20 15 15 – www.lachope.info – Fermé 28 juil.-11 août Plan : CZ**f**

Formule 19 € – Menu 21/26 € – Carte 33/53 €

L'écailler de Tours depuis 1902, avec son décor Belle Époque : banquettes en velours rouge, comptoir en zinc, miroirs et lampes tulipe. Grand choix d'huîtres (Gillardeau, Cancale), de poissons et de fruits de mer. Une belle et bonne brasserie.

L'Odéon

10 pl. du Gén.-Leclerc – ✆ 02 47 20 12 65 – www.restaurant-lodeon.com – Fermé 6-19 août, 1er-15 janv. et dim. Plan : CZ**r**

Menu 35/75 € – Carte 51/67 €

Ce restaurant est l'un des plus anciens de la capitale tourangelle – il est né en 1893 – mais il vit avec son temps, dans le décor comme dans l'assiette. Le chef signe une cuisine traditionnelle teintée d'originalité, exécutée avec soin. Bon choix de vins au verre.

Le Saint-Honoré

7 pl. des Petites-Boucheries – ✆ 02 47 61 93 82 – Fermé 28 avril-4 mai, 5-20 août, 21 déc.-5 janv., 1 semaine vacances de fév., sam. et dim. Plan : DY**a**

Menu 28/47 € – Carte 42/55 € *(réservation conseillée)*

Installé dans une ancienne boulangerie de 1625, qui a conservé son four, ce restaurant a tout pour plaire aux amateurs d'authenticité. Le chef fait pousser ses légumes dans son potager et signe une cuisine délicate, gourmande, pleine de saveurs...

Barju

15 r. du Change – ✆ 02 47 64 91 12 – www.barju.fr – Fermé 1 semaine en août, 1 semaine vacances de Noël, dim. et lundi Plan : ABY**t**

Formule 22 € 🍷 – Menu 53 € (dîner) – Carte 49/88 € *(réservation conseillée)*

Ambiance animée et conviviale dans ce sympathique restaurant du vieux Tours ! La patte du chef ? Le goût des épices – acquis chez Roellinger – et la priorité aux saveurs de la mer. Une cuisine goûteuse et généreuse.

La Deuvalière

18 r. de la Monnaie – ✆ 02 47 64 01 57 – www.restaurant-ladeuvaliere.com – Fermé sam. midi, dim. et lundi Plan : BY**e**

Formule 17 € – Menu 20 € (déj.)/32 €

Parcours atypique pour ce chef, originaire de Jérusalem, ex-officier de marine, formé à l'institut Bocuse... Une reconversion réussie : au fil des saisons, il signe des plats fort appétissants, toujours bien construits. Autre atout : le cadre chaleureux de cette maison du 15e s. (tuffeau, cheminée, etc.).

La Famille By Bardet

10 r. Grosse-Tour – ✆ 02 47 39 24 83 – www.restaurant-lafamille.fr – Fermé dim. soir, merc. midi et mardi Plan : AY**f**

Formule 19 € – Menu 24/85 € – Carte 53/71 €

Un restaurant arty et branché au cœur du vieux Tours. Derrière les fourneaux, le chef – un ancien autodidacte qui a épousé la fille de Jean Bardet, figure de la cuisine locale – a la passion de la cuisine chevillée au corps : son investissement paie dans l'assiette, savoureuse, colorée et parfumée ! Accueil très aimable.

Le Bistrot de la Tranchée

103 av. de la Tranchée – ✆ 02 47 41 09 08 – www.charles-barrier.fr – Fermé 5-28 août, dim. et lundi Plan : U**s**

Menu 15 € (déj. en semaine), 20/27 € – Carte 28/36 €

On y mange au coude-à-coude tant il attire de monde ! Aux fourneaux de ce sympathique bistrot, une équipe jeune et dynamique signe une belle cuisine canaille et gourmande. Le rapport qualité-prix est excellent ! À savoir : cette table dépend du fameux restaurant Charles Barrier, mitoyen.

Casse-Cailloux

26 r. Jehan-Fouquet – ✆ 02 47 61 60 64 – www.casse-cailloux.fr – Fermé 1 semaine vacances de printemps, 3 semaines en août, 24-31 déc., merc. midi, sam. et dim. Plan : BZ**d**

Formule 22 € – Menu 29 € *(réservation conseillée)*

Pas besoin de voir grand pour faire de la belle cuisine ! La preuve avec ce bistrot de poche, où l'on sait ce que "bien manger" veut dire... Sur l'ardoise, le choix du chef est ciblé et saisonnier ; dans l'assiette, cuissons et assaisonnements sont impeccables.

L'Atelier Gourmand

37 r. Étienne-Marcel – ✆ 02 47 38 59 87 – www.lateliergourmand.fr – Fermé 22 déc.-13 janv., sam. midi, lundi midi et dim. Plan : AY**z**

Formule 15 € – Menu 24 € – Carte 35/42 €

Couleurs pétantes, chaises en plexi, tables inox... Entre ses murs du 15e s., ce restaurant arbore une déco qui décoiffe. Côté assiettes, l'adresse, tenue par deux frères, semble démontrer que la gourmandise est une affaire de gènes !

Les Linottes

22 r. Georges-Courteline – ✆ 02 47 38 34 82 – www.leslinottesgourmandes.com – Fermé 2 semaines fin juil.-début août, dim. et lundi Plan : AY**b**

Menu 19 € (déj. en semaine)/28 € *(réservation conseillée)*

Ambiance bistrot dans le cadre chaleureux (pierres et poutres apparentes, cheminée) de cette maison à colombages du vieux Tours. Réjouissant menu à l'ardoise. Les têtes de linotte – et les autres – apprécieront !

L'Arôme

26 r. Colbert – ✆ 02 47 05 99 81 – Fermé 3 semaines en mars, 1er-15 sept., dim. et lundi Plan : BY**m**

Formule 15 € – Menu 24 € (déj. en semaine)/31 € – Carte 35/42 € *(réservation conseillée)*

Le bouche-à-oreille le dit à juste titre : l'endroit est jeune, dynamique, sérieux et fait la part belle à la cuisine du marché. On se régale à prix doux, par exemple d'un marbré de cèpes accompagné de vins bien choisis. Une bonne adresse.

Le Rif

12 av. Maginot – ✆ 02 47 51 12 44 – www.le-rif.fr – Fermé 20 juil.-20 août, merc. soir du 20 sept. au 20 juin, dim. sauf le midi du 20 juin au 20 sept. et lundi

Formule 28 € – Carte 26/35 € Plan : U**f**

Bricks, couscous et tajines (aux pruneaux, aux olives...) sont, avec l'accueil, les vedettes de ce restaurant marocain tenu en famille depuis plus de 20 ans. Ici, le soleil brille dans les cœurs comme dans les assiettes !

Le Chien Jaune (N)

74 r. Bernard-Palissy – ✆ 02 47 05 10 17 – Fermé 22 déc.-5 janv. et dim.

Menu 20 € (déj. en semaine), 22/30 € – Carte 30/45 € Plan : CZ**t**

On ne présente plus cette institution tourangelle née en 1930... mais tout y a récemment changé sous l'égide d'une nouvelle équipe : la salle conserve tout son cachet (vieilles plaques publicitaires, murs couleur beurre, grand miroir, etc.) et, au gré des saisons, la cuisine de tradition respire la fraîcheur du marché...

à Rochecorbon 6 km par ④ – ✉ 37210 – 3 311 hab.

Les Hautes Roches

86 quai de Loire – ✆ 02 47 52 88 88 – www.leshautesroches.com – Fermé 16 fév.-4 avril

14 ch – 190/300 € 190/300 € – 21 € – ½ P

Rest ***Les Hautes Roches*** ✿ – voir les restaurants ci-après

Installé dans un ancien monastère en partie troglodyte, face à la Loire, cet hôtel creusé dans le tuffeau a du caractère ! Seules les fenêtres percées dans la falaise indiquent la présence de chambres. Une adresse insolite pour une expérience inédite.

XXX **Les Hautes Roches**

86 quai de Loire – ✆ 02 47 52 88 88 – www.leshautesroches.com – Fermé 16 fév.-4 avril, dim. soir et lundi
Menu 60/95 € – Carte 75/93 €
Aux beaux jours, la terrasse qui domine le "fleuve royal" est incontournable, et rivalise avec l'élégance épurée de la salle. Le chef, breton d'origine, marie les influences océanes aux produits régionaux. Une cuisine franche et maîtrisée. → Fricassée de petits encornets, sorbet et chutney de betterave. Suprême de turbot à la béarnaise, "caviar" de pomme de terre. Tarte fine aux pommes, glace au lait d'amande.

XX **L'Oubliette**

34 r. des Clouets – ✆ 02 47 52 50 49 – www.restaurant-loubliette.com – Fermé 23 août-9 sept., dim. soir, lundi et merc.
Formule 20 € – Menu 25 € (semaine), 35/49 € – Carte 38/63 €
Dans une maison troglodytique, avec une cour fleurie, ce restaurant intime est parfait pour un dîner en amoureux et pour apprécier une cuisine soignée. Tout est fait maison sauf le pain... de quoi ne pas passer aux oubliettes !

à Joué-lès-Tours 5 km au Sud-Ouest, par rte de Chinon – ✉ 37300 – 35 976 hab.

Château de Beaulieu

67 r. de Beaulieu – ✆ 02 47 53 20 26 – www.chateaudebeaulieu37.com
16 ch – †97/197 € ††97/197 € – ☕ 14 € – ½ P Plan : X**b**
Rest *Château de Beaulieu* – voir les restaurants ci-après
Pour ceux qui aiment la vie de château, cette belle gentilhommière du 18e s. dégage un charme sûr : moulures, mobilier de style, tissus choisis... Depuis le parc, soigneusement entretenu, la vue porte jusqu'à la cité tourangelle.

Mercure

parc des Bretonnières – ✆ 02 47 53 16 16 – www.mercure.com Plan : X**u**
75 ch – †93/130 € ††93/130 € – ☕ 15 €
Rest – Formule 19 € – Menu 23 € – Carte 27/41 € *(fermé sam. midi et dim. midi)*
Jouxtant le centre des congrès Malraux, des chambres fonctionnelles, bien insonorisées, et un espace de remise en forme : fitness, sauna, hammam, etc. Restaurant traditionnel. Une adresse parfaite pour la clientèle d'affaires.

Chéops

ch, rest,

75 bd Jean Jaurès – ✆ 02 47 67 72 72 – http://hotel-tours.brithotel.fr/ – Fermé 20 déc.-5 janv. Plan : X**a**
58 ch – †89/115 € ††89/115 € – ☕ 10 €
Rest – Menu 18 € (semaine) – Carte 29/43 € *(fermé vend., sam. et dim. d'oct. à avril et le midi)*
Près du centre de Joué, cet hôtel est intégré à un ensemble résidentiel. Parfait pour un déplacement professionnel, il propose des chambres à la décoration contemporaine, des salles de séminaire et un service de restauration.

L'Escurial

ch,

4-8 r. Edouard-Branly – ✆ 02 47 53 60 00 – www.hotelescurial.com Plan : X**e**
59 ch – †95/135 € ††95/165 € – ☕ 15 € – ½ P
Rest – Formule 20 € – Menu 24/38 € – Carte environ 42 €
Un grand bâtiment des années 1980, au bord d'une avenue menant à Tours. Les chambres se révèlent confortables et chaleureuses ; idéalement, préférez celles côté jardin (et courts de tennis), elles sont plus calmes et spacieuses.

XXX **Château de Beaulieu** – Hôtel Château de Beaulieu

67 r. de Beaulieu – ✆ 02 47 53 20 26 – www.chateaudebeaulieu37.com
Menu 29 € (déj. en semaine), 44/79 € – Carte 51/80 € Plan : X**b**
Dans ce ravissant manoir, la salle distille un charme bourgeois à la fois sage et élégant. Avec des grands classiques comme le pigeonneau du pays de Racan ou le soufflé chaud au Grand Marnier, on y célèbre la cuisine de saison.

au Nord 9 km par ②

L'Arche de Meslay

14 r. des Ailes ✉ 37210 Parçay-Meslay – ✆ 02 47 29 00 07 – www.larchedemeslay.fr – Fermé 3 semaines en août, dim. et lundi sauf fériés
Menu 17 € (déj. en semaine), 26/48 € – Carte 40/63 €
Un décor pseudo-antique près d'un grand rond-point, il en faut plus pour arrêter les gourmands ! On vient ici pour la spécialité du chef, la bouillabaisse à la tourangelle – rouget, rascasse, rillons et andouillette ! – et bien d'autres mets savoureux, le tout à petits prix.

à Vallières 9 km par ⑬, D 952 rte de Langeais – ✉ 37230 – 10 466 hab.

Auberge de Port Vallières

195 quai des Bateliers, D 952, rte des bords de Loire ✉ 37230 Fondettes – ✆ 02 47 42 24 04 – www.auberge-de-port-vallieres.fr – Fermé 20 août-7 sept., 7-15 janv., mardi de sept. à mai, dim. soir et lundi
Menu 22 € (déj. en semaine), 30/60 € – Carte 50/67 €
Entre Tours et Angers, voici une halte toute trouvée ! Une savoureuse cuisine d'inspiration tourangelle vous attend dans ce restaurant élégant et chaleureux, dont le chef affectionne les beaux produits, telles les Saint-Jacques de plongée ou le civet de homard au citron vert. Service attentionné et prix doux.

TOURTOUR

✉ 83690 (Var) – 589 hab. – **Voir carte n°41-C3**
Paris 827 km – Aups 10 km – Draguignan 17 km – Salernes 11 km
Carte Michelin 340-M4 – Guide Vert Michelin Côte d'Azur

La Bastide de Tourtour

rte de Flayosc, (au village) – ✆ 04 98 10 54 20 – www.bastidedetourtour.com
25 ch – †120/360 € ††160/360 € – ☕ 19 € – ½ P
Rest ***La Bastide de Tourtour*** – voir les restaurants ci-après
Quel site ! Cette bastide – aux allures de château – domine le massif des Maures et... toute la région. Une partie des chambres, avec balcon, ouvrent sur ce fabuleux panorama. Cependant, beaux matériaux et grand confort dessinent une dimension... toute humaine.

La Petite Auberge

rte de Flayosc, 1,5 km par D 77 – ✆ 04 98 10 26 16 – www.petiteauberge.net – Ouvert 15 mars-27 oct.
15 ch – †80/146 € ††80/186 € – ☕ 13 € – ½ P
Rest – Menu 32/80 € – Carte 28/71 € *(fermé lundi)*
En retrait du village, face au massif des Maures, un mas entouré de végétation... et ouvert sur l'horizon côté piscine. Les chambres ne sont pas dénuées de romantisme ! On dîne dans un décor élégant d'une savoureuse cuisine traditionnelle.

Auberge St-Pierre

534 chemin de Fonfiguière, 3 km à l'Est par D 51 et rte secondaire – ✆ 04 94 50 00 50 – www.aubergesaintpierre.com – Ouvert 18 avril-15 oct.
16 ch – †93/114 € ††93/126 € – ☕ 13 € – ½ P
Rest – Menu 27/60 € – Carte 52/80 € *(fermé le midi en semaine)*
Passez le bonjour aux chèvres et aux moutons ! Au cœur d'une ferme de 90 ha, cette bâtisse du 16ᵉs. (poutres, pierres, mobilier rural) ne manque pas de cachet. Chambres confortables et piscine assez originale. Cuisine du terroir face à la campagne...

La Bastide de Tourtour – Hôtel La Bastide de Tourtour

rte de Flayosc – ✆ 04 98 10 54 20 – www.bastidedetourtour.com – Fermé le midi en semaine sauf juil.-août
Menu 28/68 € – Carte 61/73 €
Des voûtes de pierre, du marbre, des drapés à l'ancienne, de grandes natures mortes... Un décor éminemment bourgeois pour une cuisine gastronomique soignée, qui exhale de beaux arômes provençaux.

Les Chênes Verts avec ch

rte de Villecroze, 2 km par D 51 – 04 94 70 55 06 – www.leschenesverts.fr – Fermé 10 juin-9 juil., 7-15 oct., mardi et merc.
3 ch – 110 € 110 € – 20 €
Menu 58/145 € – Carte 102/150 € *(réservation conseillée)*
Maison provençale isolée dans un joli cadre forestier. Cuisine régionale forte en caractère (spécialités de truffes) servie dans deux confortables salles à manger ou en terrasse. ➜ Truffe du pays en feuilleté. Risotto aux cèpes et jus de truffe. Le Grand Dessert.

La Table

1 Traverse du Jas, Les Ribas – 04 94 70 55 95 – www.latable.fr – Fermé 22 juin-1er juil., lundi de mi-oct. à mi-avril et mardi sauf du 1er juil. au 19 août
Menu 28/43 € – Carte 49/77 € *(réservation conseillée)*
Charmant petit restaurant contemporain (tableaux, chaises design) situé à l'étage d'une maison en pierre. La cuisine, savoureuse, valorise les produits du marché, notamment les légumes.

LA TOUSSUIRE

73300 (Savoie) – **Voir carte n°46-F2**
Paris 651 km – Albertville 78 km – Chambéry 91 km – St-Jean-de-Maurienne 16 km
Carte Michelin 333-K6 – Guide Vert Michelin Alpes du Nord

Les Soldanelles

r. des Chasseurs Alpins – 04 79 56 75 29 – www.hotelsoldanelles.com – Ouvert 28 juin-31 août et 18 déc.-20 avril
38 ch – 69/155 € 69/155 € – 11 € – ½ P
Rest – Formule 17 € – Menu 20 € (semaine), 27/38 € – Carte 33/48 €
Du nom d'une fleur qui apparaît à la fonte des neiges... Perchée sur les hauteurs de la station, face aux sommets, cette imposante bâtisse se prête à un séjour très montagne : les pistes de ski sont toutes proches, et pour se revigorer, on peut profiter de la piscine et de l'espace bien-être.

TRACY-SUR-MER – 14 Calvados ➜ voir Arromanches-les-Bains

TRAENHEIM

67310 (Bas-Rhin) – 690 hab. – **Voir carte n°1-A1**
Paris 471 km – Haguenau 54 km – Molsheim 8 km – Saverne 22 km
Carte Michelin 315-I5

Zum Loejelgucker

17 r. Principale – 03 88 50 38 19 – www.loejelgucker-auberge-traenheim.com – Fermé 24 déc.-5 janv., lundi soir et mardi soir
Formule 13 € – Menu 23/43 € – Carte 24/52 €
Dans un village au pied des Vosges, cette ferme alsacienne du 18e s. ne manque pas de charme : bons plats régionaux, boiseries sombres, fresques et cour fleurie l'été.

LA TRANCHE-SUR-MER

85360 (Vendée) – 2 728 hab. – **Voir carte n°34-B3**
Paris 459 km – La Rochelle 64 km – La Roche-sur-Yon 40 km – Les Sables-d'Olonne 39 km
Carte Michelin 316-H9 – Guide Vert Michelin Pays de la Loire

Les Dunes

rest,

68 av. M. Samson – 02 51 30 32 27 – www.hotel-les-dunes.com – Ouvert 29 mars-30 sept.
45 ch – 51/73 € 67/118 € – 10 € – ½ P **Rest** *(résidents seult)*
Une grande maison face aux flots. Certaines chambres ont un balcon donnant sur la mer ; toutes sont fonctionnelles et impeccablement tenues. Quant à la piscine, abritée dans une jolie véranda et comme posée sur la plage, elle est très agréable...

à la Grière 2 km à l'Est par D 46 – ✉ 85360

Les Cols Verts rest,

48 r. de Verdun – ✆ 02 51 27 49 30 – www.hotelcolsverts.com – Ouvert 11 avril-30 sept.

29 ch – 60/87 € 72/111 € – 10 € – ½ P

Rest – Menu 26 € – Carte 28/40 € *(fermé le midi) (résidents seult)*

Près de la plage, un établissement familial, avec des chambres fonctionnelles et bien tenues, plus petites mais plus aussi calme à l'annexe. Pour l'agrément, une piscine couverte dans un bâtiment voisin... sans colverts, il va s'en dire !

TRAVEXIN – 88 Vosges ➔ voir Ventron

TRÉBEURDEN

✉ 22560 (Côtes-d'Armor) – 3 710 hab. – **Voir carte n°9-B1**

Paris 525 km – Lannion 10 km – Perros-Guirec 14 km – St-Brieuc 74 km

Carte Michelin 309-A2 – Guide Vert Michelin Bretagne Nord

Ti al Lannec

14 allée de Mezo Guen – ✆ 02 96 15 01 01 – www.tiallannec.com – Ouvert de mars à mi-nov.

26 ch – 139/351 € 196/351 € – 7 suites – 18 € – ½ P

Rest *Ti al Lannec* – voir les restaurants ci-après

C'est l'adresse idéale pour profiter de Trébeurden dans une atmosphère luxueuse et feutrée. Juchée sur une colline face à la mer, cette grande villa Belle Époque distille un charme sûr. Des meubles anciens, des tentures fleuries, un spa : délicieux.

Manoir de Lan-Kerellec

Allée de Lan-Kerellec – ✆ 02 96 15 00 00 – www.lankerellec.com – Ouvert de mi-mars à mi-nov.

19 ch – 150/510 € 190/510 € – 21 € – ½ P

Rest *Manoir de Lan-Kerellec* ✿ – voir les restaurants ci-après

Dominant les îles de la Côte de Granit rose, ce noble manoir breton du début du 20e s. est bourré de charme : vastes chambres aux tissus chatoyants avec balcon ou terrasse, jardin luxuriant et restaurant spectaculaire... Rien que ça !

Le Toëno sans rest

56 corniche de Goas-Treiz, 1,5 km par rte de Trégastel – ✆ 02 96 23 68 78 – www.hoteltoeno.com – Fermé 5 janv.-13 fév.

17 ch – 63/118 € 63/118 € – 11 €

La route n'est pas loin mais, face à la mer, le ressac prend le dessus. C'est le genre de construction des années 1980 fonctionnelle, simple et confortable ; les balcons des chambres font face à la Manche. Idéal pour découvrir la région !

XXX ✿ **Manoir de Lan-Kerellec** – Hôtel Manoir de Lan-Kerellec

Allée de Lan-Kerellec – ✆ 02 96 15 00 00 – www.lankerellec.com – Ouvert de mi-mars à mi-nov. et fermé lundi midi, mardi midi et merc. midi

Menu 28 € (déj. en semaine), 52/85 € – Carte 79/110 €

Un cadre magique : la salle est couverte d'une splendide charpente en forme de carène de bateau renversée, et la vue porte sur la Manche et les îles... De quoi se laisser emporter par une cuisine inventive et variée, inspirée par des produits de la mer de première qualité. Spectacle total !

➔ Maki de blé noir et langoustines, lait ribot au wasabi. Homard breton rôti au beurre demi-sel, cromesquis de pomme de terre aux algues et coquillages. "Paris-Trébeurden" au caramel de beurre salé.

XXX **Ti al Lannec** – Hôtel Ti al Lannec

14 allée de Mezo Guen – ✆ 02 96 15 01 01 – www.tiallannec.com – Ouvert de mars à fin nov.

Menu 24 € (déj. en semaine), 44/78 € – Carte 52/118 €

Un restaurant bourré de charme avec ses beaux salons bourgeois. Dans la salle à manger panoramique, le spectacle vaut le coup d'œil et les produits de la mer valent... le coup de fourchette ! Judicieuse sélection de vins (bordeaux, appellations du Val de Loire...).

Le Quellen avec ch

18 corniche Goas-Treiz – ✆ 02 96 15 43 18 – www.le-quellen.com – Fermé 7 janv.-25 mars, dim. soir, lundi et mardi hors saison

10 ch – 🚹54/64 € 🚹🚹57/67 € – ☕ 8,50 € – ½ P

Formule 18 € – Menu 28/65 € – Carte 42/67 €

Deux frères, l'un en cuisine et l'autre en salle, veillent à la destinée de cette maison traditionnelle, privilégiant des produits marins de grande fraîcheur (menu homard, plateaux de fruits de mer, etc.). À l'étage, les chambres, récemment rafraîchies, appellent au repos.

TRÉBOUL – 29 Finistère ➜ voir Douarnenez

TRÉDARZEC

✉ 22220 (Côtes-d'Armor) – 1 135 hab. – **Voir carte n°9-B1**

▶ Paris 504 km – Rennes 153 km – St-Brieuc 57 km

Carte Michelin 309-C2

L'Abri des Barges Ⓝ

Le Moulin du Carpont, 3 km au Nord-Ouest par rte de Kerbors et rte secondaire – ✆ 02 96 40 04 04 – www.abridesbarges.com – Ouvert 1er avril-31 déc. et fermé merc. soir, vend. midi, lundi et jeudi d'oct. à déc., merc. midi et mardi

Carte 32/60 € *(réservation conseillée)*

Ce bistrot convivial est installé dans l'ancienne étable d'un moulin à marée de la fin du 16e s., isolé sur les rives du Jaudy. Le chef – ancien photographe culinaire ! –, propose une courte carte, travaillant poissons et légumes locaux avec beaucoup de simplicité. Sa philosophie : le produit avant tout. Pari réussi !

TREFFORT

✉ 38650 (Isère) – 245 hab. – **Voir carte n°45-C2**

▶ Paris 598 km – Grenoble 36 km – Monestier-de-Clermont 9 km – La Mure 43 km

Carte Michelin 333-G8

au bord du lac 3 km au Sud par D 110E – ✉ 38650 Treffort

Le Château d'Herbelon

– ✆ 04 76 34 02 03 – www.chateau-herbelon.fr – Ouvert 1er avril-31 oct. et fermé dim. soir, lundi, mardi et merc. sauf juil.-août

10 ch – 🚹93/165 € 🚹🚹93/165 € – ☕ 14 € – ½ P

Rest – Formule 27 € – Menu 27/58 €

Au bord du lac de Monteynard, cette demeure du 17e s., recouverte de vigne vierge et de rosiers grimpants, jouit d'un superbe isolement. Les chambres, spacieuses et classiques, prêtent à la quiétude... L'hiver, une imposante cheminée réchauffe la salle du restaurant ; aux beaux jours, on dresse des tables sur la pelouse.

TREFFORT

✉ 01370 (Ain) – 2 204 hab. – **Voir carte n°44-B1**

▶ Paris 436 km – Bourg-en-Bresse 18 km – Lons-le-Saunier 57 km – Mâcon 51 km

Carte Michelin 328-F3 – Guide Vert Michelin Lyon et sa région

L'Embellie avec ch

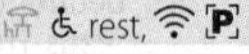

pl. du Champ-de-Foire – ✆ 04 74 42 35 64 – www.lembellie.org – Fermé 1er-15 janv., dim. soir et lundi

8 ch – 🚹45/50 € 🚹🚹55/65 € – ☕ 8 € – ½ P

Formule 12 € – Menu 15 € (déj. en semaine), 29/33 € – Carte 30/50 €

Une maison en pierre sur la place principale du village... L'affaire a été reprise par un jeune couple "de retour au pays". Plein d'envie, le chef signe une jolie cuisine, associant produits frais (dont la volaille de Bresse), recettes actuelles et petit menu du jour. Quelle Embellie ! Chambres toutes simples pour l'étape.

TRÉGASTEL

22730 (Côtes-d'Armor) – 2 440 hab. – **Voir carte n°9-B1**

Paris 526 km – Lannion 11 km – Perros-Guirec 9 km – St-Brieuc 75 km

Carte Michelin 309-B2 – Guide Vert Michelin Bretagne Nord

Beau Séjour

ch, P

5 plage du Coz-Pors – 02 96 23 88 02 – www.beausejoursarl.com – Fermé 5 janv.-5 fév.

10 ch – 58/195 € 58/195 € – 11 € – ½ P

Rest – Formule 15 € – Menu 19/48 € – Carte 35/60 € *(fermé lundi)*

Une situation idéale, près de la plage et du complexe aquatique du Forum. Les chambres, dont la plupart sont tournées vers le large, rappellent un intérieur de bateau ou une cabine de plage... Le résultat est original ! Au restaurant, cuisine iodée et pêche du jour.

Hôtel de la Mer et de la Plage sans rest

plage du Coz-Pors – 02 96 15 60 00 – www.hoteldelamer-tregastel.com – Ouvert 1er avril-12 nov.

19 ch – 60/145 € 60/145 € – 9 €

Sur la plage et près de l'aquarium marin, une bonne petite adresse, aux prix abordables, dont les chambres rendent hommage au monde du nautisme ; un esprit que l'on retrouve partout dans l'établissement ! Quant à l'accueil, il est simple et charmant.

à la plage de Landrellec 3 km au Sud par D 788 et route secondaire – 22560 Pleumeur-Bodou

Le Macareux

21 r. des Plages – 02 96 23 87 62 – www.lemacareux.com – Ouvert 14 fév.-14 oct. et fermé dim. soir sauf juil.-août, mardi midi et lundi

Menu 29/58 € – Carte 40/106 €

Point besoin d'être un macareux pour se poser dans cette sympathique longère bretonne, il vous suffit d'être amateur de bonne cuisine. Spécialités du chef : les ormeaux, le homard et les fruits de mer, avec un coup de projecteur sur la pêche locale. On fait le plein d'iode ! En bonus : une terrasse face à... la mer.

TRÉGUIER

22220 (Côtes-d'Armor) – 2 723 hab. – **Voir carte n°9-B1**

Paris 509 km – Guingamp 28 km – Lannion 19 km – Paimpol 15 km

Carte Michelin 309-C2 – Guide Vert Michelin Bretagne Nord

Aigue Marine

P

5 r. Marcellin-Berthelot, (sur le port) – 02 96 92 97 00 – www.aiguemarine-hotel.com – Fermé 12-20 nov., 22-26 déc., 1er janv.-28 fév. et dim. de nov. à mars

48 ch – 70/85 € 80/105 € – 15 € – ½ P

Rest *Aigue Marine* – voir les restaurants ci-après

Les familles apprécieront à coup sûr cet hôtel aux chambres fonctionnelles – souvent avec balcon –, à choisir côté port ou côté piscine et jardin. Le matin, le petit-déjeuner est soigné et copieux !

Aigue Marine

AC P

5 r. Marcellin Berthelot, (sur le port) – 02 96 92 97 00 – www.aiguemarine-hotel.com – Ouvert 16 mars-11 nov. et fermé dim. soir hors saison, mardi midi, jeudi midi et vend. midi de juin à sept., sam. midi et lundi

Formule 22 € – Menu 49/80 € – Carte 67/94 €

L'aigue-marine : une pierre fine que l'on portait en talisman au moment de partir en mer... Un nom porte-bonheur pour cette table océane dont le chef, enfant du pays, livre une interprétation très personnelle de la cuisine du large. Le poisson, parfaitement cuisiné et parfumé, brille du beau reflet de la fraîcheur.

→ Tourteau décortiqué par nos soins assaisonné de tomates anciennes. Lieu jaune du pays doré en croûte de chorizo ibérique. Agrumes en mousse et émulsion.

rte de Lannion 2 km au Sud-Ouest par D 786 et rte secondaire – ✉22220 Tréguier

Kastell Dinec'h

lieu-dit le Castel, rte de Lannion – ✆ 02 96 92 92 92 – www.kastelldinech.com – Fermé 15 déc.-9 mars

16 ch – 🚹65/130 € 🚹🚹75/130 € – ☕ 13 € – ½ P

Rest – Menu 28 € *(fermé le midi) (résidents seult)*

Une maison en pierre comme on les aime, tout droit sortie du 17e s., hésitant entre la ferme et le manoir... Les chambres, cosy et soignées, sont réparties dans la maison principale et ses dépendances. En cuisine, madame mise sur la qualité (producteurs locaux, bio, etc.).

TRÉGUNC

✉ 29910 (Finistère) – 6 837 hab. – Voir carte n°**9**-B2

Paris 543 km – Concarneau 7 km – Pont-Aven 9 km – Quimper 29 km

Carte Michelin 308-H7

Auberge Les Grandes Roches

r. des Grandes-Roches, 0,6 km au Nord-Est par rte secondaire – ✆ 02 98 97 62 97 – www.hotel-lesgrandesroches.com – Ouvert de début fév. à fin oct.

16 ch – 🚹95/155 € 🚹🚹95/155 € – 1 suite – ☕ 13 € – ½ P

Rest – Formule 17 € – Menu 26/46 € – Carte 52/60 €

(fermé mars, avril, oct., fév., mardi et merc. hors saison)

Cette ferme bretonne du 19e s., avec ses deux chaumières, est entourée d'un parc fleuri de 9 ha où se dressent dolmens et menhirs. À l'intérieur, le cadre est rustique (cheminée en granit), les chambres offrent un calme olympien et le restaurant joue la carte de la tradition. Parfait pour découvrir ce pays de légendes...

TREIGNAC

✉ 19260 (Corrèze) – 1 376 hab. – Voir carte n°**25**-C2

Paris 490 km – Brive-la-Gaillarde 74 km – Limoges 102 km – Tulle 40 km

Carte Michelin 329-L2 – Guide Vert Michelin Limousin Berry

Maison Grandchamp

9 pl. des Pénitents – ✆ 05 55 98 10 69 – www.hotesgrandchamp.com – Ouvert 1er avril-15 déc.

3 ch ☕ – 🚹82/92 € 🚹🚹82/92 €

Table d'hôte – Menu 32 € *(dîner pour résidents seult)*

Dans cette superbe maison familiale de la fin du 17e s., tout n'est que meubles anciens, portraits d'aïeux, souvenirs de voyages... Dans la cuisine, près du cantou, on savoure le menu du terroir concocté par Marielle. Beaucoup de charme et de coquetterie !

TREILLES

✉ 11510 (Aude) – 182 hab. – Voir carte n°**22**-B3

Paris 823 km – Carcassonne 89 km – Montpellier 127 km – Perpignan 37 km

Carte Michelin 344-I5

L'Atelier de Claude Giraud

6 rte des Corbières – ✆ 04 68 33 08 59 – Fermé lundi et mardi de mai à juin

Formule 16 € – Carte 41/66 €

Dans un petit village des Corbières, un endroit improbable, meublé de bric et de broc, mais attachant et très convivial ! Comme le dit le chef, ici, tout se concentre dans l'assiette : une belle cuisine de produits, simple, savoureuse et bien ficelée. Aux beaux jours, profitez de la terrasse.

TRÉLAZÉ – 49 Maine-et-Loire → voir Angers

TRÉLON

✉ 59132 (Nord) – 3 090 hab. – **Voir carte n°31-D3**
▶ Paris 218 km – Avesnes-sur-Helpe 15 km – Charleroi 53 km – Lille 115 km
Carte Michelin 302-M7

XX Le Framboisier

rte du Val-Joly – ✆ 03 27 59 73 34 – http://framboisier.terascia.com
– Fermé 17 août-2 sept., 16 fév.-3 mars, dim. soir, mardi soir et lundi sauf fériés
Formule 18 € – Menu 29/47 € – Carte 31/62 €
Un joli corps de ferme sur la route principale. Côté déco, on mêle le rustique et les touches plus actuelles ; côté papilles, on n'a d'yeux que pour la tradition aux accents régionaux.

TREMBLAY-EN-FRANCE – 93 Seine-Saint-Denis ➜ voir Paris, Environs

LE TREMBLAY-SUR-MAULDRE

✉ 78490 (Yvelines) – 969 hab. – **Voir carte n°18-A2**
▶ Paris 42 km – Houdan 24 km – Mantes-la-Jolie 32 km – Rambouillet 18 km
Carte Michelin 311-H3

XXX Numéro 3 (Laurent Trochain)

✿ *3 r. du Gén.-de-Gaulle – ✆ 01 34 87 80 96 – www.restaurant-numero3.fr*
– Fermé 2 semaines en août, 2 semaines en janv., merc. midi, lundi et mardi
Menu 48/100 € 🍷 – Carte 60/65 €
Une métamorphose ! Oubliées les poutres, la cheminée et même la façade traditionnelle ; place à un cadre éminemment contemporain, géométrique et design. La cuisine respecte ses fondamentaux : beaux produits, geste soigné et recettes nouvelles. Avec un original "bar à fromages" et un espace caviste...
➜ Foie gras de canard poêlé, pomme de terre et hareng. Homard bleu confit au beurre salé, purée à l'ail et légumes croquants. Feuilleté au caramel, crème glacée pomme Tatin et émulsion de cidre.
Et aussi ***Le Bar à Fromages*** Formule 15 € – Menu 24 € – Carte environ 29 €
(fermé 2 semaines en août, 2 semaines en janv., merc. midi, lundi et mardi)

TRÉMOLAT

✉ 24510 (Dordogne) – 576 hab. – **Voir carte n°4-C3**
▶ Paris 532 km – Bergerac 34 km – Brive-la-Gaillarde 87 km – Périgueux 46 km
Carte Michelin 329-F6 – Guide Vert Michelin Périgord Quercy

Le Vieux Logis

Le Bourg – ✆ 05 53 22 80 06 – www.vieux-logis.com
23 ch – 🚹200/455 € 🚹🚹200/455 € – ☕ 25 € – ½ P
Rest *Le Vieux Logis* ✿ – voir les restaurants ci-après
Cet ancien prieuré est le vivant récit de l'histoire de la famille des propriétaires, vieille de presque cinq siècles ! Les chambres sont meublées avec goût et le jardin est superbe. Un Logis extrêmement chaleureux.

XXX Le Vieux Logis

✿ *– ✆ 05 53 22 80 06 – www.vieux-logis.com*
Formule 49 € – Menu 65 € (dîner), 85/110 € – Carte 88/124 €
Une valeur sûre que cette table de tradition, qui sait choisir ses produits et les accommoder avec justesse. De la belle gastronomie, classique sans être figée. Le cadre – un ancien séchoir à tabac, tout en pierre et bois peint – est tout à fait charmant.
➜ Foie gras poché au Bergerac, compote de poire, poivre noir et cannelle. Grenadin de veau rôti, raviole de jaune d'œuf et oignons croquants. "Paris-trémolat", choux, crème au praliné, amandes et noix.

Bistrot de la Place

Le Bourg – ✆ 05 53 22 80 69 – www.vieux-logis.com – Fermé lundi et mardi du 15 oct. au 15 avril
Formule 16 € – Menu 22/29 € – Carte 33/48 €
Une adresse pour se restaurer dans le village où Claude Chabrol tourna le film Le Boucher (1970). Vieilles pierres, poutres et cuisine de bistrot mettant en avant les produits du terroir : andouillette, confit de canard...

LE TRÉPORT

✉ 76470 (Seine-Maritime) – 5 255 hab. – Voir carte n°**33**-D1
Paris 180 km – Abbeville 37 km – Amiens 92 km – Blangy-sur-Bresle 26 km
Carte Michelin 304-I1 – Guide Vert Michelin Normandie Vallée de la Seine

Le Saint-Yves sans rest

7 pl. Pierre-Sémard – ✆ 02 35 86 34 66 – www.hotellesaintyves.com
21 ch – 63/70 € 65/94 € – 3 suites – 8,50 €
Sur l'avant-port (il suffit d'emprunter la passerelle pour rejoindre le centre-ville), un hôtel traditionnel où l'on vous reçoit avec la plus grande amabilité. L'intérieur, de style bourgeois, est particulièrement net et soigné.

Villa Marine

1 pl. Pierre-Sémard – ✆ 02 35 86 02 22 – www.hotel-lavillamarine.com – Fermé 24-29 déc.
33 ch – 59/105 € 59/105 € – 10 € – ½ P
Rest *Villa Marine* – voir les restaurants ci-après
Non loin de la gare, face au port, un hôtel dont la modeste façade ne présage en rien des qualités réelles, l'ensemble ayant été rénové dans un esprit contemporain de bon goût. Les chambres – presque toutes en blanc et bleu – ne sont pas très grandes mais vraiment plaisantes.

Villa Marine

1 pl. Pierre-Sémard – ✆ 02 35 86 02 22 – www.hotel-lavillamarine.com – Fermé 23-29 déc., dim. de mi-nov. à mi-avril, dim. soir sauf juil.-août et sam. midi
Formule 16 € – Menu 21 € – Carte 22/46 €
Une villa qui porte bien son nom : on l'imagine dressée fièrement contre les embruns venus de la mer, les jours de gros temps... À l'intérieur, dans une ambiance de bistrot chic, on déguste une délicieuse cuisine du marché, soignée et goûteuse, qui donne envie de s'attarder un jour de plus !

TRIEL-SUR-SEINE – 78 Yvelines → voir Paris, Environs

TRIGANCE

✉ 83840 (Var) – 163 hab. – Voir carte n°**41**-C2
Paris 817 km – Castellane 20 km – Digne-les-Bains 74 km – Draguignan 43 km
Carte Michelin 340-N3 – Guide Vert Michelin Alpes du Sud

Château de Trigance

rte du château, accès par voie privée – ✆ 04 94 76 91 18 – www.chateau-de-trigance.fr – Ouvert avril-oct.
10 ch – 117/135 € 117/185 € – 15 € – ½ P
Rest – Menu 28/52 € – Carte 50/71 €
Cet hôtel occupe les murs d'un château fort dominant la vallée, et les chambres ont des lits à baldaquin ! Une adresse originale à l'esprit médiéval. Le restaurant prend ses aises dans une salle sarrasine du 12[e]s. et propose... une cuisine bien d'aujourd'hui.

Le Vieil Amandier

montée de St-Roch – ✆ 04 94 76 92 92 – http://levieilamandier.free.fr – Ouvert 20 avril-11 nov.
12 ch – 78/93 € 78/93 € – 10 € – ½ P
Rest – Menu 25 € *(résidents seult)*
Au pied du village, construction récente entourée d'un jardin méditerranéen. Chambres impeccables, certaines avec terrasse. Sauna et jacuzzi à disposition. Une belle charpente coiffe la salle à manger ; cuisine traditionnelle méridionale.

TRILBARDOU – 77 Seine-et-Marne → voir Meaux

LA TRINITÉ-SUR-MER

✉ 56470 (Morbihan) – 1 630 hab. – **Voir carte n°9-B3**
▶ Paris 488 km – Auray 13 km – Carnac 4 km – Lorient 52 km
Carte Michelin 308-M9 – Guide Vert Michelin Bretagne Sud

Le Lodge Kerisper sans rest

4 r. du Latz – ✆ 02 97 52 88 56 – www.lodge-kerisper.com
18 ch – 🚹88/163 € 🚹🚹88/188 € – 2 suites – ☕ 14 €
Les bâtiments de cette ancienne ferme du 19e s. ont beaucoup de cachet : intérieur tout en matériaux nobles, meubles chinés et parquets bruts... Un véritable "boutique hôtel" !

Le Petit Hôtel des Hortensias

4 pl. Yvonne Sarcey – ✆ 02 97 30 10 30 – www.leshortensias.info
6 ch – 🚹99/180 € 🚹🚹99/180 € – ☕ 13 €
Rest *L'Arrosoir* – voir les restaurants ci-après
La silhouette nordique de cette charmante villa (1880) domine le port. Ambiance guesthouse, tissus tendus, tons chauds... Un vrai cocon face au va-et-vient des bateaux de plaisance.

L'Azimut

1 r. du Men-Dû – ✆ 02 97 55 71 88 – www.lazimut-latrinite.com – Fermé mardi et merc. sauf juil.-août
Formule 17 € 🍷 – Menu 26 € (déj.), 36/60 €
Ambiance maritime tous azimuts dans la salle à manger et agréable terrasse offrant une échappée sur le port... À la carte, alliances terre et mer et recherche esthétique.

L'Arrosoir – Le Petit Hôtel des Hortensias

4 pl. Yvonne Sarcey – ✆ 02 97 30 13 58 – www.leshortensias.info – Ouvert de début avril à mi-nov. et fermé mardi midi, merc. midi et lundi
Formule 19 € – Carte 31/50 €
On entre dans ce restaurant par sa terrasse en teck grande ouverte sur la mer. À l'intérieur, c'est un coquet décor de bistrot marin qui sert d'écrin à une jolie cuisine océane.

TRIZAY

✉ 17250 (Charente-Maritime) – 1 342 hab. – **Voir carte n°38-B2**
▶ Paris 475 km – Rochefort 13 km – La Rochelle 52 km – Royan 36 km
Carte Michelin 324-E4 – Guide Vert Michelin Poitou-Charentes

au Lac du Bois Fleuri 2,5 km à l'Ouest par D 238, D 123 et rte secondaire – ✉ 17250 Trizay

Les Jardins du Lac avec ch

ch, rest,

3 chemin Fontchaude – ✆ 05 46 82 03 56 – www.jardins-du-lac.com – Fermé 17 fév.-13 mars, dim. soir et lundi de nov. à mars
15 ch – 🚹145/185 € 🚹🚹145/185 € – 1 suite – ☕ 17 € – ½ P
Menu 31/100 € – Carte 64/84 €
Un grand jardin, un lac sur la route de Compostelle… Dans ce paisible restaurant, le chef, Johann Suire, fait des merveilles : noix de Saint-Jacques et leur risotto aux asperges ; filet de saint-pierre, purée de panais et poire, etc. On se régale ! Quant aux chambres, toutes face au lac, elles ont un charme indéniable.

LES TROIS-ÉPIS

✉ 68410 (Haut-Rhin) – **Voir carte n°2-C2**
▶ Paris 445 km – Colmar 11 km – Gérardmer 51 km – Munster 18 km
Carte Michelin 315-H8

Villa Rosa

4 r. Thierry Schoeré – ✆ 03 89 49 81 19 – www.villarosa.fr – Fermé 6 janv.-13 fév. et 12-25 nov.
8 ch – 🚹64/66 € 🚹🚹64/66 € – ☕ 10 € – ½ P
Rest – Menu 27 € *(fermé le midi) (résidents seult)*
Le jardin de curé, les chambres, très mignonnes, et le sauna dans un cabanon font vite oublier la route toute proche... Côté table, Anne-Rose concocte une bonne petite cuisine familiale et parfumée, essentiellement à base de produits bio et du potager (menu unique). Cette villa nature évoque une véritable maison d'hôtes !

LE TRONCHET

✉ 35540 (Ille-et-Vilaine) – 1 053 hab. – Voir carte n°**10**-D2

Paris 391 km – Dinan 19 km – Fougères 56 km – Saint-Malo 27 km

Carte Michelin 309-K4 – Guide Vert Michelin Bretagne Nord

Golf & Country Club
rest,

Domaine St-Yvieux – ✆ 02 99 58 96 69 – www.saintmalogolf.com – Ouvert début mars à mi- nov.

29 ch – †90/115 € ††110/140 € – ☕ 12 € – ½ P

Rest – Carte 19/29 € *(fermé le midi)*

Dans un golf, cet ancien prieuré du 19e s. abrite de grandes chambres aux tons clairs, disposant d'une loggia ou d'une petite terrasse, face à l'étang ou aux greens. Restaurant gastronomique et club-house.

Le Mesnil des Bois sans rest

2 km au Sud-Ouest par D 9 et D 73 – ✆ 02 99 58 97 12 – www.le-mesnil-des-bois.com – Ouvert de mi-mars à mi-nov.

5 ch ☕ – †120 € ††120/140 €

Ce beau manoir (16e s.) isolé dans la campagne, en lisière de forêt, appartenait aux descendants du corsaire Surcouf. Jolies chambres aux meubles de famille ou chinés.

TROUVILLE-SUR-MER

✉ 14360 (Calvados) – 4 821 hab. – Voir carte n°**32**-A3

Paris 201 km – Caen 51 km – Le Havre 43 km – Lisieux 30 km

Carte Michelin 303-M3 – Guide Vert Michelin Normandie Vallée de la Seine

Hostellerie du Vallon sans rest

12 r. Sylvestre Lasserre – ✆ 02 31 98 35 00 – www.hostellerie-du-vallon.fr

64 ch – †128/280 € ††128/280 € – ☕ 15 € Plan : BZ**v**

L'endroit est en léger retrait des quais, au calme ! De plus, cette hostellerie de style normand offre un joli panorama sur la station balnéaire. Et pour se détendre : chambres spacieuses, piscine, hammam...

Le Flaubert sans rest

2 r. Gustave-Flaubert – ✆ 02 31 88 37 23 – www.flaubert.fr – Ouvert de mi-fév. à mi-nov. Plan : AY**t**

31 ch – †110/170 € ††110/170 € – ☕ 12 €

Il suffit de poser un pied dehors pour fouler les célèbres "planches" : cette villa à colombages très romantique (1936) est quasiment posée sur la plage ! Les chambres sont plutôt classiques et la moitié a vue sur la mer. Chabadabada...

Le Fer à Cheval sans rest

11 r. Victor-Hugo – ✆ 02 31 98 30 20 – www.hotel-trouville.com Plan : AY**u**

34 ch – †59/105 € ††85/110 € – ☕ 13 €

On reconnaît cet établissement familial au cœur de Trouville à sa jolie façade typique. Les chambres sont confortables et feutrées, et l'on apprécie la proximité du casino et de la plage. Sans oublier l'accueil, plein de gentillesse !

Kyriad Prestige sans rest

4 pl. Foch – ✆ 02 31 87 38 38 – www.kyriadprestige.com Plan : AY**r**

80 ch – †109/181 € ††109/181 € – ☕ 16 €

Hommes d'affaires et touristes apprécient cet hôtel fonctionnel mais gai : il fait face au casino et la plage se trouve à deux pas ! L'établissement compte également de nombreuses chambres, ce qui est bien pratique en période d'affluence.

Le Central
ch,

5 et 7 r. des Bains – ✆ 02 31 88 80 84 – www.le-central-trouville.com

23 ch – †95/104 € ††128/145 € – ☕ 10 € – ½ P Plan : AY**n**

Rest – Menu 20/31 € – Carte 23/83 €

La halle aux poissons est en face ! Les chambres jouent la sobriété (tons harmonieux, mobilier en bois blanc patiné) et offrent, au choix, une vue sur le port, la rue ou les hauteurs de la station. La brasserie, très touristique, s'inspire des années 1930.

TROUVILLE-SUR-MER

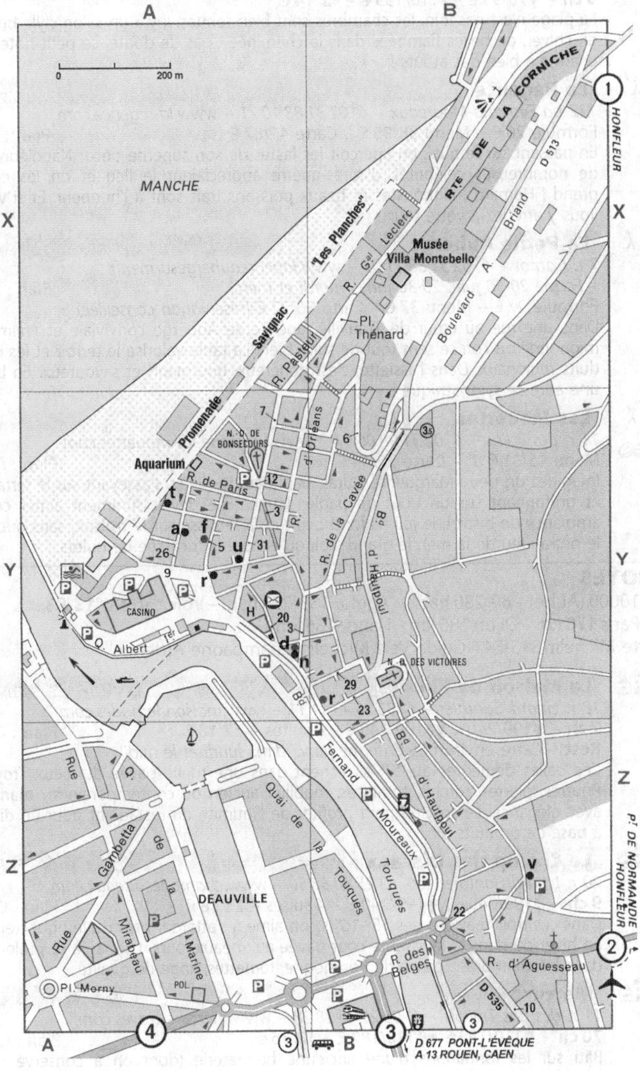

St-James sans rest

16 r. de la Plage – ✆ 02 31 88 05 23 – www.hotel-saint-james.fr – Fermé janv. et fév. Plan : AY**a**

9 ch – 🛉70/95 € 🛉🛉110/155 € – ☕ 14 €

La plage n'est pas loin, les chambres sont bien tenues, il y a un salon style british et, l'hiver, de belles flambées dans la cheminée : pas de doute, ce petit hôtel de charme a bien des atouts !

La Régence

132 bd Fernand-Moureaux – ✆ 02 31 88 10 71 – www.la-regence.com

Formule 26 € – Menu 38/95 € – Carte 41/87 € Plan : BY**r**

En passant sur le quai, on aperçoit les fastes de son superbe décor Napoléon III ; de nombreuses célébrités d'après-guerre appréciaient le lieu et on les comprend ! Homards, langoustes et beaux poissons frais sont à l'honneur. Et si vous vous y arrêtiez à votre tour ?

La Petite Auberge

7 r. Carnot – ✆ 02 31 88 11 07 – www.lapetiteaubergesurmer.fr – Fermé 20-30 juin, 20-30 janv., mardi et merc. Plan : AY**f**

Formule 27 € – Menu 37 € – Carte 56/72 € *(réservation conseillée)*

Dans une rue au cœur de Trouville, une Petite Auberge conviviale et vraiment mignonne où l'on se sent tout de suite bien. La table valorise le terroir et les produits régionaux. Dans l'assiette, c'est généreux, gourmand et savoureux. En bref, une adresse sympathique !

Les Mouettes

11 r. des Bains – ✆ 02 31 98 06 97 – www.brasserie-les-mouettes.com

Menu 15/31 € 🍷 – Carte 26/44 € Plan : AY**d**

Imaginez un peu : Marguerite Duras, habituée des lieux, s'asseyant sur la terrasse et griffonnant sur un bout de papier jauni... Elle devait sûrement aimer cette ambiance de bistrot, le joli plafond peint et la terrasse sur le trottoir, sans oublier le pot-au-feu de la mer, le grand aïoli ou encore la fricassée de bulots.

TROYES

✉ 10000 (Aube) – 60 280 hab. – Agglo. 133 279 hab. – **Voir carte n°13-B3**

▶ Paris 170 km – Dijon 185 km – Nancy 186 km

Carte Michelin 313-E4 – Guide Vert Michelin Champagne Ardenne

La Maison de Rhodes

18 r. Linard-Gonthier – ✆ 03 25 43 11 11 – www.maisonderhodes.com

7 ch – 🛉199/240 € 🛉🛉199/240 € – 4 suites – ☕ 18 € Plan : CY**e**

Rest – Carte environ 65 € *(fermé janv., dim., lundi et le midi)*

Ces belles demeures du 17e s. nichent dans une ruelle pavée du vieux Troyes. Poutres, pierres, torchis, tomettes, mobilier ancien ou contemporain s'y marient avec élégance. Le soir, on peut profiter de l'intimité du restaurant pour un dîner à base de produits bio.

Le Champ des Oiseaux sans rest

20 r. Linard-Gonthier – ✆ 03 25 80 58 50 – www.champdesoiseaux.com

9 ch – 🛉199/240 € 🛉🛉199/240 € – 4 suites – ☕ 18 € Plan : CY**e**

Dans ces trois maisons des 15e-16e s., on aime à s'attarder près du feu qui crépite en hiver ou dans la ravissante cour pavée aux beaux jours. La magie se prolonge dans les chambres : pierre de Bourgogne, tomettes, linge de qualité...

Mercure sans rest

11 r. des Bas-Trévois – ✆ 03 25 46 28 28 – www.mercure-troyes.com

70 ch – 🛉110/182 € 🛉🛉110/182 € – ☕ 16 € Plan : CZ**h**

Bâti sur les fondations d'une ancienne bonneterie (dont on a conservé une machine à tisser), cet hôtel contemporain propose des chambres feutrées, très confortables, qui séduiront à la fois la clientèle d'affaires et les touristes de passage.

Le Relais St-Jean sans rest

51 r. Paillot-de-Montabert – ✆ 03 25 73 89 90 – www.relais-st-jean.com

23 ch – 🛉98/210 € 🛉🛉98/210 € – ☕ 15 € Plan : BZ**s**

Une jolie ruelle, une bâtisse à colombages du 16e s., voilà qui a du cachet. Sous les poutres, les chambres, modernes, ont un charme feutré. Les petits plus : le jacuzzi dans une charmante cave voûtée et l'accueil prévenant.

TROYES

Anatole-France (Av.). . . . . . . **AX** 2
Brossolette (Av. Pierre) . . . . **AX** 6
Buffard (Av. M.) . . . . **AV** 8
Chanteloup (R. de) . . . . **AX** 9
Clemenceau (R. G.) . . . . **AV** 12
Croix-Blanche (R. de la) . . . . **AX** 13
Croncels (R. du Faubourg) . . **AX** 14
Jean-Jaurès (Av.) . . . . **AV** 18
Lattre-de-Tassigny (Av. Mar.-de) . . . . **AV** 21
Leclerc (Av. Gén.) . . . . **AV** 22
Marots (R. des) . . . . **AV** 24
Noës (R. des) . . . . **AX** 26
Notre-Dame-des-Prés (R.) . . . . **AX** 27
Pasteur (R.) . . . . **AV** 32
Salengro (Av. Roger) . . . . **AV** 36
Salengro (R. Roger) . . . . **AV** 37
Schuman (Av. Robert) . . . . . . **AV** 38
Vouldy (Chaussée du) . . . . . . **AX** 42
1er Mai (Av. du) . . . . **AV** 48

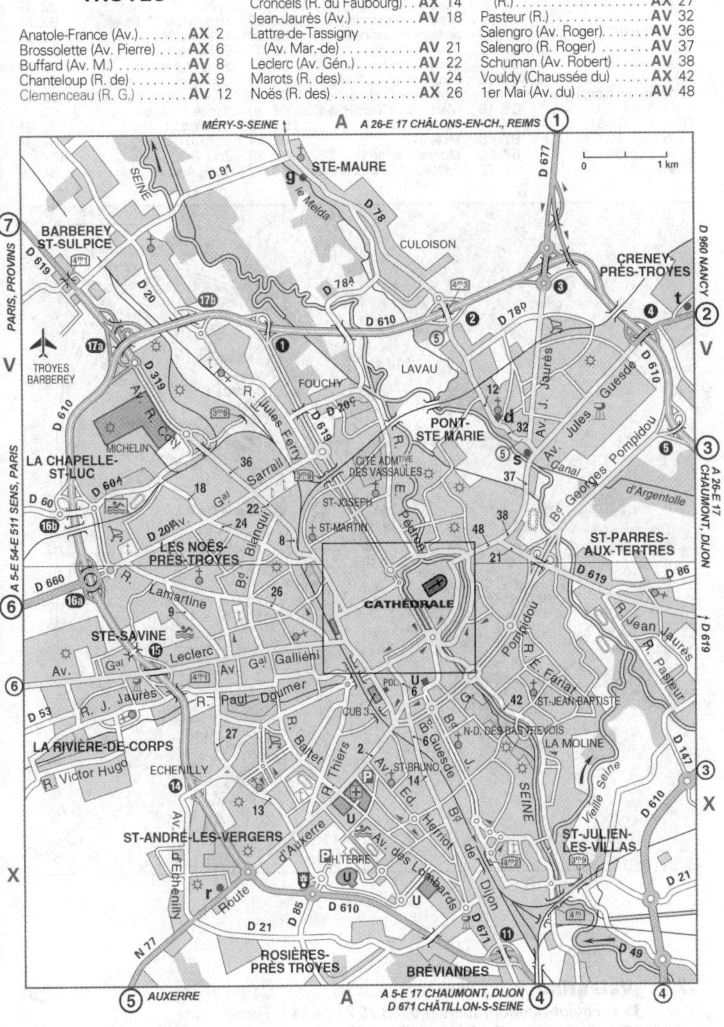

Hôtel de la Poste sans rest

35 r. Emile-Zola – ✆ 03 25 73 05 05 – www.hotel-de-la-poste.com Plan : BZ**a**

32 ch – 🛉116/172 € 🛉🛉141/172 € – 2 suites – ☕ 16 €

Au cœur de la ville, près du secteur piétonnier, un ancien relais de poste entièrement rénové. Du coup, la plupart des chambres sont actuelles et cosy. Même ambiance feutrée au salon et dans la salle du petit-déjeuner.

Ibis Styles sans rest

r. Camille-Claudel – ✆ 03 25 43 24 24 – www.ibis.com Plan : CZ**w**

77 ch ☕ – 🛉99/108 € 🛉🛉110/118 €

Cet hôtel de chaîne, situé un peu en retrait du centre-ville, répond aux dernières normes HQE (Haute Qualité Environnementale) : lampes basse consommation, panneaux solaires... Un parti pris qui colle à son style très design. Bon rapport qualité-prix.

TROYES

Boucherat (R.) . . . . **CY** 4
Champeaux (R.) . . . . **BZ** 12
Charbonnet (R.) . . . . **BZ** 13
Clemenceau (R. G.) . . . . . . **BCY** 15
Comtes-de-Champagne
(Q. des) . . . . **CY** 16
Dampierre (Quai) . . . . **BCY** 17
Delestraint (Bd Gén.-Ch.) . . . **BZ** 18
Driant (R. COl.) . . . . **BZ** 20
Girardon (R.) . . . . **CY** 22
Hennequin (R.) . . . . **CY** 23
Huez (R. Claude) . . . . **BYZ** 27
Israël (Pl. Alexandre) . . . . **BZ** 28
Jaillant-Deschaînets (R.) . . . . **BZ** 29
Jean-Jaurès (Pl.) . . . . **BZ** 31
Joffre (Av. Mar.) . . . . **BZ** 33
Langevin (Pl. du Prof.) . . . . . **BZ** 35
Libération (Pl. de la) . . . . **CZ** 49
Marché aux Noix (R. du) . . . . **BZ** 36
Michelet (R.) . . . . **CY** 39
Molé (R.) . . . . **BZ** 44
Monnaie (R. de la) . . . . **BZ** 45
Paillot-de-Montabert (R.) . . . **BZ** 47
Palais-de-Justice
(R.) . . . . **BZ** 48
République (R. de la) . . . . . . **BZ** 51
St-Pierre (Pl.) . . . . **CY** 52
St-Rémy (Pl.) . . . . **BY** 53
Siret (R. Nicolas) . . . . **CZ** 79
Synagogue (R. de la) . . . . **BZ** 54
Tour-Boileau (R. de la) . . . . . . **BZ** 59
Trinité (R. de la) . . . . **BZ** 60
Turenne (R. de) . . . . **BZ** 61
Voltaire (R.) . . . . **BZ** 64
Zola (R. Émile) . . . . **BCZ**
1er-R.A.M. (Bd du) . . . . **BZ** 69

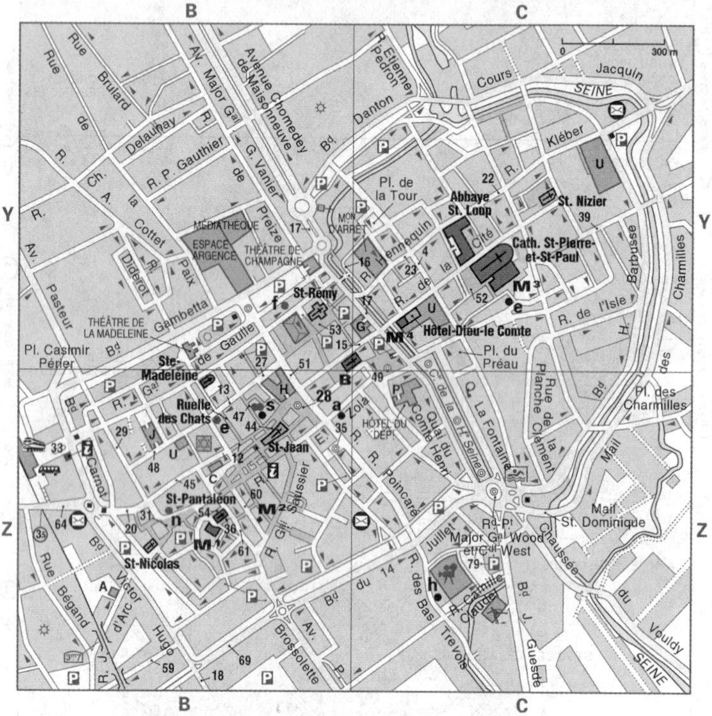

XX Valentino

35 r. Paillot-de-Montabert – ✆ 03 25 73 14 14 – Fermé 17 août-8 sept., 1er-13 janv., dim. et lundi Plan : BZ**s**

Menu 26 € (déj. en semaine), 35/56 € – Carte 54/71 €

Une valeur sûre que cette jolie maison à colombages, située dans le renfoncement d'une petite rue piétonne de la vieille ville. À l'intérieur, des fauteuils en rotin, des toiles contemporaines et un vivier à homards... Le chef propose une cuisine axée sur les produits de la mer, qui fait le bonheur des Troyens.

XX La Mignardise

1 ruelle des Chats – ✆ 03 25 73 15 30 – www.lamignardise.net – Fermé dim. soir et lundi Plan : BZ**e**

Formule 18 € 🍷 – Menu 36/56 € – Carte 36/87 €

Au cœur de la ville, cette maison à colombages (16e s.) se révèle chaleureuse : poutres, briques, tableaux contemporains, terrasse pour les beaux jours... On y apprécie une cuisine traditionnelle de qualité ; les menus sont particulièrement intéressants.

Au Jardin Gourmand

31 r. Paillot-de-Montabert – ✆ 03 25 73 36 13 – Fermé 2 semaines en mars, 3 semaines en sept., lundi midi et dim. Plan : BZ**s**

Menu 24 € (déj. en semaine)/36 € – Carte 33/50 €

Dans cette ruelle pittoresque du vieux Troyes, le patron vous accueille avec bonne humeur. Il sait vous conseiller ses bons plats du terroir – dont l'andouillette – ou des recettes plus actuelles. Sous les glycines, la terrasse !

Aux Crieurs de Vin

4 pl. Jean-Jaurès – ✆ 03 25 40 01 01 – www.auxcrieursdevin.com – Fermé 1 semaine en août, 2 semaines en janv., dim., lundi et jours fériés Plan : BZ**n**

Carte 25/40 €

Briques nues, sol en béton ciré, mobilier bistrot... la déco est branchée et le concept aussi : on choisit sa bouteille dans la cave, avant de l'accompagner d'un bon petit plat centré sur le produit (charcuterie artisanale, viande fermière, fromages de chez Bordier, etc.). Une adresse gourmande et conviviale !

à Ste-Maure 7 km au Nord par D 78 – ✉ 10150 – 1 412 hab.

Auberge de Ste-Maure avec ch

rest, ch,

99 rte de Mery – ✆ 03 25 76 90 41 – www.auberge-saintemaure.fr – Fermé 23 déc.-17 janv., dim. soir et lundi Plan : AV**g**

3 ch – †135 € ††145 € Menu 24 € (déj. en semaine)/60 € – Carte 49/83 €

Cette auberge près de la rivière a évolué avec son époque. Le cadre est élégant et repose sur des bases classiques ; la cuisine flirte avec la modernité : ainsi ce dessert oscillant entre tarte au citron et cheesecake... Original pour passer la nuit : trois roulottes en bois blond invitent à un voyage immobile.

à Pont-Ste-Marie 3 km au Nord-Est par D 77 – ✉ 10150 – 4 786 hab.

L'Hostellerie de Pont-Ste-Marie

34 r. Pasteur, (près de l'église) – ✆ 03 25 83 28 61 – www.lhostellerie.com – Fermé 2-25 août, dim. soir, mardi soir et lundi Plan : AV**d**

Menu 22/36 € – Carte 38/58 €

Une agréable auberge de village... Ses deux salles mêlent avec soin rustique et contemporain. Derrière les fourneaux, le chef associe grands classiques (jarret d'agneau braisé, escargots de Bourgogne, profiteroles, etc.) et produits nobles, comme le homard ou les ravioles de foie gras.

Bistrot DuPont

5 pl. Ch.-de-Gaulle – ✆ 03 25 80 90 99 – www.bistrotdupont.com – Fermé 1 semaine à Pâques, 3 semaines en août, 24 déc.-3 janv., jeudi soir, dim. soir et lundi Plan : AV**s**

Formule 19 € – Menu 26 € (semaine)/33 € – Carte 26/58 € *(réservation conseillée)*

Au bord de la Seine, ce sympathique bistrot traditionnel joue la carte des bonnes recettes à l'ancienne : blanquette, coq au vin, suprême de volaille, que l'on dévore dans une ambiance animée... Et ne ratez pas la spécialité de la maison : l'andouillette.

à Creney-près-Troyes 6 km au Nord-Est par D 960 – ✉ 10150 – 1 610 hab.

Céladon-Côté Restaurant

28 r. de la République – ✆ 03 25 81 08 54 – www.celadon-cote-restaurant.fr – Fermé 4-27 août, 27 oct.-2 nov., 24 fév.-2 mars, lundi, merc. et le soir sauf vend. et sam. Plan : AV**t**

Formule 20 € – Menu 36 € (déj.), 57/85 € – Carte 55/71 €

Au cœur du village, l'ambiance de ce restaurant est feutrée, en partie grâce à son agréable décor contemporain. La cuisine, dans l'air du temps, est savoureuse. Juste à côté, au Zinc, c'est bons petits plats à l'ardoise et ambiance conviviale. Au choix !

Le Zinc Formule 15 € – Menu 22 € (déj.), 26/32 € – Carte 26/50 € *(fermé merc., sam., dim. et le soir)*

à Moussey 10 km par ④, D 671 et D 444 – ✉ 10800 – 558 hab.

Domaine de la Creuse sans rest

– ☎ 03 25 41 74 01 – www.domainedelacreuse.com – Fermé 20 déc.-5 janv.

5 ch ☕ – 🛉105/125 € 🛉🛉110/130 €

Dans cette ferme champenoise du 18e s. perdue en pleine nature, les chambres qui entourent la cour intérieure aménagée en jardin sont vraiment adorables. Objets chinés, délicieux petit-déjeuner, accueil parfait, etc. Tout est très "campagne chic"...

à St-André-les-Vergers 5 km au Sud-Ouest – ✉ 10120 – 11 335 hab.

La Gentilhommière

180 rte d'Auxerre – ☎ 03 25 49 35 64 – www.lagentilhommiere10.fr – Fermé 3 semaines en août, sam. midi, dim. soir et lundi Plan : AX**r**

Formule 19 € – Menu 28/44 € – Carte 42/55 €

Ce pavillon moderne, à la sortie de Troyes, offre un cadre confortable, parfait pour un dîner en toute intimité. La cuisine est traditionnelle, avec pour spécialité l'œuf poché au champagne, mais fait aussi des clins d'œil à la modernité comme ce chou farci déstructuré !

TRUN

✉ 61160 (Orne) – 1 313 hab. – **Voir carte n°33-C2**

Paris 198 km – Alençon 60 km – Caen 63 km – Lisieux 47 km

Carte Michelin 310-J1

La Villageoise sans rest 

66 r. de la République – ☎ 06 79 49 49 64 – www.lavillageoise.fr – Fermé 1er janv.-31 mars

4 ch ☕ – 🛉65/85 € 🛉🛉65/85 €

Ses origines se perdent entre le 13e et le 17e s., mais sa vocation reste intacte : cet ancien relais de poste se montre très accueillant – de surcroît avec un vrai esprit de maison de famille, simple et frais. Voyez la chambre "Tourterelle"...

TULETTE

✉ 26790 (Drôme) – 1 931 hab. – **Voir carte n°44-B3**

Paris 657 km – Avignon 56 km – Lyon 195 km – Valence 95 km

Carte Michelin 332-C8

K-Za 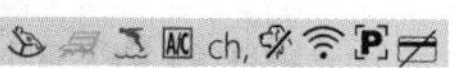

rte du Moulin – ☎ 04 75 98 34 88 – www.maison-hotes-k-za.com – Fermé 25 août-2 sept. et 2-10 mars

5 ch ☕ – 🛉145/170 € 🛉🛉145/170 € – ½ P

Table d'hôte – Menu 37/120 € 🍷

Che bella casa ! Anne-Élisabeth, la maîtresse des lieux, est d'origine italienne. Et c'est en véritable *mamma*, passionnée par la gastronomie, qu'elle vous reçoit dans sa maison du 17e s. en galets roulés du Rhône, au superbe intérieur design. À table, on savoure une cuisine inventive et des vins locaux.

TULLE

✉ 19000 (Corrèze) – 14 923 hab. – **Voir carte n°25-C3**

Paris 475 km – Aurillac 83 km – Brive-la-Gaillarde 27 km – Clermont-Ferrand 141 km

Carte Michelin 329-L4 – Guide Vert Michelin Limousin Berry

Inter-Hôtel sans rest

16 quai de la République – ☎ 05 55 26 42 00 – www.hotel-tulle.com

50 ch – 🛉79 € 🛉🛉87 € – ☕ 9 €

En centre-ville, le long de la Corrèze, un hôtel moderne et complètement relooké ; les chambres, confortables et spacieuses – surtout côté quai –, sont impeccablement tenues. Wifi gratuit, salle de réunion bien équipée, bon petit-déjeuner : parfait !

XX **La Toque Blanche**

pl. M. Brigouleix – ✆ 05 55 26 75 41 – www.latoqueblanchetulle.com – Fermé 1 semaine en juil., dim. soir et lundi

Formule 19 € – Menu 29/43 € – Carte 41/59 €

Au centre-ville, cette affaire familiale sent bon le terroir, et n'a pas volé sa réputation... Grenadin de veau et risotto de cèpes, tourtière pommes et pruneaux à l'armagnac : le chef met à profit les beaux produits de la région, qu'il travaille avec un plaisir communicatif.

LA TURBALLE

✉ 44420 (Loire-Atlantique) – 4 582 hab. – **Voir carte n°34-A2**

Paris 457 km – La Baule 13 km – Guérande 7 km – Nantes 84 km

Carte Michelin 316-A3 – Guide Vert Michelin Pays de la Loire

XX **Le Terminus**

18 quai St-Paul – ✆ 02 40 23 30 29 – www.laturballe.free.fr/restaurant-terminus – Fermé 2 semaines en oct., 1 semaine en fév., dim. soir, mardi soir et merc. hors saison

Formule 16 € – Menu 28/58 € – Carte 31/121 €

On y descend pour la vue sur le port de La Turballe, dont on jouit depuis toutes les tables ! La cuisine explore évidemment les produits de la mer.

à Pen-Bron 3 km au Sud par D 92 – ✉ 44420

Pen Bron

– ✆ 02 28 56 77 99 – www.hotels-aptitudes.com – Fermé 18 déc.-11 janv.

43 ch – †79/160 € ††79/160 € – ☕ 12 €

Rest – Formule 20 € – Menu 32 € – Carte 33/55 € *(fermé lundi et mardi en hiver)*

Tout à la pointe de la presqu'île guérandaise, face au Croisic... L'atout de cette maison bretonne : son aménagement moderne, pensé en détail pour les personnes à mobilité réduite. Restauration traditionnelle avec vue sur les flots.

LA TURBIE

✉ 06320 (Alpes-Maritimes) – 3 180 hab. – **Voir carte n°42-E2**

Paris 943 km – Monaco 8 km – Menton 13 km – Nice 16 km

Carte Michelin 341-F5 – Guide Vert Michelin Côte d'Azur

XXX **Hostellerie Jérôme** (Bruno Cirino) avec ch

20 r. Comte-de-Cessole – ✆ 04 92 41 51 51 – www.hostelleriejerome.com – Ouvert 14 fév.-1er nov. et fermé lundi et mardi d'oct. à juin et le midi

5 ch – †130/170 € ††130/170 € – ☕ 16 € Menu 85/140 € – Carte 100/140 €

Une noble hostellerie mêlant caractère des vieilles pierres – celles d'un réfectoire cistercien du 13e s. –, accueil délicat et savoureuse cuisine méridionale, signée par un chef épris des produits de la région. Son épouse, autodidacte passionnée, a constitué une cave de plus de 20 000 bouteilles ! Et les chambres distillent le même charme... → Raviolis au lait de bufflonne, asperges violettes et truffe noire. Rouget de roche au concassé de pois chiches, bûchette d'ail doux. Cassata aux figues blanches, olives noires confites et angélique de montagne.

X **Café de la Fontaine**

4 av. du Gén.-de-Gaulle – ✆ 04 93 28 52 79 – www.hostelleriejerome.com

Carte 28/32 €

Repas au coude-à-coude entre des habitués gouailleurs et des gourmands ravis, atmosphère très conviviale : pas de doute, on est dans un authentique café de village. Ode aux terroirs ensoleillés, la cuisine – bistrotière et généreuse à souhait – est réalisée avec les meilleurs produits du marché et cela se sent !

TURCKHEIM

✉ 68230 (Haut-Rhin) – 3 739 hab. – **Voir carte n°2-C2**

Paris 471 km – Colmar 7 km – Gérardmer 47 km – Munster 14 km

Carte Michelin 315-H8

À l'Homme Sauvage

19 Grand'Rue – ✆ 03 89 27 56 15 – www.restaurant-hommesauvage.com – Fermé mardi soir de nov. à avril, dim. soir et merc.

Formule 12 € – Menu 16 € (déj. en semaine)/31 € – Carte 39/55 €

Maryon et John tiennent une maison comme on les aime... Bien sûr, il y a la belle cuisine "ni trop gastro ni trop tradi" de John, gourmande et fine, mais aussi cette belle convivialité, cette atmosphère branchée avec ces tables en métal créées sur mesure, ces chaises design, etc. Nulle sauvagerie ici !

TURENNE

19500 (Corrèze) – 793 hab. – **Voir carte n°24-B3**

Paris 496 km – Brive-la-Gaillarde 15 km – Cahors 91 km – Figeac 76 km

Carte Michelin 329-K5 – Guide Vert Michelin Périgord Quercy

Maison des Chanoines

rest,

r. Joseph Rouveyrol – ✆ 05 55 85 93 43 – www.maison-des-chanoines.com – Ouvert 13 avril-13 oct.

7 ch – 70/100 € 80/105 € – 10 € – ½ P

Rest – Menu 38/80 € *(fermé le midi)*

Au cœur de ce beau village corrézien, cette demeure du 16ᵉ s. allie charme historique et confort, non sans évoquer une véritable maison d'hôtes (mobilier ancien, tableaux, etc.). Avis aux gourmets : la table gastronomique est très soignée, ne vous en privez pas...

TURQUANT

49730 (Maine-et-Loire) – 563 hab. – **Voir carte n°35-C2**

Paris 294 km – Angers 76 km – Châtellerault 68 km – Chinon 21 km

Carte Michelin 317-J5 – Guide Vert Michelin Pays de la Loire

Demeure de la Vignole sans rest

imp. Marguerite-d'Anjou – ✆ 02 41 53 67 00 – www.demeure-vignole.com – Ouvert 14 mars-15 nov.

8 ch – 132/157 € 133/158 € – 4 suites – 12 €

Ambiance guesthouse dans cette belle demeure bâtie à flanc de coteau. Chambres décorées avec goût – dont plusieurs troglodytiques, comme la piscine ! Terrasse face au vignoble.

TUSSON

16140 (Charente) – 261 hab. – **Voir carte n°39-C2**

Paris 421 km – Angoulême 41 km – Cognac 49 km – Poitiers 83 km

Carte Michelin 324-K4 – Guide Vert Michelin Poitou-Charentes

Le Compostelle

– ✆ 05 45 31 15 90 – www.lecompostelle-tusson.fr – Fermé 29 sept.-14 oct., 1er-24 janv., dim. soir, lundi et jeudi

Menu 18 € (déj. en semaine), 30/50 € – Carte 41/57 €

Au cœur du village et sur l'antique route des pèlerins, un sympathique restaurant – un ancien relais de poste du 19ᵉ s. – où la rusticité des lieux se mêle à un style plus contemporain. Le chef réalise une jolie cuisine de produits et revisite avec simplicité la tradition régionale...

TY-SANQUER – 29 Finistère ➜ voir Quimper

UBERACH

67350 (Bas-Rhin) – 1 196 hab. – **Voir carte n°1-B1**

Paris 473 km – Baden-Baden 59 km – Offenburg 64 km – Strasbourg 38 km

Carte Michelin 315-J3

Restaurant de la Forêt

94 Grande-Rue – ✆ 03 88 07 73 17 – www.restaurant-de-la-foret-uberach.com – Fermé 1er-15 août, vacances de fév., lundi soir, mardi soir et merc.

Formule 14 € – Menu 19 € (déj. en semaine), 43/70 € – Carte 35/56 €

Un accueil charmant, une cuisine traditionnelle concoctée avec les légumes et les herbes aromatiques du jardin... une Forêt très chaleureuse !

UCHAUD

✉ 30620 (Gard) – 4 162 hab. – **Voir carte n°23-C2**
Paris 726 km – Avignon 57 km – Montpellier 42 km – Nîmes 13 km
Carte Michelin 339-K6

Le Huit

8 pl. de l'Église – ✆ 06 17 95 49 15 – www.le-huit.com – Fermé déc. et janv.
5 ch – †160/290 € ††160/290 € **Table d'hôte** – Menu 52 €
Face à l'église, une façade discrète cache ce petit havre de paix et de confort... Murs anciens, chambres spacieuses, décor contemporain, belles salles de bains et invitations à la détente (minispa, piscine). La table d'hôte propose une cuisine assez moderne (cuissons vapeur).

UCHAUX

✉ 84100 (Vaucluse) – 1 386 hab. – **Voir carte n°40-A2**
Paris 645 km – Avignon 40 km – Montélimar 45 km – Nyons 37 km
Carte Michelin 332-B8

Château de Massillan

Hauteville, 3 km au Nord par D 11 et rte secondaire – ✆ 04 90 40 64 51 – www.chateau-de-massillan.com – Ouvert 2 mai-30 sept.
13 ch – †195/395 € ††195/395 € – 1 suite – 19 €
Rest – Menu 45/65 € – Carte environ 66 € *(fermé le midi) (réservation conseillée)*
L'ancien relais de chasse de Diane de Poitiers (16e s.) niché au cœur d'un magnifique parc entouré de vignes... Design contemporain, pierres et poutres d'époque se mêlent : c'est splendide !

Côté Sud

rte d'Orange – ✆ 04 90 40 66 08 – www.restaurantcotesud.com – Fermé 24 mars-2 avril, 6-17 oct., 22 déc.-15 janv., lundi soir et mardi sauf juil.-août et merc.
Menu 24/39 € – Carte 49/55 € *(réservation conseillée)*
Garrigue, colline... Les noms des menus, tout comme la cuisine, célèbrent la Provence. Ambiance cosy dans cette charmante maison en pierre et son ravissant jardin.

Le Temps de Vivre

322 route de Bollène, (Les Farjons), 3,5 km au Nord par D 11 – ✆ 04 90 40 66 00 – Fermé 7-23 nov., 24 déc.-11 janv., jeudi sauf le soir en juil.-août, mardi midi en juil.-août et merc.
Formule 22 € – Menu 36/62 € – Carte 42/52 €
Chant des cigales, garrigue, vignes... Cette maison en pierre du 18e s. invite à prendre le temps de vivre – en particulier sur sa terrasse ombragée. Le chef est un sérieux professionnel : il suffit de le voir préparer un fond de veau. Au menu : la générosité de la Provence, avec les légumes du beau-père en saison !

UGINE

✉ 73400 (Savoie) – 7 058 hab. – **Voir carte n°45-C1**
Paris 581 km – Annecy 37 km – Chambéry 63 km – Lyon 162 km
Carte Michelin 333-L3 – Guide Vert Michelin Alpes du Nord

La Châtelle

3 r. P.-Proust – ✆ 04 79 37 30 02 – www.lachatelle.com – Fermé sam. midi, dim. soir et lundi
Formule 18 € – Menu 26 € (déj. en semaine)/37 € – Carte 35/60 €
Une maison forte du 13e s. tout en vieilles pierres, un lieu de caractère pour un repas gastronomique. Sous les voûtes de la salle principale, on aurait célébré la messe sous la Révolution... Aujourd'hui, on y glorifie les saveurs et les bons vins ! Également une agréable salle vitrée face au jardin.

L'UNION – 31 Haute-Garonne ➜ voir Toulouse

UNTERMUHLTHAL – 57 Moselle ➜ voir Baerenthal

URÇAY

✉ 03360 (Allier) – 295 hab. – **Voir carte n°5-B1**
Paris 297 km – La Châtre 55 km – Montluçon 34 km – Moulins 66 km
Carte Michelin 326-C3

L'Étoile d'Urçay

42 rte Nationale – ✆ 04 70 06 92 66 – www.letoiledurcay.com
– Fermé 25 nov.-9 déc., 17 fév.-11 mars, mardi soir, merc. soir et jeudi soir d'oct. à juin, dim. soir et lundi
Formule 13 € – Menu 29/36 € – Carte 38/49 €
Après une balade dans la forêt de Tronçais toute proche, arrêtez-vous dans ce restaurant familial. Au son de la musique d'ambiance, on s'installe dans un décor classique pour apprécier des recettes traditionnelles bien ficelées. Le chef sélectionne les meilleurs produits et, dans l'assiette, cela se sent !

URIAGE-LES-BAINS

✉ 38410 (Isère) – **Voir carte n°45-C2**
Paris 576 km – Grenoble 11 km – Vizille 11 km
Carte Michelin 333-H7 – Guide Vert Michelin Alpes du Nord

Grand Hôtel

pl. Déesse-Hygie – ✆ 04 76 89 10 80 – www.grand-hotel-uriage.com
– Fermé d'oct. à mi-janv.
38 ch – 120/246 € 160/299 € – 3 suites – ½ P
Rest *Les Terrasses* – voir les restaurants ci-après
Véritable institution d'Uriage, ce bel hôtel Napoléon III, relié au centre thermal, invite à un voyage au pays des arts... D'un grand raffinement, les chambres répondent aux noms de Coco Chanel, Colette, Mistinguett, Pierre Bonnard, etc., autant d'hôtes illustres dont elles perpétuent le souvenir.

Les Terrasses – Grand Hôtel

pl. Déesse-Hygie – ✆ 04 76 89 10 80 – www.grand-hotel-uriage.com
– Fermé 17 août-4 sept., oct. à mi-janv., merc. midi, jeudi midi, dim. soir, lundi et mardi
Menu 69 € (déj.), 108/185 € – Carte 130/145 €
Une cuisine millimétrée, précise jusque dans les détails et sans sophistication inutile : Christophe Aribert a le don de rendre lisible chacune de ses recettes ! L'excellence des produits (en particulier du Vercors et du Dauphiné), les saveurs intenses et marquées : une expérience marquante, tout simplement...
➜ Foie gras poêlé, fraises, vinaigre de Banyuls et Antésite. Veau rôti, tomates, pastis des Alpes et amandes. Ravioles passion, émulsion citron et glace caramel.

La Tour Maline

allée des Cèdres – ✆ 04 76 89 15 04 – www.la-tour-maline.fr
– Fermé janv., 2 semaines en oct., mardi et merc. d'oct. à mars et merc. midi d'avril à sept.
Formule 18 € – Menu 32/41 € – Carte 41/60 €
En bordure du magnifique parc thermal, c'est une curiosité que ce restaurant construit dans une jolie tour ronde en brique rouge, surmontée d'un petit toit conique. Le chef, passionné, redouble d'inventivité : tajine d'aile de raie et potimarron safrané, légumes de saison sautés aux épices... Moderne et malin !

au Sud 2 km par D 524 - ✉ 38410 Uriage-les-Bains

Le Manoir des Alberges

251 chemin des Alberges – ✆ 04 76 51 92 11 – www.lemanoirdesalberges.com
5 ch – 120/140 € 120/140 € **Table d'hôte** – Menu 38 €
Cette maison, construite à partir de 1903, surplombe un golf. Les cinq chambres, très différentes (styles bavarois, indien, ethnique, Art déco, etc.), sont très chaleureuses et impeccablement tenues. Tout aussi colorée, la grande salle à manger où la propriétaire propose une cuisine inventive.

URMATT

67280 (Bas-Rhin) – 1 448 hab. – **Voir carte n°1-A2**
Paris 487 km – Molsheim 15 km – Saverne 37 km – Sélestat 49 km
Carte Michelin 315-H5

Clos du Hahnenberg

65 r. du Gén.-de-Gaulle – 03 88 97 41 35 – www.clos-hahnenberg.fr
42 ch – 44/69 € 48/76 € – 13 € – ½ P
Rest *Chez Jacques* – voir les restaurants ci-après
Ce petit immeuble, en retrait de la rue principale du village, abrite des chambres confortables et bien insonorisées. Leur décor, sobre et contemporain, se révèle séduisant.

La Poste

rest, ch,

74 r. du Gén.-de-Gaulle – 03 88 97 40 55 – www.hotel-rest-laposte.fr – Fermé 14-29 juil., 22-31 déc. et 17 fév.-1er mars
14 ch – 48/58 € 57/69 € – 9 € – ½ P
Rest – Formule 12 € – Menu 20 €, 27/42 € – Carte 24/54 € *(fermé dim. soir et lundi)*
Ambiance familiale dans cette auberge villageoise centenaire. Chambres confortables et bien tenues ; certaines ont été soigneusement rénovées. Vitraux et boiseries rehaussent le décor des salles à manger ; cuisine régionale.

L' Ermitage du Rebberg

ch,

49 r. de la Hoube – 03 88 47 33 31 – www.ermitagedurebberg.com – Fermé 4-21 nov., 20 fév.-3 mars
5 ch – 135/210 € 135/210 € **Table d'hôte** – Menu 47 €
Entre vignobles et montagnes, cette maison couverte de vigne vierge domine la vallée de la Bruche. Les chambres y sont particulièrement spacieuses – environ 50 m² – et confortables. Superbe jardin et piscine à débordement. Voilà un ermitage dans lequel on se retire avec plaisir...

Chez Jacques – Hôtel le Clos de Hahnenberg

65 r. du Gén.-de-Gaulle – 03 88 97 41 35 – www.clos-hahnenberg.fr
Formule 11 € – Menu 15 € (déj. en semaine), 26/39 € – Carte 34/60 €
Le cadre de Chez Jacques a fait sa révolution en 2012 : place à des lignes très modernes, tout en pierre et bois au naturel. Une réussite, pour une cuisine qui demeure sûre de ses classiques : priorité aux produits du terroir et aux spécialités alsaciennes !

URRUGNE – 64 Pyrénées-Atlantiques → voir St-Jean-de-Luz

USCLADES-ET-RIEUTORD

07510 (Ardèche) – 126 hab. – **Voir carte n°44-A3**
Paris 590 km – Aubenas 45 km – Langogne 41 km – Privas 59 km
Carte Michelin 331-G5

à Rieutord – 07510

Ferme de la Besse

– 04 75 38 80 64 – www.aubergedelabesse.com – Fermé 20 déc.-1er avril
Menu 32 € *(réservation conseillée)*
Une authentique ferme du 15e s. au toit de lauzes... Dans son décor rustique superbement préservé (pierres, poutres, cheminée), on apprécie charcuterie, cèpes, viandes locales...

USSAC – 19 Corrèze → voir Brive-La-Gaillarde

USSEAU – 86 Vienne → voir Châtellerault

USSEL

19200 (Corrèze) – 10 245 hab. – **Voir carte n°25-D2**
Paris 444 km – Aurillac 99 km – Clermont-Ferrand 83 km – Guéret 101 km
Carte Michelin 329-O2 – Guide Vert Michelin Limousin Berry

Auberge de l'Empereur
La Goudouneche, (parc d'activité de l'Empereur), 5 km au Sud-Ouest par D 1089 – ☎ 05 55 46 04 30 – www.aubergedelempereur.com – Fermé dim. soir et lundi
Menu 26 € (déj. en semaine), 31/60 € – Carte 37/53 € *(réservation conseillée)*
Au milieu de la verdure, cette ancienne grange est devenue une auberge coquette et chaleureuse. Cheminée, charpente en coque de bateau renversée : l'endroit a beaucoup de cachet ! Dans l'assiette, de jolis produits travaillés avec soin et générosité : morilles de l'empereur, carré d'agneau au foin...

UTELLE

✉ 06450 (Alpes-Maritimes) – 720 hab. – **Voir carte n°41-D2**
Paris 883 km – Levens 24 km – Nice 51 km – Puget-Théniers 53 km
Carte Michelin 341-E4 – Guide Vert Michelin Côte d'Azur

Bellevue
rte de la Madone – ☎ 04 93 03 17 19 – Fermé en janv., merc. sauf juil.-août et le soir
Menu 18/36 € – Carte 25/51 €
Cette auberge rustique va si bien à ce village du bout du monde, avec sa terrasse sous les platanes, sa vue imprenable sur la vallée et les montagnes, et ses petits plats du terroir de l'arrière-pays niçois ! Et l'on peut louer un gîte pour profiter du calme, si loin de l'agitation de la côte...

UZER

✉ 07110 (Ardèche) – 435 hab. – **Voir carte n°44-A3**
Paris 663 km – Alès 63 km – Lyon 196 km – Privas 44 km
Carte Michelin 331-H6

Château d'Uzer
– ☎ 04 75 36 89 21 – www.chateau-uzer.com – Fermé 20 déc.-4 fév.
5 ch – 115/140 € 125/155 €
Table d'hôte – Menu 37 € *(fermé mardi, jeudi, sam. et dim.)*
La fibre décorative des propriétaires, leur belle hospitalité, le mélange des styles ancien et moderne, le jardin semi-sauvage, la piscine, le petit-déjeuner maison… Ce château médiéval a tout pour plaire. Plats régionaux servis en terrasse aux beaux jours.

UZERCHE

✉ 19140 (Corrèze) – 3 126 hab. – **Voir carte n°24-B3**
Paris 444 km – Brive-la-Gaillarde 38 km – Limoges 57 km – Périgueux 106 km
Carte Michelin 329-K3 – Guide Vert Michelin Limousin Berry

Teyssier rest,
r. Pont Turgot – ☎ 05 55 73 10 05 – www.hotel-teyssier.com – Fermé vacances de Noël, mardi midi et merc. midi sauf de juil. à sept.
14 ch – 55 € 79 € – 8 €
Rest – Menu 20/28 € – Carte 29/44 €
Pour faire étape dans cette "perle du Limousin" qu'est Uzerche, près de la Vézère, cette auberge du 18e s., toute blanche, se propose à vous. Certaines des chambres – simples et confortables – offrent une vue sur la rivière. Et l'on peut profiter du restaurant traditionnel.

à St-Ybard 6 km au Nord-Ouest par D 920 et D 54 – ✉ 19140 – 664 hab.

Auberge Saint-Roch
2 r. du Château – ☎ 05 55 73 09 71 – www.auberge-saint-roch.fr – Fermé 20 juin-7 juil., 20 déc.-20 janv., le soir d'oct. à mai (sauf sam. soir), dim. soir, mardi soir et lundi
Formule 11 € – Menu 14 € (déj. en semaine), 21/46 € – Carte 26/64 €
Que diriez-vous d'un magret de canard au miel ou d'une flognarde aux poires, entre autres spécialités limousines ? Cette auberge campagnarde, au cœur du village, cultive des plaisirs simples... et les produits de son jardin ! La terrasse face à l'église est bien agréable.

UZÈS

30700 (Gard) – 8 552 hab. – **Voir carte n°23-D2**
Paris 682 km – Avignon 39 km – Montpellier 93 km – Nîmes 38 km
Carte Michelin 339-L4 – Guide Vert Michelin Provence

Hostellerie Provençale
1-3 r. Grande-Bourgade – 04 66 22 11 06 – www.hostellerieprovencale.com
9 ch – 89/121 € 131/151 € – 16 € – ½ P
Rest – Formule 18 € – Menu 25/37 € *(fermé dim. soir et lundi soir)*
À deux pas de la place aux Herbes, une maison ancienne très joliment rénovée : mobilier et tissus provençaux, pierres et poutres apparentes, tomettes, etc. Il règne ici une ambiance des plus cosy. Restaurant traditionnel.

La Maison d'Uzès
18 r. du Dr-Blanchard – 04 66 20 07 00 – www.lamaisonduzes.fr – Fermé 14-29 oct., dim. soir et lundi
8 ch – 190/245 € 220/490 € – 1 suite – 26 €
Rest ***La Table d'Uzès*** – voir les restaurants ci-après
Dans la vieille ville, cet hôtel particulier du 17e s. accueille les voyageurs dans une atmosphère cosy et feutrée ; les chambres, aux noms poétiques – L'Écrin, Les Trois Lucarnes, La Dérobée, etc. –, sont confortables. Une charmante étape !

Le Patio de Violette
chemin Trinquelaïgues, lieu-dit la Perrine, au Nord – 04 66 01 09 83 – www.hotel-uzes-pontdugard.com
25 ch – 60/92 € 60/92 € – 10 €
Rest – Menu 27 € *(ouvert d'avril à oct. et fermé le midi)*
À l'écart du centre-ville, une villa contemporaine aux formes géométriques, abritant des chambres bien tenues, au décor épuré – certaines avec une terrasse privative. Même esprit minimaliste dans le cadre du restaurant, pour un repas au sein de l'établissement.

L'Artemise avec ch
chemin de la Fontaine-aux-Bœufs, par r. du Collège – 04 66 63 94 14 – www.lartemise.com – Fermé de Noël à mi mars, lundi midi, jeudi midi, merc. en hiver et mardi
8 ch – 180/350 € 180/350 € – 15 € Formule 35 € – Menu 55/70 €
Avec son mobilier design et ses œuvres d'artistes contemporains, ce mas du 16es. est plus que jamais dans le vent ! Aux commandes, un jeune chef inspiré qui signe, au gré du marché, de savoureux menus surprises. Magnifiques chambres, piscine et spa... pour transformer l'étape gourmande en séjour de charme.

La Table d'Uzès – Hôtel La Maison d'Uzès
18 r. du Dr-Blanchard – 04 66 20 07 00 – www.lamaisonduzes.fr – Fermé 14-29 oct., dim. soir et lundi
Menu 25 € (déj. en semaine), 47/78 €
Des tables dressées avec soin, un décor plein d'élégance : cette adresse a le chic pour nous mettre dans de bonnes dispositions. Avec des produits de grande qualité, le chef concocte des plats soignés et goûteux. Par beau temps, on s'installe en terrasse, autour du noisetier... Tout simplement délicieux !
➜ Brandade de morue et œuf bio fermier, encre de seiche et poivron rouge. Lieu noir et asperges sauce hollandaise. Soupe de fraises du pays, sorbet citron-vodka.

Le 80 Jours
2 pl. Albert-1er – 04 66 22 09 89 – Fermé fév., lundi sauf juil.-août et dim.
Formule 16 € – Menu 19 € (déj.), 29/39 € – Carte 39/51 €
Voûtes et vieilles pierres, décor ethnique, joli patio ombragé : il fait bon s'attabler dans cette brasserie moderne dont l'enseigne évoque Jules Verne et... les voyages du maître des lieux. De quoi donner envie de voguer, à son tour, vers d'autres horizons – mais seulement après un bon repas.

à St-Quentin-la-Poterie 5 km au Nord par D 5 – ✉ 30700 – 2 959 hab.

Clos de Pradines ch, ch,
pl. du Pigeonnier – ☎ 04 66 20 04 89 – www.clos-de-pradines.com – Fermé 16-30 nov. et 2 janv.-2 fév.
20 ch – ††90/130 € – ☕ 13 € – ½ P
Rest – Menu 28/45 € – Carte 32/49 €
Sur les hauteurs du village, un hôtel paisible proposant de jolies chambres de style néoprovençal, avec miniterrasse ou balcon orienté plein sud. Au restaurant, belle terrasse dominant la vallée et cuisine traditionnelle.

à Montaren-et-St-Médiers 6 km au Nord-Ouest et D 337 – ✉ 30700 – 1 504 hab.

Clos du Léthé sans rest
Hameau de St-Médiers – ☎ 04 66 74 58 37 – www.closdulethe.com – Ouvert 2 avril-12 nov.
5 ch ☕ – †220/320 € ††220/320 €
Cet ancien prieuré mêle l'ancien et le contemporain. On s'y repose, au grand calme, dans des chambres où authenticité et sérénité se confondent. Superbe piscine à débordement, hammam, et accueil adorable viennent compléter ce tableau déjà séduisant.

Mas d'Oléandre
Hameau de St-Médiers – ☎ 04 66 22 63 43 – www.masoleandre.com – Ouvert mars à nov.
4 ch ☕ – †77/112 € ††77/112 €
Table d'hôte – Menu 33 € 🍷
Sur les hauteurs du hameau, cette ancienne bergerie abrite des chambres bien tenues, décorées dans un esprit provençal. Toutes de plain-pied, elles ouvrent sur un écrin de verdure... Le soir, à la table d'hôte, on sert une cuisine familiale sous une terrasse couverte.

VAAS

✉ 72500 (Sarthe) – 1 570 hab. – **Voir carte n°35-D2**
Paris 237 km – Angers 77 km – Château-du-Loir 8 km – Château-la-Vallière 15 km
Carte Michelin 310-K8 – Guide Vert Michelin Pays de la Loire

Le Vedaquais
pl. de la Liberté – ☎ 02 43 46 01 41 – www.vedaquais-72.com
12 ch – †55/65 € ††55/65 € – ☕ 8 € – ½ P
Rest – Formule 13 € 🍷 – Menu 17 € (semaine), 20/33 € 🍷 – Carte 45/60 €
(fermé vend. soir, dim. soir et lundi)
Vedaquais ? Ce sont les habitants de Vaas, tout simplement ! Cet hôtel-restaurant, situé dans l'ancienne école et mairie du village, fait partie de l'histoire locale. Les chambres sont bien tenues, fonctionnelles, et les tarifs très raisonnables.

LA VACHETTE – 05 Hautes-Alpes ➜ voir Briançon

VACQUEYRAS

✉ 84190 (Vaucluse) – 1 050 hab. – **Voir carte n°42-E1**
Paris 662 km – Avignon 35 km – Nyons 34 km – Orange 19 km
Carte Michelin 332-C9 – Guide Vert Michelin Provence

Le Pradet sans rest
rte de Vaison La Romaine – ☎ 04 90 65 81 00 – www.hotellepradet.fr – Ouvert de mars à nov.
32 ch – †67/89 € ††80/94 € – ☕ 9 €
À l'entrée du village, un hôtel construit à la fin des années 1980 dans l'esprit de l'architecture régionale. Chambres simples et fonctionnelles, certaines avec balcon. Tarifs raisonnables pour cette région très touristique, non loin des Dentelles de Montmirail.

à Montmirail 2 km à l' Est par rte secondaire – ✉ 84190

Montmirail

Château des Eaux – ✆ 04 90 65 84 01 – www.hotelmontmirail.com – Ouvert 15 avril-20 oct.

36 ch – †66/77 € ††75/137 € – ☕ 14 €

Rest – Formule 19 € – Menu 30/43 € – Carte 36/49 € *(fermé jeudi midi et sam. midi)*

Au pied des célèbres Dentelles de Montmirail, demeure de caractère (19ᵉs.) au milieu d'un plaisant jardin planté de pins et de platanes. Chambres bien tenues. Au restaurant, l'ambiance est cosy... c'est idéal pour déguster une appétissante cuisine traditionnelle.

VACQUIERS

✉ 31340 (Haute-Garonne) – 1 312 hab. – **Voir carte n°28-B2**

Paris 658 km – Albi 71 km – Castres 80 km – Montauban 35 km

Carte Michelin 343-G2

La Villa les Pins sans rest

1660 rte de Bouloc, 2 km à l'Ouest par D 30 – ✆ 06 82 63 75 84 – www.lavillalespins.eu

5 ch ☕ – †72/87 € ††87/92 €

Dans un parc arboré, planté de quelques pins, cette demeure régionale évoque une maison de famille. Le mobilier rustique s'accorde parfaitement avec la grande cheminée en pierre du salon. À l'étage, les chambres, décorées à l'ancienne, donnent sur la cime des arbres... Quel calme !

VAGNAS

✉ 07150 (Ardèche) – 524 hab. – **Voir carte n°44-A3**

Paris 678 km – Alès 38 km – Aubenas 37 km – Mende 112 km

Carte Michelin 331-I7

La Bastide d'Iris sans rest

D 579 – ✆ 04 75 88 44 77 – www.labastidediris.com

13 ch – †86/118 € ††86/118 € – ☕ 14 €

Un jardin de roses, de lavande et d'oliviers ; une terrasse où l'on peut prendre son petit-déjeuner ; des chambres coquettes et colorées (dont deux familiales) : tels sont les atouts de cette bastide de construction récente, située à la sortie du village.

VAGNEY

✉ 88120 (Vosges) – 4 011 hab. – **Voir carte n°27-C3**

Paris 437 km – Belfort 99 km – Épinal 40 km – Metz 163 km

Carte Michelin 314-I4

Les Lilas

12 r. du Général-de-Gaulle – ✆ 03 29 23 69 47 – www.restaurantleslilas.fr – Fermé 12-21 mai, 13 août-3 sept., 7-21 janv., lundi soir, mardi soir et merc.

Formule 13 € – Menu 18 € (semaine), 24/40 € – Carte 33/51 € *(réservation conseillée)*

Une décoration tout en douceur, aux tons parme ; une cuisine traditionnelle et créative... Enfin, pour ne rien gâter, une plaisante terrasse. On voit la vie en lilas !

VAIGES

✉ 53480 (Mayenne) – 1 155 hab. – **Voir carte n°35-C1**

Paris 255 km – Château-Gontier 35 km – Laval 24 km – Le Mans 61 km

Carte Michelin 310-G6

Hôtel du Commerce

r. du Fief-aux-Moines – ✆ 02 43 90 50 07 – www.hotelcommerce.fr – Fermé 1 semaine en août, 21 déc.-13 janv.
32 ch – 80/110 € 80/110 € – 10 € – ½ P
Rest – Formule 17 € – Menu 23/50 € – Carte 47/66 € *(fermé dim. soir et vend. soir de sept. à mai)*
Dans un village du bocage mayennais, cet hôtel est tenu par la même famille depuis 1883 ; les chambres y sont propres et fonctionnelles. Billard, sauna. Cuisine traditionnelle servie dans un cadre rustique (poutres, cheminée) ou sous la véranda.

VAILHAN

34320 (Hérault) – 169 hab. – **Voir carte n°23-C2**
Paris 740 km – Albi 173 km – Carcassonne 127 km – Montpellier 71 km
Carte Michelin 339-E7

L'Auberge du Presbytère

4 r. de l'Église – ✆ 04 67 24 76 49 – www.aubergedupresbytere.fr – Fermé janv., lundi de nov. à fév., mardi et merc.
Menu 30/45 € *(réservation conseillée)*
Un presbytère du 17e s. tout en vieilles pierres, dominant le lac des Olivettes : le jeune couple maître des lieux en est tombé amoureux, on le comprend ! À l'unisson de la nature environnante, la cuisine cultive le goût des choses vraies : produits locaux, saisonnalité, fraîcheur... et prix doux.

VAISON-LA-ROMAINE

84110 (Vaucluse) – 6 169 hab. – **Voir carte n°40-B2**
Paris 664 km – Avignon 51 km – Carpentras 27 km – Montélimar 64 km
Carte Michelin 332-D8 – Guide Vert Michelin Provence

Hostellerie le Beffroi

2 r. de l'Evêché, (Haute Ville) – ✆ 04 90 36 04 71 – www.le-beffroi.com – Fermé 22-26 déc. et 26 janv.-1er avril Plan : Z**a**
22 ch – 76/180 € 76/180 € – 12 €
Rest – Menu 29/48 € – Carte 55/80 € *(ouvert 11 avril à fin oct. et fermé mardi et le midi en semaine)*
Au pied du château et dominant la cité, deux demeures des 16e et 17e s. au cachet préservé. Chambres joliment décorées (mobilier d'époque) ; jardin ombragé et fleuri. Dans la salle rustique, cuisine classique, mais aussi saladerie et salon de thé.

Les Tilleuls d'Élisée sans rest

1 av. Jules-Mazen, (chemin du Bon-Ange) – ✆ 04 90 35 63 04 – www.vaisonchambres.info – Fermé Noël, 31 déc.-4 janv. Plan : Y**d**
5 ch – 70/75 € 70/75 €
Entre le site antique et la cathédrale, une belle ferme de 1880 entourée d'oliviers et d'arbres fruitiers ; on loge dans des chambres simples et fraîches. Confitures maison.

Le Moulin à Huile avec ch

quai du Mar.-Foch – ✆ 04 90 36 20 67 – www.moulin-huile.com – Fermé dim. soir et lundi Plan : Z**e**
3 ch – 140 € 140 € – 20 € – ½ P
Menu 39 € (déj. en semaine), 59/69 € – Carte 100/110 € *(réservation conseillée)*
Le classicisme est la marque de ce moulin à huile du 12e s. bordant l'Ouvèze : la salle voûtée avec ses napperons brodés et son argenterie ancienne, la terrasse ombragée au charme rétro, et la cuisine elle-même, pétrie de savoir-faire traditionnel !

VAISON-LA-ROMAINE

Aubanel (Pl.) . . . . Z 2
Bon Ange (Chemin du) . . . . . . Y 3
Brusquet (Chemin du) . . . . Y 4
Burrus (R.) . . . . Y 5
Chanoine-Sautel (Pl.) . . . . Y 7
Coudray (Av.) . . . . Y 8
Daudet (R. A.) . . . . Y 9
Église (R. de l') . . . . Z 10
Évêché (R. de l') . . . . Z 12
Fabre (Cours H.) . . . . Y 13
Foch (Quai Maréchal) . . . . Z 14
Géoffray (Av. C.) . . . . Z 15
Gontard (Quai P.) . . . . Z 17
Grande-Rue . . . . Y 18
Jean-Jaurès (R.) . . . . Y 22
Mazen (Av. J.) . . . . Y 23
Meffre (Espl. Y.) . . . . Y 6
Mistral (R. Frédéric) . . . . Y 24
Montée du Château . . . . Z 25
Montfort (Pl.) . . . . Y 26
Noël (R. B.) . . . . Y 27
Poids (Pl. du) . . . . Z 29
République (R.) . . . . Y 32
St-Quenin (Av.) . . . . Y 33
Sus Auze (Pl.) . . . . Y 34
Taulignan (Crs) . . . . Y 35
Victor-Hugo (Av.) . . . . Y 36
Vieux Marché (Pl. du) . . . . Z 38
11 Novembre (Pl. du) . . . . Y 40

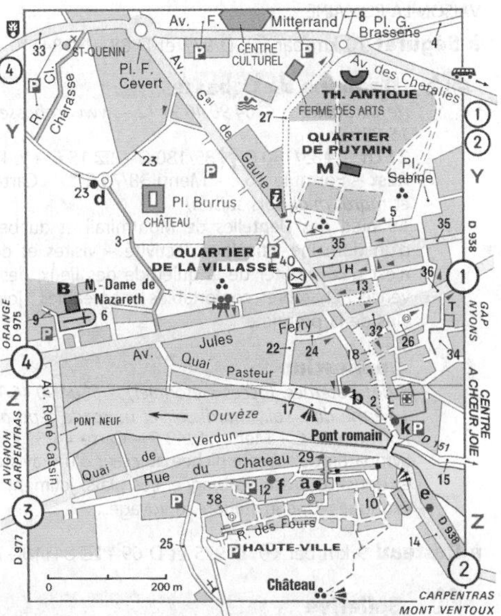

Le Brin d'Olivier

4 r. du Ventoux – ✆ 04 90 28 74 79 – www.restaurant-lebrindolivier.com – Fermé 4-11 nov., sam. midi et merc. de juil. à sept. et mardi soir d'oct. à juin

Formule 18 € – Menu 24 € (déj. en semaine), 31/48 € – Carte 46/56 € Plan : Z**b**

Estragon, basilic, romarin.... l'assiette fleure bon la Provence et met en appétit ! Décor tout en douceur champêtre (poutres, cheminée) et patio planté d'un bel olivier.

Le Bateleur

1 pl. Théodore-Aubanel – ✆ 04 90 36 28 04 – www.le-bateleur.com – Fermé jeudi soir, dim. soir et lundi Plan : Z**k**

Formule 18 € – Menu 23 € (déj. en semaine), 29/45 € – Carte 49/59 €

Tirez la carte du Bateleur... Au menu, spécialités du Sud relevées d'épices ; herbes et légumes du potager familial. Certaines tables ont vue sur l'Ouvèze.

Bistro du'O Ⓝ

1 r. du Château – ✆ 04 90 41 72 90 – www.bistroduo.fr – Fermé 16-30 nov., 15-30 janv., merc. hors saison et dim. Plan : Z**f**

Formule 21 € – Menu 24 € (déj. en semaine), 31/45 € – Carte 46/67 €

"Bistro du'O" car l'adresse se trouve dans la ville haute (et même dans les anciennes écuries du château de Vaison, aux belles voûtes du 12ᵉ s.) et est tenue par... un jeune duo complice. Elle en salle, lui aux fourneaux, cuisinant au plus près des saisons et des producteurs locaux. Nous voilà... en haut de la gourmandise !

à Entrechaux 7 km par ②, D 938 et D 54 – ✉ 84340 – 1 071 hab.

St-Hubert

Le Village – ✆ 04 90 46 00 05 – www.restaurantsthubert.free.fr – Fermé 6-18 oct., 26 janv.-7 mars, lundi soir de nov. à fév., mardi et merc.

Menu 17 € (déj. en semaine), 29/52 € – Carte 35/67 €

Un établissement tenu en famille depuis 1929... Esprit rustique, cuisine généreuse et gibier en saison. L'été, repas sous la treille, où fleurit la glycine.

à Séguret 10 km par ③, D 977 et D 88 – ✉ 84110 – 869 hab.

Domaine de Cabasse

rte de Sablet – ✆ 04 90 46 91 12 – www.cabasse.fr – Fermé 15-30 janv. et 15-28 fév.

21 ch – †85/180 € ††85/180 € – ☕ 15 € – ½ P

Rest – Formule 16 € – Menu 38/75 € – Carte 41/63 € *(fermé dim. soir, lundi et mardi midi hors saison)*

Au pied des Dentelles de Montmirail et du beau village de Séguret, au cœur d'un domaine viticole en activité – visites et dégustations sont proposées –, il n'est qu'à profiter de la quiétude des lieux, des senteurs et du soleil de la Provence... Chambres confortables et agréables ; joli restaurant où sont proposés les vins de la propriété.

Le Mesclun

r. des Poternes, (accès piétonnier) – ✆ 04 90 46 93 43 – www.lemesclun.com – Fermé dim. soir, mardi soir et merc. de sept. à juin et lundi en juil.-août

Formule 19 € – Menu 29/49 € – Carte 44/57 € *(réservation conseillée)*

Sympathique adresse nichée au cœur d'un ravissant village. Ambiance provençale et douce terrasse ombragée. Les plats, joliment présentés, sont teintés de notes exotiques. Une invitation au voyage...

à Rasteau 9 km par ④, D 975 et D 69 – ✉ 84110 – 798 hab.

Bellerive

rte de Violès – ✆ 04 90 46 10 20 – www.hotel-bellerive.fr – Ouvert mars- déc.

20 ch – †85/175 € ††85/175 € – ☕ 15 € – ½ P

Rest – Menu 38/58 € – Carte 49/71 € *(fermé le midi et lundi)*

Au milieu des vignes, cette grande villa vous invite à la détente autour de sa piscine. Chambres avec terrasse ou loggia donnant sur la vallée de l'Ouvèze. Au menu, une cuisine ensoleillée à déguster face au vignoble, accompagnée d'un cru local.

à Roaix 5 km par ④ et D 975 – ✉ 84110 – 647 hab.

Le Grand Pré (Raoul Reichrath)

rte de Vaison-la-Romaine – ✆ 04 90 46 18 12 – www.legrandpre.com – Fermé vacances de Noël et de fév., merc. midi, sam. midi et mardi

Menu 39 € (déj. en semaine), 62/89 € – Carte environ 95 € *(réservation conseillée)*

Un Grand Pré ? Plutôt une corne d'abondance où s'épanouit une cuisine gorgée de soleil et de beaux produits, préparés avec soin et raffinement. Le tout rehaussé de subtils accords mets et vins (beaux côtes-du-rhône). Et le repas est très agréable en terrasse, sous la treille, bercé par le murmure de la fontaine...

➜ Thon rouge mariné, confit de tomate et betterave rouge. Filet de bœuf tartiné à l'anchoïade, fleur de courgette et cocos de Mollans. Terrine tout chocolat.

Et aussi ***Bistro Préface*** – voir les restaurants ci-après

Bistro Préface – Restaurant Le Grand Pré

rte de Vaison-la-Romaine – ✆ 04 90 36 07 95 – www.legrandpre.com – Fermé vacances de Noël et de fév., merc. midi, sam. midi et mardi

Formule 23 € – Menu 31/41 € – Carte 38/55 €

Bistrot contemporain rattaché au Grand Pré. Belles variations autour de produits fétiches de la maison mère (asperges, figues) et subtiles saveurs méridionales. Ne passez pas à côté des tapas et autres mezze !

VAÏSSAC

✉ 82800 (Tarn-et-Garonne) – 789 hab. – **Voir carte n°29-C2**

Paris 620 km – Albi 60 km – Montauban 23 km – Toulouse 76 km

Carte Michelin 337-F7

Terrassier

– ✆ 05 63 30 94 60 – *www.chezterrassier.net* – *Fermé 1 semaine en nov., 1er-15 janv., vend. soir, sam. midi et dim. soir*

18 ch – †55/90 € ††55/90 € – ☕ 9 € – ½ P

Rest – Formule 13 € – Menu 23/43 € – Carte 34/66 €

Cette auberge tenue en famille est très pratique pour rayonner dans le Quercy et l'Albigeois... Les chambres sont bien tenues (plus récentes et spacieuses à l'annexe) ; au restaurant, madame concocte une sympathique cuisine traditionnelle et du terroir. Tarifs mesurés.

LE VAL

✉ 83143 (Var) – 4 174 hab. – Voir carte n°**41**-C3

Paris 818 km – Marseille 70 km – La Seyne-sur-Mer 63 km – Toulon 55 km

Carte Michelin 340-L5 – Guide Vert Michelin Côte d'Azur

La Crémaillère

23 r. Nationale – ✆ 04 94 86 40 00 – *Fermé 23-27 juin, 13-31 janv., dim. soir sauf juil.-août, merc. sauf le soir en juil.-août et lundi*

Formule 20 € – Menu 28/36 € – Carte 32/46 €

Dans cet accueillant restaurant familial situé au cœur du village, la Provence est reine : lapereau en gelée, filet de loup, légumes du soleil... et on peut dîner sous les étoiles !

VALADY

✉ 12330 (Aveyron) – 1 548 hab. – Voir carte n°**29**-C1

Paris 625 km – Decazeville 20 km – Rodez 20 km

Carte Michelin 338-G4

Auberge de l'Ady

1 av. du Pont-de-Malakoff, (près de l'église) – ✆ 05 65 72 70 24 – *www.auberge-ady.com* – *Fermé 6-27 janv., 7-13 juil., merc. soir d'oct. à avril, dim. soir, mardi soir et lundi*

Menu 17 € (déj. en semaine), 28/65 € – Carte 48/67 €

Au cœur d'un village rural de l'Aveyron, une agréable auberge, épurée et contemporaine. On y sert une cuisine fraîche, savoureuse et bien dans son époque, privilégiant les produits bio : terrine de foie gras de canard fumé, compressé de jarret de porc au poivre du Sichuan... Avec 200 références de vins au choix !

LE VAL-ANDRÉ

– 22 Côtes-d'Armor ➜ voir Pléneuf-Val-André

VALAURIE

✉ 26230 (Drôme) – 528 hab. – Voir carte n°**44**-B3

Paris 622 km – Montélimar 21 km – Nyons 33 km – Pierrelatte 14 km

Carte Michelin 332-B7

Le Moulin de Valaurie

Le Foulon – ✆ 04 75 97 21 90 – *www.lemoulindevalaurie.com* – *Fermé vacances de la Toussaint et 16 fév.-16 mars*

16 ch – †135/215 € ††135/215 € – ☕ 14 € – ½ P

Rest – Menu 38/45 € – Carte 40/55 € *(fermé mardi midi, merc. midi, jeudi midi, vend. midi et lundi)*

À l'extérieur du village, prenez un chemin bordé de vignes pour accéder à ce beau moulin du 19e s. Les chambres, décorées dans un esprit provençal (objets et meubles chinés), sont des plus charmantes. Restaurant traditionnel.

Les Mejeonnes

9 chemin de la Méjeonne, 2 km rte de Montélimar – ✆ 04 75 98 60 60 – *www.mejeonnes.com*

26 ch – †59/169 € ††59/169 € – ☕ 12 €

Rest – Formule 22 € – Menu 27/37 € *(fermé sam. midi et dim. midi)*

C'est une charmante ferme en pierre, posée sur un coteau. On y loge dans des chambres sobres et épurées. Et quel plaisir de lézarder près de la piscine ! Cuisine du marché dans un agréable décor de bistrot.

VALBERG

⊠ 06470 (Alpes-Maritimes) – **Voir carte n°41-D2**
Paris 803 km – Barcelonnette 75 km – Castellane 67 km – Nice 84 km
Carte Michelin 341-C3 – Guide Vert Michelin Alpes du Sud

Le Chalet Suisse

4 av. Valberg – ✆ 04 93 03 62 62 – www.chaletsuisse.fr – Ouvert de juin à mi-sept. et de début déc. à mi-avril
23 ch – 77/97 € 98/124 € – 12 € – ½ P **Rest** – Carte 30/44 €
Un vrai chalet de montagne au cœur de cette jolie station. Confort et détente au hammam et au sauna après une journée de balade ou de ski, bain de soleil sur la terrasse, pause au bar ou au restaurant, puis repos douillet... Pour des vacances-plaisir dans les Alpes du Sud !

L'Adrech de Lagas

63 av. Valberg – ✆ 04 93 02 51 64 – www.adrech-hotel.com – Ouvert juin-sept. et déc.-mars
20 ch – 78/119 € 84/130 € – 11 € – ½ P
Rest – Formule 15 € – Menu 20 € (déj.)/26 € – Carte 24/45 €
Au pied des pistes, un chalet avec un restaurant traditionnel et des chambres spacieuses – la plupart jouissant d'une loggia exposée plein sud. Pour les familles, l'établissement dispose également de duplex. Un point de chute utile.

Blanche Neige

10 av. Valberg – ✆ 04 93 02 50 04 – www.hotelblancheneige.fr – Fermé avril, mai, oct. et nov.
17 ch – 65/105 € 75/170 € – 11 € – ½ P
Rest – Menu 25 € *(fermé le midi)*
Un chalet sympathique sur la rue principale de la station, avec de petites chambres colorées, d'esprit montagnard. Menu du jour au restaurant.

Le Valbergan (N)

2 rte Guillaume, (1er étage) – ✆ 04 93 02 50 28 – Fermé 25 juin-12 juil., mardi soir et merc. hors vacances scolaires
Menu 19 € (déj.), 29/45 € – Carte 38/54 €
Ce restaurant est niché au 1er étage d'un petit bâtiment de la localité, face au départ des pistes. On y découvre deux salles au cadre lumineux, d'esprit plutôt rustique. Les traditionnelles spécialités montagnardes sont au rendez-vous, accompagnées de plats plus actuels. Le rapport qualité-prix se démarque dans la station.

VALBONNE

⊠ 06560 (Alpes-Maritimes) – 12 275 hab. – **Voir carte n°42-E2**
Paris 907 km – Antibes 14 km – Cannes 13 km – Grasse 11 km
Carte Michelin 341-D6 – Guide Vert Michelin Côte d'Azur

Seventeen (N) sans rest

241 chemin Font-de-Cuberté, rte de Cannes – ✆ 04 93 12 37 70
9 ch – 145/195 € 145/250 € – 8 suites – 15 €
Un établissement très design qui propose 17 – "seventeen" – chambres et appartements. Tout respire l'élégance : matériaux modernes, sobriété des couleurs (beige et taupe)... Et en prime, la terrasse permet de profiter de la douceur du climat provençal.

La Bastide de Valbonne sans rest

107 chemin Font Cuberté, (rte de Cannes) – ✆ 04 93 12 33 40 – www.bastidedevalbonne.com
34 ch – 95/155 € 95/155 € – 12 €
La demeure d'inspiration provençale, fleurie et pimpante, avec ses murs jaunes et ses volets bleus. Les chambres, parfaitement tenues, disposent parfois d'une terrasse. Et, pour se détendre, on ne se refuse pas un plongeon dans la piscine. Parfait pour le farniente.

Les Armoiries sans rest

pl. des Arcades – ✆ 04 93 12 90 90 – www.hotellesarmoiries.com
16 ch – †95/165 € ††95/165 € – ☕ 12 €
C'est en marchant, quartier piéton oblige, que l'on arrive à cette bâtisse du 17e s. aux belles arcades, aussi pittoresque que le village lui-même. Les chambres y sont confortables et bien tenues. Le petit-déjeuner se prend sur la place baignée de lumière : tout le charme de l'arrière-pays grassois.

Lou Cigalon Ⓝ

6 bd Carnot – ✆ 04 93 12 01 61 – www.loucigalon.net – Fermé dim., lundi et jeudi
Menu 29 € (déj. en semaine), 39/74 € – Carte 70/90 € *(réservation conseillée)*
Entrez dans cette charmante petite maison en pierre au cœur de Valbonne, vous ne le regretterez pas ! Dans l'assiette, une cuisine maîtrisée et créative, souvent originale : vous aimerez forcément ce lapin cuit au four avec chapelure de noisette, carottes, jus de volaille et quelques épices... Savoureux.

au golf d'Opio-Valbonne 2 km au Nord-Est par rte de Biot (D 4 et D 204) – ✉ 06650

Château de la Bégude

rte de Roquefort les Pins – ✆ 04 93 12 37 00 – www.chateau-begude.com – Fermé 18 nov.-27 déc.
38 ch – †120/280 € ††280/350 € – 3 suites – ☕ 20 €
Rest – Formule 21 € – Menu 34 € (déj.), 45/100 € – Carte 36/78 €
Les amateurs de swing vont se régaler ! Cette bastide du 17 es., flanquée de sa bergerie, est située au beau milieu du très réputé golf d'Opio. Les chambres, tout en harmonie de beiges, ont un certain cachet. Entre deux drives, direction le restaurant pour une formule simple et légère au déjeuner ; plus étoffée le soir avec des recettes régionales.

rte d'Antibes au Sud par D 3 – ✉ 06560 Valbonne

Castel Provence sans rest

30 chemin Pinchinade, à 2,5 km – ✆ 04 93 12 11 92 – www.hotelcastelprovence.fr
36 ch – †89/140 € ††89/140 € – ☕ 15 €
Cet hôtel récent, de style provençal, est parfait pour une courte escapade ou un voyage d'affaires. L'endroit est plutôt calme, les équipements fonctionnels, et la piscine et le jardin invitent à la détente.

Daniel Desavie

1360 rte d'Antibes – ✆ 04 93 12 29 68 – www.restaurantdanieldesavie.fr – Fermé dim. et lundi
Formule 20 € – Menu 25 € 🍷 (déj. en semaine), 47/57 € – Carte 60/105 €
La clientèle locale apprécie cette adresse dont la cuisine honore les saveurs provençales : fleurs de courgettes, turbot ou saint-pierre aux légumes, tarte au citron revisitée... Un classicisme qui sied également au décor, d'inspiration bourgeoise.

à Sophia-Antipolis 7 km au Sud-Est par D 3 et D 103 – ✉ 06560

Sophia Country Club

Les Lucioles 2 - 3550 rte Dolines – ✆ 04 92 96 68 78 – www.sophiacountryclub.com
155 ch ☕ – †100/280 € ††100/280 € – ½ P
Rest – ✆ 04 92 96 68 86 – Formule 22 € – Carte 34/54 €
En plein cœur du parc de Sophia-Antipolis, ce complexe hôtelier propose de nombreux équipements sportifs, un restaurant-brasserie assez cossu – qui joue aussi la carte du bio et du sans gluten –, plusieurs bars et d'importantes salles de séminaire : business as usual.

Mercure
Les Lucioles 2 - r. Albert Caquot – ✆ 04 92 96 04 04 – www.mercure-antibes-sophia-antipolis.com
104 ch – ♦105/229 € ♦♦105/229 € – ☕ 19 €
Rest – Formule 21 € – Menu 31 € – Carte 33/50 €
La technopole de Sophia-Antipolis fournit l'essentiel de la clientèle de cet hôtel confortable. Les chambres y sont fonctionnelles et bien tenues. Les essences méridionales du jardin, le calme, la piscine le font sortir du lot. Côté restaurant : salades en été et spécialités locales.

Novotel
Les Lucioles 1 - 290 r. Dostoievski – ✆ 04 92 38 72 38 – www.novotel.com
97 ch – ♦135/205 € ♦♦135/205 € – ☕ 16 €
Rest – Formule 20 € – Menu 25/35 € – Carte 22/52 €
Un Novotel pratique et fonctionnel, où l'on peut même louer une voiture. Le petit plus : un cadre verdoyant et des parcours de santé tout proches. Plaisant, on dîne face aux pins parasols.

Relais Omega
rest,
Les Lucioles 1 - 49 r. Ludwig Van Beethoven – ✆ 04 92 96 07 07 – www.hotelomega.com – Fermé 14 déc.-2 janv.
60 ch – ♦107/118 € ♦♦117/150 € – ☕ 15 €
Rest – Menu 20/26 € – Carte 27/52 € *(fermé vend. soir, sam. et dim.)*
L'hôtel a beau être presque entièrement dédié à une clientèle d'affaires (salles de réunion), le style provençal est aussi au rendez-vous – notamment dans certaines chambres, sinon fonctionnelles. Buffets de hors-d'œuvre et de desserts au restaurant.

VALCEBOLLÈRE
✉ 66340 (Pyrénées-Orientales) – 43 hab. – **Voir carte n°22-A3**
▶ Paris 856 km – Bourg-Madame 9 km – Font-Romeu-Odeillo-Via 27 km – Perpignan 107 km
Carte Michelin 344-D8

Auberge Les Ecureuils
Carrer Gorro Blanc – ✆ 04 68 04 52 03 – www.aubergeecureuils.com – Fermé 12 nov.-5 déc.
19 ch – ♦72/90 € ♦♦78/110 € – ☕ 10 € – ½ P
Rest – Formule 19 € – Menu 25/55 € – Carte 29/57 € *(fermé mardi midi et lundi hors saison)*
Dans un petit hameau au bout du monde, une ancienne bergerie authentique et charmante... Au cœur des Pyrénées, cette auberge chaleureuse est idéale pour crapahuter en montagne en toute saison ! Cheminée, murs en pierre, piscine à la romaine, hammam, restaurant traditionnel, etc. : atypique et plein de cachet...

VAL-CLARET – 73 Savoie ➜ voir Tignes

VALDAHON
✉ 25800 (Doubs) – 5 088 hab. – **Voir carte n°17-C2**
▶ Paris 436 km – Besançon 33 km – Morteau 33 km – Pontarlier 32 km
Carte Michelin 321-I4

Relais de Franche Comté
1 r. Charles-Schmitt – ✆ 03 81 56 23 18 – www.relais-de-franche-comte.com – Fermé 28 avril-4 mai, 25-31 août, 19 déc.-12 janv., vend. soir et sam. midi sauf du 11 juil. au 24 août et dim. soir de sept. à juin
20 ch – ♦56/59 € ♦♦67/72 € – ☕ 10 € – ½ P
Rest *Relais de Franche Comté* – voir les restaurants ci-après
À l'entrée de la ville, cet hôtel-restaurant très fréquenté est un véritable lieu de vie, géré en famille. Chambres modernes et bien tenues. Un vrai relais en Franche-Comté.

Relais de Franche Comté

1 r. Charles-Schmitt – 03 81 56 23 18 – www.relais-de-franche-comte.com – Fermé 28 avril-4 mai, 25-31 août, 19 déc.-12 janv., vend. soir et sam. midi sauf du 11 juil. au 24 août et dim. soir de sept. à juin
Menu 16 € (semaine), 19/55 € – Carte 23/48 €
La gastronomie franc-comtoise à portée de bourse : terrines maison, gibier, sauce au vin jaune et aux morilles, fromages locaux (comté, bleu de Gex), vins d'Arbois... Dans cet hôtel-restaurant, l'étape prend l'allure de gueuleton !

LE VAL-D'AJOL

88340 (Vosges) – 4 032 hab. – **Voir carte n°27-C3**
Paris 382 km – Épinal 41 km – Luxeuil-les-Bains 18 km – Plombières-les-Bains 10 km
Carte Michelin 314-G5

La Résidence

5 r. des Mousses, par rte de Hamanxard – 03 29 30 68 52 – www.la-residence.com – Fermé 1er-25 déc.
49 ch – 57/72 € 70/101 € – 12 € – ½ P
Rest *La Résidence* – voir les restaurants ci-après
Adossée à un beau parc arboré et fleuri, une grande maison bourgeoise du milieu du 19e s. et deux pavillons indépendants. Les chambres sont spacieuses et confortables, les installations bien pensées (piscine couverte, sauna, etc.).

La Résidence

5 r. des Mousses, par rte de Hamanxard – 03 29 30 68 52 – www.la-residence.com – Fermé 1er-25 déc., dim. soir d'oct. à mai sauf vacances scolaires et fériés
Formule 13 € – Menu 28/60 € – Carte 38/59 €
Au menu de cette maison de maître lorraine, une cuisine qui plonge ses racines dans le terroir vosgien, et cultive la tradition comme le goût des bons produits. Agréable terrasse face aux arbres centenaires du parc.

VAL-D'ESQUIÈRES – 83 Var → voir Ste-Maxime

VAL-D'ISÈRE

73150 (Savoie) – 1 563 hab. – **Voir carte n°45-D2**
Paris 667 km – Albertville 86 km – Chambéry 135 km
Carte Michelin 333-O5 – Guide Vert Michelin Alpes du Nord

Les Barmes de l'Ours

chemin des Carats – 04 79 41 37 00 – www.hotel-les-barmes.com – Ouvert 12 déc.-21 avril
Plan : A**b**
56 ch – 315/1155 € 400/1240 € – 20 suites – ½ P
Rest *La Table de l'Ours* – voir les restaurants ci-après
Rest *La Rôtisserie des Barmes* – Formule 55 € – Menu 79 € – Carte 70/140 €
Dans ce vaste hôtel, vous avez le choix du décor : scandinave, lodge américain, chalet d'alpage ou contemporain. Partout, les aménagements sont luxueux, le confort à son apogée, jusqu'au restaurant gastronomique et à la rôtisserie. Hibernation en vue !

Le Savoie

av. Olympique – 04 79 00 01 15 – www.lesavoie.com – Ouvert déc.-avril
Plan : A**d**
14 ch – 420/950 € 420/950 € – 11 suites
Rest *Le Grain de Sel* – voir les restaurants ci-après
Rest *Le Wine Not* – Carte 34/46 €
Ce chalet joue la carte du luxe discret : salons intimes, bar à champagne, chambres au style montagnard épuré – dont une suite "royale" sous une superbe charpente – et très beau spa. Un bel endroit pour des moments d'exception.

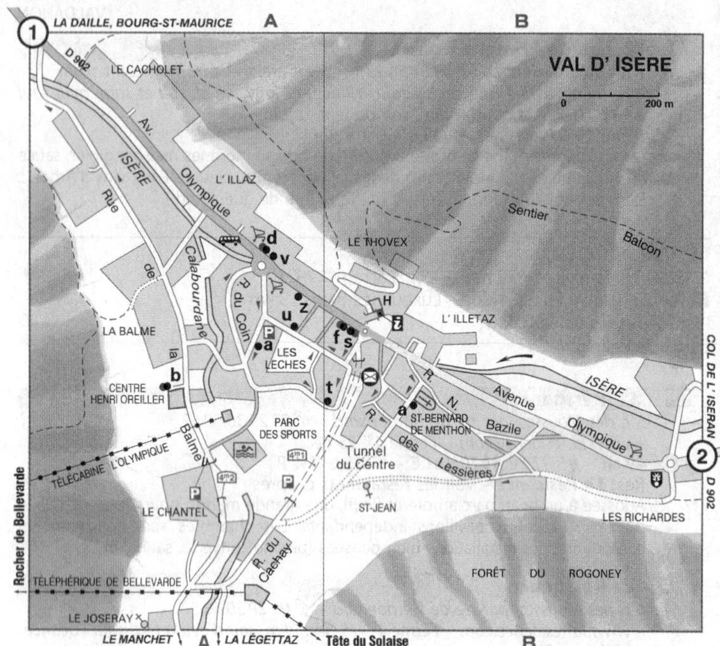

Christiania

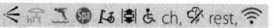

r. du Parc des Sports – ✆ 04 79 06 08 25 – www.hotel-christiania.com
– Ouvert de déc. à avril Plan : A**a**

68 ch – 314/887 € 328/1170 € – 1 suite – ½ P

Rest – Menu 38 € (déj.), 44/52 € – Carte 42/178 €

Charme indéniable pour ce chalet dont les chambres, de grand confort, sont décorées dans un élégant style alpin. Après quelques descentes sur les pistes, vous aimerez vous installer devant la cheminée du salon ou sur la belle terrasse panoramique.

Le Blizzard

r. Principale – ✆ 04 79 06 02 07 – www.hotelblizzard.com
– Ouvert de début déc. à début mai Plan : B**f**

64 ch – 435/720 € 460/1080 € – 6 suites – ½ P

Rest *La Luge* – voir les restaurants ci-après

Rest – Menu 65 € (dîner) – Carte 65/96 €

Blizzard, vous avez dit Blizzard ? Ici, point de tempête de neige, mais des chambres cosy, la plupart rénovées dans un esprit contemporain (certaines avec cheminée ou poêle). Très beau spa. Carte classique au restaurant, spécialités fromagères à La Luge.

Avenue Lodge

av. Olympique – ✆ 04 79 00 67 67 – www.hotelavenuelodge.com
– Ouvert 11 déc.-20 avril Plan : A**z**

54 ch – 390/670 € 390/670 €

Rest – Carte 50/73 € *(fermé le midi)*

"Noir, c'est noir" : tel pourrait être le nom de ce chalet où dominent les couleurs sombres et tendance. Dans les chambres, tissus "peau de bête", bois wengé et petit coin salon semblent réinventer l'imaginaire de l'hiver... Bistrot chic.

Le Tsanteleina

av. Olympique – ✆ *04 79 06 12 13* – *www.tsanteleina.com* – *Ouvert 4 déc.-3 mai*
62 ch – 170/400 € 250/570 € – ½ P Plan : B**s**
Rest ***La Table des Neiges*** – voir les restaurants ci-après
Du nom du plus haut sommet au-dessus de Val-d'Isère, un agréable hôtel, à quelques pas des remontées mécaniques. Les chambres sont spacieuses et chaleureuses, avec, côté sud, vue sur la piste olympique de Bellevarde ! Superbe espace bien-être.

Grand Paradis

Front de Neige – ✆ *04 79 06 11 73* – *www.hotelgrandparadis.com* – *Ouvert de début déc. à début mai* Plan : B**t**
40 ch – 150/580 € 210/640 € – ½ P
Rest – Formule 25 € – Menu 30 € (déj.) – Carte 42/67 €
L'hôtel jouxte la spectaculaire face de Bellevarde, "grand paradis" des skieurs. Ambiance chaleureuse – savoyarde et autrichienne – dans les chambres, où il fait bon rêver de médailles... Formule brasserie le midi, menu plus élaboré le soir.

La Savoyarde

r. Noël Machet – ✆ *04 79 06 01 55* – *www.la-savoyarde.com* – *Ouvert 10 déc.-5 mai* Plan : A**u**
50 ch – 205/440 € 220/525 € – 15 € – ½ P
Rest – Menu 45 € – Carte 45/70 € *(fermé le midi)*
Depuis 1954, La Savoyarde porte haut les couleurs de la région. Les chambres arborent évidemment un décor alpestre et se montrent chaleureuses. Nul doute que, par les froides soirées d'hiver, vous apprécierez la grande cheminée du salon.

Kandahar

av. Olympique – ✆ *04 79 06 02 39* – *www.hotel-kandahar.com* – *Ouvert de début déc. à début mai* Plan : A**v**
41 ch – 145/200 € 190/295 € **Rest** – Carte 33/70 € *(fermé le midi)*
Kandahar... un nom qui évoque les splendeurs de l'Orient et la mythique épreuve de ski autrichienne. Les chambres, typiquement montagnardes, sont coquettes et très chaleureuses. À la taverne, toute de bois vêtue, l'Alsace et la Savoie sont à l'honneur.

Les Lauzes sans rest

pl. de l'Église – ✆ *04 79 06 04 20* – *www.hotel-lauzes.com* – *Ouvert 29 nov.-4 mai*
23 ch – 122/190 € 144/200 € Plan : B**a**
Un charmant chalet au cœur du village, à deux pas de l'église baroque (18e s.). Les chambres sont toutes bien tenues et confortables, mais préférez celles du dernier étage, qui donnent sur les toits ! Une adresse sympathique.

La Table des Neiges – Hôtel Tsanteleina

av. Olympique – ✆ *04 79 06 12 13* – *www.tsanteleina.com* – *Ouvert 4 déc.-4 mai et fermé le midi* Plan : B**s**
Menu 55/85 € – Carte 58/74 €
Les gourmands de Val-d'Isère connaissent bien cette adresse ! Dans la belle salle sous charpente, les spécialités fromagères côtoient des recettes plus actuelles, et les produits frais sont à l'honneur. La carte est renouvelée régulièrement.

La Table de l'Ours – Hôtel Les Barmes de l'Ours

chemin des Carats – ✆ *04 79 41 37 00* – *www.hotel-les-barmes.com* – *ouvert 12 déc.-21 avril* Plan : A**b**
Menu 89/185 € – Carte 90/145 € *(fermé le midi, dim. et lundi hors vacances scolaires)*
La table des Barmes de l'Ours est à l'unisson de ce luxueux hôtel. Avec sa grande cheminée, la salle arbore un style montagnard chic. La cuisine du jeune chef s'appuie sur de beaux produits, faisant montre du sens de l'invention et plus encore de l'esthétisme... → Tartiflette de la Table de l'Ours à la truffe. Ris de veau croustillant, mousseline d'artichaut et perle de Savoie. Cascade de myrtilles dans une cage meringuée au yaourt fermier.

XXX **Le Grain de Sel** - Hôtel Le Savoie

av. Olympique – ✆ 04 79 00 01 15 – www.lesavoie.com – Ouvert déc.-avril et fermé le midi Plan : A**d**

Menu 75/115 € – Carte 71/104 €

Sous une belle véranda, dans un décor sobre et contemporain, on déguste une cuisine raffinée, voire sophistiquée, après avoir débuté la soirée – pourquoi pas ? – au très chic bar à champagne.

XX **L'Atelier d'Edmond** 

au Fornet, 2 km par ②, rte de l'Iseran – ✆ 04 79 00 00 82 – www.atelier-edmond.com – Ouvert début déc. à fin avril et fermé lundi sauf vacances scolaires et mardi midi

Menu 55 € (déj.), 75/140 € – Carte 90/120 €

Un beau chalet à l'ancienne, tout en bois, avec vieux outils et lampes à pétrole créant un joli éclairage la nuit venue : nostalgie et chaleur... On vient ici avec bonheur, à la découverte d'une cuisine fine et subtile, dont l'originalité est de s'ancrer pleinement dans le présent. Séduisant contraste !

➜ Écrevisses, pommes de terre, pulpe d'oignon au reblochon et poitrine de caïon. Barbue cuite sur l'arête, bœuf séché, gnocchis et coulis de cresson. Feuille à feuille de pain au chocolat fumé et crème glacée au foin.

X **La Luge** - Hôtel Le Blizzard

r. Principale – ✆ 04 79 06 68 58 – www.hotelblizzard.com – Ouvert de début déc. à début mai Plan : B**f**

Carte 44/65 € *(dîner seult)*

Quoi de plus amusant qu'une descente en luge ? Belle ambiance dans cette auberge typiquement savoyarde, où l'on déguste évidemment... des spécialités fromagères, mais aussi des viandes rôties à la broche devant les clients. Effet garanti !

à la Daille 2 km par ① - ✉ 73150 Val-d'Isère

 **Le Samovar** 

– ✆ 04 79 06 13 51 – www.lesamovar.com – Ouvert 7 déc.-15 avril

18 ch – †130/350 € ††130/350 €

Rest – Menu 22 € (déj.), 30/40 € – Carte 41/64 € *(fermé le midi du lundi au jeudi et mardi)*

Drôle de nom pour un chalet typiquement savoyard ! Au pied des pistes, on découvre des chambres très cosy, dont certaines familiales. Au restaurant, plats traditionnels, spécialités locales et pizzas.

VALENÇAY

✉ 36600 (Indre) – 2 594 hab. – **Voir carte n°11-B3**

▶ Paris 233 km – Blois 59 km – Bourges 73 km – Châteauroux 42 km

Carte Michelin 323-F4 – Guide Vert Michelin Châteaux de la Loire

à Veuil 6 km au Sud par D 15 et rte secondaire – ✉ 36600 – 383 hab.

XX **Auberge St-Fiacre**

5 r. de la Fontaine – ✆ 02 54 40 32 78 – Fermé 1er -24 sept., janv., mardi de sept. à juin, dim. soir et lundi

Menu 23 € (semaine), 32/47 € – Carte 34/47 €

Tomettes, cheminée, terrasse sous les marronniers et murmure d'un doux ruisseau : le charme d'une belle auberge rustique... et plus encore. Le chef concocte une cuisine élégante, maîtrisée et pleine de saveurs : on se régale !

VALENCE

✉ 26000 (Drôme) – 63 405 hab. – Agglo. 126 832 hab. – **Voir carte n°43-E2**

▶ Paris 558 km – Avignon 126 km – Grenoble 96 km – St-Étienne 121 km

Carte Michelin 332-C4 – Guide Vert Michelin Ardèche Drôme

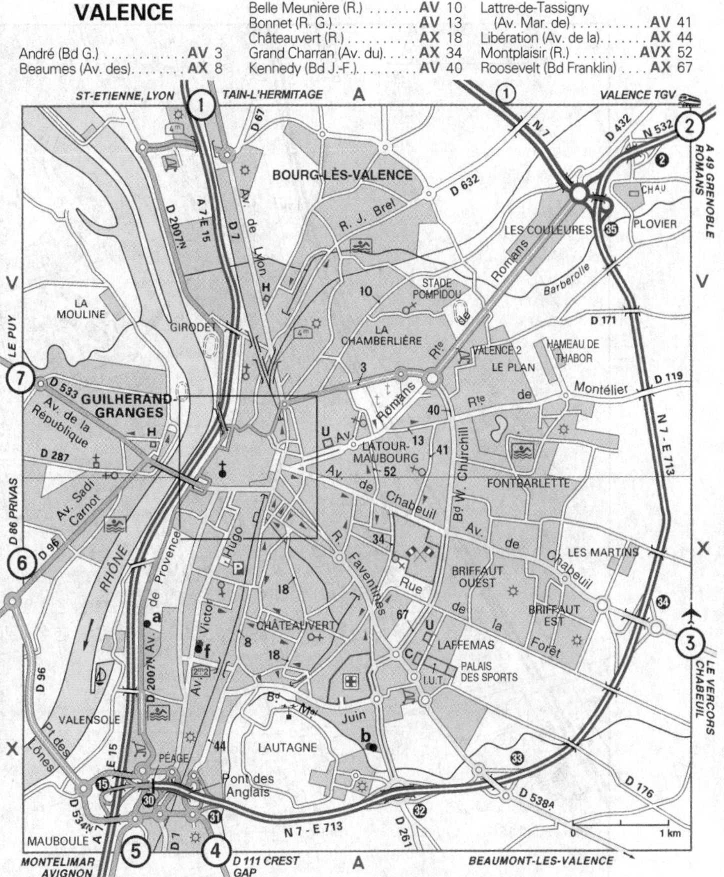

Pic

285 av. Victor-Hugo – ✆ 04 75 44 15 32 – www.anne-sophie-pic.com
– Fermé 29 déc.-20 janv. Plan : AX**f**

16 ch – †190/330 € ††220/400 € – 1 suite – ☕ 33 €

Rest *Pic* ✿✿✿ **Rest *Le 7*** – voir les restaurants ci-après

L'une des grandes maisons nées avec la nationale 7 et qui accueille aujourd'hui... une clientèle internationale, entre New York et Tokyo ! Aura d'une cuisine d'exception et d'un art de l'accueil sans cesse renouvelé : les lieux sont d'un chic extrême, valant un précis de style(s) contemporain(s).

Novotel

217 av. de Provence – ✆ 04 75 82 09 09
– www.novotelvalence.com Plan : AX**a**

106 ch – †101/158 € ††101/158 € – 1 suite – ☕ 16 €

Rest – Formule 18 € – Carte 26/46 €

Un bâtiment des années 1970 entre l'autoroute A 7 et un parc boisé – avec ruisseau et cascade –, lequel offre un cadre apaisant. Chambres très fonctionnelles et confortables.

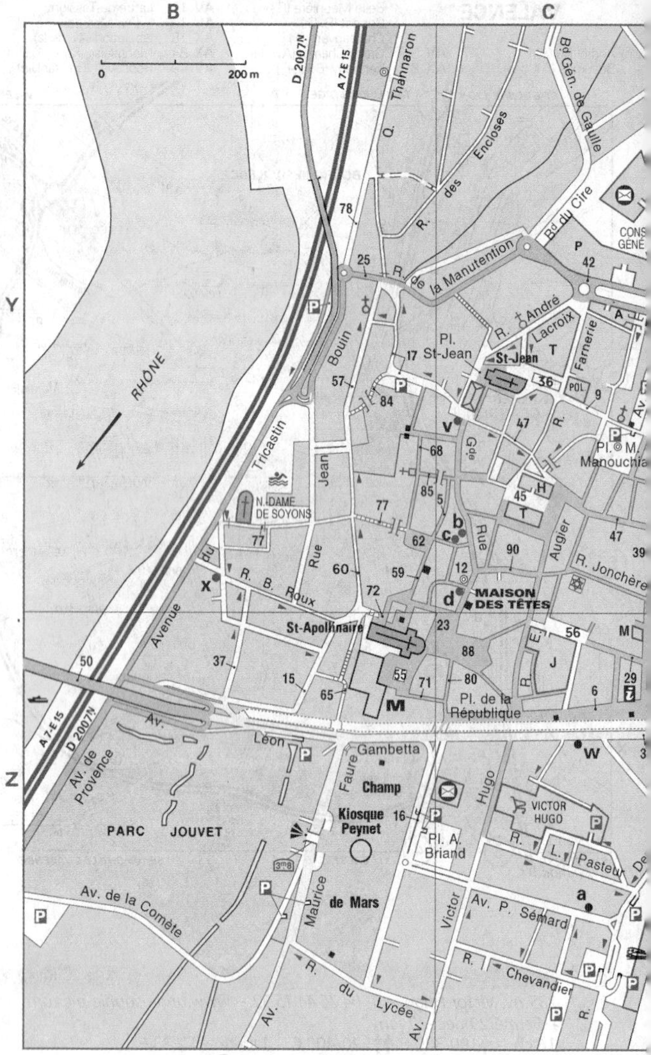

Hôtel de France sans rest

16 bd du Gén.-de-Gaulle – ✆ 04 75 43 00 87
– www.hotel-valence.com Plan : CZ**w**

46 ch – 🕴90/153 € 🕴🕴100/153 € – ☕ 14 €

Joli immeuble moderne situé sur un grand boulevard du centre-ville et à deux pas de l'office de tourisme. Dans les chambres, cosy et à l'insonorisation sans faille, on se sent comme dans un cocon. De même dans le salon, où l'on peut se lover devant la cheminée !

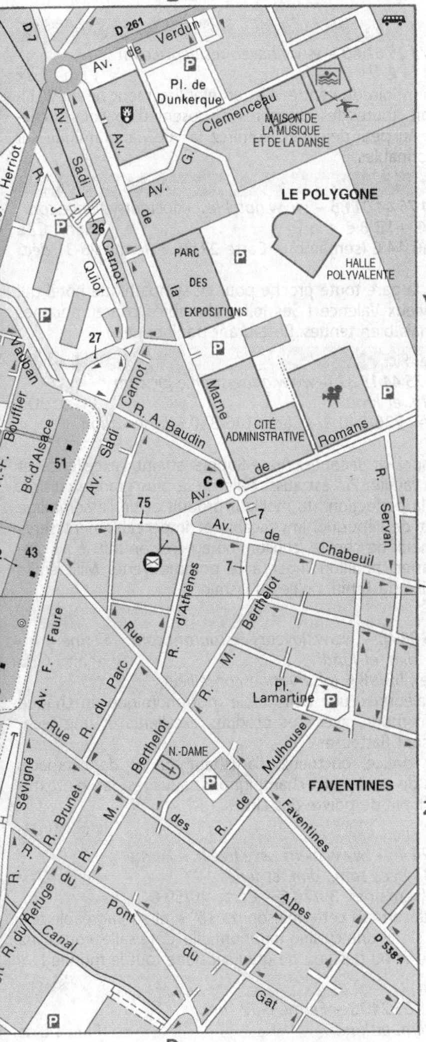

VALENCE

Alsace (Bd d') . . . . DY
Arménie (R. d') . . . . DY 4
Augier (R. Émile) . . . . CYZ
Balais (R. des) . . . . BCY 5
Bancel (Bd) . . . . CY 6
Barrault (R. J.-L.) . . . . . . DY 7
Belle Image (R.) . . . . . . CY 9
Bonaparte (R. du Lieutenant) . . BCY 12
Chambaud (R. Mirabel) BZ 15
Championnet (Pl.) . . . . BCZ 16
Chapeliers (Côte des) BCY 17
Clercs (Pl. des) . . . . . . BCZ 23
Clerc (Bd M.) . . . . DYZ 22
Docteur-Schweitzer (R. du) . . . . BY 25
Dragonne (Pl. de la) . . . DY 26
Dupré-de-Loire (Av.) . . . DY 27
Farre (R. du Gén.) . . . . . CZ 29
Félix-Faure (Av.) . . . . . DYZ
Gaulle (Bd du Gén.-de) CDZ 32
Huguenel (Pl. Ch.) . . . . . CY 36
Jacquet (R. V.) . . . . BYZ 37
Jeu-de-Paume (R. du) CYZ 39
Lecardonnel (Pl. L.) . . . . CY 42
Leclerc (Pl. Gén.) . . . . . DY 43
Liberté (Pl. de la) . . . . . CY 45
Madier-de-Montjau (R.) . . . . CDY 47
Mistral (Pont Frédéric) . BZ 50
Montalivet (Pl. de) . . . . . DY 51
Ormeaux (Pl. des) . . . . . BZ 55
Palais (Pl. du) . . . . CZ 56
Paré (R. Ambroise) . . . . BY 57
Pérollerie (R.) . . . . BY 59
Petit Paradis (R.) . . . . . . BY 60
Pierre (Pl. de la) . . . . . . BY 62
Repenties (R. des) . . . . . BZ 65
République (Pl. de la) . . . CZ
Sabaterie (R.) . . . . BY 68
St-Didier (R.) . . . . BCZ 71
St-Estève (Côte) . . . . . BYZ 72
St-Jacques (Faubourg) . DY 75
St-Martin (Côte et R.) . . BY 77
St-Nicolas (Q.) . . . . BY 78
Saunière (R.) . . . . CZ 80
Semard (Av.) . . . . CZ
Sylvante (Côte) . . . . BY 84
Temple (R. du) . . . . . . BCY 85
Université (Pl. de l') . . . . CZ 88
Vernoux (R.) . . . . CY 90
Victor-Hugo (Av.) . . . . . . CZ

Clos Syrah

quartier Maninet, bd Pierre-Tézier, rte de Montéléger – *✆ 04 75 55 52 52* – *www.clos-syrah.com*

Plan : AX**b**

37 ch – 🛉80/140 € 🛉🛉80/140 € – ☕ 11 €

Rest ***Clos Syrah*** – voir les restaurants ci-après

En périphérie de Valence, cet hôtel-restaurant est apprécié de la clientèle d'affaires pour ses chambres pratiques, bien tenues... et disposant d'un juke-box. Comme quoi la fonctionnalité n'empêche pas l'originalité !

Hévéa sans rest

83 av. de la Marne – ✆ 04 75 25 61 60 – www.hevea-residence.com

46 ch – †73 € ††88 € – ☕ 11 € Plan : DY**c**

Dans un quartier d'affaires non loin du centre-ville, un établissement né en 2011, fonctionnel comme il se doit (toutes les chambres disposent d'un coin kitchenette ; quelques familiales). Au petit-déjeuner, admirez la vue panoramique sur les toits de la ville ! Prix raisonnables.

Les Négociants

27 av. Pierre-Sémard – ✆ 04 75 44 01 86 – www.hotel-lesnegociantsvalence.com

37 ch – †44/67 € ††52/67 € – ☕ 8 € – ½ P Plan : CZ**a**

Rest – Formule 12 € – Menu 14 € (semaine) – Carte 27/35 € *(fermé 26-31 déc., sam., dim. et fériés)*

Pas de négoce en vue, mais la gare toute proche pour ce sympathique hôtel qui se situe aussi non loin du vieux Valence ! Ses jolies chambres contemporaines sont certes un peu petites mais bien tenues. Restaurant traditionnel.

Pic (Anne-Sophie Pic) – Hôtel Pic

285 av. Victor-Hugo – ✆ 04 75 44 15 32 – www.anne-sophie-pic.com – Fermé 29 déc.-20 janv., dim. et lundi Plan : AX**f**

Menu 95 € (déj. en semaine), 230/340 € – Carte 146/350 € *(réservation conseillée)*

1934, 1973, 2007. Après André et Jacques, Anne-Sophie atteint l'excellence et confirme que l'histoire de la famille Pic est aussi celle de la plus grande cuisine. Toujours le même souci de la perfection, du meilleur produit et de l'assemblage inédit – à la pointe du goût de l'époque. Impeccable et impeccablement servi. ➜ Berlingot coulant au crémeux de chèvre, consommé au cresson infusé au gingembre. Langoustine de casier, bouillon léger à la pomme verte. Millefeuille blanc, crème légère à la vanille de Tahiti, gelée au jasmin.

Flaveurs (Baptiste Poinot)

32 Grande-Rue – ✆ 04 75 56 08 40 – www.flaveurs-restaurant.com – Fermé 27 juil.-19 août, 1er-15 janv., dim. et lundi Plan : CY**b**

Menu 38 € (déj. en semaine), 58/98 € *(réservation conseillée)*

Dans un décor coloré et chaleureux, une belle table gastronomique où chaque assiette atteste une réflexion mûrie, avec des produits excellents et une technique soignée. Ces flaveurs sont flatteuses !

➜ Homard bleu en vapeur douce, onctueux d'artichaut au jus de carapace. Omble chevalier fondant, jus de poulet aux champignons sauvages. Jeu de textures chocolat-mandarine et effluve de poivre des cimes.

L'Épicerie

18 pl. St-Jean – ✆ 04 75 42 74 46 – www.pierre.seve.free.fr – Fermé 1er-10 mai, 1er-18 août, 22-31 déc., sam., dim. et fériés Plan : CY**v**

Formule 17 € – Menu 29 € (semaine), 39/70 € – Carte 40/59 €

Au rayon épicerie, comptez désormais cette maison du 16e s. et son agréable terrasse ! Côté assiettes, le chef signe une cuisine traditionnelle. Côté salle, vous avez le choix entre un décor rustique ou design... de quoi satisfaire tout le monde !

La Cachette (Masashi Ijichi)

16 r. des Cévennes – ✆ 04 75 55 24 13 – Fermé 6-12 mai, 26 août-8 sept., 6-20 janv., dim. et lundi Plan : BY**x**

Menu 32 € (déj. en semaine), 53/73 € *(réservation conseillée)*

Dans la ville basse, une Cachette qui gagne à être découverte ! Le chef, d'origine japonaise, prépare une cuisine inventive, fine et délicate. Quand le terroir drômois rencontre l'esprit d'Asie... les papilles frétillent ! ➜ Saumon mi-cuit, tomate en gelée et sorbet. Pintade fermière de la Drôme en deux cuissons, sauce aux cèpes. Fraises macérées au vinaigre balsamique, transparence de sucre et sorbet basilic.

Clos Syrah – Hôtel Clos Syrah

quartier Maninet, bd Pierre-Tézier, rte de Montéléger – ✆ 04 75 55 52 52 – www.clos-syrah.com – Fermé 21 déc.-3 janv., sam. sauf le soir de juin à août et dim. de sept. à mai et le midi en août sauf le dim. Plan : AX**b**

Menu 27 € (semaine), 37/57 €

Un restaurant traditionnel et régional qui met également... la mer à l'honneur : on présente un chariot de poissons entiers aux clients et on les découpe devant eux ! Quant à la carte des côtes-du-rhône, elle est joliment étoffée.

Le Bistrot des Clercs
48 Grande Rue – ✆ 04 75 55 55 15 – www.michelchabran.fr Plan : CY**d**
Menu 23 € (semaine)/33 € – Carte 38/70 €
Près de la belle maison des Têtes (1532), un bistrot à la parisienne, cuisine copieuse et décor nostalgique compris. Pour l'anecdote, Napoléon Bonaparte séjourna dans ces murs !

Le 7 – Hôtel Pic
285 av. Victor-Hugo – ✆ 04 75 44 53 86 – www.anne-sophie-pic.com – Fermé 29 déc.-20 janv. Plan : AX**f**
Menu 30 € – Carte 46/67 €
Sur l'historique N 7, nouvelle étape gourmande avec cet excellent bistrot estampillé Pic. Le décor fait des clins d'œil à la "route des vacances" (bandes blanches au sol, bornes kilométriques) : une ambiance à la fois chic et canaille, pour des plats bistrotiers de belle tenue... qui ne laissent pas la modernité en panne !

Epithèque
3 r. Pelleterie – ✆ 04 75 56 08 40 – www.epitheque.com – Fermé 3-25 août, 1er-12 janv., dim. et lundi Plan : CY**c**
Formule 20 € – Menu 27 € (déj.)/35 € – Carte 25/60 €
Jolie formule que celle de cette "bibliothèque pour épicuriens", annexe du restaurant Flaveurs, version décontraction et découverte. Au menu : charcuteries ibériques, huîtres, éclairs salés, plat du jour (issu des cuisines de la maison mère), fromages, etc., accompagnés d'une belle sélection de vins. Formule tapas le soir.

à Pont de l'Isère 9 km par ① – ✉ 26600 – 2 871 hab.

Michel Chabran
N 7 – ✆ 04 75 84 60 09 – www.michelchabran.fr
11 ch – 110/175 € 130/350 € – 23 € – ½ P
Rest *Michel Chabran* ✿ – voir les restaurants ci-après
Depuis plus de 40 ans, sur la N 7... Les vacances ne sont plus très loin lorsque l'on fait une pause dans cette confortable maison qui propose des chambres cossues et contemporaines. Et si vous prolongiez l'étape ?

Michel Chabran
N 7 – ✆ 04 75 84 60 09 – www.michelchabran.fr – Fermé merc. midi et jeudi midi d'avril à sept., dim. soir et merc. d'oct. à mars
Menu 53/170 € – Carte 88/164 €
Une table de tradition bien connue dans la région. Le classicisme y est maître, ainsi que les vins des côtes du Rhône, ce qui ne gâche rien. Décor bourgeois, avec véranda côté jardin. → Pommes de terre ratte écrasées à la truffe. Trilogie d'agneau, selle rôtie sur l'os, caillette aux herbes et nem aux légumes. Palet de chocolat manjari, cœur fondant à la framboise et sorbet.

VALENCE-D'AGEN

✉ 82400 (Tarn-et-Garonne) – 5 137 hab. – Voir carte n°**28**-B2
Paris 645 km – Bordeaux 167 km – Montauban 64 km – Toulouse 93 km
Carte Michelin 337-B7

L'Entracte
20 r. des Limousins – ✆ 05 63 39 06 02 – www.restaurant-47.com – Fermé 15-30 août , vacances de Noël, sam. midi, dim. et lundi
Formule 14 € – Menu 17 € (déj. en semaine) – Carte 30/52 €
Un bistrot chaleureux et un chef passionné : voilà qui augure un agréable Entracte ! En scène : une généreuse cuisine du marché où les produits régionaux tiennent le premier rôle et sont travaillés avec savoir-faire. Ajoutez-y une ambiance conviviale et des petits vins bien choisis... et vous avez le clou du spectacle.

VALENCIENNES

✉ 59300 (Nord) – 43 335 hab. – Agglo. 333 492 hab. – Voir carte n°**31**-C2
Paris 208 km – Arras 68 km – Bruxelles 105 km – Lille 54 km
Carte Michelin 302-J5

VALENCIENNES

Albert-1er (Av.) . . . . BY 2
Amsterdam (Av. d') . . . . BY 5
Armes (Pl. d') . . . . AY 6
Barbusse (R. H.) . . . . CV 8
Bourgeois (Ch. des) . . . . BV 9
Cairns (Av. Serg.) . . . . ABZ 13
Capucins (R. des) . . . . BY 15
Cardon (Pl.) . . . . BZ 16
Charles-Quint (R.) . . . . CV 17
Clemenceau (Av. G.) . . . . AX 18
Desandrouin (Av.) . . . . BV 20
Digue (R. de la) . . . . AZ 22
Duchesnois (Av.) . . . . CV 23
Dunkerque (Av. de) . . . . AX 25
Faidherbe (Av.) . . . . BV 26
Famars (R. de) . . . . AYZ
Ferrand (R.) . . . . AY 33
Fg de Cambrai (R.) . . . . BV 29
Fg de Paris (R. du) . . . . BV 30
Foch (Av. Mar.) . . . . AX 34
Froissart (Pl. J.) . . . . BY 35
Gaulle (Pl. Gén.-de) . . . . BY 36
Glacis (R. des) . . . . CV 37
Jacob (Pont) . . . . AX 38
Jean-Jaurès (R.) . . . . BV 39
Juin (Av. du Mar.) . . . . AX 40
Lattre-de-Tassigny
(Av. Mar.-de) . . . . AX 42
Leclerc (Av. Mar.) . . . . AX 43
Liège (Av. de) . . . . BX 44
Lille (R. de) . . . . AX 46
Marquis (R. du) . . . . CV 48
Paix (R. de la) . . . . BY 50
Paris (R. de) . . . . AY 52
Perdrix (R. J.) . . . . CV 53
Pompidou (Av. G.) . . . . AZ 54
Reims (Av. de) . . . . BZ 56
St-Amand (Av. de) . . . . BV 58
St-Géry (R.) . . . . BY 59
Sénateur-Girard (Av.) . . . . AX 63
Tholozé (R.) . . . . AX 65
Vaillant-Couturier (R. Paul) . . . . BV 67
Vauban (Av.) . . . . BV 68
Verdun (Av. de) . . . . BZ 69
Vieille-Poissonnerie (R.) . . . . . AY 73
Villars (Av.) . . . . AY 74
Watteau (Square) . . . . AY 76

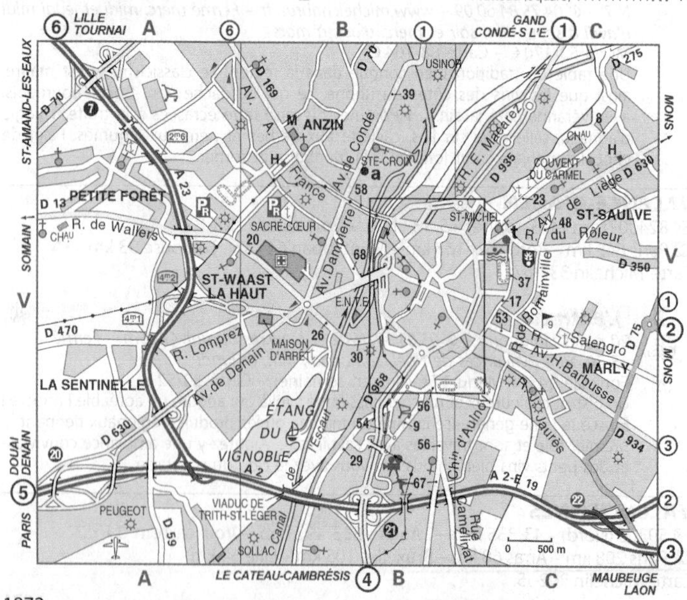

Le Grand Hôtel

8 pl. de la Gare – ✆ 03 27 46 32 01 – www.grand-hotel-de-valenciennes.fr
79 ch – 87/136 € 100/148 € – 6 suites – 16 € – ½ P Plan : AX**d**
Rest *Le Hans'* – Formule 17 € – Menu 22 € (semaine), 34/47 € – Carte 28/61 €
Cet établissement des années 1920 appartient à la même famille depuis 1936, laquelle perpétue l'héritage avec professionnalisme ! Les chambres sont confortables et classiques, peu à peu rénovées dans un style contemporain. Au menu du restaurant : choucroute et viandes à la rôtissoire.

Mercure sans rest

5 r. du St-Cordon – ✆ 03 27 23 50 60 – www.accorhotels.com Plan : BY**f**
87 ch – 98/175 € 98/175 € – 15 €
Une belle réussite que ce Mercure dernière génération, associant design épuré (béton brut et bois blond), fonctionnalité et grand confort. Le matin, on se restaure d'un copieux petit-déjeuner avec quelques produits bio. À noter : on profite de tarifs négociés pour le parking voisin, un atout en centre-ville !

Auberge du Bon Fermier

rest,

64 r. de Famars – ✆ 03 27 46 68 25 – www.bonfermier.com Plan : AY**n**
16 ch – 89 € 89/107 € – 10 €
Rest – Formule 19 € – Menu 29/66 € – Carte 35/65 €
Vieilles pierres et briques : un authentique relais de poste du 17e s. ! Les chambres ont du caractère (meubles chinés) et, quand l'heure du repas sonne, on file aux écuries... enfin, au restaurant, qui propose une copieuse cuisine régionale (cochon de lait à la broche et gibier en saison).

Le Chat Botté sans rest

25 r. Tholozé – ✆ 03 27 14 58 59 – www.hotel-lechatbotte.com – Fermé 24 déc.-1er janv. Plan : AX**p**
33 ch – 76/85 € 76/95 € – 11 €
Ce Chat Botté a plus d'un tour dans son sac ! Juste en face de la gare, cet hôtel propose des chambres bien tenues, fonctionnelles et agréables. Rançon de son bon emplacement : le quartier est un peu bruyant... malgré le double vitrage.

Le Grand Duc

104 av. de Condé – ✆ 03 27 46 40 30 – www.legrandduc.fr – Fermé août Plan : BV**a**
5 ch – 97/105 € 97/105 € – 11 €
Table d'hôte – Menu 38 € (semaine)/45 € *(fermé sam. midi et dim. soir)*
Cette maison bourgeoise a une âme d'artiste, comme son propriétaire. Non seulement elle mêle les styles avec goût (seventies, baroque...), mais elle accueille en son sein des soirées jazz et théâtre, sans oublier les cours de cuisine et la table d'hôte. Et le joli parc à l'anglaise se prête lui aussi à la fantaisie !

Le Musigny (Emmanuel Hernandez)

90 av. de Liège – ✆ 03 27 41 49 30 – www.lemusigny.fr – Fermé 3 semaines en août, vacances de Noël, sam. midi, dim. soir et lundi Plan : CV**t**
Formule 32 € – Menu 47/76 € – Carte 52/106 €
Si le jeune chef, passé par de grandes maisons, a choisi ce discret point de chute valenciennois, au décor sobre et épuré, sa cuisine délicate a rapidement conquis la ville. Produits choisis, tour de main précis et recettes nouvelles : la clé de son succès. → Duo de Lucullus en chaud-froid. Ris de veau aux morilles. Beffroi de Valenciennes.

Negishi

80 av. Georges-Clemenceau – ✆ 03 27 25 72 31 – Fermé sam. midi, dim. midi et lundi Plan : AX**r**
Formule 13 € – Carte 30/43 €
Ingénieur pour un groupe nippon implanté dans le Nord, Ichiro Negishi s'y est tellement plu qu'il a décidé de s'y installer en créant ce restaurant. Sushis et sashimis préparés devant le client, jolies spécialités (aubergine grillée sauce miso, crabe pané...), formule bento au déjeuner : tout est bon, comme au Japon !

à Artres 11 km par ④, D 958 et D 400 – ✉ 59269 – 1 034 hab.

La Gentilhommière

2 r. de l'Église – ☎ 03 27 28 18 80 – www.hotel-lagentilhommiere.com – Fermé dim. soir et fériés

10 ch – †75/85 € ††85/100 € – ☕ 11 €

Rest – Formule 29 € – Menu 38/45 € – Carte 40/78 € *(fermé 3-29 août)*

Passé le porche, on découvre cette jolie ferme seigneuriale de 1756. Les chambres, spacieuses et agréables, donnent sur le jardin intérieur... Évidemment, on vient d'abord pour la quiétude, mais on peut aussi profiter du restaurant, de bonne tenue (cuisine actuelle).

à Raismes 5 km au Nord-Ouest par D 169 – ✉ 59590 – 12 754 hab.

La Grignotière Ⓝ

6 r. Jean-Jaurès – ☎ 03 27 36 91 99 – www.la-grignotiere.com – Fermé 2 semaines en août, 2 semaines en janv., sam. midi, dim. soir et lundi

Menu 36 € (déj.), 70/105 € – Carte 58/103 €

Menée par un jeune chef formé à bonne école, une table gastronomique "nouvelle génération", à l'élégant décor contemporain, aux portes de Valenciennes. Au menu, une fine cuisine qui ne manque ni de fraîcheur ni de parfums, telle cette entrée : asperges vertes de Pertuis, parmesan et trompettes-de-la-mort au vinaigre.

VALESCURE – 83 Var → voir St-Raphaël

VALGORGE

✉ 07110 (Ardèche) – 472 hab. – **Voir carte n°44-A3**

Paris 614 km – Alès 76 km – Aubenas 37 km – Langogne 46 km

Carte Michelin 331-G6 – Guide Vert Michelin Ardèche Drôme

Le Tanargue

– ☎ 04 75 88 98 98 – www.hotel-le-tanargue.com – Ouvert 22 mars-16 nov. et fermé dim. soir et lundi d'oct. à début avril

22 ch – †43/54 € ††53/66 € – ☕ 10 € – ½ P

Rest – Formule 12 € – Menu 14 € (déj. en semaine), 19/34 € – Carte 30/36 €

Un hôtel familial au pied du massif du Tanargue. Les chambres sont cossues et scrupuleusement tenues, à des tarifs compétitifs ! Quelques balcons face au jardin ou à la vallée. Salle à manger d'inspiration rustique (vieux objets) ; vente de produits du terroir.

VALIGNAT – 03 Allier → voir Charroux

VALLAURIS – 06 Alpes-Maritimes → voir Golfe-Juan

VALLERAUGUE

✉ 30570 (Gard) – 1 059 hab. – **Voir carte n°23-C2**

Paris 684 km – Mende 100 km – Millau 75 km – Nîmes 86 km

Carte Michelin 339-G4

Hostellerie Les Bruyères 

quai A. Chamson – ☎ 04 67 82 20 06 – www.hotelvalleraugue.com – Ouvert 1er mai-30 sept.

20 ch – †54/68 € ††54/68 € – ☕ 8 € – ½ P

Rest – Menu 18/40 € – Carte 32/47 €

Ancien relais de poste situé dans un pittoresque village cévenol. Un bel escalier dessert les chambres, rustiques, simples et très propres. Restaurant au décor champêtre, avec une charmante terrasse en surplomb de la rivière. Plats traditionnels.

rte du Mont-Aigoual 4 km sur D 986 – ✉ 30570

Auberge Cévenole

La Pénarié – ☎ 04 67 82 25 17 – Fermé 30 nov.-10 déc., lundi soir et mardi sauf juil.-août

6 ch – †45 € ††45 € – ☕ 7 € – ½ P

Rest – Formule 13 € – Menu 19/35 € – Carte 22/54 €

L'Hérault musarde au pied de cette sympathique auberge de pays, située sur la route du mont Aigoual. Petites chambres fraîches et rustiques. Coquette salle à manger (poutres, cheminée, objets agricoles) et terrasse au-dessus de la rivière ; cuisine régionale.

VALLOIRE

✉ 73450 (Savoie) – 1 305 hab. – **Voir carte n°45-D2**
▶ Paris 664 km – Albertville 91 km – Briançon 52 km – Chambéry 104 km
Carte Michelin 333-L7 – Guide Vert Michelin Alpes du Nord

Christiania

av. de la Vallée d'Or – ✆ 04 79 59 00 57 – www.christiania-hotel.com – Ouvert 15 juin-15 sept. et 20 déc.-15 avril
23 ch – †70/95 € ††75/125 € – 3 suites – ☕ 12 € – ½ P
Rest – Formule 23 € – Menu 29/45 € – Carte 32/60 €
Belle situation au pied des pistes pour ce chalet, sans doute l'hôtel le plus confortable de la station. Une partie des chambres a été redécorée dans un esprit contemporain original. Autre atout : d'ici, on peut partir explorer aussi bien le parc national de la Vanoise que celui des Écrins !

Grand Hôtel de Valloire et du Galibier

r. des Grandes-Alpes – ✆ 04 79 59 00 95 – www.grand-hotel-valloire.com – Ouvert 15 juin-15 sept. et 21 déc.-13 avril
41 ch – †76/108 € ††76/108 € – ☕ 15 € – ½ P
Rest *L'Escarnavé* – Menu 26/48 € – Carte 43/64 €
Oubliez la façade un peu défraîchie ; face aux pistes, cet hôtel abrite des chambres lumineuses, plutôt spacieuses et bien tenues, une piscine, un espace fitness et restaurant traditionnel. Une bonne adresse.

aux Verneys 2 km au Sud – ✉ 73450

Relais du Galibier

Les Verneys – ✆ 04 79 59 00 45 – www.relais-galibier.com – Ouvert 10 juin-9 sept. et 22 déc.-2 avril
26 ch – †60/65 € ††70/78 € – ☕ 11 € – ½ P
Rest – Menu 17/36 € – Carte 28/38 €
Un hôtel-restaurant tout indiqué pour une étape sur la célèbre route du col du Galibier, tant redoutée des cyclistes. Certaines chambres offrent une vue sur le sommet... et cela sans fatigue ! Des prestations toutes simples, en accord avec les prix, très bon marché.

VALLON-EN-SULLY

✉ 03190 (Allier) – 1 674 hab. – **Voir carte n°5-B1**
▶ Paris 318 km – Bourges 86 km – Clermont-Ferrand 119 km – Moulins 89 km
Carte Michelin 326-C3 – Guide Vert Michelin Auvergne

Auberge des Ris

Les Ris, 2 km par D 2144, rte de Bourges – ✆ 04 70 06 51 12 – www.aubergedesris.com – Fermé 2 semaines en janv. et oct., 1 semaine en juin, lundi soir, mardi et merc. midi
Formule 19 € – Menu 26/49 € – Carte 35/53 €
Bacchus n'aurait pas renié cette salle aux allures de chai, où tonneaux et pressoir font partie du décor. Derrière les fourneaux, un jeune chef dynamique concocte une cuisine savoureuse, mêlant tradition et recettes dans l'air du temps. Du goût, du parfum, de savoureux nectars : le dieu du vin est heureux, nous aussi.

VALLON-PONT-D'ARC

✉ 07150 (Ardèche) – 2 328 hab. – **Voir carte n°44-A3**
▶ Paris 658 km – Alès 47 km – Aubenas 32 km – Avignon 81 km
Carte Michelin 331-I7 – Guide Vert Michelin Ardèche Drôme

Le Clos des Bruyères

rte des Gorges – ✆ 04 75 37 18 85 – www.closdesbruyeres.fr – Ouvert avril-sept.
32 ch ☕ – †77/105 € ††89/122 € – ½ P
Rest *(fermé merc. midi et mardi midi hors saison) (résidents seult)*
Hôtel récent situé à 100 m de l'Ardèche (location de canoës). Les chambres, avec balcon ou terrasse en rez-de-jardin, sont spacieuses et décorées sobrement. Sous la charpente apparente du restaurant, on savoure une cuisine traditionnelle assez simple.

Le Manoir du Raveyron ch,

r. Henri-Barbusse – ✆ 04 75 88 03 59 – www.manoir-du-raveyron.com – Ouvert de fin mars à fin oct.

8 ch – 60/80 € 80/100 € – ½ P

Rest – Menu 28/38 € – Carte 40/54 € *(fermé le midi) (résidents seult)*

Cette demeure du 16ᵉs., située dans une rue calme du centre-ville, est vraiment sympathique ! Chambres coquettes et agréable cour ombragée. Cuisine de tradition et du terroir pour les clients de l'hôtel.

Belvédère ch, ch,

rte des gorges – ✆ 04 75 88 00 02 – www.hotel-ardeche-beveldere.com – Ouvert fin mars-début oct.

27 ch – 60/99 € 60/99 € – 8,50 €

Rest – Menu 20 € (dîner), 28/38 € – Carte 25/50 €

À quelques kilomètres du célèbre pont d'Arc, creusé par l'Ardèche, cette imposante bâtisse est le point de départ idéal pour une excursion dans les gorges ! Ambiance feutrée dans les chambres (couleurs chaudes, terre cuite, meubles en bois peint) et piscine chauffée.

VALLOUX – 89 Yonne ➜ voir Avallon

VALMONT

76540 (Seine-Maritime) – 1 019 hab. – **Voir carte n°33-C1**

Paris 193 km – Bolbec 22 km – Dieppe 58 km – Fécamp 11 km

Carte Michelin 304-D3 – Guide Vert Michelin Normandie Vallée de la Seine

Le Bec au Cauchois (Pierre Caillet) avec ch rest,

22 r. A.-Fiquet, 1,5 km à l'Ouest par rte de Fécamp – ✆ 02 35 29 77 56 – www.lebecaucauchois.com – Fermé 24 déc.-24 janv., dim. soir sauf juil.-août, mardi et merc.

5 ch – 85/115 € 85/115 € – 12 €

Formule 25 € – Menu 35/75 € – Carte 57/73 € *(réservation conseillée)*

Meilleur Ouvrier de France 2011, le jeune chef s'avère évidemment un excellent technicien, qui dévoile aussi une belle sensibilité. Jeux sur les textures et les saveurs, produits d'ici et d'ailleurs, etc. : dans cette auberge du 19ᵉ s. bordée par un étang, le terroir normand arbore de nouvelles couleurs ! ➜ Pressé de foie gras, homard et mélilot. Côte de veau au sucre d'érable, poivre voatsiperifery, pommes de terre du jardin et girolles. La framboise et le poivron.

VALOGNES

50700 (Manche) – 7 190 hab. – **Voir carte n°32-A1**

Paris 336 km – Caen 103 km – Cherbourg 19 km – St-Lô 64 km

Carte Michelin 303-D2 – Guide Vert Michelin Normandie Cotentin

L'Agriculture

18 r. Léopold-Delisle – ✆ 02 33 95 02 02 – www.hotel-agriculture.com – Fermé 22 déc.-6 janv.

30 ch – 62/68 € 62/68 € – 8,50 € – ½ P

Rest – Menu 14 € (déj. en semaine), 19/32 € – Carte 27/53 € *(fermé dim. soir sauf en saison)*

Une longue façade à l'air bonhomme, couverte de vigne vierge : un hôtel traditionnel au centre de Valognes, avec des chambres simples et bien tenues. Au restaurant, c'est tradition, avec en spécialité grillades et tête de veau. Pratique pour une étape au cœur de la presqu'île du Cotentin.

Manoir de Savigny sans rest

lieu-dit Savigny, 3 km au Sud-Est par D 976 et rte secondaire – ✆ 02 33 08 37 75 – www.manoir-de-savigny.com

5 ch – 90/115 € 95/120 €

Dans la campagne valognaise, une allée de peupliers mène à cette ferme-manoir du 16ᵉ s. nichée dans un vaste parc. On emprunte un bel escalier de pierre pour gagner les chambres, toutes charmantes ("Rustique", "Baroque", etc.). Quiétude...

VALRAS-PLAGE

✉ 34350 (Hérault) – 4 592 hab. – **Voir carte n°23-C2**
▶ Paris 767 km – Agde 25 km – Béziers 16 km – Montpellier 76 km
Carte Michelin 339-E9

Mira-Mar

bd Front de Mer – ✆ 04 67 32 00 31 – www.hotel-miramar.org – Ouvert mars-oct.
27 ch – †63/109 € ††63/109 € – 2 suites – ☕ 10 € – ½ P
Rest – Formule 17 € – Menu 19 € (semaine)/30 € – Carte 30/67 € *(fermé dim. soir sauf juil.-août et merc.)*
Les hispanophones auront compris que cet hôtel regarde la mer... Les chambres sont agréables, d'esprit méridional ou plus contemporain, avec balcon côté plage. Trois appartements pour les familles. À table, recettes dans l'air du temps faisant la part belle aux poissons, avec vue sur la Grande Bleue.

Albizzia sans rest

bd Chemin Creux – ✆ 04 67 37 48 48 – www.hotelalbizzia34.com
27 ch – †89 € ††89 € – ☕ 9 €
À 200 m de la plage, un hôtel familial, d'architecture récente : la façade est scandée d'arceaux et de loggias. Des plantes méditerranéennes s'épanouissent autour de la piscine.

Le Delphinium

av. des Élysées, (face au casino) – ✆ 04 67 32 73 10 – Fermé jeudi d'oct. à juin
Menu 28/32 € – Carte environ 38 €
Brandade de cabillaud, noix de Saint-Jacques poêlées aux poireaux, crème catalane : à deux pas du casino, ce restaurant discret cultive des plaisirs simples, sous l'égide d'une chef d'expérience.

VALS-LES-BAINS

✉ 07600 (Ardèche) – 3 649 hab. – **Voir carte n°44-A3**
▶ Paris 629 km – Aubenas 6 km – Langogne 58 km – Privas 33 km
Carte Michelin 331-I6 – Guide Vert Michelin Ardèche Drôme

Grand Hôtel de Lyon

11 av. P. Ribeyre – ✆ 04 75 37 43 70 – www.grandhoteldelyon.fr – Ouvert 4 avril-4 oct.
34 ch – ††79/103 € – ☕ 11 € – ½ P
Rest – Formule 24 € – Menu 28/52 € – Carte 32/67 €
Situation très centrale, à 100 m du parc de la source intermittente, pour cet hôtel familial abritant des chambres spacieuses et bien tenues. Piscine et solarium. De grandes baies vitrées éclairent l'agréable salle à manger ornée d'une fresque originale.

Helvie

5 av. Claude-Expilly – ✆ 04 75 94 65 85 – www.hotel-helvie.com – Fermé nov., 2 semaines en fév. et 1 semaine en mars
27 ch – †80/165 € ††80/165 € – ☕ 12 € – ½ P
Rest *Le Vivarais* – voir les restaurants ci-après
À proximité du parc et du casino, cet hôtel Belle Époque a retrouvé tout son éclat d'antan, chic et feutré. Chambres confortables, salon cossu et belle piscine.

Château Clément

La Châtaigneraie – ✆ 04 75 87 40 13 – www.chateauclement.com – Ouvert 15 mars-15 nov.
5 ch ☕ – †150/310 € ††176/310 € **Table d'hôte** – Menu 70 € 🍷/80 € 🍷
Sur les hauteurs de la ville, cette belle maison de maître est avant tout une demeure de famille... celle de Marie-Antoinette, Éric et leurs enfants. Leurs chambres d'hôtes comptent parmi les plus charmantes qui soient : superbes décors 19e s., jardin de rocailles, terrasse panoramique, table bio... Un lieu rare !

Villa Aimée
8 montée des Aulagniers – ✆ 06 81 44 96 66 – www.villaaimee.com
4 ch – 79/145 € 89/155 € – ½ P **Table d'hôte** – Menu 35 €
Cette grande villa bourgeoise sur les hauteurs de la station (vue superbe) est une mer de tranquillité... Ses propriétaires : un commandant de marine (parfois à quai) et son épouse australienne. Cuisine internationale – principalement d'Asie – à la table d'hôte.

Le Vivarais – Hôtel Helvie
5 av. Claude-Expilly – ✆ 04 75 94 65 85 – www.hotel-helvie.com – Fermé nov., 2 semaines en fév., 1 semaine en mars, dim. soir sauf juil.-août et lundi
Formule 21 € – Menu 35/89 € – Carte 74/108 €
Le restaurant de l'hôtel Helvie, tout près du casino, réserve de beaux moments de gastronomie : homard bleu et salpicon de granny smith, côte de veau en croûte de thym, tartelette au citron sorbet orange... Cadre élégant, terrasse sous les platanes.

VAL-THORENS

73440 (Savoie) – Voir carte n°**46**-F2
Paris 640 km – Albertville 60 km – Chambéry 109 km – Moûtiers 36 km
Carte Michelin 333-M6 – Guide Vert Michelin Alpes du Nord

Altapura
rte du Soleil, (à l'entrée de la station) – ✆ 04 80 36 80 36 – www.altapura.fr – Ouvert 28 nov.-27 avril
72 ch – 240/610 € 240/610 € – 16 suites – 26 € – ½ P
Rest *Les Enfants Terribles* – Carte 50/104 € *(fermé le midi)*
Rest *2 Mille 3* – Formule 26 € – Carte 41/93 €
Rest *La Laiterie* – Carte 45/61 € *(fermé le midi)*
Né en 2011, l'établissement rivalise de luxe et d'élégance. Dans les chambres, le charme montagnard côtoie l'épure contemporaine. Le must : un spa de 1 000 m², où une salle igloo permet de goûter aux bienfaits des soins nordiques. Pour une délicieuse parenthèse au pays des neiges...

Fitz Roy
– ✆ 04 79 00 04 78 – www.hotelfitzroy.com – Ouvert du 13 nov. au 19 avril
53 ch – 210/815 € 210/815 € – 5 suites – 22 € – ½ P
Rest *La Table du Roy* – voir les restaurants ci-après
Il vous faudra monter à plus de 2 000 m d'altitude pour atteindre ce grand chalet. Les chambres, de style savoyard, sont très confortables, et certaines regardent les pistes. Un endroit skis aux pieds !

Le Val Thorens ch,
Pl.de l'Eglise – ✆ 04 79 00 04 33 – www.levalthorens.com – Ouvert 29 nov.-26 avril
82 ch – 192/552 € 244/604 € – 1 suite – ½ P
Rest *La Fondue* – Carte 28/60 € *(ouvert 29 nov.-26 avril et fermé le midi)*
Au cœur de la station, ce bâtiment des années 1970 abrite des chambres spacieuses, toutes avec balcon, où l'esprit de la montagne se décline à travers de belles lignes contemporaines. L'espace bien-être ajoute à l'esprit chic et sport des lieux.

Mercure 

pl. de la Lombarde – ✆ 04 79 00 04 04 – www.mercurevalthorens.com – Ouvert déc.-avril
104 ch – 200/380 € – ½ P **Rest** – Formule 16 € – Menu 21 € (déj.)
Au pied des pistes, un hôtel confortable dont les chambres offrent de belles échappées sur les glaciers. Bar avec cheminée, espace bien-être, location d'équipements de ski et espace jeux pour les enfants en font un établissement attrayant.

Le Sherpa rest,
r. de Gébroulaz – ✆ 04 79 00 00 70 – www.lesherpa.com – Ouvert du 20 nov. au 8 mai
52 ch – 80/300 € 110/320 € – 4 suites – ½ P
Rest – Formule 20 € – Menu 35 € (dîner) – Carte 32/49 €
Ici, les pistes de ski sont à portée de bâton ! Dans les chambres la décoration est au diapason : lambris et meubles en pin. Au restaurant, on apprécie l'ambiance savoyarde et les recettes de tradition, sauf le jeudi soir : fondue chinoise.

Trois Vallées
Grande Rue – ✆ 04 79 00 01 86 – www.hotel3vallees.com – Ouvert 24 nov.-12 mai
28 ch – 90/260 € 162/400 € – ½ P
Rest – Menu 31/34 € – Carte 35/67 € *(ouvert 1er déc.-12 mai et fermé le midi)*
Un petit hôtel moderne bien tenu et fort commode pour profiter du domaine des Trois-Vallées. Au bar, on sirote un verre en admirant les sommets, tandis qu'au restaurant on fait un repas traditionnel dans un décor dédié aux Jeux olympiques.

Jean Sulpice
(entrée station) – ✆ 04 79 40 00 71 – www.jeansulpice.com – Ouvert juil.-août, déc. à avril et fermé mardi midi et lundi en juil.-août
Menu 72/150 € – Carte 120/144 €
À 2 300 m d'altitude, cette cuisine atteint des sommets : produits savoyards d'exception, jeux de textures (mousse, croustillant, velouté), cuissons et assaisonnements parfaits, harmonie des saveurs... Sous la baguette de Jean Sulpice et de son épouse, excellente sommelière, la magie opère ! → Jaune d'œuf cuit à 55 °C, chlorophylle d'herbes, écrevisses du Léman, petit épeautre et sarrasin. Ris de veau, réduction de pamplemousse à l'eucalyptus et jardinière de légumes. Pomme meringuée, miel de montagne et parfum d'Antésite.

La Table du Roy – Hôtel Fitz Roy
– ✆ 04 79 00 04 78 – www.hotelfitzroy.com – Ouvert du 13 nov. au 19 avril
Menu 65 €
Au sein de l'hôtel de luxe Fitz Roy, ce restaurant est au diapason... Dans un esprit gastronomique, la chef réalise une cuisine soignée où la fraîcheur des produits ne fait aucun doute. Formule brasserie "chic" le midi, à apprécier sur la terrasse face aux pistes.

Chalet de la Marine
sur la piste des Dalles, accès à ski par le télésiège des Cascades – ✆ 04 79 00 11 90 – www.chaletmarine.com – Ouvert 10 déc.-8 mai
Formule 36 € – Menu 42 € (dîner en semaine), 48/56 € – Carte 56/83 € déjeuner
Impossible de rester insensible au charme de ce chalet situé à 2 400 m d'altitude : jolie salle tout en bois, objets agrestes, flambée dans la cheminée… Dans ce restaurant, tout est fait maison et on se régale de bons plats traditionnels. Il est des endroits qui ont une âme, celui-ci en est un.

L'Épicurien
r. du Soleil, (Résidence le Montana) – ✆ 04 79 00 21 30 – www.restaurantmontana.fr – Ouvert 15 déc.-18 avril , fermé sam. et le midi
Menu 49/90 € – Carte 75/113 €
Une bonne table de la station, menée par une équipe soucieuse de proposer le meilleur à ses clients : herbes alpestres et produits des artisans locaux se révèlent dans des recettes volontiers originales et finement exécutées. Le décor, sobre et chic, se prête à un dîner soigné.

LE VALTIN

✉ 88230 (Vosges) – 90 hab. – Voir carte n°**27**-D3
Paris 440 km – Colmar 46 km – Épinal 55 km – Guebwiller 55 km
Carte Michelin 314-K4

Auberge du Val Joli avec ch
12 bis le Village – ✆ 03 29 60 91 37 – www.levaljoli.com – Fermé dim. soir, lundi soir et mardi midi sauf vacances scolaires et lundi midi sauf fériés
7 ch – 82 € 82 € – 3 suites – 12 € – ½ P
Formule 20 € – Menu 23 € (semaine), 30/97 € – Carte 35/58 €
Petite hostellerie vosgienne tenue par la même famille depuis 1968. Atmosphère rustique dans la salle principale, ou nature devant la large verrière donnant sur la terrasse. Généreuse cuisine mettant joliment le terroir à l'honneur. Chambres pour l'étape.

LA VANCELLE – 67 Bas-Rhin → voir Lièpvre

VANDOEUVRE-LÈS-NANCY – 54 Meurthe-et-Moselle → voir Nancy

VANNES

✉ 56000 (Morbihan) – 52 515 hab. – Agglo. 75 980 hab. – **Voir carte n°9-A3**
▶ Paris 459 km – Quimper 122 km – Rennes 110 km – St-Brieuc 107 km
Carte Michelin 308-O9 – Guide Vert Michelin Bretagne Sud

Villa Kerasy sans rest

20 av. Favrel et Lincy – ✆ 02 97 68 36 83 – www.villakerasy.com – Fermé janv. et 15 nov.-15 déc. Plan : BY**r**

15 ch – 🛉99/249 € 🛉🛉117/249 € – ☕ 15 €

Pondichéry, Cadix... les chambres évoquent les différentes escales de la légendaire Compagnie des Indes. Jardin japonais, espace bien-être, etc. Voilà un agréable établissement où l'élégance le dispute à la sérénité !

Best Western Vannes Centre

6 pl. de la Libération – ✆ 02 97 63 20 20 – www.bestwestern-vannescentre.com – Fermé dim. du 1er oct. au 30 mars Plan : AY**t**

58 ch – 🛉99/129 € 🛉🛉99/147 € – ☕ 15 € – ½ P

Rest – Formule 16 € – Menu 21 € – Carte 28/41 €

Hôtel récent à deux pas du centre historique, idéal pour une clientèle d'affaires. Chambres sobres et contemporaines ; salle de réunion et espace fitness. Au restaurant, on apprécie la cuisine traditionnelle.

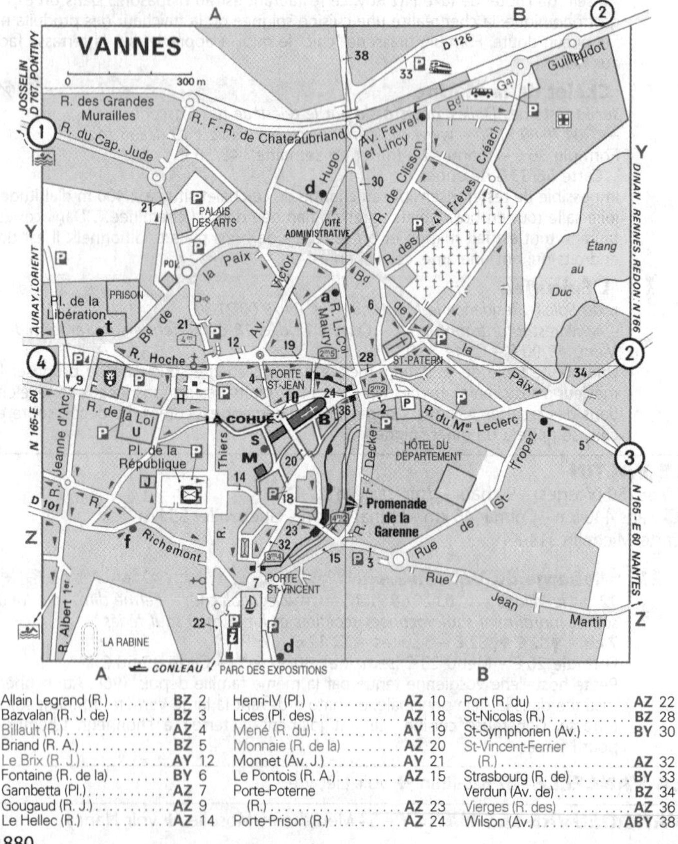

Allain Legrand (R.) . . . . BZ 2
Bazvalan (R. J. de) . . . . BZ 3
Billault (R.) . . . . AZ 4
Briand (R. A.) . . . . BZ 5
Le Brix (R. J.) . . . . AY 12
Fontaine (R. de la) . . . . BY 6
Gambetta (Pl.) . . . . AZ 7
Gougaud (R. J.) . . . . AZ 9
Le Hellec (R.) . . . . AZ 14
Henri-IV (Pl.) . . . . AZ 10
Lices (Pl. des) . . . . AZ 18
Mené (R. du) . . . . AY 19
Monnaie (R. de la) . . . . AZ 20
Monnet (Av. J.) . . . . AY 21
Le Pontois (R. A.) . . . . AZ 15
Porte-Poterne (R.) . . . . AZ 23
Porte-Prison (R.) . . . . AZ 24
Port (R. du) . . . . AZ 22
St-Nicolas (R.) . . . . BZ 28
St-Symphorien (Av.) . . . . BY 30
St-Vincent-Ferrier (R.) . . . . AZ 32
Strasbourg (R. de) . . . . BY 33
Verdun (Av. de) . . . . BZ 34
Vierges (R. des) . . . . AZ 36
Wilson (Av.) . . . . ABY 38

Marébaudière sans rest

4 r. Aristide Briand – ✆ 02 97 47 34 29 – www.marebaudiere.com Plan : BZ**r**

41 ch – †88/125 € ††88/125 € – ☕ 14 €

En bordure du centre-ville, une bâtisse bretonne des années 1970. Les chambres, fonctionnelles, spacieuses et confortables, déclinent le thème des quatre saisons... Cet établissement s'adapte aussi bien à la clientèle d'affaires que touristique.

Manche-Océan sans rest

31 r. du Lt-Col. Maury – ✆ 02 97 47 26 46 – www.manche-ocean.com – Fermé 17 déc.-4 janv. Plan : AY**a**

42 ch – †58/79 € ††58/99 € – ☕ 10 €

Atmosphère familiale dans cet hôtel idéalement situé aux portes de la vieille ville. Chambres fonctionnelles, colorées et bien tenues.

Hôtel de France sans rest

57 av. Victor Hugo – ✆ 02 97 47 27 57 – www.hotelfrance-vannes.com – Fermé 21 déc.-5 janv. Plan : AY**d**

29 ch – †55/68 € ††60/85 € – 1 suite – ☕ 9 €

Avec sa jolie façade en bois et zinc, cet hôtel – jouxtant la Banque de France – ne passe pas inaperçu ! Les chambres y sont sobres et bien tenues. Prix raisonnables.

Roscanvec (Thierry Seychelles)

17 r. des Halles – ✆ 02 97 47 15 96 – www.roscanvec.com – Fermé mardi midi sauf juil.-août, dim. soir et lundi Plan : AZ**s**

Formule 25 € – Menu 30 € (déj. en semaine), 47/67 € – Carte 52/69 € *(réservation conseillée)*

Une maison à colombages près de la cathédrale... Classique ? On découvre pourtant un vrai décor contemporain (avec vue sur les fourneaux au rez-de-chaussée) et surtout une fine cuisine qui cultive franchement le goût de l'époque, avec un beau respect des saveurs – le recours aux épices, par exemple, est tout en équilibre... → Saint-Jacques grillées à la minute, émulsion citronnelle-gingembre et chou-fleur à la vanille. Saint-pierre rôti au four, mousseline de châtaigne et foie gras. Kouign amann aux pommes, glace caramel au beurre salé.

Le Vent d'Est

23 r. Ferdinand-Le-Dressay – ✆ 02 97 01 34 53 – Fermé 14-26 avril, 28 juin-15 juil.-10 août, dim. sauf le midi d'oct. à mars, jeudi soir et lundi Plan : AZ**d**

Formule 15 € – Menu 25 € – Carte 26/46 €

Un Vent d'Est souffle sur la côte Ouest : face au port, cette véritable winstub transporte en Alsace ! Flammekueche, choucroute, kougelhopf, etc. Les spécialités de la région trônent à la carte, avec quelques incursions dans le terroir breton. Ou comment deux régions se rencontrent... à petits prix et avec gourmandise.

L'Éden

3 r. Pasteur – ✆ 02 97 46 42 62 – www.restaurant-eden-vannes.fr – Fermé dim. et lundi Plan : AZ**f**

Formule 14 € – Menu 20/39 €

Voilà un jardin où les gourmands aiment se promener... à côté de l'ancien cinéma Éden. Les habitués viennent y savourer une cuisine dans l'air du temps, qui ose les associations originales.

au Nord 3 km par D 126- BY-✉ 56000 Vannes

La Gourmandière - La Table d'Olivier (Olivier Samson)

r. de Poignant, sortie St-Avé – ✆ 02 97 47 16 13 – www.la-gourmandiere.fr – Fermé 28 avril-8 mai et 15 août-3 sept.

Menu 55/75 € *(fermé le midi en semaine, dim. soir, mardi et merc.)*

Une vraie Gourmandière ! Reprise par un chef chevronné, cette ancienne ferme – entièrement rénovée en 2013 – à la sortie de la ville s'impose comme un refuge de belle gastronomie : fraîcheur océanique, notes fruitées, délices sucrés... à travers un menu qui change deux fois par mois. Le midi, bonne cuisine traditionnelle au Bistr'Aurélia. → Maquereaux au sel fumé et betterave. Homard bleu, cocos de Paimpol et nectarine. Gourmandière, version chocolatée.

La Gourmandière - Le Bistr'Aurélia Menu 25/37 € – Carte 40/56 € *(fermé le soir, merc., sam., dim. et fériés)*

à St-Avé 6 km au Nord par ① et D 767 (près du centre hospitalier spécialisé) – ✉ 56890 – 10 450 hab.

XXX **Le Pressoir** (Vincent David)

7 r. de l'Hôpital, à 1,5 km par rte de Plescop – ☎ 02 97 60 87 63 – www.le-pressoir.fr – Fermé dim. soir et lundi

Menu 29 € (déj. en semaine), 46/95 € – Carte 72/106 €

Une véritable institution que cette table vannetaise ! Le chef, Vincent David, signe une vraie cuisine d'auteur, inspirée et soignée, où des produits de belle qualité sont conjugués avec équilibre... Un établissement tout indiqué pour les gourmets à la recherche de belles saveurs. ➜ Langoustines croquantes au basilic, nage curry-safran et oignon rouge confit. Croustillant de thon mi-cuit et foie gras, réduction miel-soja et légumes brûlés à l'huile de sésame. Soufflé chaud au jus de passion.

à Meucon 9 km au Nord par ① et D 767 – ✉ 56890 – 2 119 hab.

XX **Le Tournesol**

20 rte de Vannes – ☎ 02 97 44 50 50 – www.restaurant-le-tournesol.com – Fermé 7-14 juil., 10-16 mars,mardi soir, jeudi soir en hiver et dim. soir, merc. soir, lundi

Formule 16 € – Menu 19 € (déj. en semaine), 26/49 € – Carte 30/51 €

Un soupçon de charme rustique (pierres apparentes), deux cuillerées contemporaines et quelques notes de verdure avec un joli jardin... Ici, le décor est plaisant et la cuisine dans l'air du temps.

à Conleau 4,5 km au Sud-Est - AZ – ✉ 56000

Le Roof

10 allée des Frères Cadoret – ☎ 02 97 63 47 47 – www.le-roof.com

40 ch – †79/149 € ††89/179 € – ☕ 13 € – ½ P

Rest ***Le Roof*** – Formule 27 € 🍷 – Menu 32/65 € – Carte 42/67 €

Rest ***Café de Conleau*** – Formule 17 € – Menu 22 € – Carte 26/45 €

La presqu'île de Conleau domine une anse peuplée de voiliers... et c'est là que se niche le Roof. Chambres fonctionnelles, certaines avec vue sur le golfe du Morbihan.

rte d'Arradon 5 km par ④ et D 101 - ✉ 56610 Arradon

XX **L'Arlequin**

parc d'activités de Botquelen, (3 allée D. Papin) – ☎ 02 97 40 41 41 – Fermé sam. midi, dim. soir et lundi

Formule 18 € – Menu 21/42 € – Carte 34/54 €

Cet Arlequin-là nous en fait voir de toutes les saveurs ! Sur des bases traditionnelles, le chef concocte une cuisine ancrée dans son époque et variant avec les saisons. Salle agréable, ouverte sur la terrasse et le jardin fleuri.

à Arradon 7 km par ④, D 101, D 101^{A} et D 127 – ✉ 56610 – 5 378 hab.

Le Parc er Gréo sans rest

9 r. Mané Guen, au Gréo, 2 km à l'Ouest (dir. le Moustoir) – ☎ 02 97 44 73 03 – www.parcergreo.com – Fermé 4 janv.-6 fév.

13 ch – †75/115 € ††99/169 € – 1 suite – ☕ 14 €

On se sent bien dans cette jolie maison entourée de verdure. Maquettes de bateaux et mobilier chiné dans le salon, chambres raffinées et coquettes, piscine couverte. Charmant !

Les Vénètes

à la pointe, 2 km – ☎ 02 97 44 85 85 – www.lesvenetes.com

10 ch – †130/240 € ††130/240 € – ☕ 13 € – ½ P

Rest ***Les Vénètes*** – voir les restaurants ci-après

Ce petit hôtel des années 1960 est vraiment bien placé, pour ainsi dire les pieds dans l'eau ! Dans les chambres, joliment aménagées, on jouit d'une vue exceptionnelle sur le golfe (balcons au 1er étage).

XX **Les Vénètes**

à la pointe, 2 km – ✆ 02 97 44 85 85 – www.lesvenetes.com – Fermé dim. soir
Menu 45/75 € – Carte 76/126 €
Pour manger les pieds dans l'eau ! On s'installe dans la salle, superbement située au bord de la *mor bihan* ("petite mer" en breton). Une vue qui met en valeur de beaux produits iodés (huîtres et palourdes du golfe, poissons du jour, etc.).

LES VANS

✉ 07140 (Ardèche) – 2 816 hab. – **Voir carte n°44-A3**
Paris 663 km – Alès 44 km – Aubenas 37 km – Pont-St-Esprit 66 km
Carte Michelin 331-G7 – Guide Vert Michelin Ardèche Drôme

Le Carmel

montée du Carmel – ✆ 04 75 94 99 60 – www.le-carmel.com – Ouvert début mars à mi-oct.
26 ch – 40/55 € 59/89 € – 11 € – ½ P
Rest – Formule 16 € – Menu 30/45 € – Carte 36/53 € *(ouvert 1er avril-30 sept.)*
Dominant le bourg médiéval, cet ancien couvent carmélite (1847) abrite des chambres de style provençal (murs ocres, mobilier en fer forgé). Joli jardin avec piscine. Restaurant aux couleurs ensoleillées et terrasse ombragée pour apprécier des plats du marché.

X **Likoké** Ⓝ

7 rte de Païolive – ✆ 04 75 88 09 74 – www.likoke.com – Ouvert début mars-fin nov. et fermé sam. en juil.-août, mardi en oct., nov., lundi sauf juil.-août et dim.
Menu 70/160 € – Carte 110/130 € *(réservation conseillée)*
Après une belle carrière en Belgique (en partie à la télévision), Piet Huysentruyt poursuit sa route en Ardèche... et c'est tant mieux ! Des saveurs bien marquées, une vraie harmonie dans les textures, des plats qui célèbrent le terroir, la fête, le savoir-vivre, bref : voilà une table bien dans sa peau, pleine de plaisir.
➜ Cuisine du marché.

VANVES – 92 Hauts-de-Seine ➜ voir Paris, Environs

VARADES

✉ 44370 (Loire-Atlantique) – 3 514 hab. – **Voir carte n°34-B2**
Paris 333 km – Angers 40 km – Cholet 42 km – Laval 95 km
Carte Michelin 316-J3

XX **La Closerie des Roses**

455 La Haute Meilleraie, 1,5 km au Sud par rte de Cholet – ✆ 02 40 98 33 30 – www.lacloseriedesroses.com – Fermé vacances de la Toussaint et de fév., dim. soir, lundi soir, mardi soir et merc.
Menu 19 € (déj. en semaine), 30/62 € – Carte 42/58 €
Ce restaurant est ancré depuis 1938 en bord de Loire : un site ravissant, presque en symbiose avec le fleuve... Et de la salle panoramique, on admire l'abbatiale de St-Florent-le-Vieil, illuminée le soir. Le chef achète son poisson aux pêcheurs du coin et concocte une délicieuse cuisine régionale. Le plaisir est complet.

VARENGEVILLE-SUR-MER

✉ 76119 (Seine-Maritime) – 1 028 hab. – **Voir carte n°33-D1**
Paris 199 km – Dieppe 10 km – Fécamp 57 km – Fontaine-le-Dun 18 km
Carte Michelin 304-F2 – Guide Vert Michelin Normandie Vallée de la Seine

à Vasterival 3 km au Nord-Ouest par D 75 et rte secondaire – ✉ 76119

La Terrasse

rte de Vasterival – ✆ 02 35 85 12 54 – www.hotel-restaurant-la-terrasse.com – Ouvert mi-mars à mi-oct.
22 ch – 60/75 € 60/75 € – 9 € – ½ P
Rest – Formule 17 € – Menu 25/38 € – Carte 32/48 €
Au bout d'une route bordée de pins, cette maison du début du siècle (1902) est tenue par la même famille depuis quatre générations ! Ici, la moitié des chambres offrent une vue plongeante sur la mer, tout comme la salle du restaurant. Et pour se détendre, on s'installe dans le grand et beau jardin.

VARENNES – 58 Nièvre ➜ voir Nevers

LA VARENNE-ST-HILAIRE – 94 Val-de-Marne ➜ voir Paris, Environs (St-Maur-des-Fossés)

VARETZ – 19 Corrèze ➜ voir Brive-la-Gaillarde

VARS

✉ 05560 (Hautes-Alpes) – 677 hab. – **Voir carte n°41-C1**
Paris 726 km – Barcelonnette 41 km – Briançon 46 km – Digne-les-Bains 126 km
Carte Michelin 334-I5 – Guide Vert Michelin Alpes du Sud

aux Claux – ✉ 05560

L'Écureuil sans rest
allée Pierre Lelong – ✆ 04 92 46 50 72 – www.hotelecureuil.com – Ouvert 1er juil.-31 août et 14 déc.-25 avril
21 ch – 60/131 € 70/136 € – 9 €
À 150 m des pistes, un beau chalet de bois blond, noyé sous les fleurs l'été... et la neige l'hiver. On est tout de suite conquis par l'ambiance chaleureuse des lieux, du salon avec cheminée jusqu'aux chambres très cosy. Une adresse qui sort du lot.

Les Escondus
Les Claux – ✆ 04 92 46 67 00 – www.hotel-les-escondus.com – Ouvert 1er juil.-31 août et 15 déc.-30 avril
21 ch – 69/145 € 85/160 € **Rest** – Menu 19 € – Carte 30/50 €
Tout pour se ressourcer : un accès direct aux pistes, un espace détente, un piano-bar et des chambres simples et bien tenues. Les amateurs d'insolite choisiront celle occupant une cabane dans les arbres ! Restaurant traditionnel.

à Ste-Marie-de-Vars – ✉ 05560

Alpage
– ✆ 04 92 46 50 52 – www.hotel-alpage.com – Ouvert 15 juin-31 août et 15 déc.-20 avril
17 ch – 59/78 € 80/162 € – ½ P **Rest** – Menu 24/30 € – Carte 28/39 €
L'esprit des alpages habite cette ferme villageoise joliment rénovée, tout en pierre et bois. Des lieux spacieux et agréables à vivre : salons avec cheminée, billard, espace bien-être, restaurant traditionnel sous les voûtes de l'ancienne étable, etc.

Le Vallon rest,
– ✆ 04 92 46 54 72 – www.hotelvallon.com – Ouvert juil.-août et 20 déc.-20 avril
31 ch – 49/81 € 73/120 € – 8 € – ½ P
Rest – Formule 14 € – Menu 21/27 € – Carte 21/36 € *(fermé le midi en été)*
Un séjour tout schuss ! Emplacement idéal à deux pas des pistes, accueil convivial, ambiance et décor montagnards, chambres ouvertes sur la nature, sauna, billard et ping-pong, restaurant traditionnel... Les vacances à la montagne, en toute simplicité.

VASTERIVAL – 76 Seine-Maritime ➜ voir Varengeville-sur-Mer

VAUCHOUX – 70 Haute-Saône ➜ voir Port-sur-Saône

VAUCHRÉTIEN

✉ 49320 (Maine-et-Loire) – 1 478 hab. – **Voir carte n°35-C2**
Paris 313 km – Angers 22 km – Cholet 66 km – Nantes 119 km
Carte Michelin 317-G5

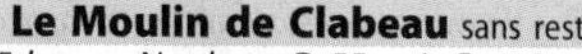

Le Moulin de Clabeau sans rest
5 km au Nord par D 55 puis D 123 – ✆ 02 41 91 22 09 – www.gite-brissac.com
3 ch – 73 € 80 €
Pour les amoureux de la nature, des vignobles et des vieilles pierres, un moulin à eau de 1320 et sa belle maison de meunier du 19e s. Confitures et gâteaux maison au petit-déjeuner.

VAUCRESSON – 92 Hauts-de-Seine ➜ voir Paris, Environs

VAUDEVANT

✉ 07410 (Ardèche) – 204 hab. – Voir carte n°**44**-B2

Paris 558 km – Lyon 96 km – Privas 89 km – Saint-Étienne 67 km

Carte Michelin 331-J3

La Récré

– *04 75 06 08 99 – www.restaurant-la-recre.com – Fermé de mi-nov. à mi-fév., le soir sauf sam. de sept. à mars, lundi et mardi*

Formule 15 € – Menu 26/60 € *(réservation conseillée)*

Tableau noir, photos d'écoliers, cartes de géographie : jadis, ce restaurant était... une école ! À l'heure de la récré, on vient y savourer une cuisine bien dans son époque.

VAULT-DE-LUGNY – 89 Yonne ➜ voir Avallon

VAULX

✉ 74150 (Haute-Savoie) – 847 hab. – Voir carte n°**46**-F1

Paris 539 km – Annecy 19 km – Genève 50 km – Lyon 158 km

Carte Michelin 328-I5

Par Monts et Par Vaulx

Chef-Lieu – 04 50 60 57 20 – www.restaurant-vaulx.fr – Fermé 15-30 août, 1er-10 janv., dim. soir, lundi soir, mardi soir et merc.

Menu 14 € (déj. en semaine), 18/38 € – Carte 36/47 € *(réservation conseillée)*

Une bonne auberge de village, champêtre comme il se doit ! Le jeune chef concocte une cuisine bistrotière goûteuse et vous régale, par exemple, d'un fromage de chèvre au pistou avec son caviar d'aubergine, d'une brochette de poulet tandoori et de riz sauvage, ou encore d'un gaspacho de fraises... Le tout à prix doux !

VAUX-EN-BEAUJOLAIS

✉ 69460 (Rhône) – 1 043 hab. – Voir carte n°**43**-E1

Paris 443 km – Lyon 49 km – Villeurbanne 58 km

Carte Michelin 327-G3 – Guide Vert Michelin Lyon et sa région

Auberge de Clochemerle (Romain Barthe) avec ch

r. Gabriel-Chevallier – 04 74 03 20 16 – www.aubergedeclochemerle.fr – Fermé 1-11 sept. et 2-23 janv.

7 ch – 70/75 € 75/80 € – 12 € – ½ P

Menu 39/74 € *(fermé lundi et mardi)*

Gabriel Chevallier s'inspira de Vaux-en-Beaujolais pour le décor de son roman Clochemerle, célèbre portrait de déchirements villageois. Mais fi des luttes intestines : aujourd'hui, tout le monde se retrouve autour du menu surprise du chef qui travaille les fleurs et les herbes du jardin. Jolies chambres pour l'étape. ➜ Royale de foie gras de canard, tamarin et herbes fraîches. Pigeon rôti, fèves, radis, condiment de raisiné et pomme verte. Tout un monde de chocolat à Clochemerle.

VAUX-LE-PÉNIL – 77 Seine-et-Marne ➜ voir Melun

VAUX-SOUS-AUBIGNY

✉ 52190 (Haute-Marne) – 697 hab. – Voir carte n°**14**-C3

Paris 304 km – Dijon 44 km – Gray 43 km – Langres 25 km

Carte Michelin 313-L8

Auberge des Trois Provinces

r. de Verdun – 03 25 88 31 98 – www.levauxois.fr – Fermé 1 semaine en oct., 3 semaines en janv., dim. soir sauf juil.-août et lundi

Menu 23/35 € – Carte 45/60 € *(réservation conseillée)*

Derrière l'église, cette auberge sous une glycine cache bien son jeu ! Les lieux ont en effet abrité un cabaret jusqu'en 1938. Désormais, dans la salle au décor sagement rustique, on déguste une bonne cuisine traditionnelle. Accueil charmant.

Le Vauxois

6 r. de l'Église – 03 25 84 36 74 – www.levauxois.fr

9 ch – 55/65 € 55/65 € – 7 €

L'Auberge des Trois Provinces, c'est aussi cette annexe hôtelière qui abrite des chambres lumineuses et parfaitement tenues. En retrait de la route, vous passerez des nuits au calme. Parfait pour l'étape.

VELARS-SUR-OUCHE - 21 Côte-d'Or ➜ voir Dijon

VÉLIZY-VILLACOUBLAY - 78 Yvelines ➜ voir Paris, Environs

VELLÈCHES

✉ 86230 (Vienne) - 388 hab. - **Voir carte n°39-C1**
Paris 302 km - Châtellerault 21 km - Joué-lès-Tours 60 km - Poitiers 58 km
Carte Michelin 322-J3

La Table des Écoliers

1 bis r. de l'Étang, (derrière la mairie) - ✆ 05 49 93 35 51 - www.latabledesecoliers.com - Fermé 20 août-10 sept., dim. soir, lundi soir, merc. soir et mardi
Menu 18/57 € 🍷 - Carte environ 44 €
Sur la route entre Tours et Poitiers ? Faites un détour par votre enfance : pupitres, cartes de géographie, etc., une vraie salle de classe pour... une authentique leçon de gourmandise ! Les légumes proviennent d'une ferme toute proche.

VELLUIRE - 85 Vendée ➜ voir Fontenay-le-Comte

VENAREY-LES-LAUMES

✉ 21150 (Côte-d'Or) - 2 947 hab. - **Voir carte n°8-C2**
Paris 259 km - Avallon 54 km - Dijon 66 km - Montbard 15 km
Carte Michelin 320-G4 - Guide Vert Michelin Bourgogne

Le Bistrot de Louise

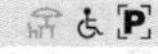

7 r. Eugène-Edon - ✆ 03 80 89 69 94 - www.regis-bolatre.com - Fermé 25 août-1er sept., dim. sauf le midi en été, lundi soir et mardi soir
Menu 14 € 🍷 (déj. en semaine), 17/24 € - Carte 29/35 €
Ce bistrot contemporain n'est autre que le poulain "urbain" de l'Auberge du Cheval Blanc, à Alise-Ste-Reine. On y déguste de bons petits plats traditionnels et régionaux à prix doux ; quant à la sélection de vins au verre, elle ne déçoit pas.

à Alise-Ste-Reine 2 km à l'Est - ✉ 21150 - 617 hab.

Auberge du Cheval Blanc

r. du Miroir - ✆ 03 80 96 01 55 - www.regis-bolatre.com - Fermé 25 août-9 sept., 22 déc.-10 fév., dim. soir, lundi et mardi
Formule 17 € - Menu 20 € (déj. en semaine), 30/47 € - Carte 41/59 €
Ah, qu'il est plaisant ce "petit" Cheval Blanc rustique, accueillant et agréablement réchauffé l'hiver par un bon feu de bois. Côté papilles, l'alléchante petite carte va à l'essentiel, avec des recettes traditionnelles et bourguignonnes. Voilà qui n'aurait sûrement pas déplu à Georges Brassens...

à Mussy-la-Fosse 3 km à l'Ouest par rte secondaire - ✉ 21150 - 76 hab.

Clos Mussy

8 r. du Château - ✆ 03 80 96 97 87 - www.closmussy.fr - Ouvert 15 fév.-30 oct.
3 ch ☕ - 🚹75/85 € 🚹🚹85/100 € **Table d'hôte** - Menu 38 € 🍷
Face au site d'Alésia, cette maison forte (16e s.) témoigne de l'architecture militaire du Moyen Âge. Chambres spacieuses au décor soigné pour des nuits très paisibles ; table d'hôte - certains soirs et sur réservation - dans une grande salle au charme tout médiéval (cheminée monumentale) : retour vers le passé !

VENCE

✉ 06140 (Alpes-Maritimes) - 19 281 hab. - **Voir carte n°42-E2**
Paris 923 km - Antibes 20 km - Cannes 30 km - Grasse 24 km
Carte Michelin 341-D5 - Guide Vert Michelin Côte d'Azur

Alsace Lorr. (R.) .... B 3
Évêché (R. de l') .... B 5
Hôtel de Ville (R.) .... B 6
Leclerc (Av. Gén.) .... A 9
Marché (R. du) .... B 10
Meyère (Av. Col.) .... B 12
Peyra (Pl. du) .... B 13
Place Vieille (R. de la) .... B 14
Poilus (Av. des) .... A 15
Portail Levis (R. du) .... B 16
Résistance (Av. de la) .. A, B 17
Rhin et Danube (Av.) .... A 18
St-Lambert (R.) .... B 19
Tuby (Av.) .... A 21

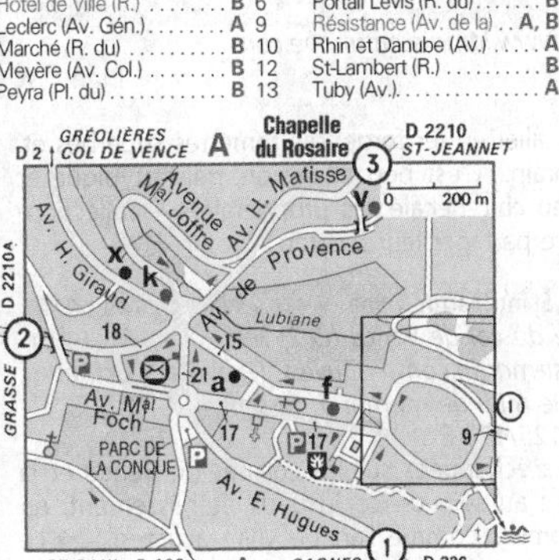

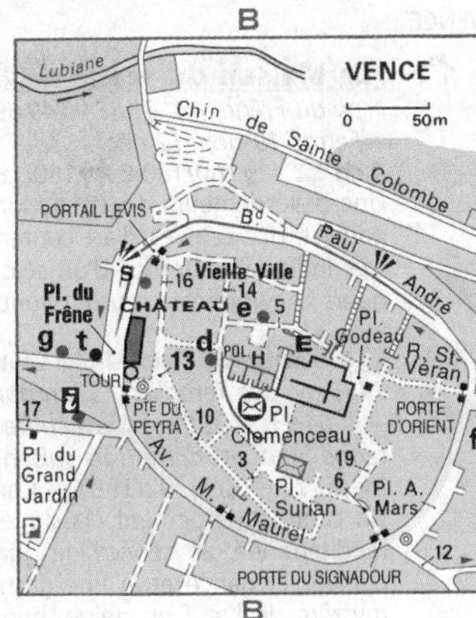

Château Saint-Martin & Spa

2490 av. des Templiers, 3 km par rte du col de Vence (D 2) A
– 04 93 58 02 02 – www.chateau-st-martin.com – Ouvert 19 avril-19 oct.

51 ch – 360/640 € 360/640 € – 12 suites

Rest *Le Saint-Martin* **Rest *La Rosticceria* Rest *L'Oliveraie*** – voir les restaurants ci-après

Cadre d'exception pour ce luxueux hôtel provençal dominant Vence et la mer depuis son vaste parc planté d'oliviers. Décor classique, d'un parfait confort ; villas nichées dans la verdure ; superbe piscine et spa délicieux... Un endroit divin.

Cantemerle

258 chemin Cantemerle, au Sud-Est par av. Col.-Meyère B – 04 93 58 08 18 – www.cantemerle-hotel-vence.com – Ouvert d'avril à mi-oct.

26 ch – 180/200 € 227/257 € – 1 suite – 19 € – ½ P

Rest *La Table du Cantemerle* – voir les restaurants ci-après

Un jardin du Sud calme et délicat, deux piscines – dont une couverte, pour les frileux –, de grandes chambres à l'élégance épurée (souvent en duplex) et un bel espace bien-être... Les vacances et le farniente, tout simplement.

Diana sans rest

79 av. des Poilus – 04 93 58 28 56 – www.hotel-diana.fr Plan : A**a**

27 ch – 77/123 € 98/140 € – 12 €

Cet hôtel central et confortable propose des chambres de style provençal ou plus contemporain. Pour se détendre, on profite du solarium et du jacuzzi sur le toit. Quant au petit-déjeuner, il est servi dans la véranda ou dans le patio... De quoi bien commencer sa journée.

Miramar sans rest

167 av. Bougearel, au Sud-Est par av. Col.-Meyère, plateau St-Michel B – 04 93 58 01 32 – www.hotel-miramar-vence.com

18 ch – 68/88 € 78/168 € – 12 €

Près du centre historique, cette maison des années 1920 a vraiment l'esprit Sud ! Les chambres, provençales, sont cosy ; au petit-déjeuner, on s'installe sur la belle terrasse pour admirer les baous et la vallée.

Villa Roseraie sans rest

128 av. Henri-Giraud – 04 93 58 02 20 – www.villaroseraie.com – Ouvert de mars à mi-nov. Plan : A**x**

8 ch – 87/176 € 87/176 € – 2 suites – 12 €

Un jardin aux airs d'oasis, une jolie petite piscine et cette agréable villa 1900, un peu chargée mais tellement Provence ! Dans les chambres, tissus Souleiado, lits ouvragés et fleurs séchées...

La Maison du Frêne sans rest

1 pl. du Frêne – 06 88 90 49 69 – www.lamaisondufrene.com – Fermé 19 nov.-12 déc. Plan : B**t**

4 ch – 160/180 € 160/180 €

Une belle demeure du 18e s., son escalier en fer forgé, ses tomettes superbes et, partout, des œuvres d'art contemporain... C'est pop et design, frais, atypique et très ludique. Le temps d'un séjour au chic décalé, les propriétaires – collectionneurs chevronnés – sauront vont faire partager leur passion.

Le Saint-Martin – Hôtel Château Saint-Martin & Spa

2490 av. des Templiers, 3 km par rte du col de Vence (D 2) A – 04 93 58 02 02 – www.chateau-st-martin.com – Ouvert 19 avril-19 oct. et fermé lundi et mardi hors saison et le midi de mi-mai à mi-sept.

Menu 72 € (déj.), 92/198 € – Carte 125/170 €

Un cadre superbement classique, des échappées sur les collines de Vence et la Méditerranée, un service de qualité : au sein de ce luxueux établissement, on cultive l'élégance et la fine gastronomie... comme l'art de vivre azuréen. → Le mystère de l'œuf en neige, brioche croustillante. Chapon de Méditerranée cuit au naturel au sel de sésame et socca croquante au pois chiche. Tarte soufflée "Saint-Martin" aux fruits de saison.

Les Templiers

39 av. Joffre – 04 93 58 06 05 – www.restaurant-vence.com – Fermé 5-18 nov., dim. et lundi Plan : A**k**

Menu 29/39 € – Carte 48/68 €

Dans cette auberge au charme résolument provençal, on savoure une sympathique cuisine du marché. Et pour déjeuner avec les cigales, la terrasse est idéale.

La Rosticceria – Hôtel Château Saint-Martin & Spa

2490 av. des Templiers, 3 km par rte du col de Vence (D 2) -A – 04 93 58 02 02 – www.chateau-st-martin.com – Ouvert 19 avril-19 oct. et fermé merc. et jeudi sauf du 16 mai au 30 sept.

Carte 70/100 €

De grandes salles d'esprit châtelain, ouvertes sur le paysage méditerranéen : ainsi se présente cette "rosticceria", au sein du luxueux Château St-Martin. De belles saveurs italiennes à la carte : charcuteries, pâtes et autres plats emblématiques...

La Table du Cantemerle – Hôtel Cantemerle

258 chemin Cantemerle, au Sud-Est par av. Col.-Meyère - B – 04 93 58 08 18 – www.cantemerle-hotel-vence.com – Ouvert d'avril à mi-oct. et fermé mardi midi et lundi de sept. à mi-juin, et dim. soir

Formule 22 € – Menu 32 € (dîner), 45/53 € – Carte 41/60 €

Un Cantemerle chic, contemporain et raffiné. La terrasse est exquise et donne sur la piscine ; l'assiette se pare de jolies couleurs méridionales... Esprit Sud !

Le Vieux Couvent

37 av. Alphonse-Toreille – 04 93 58 78 58 – www.restaurant-levieuxcouvent.com – Fermé 5 janv.-13 fév., merc. sauf le soir en juil.-août, jeudi sauf le soir d'avril à oct. et le midi en juil.-août du lundi au jeudi Plan : B**f**

Formule 29 € – Menu 31 € – Carte 46/56 € *(réservation conseillée)*

Pierres et voûtes séculaires font le cachet de cette petite maison, ancienne chapelle d'un séminaire du 17e s. Les plats du chef sont inspirés par la région et les saisons : tout l'esprit de la Provence.

La Farigoule N

15 av. Henri-Isnard – 04 93 58 01 27 – www.lafarigoule-vence.fr – Fermé fin nov.-26 déc., lundi hors saison et mardi Plan : A**f**

Menu 30/45 € – Carte 45/56 €

La farigoule ? Du côté de Vence, c'est comme cela que l'on appelle le thym, pardi ! À l'image de l'aromate, le restaurant ne manque ni de fraîcheur ni de parfums : terrine de lapin maison et confit d'échalotes, filet de daurade poêlé et sa marmelade de tomates séchées, etc. On redécouvre la Provence... Joli patio verdoyant.

Les Bacchanales (Christophe Dufau)
247 av. de Provence – ✆ 04 93 24 19 19 – www.lesbacchanales.com – Fermé 23-26 déc., 7-31 janv., merc. sauf le soir en juil.-août, le midi en semaine en juil.-août et mardi Plan : A**v**
Formule 28 € – Menu 35 € (déj. en semaine), 58/85 €
Une cuisine du marché créative, pleine de fraîcheur et sans cesse renouvelée ; une atmosphère décontractée et contemporaine : est-il vraiment besoin de préciser que le chef est un passionné talentueux et que son restaurant lui ressemble ?
→ Gamberonis de San Remo, géranium et céréales. Veau corse, dattes et olives. Mûres sauvages, cacao et olives vertes.

L'Oliveraie – Hôtel Château Saint-Martin & Spa
2490 av. des Templiers, 3 km par rte du col de Vence (D 2) A – ✆ 04 93 58 02 02 – www.chateau-st-martin.com – Ouvert 19 avril-19 oct. et fermé le soir
Carte 71/148 €
L'endroit idéal pour déguster une cuisine gourmande et estivale – salades, poissons et viandes grillées, desserts aux fruits de saison –, dans un cadre idyllique : en terrasse, au calme, face au vaste parc et à ses oliviers... Attention : le restaurant n'est pas ouvert en cas de mauvais temps, pensez à réserver !

Auberge des Seigneurs avec ch
1 r. du Dr-Binet – ✆ 04 93 58 04 24 – www.auberge-seigneurs.com – Fermé de mi-déc. à mi-janv., dim. et lundi Plan : B**s**
6 ch – †70/95 € ††90/95 € – ☕ 10 € – ½ P
Formule 24 € – Menu 33/39 € – Carte 43/57 €
Dans une aile du château de Villeneuve, cette authentique auberge rustique est... hors du temps ! On se régale de plats provençaux et de viandes à la broche et, pour l'étape, les chambres sont simples et bien tenues. Jolie terrasse.

La Litote
5 r. de l'Évêché – ✆ 04 93 24 27 82 – www.lalitote.com – Fermé 10 nov.-16 déc., 15 janv.-4 fév., mardi d'oct. à avril, dim. soir et lundi Plan : B**e**
Formule 20 € – Menu 29/35 €
Ce petit restaurant se niche sur une placette de la vieille ville, là où les voitures ne vont pas… La terrasse sous le tilleul a le goût de la Provence, comme la cuisine du chef, inspirée par le marché et créative. Pas besoin d'en dire plus ; une vraie litote !

Les Agapes
4 pl. Clemenceau – ✆ 04 93 58 50 64 – www.les-agapes.net – Fermé 1 semaine en mai, 2 semaines en nov., 3 semaines en janv., dim. hors saison et lundi Plan : B**d**
Formule 16 € – Menu 22 € (déj.), 27/35 € – Carte 38/66 €
Tartare de dorade au melon et basilic, pavé de bar accompagné d'artichauts barigoules, tarte aux oignons au chorizo... à l'ardoise, toute la fraîcheur des saisons. De belles agapes dans ce petit restaurant sympathique et contemporain !

Côté Jardin (N)
10 av. Henri-Isnard – ✆ 04 93 24 78 13 – www.cotejardinvence.com – Fermé 1er-21 nov., 15-31 janv., dim. sauf le midi en saison et lundi
Formule 17 € – Menu 20 € – Carte 22/35 € Plan : B**g**
Une longue salle aux tons pastel, des tableaux d'inspiration romantique, du mobilier en fer forgé... et surtout cette terrasse et son pont en bois plongeant dans la verdure : l'endroit a du charme. Dans l'assiette, des recettes légères, entre tarte aux légumes, tartare de saumon et grillades...

VENDÔME
✉ 41100 (Loir-et-Cher) – 16 920 hab. – Voir carte n°**11**-B2
Paris 169 km – Blois 34 km – Le Mans 78 km – Orléans 91 km
Carte Michelin 318-D5 – Guide Vert Michelin Châteaux de la Loire

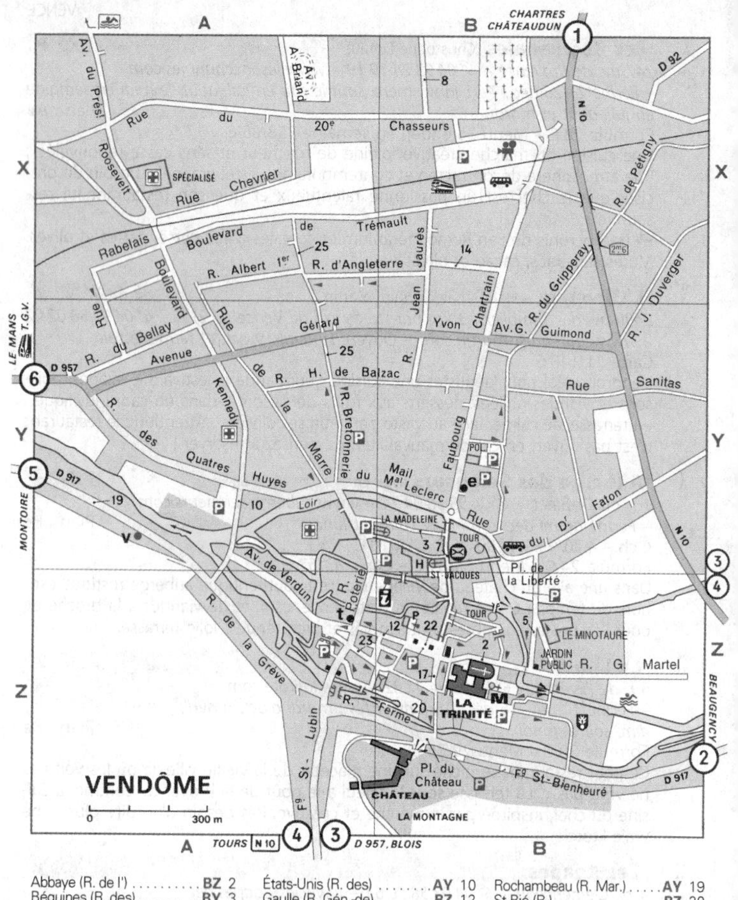

Abbaye (R. de l')	BZ	2	États-Unis (R. des)	AY	10	Rochambeau (R. Mar.)	AY	19
Béguines (R. des)	BY	3	Gaulle (R. Gén.-de)	AZ	12	St-Bié (R.)	BZ	20
Bourbon (R. A)	BZ	5	Italie (R. d')	BX	14	St-Martin (Pl.)	BZ	22
Change (R. du)	BY	7	Poterie (R.)	AZ		Saulnerie (R.)	AZ	23
Clemenceau (Av. G.)	BX	8	République (Pl. de la)	BZ	17	Verrier (R. Cdt)	AXY	25

Le St-Georges

ch,

14 r. Poterie – ✆ 02 54 67 42 10 – www.hotel-saint-georges-vendome.com

27 ch – 🚹72/120 € 🚹🚹83/120 € – ☕ 10 € – ½ P Plan : AZ**t**

Rest – Formule 18 € 🍷 – Menu 29/45 € – Carte 42/60 € *(fermé lundi midi, sam. et dim. sauf fériés)*

En centre-ville, le meilleur hôtel du secteur, fonctionnel et confortable (certaines chambres avec baignoire balnéo). Surprise côté restaurant, avec un beau décor ethnique ; quant au bar, il joue la carte cubaine !

Mercator

rest,

rte de Blois, 2 km par ③ – ✆ 02 54 89 08 08 – www.hotelmercator.fr – Fermé 24 déc.-1er janv.

56 ch – 🚹69/75 € 🚹🚹79/85 € – ☕ 10 € – ½ P

Rest – Formule 17 € – Menu 21/24 € *(fermé 2-24 août, 24 déc.-4 janv., vend. soir, sam. et dim.)*

Près d'un rond-point (mais bordé d'espaces verts), cet hôtel se révèle, malgré les apparences, sympathique et chaleureux. L'accueil familial et l'entretien très poussé ajoutent encore à l'intérêt de l'étape.

Le Vendôme sans rest
15 fg Chartrain – ✆ 02 54 77 02 88 – www.hotelvendomefrance.com
35 ch – †72/80 € ††83/97 € – ☕ 11 € Plan : BY**e**
À deux pas de la vieille ville, un hôtel traditionnel à la fois coquet et cosy (mobilier chiné, mansardes au dernier étage, piano à queue dans le salon, etc.). Autre atout : un buffet de qualité au petit-déjeuner. On apprécie également l'accueil, très aimable.

Le Terre à TR
14 r. du Mar.-de-Rochambeau – ✆ 02 54 89 09 09 – www.le-terre-a-tr.fr
– Fermé sam. midi et lundi d'oct. à mai et dim. soir Plan : AY**v**
Formule 18 € 🍷 – Menu 21/29 €
Un restaurant… sous la terre, car caché dans une cave troglodytique, à la fois originale et pleine de caractère. Au menu, des saveurs alléchantes, avec la touche inventive qui va bien. Rien de terre à terre dans le travail de ce chef !

à St-Ouen 4 km au Nord-Est par D 92 et rte secondaire BX – ✉ 41100 – 3 448 hab.

La Vallée
34 r. Barré-de-St-Venant – ✆ 02 54 77 29 93 – www.restaurant-la-vallee.com
– Fermé 2-22 janv., dim. soir, lundi et mardi sauf soirs fériés
Formule 21 € – Menu 29/40 € – Carte 41/55 €
Une bonne table traditionnelle, à l'abri des regards et du bruit. Au menu : rognons de veau aux cèpes, plateau de fromages (dont le chef surveille l'affinage avec grand soin), charlotte au cassis, etc. De beaux produits et un vrai travail maison.

VENOSC

✉ 38520 (Isère) – 815 hab. – **Voir carte n°45-C2**
Paris 633 km – Gap 105 km – Grenoble 66 km – Lyon 166 km
Carte Michelin 333-J8 – Guide Vert Michelin Alpes du Nord

Château de la Muzelle rest,
Bourg d'Arud – ✆ 04 76 80 06 71 – www.chateaudelamuzelle.com
– Ouvert 28 mai-14 sept.
21 ch – †66 € ††71 € – ☕ 10 € – ½ P **Rest** – Menu 26 € – Carte 30/58 €
De pimpants volets rouges égayent la sobre façade de ce petit château du 17e s. Chambres fonctionnelles et bien tenues, mansardées au deuxième étage. Ambiance familiale. Bonne cuisine traditionnelle mettant à profit les légumes du potager.

VENTABREN

✉ 13122 (Bouches-du-Rhône) – 4 581 hab. – **Voir carte n°40-B3**
Paris 746 km – Aix-en-Provence 14 km – Marseille 33 km – Salon-de-Provence 27 km
Carte Michelin 340-G4 – Guide Vert Michelin Provence

La Table de Ventabren (Dan Bessoudo)
r. F.-Mistral – ✆ 04 42 28 79 33 – www.latabledeventabren.com
– Fermé 23 déc.-31 janv., merc. soir et dim. soir d'oct. à avril, mardi midi de mai à sept. et lundi
Menu 47/56 € – Carte 58/77 € *(réservation conseillée)*
Au cœur d'un village pittoresque, une belle occasion de faire une pause gourmande sur une terrasse dominant la vallée. La cuisine est fraîche, parfumée et met en relief avec justesse les saveurs franches de bons produits.
→ Maquereau cuit au sel à froid, salade de radis et coulis de poivron rouge. Filet de bœuf rôti, macaronis gratinés aux anchois et parmesan. Chococho, mousse au chocolat tiède et bonbons de banane.

VENTRON

✉ 88310 (Vosges) – 927 hab. – Voir carte n°**27**-C3
▶ Paris 441 km – Épinal 56 km – Gérardmer 25 km – Mulhouse 51 km
Carte Michelin 314-J5

à l'Ermitage-du-Frère-Joseph 5 km au Sud par D 43 et D 43E - ✉ 88310 Ventron

Les Buttes

Ermitage Frère Joseph – ✆ 03 29 24 18 09 – www.ermitage-resort.com – Fermé 8 nov.-18 déc.
27 ch – †148/255 € ††148/255 € – 1 suite – ☕ 17 € – ½ P
Rest – Menu 32 € (semaine), 37/47 € – Carte 35/50 € *(fermé le midi sauf dim. et fériés)*
Cadre montagnard chic, chambres douillettes (certaines avec jacuzzi) égayées d'images d'Épinal et salon cossu tapissé de dessins de Claudon : un chalet bien agréable ! Restaurant chaleureux et élégant, face aux pistes. Carte traditionnelle souvent renouvelée.

à Travexin 3 km à l'Ouest - 88310 Ventron

Le Géhan

9 rte de Travexin – ✆ 03 29 24 10 71 – www.legehan-charlemagne.com – Fermé 2 semaines en juin
11 ch ☕ – †60 € ††65 € – ½ P
Rest ***Le Charlemagne*** – Formule 12 € – Menu 19/39 € – Carte 23/53 € *(fermé sam. midi et dim. soir)*
Derrière la façade colorée de cette maison de pays, des chambres bien insonorisées et joliment agrémentées de meubles de famille. Tenue exemplaire et accueil attentionné. Salle à manger lumineuse où l'on sert des menus traditionnels et quelques plats régionaux.

VERDUN

✉ 55100 (Meuse) – 18 513 hab. – Voir carte n°**26**-A1
▶ Paris 263 km – Bar-le-Duc 56 km – Châlons-en-Champagne 89 km – Metz 78 km
Carte Michelin 307-D4

Hostellerie du Coq Hardi

8 av. de la Victoire – ✆ 03 29 86 36 36 – www.coq-hardi.com Plan : CY**v**
33 ch – †83/98 € ††110/150 € – 2 suites – ☕ 18 € – ½ P
Rest ***Le Chantaco*** – voir les restaurants ci-après
Maison de tradition (1827) au charme rétro : collection de coqs dans le hall, feu de cheminée crépitant dans le salon, mobilier lorrain ; quelques chambres ont même de superbes lits à baldaquin...

Le Chantaco – Hostellerie du Coq Hardi

8 av. de la Victoire – ✆ 03 29 86 36 36 – www.coq-hardi.com – Fermé dim. soir et lundi hors saison Plan : CY**v**
Menu 22 € (semaine) – Carte 34/62 €
Une brasserie moderne et épurée, avec ses belles cuisines (plancha, rôtissoire...) ouvertes sur la salle pour plus de convivialité. Chaque jour, le chef propose une viande à la broche et un menu à l'ardoise.

aux Monthairons 13 km par ④ et D 34 – ✉ 55320 – 381 hab.

Hostellerie du Château des Monthairons

26 rte de Verdun – ✆ 03 29 87 78 55 – www.chateaudesmonthairons.fr – Fermé 1er janv.-12 fév., dim. soir et lundi du 15 nov. à Pâques
22 ch – †110/240 € ††110/240 € – 3 suites – ☕ 17 € – ½ P
Rest ***Hostellerie du Château des Monthairons*** – voir les restaurants ci-après
La Meuse forme un joli méandre au bord du parc qui entoure ce château (19e s.). Il règne ici un esprit évidemment aristocratique, et les chambres, suites et duplex sont élégants et confortables. Pour la détente : hammam, sauna, jacuzzi, etc.

VERDUN

Alsace-Lorraine (Av.) . . . . **CZ** 2
Beaurepaire (R.) . . . . **CZ** 3
Belle-Vierge (R. de la) . . . . . . **BY** 4
Chevert (Pl.) . . . . **CZ** 5
Douaumont (Av. de) . . . . **CY** 6
Foch (Pl. Mar.) . . . . **CY** 7
Fort de Vaux (R. du) . . . . **CZ** 8
Frères-Boulhaut (R. des) . . . . **CY** 9
Lattre-de-Tassigny
(Av. Mar.-de) . . . . **CY** 10
Mautroté (R.) . . . . **BY** 13
Mazel (R.) . . . . **CY** 14
Prés.-Poincaré (R.) . . . . **CZ** 17
République (Quai de la) . . . . **CY** 18
Rû (R. du) . . . . **BZ** 19
St-Paul (R.) . . . . **CY** 20
St-Pierre (R.) . . . . **BY** 21
Soupirs (Allée des) . . . . **BY** 24

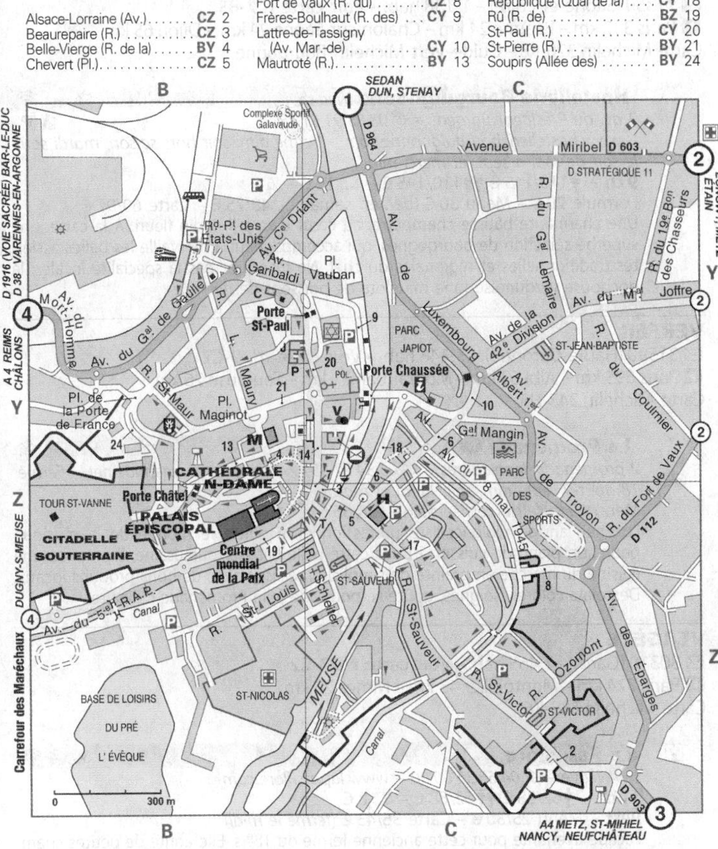

Hostellerie du Château des Monthairons

26 rte de Verdun – ✆ 03 29 87 78 55 – www.chateaudesmonthairons.fr
– Fermé 1er janv.-12 fév., dim. soir du 15 nov. à Pâques, mardi midi et lundi
Formule 28 € 🍷 – Menu 48 € – Carte 63/76 €
Éffiloché d'aile de raie cuite au court-bouillon sur son lit de poireaux ; jarret de veau cuisiné à l'ancienne, poêlée forestière servie en cocotte : cette table châtelaine permet d'apprécier une cuisine mêlant joliment bases classiques et touches plus actuelles.

à Charny-sur-Meuse 8 km au Nord par D 38 – ✉ 55100 – 560 hab.

Les Charmilles sans rest

12 r. de la Gare – ✆ 03 29 86 93 49 – www.les-charmilles.com
– Fermé janv.
3 ch ☕ – 🚹48 € 🚹🚹58 €
L'ancien café et hôtel du village est désormais une accueillante maison d'hôtes... Les chambres, pimpantes et impeccables, sont idéales pour une étape sereine. Au petit-déjeuner, la propriétaire vous prépare des pâtisseries maison !

VERDUN-SUR-LE-DOUBS

✉ 71350 (Saône-et-Loire) – 1 138 hab. – Voir carte n°**7**-B3
Paris 332 km – Beaune 24 km – Chalon-sur-Saône 24 km – Dijon 65 km
Carte Michelin 320-K8 – Guide Vert Michelin Bourgogne

XX **Hostellerie Bourguignonne** avec ch — ch, rest,

2 av. du Président Borgeot – ✆ 03 85 91 51 45 – www.hostelleriebourguignonne.com – Fermé dim. soir hors saison, mardi sauf le soir de mai à sept. et merc. midi
9 ch – 110/145 € 110/145 € – 14 € – ½ P
Formule 20 € – Menu 30 € (déj. en semaine), 48/75 € – Carte 60/97 €
Une charmante bâtisse champêtre, au cœur d'un joli jardin fleuri. À la carte, une superbe sélection de bourgognes, qui accompagnent à merveille les belles assiettes traditionnelles et régionales du chef. Ne manquez pas la spécialité locale : la pôchouse verdunoise (une matelote de poissons de rivière).

VERFEIL

✉ 31590 (Haute-Garonne) – 3 146 hab. – Voir carte n°**29**-C2
Paris 695 km – Albi 63 km – Montauban 71 km – Toulouse 26 km
Carte Michelin 343-H3

X **La Promenade** N

2 promenade Jean-Jaurès – ✆ 05 34 27 85 42 – www.la-promenade.net – Fermé 18 août-9 sept., dim. soir, lundi et mardi
Menu 19 € (déj. en semaine), 38/55 €
Le chef, ancien violoncelliste professionnel, a quitté le monde de la musique pour... un piano de cuisson ! Dans cette belle bâtisse toulousaine, il propose une cuisine du marché empreinte de simplicité, réalisée avec de bons produits locaux. Des plats colorés, soignés, goûteux, pour une jolie Promenade culinaire.

VERGÈZE

✉ 30310 (Gard) – 4 465 hab. – Voir carte n°**23**-C2
Paris 724 km – Montpellier 43 km – Nîmes 20 km
Carte Michelin 339-K6

La Passiflore

1 r. Neuve – ✆ 04 66 35 00 00 – www.lapassiflore.com
11 ch – 62/88 € 62/88 € – 8 €
Rest – Menu 25/30 € – Carte 36/43 € *(fermé le midi)*
Façade avenante pour cette ancienne ferme du 18e s. Elle abrite de petites chambres simples, tournées vers une jolie cour où se dresse aussi la terrasse du restaurant aux beaux jours (carte régionale).

VERGONCEY

✉ 50240 (Manche) – 211 hab. – Voir carte n°**32**-A3
Paris 352 km – Caen 120 km – Saint-Lô 86 km – Saint-Malo 60 km
Carte Michelin 303-D8

Château de Boucéel sans rest 

Lieu-dit Boucéel, 4 km à l'Est par D 108, D 40 et D 308 – ✆ 02 33 48 34 61 – www.chateaudebouceel.com – Fermé janv.
5 ch – 160/190 € 165/195 €
En pleine campagne normande, un très beau château (1763) au cœur d'un parc à l'anglaise. Pour les âmes romantiques, rien de tel qu'une balade autour des étangs avant de regagner la quiétude raffinée des chambres... Mobilier ancien, superbe parquet, portraits d'ancêtres : du style !

VERGONGHEON

✉ 43360 (Haute-Loire) – 1 838 hab. – Voir carte n°**6**-C2
Paris 470 km – Clermont-Ferrand 60 km – Le Puy-en-Velay 72 km – St-Flour 51 km
Carte Michelin 331-B1

La Petite École

à Rilhac, 3 km au Sud-Est par D 174 – 04 71 76 97 43 – www.restaurant-lapetiteecole.com – Fermé 2 semaines en juin, de mi-sept. à début oct., 2 semaines en janv., mardi midi, sam. midi, dim. soir et lundi
Menu 30/38 € *(réservation conseillée)*
Ce restaurant a remplacé l'ancienne école du village voilà quelques années. La cuisine, fine et savoureuse, mérite un A sans hésitation. Copie parfaite pour cet agneau à la courgette, pois blonds et anchois, tout comme pour ce filet de lieu jaune à la cuisson précise. Une cantine de choix, sans fausse note !

VERN-D'ANJOU

49220 (Maine-et-Loire) – 2 219 hab. – Voir carte n°**35**-C2
Paris 327 km – Angers 36 km – Laval 68 km – Nantes 77 km
Carte Michelin 317-E3

Le Pigeon Blanc

13 r. de l'Église – 02 41 61 41 25 – www.lepigeonblanc.com – Fermé 22 juil.-7 août, 21 janv.-12 fév., dim. soir, mardi soir et merc.
Formule 16 € – Menu 28/78 € – Carte 43/94 €
Créé en 1962, ce Pigeon Blanc n'a pas fini de voltiger… Avec Sylvain, c'est aujourd'hui la troisième génération de la famille Belouin qui en prend la tête. Le jeune homme est tombé du nid très tôt pour aller se former chez les plus grands (Troisgros, Coutanceau) : sa cuisine, créative et généreuse, séduit !

VERNET-LES-BAINS

66820 (Pyrénées-Orientales) – 1 439 hab. – Voir carte n°**22**-B3
Paris 904 km – Mont-Louis 36 km – Perpignan 57 km – Prades 11 km
Carte Michelin 344-F7

Princess

rest, ch,

r. des Lavandières – 04 68 05 56 22 – www.hotel-princess.fr – Ouvert 20 mars-20 nov.
38 ch – 52/125 € 65/125 € – 11 € – ½ P
Rest – Formule 14 € – Menu 20/37 € – Carte 29/46 €
Au pied du vieux Vernet, cette bâtisse dévoile un intérieur chaleureux et coloré... Les chambres, récemment rénovées et joliment décorées, ont presque toutes un balcon donnant sur la montagne.

VERNEUIL-SUR-AVRE

27130 (Eure) – 6 205 hab. – Voir carte n°**33**-C3
Paris 114 km – Alençon 77 km – Argentan 77 km – Chartres 57 km
Carte Michelin 304-F9 – Guide Vert Michelin Normandie Vallée de la Seine

Le Clos

98 r. de la Ferté-Vidame – 02 32 32 21 81 – www.leclos-normandie.com
8 ch – 190/255 € 190/255 € – 3 suites – 24 € – ½ P
Rest *Le Clos* – voir les restaurants ci-après
Un petit bijou d'élégance et de raffinement... Ce castel normand cultive, derrière sa belle façade en briques polychromes, un luxe discret jusque dans les détails. L'esprit bourgeois du décor (meubles anciens, tissus signés, etc.), la qualité de l'accueil, la quiétude du superbe parc : tout garantit un séjour d'exception.

Hôtel du Saumon

ch,

89 pl. de la Madeleine – 02 32 32 02 36 – www.hoteldusaumon.fr – Fermé 21 juil.-11 août, 20 déc.-5 janv. et dim. soir de nov. à mars
29 ch – 49/75 € 49/75 € – 8,50 €
Rest – Menu 18/56 € – Carte 34/65 €
Une situation privilégiée au cœur de Verneuil pour cet ancien relais de poste (18e s.) à la jolie façade rétro. Les chambres, classiques ou plus contemporaines, sont davantage spacieuses dans le bâtiment principal (également un bâtiment sur cour). Côté restaurant, inutile de préciser que le saumon est ici chez lui.

XXX **Le Clos** – Hôtel Le Clos 

98 r. de la Ferté-Vidame – ✆ 02 32 32 21 81 – www.leclos-normandie.com – Fermé mardi sauf le soir d'avril à oct. et lundi sauf fériés

Formule 35 € – Menu 45 € 🍷 (déj.), 60/95 € – Carte 79/99 €

Parquets anciens, tapis persans, moulures, trompe-l'œil, tables dressées dans les règles de l'art, etc. : le classicisme le dispute à l'élégance en ce Clos où la gastronomie se dédie au terroir normand comme aux recettes plus audacieuses.

à Bâlines 4 km par rte de Dreux – ✉ 27130 – 456 hab.

XX **Le Moulin de Bâlines** avec ch

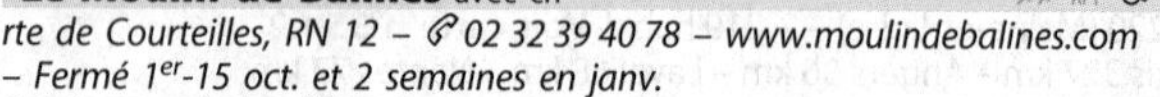

rte de Courteilles, RN 12 – ✆ 02 32 39 40 78 – www.moulindebalines.com – Fermé 1er-15 oct. et 2 semaines en janv.

11 ch – 82 € 92 €

Formule 20 € – Menu 27 € (semaine), 37/47 € – Carte 43/73 € *(fermé dim. soir, lundi et mardi midi)*

Cet ancien moulin lui était sans doute prédestiné, tant le chef se révèle un vrai... moulin à paroles lorsqu'il décrit sa passion pour son métier ! Les produits du cru comme les fruits de mer sont à l'honneur, et l'on peut profiter du caractère bucolique des lieux, au bord de l'Avre, en réservant l'une des chambres pour la nuit.

VERNON

✉ 27200 (Eure) – 25 147 hab. – **Voir carte n°33-D2**

Paris 77 km – Beauvais 66 km – Évreux 34 km – Mantes-la-Jolie 25 km

Carte Michelin 304-I7 – Guide Vert Michelin Normandie Vallée de la Seine

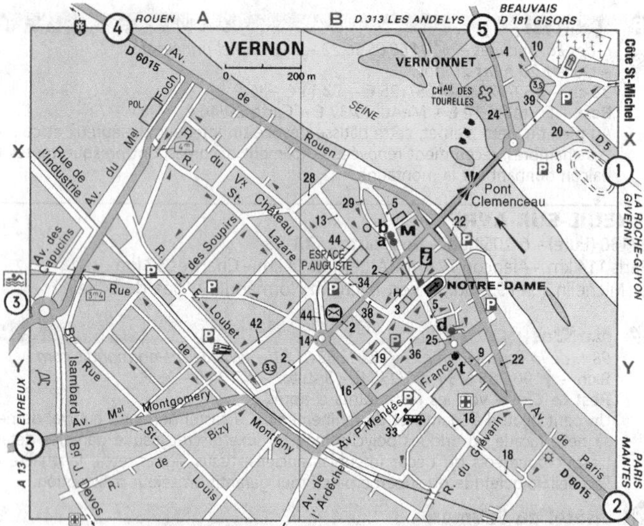

Albuféra (R. d') . . . . . BXY 2	Évreux (Pl. d') . . . . . BY 14	Potard (R.) . . . . . BX 29
Barette (Pl.) . . . . . BY 3	Gambetta (Av.) . . . . . BY 16	République (Pl. de la) . . . . . BY 33
Bonnard (R. P.) . . . . . BX 4	Gamilly (R. de) . . . . . BY 18	Riquier (R. Ch.-J.) . . . . . BXY 34
Carnot (R.) . . . . . BXY 5	Gaulle (Pl. Charles-de) . . . . . BY 19	Ste-Geneviève (R.) . . . . . BY 38
Combattants-d'Indochine (R. des) . . . . . BX 8	Giverny (R. de) . . . . . BX 20	St-Jacques (R.) . . . . . BY 36
Dr-Burnet (R.) . . . . . BY 9	Leclerc (Bd du Mar.) . . . . . BXY 22	Soret (R. Jules) . . . . . BX 39
Dr-Chanoine (R. du) . . . . . BX 10	Ogereau (R. F.) . . . . . BX 24	Steiner (R. E.) . . . . . AY 42
Écuries-des-Gardes (R.) . . . . . BX 13	Paris (Pl. de) . . . . . BY 25	Victor-Hugo (Av.) . . . . . BX 44
	Point-du-Jour (R. du) . . . . . ABX 28	

Normandy

1 av. P.-Mendès-France – ✆ 02 32 51 97 97 – www.le-normandy.net
50 ch – †76/86 € ††76/86 € – ☕ 11 € – ½ P Plan : BY**t**
Rest – Formule 21 € – Carte 24/48 €
Un hôtel traditionnel au cœur de la cité, aux chambres plutôt spacieuses et confortables. Pratique à l'occasion d'une visite de la cité ou de Giverny et de la maison de Claude Monet, à moins de 5 km.

Le Lagon (N)

6 pl. de Paris – ✆ 02 32 64 45 98 – www.lelagon.fr Plan : BY**d**
Formule 19 € – Menu 22 € (déj. en semaine), 28/57 € – Carte 49/59 €
Un Lagon créé dans une ancienne banque, voilà qui est original ! Tons gris, turquoise et blanc, esprit lounge : il règne ici un esprit d'ailleurs, en particulier sur la belle terrasse en teck du toit. Côté saveurs, le chef surfe sur les tendances avec réussite. On est comme un poisson dans l'eau...

Le Bistro des Fleurs

73 r. Carnot – ✆ 02 32 21 29 19 – Fermé 1er-9 mars, 25 juil.-19 août, dim. et lundi
Menu 20 € 🍷/36 € 🍷 – Carte 24/41 € Plan : BX**b**
Un ancien bistrot de campagne, avec un beau comptoir où s'accoudent les clients pressés et une incontournable ardoise du jour. Courte, traditionnelle et alléchante, celle-ci atteste le parti pris de la chef : rien que du frais, au gré du marché et de ses envies ! Dernière fleur : un excellent choix de vins au verre...

L'Envie

71 r. Carnot – ✆ 02 32 51 16 80 – www.lenvie-restaurantlounge.fr – Fermé 12-19 mars, 27 juil.-18 août, dim. et lundi Plan : BX**a**
Formule 19 € – Menu 25 € – Carte 33/48 €
À la tête de cette Envie, un jeune couple qui a su inverser les rôles traditionnels : c'est madame qui œuvre en cuisine, et monsieur en salle. La déco aussi joue une carte contemporaine – d'esprit lounge –, comme les recettes proposées, inspirées par le marché et généreuses. Tout est fait maison, des entrées aux glaces !

VERNOUILLET – 28 Eure-et-Loir ➜ voir Dreux

VERQUIÈRES – 13 Bouches-du-Rhône ➜ voir St-Rémy-de-Provence

VERRIERES

✉ 86410 (Vienne) – 928 hab. – **Voir carte n°39-C2**
▶ Paris 368 km – Buxerolles 33 km – Châtellerault 68 km – Poitiers 31 km
Carte Michelin 322-J6

Les Deux Porches sans rest 

1 pl. de la Mairie – ✆ 05 49 42 83 85 – www.hotel-des-deux-porches.fr
16 ch – †51/57 € ††51/57 € – ☕ 8 €
Un point de chute bien commode et aux prix mesurés, au cœur d'un petit village au sud de Poitiers. Les chambres sont simples, mais d'une tenue irréprochable. Petite restauration dans le bar contigu.

VERS

✉ 46090 (Lot) – 422 hab. – **Voir carte n°29-C1**
▶ Paris 575 km – Cahors 15 km – Montauban 84 km – Toulouse 135 km
Carte Michelin 337-F5

La Truite Dorée 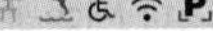

r. de la Barre – ✆ 05 65 31 41 51 – www.latruitedoree.fr – Fermé mi-déc. à mi-fév.
28 ch – †70/84 € ††77/91 € – ☕ 10 € – ½ P
Rest – Menu 17 € (déj. en semaine), 20/47 € – Carte 32/53 €
N'ayez crainte, cet établissement, en bord de Vézère, n'est pas réservé aux pêcheurs et autres amateurs de poisson ! La même famille est à sa tête depuis cinq générations : l'affaire est bien rodée... Les chambres sont confortables, bien tenues, et, aux beaux jours, on profite du jardin et de la piscine. Restauration traditionnelle.

VERSAILLES – 78 Yvelines ➜ voir Paris, Environs

VERTOU – 44 Loire-Atlantique ➜ voir Nantes

VERTUS

✉ 51130 (Marne) – 2 536 hab. – **Voir carte n°13-B2**
Paris 139 km – Châlons-en-Champagne 30 km – Épernay 21 km – Montmirail 39 km
Carte Michelin 306-G9 – Guide Vert Michelin Champagne Ardenne

à Bergères-les-Vertus 3,5 km au Sud par D 9 – ✉ 51130 – 569 hab.

Hostellerie du Mont-Aimé

4-6 r. de Vertus – ✆ 03 26 52 21 31 – www.hostellerie-mont-aime.com – Fermé 24 déc.-4 janv., dim. soir de nov. à fin mars
43 ch – 85/125 € 105/160 € – 13 € – ½ P
Rest ***Hostellerie du Mont-Aimé*** – voir les restaurants ci-après
Une étape que l'on a toutes les raisons... d'aimer ! En plein cœur du vignoble champenois, cet hôtel propose des chambres spacieuses, confortables et bien tenues, pour un maximum de confort. Les plus : une piscine couverte et un espace détente.

Hostellerie des Dames de Champagne

– ✆ 03 26 52 21 31
18 ch – 105/175 € 175 € – 13 €
L'annexe de l'Hostellerie du Mont-Aimé a de quoi séduire, notamment grâce à des chambres spacieuses et contemporaines. Une adresse idéale pour les séminaires.

Hostellerie du Mont-Aimé

4-6 r. de Vertus – ✆ 03 26 52 21 31 – www.hostellerie-mont-aime.com – Fermé 24 déc.-4 janv., dim. soir de nov. à fin mars
Menu 28 € (semaine), 45/90 € – Carte 62/80 €
Un cadre cossu et bourgeois, pour une cuisine traditionnelle généreuse qui valorise notamment les produits nobles. Autre plaisir, la belle carte des vins et ses nombreuses références de champagne.

LES VERTUS – 76 Seine-Maritime ➜ voir Dieppe

VESC

✉ 26220 (Drôme) – 284 hab. – **Voir carte n°44-B3**
Paris 628 km – Lyon 165 km – Marseille 183 km – Valence 66 km
Carte Michelin 332-D6

Chez Mon Jules avec ch

rest,

5 r. Etienne-de-Vesc – ✆ 04 75 04 20 74 – www.chezmonjules.com – Fermé janv., mardi et merc. sauf juil.-août
3 ch – 65/85 € 65/85 € – ½ P
Menu 18 € (déj. en semaine), 28/36 € – Carte 31/48 €
Au cœur du village, voilà une sympathique adresse ! Dans la salle où objets chinés, vieilles affiches, tables et chaises en bois font bon ménage, on se régale d'une savoureuse cuisine du terroir. Aux beaux jours, on profite de la terrasse à l'ombre des canisses. On passerait bien la bague au doigt de ce Jules-là !

VESCOUS – 06 Alpes-Maritimes ➜ voir Gilette

VESOUL

✉ 70000 (Haute-Saône) – 15 761 hab. – **Voir carte n°16-B1**
Paris 360 km – Belfort 68 km – Besançon 47 km – Épinal 91 km
Carte Michelin 314-E7 – Guide Vert Michelin Franche-Comté Jura

Hôtel du Lion sans rest

4 pl. de la République – ✆ 03 84 76 54 44 – www.hoteldulion.fr – Fermé 3-18 août et 26 déc.-4 janv. a
18 ch – 61 € 68 € – 7 €
Dans cet hôtel au cœur de Vesoul, vous ne tournerez pas comme un lion en cage ! Les chambres sont simples mais parfaitement tenues, et l'établissement dispose, en outre, d'un parking. Une adresse des plus pratiques pour découvrir la cité.

VESOUL

Aigle-Noir (R. de l') 2
Alsace-Lorraine (R. d') 3
Annonciades (R. des) 4
Bains (R. des) 6
Banque (R. de la) 7
Châtelet (R. du) 8
Faure (R. Edgar) 10
Fleurier (R. de) 12
Gare (Av. de la) 13
Gaulle (Bd Ch.-de) 14
Genoux (R. Georges) 15
Gevrey (R.) 16
Girardot (R. du Cdt) 20
Grandes-Faulx (R. des) 22
Grand-Puits (Pl. du) 21
Ilottes (R. des) 23
Kennedy (Bd) 24
Leblond (R.) 25
Maginot (R. A.) 26
Moilly (R. de) 36
Morel (R. Paul) 27
Moulin-des-Prés (Pl. du) 28
République (Pl. de la) 29
St-Georges (R.) 30
Salengro (R. Roger) 31
Tanneurs (R. des) 32
Vendémiaire (R.) 33
Verlaine (R.) 35

Le Caveau du Grand Puits

r. Mailly – ✆ 03 84 76 66 12 – Fermé 1 semaine en mai, 12 août-2 sept., 24 déc.-3 janv., merc. soir, sam. midi, dim. et fériés **u**

Menu 19 € (semaine), 23/37 € – Carte 24/40 €

Dans cet ancien relais de diligence, nul besoin de voyager pour être le bienvenu ! Entrez donc dans la salle voûtée ou faufilez-vous dans la cour intérieure pour apprécier la goûteuse cuisine traditionnelle du chef. Accueil chaleureux.

à Épenoux 5 km par ①, rte de St-Loup-sur-Semouse et D10 – ✉ 70000 – 545 hab.

Château d'Épenoux

5 r. Ruffier-d'Épenoux – ✆ 03 84 75 19 60 – www.chateau-epenoux.com – Fermé 1er-9 janv.

5 ch – 106/130 € 130 € **Table d'hôte** – Menu 40 €

Petit château du 18e s. dans un parc planté d'arbres centenaires. Dans les chambres, à la tenue irréprochable, rien ne semble avoir changé depuis le Siècle des lumières : parquet, boiseries, moulures... La quintessence d'un cadre bourgeois.

VEUIL – 36 Indre ➜ voir Valençay

VEULES-LES-ROSES

✉ 76980 (Seine-Maritime) – 551 hab. – **Voir carte n°33-C1**

Paris 188 km – Dieppe 27 km – Fontaine-le-Dun 8 km – Rouen 57 km

Carte Michelin 304-E2 – Guide Vert Michelin Normandie Vallée de la Seine

Douce France sans rest

13 r. Dr-Pierre-Girard – 02 35 57 85 30 – www.doucefrance.fr – Fermé 13 janv.- 10 fév.

20 ch – 99/129 € 99/179 € – 5 suites – 13 €

Sur les bords de la Veules, cet ancien relais de poste (17e s.), restauré dans les règles de l'art par des Compagnons, est absolument charmant. Dans les chambres, mobilier chiné et confort sont au rendez-vous. Et l'après-midi, on profite du joli salon de thé.

Les Galets

3 r. Victor-Hugo, (près de la plage) – 02 35 97 61 33 – www.restaurant-lesgalets-veuleslesroses.com – Fermé janv., merc. sauf août et mardi

Formule 30 € – Menu 38/80 € – Carte 54/76 € *(réservation conseillée)*

Pour un joli moment gastronomique, arrêtez-vous dans cette maison en brique toute proche d'une plage... de galets. Dans la salle ou la véranda, élégantes et lumineuses à souhait, on déguste des recettes bien dans l'air du temps pour lesquelles le chef privilégie les produits locaux. Cave judicieuse.

LE VEURDRE

03320 (Allier) – 516 hab. – **Voir carte n°5-B1**

Paris 272 km – Bourges 66 km – Montluçon 73 km – Moulins 36 km

Carte Michelin 326-F2 – Guide Vert Michelin Auvergne

Le Pont Neuf

2 Fg de Lorette – 04 70 66 40 12 – www.hotel-lepontneuf.com – Ouvert 23 fév. à mi-nov. et fermé dim. soir du 15 oct. au 31 mars

46 ch – 56/88 € 62/103 € – 9 € – ½ P

Rest *Le Pont Neuf* – voir les restaurants ci-après

Est-ce l'influence des circuits automobiles (Magny-Cours et Lurcy-Lévis) à proximité ? Cet hôtel – également proche de la forêt – dispose de multiples équipements sportifs : tennis, piscine, salle de fitness...

Le Pont Neuf

2 Fg de Lorette – 04 70 66 40 12 – www.hotel-lepontneuf.com – Ouvert 23 fév. à mi-nov. et fermé dim. soir du 15 oct. au 31 mars

Formule 15 € – Menu 21 € (semaine), 29/44 € – Carte 26/65 €

Dans ce restaurant d'hôtel sobre et confortable, la carte – classique – fait la part belle aux saveurs régionales ; le chef vous propose aussi ses suggestions de saison.

VEUVES

41150 (Loir-et-Cher) – 212 hab. – **Voir carte n°11-A1**

Paris 205 km – Bourges 135 km – Orléans 84 km – Poitiers 137 km

Carte Michelin 318-D7

L'Auberge de la Croix Blanche

2 av. de la Loire – 02 54 70 23 80 – www.auberge-dela-croixblanche.com – Fermé vacances de fév., merc. midi de Pâques à oct., merc. soir de nov. à Pâques, mardi soir de janv. à mars, dim. soir et lundi

Formule 17 € – Menu 25/35 € – Carte 31/46 €

Point de voitures à cheval devant cet ancien relais de poste (1888), mais un décor suggestif qui n'est pas sans évoquer les folles équipées d'antan… On y déguste une généreuse cuisine traditionnelle, avec des produits de saison. Terrasse au jardin.

VEYNES

05400 (Hautes-Alpes) – 3 186 hab. – **Voir carte n°40-B1**

Paris 660 km – Aspres-sur-Buëch 9 km – Gap 25 km – Sisteron 51 km

Carte Michelin 334-C5 – Guide Vert Michelin Alpes du Sud

La Sérafine

Les Parois, 2 km à l'Est par rte Gap et D 20 – 04 92 58 06 00 – www.restaurantserafine.com – Fermé merc. de sept. à juin et mardi sauf fériés

Menu 28/36 € *(réservation conseillée)*

Dans un hameau, cette jolie bergerie tout en pierre, datée du 18e s., conserve le nom de sa propriétaire... Ici, on fait profession de tradition ! Pour preuve, la cuisine est composée chaque jour au gré du marché. Agréable terrasse sous les arbres.

VEYRIER-DU-LAC – 74 Haute-Savoie ➜ voir Annecy

VÉZAC – 15 Cantal ➜ voir Aurillac

VÉZELAY

✉ 89450 (Yonne) – 447 hab. – **Voir carte n°7-B2**
Paris 221 km – Auxerre 52 km – Avallon 16 km – Château-Chinon 58 km
Carte Michelin 319-F7 – Guide Vert Michelin Bourgogne

Poste et Lion d'Or

pl. du Champ-de-Foire – ✆ 03 86 33 21 23 – www.laposte-liondor.com – Fermé janv. et fév.
40 ch – 🚹85/149 € 🚹🚹85/149 € – ☕ 13 €
Rest ***Poste et Lion d'Or*** – voir les restaurants ci-après
Au pied de la colline de Vézelay, cet ancien relais de poste accueille les voyageurs depuis plus de 200 ans ! Bon niveau de confort dans les chambres, dont certaines – très prisées – donnent sur la campagne.

Poste et Lion d'Or

pl. du Champ-de-Foire – ✆ 03 86 33 21 23 – www.laposte-liondor.com – Fermé janv., fév., lundi soir et le midi sauf dim.
Formule 13 € – Menu 25 € 🍷 (déj.), 28/49 € – Carte 42/63 € dîner
Vézelay demeure un haut lieu de pèlerinage spirituel... où l'on sait aussi cultiver des nourritures bien terrestres ! Ainsi cet ancien relais de poste, posé au pied de la colline, où l'on savoure une cuisine originale, fort bien ficelée et aux prix mesurés. Formule bistrot en semaine.

Le Bougainville

28 r. St-Etienne – ✆ 03 86 33 27 57 – Ouvert de mi-fév. à mi-nov. et fermé lundi hors saison, mardi et merc.
Menu 26/32 € – Carte environ 40 €
Ce restaurant familial – une maison ancienne – est idéalement situé sur la rue principale menant à la basilique. On y savoure une généreuse cuisine du terroir.

à St-Père 3 km au Sud-Est par D 957 – ✉ 89450 – 371 hab.

L'Espérance

rte de Vézelay – ✆ 03 86 33 39 10 – www.marc-meneau-esperance.com – Fermé de mi-janv. à début mars
21 ch – 🚹180/310 € 🚹🚹180/310 € – 10 suites – ☕ 28 € – ½ P
Rest ***L'Espérance*** ✿✿ – voir les restaurants ci-après
Rest ***Le Bistrot de Gainsbourg*** – Menu 39 € 🍷 *(fermé le soir, dim., lundi, mardi et merc.) (réservation conseillée)*
Serge Gainsbourg aimait à séjourner dans cette belle maison de maître tout en pierre, située au pied de Vézelay. Esprit cottage, classique ou contemporain : plusieurs atmosphères et un seul cap... le raffinement.

L'Espérance (Marc Meneau)

✿✿ *rte de Vézelay – ✆ 03 86 33 39 10 – www.marc-meneau-esperance.com – Fermé de mi-janv. à début mars, lundi midi, merc. midi et mardi sauf fériés*
Menu 60 € (déj. en semaine), 135/198 € – Carte 140/220 € *(réservation conseillée)*
Dans un décor champêtre parmi les plus séduisants qui soient, Marc Meneau délivre une véritable leçon de cuisine. Savamment composées, tout en effets puissants ou subtils, avec des produits de premier ordre, ses assiettes prennent la dimension de classiques. La table d'un grand chef.
➜ Petite marmite façon borchtch, crème de chair de homard. Bœuf-carottes en trois façons. Meringues au fromage blanc, fraises en vacherin.

à Fontette 5 km à l'Est par D 957 – ✉ 89450

Crispol

rte d'Avallon – ✆ 03 86 33 26 25 – www.crispol.com – Ouvert mars-nov.
12 ch – 🚹87 € 🚹🚹87 € – ☕ 12 €
Rest – Menu 26/56 € – Carte 30/50 € *(fermé mardi midi et lundi)*
Maison en pierre à l'entrée du village, avec la Colline éternelle en toile de fond. L'annexe abrite de vastes chambres, datant des années 1990 et bien tenues. Au restaurant, les baies ménagent une belle vue sur la basilique. Plats de tradition.

à Pierre-Perthuis 6 km au Sud-Est par D 957 et D 958 – ✉ 89450 – 127 hab.

Les Deux Ponts avec ch
1 rte de Vézelay – ✆ 03 86 32 31 31 – www.lesdeuxponts.com
– Ouvert 15 mars-15 nov. et fermé merc. d'oct. à avril et mardi
7 ch – †65 € ††65/70 € – ☕ 9 € – ½ P
Menu 24/34 € – Carte 33/44 € *(réservation conseillée)*
Le cadre est rustique, mais relevé d'une pointe d'originalité : notez les amusants lustres hollandais en verre... Côté saveurs, priorité au terroir de l'Yonne, avec quelques ponts jetés vers les dernières tendances. Les chambres sont calmes, simples et bien tenues.

VIA – 66 Pyrénées-Orientales ➜ voir Font-Romeu

VIADUC DE GARABIT

✉ 15100 (Cantal) – **Voir carte n°5-B3**
Paris 520 km – Aurillac 84 km – Mende 74 km – Le Puy-en-Velay 90 km
Carte Michelin 330-H5 – Guide Vert Michelin Auvergne

Beau Site rest, rest,
N 9 – ✆ 04 71 23 41 46 – www.beau-site-hotel.com – Ouvert début mars-fin nov.
15 ch – †73/85 € ††73/85 € – 5 suites – ☕ 12 € – ½ P
Rest – Formule 17 € – Menu 21 € (semaine), 28/48 € – Carte 34/54 €
Le célèbre ouvrage de Gustave Eiffel, le lac ou le jardin : à vous de choisir la vue ! Les chambres, coquettes et confortables, osent une déco moderne et colorée. Pour le reste, c'est cuisine régionale, tennis, piscine et aire de jeux pour les enfants.

Anglards-de-St-Flour 3 km au Nord – ✉ 15100 – 336 hab.

La Méridienne
– ✆ 04 71 23 40 53 – www.hoteldelameridienne.com – Fermé 22 déc.-15 janv.
16 ch – †52/65 € ††54/65 € – ☕ 9 € – ½ P
Rest – Menu 19/40 € – Carte 32/46 €
Un jeune couple a repris cet établissement en 2011. C'est toujours avec le sourire que l'on vous mène aux chambres, pratiques, sans fioritures et très bien tenues (celles avec terrasse donnent sur le grand jardin). Une étape sympathique.

VIBRAC – 16 Charente ➜ voir Jarnac

VIC-EN-BIGORRE

✉ 65500 (Hautes-Pyrénées) – 5 280 hab. – **Voir carte n°28-A2**
Paris 775 km – Aire sur l'Adour 53 km – Auch 62 km – Pau 47 km
Carte Michelin 342-M4

Réverbère rest,
29 bd d'Alsace – ✆ 05 62 96 78 16 – www.hotellereverbere.com
10 ch – †56/59 € ††59/62 € – ☕ 8 € – ½ P
Rest – Formule 12 € – Menu 14 € (semaine), 23/33 € – Carte environ 38 €
(fermé sam. sauf le soir de juin à août et dim. soir)
En léger retrait de la route, maison bigourdanne dont les chambres sont fonctionnelles et bien tenues. Cuisine traditionnelle servie dans une salle lumineuse et égayée de touches colorées.

La Maison d'Anaïs
3 r. Pasteur – ✆ 05 62 96 84 04 – www.chambres-d-hotes-pyrenees.com
3 ch ☕ – †70 € ††75 € **Table d'hôte** – Menu 28 €
Jolie ferme régionale aux faux airs de mas (façade saumon, volets bleus) dans un jardin verdoyant. Chambres au décor raffiné (meubles anciens, beaux tissus...) ; salon et bibliothèque. Petit-déjeuner et dîner en cuisine, autour de la grande table en bois.

VIC-FEZENSAC

✉ 32190 (Gers) – 3 645 hab. – Voir carte n°**28**-A2
Paris 778 km – Auch 32 km – Bordeaux 182 km – Toulouse 106 km
Carte Michelin 336-D7

à Préneron 6 km au Sud-Ouest par N 124, D 157 et rte secondaire – ✉ 32190 – 144 hab.

Auberge La Baquère

lieu-dit la Baquère – ✆ 05 62 06 42 75 – www.aubergelabaquere.com – Fermé 1 semaine début déc., 1 semaine début fév., dim. soir et lundi
Menu 18/39 € – Carte 31/45 €
Cette ferme-auberge a beau être isolée en pleine campagne, les clients sont nombreux. Et pour cause : canard, ramier, truite et anguille y sont cuisinés avec style.

VICHY

✉ 03200 (Allier) – 24 774 hab. – Voir carte n°**6**-C1
Paris 353 km – Clermont-Ferrand 55 km – Montluçon 99 km – Moulins 57 km
Carte Michelin 326-H6 – Guide Vert Michelin Auvergne

Vichy Spa Hôtel Les Célestins

ch,

111 bd des États-Unis – ✆ 04 70 30 82 00 – www.vichy-spa-hotel.fr
131 ch – 138/340 € 138/390 € – 5 suites – 21 € – ½ P Plan : BY**e**
Rest ***N 3*** – Menu 45/72 €
Rest ***Le Bistrot des Célestins*** – Formule 22 € – Menu 31 € *(fermé dim. soir)*
Hôtel moderne, au milieu du parc des Sources, à recommander aux curistes pour son accès direct au spa Vichy. Chambres très spacieuses et piscine panoramique. Gastronomie et diététique sont à l'honneur au N 3, qui bénéficie d'une jolie terrasse. Plats traditionnels et grillades au Bistrot.

Aletti Palace

ch,

3 pl. Joseph Aletti – ✆ 04 70 30 20 20 – www.hotel-aletti.fr Plan : BZ**u**
129 ch – 133/183 € 152/202 € – 15 € – ½ P
Rest – Formule 17 € – Menu 23/36 € – Carte 21/47 €
Face au Grand Casino-Théâtre, cet hôtel élégant fut construit en 1906. Avec ses chambres spacieuses, ses décors classiques, ses grands salons pour les séminaires et les banquets, l'ensemble dégage une impression de luxe cossu.

Pavillon d'Enghien

ch,

32 r. Callou – ✆ 04 70 98 33 30 – www.pavillondenghien.com – Fermé 20 déc.-1er fév. Plan : BY**b**
20 ch – 75/92 € 75/92 € – 11 € – ½ P
Rest ***Les Jardins d'Enghien*** – Formule 17 € – Menu 23 € – Carte 28/46 € *(fermé vend. soir de nov. à avril, dim. soir et lundi)*
Sympathique adresse dans un bâtiment du début du 20e s. disposant de chambres coquettes, décorées façon maison de famille. Accueillant !

Les Nations

rest, rest,

13 bd de Russie – ✆ 04 70 98 21 63 – www.lesnations.com – Ouvert 4 avril-20 oct. Plan : BZ**c**
71 ch – 69/115 € 69/115 € – 12 € – ½ P
Rest – Formule 17 € – Menu 25/36 € – Carte 31/39 € *(fermé dim. soir)*
Situation centrale pour ce bel immeuble 1900 à la façade ouvragée. Le hall et les salons sont confortables ; les chambres sont spacieuses et bien tenues.

Chambord

82 r. de Paris – ✆ 04 70 30 16 30 – www.hotel-chambord-vichy.com – Fermé 20-30 juil. et 20 déc.-30 janv. Plan : CY**k**
27 ch – 50/60 € 62/74 € – 10 € – ½ P
Rest ***L'Escargot qui Tette*** – voir les restaurants ci-après
Depuis 1930, l'affaire est tenue par la même famille. Chambres confortables et chaleureuses, parfaites pour une étape.

BELLERIVE-SUR-ALLIER

Auberger (Av. F.)	A	2
Jean-Jaurès (Av.)	A	16
Ramin (R. G.)	A	28
République (Av.)	A	30

VICHY

Alquié (R.)	BY	15
Belgique (R. de)	BZ	3
Besse (R.)	CZ	20
Briand (Av. A.)	BZ	4
Casino (R. du)	BZ	5
Clemenceau (R. G.)	BZ	6
Colombier (R. Hubert)	BZ	23
Coulon (Av. P.)	BY	7
Foch (R. Mar.)	BZ	8
Glénard (Pl. Frantz)	BY	9
Gramont (Av. de)	A	10
Hôpital (Bd de l')	A	13
Hôtel des Postes (R.)	CY	14
Lattre-de-T. (Bd Mar.-de)	A	17
Lucas (R.)	BY	18
Lyautey (R. du Mar.)	A	19
Parc (R. du)	BZ	22
Paris (R. de)	CY	
Poincaré (Av.)	A	24
Porte-Verrier (R. de la)	BZ	31
Prés.-Eisenhower (Av. du)	BY	25
Prés.-Wilson (R.)	BZ	26
Prunelle (R.)	BZ	27
République (Av.)	A	29
Tour (R. de la)	BZ	32

CREUZIER D 174 A
D 6 MONTLUÇON ST-POURÇAIN
PONT DE L'EUROPE
D 6E
CENTRE OMNISPORTS
PALAIS DU LAC
Rte de Charmeil
Aée des Ailes
ALLIER
R. de Creuzier
R. des Bartins
Av. G. Roux
CUSSET
Av. Thermale
R. J. Jaurès
Bd des Graves
Bd Denière
ROANNE, MÂCON D 2209 MOULINS
CLERMONT-Fd D 2209 GANNAT
A 71 AIGUEPERSE D 984
PARC DES SOURCES
Av. de Vichy
BELLERIVE-SUR-ALLIER
D 1093 RANDAN A
D 906 THIERS LE PUY A 89
0 500 m

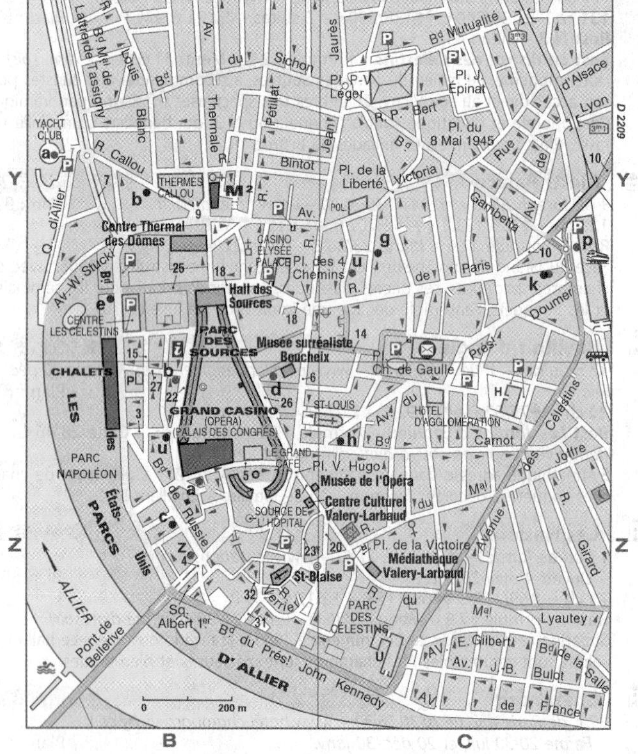

Arverna sans rest

12 r. Desbrest – ☎ 04 70 31 31 19 – www.arverna-hotels-vichy.com – Fermé 21 fév.-16 mars et 27 déc.-5 janv. Plan : CY**g**

23 ch – 60/66 € 66/72 € – 9 €

Un hôtel familial en plein centre, dans une rue calme. Chambres entièrement rénovées (2011), idéales pour une bonne nuit de repos. Accueil charmant.

Central Hôtel Kyriad

6 av. du Prés.-Doumer – ☎ 04 70 31 45 00 – www.centralh.fr Plan : CZ**h**

35 ch – 59/120 € 69/120 € – 10 € – ½ P

Rest – Formule 15 € – Menu 25/39 € – Carte 30/37 € *(fermé dim.)*

Dans le quartier commerçant de la ville, à deux pas du parc des Sources, hôtel proposant des chambres de taille modeste, pratiques et bien insonorisées. Espace détente (jacuzzi, sauna, etc.).

Maison Decoret (Jacques Decoret) avec ch

15 r. du Parc – ☎ 04 70 97 65 06 – www.maisondecoret.com – Fermé de mi-août à début sept., vacances de fév., mardi et merc. Plan : BZ**b**

5 ch – 165/195 € 165/195 € – 21 € – ½ P Menu 68/115 €

Une bâtisse du 19[e]s., une grande véranda cubique jouant sur la transparence : tel est le décor voulu par Jacques Decoret. Recherche esthétique et finesse sont au rendez-vous dans l'assiette, autour de très beaux produits. Et quelques chambres style maison d'hôtes rappelle l'esprit contemporain du lieu. → Prunes acides, sucrées et foie gras de canard froid des Landes. Rouget en écailles, fines courgettes grillées et huître. Saveur du citron jaune déclinée en un limoncello.

L'Alambic

8 r. N.-Larbaud – ☎ 04 70 59 12 71 – Fermé 2-19 mars, 3-27 août, 22 déc.-2 janv., dim. soir, lundi et mardi Plan : CY**u**

Menu 29/69 € – Carte 39/52 € *(réservation conseillée)*

Jean-Jacques et Marie-Ange se l'étaient promis : dans leur restaurant, il y aurait peu de couverts, pour pouvoir mieux régaler les clients. Pari réussi ! Sur une base traditionnelle, le chef marie les produits de saison avec gourmandise. C'est goûteux, parfumé et généreux... sans être alambiqué.

La Table d'Antoine

8 r. Burnol – ☎ 04 70 98 99 71 – www.latabledantoine.com – Fermé 1er-20 mars, 23-29 juin, jeudi soir de nov. à avril, dim. soir et lundi sauf fériés Plan : BZ**d**

Formule 21 € – Menu 24 € (déj. en semaine), 31/69 € – Carte 52/76 €

Voyageur invétéré, le chef aime manier les épices et livre une cuisine gourmande et parfumée. On sent la générosité du passionné... Quant au décor, entre pierre de Volvic, verrière incrustée de motifs végétaux et cuir de Salers, il joue sur une évocation contemporaine de l'Auvergne. Original !

La Table de Marlène

bd de Lattre-de-Tassigny, La Rotonde – ☎ 04 70 97 85 42 – www.restaurantlarotonde-vichy.com – Fermé 1 semaine en nov., janv., lundi et mardi Plan : BY**a**

Menu 31/62 € – Carte 45/75 €

Une soucoupe posée sur un lac, voilà qui n'est pas banal ! À fleur d'eau, dans un décor de verre et d'acier, on se régale d'une cuisine dans l'air du temps. Les bons produits sont préparés avec justesse et les saveurs au rendez-vous. L'été, on peut même profiter de la terrasse. Alors, prêt pour le décollage ?

Et aussi ***Le Bistrot de la Rotonde*** Menu 18/28 € – Carte environ 32 € *(ouvert d'avril à oct. et fermé mardi sauf juil.-août et lundi)*

Brasserie du Casino

4 r. du Casino – ☎ 04 70 98 23 06 – www.brasserie-du-casino.fr – Fermé 4-19 mars, 1 semaine en juin, 2-8 janv., mardi et merc. Plan : BZ**a**

Formule 18 € – Menu 28 € – Carte 31/55 €

Face à l'opéra, cette brasserie a conservé son cadre 1920 tout en boiseries et miroirs. On y retrouve toutes les spécialités du genre, auxquelles le chef ajoute sa propre patte : tête de veau sauce gribiche, mignon de porc à la moutarde, etc.

L'Escargot qui Tette - Hôtel Chambord
82 r. de Paris – ✆ 04 70 30 16 30 – www.hotel-chambord-vichy.com – Fermé 20-30 juil. et 20 déc.-30 janv., dim. soir et lundi Plan : CY**k**
Formule 22 € – Menu 30 € (semaine), 40/50 € – Carte 34/59 €
À la table de l'hôtel Chambord, l'escargot est la vedette d'une carte qui privilégie les recettes traditionnelles. Que les plus pressés se rassurent : le service tout comme les saveurs ne sont pas à la traîne... Une bonne adresse, au décor chaleureux.

L'Hippocampe
3 bd de Russie – ✆ 04 70 97 68 37 – Fermé 16 juin-8 juil., 24 nov.-9 déc., mardi midi, dim. soir et lundi Plan : BZ**z**
Formule 20 € – Menu 29/59 € – Carte 33/65 €
Près du parc des Sources, cet Hippocampe-là est un digne représentant de la mer ! Homard breton, médaillon de lotte, bouillabaisse... Tout est frais et bien préparé. Joli décor contemporain avec vue directe sur les cuisines.

Le Pyl-Pyl
pl. de la Gare – ✆ 04 70 97 51 74 – www.pylpyl.fr Plan : CY**p**
Menu 19 € (déj. en semaine), 28/36 € – Carte 40/60 €
Ici, pas question de jouer à Pyl ou face avec les saveurs ! Dans sa cuisine ouverte sur la salle, assez design, le chef – dont les initiales sont "Pyl" – concocte des recettes canailles, goûteuses et parfumées... Un conseil : pensez à réserver, c'est souvent complet.

à Creuzier-le-Vieux 4 km au Nord – ✉ 03300 – 3 333 hab.

La Fontaine
16 r. de la Fontaine – ✆ 04 70 31 37 45 – www.lafontainevichy.fr – Fermé 30 juin-10 juil., 26 août-4 sept., 22 déc.-7 janv., dim. soir, mardi soir et merc.
Formule 18 € – Menu 27/44 € – Carte 36/64 €
Voilà une sympathique petite auberge, à 10mn de Vichy, où il fait bon s'arrêter quelle que soit la saison. L'été on y mange au bord d'un ruisseau, sous une jolie glycine. Et l'hiver, on s'installe au coin du feu pour savourer viandes grillées et autres recettes traditionnelles. Ambiance conviviale.

VICQ

✉ 03450 (Allier) – 328 hab. – **Voir carte n°5-B1**
Paris 391 km – Clermont-Ferrand 52 km – Guéret 110 km – Moulins 59 km
Carte Michelin 326-F6

Sur le Chemin des Buvats rest,
8 chemin des Buvats – ✆ 04 70 41 26 75 – www.chemindesbuvats.com
5 ch – 85/95 € 110/170 € **Table d'hôte** – Menu 40 €
En pleine nature, cette ferme du 19e s respire la quiétude ! Sa transformation en maison d'hôtes est l'œuvre d'un chef qui souhaitait se reconvertir et de sa compagne. Une réussite : la maison a été remarquée dans plusieurs magazines de déco (esprit zen, belle piscine, bain norvégien, etc.) et sa table d'hôte, avec les légumes du jardin, est très gourmande !

VIC-SUR-CÈRE

✉ 15800 (Cantal) – 1 982 hab. – **Voir carte n°5-B3**
Paris 549 km – Aurillac 19 km – Murat 29 km
Carte Michelin 330-D5 – Guide Vert Michelin Auvergne

Beauséjour
4 av. André-Mercier – ✆ 04 71 47 50 27 – www.beausejour-vic.fr – Ouvert 15 mai-30 sept.
41 ch – 65/108 € 65/108 € – 4 suites – 11 € – ½ P
Rest – Formule 14 € – Menu 19 € (déj. en semaine), 27/34 € – Carte 27/41 €
Parfait pour se mettre au vert, même si on est là pour affaires. Bien que datant des années 1830, ce grand établissement est toujours aussi pimpant, avec des chambres et des suites spacieuses et impeccablement tenues. Le parc est bien agréable.

Bel Horizon

r. Paul-Doumer – ✆ 04 71 47 50 06 – www.hotel-bel-horizon.com – Fermé 13 nov.-16 déc., dim. soir et lundi hors vacances scolaires de nov. à avril
24 ch – 56/63 € 56/63 € – 9 € – ½ P
Rest *Bel Horizon* – voir les restaurants ci-après
La perspective sur le Carladès justifie à elle seule le nom cet établissement traditionnel ; on est en face de la gare, d'où l'on peut rejoindre en dix minutes la station de ski du Lioran. Les chambres sont chaleureuses et bien tenues.

Family Hôtel

19 av. Émile-Duclaux – ✆ 04 71 47 50 49 – www.family-hotel.fr
55 ch – 49/59 € 61/86 € – 9 € – ½ P
Rest – Menu 19/32 € – Carte 18/31 € *(fermé 12 nov.-16 déc.)*
Idéal pour les familles, cet ensemble hôtelier propose au choix des chambres fonctionnelles ou des studios, et diverses activités : piscines, tennis, animations, excursions... Sympathique pour un séjour sport et nature.

Bel Horizon – Hôtel Bel Horizon

r. Paul-Doumer – ✆ 04 71 47 50 06 – www.hotel-bel-horizon.com – Fermé 13 nov.-16 déc., dim. soir et lundi de nov. à avril sauf vacances scolaires
Menu 16 € (déj. en semaine), 22 € /29 € – Carte 26/55 €
Une bâtisse blanche en bord de rue ; en contrebas, la piscine côtoie un bassin à truites, niché dans un petit jardinet. Les larges baies vitrées offrent pour horizon les monts environnants... Un cadre propice au travail d'Éric Bouyssou, qui réalise ici une cuisine généreuse et cultivant le goût du terroir.

au Col de Curebourse 6 km au Sud-Est par D 54 - ✉ 15800 St-Clément

Hostellerie Saint-Clément

– ✆ 04 71 47 51 71 – www.hotelstclementcantal.com – Femé 4 nov.-4 avril, dim. soir et lundi sauf juil.-août
21 ch – 68/85 € 68/85 € – 9 € – ½ P
Rest *Hostellerie Saint-Clément* – voir les restaurants ci-après
Il faut aller à 1 000 m d'altitude pour trouver cette grande bâtisse dans le style du pays. Depuis les chambres – certaines avec un balcon en bois –, on jouit d'une vue plongeante sur la vallée ou sur le jardin. Bien loin des bruits de la ville...

Hostellerie Saint-Clément

– ✆ 04 71 47 51 71 – www.hotelstclementcantal.com – Femé 4 nov.-4 avril, dim. soir et lundi sauf juil.-août
Menu 30/98 € – Carte 56/71 € *(fermé lundi midi en juil.-août)*
Aucun bandit de grand chemin ne rôde autour de cet établissement posé sur le col de Curebourse. Pressé de porc et lentilles, marmite du pêcheur (rouget, lotte, daurade, crevettes) : père et fils concoctent une cuisine pleine de goût et de saveurs, précise et gourmande, où les cuissons sont toujours justes.

VIDAUBAN

✉ 83550 (Var) – 10 165 hab. – **Voir carte n°41-C3**
Paris 841 km – Cannes 63 km – Draguignan 19 km – Fréjus 29 km
Carte Michelin 340-N5

La Bastide des Magnans avec ch

32 av. Galliéni, rte La Garde-Freinet – ✆ 04 94 99 43 91 – www.bastidedesmagnans.com – Fermé 27 juin-4 juil., 24-31 déc., dim. soir, merc. soir hors saison et lundi
5 ch – 75/85 € 85/95 € – 10 €
Formule 20 € – Menu 32 € (semaine), 44/78 € – Carte 66/128 €
Malgré la proximité de la route, comment résister à cette charmante bastide du 18e s. et à son jardin, où l'on s'attable à l'ombre des platanes ? L'esprit de la région habite également la carte (poisson en arrivage direct de la côte, par exemple) et le choix de vins ! Mention spéciale aux chambres, toutes séduisantes.

Concorde

11 pl. Georges Clemenceau – ✆ 04 94 73 01 19 – www.le-concorde-alexandre-viale.com – Fermé 2 semaines en juin, mardi soir en hiver et merc.
Formule 18 € – Menu 26/49 € – Carte 35/70 €
Sur la place du village – où s'étend la terrasse aux beaux jours –, un restaurant aussi provençal que convivial... Au menu, une cuisine généreuse et 100 % terroir avec, en saison, des spécialités de gibier et de champignons. Le chef est un passionné, soucieux du travail bien fait et de fraîcheur !

VIEILLEVIE

✉ 15120 (Cantal) – 107 hab. – **Voir carte n°5-B3**
Paris 600 km – Aurillac 45 km – Entraygues-sur-Truyère 15 km – Figeac 44 km
Carte Michelin 330-C7 – Guide Vert Michelin Auvergne

La Terrasse

Le Bourg – ✆ 04 71 49 94 00 – www.hotel-terrasse.com – Ouvert de fin mars à mi-nov.
23 ch – 52/75 € 52/75 € – 10 € – ½ P
Rest *La Terrasse* – voir les restaurants ci-après
En été, la terrasse face à la piscine embaume du parfum des glycines sur la treille. Dans cet hôtel familial (depuis 1870) sur les rives du Lot, les chambres ne sont pas toutes jeunes mais quelle vue sur les vertes collines !

La Terrasse

Le Bourg – ✆ 04 71 49 94 00 – www.hotel-terrasse.com – Ouvert de fin mars à mi-nov. et fermé dim. soir et lundi sauf le soir en juil.-août
Formule 19 € – Menu 29 € (semaine), 31/45 € – Carte 32/47 €
Au menu de cette auberge, une cuisine en mouvement, qui fait la part belle au poisson, flirte avec les épices et les légumes méditerranéens, et n'oublie pas le terroir auvergnat. Chevreau à l'oseille, filet de sandre rôti au lard, bouillon de gingembre aux agrumes... C'est généreux et savoureux, plein d'imagination !

VIENNE

✉ 38200 (Isère) – 29 328 hab. – **Voir carte n°44-B2**
Paris 486 km – Grenoble 89 km – Lyon 31 km – St-Étienne 49 km
Carte Michelin 333-C4 – Guide Vert Michelin Lyon et sa région

La Pyramide

14 bd Fernand-Point, cours de Verdun, Sud du plan - AZ – ✆ 04 74 53 01 96 – www.lapyramide.com – Fermé 17 fév.-20 mars
20 ch – 190/420 € 200/420 € – 4 suites – 22 €
Rest *La Pyramide* ✿✿ **Rest *L'Espace PH3*** – voir les restaurants ci-après
Une étape historique sur la mythique N 7 : comme à la grande époque, on fait un "stop over" à la Pyramide, moins par nécessité que par plaisir ! Haute gastronomie au restaurant (également un bistrot, le PH3, où l'on cuisine devant vous) et confort bourgeois dans les chambres. Pourquoi repartir ?

La Pyramide (Patrick Henriroux)

✿✿

14 bd Fernand-Point, cours de Verdun, Sud du plan - AZ – ✆ 04 74 53 01 96 – www.lapyramide.com – Fermé 17 fév.-20 mars, mardi et merc.
Menu 62 € (déj. en semaine), 119/172 € – Carte 120/195 €
Une institution sur la route du Midi, en son temps fief du célèbre Fernand Point ! Pas de nostalgie pour autant : dans un décor très design et extrêmement élégant, Patrick Henriroux fait preuve d'un savoir-faire aussi discret qu'imparable. Justesse, invention, subtilité...
➜ Crème soufflée de dormeur au caviar, émietté de tourteau et croquant d'artichaut. Langoustines en coque de kadaïf, sandwich de pinces au chèvre frais et citron confit. Piano au chocolat praliné, sauce au café grillé.

Le Bec Fin

7 pl. St-Maurice – 04 74 85 76 72 – Fermé mardi soir, merc. soir, jeudi soir, dim. soir et lundi Plan : AY**r**

Menu 27 € (semaine), 38/66 € – Carte 39/67 €

Si ce n'est pas de la passion ! Voilà 35 ans que le chef, Roger Jolivet, régale sa clientèle de délicieuses recettes traditionnelles. Pieds paquets, terrine maison aux foies de volailles... Cette cuisine généreuse s'inscrit dans la grande tradition gastronomique de la région lyonnaise. Salutaire !

Le Cloître

2 r. des Cloîtres – 04 74 31 93 57 – www.le-cloitre.net – Fermé 11-17 août, sam. midi et dim. Plan : BY**n**

Menu 22/30 € – Carte 27/39 €

Ambiance jazzy et colorée dans ce restaurant de caractère, situé au pied de la cathédrale St-Maurice. Noix de Saint-Jacques en risotto au parmesan, andouillette artisanale veau et porc à la graine de moutarde, etc. Tout est préparé avec soin et accompagné d'un beau choix de vins...

L'Espace PH3 – Hôtel La Pyramide

14 bd Fernand-Point, cours de Verdun, au Sud du plan - AZ – 04 74 53 01 96 – www.lapyramide.com – Fermé 17 fév.-20 mars

Formule 24 € – Carte 43/52 €

Voici la dernière création de la maison Henriroux, au sein même de La Pyramide. Le décor ? Chic et contemporain, feutré et intime. En cuisine règnent le wok et la plancha, et tout est mené tambour battant par une équipe dont la motivation est communicative... Que d'énergie, que de saveurs !

Saveurs du Marché

34 cours de Verdun - AZ – 04 74 31 65 65 – www.lessaveursdumarche.fr – Fermé 29 mai-2 juin, 5 juil.-11 août, 20 déc.-6 janv., sam., dim. et fériés

Menu 15 € (déj.), 26/43 € – Carte 43/60 € dîner

Un bistrot joliment moderne et très vivant... tout au service des saveurs du marché, bien entendu ! On aurait tort de se priver de cette cuisine très fraîche, soignée et savoureuse, rehaussée par une belle carte de vins de la vallée du Rhône. Et le couple de propriétaires est charmant...

L'Estancot

4 r. Table-Ronde – 04 74 85 12 09 – Fermé 1er-16 sept., de Noël à mi-janv., dim., lundi et fériés Plan : BY**e**

Formule 18 € – Menu 23/32 € – Carte 30/44 €

Une valeur sûre en ville que ce bistrot contemporain sympathique et généreux ! Les habitués apprécient les criques – des galettes de pommes de terre –, spécialités de la maison, à déguster avec, au choix, des foies de volaille, des rognons, des cailles, etc.

à Chasse-sur-Rhône 8 km par ① (Échangeur A7 - sortie Chasse-sur-Rhône) – ✉ 38670 – 5 267 hab.

Ibis Styles

1363 av F.-Mistral – 04 72 49 58 68 – www.ibisstyleslyonsud.com

115 ch – 72/145 € 72/145 €

Rest – Menu 22 € – Carte 25/38 € *(fermé le midi, sam. et dim.)*

Une adresse proche de l'autoroute, qui conviendra aussi bien aux hommes d'affaires qu'aux voyageurs désireux de faire une étape. Les chambres sont décorées dans un style minimaliste, gai et coloré.

à Serpaize 5 km au Nord-Est – ✉ 38200 – 1 511 hab.

Le Brocard

Le Village – 04 74 57 04 51 – www.lebrocrard.com – Fermé dim. et lundi

Menu 15 € (déj. en semaine), 20/65 € – Carte 27/62 €

Dans ce village tout proche de Vienne, le jeune chef, Julien Taurant, met à l'honneur le gibier pendant la saison de chasse, et notamment le… brocard, nom qui désigne un jeune chevreuil. Le reste de la carte est à l'avenant : canaille, gourmande et toujours à l'écoute du terroir.

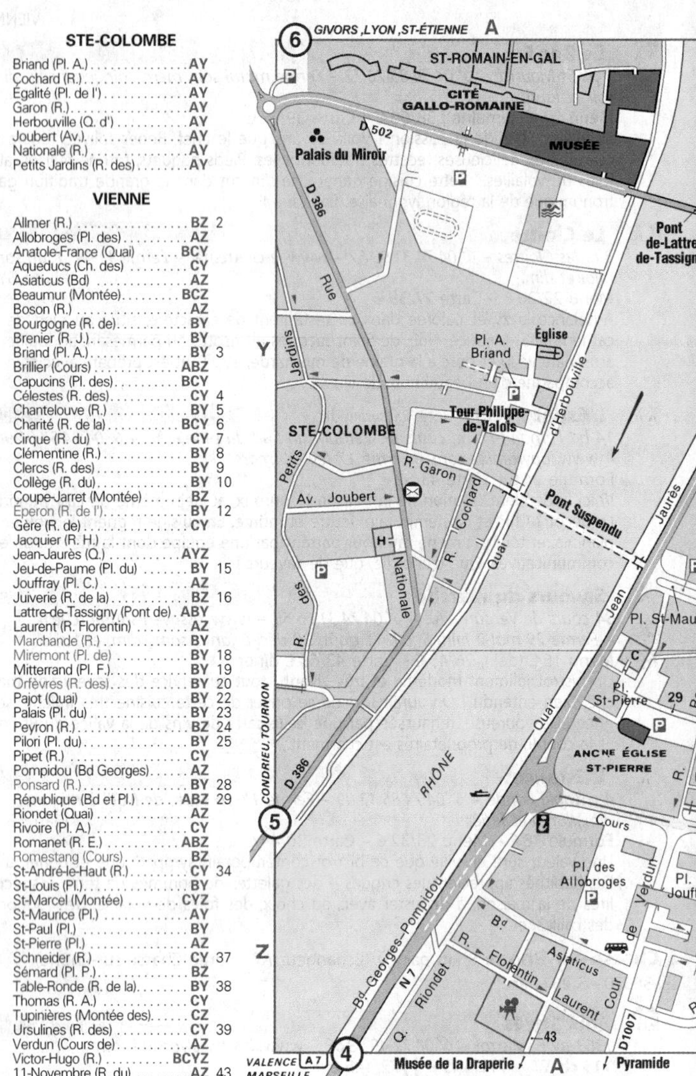

à Estrablin 8 km par ② et D 41 – ✉ 38780 – 3 264 hab.

La Gabetière sans rest

269 Le Logis Neuf, sur D 502 – ✆ 04 74 58 01 31 – www.la-gabetiere.com – Fermé 25 déc.-17 janv.

12 ch – †62 € ††78/88 € – ☕ 11 €

Dans leur parc, ce charmant manoir du 16e s. et ses annexes ont un petit air bucolique. Les chambres adoptent des styles variés et soignés (bonbonnière, provençal, ancien...). Pour les loisirs : une piscine et une aire de jeux.

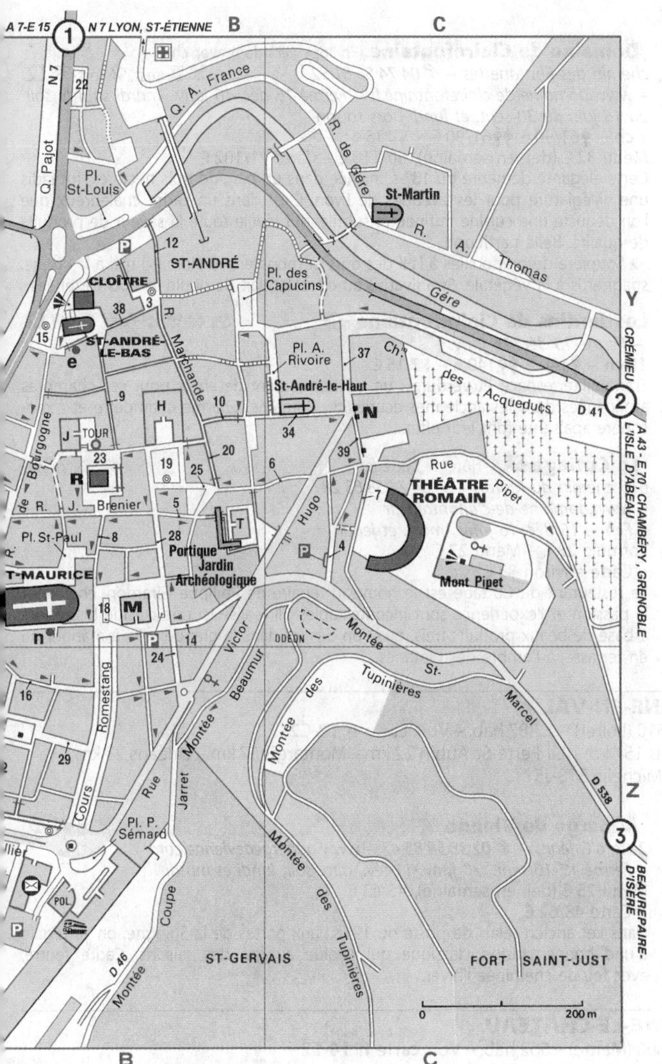

à Chonas-l'Amballan 9 km au Sud par ④ et N 7 – ✉ 38121 – 1 545 hab.

Le Cottage

616 chemin du Marais – ✆ 04 74 58 83 28 – www.domaine-de-clairfontaine.fr – Fermé 15 déc.-16 janv.

11 ch – †95/130 € ††95/130 € – 1 suite – ☕ 12 €

Rest *Le Cottage* – voir les restaurants ci-après

Ce Cottage – en fait une ancienne ferme – est niché dans le calme d'un petit hameau sur les hauteurs du Rhône. Passé le grand hall de réception, on découvre des chambres bien agencées, décorées dans les tons blanc et gris, avec du mobilier contemporain.

Domaine de Clairefontaine (Philippe Girardon) avec ch
chemin des Fontanettes – ✆ 04 74 58 81 52 rest, rest,
– www.domaine-de-clairefontaine.fr – Fermé 15 déc.-16 janv., mardi sauf le soir du 15 juin au 30 sept. et lundi hors saison
7 ch – 61/90 € 61/90 € – 15 €
Menu 32 € (déj. en semaine), 50/110 € – Carte 71/102 €
Cette élégante demeure du 18ᵉ s., nichée dans un parc de trois hectares, fut jadis une villégiature pour les évêques de Lyon. C'est dans un cadre chaleureux que l'on déguste une cuisine raffinée et subtile, qui révèle toute la saveur de produits de qualité. Belle partition !
➜ Soupière de grenouilles à l'ail des ours et mousserons. Homard rôti à la coque, spaghettis à la végétale. Stradivarius au chocolat, lait de poule et noix torréfiées.

Les Jardins de Clairefontaine
– Fermé 15 déc.-16 janv.
18 ch – 140 € 140 € – 15 €
Tranquillité, espace et verdure : un environnement de choix pour ces chambres aménagées dans les anciennes écuries du domaine. Charme champêtre et atmosphère apaisante font leur effet...

Le Cottage – Hôtel le Cottage
616 chemin du Marais – ✆ 04 74 58 83 28
– www.domaine-de-claifontaine.fr
– Fermé 15 déc.-16 janv., merc. et jeudi
Formule 23 € – Menu 27 €
– Carte environ 33 €
Le restaurant du Cottage est le nouveau repaire de Philippe Girardon, chef dont la passion et l'expérience sont incontestables ; il réalise ici une cuisine bistrotière à base de beaux produits frais, que l'on dévore dans la grande salle à manger ou en terrasse, à l'ombre des platanes...

VIENNE-EN-VAL

✉ 45510 (Loiret) – 1 887 hab. – **Voir carte n°12-C2**
Paris 157 km – La Ferté-St-Aubin 22 km – Montargis 57 km – Orléans 23 km
Carte Michelin 318-J5

Auberge de Vienne
2 rte d'Orléans – ✆ 02 38 58 85 47 – www.aubergedevienne.com
– Fermé 1ᵉʳ-16 sept., 20 janv.-11 fév., dim. soir, lundi et mardi
Menu 25 € (déj. en semaine), 45/63 €
– Carte 48/62 €
Dans cet ancien relais de poste du 19ᵉ s., aux portes de la Sologne, on se régale d'une bonne cuisine classique qui évolue au gré des saisons. Cadre feutré, avec feu de cheminée l'hiver.

VIENNE-LE-CHÂTEAU

✉ 51800 (Marne) – 562 hab. – **Voir carte n°14-C2**
Paris 236 km – Châlons-en-Champagne 52 km – Saint-Memmie 50 km – Verdun 49 km
Carte Michelin 306-L7

rte de Binarville 1 km au Nord par D 63 – ✉ 51800 Vienne-le-Château

Le Tulipier rest,
r. St-Jacques – ✆ 03 26 60 69 90 – www.letulipier.com
– Fermé le week-end de déc. à mars
35 ch – 77 € 88 € – 10 € – ½ P
Rest – Formule 15 € – Menu 27 € (semaine)/47 €
– Carte 40/67 €
Sur les hauteurs du village, les amateurs de calme et de nature apprécieront cet hôtel bordant la forêt d'Argonne. En plus de sa piscine couverte et sa salle de fitness, c'est un bon point de chute pour des activités de plein air. Une bonne adresse !

VIERZON

✉ 18100 (Cher) – 26 946 hab. – **Voir carte n°12-C2**
Paris 207 km – Bourges 39 km – Châteauroux 58 km – Orléans 84 km
Carte Michelin 323-I3 – Guide Vert Michelin Limousin Berry

Continental sans rest
104 bis av. E.-Vaillant, 1,5 km au Nord – ☎ 02 48 75 35 22 – www.hotelcontinental18.com
37 ch – 🛉56/62 € 🛉🛉62/73 € – ☕ 9 €
En sortie de ville, dans une construction moderne, une adresse familiale pratique pour l'étape. Préférez les chambres, plus calmes, sur l'arrière du bâtiment. Petite restauration type snack.

Les Petits Plats de Célestin
20 av. Pierre Sémard, (face à la gare) – ☎ 02 48 83 01 63 – www.lamaisondecelestin.com – Fermé 27 avril-6 mai, 17 août-4 sept., 1 semaine vacances de la Toussaint, dim. et lundi
Formule 20 € – Menu 26/30 € – Carte 34/51 €
"Des petits plats réconfortants, qu'on aime retrouver" : voilà ce que défend ce Célestin ! La terrine et le saumon fumé comptent parmi les incontournables de la maison, et l'on peut aussi se régaler d'un sandre au beurre rouge, d'une duxelles d'escargots ou d'une terrine de campagne aux champignons... Épatant.

à Méreau 4 km au Sud par D 918, rte d'Issoudun – ✉ 18120 – 2 396 hab.

Château le Briou d'Autry sans rest
31 r. d'Autry – ☎ 06 88 49 98 98 – www.lebrioudautry.fr – Fermé 2 semaines en août
5 ch ☕ – 🛉92/124 € 🛉🛉92/124 €
Cette gentilhommière du 19e s. cultive l'esprit maison de famille. "Rodin", "George Sand"... chaque chambre honore la mémoire d'un artiste. Aux beaux jours, on profite du parc.

rte de Tours 2,5 km au Nord-Ouest - ✉ 18100 Vierzon

Le Champêtre 
89 rte de Tours – ☎ 02 48 75 87 18 – Fermé 20-30 août, 1 semaine en fév., dim. soir, lundi soir, mardi soir et merc.
Formule 19 € – Menu 23 € (semaine)/38 € – Carte 35/50 €
Une petite maison sympathique à la sortie de la ville. On y apprécie de savoureuses recettes du terroir dans un cadre un rien champêtre. Une adresse familiale où se restaurer à prix raisonnables.

VIEUX-MOULIN – 60 Oise → voir Compiègne

VIEUX-VILLEZ – 27 Eure → voir Gaillon

LE VIGAN

✉ 30120 (Gard) – 3 942 hab. – **Voir carte n°23-C2**
Paris 707 km – Alès 66 km – Lodève 50 km – Mende 108 km
Carte Michelin 339-G5

au Rey 5 km à l' Est par D 999 - ✉ 30570 St-André-de-Majencoules

Château du Rey 
Le Rey – ☎ 04 67 82 40 06 – www.chateaudurey.fr – Ouvert 1er avril-30 sept.
13 ch – 🛉80/99 € 🛉🛉99/180 € – 1 suite – ☕ 11 € – ½ P
Rest – Formule 15 € – Menu 25/46 € – Carte 32/49 € *(fermé dim. soir et lundi sauf juil.-août)*
Tours et mâchicoulis... cette forteresse médiévale a été restaurée par Viollet-le-Duc ! Un certain raffinement a percé les murs : chambres cosy, avec un joli décor à l'ancienne (mobilier de famille, notes rétro). Le restaurant est logé sous les voûtes d'une bergerie du 13[e]s. Priorité au terroir !

VIGNOUX-SUR-BARANGEON

✉ 18500 (Cher) – 2 107 hab. – **Voir carte n°12-C3**
▶ Paris 215 km – Bourges 26 km – Cosne-Cours-sur-Loire 69 km – Gien 70 km
Carte Michelin 323-J3

XXX **Le Prieuré** avec ch

r. Jean Graczyk – ✆ 02 48 51 58 80 – www.leprieurehotel.com – Fermé 26 août-1er sept., vacances de la Toussaint et de fév., mardi et merc. hors saison
6 ch – †62/92 € ††62/92 € – ☕ 8 € – ½ P
Formule 20 € – Menu 27 € (déj. en semaine), 37/47 € – Carte 44/51 €
Dans cet ancien presbytère du 19es., la gourmandise est loin d'être un péché ! On y apprécie une cuisine dans l'air du temps : râble de lapin au romarin et son caviar d'aubergines, meringue glacée à l'arabica et mousse vanille… À déguster dans un décor clair, presque monacal. Belle terrasse.

VILLAINES-LA-JUHEL

✉ 53700 (Mayenne) – 3 072 hab. – **Voir carte n°35-C1**
▶ Paris 222 km – Alençon 32 km – Bagnoles-de-l'Orne 31 km – Le Mans 58 km
Carte Michelin 310-H4

Oasis sans rest

La Sourderie, 1 km par rte de Javron – ✆ 02 43 03 28 67 – www.oasis.fr
15 ch – †49/80 € ††61/130 € – ☕ 8 €
Cette ferme au cachet rustique dispose de chambres ornées de poutres et de murs en briquette. Petit parc (plan d'eau, minigolf).

VILLARD-DE-LANS

✉ 38250 (Isère) – 4 034 hab. – **Voir carte n°45-C2**
▶ Paris 584 km – Die 67 km – Grenoble 34 km – Lyon 123 km
Carte Michelin 333-G7 – Guide Vert Michelin Alpes du Nord

La Roseraie

309 av. Nobecourt – ✆ 04 76 95 11 99 – www.hotellaroseraie.com – Fermé 6-24 avril et 5 nov.-15 déc.
20 ch – †79/139 € ††95/149 € – ☕ 12 € – ½ P
Rest *La Roseraie* – voir les restaurants ci-après
Un joli rendez-vous à l'écart du village... Dans les étages, la vue sur le Vercors est une invitation à la promenade. On aime autant les chambres, cosy et bien décorées, que le restaurant, qui invite à la gourmandise.

X **Les Trente Pas**

16 r. des Francs-Tireurs – ✆ 04 76 94 06 75 – Fermé avril, mi-nov. à mi-déc., dim. soir, lundi et mardi sauf fériés
Menu 17 € (déj. en semaine)/32 € – Carte 35/43 € dîner *(réservation conseillée)*
À quelques pas – une trentaine ? – de l'église de Villard, un restaurant de poche au décor soigné. Dans une jolie salle à manger, l'œil s'attarde sur les tableaux d'un artiste local... Derrière ses fourneaux, le chef honore les bons produits (notamment du Vercors) au gré du marché et de son inspiration. Un travail soigné.

X **La Roseraie** – Hôtel La Roseraie

309 av. Nobecourt – ✆ 04 76 95 11 99 – www.hotellaroseraie.com – Fermé 6-24 avril, 5 nov.-15 déc. et le midi en hiver
Menu 25/39 € – Carte 34/54 €
Sous l'égide d'un jeune chef autodidacte, une petite table qui invente et s'invente. Le décor allie montagne et modernité, de même la carte : pièce de veau bio et ses ravioles de Romans, "cèpes du Vercors" (ces délicieuses meringues), etc.

au Sud-Ouest par D 215 et rte du col du Liorin – ✉38250 Villard-de-Lans

Auberge des Montauds
rest,

aux Montauds : 4 km – ✆ 04 76 95 17 25 – www.auberge-des-montauds.fr – Fermé 30 mars-27 avril et 15 oct.-17 déc.

11 ch – †56/62 € ††73/79 € – ☕ 8 € – ½ P

Rest – Menu 19 € (déj. en semaine), 24/38 € – Carte 27/50 € *(fermé lundi et mardi sauf juil.-août)*

Posée sur les alpages, en altitude, cette ancienne ferme semble vivre en symbiose avec la nature... Les chambres sont typiquement régionales et, à l'heure des repas, on peut manger raclette, fondue, truite fumée ou tête de veau. Une bouffée de Vercors.

La Ferme du Bois Barbu avec ch
rest,

à Bois- Barbu : 3 km – ✆ 04 76 95 13 09 – www.fermeboisbarbu.com – Fermé 27 oct.-9 nov.

8 ch – †59 € ††68 € – ☕ 9 € – ½ P Menu 16 €, 21/28 € *(fermé merc. midi)*

Non loin des pistes de ski de fond et des chemins de randonnée, dans un environnement préservé – que la région est pittoresque ! –, une adresse sympathique, montagnarde mais nullement rude : au cœur de l'hiver, par exemple, le bon feu de cheminée va si bien à la cuisine du terroir...

au Balcon de Villard rte Côte 2000, 4 km au Sud-Est par D 215 et D 215^B – ✉ 38250

Les Playes

Les Pouteils Côte 2000 – ✆ 04 76 95 14 42 – www.hotel-playes.com – Ouvert 12 mai-28 sept. et 13 déc.-13 avril

21 ch – †70/85 € ††95/135 € – ☕ 12 € – ½ P

Rest – Menu 28/45 € – Carte 39/60 € *(ouvert 8 juin-31 août, 20 déc.-30 mars et fermé le midi en hiver)*

Aux commandes de ce grand chalet, deux frères ont repris le flambeau à la suite de leurs parents. Avec en héritage, le souci de bien faire : les chambres sont coquettes, fidèles à l'esprit local, et la cuisine rend hommage aux produits du terroir.

Budget serré ? Profitez des menus déjeuners (déj.) à prix ajustés.

à Corrençon-en-Vercors 6 km au Sud par D 215 – ✉ 38250 – 359 hab.

Hôtel du Golf

Les Ritons – ✆ 04 76 95 84 84 – www.hotel-du-golf-vercors.fr – Ouvert 7 mai-26 oct. et 20 déc.-30 mars

17 ch – †90/115 € ††115/175 € – 5 suites – ☕ 14 € – ½ P

Rest *Le Bois Fleuri* ✿ – voir les restaurants ci-après

Quelle métamorphose pour ce qui n'était il y a cinquante ans qu'une minuscule auberge... L'œuvre de trois générations successives, qui ont créé un bel établissement sans perdre l'esprit de famille (aujourd'hui, le benjamin de la fratrie, menuisier, assure le travail du bois !). Espace, calme, grand confort, prestations variées : on quitte les lieux à regret...

Les Clarines Ⓝ

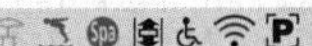

Les Ravauds – ✆ 04 76 95 81 81 – www.lesclarines.com – Fermé 13-30 avril et 3 nov.-20 déc.

16 ch – †80/185 € ††80/185 € – ☕ 14 € – ½ P

Rest – Formule 20 € – Menu 25/51 € – Carte 32/70 € *(fermé lundi midi et mardi midi hors vacances scolaires)*

L'ambiance est chaleureuse dans ce petit hôtel situé au centre du village, à deux pas de l'église. Dans un décor montagnard actuel, on se prélasse au coin du feu ou dans l'espace spa, moderne et confortable (avec sauna, hammam et jacuzzi).

Le Bois Fleuri - Hôtel du Golf

Les Ritons – ✆ 04 76 95 84 84 – www.hotel-du-golf-vercors.fr – Ouvert 7 mai-26 oct. et 20 déc.-30 mars et fermé le midi sauf sam., dim. et fériés

Menu 40/112 € – Carte 80/94 €

Point de ski de fond dans ce restaurant : le chef aime sortir des sentiers déjà tracés, mêler les saveurs et bousculer les papilles. Sa cuisine est équilibriste, et tissée autour d'une belle sélection de produits – notamment du Vercors... Côté vin, la carte honore les côtes-du-rhône, les bourgognes et les bordeaux.

➜ Omble chevalier, saucisse de Méaudre, rhubarbe et pomme. Agneau allaiton de l'Aveyron cuit rosé, girolles, pistaches et grillons de ris meunière. Framboise, crémeux citron, huile d'olive et glace à l'olive taggiasche.

LE VILLARS – 71 Saône-et-Loire ➜ voir Tournus

VILLARS

✉ 84400 (Vaucluse) – 786 hab. – **Voir carte n°42-E1**

▶ Paris 739 km – Aix-en-Provence 96 km – Avignon 58 km – Marseille 112 km

Carte Michelin 332-F10

La Table de Pablo

Hameau des Petits-Cléments – ✆ 04 90 75 45 18 – www.latabledepablo.com – Fermé 1er janv.-13 fév., merc. sauf le soir en juil.-août, jeudi midi de sept. à juin et sam. midi

Formule 17 € – Menu 29/55 € – Carte 46/52 € *(réservation conseillée)*

Pour goûter une cuisine délicate et volontiers créative, à base de beaux produits régionaux, ce restaurant entre vignes et cerisiers est tout trouvé. Mention spéciale pour la paisible terrasse bercée par le chant des cigales...

VILLARS-LES-DOMBES

✉ 01330 (Ain) – 4 399 hab. – **Voir carte n°43-E1**

▶ Paris 433 km – Bourg-en-Bresse 29 km – Lyon 37 km – Villefranche-sur-Saône 29 km

Carte Michelin 328-D4 – Guide Vert Michelin Lyon et sa région

Ribotel sans rest

rte de Lyon – ✆ 04 74 98 08 03 – www.ribotel.fr – Fermé 20 déc.-5 janv.

45 ch – †53/60 € ††63/70 € – ☐ 9 €

Une adresse qui dépanne aux portes du parc ornithologique, avec des chambres fonctionnelles et un petit salon pour la détente (fauteuils club, écran LCD). Prix mesurés.

à Bouligneux 4 km au Nord-Ouest par D 2 – ✉ 01330 – 309 hab.

Le Thou

Le Village – ✆ 04 74 98 15 25 – www.lethou.com – Fermé 1 semaine début mars, 1 semaine fin août, 1 semaine début déc., 1 semaine fin fév., mardi sauf juil.-août, dim. soir et lundi

Menu 29/55 € – Carte 42/56 €

Dès l'entrée de cette ancienne auberge de village superbement fleurie, on est séduit par sa charpente vitrée. La carte célèbre les terroirs de la Bresse et de la Dombes (cuisses de grenouilles fraîches, quenelles de volaille aux morilles). Une table appréciée dans les environs.

VILLÉ

✉ 67220 (Bas-Rhin) – 1 848 hab. – **Voir carte n°2-C1**

▶ Paris 445 km – Lunéville 82 km – St-Dié 48 km – Ste-Marie-aux-Mines 27 km

Carte Michelin 315-H6

La Bonne Franquette

6 pl. Marché – ✆ 03 88 57 14 25 – www.hotel-bonne-franquette.com – Fermé 5-10 juil., 25 oct.-10 nov. et 22 fév.-10 mars

9 ch – †54/56 € ††58/64 € – ☐ 8 € – ½ P

Rest – Formule 9 € – Menu 20/34 € – Carte 28/38 € *(fermé sam. midi, dim. soir et lundi)*

Sur une placette du centre-ville, une auberge familiale abondamment fleurie en saison. Les chambres sont bien tenues, fonctionnelles et confortables. Accueil chaleureux. Restauration traditionnelle.

LA VILLE-AUX-CLERCS

✉ 41160 (Loir-et-Cher) – 1 333 hab. – **Voir carte n°11-B2**
Paris 159 km – Brou 41 km – Châteaudun 29 km – Le Mans 74 km
Carte Michelin 318-D4

Manoir de la Forêt

r. Françoise-de-Lorraine, à Fort-Girard : 1,5 km à l'Est par rte secondaire – ✆ 02 54 80 62 83 – www.manoirdelaforet.fr – Fermé 2-31 janv., merc. de déc. à mars, dim. soir et mardi d'oct. à mars et lundi sauf le soir de mai à sept.
13 ch – †50/70 € ††60/80 € – ☕ 12 €
Rest *Manoir de la Forêt* – voir les restaurants ci-après
Promenons-nous dans les bois... pour y trouver ce beau pavillon de chasse du 19e s. ! Les chambres au mobilier de style (préférez celles du 1er étage, plus récentes) et le salon avec sa cheminée composent un intérieur des plus cossus. Idéal pour un week-end forestier.

Manoir de la Forêt

r. Françoise-de-Lorraine, à Fort-Girard : 1,5 km à l'Est par rte secondaire – ✆ 02 54 80 62 83 – www.manoirdelaforet.fr – Fermé 2-31 janv., merc. de déc. à mars, dim. soir et mardi d'oct. à mars et lundi sauf le soir de mai à sept.
Formule 22 € – Menu 27/51 € – Carte 54/62 €
Au cœur de la forêt, cette table chic cultive joliment le goût de la nature... et de l'époque : beaux produits et préparations maison, esprit terroir et recettes originales – à l'instar d'une tête de veau en millefeuille ou d'un roulé d'agneau rôti et ses légumes au bouillon de couscous. Agréable terrasse.

LA VILLE-BLANCHE – 22 Côtes-d'Armor ➜ voir Lannion

VILLECHAUD – 58 Nièvre ➜ voir Cosne-Cours-sur-Loire

VILLECOMTAL-SUR-ARROS

✉ 32730 (Gers) – 847 hab. – **Voir carte n°28-A2**
Paris 760 km – Aire-sur-l'Adour 67 km – Auch 48 km – Pau 70 km
Carte Michelin 336-D9

Le Rive Droite

1 chemin Saint-Jacques – ✆ 05 62 64 83 08 – www.lerivedroite.com – Fermé 3-13 nov., merc. midi, lundi et mardi sauf du 15 juil. au 20 août
Menu 25 € 🍷 (semaine), 37/42 € – Carte environ 40 €
George Sand séjourna dans cette élégante chartreuse (18e s.) située au bord de la rivière. L'ancien et le contemporain s'y mêlent avec brio ; belle cuisine dans l'air du temps.

VILLECROZE

✉ 83690 (Var) – 1 201 hab. – **Voir carte n°41-C3**
Paris 835 km – Aups 8 km – Brignoles 38 km – Draguignan 21 km
Carte Michelin 340-M4 – Guide Vert Michelin Côte d'Azur

Le Colombier avec ch

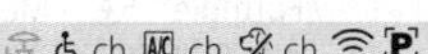

185 rte de Draguignan – ✆ 04 94 70 63 23 – www.lecolombier-var.com – Fermé 15 nov.-20 déc.
6 ch – †80/90 € ††90/139 € – ☕ 11 €
Formule 20 € – Menu 29 € (semaine)/85 € – Carte 40/93 € *(fermé dim. soir, mardi soir et lundi hors saison)*
Un accueil d'une grande gentillesse, un décor qui a la douceur de la Provence (mobilier traditionnel, fleurs fraîches, etc.) et une cuisine sûre de ses classiques, en toute simplicité... Et l'on peut nicher dans ce Colombier, en profitant de l'une des chambres d'esprit régional.

au Sud-Est 3 km par rte de Draguignan et rte secondaire – ✉ 83690 Salernes

X **Au Bien Être** avec ch ch, rest, P
chemin du Bien-être – ☎ 04 94 70 67 57 – www.aubienetre.com – Ouvert de mars à sept. et fermé lundi midi, mardi midi et merc. midi
8 ch – †59/92 € ††59/92 € – ☕ 9 € – ½ P
Formule 19 € – Menu 29/68 € – Carte 36/64 €
Coquette salle à manger dans les tons bordeaux et blanc, cheminée, agréable terrasse sous les chênes et cuisine du terroir avec un menu spécifique dédié à la truffe : bien-être assuré ! Pour l'étape, chambres fraîches ouvertes sur la piscine.

VILLE D'AVRAY – 92 Hauts-de-Seine ➜ voir Paris, Environs

VILLEDIEU-LES-POÊLES

✉ 50800 (Manche) – 3 871 hab. – Voir carte n°**32**-A2
Paris 314 km – Alençon 122 km – Avranches 26 km – Caen 82 km
Carte Michelin 303-E6 – Guide Vert Michelin Normandie Cotentin

Manoir de l'Acherie P
37 r. Michel-de-l'Épinay, à Ste-Cécile, 3,5 km à l'Est par D 975 et D 554 (sortie 38 sur A 84) – ☎ 02 33 51 13 87 – www.manoir-acherie.fr – Fermé 3-17 mars, 13 nov.-5 déc., dim. soir du 12 oct. au 10 avril et lundi
18 ch – †70/120 € ††70/120 € – ☕ 10 € – ½ P
Rest *Manoir de l'Acherie* – voir les restaurants ci-après
Non loin de Villedieu-les-Poêles, ce manoir du 17e s. accueille les voyageurs dans une ambiance familiale et rustique : le bois des poutres et des meubles se mêle à la paille des chaises et à la pierre d'une grande cheminée... Jolie étape dans le bocage normand !

Le Fruitier rest,
pl. des Costils – ☎ 02 33 90 51 00 – www.le-fruitier.com
48 ch – †46/113 € ††46/113 € – ☕ 10 € – ½ P
Rest – Formule 13 € – Menu 26/35 € – Carte 25/35 €
Dans le centre de la "cité du cuivre", cette hôtellerie familiale a su donner à la plupart de ses chambres un look contemporain et épuré, bienvenu pour une étape. On pourra profiter du restaurant traditionnel (avec une formule bistrot au déjeuner en semaine).

XXX **La Ferme de Malte** avec ch P
11 r. Jules-Tétrel – ☎ 02 33 91 35 91 – www.lafermedemalte.fr – Fermé 24-26 déc., dim. soir, merc. soir et lundi
4 ch – †80/100 € ††80/100 € – ☕ 12 € Menu 21/40 € – Carte 34/53 €
Cette ancienne ferme de l'ordre de Malte abrite des salles chaleureuses donnant sur une terrasse. Cuisine traditionnelle et quelques préparations dans l'air du temps. Chambres calmes et confortables pour prolonger l'étape.

XX **Manoir de l'Acherie** – Hôtel Manoir de l'Acherie P
37 r. Michel-de-l'Épinay, à Ste-Cécile, 3,5 km à l'Est par D 975 et D 554 (sortie 38 sur A 84) – ☎ 02 33 51 13 87 – www.manoir-acherie.fr – Fermé 1er-16 mars, 15 nov.-6 déc., dim. soir du 10 oct. au 10 avril et lundi
Formule 16 € – Menu 21/44 € – Carte 32/80 €
Au cœur du bocage, on se réfugie avec plaisir dans la chaleur de ce manoir du 17e s. Les plats du terroir régional sont à l'honneur, comme les grillades au feu de bois dans la grande cheminée en pierre... Un vrai moment gourmand, version pomme et crème fraîche !

VILLEDIEU-SUR-INDRE

✉ 36320 (Indre) – 2 744 hab. – Voir carte n°**11**-B3
Paris 280 km – Bourges 80 km – Châteauroux 14 km – Orléans 155 km
Carte Michelin 323-F5

La Gourmandine

1 av. de la Gare – ✆ 02 54 29 87 91 – Fermé 2 semaines en mars, 2 semaines en août, 1 semaine en janv., merc. soir, dim. soir et lundi
Menu 17 € (déj. en semaine), 26/49 € – Carte 36/60 €
Quinze ans passés dans le Puy-de-Dôme, puis retour au pays natal pour créer ce lieu chaleureux, feutré et élégant, où la pierre et le bois se conjuguent parfaitement.... Le patron donne beaucoup et concocte une cuisine très alléchante. Une carte volontairement courte, de beaux produits : on ne manque pas d'appétit !

VILLEFARGEAU – 89 Yonne ➔ voir Auxerre

VILLEFRANCHE-DE-CONFLENT

✉ 66500 (Pyrénées-Orientales) – 238 hab. – **Voir carte n°22-B3**
Paris 898 km – Mont-Louis 31 km – Olette 11 km – Perpignan 51 km
Carte Michelin 344-F7

Auberge Saint-Paul

7 pl. de l'Église – ✆ 04 68 96 30 95 – http://auberge.stpaul.pagesperso-orange.fr – Fermé 18-26 juin, 2 semaines fin nov., 3 semaines en janv., mardi hors saison, merc. soir, dim. soir et lundi
Formule 19 € – Menu 27/51 € – Carte 54/75 €
Poutres, pierres apparentes et terrasse sous un tilleul... Ce restaurant installé dans une ancienne chapelle ne manque pas de séduire ! Quant à la cuisine, subtile, gourmande et très parfumée, elle révèle toute la passion de la chef, Patricia Gomez, pour la gastronomie, mais aussi les vins, en particulier locaux.

L'Odyssée Ⓝ

44 r. St-Jacques – ✆ 04 34 52 93 51 – www.restaurantlodyssee.com – Fermé 14-19 août, 1er janv.-13 fév., jeudi de juin à août, lundi et mardi de sept. à mai
Formule 20 € – Menu 28/75 € – Carte 46/63 €
Tel Ulysse retrouvant l'île d'Ithaque, on retourne avec plaisir à l'Odyssée, ce restaurant situé dans la ville fortifiée. Un jeune couple y concocte des recettes à quatre mains, colorées et fortes en goût, tels ces raviolis de bar et de moules du Mont-St-Michel aux légumes. L'été, on profite du patio : paisible Odyssée !

VILLEFRANCHE-DE-ROUERGUE

✉ 12200 (Aveyron) – 12 124 hab. – **Voir carte n°29-C1**
Paris 614 km – Albi 68 km – Cahors 61 km – Montauban 80 km
Carte Michelin 338-E4

Les Fleurines sans rest

17 bd Haute-Guyenne – ✆ 05 65 45 86 90 – www.lesfleurines.com – Fermé 1er semaine de janv.
18 ch – †64/99 € ††64/99 € – ☕ 10 €
À deux pas de la chapelle des Pénitents-Noirs, une engageante bâtisse en pierre, avec des chambres contemporaines. Sobre et design, mais néanmoins très cosy : le meilleur hôtel du centre-ville.

L'Épicurien

8 bis av. Raymond-St-Gilles – ✆ 05 65 45 01 12 – www.restaurant-lepicurien-villefranche.fr – Fermé dim. soir et lundi
Formule 17 € – Menu 31/45 € – Carte 48/60 €
Cassolette d'escargots en cocotte lutée, pied de cochon cuisiné au foie gras, encornet farci à la mousseline de saumon sauvage : terroir et tradition régionale sont à la carte de ce restaurant rustique et chaleureux. Les amateurs de fraîcheur apprécieront la terrasse abritée, idéale en fin de journée...

Côté Saveurs

5 r. Belle-Isle – ✆ 05 65 65 83 64 – www.cote-saveurs.fr – Fermé 1er-16 juil., dim. et lundi
Menu 18 € (déj. en semaine), 31/60 € – Carte 48/64 €
Un lieu dans l'air du temps, cosy et contemporain (pierres apparentes, touches pop). La cuisine, colorée, fraîche et goûteuse, sait mettre en valeur le terroir aveyronnais : caille sur un blinis de cébettes et crème légère à l'arachide, ou encore lapin longuement confit au jus réduit au vin rouge et cumin... un régal !

L'Assiette Gourmande

pl. André Lescure – ✆ 05 65 45 25 95 – Fermé 18 mars-3 avril, 27 mai-4 juin, mardi sauf de juil. à sept. et merc.
Menu 15 € (semaine), 20/26 € – Carte 25/46 €
Au cœur de la vieille ville, cette maison du 13e s., rustique à souhait, est l'endroit idéal pour savourer des grillades et de bons petits plats régionaux... et cela se sait : le restaurant a très bonne réputation alentour !

au Farrou Nord 4 km par D 1E – ✉ 12200

Relais de Farrou

– ✆ 05 65 45 18 11 – www.relaisdefarrou.com – Fermé 25 janv.-7 fév., 3-14 nov., 19-26 déc.
26 ch – 72/104 € 84/120 € – 11 € – ½ P
Rest ***Relais de Farrou*** – voir les restaurants ci-après
Entre route et rivière, ce relais de poste né en 1792 a su rester jeune et frais ! Les chambres sont contemporaines et confortables, et tout invite à se détendre : le tennis, le minigolf, la piscine, ou encore le fitness...

Relais de Farrou

– ✆ 05 65 45 18 11 – www.relaisdefarrou.com – Fermé 25 janv.-7 fév., 3-14 nov., 19-26 déc., sam. midi, dim. soir et lundi hors saison
Formule 15 € – Menu 23/52 € – Carte 47/57 €
Cette maison est chargée d'histoire : c'était autrefois un relais de poste, c'est désormais un relais gourmand ! Demi-homard grillé à la mousseline de pommes de terre aux truffes, veau de l'Aveyron à l'aligot et caviar d'aubergine : on se régale de jolis petits plats accompagnés de vins bien choisis.

VILLEFRANCHE-SUR-MER

✉ 06230 (Alpes-Maritimes) – 5 419 hab. – **Voir carte n°42-E2**
Paris 932 km – Beaulieu-sur-Mer 3 km – Nice 5 km
Carte Michelin 341-E5 – Guide Vert Michelin Côte d'Azur

Accès et sorties : Voir plan de Nice

Versailles

7 bd Princesse Grace de Monaco – ✆ 04 93 76 52 52 – www.hotelversailles.com – Ouvert du 1er avril à fin oct. Plan : **k**
46 ch – 140/180 € 150/300 € – 15 € – ½ P
Rest – Menu 44 € – Carte environ 48 € *(fermé lundi et mardi)*
Quelle vue idyllique sur le golfe ! Dans cet agréable hôtel familial, les chambres – de style contemporain – ont toutes un balcon ou une terrasse donnant sur la rade. Pour un séjour au rythme de la Grande Bleue...

Welcome sans rest

3 quai Courbet – ✆ 04 93 76 27 62 – www.welcomehotel.com – Fermé 11 nov.-20 déc. Plan : **n**
33 ch – 135/279 € 135/358 € – 2 suites – 18 €
Welcome : un nom tout trouvé pour cet hôtel accueillant et confortable, jadis fréquenté par Jean Cocteau, qui décora la chapelle St-Pierre voisine. L'emplacement est idéal : face aux flots, chaque chambre dispose d'un balcon envahi par le soleil...

La Fiancée du Pirate sans rest

8 bd de la Corne d'Or – ✆ 04 93 76 67 40 – www.fianceedupirate.com – Fermé 14 nov.-26 déc. et 12 janv.- 6 fév. Plan : **b**
15 ch – 85/145 € 95/155 € – 12 €
À l'écart de l'agitation portuaire, un hôtel familial des plus sympathiques : les chambres jouent la carte contemporaine, la vue sur la baie est ravissante et, pour l'anecdote, le propriétaire est un ancien footballeur professionnel !

La Flore sans rest

5 bd Princesse Grace de Monaco – ✆ 04 93 76 30 30 – www.hotel-la-flore.fr
31 ch – 76/230 € 76/230 € – 12 € Plan : **e**
Sur la corniche, cette bâtisse ocre domine la rade de Villefranche. Les chambres, décorées avec sobriété, disposent pour la plupart d'une agréable loggia donnant sur les flots... Aux beaux jours, on prend son petit-déjeuner en terrasse. À noter : quelques chambres familiales en duplex.

VILLEFRANCHE-SUR-MER

Cauvin (Av. V.) 2
Corderie (Quai de la) 3
Corne d'Or (Bd de la) 5
Courbet (Quai Amiral) 6
Église (R. de l') 7
Foch (Av. du Maréchal) 8
Gallieni (Av. Général) 9
Gaulle (Av. Général-de) 10
Grande-Bretagne (Av. de) 12
Joffre (Av. Maréchal) 14
Leclerc (Av. Général) 15
Marinières (Promenade des) . . . 16
May (R. de) 18
Obscure (R.) 19
Paix (Pl. de la) 20
Poilu (R. du) 22
Pollonais (Pl. A.) 24
Ponchardier (Quai Amiral) 25
Poullan (Pl. F.) 26
Sadi-Carnot (Av.) 28
Settimelli-Lazare (Bd) 30
Soleil d'Or (Av. du) 31
Verdun (Av. de) 32
Victoire (R. de la) 34
Wilson (Pl.) 35

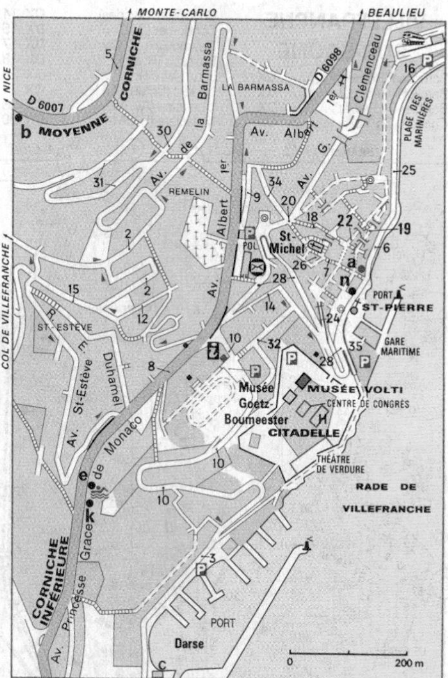

La Mère Germaine

9 quai Courbet – ✆ 04 93 01 71 39 – www.meregermaine.com – Fermé 3 nov.-24 déc.

Plan : **a**

Menu 47 € – Carte 69/109 €

Poisson frais et fruits de mer depuis 1938 : la Mère Germaine est une institution locale, où Cocteau avait notamment ses habitudes ! On le comprend tant le repas est agréable, attablé en terrasse face au port...

VILLEFRANCHE-SUR-SAÔNE

✉ 69400 (Rhône) – 35 326 hab. – **Voir carte n°43-E1**

▶ Paris 432 km – Bourg-en-Bresse 54 km – Lyon 33 km – Mâcon 47 km

Carte Michelin 327-H4 – Guide Vert Michelin Lyon et sa région

Ici & Là

384 bd Louis-Blanc – ✆ 04 37 55 09 09 – www.hotelicietla.com

Plan : BZ**a**

78 ch – †95/180 € ††95/180 € – ☕ 15 € – ½ P

Rest *Belooga* – voir les restaurants ci-après

Un hôtel tout récent, créé à deux pas du centre-ville. Le bâtiment, très contemporain, répond aux normes Haute Qualité Environnementale ; les chambres se révèlent spacieuses, fonctionnelles et bien insonorisées. Une adresse agréable, ici et nulle part ailleurs.

Newport

610 av. de l'Europe, Z.I. Nord-Est – ✆ 04 74 68 75 59

Plan : DX**v**

48 ch – †66 € ††78 € – ☕ 8 €

Rest – Menu 16/38 € – Carte 24/42 € *(fermé 2 semaines en août, 2 semaines à Noël, sam., dim. et fériés)*

Jouxtant le parc des expositions, près d'une route très passante, cet hôtel-restaurant est certes sans charme notable, mais très bien insonorisé, frais et soigneusement tenu. Bienvenu lors d'un déplacement professionnel ou autre.

VILLEFRANCHE-SUR-SAÔNE

Barbusse (Bd Henri) . . . . **CX** 2
Beaujolais (Av. du) . . . . **CX** 3
Berthier (R. Pierre) . . . . **DX** 7
Chabert (Ch. du) . . . . **CX** 12
Charmilles (Av. des) . . . . **CX** 14
Condorcet (R.) . . . . **DX** 15
Desmoulins (R. Camille) . . . **DX** 17
Écossais (R. de l') . . . . **DX** 18
Joux (Av. de) . . . . **DX** 25
Leclerc (Bd du Gén.) . . . . . . **CX** 27
Libération (Av. de la) . . . . . . **CX** 28
Maladière (R. de la) . . . . **CX** 30
Nizerand (R. du) . . . . **CX** 35
Paradis (R. du) . . . . **CX** 37
Pasquier (Bd Pierre) . . . . **DX** 39
Plage (Av. de la) . . . . **DX** 40
St-Roch (Montée) . . . . **CX** 43
Salengro (Bd Roger) . . . . **CX** 46
Savoye (R. C.) . . . . **DX** 48
Tarare (R. de) . . . . **CX** 54

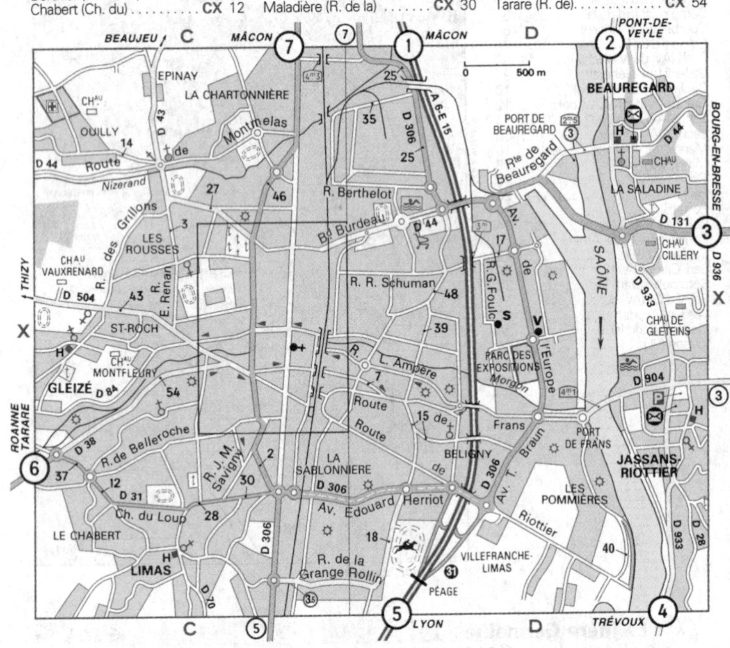

La Ferme du Poulet avec ch

180 r. Mangin, Z.I. Nord-Est – ✆ 04 74 62 19 07 – www.lafermedupoulet.com – Fermé 2 semaines en août, 1 semaine en déc., dim. soir et lundi Plan : DX**s**

9 ch – 95 € 105/115 € – 14 €

Menu 24 € (déj.), 36/58 € – Carte environ 57 €

Joli endroit que cette ferme du 17e s. tout en pierre, transformée en hôtel-restaurant. L'établissement a été repris en 2012 par un nouveau couple de professionnels, qui a modernisé le décor et propose une cuisine de tradition fraîche et bien tournée, dans la lignée de la réputation des lieux.

Belooga – Hôtel Ici & Là

384 bd Louis-Blanc – ✆ 04 37 55 09 09 – www.hotelicietla.com Plan : BZ**a**

Formule 23 € – Menu 28/45 € – Carte 42/55 €

Une brasserie chic et contemporaine, supervisée par les chefs Hervé Raphanael et Guy Lassausaie. Tout y est fait maison, des amuse-bouches aux desserts, et le menu change chaque semaine. Tartare de féra à l'huile de noisette, caille rôtie dans sa cocotte aux raisins "prémices des vendanges" : original et savoureux !

Le Juliénas - Fabrice Roche

236 r. d'Anse – ✆ 04 74 09 16 55 – www.restaurant-lejulienas.com – Fermé 3 semaines en août, 1er-7 janv., lundi soir, sam. midi et dim. Plan : BZ**v**

Menu 26 € (déj. en semaine), 38/69 € – Carte 69/85 €

Du nom d'un cru du Beaujolais bien connu, cette table honore les produits de la région… et la bonne cuisine en général. Le chef concocte une carte d'une belle finesse, subtile et très aromatique. Un vrai plaisir ! Décor contemporain, avec une agréable terrasse côté jardin. ➜ Homard breton en cromesquis et sabayon verveine-curry. Saint-pierre grillé, suc de coriandre et champignons marinés. Chocolat-cardamome en sphère croquante, mousse de figue et amertume de cacao.

VILLEFRANCHE-SUR-SAÔNE

Arts (Pl. des) . . . . AZ 49
Belleville (R. de) . . . . BY 5
Carnot (Pl.) . . . . BZ 9
Faucon (R. du) . . . . BY 19
Fayettes (R. des) . . . . BZ 20
Grange-Blazet (R.) . . . . BZ 23
Marais (Pl. des) . . . . BZ 32
Nationale (R.) . . . . BYZ
République (R. de la) . . . . AZ 41
Salengro (Bd Roger) . . . . AY 46
Savigny (R. J.-M.) . . . . AZ 47
Sous-Préfecture (R.) . . . . AZ 50
Stalingrad (R. de) . . . . BZ 52

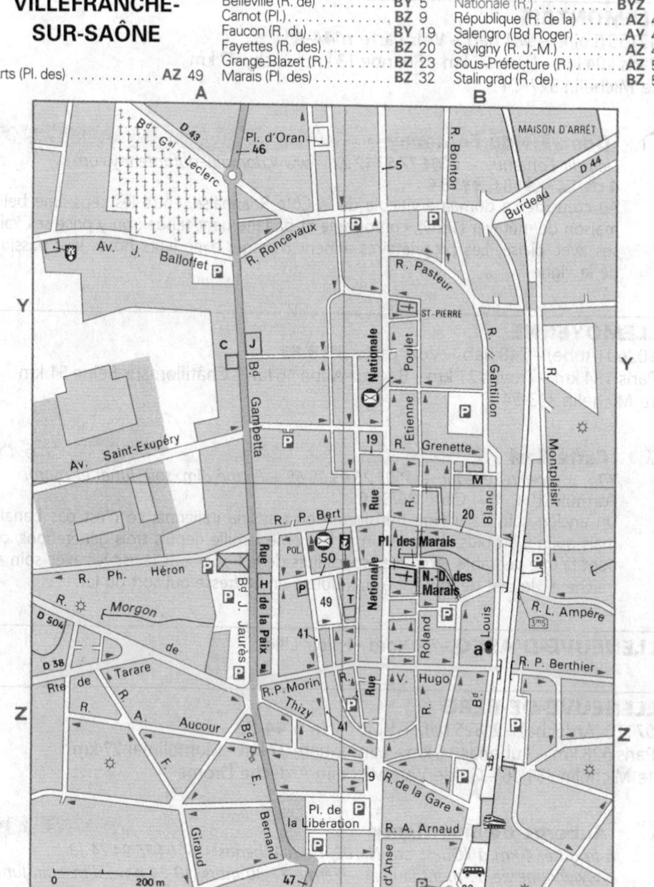

VILLEGENON

✉ 18260 (Cher) – 237 hab. – **Voir carte n°12-C2**
▶ Paris 190 km – Bourges 49 km – Nevers 83 km – Orléans 82 km
Carte Michelin 323-L2

La Récréation Gourmande

Le Bourg – ✆ 02 48 73 45 36 – Fermé 1er-15 juil., 26 déc.-8 janv., lundi soir, mardi soir et merc.
Formule 12 € – Menu 19/26 € – Carte 24/38 €
Dans cette ancienne école, où trône un vieux poêle surmonté d'un bonnet d'âne, les mauvais élèves ne sont pas mis au pain sec et à l'eau ! Quel que soit le niveau de la classe, tout le monde se régale d'une cuisine de produits généreuse et goûteuse. Une agréable Récréation Gourmande...

VILLEMONTAIS

✉ 42155 (Loire) – 981 hab. – Voir carte n°**44**-A1
Paris 404 km – Lyon 95 km – Roanne 13 km – Vichy 77 km
Carte Michelin 327-C4

Domaine du Fontenay sans rest

Lieu-dit Fontenay – ✆ 04 77 63 12 22 – www.domainedufontenay.com
4 ch – 68 € 78 €
Au cœur de ce domaine viticole de la Côte Roannaise, entre les ceps, une belle maison de métayer (1869), confortable et parfaitement tenue : on y pose ses valises avec plaisir. Les propriétaires aiment partager avec leurs hôtes leur passion de la vigne !

VILLEMOYENNE

✉ 10260 (Aube) – 748 hab. – Voir carte n°**13**-B3
Paris 184 km – Troyes 21 km – Bar-sur-Aube 46 km – Châtillon-sur-Seine 51 km
Carte Michelin 313-F4

Caffè Cosi

30 r. Marcellin-Lévêque – ✆ 03 25 43 68 68 – Fermé dim. soir, lundi et mardi
Formule 19 € – Carte 26/36 €
Un ancien café de village transformé en trattoria italienne, ce n'est pas banal... mais quand, en plus, il est tenu par la même famille depuis trois générations, on tient là une véritable saga ! Les spécialités de la Botte sont revisitées avec soin et fraîcheur ; le plat de jour est à prix doux : une adresse qui sort du lot.

VILLENEUVE-D'ASCQ – 59 Nord ➜ voir Lille

VILLENEUVE-DE-BERG

✉ 07170 (Ardèche) – 2 825 hab. – Voir carte n°**44**-B3
Paris 628 km – Aubenas 16 km – Largentière 27 km – Montélimar 27 km
Carte Michelin 331-J6 – Guide Vert Michelin Ardèche Drôme

Auberge de Montfleury

à la gare, 4 km à l'Ouest par N 102, rte d'Aubenas – ✆ 04 75 94 74 13 – www.auberge-de-montfleury.fr – Fermé 17-30 mars, 10-24 nov., dim. soir, lundi et mardi
Formule 17 € – Menu 30/80 € – Carte 48/57 €
Dans cette sympathique auberge, on savoure une généreuse cuisine qui varie avec les saisons. Le chef affectionne les bons produits locaux et concocte un petit menu terroir.

La Table de Léa

Le Petit Tournon, 1,5 km au Sud-Ouest par D 558 – ✆ 04 75 94 70 36 – www.restaurant-table-lea.com – Fermé 3-30 nov., merc. et le midi du lundi au jeudi
Menu 26/55 € – Carte environ 55 € *(réservation conseillée)*
Dans cette ancienne grange, la chef élabore une cuisine du marché assez personnelle. Pendant ce temps-là, on profite de la belle terrasse sous les marronniers...

VILLENEUVE-LA-GARENNE – 92 Hauts-de-Seine ➜ voir Paris, Environs

VILLENEUVE-LA-SALLE – 05 Hautes-Alpes ➜ voir Serre-Chevalier

VILLENEUVE-LE-ROI – 94 Val-de-Marne ➜ voir Paris, Environs

VILLENEUVE-LÈS-AVIGNON

✉ 30400 (Gard) – 12 384 hab. – **Voir carte n°23-D2**
Paris 678 km – Avignon 8 km – Nîmes 46 km – Orange 28 km
Carte Michelin 339-N5 – Guide Vert Michelin Provence

Plan : voir à Avignon

Le Prieuré

7 pl. du Chapitre – ✆ 04 90 15 90 15 – www.leprieure.com – Ouvert de début avril à fin nov. Plan : AV**t**
25 ch – †200/700 € ††200/700 € – 13 suites – ☕ 25 € – ½ P
Rest ***Le Prieuré*** ✿ – voir les restaurants ci-après
Le palais des Papes n'est pas si loin... Au cœur de la cité médiévale de Villeneuve, ce prieuré du 14e s. distille un je-ne-sais-quoi d'exclusivité. Vieilles pierres, dernier chic contemporain, superbe jardin... à l'écart du monde.

La Magnaneraie

37 r. Camp-de-Bataille – ✆ 04 90 25 11 11 – www.magnaneraie.najeti.fr – Fermé 2-28 fév. Plan : AV**b**
30 ch – †100/214 € ††100/269 € – 2 suites – ☕ 15 € – ½ P
Rest – Formule 18 € – Menu 25 € (déj.), 35/89 € – Carte environ 70 € *(fermé merc. midi et dim. d'oct. à avril et sam. midi)*
Cette élégante demeure du 15es. propose des chambres contemporaines (styles romantique, colonial...). Bar ouvert sur une terrasse ombragée de platanes, jardin fleuri. Restaurant rehaussé de fresques et de colonnes ; cuisine provençale.

La Suite sans rest

65-67 r. de la République – ✆ 04 90 21 51 07 – www.hotellasuite.fr – Ouvert de mi avril à mi-oct. Plan : AV**a**
6 ch – †135/245 € ††135/245 € – 3 suites – ☕ 15 €
Au cœur de la ville, ce petit hôtel de charme a été créé en 2011 dans une ancienne biscuiterie du 17e s. Les chambres et les suites ont chacune leur univers : ethnique, années pop, urbain... Bel espace détente et joli jardin. Une adresse à croquer !

L'Atelier sans rest

5 r. de la Foire – ✆ 04 90 25 01 84 – www.hoteldelatelier.com Plan : AV**e**
20 ch – †79 € ††89/119 € – ☕ 10 €
Une vraie maison de charme (16e s.) : bel escalier, chambres dotées de meubles anciens, poutres apparentes, objets d'art et, aux beaux jours, petit-déjeuner dans le joli patio.

Le Prieuré – Hôtel Le Prieuré

✿ *7 pl. du Chapitre – ✆ 04 90 15 90 15 – www.leprieure.com – Ouvert de début avril à fin nov. et fermé dim. soir, mardi midi et lundi sauf de mai à sept.*
Formule 39 € 🍷 – Menu 49 € 🍷 (déj.), 75/135 € Plan : AV**t**
– Carte 106/116 €
Une seule prière pour cette table bucolique : des produits de saison, mis en valeur au fil du calendrier... Les préparations sont fines et délibérément simples. Entre rosiers et glycine séculaire, la terrasse se révèle charmante.
➜ Cannelloni de langoustine à la chair de tourteau. Saint-pierre saisi à l'huile d'olive et mousseline de fenouil à la graine de caviar. Soupe de pêche au parfum de marjolaine et meringue.

VILLENEUVE-LÈS-BÉZIERS – 34 Hérault ➜ voir Béziers

VILLENEUVE-LOUBET

✉ 06270 (Alpes-Maritimes) – 15 020 hab. – **Voir carte n°42-E2**
Paris 915 km – Antibes 12 km – Cannes 22 km – Grasse 24 km
Carte Michelin 341-D6 – Guide Vert Michelin Côte d'Azur

Voir plan de Cagnes-sur-Mer

à Villeneuve-Loubet-Plage – ✉ 06270

Villa Azur Ⓝ — ch, ch, ch,
1399 av. de la Batterie – ✆ 04 93 73 08 88 – www.villa-azur.com Plan : AZ**v**
24 ch – †80/260 € ††95/290 € – ☕ 9 €
Rest – Formule 21 € – Carte 49/66 € *(fermé dim. soir et lundi hors saison)*
Tout près de la célèbre marina Baie des Anges – complexe hôtelier labellisé "Patrimoine du 20e s." –, cette villa accueille les vacanciers dans des chambres claires et lumineuses, avec balcon. Le soir, on dîne sur la terrasse, en profitant d'une magnifique vue sur le littoral...

XX **La Flibuste-Martin's**
chemin de la Batterie, (Port Marina Baie-des-Anges) – ✆ 04 93 20 59 02 – www.restaurantlaflibuste.fr – Fermé dim. soir et lundi en nov. et déc.
Formule 27 € – Menu 32 € – Carte 45/90 € Plan : AY**e**
Sur la marina, les flibustiers d'un jour se donnent rendez-vous dans cet endroit plutôt chic pour déguster les produits de la pêche du jour : loup, turbot, chapon, saint-pierre... La bourride est bien entendu à la carte.

VILLENEUVE-SUR-LOT

✉ 47300 (Lot-et-Garonne) – 23 513 hab. – **Voir carte n°4-C2**
Paris 622 km – Agen 29 km – Bergerac 60 km – Bordeaux 146 km
Carte Michelin 336-G3 – Guide Vert Michelin Aquitaine

Le Moulin de Madame Ⓝ
rte de Casseneuil, 2 km au Nord par D 242 – ✆ 05 53 36 14 40 – www.lemoulindemadame.fr – 16 fév.-3mars, 21 déc.- 20 janv.
33 ch – †90/240 € ††99/240 € – ☕ 12 € – ½ P
Rest ***L'Écluse*** – Formule 17 € – Menu 23/43 € – Carte 50/90 €
Un hôtel atypique, ouvert en 2012 dans un ancien moulin. Les chambres, confortables, sont toutes dotées d'une terrasse privative ; quant à celles du rez-de-chaussée, elles disposent d'un carré de pelouse donnant sur le Lot. De quoi vous donner envie de rester !

La Résidence sans rest
17 av. Lazare-Carnot – ✆ 05 53 40 17 03 – www.hotellaresidence47.com – Fermé 26 déc.-12 janv. Plan : BZ**s**
17 ch – †37/57 € ††37/57 € – ☕ 8 €
Aux portes de la bastide médiévale, un hôtel fonctionnel et convivial tenu par un jeune couple motivé. Les chambres sont très bien tenues ; préférez toutefois celles – plus claires et calmes – situées côté cour, qui donnent sur les jardins voisins.

XX **La Table des Sens** (Hervé Sauton)
✿ *8 r. de Penne – ✆ 05 53 36 97 04 – www.latabledessens.com – Fermé 1 semaine en mai-juin, 2 semaines en sept.-oct., 1 semaine en janv.-fév., dim. soir, lundi et mardi* Plan : BY**a**
Menu 27 € (déj. en semaine), 40/80 € – Carte 64/100 €
Dans cette rue commerçante, entre deux achats, arrêtez-vous dans ce restaurant ! Le chef a un joli parcours derrière lui et cela se sent : il travaille de beaux produits du terroir en les agrémentant d'épices et aromates venus d'ailleurs... Il en résulte une cuisine subtile et personnelle, qui célèbre les sens ! ➜ Raviole de homard bleu, émulsion d'une bisque au vadouvan. Ris de veau caramélisé à la truffe noire. Tartelette croustillante aux prunes d'Ente, glace à la vanille Bourbon.

à Pujols 4 km au Sud-Ouest par D 118 – ✉ 47300 – 3 626 hab.

XXX **La Toque Blanche**
– ✆ 05 53 49 00 30 – www.la-toque-blanche.com – Fermé 24 juin-8 juil., 3 semaines en nov., vacances de fév., dim. et lundi
Menu 23 € (semaine) – Carte 55/102 €
À l'écart de ce pittoresque village, une auberge au décor classique et cossu, où l'on savoure une cuisine traditionnelle fort bien troussée. Jolie terrasse panoramique sur les vallons environnants.

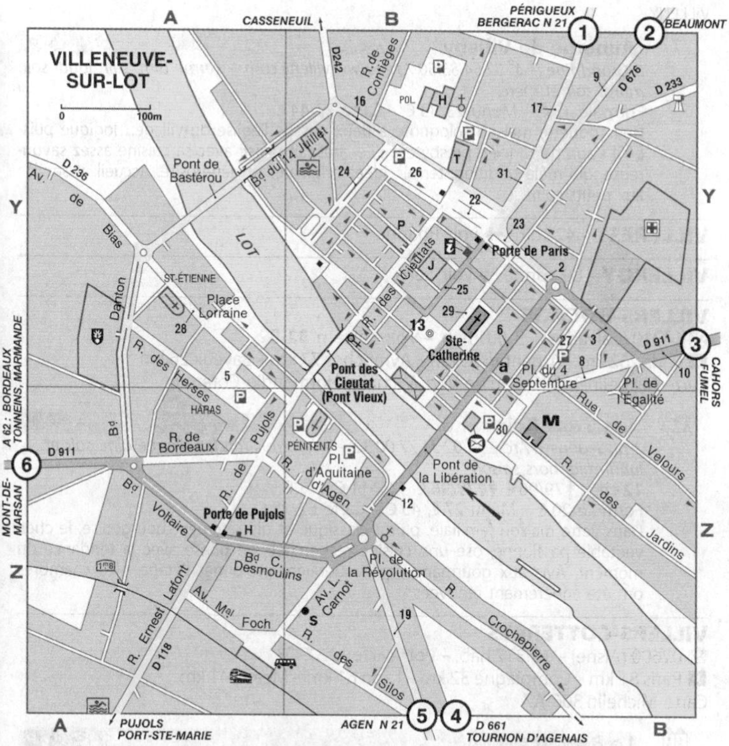

VILLENEUVE-SUR-LOT

Bernard-Palissy (Bd) . . . . BY 2
Darfeuille (R.) . . . . BY 3
Droits-de-l'Homme (Pl. des) . . . . AYZ 5
La-Fayette (Pl.) . . . . BY 13
Fraternité (R. de la) . . . . BY 6
Gambetta (Av.) . . . . BY 8
Gaulle (Av. Gén.-de) . . . . BY 9
Goudounèche (Av. A.) . . . . . . BY 10
Jeanne-de-France (Av.) . . . . . BZ 12
Lamartine (Allée) . . . . BY 16
Lattre-de-T. (Av. Mar.-de) . . . BY 17
Leclerc (Av. Gén.) . . . . BZ 19
Leygues (Bd G.) . . . . BY 22
Libération (Pl. de la) . . . . BY 23
Marine (Bd de la) . . . . BY 24
Paris (R. de) . . . . BY 25
République (Bd de la) . . . . . . BY 26
Ste-Catherine (R.) . . . . BY 29
St-Cyr-Cocquard (Bd) . . . . BY 27
St-Etienne (R.) . . . . AY 28
Valmy (Allées de) . . . . BZ 30
Victor-Hugo (Cours) . . . . BY 31

VILLENEUVE-SUR-TARN

✉ 81250 (Tarn) – **Voir carte n°29-C2**
▶ Paris 714 km – Albi 33 km – Castres 67 km – Lacaune 44 km
Carte Michelin 338-G7

Hostellerie des Lauriers

– *✆ 05 63 55 84 23 – www.leslauriers.net – Ouvert de mi-mars à mi-oct.*
9 ch – †49/60 € ††60/74 € – ☕ 9 € – ½ P
Rest – Menu 19 € (semaine), 23/34 € – Carte 33/49 € *(fermé le midi)*

Dans ce petit village, cette maison en pierre du pays (18e s.) se révèle idéale pour se mettre au vert, avec son parc bordant le Tarn, ses chambres simples et bien tenues, et la cuisine du terroir concoctée par la propriétaire avec des produits du cru et des herbes du potager... Accueillant et familial !

VILLENEUVE-TOLOSANE – 31 Haute-Garonne ➜ voir Toulouse

VILLENY

✉ 41220 (Loir-et-Cher) – 403 hab. – **Voir carte n°12-C2**
▶ Paris 162 km – Blois 38 km – Orléans 37 km – Romorantin-Lanthenay 32 km
Carte Michelin 318-H6 – Guide Vert Michelin Châteaux de la Loire

Auberge de Villeny

6 Grand-Rue – ✆ 02 54 83 60 73 – www.villeny.com – Fermé dim. soir, lundi soir, mardi soir et merc.

Formule 13 € – Menu 23/33 € – Carte 27/44 €

Une coquette maison solognote à deux pas de l'église du village... logique puisqu'il s'agit de l'ancien presbytère ! Le chef fait plaisir avec sa cuisine assez savoureuse, qui mêle tradition, terroir, idées originales et générosité. Accueil et service aux petits soins.

VILLEREST – 42 Loire → voir Roanne

VILLEROY – 89 Yonne → voir Sens

VILLERS-BOCAGE

✉ 14310 (Calvados) – 3 001 hab. – Voir carte n°**32**-B2

Paris 262 km – Argentan 83 km – Avranches 77 km – Bayeux 26 km

Carte Michelin 303-I5 – Guide Vert Michelin Normandie Cotentin

Les Trois Rois avec ch

2 pl. Jeanne d'Arc – ✆ 02 31 77 00 32 – www.trois-rois.fr – Fermé dim. soir et lundi midi hors saison

12 ch – †79/96 € ††79/96 € – ☕ 11 € – ½ P

Formule 20 € – Menu 27 €, 45 € – Carte 62/75 €

Dans cette maison familiale, plutôt classique et discrètement bourgeoise, le chef, véritable passionné, ose une cuisine recherchée, en phase avec la tendance du moment. Avis aux gourmands qui voudraient prolonger l'étape : les chambres ont été entièrement rénovées.

VILLERS-COTTERÊTS

✉ 02600 (Aisne) – 10 317 hab. – Voir carte n°**37**-C3

Paris 81 km – Compiègne 32 km – Laon 61 km – Meaux 41 km

Carte Michelin 306-A7

Le Régent sans rest

26 r. du Gén. Mangin – ✆ 03 23 96 01 46 – www.hotel-leregent.com – Fermé 11-18 août et 22-29 déc.

30 ch – †82/85 € ††100/120 € – ☕ 8 €

Relais de poste du 18e s., organisé autour d'une cour pavée où trône un bel abreuvoir. Chambres au charme d'antan (meubles anciens) agrémentées de petites touches contemporaines.

VILLERSEXEL

✉ 70110 (Haute-Saône) – 1 464 hab. – Voir carte n°**17**-C1

Paris 386 km – Belfort 41 km – Besançon 59 km – Lure 18 km

Carte Michelin 314-G7 – Guide Vert Michelin Franche-Comté Jura

Le Relais des Moines

1 r. du 13-Septembre-1944 – ✆ 03 84 20 50 50 – www.lerelaisdesmoines.fr – Fermé 24 déc.-6 janv. et dim. soir

24 ch – †70/85 € ††70/85 € – ☕ 9 € – ½ P

Rest – Formule 14 € – Menu 27/35 € – Carte 29/72 €

Ne vous attendez pas à voir des moines faire une course de relais ! Ils ont bien vécu ici, aux 18e et 19e s., mais s'occupaient des voyageurs. Ainsi donc, le sens de l'hospitalité se perpétue avec les chambres, bien tenues, de cet hôtel-restaurant.

La Terrasse

1 r. du quai Militaire, rte de Lure – ✆ 03 84 20 52 11 – www.laterrasse-villersexel.com – Fermé vend. soir de nov. à mars

10 ch – †52/55 € ††62/80 € – ☕ 9 € – ½ P

Rest *La Terrasse* – voir les restaurants ci-après

À deux pas de l'office de tourisme, cette coquette maison appartient à la même famille depuis 1921. Les chambres, simples et parfaitement tenues, se parent de mille couleurs... Comme autant de rayons de soleil résistant au mauvais temps !

La Terrasse

1 r. du quai Militaire, rte de Lure – ✆ 03 84 20 52 11 – www.laterrasse-villersexel.com – Fermé vend. soir de nov. à mars
Formule 13 € – Menu 16/36 € – Carte 25/54 €
Comment résister à l'agréable terrasse ombragée de ce restaurant ? D'autant qu'on y déguste une goûteuse cuisine traditionnelle où les beaux produits ont la part belle. Et par mauvais temps, installez-vous dans la chaleureuse salle rustique.

VILLERS-LE-LAC

✉ 25130 (Doubs) – 4 435 hab. – **Voir carte n°17-C2**
Paris 471 km – Basel 116 km – Besançon 68 km – La Chaux-de-Fonds 18 km
Carte Michelin 321-K4 – Guide Vert Michelin Franche-Comté Jura

Le France

8 pl. Cupillard – ✆ 03 81 68 00 06 – www.hotel-restaurant-lefrance.com – Fermé vacances de la Toussaint et 22 déc.-22 janv.
12 ch – 58/69 € 68/79 € – 10 € – ½ P
Rest *Le France* ✿ – voir les restaurants ci-après
Cet établissement accueillant perpétue la tradition familiale : quatre générations s'y sont succédé depuis 1900 et l'adresse continue de vivre avec son temps. Espace bien-être avec des soins d'inspiration asiatique. Les prix sont mesurés.

Le France (Hugues Droz)

8 pl. Cupillard – ✆ 03 81 68 00 06 – www.hotel-restaurant-lefrance.com – Fermé vacances de la Toussaint, 22 déc.-22 janv., mardi midi d'oct. à mai, dim. soir et lundi
Formule 21 € – Menu 31/77 € – Carte 39/76 €
Maîtrise technique, justesse des associations de saveurs, terroir et invention : Hugues Droz délivre une jolie leçon de cuisine. En salle, son épouse assure un accueil des plus charmants. Une valeur sûre.
➜ Superposition de foie gras, de morilles et de noix. Variation autour du homard, caviar des champs, quinoa rouge et bisque. Transparence banane et morilles, vinaigre balsamique et glace au spéculos.

VILLERS-SUR-MER

✉ 14640 (Calvados) – 2 713 hab. – **Voir carte n°32-A3**
Paris 208 km – Caen 35 km – Deauville 8 km – Le Havre 52 km
Carte Michelin 303-L4 – Guide Vert Michelin Normandie Vallée de la Seine

Domaine de Villers

chemin Belvédère – ✆ 02 31 81 80 80 – www.domainedevillers.fr
17 ch – 160/265 € 160/265 € – 19 €
Rest *Domaine de Villers* – voir les restaurants ci-après
Une situation idéale entre Deauville et Cabourg, sur les hauteurs, avec vue sur la baie... Ce manoir récent abrite des chambres luxueuses, déclinant différents styles : contemporain, marin, Art déco... Et pour se détendre encore davantage, on fait un petit détour au spa !

Domaine de Villers

chemin Belvédère – ✆ 02 31 81 80 80 – www.domainedevillers.fr – Fermé le midi du lundi au vend.
Menu 42/89 € – Carte 50/75 €
On y vient pour sa terrasse panoramique et son cadre cossu, mais aussi sa cuisine de bonne facture, qui valorise les poissons et fruits de mer de la pêche côtière, les volailles et fromages fermiers... Mais pour en profiter, il faut venir le soir ou le dimanche midi pour le brunch !

VILLERVILLE – 14 Calvados ➜ voir Honfleur

VILLETOUREIX

✉ 24600 (Dordogne) – 874 hab. – **Voir carte n°4-C1**
Paris 510 km – Angoulême 59 km – Bordeaux 119 km – Périgueux 35 km
Carte Michelin 329-D4 – Guide Vert Michelin Périgord Quercy

Le Moulin de Larcy

– ✆ 05 53 91 23 89 – www.le-moulin-de-larcy.com
3 ch – 190/260 € 190/260 € **Table d'hôte** – Menu 25 €
Le murmure de la rivière, la végétation luxuriante, l'intérieur élégant mis en scène par un propriétaire décorateur : ce moulin du 18ᵉs. est un havre de paix ! Chambres avec salon et cuisine privée. Table d'hôte sur demande.

VILLEURBANNE – 69 Rhône → voir Lyon

VILLIÉ-MORGON

69910 (Rhône) – 1 926 hab. – **Voir carte n°43-E1**
Paris 412 km – Lyon 54 km – Mâcon 23 km – Villefranche-sur-Saône 22 km
Carte Michelin 327-H3 – Guide Vert Michelin Lyon et sa région

à Morgon 2 km au Sud par D 68 – 69910

Le Morgon

– *✆ 04 74 69 16 03 – Fermé 15 déc.-1ᵉʳ fév., fériés le soir, mardi soir, dim. soir et merc.*
Menu 21/43 € – Carte 26/45 €
Andouillette, ris de veau, coq au vin... Une halte ancrée dans le terroir et la tradition : voilà ce que propose cette sympathique auberge, située au cœur de ce village viticole beaujolais. L'hiver, réservez donc une table au coin du feu !

VILLIERS-LE-MAHIEU

78770 (Yvelines) – 704 hab. – **Voir carte n°18-A2**
Paris 53 km – Dreux 37 km – Évreux 63 km – Mantes-la-Jolie 18 km
Carte Michelin 311-G2

Château de Villiers-le-Mahieu

r. du Centre – ✆ 01 34 87 44 25 – www.chateauvilliers.com – Fermé 23 déc.-1ᵉʳ janv.
95 ch – 245/445 € 245/445 € – 21 € **Rest** – Carte 42/55 €
Cerné de tours et de douves en eau, ce château du 17ᵉ s. (fondations du 13ᵉ s.) mêle charme du passé et goût du confort. Belles prestations dans les chambres (plusieurs annexes aux styles variés), spa de 700 m². Ambiance lounge au restaurant, cuisine actuelle.

VILLIERS-SOUS-GREZ

77760 (Seine-et-Marne) – 750 hab. – **Voir carte n°19-C3**
Paris 75 km – Corbeil-Essonnes 42 km – Évry 43 km – Savigny-sur-Orge 52 km
Carte Michelin 312-E6

La Cerisaie sans rest

10 r. Larchant – ✆ 01 64 24 23 71 – www.cerisaie.fr
4 ch – 75/85 € 80/90 €
Remarquablement restaurée, cette ferme du 19ᵉ s. est un vrai paradis. Meubles chinés et objets coup de cœur ornent les chambres aux noms évocateurs : Photographe, Orientale...

VILLIERS-SUR-MARNE

52320 (Haute-Marne) – **Voir carte n°14-C3**
Paris 282 km – Bar-sur-Aube 41 km – Chaumont 31 km – Neufchâteau 52 km
Carte Michelin 313-K4

La Source Bleue

2 km au Sud par D 194 – ✆ 03 25 94 70 35 – www.hotelsourcebleue.com – Fermé 23 déc.-10 janv.
11 ch – 80/95 € – 1 suite – 12 € – ½ P
Rest ***La Source Bleue*** – voir les restaurants ci-après
Moulin du 18ᵉ s. entouré d'un grand parc longeant la rivière. Les chambres, décorées dans un esprit Art déco, sont très spacieuses et bien tenues. Toutes disposent d'une terrasse donnant sur le lac ou la nature environnante ! Idéal pour se mettre au vert.

XX **La Source Bleue**

2 km au Sud par D 194 – ✆ 03 25 94 70 35 – www.hotelsourcebleue.com – Fermé 23 déc.-10 janv., dim. soir, lundi et mardi
Formule 22 € – Menu 32/50 € – Carte 51/63 €
On peut aimer les retours aux sources sans pour autant rejeter son époque ! Ici, les gourmands savourent une cuisine traditionnelle revisitée. Les recettes sont bien maîtrisées et accompagnées d'un joli choix de vins. Aux beaux jours, profitez de la terrasse les pieds dans l'eau. Service prévenant.

VINAY – 51 Marne ➜ voir Épernay

VINCELOTTES – 89 Yonne ➜ voir Auxerre

VINCENNES – 94 Val-de-Marne ➜ voir Paris, Environs

VINCEY – 88 Vosges ➜ voir Charmes

VINON-SUR-VERDON

✉ 83560 (Var) – 4 198 hab. – **Voir carte n°40-B2**
Paris 775 km – Aix-en-Provence 47 km – Brignoles 52 km – Digne-les-Bains 70 km
Carte Michelin 340-J3

X **Relais des Gorges** avec ch

230 av. de la République – ✆ 04 92 78 80 24 – Fermé vacances de la Toussaint, 20-30 déc. et dim. soir
9 ch – 49 € 59/69 € – 8 € – ½ P Menu 18/42 € – Carte 40/82 €
Aux portes des grandioses gorges du Verdon, faites halte dans cette auberge où l'on sert une appétissante cuisine traditionnelle. Petites chambres sobres et pratiques.

VIOLAY

✉ 42780 (Loire) – 1 338 hab. – **Voir carte n°44-A1**
Paris 439 km – Clermont-Ferrand 119 km – Lyon 56 km – St-Etienne 69 km
Carte Michelin 327-F4

XX **Loïc Picamal** Ⓝ

pl. du Monument – ✆ 04 74 63 95 74 – www.loic-picamal.com – Fermé 2 semaines en août, 1 semaine en sept., vacances de fév., lundi soir d'oct. à mai, mardi soir, dim. soir et merc.
Menu 13 € (déj. en semaine), 22/45 € – Carte 32/65 €
Un jeune couple a eu la bonne idée de reprendre cet ancien bar-tabac, et de le transformer en restaurant convivial. On y déguste des préparations franches, soignées, avec des saveurs bien marquées. On conseille notamment d'opter pour la volaille, que le chef achète à la ferme du coin : une merveille...

VIRE

✉ 14500 (Calvados) – 11 999 hab. – **Voir carte n°32-B2**
Paris 296 km – Caen 64 km – Flers 31 km – Laval 103 km
Carte Michelin 303-G6 – Guide Vert Michelin Normandie Cotentin

Hôtel de France

4 r. d'Aignaux – ✆ 02 31 68 00 35 – www.hoteldefrancevire.com – fermé 30 juil.-14 août, 22 déc.-5 janv., lundi midi et dim. soir
20 ch – 60/70 € 60/70 € – 9 € – ½ P
Rest – Menu 18/31 € – Carte 30/47 €
Extérieurement, cette bâtisse en pierre du centre-ville a tout d'une maison de tradition. Néanmoins, les chambres, contemporaines et épurées, sont résolument dans l'air du temps. Idem au restaurant... où l'andouille de Vire est toutefois toujours à l'honneur !

rte de Flers 2,5 km par D 524 – ✉ 14500

XX **Manoir de la Pommeraie**

L'Auverre – ✆ 02 31 68 07 71 – www.manoirdelapommeraie.com – Fermé 2 semaines en août, 3 semaines en janv., dim. soir et lundi
Formule 20 € – Menu 31/54 € – Carte environ 44 €
Non loin de Vire, une maison du 18e s. rustique en apparence, délicate en réalité... Aux fourneaux œuvre un couple à la scène comme à la ville : Masako, japonaise et pâtissière, et Julien, formé comme elle dans plusieurs grandes maisons. Salée et sucrée, une bonne table !

VIRÉ

✉ 71260 (Saône-et-Loire) – 1 104 hab. – **Voir carte n°8-C3**
Paris 378 km – Cluny 23 km – Mâcon 20 km – Tournus 19 km
Carte Michelin 320-J11

Frédéric Carrion Cuisine Hôtel

pl. A. Lagrange – ✆ 03 85 33 10 72 – www.relais-de-montmartre.fr – Fermé 11-29 janv.
10 ch – 150/220 € 160/290 € – 22 € – ½ P
Rest ***Frédéric Carrion Cuisine Hôtel*** – voir les restaurants ci-après
Au cœur de ce village connu pour son vin blanc, une belle bâtisse en pierre très élégante. Pop ou baroque, mais toujours avec un charme authentique, la déco charme. En complément du restaurant gastronomique, l'espace bien-être est agréable avec son hammam et son jacuzzi... Parfait pour une étape œnotouristique dans la région.

XX **Frédéric Carrion Cuisine Hôtel**

pl. A. Lagrange – ✆ 03 85 33 10 72 – www.relais-de-montmartre.fr – Fermé 31 août-5 sept., 11-29 janv., sam. midi, mardi midi et lundi
Menu 35 € (déj. en semaine), 58/90 € – Carte 77/102 €
Un lieu chic (drapés, lustres en verre de Murano) pour une cuisine tout en finesse. Le chef travaille les beaux produits régionaux et revisite avec soin les saveurs traditionnelles, rehaussées ici et là de quelques notes acidulées. Le tout accompagné d'une riche sélection de vins, en particulier de viré-clessés.
→ Foie gras chaud, cassis de Dijon, brioche aux baies de cassis et aux amandes. Volaille de Bresse cuisinée en cocotte, aux légumes et à la truffe. Soufflé chaud au Grand Marnier, sorbet à l'orange.

VIRY-CHÂTILLON – 91 Essonne → voir Paris, Environs

VISAN

✉ 84820 (Vaucluse) – 1 932 hab. – **Voir carte n°40-A2**
Paris 652 km – Avignon 61 km – Marseille 148 km – Valence 92 km
Carte Michelin 332-C8

Hôtel du Midi

5 av. des Alliés – ✆ 04 90 41 90 05 – www.hotelrestaurantmidi.fr
17 ch – 62/87 € 62/87 € – 8,50 €
Rest – Menu 16 € (déj. en semaine), 22/27 € *(fermé lundi et mardi)*
Au pied du village et en bord de route, cette grande bâtisse en pierre abrite des chambres spacieuses, confortables et cosy. Cuisine traditionnelle au restaurant. Idéal pour visiter les ruines du château médiéval ou la chapelle Notre-Dame-des-Vignes.

VISCOS

✉ 65120 (Hautes-Pyrénées) – 44 hab. – **Voir carte n°28-A3**
Paris 880 km – Pau 75 km – Tarbes 50 km – Argelès-Gazost 17 km
Carte Michelin 342-L7

La Grange aux Marmottes

au village – ✆ 05 62 92 88 88 – www.grangeauxmarmottes.com – Fermé 1er nov.-15 déc.
15 ch – 70/99 € 70/150 € – 11 € – ½ P
Rest *La Grange aux Marmottes* – voir les restaurants ci-après
À la recherche du calme absolu ? Vous serez séduit par cette ancienne grange en pierre située aux portes du parc national des Pyrénées. Les chambres sont douillettes et mignonnes : idéal pour dormir comme une marmotte en pays toy.

La Grange aux Marmottes

au village – ✆ 05 62 92 88 88 – www.grangeauxmarmottes.com – Fermé 1er nov.-15 déc.
Formule 14 € – Menu 21/56 € – Carte 26/66 €
La déco de ce restaurant est adorable ! Des objets en faïence, des fleurs séchées, du chêne massif ; pas de doute on est bien à la montagne. À table, la Gascogne épouse la Bigorre en noces gourmandes.

VITERBE

81220 (Tarn) – 352 hab. – **Voir carte n°29-C2**
Paris 693 km – Albi 62 km – Castelnaudary 52 km – Castres 31 km
Carte Michelin 338-D8

Les Marronniers

2 Grand Rue – ✆ 05 63 70 64 96 – www.lesmarronniers-viterbe.com – Fermé 9-14 sept., 17 nov.-5 déc., lundi soir d'oct. à mars, mardi soir et merc.
Formule 13 € – Menu 20 € (semaine), 30 € /47 € – Carte 30/48 €
À la sortie du village, cette jolie maison est idéale pour une étape gourmande... Salle bourgeoise, jolie terrasse grande ouverte sur la campagne : on en oublierait presque de parler de la cuisine du chef, traditionnelle et bien ficelée.

VITRAC

24200 (Dordogne) – 886 hab. – **Voir carte n°4-D3**
Paris 541 km – Brive-la-Gaillarde 64 km – Cahors 54 km – Périgueux 85 km
Carte Michelin 329-I7

Domaine de Rochebois sans rest

rte de Montfort, 2 km à l'Est par D 703 – ✆ 05 53 31 52 52 – www.rochebois.com – Ouvert de mi-avril à fin oct.
20 ch – 100/270 € 100/270 € – 2 suites – 19 €
Un grand parc, un 9-trous, des jardins en terrasse et une décoration intérieure raffinée : cette demeure du 19e s. est un petit paradis au cœur du Périgord noir !

Plaisance

au port – ✆ 05 53 31 39 39 – www.hotelplaisance.com – Ouvert 12 mars-11 nov.
47 ch – 62 € 71/114 € – 10 € – ½ P
Rest – Formule 17 € – Menu 28/40 € – Carte 32/64 € *(fermé sam. midi de mai à sept., vend. soir et dim. soir d'oct. à avril et vend. midi)*
Bâtisse régionale construite en 1808 à flanc de rocher, aux chambres bien tenues. L'annexe se trouve dans un ancien moulin et le jardin longe la Dordogne. Copieuse cuisine de pays au restaurant.

Le Clos Roussillon sans rest

1 km à l'Ouest par D 703 et rte secondaire – ✆ 05 53 28 13 00 – www.closroussillon-perigord.com – Ouvert 12 avril-31 oct.
31 ch – 60/70 € 60/98 € – 9 €
Sur les hauteurs de Vitrac, un hôtel des années 1980 au milieu d'un parc. Les chambres sont fonctionnelles et confortables ; certaines avec terrasse et kitchenette. Parfait pour un séjour en famille.

XX **La Treille** avec ch ch,

Le Port – ✆ 05 53 28 33 19 – www.latreille-perigord.com – Fermé mi nov.-mi fév., lundi et mardi sauf le soir en saison
8 ch – †50/60 € ††58/64 € – ☕ 9 € – ½ P
Formule 23 € – Menu 31/54 € – Carte 49/69 €
En toute logique, la maison est recouverte de vigne vierge et une treille orne sa terrasse... mais le nom de l'établissement vient du nom des propriétaires, les Latreille ! On y apprécie une copieuse cuisine traditionnelle.

VITRAC

✉ 15220 (Cantal) – 290 hab. – **Voir carte n°5-A3**
Paris 561 km – Aurillac 26 km – Figeac 44 km – Rodez 77 km
Carte Michelin 330-B6

 **Auberge de la Tomette** 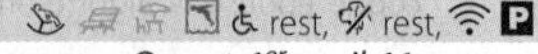

– ✆ 04 71 64 70 94 – www.auberge-la-tomette.com – Ouvert 1er avril-11 nov.
17 ch – †86/95 € ††86/95 € – ☕ 10 € – ½ P
Rest – Formule 26 € – Menu 34 € – Carte 39/48 € *(fermé le midi) (résidents seult)*
Une agréable auberge appréciée pour ses chambres claires et actuelles, son environnement fleuri, ses jeux pour enfants et son espace relaxation (sauna, hammam). Originale, la chambre dans une roulotte au fond du jardin !

VITRÉ

✉ 35500 (Ille-et-Vilaine) – 16 834 hab. – **Voir carte n°10-D2**
Paris 310 km – Châteaubriant 52 km – Fougères 30 km – Laval 38 km
Carte Michelin 309-O6 – Guide Vert Michelin Bretagne Sud

 **Ibis** sans rest 

1 bd de Châteaubriant, 1 km par rte de Châteaubriant et Redon – ✆ 02 99 75 51 70 – www.ibishotel.com
62 ch – †60/85 € ††60/85 € – ☕ 10 €
Non loin du centre médiéval, un hôtel récent proposant des chambres fonctionnelles et bien tenues. Préférez celles situées sur l'arrière, plus au calme.

VITRY-LE-FRANÇOIS

✉ 51300 (Marne) – 13 384 hab. – **Voir carte n°13-B2**
Paris 181 km – Bar-le-Duc 55 km – Châlons-en-Champagne 33 km – Verdun 96 km
Carte Michelin 306-J10 – Guide Vert Michelin Champagne Ardenne

 **La Poste** 

pl. Royer-Collard – ✆ 03 26 74 02 65 – www.hotellaposte.com
27 ch – †56/78 € ††64/88 € – ☕ 9 € – ½ P
Rest – Menu 23/75 € 🍷 – Carte 48/65 € *(fermé dim.)*
Face à la collégiale Notre-Dame, cet hôtel propose des chambres avant tout fonctionnelles et bien tenues. Cuisine traditionnelle au restaurant.

 **Hôtel de la Cloche** 

34 r. Aristide-Briand – ✆ 03 26 74 03 84 – www.hotel-de-la-cloche.com – Fermé dim. soir du 1er nov. au 30 avril
22 ch – †55/90 € ††60/120 € – ☕ 9 €
Rest *Jacques Sautet* – Menu 33/60 € – Carte 71/123 €
Rest *Vieux Briscard* – Menu 22 € (semaine), 24/32 € – Carte 35/75 €
Un hôtel-restaurant de tradition, à la fois fonctionnel, bien tenu et un rien vieille France. Préférez les chambres situées sur l'arrière du bâtiment, nettement plus calmes. Cuisine classique au Jacques Sautet et brasserie au Vieux Briscard.

VITTEL

✉ 88800 (Vosges) – 5 452 hab. – **Voir carte n°26-B3**
Paris 342 km – Belfort 129 km – Chaumont 84 km – Épinal 43 km
Carte Michelin 314-D3

Providence

125 av. de Châtillon – ✆ 03 29 08 08 27 – www.hotelvittel.com – Fermé vacances de Noël
39 ch – 🚹49/64 € 🚹🚹55/72 € – ☕ 9 € – ½ P
Rest *L'Avenue* – voir les restaurants ci-après
La providence vous fera peut-être vous arrêter dans cet hôtel... et profiter de ses jolies petites chambres aux tons chauds, ou encore de ses junior suites assez spacieuses. Offres conjointes avec les thermes.

L'Avenue – Hôtel Providence

125 av. de Châtillon – ✆ 03 29 08 08 27 – www.hotelvittel.com – Fermé vacances de Noël, lundi midi, sam. midi et dim.
Formule 18 € – Menu 25/38 € – Carte 27/46 €
Terrine de lapin aux pruneaux, suprême de poulet cuit sur la peau, tarte aux abricots, etc. Cette table traditionnelle se distingue en ville et l'on peut y faire un bon repas à prix doux. Cadre contemporain.

L'Appart

227 r. de Verdun – ✆ 03 29 08 42 91 – www.vittelappart.com – Fermé 20-31 déc., mardi soir, merc. et sam.
Formule 19 € – Menu 29/44 € – Carte 35/72 € *(réservation conseillée)*
Le bouche-à-oreille a dépassé les seules frontières de la ville : ce restaurant, créé par deux autodidactes – aujourd'hui rompus au métier –, propose une appétissante cuisine du terroir, concoctée avec de beaux produits dénichés aux quatre coins de la France. Un conseil : réservez, c'est souvent complet !

à l'Ouest 3 km par r. de la Vauviard – ✉ 88800 Vittel

L'Orée du Bois

– ✆ 03 29 08 88 88 – www.loreeduboisvittel.fr
52 ch ☕ – 🚹70/90 € 🚹🚹90/110 €
Rest *L'Orée du Bois* – voir les restaurants ci-après
Face à l'hippodrome, dans un environnement arboré, un établissement conçu pour la détente : balnéothérapie, massages, hammam, soins esthétiques... Agréable décor contemporain dans les chambres ; testez les "Bio" !

L'Orée du Bois

– ✆ 03 29 08 88 88 – www.loreeduboisvittel.fr
Formule 15 € – Menu 18 € (semaine), 26/38 € – Carte 33/55 €
Un cadre moderne, assez feutré, pour une cuisine qui honore la tradition, spécialités régionales en tête... Fromage blanc aux fines herbes, salade vosgienne, munster, chaud-froid de mirabelles, etc.

VIUZ-LA-CHIÉSAZ

✉ 74540 (Haute-Savoie) – 1 262 hab. – **Voir carte n°46-F1**
Paris 575 km – Annecy 16 km – Bourg-en-Bresse 143 km – Chambéry 43 km
Carte Michelin 328-J6 – Guide Vert Michelin Alpes du Nord

Domaine du Chainet

– ✆ 06 60 67 18 92 – www.domaine-du-chainet.fr
5 ch ☕ – 🚹80/120 € 🚹🚹80/120 € **Table d'hôte** – Menu 35 €
Au bout d'un petit chemin au cœur des prés et des bois, où l'on peut parfois apercevoir des biches... Entièrement rénovée en 2011, cette grande ferme en pierre se révèle confortable et douillette. Piscine, espace bien-être et, à la table d'hôte, agréable cuisine concoctée par la fille des propriétaires : du cachet, du charme et... la nature.

VIVÈS – 66 Pyrénées-Orientales → voir Boulou

VIVIERS

✉ 07220 (Ardèche) – 3 861 hab. – **Voir carte n°44-B3**
Paris 618 km – Lyon 163 km – Marseille 167 km – Montpellier 158 km
Carte Michelin 331-K7 – Guide Vert Michelin Ardèche Drôme

Le Relais du Vivarais avec ch

31 fbg les Sautelles, D 86 – ℘ 04 75 52 60 41 – www.relaisduvivarais.fr – Fermé 15 mars-4 avril et 23 déc.-5 janv.
6 ch – 75/85 € 78/96 € – 10 €
Formule 18 € – Menu 30/47 € – Carte 29/65 € *(fermé dim. soir et lundi midi)*
Dans cette sympathique auberge familiale, la cuisine met en valeur le terroir et les produits régionaux, ne dédaignant pas, çà et là, quelques détours exotiques. Jolies chambres au décor sobre ; pain et confitures maison au petit-déjeuner.

VIVONNE

✉ 86370 (Vienne) – 3 776 hab. – **Voir carte n°39-C2**
Paris 354 km – Angoulême 94 km – Confolens 62 km – Niort 67 km
Carte Michelin 322-H6 – Guide Vert Michelin Poitou-Charentes

Le St-Georges

Grande Rue, (près de l'église) – ℘ 05 49 89 01 89 – www.hotel-st-georges.com – Fermé 21 déc.-7 janv.
30 ch – 55/65 € 65/77 € – 7 € – ½ P
Rest – Formule 12 € – Menu 25/32 € – Carte 19/42 € *(fermé dim. soir, sam. midi et vend. d'oct. à mars sauf résidents)*
On raconte que c'est ici même que Ravaillac eut la terrible vision qui le conduisit au régicide... mais n'ayez crainte et dormez tranquille ! Dans cet hôtel, les chambres sont pratiques et bien tenues ; on peut aussi se restaurer d'une cuisine traditionnelle sans prétention, dans un cadre contemporain.

VIVY

✉ 49680 (Maine-et-Loire) – 2 413 hab. – **Voir carte n°35-C2**
Paris 311 km – Angers 57 km – Nantes 144 km – Saumur 12 km
Carte Michelin 317-I5

Château de Nazé sans rest

– ℘ 02 41 51 80 91 – www.chateau-de-naze.com
4 ch – 110/115 € 120/125 €
Voilà un bel exemple de néogothique angevin, entouré de douves soit, mais avec piscine. Le parc est très fleuri. Chambres spacieuses et petit-déjeuner maison.

VOIRON

✉ 38500 (Isère) – 19 893 hab. – **Voir carte n°45-C2**
Paris 546 km – Chambéry 43 km – Grenoble 29 km – Lyon 85 km
Carte Michelin 333-G5 – Guide Vert Michelin Alpes du Nord

près échangeur A 48 3 km par sortie n° 10

Palladior

4 r. A.-Bouffard-Roupé – ℘ 04 76 06 47 47 – www.hotel-voiron.fr
82 ch – 74/94 € 74/94 € – 12 €
Rest – Formule 16 € – Menu 24/39 € – Carte 31/49 € *(Fermé dim.)*
À proximité de l'échangeur autoroutier, ce bâtiment récent – et cubique – abrite des chambres contemporaines, fonctionnelles et très bien équipées. Un petit côté design que l'on retrouve également au restaurant (menu terroir).

VOISINS-LE-BRETONNEUX – 78 Yvelines ➜ voir Paris, Environs (St-Quentin-en-Yvelines)

VOITEUR

✉ 39210 (Jura) – 756 hab. – **Voir carte n°16-B3**
Paris 409 km – Besançon 79 km – Dole 51 km – Lons-le-Saunier 12 km
Carte Michelin 321-D6

Château Saint-Martin sans rest
par route de Lons-le-Saunier – ✆ 03 84 44 91 87 – www.juranatura.fr – Ouvert Pâques-Toussaint
4 ch – 105/115 € 115/125 €
Un petit château champêtre, des animaux dans le jardin, des propriétaires artistes (sculpture pour monsieur ; violon pour madame) : atmosphère conviviale garantie ! Les chambres cultivent leur élégance sobre, façon maison de famille (parquet, cheminées en marbre et meubles anciens) : on se sent bien.

VOLLORE-VILLE

63120 (Puy-de-Dôme) – 714 hab. – **Voir carte n°6-C2**
Paris 408 km – Clermont-Ferrand 58 km – Roanne 63 km – Vichy 52 km
Carte Michelin 326-I8

Château de Vollore sans rest
– ✆ 04 73 53 71 06 – www.chateauvollore.com – Fermé déc. et janv.
5 ch – 130/180 € 150/250 €
Bienvenue dans la demeure du général de La Fayette ! Aujourd'hui propriété de ses descendants, le château offre une belle vue sur le Sancy. Salons en enfilade, plafond vertigineux et chambres avec lits à baldaquin… Les historiens, chevronnés ou non, apprécieront.

VOLMUNSTER

57720 (Moselle) – 864 hab. – **Voir carte n°27-D1**
Paris 431 km – Metz 106 km – Strasbourg 87 km
Carte Michelin 307-P4

L'Argousier
1 r. de Sarreguemines – ✆ 03 87 96 28 99 – www.largousier.fr – Fermé lundi soir, mardi et merc.
Formule 18 € – Menu 28/55 € – Carte 44/54 € *(réservation conseillée)*
Dans ce restaurant contemporain, la cuisine du jeune chef valorise joliment les produits de saison et se révèle très convaincante. Les cuissons et assaisonnements sont justes, les présentations soignées ; quant au service, il est aux petits oignons !

VONNAS

01540 (Ain) – 2 790 hab. – **Voir carte n°43-E1**
Paris 409 km – Bourg-en-Bresse 23 km – Lyon 69 km – Mâcon 21 km
Carte Michelin 328-C3 – Guide Vert Michelin Bourgogne

Georges Blanc
pl. du Marché – ✆ 04 74 50 90 90 – www.georgesblanc.com – Fermé janv.
30 ch – 200/420 € 200/420 € – 13 suites – 30 €
Rest *Georges Blanc* ✿✿✿ – voir les restaurants ci-après
D'une génération à l'autre, Vonnas est devenu... Blanc. Cette hôtellerie de grande tradition cultive l'art de recevoir à la bressane ! Luxe sans ostentation, bois, pierre, superbe parc : une image du terroir qui sait vivre avec son temps.

Résidence des Saules sans rest
pl. du Marché – ✆ 04 74 50 90 90 – www.georgesblanc.com – Fermé janv.
16 ch – 160/250 € 160/250 € – 4 suites – 30 €
Cette très jolie maison fleurie de géraniums est un peu l'annexe de l'hôtel Georges Blanc situé de l'autre côté de la place. Au-dessus de la boutique, les chambres sont confortables et ont même un balcon tandis que celles situées à l'arrière, plus récentes, sont résolument contemporaines.

XXXX **Georges Blanc** – Hôtel Georges Blanc

✿✿✿ *pl. du Marché – ✆ 04 74 50 90 90 – www.georgesblanc.com – fermé janv., merc. midi, jeudi midi, lundi et mardi*

Menu 150/240 € – Carte 190/280 € *(réservation conseillée)*

Sa propre grand-mère avait été sacrée "meilleure cuisinière du monde" par Curnonsky. La tradition reste reine à Vonnas, sans être figée ! L'inspiration de Georges Blanc, c'est la Bresse et sa poularde, les sauces aux goûts profonds, les cuissons savantes qui révèlent les saveurs… Le plaisir de manger, tout simplement.

➜ Chartreuse de tourteau au caviar osciètre. Éclaté de homard au vin jaune, fine raviole à l'oseille et parure sylvestre. Savarin vanille Bourbon et feuilles d'or sur un velours chocolat-gingembre, noisettes déguisées.

X **L'Ancienne Auberge**

pl. du Marché – ✆ 04 74 50 90 50 – www.georgesblanc.com – Fermé janv.

Menu 24 € 🍷 (déj. en semaine), 36/60 € – Carte 43/78 €

Un décor rétro à la mémoire de l'auberge – ex-fabrique de limonade – ouverte par la famille Blanc à la fin du 19e s. Photos d'époque, affiches anciennes, etc. Ici, on cultive une certaine nostalgie... qui sied à merveille à aux spécialités bressannes proposées par le chef.

VOSNE-ROMANEE

✉ 21700 (Côte-d'Or) – 415 hab. – **Voir carte n°8-D1**

▶ Paris 330 km – Chalon-sur-Saône 49 km – Dijon 21 km – Dole 71 km

Carte Michelin 320-J7 – Guide Vert Michelin Bourgogne

 **Le Richebourg**

ruelle du Pont – ✆ 03 80 61 59 59 – www.hotel-lerichebourg.com – Fermé 15-27 déc.

24 ch – †179/299 € ††179/299 € – 2 suites – ☕ 16 € – ½ P

Rest *Le Vintage* – Formule 20 € – Menu 25 € (déj.), 29/58 € – Carte 31/54 € *(fermé 19 août-1er sept., 15-27 déc., dim. et lundi)*

Au cœur de ce village aux crus si célèbres, un hôtel actuel avec des chambres spacieuses et sobres. Il y a même une salle de séminaire. Et côté détente, rien ne manque : institut de beauté, sauna, hammam... et caviste.

VOUGEOT

✉ 21640 (Côte-d'Or) – 191 hab. – **Voir carte n°8-D1**

▶ Paris 325 km – Beaune 27 km – Dijon 17 km

Carte Michelin 320-J6 – Guide Vert Michelin Bourgogne

 **Le Clos de la Vouge**

1 r. du Moulin – ✆ 03 80 62 89 65 – www.hotel-closdelavouge.com – Fermé 20 déc.-3 fév.

10 ch – †80/120 € ††80/120 € – ☕ 11 € – ½ P

Rest – Formule 15 € – Menu 25 € (semaine), 31/39 € – Carte 33/61 € *(fermé mardi midi, merc. midi et lundi)*

Une ancienne ferme à l'entrée du village. Les chambres, petites mais coquettes, sont toutes différentes (rustique, orientale, savane, fleur bleue) et donnent de plain-pied sur la cour ; l'atmosphère est familiale et l'entretien soigné.

Hôtel de Vougeot sans rest

18 r. du Vieux-Château – ✆ 03 80 62 01 15 – www.hotel-vougeot.com – Fermé 22 déc.-17 janv.

16 ch – †63/119 € ††63/119 € – ☕ 12 €

Au cœur d'un domaine viticole, ce petit hôtel a du charme. Chambres sobres et agréables, dont quelques-unes avec terrasse sur les vignes ; cave de dégustation, assiettes de charcuterie et fromages régionaux sur demande... convivialité !

à Gilly-lès-Cîteaux 2 km à l'Est par D 251 – ✉ 21640 – 634 hab.

Château de Gilly

– ✆ *03 80 62 89 98 – www.chateau-gilly.com*
48 ch – †175/375 € ††175/375 € – 12 suites – ☕ 25 € – ½ P
Rest ***Clos Prieur*** – voir les restaurants ci-après
Dans cet ensemble cistercien des 14e-17e s. règne la plus grande quiétude ! On musarde dans le parc à la française, on fait quelques brasses, puis on paresse près du bassin à truites... avant de trouver un parfait repos dans l'une des chambres – charmantes et raffinées – ou même les somptueuses suites.

L'Orée des Vignes sans rest

6 rte d'Épernay – ✆ 03 80 62 49 77 – www.oreedesvignes.com
– Fermé 18 déc.-10 janv.
26 ch – †76/128 € ††76/128 € – ☕ 12 €
Dans cette ferme du 16e s. entièrement rénovée, les chambres sont assez spacieuses, fonctionnelles et bien tenues, à prix doux... Et il y a même un bar à vins dans le caveau.

Clos Prieur – Hôtel Château de Gilly

– ✆ *03 80 62 89 98 – www.chateau-gilly.com – Fermé dim. soir et lundi de mi-nov. à mi-mars*
Formule 23 € – Menu 29 € (déj. en semaine), 52/78 € – Carte 66/92 €
Dans cette belle salle voûtée d'ogives – jadis cellier des moines (14e s.) –, on savoure une agréable cuisine gastronomique et l'on se sent vite d'humeur romantique et châtelaine.

à Flagey-Échezeaux 3 km au Sud-Est par D 971 et D 109 – ✉ 21640 – 499 hab.

Losset sans rest

10 pl. de l'Église – ✆ 03 80 62 46 00 – www.hotel-losset-bourgogne.com
7 ch – †85/140 € ††85/140 € – ☕ 12 €
Face à l'église, un hôtel familial avec des chambres confortables, dans un style rustique et chaleureux (poutres, mobilier d'ébéniste, parquet...). Note gourmande : le petit-déjeuner est très copieux.

Petit Paris sans rest

6 r. du Petit-Paris – ✆ 03 80 62 84 09 – http://petitparis.bourgogne.free.fr
4 ch ☕ – †85/90 € ††85/90 €
Un grand parc avec des arbres plus que centenaires, une atmosphère bucolique et un accueil charmant : une vraie maison de campagne que cette bâtisse du 17e s. Artiste, la propriétaire organise des ateliers de peinture et mosaïque pour enfants et adultes... Mettez-vous au vert !

Simon

12 pl. de l'Église – ✆ 03 80 62 88 10 – www.restaurant-simon.fr
– Fermé 1er-14 août, 21-28 déc., 20 fév.-10 mars, dim. soir, mardi soir en hiver et merc.
Menu 18 € (déj. en semaine), 38/85 € – Carte 52/76 € *(réservation conseillée)*
Dans cette sympathique auberge au cœur du village, on mange bien et à bon compte. Le chef concocte une appétissante cuisine actuelle à base de beaux produits, qui ravit touristes et fidèles. Et l'été, on profite de la jolie terrasse.

VOUGY – 74 Haute-Savoie ➔ voir Bonneville

VOUHÉ

✉ 17700 (Charente-Maritime) – 649 hab. – **Voir carte n°38-B2**
▶ Paris 444 km – Niort 35 km – Poitiers 111 km – La Rochelle 36 km
Carte Michelin 324-F3

La Villa Cécile sans rest

1 r. de Puyravault – ✆ 05 46 00 61 50 – www.lavillacecile.fr
3 ch ☕ – †100/135 € ††100/135 €
Dans un sympathique petit village, une belle maison d'architecte, respectueuse du style local et très cosy... Béton ciré, mobilier contemporain et grand confort dans les chambres, sauna et jacuzzi dans le jardin : idéal pour se ressourcer !

VOUILLÉ

✉ 86190 (Vienne) – 3 581 hab. – **Voir carte n°39-C1**
Paris 345 km – Châtellerault 46 km – Parthenay 34 km – Poitiers 18 km
Carte Michelin 322-G5

XX **Cheval Blanc** avec ch
3 r. de la Barre – ☎ 05 49 51 81 46 – www.cheval-blanc-clovis.fr
– Fermé 22 juin-6 juil. et 23 fév.-9 mars
13 ch – †62/78 € ††62/78 € – ☕ 8,50 € – ½ P
Formule 15 € – Menu 21 € (semaine), 29/46 € – Carte 30/49 €
Sablé d'escargot, noisette d'agneau, crème au chocolat amer... Étape revigorante dans cet hôtel-restaurant traditionnel, grand ouvert sur la rivière voisine.

Le Clovis
29 ch – †62/78 € ††62/78 € – ☕ 8,50 €
À 100 m de la maison mère, des chambres très simples mais bien tenues.

VOUTENAY-SUR-CURE

✉ 89270 (Yonne) – 230 hab. – **Voir carte n°7-B2**
Paris 206 km – Auxerre 37 km – Avallon 15 km – Vézelay 15 km
Carte Michelin 319-F6 – Guide Vert Michelin Bourgogne

XX **Auberge Le Voutenay** avec ch
– ☎ 03 86 33 51 92 – www.aubergelevoutenay.com
– Fermé 25 juin-3 juil., 1er-22 janv., dim. soir, lundi et mardi
7 ch – †55/68 € ††55/68 € – ☕ 9 € – ½ P
Formule 10 € – Menu 29/52 € *(réservation conseillée)*
Dans cette auberge du 18es. bordant la route, il règne une plaisante atmosphère rustique, propice à la dégustation d'une sympathique cuisine de saison. Joli parc, coin bistrot et petite boutique de produits du terroir. Chambres simples et bien tenues.

VOUVRAY

✉ 37210 (Indre-et-Loire) – 3 069 hab. – **Voir carte n°11-B2**
Paris 240 km – Amboise 18 km – Blois 51 km – Château-Renault 25 km
Carte Michelin 317-N4 – Guide Vert Michelin Châteaux de la Loire

Domaine des Bidaudières sans rest
r. de Peu-Morier, rte de Vernou-sur-Brenne, par D 46 – ☎ 02 47 52 66 85
– www.bidaudieres.com
5 ch ☕ – †110/130 € ††130/150 €
Quel charme ! Ce beau castel en tuffeau du 18e s. domine la vallée de son parc somptueux. Toile de Jouy et meubles chinés dans les chambres, belle piscine et orangerie.

VOVES

✉ 28150 (Eure-et-Loir) – 2 946 hab. – **Voir carte n°12-C1**
Paris 99 km – Ablis 36 km – Bonneval 23 km – Chartres 25 km
Carte Michelin 311-F6

 **Le Quai Fleuri**
15 r. Texier Gallas – ☎ 02 37 99 15 15 – www.quaifleuri.com – Fermé dim. soir
20 ch – †74/124 € ††84/154 € – 4 suites – ☕ 14 € – ½ P
Rest – Menu 25/80 € 🍷 – Carte 44/51 €
Bonne surprise, ce village verdoyant tranche au milieu de la plaine beauceronne, si uniforme... On y trouve cet hôtel récent, flanqué d'un moulin reconstitué, emblème de la région, et son restaurant. Pour plus d'espace et un accès sur le parc, préférez les chambres de l'annexe.

VRON

✉ 80120 (Somme) – 860 hab. – **Voir carte n°36-A1**
Paris 211 km – Abbeville 27 km – Amiens 76 km – Berck-sur-Mer 17 km
Carte Michelin 301-D6

 **L'Hostellerie du Clos du Moulin** 

1 r. Mar.-Leclerc – ✆ 03 22 23 74 75 – www.leclosdumoulin.fr – Fermé 23 déc.-3 janv.

15 ch – 79/129 € 79/149 € – ½ P

Rest – Formule 29 € – Menu 34/59 €

Un beau jardin, des poutres et des vieilles pierres... du cachet ! Les chambres de ce joli domaine allient douceur champêtre et confort moderne. Pour rêver "de la Picardie et des roses que l'on trouve là-bas"...

WAHLBACH – 68 Haut-Rhin → voir Altkirch

WAILLY-BEAUCAMP

62170 (Pas-de-Calais) – 992 hab. – Voir carte n°**30**-A2

Paris 214 km – Amiens 86 km – Arras 89 km – Lille 139 km

Carte Michelin 301-D5

 **La Prairière** sans rest

– ✆ 03 21 81 02 99 – http://laprairiere.com – Fermé 15 nov.-20 fév.

4 ch – 100/120 € 100/120 €

Une ancienne ferme (15e s.) réhabilitée avec goût. On s'y repose dans de jolies chambres mêlant mobilier ancien et contemporain. En fin de journée, il fait bon se détendre dans le salon feutré où trône une superbe cheminée en brique et pierre. Au petit-déjeuner, on savoure les confitures maison.

WANGENBOURG

67710 (Bas-Rhin) – 1 369 hab. – Voir carte n°**1**-A1

Paris 469 km – Molsheim 30 km – Sarrebourg 36 km – Saverne 19 km

Carte Michelin 315-H5

 **Parc Hôtel**

39 r. du Gén.-de-Gaulle – ✆ 03 88 87 31 72 – www.parchotelalsace.com – Ouvert 1er avril-5 nov.

29 ch – 82/115 € 82/115 € – 12 € – ½ P

Rest – Formule 28 € – Menu 33/48 € – Carte 40/50 € *(fermé le midi en semaine)*

Cette grande maison vosgienne se dresse dans un parc peuplé d'arbres centenaires, propice à la sérénité... Accueil chaleureux, chambres spacieuses et confortables (modernes ou de style). Cuisine traditionnelle dans un cadre cossu.

LA WANTZENAU – 67 Bas-Rhin → voir Strasbourg

WENGELSBACH – 67 Bas-Rhin → voir Niedersteinbach

WESTHALTEN

68250 (Haut-Rhin) – 957 hab. – Voir carte n°**1**-A3

Paris 480 km – Colmar 22 km – Guebwiller 11 km – Mulhouse 28 km

Carte Michelin 315-H9

XXX **Auberge du Cheval Blanc** avec ch

20 r. de Rouffach – ✆ 03 89 47 01 16 – www.auberge-chevalblc.com – Fermé 23 juin-4 juil., 6-24 janv., lundi et mardi

11 ch – 85/130 € 95/130 € – 14 € – ½ P

Menu 26 € (déj. en semaine), 38/85 € – Carte 49/84 €

Une maison cossue, tenue par la même famille depuis 1785. Dans la belle salle contemporaine, le repas s'accompagne évidemment de beaux vins d'Alsace, dont ceux de la propriété. Chambres pour l'étape.

WETTOLSHEIM – 68 Haut-Rhin → voir Colmar

WEYERSHEIM

✉ 67720 (Bas-Rhin) – 3 350 hab. – **Voir carte n°1-B1**
▶ Paris 486 km – Haguenau 18 km – Saverne 49 km – Strasbourg 21 km
Carte Michelin 315-K4

Auberge du Pont de la Zorn

2 r. République – ✆ 03 88 51 36 87 – Fermé 18 août-4 sept., 17 fév.-5 mars, merc. soir et le midi sauf dim.
Menu 30/39 € – Carte 26/45 € *(réservation conseillée)*
Reproductions de dessins signés Hansi, objets anciens, spécialités régionales et tartes flambées servies le soir : un concentré d'Alsace ! Bucolique terrasse en bord de Zorn.

WIERRE-EFFROY

✉ 62720 (Pas-de-Calais) – 788 hab. – **Voir carte n°30-A2**
▶ Paris 262 km – Abbeville 88 km – Boulogne-sur-Mer 14 km – Calais 29 km
Carte Michelin 301-D3

La Ferme du Vert

r. du Vert – ✆ 03 21 87 67 00 – www.fermeduvert.com – Fermé 4 janv.-4 fév.
16 ch – 72/132 € 76/135 € – 1 suite – 13 € – ½ P
Rest *La Ferme du Vert* – voir les restaurants ci-après
Le calme et la campagne réunis dans ce corps de ferme typiquement boulonnais (1809). Les chambres sont décorées avec goût et simplicité : idéal pour un séjour au vert. À noter pour les amateurs : on y vend la production de la fromagerie voisine !

Le Beaucamp sans rest

1 km au Sud par D 232 (rte de Wimille) – ✆ 03 21 30 56 13 – www.lebeaucamp.com – Ouvert de début mars à mi-nov.
5 ch – 95 € 115/125 €
Un manoir familial (19ᵉs.) au milieu d'un grand parc aux arbres centenaires. Vieux objets, tableaux et mobilier ancien forment un ensemble tout à fait charmant... et d'un grand confort.

La Ferme du Vert – Hôtel La Ferme du Vert

r. du Vert – ✆ 03 21 87 67 00 – www.fermeduvert.com – Fermé 4 janv.-4 fév., sam. midi, lundi midi et dim.
Formule 19 € – Menu 28/54 € – Carte 31/53 €
Dans le cadre de cette ancienne ferme du 19ᵉ s., sous l'égide de trois frères, une fromagerie artisanale en activité (vente à emporter) et cet agréable restaurant où l'on déguste des petits plats traditionnels soignés et savoureux ! Le tout à petits prix.

WIHR-AU-VAL – 68 Haut-Rhin ➜ voir Munster

WILLGOTTHEIM

✉ 67370 (Bas-Rhin) – 1 077 hab. – **Voir carte n°1-A1**
▶ Paris 463 km – Metz 138 km – Saarbrücken 94 km – Strasbourg 33 km
Carte Michelin 315-J4

La Cour de Lise avec ch

rest, ch,

26 r. Principale – ✆ 03 88 64 93 36 – www.lacourdelise.fr – Fermé 1 semaine en mars, 1 semaine en juin, 1 semaine en sept., 1 semaine en janv., lundi et mardi
5 ch – 85 € 95/125 €
Menu 15 € (déj. en semaine), 50/60 € – Carte 36/68 € *(réservation conseillée)*
Une auberge devenue ferme, puis retournée à ses premières amours. Dans une salle coquette, on savoure une cuisine traditionnelle, tout en raffinement ; l'accueil est charmant. Pour l'étape, chambres d'esprit contemporain.

WILLIERS

✉ 08110 (Ardennes) – 48 hab. – **Voir carte n°14-C1**
▶ Paris 277 km – Arlon 44 km – Châlons-en-Champagne 174 km – Charleville-Mézières 57 km
Carte Michelin 306-N4

Chez Odette

18 r. de l'Ancien Lavoir – ✆ 03 24 55 49 55 – www.chez-odette.com – Fermé 2 semaines en mars, 2 semaine en oct., lundi et mardi sauf juil.-août, merc. et jeudi
13 ch – †185/275 € ††185/275 € – ☕ 19 € **Rest** – Carte 40/70 €
Odette tenait autrefois cette auberge, devenue aujourd'hui un hôtel plein de charme. Luxueuses, design, embellies d'objets chinés, les chambres surprennent dans ce petit village. À noter : au restaurant et au café, on sert les mêmes plats et boissons qu'à l'époque d'Odette...

WIMEREUX

✉ 62930 (Pas-de-Calais) – 7 442 hab. – **Voir carte n°30-A2**
▶ Paris 269 km – Arras 125 km – Boulogne-sur-Mer 7 km – Calais 33 km
Carte Michelin 301-C3

Atlantic Hôtel

ch, P

digue de mer – ✆ 03 21 32 41 01 – www.atlantic-delpierre.com – Fermé 20 janv.-25 fév.
18 ch – †150/260 € ††150/260 € – ☕ 15 € – ½ P
Rest *La Liégeoise* – voir les restaurants ci-après
Rest *L'Aloze* – Formule 19 € – Menu 24 € *(fermé dim. soir et lundi)*
Sur la digue du front de mer, cet hôtel toise la Manche ! On observe les flots à loisir depuis toutes les chambres, qu'elles soient romantiques, de style balnéaire chic ou très contemporaines. Restaurant et brasserie de la mer.

Saint-Jean sans rest

AC

1 r. Georges-Romain – ✆ 03 21 83 57 40 – www.hotel-saint-jean.fr
24 ch – †80/99 € ††85/115 € – ☕ 12 €
À 300 m de la digue et de sa promenade, cet hôtel permet de prendre un grand bol d'air au bord de la mer ! Les chambres sont fonctionnelles et de bon confort. Petit espace détente (sauna, jacuzzi) et bar cosy où il fait bon se reposer.

Hôtel du Centre

rest, AC rest, P

78 r. Carnot – ✆ 03 21 32 41 08 – www.hotelducentre-wimereux.fr – Fermé 17 déc.-27 janv.
23 ch – †74/84 € ††78/98 € – ☕ 10 €
Rest – Formule 20 € – Menu 25/31 € – Carte 27/47 € *(fermé lundi sauf fériés)*
Sur la rue principale de cette station balnéaire de la Côte d'Opale, on reconnaît cet hôtel à sa façade ancienne. Les chambres, rénovées progressivement, sont fonctionnelles et correctement insonorisées... Fenêtres ouvertes, on sent l'air iodé de la mer ! Restaurant traditionnel.

La Liégeoise

digue de mer – ✆ 03 21 32 41 01 – www.atlantic-delpierre.com – Fermé 20 janv.-25 fév., dim. soir et lundi
Menu 30 € (semaine), 37/65 € – Carte 65/75 €
En étage, sur la digue : impossible d'échapper au panorama sur la mer ! L'élégant décor contemporain, tout en gris et vert, rappelle les tons de la Manche... On y apprécie huîtres chaudes, turbot grillé ou poché, bar à la plancha, etc.

Épicure

1 r. Pompidou – ✆ 03 21 83 21 83 – Fermé 22 déc.-4 janv., merc. soir et dim.
Menu 26 € (semaine)/33 € – Carte 48/70 € *(réservation conseillée)*
La façade blanc et bleu a des airs de cabine de plage, la salle se révèle intime et bourgeoise... Côté cuisine, priorité aux produits de la mer – d'une belle fraîcheur –, à l'unisson de la Côte d'Opale.

WINKEL

✉ 68480 (Haut-Rhin) – 346 hab. – **Voir carte n°1-A3**
Paris 466 km – Altkirch 23 km – Basel 35 km – Belfort 50 km
Carte Michelin 315-H12

XX **Au Cerf** avec ch

3 r. Principale – ✆ 03 89 40 85 05
6 ch – †54/79 € ††56/79 € – ☕ 8 € – ½ P
Formule 15 € – Carte 44/103 € *(fermé dim. soir, lundi et jeudi)*
À deux pas de la source de l'Ill, cette auberge accueillante prend des allures de winstub cossue. On y savoure une agréable cuisine traditionnelle ; pour l'étape, les chambres, situées sous les combles, sont plaisantes.

WISSEMBOURG

✉ 67160 (Bas-Rhin) – 7 803 hab. – **Voir carte n°1-B1**
Paris 512 km – Haguenau 33 km – Karlsruhe 42 km – Sarreguemines 80 km
Carte Michelin 315-L2

Au Moulin de la Walk

2 r. de la Walk – ✆ 03 88 94 06 44 – www.moulin-walk.com – Fermé 2-29 janv.
25 ch – †68/75 € ††76/82 € – ☕ 10 € – ½ P Plan : A**s**
Rest *Au Moulin de la Walk* – voir les restaurants ci-après
Au bord d'une rivière, ces trois bâtiments ont été aménagés sur les vestiges d'un moulin dont la roue tourne encore. Dans les chambres, le bois brut donne un côté chaleureux à la déco : une adresse sympathique pour une étape comme pour un séjour.

Hostellerie du Cygne

3 r. du Sel – ✆ 03 88 94 00 16 – www.hostellerie-cygne.com – Fermé 3-17 juil., 5-20 nov. et 15 fév.-2 mars Plan : B**a**
23 ch – †55/80 € ††55/165 € – 1 suite – ☕ 12 € – ½ P
Rest *Hostellerie du Cygne* – voir les restaurants ci-après
Au cœur de Wissembourg, la ville pittoresque de Hans Trapp – le père Fouettard alsacien –, une hostellerie familiale où l'on n'est pas obligé de jouer les enfants sages ! Les chambres, agréables et confortables (dont une suite avec sauna), sont parfaitement tenues. Une bonne adresse.

XX **Hostellerie du Cygne** – Hostellerie du Cygne

3 r. du Sel – ✆ 03 88 94 00 16 – www.hostellerie-cygne.com – Fermé 3-17 juil., 5-20 nov. et 15 fév.-2 mars, jeudi midi, dim. soir et merc. Plan : B**a**
Formule 15 € – Menu 30/70 € – Carte 38/66 €
Une winstub d'un côté, une salle de style alsacien Renaissance de l'autre, et dans les deux cas, une savoureuse cuisine traditionnelle. Une chose est sûre, le chant du cygne n'est pas près de se faire entendre... et ce ne sont pas les gourmands qui s'en plaindront.

XX **L'Ange**

2 r. de la République – ✆ 03 88 94 12 11 – www.restaurant-ange.com – Fermé 15-30 juin, 5-12 sept., vacances de fév., dim. soir sauf juil.-août, lundi et mardi Plan : B**u**
Menu 30/40 € – Carte 38/52 €
Spécialité de cette maison de 1617 ? Les recettes du terroir local... revues et corrigées à la mode contemporaine ! En revanche, le cadre joue la carte de la tradition, entre esprit alsacien et classicisme.

XX **Au Moulin de la Walk** – Hôtel Au Moulin de la Walk

2 r. de la Walk – ✆ 03 88 94 06 44 – www.moulin-walk.com – Fermé 3-17 juil., 2-29 janv., vend. midi, dim. soir et lundi Plan : A**s**
Menu 38/55 € – Carte 40/60 €
Dans ce restaurant élégant, on n'hésite pas à décliner le foie gras sous toutes ses formes et à honorer la cuisine traditionnelle (côte de veau et spaetzle, saumon, käseknepfle et beurre blanc, etc.), tout comme le bon vin.

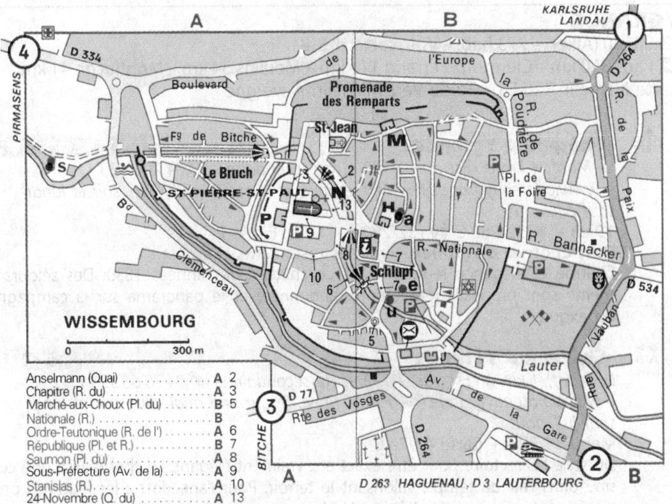

Au Pont M

3 r. de la République – ☎ 03 88 63 56 68 – www.aupontm.com Plan : B**e**

Menu 19 € (déj. en semaine), 26/50 € – Carte 37/51 €

Au cœur du quartier de la "Petite Venise", on se régale d'une belle cuisine dans l'air du temps. Derrière les fourneaux, le chef, un amoureux du produit, concocte des recettes aux saveurs franches. Dans la salle, on profite de la vue sur l'eau et l'église St-Pierre-et-St-Paul. Service prévenant.

à Altenstadt 2 km par ② – ✉ 67160

Rôtisserie Belle Vue

1 r. Principale – ☎ 03 88 94 02 30 – www.bellevue-wiss.fr – Fermé 4-28 août, 17 fév.-6 mars, dim. soir, lundi et mardi

Menu 27/60 € – Carte 56/95 €

Dans cette grande maison familiale, on est reçu chaleureusement et on savoure une cuisine traditionnelle dans une atmosphère cossue. Plats du jour servis au bar-winstub.

WISSOUS – 91 Essonne ➜ voir Paris, Environs

XONRUPT-LONGEMER – 88 Vosges ➜ voir Gérardmer

YERVILLE

✉ 76760 (Seine-Maritime) – 2 329 hab. – **Voir carte n°33-C1**

Paris 164 km – Dieppe 44 km – Fécamp 48 km – Le Havre 69 km

Carte Michelin 304-F4

Hostellerie des Voyageurs

3 r. Jacques-Ferny – ☎ 02 35 96 82 55 – www.hostellerie-voyageurs.com – Fermé dim. soir et lundi sauf fériés

Menu 17 € (déj. en semaine), 27/49 € – Carte 47/56 €

Une authentique hostellerie de tradition, que cette belle maison à colombages, ancien relais de diligences fondé en 1875. Dans un cadre rustique et chaleureux, le chef concocte une cuisine traditionnelle goûteuse et généreuse : sauté de veau aux petits légumes, tourte normande... Un vrai travail de cuisinier !

YEU (ÎLE D') – 85 Vendée ➜ voir Île d'Yeu

YGRANDE

✉ 03160 (Allier) – 773 hab. – Voir carte n°**5**-B1
Paris 310 km – Clermont-Ferrand 111 km – Moulins 34 km – Montluçon 41 km
Carte Michelin 326-E3 – Guide Vert Michelin Auvergne

Château d'Ygrande

Le Mont, 4 km à l'Est par D 192 et rte secondaire – ✆ 04 70 66 33 11 – www.chateauygrande.fr – Fermé janv., fév., mardi midi, dim. soir et lundi sauf juil.-août
19 ch – 152/280 € 152/280 € – 16 € – ½ P
Rest ***Château d'Ygrande*** – voir les restaurants ci-après
Charme et élégance règnent dans ce château des années 1830. Des séjours à thème sont proposés (équitation, randonnée) et le panorama sur la campagne est exquis.

Château d'Ygrande

Le Mont, 4 km à l'Est par D 192 et rte secondaire – ✆ 04 70 66 33 11 – www.chateauygrande.fr – Fermé janv., fév., mardi midi, dim. soir et lundi sauf juil.-août
Menu 34/79 € – Carte 49/76 €
Du style ! Directoire pour être exact et... vraiment élégant. Le chef réalise une cuisine dans l'air du temps, valorisant le terroir. Pour l'anecdote : les légumes proviennent du potager du château. Un bon moment en perspective.

YSSINGEAUX

✉ 43200 (Haute-Loire) – 7 009 hab. – Voir carte n°**6**-C3
Paris 565 km – Ambert 73 km – Privas 98 km – Le Puy-en-Velay 27 km
Carte Michelin 331-G3 – Guide Vert Michelin Lyon Drôme Ardèche

Le Bourbon

rest, rest, ch,

5 pl. de la Victoire – ✆ 04 71 59 06 54 – www.le-bourbon.com – Fermé 19 juin-2 juil., 2-15 oct., vend. soir et lundi hors saison et dim. soir
11 ch – 69/85 € 69/85 € – 12 € – ½ P
Rest – Formule 15 € – Menu 24/59 € – Carte 46/57 €
Sur une agréable place du centre-ville, cette auberge familiale est bien accueillante. Les chambres y sont confortables et bien tenues. Au petit-déjeuner, on apprécie les produits locaux. Le restaurant privilégie également les petits producteurs.

YVETOT

✉ 76190 (Seine-Maritime) – 11 816 hab. – Voir carte n°**33**-C1
Paris 171 km – Dieppe 57 km – Fécamp 35 km – Le Havre 58 km
Carte Michelin 304-E4 – Guide Vert Michelin Normandie Vallée de la Seine

L'OH

2 r. Guy-de-Maupassant – ✆ 02 35 95 16 77 – www.hotel-du-havre.fr
23 ch – 65/72 € 65/72 € – 12 € – ½ P
Rest – Menu 24/28 € – Carte 34/43 € *(fermé vend. soir, sam. soir de nov. à Pâques et dim.)*
En plein centre-ville, un grand bâtiment traditionnel et engageant abrite cet hôtel familial. On s'y sent bien : les chambres, traditionnelles ou contemporaines, sont bien tenues et toutes personnalisées.

Le Manoir aux Vaches

8 r. Felix-Faure – ✆ 02 35 95 65 65 – www.lemanoirauxvaches.com
9 ch – 96/106 € 96/106 € – 15 €
Normande, Limousine, Charolaise... De belles chambres avec une mezzanine, toutes décorées avec goût et originalité sur le thème de la vache ! Un soin particulier est apporté aux détails, tant au niveau de la décoration que de l'entretien.

au Sud-Est 5 km sur D 5 – ✉ 76190 Yvetot

X **Auberge du Val au Cesne** avec ch

rte Duclair – ☎ 02 35 56 63 06 – www.valaucesne.fr

5 ch – †90 € ††90 € – ☕ 10 € – ½ P Menu 29/60 € – Carte 46/63 €

En pleine campagne, cette ravissante auberge normande du 17e s. propose, dans six petites salles rustiques (meubles anciens, cheminées, etc.), une bonne cuisine traditionnelle inspirée par les produits frais : terrine maison, canette à l'orange, turbot à l'oseille... Les chambres, tendues de tissus à motifs anciens, sont douillettes à souhait.

à Motteville 9 km à l'Est par D 929 et D 20 – ✉ 76970 – 775 hab.

XX **Auberge du Bois St-Jacques**

à la gare – ☎ 02 35 96 83 11 – www.aubergebsj.com – Fermé 3 semaines en août, dim. soir, lundi soir et mardi

Formule 13 € – Menu 18 € (semaine), 27/48 € – Carte 39/45 €

Ancien buffet de gare (1850), ce restaurant traditionnel est une vraie affaire de famille : le patron œuvre aux fourneaux avec un fils (spécialisé dans les macarons !) tandis que son épouse assure le service avec un deuxième, sommelier et... peintre à ses heures, comme les œuvres exposées l'attestent.

YVOIRE

✉ 74140 (Haute-Savoie) – 849 hab. – **Voir carte n°46-F1**

Paris 563 km – Annecy 71 km – Bonneville 41 km – Genève 26 km

Carte Michelin 328-K2 – Guide Vert Michelin Alpes du Nord

Villa Cécile

156 rte de Messery, par D 25 – ☎ 04 50 72 27 40 – www.villacecile.com – Fermé 6 janv.-9 fév.

15 ch – †150/320 € ††150/320 € – ☕ 19 € – ½ P

Rest – Formule 18 € – Menu 39/68 € – Carte 51/74 € *(fermé lundi)*

Non loin de la cité médiévale, une villa créée en 2008, agréable et cossue. Piscines, jacuzzi, sauna, hammam et sympathique restaurant : détente assurée et... repos mérité dans l'une des très confortables chambres (lits king size) d'esprit marin ou "campagne chic". Merci Cécile !

Le Jules Verne

r. du Port – ☎ 04 50 72 80 08 – www.hoteljulesverne.com – Ouvert fév. à nov.

17 ch – †140/160 € ††140/160 € – ☕ 17 € – ½ P

Rest – Menu 25 € (déj. en semaine), 35/67 € – Carte 33/88 €

Vue imparable sur le lac Léman, terrasse ou balcon, raffinement (parquet, mobilier en bois), équipements et confort au top : les chambres de cet hôtel élégant ne manquent pas d'atouts. Au restaurant, les gourmands apprécieront le savoir-faire du chef et l'épicerie fine tenue par madame.

Le Pré de la Cure

pl. de la Mairie – ☎ 04 50 72 83 58 – www.pre-delacure.com – Ouvert 6 mars-2 nov.

25 ch – †78/105 € ††90/120 € – ☕ 10 € – ½ P

Rest *Le Pré de la Cure* – voir les restaurants ci-après

À l'entrée de la cité médiévale, cet établissement familial dispose de chambres spacieuses, contemporaines et épurées ; toutes ont vue sur le lac ou le jardin. Et pour se détendre on profite de la piscine couverte ou du jacuzzi. Un lieu agréable et vraiment reposant. Enfin, pour le déjeuner ou le dîner, le restaurant est épatant !

XX **Le Pré de la Cure** – Hôtel Le Pré de la Cure

pl. de la Mairie – ☎ 04 50 72 83 58 – www.pre-delacure.com – Ouvert 6 mars-2 nov.

Menu 20/52 € – Carte 38/56 €

Une plongée dans le Léman ! Évidemment, il y a la vue, superbe, mais pas seulement... Le chef réalise une cuisine axée sur les produits de la pêche du lac et concocte des petits plats régionaux bien gourmands – tel ce filet de féra à la chair tendre et moelleuse et ses tagliatelles de carotte. Un régal !

XX **Vieille Porte**

2 pl. de la Mairie – ✆ 04 50 72 80 14 – www.la-vieille-porte.com – Fermé 11 nov.-10 fév. et lundi sauf juil.-août
Formule 20 € – Menu 28/40 € – Carte 43/57 €
Maison du 14e s. appartenant à la même famille depuis 1587. Tomettes, poutres et pierres, terrasse à l'ombre des remparts : rien ne manque, et tout cela accompagne à merveille la sympathique cuisine traditionnelle et régionale du chef. Belle sélection de bordeaux à prix raisonnable.

XX **Du Port** avec ch ch, ch,

r. du Port – ✆ 04 50 72 80 17 – www.hotelrestaurantduport-yvoire.com – Ouvert 8 mars-26 oct.
7 ch – †160/240 € ††160/240 € – ☐ 18 € – ½ P
Menu 38/56 € – Carte 55/70 € *(fermé mardi soir et merc. hors saison)*
Plat phare de la maison ? Le filet de perche... Mais les autres poissons – le plus souvent issus du lac – ne sont évidemment pas en reste, et il fait bon les savourer dans cette jolie auberge du port de plaisance. Dans l'une des salles, on a presque les pieds dans l'eau ! Belles chambres de style lacustre.

YVOY-LE-MARRON

✉ 41600 (Loir-et-Cher) – 617 hab. – **Voir carte n°12-C2**
Paris 163 km – Blois 45 km – La Ferté-St-Aubin 13 km – Orléans 35 km
Carte Michelin 318-I6

Auberge du Cheval Blanc

1 pl. du Cheval-Blanc – ✆ 02 54 94 00 00 – www.aubergeduchevalblanc.com – Fermé 2-20 mars et 22 déc.-8 janv.
15 ch – †80/110 € ††105/110 € – ☐ 15 € – ½ P
Rest *Auberge du Cheval Blanc* – voir les restaurants ci-après
Au cœur de ce village solognot, un hôtel-restaurant à l'architecture locale, fort bien tenu. Les chambres sont chaleureuses et confortables, dans une veine classique soignée. Une bonne adresse.

XX **Auberge du Cheval Blanc** 

1 pl. du Cheval-Blanc – ✆ 02 54 94 00 00 – www.aubergeduchevalblanc.com – Fermé 2-20 mars, 22 déc.-8 janv., mardi midi, merc. midi et lundi
Menu 30/53 € – Carte 52/87 €
Après une balade en forêt solognote, installez à la table du Cheval Blanc... Tomettes, poutres, trophées de chasse et bois sombre : tout un idéal champêtre ressuscité ! La tradition est à l'honneur en cette auberge, où père et fils cuisinent à quatre mains. Beaucoup de soin et quelques jolis plats plus exotiques.

YZEURES-SUR-CREUSE

✉ 37290 (Indre-et-Loire) – 1 445 hab. – **Voir carte n°11-B3**
Paris 318 km – Châteauroux 72 km – Châtellerault 28 km – Poitiers 65 km
Carte Michelin 317-O8

Relais de La Mothe

1 pl. du 11-Novembre – ✆ 02 47 91 49 00 – www.relaisdelamothe.com – Fermé 1er-30 janv.
22 ch – †69/99 € ††73/120 € – ☐ 10 € – ½ P
Rest – Formule 19 € – Menu 24/48 € – Carte 22/51 € *(fermé dim. soir, lundi et mardi)*
Nouveau départ pour ce relais de poste de 1880 récemment rénové. Les chambres sont spacieuses et confortables, et il fait bon se ressourcer à l'espace détente ou prendre un verre dans le salon au coin de la cheminée. Idéal pour un séjour au vert.

ZELLENBERG – 68 Haut-Rhin ➔ voir Riquewihr

ZIMMERBACH

✉ 68230 (Haut-Rhin) – 855 hab. – Voir carte n°**2**-C2
Paris 491 km – Belfort 78 km – Colmar 14 km – Épinal 137 km
Carte Michelin 315-H8

Au Raisin d'Or

1 r. de l'Église – ✆ 03 89 71 05 69 – www.raisindor.fr – Fermé 2 semaines en juil., 27 déc.-9 janv., mardi et merc.
Formule 14 € – Menu 25/41 € – Carte 30/48 €
Dans cette sympathique auberge "à la bonne franquette", les habitués sont nombreux et ne tarissent pas d'éloge sur les propositions du jour et les classiques du chef (tête de veau, quenelles de foie, bœuf gros sel, etc.). Généreux et délicieux !

ZONZA – 2A Corse-du-Sud ➜ voir Corse

ZOUFFTGEN

✉ 57330 (Moselle) – 872 hab. – Voir carte n°**26**-B1
Paris 341 km – Luxembourg 20 km – Metz 48 km – Thionville 18 km
Carte Michelin 307-H2

La Lorraine (Marcel et Lucien Keff) avec ch

rest,

80 r. Principale – ✆ 03 82 83 40 46 – www.la-lorraine.fr – Fermé lundi et mardi
3 ch – 115 € 150 € – 21 €
Menu 42/72 € – Carte 71/102 €
Agréable moment dans cette belle maison bourgeoise : sous la grande véranda aux airs de jardin d'hiver, dont le sol vitré laisse apparaître la cave à vin, on apprécie une cuisine fine et joliment ciselée, qui tire notamment le meilleur du terroir lorrain. Petits plats du terroir dans l'annexe, La Stuff.
➜ Fricassée d'escargots de Cleurie, émulsion de pomme de terre et coulis de persil. Cochon de lait de Kanfen rôti sur la peau, galette de pomme de terre au lard. Œuf de poule au chocolat noir, sabayon au rhum.
La Stuff Carte environ 33 €

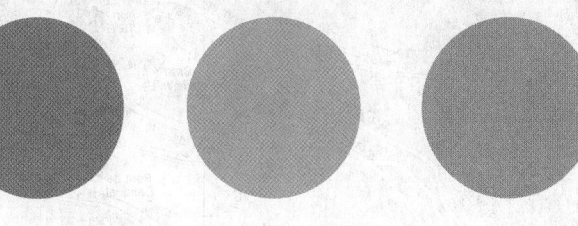

Principauté d'Andorre

ANDORRE

(AND - Andorra) – 76 246 hab.
Carte Michelin 343-H9 – Guide Vert Michelin Pyrénées Toulouse Gers

ANDORRA-LA-VELLA Capitale de la Principauté

⊠ AD500 (Andorra) – 22 398 hab. – Carte Michelin 343-H9 – Voir carte n°28-B3
▶ Paris 861 km – Carcassonne 165 km – Foix 102 km – Perpignan 170 km

Andorra Park H.

Les Canals 24 ⊠ AD500 – ✆ (00-376) 87 77 77 – www.parkhotelandorra.com Plan : B**b**
89 ch – 125/225 € 125/324 € – 1 suite
Rest *És Andorra* – Menu 21/65 € – Carte 33/69 €
Dans la ville haute, un établissement entouré de jardins, doté de parties communes spacieuses et de chambres d'excellent confort, toutes avec terrasse. Spa complet. Le restaurant gastronomique És Andorra offre une vue sur le jardin et propose une carte traditionnelle actualisée ainsi qu'un bon menu dégustation.

Plaza

María Pla 19 ⊠ AD500 – ✆ (00-376) 87 94 44 – www.plazandorra.com
45 ch – 90/120 € – 45 suites Plan : C**a**
Rest *La Cúpula* – Menu 20/28 € – Carte 25/33 €
Cet hôtel à l'élégance classique se distingue par son emplacement en plein centre ainsi que par son lumineux hall de réception doté de deux ascenseurs panoramiques. Spa complet. Le restaurant propose une cuisine actuelle de saison qui joue avec les quatre éléments (terre, eau, feu et air).

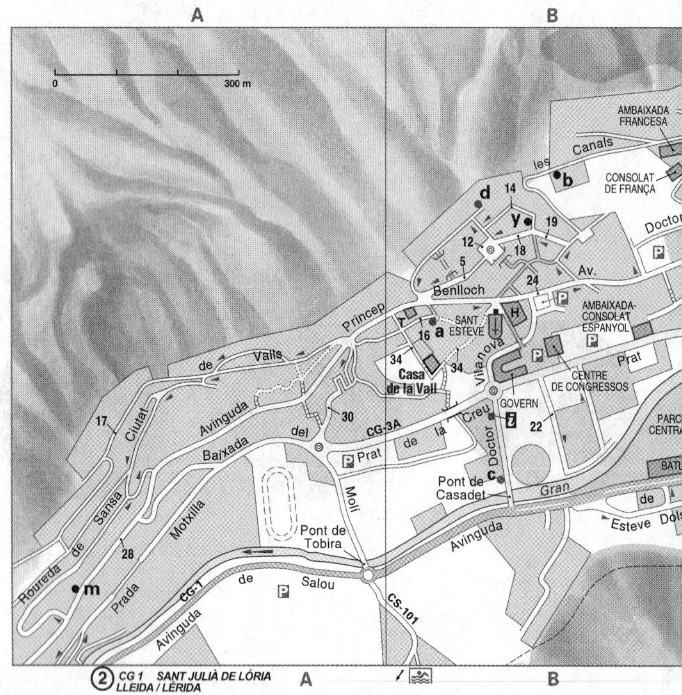

Arthotel

Prat de la Creu 15-25 ✉ *AD500* – ✆ *(00-376) 76 03 03* – *www.arthotel.ad*
121 ch – **♦81/198 € ♦♦102/244 €** Plan : C**d**
Rest *Plató* – Menu 14/20 € – Carte 24/55 €
Grand professionnalisme pour cet établissement d'esprit actuel qui surprend par ses chambres plutôt fonctionnelles mais très spacieuses. Une cafétéria vient compléter les parties communes. Le restaurant Plató, décoré de photographies cinématographiques, propose une carte traditionnelle avec une belle sélection de riz.

President

av. Santa Coloma 44 ✉ *AD500* – ✆ *(00-376) 87 72 77* – *www.hotelpresident-andorra.com* Plan : A**m**
100 ch – **♦45/127 € ♦♦59/169 €** **Rest** – Menu 18 € – Carte 27/36 €
Un peu éloigné du centre, ce complexe propose des chambres assez confortables ; aux 8e et 9e étages, les suites junior sont plus actuelles et plus spacieuses. Belle salle de jeux pour enfants et piscine couverte au dernier étage. Correctement aménagé, le restaurant offre une cuisine d'assise traditionnelle.

Diplomatic

av. Tarragona ✉ *AD500* – ✆ *(00-376) 80 27 80* – *www.diplomatichotel.com*
83 ch – **♦49/117 € ♦♦62/167 €** – 2 suites Plan : C**m**
Rest – Menu 11/19 € – Carte 25/39 € *(fermé le midi)*
Situé à proximité d'un centre commercial et d'affaires, cet établissement abrite des chambres fonctionnelles qui conviendront aussi bien à une clientèle d'affaires qu'aux touristes. Plusieurs espaces sont dédiés à la détente, y compris des jeux d'eau et un salon de massage. Cuisine internationale sans prétention servie dans un cadre discret.

ANDORRE

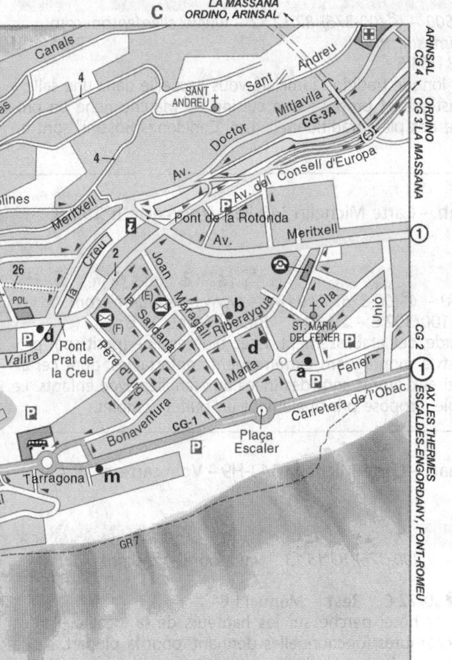

ANDORRA LA VELLA

Baixada del Moli . . . . A
Bonaventura Armengol . . . . C 2
Bonaventura Riberaygua C
Canals . . . . BC
Casadet (Pont de) . . . . B
Ciutat de Valls . . . . A
Consell d'Europa (Av. del) C
Creu Grossa . . . . C 4
Doctor Mitjavila (Av.) C
Doctor Molines . . . . BC
Doctor Néqui . . . . B 5
Doctor Vilanova . . . . B
Escaler (Pl.) C
Esteve Dolça Pujal . . . . BC
Fener C
Fiter i Rossell . . . . C 10
Guillemó (Pl.) . . . . B 12
Joan Maragall C
Llacuna . . . . B 14
Major (Antic Carrer) . . . . B 16
Maria Pla C
Meritxell (Av.) C
Mestre Xavier Plana . . . . A 17
Mossèn Cinto Verdaguer . . . . B 18
Mossèn Tremosa . . . . B 19
Obac C
Pere d'Urg C
Pompeu Fabra . . . . C 20
Prada Casadet . . . . B 22
Prada de la Creu . . . . BC
Prada Motxilla . . . . A
Prat de la Creu (Pont) C
Príncep Benlloch (Av. de) . . . . AB
Rebés (Pl.) . . . . B 24
Roda . . . . C 26
Rotonda (Pont de la) C
Roureda de Sansa . . . . A
Salou (Av.) . . . . A
Santa Coloma (Av. de) . . . . A 28
Sant Andreu C
Sardana C
Tarragona (Av. de) . . . . BC
Toriba . . . . A 30
Toriba (Pont de) . . . . A
Unió C
Vall . . . . B 34

Florida sans rest

Llacuna 15 ✉ AD500 – ✆ (00-376) 82 01 05 – www.hotelflorida.ad
27 ch – 43/90 € 56/104 € Plan : B**y**

Accueil résolument familial pour cet hôtel situé en plein centre et entouré de boutiques. Peu de parties communes mais des chambres simples et confortables. Petit gymnase et sauna.

La Borda Pairal 1630

Doctor Vilanova 7 ✉ AD500 – ✆ (00-376) 86 99 99 – www.labordapairal1630.com – Fermé dim. soir et lundi Plan : B**c**

Menu 16 € – Carte 30/58 €

Avez-vous déjà mangé dans une borda en pierre typique ? Celle-ci dispose d'un bar, d'une salle à manger avec cave vitrée et, à l'étage, d'une salle plus spacieuse que l'on peut aménager en trois salons. Carte traditionnelle et suggestions du jour.

Taberna Ángel Belmonte

Ciutat de Consuegra 3 ✉ AD500 – ✆ (00-376) 82 24 60 – www.tabernaangelbelmonte.com Plan : C**b**

Carte 36/50 €

En plein centre, un restaurant agréable aux allures de taverne, qui arbore une mise en place impeccable et un beau décor où domine le bois. Côté assiette, cuisine du marché, carte traditionnelle et intéressantes suggestions du jour déclinées à l'oral.

Can Benet

antic carrer Major 9 ✉ AD500 – ✆ (00-376) 82 89 22 – www.restaurant_canbenet.com – Fermé 15-30 juin et lundi Plan : B**a**

Menu 25/40 € – Carte 34/54 €

Une affaire familiale logée dans une vieille maison en pierre, avec un bar d'attente et, à l'étage, une salle principale qui, avec ses murs de pierre et son plafond en bois, arbore un style andorran. Carte traditionnelle et suggestions du jour.

Celler d'en Toni

Verge del Pilar 4 ✉ AD500 – ✆ (00-376) 82 12 52 – www.cellerdentoni.com – Fermé 1er-15 juil. et dim. soir Plan : C**d**

Menu 29/50 € – Carte 31/64 €

Ce restaurant central de longue tradition familiale vous accueille dans une salle à manger à l'ambiance rustique et propose une cuisine de marché riche en produits de saison ainsi que des plats traditionnels. Les "Canelones Rossini" sont un classique !

CANILLO

✉ AD100 (Andorra) – 4 133 hab. – Carte Michelin 343-H9 – **Voir carte n°29-C3**
Andorra la Vella 12 km

Ski Plaza ch, rest,

carret. General ✉ AD100 – ✆ (00-376) 73 94 44 – www.plazandorra.com
111 ch – 75/227 € 100/302 € – 19 € **Rest** – Menu 19 €

Perché à 1600 m d'altitude, cet établissement assez bien équipé (petit spa) propose des chambres de style montagnard extrêmement confortables, dont certaines possèdent un jacuzzi et d'autres sont destinées aux familles avec enfants. Le restaurant, de mise simple, propose principalement un buffet complet.

ENCAMP

✉ AD200 (Andorra) – 12 051 hab. – Carte Michelin 343-H9 – **Voir carte n°29-C3**
Andorra la Vella 8 km

Coray rest,

Caballers 38 ✉ AD200 – ✆ (00-376) 83 15 13 – www.hotelcoray.com – Fermé nov.
85 ch – 29/50 € 50/72 € **Rest** – Menu 11 €

Bel emplacement pour cet hôtel perché sur les hauteurs de la localité. Parties communes actuelles et chambres fonctionnelles donnant, pour la plupart, sur la campagne environnante. Dans la vaste salle à manger, les repas sont principalement servis sous forme de buffet.

Univers

René Baulard 13 ✉ *AD200 – ✆ (00-376) 73 11 05 – www.hoteluniversandorra.com – Fermé 2 nov.-3 déc.*
31 ch ☕ – 🚹42/45 € 🚹🚹64/83 € – ½ P **Rest** – Menu 12 € – Carte 18/37 €
Posé sur les berges du Valira d'Orient, cet hôtel familial a décoré ses couloirs et ses chambres simples de photographies de paysages voisins réalisées par le propriétaire. Un menu du jour et une petite carte aux saveurs traditionnelles sont proposés dans une salle à manger convenable.

ERTS → voir La Massana

ESCALDES-ENGORDANY

✉ AD700 (Andorra) – 14 282 hab. – Carte Michelin 343-H9 – **Voir carte n°28-B3**
Andorra-la-Vella 2 km

Roc Blanc

ch, rest,

pl. dels Coprínceps 5 ✉ *AD700 – ✆ (00-376) 87 14 00 – www.rocblanchotels.com*
154 ch ☕ – 🚹95/253 € 🚹🚹126/337 € – 3 suites Plan : D**a**
Rest ***L'Entrecôte*** – Menu 20/32 € – Carte 27/41 €
Situé au centre de la localité, ce complexe composé de trois bâtiments reliés entre eux propose des espaces communs complets, un centre thermal et des chambres accueillantes au mobilier mi-classique, mi-actuel. Le restaurant l'Entrecôte affiche un décor fonctionnel et met à l'honneur l'entrecôte de veau français.

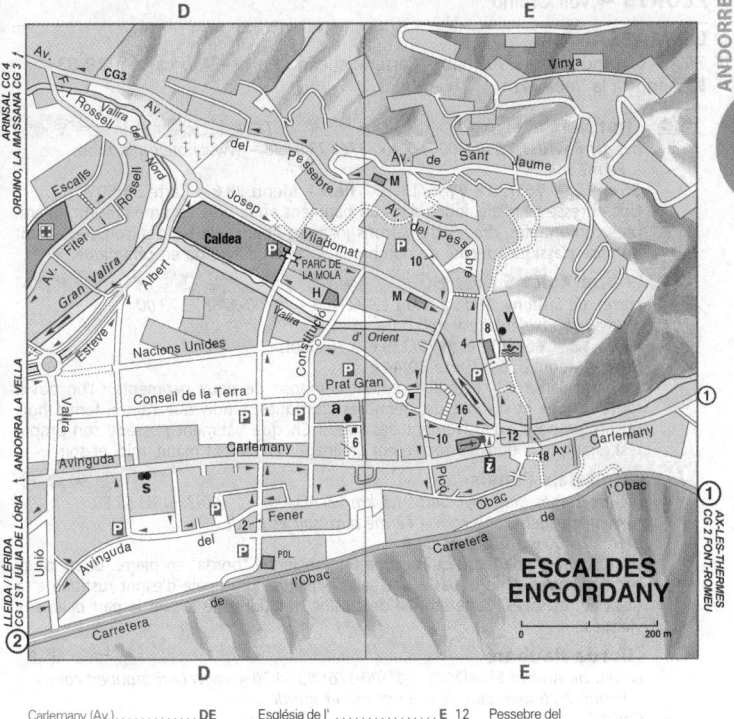

ESCALDES ENGORDANY

ARINSAL CG 4 / ORDINO, LA MASSANA CG 3
ANDORRA LA VELLA
LLEIDA / LÉRIDA CG 1 ST JULIÀ DE LÒRIA
AX-LES-THERMES CG 2 FONT-ROMEU

ANDORRE

Carlemany (Av.) .... DE	Església de l' .... E 12	Pessebre del (Av.) .... DE
Ciutat de Sabadell .... D 2	Esteve Albert .... D	Picó .... E
Constitució .... D	Fener del (Av.) .... D	Santa Anna .... E 16
Coprínceps (Pl.) .... D 6	Fiter i Rossell (Av.) .... D	Santa Anna (Pl.) .... E 18
Coprínceps de Gaulle (Av.) .... E 4	Josep Viladomat .... DE	Sant Jaume (Av.) .... E
Creu Blanca (Pl.) .... E 8	l'Obac .... E	Unió .... D
Escalls .... D	Obac (Ctra de l') .... DE	Vinya .... E
Escoles (Av. de les) .... E 10		

Casa Canut
av. Carlemany 107 ✉ AD700 – ✆ (00-376) 73 99 00 – www.acasacanut.com
33 ch – ††120/250 € – ☕ 15 € Plan : D**s**
Rest *Casa Canut* – voir les restaurants ci-après
Ceux qui passeront le seuil de cet hôtel familial à la façade rénovée et situé en plein centre ne pourront qu'être séduits par son raffinement. Très bien équipées, les chambres arborent toutes un décor personnalisé... ce qui explique pourquoi chacune porte le nom d'un créateur. Les plus luxueuses sont les Top Class !

Espel
pl. Creu Blanca 1 ✉ AD700 – ✆ (00-376) 82 08 55 – www.hotelespel.com – Fermé 2 mai-24 juil. Plan : E**v**
84 ch ☕ – †47/60 € ††60/80 € **Rest** – Menu 15 € *(menu unique)*
Géré par deux sœurs, cet établissement rend par son nom hommage à leur famille. Chambres au décor fonctionnel et restaurant au style sagement classique proposant exclusivement un honnête menu du jour.

Casa Canut – Hotel Casa Canut
av. Carlemany 107 ✉ AD700 – ✆ (00-376) 73 99 00 – www.acasacanut.com
Menu 28/69 € – Carte 55/80 € Plan : D**s**
Plusieurs salles à l'élégance classique accueillent une carte très complète, divisée en une partie "poissons et fruits de mer", une autre pour les plats mijotés et les riz, et une dernière consacrée aux grandes spécialités de la Casa Canut. Les menus ne manquent pas d'intérêt !

LLORTS → voir Ordino

LA MASSANA

✉ AD400 (Andorra) – 9 902 hab. – Carte Michelin 343-H9 – **Voir carte n°28-B3**
Andorra la Vella 7 km

Rutllan
av. del Ravell 3 ✉ AD400 – ✆ (00-376) 73 87 38 – www.hotelrutllan.com – Fermé mai
96 ch ☕ – †63/79 € ††95/157 € **Rest** – Menu 28 € – Carte 33/50 €
Une adresse familiale, logée dans un bâtiment où le bois est omniprésent. Chambres confortables, dotées de balcons joliment fleuris à la belle saison. Restaurant de mise classique, décoré de nombreux vases en cuivre ou en céramique.

Abba Xalet Suites H.
carret. de Sispony, Sud : 1,8 km ✉ AD400 – ✆ (00-376) 73 73 00 – www.abbaxaletsuiteshotel.com
47 ch ☕ – †64/112 € ††79/139 € – 36 suites
Rest – Menu 23 € – Carte 30/44 €
La particularité de cet établissement composé de deux bâtiments : l'un ouvre toute l'année et dispose de chambres classiques, tandis que l'autre, fermé hors saison, propose exclusivement des suites. Chaque bâtiment possède son propre restaurant, tous deux correctement aménagés et servant matin, midi et soir.

Molí dels Fanals
av. las Comes (Sispony), Sud : 1,3 km ✉ AD400 – ✆ (00-376) 83 53 80 – www.molidelsfanals.com – Fermé dim. soir et lundi
Menu 24/60 € – Carte 31/61 €
Un restaurant charmant qui occupe une ancienne "borda" en pierre. Le spacieux bar de l'entrée cède le pas à une salle à manger principale d'esprit rustique et à deux autres salles. Carte étoffée de cuisine traditionnelle faisant la part belle aux viandes.

Borda Raubert
carret. de Arinsal ✉ AD400 – ✆ (00-376) 83 54 20 – www.bordaraubert.com – Fermé 2-26 juin, dim. soir, lundi soir et mardi
Carte 31/46 €
Installé dans une typique "borda" andorrane en pierre, ce restaurant résolument rustique a aménagé sa salle à manger principale dans l'ancien grenier à paille et une seconde dans les anciennes étables. Carte régionale composée de viandes, charcuteries et plats de grillades.

ANDORRE

À Erts

Palomé

carret de Arinsal ✉ *AD400 – ✆ (00-376) 73 85 00 – www.palomehotel.com*
30 ch – 🚹72/88 € 🚹🚹79/116 € – 5 suites – ☕ 12 €
Rest *Émo* – Menu 25 € – Carte 29/44 €
Établissement récemment rénové empruntant son nom au sommet d'une montagne voisine. Chambres confortables au design urbain, toutes dotées de grands lits. Au restaurant, cuisine traditionnelle revisitée.

MERITXELL

✉ AD100 (Andorra) – 69 hab. – Carte Michelin 343-H9 – Voir carte n°**28**-B3
▶ Andorra la Vella 11 km

L'Ermita

Meritxell ✉ *AD100 – ✆ (00-376) 75 10 50 – www.hotelermita.com*
– Fermé 11 juin-15 juil. et 19 oct.-21 nov.
27 ch ☕ – 🚹38/54 € 🚹🚹64/96 €
Rest – Menu 15/25 € – Carte 21/38 €
Joli cadre montagnard pour cet hôtel familial, situé à proximité du sanctuaire de Meritxell. Agréables espaces communs et chambres classiques en grande partie rénovées. Le restaurant arbore un style à la fois rustique et actualisé, et propose une carte traditionnelle ainsi que plusieurs menus.

ORDINO

✉ AD300 (Andorra) – 4 417 hab. – Carte Michelin 343-H9 – Voir carte n°**28**-B3
▶ Andorra la Vella 9 km

Coma

ch, rest, rest,

Camp de la Tenada ✉ *AD300 – ✆ (00-376) 73 61 00 – www.hotelcoma.com*
48 ch ☕ – 🚹38/90 € 🚹🚹110/140 €
Rest – Menu 20/38 € – Carte 23/46 €
Une même famille gère cet hôtel accueillant depuis 1932 ! Derrière sa façade typiquement montagnarde, découvrez des chambres fonctionnelles avec baignoire à hydromassage et, pour la plupart, terrasse. Le restaurant, spacieux, lumineux et polyvalent, sert une savoureuse cuisine traditionnelle.

à Llorts – ✉ AD300 – 163 hab.

La Neu

carret. General, Nord-Ouest : 5,5 km ✉ *AD300 – ✆ (00-376) 85 06 50*
– www.laneu.com – Fermé 2 semaines en mai, 2 semaines en sept., lundi et mardi
Menu 16/25 € – Carte 20/34 €
Géré par un jeune couple, ce petit restaurant offre une ravissante vue sur les montagnes depuis sa salle vitrée au remarquable cadre rustique dominé par le bois. Cuisine traditionnelle catalane.

PAS-DE-LA-CASA

✉ AD200 (Andorra) – 3 063 hab. – Carte Michelin 343-I9 – Voir carte n°**29**-C3
▶ Andorra-la-Vella 29 km

rte de Soldeu Sud-Est : 10 km

Grau Roig

Grau Roig ✉ *AD200 – ✆ (00-376) 75 55 56 – www.hotelgrauroig.com*
– Fermé 20 avril-20 juin et 12 oct.-27 nov.
42 ch ☕ – 🚹98/262 € 🚹🚹118/256 € – ½ P
Rest – Carte 30/59 €
Le cirque de Pessons sert de cadre à cette typique construction montagnarde idéale pour un petit séjour sous l'enseigne du ski ou de la randonnée. Plusieurs types de chambres, toutes coquettes et bien équipées, et une offre gastronomique assez variée.

ANDORRE

SANT JULIÀ DE LÒRIA

✉ AD600 (Andorra) – 9 063 hab. – Carte Michelin 343-G10 – **Voir carte n°28-B3**
Andorra-la-Vella 7 km

au Sud-Est : 7 km

Coma Bella
rest,

bosque de La Rabassa - alt. 1 300 ✉ AD600 – ✆ (00-376) 74 20 30 – www.hotelcomabella.com – Fermé 2-27 nov.
30 ch – 39/59 € 60/100 € – ½ P
Rest – Menu 13/35 € – Carte 21/43 €
Belle situation en pleine forêt de la Rabassa et à proximité du parc d'aventures Naturlandia, pour cet hôtel très reposant. Vastes parties communes, chambres fonctionnelles, et un honnête restaurant qui offre une vue magnifique sur les montagnes environnantes.

SOLDEU

✉ AD100 (Andorra) – 998 hab. – Carte Michelin 343-H9 – **Voir carte n°29-C3**
Andorra la Vella 20 km

Sport H. Hermitage
ch,

carret. de Soldeu ✉ AD100 – ✆ (00-376) 87 06 70 – www.sporthotels.ad – Fermé 15 avril-28 juin
114 ch – 197/404 € 197/908 € – 6 suites – ½ P
Rest – Carte 44/75 €
Perché à 1850 m d'altitude et offrant un accès direct aux pistes de Grandvalira, cet hôtel à la façade typiquement montagnarde affiche un intérieur au goût du jour ponctué d'éléments zen. Vue sur les montagnes depuis l'immense spa et les chambres. Plusieurs restaurants dont les préparations culinaires reposent sur les conseils avisés de chefs renommés.

Xalet Montana
ch, rest,

carret. General ✉ AD100 – ✆ (00-376) 73 93 33 – www.xaletmontana.net – Ouvert 20 déc.-15 avril
40 ch – 88/120 € 120/162 €
Rest – Menu 18 € *(fermé le midi)*
Un hôtel soigné et fonctionnel qui plaît pour son cadre montagnard tout de bois et ses jolies vues depuis les chambres, toutes dotées d'un balcon orienté vers les pistes de ski. La salle à manger offre un menu assez honnête.

Sol i Neu

Dels Vaquers ✉ AD100 – ✆ (00-376) 85 13 25 – www.sporthotels.ad – Fermé 15 avril-15 juin et lundi
Carte 29/54 €
Ce restaurant incontournable au pied des pistes affiche un style montagnard fait de moult boiseries et d'objets anciens sur le thème du ski. Cuisine traditionnelle mâtinée de touches actuelles.

Principauté de Monaco

MONACO

(MCO - Monaco) – 36 136 hab. – Voir carte n°**42**-E2
Carte Michelin 341-F5 et 115-J27 – Guide Vert Michelin Côte d'Azur

MONACO Capitale de la Principauté

98000 (Monaco) – 36 136 hab. – Carte Michelin 341-F5 – Voir carte n°**42**-E2
Paris 949 km – Menton 11 km – Nice 23 km – San Remo 41 km

à Fontvieille

Columbus ch,

23 av. Papalins – (00-377) 92 05 90 00 – www.columbusmonaco.com
167 ch – 160/380 € 160/380 € – 14 suites – 25 € Plan : AV**s**
Rest – Formule 23 € – Carte 40/68 €
Entre le port et la roseraie Princesse Grace, un hôtel de style contemporain, cultivant une ambiance lounge. Chambres contemporaines, certaines avec balcon, et piscine avec vue sur la mer. Cuisine aux influences multiples (française, provençale, italienne) dans un cadre chic ou sur l'agréable terrasse.

Beefbar

42 quai Jean-Charles-Rey – (00-377) 97 77 09 29 – www.beefbar.com
Formule 17 € – Menu 39 € (dîner) – Carte 60/105 € Plan : AV**a**
Un "bar à viandes"... de bœuf (en provenance d'Europe, d'Amérique du Sud ou des États-Unis) réservé aux carnivores. Cadre tendance, très prisé de la clientèle locale.

MONTE-CARLO Centre Mondain de la Principauté

(Monaco) – 15 507 hab. – Carte Michelin 341-F5 – Voir carte n°**42**-E2
Paris 947 km – Menton 9 km – Monaco 2 km – Nice 20 km

Hôtel de Paris ch, rest,

pl. du Casino – (00-377) 98 06 30 00 – www.hoteldeparismontecarlo.com
143 ch – 450/1335 € 450/1335 € – 39 suites – 43 € Plan : DY**y**
Rest *Le Louis XV-Alain Ducasse* ✿✿✿
Rest *Grill de l'Hôtel de Paris*
Rest *Côté Jardin* – voir les restaurants ci-après
Rest *Salle Empire* (00-377) 98 06 89 89 – Carte 110/190 € *(ouvert juil.-août et fermé le midi)*
Aménagements somptueux, luxe sans fausse note, espace bien-être fabuleux : le plus prestigieux des palaces monégasques, l'un des plus beaux hôtels sur la Côte d'Azur... une légende !

Hermitage ch,

square Beaumarchais – (00-377) 98 06 40 00 – www.montecarloresort.com
244 ch – 284/1250 € 284/1250 € – 34 suites – 41 € Plan : DY**r**
Rest *Vistamar* ✿ – voir les restaurants ci-après
Rest *Limun Bar* (00-377) 98 06 98 48 – Carte 68/98 €
Derrière une foisonnante façade 1900, une coupole signée Eiffel, un déluge de mosaïques, moulures, pampilles... Confort extrême, à la pointe de l'élégance contemporaine dans les deux ailes rénovées. Beaux équipements pour séminaires. Petite restauration et salon de thé au Limun Bar.

Monte Carlo Bay Hotel and Resort ch,

40 av. Princesse-Grace – (00-377) 98 06 02 00
– www.montecarlobay.com Plan : BU**r**
334 ch – 370/1100 € 370/1100 € – 22 suites – 32 €
Rest *Le Blue Bay* – voir les restaurants ci-après
Rest *L'Orange Verte* (00-377) 98 06 03 60 – Menu 27 € (déj. en semaine)/37 € – Carte 44/75 €
Rest *Las Brisas* (00-377) 98 06 03 60 – Formule 27 € – Menu 37 € (semaine) – Carte 51/83 € *(ouvert de mai à sept. et fermé le soir)*
Né en 2005, ce palace monégasque s'étend sur 4 ha gagnés sur la mer... Un univers en soi, avec une extraordinaire "piscine-lagon" (bassin à fond de sable), des jardins méditerranéens, de superbes chambres contemporaines, plusieurs restaurants et un casino !

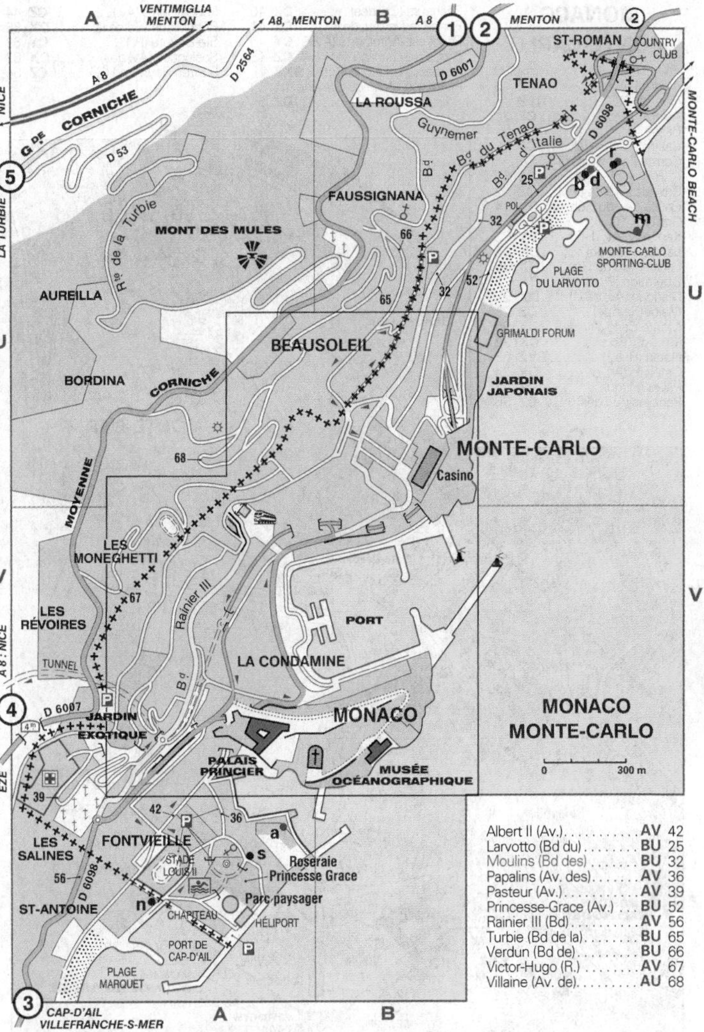

MONACO MONTE-CARLO

Albert II (Av.)	AV	42
Larvotto (Bd du)	BU	25
Moulins (Bd des)	BU	32
Papalins (Av. des)	AV	36
Pasteur (Av.)	AV	39
Princesse-Grace (Av.)	BU	52
Rainier III (Bd)	AV	56
Turbie (Bd de la)	BU	65
Verdun (Bd de)	BU	66
Victor-Hugo (R.)	AV	67
Villaine (Av. de)	AU	68

Métropole

4 av. de la Madone – *(00-377) 93 15 15 15*
– *www.metropole.com* Plan : DX**z**

133 ch – 350/680 € 520/9500 € – 64 suites – 40 €
Rest *Joël Robuchon Monte-Carlo* ✿✿ **Rest *Yoshi*** ✿
– voir les restaurants ci-après

Luxe et raffinement à tous les étages de ce palace (1886) relooké par Jacques Garcia. Beaux salons, bar feutré et magnifique spa.

Si vous recherchez un hébergement particulièrement agréable pour un séjour de charme, préférez les établissements signalés en rouge : ...

MONACO MONTE-CARLO

Albert II (Av.) . . . . **CZ** 42
Albert I (Bd) . . . . **CYZ**
Armes (Pl. d') . . . . **CZ** 2
Basse (R.) . . . . **CDZ** 3
Castro (R. Col.-de) . . . . . **CZ** 7
Comte-Félix-Gastaldi (R.) . . . . **DZ** 10
Crovetto-Frères (Av.) . . . **CZ** 12
Gaulle (Av. du Gén.-de) **DX** 14
Grimaldi (R.) . . . . **CYZ**
Kennedy (Av. J.-F.) . . . . **DY** 23
Larvotto (Bd du) . . . . . . **DX** 25
Leclerc (Bd du Gén.) . . **DX** 26
Libération (Pl. de la) . . . **DX** 27
Madone (Av. de la) . . . . **DX** 28
Major (Rampe) . . . . **CZ** 29
Monte-Carlo (Av. de) . . . **DY** 30
Moulins (Bd des) . . . . . **DX** 32
Notari (R. L.) . . . . **CYZ** 33
Ostende (Av. d') . . . . . . **DY** 34
Palais (Pl. du) . . . . **CZ** 35
Papalins (Av. des) . . . . . **CZ** 36
Pêcheurs (Ch. des) . . . . **DZ** 40
Porte-Neuve (Av. de la) . . . . . **DZ** 41
Princesse-Antoinette (Av.) . . **CY** 46
Princesse-Caroline (R.) . . . . . **CZ** 48
Princesse-Charlotte (Bd) . . **DXY**
Princesse-Marie-de-Lorraine (R.) . . . . **DZ** 54
Prince-Pierre (Av.) . . . . **CZ** 44
République (Bd de la) . . . . . . **DX** 58
Ste-Dévote (Pl.) . . . . **CY** 63
Spélugues (Av. des) . . . . **DX** 62
Suffren-Reymond (R.) . . . . . **CZ** 64

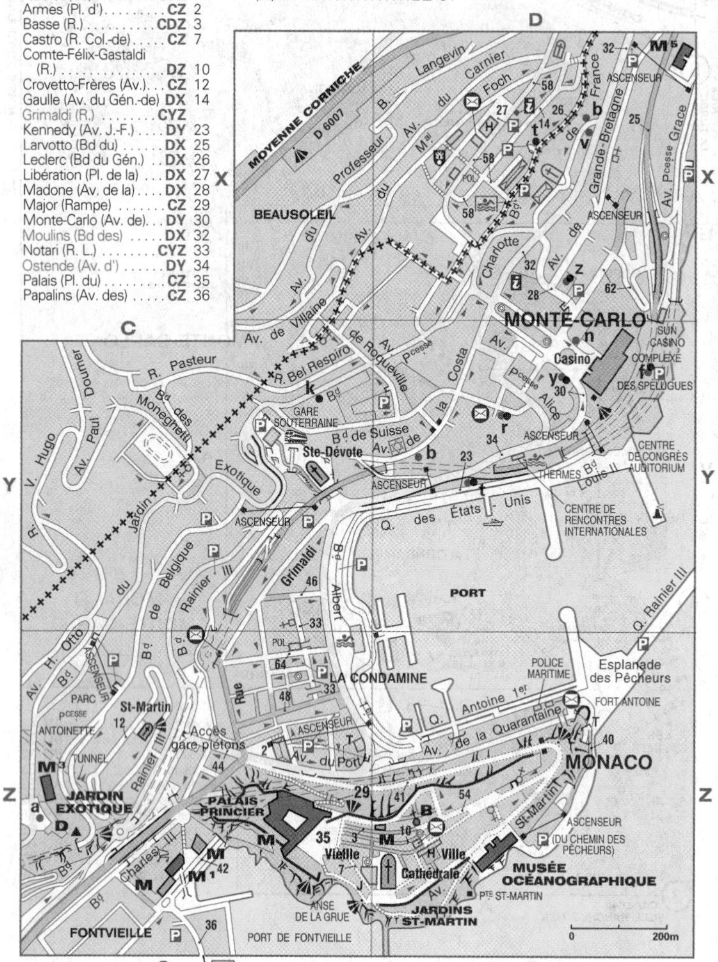

Méridien Beach Plaza

22 av. Princesse Grace, à la plage du Larvotto – ✆ *(00-377) 93 30 98 80*
– www.lemeridienmontecarlo.com Plan : BU**b**

403 ch – ♦179/1549 € ♦♦179/1549 € – 12 suites – ☕ 35 €

Rest *L'Intempo* ✆ (00-377) 93 15 78 88 – Formule 30 € 🍷 – Menu 46 € (déj.)/71 € – Carte 60/80 €

Rest *Muse* ✆ (00-377) 93 15 78 50 – Carte 60/95 € *(Ouvert 1er juin-15 sept. et fermé le soir)*

Grand hôtel de style moderne avec sa plage privée. Les chambres les plus agréables sont panoramiques et donnent sur la mer. Superbes suites design, belles piscines et centre de conférences. Cuisine méditerranéenne à L'Intempo (ouvert 24 h/24). Espace plein air et ambiance balnéaire au Muse.

Fairmont Monte-Carlo

12 av. Spélugues – ✆ (00-377) 93 50 65 00 – www.fairmont.com/montecarlo
576 ch – †279/699 € ††279/699 € – 26 suites – ☕ 36 € Plan : DY**f**
Rest *Horizon Deck* – voir les restaurants ci-après
Un immense complexe hôtelier avec centre de conférences, galerie marchande, spa, restaurants et casino. Toutes les chambres sont parées de couleurs fraîches, avec une vue superbe côté mer.

Port Palace

ch, rest,

7 av. J.-F.-Kennedy – ✆ (00-377) 97 97 90 00 – www.portpalace.com
50 ch ☕ – †222/312 € ††272/402 € – 9 suites Plan : DY**t**
Rest *La Marée* ✆ (00-377) 97 97 80 00 – Menu 45 € 🍷 (déj.) – Carte 60/90 €
Hôtel intime et luxueux, en face du port et de ses yachts. Grandes chambres élégantes (cuir piqué, tissus italiens, teintes apaisantes). Minispa au sous-sol ; cuisine de la mer et agréable vue au restaurant.

Novotel

ch,

16 bd Princesse-Charlotte – ✆ (00-377) 99 99 83 00 – www.novotel.com
218 ch – †138/500 € ††138/500 € – 11 suites – ☕ 19 € Plan : CY**k**
Rest *Novotel Café* ✆ (00-377) 99 99 83 20 – Formule 25 € 🍷 – Menu 28 € (dîner) – Carte 28/54 €
Sur les hauteurs de la principauté, les anciens studios de RMC ont laissé place à cet hôtel contemporain. Préférez les chambres côté jardin, plus calmes. Solarium au 7e étage.

Le Louis XV-Alain Ducasse – Hôtel de Paris

pl. du Casino – ✆ (00-377) 98 06 88 64 – www.alain-ducasse.com
– Fermé 1er-13 mars, 1er oct.-18 déc., 25-28 fév., merc. sauf le soir du 25 juin au 27 août et mardi Plan : DY**y**
Menu 145 € 🍷 (déj.), 230/310 € – Carte 190/320 €
Une harmonie parfaite entre un somptueux décor classique et des saveurs méditerranéennes sublimées ; même la simplicité atteint la perfection... Cave exceptionnelle.
➜ Gamberonis de San Remo, délicate gelée, caviar. Poitrine de pigeonneau et foie gras de canard sur la braise. Le "Louis XV" au croustillant de pralin.

Joël Robuchon Monte-Carlo – Hôtel Métropole

4 av. de la Madone – ✆ (00-377) 93 15 15 10 – www.metropole.com
– Fermé 26 fév.-12 mars, merc. de sept. à juin et le midi du 14 juil. au 20 août
Menu 49 € (déj.)/199 € – Carte 80/265 € Plan : DX**z**
La luxueuse salle à colonnades offre une vue sur les cuisines. À la carte, associations de saveurs inventives basées sur des produits nobles. ➜ Primeurs bigarrés au king crabe et à la mozzarella di bufala. "El arroz bomba" dans un bouillon aux saveurs de paella. Onctuosité à la mangue et au coulis exotique.

Grill de l'Hôtel de Paris – Hôtel de Paris

pl. du Casino – ✆ (00-377) 98 06 88 88 – www.hoteldeparismontecarlo.com
– Fermé 14-30 janv. et le midi en juil.-août Plan : DY**y**
Menu 75 € 🍷 (déj.), 95/150 € – Carte 100/190 €
Du 8e étage de l'hôtel de Paris, entre ciel et mer, la vue sur la principauté est à couper le souffle ! La cuisine est classique, avec des viandes et des poissons au gril ou à la broche.

Vistamar – Hôtel Hermitage

square Beaumarchais – ✆ (00-377) 98 06 98 98 – www.montecarloresort.com
– Fermé le midi en juil.-août et dim. d'oct. à avril Plan : DY**r**
Formule 42 € – Menu 65/120 € – Carte 85/120 €
Votre plat idéal ? Produits, cuissons, garnitures : ici, le chef et sa brigade vous composent une assiette "sur mesure"... et savent exaucer vos souhaits ! Beau décor moderne : teintes douces et terrasse regardant le port.
➜ Foie gras de canard aux noisettes torréfiées. Bouillabaisse Vistamar. Soufflé au Grand Marnier.

XXX **Le Blue Bay** – Monte Carlo Bay Hotel and Resort

40 av. Princesse-Grace – ☎ (00-377) 98 06 03 60 – www.montecarlobay.com – Fermé 24 nov.-10 déc., 16 fév.-11 mars, dim. soir, lundi et le midi sauf dim.

Menu 75/85 € – Carte 69/141 € Plan : BU**r**

Une grande terrasse face à la mer et un décor élégant, ludique avec sa myriade de touches colorées. Bel écho à la cuisine, inventive, métissée et soignée...

XX ✿ **Yoshi** – Hôtel Métropole

4 av. de la Madone – ☎ (00-377) 93 15 13 13 – www.metropole.com – Fermé 3-18 fév., lundi et le midi du 15 juil. au 26 août Plan : DX**z**

Formule 29 € – Menu 59 € (déj.)/199 € – Carte 56/313 €

La seconde table de Joël Robuchon au Métropole rend hommage à la cuisine nippone. Bouillons parfumés, sushis et makis y sont traités avec Yoshi ("bonté"). → Fine feuille de saumon frais acidulé au yuzu. Brochettes de cuisse de poulet et cébettes. Fruits du verger au nougat glacé, senteurs provençales.

XX **Café de Paris**

pl. du Casino – ☎ (00-377) 98 06 76 23 – www.montecarloresort.com

Formule 35 € 🍷 – Carte 52/71 € Plan : DY**n**

Un lieu mythique sur la place du casino. Le décor est Belle Époque et l'on y inventa la recette des crêpes Suzette ! Cuisine de brasserie inspirée par la Méditerranée.

XX **Maya Bay**

24 av. Princesse-Grace – ☎ (00-377) 97 70 74 67 – www.mayabay.mc – Fermé nov., dim. et lundi Plan : BU**d**

Formule 18 € – Carte 33/111 €

Dans un même lieu, un restaurant japonais au cadre inventif et ultramoderne, et un restaurant thaïlandais, plus cosy, décoré de kimonos et d'orchidées. Une même gamme de prix et de qualité ; il ne reste qu'à choisir entre le parfumé et l'épure.

Et aussi ***Sushi Bar*** Formule 18 € – Carte 28/57 €

MONACO

XX **La Trattoria**

Sporting d'été - 26 av. Princesse-Grace – ☎ (00-377) 98 06 71 71 – www.alain-ducasse.com – Ouvert 8 mai-27 sept. et fermé le midi

Carte 62/113 € Plan : BU**m**

Les atouts de cette trattoria chic montée sous la houlette d'Alain Ducasse ? Sa terrasse face à la mer bien sûr, et ses antipasti, pâtes fraîches et poissons, cuisinés à la toscane.

XX **La Romantica**

3 av. Saint-Laurent – ☎ (00-377) 93 25 65 66 – Fermé vacances de fév. et dim.

Menu 39 € – Carte 45/65 € Plan : DX**b**

Un sympathique restaurant familial en plein centre-ville. Un cadre élégant pour savourer une authentique cuisine du Nord italien, agrémentée de saveurs marines.

XX **Le Saint-Benoit**

10 ter av. Costa – ☎ (00-377) 93 25 02 34 – www.monte-carlo.mc/lesaintbenoit – Fermé 23 déc.-6 janv., dim. soir et lundi Plan : DY**b**

Menu 31/42 € – Carte 42/106 €

Saint Benoît vous aidera dans votre quête gastronomique... Jolie vue sur le port et le Rocher. Carte traditionnelle avec de belles spécialités de poisson, à prix raisonnable.

XX **Côté Jardin** – Hôtel de Paris

pl. du Casino – ☎ (00-377) 98 06 39 39 – www.hoteldeparismontecarlo.com – Fermé le soir Plan : DY**y**

Menu 55 € – Carte 72/100 €

Parfait pour un déjeuner sous le soleil, dans un environnement privilégié : ce Côté Jardin permet de profiter d'un nid de verdure, au pied du luxueux hôtel de Paris, avec vue sur le port et le Rocher... Formule buffet méditerranéen.

XX **Horizon Deck** - Hôtel Fairmont Monte-Carlo

12 av. Spélugues – ✆ (00-377) 93 50 65 00 – www.fairmont.com/montecarlo – Ouvert de mars à oct. et fermé le soir en mars Plan : DY**f**

Formule 40 € – Menu 75 € (dîner)/95 € 🍷 – Carte 70/120 €

Au dernier étage de l'hôtel Fairmont, on se croirait sur un paquebot : décor de yacht et surtout... la mer pour tout horizon ! Navigue-t-on ? Cuisine méditerranéenne, buffet au déjeuner.

X **La Chaumière**

rond-point du Jardin-Exotique – ✆ (00-377) 97 70 04 92 – www.la-chaumiere.mc – Fermé dim. et lundi Plan : CZ**a**

Formule 19 € – Menu 45 € (dîner) – Carte 40/57 €

Entre le Jardin exotique et le Musée national, un sympathique restaurant contemporain, avec une vue à couper le souffle sur Monaco et Monte-Carlo. Le chef concocte une jolie cuisine bistrotière aux accents de Provence : frais et savoureux !

X **Loga**

25 bd des Moulins – ✆ (00-377) 93 30 87 72 – www.leloga.com – Fermé 10-26 août, merc. soir et dim. Plan : DX**v**

Formule 14 € 🍷 – Menu 16 € 🍷 (déj. en semaine)/21 € 🍷 – Carte 39/65 €

Une bonne petite adresse familiale proposant au déjeuner salades, pâtes et suggestions du jour, tandis que la carte est plus étoffée le soir – avec en particulier une escalope milanaise succulente ! Salon de thé l'après-midi.

à Monte-Carlo-Beach (France Alpes-Mar.) 2,5 km au Nord-Est BU – ✉ 06190 Roquebrune-Cap-Martin

Monte-Carlo Beach

av. Princesse-Grace – ✆ (00-377) 98 06 25 25 – www.monte-carlo-beach.com – Ouvert 6 mars-26 oct.

26 ch – †335/1110 € ††335/1110 € – 14 suites – ☕ 39 €

Rest *Elsa* ✿ **et *La Vigie*** – voir les restaurants ci-après

Rest *Le Deck* – Carte 43/115 € *(ouvert 19 avril-19 oct. et fermé le soir)*

Rest *Le Sea Lounge* ✆ (00-377) 98 06 54 54 – Carte 56/104 € *(ouvert 9 mai-31 août et fermé le midi)*

Ce luxueux petit hôtel né dans les années 1930 dresse toujours sa belle façade couleur terracotta au-dessus de la mer... L'atmosphère des chambres, ouvertes sur les flots, évoque l'esprit des croisières (tons bleu et blanc, mobilier sur mesure), et l'on peut profiter de l'impressionnant complexe balnéaire pour la détente.

XX ✿ **Elsa** - Monte-Carlo Beach Hôtel

av. Princesse-Grace – ✆ (00-377) 98 06 50 05 – www.monte-carlo-beach.com – Ouvert 6 mars-26 oct.

Menu 43 € 🍷 (déj. en semaine)/98 € – Carte 65/142 €

On se noie dans les yeux de cette Elsa-là, qui offre une vue superbe sur la mer... et honore avec grande finesse la cuisine méditerranéenne. Le chef mise sur des produits bio et des poissons de première fraîcheur : ses recettes se révèlent très parfumées, sans fioritures ; le repas est un vrai plaisir. → Carpaccio d'artichauts cuits et crus, vieux parmesan et huile au persil. Loup sauvage mariné aux agrumes verts d'été, sauté de légumes "panzanella" et coulis de tomate. Cappuccino glacé du début... à la fin.

XX **La Vigie** - Monte-Carlo Beach Hôtel

av. Princesse-Grace – ✆ (00-377) 98 06 52 52 – www.monte-carlo-beach.com – Ouvert 27 juin-31 août et fermé mardi midi et lundi

Formule 55 € – Menu 70/75 €

Une Vigie évidemment face à la mer, sur un piton rocheux. Un cadre raffiné et envoûtant, sous le soleil exactement ! Au déjeuner, on se restaure autour d'un buffet ; le soir, honneur au poisson grillé.

*Voir aussi ressources hôtelières à **Beausoleil** et **Cap d'Ail***

MONACO

Horizon Deck – Hôtel Fairmont Monte Carlo
12 av. Spélugues – ℰ (00-377) 93 50 65 00 – www.fairmont.[illegible]
– Ouvert de mars à oct. et fermé le soir en mars
Formule 40 € – Menu 75 € (dîner) [illegible] – Carte [illegible]
Au dernier étage de l'hôtel Fairmont, on se croirait [illegible] yacht et surtout… la mer pour tout horizon ! Navigation [illegible] Cuisine [illegible] néenne, buffet au déjeuner.

Le Mesclun [illegible]
rond-point du Jardin Exotique – ℰ (00-377) 97 70 04 [illegible]
– Fermé dim. et lundi
Formule 19 € – Menu 45 € (dîner) – Carte 40/52 €
Entre le Jardin exotique et le Musée national, un sympathique restaurant contemporain avec une vue à couper le souffle sur Monaco et Monte-Carlo. Le chef concocte une jolie cuisine bistrotière aux accents de Provence. [illegible]

Loga
25 bd des Moulins – ℰ (00 377) 93 30 87 72 – www.leloga.com – Fermé 10-25 août, merc. soir et dim.
Formule 14 € – Menu 16 € (déj. en semaine)/23 € – Carte 39/55 €
Une bonne petite adresse familiale proposant au déjeuner salades, pâtes et suggestions du jour, tandis que la carte est plus étoffée le soir avec, en particulier, une escalope milanaise succulente ! Salon de thé l'après-midi.

à **Monte-Carlo-Beach** France Alpes-Mar. 2,5 km au Nord-Est BU – ⊠ 06190 Roquebrune-Cap-Martin

Monte Carlo Beach [illegible]
av. Princesse Grace – ℰ (00-377) 98 06 25 25 – www.monte-carlo-beach.com
– Ouvert 6 mars-26 oct.
26 ch – †[illegible] €/[illegible] € – 14 suites – [illegible] €
Rest **Elsa** et **La Vigie** – voir les restaurants ci-après
Rest **Le Deck** – Carte [illegible] € (ouvert 19 avril-19 oct. et fermé le soir)
Rest **Le Sea Lounge** – ℰ (00-377) 98 06 [illegible] – Carte [illegible] €
(ouvert 9 mai-21 oct. et fermé le midi)
Ce luxueux petit hôtel né dans les années 1930 dresse toujours sa belle façade couleur [illegible], au-dessus de la mer. L'atmosphère des chambres, ouvertes sur les flots, évoque l'esprit des croisières (tons bleu et blanc, mobilier sur mesure), et l'on peut profiter de l'impressionnant complexe balnéaire pour la détente.

Elsa – Monte-Carlo Beach Hôtel
av. Princesse Grace – ℰ (00-377) 98 06 50 05 – www.monte-carlo-beach.com
– Ouvert 6 mars-28 oct.
Menu 48 € (déj. en semaine)/98 € – Carte 95/142 €
On se noie dans les yeux de cette Elsa-là, qui offre une vue superbe sur la mer… et honore avec grande finesse la cuisine méditerranéenne. Le chef mise sur des produits bio et des poissons de première fraîcheur ; ses recettes se révèlent très parfumées, sans fioritures ; le repas est un vrai plaisir. → Carpaccio d'artichauts crus et cuits, vieux parmesan et huile au persil. Loup sauvage mariné aux agrumes verts, a été sauté de légumes "panzanella" et coulis de tomate. Cappuccino glacé du début… à la fin.

La Vigie – Monte-Carlo Beach Hôtel
av. Princesse Grace – ℰ (00-377) 98 06 52 52 – www.monte-carlo-beach.com
– Ouvert 27 juin-31 août et fermé merc. midi et lundi
Formule 55 € – Menu 70/75 €
Une vigie évidemment face à la mer, sur un piton rocheux. Un cadre raffiné et exotique sous le soleil exactement ! Au déjeuner, on se restaure autour d'un buffet ; le soir, honneur au poisson grillé.

Voir aussi ressources hôtelières de Beausoleil et Cap d'Ail.

2014

LES CHIFFRES :

→ *NUMBERS:*

27 ✿✿✿

79 ✿✿

504 ✿

651 (Bib Gourmand)

Distinctions 2014

Index des établissements distingués, par région

→ *Awards 2014*

Thematic index by region

1976 Les tables étoilées
Starred establishments

1984 Les Bib Gourmand
Bib Gourmand

1992 Les hébergements les plus agréables
Hôtels & maisons d'hôtes de charme
The most pleasant accommodation

Et aussi ... *and also...*

2004 Les hôtels & maisons d'hôtes avec spa
Accommodation with Spa

Les tables étoilées
→ *Starred restaurants*

Alsace

Colmar (68) L'Atelier du Peintre ✿
Colmar (68) JY'S ✿
Colmar (68) Rendez-vous de Chasse ✿
Gundershoffen (67) Le Cygne ✿✿
Illhaeusern (68) Auberge de l'Ill ✿✿✿
Kaysersberg (68) Chambard ✿✿ **N**
Lembach (67) Auberge du Cheval Blanc ✿
Lièpvre / La Vancelle (67) Auberge Frankenbourg ✿
Marlenheim (67) Le Cerf ✿
Mulhouse (68) Il Cortile ✿✿ **N**
Mulhouse / Riedisheim (68) La Poste ✿
Munster / Wihr-au-Val (68) La Nouvelle Auberge ✿
Obernai (67) La Fourchette des Ducs ✿✿
Obernai (67) Le Bistro des Saveurs ✿
Rhinau (67) Au Vieux Couvent ✿
Riquewihr (68) La Table du Gourmet ✿
Riquewihr / Zellenberg (68) Maximilien ✿
Rosheim (67) Hostellerie du Rosenmeer ✿
Saverne (67) Kasbür ✿
Sierentz (68) Auberge St-Laurent ✿
Strasbourg (67) Au Crocodile ✿
Strasbourg (67) Buerehiesel ✿
Strasbourg (67) La Cambuse ✿
Strasbourg (67) Gavroche ✿
Strasbourg (67) Girardin - La Casserole ✿
Strasbourg (67) 1741 ✿ **N**
Strasbourg (67) Umami ✿
Strasbourg / La Wantzenau (67) Relais de la Poste ✿

Aquitaine

Agen (47) Mariottat ✿
Agen / Moirax (47) Auberge Le Prieuré ✿
Ainhoa (64) Ithurria ✿
Arcachon (33) Le Patio ✿
Bayonne (64) Auberge du Cheval Blanc ✿
Bergerac / Moulin de Malfourat (24) La Tour des Vents ✿
Biarritz (64) L'Atelier ✿
Biarritz (64) Du Palais ✿
Biarritz (64) L'Impertinent ✿
Biarritz (64) Les Rosiers ✿
Biarritz / Arcangues (64) Le Moulin d'Alotz ✿
Biarritz / Lac de Brindos (64) Château de Brindos ✿
Bidart (64) Table des Frères Ibarboure ✿
Bordeaux (33) 7ème Péché ✿
Bordeaux (33) Le Chapon Fin ✿
Bordeaux (33) Le Gabriel ✿
Bordeaux (33) Le Pavillon des Boulevards ✿
Bordeaux / Bouliac (33) Le Saint-James ✿
Bordeaux / Cenon (33) La Cape ✿
Bordeaux / Lormont (33) Jean-Marie Amat ✿
Bordeaux / Martillac (33) Les Sources de Caudalie ✿
Bosdarros (64) Auberge Labarthe ✿
Brantôme / Champagnac-de-Belair (24) Le Moulin du Roc ✿
Eugénie-les-Bains (40) Les Prés d'Eugénie - Michel Guérard ✿✿✿
Guéthary (64) Brikéténia ✿
Gujan-Mestras (33) La Guérinière ✿
Langon (33) Claude Darroze ✿
Magescq (40) Relais de la Poste ✿✿
Monestier (24) Les Fresques ✿ **N**
Mont-de-Marsan (40) Les Clefs d'Argent ✿
Pauillac (33) Château Cordeillan Bages ✿✿
Périgueux (24) L'Essentiel ✿
Périgueux / Champcevinel (24) La Table du Pouyaud ✿
Périgueux / Chancelade (24) L'Oison ✿
Puymirol (47) Michel Trama ✿✿
Saint-Jean-de-Blaignac (33) Auberge St-Jean ✿ **N**
Saint-Jean-de-Luz (64) Zoko Moko ✿
Saint-Jean-Pied-de-Port (64) Les Pyrénées ✿
Saint-Pée-sur-Nivelle (64) L'Auberge Basque ✿
Sainte-Sabine (24) Étincelles-La Gentilhommière ✿

→ **N** pour « nouveau » : établissement bénéficiant d'une nouvelle distinction.
→ **N** for « *new* » : newly awarded distinction.

Sarlat-la-Canéda (24) Le Grand Bleu ✿
Terrasson-Lavilledieu (24) L'Imaginaire ✿
Trémolat (24) Le Vieux Logis ✿
Villeneuve-sur-Lot (47) La Table des Sens ✿

● Auvergne

Alleyras (43) Le Haut-Allier ✿
Calvinet (15) Beauséjour ✿
Chaudes-Aigues (15) Serge Vieira ✿✿
Clermont-Ferrand (63) Apicius ✿
Clermont-Ferrand (63) Fleur de Sel ✿
Clermont-Ferrand (63) Jean-Claude Leclerc ✿
Clermont-Ferrand (63) Le Pré - Xavier Beaudiment ✿
Clermont-Ferrand / Chamalières (63) Radio ✿
Issoire / Sarpoil (63) La Bergerie ✿
Lezoux / Bort-l'Étang (63) Château de Codignat ✿
Maringues (63) Carrousel ✿ **N**
Le Puy-en-Velay (43) François Gagnaire ✿
Saint-Bonnet-le-Froid (43) Régis et Jacques Marcon ✿✿✿
Vichy (03) Maison Decoret ✿

● Bourgogne

Beaune (21) Le Bénaton ✿
Beaune (21) Le Clos du Cèdre ✿
Beaune (21) Le Jardin des Remparts ✿ **N**
Beaune (21) Loiseau des Vignes ✿
Beaune / Levernois (21) Hostellerie de Levernois ✿
Beaune / Pernand-Vergelesses (21) Le Charlemagne ✿
Beaune / Pommard (21) Christophe Quéant-Château de Pommard ✿ **N**
La Bussière-sur-Ouche (21) Abbaye de la Bussière ✿
Chagny (71) Maison Lameloise ✿✿✿
Chaintré (71) La Table de Chaintré ✿
Chalon-sur-Saône / Saint-Rémy (71) L'Amaryllis ✿
La Chapelle-de-Guinchay (71) La Poularde ✿
Charolles (71) Frédéric Doucet ✿
Chassagne-Montrachet (21) Ed.Em ✿ **N**
Dijon (21) Loiseau des Ducs ✿ **N**
Dijon (21) Le Pré aux Clercs ✿
Dijon (21) Stéphane Derbord ✿
Dijon (21) William Frachot ✿✿
Dijon / Prenois (21) Auberge de la Charme ✿
Fleurville / Mirande (71) La Marande ✿ **N**
Joigny (89) La Côte St-Jacques ✿✿✿
Mâcon (71) Pierre ✿
Montceau-les-Mines (71) Le France ✿
Nevers (58) Jean-Michel Couron ✿
Puligny-Montrachet (21) Le Montrachet ✿
Saint-Amour-Bellevue (71) Auberge du Paradis ✿ **N**
Saint-Amour-Bellevue (71) Au 14 Février ✿ **N**
Saulieu (21) Le Relais Bernard Loiseau ✿✿✿
Sens (89) La Madeleine ✿
Tournus (71) Aux Terrasses ✿
Tournus (71) Greuze ✿
Tournus (71) Meulien ✿
Tournus (71) Quartier Gourmand ✿
Vézelay / Saint-Père (89) L'Espérance ✿✿
Viré (71) Frédéric Carrion Cuisine Hôtel ✿

● Bretagne

Billiers (56) Domaine de Rochevilaine ✿
Brest (29) L'Armen ✿
Brest (29) Le M ✿
Cancale (35) Le Coquillage ✿
Cancale (35) La Table de Breizh Café ✿
Carantec (29) Patrick Jeffroy ✿✿
La Gouesnière (35) Maison Tirel-Guérin ✿
Hennebont (56) Château de Locguénolé ✿
Lannion / La Ville Blanche (22) La Ville Blanche ✿
Lorient (56) Henri et Joseph ✿
Lorient (56) L'Amphitryon ✿✿
Mûr-de-Bretagne (22) Auberge Grand'Maison ✿
Névez / Raguenès-Plage (29) Ar Men Du ✿
Perros-Guirec (22) La Clarté ✿
Plancoët (22) Maison Crouzil et Hôtel L'Écrin ✿
Plomodiern (29) L'Auberge des Glazicks ✿✿
Plouider (29) La Butte ✿ **N**
Pont-Aven (29) Le Moulin de Rosmadec ✿
Port-Louis (56) Avel Vor ✿
Quiberon / Portivy (56) Le Petit Hôtel du Grand Large ✿
Quimper (29) L'Ambroisie ✿
Rennes (35) La Coquerie ✿
Rennes / Noyal-sur-Vilaine (35) Auberge du Pont d'Acigné ✿✿
Rennes / Saint-Grégoire (35) Le Saison ✿
Roscoff (29) Le Brittany ✿
Rostrenen (22) L'Éventail des Saveurs ✿
Saint-Brieuc (22) Aux Pesked ✿
Saint-Brieuc (22) Youpala Bistrot ✿ **N**
Saint-Brieuc / Sous-la-Tour (22) La Vieille Tour ✿

➜ **N** : établissement bénéficiant d'une nouvelle distinction.

➜ **N** : newly awarded distinction.

Saint-Malo (35)	Le Chalut ✿
Saint-Malo / Saint-Servan-sur-Mer (35)	Le St-Placide ✿
Saint-Pol-de-Léon (29)	Auberge La Pomme d'Api ✿ **N**
Trébeurden (22)	Manoir de Lan-Kerellec ✿
Tréguier (22)	Aigue Marine ✿
Vannes (56)	La Gourmandière - La Table d'Olivier ✿
Vannes (56)	Roscanvec ✿ **N**
Vannes / Saint-Avé (56)	Le Pressoir ✿

● Centre

Amboise (37)	Château de Pray ✿
Les Bézards (45)	Auberge des Templiers ✿
Blois (41)	Au Rendez-vous des Pêcheurs ✿
Blois (41)	L'Orangerie du Château ✿
Bourges (18)	Le Cercle ✿
Bourges (18)	Le d'Antan Sancerrois ✿
Chartres (28)	Le Grand Monarque ✿
Chenonceaux (37)	Auberge du Bon Laboureur ✿
Issoudun (36)	La Cognette ✿
Issoudun / Saint-Valentin (36)	Au 14 Février ✿
Montargis (45)	La Gloire ✿
Montbazon (37)	Olivier Arlot - La Chancelière ✿
Onzain (41)	Domaine des Hauts de Loire ✿✿
Orléans (45)	Le Lièvre Gourmand ✿
Le-Petit-Pressigny (37)	La Promenade ✿
Romorantin-Lanthenay (41)	Grand Hôtel du Lion d'Or ✿
Sancerre (18)	La Tour ✿
Tours (37)	Charles Barrier ✿
Tours (37)	La Roche Le Roy ✿
Tours / Rochecorbon (37)	Les Hautes Roches ✿

● Champagne-Ardenne

Châlons-en-Champagne (51)	Jacky Michel ✿
Colombey-les-Deux-Églises (52)	Hostellerie la Montagne ✿
Épernay (51)	Les Berceaux ✿
Épernay / Vinay (51)	Hostellerie La Briqueterie ✿
Reims (51)	L'Assiette Champenoise ✿✿✿ **N**
Reims (51)	Le Foch ✿
Reims (51)	Le Millénaire ✿
Reims (51)	Le Parc Les Crayères ✿✿
Reims / Montchenot (51)	Le Grand Cerf ✿

● Corse

Ajaccio (2A)	Palm Beach ✿
Calvi (2B)	La Table de Bastien ✿
Erbalunga (2B)	Le Pirate ✿
L'Île-Rousse (2B)	Pasquale Paoli ✿
Lumio (2B)	Chez Charles ✿
Porto-Vecchio (2A)	Casadelmar ✿
Porto-Vecchio (2A)	La Table de Cala Rossa ✿
Propriano (2A)	Le Lido ✿
Saint-Florent (2B)	La Roya ✿

● Franche-Comté

Arbois (39)	Jean-Paul Jeunet ✿✿
Belfort / Danjoutin (90)	Le Pot d'Étain ✿
Belfort / Sevenans (90)	Auberge de la Tour Penchée ✿
Bonnétage (25)	L'Étang du Moulin ✿
Chamesol (25)	Mon Plaisir ✿
Dole (39)	La Chaumière ✿
Dole / Sampans (39)	Château du Mont Joly ✿
Malbuisson (25)	Le Bon Accueil ✿
Montbéliard (25)	Le St-Martin ✿
Port-Lesney (39)	Château de Germigney ✿
Port-sur-Saône / Vauchoux (70)	Château de Vauchoux ✿
Villers-le-Lac (25)	Le France ✿

● Île-de-France

Aulnay-sous-Bois (93)	Auberge des Saints Pères ✿
Bougival (78)	Le Camélia ✿
Boulogne-Billancourt (92)	Au Comte de Gascogne ✿
Boulogne-Billancourt (92)	MaSa ✿
Cergy-Pontoise / Méry-sur-Oise (95)	Le Chiquito ✿
Couilly-Pont-aux-Dames (77)	Auberge de la Brie ✿
Dampierre-en-Yvelines (78)	La Table des Blot - Auberge du Château ✿
Fontainebleau (77)	L'Axel ✿
Maisons-Laffitte (78)	Tastevin ✿
Marly-le-Roi (78)	Le Village ✿
Meudon (92)	L'Escarbille ✿
Paris 1er	Le Baudelaire ✿
Paris 1er	Carré des Feuillants ✿✿
Paris 1er	La Dame de Pic ✿
Paris 1er	Le Grand Véfour ✿✿
Paris 1er	Jin ✿ **N**
Paris 1er	Kei ✿
Paris 1er	Le Meurice Alain Ducasse ✿✿✿

➜ **N** pour « nouveau » : établissement bénéficiant d'une nouvelle distinction.

➜ **N** for « *new* » : newly awarded distinction.

Paris 1er Sur Mesure par Thierry Marx ✿✿
Paris 1er Yam'Tcha ✿
Paris 2e Le Céladon ✿
Paris 2e Goust ✿ **N**
Paris 2e Passage 53 ✿✿
Paris 2e Pur' ✿
Paris 4e L'Ambroisie ✿✿✿
Paris 4e Benoit ✿
Paris 4e Le Sergent Recruteur ✿
Paris 5e Itinéraires ✿
Paris 5e Sola ✿
Paris 5e La Tour d'Argent ✿
Paris 5e La Truffière ✿
Paris 6e Hélène Darroze ✿
Paris 6e Paris ✿
Paris 6e Relais Louis XIII ✿✿
Paris 6e Le Restaurant ✿
Paris 6e Ze Kitchen Galerie ✿
Paris 7e Aida ✿
Paris 7e Arpège ✿✿✿
Paris 7e L'Atelier de Joël Robuchon - St-Germain ✿✿
Paris 7e Auguste ✿
Paris 7e ES ✿ **N**
Paris 7e Les Fables de La Fontaine ✿
Paris 7e Gaya Rive Gauche par Pierre Gagnaire ✿
Paris 7e Il Vino d'Enrico Bernardo ✿
Paris 7e Jean-François Piège ✿✿
Paris 7e Le Jules Verne ✿
Paris 7e Le Violon d'Ingres ✿
Paris 8e Apicius ✿
Paris 8e L'Arôme ✿
Paris 8e L'Atelier de Joël Robuchon - Étoile ✿✿
Paris 8e 114, Faubourg ✿
Paris 8e Le Chiberta ✿
Paris 8e Le Cinq ✿✿
Paris 8e La Cuisine au Royal Monceau ✿
Paris 8e Le Diane ✿
Paris 8e Dominique Bouchet ✿
Paris 8e Épicure au Bristol ✿✿✿
Paris 8e Il Carpaccio ✿
Paris 8e Lasserre ✿✿
Paris 8e Laurent ✿
Paris 8e Ledoyen ✿✿✿
Paris 8e Okuda ✿ **N**
Paris 8e Pierre Gagnaire ✿✿✿
Paris 8e La Scène ✿ **N**
Paris 8e La Table du Lancaster ✿
Paris 8e Taillevent ✿✿
Paris 8e Le 39V ✿
Paris 9e Jean ✿

Paris 11e Qui plume la Lune ✿ **N**
Paris 11e Septime ✿ **N**
Paris 12e Au Trou Gascon ✿
Paris 14e Cobéa ✿
Paris 15e Le Quinzième - Cyril Lignac ✿
Paris 16e L'Abeille ✿✿
Paris 16e Akrame ✿✿ **N**
Paris 16e Antoine ✿
Paris 16e Astrance ✿✿✿
Paris 16e etc... ✿
Paris 16e La Grande Cascade ✿
Paris 16e Hiramatsu ✿
Paris 16e Le Pergolèse ✿
Paris 16e Le Pré Catelan ✿✿✿
Paris 16e Relais d'Auteuil ✿
Paris 16e Shang Palace ✿
Paris 16e St-James Paris ✿ **N**
Paris 16e Les Tablettes de JL Nomicos ✿
Paris 17e Agapé ✿
Paris 17e La Fourchette du Printemps ✿
Paris 17e Frédéric Simonin ✿
Paris 17e Guy Savoy ✿✿✿
Paris 17e Jacques Faussat - La Braisière ✿
Paris 17e Michel Rostang ✿✿
Paris 17e Rech ✿ **N**
Le Perreux-sur-Marne (94) Les Magnolias ✿
Pouilly-le-Fort (77) Le Pouilly ✿
Pringy (77) L'Inédit ✿
Le Tremblay-sur-Mauldre (78) Numéro 3 ✿
Versailles (78) L'Angélique ✿
Versailles (78) Gordon Ramsay au Trianon ✿✿
Ville-d'Avray (92) Le Corot ✿ **N**

● Languedoc-Roussillon

Aumont-Aubrac (48) Cyril Attrazic ✿
Banyuls-sur-Mer (66) Le Fanal ✿ **N**
Bélesta (66) La Coopérative ✿ **N**
Béziers (34) Octopus ✿
Carcassonne (11) La Barbacane ✿
Carcassonne (11) Domaine d'Auriac ✿
Carcassonne (11) Le Parc Franck Putelat ✿✿
Carcassonne / Aragon (11) La Bergerie ✿
Carcassonne / Pezens (11) L'Ambrosia ✿
Collioure (66) Relais des Trois Mas ✿
Fontjoncouse (11) Auberge du Vieux Puits ✿✿✿
Gignac (34) Restaurant de Lauzun ✿
Lastours (11) Le Puits du Trésor ✿
Leucate (11) Klim et Ko ✿ **N**
Montner (66) Auberge du Cellier ✿ **N**
Montpellier (34) Le Jardin des Sens ✿
Montpellier (34) La Réserve Rimbaud ✿
Narbonne (11) La Table Saint-Crescent ✿

➜ **N** : établissement bénéficiant d'une nouvelle distinction.

➜ **N** : newly awarded distinction.

Nîmes / Garons (30) Alexandre ✿✿
Perpignan (66) La Galinette ✿
La Pomarède (11) Hostellerie de la Pomarède ✿
Pujaut (30) Entre Vigne et Garrigue ✿
Sète (34) La Coquerie ✿
Uzès (30) La Table d'Uzès ✿ **N**
Villeneuve-lès-Avignon (30) Le Prieuré ✿

Limousin

Brive-la-Gaillarde (19) La Table d'Olivier ✿ **N**
Brive-la-Gaillarde / Varetz (19) Château de Castel Novel ✿
La Roche-l'Abeille (87) Le Moulin de la Gorce ✿
La Souterraine (23) Château de la Cazine ✿ **N**

Lorraine

Baerenthal / Untermuhlthal (57) L'Arnsbourg ✿✿✿
Belleville (54) Le Bistroquet ✿
Bitche (57) Le Strasbourg ✿
Épinal (88) Les Ducs de Lorraine ✿
Faulquemont (57) Toya ✿
Forbach / Stiring-Wendel (57) La Bonne Auberge ✿
Gérardmer / Bas-Rupts (88) Les Bas-Rupts ✿
Gérardmer / Xonrupt-Longemer (88) Les Jardins de Sophie ✿
Hagondange (57) Quai des Saveurs ✿
Languimberg (57) Chez Michèle ✿
Lunéville (54) Château d'Adoménil ✿
Metz (57) La Citadelle ✿
Nancy (54) La Maison dans le Parc ✿ **N**
Phalsbourg (57) Au Soldat de l'An II ✿
Sarreguemines (57) Auberge St-Walfrid ✿
Zoufftgen (57) La Lorraine ✿

Midi-Pyrénées

Albi (81) David Enjalran - L'Esprit du Vin ✿
Belcastel (12) Vieux Pont ✿
Bozouls (12) Le Belvédère ✿
Cahors / Lamagdelaine (46) Marco ✿
Cahuzac-sur-Vère (81) Château de Salettes ✿
Cahuzac-sur-Vère (81) La Falaise ✿
Castres (81) Bistrot Saveurs ✿
Condom (32) La Table des Cordeliers ✿
Conques (12) Hervé Busset ✿
L'Isle-Jourdain / Pujaudran (32) Le Puits St-Jacques ✿✿
Lacave (46) Château de la Treyne ✿
Lacave (46) Pont de l'Ouysse ✿
Laguiole (12) Bras ✿✿✿
Montauban (82) Abbaye des Capucins Spa et Resort ✿
Rodez (12) Goûts et Couleurs ✿
Saint-Céré (46) Les Trois Soleils de Montal ✿
Saint-Médard (46) Gindreau ✿
Sauveterre-de-Rouergue (12) Le Sénéchal ✿
Sousceyrac (46) Au Déjeuner de Sousceyrac ✿
Toulouse (31) Metropolitan ✿
Toulouse (31) Michel Sarran ✿✿
Toulouse (31) Stéphane Tournié Les Jardins de l'Opéra ✿
Toulouse / Aureville (31) En Marge ✿
Toulouse / Colomiers (31) L'Amphitryon ✿✿
Toulouse / Fonsegrives (31) En Pleine Nature ✿ **N**
Toulouse / Rouffiac-Tolosan (31) Ô Saveurs ✿

Nord-Pas-de-Calais

Béthune / Busnes (62) Le Château de Beaulieu ✿✿
Boeschepe (59) Auberge du Vert Mont ✿ **N**
Boulogne-sur-Mer (62) La Matelote ✿
Laventie (62) Le Cerisier ✿
Lille (59) La Laiterie ✿
Lille / Bois-Grenier (59) La Table des Jardins ✿
Lille / Bondues (59) Val d'Auge ✿
Lille / Gruson (59) L'Arbre ✿
Montreuil (62) Château de Montreuil ✿
Montreuil / La Madelaine-sous-Montreuil (62) La Grenouillère ✿
Le Touquet-Paris-Plage (62) Westminster ✿
Valenciennes (59) Le Musigny ✿

Normandie

Bagnoles-de-l'Orne (61) Le Manoir du Lys ✿
Barneville-Carteret / Carteret (50) La Marine ✿
Bayeux (14) Château de Sully ✿
Beuvron-en-Auge (14) Le Pavé d'Auge ✿
Blainville-sur-Mer (50) Le Mascaret ✿
Le Bourg-Dun (76) Auberge du Dun ✿
Le Breuil-en-Auge (14) Le Dauphin ✿
Caen (14) Ivan Vautier ✿

→ **N** pour « nouveau » : établissement bénéficiant d'une nouvelle distinction.
→ **N** for « *new* » : newly awarded distinction.

Caen (14)
Stéphane Carbone - Restaurant Incognito ✿
Caen (14) À Contre Sens ✿
Cherbourg-Octeville (50) Le Pily ✿
Clères / Frichemesnil (76) Au Souper Fin ✿
Dieppe (76) Les Voiles d'Or ✿
Flers / La Ferrière-aux-Étangs (61) Auberge de la Mine ✿
Le Havre (76) Jean-Luc Tartarin ✿✿
Honfleur (14) SaQuaNa ✿✿
Lyons-la-Forêt (27) La Licorne Royale ✿ **N**
Pont-de-l'Arche / Les Damps (27) L'Auberge de la Pomme ✿
Rouen (76) Gill ✿✿
Rouen (76) Origine ✿
Valmont (76) Le Bec au Cauchois ✿

Pays-de-la-Loire

Angers (49) Le Favre d'Anne ✿
Angers (49) Une Île ✿
La Baule (44) Castel Marie-Louise ✿
Brétignolles-sur-Mer (85) J.-M. Pérochon ✿ **N**
Briollay (49) Château de Noirieux ✿
Le Croisic (44) Le Fort de l'Océan ✿
La Flèche (72) Le Moulin des Quatre Saisons ✿ **N**
Île de Noirmoutier / L'Herbaudière (85) La Marine ✿✿
Loiré (49) Auberge de la Diligence ✿
Le Mans (72) Le Beaulieu ✿
Mayenne (53) L'Éveil des Sens ✿
Missillac (44) La Bretesche ✿
Nantes (44) L'Atlantide ✿
Nantes / Haute-Goulaine (44) Manoir de la Boulaie ✿✿
La Plaine-sur-Mer (44) Anne de Bretagne ✿✿
Les Sables-d'Olonne / à l'anse de Cayola (85) Cayola ✿
Saint-Joachim (44) La Mare aux Oiseaux ✿
Saint-Sulpice-le-Verdon (85) Thierry Drapeau ✿✿
Saumur (49) Le Gambetta ✿

Picardie

Amiens / Dury (80) L'Aubergade ✿
Belle-Église (60) La Grange de Belle-Église ✿
Chantilly (60) La Table du Connétable ✿✿ **N**
Clermont / Étouy (60) L'Orée de la Forêt ✿
Courcelles-sur-Vesle (02) Château de Courcelles ✿
Pierrefonds / Saint-Jean-aux-Bois (60) Auberge à la Bonne Idée ✿
Reuilly-Sauvigny (02) Auberge Le Relais ✿

Poitou-Charentes

Breuillet (17) L'Aquarelle ✿
Curzay-sur-Vonne (86) La Cédraie ✿
Jarnac / Bourg-Charente (16) La Ribaudière ✿
Mirambeau (17) Château de Mirambeau ✿ **N**
Neuville-de-Poitou (86) St-Fortunat ✿
Poitiers / Saint-Benoît (86) Passions et Gourmandises ✿
La Rochelle (17) Christopher Coutanceau ✿✿
Saintes (17) La Table de Marion ✿

Provence-Alpes-Côte d'Azur

Aix-en-Provence (13) Pierre Reboul ✿
Aix-en-Provence / Le Tholonet (13) Le Saint-Estève ✿ **N**
Ansouis (84) La Closerie ✿
Antibes (06) Le Figuier de St-Esprit ✿
Antibes / Cap d'Antibes (06) Bacon ✿
Antibes / Cap d'Antibes (06) Les Pêcheurs ✿
Les Arcs (83) Le Relais des Moines ✿
Arles (13) L'Atelier de Jean-Luc Rabanel ✿✿
Arles (13) La Chassagnette ✿
Avignon (84) Christian Étienne ✿
Avignon (84) Le Diapason ✿
Avignon (84) La Vieille Fontaine ✿
Avignon (84)
Le Saule Pleureur - Laurent Azoulay ✿
Les Baux-de-Provence (13) L'Oustaù de Baumanière ✿✿
Beaulieu-sur-Mer (06) Restaurant des Rois ✿
Biot (06) Les Terraillers ✿
Bonnieux (84) La Bastide de Capelongue ✿✿
Bormes-les-Mimosas (83) La Rastègue ✿
Briançon (05) Le Péché Gourmand ✿ **N**
La Cadière-d'Azur (83) Hostellerie Bérard ✿
Callas (83)
Hostellerie Les Gorges de Pennafort ✿
Cannes (06) La Palme d'Or ✿✿
Cannes (06) Le Park 45 ✿
Cannes (06) Sea Sens ✿ **N**
Cannes / Le Cannet (06) Villa Archange ✿✿
Cassis (13) La Villa Madie ✿✿ **N**
Le Castellet / Circuit Paul Ricard (83) Monte Cristo ✿✿
Cavaillon (84) Prévôt ✿
La Celle (83)
Hostellerie de l'Abbaye de la Celle ✿
Château-Arnoux-Saint-Auban (04) La Bonne Étape ✿

➜ **N** : établissement bénéficiant d'une nouvelle distinction.
➜ **N** : newly awarded distinction.

La Colle-sur-Loup (06) Alain Llorca ✿
Cucuron (84) La Petite Maison de Cucuron ✿
Draguignan (83) Côté Rue ✿
Eygalières (13) Maison Bru ✿
Èze (06) Château Eza ✿
Èze (06) La Chèvre d'Or ✿✿
Èze-Bord-de-Mer (06) La Table de Patrick Raingeard ✿
Gargas (84) Domaine de la Coquillade ✿
Gordes (84) Les Bories ✿
Grasse (06) La Bastide St-Antoine ✿
Grasse / Magagnosc (06) Au Fil du Temps ✿
Ile de Porquerolles (83) Le Mas du Langoustier ✿
L'Isle-sur-la-Sorgue (84) Le Vivier ✿
Joucas (84) Hostellerie Le Phébus et Spa ✿
Lagarde d'Apt (84) Le Bistrot de Lagarde ✿ **N**
Lorgues (83) Bruno ✿
Lourmarin (84) Auberge La Fenière ✿
Mandelieu / La Napoule (06) L'Oasis ✿✿
Manosque (04) Dominique Bucaille ✿
Marseille (13) L'Épuisette ✿
Marseille (13) L'Alcyone ✿ **N**
Marseille (13) Michel - Brasserie des Catalans ✿
Marseille (13) Le Petit Nice ✿✿✿
Menton (06) Mirazur ✿✿
Montauroux (83) Auberge Eric Maio ✿
Mougins (06) Le Mas Candille ✿
Mougins (06) Paloma ✿ **N**
Moustiers-Sainte-Marie (04) La Bastide de Moustiers ✿
Nice (06) L'Aromate ✿
Nice (06) Chantecler ✿✿
Nice (06) Flaveur ✿
Nice (06) Keisuke Matsushima ✿
Nice (06) L'Univers - Christian Plumail ✿
Orange / Sérignan-du-Comtat (84) Le Pré du Moulin ✿
Roure (06) Auberge le Robur ✿ **N**
Le Rouret (06) Le Clos St-Pierre ✿
Saint-Jean-Cap-Ferrat (06) Grand Hôtel du Cap Ferrat ✿
Saint-Rémy-de-Provence (13) La Maison de Bournissac ✿
Saint-Rémy-de-Provence (13) La Maison Jaune ✿
Saint-Tropez (83) La Vague d'Or ✿✿✿
Saint-Tropez (83) Villa Belrose ✿
Sainte-Maxime (83) La Badiane ✿
Tarascon (13) Méo ✿
Tourrettes-sur-Loup (06) Clovis ✿
Tourtour (83) Les Chênes Verts ✿
La Turbie (06) Hostellerie Jérôme ✿
Vaison-la-Romaine / Roaix (84) Le Grand Pré ✿
Vence (06) Les Bacchanales ✿
Vence (06) Le Saint-Martin ✿
Ventabren (13) La Table de Ventabren ✿

Rhône-Alpes

Albertville (73) Million ✿
Ambierle (42) Le Prieuré ✿
Ambronay (01) Auberge de l'Abbaye ✿
Annecy (74) Le Belvédère ✿
Annecy (74) La Ciboulette ✿
Annecy (74) Le Clos des Sens ✿✿
Annecy / Veyrier-du-Lac (74) Yoann Conte ✿✿
Bourg-en-Bresse / Péronnas (01) La Marelle ✿
Le-Bourget-du-Lac (73) Auberge Lamartine ✿
Le-Bourget-du-Lac (73) Le Bateau Ivre ✿✿
Le-Bourget-du-Lac (73) La Grange à Sel ✿
Le-Bourget-du-Lac / Les Catons (73) Atmosphères ✿
Bourgoin-Jallieu (38) Domaine des Séquoias ✿ **N**
Bully (69) Auberge du Château ✿
Chambéry (73) Côté Marché ✿
Chamonix-Mont-Blanc (74) Albert 1er ✿✿
Chamonix-Mont-Blanc (74) Le Bistrot ✿
Charmes-sur-Rhône (07) Le Carré d'Alethius ✿ **N**
Chasselay (69) Guy Lassausaie ✿✿
Courchevel / Courchevel 1850 (73) Le Chabichou ✿✿
Courchevel / Courchevel 1850 (73) Cheval Blanc ✿✿
Courchevel / Courchevel 1850 (73) Le Kintessence ✿✿ **N**
Courchevel / Courchevel 1850 (73) Le Strato ✿✿
Courchevel / Courchevel 1850 (73) Pierre Gagnaire pour les Airelles ✿✿
Courchevel / Courchevel 1850 (73) La Table du Kilimandjaro ✿✿
Courchevel / Le-Praz (73) Azimut ✿
Courchevel / La Tania (73) Le Farçon ✿
Crest (26) Kléber ✿
Les Deux-Alpes (38) Le P'tit Polyte ✿
Douvaine (74) Ô Flaveurs ✿
Fleurie (69) Auberge du Cep ✿ **N**
Jongieux (73) Auberge Les Morainières ✿✿

➜ **N** pour « nouveau » : établissement bénéficiant d'une nouvelle distinction.

➜ **N** for « *new* » : newly awarded distinction.

Lachassagne (69)	La Table de Lachassagne ✿	**Talloires (74)**	L'Auberge du Père Bise ✿
Lyon (69)	L'Alexandrin ✿ **N**	**Tarare (69)**	Jean Brouilly ✿
Lyon (69)	Au 14 Février ✿	**Thoiry (01)**	Les Cépages ✿
Lyon (69)	Auberge de l'Ile ✿	**Thonon-les-Bains (74)**	Le Prieuré ✿
Lyon (69)	Le Gourmet de Sèze ✿	**Uriage-les-Bains (38)**	Les Terrasses ✿✿
Lyon (69)	Les Loges ✿	**Val-d'Isère (73)**	L'Atelier d'Edmond ✿
Lyon (69)	Maison Clovis ✿	**Val-d'Isère (73)**	Les Barmes de l'Ours ✿
Lyon (69)	Mère Brazier ✿✿	**Valence (26)**	La Cachette ✿
Lyon (69)	Pierre Orsi ✿	**Valence (26)**	Flaveurs ✿
Lyon (69)	La Rémanence ✿ **N**	**Valence (26)**	Pic ✿✿✿
Lyon (69)	Takao Takano ✿ **N**	**Valence / Pont-de-l'Isère (26)**	Michel Chabran ✿
Lyon (69)	Les Terrasses de Lyon ✿	**Val-Thorens (73)**	Jean Sulpice ✿✿
Lyon (69)	Les Trois Dômes ✿	**Les Vans (07)**	Likoké ✿ **N**
Lyon (69)	Têtedoie ✿	**Vaux-en-Beaujolais (69)**	Auberge de Clochemerle ✿
Lyon / Charbonnières-les-Bains (69)	La Rotonde ✿✿	**Vienne (38)**	La Pyramide ✿✿
Lyon / Collonges-au-Mont-d'Or (69)	Paul Bocuse ✿✿✿	**Vienne / Chonas-l'Amballan (38)**	Domaine de Clairefontaine ✿
Megève (74)	Flocons de Sel ✿✿✿	**Villard-de-Lans / Corrençon-en-Vercors (38)**	Le Bois Fleuri ✿
Megève (74)	1920 ✿ **N**	**Villefranche-sur-Saône (69)**	Le Juliénas - Fabrice Roche ✿
Megève (74)	La Table de l'Alpaga ✿ **N**	**Vonnas (01)**	Georges Blanc ✿✿✿
Montrevel-en-Bresse (01)	Léa ✿		
Roanne (42)	Troisgros ✿✿✿		
Romans-sur-Isère / Granges-les-Beaumont (26)	Les Cèdres ✿✿		
Saint-Chamond (42)	Les Ambassadeurs ✿		
Saint-Donat-sur-l'Herbasse (26)	Chartron ✿		
Saint-Gervais-les-Bains (74)	Le Sérac ✿ **N**		
Saint-Julien-en-Genevois / Bossey (74)	La Ferme de l'Hospital ✿		
Saint-Just-Saint-Rambert (42)	Le Neuvième Art ✿✿		
Saint-Martin-de-Belleville (73)	La Bouitte ✿✿✿		

● Principauté de Monaco

Monte-Carlo (MC)	Joël Robuchon Monte-Carlo ✿✿
Monte-Carlo (MC)	Le Louis XV-Alain Ducasse ✿✿✿
Monte-Carlo (MC)	Vistamar ✿
Monte-Carlo (MC)	Yoshi ✿
Monte-Carlo / Monte-Carlo-Beach (MC)	Elsa ✿ **N**

➜ **N** : établissement bénéficiant d'une nouvelle distinction.

➜ **N** : newly awarded distinction.

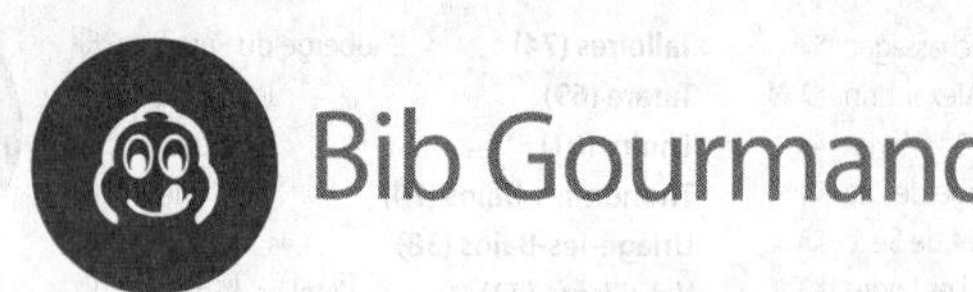

Bib Gourmand

Les bonnes tables à prix doux

→ *Good food at moderate prices*

Alsace

Altwiller (67) L'Écluse 16
Barr (67) Aux Saisons Gourmandes
Bergheim (68) Wistub du Sommelier
Berrwiller (68) L'Arbre Vert
Birkenwald (67) Au Chasseur
Blienschwiller (67) Le Pressoir de Bacchus
Colmar (68) Aux Trois Poissons
Colmar (68) Côté Cour
Colmar / Ingersheim (68) La Taverne Alsacienne
Eguisheim (68) La Grangelière
Eguisheim (68) Le Pavillon Gourmand
Feldbach (68) Cheval Blanc **N**
Fouday (67) Julien
Illzach (68) La Bistronomie **N**
Itterswiller (67) Winstub Arnold
Kaysersberg (68) La Vieille Forge **N**
Kaysersberg (68) Winstub **N**
Kruth (68) Les Quatre Saisons
Labaroche (68) La Rochette
Natzwiller (67) Auberge Metzger
Niedersteinbach (67) Au Cheval Blanc
Obernai / Ottrott (67) À l'Ami Fritz
La-Petite-Pierre / Graufthal (67) Au Cheval Blanc
Ribeauvillé (68) Au Relais des Ménétriers **N**
Riquewihr (68) Le Sarment d'Or
Rosenau (68) Au Lion d'Or **N**
Saint-Hippolyte (68) Winstub Rabseppi-Stebel
Saverne (67) Le Clos de la Garenne
Scherwiller (67) Auberge Ramstein
Sélestat (67) La Vieille Tour
Strasbourg (67) Le Bistrot du Boulanger
Strasbourg (67) La Table de Christophe
Strasbourg (67) Le Tire-Bouchon
Strasbourg / Entzheim (67) Steinkeller
Strasbourg / La Wantzenau (67) Au Pont de l'Ill
Turckheim (68) À l'Homme Sauvage
Weyersheim (67) Auberge du Pont de la Zorn
Zimmerbach (68) Au Raisin d'Or

Aquitaine

Agen (47) L'Atelier
Agen (47) Le Margoton
Bayonne (64) François Miura
Biarritz (64) Le Clos Basque
Bordeaux (33) L'Air de Famille
Bordeaux (33) Le Bistrot du Gabriel
Bordeaux (33) Dubern - Bistrot Gourmand **N**
Bordeaux (33) Julien Cruège
Bordeaux (33) Une Cuisine en Ville **N**
Casteljaloux (47) La Vieille Auberge
Coirac (33) Le Flore
Daglan (24) Le Petit Paris
Dax (40) L'Amphitryon
Domme (24) Cabanoix et Châtaigne
Guiche (64) Le Gantxo
Langon / Saint-Macaire (33) Abricotier
Libourne (33) Chez Servais
Montpon-Ménestérol / Ménestérol (24) Auberge de l'Eclade
Ossès (64) La Ferme Gourmande
Périgueux (24) Le Grain de Sel
Pouillon (40) L'Auberge du Pas de Vent
Puymirol (47) La Poule d'Or **N**
Roquefort (40) Le St-Vincent **N**
La Roque-Gageac (24) La Belle Étoile
Saint-Étienne-de-Baïgorry (64) Arcé
Saint-Geniès (24) Le Château
Saint-Julien-de-Lampon (24) La Gabarre
Saint-Pée-sur-Nivelle (64) Ttotta

Auvergne

Aurillac (15) Quatre Saisons
Boudes (63) Le Boudes La Vigne
Bouzel (63) L'Auberge du Ver Luisant
Chevagnes (03) Le Goût des Choses

→ **N** pour « nouveau » : établissement bénéficiant d'une nouvelle distinction.

→ **N** for « *new* » : newly awarded distinction.

Clermont-Ferrand (63) Amphitryon Capucine
Clermont-Ferrand (63) Bath's
Clermont-Ferrand (63) L'Écureuil
Clermont-Ferrand / Lempdes (63) B2K6 **N**
Clermont-Ferrand / Orcines (63) Auberge de la Baraque
Dunières (43) La Tour
Mazaye (63) Auberge de Mazayes
Le Mont-Dore (63) La Golmotte
Montsalvy (15) L'Auberge Fleurie
Pailherols (15) L'Auberge des Montagnes
Pontgibaud / La Courteix (63) L'Ours des Roches
Le Puy-en-Velay (43) Bambou et Basilic **N**
Le Puy-en-Velay (43) Tournayre
Reugny (03) La Table de Reugny
Saint-Bonnet-le-Froid (43) André Chatelard
Saint-Bonnet-le-Froid (43) Bistrot la Coulemelle
Saint-Bonnet-le-Froid (43) Le Fort du Pré
Saint-Flour (15) Grand Hôtel de l'Étape
Saint-Julien-Chapteuil (43) Vidal
Salers (15) Le Bailliage
Sauxillanges (63) Restaurant de la Mairie
Vallon-en-Sully (03) Auberge des Ris
Vergongheon (43) La Petite École
Vichy (03) L'Alambic
Vichy (03) La Table d'Antoine
Vichy (03) La Table de Marlène
Vic-sur-Cère / Col-de-Curebourse (15) Hostellerie Saint-Clément
Vieillevie (15) La Terrasse

Bourgogne

Autun (71) Le Chapitre
Auxerre (89) Le Bourgogne
Avallon (89) Le Gourmillon
Avallon / Valloux (89) Auberge des Chenêts
Beaune / Ladoix-Serrigny (21) Les Terrasses de Corton
Chagny (71) Pierre et Jean
Chalon-sur-Saône (71) Auberge des Alouettes
Chalon-sur-Saône / Saint-Loup-de-Varennes (71) Le Saint-Loup
Chambolle-Musigny (21) Le Millésime
Cosne-Cours-sur-Loire / Villechaud (58) Le Chat
Le Creusot (71) Le Restaurant
Le Creusot / Montcenis (71) Le Montcenis
Dijon (21) DZ'envies **N**
Dijon (21) So **N**
Dijon / Velars-sur-Ouche (21) L'Auberge Gourmande
Gevrey-Chambertin (21) Chez Guy
L'Isle-sur-Serein (89) Auberge du Pot d'Étain
Luzy (58) Le Morvan
Mâcon (71) Le Poisson d'Or
Marigny (71) L'Atelier du Goût
Meursault (21) Le Chevreuil **N**
Montbard / Saint-Rémy (21) La Mirabelle
Montceau-les-Mines / Blanzy (71) Le Plessis
Nevers (58) Le Bengy
Nuits-Saint-Georges (21) La Cabotte
Nuits-Saint-Georges (21) Le Chef Coq **N**
Quarré-les-Tombes (89) Le Morvan
Saint-Germain-du-Bois (71) Hostellerie Bressane
Saint-Martin-en-Bresse (71) Au Puits Enchanté
Saint-Maurice-de-Satonnay (71) Auberge des Grenouillats **N**
Saint-Romain (21) Les Roches
Tournus / Mancey (71) Auberge du Col des Chèvres
Tournus / Ozenay (71) Le Relais d'Ozenay
Venarey-les-Laumes / Alise-Sainte-Reine (21) Auberge du Cheval Blanc

Bretagne

Auray (56) Terre-Mer
Baden (56) Le Gavrinis
Cancale (35) Côté Mer
Cancale (35) Le Surcouf
Crozon / Le Fret (29) Hostellerie de la Mer **N**
Dinard / Saint-Lunaire (35) Le Décollé
Douarnenez (29) L'Insolite
Fouesnant / Cap-Coz (29) La Pointe du Cap Coz
La Guerche-de-Bretagne (35) La Calèche
Guilliers (56) Au Relais du Porhoët
Guingamp (22) Le Clos de la Fontaine
Lorient (56) L'Alto
Lorient (56) Le Yachtman
Morlaix (29) L'Estaminet **N**
Pléneuf-Val-André / Le-Val-André (22) Le Sub **N**
Ploemeur / Lomener (56) Le Vivier
Ploubalay (22) Restaurant de la Gare
Pont-Scorff (56) L'Art Gourmand
Quiberon (56) La Chaumine

→ **N** : établissement bénéficiant d'une nouvelle distinction.
→ **N** : newly awarded distinction.

Quimper / Ty-Sanquer (29) — Auberge de Ti-Coz
Rennes (35) — Le Quatre B
Saint-Brieuc (22) — Ô Saveurs
Saint-Brieuc / Cesson (22) — La Croix Blanche
Saint-Guénolé (29) — Sterenn **N**
Saint-Suliac (35) — La Ferme du Boucanier
Saint-Thégonnec (29) — Auberge Saint-Thégonnec
Vannes (56) — Le Vent d'Est

Centre

Azay-le-Rideau (37) — L'Aigle d'Or
Azay-le-Rideau (37) — Auberge Pom'Poire
Le Blanc (36) — Le Cygne **N**
Bléré (37) — La Boulaye
Bonny-sur-Loire (45) — Restaurant des Voyageurs
Bracieux (41) — Le Rendez-vous des Gourmets
Brou (28) — L'Ascalier
Buzançais (36) — L'Hermitage
Chartres (28) — Les Feuillantines
Chinon (37) — Au Chapeau Rouge
Chinon (37) — L'Océanic
Dreux (28) — Le Saint-Pierre
Dreux / Cherisy (28) — Le Vallon de Chérisy
L'Île-Bouchard (37) — Auberge de l'Ile
Langeais (37) — Au Coin des Halles
Luynes (37) — Le XII de Luynes
Lys-Saint-Georges (36) — Auberge La Forge
Nérondes (18) — Le Lion d'Or
Neuillé-le-Lierre (37) — Auberge de la Brenne
Oisly (41) — Saint-Vincent
Orléans (45) — La Dariole
Orléans (45) — Eugène
Orléans (45) — La Parenthèse
Orléans / La Chapelle-Saint-Mesmin (45) — Côté Saveurs
Orléans / Olivet (45) — La Laurendière
Oucques (41) — Le Commerce
Plaimpied-Givaudins (18) — Aux Marais
Saint-Amand-Montrond / Noirlac (18) — Auberge de l'Abbaye de Noirlac
Saint-Benoît-sur-Loire (45) — Grand St-Benoît
Sancerre (18) — La Pomme d'Or
Savonnières (37) — La Maison Tourangelle
Semblançay (37) — La Mère Hamard
Tours (37) — L'Arche de Meslay
Tours (37) — L'Arôme
Tours (37) — Le Bistrot de la Tranchée
Tours (37) — Casse-Cailloux
Tours (37) — Le Saint-Honoré
Tours / Vallières (37) — Auberge de Port Vallières

Vendôme (41) — Le Terre à TR
Veuves (41) — L'Auberge de la Croix Blanche
Vierzon (18) — Les Petits Plats de Célestin
Yvoy-le-Marron (41) — Auberge du Cheval Blanc

Champagne-Ardenne

Bar-sur-Aube (10) — La Toque Baralbine
Bar-sur-Seine (10) — Le Val Moret **N**
Carignan (08) — La Gourmandière
Charleville-Mézières (08) — La Table d'Arthur «R»
Charleville-Mézières / Montcy-Notre-Dame (08) — L'Auberge du Laminak **N**
Nogent-sur-Seine (10) — Beau Rivage
Reims (51) — Éveil des Sens **N**

Corse

Ajaccio (2A) — U Licettu
Bastia (2B) — La Corniche
Oletta (2B) — A Magina
Soccia (2A) — A Merendella

Franche-Comté

Arbois / Pupillin (39) — Le Grapiot
Balanod (39) — Philippe Bouvard
Belfort (90) — Les Capucins
Bonlieu (39) — La Poutre
Combeaufontaine (70) — Le Balcon
Dole (39) — Grain de Sel **N**
Dole / Parcey (39) — Les Jardins Fleuris
Jougne (25) — La Couronne
Malbuisson / Granges-Sainte-Marie (25) — Auberge du Coude
Mirebel (39) — Mirabilis
Ornans (25) — Le Courbet
Ornans / Saules (25) — La Griotte
Valdahon (25) — Relais de Franche Comté

Île-de-France

Asnières-sur-Seine (92) — La Petite Auberge
Bois-Colombes (92) — Le Chefson
Boulogne-Billancourt (92) — Le Bistrot
Châtillon (92) — Barbezingue
La Garenne-Colombes (92) — Le Saint-Joseph
Levallois-Perret (92) — L'Audacieux **N**
Levallois-Perret (92) — Le Bistrot d'Oscar **N**
Maisons-Alfort (94) — La Bourgogne
Montreuil (93) — L'Amourette
Paris 1er — La Régalade St-Honoré
Paris 1er — Zen
Paris 2e — Brasserie Gallopin

→ **N** pour « nouveau » : établissement bénéficiant d'une nouvelle distinction.
→ **N** for « *new* » : newly awarded distinction.

Paris 2e	Zinc Opéra
Paris 3e	Ambassade d'Auvergne
Paris 5e	Aux Verres de Contact
Paris 5e	Bibimbap
Paris 5e	Bistro des Gastronomes
Paris 5e	Ribouldingue
Paris 5e	Terroir Parisien - Maison de la Mutualité
Paris 6e	La Ferrandaise
Paris 6e	Fish La Boissonnerie
Paris 6e	La Maison du Jardin
Paris 6e	La Marlotte
Paris 6e	Le Timbre
Paris 7e	L'Affriolé
Paris 7e	Au Bon Accueil
Paris 7e	Bistrot Belhara **N**
Paris 7e	Café Constant
Paris 7e	Chez les Anges
Paris 7e	Le Clos des Gourmets
Paris 7e	Les Cocottes
Paris 7e	La Laiterie Sainte Clotilde **N**
Paris 7e	Pottoka
Paris 8e	Chez Cécile - La Ferme des Mathurins
Paris 8e	Pomze
Paris 9e	Les Affranchis **N**
Paris 9e	Les Canailles **N**
Paris 9e	L'Office
Paris 9e	Le Pantruche
Paris 9e	Le Pré Cadet
Paris 9e	La Régalade Conservatoire **N**
Paris 10e	Café Panique
Paris 10e	Chez Marie-Louise
Paris 10e	Zerda
Paris 11e	Auberge Pyrénées Cévennes
Paris 11e	Caffé dei Cioppi
Paris 11e	Mansouria
Paris 11e	Tintilou
Paris 11e	Villaret
Paris 12e	L'Auberge Aveyronnaise
Paris 12e	Il Goto **N**
Paris 13e	Impérial Choisy
Paris 13e	Lao Lane Xang 2
Paris 13e	L'Ourcine
Paris 14e	La Cantine du Troquet
Paris 14e	Le Cornichon
Paris 14e	L'Essentiel **N**
Paris 14e	Kigawa
Paris 14e	La Régalade
Paris 15e	L'Atelier du Parc
Paris 15e	Beurre Noisette
Paris 15e	La Cantine du Troquet Dupleix
Paris 15e	Le Caroubier
Paris 15e	Le Casse Noix
Paris 15e	Le Pario **N**
Paris 15e	Stéphane Martin
Paris 15e	Le Troquet
Paris 16e	A et M Restaurant
Paris 16e	Atelier Vivanda
Paris 17e	Bistro Sormani
Paris 17e	Le Bouchon et l'Assiette
Paris 17e	Le Clou de Fourchette
Paris 17e	Le Dodin de Mark Singer
Paris 17e	L'Entredgeu
Paris 17e	Graindorge
Paris 17e	Le Petit Verdot du 17ème **N**
Paris 18e	Miroir **N**
Paris 20e	Le Baratin
Paris 20e	Chatomat
Puteaux (92)	L'Escargot 1903
Saint-Ouen-sur-Morin (77)	Auberge de la Source
Sainte-Geneviève-des-Bois (91)	La Table d'Antan
Tremblay-en-France (93)	La Jument Verte
Ville-d'Avray (92)	Le Café des Artistes **N**

● Languedoc-Roussillon

Alès / Méjannes-lès-Alès (30)	Auberge des Voutins
Bizanet (11)	La Table du Château
Conilhac-Corbières (11)	Auberge Côté Jardin
Cruzy (34)	Le Terminus
Cucugnan (11)	La Table du Curé
Florac (48)	L'Adonis
Florac / Cocurès (48)	La Lozerette
Font-Romeu-Odeillo-Via (66)	La Chaumière **N**
Gaujac (30)	La Maison
Lamalou-les-Bains / Combes (34)	Auberge de Combes
Laroque-des-Albères (66)	Côté Saisons **N**
Leucate (11)	35 B **N**
Limoux (11)	Tantine et Tonton
Mende / Chabrits (48)	La Safranière
Montpellier (34)	Mia
Narbonne (11)	Petit Comptoir **N**
Narbonne (11)	La Table des Cuisiniers Cavistes **N**
Nîmes (30)	Aux Plaisirs des Halles
Nîmes (30)	Tendances Lisita
Perpignan (66)	Les Antiquaires
Perpignan (66)	Le Garriane
Pézenas (34)	L'Entre Pots
Prats-de-Mollo-la-Preste (66)	Bellevue **N**
Rasiguères (66)	Le Relais de Sceaury

➜ **N** : établissement bénéficiant d'une nouvelle distinction.

➜ **N** : newly awarded distinction.

Saint-André (66) La Table de Cuisine
Saint-Chély-d'Apcher / La Garde (48) Le Rocher Blanc
Sallèles-d'Aude (11) Les Écluses **N**
Sérignan (34) L'Harmonie
Sète (34) Paris Méditerranée
Vailhan (34) L'Auberge du Presbytère
Villefranche-de-Conflent (66) Auberge Saint-Paul
Villefranche-de-Conflent (66) L'Odyssée **N**

Limousin

Brive-la-Gaillarde (19) En Cuisine **N**
Brive-la-Gaillarde (19) La Toupine
Chénérailles (23) Le Coq d'Or
Limoges (87) La Cuisine
Limoges (87) Le Vanteaux
Montgibaud (19) Le Tilleul de Sully
La Roche-l'Abeille (87) La Table du Moulin
La Souterraine / Saint-Étienne-de-Fursac (23) Nougier
Uzerche / Saint-Ybard (19) Auberge Saint-Roch

Lorraine

La Bresse (88) Le Clos des Hortensias
Col de la Schlucht (88) Le Collet
Delme (57) A la XIIe Borne **N**
Gérardmer (88) L'Assiette du Coq à l'Âne
Nancy (54) V Four
Rouvres-en-Xaintois (88) Burnel
Saint-Quirin (57) Hostellerie du Prieuré
Le Thillot / Le Ménil (88) Les Sapins
Vagney (88) Les Lilas
Le Valtin (88) Auberge du Val Joli
Volmunster (57) L'Argousier

Midi-Pyrénées

Aulon (65) Auberge des Aryelets
Ax-les-Thermes (09) Le Chalet
Bach (46) Auberge Lou Bourdié
Bozouls (12) À la Route d'Argent
Cahors (46) La Garenne
Cahors (46) L'Ô à la Bouche
Castéra-Verduzan (32) Le Florida
Castres / Burlats (81) Le Castel de Burlats
Castres / Les Salvages (81) Les Mets d'Adélaïde
Caussade / Monteils (82) Le Clos Monteils
Dourgne (81) Hostellerie de la Montagne Noire
Dunes (82) Les Templiers
Espalion (12) Le Méjane
Gaillac (81) Vigne en Foule **N**
Gramat (46) Le Relais des Gourmands
L'Isle-Jourdain (32) L'Échappée Belle **N**
Laguiole (12) Gilles Moreau **N**
Martres-Tolosane (31) Le Castet
Montréal (32) Daubin
Mur-de-Barrez (12) Auberge du Barrez
Pamiers (09) Deymier **N**
Puylaurens (81) Cap de Castel
Puy-l'Évêque / Anglars-Juillac (46) Clau del Loup
Rodez (12) Les Jardins de l'Acropolis
Saint-Girons / Lorp-Sentaraille (09) La Petite Maison
Saint-Jean-du-Bruel (12) Midi-Papillon
Saint-Sulpice (81) Auberge de la Pointe
Tarascon-sur-Ariège (09) Saveurs du Manoir
Tarascon-sur-Ariège / Rabat-les-Trois-Seigneurs (09) La Table de la Ramade
Tarbes (65) Le Petit Gourmand
Toulouse (31) Le Bibent **N**
Toulouse / Castanet-Tolosan (31) La Table des Merville
Toulouse / L'Union (31) La Bonne Auberge
Valady (12) Auberge de l'Ady
Valence-d'Agen (82) L'Entracte **N**
Vic-Fezensac / Préneron (32) Auberge La Baquère
Villefranche-de-Rouergue (12) Côté Saveurs

Nord-Pas-de-Calais

Aire-sur-la-Lys / Isbergues (62) Le Buffet
Béthune / Busnes (62) Le Jardin d'Alice
Calais (62) Au Côte d'Argent
Calais (62) Histoire Ancienne
Condette (62) L'Orée du Bois
Douai / Brebières (62) Air Accueil **N**
Dunkerque / Coudekerque-Branche (59) Le Soubise
Godewaersvelde (59) L'Estaminet du Centre
Liessies (59) Le Carillon
Lille (59) La Cense **N**
Wierre-Effroy (62) La Ferme du Vert

Normandie

Alençon (61) Rive Droite
Auderville (50) La Malle aux Épices
Aumale (76) Villa des Houx **N**
Bagnoles-de-l'Orne (61) Ô Gayot
Bayeux (14) L'Angle Saint-Laurent

→ **N** pour « nouveau » : établissement bénéficiant d'une nouvelle distinction.
→ **N** for « *new* » : newly awarded distinction.

Bayeux (14) La Rapière **N**
Bellême / Nocé (61) Auberge des 3 J
Bernières-sur-Mer (14) L'As de Trèfle **N**
Cabourg / Dives-sur-Mer (14) Chez le Bougnat
Caen (14) ArchiDona
Caen (14) Le Bouchon du Vaugueux
Caen (14) Café Mancel
Caen / Hérouville-Saint-Clair (14) L'Espérance
Chandai (61) L'Écuyer Normand
Cherbourg-Octeville (50) Café de Paris
Cherbourg-Octeville (50) Le Vauban **N**
Clères (76) Auberge du Moulin
La Croix-Saint-Leufroy (27) Le Cheval Blanc
Deauville (14) La Flambée **N**
Dieppe (76) Bistrot du Pollet **N**
Dieppe / Neuville-lès-Dieppe (76) Auberge du Vieux Puits **N**
Évreux (27) La Gazette **N**
Falaise (14) La Fine Fourchette **N**
Flers (61) Au Bout de la Rue
Gasny (27) Auberge du Prieuré Normand
Grandcamp-Maisy (14) La Marée
Hambye (50) Auberge de l'Abbaye **N**
Le Havre (76) La Petite Auberge
Honfleur (14) La Fleur de Sel **N**
Houlgate (14) L'Éden
Juvigny-sous-Andaine (61) Au Bon Accueil
Lisieux / Coquainvilliers (14) Sogni D'Italia **N**
Louviers / Saint-Étienne-du-Vauvray (27) La Ferme de la Haute Crémonville
Mortagne-au-Perche / Le Pin-la-Garenne (61) La Croix d'Or
Nonancourt (27) Relais du Vieux Château **N**
Ouistreham (14) La Table d'Hôtes **N**
Le Pin-au-Haras (61) La Tête au Loup **N**
Saint-Jouin-Bruneval (76) Le Belvédère
Saint-Valery-en-Caux (76) Le Port
Servon (50) Auberge du Terroir
Villedieu-les-Poêles (50) Manoir de l'Acherie
Vire (14) Manoir de la Pommeraie
Yerville (76) Hostellerie des Voyageurs **N**

Pays-de-la-Loire

Aizenay (85) La Sittelle
Ancenis (44) La Toile à Beurre
Angers (49) Autour d'un Cep
Angers (49) Le Petit Comptoir **N**
La Bernerie-en-Retz (44) L'Artimon
Bouin (85) Le Martinet
Challans / La Garnache (85) Le Petit St-Thomas
Champagné (72) Le Cochon d'Or
Château-Gontier / Coudray (53) L'Amphitryon
Cholet (49) Le Pouce Pied
Le Croisic (44) Le Saint-Alys
Doué-la-Fontaine (49) Auberge Bienvenue
Évron (53) Au Relais du Gué de Selle
Évron (53) La Toque des Coëvrons
Fontenay-le-Comte / Velluire (85) Auberge de la Rivière
Geneston (44) Le Pélican
Île de Noirmoutier / L'Herbaudière (85) La Table d'Élise
Île de Noirmoutier / Noirmoutier-en-l'Île (85) Le Grand Four **N**
Mesquer (44) La Vieille Forge
Nantes (44) La Divate
Nantes (44) L'Océanide
Nantes / Château-Thébaud (44) Auberge La Gaillotière
Nantes / Couëron (44) Le François II
Nantes / Saint-Herblain (44) Les Caudalies
Nantes / Vertou (44) Le Laurier Fleuri
Nozay (44) La Pierre Bleue
La Roche-sur-Yon (85) Le Saint-Charles **N**
Les Sables-d'Olonne (85) La Pilotine
Les Sables-d'Olonne / Château-d'Olonne (85) La Ferme de Villeneuve **N**
Saint-Georges-des-Sept-Voies (49) Auberge de la Sansonnière
Saint-Gilles-Croix-de-Vie / Coëx (85) Le Balata
Saint-Jean-de-Monts (85) Le Petit St-Jean
Sillé-le-Guillaume (72) Le Bretagne
Varades (44) La Closerie des Roses
Vern-d'Anjou (49) Le Pigeon Blanc

Picardie

Argoules (80) Auberge du Coq-en-Pâte
Beauvais (60) La Baie d'Halong
Favières (80) La Clé des Champs
Laon (02) Zorn - La Petite Auberge

Poitou-Charentes

Angoulême (16) Agape
Angoulême (16) Le Terminus
Bonneuil-Matours (86) Le Pavillon Bleu

➜ **N** : établissement bénéficiant d'une nouvelle distinction.
➜ **N** : newly awarded distinction.

Châtelaillon-Plage (17) Les Flots
Cognac (16) Le P'tit Yeuse
Coulombiers (86) Auberge Le Centre Poitou
Coulon (79) Le Central
Mansle / Luxé (16) Auberge du Cheval Blanc
Montendre (17) La Quincaillerie
Montmorillon (86) Le Lucullus
Mornac-sur-Seudre (17) Les Basses Amarres **N**
Pons (17) Bordeaux
La Rochelle (17) La Cuisine de Jules
Royan (17) Les Filets Bleus
Saint-Palais-sur-Mer (17) Les Agapes
Saint-Palais-sur-Mer (17) Restaurant de la Plage
Saintes (17) L'Adresse
Saintes (17) Clos des Cours
Saintes / Thénac (17) L'Atelier Gourmand de Jean-Yves
Saujon (17) Le Ménestrel **N**
Thouars (79) Hôtellerie St-Jean
Trizay (17) Les Jardins du Lac

Provence-Alpes-Côte d'Azur

Antibes (06) Oscar's
Arles (13) Bistro À Côté **N**
Aubagne (13) Les Arômes
Avignon (84) L'Essentiel
Avignon (84) Hiély-Lucullus
Bandol (83) L'Espérance
Bonnieux (84) L'Arôme
Briançon / Puy-Saint-Pierre (05) Auberge de Catherine
La Cadière-d'Azur (83) Le Bistrot de Jef **N**
Cairanne (84) Coteaux et Fourchettes
Cannes (06) Aux Bons Enfants
Cannes / Le Cannet (06) Bistrot des Anges
Cannes / Le Cannet (06) Bistrot St-Sauveur **N**
Carros (06) La Forge **N**
Caseneuve (84) Le Sanglier Paresseux
Castellane / La Garde (04) Auberge du Teillon
Château-Arnoux-Saint-Auban (04) La Magnanerie
Draguignan (83) Lou Galoubet
Draguignan / Flayosc (83) L'Oustaou
Fayence (83) La Table d'Yves
Fontaine-de-Vaucluse (84) Philip
Fréjus (83) L'Amandier
Gassin (83) La Verdoyante
Gilette / Vescous (06) La Capeline
Grimaud (83) La Bretonnière
L'Isle-sur-la-Sorgue (84) La Balade des Saveurs **N**
Les Issambres (83) Chante-Mer
Le Luc (83) Le Gourmandin
Mandelieu / La Napoule (06) Le Bistrot l'Étage
Manosque (04) Sens et Saveurs
Marseille (13) Axis
Marseille (13) La Cantinetta
Marseille (13) Le Malthazar
Martigues (13) Le Bouchon à la Mer
La Motte-d'Aigues (84) Le Lac
Mougins (06) L'Amandier de Mougins **N**
Moustiers-Sainte-Marie (04) Les Santons **N**
Nice (06) Au Rendez-vous des Amis
Nice (06) Bistrot d'Antoine
Nice (06) Comptoir du Marché **N**
Nice (06) La Merenda **N**
Nice (06) Les Pêcheurs **N**
Puy-Saint-Vincent (05) La Pendine
Rayol-Canadel-sur-Mer (83) Le Relais des Maures
Rians (83) La Roquette
Le Rouret (06) Bistro du Clos **N**
Saint-Crépin (05) Les Tables de Gaspard
Saint-Julien-en-Champsaur (05) Les Chenets
Saint-Raphaël (83) Les Voiles **N**
Saint-Raphaël / Valescure (83) Le Jardin de Sébastien
Saint-Rémy-de-Provence / Maillane (13) L'Oustalet Maïanen
Sainte-Cécile-les-Vignes (84) Campagne, Vignes et Gourmandises
Serre-Chevalier / Le Monêtier-les-Bains (05) La Table du Chazal
La Turbie (06) Café de la Fontaine
Uchaux (84) Côté Sud
Vaison-la-Romaine (84) Bistro du'O **N**
Vaison-la-Romaine (84) Le Brin d'Olivier
Vaison-la-Romaine / Roaix (84) Bistro Préface
Vence (06) La Farigoule **N**
Villars (84) La Table de Pablo

Rhône-Alpes

Aix-les-Bains (73) Auberge St-Simond
Annecy (74) Café Brunet
Annecy (74) Contresens
Annecy (74) Le Denti **N**
Annecy (74) L'Esquisse
Anse (69) Au Colombier **N**
Aoste (38) Au Coq en Velours **N**

➜ **N** pour « nouveau » : établissement bénéficiant d'une nouvelle distinction.
➜ **N** for « *new* » : newly awarded distinction.

Argentière (74) La Remise
Aubenas (07) Le Coyote
Aubenas (07) M Restaurant
Bâgé-le-Châtel (01) La Table Bâgésienne
Belleville (69) Le Beaujolais
Belley / Contrevoz (01) Auberge de Contrevoz
Bonneville / Vougy (74) Le Bistro du Capucin
Bourg-en-Bresse (01) Mets et Vins
Bourg-Saint-Maurice (73) L'Arssiban
Bressieux (38) Auberge du Château
Buellas (01) L'Auberge Bressane de Buellas
Chamonix-Mont-Blanc (74) Atmosphère
Chamonix-Mont-Blanc (74) La Maison Carrier
La Chapelle-d'Abondance (74) Les Cornettes
La Chapelle-d'Abondance (74) Les Gentianettes
Cliousclat (26) La Fontaine
Cliousclat (26) La Treille Muscate
Coligny (01) Au Petit Relais
Les Deux-Alpes (38) Le Raisin d'Ours **N**
Faverges (74) Florimont
Grenoble (38) La Brasserie du Fantin Latour **N**
Gresse-en-Vercors (38) Le Chalet
Grignan (26) Le Poème de Grignan
Jassans-Riottier (01) L'Embarcadère
Lent (01) Auberge Lentaise **N**
Lyon (69) L'Art et la Manière
Lyon (69) Balthaz'art **N**
Lyon (69) Le Bistrot des Voraces **N**
Lyon (69) Daniel et Denise
Lyon (69) Daniel et Denise Saint-Jean
Lyon (69) Le Jean Moulin
Lyon (69) M Restaurant
Lyon (69) Mon Bistrot à Moi
Lyon (69) Les Oliviers
Lyon (69) L'Ourson qui Boit
Lyon (69) Palégrié
Lyon (69) Ponts et Passerelles
Lyon (69) Les Saveurs de Py **N**
Lyon (69) La Table 101 **N**
Lyon (69) 33 Cité
Lyon / Villeurbanne (69) 33 TNP **N**
Marnans (38) Atelier Nicolas Grandclaude
Megève (74) Flocons Village
Meillonnas (01) Auberge Au Vieux Meillonnas **N**
Menthon-Saint-Bernard (74) Le Confidentiel
Monestier-de-Clermont (38) Au Sans Souci
Montanges (01) L'Auberge du Pont des Pierres **N**
Montarcher (42) Le Clos Perché
Neyrac-les-Bains (07) Brioude
Notre-Dame-de-Bellecombe (73) La Ferme de Victorine
Nyons (26) La Charrette Bleue
Plaisians (26) Auberge de la Clue
Polliat (01) Téjérina-Hôtel de la Place
Pont-de-Vaux (01) Le Raisin
Renaison (42) Jacques Cœur
Roanne (42) Le Tourdion
Saint-Alban-les-Eaux (42) Le Petit Prince
Saint-Bonnet-le-Château (42) La Calèche **N**
Saint-Étienne (42) Insens
Saint-Jean-sur-Veyle (01) Le Grand Saint Jean Baptiste
Servoz (74) Les Gorges de la Diosaz
Sixt-Fer-à-Cheval (74) Le 27 **N**
Tain-l'Hermitage (26) Le Mangevins
Tain-l'Hermitage (26) Le Quai
Tencin (38) La Tour des Sens **N**
La Tour-du-Pin / Rochetoirin (38) Le Rochetoirin
Valence (26) Le 7
Vaulx (74) Par Monts et Par Vaulx
Vienne (38) Saveurs du Marché
Violay (42) Loïc Picamal **N**
Yvoire (74) Le Pré de la Cure

➜ **N** : établissement bénéficiant d'une nouvelle distinction.

➜ **N** : newly awarded distinction.

Les hébergements les plus agréables

Hôtels & maisons d'hôtes de charme

→ *The most pleasant accommodation*

● Alsace

Colmar (68)	Hostellerie Le Maréchal
Colmar (68)	Les Têtes
Colmar (68)	Quatorze
Colroy-la-Roche (67)	Hostellerie La Cheneaudière
Fouday (67)	Julien
Fréland (68)	La Haute Grange
Guebwiller / Murbach (68)	Le Schaeferhof
Gundershoffen (67)	Le Moulin
Jungholtz (68)	Les Violettes
Lapoutroie (68)	Les Alisiers
Marlenheim (67)	Le Cerf
Mulhouse (68)	Villa Eden
Mulhouse / Rixheim (68)	La Grange à Élise
Obernai (67)	Le Parc
Obernai (67)	Le Pavillon 7
Obernai (67)	À la Cour d'Alsace
Obernai / Ottrott (67)	À l'Ami Fritz
Obernai / Ottrott (67)	Hostellerie des Châteaux
Osthouse (67)	À la Ferme
Ribeauvillé (68)	Le Clos St-Vincent
Riquewihr (68)	Le B. Espace Suites
Saulxures (67)	La Belle Vue
Sélestat (67)	Hostellerie Abbaye de la Pommeraie
Sélestat / Rathsamhausen (67)	Les Prés d'Ondine
Sélestat / Le Schnellenbuhl (67)	Hôtel de l'Illwald
Strasbourg (67)	Le Bouclier d'Or
Strasbourg (67)	Chut - Au Bain aux Plantes
Strasbourg (67)	Cour du Corbeau
Strasbourg (67)	Régent Contades
Strasbourg (67)	Régent Petite France
Strasbourg / Plobsheim (67)	Le Kempferhof
Urmatt (67)	L'Ermitage du Rebberg

● Aquitaine

Agen / Pont-du-Casse (47)	Château de Cambes
Arcachon (33)	Ville d'Hiver
Avensan (33)	Le Clos de Meyre
La Bastide-Clairence (64)	Maison Maxana
Bazas / Bernos-Beaulac (33)	Dousud
Beaumont-du-Périgord (24)	Le Coteau de Belpech
Belvès (24)	Clément V
Bergerac / Saint-Nexans (24)	La Chartreuse du Bignac
Biarritz (64)	Beaumanoir
Biarritz (64)	Le Château du Clair de Lune
Biarritz (64)	Hôtel du Palais
Biarritz (64)	Maison Garnier
Biarritz (64)	Nere-Chocoa
Biarritz (64)	Silhouette
Biarritz (64)	Villa Le Goëland
Biarritz / Arcangues (64)	Les Volets Bleus
Biarritz / Lac de Brindos (64)	Château de Brindos
Bidarray (64)	Ostapé
Bidart (64)	Hostellerie des Frères Ibarboure
Bidart (64)	Villa L'Arche
Biron (24)	Le Prieuré
Bordeaux (33)	Le Boutique Hôtel
Bordeaux (33)	Grand Hôtel de Bordeaux et Spa
Bordeaux (33)	La Maison Bord'Eaux
Bordeaux (33)	Mama Shelter
Bordeaux / Bouliac (33)	Le Saint-James
Bordeaux / Martillac (33)	Les Sources de Caudalie
Brantôme (24)	Moulin de Vigonac

Brantôme (24) Le Moulin de l'Abbaye
Brantôme / Bourdeilles (24) Hostellerie Les Griffons
Brantôme / Champagnac-de-Belair (24) Le Moulin du Roc
Le Bugue (24) Maison Oléa
Le Buisson-de-Cadouin / Paleyrac (24) Le Clos Lascazes
Cancon / Saint-Eutrope-de-Born (47) Domaine du Moulin de Labique
Carsac-Aillac (24) La Villa Romaine
Eugénie-les-Bains (40) La Maison Rose
Eugénie-les-Bains (40) Les Prés d'Eugénie
Génissac (33) L'Arbre Rouge
Gensac (33) Château de Sanse
Guéthary (64) Arguibel
Guéthary (64) Villa Catarie
Hossegor (40) Les Hortensias du Lac
Libourne / La Rivière (33) Château de La Rivière
Listrac-Médoc (33) Les Cinq Sens
Magescq (40) Relais de la Poste
Marquay (24) Maison de Marquay
Mauzac-et-Saint-Meyme-de-Rozens (24) La Métairie
Monestier (24) Château des Vigiers
Monestier (24) Château des Baudry
Monpazier (24) Edward 1er
Moulon (33) 5 Lasserre
Moumour (64) Château de Lamothe
Néac (33) La Maison de Tournefeuille
Pauillac (33) Château Cordeillan Bages
Périgueux / Annesse-et-Beaulieu (24) Château de Lalande
Petit-Bersac (24) Château Le Mas de Montet
Plazac (24) Béchanou
Puymirol (47) Michel Trama
Pyla-sur-Mer (33) La Co(o)rniche
Sabres (40) Auberge des Pins
Saint-Émilion (33) Les Belles Perdrix de Troplong-Mondot
Saint-Émilion (33) Château Grand Barrail
Saint-Émilion (33) Clos de la Barbanne
Saint-Émilion (33) Hostellerie de Plaisance
Saint-Étienne-de-Baïgorry (64) Arcé
Saint-Front-de-Pradoux (24) Château la Thuilière
Saint-Jean-de-Luz (64) Grand Hôtel Loreamar Thalasso et Spa
Saint-Jean-de-Luz (64) La Devinière
Saint-Jean-de-Luz (64) Maison Tamarin
Saint-Jean-de-Luz (64) Parc Victoria
Saint-Quentin-de-Caplong (33) La Girarde
Saint-Saud-Lacoussière (24) Hostellerie St-Jacques
Sainte-Nathalène (24) La Roche d'Esteil
Sare (64) Arraya
Sare (64) Olhabidea
Sarlat-la-Canéda (24) Clos La Boëtie
Sauternes (33) Relais du Château d'Arche
Soustons (40) Domaine de Bellegarde
Trémolat (24) Le Vieux Logis
Villetoureix (24) Le Moulin de Larcy

Auvergne

Alleyras (43) Haut-Allier
Bourbon-l'Archambault (03) Grand Hôtel Montespan-Talleyrand
La Bourboule (63) La Lauzeraie
Lezoux / Bort-l'Étang (63) Château de Codignat
Moudeyres (43) Le Pré Bossu
Le Puy-en-Velay (43) Hôtel du Parc
Royat (63) Princesse Flore
Saint-Saturnin (63) Château Royal de Saint-Saturnin
Salers (15) Le Bailliage
Salers (15) Saluces
Salers / Le Theil (15) Hostellerie de la Maronne
Thuret (63) Château la Canière
Vicq (03) Sur le Chemin des Buvats
Vollore-Ville (63) Château de Vollore
Ygrande (03) Château d'Ygrande

Bourgogne

Aillant-sur-Tholon (89) Domaine du Roncemay
Autun (71) Moulin Renaudiots
Auxerre (89) Le Parc des Maréchaux
Auxerre / Appoigny (89) Le Puits d'Athie
Auxerre / Villefargeau (89) Le Petit Manoir des Bruyères
Avallon / Vault-de-Lugny (89) Château de Vault de Lugny
Beaune (21) Hostellerie Le Cèdre
Beaune (21) Les Jardins de Loïs
Beaune (21) L'Hôtel
Beaune (21) Le Cep
Beaune (21) Maison Fatien
Beaune / Challanges (21) Château de Challanges
Beaune / Levernois (21) Hostellerie de Levernois

Beaune / Levernois (21) Le Parc
Beaune / Meursanges (21) Charm'Attitude
Beaune / Montagny-lès-Beaune (21) Le Clos
Beaune / Savigny-lès-Beaune (21) Le Hameau de Barboron
La Bussière-sur-Ouche (21) Abbaye de la Bussière
Céron (71) Château de la Frédière
Chablis (89) Hostellerie des Clos
Chablis (89) Hôtel du Vieux Moulin
Chagny (71) Maison Lameloise
Chambolle-Musigny (21) Château André Ziltener
Charolles (71) Le Clos de l'Argolay
Charolles (71) Hôtel de la Poste
Chassagne-Montrachet (21) Château de Chassagne-Montrachet
Clessé (71) Château de Besseuil
Courban (21) Château de Courban
Igé (71) Château d'Igé
Joigny (89) La Côte St-Jacques
Leugny (89) La Borde
Louhans-Châteaurenaud / Bruailles (71) La Ferme de Marie-Eugénie
Lusigny-sur-Ouche (21) Saura
Merry-sur-Yonne (89) Le Charme Merry
Meursault (21) Château de Cîteaux-La Cueillette
Nitry (89) Auberge La Beursaudière
Pouilly-en-Auxois / Sainte-Sabine (21) Château Sainte Sabine
Puligny-Montrachet (21) La Chouette
Puligny-Montrachet (21) Domaine des Anges
Puligny-Montrachet (21) La Maison d'Olivier Leflaive
Saint-Amour-Bellevue (71) Auberge du Paradis
Santenay (21) Prosper Maufoux
Saulieu (21) Le Relais Bernard Loiseau
Semur-en-Auxois (21) La Côte d'Or
Solutré-Pouilly (71) La Courtille de Solutré
Tournus (71) Greuze
Tournus (71) La Tour du Trésorier
Tournus / Brancion (71) La Montagne de Brancion
Tournus / Jugy (71) Le Crot Foulot
Vézelay / Saint-Père (89) L'Espérance
Viré (71) Frédéric Carrion Cuisine Hôtel
Vougeot / Gilly-lès-Cîteaux (21) Château de Gilly

Bretagne

Baden (56) Le Val de Brangon
Bazouges-la-Pérouse (35) Château de la Ballue
Belle-Ile / Bangor (56) La Désirade
Belle-Ile / Le Palais (56) Château de Bordenéo
Belle-Ile / Port-Goulphar (56) Castel Clara
Bénodet / Sainte-Marine (29) La Ferme Saint-Vennec
Bénodet / Sainte-Marine (29) Villa Tri Men
Billiers (56) Domaine de Rochevilaine
Cancale (35) Auberge de la Motte Jean
Cancale (35) Les Maisons de Bricourt
Cancale (35) Les Rimains
Carantec (29) Hôtel de Carantec
Concarneau (29) Sables Blancs
Dinan (22) Arvor
Dinard (35) Grand Hôtel Barrière de Dinard
Dinard (35) Royal Emeraude
Dinard (35) Villa Reine Hortense
Dinard / Saint-Lunaire (35) Villa Christilla
Douarnenez / Tréboul (29) Ty Mad
La Gacilly (56) Grée des Landes
Guidel (56) Le Domaine de Kerbastic
Guingamp (22) La Demeure
Hennebont (56) Château de Locguénolé
Île de Groix (56) Le Sémaphore de la Croix
Locquirec (29) Le Grand Hôtel des Bains
Logonna-Daoulas (29) Le Domaine de Moulin Mer
Moëlan-sur-Mer (29) Manoir de Kertalg
Moëlan-sur-Mer (29) Les Moulins du Duc
Morlaix (29) Manoir de Coat Amour
Perros-Guirec (22) L'Agapa
Perros-Guirec (22) Le Manoir du Sphinx
Perros-Guirec / Ploumanach (22) Castel Beau Site
Planguenoual (22) Manoir de la Hazaie
Plougrescant (22) Manoir de Kergrec'h
Pluvigner (56) Domaine de Kerbarh
Porspoder (29) Le Château de Sable
Port-Manech (29) Manoir Dalmore
Quiberon (56) Sofitel Diététique
Quiberon (56) Sofitel Thalassa
Quimper (29) Manoir-Hôtel des Indes
Quimperlé (29) Château de Kerlarec
Rennes (35) Le Coq-Gadby
Rennes / Saint-Grégoire (35) Les Patios
Roscoff (29) Le Brittany
Roscoff (29) Le Temps de Vivre

Saint-Malo (35) Le Nouveau Monde
Sainte-Anne-d'Auray (56) L'Auberge
Sainte-Anne-la-Palud (29) La Plage
Trébeurden (22) Manoir de Lan-Kerellec
Trébeurden (22) Ti al Lannec
Tréguier (22) Kastell Dinec'h
La Trinité-sur-Mer (56) Le Lodge Kerisper
Vannes (56) Villa Kerasy
Vannes / Arradon (56) Le Parc er Gréo

Centre

Alluyes (28) Moulin de la Ronce
Amboise (37) Le Choiseul
Amboise (37) Château de Pray
Amboise (37) Le Vieux Manoir
Amboise (37) Le Manoir Les Minimes
Amboise / Saint-Règle (37) Château des Arpentis
Argenton-sur-Creuse / Bouesse (36) Château de Bouesse
Les Bézards (45) Auberge des Templiers
Bourges (18) Hôtel d'Angleterre
Bourges (18) Villa C
Cangey (37) Le Fleuray
Cerdon (45) Les Vieux Guays
Chaumont-sur-Tharonne (41) Le Mousseau
Chenonceaux (37) Auberge du Bon Laboureur
Ennordres (18) Les Chatelains
Lailly-en-Val (45) Domaine de Montizeau
Langeais / Saint-Patrice (37) Château de Rochecotte
Luynes (37) Domaine de Beauvois
Maisonnais (18) La Maison d'Orsan
Meung-sur-Loire (45) Relais Louis XI
Montbazon (37) Château d'Artigny
Montbazon (37) Domaine de la Tortinière
Noizay (37) Château de Noizay
Oinville-sous-Auneau (28) Moulin de Lonceux
Onzain (41) Domaine des Hauts de Loire
Sancerre / Saint-Thibault (18) Hôtel de la Loire
Sully-sur-Loire (45) La Closeraie
Tours (37) Château Belmont
Tours / Joué-lès-Tours (37) Château de Beaulieu
Tours / Rochecorbon (37) Les Hautes Roches

Champagne-Ardenne

Colombey-les-Deux-Églises (52) Hostellerie la Montagne
Épernay (51) Jean Moët
Épernay (51) La Villa Eugène
Épernay / Avize (51) Les Avisés
Épernay / Ay (51) Le Manoir des Charmes
Épernay / Champillon (51) Royal Champagne
Épernay / Vinay (51) Hostellerie La Briqueterie
Reims (51) L'Assiette Champenoise
Reims (51) Château Les Crayères
Les Riceys (10) Marius
Troyes (10) Le Champ des Oiseaux
Troyes (10) La Maison de Rhodes
Troyes (10) Le Relais St-Jean
Troyes / Moussey (10) Domaine de la Creuse
Villiers-sur-Marne (52) La Source Bleue
Williers (08) Chez Odette

Corse

Ajaccio (2A) Dolce Vita
Ajaccio (2A) Les Mouettes
Ajaccio (2A) Palazzu U Domu
Bastelica (2A) Artemisia
Bonifacio (2A) A Cheda
Bonifacio (2A) Genovese
Bonifacio (2A) U Capu Biancu
Calvi (2B) La Signoria
Calvi (2B) La Villa
Corte (2B) Dominique Colonna
Eccica-Suarella (2A) Carpe Diem Palazzu
Erbalunga (2B) Castel'Brando
L'Île-Rousse (2B) A Piattatella
L'Île-Rousse (2B) Palazzu Pigna
Levie (2A) A Pignata
Muro (2B) Casa Theodora
Oletta (2B) U Palazzu Serenu
Olmeto (2A) Marinca
Porticcio (2A) Le Maquis
Porto-Vecchio (2A) Casadelmar
Porto-Vecchio (2A) Don Cesar
Porto-Vecchio (2A) Grand Hôtel de Cala Rossa
Porto-Vecchio (2A) La Plage Casadelmar
Propriano (2A) Miramar Boutique Hôtel
Saint-Florent (2B) Demeure Loredana
Saint-Florent (2B) La Dimora
Sainte-Lucie-de-Porto-Vecchio (2A) Le Pinarello

Franche-Comté

Arbois (39)	Closerie les Capucines
Besançon (25)	Le Sauvage
Cult (70)	Les Egrignes
Faverney / Breurey-lès-Faverney (70)	Château de la Presle
Giromagny (90)	Le Saut de la Truite
Goumois (25)	Taillard
Gray / Rigny (70)	Château de Rigny
Montbenoît / La Longeville (25)	Le Crêt l'Agneau
Montigny-lès-Arsures (39)	Château de Chavanes
Port-Lesney (39)	Château de Germigney

Île-de-France

Barbizon (77)	Hôtellerie du Bas-Bréau
Cergy-Pontoise / Méry-sur-Oise (95)	Château de Méry
Gressy (77)	Le Manoir de Gressy
Paris 1er	Le Burgundy
Paris 1er	Costes
Paris 1er	Le Crayon
Paris 1er	Hôtel O
Paris 1er	Mandarin Oriental
Paris 1er	Le Meurice
Paris 1er	Thérèse
Paris 2e	Hôtel de Noailles
Paris 2e	La Maison Favart
Paris 3e	Jules et Jim
Paris 3e	Pavillon de la Reine
Paris 3e	Le Petit Moulin
Paris 4e	Bourg Tibourg
Paris 5e	Atmosphères
Paris 5e	Hôtel du Panthéon
Paris 5e	Le Petit Paris
Paris 5e	Seven
Paris 6e	L'Abbaye
Paris 6e	Apostrophe
Paris 6e	La Belle Juliette
Paris 6e	Esprit St-Germain
Paris 6e	L'Hôtel
Paris 6e	Legend
Paris 6e	Odéon St-Germain
Paris 6e	Récamier
Paris 6e	Relais Christine
Paris 6e	Relais St-Germain
Paris 7e	Le Bellechasse
Paris 7e	Duc de St-Simon
Paris 7e	Thoumieux
Paris 8e	Le A
Paris 8e	Le Bristol
Paris 8e	Le 123
Paris 8e	Chambiges Élysées
Paris 8e	Champs-Élysées Plaza
Paris 8e	Cristal
Paris 8e	Fouquet's Barrière
Paris 8e	Four Seasons George V
Paris 8e	François 1er
Paris 8e	Hôtel de Sers
Paris 8e	Hôtel du Ministère
Paris 8e	Intercontinental Avenue Marceau
Paris 8e	Lancaster
Paris 8e	La Maison Champs-Élysées
Paris 8e	Marignan
Paris 8e	Marquis Faubourg Saint-Honoré
Paris 8e	Le Mathurin
Paris 8e	Le Pavillon des Lettres
Paris 8e	Pershing Hall
Paris 8e	Plaza Athénée
Paris 8e	Prince de Galles
Paris 8e	Le Royal Monceau
Paris 9e	Athénée
Paris 9e	Banke
Paris 9e	Hôtel de Nell
Paris 9e	Relais Madeleine
Paris 9e	Secret de Paris
Paris 11e	Angely
Paris 11e	Fabric
Paris 11e	Gabriel
Paris 11e	Original
Paris 15e	Ares
Paris 15e	Platine
Paris 15e	Vice Versa
Paris 16e	Dokhan's Radisson Blu
Paris 16e	Keppler
Paris 16e	Raphael
Paris 16e	St-James Paris
Paris 16e	Sezz
Paris 16e	Shangri-La
Paris 16e	Square
Paris 17e	Beauséjour Montmartre
Paris 17e	L'Edmond
Paris 17e	Hidden
Paris 17e	Hôtel de Banville
Paris 17e	Les Jardins de la Villa
Paris 17e	Mac Mahon
Paris 17e	Regent's Garden
Paris 18e	L'Hôtel Particulier Montmartre
Paris 18e	Kube
Paris 20e	Mama Shelter
Provins (77)	Demeure des Vieux Bains
Saint-Germain-en-Laye (78)	La Forestière
Saint-Germain-en-Laye (78)	Pavillon Henri IV

Saint-Prix (95) Hostellerie du Prieuré
Saint-Witz (95) Villa 1865
Versailles (78) Trianon Palace
Ville-d'Avray (92) Les Étangs de Corot
Villiers-le-Mahieu (78) Château de Villiers-le-Mahieu
Villiers-sous-Grez (77) La Cerisaie

● Languedoc-Roussillon

Aigues-Mortes (30) Villa Mazarin
Alès / Saint-Hilaire-de-Brethmas (30) Comptoir St-Hilaire
Anduze / Tornac (30) Le Ranquet
Argelès-sur-Mer (66) Auberge du Roua
Argelès-sur-Mer (66) Château Valmy
Bagnols-sur-Cèze (30) Château de Montcaud
Bédarieux / Hérépian (34) Le Couvent d'Hérépian
Bélesta (66) Riberach
Béziers / Villeneuve-lès-Béziers (34) La Chamberte
Le Boulou (66) Relais des Chartreuses
Carcassonne (11) Domaine d'Auriac
Carcassonne (11) Hôtel de La Cité
Carcassonne (11) Hôtel du Château
Carcassonne (11) Pont Levis Hôtel
Céret (66) Le Mas Trilles
Cucugnan (11) La Tourette
Florac / Cocurès (48) La Lozerette
La Garde-Guérin (48) Auberge Régordane
Garrigues (34) Château Roumanières
Le Grau-du-Roi / Port-Camargue (30) Spinaker
Limoux (11) Grand Hôtel Moderne et Pigeon
La Malène (48) Château de la Caze
Mende (48) Hôtel de France
Molitg-les-Bains (66) Château de Riell
Molitg-les-Bains (66) Le Grand Hôtel
Montpellier (34) Aragon
Montpellier (34) Baudon de Mauny
Montpellier (34) Clos de l'Herminier
Montpellier / Castelnau-le-Lez (34) Domaine de Verchant
Narbonne / Canet (11) Château des Fontaines
Nasbinals (48) La Borie de l'Aubrac
Nîmes (30) Jardins Secrets
Nîmes (30) La Maison de Sophie
Perpignan (66) La Fauceille
Pont-du-Gard / Castillon-du-Gard (30) Le Vieux Castillon
Pont-du-Gard / Collias (30) Hostellerie Le Castellas
Saillagouse / Llo (66) L'Atalaya
Saint-Alban-sur-Limagnole (48) Relais St-Roch
Saint-André-de-Roquelongue (11) Demeure de Roquelongue
Saint-Chély-d'Apcher / La Garde (48) Château d'Orfeuillette
Saint-Chély-d'Apcher / La Garde (48) Le Rocher Blanc
Saint-Laurent-des-Arbres (30) Le Saint-Laurent
Saint-Pierre-des-Champs (11) La Fargo
Sauveterre (30) Château de Varenne
Uchaud (30) Le Huit
Uzès (30) Hostellerie Provençale
Uzès (30) La Maison d'Uzès
Uzès / Montaren-et-Saint-Médiers (30) Clos du Léthé
Villeneuve-lès-Avignon (30) Le Prieuré
Villeneuve-lès-Avignon (30) La Suite

● Limousin

Beaulieu-sur-Dordogne / Brivezac (19) Château de la Grèze
Bonnat (23) L'Orangerie
Brive-la-Gaillarde / Varetz (19) Château de Castel Novel
Collonges-la-Rouge (19) Jeanne
Limoges / Saint-Martin-du-Fault (87) Chapelle Saint-Martin
Lissac-sur-Couze (19) Château de Lissac
Oradour-sur-Vayres (87) La Bergerie des Chapelles
Saint-Silvain-Bellegarde (23) Les Trois Ponts
Segonzac (19) Pré Laminon
La Souterraine (23) Château de la Cazine
Turenne (19) Maison des Chanoines

● Lorraine

Épinal / Fontenay (88) La Grange
Gérardmer (88) Le Manoir au Lac
Gérardmer / Bas-Rupts (88) Auberge de la Poulcière
Gérardmer / Bas-Rupts (88) Les Bas-Rupts
Lunéville (54) Château d'Adoménil
Nancy (54) Hôtel d'Haussonville
Nancy (54) La Villa 1901

Nancy (54) Maison de Myon
Revigny-sur-Ornain (55) La Maison Forte
Verdun / Les Monthairons (55) Hostellerie du Château des Monthairons

Midi-Pyrénées

Albi (81) La Réserve
Auch (32) Château les Charmettes
Aujols (46) Lou Repaou
Ayguesvives (31) La Pradasse
Bagnères-de-Bigorre (65) Les Petites Vosges
Barbotan-les-Thermes (32) La Bastide
Cahors / Mercuès (46) Château de Mercuès
Cahuzac-sur-Vère (81) Château de Salettes
Cauterets (65) Lion d'Or
Conques (12) Hervé Busset
Cuq-Toulza (81) Cuq en Terrasses
Cuzance (46) Manoir de Malagorse
Gaillac (81) Domaine de Perches
Gramat (46) Moulin de Fresquet
Lacabarède (81) Demeure de Flore
Lacave (46) Château de la Treyne
Lacave (46) Pont de l'Ouysse
Lagrave (81) Château de Touny
Laguiole (12) Bras
Lascabanes (46) Le Domaine de Saint-Géry
Marsolan (32) Lous Grits
Martel (46) Relais Ste-Anne
Mazamet (81) La Villa de Mazamet
Meyronne (46) La Terrasse
Mirepoix (09) Relais Royal
Moissac (82) Le Manoir St-Jean
Montcuq (46) Four
Montesquiou (32) Maison de la Porte Fortifiée
Puycelci (81) L'Ancienne Auberge
Puylaurens (81) Cap de Castel
Rocamadour (46) Domaine de la Rhue
Rocamadour (46) Troubadour
Rocamadour (46) Les Vieilles Tours
Rodez (12) Château de Labro
Rodez (12) Ferme de Bourran
Saint-Affrique-les-Montagnes (81) Domaine de Rasigous
Saint-Céré (46) Villa Ric
Saint-Cirq-Lapopie / Tour-de-Faure (46) Le Saint Cirq
Saint-Geniez-d'Olt (12) Château de la Falque
Tarbes (65) Le Rex Hôtel
Terraube (32) Maison Ardure
Teyssode (81) Domaine d'En Naudet
Toulouse (31) Garonne
Toulouse (31) Le Grand Balcon
Toulouse (31) Les Loges de St-Sernin
Viscos (65) La Grange aux Marmottes

Nord-Pas-de-Calais

Arras (62) La Corne d'Or
Bermicourt (62) La Cour de Rémi
Béthune / Busnes (62) Le Château de Beaulieu
Béthune / Gosnay (62) La Chartreuse du Val St-Esprit
Boulogne-sur-Mer (62) La Matelote
Cassel (59) Châtellerie de Schoebeque
Hardelot-Plage (62) Les Jardins d'Hardelot
Hesdin / Gouy-Saint-André (62) Le Clos de la Prairie
Heuchin (62) Maison de Plumes
Lille (59) Barrière Lille
Lille (59) L'Hermitage Gantois
Lille / Sainghin-en-Mélantois (59) La Verdière
Montreuil (62) Château de Montreuil
Montreuil / La Madelaine-sous-Montreuil (62) La Grenouillère
Saint-Omer / Tilques (62) Château Tilques
Le Touquet-Paris-Plage (62) Castel Victoria
Le Touquet-Paris-Plage (62) Westminster
Tourcoing (59) Villa Paula
Valenciennes (59) Le Grand Duc
Wailly-Beaucamp (62) La Prairière
Wierre-Effroy (62) Le Beaucamp
Wierre-Effroy (62) La Ferme du Vert

Normandie

Bagnoles-de-l'Orne (61) Bois Joli
Bagnoles-de-l'Orne (61) Le Manoir du Lys
Barneville-Carteret / Carteret (50) Hôtel des Ormes
Barneville-Carteret / Carteret (50) La Marine
Bayeux (14) Château de Sully
Bayeux (14) Manoir Sainte Victoire
Bayeux (14) Le Petit Matin
Bayeux (14) Tardif Noble Guesthouse

Bayeux / Audrieu (14) Château d'Audrieu
Bellême (61) Hôtel de Suhard
Beuvron-en-Auge (14) Le Pavé d'Hôtes
Caudebec-en-Caux (76) Manoir de Rétival
Connelles (27) Le Moulin de Connelles
Coutances (50) Manoir de L'Ecoulanderie
Crépon (14) Ferme de la Rançonnière
Deauville (14) 81 L'Hôtel
Deauville (14) Manoir de Benerville
Deauville (14) Les Manoirs de Tourgéville
Deauville (14) Normandy-Barrière
Deauville (14) Royal-Barrière
Deauville (14) Villa Joséphine
Derchigny (76) Manoir de Graincourt
Dieppe (76) La Villa Florida
Eu (76) Manoir de Beaumont
Fécamp (76) La Grande Maison
Fleury-sur-Andelle (27) Château de Bonnemare
Fontaine-sous-Jouy (27) Clos de Mondétour
Glanville (14) Le Clos Devalpierre
Le Havre (76) Vent d'Ouest
Le Havre (76) Les Voiles
Honfleur (14) À L'École Buissonnière
Honfleur (14) La Chaumière
Honfleur (14) Le Clos Bourdet
Honfleur (14) L'Écrin
Honfleur (14) La Ferme St-Siméon
Honfleur (14) La Maison de Lucie
Honfleur (14) Les Maisons de Léa
Honfleur (14) La Petite Folie
Honfleur / Barneville-la-Bertran (14) Auberge de la Source
Jumièges (76) Domaine Le Clos des Fontaines
Lyons-la-Forêt (27) Le Grand Cerf
Lyons-la-Forêt (27) Les Lions de Beauclerc
Lyons-la-Forêt (27) La Licorne
Moutiers-au-Perche (61) Villa Fol Avril
Négreville (50) Château de Pont Rilly
Néville (76) Nature et Lin
Notre-Dame-de-Livaye (14) Aux Pommiers de Livaye
Port-en-Bessin (14) La Chenevière
Rouen (76) Le Clos Jouvenet
Rouen / Martainville-Épreville (76) Sweet Home
Saint-Bômer-les-Forges (61) Château de la Maigraire
Saint-Maclou (27) Château de Saint-Maclou-la-Campagne
La Saussaye (27) Manoir des Saules
Trouville-sur-Mer (14) St-James
Vergoncey (50) Château de Boucéel
Verneuil-sur-Avre (27) Le Clos
Veules-les-Roses (76) Douce France

Pays-de-la-Loire

Alençon / Saint-Paterne (72) Château de Saint-Paterne
La Baule (44) Brittany
La Baule (44) Castel Marie-Louise
La Baule (44) Hermitage Barrière
Beaulieu-sur-Layon (49) Château Soucherie
Beaurepaire (85) Château de la Richerie
Briollay (49) Château de Noirieux
Chambretaud (85) Château du Boisniard
Cholet (49) Demeure l'Impériale
Le Croisic (44) Le Fort de l'Océan
Drain (49) Le Mésangeau
Fontenay-le-Comte (85) Le Logis de la Clef de Bois
Île d'Yeu / Port-Joinville (85) Le Bleu Pêchoir
Le Mans / Saint-Saturnin (72) Domaine de Chatenay
Le Mans / Savigné-l'Évêque (72) La Villa des Arts
Missillac (44) La Bretesche
Montsoreau (49) La Marine de Loire
Nantes (44) Sozo Hotel
Nantes / Sucé-sur-Erdre (44) Les Arbres Rouges
La Plaine-sur-Mer (44) Anne de Bretagne
Pornichet (44) Sud Bretagne
Saint-Calais (72) Château de la Barre
Saint-Michel-Mont-Mercure (85) Château de la Flocellière
Saumur (49) Château de Verrières
Saumur (49) St-Pierre
Saumur / Chênehutte-les-Tuffeaux (49) Le Prieuré
Turquant (49) Demeure de la Vignole

Picardie

Amiens (80) Marotte
Chantilly (60) Auberge du Jeu de Paume
La Chapelle-en-Serval (60) Mont Royal
Compiègne (60) Du Palais au Jardin
Courcelles-sur-Vesle (02) Château de Courcelles
Danizy (02) Domaine le Parc
Fère-en-Tardenois (02) Château de Fère

Omiécourt (80) Château d'Omiécourt
Saint-Valery-sur-Somme (80) Le Castel
Saint-Valery-sur-Somme (80) Les Corderies
Saint-Valery-sur-Somme (80) Les Pilotes
Sainte-Preuve (02) Domaine du Château de Barive
Sainte-Preuve (02) Le Prieuré
Thibivillers (60) Le Puits d'Angle

Poitou-Charentes

Chadurie (16) Le Logis de Puygâty
Cognac (16) Château de l'Yeuse
Dirac (16) Domaine du Châtelard
Île de Ré / Ars-en-Ré (17) Le Sénéchal
Île de Ré / La Flotte (17) Le Richelieu
Île de Ré / Saint-Martin-de-Ré (17) La Baronnie Hôtel et Spa
Île de Ré / Saint-Martin-de-Ré (17) Clos St-Martin
Île de Ré / Saint-Martin-de-Ré (17) Hôtel de Toiras
Île de Ré / Saint-Martin-de-Ré (17) La Maison Douce
Ile d'Oléron / Dolus-d'Oléron (17) Le Grand Large
Jarnac (16) Château Saint-Martial
Jarnac (16) Ligaro
Latillé (86) La Gentilhommière
Mirambeau (17) Château de Mirambeau
Nieuil (16) Château de Nieuil
Niort (79) La Chamoiserie
Poitiers / Aslonnes (86) Le Moulin de Port Laverré
Pons / Mosnac (17) Moulin du Val de Seugne
La Rochelle (17) La Monnaie
Saint-Adjutory (16) Château du Mesnieux
Saint-Claud (16) Logis de la Broue
Saint-Sornin (17) La Caussolière
Saintes (17) Relais du Bois St-Georges
Vouhé (17) La Villa Cécile

Provence-Alpes-Côte d'Azur

Aix-en-Provence (13) Cézanne
Aix-en-Provence (13) Le Pigonnet
Aix-en-Provence (13) Villa Gallici
Aix-en-Provence / Le Tholonet (13) Les Lodges Sainte-Victoire
Alleins (13) Domaine de Méjeans
Antibes / Cap d'Antibes (06) Cap d'Antibes Beach Hôtel
Antibes / Cap d'Antibes (06) Hôtel du Cap-Eden-Roc
Antibes / Cap d'Antibes (06) Impérial Garoupe
Apt / Saignon (84) Chambre de Séjour avec Vue
Arles (13) Cloître
Arles (13) L'Hôtel Particulier
Aureille (13) Le Balcon des Alpilles
Avignon (84) La Mirande
Avignon / Le Pontet (84) Auberge de Cassagne et Spa
Bandol (83) Île Rousse
Barcelonnette / Jausiers (04) Villa Morelia
Le Barroux (84) Aube Safran
Les Baux-de-Provence (13) La Cabro d'Or
Les Baux-de-Provence (13) Mas de l'Oulivié
Beaulieu-sur-Mer (06) La Réserve de Beaulieu et Spa
Bonnieux (84) La Bastide de Capelongue
Bonnieux (84) Le Clos du Buis
Bormes-les-Mimosas (83) Hostellerie du Cigalou
Bormes-les-Mimosas (83) Le Domaine du Mirage
Boulbon (13) La Bastide de Boulbon
Boulbon (13) La Maison Saint -Jean
Bras (83) Une Campagne en Provence
Briançon (05) La Chaussée
La Cadière-d'Azur (83) Hostellerie Bérard
Cagnes-sur-Mer (06) Château Le Cagnard
Callas (83) Hostellerie Les Gorges de Pennafort
Cannes (06) Five Seas
Cannes (06) Grand Hyatt Martinez
Cannes (06) Majestic Barrière
Carpentras / Beaumes-de-Venise (84) Le Clos Saint Saourde
Carpentras / Beaumes-de-Venise (84) Les Remparts
Carpentras / Mazan (84) Château de Mazan
Le Castellet / Circuit Paul Ricard (83) Hôtel du Castellet
Cavalière (83) Le Club de Cavalière et Spa
La Celle (83) Hostellerie de l'Abbaye de la Celle
Château-Arnoux-Saint-Auban (04) La Bonne Étape
Châteauneuf-Villevieille (06) La Parare

La Colle-sur-Loup (06) Alain Llorca
La Colmiane (06) Le Green
Crillon-le-Brave (84) Crillon le Brave
La Croix-Valmer / Gigaro (83) Château de Valmer
Cucuron (84) Le Pavillon de Galon
Eygalières (13) Le Jardin de Tim
Eygalières (13) Mas dou Pastré
Èze (06) Château de la Chèvre d'Or
Èze (06) Château Eza
Èze / Col d'Èze (06) La Bastide aux Camélias
Èze-Bord-de-Mer (06) Cap Estel
Fayence (83) Moulin de la Camandoule
Fontaine-de-Vaucluse (84) Hôtel du Poète
Forcalquier (04) Auberge Charembeau
Forcalquier (04) La Bastide Saint Georges
Forcalquier / Mane (04) Couvent des Minimes
Fréjus (83) L'Aréna
Gargas (84) Domaine de la Coquillade
Gordes (84) La Bastide de Gordes et Spa
Gordes (84) Les Bories et Spa
Gordes (84) La Ferme de la Huppe
Grasse (06) La Bastide St-Antoine
Grasse (06) Moulin St-François
Graveson (13) Le Cadran Solaire
Grimaud (83) Le Verger Maelvi
Ile de Bendor (83) Delos
Ile de Porquerolles (83) Le Mas du Langoustier
Ile de Port-Cros (83) Le Manoir
L'Isle-sur-la-Sorgue (84) Le Clos Violette
L'Isle-sur-la-Sorgue (84) Le Mas des Grès
L'Isle-sur-la-Sorgue (84) La Maison sur la Sorgue
Joucas (84) Hostellerie Le Phébus et Spa
Juan-les-Pins (06) Belles Rives
Juan-les-Pins (06) Juana
Juan-les-Pins (06) Mademoiselle
Juan-les-Pins (06) Ste-Valérie
Juan-les-Pins (06) La Villa Cap d'Antibes
Le Lavandou (83) Baptistin
Lorgues (83) Château de Berne
Marseille (13) Au Vieux Panier
Marseille (13) Mama Shelter
Marseille (13) Le Petit Nice
Maubec (84) La Bastide du Bois Bréant
Maussane-les-Alpilles / Paradou (13) B design et Spa
Maussane-les-Alpilles / Paradou (13) Du Côté des Olivades
Maussane-les-Alpilles / Paradou (13) La Maison du Paradou
Ménerbes (84) La Bastide de Marie
Modène (84) La Villa Noria
Mougins (06) Hôtel de Mougins
Mougins (06) Le Mas Candille
Moustiers-Sainte-Marie (04) La Bastide de Moustiers
Moustiers-Sainte-Marie (04) La Ferme Rose
Le Muy (83) Château des Demoiselles
Nans-les-Pins (83) Domaine de Châteauneuf
Nice (06) Boscolo Exedra
Nice (06) Excelsior
Nice (06) Hi Hotel
Nice (06) Hyatt Regency Palais de la Méditerranée
Nice (06) La Pérouse
Nice (06) Negresco
Nice / Saint-Roman-de-Bellet (06) Villa Kilauea
Orange (84) Justin de Provence
Orgon (13) Le Mas de la Rose
Plan-de-la-Tour (83) Mas des Brugassières
Poligny (05) Le Chalet des Alpages
Le Pradet / Les Oursinières (83) L'Escapade
Ramatuelle (83) La Bastide de Ramatuelle
Ramatuelle (83) La Réserve Ramatuelle
Ramatuelle (83) La Vigne de Ramatuelle
Rayol-Canadel-sur-Mer (83) Le Bailli de Suffren
Roquebrune (06) Roquebrune
La Roque-sur-Pernes (84) Château La Roque
Le Rouret (06) Hôtel du Clos
Roussillon (84) Le Clos de la Glycine
Saint-Jean-Cap-Ferrat (06) Grand Hôtel du Cap Ferrat
Saint-Jean-Cap-Ferrat (06) Royal Riviera
Saint-Jean-Cap-Ferrat (06) La Voile d'Or
Saint-Laurent-du-Verdon (04) Le Moulin du Château
Saint-Paul (06) La Grande Bastide
Saint-Paul (06) Le Hameau
Saint-Paul (06) Le Saint-Paul
Saint-Paul (06) Le Mas de Pierre
Saint-Rémy-de-Provence (13) Le Château des Alpilles
Saint-Rémy-de-Provence (13) Château de Roussan
Saint-Rémy-de-Provence (13) Gounod

Saint-Rémy-de-Provence (13) Hôtel de l'Image
Saint-Rémy-de-Provence (13) La Maison de Bournissac
Saint-Rémy-de-Provence (13) Le Vallon de Valrugues et Spa
Saint-Rémy-de-Provence (13) La Maison du Village
Saint-Rémy-de-Provence (13) Mas des Figues
Saint-Rémy-de-Provence (13) Sous les Figuiers
Saint-Tropez (83) La Bastide de St-Tropez
Saint-Tropez (83) Benkiraï
Saint-Tropez (83) Byblos
Saint-Tropez (83) Château de la Messardière
Saint-Tropez (83) La Ferme d'Augustin
Saint-Tropez (83) Hôtel de Paris Saint-Tropez
Saint-Tropez (83) Kube
Saint-Tropez (83) Mas de Chastelas
Saint-Tropez (83) Muse
Saint-Tropez (83) Pan Deï Palais
Saint-Tropez (83) Pastis
Saint-Tropez (83) Le Pré de la Mer
Saint-Tropez (83) Résidence de la Pinède
Saint-Tropez (83) Sezz
Saint-Tropez (83) La Tartane Saint-Amour
Saint-Tropez (83) Villa Belrose
Saint-Tropez (83) Villa Cosy
Saint-Tropez (83) Villa Marie
Saint-Tropez (83) Le Yaca
Sainte-Maxime / Val (83) La Villa
Saintes-Maries-de-la-Mer (13) Mas de la Fouque
Salon-de-Provence (13) Abbaye de Sainte-Croix
Le Sambuc (13) Le Mas de Peint
Sanary-sur-Mer (83) Hostellerie La Farandole
Seillans (83) Hôtel des Deux Rocs
Serre-Chevalier / Le Monêtier-les-Bains (05) Alliey
Théoule-sur-Mer / Miramar (06) Tiara Yaktsa
Le Thor (84) La Bastide Rose
Tourrettes (83) Terre Blanche
Tourrettes-sur-Loup (06) Histoires de Bastide
Tourtour (83) La Bastide de Tourtour
Trigance (83) Château de Trigance
Uchaux (84) Château de Massillan
Vence (06) La Maison du Frêne

Rhône-Alpes

Allex (26) Petite Aiguebonne
Alpe-d'Huez (38) Au Chamois d'Or
Annecy / Veyrier-du-Lac (74) Le Clos du Lac
Bagnols (69) Château de Bagnols
Belleville / Pizay (69) Château de Pizay
Bourg-en-Bresse (01) Le Griffon d'Or
Le-Bourget-du-Lac (73) Ombremont
Les Carroz-d'Arâches (74) Les Servages d'Armelle
Chamonix-Mont-Blanc (74) Grand Hôtel des Alpes
Chamonix-Mont-Blanc (74) Hameau Albert 1er
Chamonix-Mont-Blanc (74) Mont Blanc
Chamonix-Mont-Blanc / Le Lavancher (74) Les Chalets de Philippe
Châtillon-sur-Chalaronne (01) La Tour
Cliousclat (26) La Treille Muscate
La Clusaz (74) Au Cœur du Village
La Clusaz (74) Les Chalets de la Serraz
Coise-Saint-Jean-Pied-Gauthier (73) Château de la Tour du Puits
Condrieu (69) Hôtellerie Beau Rivage
Cordon (74) Le Cerf Amoureux
Cordon (74) Les Roches Fleuries
Courchevel / Courchevel 1850 (73) Les Airelles
Courchevel / Courchevel 1850 (73) Amanresorts Le Mélézin
Courchevel / Courchevel 1850 (73) L'Apogée
Courchevel / Courchevel 1850 (73) Cheval Blanc
Courchevel / Courchevel 1850 (73) Le K 2
Courchevel / Courchevel 1850 (73) Le Kilimandjaro
Courchevel / Courchevel 1850 (73) Le Lana
Courchevel / Courchevel 1850 (73) La Sivolière
Courchevel / Courchevel 1850 (73) Le Strato
Crest-Voland (73) Le Caprice des Neiges
Crozet (01) Jiva Hill Park Hôtel
Cruseilles (74) Domaine du Château des Avenières
Les Deux-Alpes (38) Chalet Mounier
Dieulefit (26) La Bergerie de Féline
Divonne-les-Bains (01) Le Grand Hôtel

Duingt (74) Clos Marcel
Les Échelles / Saint-Christophe-la-Grotte (73) La Ferme Bonne de la Grotte
Évian-les-Bains (74) Ermitage
Évian-les-Bains (74) Royal
Les Gets (74) Labrador
Gex / Échenevex (01) Auberge des Chasseurs
Le Grand-Bornand / Le Chinaillon (74) Les Cimes
Grenoble (38) Le Grand Hôtel
Grignan (26) Le Clair de la Plume
Hauteluce (73) La Ferme du Chozal
Lyon (69) Carlton
Lyon (69) Cour des Loges
Lyon (69) Mama Shelter
Lyon (69) Le Royal Lyon
Lyon (69) Villa Florentine
Lyon / Charbonnières-les-Bains (69) Le Pavillon de la Rotonde
Lyon / Écully (69) Les Hautes Bruyères
Manigod (74) Chalet Hôtel Croix-Fry
Megève (74) Alpaga
Megève (74) Au Coin du Feu
Megève (74) Chalet du Mont d'Arbois
Megève (74) Chalet St-Georges
Megève (74) Le Chalet Zannier
Megève (74) Le Fer à Cheval
Megève (74) Les Fermes de Marie
Megève (74) Lodge Park
Megève (74) Mont-Blanc
Méribel (73) Allodis
Méribel (73) Le Grand Cœur et Spa
Méribel (73) L'Hélios
Méribel (73) Le Kaïla
Méribel (73) Le Savoy
Montélimar (26) Le Domaine du Colombier
Morzine (74) Bergerie
Nyons (26) Une Autre Maison
Nyons / Montaulieu (26) Les Terrasses
Pérouges (01) Ostellerie du Vieux Pérouges
La Plagne / Plagne-Bellecôte (73) Carlina
Privas / Rochessauve (07) Château de Rochessauve
Roanne (42) Troisgros
Romans-sur-Isère (26) L'Orée du Parc
Saint-Bernard (01) Le Clos du Chêne
Saint-Didier-de-Formans (01) Château de Tanay
Saint-Paul-Trois-Châteaux (26) Villa Augusta
Saint-Pierre-d'Albigny (73) Château des Allues
Talloires (74) L'Auberge du Père Bise
Taluyers (69) Château Talluy
Tulette (26) K-Za
Uriage-les-Bains (38) Grand Hôtel
Uzer (07) Château d'Uzer
Valaurie (26) Le Moulin de Valaurie
Valence (26) Pic
Vals-les-Bains (07) Château Clément
Val-Thorens (73) Altapura
Vienne (38) La Pyramide
Villemontais (42) Domaine du Fontenay
Vonnas (01) Georges Blanc
Yvoire (74) Villa Cécile

● Principauté de Monaco

Monte-Carlo (MC) Hermitage
Monte-Carlo (MC) Hôtel de Paris
Monte-Carlo (MC) Métropole
Monte-Carlo (MC) Monte Carlo Bay Hotel and Resort
Monte-Carlo / Monte-Carlo-Beach (MC) Monte-Carlo Beach

Hôtels & maisons d'hôtes avec spa

Bel espace de bien-être et de relaxation

→ *Extensive facility for relaxation & well-being*

Alsace

Colroy-la-Roche (67) Hostellerie La Cheneaudière
Ensisheim (68) Le Domaine du Moulin
Fouday (67) Julien
Guebwiller / Murbach (68) Le St-Barnabé
Jungholtz (68) Les Violettes
Kaysersberg (68) Chambard
Marlenheim (67) Le Cerf
Mittelhausen (67) À l'Étoile
Molsheim (67) Diana
Morsbronn-les-Bains (67) La Source des Sens
Munster (68) Verte Vallée
Obernai (67) Le Parc
Obernai / Ottrott (67) Hostellerie des Châteaux
Obernai / Ottrott (67) Le Clos des Délices
La-Petite-Pierre (67) Au Lion d'Or
La-Petite-Pierre (67) La Clairière
Rouffach (68) Château d'Isenbourg
Strasbourg (67) Le Bouclier d'Or
Strasbourg / Ostwald (67) Château de l'Ile
Thannenkirch (68) Le Clos des Sources
Wangenbourg (67) Parc Hôtel

Aquitaine

Anglet (64) Atlanthal
Biarritz (64) Le Biarritz
Biarritz (64) Hôtel du Palais
Biarritz (64) Sofitel Le Miramar Thalassa Sea et Spa
Bordeaux (33) Grand Hôtel de Bordeaux et Spa
Bordeaux / Martillac (33) Les Sources de Caudalie
Dax / Saint-Paul-lès-Dax (40) Calicéo
Eugénie-les-Bains (40) Les Prés d'Eugénie
Hendaye / Hendaye-Plage (64) Serge Blanco
Moulon (33) 5 Lasserre
Pau (64) Parc Beaumont
Le Pian-Médoc (33) Golf du Médoc Hôtel et Spa
Saint-Émilion (33) Château Grand Barrail
Saint-Jean-de-Luz (64) Grand Hôtel Loreamar Thalasso et Spa
Saint-Jean-de-Luz (64) Hélianthal
Villeneuve-sur-Lot (47) Le Moulin de Madame

Auvergne

Châtel-Guyon (63) Splendid
Moulins (03) Paris
Pailherols (15) L'Auberge des Montagnes
Salers (15) Le Bailliage
Salzuit (43) Domaine St Roch
Vichy (03) Vichy Spa Hôtel Les Célestins

Bourgogne

Courban (21) Château de Courban
Joigny (89) La Côte St-Jacques
Meursault (21) Château de Cîteaux-La Cueillette
Saulieu (21) Le Relais Bernard Loiseau
Vosne-Romanée (21) Le Richebourg

Bretagne

Arzon / Port du Crouesty (56) Miramar Crouesty
Belle-Ile / Port-Goulphar (56) Castel Clara
Billiers (56) Domaine de Rochevilaine
Carnac (56) Carnac Thalasso et Spa Resort
Carnac (56) Celtique
Dinard (35) Novotel Thalassa
La Gacilly (56) Grée des Landes
Locquirec (29) Le Grand Hôtel des Bains
Paimpol / Pointe-de-l'Arcouest (22) Les Terrasses de Bréhat
Perros-Guirec (22) L'Agapa
Ploërmel (56) Le Roi Arthur

Plouider (29) La Butte
Quiberon (56) Sofitel Diététique
Quiberon (56) Sofitel Thalassa
Rennes (35) Le Coq-Gadby
Rennes (35) Novotel Centre Gare
Roscoff (29) Le Brittany
Saint-Malo (35) Grand Hôtel des Thermes
Trébeurden (22) Ti al Lannec

Centre

Amboise / Saint-Ouen-les-Vignes (37) L'Aubinière
Chartres (28) Le Grand Monarque
Châteaudun / Flacey (28) Domaine de Moresville
La Châtre / Pouligny-Notre-Dame (36) Les Dryades
Montbazon (37) Château d'Artigny
Mosnes (37) Domaine des Thômeaux
Saint-Aignan (41) Les Jardins de Beauval
Tours / Joué-lès-Tours (37) Château de Beaulieu

Champagne-Ardenne

Épernay (51) Jean Moët
Épernay / Vinay (51) Hostellerie La Briqueterie

Corse

Bastia (2B) Ostella
Calvi (2B) La Signoria
Calvi (2B) La Villa
Olmeto (2A) Marinca
Porticcio (2A) Radisson Blu
Porticcio (2A) Sofitel Thalassa
Porto-Vecchio (2A) Casadelmar
Porto-Vecchio (2A) Don Cesar
Porto-Vecchio (2A) Grand Hôtel de Cala Rossa
Propriano (2A) Neptune

Franche-Comté

Besançon / Geneuille (25) Château de la Dame Blanche
Lons-le-Saunier / Chille (39) Parenthèse

Île-de-France

Enghien-les-Bains (95) Grand Hôtel Barrière
Enghien-les-Bains (95) Hôtel du Lac
Lieusaint (77) Clarion Suites
Longjumeau / Saulx-les-Chartreux (91) L'Orée
Marne-la-Vallée / Magny-le-Hongre (77) Dream Castle
Marne-la-Vallée / Magny-le-Hongre (77) Magic Circus
Marne-la-Vallée / Magny-le-Hongre (77) Radisson Blu at Disneyland
Paris 1er Le Burgundy
Paris 1er Grand Hôtel du Palais Royal
Paris 1er Mandarin Oriental
Paris 1er Le Meurice
Paris 1er Renaissance Paris Vendôme
Paris 1er The Westin Paris
Paris 2e Park Hyatt
Paris 3e Pavillon de la Reine
Paris 6e Le Six
Paris 8e Le Bristol
Paris 8e Fouquet's Barrière
Paris 8e Four Seasons George V
Paris 8e L'Hôtel du Collectionneur
Paris 8e Le Mathurin
Paris 8e Plaza Athénée
Paris 8e Le Royal Monceau
Paris 9e Intercontinental Le Grand
Paris 9e Scribe
Paris 16e Shangri-La
Paris 16e Square
Paris 16e Villa et Hôtel Majestic
Provins (77) Aux Vieux Remparts
Roissy-en-France (95) Novotel Convention et Wellness
Roissy-en-France (95) Relais Spa
Rolleboise (78) Le Domaine de la Corniche
Rueil-Malmaison (92) Le Relais de la Malmaison
Versailles (78) Trianon Palace
Ville-d'Avray (92) Les Étangs de Corot
Villiers-le-Mahieu (78) Château de Villiers-le-Mahieu

Languedoc-Roussillon

Agde / Le Cap-d'Agde (34) Palmyra Golf Hôtel
Argelès-sur-Mer (66) Le Cottage
Bédarieux / Hérépian (34) Le Couvent d'Hérépian
Canet-en-Roussillon / Canet-Plage (66) Les Flamants Roses
La Grande-Motte (34) Les Corallines
La Grande-Motte (34) Mercure
Le Grau-du-Roi / Port-Camargue (30) Les Bains de Camargue
Montpellier / Baillargues (34) Golf Hôtel de Massane
Montpellier / Castelnau-le-Lez (34) Domaine de Verchant
Montpellier / Castries (34) Disini

Nîmes (30) Jardins Secrets
Nîmes (30) Vatel
Pézenas (34) Distillerie de Pézenas
Saint-Cyprien (66) L'Île de la Lagune
Saint-Cyprien (66) La Lagune
Saint-Cyprien / Saint-Cyprien-Plage (66) Mas d'Huston
Saint-Laurent-de-Cerdans (66) Domaine de Falgos
Uchaud (30) Le Huit
Uzès (30) L'Artemise
Uzès (30) La Maison d'Uzès

Lorraine

Contrexéville (88) Cosmos
Épinal (88) La Fayette
Épinal (88) Mercure
Gérardmer (88) Beau Rivage
Gérardmer (88) Le Grand Hôtel
Gérardmer (88) Jamagne
Gérardmer / Xonrupt-Longemer (88) Les Jardins de Sophie
Vittel (88) L'Orée du Bois

Midi-Pyrénées

Barbotan-les-Thermes (32) La Bastide
Garrevaques (81) Le Pavillon du Château
Laguiole (12) La Ferme de Moulhac
Marsolan (32) Lous Grits
Moissac (82) Le Moulin de Moissac
Montauban (82) Abbaye des Capucins Spa et Resort
Saint-Geniez-d'Olt (12) Château de la Falque
Toulouse / Purpan (31) Palladia

Nord-Pas-de-Calais

Calais / Coquelles (62) Holiday Inn
Le Touquet-Paris-Plage (62) Le Grand Hôtel
Le Touquet-Paris-Plage (62) Westminster

Normandie

Cabourg (14) Les Bains de Cabourg
Deauville (14) Manoir de Benerville
Le Havre (76) Pasino
Honfleur (14) La Ferme St-Siméon
Honfleur (14) Les Maisons de Léa
Honfleur / Cricquebœuf (14) Manoir de la Poterie et Spa
Honfleur / La Rivière-Saint-Sauveur (14) Antarès
Jumièges (76) Domaine Le Clos des Fontaines
Lyons-la-Forêt (27) La Licorne
Ouistreham / Riva-Bella (14) Riva Bella
Pont-l'Évêque (14) Le Lion d'Or
Port-en-Bessin (14) Mercure
Rouen (76) Hôtel de Bourgtheroulde
Villers-sur-Mer (14) Domaine de Villers

Pays-de-la-Loire

Chambretaud (85) Château du Boisniard
Île de Noirmoutier / Noirmoutier-en-l'Île (85) St-Paul
Missillac (44) La Bretesche
Nantes / Orvault (44) Quintessia
Pornic (44) Alliance
Les Sables-d'Olonne (85) Mercure Côte Ouest
Saint-Brevin-les-Pins (44) Hôtel du Beryl
Saint-Jean-de-Monts (85) Atlantic Thalasso

Picardie

Chantilly (60) Auberge du Jeu de Paume
Chantilly / Gouvieux (60) Château de Montvillargenne
La Chapelle-en-Serval (60) Mont Royal
Château-Thierry (02) Ile de France
Fère-en-Tardenois (02) Château de Fère
Saint-Valery-sur-Somme (80) Les Corderies
Sainte-Preuve (02) Domaine du Château de Barive

Poitou-Charentes

Île de Ré / La Flotte (17) Le Richelieu
Île de Ré / Saint-Martin-de-Ré (17) La Baronnie Hôtel et Spa
Île de Ré / Saint-Martin-de-Ré (17) Clos St-Martin
Île de Ré / Sainte-Marie-de-Ré (17) Atalante
Ile d'Oléron / Saint-Trojan-les-Bains (17) Novotel
La Rochelle (17) La Monnaie
Royan (17) Cordouan

Provence-Alpes-Côte d'Azur

Aix-en-Provence (13) Aquabella
Aix-en-Provence / Le Tholonet (13) Les Lodges Sainte-Victoire
Antibes (06) Baie des Anges - Thalazur
Antibes (06) Royal
Antibes / Cap d'Antibes (06) Hôtel du Cap-Eden-Roc

Arles (13) Le Calendal
Avignon (84) Novotel Centre
Avignon / Le Pontet
(84) Auberge de Cassagne et Spa
Bandol (83) Île Rousse
Barcelonnette / Jausiers
(04) Villa Morelia
Les Baux-de-Provence
(13) L'Oustaù de Baumanière
Les Baux-de-Provence
(13) La Cabro d'Or
Les Baux-de-Provence (13) Le Manoir
Beaulieu-sur-Mer
(06) La Réserve de Beaulieu et Spa
La Cadière-d'Azur
(83) Hostellerie Bérard
Cannes (06) Eden Hôtel et Spa
Cannes (06) Five Seas
Cannes (06) Grand Hyatt Martinez
Cannes (06) Majestic Barrière
Cannes (06) Montaigne et Spa
Cannes
(06) Radisson Blu 1835 Hotel et Thalasso
Le Castellet / Circuit Paul Ricard
(83) Hôtel du Castellet
Cavalière (83) Le Club de Cavalière et Spa
Chorges (05) Ax'Hôtel
La Croix-Valmer / Gigaro
(83) Château de Valmer
Embrun (05) Les Bartavelles
Èze-Bord-de-Mer (06) Cap Estel
Forcalquier (04) La Bastide Saint Georges
Forcalquier / Mane
(04) Couvent des Minimes
Gordes (84) La Bastide de Gordes et Spa
Gordes (84) Les Bories et Spa
Joucas (84) Hostellerie Le Phébus et Spa
Lorgues (83) Château de Berne
Marseille (13) Intercontinental-Hôtel Dieu
Marseille (13) Sofitel Vieux Port
Maussane-les-Alpilles / Paradou
(13) B design et Spa
Menton (06) Riva
Mougins (06) Le Mas Candille
Mougins (06) Royal Mougins Golf Resort
Nice (06) Boscolo Exedra
Nice (06) Hi Hotel
Ramatuelle (83) La Réserve Ramatuelle
Saint-Jean-Cap-Ferrat
(06) Grand Hôtel du Cap Ferrat
Saint-Paul (06) Le Mas de Pierre
Saint-Raphaël / Valescure
(83) Golf Hôtel de Valescure
Saint-Rémy-de-Provence
(13) Le Vallon de Valrugues et Spa
Saint-Saturnin-lès-Apt
(84) Domaine des Andéols
Saint-Tropez (83) Byblos
Saint-Tropez
(83) Château de la Messardière
Saint-Tropez
(83) Hôtel de Paris Saint-Tropez
Saint-Tropez (83) Sezz
Saint-Tropez (83) Villa Marie
Saintes-Maries-de-la-Mer
(13) Mas de la Fouque
Sanary-sur-Mer
(83) Hostellerie La Farandole
Serre-Chevalier /
Le Monêtier-les-Bains (05) Alliey
Tourrettes (83) Terre Blanche
Valbonne / Sophia-Antipolis
(06) Sophia Country Club
Vence (06) Château Saint-Martin et Spa

Rhône-Alpes

Aix-les-Bains (73) Golden Tulip
Aix-les-Bains (73) Mercure Aix Les Bains
Domaine de Marlioz
Alpe-d'Huez (38) Au Chamois d'Or
Annecy (74) Les Trésoms
Autrans (38) La Poste
Belleville / Pizay (69) Château de Pizay
Chambéry / Barberaz
(73) Altédia Lodge
Chamonix-Mont-Blanc
(74) Les Aiglons
Chamonix-Mont-Blanc
(74) Hameau Albert 1er
Chamonix-Mont-Blanc (74) Le Morgane
La Chapelle-d'Abondance
(74) Les Cornettes
Châtel (74) Macchi
La Clusaz (74) Au Cœur du Village
Courchevel (73) Le Portetta
Courchevel (73) Manali
Courchevel / Courchevel 1850
(73) Les Airelles
Courchevel / Courchevel 1850
(73) Amanresorts Le Mélézin
Courchevel / Courchevel 1850
(73) Annapurna
Courchevel / Courchevel 1850
(73) Le Chabichou
Courchevel / Courchevel 1850
(73) Cheval Blanc
Courchevel / Courchevel 1850
(73) Le K 2
Courchevel / Courchevel 1850
(73) Le Kilimandjaro

Courchevel / Courchevel 1850 (73) — L'Apogée
Courchevel / Courchevel 1850 (73) — Le Lana
Courchevel / Courchevel 1850 (73) — Saint-Roch
Courchevel / Courchevel 1850 (73) — La Sivolière
Courchevel / Courchevel 1850 (73) — Le Strato
Courchevel / Courchevel 1850 (73) — Les Suites de la Potinière
Crozet (01) — Jiva Hill Park Hôtel
Les Deux-Alpes (38) — Chalet Mounier
Divonne-les-Bains (01) — La Villa du Lac
Évian-les-Bains (74) — Ermitage
Évian-les-Bains (74) — Hilton
Évian-les-Bains (74) — Royal
Les Gets (74) — La Marmotte
Grenoble / Eybens (38) — Château de la Commanderie
Les Houches (74) — Les Granges d'en Haut
Lyon (69) — Cour des Loges
Lyon (69) — Lyon Métropole
Lyon / Charbonnières-les-Bains (69) — Le Pavillon de la Rotonde
Megève (74) — Alpaga
Megève (74) — Chalet du Mont d'Arbois
Megève (74) — Flocons de Sel
Megève (74) — Le Chalet Zannier
Megève (74) — Le Fer à Cheval
Megève (74) — Les Fermes de Marie
Megève (74) — Lodge Park
Megève (74) — Mont-Blanc
Les Menuires (73) — Chalet Hôtel Kaya
Méribel (73) — Allodis
Méribel (73) — Le Grand Cœur et Spa
Méribel (73) — L'Hélios
Méribel (73) — Le Kaïla
Méribel / Altiport-de-Méribel (73) — Altiport Hôtel
Mirmande (26) — Hôtel de Mirmande
La Plagne / Plagne-Bellecôte (73) — Carlina
Saint-Martin-de-Belleville (73) — La Bouitte
Tignes (73) — Les Campanules
Tignes (73) — Les Suites du Montana
Tignes (73) — Village Montana
Tignes / Val-Claret (73) — Les Suites du Nevada
Uriage-les-Bains (38) — Grand Hôtel
Val-d'Isère (73) — Avenue Lodge
Val-d'Isère (73) — Les Barmes de l'Ours
Val-d'Isère (73) — Le Blizzard
Val-d'Isère (73) — Le Savoie
Val-d'Isère (73) — Le Tsanteleina
Val-Thorens (73) — Altapura
Val-Thorens (73) — Fitz Roy
Villard-de-Lans / Corrençon-en-Vercors (38) — Les Clarines
Vonnas (01) — Georges Blanc
Yvoire (74) — Villa Cécile

Principauté d'Andorre

Andorra-la-Vella (AN) — Andorra Park H.
Andorra-la-Vella (AN) — Plaza
Escaldes-Engordany (AN) — Roc Blanc
Pas-de-la Casa (AN) — Grau Roig
Soldeu (AN) — Sport H. Hermitage

Principauté de Monaco

Monte-Carlo (MC) — Fairmont Monte-Carlo
Monte-Carlo (MC) — Hermitage
Monte-Carlo (MC) — Hôtel de Paris
Monte-Carlo (MC) — Métropole
Monte-Carlo (MC) — Monte Carlo Bay Hotel and Resort
Monte-Carlo (MC) — Port Palace
Monte-Carlo / Monte-Carlo-Beach (MC) — Monte-Carlo Beach

Guide MICHELIN

Une collection à savourer!

Belgïe Belgique • Luxembourg
Deutschland
España & Portugal
France
Great Britain & Ireland
Italia
Nederland • Netherlands
Suisse • Schweiz • Svizzera
Main Cities of Europe

Et aussi...

Chicago
Hokkaido
Hong Kong • Macau
Kyoto • Osaka • Kobe • Nara
Tokyo • Yokohama • Shonan
London
New York City
Paris
San Francisco

MICH

Choisir le bon vin

→ *Choosing a good wine*

Vignobles & Spécialités régionales

→ *Vineyards & Regional Specialities*

① NORMANDIE

Demoiselles de Cherbourg à la nage,
Andouille de Vire, Sole dieppoise,
Poulet Vallée d'Auge,
Tripes à la mode de Caen,
Canard à la rouennaise,
Agneau de pré-salé,
Camembert, Livarot,
Pont-l'Évêque, Neufchâtel,
Tarte aux pommes au calvados,
Crêpes à la normande, Douillons

② BRETAGNE

Fruits de mer, Crustacés, Huîtres de Belon,
Galettes au sarrazin/blé noir, Charcuteries,
Andouille de Guéméné, St-Jacques à la bretonne,
Homard à l'armoricaine,
Poissons : bar, turbot, lieu jaune,
maquereau, etc., Cotriade, Kig Ha Farz,
Légumes : artichaut, chou-fleur, etc.,
Crêpes, Gâteau breton, Far, Kouing-aman

③ VAL DE LOIRE

Rillettes de Tours, Andouillette au vouvray,
Poissons de rivière : brochet, sandre, etc.,
Saumon beurre blanc, Gibier de Sologne,
Fromages de chèvre : Ste-Maure, Valençay,
Crémet d'Angers, Macarons, Nougat glacé,
Pithiviers, Tarte tatin

④ SUD-OUEST

Garbure, Ttoro, Jambon de Bayonne,
Foie gras, Omelette aux truffes,
Pipérade, Lamproie à la bordelaise,
Poulet basquaise, Cassoulet,
Confit de canard ou d'oie,
Cèpes à la bordelaise,
Tomme de brebis, Roquefort,
Gâteau basque, Pruneaux à l'armagnac

⑤ CENTRE-AUVERGNE

Cochonnailles, Tripous,
Champignons : cèpes, girolles, etc.,
Pâté bourbonnais, Aligot, Potée auvergnate,
Chou farci, Pounti, Lentilles du Puy,
Cantal, St-Nectaire, Fourme d'Ambert,
Flognarde, Gâteau à la broche

⑬ NORD-PICARDIE

Moules, Ficelle picarde, Flamiche aux poireaux, Poissons : sole, turbot, etc., Potjevlesch, Waterzoï, Gibier d'eau, Lapin à la bière, Hochepot, Boulette d'Avesnes, Maroilles, Gaufres

⑫ BOURGOGNE

Jambon persillé, Gougère, Escargots de Bourgogne, Œufs en meurette, Pochouse, Coq au vin, Jambon chaud à la crème, Viande de charolais, Bœuf bourguignon, Époisses, Poire dijonnaise, Desserts au pain d'épice

⑪ ALSACE-LORRAINE

Charcuterie, Presskopf, Quiche lorraine, Tarte à l'oignon, Grenouilles, Asperges, Poissons : sandre, carpe, anguille, Coq au riesling, Spaetzle, Choucroute, Baeckeoffe, Gibiers : biche, chevreuil, sanglier, Munster, Kougelhopf, Tarte aux mirabelles ou aux quetsches, Vacherin glacé

⑩ FRANCHE-COMTÉ/JURA

Jésus de Morteau, Saucisse de Montbéliard, Croûte aux morilles, Soufflé au fromage, Poissons de lac et rivières : brochet, truite, Grenouilles, Coq au vin jaune, Comté, Vacherin, Morbier, Cancoillotte, Gaudes au maïs

⑨ LYONNAIS-PAYS BRESSAN

Rosette de Lyon, Grenouilles de la Dombes, Gâteau de foies blonds, Quenelles de brochet, Saucisson truffé pistaché, Poularde demi-deuil, Tablier de sapeur, Cardons à la mœlle, Volailles de Bresse à la crème, Cervelle de canut, Bugnes

⑧ SAVOIE-DAUPHINÉ

Gratin de queues d'écrevisses, Poissons de lac : omble chevalier, perche, féra. Ravioles du Royans, Fondue, Raclette, Tartiflette, Diots au vin blanc, Fricassée de caïon, Potée savoyarde, Farçon, Farcement, Gratin dauphinois, Beaufort, Reblochon, Tomme de Savoie, St-Marcellin, Gâteau de Savoie, Gâteau aux noix, Tarte aux myrtilles

⑦ PROVENCE-MÉDITERRANÉE

Aïoli, Pissaladière, Salade niçoise, Bouillabaisse, Anchois de Collioure, Loup grillé au fenouil, Brandade nîmoise, Bourride sétoise, Pieds paquets à la marseillaise, Petits farcis niçois, Daube provençale, Agneau de Sisteron, Picodon, Crème catalane, Calissons, Fruits confits

⑥ CORSE

Jambon, Figatelli, Lonzo, Coppa, Langouste, Omelette au brocciu, Civet de sanglier, Chevreau, Fromages de brebis (Niolu), Flan de châtaignes, Fiadone

Vignobles → *Vineyards*

BORDEAUX
Pomerol
Tursan

Spécialités régionales
→ *Regional specialities*

⑥ CORSE
Jambon

Choisir le bon vin...

→ *Choosing a good wine*

Grandes années
→ *Great years*

Bonnes années
→ *Good years*

Années moyennes
→ *Average years*

Les grandes années depuis 1970 :
→ *The greatest vintages since 1970:*

1970 • 1975 • 1982 • 1985 • 1989 • 1990 • 1996 • 2005 • 2009

	2002	2003	2004	2005	2006	2007	2008	2009	2010	2011	2012
Alsace	Bonnes	Bonnes	Bonnes	Grandes	Bonnes	Grandes	Grandes	Grandes	Bonnes	Bonnes	Bonnes
Bordeaux rouge	Bonnes	Bonnes	Bonnes	Grandes	Grandes	Moyennes	Bonnes	Grandes	Bonnes	Bonnes	Bonnes
Bourgogne blanc	Grandes	Bonnes	Bonnes	Grandes	Bonnes	Moyennes	Bonnes	Grandes	Bonnes	Bonnes	Bonnes
Bourgogne rouge	Grandes	Bonnes	Bonnes	Grandes	Bonnes	Moyennes	Grandes	Grandes	Bonnes	Moyennes	Bonnes
Beaujolais	Bonnes	Grandes	Bonnes	Grandes	Bonnes	Bonnes	Bonnes	Grandes	Bonnes	Bonnes	Bonnes
Champagne	Bonnes	Grandes	Bonnes	Bonnes	Bonnes	Moyennes	Grandes	Bonnes	Moyennes	Moyennes	Bonnes
Côtes du Rhône septentrionales	Bonnes	Bonnes	Bonnes	Grandes	Grandes	Bonnes	Moyennes	Grandes	Grandes	Bonnes	Bonnes
Côtes du Rhône méridionales	Moyennes	Bonnes	Bonnes	Grandes	Bonnes	Bonnes	Moyennes	Grandes	Grandes	Moyennes	Bonnes
Jura	Grandes	Bonnes	Moyennes	Grandes	Grandes	Moyennes	Grandes	Grandes	Bonnes	Bonnes	Bonnes
Provence	Moyennes	Bonnes	Bonnes	Bonnes	Bonnes	Bonnes	Bonnes	Grandes	Bonnes	Bonnes	Bonnes
Languedoc	Moyennes	Bonnes	Bonnes	Bonnes	Bonnes	Bonnes	Bonnes	Grandes	Bonnes	Bonnes	Bonnes
Roussillon	Moyennes	Bonnes	Bonnes	Bonnes	Bonnes	Bonnes	Bonnes	Grandes	Bonnes	Bonnes	Bonnes
Sud-Ouest	Grandes	Bonnes	Bonnes	Grandes	Bonnes	Bonnes	Grandes	Grandes	Grandes	Bonnes	Bonnes
Val de Loire *Anjou-Touraine*	Bonnes	Grandes	Bonnes	Grandes	Bonnes	Moyennes	Bonnes	Grandes	Bonnes	Bonnes	Bonnes
Val de Loire - Centre	Bonnes	Grandes	Bonnes	Grandes	Bonnes	Moyennes	Bonnes	Grandes	Bonnes	Bonnes	Bonnes

Classification Officielle
→ *Official classification*

AOP Appellation d'Origine Protégée
Protected Designation of Origin

IGP Indication Géographique Protégée
Protected Geographic Indication

ASSOCIER LES METS & LES VINS

→ *Suggestions for complementary dishes and wines*

Crustacés & coquillages Blancs secs → *SHELLFISH* *Dry whites*	Alsace Bordeaux Bourgogne Côtes du Rhône Provence Languedoc-Roussillon Val de Loire	Riesling Entre-deux-Mers Chablis • Mâcon Villages St Joseph Cassis • Palette • Provence blanc Picpoul de Pinet Muscadet • Montlouis • Quincy • Reuilly
Poissons Blancs secs → *FISH* *Dry whites*	Alsace Bordeaux Bourgogne Côtes du Rhône Provence Corse Languedoc-Roussillon Val de Loire	Riesling Pessac-Léognan • Graves Meursault • Chassagne-Montrachet • St Véran Hermitage • Condrieu Bellet • Bandol Patrimonio Coteaux du Languedoc • Côtes de Roussillon blanc Sancerre • Menetou-Salon
Volailles & Charcuteries Blancs et rouges légers → *POULTRY* *Whites & light reds*	Alsace Champagne Bordeaux Bourgogne Beaujolais Côtes du Rhône Provence Corse Languedoc-Roussillon Val de Loire	Pinot gris • Pinot noir Coteaux Champenois blanc et rouge Côtes de Bourg • Blaye • Castillon • Fronsac Mâcon • St Romain Beaujolais Villages Tavel (rosé) • Côtes du Ventoux Coteaux d'Aix-en-Provence • Côtes de Provence blanc et rouge Coteaux d'Ajaccio • Porto-Vecchio Faugères • Côteaux du Languedoc Anjou/Vouvray
Viandes Rouges → *MEATS* *Reds*	Bordeaux/Sud-Ouest Bourgogne Beaujolais Côtes du Rhône Provence Languedoc-Roussillon Val de Loire	Médoc • St Émilion • Buzet • Pécharmant Volnay • Hautes Côtes de Beaune Moulin à Vent • Morgon Vacqueyras • Gigondas Bandol • Côtes de Provence Fitou • Minervois • Côtes du Roussillon village Bourgueil • Saumur
Gibier Rouges corsés → *GAME* *Hearty reds*	Bordeaux/Sud-Ouest Bourgogne Côtes du Rhône Languedoc-Roussillon Val de Loire	Pauillac • St Estèphe • Madiran • Cahors Pommard • Gevrey-Chambertin Côte-Rotie • Cornas Corbières • Collioure Chinon
Fromages Blancs et rouges → *CHEESES* *Whites & reds*	Alsace Bordeaux Bourgogne Beaujolais Côtes du Rhône Languedoc-Roussillon Jura/Savoie Val de Loire	Gewurztraminer St Julien • Pomerol • Margaux • Moulis Pouilly-Fuissé • Santenay St Amour • Fleurie Hermitage • Châteauneuf-du-Pape St Chinian Vin Jaune • Chignin Pouilly-Fumé • Valençay
Desserts Vins de desserts → *DESSERTS* *Dessert wines*	Alsace Champagne Bordeaux/Sud-Ouest Bourgogne Jura/Bugey Côtes du Rhône Languedoc-Roussillon Val de Loire	Muscat d'Alsace • Crémant d'Alsace Champagne blanc et rosé Sauternes • Monbazillac • Jurançon Crémant de Bourgogne Vin de Paille • Cerdon Muscat de Beaumes-de-Venise Banyuls • Maury • Muscats • Limoux Coteaux du Layon • Bonnezeaux

Région vinicole → *Region of production*

Appellation → *Appellation*

MICHELIN TRAVEL PARTNER

Société par actions simplifiées au capital de 11 288 880 EUR

27 Cours de l'Île Seguin - 92100 Boulogne Billancourt (France)

R.C.S. Nanterre 433 677 721

Dépôt légal décembre 2013

Printed in Belgique, 01-2014

Sur du papier issu de forêts gérées durablement

Compogravure : JOUVE, Saran (France)

Impression : CASTERMAN, Tournai (Belgique)

Reliure : S.I.R.C., Marigny-le-Châtel (France)
LEGO, Vicenza (Italie)

Parution 2014

L'équipe éditoriale a apporté le plus grand soin à la rédaction de ce guide et à sa vérification. Toutefois, les informations pratiques (formalités administratives, prix, adresses, numéros de téléphone, adresses Internet...) doivent être considérées comme des indications du fait de l'évolution constante de ces données : il n'est pas totalement exclu que certaines d'entre elles ne soient plus, à la date de parution du guide, tout à fait exactes ou exhaustives. Avant d'entamer toutes démarches (formalités administratives et douanières notamment), vous êtes invités à vous renseigner auprès des organismes officiels. Ces informations ne sauraient de ce fait engager notre responsabilité.